上海機器織布局部

綜述

夏東元《鄭觀應集》下册《創辦上海機器織布局招商集股章程總叙》 竊維資生之計衣食居先，人不可一日乏食，亦豈能片刻無衣，布之爲用誠大矣。吾中華向來織布都藉人工，泰西競尚機器，工半利倍。英國開創最先，近時各織機約有十三餘萬張，美國繼之有十五餘萬張，近年印度踵而行之，已有一萬餘張。日增月纍，銷路仍暢，其中有利可圖必無疑義。各國所出之布行銷於中國者，每歲不下三千萬兩，財源外溢，有心世道者患之。

考中國仿辦織機，其利勝於外洋者有三大端：中國棉花六七分收成，每擔不過九兩至十二兩，英、美兩國即十分收成，每擔亦需十一兩至十七兩，花價較外已便宜許多，其利一。中國人工每工不過二三百文，外國自七角半至一元，工價之懸殊，幾已過半，其利二。洋布種類甚多，銷行無定，中國自造可隨市面相宜者多造速銷。外國不能隨市轉移，又多重洋水脚、保險等費，其利三。雖然既計其利，宜思其弊：中國購運機器價本必加、運費亦重，延請洋人工資必倍，此二端遜於外洋。然利弊相較，尚屬利多弊少。况中國棉花已寄英國織成洋布寄回，考驗較洋花所織略加精致。復查所用之花與所出之布，較之內地所産所銷數不逾百分之一，是花布行情必不因此而驟漲驟跌。且産業均有保險，成布幾何，出布幾何，費用幾何，皆可核算，極有把握，又何憚而不爲耶？

本年四月奉北洋通商大臣李札飭籌議，當經查閲舊訂節略，僉稱有利三分，雖考核頗明，然未敢遽信。復經詳細研究，逐項苛算，除機器價值考訂詳明可以照算外，棉花價本則擇其中上者爲準，洋布售價則就其中下者爲準，延請洋匠督教工資寧計其豐，雇募散工學習人數寧計其多，一切完納税餉、股本、官利、延請董事司事、購地、造廠、保險等項均從寬散，逐條分析附後便覽。照現定先辦織機四百張計之，每年共需開支規銀三十六萬八千六百兩，其入款則每年織造英産原布、洋標布、美産斜紋布三種，可出二十四萬疋，約可得售規銀四十四萬四千兩，抵除本銀可餘七萬五千四百兩，核計將及二分，再加官利約有二分八釐。又經北洋通商大臣批定：「嗣後有人仿辦，只準附股入局，不準另行開設」等因，如果工作純熟，出布日增，洋匠漸減，節省雜費，即當加添機張，擴充行運，其利更非淺鮮矣。

或謂：「紡織本屬女紅，恐奪小民之利。」不知洋布進口以後，其利早已暗奪。本局專織洋布，所分者外洋之利，而非小民之利。且廠局既開，需用男女工作數百人，於近地小民生計不無少裨，事理灼然，無足疑者。此事承李傅相委任，雖由官發端，一切實由商辦，官場浮華習氣一概芟除，方能持久。其股份仿輪船招商局章程，每股規銀一百兩，共集四千股，計銀四十萬兩。除稟明南北洋大臣酌撥公款外，在局同人共集二千股，尚餘二千股，所望海內達官、富紳同心集事，自一股至百千股各從所願，數滿而止。將來酌添機張或需加本，亦必布告周知，先盡舊股所有股分銀兩認定後，先交五成，出給收票，本局存穩當錢莊生息，備購地、定機等用。俟機器到有定期，全數交足，掣換股票、官利息摺，不得遲延。至於請洋匠、定機器、購地基，總以股分集滿收齊五成然後舉辦，方免貽誤。萬一股分不齊，事機中輟，先收之五成銀兩并息均由本局如數付還，絲毫不爽。

條議節略録後，如有未周，務祈指示。所有議辦緣由、稟批等件，及開局詳細規條容再刊布。先將出布除開銷官利外，約得餘利總數列後：

織機四百張，每機在外洋或織六斤八洋標，或織八磅四或織六斤四原色細斜紋，每點鐘可織三碼半至五碼，每日十點鐘可成布一疋半至一疋九，合一晝夜十六點鐘約計成布二疋。初起未諳或難照數，半年以後工作純熟可如願以償矣。除禮拜停工外，每年以三百天計算，可織成磅二十四萬疋。現在市價，英産六斤八XX字洋標，每疋一兩九錢二分，八磅四G字原色布，每疋一兩七錢三分；美産六斤四H字原色細斜紋，每疋二兩二錢三分。計扯算一兩九錢五分七釐。今約每疋一兩八錢五分，可售九八規銀四十四萬四千兩，除官利、花本一切經費銀三十六萬八千六百兩，每年尚可盈餘銀七萬五千四百兩。若花價愈賤，工作愈熟。加添織機，多出布疋；減用人手，節省經費，則更蒸蒸日上矣。

虞和平《經元善集·書機器織布招商局章程後》 事莫難於創，亦莫難於繼。創以開其先，繼以承其後，似乎繼之者易矣。然繼其所易繼，與繼其所難繼，其中又有辨焉。連日本館分録機器織布招商局章程，知此事將就緒基，不勝欣然。夫此議已不自今始矣。西人自各口通商以後，以其所有易其所無，而其進口之貨，除鴉片等害人之物不計外，以洋布爲大宗。向聞以中國之棉花載之外洋，織成洋布仍販入中華行銷，每歲約須售銀若干萬。近聞外洋木棉出産漸旺，無需購自中國，故洋布之出日見其多，而中國之銀流入外洋者亦愈夥。有心時事者，莫不羨西人之巧，而嘆中國之愚。以爲如此大利，坐爲西人之所收，殊屬可惜，苟能購辦機器自行紡織，未始不可漸開中國之風氣，徐收西人之利權。試觀英國有十三萬張織機，美國有十五萬餘張織機，近日印度亦有一萬餘張織機，織機愈增銷路仍暢。則自今中國踵印度之後，其利必有可圖，特患創始無人，繼緒無力，則亦束手以讓西人之攘利已耳。且利之有無，本可以預計也。棉價若干、人工若干、完納税餉若干、股本官利又若干，他如延請董事、司事之薪水幾何、購地造廠之資本幾何、保險等之需費幾何，皆可通盤核算，除（開）銷之外，可得餘利多少，顯而易見。所慮者，開局創辦，人手生疏，工未諳練，或者不無耗損。然苟洋訂章程，細加勾稽，嚴行督課，明定賞罰，亦足以杜其流弊。況所估計之數，棉花價本則以中上爲準，洋布售價則以中下爲準，延請洋匠督教工資則計其豐者，雇募散工學習人數則計其多者，一切開銷皆從寬計算，而每歲尚可餘銀七萬數千，則其利券之操諸已者，已不待再費躊躇矣。惟華人憚於創始，未能身任其事。上年湖北彭觀察稟請李爵相，在滬糾集股份創議開辦此事，後以人事不齊，勢已中輟，聞者惜其功之未竟，而深慨如此美利華人竟無相繼而起者。今知李爵相撤退前局，委戴子輝（撝）太史另行籌議。太史爲京口望族，其尊甫富而好善，大江南北皆嘖嘖稱道弗衰。今復顧念時局，提倡群賢，與蔡嵋青部郎及龔仲仁、李韵亭兩觀察，各先認股五萬兩爲之初基。龔君係藹仁廉訪之介弟，亦八閩殷宦。李君久業淮鹺，蔡君業宏滬甬，均當今之鉅室。并聞公擬請歷辦賑務之香山鄭君陶齋、上虞經君蓮珊任其事，二君久居滬上，熟諳洋務商情，而洞達事理，且公正誠篤，樸實耐勞，於籌賑一事已見一斑。今爵相以此局委諸君，誠可謂得人也。夫以近時上海各項貿易莫不清淡，雖以絲茶兩項爲生意之大宗，而業是者無不暗耗明摺。通籌邇來東南數省，所謂穩固可靠之利，僅有票鹽及典當兩事，然鹽有票價之虚擡，典有火盗之不測，雖曰穩當，尚未足以深恃。此局則有過之無不及者，計所用之棉與所出之布，照内地所産所銷，均不逾百分之一，是花布行市亦無搶跌之虞。而且所織惟洋布與細斜紋布，皆係分西人之利，并不奪華人之業，向來所出之標布、扣布、梭布、棉布等類，仍可并行而不悖。有益無損，有利無害，行之久遠，利不外溢，中國之銀仍留中國，而民間不至貧困，其所關豈淺鮮哉！華人創造一事，每每規取目前，無甚遠略，必待見有成效，始人云亦云。即如淮鹽票運一節，當曾文正督兩江時，招之不徠，及數年以後，人人知爲穩妥，無如批定章程，只準老商，不準新添。每遇加引驗資，挾資以往者，須鑽通老商之門，方能依附掣簽，其難也甚矣。今此局大同小異，又經通商大臣批定，日後添機加股，先盡舊股，則擁厚資而明於會計者，似宜趕緊附股也。讀其所訂招股章程以及開銷經費，皆屬悉心推敲，細針密縷，無隙可乘。所言利弊亦明白曉暢，使人一覽了然。必非空言無補，致貽人以口實也。本館昨爲排録章程，亦既心摺欲，翹首以觀厥成。用識數語，以質諸天下達於事理，明於時務者。至於其中細情，備載章程内，故不復論，論其大概如此。

虞和平《經元善集・江蘇上海機器織布局啓》 啓者，本局奉委創辦洋布織機，首先招股。八月間印送章程時，僅在局同人認定二千股。兩月以來已有陸續招集。今各埠來信詢問，交銀不便，是否别處可以代收，庶易於就近挂號。本局現將挂號册子寄托各埠紳商，代爲存根填發。所交五成銀兩，俟各埠匯申，本局收到後，掣給收票爲憑。未换股票以前，先收銀兩照存莊起息。所收股本匯齊登報，庶已入股者知款有着落；未入股者知事非虚懸。其機器，已訪得外洋有老式新式，花樣不同，已購華花寄洋試織。俟各國所織之布收齊，逐加勘驗，擇其何處精堅而出布快者，然後定造何國機器。總期事事脚踏實地，以仰副入股諸君付托之重也。合先將各埠代收股份各紳商住址、姓氏詳列於後：

京都東四牌樓恒利銀號馮厚齋先生處，甸字號册；煤市街阜康號吴選青先生處，畿字號册。蘇州桃花塢謝綬之先生處、德永隆王柳堂先生處，蘇字號册。杭州厚記錢莊丁嵩生先生處，杭字號册；德興錢莊蔡烺庭先生處，武字號册。揚州復茂恒錢莊李維之先生處，揚字號册；鄭寶記鹽號嚴芹甫先生處，邗字號册。寧波瑞康錢莊沈竹亭先生處，甬字號册。福州裕昌洋行莫梅峰先生處，福字號册；晉江縣林碧巖先生處，晉字號册；同吉錢莊周晉生先生處，建字號册。臺灣洋藥局王爾聘先生處，臺字號册。漢口德興洋行鄭蘭浦先生處，漢字號册；同昌錢莊王蓮卿先生處，楚字號册；森記棧席少齋先生處，陽字號册。烟臺沙遜洋行譚頌三先生、信盛號周峻山先生處，烟字號册。天津招商局黄花農先生、梁小牧先生處，津字號册；恒利銀號周虞臣先生處，沽字號册。安慶巡撫部院幕府莊子封先生處，安字號册。九江永昌官銀號鄭曜東先生處，九字號册。蕪湖吴履泰銀號吴月樵先生處，蕪字號册。南京祝善隆箔莊胡蓉卿先生處，南字號册。鎮江吉盈豐號張貫之先生處，鎮字號册。汕頭陳源盛號陳雨亭先生處，汕字號册。重慶岡州棧仁泰昌號鍾敬亭先生處，川字號册。湖州南潯顧勉夫先生處，湖字號册。廣東省城廣記號林衡雲先生處，粤字號册。香港廣記源黄均堂先生處，香字號册。澳門存善堂曹雨亭、(曹)渭泉兩先生處，澳字册。紹興和記錢莊徐仲凡先生處，紹字册。上虞同盛木行經璞山先生處，寧字號册。(舊)金山總領事陳茇南先生處，金字號册。長琦理事府餘雲眉先生處，長字號册。横濱益豐行鄭誦之先生處，瀛字號册。新嘉坡豐興行陳明水先生處，嘉字號册。後有續分處所，再行登佈。

夏東元《鄭觀應集》下册《稟北洋通商大臣李傅相訂立織布機器合同》 敬稟者：前月二十日奉到憲札，以戴編修擬呈織布局章程，仰荷委任，飭職道總司局務，私衷循省，愧悚莫名。伏念職道草茅愚陋，迭蒙宫太傅伯中堂逾格眷注，策勵駑駘，雖自揣才弗能勝，而圖報初心，不敢不勉。織局自遵飭籌議試辦以來，瞬經匝歲，招集股分，試織華紗諸事略有就緒。然謀始圖終，措理正非易易。今重蒙檄飭在局諸人復訂立合同，責令一手經理，責任愈重，悚惕愈深。謹將合同議據録呈鈞鑒，并以辦理不易情形爲中堂略陳之。

辦事首在得人，執事尤貴習熟，必如身使臂，如臂使指，乃能呼應靈通，周悉利弊。織局事皆創見，并無素習之人，各項執事頗繁，用人即不能少，内如司帳、管棧、買花、售布、督工等席更關緊要，無論薦引紛沓，知人綦難，即盡却情面，而迹涉專擅，人少全材，負攬權之名則易，收得人之效則難。此一難也。

機器織造借法外洋，開衣被之利源，即有關紡織之生計，非稟承憲示請撥官款，不足以昭鄭重。然歷來官局易招物議，若承領官款，則屬目尤難。滬上水陸交通風尚囂薄，寓公游士未悉局中之翔實，好爲事外之瑕疵，一經指摘，便減聲價。且事屬公司，動關衆口，果否獲利，無券可操，商本容有摺耗之時，官款從無準銷之例。今衆議且緩請領，亦深慮獲利之難，而股分之集皆爲利來，顧慮太多，又非招徠之道。此又一難也。

溯查中國購買機器仿制各項，除輪船、槍炮官局本非計利外，若香港之制糖、廣州之紡紗、牛莊之榨油、甘肅之呢羽、上海之繅絲，創始者苦心經營，力求成效。今紡紗早以工費停歇，繅絲亦無利可圖，牛莊榨油亦多摺耗，呢羽聞已織成未見行遠，惟香港之糖近年頗有東洋銷路，而前此虧已不貲。至洋布一項，日本先已仿作，聞用機一百張，不甚合算。今卑局資本機張似較擴充，然約計各項開銷，機張猶苦驟不能多，加以購器則有新太興之轇轕，基地則有前局之葛藤，譬之梓匠營室，斤削繩尺不能盡如常度，以職道之朦昧獨任仔肩，轉瞬洋匠一到，商量佈置訂立合同。稍有罅漏，即滋弊誤，此尤自度才力恐難勝任也。

職道熟籌已久，所以終不敢辭者，以此事利源外奪，久煩藎籌，頻年築室道謀，徒爲中外傳笑，若不力底於成，則後來再舉愈難措手。現擬用機四百張，向新太興洋行定購二百張，爲戴編修存銀作價之計。今該行必欲照前局定購八百張，意圖乾没，屢請各邀公正人酌議，又不允從，經戴編修呈由關道移請領事轉飭該行，昨據復稱，仍執前説。又有購機四百張可作收銀一萬之説。查該行係代客買賣，應用何國何項機器，須聽買主指定，擬俟洋匠到後，商定先令該行照辦，詳訂合同，若不能照辦，則併此二百張亦難保其不以低貨塞責也。地基并連舊屋，估價四萬二千兩尚未允售，一時亦難定議。洋匠知已由洋動身，月底可到，一切容再續陳。兹因接奉札委并經同人訂立合同，合肅稟報縷陳下忱。

〔附〕《北洋通商大臣李傅相批示》

據稟及合同議據已悉。前經札委該道總辦織局商務，良以該道閎毅明達，爲衆口所交推，必能勝任愉快。兹閲該局續訂合同議據，均臻妥洽。所稱難辦各端，自係實情。惟織務事屬創始，人非素習，所有管帳、管棧、買花、售布、督工諸材，既須物色於平時，尤貴造就於當局。該道務宜破除情面，因才器使，正不必以攬權爲嫌。久之則風氣漸開，各奏其能，自可收得人之效矣。洋布與華布銷路不同，織局乃專奪洋人之利，與華民紡織之生計渺不相涉，其好爲異論者，苟稍識時務，即知其謬，該道可無顧慮。至官款干係既鉅，指摘尤多，議緩請領，自係老成之見。惟股本愈多愈妙。近來織局之開，有慮其資本尚少難敷周轉者，該道果能切實經營，名譽日著，則遠近附股者皆將踴躍前來。語云「多財善賈」，正不必拘於原議四十萬兩之數也。中國購機仿制各項，如制糖、紡紗、呢羽、榨油、繅絲諸務，或虧摺停工，或未著成效，蓋緣創辦之初，浮費多而訣竅未諳。該道須虚衷訪察，廣益集思，矢以百摺不回之志，當可擴利源而前民用。該局定機四百張，較東洋已增數倍，自稍合算，惟新泰興尚牽涉前議，意圖乾没，迭經戴編修設法清理，若彼以低貨塞責，恐於局務有礙，自應妥籌辦法。其餘俟基地定議、洋匠到華，仍隨時具報。繳。摺存。

夏東元《鄭觀應集》下册《稟辭北洋通商大臣李傅相札委會辦上海機器織布局事宜》 竊官應市廛庸陋，知識毫無，猥蒙宫太傅伯中堂過采虚聲，俾令會同彭道汝琮襄辦機器織布事務，當彭道自保定回滬，面付委札，官應并未前聞，驚悚出於意外，即經苦言力辭，至再至三。彭道以去就相要，堅不應允；復讀中堂批示原稟，過蒙獎許；又諭彭道以遇事會商，并許聯銜具稟。伏念疏賤如官應，從未晉謁，而遭逢恩睞，優異逾恒，苟可稍答涓埃，曷敢自甘暴棄。乃自襄事以來，瞬及匝歲，局事迄無把握，遇事進言，概置不省。上則辜負裁成，下且徒貽身纍，傳笑遠近，憤灼交深。今不得不將實在情形爲中堂直陳之。

會議之初，官應言事屬創始，關係中外交涉，同事不必求多，發端不妨小試，尤要在股份本銀，明見實數。身在局中，斷不可稍涉虛假，步步踏實，方足以廣招徠。至定器、購地、造廠等事，則須股份收有成數，方可舉行。乃彭道所稱集股五十萬兩明明刊佈章程，初稟奉批詰問，復稱確有把握，有盈無絀，而自始至終未見實際，但以招股望之他人共事者，初不意其如此之虛妄。迨日久聲名漸替，即爲之介紹者亦難取信於人。日夕焦籌，諸多棘手。此招股之情形也。

定購機器，本非易事，官應曾發電信托容菴甫星使至洋廠訪問價值，并屬延一熟諳織機洋人來華討論，然後慎擇行家，先定二三百張，多至四百張。乃偏聽欲速，不復相謀，遽與新太興寫立合同，官應初未與聞，忽邀簽字。迨見情形不合，又未延請律師，遂堅持退，復移書極言利害，詎意業已成交，且定至八百張之多。現該洋行以定銀五萬延約未付，日事催索，其承定之器雖實未備，而彼已窺破虛實，勢必多方揑冒，質詢洋廠，既多冗費，又費周章。此定器之情形也。

購覓廠地，本有數處，租界價昂，不如鐵廠左近等處，形便較廉。且此等基地，業户雖復居奇，買者實亦甚少，緩則易成，價可從省，乃又不見省，遽與成交。今聞已將抵押移應他急，尚不知作何歸結。此買地之情形也。

基地一定，即議造廠。官應仍持前説，告以究宜小試，不必壯觀，物料工作所需甚鉅。惟時局中并無現款，意必且從緩議。乃謂廠屋不興則股分不集，又務求宏肆，冀聳觀聽。現聞屋價已需數萬金，一未籌備，在局墊款者，無不力竭計窮，究之外觀雖具，仍無救於聲名之損，即有附股，聞風中悔。此造廠之情形也。

凡此數端，皆局務之要者。或獨斷而不相謀，或會商而不見納。惟每至需款緊要，無論鉅細，事事責成。自冬至今，皆於捉襟見肘之時，爲剜肉補瘡之計，甚至房租日用，亦須代措。官應見其事事與原稟矛盾，中堂兩次批諭燭照幾先，亦已無一不驗，本不甘爲其所愚，只以此舉本爲時宜所亟，不成則貽笑彼族，又念其親老日暮，晚節末路，諒能自慎，且被累者亦已多人，是以盡力維持，不甚逆億。統計官應所墊已萬餘金，私債挪移者尚不在内。今貽誤在即，縱使毀家，亦於公事無補。再四思維，惟有披瀝下情，上求中堂恩賜照察，俯準辭委，俾得清理逋纍，圖報將來。感戴高厚，靡有涯涘。此稟懇鄭道藻如轉呈。如蒙批示，并祈飭交鄭道轉發。臨稟無任，惶悚禱切之至。

〔附〕《北洋通商大臣李傅相批示》

彭革道汝琮，人素荒誕，去冬稟請承辦機器織布事務，本大臣甚不相信。迨來保定謁商，謂該道樂與共事，求加委札。本大臣久聞該道實心好善，公正篤誠，是以欣然準令會辦，期於此事之有成，可助彭道所不逮也。嗣聞滬上人來傳言，織布股分并未招成，該道賠纍已多，正深詫異。茲據稟述各情，是彭前道作事虛僞，專意騙人，毫無實際，其心術品行，至窮老而不改，可鄙已極。而該道性情謹厚，遇事商勸，盡力維持，直至挪墊鉅萬而局務仍無就緒，其與人爲謀之忠，亦可敬矣。彭道前請委會辦時，既未曾預商訂明，應準繳銷委札，俟即行知江海關道立案。該道於直、晉、豫賑捐竭力苦勸，集資頗鉅，全活饑民甚衆，足見志趣迥超庸俗。來春開河後，務即北來一晤爲盼。此繳。

〔附〕《北洋通商大臣李委會辦上海機器織布局札文》

爲札委事：案據鹽運使銜前四川候補道彭道汝琮稟稱，擬招集商股，在上海開設機器廠織造洋布等情。當以此事固能經理得宜，華商利源日增，實與大局有裨，惟事屬創始，必須得人助理，庶可速收成效，批飭查覆去後。茲據該前道稟稱：「道銜候選郎中鄭官應，公正廉勤，心存干濟；三品銜候選知府卓培芳，和平謹慎，臨財不苟；候選同知唐汝霖，家道殷實，忠信豪著；運同銜直隸州江蘇候補知縣長康，精明强干，熟悉商情，皆爲商民所信服。擬請以鄭官應會辦局務，卓培芳、唐汝霖、長康等幫辦局務，俾資臂助」等情前來。除批準并分札飭遵外，合行札委。札到，該員即便遵照，務須隨時隨事會商彭前道妥慎經理，期於必成，毋負委任。切札。

〔附〕《北洋通商大臣李委總辦上海機器織布局札文》

爲札委事：照得本大臣擬在上海設立機器織布局，招商試辦，前經照會戴編修并飭令龔道壽圖、鄭道官應等分別辦理局務在案。惟此舉以招集商股爲第一要義，現已酌寄中國花衣至外洋仿織，一俟布樣寄到，即可置器設廠開辦，所需資本必須預爲籌足，庶免臨事周章。查鄭道官應公正廉明，穩練精細，衆望允孚。主事經元善用心能專，辦事尚勇，久居滬上，商情亦熟。應飭該道等駐局，會同戴編修及經主事、龔道等將局務妥慎經理，漸收實效，并查照現定章程，廣招股分，勿稍諉延。合行札委。札到，該道即便遵照妥辦。此札。

〔附〕《北洋通商大臣李委總會辦上海機器織布局札文》

爲札委事：照得本大臣擬在上海設立機器織布局招商試辦，前經照會戴編修并飭令龔道壽圖、鄭道官應等分别辦理局務在案。旋據該道等稟稱：先將華產棉花寄至外洋試織成布，察其能否行銷，果屬有利可圖，再將購器建廠各事次第舉辦，約計十一月底可以寄回。現已去期不遠，創辦一切，事繁責重，必須有熟悉洋務、商務精勤練達之員，挈領提綱，主持全局，方免意見紛歧，互相觀望。查鄭道官應才識并優，條理精密，久爲中外商民所信服，若責成專精經理，當可漸收實效。應飭該道總辦局務，常川駐局，將招股、用人、立法諸大端實力經營，仍隨時與總辦局務戴編修及會辦局務龔道等和衷商榷，以期衆擎易舉。合行札委。札到，該道即便遵照妥辦，勿稍推諉。此札。

夏東元《鄭觀應集》下册《上海機器織布局同人會銜稟覆北洋通商大臣李傅相》 竊職道等於去歲奉札委辦織布局務，自維譾陋，具稟懇辭，仰蒙批準撤銷在案。本年四月經戴編修恒呈請籌議，復奉憲札諭令職道等妥議稟復，恩施稠疊，感悚交并。此事各海關奉飭議覆於前，彭、戴二道籌辦於後，迭經再三訓示，一切底蘊已闡發無遺。職道等既不敢推諉以藏拙，亦何敢輕率以圖功。伏讀憲批彭道稟牘内開：集款、得人、立法三難，實爲此事綱領。竊以爲得人既難，尤難任用始終也；集款既難，尤難概歸撙節也；立法既難，尤難持久不變也。近今士大夫耻言西學，而尤鄙錙銖，商賈規取目前，而不圖久遠，庸懦者但知趨步不足有爲，儇薄者藉此招摇尤虞僨事，間有一二傑出之士，又苦群相訾議，噤不敢前。職道等自奉憲札之後，悉心籌度，竊謂自通商以來，槍炮、輪船、招商等局次第興辦，至如機織似亦不難見功，雖不敢謂利息贏餘確有成算，但使中國多一分自織之布，即外國少一分購布之資，由此擴充，却非小補。奉札以來，約集同志，多方討論，僉謂事豫則立，非寬以籌資不可；得人則理，非預以儲才不可；勿貪小利，非嚴立章程不可；勿圖近功，非需以時日不可。但資既寬籌，則有浪爲費用之慮；人才萃集，則有心志不齊之慮；章程太嚴，則有視爲畏途之慮；時日太遠，則有功效難期之慮。今姑就衆説之中稍抒一得之見，冒干清聽，尚祈鈞裁。

一在求聲譽素著之人以聯衆志也。職道等雖甘報效，而物望究未周孚，織務綦繁，需才共理。職道官應有前事未了，未敢遽奉委任，只可隨事襄贊，先招股分。職道壽圖老親在蘇，未便久居於外，雖常川往返，不敢辭勞，而考核鈎稽，實其所短，發軔之始，頭緒紛歧，力拙才疏，支持實爲不易。意欲舉一望重品粹之員，同心商辦，并舉股實明干數人熟悉中西事宜者，藉資襄理。倘蒙恩準，微特在事觀摩有自，物議藉可潛消，而衆望既歸，日後招徠亦易。擬即稟請戴編修恒、蔡郎中鴻儀、李道培松三人，另稟陳明，伏候鈞示。

一在明示籌集之款以堅衆信也。所籌之數必須與所用之數相符，更須寬以籌儲，方敢下手辦事。彭道前議籌本銀五十萬兩，購機八百張，項鉅用宏，一時實難籌得。今通盤籌畫，事當創始，固不必太事鋪張，亦不可過形艱嗇。統計設機廠、聘洋匠及購器、置花隨在均多費用，擬先籌本銀四十萬兩，購機四百張，局面寧小毋大，約計將來出布雖不甚多，尚敷周轉。日後倘蒙恩庇，日有起色，不難漸次加增。層纍而上，從少試辦，實爲萬全。現議戴編修恒認招股分五萬兩，蔡郎中鴻儀認招股分五萬兩，職道官應約同李道培松亦認招股分五萬兩，統計二十萬兩，均有實在着落。其所少二十萬兩雖可陸續招徠，然欲堅流俗之心，即未便處處逢人仰面。可否仿照招商局成例，懇請恩施酌撥公款五萬兩，由職道等具文承領，俾人人知憲意所存，聞風愈思興起。再請札由職道等向各關道每處商湊一萬兩，約合三十萬兩之數，其餘俟陸續招集。各關道既有股分并可彼此聯絡，隨時照料，不相隔膜，半年後股分之響應又可必矣。

一在專用西法以齊衆力也。查西人每立一法，必籌之數年，故能處處脚踏實地。其議事則無回護之習，其辦公則無粉飾之習，其維持合局則無見小欲速之習。事之鉅細，不遺不濫，款之出入，共見共聞。其用人必終始信任，有鈐制之法，而上下之情相通，亦無吹索之苛，而賞罰之行必信，迨至事功成就，又必使專其利者數年。以故人皆思奮，愈究愈精。今既聘西人、用西器、講西學，亦必用西法以歸劃一。職道等一面周咨博訪，悉心考究，俟訂有詳細章程，即當條列呈請鑒核，并須明定限制，懇請批準。嗣後上海一隅，無論何人，有志織務者，只準附入本局合辦，不準另立一局，顯分畛域，則成本愈厚，利效可久，而風氣益開矣。

職道等自慚疏窳，時務多所未諳，僅就管見略陳梗概，仰祈訓誨，無任悚惶待命之至！

〔附〕《北洋通商大臣李傅相批示》

爲札飭事：照得本大臣前經批準上海設立機器織布局，招商試辦，以擴利源而敵洋產，迭經照會戴編修并飭江蘇候補龔道壽圖、候選鄭道官應等分別籌辦。嗣因創辦一切，事繁責重，須有熟悉洋務商務精勤練達之員挈領提綱。復札飭鄭道官應總辦局務，常川駐局，將招股、用人、立法諸大端實力經營，仍隨時與總辦局務戴編修及會辦局務龔道等和衷商榷各在案。茲查該局招股、購器、建廠、雇匠各事漸有端緒，正籌辦吃緊之際，自應齊心振作，集思廣益。應飭龔道壽圖常川駐局，蘇松太劉道爲地方洋務總匯，并飭該道與鄭道、龔道、戴編修均總辦織布局，會同原派各員妥慎籌畫，以期呼應較靈，克日集事。除咨南洋大臣、江蘇撫院一體飭遵并分行外，合行札飭。札到，該道即便遵照辦理。

夏東元《鄭觀應集》下册《稟北洋通商大臣李傅相爲織布局請給獨造權限并免納子口税事》 竊職道承辦機器織布事宜，歷經隨時稟報在案。茲自工師丹科出洋，接其已到美國來信，現將帶去華花逐款試織，大約應用機張須驗有把握，方可酌改定造。職道慮該工師識見或有未周，特屬卑局通事梁其彥即日出洋，幫同商定。約計夏秋之間，機器一到即可開辦。惟是兩年以來，籌墊各費，如疊次購花寄洋試織，水脚、電信、畫圖、工師盤費及一切局用，雖極意撙節，積數頗已不少。將來開辦時，招致學徒雇工學習，初基創建，費倍功半，亦意中必然之事。職道智慮淺短，深恐成本太重，收效綦難。且據丹科言華花性質遠不如洋產之柔韌紡紗堅細能受梭力，僅可試造粗布，徐求精詣。倘織成行銷不能分外洋來布之利，而先虧公司附股之資，不惟後舉更難，且重爲西人所笑。職道反復熟思，并密與素諳條約税則之律師預籌自保之策，約有二端，欲乞憲恩格外體恤，敢據實敬陳之。

一請準給年限以防外人爭利也。職道等奉飭籌議之初，曾經稟請上海一隅只準他人附股，不準另設，仰蒙批允。惟洋人如欲仿造，尚未有阻止之説。查泰西通例，凡新創一業爲本國所未有者，例得畀以若干年限，許以專利之權。又如在外國學得製造秘法，其後歸國仿行，亦合始創獨造之例。茲雖購用機器，似類創法，然華花質粗紗短，不耐機梭，中外久苦其難，今試驗改造，實已幾費心力，前此并未有成事之人，則卑局固已合創造之例。應請憲恩酌給十五年或十年之限，飭行通商各口無論華人、洋人，均不得於限内另自紡織。卑局數年來苦心鉅資，不致徒爲他人爭衡，即利效未敢預期，而後患庶幾可免矣。

一請準免釐捐并酌減税項也。查洋布進口例完正税，分運内地則完子口税，本無釐捐，諒可邀免。惟一時未能織質細價高之布，行銷殊難。可否仰乞憲恩俯念創造之艱，籌墊之纍，準照洋貨已進口之例完納子口税，概免抽釐。如洋商或有違言，則中國土産棉花自織自銷，貨去内地，本無所謂進口，只以改用機器，照洋貨分運之例完納子口，已屬平允。況中國自保護商民之權，似亦不妨執詞以拒。惟事涉捐税，應由各洋關釐局會議，稟候鈞裁。

職道仰承中堂爲民導利之意，不敢不就所知見據實稟聞。如僉議未能盡同，或請於創辦時暫如所請，以示破格鼓舞，俟日後行銷漸廣，得有利益再行酌增。職道奉委已久，開辦在邇，斷不敢安於苟簡，自負初衷。合將預爲籌度情形分晰稟陳，是否有當，伏候批示祇遵。

再，該工師丹科遍驗華花，屢言機織之未有把握，今次來信仍未有決可照辦之語，惟其用心頗勤，亦肯出力。謹將其信譯出，附呈恩睞。

陳旭麓等《盛宣懷檔案資料選輯之六》上海機器織布局《上海織布局在外洋定造機器清摺光緒十一年》 謹將機器織布在外洋所訂合同内定造四百梭機器、銀數及出布成本約帳開列清摺，恭呈鈞鑒：

計開：

在美國所定之二百梭機器開列：

一、在羅威路機器廠定紡織機器，計洋五萬九千五百八十五元三角二分。

一、在浦威頓機器廠定機器，計洋二萬九千六百六元二角。

在威海阿頓機器廠定機器，計洋二萬四千六百十六元二角九分。

在合碧多路機器廠定機器，計洋一千九百八元五角。

在博郎波士行定之件，計洋一萬五千四百元。

一、在威燕新行定之件，計洋五千四百六十七元二角六分。

一、在浦威頓廠定之件，計洋三百五十元。

一、在卡利行定之件，計洋七千四百二元。

共計洋十四萬四千三百三十五元五角七分八釐，合銀十一萬五千四百六十八元四角五分。

在英國所定之二百梭機器開列：

一、在候活波挐廠定機器，計英金一萬九千九百七十八鎊二司連。

一、在韓利里士行定機器，計英金五千七百八十七鎊十四司連三本史。

一、在羅布路士行定機器，計英金八百六十六鎊四司連。

共計英金二萬六千六百三十二磅三本史五司連，合銀十萬六千五百二十八兩五分。

四百梭各附件：

一、在高利士廠定機器爐鍋，計洋四萬九千八百元。

一、在架拿合堅廠定機器，計洋七千七百元。

一、在希路卡拿廠定機器，計洋九千四十二元。

一、在堅道羅罷士廠定小機器爐鍋，計洋一千四百十五元六角七分。

一、在平卡蘭打行定之件，計洋五百四十八元四角四分。

一、在希路卡拿廠定機器，計洋四百五十元。

一、在浦威頓機器廠定機器，計洋一萬一千五百元。

一、在意的臣士電燈公司電燈估價，計洋一萬二千元。

一、在燦打花魁阿行定量尺，計洋四元二角五分。

一、在墨利加行定量尺，計洋一百一元五角。

一、在威連公司定屋頂，計洋二千六百元二角五分。

共九萬五千一百六十二元一角一分八釐，合銀七萬六千一百二十九兩六錢八分。

一、在候活波拏廠定之件。

一、在打巴力波路士行定之件，共計英金二千九百六十一磅十九司連(五司連)，合銀一萬一千八百四十七兩八錢。

一、在阿打臣羅打臣行定之件，

統共在外洋所定機器計銀三十萬九千九百七十三兩九錢八分。外加來華載脚。

已在外洋給過機器價銀數目開列：

計開：

在美國給過各機器載脚等：

一、在希路卡拿廠給過六千二十九元一角四分。

一、在堅道羅罷士廠給過八百五十四元九角二分。

一、又　十四元七角五分。

一、又五百四十六元。

一、在希路卡拿廠給過三千十三元八角八分。

一、在燦打花魁阿行給過四元二角五分。

一、在平卡蘭打行給過五百四十八元四角四分。

一、在墨利加行給過一百一元五角。

載脚一千八百八十二元五分。

共洋一萬二千九百九十三元九角三分八釐，合銀一萬三百九十五元一角四分。

在英國給過各機器載脚等。

一、在巴寧波士行給過一千九百七十四鎊。

一、在候活波拿廠給過四百六十鎊。

一、在巴力波路士行給過四百二十七鎊十九司連。

一、在阿打臣、羅打臣行給過一百鎊。

共英金二千九百六十一鎊十九司連(五司連)，合銀一萬一千八百四十七兩八錢。

匯美國買機器給載脚銀數開列：

計開：

一、票計銀六千七百三十六兩八錢五分。

一、票計銀一萬三千九百九十二兩六錢七分。

一、票計銀二千九百七十四元一角二分。

一、票計銀五千二十三元四角七分。

一、票計銀二千六百二十五元八角一分。

一、票計銀一萬六千三十元一角二分。

一、票計銀二萬四千四百三十八元八角。

一、票計銀一千九百五十元一角三分。

一、票計銀一萬四百三元九分。

一、票計銀一萬四千三百二十五元一角六分。

共銀九萬八千五百元二角二分。

三共計銀十二萬七百四十三元一角六分。

在上海給過載脚銀六千一百十四兩五錢六分。

統共計銀十二萬六千八百五十七兩七錢二分。

現欠英國、美國機器銀數開列：

計開：

美國：

一、欠羅威路機器廠備裝船之件，計洋五萬九千五百八十五元三角二分。

一、欠浦威頓機器廠備裝船之件，計洋二萬九千六百六元二角。

一、欠博郎波士行備裝船之件，計洋六千元。

一、欠架拿合堅廠備裝船之件，計洋七千七百元。

一、欠浦威頓機器廠備裝船之件，計洋一萬一千五百元。

一、欠意的臣士電燈公司未定合同之件，其估價計銀一萬五千兩。

共洋十二萬九千三百九十一元五角二分八釐，合銀十萬三千五百十三兩二錢一分。

一、欠利息棧租保險等由一千八百八十三年十一月一號起至一千八百八十五年七月一號止，共二十月，每月一千元，共計洋二萬元八釐，合銀一萬六千兩。

一、欠洋監工薪水由一千八百八十三年十月一號起至一千八百八十五年七月一號，共二十一個月，每月三百五十元，共計洋七千五十元八釐，合銀五千六百四十元。

在美國統共計欠銀十二萬五千一百五十三元二角一分。

英國：

一、欠候活波拿廠一萬九千九百七十八鎊二司連。

一、欠韓利里士行五千七百八十七鎊十四司連三本史。

一、欠羅波士行八百六十六鎊四司連。

在英國統共計欠英金二萬六千三十二鎊三本史（五司連），合銀十萬六千五百二十八兩五分。

統共欠英國、美國機器等銀二十三萬一千六百八十一兩二錢六分。

造成四百梭機器銀數開列：

計開：

機器計銀二十三萬一千六百八十一兩二錢六分。

載脚關税等估價計銀六萬兩。

至機器等裝好合用時各開銷估價，計銀六萬兩。

房屋估價，計銀十五萬兩。

統共計銀五十萬一千六百八十一兩二錢六分。

若將美國之二百梭機器取來，其費列後：

計開：

在美國欠機器等計銀十二萬五千一百五十三兩二錢一分。

載脚關税估價計銀二萬五千兩。

至機器裝好合用時各開銷估價，計銀四萬兩。

房屋估價計銀十萬兩。

統共計銀二十九萬一百五十三兩二錢一分。

若用二十五梭機器其費列後：

計開：

機器計銀三萬兩。

利息、棧租、薪水等計銀二萬一千六百四十兩。

房屋計銀二萬五千兩。

至機器等能用時開銷計銀二萬五千兩。

統共計銀十萬一千六百四十兩。

欠洋匠薪水由一千八百八十五年六月二十五號後起（以前不在內）計銀二千六百十七兩五錢。

按二百梭計，每日做工十點鐘，三百日開銷進項列後：

計開：

棉花九千五百擔，每擔十一兩五錢，共銀十萬九千二百五十兩。

油一千八百加侖，每加侖六錢，又一千八十兩。

漿子一百五十擔，每擔七兩五錢，又一千一百兩。

打包等，又一千六百兩。

燈，又一千二百兩。

煤一千五百噸，每噸五兩五錢，又八千三百兩。

薪水、局所花費等又二萬四千兩。

工人開銷計三百日，每日六十五兩，又一萬九千五百兩。

零費又二千兩。

修理又三千兩。

保險又四千兩。

共計銀十七萬五千兩。

三百日內進項：

計開：

出斜紋布五萬四千匹。

出紗五百擔。

計三百日開銷銀十七萬五千兩。

除賣紗五百擔，銀一萬兩。

下餘十六萬五千兩。

作五萬四千匹斜紋布值價。

合每日開銷銀五百五十兩；每日出布一百八十匹；每匹計銀三兩五分。

按二百梭計，每日夜做工二十點鐘，三百日開銷進項列後：

計開：

棉花一萬九千擔，每擔十一兩五錢，共銀二十一萬八千五百兩。

油三千二百加倫，每加倫六錢，又一千九百二十兩。

漿子三百擔，每擔七兩五錢，又二千二百五十兩。

打包等又三千二百四十兩。

煤二千五百頓，每頓五兩五錢，又一萬三千七百五十兩。

燈又三千六百兩。

薪水、局所花費等，又三萬二千兩。

工人開銷計三百日，每日一百三十兩，又三萬九千兩。

零費，又六千兩。

修理，又八千兩。

保險，又九千兩。

共計銀三十三萬七千二百六十兩。

三百日內進項：

計開：

出斜紋布十一萬五千匹。

出紗一千擔。

計三百日開銷銀三十三萬七千二百六十兩，除賣一千擔紗銀二萬兩，下餘銀三十一萬七千二百六十兩。作十一萬五千匹斜紋布值價。合每日開銷銀一千五十七兩，每日出布三百八十匹，每匹計銀二兩七錢八分。

按四百梭，每日夜做工十點鐘，三百日開銷進項列後：

計開：

棉花一萬九千擔，每擔十一兩五錢，共銀二十一萬八千五百兩。

油三千二百加倫，每加倫六錢，又一千九百二十兩。

漿子三百擔，每擔七兩五錢，又二千二百五十兩。

打包等又三千二百四十兩。

煤二千五百頓，每頓五兩五錢，又一萬三千七百五十兩。

燈，又二千四百兩。

薪水、局所花費又二萬九千兩。

工人開銷，計三百日，每日一百十兩，又三萬三千兩。

零費，又四千兩。

修理，又一萬兩。

保險，又八千兩。

共計銀三十二萬六千六十兩。

三百日內進項：

計開：

出斜紋布十二萬匹。

出紗一千二百擔。

計三百日內開銷銀三十二萬六千六十兩。除賣一千二百擔紗銀二萬四千兩，下餘三十萬二千六十兩。作十二萬匹斜紋布值價，合每日開銷銀一千六兩；每日出布四百匹，每匹計銀二兩五錢一分。

按四百梭計，每日夜做工二十點鐘，三百日開銷進項列後：

計開：

棉花三萬八千擔，共銀四十三萬七千兩。

油六千四百加倫，每加倫六錢，又三千八百四十兩。

漿子六百擔，每擔七兩五錢，又四千五百兩。

打包等又六千兩。

煤五千頓，每頓五兩五錢，又二萬七千五百兩。

燈，又七千二百兩。

薪水、局所花費等，又三萬五千兩。

工人開銷，計三百日，每日二百二十兩，又六萬六千兩。

零費，又八千兩。

修理，又二萬兩。

保險，又九千兩。

共計銀六十二萬四千四十兩。

三百日内進項：

計開：

出斜紋布二十四萬匹。

出紗三千擔。

計三百日開銷銀六十二萬四千四十兩，除賣三千擔紗銀六萬兩，下餘五十六萬四千四十兩，作二十四萬匹斜紋布，值價合每日開銷銀一千八百八十兩，每日出布八百匹，每匹計銀二兩三錢五分。

陳旭麓等《盛宣懷檔案資料選輯之六》上海機器織布局《上海縣鈔奉傳相札飭光緒十四年》 據上海招商局陳道樹(棠)稟稱，竊職道等前奉憲臺札委，會同查勘上海機器織布局所存機器及地基等項，認真確估，勿厭煩勞，并查明鄭革道虧挪股本若干，分别擬議稟辦等因。奉此，遵即會同赴織局晤總理局務龔道壽(圖)，詳詢一切。該道即將全卷帳册送閱并將接管後情形告知。旋於三月初六日職道挈招商局總車洋人會同上海縣裴令赴織局廠基詣勘，查得該廠存儲大小汽爐六件，各件散碎機器均用木箱裝放笨重之件，安置平地，用鐵絲絆絡。據經買之洋匠丹科帳開共價銀十二萬六千八百餘兩。今據總車洋人核實勘估汽爐機器有五百匹馬力，各機件亦堅固完好，但存儲多年，照兩例須略爲摺扣，以抵修費。現擬估值共作規銀十萬兩，并呈清摺簽字存核。其地基、棧房、碼頭等項，查得廠地一區，計一百零七畝，形勢方整，惟瀕浦低窪，曾經填築。又左近有地二百餘畝，亦係浦濱蕩田，斷續分散，不在一處。據開原價共銀二萬八千餘兩。訪之土人，據稱上年市價每畝值百餘元，目前每畝值三、四十元不等。復加詢訪，僉云地價實無一定，總視得主之合用與否以爲低昂。此項似難懸度估值。至棧房一所，原帳據開用銀四千餘兩，駁岸碼頭原賬據開用銀五千餘兩，第已多年失修，自應核實摺扣，約值銀五千左右，此職道遵飭會勘，分别擬估之情形也。

竊維該局事敗重成，老股各商虧耗甚鉅，又積困已久，怨讟時聞，此項機器、地基、棧房乃老股成本之僅存者，現在既統歸新局收用，仍由原辦洋匠經理，即照原價作數，在新商亦似相宜。兼查該局稟定新章已由督辦局務龔道出示，令老股每股添交銀三十兩，調換新票，是老股約以七摺作數，大衆業已周知，合之該局現存機器、地基、棧房、碼頭各項原價二十萬兩左右，適與七摺之數相符。若再將機器等件重加摺扣，則不過四、五摺光景。前後議摺似兩歧。又查前賬尚有在洋裝船水脚、保險及來華關税、損駁等費約銀一、二萬，係確可查核之款，似應列入機器項一并核計。惟職道等於織局前事本未深悉，遵札查估，自當認真體察，就事衡量，冀不失情理之平。且事關新舊交接，尤必兩相允協，方期合力舉辦。又風聞該局股商新舊相將争執，未已可否，仍飭龔道壽圖會同新局紳董邀約老股各商通融酌議，以昭平允，不追既往之咎，惟策將來之功，庶於該局商務，招徠益廣，愚昧之見，伏候鈞裁。

至鄭革道虧挪股本若干，查閲原賬，就現在老股二千九百數十股，計之應存銀二十九萬數千兩。今只存機器地基原價二十萬兩有奇，即除去數年局用華洋各費，似尚虧銀二、三萬兩，第該局帳册粗若牛腰，款目繁多，展轉牽涉，其人皆散處四方，無從質證。若非該革道率同經手、司帳諸人與原辦員紳股董秉公核算，不能匯結，職道等何敢以道聽涂説之詞上瀆憲鑒，奉飭前因，擬合將查估各節分晰開摺，據實稟復，仰祈憲臺鑒核訓示祇遵。再此稟係由職道主稿，即送裴令核行，乃延擱日久，意俟另行稟復，故未會銜，合併聲明等情到本閣爵大臣，據此除批稟摺均悉。

前因上海機器織布局創設數年，辦無成效，批準由該局紳商招集新股接續興辦。嗣據稟陳，入手最要之事，一曰前局令丹科購到機器付銀十四萬餘兩，是否核實無浮，應派熟諳機器之人點驗估計，按數登記接收，丹科與前局交涉帳目須截算清楚。一曰前局所交局房地基等項亦須逐一勘丈，公平估價列收，彼此兩不吃虧。當經札飭該道，乃上海縣裴令會同秉公認真查勘確估，勿厭煩勞。并查明鄭革道虧挪股本若干，分别擬議稟辦在案。兹據稟稱，織局購存機器經招商局總車洋人勘估，汽爐機器有五百匹馬力，各項機件亦尚完好，但存儲多年，照兩例須略爲摺扣，以抵修費。丹科摺開價銀十二萬六千八百餘兩，現擬估值規銀十萬兩，其地基一項共三百餘畝，多係瀕浦低窪，且分散四處。據開原價二千八百餘兩，訪之土人，上年每畝值百餘元，目下每畝值三、四十元，究值若干，未能懸度。又棧房原開用銀四千餘兩，駁岸碼頭原開用銀五千餘兩，多年失修，約值銀五千兩左右等語。據裴令開摺呈稱棧房約計摺二千兩，駁岸、碼頭約計摺銀二千兩，核與該道所估數目較減老股，令再添交銀三十兩，換調新票。前已批準立案。該道謂機器等項係老股僅存成本股票，已七摺作數，若再將機器等項摺扣，則不過四、五摺，虧耗較鉅，且前帳尚有在洋裝船運保等費約一、二萬，係可查之款，擬列入機器項下，核計是否可行，候行龔道壽圖會同新舊紳董股商查明酌核妥議稟辦，務昭平允。至鄭革道爲職局創始之人，不思竭力經營，竟敢侵挪鉅款，自便私圖，致敗垂成之局，實屬喪盡天良，厥咎甚重，豈得聽其置身事外，不追既往。據裴令摺開，鄭革道當日實收股本銀四十九萬八千一百兩，其中融收股票，巧爲撥抵，任意浮銷，實屬不少。即按現有老股二千九百數十股，應存銀二十九萬餘兩，僅此機器等項開價銀二十萬有奇，何止虧銀二、三萬兩。該道於奉飭確查要件，一味含混瞻徇，顯有不實。無怪裴令因該道庇護同鄉，以致意見未合，稟件未肯核行。該局帳目既甚糾纏，非勒令鄭革道與經手諸人到滬候算，不能速結。裴令請由龔道等并局中辦事紳商從長籌議，先將存件匯交新局按收，克期興辦。其前局帳目，擬催鄭革道及前手司帳馬榮熙到滬，或由縣訊結，或由股商核算，以免兩相耽延，自應照辦。究竟鄭官應現在避匿何處，應由上海龔道、裴令并責成該道克日查明，稟請核辦。該道與之切近同鄉，必能知其踪迹，毋再扶同隱飾，致干未便。又鄭革道以局中公款三萬二千八百兩押得布郎地基一區，稽之帳目，既有此項出款，且有付給看地之費，乃契紙被鄭革道藏匿，并宜切實查究，應由上海縣裴令出示曉諭，限三個月招人承認繳契，如有人願繳銀三萬二千八百兩歸入布局，即聽其執業，如期滿無人承認，即將此産由江海關道署補繳契據，斷歸布局，以重股商血本，候分行江海關龔道壽、上海縣裴令等一體遵辦繳挂發外，合行札飭，札到該縣，即便辦理，具復，此札。

陳旭麓等《盛宣懷檔案資料選輯之六》上海機器織布局《馬建忠致李鴻章函
光緒十六年七月初四日》 敬稟者：竊忠於六月初九日在天津接奉同日鈞札，内開上海織布局前經電飭東海關盛道在滬查明議辦，復經署通永楊道來津面陳一切，尚未議妥辦法。茲據龔道壽圖等兩稟，一催清舊股票，招集新股；一稟布局情形。各清摺共五扣。查閱稟開各節，多涉含混復沓，特爲摘要簽出，發交招商局總辦，馬道於回滬後就近常往布局按照所開各摺，徹底清查從前出入帳目，妥確核擬將來如何整頓擴充辦法，詳細稟復，以憑核酌。馬道於織布生意素尚講求，用人理財亦頗精核，務須破除情面，秉公認真悉心妥議。

再龔道等稟稱龔、楊兩家共認招商股二十萬金，自連業經墊支數目在内，究竟實在墊用確數若干？内有浮冒若干？必須據實删除。至添招新股若干，亦不得憑空捏造，均應考求準的，以爲後來興利除弊張本。除分行楊、龔各道知照外，合行札委。札到該道即便遵照辦理，勿得扶同徇混等因；奉此。當於十四日到滬後，道諭常川駛往織局，察看廠地，調閱帳目與洋商所訂合同，又復與該局中外司事討論一切。謹將奉查各節以及私擬將來如何辦理條目分款叙呈，伏候鈞裁。

一、查織局原招五千股，計銀五十萬兩，除收銷一千九百八十六股外，净存三千零十四股，合票本三十萬零一千四百兩。後龔道手收回股票二百七十九股，以三股摺填一股，計除銀一萬八千六百兩；又一千七百二十五股，每股加收銀三十兩，共五萬一千七百五十兩。尚有一千零十股，亦應每股加銀三十兩，計應收銀三萬零三百兩。又舊局移交龔道手銀八百五十兩，四共計十萬零一千五百兩。則今局净認舊股銀十九萬九千九百兩。前局所置機房、基地、機器，經前陳道與裴令公估值銀十二萬兩，是前局實計净虧銀七萬九千九百兩。

一、查龔道摺開光緒十三年六月起，至十六年閏二月止，添置機器、地基、廠屋及一切經費，共支用銀二十二萬七千餘兩，所支各款是否核實，前後夾雜，實難逐一核對。以後如重爲整頓，接手經辦，只可檢點估計，有無盈絀，即由龔道自行報銷，以消界限。

一、查已置織機二百張，均經排列，緣現有紡紗之機，僅供織機四五十張之用，故每日只開織機四十張，日僅出布四十匹，約獲毛利四十兩。而人工、煤、油、廠局各費，每日需銀一百四五十兩。除毛利外，日應虧銀百餘兩。其機廠摺舊及股本官利均屬無着。若開足織機二百張，日夜可出布四百匹。除禮拜停工，藉蘇機爐之力外，每年以三百天計，共出布十二萬匹，約計毛利十二萬兩。除通年人工、煤、油、廠局等費約需銀十萬兩外，净餘銀二萬兩。摺舊、官利兩項仍屬無着。

一、查該局現置地基約三百有數十畝，足供數千張織機廠屋之用。至已造廠屋，除機器鍋爐房外，僅足置二百張紡織機件。至日後再加三百張，尚須添造。惟現建廠屋，係兩層樓，如當日即造三層，既省情基屋頂，現已可置五百張紡織機件矣。據丹科云，所建廠屋牢固，似可續增一層，此節容須細查。

一、查該局已造廠屋并所置機器等件，實未保險，殊屬可虞。

一、查織廠軋花機器四十架，現置樓上。昨往監軋子花，只開兩架，全樓震動，若全行開軋，勢必不支。且機器軋花，鐵軸相軋，易出火星，與紡織機器共置一廠，保險行所索保費加倍。擬即另建平屋，安置軋機。且須另配機爐，共估一萬五千兩，而每年所有保費足供添置之款矣。

一、查現設軋花機器四十架，若供織機五百張，二十架足矣。尚餘二十架，則遇子花價低，净花價貴之時，花可多軋，售運日本，亦能獲利。此乘勢待時之事，難以預計。

一、松太兩屬所産棉花，上海最佳。查近今五年，上海子花新陳市價，扯計每百斤四兩左右。上等子花每百斤可出净花四十一二斤，中等三十七八斤，次等三十二三斤。前往該廠將買存下等子花監軋，每百斤軋出净花三十三斤，所耗成色，既經考定。將來自機房發出子花若干斤，即預計成布若干匹。故監察收發棉紗布匹司事，必須誠實可靠，且應具保，方免偷耗之弊。

一、現織之布，係仿花旗原布，每匹重十六磅用棉十二斤，棉每百斤價扯十三兩，以九五耗，合計每匹棉本銀一兩六錢四分，照原布市價每匹可售二兩七八錢，約計毛利一兩一錢。又斜紋每匹重十四磅，用棉十斤半，合計棉本銀一兩四錢四分，可售二兩五六錢，亦計毛利一兩一錢。每匹之棉核計軋出花子二十餘斤，可售銀七八分，惟花價、布價時有貴賤，故每匹通計毛利一兩爲酌中之數。

一、擬速添紡織機三百張，合成五百張，日夜出布千匹，每年按三百天計，共出布三十萬匹，約計毛利三十萬兩。除通年一切費用需銀十五萬兩，七十萬之機廠摺舊合九五扣，計三萬五千兩，股本官利合六釐，計四萬二千兩外，計餘净利七萬三千兩，合七十萬成本扯計净利一分强，此其大略也。然必須經辦一年，方能核準。如果嚴定章程，精益求精，則熟能生巧，加以資本充足，棉花出市，廉價多購，則所計餘利當有增無減。若再有差池，經理不善，則一分餘利有減無增。至全局之盈虧，全在棉價之貴賤。故購棉尤須得人。

一、查龔道摺開各户存款内，有龔仰記二萬兩，新局四萬兩，楊藕記一萬八千五百兩，龔藹記三千六百五十兩，龔仲記三千兩，似應遵奉憲諭，勸令入股，填換股票。其餘各存户，共銀四萬九千九百餘兩，俟籌款項隨時酌還。又織局末加之票一千零十股，應請札飭曉諭有股者，限兩月内持股票到局，每股交銀三十兩，掣换新票，其不願加價者，準令以三老股摺填一新股，庶與以前之二千零四股同一辦法，不致兩岐。

一、查泰來洋人交閲四月底龔道另立合同一紙，洋文寫明向借四十萬兩，華文則寫五十萬兩。至代取紗機七萬之銀，即在此項借款扣除。又云仍須織局或交銀或有的保方爲代取。至今織局并未交銀，亦無的保，故紗機并未往取，似此合同先後不符。且現開四十張織機，每日須虧百餘金，紗機來遲一日，即多虧一日。而泰來延不往取，致虧甚鉅。故已擬與毁約，徑托匯豐即日電取紗機，以期速到，并省經用，業先電禀，計邀鈞鑒。

一、查龔道去年與泰來所訂合同押借二十五萬兩，只收到五萬兩。現織局已交泰來地基道契計一百三十餘畝，尚有地基道契計八十八畝，已由德領事送存道署批印。忠已函囑聶道暫壓勿發，緣泰來并無現銀，只向別家洋行代議轉押，就令議成，尚須織局出名，憲臺擔保。故合同各款必難辦到，擬籌有款項，即將前借五萬兩交還毁約，則道契地基不必由泰來出名矣。

一、匯豐電取紗機，據丹科云，兩月後約可到滬，年内約可排齊。至擬添購布機三百張及配各種機器亦須趕辦，總須趕明年新花出市之前運到配齊，以應紡織，方不失時，然後有利可圖。計須光緒十八年年底匯結總帳，庶可摺除成本，發給股利。倘再遲延，則收效更無期矣。

一、查現須籌付匯豐紗機銀七萬兩，添置織機三百張與配齊紡車各種機件據開須銀十五萬兩；添造堆花棧房及廠屋找價、電燈找價約須銀五萬兩。又應還泰來五萬兩，酌還各户存項約五萬兩；應籌備五百張機半年所用子花五萬石，約銀二十萬兩。以上總共須銀五十七萬兩，至少籌銀五十萬兩，或可敷用。計自本月至年底，實需紗機銀七萬兩，廠屋找價銀五萬兩，還泰來銀五萬兩。出棉時至少購備子花萬石計銀四萬兩，又僅開四十張機，每日需虧百餘兩，至年底約虧銀二萬兩，共約需銀二十三、四萬兩。不辦織局則已，如辦織局，此係必不可少之款，應請憲臺或撥商款，或撥公款，予爲籌措，以應急需。查各省有發存典當生息之款，不下數百萬，現查織局如經理妥善，必可獲利。似可商請南洋將存典之款酌提四十餘萬，移存織局永予生息，庶可兩裨。此外，應照盛道所禀，請憲臺另發公款二十萬，免其出息，藉補前辦成本積重之累。

一、查招股一層，現無把握，俟辦有頭緒一二年後，結帳有一分之利，自足取信於人，而股款不招自至，届時將股銀或先還公款，或加添織機，再行禀請批示遵行。

一、以後各廠應如何嚴定章程，難以懸揣。必須隨時體量察度利弊，一一整頓，方無窒礙。

一、查織局前有積虧，成本過重，除請憲臺撥存二十萬公款暫不計息外，擬請奏明自五百張機開辦之日起十年內不準在江蘇省內産棉之區再立機器織洋布局，則十年内現立織局獨沾其利，庶可少蘇積困。如有欣羡布利願開織局者，盡可附股添機，以一利權。

一、查織局與新紡紗局，雖係各辦各事，似應外合内分。外合，則購花銷紗互相商酌，無得傾擠，致爲市面新操縱；内分，則出入盈虧，各清界限。日後如何統屯新花，出售紗布，必應公定章程，庶兩局各有裨益，擬請憲臺飭令一體遵照辦理。

一、奉憲臺發下龔道等稟摺七件，内批飭各條，已由龔道逐條稟復粘呈，伏乞憲核。

以上二十條，皆就該局現在情形舉其大綱者而言。統核織局以前所用各款至五十萬之多，僅置織機二百張，成本過鉅，本難補救，所幸鄰於産棉之區，棉質甚佳，織成之布與洋布頡頏，可期暢銷。以後惟賴憲臺維持，多撥款項，多添織機。而奉委經理者果能嚴定章程，行之以久，持之以堅，當可收轉敗爲功之效。所有遵飭奉查織局情形，理合稟復，仰祈憲臺俯賜察核。

陳旭麓等《盛宣懷檔案資料選輯之六》上海機器織布局《盛宣懷上李鴻章稟 光緒十八年六月》 謹查洋棉紗一項，光緒四年進口只有十萬八千餘擔，九年增至二十二萬八千餘擔，十四、五年增至六十七、八萬擔；十六年則有一百八萬一千餘擔，值銀一千九百三十餘萬兩；十七年則有一百二十一萬一千擔，值銀二千九十萬兩。比較洋布更甚，若不及早設法塞此漏卮，是於洋藥洋布之外，又添一大宗出款。民間婦女織而不紡，只圖目前之便宜，孰知洋紗不用土花，恐田間棉花之利，不久盡爲所奪，損國損民，其害尤烈。是機器紡紗，中國又不能不急起直追，以期華棉有用，華工有食，華財不致盡漏。

然上海織布局奏設已逾十年，官商資本已逾百萬。原奏準其專利二十年，今則織布無利，非藉紡紗不能保全已耗之本。爲大局計，應添集鉅本，紗布兼籌，盈虧相共，毋庸紛岐。中國人心不齊，獨善不能兼善，合數人而共利權尚易，合數十人、數百人而共利權則難。且鑒於布局以百兩股分摺成三十兩，已出布而仍不見得利，決無人再願入股矣。或者另招新股，名爲合局而實則分家。在新股用舊局之基地，用舊局之洋匠，用舊局之運單，而所得紡紗之利歸新股而不歸舊股，僅允於得利之後，分任公款十萬兩，是舊局從此無屋無力添辦紗機，必坐以待斃。就使先繳公款十萬，亦只能救出十萬而已，其餘公款二十萬，商款七、八十萬，皆無着矣。此專爲新股計則可，兼爲舊局計，則未可也。今欲推廣紗利，既不見拒新商而兼顧布局，又不失信老商，惟有準由布局稟請新商另行招股，另設紡紗分局，本利各自分家，只須援照龔升道所開之紗局。每一分局附入織布總局，股本銀五萬兩，準設紗機一百張爲限制，如設機有增減，則附股亦按照增減，總以每機一張附股五百兩爲準。凡給予準憑者，所出之紗方許援例發給運單，只完一正税，免完半税釐金，并須在總局内設一公所，紗布各局總會辦均充董事，遇事會商，庶幾買布不致居奇，雇工亦有定例。至售紗尤須公議牌價，方足以抗洋紗，而免自相争踐。紗局準以十家一千張機爲率，或在滬，或在各口岸均可照準。蓋限以十家，人或知其利重而争先恐後，不致觀望遲延。總局則當先行籌借資本五十萬兩，趕緊購買新式紗機一百張，迅速紡紗，以取利益。或先借本二十萬添紗機四十張，由漸擴充，似亦可行。并將布機五百張認真整頓，能織斜紋布得利者則開，不能合銷得利者則停。將各紡紗分局附入之股本，陸續歸還借款。但望請設之紗機得有千張，則中國每年紡得棉紗三十八萬餘擔，可少漏卮五、六百萬兩，而且布局得增附股五十萬兩，可增三萬錠子，每年紡得棉紗三萬八千擔，可得餘利十數萬兩，將來派利亦可，拔本亦可，不特官本有著，布局老股有著，即紗局新附之股亦必有著也。但老股百兩已摺三十兩，且十年無利矣。新股附入一成者，尚有九成，另辦紡紗可獲重利。届時派利宜分厚薄，即拔本亦宜分先後，以昭公允。是否有當，伏祈鈞核。

陳旭麓等《盛宣懷檔案資料選輯之六》上海機器織布局《上海織布局附設紡紗廠章程 光緒十九年六月》 謹將上海織布局餘地附設紡紗廠，公舉總董，招股貼費章程開呈鈞鑒：

一、紗廠宜外合内分也。

現議紗紡廠附設織布總局之内；總辦雖一股商，則分所用總局基地若干丈，房屋若干間，自應議定租價，書立租契，俾沾方便之益，而無混淆之嫌，計須租地建造，安置紡紗機器五十張，兩層樓一大所，鍋爐房、引擎房兩所，公事房、帳房工籌處、女工吃飯處、厨房、厠房以及堆花棧儲料棧。又擬將布局現用之堆花棧樓房一所，估價歸於紗局購買，改爲摇紗打包之地，以圖近便。至布局堆花棧房本不敷用，擬將原棧售價擇地另蓋華式棧房，庶爲兩益。此外如布局之摩電引擎尚可添燈四五百盞以及修理機器鐵木廠均可借用，臨時由布局總管與紗局總管會議，再由總辦核定，總期界限分清，兩便而不至兩混。

一、機器宜及時購定也。

現設紡紗廠度地足容三百數十錠長紗機五十張，配搭各機均稱是，另置引擎鍋爐，寬備馬力，如日夜工作，機無停頓，約可出紗四十餘包，已與上海瑞生洋行訂買長身經紗機二十四張，配搭各種機張并康邦大引擎鍋爐限五個月運到上海。又與地亞士洋行訂買經紗機八張，配搭各機，議明包裝包用不先付價。又四月間洋匠丹科承辦新紗機十張，共已訂定四十二張，應俟一律運齊試用，俟出紗後察酌廠樓部位，再行續辦，總以裝滿爲度。惟布局軋花機頗有多餘，擬分出若干張售與(鈔)〔紗〕廠。此外，如有布局餘件爲紗局所必需，俱照原價撥買，不稍含混。

一、成本宜定額招股也。

本廠不領官本，應招集商本規銀三十萬兩，以一千兩爲一股，布局老商以及并無布股者，均准附入，另給紡紗局股票利摺，專辦紡紗一事，不與織布局相混。統俟房屋蓋齊，機器設定，即由總辦繪印廠圖，核算總帳，先將用共成本若干結清，分送股商公覽，所餘股本若干，作爲本廠購買棉花之用。目前蓋廠購機即須付價，每股應先收規銀五百兩，限定本年七月内交齊，按股掣與印收規銀五百兩，限定本年十月内交齊，即將印收更換股票收執。以後如有更名，必須到局過户換票，并注明藉貫，以杜外人冒名充商。嗣後總局内紗機如議擴充，應先盡有股者加股，必待有股者不願方准另招股分。

一、活本宜隨借隨還也。

本廠成本只有三十萬兩，購機蓋廠所剩無多，每年新花出市，花價較平，必須多買，以免零購居奇，猶如運鹽開當亦皆有短匯活本之時，方能合算。現議購花之時須由總辦電詢大股，如願暫時匯借者，應先盡大股匯借，再向銀行錢鋪匯借，利息隨市面，由局出立印據。總辦與銀錢總管均須公同畫押，立定歸本限期，不得愆期爽約。

一、利息宜分別存派也。

股本自收銀之日起，至機器設齊出紗之日止，先付周息六釐，自出紗日起付周息八釐，俗所謂官利也。每年於十二月底結帳，正月底付利，此外盈餘年終結算，照輪船招商局章程先除拆舊净得餘利若干，再按十成分派，以二成作爲總辦董事及司事人等花紅，以酬勞勛，其餘八成以一半留爲公積，預備花價提漲，紗價遞減，不敷開支。官利可在此内提用，如果歷年有餘公積厚實，初則可抵買花活本之用，繼則可以加增機器，加造廠屋，以一年按照銀股每年隨同官利分派各股友。

一、産價宜分年攤除也。

廠房機器及置辦什物愈用愈舊，自應援照招商局現行章程，輪船棧房照原價分年遞拆之法，官利之外如盈餘多，則照原價多除，如盈餘少則照原價少除。所有原價若干，總期分作十餘年全行攤除，則根基深固矣。

一、帳目宜核實清楚也。

開辦集股三十萬兩是成本也。隨時匯用隨時歸還是活本也。所有綜結彩結帳目應由總管銀錢者匯合，總管花紗者按月結總，分送總辦查核，如有錯誤，即行發還更正。各股商准其隨時赴局查閱，至年底匯結年總，刊刻分送，以征信實。

一、公廠宜且保請照也。

現在上海一隅，已設紡紗三廠，以後各省或有續立公司，若僅區別總局分局新局等字樣，恐致混雜滋弊。查泰西及印度、日本商辦織紡各廠，均有廠名。現議招股設立紡紗機器，應先由公正殷實紳商具保該廠均係華商，實在資本并無洋人股分在内，保結由督查大員加結，呈送禀請賞題廠名，并刊發執照，并給上海某某紡紗公廠木質圖記一顆，發交總管收執，以備印用股票及各項之用。

一、税捐宜派員督查也。

本廠機器所出華紗應照機器所出華布專案，除在上海零售者不完税外，或運他口，或運内地，均在江海關完一正税，沿途概免税釐，其由上海轉運他口者，由本廠轉請江海關道印發轉口單，其由上海徑運内地者，亦由江海關道印發分運單，其由上海運至他口者再行分運内地者，本廠轉請督查華商機器紡織事宜印發憑單，單不離貨，概免釐税，以歸一律。從前布局以華棉寄至外洋設法定造華棉合用機器，并禀准納税專章，昔之布局創之獨任艱難，今之紗廠因之同沾利益，自應遵照每出紗一大包，售出後提交布局津貼規銀一兩，以還公款，仍以還清公款之日停止。如果將來紗價大減，花價大漲，各廠實在虧本，准其公同具禀酌減，但不準藉詞捏禀，查出重罰。

一、商務宜責重股商也。

駐局總辦擬稱爲總董，由股商公舉，如現集股本三百股應由股衆商聯名公舉，請北洋大臣札委，如有弊病，亦許有股衆商具稟更充，自定章之後，如須添辦機器，動用成本，以及更改章程，總董均須先與股商會議，有過半應允，方可定議。

一、用人宜各專責成也。

本廠最要總管執事約須五人，一管收支銀錢，一管監督工作，日夜二人，一管買賣花紗，一管收掌花紗。此皆要缺，監督工作應由駐局總辦遴選，其餘三人應由公舉，買賣花紗尤須精明廉潔，得一總管消息靈便，則總辦有斟酌，司事有率從，所有大小執事均須有殷實商人出立保單，如有侵蝕虧短，惟保人是問。派充之役或有弊病，不拘何人，摘出實據，即可隨時撤换，不得徇庇姑容。

一、雜款宜悉數歸公也。

本廠總辦以下各執事薪水之外，每年皆有花紅可分，所有銀錢出入，拆息無論久暫，均須歸公。司事買花賣紗不得有回用等弊。廠内收回黄花衣、黄花子、白花子、飛花子垃圾油污花紗等項，亦一概歸公變價，均無絲毫入私。

陳旭麓等《盛宣懷檔案資料選輯之六》上海機器織布局《織布局被焚時收支清摺光緒十九年九月初十日》 謹將織布局光緒十九年九月初十日被焚止收支各項存該綜結，并棉花、紗布、花子、花衣等項，前已分别開具四柱清摺，稟報在案，今再將九月初十日後收支各款料理清楚各項綜結，開呈鈞鑒：

計開：

舊管：

一、存莊款并現銀洋規元二千九十二兩七錢一分。

一、存棉花款規元一萬八千六百九十六兩四錢九分五釐。

一、存綸出棉紗規元二千四百七十一兩五錢六分二釐。

一、存綸出布匹規元四千六百五十九兩二錢五分。

共原報實存并約估規元二萬七千九百二十兩一分七釐。

新收：

一、收匯借無錫億馨莊規元五千一百六十六兩。

一、收棉花五千八百五十包，掃數變價二萬六千六百三十一兩五錢，除舊管項下原估一萬八千六百九十六兩四錢九分五釐，又新收億馨莊五千一百六十六兩外，售餘規元二千七百六十九兩五釐。

一、收棉紗掃數變價二千七百十八兩七錢七釐，除舊管項下原估二千四百七十一兩五錢六分二釐外，售餘規元二百四十七兩一錢四分五釐。

一、收布匹掃數變價四千八百五十六兩九錢九分九釐，除舊管項下原估四千六百五十九兩二錢五分外，售餘規元一百九十七兩七錢四分九釐。

一、收繳回黄花衣售價規元九兩六錢八分。

一、收繳回次白花衣售價規元二百六十二兩八分。

一、收繳回花子售價規元三十兩八錢七分。

一、收灘地租息規元一百六兩二錢一分。

一、收東效績里房租規元二十四兩四錢九分九釐。

一、收來安公司房租規元一百二十兩四錢九分。

一、收丹科經手買存絨布規元二百八十七兩三錢。

共新收規元九千二百二十一兩二分八釐。

連舊管共計規元三萬七千一百四十一兩四分五釐。

開除：

一、支棧單斜文六十四規元一百五十三兩七錢三分。

一、支棧單棉紗六萬七千三百磅規元一萬五百七十九兩八錢二分五釐。

一、支顧洪順子花款規元一千一百六十五兩二分。

一、支存局定銀并紗布花子牙用規元一千三百九十九兩五錢七分。

一、支裕泰、涌記、福昌煤款規元三千三百四兩五錢二分五釐。

一、支男女工資規元四千二十七兩六分六釐。

一、支洋人惠林敦辛工車費（西九、十、十一三個月）規元六百七十九兩二錢六分。

一、支丹科辛工川資規元一千二百五十八兩五錢四分。

一、支丹科使者工食規元十二兩六分二釐。

一、支房屋保火險費規元二百二兩五錢。

一、支來安公司保火險費規元一百五十五兩三分。

一、支棉花保火險費規元十五兩八分六釐。

一、支還各鋪帳規元一千四十三兩八分二釐。

一、支楊木匠前修棧房費規元四百四十五兩一錢八分八釐。

一、支朱木匠前造棧房費規元一千一百兩七錢五分二釐。

一、支收拾燼餘工費規元七百二十一兩一錢五分。

一、支楊蓉珊代辦麻袋款規元一百十一兩一錢。

一、支楊蓉珊花子一百擔規元五十一兩四錢五分。

一、支地畝完糧規元三兩三錢八分九釐。

一、支布匹完税規元十兩六錢九分四釐。

一、支各路辦花經費并退花虧耗規元三百十六兩三錢八分五釐。

一、支還外國床布櫃等價款規元四十三兩二錢四分。

一、支助賑款規元二十九兩三錢八分六釐。

一、支還億馨莊買棉花款規元五千一百六十六兩。

一、支華順棧棉花棧租規元六百十五兩八錢八分。

一、支還司徒寶記規元一千四百二十一兩。

一、支總局繳費規元二千一百五十九兩九錢五分一釐。

一、支批發所繳費規元八百二十三兩一錢六分四釐。

共支規元三萬七千十四兩二分五釐。

實在結存規元一百二十七兩二分。

如數付交盛杏蓀觀察收訖。

陳旭麓等《盛宣懷檔案資料選輯之六》上海機器織布局《費德昭致盛宣懷函光緒十九年十一月》 竊念今之利權旁落，雖由地有限而民生齒日繁，耕不足以養其衆，亦緣自通商以來，外洋烟土、呢羽、洋布、雜物入内地，易銀以歸，年盛一年，無論智愚咸知利之有去無來。至如洋布一項十餘年前已歲須布價銀三千五、六百萬兩，近必有增無減，内地織布鄉民因之日見貧困。猶憶光緒二年分前浙撫憲梅面諭前浙江候補道王轉發爵中堂函寄據法國西人所呈織布機汽及開礦繅絲清摺，令抒所見，内開機汽之大者，如兼織呢羽絨毯等物，每日出布千匹，共約價本銀四十萬兩，遞減至每日出布二百匹者，機價洋六萬餘元，彼時共約常本銀十萬兩。其日出百匹者，機價雖賤，工力相同，似無合算。惟念中國自織土布，稱其分量向有漿粉加入，來帳不甚詳晰，迨後函詢地亞士洋行何號經緯應上漿粉若干，終未詳明登復而止。今據申報所載被毁機汽其布機紡軸較前次法國來賬所加尚未及倍，而今歲已能共成布一百八十七萬二千餘匹，不獨出數驟勝於前，其利亦可約計，以卑職之愚爲今日計者，誠如憲稟若不將現毁舊股設法截清，此後帳情糾纏，勾核爲難。其中所存官款固應首先撥歸。至商股存款，除將毁剩各物攤抵外，似必短缺尚鉅，若作新股，一律攤與官利花紅，誠恐分利較薄，現設新股未免缺望，若不設法撥還原本，又慮舊商解體，此後或有他事招徠，竊恐觀望不前，可否仰乞憲臺俯念商務攸關籌款，逐漸彌補，以期固結商情，民皆欣戴。至此次重設布局，頭緒紛繁，謹謬擬局廠章程六條，附呈憲臺，俯賜採納，冀爲溲渤之助，臨款不勝惶悚，待命之至，謹略計開：

一、機汽宜先購定，以期充擴也。竊念機汽造物，人工煤火雖大，其能有利者在出貨多而銷售易，現各處所銷洋布名色不同，應請電至外洋各機廠(需)何項織布機汽與各種布匹最宜，每日燒煤若干，出布若干，須價若干，俟其電覆，再與經理西人詳加考核，選擇購定。在民間之貪用洋布者，一則闊而省料，一則細軟光滑如綢，每至春末夏初，無不以竹布作單夾衣服，是以常年搭織原布、粗布、標布外，春夏宜多織竹布，秋冬宜多織斜紋及提花色布或絨布，以便民間棉衣之需。更宜訪察各路，以何牌洋布銷數最廣，即多織何號布匹，以期貨不久儲，則資本易於周轉，至機汽、房屋、器皿即商賈之生財，中外咸以分年核減。況鐵爐鋼齒日久必損，房屋、器皿年遠必壞，此項底本應須酌定年限，逐年遞減作帳，限滿之後，没有損壞，本已撥歸，冀不至紙上空盈矣。

一、行本宜先核實，俾有把握也。查行本一項，與底本不同，除局用外，非貨即銀，其間最宜考核者，因念内地土布如用潔白花衣紡綫，素無摺耗，及至刮漿上機，向加一、二成不等，秤其分量，皆有盈餘，即絲棉綢亦然。洋布漿粉較重，□□□與西人考核何牌之布，以凈花若干，成經緯綫若干，加漿粉若干，攤派人工□□□價若干，雖未能毫釐畢具，苟能考核大綱，再按花價、布價盈絀之間可操左卷。

光緒二年分，前浙撫憲梅特購寧滬凈花各一包寄往東洋紡紗。滬花百斤摇成經緯綫十餘號，杳無短摺。寧花僅紡去二十餘斤，松則未能光匀，緊則節節皆斷。内地向以子花三斤成凈花一斤三、四兩。浙西子花之最好者每百斤現已價至五元四、五角，與其因價昂採買次花，多棄摺耗，莫若選購凈花，俾免狼藉。以卑職之愚，秋間新花初出，非但貨多易於撿擇，抑且價值較賤，應請除常本外，隨時酌添短本，多備花衣，冀輕成本。

一、局廠宜定限制，求精技藝也。伏查外洋商情，凡有一事無不集腋而成，動輒數萬股或多至數十萬股，可一呼畢集，内地之商，往往未成之先，人皆猶豫。□成之後，利未得而已思侵奪，因之無不首畏其難。現蒙爵中堂憲臺重整機局，固因倡導而設，然十餘年來，利未得而所費已鉅，應請酌定此後各省無論官商内地海口，只準共設機廠若干處，惟官局爲江浙創辦之基，如在兩省界内添設者，應令赴局請領分廠執照，酌派員紳一人駐廠監視，并酌提官局公費，藉補前次倡導之資。然機汽之設於海口，曷若設於産花之地，俾買花易而銷貨亦便，冀省往返水脚如民間子弟願來廠習學者，須有可靠中保，初則酌貼飯資，一年半載後如可幫同工作，即無須貼膳，待至技藝精熟，在廠者按執司給其辛資，倘欲至他處工作，亦聽其便，總期技藝廣傳精益求精，俾利權更易歸回矣。

一、捐税宜先酌定，以免趨避也。伏查外洋運布入口，先由洋商完納海關税銀。華商赴洋行批發，沿途再報釐捐。此次重設布局，原因利權起見。倘日後分廠漸設，隨織隨銷無須再完關税。非但税則攸關，且恐洋商藉口，應請預爲計及。官局自織之布按照進口亦一律首完減半税銀，由就近海關按匹加戳，俾易稽考可否，仰乞憲恩俯念各股所短較鉅，稟請將此項銀兩及分廠所繳半税公費酌提，并補前股，或津貼官局經費，或解還海關。税則之處總期挹彼注此，涓滴歸公，毋使稍有遺漏也。

一、局規宜先明定，以專責成也。竊念貿易一道，與衙門體制不同，其用人出納等事似宜預爲核定。卑職一介庸愚，何敢妄參末議，惟念經此兩失，於前尤望早得盈餘，以填前缺。局中各務殷繁，似宜分爲八所。一曰文報所，專司文案，外兼查各所出納及工匠勤怠。二曰收支所，經理銀錢貨物外，兼總核各所收付帳目。三曰存花儲核所，管理收發棉花、花核。四曰軋花、鋪花所。五曰紡紗所。六曰織布所。七曰收發紗布所。八曰收發煤料所。每所刊給清漢合璧圖記一方，各刷三聯提單收照。如此所向彼所取貨，須用提單，以内聯爲存根，中聯爲報單，交文報所照單登簿，加蓋騎縫，隨時轉呈總辦備查。外聯赴彼所憑單發貨，若彼所將紡織成料之物，送交此所收儲，填與報單收照，互相查對。若□□客到局購買紗布，應由收支所派人同往看貨，收銀後亦發提單，由商持單□所發貨，各所按旬將出納銀貨開明四柱清摺，交文報收支，兩所核對□□總辦稽考月終造具四柱清册，申送憲臺、各憲核奪。然八所中惟文報收支有稽查別所之責，任重事繁。其次則紡紗織布盈絀攸關，即採買子花、净花，貨價均有高下，擬請飭令各所員紳、司事另給川資，輪往各處分辦，精勤者酌給酬勞，侵怠者輕則永停採買，重則立予撤退。其各所應用執司，非屬下所敢僭議，應請憲臺先行酌定。惟念滬上風俗奢華，市場昂貴，設或所得不足以養其家即不能盡心所事，與其一事數人，十羊九牧，曷若選擇老練可靠之人，專責經□□推卸，如有聰俊之員，必須添派者，或請酌給薪水，仿照各所額外司員分□□學，俟正額出缺，選擇派補，以資熟手。至局中存銀或有成數，與其儲於□□，若不較利息，分存可靠銀行，既防宵小之覬覦，藉杜監守之自盗。

一、工匠宜分勤怠，以示鼓勵也。竊念局中自奔走司事，下至工匠，何至千[百]，應各分其事，限定所作，由各所總理管束。如工匠中除每日應做外，或趕□□作，或格外勤勞，擬請酌予獎賞。如其怠惰不前者，察其輕重，分別示罰。惟鋪花、織布、紡紗三所之人愈久，則技藝愈熟，苟無過失，不宜輕換。女匠如歇局中，住房應與他所隔絶，專派老年司事門役，早晚出入查點，即所管之人，亦不準擅入卧内，以杜嫌疑。惟統局人數既多，恐有奸人混迹，應請仿照棘闈置備火烙腰牌，注明姓名、年貌、口音，執司何事發文，各所總理加記轉給，如其□□由各所收繳更换，俾易稽考而昭慎重。

陳旭麓等《盛宣懷檔案資料選輯之六》上海機器織布局《仿織洋布説光緒十九年》

查通商以來，進口貨除洋藥外，以洋布洋紗爲大宗，道咸間洋布進口僅值數百萬者，今已三千餘萬矣。前十餘年洋紗進口僅值十餘萬者，今已一千三百餘萬矣。夫中國固産棉也，乃華民幾盡舍土紗土布，而惟洋布洋紗是用。此誠銀溢於外之一大漏巵。塞之之法，莫若以中國自産之棉仿織洋布以敵之。説者謂仿織洋布，建廠購機成本必鉅，本重利輕，誰爲創之？不知英國織廠於光緒十年計二千六百七十餘定，成本計九千萬磅，庸工者五十萬人，棉皆自印度、美國運至，每七日各廠銷棉共重四十萬磅，磅值六邊士，則棉價已值六十萬磅，每磅之棉應加紡費三邊士，織費三邊士，各廠每七日計費一百二十萬磅，周歲姑以三百五十日計之，一年應費六千萬磅。一切雜款視所費應加百分之七，約四百二十萬磅，兩共六千四百二十萬磅。此各廠一年實用之數也。查是年英國内銷紗布值一千七百七十七萬七千磅，外運者值七千二百零七萬九千磅，共值八千九百八十五萬六千磅，以此除於實用之數實餘二千五百六十五萬六千磅，每磅姑以四兩二錢合之，計銀一萬零七百七十五萬餘兩，此實盈之數也。以此盈數核成本九千萬磅，計得净利二分七釐强。夫英不産棉，借棉於外地利已如此，織廠之設，本愈重，費愈省；費愈省，利愈厚，此明證也。又何有本重利輕之虞哉？

又或謂英美運貨來華，洋布爲宗，若見中國自織以敵之，則必貶價以强争。華商股本有限，設創織局而布價不敷開銷，積虧必鉅，誰敢認之？查光緒十年，英國外運紗布已值七千二百零七萬九千磅，合銀三萬零二百七十餘萬兩，而美國與印度是年出口之紗布合銀約值一萬四千三百七十餘萬兩，通計數年，中國進口洋紗布之中，數約四千三百餘萬兩，以核英美出口紗布之值僅百之九耳。中國始織洋布，歲成者多止百萬匹，值銀僅二百餘萬兩而已。而每日已應織三千匹矣，則(校)〔較〕進口四千三百萬之數，值百之五耳。洋商又安肯貶價？舍其九十五分之利，以争我五分之利哉。縱令中國紡織之(沙)〔紗〕布與進口相若，洋人又安肯貶價，舍其九十一分利以争我九分之利哉？則中國自立織局，洋商必不貶價，與我相争者又理之可斷然者也。且也英織之布，其棉則運自印度、美國，歷程二萬餘里，成布運華，又歷程三萬餘里。美國之布來華，亦歷程二三萬里，即印度之紗亦歷程萬餘里，使中國自織洋布，則出棉之土與銷布之市，無一水之隔，縱令洋商貶價以相争，我布之取盈於彼者已省此數萬里之運脚與保險之費矣。或又謂洋棉木本數年一易子碩房繁，紡緒甚長，足任機力。華棉草本一年一易，實小房逼，紡緒短弱，難任機織，華棉似難仿照洋布織以機輪者也。此説似亦近理，但查日本近設紡織各局，其土棉亦係草本，每年自滬出口運往，以供其不足者亦百萬餘包，紡織沙布亦已行銷。查日本於神户、大坂近設織局，以其成布之價核計成本盈利三分，較勝英廠。倭棉既可紡織，則草木華棉亦可紡織。然則中國自産棉花，既無虞棉絮之短弱，不勝紡織，又無虞洋商之貶價，與我争衡而織布。經北洋商憲奏設，迄今十餘年矣，并未聞一布之成者則何也？嘗考外洋之書，有謡論織局成敗，其略曰歐美洲織廠林立可萬計，廠多貨壅必貶價以樹敵，其籌及纖悉而謀先於人所未及謀者，方可争勝而獲利。其大要有二：一、廠本宜充足也。購廠之基欲其寬則諸事分所各得其宜，紡織之器日新月異，新式是購，購價或昂，而月計之工費可省。紡車織張，各配其數，以多爲貴。蓋機多則費輕，輕費則成布之實本亦輕，故有時以數百機而虧摺者，加至千機而轉盈焉。置本之外，必備浮本，棉賤則多儲以備用，成布則待價而出售。出入之際，成敗係焉。其成本少而貿然以將事者，臨時必見窘，窘必敗。

一、辦事宜精細也。其建廠也，廠屋高下必欲其稱……紡織之(機械)，欲其與棉性剛柔相配也。必置之位，必欲其次序得宜，而工人來往無重複也。開工也，則自選棉而配類，而軋子，而濾，而彈，而梳櫛，而引緒，而紡，而織，凡經十三事而布成，一或不慎則僨事矣。理財也，出入必慎，帳目必清，鉅細必親至與銀行往來也。與其稱貸以儲料，孰若守約以示信，則成布不爲市面所擠矣。其營商也，心計必精，決事必勇，知機必先，毋拘成法，毋愛新奇。其用人也，賞罰必信，號令必行，廠中無閑散之機器，即廠中亦無違拗之工作。夫如是，則總理得人，而織局之獲利有斷然者。

細譯前言，蓋織局之要肯於是乎在。查前設織局創辦之員，於紡織之事既未能洞悉其織，悉以盡知其利弊，機器之新舊更所未曉，一聽洋匠指揮，故圖式未能預爲繪定，興工建廠稽延時日，所招股款措置乖舛，盡被倒没。及機器運到，無款往取。續辦者徒憤前款之無着，加股借貸迄鮮應者。是辦理之始，股本既未充足，而辦理之人又未與織布出所論相副，致十數年一布未成，而徒歸咎於紡織之難，是豈紡織之難哉？然此已事也，爲今之計，莫若將已事一切暫置勿論，專心并力扶持織局，務使土棉仿織洋布，以稍塞銀溢於外之一大漏巵，則不獨將來之織務漸可推行，即昔日之虧空亦能彌補。擬將前織局加本擴充，以織機千張爲度，前此股本一并算入，織機千張則日成布二千匹，較之二百張者，每布織成之費可省其半，而盈虧較有把握，謹先擬擴充章程數則，後附日本織局置本與一年開銷以及盈虧之數，以備查考。

一、前局雖經開機織紡，惟現議加本開拓，且聞購到機器多有十餘年之舊式者，擬請公正人將前局所存房基機器逐一估計，共值若干以便核算。

一、查足供織機二百張，新式紡輪四千一百二十八與一切機爐運脚保險各價費計八千四百十九磅，兩共計一萬八千七百八十三磅，每磅合規銀四兩五錢七分，約合銀八萬五千八百餘兩，即以此數加至千張，應合銀四十二萬九千四百兩。惟織機至千張，視二百張之價，自保險運脚與一切機爐可省百分之三，應實計銀三十萬零零五百餘兩。又購地建廠與建廠前一年銀利開銷約共需銀二十萬外，備浮本以爲購棉存布之用，約需銀亦二十萬，共計千張織機，實需本銀七十萬兩。

一、擬招新股以七十萬爲率，如一時未能招齊，或請借撥公款，歲息五釐，約開廠後五年清還。如官款不足，準借洋債，約十年後清還，至陸續所集之股，即以提還公款爲。

一、擬購機器必須向英國最有名望之廠購定合同，内訂明以華棉每張每日織成若干碼。俟機器運華由滬廠派人安置妥貼，試用果如所定碼數，再付金價方□器窳。

一、擬置本七十萬作百萬□算，其餘空額三十萬，如獲盈餘，除借款付息外，即按前局股本攤分。蓋查日本織局織機二百張，與一切成本浮本約銀二十萬，歲可盈利三分。今織機加至千張，一切置本可十之三，如辦理核實，措置得宜，則開銷視二百張者亦省十之四。每年定可盈利三分。故以攤分前股亦屬平允，況前局尚有廠基機器可抵入乎。

一、前局經奏準獨織限十年内不準他商設立織局，以與争衡。兹係推廣前局，彌補前虧，似應準令得享十年獨織之利，惟須聲明在江蘇一省不準再設織局，他省開辦不在禁内。又十年内七十萬股滿額後，如仍有紳商願附股者，應仍責令兹局俟附股集至足購織機千張之數再立廠機開辦。至所認前局積虧亦應攤入新集之股，以昭平允。如是十年内陸續收進新股，增派新廠，限以萬張織機而止。

一、十年獨織之限已滿，各織機已置萬張，應仍奏令準獨織五年，不招新股以示優異。

一、兹局專爲織布而設，至紡紗一事，已有紡紗公司，應責令專行紡紗，以奪洋紗之利。兹局紡紗專供廠内織機之用，不得多紡紗綫，侵占紡紗公司銷場。

一、兹局係商股集成，應仿照外洋公司章程稟請南北洋商憲札派熟悉商務講求紡織者一員坐辦局務，辦理日行事件外，又稟請由上海錢業洋布號家與其他大宗生意者，公舉四人爲董事，每五日至局議事，所有一切創辦之事、工人司事薪水與銀錢出入款項皆由董事議定，於董事中派一人輪流主議。所派各事由坐辦局務另謄清簿，至下次議事將前項所議節略宣誦一遍，無誤然後再議他事。

一、局内總帳房與各廠總理司事應由董事公舉，必須有切實保約方準充當。

一、坐辦局務與董事之外，應稟請南北洋商憲派一大員督辦，專管官場交涉事件，會議時亦可至會監察。惟所議之事必經董事公同議定，方準照辦，以專責成。

一、兹局設在上海，專購就近之棉。惟種棉不甚得法，或宜就近商請地方官或派人到鄉勸諭業户留心栽種。如疏布棉種約兩行，相間四尺五寸，其直行内每穴亦宜相隔一尺五寸，多加倍料，每穴下種必須多散種子，約四五子一穴，則結實必盛，引緒可長，亦講求織務本源之一道。

一、局中開辦節目應由所派董事隨時議定。

陳旭麓等《盛宣懷檔案資料選輯之六》上海機器織布局《上海機器紡織公所華商上李鴻章稟光緒二十年三月初八日》 機器紡織公所華商公稟宮太傅中堂伯爵前：敬稟者，竊商等於去冬奉憲臺奏派津海關盛道來滬規復紗布機器總局推廣商辦，并蒙頒示公共章程，捧讀之下，仰見憲臺於保護中國利權之中，仍寓體恤商艱之意，商等敢不仰承憲意，勉力維持。現在遵章請領憑照，先後購機建廠，計有上海紡織總局改設之華盛總廠，紗機七萬錠子，又布機一千五百張，又棉子榨油機器全副。上海招商局分設之同興廠，紗機六萬錠子，又布機六百張。上海紡紗新局改設之華新廠，紗機三萬錠子，又布機五百張。大綸廠紗機二萬錠子，又布機三百張。裕源廠紗機二萬錠子，又布機二百張。松盛長廠紗機二萬錠子。大純廠紗機二萬錠子，又布機三百張。裕晉廠紗機二萬錠子，肇興廠紗機二萬錠子，又布機二百張。集成廠紗機二萬錠子。寧波通允源紗機二萬錠子，又布機四百張。連湖北官辦兩局紗機八萬錠子，又布機一千張，共成紗機四十萬錠子，布機五千張。合華人之力，陸續措置，尚形踴躍，惟開辦之初，非通籌全局恐不能持久無弊。查光緒十八年各海關總結計進口洋紗值銀二千一百餘萬兩，又粗布斜紋布值銀六百二十九萬兩。十九年尚未見刊本，大概不相上下。機器紡紗向以錠子計算，以四十萬錠子計，每日夜可出紗四十萬磅，周年以三百日計算，約共出紗一萬二千萬磅，以四百磅爲一包，共成三十萬包，每包售銀六十兩，每年約售銀一千八百萬兩，比較十八年進口之數將及九成，如值布價暢銷，布機全行開織，應用棉紗十餘萬包，扣除紗價三成，净售紗數亦足抵進口洋紗之六成。又布機五千張，計每日夜可出布一萬匹，周年可出粗布斜紋三百萬匹，每匹售銀二兩五錢，每年約售銀七百五十萬兩，比較十八年進口粗布斜紋，已屬有多無少。況西洋紗布斷不能不到内地。近來東洋廣建紗廠，均以銀作價，勢必侵銷中土。須俟講求種棉之法，能紡細紗，始能織原布，庶可大興布利。商等再四籌商，請合中國各口棕計，無論官辦商辦，紗機以四十萬錠子爲額，布機以五千張爲額。除湖北官辦兩廠紗機八萬錠子，布機一千張之外，商辦紗機三十二萬錠子，布機四千張定爲限制，十年之内不準續添。如蒙俯鑒商力艱難，商本甚鉅，此次糾合千萬華人之資，竭澤而漁，實爲仰體憲臺，杜塞漏卮之至意，不得不嚴定限制，保護資本，應請奏明立案，以釋衆商疑慮。商等又伏讀憲頒公共章程第二條開載，凡華廠定購洋行機器若干部，必須報明總局，稟請北、南洋大臣核準，給發合例護照，轉行關道，方準驗放進口，不得由該廠徑向關道擅請驗放，致滋影射。近見通飭準總理衙門咨開「洋商販運機器進口一事，屢與各國駐京大臣辯論，本衙門現定畫一章程，以期經久。查中外立約通商以來，外洋機器日新月異，中國所難逆億，即外國亦難預料。今擬機器進口，凡係中國自購或托洋商代爲購運，領有合例護照者，一律準其進口。其洋商自行販運機器，無關華民生命，無礙華民生計之物，酌照税則不計之貨估計價本，值百抽五，準其進口。若洋商販運機器有關華民生命，有礙華民生計之物，又爲税則所不載者，不準進口。蓋中外政教風俗有別外洋，機器層出不窮，中國顧念民生，不得不申明自主之權，以保商務而免歧誤」等因，具見譯署各堂憲深謀遠慮，保中國自有之利權，杜外人無盡之欲壑，言簡意賅，莫名欽佩。伏查中紗布係華人日用必需之物，從前本係華人自紡自織，利不外溢，今中國改用機器紡織，自應專歸華人自辦，以保中國自有之利權。若洋商販運前項機器，即係侵占華民生計，大有窒礙，與造出口貨機器實有不同。況商等奉飭招集華人資本，係合數千數萬華人之資，而爲此收復民利之舉。在華商尚擬請定限制，不準於已定額數之外擅辦機器，更不容洋商販運紡紗、織布、棉子榨油機器至中國口岸改造土貨，致礙華民生計。爲此，合詞環禀，仰求憲臺俯賜察核，咨商總理各國事務衙門，明定專條，嗣後凡遇軋花、紡紗、織布、榨油機器實係華商所購者，非奉北、南洋商憲批準，發給合例護照，行知各海關道，一概不準進口。若由洋商販運前項機器，應照有礙華民生計之物，不準進口，以免含混。又查日本國建設紡紗廠數十處，皆係日本人自設，并無洋商在内。華民生齒尤繁，所關華民生計甚鉅，尤應一律悉歸華商自辦。商等非敢過事鰓鰓，實以中國口岸商務日疲，專以争軋爲事，更恐不肖之徒，唆弄洋商，陽爲出名，以撓大局。除由公所會議嚴定章程，隨時稽查防範外，所有華商集資承辦紡織機器，請定限制并聲明紡織等項實礙華民生計，擬懇明定專條，不準洋商販運機器進口，以保中國自有之利權各緣由，商等出於情急，不得不披瀝直陳，伏乞憲臺俯賜鑒核批示，俾知遵守，實爲公便。

陳旭麓等《盛宣懷檔案資料選輯之六》上海機器織布局《上海機器紡織公所華商上李鴻章禀光緒二十年十二月》　敬禀者：竊查近年西商以洋紗及粗洋布售於中國者，每年計值幾及三千萬兩。上年十一月，蒙中堂奏派津海關盛道來滬規復紡織機廠，招股興辦，以冀塞此漏卮，其時衆華商以爲設立機廠籌辦匪易，各商資本不厚，何必作此曠日持久之事。當經盛道會同聶升道諄諄傳諭，謂此舉係爲中國收回權利，非爲牟利起見。且於總廠之外準設分廠，約以紗機四十萬錠子，布機五千張爲率，禀定十年之内不準再有加增，嚴定限制，斷不忍令中國商民有限之血本，置之傾軋虧折之地。商等共仰中堂廑此保商裕國之心，咸皆踴躍從事。隨蒙盛道與衆商等在滬面訂章程，并議定衆商分設十廠，各自糾股入本，次弟興辦。嗣蒙盛道行知三月二十八日蒙北南洋大臣會奏：「凡洋商販運機器在中國口岸改造土貨，本係條款所無，前準總理衙咨行洋商販運機器有關華民生命，有礙華民生計之物，又爲税則所不載者不準進口等因。紡織機器既經限定額數，如果洋商販運軋花紡紗織布及棉子榨油機器進口，自行製造，實有礙華民生計，已咨明總理衙門飭令關道税務司查明禁止。近來日本廣開紗廠，皆係日本商人自設，并無洋商在内。中國生齒尤繁，自保利權，斷不容外人稍生覬覦等因。奉上諭該衙門知道，欽此。」仰見各大憲思患預防之至計，商等不勝感激。不意十二月間英商怡和洋行載來紡紗機器三十五箱，欲在上海進口，希圖乘機嘗試，經上海道、盛道查照向章禁阻，而英領事袒護洋商必欲進口，并稱進口之後欲大開花廠，商等并聞尚有大批機器可容十萬人工作者，隨後續來，是直顯違我國成憲，以攘奪中國自有之權利。此次載來機器若不嚴行禁止，一洋商倡之，衆洋商隨之；一國倡之，各國隨之。外洋利息甚輕，必致竭力傾軋，使我華商虧本停辦，而紗布之利悉爲所奪，一年數千萬，十年數萬萬，皆屬民脂民膏，實於華民生計生命大有關礙，且以後類乎此者，有關華民生命有礙華民生計之物亦必接踵而來。有例可援，勢必更難阻止。現商等分設之廠已有七處，華盛、華新兩廠業已出紗。裕源、大純、肇興三廠機器已到，尚未出紗。通久源、裕晉兩廠機器已定而未到。其餘亦必陸續遵辦，值鎊價倍長，市面甚緊，洋行購買機器索價刻不容緩。壓本已重，後入之股尚未交齊，設因此波摺裹足不前，則垂成之局將廢半途，已入之本將歸虛擲，以後商務亦將不能復振。爲此，合詞禀懇中堂俯念下情，照會總理衙門即與英國駐京大臣相商，電飭上海英領事遵照定章，勿以此項機器違例進口，以保商務，實爲德便。

陳旭麓等《盛宣懷檔案資料選輯之六》上海機器織布局《華商機器紡織公所章程光緒二十年》　華商機器紡織公所章程(十七)條：

一、光緒十九年十月二十六日，蒙北洋大臣李傅相奏明在上海另設機器紡織總局，官督商辦，并釐訂章程，多設分廠，以資推廣，力保中國商民自有之利權等因，奉朱批「着照所請，欽此」欽遵通行在案。當經督辦機器紡織事宜、津海關盛道臺禀定招商公共章程來滬推廣籌辦已有端緒，必須認真稽查，防維影射。

上海爲通商總匯之區，應在上海地方設立華商機器紡織公所，官督商辦，與各口岸各廠總辦會議公所章程稟明北、南洋通商大臣酌核，奏咨立案，以資信守，永遠奉行。

一、現奉總理衙門咨行，現定畫一章程，擬機器進口，凡係中國自購或托洋商代爲購運，領有合例護照者，一律準其進口。其洋商自行販運機器，無關華民生命，無礙華民生計之物，酌照稅則不計之貨，估價值百抽五，準其進口。若洋商販運機器有關華民生命，有礙華民生計之物，又爲稅則所不載者，不準進口等因。查紗布爲民生日用之需，若洋商用機器紡織，係奪華民生計，惟華商自辦，以供華民自用，尚不致有礙民生，是以各省華商會稟，請將機器紡織概歸華商購機設廠，自行辦理，不準洋商附搭股分，以保中國自有之利權。現奉北洋大臣批準，凡有華商集股在通商口岸分設紗廠，應由公正紳商出具保結，恪遵公共章程辦理，先由公所查明，的係華商資本，切實可靠，再由督辦請發北、南(洋)大臣會印憑照，其執有憑照者方準由督辦開具緣由，詳咨請領購運機器合例護照，一律準其進口，以杜影射等弊。所有公共招商章程四條，另詳憑照之內。

一、光緒十八年各海關進口紗□□包，約售價銀二千一百萬兩。現議合中國官商務局廠擬辦三十八萬錠子，每年約可出紗二十五萬包，約價六十兩，可售得銀一千五百萬兩，定爲限制。除湖北官局已辦紡紗八萬錠子外，各商廠應辦紡紗三十萬錠子。照目前紗銷數目，已逾十分之七，其餘三成，印度、日本之紗，仍必進口，侵銷斷不可留餘地。又光緒十八年，各海關進口粗布、斜紋布二百七十九萬匹。十九年進口二百六十七萬餘匹，約售價銀六百六、七十萬兩。現議合中國官商各局廠擬辦織布機器五千張，每年約可出布三百萬匹，每匹約價二兩五錢，可售得銀七百五十萬兩，定爲限制。除湖北官局已設布機一千張外，各商廠應準再辦布機四千張。照目前粗布斜紋銷路，已屬有多無少，況外洋粗布斜紋斷不能不進口，權衡時勢，必須截止，不準再添。查中國棉花所紡之紗，自十號起，至二十號止，不能再細。因此，所織之布只有粗布、斜紋布，難織原布，必須購買洋花或自種長絲棉花方能再行推廣。將來如值紗價高於布價，則布機暫停，全數售紗。如值布價暢銷，官商布機五千張全行開織，每年得布三百萬匹，應用棉紗十一萬二千五百包，則三十八萬紗機錠子内多得布價七百五十萬兩，而必須少得紗價六百七十五萬兩，其售布比較售紗多得銀七十五萬，皆係織布(辛)〔薪〕工及布機官利也。

一、上海織布總局被焚後，督辦盛道臺籌集商股，規復擴充，改設華盛紡織總廠，又招商局另設華□紡織廠。又升任江海關道龔星使前集商股，設立上海紡紗新局，今改爲華新紡織廠。又寧波湯通久原設軋花分局，今由候選道嚴觀察等招股，改爲通久源紡織廠。又盛道臺前與前通永道楊觀察稟設上海紡紗分局，今由周司馬廷弼等接辦，改爲大綸紗廠。又盛道臺前與浙江候補道朱觀察稟設上海紡紗分局，今由朱觀察招商朱疇等開辦，改爲裕源紗廠。又候選同知周樹蓮等添設松盛長紗廠。又河南候補知府楊太守廷杲等添設大紵紡織廠。又候選同知黄司馬晉荃稟設裕晉紗廠。又廣西候補知府吴太守熾昌稟設肇興紗廠。又内閣陸中翰樹藩稟設集成紗廠，均在上海。以上請給紡紗憑照者共計三十萬錠子。請給織布憑照者共計布機四千張。現在連湖北官辦八萬錠子，共計三十八萬錠子。又連湖北官辦布機一千張，共計五千張。以上各廠均照新章，商本商辦，屏除一切官氣。遵奉北洋大臣電諭，所有以前稟批各案，今昔情形不同，未可爲憑，以此次稟定章程爲準，以歸劃一。

一、公共章程内載明該廠出紗多少，實有機器錠子可考，大約每一錠子每日夜二十點鐘出十四號紗一磅，以四百磅爲一包，現在紗價六十兩，按包約得餘利十兩以外。無論粗細，每包應納捐規銀一兩，先行繳還前局被焚之公款，再行續提被焚之商股。所有上海紡紗總廠、紡紗老廠、新廠及他口所設紗廠，除官本官辦之外，皆一律繳捐，并由北洋派員駐扎公所，稽查收捐。此外，并無絲毫捐款。如將來紗價餘利短少，準其稟明酌減捐項。按照餘利抽捐不過十分之一。俟繳清被焚之款，此捐即行停止，以示體恤等語。再織布之利甚微，成紗之後方能織布，如按布匹提捐，則織布應用之紗便不能捐，轉使捐章紛歧，難免隱漏。公議每紗一包，捐銀一兩，布由紗出，不再重捐，以歸簡便。所有此項捐款，即由公所委員前赴各廠稽查，若干錠子，開工每日出紗若干，按旬收捐一次。各廠不得絲毫隱匿。如果查出以多報少，加倍罰捐之外，并須罰捐銀一千兩，充公濟賑，以儆效尤。

一、各廠售紗準照奏明專章，在上海本地零星出售，應照中西通例，免完稅釐。由上海徑運内地及分運通商他口轉入内地，均在上海新關完一正稅，概免内地沿途稅釐，以示體恤。又前布局稟奉批準該局所出布匹較洋布花色粗重宜於内地州縣，不宜於通商浮華口岸，應由總局刊印批發憑單，凡有分運内地州縣鄉鎮不滿一件者，隨時填給憑單，與貨同交，務令單貨不可相離，庶經過關卡查照驗放，其分運他口，指明某口某埠者，仍由關道衙門發給分運單，以符定例等因。查紗布事同一律，應稟明凡有由上海等口徑行分運內地州縣鄉鎮者，各廠出貨之時另用報單加蓋各本廠圖記，報明公所，再行填發分運憑單。此項分運憑單應用督辦關防，以歸一律。

一、委員應由北洋大臣札委，駐扎上海公所，發給稽查華商機器紡織公所鈐記一顆，專管稽查、收解捐款、填發單照。此外，各廠以內之事，委員絶不干預，斷無抑勒需索等弊。

一、各廠遇有應商公事，均可知會公所，不拘何時邀集各廠總辦到所會議，以期平妥。如有不能決斷之事，即由公所函電督辦大員，摺衷酌定。其有關係大局，督辦不能決斷之事，即由督辦轉稟北、南洋大臣核定。

一、各廠印用股票以及請發聯單等事，應須蓋用圖記。現在華盛總廠已蒙北洋大臣李傅相刊刻木質圖記一方鈐用。此外各廠已奉憲題廠名者，均由督辦轉請照樣刊發圖記，以昭慎重，而歸一律。

一、公所委員之外，應用文案一人，收支一人，稽查二人，其餘不得徇情濫用，以節經費。

一、公廠總辦須常至川公所會議公事，準由公所按每一萬錠子之總辦每月酌支轎馬費規銀十兩，須俟該廠納捐之日起支。以後諸事大定，公事無多，各廠總辦亦須每月朔望到公所一次，將每月各廠所出紗布若干，售價若干，以及公所收捐若干，撥還被焚公款若干，匯數按月稟報一次，務須各廠互相稽查，以補委員見聞之所不及。

一、公所經費稟明在於收捐一兩款內提出一錢，以資辦公。開辦之初，捐少用煩，恐有不敷，以後紗多捐鉅，或可有餘，以備停捐之後公所用款。此項所提公費應由委員每月將收支數目造册稟報查核。

一、各華商所請憑照，如果一年之内并不購機開辦，恐其虚佔定額，應由公所查明，稟請掣銷，另行招商領照，接充辦理。

一、各廠内理財用人應歸各廠總辦自行經理，公所委員決不過問。如有關涉公事，均須知會分所，商同辦理，不得以一人之私見阻撓全局。

一、公所應立議事簿，所有各人每次會議之事，均須照實登簿，是非可否，皆可備查，以免事後推諉。

一、公所係爲聯絡商情，杜絶影射起見，如有查出華商出名代洋商請領機器進口護照者，準公所指名稟究，撤銷護照，仍將假冒出名之華商議罰銀一萬兩，以充善舉。又如有查出華商出名代洋商附搭股分者，亦準公所查明議罰。

一、各廠請領憑照之後，或因招股不齊，力難開辦，或開辦而不足領照額數，準其報明督辦，另招華商接頂。但須先盡舊商，如舊商無力，方準新商接充。無論新舊商，皆須實在華商照章具保，不得絲毫影射。

虞和平《經元善集·中國創興紡織原始記》 庚辰春，余往直隸雄縣放賑，適李君秋亭築任邱千里堤，承顧訪，談及此次賑畢，傅相擬以紡織委公。余云，向未留心西法，恐不克勝任。李曰，此舉是戴子撝太史補救乃姪之纍，糾合龔仲仁觀察，欲邀鄭君陶齋爲之圖成。鄭在新太古，未能專注於此，因謂戴云，如得經某同局，合志任事，我方敢預聞。故戴特赴津吁懇傅相，且謂余曰，但欲鄭來非公允不可。知公無意仕進，此係提倡商務，何妨盡其心力，爲民興利云云。後見傅相果有是諭，并出示洋人華脱爾斯譯呈泰西紡織事略，余携回反復約計，通盤出入不即不離。若照每機每天。出布兩疋其利甚溥，勉遵相命。抵滬與戴子撝、龔仲仁、蔡嵋青、李韵亭、鄭陶齋，六人訂立合同，戴龔蔡鄭各認集股五萬兩，公議鄭總持大綱，余駐局專辦，秋間在濟陽里開局招股。余思雖未諳西法，忠信可行蠻貊，其理一也。此事上峰屬望，在收回通國利權，當開門見山，宜使商富堅信。即以籌賑平實宗旨，變而通之，凡所招股本户名銀數，及收款存放何莊，每月清單布告大衆。親友之附股者，已有六七萬金，頗有近悦遠來氣象。是年九十月間，曾登申報兩期。詎戴、龔見之不悦，謂我等認股未來，被經先占面子，且此係商務非辦賑，收款何必登報。又因余議論中，有欲集創公司，先貴得人，勿着意在股，譬諸開設戲園，有陳長庚、俞三勝演唱，不患顧曲乏人。若隱摺其認股氣焰，因之大爲嫉忌。雖鄭君苦心調停，然道不同不相爲謀，終難水乳。辛巳春返里，至滬後藉此退舍。又未忍損動大局，故仍隱忍。嗣鄭出太古，入招商，兼營布局，慮其孤立非易，余改辦電局後，因薦謝綏之佐鄭。又同沈味畬設策，重訂合同，載明一切用人措施全權歸鄭，定議時戴不在滬，後戴見蔡、李、經均已簽字，勉從附和。恐龔因此減色，單稟舉龔爲官總，鄭爲商總。龔於是予智自雄，而鄭頗多爲難之處，謝亦請將存款登報，未允，遂不願入局。法釁起鄭奉彭大司馬檄調從戎，將布事稟交盛公接辦。盛署津海關道，稟北洋札委余，會同前滬道邵小村中丞結束前賬。查閲賬上招集股銀，所存者各項押款股票，時票價大跌莫肯來贖。因思欲結前賬，以減輕原本爲要義，告明各押户，如無現銀，準以本局布股抵贖，大衆樂於從事。而龔乃懷恨砌控，奉批飭榷使查辦。同流合污之冤，迨水落石出，其誣始雪，乃漸將股本收銷。理清後，在外本股，只剩二十二萬數千矣。合之定購已到機器，及基地造棧房一切實用，綜核數目不相上下，遂據實禀覆。并籌議善後，請撥借官款十萬兩，再請通飭十處關道，各借存款三萬兩，分作十年撥還。另舉顛撲不破之員，謹慎克苦辦理，以保全各老商之股本官利，藉孚信義。（吾華商務興衰關鍵在此一舉。）此禀未蒙批示。乙酉因事赴津見傅相，大罵輪局總辦跋扈飛揚，布局總辦假仁假義，并顧余曰，你亦布局董事難辭咎。余對以司員與戴、龔意見難合，早經告退，此次之債事，龔、鄭多齟齬所致，龔之無理取鬧，同人共知，龔恃官總可制肘，由戴覃銜所禀準，窮源竟委戴爲禍首。相曰，戴恒是個翰林，你如何同他計較。余聞言深訝之。溯招商開平股份，皆唐徐諸公因友及友轉輾邀集，今之登報招徠，自願送入者從此次始。初擬章程招四十萬，後竟多至五十萬，尚有退還不收。商務聯群機緘，已將萌芽勃發。若當時通商大臣，明乎保商宗旨，視民事即國事，視國事如家事，分別是非誠僞，得行余之入手起點，事事登報懸爲成例，則癸未甲申年間，各項公司招股，何致魚目混珠。是閉塞中國商務孔竅，實種毒於此，真可爲太息者耳。或曰懋遷市道，難免生意經絡，豈能處處登報。余曰，凡公司起始，招股存銀創建締造，無一不可登報昭大信，至落成開辦後，有可登不可登者，若紡織以銀購花，以花成布，以布易銀，平實無奇，不必諱莫如深。其運用在心，事機須密者，獨銀行一業耳，所以中國銀行，欲全歸華人專政，吾華信義久灕，集數百千萬資本，事權交托一人，衆能不滋惑者，此必無之事也。能自信數百千萬之資，交我一人獨斷獨行，不必慮衆人之疑者，亦必無其人也。故中國仿設銀行，只有化錢莊、票號成合衆公司，方能歷久不敝。譬諸俄美兩國政治，各行其是，不能從同，亦由因地制宜使然。今俄專重君權，不逮美合衆之富，即與吾華古聖賢，民富則君不至獨貧暗合道妙昭昭然也。次年龔仲仁禀請接辦，即遵札移交。後聞龔仍不能成，幸得馬、楊兩觀察通力告蕆，旋遭咸陽之厄。後又由盛公接辦，聞頻年多虧耗。嘗得盛公函云，如公不聾，有五年前精神，布事借重主持必有濟。余復曰，從前同舟六人，招收股本百金，今摺減僅只十餘兩，不顧汗顔，只好龔君優爲之。余不特無此氣魄，且提起織布二字，愧對同胞，心常惡劣，不敢多往楊樹浦。此滬上創興紡織之始末情形也。事後有友人勸余，將歷來卷宗刊印，以明共事涇渭。因思我欲炫己長，即不免形人短，任怨分過，朋友之義，止謗莫如勿辯，方寸間已融化無渣滓矣。南皮張香帥，亦創紡織於鄂，庚寅夏奉電召。謝綏之慫恿曰，公費一番研究苦心，未遂志於滬上，或展布於漢臯。從其言，往武昌。已派兩觀察總辦，又有現任司道會辦。潔誠謁見香帥，論及棉花必購土産。余曰，須合織機、核市價，不能拘泥。帥曰，吾爲楚督，在楚言楚，鄂花稍粗然可勉用。余思欲收回利權者，是塞出洋漏巵，非湖北與各省争利也，默然而退。後欲委以提調，幕友傳言云，某爲知府派提調，公直牧亦得提調，憲恩高厚不可却。余思大名鼎鼎之香帥，欲振興商務，猶在官階班次中求才，其余可知矣。且官氣之濃甚於滬，最是商情所大忌，余若遷就奉檄，不勝脚靴手版之勞，必無實事求是精力，未敢冒昧輕諾，僅上條陳八則，婉辭而返。今日支那朝野，竟言興利，人人所仰望者，咸推李、張，顧其所講求者僅如此，欲望富而後教，足食足兵不亦難哉。（張香帥僅只此一見，李中堂則久隸宇下，凡非親聆得諸傳聞均不敢妄述一言。甲申歲，憲節莅滬議法款，當電務開創方始，謝綏之同辦滬局，因思日本電綫材料各種均自能製造，吾局無不仰給他邦，時徐仲虎觀察賦閑在滬，共籌另設製造電料廠。因初辦勢必虧耗，欲求中堂貼助萬金。先商之盛公，公辭曰，諸君何妨親自上陳。遂同謝進謁，相曰，電歸商辦，官不能幫，如欲借，何人具領，何人認還。余未敢瀆陳，謝微有愠色，詳言日本商務急起直追，泰西進境如是之速，各公司皆國家包股息，所以能民情風動也。相曰，日本果有可取，但諸位如此稱揚，要被衆人罵死耳。退後，謝對余云，秉鈞者尚怕人罵耶。曾文正必無此語。吾華欲望振興富强，如涉大海茫無崖際，此後之杞憂未艾也。）余本不應譏議大臣，目擊時局敗壞至此，病根在是非不明，故寧冒天下之不韙，忘其身之陷於罪戮，爲同胞正告。知我罪我，聽之而已。又思中外衮衮，豈皆智出不才下者，只以利害太明，物欲所蔽，遂至昏昏耳。苟執政大臣，皆肯公忠體國，以天下爲念，不以一己爲念，去僞存誠，知人善任，則轉弱爲强猶反手，豈僅商務云乎哉。

此己亥作也。按吾華商務之不振，其淺近病根有三。凡各公司章程，入股之較鉅者，許薦司事，隱若監軍，此先不能自信，預伏卸責地步，何能使人共信，其病一。又壞於官督商辦，官真能保商誠善，無如今之官督，實侵占商業而爲官辦，吴門某君曾譏之曰，挾官以凌商，挾商以朦官，真情如此，其病二。又創興大公司，皆以乞靈宦成大富貴之人，若可依爲長城者，不知做官發財，非其能洞明商務也，季氏能富於周公，不過罔利聚斂，積纍功深耳，今再出其故智，俾得有資而放利，是特爲長袖善舞者繼長增高，其病三。兩言以決之，有治人無治法，民無信不立也。然又須參酌中西，因地制宜，若一概則效西法，如强俄以成合衆，强美以專君權，必難同軌合轍。中國開設銀行，而合外股則權操西人，無異多添一外國銀行。蓋外國銀行中，亦多華人宦成之存項也。然果權操於己，即不能信義交孚。就現在通商銀行而論，創業已將四載，今欲償聯軍兵費，能如普法行成後，法國銀行賣股票自集國債否？而於向設錢莊之暗損，無異有輪船而沙船敗也。故中國商務呆倣西法，欲望開辟利源，收回利權，民富則君不至獨貧，戛戛乎難之。今各省設商務局，興商務報，雖不無小補，然如勝衣就傅師嚴道尊，不逮母教蒙養之功遠甚。其故在灌園不問老圃也。僕辛巳春辭退織局後，擬作一篇商務本原論，内寓合衆銀行議，句句須坐而言，即可起而行，不欲憑空臆説，爲斐然之觀者。約須數萬言方能暢衍其義，後有電局之委，心無二用，至今藏之胸中，尚未了此夙願。再沙船之不能變輪船，而日就澌滅者天也。若以錢莊成合衆銀行，如將鄉團編營制，參酌中西兵法訓練之，此則人力所能爲者。先將此業設法圖存，使上下講求信義兩字，（中國自春秋後，相尚變詐，積重難返。今欲挽回信義兩字，王道無近功，河清難俟，惟有用針砭一法，庶沈痾可望速療，信義伏脈漸現，然此必三摺肱始知之，非讀湯頭歌訣者，所能勝任也。）庶商務之南針定，基礎立，余可循序漸進矣。否則雖孤詣苦心，仍是婢學夫人，升寸木於岑樓之上，即小有所獲益，於利國利民宗旨，仍隔靴搔癢也。

〔按〕滬上始創紡織之挫蹶也，盛公曾受人重托，乃前賬清結後，并不力爲扶持，保全老股。市道無信不立，商務機緘遂窒。民貧則君豈能獨富。總之欲開利源扼要首在立民信義，非沾沾焉專圖一家一人之私利，爲冉子請粟之謀也。即如招商與怡和太古，訂立三家合同，但能壓抑華商，不能止遏外人，西人決無此措施，自鋤同類，背道而馳，病在深中爲我二字之毒。因若朝廷設立商部，仍循此軌轍爲宗旨，再過花甲一周，依然是貧弱中國。因往以推來，雖百世可知也。庚子葭月附識。

陳旭麓等《盛宣懷檔案資料選輯之六》上海機器織布局《蘇州絲紗兩廠歷年辦理情形節略光緒二十七年》　謹將職包辦蘇州絲紗兩廠種種受虧逐條縷陳，伏乞憲鑒。

一、爲資本之忽短也。

該兩廠創設子宫保前任兩江時原定兩廠資本一百二十萬，以息借商款及各屬積穀存款湊成百萬餘則招股以足之，不意憲節移鄂典守者即靳而不予，以致短少四十餘萬，僅餘銀七十八萬，除去未開市以前所發利銀及未開市以前坐食之款共銀十二萬餘兩，實存銀六十六萬，造廠購機尚不敷銀四萬八千餘兩，雖蒙前升司聶格外體恤，撥借官款銀十萬兩以抵前虧，并付官息一期，即所存無幾矣。更何活本之有？多財善賈，今適背之，其受虧者一也。

一、爲接辦時之任事太勇也。

職在滬經營商務三十餘年，頗以信實爲華洋各商所稱許。故既推充洋貨，首事更經怡和茂生洋行請爲紗廠總董，鳳石總憲，因遂舉以自代，乃職雖蘇人，久商滬瀆，與蘇紳多不相識，劉忠誠以詢蘇紳均以未識爲對。劉公遂電請盛杏蓀少司空接辦，迨盛來蘇詳查廠務，謂現在各廠林立，蘇廠既居内地，又非産花之區，必將本銀摺作六成，更免捐停利五年方可接辦，計其所估官本，須摺去銀二十五萬，加以每年官利銀六萬餘兩，捐釐等項五萬餘兩，歲其銀十一萬餘兩，五年綜計約銀五十六萬餘兩，益以摺去之官本二十五萬兩，計包辦五年，期滿可節省銀八十一萬餘兩。雖其時商務局尚未承允，而老股既無人肯接，新商又迄無應者。職於此時稍加推諉，原未必能悉如盛公所議減省至八十萬金之多，（盛宣懷批）此亦不確）然如他廠之暫免官利，捐只四成，必可摻卷而得，則所省亦已數十鉅萬矣。何致如今日官利捐釐兩共已付出銀四十五萬餘兩之多，而尚不免奸商之稱，追呼之迫也。蓋職初心實欲振興該埠，爲桑梓辦成一事，而商務局又甘言以誘之，遂毅然自任而不辭，而不意傾家蕩産而禍未已也，其受虧者二也。

一、爲捐釐之倍重也。

蘇綸一萬八千二百錠，每年出十四支紗一萬二千包，用花十二萬擔，紗每包捐銀一兩八錢，共應銀二萬一千六百兩。花每擔捐錢一百九十文，共應錢二萬二千八百千文，以較杭廠一萬五千錠紗銷，本省免釐，出口則完一正稅，然内地廠紗從無出口及行銷鄰省者，是直免釐而已。其寬刻相較爲何如乎，然猶曰此隔省事也。上海紗廠九錠三十二萬，歲出紗約二十三萬餘包，若照蘇綸應捐銀三十七八萬兩，錢四十萬餘千。乃查滬局認捐之案，紗只銀四萬五千兩，花只錢六萬七千串，不足蘇綸十分中之一成三，其鉅細爲何如乎？然猶日内有洋廠且有出口也。若通州、無錫則同爲蘇省，華廠同無出口矣。通州二萬四百錠，每年出十二支紗一萬八千包，用花十八萬擔，倘照蘇廠紗應捐銀三萬二千餘兩，花應捐錢三萬四千八百餘千。今查通廠征信録紗花二項，歲只捐銀一萬九千五百餘兩，是較蘇廠不止少捐二倍也。無錫一萬一百九十二錠，合蘇綸五成六强，雖未能確指其所捐幾何，然歷詢其廠友多人，僉謂紗花二項每年所捐斷不足萬金，是錫廠所捐已倍鉅於他廠矣。然較蘇廠所小尚不止一倍也。比錫大一倍，比通大二倍，比滬幾大十倍，雖釐捐以比較見長，職不敢謂其於蘇廠別有成心也。但別項捐輸未識亦有若此層遞而增者否？是在宫保之考核焉。又向章干繭由錫運滬，每擔捐洋九元，運蘇七元，今蘇廠用繭而釐局勒令照運滬納捐，雖釐局又歲增三千餘元，而抑勒未免太甚矣。是以開辦至兵險僅二年餘，職廠已被捐銀十一萬餘兩，取快於一時而不顧其後，商力其何以堪耶？其受虧者三也。

一、爲未能兼顧商情也。

現當庫藏空虛，籌款固極關緊要，然專事損下以益上，則商力即不能支。查兩廠開辦之初，商務局詳定在青陽地撥官地一百餘畝，不給地價，月繳銀一百五十兩，作爲地租以建兩廠及男女工房。其時馬路初開，市面頗有振興之勢，局中忽又劃還地六七十畝，以致起造工房及稍留廠周并沿河隙地，以防火患。轉需照市價向局租取，現在地少於原撥數十畝，而租銀歲轉多出二千二百餘兩也。又棉花有統捐即無落地。松滬照寧撥準捐章程以四成撥歸蘇局，所以免重征也。乃蘇牙釐局又令歲出錢五千串，名爲報效，以爲馬路經費，使廠獲贏餘而責以報效，誰曰不宜，乃不問盈虧而但責報效，未免過於急公，而不及兼顧商情矣。其受虧者四也。

一、爲辦理未照合同也。

職包辦所訂合同，均經商務局核定後録呈劉忠誠公核奏。合同第十三款載包辦期内倘遇兵險封口均不能照常包辦，應由官紳臨時會同酌議等語。庚子夏拳匪禍起，九廟震驚，東南半壁倘非宫保碩力回天，幾於全無。噍類蘇商務局文曰雖未封口，甚於兵險，洵能抉出當時情狀矣。維時華洋各廠無不停工，職亦查照合同函由總董轉呈商務局，并面奉聶護院請仿各廠即日停工，以保商本，乃護院商局及總會董等均謂現正籌款振貸，機工二廠一停，必致振動蘇省全局，務必力籌開工以維市面等語。職因官紳意見相同，以爲必已查照合同會議妥洽矣。因而勉力遵奉，遂致虧此鉅資，綜計仲夏起至年底止，實虧摺十八萬二千餘兩，均有細帳及當時市情市價可以覆加稽核也。此兵險期内遵奉憲諭紳屬勉力開辦後之虧摺實在情形也。此項虧摺既與合同所載情事相符，自應由官認還，以昭大信，即謂未經核明未能遽付，亦宜先予撥還若干，俾資償付莊款而兼作活本，則去年絲廠固可自辦紗廠亦不致數開數停。去今二年絲紗皆獲利息甚豐，必可爲桑榆之收，以償兵險時之摺。閔乃職之資財，既以盡充捐釐官利而利，借莊號之款，又全虧於兵險之時，夫盈虧亦商家之常。使商務局能於接濟，固不患其不能周轉，即不接濟而亦不逼迫亦未嘗不可周轉。乃既不發款而反行提款，商人誰識？官文書一紙飛來，合市驚駭，自去夏以至今日，蘇市恒一日數驚，日商局將封廠矣，商局將提貨矣。群相疑懼，莫可如何。孰肯以資財輕於一試耶？以致厚利當前，徒然坐失一蹶之餘，竟難再振，現在愈逼愈干，朝不保暮，不特深負宫保前任兩江時設廠之心，且灰天下商人之氣。其受虧者五也。

一、爲下情未能上達也。

職起家商賈，但知經營貿易應酬公事一切未諳，故自包辦至今，官場中人則恒多微詞，商賈中人則無不稱許。蓋華洋紗廠十三家，前三四年曾無一家發過官利者。洋廠如茂生，如協隆，每股銀百兩，僅還數兩，或數錢。華盛爲華廠之冠，虧摺至今，無可補救。杭廠領官款四十餘萬，花捐四成，紗銷本省免釐，如此體恤，而官本尚絲毫無着。惟錫廠資本較充，拳匪亂後民間積花既多，木棉又熟，購花廉而銷紗旺。甫於去年發給官利，通州爲産花之處，無需水脚，而捐只四成，每擔又僅捐錢八十文，較蘇廠少一百十文，而税又零銷無税，是所少不止倍蓰矣。而機錠更假諸公中其能出官利也固宜，乃蘇廠自包辦日起至兵險止，僅二年餘，已付出官利銀十五萬餘兩，捐釐銀十一萬餘兩。雖所出之銀均係職解帶墊付，并非生意賺來，急公奉上，亦云至矣。後因兵險遵諭開工，未克，仿他廠停辦，致虧銀十八萬餘兩，官既不照合同認還，又不籌款接濟，始不能再付官利，然所出之紗，華洋公品實爲諸廠之冠，每包多售銀三兩，絲亦與有名洋廠相埒。此皆見諸實事者。設非經理認真，何以臻此，乃一困於無活本，再困於受削，以致苦心辦事之忱，盡付諸流水。滬瀆商會中人，每每談及，無不爲之扼腕，僉謂該兩廠不特基礎已立，抑且牌號已揚，但得有人保護而提(唱)〔倡〕之，俾得悉意經營，必能月盛日新，爲中國商務先聲之道，無如官場不熟悉商情，以致極可振興之廠任其擠迫敗壞，無有顧而問者，徒使後之人致疑於蘇埠之不足有，爲蘇廠之不堪振作，而不知實官場剥削過甚之致於是也。此職所爲痛哭流涕長太息也。其受虧者六也。

一、爲官商之成見未融也。

中國商賈之畏官也舊矣。官之稱商不曰奸商即謂市儈，一若與之周旋，即足污我者。積習相沿，牢不可破。故里諺有曰富不與官斗，謂富雖有理，官不難以勢壓之，勢既不敵，即理無足憑，故官商合股之事，幾幾乎絶無而僅有。該兩廠以官款交商辦，實官商聯屬之權與，即商務盛衰之樞紐，果其辦有成效，風氣即可大開，倘竟辦無成功，進步亦必大阻。蓋蘇杭通錫四廠，惟蘇廠由職以商承辦，餘三廠皆由紳承辦，故蘇廠之興替尤爲衆商觀聽所存，而商務之進退係焉。方今朝廷，鋭意自强，力圖富庶，商務實其始基。歐亞各邦，國富兵强，莫不肇端，於是雖貴爲王公宰相，尤竭力於此，講求其宗旨，咸以保護爲振興，不以掊克爲挹注，如藝木然，先培護其本根，而後擷其果實，取其枝(榦)[干]，則樹既長榮，而藝者亦享利無盡也。若并不培護，而惟事擷取，計其目前所獲或較培護者爲豐，而根本已大受損傷矣。昔人每謂聚斂之臣，如劉晏輩徒知損下以益上，不知百姓不足，君孰與足，天下未有民窮財盡而君能獨富者。終於上下交困而已。現在海禁大開，各國咸以兵力相雄長，非練兵購械不能自强，而我之財力已盡耗於賠款，非講求商務將何以收回利權，非體恤商情，使得保其資本，將何以振興商務使之日即富强。俾練兵購械之有資，乃不此之務而猶沾沾以官自矜，視商人如糞土，任其事敗壞，一若秦人視越人之肥瘠，漠不相涉，致商人從此愈視與官交涉爲畏途，皆官商分界之一念中之也。其受虧者七也。

有此七虧，雖貨殖如端木居積，若鴟夷莫能善其後矣。而或者曰其虧折之由，實其辦理不善也。信如斯言，必所出絲紗多不如人，而何以紗每包較他廠多售銀三兩，絲則與有名各廠相埒，足征其盡心經理矣。而或者曰實其漫不經心也。職由寒素起家，積資二三十萬，經營締造，殊非易易。今將私産盡以賠墊捐釐官利，清夜以思，能不痛心而謂淡焉？若忘有是理乎，而或且謂揮霍結友以至於斯也。雖他廠開支多不可考，惟通廠則刻有征信録可憑，取以相較，雖其紗綻較蘇廠多一成餘，而其用帳則所加尚不止一成餘，此有報銷及征信録可據者，是亦局外之見而已矣。然則廠之竭蹶，果安在乎？曰實在七者之受虧。蓋此等虧損有一，於是已足敗壞商務，矧一而再，再而三，乃至七耶。職一身一家之毁壞不足惜，而從此中國商人莫不引爲前車之鑒，不敢出其資以與官相嘗，則此兩廠實階之厲也。我不爲典守者責而惟惜其見不及此耳。所幸者兩廠房屋機器迭經保險，各洋行估值銀八十萬兩，雖其中有職後添之機件房屋計銀四萬餘兩，而創辦之本銀七十餘萬固絲毫無缺也。今乃於破産交付官利捐釐銀四十五萬餘兩之後更不問商人之財力何如，生意何如，而猶責令交銀。宫保試加考察華洋十餘廠，近四五年中曾有繳過官利捐釐四十餘萬者否？曾有所出釐金與蘇廠并重者否？或曰蘇廠乃包辦宜乎，所捐獨重，不知該兩廠之設，宫保本欲振興商務，藉以收回利權也。信如斯言，是直於包辦之先預設一虧折之程以相待，更何振興之有？朝廷設官所以理天下之不平以歸於平者也。今於官交商包之廠而捐釐之輕重有無尚不平如此，小民將安賴耶？謂釐局出於有心，固足以毁職之家，而天下商人亦必因而裹足。謂釐局出於無心，滬通不必論，蘇錫同一牙釐，何竟畸輕畸重如是？況官者，商人所恃以取法也。今於詳定撥給之地而忽收回大半，使每年多出地租銀二千餘兩，運蘇之干繭勒令照運滬納捐，歲又多出澤三千餘元，加以未見贏餘，先令歲繳報效五千串，如此種種掊克，而曰我將使之日有起色，以收既去之利權，抵洋貨之浸灌，不猶南轅而北轍耶？今日職家傾矣，而官所收於職者果安在耶？西人每以公家之力助私家之不及，逮私家力盈，然後取其有餘以報效公家，故事既濟而勢亦順，今不問其事之如何，而但知取之務盡，迫乎情見勢迫，呼號求拯，而仍不一爲援手。嗚呼！此誠何心耶？此中國商務之所日敗也！今幸宫保重莅兩江，乃我中國商務存亡絶續之秋焉。職敢不避斧鉞之誅而一傾其積愫於宫保之前，幸垂鑒焉。職員[祝承桂]謹略。

陳旭麓等《盛宣懷檔案資料選輯之六》上海機器織布局《購花收花驗花軋花大略四條光緒二十八年》 謹將公司購花棧房收花，工廠驗花，軋廠軋花分條呈鑒：

計開：

一、購花必須分路購辦，不可專在一處，尤不可專靠一花客。如專在一處，則花價易漲；專靠一花客，則恐其假做市面。如須子花三萬擔，必須定購四萬擔，設或花貴，以四萬交三萬，總可交齊。如或花賤，則頂真收花，雖收貴花而皮分可足。如或來花不能十分大佳，盡可看貨減價。此係收花最上之機會。近年購花專靠一花客，而花客在四鄉多設行棧，專買次色子花，攙在中間，用船裝送。今日退去，明日换一船户再來。憑其神通，解出了事。且或花貴不解。此專靠一花客之弊端也。若花客衆多，則解花時互相排擠，我們看明花色，聽其説好説歹，從中自能分曉。且各欲兜攬生意，不致花貴不解，神而明之，存乎其人。

一、收花上棧時，棧伙過磅，并看明潮濕花包，扣存棧外，天明開棧，(旁)[傍]晚關棧，免致擔擱船户。查光緒二十二年底結帳時，棧中多出餘磅皮花五百餘擔。二十三年四月底盤棧時，咏韶曾出收條寄鄂，以後棧中并未見餘花。且今夏保裕來美花五百九十九包，丹科與保裕來人同棧房司事磅見數目，嗣清花廠只用到美花五百九十六包，而斤量已足五百九十九包之數。此工廠吃虧情形也。現擬莊欣之仍管花棧，并由其派一司事管帳，監同工廠，每禮拜付清花廠皮花二千六百五十二擔，不得多付。至一切經理棧房、皮花、子花過磅，均歸工廠派人，自無扣存餘磅，而工廠不致吃盡磅虧也。

一、驗花必由工廠派人，免致仰體購花之人。查邵松喬時、薛肯堂初時、方正督辦在津時，渠曾對工廠言及邵某辦花多弊，擬俟督辦回時力陳其弊等語，嗣薛見督辦回滬，未向薛問驗花情形，薛不敢直説，嗣薛見督辦與邵相得，只得順邵所爲，及至莊欣之到棧，力述薛之非，而督即詢工廠驗花情形，工廠當説薛不如前一語，而督辦即調薛去。嗣由工廠薦馮春榮，未及一周，而公司去馮用薛。此薛所以仰體購花者，而工廠之大吃虧也。

一、軋花必須將皮棍上下刀配匀，并將子花曬干，方能出花。尤最要者，子花進裝羅棧房時，必須另派兩司事終日守在裝羅棧房，俟子花過磅時問明某行某客裝來，逐包開看。如有潮濕子花，另爲堆放，以便小工抬出曬晾。如有次色子花，另爲堆存，俟某行某客來廠，如數退還。必須檢出好者，方準小工裝羅挑到軋機，并囑軋花小工，遇有檢頭黄花在軋機上，檢出，向給每磅數文，以免偷懶。而花子必在三角眼篩子篩出。未軋盡花朵，每磅亦給數文，以免不篩，始可將花子裝袋。近來大德廠買華盛花子，取出二白花，即未軋盡花朵不少，係花子棧小工偷懶，或司事省出篩花朵工資，以致如此。現在韓陳費仍管軋廠，可派司事各一人，監同工廠過磅。至一切經管軋機各事，均歸工廠辦理。韓陳費監同銀錢出入，如有餘資，悉歸韓陳費三分派收，不與工廠相涉。近來軋機不修，皮棍快而刀慢，以致花絲軋斷，與洋絨相似。工廠因細紗不好紡，親到軋機看明，而軋廠監工嚴司事云，想係細紗難紡，故來問訊。緣軋廠因花少出，是以試演數日等語。工廠即對以不可如此，花絲落亂矣。諸如此類，可知工廠吃虧。

宙在華盛做工，自知舞弊，只有包工明欠花衣一節，并非不知檢束，實因工廠利益均爲公司明占暗取。工廠之意，如公司要成此大局，雖初次占取，後必歸還，緣可指明實在也。如公司不欲工廠久做，即以明欠花衣催迫，使其無以自立，成敗均在公司，非工廠所能自主。是以工廠只要混得過，即歸公司亦是一樣。去年本花欠收，購用印花，所有垃圾及工價不敷各節，工廠本係自認，雖無積蓄，而左移右挪，擬待逐年彌補，所以去年底不見如此之多，迨至本年十一月，宙染喉痧，蒙派員代管，因事張皇，以致往來各處多疑，漸次扣抵，及病稍痊，工廠煤料急用，暫將布款撥付。緣每月所領四禮拜工價，僅敷工洋，購花無款，以致多欠皮花，所陳欠花苦衷，均係公司明占工廠利益，應給工廠之款，并非工廠捏詞。

至工廠歷年添造西清花廠約九千兩，加高南清花廠約四千兩，重蓋電燈廠屋面約千兩，拆砌北廠東首大墻到地約四千兩，拆砌東西布廠墻角墩子到地約千兩，東西布廠中加撑柱并做四門訂地約四千兩，添築東西馬路約三千兩，添做大陰溝約八千兩，二十五、六、七、八年東西碼頭開河約三千兩，所有拆造華式房屋，改造水龍房均不記數，已有三萬七千兩。而欠花苦衷内未載者，以此項修造未經公司看估情願不作數也。今因養病，不克早陳，而宙以工廠爲中國命根，可惜無人困學，以致不能自立。竊思如來佛曾爲歌利土割截身體，後世香烟遍滿世界，耶蘇曾訂十字架，處教傳中，用夷變夏，苟能一志潛心，即可立竿見影。

春間朱幼鴻問宙云，近年花衣欠收，半係檢頭。裕源廠每包紗用花三百五十餘斤，十四支紗，每包工價十三兩外，華盛如何。宙答以仍舊工價十兩，花衣三百四十斤。朱幼鴻云必包不住，聞你去年印度花已虧蝕，我廠亦大吃虧。從前我早對你説及，華盛工廠你必不能久做，因公司不專心購花，不顧工廠，只圖肥己，花爲工廠之本，花不能好必致虧。花且如此，工價又做十六支紗，如何能包，可惜數年辛苦矣。精明如朱幼鴻裕源廠，須用花三百五十餘斤。十四支紗工價在十三兩外，并非旁觀者清，當局者迷，不肯向公司早説實因，極誠報效。股東默想逐漸彌補，且公司時有條章，必係留心工廠，希冀回心明白，成此百年不敗之基。現在工廠已成一半，而工作專在樹人，如一手再經理十年，不但各廠全新，較之新造堅固萬倍。即各項工人頭頭是道，不必呼叱鞭撲，盡成規矩，紗綫不期匀而匀，人工不必省而省，如不明白，亦係命數。古語云，善作者不必善成，又云忠臣去國不潔其名，大局如斯，何況末路。現在上海紗機林立，無人知紡紗奥妙，外洋請來機匠，知做機器，不明紗綫，或知外洋紗綫，不明中國花絲。中國機匠無人領路，不克自主。宙因工廠不能自立，深爲公司籌畫，向不喜説人壞話，到處肯吃虧。韓仲萬因五錢不肯包軋廠，宙貼以半價煤油銀一錢二分，即可試辦。邵松喬時，公司各屯皮花，以俟價漲售與公司，近年購花串通花客，生發驗花專體購花心經，宙以爲只要工廠做得去，聽其所爲。惟韓仲萬對工廠云，如他人來做工廠，照宙行事，可做數月。緣購花與花客一氣，驗花不顧花色，棧房盡收餘磅，售紗專要十六支，四面受敵，如何能做？若接手工廠之人與各處串通一氣，三年可做，因數年來工廠收拾堅固，可搶三年帽子，如是云云。則宙之十年心血，屢將工廠扶起，至此將一敗涂地，不得已，欲顧大局，不能再顧同事。特將各受暗虧詳述，并擬公司自辦工廠章程八條，購花、收花、驗花、軋花大略四條，以便逐年彌補，庶工廠不致廢墜，中國有所矜式。宙在工廠只知做事，不肯串通，病中潦倒，未遑顧忌，謹此禀呈。

陳旭麓等《盛宣懷檔案資料選輯之六》上海機器織布局《華盛工廠受公司暗虧情形光緒二十八年》 一、公司當花市平價時定購皮花，説明兩禮拜交楚。待交花時，花價已漲，花客必將潮濕皮花搪塞。若係潮花，烘摺必小。花客情願退出，可照市面漲價多售公司，謂若因烘花摺頭太小退去，即照現市售進，亦必漲價。與工廠熟商，工廠以公司退去賤花再買貴花，每擔必多二、三錢不等，且恐一時不易購辦若工廠讓去摺頭一、二斤，即可照解。如去冬公司定火機四百擔，烘見八七摺，因市面已漲，火機客定要退去，與潘雲峰説我售火機未曾説烘等語。然照行花八八摺，烘少一斤，潘雲峰云現市行花每擔已漲四錢，今烘缺一斤，不過二錢等語。工廠以公司爲已任，以謂四百擔花衣烘缺一斤，工廠只吃虧八十兩，如退去再買公司，要吃虧一百六十兩。當以八七摺作爲火機收訖。此工廠吃公司暗虧也。

一、各紗廠紡紗，向來十六支每錠只紡七成，而十支每錠可紡十五成。再十四支，每錠只紡九成。而十二支，每錠可紡十一成。是以各紗廠如紡十六支紗十機，必紡十支紗十機，緣十六支照出數七成算，工價十兩，只作七兩七錢用，要吃虧三兩三錢。十四支照出數九成算，工價十一兩，只作九兩用，要吃虧一兩。十二支照出數十一成算，工價九兩二錢五分，可作十兩零一錢七分五釐用，要便宜一錢七分五釐。十支照出數十五成算，工價八兩五錢，可作十二兩七錢五分用，要便宜二兩七錢五分。即以十六支、十支搭紡，每包已吃虧五錢五分。如此配搭，工廠不致吃虧。華盛十六支紗紡至百餘機，公司尚不敷派。而十支紗，即與督辦説明，搭紡十機不及二月，公司即條示將十支改紡十二支，乃紡至半月，而十二支又改紡十四支。緣公司最喜十六支，即十四支已屬免强。此工廠吃公司暗虧也。

工廠受軋廠暗虧：

一、軋機地軸不用活盤，即停車時皮帶仍在機上，引擎拖重用煤多而無皮花工價，此一暗虧也。

一、子花不肯曬干，軋刀有意使慢，以謂可多出皮花，殊不知潮子花再加刀慢，只有花絲弄斷，決難出花。如花絲弄斷，必致絨糟到細紗機上，出數亦少，此一暗虧也。

一、子花潮濕，軋廠不肯曬干再軋，引擎加重，出數更少，用煤多而無皮花工價，此一暗虧也。

工廠受棧房暗虧：

一、花客每逢到下午天雨時，將花包當夜裝船，以便夜潮送廠，明早上棧。如每包一二七砠者少稱三、四斤，一夜雨濕，花包可重六、七斤。棧房司事見花包甚濕，無從秤起，只可每包讓去半斤或一斤，費盡口舌，以爲便宜。及至付工廠時棧房即將原碼讓去半斤或一斤照抄，工廠已屬便宜，否則過磅，則花包尚濕，即照一二七砠仍多。此一暗虧也。

公司受軋廠暗虧：

一、軋花小工上厠不用草紙，以皮花及好子花抹污，以致東廠坑厠及便桶，每早許多皮花、子花，屢説不改。

一、潮濕子花即上軋機，刀不能過，跳擲許久，花不易出，花核沾滿花衣，大德占盡便宜。

一、潮濕子花不肯曬干再軋，即多未軋盡花朵，而花子棧來不及篩出，亦爲大德混去。

公司受棧房暗虧：

一、棧房收花司事過磅，稍不經心輕重錯誤，每有好事花客再來覆磅，設或不符，花客生疑。近來保裕印度花錢信甫太倉花均來覆磅錯誤，花客屢有煩言，是以公司購花不易。

以上公司暗受軋廠、棧房虧苦四種，無從捉摸，以謂不能賺錢者皆因出款太大，而工廠用款，每年數十萬兩，是在多處想省，且見工廠收拾廠屋，修理機器，朝夕不歇，必係工價寬餘，日思減價，而工廠又吃暗虧中之暗虧矣。

陳旭麓等《盛宣懷檔案資料選輯之六》上海機器織布局《大純廠置本清單光緒三十年十一月二十七日》 大純紡織廠置地造廠并機器置本各款開呈鈞鑒：

一、置地款項：規元九千八百五十兩三錢五釐。

一、填土工程：規元七千一百八十三兩八錢八分九釐。

一、地溝造價：規元一千一百六十四兩五錢六分。

一、駁岸工程：規元三千一百三兩五錢四分。
一、碼頭造價：規元三百五十兩。
一、大門頭廂造價：規元一千九百十四兩。
一、公事房造價：規元四千九百兩。
一、紡紗廠造價：規元四萬七百三十二兩九錢四分二釐。
一、花棧房造價：規元一萬三千九百四十三兩。
一、公館房造價：規元一千九百四十四兩九錢。
一、男女工飯間造價：規元八百八十兩。
一、水櫃亭造價：規元二千二百二十兩七錢五分。
一、引擎造價：規元一萬二千六百兩。
一、引擎大石料：規元一千十兩。
一、引擎造價：規元四千八百四十三兩。
一、鍋爐墩火磚價：規元一千二十兩七錢七分二釐。
一、大烟囱造價：規元二千四百二十兩九錢。
一、皮帶衖電燈墩工料：規元一千二百二十四兩。
一、清軋花廠造價：規元一萬七千四百兩。
一、清花廠鐵柱：規元九百十五兩。
一、零項工作：規元四千二百十二兩八錢六分五釐。
一、犒賞各造作：規元一百二十三兩九錢八分四釐。
一、紗機置本：規元二十七萬九千八百九十五兩五分。
一、引擎鍋爐置本：規元三萬八千五百二十二兩一錢三分。
一、進出水管置本：規元八千五百八十三兩一錢四分。
一、清軋花廠引擎鍋爐置本：規元一萬三百四十七兩三錢。
一、電燈水櫃置本：規元三萬八千二百二十四兩三分七釐。
一、打大包機置本：規元二千四百九十二兩。
一、打小包機置本：規元一千七百二十兩。
一、鑽刨車床引擎鍋爐：規元六千三百四十二兩三錢八分。
一、自來水工料：規元三千一百二兩三錢八分。
一、機廠器具：規元一千十二兩四分九釐。
一、器具物件：規元二千三百五十兩四錢八分八釐。
一、機器駁力：規元七百兩。
一、機器稅餉：規元一萬三千九百二十八兩八錢一分三釐。
一、裝機用物：規元一萬五千七百六十七兩七錢五分四釐。
一、裝機工資：規元一萬一千九百五十五兩七錢四分。

共計三十七筆，成本規元五十六萬八千九百一兩六錢六分八釐。

陳旭麓等《盛宣懷檔案資料選輯之六》上海機器織布局《又新各廠弊病光緒三十年》

謹將現在各廠弊病開列敬呈鈞鑒：

一、洋匠每日僅到兩次，每次僅一、二點鐘，所有一切事情，皆授權於機匠，以致權歸機匠。凡機匠不合理之事，總辦詰問，而機匠悉推諉於洋匠。問之洋匠，而洋匠文過飾非，既不肯自認其咎，又不敢直陳機匠之過。

一、機匠之所以有權者，由於機匠包紗，所有機工、女工、小工、童工皆歸包紗之機匠頭去取。自機匠包紗之後，只圖多出紗數可以肥己，至紗之好壞，機器之受傷與否，物料之糟蹋，人工之巧拙，皆不顧念。且克扣工價，擯棄良工，黨同伐異，偏憎偏愛，上下其手，以致遠來女工，間住租屋，啼饑號寒，憂愁疾病，時有所聞。

一、司事之所以無權者，由於機匠包紗之後，凡廠中糜費錢財物料，糟蹋花紗，以及女工不接紗頭，坐而談笑，甚至卧在紗上諸情事，向由司事管束者，今則一概不敢顧問。偶或顧問，則機匠頭必從而掣肘，甚且謂紗歸我包，則司事、工匠皆須受我節制，何得尚照前局規矩？於是司事之好者，敢怒而不敢言，希圖安身免禍；司事之不好者，皆諂媚機匠，希圖分潤，坐享其利。

一、機匠頭許福寧、徐福壽兩人，從前在局僅值每月工洋十餘元，現在包紗之後，每人每月可得數百元，於是驕奢淫佚，妄自尊大。

陳旭麓等《盛宣懷檔案資料選輯之六》上海機器織布局《又新應辦各事光緒三十年》

謹將廠中應辦各事開陳鈞鑒：

一、南粗紗廠提軸，屢令丹科向耶松催做，業有數月，迄今尚未全到。
一、南粗紗廠之機，不能多開，以致南細紗機雖裝好而仍無用。
一、電汽燈雖到，未知裝在何處，丹科尚未計及。
一、布廠漿紗機僅裝一張，經紗、絡紗機僅各裝四張，尚不敷用。
一、西布廠尚有空地，宜早將漿紗、經紗、絡紗各機趕速全裝備用。
一、絡紗機尚未得法，斷紗太多，急須圖改妥善。

一、布廠地軸亦須早爲趕齊。

一、機器久不裝配，勢必鐵銹日甚，將來揩抹括擦，皆多費人工，糜錢不少。

一、南紗廠內今夏熱時有一百十八度，人不能進，急須改用氣樓；查北廠有氣樓之處，今夏極熱，不過九十六、七度。

一、新清花廠、軋花廠尚少省煤機器。

一、打紗包須添製新式靈便機器兩張，現有之舊機，業已試用，每一晝夜僅能打十一包，而別家每晝夜可打一百二十包。如自製打包機，每包僅用銀五、六錢。現向隆茂打包，每包需銀一兩，又加上下力一錢。

一、新清花廠機器，急須多裝，以便南粗紗廠需用。現在所出花卷，不敷大純廠所用。

一、軋花約計細紗一萬錠子，需用軋花機三十張，現因機不敷用，添買花衣搭配本廠五萬錠、大純二萬錠。所有軋花機一百二十張尚不敷用，似須添購一百二十張，以符原議之數。

一、新清花廠水屋頂時有漏滴，決不經久，應向丹科重議妥善之法。

一、南廠所用粗細紗管等零件均不敷，應向原行添補。

陳旭麓等《盛宣懷檔案資料選輯之六》上海機器織布局《盛鼇致盛宣懷函光緒三十二年八月二十七日》 今年市面之壞，爲數十年來所僅見，推原其故，一因先令步長，先令長則洋貨根脚已松，人心愈形見慌，以致觀望不前。一因各路災歉頻仍，生意因之不動。內地土布亦堆如山積，皆由津營銷路不佳，市面存底見多遂成壅塞之象。現在申地各行各貨均呆滯異常，其各廠棉紗銷場雖滯，價亦逐漸見疲，然較之別貨，尚算棉紗爲最，究尚不致十分難譜。苟紗廠辦事能力圖振作，整頓廠務，雖市面過壞，亦可勉力支持。但照我廠情形，非但難期振作，轉至日形腐敗，後患不堪設想，良深浩嘆，謹爲吾憲臺約略陳之。

一、公司盈虧全在工廠出紗之多寡作爲準繩。前次我廠連織布紗每天可出一百二十餘包，多至一百三十包左右。今僅出九十餘包，每天少出三十餘包。每包紗毛利扯元十兩，以月計之，約虧萬金一月，統年合算，每年須虧十一二萬兩，皆由陳咏珊辜恩負職，因循玩誤所致。平日在廠則專事敷衍，於廠事則并不查問，終日以烟霞爲事。申市有譏其卧治廠務之誚。重用徐頌遐、華堯輝、宋德宜三人。彼三人者，終年不到機廠查察情形，專任一班機匠用事，其各廠司事反以機廠爲護身符。從前禮拜指擦機器尚屬認真，所以出貨較多。自去年至今，揩機一節，均由機匠主政，虛應故事而已。試問機器用動一禮拜，轉動機關之樞爲機油粘膩，須揩抹干净，轉動自然靈動。目今出貨之少，實由於機器揩擦不净，轉不靈動之故。從前大純廠機器，爲宗子見貪省工資，失於修理。今我廠較大純廠殆有甚也。其機器安得不壞。至於房屋各處滲漏，當大雨之際，漏濕貨件不少，天晴後，亟應大加修理，即工廠不願費此鉅款修葺，亦應致照集成公司趕速修理，庶免漏壞各貨。乃陳咏珊計不出此，任其壞敗，若此其別具肺腸，已可概見。所有機器房屋自陳咏珊接辦後，失修至今，糟蹋不堪。將來此廠出售，必至大打摺頭。總之陳咏珊層層剥削，苟能有益於公司尚屬不負所委，今渠只圖私利，不顧公益，天良安在？應請密派妥友，詳細查復，方知此言之不謬也。

一、織布在工廠固屬大有利益，從前布價步高，公司亦可沾利，兩有劃算，自以多出爲貴。今市面江河日下，且銷路大減，自應趕速停機，方可疏通積貨。今咏珊每每説起停織後工廠吃虧不起，必須公司貼還若干等語。其實此語大爲矛盾，蓋工廠并非包廠，係公司自做者，且咏珊亦係公司所用之友，即使工廠吃虧，仍係公司認賠。公司所靠進款，無非紗布之利。今布已虧本，則紗尚有微利可沾。在鄙意早可停織，改紡棉紗，無如咏珊必欲公司貼費，而憲意亦頗肯聽從公司，又安能吃此鉅虧，事實兩難。總之，工廠與公司猶國家之有滿漢也，重滿輕漢，人心安得其平？況工廠去年吃虧，公司提出鉅款照常分給。若再處處刮削，以後公司安能支持耶？爲今之計，惟有趕速停織，公司萬不能貼費。若棉紗銷路呆滯，尚須停紡夜工方爲妥善，否則愈積愈重，將有不堪設想也。

一、今年辦花宜少辦爲是。緣先令步長，紗價看賤。紗賤則花安得貴，且各廠存紗甚多，銀根吃緊，勢難放手用辦，若乃照往年故法，以後花貴紗賤大有進退兩難之勢。鄙意照售出紗額購進棉花最妥。苟能以後生意活動，不妨再可下手。至於棉紗宜少做十四支，緣各廠均以十四支爲君。自瑞記、鴻源兩廠開出八十兩之價，各路皆舍貴求賤，勢所必然。十六支因東洋紗存底不多，故價亦較起，照大勢而論，總以多紡十六支較爲活動。猶恐我廠不能如願，惟照目下市面，因時制宜，固應如此，否則以後積貨必多，不可不慮也。鼇係爲公司安危大局起見，故特不揣冒昧，據實直陳。且鼇素性耿直，除鼇之外，無人肯說。尚有許多要言，後函再行禀詳。現從此函起，編列號頭，庶幾前後各禀可以一目了然。

陳旭麓等《盛宣懷檔案資料選輯之六》上海機器織布局《盛鼇致盛宣懷函光緒三十二年九月初二日》 連日先令大長，紗布市面因之大壞，先是秋節後正望各路生意動手開辦，不意先令步高，人心因而轉慌，遂致一蹶不振。我公司現宜亟圖補救，庶可挽回全局，謹陳其事於左：

一、前函停織布機者，原以疏通積貨，不致深入重地。今市面較前數日更壞，尤宜速停爲先。目今花旗布存底申市有四十餘萬包，縱使明春津營各路銷路大動，其貨亦一時難輕，其市面之不能轉機，宜停機一也。大凡存貨一多，被人所看管，又憶從前馬眉叔觀察總辦織布局時，因布價看貴，不肯賤售，及積貨至年餘，銀根不能周轉，卒被大豐許春榮殺盤，如數開去，價僅二兩三錢半，以致布局虧本，職是之由。總之，積貨一厚，存心必虛。今我廠積貨亦不爲少矣。若仍照常開機，以後布價必跌至三兩以内，恐至時有欲罷不能之勢，宜停機二也。況目今棉紗市面雖滯，尚不致虧蝕，適或先令回短，生意一動，則棉紗較布活路，安有舍活而就呆乎？宜停機三也。至於貼費一節，實於宗旨自相矛盾，況工廠并非包廠，盡可按結盈虧。公司本係認賠，如果貼費，則工廠雖肥而公司瘠矣。公司今年處處吃虧，若再層層剥削，以後萬難支持也。

一、十支紗公司亟宜收回自做也。今春我公司諸公，以十六支紗利獨厚，而十支獨薄，且銷路較滯，擬將十支改去。彼時咏珊以公司既不願做而工廠不能不做，將十支紗議歸工廠自做，公司諸公亦深以爲然，殊不知我公司機張爲其占去十餘部，一無出息，即廠利每包若干亦化爲烏有。我廠出貨本不過每天九十餘包，今則除去十餘包，僅出八十包左右，虧上加虧。我不知其作何算計也。況十支紗即照目下工廠所售七十五兩五錢小包之價，亦稍有利息，按花本十七兩，每包作元五十七兩八錢，加廠利一應每包七兩，做工九兩，扣用七兩五除去外，尚可餘多一兩，連廠利共八兩，如收回自辦，每天公司可餘百兩光景。如是則公司又少一漏巵也。

一、零星布匹工廠不宜經手售買也。今年工廠自二月售起至今已八月矣，每月約扯收洋四千元，共洋三萬二千元，從未至公司報銷一帳。當四月間，鼇曾面諭咏珊，囑其將售出布匹至公司轉帳，咏珊答以所售之布係工廠餘布，并非公司之布，與公司無陟等語。蓋工廠所有餘布理應開報公司照領工價，則所餘之布仍是公司，其售出之布價照繳公司方爲正理。今以餘布爲詞，窮年纍月，漫無限制，而帳又不能截清，其弊有不勝言者。爲今之計，布機早停一日，布帳早清一日，自可水落日出也。其十支紗亦以趕早收回自辦，方可劃清界限。工廠欠花欠銀，公司本明定限制，且按禮拜結算工資，均有帳可稽。今工廠售布售紗，其帳彷彿一統山河，即欠布欠紗，何從摸索。雖咏珊未必果有此念，其奈彼手下人何？以上各言若苟圖禄位敷衍塞責之徒亦決不肯説，且決不敢説。

陳旭麓等《盛宣懷檔案資料選輯之六》上海機器織布局《八咏樓主人致盛宣懷函光緒三十四年十二月二十二日到》

謹禀華盛紗廠内泥塑總辦陳咏山、弊魁鉅蠹張守仁，爪牙徐頌遐、華堯徽，羽黨趙子玉、吕新之六人共謀不軌，將一切舞弊情形大略於後：

一、廠中自陳總辦接任以來，逐年之進花出貨，凡廠内應有權衡重要數缺，悉聽貪饕肥己，罔顧大局之張守仁總籌廠務，司事出入均歸專主安插，而張守仁居心之壞，莫此爲甚。先將陳總辦奉趨歡悦，總辦以張爲得力，繼則張即獻以私計，欲外設莊口，陳總辦受獻媚而言聽計從，故張即糾徐、華、趙、吕及總辦共六人合股開創花號，牌號新元，在晝錦里鼎泰綢莊，樓上爲東洋莊，外揚華盛廠分設，用一執事吴適齋爲聯手，專將本廠各花客最上等之貨半途攔去解售，東洋底次潮濕之花歸入本廠。所以年來出貨之短，加以存花不繼，是以今春急購印度花接用。然數年廠中暗耗虧摺，但東家剥損連連，而幫伙得利滚滚。總之，蒙蔽於上，妄行於下。而張守仁之誘總辦附股開號者徒以塞總辦之口，在總辦不應貿然與若輩爲伍。此刻欲整飭而不能，欲秉公而不得，只好上下私心共用。在東家置大本而開廠，用人如陳咏山之糊涂，若張守仁之荒謬，及羽黨四人之妄作，凡有心人莫不代爲嘆息痛恨者也。

一、張守仁既爲效勞，復作東家，自己獨開新盛花行，在南碼頭，華、徐、趙、吕四人合股開賓記花行，在通州尚有公新記牌號，繁多不盡細載。此五處花行，均戳本廠分設名目，所收之花，潮次不堪入目者，運至廠中，出貨之短，連年虧耗不可數計。總之，此六人之作爲，剥廠中之脂膏，藉尊府之名譽，錢莊可以挹注。但六人之聯手調度何愁不靈。連年廠中如山水之下流，此六人如層樓之更上。彼等各人之家道，即坐食可終，老無憂枵腹矣。有時不意中自吐知己之談。現在陳總辦積蓄約十五萬之譜，張守仁約六、七萬，華、徐、趙、吕約均有四、五萬之多。爲效勞者發迹之快，叨尊府之福可頌。爲六位快發財神一切舞弊細情，希暗察不難水落石出也。

一、張守仁指使與總辦等六人私吞各友回用款計約統年洋水一萬四千元，物料八千元，煤料一萬二千元，總結應除一九五扣頭回用，此項向係例歸各友分派，不謂被此張守仁進廠後，從此各友未見分得絲毫，專以推説歸公，此項是否入册，未知底藴。且司賬即徐頌遐，且閉户造帳，不許廠友一見。務請尊處清帳稽查，有無此項，若果張守仁等六人吞没朋分，數年來其款亦屬不資矣。

一、廠中歷年所剩之舊銅六、七百擔，鐵四、五千擔，於今年春夏兩季被張守仁擅專抖售於錫幫鐵號，以及舊瓦等物料均被銷售一空，其款未識六人如何瓜分？是否入册？祈將月册與禮拜册對核稽查，然此款爲數非是輕可耳。

一、張守仁獻計於陳總辦，在無錫私造棧房三百餘間，特派親戚顧咏銓之侄顧壽民前往督工。并將廠中所存水木舊料悉數運去。又敢將軋花廠之東空房數十間盡行拆毁，運往無錫湊建棧房之用。現在該處變爲曠地，外看門墻尚正。此等妄行，實所罕覩，拆此興彼，神通廣大，如不信，可遣人到該處一看，便知實迹耳。

一、趙子玉係張守仁派伊經收同善堂，各同事、機工女人等每年各捐約三、四千元，以及尚有各罰款，四、五載來，計數已竟逾萬，從未曾見有收捐報銷之名目。務將月報與禮拜册對查，如果吞分，居心皆同狼狽。

一、徐頌遐職司總帳帳房，禁同國史館，每每最忌同事履入，然問心無愧，盡可供之，衆目昭彰。照彼等數人結黨，將廠務如此胡亂妄行，賬册中豈無苟且弊竇，難免移花接木，在明亮者不言可知矣。

一、華堯徽爲廠經辦物料、煤料，處處獨取扣用，數人同弊爲明私，獨得其利爲暗私，私中見私，弊上加弊，總以貪黷爲正事，依人作嫁者，實屬不守其仁，是可易於發財耳。

一、吕新之係陳總辦親戚也。在廠專謂有恃無恐，目空一切，逐日以麻雀爲正務，張膽聚賭，拉同事等入局，應命者以悦其心，或有出息，微乎不喜手彈，不遂其意，即唆使是非，吹毛求疵，無端尋釁者，不一而足，致衆痛恨填胸耳。

一、陳總辦本挂名而不問事，坐地分私，容此張守仁爲内外首，昔年舊友盡行麾去，十存一、二，均用乃黨下之人而乃快心。現在廠中效勞，俱是錫常人物，大半由張守仁引進，非親族即好友，及雉發成衣，身家不清者均羅致入廠，況乎占染黑習十居六、七，一榻横陳，安享俸禄。最不平者，廠内領班陳越泉，係始創老友，素來謹慎從公，毫無過失，而張守仁嫌渠領班出貨短缺，驟將開缺，除一忌目。而張守仁自過不知出貨之缺，全在進花作弊底次之故，反歸咎於領班。可惱者用進一徐仲英補此領班之額，而徐仲英昔年在北又新、南華盛做過，均因作弊虧款而分手。張守仁竟謂物色敢復用爲領班，諒必慕其作弊有知音矣。徐仲英踐席領班月未一周，將布機廠内工人全班調换，而徐仲英即得賄薦引工頭，竟將前荔蓀總辦用進之老熟手楊榮泉，性剛公正，徐即在張守仁處唆使開缺。但楊在廠只開二機，出貨多而美。刻下開三機，反爲短少而壞，有時將洋刀割去壞紗，蹭蹋之甚，代爲一嘆。更荒唐者，徐仲英見年少美貌工女，誘入卧房，昏黄假寐，常常更换姿色，大傷陰騭，紗廠改作秦樓。繼而咸抱不平，被茶房當場捉出通奸，告知守仁，而張守仁反爲囑衆不得聲揚，尚思代徐遮飾。後因衆憤而請命總辦，始得開缺。照張守仁之劣跡，筆難盡述。在東翁必欲效監國醇邸之心機，闕素缺之手段，興利除弊，將後尚可收桑榆之效也。

以上拾則均有實迹可查，并非飾説，倘尊處委人查察廠弊，若然派顧咏銓、潘雲峰兩公，一係親誼相關，一係情深舊友，斷乎不肯招怨，仍必果塞責了事而已。惟有汪太史之侄汪瑞叔洞悉廠弊，不如邀來一詢，就可恍然大悟。在不平者據實上呈，原屬空言無補，且顧咏銓、陳咏山俱是尊親，將此兩缺對調，試辦一年，日後尊處就可别劣優矣。伏乞宫保大人卓才衡奪，從長整頓，曷勝幸甚。專肅上禀，敬叩鈞安，諸惟慈察。八咏樓主人謹上。

陳旭麓等《盛宣懷檔案資料選輯之六》上海機器織布局《祥茂擬改又新廠爲公司之意見書宣統元年十二月二十二日到**》** 按目前股票市面棉業股票難得受主，即使市面踴躍，然非該公司有所作爲顯示於衆，得衆人之信用，亦難求成立。如本公司即出股票在市求售，一時難望衆人購買。蓋各人均欲先見其效驗若何也。予聞此廠現今情形，地皮、房屋、機件係宫保之産，他人備款營辦，將來宫保即以地産等照數收回股份，惟不知彼造是否亦願入股，是公司之活本至少須有銀五十萬兩，因内中需用若干作整頓以及擴充之費。此數在平時可敷矣。至屯花或積紗在手時則須向銀行拆銀。此項拆款如公司不欠外債，雖鉅亦易得也。如與往來之銀行若係匯豐，則較他行拆銀尤易也。今細查廠内情形與其估價等件，其難處在其局面太大，營辦不能留心節省。在其創辦時，地價低賤尚無關緊要，若照現今地價，於餘利上爲一重纍也。

廠内現有紗碇六萬四千支，布機七百部，軋花廠、繅絲廠如除去廠外新升灘地，共用地基二百數，尚有空地數處，可以留作他用。照工部局估價，每畝銀二千八百兩，地基價即係五十六萬兩。兹試與本地他廠比較，怡和有碇子五萬一千支，廠基只用地七十畝，地價十四萬兩，將來該廠擬就現有廠基，紗碇加至七萬一千支，加布機三百部。瑞記有紗碇四萬支，用地四十二畝，地價只十一萬三千兩。老公茂與鴻源紗廠之基，均係租地，故予所最着重之處爲地基太多。是以第一務須振興餘地，第二將地價作賤，以輕成本。而第一節尤爲緊要，因如此餘地，方可生利。

予特研究本地洋商之紗廠四家，其開辦至今，均有十三四年，以比較其房屋機價，查怡和有紗碇五萬一千支，其房屋今日之價，只作三十萬兩。瑞記有碇子四萬支，房屋價二十三萬九千兩。鴻源碇子亦四萬支，屋價二十五萬二千兩。老公茂碇子三萬二千支，房屋價十五萬五千兩。以各家碇數均分，每碇房屋派價六兩。今又新廠之房屋估價值銀六十一萬兩，即除去繅絲廠、軋花廠與織布廠之房屋價銀十萬兩，餘五十一萬兩以碇數分派，每碇合銀八兩，鄙意以爲房屋內餘地尚多，如重將紗機排緊，可以多加碇數也。

機價一節，查克利之估價單，其價亦太高，現今如設新廠，其機價一切在內，每碇合英金二鎊十先令。克利兩載半前謂機件須重行修理，所費每碇須銀三兩，當時每碇估銀十四兩，即照九五摺摺舊，至今日每碇值銀十二兩二錢五分。現又遲三載，修理費恐每碇三兩不能敷矣。即仍作三兩，每碇合價十五兩二錢五分。前此所言之紗廠四家，每年除摺舊外，仍加修理，其機件均若新購者，怡和紗機購價每碇十九兩半，現今只作十七兩二錢，然怡和碇價不能作爲公允之比較。蓋其改少資本時特將機價作小也。瑞機碇價祇十一兩半。鴻源碇價十二兩，老公茂十一兩三錢，老公茂之機價最小者，以其邇來加多碇數，故每碇之價合賤也。又新廠機件已使用多年，據鄙意每碇不過作價九兩而已，待修理完好，每碇合銀十二兩。

布機一道，予不熟悉，其估價亦恐太高。此外尚有烟囱一座，克利亦估入機價之内，如該烟囱爲積水臺機件所用，應另行估計。

紀事

陳旭麓等《盛宣懷檔案資料選輯之六》上海機器織布局《洋布局抵借券據抄存光緒五年八月十四日》　立抵借文約人唐霡溪，今因奉派經理洋布機器局收支事件，籌墊甚多，所有承買潘和記洋樓地基一所，以備局中應用，由總辦議定價銀三萬二千兩。當時股分未能應手，議由霡溪墊價，憑中交價清楚。由廣南洋行潘爵臣出筆，光緒五年立契，賣與織造洋布局，起造機器房等屋，聽其自便。所有上下首外國契紙，均已憑中查明號頭，注契歸於霡溪收執。並已雇匠興工繪圖，起造廠房。今本局因股分不濟，事多掣肘，總辦赴北洋大臣李爵相前面稟事件，往返需時。茲因秋節在邇，前經籌墊地價，即欲歸款；廠中應造房屋又不能束手停工，事在兩難之際，無可濟急。再四公商，惟有將原買三萬二千兩地契一紙，並外國各契，查出延友與盛杏翁商説，暫於煤鐵總局公項內撥押銀四萬兩，除歸還籌墊地價一款外，餘銀接濟廠中目下工資等項，暫展燃眉。查該地價銀三萬二千兩，今押銀四萬兩，計多押銀八千兩，憑中言明以廠內新造碼頭、落成牌樓、官廳、群屋並機器房，現做地土存廠磚灰木石等件，約計本銀將及二萬兩之譜，以此抵押八千兩之數，有盈無絀。所有在廠工匠起造一切，日漸增添料物等項，由局支付，與押主無干。自抵押後，每月利息一分，由局照付。期定年內收有股分，本利並還。倘其時股分不充，廠房各工未竣，另有更議，不能歸結利息按期照算。恐後無憑，立此抵押字據存案。計查交光緒五年六月買源昌墨契一紙，計價銀三萬二千兩。又契內注明外國契據式紙，還銀之日退交織造洋布局收執。所有原立賣地付銀合同兩紙，仍存洋布局作爲廢紙無用。

光緒五年八月（十四）日立。抵押文約人：唐霡溪。憑中：彭器之、鄭陶齋、卓子和、長雲衢。見立：徐雨之。史花樓。

陳旭麓等《盛宣懷檔案資料選輯之六》上海機器織布局《盛宣懷致上海道咨光緒六年五月》　爲咨明事：光緒五年八月，據洋布機器局員唐(霖)〔霡〕(漢)〔溪〕以該局積欠地價以及土木工料墊款甚鉅，節屆中秋，總辦遠出，諸帳猬集，局勢將危，現在該局銀錢均歸唐(霖)〔霡〕(漢)〔溪〕一手收支，是以挽由輪船招商局徐道臺及原中史丞兆霖等向敝道再三商説，暫挪礦務公款規銀四萬兩，以濟其燃眉之急。當由唐(霖)〔霡〕(漢)〔溪〕立有抵押字據，並將原置潘源昌虹口基地房屋原契一紙，並連英字舊契兩紙抵押前來，所有契據俱已憑中交明敝道點收，當於八月十四日憑中付交規銀四萬兩，移緩就急，以顧大局。惟查該契原置價銀三萬二千兩，今以該産抵借銀四萬兩，係將該局現造之碼頭、牌樓、廳房、群屋，以及墻垣土木工程約計值銀將及二萬兩之譜，一概抵押在內，似此辦法，則該處已做之工程，已購之料物，均應歸於敝道驗收作抵。第因該局工程尚多未完，勢難停止，封鎖又恐工匠人等不知底蘊，擅將物件搬移，致礙抵項。除責成原中史丞兆霖認真看守，如遇有此等事件准由史丞隨時禀知貴道上海道，請即嚴拿究辦等因。並抄粘抵借據一紙，咨明貴道上海道在案。

嗣於年底抵款到期，當即備文咨明貴道上海道，移催洋布局設法歸款。瞬又半年，尚無頭緒。茲據原中史丞兆霖禀稱，今歲洋布局總辦彭道臺赴鄂久久不來，墨溪負累不堪，久不過問此事。但廠房一切物件現在全賴匠頭看守，匠工久經歇手，所有已挖之溝，已砌墻脚，已築木碼頭，已存之料物，日夜風吹雨灑，不特外觀不齊整，且内裏未完，已動之工凋敗難言。其房屋内，來往匠人毫無稽查，火燭之虞，甚爲緊要。此事若不早爲清理收管，恐各料將來明搬暗偷，化爲烏有。本月十七日，石匠雇有小船偷去石磉板塊數十件，竟趁潮水而去。此係石匠頭所做之事，詢問石匠不知何往。細看石匠做磉板賣去别人應用，此端一開，將來廠中料物萬難作數。除禀知上海道憲飭差追辦外，爲此飛布立候酌裁等情前來。閲禀之後甚爲駭異，查該地價銀三萬二千兩，(抵)押四萬兩，計多押銀八千兩，憑中言明以廠内新造碼頭、落成牌樓、官廳群屋並機器房，現做地工存廠磚灰木石等件，計本銀將及二萬兩之譜，以此抵押銀八千兩之數，有盈無絀等語，載在契内。是以該處基地房屋之内，尺木寸石塊磚片瓦皆在抵押之内，豈容工匠明搬暗偷，致損官物。從前原因洋布局急於起造，是以抵押之後仍准各匠在廠動工，且在抵押限期之内，未便派員收管。現在匠工既已歇手，洋布局唐霦溪等既不過問，自未便再任工匠來往，致開其監守自盗之弊。該工匠等如與洋布局有未了帳目，應向洋布局自行清理，與押主無干。除詳明欽差大臣、直隷爵閣督部堂李(鴻章)札委鹽運使銜補用知府佘守、候選趙州同前往上海將洋布局所抵本局煤鐵經費四萬兩如數催收，並一面將房屋基地及料物等項先行收管。所有房屋多少間數以及存廠磚灰木石等件即由該員會同原中史丞兆霖逐一查點，開繕清摺，呈送備案。俟洋布局員唐霦溪備價回贖，再行逐一點交。

陳旭麓等《盛宣懷檔案資料選輯之六》上海機器織布局《趙吉致盛宣懷函光緒六年七月初一日》 近聞機器局似有成説，據稱係龔仲仁、戴子暉、蔡楳卿、李韻亭、鄭陶齋五人各招齊股分五萬，另求中堂撥公項十萬，現各經辦專候中堂回文，藉可商辦。所請公項不知中堂允否？此情諒閣下必知底細，但不知可用此房屋，尊處可許入股否？此局若成，新泰興之銀可以有望，此言是否真確，祈即示知爲盼。

陳旭麓等《盛宣懷檔案資料選輯之六》上海機器織布局《趙吉致盛宣懷函光緒六年七月初二日》 新泰興之款，倘機器局辦成，尚不致吃虧。但急急難得到手，不能過於着急也。史花樓去蘇，至今杳無音信，或聞機器局將成，另懷别樣心思，未可知也。

陳旭麓等《盛宣懷檔案資料選輯之六》上海機器織布局《趙吉致盛宣懷函光緒六年八月十二日》 機器局一事，尊意擬將四萬兩盡作股分，高見極是。弟想如果鄭陶翁等肯受我處盡押之項四萬入股，固爲第一快事，一則將來可推入公款，不致大受虧損，二則我將此四數和盤托出，既歸彼局之股，若彭姓糾纏，則彼局必幫我拒彭，然屺之一閘用此房屋，總有一番纏擾。我既與鄭戴合股，倘有官事，亦可由新局出場，與之相争矣。總宜認定此路方好。所説賣與洋人之話終是下策，必到無路可走方可做到，如果走到此步，則虧摺無底，幸勿恃爲退路耳。

據戴子輝云，此番機器只擬設用四百張，其意係爲就小省費起見。然聞前首經辦人定買八百張，此時新泰興斷不肯毁去前議，仍要照原定數目八百張，少一不行，不然仍須照議罰銀五萬，即此一端，恐未必聽新局自便。如果設機八百張，勢必用此地方能合用。機多則股本亦必要增，或因此彼可來就我亦未可知，容與秋亭商酌而行。收房事宜，應如何辦法，隨時隨事當與佘澄翁商之。

陳旭麓等《盛宣懷檔案資料選輯之六》上海機器織布局《盛宣懷致上海道咨文光緒六年八月》 向據前辦洋布機器局員唐汝霖即唐霦溪，挽由招商局徐道臺及史丞兆霖向敝道再三商説，以該局拖欠房屋地價以及土木工料墊款甚鉅，節届中秋，彭道臺遠出不歸，諸帳猬集，局勢將危，所有該局銀錢向歸唐霦溪一手收支，房屋地契亦歸唐霦溪收執，商由敝道暫挪礦務公款規銀四萬兩，以濟其燃眉之急，言定年内歸還。敝道當以該局係奉北洋大臣札飭辦理，礦局公款本欲生息，該局以公産抵借，不過數月挪移，亦無非以公濟公之意。當由唐霦溪立有抵押字據，將原置潘源昌虹口基地房屋原契一紙，並英字原契兩紙，憑中點收，即行付交規銀四萬兩。惟查該契原置價銀三萬二千兩，今以該産抵借四萬兩，係將該局現造之碼頭、牌樓、廳房、群屋，以及墻垣土木工程，約計值銀將及二萬兩之譜，以此多抵八千兩，尚屬有盈無絀。即經招商局徐道臺、史丞會同敝道將該屋點驗無錯，隨即札委史丞認真看守，並將抵押緣由抄粘字據，咨明貴道在案。嗣於年底抵款到期，當即備文咨請貴道移催洋布局設法歸款，瞬又半年，毫無頭緒。查此項局産本係期定年内收有股分本利並還，現因(彭)道臺、唐霦溪等辦無成效，已奉北洋大臣撤委，改派戴編修、龔道臺、鄭道臺、李道臺、蔡郎中、經主事會同接辦。所有前局廠基房屋自應歸於後局收回，與前局無涉，且洋布局以機器廠屋爲兩大宗，機器並無公款交涉，或可另行購用。至廠屋（係）抵挪礦款，亟應屋歸布局，幣歸礦務，兩清轇轕。並聞前局係聘請洋人繪圖監造，工程已有幾分，皆係配合洋布局造法。蓋布局舍此基址，不能有其寬展，而該地除此布局，亦不能另作他圖。查閲經主事等所立議約，内開前局所購基地，所造廠屋，如果推歸本局，必須詳悉勘估，公同議價等語，具見一以顧大局爲心，毫無畛域。惟礦局公幣，係屬奉飭生息之款，該局原議按月一分計利，本年八月十五止，應收本銀四萬兩之外，加增利銀四千八百兩，絲毫未便短绌，且查該局基地，原價三萬二千兩，係招商局徐道臺經手議價，售與布局。據徐道臺云，並不吃虧，自該局置買後改造已費二萬餘金，以此核計，抵款並不逾值，兩局皆係公事，未便再事宕延。

陳旭麓等《盛宣懷檔案資料選輯之六》上海機器織布局《盛宣懷致李鴻章稟光緒六年八月》 敬稟者：竊職道於光緒五年八月差次上海，據前辦洋布機器局員唐汝霖等挽由招商局徐道潤、史丞兆霖，向職道再三商説，以該局拖欠房屋地價以及土木工料墊款甚鉅，節屆中秋，彭道汝琮遠出不歸，諸帳猬集，局勢將危，所有該局銀錢向歸唐汝霖一手收支，房屋地契亦歸唐汝霖收執，請由職道暫挪礦務公款規銀四萬兩，以濟其燃眉之急，言定年内歸還。職道當以該局係奉憲札辦理，礦局公款本欲生息，該局商以公産抵借，不過數月挪移，亦無非以公濟公之意。並即面商上海道劉道，亦以爲然。當由唐汝霖立有抵押字據，將原置潘源昌虹口基地房屋原契一紙，並連英字舊契兩紙，憑中交明職道點收。當於八月十四日付交規銀四萬兩，惟查該契原置價銀三萬二千兩。今以該産抵借四萬兩，係將該局現造之碼頭、牌樓、廳房、群屋，以及墻垣土木工程，約計值銀將及二萬兩之譜，以此多抵八千兩，尚屬有盈無绌，即經招商局徐道等會同職道將該屋點驗無錯，隨即札委原中史丞兆霖認真看守，並將抵押緣由、抄粘字據咨明上海道在案。嗣於年底抵款到期，當即備文咨請上海道移催洋布局設法歸款。據劉道函覆，以彭道汝琮不知何往，唐汝霖亦已筋疲力盡。此項局産惟有俟該局接辦有人，方能歸贖等語。 茲查該局已奉憲臺札委編修戴恒、郎中鄭官應、蔡鴻儀、經元善、道員龔壽圖、李培松會同接辦。職道並迭接戴編修、鄭郎中、經郎中、龔道等來函云稱，已經集有股銀二十萬兩，又蒙憲臺允撥公款五萬兩，此局似可成功。而房屋、機器爲兩大宗，上海沿黄浦江之地基宏敞，以此爲最，計有基地七十餘畝，洋房十餘座。該局又復聘請外國人繪圖監造，工程已有幾分，皆係配合洋布局機器造法。蓋該局舍此基址，不能有其寬展，而該地除此布局，亦不能另作他圖，此基係前局所購，房屋係前局所造，嗣後之接辦者，理應歸贖。查閲戴編修等所立議約内開前局所購基地、所造廠屋如果推歸本局，必須詳悉勘估，公同議價等語，具見該員等一以顧大局爲心，本有收回前局廠屋之説，惟該局集款維艱，難保無減價之議。而在礦局公款本係詳定生息之款，該局原議按月一分計利，本年公月十五止，應收本銀四萬兩之外，加增利銀四千八百兩，絲毫未便短绌。且查該局基地，原價三萬二千兩，係招商局徐道經手議價，售與該局。據徐道云並不吃虧，自該局置買後，改造已費二萬餘金，以此核計，抵款並不逾值，兩局皆係公事，不得不瀆。懇憲臺俯賜札飭現辦洋布機器局各員遵照即將前局廠基房屋一並收管，所有抵借礦局本銀四萬兩以及應收利息如數移解職局，以便另行發典生息，免致賠累，庶幾兩有裨益，感戴實無涯涘。

陳旭麓等《盛宣懷檔案資料選輯之六》上海機器織布局《李金鏞致盛宣懷函光緒六年九月二十七日》 布機地址，前卑府到滬與龔、戴、鄭、經諸君訂明，定用舊址，已蒙許可，而鄭、經二君無不心照。前經稟明憲鑒。現在不難於此，而難於唐霦溪多方推諉，彭器之陽奉陰違，劉芝翁紙上談兵，且嘖有煩言，莫令雖有移文照會霦溪，會同佘澄甫先行檢點物料，而暗中毫不吃緊，且與人言不能爲某人討私債云云。與憲臺頗不滿意。以至霦溪言語朝更募改。卑府雖不避嫌怨，欲竭力報效，無奈器之居心難測，狡猾非常，澄甫天天干打，心焦萬分。

陳旭麓等《盛宣懷檔案資料選輯之六》上海機器織布局《莫祥芝致盛宣懷函光緒六年十月二十四日到》 遵查此案先奉海關道憲札飭到縣，當即遵辦，並嚴催唐姓點交毋許遲延。茲據唐霦溪以該職創購洋布廠籌墊地價較多，所以彭道臺將地契交執。至所抵礦務銀四萬兩，有庚和隆茶棧欠該泰昌永錢莊往來銀三萬餘兩扣劃在内，其中糾葛較多，未能點交等情呈復前來，接閲之下，深恐延誤，有負委任，立即轉呈關憲候示遵辦，除將一切細情面致佘守轉呈外，知關勤注，合先陳明。

夏東元《鄭觀應集》下册《致彭器之觀察書》 昨據卓君子和來言，執事在滬創設機器織布局，已稟請北洋大臣李傅相札委弟會辦等語，實深駭異。弟自忖才力綿薄，硜硜自守，不敢欺世盗名，亦不敢行險僥幸，寧蹈執德不宏之譏，而不肯自儕於流俗。頃承惠書，備承美意，雖蒙見愛之深，轉覺相知之淺。弟作事必依規矩，度德量力，如欲創設商業大公司，應預籌成本，邀股商富紳集議，研究，核算有利可圖，應照商家通例，擬定招股章程，如願倡辦者，即是發起人，認股若干，銀交何莊，以昭信實，然後稟知地方官存案，登報招股。

夏東元《鄭觀應集》下册《致容純圃星使書》　查外國入口洋布價值每歲約共三千萬兩，漏巵日大，竊抱杞憂。弟等現集股銀四十萬兩，在滬創辦上海機器織布局，公司預算各款，已詳載招股章程。所慮者，中國棉花不及外國棉花絲長而性軟，所雇洋匠不及外國洋匠工巧而藝精。素悉執事在美有年，留心實學，祈代選聘一在織布廠有歷練、有名望之洋匠到滬商辦，擬先寄華棉試織如何，倘織出之布不合銷，或所商意見不合，其往來舟資及按月照給薪水、伙食外，另給薪水兩月，作爲罷論。如有卓見，乞勿吝教。

夏東元《鄭觀應集》下册《致馬眉叔觀察書》　第機器織布局爲當今急務，非有大力者總理不能佈置裕如。今聞傅相札委執事總理，且撥有鉅款，重整規模，忻慰無既。兄自愧綿力，又值中法之戰市面大壞，彭宫保奏調赴粵，不能兼顧，措置失當，咎無可辭。惟所購機器地基，一切頗費心力，無不照價實報，毫無經手扣摺等弊。曾購地百畝，每畝價不過百元，今時值應加數倍。至所欠往來帳押款及布郎地基押款，李伯記、王莼記等欠項，俱於甲申、乙酉兩年，兄匯有現銀及布局股票寄交經君蓮珊代收清還。今所賠者，乃佈告當時急需將存票押出吃虧之數。兄受屈不辯，寧願受虧，誠恐和盤托出，株累多人，貽誤大局。想高明前閲舍弟所呈經君蓮珊手結甲申年四月總帳清摺，洞悉底蘊，無待煩言。成事不説，既往不咎，恃愛直陳，如蒙垂念苦衷，於謁見傅相時能代剖明數語，尤深感泐矣。

陳旭麓等《盛宣懷檔案資料選輯之六》上海機器織布局《紀德新致盛宙懷函光緒七年二月初十日》　當將泰昌永合同查寄示復在途矣。切泰昌永合同務請速查寄下。爲奈朱懋翁年已高大，刻雲推病，宜早向清理爲是。硯庶交代有始有終，以免延緩，疏失獲咎。又新泰興洋人六月期票五百兩，亦請早爲查寄，以便介期向收。至前陳節署一事，實較各業生易利息穩准，運鹽利息亦難較此本小利大之厚。今硯思開此店者免坐食無工之嫌，不過年邁，冀圖衣食安穩之計也。今維尹仰翁無疑，因素知硯忠直不苟，一生謹慎，肯入股銀五百兩，在前金純翁並催硯早辦，緣泰昌永事未竣，今因趙致翁疑懼，恐似泰昌永之累，允俟候詳少東之示等云。切硯自許有爲，豈行詭詐謊騙而賣一生英名，不留子孫衣食地步不肯爲也。

前信請飭少爺及尊闔在餘積項下出股千金，硯備效勞，當保於少東聲名無礙也。硯緣去冬所陳各節，當蒙面飭金、趙二翁各半出資，是屬可靠。故用心覓有領事（吕宋國）代購路徑，而洋人最重信實，豈能謊彼，是以再信稟懇借銀千兩，以便舉辦，准計兩年加息歸還。請爲放心，斷不謊害千金，抑或信飭尹仰翁多行撥付千兩，統歸伊一手更爲至妙矣。前詳泰昌永合同，新泰興洋人期票等，乞即一並示復爲要。謹此，稟請升安，仰即鈞鑒爲禱。二月初十日愚晚紀德新頓啓。

陳旭麓等《盛宣懷檔案資料選輯之六》上海機器織布局《申報關於布局地基吕宋票廣告一則》　本埠租界下海浦有地基約一百畝，上抵馬路，下抵黄浦灘，左抵水公司地界，右抵威而見臣地界，昔日係前織布局之業，今日盡歸余名下也。有道印契紙爲憑，在美領事衙門造册處第三百六十七號。地基内有洋樓五座，大棧房一棟，大廳三間，碼頭一架，内外磚墻數百丈，地面填土打樁已做工程甚鉅，尚有未用磚石等料，亦復不少。現在地價日漲一日，該處碼頭水深數丈，可泊輪船，尤爲難得，按照時價每畝總可值銀五六百兩，加之已做工程未用物料合而計之，足可值銀七八萬兩。茲將以上基地樓房物料一概變價仿制吕宋發財票，每票售洋銀七元，得彩者共有七百七十七號，此票外國銷售最多，擬分寄新架波、東洋、香港、澳門等處，約計兩個月内可以全數銷完。照英六月份，吕宋票開彩，電報一到吕宋，頭彩之號即爲此票頭彩之號，得頭彩立將以上洋房地基物料全數收取執契管業，毫無轇轕。如欲要銀，可押銀四萬兩，其餘得彩號數悉照吕宋得彩號數，所有紅票銀彩，均於公裕、恒吉兩莊匯兑，中外無欺。查吕宋英十二月份票每票售洋十二元，頭彩五萬元，今票價只須七元，而頭彩所得産業，約值價在十萬元，實爲發財之卷，願得彩者速購勿遲。

今將得彩數目開列於後：

頭彩一張，得以上地基一塊。

二彩一張，得洋六千元。

三彩一張，得洋三千元。

四彩五張，每得洋五百元。

五彩十張，每得洋一百二十元。

六彩五十張，每得洋五十元。

七彩二百五張，每得洋二十元。

八彩五百張，每得洋十五元。

頭彩上下附彩二張，每得洋四百元。

二彩上下附彩二張，每得洋二百元。

抛球場北首傍郎洋行啓。

陳旭麓等《盛宣懷檔案資料選輯之六》上海機器織布局《史兆霖致盛宣懷函

光緒七年六月二十八日》 惟廠中情形無結實可靠之人經理一番，萬難清其頭緒。石匠移石一事，恐稟出名姓，將來難以收兵，故用打草驚蛇之法，可就陽卷。並刻下道中批縣尚未接縣中消息，刻已往道往縣催促，據云早晚有差來查辦，俟差來，再當相機行事完案，可禁將來。不料日來江邊有匪來，竊去碼頭板數十塊，約值數十千文，今已招呼地保往查，此事查明能了就了，不能了再稟。現在與靄翁商量，飭地保雇一更夫住廠看守，庶可保全後患。

圖已飭匠趕繪，早晚送覽。刻下器翁久無消息，不知何往，出名借款之人，諸多不佳，廠中興公住內，本因局中伊有經手款項未清，故有此也。今日諸執不問興公久住非宜，亦應清理明白，興公搬開，此一要也。

各匠不清之賬各有多少，存廠料物現有若干，應查明派人收管，免得種種糾纏不清，此其二也。此時可暫緩幾日稟辦，候縣中查明如何了結，由霖處稟請道憲消案。雇保看管各情稟稿來時，尊處可轉稟中堂，飭道行縣查辦此事可妥爲了結。

閣下收房應如何辦理，可聽自便，免得了而不了。興公亦可由長雲翁邀出料理也。霖今往蘇州會雲衢，説興公搬移一事如順流成功，將來行縣收房，一切事件隨時應商之處頗多，霖當隨時與靄翁商酌辦理，總期切實從事，不敢稍有含糊，有負諄諄雅囑。

陳旭麓等《盛宣懷檔案資料選輯之六》上海機器織布局《盛宣懷致龔易圖函

光緒七年六月二十九日》 織布廠基前蒙諄諭結束之法，外面必須減成，暗中酌爲貼補。昨日密陳傅相，深佩藎籌，蓋非此不能速結。俾弟早清積累，皆出自閣下與令弟之所賜，感激奚有涯哉？

昨接上海唐景星來函，以彭器之之意，擬將所得地價歸還敝處公款三萬兩，其餘由伊分給零星欠户，詢弟能否應允。查該廠基抵本規銀四萬兩，弟已墊解一年，息銀四千兩，尚欠解一年息銀四千兩，總共四萬八千兩。如屺之外面撥還三萬兩或能再加二千兩，除繳息外，實收本項只有六摺。弟原擬虧賠一萬兩，擬乞閣下做主，暗中貼補六千兩。爲實難爲難，至少貼補四千兩。倘以（曠）〔礦〕務公款移存布局，可否請將一年欠繳之息銀由布局代繳，即以爲暗中貼補，蓋覺天衣無縫。但聞公議無需官款，則弟現在量力而行，只能以一半附股，一半收回湊還之款。弟刻因賤恙未愈，恐難赴滬局。今弟面商外面之事，一面函允景星照辦，暗中貼補一層，敬祈費神密函布達，是所至禱。總之，布局爲收回利權之大政，基址實以此處爲最宜，租界地值朝夕低昂，酌加數竿並不爲過，而敝處久經困累，得以少賠一分之款，即多沾一分之惠，默感雲情，當銘肺腑，肅此布臆。敬請臺安，鵠候玉復不一。

陳旭麓等《盛宣懷檔案資料選輯之六》上海機器織布局《□□□致盛宣懷函

光緒七年閏七月二十一日》 兄與陶齋共計，能了之局欲尊事能了，必器之債主一齊俱了，而後吾弟之事乃不致另生他虞。吾弟三萬之數，已是吃虧，斷不可再減分毫。器之二萬不足開銷，而有商請老弟再減之議。兄不之允也。意弟處不增不減，而器之各債則令其開出局中所欠之款，而私款不與焉。意將聚其債主，爲之了結。則將來庶無阻撓地基之患，不然，器之各債主皆覬覦地基。今玆責出，而所收成數太少，老弟獨多，則因忌妒而生恨憤，則必謂墨溪之帳非局中之帳，(兄已聞有此議矣)遂起而與老弟爲難，則其事有不可知者矣。故爲老弟謀斷，不可不爲器之之各債主謀，此兄欲了此事之微意也。乃器之公債遂開出六萬三千之多，而陶齋萬數，且僅列五千焉。龔仲仁歸來，兄即陰與商之，並戴、蔡兩君亦聞其議。新局諸君子之意實半爲老弟與陶齋也。兄因説以再加五千，使器之得二千五之數，其中如洋匠及司徒不下三四萬皆減成易了者也。先了此兩項，則其他二千三千之款，便可盡其所剩之貲分了之矣。其最難了者，則器之寫券每年由太和藥鋪分作數起了之。器之亦以爲然，而龔、戴諸君加五數之説，口雖未允，窺其言詞亦似可行，然昨日新局諸人聚景星與兄於聚豐樓，景星謂器之前日自云兩萬可了，須俟洋匠到時再爲定局，不管器之各債主之事，即使器之將磚瓦搬去，而專是地皮亦可值老弟之三萬金。若管器之之帳，則器之所欠不下十數萬，亦將代爲了之乎？窺其意，似疑兄專爲器之，並疑兄爲器之主謀，故有器之自云二萬可了之語。今何忽云不了乎？嗟乎！兄初到上海，陶齋即出，器之在家，所致書有云老弟之項亦在其內，僅二萬之數，如何能了之語。是器之未言二萬能了也明矣。是景星不知兄意而故作此語以攔兄之口，兄感其爲老弟之心甚切，而不稍有怒於景星也。欲爲之明辯此理，乃言之再三，而景星不聞其語。兄意終不能達，且俟洋匠來再看何如耳。然兄於此二三日還蜀，不能久待洋匠矣。

再頃間器之云新局創始之際，恐不能多添價值，以妨虧累也。則現有人當押仍以五萬之數，須與老弟聯爲一氣。老弟之三萬金仍不能再減分釐。當押之人異同，賣出或自留用再議添買之數云云，但能抽出本錢，固無所不可，俟有成局再商景星，函商老弟，兄不能再待，惟祝事之早成而已。又及。

陳旭麓等《盛宣懷檔案資料選輯之六》上海機器織布局《彭汝琮致鄭官應函光緒七年九月六日》 弟在上海創辦織造洋布局，因人事不齊，日久未能成功，現擬將虹口地基及建造機器廠屋一切工料變價，仿照呂宋票爲二萬五千號，每票收洋六元，合計洋銀十五萬元。得頭彩者，以所有地基、廠屋、物料，全數與之。並提銀萬餘兩，分作各號小彩之數。所有應還貴帳房墊借之二萬三千數百兩，又太古源之銀七千餘兩、盛杏蓀觀察之四萬兩，統由執事於收齊票洋，開彩之日一律扣還；餘剩之銀，應交弟歸還各户。借款如有阻撓、圖賴者，歸弟理直，與代理之人無涉。其銀或存銀行，或存錢莊及何處售票，並地契應如何收回之處，一切章程悉聽執事主持，並邀大有裕錢莊或洋商紳富妥爲籌畫相助。爲理應酬賣票及代理人用費，均於數内扣除。特此奉懇，即以此信爲辦事之券，彼此面訂，意見相同，日後斷無異詞。

陳旭麓等《盛宣懷檔案資料選輯之六》上海機器織布局《鄭官應、經元善致盛宣懷函光緒七年九月八日》 蘇局機器有舊而壞，弟見寄來一副，並未逐件拆開，且蘇局尚無洋匠，亦無能修機器之人，何以即知其舊而壞者。查大北公司所用機器與我局不同，如其舊壞係外洋購來舊貨，並非該公司即在此處以舊貨搪塞。大北人雖刁滑，亦不可持論失乎。至機器先後共購卅九副，計中間五局，每局至多五副；津滬兩處每局三副，共所需不過卅一副，其餘八副，足敷學堂之用。蓋各分局兩期接應，理當四副，或機器有壞，亦可移作兩副。今再多添一副，已有三副備用矣。津滬每局兩副，如機器有壞，亦可移合一副，今再多添一副，已有兩副備用矣。

陳旭麓等《盛宣懷檔案資料選輯之六》上海機器織布局《唐汝霖呈詞光緒六年九月》 謹將職員唐汝霖即唐（霢）〔𩃎〕溪呈到原詞照録清摺，呈請憲電：

計開：

候選同知唐汝霖爲據實呈復事：本月二十三日案奉貴縣照會，内開奉海關憲札，准湖北礦務直隸題奏道盛咨稱光緒五年八月因洋布機器局暫挪礦務公款規銀四萬兩，所有廠屋内尺木寸石塊磚片瓦皆在抵押四萬兩以内，不得任人借住。札委佘守住廠照管，並咨請出示曉諭，先後移行有案。布局房地抵押銀四萬兩，係由唐𩃎溪立據，自應仍由唐𩃎溪清理，所有存廠物料究有若干，廠屋現係何人借住，有無別次糾葛，札由貴縣確查辦理，飭將所抵房地物料點交佘委員收管，一面將押款趕緊清還，具復轉報各等因。奉此，伏查汝霖於光緒四年十一月奉北洋大臣直隸爵閣督憲李札委幫同前四川候補道彭辦理紡織洋布機器局，事屬創始，不易經營。而局外人往往垂涎，以爲此中大有名利。有請添設分局者，有議合並一局者，甚且謂前局已撤後局將開者。議論紛紛，其實皆毫無影響之事。而遠近傳播，將信將疑，以致認定股銀百難收一。於是同局公議，非奉委承辦者先籌墊款，自立根基，不足以廣招徠。因於五年二月間憑招商局徐道臺作中，購定下海埠潘姓基地房屋價銀三萬二千兩，於二月十四日由局中同事分付定銀三千一百兩，寫立合同，餘銀分期交付。當經請定洋人畫圖定向，住廠監造。一面採料募工，擇於四月内開工築地建墻，規模粗具。旋於五、六兩月，即將應找潘姓地價銀二萬八千九百兩，又由局中同事籌辦銀款，憑中證徐道臺在局交清，毫無蒂欠。彭道臺以此項地價汝霖墊款較多，即以新舊契紙交汝霖收執。此洋布局地基契紙暫存汝霖手中之原委也。維時廠地興工業經數月，物料繁多，工程浩大，局外人不知底細，每以墊款太多爲汝霖危。蓋汝霖向在上海開設庚和隆茶棧二十餘年，往來錢莊數十家，收付出入銀錢每年不下數十萬，各錢莊恐以銀錢挪墊工程，不無疑慮。然茶棧與錢莊往來銀錢歷年均係年底結帳，而泰昌永錢莊因庚和隆長用該莊銀三萬餘兩，獨先追討，有迫不可待之勢。市上謡風日多，局用亦因之日絀。時有史令兆霖到局，與彭道臺商量，謂有盛道臺關切倍至，以紡織洋布事關大局，不可不極力贊成，如果需銀，可以局中新置地基契紙向友人代爲抵押銀四、五萬兩等語。局中同事聞者俱欣感，僉稱廠屋功虧一簣，能以存而不用之契紙抵押現銀數萬兩，以濟工用要需，不可失此機會。汝霖遂於七月二十一日憑史令將洋布局新舊地契一並交盛道臺手收，約定是夜到局交銀。不料守至夜分杳無信息，追問史令，則答以盛道臺已上輪船有南京之行，留有手書，只言契紙暫存泰昌永，不提押銀一字。汝霖不勝詫異，當即邀同局中同事及史令親到輪船面詢盛道臺存契而不交銀之故。據云庚和隆有欠泰昌永莊款三萬餘兩，加以月利，數在三萬三千兩以上。此契暫時留抵，待還清莊款再行交還。汝霖聞之，恍然大悟，乃知史令所謂關切者，以計取地契耳。然莊款是庚和隆之私債，地契乃洋布局之公産，何能以公抵私，且庚和隆來往錢莊不止泰昌永一家，並許由庚和隆先爲歸結。再三婉懇，盛道臺不能挽回。此上年七月二十一日汝霖受賺而以洋布局地契交付盛道臺之原委也。

上年八月，盛道臺由南京回滬，彭道臺已赴天津謁見北洋大臣，節届中秋，史令又到局中商量，謂盛道臺有礦務公款銀四萬兩，可以洋布局地契抵押。惟庚和隆所欠泰昌永之款必須扣還一半，其餘付洋布局收用，由局出具地契抵押礦務公款四萬兩字據，公私可冀兩全。汝霖再四籌思，如果盛道臺僅扣收萬餘金先還泰昌永之帳，汝霖本有墊款在局，尚非挪公濟私，而局中有此二萬數千金，亦可藉資挹注，請盛道臺邀同徐道臺及史令在招商局寫就抵押字據，約會洋布局同事前往簽字。而會辦鄭道臺因彭道臺在天津未經面商，不允畫押。汝霖在招商局畫押，坐待收銀，不料盛道臺僅付銀六千兩正，其餘三萬四千兩，以庚和隆所欠泰昌永之款，連本加利，全行扣抵。所有現銀六千兩，當由史令領去銀一千兩，是找補買地基之中費，由幫辦長領去工程銀一千五百兩，由磚瓦行領去銀一千兩，由木行領去銀一千四百兩，由水泥匠頭領去銀一千一百兩，共計實銀六千兩，局中分釐未存。此上年中秋原議以洋布局地契抵押礦務公款四萬並未如數交銀，僅收到盛道臺實銀六千兩之實在情形也。

上年中秋節後，彭道臺從天津回滬，又有李中堂批准辦理洋布局，戴道臺同來，據稱有二十萬實銀交存海關道庫，以爲真實不虛。所以催工加料，冀得一氣呵成。自八月二十日以後，廠中每日工匠數百人，運到廠内定燒之大磚有一百數十萬塊。又有石條石板三合土以及椿木、石灰等料堆積如山，直到十冬月間，衆人知戴道臺之銀無着，然後停運物料，次弟減工，耳目昭彰，有日可考，有帳可稽，有工可驗，有人可問，是盛道臺所取抵押字據在中秋節前，而節後又加工料銀數萬兩，不得謂之尺木寸石塊磚片瓦皆在抵押四萬兩以内，一概抹煞之實在情形也。廠係公所，何能借人私住，有查輪船委員與司馬奎，去年曾代局中挪銀數千兩，以資接濟工程之用，經彭道臺請其住在廠内，就近照管，其地臨河，既便查船，而工匠出入人多，有官常住其中，亦可藉資彈壓。至今廠内所存之長短成材木料，尚有四千數百根，加大及放樣新磚尚存八、九十萬塊，蘇石、寧石尚存七百餘丈，其餘零碎物料所存尚多，值銀不少，幸有委員在内，並留工匠更夫數人看守物料，庶免小人偷竊，此因存廠物料甚多，留人看守並非住人借住之實在情形也。且有是債，而欲巧脱以爲無者，官法固不能輕縱，無是而强誣以爲有者，人情亦有所不甘，謂庚和隆欠泰昌永三萬餘金，此實有之事也。不作公款而亦償謂洋布局收煤礦局四萬公款，此絶無之事也。即置重典而不招。若謂汝霖借墊洋布局之款即泰昌永之款，而汝霖所墊地基價銀二萬數千兩，皆取同孚莊，原賬簿有日月，收受有姓名，不能假也。若謂泰昌永之款即煤礦局之款，則庚和隆與泰昌永交往銀錢已有數年，均有賬簿摺據爲憑，市肆交易何能牽涉公款，況盛道臺所重在銀數有着，收泰昌永之帳填礦務局之款，此順理成章，不勞心計之事也。爲今計，必須接辦布局之人先將地基工料議定價值，創辦者以工料爲憑，不惟不肯抬價，即一切局中費用有帳而無物可交者，彭道臺一力認賠，爲數實已不貲，接辦者念創始之艱難，不必舍現成之基業而别求新址。況此兩、三年中，凡我同局無不同深賠累，似宜彼此遷就，期於事之速成。地價早交一日，則汝霖之墊款，可早收一日，盛道臺之銀款亦可早還一日。至於廠房物料，其中轇轕情形，前已條分縷晰，不惟非汝霖所能點交，且恐各行工匠反生枝節，佘委員奉盛道臺之委而來，或住局或不住局，計必自有權衡。緣奉公牘，理合呈覆酌奪，須至呈者。

陳旭麓等《盛宣懷檔案資料選輯之六》上海機器織布局《鄭觀應盛宣懷購虹口基地合同光緒七年》

立合同議據：鄭陶齋、盛杏蓀緣前辦洋布機器局彭器之欠鄭處銀□□兩，又唐霡溪欠盛處銀四萬兩，光緒五年，經唐霡溪將所置虹口基地，連房屋材料契抵盛處，事越兩載，過期未能歸贖。現經彭器之出面，將前項基地一切，公議出售，作價規銀六萬兩，一時無人要買，只好歸盛、鄭兩家收回，盛得三分之二，除唐霡溪欠款抵還三萬六千兩，應找規銀四千兩，鄭得三分之一，除彭器之欠款抵還一萬八千兩，應找規銀二千兩。又因前途轇轕過多，故印契暫請洋人布郎出名另立，代管筆據，所有彭器之賣契一紙，布郎代管筆據一紙，彭器之收到六萬兩價銀收據兩紙，又寄存道契憑條一紙，均交盛杏蓀收執，其道契由鄭陶齋經手暫存○○○(鄭)處，則此産已歸盛鄭兩姓管業矣。現擬姑從彭器之之請，托布郎仿照吕宋彩票，將此産業作彩售賣。如果辦成，則盛處收回唐霡溪抵款四萬兩，鄭處收回彭器之抵款二萬兩，此項契據均歸得彩者執業，如辦不成，則此産總歸盛、鄭所有，應找規銀六千兩，議將所存料物先行出售，抵付以後，此項基地房舍一切轉售，盈虧均由盛、鄭兩家雙單分派，必須兩家商量允洽，兩人畫押，方准轉售。再布郎代管係鄭陶齋保薦，如有不妥，由鄭理直。欲後有憑，立此合同議據存照。

陳旭麓等《盛宣懷檔案資料選輯之六》上海機器織布局《織布新局合同光緒七年》

織布局基址擬查所有廠料物估值價目賣與後局，後局恐有不清，礙難估價，今憑中友議明所有原契買價及添置房屋等工，今三面憑同中友，邀集熟悉工程者，秉公估計工料價目，應減應退，總期公平，不能以前辦之工，件件是實，亦不能以後估之人推求爲難，方可出手估價。點查時必先由唐委員赴縣禀明請示，諭在廠工匠人等先期赴廠開明承辦，此工收付銀洋若干，下欠若干實帳，並將做工存料數目逐細開明注册，以便邀集核估。倘查明工料不符，收付不實，應照現估實數爲憑，應找錢若干，應退貨若干，兩有裨益。其事一清，百結一議，估有實數，除扣抵四萬兩押款外，應找之銀，若令押者找出，事有不公。若令後局照付，恐難成事，必有觀望，事無結期。今議定估定必由中人寫立聯票，按找總數多少，除扣存四萬兩外，應找之款由中人分別寫立，找錢若干，某匠某款訖此票注明俟成交立契日執票兑銀，兑銀時匠人寫立收條，工料價目俱收清，與後局無干，筆據所出聯票，核與找數出立，不能多出分文。倘找數不敷了結，各事應由前辦人賠償，與中人無干。此係公事公辦妥當，由縣立案交代後局接收，不得絲毫含糊。前局如有別項帳目不清，注明契紙，與基址無干，以期信實而免後誤。如估定後價目爲難，不能照賣，所押借之款應由唐某籌款歸結，不得推諉，有誤大局，立此草議爲憑。

虞和平《經元善集・江蘇上海機器織布局挂號股份收到五成銀兩第一單》

啓者，本局前奉通商大臣檄委，招商集股，創辦機器紡織洋布事宜。自八月間刊送章程以來，仰蒙當道、紳商慨然信任，陸續寄交股份。於十一月底爲止，收到五成銀兩，除分存上海匯豐銀行、乾盛亨票號及壽康、恒吉等各錢莊生息，並禀報通商大臣外，今將逐户挂號股份細數，縷晰登報，以資衆覽而昭信實。其臺銜姓氏，因接各路來的有不願署名者，且入股諸君驗對挂號單號數，亦可印證，故未全録，伏乞詳察。其餘已經挂號未收五成銀兩，容第二單補録。再續寄香港慎安銀號曹雨亭先生處廣字號册、横濱理事府范處横字號册、南京製造局龔處陵字號册、金隆順花號高少霞先生處吴字號册、四川吴小村、王雪澄先生處蜀字號册、新太古賬房處太字號册、姚伯容觀察處禾字號册、本局賬房處恒字號册、本局携蘇招募蘇字號册。戴子翁在粤招募另刻，不列號册。

計開入股號數：揚字册，元號十三股、二號一股、三號三股、四號十股、五號十股、七號一百股。寧字册，元號十股、二號五股、三號五股、四號十股、五號五股、六號五股、十六號四股、十七號四股。恒字册，元號二十股、二號十股、三號一股、四號一股、五號十股、六號四股、七號四股、八號五股、九號五股、十號五股、十一號五股、十二號二十股、十三號十股、十四號十股、十五號五股、十七號五股、十八號四股、十九號六十股、二十號六十股、廿一號六十股、廿二號六十股、廿三號六十股。徽字册，元號十股。太字册，五號十股。蘇字册，敦本堂一百五十股、敦善堂八十股、里仁號十股、楊履祥十股。不列號册，思詒堂十股。此外澳門澳字册認定四百股、武林杭字册認定一百股、大通徽字册認定一百股、廣東不列號册認定二百九十股。因逐户細號未來，容後再録。

虞和平《經元善集・江蘇上海機器織布局挂號股份收到五成銀兩第二單》

啓者，本局第一單所列，子輝〔撝〕經手在粤招募另刻廣東挂號册認定股份等語，今已查明號册，列爲粤字，所有入股號數列後：第一號至五號毓秀堂共廿股、十一號葉静遠堂一股、十二號仇致遠堂一股、十三號胡有懷堂兩股、十四號王植記一股、十五號王□記一股、卅一號章志堂五股、卅二號武厚堂五股、卅三號傅慶記十股、卅四號蘭記五股、卅五號合成堂五股、卅六號慎餘堂五股、卅七號五慎堂十股、卅八號積奩堂兩股、卅九號積善堂三股、四十號槐茂堂五股、五十一號鉬月館二股、五十二號張敬修堂兩股、五十三號樹德堂兩股、五十六號憶容仙閣兩股、五十七號俞留餘堂兩股、八十一號湯德記一股、八十二號湯□記一股、八十三號鳳儀記二股、八十四五號汪修吉堂二股、一百六十一號至一百六十五號四宜書屋共五十股、一百六十六號至一百七十號妙連環室共五十股、一百七十一號善慶堂五股、一百七十二號一元堂五股、一百七十三號二成堂五股、一百七十四號三和堂五股、一百七十五號槐蔭堂五股、一百七十六號謙益堂共廿股。尚有第二十號思詒堂十股前已登報。

國家清史編纂委員會《李鴻章全集》第十册《試辦織布局摺光緒八年三月初六日》

奏爲招商在上海試辦機器織布局，以擴利源而敵洋產，恭摺仰祈聖鑒事。竊查光緒四年十月二十四日奉上諭：御史曹秉哲奏請仿用西法開採，以利器用一摺。據稱近來各省開設機器等局，需用煤鐵甚多，請由内地仿照西法，用機器開採轉運，鼓鑄製造，既省買價，並浚財源等語。所稱招徠股商，聽其開辦，酌量征收釐税，是否可行，著李鴻章體察情形，斟酌妥善奏明辦理。原摺著鈔給閱看等因。欽此。臣查該御史原奏内稱，方今之務，以海防爲最要。泰西各國，凡織布匹、制軍械、造戰艦皆用機器，故日臻富强。又謂中國若用機器開採轉運，鼓鑄製造，其價比來自外洋爲賤，更可宏拓遠謨等語。所論均屬切要。臣維古今國勢，必先富而後能强，尤必富在民生，而國本乃可益固。溯自各國通商以來，進口洋貨日增月盛，核計近年銷數價值已至七千九百餘萬兩之多，出口土貨年減一年，往往不能相敵。推原其故，由於各國製造均用機器，較中國土貨成於人工者省費倍蓰。售價既廉，行銷愈廣，自非逐漸設法仿造，自爲運銷，不足以分其利權。蓋土貨多銷一分，即洋貨少銷一分，庶漏卮可期漸塞。查進口洋貨，以洋布爲大宗，近年各口銷數至二千二三百萬餘兩。洋布爲日用所必需，其價又較土布爲廉，民間争相購用，而中國銀錢耗入外洋者實已不少。臣擬遴派紳商，在上海購買機器，設局仿造布匹，冀稍分洋商之利。迭經飭辦，均以經費不充，税釐太重，相率觀望，久無成議。復飭據三品銜候選道鄭官應、三品銜江蘇補用道龔壽圖，會同編修戴恒妥細籌擬，據稟估需成本銀四十萬兩，分招商股足數，議有合同條規，尚屬周妥。當經批准先在上海設局試辦，派龔壽圖專辦官務，鄭官應專辦商務，又添派郎中蔡鴻儀、主事經元善、道員李培松會同籌辦。該道等延聘美國織布工師丹科到滬，據稱中國棉花抽絲不長，恐織不如式，必須就花性改制織機。已與訂立合同，令其携帶華花，赴英美各廠試織，酌購機器。本年夏秋之交，即可回華開辦。查泰西通例，凡新創一業，爲本國未有者，例得畀以若干年限。該局用機器織布，事屬創舉，自應酌定十年以内，只准華商附股搭辦，不准另行設局。其應完税釐一節，該局甫經倡辦，銷路能否暢旺，尚難預計，自應酌輕成本，俾得踴躍試行，免被洋商排擠。擬俟布匹織成後，如在上海本地零星銷售，應照中西通例，免完税釐。如由上海徑運内地及分運通商他口轉入内地，應照洋布花色均在上海新關完一正税，概免内地沿途税釐，以示體恤。如日後運出外洋行銷，應令在新關完一出口正税。若十年後銷路果能漸暢，洋布果可少來，再行察酌另議。此係中國自主之事，自可特定專章，無虞洋商借口。除未盡事宜，再由南北洋大臣隨時督飭辦理外，所有上海招商試辦機器織布以敵洋産緣由，理合恭摺具陳，伏乞皇太后、皇上聖鑒。謹奏。

虞和平《經元善集·江蘇上海機器織布局挂號股份收到五成銀兩第三單》

啓者，敝局前奉通商大臣檄委，招商集股創辦機器紡織洋布事宜，仰蒙紳商集交股份，前已兩次登報。兹將續收股份五成銀兩於三月底爲止列爲第三單，以資衆覽。其臺衔姓名因不願著名者居多，仍僅登列號數。想入股諸君驗對號單可以引證也。乞伏詳察。而敝局前將華花寄洋試織之布，英國小樣業已寄到，極爲精致；美國各織廠大樣提貨單已來，於一禮拜内亦可寄到。俟布樣比較後，即將開廠織布事宜次第議舉，隨時再行奉聞。至此局雖係創舉，驗得華花確紡織洋布，似較各項公司更有把握，尤爲穩妥。現在股份除北洋大臣批撥款項外，應集之數承紳商源源招徠，將近滿額。惟聞各處招定股份未收五成銀兩者尚多，誠恐將來交到，業已足數，務乞各埠諸君將股份姓名及五成銀兩趕早付下，如果數逾於額，敝局盡先到者收股給票也。謹啓。

恒字册，廿四至廿七號各二股共八股、廿八號一股、廿九號二股、卅號一股、卅一號十股、卅二號十五股、卅三號五股、卅四號五股、卅五號一股。楚字册，二號廿股。澳字册，元號至五號各十股共五十股、六號至十五號各五股共五十股、十六號至廿號各十股共五十股、廿一號至五十號各五股共一百五十股。廣字册，元號至廿號各五股共一百股。蘇字册，十號、十一號共十股。杭字册，元號五股、二號三股、三號二股、四號一股、五號五股、六至八號各二股共六股、九號三股、十號五股、十一至十三號各十股共三十股、十四、十五號各五股共十股、十六七號各十股共廿股。瀛字册，元號十二股、二號五股、三號三股、四至六號各二股共六股、七號至九號各五股共十五股、十號十股、十一號十股、十二號五股。太字册，二號十股。吴字册三號至六號各一股共四股、十二號四股。長字册，元號十股、二號六股、三號三股、四號六股、五號一股、六號二股、七號五股。安字册，□學道十股、朱聯生二股。寧字册，趙三壽二股。

虞和平《經元善集·上海機器織布總局催收後五成股銀啓》

啓者，本局所聘美國工師丹科，自去冬出洋後，今春二月又續派翻譯梁君子石赴英，叠接電信云，先到機器總會廣爲閲看，復至織廠就華花質性所宜，改機試織，所成之布較前加倍細密，現已定造機張並汽爐各器，已付定銀三分之一，各廠均趕速製造，不久造成，陸續裝運來華等語。本局基地亦擇於三月二十七日興工填築。原擬先辦織機四百張，集股本規銀四十萬兩，作爲四千股。嗣因附股者實多，不得已公議加收一千股，預備擴充機張之用，股數亦已足額，一律截止。所有各埠分出挂號册，自今日爲止，如再有新招股份，寄銀來局亦一概不能加入矣。至於業經得股諸君，應交後五成銀兩，即請於四月十五日以後，五月底以前交付本局，以便掣换股票息摺。特此佈聞。

楊書霖《左文襄公全集》卷二六《與李少荃傅相》　上海洋務近甚寧謐，惟機器織布局近與紡造紗綫頗有齟齬。其曲不在洋商，實龔道壽圖辦理未能妥協之故。見飭江海關邵道從中調停，已據稟複完事，一切情形已録呈尊覽。龔道人頗明幹，惟既有此番形迹，久留織布局，慮其終不相安。該道雖係江蘇候補人員，弟可徑撤。惟局由尊處奏設，龔道由尊處札委，弟若徑撤似與事體欠合，且慮洋商從而生疑，漸致造作語言，無端簸弄，終於大局有損。見在紡紗公司已可退股，停止洋商，此事可作罷論。若尊處將龔道調離織布局差使，不但外人心服，且滬事均易商量。是否如斯，希即賜複。昨接總署函牘，亦以紡紗公司爲言，尚不知其事業可了結。弟日間亦須函復一切，擬不題龔道撤留，以省筆墨也。

楊書霖《左文襄公全集》卷二六《與李少荃傅相》　上海織布局此稟，在滬華商遵案附股入局合辦，似可照准。惟上年禁止機器紡紗，原以華民生計攸關爲言，恐機器一行，失業者多無從安置。故洋人亦無徙相强。然覬覦之心固未絶也。兹由局稟請華商附股合辦，洋人得有藉口，必煩詞絮聒，無以摺服其心，與其轉圜於後，不若慎之於前。值此嘖有煩言之時，尤不宜多生轇轕，希批示緩辦爲是。愚見如斯，請高明察酌，示復。

陳旭麓等《盛宣懷檔案資料選輯之六》上海機器織布局《鄭官應致李鴻章電光緒十年正月十九日》　今商局各事妥定，獨織布局資本不敷，押款多未清楚，常虞中止，有負委任。且職道現須專注商局，力難兼顧，因與盛道、龔道等通盤籌畫，另拼鉅股殷商入局主持，伏乞恩准電諭盛道督辦，庶危貽誤，職道俟各事俱有頭緒，即當遵諭赴粵，約在月杪，應請賞假兩月，悚切稟聞。

陳旭麓等《盛宣懷檔案資料選輯之六》上海機器織布局《鄭官應致李鴻章電光緒十年正月二十日》　昨稟織布局資本不敷，然所出布質甚佳，且押款亦非無着。盛道現有富商可令拼股入局，洋商旗昌亦願入股合辦，惟於原章不符，未敢遽允，乞裁示。

陳旭麓等《盛宣懷檔案資料選輯之六》上海機器織布局《李鴻章致鄭官應電光緒十年正月二十日》　電悉，招商局務關係重大，正須得人整頓，織布局亦由執事創辦，盛道既可另拼鉅股殷商入局，即請會辦。旗昌入股顯違定章，似有窒礙，望即在滬妥爲籌畫。迭奉調赴粵，本無要務，亦無保舉，現有經手未了公事，盡可緩宕，彭帥必不見責。

陳旭麓等《盛宣懷檔案資料選輯之六》上海機器織布局《鄭官應致盛宣懷函光緒十年正月二十九日》　查敝局股分原議每股收銀壹百兩，分作兩期繳局，前年夏間截數時，計先收到前五成銀貳拾伍萬兩。其後五成銀兩收繳未齊，制换股票之時，僅止收到銀拾萬餘兩，所缺股銀拾四萬餘兩，當將股票扣留在局。是收股之時，本已缺銀拾四萬矣。

前年冬間錢莊倒閉紛紛，銀款無可存息，適值各項公司股票踴貴，權宜准人抵押，並存放商家生息。不意上年市面驟緊，存款、押款均難收回，而購機買地各項需款孔亟，不得已暫以扣留之股票拾四萬兩分向各處，抵進銀柒萬兩應用。嗣以久押未歸，一半業已抵絶，是原缺之拾四萬餘兩，又摺耗柒萬兩矣。

現在綜核大數，計付出機器、地價、水脚、連年局用成本等項，約貳拾萬兩；存款、押款尚未收歸者貳拾叁萬兩；抵押摺耗銀柒萬兩。原本已竭，待用甚多，功廢半途，誠唯辭咎。重蒙臺端許爲維持，感切心骨，惟欲添新股，誠非將舊股減摺，不足以廣招徠。昨官應與同人商議，所有機器、地價等成本貳拾萬兩，究竟如何作價交替，應請尊裁核定。押款中有本公司股票捌萬兩，早經押絶在局，無可催贖，其存款及他項股票押款共拾五萬兩，能否全數收歸，尚難預必，似不得不酌議辦法，以免新股吃虧。至抵出股票摺耗銀柒萬兩，自應由官應認賠，擬將未絶之股票贖回繳局補數。所有受押本公司股票已絶無贖，計銀捌萬兩。又，現應贖回本公司股票柒萬兩及成本存款、押款或有短少之數共約缺數若干萬，均擬歸新股補足，庶敷周轉。官應此時慚恨悔懼，百端交集，又值奉調赴粵，難再稽延。前經電奉伯相允准，請執事主持局務，督理一切，應如何措置之處，惟求大裁俯爲維持，通盤籌核，詳示條款，係垂敗之局，免他族之譏，官應亦得稍回憲怒，略寬清議，感荷翼庇，永矢銜結。

陳旭麓等《盛宣懷檔案資料選輯之六》上海機器織布局《蔡鴻儀李培松經元善致盛宣懷函光緒十年正月二十九日》　頃由陶翁出示臺函，織局事荷蒙垂愛，籌策周詳，讀之感佩無既。查織局同人前奉伯相札委辦理，斯時公司風氣未開，集股不易。弟等各竭心力，招股始得滿額，嗣恐事權不一，於辛巳年夏間續立合同，凡局中銀錢出入，議歸陶翁一手經理，並稟明伯相在案。局中公牘隨時由陶翁主稿，弟等不過隨例畫諾，一應局務，概未得聞。不意上年市面大壞，陶翁於銀錢出入，措置失當，以致目前情形瀕於決裂。陶翁已無可彌縫，弟等亦愛莫能助，無從補救。今既承臺端慨念大局，許以維持，公誼私情，同深慶幸，應如何設法挽回，果能不廢半途，免爲非族所笑。弟等無不樂觀厥成也。

陳旭麓等《盛宣懷檔案資料選輯之六》上海機器織布局《經元善上李鴻章稟光緒十年五月十四日》　稟北洋大臣李中堂

敬稟者：竊司員於五月初六日接奉憲札，據盛道宣懷稟，遵飭妥議機器織布局事宜，請飭司員暫爲整理，先將鄭道官應所稟押款及存放期票銀，趕緊按户催收，以備付還外洋定造機器之款。洋款甚急，索帳甚難，應請札飭上海邵道會同催繳，一面將所押各物照市變價，迅速稟報，庶幾舊商之事皆可結束，俟市面轉移，再招新股等因，並准盛道録批咨同前由，奉此，伏思織局籌辦多年，中外屬目，機器已定，勢難中輟，只以鄭道措置失當，值此商市凋敝，瀕於潰決。又上煩鈞慮，特飭司員暫爲整理，何敢稍有推諉，惟查各欠情形，略有區別，似不能不酌分等差，以求實濟。鄭道名下尚欠彦記、陶記兩户銀壹萬叁千餘兩，又經手伯記、莼記、布郎三户欠銀叁千餘兩。鄭道之兄思齊寶記户下欠銀二萬一千餘兩。其弟思賢慎和典户下欠銀伍千餘兩。其叔鄭秀記户下欠銀伍百餘兩。此數户自應全數追還實銀。現鄭道奉差赴粤，鄭思齊服賈九江，鄭思賢需次湖北，當即分別函催，往返，恐尚需時。此外，如龔道壽圖八千餘兩。李道培松壹萬貳千兩。恒吉錢莊貳萬兩。均係當時入股較多之户，至今受耗頗重，若以原有本局股票搀搭抵繳，全拒似不近情，收之又少實濟，此各欠情形也。

押入各項股票，原有拾五萬餘兩，鄭道在局時，將各票出押他處，臨行留交在局者，除本局股票外，只存造紙、沙峇、電報、貴池等共叁百玖拾五股，照市竭力售變，不過值銀肆伍千兩，急切尚難脱手，此押存各物之情形也。

現在局中日用亦且無着，外間絶無可通，而外洋期款急迫，本月内即有一萬四千兩到期，收欠應付，尚恐緩不濟急，後期尚多，爲數尤鉅。此時更無從懸慮，惟有遵飭盡力追理，以期早日結束。局中司事，昨已酌量删並，房屋分半出租，以節煩費，工師丹科晤談數次，情甚着急，當屬其安心静俟，從容圖成。司員曩奉憲委襄辦局事，創議之初，復先經鄭道等議訂駐局，竊嘗反復推究此事，穩慎經理，開利源以敵洋産，似非漫無把握，是以核訂章程，刊布遠近，遵飭認招股分，亦復不少。嗣蒙恩慈委襄電報滬局，又即於是時公訂合同，專歸鄭道一手經理，織局事遂不復置念，今垂成復蹶，重蒙鈞睞，飭暫料理，盛道又肫肫相勉，不敢輕言後效，不敢不凜鑒前車。昨與邵道面商，並告以一切情形，如各欠户函催不應，擬即行移各該處，或派員守提，一面檢齊各帳據，逐細復核，並與丹科查看基地、馬頭、機器、棧房等，及詳詢美英兩國定貨分期各情，除隨時會商邵道，函商盛道外，合將遵查梗概，縷晰具陳，是否有當，尚求訓示。肅稟，恭叩起居，伏乞垂鑒。司員（經元善）謹稟。五月十四日。

五月二十八日奉北洋大臣李（鴻章）批。

稟悉。機器織布局雖係鄭道經理，該員曾同創局務，會訂章程條規，一切情形尚能透澈，責無旁貸。鄭道所稟欠款押款及存放期票銀兩，務須會商邵道盡力追理，並將洋款按期應付，俟市面轉移，再行續招新股。該員現將局中司事房屋分別裁減出租，並與洋匠丹科查看基地、馬頭、機器、棧房，商詢美英兩國定貨，徐圖舉辦，仰即殫竭心力，勉爲其難，庶此事克底於成，不至爲外人訕笑，致貽訟累，是爲切要。仍將續後情形隨時詳細據實具報繳。

經元善上李鴻章稟

光緒十年七月初十日　上海

稟北洋大臣李（鴻章）。

敬稟者：竊司員前稟遵查織局大概情形，於五月二十八日奉到批諭，飭以殫竭心力，勉爲其難，克底於成，不至爲外人訕笑，致貽訟累，仍將續後情形隨時詳細具報等因。捧誦兢凛，感而彌奮，兹自兩月以來，催收各欠，恒吉莊、李韻記兩户已收八成，余二均訂定期分，鄭寶記一户已收五成餘，現仍加緊催繳。慎和典一户，分文未繳，已由滬關邵道派員至九江守提。共計已收實銀若干，另開清摺附呈。鄭道官應欠款，連次函催未繳，該道在本局尚未銷差，若即由局嚴催，恐不得力。又有龔道壽圖一款，司員亦不便函催，應否札行該道等飭令速繳。

售變押件一節，查押存各項股票，除鄭道先已轉押與人外，存局只三百九十五股，内貴池、沙峇、電報共二十五股，業已售出，尚有造紙公司三百七十股。此事係粤商曹守善謙稟奉創辦，現知該公司機器工匠已備，中秋後可以開造，而曹姓前在織局附股最多，聞尚留未售。曹守赴粤未回，擬俟回滬商令各將本局股票如數互换，稍輕成本，似亦兩便，此現辦收束事宜收款情形也。所有應行付出款項，洋款期票規銀一萬四千六百五十餘兩，爲數最鉅最急，已予先設法，於閏五月二十日如數付訖。棧房、馬頭找款及棧租、局用薪工等共付出規銀三千九百餘兩，除收款支銷不敷外，現由司員向電報總局挪墊，亦於另呈清摺内開明此出款情形也。司員於奉札後，查點已到機器及地基、馬頭、棧房等項，核計已用成本可值銀二十餘萬兩。前此各項經費，局用一切在内，因通籌結束辦法，大意以現在收入之數應付必不可已之款外，尚有盈餘，擬即以此暗收本股。如能連前局收存共收回二千五百股，則外間所有之二千五百股核諸現有成本，已不相上下，而後來接辦諸事，簡易直捷，此固不得已權宜之計。然舍此似無善策，當即擬開略節，商之邵道，並函商盛道宣懷，均謂妥洽而未敢遽呈憲鑒。今籌辦已逾兩月，各欠户處函牘力催，並各令其親友，切實開導，邵道亦時時會商嚴追之法，無如物力實艱，又未敢(掾)[操]之過(蹙)[急]，約計一二月內，未必遽能收足，而閱時過久，機緘難秘，外間知本局欲收股票，相率觀望，或竟乘賤搶收，勢必收無可收，外間存股不減，而成本止值此數，後來接手者，若將舊股摺減，必致大拂群情，種種窒礙矣。司員早夜焦思，坐待收款，恐失事機，又苦無挪展之處，迫不得已，欲求恩施於津滬兩關，各撥借規銀一萬兩，共兩萬兩，由司員承領，仍交存滬關道庫，爲專備收票之用。一面密速購收，隨時交庫，一面嚴催各欠，儲備歸款，爲時稍寬，籌辦不至兩妨，庶幾收束事宜可以早蕆。工師丹科常常晤語，前局底蘊，向所未悉，經此盤錯之餘，察其居心，頗關休戚，而要體面，又絶無嗜好，並烟酒亦不沾唇。鄭道訪聘此人，差强人意。美廠所定機器，據言早已造齊，因付款不能如期，曾與鄭道議定，認貼利息。又洋匠四名，鄭道所屬早經雇定，因遲久不令來華，議給半薪，即此兩項核計目下應付又須銀一萬三千兩，此又初核出款中所未及而續後方知者也。要知此事之難，不患收束之無術，而患機勢之太緊。即接辦一層，亦有不容過緩之處。司員仰荷委任，恨無速效。玆將兩月來遵辦情形，據實稟報。收付各款，另繕清摺。所有前擬收束辦法及丹科來信帳目亦另摺繕呈。當此盡勩方殷，機務叢集，本不敢瑣瑣瀆陳，惟思前事漫漫，皆坐欠詳欠實，致上下無從稽考。欲挽殘局，宜鑒前車，謹分晰縷陳，是否有當，伏候訓示。肅稟，恭叩勛綏，伏乞鈞鑒。司員(經元善)謹稟。七月初十日。

計呈　結束大略收支帳項清摺兩扣，又譯呈洋工師函帳抄摺一扣：

敬再稟者：司員屢與丹科詳核，除前局成本不計外，必須再集銀五十萬兩，方可觀成。值此官商交困，集款(譚)[談]何容易，惟洋廠後期付款尚有二十三四萬兩，絡繹而來，勢難延緩，不得不早籌措置，以俟機緣。司員不揣冒昧，謹擬接辦章程十四條，除已就商邵道、盛道外，合即開摺附呈上備採擇。司員襄事電務，正值軍報絡繹，自揣力難兼顧。伏乞中堂早選賢員接手籌辦，庶幾克底於成，否則因循遷延，恐貽訟累而誤大局。是否有當，仍候憲裁。肅丹，再叩勛綏。司員(經元善)謹又稟。

謹將織布局收支銀錢帳目開呈憲鑒：

計自正月底起至五月十二日止：

一、收鄭寶記還規銀一千兩。

一、收招商局往來規銀一千兩。

一、收利息户(招商局算還)規銀一千兩。

一、收出售金州七十六股規銀三千三百四十四兩。

共收規銀六千三百四十四兩。

一、支洋工師丹科薪水規銀一千三百九十九兩。

一、支棧房監工洋人薪水規銀一百三十一兩。

一、支司事十二位、下人六名薪水規銀八百四十兩。

一、支機器入口税規銀三百八十三兩。

一、支機器上公和祥棧棧租規銀六百六兩。

一、支派息(癸未年未支，今來支取)規銀二百八十二兩。

一、支火食規銀一百八十二兩。

一、支什用(還香港招商局癸未年代支訟師費在內)規銀四百七十五兩。

一、支房租正二兩月規銀一百四十兩。

一、支地棧房駁船規銀七十兩。

一、支碼頭造價連鐵器規銀二百八十二兩。

一、支押款贖回息規銀八十六兩九錢四分六釐。

一、支鄭陶記(支宕)規銀八百四十五兩五分四釐。

一、支龔仲記(支宕)規銀五百四十兩。

一、支盛杏記(代舊局地費用)規銀八十二兩。

共支規銀六千三百四十四兩。以上收支各款仍係鄭道交帳房經手理合登明，計自五月十二日起至七月初十日止。

一、收李韻記還規銀五千二百兩。

一、收李韻記還股本六千兩，計本局股票六十股。

一、收恒吉莊還規銀一千五百兩。

一、收恒吉莊還股本一萬六千兩，計本局股票一百六十股。

一、收鄭寶記還規銀一萬九百五十兩。

一、收鄭秀記還規銀一百七十七兩。

一、收售出(沙峇、電報、自來水股分)規銀四百七十二兩五錢六分。

共收規銀一萬八千二百九十九兩五錢六分。又收回本局股票二百二十股。

一、支洋匠丹科三個月薪水規銀一千二百十八兩七錢五分。

一、支監工洋人三個月薪水規銀一百三十二兩六錢。

一、支司事五人、下人三名薪工規銀五百六十兩六錢二分五釐。

一、支火食規銀一百二十三兩四錢五分二釐。

一、支什用(連催款電報費在內)規銀一百八十三兩七錢六分。

一、支房租(三至六五個月)規銀三百五十兩。

一、支機器款(解匯豐匯票連息)規銀一萬四千六百五十九兩三分。

一、支機器(公和祥棧租)規銀五百五十一兩九錢七分二釐。

一、支建碼頭尾找規銀四百五十六兩二錢八分。

一、支建棧房尾找規銀三百三十兩五錢。

一、支棧房加添木竹笆規銀一百八十五兩五錢七釐。

一、支搬機器由公和祥入本棧規銀二百三十六兩七錢六分五釐。

一、支傅森記木作、木料、磚瓦規銀一千兩。

一、支派息(癸未年未支，今來支去)規銀一百兩五錢三分二釐。

一、支元甡莊往來尾找規銀七兩七錢二分八釐。

一、支還暫記存户規銀一百六十五兩二錢四分。

一、支電報局往出票莊票貼規銀十二兩四錢七分。

一、支龔仲記(支宕取去自來水兩股價)規銀二百三十二兩。

一、支贖股貼息規銀三十六兩九錢四分六釐。

一、支盛杏記(舊局基地看守費)規銀二十五兩七錢一分八釐。

共支規銀貳萬五百六十九兩八錢七分五釐，除收過不敷銀二千二百七十兩三錢一分五釐，暫向電報總局挪墊，以上收支各款由司員經手合並登明。

謹將織布局清理追欠結束前帳辦法大略情形開呈憲鑒：

計開：

追欠售票入款項下：

一、鄭寶記一户欠規銀二萬一千餘兩。查寶記即鄭道官應胞兄，名思齊，九江有茶棧事業，揚州有鹽場，及西鄂運票七八張，上海有房産家私不下數十萬，且此款係放存該號長期會票，理應本利全數歸還現銀。

一、慎和典當一户欠規銀五千餘兩。查此典開設九江，係鄭道胞弟名思賢股開。思賢亦有股在内，資本甚鉅，此款亦係長期會票，現應本利全數歸還現銀。

一、鄭秀記一户欠規銀五百餘兩，查此户係鄭道之叔鄭江，家私甚殷，亦應本利歸還現銀。

一、鄭陶記、彦記欠規銀一萬三千餘兩，此兩户係鄭道自欠。又李伯記、王蒓記、布郎欠規銀三千餘兩，此三户亦鄭道經手情借，共計一萬六千餘兩。查鄭道虧空局款七萬餘兩，先以賤價收買本局股票十五萬冲抵外，此款理應本利全數歸還現銀。

一、龔仲記欠規銀八千三百兩。查仲記即龔道壽圖，乃當時入股鉅户，現在局事敗壞，所附股本已吃虧不少，此款又係陸續支用，衡情酌理，只好以本局股票抵交。

一、李韻記欠規銀一萬二千兩。查韻記即李道培松，當時亦入股不少，局事全不經手，兹李道胞弟培楨再四商懇，願還現銀一半，余以所入本局股票抵繳，尚屬急公平允。

一、恒吉錢莊欠存項規銀二萬兩。查恒吉當時入股有四五萬之多，其店之虧本閉歇，實受損於此。兩店東又力不能支，再四商懇，願還現銀四千兩，其餘以所入本局股票抵繳，酌量亦只好如此爲止。

一、押入股票總數雖有十五萬之多，查當時鄭道因局中需款急用，曾以本局五百股、施宜七十股、鶴峰三十五股、電燈四十五股、公平繅絲四十股轉押與同發號規銀二萬兩，約算現在市價，只值銀一萬五千餘兩，售無人要，斷無備價再向贖還之理。又售出開平股票一百股，金州股票七十六股。又龔道取去售出自來水股票兩股。現在所存帳箱内，造紙局之股票三百七十股，查該紙局係曹守善謙稟辦。曹守曾附本局股五六百股，擬即以造紙局三百七十股向曹守調還本局股票。此外，只有貴池股票十股，沙峇股票十股，電報股票五股，現價變售，約計值銀三百餘兩。

以上除抵交本局股票外，約可收回銀五萬二千餘兩。

現在急需出款項下：

一、應解付匯豐銀行月内到期機器價匯票約規銀一萬四千餘兩。

一、應找付棧房、碼頭款約規銀一千二百兩。

一、應付局基搭架木料款約規銀一千八百兩。

一、應付舊歲支息未付款約規銀一千四百兩。

一、應付鄭道行後局用等借欠款約規銀三千兩。

一、應還招商局借款規銀七千五百兩。

一、應還公和祥棧租及搬機器入局棧，添置籬笆等款約需銀二千兩。

一、約需三個月内局用洋辛等款約規銀三千兩。

以上約需出款規銀三萬四千餘兩。

收回本局股票項下：

一、盛道移交來存箱内七百零七股。

一、移交帳上鄭道存盛道處四百六十股。

一、擬以造紙局股票向曹守調回三百七十股。

一、龔道壽圖應繳還八十三股。

一、李道培松應繳還六十六股。

一、恒吉錢莊應繳還一百六十股。

以上共約收回本局股票一千八百四十六股。

他項機器到滬？除付過十二萬餘兩外，再需上海規銀三十四萬七千二百三十兩九錢六分，連水脚關税，裝置機器入廠房及洋廠利息。已雇洋匠薪水算至此日爲止，皆在其内。

第三條：建造房廠以置四百座織機需銀若干？計需上海規銀一十四萬五千兩。

第四條：除已用去銀兩尚需銀若干方可設置四百座織機開工織布？計再需上海規銀四十九萬二千二百三十兩另九錢六分。

第五條：現在用去資本(以)〔已〕二十五萬，再加資本四十萬兩或五十萬兩，起工織布，每年可出利息若干？以機器四百座、資本七十五萬兩而言，不除官利，每年可得利息一分一釐半有餘。此僅做日工，若添做夜工，可得一分六釐利息。

第六條：若只設置織機二百座，需費用若干？暫設織機二百座，日後可隨時加二百座，計應省上海規銀十七萬五千兩。

第七條：照設二百座織機，每年有無利息？七十五萬資本，除十七萬五千兩，尚需資本五十七萬五千兩，不除官利，不做夜工，每年可得六釐利息，算官利一分，本局需斷摺四釐。洋工師丹科約准織布局開工織布，織機四百座機，計二萬二千三百另四枚；一年以三百日計，每日做工二十點鐘。

核計出款：

一、棉花三萬八千擔，每擔十一兩五錢算，計銀四十三萬七千兩。

一、油六千四百加倫，每加倫約五錢九分半，計銀三千八百兩。

一、漿六百擔，每擔七兩五錢算，計銀四千五百兩。

一、打包一萬包，每包六錢算，計銀六千兩。

一、煤五千(墩)〔噸〕，每(墩)〔噸〕五兩算，計銀二萬五千兩。

一、電氣燈三千六百點鐘，每點鐘二兩算，計銀七千二百兩。

一、華人(辛)〔薪〕資，計銀二萬五千五百兩。

一、西人(辛)〔薪〕資，計銀二萬兩。

一、小工六百日，每日一百十兩算，計銀六萬六千兩。

一、襍〔雜〕用計銀八千兩。

一、修理機器費，計銀二萬兩。

一、保險計銀九千兩。

共計每年需用出款規銀六十三萬二千兩。

核計入款：

一、每年可出一四/三斜紋布二十四萬匹，每匹二兩八錢，計銀六十七萬二千兩。

一、每年可出一二/二四棉紗四千擔，每擔二十兩算，計銀八萬兩。

共計每年出貨入款規銀七十五萬二千兩，除費用六十三萬二千兩，尚餘規銀十二萬兩，以七十五萬兩成本計息，長年一分六釐，有盈無絀，確有把握。

擬接辦機器織布局條議十四條：

一、現與洋工師丹科統計成本，就已定機器到齊，廠屋完備，織機四百張及紡紗另機裝設停當，開工織造，照末條丹科約帳，共需銀七十五萬兩。就現有地基、馬頭、棧房及已到機器，並收還欠款變售押件，核實股本銀止有二十五萬兩，應添本五十萬兩。擬請領官本拾萬，再招存本十大股，每股三萬兩，合共得四十萬兩，尚少十萬兩，由總會辦籌措。官本長年七釐起息，存本長年一分二釐起息，均按周年支付，不問盈虧。

一、此局承大潰積毁之餘，接辦更難，其人必得才識兼長、精力過人、堅忍負重者一人爲總辦；精練商務條理詳密者一人爲會辦；更得敦篤直諒、守正不阿者一人爲監局。總會辦仍請札委，監局則由津滬兩監督關聘。（擬請津滬兩關道爲本局監督説見第四條）均須終年駐局，所有執事各友由總會辦延訂，不得泛受薦托。凡公牘，總會辦監局三人會銜，不得推諉，更不准兼辦他局及另營與本局交涉之生意，庶幾專精壹志，相與有成。

一、請領官本，由總會辦具領，交存滬關道庫，自撥用之日起息，其十大股存本由本人自行交存銀行，收入織布局某記存本項下，銀行之息仍歸本人收取。局中亦以撥用之日起息。（撥時拾股勾支）凡局中至道庫銀行撥用，須憑支票，必須總會辦監局三人、大股存本董事一人（擬請大股存本爲董事説見第五條）四人簽名，票内注明何款，方可照付。至局成開工後，往來錢莊，亦須憑前式支票總會辦監局三人簽名始可照付，不得僅憑手摺。

一、本局既領官本，擬請憲委津滬兩關道爲監督，以符官督商辦體制。官款分期繳清後，或仍酌量發領生息，或全歸商辦，届時公議，稟候憲裁。

一、十大股紳商及前局創始之各會辦擬仿西例，均應延請爲局外董事，每年公推一二位爲值年董事。局未成時，應議之事較多，每月或會議一二次三五次不定，即局成開工以後，每月總須會議一次，以期常常接洽，每次將本月出入銀款及月結清帳公同閲看，並照録二分送兩監督備案；周年結帳必登報佈聞，邀齊衆董大議，並將統年結帳呈送北南洋通商大憲鑒核。各董中有不常在滬者，可托素有名望親友代到，但須先期函知本局，以便送單邀請。各董每次議事亦仿西例，每位致送輿金銀拾兩。

一、舊股二千五百股，應由接手總會辦簽字，換給新票，仍作五千股，以一股換兩票，作爲先收，前五成股本五十兩，如開工出貨後，每年能有二分利息，即找收後五成，以昭同甘共苦，先盡舊商之義。如舊股不願加找，即招新股，所收後五成二十五萬兩，即可全還官本，並還十大股存本之半。倘大股意欲長存，亦可改作股本，一律填給股票。本銀既多，應如何擴充利源，届時集衆大議，公稟請示辦理。至十大股董事，即存本還清後亦仍舊延請，以期終始維持。

一、第一届周年結帳之期，如有盈餘，先付官本及十大股存本息銀外，再照十四股分派，以十股歸股商，以兩股歸辦事花紅，以二股提還官本。俟官本還清，提還十大股存本，存本還清，作爲公積以厚基址，而善永圖。

一、總會辦既不准兼營他事，理當厚其薪水，使無内顧而勵專精。擬總會辦照洋工師減半，月支貳百兩。監局月支一百兩。其各執事、司事，量材任爲厚薄。全局薪水、飯食等用項除機廠小工外，不得逾約帳年支二萬五千五百兩之數。惟遇閏應可酌加。

一、本局在楊樹（坡）（浦）地方，距城北且十餘里，總會辦既終年不准離局兼顧家室，未免曠功分心，擬仿照洋公司例，於局廠隙地造屋一所，爲總會辦監局住宅，體恤既周，任事自更勤奮，造屋費至多以四千兩爲限。

一、此局兩次顛蹶，久遭疑謗，持危定傾，大非易易。果能觀成收效，漸圖擴充，實爲收回利權之一大端。商政攸關，功不可泯，兹擬總會辦監局年力就衰，舉賢告退之後，仍准支給半薪，至本人去世十年爲止。後來替人果有功能卓著，衆論交孚者，亦可援以爲例，既酬積勞，亦防戀棧，此項薪銀即在公積項下開支。

一、本局執事各友人不宜多，俸寧從厚，其經手銀錢者，須有人耽保賠銀，出具保單。營私作弊、惰廢游蕩者，即行辭歇。倘有盡心本分之外，更能留心全局，事事籌措合宜，功效衆著，則其人必才識兼長，可以大受，輿論亦必孚洽。總會辦告退時，即爲公推接辦之選。

一、此局確係工商之事，與電報局事理迥異，亦不得與輪船局之兼辦海運相提並論。目前請領官本，無非爲提倡維持起見，衡情度勢，應略如鹽政規制，擬總辦稱爲總辦董事，會辦稱爲會辦董事，監局稱爲監局董事。凡上行公牘，即自稱董事或職董，不用本職官稱。兩關道行文局董，亦略如鹽場官與總商之式。惟北南洋通商大憲，局董遇事經稟，不須申轉，蓋既官督商辦，鈐制不得不周。近來覆轍未始不因名分輕假，以至氣體移而志意肆，貽害無窮，前鑒不遠，非故爲迂論也。

一、總辦會辦蒙大憲委任，經大衆推舉，執公司鉅萬利權，復受厚捐、安宅之奉，恩誼情分亦備至矣。夫勸功既從其重，則議過豈得從輕，萬一其人改節易行，欺侵貪詐，貽誤大局，確有指證，是彼與天理人情固已絶遠，决無自新之日。擬除公稟大憲從嚴究懲外，即於各報紙中備列劣迹，播告遠近，衣冠之儔屏棄不與，齒數世風日下，君子懷刑防閑之峻，蓋非得已。

一、仿織洋布之利，前局刊送章程，亦經周咨博訪，核算明晰。兹復與洋工師丹科反復考究，照七十五萬成本開辦，日夜作工，每年可織出斜文布、花旗粗布二十四萬匹，紡出洋棉紗四千擔，計開支花本及一切費用外，並據丹科云，即使初織人工未必純熟，暫時不作夜工，亦可得一分一釐半利息，長年可得一分六釐利息，另有細帳，有盈無絀。丹科來華已閱三年，性情質直，甚顧大局，要體面。中國棉花時價，（約帳照每擔十二兩五錢算，如遇年成歉收，亦有漲至十四五兩者，然十年統扯，終不逾十兩左右也）花布銷場均已熟悉。據云所算利息，實是再三苛減之數，似尚可信。聞久居東瀛之人，言日本自用機器紡織，初時不過用機一二百張，且未織闊布，止織現在來華通行之狹布及絨毯、手巾等類，銷行甫通西商之業。此者洋布滯銷即停歇數家，足知此事實實能塞漏卮，明有成效，可睹往不可悔來，猶可追今，且勢在必行，先貴得人而理後來任事，幸深念之。

陳旭麓等《盛宣懷檔案資料選輯之六》上海機器織布局《經元善致盛宣懷函 光緒十年九月九日》 杏翁仁兄大人閣下：接奉八月二十五、九月初三所發手教，拜悉一一，條復於左。

一、布局事遵吾公來諭，面商筱翁，渠允且不提馬帳房到案，將憲札轉移候弟處檢齊證據，移覆後即將弟之一節先行查明稟復。至陶翁一節，俟其由粵回滬再查，分作兩截辦理。示中有關係弟之聲名，陶翁身家，中堂體面，布局成敗，不可再行輕率之訓。茲將弟擬據實移覆道署及稟北洋剖晰大略，（此是句句實話，如有迷心虛言，神明殛之，候酌示繕發）先行録呈臺覽，伏乞詳悉指示。此事係吾公保舉見委，弟誠知挽回殘局，僅收欠項，難免勞怨。至奉追龔欠一節，爲題中應發之義，不得不爾。惟附呈清摺，内揭陶虧空七萬餘金，以賤價收買股票沖抵一句，（弟抄移邵小翁卷上，係鄭道爲公訂合同，銀錢歸其一手經理，伊自己所欠應本利全還現銀之句）係書啓繕稟之誤，心竊悔之。今被渤海如此一鬧，不知如何了結，且鄭濟東、曜東欠款，萬分蒼滑爲難，筱翁囑函致李委員，（抄稟近日得來及復信稿）據實稟來轉詳北洋，弟又將爲怨府矣。但現在已欠電局三千金，洋匠薪水、局費用款尤難刻緩。今弟在嫌疑之地，何能再爲辦理，只得稟退交還吾公，諒不責弟畏難規避也。

陳旭麓等《盛宣懷檔案資料選輯之六》上海機器織布局《布案駁議 光緒十年九月九日》 一、龔道稟稱入股五萬四千兩，查帳上只有四萬兩。名自己入股連所招親戚弟兄共數亦有四萬七千兩，付銀交局，有局中換發股票薄據可證。

一、蓮記押款一萬兩，係名經手，親戚本家所入股分欠繳後五成之款，帳房以名經手遂將此款付入名之户下，即以所入滎陽龢記、滎陽榭記、滎陽賡記、敦誼堂、醉六書屋各記號，本局股分一百股作抵，所有後五成未繳齊者，不獨名一人而已。二月間鄭道赴粵稟報時將此款作爲未曾收到股分剔除，故移交盛道帳上不列此帳。

一、恒吉莊與布局往來已逾三載，進出多時，何止十餘萬，此二萬金係提用以後揭存該莊之款，有該莊存摺可憑。名自光緒七年奉委會辦電報局後即於是年六月間公訂第二次合同，銀錢出入皆歸鄭道一手經理。六月十五日奉中堂札布局歸龔道、鄭道駐局管理官商事務。嗣後除重要事件由官總商總知照同人會議外，其餘各事概勿攙越等因。股票上亦龔道、鄭道簽名，豈有名再能經手存放銀錢之理。至恒吉當手係胡小松，名培基，名何嘗充過恒吉店伙，衆所共聞共見。

一、龔道稟稱現來機器及地皮造屋僅止十萬兩一節，名自奉委接管後，當細查洋匠，據丹科開呈洋文清帳，機器及地皮、棧房、碼頭共實付銀十七萬二千九百三十三兩三錢八分，合之關税、水脚、寄洋棉花、洋匠出洋往返盤川費用及四年以來局用華洋薪水、生財、伙食等項總計實有二十二三萬，（以奏定十年獨造之招牌作二十五萬，毫不吃虧於後局）帳據確鑿可憑，豈龔道從前駐局竟毫無見聞耶？名前稟有不得已權宜之計，以現在收入之款應付必不可已之款外，尚有盈餘，能收回至二千五百股，則外間所有二千五百股核諸現在成本不相上下等云，則所虧者是業經賣出之股分，而股商現藏股票尚可挽回，得保原本，曾經稟明在案，爲大局斡旋，非爲鄭道彌虧空也。

一、龔道稟名諂附阿私，希圖侵蝕，又將覬覦其後，不知所指名諂附者何人？若謂諂附鄭道，則名方且稟請嚴札飭催。至希圖侵蝕，則現在局事敗壞至此，鄭道赴粵後，同人曾公推龔道接辦，龔道畏難不肯涉手。名奉盛道稟請，暫爲整理，明知催收欠項必招怨府，迨奉憲批有勉爲其難之諭，故不敢推諉，任勞任怨，清理結束，並非奉委總辦局務，尚有何事可以覬覦哉？

一、龔道所欠八千餘金，係開局時至今陸續支用，有帳可稽，今特抄呈。至其股本利息，去年五月底與大衆股分一概支取，不知此外所付者何項之利息？

一、龔道除支用户下所欠八千餘金外，尚有押款一户，亦欠銀至二萬有奇，抄帳呈覽，（簿上有龔道親筆，閲過蓋印）其所付款項皆是以布局之銀收買金州、沙沓、貴池、電報、自來水等股分，抵押局中，現在核計所值不過四五摺。憲諭内載其日押款即是向外間收買股票，迨至市面艱難，銀根吃緊，所收股票終無漲價之日，只得借押款名目歸之於公等因。查局中辦事各員措置荒謬，如鄭道者尚僅受押他人股票，以至公中吃虧，大局決裂。至於移借局款販買股票，龔道實躬自蹈之。

陳旭麓等《盛宣懷檔案資料選輯之六》上海機器織布局《上海機器織布局借據草稿光緒十年十二月》 今借到股本銀叁千股，每股計上海規銀壹百兩正，周年一分起息，蒙現任直隸總督俯賜作保，於西曆一千八百九十年□月□日原本歸清。此據，　□字第□□　號股分。

今收到□□　記交到上海規銀一百兩正，憑匯豐銀行劃歸上海機器織布局帳下，准於西曆一千八百九十年□　月□　日原本歸清，周年一分起息，半年一交不誤。總董□□，董事□□

照得現任直隸總督奉總理衙門俯准本局借股本銀三十萬兩，周年一分起息，於西曆一千八百九十年□　月□　日盡數歸還，憑匯豐銀行經手。凡在股諸君照上注明日期收利收本，均以匯豐銀行是認，股分均可隨時交易。惟換手時須來匯豐銀行於挂號簿中更改姓名，以便取本利也。挂號另取小費錢□　兩□　錢。

陳旭麓等《盛宣懷檔案資料選輯之六》上海機器織布局《經元善致盛宣懷函光緒十一年正月十五日》 織局棘手情形，非止一端，催收各欠。爲結束正文要務，弟自接手以來，所以不敢稍有懈怠，稍避嫌怨者，蓋非收有現銀。前事無從結束，則空有擬辦之法，無可措手。而安慰丹科以止洋訟，尤非空言所能濟事。今餘户皆已清了，所收之款早已入不敷出，而鄭氏三昆季尚有三萬左右，任催罔應。（濟東除已收尚欠九千餘兩，陶齋連經手欠一萬六千餘兩，曜東欠五千兩，共約三萬兩）濟則謂繳已過半，陶處有帳五千兩劃抵，其餘要將自入股分數十股冲銷。陶則自認只有四千餘，皆經手轉屬局中代催。曜東則始終推賴，云已交還陶手。弟於此三户，久已筆舌交敝，即被渤海誣稟後，求退已決，且明知濟曜諸公聞此風聲，必更觀望，然仍未稍稍放松，總因丹科處付款實難再緩，不得不然。十一月內，特屬葉山苞赴九江坐催濟款，並詳告以洋訟將興急迫情事，年底回來，僅收到四百餘金。有回信一函，閱之直可發笑。陶處自頻頻力催後，去冬來書，曾有年內措匯三四千，無論如何誓不食言等語。乃直至年底，寄來股票四十股，屬爲收帳，如何能收？曜款經筱丈由道委員賷咨守提候至三月之久，仍持復文股票回滬銷差。弟以明係會票借款，稟明應收實銀斷難含糊遷就，仍請筱丈將票咨回發還追繳。曜東近日來信，仍持前説。弟曾以曜説函詢陶翁，復稱盡可據票向收。昨又書來，提及則已作回護之詞。此三户情形，至此直令人無計可施。而局中可收之款，惟此三項。電局挪借二千有零，亦指此歸款，奈何奈何。

丹科爲人，弟看來總算極肯耐性，十一月下旬，電示屬加意安慰。弟並以公語告之。然至今又兩月餘，並所欠三月薪工千二百金，亦不能付。每與相見，實覺汗顔。現渠定欲赴津，弟愈留則彼愈疑，惟仍切屬安心勿躁而已。

旗昌合辦之説，士米德要先運機張若干來當面裝設試織。詢之丹科，須先花費五萬兩。此時自無暇議及。

去臘龔仲翁在滬托卓子和向匯豐姑商借款，却可相允，但須傅相俯爲擔保還期。弟亦詢過卓君，係是有恒洋人金世美居間，如能邀允，即可算數。開來票據款式一紙，兹特另紙譯録，奉覽。或可姑備一説，即使照辦，弟亦擔當不起如此重任也。稟批已奉到，弟二次辭稟，於種種爲難，不敢多説取厭。當此海氛甚惡，即我公前亦豈不思再自堅耐。慰留丹科，徐俟可議之時。

憲批已飭陶回局，並知彭帥已允飭銷差。陶如能來，善亦尚當暫守，無如陶之必不能來，不但弟明知之，即丹科亦已料及，且謂陶即能來，亦必無益於我。現在陶爲太古闌入香港捕房，滬市已經遍傳，是以丹科之行，更無可以暫止之説。

弟蒙公推轂，傅相札委，勉力竭蹶已十更月琯矣。當此蓋籌極煩之時，豈轉不能少安毋躁，忍以不急之談？嘵嘵上瀆，實緣力難再支，深恐洋訟終不能阻，枉費一向心力，用特縷陳近狀，專候開凍馳佈，務祈速選能手接辦。丹科到日晉謁，尤望有以切實安慰之，無任禱切。

陳旭麓等《盛宣懷檔案資料選輯之六》上海機器織布局《邵友濂致盛宣懷函光緒十一年十二月十五日到》 昨據上海機器織布局工師丹科稟織布局一事，現擬招集新股二十萬以圖其成，合同八條，稟請鑒核等情，查此事究應如何辦理爲妥，兹將洋文稟及合同譯出漢文一並照録，送請閣下酌定，示復爲荷，專泐，敬請臺安不一。愚弟邵友濂頓首。計抄丹科稟及合同八條。

譯上海機器織布局工師丹科來稟

邵大人閣下敬稟者：匠自西一千八百八十一年下半（年）載上海織布局總辦鄭道陶齋聘請來華辦理織布局事。匠盡心竭力，親帶中國棉花出洋，試改機張，俾機器可合華花織布之用。又奉鄭道命定購織機四百張以及附件，先將汽機水鍋等帶運來華。詎料鄭道辦事似不甚妥，以致局本不能變作現銀，以敷局用。後往廣東去時，言局務已經交代妥當矣。匠耐心株守已逾二載，意謂鄭道廣東事畢返滬，尚可興辦，迄今聞其羈押香港英獄，開釋無期，不知何日回局。現在不特局中欠匠薪水一年，且外洋已購機張棧租利銀及已僱定四名副機匠之薪資亦均無着。匠之爲難情形，想早邀憲鑒。刻下舊商既無力添本開辦，若從此中止，外洋機廠如興訟端，敝邦及英國與中國久敦睦誼，成何事體。匠來華許久，已承各商見信，今願勉效愚忠，招集新股二十萬兩，以圖其成。惟任事應假以事權，方可措置，不至掣肘，謹擬合同八條，商諸經主事。據云伊只奉中堂諭收束前帳，無主持全局之權，並云大人與盛道臺均奉中堂命籌商布局圖成之權，故特專此奉稟，並呈合同，擬稿一紙，伏乞大人核鑒，如可准匠照辦，並祈轉稟中堂批示遵守，倘恐匠力小圖大，可詢海關造册税務司杜君即可知匠之能成此事與否也。除稟盛道臺外謹稟云云。

譯上海機器織布局工師丹科所擬合同

立合同：上海機器織布局茲因本局前總辦鄭陶齋辦理不善，以至功潰垂成，現在洋工師丹科願添集股本，勉力圖成，今將應給丹科事權條列於後：

一、稟明北洋通商大臣爵閣督憲李（鴻章）以丹科爲本局洋董兼總辦之職，一切局務歸其經理調度。

二、由丹科及新招股商於前局創始各董内，或在大本股商之中，公舉一位爲華董，承上啓下，以總其成，管理文牘關防，一同簽名股票，凡局中大事，銀錢出入，以及逐月結帳，丹科均與之相商，和衷共濟。

三、前局舊股在外者約計三千股，所存物産，除前局數年開銷一切用去銀四萬餘兩不計外，查現在已到機器及地基、棧房等原值價銀十八萬兩，由各股商允議摺作實銀十二萬兩，以歸新局，按舊票每股減銀摺價四十兩。

四、現在開辦不敷資本，丹科情願接辦招集新股銀二十萬兩，所有舊股票摺一並收回，换給華洋文新票，仍蓋印關防，並由華洋總辦簽名爲憑。前局所存舊票或未分給或已抵銀還局者均一並注銷。

五、局成後常年用款，除花本、煤炭、油漿等項，並修理機器男女小工工資以及平時費用統歸核實月報外，自華洋總辦以及機匠、司事薪水照丹科所呈前局約帳，設機一百張，日夜做工，不得逾二萬八千五百兩之數。

六、開織出布後，獲有盈餘，先付股商，長年官利一分外，再有餘利，作十成分派，以七成匀給股商，以三成歸經理花紅，由華洋總辦會商，量功酌派。

七、現先開辦織機一百張，俟辦有成效，添集股本，隨時增機推廣。

八、此合同訂後，所有光緒七年九月二十三日即西曆一千八百八十一年十一月十四日前局總辦鄭陶齋與丹科所訂合同作爲廢紙。前局所欠外洋定購已成未運機器價值、息銀、棧租，並欠丹科及外洋雇就四名洋匠工銀，均歸後局理涉，與前局無涉。

陳旭麓等《盛宣懷檔案資料選輯之六》上海機器織布局《盛宣懷致李鴻章電光緒十四年四月二十三日》 二十回滬，遵赴布局查帳，據龔道單開，龔道手内約支用銀二十二萬兩，鄭道手内約支用銀二十萬兩，應付未付機器、電燈、屋價約銀八萬兩，計成織機二百張，已用成本五十萬，實估值銀四十萬，約須摺除十萬，此虧摺也。龔道手内收舊股加銀四萬八千餘兩，軋花局借四萬，仰蘧借二萬，泰來借四萬，錢莊借四萬，藕舫借一萬五千，藹人借一萬二千，仲人借三千，工頭借一千，此欠數也。現聞機三十張，每月約須賠銀三千兩，即再借八萬，設機三百張難得利。似應照輪船局十一年辦法，趕緊結束前帳，重整旗鼓，認真辦理，以免再虧而收成效。一請招集商本二十萬，連前合成商本四十萬，另給新票。一請奏咨借發出使經費十萬，北洋公款十萬，擬撥商局應還支應局朝鮮借款四萬，只須發銀六萬，訂定第五年起，每年歸還二萬，十年還清，免繳利息。一請由局員籌借洋債二十萬，本利均責成布局歸還。一請先取回紗機安設，由新商付價。一請添辦布機三百張，他物及房屋稱是。一請責成督辦一人，以專事權，其餘坐局總辦董事均由督辦稟請。一龔道支用銀二十二萬，除舊股認虧四萬八千餘兩外，軋花局四萬應作商股，余欠十三萬或改商股，或歸還均俟結束後妥酌，不使空欠。一前局糜費之款已列帳單者只得承認，俟歷年餘利摺除，此外如有虧欠，新商未便再認。以上遵飭妥籌，是否有當，伏祈鈞核。宣稟。四月二十三日。

頃與邵筱帥密商，滬庫所存出使經費與其聽官幕私自放息，甚至做野鷄輪船，壞商局事，不如奏提十萬作此，有益北洋。除朝鮮款四萬，對撥只發六萬保全美舉，若並此不肯，何怪商民眼光如豆。宣因此局十年不成，若不振臂疾呼，恐仍空談無濟非好事也。

陳旭麓等《盛宣懷檔案資料選輯之六》上海機器織布局《盛宣懷致李鴻章稟光緒十四年七月二十日》 敬稟者：竊於光緒十四年六月初五日接上海電報局函稱上海縣裴令等遵飭查勘織布局機器、地基等件，擬估稟復由，奉憲臺批開，又鄭革道以局中公款三萬二千八百兩押得布朗地基二區，稽之帳目既有此項出款，且有付給看地之費，乃契紙被鄭革道藏匿，並宜切實查究，應由上海縣裴令出示曉諭，限三個月招人承認繳契。如有人願繳銀三萬二千八百兩歸入布局，即聽其執業。如期滿無人承認，即將此産由江海關道署補給契據，斷歸布局，以重股商血本。候分行江海關龔道暨龔道壽圖、上海縣裴令一體遵辦繳等因。職道伏讀之下，不勝詫異。查光緒五年，前辦織布局董唐霖溪等將虹口原置潘和記洋樓地基一所，憑中徐雨之，即徐道潤，鄭陶齋即鄭道官應等抵押湖北煤鐵礦局存典生息公款規銀四萬兩，一分起息，所有中外契據，隨同抵借文約即歸職道收執，並經派委佘守昌宇到滬收管房地，咨明上海道有案。光緒七年十月初七日，經彭器之，即彭道汝琮，及鄭道官應來局，面稱有一洋商布郎願購此項基地，請將原契照上海租界章程過户洋商名下，方可轉售。並據聲稱彭器之另欠鄭陶齋銀二萬兩，應俟此地售出，歸還職道銀四萬兩，並須歸還鄭陶齋銀二萬兩等語。其時職道因煤鐵局生息公款屢奉催提，亟求售地歸款，且該地係屬抵押，尚未杜絶，自應照允所請。旋經彭器之等出面，將前項基地破屋公議出售，作價規銀六萬兩，詎料過户洋商之後，仍無人買，不得已將此房地歸於盛、鄭兩家買回執業。因盛處押借銀四萬兩，倍於鄭處，契據仍存盛處。

光緒七年十二月，鄭陶齋因需款孔急，自願將其應得三分之一地價銀二萬兩歸並售於職道。其時職道因上海地價極低，不願並買。復經鄭陶齋挽托謝紳家福前來熟商，以鄭陶齋現有應還織布新局之款，可以無需現銀，只要收回織布股票銀四百六十股，俾得歸還該局抵款，便願將所執地基三分之一歸並職道收執。職道亦恐一産兩主，轇輵多端，不如歸並，以後徐議轉賣歸墊。訪查親友之間，附搭布局股分多願脱卸，計湊四百六十股，原本銀四萬六千兩，親友只要賣受銀二萬兩。當即憑中謝紳家福等書立憑據，將織布局股四百六十股換回鄭陶齋地基三分之一，歸並職道一人過户執業，鄭陶齋不得過問。職道當即托招商局馬道照租界章程轉托美商旗昌洋行代爲過户執業。並因有一彭屺之債户興子遠遷讓房屋，曾托江海關龔道給資了結。此前項地基契據久歸職道執業之情由也。

所有職道應交鄭陶齋地基三分之一，更換織布股票四百六十股，上年龔道壽圖來函索取，當已由經元善轉交清楚。今據查明該局帳上有鄭陶齋將布郎地基抵押銀三萬二千餘兩，自係從前鄭陶齋將其地基應執三分之一懸空抵押，以少押多，原屬非是。嗣後將其地基三分之一更換布局原股本銀四萬六千兩，以之劃還該局抵款數目，有盈無絀，應由鄭陶齋與該局結算。

至帳上有付給看地之資，因鄭陶齋從前本有三分之一在内，是以有此支款亦應由鄭陶齋繳還該局。此鄭陶齋以地基三分之一列抵局款，而以地基換回股票本銀四萬六千兩之情由也。

總之，鄭陶齋虧挪布局銀兩，自應飭令鄭陶齋理直歸償，於職道毫無干涉。而職道因彭屺之、唐霖溪將此契地抵借銀兩四萬兩，十載以來，賠墊利息亦需四萬兩之多。又經鄭陶齋將其應執地基三分之一，銀二萬兩換去織布股分本銀四萬六千兩，歷年亦無利息，執此基地本利核計價銀已在十餘萬兩，未知何日方能出售歸墊。如果布局龔道等願受此産，只須代職道繳還煤鐵局本項規銀四萬兩，十年利息一分，規銀四萬兩，歷年看守費、還移費、中人費、地捐費，約共銀一萬餘兩，又繳還織布局股票四百六十股，計原本銀四萬六千兩，摺實現銀二萬兩，職道即可將此項中西新舊契據全歸龔道壽圖等收執，否則，物各有主，豈能因鄭官應虧空布局之款，妄思移禍。在裴令自不知情，而龔道實所洞悉。理合稟請憲臺俯賜批示，迅速飭令江海關龔道移知龔道壽圖，自向鄭道官應清理，並將前項基地執業有主飭知上海縣裴令，毋庸出示曉諭，招人承認，實爲公便。肅此縷稟，恭叩勛祺，伏祈垂鑒。職道（盛宣懷）謹稟。

陳旭麓等《盛宣懷檔案資料選輯之六》上海機器織布局《李鴻章致盛宣懷函光緒十四年七月二十二日》 前因上海機器織布局創設數年，辦無成效，批准由該局紳商招集新股接續興辦。嗣據稟陳，入手最要之事，一曰前局令丹科購到機器付銀十四萬餘兩，是否核實無浮。應派熟諳機器之人點驗估計，按數登記接收。丹科與前局交涉帳目須截算清楚。

一曰前局所交局房地基等項，亦須逐一勘丈，公平估價列收，彼此兩不吃虧。當經札飭該道及上海縣裴令會同秉公認真查勘確估，勿厭煩勞。並查明鄭革道虧擲占本若干，分別擬議稟辦在案。兹據稟稱織局購存機器，經招商局總車洋人勘估，汽爐機器有五百匹馬力，各項機件亦尚完好，但存儲多年，照西例須略爲摺扣，以抵修費。丹科摺開價銀十二萬六千八百餘兩，現擬估值規銀十萬兩。其地基一項共三百餘畝，多係瀕浦低窪，且分散四處。據開原價二萬八千餘兩。訪之土人，上年每畝值百餘元，目下每畝值三、四十元，究值若干，未能懸度。又棧房原開用銀四千餘兩，駁岸馬頭原開用銀五千餘兩，多年失修，約值銀五千兩左右等語。惟據裴令開摺呈稱，棧房約計摺銀二千兩，駁岸馬頭約計摺銀二千兩，核與該道所占數目較減。老股令再添交銀三十兩，換調新票，前已批准立案。該道謂機器等項係老股僅存成本，股票已七摺作數。若再將機器等項摺扣，則不過四、五摺，虧耗較鉅，且前帳尚有在洋裝船運保等費約一、二萬，係可查之款。擬列入機器項下核計，是否可行，候行龔道壽圖會同新舊紳董股商查明酌核妥議稟辦，務昭平允。至鄭革道爲織局創始之人，不思竭力經營，竟敢侵挪鉅款，自便私圖，致敗垂成之局，實屬喪盡天良，厥咎甚重。豈得聽其置身事外，不追既往。據裴令摺，鄭革道當日實收股本銀四十九萬八千一百兩，其中融收股票，巧爲撥抵，任意浮銷，實屬不少。即按現有老股二千九百數十股，應存銀二十九萬餘兩，僅此機器等項開價銀二十萬兩有奇，何止虧銀二、三萬兩。該道於奉飭確查要件，一味含混瞻徇，顯有不實。無怪裴令因該道庇護同鄉，以致意見未合，稟件未肯核行。該局帳目既甚糾纏，非勒令鄭革道與經手諸人到滬候算，不能速結。裴令請由龔道等並局中辦事紳商從長籌議，先將存件匯交新局接收，克期與辦。其前局帳目，擬催鄭革道及前手司帳馬榮熙到滬。或由縣訊結，或由股商核算，以免兩相耽延。自應照辦。究竟鄭官應現在避匿何處，應由上海龔道、裴令並責成該道克日查明，稟請核辦。該道與之切近同鄉，必能知其踪迹，毋再扶同隱飾，致干未便。又鄭革道以局中公款三萬二千八百兩押得布郎地基一區，稽之帳目，既有此項出款，且有付給看地之費，乃契紙被鄭革道藏匿，並宜切實查究。應申上海縣裴令出示曉諭，限三個月招人承認交契，如有人願交銀三萬二千八百兩歸入布局，即聽其執業。如期滿無人承認，即將此産由江海關道署補給契據，斷歸布局，以重股商血本。

陳旭麓等《盛宣懷檔案資料選輯之六》上海機器織布局《盛宣懷致李鴻章電光緒十四年》 與洋匠丹科約計五百張機，每年成布三十萬匹，每匹約售銀二兩六錢，共得銀七十八萬，除花價一切開銷約七十萬，可得餘利八萬兩。擬每年撥還官款二萬，洋債本利二萬六千，商股息(六釐)二萬四千，備用一萬，俟立定脚地，量力擴充，三年後加足一千張機或有把握，惜乎前帳多縻十萬，彭名太壞，挽回又須嘔心血。

陳旭麓等《盛宣懷檔案資料選輯之六》上海機器織布局《盛宣懷致李鴻章電光緒十四年》 新局面稟，軋花局須照前議不准其織布。此局借有官款洋債，須准新商接辦日起在上海獨辦織布二十年，求賜恩准。

中國第一歷史檔案館《德宗景皇帝實録》卷二七二《光緒十五年七月》 諭軍機大臣等：有人奏道員龔壽圖前於光緒六年在上海設立機器織布局，招合股分銀四十萬兩，至今十年，迄未開辦。去年忽稱資本虧摺，改由龔彝圖經理，如不續加銀兩，前票作爲廢紙，以致物議嘩然，請飭查辦等語。各省招合股分，原期易於集款，以裨商務。若如所全各節，假稱虧摺，蓄意誑騙，將來招股，勢必觀望不前，實屬不成事體。著曾國荃等確切查明，應如何設法勒限清釐，以恤商虧，而儆效尤之處。著即據實覆奏，毋稍徇隱。原片著鈔給閱看，將此諭知曾國荃、剛毅，並傳諭黃彭年知之。尋奏，龔壽圖當創辦之初，即陳明專管官務，並不經手銀錢，委無設詞誑騙情弊，龔彝圖是北洋大臣札委接辦局務，亦非私相授受。老股加價三十兩，逾限不加，以三股摺作一股，給換新票，稟准有案，並非作爲廢紙。所有局中虧摺，係專管商務之候選道鄭官應所爲，應嚴催鄭官應來滬勒限究追，以儆效尤。以後局務，責成龔壽圖等認真經理，報聞。

陳旭麓等《盛宣懷檔案資料選輯之六》上海機器織布局《曾宫保札爲志鋭奏織布事光緒十六年正月初七日》 總理各國事務衙門咨光緒十五年十二月十七日本衙門會同户部奏議復詹事志鋭奏請飭整頓商務，以保利權一摺，本日奉旨依議，欽此。摺内聲明洋貨之來，日見其多，即如棉布一類，十四年分銷至四千四百四十三萬，較十一年分多銷一千二百九十餘萬。棉布爲中國自有之利，本無須取給於外洋，乃洋人以機器織成幅寬(盾)〔質〕細價廉而適於用人皆便之，反棄土布而不用，其奪我之利，實爲最鉅。

夫棉布爲用甚廣大，利悉歸於洋人，亟宜自謀織造，以塞漏卮。查上海業已設立織布機器局，本年兩廣總督張之洞亦經奏明於廣東省設局織布，因時興利，實爲不可緩之舉。惟事甫創辦，必須實力講求，逐漸推廣，方能有濟，應由臣等咨行南北洋大臣、兩廣總督飭屬員認真經理，務使織成之布與洋布無二，自可廣爲銷售。如果經費不敷，或撥官款，或招商股，隨時分別奏咨辦理。

陳旭麓等《盛宣懷檔案資料選輯之六》上海機器織布局《織布局帳單光緒十六年二月》 謹將逐款查明詳細帳目妥籌稟復各條呈擬鈞核：

一、鄭道手内所置機器原價十二萬六千兩，裴令稟估實值十萬兩，地皮、碼頭、棧房原價三萬九千兩，裴令稟估實值二萬兩。原買二百八十畝，道契載二百二十畝，民契多載六十畝。漲灘九十餘畝，應有縣中印契。

一、鄭道原發老股票三十萬，經龔道加收每股三十兩，已收十六萬三千兩。項下銀四萬八千二百十兩，已換新股，照原本每百兩摺實三十三兩三錢三分，已收回舊股票三萬兩，換出新股票一萬兩，内可銷除虧項二萬兩外，有未換股票約十萬兩，如照加收三十兩章程，可收回銀三萬兩，連前三共應出新股票二十七萬三千兩，除收回加三十兩，項下實在現銀七萬八千二百十兩，歸入新帳開除外，裴令禀准機器地基作價十二萬兩，實計有銀二十萬兩，照新股票二十七(兩)〔萬〕三千兩，兩抵短少七萬三千兩，擬飭鄭道按二摺繳銀一萬四千兩，舊機器加價二萬兩，地皮漲灘一百畝，加價三萬九千兩。

一、龔道手收支銀二十二萬餘兩，應付未付七萬四千二百兩，共約三十萬，連前鄭道手約二十萬，計成織機二百張，已合成本五十萬。

一、龔道云加織機三百張，一切在內，應加本銀二十萬。丹科云須加三十萬，又須預備花本十萬。

一、查鄭手機器作價十二萬，地基作價六萬，龔手機器作價六萬八千兩，房屋作價八萬兩，未付機器價七萬四千二百兩。生財二千兩，共約實在值銀四十萬零六千。

一、鄭道應賠銀一萬四千兩，龔道手棉花九千兩，安置機器約一萬兩，發昌鐵料三千兩，洋匠二萬兩，地皮一千三百兩，關税二千二百餘兩，紅毛泥三千五百兩，道契錢糧量地費二千三百餘兩，共約六萬六千兩，其餘三萬五千兩，係屬歷年局用，不能作爲成本。

陳旭麓等《盛宣懷檔案資料選輯之六》上海機器織布局《織布局老股票存底 光緒十六年四月二十一日》

鄭道臺當日招五千股，共計出股票五十萬兩。

由經主事移交作廢一千五百二十六股，計收回股票十五萬二千六百兩。

又交盛處存票四百六十股，計收回股票四萬六千兩。

前局計存在外老股票三千零十四股，計股票三十萬零一千四百兩。

自十三年八月起至十六年四月止，共來加換新票，收回老股票一千七百八十五股，計十七萬八千五百兩。

又三股摺一，共來摺換新票九十三股，收回老股票二百七十九股，計二萬七千九百兩。

現刻實存在外老股票九百五十股，計九萬五千兩。

陳旭麓等《盛宣懷檔案資料選輯之六》上海機器織布局《維之致嚴佑之函 光緒十八年十月初八日》

弟在津門本爲紗局前去，初見杏翁時勸辦布局。弟仍談紗局，後因紗局累議未合，弟意即欲回南。弟臨行前一日，至杏翁署內，杏翁與弟長(譚)〔談〕，諄勸弟辦布局，弟云只有包辦之一法，弟不敢一人允可，俟到滬後與葉成翁商量復之。杏翁云，有傅相發二十萬，大可辦得。弟云二十萬兩萬萬不敷。杏翁又云，我署内有公款可再撥十萬餘，再不足只能弟與杏翁、葉成翁三人佃出。如佃二十萬，每人六萬六千六百兩。弟云俟到滬後再爲函商。所以足下臨行時托寄之函並開各人銜名等由此而來。原議三人合辦，弟所以多開二、三人銜名者，係慮到日後恐其虧本，究竟各人不過吃重，天下事利欲想害亦不能不想耳。

一、足下動身後，弟終日勞勞，細查各事，贅申杏翁三函，寄與足下兩函，想早收到。弟與葉、朱諸君細細劃算，所發公款三十萬僅敷採辦紗機並各機器，廠屋尚慮不足數，行本總欲佃四十萬方敷周轉，好在人多股多，尚還不難。此時如同重症藥醫藥無異非此竟不能挽回，設添辦只有八方十方，如同挑雪入井無異也。

一、傅相之外甥張謹兄回明傅相，想辦布局，意在想請公款一百二十萬歸辦紗局，只認布局前佃公款十萬，此等辦理，大可空手發財。自己不欲佃一文，又可取紗局之利，又不認布局之害，此等利己不利人之言，大與杏翁本意不對。弟看情形，因有勸弟辦布局之説，此意出於杏翁，並非出於傅相也。杏翁續議章程面呈傅相，摺内云及僅允得利之後，分任公款十萬，是舊局從此無屋無力添辦紗機，必坐以待斃等云。此論出於杏翁，係公而無私。此摺寄上一扣，一閱便知。弟等此時所議，係八年内全認前借公款三十萬，並新借公款二十萬，因人均具分年認還領結，可爲有實可指。杏翁另借公款十萬，亦必分年歸還。公款共有三十方，均辦紗機，造屋又佃三、四十方活本。傅相如允弟等包辦八年，無論弟等八年内得利不得利，要知布局由此可輕三十方公款之累，又添出廠屋機器三十萬兩。八年後統貼歸舊股八年之利，此後設不歸弟等經理，從此布局有屋有機，大可源源得利，似與張瑾兄所擬章程大不相同，不卜杏翁可將此情形回明傅相否。弟等章程八年内，可生出六十萬。瑾翁章程只認公款十方，誰是誰不是也。初一日忽接杏翁來電，内有相疑弟等空手發財一語，殊不可解耳。

一、查布局挽回甚不易易，非有三四知己終日無分晝夜，刻刻在骨裏講求，不可能於辦理二、三年後方有底也。弟前與函内云及總會辦均須化爲大工頭，方有益於事，否則即再添一百二十萬亦無益也。

一、累議紗局、布局等事，弟不想從中取利，亦是期人之譚。以弟本心論，實是想利少，想得名分數俱多。弟查中國漏卮惟紗布最盛，弟既在大清國爲人，亦想做點大事，能於將紗布風氣推廣，漏卮立少，刻刻想設法以敵之，無奈力不從心，想借杏翁一言九鼎，此私衷也。弟亦不得不以實告之。足下到津門後，傅相想見數次，求家鄉賑款，何如見時不卜，可譚到紗布局務否？究竟刻下是何情形，立盼明示。弟等包辦布局，足下看其情形可行可止，足下諒必深知。如不可行，務乞足下發一電示，即打難行二字。弟接此電即行回揚，又何必久在滬守，反誤他事，切托乃禱。

一、布局事如其可行，急須扛地造屋、訂機器、買棉花，皆是年内之事。指日封河，弟等不能再到津門，可否將公款發上海招商局沈道亦或札發上海道均可，備公事具領，亦請與杏翁商之。

一、刻下布局活本除還藕翁外，只存不足二萬，所冶機器新式，全欲守新紡機安裝後方可取利。弟同友人至布局數次，估看現成紡織各機以及房屋，不過值銀五十萬金之譜，非多添紡機萬無挽回之理。局内頭緒紛繁，斷非一人之精力可做此舉也。草此佈達，叩請善安。小弟楙頓首。初八日。

續信後接奉杏翁電報云「維□函電悉，相諭必准商董添籌新股念萬，方准添請公款念萬，未便以活本空肩此局，余函詳宣」。以上電報到後，弟即約葉、朱、許等公商，彼等因擔前借三十萬公款太重，又須活本三、四十萬，不能再實入布股，況已前布股公私一百二十萬，刻下只存機器、房屋約五十萬。設照相諭入布股，新股即頓成四摺，萬難吃此鉅虧。議之再回，未成議得下去，只得明日再議，電復杏翁可也。弟思此舉不成也罷了，如其欲成，年内封河即在目前，究竟公事是如何辦法，章程是如何禀法，請詢明杏翁是何格式，以免滬上辦稿錯誤也。能於足下代擬一稿寄滬則更妙矣。總欲傅相先札禀復方有根也，以爲如何耳。惟杏翁面允入股，並另發公款十方，萬萬不可失信，亦須與杏翁説明，切托之。

陳旭麓等《盛宣懷檔案資料選輯之六》上海機器織布局《丹科估添三百張機價目光緒十八年》 丹科估添三百張機價目列左：

計開：

添購三百張機及另件需銀十五萬兩。

另添房屋需銀三萬五千兩。

電氣燈需銀六千五百兩。

辦棉花關税及一切雜用需銀十二萬兩。

共計銀十九萬一千五百兩，再加照顧五百張機之水龍需銀一萬四千五百兩，統共三十二萬六千兩。

一、鄭陶齋付機器銀十二萬六千八百五十七兩七錢二。

一、龔仲仁付機器銀四萬七千五百九十五兩六錢。

又付電氣燈定銀一千八百三十三兩。

共計銀十七萬六千二百八十六兩三錢二。

一、鄭陶齋付起棧房銀五千三百另三兩。

又付造碼頭銀二千五百八十八兩。

一、龔仲仁付局並機器房屋銀五萬三千兩。

共計銀六萬八百九十一兩。

共付銀二十三萬七千一百七十七兩三錢二。

先辦二百張機内有值七萬兩之軋花機器，因無款尚未運回。

房屋上尚少二萬兩，電氣燈尚少四千兩。共少九萬四千兩。

陳旭麓等《盛宣懷檔案資料選輯之六》上海機器織布局《嚴信厚致盛宣懷函光緒十九年正月二十五日》 二十一日曾傳一電，以布局有妥商包辦等情，昨蒙電復囑寄章程來津，並須説明何人云云。兹附呈禀稿一紙，並照尊議章程十四條稍爲變通，繕成清摺，敬請大才酌量改正，應否先回中堂之處，即請尊裁示復。

至包辦商人賀慶來出名者，以官督商辦之意，可照生意規矩。户部員外郎徐友蘭，字佩紫，紹興人，與邵筱帥、湯癸生皆係親戚，爲越中鉅擘。前開嘉和錢莊，並邦辦和興公司，不願久居，即行退辦。其人誠樸可靠，精於會計，厚二十年舊交，知之最深。如蒙允行，伊當駐局專心辦事，厚亦集資幫同經理。惟來往其間，不克久居上海也。

至該商所擬從前公款分年攤還，並現領公款作爲存項一節，係爲保護布局，養護元氣起見。其從前老股認交六釐利息，並彌補逐年虧耗，係爲安帖股商，核實經久起見。又能以鉅資而肩重任，似係正經辦事之人，可以一力耽保。聞現有赤手空拳認交公款餘利等銀六萬餘兩，即欲將布局交其包辦，此乃借地種花。上海要辦之人甚多，恐不放心。若賀慶來可以成局，聞滬上鉅商皆肯相助爲理云。

楊藕翁聞月内可來申。此信到日如蒙採擇，即懇先爲電示，一面當與楊藕翁從長計議，然後繕禀寄津。今日因豐順船開行，匆匆泐呈，不盡之言，統容再布。

陳旭麓等《盛宣懷檔案資料選輯之六》上海機器織布局《嚴信厚徐友蘭上李鴻章稟光緒十九年正月二十五日》 竊職道、司員等查上海織布局自光緒八年三月奉旨創辦以來，幾易人手，辦理終不合法，皆由資本不豐，而官爲經理未能洞悉商情，是以屢更屢絀，迄無成效。現聞許道之晉等議而未成，似此情形，視若畏途。今職道、司員等擬以官督商辦相輔爲理，兹招覓股實商人賀慶來籌措長本銀二十萬兩，再預備短本銀二十萬兩，並請領官本銀二十萬兩，共計銀六十萬兩，爲添置紗機、預買棉花、擴充房屋等用，情願將織布局一切事宜承領包辦，懇請職道、司員等督率等情前來。職道、司員等伏查該商賀慶來係浙江人，久歷市廛，精於會計，家道殷實，辦事勤能，而商務情形尤爲熟悉。如蒙恩准，責成該商包辦，職道、司員等情甘具結，督同辦理，如有貽誤公款等情，聽候參處。惟思織布局已如久病之軀，前經鄭道、龔道等相繼醫治而反增劇，聞已虧耗銀十六萬餘兩。並聞該局原報承領公款及股本銀有一百九萬餘兩，而實在機器、房屋並現存布匹共約計銀只有八十七萬餘兩，以之抵算，則已不敷銀二十餘萬兩。況查所報機器、房屋等銀八十七萬餘兩，係照原置價本開報，歷經多年，似應逐年減摺，以歸核實。今該商賀慶來力任包辦，初入局門，先須每年包繳公款，後並須付新老股利，則從前之虧耗一時似難彌補，是全在該包商實心經辦，調度得宜，方足以資整理而開利源，若不量予破格獎勵，誰肯携鉅資而肩重任？並懇我爵中堂隨時保護，體恤商艱，奪洋人之利源，興中國之商務。合將盛道原議章程十四條，由職道、司員等逐條參酌，量爲變通。

國家清史編纂委員會《李鴻章全集》第二三册《盛道來電光緒十九年十二月三十日未刻到》 規復織局，籌本百萬已有就緒。股商遠慮他日辦好恐爲官奪，擬改爲總廠，亦照公共章程請署廠名，一律商辦。先舉廠東候補知府盛宙懷爲總管，嚴作霖管銀錢，沈廷棟、褚成煒管工作，許春榮、楊廷杲、嚴瀠管買賣棉花、紗布，均稱董事。股票宣懷簽名。撤去批發所，在租界内設立公所，即爲督銷總局，由督辦稟請一提調駐局，領置運單查貨，收捐歸繳舊欠。總分各廠總管均爲公所董事，隨時集議。紗布釐分等差，察看市面，公議照價，不便獨跌。此係統籌全局，如蒙允准，乞電示。過年會議，具稟立案。宣懷廿九回蘇度歲，初五六即赴滬。艷。

〔附〕《寄蘇州交盛道光緒十九年十二月三十日未刻》

艷電織局擬改爲總廠，一律商辦，另設督銷公所，稟一提調駐局料理，各廠均派董事，隨時集議，似甚周妥。總廠應名曰「華盛」，即會議具稟。朱道局應亦改爲分廠。希轉致。鴻。

國家清史編纂委員會《李鴻章全集》第二三册《寄倫敦薛使光緒十九年五月二十五日午刻》 現欲推廣紡紗，須雇總洋匠一名，購辦新樣細紗機一百張，每日夜須出十四五號紗五十包，每包重四百磅，配搭軋花、清花、梳花、棉條、粗紗、摇紗、打包各機件俱全。其大機器鍋爐須足敷紗機五百張之用，又要能省煤，備將來擴充。此爲國家商務興大利，望妥細考核，先電示機器總價。選總匠尤要，即令監造，並繪廠圖速寄。鴻。

陳旭麓等《盛宣懷檔案資料選輯之六》上海機器織布局《瑞生洋行訂購紡紗機器合同光緒十九年六月十三日》 立合同：上海機器紡織總局楊(宗濂)上海瑞生洋行補海師岱。今瑞生洋行代機器紡織總局向英國葡爾登地方朵勃生牌羅廠定購康邦引擎鍋爐、軸柱、接頭盤、滑輪、挂脚、皮帶等件，並代選各號紡紗機器以及零件，一應俱全，自立合同日起限五個月運至上海，交卸當日先收定銀三分之一，另立收條爲憑，其找價二成，俟機器到滬驗收齊全，再付一成，余俟裝齊出貨之後與原議相符，即行找清所有引擎鍋爐馬力機器具數價目。一切詳議條款於後，立此合同，一式兩紙，各執一紙存照。

一、議所定紡紗機器在英國頭等著名廠内選購，均照現時新式，工堅料精，運動靈捷，用華棉紡紗合宜，出紗則多多益善，零件則色色齊全。自棉卷棉條以至粗條紗、細經紗，按機出貨，層層連續，不得稍有短缺，以致停機曠工，倘有不符，應照遲誤工作等情議罰，扣除價值。

一、議此項機器瑞生洋行與該廠商議，照廠單所開之價減讓若干，即扣還紡織局若干。補海師岱素與北洋承辦軍火，誠實可靠，爲中堂所深信，與本總辦交契亦二十餘年，此次代購各機應將真正洋廠詳細原單呈出，以憑核對。

一、議現在先購細紗機二十四具，試用應照廠單每具十點鐘包出紗一百九十八磅左右，開工之後，本總辦派員與補海師岱及裝機洋人公同監視試紡，廠中熟手女工聽其擇用，如果出數相符，便可知機器之靈捷與補海師岱辦事之結實。

一、議此項機器議由該廠隨派洋匠一人到局包裝全備，應須襯工，華匠由局雇撥。該洋匠來華，本局但給來往盤費，不給薪水，一俟機器裝齊，聽令回國。

一、議該機器在外洋裝箱上船以及來華水脚、保險等費按照原價外加二成爲限，並議明如有減省之處，仍繳還紡織局以昭信實。

一、議機器裝箱後，在路如有損壞等情，應歸瑞生行賠補，如到滬裝置齊全後自行損壞，則與瑞生行不涉。

一、議(第二期)機器價銀自從外洋付出之日始，至上海給價之日止，應由紡織局按年七釐付息。

一、議機器來華中途如遇風波不測，以及意外之虞，應由瑞生行自向保險行理直，並即陳明失事實據，另展限期補運。所有到滬進口准單關稅，均由紡織局自備。

一、議錠圈徑定做一寸七分半，每錠圈加四本士，已在一百四十四磅十一先令三本士之内。錠圈既經放大，則圈板加寬加厚以及機身加長，該廠自有定制。瑞生洋行須與該廠再三訂明，總以合用爲度，倘不合用，即將此機退還，不給價值，並照遲誤開工日期議罰。

一、議此項紡紗機器，自從棉卷棉條粗紗逐層遞加，做至細紗，一切應用之件備足，運到本局隨時裝配，即能出貨，倘有缺乏不全，均責瑞生行賠補，不另給價。

一、議自立合同日補海師岱即發電報至外洋廠家定購，務於五個月期内運到上海。

一、議此項機器裝齊之日，即爲驗收之日，開工以後照原單所開之出數無缺，機器件件皆屬合用，始能找清價值。

計開清單：

頭號清花機一具，價英金一百八鎊。

二、三號清花機四具，(每具價一百五鎊十先令)計英金四百二十二鎊。

鋼絲梳花機三十具，(每具價九十二鎊)計英金二千七百六十鎊。

棉條機五具，(每具價一百四十三鎊三先令)計英金七百十五鎊(〔旁注〕少十)五先令。

頭號粗紗機五具，(每具價一百九鎊十三先令九本士，六十二錠子)計英金五百四十八鎊八先令(〔旁注〕少九本)。

二號粗紗機八具，(每具價一百四十八磅十七先令四本士，一百十二錠子)計英金一千一百九十鎊(〔旁注〕少十)八先令八本士。

三號粗紗機十二具，(每具價一百三十六鎊十一先令十本士，一百四十八錠子)計英金一千六百三十九鎊二先令。

細經紗機二十四具，(每具價一百四十四鎊十一先令三本士，三百四十八錠子)計英金三千四百六十九鎊十先令。

搖紗機四十具，(每具價六鎊)計英金二百四十鎊。

打包機四具，(每具價二十一鎊)計英金八十四鎊。

康邦引擎兩副(每副三百五十匹實馬力，大抵力汽缸十八寸，小抵力汽缸三十寸，推機路三十六寸，每副價一千二百五十鎊)計英金二千五百鎊。

鍋爐三座，(每座長三十尺，徑七尺半，火門徑三尺三寸，每座價四百鎊)計英金一千二百鎊。

抽水器一具，價英金六十鎊。

軸柱、挂脚、接盤、皮帶零件家伙等全，計英金六百鎊。

共計英金一萬五千五百三十六鎊十三先令八本士。外加裝箱上船水脚、保險各費二成，計英金三千一百七鎊六先令十一本士。

總共計英金一萬八千六百四十四鎊七本士。

光緒十九年六月十三日，西曆一千八百九十三年七月二十五號。

上海瑞生洋行補海師岱。

經手何恭壽。

總辦上海紡織局前直隸通永兵備道楊(宗濂)

茲將朵勃生牌羅廠洋人意在明所開錠子較多之紡紗機器更正錠數並增添價銀開列於後：

計開：

頭號粗紗機(前定每座六十二錠子，今改每座七十二錠子，計英金一百二十七磅七先令十本士。)五具共計英金六百三十六鎊十九先令二本士。

二號粗紗機(前定每座一百十二錠子，今改每座一百二十六錠子，計英金一百六十七磅九先令六本士)八具共計英金一千三百三十九鎊十六先令。

三號粗紗機(前定每座一百四十八錠子，今改每座一百五十六錠子，計英金一百四十三磅十九先令六本士)十二具共計英金一千七百二十七鎊十四先令。

細紗機(前定每座三百四十八錠子，今改每座三百六十四錠子，計英金一百五十一磅四先令二本士)二十四具共計英金三千六百二十九鎊。

以上應加價銀四百八十六鎊六本士。

又議康邦引擎改爲一副，計實馬力七百匹。

（楊宗濂簽字）見正（何恭壽簽字）

陳旭麓等《盛宣懷檔案資料選輯之六》上海機器織布局《諸湘致盛宣懷函光緒十九年六月二十一日》 堂中銀錢各帳，盛董來函屬爲仍歸卑職管理，惟卑職既經管支發憑票，未便再行經付銀錢。所有銀錢帳目仍派翁司事暫行兼理，由卑職隨時查核，以昭慎重。盛董前日來函，傳諭將堂中幼孩挑選數十名移送上海織布局學藝。查職堂節婦之子共九十一名，節婦已故遺留之子並收恤男孩共六十五名，兩共一百五十六名，內中十三歲以下者居多。今查有李恩第等二十名，注明年歲、籍貫、資質等第，開具清摺，送呈憲鑒。該孩等如蒙移送上洋，所有衣履鋪蓋等件，應否置備，候示遵行。

陳旭麓等《盛宣懷檔案資料選輯之六》上海機器織布局《朱鴻度致盛宣懷函光緒十九年七月初五日》 弟自抵滬後，旁搜博採，方知今日紗務情形，一切出入用款與執事原單亦不甚懸殊，塞漏卮而挽利權，誠哉時不可失也。於是與洋行家反復推求機器以何樣爲適用，期於出貨之多，價值以何種爲相宜，尤須開單核實，庶幾善其事者，先利其器，而當創始之際，款不虛縻。楊藝翁新定瑞生洋行細紗機二十四具，每機三百六十四錠，每一日夜包出紗一大包，先付定銀三分之一。俟機器到齊，逐座安排裝置，並無缺少物件，再付三分之一。其末須付之款，俟每機一日夜紡紗一大包，見過包限出數，然後找清一切，似較結實值，亦經藝翁多方比較，始與訂立合同。茲將瑞生合同，禮和及意司登開來價單共三紙寄呈察核究竟，或請薛星使代購，抑即由內地定辦之處，尚祈執事轉稟傅相請示遵行。現在市面，織布局棉紗已飛漲至六十五兩外，而布局尚無貨出售，誠以布利較紗利爲尤厚，因時制宜，即不能舍彼就此也。市面雖朝暮不同，既須一意創辦，即宜一意鋭行。查建造廠屋，因承房、烟冲二處，非經年之久不能蕆事，一俟機器定見，即須趕造廠屋，俾不致遷延時日。兩人意司登精於紗廠事務，而於機器利鈍，尤深考究。弟曾邀來寓叙談，知瑞生機器價單所開式樣尺寸皆出彼意。地基積水頗深，昨已約略丈量，正擬托意司登合百機尺寸繪一廠圖寄呈賜核。適聞執事相邀至津，伊准初七日附輪北駛，廠圖價單即由伊面呈臺閱。股分尚少十分之二，前函業已陳明，其中是否若何，想必已有詳音見示，毋任盼切之至。專此，敬請勛安，統維亮察不戩。愚弟朱爟成頓首。七月初五日。

再信義洋行前已開來一單，昨日該東外國人李德由津到滬晤叙之下，據云前單不能爲准，伊擬另開一核實之單，俟送到容再續呈。惟據洋人李德云，藝翁所定瑞生之機器，恐有零件需用者或少，不需用者或多，不知確否？又據洋人意司登云，彈花、梳花等機做棉卷之器，必須寬四十二寸，出紗較快。

陳旭麓等《盛宣懷檔案資料選輯之六》上海機器織布局《丹科致盛宣懷函光緒十九年七月初十日》 敬禀者，竊挖泥船由北抵滬，丹科即同蔚霞將機器汽鼓驗過，蔚霞之意，挖泥船機器有二百二十五匹馬力，海昌輪船機器有二百五十匹馬力。丹科估計，百架紡紗機配紡紗軸三萬五千個，須用挖泥船機器兩具，海昌輪船機器一具或七百匹馬力挖泥船，每具機器馬力足供紡紗機三十二架之用，其海昌機器足供三十六架之用。此節本日業同蔚霞電禀憲聽，想蒙憲臺採擇。

陳旭麓等《盛宣懷檔案資料選輯之六》上海機器織布局《朱鴻度致盛宣懷函光緒十九年七月初十日》 杏蓀尊兄大人閣下：月之初五日緘奉一函，諒已早邀崇鑒。昨日接誦手書，敬悉種切。布局推廣紗機五十張，招股三十萬兩，就局中餘地建造廠屋，駕輕就熟，一切有成規可循，自必易以集事。我局事屬創始，在在均須考究，所最難者，定購機器之一端，資本既重，而將來出數之多寡，獲利之厚薄，即基於此。能得機器早爲購定，即可繪圖建廠，早日興工，尤爲盼望。

承示薛星使所開價值，與瑞生、泰來兩家開單相形懸遠，此中或係有缺少餘多之分。現在傅相鈞意，擬雇用西人赴外國購買，給予五釐用費，是誠慎重採辦，以期不受機廠之蒙蔽，法良意美無過於斯。但雇西人採辦，似終須由洋行訂立合同，否則以新雇之西人，恐難授以鉅資。不先給值，又不能取信於該廠。今據上海信義行洋商李德，瑞生行補海師岱等云，如若與伊等購辦機器，均願於訂交之日先付定銀三分之一，俟機器到滬驗收齊全，再付三分之一，仍有一分，俟裝廠安置妥畢，出貨依限日夜包出十四號紗九十包之數相符，仍須經驗兩禮拜後再行找清。惟自外洋機器出廠日始，至上海給價日止，應由我局按年七釐補息，倘或應用之器不全，出貨之數不足，情甘議罰銀兩若干等語。如果洋商確有信實，照此議購，較有把握。再聞瑞生所開機器價四萬八千餘磅者，乃係照細紗機八十四張（係先購二十四張，後加訂六十張，合共之數）核算。今若購辦百張，每機三百六十四錠者，亦在六萬數千磅至七萬磅外不等。今將瑞生、信義兩行開價比較列單呈覽。惟所開備用零星各件等價開有六千磅之多，此中未免過大。將來如何購買，弟擬令其自來天津訂交。茲將在滬所開情形縷陳左右，以俾採擇。

意司登熟悉紗廠因承事務，其才具聞在丹科之上。弟已會晤，據云如備雇請藝精工良之洋匠，尚可代爲物色等語。今執事相邀過津，想伊自必面陳各節。

現在我局擬辦之機器務求全備得用，尤求出貨從優，必得如伊所開三百六十四錠，每日夜可包出十四號紗九十包者，方臻全美。吾兄卓織宏猷，是屬加人一等，想晤意司登後必有成竹在胸，尚希賜我教言，以匡不逮。至仍欠之股分，定蒙曲爲通籌，已有指示在途，良深盼切，手此奉復。敬請勛安。統惟涵照不宣。

愚弟朱熾成頓首。

兹將瑞生洋行所開新式紡紗機器每日夜出十四號紗大包一百包（將來亦只作出九十包核算）各種機器價目開列於後：

細紗機一百張，每張三百六十四定子。每張英金價一百五十一磅十八先令九本士，共計英金價一萬五千一百九十三磅十五先令。

如用計數表每只十六先令，共計英金八十磅。

軋花機二十張，每張英金價十五磅，共計英金三百磅。

頭號彈花機三張，配進花衣機三張，竹排灰屑箱以及一切零件俱全，每張英金價一百八磅，共計英金三百二十四磅。

二、三號彈花機（各）六張，應用零件一應俱全，做棉卷寬四十二寸，每張英金價一百五磅十先令，共計英金一千二百六十六磅。

鋼絲梳花做棉條機一百十四座，每座應用各件俱全，英金價九十二磅，共計英金一萬四百八十八磅。

三頭十八接棉條機二十座，應用各件一切俱全，每座英金價一百四十三磅三先令，共計英金二千八百六十三磅。

如用計數表，每只英金價十六先令，共計英金十六磅。

頭號粗紗機十六張，每張七十二定子，英金價一百二十七磅七先令十本士，共計英金二千三十八磅五先令四本士。

二號粗紗機二十張，每張一百二十六定子，英金價一百六十七磅十四先令，共計英金三千三百五十磅。

三號粗紗機四十六張，每張一百五十六定子，英金價一百四十三磅八先令，共計英金六千五百九十六磅八先令。

搖紗機二百二十張，每張英金六磅，共計英金一千三百二十磅。

打包小機九座，每座英金二十一磅，共計英金一百八十九磅。

打大包機一座，計英金三百零五磅。

以上各件零物並修理機器家伙等費約作英金六千磅。

以上總共英金五萬三百二十八磅八先令四本士。

再加購：

九百匹馬力康邦機器一副，共計英金二千八百磅。

鋼汽爐長三十尺，徑七尺半四座，每座英金四百磅，共計英金一千六百磅。

省煤加熱器具一百九十二支鐵管，共計英金三百十二磅。

吸水機器一具，計英金五十五磅，連前共計英金五萬五千九十五磅八先令四本士。

所有行用水脚保險各費等未開，查照二十分約算，加英金一萬一千十九磅。

連行用水脚保險等費共需英金六萬六千一百十四磅。

兹將信義洋行所開新式紡紗機器每日夜出十四號紗大包九十包，各種機器價目開列於後：

細紗機一百張，每張三百六十四定子，每張英金價一百五十一磅十八先令九本士，共計英金一萬五千一百九十三磅十五先令。（比較相符）

計數表未開。

軋花機未開。

頭號彈花機共三張，每張英金價一百八磅，共計英金三百二十四磅。（比較相符）

二、三號彈花機共十二座，每座英金價一百五磅十先令，共計英金一千二百六十六磅。（比較相符）

鋼絲梳花機一百十四座，每座英金價九十二磅，共計英金價一萬四百八十八磅。（比較相符）

三頭十八接棉條機二十座，每座英金價一百四十三磅三先令，共計英金二千八百六十三磅。（比較相符）

計數表未開。

頭號粗紗機十六張，每張七十二定子，英金價一百二十七磅七先令十本士，共計英金二千三十八磅五先令四本士。（比較相符）

二號粗紗機二十張，每張一百二十六定子，英金價一百六十七磅十先令，共計英金三千三百五十磅。（比較相符）

三號粗紗機四十六張，每張一百五十六定子，英金價一百四十三磅八先令，共計英金六千五百九十六磅八先令。（比較相符）

摇紗機二百二十張，每張英金六磅，共計英金一千三百二十磅。(比較相符)

打包大、小包機九座，每座英金二十一磅，共計英金一百八十九磅。(比較相符)

此項少開大包一座。

以上各件零物並修理機器家伙等費，約英金五千五百磅至六千五百磅爲則。(比較多五百磅。)

另備水力壓包機器，價英金五百磅。

另備各種輪軸價英金三千四百五十磅。

以上總共英金五萬四千七十八磅八先令四本士。(比較多三千七百五十磅)

再加購：

九百匹馬力康邦引擎一副，三百匹馬力鋼爐鋼汽鼓在内，共四座，共計英金四千四百二十磅。(比較上層兩款共多二十磅)

省煤熱水爐一座，計英金三百十磅。(比較少二磅)

抽水爐一具，計英金五十磅。(比較少五磅)

連前共計英金五萬八千八百五十八磅八先令四本士。(比較多三千七百六十三磅。)

所有行用水脚保險各費等未開。查照二十分約算，加英金一萬一千七百七十一磅。

連行用水脚保險等費共需英金七萬六百二十九磅。(比較多四千五百十五磅)

查信義洋行所開之機器價目比較瑞生洋行多開英金四千五百十五磅，仍有軋花機二十張，以及計數表、打大包機未開，共計價值英金七百一磅。總共比較多開英金五千二百十六磅，内係信義行多開另備各種輪軸及水力壓包機器等價三千九百五十磅，其餘各種價目均比較開列下層，以備一覽了然。

陳旭麓等《盛宣懷檔案資料選輯之六》上海機器織布局《朱鴻度致盛宣懷函光緒十九年七月十八日》 西人意司登奉諭來津，自必詢問詳細，惟久未奉到復示，殊切馳盼。機器一事，究係如何定議？布局現向瑞生續定細紗機二十四張，尺寸價值均照前議合同。弟意定購機器首重出數，如購紗機百張，瑞生合同一日夜作二十點鐘，包出十四號華棉紗一百包。議者或謂不能包出此數，而弟以爲每日夜能出紗九十包則亦於願足矣。總之，機器務求新式，而每機三百六十四錠不可少減也。紗機百張，似以一律爲相宜。能得一廠購買最妙，極多分定兩廠。蓋機身一律，凡一切齒輪零星物件移此就彼，全廠可以通用，將來添配各件亦較容易，斷不可參差爲之。茲將楊藝翁與瑞生所訂合同詳加參酌，郵呈臺覽，以備採擇。應由何處定購，統祈裁奪施行。

廠基填高，以機器代人力原可事半功倍，惟帶水帶沙之泥，不能堅固，似非造廠所宜。若待干燥堅結，曠日持久，不知何時。爲今之計，非藉人力硬填不可。此事現爲何人承辦，尚乞詳細示知。

機器廠屋爲全局根本，不得不旁搜博採，擇善而從，質之吾兄，以爲然否？丹科於繪圖造廠等事，亦是游刃有餘，而機器鍋爐奥竅未能洞悉，且伊美國人，而於英國機器更不能熟悉也。除將探訪紗務大概情形，並抄機器價目合同擬稿禀呈傅相外，合行奉陳。

陳旭麓等《盛宣懷檔案資料選輯之六》上海機器織布局《朱鴻度致盛宣懷函光緒十九年八月初九日》 惟伊道經滬上無甚勾留，僅詳叙紗局情形，並未談到股分。定購機器，現在兜攬，開呈價單者已有七家。傅相擬接薛星使回信詳加比較再行定奪，是爲正辦。機器零件，其價值昂貴大半在粗細筒管，無論設機一張、五十張，總須敷兩年之用，誠不能以六千磅限之。然每機一張，二十點鐘，總以包出華(綿)[棉]紗一包爲斷，試八禮拜爲期，則其所用零件必可周轉敷用，固不慮其缺少，其多買少買，多存少存，權自我操也。股分各招一半，付款遲早皆各一半，謹照遵籌。

尊意慮女工不易羅致，熟手尤難多得，誠是卓見。弟早竊慮，查虹口楊樹浦一帶，本有織布、新紡兩局，日夜女工計須二千餘人。茲楊藝翁同時添辦紗局，設機百張，已增女工一千數百人。又有新開繅絲廠，亦須女工二、三百人。益以我局所用女工，就紗機五十張而論，又須六百餘人，五里之内，數廠設在一處，凡有女工已虞缺少，況欲一旦招募，而更落人之後，誠屬非易。鄙意建造廠屋，即宜於局之對面留意基地，或租或買，蓋樓房數十椽，廉其租金，於開局之先，即將女工招足居住，或是招徠之一法。

承示先定機器五十張，限六、七個月到齊，先行試辦，固係穩步，惟機到日必須有屋可裝，而造屋必須有地。昨與楊子萱兄前往楊樹浦履勘基地，尚係一片汪洋。蓋以機器挖泥，全是泥漿，十分之中，水居其七。泥之凝者，曾有幾何？尚須放出清水，留泥更屬無幾。據查造屋匪易，若果機器六、七個月到齊，誠無屋可裝。一經寄頓，受虧不可以數計，是基地急宜填就，萬難刻緩。此中或改硬填，或權借東邊之土，一切想與西人密爾登晤面後必有以惠教我也。意司登所繪廠圖，聞已寄津。丹科聞亦於日間來津矣。

陳旭麓等《盛宣懷檔案資料選輯之六》上海機器織布局《斯立誠致盛宣懷函光緒十九年八月二十七日》 敬禀者：竊於本月二十日曾泐寸禀，交由新濟輪船遞呈，計已早邀鈞鑒。惟查前奉上海機器紡織總局定購英國希化而令敦廠紡紗機八張，連同隨配清花、棉條、粗紗各機，原議以作樣機，先行運華試用，到時給價，並不訂立合同。嗣因楊道憲深恐屆時機張太少，不敷安置，現造小廠，一氣連續。當蒙楊道憲切實面諭，趕再電添二十四張，連同樣機八張，配好汽機、鍋爐、挂軸一應零件，即日裝滬，即可全設小廠之内，限定明年三月十五日開廠出紗，似可早見成效。當承交下小廠房圖、瑞生所訂合同，飭令小行按照辦理等因，是以當時有已經訂定，即可照立合同。倪君面禀之言，並非無因。旋奉楊道憲面諭，以日來股份未齊，一經訂立合同，定銀無從撥付，莫若仍照前議，先將樣機八張運滬，試用之後再行添購，立約付定，庶不失鄭重。機器之道，此應立合同，續後未立之由來也。第是希化而令敦廠局面闊大，實爲英國首屈一指，倘蒙憲臺定辦全廠，但付定銀，其餘俟裝齊出紗二年内再行陸續清找。只給銀息，按年六釐，且全廠洋文價單業交倪君先行呈請憲鑒。此中所開各價，最爲克己。第是統計覺貴，分則無一不廉，即經楊道憲逐機比較，仰蒙嘉許。商人本擬即日束裝來津面聆訓誨，俾圖交易，嗣因楊道憲諭及，現下上海合同未立，無從抄稿呈送，則天津決不照定，似可緩行等因。商人奉聆之下，行止惟谷，用敢縷晰。奉禀，今上海機實已定，合同則尚未立，應否北來之處，伏乞即賜電示，俾得遵循。商人實非推諉，蓋無合同携呈，未敢冒昧干瀆，並乞垂諒，專此，恭叩勛安，伏惟鈞鑒。

中國科學院歷史研究所《劉坤一遺集》書牘卷一〇《復德曉峯光緒十九年九月十七日》 上海織布局於月之初十失火全燬，十餘年心力，數百萬貲財，付之一炬，彌覺令人膽寒。中國利權盡爲外洋人侵占，當事力圖補救，乃不敗於人，即敗於天，其謂之何！

陳旭麓等《盛宣懷檔案資料選輯之六》上海機器織布局《朱鴻度致盛宣懷函光緒十九年九月十九日》 弟自抵滬濱，瞬經三月，事當創始，原費經營。前聞填高地基改用人力，每日以百餘人晝夜肩挑，頗爲欣慰。日昨親往履勘，見挑泥者僅有數十人，亦不能踴躍從事。積水依然，泥蓋水面，並不交融，不獨於建造廠房不合，即尋常住宅地基亦恐嫌其鬆動，似此曠日持久，即地基一項，已非累月經年，不能竣工。正深焦慮。又復派人續勘，並不見有一人挑運矣。究竟此事托志何人，弟處無從會商。寓滬多時，別無他事，況既已一意創辦，亦不能不延訂一、二熟手，以收指臂之助。

經月未接惠示，機張已否購定？均以爲念。布局不戒於火，一炬成灰。其火聞得確由清花廠地板下而起。板下有深窨，自開機以來，所積敗花從未清理，竟堆有七、八尺之高。而屋上又以牛毛氈蓋頂，加柏油油飾，以致星星之火，成爲燎原。雖曰天意，亦由人事未盡也。我廠宜將清花、軋花二處設立較遠，另用小因承，不使與機廠、棧房毗連，尤爲第一要義。公餘之暇，伏望惠我好音，曷勝盼望之至。專此，敬請大安！統祈涵照不戩。愚弟朱煒成頓首。

敬再啓者：正封函間，適仰蘧方伯過訪，知我局所用地基尚餘一半，意在認租，詢及何用，是否新紡局推廣紗機，語意渾然。查尊處地基本與新紗局毗連，我局雖有餘地，正宜留作推廣，且以防患未然。布局不能慎之於始，實殷鑒也。應否分租若干，即祈裁酌，與方伯面叙是幸。

布局遭此奇灾，勢難重整旗鼓，昨經沈子翁查明，官項股本存款等項共計一百萬有零。所剩地基公事房以及收拾餘燼約十萬兩左右，若竟不復振起，不獨貽笑西人，於地基等款一時無所着落，而於國體關係實匪淺鮮。然不立善後之法，劃清前後界限，亦恐無承辦之人。傅相維持商務，無微不至，我兄仰承有自，卓識邁人，此事如何辦理之處，伏望不遺在遠便中惠我數行，曷勝盼禱。

陳旭麓等《盛宣懷檔案資料選輯之六》上海機器織布局《盛宣懷致朱鴻度函光緒十九年十月初二日》 布局被焚，未經保險，誠如尊論，人事未盡。現奉相諭，設法興復老局。一俟會禀帳到，截清界限，即行籌款開辦。該廠墻脚、烟囱、因勤、鍋爐係屬現成，現與楊藝翁面商，將其先定瑞生、地亞士、丹科機器四十餘張，趕緊安置，以免熟手工匠散而之他。已函屬楊子萱設法挽留矣。

仰蘧方伯面商割買新局基地，彼此交情，勢難不允，且看其出價如何，再行定議。至於填土一節，因洋人密爾登來禀，限定十一月底完工，是以停止挑土。此事係托招商局密爾登及挖泥船裘國安總管。吾兄欲知其詳，請即面詢陳輝庭兄，想若輩不致欺我也。大約非工竣不能退積水，非退水不能見淤泥也。至定買機器，莫如開標一法，但恐期限太促，零件不能詳開價目。今將譯出華文清單兩扣即祈查收。此間發出九分，聞怡和因零件不清，擬不開帳。如尊處所發幾家亦望屬其寄津，同日開揭。閣下派何人來津？弟想零件如各家均無細單，只好先辦機器矣。至於廠圖，擬定只造一層樓，安置細紗機一百張，計三萬六千定子，每日夜只能出紗三萬六千磅，如一百包，須要四萬磅，須要四萬定子，此定理也。定合同時亦可載明，無不能行也。所需股分六十萬兩，定合同之日即須付價，各歸一半認付，即須掣發股票矣。所有招股章程，即祈按照楊觀察禀准之件，酌量更改。閣下精細静穆，祈即酌擬寄示，以便再就鄙見面商傳相核定，彼此毋庸客氣也。

陳旭麓等《盛宣懷檔案資料選輯之六》上海機器織布局《盛康致盛宣懷函光緒十九年十月二十一日》 近閲申報滬報俱言及汝爲布局事，中堂委令上海一行。封河期屆必有三個月耽留，竊恐得不償失，今汝函中亦言及封河前須定議，望三思而後行，至要，至要。

布局被焚，官商資本一百餘萬都歸烏有，我以爲此時新股斷不願來，只好於舊股一百餘萬名下再令附入一半，計有五十餘萬，如能辦得好，逐年攤還舊股，似亦誘勸之一法。惟總辦必須得人才料。既須精明渾厚，家計又須殷實著名，方爲人所信服。楊藝舫邀同費幼亭向我經手莊款暫移二萬，言定七釐申息，三年爲期，其息銀逐年付清，書立匯卷兩紙，注明此典係楊藝舫獨股，與別房無涉字樣，並有管事程友書押，似尚可靠。其銀早於八月底全數付交，再不料有布局被焚一事，此時銀雖付出，藝翁處並未動用，仍照汝意作爲電局公積借款最妥，據我看來，如爲恢復擴充計，只好織布與紡紗並爲一局，此二萬兩即作爲我處經手代電局存項。我年屆八旬，精力尚健，汝係現任，萬不能抽身，中堂如見信或委我會同商辦，汝意以爲然否？此話外間切勿響起，存而不論可耳。

陳旭麓等《盛宣懷檔案資料選輯之六》上海機器織布局《盛宣懷上李鴻章禀光緒十九年十月二十三日》 敬禀者：竊奉憲臺札開上海織布局被焚，仍須激勸殷實華商購用機器仿造布紗，多多益善。應在上海另設機器紡織總局，籌集款項，官督商辦，以爲提倡，並釐訂章程，號召華商多設分廠，以資推廣，庶以土產敵洋貨，力保中國商民自有之利權，應派職道暫行赴滬會同江海關聶道商明前辦織布局紳商將前局妥爲結束，截清界限，分籌資本，一面規復原局，一面設法擴充，隨時禀報查核等因；奉此。仰見憲臺維持商務，力保利權之至意，莫名欽佩。職道才輇任重，敢不勉力圖維。側聞日本國各口岸機器紡織已有大小三十餘廠，皆本國人湊股購機自辦，並無西人開設紡織廠在内。現在中國進口紗布日甚一日，去年印度進口棉紗值銀二千一百五萬兩，英國進口棉紗值銀一百萬二千餘兩，其餘洋布值銀三千餘萬兩之多，亟應竭力擴充，號召華商多設分廠，庶可多出土産，漸塞漏卮，力保中國商民自有之利權。惟中國風氣初開，華商集股多有假借公司名目，並不認真辦事。卒至蹈空虧耗，商本轉使。正派商人聞風裹足，又恐洋行勾串以華人出名而用洋人，資本藉端影射，將來滋爲流弊，甚至喧賓奪主，自有之利，悉爲所攘。故於號召推廣之中，仍須設法稽查鈐制，職道秉承憲意，釐訂商辦章程四條，擬請刊發憑照。凡有華商自願招集華商股分置辦紗機，在通商口岸設立分廠者，皆准其具呈請題廠名，悉歸商辦。並由公司紳商具保請領憑照，恪遵章程辦理，官僅稽查保護，並不掣肘，無論紳商或徑禀憲臺，或呈由紡織總局轉禀，均應發交總局查明切實可靠，再行給照。庶幾綫索在手，易於稽查，藉可杜絶影射蹈空等弊。是否有當，理合禀乞憲臺，俯賜鑒核批准，核定憑照式樣，以便赴滬招商辦理，實爲公便。

陳旭麓等《盛宣懷檔案資料選輯之六》上海機器織布局《盛宣懷上李鴻章禀光緒十九年十月二十四日》 禀爲奉飭另設上海機器紡織總局籌款陸續布置，請發關防辦理由。敬禀者：竊於光緒十九年十月十九日奉憲臺札開，「上海織布局廠機被焚，揆度時勢，仍須激勸殷實華商，購用機器紡造布紗，勢難緩圖中止，應在上海另設機器紡織總局籌集款項，官督商辦，以爲提倡，兹事重大，必須得人而理，查頭品頂戴津海關盛道歷辦輪船招商電報各局，著有成效，熟悉商情。現值津河封凍，交涉事簡，應派令暫行赴滬會同江海關聶道商明前辦織布局紳商將前局妥爲結束，截清界限，分籌資本，一面規復原局，一面設法擴充，隨時禀報查核」等因；奉此。伏查擴充紡織，全在號召華商多設分廠，已將釐訂公共章程，另禀核辦。但中國商情渙散，動輒畏沮，仍宜設立總局，相爲維係，居中持護。職道奉飭赴滬籌商結束，截清界限，即須迅籌規復，誠如憲諭，勢難中止緩圖。職道之愚，擬就織布舊廠墻址烟囱建造一層樓，並就原有之五百匹馬力機器鍋爐，裝置細紗機器七十張，約二萬五千左右錠子，先行紡織，並與前通永道楊道面商，其所定購瑞生紗機二十四張，地亞士紗機八張，丹科紗機十張，先行歸與總局，照原價購買，其餘應添機器，職道赴滬再當電致英廠配搭添購，並另造清花軋花廠一座，棧房數座，總期來年六月出紗，此項購機造廠及買花開工約須銀五十萬兩左右，一俟集款稍有頭緒，即行建造織布大廠一座，定購美國布機一千張。另造紡紗大廠一座，定購英國紗機一百張，約須本銀一百萬兩左右，一二年内工竣，即可每日出布一千數百匹，出紗一百餘包，此實不可再少，惟既准華商各自立廠，則推廣之計，固不必專注於一局，但當首先提倡，脚踏實地，步步爲營，以期有進無退，漸收成效。職道現在已集商股銀三十萬兩，並蒙憲臺面諭，將各局閑款附搭官股銀二十萬兩，不分官商，均作股分，一律派利，除另刊擬招股章程，並股票息摺分執外，所有印發股票以及公牘股單均須蓋用關防，擬請憲臺刊發督辦機器紡織事宜木質關防一顆，以便將前局關防呈繳銷毁，俾免混淆，其餘籌辦事宜，應俟到滬後再行隨時稟請核示，是否有當，理合稟請憲臺俯賜鑒核批示，並行知楊道查照，實爲公便。

中國第一歷史檔案館《光緒朝朱批奏摺》第一〇一輯《重整上海織布局片光緒十九年十月二十六日》　臣於光緒八年因華商稟請分招商股，在於上海設立機器織布局，以華棉紡織洋布，酌輕成本抵敵洋産，當經奏准變通税釐專章在案。上年復派紳商添籌資本，建廠開機，每日夜已能出布六百匹，銷路頗暢，正擬推廣紡紗，漸收利益。乃據江海關道稟報，九月初十日該局清花廠起火，適值狂風，施救不及，廠貨被焚，當即派員會查，所剩基地局房估價攤派。惟查洋貨進口以洋布洋紗爲大宗，光緒十八年洋布進口值銀三千一百餘萬兩，洋棉紗進口值銀二千一百餘萬兩，中國出口絲茶價值不能相抵。布縷爲民間日用所必需，其機器所紡織者輕軟匀净，價值尤廉，故遠近争購。豈知多銷一分洋貨，即少用一分土産，是以因勢利導，不得不用機器仿造，必使所紡之紗與洋紗同，所織之布與洋布同，庶幾華棉有銷路，華工有生機，華商亦沾餘利。此事斷難中止，亦難緩圖，應仍在上海另設機器紡織總局，籌集款項，官督商辦，以爲提倡，並釐訂章程，號召華商多設分廠，以資推廣，方可以土産敵洋貨，力保中國商民自有之利權。謀始圖成，得人尤難。臣查津海關道盛宣懷歷辦輪船招商局及各省電報局，著有成效，於商務洋務尚肯苦志研求，現值津河將封，關榷事簡，擬派令暫行赴滬，會同江海關道聶緝槼商明前辦。紳商將前局妥爲結束，截清界限，分籌資本，一面規復舊局，一面設法擴充，俟該道等籌辦稍有頭緒，隨時續奏。除札委候補道黄建筦暫行代理津海關篆外，所有上海織布局派員續籌辦法，以敵洋産而保利權，緣由理合附片具陳，伏乞聖鑒。謹奏。

陳旭麓等《盛宣懷檔案資料選輯之六》上海機器織布局《信義洋行訂購紡紗機器合同鈔底光緒十九年十二月初八日》　立合同：上海德商信義洋行李德，今承督辦機器紡織總局津海關道臺盛〔宣懷〕委辦英國潑賴德廠或朵勃生廠或好華得巴勒廠紡細紗機器五十座，計一萬八千二百錠子，配齊各種機器，及隨帶零件，備用零件，一概俱全，均照現時新式，工堅料精，運用靈速，用華棉紡紗合宜，共計廠價英金摺實二萬二千磅，外加裝箱、上船、水脚、保險等費，連行用二成，計英金四千四百磅，統共實計價二萬六千四百磅。兹將所訂各款開列於後：

一、議此項紡紗機器，當以細紗機爲准，所有細紗機五十座，每座照新式三百六十四錠子，共計一萬八千二百錠子。除軋花機、松花機另辦外，應配頭號彈花機、二三號彈花機、鋼絲梳花機、三頭十八接棉條機、頭二三號粗紗機，摇紗機各若干座，另立清單，均須件件配齊，層層連續。按細紗機五十張出紗數目配用各件俱全，不得絲毫短缺，以致停機曠工。倘有缺乏不全，應照遲誤工作議罰，扣除價值。

一、議以上各機器應帶配件，自必一切俱全。此外，應辦隨帶及備用零件統共值銀三千七百磅，即在正價二萬二千磅之内，另立零件清單。議定鋼絲布等項，均係上等貨物，與各項機器一起運到，決不遲延短少，以致停機曠工。倘有缺乏不全，應照遲誤工作議罰，扣除價值。

一、議此項機器以及零件或潑賴德廠，或朵勃生廠，或好華得巴勒廠，皆係上上等之貨，均聽信義洋行擇定購辦。但總歸一家定購，不得參差。如查出係他廠所造，抑或比較潑賴德、朵勃生、好華得巴勒他處所造之機器及零件，有不及之處，或退還，或減價，均按遲誤日期所失之利議罰。

一、議細紗機器五十座，全行開工，並用上海熟手女工，信義洋行可保每二十點鐘紡得十四號細紗一萬八千二百磅。

一、議自立合同之日，信義洋行即發電報至倫敦定購，務於五個月期内運到上海，或五個月不能全到，即有數種稍遲，至多寬限一個月。如届六個月尚有未到之物，致延工作，每日願罰英金五十磅。

一、議以上總價二萬六千四百磅，定合同之日，先付定銀三分之一，計八千八百磅。俟機器到齊，驗收齊全，絲毫無缺，再付銀三分之一，計八千八百磅。俟裝齊出貨之後，與原議相符，即行找清磅價，均照付銀之日電匯行市核算。

一、議此項機器裝齊之日，即爲驗收之日，開工以後，照原單所開之出紗數目無缺，機器件件皆屬合用，始能找清價值。

一、議洋行代辦機器，向來機器出廠之日，中國須付第二批價款，現恐出紗數少，機件或有不合，議定改作第三批，俟裝齊出貨相符，再行找清。但須將機器出廠，由英國起程日期、輪船名字報明紡織總局。自出廠之日始，至上海給價之日止，應由紡織總局按年七釐計息，貼還信義洋行。

一、議機器來華，中途如遇風波不測以及意外之虞，應由信義洋行自向保險行理直，並即陳明失事實據，另展限期補運。所有到滬進口准單關稅均由紡織總局自辦。

一、議此項因勤鍋爐，總局本屬現成，軋花、松花機器亦已另辦，密爾尖零因已載在瑞生合同之内，故不另購，但須由瑞生先行運到，以便同時裝齊。

一、議裝配安置以上機器，紡織總局本有丹科料理，瑞生合同内由朵勃生廠派一洋匠到局，包裝全備，不給薪水。信義應由瑞生會商，公派一人來滬，會同丹科裝配安置，以免另派縻費，一俟機器裝齊，該匠聽令回國。

計開機器清單：

頭號彈花機二座，配進花衣機二座，竹排灰屑箱以及一切零件俱全，每座英金一百零八磅，共二百十六磅。

二、三號彈花機八座，做棉卷寬四十二寸，塵屑箱並應用零件俱全，每座英金一百零五磅十先令，共八百四十四磅。

鋼絲梳花做棉條機五十七座，配棉卷寬四十二寸，大筒徑五十寸，小筒徑二十四寸，鋸式進棉卷輥九寸半徑。去飛花之鋼絲板一百十枚，每支闊一寸三分，内有計數表一只，每寸厚可分至二千分，及去灰屑等物俱全，每座英金九十二磅，共五千二百四十四磅。

三頭十八接棉條機十座，上下鋼輥、停機器具、棉條筒滿之停機器具以及皮包、絨包等輥俱全，每座英金一百四十三磅三先令，共一千四百三十一磅十先令。

頭號粗紗機八座，每座七十二錠子，每錠管紡滿至五寸六分徑，分紗鋼板、錠殼、上下鋼輥，以及皮包、絨包等輥俱全，每座英金一百二十七磅七先令十本士，共一千零十九磅二先令八本士。

二號粗紗機十座，每座一百二十錠，每錠管紡滿至四寸半徑，分紗鋼板、錠殼、上下鋼輥以及皮包、絨包等輥俱全，每座英金一百六十七磅十先令，共一千六百七十五磅。

三號粗紗機二十三座，每座一百五十六錠子，每錠管紡滿至三寸五分徑，錠殼上下鋼輥以及皮包、絨包等輥俱全，每座英金一百四十三磅八先令，共三千二百九十八磅四先令。

細紗機五十座，每座三百六十四錠子，每錠圈徑至一寸七分半，鋼輥、錠子、墊圈以及皮包、絨包等輥俱全，每座英金一百五十一磅十八先令九本士，共七千五百九十六磅十七先令六本士。

計數表每只英金十六先令，共八十磅。

搖紗機一百十座，每座英金六磅，共六百六十磅。

統共英金二萬二千零六十四磅十四先令二本士。

計開零件清單：

天平連錘一副，英金三磅。

天平連錘(彈花機用)一副，英金三磅。

各種油壺八打，每打英金十一先令，共四磅八先令。

搖紗機一副，並小天平一副，英金十磅。

稱棉條小天平一付，英金六磅十先令。

試棉紗器一具，英金八磅。

器具(如鐵錘、鑿、銼、刨、鑽、鋸、螺絲、起子等件俱全)一箱，英金十磅。

釘鋼絲布機器一付，英金十二磅。

貯油缸(每只貯二加倫)二只，每只英金十五先令，共一磅十先令。

各種皮帶綫九格羅司，每格羅司英金六先令八本士，共三磅。

漆二加倫，每加倫英金十先令，共一磅。

皮帶鑽六個，每個英金二先令，共十二先令。

棉卷輥一百十四個，每個英金二先令，共十一磅八先令。

瓦楞白鐵棉條筒二千五百二十六個，每個英金二先令六本士，共三百十五磅十五先令。

梳花器用之釘二萬五千枚，每千枚英金六本士，共十二先令六本士。

頭號粗紗管(十寸長)六十格羅司，每格羅司三十一先令六本士，共九十四磅十先令。

二號粗紗管(九寸長)一百格羅司，每格羅司二十九先令三本士，共一百四十六磅五先令。

三號粗紗管(七寸長)三百五十格羅司，每格羅司二十先令三本士，共三百五十四磅七先令六本士。

細紗管七百格羅司，每格羅司英金九先令，共三百十五磅。

頭號粗紗管心（十寸長）三十格羅司，每格羅司英金十先令三本士，共十五磅七先令六本士。

二號粗紗管心（九寸長）六十格羅司，每格羅司英金八先令，共二十四磅。

三號粗紗管心（七寸長）一百二十格羅司，每格羅司英金六先令九本士，共四十磅十先令。

各種紡紗小鋼鈎十八萬個，每格羅司英金二先令六本士，共一百五十六磅五先令。

皮帶列後：

五寸寬三百七十五尺。

四寸寬一百五十尺。

三寸半寬一千三百尺。

三寸寬二千七百十五尺。

二寸半寬一百五十尺。

二寸寬一千五百五十尺。

一寸半寬四百尺。

一寸二分寬三千尺。

半寸寬四十一尺。

以上皮帶共重二千四百八十五磅五兩，每磅英金二先令八本士，共三百三十一磅十六先令八本士。

棉紗繩（清花機用）十四磅，每磅英金一先令，共十四先令。

棉紗繩（細紗機用）三十七磅半，每磅英金一先令，共一磅十七先令六本士。

棉紗繩（梳花機用）一百十四磅，每磅英金一先令，共五磅十四先令。

棉紗繩（錠子用）二百十磅，每磅英金一先令，共十磅十先令。

並棉條機包皮及絨（每機十八接）每接英金三先令三本士，共二十八磅十五先令。

粗紗機七十二錠包皮絨，每錠英金七本士，共十九磅六本士。

粗紗機一百二十六錠包皮絨，每錠英金八本士，共三十一磅十先令。

粗紗機一百五十六錠包皮絨，每錠英金四本士，共五十二磅。

細紗機三百六十四錠包皮絨，每錠英金四本士半，共三百二十磅五先令十本士。

鋼絲布五十七套，每套英金二十三磅十八先令三本士，共一千三百六十三磅五先令。

統共英金三千七百零二磅十四先令六本士。

兩共原單英金二萬五千七百六十七磅八先令八本士，摺實英金二萬二千磅。

外加裝箱上船水脚、保險行用各費二成，計英金四千四百磅，統共英金二萬六千四百磅。

光緒十九年十二月初八日，即西曆一千八百九十四年正月十四號。

督辦機器紡織總局津海關道盛（宣懷）。

上海德商信義洋行李德。

經手席步天。

再合同照繕兩分，各執一分，均以華文爲准，惟機器及零件名目以洋文爲准。

陳旭麓等《盛宣懷檔案資料選輯之六》上海機器織布局《瑞生洋行添購紡紗零件合同鈔底光緒十九年十二月初八日》 查瑞生洋行前於光緒十九年六月十三日，即西曆一千八百九十三年七月二十五號與楊道臺所定細紗機二十四部合同內載代選各號紡紗機器以及零件一應俱全，並第十條議此項紡紗機器自從棉卷、棉條、粗紗逐層遞加做至細紗，一切應用之件備足運到本局，隨時裝配，即能出貨，倘有缺乏不全，均責瑞生行賠補，不另給價等語。現於本月初八日，即西曆一千八百九十四年正月十四號盛道臺與信義洋行定購細紗機器五十部，價值悉照瑞生合同所開，而配件、另件均已詳晰注明另開清單。現在楊道臺將瑞生合同歸於盛道臺接辦，所有瑞生配件、零件自應援照信義合同一律辦理。特將所定機器配件及隨帶備用零件照開詳細清單，華洋文各兩件，以昭核實。再此項另件，務必與機器同時運到，不得遲延短少，合並存照。

計開機器清單：

頭號彈花機（即清花機）一具，配進花衣機一具，竹排灰屑箱以及一切零件俱全，計英金一百零八磅。

二、三號彈花機（即清花機）四具，做棉卷寬四十二寸，塵屑箱並應用零件俱全，每具英金一百零五磅。

鋼絲梳花做棉條機三十具，配棉卷寬四十二寸（大筒徑五十寸，小筒徑二十四寸）鋸式進棉卷輥九寸半徑，去飛花之鋼絲板一百十枝，每枝闊一寸三分，內有計數表一只，每寸厚可分至二千分，及去灰屑等物俱全，每具英金九十二磅，共二千七百六十磅。

三頭十八接棉條機五具，上下鋼輥停機器具，棉條筒滿之停機器具，以及皮包絨包等輥俱全，每具英金一百四十三磅三先令，共七百十五磅十五先令。

頭號粗紗機五具，每具七十二錠子，每錠管紡滿至五寸六分徑，分紗鋼板錠殼，上下鋼輥，以及皮包絨包等輥俱全，每具英金一百二十七磅七先令十本士，共六百三十六磅十九先令二本士。

二號粗紗機八具，每具一百二十六錠子，每錠管紡滿至四寸半徑，分紗鋼板，錠殼，上下鋼輥，以及皮包，絨包等輥俱全，每具英金一百六十七磅九先令六本士，共一千三百三十九磅十六先令。

三號粗紗機十二具，每具一百五十六錠子，每錠管紡滿至三寸五分徑，錠殼，上下鋼輥，以及皮包、絨包等輥俱全，每具英金一百四十三磅十九先令六本士，共一千七百二十七磅十四先令。

細紗機二十四具，每具三百六十四錠子，每錠圈徑至一寸七分半鋼輥、錠子、墊圈，以及皮包、絨包等輥俱全，每具英金一百五十一磅四先令二本士，共三千六百二十九磅。

搖紗機四十具，每具英金六磅，共二百四十磅。

打包機四具，每具英金二十一磅，計英金八十四磅。

康邦引擎二付，（每付三百五十匹實馬力，大抵力汽缸十八寸，小抵力汽缸三十寸，推機路三十六寸）每付英金一千二百五十磅，計英金二千五百磅。

續議康邦引擎改爲一付，計實馬力七百匹。

鍋爐三座，（每座長三十尺，徑七尺半，火門徑三尺三寸）每座四百磅，計英金一千二百磅。

抽水器具一具，計英金六十磅。

軸柱挂脚接盤皮帶另件家伙俱全，計英金六百磅，共計英金一萬六千零二十三磅四先令二本士。

計開另件清單：

天平連錘一付，英金三磅。

天平連錘（彈花機用）一付，英金三磅。

各種油壺四打，每打英金十一先令，共二磅四先令。

搖紗機一付，並小天平一付，英金十磅。

稱棉條小天平一付，英金六磅十先令。

器具（如鐵錘、鑿、銼、刨、鑽、鋸、螺絲、起子等件俱全）一箱英金十磅。

貯油缸（每只貯二加倫）一只，英金十五先令。

各種皮帶綫四個半格羅司，每格羅司英金六先令八本士，共一磅十先令。

漆一加倫，英金十先令。

皮帶鑽三個，每個英金二先令，共六先令。

棉卷輥六十個，每個英金二先令，共六磅。

瓦楞白鐵棉條筒一千三百八十個，每個英金二先令六本士，共一百七十二磅十先令。

梳花器用之釘一萬四千枚，每千枚英金六本士，共七先令。

頭號粗紗管（十寸長）三十五格羅司，每格羅司三十一先令六本士，共五十五磅二先令六本士。

二號粗紗管（九寸長）八十格羅司，每格羅司二十九先令三本士，共一百十七磅。

三號粗紗管（七寸長）一百七十五格羅司，每格羅司二十先令三本士，共二百七十七磅三先令九本士。

細紗管三百五十格羅司，每格羅司英金九先令，共一百五十七磅十先令。

頭號粗紗管心（十寸長）十八格羅司，每格羅司英金十先令三本士，共九磅四先令八本士。

二號粗紗管心（九寸長）四十八格羅司，每格羅司英金八先令三本士，共十九磅四先令。

三號粗紗管心（七寸長）六十格羅司，每格羅司英金六先令九本士，共二十磅五先令。

各種紡紗小鋼鈎九萬個，每格羅司二先令六本士，共七十八磅二先令六本士。

皮帶列後：

五寸寬一百八十七尺半。

四寸寬七十五尺。

三寸半寬六百五十尺。

三寸寬一千三百五十七尺半。

二寸寬七百七十五尺。

一寸半寬二百尺。

一寸二分寬一千五百尺。

半寸寬二十尺另半。

以上皮帶共重一千二百四十二磅八兩半，每磅英金二先令八本士，共一百六十五磅十八先令四本士。

棉紗繩(清花機用)七磅，每磅英金一先令，共七先令。

棉紗繩(細紗機用)十八磅十五先令，每磅一先令，共十八先令九本士。

棉紗繩(梳花機用)五十七磅，每磅一先令，共二磅十七先令。

棉紗繩(錠子用)一百另五磅，每磅一先令，共五磅五先令。

並棉條機包皮及絨(每機十八接)每接三先令三本士，共十四磅七先令六本士。

粗紗機七十二錠包皮絨，每錠七本士，共十二磅四本士。

粗紗機一百二十六錠包皮絨，每錠八本士，共二十五磅四先令。

粗紗機一百五十六錠包皮絨，每錠四本士，共二十六磅。

細紗機三百六十四錠包皮絨，每錠四本士半，共一百六十磅二先令十一本士。

鋼絲布三十套，每套二十三磅十八先令三本士，共七百十七磅七先令六本士。

統共英金一千九百八十磅十二先令九本士。

兩共原單英金一萬八千另二十七磅十五先令二本士，摺實英金一萬六千另二十三磅四先令二本士。

外加裝箱上船水脚保險行用各費照原議價值一萬六千另二十三磅四先令二本士，合二成扣算，計英金三千二百另四磅十二先令十本士。

統共英金一萬九千二百二十七磅十七先令。

陳旭麓等《盛宣懷檔案資料選輯之六》上海機器織布局《楊宗濂致盛宣懷函光緒十九年》 紡紗事筱舫觀察極願附股，與愚兄弟均有約言，亦未便失信，敝親友力薄，勉凑紗機四十具而止，舊廠實不能容舊因承，亦不能再帶購器建廠，勢不能已，然既添購添建，馬力必從富，廠屋必從寬，以備他時擴充地步，一氣呵成，其費較省。如筱翁高興，悉聽執事主議指示辦理，公利公謀，濂等毫無成見，明早即行入都，手此代面，敬請晚安。制濂頓首。附呈局紗一小包，計重十磅，照此四十小包，如成一大包，共四百磅，售價亦十餘兩。

陳旭麓等《盛宣懷檔案資料選輯之六》上海機器織布局《楊經楊綸致盛宣懷禀光緒二十年正月二十四日》 粤古三皇之世，無服色之制，毛革樹葉藉之以蔽體。迨至神農，始制衣裳，錦綉文章，黼黻冠冕，漸次而興矣。自是而後，制作日增，而工日巧。至於今將棄棉布而用洋布矣。然洋布之入中國也，由來久矣。初則但有白色之布，而無五色之布。後雖有五色之布，而不可着濕，遇水則色退而不堪屬目。今則色愈鮮明，雖遇水而不變其常，推其能如此也，皆由化學之工精而得，中國雖欲效之而未能也。目今以洋布之銷場較前更廣，而利源均歸外洋。有心世務者，不禁爲之感嘆。故李傅相有設立紡織等局之舉。自開辦以來，未得其利。至於今漸能與洋商相埒，以爲自此以後利源可歸於中國矣。不幸去冬被火，以致十餘年工程一旦付諸東流，甚可惜也。今幸得憲臺恢復舊業，致洋布之利源仍歸中國，誠國家之幸也。但其所出之布，均是本色而已，未能有漂白及各種印花之布也。是中國雖得其利，而仍未能盡有其利也。今織局重興，若以漂白印花之法兼而行之，則各種洋布之利盡歸我中國有矣。

經等深考化學之道，知(緑)〔氯〕氣之質可以漂白，倘能以漂白之法，設廠於織布局中，以所出本色之布加工漂白，可作白竹布及上好嗬吡並各種五色花紋之布，則中國各處所售之布皆可仰給局中矣。如此則洋布之利豈不盡歸於中國乎！推其漂白之法，用(緑)〔氯〕氣石灰或鋁粉等物作成鈣養(緑)〔氯〕，俗名漂白粉，封固不使泄氣，臨用入於水，即成漂白水，以布之多寡、時之遲速而定粉之輕重，此漂白之大略也。至於印花之法，則用套板，似木軸，用機器順次而下，所印花式齊整而不紊亂，雖遇水亦不變色，此所(爲)〔謂〕真洋印者是也。染色之工雖與中國之法相仿，然較中國之法少易。若布局中能興辦此數事，則中國各口所銷之布，必盡由局中購辦矣。利源之歸中國也，豈虛言哉？經等因聞憲臺欲興中國之利權而絶泰西之利源，故特獻刍草，恭呈鈞鑒。若憲臺以此事可行，則經等當另呈開辦詳細章程，以備採擇。

國家清史編纂委員會《李鴻章全集》第二四册《寄上海聶道盛道光緒二十年二月十七日亥刻》 寒電怡和擬運紡紗機器，美查已將造棉子油機器進口設廠開工，此即改造土貨，通商以來向不准行。本署與各使摺駁及華局與洋商爭訟各事滬關案牘具在，應查案與領事辯阻。本署現已照會英使，並札赫德詰滬税司機器進口情形。此種機器實礙華民生計，萬難遷就。祈電滬關，切實辦理云。望即照辦。

國家清史編纂委員會《李鴻章全集》第二四册《寄上海聶道光緒二十年二月二十四日亥刻》 據盛道稟美查棉子造油機器進口、設廠開工並不關照滬道。及確查，請聶道詢税司屬實，然已無法阻止云。頃接個電，聶、盛道稟美查棉子油機正月函請税司查禁，據復未報進口，惟上秋該商曾運進造肥皂機器，是否棉子油所用，查明商禁云。兩電矛盾，既曰無法阻止，又謂未報進口，至設廠開工，豈能絶無聞見。究竟洋商改造土貨機器已否運進，個電所稱怡和紡紗機器照案禁止，已商妥否，請電滬道切實電復本處。現正照會英使，札行總税司，非得確情無從核辦，切盼等語。望即查明，切實電復。鴻。

國家清史編纂委員會《李鴻章全集》第二四册《寄上海聶道光緒二十年二月二十八日申刻》 美查造子油機，盛道既以該機雖做肥皂，然先軋子油後做肥皂，仍違洋商改造土貨禁令，希飭該道等堅持力阻，勿稍遷就。肥皂係華産何物所成，如何造法，並飭查復云。 查肥皂係華産棉花子先軋油，其糟粕乃做肥皂。已徑復，希即遵辦。鴻。

國家清史編纂委員會《李鴻章全集》第二四册《復譯署光緒二十年二月二十八日申刻》 盛道頃回津，詢稱各紡織局所遺棉花子可用機器先軋油，其糟粕乃做肥皂，實係改造土貨。鴻。

陳旭麓等《盛宣懷檔案資料選輯之六》上海機器織布局《盛宣懷致李鴻章稟光緒二十年二月三十日》

敬密稟者：二月十七日，職道在上海差次接奉憲臺電諭，内開：總署電開：「寒電，怡和擬運紡紗機器。美查已將造棉子油機器進口設廠開工。此即改造土貨。通商以來，向不准行，本署與各使摺駁及華局與洋商爭訟各事，滬關案牘具在，應查案與領事辯阻，本署現已照會英使，並札赫德詰滬税司，機器進口情形，此種機器實礙華民生計，萬難遷就，祈電滬關切實辦理云」，望即照辦等因；奉此。二十日，聶道即送閲會稟電稿，内開怡和擬運紡紗機進口，緝曾函致司税照案禁止。至美查棉子油機正月函請司税查禁，據復未報進口。惟上秋該商曾將造肥皂機運進等語，是否即係造棉子所用，查明與領事商禁，謹先稟復云云。

職道查正月間江海關法税務司函致聶道内開，前據英商怡和行函稱，本行現擬向外洋定購紡紗機器等件，内有紡紗錠針三百枝裝運來滬，設廠作工，按照海關新章第二節文意，於此項機器似在准運進口之列，且特於華民生命生計無關無害，而將來廠内須招華工甚多，實與華民反有益處，請爲核辦等情。本税務司查該行擬運紡紗機器錠針等件及所稱情形不知究竟與華民有無關礙，應否准其進口合行函致，請煩查復，以憑辦理等語。即經職道回囑聶道切實函復禁止。去後又聞怡和已經預備造廠基地，總因金磅奇昂，洋貨進口無不虧本，洋商將力謀販運機器至中國口岸，以西法改造土貨，將我自有之利權一網打盡。如火油池實有害華民生命，而彼以爲無害。如軋花紡紗織布榨油等事實有礙華民生計，而彼以爲無礙。及至廠屋造成，機器到口，雖竭力堅拒，其公使領事必藉口不能使洋商虧摺鉅本，大費唇舌，仍必准其進口設廠而後已。一事故容，他事即援爲例。一國遷就，各國有利同沾，華民生計日絀，則國計亦必因之日絀。職道之愚必須於彼商意嘗試之初，即將某事實有害華民生命，華民生計，切實阻止，似未不可俟其廠成機到，始行嚴拒，致失睦誼。且洋商設廠必先購地，鳩工，地方官似不致一無聞見，或以事無把握，不肯輕發，及至工程浩費，機器運到，委曲遷就，斷無辦法。或謂怡和請辦紡紗機器，尚無實事，然職道此次在滬招集華商，以數百萬鉅資多設華廠，設立公所，出給發照，嚴密稽查，不准洋人絲毫影射。是以全力與争洋布洋紗之利，英商萬分嫉忌，必欲得而甘心，萬一彼商竟蹈故智，運機建廠，與我争衡，恐華商力薄膽怯，因畏虧摺，轉生觀望，坐使每年千萬之權利得而復失，實屬可惜。不得已將軋花紡紗織布榨油機器實礙華民生計緣由，另由華商聯名具稟，環請憲臺咨明總理衙門備核，設法預籌拒止，以絶洋商奢望而釋華商疑慮。實於互市大局所關非細。

至機器紡織必先用機器軋花方能干净，而將來各廠棉花軋出棉子不可勝數。職道查格致匯編所載棉子榨油利用甚溥，當即勸諭華商，於軋花廠左近購機設廠，將棉子榨油，化無用爲有用。乃訪聞英商美查，已先購機在上海新閘設一小廠試辦，及托聶道函詢江海關税務司何以准其進口，致開改造土貨之漸，税務司復稱該洋商進口之時係報造肥皂機器，並未奉文禁止，故已准其進口。職道查棉子榨油瀝去清油之後，熬干可作肥皂，並可作臘燭，用處甚大。該洋商只以造肥皂爲名，請准進口，實屬含混。且按肥皂，亦係改造土貨，爲華民所用，亦應在禁止之列。並聞美查又有續到機器進口，已在江海關奉到轉行總理衙門切實辦理。電諭之後，該油廠工匠在滬揚言，將有大批機器運到，另設大廠，如不禁阻，豈僅榨油奪華民之利，而棉子棉花皆屬同類之物，誠恐觸類旁通，漫無底止。茲於華商公禀内一並請求禁阻，以免前項機器再行進口。庶於總理衙門新定畫一章程，不致失所防閑。謹將滬關税司函詢怡和紗機原稿及棉油造法抄摺兩扣附呈鈞覽，是否有當，伏乞俯賜密察，實深跂禱。肅此密禀，恭叩勛祺，仰祈垂鑒。

敬再密禀者：頃蒙抄示聶道二月三十日電禀，美查滌油污機遵勘電阻止，接英領事函，洋商改造土貨章程全然不知，司税運機進口，告示英使與總署，辯駁不允行，前機被阻，延誤索價，虧摺較鉅。已電英使核示云，除仍商阻外，乞電譯署核辦示遵云。職道伏查美查運進機器，前稱造肥皂，現已改稱滌油污，無非巧立名目，惟不准改造土貨章程及運機進口告示皆屬關係全局，想必須力與辯析。今就此次美查已到榨棉子油機器而論，領事索價虧摺較鉅，是其慣技。茲擬結束兩法，一將美查已設及已到未設之榨油機器照原價公估歸華商買回，以絶其後患，一將美查已設之榨油機器在未定畫一章程之前，准其具立保單，以此爲限制。其已到未設之機器，係在定章之後，勒令拍賣，不准添設。此項榨棉子油機器即爲將來紡織機器准駁影子，實未便放松，是否有當？伏乞憲臺密商總理衙門俯賜量核，實爲公便。肅此，恭叩鈞祺。光緒二十年二月三十日。禀中堂。

陳旭麓等《盛宣懷檔案資料選輯之六》上海機器織布局《盛宙懷致盛宣懷函光緒二十年三月初四日》　工廠一律平安，堪以告慰。茲將應禀各事列後：

一、老紗廠工程靠西半邊三個月内可以完工。靠東半邊，須俟法公司船裝東洋瓦，到後方可完工。聞東洋瓦每次裝兩萬，須兩禮拜來一次，約初十内可到一次，二十後再到一次，即可次第完工。

一、信義五十張細紗機分作兩批來華，頭批約兩禮拜可到，計八百餘件。二批亦已裝船，四月内必可到齊。

一、耶松經手修理引擎等件，須五月内全行交清。

一、耶松二萬定於已照原議訂立合同，弟與朱子文商酌，與耶松説明，將一半密爾尖零另立一據，不與原合同牽涉。現已飭令速繕，俟初六午刻簽字後即行寄上。昨午沈子翁約弟到招商局訊問耶松合同，弟已將耶松允訂合同説過，並囑其向地亞士、瑞記説不必要緊，俟耶松合同簽字後當由津寄閲。

一、大紵廠遵改大純二字，廠圖已令丹科、阿金生速繪，俟商妥後即寄閲定，再行開估。

一、佑卿哥已赴蘇州，萬兩亦已劃交福康，渠説須請到看花内行到各處探聽定後，再能購到。弟探其意思，現在初次開辦，花價又高，誠恐渠處買貴及花色不妥，必須有妥當看花人方可採辦。謀處精細，的係好幫手，已函致蘇州，如一時辦不妥，亦須到處探聽，並時來滬與弟一商，以通市情。

一、游桂馨已令其同須秋亭赴通州一帶察看情形，如有可以下手，即令買些備用。前丹科所説開機至新花出時須用被花四千五百包，約計子花一萬餘包，陸續採買，總可不缺。據桂翁云，須帶光洋萬元，另給川資洋二百元，已於三十晚赴通。並據桂翁云，此次去買，必須買到數千包，即可摸熟地方、花市等語。因思桂馨於銀錢靠得住，吾哥向所深悉，故令其帶洋試辦，並囑其一切買花及銀錢進出均由桂馨兄作主，不與秋亭兄相涉。緣秋兄不過因其從前辦過，令其同去也。弟又聞有人説，去年楊處售去子花五千二百包，係有人囤買，源記肯出每石四兩二錢，而囤户即出四兩二錢五分買去，未知確否？

一、上海縣黄大令股分五千兩已收到，股票亦已面交。

一、上海道聶觀察亦已晤過數次，渠説須銀兩齊集後再填寫股票，此時只可暫緩。

一、華盛廠基地縣照四張，亦已交來，並申文一件，一並寄上。弟意縣照四紙並前在吾哥處地圖四紙，均須札發弟處，由弟處照原地圖、縣照抄繪各四件，申送存案，方可稽查，是否均求酌定？附呈元號信底。

陳旭麓等《盛宣懷檔案資料選輯之六》上海機器織布局《盛宙懷致盛宣懷函光緒二十年三月十一日》　遵將織布老局移送燼後開支帳目存留紗布變價各項清摺共十一扣，一並呈上，祈查收。

又奉電諭，美查所購柞子油機器據朱子堯查明在新聞安機設辦，滬道謂此機係去秋進口，英使謂此機制肥皂爲時已久，望即蜜令丹科及朱子堯再往細查該機究係何時安置，每日能榨棉油若干，是否兼制肥皂，抑另有洋商造肥皂機在何處，設於何年，須(蜜)〔密〕查電復等語。適江寬未開，弟即到船晤見朱子堯，據云前吾哥在滬時，渠曾到新聞看過，的係榨棉子機器，聞得棉油用化學制過，可分出奶油、肥皂料、洋燭料、食油各項，約棉子一石，有仁六十斤，打出油十五斤，去殼四十斤。現在每天只做半日，係五墩重機器，僅打子四十石云云。該處不許中國人進去，所用工人只有用進，從不辭出，甚爲閉蜜。是以外間少有知者。查棉油廠西間壁係銀爐廠，既已停工。銀爐廠西間壁係制肥皂廠，已開有十餘年，制肥皂廠西間壁係藥水廠，是制肥皂另有一廠也。復訊丹科，云此係美查所開。查洋行名簿，有美查有限公司，係美查兄弟二人出面。現聞已賣與他人，（亦係洋人）惟尚挂美查名耳。緣美查有限公司係十五年前做肥皂廠，去秋另造洋房（如洋人住宅式）另購榨棉油機器，於去冬完工，旋即開辦，已做二、三個月時候。聞得一月前，洋關又將進口做肥皂機器一副扣留。

陳旭麓等《盛宣懷檔案資料選輯之六》上海機器織布局《華盛機器紡織總廠股票光緒二十年三月二十日》 華盛機器紡織總廠爲給發股票事：案奉北洋通商大臣閣爵督憲李（鴻章）奏飭在滬另設機器紡織總局，結束前帳，截清界限，籌款商辦，以爲提倡。即經本督辦稟明，遵照北南洋商憲核准公共商辦章程，請領憑照，命名華盛總廠，推廣辦理。兹集華商股本規銀壹百萬兩，以壹百兩爲壹股，發給票摺，各執爲憑。第一年建廠購機，長年支官利陸釐；第二年起，長年支官利壹分，余利照章按股分派，每屆年終核結總帳，三月初一日憑摺發利。除刊布章程並隨票給予息摺外，須至股票者。

今收到華商仁濟和附本壹百股，計規銀壹萬兩。

光緒二十年三月二十日給。督辦　盛杏孫。

第四千六百五十三號至四千七百五十二號。

（旁印注）本大臣會同南北洋大臣奏明華盛原股虧完，既不添本，已另立售契，悉歸集成新股接辦，舊股所執華盛老股票一概作廢。）

（批注）光緒二十七年九月十六日盛督辦公文會同南北洋大臣奏明虧完作廢）

陳旭麓等《盛宣懷檔案資料選輯之六》上海機器織布局《華盛總廠哈頓洋匠合同光緒二十年三月二十六日》 督辦華盛機器紡織總廠盛道臺今與美國人哈頓訂立合同，彼此允照後列條款辦理：

一、華盛紡織總廠准延哈頓充當紡紗廠洋師，訂立合同，其應辦之事自安置機器並紡紗一切事務均歸經理。

二、哈頓應悉遵照此次盛道臺所立合同辦事，所有舊局合同概與本總廠無涉。

三、此合同於簽字之日起，訂定一年爲期，期内哈頓須竭力盡職，始終如一，不得稍事推諉，廠内尋常之事，哈頓應與洋總管丹科同本廠總辦和衷妥商。經理，遇有緊要事件，須由丹科、本廠總辦請示督辦批准後方可照行。

四、廠内各事，哈頓務須悉心籌畫，應紡之紗須看市面情形合宜銷售，即行竭力教導工人照紡，以期利益。

五、哈頓於此合同簽字之日起，照西曆按月給薪水規銀一百三十五兩，另外給房租銀二十五兩，俟總廠將該洋師住房造成，即將房租二十五兩停給。

六、哈頓在合同期内，督辦另設分廠，如派哈頓兼理，哈頓亦須兼顧，不另給薪水。此外，不得另兼他事，倘辦事不肯認真，由督辦察看實在情形，即可隨時將此合同廢銷。

七、哈頓倘遇疾病，延請名醫診治，若病勢十分沉重，致有性命之虞，即將醫生字據驗看，如果確實，此合同可以廢銷。

八、此合同分繕兩紙，各執一紙爲憑。

光緒二十年三月廿六日，即西曆一千八百九十四年五月一號。督辦華盛機器紡織事宜頭品頂戴直隸津海關道盛（宣懷）。美國人哈頓。

國家清史編纂委員會《李鴻章全集》第一五册《推廣機器織局摺光緒二十年三月二十八日》 奏爲上海機器織布局現已設法規復，另籌推廣辦法，以擴利源而敵洋産，恭摺仰祈聖鑒事。竊查上海機器織布局上年九月間被焚，臣因大局所係，斷難緩圖，當飭津海關道盛宣懷趁封河期内暫行赴滬，會同江海關道聶緝槼商明前辦紳商，妥爲結束，截清界限，籌集資本，一面規復舊局，一面設法擴充，附片陳明在案。本年二月杪該道回津，當飭仍回本任。兹據將辦理情形稟請核奏前來。臣詳加查核，前布局所剩地基及毁傷機器、鍋爐、鋼鐵廢料，估值無多。該道到滬後會商聶緝槼及前辦紳商，截清數目，議明將前布局銀錢、花布、剩款除支付應還現款外，按照各商股總計分攤，不過二成，其餘被焚無著各款，悉歸以後商辦各廠按每出紗一包提捐銀一兩陸續歸繳，以恤商艱。一面招徠新股，仍就織布局舊址設立機器紡織總廠，名曰華盛。另在上海及寧波、鎮江等處招集華商，分設十廠，官督商辦。總廠請辦紗機七萬錠子，布機一千五百張。各分廠請辦紗機四萬錠子至二萬錠子不等，其有兼辦織布者，請辦布機五百張至二百張不等。統共紗機三十二萬錠子，布機四千張，合之湖北官辦紗機八萬錠子，布機一千張，共成紗機四十萬錠子，布機五千張。如果紗布暢銷，機器全行開辦，約計每日夜可出紗一千包，出布一萬匹。每紗一包通扯售銀六十兩，每年約得紗價銀一千八百萬兩。每布一匹通扯售銀二兩五錢，每年約得布價銀七百五十萬兩。上海華盛總廠及華新、大純、裕源數廠，現已購機建廠，先行開辦，其餘各廠亦經陸續措置，商情尚形踴躍。查光緒十八年各海關總結，計進口洋紗值銀二千一百萬兩，又，粗布、斜紋布值銀六百二十九萬兩，十九年亦大致相同。中國財源頻年漏於外洋，元氣暗虧，無所底止。且多銷一分之洋貨，即少銷一分之土貨，小民生計日艱，隱患實在於此。目前金鎊騰貴，外洋運來紗布亦因而日昂，若不乘時趕緊籌款購機，自行紡織，此後虛耗民財，恐尚不止往年之數，且恐洋商自運機器來華製造紗布，則中國自有之利權必至一網打盡。此臣所以日夜籌維，力圖振興，而不敢中止也。中國試行西法，創立公司，從前經理未得其人，商情故多疑阻。此次督令盛宣懷等推誠勸導，得於毀燼之餘，另開局面，倘能從此漸推漸廣，未始非商務一大轉機。除飭盛宣懷隨時相機認真督辦，並由臣衙門核給各廠憑照，嚴定章程，必須華商資本方准領照購機，擇地開辦，並在上海設立公所，互相稽查，以杜影射。仍照光緒八年奏定辦法，比照洋布洋紗稅則，飭於出口新關完一正稅，概免內地沿途稅釐，俾輕成本而廣招徠。惟是保護權利，更須體恤商情。核計現辦上海等處機器紡織各廠以及湖北官辦兩局全行開辦以後，每年所出紗數較之近年進口之數已得十之八九，所出粗布、斜紋布二項較多，而外洋紗布仍不能不入內地互爭銷售，況洋布各色除粗布、斜紋布之外，中國棉花尚不合用，若不酌示限制，則跌價傾擠，華商資本有限，虧摺堪虞。應請飭下總理各國事務衙門立案，合中國各口綜計無論官辦、商辦，即以現辦紗機四十萬錠子、布機五千張爲額，十年之內不准續添，俾免壅滯。至洋商販運機器，在中國口岸改造土貨，本係條約所無，前准總理衙門咨行，洋商販運機器，有關華民生命，有礙華民生計之物，又爲稅則所不載者，不准進口等因，洵爲思患預防之計。紡織機器華商既經限定額數，如果洋商販運軋花、紡紗、織布及棉子榨油機器進口，自行製造，實有礙華民生計，臣已咨明總理衙門，飭令關道、稅務司查明禁止。近來日本廣開紗廠，皆係日本商民自設，並無洋商在內。中國生齒尤繁，自保利權，斷不容外人稍生覬覦。臣仍督飭現設各廠紳商，講求種棉之法，徐圖紡織細紗、原布，以期開拓利源，漸敵洋產。所有現籌推廣紡織紗布情形，理合會同南洋通商大臣兩江總督臣劉坤一，合詞恭摺具陳，伏乞皇上聖鑒訓示。謹奏。

該衙門知道。

陳旭麓等《盛宣懷檔案資料選輯之六》上海機器織布局《李鴻章劉坤一給發紡紗憑照札文光緒二十年三月**》** 欽差大臣督辦北洋通商事務太子太傅文華殿大學士、直隸總督部堂一等肅毅伯李（鴻章）、督辦南洋通商事務頭品頂戴兵部尚書、兩江總督部堂碩勇巴圖魯劉（坤一）爲給發憑照事：據督辦機器紡織總局會同關道詳請華商□係□省□縣人，稟請在於□地方設立機器紡紗廠，憑公正紳商□等具保實係自己招集華商股分，置辦紗機□萬□千□百錠子，並無洋商股分在，遵照憲定公共招商推廣章程辦理，呈請憲題廠名，給發憑照，遵守前來，除批准廠名□，將甘結存案咨行查照外，合行給發憑照，仰該華商永遠恪遵辦理，並將章程四條刊布於後，毋稍違誤，須至憑照者：

計開：

一、上海織布總局今改爲紡織總廠，一律商辦，另在上海設立公所總局照章稽銷，其餘華商准在通商各口設立機器紡織分廠，應由公正紳商出具保結，前赴上海督辦機器紡織總局報明，轉請北、南洋通商大臣批准，發給紡紗憑照，永遠信守，以便稽查而杜影射。並毋庸呈繳照費至各廠於紡紗之外，有批准兼辦織布者另給織布憑照，各清界限。

一、該華廠定購某洋行代辦某廠機器若幹部，計若干錠子，每日約可出紗若干包，須報明總局，詳請北、南洋通商大臣批准，發給合例護照，轉行關道，方准驗放進口，以後各該廠如果續定機器仍須報明總局轉稟批准照辦，俾便稽查，定爲限制，不准再添，庶使銷路疏通，以免貨多銷滯，商民自相爭軋之弊。此後不得由該廠徑向關道擅請驗放，致涉影射。現以中國每年銷數而論，各省及各口合計官商各局廠購辦紡紗機器總共只准四十萬錠子，連織布應用之紗在內，如能講求種棉，添織原布，銷路推廣，再由各廠華商察看情形，會稟復查，不致滯銷，方准續議加額。

一、該廠出紗多少，實有機器錠子可考，大約每錠子每二十點鐘出十四號紗一磅，以四百磅爲一包，現在紗價六十餘兩，按包約得餘利十餘兩，無論粗細，每包應納捐規銀一兩，交還前局被焚之官商各款，庶不設創辦之勞苦。所有上海紡織總廠、紡紗新廠及他口所設紗廠除湖北官本官辦之外，亦皆交捐，毫無軒輊，並派員稽查收捐，不准偷漏。此外並無絲毫捐款，如將來紗價跌賤，余利短少，准其禀明酌減捐項，按照餘剩，不過抽捐十分之一，俟交清被焚之款，此捐即行停止，以示體恤。

一、各廠紗准照奏明章程，在上海本地零星出售，應照中西通例免完稅釐，由上海徑運內地及分運通商他口轉入內地，均在上海新關完一正稅，概免內地沿途稅釐，以示體恤，他口一律辦理。再前布局禀奉批准，凡有分運內地州縣鄉鎮不滿一件者，應由總局刊印批發憑單，與貨同交，務令單貨不可相離，庶經過關卡查照驗放其分運他口，指明某口某埠者仍由關道衙門發給分運單，以符定例。

陳旭麓等《盛宣懷檔案資料選輯之六》上海機器織布局《李鴻章劉坤一給發織布憑照札文光緒二十年三月》 一、華商請在通商各口岸設立機器紡紗廠內兼辦織布織布機器若干張，除另給紡紗憑照外，應由公正紳商出具保結，前赴上海督辦機器紡織總局報明，轉請北、南洋通商大臣批准發給織布憑照，永遠信守，至由某洋行購定外國某廠布機，每日夜約可出布若干匹，須報明總局，詳請北、南洋通商大臣批准給發合例護照，轉行關道，方准驗放進口，不得由該廠徑向關道擅請驗放，以便稽查而免影射。

一、中國棉花所紡之紗，自十號起至二十號止，不能再細，所出之布，只有粗布、斜紋布，難織原布，光緒十八年各海關進口粗布、斜紋布計二百九十餘萬匹，十九年進口計二百六十七萬餘匹，現據總局公議，官商各局廠購辦織布機器通共只准五千張爲度，約計每年出布三百萬匹定爲限制，除湖北官局已設布機一千張外，各廠應准再辦布機四千張，暫爲截止，不准再添，庶使布無擁滯，以杜商民自相爭軋之弊。此後如能講求種棉添織原布，銷路推廣，再由各廠華商察看情形公禀復查，不致滯銷，方准續議加額。

一、織布必先紡紗，紡紗章程既經議定，每包捐銀一兩，布由紗出，不再重捐，以昭平允。

一、各廠售布准照奏明專章，在上海本地零星出售，應照中西通例，免完稅釐。由上海徑運內地，及分運通商他口，轉入內地，均在本口新關完一正稅，概免內地沿途稅釐，以示體恤。他口一律辦理。再前布局禀奉批准，凡有分運內地州縣鄉鎮不滿一件者，應由總局刊印批發憑單，與貨同交，務令單貨不可相離，庶經過關卡查照驗放，其分運他口，指明某口某埠者仍由關道衙門發給分運單，以符定例。

陳旭麓等《盛宣懷檔案資料選輯之六》上海機器織布局《碼頭扛力費單光緒二十年三月》 謹將前局廠中各項貨件進出扛力據實開呈鈞鑒：

計開：

一、子花由碼頭進棧每包六文。（大小包同）

一、花衣由碼頭進棧，每包六文。（大小包同）

一、子花由棧房進揀花廠，每大包五文，小包四文。

一、花衣由棧房進清花廠，每包五文。（大小包同）

一、花子由軋花廠進棧房，每包五文。（大小包同）

一、布匹由打包廠進棧房，每包八文。（粗布斜文同）

一、布匹由棧房下碼頭，每包八文。（粗布斜紋同，如夜間下船加半）

一、布匹由棧房、廠房裝卡車，每包六文。（粗布、斜紋同）

一、布匹由廠直下碼頭，每包十四文。（粗布、斜文同，夜工加半）

一、洋紗由紗廠進棧，每包四文。

一、洋紗由棧下碼頭，每包六文。（夜工加半）

一、次白花衣由棧下碼頭每包六文。（大小包同）

一、黃花衣由棧下碼頭，每包六文。（大小包同）

一、油料由碼頭進棧，重五百斤者每件一百文。（輕者照減）

一、漿粉由碼頭進棧，每擔五文。

一、木料由碼頭進廠，每擔五文。

一、紙料由碼頭進棧，每大包十文，小包五文。

一、煤料由碼頭進棧，每噸一百文。

一、機器由碼頭進廠，每噸四百文。

一、花子由棧房下碼頭，每包十文。（此項係由買客自付）

一、包索油花次花脚衣破子等件。（此力亦均由客人面議自付）

陳旭麓等《盛宣懷檔案資料選輯之六》上海機器織布局《盛宙懷致盛宣懷函光緒二十年四月十五日》 兹將廠內暫要執司列後，務祈察核，應否如何，請批示爲要。

並附另單一紙，前局紗花廠執司清摺一扣。

一、收支銀錢一人，薪水四十兩，現定李少廷。

帳司一人，薪水十兩。

核算一人，薪水十兩。

發錢二人，每人薪水四兩，共八兩。
謄帳一人，薪水四兩。
以上數人均請李少廷經用，或將趙子祥補入，或將謝綬之函薦郭琴孫補入，均乞批示，另單爲要。並附謝綬之原函。
一、上海紗布帳房一人，薪水三十兩，擬定嚴稀堂。
司事二人，每人薪水十二兩，擬定盛鏗如、沈熙生。
報關一人，薪水二十四兩，擬定關子明兼管。
一、文案一人，薪水三十兩，現定何仲梅。
又一人，薪水八兩，擬定盛蔚岑。(星叔薦)
又清書二人，每人薪水四兩。
一、監督工作一人，薪水□□。
查前局有總管一人，稽查一人，共薪水洋三十六元。然此二人每日與洋人交涉，甚不易派，稍有失當，遺誤大局，口舌是非，由此而多。即二人並無壞處，只要待人輕重之間，實已暗耗不少，緣面子上似甚與我出力。若衆心懈怠，即派數百人稽查，亦無用也。本廠現定監督工作一人，即係前局總管稽查之責，視公事如己事固不待言，尤須視己事於無事方能平允。
工帳房二人，每人薪水八兩，共銀十六兩。擬派席慰卿(嚴子楣薦)、吴子益(吴碩卿薦)。
又幫工帳二人，每人薪水四兩，共銀八兩。擬俟來者再派。
粗紗廠司二人，每人薪水十二兩，共銀二十四兩。
又幫司四人，每人薪水十兩，共銀四十兩。
查前局粗紗廠十二人，共薪水洋八十元，現擬定粗紗廠六人，共薪水銀五十六兩。刻係試辦薦來之人，不知其細，擬派十二人，將六人薪水各半付給。如十二人均可用，則三月後留用六人，再將六人調至他處，如只有六人可用，則開除六人，適符其數。
擬派徐植耘、楊伯亮(均楊子萱保)、楊紹春(朱念慈保)。
楊士聲(莊迪仙薦)、敖子壽(唐泉伯薦)、常子卿(游桂馨薦)。
王近儒(韓仲萬薦)、李少和(前在電局材料所司事，鄭天生保)、唐文恩(兼廠內女工與洋人傳話，唐元湛保)。
細紗廠司二人，每人薪水十二兩，共銀二十四兩。
又幫司四人，每人薪水十兩，共銀四十兩。
查前局細紗廠十八人，共薪水洋一百三十元，緣前局細紗廠有織布所用經緯紗在內，是以較粗紗廠司多一半。現布廠未開，可照粗紗廠司一律。現擬定細紗廠六人，共薪水銀五十六兩。刻係試辦薦來之人，均不知其細，擬派十二人，將六人薪水各半付給，如十二人均可用，則三月後留用六人，再將六人調至他處。如只有六人可用，則開除六人，適符其數。
擬派徐鳳傳(柯道臺薦)、查振業(上海道門求薦)、田蓉卿(許椿榮薦)。
高小亭(楊藕舫薦)、潘瑞甫(葵生弟薦)、謝賓堯(鄭道生保)。
紀壽勛(朱子文保)、金福生(金立甫保)、朱少峰(席志前保)。
以上九人試用三個月再定，尚有三人俟來者再補。
清花廠司二人，每人薪水六兩，共銀十二兩。
查前局清花廠二人，共薪水十元，現擬亦派二人，共薪水銀十二兩。緣清花廠雖終日無事，亦須敷衍得住方可用心照料，是以略加薪水。
擬派金鳳亭(游桂馨薦)、丁祥泰(周少逸薦)。
一、翻譯一人，薪水銀□□。
查潘斯熾在粵，每月七十餘元，如到滬亦給洋七十元，合規銀五十三兩零亦可，或每月給六十兩，未敢定，擬應請批示。
一、買賣棉花紗布一人，薪水銀四十兩。
此人只要老成謹慎，出外寫信來廠不説假話，尤須見小利不貪方可。現在辦花暫時作主游桂馨，吾哥在滬時曾説其靠得住，是以派令赴通州一帶。又須秋亭在前局曾辦過花，是以令其同去引導，聽游桂翁調度，又暗地辦花。佑卿哥時常通信，又柏哥所薦沈與均俟到廠試用再稟，惟游須薪水應請批示。
棧房司事二人，每人薪水八兩，共十六兩。
擬派馬南卿(游桂馨薦)、丁錫卿(莊迪仙薦)。
料棧經管機器一人，薪水銀二十兩。
現因王永年有不願來廠之意，然亦未定，擬暫派劉子文代管。
料棧帳房一人，薪水銀十二兩。
擬派孫保珊(許椿榮薦)。
料棧司事一人，薪水銀十二兩。
擬派陸友諒(沈子梅薦)。

以上各司均係暫時緊要，俟遇有所見，絡續再稟。附呈十三號信底，專肅，恭叩鈞安！弟宙懷謹稟。

陳旭麓等《盛宣懷檔案資料選輯之六》上海機器織布局《盛宣懷致盛宙懷函光緒二十年五月二十五日》 布廠西樓安設紗機五十五張，計二萬二十錠，布廠東樓安設粗紗機，可供細紗機五十五部之用。東廠樓下安設布機六百五十張，西廠樓下安設布機一百張，並將漿紗、聚紗、經紗等機均設在內。此現在布置已成之布廠，甚爲連貫，應即迅速照辦。

據聞韶面稟，機器均已安好，只須試行擎便可開工，總之，安好機器若遲開工則擱利息，望即催令丹科趕緊試驗開工，勿再游移拖宕。丹科向來(皮)(脾)氣遲鈍，全在吾弟嚴加督催，庶可從速。

至新廠改造二十五間，計三十丈，以便與東布廠相隔十丈之遠，以二萬二十定子粗紗機安置樓上，以細紗機五十張安置樓下，雖不能如原議東西造廠之寬大，亦可爲目前節省之計，准即照此趕緊估工開標蓋造。周植齊前令回津，吾弟未復，是否仍留以監此工程？新廠定議，一面造廠，一面定購八百匹馬力鍋爐引擎，一面畫圖交信義趕辦密爾尖零，限定七月底一並裝齊。兄八月間回南便可往睹，吾弟全廠功成矣。

廣東之行諒不能少，須將布廠開工，新廠定議方能抽身。以上兩事究於何日辦妥，即祈詳示，以便派星杉叔子卿兄兩人同回代辦也。手頌升祺。

中國第一歷史檔案館《光緒宣統兩朝上諭檔・光緒二十年六月二十三日》

御史楊晨奏機器織布局現已規復，業經李鴻章奏准衹完出口正稅，概免內地稅釐。至於民間土布，逢關納稅遇卡抽釐釐稅重則成本多，成本多則貨價貴，以故銷路愈滯，杼柚多停。請飭部覈照機器織布局完稅章程，令行商過境，一處抽捐，其在本地零星售賣，仍不收稅等語。所奏是否可行，著戶部體察情形，妥議具奏。原片著鈔給閱看，將此諭令知之，欽此。遵旨寄信前來。

陳旭麓等《盛宣懷檔案資料選輯之六》上海機器織布局《信義洋行續訂紡紗機器合同光緒二十年七月十五日》 立合同：天津信義洋行滿德，今承督辦上海機器紡織總局、天津海關道盛(宣懷)委辦英國朵勃生、勞得、布嚕克斯廠紡細紗機一百十座，計四萬零四十錠子，配齊各種機器、密爾及零及隨帶零件、備用零件，一概俱全。均照現時新式，工堅料精，運用靈速，用華棉紡紗合宜，每錠廠價一磅五先令七本士，共計廠價英金五萬一千二百十七磅十六先令四本士，包運至上海碼頭交貨。

茲將所訂各款開列於後：

一、議此項紡紗機器，當以細紗機一百十座，每座照新式三百六十四錠子，共計四萬零四十錠子，應配各樣機器若干座，另立清單開列於議定條款之後。均須件件配齊，層層連續，按細紗機一百十座出紗數目配用，各件俱全，不得絲毫短缺，以致停機曠工，倘有缺乏不全，應照遲誤工作議罰，扣除價值。

一、議所有各機器應帶配件，自必一切俱全，此外應辦隨帶及備用零件均包在正價內，不另算價，包准够一年之用。如限內有不敷之處，仍須由信義補足。所有一年零件均須上等貨物，與各機器一齊運到，決不遲延缺少。

一、議細紗機一百十座，全行開工，並用上海熟手女工，信義洋行准可保二十點鐘紡得十四號細紗三萬九千磅。

一、議自立合同之日，信義洋行即發電報至倫敦承辦之廠定購，務於八個月期內運至上海。或八個月不能全到，即有數種稍遲，至多寬限一個月。如屆九個月，尚有未到之物，致延工作，每日願罰英金五十磅。

一、議各機器總價英金五萬一千二百十七磅十六先令四本士，立合同之日先付定銀一千二百十七磅十六先令四本士，其餘五萬磅自立合同之日至三十六個月，期於西曆一千八百九十七年八月十五日止，紡織總局允給信義長年六釐利息。

一、議除付定銀一千二百十七磅十六先令四本士外，尚有英金五萬磅，應由紡織總局付規銀四十萬兩存交信義洋行，信義應給紡織總局長年五釐利息至付銀日期，辦法另有憑據載明。

一、議紡織總局所存信義規銀四十萬兩，原爲買磅付價之用，此銀款自立合同之日至三十六個月止，無論何時，可隨便買磅歸還信義，然必須一月前通知信義，預備銀款方可買磅。即每次買磅亦不得過二萬五千磅之數。屆時金磅價好，計有盈餘，信義應將盈餘之款如數繳還。

一、議紡織總局所存信義規銀四十萬兩，係按每磅八兩核算，計五萬磅。倘三十六個月內，金磅漲至八兩，信義即通知紡織總局，每磅仍須加存規銀一兩，信義仍照長年五釐付息。

一、議彼此金磅銀款利息，每於六個月總結一次，並將利息劃付清楚，彼此取有收據。

一、議裝配安置各項機器，紡織總局本有丹科料理，信義仍須由承辦之廠派一洋匠到局幫同丹科辦理，不給薪水，一俟機器裝齊，該匠聽令回國，應給來往川資銀四百五十兩。但該匠在廠安置機器，如欲住廠，紡織總局應給予住房。

一、議此項機器以及零件，或朵勃生，或勞得，或布嚕克斯各廠，皆係上上等之貨，均聽信義洋行擇定購辦，但總歸一家定購，不得參差摻雜。如查出係他廠所造，抑或比較朵勃生、勞得、布嚕克斯他處所造之機器及零件有不及之處，或退還，或減價，均按遲誤日期所失之利議罰。

一、議此次合同所定各機器價值較比去歲十二月初八日在滬所定之合同機器價值大爲便宜，足見信義辦事認真。然此次減價，實係信義情願減讓，信義務須電致承辦之廠，必須認真辦理，勿得以明讓價值而偷工減料，草率不精，並以次舊等貨搪塞，以致出紗數目不符。如查有以上各等弊，應將未付價款五萬磅不付外，並照遲誤工作議罰，届時信義不得藉口，別生枝節，致有異説。

一、議此次機器與去歲十二月初八日所定之紗機錠子數目少有不同，但據信義行包准機器所裝錠子數目雖有少別而將來紡紗之時斷不能以機器少改致令出紗數目不符，即或出紗數目相符，而所出之紗粗細松緊不匀，紗絲毛亂不光等弊，信義情甘認罰，無得異説。

一、議此次合同所有零件數目細單，雖經載明合同，此係約估之數，信義務須交貨前一月，將零件實數細單開呈紡織總局，以便查核比較，只能有多無少。總之，一年内開日夜工應用零件，如有短少，信義仍須補足。若有停工之日及不作夜工，則不能向信義找補停工或不作夜工之零件。

一、議機器來華中途如遇風波不測以及意外之虞，應由信義自向保險行理直，並即陳明失事實據，另展限期補運。

一、議付銀等事均電匯行市。

一、議進口准單關税由紡織局自理。

一、議合同均以華文爲准，機器名目以洋文爲准。

計開機器清單：

頭號彈花機四座，配進花衣機四座，竹排灰屑箱以及一切之零件俱全。

二、三號彈花機十六座，做棉卷四十二寸，塵屑箱並應用零件俱全。

鋼絲梳花做棉條機一百二十座，配棉卷四十二寸大筒徑五十寸小筒徑二十四寸鋸式進棉卷輥，九寸半徑去飛花之鋼絲板二百二十枝，每枝闊一寸三分，内有計數表，每寸厚可分至二千分，及去灰屑等物俱全。

三頭二十一接棉條機二十座，上下鋼輥停機器具，棉條筒滿之停機器具，以及皮包絨包等輥俱全。

頭號粗紗機二十座，每座六十六錠子，每錠管紡滿至五寸四分徑分紗鋼板錠殼，上下鋼輥，以及皮包絨包等輥俱全。

二號粗紗機二十座，每座一百四十錠子，每錠管紗滿至四寸半徑分紗鋼板錠殼，上下鋼輥，以及皮包、絨包等輥俱全。

三號粗紗機四十座，每座一百八十錠子，每錠管紗滿至三寸五分徑分紗鋼板錠殼，上下鋼輥，以及皮包絨包等輥俱全。

細紗機一百十座，每座三百六十四錠子，每錠圈徑至一寸六分鋼輥，錠子墊圈，以及皮包、絨包等輥俱全。

摇紗機二百四十座。

計開零件清單：

天平連錘。

天平連錘（彈花機用）。

各種油壺。

摇紗機，並小天平連錘。

稱棉條小天平。

試棉紗器。

器具。

貯油缸（每只貯二加倫）。

各種皮帶綫。

漆。

皮帶鑽。

棉卷輥。

瓦楞白鐵棉條筒。

梳花器用之釘。

頭號粗紗管（十寸長）。

二三號粗紗管（九寸長七寸長）。

頭號粗紗管心(十寸長)。
二三號粗紗管心。(九寸長七寸長)。
細紗管。
各種紡紗小鋼鈎。
各種皮帶。
各種棉紗繩。
並棉條機包皮絨。
頭號粗紗機包皮絨。
二號粗紗機包皮絨。
三號粗紗機包皮絨。
細紗機包皮絨。
鋼絲布。
手刷。
長刷。
刷。
輪刷。
絨氈。
絨。
小羊皮。
膠水壺(連刷)。
平常磨鋼絲軸子(連砂布)。
頭等磨鋼絲軸子(連砂布)。
鋼絲元刷子。
又
做皮輥器具(即釘鋼絲布機器)。
督辦上海紡織總局天津海關道盛。(簽印)
天津信義洋行滿德。(簽字)
光緒二十年七月十五日。西曆一千八百九十四年八月十五號。

陳旭麓等《盛宣懷檔案資料選輯之六》上海機器織布局《盛宣懷致沈能虎函光緒二十一年五月二十一日》 上年正月在滬時,承薦瑞記議辦紡紗機器,當經吳熙麟與地亞士余鋭同至寓所商訂合同,該行只定四萬一百十二錠,隨配各項機器,並無清單。只因瑞地行東亟欲赴鄂,力請先行畫押,故於合同內注明所有清單准六個禮拜英廠寄到呈送查核,乃逾期並無細帳寄來,只説赫直令廠不肯照辦。又謂説明與耶松同價,疑耶松另有加價,糾纏數月,仍無清單寄到。屢次電詢,一味游移。本廠勢難久待,只得與他行另議,電令注銷合同,彼又藉口耶松,而耶松清單短缺機器,已先將合同注銷。總之,六禮拜並未呈送清單,瑞地違背合同,斷無疑義,自應議罰。彼以立合同時曾有照耶松一説,則耶松已將合同注銷,瑞地亦應注銷,亦無疑義。乃一年有餘,所付銀七萬兩,仍不交還,未知何故?前月李曼與吳熙麟來津相見,據云一願照信義另訂合同,再辦紗機。一願另辦他物,藉得用錢。實因上年以辦紗機花費電報四千餘元,無可彌補,弟答以本局既因守候不及,另購紗機實已無力再辦一分。至於另辦他物,藉得用錢,彼此論交,如有生意,原可托辦,但七萬兩總應先還,各清各帳,方爲體面。吳云原銀寄存匯豐,並未動用。弟本擬第二次見面再向索銀,乃不及再晤已赴上海。弟想此事如果涉訟,我有把握。但可通融,何必出此。特將來往函電抄寄一分,托滿德轉呈。弟想閣下係原經手,滿德亦深知此事本末,即請閣下與滿德從中公斷,以全交際。鄙見華盛急待清帳,合同既銷,所付定銀七萬兩及利息必須先行劃還。至於以後生意,只須價目貨色與他行相同,自可酌量公辦,以補其吃虧電報之費,此不可以力要挾也。素知李曼等甚爲敬服閣下之言,必能剖析妥當。此事久擱無法,中堂屢次詢及,(今日中堂又面諭滿德認真查辦)不能不將七萬兩退還。但看李曼情形,一味推延。適有泰來洋行之事，中堂已派二等第一寶星滿德全權查辦。因此將瑞記、地亞士合同亦發交一並料理。如不退還七萬兩,只得給予全權,代弟涉訟。弟想此官司斷不致輸,如果輸了,只得將李曼歷來所辦之事稟明總理衙門、南北洋大臣,以後不與該行交易。閣下如見香帥,亦望將該行無理情形稟知香帥。弟已先行函知劉康翁矣。(抄稿奉上)弟向來不肯打官司,但因紗局係公事,七萬兩不能再拖宕,實出於無奈,並非心之所願也。

陳旭麓等《盛宣懷檔案資料選輯之六》上海機器織布局《致□□□查辦瑞記地亞士紡織機器合同函》 徑啓者:現在李中堂派閣下查辦他行承辦事件。本道現奉中堂諭飭,再派閣下赴滬查辦瑞記、地亞士所立紡紗機器合同,給與料理或涉訟該行商等之全權。務望秉公辦理,勿負委任。所有正合同及來去信電鈔稿一併發交,祈查照。此給。欽賜二等第一寶星滿德。光緒二十一年五月二十一日。

陳旭麓等《盛宣懷檔案資料選輯之六》上海機器織布局《盛宣懷致劉康侯函　光緒二十一年五月》　兹有啓者，上年正月，弟在滬時與瑞記、地亞士兩行議訂購辦紗機合同，當付定銀七萬兩，因該行東急於赴鄂，並無機器件數。合同載明，所有清單准六個禮拜英廠寄到呈送查核。四月初來函乃云耶松價貴，請加價，並須另换合同，將包出紗數罰扣價值一條删除，弟函復不允，並將耶松合同發交閲看。及至耶松送來清單，機器短缺不全，即令耶松交還定銀，注銷合同了結。瑞記、地亞士既不照合同呈送清單，來函又欲將合同内包出紗數罰扣價值一條删除，其不能照約辦理，已可概見。當即於六月十二日電致該行，定於七月二十一號將合同銷毀，本局即與他行另訂有清單之合同，而瑞地所收之定銀七萬兩，至今未還，前月李曼來津面稱，一願照他行另訂合同，再辦紗機；一願另辦他物，藉得用錢，實因上年以辦紗機花費電報四千餘元，無可彌補等語。弟答以本局紗機既已另購，無力再辦，至於另辦他物藉得用錢，彼此論交，如有生意，原可托辦，但七萬兩總應先還，各清各帳，方爲體面。　該商云原銀寄存匯豐，並未動用等語。本擬下次見面再議，李曼次日即回滬，又隔一月，定銀尚未送還。李傅相詢及此節，無可掩飾。　適有泰來洋行之事，傅相已派二等第一寶星滿德全權查辦，因此將瑞記、地亞士合同亦發交，一並料理，並予涉訟之全權。竊想涉訟斷不致輸，如果輸了，只得將李曼等歷來所辦之事稟明總理衙門、南北洋大臣，以後不與該行交易。閣下如赴金陵，亦望將該兩行無理情形稟知香帥爲禱。弟向來不肯打官司，但因紗局係公事，七萬係公款，不能拖宕，實出無可如何，並非心之所願也。　抄附滿德全權行知稿一件，乞察覽。如總領事詢及，請將詳細情形代爲轉達，此爲通商要務，未便爲行商所欺，致使華商吃虧，用敢爲閣下備陳之，懇請助我臂力，以扶大局，是所至禱。

陳旭麓等《盛宣懷檔案資料選輯之六》上海機器織布局《盛宣懷致嚴信厚函　光緒二十一年閏五月初五日》　華盛廠現用憑單，因出紗時未設公所，是以發交本廠填用。既設公所以後，應由公所轉發，以符定章。

至憑單一層，昨荔孫舍弟來信，各商以不及一件者，有單爲憑，正件之貨反無記號，到廠駁詰，隨擬一憑單加戳之法，函商辦理。弟細加察核，各商承總辦貨，如若分售一單，不能分用，實有爲難之處。現弟擬一辦法，將正件之貨發給憑單，存於公所，如客商購貨講定件數，本廠即寫報單到公所請領，每件發給一張，俟客商將貨報税後，執持税單到廠領單，有此爲憑，無論躉運零售，不虞阻滯。其不及一件之貨，亦改用小號憑單，發交公所，分批轉發各廠隨時填用，以省小販守候之勞。如此辦法有無窒礙，統希執事詳察，知會各廠商核定，從速示及，以便補詳立案。至通久源廠立在外埠，憑單可以總辦備用，俟核定辦法，各自刊單送印可也。

蕪鎮米照乃子翁交黄益甫、沈松茂經手，每包須費若干，鳳翁知之。

陳旭麓等《盛宣懷檔案資料選輯之六》上海機器織布局《盛宣懷致嚴信厚函　光緒二十一年七月初二日》　南洋租船水脚九萬七千餘兩，議減至八萬兩，在商局本已吃虧匪細，然幸賴閣下介紹之力，得以及早清結。　昨經回明傅相，銘感實深，棉花色釐自應從緩商辦。

至奉旨加釐一節，係爲洋商改造土貨之舉，竊慮土貨成本較重，更難抵奪洋貨。朱鴻度觀察所論極是。必須設法先杜洋紗，再謀抵制洋廠在口岸製造。如蒙各大憲大力維持，暗中幫助，商務尚可議辦，否則利權盡失，何以富國而足民。

陳旭麓等《盛宣懷檔案資料選輯之六》上海機器織布局《滿德致盛宣懷函　光緒二十一年八月初十日》　接奉復諭，所有二萬錠子二寸五分自係因限期促速，未便更改，其四萬錠子爲期甚寬，必須改爲二寸六分方能合用。原議此等細節必須上海總局與貴行妥商，實未便再行遷就等因。奉此，所有二萬錠子二寸五分蒙憲體亮不改，心感無既。其四萬錠子必須改爲二寸六分。此事小行豈敢一再梗命。惟將二寸六分更改之説照式電致外洋，如其能改極好，萬一不能，小行居間亦實無法可設。至二寸五分足够之説，即機匠伊載明亦如此云，實非小行虚語也。

陳旭麓等《盛宣懷檔案資料選輯之六》上海機器織布局《華盛廠各路辦花人名單　光緒二十一年》　今將辦花各路地段人名開呈憲覽：

一、設崇明（海門）總行：楊西石、宋德宜、尹緝華。

一、設六渡橋總行：（附太倉、南翔、嘉定等處）陳咏珊、錢恂甫。

一、設周浦總行：凌毓英。

南北市華盛兩行：張守仁、徐仲雅。

又新南市花行：潘調卿。

又新北市花行：吴問亭。

江灣又新分行：吴問亭、周見心。

吴淞又新花行：林少亭。

市浜橋花行：莊欣之。（花歸總辦驗收）

楊樹浦花行：又

盛宣懷《愚齋存稿》卷三四《寄峴帥三月十七日》 上海祇有華盛、華新、大純、裕源、裕晉五紗廠，皆係商本商辦。十九年李中堂奏明由宣懷督其成，馬關條約准開洋廠，乃有怡和、瑞記、公茂、鴻源四洋廠，互相争軋，虧摺甚鉅。洋商力足，華商難支。裕晉華廠已改協隆洋廠，現存僅止四廠，勢甚危殆。至絲廠皆係華洋商自辦，宜不過問。

盛宣懷《愚齋存稿》卷二八《寄李傅相八月初六日》 上海楊樹浦華盛紗廠商股只有八十萬，頗虧摺。現今楊樹浦一帶洋廠林立，華廠獨受其擠，月須虧摺數千金，斷難久支。華商公稟暫租與洋商包辦三年，再行收回。廠名一切不更動，華商取其押租，即在浦東另設華盛新廠自辦，以保商本。甫洋已批准，應否咨明總署，乞商大農，電示。

中國歷史博物館《鄭孝胥日記》第二册《丁酉日記》光緒二十三年三月二十日 盛太常邀至宅，談鐵路及紗機事。華盛紗廠擬租與西人，而於内地分建四廠，會同南、北洋奏明，使予入寧謁峴帥，面陳事宜。遂留晚飯。是日，在彼見嚴小舫、尹元仲等。嚴請銀行毋設分局，而尹請在揚設分局，彼自認招股十萬，皆各爲其私也。仍晤盛荔孫，太常之弟，揆臣乃其子也。荔孫出紗廠圖一幅，可安一萬錠者。夜，雨益大，歸已九點過。盛謂餘可携眷來滬，對曰：「未有屋。如得屋，可來耳。」

陳旭麓等《盛宣懷檔案資料選輯之六》上海機器織布局《盛昌頤售賣産地合同光緒二十三年六月十六日》 立合同：一千八百九十七年七月十五號。

中國上海盛揆臣，以後即稱爲售主。倫敦華英公司駐滬經手恭佩珥，以後即稱爲受主。現以售主有恒産地在虹口，即所謂上海租界於附單第一段内注明，與紡紗織布廠屋工人所住房屋，並在廠基上已完未完各廠房以及各種裝定之引擎，並能移動之機器，廠内應用各項器具零件在附單第二段内注明，擬讓與受主，所議條款開列於下：

一、售主願讓，受主願得：

甲、産地在虹口地方，即所謂上海租界，於附單第一段内注明，與紡紗織布工人住房並在基上一切已完未完各廠屋毫無轇轕。

乙、裝定之引擎，各種能移動之機器並廠内應用應有之各種器具零件特開一詳單，彼此簽字，粘在此合同之後。

丙、該廠與向來往來各家做生意之美意。

丁、所有該廠生意産業售主悉應交給受主。

二、受主因得該廠，售主應得規元五十九萬八千兩，照以下定期付清：九月一號應付十九萬九千三百三十三兩，九月十五號付十九萬九千三百三十三兩，九月三十號付十九萬九千三百三十四兩。

三、此事應於九月初一號在哈華托公事房内辦完，即於是日受主應付售主第一期規元十九萬九千三百三十三兩，或付他人由售主指定。

四、此款付後，即有辦理廠務權衡，並所應得權利均由售主交給受主，其費用在情理之中者，受主允爲酌給，此乃律師費也。

五、至九月一號爲止，該廠仍歸售主經管，未使停機，所有至九月一號爲止廠内盈虧，售主是問。

六、該廠棉花棧中所有棉花並各種已成未成棉條紗綫，各項物料，煤鐵鐵料，新舊機器，存儲棧房以及在外洋已定未到各料，總辦以下委員、司事、工匠自備隨身所用生財物料均於九月一號照時價歸受主購買。倘兩造因爲作價意見不合，售主可將此款内注明：不合各件聽憑另行售與他人，受主亦可不買。

七、受主應於九月一號接辦售主在此已售出廠地上所建未完工各廠房，原承攬由售主已付匠作之銀，應由受主悉數歸還。此係專指所有未完工之清花廠屋，共價一萬九千兩，售主已付六千六百兩，此種承攬，日後有所控告，各款找付各項，亦歸受主賠償，於售主無涉。

八、除以上各款注明外，該廠（有所）（所有）各債、賠償各項，應由售主理清，以後設或有所控告，各款找付各項，應歸售主理清，與受主無涉。

九、所有工匠房屋於此合同附單第二紙内注明，此售主應保受主於接辦之日起十二個月内，可收足房租四千八百兩，倘有缺少，應由售主補足四千八百兩正。

十、各帳簿、各公文信件於該廠有關涉者應於接辦之日由售主交與受主。

十一、兩造允定，悉照以上所議各條辦理，是以彼此特爲商定，九月一號或以前如有悔議條款者，願償銀一萬二千五百兩，倘至九月十五號不將所有悔議之處補好，或另有違背之處，再賠償銀一萬二千五百兩。

附單第一紙，產地在中國上海楊樹浦地方，在英總領事署地皮册内注道契第二千三百五十一號。照該道契計地六十五畝八分，北係楊樹浦馬路，南係黄浦江，東係美領事署地皮册第五號、第七百四十五號、第七百四十六號，西係美領事署地皮册第七百零四號並蔡同德之產地，於圖内特爲發明。第二紙經租公司各方單計十一畝八分九釐九毫，此地與附單第一紙内之地相連，在楊樹浦馬路之北。

陳旭麓等《盛宣懷檔案資料選輯之六》上海機器織布局《華盛廠出押合同光緒二十三年六月十六日》

一、爲華盛機器紡織廠總辦盛荔蓀代自己並代該廠各股東及其子孫並接辦之人願將華盛廠出押，合同中稱爲押主。

一、爲恭佩珥代英國倫敦之華英公司願受押華盛廠，合同中稱爲受主。今押主情願將華盛廠押於受主，計上海規銀二百二十二萬兩正，受主應作爲三次付給，第一次在一千八百九十七年九月一號付上海規銀七十四萬兩，第二次九月十五號付上海規銀七十四萬兩，第三次九月三十號付上海規銀七十四萬兩，共計規銀二百二十二萬兩正。每年五釐起息，於每年九月一號付利一次。

押主今已收到押款，願將所押產業轉於受主名下。計開：

一、中國上海楊樹浦地：一塊係在美署注册第七百四十三號照道契載明一百零五畝七分七釐三毫，其地北界楊樹浦路，南界美署注册第七百四十四號地，東界美署注册第七百四十五、六號地，西界美署注册第七百四十二號地。

二、又楊樹浦地：一塊係在美署注册第七百四十四號照道契載明二十七畝四分六釐三毫，其地北界美署注册第七百四十三號地，南界黄浦江，東界美署注册第七百四十五號地，西界美署注册第七百四十二號地。

三、又楊樹浦地：一塊係在美署注册第七百四十五號照道契載明三十一畝六分六釐五毫，其地北界美署注册七百四十六號，地南界黄浦江，東界大純紗廠地，西界美署注册七百四十三、四號地。

四、又楊樹浦地：一塊係在美署注册第七百四十六號，照道契載明三十六畝七分五釐，其地北界楊樹浦路，南界美署注册七百四十五號地，東界大純紗廠地，西界美署注册七百四十三號地。

五、又楊樹浦地：一塊係在美署注册第七百四十一號，照道契載明十一畝一分九釐一毫，其地北界楊樹浦路，南界黄浦江，東界美署注册七百四十二號地，西界英署注册二千二百十九號地並朱姓之地。

六、又楊樹浦地：一塊係在美署注册第七百四十二號，照道契載明十六畝一分三毫，其地北界楊樹浦路，南界黄浦江，東界美署注册七百四十三號地，西界美署注册七百四十一號地。

七、又楊樹浦地：一塊係在美署注册第七百四十七號，照道契載明十二畝四分八釐，其地北界浜，南界溝，東界大純紗廠地，西界肖姓之地。

八、又楊樹浦地：一塊係在美署注册第七百四十八號，照道契載明五畝九釐七毫，其地北界路，南界溝，東界胡姓之地，西界宋姓之地。

九、又楊樹浦地：一塊係在美署注册第七百四十九號，照道契載明七畝二分九釐二毫，其地北界路，南界溝浜，東界宋姓之地，西界王姓之地。

又有鄰近地皮一塊，據方單地照開明，尚未換道契者。

以上所載各地皮及地上所建廠房、棧房、寫字房、住房所有一切房屋另單開明，粘附合同之後。所有押主管理房屋及一切應有之利權等，悉押付受主，受主即有管理一切權利。然雖有此權，仍須遵照道契所載及合同訂定聽贖章程辦理。

押主並願將各種機器呆者動者以及屋中所有各等件照另清單開明，轉與受主名下，該清單即於合同簽定之後，兩造點驗加押，粘附合同之後。

以上房地機器等項聽憑押主於一千九百年九月一號付還受主上海規銀二百二十二萬兩正，並每年五釐利息，亦皆付清，押主即可將所押房地機器等項立時收回，並准托人代收，如到期不付押本，受主可將地皮機器等或全賣，或分賣，或拍賣，或轉賣，押主不得過問，即有虧摺，亦不得向受主索償，承買之人只須付清買價，即使押主謂受主賣不合例，致有爭論，亦只能向受主索償賠款，與買主無涉。

受主既經價賣，先將出賣費用除去，再將押款本利扣清，剩有餘款，仍歸押主，設有不敷，則仍向押主索取。

押主聲明有此全權，可將此廠地皮房屋機器各項押轉於受主，所有地税一切，於簽訂合同之日付訖，並無欠項，及另抵於人各事，設有爭論，歸押主自理，與受主不相干涉。惟内有轉租於大德榨油廠及翻沙公司地皮租契兩紙，租期約尚有十九年，現受主答允接遵，並將兩租契粘附合同之後。

押主情願將此地皮、房屋、機器各等件轉租於受主辦理，由一千八百九十七年九月一號起，三年爲期，每年議定租價規銀十一萬一千兩，每年九月一號付租費一次，所有地税捐項保險各種費用一概歸承租之受主付給，與押主毫無干涉。惟華盛廠與大德榨油廠訂有買賣花子合同一紙，亦經受主答允接遵，並將該合同粘附本合同之後。受主又答允所有修理機器、製造機器零件倘翻沙廠修制工價與別家一樣，仍盡先由翻沙廠承辦。兩造並議定於一千八百九十七年九月一號，受主可向押主估照時價購買各種棉花及將成未成之紗，所存布匹，各種備用物料，煤鐵鐵料，堆存棧房，新舊機器，外洋已購未到物料，總辦以下委員司事工匠自備隨身所用生財物件，如因價值兩不合算，聽憑押主另賣。

押款合同限期之内，該廠仍用華盛機器紡織廠牌號，取向有華盛機器紡織廠招牌，仍挂原處，不得更動。

以上各款，兩造情願遵辦，所以於一千八百九十七年七月十五號親自簽押於此合同，以昭信守。

盛荔蓀、朱子文簽押，並蓋用華盛機器紡織總廠圖記。

恭佩珥簽押。見簽哈華托。

粘附大德油廠合同一紙，又大德油廠及翻沙公司租契兩紙。

盛宣懷《愚齋未刊信稿》光緒二十三年三至十二月《上劉峴帥書六月廿一日》

中國商務久弛，利權外溢，振興之道，莫要於以土産敵洋貨，機器紡織所由昉也。自昔年上海織局被焚，宣奉檄規復，號召華商分設多廠。不料布置苟完，而馬關定約。星回歲轉，楊樹浦一隅，洋廠已前後相望。彼挾外國輕息之重貲，來此争勝。華商力微氣餒，先已畏阻，股分不至，承辦商董賠墊日多。且紗價不增，而棉花人工俱因洋廠放價繼長增高，成本益重，虧耗益甚，各華廠皆力不能支。上年裕晋廠稟請售歸洋商，經宣詳奉批准。蓋商力方困，既乏維持之方，祇有聽其設法收束，猶可留餘力以爲他圖。仰見臺端洞澈商務消息盈虚之原，操縱因應，不囿故常，遠近商情，莫不佩仰。現據稽查紡織公所，以華盛廠稟援裕晋成案，議將全廠租與洋商接辦三年。事同一律，不得不爲咨呈冰案，祇候核示。綜觀大局，上海紡織華廠，恐皆不能勉支。竊與各紳商密籌曲突徙薪之策，陰施補救條約之方，惟有勸租賣之廠，即將提出股本，徑赴内地産花之處，分設數廠，力争上游，猶可保自有之利源。蘇州紗廠，春間晋謁，蒙節下諄諄相屬。通海一廠，張季直殿撰百計經營而未能就緒。宣奬掖衆商皆可擇人分任，迅覩厥成。惟事係大局，必得節下左堤右挈，密切上聞，謹擬疏稿，呈備甄采，亦已並達夔帥，如已鑒定，即懇一面電告夔帥，一面電示宣遵辦。特令鄭丞孝胥將函牘賫呈鈐閣，有未盡者望賜傳詢。

盛宣懷《愚齋未刊信稿》光緒二十三年三月至十二月《上北洋大臣書六月廿一日》

夫子大人再鑒：十九年冬，上海紡織局被焚，命宣設法規復。二十年，集股，大興工程，購機七萬紗錠。計費廠本二百餘萬，連工人房屋等二百卅餘萬，買棉花等活本百餘萬，只有股分八十萬，籌賑局長存公款二十萬，其餘皆屬東扯西拉，衆商公舉堂弟盛守宙懷等駐廠辦理。廿一年，馬關定約後，華商即以紗廠爲畏途，股分允者均不肯付。去冬結帳，虧蝕三十萬兩之多。堂弟等敗軍之將，無復可爲。今春添派分董，羣策羣力，而洋廠均聚集楊樹浦與我廠相鄰，男女熟手工匠均爲加價勾引前去。如果再能加本亦不難與彼族争衡，但目前局勢，官商之力均難接濟。宣身兼數役，祇能盡心照料，不能濟之以財，致礙全局。適有英商恭佩珥，因盧漢借款不成，願求商辦他事。當與酌議租辦三年，照原本打八摺之後，作成廠本二百〇五萬，按年租息五釐，盈虧與我無涉，並將全廠抵押銀二百〇五萬，亦作息五釐，彼此相抵。三年期滿，或收回自辦，或再議售，届時再定。似此既可收回押款，一清債累，且免虧摺之虞。衆商瀝情具稟，勢難不准，惟華商局面不甚好看。南洋現有蘇州、通州兩廠，機器早到，而無商人承辦。宣擬勸令上海售租紗廠之華商撥款振興内地數廠，爲再接再厲之計。内地工價便宜，可獲利益，與上海迥不相同。今而知紗廠只宜一二萬錠子，總使女工多於機錠，棉花亦易接濟。深悔從前購機太多，以致尾大不掉。現已與恭佩珥立定草約，限六月二十九日奉鈞處批准，即行定局。此係商廠商本，租押三年，大可不奏。惟裕晋已售，華盛已押，大純亦即售替，宣所招辦之六廠，已去其三。此外三廠，尚有裕源一家，亦恐立脚不住。與其爲他人話柄，必須先行奏明此廠前係北洋奏辦，而地屬南洋，自應會同入奏。除函商峴帥外，伏乞函丈俯賜酌裁，迅即電示。因草約限期即在二十九日，過期即作爲定約，至於收款交辦尚在八月中也。

中國歷史博物館《鄭孝胥日記》第三册《丁酉日記》光緒二十三年七月十一日 季直、敬夫、眉孫、潘謹齋來，文超來。午刻，同何、張至寶源祥，盛以華盛未定局，不能遽任通廠，而張意殊迫，是日，所言皆不質實。晚，季直來，欲邀餘同赴崔穀堂鼎之約於一品香，余謝不往。

中國歷史博物館《鄭孝胥日記》第三册《丁酉日記》光緒二十三年七月十九日 電致盛太常云：「帥覽約稱善，催即備移存案，又再三言華盛歸華商包辦尤善。胥，皓。」華盛將售於洋人，余欲挽之，恐必無濟矣。

陳旭麓等《盛宣懷檔案資料選輯之六》上海機器織布局《北洋關於出押華大的意見光緒二十三年八月初五日》 盛大人已接北復信電，兩廠不能全去，可以去華盛留大純，望趕緊電告恭佩珥，華盛照原議合同，大純不賣，付銀之期九月一號。若恭佩珥允將大純轉賣於盛大人，則華盛可照原議合同辦理，九月一號付銀，北信已到，望電英速定。

國家清史編纂委員會《李鴻章全集》第二四册《復盛京堂光緒二十三年八月初七日未刻》 聞華盛紗廠辦不得法，虧摺有因。浦東新廠較得地，未必即保商本。租給洋商頗駭聞聽，咨署無益，大農更不過問。鴻。

〔附〕盛京堂來電光緒二十三年八月十二日到　又謂鎊貴，擬來華多設洋廠造紗布，請照中俄銀行例，與華商合股，彼此有益。欲與華盛合成一紡織大公司，湊集華、洋股分三百萬兩，合力大舉，以拒日本紗進口。必須以上兩合同議妥，方足使英公司商情鼓舞，福即進京畫定正約。福已接詹悟生電，一千六百萬鎊已現成，如兩事皆允，即可速定。答以蘇寧先借二百萬鎊，俟接展寧漢時再借二百萬鎊。須分作兩起，合同可先訂明。至紗廠洋商已准獨辦，華商合辦更無不可，但必須仍歸督辦，華商亦舉董事。

中國歷史博物館《鄭孝胥日記》第三册《丁酉日記》光緒二十三年十月十一日 晨，同書箴往楊樹浦，先過華盛紗廠，會同盛荔孫、潘劍雲、湯謨士、崔毅堂及通廠之劉一山、高力臣、林蘭孫等，同至堆機篷中。候瑞記派人，至十一點不至，余與書箴先返，詣季直飯。遂至總公司，過永安棧，旭莊、宣甫皆不在。復過康長素，亦不遇。過汪穰卿，談有頃。再詣季直，始知瑞記派人未至，更約明日。

中國歷史博物館《鄭孝胥日記》第三册《丁酉日記》光緒二十三年十月十五日 晨，詣楊樹浦觀分機器。樫弟患目疾頗劇。午後，詣總公司。視鑒泉於長春棧。又過康氏兄弟，獨幼博在。

陳旭麓等《盛宣懷檔案資料選輯之六》上海機器織布局《馬裕貴冤單光緒二十四年十一月初六日》 蓋聞勢利二字，君子遠之，惟恐不速。小人近之，惟恐或間，豈知從古無不敗之勢，亦無不敗之利。甚不解世之有勢者，動則以勢奪利，不顧名分，不念商艱，不問利之義與不義，見有利則從而攘奪之，無利則從而退讓之。至讓無可讓，奪無可奪，則必多方引誘，設阱以陷害之。積習相沿，牢不可破。在在以商人爲可愚，刻刻以商人爲可欺，無怪商人之不能自立，而商務之所以日敗也。觀乎昔年馬裕貴包辦華盛南廠一事可以借鑒矣。查其初立合同原訂三年，一旦以勢迫停，賠累幾至二萬餘金，全不顧全商務大局。迄今二年之久，殃及裕貴幾乎性命攸關，致其抑鬱不平之思，逢人説項，怨無天日。近仿漢彌衡之，鼓鳴楚屈子離騷之詞，急爲表白，俾天下仁人鑒此苦衷，共伸冤憤，並將包辦顛末及一切掣肘情形匯録於後，合叙一編，裝訂五千部分送，名曰冤單，以冀天下經商者知所儆戒爾。

爲無辜賠累瀝訴冤情事：竊馬裕貴於光緒二十二年冬月二十六日蒙華盛廠總辦荔翁述遵盛京卿之命招裕南廠經理一切，並承荔翁往舍數次，誼難推托，始同稟見督辦，非不知總辦難辦有生色，必多棘手之處。當經再四辭謝，復承荔翁從旁力勸，只得訂明合同三年爲限，方可奏效。其合同復蒙京卿批准，並荷同人簽字爲憑。決不料有違背前盟之理，孰知竟有出人意(技)〔料〕之外者。未包以前，面稟督辦、總辦，廠中務需預備三個月零星物料始能接手，及至接手察看機器動用器具，無一齊全，無一應手，屢請總辦添補，並向物料所取給種種延約，迫不得已，惟有隨時添置動用料物，因此停工待料，爲時甚多，耗費男女工資鉅萬。合同訂明通州太倉上海子花，本廠軋見花衣作用，廠中不遵合同，另買各路潮濕花衣，又參用印度花。該花身多破子灰砂，非比北廠有專彈印度花之機車。而南廠又無此機車，則轉手多而出紗少，紗頭易斷，男女各工誰肯耐做，裕尤悉心設法，曾招童工擇良匠經營月餘，稍覺起色，後經四月底領工料銀時，據總辦又要每包扣銀五兩，於是銀根緊急，周轉不靈，顯係有意掣肘。待至五月下旬，驟令總管銀錢張雲翁奉督辦總辦面諭前來令裕停辦。當經面詢墊款各料虧耗如何處置。據云各料有合同載明，均可時值估計，虧負銀兩亦可公同議給。裕聞此言只好遵諭停辦。詎料停辦後點交物件，多方貶價，交盤又耗數月之久，致裕賠累又數千金。所交各料多打摺扣。試問中西商人，如其已經買就之物料能否將該號進貨簿再行摺扣乎？即此一端，可見諸事掣肘之明證也。裕人微言輕，現虧負約二萬三千六百餘金。舊歲至今利息銀三千餘兩，共二萬六千六百餘金。若照荔翁自注，三年内承包人回復廠中者，第一年罰銀一萬八千兩，彼此皆然。現在尚未言及，其所應付應補貼之款，延宕年餘，裕實屬受累不堪。屢次請領，始則多方支吾，繼則推諉京卿以塞責。及至京卿處又推不見裕，何人斯焉能擔此鉅款，年内具稟，請領已數十次矣。裕本顧全大局，不敢率爾妄行，以致轉輾延宕，幾及二年之久。時至今年九月，再四稟中聲叙賠累之款由裕同中西各商借來，如再不理，是直置十數家性命於不顧。乃爲此大聲疾呼，而京卿仍置若罔聞。不得已將前後情節付梓刊印五千部，分送中西紳商公同閱看，以多大華盛廠之督辦遽令區區商人遭此數萬賠累，忍乎不忍，請以質之談中國商務者。如有虛言，雷打火滅爲誓。

附録合同於左：

立合同承包議據。馬裕貴今包上海楊樹浦華盛總廠内南廠紡紗機器工料等件，言明四十小包爲一大包，每小包連扎絞綫重十磅，每大包訂定工料煤費等項，自清花廠至打小包廠止一切工料均在包費内承值，所有包費外須歸本廠添購之件及各項章程包費價值列後：

一、本廠小包紗每包重十磅零二五，應貼每包花衣五斤，如不到二五貼花照減，多則照加。

一、自清花廠至打小包廠一應工資物料機油器具包索紙張及隨時修理各機等議明第一年每大包定價銀十二兩，第二年定價十一兩五錢，第三年定價十兩零五錢，每月不及八成，按包價成數扣減。如八成以外，酌賞三個月後按四禮拜一結紗數。

一、引擎、鍋爐、電燈、進出水路除大修歸局，承包人先試車三禮拜，以後如有損壞短縮，均惟承包者是問。

一、保險由洋行及本廠各保一半，凡有一切日用，必須按照洋行保險定章，承包人必須時時查察，不得絲毫大意。如有不合洋行保險章程，以致或有疏虞損壞機器房屋，恐洋行保險以咎由自取，不肯認賠，關係甚大，查出嚴行議罰，彼此關係身家性命。承包者務宜恪外謹慎，以保無虞。

一、鍋爐、引擎、機車、電燈、進出水路凡有小損歸承包人自理，總辦時須查驗。如果蹧蹋機器或有應修不修等弊，如總辦驗明要修，即須修理，此關大局成本。

一、初包時一切物料均未預備，所有應用三個月物料各項須由承包人先行開一清單填明件數，本廠估計價值先行酌借若干。至物件必須運到廠内另備房屋存儲，其鎖匙歸承包人執管，隨時取用，所借三個月備用物料價銀按禮拜在紗數内按包照包數價料銀如數扣除。

一、煤價以每噸四兩五錢作砠，如五兩以外，本廠酌補，如四兩以内，本廠亦須減扣，以昭公允。一切電燈清花粗細紗廠一應煤價貴賤，總以每日燒煤一百兩規元爲率。至上煤後另堆一處，歸承包人另派妥人經管，如有一切，與本廠無涉。

一、廠中所用自來水保險費、電燈、綫球、引擎、大繩子、公所紗捐、修街開溝作碼頭房屋、油漆、更夫巡廠均歸本廠自理，與承包人無涉。

一、鋼絲布歸本廠自備，如承包工人不小心致鋼絲損壞，歸承包人賠償。

一、扛力由棧房至清花廠，由打包廠至棧房碼頭，均歸本廠付給，其餘均歸承包人自給。

一、紡紗以通州、太倉、上海各上等子花攙用，每花衣三百三十斤紡成十號、十二號、十四號、十六號紗三百斤。如皮花實在潮濕，必須曬見，如用本地皮花，每三百三十三斤乃成三百斤，紗扎絞在外。如用印度花，公同試驗照北廠所用數目定奪。至車前車後車肚，飛花紗頭紗尾油花一切零星廢花言明歸承包人變賣，與本廠無涉。

一、花價如果騰貴，本廠照通行大市，如不合算，擬暫停紡。必須預先半月知照，如第一年各認一半，以後停工承包人應如何，一切與本廠無涉。

一、承領工價，每逢禮拜開一包數清單，向局中賬房覆核准後再行支取。倘用局中煤料等銀若干，照包數扣除，其餘照數揭算，若遇煤料各物便宜時以及應向外洋購買者，無論出紗多少，言明向局中暫借銀兩，以一萬兩爲率，照墊，此時局中不得藉詞推諉，該價銀兩必須俟料到廠後應由料所驗明，方能借給。

一、紡紗工料價目以十四號作砠，言明第一年每包價銀十二兩，如減紡十二號紗者，每包減銀七錢五分，紡十號紗者，每包共減銀一兩五錢。倘加紡十六號紗者，加價銀七錢五分，紡十八號紗者，共加價銀一兩五錢。如紡布機經紗緯紗照紗數遲速摺算，花衣試驗概不增減。如遇出口打包須用鐵皮、麻布、襯布、夾板人工等歸本廠自理。

一、自包之後，承包人先交銀五千兩以作信義，各廠司事工匠人等統歸承包人量才使用。如不合用者，仍由承包人回覆本廠，不得專主以一事權，承包人所用各友並厨房卧房公事房一切生財等項歸局中先行預備。

一、工人住房以及器具等物均歸承包人自理，與本廠無涉。

一、承包將及滿期如欲蟬聯如不蟬聯，本廠必須先三個月將一切議據事件説合，免得臨時局促。如期滿後仍欲包出，如他人包價與原包人價仿佛仍先盡原包人接辦，自包後本廠得有盈餘，必須使通廠分得花紅之時亦必分給若干，以作酬勞。

一、本廠另有自辦一廠，三年之内如工費比較承包廠價值減少，亦應照數核減，以昭核實。

一、司事工匠遇有誤傷手足身體以及疾病醫藥等資，本廠備有同善堂，可以隨時診治，並送仁濟醫院，以示體恤。

一、承包人馬裕貴責任重大，必須親自住廠，朝夕查察，以期謹慎。

一、承包人年滿後所存各物料器具公同估值作價，售與局中。

光緒二十三年二月初一日立承包合同議據。馬裕貴。

今將解交總廠各物料並裝修等以及虧短銀兩繕具盈缺收支數目謹呈

鈞電：

計開：

一、物料，原價一萬六千七十九兩二錢八分。總廠只肯給付一萬三千二百六十二兩八錢二分四釐，短少給元二千八百十六兩四錢五分六釐。

一、布廠煤油，原代付出規元一千四十兩五錢八釐。總廠只肯給元五百九十六兩八錢二分七釐，短少給元四百四十三兩六錢八分一釐。

一、各房裝修，原付工料元五百七十兩一錢七分三釐。總廠只肯付元三百四十二兩一錢三釐，短少給元二百二十八兩七分。

一、新造工人住房實付工料元一千三百七十五兩，計二十一間。總廠只肯付元一千兩正，短少元三百七十五兩。

一、工人住房格子床，計元三百四十六兩五錢，此賬分文不付。

一、大小皮絨棍，原價元六百十二兩六錢六分八釐，因未開車已壞，據總辦言待換好其價即算交盤，後分文不付。

一、和豐修理，共元二百三十六兩九錢六分，督辦欲伊保險，故此拆看修理，交盤後分文不付。

一、煤價，應貼元一千四十二兩六錢五分，原議四兩五及五兩不貼，後漲至六兩外故貼。

以上四項共元二千二百三十八兩七錢七分八釐，總廠皆不給付。統共五項連物料除批付外，總廠短少給元六千一百一兩九錢八分五釐。

再加工料虧負元一萬七千三百二十兩七錢一釐。各莊利息，停包後四月俸食。

又總廠除去地租，其房租司事厨房，況議據載明理應總廠給付，此是稟明在前，並無地租而總廠實係硬欲扣去元二百五十三兩六錢一釐。因此統共短給規元二萬三千六百七十六兩二錢八分七釐正，尚有工價用花開列於後。舊年九月底至今年又加一年利息三千餘金，以前連此項共七項，短少元共二萬六千六百餘金。所有各物料清單以前均呈總廠矣。

一、華盛自做工價，去年五月終止每包約扯規元十七兩五錢之譜，如是算來，照裕所出之紗數計共二千九百七十九包半，應得銀五萬二千一百四十一兩二錢五分，除收過銀三萬二千一百六十兩九分七釐外，尚須找銀一萬九千九百八十兩二錢八分，再加九月終止利息銀一千七百九十兩三錢六分三釐，則應虧負元二萬一千七百七十兩六錢四分三釐，但裕賬内只虧銀一萬七千三百二十兩七錢一釐，究有浮開與否，不言可知矣。且裕虧負實因料缺花壞之故，非比北廠機件齊集，取用物料又屬得心應手。而其工價尚須十七兩五錢一包。此何故也？本裕不能照此比論，緣虧負實情是被半途中止所致，不然先缺後盈猶可補償。一旦停止，全功盡棄。所以裕賬可照華盛自做工價計算，理所應得也。

一、承包南廠如其承包下去，照南廠錠子二萬六千二百錠，每日夜每錠子極少紡十兩一個錠子，則每日可出紗二十一萬八千三百三十三磅三分，以四百磅爲一大包，計每日可出紗五十四包五八三，二月初六起，五月底止，共一百十四天除禮拜月小等日只作一百日算，應出紗五千四百五十八包三，就將包價十二兩一包計之，應得銀六萬五千四百九十九兩六錢，此尚十兩一個錠子，出紗倘照外洋規矩，每錠子每日夜須出紗一磅有另，即照此承包工價，焉有虧負之理耶？現已若照議據而行，不獨虧負且能可有盈餘矣。

一、查北廠自正月起五月底止共用白花衣、印度花衣三百一萬八千七百七十七斤，共出紗七千五百四十九包九二五，每包用花三百九十九斤十二兩。此是北廠每日夜之數。裕所收總廠印度花及本地花衣共收一百十一萬七千七百七十二斤六兩，出紗數二千九百七十九包一三二，每包用花衣三百七十五斤四兩，現在總廠要用毛花三百九十九斤十二兩。照此算來，南廠與北廠比論，照北廠所用毛花，每包之數多用二十四斤半，照南廠出紗二千九百七十九包一三一，共應得多用花衣七百二十九擔八十八斤十一兩，北廠雖有油花紗頭飛花等，然好花可能與油花飛花紗頭比否？請大人高才酌之。

兹將總廠批案由並裕貴(祥)〔詳〕駁附録於左：

抄爲申復事：光緒二十四年九月十三日奉到憲臺札開，據監生馬峻麓稟稱爲瀝訴空情，迫請速核事。竊由唐觀察傳述督辦諭令算賬云云。合行札飭，即仰該廠查照，迅速查明，擬結稟復，飭遵原帳單併發等因。奉此，查馬裕貴承包南廠，立有議據，本廠悉照議據辦理。嗣於五月底自請停包後，亦照議據結算。

一、據總廠批裕自求告退。裕按自求告退必有稟函可據，議據並未繳銷，今則只字全無，議據仍在，且諭令停止之，銀錢總管張雲淵尚可飭查裕之求退與不求退，理合陳明。

二（號）〔、〕至機件，本廠於二十二年十二月二十八日停工，南廠時每日出紗五十餘包，粗細紗機全開，並照馬裕貴囑咐不要本廠機匠收拾，收拾機器工價俟馬開廠貼補，歸其自己雇用機匠收拾，藉可省費等語。是以十二月底停廠加封，直至馬於二十三年正月始行開廠，並貼付馬自雇工匠兩禮拜擦車工資洋七百三十八元。

二據總廠查二十二年臘月南廠停工時每日出紗五十餘包，裕按每包十二兩合算，一日進款六百餘兩，除一天開銷四百兩敷用，合計一年進款爲數頗鉅，似不便招裕承包，所云補貼擦車工資應歸總廠照議補貼。裕今並未提及此項，尚且上年二月間經裕雇機匠擦車時察看機件不齊，稟報督辦，照會總辦存案。既云粗細紗機齊全。當初何不稟復督辦，理合陳明。

三、至云不齊者，實因馬所雇工匠不諳本廠機器，以致每分鐘六十四轉之引擎只走四十二轉。

三據機匠不諳廠機，每分鐘六十四轉之引擎只走四十二轉。裕按六十四轉之引擎非不能開，視用花之好壞，若四十二轉之説請飭查各紗廠可能紡紗與否，此説不知從何駁出，理合陳明。

四、又貪絲廠舊齒輪糊涂搭配，致機不靈便，卑府於馬停包點收機器時目睹情形，見有絲廠舊齒輪不便交收，實非本廠機件不齊也。

四據裕貪絲廠舊齒輪糊涂搭配致機不靈便，此説更屬不解。裕按廠内無輪更換，免待物料停工起見，且輪齒無定數，内有大小，稍有參差，萬難配用。既云廠機齊全，如何經裕配换齒輪。所云機匠不諳廠機，裕所雇之機匠概多華新廠老手，況裕承辦後並未損壞一二，理合陳明。

五、照交廠交盤時，有洋人佩慶敦眼同開機，佩亦以馬雇機匠不妥，兩次到本廠寫字房云馬不用好手工匠，要我收拾，實屬無用特告詳告云云。

五據洋人佩慶敦以裕雇機匠不妥，不用好手，裕按接辦時佩意欲薦機匠，裕因引擎事關重大，不敢率爾應允，有拂佩意，分外招摇物議，由此而起。查裕承辦將及四月，引擎可有損壞否，理合陳明。

六、至用印度花，議據載明，照北廠所用數目定奪，現已多用每包十七斤一七，照馬所紡細紗二千九百七十九包四八七五，應多用花五百十一擔六十斤，核時值八千六百九十七兩二錢，誠如馬云不辦自明。

六據用花照北廠定奪，不思北廠有專彈印花之機，且油飛花作價貨有高低，價有上下，裕按北廠前年不知油飛花多少存抵，裕花多付十餘斤，非裕自求補貼，係總廠六七八兩月半照自辦南廠給付，所云補貼八千六百餘兩，此賬從何算起？理合陳明。

七、至銀兩議據載明，以一萬爲度，前因馬再三來説不敷，曾囑賬房透付二千兩，嗣馬又要多付，卑府復以只得擔肩二千兩，乃馬云硬軋殊不可解。

七據銀兩悉照議據載明一萬爲率，因裕再三支取，擔肩二千，裕按並無多取照扣每包五兩之説，如存物料八九千即可，若裕所存物料二萬餘外，再扣每包五兩，似核議據載墊一萬之説，甚屬不符，必執成見，並未刻扣，并且多付，請查上年五月底總廠停包後賬簿銀兩盈餘若干，正不辦自明之意，理合陳明。

八、至物料交廠，馬無原來詳單，是以囑物料所照本廠所進物料價估算，乃馬云不照時價估計，盡可詳查復算，無須徒托空言，已囑馬前因同事胡燮泉催馬速請公正人來廠復核矣。免多費筆墨。今奉前因，合行稟復云云。

八據物料照議據已進過者定價，試問本國辦進之貨或向外洋辦進之貨。如向外洋辦進之貨，舊年先令與前年先令市面有無漲落，前年不過七兩左右，舊年漲至八兩外。至云詳單，曾於九月念四日遵邀公正人進廠面質，凡裕原來洋單或譯華文單當初均已繳呈公事房收存。今乃諉云不見裕進之貨，與瑞生行往來最多，可飭查瑞生行底賬，涇渭自分。最難堪者，羊皮付裕每張作價一兩五錢，招牌紙每萬二十元。呢每碼三兩，長毛絨二兩四錢，及裕停包退换羊皮每張只算五錢半，招牌紙每萬十二元三角，呢每碼一兩九錢，長毛絨每碼一兩四錢半，照四項進退，裕實虧耗銀七百餘兩，在區區者尚如是之多方貶價，大者可知，理合陳明。

九、號杼管本廠給價係照今年老順記辦進，行情並非減價，特此聲明。

九據杼管給價，裕辦之貨由瑞生行經手，貨之高下，價之大小，請飭查瑞生行便知，且瑞生非峻一人往來，總廠交易不少，自有把握，理合陳明。

十、係賬房按照布廠開工停工核算實發，並未減價，合並拆明。

十據煤油悉照布廠開工停工核算，按裕紡紗廠只用兩爐，因開布廠需用三爐，不能因布廠半開半停而爐減半。查議據載明，東廠開工照東廠用煤給價，西廠同然，無論東西兩廠共開可省一爐。此煤可減與否，昭昭可鑒，理合陳明。

十一、查裝修係工程處同木匠等公估以現值價扣算，理合登明。

十一據裝修木料曾經工程處公估，裕按需用之時悉皆新料辦進，嗣後概照舊料估算，價有低昂，理合陳明。

十二、前議包辦時説明廠内之地，廠内之屋均不要租錢。現馬裕貴所聽地租及房租均係五福堂經租處與廠内無涉，合並聲明。

十二據五福堂地租，裕未造屋之先，幾經稟報在案，原爲工人起見，統計住房二十一間，按目前租出，連房租不過三十洋左右，嗣經□裕地租，每月三十餘兩，理合陳明。

十三、查開水一項，從前自辦南廠時亦係照算，此次馬裕貴既用老虎竈水，應照算自來水及煤價合並拆明，工人住房係工程處同估，以現值價核算。

十三據住房誤查工人住房，實司事住房並自來水種種，裕按議據載明總廠預備應用，嗣經扣裕房租自來水等費一百餘兩，理合陳明。

十四、查馬裕貴租西里市屋三十幢添裝格子床板，嗣因總管兼辦南廠時不用馬裕貴工人，無須租房，將三十幢房屋歸還經租處，須照前議裝好，是以本廠未便照購，當囑馬裕貴將格子床另售，以便將房屋歸還經租處，合並聲明。

十四據西里市屋添裝格子床費爲圖久遠之計，一旦半途中止，此款分文不付，從何彌補，理合陳明。

十五、查大小皮絨棍前點交時，如有缺壞者業已不算，至馬裕貴包工後所添者係在包料内，應由馬裕貴自添與本廠無涉，合並聲明。

十五據大小皮絨棍點交時有缺壞者，業已不算，既云粗細紗機齊全如何，多有缺壞者，查所壞概多洋布局火廢壞件夾雜其中，裕按並非皮絨棍實是鐵皮棍，如裕所添皮絨二項均未開車時已壞，本應歸總廠修齊點交裕收，因時日不及，總廠諭令修後貼還工資，此款分文未付，理合陳明。

十六、和豐修理引擎事前交引擎時，馬裕貴同和豐洋人在引擎看明引擎走動甚快，和豐洋人當面説好可以保險，至第二日和豐洋人來見，述及引擎甚好，而馬裕貴工人要拆，真多事云云。

十六據和豐修理原奉督辦諭令保險，故請和豐洋人眼同察看，據云務令拆看，方可保險，此是洋人關節，此費分文未付，理合陳明。

十七、貼補煤價合同載明，每月以百兩爲率，現僅用八十一兩零，不應補貼，合並聲明。

十七據煤價八十一兩一天敷用，此帳不知從何抄出，按裕南廠用煤一萬餘兩，核九十六天給算，每天合銀百兩外，雖議據百兩作砠，每日出紗有五十餘包，煤價五兩，即可查上年煤價漲至六兩外，按時估計百兩敷用可否，亦知紗數出少惟第一累，煤斤過漲惟第二累，理合陳明。

十八、查工料虧耗細算連煤及一切雜用各事繳費等每天四百兩，以九十六天算，應三萬八千四百兩，除出紗二千九百七十九包半，應收繳費銀三萬二千一百六十兩零零九分二釐外，應虧銀六千二百四十兩，花帳内已補算，合並聲明。

十八據虧負銀兩，照總廠查出一切煤斤雜項等費每天四百兩敷用，按九十六天統算，合銀三萬八千四百兩，除工料價虧負六千二百四十兩，凡此均總廠一面之辭。亦思舊歲上春，洋廠林立，工價日大，未免開消稍寬，且與督辦立據時正月半後所雇工人司事等均需預定在先，又值停包延宕數月，核九十六天，開發工價薪水，人人不堪，尚且總廠停司事工友有無補貼之説，並裕寧郡所招童工六七百人，往返川資及各司事機匠宕帳等種種所費不貲此時，照裕給算，當補短少物料，連房子等項，合銀三千八百六十三兩餘，一兼四項分文不付，合銀二千二百三十八兩零。三自來水、地租等費二百五十三兩餘。統核此三項給銀六千三百五十四兩零，再按總廠每天四百兩敷用，照一百二十天，合銀一萬五千八百四十兩，自上年二月至今，銀利再加四千五百兩，連上三項統給合實銀二萬六千六百餘兩。一累機件不齊，二累花衣太壞，種種以上均被半途中止之故，按裕前有退還各貨元四千餘兩，洋行所定未出之貨，約計元五千餘兩，然此二項不在賬内，凡此賠累實情，並非裕之謊言，均可助條對質，理合陳明。

陳旭麓等《盛宣懷檔案資料選輯之六》上海機器織布局《華盛紡織廠合同草稿光緒二十四年》此合同訂於光緒二十四年□月□日。

一、奏辦華盛機器紡織總廠坐落上海楊樹浦。

一、華盛機器紡織總廠係華商集股籌本。今因華盛股本難添，是以將全廠基地、房屋、機器、生財一切售與華隆公司接辦，由督辦盛[宣懷]、總辦盛[宙懷]

代本廠各股東等憑中三面議定值價上海規銀一百九十萬兩，詳繪基地、房屋、機器全圖及開列詳細帳單，彼此核議，兩相允洽。

一、廠名改立華隆公司，以清界限。

一、圖帳所列基地、房屋、機器、生財一切均在一百九十萬兩之内，其後新添而不在原圖帳之内者，該值若干，查照華盛成本原帳，由華隆公司在一百九十萬兩外找還華盛。

一、耶松包造積水臺，計原價一萬六千六百兩，除已付五千兩歸華盛在一百九十萬兩之内，其餘續添水池、鐵管、機器、房屋等工竣後應歸華隆公司認還華盛。

一、布機原圖七百五十張，如經華盛售出若干張，由華盛照現售原價如數扣還華隆。

一、粗紗機内有由華盛向他處借來已裝用者或仍由華盛歸還原人或由華隆查照原價償還，悉聽兩便。

一、華盛備用物料及煤鐵堆存棧房、新舊機器、外洋已購未到等物料，如因價值兩不合算，聽憑華盛另賣。

一、華盛紡織總廠股分票及各存各欠以及往來抵項等款，統歸督辦盛〔宣懷〕、總辦盛〔宙懷〕自行理楚，往後各股東倘有異言，由盛姓一面承管，與華隆公司無涉。

一、自歸華隆公司執業之後，所有廠内用人一切概由華隆公司自主。

一、華盛廠内基地、房屋、機器、生財一切交廠時須眼同逐一照圖並帳單點查，所有各種機器及引擎、錠子等均以開齊憑交。

一、議明付價由華隆公司向銀行、錢莊出具十日期票，價值規銀如數，俟華盛向各出票之銀行、錢莊照明實在，到第五日交廠，限期票内將廠一切交清，倘有逾期不交清者，每日照算扣貼華隆經費規銀二千兩。

一、上海楊樹浦地一塊，係在美署注册第七百四十三號，照道契載明一百零五畝七分七釐三毫。其地北界楊樹浦路，南界美署注册第七百四十四號地，東界美署注册第七百四十五、六號地，西界美署注册第七百四十二號地。又地皮上所載廠屋大小六座，引擎鍋爐房大小三座，寫字樓一座，物料所二座。又北廠内細紗機一百零七部，計三萬八千四百八十四錠，三號粗紗機三十九部，計六千零八十錠，二號粗紗機二十三部，計二千九百四十錠，頭號粗紗機十八部，計一千二百六十六錠，棉條機十六部，計二百九十四節，鋼絲機一百零二部，打紗包機一部，七百匹馬力引擎一副，立式鍋爐五只，卧式鍋爐四只，小立爐一只，滅水管二千零二十八個，連抽水機一副，電燈、引擎大小二副，小引擎一副，車床三部，刨床二部，鑽床二部，中引擎一副，卧爐一只。南廠内細紗機七十二部，計二萬六千二百零八錠。三號粗紗機二十八部，計五千零四十錠。二號粗紗機十三部，計一千八百二十錠。頭號粗紗機十二部，計七百九十二錠。棉條機十二部，計二百五十二節。鋼絲機七十二部。布機七百五十張。漿紗機三部，經紗機十五部。聚紗機十五套。刮布機二部。摺布機三部。打印機二部。打布包機二部。七百匹馬力引擎一副。卧式鍋爐五只。噴水機八十七具，連抽水機一副，滅水管一千五百六十二個。連抽水機一副。電燈引擎大小七副。十二綫分電匙。三層樓摇紗廠内摇紗機四百零四部，小打包機十三部。

一、上海楊樹浦地一塊係在美署注册第七百四十四號，照道契載明二十七畝四分六釐三毫，其地北界美署注册第七百四十三號地，南界黄浦江，東界美署注册第七百四十五號地。西界美署注册第七百四十二號地。又地皮上載棧房二座。

一、上海楊樹浦地一塊，係在美署注册第七百四十五號，照道契載明三十一畝六分六釐，其地北界美署注册第七百四十六地。南界黄浦江，東界大純紗廠地，西界美署注册第七百四十三、四號地。又地皮上載棧房大小十座。

一、上海楊樹浦地一塊，係在美署注册第七百四十六號，照道契載明三十六畝七分五釐，其地北界楊樹浦路，南界美署注册第七百四十五號地，東界大純紗廠地，西界美署注册第七百四十三號地。又地皮上載廠屋五座，引擎鍋爐房一座，棧房三座，住房一座。東清花廠、軋花廠内頭號清花機七部，二號清花機十二部，三號清花機十二部，東洋軋花機一百六十部，二百四十匹馬力引擎一副，卧式鍋爐三只，滅水管一千零二個，連抽水機一副，小引擎一副。

一、華盛既經將此廠基地、房屋、機器各項售與華隆，所有地税一切於簽定合同之日付訖，並無欠項，及另抵於人各事，設有争論，歸華盛自理，與華隆無涉。

一、華盛由創辦迄今所造房屋各工程暨各種機器、引擎、鍋爐、生財一切，將歷年謄清總帳，統交華隆公司，以憑查核。

以上各款兩造情願遵辦，因於光緒□年□月□日親自簽押於合同，以昭信守。

陳旭麓等《盛宣懷檔案資料選輯之六》上海機器織布局《華盛大純等合股辦華大絲廠合同光緒二十五年五月初一日》 立合同議據：華盛、大純等自本年五月初一日租賃經綸絲廠更立華大廠號，集成資本規元七萬四千兩整。華盛五股計三萬七千兩；大純一股半計一萬一千一百兩；旭記一股計七千四百兩；泰記一股計七千四百兩；福記一股計七千四百兩，長記半股計三千七百兩，通共合成資本規元七萬四千兩整。爲此，酌立合同議據六紙，各執一紙存照，自今年五月起，合至明年四月止，一年之中，利益均沾，盈餘相共，事秉至公，酌議六條，以昭信守。謹訂：

一、議坐本七萬四千兩，倘有外滙款項，歸經理人支調，不得推托。經理人不得私辦繭絲。

一、議收繭時租賃繭行，牙帖烘竈必須擇選善地，貨色既高，人地亦穩，免滋事端，責成經理人擇選。

一、議頂牌售絲，專做洋莊，酌數抛出，五成以憑，收繭時約價核算，庶有把握。

一、議廠中支應款目，務求精核，減省浮費，用人一項，利弊參半，萬不得瞻徇情面，以杜偷漏而專經理，責成薦保認賠暗耗。

一、議廠本周年酌提官利八釐，逐年清結，得有盈餘，作十二成開拆，以十成歸公，按股均分，其餘二成酬勞各執事，花紅按其勞逸獎勵。

一、議銀東可派妥人分路買繭，以期迅速，而資比較，但所辦之繭仍歸經理查看使用。

以上六議大致均能遵守，倘有續議，隨時增入廠中坐簿，務必和衷共濟，顧持大局。

光緒二十五年□月□日立議據：華盛廠、大純廠、旭記、泰記、福記、長記；經理：張雲淵、董長卿；見議：楊子萱、邵松喬；書議：盛蔚岑。

一、議坐本七萬四千兩之内，嘉定撥辦一萬四千八百兩，南京撥辦一萬四千八百兩，常屬撥辦四萬四千四百兩。

一、議常屬辦繭多少須看繭價高低以爲伸縮，繭本烘工一切費用在内。繭在五百五十斤，成絲至申，核價通扯，如價在一百十兩之内爲上盤；四萬四千四百兩之外尚可籌款多辦，如價在一百十五兩左右爲中盤，盡此四萬四千四百兩辦完，如價在一百□之外爲下盤，即行停辦。

一、議領本辦繭以至開廠繅絲、售絲，統歸張雲淵、董長卿二人經理。銀錢賬目、用人定盤，一切均須同在一處和衷會商辦理，如有意見不同及重大疑難之事，准其請示東家決斷。

陳旭麓等《盛宣懷檔案資料選輯之六》上海機器織布局《華盛大純等合股辦華大絲廠合同光緒二十六年二月》 立合同議據：華盛、大純等自本年四月十五日起，租賃大豐絲廠、徐匯絲廠，更立華大廠號，集成資本規元十萬兩整。華盛五股計五萬兩，大純一股半計一萬五千兩，旭記一股計一萬兩，泰記半股計五千兩，豐記半股計五千兩，惲心記半股計五千兩，張雲記半股計五千兩，合記半股計五千兩，通共合成資本規元十萬兩整。爲此酌立合同議據八紙，各執一紙存照，自今年四月十五日起合至明年四月十五日止，一年之中利益均沾，盈虧相共，事秉至公，酌議六條，以昭信守。謹訂：

一、議坐本十萬兩，如有不敷，無論多寡，應歸股東各記按照股本數目，經手匯入，並由經理人查照，原匯期息先行歸清匯項，經理人不得逾期延宕，亦不得私辦繭絲。

一、議收繭時租賃繭行，牙帖烘竈必須擇選善地，貨色既高，人地亦穩，免滋事端，責成經理人擇選。

一、議頂牌售絲專做洋莊，酌數抛出五成，以憑收繭時約價核算，庶有把握。

一、議廠中支應款目，務求精核，減省浮費，用人一項利弊參半，萬不得瞻徇情面，以杜偷漏而專經理；責成薦保認賠虧耗。

一、議廠本周年酌提官利八釐，逐年清結，得有盈餘，作十二成開拆，以十成歸公，按股均分，其餘二成酬勞各執事，花紅按其勞逸獎勵。

一、議銀東可派妥人分路買繭，以期迅速，而資比較，但取辦之繭仍歸經理查看使用。

以上六議大致均能遵守，倘有續議，隨時增入坐簿，務期和衷共濟，顧持大局。

光緒二十六年二月□日立議據：華盛廠、大純廠、旭記、泰記、豐記、惲心記、張雲記、合記（維松咏、雲銓）。書議：盛蔚岑。

陳旭麓等《盛宣懷檔案資料選輯之六》上海機器織布局《華盛新公司存息光緒二十六年十二月三十日》 謹將華盛新公司各項存息光緒二十六年十二月底止各户數目開呈鈞鑒：

貴公司：存息規元 37,103.333兩。
鐵路公司：存息規元 107,982.533兩。
五福堂：存息規元 35,490.991兩。
杏記：存息規元 4,413.333兩。
招商總局：存息規元 7,458.132兩。
電報總局：存息規元 23,660.001兩。
北洋學堂經費：存息規元 1,244.408兩。
晉賑餘款：存息規元 3,824兩。
天津海防支應局：存息規元 11,503.217兩。
天津籌賑局：存息規元 11,345.106兩。
善記：存息規元 20,433.333兩。
五魁記：存息規元 20,433.333兩。
明善記：存息規元 20,433.333兩。
天津備賑公所：存息規元 12,111.293兩。
備賑公所：存息規元 1,529.868兩。
天津廣仁堂：存息規元 6.703兩。
備賑息款：存息規元 2,043.333兩。
津河廣仁堂：存息規元 123.03兩。
蘇記：存息規元 13,240.8兩。
沂記：存息規元 13,622.242兩。
彌方記：存息規元 10,216.667兩。
津記：存息規元 8,173.333兩。
吉記：存息規元 6,130兩。
華記：存息規元 4,086.667兩。
王雲記：存息規元 4,086.667兩。
雨記：存息規元 11,157.942兩。
愚記：存息規元 1,085兩。（辛七月二十五接到）
新記：存息規元 184.063兩。
恩記：存息規元 95.135兩。
和記：存息規元 41.087兩。（二十七年二月二十一日付訖。提本）
慎修誠記：存息規元 206.393兩。（二十七年三月初九日付訖）
太原恒記：存息規元 98.89兩。（二十七年三月十四日付訖）
仁濟和：存息規元 1,520兩。（二十七年四月二十二日付訖。提本）
陳咏記：存息規元 35.987兩。（二十七年正月二十九日付訖。提本）
通商銀行：存息規元 1,273.65兩。（二十七年正月二十三日付訖。提本）
安記：存息規元 101.75兩。（二十七年四月二十九日付訖。提本）
錢莊息款：存息規元 266.859兩。（二十七年二月底付出，歸入息款收轉矣。）
勤記：存息規元 4.031兩。（二十七年正月二十九日付訖。提本）
汪篤記：存息規元 12.707兩。（二十七年四月二十四日付訖）
劉正平：存息規元 7.88兩。（二十七年二月二十二日付訖。提本）
李記：存息規元 9.455兩。（二十七年二月二十一日付訖。提本）
唐記：存息規元 0.158兩。（二十七年正月二十九日付訖。提本）
恰記：存息規元 4.67兩。（二十七年正月二十日付訖。提本）
盛滋記：存息規元 1.176兩。（二十七年六月初五日付訖）
慎餘記：存息規元 182兩。（二十七年正月十八日付訖。提本）
華盛（老廠移交多存息）：存息規元 874.324兩。
英記：存息規元 44.443兩。（二十七年三月十三日付訖。提本）
餘德記：存息規元 8.674兩。（二十七年二月二十一日付訖。提本）
以上四十八户共存息規元 397,911.93兩。
督辦大人鈞鑒。集成公司帳房謹呈。

陳旭麓等《盛宣懷檔案資料選輯之六》上海機器織布局《華盛新公司光緒二十六年分盈虧總結光緒二十六年十二月三十日》 一、進光緒二十六年底，集成公司將各户存款改作新股接買全廠，按照原價規銀 2,100,000兩
一、進自保船險截存規銀 7,777.7兩
一、進自保火險截存規銀 57,933.549兩
一、進股分存息截存規銀 2,171.177兩
一、進各户存款豁免利息存規銀 216,625.292兩

一、進售出棉紗價存規銀 2,504,257.264兩

一、進售出布匹價存規銀 9,207.434兩

一、進售出子花價存規銀 44,236.119兩

一、進售出花衣價存規銀 562,897.945兩

一、進售出花核價存規銀 67,182.227兩

共進規銀5,572,288.77兩

一、支還清各户存款規銀 2,437,302.468兩

一、支還清各項息款規銀 397,911.93兩

一、支還上年存花紗布成本規銀 1,235,358.975兩

一、支還本年辦進子花、花衣成本規銀 1,633,925.521兩

一、支還本年買進棉紗成本規銀 33,314.3兩

共支規銀 5,737,813.194兩

進支兩抵不敷規銀 165,524.487兩

陳旭麓等《盛宣懷檔案資料選輯之六》上海機器織布局《承租華盛紗布軋花等廠大略章程光緒二十六年》 承租華盛紗布軋花等廠大略章程。

一、上海楊樹浦華盛紗布軋花廠房屋、機器、應用活件、碼頭、棧房以及出租房屋一並承租在内。

二、承租之廠以接辦之日起，期每年不計閏月，認繳上海九八規銀□萬分作兩期交納，以六對月爲率。

三、租期訂明五年或十年，立據爲憑，限期未滿之先，無論是否盈虧，出租人不能收回，承租人亦不能告退。總以合同年限爲憑。倘承租人於期滿後仍欲接辦，應於期滿一年之前，酌議接租章程，如有別商亦欲承辦此廠事業，倘租價相同，應援遵前不遵後之例，仍歸先租人接辦，以昭公允。

四、如遇兵荒水火等事，必須停工，即不能照繳租銀，須候事定後開工之日起期，再行計算。

五、廠内房屋機器，例須保險，應歸廠主承行，與承租人無涉。其花、紗、布四、物料等須歸承租人承行，與廠主無涉。

六、華盛廠商股、官款，以及各項長借、短挪、抵押等款均由原廠主歸償，於承租人無涉。

七、廠内從前所雇洋匠以及華人司事、工匠等友，任憑承租人擇善而用。倘有不合，隨時辭歇，不得藉口合同未滿，以及先時薪水等項，仍歸廠主理給。

八、華盛廠原有紗布牌様，統歸承租人襲用。如要別添新牌，亦准承租人隨時添造。

九、廠内一切生財什物，必須檢交承租人承用，不零補租價，内有紅木、硬木等件，用能經久，限滿方能照繳。其粗重差貨等件，最易損壞，限滿時不論完損只照原接件數交還，以不致短少爲度，日後兩無異言。

十、廠内所存棉花、煤炭以及機器内需用物料，承租人須照市價補交銀兩，此外無論已用未用，已安未安，機件活料凡屬現在之件，概行檢交承租人使用，不零補銀價。其前定未到物料，承接之後方到者，查係實屬需用之件，應於到時由承租人收用。照外洋廠單給價，庶有區别。

十一、廠内一切機器、房屋，必須修整堅固，承租人方可接辦。兹後如恐承租人糟蹋損壞等情，擬公請一熟悉公正人，每禮拜内到廠巡閲一周，倘有不妥之處，隨時指教，其經費各認其半。

十二、廠内房屋、機器歷年已久，既接辦後大修應歸原廠主修理，小修約銀不滿五百兩者歸承租人自行修理。

十三、新陳交接之際，必須暫時停工，俾可檢交，機器、物料，核准登册，一面應須修理齊整，方可接手開工，或先立草議，再訂接租開辦日期。

十四、承租人向蒙宫保栽培，理應竭誠報效，以冀蒸蒸日上。目今國家正在整頓商務之際，宫保爲商務之領袖，務請極力保護，是爲萬幸。宫保始創紗布局廠，耗費資財，煞費苦心。今承租人頂承現成之基業，能不興木本水源之思，還冀宫保於承租人所招股中仍搭以十中之五，將後仰荷蔭庇，得有盈餘，在宫保亦得稍收前耗，即承租人亦藉以稍申報稱。惟廠内應行事宜必須商董會議施行，以晤公允，以洽輿情，更爲萬幸。

陳旭麓等《盛宣懷檔案資料選輯之六》上海機器織布局《承辦華盛紡織廠條款光緒二十六年》 謹將承辦華盛紡織紗布廠條款開呈鈞鑒：

一、照西人估值價銀貳百萬兩，按年五釐，繳息銀拾萬兩。

一、期限叁年，統扯核算，息銀倘若不敷，願甘賠足五釐。

一、倘有虧摺，亦由承辦人賠償。

一、承辦人爲報效整頓起見，自備車馬資斧，並不開支薪水。

一、廠款承辦各人不得挪借。

一、如有盈餘，開帳呈明，查勘的確，酌給薪水、花紅，其餘盈款悉歸公司，承辦人不得以有賠償之條，希冀盈餘致負報效初意。

一、承辦人家資非厚設竟仍然虧摺，甘願賠償，以五萬兩爲限。

一、承辦人原有仁濟和保險股分七百五十股，抵押在籌備項下，逐年款將還清，即以是項股分約值銀叁萬餘兩，移爲押信，庶免徒托空言之誚。

一、將廠内現存花紗布，以及煤料照市估價，作爲周轉活本銀，約銀二十五萬兩之數，按年伍釐核繳息銀。

一、廠内司事俱仍其舊，以資熟手，只求益加勤慎。

一、查布機已於二月間停織，應請將布機項下按估價開除息銀，俟織布時起另行核繳。

陳旭麓等《盛宣懷檔案資料選輯之六》上海機器織布局《包辦華盛廠承攬據光緒二十六年》 謹擬包辦華盛工廠承攬據恭呈鈞鑒：

立承攬據：楊士聲、王紹成等承攬到又新公司華盛工廠紡紗每包用花衣三百四十斤，每一小包仍照前章十磅零二五，十六支工價十二兩，十四支十一兩，十二支十兩，十支九兩。經紗十兩大包，工價每包六錢。又織粗布每匹工價六錢，加風耗每匹半磅（向例一磅，今減半磅）。楊士聲、王紹成等自華盛開辦至今，歷經廠務艱難情形，所有其中利弊，一概清楚。現擬公同包辦，特央股實錢莊作保元二萬兩。惟此數以備脚花滯銷時向公司通融銀款，即將脚花作抵。倘有不敷之數，自當向保理直，決無貽誤。

所有房屋、機器小修均由承包認修，如遇大修，由工廠知照公司，即由公司派人修理。所有工程處長短工亦由工廠雇用，以備操演水龍緩急之需，所有花衣，每日約計出數，由棧房發交工廠，每一禮拜領工價時，如數結清，決無拖欠。進花、收花與工廠出數收關，仍須工廠驗看蓋戳後方可領價。南北市花衣仍照前章烘晃，九摺作算。本廠多紡十六支，須搭通花二、三成，購花時必須預備。惟十支紗亦須搭紡十部，因可鑲用頭號飛花，以長出數。布機用花向搭美國花衣二、三成，或通花四、五成，因出數較好，布綫亦可勻稱。以後織布，仍須照此配搭，設美衣價值過昂，只可多用通花。棉紗、布匹成包，仍由工廠每日裝送公司棧房，以蓋回單爲憑。現擬試辦一月，以觀後效，再行續辦。恐後無憑，立此承攬據爲照。

陳旭麓等《盛宣懷檔案資料選輯之六》上海機器織布局《庚子年華大新公司薪水單光緒二十六年》 邵松喬，洋八十元。

陳咏珊，洋五十元。
潘雲峰，洋五十元。
盛鏗如，洋三十五元。
葉静濤，洋三十五元。（集成）
張守仁，洋三十五元。
江松筠，洋二十八元。（裁）
盛蔚岑，洋二十元。
金澤榮，洋二十元。
葉雲樵，洋十四元。
王桐軒，洋十元。
惠福卿，洋十六元。（裁）
傅秋亭，洋十元。（裁）
陳雲卿，洋十元。
蔡吉琴，洋八元。（裁）
顧咏銓，洋十元。
顔仲和，洋十元。（裁）
徐菊朋，洋十二元。（裁）
楊廷選，洋二十四元。（裁）
薛肯堂，洋二十四元。
王嵩堂，洋十二元。
華盛棧房包費，洋二百元。
大純棧房包費，洋一百七十七元。

陳旭麓等《盛宣懷檔案資料選輯之六》上海機器織布局《南華氏致盛宣懷函光緒二十六年》 敬再稟者：秋初聞華盛紡織廠將讓與外國人，由上海及天下而論，一廠所入不過微小，利權尚難支持，何以謀自强之道。鄙人竊深惜焉。鄙人兩次至廠，見規模宏壯，製造精良，建此鉅業，頗非容易，誠不必推而廣之，自可以垂久遠，第恐或狃於成見，或局於偏偶，又甚者上下相蒙，統同作弊，玉卮無當，萬難使盈，斯則棘手不可爲矣。今天下以大人爲人物，權衡海内之士，咸思奔走效能，若以葑菲可採，則自薦奚慚。儻蒙栽培派入，俾得悉心襄理，當將實在情形一一繕條上呈，均使有利無弊。乃止期至一年，較前有效，大人必獲覘其短長。現在最緊要者，第一，慎選司事，如夏間白某事可鑒。第二，嚴察棧使。第三，整頓男女工頭。第四，清理帳目，月造報銷外，當有滾存總簿。第五，時稽進出貨。第六，考究機器。其餘悉當不辭怨勞，和衷共濟，必能如願而償。吾人品學須於不立異、不苟同、不失己、不失人，四者中見及。在大人知人論世，爲國爲民，夙夜勤劬，蓋忠自矢，爲中外所仰瞻，亮早洞澈諸情弊，似無需管見之臚陳，苟謂書生戎馬，紙上談兵，不能實事求是，則是春蠶作繭，夏蟲語冰。鄙人空存附驥之願，末由表見於今時矣。但鄙人不敢明言，又不忍緘默者，實因此廠之得失，非特上海有關係，亦中國所關係也。

陳旭麓等《盛宣懷檔案資料選輯之六》上海機器織布局《華盛紡織公司售與集成公司華文約據光緒二十七年正月初六日》 本約契於光緒二十七年正月初六日即西曆一千九百零一年二月二十四號訂於中國上海。由總辦華盛紡織公司盛荔蓀爲本身並代該公司各股友等與集成公司兩面立訂此契。盛荔蓀及該公司即稱售主。「售主」二字凡無礙於上下文之處，以本義解，應作本身及各股友之子嗣與承辦事務人及一切照華例能承辦身後事務之人而言。集成公司此後即稱買主。「買主」二字，凡無礙於上下文之處，以本義解，應作本身及承繼接辦事務之人而言。買主給付買價上海九八規元貳百壹拾萬兩，此款售主業已收到。此契係證明以上所給之款。售主將所有坐落上海楊樹浦華盛紡織公司之地段房屋、碼頭、機器及一切生財傢伙均轉歸買主所有。該地段詳明後附第一清單內，其屋宇、機器、生財（傢伙）（家伙）各物，均詳細載明後附第二清單內。所有上開產業及現在與向來一切應有之權利，一並援與買主執業，惟須遵照道契所載各章程辦理，售主並訂明，如售主或其上手業主設曾有辦事不妥、遺漏或知情任爲以致與買主有礙，無論如何，售主實有全權將以上所言產業轉與買主，而買主亦可任便將該業安然管理。售主及承囑轉地經手之人，及各承托之人，均不得藉端阻撓。如有售主或其承托之人，有一切追索賠償等事，致買主吃虧，售主應照賠與買主，並訂明以後凡遇買主囑售主如何辦法，庶執管該業之權利較以上所載辦法更爲妥貼，但係合例，則售主及代其轉業之人，或於該業有分之人，或售主所托之人，或代辦事務人，或其上手業主，必須照辦，其費由買主付給。

第一清單

一、美册第七百四十三號地段壹百零五畝七分七釐三毫，北至楊樹浦，南至美册第七百四十四號地段，東至美册第七百四十五、四十六號地，西至美册第七百四十二號地。

二、美册第七百四十四號地弍拾七畝四分六釐三毫，北至前地，南至黃浦河，東至美册第七百四十五號地，西至美册第七百四十二號地。

三、美册第七百四十五號地三拾壹畝六分六釐五毫，北至美册第七百四十六號地，南至黃浦河，東至大純廠，西至美册第七百四十三、四十四號地。

四、美册第七百四十六號地三拾六畝七分五釐，北至楊樹浦路，南至美册第七百四十五號地，東至大純廠，西至美册第七百四十三號地。

第二清單

在七百四十三號道契地上，計地壹百零五畝七分七釐三毫，所造大小廠房六所，引擎鍋爐房大小叁間，寫字房壹間，棧房兩座。

北廠物件計開：

細紗機壹百零七張，計三萬八千四百八十四錠子。

三號粗紗機三十九張，計六千一百八十錠子。

二號粗紗機二十二張，計二千七百四十八錠子。

頭號粗紗機十八張，計一千二百六十六錠子。

棉條機十八張，計三百三十六段。

鋼絲機　一百零六件。

打包紗機　一張。

一千匹馬力引擎　一座。

橫式鍋爐　兩座。

水管　二千零二十八節。

抽水機　一座。

小引擎　一座。

南廠物件計開：

細紗機七十二張，計二萬六千二百零八錠子。

三號粗紗機二十八張，計五千零四十錠子。

二號粗紗機十三張，計一千八百二十錠子。

頭號粗紗機十二張，計七百九十二錠子。

棉條機十三張，計二百七十三段。

鋼絲機　七十二件。
織布機　五百張。
漿紗機　兩張。
落紗機　十張。
經紗機　十張。
刮布機　一張。
印布機　一張。
打布包機　一張。
七百匹馬力引擎　一座。
橫式鍋爐　五座。
灑水機　八十七副。
抽水機　一副。
水管　一千五百六十三節。
抽水筒　一件。
電燈機　六件。
電匙　一件。
摺布機　一張。
三層樓搖紗廠物件：
搖紗機　四百零四張。
打小包紗機　十三張。
清花西廠物件：
頭號清花機　五張。
二號清花機　十張。
三號清花機　十張。
水池　一座。
中等引擎　一座。
抽水機　一副。

在七百四十四號道契地上，計地二十二畝一分三釐一毫，所造棧房兩座。

在七百四十五號道契地上，計地二十九畝五分三釐五毫，所造大小棧房十座。

在七百四十六號道契地上，計地三十六畝七分五釐七毫，所造廠房五間，引擎鍋爐房一間，棧房二間，住宅一所。

清花東廠連軋花廠物件：
頭號清花機　兩張。
二號清花機　兩張。
三號清花機　兩張。
水管　一千零二節。
抽水機　一副。
（抽）〔抽〕水筒　一件。
電燈機　一副。
日本軋花機　一百三十部。
二百四十匹馬力引擎一座。
橫式鍋爐　三座。
貨車　一部。

光緒二十七年正月初六日，即西曆一千九百零一年二月二十四號。
立契約：總辦華盛紡織公司盛荔孫。
見中：朱子文、楊子萱、葉靜濤。
代筆：金匊蕃。

陳旭麓等《盛宣懷檔案資料選輯之六》上海機器織布局《渝葉俞去電光緒二十七年三月初六日》　卅日止售紗二二九包已悉，散紗之外何以另立原紗名目，價又極賤，虧本甚大。山苞是我舊交，旭樓係專派管帳，去年細帳至今未到，公司未能結帳，實不可解。上海花紗大漲，必須設法提價。宣。魚。

陳旭麓等《盛宣懷檔案資料選輯之六》上海機器織布局《滬王道等來電光緒二十七年三月廿八日》　奉電諭遵赴又新查辦，鬧事者已交公廨嚴辦，主使停工者須查有確據方可究懲。經勸戒並行各廠，今日已照常開工，堪慰憲廑。紗布價高，停歇虧利，欲徹底更換，非停工一月不可，應俟價平澈辦，以期永久安輯。僅顧目前，仍難免恃衆要挾也。王道趙守均已赴揚。善、珏、潤稟。

陳旭麓等《盛宣懷檔案資料選輯之六》上海機器織布局《滬顧咏銓交王閣臣去電光緒二十七年十二月四日》　上年洋行願借金鎊，現值鎊貴，鐵廠需用皆金，昨東方銀行詢呂柏願借佛郎克，弟意擬爲鐵廠借十萬鎊以還禮和，並購機爐，並將紗廠及滬産押十萬鎊，以還正金各銀，款期五年，息七釐，請向各洋行密商電復。宣。文。

中國第一歷史檔案館《德宗景皇帝實録》卷四八六《光緒二十七年八月》

會辦商務大臣宗人府府丞盛宣懷奏，上海華盛布廠，機器紡織歷年虧累甚重，另招新商頂替，改换廠名，下部知之。

陳旭麓等《盛宣懷檔案資料選輯之六》上海機器織布局《劉某致盛宣懷函光緒二十七年十二月十八日》 謹將紗廠弊情並生財兼剋苦工人繕陳數條，恭呈宫保大人電鑒：

論華盛、大純兩廠之事，理當每年可以生財，將數年花價並花衣成紗價目除算，總不致逐歲失利。若能管事人精細嚴明，不增身貴，亦與工人言論，可明各事弊端，賞罰分明。須知工人甘苦，少明生意之道，皆可獲利生財。生財者，皆爲不難；難者，用人。人有大面，薦入廠者，亦不可重於靠托，亦要擇才用人，方得獲利。若廠内生利之根出於辦花，及收花棧房、清花廠爲重，若棧房、清花廠合弊者，則難以生息矣。

卑職本不知廠内弊情，因見各事工人談及(務)〔無〕論何事，皆能生弊等語後，閑游廠内，所見之事與工人之言相合無異，況廠内之事，理無與問，本不敢冒犯，素聞宫保仁慈，世善濟人，今反與別人作弊損財，人心何忍。所見衆工人被廠剋苦，難以伸訴。最恨者得重資另生弊心。爲此，略論作弊之始出於辦花處及船户，或收花棧房，清花廠。每用濕花入廠，可以抵合擔數，此弊烘耗甚大，十去二三。若進干花，爲弊者壹磅壹報數目，故清花廠常聞有虧花衣等情，在内爲弊者亦不多，必須分清皂白，切勿冤累別人，非精明之人不能識破分辨矣。

論華盛前總辦在時，按置滚水氣鍋，因日夜班工人上萬，每班有四、五千人，早帶冷飯進廠，直至放工，爲此多設氣鍋近便，以免工人擁擠，亦不誤做工。忽然，今將滚水氣鍋(摺)〔拆〕毁，現以東花廠(摺)〔拆〕動，據云可省煤二、三頓之説，豈不知工人吃水，遲早不一，若著人送水到廠，則天寒易冷，工人必鬧車取水，擁擠難免口角。如工人到遠爐取水，即誤工少做，暗虧若干，可以相抵。如要省資省煤，不在此處，在機爐内，火夫仔細燒煤可省。並鐵廠物料進出，用人多寡，可勝千倍矣。

論前總辦治廠規矩方正嚴明，不與賬房管事人作弊，不扣工人分文。(務)〔無〕論廣内停出工人，及工人自停，一概隨發存工，並清工價，工人領到即走。倘遇發工錢日期，用賬臺車一座，將洋錢派就，工資推到廠内排發，工人亦不擁擠誤工，於放工時即走，不得逗留至晚。爲此到今工人常多而缺。惟大純廠規損人利己，内外作弊之法，如工人投廠做工，先做一月則付兩禮拜工錢，余多存摺不付。再另扣洋一元，共存四五元於賬上，若遇發工錢日期，至放工時到賬房領取，衆工人搶付擁擠，直發到深晚方清。工人亦有少領一、二角洋者，三、五十錢者，近處人心定，見少面，我若轉身即不與矣。遠處人領到即走，到家合算，少亦無法矣。倘若工人自停或廠内停出者，一概不發存工，賬房誘約多期，工人至期取付，賬房屢誘不發，如付到存工者，十人難有一二，餘者皆被賬房所吞，亦有冤罰工人工錢者三五工不一，豈不苦於工人。故此北廠日夜班缺工人項多，若能改華盛廠規，衆工人感德無盡矣。兹於四月間，廠内云工人被機器傷手，衆皆未見傷人，捐工人日夜班半工，約洋二百餘元。於十月内送萬民傘之事，衆工人皆願敬送，亦捐工人二百餘元。所有廠内一切各事弊端，筆難盡述。俱非面稟，方能情細。若然廠内生財必須絶弊，選一老實之人明察或暗訪，一人可以無弊，仿雍正年用俠客之意。各官不能爲弊，而天下太平矣。

論前總辦行爲作事皆好，不高身價，老幼無欺。惟今春被工人小雪通情，小雪又引出阿惰等四人漸入迷境，似比紂妲姬無異，從此不理廠事，聽憑四妖女在廠妄爲尋事生端，生財利己，停罰工人，或罰一兩禮拜，亦有冤罰，而稟總辦者推回不理。亦有領工錢將近，忽被停罰到家，無食無錢自盡者亦有。直至總辦故後，衆工人尋小雪欲食其肉，屢尋未見，只得辱罵數日方散。小雪從此赫怕，再不敢與工人論事。忽今又見小雪，仍然在細紗樓作爲工頭，雖管女工，易不敢多言，聽憑工人自主其事。此人在廠亦無益處，不知何人包藏在廠，況前總辦多年餘德，被小雪盡赴東流，起禍身亡，豈不與小雪冤恨切骨，何能容此妖女在廠淫亂，若不停出，望後亦不美矣。楊樹浦東效績五十六號劉具。

陳旭麓等《盛宣懷檔案資料選輯之六》上海機器織布局《華盛廠出售議據光緒二十七年》 一、華盛紡織廠作價二百十萬兩，先付現價一百十萬兩，又股分抵押亦付現銀八十萬兩，准照長年五釐起息，一年爲期，期滿不論長跌，均歸買主執業。薦價銀二十萬兩，本應一年之期付與賣主，但賣主情願貼年息五釐，所以買主亦肯付現，一年到期，賣主付還八十萬項下五釐息銀、四萬兩，又二十萬項下五釐息銀一萬兩。

一、兩面訂明華盛招牌中國字仍行照舊，賣主仍充公司董事，但廠務均歸買主做主。

一、華盛經租公司房亦應由買主承受，價銀十七萬兩一起交易。

陳旭麓等《盛宣懷檔案資料選輯之六》上海機器織布局《開利致又新紗廠函 光緒二十七年》

又新紗廠諸位先生臺鑒：前奉尊命，囑爲調查各廠機件雜物等項，雖限時過促，而開利已悉心調查核實估價。今將貴廠所有各種機件納入細紗錠子内合算，每只計元十四兩，共計六萬四千六百九十二錠子，合元九十萬五千六百八十八兩。開利意每錠估元十四兩之鉅，並非過昂其值。因目下如須購新者，每錠連電燈修機、皮棍等件項一應在内，須合元十九兩。即目下所紡之紗亦合市銷。貴廠如能延聘一精悉花之身分高下者，用以剔選花衣，則所出之紗，較目下尤能起色。

至布廠物件，亦已估價，另列清單，將布廠各機件納入布機内合算，共計元四萬二千兩。紗頭廠共估元一萬三百八十兩。軋花引擎鍋爐雜物共估元一萬九千一百五十兩。絲廠各件因不甚明晰，未敢妄爲估值。今將估見各廠機件總數價開列於下，敬祈臺鑒：

計南北廠連引擎鍋爐、幫浦、電燈、滅火管、噴水管、修機廠、皮棍房等一應在内，共計元九十萬五千六百八十八兩。布廠共計元四萬二千兩。紗頭廠共計元一萬三百八十兩。軋花廠連引擎鍋爐、剥花衣機共計元一萬九千一百五十兩，以上共計元九十七萬七千二百十八兩。另有積水臺打水廠鍋爐引擎水管及新烟囱合計元五萬四千五百兩，紗頭廠内清花機四部，合計元一千六百八十兩，以上總共計元一百〇三萬三千三百九十八兩正。專此，即請暑安。開利謹啓。

再者聞得貴廠有將廠基出售之意，照開利所估之價，如有售主，當不致議其估值之失實。且貴廠地基極大，所有空地如添建毛冷廠、麻布廠、制革廠及各種工藝廠，無不相宜。因棧房及自來水等均屬便當。至前所云，每錠能加修理費元三兩，可保十年内與上海各新廠並駕齊驅。清花廠如將舊車十五部换去，以新式車五部抵用，可使清出之花格外合用，並可省去人工物料等項，合計三年所省盡敷辦新車之用，所有廠屋及棧房各處房屋均不在估計内。

陳旭麓等《盛宣懷檔案資料選輯之六》上海機器織布局《集成紡織廠估價單 光緒二十七年》

全廠基地道契四紙，共計二百〇一畝六分五釐一毫，計七百四十三、七百四十四、七百四十五、七百四十六號，照瑪禮孫估單，計價四十三萬二千兩，内有七百四十一號、七百四十二號道契，計地二十七畝二分九釐四毫，即西效績里。大德油廠係屬別公司不售。

另有沿江漲灘升科地六十三畝八分三釐九毫，未估在内。

全廠房屋照瑪禮孫估單，計價六十一萬兩。

全廠機器照開利估單，計價一百〇三萬三千三百九十八兩。另有修機廠、繅絲廠機器等物未估在内。

共計已估價銀二百〇七萬五千三百九十八兩。

陳旭麓等《盛宣懷檔案資料選輯之六》上海機器織布局《盛宣懷致馮曉卿函 光緒二十八年二月二十八日》

昨奉手示，以敝處前捐致用精舍項下華盛機器紡織總廠股票一紙，計規銀三千兩。現在此項股本是否尚存，股票是否有效等語敬悉。查華盛紡織廠集股八十萬兩，開辦後息借各款共用資本二百〇八萬餘兩，歷年虧摺截至光緒二十六年十二月止，將原股八十萬虧完之外，尚虧墊銀十六萬餘兩。當時股東會議不願再添資本，將該廠地基房屋機器等項悉照原價全盤售與集成公司，計價銀二百十萬兩，此外虧墊銀十六萬餘兩，責成舊股東設法攤還，於光緒二十七年八月稟請商務大臣會同南北洋大臣奏明在案，所有華盛舊股票一概已經作廢。

盛宣懷《愚齋存稿》卷五《上海華廠紡織虧累招商接辦摺 光緒二十八年八月》

奏爲上海華廠機器紡織歷年虧累甚重，亟圖招商接辦，以求挽回，恭摺具陳，仰祈聖鑒事。竊光緒十九年上海織布局廠機被焚，北洋大臣李鴻章以洋貨進口紗布實爲大宗，應在上海號召華商另設機器紡織廠，以土産敵洋貨，力保中國商民自有之利權。其時臣在津海關道任内，當奉奏派赴滬，將前局結束，分籌資本規復，一面設法擴充。嗣經招徠，新股，就織布局舊址設立華盛廠，另在上海激勸華商招投，分設華新、大純、裕源、裕晉等廠，先收股分一半，次第開辦，布置年餘，廠屋造竣，機器到齊，未幾而日本釁生，馬關約定，商股觀望。未交之款招之不來，機錠已開，勢無中止，商董竭蹷籌款，力已難支，而洋商得在口改製土貨之條，急起直追，來與我角。怡和、瑞記、公茂、鴻源各洋行運機造廠，先後開辦。花價因争買而益漲，工價因争僱而益昂，在上海華洋商廠皆聚於楊樹浦一隅，互相傾軋，無不虧本。而華商魄力太微，與各洋廠馳逐於咫尺之地，不待智者而策其必敗矣。裕晉廠見機獨早，稟請將全廠售歸德商，裕源廠亦稟請另招洋商入股，大純華新均岌岌自危，不可終日。華盛機器倍多，虧摺愈甚，茲據華盛廠商董稟稱該廠原奏係承接布局，冀以土産抵拒洋貨，故購辦紡紗機器至六萬五千錠之多，織布軋花機器俱全，所用資本二百八萬餘兩，甫經收集商股八十萬兩，即遭甲午之變，洋廠紛來，華股裹足而機廠各價不能不付，乃由商董籌借息債，支持危局，七年之久。截至光緒二十六年十二月止，將原股八十萬虧完之外，並將應給各債項利息酌量豁除，尚虧墊銀十六萬餘兩，所有息借各款紛紛催偪，補救無方，經各股商會議，不願再添資本，祇得將該廠地基、房屋、機器等項，悉照原價全盤售與集成公司，計價銀二百十萬兩。該廠機器房屋已舊，而集成華商允照原價承受，實因前廠息借各款已無現銀可收，不得已添湊股本，受此呆産，喫虧亦鉅。此外虧墊十六萬餘兩，應按照公司章程責成股商陸續設法攤還，業已另立售契，改名集成，悉歸新股接辦。所有華盛舊股既不添本，以後新股盈虧皆與舊股無涉，其所執華盛及織布老局股票，一概作廢，以符公司章程。稟請批准，會奏立案前來。臣查中外商務，無論夥開獨開皆准歸併頂替，況華盛廠商虧摺鉅款實已無力添本，其買花僱工紡織之資亦無可再挪，若聽其停工止辦，不特與抵拒洋貨本意不符，且機器一經停輟必致銹損難修，無可收拾，自應准其另招新商頂替，改換廠名，再接再厲，核與商務章程毫無違礙，該廠前係北洋大臣李鴻章會同南洋大臣劉坤一奏明在案，所有歷年紡織虧累亟圖招商接辦情形，理合會同商務大臣直隸總督臣李鴻章、南洋通商大臣兩江總督臣劉坤一合詞恭摺具陳，伏乞皇太后、皇上聖鑒訓示。謹奏。本月二十一日奉硃批，該部知道，欽此。

陳旭麓等《盛宣懷檔案資料選輯之六》上海機器織布局《華盛廠欠花情形光緒二十九年》 謹將華盛工廠欠花情形瀝陳洞鑒：

計開：

一、烘花因皮花有潮濕，無從知其分量，烘則多少立見。向來極干子花軋出皮花有九四五摺，少亦有九三摺，若九二摺，則平常分量也。去夏張守仁因軋廠潮子花軋出皮花烘八八摺，即到工廠來説，現收行花只有一處，業交夏令，收數無多，公司限價較火機皮花每擔少至四、五、六錢不等，可否照九摺烘見等語。工廠見公司限價本少四錢，照九二摺除去二斤，却係九摺，爲數不多，吃虧有限。迨至秋季，潘雲峰擬開花行十處，趕收皮花，市面以烘見九摺，每擔須十九兩九錢，而公司定價十九兩五錢。潘雲峰謂工廠用印度花每擔須吃虧垃圾五、六斤，若本花八八摺，只吃虧二斤。花客每擔便宜二斤，而公司每擔可省四錢。工廠以公司可多四錢，即吃虧二斤，利非外溢，遂以八八摺烘見。若照邵松喬烘花時九二摺申算，每擔應少皮花四斤，價值八錢，計皮花七萬擔，須吃虧銀五萬六千兩。

一、印度花垃圾重者七、八斤或十斤不等，輕者三斤，統扯每擔垃圾五斤，計印花五萬擔，應須蝕耗皮花二千五百擔。

一、印度花驟做每日少出紗二、三十包，即以二十包算，計八個月應蝕耗銀四萬兩。

一、工廠自保火險一半，每月用工匠百餘人，計工價洋千餘元。並一切龍頭料具，每年一萬六千兩，自二十四年九月二十一日起，至二十八年十二月底止計用銀六萬八千兩。

一、耶松造自來水塔，銀一萬一千六百兩，息銀一千三百六十六兩六錢。（二十五、六、七、八年絡續付）又修北廠引擎等銀一千七百三十五兩二錢二分五釐。（二十七年二月二十八付）以上均朱子文經手。又南洋學堂取去電燈引擎，另備用地軸一根，及配各料銀三百兩。（二十五年八月付）又老公司股息銀九十兩。（二十五年十月初九付）又五福堂經里前里丈量地基做道契銀四百十八兩八錢六分（二十六年十月付）。計共銀一萬五千五百十兩零六錢八分五釐。

以上五項工廠共墊用銀十七萬九千五百十兩零六錢八分五釐，皮花二千五百擔。

有人説，印花既不合用，如工廠早説，即可不買，當可少蝕等語。殊不知公司購印花時，本花難辦，而印花較本花時價每擔小三、四兩不等。而工廠雖每擔印花吃虧垃圾五斤，只須銀八、九錢。又印花五萬擔，以二百日計算，少出紗四千包，約銀四萬兩。工廠每擔只吃虧八錢。兩共工廠吃虧每擔印花不到二兩，而公司以本花與印花比較，尚有一、二兩可多。工廠以公司爲己任，是以不肯明言，只要公司明白而已。又有人説二十五年花衣三百三十斤，工價十二兩，做十四支紗一包可以敷衍。現何虧本，殊不知二十五年花年成好，衣皮足。從前公司只知屯買，花衣價貴，取利不似近年專買撿頭攙入子花充數，且料物亦貴，金鎊又小，較二十五斤每兩須多二錢。華盛每年用料八萬兩，須加一萬六千兩，而煤已加進口税每頓二錢，每年二萬餘頓，須加四千餘兩。細紗工價，前僅二角二分，今年三角，各工因之亦大，以每月工資洋三萬元計算，每年又多二萬兩。去年印花明虧未曾彌補，今秋亦因本花買不到，添用印花較上年更壞，蝕耗愈不堪聞矣。

陳旭麓等《盛宣懷檔案資料選輯之六》上海機器織布局《朱子堯致盛宣懷函光緒二十九年》 據律師云，恭佩珥於此事所議逐節請示公司電允乃允，似乎並未擅專。即罰款一條，公司復以不論何事，恭以爲然准即照辦，是公司已擔責任，將來設有齟齬，恭與公司均難諉卸。至押售兩約，事事合例，布置周密，無一漏洞，無可指摘。恭之公司呼利居首雄於財，余董身家十分殷實，位尊望重，英國銀利太輕，故籌鉅款，擬在中國借出並興商務，既不止此一紡布廠，亦斷不肯因此一紡布廠致失後望也。總之，以律師之意，揣度之事，可必成無虞悔議云云。

陳旭麓等《盛宣懷檔案資料選輯之六》上海機器織布局《集成公司機匠致盛宣懷函光緒三十年十二月二十二日》 所有上年集成公司之花紅，機匠頭目大半吃去，今歲之花紅，望大人照工資(抓)(派)下，免得(操)(吵)鬧。如不照工資(抓)(派)下，難免大鬧一(反)(番)。所廠内之事要公平，不能如(事)(此)。大人在申，不知廠内之事，故(耳)(爾)稟明大人要照(抓)(派)花紅是也。種種拜懇之至，在大人代小工必過如(事)(此)。機匠頭目暗中調搶花，望大人查明，懇印懇印。余言面稟。此致，即請冬安！十二月二十二。機匠下手申。

陳旭麓等《盛宣懷檔案資料選輯之六》上海機器織布局《整頓紗布廠條陳光緒三十年》 謹將整頓紗布廠條陳擬呈鈞鑒：

一、洋匠專管機器之事。凡機器有應修、應改及應做何紗何布，無論鉅細事情，皆須與總辦商明辦理，不得擅自作主。

一、機匠應聽總辦調度，即有應與洋匠接洽者，亦須稟明總辦，由總辦與洋匠商妥遵照，機匠不得擅專推托洋匠，以致利歸機匠，過歸洋匠。

一、工匠、女工人等工價，均由總辦比較他廠情形，考其勤惰工拙，估定時值，酌給錢文，洋匠、機匠不得擅定。至洋匠、機匠、機工、小工、女工、童工皆須遵照督辦所定廠規，如違定即斥退。

一、各廠分設總管、總司。凡洋匠、司事、機匠、機工、女工、小工、童工悉聽調度，違者斥退。

一、司事皆係廠中辦事之人，各有專責。凡廠中機匠、機工、小工、女工、童工悉聽司事管束，如有不遵約束者，稟明總司、總管、總辦，分別議罰示懲。

一、各廠雖或包紗包布，而所用機匠、機工、女工、小工、童工人數及去取人材，增減工匠，皆由總辦、總管作主，洋匠、機匠人等不得越分借妄，致於呵斥。

一、廠中花衣、紗頭、紗管及一切物料、花紗，皆由司事隨時稽察，不許糟蹋。如違者，輕則由司事訓斥，重則稟明總管、總辦分別革留。

一、各廠洋匠、機匠人等，如悉遵調度而廠事漸有利益，分別獎賞，以示鼓勵。

陳旭麓等《盛宣懷檔案資料選輯之六》上海機器織布局《又新公司租集成紡織廠合同光緒三十二年正月初一日》 立租契合同：又新公司今租得楊樹浦集成紡織公司全廠一所，自租之後，所有在廠機器房屋等件均歸租户動用。今將議定各節附列於後，恐後無憑，立此租契存照。

一、租價每年規元十五萬兩，按四季分繳。

一、訂定租期一年，自丙午年正月初一日起，十二月三十日止，屆時如願接租，必須先盡原租户，但於三個月前彼此知照，另議合同。

一、租户接辦時，所有機器各件均屬完善，以後如添用鋼絲布、蓋板之類，須換若干，以及添新換舊各機件應歸廠主承認，作爲本廠機器成本。由又新公司出工做好，向集成公司付款，但必須先行商明而後辦。其餘損壞及零星添補均歸又新公司隨時修理，交廠時須由廠主派人驗明完善，不得再有損壞。

一、地租及全廠保險歸廠主自理，工部局四季捐由又新公司承認。

一、全廠大件機器，如引擎、鍋爐、地軸之類，均屬完善，倘於期内有摺斷損壞等情，應歸又新公司賠修。

一、滿期後，又新公司如不接租，所有脚花棧房應准工廠借用存儲脚花，以三個月爲度。

一、全廣機器房屋倘因年久損壞，須動大工，應歸集成公司承修，其餘歲修，總歸又新工廠承認。

一、華盛紗牌今一並仍租與又新公司接用，每包貼費規銀三錢，以歸華盛墊款。

一、集成公司有將全廠出賣之意，倘在租期内賣出，立即知照又新公司，須三個月交廠。

一、倘遇市面有非常之變，上海各廠皆已停工，又新公司雖在租期之内，亦應停交租費。如各廠不停而又新公司停工，即不得藉口停交租費。

光緒三十二年正月初一日。集成公司。

又新公司。

見議：葉静濤、金匊(番)(蕃)、潘雲峰、陳咏珊、顧咏銓、盛鏗如。

書議：盛蔚岑

三十三年正月初一起，每年租價減爲規元十二萬兩正，一年爲期，一切仍照以上合同所載辦理。特此注明。集成公司。又新公司。

陳旭麓等《盛宣懷檔案資料選輯之六》上海機器織布局《集成公司向浙江鐵路公司借款押據光緒三十二年七月初五日》 立抵押據：集成公司今將自置上海美租界楊樹浦集成紡紗織布全廠地基房屋機器一應俱全，並洋文置産契一分，譯成中文一件，内附機器細帳，全廠又新公司保險單一紙，並沿浦(馬)〔碼〕頭地基二百零一畝六分五釐八毫，美册七百四十三、七百四十四、七百四十五、七百四十六號道契四紙，憑中抵押到浙江鐵路公司規銀五十萬兩整，議定二十萬兩九個月爲期，三十萬兩十二個月爲期，周年七釐七毫半計息，係光緒三十二年七月初五日交款，期至三十三年四月初四日解還規銀二十萬兩，又於七月初四日解還規銀三十萬兩，息銀每三個月一付，到期本利一並歸清，決不蒂欠延誤。所有道契過於哈華托挂號，户名浙江鐵路公司，由美領事署注册。如過期不贖，聽憑浙江鐵路公司交洋人拍賣歸款，如有不足，仍向原業主補足歸清。恐後無憑，立此抵押據存照。

（本年四月初四日到期規元二十萬兩，言明轉期三個月，按月七釐起息，特此批明。光緒三十三年四月初四日。集成公司。）

光緒三十二年七月初五日立抵押據。集成公司。經中：謝綸輝、徐冠南、顧咏銓。

陳旭麓等《盛宣懷檔案資料選輯之六》上海機器織布局《陳景瀚潘國瑾顧潤章致盛宣懷函光緒三十二年七月二十四日》 奉諭盤查花棧房，帳外查出棉花布袋有霉爛不堪者，有尚可擇用者，有竟是好花者，約共值銀九千六百餘兩，存積決非一年，乃花棧房匿而不報，其用意令人莫解。猶意上年捕房拿獲偷花出售之小工贓貨數十包，弊非一人所爲。景瀚有鑒於此，本年派令巡丁輪流分段站崗，防備嚴密。四月間，公司議停日工，並停止買花，棧内存貨日稀，花棧房始報出乙巳、丙午兩年磅餘一千三百餘擔，現在又查出四百餘擔，爲數不可爲不鉅。查花棧房報帳，每年皆付子花虧磅，而此次查出帳外子花多至三百餘擔，何得爲虧。且上年公司風聞棧房所存破袋不少，議定出售，而莊欣之堅稱無貨，説之再三，勉售百餘擔。而此次查出破袋如許之多，其用意尤不可解。總之，棧房責任甚重，弊病甚多，管守者即使一刻不離，猶恐疏失。況莊欣之現充濟泰紗廠辦花董事，事務繁重，每禮拜不過到廠一二次，縱謂欣之無弊，而欣之所用之人豈能保其無弊耶？如我廠有人盤替，原不必過事苛求。若仍接做，不得不大加整頓。景瀚等既奉憲命會查，用敢密陳。

朱壽朋《光緒朝東華録》第二〇二卷《光緒三十二年八月》 税務處、户部奏：光緒三十二年七月初二日，准軍機處鈔交署兩江總督周馥等奏：機製棉紗出口常税，擬請改照洋關税則徵收，華洋一律辦理一摺。奉硃批：户部、税務處議奏。欽此。據原奏内稱：機製棉花出口，光緒十七年，總税務司奉總理衙門劄飭照上海機器局布辦理。查上海機器局布，光緒八年北洋大臣李鴻章奏定：如由滬運入内地，及分運通商各口，轉入内地，均在新關完一半税，每擔税銀七錢，概免内地沿途税釐。今本口常關，於棉紗一項，每擔祇收税銀二錢，並不完釐。輕重懸殊，擬請飭令貨商人等，凡裝沙衛火輪等船出口棉紗，無論常關洋關，均照光緒十七年定章，完納每擔七錢正税，概免重徵。至常關出口棉紗，定章不一，小輪祇完常税，每擔二錢，並不完捐。北路沙衛等船，另完每三擔一包之産地捐一兩四錢，又每包出口捐錢六百文。通州、崇明、海門三處民船，完税外，完出口捐六百文。如改歸一律，不惟於税課有益，於商人亦足以示大公。將來改章，出口棉紗一捐，即可撤除。無論是否華廠，可決其無礙銷數等語。查機製棉紗一項，在新關須完每擔正税七錢，在常關則僅完二錢，輕重之間，所差甚鉅。本年運洋棉紗，前據江海關道開報，自正月起至三月底止，共有四萬八千三百餘擔之多。以每擔少徵銀五錢計之，每年虧數約近十萬餘兩，殊於税課損失不少，且如沙衛海船，及通海民船，所完税捐各數，合併計算，與洋關七錢之數，相去無多。而小輪一項，既援内地章程，在常關完税出口，獨不照完内地之捐，辦法亦未平允。該督臣等擬請將機製棉紗出口常税，改照洋關税則徵收，自係爲整頓税務起見，應即照准。嗣後無論華廠洋廠，凡機製棉紗運由常關出口者，統照光緒十七年定章，每擔完納正税七錢，概免重徵，以昭畫一。至原奏内又稱：此項棉紗不完釐金者，只小輪一項。其餘沙衛大小民船，仍分别完釐，以後常關税改照新關税則增收。所有捐局出口棉紗釐金，已歸無著，似應將民船項下增收者撥還釐局一節，係屬兼顧釐金，俾關税釐捐兩無妨礙，亦應准如所請。如蒙俞允，即由臣等咨行該督撫臣遵照分别辦理。得旨，如所議行。

陳旭麓等《盛宣懷檔案資料選輯之六》上海機器織布局《陳景瀚潘國瑾顧潤章致盛宣懷函光緒三十三年十月初八日》 近日大條先令又縮，照例洋貨須漲，土貨亦因之增價，無如各路生意不動，依然寥落，且各邦因匯水吃虧紛紛倒閉，市面更覺艱難。十六支小包紗向銷內地居其大半，近因內地新廠林立，滬紗銷場較滯。至於天津、漢口、烟臺各幫所銷十六支，亦屬有限。十四支除內地小包外，四川一幫尚可出售，然價值總不合算，照此市情，我廠僅開日工，猶恐滯積。瀚等日夜焦思，公同酌議，必須另籌改變之計。訪聞各客幫，每年所銷印度十支反手棉紗，爲數甚鉅，即四川一幫，亦係十支銷場最好。今歲子花皮分極好，照八元四角計算，每擔合銀十六兩以內，惟此價恐難多購，或加至八元五角，亦不過十六兩左右，如多做十支，每包紗只用花三百三十五斤，較十六支可省花五斤，合十支成本每包約七十一兩三四錢，照印度售價不至虧本。現與俞維馨及伊子所開福泰紗號並葉少山等籌商，擬另打十支反手新牌，仿照印度棉紗，先在四川、天津試銷，此半月内可以出貨，如能開通，較之十六支銷場格外廣闊，一面陸續暢進子花，添開夜工，以便摺小成本，而減輕繳費，否則單做十六支。照此市面，夜工決難開出，終年繳費，如何支持？所慮者子花以後漲價，又恐合算不通，或十六支銷場轉機，則公司又須少紡十支，多做十六支。當此銷路艱窘之際，祇可節節變通，是否有當？伏候鈞裁。目下布市銷場仍好，較之紗市活動多矣。

陳旭麓等《盛宣懷檔案資料選輯之六》上海機器織布局《細紗北廠亭字班工人致盛宣懷函光緒三十四年四月初五日》

盛督辦大人恩鑒：爲會第四、五期男女工資給發時，廠內領班師爺賴秋泉君，持來工摺陸個，囑工人等向發錢處領取銀洋，領後持工（摺）畢到楊樹浦橋西烟館內交與領班。工人等思，陰雨連綿，未便至橋西烟間，故此賴君大怒，隨時將工人停去，趕出廠外亦罷，不（概）〔該〕將工人前作之存工全行充公。今賴君云及，如下次不拘何等工人再犯不願，即行送捕重究，邇等工人毋違切切。工人等冤氣（充）〔冲〕天，隨時投稟陳總辦，未蒙恩准，亦未查察，又不進廠查閱，故此有耳無目之談。今賴君隔一二天進廠一回，（謡無）〔耀武〕揚威，肆無忌（彈）〔憚〕，工人等無處伸冤，（持）〔特〕報稟督辦大人案下，恩准速爲查察。今細紗北廠亭元兩班，均歸賴君一人領班，故此不分高（底）〔低〕，今每班每天開（消）〔銷〕，各工人之工資有壹百零陸柒園之譜是實，目今廠內管車、領班、司賬，均以接洽，照工摺抄寫開（消）〔銷〕，有壹百一二拾園之多，余洋拾園，賴君所得四分，余下概理均派。是以報稟大人，恩准查察伸冤。如不信，可吊日報簿查閱，是否壹百一二拾園之開（消）〔銷〕。工人等在廠工作十有餘載，故此均以知細。前賴秋泉進廠時，身穿破竹布長衫一件，將鋪蓋車至廠內，車資向門巡借給。目今着肉絲綢皮貨，脫身換身，他銀錢從何而來，均以舞（幣）〔弊〕有餘，所賺之工資則可吃大烟而矣。今賴君心懷異常虺蜴，叩求大人乞照定例廠規，速即停去，銘感萬載，占仁上呈。如若賴君仍留在廠，難（勉）〔免〕工人（從）〔縱〕火（梵）〔焚〕廠。

陳旭麓等《盛宣懷檔案資料選輯之六》上海機器織布局《盛鏊致盛宣懷函光緒三十四年四月二十七日》

鏊自癸巳年布局被焚，是時憲節奉北洋李文忠特委來滬規復，由楊藝芳京卿昆季囑鏊將該局帳册案卷以及燼餘情形移請憲臺核收，是爲開辦華盛之始。當蒙留廠辦事，至去年共十有五年。自問夙夜從公，靡不克謹克勤，可以誓諸天日，可以質諸神明。歷年以來，由廠而改公司，由公司而改又新公司，凡遇該廠多故，鏊無不先擋頭陣，幸而年常獲利，雖不敢居爲己功，然總是賺錢伙計。不意時局變遷，適值前去兩年，市面大壞，爲歷來所未有，致定出各貨，出貨遲延，（若照去冬及今春市面亦斷不致此）此係大幫如此，不獨我廠爲然。又值工廠其時出紗異常緊强，屢經商請改良，豈知工廠是時早經蓄意攘奪，不特不肯改良，竟有意愈做愈壞，以掣我肘，致將內地小包紗銷路塞斷，以故更形呆滯，兼之中和一開，同行必妒，各該號藉此要挾，彼時若與對壘，反了面皮，必致損盤，所以中間人左右爲難，職是之故。且我廠內政又腐敗如此，而外人要挾又如彼，此實不得已之苦衷，實爲市面所累也。至於鏊彼時定貨並非擅自定盤，假如有人欲來定貨，必先有函稟陳，俟奉到親筆批示後再與各該號成定，並囑顧咏銓在場爲證。歷次定貨盤盤如此，迨至市面不靈，忽藉口有多售與源隆、源盛之說。既遵批示辦理，尚復有抱怨之辭，此鏊所大惑而不解者也。雖然憲臺左右心腹欲思其攘奪之計，多方聳動鈞聽，以墜其術而圖侵占，於是謂鏊該號搭有股份等語。並謂成記、謙成元亦有股本，遣人四出偵探，究竟有股與否，鏊亦莫明其所以然也。總之，是時疑心百出，所有以後紗布進出交易等事反將鏊處隱瞞，竟視鏊爲局外。鏊睹此情形，萬難爲計，擬將經手定出各貨與各該號結價了清，以副十餘年賓東之意。豈知彼等又復從中阻撓，竭力聳勸不合結盤，因此鏊惟有静待經手各貨出清，始行告退。無奈市面久醉不醒，至五月間尚難出清，忽又出有訓案，即將批發所裁撤，使鏊無安身托足之所。縱鏊果擔辦理不善之咎，然亦不爲已甚耳。況自鏊走出後，該處仍復舊名，其故不過改換頭面，名曰棧帳房。迨至七月間，忽又令費雲卿等前來查辦。好在此時定貨僅二千包光景。於是又請結價，仍不應許。此時惟有禀請交盤於費，聽候查辦。當蒙允准，遂將詳細各帳分條淅縷。竭數天之力，始得交接清楚。即詢費雲卿有錯誤否，費答以毫無錯誤。鑿謂查辦後既云無錯，托其將鄙意略陳衷曲，靜聽後文。不鑿竊思既蒙此不白之冤，復又五風十兩，處處以術馭人，且又毁壞我名譽，揆之情理，似乎太過分矣。若以賓東而論，一十五年不爲不久，所辦各事不爲不多，況且歷經獲利，不爲無功，乃值市面呆滯，兼之工廠將紗做壞，咸歸咎於鑿一人，能無冤乎？即使鑿果有不是，論族誼鑿與宫保有叔侄之分，盡可當面訓飭，使鑿亦可心服，何必偏聽二三小人，被其從中播弄是非耶？鑿自去秋交卸以來，閉門謝客，靜思己過，究亦莫明其故，因而愈思愈憤，竟於去冬大病幾死，奄纏至三月之久，始克告痊。今聞憲節莅滬，故特將前情約略陳之，聊紓鄙懷而已。總之，彼二三小人若果爲公，鑿雖受委曲，亦當五體投地而心服矣。今彼等爲公乎？爲私乎？明眼人自可知之，當拭目而觀公司以後之如何獲利可也。專此肅禀。恭叩崇安！盛鑿謹肅。四月二十七日。

陳旭麓等《盛宣懷檔案資料選輯之六》上海機器織布局《扛運工人致盛宣懷函光緒三十四年十一月十三日》　一禀督辦大人：我們廠内有一個尤貽清師爺，他現在管的花棧房事體。去年到廠，現在有多少私弊作多少不公道的事體，我們實在看不過了，所以禀你督辦的。

二禀尤貽清師爺到後來就用他的阿哥，名叫尤希文，此人(已)〔以〕前在家做過小生意的。一到廠中，他就説我是花棧房尤貽清總管的阿哥，各事非凡之暴虐，而且作弊的手段好(及)〔極〕了。

三禀督辦：尤希文在廠五六個月，作弊的事體我們看見多回了，他現在與三個磅花的先生説通，一個姓金，一個姓余，一個姓榮，四個人一同作弊起來了。廠内辦的花，大半都是掮客來的，總管的阿哥同三個磅花先生在棧房内問掮客付洋他們，他們與總管的阿哥分用。後來磅花先生他就放磅於掮客了。又恐其轉軋廠要缺磅，場上面不好看。又夜間私下叫裝花的船家放水於花包上，可以斤量加重了。然而一時加重，將花上棧房一禮拜，就要霉爛不(祥)〔象〕樣的。現在兩廠做的紗斷頭甚多，紗色亦不好看，因爲濕水棉花，所以如此。

四禀督辦：現在總管貽清及他的阿哥希文，用兩個茶房，一個名叫戴福，一個名叫金生，又一個車夫，一共三人，(杖)〔仗〕主人之勢，要打我們，竹梗要扛。

工人供給他們，如三天不供給，二個茶房，一個車夫就要行凶。我們扛抬的人，一天做到夜，吃(心)〔辛〕吃苦，被他責駡，就過不下去了。

五禀督辦：布袋廠現在是總管的阿哥所管的。(已)〔以〕前老總辦定的章程，每一個女工每天做四十只袋可算一工。近來張太祥已死，换希文進去，新立章程。譬如做袋的女工面孔(表)〔標〕致，他心上就高興了。每天做二十只，他的工摺上就上一工，即付一工的錢。而且在無人處調戲女工。比如女工面孔不(表)〔標〕致，尤希文就不歡喜了。不(表)〔標〕致女工每天做袋二十只，工摺上亦寫一工，即就扣(他)〔她〕們的半工錢。故所表〈標〉致女工心上歡喜，不(表)〔標〕致女工心上悲痛了。你看什麽廠規！

六禀尤貽清總管今年新討一個太太，他就每日在家(倍)〔陪〕太太，廠内多不來辦事了，聽(平)〔憑〕他的阿哥在廠作弊。他在家做總管亦不看見也。近來有人説尤總管在家門口小便，被巡捕捉到捕房，尤總管打巡捕，駡巡捕黄八蛋、狗才等語，巡捕恨及，即叫十數個巡捕來拿他大打一次，再捉到巡捕房罰洋念元〇三角，然後了事。廠内廠外的人無一不知，真所謂大笑話矣。

七禀尤總管現在與去年又不好了，自以爲總辦一船，諸事亦不公道，故所不服他的人多了。現在我們看起花棧賬房處的先生，只有四個先生好的，一個姓施，一個姓汪，一個姓談，一個姓嚴。四個先生却是老成的。餘下的先生是與總管的阿哥一伙。我們吃東家十多年飯了，所以請代筆申信告訴督辦大人，請督辦查察此事，可能换一個公行直道的總管來否？西廠出紗亦好了，紗亦不斷了。密禀，密禀。請督辦不要駡我們也。如其不信，即速私行查察，可見信之不謬矣。

陳旭麓等《盛宣懷檔案資料選輯之六》上海機器織布局《武藤山治致盛宣懷函光緒三十四年十二月二十一日》　現貴廠内備辦之機器頗爲不良，該機器中應要修補改善者不少，又機器附屬品中要新换者亦爲不鮮，而非修補此等機器，或新换機器附屬品決不能奏良好之效果也。又修補機器整齊其動作之後，必須留意機器之管理保存，常講究預防機器之破壞磨滅之道，而若遇見動作不完全或附屬品中有破壞磨滅等，宜從速改换修補，可以使無大壞之虞。又用斯學上有歷，練有技能之工師工人，每天在廠内使當監查視察之任，此余特選員專任保管機器之責，是爲今日之急務也。

前年以來，敝邦各紡紗公司均增錘或增築工廠，加之新創之公司，其數亦不鮮，是以需要斯道工師、工人者相踵至，方今有歷練且有技能之工師極乏其人，一時實爲不易得也。貴意若果欲將來整齊廠務，改善刷新者，宜預先養成技術者爲當務之急矣。其方法即聘用在敝邦帝國大學高等工業學校或府縣立工業學校等修習機器一切之學術者若干名次，充當貴廠內之工師，使渠等專練熟紡紗事業，且日夕考察各種機器之現狀，然後由機器中擇不堪其用者順次加修補，如此遂改良廠內機器全部，是爲今日妥善之良法也。若不然，今遽爲修補機器起見，招聘工師，或托敝幫斯業家請派工師，以雖爲機器之修補，於保管機器一道無得好恰之人。日後即誤機器保管之方法，從欠修補，乍來破壞磨滅再陷今日之狀態，了乎如指掌。縱令放擲多大之資金，難收其效果於永久。當道之苦心歸水泡也明矣。玆據派員之言，打算貴廠修補機器費、改置費、修補廠床費及新換附屬品費等須要共計五十萬圓。今日與其費鉅款，莫如先養成技術者，使彼等專講究修補機器及保管機器之道，否費鉅款修補機器及新換機器附屬品，技師不得其人，不比年再復今日之狀態，至無寸效之可見者，因此觀之貴廠，宜先盡力於工師工人等之養成，期數年之歲月，徐以整齊規模，刷新廠務，即日後更有蒸蒸日上之勢，固不待蓍簽而知之矣。

陳旭麓等《盛宣懷檔案資料選輯之六》上海機器織布局《水木工匠致盛宣懷函宣統元年三月十一日》　具禀：民人水木作工匠、小工、巡勇等爲司事受賄，欺侮懦民，環訴寃抑，以安衆心事。切民等均在楊樹浦華盛廠爲工匠等，均有父母子女，租賃廠中餘屋，按月交租，並無拖欠分毫。在廠傭工素守本分，從不干預外務，約有七、八年之久，均係遵守廠規，概不紊亂。民等均遵總辦約束，不幸陳總辦被害身故，萬分傷感。駭今調莅陶新總辦接辦以來，爲日未久，不知廠中弊竇，竟被已歇復來司事從中唆使，平地風波，自稱小徐司爺，招摇過市。民等乏資送賄，並無錯誤，在廠擾禍，無端將民等水木作工匠、小工、巡勇等停歇四十餘人，且民等均係貧民，豈敢與小徐司爺争論（辦）〔辯〕駁。民等只得含寃受抑。如果違犯廠規，理應停歇，決無怨言。小徐將受賄之人薦進，民等均各心不甘服。此等私受送賄，有礙申滬北市大局，若不聲明布告，恐患堪虞，禍端不測。民等將小徐司爺詳細實情環求伏叩大憲大人鑒憐，俯准飭令迅派（趕）〔干〕員緝訪小徐師爺受賄根究，以儆仗勢而服衆心。

陳旭麓等《盛宣懷檔案資料選輯之六》上海機器織布局《己酉年又新廠分派花紅事札文宣統元年十二月》　札飭事：據又新公司總董顧潤章面呈，宣統元年分工廠存該總帳結共盈餘規銀二萬五千六百二十兩，查照向章應提四成歸入公司總帳，六成作爲花紅，六成之中提出一成分給公司總董，其餘五成再作十成科派，以四成歸工廠總董，六成分給工廠各司事、機匠，均由工廠總辦分別勤惰派給。本年公司與工廠並不分家，略改章法，所有工廠總收支、物料所總管以及司事並紗布脚花棧房出煤司事，均歸公司管轄。又因事繁添派幫董，如何照舊章分派，恐公司新添董事無款可分，據該董等公同會議，本屆結餘規銀二萬五千六百餘兩，乞准照提六成，花紅規銀一萬五千三百七十二兩，作十成科派，以六成歸工廠，以四成歸公司，其工廠應得六成花紅，勻作十成，仍照向章，總董得四成，機匠司事得六成。公司應得四成花紅，提出一成酌分物料所、紗布棧房各司事，其餘三成並入花回棧力，年終呈請批派。既經顧董、陶董商量允洽，應即照行。

惟查本年大修工程，動用款目至三萬九千十六兩七錢四分三釐之鉅，本應求工廠盈餘項下酌提彌補，因工廠祇有此數，自應免其提撥，悉歸集成、又新兩公司分認。查又新公司收買集成公司老料所機件物料，價值規銀二萬五千六百兩。又戊申年工廠截存公積規銀二萬五千四百六十兩，應將以上兩款償。己酉年工程用款三萬九千餘兩，尚有餘銀一千餘兩另存工廠，以備下年修理之用。至陳胡董任內，交存余記規銀七萬九千三百七十七兩七錢，應全數存儲又新公司。又陶董任內，本年應提四成餘利銀一萬二百四十八兩，應暫行存儲工廠，合行札飭。札到該董等遵照可也。此札。

陳旭麓等《盛宣懷檔案資料選輯之六》上海機器織布局《集成紗廠工人致盛宣懷函宣統元年》　具禀。衆姓男女工人爲集成紗廠抱怨事：先總辦創業以來名震四海，賞罰分明，衆姓人毋不感戴，數十年心血付之流水，豈不哀乎？

先總辦歸天之後，衆姓人毋不悲泪，諒無圖報。後因陳總辦進廠經理以來亦然如此，衆人盡心做工，並不生外事，後因小徐進廠，不多日虧待工人，乃工無門可訴，怨恨難消，所以摇班將廠中打壞物件玻窗甚多。爲徐虧拆廠中銀兩，闔弟皆知，徐無臉出廠，衆人亦平照常做工。後漿紗機楊永全爲要加工錢摇班，陳總辦無奈，只得添加，然楊等起不良之心。向漿紗機之業皆出一家，無人所曉。於去歲十月十四日摇班不想陳總辦大發雷霆，即交張總管另覓漿紗機工人，果於三日内叫徐，俱是張總管保舉，做工人，毋不仰感，隨時用心，亦照舊做式，可以出九摺三四，楊在時亦出得八摺五六，後楊出廠悔之無及。欲復廠亦無門路，後挽人至陳總辦處説情，陳堅辭不受，忽於今歲小徐復進廠爲總管，欲報昔日之耻，花樣甚多，待工人如虎吞羊。況廠中俱有舊規，何必意外刻薄，豈非被衆人所辱。七日一禮拜改作十日一禮拜，此乃馬路上小人之言，禮拜九，十三點，果應小人之言，有之禮拜九，陳總辦死在小徐手，豈非債有主，怨有頭！所以衆人難出頭。陳總辦歸天之後，陶總辦執掌廠務，亦不識廠中規矩，盡托小徐執掌，如虎加翼，買爵求榮，無所不至。楊永全聞陳總辦歸天，新總辦進廠，隨挽人至小徐處通情，當請花酒，隨賄洋一百元，徐見物動心，當薦至公司，説妥保一日能出千匹，隨寫信至總辦處，陶不曉袖裏，滿口允許，將張總管保舉之人盡行停業，張亦無門可訴，只得順氣吞心，所停之人用好言安慰，或引薦别業。楊進廠以來，只有八摺三四，比前大不相同，因新總辦進廠不多日，做工人摇班三日，又爲小徐而起，相此人罪之魁禍之首。若在廠定有一番比同，現應西大門將房子拆毁，新造公館，豈無殺方。向廠中修蓋房子，俱貪已用，有何公干，莫非油漆，瞞生人眼，不用大本大利，廠中私事亦難盡訴。伏乞督辦老大人明鑒，暗察其情，掃除餘黨，以安民心。倘有虚言，雷火結頂，絶子絶孫，哀哀上禀。小民衆姓男女具訴。

陳旭麓等《盛宣懷檔案資料選輯之六》上海機器織布局《陶湘致盛宣懷函宣統三年二月初五日》

宫保尚書鈞座敬禀者：正月初五日詳肅寸禀，諒邀兹鑒，未奉批示，殊深敬係。

初七日奉到手諭，因斜紋布織成，曲加褒飾，感愧莫名。當將鈞諭傳奬布廠，以便該司事、機匠等奮益思奮，庶於紡織前途可以精益求精。並遵諭以全常陰花試織，與美貨相較，色白且過之，微嫌光澤稍次，則中美花質之優劣也。現在所織者，經紗則純用沙衣太衣，緯紗用花與售紗相同，經批發所詳驗，大可暢銷。近因先零縮小，美貨來者絶少，中國各廠無織斜紋者，各商號紛紛來購。顧董屬將六百部布機全改斜紋。職道查本廠布機共有六百零六部，其間有中國自制機七十部，又年久零件游移者不計外，實可得改斜紋機五百部。惟地板破壞處甚多，織手遴選匪易，加以料物須購自外洋，（粗布兩頁棕，斜紋三頁棕）而打包須改雙包，種種情形，一時急切難備。然粗布銷路因東三省鼠疫大受影響。公司售出斜紋，每匹十四磅，得價五兩零五分，且不遑應付。粗布十四磅，每匹四兩六、七錢，鮮有應者。而斜紋於川幫最宜，川幫貨色必須趕四月未發山水之前裝出，有此機遇，豈可錯過。

職道查得東、西兩布廠光綫，以南窗爲宜，今將斜紋機統列南窗一帶。上年水門汀地十四半間，皆在南窗下，今則每月趕做兩半間水泥，以期迅速。其地板破壞處，一時無可更换者，但將布機四脚用鐵件釘深，能使四脚不摇，斜紋不至歪斜。至於川幫宜雙包，向來二十匹一包，今以十五匹一包打好後，再以二包合一包，以便適合客商之用。查我廠打布機力量不足，舊有冷水機廢置十餘年不用，今重加修整，以打雙包。

至於人工，當初鮮肯試織斜紋，今因粗布停織三成之一，各工人每月僅有二十天工資，正在窘迫之時，藉此發令，苟肯織斜紋者則逐日不停，並優加織工，於是各工人莫不争先恐後矣。外洋零件以電報購，郵船寄，以期克日而至。並將所存粗布棕頁加入斜紋機内，種種凑合，從正月初十起改至月底止，已得斜紋機二百十二部。約至二月二十止，實可得斜紋機四百部。每日可出斜紋布七百六、七十匹至八百匹爲止。以後即須静候外洋料物齊到，方能改妥。現與公司商定，四百部全織斜紋。尚存二百部粗布如久停不織，零件必壞，而且損失必多。（〔盛宣懷批〕昨又電催，商明必要一起改訂。）至於織工，經我廠數年陶镕，均稱精熟。近來三泰三月初開布廠，怡和又擬開夜班，倘粗布久停，則工人必散至他廠，未免可惜。況至四月間，斜紋銷路究竟如何，亦難預料，所以議定餘存二百部，粗布機長開百部，另行編號，五日一輪，一則機件不壞，二則人工不散。一俟四月間查看斜紋竟可久遠暢銷，外洋料物亦到，則全改斜紋，亦易事也。（〔盛宣懷批〕甚有條理。）至於改設水門汀地及修理冷水廢機，概由工廠撙節辦理，足紓憲廑。昨聞批發所斜紋已開出一千包以外矣。紗布近日亦復大疲。（〔盛宣懷批〕意中事。）顧董因上身花與下身花相去無幾，擬試紡二十支紗，刻正在此研究，隨後再行禀聞。（〔盛宣懷批〕甚好。）兹將試織全常陰花斜紋布十四磅者一匹，係人塔牌。十五磅者一匹，係鶴鹿牌。又花旗斜紋布四碼，以便比較優劣。裝木匣一件，交王道存善帶呈。倘蒙憲恩咨請商部給奬，（〔盛宣懷批〕即咨。）職道忝叨樾蔭，何幸如之。惟咨請如何措詞，抑尚須由廠另式詳陳原委，（〔盛宣懷批〕可）禀請憲臺之處，統候憲諭遵行。

再北廠機匠頭目潘姓歇出後洋員甚出力，今春北廠出數增加，大有效驗，該洋員黎佛，職道擬續訂兩年，俟五月間加函訂請，（〔盛宣懷批〕可。須訂明期内停止，可三個月知照，此有緣因。）理合先行禀陳。專肅，敬叩福安！職道陶湘謹禀。二月初五日。

陳旭麓等《盛宣懷檔案資料選輯之六》上海機器織布局《又來電宣統二年二月八日》 頃晤薛南溟云，從前秦氏售産契未交清，人未搬出，押未全畫，買主先行付款，以致屢生事端。又云賣主至今實在只得六萬之數，此皆當時經手人所誤，現在欲望和平，先用官力，乃是正辦，然終須酌量破費。我意連交縣中千八百元，湊足五千元，勒令秦氏將老契票據全數交出，從前賣契所遺漏者一律添注，並繪圖貼説，各房公同具結，以免後患，如有不遵者，仍用壓力等語，潤告以許静翁，屢向縣取保，如秦許氏保出即難和平，彼云函錫，潤意南溟既任調停，爲數尚有限制，似不必再勞周祝，反致夾雜。如鈞意爲然，請電飭欽鈺如將契據全數交來，並將前後共付過款若干分批詳細開出，即囑守仁、頌遐隨帶契據同南溟到錫料理。再此事先誤於欽汪，繼誤於詹詹，以有事爲榮，愈拖愈妙，彼等惟恐他人經手，和盤托出，故事更難辦，乞鈞裁電示。潤稟。勘。

陳旭麓等《盛宣懷檔案資料選輯之六》上海機器織布局《上海顧咏銓等來電宣統二年二月廿五日》 兩電計均邀鑒，汝昌廿二赴蘇，廿七始晤夏委，隨約同召棠赴滬，現在印委牌示已經懸挂，惟縣中仍無常差駐棧，前派巡警復爲紳董撤回，秦楊氏如再到棧，甚難應付，其撤回巡警藉口，我棧未助經費，實寓反對之意，汝昌往晤，巡警紳董單紹聞並因單見薛南溟、蔡簌三諸人，南溟頗持公道，欲將全案付自治局公斷，當有華藝三反對，南溟復謂此事須令秦氏各房公議，允協交出短少單契，再行具結，赴縣領取撫恤，方免後累。並詢汝昌，可否伊主對以秦氏，如請先生居間有所見教，可爲轉稟。前晤金匱，何令亦謂公堂只能説方話，非得請人從速轉圜，勢難久押，夏委則引押遷爲功，已欲銷差，若果如此，仍蹈前轍。汝昌、召棠公同商酌縣委只任押遷，決非了局。南溟既任請人，似是絶好機會，可否迅賜裁奪，電示機宜，以便遵行。

陳旭麓等《盛宣懷檔案資料選輯之六》上海機器織布局《高木陸郎致盛宣懷函宣統三年六月十二日》 滬上華盛紗廠出售求顧之事，荏苒至今，未獲完結，懸念彌久，益深抱歉。茲者敝邦三菱公司接辦心動，訂購非無意，然論價懸隔，仍難踴躍。現在騎墻兩可之際，大要與其投下成本二百萬圓以接辦舊廠，不如隨意創建新廠之諸多得手，是其所以廉則就，貴則去，未必願得該廠而滿志。試察其向背之所分，若能減至一百五十萬圓，則似有勉强從事之意，未知此項價格，臺端能肯出售否？竊該廠産業實本二百廿餘萬，數年前，三井山本還價二百萬而尊處未允出售，今敝處識力綿薄，不能副合雅意，明明辜負清囑，更議減價，尤似失體，然虚心論之，該廠辦理固屬難局，一切修理、改革，在在需款，接濟不貲，欲其贏得利益，則煞費幾何心力而後始能如願相償，未易臆斷。伏惟尊處事煩業多，是此一廠雖謂鷄肋可惜，然從廉速售則所以防禦漏卮，形似虧損，實防摺閲，亦不可謂非相機善處之一端。從此起見，若能百五十萬左右可以議定授受，則敝處極力磋商，必有成功可期，仰冀如何定奪之處，速賜指示，不堪盼望。

陳旭麓等《盛宣懷檔案資料選輯之六》上海機器織布局《高木陸郎致盛宣懷函宣統三年八月五日》 華盛紗廠由三菱承辦此事，次第進境，何料近來該公司舉辦猪苗代湖水力電氣事業，召股醵集二千四百萬圓，而股東不甚踴躍，因之三菱自認其一半。另又收買北海道煤礦，在在需款，其額不貲，遂由重要董事商議，以華盛紗廠暫付緩圖，蓋出於不得已之舉也。敝處聞知其情節，固不能强其兼顧，乃向三井轉商，頗能聳動其意志，刻由該行董事協商，趨舍雖難預定其歸宿，然略有指望。現值正金銀行小田切自華回國，適在東京淹留，敝處與彼面商，節節贊其成功，非不致微力。

王爾敏《盛宣懷實業朋僚函電稿》上册《陳允頤致盛宣懷函二十五》 華盛廠招商接手一事，丁子紀兄屢承垂睞，渠極心感。弟昨詳詢一切，知其股東實係粤人陳吉先，尚有附票其間者，然皆決無洋商。如果尊處定計讓與丁君承辦，抑或全讓或半租，均無不可，只要説定不變，渠願先將銀款交出，再立合同，亦無不可。尊處但訂丁君一人，可不問其股東之爲何人，日後倘有洋商介乎其間，願將銀款全數充公，以爲欺妄者戒。似此辦法，尚覺結實可靠，不致墮人術中，未審尊意以爲何如？此函仍由韓仲萬兄轉交，祈將尊意告之，並將章程辦法，定一切實不移之主宰，丁君無不可從命也。九月初七日。

王爾敏《盛宣懷實業朋僚函電稿》上册《陳允頤致盛宣懷函四十四》 此子頤於上年九月曾爲介紹，竝説明只須現銀交易，當無差誤。今查閲合同即是如此辦法。想我公明鏡當空，物來自照。但頤雖曾説合於先，而於當下情事，殊覺茫然，身在此間，毫無聞見，未敢貿焉從事。用特專函奉詢究竟，現在各事是否周妥，何日成交，居間尚有何人，所訂合同是否面議妥協，乞速賜詳示，以便照復。前途丁君來函，又言公屬先行到廠，再咨北洋，其意尚在游移。頤擬復以必須交接清楚，方可咨明。想渠亦無異言也。附去合同稿一紙，即請查閲，如無舛誤，仍乞寄還爲幸。專布，敬請臺安。鵠候復音，乞恕不莊。大功陳允頤謹肅。五月廿三日。

王爾敏《盛宣懷實業朋僚函電稿》上冊《鄭觀應致謝家福函》 所云杏翁地基合同，弟似於癸歲交出，並已立還信據。惟年來事多□□，心神恍惚，記憶不清。頃與室人傾箱倒匣，四處抉羅，翻覆再三，竟無此據，祗存合同草稿。茲立還筆據，粘於草稿□寄，乞轉致盛杏翁收存爲禱。弟諸荷杏翁保護，感圖□報，豈有異心乎。扶疾匆匆，覆頌勛安，不盡所言。弟待鶴山人頓。五月初九燈下，書於枕畔。杏翁處乞代致意，恕不另柬。前信收否，念念。

〔附〕《地産轉賣狀據》

立賣地據人鄭陶齋，今因需銀孔急，自願將集成公司所買上海虹口舊織布局之地基鄭陶齋名下應得股本銀貳萬兩，轉賣與盛杏蓀觀督管業，或轉售別人。鄭陶齋股本銀當已如數收回。此後地價漲跌，與鄭陶齋無涉。因原立合同議據業已遺失，故立此賣據，粘貼於原擬合同草稿之後，交盛杏蓀觀察收執爲據。如日後原立合同議據搜出，當作廢紙，或被竊圖賴歸陶齋理直，均無異言。恐口無憑，立此親筆爲據。光緒癸未年臘月廿五日，立賣地據人鄭陶齋狀。

〔附〕《押産契據》

抵押盛鄭兩家取名集成公司銀六萬。立合同議據鄭陶齋、盛杏蓀，緣前辦洋布機器局唐震溪欠盛處銀四萬兩，彭器之欠鄭處銀二萬兩。光緒五年經唐震溪將所置虹口基地連房屋材料共抵盛處。事越兩載，過期未能歸贖。現經彭器之出面將前項基地一切，公議出售，作價規銀六萬兩。一時無人要買，只好歸盛鄭兩家收回。盛得三分之二，除唐震溪欠款抵還三萬六千兩，應找規銀四千兩。鄭得三分之一，除彭器之欠款抵還一萬八千兩，應找規銀二千兩。復因前途負債纍纍，轇轕過多，故印契暫請洋人布郎出名立代管筆據，即以契據抵押集成公司銀六萬兩。所有彭器之賣契一紙，又收到六萬兩價銀收據〇紙，又布郎抵押筆據一紙，又寄存道印地契憑條一紙。均交盛杏蓀收執，其道契由鄭陶齋經手寄存〇〇〇處。則此産已歸盛鄭二姓管業矣。現擬姑從彭器之之請，託布郎仿照呂宋彩票，將此産業作彩售賣。如果辦成，則盛處收回唐震溪抵借銀四萬兩，鄭處收回彭器之借銀二萬兩，此項抵據均歸得彩者執業。如辦不成，則此産總歸盛鄭所有，應找規銀六千兩，議將所存料物先行出售抵付。嗣後此産轉售盈虧，均由盛鄭兩家雙單分派。必須兩家商量允洽，兩人畫押，方准轉售。如須抵借，亦必兩人商定畫押。再布郎代管，係鄭陶齋保薦，如有不妥，由鄭理直。欲後有憑，立此合同議據存照。光緒七年十二月〇〇日。

王爾敏《盛宣懷實業朋僚函電稿》上冊《謝家福致盛宣懷函八》 昨日官商均訛傳福州有警，外間落亂無章，連全臣星使亦刻刻遣人到局，遂無刻閒，不及詳函奉佈，幸各處輪船亦無一隻開行。今日事機稍定，抽閒詳列於後：一、新造之帳及應驗之摺票、莊摺昨已全數裝箱，茲可囑守翁先行帶去，舊帳因聞五月分者尚未過清，候過清後，或再由癸卿押上，或再由守之押上，屆時再定。（此後十日之事也。）二、叔之百九十唐之百，萱去碰了釘子兩次，弟以百〇八已來，可備石之用，石又不果，則不妨擱住，故未再去。昨接來電，即與眉商，始知水脚只有六、七千，（各局均未劃來也。）尊欠共二萬九千餘，（連唐押五千在內。）已將地契交去，換回金票二百。唐之船票（唐之收票亦不必寫矣。）可交明子萱以作了結。三、俟金局總帳全數寄津後，萱處所存只有老荆帳，（錢無分文。）新荆帳（錢無分文，只存金州票百股布票五十，電票五十。）俟邵處來取，賣出金、布、電以付之。雨記帳存之二千餘。（本已無存，因將閣下新荆票每股十四兩六千已盡數收入雨記也。）此二千餘金及船百股，留備換買之用，子萱任之綽有餘裕矣。四、各記舊帳、新帳既不符，而與現在尊議又不符。所以不符者，因招商局二百金票未來，執事又不先行關照，少此二百金票豈能合到四十六萬之數，及至昨日知有二百之票，又豈能立刻從頭至尾改帳，此皆不能苦子萱以所難者。故囑將抵押項下，改爲以契換票，透底算來，仍與尊稟相符也。（暗中與奏案實已符合。所大不符者，二千電票早已除去二千。再查之事，胡蓉召、宋樹之、馬眉叔、張叔和、邵小村早已曉得，均來問過，此間佯爲不知也。）五、電局帳房，處處勾連，斷拆不開。文案移津時，弟即曾議及，因帳房既難離滬，暫時又分不開，故有工峻之後，分院舉定之後，再將總帳房移津之議。公欲立刻拆開，必辦不到。且股票一層，既在上海分利，只能在上海換票，遠途寄來，使其暫緩半月，寄津倒換，亦殊不便也。（俟公信到時再行議復。）六、初十來信，即刻接到，以後自强仍未必真有此事，可謂一語透頂。弟之不要保舉，不願當差，亦實看透情形。故俟大工將竣，立刻稟退也。君子愛人以德，勿再批駁。至禱至禱。七、電局年結帳已奉復電照辦，惟分利必要銅錢，方可再分，此時帳無存款，將奈何。（帳上實在只好分三釐錢，現在算五釐者，將舊管萬餘充入在内也。若僅將收支兩項計之，恐三釐亦不滿。）前曾函達，想已鑒及，何未細察乎？弟初意只分三釐，不犯著假裝門面也。八、地契内只有潘爵茲賣與布局、華文一紙，餘六紙皆係洋文，並無執事與陶齋合同在内。九、布局並無別法，只有請閣下代爲收足百餘股方可了陶齋之事，對得起蓮珊也。一路寫一路困來，草草不恭，乞恕乞恕。望炊拜上。十六日。

王爾敏《盛宣懷實業朋僚函電稿》上册《謝家福致盛宣懷函二十二》 補樓主人閣下：抵暮肅上一椷後，接奉手致上虞書，拜讀一過，似公猶有疑於上虞也。恒吉莊乃昔日鄭李蔡所開，後盤歸胡小松開設，上虞僅鄭李蔡開莊時薦胡之人耳。（上虞何嘗虧空恒吉，恒吉何肯爲上虞認帳，上虞亦何嘗爲恒吉之夥，現在催取恒吉之款，弟親見上虞與小松高聲搶白，幾乎特究小松，因其入股實有四萬餘，故未稟過，通融了事也。）至於經手招股未收後五成作爲欠款者，不獨上虞之一萬，即中人於八千之外尚有萬金。如此稟控，豈欲賴去八千，而且此局中股分，名所經手者亦有二、三萬，（轉輾招致者尚有數萬。）此時因不分利，疊向經手人催詢，乃中人反欲以自欠之款劃作利息，真是希奇，彼可劃利，此外散股能向中人待鶴支利乎。此事待鶴之所爲，實堪痛恨，但只能如名等之局外被累者稟之訐之，豈中人所應言乎。（局外不言，而局中言之理也，局中因催繳欠款始言之，實屬失時。上虞控待鶴欠款七萬，其實欠款半欠繳後五成亦半也。弟經手莘堛清民五十股，借繳二千五百兩，未繳二千一百兩，亦即在此七萬之内。即此可以爲證，中人控陶虧空三十萬，則更失實矣。）身居同局，不知防範，此時反欲將衆人血本供其支利，試問此利錢何以不是臨時支付，而另另碎碎漸積而加乎，而反誣陷上虞乎。（此等弊病上虞反極趕行。）實爲抱寃之至。（此事務祈先稟傳相，以免偏聽，所貴有朋友者代打抱弗平，公必樂爲之。）布事向目之第一，今竟若此，實出意料之外。上虞初接札時，即擬稟請咨粵，名爲如此辦法，中堂豈想不到，而欲借重鼎言乎。所欲仗執事者爲之清理耳。遂致分别催追辦法及稟請追索中人待鶴，時名亦勸其先追待鶴，待鶴有著，再追中人，用以爲不如此不足服外欠之心。然閲措辭微有區别，且須入執事之目，如有不妥，公必阻之，故未堅阻。至於借官款收股票一層，曾經力勸斷斷不可。乃稟出後竟以可輕成本並不駁斥，遂不敢復料天下事，及請借洋款收票一層，又曾力阻，以爲非但不可稟，且不宜有此事。然阻之不聽，但許仍轉尊處耳。即現在滬局所墊布局用款三千金，總嫌從井救人，因其以公濟公，頗得急公之旨，且銀錢向不與聞，故未敢勸。然三鄭款不速至，則此款亦形遲閡，終將奈何，頗以爲憂也。惟其受寃之處，還望先在傅相處代爲剖晰，庶辦事勇猛者不致寒心。疊見公議於廷，鄭經控於北，沈控於江浙，馬譁於市。凡此官督商辦之舉，實在胃口倒足。拜謝拜謝矣。（區區一附呈，只值十三兩，非有所畏也，天下事惟見得此中有趣方打得起精神，見得本不應爲，便覺精神内斂矣。）無論如何，富國、强兵、利民、惠商，甚之足以肥己潤身，亦斷斷不敢效勞矣。分水關即日接通閶門水關即日可到，辭稟尚是四月底與唐保酌定者，即日侍繕矣。雖重之以鼎力，加之以後命，寵之以米湯，脅之以嚴札，宰相呼來不上船矣。寄居一年，澄清可待，當再登場奉命惟謹。名刻刻求去，悠悠不行者，專待工程告竣耳。有始有終，可以自慰，亦足以謝知己矣。工竣定章，商董之責，然所欲言者，公必言之較詳，即有補苴，在蘇在滬一世。今冬明春命中大不利，百事百敗，如不在家静息，必有性命之憂。過此一年之後，爲人驅策大吉大利，相者之言如此。名亦甚爲願聞，已倩家人砌斷前門，從廢園中闢開蹊徑，如果奉命來南議訂和約，順道金昌，大可三顧廢園也。肅頌福綏。

王爾敏《盛宣懷實業朋僚函電稿》中册《李經方致盛宣懷函三十七》 頃奉詢及楊樹浦基地一節。查該地沿浦寬一百丈，計九十五畝。惟東與油廠相接，油廠之東方爲紗廠。現在有人議購，尚未訂議。如尊處有下詢事件，請早日示知。

王爾敏《盛宣懷實業朋僚函電稿》中册《龔壽圖致盛宣懷函一》 藉稔於躬親政事之餘，尚留心當世之務，日親書史，援古證今，抱宏濟之才，裕富强之畧，恤民爲國，愛士憐才。藹兄業已埋首邱樊，仍復多方汲引，即弟不足數之輩，亦尚挂諸齒頰之間，逖聽下風，令人銘感。兹竊有所陳者：承諭一節謂弟爲人所惑，見責良然。獨是吾兄未稔此中苦情，只覺弟毫無交誼，不知弟自接辦以來，所有局中帳目，老股商衆，理應同覘。現既有此一筆款需，彼時大衆囂然，即相指摘。弟曾託蓮珊致意，並自函沏臺端，原冀有所遵循，或能設法搿擋。乃不意吾兄不察，示我定函，在弟自知不肖，望淺言微。然前此幸承不棄，既有此香火因緣，終在相知之末況，平昔硜硜自守，亦尚無敗名裂節之事，有沾良朋。獨以時命未逢，候補望缺無期，差人一等耳。間嘗自慰，竊以爲差勝經、鄭諸人，今乃反不若耶。弟嘗奉教君子之林矣，直諒多聞，足爲益友。兹承見教，良用愜心，亦不敢效便柔以辱我知己。此後尚祈訓誨及之。顧生平雖梗直爲懷，亦非絶不知世故，惟蹴而之與，則不敢受，無他，恐貽長者羞耳。

再啟者：敝局工程業已半就，機器亦先運回布機二百，紗機四十，約八九月可以來華，冬間當可試織。此後但冀股分源源而至，即可愈拓愈多，其利自厚。

王爾敏《盛宣懷實業朋僚函電稿》中册《彭汝琮致盛宣懷函一》 以織造收外洋之利權，事關大局，執事欲有以匡其不逮，此賢豪憂世之深心，海内喻此意者殆無多人。聞之曷勝欽佩。汝琮罷歸十載，安分寡求，去夏遇孫樹人觀察於申江，適聞當道有以商爲戰，寓强於富之議，籌劃數月，自問確有把握，乃敢上稟，請以機器紡織洋布。仰蒙中堂俯賜批行，並召赴保定面示機宜。旋滬後，於臘月十八日在新泰興洋行購定機器，計布機八百張，較原稟計多三百二十張，每日能織布千疋，當日議立合同，實價二十五萬五千兩。今春置買地基一百餘畝，實價三萬二千兩。並由美國訪請著名洋匠華突而司，於閏三月到局，月給薪工五百兩，劃圖監修，已於四月十二日庀材鳩工，次第興造。惟用費浩大，遠近股分急切不能應手，群情觀望。其故有三：一則可與樂成，難與圖始。創數百年未有之奇，集數十萬難得之資，日久而後有功，目前不能遽信。老子曰：不敢爲天下先。蓋言創始之難也。一則不請公款專恃招商，而輪船局不能獲利，人人佴以爲戒。所以海關議發稟内有必得官爲提倡之言也。一則中外交涉設局，未經奏明，徒憑數原章程，人心不無疑慮。又況洋行林立，争欲攬機器薦洋匠，有不如意而毀謗即隨之。是以「申報」新聞輒以危言撼動大局，而市井不樂成人之美，又復議論横生，遠近播傳，欲求衆人之不觀望得乎。猶幸同志有人，均能相助爲理，守定堅忍一法，以期事之必成。通計所招股銀虚數不下六十萬金，若蒙當道籌畫，或借撥十萬或合流資本，先有以倡導之，則聞風興起，不難源源而來。執事豪儁多謀，沈勇有力，發議不徇僞論，任事不避艱難，論海内之英才，斷推管用；越中之餘智，自比朱公。當此要緊關頭，不得不呼將伯維持全局。是所望於明公。敢布區區，伏祈詳察，專泐奉懇，敬請勛安，諸希愛照不既。愚弟彭汝琮頓。

再，如蒙執事稟懇伯相，借撥公款十萬或八萬兩，請領之日應由敝局會辦鄭觀應、幫辦唐汝霖聯名出具聯環保結，聲明收足股分即行如數呈繳。唐、鄭在滬，均有身家，區區數萬金均能認賠。現在所用款項，本係兩君墊辦。

王爾敏《盛宣懷實業朋僚函電稿》中册《彭汝琮致盛宣懷函二》　樹海上風聲，綜寰區之電報，雄才大略，超越恆流，錯節盤根，斯爲傑出。轉瞬風雲際會，扶摇於南北洋之間，豈徒翠柏薇紅足爲閣下頌乎。汝琮伏處家鄉，今年已六十有二矣。筋力雖不減於昔，而壯志則已消磨殆盡。前歲以戚舊待罪囹圄，入都探問，獨居僧舍二百餘日，未嘗見客，歲暮由陸路還鄂，自是不復出門。今夏興子元司馬忽遣其姪到武昌省城，面邀汝琮來申清理布局基地事宜。坐守數月，必欲强之使行，中秋後同到此地，而子元已赴江寧任所，日與其姪愁苦相對，甚無謂也。汝琮此事受累無窮，久在洞鑒之中，甑已墮地，顧之何益。惟此不肯負人之志願，至今夢寐難忘，如其力能勉爲，亦必掃除浄盡。無如室如懸罄，羅掘久空，即敝廬數椽，亦非我有。桑榆暮景，徒唤奈何已耳。兹乘黄星閣兄趨謁臺端之便，囑其面達一切。敬請勛安，不盡欲言。姻愚弟彭汝琮頓。九月廿九日滬寓寄。

王爾敏《盛宣懷實業朋僚函電稿》中册《林志道致盛宣懷函十一》　布局之事，想我公智珠在抱，全題在握，必有因應咸宜之妙。姪前者冒瀆，意欲附入隨員之列，親見長者，匡時經濟，藉以稍增知識，非别有希冀也。至於請假回南，姪甫經到省，遽爾言旋，似不入調，且存而不論可也。但求明公近日於節相前無意間略爲嘘拂，爲開年謀事伏筆，則受賜已多矣。

王爾敏《盛宣懷實業朋僚函電稿》中册《龔壽圖致盛宣懷函七》　布局一節，陶公去後，承兄隆情允予接辦，弟等感泐甚深，不圖事後轉交蓮珊代清前帳，彼時尚有未收之帳九萬餘兩，雖屬燼餘，如認真爲之，尚可復拾。不意蓮公私心甚熾，任情揮霍，僅收三成，一事不爲，都歸寂滅。最可笑者，在弟等奉札之後，尚餘三千餘金，一總又交與招商，代陶清理舊帳，必令布局顆粒不存而後已。叔寶可謂全無心肝，此誠出人之意表矣。弟等因此受累頻年，進退維艱，無門控告，不得已復爲馮婦，冀收桑榆。惟當此人格財匱之時，凛手其難，安敢妄思恢復，惟念國家顔面，即不敢畏難苟安，而聽其自然，不可救藥，毅然爲之，初非有十分把握也。所幸仰蘧兄助力，令人感且靡涯。刻會云將舊帳先爲清釐，再議另招新股。細查舊帳内有布郎地皮一筆，本局國去公款三萬餘金，詢之蓮公，則云此契係存尊處，此款應如何銷算，弟實茫然。特謹奉詢作何歸結，示知照辦。至布局各事，幸托庇及，刻將丹科所定未來機器澈底清釐，只須美洋七萬餘元即可先行辦理，加之廠屋費亦無幾十萬金可次第興辦矣。現弟與仰兄仔肩分任，冀望速成，無如仰兄相助者多，區區之數，咄嗟易集，而弟之近況，兄所深知，當此之時，益難措置。雖得藹兄急難擬九日來申，無如力所難能，籌之不易。伏念肩此重任全在衆擎，吾兄金州之役，弟經陶手曾辦萬金，近布局事亦相同，而期在必成，望報尤亟。滬上人情澆薄，祇思規利，目前且妄肆謡言，誠難細與商榷。間嘗竊念，計熟知此局之利而能慷慨任事者實無逾於我兄，前此辦理非人，遂至垂成終敗，弟之受制受累，想早洞見瘕瘢，並非其事之不可爲，諒亦早經計及也。今弟力圖此舉，惟一反前局所爲，凡事必公必親，尤冀共聞共見，雖不敢謂稍勝於前，而一絲不苟之衷差堪自信，尚祈吾兄念在大局，慨然助以萬金，俾得早成，則拔我泥塗登之袵席，實維我兄，其感泐何如耶。區區之衷，沐愛有年，用敢縷述。近聞陶公尚受栽植，足徵念舊情深，弟竊自維似未必在他人後，前剖心相告，乞念及之，勿以定函見復。是所至禱。至款目由何處兑來，務祈先示數行，以便走領，尤感。

王爾敏《盛宣懷實業朋僚函電稿》下册《嚴信厚致盛宣宣函二》 昨日又接手示並裕源廠信，敬悉。今至朱幼鴻處商議良久。既然津廠肯爲聯合，乃絶好機會，事在必行。已請幼鴻草議條款。澄衷處去而未晤，伊日内即欲歸家娶媳也。至公所章程甚妙。擬照日本紗廠辦法，已函託張聽帆舍親向日廠抄録。蓋聽帆爲出洋學生，尚在東洋也。軋花廠收買子花與買皮花售紗稍異，亦須訂章耳。餘容面談不盡，手請臺安。

王爾敏《盛宣懷實業朋僚函電稿》下册《楊宗濂致盛宣懷函二十九》 老局規復之事，聞執事認辦，可借公款三十萬金，以公彌公易於著手。濂空拳支撑，似覺向隅。南洋縱或垂憐，而子夏之門人不便問事。於子張，理也，亦勢也。老局聲名雖大而規權極小，誠如尊議，紗廠之外，再於東西餘地添建布廠，設機多張，以爲總局，勸令衆商分設大經、大緯、大綸、大綍各廠，如衆星之拱極，使之每包各出一金，以徐償公款之值。如此則氣局宏敞，可震外人之耳目，而非執事大氣盤旋，不克臻此境界，若在鄙人規復曩觀，業已左支右絀，斷無餘力擴充布機。則雖有布局之名，而無布局之實，於大局有何裨益哉。仍望執事毅然擔當，以重大局，建廠購機，濂必盡力相助，趕緊成紗，再圖綫布。一面令周廷弼馬福松等先成大綸紗廠，以爲衆商之倡。所謂一息尚存此志不容少懈耳。［新豐］業已掛口，濂早晚南旋。倚裝布復，敬頌勛安，諸惟珍衛，不盡百一。

王爾敏《盛宣懷實業朋僚函電稿》下册《楊宗濂致盛宣懷函三〇》 同孚吉紗廠去秋已收過股銀六萬餘兩，皆係濂親書收條，臘尾年頭又有續至者，仍是手書收條。此時驟易廠名，徑由周丞廷弼單銜具稟，究竟是一是二，從前股友並未得悉。若不申明於後，則將來補繳股銀，掣回收條，換給股票，經收者頓易其人，周熟於商，濂熟於友，如有取信之處，其知有楊而不知有周者，不免先懷疑。濂從前會稟奉批，已刊小本，遍送同人，此時若不續稟更正，另行刊送，於事理究未周匝。以公事論，前案不能無結束，周丞所遞一稟，請尊處暫緩批發，圖記亦請緩頒，將來刊發時如不能稱爲分廠，衹可稱爲公廠。蓋因此廠究非華盛總廠分出股本所建，不能不辨之於早也。手泐奉布，敬請勛安。愚兄制楊宗濂頓。廿六日。大駕何日至津，想一路風平浪静，甚念。舜卿目疾益劇，廠事乏人經營，濂又傷腿，難於步履，處處落後，焦急異常。所幸附股者尚不乏人也。

王爾敏《盛宣懷實業朋僚函電稿》下册《楊宗瀚致盛宣懷函八》 弟回局與眉叔會商一切，旋即移榻楊樹浦，遥聽軋軋之機聲，消此長夏。每日六點鐘起床，親視開工，隨時巡歷各廠，留心稽察，凡涉弊混冒濫之處，登記手摺。現開織機二百三十餘張，日出布疋一百八九十至二百十數疋不等，實緣機張時有小損，停頓修理，曠誤良多。如果開機十點鐘，毫無間斷，每機竟能出布十二丈，每分鐘梭子往來一百六十轉，見布二寸，尚非至速也。月内美機二百七十五具總可裝齊，英國紗機亦計日可到，督促裝配齊集，尚須試練數禮拜方能見紗。自弟駐廠立課工簿，較前稍有條理，否則男女工作六百餘名，任其自來自去，或樹黨援，或徇情面，早間發籌之數與到工之數，漫無稽核，（與生童領書院課卷無異，他可類推。）諉云創始之時，不能作准。何以新紡紗局開辦在後，井井有條，相形之下，殊難爲情。弟初到廠，若輩恐不便私圖，刻刻有挾衆譁制之勢，幸弟早受錦囊，先與洋匠約法相孚，群不逞始不敢要挾，然以六百數十輩女子小人環伺區區一身，暗唆險損，殊令人防不勝防。現將匝月，自維尸素無補毫末，僅免爲衆驅逐者，執事指教之力也。用舟舍弟仰承提拔，感戴同深，屬其留心一二妥實精練之人用備驅策。弟明日附輪至江，除探聽花市回錫一行，如蒙賜答，於旬日間逕寄無錫濟通爲要。

王爾敏《盛宣懷實業朋僚函電稿》下册《楊宗瀚致盛宣懷函九》 布局派友往太倉、嘉定並江陰之常陰沙購辦子花，因無匯劃錢莊，每帶現洋，途中恐有疏虞，不敢多攜行李，然遇花價湊合之際，緩不濟急，往往失時。嘉定、江陰兩處典當秋冬間探本不少，本須匯至蘇滬存放生息，如荷函屬該典管事，遇有布局辦花之需，就近劃付，弟當刊聯票票根先期存典爲憑。隨時由弟劃還，指定何莊，決不有誤。倘能暫存布局生息，亦無不可。

王爾敏《盛宣懷實業朋僚函電稿》下册《楊宗瀚致盛宣懷函十四》 知念縷陳，承示布局虧耗太鉅，害多利少，若無商股，全借洋債官帑，冒險太甚。尊云洵爲閱歷志成之見，竊謂此局目前新舊債務畢集，立俟接手有人，著落取償，仲仁非斷炊不去，各債户並不容去。（其稟辭布局求另給優差。）所用之人，皆不知緩急，不辨利義，得過且過，從而剥削之，勢成騎虎，岌岌可危。果得大力扶助，守成之局，事在人爲，似不致重受□累。第官款西債皆須奏咨，弟在滬，商貸西商，俱以咨總署蓋北洋大臣關防爲請，此舉恐中堂未必准行，則併西債而亦不得借矣。弟已墊助二萬金，擬再墊二萬，贖出道契，或可抵借一、二十萬。然舍泰來未必貪圖，再與周積楨輩交涉，鄙人亦不值得。且目前振興此局，斷非二十萬金所可敷衍。新軋紡局意在融洽分明，老局志在獨專利益，兩局相持不下，此係後來張本，現若無款可籌，話不及此。頃蒙中堂電詢行藏，何敢游移兩可？小人有母形影相依，家兄如果北上，賤子未忍偶離。入夏以還，吾親若能日見健適，斷不肯藉詞諉卸，致負中堂知遇之恩。是則私心禱祝者耳。仲仁昆季暫不回籍，仍駐該廠主持一切。然月内無鉅款接濟，局事不堪設想也。紗機七萬如荷擔肩，日後不患無償。

王爾敏《盛宣懷實業朋僚函電稿》下册《楊壽樞致盛宣懷函十三》 史厚甫太守廣美與姪姻親，前曾面懇我公派一南中差使，可否設法位置，乞予准信，以便轉覆。姪現有用款，昨曾商之袁保三，擬將業勤紗廠股票在交通銀行暫抵數千金，保三以業勤廠素所不知，須函知上海分行探詢明碻，始能作抵。姪迫不及待，因思我公深悉此廠底蘊，擬懇我公函致保三，大致謂此廠開辦二十餘年，獲利頗厚，所有股票人皆信用，近因某某昆仲服官在外，該廠無人經理，租與他人，改名復成，而股票仍用業勤廠名。茲某某有急需，擬將規銀萬金股票暫押六千金，以六個月爲期，儘可放心抵借云。此函付下，由姪持商保三，當可有濟。能否如此辦理，即候尊裁示復爲幸。

王爾敏等《盛宣懷實業函電稿》第一卷《盛宣懷致嚴潔唐德熙陳猷函第八號九月十三日》 屢接鄭陶翁來函，以上海本局每月需煤四千噸，連華盛紡織局每月需煤數百噸，總須運滿五千噸之數，而開平初以煤到上海，可售好價，不肯定數。昨與議定先付價銀五萬兩，議定三船均裝本局用煤，到滬不得售與他人，並有「公平」到津運煤在五千噸之外，以備封河後之用，望即速催「公平」來津，冬間口外風大，過駁不易也。所有煤價行平化寶銀五萬兩，計合規銀五萬二千五百兩，即祈付交華盛廠荔孫查收爲要。

王爾敏等《盛宣懷實業函電稿》第一卷《盛宣懷致沈能虎鄭觀應函第二號三月初三日》 本局議借英金二十萬鎊，另設紡織一廠，已蒙傅相照准，廠名「同興」，稟入奏案。昨接初一日尊電：以二十萬鎊初一比二十三已少銀六萬，若即允准匯豐，就要算數，不能翻悔。然其招股、做合同、估產等計須一月，方可簽字定價，設到時再大跌，亦難料。虎等不敢擔肩向議，務請慎重示復云。查鎊價伸縮動輒鉅萬，以十年通計，負少勝多，莫不稱爲高著，斷不可錯此機會。惟此議定於二月二十三，鎊價合銀能不吃虧於此日，於心乃安。招股、做合同、估產計須一月，方可簽字，而一月後鎊價高下無人能料。四月十八是國家還鎊日期，未必肯使我便宜。弟想英國借來本是英鎊，似不必限定簽字之日作價，可請陶翁同虎翁面與匯豐訂明，訂合同之日如果價鬆，本局不願照是日作價；可將匯豐代借之鎊仍以鎊存匯豐，聽我何時作價。如果此層滙豐可以應允，望即與彼定局，並祈迅速電示爲要。

王爾敏等《盛宣懷實業函電稿》第五卷上《盛宣懷致盛宙懷函五月二十二日》 揆臣來稟，耶松可辦到補三號粗紗機四付、梳花機二付，已經情急，恐欲瑞、地照辦，合同必毀。吾弟謂瑞、地要照耶松辦法，出進較大，應緩商辦。兄於十六日電諭瑞、地，請照耶松層次斷不能准。現擬另購，可便宜。已復沈轉致瑞、地，如不照合同，即罷前議。切勿答應耶松，以免瑞、地援引。十九日電諭：十五函悉，耶松斷不准定，諒已與揆臣遵照矣。今果接瑞記、地亞士來電：前送合同時夾有紅簽，註明現照耶松之價係小行等擅專，須請將耶松合同及原開之洋文價單寄洋作憑在案。現在務望將耶松先訂之合同及洋文價單交寄作憑，方可遵辦，等語。兄記得地亞士余君送來清摺之内曾有此條，但簽字合同不足爲憑，乃以紅紙條爲憑，其狡賴可想而知。似此看來，惟有將耶松合同與瑞、地合同一併撤銷矣。數日内達勃生必有回信，兄立定主意，仍須照前合同開明件數，價目可不增添，儗俟此間定議，即行電致吾弟與揆臣，先銷耶松合同，再行函致瑞、地，一律撤銷。究竟信義可靠也。如果此數日内信義未定之前，耶松肯補足件數，瑞、地亦可照樣補足，仍望電示，想未必能矣。

王爾敏等《盛宣懷實業函電稿》第五卷上《盛宣懷致盛宙懷函五月十六日》 接二十二、三號手書，並耶松清單比較信義機器件數細帳，均悉一一。十三日接沈子翁與吾弟公電，瑞、地兩行現惟仍遵面諭，一切均照耶松辦理之議云云。十六日即電致吾弟與揆臣云：瑞、地請照耶松層次斷不能准。現擬另購，可便宜。已復沈轉致瑞、地，如不照合同，即罷前議。切勿答應耶松，以免瑞、地援引，等語。兄細看比較清單，耶松價目與信義上次相同，如瑞、地亦照如此，華盛吃虧更倍於大純，斷乎不可。若照吾弟所擬，與耶松説定，即照此項清單機器運滬，如有出紗層次不敷所用，一經等待，耶松即應絡續添購不敷機器，否則即在第二期、第三期應付款内扣除。此係不得已排解之法，將來斷不肯補，因其清單内已有價目，若涉訟，斷無强人賠錢之理。不如暫將耶松合同擱起，定要其照信義補足，否則即行毀議。兄現已與達勃生訂議八萬錠子機器，層次悉照上次信義合同，連一年零件及密爾尖零一概在內。照瑞、地合同，每錠合價一鎊五先令七本士，另給五釐用金，數日內即可定議，俟回電到日即當電致。所有耶松、瑞、地合同，應即責其悔議，收回定銀，俱作罷論。目前姑作宕筆，好在一禮拜必能定局也。

王爾敏等《盛宣懷實業函電稿》第五卷上《盛宣懷致盛昌頤函五月初九日》

頃接初八日來電，耶松單少梳花十二村，三號粗紗七百錠子，議令酌補。大沽機爐請派孫光泰「拱北」解滬，洋人要買求勿允。我即電復耶松，少機太多，補辦需銀二萬，應先詢丹科必須添補若干，議令照補，以符合同包出紗數。沽塢起重駕壞，「拱北」此次難運云。惟閱耶松致朱子文信內附入清單三號，比信義少七百錠子，梳花機比信義少十三付。而信義細紗機只有一萬八千二百錠子，耶松有二萬零三百二十八錠子，應照細紗機科算，則三號不止少七百錠子，梳花不止少十二付。荔孫來電謂，照信義少三號粗紗一千三百錠子，鋼絲梳花機十三部，約值二萬兩，再三細說，尚未定議。此比汝所言詳密矣。特將致朱函並清單抄附查核。汝應稟商汝荔叔，即詢丹科：如此短少，能否照其函內所言，二十點鐘紡紗一萬九千磅？如果不能，應令酌補。如果耶松强説能做到一萬九千磅而不肯照補，或令其再立憑據，萬一出紗短少，必須扣除價銀。或自行添配，或本廠另行購補，務要做到每二十點鐘一萬九千磅，價銀方能付清。我現與信義商定八萬錠子，照信義上次層次，而價目照耶松一樣，雖酌加行用，數目無多。一俟定議，即當電知。汝二萬錠或亦一併改由信義購辦，期限不致遲緩而貨物自可放心。汝與荔孫如何商議即望函復爲要。

王爾敏等《盛宣懷實業函電稿》第五卷上《盛宣懷致盛昌頤函五月初六日》

頃接嚴佑翁來電：「接揆臣世兄電云：揚州善款可存大純廠，長年八釐生息。囑電商速示大純廠係何人承領？善款俱存各號，須霖回方可付。須息月八釐，六個月付利。是否能行，乞先電復」等語。我即電汝云：「佑電善款須息月八釐，半年付，即是長年一分(恐無餘利)，可緩之」。我想大純三十萬股本必須實湊，嚴款官利目前須賠四釐，成紗後亦須賠二釐，若爲善舉，須各廠均分，若爲汝計，則恐有損無益，不如暫緩。看後來存款，長年六、七釐可以招集。仲良來信，廖股中變，想汝到蘇常或可稍有招集。惟汝投供一事，若不到恐扣選，與袁保三面商否？

王爾敏等《盛宣懷實業函電稿》第五卷上《盛宣懷致盛昌頤函五月初六日》

午日接來電，耶松詳單已到，大純廠圖即寄哈華德速配尖零。請飭子文勿發電，瑞、地可照辦。煙箭初四開工，「拱北」初六來津，大沽機爐求囑商局料理料理運滬，等語。初三日朱子文已接賈立士復電云：五禮拜前曾將詳單寄往英國，內寫明盛道臺所限各節。昨日另抄送盛荔孫兄之處，現亦交「新濟」寄上一分。今晨接到哈華德廠電允照辦，想事已妥定，等語。當即電致汝與荔孫云：朱接耶松電，單已交荔孫，(哈)〔恰〕華已允照辦。望速與丹科細核來單，層次比達勃生如何？速復。我總慮價目便宜，層次偷減，總廠與地、瑞交易合同，當以耶松細單爲准也。泰順挖泥機器鍋爐，已派原經手謝、黄二人先與大沽船塢商定，交「拱北」運滬。因輪脚甚貴，論理本應先交招商局，大純再向沈、鄭兩會辦議買。汝須先往説明，以便「拱北」到滬，即可一直起上紗廠，免得多費手脚也。我身體已大好，毋念。

王爾敏等《盛宣懷實業函電稿》第五卷上《盛宣懷致盛宙懷函五月二十九日》

張安甫係徐雪村門下，於機器、礦學、格致、化學均無不知，曾在上海布局包造梭子、産篾、皮帶等件，欲來天津謁見等語。兄想此等熟手我局當可收用，特囑持函一見吾弟，望細與盤桓。如果可靠，似可派管機器房，或可勝於王永年也。

王爾敏等《盛宣懷實業函電稿》第五卷上《盛宣懷致盛宙懷函五月二十八日》

函中所説雷門，是否係瑞記李曼？查李曼與沈子翁交情甚密，弟與揆臣説話皆須留心。論理交易總以合同爲憑，照耶松已屬口不爲憑，此外更無他説。頃已洋文電復瑞、地，謂西三月五號所訂之合同，內載六月內承辦全廠細紗機一百零九具，共四萬一百十二錠子，連清花等機器，請你言明，可照此合同依期照足辦理否？因耶松合同與你不相干，望電復云云。俟其復電到日，再與計較。大約此事，總須要他機器添到信義現允之樣式，兄仍可允照合同辦理，否則必可撤銷合同，至多不罰其躭擱所失之利，斷無他慮。來函云：合同罷論，耶松已與説明，則大純先可另定。目前靜候尊處與李德將機器層次及零件細單寄津，即當與滿德先將大純、同興兩廠機器訂定，則瑞、地之事進退自如矣。希即告知揆臣爲要。布機七百五十張，頭批已裝船來華，已將規銀六萬五千兩交信義存儲，照第四條合同辦理，未知廠屋何時可完耳。

王爾敏等《盛宣懷實業函電稿》第五卷上《盛宣懷致盛宙懷函六月初六日》

滿德接李德來電云：已與吾弟面議，其頭、二、三號紗機多添錠子，並無關礙，惟空地太多不能允，已電達勃生照辦，等語。祇候吾弟復信。如果所言相符，即將合同在天津繕好，其機器及零件清單，則在上海由李德與吾弟核定。惟接瑞、地復電云：黑特令廠囑敝行照别廠最便宜之價訂定，而敝行照大人所諭，與好華德廠一律。其時大人允將與耶松所訂之實在合同交下閱看，敝行奉此後方敢簽字，且在紅紙上另添一條云：有此憑據，合同即可定妥。現接歐洲來信，已知好華德之實在情形，敝行可能遵照合同，並照好華德價，將機器併零件等加倍交付，等語。是瑞、地似已知耶松一半密爾尖零允准另給，而耶松層次又欲短少，瑞、地必欲援例，則大純吃虧一錢，華盛便要吃虧兩錢。瑞記、耶松均未辦過大事，狡滑見小，亦非信義可比，此兄所以要先退耶松，而後瑞、地無所藉口也。頃接吾弟電稱：哈華復電包出紗一萬九千磅，添機器。據耶松云：哈添梳花機三部，頭號一部，二號一部，三號四部，較前開清單又便宜一萬一千兩，允照第五條合同辦理，如再不允，只得退合同。揆臣無所不可，候示，等語。兄當復云：耶松允添機器，比較信義現議機器孰多孰少，速令各開細帳，逐細核對，擇其多者定議，勿狥情遷就。並詢耶松密零一半需價若干。因信義密零在内，行用八千七百五十兩，數相埒否？瑞、地必照耶松，事關大局，汝須統籌，將耶、信細單速寄核定，等語。兄想耶松、瑞、地合同，病在機器清單未曾附列，以致擔誤數月，多費筆舌。目前幸賴達勃生降心相從，藉可擠定，好華德照達勃生層次數目，絲毫不吃虧，方能與好華德定奪，尤須將詳細清單簽字爲憑，其密零一半價值亦不得多於信義行用之數。如耶松一概答應，吾弟再與瑞、地商量，將機器零件清單一概議妥，方能兩家一同定議。如有絲毫不及信義之處，千萬不可遷就。好在耶松願退，而瑞、地無可援照，亦只好銷合同矣。弟須與揆臣遵照此函，迅速比較核復爲要。

王爾敏等《盛宣懷實業函電稿》第五卷上《盛宣懷致盛宙懷函五月二十六日》

兄十八日致瑞、地電報，吾弟與沈子翁商酌，删去限七日無回信，准將原銀本利退繳等語，是以瑞、地復電仍推耶松爲主。查向來交易總以簽字合同爲憑，其所稱紅簽我可不認。吾弟所囑信義合同稍緩簽字，固屬一定之理，而信義若聞瑞、地、耶松均不能成，亦必跳上架子，兄告滿德亦云瑞、地不肯退，只求加行用而已。昨滿德來言，已接達勃生洋文來電。譯云：大皮條不在内，是否係密爾尖零以内之物？抑係鍋爐大股勤所用？又云：棉條機七節，想係改棉條機器。又云：頭號粗紗機原合同七十二定子，現改九十八定子；二號粗紗機原合同一百二十定子，現改一百三十二定子；三號粗紗機原合同一百五十六定子，現改一百七十二定子；五寸空地。想係按機多添定子，且定子空地較寬，則機架可少副數。總因此次按定論價，該廠必爲取巧之計，但只要定子不少，是層次不短，出紗諒可不少，似與耶松來單欠缺定子層次情形不同。昨將華洋文電致尊處，與丹科詳細審度，並囑李德將實在機器清單、零件清單一併開列，再與丹科細細計算，加層次不短，出紗可保如數，即行一面電示，一面寄單來津，兄即可與信義説定，擬定八萬定子，每定一鎊五先令七本士之外，允其另給行用三萬五千兩。若照四萬定子分算，只加行用一萬七千五百兩；若照二萬定子分算，只加行用八千七百五十兩。揆臣今日來電，已將耶松回復，非此不足以塞瑞、地之口。萬一耶松竟肯加足層次，則瑞、地亦必照加。務須迅速函電寄知，免與信義重複也。

王爾敏等《盛宣懷實業函電稿》第五卷上《盛宣懷致仁濟和董事公信》

九月十七日接江海關道黄觀察電開：香帥新設紗廠即日舉辦，籌官款五十萬。查南洋奏准江蘇息借商款移存商務局，分年歸還。帥諭：將招商局十萬借留此廠，以充官本，轉移之間，彼此有益。已與子梅兄説明，特電奉聞，乞速復，以便轉稟等因。弟即日電復：筱電謹悉。去冬息借商款時，弟與同人商由保險公司移借公司十萬，衆商即詢將來官事有無更變？弟復以户部此次試辦，決不失信。南洋張督憲最重商務，亦決無枝節，大可放心。該商始畫諾。今擬改充紗廠官本，在帥意欲使商股多沾餘利，甚感；但聞瑞記所購機器較華盛機價將貴一半，嚴小舫、黄佐卿俱不肯接辦。瑞記之買辦吴姓以空手承辦，將來發存官款未必有著。吴與弟等有私交，弟與沈子翁皆未便擅奪，已函致衆商董會議，再行稟復。並乞將瑞記代辦紗廠章程速抄兩分，一交該公司董事唐鳳墀兄，一寄弟處。公與帥皆欲振興商務，首在順商情，否則以後無可招股矣。又電云：「承電示江蘇息借商款移存商務局，分年歸還是否不換關票？如將保險公司十萬改存紗廠，關票能否不換？如紗廠不還，能否仍由江海關包還？乞示，等語。」查仁濟和公司實存銀行現款四十萬兩，去春在滬會議，斷不可少，不得已，南洋息借十萬，因係江海關票，户部應允，斷不失信。是以子梅觀察電來商酌，不及會議即行遵辦。此次幼農觀察電商，欲以此息借十萬兩借留紗廠，以充官本，未曾説明換票不換票，亦未説明是何紗廠。如果仍執江海關息借商款之海關印票，照年限内海關發還，則南洋如何撥充商務局或紡紗局，仁濟和公司皆可不問。如欲仁濟和認紡紗局爲借主，則與原議不符。將來此項能否收回，弟實不敢干預。從前馬眉叔失事於前，至今仁濟和股商受累，抱怨無窮。此事惟有懇請諸公，就近會集鉅股衆商妥議，一面稟復江海關黃觀察，一面函復敝處，再行推轉，幸勿遲誤。

王爾敏等《盛宣懷實業函電稿》第五卷上《盛宣懷致盛宙懷函》

兄已囑滿德電詢達勃生，如層次悉照五十張已到之機，則行用之説自可通融。尊意瑞、地緩議甚是。老太古保險四十四萬，每千兩周年五兩，其餘他廠分保，以冀一年後單保便宜，當即轉稟中堂，必以爲然。惟自來水原議仿照浦東油池公司託耶松自造，既有引河，擬將自大鐵管安置地下，以通各廠。挖泥船上本有吸水機器，只須裝用殷勤，便可成功，以後連大純及棉油廠均可連貫。兄在申時，自來水公司曾來面議，保大險五年，需銀五千兩，兄對以價目太貴，情願自造。望速與耶松、祥生商酌，如自造，則數十年通扯必有便宜；如不能自造，可與自來水公司商議，做至本廠門口，以後相近一帶如有接做之處，應即核減價值，兄亦曾與議及也。火龍會議有眉目亦祈示復。

王爾敏等《盛宣懷實業函電稿》第五卷上《盛宣懷致盛宙懷函四月三十日》

二十八日接來電，斯立誠云：前議照耶松合同，只能照耶松清單。至鄂定之單，必須照鄂定之價始可抄送云。又接揆臣電稱：二十六抵滬，詳單未到。荔叔云：據子文説，尖零半價巴勒電允耶松，然後簽定，是否求詢子文電復，等語。除面詢子文電復外，據子文面稟：如瑞、地不悔議，耶松亦可不悔。似此看來，兩廠相持，恐非加價不可。而耶松已得一半密零之價，更不應悔議。兄意加價小事，層次短少、將來做不出紗是大笑話。現與滿德密議，訂買達勃生八萬定子，連密零及一年零件在内，悉照瑞、地價目一鎊五先令七本士，另加行用一萬兩。伊尚求加二萬五千兩，共加三萬五千兩。兄令其電詢達勃生，層次須照已到細紗機五十張之數，當於一萬兩外再行酌加。兄想耶松如全給密零之價，即須一萬四千兩，瑞、地全給須加二萬數千兩，而層次仍不能如達勃生之多，將來出紗短少，更悔不及，即望迅與丹科考核。此次信義已到之機器，層次是否足用，速即電復。如果足用，機器堅美，兄擬即與滿德定議，將耶松、瑞、地合同全行廢棄，但須格外秘密，恐外洋墨、巴兩廠私與達廠勾通，則無法可想矣。此事沈子翁回滬亦無法想，因沈與地無交情也。兄初意該兩廠如照合同呈出清單，層次不短，准可將允加信義之銀兩即加與兩廠，以免廢約。今兩廠無賴，不交清單，其違約更甚，後患更甚，不得不趕緊另籌辦法，否則徒延時日。所訂八萬定子，華盛四萬，大純二萬，同興二萬。此函望與揆臣密覽。信義瑞生機器裝廠，即應照價如數保險，兄已面稟傅相，儘所值保險。望即酌估實數，一面與各燕梳行議價，一面函商兄處爲要。茲寄上京城安徽全省會館股分規銀六千兩，祈即收帳見復。

王爾敏等《盛宣懷實業函電稿》第五卷上《盛宣懷致盛宙懷函四月三十日》

十三號來函所述信義機器已到三分之二，均已提上廠内；董木作廠月内完工；朱子文面稟瑞生機器亦到。吾弟先將哈登、威林登合同訂定，與英廠來洋人霍二，及總管丹科四人趕裝，甚爲慰念。惟紗廠機匠四人，副手十六人，悉爲尤葛民勾引而去，深爲可恨。朱子文云：丹科已勾回好手二人。其實彼處開工尚早，副手十六名之中似可設法勾回，酌加辛工，亦比生手有益。兄去冬即囑星叔先付定洋，星叔謂無人勾引，此迂拘之事，易致誤事也。昨電將女工好手先行挂號，酌付定錢，望速照辦。熟手與生手大不相同，切勿惜小費，將來熟手多時自可酌減也。合同二紙附還。

王爾敏等《盛宣懷實業函電稿》第五卷上《盛宣懷致盛宙懷函四月二十五日》

三月二十三日接第七號手書，所述湯松岩兄云，稱我處已允龔星使地十畝，其價一萬兩，准作華新擴充股本，每年八釐生息。惟華新廠前係租地，必須遷徙，我處如肯將全地售與華新，可否照松岩所説之第一議，照六萬八千兩十年還清，請示前來。又詢兄在滬時所説華新五萬兩，擬稟傅相乞示，等語。茲查招商局現已借定匯豐之款，已奉准購買紗機四萬定子布機五百張，即在上海開辦同興廠，必須迅速蓋造廠屋。華新既不買我地，擬即派阿金生繪圖，西首建紗布廠，東首建軋花廠。除劃給靠東自馬路至河一條直長地十畝之外，其地皆須自用，本已定奪。惟吾第七號函轉述松岩之意，似尚欲將全地售與華新，其股東皆與兄有交情，未便過於決絶。其所擬十年歸本太遠，兄意必須照兄與小舫兄所議，全付現價，以免轇轕不清。兄允將所收全價之内，仍付與一萬兩搭入股分，應執股票爲憑，再另借與五萬兩作爲存項，長年七釐生息，期定第三年歸本三萬兩，第四年歸本一萬兩，第五年歸本一萬兩。如華新照允，十日内即須定局，不能遲疑，以便招商局另向他處趕緊購地興工。如候至十日不接電信，招商局即用原地，我處已盡心矣。即希吾弟速將此信面交華新諸公籌復爲要。

王爾敏等《盛宣懷實業函電稿》第五卷上《盛宣懷致盛宙懷函四月二十日》

耶松接哈華德來電，必須全給密爾尖零價值，方可照辦，甚爲託異。兄在滬時，朱子文面禀，耶松已接哈華德回電，密爾尖零必須給與一半價值。向來洋人辦事細心，如果其時哈華德不允，耶松斷不敢簽定合同，且合同已定，斷無翻悔。譬如我局欲與悔議，耶松豈肯干休？所有耶松來信，似是與吾弟，特以附還。即請將我此函之意切實函復，一面索取機器層次清單，須面交丹科核算，勿任扣減，是爲第一要義。洋人包出紗數，未必可靠，仍應考核機器層次，如不短少機器，自不致短少出數。否則勉强定議，而將來層機短缺，最爲可慮。兄所以昨日覆電，必欲索取瑞地耶松機器清單再定主意。原合同註明六禮拜寄到清單，伊斷不能不即日交出也。望速照辦電復爲要。

王爾敏等《盛宣懷實業函電稿》第五卷上《盛宣懷致盛宙懷函四月十三日》

何阿滿就此了結已屬寬容，此款暫由華盛代墊，後須付還。軋花廠已開標，曹青章包造價銀二萬三千九百四十六兩，是否煙囪一概在内？定限何時完工？東洋機器已由半田先定一百二十部，餘俟盧鴻昌樣到再議，甚是。將來能否即僱半田監工，或由半田薦人，亦須早日定議。至於該廠總管，可即派韓仲萬暫行試辦，能否勝任，應由尊處隨時察核禀奪。頃接瑞生來函，其密爾尖零遲延之故，盡推丹科身上，兄屢催丹科，而遲延如此，無怪楊氏詆毁。特將譯出華文抄上，洋文原信附寄。即望傳諭切責丹科，若不將已到機器預爲安置齊備，俟密爾尖零一到即行開工，定當以不職論。洋文原函仍繳還。

王爾敏等《盛宣懷實業函電稿》第五卷上《盛宣懷致盛宙懷函四月十一日》

瑞生密爾尖零約英七月半到滬，務望督飭丹科將各事齊備，已到機器全行裝好，一俟密爾尖零一到即可開工。原禀中堂六月内開機，想來不致懸虚。紡紗洋匠哈登，織布洋匠惠林敦，已各訂定薪水規銀一百三十五兩，房租二十五兩，合同均照丹科一律寫清。哈登以紗機已到，薪水、房租照發，惠林敦先給一百兩，均准照行。惟聞楊藕翁云：紡紗毋庸洋匠，是以裁撤，今因局面較大，仍用爲妥，但須訂定揆臣所辦之分廠亦須兼管，以免將來另用。至海昌機器較爲便宜，原議售與大純，併「江平」機器可運動二萬錠子，今丹科另議軋花廠用，自更合式。配用引擎鍋爐裝費在内，價銀七千兩，准即照辦。惟大純購用挖泥機器兩副價目大貴，俟揆臣出京再議。瑞生七百匹機器用於布廠，稍嫌力大。兄意布機一千五百張，如布價賤時只開一半，而瑞生機器係屬一付，恐不能停止一半馬力，用煤喫虧。如遇停止一半織布之時，可以用一半汽機，亦可照辦，否則似以另購三百匹馬力因勤兩付較爲活動。其所稱招商局新買輪船機器馬力有一千餘匹，可以改用，望即與鄭陶翁傳見蔚霞商定，恐其到滬時拆賣也。近日工程做到如何光景？來函總未提及。布機擬俟已定一半到後再行添定，因三萬定子所出之紗不能全行織布也。軋花廠須速開工，何以尚未開標估價？切不可坐守，辦好一處再辦一處，八九月新花出市，必須自行軋花。望速將此廠工程尅期趕辦，四萬定子之廠亦須迅速填土畫圖開工。中堂已入奏，措詞闊大，深盼華盛各廠年内全行完工，傳諭吾弟，不准遲延，且收到本銀皆須出利，豈可不求速成耶？

王爾敏等《盛宣懷實業函電稿》第五卷上《盛宣懷致瑞記洋行地亞士洋行函》

以哈華倫廠每一紗錠價較該廠更貴，且備用零件包用十二個月者在外給價，出紗亦無如此之多。貴行之意，請將廠内備用另件照數加給，並須另换合同，將包出紗數罰扣價值一條删除，俾可成事。倘不照辦，則洋廠不肯照造，等語。查中國與洋行訂購機器等件，向以合同爲憑，未聞合同簽字兩月有餘，忽然改悔。若謂赫直令廠不肯照造，尚憶本道在滬與貴行議辦此事，一月而後立議，貴行豈有不與赫直令廠先行電商、俟其復准再訂合同之理！且其時有該廠洋人璽爾在座，是以本道極爲相信。想貴行係屬信實大行，斷不致於失信，貽笑中外。况紡紗機器原訂六個月到華，若遲到一月，即使本局失一月之利，豈能干休耶？至於耶松合同，原議四萬錠子，嗣因本局與貴行先行議定，只得代分局另議二萬錠子，分局籌款稍遲，本道赴津，是以畫押略緩月餘，即由舍弟將合同送閲，價目相同，備用另件並不照數加給，未便藉口。至於貴行四萬錠子合同早已上詳，斷難任意删除。四月初八日。

王爾敏等《盛宣懷實業函電稿》第五卷上《盛宣懷致伍廷芳函》

送呈瑞記、地亞士合同及往來函電卷一宗，即祈詳細查閲。此事該行先錯在六禮拜後並未交來清單，只説照耶松，而耶松所交清單機器短少，斷不能照合同所出紗數。是以銷廢合同，退還定銀，免其議罰。乃瑞、地昨復閣下代擬之電報，仍謂照前便宜之價交貨，語更含糊。因價目係合同議定者，毋庸再説；所未定者，清單所開之機器數目而已。該行不説機器數目，只論價，豈非有意混説？鄙見擬請閣下代擬復電或復函，須説明機器若照耶松經手之好華得廠，必不能做到合同所載之紗數，所以合同上載明必要先來清單，重在機器數目也。該行屢次來電，要照耶松，想必亦是短少，是與合同不符。能否遵約開送詳細清單，使機器悉照合同所載每日出紗數目，必不短少，此外各項亦悉照合同，絲毫不改，三日内即行電復。若再游移，借他言搪塞，本道只能照耶松銷去合同，以免延誤，等語。仍請閣下代爲酌定。據總辦紗局舍弟荔孫來信，地亞士情願撤銷合同，惟瑞記恃有沈子梅兄保薦，尚想皮賴，故弟想電報恐無益，不如寫一詳信寄與舍弟而交該行，並可面告地亞士轉致瑞記，使其照耶松自願撤銷較爲妥帖。午後三點鐘滿德赴尊處請見亦爲此事，渠不願先立約，而願先訂合同，另寫憑信，以放活筆，似亦可行也。

王爾敏等《盛宣懷實業函電稿》第五卷上《盛宣懷致盛宙懷函二月三十日》

今日瑞、地兩行又來電催耶松消息，兄復以須俟六禮拜黑特林廠寄來層次數目，再行定奪，以緩之。揆臣所設之大純廠，須定耶松紗機二萬錠子，合同須預備與瑞、地閱看，免其翻悔。招商局借鎊，已奉中堂核准，望即與沈、鄭、嚴諸君面商，如耶松肯照瑞、地合同四萬錠子，密爾尖零在內，此最便宜，應由招商局即與耶松訂議，即可以兩全其美。耶松與招商局較有交情，可由沈子翁、鄭陶翁與耶松孚議。招商局廠名「同興」，准用自己基地，如仰蘧星使仍有擴充之意，或照嚴小翁之意先付地價六萬七千兩，我處代招七釐存款銀五萬兩，以三年爲期。同興廠另在高昌廟妥覓基地，亦可酌辦，即希高明詳示爲荷。

王爾敏等《盛宣懷實業函電稿》第五卷上《盛宣懷致盛宙懷函》　黃靜園將泰和里房屋地畝十餘畝還價十萬兩不賣者，來議抵押銀八萬兩，昨電擬請黃佐卿作中保，如佐卿不允，或另請一股實及正派人作中亦屬可行。嚴、楊皆我這邊人，本屬無益。又，張叔和花園全所押銀二萬兩，只要紅契取出，亦屬穩妥。此十萬兩可將華盛已收仁濟和之股本暫爲抵押，以免擱利，並將抵押契據及付銀日期録報查考。頃由揆臣交到銀信一封，據云內有匯票銀二萬兩，即望轉交子萱查收，其銀仍歸弟處代收。大純廠帳三、四月內拆息想必可觀，但須打聽股實錢鋪方可寄存也。

王爾敏等《盛宣懷實業函電稿》第五卷上《盛宣懷致盛宙懷函十二月二十五日》　存摺共到四扣，計本銀四十一萬二百十三兩五錢，與子萱帳上相符。此原爲買花而籌，接初十日來電，除付信義十三萬餘兩，大純押款二萬兩，僅買子花銀二十四萬，未知足敷一年之用否？現在市價，通州子花三兩八錢，浦東子花三兩六錢，係屬賤價。計算新廠四萬錠子，亦須備半年花用，如需再買，望速電知，以便設法籌款購辦。開春和局一定，日本必來買花，恐價須增漲也。紗已紡成一千餘包，現價六十餘兩，自應陸續出售。現倣湯松岩在東廠後門設立華盛績紗總廠，藉通銷路，但恐楊樹浦太遠，何不在租界借屋設批發處售賣？此必須得人而理也。自來水及保險之事，必須吾弟即照所擬房屋保七成，棧花保五成，不可再少。昨請發內地運單，照案須分別請發：滿一件者須由關道發，不滿一件者可由本局發。當即日刊成樣單，詳咨辦理。新廠工程已包定否？一概完工，安好機器，全局約需本銀若干？除收外尚短若干？即祈詳細示知，以便預爲籌備。挖泥船現尚挖否？各處工程何處已完，何處約何時完工，亦望示知。因中堂屢次詢及，日本事了，必須認真辦理也。花翎三品銜已咨部，並爲四叔、嬸請二品封，以副吾弟孝思，亦兄所應代辦也。薪水、工費應即照領，以資辦公。

王爾敏等《盛宣懷實業函電稿》第五卷上《盛宣懷致嚴瀠函》　茲特檢寄匯豐十月二十九期二萬兩票一宗，麥加利十一月初五期十萬兩票一宗，匯豐十一月初三期十萬兩票一宗，匯豐十一月初八期三萬兩票一宗，法蘭西十一月二十二期十萬兩票一宗，麥加利正月初四期五萬兩票一宗，以上六宗共計規銀四十萬兩，即請查收，到期核辦。再，馬眉叔經手借與織布局款，尚欠規銀八萬兩，弟去年已稟明，准照股分如數攤派二成，並查明舊股票摺，將每股應攤分之銀數填發。新股票與新局股分一律分利，其舊股票摺均作廢紙，等語。查仁濟和存款八萬兩，並無票摺，只有舊布局借據一紙。茲特寄上，即請向華盛公廠查照章程，換發新股票二成，其餘八成仍註明原據俟收摺歸補。即祈查收，與華盛廠妥籌辦理函復爲要。所換票據俱存總局，照舊歸於尊處儲存鐵箱之內，毋庸寄津矣。

王爾敏等《盛宣懷實業函電稿》第五卷上《盛宣懷致席正甫函》　織布局一款蒙許不日付下，迄今未交等因，頗深詫異。查前項機器係楊藕舫觀察所購，本與敝處無涉。昨日甫經楊藕舫觀察再三面商，意欲轉售敝處，而清單一切均須詳詢丹科，如果前項機器合用，方能由敝處接受，代爲付價。此係前途擔擱，實不能怪敝處遲延，且敝處亦並未許不日付款也。茲荷尊囑，當即飭令丹科迅速議辦，一俟敝處明白此事，即當付價，決不稍遲。餘容面談。

王爾敏等《盛宣懷實業函電稿》第五卷上《盛宣懷代李鴻章擬給上海天津烟臺山海關各海關道札文》　爲札飭事：照得上海機器織布爲收回利權一大宗。現經織成布疋，成色勝於洋布。上海一帶產花之地，購花運費既省，雇用人工較外洋便宜，復經本大臣飭令滬、津各關議妥，分運內地照洋布只完子稅，不完釐金，將來機張日添，獲利必能日厚。所需添購機器等項，照馬道等核計，必須加用資本四十萬兩。當由銀錢所籌發官款銀十萬兩，免出息銀，並暫挪保險公司商本三十萬兩，訂定招股即行儘數歸還。惟查織布既由商辦，自應招集股本，方能堅固不摇。除飭督辦招商局盛道等勸諭招商局華商，在其公積項下提取現銀十萬兩，保險公司華商，在其公積項下亦提現銀十萬兩，爲該華商搭入織布局股分，由布局發給股票、息摺，與大衆一律，按年收利，不得拔本。惟機器織布原爲杜中國漏卮，本大臣爲興利大局起見，當此商情竭蹶之秋，既有舊股四十萬，又得此兩局新股二十萬，在華商已不爲不踴躍。該關道等皆有辦理商務之責，自應加意提倡，共成美舉。合亟札飭。札到該道等即便遵照，應由江海關聶道、津海關劉道、東海關盛道，各代招商股二萬兩，山海關誠道代招商股一萬兩，織布局總辦馬道、楊道各自招股一萬五千兩，共成規銀十萬兩，惟與以前新舊商股一律，按年收利，迅由織布局如數印發股票利摺，移送各道，自行填寫股商姓名，仍將存根移還布局備案。所有以上股分銀十萬兩，務於兩月内收齊，徑行移解招商局，以還保險公司暫借之款。各該道素能顧全大局，此次飭令招股，銀數無多，且織布之利甚穩，現經馬道、楊道實力整頓，必有把握，無慮虧摺。除分行外，仰即將辦理日期具報。此札。

王爾敏等《盛宣懷實業函電稿》第五卷上《盛宣懷代李鴻章擬給商局布局札文》

爲札飭事：照得上海機器織布爲收回利權一大宗。上年七月，因亟需添購機張，估需實銀四十萬兩，除由銀錢所籌發官款銀十萬兩外，其餘三十萬一時無可招股，暫飭仁濟和保險在於公積項下撥借，以應其急。此原屬權宜之計。兹據盛道接准馬道電稱：布局借保險三十萬，俟光緒二十五年還清官款，接還保險每年六萬，至三十年爲止。又稱布局借款，非遲至官款還清後接還，實無把握，虚言恐無補，等語。亦屬實情。惟查保險公司僅有公積十餘萬兩，餘皆商人股本，本大臣主持商務，一以信義爲主，自難使此局商本爲彼局久假。且布局必須添招股本，方能持久不敝，現在布利尚未獲見，若招散商，未必響應。據督辦招商局務盛道禀，擬將招商局所存公積備款内提撥銀十萬兩，即爲招商局衆商搭入織布局股本；保險局所存公積息款内提撥銀十萬兩，即爲保險局衆商搭入織布局股本，是將商險兩局衆商之公積，爲布局之股份，辦理自較脚踏實地。該華商等從事十數年，公積從未提派，若照外洋公司，本應按年酌提分給，以符盈虧相共之義。現值布局招股，即以布局股票予之，名正言順；在保險局即可收回借款；在織布局得此實在商股。一舉三善，亟應照辦。合亟札飭。札到該道等即便遵照，先由織布局填印布局股票銀本二十萬兩，併連利摺，尅日移送招商局、保險局各十萬兩。應照兩局各股商花名填寫，計招商二萬股，原本二百萬，保險一萬股，原本一百萬，每股應得布股銀五兩，其股多者准其併寫，均於三月内分利之時一併分給各股商自行收執。其兩局所存之公中股份應得公積布股，仍與原股票一起儲存總局，責成提調嚴潔收管，不准絲毫擅動，並將招商局公積備款銀十萬兩，保險局公積息款銀十萬兩，尅日逕行劃還。上年布局所借之保險商本二十萬兩，仍照向年分存銀行生息，不准擅做抵押等項，以保商本。本大臣主持商務，一以信義爲主，所望各局員均能仰體行之。華商同具天良，自必愈久愈信，庶期日漸擴充。除飭各關道等另招布股十萬兩，一併歸還借款外，仰該道等即便遵照，迅速辦理具報毋延。此札。

王爾敏等《盛宣懷實業函電稿》第五卷上《盛宣懷致薛福成函》

弟權吏六年，商電無人接手，兩司且不能升，遑論其他？合肥面前實亦無人，恐一時不能去津也。金貴銀賤，通商一大變局。金貴則洋貨同貴，銀賤則土貨同賤，倘能由此加意，數十年漏卮可期規復。現擬趕辦三事：一、洋紗進口，易銀二千餘萬。幸我棉花所紡順手紗（華棉性凝結，所紡之紗以之仿織洋布則太硬，以之織土布則相合，勝於洋紗），勝於印度反手紗，每包四百磅，能售規銀六十餘兩，花本不過三十餘兩，加以工費銀利不過五十兩（只須四十五六兩），每包得利十餘兩。仰蘧與許仙帥、邵筱帥合辦新紗局機四十張（現有一湯姓商人包辦，利一分半，湯尚有餘利），楊藕舫接龔仲人手辦舊布局，已每日能織布七百疋，餘出紗機一二十張，頗得利而惜乎太微。弟禀傅相另設一大局，先置紗機一百張，兩日夜須出紗五十包（此係楊藕翁所言）。若照瑞生洋行摺開共有椗子二萬九千二百三十二只（丹科云新樣每張可用三百五十椗子，則出紗更多），每做工六十點鐘，紡出紗十萬磅，應得紗二百五十包，如連夜工，出數可以加倍。開價英金五萬八千二百餘磅（與藕舫所言大不相符。如照瑞生所言，則出紗較多，餘利更好），特將洋文原帳鈔呈。弟想洋行經辦必要賺錢，且恐以舊樣充新，則受累無窮。昨禀商傅相，難得我公精核，非他星使可比，又有馬格里、張聽帆觀察爲佐，必能考究精詳。已將大概求傅相電請尊處妥辦。尚有三端，須再細説：一、此事利鈍全在洋總管得人。招商局得英人蔚霞，電局得丹人博來，真内教而又有忠心，故兩局皆好；織布局前雇美人丹科，離外國已十餘年，所購機器皆舊式，故布局無成效。此次必求我公設法得一精能忠實之洋匠，即令監工，俟機器規模已定，再令先機器到華料理，使其一手經辦，則以後驗收安排無所藉口，亦不致短少零物，另欲添辦，擔誤工夫。二、此廠擬設上海虹口，足可設機五六百張，故扛幫、機器、鍋爐，似須預備擴充之用。瑞生帳開二副，每副三百八十匹實馬力，未知能運動紗機若干張？或謂一副機爐運動五百張紗機，不及用兩副機爐，如一副有毛病須修理，尚有一部可用，不致停工。此言似有實理。但無論一副兩副，總須預備五百張紗機之用，以免將來分廠糜費（如馬力太大，恐用煤太多，只好設兩座機器房）。三、蓋造廠屋必須與機器相配，嘗見屋造成而機器到來，或嫌窄，或嫌寬，總不合式。請飭洋匠速繪廠圖寄下，以便按照圖樣估價建造（擬造三層樓，須用地寬若干丈，長若干丈）。總之紡華紗以敵洋紗，因時因勢，斷不容緩（照瑞生單開，每一百張共有錠子二萬九千二百三十二只，照丹科開共有錠子三萬五千只，未知孰是）。即以五百張而論，每一禮拜連夜工得紗二千五百包，一年約五十禮拜，得紗十二萬五千包，每包售銀六十兩，可售銀七百五十萬兩，尚不及洋紗進口三分之一，不致銷路遲滯。印度改用金鎊，又加重出口稅，皆中國之利也。

藝文

顧炳權《上海洋場竹枝詞》頤安主人《滬江商業市景詞》卷四《華盛公司》

顧銷木貨樣翻新，又召工商妙品陳。難得熱心公益友，振興各藝賽西人。

湖北槍礮廠部

綜述

中國第一歷史檔案館等《中國近代兵器工業檔案史料》第一册《張之洞奏請優獎湖北槍礮廠出力員弁摺光緒二十四年閏三月十七日》

頭品頂戴湖廣總督臣張之洞跪奏，爲湖北漢陽槍礮廠製造快槍、快礮、槍彈、礮彈、礮架著有成效，援案奏懇恩施，准將在事出力員弁給予優獎，以（照）〔昭〕激勸，恭摺仰祈聖鑒事。

竊照整飭武備，爲今日當務之急。而善事必由利器，尤非精槍、利礮不爲功。光緒十六年，臣奏明創設槍礮廠於漢陽大別山下鐵廠之西，擇定地基，分廠創造。先在粵所訂機器，本系徑口連珠槍、舊式後膛車礮，嗣後因各國礮械日新，當添籌款項，改購小口徑槍機，又改購快礮機。原訂機器並無制槍彈、礮彈、礮架等機，繼思此三事萬不可少，又設法籌款添購架、彈三機。一切經營廠工，訂購各種機器，選募工匠，設機試造，購備應用物料，端緒紛繁，事體重大，全賴在廠各員盡心籌畫，實力講求，勞瘁不辭。自十六年開辦之日起至二十二年，始將槍廠、礮廠、槍彈、礮彈、〔礮〕架廠一律造齊，合五廠爲一大廠。開造年餘，工藝漸熟，所出槍礮頗能精利適用。計先後解交督辦軍〔務〕處小口徑毛色快槍二千枝，三生七快礮二十四尊，分撥神機營、練兵處應用。又撥解提督董福詳甘軍快槍一千枝、快礮十二尊，均配齊子彈，解赴應用。伏查槍礮廠事繁責重，一槍之中其零件名目多至七八十種，一礮之中其零件亦十八種，其餘槍彈、礮彈、礮架各工，均各細微精密，無件不關緊要，無處稍可含糊，偶有參差，便難裝配。其於施放之靈鈍，尤以製造之良楛爲區分，非如他種機件或可省力偷工者比。所用工匠數倍於煉鐵廠，非委派多員不足以資分布。現在所造快槍、快礮、槍子、礮彈，均能施放靈便，密合洋制，成效昭然。事關軍實創舉，任事各員實屬始終奮勉，異常出力。前已將在事出力文武各員銜名並委何項差事開單分咨吏、兵立案。茲據總辦湖北槍礮局漢黃德道江漢關監督瞿廷韶查照前開各員名數詳請奏獎前來。

臣查湖北槍礮廠事體重大，工作精微，爲中國製造槍礮之專廠，造成精械分濟各省應用，關係軍實要圖，非僅湖北一省之事。創辦（之事）〔以來〕，任事〔各員〕經營廠工機器，選募華洋工匠，購備物料，教練工徒，講求製造，歷時八年之久，始克告厥成功，實屬始終奮勉，異常出力。現復建廠設機，添造臺上十二生快礮、罐子鋼、無烟藥及礮彈銅殼各廠，尤賴在事各員殫精推廣，迅底於成。查各省製造局廠均蒙恩准保獎，槍礮廠事關武備要需，尤非他項廠務可比。合無仰懇天恩俯准，將在事各員由臣核其出力等差，准照異常勞績奏請給獎，以昭激勸而重軍實，出自逾格鴻慈。

謹繕摺具陳，伏乞皇上聖鑒。謹奏。

光緒二十四年四月初四日奉朱批：准其酌保數員，毋許冒濫。欽此。

中國第一歷史檔案館等《中國近代兵器工業檔案史料》第一册《湖北槍礮局就湖北槍礮廠光緒二十一年至二十七年產量上署湖廣總督端方之呈文光緒二十八年》

謹將槍礮局自光緒二十一年秋季開機製造起，至二十七年年底止，造成撥解槍、礮、架、彈等件，開具四柱簡明清摺，恭呈憲鑒。

計開：

新收：一、造成快槍二萬二千五百枝，一、造成馬槍三百一十六枝，一、造成抬槍五十三杆，一、造成槍彈一千四百二十八萬八千一百六十三顆，一、造成三生七快礮二百二十三尊，一、造成三生七礮架二百零六副，一、造成三生七實心鋼彈三十六顆，一、造成三生七開花彈一十九萬四千七百一十四顆，一、造成三生七實心鐵彈九千零二十七顆，一、造成三生七銅碰火一十九萬一千七百六十二枚，一、造成三生七銅殼八萬六千七百一十個，一、造成四生三桐木樣礮二尊，一造成四生三桐木礮架三副，一、造成四生三木彈二十四顆，一、造成四生七快礮三尊，一、造成四生七礮架三副，一、造成四生七開花彈一千二百零四顆，一、造成四生七銅碰火二十九枚，一、造成五生特開花彈二千一百四十顆，一、造成五生特銅碰火二千枚，一、造成五生特銅急火四千枚，一、造成五生特銅殼一千個，一、造成五生三快礮十七尊，一、造成五生三快礮架五副，一、造成五生三開花彈二萬一千五百八十四顆，一、造成五生三銅碰火二萬零七百零一枚，一、造成五生三銅殼五千八百四十個，一、造成五生七快礮一百二十一尊，一、造成五生七礮架一百副，一、造成五生七開花彈九萬二千三百顆，一、造成五生七銅碰火一十萬零六千枚，一、造成五生七銅急火九萬八千五百枚，一、造成五生七銅殼三萬二千一百六十八個，一、造成六生特快礮一尊，一、造成六生特礮架一副，一、造成六生特開花彈八百一十四顆，一、造成八生七克虜伯礮二尊，一、造成八生七克虜伯礮架二副，一、造成八生七開花彈二千零八十一顆，一、造成八生七銅碰火一十一枚，一、造成八生七礮箱二副，一、造成子母礮一十二尊，一、造成子母礮架一十二副，一、造成子母礮彈二百顆，一、造成銅火帽一百萬顆，一、造成三脚馬礮二尊，一、造成三脚馬礮架二副，一、造成前膛鋼車礮一百二十三尊，一、造成前膛鋼車礮架一百二十三副，一、造成兩鎊鐵礮彈八千一百顆，一、造成生鐵圓礮彈一萬九千五百二十顆，一、造成青鉛群子礮彈一十五萬二千九百五十顆，一、造成東洋式腰刀一十把。

中國第一歷史檔案館等《中國近代兵器工業檔案史料》第一册《湖北駐省兵工總局光緒三十三年正月至九月初五日收支各款清摺約光緒三十三年九月》　謹將駐省兵工總局，自光緒三十三年正月起至九月初五日止，所有收支各款，開具簡明清摺，恭呈憲鑒。

計開

舊管：三十二年底止結存，銀一十二萬七千四百三十八兩四錢一分二釐。

新收：收督銷淮鹽局江防加價，銀五萬四千零一十一兩八錢三分五釐；收宜昌川鹽局江防加價，銀四萬九千一百六十六兩六錢八分；收江漢關洋稅，銀五萬二千二百兩；收各釐局米谷統捐，銀四萬二千七百三十四兩八錢六分；收售賣槍礮子彈價，銀六萬八千一百七十七兩三錢八分；收息利官錢局，銀二十萬兩；收鋼藥廠繳歷年售賣磚價等款餘剩，銀二萬四千三百八十三兩四錢九分九釐；收雜款，銀二千三百零八兩七錢三分六釐。

以上共收銀四十九萬二千九百八十二兩七錢九分。

開除：

兵工局項下：洋務局借用，銀九百一十八兩九錢八分四釐；總局委員薪水，銀八千四百八十一兩七錢二分四釐；總局兑錢，銀七千五百一十二兩三錢五分二釐；局用雜項公費等，銀五百四十一兩八錢八分七釐；購買總局前後民房價，銀四千二百三十七兩一錢五分六釐。

以上共支銀二萬一千六百九十二兩一錢零四釐。

兵工廠項下：員司薪水，銀一萬四千四百四十一兩六錢八分一釐；廠領經費，銀九千八百兩；廠領添購物料價，銀一萬八千一百一十六兩一錢二分一釐；付還舊欠華洋各商物料價，銀一十八萬零九百八十一兩八錢；日本技師薪工，銀一萬五千四百七十二兩四錢五分九釐；各廠匠徒工食，銀一十一萬六千一百四十一兩六錢二分四釐；書差、雜役工食，銀四千二百二十六兩二錢七分四釐；解陸軍部槍子委員川資等款，銀二千八百七十八兩六錢六分四釐；月湖墾務用款，銀五百八十五兩三錢四分四釐。

以上共支銀三十六萬二千六百四十三兩九錢六分七釐。

中國第一歷史檔案館等《中國近代兵器工業檔案史料》第一册《湖北駐省兵工總局常年收款支款清摺約光緒三十三年》　謹將湖北駐省兵工總局近來常年收款、支款開摺，恭呈憲鑒。

計開：

常年收款：一、川鹽江防加價，每年約收銀一十萬兩（光緒十八年起）；一、淮鹽江防加價，每年約收銀六萬兩（光緒十八年起）；一、江漢關洋稅，每年額收銀一十萬兩（光緒二十四年起）；一、宜昌關洋稅，每年額收銀五萬兩（光緒二十五年起）（查前四項系奏准撥充兵工、鋼藥兩廠常年經費，理合聲明）；一、米谷釐捐，每年約收銀一十萬兩（光緒二十五年起）（查此項系由外另籌，盡征盡解約收此數，理合聲明）。

以上每年共收銀四十一萬兩左右。

兵工局廠常年支款：一、員司薪水，約銀三萬六千三百餘兩；一、洋匠薪水，約銀二萬三千二百餘兩；一、匠徒工食，約銀一十四萬五千餘兩；一、雜役工食，約銀八千八百五十六兩；一、經費，約銀一萬六千八百餘兩；一、物料，約銀七萬餘兩（此指添補零星物料而言）。

以上每年約支銀三十餘萬兩（查兵工廠現因經費支絀，自本年二月起，裁減員司、工匠，縮小辦法，其物料一項，凡廠有存儲者概不購買，只添補短缺零星物料，約計每年尚需上數。理合陳明）。

中國第一歷史檔案館等《中國近代兵器工業檔案史料》第一册《湖北兵工廠光緒三十三年製造槍礮彈藥數目清摺約光緒三十四年》　謹將鄂、滬兩廠三十三年分製造各項槍礮彈藥數目繕具清摺，恭呈鑒核。

計開：

鄂廠項下：七密里九槍九千枝（每枝約價銀十九兩，共合銀十七萬一千兩），七密里九槍彈六百萬粒（每千粒約價銀三十五兩，共合銀二十一萬一千二百兩），五生七礮彈銅殼二萬餘個（每個約價銀二兩四錢，共合銀四萬八千兩），無烟藥三萬餘磅（每磅約價銀二兩八錢，共合銀八萬四千兩），共合銀五十一萬四千二百餘兩。

未停減製造前出械數：七密里九槍一萬五千餘枝（每枝約價銀一百九十兩，共合銀二十八萬五千兩），七密里九槍彈九百餘萬粒（每千粒約價銀三十五兩二錢，共合銀三十一萬六千八百兩），五生七礮八十八尊（每尊約價銀一千四百十四兩，共合銀十二萬四千四百三十二兩），五生七礮彈七萬七千顆（每顆約價銀二兩一錢七分，共合銀十六萬七千餘兩），三生七礮彈銅殼三萬三千餘個（每個約價銀二兩四錢，共合銀七萬九千二百兩），無烟藥七萬五千餘磅（每磅約價銀二兩八錢，共合銀二十一萬），罐鋼料十七萬磅（每磅約價銀二錢七分，共合銀四萬五千九百兩），共合銀一百二十二萬八千三百三十二兩。

中國第一歷史檔案館等《中國近代兵器工業檔案史料》第一册《湖北駐省兵工總局造報光緒二十五年收支經費四柱清册光緒三十四年》 湖北駐省兵工總局爲造報事，謹將光緒二十五年正月初一日起至十二月底止收支經費，列爲第三案，造具四柱總數清册，呈請大部查照核銷。

須至清册者，計開：

舊管：前案報至光緒二十四年底止結不敷，庫平銀一萬五千四百三十三兩四錢八分六釐。

新收：一、收宜昌土藥局土税，庫平銀二十萬零六千七百七十二兩九錢二分五釐。（查前款系奉户部於光緒十七年五月奏准，將湖北土藥税，自光緒十六年七月初一新章開辦之日起，每年約收銀二十萬兩，撥充槍礮局常年經費。理合登明。）

一、收宜昌川鹽局江防加價鹽釐，庫平銀九萬九千八百二十八兩六錢八分四釐。（查前款系奉户部於光緒十七年五月奏准，將湖北川鹽加抽江防經費，每年約收銀一十萬兩，自光緒十八年正月起，撥充槍礮局常年經費。理合登明。）

一、收漢口淮鹽局江防加價鹽釐，庫平銀六萬七千三百六十五兩九錢六分七釐。（查前款系奉海軍衙門、户部於光緒十八年十二月會同奏准，將湖北淮鹽加抽江防經費，每年約收銀六萬兩，自光緒十八年爲始，撥充槍礮局常年經費。理合登明。）

一、收湖北江漢關洋税項下，庫平銀一十萬兩。（查前款系奉户部於光緒二十四年五月奏准，將湖北江漢關洋税項下，每年撥銀一十萬兩，爲槍礮局常年經費。理合登明。）

一、收湖北宜昌關洋税項下，庫平銀五萬兩。（查前款系奉湖廣總督部堂張於光緒二十五年正月奏准，將湖北宜昌關洋税項下，每年撥銀五萬兩，爲槍礮局常年經費。理合登明。）

一、收湖北土藥過境税，庫平銀九萬五千九百五十六兩九錢一分七釐。（查前款系奉户部於光緒二十四年五月議奏，湖北槍礮局常年經費不敷，准撥江漢關洋税銀一十萬兩，摺内聲叙，如再不敷，由該省自行妥籌等因，爰遵照就地籌得土藥過境税銀爲槍礮局常年經費。理合登明。）

一、收湖北米谷釐金，庫平銀五萬七千四百七十一兩二錢六分四釐。（查前款系奉户部於光緒二十四年五月議奏，湖北槍礮局常年經費不敷，准撥江漢關洋税一款，如再不敷，由該省自行妥籌等因，爰遵照就地籌得土藥過境税銀之外，復籌得米谷釐金，爲槍礮局常年經費。理合登明。）

一、收浙江省購快槍並槍彈工料價，庫平銀二萬二千四百。（查前款系奉飭撥發浙省七密里九口徑毛瑟步快槍四百枝，每枝價銀二十四兩，計銀九千六百兩；毛瑟黑藥槍彈四十萬顆，每千顆價銀三十二兩，計銀一萬二千八百兩：共庫平銀二萬二千四百兩，如數收清。理合登明。）

一、收貴州省購快槍並槍彈工料價，庫平銀一萬九千一百五十七兩零八分八釐。（查前款系奉飭撥發黔省七密里九口徑毛瑟步快槍四百枝，每枝價銀二十四兩，計銀九千六百兩；毛瑟無烟藥槍彈四十萬顆，每千顆價銀四十二兩，計銀一萬六千八百兩：共應庫平銀二萬六千四百兩。嗣黔撫電咨，黔屬邊疆，地方瘠苦，籌款維艱，除已匯到估平銀二萬兩，摺合庫平銀一萬九千一百五十七兩零八分八釐外，餘請讓去，計減讓工料庫平銀七千二百四十二兩九錢一分二釐。理合登明。）

一、收湖北鐵政局撥來盛京堂繳還漢陽鐵廠官本，長平銀五萬九千九百五十六兩一錢二分六釐，以一零三六歸，合庫平銀五萬七千八百七十二兩七錢零八釐。（查前款系光緒二十五年分，經槍礮廠取用鐵廠商局鋼鐵價長平銀五萬一千七百三十九兩四錢三分二釐，又鋼藥廠取用鋼鐵價長平銀八千二百一十六錢九分四釐，合共長平銀五萬九千九百五十六兩一錢二分六釐，合庫平銀五萬七千八百七十二兩七錢零八釐，作爲繳還鐵政局官本，由鐵政局劃還前借槍礮局之款。理合登明。復查第二案册報鐵政局尚欠槍礮局庫平銀一百三十七萬七千五百三十九兩五錢七分六釐，已於第二案收支總數册内聲明在案，兹又將本案盛京堂繳還官本庫平銀五萬七千八百七十二兩七錢零八釐劃還外，計鐵政局尚欠槍礮局庫平銀一百三十一萬九千六百六十六兩八錢六分八釐。俟續還有款，再行列收。合並陳明。）

以上共收庫平銀七十七萬六千八百二十五兩五錢五分三釐，除劃還前案不敷庫平銀一萬五千四百三十三兩四錢八分六釐外，計本案實收庫平銀七十六萬一千三百九十二兩零六分七釐。

開除：薪水、工食項下：一、第一册應請度支部核銷員司薪水、夫役工食及洋匠薪水，銀三萬四千七百四十三兩九錢四分六釐；一、第二冊應請度支部核銷工匠、藝徒、小工工食，銀一十五萬六千五百三十四兩六錢五分五釐；一、第三冊應請度支部核銷工匠、藝徒、小工所作夜工並禮拜日作工工食，銀六千二百三十二兩七錢八分。

以上薪水、工食項下，計三冊共請銷庫平銀一十九萬七千五百一十一兩三錢八分一釐。

建造廠房項下：一、第四冊應請農工商部核銷儲礮房屋工料，銀一千八百零四兩零九分一釐（附廠圖一張）；一、第五冊應請農工商部核銷造白藥房屋工料，銀三百三十五兩三錢九分六釐（附廠圖一張）；一、第六冊應請農工商部核銷繪圖房屋工料，銀四百八十六兩零四分一釐；一、第七冊應請農工商部核銷續修圍墻並歲修工料，銀一千九百七十一兩一錢五分三釐（以上兩項附圖二張）。

以上建造廠房項下，計四冊共請銷庫平銀四千五百九十六兩六錢八分一釐。

購買機器、物料並運保等費項下：一、第八冊應請農工商部核銷購買機器並物料價，銀三十四萬八千六百六十八兩七錢二分；一、第九冊應請陸軍部核銷海運、江運水脚、保險等費並雇用剥船起卸人夫工食，銀六萬四千零七十四兩零三分七釐。

以上購買機器、物料並運費項下，計二冊共請銷庫平銀四十一萬二千七百四十二兩七錢五分七釐。

雜項公費項下：一、第十冊應請度支部核銷華洋利息，銀九千五百零四兩六錢七分六釐；一、第十一冊應請陸軍部核銷電報費，銀二百八十兩零五錢三分；一、第十二冊應請農工商部核銷洋匠醫藥費，銀四百零四兩八錢二分六釐。

以上雜項公費項下，計三冊共請銷庫平銀一萬零一百九十兩零零三分二釐。

造磚經費項下：一、第十三冊應請農工商部核銷造磚物料價，銀二萬二千二百九十九兩八錢零一釐；一、第十四冊應請度支部核銷造磚匠徒、小工、雜役工食，銀八千四百九十五兩八錢八分。

以上造磚經費項下，計二冊共請銷庫平銀三萬零七百九十五兩六錢八分一釐。

前五項共請銷庫平銀六十五萬五千八百三十六兩五錢三分二釐。內計度支部核銷銀二十一萬五千五百一十一兩九錢三分七釐，陸軍部核銷銀六萬四千三百五十四兩五錢六分七釐，農工商部核銷銀三十七萬五千九百七十兩零零二分八釐。

實在：結存庫平銀一十萬零五千五百五十五兩五錢三分五釐。（查添設鋼、藥等廠，陸續建廠、購機，除將此項存款悉數支給外，不敷尚鉅。理合登明。）

中國第一歷史檔案館等《中國近代兵器工業檔案史料》第一冊《度支部奏核覆湖北兵工廠光緒二十六年報銷支用各款並催續報積案摺宣統元年四月十六日》

度支部謹奏，爲核覆湖北兵工廠第四案收支各款繕單奏銷，並催令接續造報，據咨改奏，恭摺仰祈聖鑒事。

竊據湖廣總督陳夔龍，將湖北兵工廠光緒二十六年分第四案收支各款，造具總散清冊咨部核銷前來，臣等督飭司員查照成案，逐款勾稽。除陸軍部核銷各款不計外，實計臣部應銷銀二十五萬二兩六錢三分九釐。以散合總並核，與立案銀數尚屬相符，擬請准銷，以清款目。謹繕清單，恭呈御覽。

再，臣部本年正月間，奏令各省舊案勒限開單報銷摺內聲明：光緒三十三年以前未報之案，分案據實開列清單，限於宣統元年十二月以前陸續送部核銷，毋庸開造細冊等因，奏准通行遵照在案。茲查兵工廠原名槍礮廠，自光緒十六年開辦起至今，僅據造報至二十六年分止。現當清理財政之際，各省銷案必須甲年用款乙年到部，四柱存欠各數方與事實兩相符合，而臣部酌盈劑虛之策乃得實行。所有該廠自光緒二十七年起截至現在止，收支各款業於核覆第二、三兩案內，行令該督轉飭遵照臣部奏定新章，趕緊按年分案開具詳細清單，於限內送部核銷。應令查照臣部前咨，即行分年、分案開單報銷，以重款項而清積牘。一面即將歷年奏咨案據先行抄齊，咨送備核。至鐵政局自歸商辦，所借各項官款甚鉅，究竟陸續歸還若干，應飭該局將商辦以後歷年歸還官本數目據實開報，以憑查核。均毋遲延。恭俟命下，即由臣部行知湖廣總督遵照辦理。

所有核覆湖北兵工廠第四案用款緣由，理合恭摺具陳，伏乞皇上聖鑒。

謹奏。

清單

謹將湖北兵工廠光緒二十六年分第四案收支各款繕具清單，恭呈御覽。

計開：

一、册造舊管：截至光緒二十五年止，存庫平銀十萬五千五百五十五兩五錢三分五釐。核與上案實存銀數相符。

一、册造新收：宜昌土税，川、淮鹽局江防加價鹽釐，江漢、宜昌二關洋税，土藥過境税，湖北米谷釐，善後局練兵新餉，烟酒糖税並楚釐，江漢關息借匯豐銀行洋款，山西、河南二省購快槍、快礮子彈，制麻局購生鐵柱，牙釐局購小車床機器等項價銀，鐵政局繳還官本等款，共收庫平銀一百十八萬六千六百十兩三錢五分一釐。查列收宜昌土税，川、淮鹽釐，宜昌、江漢二關洋税等項，均與奏准原案數目相符。又山西、河南二省購制槍礮子彈，並制麻局及牙釐局購生鐵柱、小車床機器價銀，查系該廠製造工本應行收回之款，核算價值銀數亦符。又該省自籌土藥過境税、米谷釐金二款，亦與臣部准撥江漢關税銀案内原議相符；惟前項税釐辦法本末未據咨部。至善後局練兵新餉、烟酒糖税並楚釐一項，檢查該省造報該年貨釐收支銀錢數目，除解善後總局充餉外，並未聲叙轉解兵工廠銀兩若干；其烟酒糖税釐，查據前署督臣端奏，鄂省自光緒二十五年十一月開辦，所收税項均經撥充餉需等語，所有歷年收支款目未據造報，臣部無憑查核，應令迅將歷年收支款目銀數暨前項税釐辦法本末，一並補録送部備查。又息借洋款，該省系於何年奏報，臣部案卷因兵燹毁失，應令抄録原案送部查核。再鐵政局繳還官本，查與上届册列存欠數目尚無不符；惟該局改歸商辦後，歸還官款數目久未造報，應俟報銷到日，再行查核。

一、册造支給員司薪水、夫役工食、洋匠薪工銀三萬九千八百八十二兩二錢三分九釐，又支給各廠工匠、藝徒、小工工食銀十八萬六千四百六十七兩九錢九分八釐，又工匠、藝徒夜工工食銀一萬一千九百五十四兩九錢五分六釐，又支給造磚匠徒、小工、雜役工食銀九千三百四十二兩二錢三分四釐。以散合總，均屬相符，應准照銷。惟員司各項支款較上案均有加增，總計該廠添設會辦、提調各一員，委員、司事、翻譯加支薪水者六員名，本案添派者九員名，工匠、藝徒工食較第三案多支銀二萬九千九百餘兩，較第二案多支銀五萬四千五百餘兩，夜工、雜役開支總數亦視舊案有加。究竟因何增添之處，應令查明，切實聲覆。並將支過薪工等款，每兩核扣六分減平，以符定章。

一、册造支給利息銀二千三百五十五兩二錢一分二釐。查核數目相符，應請准銷。

統計此案共請銷庫平銀八十八萬一千二百二十八兩一錢四分六釐，内除陸軍部核銷銀六十三萬一千三百二十五兩五錢七釐應歸陸軍部自行核辦外，計臣部應准銷銀二十五萬二兩六錢三分九釐。

宣統元年五月十六日奉旨：知道了。欽此。

中國第一歷史檔案館等《中國近代兵器工業檔案史料》第一册《度支部奏擬准湖北兵工廠光緒二十四年及二十五年支用經費報銷並催續報積案摺約宣統元年》

度支部謹奏，爲核覆湖北兵工廠第二、三案收支各款，並催令接續造報，據咨改奏，恭摺仰祈聖鑒事。

竊湖廣總督陳夔龍，將湖北兵工廠光緒二十四年分第二案暨二十五年分第三案收支各項經費，造具總散清册，分文咨部核銷前來。

臣等督飭司員，查照成案，逐款勾稽。除陸軍部核銷各款不計外，實計湖北兵工廠光緒二十四年臣部應銷銀十九萬二千四百四十五兩七錢六分七釐，二十五年臣部應銷銀二十一萬五千五百一十一兩九錢三分七釐，以散合總並核，與立案銀款尚屬相符，擬即全數准銷，以清款目。謹按照册開四柱收支各款，分繕清單，恭呈御覽。

再，查兵工廠原名槍礮廠，光緒十六年開辦至今，僅據造報至二十三年分止。現當清理財政之際，各省銷案必須甲年用款乙年到部，四柱存欠各數方與事實兩相符合，而臣部酌盈劑虚之策乃得實行。若造報稽遲，非特現辦章程多所更改，而事隔多年，輾轉駁查，終覺有空文而無實際。今該廠銷案事在庚子以前，臣部舊案無存，册内列收各款，有始終未據報部，如該省土藥過境税、米谷釐金之類，勢難概令一一補報，核對收數自應以該省抄送奏咨案牘爲憑。又鐵政局繳還該廠官本一項，按册核算，兩案銜接數目雖屬相符，而鐵政局自歸商辦，所借各項官款甚鉅，究竟陸續歸還若干，亦應據實開報，以憑參互考證。查臣部本年正月十四日，奏令各省舊案勒限開單報銷摺内聲明，光緒三十三年以前未經報部之案，分案據開造詳細清單，限於宣統元年十二月以前陸續送部核銷，勿庸開造細册等因，奏准通行在案。所有該廠遞年用款，除第四案現據奏報外，其自光緒二十七年起截至現在止收支各款，應令湖廣總督轉飭遵照臣部奏定新章，趕緊按年分案開造詳細清單，於限内陸續送部核銷，以重款項而清積牘。一面即將歷年奏咨案據，先行抄齊咨部備核。並飭鐵政局將商辦以後歷年歸還官本數目，開具詳細清單報部查核。均毋遲延。恭俟命下，即由臣部行知湖廣總督遵照辦理。

所有核覆緣由，理合恭摺具陳，伏乞皇上聖鑒。謹奏。

清單

謹將湖北兵工廠光緒二十四年第二案收支各款，繕具清單，恭呈御覽。

計開：

一、册造舊管：截至光緒二十三年止，存庫平銀八千一百二十一兩三分八釐。核與上案實存銀數相符。

一、册造新收：宜昌土藥税，川、淮鹽局江防加價鹽釐，江漢、宜昌二關洋税，郎中劉國柱捐款，湖北藩庫火器新捐，鐵政局繳還官本等款，銀七十二萬二百十兩八錢一分六釐。查列收江漢、宜昌二關洋税，宜昌土税，川、淮鹽釐，均與奏准原案數目相符；又收劉國柱捐款，湖北藩庫火器新捐，亦與奏咨各案符合；其鐵政局繳還官本銀兩，核與上届册列存欠數目亦符，惟該局自改歸商辦後，歸還官款數目尚未造報，應俟册報到日再行查核。

一、册造支給員司、夫役人等薪水、工食，洋匠薪工，銀四萬七千五百十三兩四錢四分三釐。臣部按册核算，並查與立案單開各數目，均屬相符，應請准銷。

一、册造開支華洋利息，銀四千五百四兩五錢八分八釐。臣部核算英金摺合長平，遞摺庫平各數目，俱屬符合，擬請准銷。

一、册造支給工匠、藝徒、小工並造磚匠徒、小工及各廠匠徒、小工、夜工、禮拜工工食，銀十四萬四百二十七兩七錢三分六釐。臣部按册核算，並查與咨報立案各銀數俱屬符合，應請准銷。惟查光緒二十三年臣部奏定減平新章摺内聲明，除洋人薪工、購買外洋物料礙難議減外，其餘無[論]何款統按二兩平給發等因，通行遵照在案。今此案開支員司、工匠薪工銀兩等款，並未扣六分減平，應令補行核扣，以符定章。統計此案共請(銷)[銷](銀)[銀]七十四萬三千七百六十五兩三錢四分，内除陸軍部核銷運脚、保險、購買物料等項銀五十五萬一千三百十九兩五錢七分三釐應由陸軍部自行核辦外，計臣部應銷銀十九萬二千四百四十五兩七錢六分七釐。

一、册造實在：不敷銀一萬五千四百三十三兩四錢八分六釐。查核實在不敷銀數相符，應於後案查核。

清單

謹將湖北兵工廠光緒二十五年分第三案收支各款，繕具清單，恭呈御覽。

計開：

一、册造舊管：截至光緒二十四年止，不敷銀一萬五千四百三十三兩四錢八分六釐。核與上案實在不敷銀數相符。

一、册造新收：宜昌土税，川、淮鹽局江防加價鹽釐，江漢、宜昌二關洋税，土藥過境税，湖北米谷釐金，浙江、貴州二省購買槍彈工料價銀，鐵政局繳還官本等款，共收銀七十七萬六千八百二十五兩五錢五分三釐，除劃還前案不敷銀一萬五千四百三十三兩四錢八分六釐外，計實收銀七十六萬一千三百九十二兩六分七釐。查列收宜昌土税，川、淮鹽釐，宜昌、江漢二關洋税等款，均與奏准原案數目相符；又該省自籌土藥過境税，米谷釐金二款，亦與臣部准撥江漢關税銀案内原議相符，惟查前項税釐辦法本末，未據咨部，應令補録備核。至浙江、貴州兩省購買槍彈價銀，查系該廠制械工本應行收回之款，核算價值亦符。其鐵政局繳還官本一款，查與上届册列存欠數目亦符，惟該局自改歸商辦後，歸還官款數目久未造報，應俟册報到日查核。

一、册造支給員司、夫役人等薪水、工食，洋匠薪水，銀三萬四千七百四十三兩九錢四分六釐。按册核算，數目相符，應准開銷。

一、册造支給工匠、藝徒、小工工食，銀十五萬六千五百三十四兩六錢五分五釐；又匠徒、小工所作夜工並禮拜工工食，銀六千二百三十二兩七錢八分；又支給造磚匠徒、小工、雜役工食，銀八千四百九十五兩八錢八分。臣部按册核算，散總數目均屬相符，應准照銷；惟各項員匠開支薪工等款，均應扣平支給，業於核覆第二案内行令照章核扣，此案自應一律辦理，並將所扣銀兩，列入下案收款項下報部查核。

一、册造支給華洋利息，銀九千五百四兩六錢七分六釐。臣部核算德銀摺合長平，遞摺庫平各數目，俱屬符合，應准開銷。

統計此案共請銷銀六十五萬五千八百三十六兩五錢三分二釐，内陸軍部核銷銀四十四萬三百二十四兩五錢九分五釐應歸陸軍部自行核辦外，計臣部應銷銀二十一萬五千五百十一兩九錢三分七釐。

一、實存：銀十萬五千五百五十五兩五錢三分五釐。據册稱支給鋼、藥等廠建廠，購機之用，應歸下案查核。

中國第一歷史檔案館等《中國近代兵器工業檔案史料》第一册《湖北兵工廠宣統二年收支銀錢六柱報册宣統三年七月初一日》

湖北兵工鋼藥廠造呈宣統二

年分全年收支銀錢六柱報册。

計開：

舊管：宣統元年底止善後局兵工所結存，庫平銀一萬七千五百一十二兩二錢六分。

新收：一、補收宜昌川鹽局上年冬季分江防加價，庫平銀三千三百零五兩八錢四分三釐。

一、收宜昌川鹽局本年正月起八月止江防加價，庫平銀六萬七千七百四十六兩二錢九分二釐。（查此項系光緒十七年三月經前升任閣督部堂張奏請自十八年正月起，每年約收銀十萬兩，撥槍礮廠常年經費，五月奉户部議准。理合登明。）

一、補收漢口淮鹽局上年秋冬兩季江防加價，庫平銀三萬三千五百六十兩零八錢九分八釐。

一、收漢口淮鹽局本年正月起八日止江防加價，庫平銀四萬二千六百二十九兩七錢七分一釐。（查此項系光緒十八年九月經前升任閣督部堂張奏請自十八年爲始，每年約收銀六萬兩，撥充槍礮廠常年經費，十二月奉海軍衙門、户部會同議准。理合登明。）

一、補收漢口淮鹽局上年秋冬兩季增收餘斤，庫平銀一千一百二十六兩六錢八分七釐。

一、收漢口淮鹽局本年正月起八月止增收餘斤，庫平銀一千四百三十一兩一錢四分二釐。（查鄂岸淮鹽每一大引向售七百三十餘斤，嗣經鄂岸督銷沈道邦憲詳請自光緒二十七年十月起，每一大引售足七百五十斤，將增收餘斤銀兩解局濟用。理合登明。）

一、收江漢關本年原撥洋税，庫平銀八萬兩。（查此項系光緒二十四年閏三月經前升任閣督部堂張奏請自光緒二十四年起，每年撥銀十萬兩，爲槍礮廠常年經費，四月奉户部議准。理合登明。）

一、收宜昌關本年原撥洋税，庫平銀五萬兩。（查此項於光緒二十四年八月及二十五年正月，先後經前閣督部堂張奏准自二十四年起，每年撥銀五萬兩，爲鋼藥廠常年經費。理合登明。）

一、收江漢關本年加撥洋税，庫平銀八萬兩。（查此項系奉陸軍部、度支部於光緒三十四年七月會同奏准於江漢關洋税項下，每年加撥銀十萬兩，爲兵工廠常年經費。理合登明。）

一、收土膏統税局，庫平銀一十五萬兩。（查此項系奉陸軍部、度支部於光緒三十四年七月會同奏准於土税項下撥銀二十萬兩，爲本廠常年經費。自三十四年七月起截至宣統元年七月止爲一年，業經解清。嗣因款項支絀，復由陸軍部、度支部會同奏准，續撥土税銀二十萬兩，以資挹注。除上年已收銀五萬兩外，兹又如數解清。合並注明。）

一、補收各統捐局上年冬季分米谷釐金，庫平銀八千四百一十七兩八錢八分四釐。

一、收各統捐局本年正月起十月止米谷釐金，庫平銀一萬六千二百一十八兩一錢九分一釐。（查此項系光緒二十年經前兼護督部堂譚奏准抽收，以濟本地荒歉賑需，嗣因擴充煉鋼、造藥等廠經費支絀，隨時酌撥應用，二十七年由藩司牙釐局詳請全數撥充鋼藥廠常年經費。理合登明。）

一、收江漢關撥改良新槍經費洋税，庫平銀一十二萬兩。

一、收宜昌關撥改良新槍經費洋税，庫平銀四萬兩。（查前二項系宣統二年五月奉督院瑞電商陸軍部、度支部，以兵工廠改造新式槍枝添購專機及修改機件，約需銀三十萬兩，於本年六月初五日准度支部指撥：在江漢關洋税項下撥銀二十萬兩，宜昌關洋税項下撥銀十萬兩，照撥一次，作爲兵工廠改造新槍經費。現計江漢關已解到銀十二萬兩，宜昌關解到銀四萬兩。理合登明。）

一、收月湖水陸租課，自三十四年十月起至本年六月止，共庫平銀一千八百九十兩零五錢二分五釐。（查該湖水陸各地系本廠購置官業，自光緒二十九年起酌收商民藕課、地租。理合登明。）

一、收熱河購槍、礮、架、彈價，庫平銀六萬一千五百八十二兩。

一、收浙江省購槍械等價，庫平銀三萬七千六百五十八兩七錢七分三釐。

一、收貴州省購槍械等價，庫平銀一萬九千三百四十八兩六錢五分九釐。

一、收安徽省購軍械等價，庫平銀五千七百三十七兩六錢。

一、收步軍統領衙門軍械等價，庫平銀三千一百二十兩。

一、收河南機器局購礮彈銅殼價，庫平銀一千五百八十七兩七錢四分。

一、收綏遠城購槍械等價，庫平銀一千五百七十七兩二錢七分九釐。

一、收四川省購礮彈價，庫平銀一千一百七十一兩。

一、收湖北水泥廠購快槍、槍彈價，庫平銀六百四十三兩二錢。

一、收武昌軍儲局解陸軍第八鎮繳購賠遺失、换領快槍二枝價，庫平銀三十八兩四錢。

一、收代簽捐局上年冬季修制各項機件工料，庫平銀八百八十八兩八錢零二釐。

一、收代鋼鐵廠修造機件工料，庫平銀五千六百零五兩四錢六分四釐。
一、收售鋼鐵廠鋼鐵廢料價，庫平銀一千五百零二兩五錢二分六釐。
一、收交通銀行本年六月起十月止品息，庫平銀一千六百六十二兩五錢五分六釐。
一、收廢料庫售出各項廢料，庫平銀七千七百四十三兩六錢七分七釐。
一、收鋼藥廠售出磚瓦價，庫平銀七千七百二十七兩四錢六分。

以上共收庫平銀八十四萬六千九百二十二兩三錢六分九釐。

管，收兩共庫平銀八十六萬四千四百三十四兩六錢二分九釐。

支銷：兵工所春季三個月支款：【略】

兵工廠支款：員司薪水、雜役工食項下：一、支總辦一員薪津，銀元五千元；一、支會辦一員三個月夫馬，銀元二百一十元；一、支全廠委員二十三員薪水，共長平銀六千七百零八兩，銀元一萬一千零九十二元三角三分；一、支全廣司事六十二名，書識二十五名薪水，共銀元一萬四千七百六十元零九角六分七釐，錢五百四十八串文；一、支督轅書吏一名津貼，長平銀二百兩；一、支巡警處巡官三名，巡長八名，巡兵、清道夫等七十三名，自七月分改辦起，共薪餉，銀元三千零零九元五角；一、支巡弁三名，什長、巡丁五十四名，庫丁、雜役、水火夫，及小輪、紅船、拖劃舵工、水手等共七十九名工食，自正月起至六月止，共銀元四千七百五十五元一角八分三釐，共錢一十六串文；一、支哨弁一名，偵探、綫勇二名，庫丁、雜役、水火夫，及小輪、紅船、拖劃舵工、水手等七十九名工食，自七月起至十二月止，共銀元三千零二十五元三角六分六釐。

以上員司薪水、雜役工食項下，共支長平銀六千九百零八兩，合庫平銀六千六百一十六兩八錢五分八釐；共支銀元四萬一千八百五十三元三角四分六釐，合庫平銀二萬八千三百三十三兩七錢四分六釐；共支錢五百六十四串文，合庫平銀二百九十六兩五錢八分六釐：合共支庫平銀三萬五千二百四十七兩一錢九分。（按兵工所及兵工、鋼藥兩廠全年所支銀元、錢文，系照是年兑换之數：每洋一元，扯合庫平銀六錢七分六釐九毫七絲六忽八微三纖；每錢一千文，扯合庫平銀五錢二分五釐八毫六絲一忽九微。全册支款，照此核算。理合登明。）

洋匠薪水項下：一、支洋工師題來薪水，英金一千鎊，合長平銀七千八百六十四兩二錢三分八釐。

以上洋匠薪水項下，共支長平銀七千八百六十四兩二錢三分八釐，合庫平銀七千五百三十二兩七錢九分五釐。

製造匠、徒、小工工食項下：一、支槍廠匠、徒、小工六百二十八名工食，共銀元九萬一千零八十一元一角七分四釐；一、支槍彈廠匠、徒，小工四百零三名工食，共銀元三萬三千二百五十七元三角四分一釐；一、支礮廠匠、徒、小工六十八名工食，共銀元四千零七十七元三角零五釐；一、支礮架廠匠、徒、小工三十七名工食，共銀元二千五百零五元零四分九釐；一、支礮彈廠匠、徒、小工六十三名工食，共銀元二千一百一十四元七角九分五釐；一、支銅殼廠匠、徒、小工七十九名工食，共銀元六千二百七十九元八角二分七釐；一、支機器廠匠、徒、小工一百四十一名工食，共銀元一萬七千八百七十五元一角一分四釐；一、支鍋爐廠匠、徒、小工五十九名工食，共銀元七千零六十五元一角三分二釐；一、支打鐵廠匠、徒、小工五十六名工食，共銀元九千七百二十五元六角四分；一、支翻砂廠匠、徒、小工六十一名工食，共銀元九千七百一十三元五角三分九釐；一、支打銅廠匠、徒、小工二十七名工食，共銀元三千九百五十元零六角八分八釐；一、支各廠匠、徒、小工朔、望停工日工作加給工食，共銀元四千二百一十四元二角四分五釐。

以上製造匠、徒、小工工食項下，共支銀元一十九萬一千八百五十九元八角四分九釐，合庫平銀一十二萬九千八百八十四兩六錢七分二釐。

修造工程項下：【略】

以上修造工程項下，共支庫平銀一萬二千七百二十四兩八錢四分三釐。

製造物料項下：一、支瑞記洋行鋼盂價，長平銀四千四百三十三兩六錢一分一釐；一、支瑞記洋行子袋鋼皮並扳手鋼料價，長平銀七千一百七十九兩三錢一分八釐；一、支瑞記洋行機簧管並彈簧鋼皮價，長平銀二千六百五十七兩五錢四分四釐；一、支禪臣洋行鋼盂價，長平銀一萬六千四百四十九兩一錢四分一釐；一、支禪臣洋行愛爾皮青鉛、黃銅條等價，長平銀三千三百八十四兩二錢七分七釐；一、支禪臣洋行砂輪價，長平銀一千三百六十八兩三錢一分九釐；一、支瑞生洋行鋼盂價，長平銀九千四百二十九兩二錢一分；一、支三井洋行華碌碌紫銅價，長平銀一萬三千六百零二兩五錢一分八釐；一、支怡和洋行愛爾皮青鉛價，長平銀二千九百九十一兩八錢二分六釐；一、支禮和洋行子袋鋼皮價，長平銀一千零三十兩零一錢九分五釐；一、支萍礦局烟煤、焦炭價，長平銀三萬九千六百六十二兩七錢三分五釐；一、支湘礦局青鉛價，長平銀三千二百三十三兩零七分八釐；一、支義昌成白鉛皮並羅馬鐵價，長平銀一千八百二十八兩四錢五分一釐；一、支義昌成愛爾皮青鉛並鋼絲等價，長平銀二千一百六十二兩五錢八分一釐；一、支義昌成華碌碌紫銅價，長平銀一萬四千四百八十四兩五錢五分七釐；【略】

以上製造物料項下，共支長平銀二十一萬三千三百七十四兩三錢九分一釐，合庫平銀二十萬零四千三百八十一兩六錢；共支銀元七百九十六元四角四分，合庫平銀五百三十九兩一錢七分一釐；共支錢三萬零三百五十五串九百二十一文，合庫平銀一萬零七百零四兩四錢零三釐：合共支庫平銀二十一萬五千六百二十五兩一錢七分四釐。

機器價值項下：一、支購德國漢諾威合資公司磨器具機及磨刀機各一部，共價長平銀三百七十四兩一錢一分四釐。

以上機器價值項下，共支長平銀三百七十四兩一錢一分四釐，合庫平銀三百五十八兩三錢四分七釐。

添置器具項下：【略】

以上器具項下，共支長平銀八百二十六兩四錢九分六釐，合庫平銀七百九十一兩六錢六分三釐；共支銀元一千七百九十六元六角零五釐，合庫平銀一千二百一十六兩二錢六分；又共支錢五百三十一串五百五十二文，合庫平銀二百七十九兩五錢二分三釐：合共支庫平銀二千二百八十七兩四錢四分六釐。

朱京堂並隨員住廠考察備辦用款：一、支備辦各項器具及雜物等件，共銀元一千八百元零零九角五分二釐，錢九百三十四串五百八十三文。

以上共支銀元一千八百元零零九角五分二釐，合庫平銀一千二百一十九兩二錢零三釐；共支錢九百三十四串五百八十三文，合庫平銀四百九十一兩四錢六分二釐：合共支庫平銀一千七百一十兩零六錢六分五釐。（查前項用款系朱京堂莅廠考察製造所用。先由本廠調查滬廠大略情形，酌量仿辦，租用寧波木器及陳設各具，考察畢後，所有鋪陳器具概行還廠。理合登明。）

息款項下：一、支官錢局息款，長平銀一萬二千兩。

以上息款項下，共支長平銀一萬二千兩，合庫平銀一萬一千四百九十四兩二錢五分三釐。（查此項前因積欠各商號料價無款歸還，於光緒三十三年七月稟奉借用官錢局長平銀二十萬兩，每月五釐行息，自本年正月起至十二月止，計十二個月，利息共合上數。理合登明。）

雜項費用項下：【略】

以上雜項經費，共支長平銀八百一十六兩一錢六分五釐，合庫平銀七百八十一兩七錢六分七釐；共支銀元八千零零三元零九分二釐，合庫平銀五千四百一十七兩九錢零八釐；共支錢七千七百八十串零四百八十二文，合庫平銀四千零九十一兩四錢五分九釐：合共支庫平銀一萬零二百九十一兩一錢三分四釐。

見習學生薪水項下：一、支見習學生三十四名薪水，共支長平銀二千零八十八兩，銀元二千九百九十八元九角三分二釐。（查見習學生，系宣統元年九月准督練公所咨，奉前升任督部堂陳批，據海軍機關學堂監督温稟，請將機關學堂畢業生三十四名，撥入兵工廠見習，於是年十一月分由廠月給薪水長平銀三百四十八兩，至本年七月起改爲銀元支給。合並注明。）

以上見習學生薪水項下，共支長平銀二千零八十八兩，合庫平銀二千兩；共支銀元二千九百九十八元九角三分二釐，合庫平銀二千零三十兩零二錢零七釐；合共支庫平銀四千零三十兩零二錢零八釐。

兵工廠總共支庫平銀四十三萬一千一百八十六兩七錢二分七釐。

紀事

王樹枏《張文襄公全集》卷九四《札糧道存儲開設槍礮廠經費光緒十五年正月十二日》 照得廣東省前託閩廠協造兵輪，應須加增協費，並改設耳臺，添購礮位，以及粵廠續製淺水輪船，需費尚多。前次指繳四成罰款，不敷應用。上年夏間，經本部堂飭據，署廣州協黄副將金福順德協利副將輝，署大鵬協何副將長清籌議禀覆。除光緒十四年四月起，截至年底止，仍照前數收繳報解外，又自光緒十五年正月起，再將罰款捐繳四成，以三年爲期，按照原定數目，每年仍以三十萬元爲率，解交糧道庫收儲備用。經本部堂批准，札飭糧道按月核收具報，不准挪作别用等因在案。查此項四成捐款，原以專充製船購礮之需。惟至大鐵艦費鉅工遲，即鐵甲衝快各船，每艘亦需數十萬，未便率爾興工。此外，中小各號兵輪目下分布巡防已堪敷用，亦毋庸急於添造。至於前次閩廠協造兵輪，業經本部堂奏准。加費無多，以及改設耳臺，添購礮位。粵廠續製淺水兵輪各項經費，在於上年五月起至年底止，所收銀兩項內撥支，當可有盈無絀。現在當務之急，自以火器爲先，本部堂前經於光緒十一年九月具奏籌議海防善後，擬請大治水師摺内聲明，粤省原擬開設槍雷各局，現在澈底清查，選員覓匠，重加整頓，俟籌有經費，即可逐漸擴充，等因在案。所有魚雷水雷，各局業已開辦有成。製造局雖經歸併，然僅能製小鋼礮開花子等類。前年又設槍彈廠，購買機器兩副，僅能造毛瑟馬梯尼士乃得雲者士得四種槍彈，而各種槍礮概須購自外洋。不但精謬易鐵戹漏無當，且所購之物種式不一，精粗各別，平時操練取準既難。設遇緩急，挾制居奇，尤多掣肘。本部堂詳加籌畫，必須設廠自鑄槍礮，方免受制於人。除上年五月起至年底止，所收四成罰款撥充閩廠加費尾數等項外，所有光緒十五年正月起續收三年四成罰款銀兩，應即指定爲開設槍礮廠專款經費。如此辦理，既與前此奏案相符，而粤省利器有資取用不竭，毋庸再向外洋購買，所省實多，於防務大有裨益。除由本部堂電商出使德國洪大臣訂購槍礮兼鑄機器俟有定議另行飭遵外，所有設廠地方事宜應即籌議以便及早興工。爲此札仰該道遵照，札飭辦理。自光緒十五年正月起續收三年四成罰款，每年三十萬元，按月核收。另款存儲專充開設槍礮廠經費，毋得挪作別用，仍將每月收數具報查核。

國家清史編纂委員會《李鴻章全集》第二二册《復粤督張光緒十五年四月十四日午刻》　文、元電悉。仿造新式槍礮、購器建廠亟應興辦，况由外捐，不請獎，海署諒可准行。何日出咨祈查復，以便轉電。美礦師哲爾者在熱河開礦正忙，一時未能分身。徐道尚無稟借之議，應俟熱礦就緒再商。其薪水及隨帶洋匠薪資甚多，向由礦局自認，借出則須全給。鴻。

國家清史編纂委員會《李鴻章全集》第二二册《寄海署光緒十五年四月十九日未刻》　粤督張來電：粤省久擬設鑄造槍礮廠，因無款未辦。查官弁紳商前捐船礮專款已期滿，現擬續行捐辦購機建廠，經費以敷用爲度，三年捐齊，竭力諄勸，幸已成議。洞經電托洪文卿向德廠議購槍礮兼鑄機器，迭次往復電商，訂明槍機百二十匹馬力，每日成新式毛瑟連珠十響槍五十枝，兼造克虜伯式七生半至十二生過山礮，十一個月成，净價一百五十一萬七千七百六十馬，共約合銀三十餘萬兩，廠屋亦需銀數萬兩。查前奉懿旨，嗣後購買器械撥用經費，先期咨報海軍衙門再行辦理。此項由外捐辦，不請獎叙，並非動撥庫款經費，惟關繫海防，自應請海署核示。但款系勉力續籌，易至觀望，不速興工，無以示信催收，且議訂機式廠圖扣定期限，情節繁重，亦須早日飭知洋廠趕辦。除咨呈海署外，用特電懇轉達海署先行由電示復，以便飭催外洋動工，一面擇地建廠，禱切云云。查各省尚無專造後門槍及小礮廠，粤如辦成，於海防軍需有益，乞核復。鴻肅。

王樹枏《張文襄公全集》卷二五《籌建槍礮廠摺光緒十五年七月初七日》　竊廣東地方邊防海防胥關緊要。槍礮一項，最爲急需。臣於光緒十三年五月内，奏明建設槍彈廠，購買機器兩副，鑄造毛瑟、馬梯呢、士乃得、雲者士得四種槍彈，祇以爲經費所限，故僅得小試其端。查水陸各軍需用槍礮，概係購自外洋。不但耗蝕中國財用，漏戹難塞，且訂購需時，運送遥遠，辦理諸多周摺，設遇緩急則洋埠禁售，敵船封口，更有無處可購，無處可運之慮。況所購之械種式不一，精粗各別，彈碼各異，倉卒尤易誤事。詳籌時勢，必須設廠自籌槍礮，方免受制於人，庶爲自强持久之計。惟廣東司局各庫經費有常，京協各項數倍他省，加以本省餉需浩繁，萬分竭蹶，實無餘力兼籌此舉。當查光緒十二年間，曾據文武官紳暨鹽埠各商，分年捐資，以三年爲率，約集銀八十萬兩，在福建船廠及本省分造甲乙至壬癸兵輪十號，並購配礮械。均經奏准，辦理有案。計自光緒十二年起至十四年底止，業已三年期滿，所有捐款陸續繳齊，因復督同司道將領籌議，擬將前項捐款接續勸辦，以作開設槍礮廠專款。各紳商以款鉅力絀，頗形觀望，復經竭力開導，始允自光緒十五年起，扣至十七年底止，續捐三年，指定專充購買鑄造機器，並建造廠屋經費，總以足敷開廠之用。爲度查後膛新式單響連響各洋槍，如馬梯呢、毛瑟、哈乞開司、黎意等名目，以及次等舊式洋槍不下一二十種，各省從前陸續添購，或倉卒取辦往往兼收並蓄，不甚擇別，以致分給軍營槍式多有參差。現既設廠自造，自宜仿照西國軍制擇定一式，使弁兵專意操演器與人習臨戰，更資得力。綜計諸式中，惟德國之毛瑟槍，各軍購用最多。於號碼近遠機簧裝卸較爲諳熟，槍之退力較馬梯呢稍輕，後膛機簧則視哈乞開司黎意等槍較爲樸實耐用。德之陸軍冠於各國，以此恃爲利器。近又訪知該國照單響毛瑟槍式，改造連珠十響，軍中一律換用，實爲最新最精之式。至純鋼後膛礮位，向推德國之克虜伯，英國之阿模士莊兩種爲最精。而克虜伯廠以泥罐煉鋼後膛横門堅固尤出其右。該廠口徑十五生以上，大礮造法深奥，經費太鉅。目前未可猝辦，至所製十二生以内過山礮式，運載輕便，利於陸戰，近日洋戰步隊專恃礮隊爲前驅。亟宜先行仿造，以立初基。以上槍礮兩式均經臣詳切考究，確可采用。惟連珠毛瑟槍，德國官廠自造其式，尚未傳播。克虜伯礮，專以出售，不肯爲他國代造。所有一切機模，無從覓致，未免臨淵徒羡。臣又訪知柏林地方力拂機器廠，於該國槍礮模式常有承造情形最熟。因電託出使德國大臣洪鈞與之商詢購鑄造新式連珠毛瑟槍，及造克虜伯過山礮各項機器全副。其汽機馬力加大，以便槍礮兼造鍋爐併爲一廠，較得節省。旋接洪鈞覆稱，該廠應允能辦，因與訂定造槍機器一分。每日能成新式連珠十響，槍五十枝，汽機馬力一百二十四。又造礮機器一分。每年能成克虜伯口徑七生半至十二生過山礮五十尊，共净價一百五十一萬七千七百六十馬，又添購槍尾尖刀機器全副，净價八萬一千四百八十三馬，共合銀三十餘萬兩，十一箇月成交，此事係由外籌捐，不請奬敘，並非動支庫款經費。惟關繫海防重務，遵經咨請海軍衙門核示。現承准覆稱，廣東捐款開廠鑄造軍械，並未動支帑項，尚屬妥善，自應照准等因在案。昨已付匯定銀，妥立合同，繪就廠圖寄粤。此外購地設廠造屋，約需銀數萬兩。現經擇得距省西北四十餘里石門地方，後依山麓前，臨北江，地勢深奥，近内水運，亦復利便，於建廠甚爲相宜。當即派員經理，按照洋圖刻日庀料興工。其槍管鋼料及罐煉礮鋼，俟開鑄伊邇，暫向德國名廠購備，以期精良適用。此擇式仿造槍礮之擬辦情形也。竊惟外洋槍礮造法日變日新，近今益臻精絶，淵源奥窔，本屬不易，窺尋向來辦理皆患製造之難，而利其可以購獲。遂致相率因循，未遑變計。各省雖經試造林明敦槍及阿模士莊小礮，但槍式既舊礮式，尚非精品，且偶一仿造，非專廠開鑄，規模未見恢拓於中國風氣，尚難振作。臣此次興辦，幸廣東官商黽勉急公續捐鉅貲，不動庫款，於非常拮据之中得有措手，是以不憚委曲繁重，鋭意舉行，將來擬即以雜式年久等槍，發給腹地緑營緝捕團勇，而以新式快槍專給精兵勁旅，彈壓邊海要地當，可使水陸軍容肅然改觀。若經費充裕，成槍迅速，不獨廣東軍營取給不窮，並可協濟各省。至過山礮一項，若能製造精熟，則臺礮船礮亦可次第擴製，以收大效。

中國第一歷史檔案館等《中國近代兵器工業檔案史料》第一册《李瀚章奏請將廣東籌建之槍礮廠移置天津通州等處摺光緒十五年十一月十三日》 竊查廣東設廠自鑄槍礮一事，經前任兩廣督臣張之洞具奏，奉旨該衙門知道，欽此等因在案。臣到任接准移交，當即督同司局妥協籌辦。溯查原奏内稱：此項經費系由紳商報效捐助三年，專充購器造屋之用，以足敷開廠爲度。計訂購槍機、礮機各一分，又添購槍尾尖刀機器全副，合共銀三十餘萬兩，十一個月成交。又購地設廠建屋約需銀數萬兩。擇於城外石門地方作爲廠地。其槍管鋼料及罐煉礮鋼，俟開鑄伊邇，暫向德國名廠購用。若經費充裕，不獨廣東軍營取給不窮，並可協濟各省等語。在張之洞之意，專欲恢張風氣，力圖自强，其任事之鋭，誠不可及。惟創辦諸務，必須通盤籌畫，期諸久遠，收效方長；否則勉强於先，必將竭蹶於後。今槍礮廠所需經費出自籌捐，僅足敷開廠之用，此外常年經費爲數甚鉅，並無專款可指，難免脱節之虞。且此項捐款，須俟三年方能足數，而前付機器半價，業經挪款先行墊付，現在將届十一個月限滿，又須續付半價，未知從何籌撥。且地基尚未購成，廠屋猶未經始，明年春夏機器運到，無從安設。即使遲之又久，勉强落成，不但廣東鐵礦無多，難供鑄造；且僻在海隅，即欲協濟各省，亦多不便。現在海疆安謐，臣料簡軍實，核計所存精械足敷各營之用；如遇添備彈碼，以及小加修整，舊有槍彈製造等局堪以辦理。廣東近年征斂浩繁，叠遭水患，物力已極困敝，正宜量入爲出，不必徒事鋪張。其鑄造槍礮一事，揆諸時地，似可緩圖。

惟此項機器業經購定，將近告成，自宜妥籌開廠地方，以期盡善。臣再三審度，惟於直隸天津、通州等處擇地建廠，由直隸督臣派員就近經理，將來槍礮造成，可供京師、直隸各營操防之用。畿輔爲首善之地，風氣尤易開拓。且津沽四通八達，不但東南各省一水之便，隨時可以取給，即西北諸省暨東三省等處，洋式槍礮向來稀少，取用亦屬甚便，較之廣東僻在一隅，其益尤大，其利尤遠。臣既有所見，未便因奏准在先，稍涉遷就。相應據實奏陳，請旨敕下海軍衙門會同户部悉心籌議，妥協辦理。一俟議定，再當將外洋繪來廠圖暨合同等件咨送核辦。至於機器後半價值，指款未收，無從再墊，可否由户部指款撥付，將來所收捐項銀兩即留充廣東别用。

臣爲規劃久遠，因地制宜起見，是否有當，謹會同署理廣東撫臣游智開恭摺具奏，伏乞皇上聖鑒訓示。謹奏。

光緒十五年十二月二十一日奉朱批：該衙門議奏，欽此。

國家清史編纂委員會《李鴻章全集》第二三册《粤督李來電光緒十六年正月初二日戌刻到》 除日電悉。槍礮機器香奏在紳商報效内付給，而此項捐款自十六年始，三年分交，現尚一文未收。前付訂購之款即系挪墊。鄙人情急，不得不奏請指撥，亦知户部振振有詞，未必肯允也。今來電以邸諭未提，似撥款爲難，所見甚當。倘海署、司農不允籌拔，粤只得另行設法暫挪墊給。至置設機器，香原奏城外石門之地，現既難購，無從建屋，又無他處可存。且潮濕過重，久恐銹蝕。無妥員諳悉竅要，照料收檢，損壞更易。鄙意貴處各局廠明習機器者多，西沽儲備軍機廠屋宇甚寬，暫時可以存放。東局内東北一帶閑曠地多，將來照式建廠製造，無庸另購地基，較爲省便。惟尊處建廠、購鐵、局用薪俸所需過鉅，籌措不易。一二年後粵力稍紓，亦可按月協濟若干，不再向外國購買槍礮，彼此均有裨益。尊意何如，望酌電復，以便將合同等件咨達，並轉電文卿。順頌新祺。鈍。冬。

國家清史編纂委員會《李鴻章全集》第二三册《寄粵督李光緒十六年正月初三日巳刻》 冬電悉。槍礮機器爲用甚大而事理極繁，敝處局廠雖有明習機器者，其力實難兼營。兄奏邸諉，皆無可辭。未付價十九萬零運保費在外否，望電洪使。究竟何時告成，起運確期，合同等件乞先鈔寄，以憑酌度。聞温子紹頗明製造法，操守難信，希訪察告知。儀。

國家清史編纂委員會《李鴻章全集》第二三册《寄粵督李光緒十六年正月初四日未刻》 初十函到，江、支電均悉。香復海署抑揚鋪張，欲結邸歡，即准撥部款，恐難交卷，終要瀉底，樞廷皆知其大言無實也。布機復語斬截，槍礮機運保加二零，約需十萬，是粵須付三十萬，能由部酌撥方妥。然香原奏咨皆指定捐項，且看議復若何。津局驗收只可暫存，建廠設機須五六年，鋼鐵鑄成更無日，匠師、監工應緩募。張、洪皆不更事，礮款仍請洪少購，克廠生意大，或可商。合同及廠圖乞速鈔寄。儀。

國家清史編纂委員會《李鴻章全集》第三五册《致總署議安置槍礮廠光緒十六年正月初七日》 前接海署總辦恩佑等稟稱，粵督奏廣東設廠自鑄槍礮，地遠費絀，未能經久，擬請移置要地以收實效一摺。奉原批：該衙門議奏。欽此。鈞諭令即酌定何處改置。鴻章竊查原奏天津、通州等處擇地建廠，自爲水路易通起見，第張督議訂槍機百二十匹馬力，日成毛瑟連珠十響槍五十枝，並造克鹿卜式七生半至十二生過山礮，將來開工後日需烟煤甚多。現在烟煤出自唐山煤礦，由鐵路運津較便，即隨時購辦外洋器料，轉運湖北煉成鋼鐵，亦由輪船運津爲便，似建廠之地宜在天津擇定。又，奉諭建廠鑄械必須有鋼鐵供用，刻下礦尚未開，開後尚須煎煉，非咄嗟可辦，是否建廠以待，抑俟鐵有成效，煉有成數，再行舉辦建廠等因。查煉鐵、煉鋼，事物繁賾，功力艱深，非三五年間所能告成。至欲仿製克鹿卜小礮，必需極精純之罐鋼。鋼用罐煉乃克鹿卜獨創秘訣，歐洲他國名廠皆不及知，中國試辦伊始豈能仿造。是以張督前奏有槍管鋼料及罐煉礮鋼，開鑄時暫向德國購用之語。滬局仿造美國林明敦槍系由洋廠購運鋼管，日本東京創設製造後膛槍廠，聞亦向西洋購用槍管鋼料。固知此事非一蹴可幾也。今鈞意謂俟鐵有成效，煉有成數，再行開辦，洵屬自强遠圖。但所訂機器已克期來華，若存擱過久，必致潮濕銹蝕，終歸無用，似須先建廠設機，以立根基而免損壞。此項槍機礮機大小器件必多，考日本槍廠，烟囱高者至十二丈，大屋十座，小屋無數，熔鐵竈九座，地大十四萬坪。以天津機器局規模度之，當不相遠，約計購地、築土、造屋、集工、設機等項，需費不貲，必待機器件數清單，廠屋分、總圖説寄到，乃可照圖核實估計廠工實在需銀若干。張督前奏約需銀數萬兩，殆先事臆度之詞，於此道似少閲歷，未足憑信。又，奉諭未建廠以前，一切廠料機器如何妥收之處，即派員經理，咨京備查，等因。頃接粵督函稱，洪使來函，此器須夏秋起運，因與機器局員妥商，前項器機約計本年六七月後分批可到，建廠萬趕不及，擬俟鈞處奏定，即咨明洪文卿由德徑運上海交轉運局提載，由招商局輪船運津，責成機器局先期搭蓋棚廠暫行儲存，以便開箱逐細點驗，加試油漆，分類登記，咨署備查。惟向來訂購外洋機器只與該廠議定器價，另行雇船運華，所有運脚、保險等費照器價約加二三成不等，在合同之外由買主自給。此項機器原價將近四十萬兩，運保費約十萬以外，内有百二十匹馬力汽機之鍋爐，尤極笨重，脚險甚貴。張督原奏並未籌及，如奏令北洋驗收此器，到滬時即須照章核給運保等費，乃能起貨。現實無款可籌，擬請鈞署在各省海防新捐内預飭指撥十萬兩備用，免致臨時貽誤。再，李督原奏此項經費原指紳商報效捐助，三年前付機器半價，已挪款墊付，後半價捐款未收，無從再墊，請由部指款撥付等語，自系實情。此後運器到津，應需設廠，工費若干，容俟估定確數，另行咨懇鈞署籌撥爲幸。

國家清史編纂委員會《李鴻章全集》第二三册《鄂督張來電光緒十六年正月初九日戌刻到》 陽電想入覽。粵訂槍礮機器僅能造快槍及陸路行營車礮。廠若在鄂，川、陝、中原陸師各省取用尤便。腹省軍營於軍火一事至今未能精求，此廠可開風氣，於西路甘、川邊防大有益。蓋既不能鑄臺、船、大礮，則設廠沿海不如沿江矣，尚不獨煤鐵近便也。北洋設廠似宜造大礮，惟公之宏力能辦耳。蓋籌以爲何如，祈示復。洞。佳。

國家清史編纂委員會《李鴻章全集》第二三册《寄鄂督張光緒十六年正月十一日巳刻》 陽、佳電悉。夏間王秉恩過晤，曾謂快槍、小礮機器宜帶赴調任爲便。家兄因後半價捐款未收，無可再墊，請移置津通，由部撥款，邸故緘商及之。中國陸多海少，此項創制實爲保邦利器，公既願移鄂設廠就煤鐵，規畫甚遠。惟鄂力支絀，恐未能如期籌付。後半價及運保、設廠各費尚賴精心擘畫。已電商海署，允公所請矣。鴻。

國家清史編纂委員會《李鴻章全集》第二三冊《鄂督張來電並寄海署（已轉粵督）光緒十六年正月十七日辰刻到》 文電謹悉。槍礮廠當遵示移設鄂省，即電德廠運鄂，相度廠地，豫爲布置。經費蒙允於部籌二百萬內籌撥，曷勝感仰。惟部款籌措不易，目前煤鐵各廠需用甚鉅，恐難勻挪。鈞電先軌次械，謹當遵體蓋懷，力籌辦法。查此項械器價值、運保共一百六十萬馬克，約合銀三十八萬兩，造廠約估需十五萬兩，總共須五十三萬兩。機器已付半價。洞在粵籌有專款，內分兩宗，一系文武官紳捐，一系鹽埠商捐。自光緒十五年起至十七年止，專充購槍、礮、機及造廠費，總以足敷開廠之用爲度。本年七月初七日奏明，並先經電達咨呈鈞署有案。官捐者，系武營罰款，捐出四成爲報效，每年除短交外，約收將及二十萬兩。鹽捐者，系倉鹽盈餘化私爲官，每年除他項用款外，約餘銀五萬兩。因款目瑣細，未敢形諸奏牘，故原奏止渾言官捐、鹽捐。洞去粵前兩月，慮款不敷，復飭各營將領議定，武營四成展捐半年，至十八年六月截止。原奏以足敷開廠爲度，如不敷，鹽捐尚可接辦補足。大約此兩款可收八十餘萬，除粵省船局，洞十月內奏明，現又在粵自造兵輪兩艘，暨提充書院工程、書局經費外，足敷此項之用。此項固非正款，亦非雜款，並非粵省向有之閑款，乃洞專爲槍礮廠另籌，及粵省有益地方要公之用，確系有著的款，但照以前辦法，必無短絀。粵省現仍捐收，惟款雖有著，目前却須籌墊。洞若在粵，自可設法騰挪，此時粵省恐難籌，只可由部暫墊，粵於本案捐款歸還。擬請詢商李督，勉以照案解歸本款。李素顧大局，事當可行。如此則可俟開廠後，經費方動部款，撙節不少。此項原系粵捐粵用，故不請獎，今歸各省公用，懇准將來將籌捐官紳酌量給獎，以勵急公。至入告時如何措詞之處，統候鈞裁。所有應行經營振興各事，謹當勉力切實爲之，斷無中輟自餒。以後查勘煤鐵情形當隨時電聞。之洞肅。咸亥。

國家清史編纂委員會《李鴻章全集》第二三冊《寄粵督李光緒十六年二月初四日午刻》 海署電：香帥頃接粵督李電，槍礮、機器價三十八萬兩，運保費合同並未計及，兩項捐款按年分繳至十八年六月，能否繳齊現難預定。因部款不裕，未能墊付，理宜粵設法措兑。造廠一項，原奏購地造屋約數萬兩，鄂省工料較粵俱省，此項可否由鄂另籌云云。查購地造屋等費鄂恐難籌，開辦時可由部撥二百萬內劃墊，將來仍於粵捐歸還，本署已據此復奏。至開廠後常年經費，貴督應即預爲妥籌，庶免後難爲繼。醇、慶、澤具云。儀。

王樹枏《張文襄公全集》卷一五三《致海署光緒十六年二月二十六日發》 江電謹悉。槍礮廠遵已擇地鄂省城外營造，此事粵本有籌定專款，部墊粵還，鈞籌極允。開廠後，經費可審酌款項之盈絀，需用之緩急，爲籌造槍礮之多少。不致虛糜鉅款，容續詳陳。宥。

中國第一歷史檔案館等《中國近代兵器工業檔案史料》第一冊《海軍衙門户部會奏擬准廣東之槍礮廠改移鄂省摺光緒十六年二月二十九日》 查鑄造槍礮，儲鐵爲先。鄂省爲南北適中，若此處就煤鐵之便，多鑄精械，分濟各省，處處皆便。臣等詳加酌度，自以移廠就鄂，庶收事半功倍之效。所有機器後半價值，仍應由粵省先行墊付。

光緒十六年閏二月十八日奉朱批：依議，欽此。

王樹枏《張文襄公全集》卷一三四《海署來電光緒十六年閏二月初二日午刻到》 宥、沁三電均悉。槍礮廠已擇地營造，惟此項常款，務與鐵路經費判然劃清，不可挹注，致鐵路之舉遲帶。諒同此意，此摺二十九日出奏，覆勘冶鐵湘煤既佳且多，應照所擬舉辦。盛道管見應毋庸議，徐建寅徐華封已電南洋大臣，飭其赴鄂矣。醇、慶、澤。東。

王樹枏《張文襄公全集》卷一三四《致海署光緒十六年閏二月二十七日發》 前奉閏月東電，槍礮廠與鐵路經費判然劃清等因，謹當遵辦。目前所需，惟造廠經費。廠成後，如何製造，容洞籌擬辦法，陳請鈞署核定。大約惟第一年需費較多，以後每年所造之件，可分撥各省各營應用。令各省各營備價領械，轆轤收支，則本局所墊不能甚多，不致多費部款。且各省需多則多造，需少則少造。可隨時消息，洞必當竭其愚慮，籌一專款持久之法。私衷竊擬礮廠常年經費竟全不動用部款，惟第一年暫借部款，隨即籌還，容籌定詳陳。目前造廠購地購料興工需費，擬請將前電約估之經費十五萬兩，撥發來鄂，以便支用。庶免節次請撥煩瀆，工竣核實，造報請鈞署核定，再咨部核銷。但此時無須動部存之款，懇請電查各省新海防捐已收若干，酌量指撥。電知各該省令其電匯來鄂，應用若在十五萬以外，即請如數撥匯來鄂。若不足十五萬，俟數月後，續收湊足。免致掣動各省認籌鐵路經費有著的款。但懇勿撥廣東之款，緣粵尚須籌付此項槍礮機器價值也。沁。一。

王樹枏《張文襄公全集》卷一三四《致天津李中堂光緒十六年三月初四日發》前海署咨奏，准借部款十五萬爲造槍礮廠費。昨電請海署撥各省海防捐款。覆電云，現定議各省捐項歸北洋代還，鐵路公司洋債令與尊處電商覆知等因。竊思京捐外捐同是部撥，海防之款津還洋債，鄂造礮廠均係奏准。鄂此款十五萬只係借用，將來仍由粵省本案捐款收還，公意此事應如何辦理。請裁酌示復。支。二。

王樹枏《張文襄公全集》卷一三四《致海署天津李中堂光緒十六年三月初十日發》造槍礮廠需十五萬兩，已電詢北洋，覆稱鈞署允指各省捐項湊還公司洋債，正慮一時難集。若全數指撥，更恐無款歸還洋債等語。洞未悉。現議部捐歸鈞署，外捐歸北洋之辦法，故有前議。竊思此項廠費，前蒙鈞署奏准，由部款借墊，咨行有案。今擬請可否即於京捐照數借撥，或由部另籌別款借撥。總之，此係借款暫墊，將來粵有專案確實捐款，歸還確係有盈無絀。此舉爲今日要圖，機器不久即到，造廠勢難久延，伏望鑒察裁奪。蒸。三。

王樹枏《張文襄公全集》卷一三四《致柏林洪欽差光緒十六年五月二十二日發》製造槍礮，門類繁多，擬遣精壯工徒二十人，赴德廠習練，以半年爲期，請商力廠收留教導，給與住處，能供火食尤妙。每月須貼費若干，切懇速詢電示。養。

王樹枏《張文襄公全集》卷一三四《洪欽差來電光緒十六年五月二十八日申刻到》力拂造機而不造槍，毛瑟已停造，舊式連珠無可，習練一年，學語言尚不諳，何論其他。糜費無益，斷不可遣。愚意滬廠工匠略窺門徑，教導爲易，如能募致數人，似爲善策。鈞。漾。

王樹枏《張文襄公全集》卷一二五《致海署天津李中堂光緒十六年七月十三日發》槍礮廠造廠十五萬，前蒙鈞署奏准，由部劃借，將來由粵收專款捐項歸還。咨行到鄂，當即欽遵部署工料一切。昨承鈞署咨户部片覆此項造廠十五萬，由部撥借，部中實在無法應付等語。曷勝焦急。機器陸續已到，物料多已購訂，斷難中止。查此廠關繫自强要圖，早成一日有一日之益。竊思此項部借粵還，係鈞署與粵督商允，奏奉俞允之案。粵有四成捐槍礮廠專款，斷無慮其不還。洞所深知，部中不過以現款難於籌墊。查湖北糧道庫有幫津、水脚、兑費等款，積年存有二十餘萬，部中並無指撥用款，外間如有要需，向係奏經部議核准，方能動用。懇請鈞署奏明，暫行於糧道庫上項數款，内借撥十五萬，以供造槍礮廠之用。俟光緒十八年夏間，由粵歸還。如此一轉移間，於部款並無所損，且無須由部另籌，而礮廠得以濟用，不致停工糜費，損壞機器，實爲兩有裨益。總之，礮廠有不能不造之勢，而借動糧庫存款，實與鈞署奏案部借粵還之意相符。此不過代部中籌墊而已，伏候鈞裁。元。

中國第一歷史檔案館等《中國近代兵器工業檔案史料》第一册《張之洞奏借到湖北槍礮廠造廠經費片光緒十六年十二月二十六日》再，臣承准海軍衙門來咨：光緒十六年十一月二十八日會同户部具奏鄂省槍礮廠造廠經費請由糧道庫存款内暫行借撥以濟要需一摺，粘鈔原奏内開：查湖北糧道庫幫津、水脚、兑費等項，原係盡數征解要款，今鄂督請於此款内暫借銀十五萬，既經粵督電准分年歸還，自應准如所請辦理。應令湖廣總督將前項所存幫津、水脚、兑費等項，除撥槍礮廠十五萬兩外，下餘銀兩即遵部奏案趕緊解部等因，本日奉旨依議，欽此，當經恭録咨行欽遵辦理。

查此案前因開辦槍礮廠，造廠需款孔亟。經臣電請海軍衙門奏明於糧道庫上項各款内暫借應用，將來由粵收專款捐項歸還。嗣於本年十二月初五日，承准海軍衙門復電内開：請由糧道庫暫借十五萬，已於十一月二十八日會同户部奏蒙俞允，令照提用等因。當經行據湖北督糧道惲祖翼詳稱，遵即提撥各屬解到節年幫津銀二萬兩、漕糧水脚銀三萬兩、摺漕兑費銀十萬兩，共計糧庫平足色銀十五萬兩，解交善後局轉解槍礮局應用等情，詳請奏咨前來。

除咨呈海軍衙門及咨明户部、兩廣督臣查照外，謹會同湖北巡撫臣譚繼洵附片具陳，伏祈聖鑒。謹奏。

中國第一歷史檔案館《德宗景皇帝實録》卷二九二《光緒十六年十二月》湖廣總督張之洞奏：在籍記名提督劉維楨捐銀二十萬兩，充槍礮廠經費。其子劉國梁、劉國標讀書向學，均堪造就，懇予恩施。得旨：劉國梁、劉國標均著賞給舉人，准其一體會試。

王樹枏《張文襄公全集》卷一三四《致俄京許欽差光緒十七年二月十九日發》西國已全用小口徑槍，鄂定槍機猶是舊式。請與該廠商改新式，酌補工費無妨。礮機無造車架之器，未爲全璧。祈查造車架機器，全副需價及運保費共若干。速復。嘯。

中國第一歷史檔案館等《中國近代兵器工業檔案史料》第一册《張之洞奏請將湖北土藥税及鹽斤加價銀兩充湖北槍礮廠經費摺光緒十七年三月十八日》湖廣總督臣張之洞跪奏，爲槍礮廠常年經費需款甚鉅，遵旨妥籌專款以應要需，恭摺仰祈聖鑒事。

竊照前承准總理海軍事務衙門來咨：光緒十六年二月十九日會同户部具奏議覆廣東槍礮廠改移鄂省一摺，粘鈔原奏内稱，開廠後常年經費，應由湖廣總督張之洞豫爲妥籌，奏明辦理等因，本日奉旨依議。欽此，欽遵咨行到鄂。並准户部咨同前因。業經遵照籌辦。嗣因購造槍彈、礮彈器械及添購卷銅等器械一切雜費，勸令劉維楨捐助鉅款，復由粤籌專款建造廠屋，暫借湖北糧道庫款應用，均經奏明奉旨允准在案。

查上年正月初四日承准海軍衙門電開：總以將來軍旅之事無一仰給於人爲斷，雖不必即有其效，萬不可竟無其志。又正月十三日電開：鐵爲廠根，移廠就鄂，分濟各省，事功亦有倍半之别，各等語。方今時局多艱，武備最爲當務之急，故海署之意，亟欲講求軍實，開拓風氣，以爲自强之圖。經畫宏遠，志意堅定，指示剴切，臣自應遵照竭力籌辦。竊以爲天下艱鉅之事，成效則俟之於天，立志則操之在已；志定力堅，自有功效可觀。海署前電誠爲今日自强扼要之論。

臣督飭委員、洋匠，悉心考求，通盤籌畫：計原訂造槍機器一分，每年能成新式連珠十響毛瑟槍一萬五千枝，造礮機器每年能成克虜伯七生半至十二生行營、礮臺礮共一百尊，又應購造槍礮藥、造白藥、造彈、造礮車、造礮架各機器。每槍一枝隨彈五百顆，每年須成槍彈七百五十萬顆；每礮一尊，外洋向規隨彈三百顆，茲權按最少辦法，亦須隨彈二百顆，每年須成實心、開花各種彈共二萬顆：統共一切工料、員匠、雜項常年經費約需銀七十五六萬兩。計一年所造槍礮全分比較外洋買價所省已多，特款鉅難籌。此次開廠試辦，所有槍、礮、藥、彈先擬每年各造一半，約需銀四十餘萬兩。若製造之數再少，工本反貴，轉不合算。

當此度支極絀之際，海軍衙門暨户部既難籌撥，各省一時斷不能遽有撥款囑鄂代造。機器現已運到，閑擱必致銹壞，且人工亦須練習始能漸臻精熟，惟有就鄂省財用，自行籌畫騰挪。查有湖北省土藥税一項，近二十年以來所收税銀大率每年少者僅二三萬兩，多者六七萬兩，内光緒七年一年收數較旺亦不能甚多。臣詳加體察，户部原定税章，每百斤收銀三十兩，隨征耗銀四兩七錢，本極允當，歷來未能核實征收，漏税正鉅。若照章收足，每年可成鉅款，可供槍礮廠之用。臣到任兩三月後，查知情形，即經力排衆議，詳考要隘，添設局兵，募雇巡勇，遴委文武大員多方勸諭，實力稽征，嗣奉旨整頓，曾於覆奏摺内聲明在案。開辦之始，浮言萬端，臣一力堅持，自上年七月新章開辦之日起，截至十二月底止，較之光緒十五年收數已經加倍，商情帖服，接踵而來，毫無異議，雖月有旺淡，一年牽算，較之往年總可多收銀十數萬兩。上年十一月，准户部咨，令將征收前項税釐專款存儲，聽侯指撥，毋得擅行動用等因。查鄂省土藥稅銀，歷年俱係撥充協餉及本省要需，與洋藥稅銀向歸侯部撥用者不同。臣與湖北撫臣譚繼洵暨司道等熟商，此項税銀現經竭力整頓，如事無更變，每年除局用經費外，約可收銀二十萬兩，擬即全數撥充槍礮廠常年經費。其每年應解協餉及本省要需，仍隨時騰挪籌撥不誤。若能格外暢旺，除去局用經費能收至二十萬兩以外，仍當留充餉需。緣此項土藥税系新經整頓得來，其舊有者本非向來解部之款，其新增者更非湖北司局向來所有之款。查四川機器製造局即係奏明支用土藥税釐，今鄂省槍礮廠係海軍衙門奏明奉旨特辦，較之川省製造局大小懸殊，關係尤重，常年經費爲款甚鉅，惟有仰懇聖恩准將此項土藥税銀二十萬兩撥充槍礮廠常年經費。此係專案遵旨妥籌奏明辦理之件，他省自不能援以爲例。

又查光緒十年，鄂省因辦理江防，奏請將楚岸行銷之川、淮各鹽每斤暫行加抽錢二文，以充江防餉需，嗣因籌解海軍衙門北洋海防經費，又奏明以此項凑解，約計淮鹽加抽每年約可收銀六萬餘兩，川鹽加抽約可收銀十萬兩。現與撫臣商酌，並督飭司局通盤籌計，設法騰挪。除淮鹽加抽江防銀六萬餘兩仍留作本省凑解北洋海防經費外，其不敷之數，另行於釐金項下没法整頓騰挪凑撥，總以照案解足爲度；即將川鹽加抽銀約十萬兩騰出，一併撥作槍礮廠常年經費專款。

合計土藥税及川鹽江防兩項每年約可得銀三十萬兩，以充槍礮廠常年經費。目前購機，購料待用孔亟，土藥税應請自上年七月新章開辦之日起；川鹽加抽本年尚須凑解餉需，應請自光緒十八年正月起。此外尚不敷銀十餘萬兩，容臣再行隨時籌畫，奏明辦理，總以不誤解部之款爲斷。但僅造一半，究不足以盡此項機器之用，且核計工費亦較多。俟將來各省如能撥款由鄂代造，則隨時收回價本，即可推廣多造更爲相宜。

伏查鄂省新設槍礮廠所造各械，皆係南北洋、廣東、山東、四川等省製造局所無者，各省局間有一二處或能造槍，既係舊式，且所出甚少。鄂廠所造克虜伯各種車礮，尤爲邊防、海防、陸路戰守必不可少之利器，德國陸戰以此制勝，雄視歐洲。方今外洋各國陸戰無不以礮隊當先，較之槍隊遠勝數倍，歷經詢考近年洋戰克捷之將士，所論僉同。此等精利軍械，玆專恃購之外洋，不獨財用外耗，如前大學士左宗棠奏疏所言：以銀易鐵，實爲非計。且萬一遇有緩急，敵船封口，洋埠禁售，受制於人，購運皆無從下手。況陸續遠購之器，種式參差，彈碼各異，動致誤事。兼之或係舊槍改造，或彈碼已受潮濕，膠混居奇，種種流弊，極費考察挑剔。此皆前數年海防緊急時臣所身歷而目親者。懲前毖後，當此國家閑暇之時，爲未雨綢繆之計，斷不可緩，故特建議奏陳設廠自造。在粤則訂購機器，來鄂則請移廠所，懍遵光緒十一年五月初七日諭旨，時時以事過輒忘爲切戒。計先後在粤、在鄂設法籌措購機、造廠、添制各彈機器等費共七十餘萬兩，均係由外另行籌捐之項，並未稍動司局各庫原有之款。查南北洋各省製造局，凡購機器，造廠屋等費，皆係奏請動支庫款，其常年經費又經部撥歲有定款。鄂省開設槍礮廠，事同一律，而所造之械又出乎各局之外，地處南北之沖，分濟水陸各省均屬便利，以前購機、造廠等費外籌實已不少，此後常年經費現經奉旨妥籌，惟有就鄂省力所能及，通盤籌畫，於無礙京、協各餉之款。請旨撥定，以爲此項槍礮廠專款。

查川鹽加抽一項，本係鄂省近年新增之款；至土藥税一項，雖係舊有而新增之鉅款，實係新經臣整頓所得，且與向來聽候部撥之洋藥税迥然不同。舍此兩款之外，實屬無可再籌。合無仰懇天恩俯念此舉爲自强經久至計，利害所關不獨湖北一省，准將土藥税銀及川鹽加抽江防兩款撥充槍礮廠常年經費專款，俾得多造精械，以備分濟各省，緩急有資，其爲裨益江海防務實非淺鮮。至於鄂省向來應解京、協各餉，臣必當竭力籌措，照案解足。將來槍礮開廠後各項用款，臣自當督飭局員核實撙節辦理，專案咨報查核。

除咨呈海軍衙門及咨明户部外，謹會同湖北巡撫臣譚繼洵恭摺具陳，伏乞

皇上聖鑒訓示。謹奏。

光緒十七年四月初八日奉朱批：該衙門議奏，欽此。

王樹枏《張文襄公全集》卷一三五《致柏林許欽差光緒十七年四月十九日發》

元電悉。據洋匠稱：德新槍以克鋼爲底，加工秘煉，僅一家能製。彈子以白銅包鋼，製法亦精：非此不能收新槍之益。又稱鋼之等差百餘種，軌鋼其粗者，洋廠且難兼衆長。初開鄂煉，勢難遽精，毛瑟之管，當可仿製新式，則不敢保等情。鄂設槍廠，機宜新式，鋼貴自煉，二事並重。儻有機而鋼不適用，口徑既小，擊力將遜於毛瑟。鄙意以改小口徑爲便，惟換機加款甚鉅，關係重大。務請與德員之精於此道者，詳細推敲，應換新機與否，請代裁決。速示。效。

中國第一歷史檔案館等《中國近代兵器工業檔案史料》第一册《户部奏擬准張之洞請將湖北土藥税及鹽斤加價銀兩充湖北槍礮廠經費摺光緒十七年五月十五日》　臣等伏查光緒十五年七月間據兩廣總督張之洞奏，廣東省籌捐經費購買外洋機器，擇地建廠自造槍礮，以爲自强大計等因；又於光緒十六年二月間，海軍事務衙門會同户部議覆廣東槍礮廠改移鄂省摺内聲明，開廠後常年經費，應由湖廣總督張之洞預爲妥籌，奏明辦理等因，各在案。今據張之洞奏稱，槍礮廠常年經費約需七十五六萬兩，款鉅難籌。此次開廠試辦，所有槍、礮、藥、彈先擬每年各造一半，約需銀四十餘萬兩，懇准將湖北省土藥税銀二十萬兩撥充槍礮廠常年經費，他省不能援以爲例等情。當經户部行查海軍事務衙門，此項槍礮等件是否急需必須鑄造之處，應由海軍事務衙門酌核定議。旋據海軍事務衙門覆稱：該督所請槍礮廠常年經費若無專款，則一切均不能開辦，前置機器必致皆成廢物，轉得有所推諉。擬暫准其試辦二三年，如有成效，或可行銷各省，所用之款，亦不致終歸無着；如無成效，即行令其停辦，以免虛糜帑項等語，咨覆户部核辦。

臣等查鄂省槍礮廠，前經會議准其開辦，現在自應仍照前議辦理，冀收實效。該督所籌常年經費，請留土藥税銀一節，查本年四月二十五日户部具奏庫款支絀，酌擬辦法條款内開：各省土藥一項，偷漏中飽，弊不勝言，上年總理各國事務衙門會同户部奏請整頓，現在各省督撫覆奏甫經到齊，擬由總理各國事務衙門會同户部妥議辦法後，通行各直省，將此項土藥税銀，除開支局用，其餘無論所收多寡，均令盡數解部，不得借詞截留，移作别用等因，奏准在案。此次湖北省土藥税銀請留爲該省槍礮廠經費之用，核與户部奏案不符，本難照准，惟該督此次奏案到部，係在户部籌補庫款奏案以前，且既據該督奏稱，此款之外，實屬無可再籌，自應權其緩急，以應要需。臣等公同商酌，所有湖北省土藥税銀擬請暫如該督所奏，准其自新章開辦之日起，按照每年約收二十萬兩之數留撥應用，其餘各省概不得援引辦理。再查該督此次摺内，瀝陳整頓湖北土藥情形，自係通盤籌畫，確有把握以後每年所收之數，不患不足留撥之數。如果征收日旺，除留撥二十萬兩外，餘剩銀兩仍應遵照奏案，盡數解部，以重庫儲；倘征不足數，槍礮廠常年經費亦不得動撥京、協各餉，以示限制。

至原奏内稱，光緒十年，鄂省因辦理江防，奏請將楚岸行銷之川、淮各鹽每斤暫行加抽錢二文，以充江防餉需，嗣因籌解海軍衙門北洋海防經費，又奏明以此項湊解，約計淮鹽加抽每年可收銀六萬餘兩，川鹽加抽可收銀十萬兩。除淮鹽加抽銀六萬餘兩仍留作本省湊解北洋海防經費外，其不敷之數，另行於釐金項下設法整頓騰挪湊撥，總以照案解足爲度；即將川鹽加抽銀約十萬兩騰出，一併撥作槍礮廠常年經費專款，本年尚須湊解餉需，應請自光緒十八年正月起。此外尚不敷銀十餘萬兩，容再隨時籌畫，奏明辦理，總以不誤解部之款爲斷等語。以上各節既據奏明鄂省向來應解京、協各餉，必當照案解足，均擬准如所請辦理。

相應請旨飭下湖廣總督，該省槍礮廠暫准試辦二三年，仍應督飭委員認真經理。如鑄造槍礮等件可以行銷各省，再行據實陳明，作爲久遠之圖；倘辦無成效，即行奏請停止，不可稍涉回護，以重庫款而節糜費。至該廠各項用款，務當核實撙節，專案報部以憑核銷。

王樹枏《張文襄公全集》卷一三七《致俄京許欽差光緒十八年三月十四日發》

鄂礮廠須添配造礮架機器全副，能造水陸行營三種。礮架式樣由尊處酌定，又配造礮子機器全副，每日能造實心、空心、葡萄子三種，共二百顆者，價幾何？一百顆者，價幾何？槍廠須添配造小口徑彈子機器全副，日出二萬五千顆。三項機器應用之件，均須配齊訂明。由各廠派匠來鄂包造，價各若干？請費神速查電復。元。

中國第一歷史檔案館《德宗景皇帝實録》卷三一二《光緒十八年六月》 湖廣總督張之洞奏：漢陽煉鐵槍礮等廠工程正在吃緊之際，查閲省外各營，請展至明年舉辦。從之。

中國第一歷史檔案館等《中國近代兵器工業檔案史料》第一册《張之洞奏請將淮鹽加抽江防經費撥充湖北槍礮廠經費片光緒十八年九月十三日》 再，鄂省經總理海軍事務衙門會同户部奏准創設槍礮廠，常年經費需款甚鉅，前經臣遵旨妥籌專款，奏請將湖北土藥税銀二十萬兩、川鹽江防加抽銀十萬兩，撥充槍礮廠常年經費，經户部會同海軍衙門議覆，均准如所請辦理等因，於光緒十七年五月十五日具奏，本日奉旨依議，欽此，咨行欽遵辦理在案。

查槍礮廠常年經費約需銀七十五六萬兩，款鉅難籌。此次開廠試辦，所有槍、礮、藥、彈先擬每年各造一半，約需銀四十餘萬兩必不可少，原奏業經詳切聲明。現計造廠、運機，改換新式小口徑槍機，添購製造礮彈、槍彈、礮架一切零件各種機器，及卷銅料件，缺一不可，購造及運脚、保險等費，約需銀數十萬，陸續匯付，款鉅事繁。兼以製造槍礮尤以煉鋼鐵爲本，煉鐵廠事關緊要，前經奏准將此項槍礮廠之款移緩就急，匀撥鐵廠應用辦理，益形竭蹶。原奏請撥之土藥税銀，上年一届報滿後抽收甚旺，若各省恪守總署、户部定章，誠如户部議奏所云：確有把握每年所收之數不患不足。無如川省上年冬臘間，忽於夔州、開縣、萬縣、涪州等處增設局卡，加抽川土出口税銀二十兩，以致商販趨避：水路則船只多挂洋旗，陸路則北繞陝省、南繞湘省苗疆。今年入春以來，宜昌各局收數日絀，每年二十萬兩之數斷難取盈，以後尤深焦慮。

查槍礮廠開廠試辦，原奏聲明常年經費需銀四十餘萬兩，除奏撥土藥税銀、川鹽加抽二項外，尚不敷銀十餘萬兩，容再隨時籌畫，奏明辦理在案。此項不敷之款，必須早爲添籌，始可勉强措置。現就鄂省形情通盤籌畫，查有淮鹽加抽江防經費一款，每年約收銀六萬兩内外，前經奏明湊撥北洋海防經費，現查北洋海防經費一款，尚可設法籌解，此項淮鹽加抽錢文，本係外籌之款，與正項釐金、鹽課無涉，現既可騰出此款，擬請即自本年爲始，撥充槍礮廠常年經費。槍礮廠本爲江防、海防而設，於名實亦屬相符。其京、協各餉及北洋海防經費，照常籌解不致貽誤。槍礮廠添此專款，庶可借資補苴，即以後土藥税銀收數微有不足，亦可恃以無恐。合無仰懇天恩俯允所請，俾槍礮廠得以早日觀成，實於自强要圖大有裨益。

中國第一歷史檔案館等《中國近代兵器工業檔案史料》第一册《李瀚章等奏已還清部庫借撥鄂省建造槍礮廠經費摺光緒十八年十月初二日》 頭品頂戴兩廣總督臣李瀚章、頭品頂戴廣東巡撫臣剛毅跪奏，爲清還部庫借撥鄂省造槍礮廠經費銀兩數目日期，恭摺具陳，仰祈聖鑒事。

竊案准總理海軍事務衙門咨：光緒十六年十一月二十八日，會同户部具奏鄂省槍礮廠造廠經費，請由糧道庫存款内暫行借撥以濟要需等因一摺，本日奉旨，依議，欽此。查原摺内開：湖北糧道庫幫津、水脚、兑費等項，原係盡數徵解要款，今鄂省請於此款内暫借銀十五萬兩，電詢粵省復稱，擬十七年底先還五萬兩，十八年秋季再還十萬，既經電准分年歸還，自應准如所請辦理等因。當經轉行遵照。

兹據廣東海防善後局司道詳稱：查鄂省借撥槍礮廠造廠經費，應由粵省於紳商、武職捐充槍礮廠專款内分兩年解還。所有光緒十七年分應還前項銀五萬兩，業於上年十一月照數籌足，飭委候補鹽知事王執領解赴部投納；光緒十八年秋季分應還前項銀十萬兩，已於七月内先籌銀六萬兩，飭委候補通判宗振、補用巡檢覃致身領解赴部投納。均接准咨覆在案。查前項借款尚有應還銀四萬兩，現已如數籌足，於十月初六日交商號源豐潤、協同慶匯解赴京，領賫文批赴部投納等情，詳請奏咨前來。臣等覆核無異。

除分咨户部科及湖廣督臣查照外，理合恭摺具陳，伏祈皇上聖鑒。謹奏。

光緒十八年十一月二十二日奉朱批：該衙門知道，欽此。

中國第一歷史檔案館《清代軍機處電報檔彙編》第七册《收湖廣總督張之洞電爲海軍衙門槍礮廠經費不敷事光緒十八年十月二十二日》 海軍衙門槍礮廠經費不敷，請撥准鹽加抽一款。奉旨交議，此乃外籌之款，與正項庫款無涉。伏望鈞署會商户部，早賜議覆，俾自强要務，得以及早舉辦，曷勝感禱。之洞肅。養。

王樹枏《張文襄公全集》卷一三八《致俄京許欽差光緒二十年五月初七日卯刻發》 快礮機現訂造幾種？如必須多買數種礮樣，兼有數種礮機，鄂廠方能速成，即請速購定示知，立即匯款。和局雖訂，兵事未有已時，快礮必須早成爲妙。且須礮廠成功，鄙人方能引退。尤深焦急，此間款尚充裕，籌十數萬金不難，盼復。陽。

中國第一歷史檔案館《光緒宣統兩朝上諭檔》第二〇册《光緒二十年八月二十七日》 内閣奉上諭：張之洞奏湖北漢陽槍廠於六月初旬被燒廠屋五排等語，槍廠委員等疏於防範，咎有應得。所有專司稽查之候選巡檢嚴用炳著即行革職，總司監工之候選通判馮熙光著降一級調用，以示懲儆，餘著照所議辦理。該衙門知道，欽此。

王樹枏《張文襄公全集》卷一四〇《致俄京許欽差光緒二十年十月二十五日未刻發》 號電悉。改快礮機飭詢桂勃，而謂宜全用格魯森新式，方合原機範圍，勿用哈式。原機能造五生三礮管，自三生七至十二生九種皆能造。又若改二種與九種全改，加價無多，業已奏明。全改配機，須能通用爲要。惟購格魯森礮樣九種，爲款必鉅，照尊議先購樣兩種，餘者洋匠能出圖自造。請妥商速復。徑。

中國第一歷史檔案館《德宗景皇帝實録》卷三五二《光緒二十年十月下》 湖廣總督張之洞奏：添置礮架槍彈三廠機器工料，並改换新式快礮機器，妥籌辦理。得旨：快槍快礮爲現在行軍利器。該督於數年前籌備及此，足徵思慮深長。此摺著照所請行。

中國第一歷史檔案館等《中國近代兵器工業檔案史料》第一册《蔡錫勇惲祖翼致張之洞電光緒二十年十一月二十日》 鈞電謹悉。快礮機籌款事已另電稟聞。照許欽差來電，九式配齊約需銀二十六萬兩，運保、建廠費尚不在内，統計在三十萬以外。詳詢洋匠，機電配齊而人手未熟，初年出快礮至多不過五十尊，不如添置通用快礮機九具，各式皆可造，約價六萬馬。初年出快礮約二三十尊，以後可漸增。惟車刀器具須購鋼料自製，約可省三四萬金。壓銅殼機須照定添式，車刀亦購鋼料自製，約可省二三萬金。只鋼殼機須建一廠，約萬餘金。餘機可就原廠安設，可省建廠費二三萬金。此從省辦，大約廿萬兩可敷用。應否從省，抑照許欽差電配足，伏候憲裁。擬電許欽差，快礮機配齊爲款過鉅，飭商洋匠，擬添機九具，各式皆能造，但不能多估價六萬馬。

洋電附後：請飭力拂開價，速復。壓銅殼機卅五萬馬照定，輾銅板機想必在内。添式由鄂自製較省。其碰火機及格礮一、彈百顆，均請照定。擬用格廠葡萄子、開花子碰火各三式，俱購現成者作樣，應無須三個月。務祈商令從速製造，迅即購運。應估定若干，候電即匯等語，請核發。

王樹枏《張文襄公全集》卷一四〇《致漢口惲道台武昌蔡道台光緒二十年十一月二十三日申刻自吴淞發》 號電悉。快礮機從省辦法，周摺太多，出礮必遲必少。此事既有廿四萬五千，則所差不過五六萬金。現在江南以製造局出礮過少，正擬添購機器。今漢陽既新設此廠，江南即可協款助成。蓋添配寧局舊機，不若助成漢陽新廠也。可再擬電許欽差，仍託其照原議年出百尊九式配齊，該價及運保廠費一切，除鄂籌外，當由江南湊足，望勿遲疑。漾。

王樹枏《張文襄公全集》卷一四〇《致俄京許欽差光緒二十年十一月二十七日辰刻發》 快礮機、碰火機、壓銅殼機，均請照定添式，自四生七至十二生計九種，均須配齊。大小鋼車刀，並須備足。以每年能出格魯森快礮百尊爲度。仍須就原機範圍。碰火係格廠葡萄子、開花子式各三種，請購樣配機。格礮一彈百顆，購現成者作樣，無須三箇月。現已籌有的款二十餘萬，務祈照配，速定速運，應先付若干，候電即匯廠，圖請先寄。沁。

中國第一歷史檔案館等《中國近代兵器工業檔案史料》第一册《文廷式奏湖北槍礮廠不可廢於半途片光緒二十年十二月十七日》 再，湖北鐵政等局，經督臣張之洞締造經營，歷年既久，費帑甚多，甫有成效。該督行後，聞所有局員、司事，工匠概加裁撤，意欲停辦。臣維行軍必資利器，與其購之於外洋，何若制之於中土。此次軍敗，固由於將士之懦怯，亦由於軍火之不充。不乘此時力圖自强，何以制勝。該局之槍礮一廠，尤爲當務之急，雖經火毁，據奏修理尚屬不難。亟應就此始基，拓充製造，似未便廢於半途。查張之洞現任南洋，可否請旨令其遥領，或竟特派專員，認真講求辦理，撥發的款，課責成效，精益求精，務裨實用。是亦自强之一端也。

中國第一歷史檔案館《德宗景皇帝實録》卷三五六《光緒二十年十二月中》

電寄張之洞：現在防剿各軍需用槍礮甚繁，盡向外洋購運，深恐緩不濟急。湖北創設槍礮廠有年，前降旨仍歸張之洞一手經理，並令督飭速辦。刻下籌辦情形若何，能否及時擴充設法製造，以便分撥應用。即著張之洞迅籌覆奏。

北京大學館藏稿本從書編纂委員會《光緒軍機處事由檔録要光緒二十年》

電張之洞：前奏擬借熾大洋行之款，已依議行矣。或可續借，或他行可借妥辦。湖北槍礮廠何時開工，查奏。

王樹枏《張文襄公全集》卷一四六《致武昌蔡道台光緒二十一年五月初十日已刻發》 槍礮廠原訂機器，每年出槍一萬五千枝，礮百尊，實數不過出三分之一耳。槍彈每日出二萬五千顆，月止七十餘萬顆，亦太少。現擬另籌鉅款，添槍礮並彈四種機器，須每月實能出雙管小口快槍三千枝，每月實出無煙彈三百萬顆，快礮一兩磅子者，每月實出五十尊，每月實出彈五萬顆。可問洋匠各種機價脚需款若干，廠工需若干，能就本廠相連地擴充否？抑在鐵廠內空地另造。此事在必辦，且須速辦，速詢復勿遲。蒸。

中國第一歷史檔案館等《中國近代兵器工業檔案史料》第一册《蔡錫勇致張之洞電光緒二十一年閏五月初六日》 江電謹悉。彈、架添件乃車刀器具九類。擬致許欽差，言：先電悉。據桂勃爾稱，接力拂函，本年洋四月初十僅定五生三快礮子壓銅殼機全副，三十六萬馬，餘皆未定。統計須定快礮機價廿一萬；五生三快礮家伙五萬馬；又三生七、四生七、六生快礮家伙計三式，每式加價一萬六千七百五十馬；又壓銅殼機器須添三生七、四生七、六生家伙共三式，每式加價一萬六千馬；又碰火機兩種共價十一萬七百五十馬；又快礮彈添件七萬五千馬；快礮車添件二萬五千馬。總共應添定之價五十六萬九千馬。桂勃爾謂必不可少者。查快礮機，二月佳電匯去定銀十五萬馬，今補匯六萬七千馬，及碰火機半價五萬馬，想已早定。此外未定各件，務請查明核價全定爲感。

中國第一歷史檔案館等《中國近代兵器工業檔案史料》第一册《譚繼洵奏移解湖北槍礮廠經費銀十一萬餘兩片光緒二十一年閏五月初六日》 再，准本任督臣張之洞咨稱：前奏准添置礮架、槍彈、礮彈三廠機器、工料，並改换新式快礮機器妥籌辦法摺内，購置架彈各機價值尚欠銀十萬九千餘兩，添改新式快礮機器約需銀三萬餘兩，均由湖北現在籌捐項下撥給等因，業將候選郎中劉國柱捐輸銀十萬兩全數指撥應用，並將已繳之二萬兩先行撥解，當經奏咨在案。

旋因各機價值亟需照付，並叠准張之洞電催，而該郎中劉國柱未繳之八萬兩一時尚難籌繳，實屬緩不濟急。當飭善後局復在紳富當捐項下動撥銀五萬兩，又江漢關道衙門解存殷商蔣春華捐輸銀四萬五千五百二十六兩八錢二分，一並移解槍礮局查收應用，以期無誤要需。玆據湖北善後總局司道詳請奏咨前來。

除分咨查照外，謹附片具陳，伏祈聖鑒。

再，湖北巡撫係臣本任，毋庸會銜，合併陳明。謹奏。

〔朱批〕：該部知道。

中國第一歷史檔案館等《中國近代兵器工業檔案史料》第一册《潘學祖致張之洞電光緒二十一年閏五月二十六日》 有電諭敬悉。連日會同蔡道在各廠考核。查新修三廠建屋工程、安設機器與初創同，日夕趕造，至速六月中旬可試車力。其槍機經火後尚可因材修用，恐未全美，較另購及運洋修理，鉅費可省。惟鑽槍筒端考係接輪鑽頭，用料三項未全合法，現均照滬局樣法改造挑選已，每部車床每日可鑽八枝，共計三十二枝。再遞試節套、機簧管、拔絲、木殼、零件等機。槍彈機雖新，礮機、礮彈機均舊式（其新式未到），然皆須安齊配試無疵，於大開工後得盡機器之力，方能各定成貨數目。洋匠雖固執，尚可商辦。各委員、匠目督率工作，均認真不懈。並擬添募華工，加夜工，竭立報稱，以期速成。是否有當，仍乞訓示。

中國第一歷史檔案館等《中國近代兵器工業檔案史料》第一册《蔡錫勇致張之洞電光緒二十一年閏五月二十六日》 有電謹悉。據洋匠稱，小口徑槍以一千八百九十三年西班牙式爲最新最佳，口徑七米里。漢廠原機口徑七米里九，機簧亦異，須新機到後，原機方能仿照修改。此機自經火後，修復總難全美，出數必不足額。若得新機作樣，大加修改，同歸一律，雖費工需時，實爲萬全上策。伏候憲裁。

中國第一歷史檔案館等《中國近代兵器工業檔案史料》第一册《潘學祖致張之洞電光緒二十一年六月初一日》 儉電諭敬悉。遵查除礮廠全齊外，槍機卌四種共三百六十四副，槍彈機四十四種共七十三副，礮彈機十四種共四十副，礮架機二十種共四十六副，連翻砂共六廠，需用工匠五百九十名。現正副領工及工匠只有二百五十二名，應添三百卌八名。連日與道熟商，昕夜督催，槍、礮、彈、礮架四廠趕裝各機，限六月中旬裝齊試車。職道現赴馬鞍山回，至武昌閱歷織布、銀圓、繅絲各廠，即擬先回金陵，面奉詳細情形，請示一切。赴滬招募大批工匠來鄂，俾盡各機器之力，以定出槍併彈數目。

王樹枏《張文襄公全集》卷三九《懇撥湖北槍礮廠經費摺光緒二十一年八月二十八日》 竊臣前以湖北鐵政、槍礮兩局正爲海防要需，鋼鐵槍礮可濟南洋之用。請由江南籌防局撥款濟用，分別報銷附片奏陳。現准部咨，以兩局經費不敷若干，由江南局款撥濟若干，原奏均未聲明，尤恐漫無限制。行令由該省撫臣自行籌款備用，毋庸挪移等因覆奏。奉旨依議，欽此。咨行到臣。在部臣自係爲嚴綜核示限制起見，除鐵政局經費，由臣籌措款項，另摺奏陳外，伏查槍礮一項，外洋製作日新遲速，利鈍之分即戰守勝負所繫。此時中國自煉精鋼精鐵，自造快槍快礮，僅此一區。自應合各省之人力財力，共注此區，以立國家武備之本。其肇端固不僅爲一省之謀，其成物亦不僅供一省之用。查槍礮廠用項應分造廠工費，及常年製造經費爲兩事。槍廠去年五月已經造成，不意失火焚燬廠屋多排，並損傷機器，不得已又需另行修理，即以鐵廠自煉鋼鐵製造梁柱，間架一律更換，以冀永免火患。工程較大，需時較久，至本年五月内復行造成。礮廠於上年五月内造成，槍彈、礮彈、礮架三廠於本年六七等月先後造成。陸續較定機器，選募工匠，開機試造。至廠成以後，其安設較定機器，購備各項物料，隨時添購應用機器零件，以及製造華洋工匠、員司、人夫薪工應歸入常年經費核計。目前須將購機造廠用款撥付截清，則以後常年製造經費造械數目，始可核計。查該廠機器原係臣在粵外籌之款，嗣後節次奏明添改小口徑機器，又添設槍彈、礮彈、礮架三廠，又添購新式快礮機器，用費逐漸加多，計陸續購造架彈三廠機器廠屋，以及添購快礮機、快礮、刀鑽等家具，造礮鋼大汽錘樣礮，及快礮彈所用之碰火機、軋銅板機、舂銅餅機、壓銅殼機，以及外洋零件物料，因事機緊急而無款可撥，不得不與洋廠婉商墊欠之法。除已付價外，尚共欠銀六十餘萬兩，均係購自外洋墊辦積欠應付之款。而目前廠中開造工料經費，尚不在内。其槍礮廠常年奏撥經費早經陸續湊撥鐵廠急款之用。均經臣歷次奏陳有案，是槍礮廠已無款可用，而洋廠欠款尚多，均須清還。湖北餉力支絀實屬無可籌措，且事非湖北本省民事，軍餉所用似不能專責湖北。獨籌一省之財力，斷不能供大局之急需。此固早邀聖明鑒察。伏查南北洋各製造局自購機建廠以來，動支部款何止千餘萬。即如上海製造局歷年所製雜項軍火，僅係尋常舊式，每年尚撥有的款五六十萬。上年因添製快槍、煉鋼、造藥數種，惟造藥自爲一廠外，其餘即就原有之廠屋鍋爐大件機器略增，機器房屋稍添工料，該局煉鋼不多，造槍亦少，因積欠洋廠墊辦工料，於本年五月内尚蒙户部撥給部借匯豐洋款四十萬兩。今鄂局所造槍礮子彈，合計較滬局多逾數倍，機廠多少大小較滬局相去懸絶。購機建廠之費歷年俱係外籌，未奉部撥。兩局互較，相形未免向隅。現在外債急欲歸償，事機不可中輟。惟有援案籲懇聖恩，敕部就户部存滬借款撥銀六十萬兩，以濟急需。如部臣以部中借款未可輕動，擬請即在江南所借瑞記洋款撥用此款，係奏明由臣於江南陸續設法籌還，並非司局原有正款，於京協各餉絶無妨礙。擬由鄂廠分爲四年，將所造槍礮作價均還，照外洋買價，讓減一成，每年還銀十五萬兩。目前鄂廠有款以應急需，日後江南有械以資防務，似乎兩益而無損。與憑空撥江南之款，以協鄂省之用者，迥然不同。此款除先還各洋廠欠款外，尚可作爲本年製造之需。擬即截至今年年底止，將鐵廠槍礮廠用款，分別劃清，再將槍礮廠購機造廠之用款，及廠成後陸續開機試造至今年年底止之用款，分別劃清，分案造報。自明年爲始，以後每年即儘此常款三十餘萬兩支用。自光緒二十二年正月起至十二月止，此一年内若僅就此三十餘萬之經費核計，約計工料只能造槍三千枝，每槍配彈五百顆，造快礮六十尊，每礮配彈五百顆。計與外洋買價約略相等，在中國開廠試造，尚不爲貴。本年閏五月覆奏江省善後摺内曾經聲明，鄂廠工匠未熟，所出不多。一年以後，始能出槍七八千枝，礮一百尊。蓋第一年工匠未熟，第二年論工匠之藝，機器之力，可造成此數，然亦必須經費足敷工料之需，乃能造足。緣工料乃按件核計之事，若經費太少則亦不能多造也。大約一年以後，若每年能多撥銀三十萬，則必可盡機器工匠之力，出快槍七千，快礮一百，並配足藥彈。蓋所造之數既增，則物料自必多購，工匠自必多添，械增則費增，乃一定不易之理。若不加撥，則此槍三千枝，礮六十尊之數，總可如額。惟機多製少，殊爲非計要之。自廠成機熟以後，款多則多造，款少則少造，伸縮均可量力，尚不爲難。應俟隨時籌度，奏明請旨辦理。所最爲難者，目前已欠之款，不能不還。現作之工不能暫停。實不能不急撥一款，以資目前挹注，合無仰懇天恩，俯念軍械爲今日急務。鄂廠非一省所需，新式精則學製難，機件多則用款鉅，而臣所擬借撥瑞記洋款辦法，既於京協餉無礙，且將來仍可收回軍械抵價，實非虛用江省之款，准如所請辦理，不勝翹切惶悚待命之至。

硃批：户部議奏。欽此。

王樹枏《張文襄公全集》卷一三四《許欽差來電光緒二十一年九月初二日申刻到》 力拂稱，現配快礮機能年出五十尊。若需百尊，應添機價廿一萬馬。澄。東。

王樹枏《張文襄公全集》卷一三四《致俄京許欽差光緒二十一年九月初二日亥刻發》 東電悉。細思鄂廠歲止出快礮百尊，似太少，恐爲人議議。查前定樣礮、銅殼、碰火各機件俱係五生三。今擬添購機器，專造五生三快礮一種。每年出二百尊，據桂勃爾約估須添機價三十萬馬左右，比尊電二十一萬馬加價無多，而出礮倍之，最爲合算。又，聞月尊處先電礮彈、礮架須添件共十萬馬。現據桂稱，若專造五生三礮架一種，每年二百具，添機加價不過十餘萬馬，所加亦無多，請速商力拂核定加機之價，速示。沃。

王樹枏《張文襄公全集》卷二四八《致俄京許欽差光緒二十一年九月十四日丑刻發》 克廠薦來總鑛師馬克斯，鐵廠總管德培二人，工夫尚好。惟性情奇傲，因合同係總管名目，自謂只歸總局節制，外廠委員概置不理，一切廠務不與駐廠委員相商，獨斷獨行，稍不如意，即以停工挾制。馬尤妄誕，常與委員滋鬧，迭據專辦之員禀揭。現值用人之際，不得不稍示含容。此間係官廠，與外國公司不同。總局在省難於遥制，凡事不能不與駐廠專辦委員和衷商辦。所謂總管者，乃總管開鑛煉鐵工作事宜，華洋工匠悉聽指揮。至於進退工匠管理廠務，仍當以專辦委員爲主，方合官廠體裁，請託克廠電誡馬德爲禱。元。

王樹枏《張文襄公全集》卷二四八《致俄京許欽差光緒二十一年九月十六日戌刻發》 願電悉。請即照定五生三快礮機，專造五生三一種。務令各件配足，年中實可出二百尊，以免再有延擱。其價當係三十一萬三千馬，能核減尤妙。諫。

中國第一歷史檔案館等《中國近代兵器工業檔案史料》第一册《户部奏擬准湖北借款以濟湖北槍礮廠急需摺光緒二十一年十月十四日》 户部謹奏，爲遵議湖北槍礮廠借撥經費，並請毋庸另設江南槍礮廠，恭摺仰祈聖鑒事。

署理兩江總督張之洞奏湖北槍礮廠添機、開造經費無出，懇請撥款以濟急需一摺，光緒二十一年九月二十日欽奉朱批：户部議奏。欽此。又附奏江南擬設槍礮廠，當審時量力而籌妥善之法一片，同日欽奉朱批：户部知道。欽此。均由軍機處抄交到部。查原摺内稱：【略】臣等伏查湖北製造槍礮廠，本非專爲湖北而設。然其事自發端於廣東，及移設於湖北以來，皆只就一省之財力，量入以爲出。故當時廣東創議購機建廠，則取給於廣東之官紳、鹽埠各項捐資。後以廣東鐵礦無多，地勢偏遠，移其機器款目於湖北，所需常年經費則又取給於湖北之土藥税銀及川鹽、淮鹽江防加價，五六年來從未借助於他省也。本年閏五月間，署理兩江總督張之洞，以湖北槍礮廠經費不敷，奏請由江南籌防局撥解濟用。當經臣部查核該督所擬，頓異前轍，且江南籌辦海防，自顧不暇，何能再爲湖北槍礮廠兼籌。又該廠不敷經費若干，須由江南撥濟若干，原奏均未聲明，尤恐漫無限制，是以奏令湖北巡撫自行籌款備用。茲據該督奏稱，湖北餉力支絀，實屬無可籌措。湖北槍礮廠已無款可用，而洋廠欠款尚多，均須清還。懇就户部存滬借款，撥銀六十萬兩。如部中借款未可輕動，請在江南所借瑞記洋款撥用，由鄂廠分爲四年將所造槍礮作價勻還。目前鄂廠有款以應急需，日後江南有械以資防務，與憑空撥協者不同，等語。查湖北槍礮廠不敷經費數目，既經該督聲明，而所稱湖北餉力支絀，未能籌措接濟，亦屬實在情形，自應變通辦理。惟臣部存滬借款爲數無多，實屬未可輕動。現在江南所借瑞記洋款尚有餘存，擬請准如所奏，即由江南所借瑞記洋款内借撥銀六十萬兩，作爲湖北槍礮廠經費，仍由該廠以所造槍礮作價，分四年勻還江南，不得逾限，亦不得以不適於用之槍礮充數。其該廠明年製造數目，據稱，僅就三十餘萬經費核計，只能造槍三千枝、快礮六十尊，一年以後始能出槍七八千枝、快礮一百尊；蓋第一年工匠之藝未熟。第二年論工匠之藝，機器之力，可成此數，等語。是該廠明年工匠尚在技藝未熟之時，自毋庸多撥經費，俟一年以後工匠藝熟，能增出槍礮，再由該督核定應加工料經費，奏明辦理。現在該廠所制快槍，當係小口徑新式兵槍，此項機器馬力幾何，每日能出槍筒拉來復綫後膛幾孔約幾杆，製成後較滬局所製有無區別，較英國南響槍，里斯比槍，德國新毛瑟槍，美國黎意槍，法國新、舊哈乞克司槍，致遠、速率功力若何，該廠所製快礮當係純鋼，較滬局所製有無區別，較英國阿母士莊廠、德國克虜伯廠，致遠、速率功力若何，現購機器馬力能製快礮噸重若干，一月能成若干，應令一併查明詳細聲復。並將該廠爐座、房屋先行繪圖咨送，即所制槍、礮、彈、藥等件，亦應運解督辦軍務處試演，以占利用。其該廠歷年購機、造廠，及廠成後試造槍礮各項工程、器物價值支用銀款，並造成槍礮數目，即照該督原奏，截至今年年底止分案，分款造册報部核辦，毋得遲逾。除湖北鐵政局經費由臣部另摺陳奏外，所有臣等核議湖北槍礮廠借撥經費並請毋庸另設江南槍礮廠緣由，理合恭摺具陳，是否有當，伏乞皇上聖鑒。謹奏，請旨。

光緒二十一年十月十八日奉朱批：依議，欽此。

王樹枏《張文襄公全集》卷一五〇《致柏林許欽差光緒二十二年五月二十九日亥刻發》 十二生快礮有長四十倍口徑者，聞法國近竟加至七十倍，德國亦曾加長否？鄂擬添十二生德國新式最長快礮機。請商力拂，能否就原有各機添配，使年出二十尊，抑須全機另購，需價若干？望速查示洽電。請雇槍礮匠三名，請速訂所造之械，過精細，現無一洋匠，華工技藝不敢深信。豔。

王樹枏《張文襄公全集》卷一五二《致户部光緒二十二年十二月十一日午刻發》 效電悉。湖北槍礮廠機皆新式，工匠熟手又少，多藉洋匠指點，工作方能迅速。本年夏間，洋匠患病多日，旋即告退，續雇三名經許大臣慎選好手，近口始到一名，餘二名明正可到。因此出數較少，年内可成快槍一千餘枝，快礮二十尊，槍彈每月可出二十餘萬顆，惟未裝藥，緣乏經費，未設無煙藥廠，須向外洋購到，方能裝配。先電大略，餘容咨報。真。

王樹枏《張文襄公全集》卷一五二《致俄京許欽差光緒二十三年正月初四日未刻發》 咸電悉。十二生礮機連殼彈機價鉅難籌，不知能就原有之中小銅殼機，及彈機添件兼造，稍省價值否？鄂銅殼廠尚未造十二生礮殼機，無論添件添全機，自是歸併一廠，既合爲一，廠自可稍省。望將此層告知，力拂至彈廠雖已造成，亦須商力拂，設法將大小彈機妥配，使能附爲一處方好。倘彈殼兩機均須全副另添，或改商。每年祇求出十二生快礮六尊，不知可減價若干？祈妥商速復，至感。支。

王樹枏《張文襄公全集》卷一五二《致俄京許欽差光緒二十三年正月初九日亥刻發》 鄂廠添機自造十二生長快礮，必須自煉罐子精鋼，方能勝漲力，且免仰給外洋。請詢著名鋼廠代配，每日煉罐子鋼三頓之機鑪全副，並選薦好手工師來鄂包煉，務合長快礮用。計爐機價若干，造廠約若干，工師薪水約若干，望詳詢示覆。佳。

王樹枏《張文襄公全集》卷一五二《致俄京許欽差光緒二十三年正月初九日寅刻發》 歌電悉。查尊處前年七月箇電云，現需礮位及造礮各料須外買者，均在伊廠購。又洋監工必用德人，免洩造法等語意。謂一二年内需礮，則向伊購。此後即不拘我鄂礮廠如仿伊樣造礮外，買之料向伊購辦，且必用德匠，免洩造法於西人。若將來華匠經德匠教授，自能仿造，或將來鄂廠竟不仿伊樣時，便不拘用何人購何料，尚合情理，故當時電請照允。乃查合同内第六款竟删去現字，直云需礮位云云，然則將來雖他廠新出精礮遠勝克格兩廠者，我亦永不能購耶？似斷無此理。雖不得此樣，亦決不能照辦，務請照鄙意再與訂立，明晰字據，免彼藉口爲要。彼肯允從，即請照定十二生臺快礮樣抵换十生半礮可也。至奏明立案一層，既有明晰字據，將來鄂廠自必照辦，似無庸多此枝節。祈妥商速復至禱。庚。

王樹枏《張文襄公全集》卷四七《槍礮局添廠製造請加撥經費摺光緒二十四年閏三月十一日》 竊光緒二十四年正月十一日，承准軍機大臣字寄，光緒二十三年十二月二十五日奉上諭：據榮禄奏稱，各省煤鐵鑛産以山西河南四川湖南爲最精，請飭籌款設立製造局，漸次擴充，從速開辦，以重軍需等語。自係爲因地制宜起見，原片均著抄給閱看等因。欽此。查原奏内稱：已經設有局廠省分，規模未備，尤宜擴充，自煉鋼以迄造無煙藥彈各項機器，均須實力請求，從速開辦，以重軍需等語。所言皆切中機，宜亟應從速籌辦。查鄂廠所造快槍快礮，爲新式最精之械。若有械無彈有彈無藥，仍屬虛器。故既添設銅殼廠，又須添設無煙藥廠。緣外洋裝配快槍快礮悉用無煙藥，他項洋藥皆不合用。此物斷難仰給外人，又槍管礮身必須精煉之罐子鋼，方足以受無煙藥之漲力。鐵廠所煉之西門馬丁鋼製他器則已稱精良，製槍礮則尚非極致。外洋罐鋼價值十數倍於常鋼，非徒道遠價昂，兼恐有事之秋，諸多窒礙。故精藥精鋼兩端，均必須購機自造。雖物力困絀，終不敢畏難。自沮致槍礮一廠，有不全不備之機。臣於上年，即經飭局員在漢口禮和洋行議訂，向德國格魯森廠添購無煙藥機，每十點鐘能出藥三十三磅，每年約出藥五十噸，其價德銀十三萬六千八百馬克，允減五釐，另加運保等費，每百馬克加十七馬五十分，先付定銀三分之一，餘分兩次，俟貨到給清。現在機器已到上海，上年復與禮和洋行訂購德國名廠煉罐子鋼機器全副，每日能煉罐鋼二三噸，鑄鋼機能鑄塊鋼每塊重二噸，價值運保各費，實價德銀十三萬三千馬克，久已起運，約計四月内亦可到滬，至廠中僅製行營快礮，以備陸戰之用。因經費太絀，故於礮臺之大礮，未經議及。目下外侮日深，長江設防斷不可緩。查十二生新式長快礮，施於沿江礮臺已足禦敵。上年經臣電致出使德國大臣許景澄在力拂廠定購十二生快礮，並架彈等機，實價德銀三十二萬五千馬克，機器四月內可到。以上機器皆屬無款可籌，不得不與洋商婉商墊欠，分期認息歸款，以期及早舉辦。計各種機價，以近日馬克摺算，共欠約銀二十四五萬兩，加以添購大小新式樣礮輾銅板機、拉鋼機、壓鋼機、大汽錘，以及添配最精之鋼模樣板刀具等件，亦約須銀數十萬兩，再加增建廠屋，又約須銀十餘萬兩，其添雇華洋工匠常年製造工料之費，爲數甚鉅，約需銀二三十萬兩。夙夜焦思各款，實無所出。查南北洋各製造局自建廠以來，動撥鉅款，數難枚舉。即如上海製造局每年既撥有二成洋税，七八十萬兩。嗣因添製快槍復蒙户部撥給部借匯豐洋款四十萬兩，俾還洋廠積欠，並加撥常年工作之需二十萬兩，上年二成洋税多至八十四萬兩，合以加撥之數已逾百萬以外。今鄂省購機建廠等費，皆係外籌，未請部撥。溯查光緒十七年，臣曾奏明槍礮廠經費每年本須七十五六萬兩，若每年先造一半，約需銀四十萬兩。現在鄂省所造槍礮子彈較津局既逾數倍，較滬局亦復加多，近又添造無煙藥、添煉罐子鋼、添造礮臺所用十二生大快礮，功用益廣，而常年經費僅止土藥税銀二十萬兩，川淮鹽江防加價十六七萬兩，僅及滬局三分之一。且尚不及原估之半，似乎偏枯過甚。近日土藥商人多挂洋旗，收數異常短絀，川淮加價能否照常抽收，尚須與税司商辦。目前情形岌岌難支，儻援滬局之案，每年請款百餘萬，今日時勢亦知爲難。再四思維，惟有速請加撥常年專款銀四十萬兩，撥足原估七十五六萬兩之數，俾臣得以應急濟用，分年將購造機廠之費，劃撥還清以後，即統作爲槍礮廠新增常年經費。庶可增料添工，舊有各廠得盡機器之力，新增各廠早收美備之功，而較之滬局百餘萬之數，仍不過三分之二。查華洋商輪近准行駛内河，由關收税以後，各海關洋税收數必有起色。如撥此項的款四十萬兩，尚不爲難，合無仰懇天恩，俯念時勢艱危，武備最急，湖北槍礮廠擴充製造需款孔殷。近日奉撥槍礮爲數甚多，實難支持，造成槍礮並非湖北一省所用，事關全局，且滬局鄂局理無二致，必蒙朝廷一視同仁，可否准於江漢關洋税項下，每年撥銀十萬兩。另在洋税暢旺之海關分撥銀三十萬兩，共銀四十萬兩，以爲添廠製造常年經費。適符原估七十五六萬兩之數，俾軍實要需得以多爲籌備。

王樹枏《張文襄公全集》卷四七《查明槍礮廠用款咨部立案摺光緒二十四年閏三月十三日》 竊照湖北漢陽槍礮局廠，前經臣在廣東購定機器，移置湖北安設，改換添購機器，增建廠屋，及開機製造各情形，均經隨時奏報各在案。所有該局收支款，目前請截至光緒二十一年底止，將用款劃清咨報。因外洋購辦機器物料各件多有墊欠，牽搭且多，與鐵廠所購之件，所計之工，諸多交涉，猝難劃分。現經督飭委員悉心句稽，將購機建廠開工試造一切用款，截至二十三年底止，開單報部，分清界限，以後得以按年造報，有條不紊。溯自光緒十六年開辦以來，歷年收過奏定該廠常年經費之宜昌土藥税，川淮鹽江防加價兩項專款，及陸續籌捐籌借墊撥等項，共實收庫平銀三百六十七萬三千六百七十八兩四錢零，均經隨時奏報在案。除遵照奏案，撥濟鐵政局庫平銀一百五十六萬四千六百二十二兩六錢零，應俟商局歸還官本，收回時再行核計外，槍礮局實收庫平銀二百一十萬九千五十五兩有奇。所有建造廠屋購買機器各件價值暨運保費，購買物料價值暨運保費，委員司事華洋工匠藝徒薪工等費雜項經費，造輾廠經費，及造輾物料價各項，除廣東付還機價，共淨價德金一百五十六萬八千四百五十八馬克零二分。俟咨查廣東當日摺合馬克時價銀數再行補報外，共實用庫平銀二百一十萬九百三十四兩七錢零，餘存庫平銀八千一百二十一兩三分八釐。已湊匯使署代購碾銅板機，及十二生快礮，全機價不敷尚鉅，其訂購之無煙藥、罐子鋼等項機器，用款均係商明洋商墊借，應付分年給息還清，應歸於二十四年以後，分案辦理。

中國第一歷史檔案館等《中國近代兵器工業檔案史料》第一册《張之洞奏請加撥湖北槍礮局經費片光緒二十四年八月初八日》 再，臣於本年春間，因湖北槍礮局經費不敷，奏請加撥常年經費銀四十萬兩，部議准由江漢關洋税項下，就近每年加撥銀十萬兩，以爲鄂省槍礮廠常年經費之用，如再不敷，應令該督查照前奏，由該省自行妥籌等因，奉旨依議，欽此。

惟查鄂廠添購無烟藥機、煉罐子鋼機暨十二生快礮併架、彈等機，及大小新式樣礮、壓鋼各機，汽錘、鋼模、樣板、刀具各件，其價甚鉅；現正購地添建各廠，需費愈繁；加以添雇華、洋工匠，常年製造之費尤屬不貲。以上各項均在槍礮廠製造常年費用之外。從前奏撥槍礮廠常年經費，歲收約僅三十六七萬兩，近年土税短絀，宜昌鹽釐抵還洋款，各省撥補之項能收若干實未可必，焦急殊深。茲部議僅准由江漢關每年加撥銀十萬兩，不敷仍鉅。現在舊廠製造日多，新廠添建難緩，經費萬分支絀，待用孔殷，雖部議令臣自行妥籌，無如鄂省財力殫竭，羅掘無從。再四籌思，擬清於宜昌關洋税項下每年加撥銀五萬兩，由該關設法騰挪籌措，決不於應解各款稍有妨礙。如蒙俞允，俾該廠新購鋼、藥、大礮各機得早陸續安設，分別製造，實於武備有裨。

謹附片具陳，伏祈聖鑒。謹奏。

光緒二十四年八月二十九日奉朱批：户部議奏。欽此。

中國第一歷史檔案館等《中國近代兵器工業檔案史料》第一册《户部奏擬由宜昌關洋税項下每年加撥銀五萬兩以爲湖北槍礮廠經費片光緒二十四年九月二十二日》　再，據湖廣總督張之洞片奏内稱：本年春間，因湖北槍礮局經費不敷，奏請加撥常年經費四十萬兩，部議准由江漢關洋税項下就近加撥銀十萬兩等因。查鄂廠添購無烟藥機、煉罐子鋼機及十二生快礮併架、彈等機，及大小新式樣礮、壓鋼各機，其價甚鉅；現正購地添建各廠，需費愈繁；加以添雇華洋工匠，常年製造之費尤屬不貲。以上各項均在槍礮廠製造常年費用之外。從前奏撥槍礮廠常年經費，歲收約僅三十六七萬兩，近年土税短絀，宜昌鹽釐抵還洋款，各省撥補之項能收若干實未可必，部議僅准由江漢關每年加撥銀十萬兩，不敷仍鉅。再四籌思，擬請於宜昌關洋税項下每年加撥銀五萬兩，由該關設法騰挪籌措，決不於應解各款稍有妨礙等因。光緒二十四年八月二十九日奉朱批，户部議奏，欽此，欽遵由内閣抄出到部。

臣等伏查湖北槍礮廠經費，每年約需銀三十六七萬兩，向由本省土税及宜昌鹽釐項下開支。本年五月間，該督因經費不敷，奏請加撥四十萬兩，當經臣部議由江漢關洋税項下撥給銀十萬兩，以資應用，奏准行知在案。茲復據該督奏稱，加撥銀十萬兩不敷仍鉅，請再由宜昌關洋税項下撥銀五萬兩等因。現查宜昌關洋税截至一百五十一結止，除開支外尚有餘存，均應照案解部。該督請在該關加撥銀五萬兩，於應行解部之款殊有妨礙，臣部原難照准，第原奏内聲明，該廠需費不貲，宜昌鹽釐撥補之項，能收若干實未可必，所慮亦屬實情，自應早爲籌及，以免臨時不敷。臣等公同商酌，擬令該督按照本年撥補宜昌鹽釐之數，查明各省如果一年期滿尚解不足數，即由宜昌關洋税項下加撥銀五萬兩，以爲槍礮廠經費之用；如撥補鹽釐之項各(各)省按年解足，仍將加撥宜昌關洋税銀兩存儲解部，不准動用，以示限制。

再，該廠屢次添撥經費，究竟每年能制槍礮若干，分撥外省若干，留用本省若干，應令查照前奏詳細聲叙，俾昭核實而免虚糜。

理合附片陳明，伏祈聖鑒。謹奏。

光緒二十四年九月二十二日奉朱批：依議，欽此。

王樹枏《張文襄公全集》卷一五九《致榮中堂光緒二十五年十二月三十日酉刻發》　勘電祗悉。查湖北漢陽槍礮廠自明年起，每年可出槍七千枝，彈三百五十萬顆，過山快礮一百尊，礮彈五萬顆。惟查快槍快礮定式，每一快槍須配彈一千顆，每一快礮亦須配彈一千顆，方爲足用。合計須快槍彈七百萬顆，快礮彈十萬顆。今鄂廠因經費支絀，造槍彈之機器止能造至此數。即添設配彈機，而每年多造三百五十萬。鋼、鐵、銅、鉛、鎳、格、無煙藥各種工料，增加甚多，所需甚鉅。快礮彈及銅殼碰火各機，若每年造至十萬顆，所差尚不甚遠，而銅殼、碰火、無煙藥各種工料所增亦鉅。至快槍，又須配齊刀頭、皮背帶、皮腰帶、皮彈盒等。快礮又須配齊礮架及西式馱礮、馱彈藥馬鞍，裝彈藥箱，照定法若干件，每一礮至少須馬鞍十具，彈藥箱十四箇，色色均須齊全，有一不備，或配不足數，即不得爲一槍一礮。鄂廠經費極絀，現已難支，若再添機添工添料，尤苦無措。竊思今日以練兵爲第一要政，練兵尤以製械爲第一先著。兵可一年練成，械不能數年造足。鄂廠製造軍械本爲供京外各省軍營之需，至中堂所統武衛中軍尤爲重要，若再擴充添製，則鉅款無出。户部支絀，派撥湖北之要餉洋款不敷太多，實難籌措。現在自應聽候調用。惟端緒繁重，製作精微，若不多造配全，則不能利用。竊擬有專爲鄂省槍礮廠籌款一法，日内即具摺奏陳，伏望中堂主持。免致户部挑駁，則中堂振興武備功在大局，感激佩仰，豈可言喻。謹先電覆，敬候均示。艷。

王樹枏《張文襄公全集》卷五一《密陳槍礮廠情形片光緒二十六年十月十八日》

再，查湖北槍礮廠常年經費不及滬局之半，極形支絀。歷年添設罐鋼無煙藥等廠，均係輾轉借墊，積欠甚鉅。其製造快槍彈、快礮彈、各銅殼、碰火機器、裝藥機器，均以無款未能增添。雖晝夜併工，所出子彈不能敷所製槍礮之用。此項小口快槍及快礮，本應均用無煙藥。因經費久竭，物料不能豫儲，近日廠甫造成，向外洋訂購藥料，尚難運到，是以一時未能開造兩種無煙藥。五月後，外洋禁售，設法勉向滬局商購萬餘磅，密運來鄂，加工趕造槍彈。旋經滬局以留備自用，不能再售。入夏以來，撥解神機營、虎神營、武衛先鋒左軍提督張春發軍及山西撫臣錫良軍、鄂省所派北上方友升軍爲數已及一百六十餘萬之多。且即製有彈殼，而一一裝藥，料安底火，機器既少，徒恃人工亦苦趕辦不及。以致湖北本省各防營所發快槍均乏藥彈，萬一有事，各營均同徒手，萬分焦急。加以山西撫臣錫良電催續撥錫軍、方軍槍彈，河南撫臣于蔭霖又撥解豫軍槍礮彈數均甚鉅。臣乃督飭員弁匠目，多方思索考究，將槍彈改裝洋製黑藥。而黑藥初試放時，動輒挂膛阻塞。兩月有餘，乃思得其法。去其彈頭鋼皮，於銅殼內加墊蠟餅，並將鉛箭改小一絲，藥力加增，放時始無滯塞。屢經臣親加考校，其擊力遠近所差尚不甚遠。故此次所解槍彈，以無煙藥及洋製黑藥分半搭配，勉應目前之急。此係外洋購來黑藥，及鄂省新仿西式精造黑藥，方能合用。若尋常土造黑藥，仍不能用。惟長江時有外國兵船游弋，屢次聲言斷我接濟，加以湘鄂兩省富有票匪蔓延甚廣，防不勝防。所有各營槍礮，必須趕緊配足藥彈，方足以資操練而假不虞。近日情形日緊，本月初七日，上海領事并禁各洋行將製造軍火之物料出售。此後製槍礮彈殼之上等洋銅，製槍礮機簧零件之上等洋鋼，槍彈頭之洋鋼皮，製槍彈夾之洋鋼片，均屬無從購覓。惟有儘現有物料製造應用，再解赴。北路之軍械最爲洋人所忌，各國水師提督領事嘖有煩言。現係作爲解赴襄陽防營軍火，先行密運至襄存儲，再委員由襄解陝。所有彈藥艱難，及物料缺乏，並密儲轉運情形，謹附片密陳，伏祈聖鑒。

王樹枏《張文襄公全集》卷二八五《致武昌端署制台光緒二十八年十一月十七日亥刻發》 漢陽槍礮廠新添四廠，應購各項機器，前經估值四萬餘金，已札飭槍礮局，在滇、黔、山西等省購用鄂廠槍礮價内撥給。礮廠每月可出礮十尊，惟礮架只能造六七具。因礮架廠兼須借以修理各件之故，有此修理廠則礮架廠可專供造架之用。不至因修理他件，占去工夫，每年便可出連架之礮一百尊矣。故此項添置機器關繫緊要，務祈飭催該廠迅速向有名洋廠定購，限期運鄂，早到早裝。將來有須添配仿製機器，便可自造，利用無窮，勿任因循延誤，至禱。篠。

中國第一歷史檔案館等《中國近代兵器工業檔案史料》第一册《周林呈湖北槍礮鋼藥兩廠常年經費進款約數清摺光緒二十八年至二十九年》 計開：一、宜昌土藥正税每年約收銀二十萬兩，一、宜昌土藥過境税每年約收銀一十二萬兩，一、宜昌川鹽釐每年約收銀一十萬兩，一、宜昌關洋税每年收銀五萬兩，一、江漢關洋税每年收銀一十萬兩，一、漢口淮鹽釐每年約收銀六萬兩，一、北路土藥税每年約收銀三萬兩，一、米谷釐金每年約收錢二十萬千文。以上每年約共收銀六十五萬兩，錢二十萬千文。

中國第一歷史檔案館等《中國近代兵器工業檔案史料》第一册《趙爾巽奏請報銷購買湖北槍礮廠槍彈費用片光緒二十九年閏五月二十一日》 再，湖南省前於光緒二十八年十二月間，因粵西匪氛不靖，辦理邊防需用槍械，局存無幾，不敷給發，經前撫臣俞廉三電商兼署湖廣督臣端方，飭局代造小口徑洋槍一千杆，每杆配子一千顆，計子彈一百萬顆，又小口徑操子五千顆，業於本年正二月間，由局將代辦前項槍彈陸續運解來湘，經前撫臣俞廉三飭局照數檢收在案。

茲據總理湖南善後局各司道等詳稱：查湖北槍礮局定章，小口徑毛瑟槍一杆配子千顆，需庫平銀六十六兩，計湘省購辦槍一千杆、子彈一百萬顆，本應需庫平銀六萬六千兩，經兼督臣端方以湘鄂一家，允照常價減讓一成，實需庫平銀五萬九千四百兩。小口徑操子每千顆價值庫平銀二十七兩，前購五千顆需庫平銀一百三十五兩。嗣因操子無多，復添購小口徑操子十萬顆，以備操練之用，經該局復稱，現在價值稍減，每千顆需庫平銀二十四兩，計購十萬顆需庫平銀二千四百兩。綜計前項槍械、彈子，共需價值庫平銀六萬一千九百三十五兩。前後運費、盤費、電報費總共用庫平銀一千六百三十六兩零。擬請在於光緒六年暨十年裁減各局薪糧節省項下動支造報等情，詳請奏咨前來。奴才覆核無異。除咨户、兵二部查照外，謹附片具奏，伏乞聖鑒，敕部核覆施行。謹奏。

（朱批）：該部知道。

中國第一歷史檔案館等《中國近代兵器工業檔案史料》第一册《湖北槍礮局呈歷年奉撥解付槍礮子彈數目清摺約光緒二十九年》 謹將槍礮局歷年奉撥督辦軍務處、練兵處、神機營、虎神營、武衛軍、雲南等處槍、礮、子彈開單，恭呈憲鑒。

計開：

光緒二十二年分起至二十三年分止。一、解呈督辦軍務處槍礮等件。内計：小口徑毛瑟快槍一十枝，小口徑毛瑟槍彈二千一百顆，裝槍彈銅袋四百二十個，三生七格魯森鋼快礮一尊（現已停造），三生七格魯森礮鐵包木輪鋼礮架一副，三生七格魯森實心彈八十顆，三生七格魯森鋼質彈二十顆，三生七銅彈殼一百個。（前件均於二十二年六月解京。）一、解呈神機營槍礮等件。内計：小口徑毛瑟快槍一千枝，小口徑毛瑟槍彈一十萬顆，裝槍彈銅袋二萬個，試驗槍架一副，三生七格魯森鋼快礮一十二尊，三生七格魯森礮鐵包木輪鋼礮架一十二副，三生七格魯森實心彈六百顆，三生七格魯森開花彈六百顆，三生七銅彈殼一千二百個，三生七銅碰頭六百個，裝礮彈器具一副。（前件均於二十三年十月解京。）

光緒二十四年分。一、解呈京師練兵處槍礮等件。内計：小口徑毛瑟快槍一千枝，小口徑毛瑟槍彈一十萬顆，裝槍彈銅袋二萬個，三生七格魯森快礮一十二尊，三生七格魯森礮鐵包木輪鋼礮架一十二副，三生七格魯森開花彈一千二百顆，三生七銅碰火一千二百枚，三生七銅殼一千二百個，試槍鐵架一副，裝礮彈器具一副。（前件均於二十四年七月解京。）一、解武衛後軍槍礮等件。内計：小口徑毛瑟快槍一千枝，小口徑毛瑟槍彈二十萬顆，裝槍彈銅袋四萬個，三生七格魯森快礮一十二尊，三生七格魯森礮鐵包木輪鋼礮架一十二副，三生七格魯森開花彈一千二百顆，三生七銅碰火一千二百枚，三生七銅殼一千二百個，裝礮彈器具一副。（前件均於二十四年七月解京。）

光緒二十五年分。一、解京師武衛中軍考驗槍彈等件。内計：快槍三十枝，槍子五千顆，裝槍彈銅袋一千個。（前件均於二十五年十月解京。）

光緒二十六年分。一、解呈陝西行在槍礮等件。内計：快槍三千枝，槍子一百萬零零三千顆，三生七快礮一十六尊，三生七礮架一十六副，前膛鋼車礮二十尊，前膛鋼車礮架二十副，三生七開花彈四千八百顆，三生七銅碰火四千八百枚，三生七礮彈所用銅殼一千六百個，生鐵圓礮彈四千顆（計裝四十箱），青鉛群子彈四十箱（每箱裝五十個計二千個）。（前件均於二十六年八月解呈。）一、撥解神機營槍彈。内計：槍子二千萬顆。（前件於二十六年七月解京。）一、撥解虎神營槍彈。内計：槍子二十萬顆。（前件於二十六年七月解京。）一、撥解京師武衛中軍礮彈等件。内計：三生七開花彈一千二百顆，三生七銅碰火一千二百枚，三生七礮彈所用銅殼一千二百個。（前件均於二十六年七月解京。）一、撥付武衛先鋒左軍張軍門槍械等件。内計：快槍二千枝，槍子七十一萬一千五百顆。（前件於二十六年三、六、七等月付。）

光緒二十九年分。一、協濟雲南快礮等件。内計：五生七過山快礮六尊（現專造此礮），五生七開花彈九千顆。（前件於二十九年閏五月撥付。）以上共撥付三生七快礮五十三尊、礮彈三千七百顆，又撥付五生七過山快礮六尊、礮彈三千顆，又撥付前膛鋼車礮二十尊、生鐵彈四千顆、青鉛群子彈四十箱（前瞠礮係因亟需趕造，久已未造，合並陳明）。

沈冕士等《端忠敏公奏稿》卷三《槍礮局廠情形片光緒三十年正月》　再，湖北槍礮局在漢陽所設之槍、礮、鋼、藥四大廠，製造日多，用費日增。原撥常年經費不敷甚鉅。各省需用鄂廠槍礮，前經本任督臣張之洞奏准，比照外洋價值，減二成收價，藉資周轉。近來各省紛紛向鄂廠訂購小口徑快槍及藥彈等件，迭經臣飭該廠開足機力，加工趕造，所造快槍從前每日只出十餘枝，近則由十餘枝加至三十枝，又由三十枝遞加至五十枝。槍彈由數千顆遞加至一萬二千顆。所造快礮從前每年只出六十餘尊，近亦遞加至九十餘尊。開花彈由五萬餘顆，加至六萬餘顆。又增購槍彈機器，及添造鋼藥兩廠，儲水樓、壓鋼、拉鋼等廠，訂購烘鋼爐、抽水機等件，總期不惜工貲，日求進步，誠以製造一項，不獨新理日闢月異，歲殊即就。舊有之法勤加攷求，亦自能日底於精，就良去窳。其大要不外資本充足，考核周詳，資本足則添改機器無牽掣之虞，考核詳則配備工料有争新之望。鄂廠經營累歲，雖經在事各員殫精擘畫，著有微效，而仍不敢自信能與外洋争衡者，實由經費短絀不敷展布。又因各省訂購較多，欲藉此項價值撥補經費，不得不加工趕製，以相應付，致考究之功稍少進步，亦因以稍緩。現在時事孔亟，部臣撥款維艱，惟有暫就現有之常年經費，及各省兑付之減成價值，騰挪應急，勉强支持。一面督飭局廠員工將快槍快礮等件，隨時考究，精益求精，務令所造槍礮藥彈精堅快利，速率取準，與外洋所造無異。俟有實在成效，届時再懇天恩□准將在局尤爲出力之人員擇尤奏保數員，以示鼓勵。謹附片具陳，伏祈聖鑒。謹奏。

《申報》光緒三十一年正月十九日第三版《鄂廠槍砲定價》　鄂督張宫保(資)〔咨〕行各省略謂：據湖北漢陽槍砲廠稟稱，本省就近籌款製造新式槍砲彈藥等項工程，極爲浩大，奏撥經費無多，而各省待撥不能不極力製造。因借華洋商號各款應用，先後借墊，尚未還清。近年迭解京營及湘、陝、豫、皖、滇、黔、桂各省俱稱合用。惟料價日見增高，而製造各件成本亦因之較重。然視外洋各廠價實甚廉，似宜酌中定價，以應各省採購。所定銀兩均歸庫，庫平色作算。徑解本廠兑收。稟請分咨各省，以昭劃一等情。除批迭年以來，分建廠屋、增購機器、採購料物、招用洋匠華工、製造新式快槍快砲彈藥等項，日益周備。惟工程極爲浩大，用款極爲竭蹶，所有奏撥經費無多，不敷甚鉅，不得不借華洋商號各款應用，先後借墊目前尚未還清。是鄂廠工鉅費艱勘，非一省之力所能支。各省取給於鄂廠，又不能不極力製造，以備要需，必須各省照數撥給價銀，方足以資周轉，而充軍實。前經奏明各省及各路軍營取用鄂廠槍砲，應照外洋現時價值，酌減二成，給價撥付。奉旨允准，欽遵有案。自應將一切軍械各價一體咨明，各省以備付價撥用。兹據將查開各項價目，均照外洋酌減二三成等，應即咨明各省立案，照價購撥，以昭劃一，繳印發外，咨行查照辦理云云。計開：毛瑟小口徑七密里九步槍一枝，零件全合，庫平銀二十四兩。馬槍二十二兩鎗彈，每百顆四兩二錢。五生七格魯森二十倍口徑，過山快砲一尊，零件全合，庫平銀一千一百一十兩，配砲架加一千一百兩，砲彈配全，碰火底火無烟炸藥，每出三兩，銅殼每枚四兩。

中國第一歷史檔案館等《中國近代兵器工業檔案史料》第一册《練兵處奏議金陵機器局湖北兵工廠不足之處應行設法改進摺光緒三十一年七月初五日》奏爲遵旨議覆，恭摺仰祈聖鑒事。前准軍機處鈔交兵部左侍郎鐵奏查明江、鄂兩省製造等局情形一片，奉旨練兵處議奏，欽此。

查江、鄂兩省製造等局，經該侍郎親歷查勘，所陳考驗情形極力周備。臣等復加詳核。如原奏内稱：金陵機器製造局專造老毛瑟槍子彈，間造三生七至七生六口徑各礮，該局規模甚小，且機器亦老，工藝未精等語。此時槍礮諸制日新月異，該局機器尚沿舊式，工藝復未能講求，所出槍礮斷難合新軍之用，應令擇留工匠，酌加工資，認真考核，專造槍彈，借供附近軍隊之用，其餘各件即行停造，以節糜費。並令擇製造槍礮工匠内技藝較優者，分撥滬、鄂兩局充匠，勿任散去。現在湘東廠基業經勘定，將來應如何歸併，俟新廠開辦時再行酌核辦理。

又原奏内稱：金陵軍械所房屋不甚堅固，地復卑濕，該管各員又多漫不經意，致所存子彈等項半多銹澀，局務廢弛殊甚，業由前署督臣端方將該局總辦分别撤委，遴員接管等語。查子彈爲兵隊要需，該所乃軍儲重地，在局各員竟漫不經意，致有銹澀情形，貽誤殊非淺鮮，自非認真懲辦無以儆戒將來。應請飭下兩江總督，查明各該員在局久暫，分别參處；並將房屋修改如式，督飭接管各員加意保存，以昭慎重。

又原奏内稱：湖北兵工廠在漢陽府城外地方，内分槍、礮等廠，此外又有赫山(銅)〔鋼〕藥兩廠，規模宏敞，所造軍械亦尚適用。惟購料、驗工多欠講求，致稍有疵累之處，如槍枝機件、礮身鋼質、礮彈銅殼均未悉臻美善；又擊射未能及靶，由於火藥速率過小等語。查槍學、礮學備極精微，不得不悉心研究。應請飭下湖廣總督，按照所指各節，督率廠員設法改良，力求精進；並將現制槍、礮、彈、藥等件，隨時派員賫送臣處逐一考察，加以實驗，以期盡美盡善，仰副聖主慎重軍儲之至意。

所有遵旨議覆緣由，謹繕摺具陳，伏(乞)〔乞〕皇太后、皇上聖鑒訓示。再，此摺係議覆鐵原奏，是以未列銜，合並聲明。謹奏。

光緒三十一年七月初五日奏，本日奉旨：依議，欽此。

中國第一歷史檔案館等《中國近代兵器工業檔案史料》第一册《陸汝成爲送保中威遠定遠三種快槍尺寸圖並請發交湖北槍礮局仿製考驗事呈外務部之稟文光緒三十三年四月二十六日》敬稟者：竊去年七月製成保中快槍一杆，映照圖片稟請試驗。蒙十月二十四日鈞札内開：陸軍部咨復，查軍械一項。日新月異，果能於外洋諸式外，自出新意，造成利器，於戎備殊屬有裨。惟所呈圖形，凡槍之口徑、速率、射距以及子藥重量等，均未列表詳陳，其槍果否合用，無憑考核。應即飭令將所製保中快槍親身携帶來部，以憑核驗等因。

汝成去年八月初三日，遇颶風覆舟，衣物及保中快槍沉失，被傷腰際。本欲稍愈即行再製一杆親帶前來，惟近日傷處未愈，不能行動。伏思今日練兵之際，急需軍械，且外洋日新月異，是以先行恭呈保中、威遠、定遠三種快槍尺寸全圖並圖説，將槍之口徑、速率、射距、子藥重量，列表詳陳。該槍係遵張香帥議定小口徑通用無烟彈子，必須配用現成槍身，則在湖北槍(礮)局仿製，比别處局易造工。伏乞王爺、中堂、大人恩咨送陸軍部，發交湖北槍局，按圖每種仿製一杆。尚不能使用，汝成甘願處分。若製成之後考較核驗如果合用，即令各省仿製，以爲練兵利用。兹謹將保中、威遠、定遠快槍尺寸全圖三幅、圖説三摺進呈。如蒙鈞諭，飭由郵政寄廣東南海縣江浦司，汝成便得祗領。

中國第一歷史檔案館等《中國近代兵器工業檔案史料》第一册《外務部爲移送陸汝成進呈之保中威遠定遠三種快槍圖説並請發交湖北槍礮局仿製事致陸軍部之咨文光緒三十三年五月二十一日》兹據該員稟復稱，去年八月初三日，遇颶風覆舟，衣物及保中快槍沉失，被傷腰際。本欲稍愈即行再製一杆親帶前來，惟近日傷處未愈，不能行動，是以先行恭呈保中暨續行研究出之威遠、定遠三種快槍圖説，將槍子口徑、速率、射距、子藥重量，列表詳陳，乞咨送陸軍部，發交湖北槍(礮)局，按圖每種仿製一杆。如果合用，即令各省仿製等因，並將保中、威遠、定遠快槍尺寸圖説。呈送前來。

王樹枏《張文襄公全集》卷一九〇《致柏林李郎中維格使署轉交光緒三十年七月三十日寅刻發》儉電悉。槍口徑究以若干密里爲最合度？無煙藥究以如何配合，爲最得用？務望將西人考究之新理，法西國現行之實在情形，詳細電告。所有電報費示知，即日照數匯寄，萬勿惜費。因鐵寶臣星使良正來江楚，考察製造槍礮事，該員想亦聞知。必須早得確音，胸有成算，方能與鐵星使面商，庶免誤事。若俟該員回國面陳，則早經定局，木已成舟矣。豈能久待？希迅速電復。黜。

中國第一歷史檔案館等《中國近代兵器工業檔案史料》第一册《陸軍部爲通行各省購買湖北兵工廠所出之槍械事致軍機處之咨文光緒三十三年十月二十三日》 練兵之要，製械爲先。各國槍礮廠資本雄厚，合通國之力經畫考求，故所製之械愈出愈新，愈新愈利。近年以來，各省軍隊所用新式槍礮，多係購自外洋，原屬權宜之舉。查湖北漢陽一廠，獨力興辦，經營有年，規模成立，但使銷售日廣，可期製造日精，亟應協力維持，以保利權，而重軍備。現在該廠所造快槍，存儲尚多，其命中擊遠，以視各國工廠所出新槍雖難驟及，而較各省現購外洋舊槍實爲適用。嗣後各省購買槍械，除模範新軍其器械務求格外精良及事變急需可暫由外洋添購外，其餘添練陸軍及巡防操練所用，應先盡漢陽槍礮廠所出之械，源源購置或赴廠訂製，均依期付價，俾得以時擴充。所有各省營隊購回槍械，均得實行考驗，儻有未盡合宜之處，可逐件指明，呈由該管將軍、督撫，咨照湖廣總督飭廠考求改制，力圖精進，庶集思廣益，衆擎易舉，將來製造發達，於中國軍備裨益非淺。

除由本部隨時派員考查外，相應通行各省查照辦理可也。

俞陸雲《庸菴尚書奏議》卷九《兵工鋼藥兩廠請撥款接濟摺光緒三十四年六月二十四日》 奏爲湖北省兵工鋼藥兩廠，經費短絀，勢難支持，請撥常年大宗的款，以資接濟，恭摺仰祈聖鑒事。竊查鄂省製造局廠有關武備者，一曰兵工廠，一曰鋼藥廠。兵工廠舊名槍礮廠，專造各種快槍快礮、前膛鋼礮兼及槍彈礮架、礮彈銅殼等項。鋼藥廠專造罐鋼、無煙藥、硝磺、醋精各强水兼及拉鋼壓鋼等項。以上兩廠經升任督臣張之洞經管締造十有餘年，逐漸擴充，規模卓著。綜計自開機製造以來，共造成步馬快槍十一萬餘枝，槍彈四千數百萬顆，各種快礮七百四十餘尊，前膛鋼礮一百二十餘尊，各種開花礮彈六十三萬餘顆，前膛礮彈六萬餘顆，槍礮器具、各種鋼胚四十四萬六千餘磅，無煙槍礮藥二十七萬餘磅，硝强水二百數十萬磅。除撥解京師暨本省各軍營以及各省撥購外，所存軍械彈藥爲數尚夥。臣到鄂後，自覩其制度宏闊，成效昭然，竊歎爲各行省所未有。惟查該兩廠經費由歷年奏准動撥者，本有宜昌土藥正税銀二十萬兩，川淮鹽江防加價銀約十六萬兩，江漢關洋税銀十萬兩，宜昌關洋税銀五萬兩。由本省就地自籌者，又有土藥過境銀每年約十餘萬至二十餘萬兩不等，米穀釐金銀每年約十餘萬至二十萬不等。統計常年款項將及百萬，平時猶以造多用宏，恒患不敷，

或暫時息借商款，或收回各省購價，設法騰挪，藉資周轉。乃自光緒三十二年土膏改爲統捐，遽將土藥過境一律停解，而米穀釐金又復連年荒歉，時免時收，歲僅得銀七八萬兩，每年驟短進款數十萬兩，張之洞不得已飭將快礮礮架礮彈罐鋼等廠一律停工。嗣又將快槍、槍彈、無煙藥等廠量加裁減，力求節縮。兩年以來，賴有購存物料，得以勉强支持，無如竭蹶，情形日甚一日，按之現在辦法，兩廠歲造快槍九千支槍，彈七百萬顆，礮彈之底火三萬枚，銅殼二萬枚，無煙藥四萬磅，硝强水四十餘萬磅，工料兩項亦需銀八十萬兩，共添建廠屋，更置機鑪，續購一切機件，尚不在内，而有著之收款，僅有川淮鹽斤加價，漢宜兩關洋税，米穀釐金，全年約收不過四十萬兩。即使格外撙節，尚須添撥的款四十萬兩，本省善後局常年開支歲虧已逾百萬，更無餘力兼顧。若不綢繆未雨，瞬將停工待款，坐隳已就之全功。據布政使李岷琛會同兵工鋼藥廠善後局司道，會詳請奏前來。臣復查，湖北兵工鋼藥兩廠竭十數年之心思財力，乃克勉成此局。平日所製械藥不獨供本省之取求，即如上年廣西邊防，本年雲南軍務，皆曾以大批軍械分撥解濟在案。目前南北兩省廠既未設立，僅此鄂省一廠辦有成效，外人之游歷來鄂者，無不前赴該兩廠詳細考察，可知軍械爲彼族所注重，豈容不設法保全。惟本省財政十分困難，縱使百計搜羅，亦苦點金無術，伏查各省有關軍需之工廠，如上海製造局，福州船廠，北洋呢革廠，或歲撥二成洋税，或請部撥的款爲數甚鉅。合無仰懇天恩，俯念鄂廠經費短絀，勢實難支，准予飭下陸軍部度支部籌撥常年大宗的款，俾得源源製造，以免輟廢。臣亦知部臣籌款同一艱難，第念事關軍實，非中外協力維持，不足以支全局而杜漏卮。將伯之呼，計非得已，諒在聖明洞鑒之中，無任惶悚迫切之至，所有請撥湖北省兵工鋼藥兩廠的款緣由，理合恭摺瀝陳，伏乞皇太后、皇上聖鑒訓示，謹奏。

中國第一歷史檔案館等《中國近代兵器工業檔案史料》第一册《陳夔龍奏收到給予湖北兵工鋼藥兩廠之撥款銀十萬兩片光緒三十四年七月》 再，前准陸軍部咨，會同度支部議覆臣奏湖北兵工、鋼藥兩廠經費短絀，勢難支持，請撥常年大宗的款，以資接濟一摺，於光緒三十四年七月二十一日具奏，本日奉旨依議，欽此。原奏内稱撥宜昌關洋税銀十萬兩等因，當經轉飭遵辦去後。

旋經前署湖北荆宜道宜昌關監督黄祖徽，在於宜昌關征存洋税項下，先後提撥庫平銀共十萬兩，委解赴湖北善後局交收，以應要需。據善後局司道申報收訖前來，臣覆核無異。

除咨明陸軍部、度支部外，理合附片具陳，伏祈聖鑒。謹奏。

中國第一歷史檔案館等《中國近代兵器工業檔案史料》第一册《陸軍部擬定湖北兵工鋼藥兩廠應妥籌各條致湖廣總督陳夔龍之咨文光緒三十四年十月》

湖北兵工、鋼藥兩廠內應擇要妥籌各條，開列如左：

一、改造槍礮口徑、式樣。查該廠槍機，原係仿造七十一年及七十五年式，嗣改爲仿造八十八年式，其口徑大小前後亦未能一律；該廠礮機，能造三生的七至十二生的口徑，但因款項不敷，礮已停造。現時該廠重加整理，槍枝一項自應按照奏定六密里八口徑仿造；礮位一項如再行開機，亦應按照奏定七生五管退山、陸各礮仿造。惟其原用各機均有應行修改之處，究竟須若干時能將原機改成仿造六密里八槍機，既改以後每日能出槍若干枝，槍機以外尚有若干機能仿造七生五管退山、陸各礮，並能歲出礮若干尊，其或不能修改者尚有若干機能否化爲他用，均應查核詳擬。其餘製造附屬各品機件，亦應分別能否修改各項，以便一並詳擬辦法。又各項機器必須預爲計畫，如發總力機應先布置得宜。聞鄂廠布置此機器房與鍋爐房皆距離甚遠。其弊有二：一汽管引長，其汽力必至減輕，須加多燒料方能補其遠力；一汽管露天，遇汽冷時令必至縮減，又須加多燒料方能補其熱力。二者均多縻費。又如車光槍管機及鑽槍管眼機並拉來復綫機三者，均須勻配如一，其出槍方能有准定數目。倘如車光槍管機每日能出槍五十枝，而鑽槍管眼機每日只能出四十五枝，其拉來復綫機每日只能出四十枝，其製出之槍雖日每日能出五十枝，其實此一機爲彼二機所牽涉，並不能出五十枝，則每年所出之數不能取準。其餘如槍礮各分件，必有比模，方能畫一。裝子藥、較重量、槍子銅殼收口、望牌表尺銅焊，並製砂紙、砂布及一切零星雜件，均須各有各項機器，方能完善。鄂廠於以上各項，或有舊機無新機，或並無某項機器，故其製造尚多缺點，現既籌辦一切事宜，均須逐項臚陳辦法，以資籌擬。

一、槍礮子彈及附屬各品。查各省局廠所造子彈尚多，往往不能合膛。該廠如改造六密里八槍枝，及將來開造七生的五口徑，其子彈亦須改造，究竟改後能否合膛？其附屬各品能否配造完全？

一、製造槍礮程度，查該廠仿造之初，因節省工料，顧惜時間，往往遷就求速，既造之後，又以器械繁多，未能悉心檢驗，現在亟須整頓。凡選料、製機、考工、較試等項，應如何妥籌辦法，俾製造程度漸高。

一、燒煉鋼料廠內罐鋼一廠歷年所煉之鋼果否合用，前未深加研究，又拉鋼廠機器，爐具不久裝成，不宜曠置，其火磚、鋼鐵料物前有存儲，恐多廢棄，均須妥籌。查滬廠煉鋼尚有成效，能否彼此商明，由滬廠酌派工頭帶匠數名前來鄂廠，將舊日不合用之罐鋼爐拆去，即用其基由滬廠工頭指示工人，代造五噸或十噸之鋼爐一座，其燒存煤汽之爐如尚可用，即暫存留，以省工作。俟鋼爐造成，果能如法，即由滬廠派來工匠，帶同鄂廠工匠，將從前之火磚、鋼鐵料物隨時取煉成鋼。一面酌派學生及精明工匠前赴滬廠習煉馬丁鋼料之法。再俟鄂廠工匠能自煉鋼，即由滬廠派來工匠，按照滬廠鋼料配合之法，如法配兑，帶同燒煉，庶鋼料可期有成，暫濟現時之用。再訪聘高明煉鋼員匠，發明新法，以求進步。

一、研究火藥。查製造上關係極多，一有缺點，械即不良，而火藥一門，關係尤要。該廠製造火藥，向任洋員，均鮮成效，未加研究。不知火藥不同，則漲力、初速、飛路、準頭一概不同，雖槍礮精良，亦均無用。故日本兵工廠外專設火藥研究所，同隸陸軍省管轄。應由該廠調查該所研究辦法，以期製造火藥得有進步。

一、考選一切原料。查槍礮以鋼、鐵爲製造之本，彈殼以銅、鉛爲配備之本。求製造之日精，必先考選鋼、鐵、銅、鉛等之原料。各國製造工廠均有化驗房，凡自配與購買之原料無不化驗；又設立標本房，羅致五金原料並一切木石等類種種，編號注明，登簿記載，附以說略，以備化驗時參考比較之用；該廠於自配及購買原料均宜仿行。惟是各國製造日新，前所謂新，今即成舊，我所謂新，彼已成舊。尤宜仿查最新原料，細爲化驗，擇善而從，俾製造之品益加精利。

一、試驗一切雜質。查考選原料之法固宜求精，而試驗雜質亦不可忽。如滬廠從前製造之無烟藥不適於用，以爲水之不潔所致，及詳細檢查，實係鏹水密度之不足。以密度不足之鏹水，製成多數難用之無烟藥，其各種原料及工作因而耗費概歸無用者，實已不貲。其餘雜質之不良，亦多類此。此正不先試驗之大害。該廠一切雜質，其試驗之法如何講求，亦須妥議。

一、籌設製造子彈器具專廠。查製造器具，如車、刨、鑽、鍘、切、洗、磨、撞各床，本各項造物之機，車刀、鑽頭、洗輪花刀、規矩樣板，又各項附屬器具，施之他項物品尚可通行，而施之槍、礮，子彈則須專製。蓋其機件繁細，均有一定型式，必使槽笋符合，遇有鋒刃用鈍、齒牙磨傷各項情形，不容片刻遷就，必須立爲更換，故子彈器具專廠不可不急爲設立。其專廠內應分別快槍槍彈、快礮礮彈各名目，派熟習員司、高等匠目、精巧工人專司其事，一一詳查各專廠工作，庶將來所造子彈千百如一，施之自製與購買槍礮均能適用。

一、槍礮機括樣式名目。查我國購用外洋軍械，以華文譯洋文各自不同，各軍營隨意命名，又無考核。每逢教授弁兵操習運用，或遇有損壞，送局修整照式仿造，或因軍事請領添補，往往一物兩名，音義含混，致有訛錯，貽誤匪輕。中東一役，是其前鑒。附屬器具名目尤雜，不可究詰。該局現時仿造各項，應即逐件繪成精致圖式，將各國原名譯準，一一分注圖下，並附以説，隨時送部，與各省現立局廠所造彼此詳校，以期劃一。

一、整頓廠務。查局廠各有章程，如軍隊各有編制。惟軍隊有定員，局廠無定員，致有兼差挂名、濫竽充數等弊。且科目不分，事無歸宿，又無責成。該局自開辦以來歷訂章程並現分科目，均應詳查，鈔送到部，以憑查核。

一、從前所已造之槍礮子彈及一切附屬品物，應截數至接到此次部文之日止，將實存各項分別種類、名稱、數目及約計價值，詳細列表報部並聲明某項尚堪暫行應用，以便分售各省；某項應行報廢，以備熔化備料。

以上各條，均係現時擇要之件，餘再詳議。各條内如該廠另有辦法，亦即隨條聲叙；各條外如另有急須籌辦之件，亦即由該廠另列附條，以資廣益。

中國第一歷史檔案館等《中國近代兵器工業檔案史料》第一册《陳夔龍奏收到給予湖北兵工鋼藥兩廠之撥款銀二萬兩片光緒三十四年十二月十三日》再，前准陸軍部咨：會同度支部議覆臣奏湖北兵工、鋼藥兩廠經費短絀，勢難支持，請撥常年大宗的款，以資接濟一摺，於光緒三十四年七月二十一日具奏，本日奉旨依議，欽此。原奏内稱撥江漢關洋税銀十萬兩等因。業經籌解第一、二兩批共銀四萬兩，附片奏報在案。

兹據湖北漢黄德道江漢關監督齊耀珊詳稱：復在於所征六成洋税項下，動支銀二萬兩，解赴北善後局交收，作爲第三批應解之款，以濟急需等情，詳請奏咨前來。臣覆核無異。除咨明陸軍部、度支部外，理合附片具陳，伏祈聖鑒。謹奏。

中國第一歷史檔案館等《中國近代兵器工業檔案史料》第一册《陳夔龍奏請爲湖北兵工鋼藥廠另撥的款摺宣統元年九月二十三日》湖廣總督臣陳夔龍跪奏，爲湖北兵工鋼藥廠加撥土税款項無着，懇由部另行指撥的款，以濟要需，恭摺具陳，仰祈聖鑒事。

竊臣前因兵工鋼藥廠經費支絀，奏請撥款接濟，經度支部、陸軍部會議，覆奏由江漢、宜昌兩關歲撥銀二十萬兩，土藥統税總局於行銷湖北之土（藥），除照章每百斤撥給正税銀一百兩外，另行撥給土税銀二十萬兩，以資協濟等因，奉旨依議，欽此，欽遵咨行到鄂。當經分別移飭遵照在案。嗣准土税大臣柯逢時來咨，將此款按年分四季解交。方冀挹注有資，得以補苴工料，詎近准該大臣來咨，此項協撥經費，業自上年七月二十日奉旨之日起，扣至本年七月二十日止，一年之數解交清訖，以後土藥收數短絀，無款可解，已咨部另行指撥，以免爲難等語。接閱之餘，不勝焦慮。

伏查此案係經部臣奏定奉旨歲撥之款，鄂廠待用孔殷，豈能遽歸無着。溯該廠自成立以來，於軍械要需極有關係，只以限於財力，尚不免抉憾之端，前因經費奇絀，日加省嗇，幾於一蹶不振。經臣悉心體查，就現在之財力，必須籌備常年經費八十萬兩，暫爲維繫。部臣亦深以該廠關係緊要，遂江漢、宜昌兩關二十萬兩，土税二十萬兩協濟之請。現在極力核實，尚苦難資應付，若驟短此二十萬兩之協款，不獨無（望）擴充，且將立形窘迫。該大臣業已徑行咨部，其（無）款可解當係實在情形。惟是目下兩廠經費萬分艱窘，此款既工歸實用，則撥款亦必確有的數，方不致蹈畫餅之虞。惟有仰懇天恩飭部切實籌商，另行指撥的款，以濟要需。鄂廠幸甚！大局幸甚！

中國第一歷史檔案館等《中國近代兵器工業檔案史料》第一册《度支部等奏擬在部庫土税項下撥銀二十萬兩以作湖北兵工鋼藥廠經費摺宣統元年十一月初一日》度支部等部謹奏，爲遵旨會議，恭摺覆陳，仰祈聖鑒事。本年九月二十三日，湖廣總督奏湖北兵工鋼藥廠加撥土税款項無着，懇由部另行指撥的款一摺，奉朱批該部議奏，欽此，由内閣抄交到部。原奏内稱：前因兵工鋼藥廠經費支絀，奏請撥款接濟，經度支部、陸軍部議覆，由江漢、宜昌兩關歲撥銀二十萬兩，土藥統税總局於行銷湖北之土（藥），除照章每百斤撥給正税銀一百兩外，另行撥給土税銀二十萬兩，以資接濟。嗣准土税大臣柯逢時來咨，將此款按年分四季解交。方冀挹注有資，得以補苴工料，詎近准該大臣來咨云，此項協撥經費，一年之數解交清訖，以後收數短絀，無款可解，已咨部另行指撥等語。接閱之餘，不勝焦慮。伏查此案係經部臣奏定奉旨歲撥之款，鄂廠待用孔殷，豈能遽歸無着。溯該廠自成立以來，於軍械要需極有關係，現在極力核實，尚苦難資應付，若驟短此二十萬兩之協款，不獨無望擴充，且將立形窘迫。該大臣業已徑行咨部，其無款可解當係實在情形。惟是目下兩廠經費萬分艱窘，惟有仰懇天恩飭部切實籌商，另行指撥的款，以濟要需等語。

查湖北兵工、鋼藥兩廠經費，上年七月間臣等會同奏明，由土藥統税項下撥給銀二十萬兩，雖未聲明按年照撥，但使稅收仍旺，則續撥尚不爲難。無如禁烟以來，土稅來源日形枯涸。前准督辦土藥統稅大臣咨稱：應撥該兩廠經費銀二十萬兩現已解清，此後收數短絀，無款可解，應請另行指撥等語，自係實在情形。然當此庫儲匱竭之秋，另撥一層實屬無從設法。現在鄂省財政，該督正在極力整理，將來必可騰出的款，以濟要需。惟目前該兩廠待用方殷，不得不暫爲籌濟。擬咨明督辦土藥統稅大臣，即在應解部庫土稅項下，撥銀二十萬兩，分批解交該兩廠應用，以解足一年爲度，以後應由鄂省勉力自行籌措。在該兩廠得此協款，自可暫資挹注，稍免爲難，而該督亦可先事預籌，免再臨時窘迫。如蒙俞允，即由臣部分咨湖廣總督、督辦土藥統稅大臣欽遵辦理。

所有臣等會議緣由，理合恭摺具陳，伏乞皇上聖鑒訓示。

再，此摺係度支部主稿，會同陸軍部辦理。合並聲明。謹奏。

宣統元年十一月初一日奉旨：依議。欽此。

中國第一歷史檔案館等《中國近代兵器工業檔案史料》第一册《瑞澄奏收到給予湖北兵工鋼藥兩廠之撥款銀三萬兩片宣統元年十二月十三日》 再，前承准陸軍部咨，會同度支部議覆前督臣陳夔龍奏湖北兵工、鋼藥兩廠經費短絀，勢難支持，請撥常年大宗的款，以資接濟一摺，光緒三十四年七月二十一日具奏，本日奉旨依議，欽此。原奏内稱撥江漢關洋稅銀十萬兩等因。本年業經籌解第一批銀五萬兩，經前督臣陳夔龍附片奏報在案。

茲據湖北漢黄德道·江漢關監督齊耀珊詳稱：在於所征六成洋稅項下，動支庫平足色銀三萬兩解赴北善後局交收，作爲本年第二批兵工、鋼藥兩廠經費，以應要需等情，詳請奏咨前來。臣覆核無異。

除咨呈陸軍部、度支部外，理合附片具陳，伏祈聖鑒。謹奏。

中國第一歷史檔案館等《中國近代兵器工業檔案史料》第一册《瑞澄爲請撥給湖北兵工廠改製新槍費用事致陸軍部及度支部電宣統二年五月二十六日》 陸軍部、度支部鈞鑒：鄂省兵工廠經費短絀，屢承協力籌畫，至感！現提議改良，一切整頓辦法，固應俟朱京卿查後統籌，惟廠中原製七密里九槍，現應改爲六密里八，則舊式自應即停。查廠中機器損蝕已多，既改新槍，必須大加修整，又訂製新槍樣板，添購專機，增置查驗藥彈機件，極力縮減，綜計約需銀三十萬兩。以後無論如何改辦，此款總係必不可少之需。槍礮爲自强基礎，際此停舊改新，亟宜提前籌備，以濟急需，俾免停工待費。鄂省財政枯竭，實屬無可設法，務望大部合力維持，多數指撥，俾速進行。不勝延盼。瑞澄。宥。印。

中國第一歷史檔案館等《中國近代兵器工業檔案史料》第一册《錫良爲奉天擬購湖北兵工廠槍枝事致陸軍部電宣統二年六月二十九日》 陸軍部鈞鑒：洪。儉電敬悉。大部維持鄂廠，以保利權，蓋籌極佩。良前在川省，適值巴塘番衆倡亂，趙大臣爾豐督兵剿辦，因軍中缺乏利器，特將所購鄂製新槍，逾越險阻，運赴前敵。不意此種槍枝種種不能合用，機後尤易泄火，燃眉傷目，以致兵丁不敢瞄準，棄置營中幾同廢鐵，情願更换笨重之九響舊槍。此趙大臣退回鄂槍之實在情形也。良亦知購買外槍利權不免外溢，前在川省購機設製槍廠，本年五月業已開工，雖未識成績若何，亦挽回利權之道。茲准電示，囑令減少數目，本應遵辦，惟查各屬開辦巡警業經批准，繳價者約需槍一萬六千杆，始敷分發。鄂廠槍價雖經大部飭令酌減，第該廠素昂，即使大加核減，亦與奉省現定之價大相懸殊。況槍枝良窳，爲軍警生命悠關，萬不敢以劣槍誤人生命。各屬畏害不領，斷難施以强迫。擬將前訂之二萬杆減少四千杆，購買一萬六千杆，俾應急需。即請速賜核准，以便飭訂合同，早日運奉。至八十八年式舊槍，承示非盡精良，自應嚴飭承辦各員切實考查，如與原杆不符，即行退换，不得稍涉含糊，以重軍實。仍祈電復。良。艷。印。

中國第一歷史檔案館等《中國近代兵器工業檔案史料》第一册《度支部爲准指撥湖北兵工廠改製新槍之經費事致陸軍部片約宣統二年六月》 度支部爲片復事。准陸軍部片稱：准湖廣總督電稱，鄂省兵工廠經費短絀，廠中機器損蝕已多，既改新槍，必須大加修整，又訂製新槍樣板，添購專機，增置查驗藥彈機件，極力縮減，綜計約需銀三十萬兩，務望大部合力維持，多數指撥等因。查該廠前因經費不足，請撥銀四十萬兩，曾經本部會商度支部照數准撥在案。本年五月，據該廠總辦到部禀稱：光緒三十四年奉准宜昌關續撥之十萬兩，該關稅收短絀，無力撥解由土膏統稅項下續撥之二十萬兩，去冬僅撥到五萬兩各等語。是該廠原撥常年經費，尚未能如數撥足，而此次改製新槍添購機件所需款項，尤屬無米爲炊，所需經費三十萬兩，亟應妥爲籌撥。至如何籌撥之處，片行貴部酌核見覆等因前來。

查湖廣(總)督電稱：鄂省兵工廠此次改製新槍添購機件，綜計約需銀三十萬兩，請由部指撥，應即照撥一次。茲擬於江漢關洋稅項下，撥銀二十萬兩，宜昌關洋稅項下，撥銀十萬兩，經本部電復湖廣總督，並電知江漢、宜昌各關道迅籌解廠。旋據宜昌關道電詳，此次撥款實無從籌解等語。復經本部以此次兵工廠購機經費關係緊要，前撥十萬實屬無可改撥。電令應俟洋税收有成數，分批解足。相應抄録本部原電，片復貴部查照可也。

須至片者，計電底三紙。

右片行陸軍部。

寄湖北電

湖北制臺鑒：有電悉。兵工廠改新式槍，應需修整暨添購機件等費約銀三十萬兩，應即照撥一次，在江漢關洋税撥二十萬，宜昌關洋税撥十萬兩。希仍飭核實撙節動用，俾收實效。度支部。

寄漢口、沙市電

江漢、宜昌關道：湖北兵工廠改新式槍添購機件，需款孔亟，應在於江漢關洋税撥銀二十萬，宜昌關洋税撥銀十萬。該道迅即妥籌足數解廠，勿誤要需。度支部。

寄荆州電

宜昌關道：陽電悉。關款支絀，自係實情。惟此次兵工廠購機經費，關係緊要，前撥十萬實屬無可改撥，應俟洋税收有成數，分批籌解足數，勿誤爲要。度支部。

中國第一歷史檔案館等《中國近代兵器工業檔案史料》第一册《端方爲湖北兵工廠改製新槍應添機具廠屋及經費等事致陸軍部之咨文宣統二年七月十八日》

頭品頂戴陸軍部尚書銜都察院都御史湖廣總督部堂兼湖北巡撫事端爲咨明事。

據兵工鋼藥廠總辦王道壽昌詳稱：竊職廠改良製造，需用添購機器等款約銀三十萬兩，曾經稟蒙憲臺電部，准在江漢關洋税撥銀二十萬兩，宜昌關洋税撥銀一十萬兩，奉札行廠在案。當即飭令總工師題來暨藥廠工師好賽爾，分别按照德國一千九百零三年槍式，將製新槍、藥彈必須添購之機器、樣板等件，及應修改添製之機器、器具，暨應添建之廠屋工程，詳細估算，開具清單。一面委派廠員，馳赴江南製造總局，領取陸軍部前次函復憲臺所指第六式樣槍，以憑切實估核。六月二十七日，復奉憲臺札開：宣統二年六月二十三日准陸軍部梗電開，五月宥電所開鄂廠改製六八，需銀三十萬兩，業由度支部電致貴督，允於江漢、宜昌兩關洋税項下照撥一次，希即飭廠切實辦理，俾早收實效；並希將如何修整及一切成績，隨時報部爲盼等因到本部堂。准此，行廠遵照辦理，勿違等因。奉此，維時往取滬廠樣槍尚未取到，誠恐槍式大有更變，則應購之機器、樣板統應隨式更易，另行估算一切，不能遽行詳請辦理。茲於七月初十日已將滬廠所製第六式樣槍取回到廠，職道率同工師、廠員、領目拆視查驗，該槍全體機件均係仿照德國一千九百零三年新式，亦即職廠迭次稟請籌備擬造之式，惟槍托中段兩面加有便於手握之槽，又機槽下面加有抵御槍管退力之關塞，均與職廠現在所估擬購專機、樣板無甚關涉，惟槍管較德國原式加長三十九零二密里，與全槍頗有關係，已經稟請電商陸軍部核奪。一俟奉復，槍式既定，自應速將改製新式事宜趕緊舉辦。查工師題來等開來清單內，造新槍專機二十五部，約價需銀三萬五千兩；又查驗槍件及工作花刀、三項樣板並三項對件，約價需銀八萬兩；製造彈頭機器，約價需銀九千四百三十兩；製造彈夾機器，約價需銀二萬二千兩；製造火帽機器，約價需銀三千零七十兩；製造裝彈紙盒機器，約價需銀一萬八千二百兩；查驗銅殼、彈頭及查驗全彈機器，約價需銀二萬四千九百二十兩；應用器具、樣板並銅殼退火機器，約價需銀一萬四千八百八十兩；製藥應添機器、鍋爐、器具等件，約價需銀二萬七千兩。共估添購機器、器具、樣板等項，價銀二十三萬四千五百兩。查各項機器，洋廠多有現貨，可於購定後即行裝運來華；惟樣板一宗，則須臨時製造，至速必需一年之久，始能運廠齊全。又查現在所定槍式，原係德國力拂廠所創，應購之機器、樣板自以全由該廠製配爲善。職廠原有機器，係由前督憲張咨請駐德大臣，向原造各項軍械之廠直接訂購，辦法至爲周妥。現在擬請仿照辦理，先將應購樣板由廠徑向德國力拂廠電詢實價，機器則因名目、樣式繁瑣，由廠開單函詢，俟接到該廠復音，即行稟請電咨駐德大臣直接購訂，應付定銀，一並匯寄轉交。此必須添購機器、樣板等件價目，及擬請訂購辦法之各項情形也。又槍廠應修機器三百五十部，約需工料銀五千兩；改製器具七百二十餘種，約需工料銀二萬七千兩；槍彈廠修改機器、器具，約需工料銀二萬二千兩。共估修機器、添製器具等銀五萬四千兩。以上工程，應由職廠自行修造，惟頗繁難，計非七八個月不辦。大致本廠機器修改完全之日，亦即購諸外洋機器將次到齊之時。此時花刀樣板已到，廠中尚須趕造花刀。彼此接合適當，尚不致有停待之虞。查舊槍工作，漸將逐次完竣，正可騰出機工，並同機器廠修造一切。擬即飭令洋工師，將應修改、添製之機器、器具，逐件繪圖，即日動工。此現估應須修配之機器、器具需用工料銀兩，及擬請動工辦理之情形也。又建造槍彈紙盒廠一間，約計工料銀三千五百兩；藥廠馬力汽爐房一間，約計工料銀八千兩。共估添建廠屋工料銀一萬一千五百兩。查藥廠馬力汽爐房應即一面修造，擬令繪圖，詳細估算，招人承包。至造槍彈紙盒廠一間，工程甚小，易於蕆事，擬俟該項機器將到時再行建造。此現估添建廠屋工料價銀，並擬請分別緩急辦理之情形也。綜計所估需用各項款目，共銀三十萬兩，係按目前造額每日製槍三十枝、槍彈二萬顆籌畫計算。計從購定機器、樣板之日起，約在一年以後乃能開工製造新槍。所有舊槍工作，擬俟成胚之件造完，即行禀報停製。舊彈則照常製造。且新機安設以後，將來如需舊彈，仍可停新製舊。此次係爲趕緊改良製造起見，現在能早一日舉辦，則將來或槍可少一日遲延。如果此後籌有鉅款，無論如何擴充，正可接續從事。所有部指樣槍，業經取到，估定改良製造需用各款數目，擬定逐項辦法各緣由，理合詳請察核，咨明大部查照等情到本部堂。

據此，查該廠所擬改造新槍，訂購新機、修補新機及一切辦法，均尚妥洽，自應准予照辦。惟前荷度支部電飭撥給一次之江漢關洋税銀二十萬兩，宜昌關洋税銀十萬兩，現疊據宜昌關道禀電，該關自土税改辦後，洋税項下所入甚微，積年欠撥各處款項至鉅，不特此次撥造新槍之十萬兩分毫無着，即從前奉撥兵工廠之款尚苦無從解足。開具出入清摺呈核前來，自屬實在情形。除該關從前已認撥廠之款仍飭設法撥解外，其新撥之十萬兩，既係分毫無着，亦難責以無米爲炊，即使嚴行督責，而文牘空勞，何濟於事。現兵工廠改造新槍待用甚急，惟有咨請度支部迅賜另撥，以便實有着落，至紉公誼。

除咨明度支部外，相應咨明貴部，請煩查照核覆施行。

中國第一歷史檔案館等《中國近代兵器工業檔案史料》第一册《王乃征奏收到湖北兵工廠改造新式槍之經費銀四萬兩片宣統二年九月初二日》 再，本任督臣瑞澂前准度支部電：兵工廠改新式槍，應需修整暨添購機件等費，約銀三十萬兩，應即照撥一次，在於江漢關洋税撥二十萬，宜昌(關)洋税撥十萬。行令核實撙節等因。當經轉飭籌解去後。

茲據湖北荆宜道宜昌關監督吳品珩詳稱：在於征存税銀項下，勉力騰挪庫平銀四萬兩，作爲應解兵工廠改造新式槍添購機件銀兩，委解湖北度支公所轉解應用等情，詳請奏咨前來，臣覆核無異。

除咨呈度支部、陸軍部查照外，理合附片具陳，伏乞聖鑒。謹奏。

宣統二年九月初二日奉朱批：該部知道，欽此。

中國第一歷史檔案館等《中國近代兵器工業檔案史料》第一册《朱恩紱爲湖北兵工廠應停工考工事致陸軍部電宣統二年九月十七日》 陸軍部鈞鑒：菊密。諫電敬悉。考工一節，易滋弊竇，如川則查有幫作者，粵則查有傳遞者，非停工專考，封守廠門，難於稽察。□滬各廠皆停工兩日，鄂廠自應照辦，以期嚴密。至改在已停之礮廠、礮彈廠考試一節，王道並未來商，遽請莘帥電請部示，令人詫異。茲據單開，該兩廠僅車床十三部、鉗子二十部，以工匠二百三十三名計之，非八九日不可，迨評定分數發案，又須六七日，展轉遷延，至多窒礙，不如暫停兩日爲便。此特爲考工杜弊起見，即曠工作實亦不多。應仍請鈞部轉電莘帥，飭廠預備，以免延誤。

中國第一歷史檔案館等《中國近代兵器工業檔案史料》第一册《湖北兵工廠改造六毫米八槍子辦法並估需經費清單宣統二年》 遵就本局原設之六密里五、七密里九兩槍子廠，加造六密里八槍子改變辦法，並應添廠房，添置機器、器具，暨應添常年工料，約估需銀數目，繕具清單，送請查核。

計開：

一、就原設七密里九槍子廠改造六密里八槍子每天二萬五千粒。按本局定章，每天做工以八點半鐘爲率，冬夏均扯計算，每年除放假、小建暨修整機器不計外，約做工三百天，以每天二萬五千粒核計，全年須出槍子七百五十萬粒。該廠機器能力，每點鐘可造槍子二千五百粒，以八點半鐘爲一工，須每天加工一點半鐘，方能歲出七百五十萬粒之數。該廠照此辦理，而六密里五槍子廠改造六密里五槍子每年五百萬粒、七密里九槍子每年三百萬粒，三共歲出一千五百五十萬粒，應添常年工料，並需添建廠房、添置機器，估需銀數列下：一、添常年工料，約銀二十四萬兩。一、添建廠房、添置機器，約銀三萬零五百餘兩。(上項銀兩，系七密里九槍子廠添建廠房並添置機器約合銀六千九百餘兩，六密里五槍子廠添建廠房並添置機器約合銀一萬二千餘兩，無烟藥廠添建廠房並添置機器約合銀五千二百餘兩，卷銅廠添購卷軸並購試驗速率、漲力機器約合銀六千五百餘兩。登明。)

一、就原設七密里九槍子廠改造六密里八槍子每年六百萬粒，而六密里五槍子廠改造六密里五槍子每年五百萬粒、七密里九槍子每年三百萬粒，三共歲出一千四百萬粒，應添常年工料，並添建廠房、添置機器，估需銀數列下：一、添常年工料，約銀十八萬兩。一、添建廠房、添置機器，約銀三萬零五百餘兩(此款與前同)。

一、就原設七密里九槍子廠機器能力，將七密里九槍子停造，改造六密里八槍子每年六百萬粒，而六密里五槍子廠仍照舊每年造六密里五槍子六百萬粒，二共歲出槍子一千二百萬粒，應添常年工料並添置機器，估需銀數列下：一、添常年工料，約銀九萬兩。一、添建廠房，添置機器，約銀一萬二千五百餘兩。（查北洋巡防隊暨各州縣巡警多用七密里九槍枝，此項子彈恐難議停。）

一、就原設七密里九、六密里五兩槍子廠合計按每年額定一千萬粒之數，改爲造六密里八槍子七百五十萬粒。七密里九、六密里五兩種槍子共二百五十萬粒，雖常年經費無大增減，而機器、器具亦須添改，約需銀數千兩。且兩廠牽掣，工作頗多窒礙，料物亦受影響。

以上四項辦法，均係切實核估，其常年應添之款，只按實用工料核計，員司薪水暨全局經費均未核加，至添置機器亦多按本局自製價值核算，以期節省。無論何種辦法，如宣統三年實行，必須今冬定准，約明年下半年始見子彈；若明年定准，須待宣統四年方能見子，緣添製機器，建蓋廠房，改配器件，需費時日，未能咄嗟立辦。且試辦初年，出子未必足額，須待次年諸事就緒，匠機亦熟，出子自然如數。再查六密里八子彈樣式不一，應造何種，亦須先行核定發局，以便早爲預備。

中國第一歷史檔案館等《中國近代兵器工業檔案史料》第一册《陸軍部爲湖北兵工廠改造六毫米八槍子方案事致瑞澄函宣統二年》 莘儒仁兄制軍閣下：接讀來函，備悉一是。即維政躬篤祜，勛祉增綏，慰如私頌。

敬覆者：王道壽昌到部，面陳鄂廠一切情形暨所擬四項辦法，均甚切實。尊議以爲必不得已之計，亦應從第二項設法，誠爲扼要。第庫款支絀，能否辦到尚難遽定。已面囑該道回鄂後，於二三兩項之間，再行酌擬，稟候示悉。統俟朱京卿考查完竣後，歸入全局營籌辦理。至槍枝口徑，原應與各廠一律改造六密里八，當囑該道查取滬廠所製第六式六密里八口徑槍枝，俾資參考。惟目下應需經費殊難指撥。部中爲難情形，均與該道面述，回鄂後自應詳稟。

無事縷及，專覆祇請臺安，諸惟亮察。不暨。

中國第一歷史檔案館等《中國近代兵器工業檔案史料》第一册《湖北兵工廠總辦提調委員銜名清摺約宣統二年》 謹將槍礮廠總辦、提調、委員銜名開呈憲鑒。

計開：

總辦：二品頂戴漢黄德道監督江漢關税務岑春蓂。會辦：江蘇候補道張彬。提調：鹽運使銜奏補夏口撫民同知馮啓鈞。採辦委員兼充副提調：指分湖北試用同知蔡琦。收支委員：試用通判林向藜。庫房委員：候補知縣王奎照。稽查委員：試用通判唐我增。槍廠監工委員：花翎游擊銜兩江補用都司唐坤朋。礮廠監工委員：五品藍翎盡先千總何榮。監工委員：世襲雲騎尉貴聘三。槍彈廠隨同監工：六品銜候選從九吴立標。翻譯委員：五品銜候選縣丞許寅輝。槍廠翻譯：即選從九品姜崇漪。礮廠翻譯：候選縣丞葉金鏞。製皮廠翻譯：五品軍功陳光甫。

中國第一歷史檔案館等《中國近代兵器工業檔案史料》第一册《馮啓鈞等請擴充湖北兵工廠槍彈廠之稟文約宣統二年》 竊查槍彈廠現有機器，日造槍彈萬二千顆，與現日出快槍三十八枝，每枝至少配彈五百顆，已不足數，若有事時，一槍需彈千顆，更虞缺乏，似非添購機器，擴充廠屋，實難增加造數。卑職等前於籌擬加槍辦法，業經稟陳在案，嗣與洋匠科本一再熟商，通籌並計，擬以日造四萬顆爲度。就槍彈廠現有機器酌量添置，開具洋單，當經發交漢口德商瑞記洋行核估價值。茲據呈估前來，所有機器正價暨水脚、保險等費，共需德銀十七萬九千四百六十馬克，每馬克約合華銀四錢，共約合銀七萬一千七百八十四兩。至廠屋北面須事展拓，僅只添修接改，無庸另建大廠，現在添置機器，即可騰移安設。改廠工程需費若干，容俟估妥續稟。

合將添購機器名目、部數譯繕清摺，並擬展拓廠屋繪具圖樣，一並賫呈憲鑒，伏候核奪示遵。

中國第一歷史檔案館等《中國近代兵器工業檔案史料》第一册《陸軍部委派李盛和等接收江南製造局及湖北兵工廠之札文宣統三年三月二十九日》 本部具奏遵旨查核三品卿銜朱恩紱奏考查軍械製造局廠事竣，籌擬辦法，先行奏明請旨一摺，業經欽奉諭旨，鈔奏分咨在案。

所有滬、鄂等處製造局廠，亟應遴員前往接收。茲查有本部軍實司司長·郎中李盛和，精明懇摯，於籌畫軍械事項綜核周詳，應即派該員前往接收滬、鄂兩廠事宜。並派科員簡業敬、石陶鈞、文斌、存厚，畢業生陳廷甲，一並隨同前往辦理。合行札委。札到，該員等即便遵照辦理具覆。此札。

全國圖書館文獻縮微複製中心《清季鈔電匯訂·湖廣總督來電》 陸軍部兵工鋼藥廠製槍彈，需用外洋彈頭鋼盂十二頓。必先預購，爲明年春夏兩季之需。應先電請核奪，俟覆到即訂購。瑞澂。宥。印。

全國圖書館文獻縮微複製中心《清季鈔電匯訂·湖廣總督電》 陸軍部鄂廠購辦彈頭鋼盂，前奉沁電核准。現該廠向德商瑞記訂購鋼盂拾式頓，每頓合銀八百廿叁兩式錢。年内運交，請即知照税務處，電滬漢兩關驗放。瑞澂。銑。印。

全國圖書館文獻縮微複製中心《清季鈔電匯訂·湖廣總督來電》 陸軍部據兵工廠禀稱，鄂廠取到滬局六密里八樣槍，督同洋工師題來研究。將其尺寸與前三年德國毛瑟廠代中國所製一千九百零七年式新樣尺寸表，互相比較。查得槍管比原表較長三十九零二密里，木托較長四十四零二密里，故望牌線亦較原表長四十四零二密里。查此種較長之槍，毛瑟廠亦曾代製數枝。然該廠乃依中國意旨定式而製，未經詳細考驗，既行改長，而彈頭裝藥等又仍舊未改，則槍彈出口速率與其飛行之路必與原表所載不同。誠恐擊射稍遠，於命中位置不無少差。雖其差甚微，或與實際上無甚關係，然加長一節固無利可言，且兵士持槍瞄準難免摇動偏差，槍管愈長則擊射之偏差愈大。此近年來各國反有改短之議也，總之，槍管加長於擊射瞄準，既不足恃，又足增其偏差之度。且未經前人考驗，成效如何尚未可知。不若仍照毛瑟廠已經試過原樣之槍製造，似較穩妥等情。滬局新改六八樣槍其管較原表較長三九零二密里，應否仿造，不厭精詳，合達大部核奪，迅賜電復飭遵。瑞澂。咸。印。

全國圖書館文獻縮微複製中心《清季鈔電匯訂·四川總督電》 陸軍部鑒：洪。川省防軍，用購鄂廠三生七開花彈五百顆，每價二兩五分。實心彈一百顆，每價一兩四錢六，請即知照税務處，飭關驗放。巽。卅。印。

全國圖書館文獻縮微複製中心《清季鈔電匯訂·閩浙總督電》 陸軍部鑒：洪。閩省陸軍第十鎮應需馬槍一百四十二杆，每杆連皮件四件。現經飭司備價赴鄂省兵工廠購運。除另片奏明外，相應照章開明訂購明色件數，及經過長江上海至福州一帶口岸，電請貴部轉咨税務處，札知各關監督。行令税務司驗照放行，並希電復爲盼。壽。文。印。

圖表

中國第一歷史檔案館等《中國近代兵器工業檔案史料》第一册《湖北兵工廠歷年製造槍礮子彈數目表宣統二年》

品名	單位	光緒二十一年至二十三年	二十四年	二十五年	二十六年	二十七年	二十八年	二十九年	三十年	三十一年	三十二年	三十三年	三十四年	宣統元年	共計
7密里9毛瑟步槍	枝	2 507	5 450	7 783	8 956	7 800	8 120	9 881	14 800	15 253	13 864	9 170	8 370	8 641	122 595
7密里9毛瑟步槍	枝					316	1 000	1 623	850	447	1 036	150	1 050	1 591	8 063
7密里9毛瑟步槍彈	顆	1 636 518	2 135 400	2 985 072	3 613 625	3 802 440	4 050 000	5 008 000	5 371 476	4 303 000	9 523 000	6 696 000	5 677 663	6 965 360	62 776 554
3生7格魯森過山礮	尊	62	98	63											223
4生7格魯森過山礮	尊	3													3
5生3格魯森過山礮	尊	1		9	7										17
5生7格魯森過山礮	尊				54	67	78	86	89	88	18				480
6生格魯森鋼快礮	尊	1													1

（續表）

品名	單位	光緒二十一年至二十三年	二十四年	二十五年	二十六年	二十七年	二十八年	二十九年	三十年	三十一年	三十二年	三十三年	三十四年	宣統元年	共計
7生格魯森礮	尊								1						1
8生7克虜伯鋼礮	尊	2													2
2寸子母鋼礮	尊	12													12
前膛鋼車礮	尊				118	5									223
水師船用生鐵頭礮	尊												72		72
水師船用生鐵梢礮	尊												52		52
3生7格魯森礮架	副	62	60	73	9	2		2	12	1					221
3生7水師鋼座礮架	副												45		45
4生7格魯森礮架	副	3													3
5生3格魯森礮架	副			1	4						1	8			14
5生7格魯森礮架	副				42	58	58	68	78	87	88				479
5生7水師鋼座礮架	副												4		4
6生格魯森水師磨盤礮架	副	1													1
7生格魯森礮架	副								1						1
8生7克虜伯礮架	副	2													2
子母礮架	副	12													12
前膛鋼車礮架	副				118	5									123
3生7格魯森礮實心彈	顆	9 027													9 027

（續表）

品名	單位	光緒二十一年至二十三年	二十四年	二十五年	二十六年	二十七年	二十八年	二十九年	三十年	三十一年	三十二年	三十三年	三十四年	宣統元年	共計
3生7格魯森礮開花彈	顆	6 050	52 564	116 100	20 000										194 714
4生7格魯森礮開花彈	顆	1 204													1 204
5生格魯森礮開花彈	顆	2 140													2 140
5生3格魯森礮開花彈	顆	7 159	9 125		5 300										21 584
5生7格魯森礮開花彈	顆				26 700	65 600	69 200	75 300	79 000	79 000	5 100				400 100
6生格魯森礮開花彈	顆	814													814
8生7克虜伯礮開花彈	顆	2 081													2 081
2磅重鐵礮彈	顆				8 100										8 100
生鐵圓礮彈	顆				17 120	2 400									19 520
青鉛群子礮彈	箱				398	262									660
3生7鋼彈殼	個	1 300	2 740	29 200											86 710
3生7鋼碰火	枚	762	50 500	123 500	17 000										191 762
5生銅彈殼	個	1 000													1 000
5生銅碰火	枚	2 000													2 000
5生銅急火	枚	2 000													2 000
5生銅底火	枚			1 000	1 000						2 000				2 000

中國第一歷史檔案館等《中國近代兵器工業檔案史料》第一册《湖北兵工廠歷年支用各款銀數表宣統二年》

單位：兩(長平銀)

年别＼銀數＼項别		建造廠房工料	購買機器價值	製造物料價值	員司洋匠薪水	匠徒小工工食	書役巡丁工食	火食雜用公費	按年共支銀數
光緒	16		396 022.518		3 207.877			10	399 240.395
	17		45 086.712	3.342	3 017.811	2 859.15		150	51 117.015
	18	42 228.836	173 239.193	957.196	5 920.341	378.815		10 597.305	233 521.686
	19	62 984.06	1 212.328	237.394	6 092.422	1 681.134		16 792.149	88 999.487
	20	84 150.531	22 607.472	10 430.988	14 550.954	8 373.655		22 698.117	162 811.717
	21	125 042.344	125 580.549	24 331.357	15 552.913	50 059.55		43 434.54	384 001.253
	22	38 323.805	440 855.62	62 920.337	11 710.442	71 225.322		39 534.457	664 569.983
	23	71 021.341	216 664.948	98 914.971	32 052.407	109 407.602	4 744.835	36 694.055	569 500.159
	24	28 986.51	186 452.878	228 899.388	44 381.666	146 514.283	5 158.614	33 913.684	674 307.023
	25	28 417.572	75 764.491	321 635.441	26 528.845	165 053.848	5 314.891	19 686.423	642 401.511
	26	7 608.248		823 688.624	29 920.069	225 864.402	4 815.122	23 295.857	1 115 192.322
	27			430 508.3	34 603.081	190 174.157	3 854.205	27 098.668	686 238.411
	28	1 562.61		389 935.439	36 813.449	195 999.188	4 073.242	25 682.103	654 066.031
	29	178.94	36 518.526	641 960.241	39 827.367	244 601.219	6 001.668	49 895.4	1 018 983.361
	30		18 765.405	552 557.284	36 034.906	228 039.241	8 004.656	52 653.846	896 055.338
	31	6 162.931	78 931.81	539 241.34	38 809.065	217 636.266	7 428.691	37 261.239	925 471.343
	32		10 602.464	712 664.416	58 183.217	248 382.457	8 642.107	35 267.592	1 073 741.253
	33	4 237.157		259 841.866	59 413.39	160 920.487	7 557.063	33 194.252	525 164.215
	34	6 365.539		179 556.372	35 293.103	143 109.622	9 123.254	19 760.643	393 208.533
宣統元年		9 274.989		304 920.39	41 680.784	158 603.338	8 736.025	39 082.307	562 297.833
各項共支銀數		516 545.414	1 828 303.914	5 583 204.686	573 594.109	2 568 883.736	83 454.374	566 702.636	11 720 688.869

中國第一歷史檔案館等《中國近代兵器工業檔案史料》第一册《湖北兵工所歷年經收各款銀數表宣統二年》

單位：兩(長平銀)

年別		漢口淮鹽局江防加價鹽釐	宜昌川鹽局江防加價鹽釐	江海關道洋關税款	宜昌關道洋關税款	土藥正税過境税款	米谷釐金	售賣槍礮收回價值	代造各處機件收回價值	售賣無烟火藥並紅磚價值	月湖租課	紳商捐款	按年合共銀數
光緒	16											523 918.582	523 918.582
	17					209 556.45						108 460	318 016.45
	18		91 513.677			239 703.504						29 580	360 797.181
	19	119 794.473	110 586.885			253 725.146						39 440	543 546.504
	20	70 258.187	80 087.524			234 814.938							385 160.649
	21	65 729.837	108 903.602			199 147.598						144 070	517 851.037
	22	69 360.993	110 690.636			171 522.486						800 918.251	1 152 492.366
	23	70 142.35	143 389.116			223 093.577				4 992.215		29 580	471 197.258
	24	81 968.688	98 287.789	104 400	52 200	120 553.897						88 942.69	546 353.064
	25	70 666.892	104 221.147	104 400	52 200	215 870.938	60 000	43 385.6	26 148.364	14 743.658		1 275.088	692 911.687
	26	80 676.836	109 598.849	104 400	52 200	469 368.67		47 760.6	1 046			316 835.866	1 181 886.821
	27	77 777.166	111 198.356	156 600	52 200	383 385.163	70 000	5 180				1 197 720	976 060.685
	28	44 041.182	103 026.171	52 200	31 320	221 929.295	228 680.765	423 464.836	706.178			19 720	1 125 088.427
	29	77 106.294	136 613.633	104 400	31 320	521 799.877	267 861.079	481 689.517	7 219.835	4 598.699			1 632 608.934
	30	69 631.689	123 551.882	104 400	73 080	562 765.456	185 759.048	431 449.98	3 871.521	22 450.177	2 994.459	127 974.691	1 707 928.903
	31	73 815.079	81 650.24	104 400	62 640	835 548.395	142 979.603	163 017.142	6 149.369		1 496.46		1 471 696.288
	32	90 106.965	104 066.75	104 400	62 640	441 995.085	69 944.148	319 367.254	1 668.2	25 056	354		1 239 598.402
	33	80 621.478	78 274.98	104 400	52 200		84 417.38	166 892.119	4 183.953	22 377.836	2 468.953		595 836.699
	34	81 232.337	84 574.602	167 040	104 400	104 400	91 138.974	115 010.431				45 520.923	793 317.267
宣統元年		86 855.084	96 640.659	250 560	125 280.01	156 600	102 034.074	110 882.771	5 126.489		4 251.386	2 259.25	948 489.723
合計		1 329 785.53	1 874 876.498	1 461 600	751 680.01	5 565 780.405	1 302 815.071	2 338 100.25	56 119.909	94 218.585	11 565.258	2 398 215.341	17 184 756.857

附記：表列川淮鹽江防加價鹽釐並土藥税款，均經前閣督部堂張奏准有案。嗣因經費支絀，復奏准將江漢關洋税項下每年撥銀一十萬兩、宜昌關洋税項下每年撥銀五萬兩作兵工廠常年經費。光緒二十四年開辦鋼藥廠，又經奏准米谷釐金全數撥歸鋼藥廠作爲經費。其有售賣槍礮子彈無烟火藥紅磚等價並代各處修造機件工料價銀以及各紳商報銷捐款，因名户繁多，謹按年數分別遞載，合行陳明。

漢冶萍公司部

綜述

陳旭麓等《盛宣懷檔案資料選輯之四》漢冶萍公司第一册《籌擬鐵礦情形稟光緒十五年十一月二十三日》 敬稟者：竊職道於本年十一月初七日接奉北洋大臣、山東撫憲電飭海軍衙門奏令赴滬面商鐵礦事宜，於十一月十五日馳抵上海。連日蒙湖廣督憲張傳詢鐵礦情形，謹將擬辦大略章程，爲我憲臺縷陳之。

查歐洲英、德各國多以開礦致富，而開煤、鐵尤能致强。中國在昔亦以鹽鐵并稱，乃通商以來，機器各局以及民間輒皆購用洋鐵，以其煉法精也。議者誤會中土之鐵不及洋鐵矣，不知鐵質非不同，乃煉法不同也。近年競言富强，獨不自行開鐵，弊在難於謀始也。茲因議造鐵路，先爲儲料起見，則鐵礦尤不宜緩。然礦務爲洋務商務中最無把握之事，稍一草率，恐功墮半途，無可推廣。自應將應辦數端先行核定，方可循序以進，期其必成。

一曰責成。茲事重大而條理細密，非有大員督辦，不能提挈綱領。擬請先行奏派一人督籌鐵礦，以後用人立法，均由該員隨時稟商憲臺定奪。

一曰擇地。熔鐵必需白煤，或用上好烟煤燒成焦炭。而煤、鐵皆質重價輕之物，化質既佳，應籌運道，運道不便，必無利益，甚至價目昂於洋鐵，以致滯銷，不可不防。英礦師郭師敦前所勘得之大冶鐵礦，質佳産旺，近在江邊。比礦師白乃富復勘，亦盛稱之。惟大冶近處無好煤，如取當陽白煤，運費較貴。又比礦師勘得利國鐵礦，化質與大冶仿佛，地面孕鐵之多亦如大冶，距鐵礦數十里有土法所開煤礦，其二層煤可制焦炭。惟將來制成之鐵，須由微山湖至韓莊出運河，自不及長江之便。且前經江蘇人胡光國等集股試辦未成，前首轇轕未清，必須劃清界限，方能認辦。擬請先行奏明，將湖北大冶、武昌鐵礦，當陽煤礦，江蘇徐州利國鐵礦、煤礦均歸該局開辦。一面由該局派令礦師周勘沿江煤礦，有無比較當陽、利國運道近便者，先擇一處開辦。謀定後動，務使一動而不易。

一曰籌本。聞英、德煤鐵礦皆商辦，詢其何以不歸官辦？曰：「國家不願與商民争利。」猶藏富於商之意。今中國創開鐵礦，如用官本官辦與船政、製造局同，應先籌定的款，年年撥濟若干萬，必須撥款永遠不少，督其役者永遠不敝，未始不可利歸於上。如用商本商辦與輪船、電報及開平煤礦同，應先招集商股，不足則官助之。商股係正本，盈虧皆歸於商股。官助係活本，但期原本繳還，不與商人争利。今參酌歐洲鐵礦無不商辦，中土情形亦復相同。據比礦師約估，鐵礦、煤礦各一，開辦資本至少需銀一百八十萬兩，較海軍衙門原奏所估一百四十萬兩之數，增至四十萬，仍不過約略之數。擬請奏明責成督辦鐵礦大員籌議章程，招集華商股銀八十萬兩作爲正本。并請户部藉撥銀八十萬兩作爲活本。查海軍衙門原奏，海防捐輸全歸鐵路，今鐵礦即爲鐵路根本，自應即在此項内撥藉。除應先還津沽鐵路洋債七十萬兩外，續收之款，請即撥銀八十萬兩，發交鐵局分次具領。如捐輸未集而鐵即需用，請户部不拘何項先行藉撥，俟集捐輸，仍歸部款。此項活本擬照招商局前藉公款，五年後分十年歸還，免其計利，庶使商股不致觀望。其餘不敷資本以及推廣添置機爐，均由局隨時設法籌維，總期立定基址，逐漸推廣，以拓利源。

一曰儲料。近年洋鐵、洋鋼進口，歲以二三百萬計。如自制生鐵熟鐵、粗鋼細鋼，只須價目不昂於洋鐵，總有銷路。惟造鐵路如定十年之限，則鐵軌每年應造一千里，以六年計之，可得六千里。蘆漢雙軌悉可取資於此。所有機器應先購置制軌者爲正用，如有餘力方可制生熟鐵出售。其所制成之鐵軌，必須隨時呈繳領本，俾資周轉。如鐵路籌無專款，辦無定期，則鐵局不能先制鐵軌，即不能先購制鐵軌之機器，因鐵軌民間無銷路也。開土貨以杜漏卮，用意雖同而造端迥異。擬請憲臺函商海軍衙門明示，再行定議。

以上四大端，係鐵礦謀始之要領，如游移不定，虛糜歲月，終屬空言。可否仰祈憲臺鑒核，俯賜咨商海軍衙門會奏施行。

湖北省檔案館《漢冶萍公司檔案史料選編》上册《漢廠洋工師、洋匠名單光緒二十二年十二月二十八日》 謹將廠中現存洋工師及洋匠花名列呈鈞鑒。

都板（鐵貨廠軋匠）、查化尼（熟鐵匠）、化淡梅（熟鐵匠）、簡德持（熟鐵匠），以上四名係於九十六年十二月二十六日到期，西曆本月即領資回國。

盧柏（化鐵工師）、雷考習奇（化學匠），以上兩名係於九十七年一月初一日到期。盧擬訂留，雷已知照不留。

波律（軋軌匠）、衛根（軋軌匠），以上兩名係於九十七年三月十五日到期。

連斯（化鐵匠目）、嘉蘭德治（鐵貨廠軋匠）、查美倫（馬丁匠），以上三名係於九十七年四月初一日到期。連斯已知照不留。

拉夫（馬丁匠目）、格耳昔納司（馬丁匠），以上兩名係於九十八年五月初一日到期。

馬克德（洋文案），以上一名係於九十八年九月十五日到期。

威德（機器匠目），以上一名係於九十六年十二月十五日到期，去留未定。

司毛（化學匠），以上一名係於九十七年正月初一日到期，擬留。

阿林伯路（熟鐵匠目），以上一名係於九十七年四月十二日到期。

卜聶（鋼廠工師）、林毛納（貝廠匠）、門司大（貝廠化鐵匠）、馬太（貝廠匠），以上四名係於九十七年五月初一日到期。

哀敷郎子（化鐵匠目），以上一名係於九十七年七月初一日到期。

蒲尼（熟鐵匠目），以上一名係於九十七年九月初一日到期。

古巴司（醫生），以上一名係於九十七年九月二十六日到期。

德培（洋總監工），以上一名係於九十八年三月十□日到期。

陳旭麓等《盛宣懷檔案資料選輯之四》漢冶萍公司第一册《實收開平生煤數目清摺光緒二十二年四月起至年底止》 謹將四月分起截至十二月底止，實收開平生煤數目清摺録呈鈞鑒。計開：

一、四月分　收「江孚」運來生煤，計十八噸一千六百三十八斤（原運二十噸）。

一、七月分　收「永清」運來生煤，計一百九十七噸七百二十七斤（原運二百十噸）。

一、八月分　收「江裕」運來生煤，計九十一噸一千五百三十二斤（原運一百噸）；收「江永」運來生煤，計一百三十六噸一千一百零一斤（原運一百四十五噸半）。

一、九月分　收「公平」運來生煤，計九十六噸一百六十八斤（原運一百噸）。

一、十一月分　收「利運」運來生煤，計九十九噸一千五百十二斤（原運一百噸）；收「寶坤」運來生煤，計五十噸正（原運五十噸）。

一、十二月分　收「愛仁」運來生煤，計七百七十六噸二百七十三斤（原運八百五十噸）。

總共收生煤一千四百六十七噸二百三十一斤。

陳旭麓等《盛宣懷檔案資料選輯之四》漢冶萍公司第一册《各輪裝運鋼鐵數目清摺光緒二十二年》 謹將光緒二十二年各輪裝運鋼鐵數目開呈鑒核。

計開：

五月十八日，「江裕」裝鋼鐵五十四噸三十三磅。二十日，「江永」裝鐵條壹噸一千四百五十五磅。二十九日，裝生鐵一百噸（華盛）。

六月初五日，「江孚」裝鐵條二噸二百二十八磅。十二日，「江永」裝生鐵十噸。十九日，「海定」裝鋼條四百噸。二十二日，「江永」裝鋼條十五噸二千零八十磅。

七月十三日，「公平」裝鐵條一百噸。十六日，「圖南」裝生鐵六十噸。

八月初十日，「江永」裝生鐵三十噸。十一日，「江孚」裝生鐵二十噸。十七日，「江裕」裝生鐵五十噸。二十四日，「江孚」裝生鐵一百噸。

九月十九日，「楚富」裝鐵條二十五噸。

十月初十日，「江寬」裝鐵條五十噸。二十九日，「江寬」裝鐵條四十三噸二千零四十八磅。

十一月二十四日，「公平」裝鐵板條五十噸、鋼軌八噸二千磅、生鐵三十噸，「富平」裝生鐵一百噸。

陳旭麓等《盛宣懷檔案資料選輯之四》漢冶萍公司第一册《出鋼數目光緒二十二年四月十一日起至年底止》 茲將丙申年四月十一起至年底止本廠所出鋼料繕呈鈞鑒。計開：

貝色麻廠：七月份念五起念八日止，計三天。八月份初一起十一日止、十七起十八午止，計十二天半。九月份初六起十一日止、十四一日，計七天。

統煉出鋼筒一千零三十三筒，計七百零八噸零一百二十五己羅。又，廢鋼計二噸零四百五十己羅。

鋼軌廠：七月份念五起至念七夜止，計三天。八月份初一起至十三日止、十六起十八止，計十四天。九月份初六起至十一日止，十四、念八兩日，計八天。十一月份初十起至十五日止，計六天。十二月份十六起至念一日止、念三起念六午止，計九天半。

統軋成鋼軌四百八十七噸半零二百二十八磅。又，條坯等四十三噸零三百六十三磅。又，廢鋼等一百零七噸半零四百零六磅。又，馬丁條坯四百零七噸零三十七磅。四共軋成一千零四十五噸零一千零三十四磅。

馬丁廠：九月念七日開爐至十一月十五日止。

統共煉出鋼筒五百五十九噸六百四十己羅，除已送鋼軌廠軋條坯四百零七噸零三十七磅，尚存原坯鋼筒一百五十二噸六百二十八己羅。

湖北省檔案館《漢冶萍公司檔案史料選編》上册《大冶礦石成本光緒二十三年**正月二十九日》** 遵將大冶礦石運至生鐵爐止約計成本呈請鑒核。

開局起至年底止共運到礦石二萬一千零三十五噸(查稽查處帳)

計開各項經費：

大冶礦局經費銀二萬四千兩

又洋三千五百元，七二合銀二千五百二十兩

又錢二千千文，八三合銀一千六百六十兩

楚強、楚富兩輪船經費銀一千五百兩

又洋六千二百七十元，七二合銀四千五百十五兩八錢四分

又購煤價銀四千一百三十九兩五錢四分

又領廠煤五噸，三六合銀一千八百兩(查煤務處帳)

開運、利運、寶乾、寶坤、寶巽駁船洋二千八百四十一元，七二合銀二千零四十五兩五錢二分

修理輪駁及添換各件每年作銀一千兩

東碼頭司事五人薪火錢四百八十一千零六十六文，八三合銀三百九十九兩二錢八分

又起重機及機器房機匠洋二千二百五十二元零二分，七二合銀一千六百二十一兩四錢五分

又小工起力錢六百五十八千七百八十四文，八三合銀五百四十六兩七錢九分

又起重機、機器房二火車用煤約五百噸，三六合銀一千八百兩(查煤務處帳)

又一、二號火車機匠工食洋一千一百三十七元六角一分，七二合銀八百十九兩零八分

又長、小工錢二百三十七千四百六十四文，八三合銀一百九十七兩一錢

又小工頭工食錢六十四千，八三合銀五十三兩一錢二分

大冶局及東碼頭領用物料合銀四千四百三十六兩(查儲料所帳)

共計銀五萬三千零五十三兩七錢二分

每噸合銀二兩五錢二分二釐零

湖北省檔案館《漢冶萍公司檔案史料選編》上册《生鐵成本光緒二十三年正月**二十九日》** 遵將生鐵爐去年十二月份全月所出生鐵約計成本呈請鑒核。

十二月份共出生鐵一千九百三十五噸(照報單)

計開支用錢文料件：

焦炭一千九百五十六噸，每十二兩，合銀二萬三千四百七十二兩(照報單)

礦石三千四百七十四噸，每二兩五錢二，合銀八千七百五十四兩四錢八分(照報單)

鍋爐、打鐵房用煤五百五十噸，三六合銀一千九百八十兩(查煤務處帳)

修理機件及梓油、汽油、燈油各雜料等件每月作銀一千五百兩(分管章估定)

洋匠三人一六二鎊，合銀一千零八十七兩五錢六分

員司薪火合銀八十二兩

火、釣車各一部機匠工食合銀五十八兩

爐口長工錢五百二十千零八百五十文，八三合銀四百三十二兩三錢一分

工頭、小工錢八十六千文，八三合銀七十一兩三錢八分

篩、揀撿、挑、抬焦炭小工錢二百八十千零五百四十，八三合銀二百三十二兩八錢五分

共計銀三萬七千六百七十兩零五錢八分

每噸約合成本銀十九兩四錢六分八釐

陳旭麓等《盛宣懷檔案資料選輯之四》漢冶萍公司第一册《徐慶沅熟鐵各項工料煤數及貝色麻鋼成本清摺光緒二十三年二月初五日**》** 謹將熟鐵各項工、料、煤數及貝色麻鋼成本繕呈鈞鑒。

計開：

熟鐵胚

生鐵　二十五兩

煤一點七五噸　六兩五錢(三兩七錢一噸)

工　二兩

料　二錢

共三十三兩七錢

鐵貨(圓扁方)

三分至五分扯

胚七七摺　四十四兩

煤二點五噸　九兩二錢五分(三兩七錢一噸)
汽爐煤二點五噸　六兩二錢五分(二兩五錢一噸)
工　四兩
料　三錢
共六十三兩八錢

六分以上拉
胚八一摺　四十一兩六錢
煤一點四噸　五兩一錢八分(三兩七錢一噸)
汽爐煤一點四噸　三兩五錢(二兩五錢一噸)
工　三兩
料　二錢
共五十三兩四錢八分

鐵板胚
毛胚九摺　三十七兩五錢
工　二兩半
煤　五兩五錢五分
共四十五兩五錢五分

鐵板
胚八五摺(本有九摺，邊作半價，合成八五摺)　五十三兩六錢(剪下之邊作五摺)
煤一點五噸　五兩五錢五分(三兩七錢一噸)
工　三兩
料　二錢
汽爐煤　三兩七錢五分(二兩五錢一噸)
共六十六兩一錢

以上之數大致如此，如煤質不能一律，價即稍有高下。

附貝色鋼約價
生鐵　二十五兩(每噸作銀二十兩)
錳　一兩五錢
工　一兩二錢
煤　二兩六錢
焦炭　三兩五錢
雜料　二錢
共合三十四兩

以上估價不用洋匠，如用一洋工師，每噸加銀五錢。

外呈談翻譯來摺。

官就謹肅

湖北省檔案館《漢冶萍公司檔案史料選編》上冊《鄭官應致盛宣懷函光緒二十三年二月二十五日》 敬肅者：鋼廠談翻譯論德培誤工情節頗暢，寄呈鈞鑒，以備一説。既德領事不能令其返滬，當請總署告德公使飭渠遵照合同辦理。克虜伯信已發否？肅此，敬請勛綏。

(附)《談汝康：統合二十二年度鋼廠商辦成本説帖》

謹稟者，貝色麻廠、鋼軌廠、馬丁廠三廠自去年四月十一歸商辦之日起至年底，所用一切開支以及物料生鐵各項約價結總，扯合成本，理應另摺逐項約明，繕呈憲核。

今查通盤合算之餘，鋼軌每噸值銀一百五十三兩五錢有奇，條坯每噸三十五兩，廢鋼鋼軌頭等每噸三十兩，馬丁條坯每噸四十三兩，而未軋之鋼筒每噸竟值一百十二兩六錢八分有零。推求成本所以若是之重，皆由總管不力所致。夫思延請總管之初心何等慎重，居以華屋，享以厚禄，托以全廠，愛敬備至。下則惟命是從，莫敢有忤。此皆爲鐵政之起色全(持)〔恃〕此人。凡爲總管者思何以能報稱之！

憶草創時，英人賀伯生有爲者也，嗣以驕慢而被逐。繼以礦師白乃富替之，用非所長，不無靡費。後來之接其事者，即爲今日之德培。優異待之，必以爲鋼鐵之專門，挽回是易。豈知其急急不惶者，惟恐人之不知其爲總管，身價妄高，日以毆辱暴怒爲事。即洋匠亦鮮有相契合者，輒以不恢其意請去之，另招德匠以補之，只知樹立私黨以長聲勢，至鋼廠如何整作，則非所計也。每日來廠一二次，怒容冷面，令人難堪。常嘵嘵者無非細故，而廠中之爐冷機停，若無所事，更有非紙筆所得盡宣者。若此，官辦亦難持久，況現商辦之局面乎！有以成本詢之，則茫然無對；即有言，無非信口雌黄。烏用是總管爲哉！

竊思所以創鐵政，原爲津漢之鋼軌，是則煉鐵廠，首爲鐵政之根本。然而賴以支持者，則全在夫鋼軌出貨多、銷路廣，或可不致虧摺。今熟思成本之所以重，其故甚夥，且請陳其一二。

一曰廠基未得其宜也。夫鋼廠爲諸廠之首要，自應處於化鐵廠之左右，最妙則莫於起於大爐之前、出鐵之後。即將流質紅鐵直送鋼廠，一再吹煉，即成鋼筒而軋軌矣。如不及，再化冷質生鐵一二爐接之。此比國有是法也。搬運省而雜費輕，時刻減而煉鋼多，關係豈淺！而此則不然，尋常之熟鐵等廠則緊接大爐，最要之鋼廠則遠處廠梢，幾與槍廠爲比鄰，轉輾多、時刻費，較緊接大爐者孰省孰費？而鋼廠所以不易起色，此或亦其一端。然皆前總管不善布置所致也。

二曰雇用洋匠太夥。原夫雇用洋匠，以中國暫時無人而招致之，月費鉅金。凡爲總管者宜如何育人才，去洋匠，節經費，即所以輕成本。何獨爲總管者鮮有以此心爲心！徒知招雇其本國洋匠爲事，未聞裁退以省經費也。查鋼軌廠每月洋匠費約三千金，貝鋼廠千餘金，馬丁廠不下千金。譬諸鋼廠即有利益，一經扣給，雖有利而仍似無矣。況日見虧摺，其將何以堪此！此鋼廠未嘗不因此虧摺，是其二也。

三曰久停工作。伏思去年商辦至年底，計八閱月零二十日。貝鋼廠止做二十餘日，鋼軌廠四十餘日，馬丁廠六十餘日，閑時多，做時少，成本自重。即廢鋼等值亦頗昂，銷諸市上或售之官局，恐未能如願以償。爲總管者宜如何畫策何術而可以接連工作，如何而可以不曠時日，若何變法而煉鋼快速，如何而可以減輕成本，奈何一不出此！可知停爐一日即成本加重一日，一任其爐停廠静，不顧成本之加重，而鋼廠所以之虧摺，此其三也。

四曰虚縻歲月，不速振作。夫總管者綜理廠務，亟應條陳布置，務期盡善而後已。至已有之器具，理應按時工作，如六十、七十磅之鋼軌是也。出貨多，成本自輕，未聞有貨而無銷路。猶之生意，貨足然後銷路廣，豈有無貨以待銷路！憶去年津漢鋼軌之尺度未知，而别項亦不作，天下寧有是理哉！如器具不善，譬諸貝廠之生鐵爐太小，化鐵吹風之機之力太薄，鋼軌廠壓軌刮頭等機之不敷用，軌軸大者之尚無，或添置，或改造，俱總管早宜籌及之。詎知至年底依然無變改。此鋼廠所以虧摺，此其四也。

又曰修軸需匠，勢所然也。招致華匠一名，先做樣板家俱，送往德培驗看，未審如何而曰不合，必招德匠而後已。迨來時悉照前樣車修，一無能耐。此每月四十五鎊，非又擲之於烏有之鄉耶！

種種謬戾，莫可盡言，兹則叙其著者而已。兹值合計成本，冒昧及之，尚祈原宥，不勝惶悚之至。

談汝康謹禀

〔再附〕《談汝康：二十二年度鋼廠商辦約合成本報摺》

謹將光緒二十二年份四月十一日歸商辦之日起至年底貝鋼廠、鋼軌廠、馬丁廠三廠所用員司華洋工匠小工等薪水工食雜費以及購用各項物料價值，并將所出鋼若干噸數扯合成本，理應逐項約明繕呈鑒核。

計開：

貝鋼廠計共做二十二半，鋼軌廠計共做四十天半日，開支項下：

一、支洋匠煉鋼師薪水盤川等約四千五百五十七鎊，六兩五，合銀二萬九千六百二十兩零五錢。

一、支員司薪水伙食每月約五十二兩零一分三，共合銀四百六十八兩一錢二分。

一、支各匠藝徒工食每月約六百九十五兩二錢八分六，共合銀六千二百五十七兩五錢七分半。

一、支長工小工雜工等工食每月約二百二十三兩三錢四分，共合銀二千零十兩七分六氂六毫。

一、支煤炭除劃鐵貨廠報一千七百十八噸三，實用煤三千二百二十八噸九，三兩六，合銀一萬一千六百二十四兩零四分。

一、支用生鐵七百九十六噸零七百五十己羅，二十兩，合銀一萬五千九百三十五兩。

一、支用焦炭一百八十四噸二十己羅，十二兩，合銀二千二百八兩二錢四分。

一、支用白石八噸四十五己羅，二兩五，合銀二十兩一錢一分二氂半。

一、支用錳鐵錳精沙鐵廢鋼共十六噸四百零五己羅，合銀六百十兩一錢二分。

一、支用修理機器、翻鑄鋼模每月約一千兩，共合銀八千六百六十六兩七錢。

一、支用洋火磚泥水木工，約合銀三千四百六十六兩七錢。

一、支用庫房各料約合銀二千六十九兩九錢六分三毫。

以上共計銀八萬二千九百五十七兩一錢三分四釐四毫，除馬丁廠應貼還鋼軌廠烘軋馬丁條坯所用煤炭人工雜費每噸銀八兩，計四百七噸零三十七磅，合銀三千三百五十七兩零三分六，應劃歸馬丁廠項下外，實在約支銀七萬九千五百九十九兩七錢七分四釐四毫。統共煉成鋼六百三十八噸九百九十七磅，計軋成鋼軌四百八十七噸二百二十八磅，每噸扯合成本銀一百五十三兩五錢五分三釐一毫，合銀七萬四千八百五十八兩六錢八分二釐四毫；軋成條坯等四十三噸三百六十三磅，每噸扯合成本銀三十五兩，共計銀一千五百十兩六錢五分二釐。軋成鋼頭廢鋼等一百七噸半零四百六磅，每噸扯合成本銀三十兩，共計銀三千二百三十兩四分四釐。

以上三共合銀七萬九千五百九十九兩七錢四分四釐四毫。

馬丁廠開支項下：

一、支洋匠工食盤川約一千另六十六磅，六兩五，合銀六千九百二十九兩。

一、支用司事薪水伙食銀一百十四兩五錢八分。

一、支用工匠長工小工工食合銀一千一百九十八兩七錢五分二釐。

一、支用生鐵一百九十一噸零七百八十己羅，碎鐵二百九十五噸零七百十己羅，二十兩，合銀七千九百三十五兩二錢八分。

一、支用東洋煤等八百八十九噸，四兩五分，合銀四千兩五錢。

一、支用貝廢鋼頭一百五十一噸四百七十己羅，三十兩，合銀四千五百四十四兩一錢。

一、支用石灰礬精共合銀一百六十二兩八錢九分八釐。

一、支用礦石五噸七百八十己羅，二兩五，合銀十四兩四錢五分。

一、支用沙鐵矽鐵錳精錳鐵六十八噸零二百八十五己羅，合銀二千六百三十七兩三錢。

一、支用庫房物料約三百三十五兩六錢八分五毫。

一、支用修爐翻鑄鋼模約一千三百兩。

一、支用修爐洋火磚約六千塊連碎運費每塊三五，合銀二千五百十二兩。

一、支用泥水木工等約合銀六百六十四兩四錢。

一、支認還鋼軌廠軋坯貼費銀三千三百五十七兩三錢六分。

以上共支約銀三萬四千七百六兩三錢五毫。

統共煉成鋼五百五十九噸六百四十己羅，軋成條坯計四百七噸三十七磅，

每噸扯合成本銀四十三兩，共計銀一萬七千五百一兩六錢七分一釐九毫；未成條坯鋼筒一百五十二噸六百二十八己羅，每噸扯合成本一百十二兩六錢八分二釐八毫，共計一萬七千二百四兩六錢二分八釐六毫。以上兩共約銀三萬四千七百六兩三錢五毫。

湖北省檔案館《漢冶萍公司檔案史料選編》上册《密楷致盛宣懷函光緒二十三年二月》

盛大人鈞鑒：

敬稟者，本月十五日面陳擬造大冶化鐵爐情形，并漢陽廠鐵爐每月出鐵數目，承諭具録呈覽。按日前奉吕柏所擬新式化鐵爐圖樣，計爐兩座，每爐每日可出鐵一百五十噸至二百噸，每次開護可出鐵三十噸左右，此爐之布置以備燒白煤或燒焦炭，惟大人酌奪之。據吕柏估算，用白煤每噸鐵約合銀六兩；用中國上等焦炭，每噸鐵約合銀七兩；其一切起造工料，約需銀五十萬兩。此費不過五年，即可收回，以每爐每年盡有二十餘萬兩之出貨也。計兩座爐所應用材料約重四千噸，設由比國運來約需運費五萬餘兩。吕柏囑爲代稟大人，若能於招商局派船到翁拜司（比國海口）運此材料，吕柏許裝滿此船，不令空行，於招商局亦有利益。至擬造此爐工程內，又備有卧式生風機三架，一留備用，每機每分鐘可生風七百邁當立方。以現時而論，有兩座鐵爐，盡可敷用。若建造多座，費用自省。使此爐能靠山而設，則一切自行上下汽機皆可不用，但作一條懸空鐵道，令礦苗及煤炭直運至爐口上倒入，更覺省事。吕柏又稱，敢保此項工程需時不多，并不至較諸歐洲更費矣。肅此，敬請勛安。

密楷謹上

附呈漢陽廠化鐵爐自一八九四年六月二十八日起至一八九七年正月三十日止，所有出鐵數目：

一八九四年六月二十八日至八月十五日共出鐵一千八百噸；九月初三日至三十日共出鐵一千一百九十二噸；十月初一日至十一月初一日共出鐵一千六百四十三噸。

此時焦炭缺乏，乘停工之日以辦修理工程。

一八九五年九月十六日至三十日共出鐵五百三十九噸；十月份出鐵一千六百五十六噸；十一月份出鐵一千九百三十八噸；十二月初一日〈至〉初五日共出鐵二百二十六噸。

自九月十六日起，十二月初五日止，所用焦炭，含炭灰百分之二十至三十，

含磺百分之五，此時爐工停止三個月，至明年三月間始起。以下所用焦炭，含炭灰百分之三十至三十八，含磺百分之五。

一八九六年三月份出鐵七百一十八噸；四月份出鐵一千零三十五噸；五月份出鐵一千三百七十二噸；六月份出鐵一千五百六十噸；七月份出鐵一千七百二十三噸。

由七月起所用焦炭，含炭灰只有百分之十五至二十，含磺百分之零五至一。八月份出鐵一千四百四十八噸；九月初一日至初三日共出鐵一百二十一噸。

此時德培建議拆毁鐵爐，而吕柏主議暫行停工兩個月，因此爐工停止兩個半月。厥後定議開工，其所用焦炭含炭灰百分之八至十五，含磺百分之零五至一。

十一月十五日至三十日共出鐵一千零一十六噸；十二月份出鐵二千零六十三噸。

一八九七年正月份出鐵二千零一十四噸。

陳旭麓等《盛宣懷檔案資料選輯之四》漢冶萍公司第一册《吕柏致盛宣懷函》 敬肅者：西曆去年九月初一日，化鐵爐爲事情未能應手，暫行停爐，其原故在於焦炭難供足用。至西曆十一月十四日復行開爐升火。仰見憲臺信用，吕柏言無不從，理宜將化鐵爐情形并爐中應用料質煉成生鐵數目，等第詳陳鈞鑒。

前曾奉諭爲焦炭不足，於去年九月初三日暫行停爐二個月，就此停爐時候運積焦炭。至十一月初一日約積三千噸，因此局中復令再行開爐。吕柏竊揣所積之炭尚屬無多，當計及冬令天津封河不能轉運接濟。化鐵爐既已停工，無妨多停時日，免日後再有棘手。但憲諭諄以開爐爲妥，即於十一月十四日開爐升火。爐中情形極見順適，并不爲難，似與未曾停爐一般工作。十八日出鐵七十噸，十九日出鐵八十噸，均是上等生鐵，可供百色麻煉鋼之用。按日二十四點鐘計算，可出鐵六十五噸、七十噸不等，極多至七十五噸、八十噸爲度。所配焦炭尚稱合式。且目下所用鐵礦之質多係碎塊或礦粉，若此似當多耗焦炭，算來焦炭之數目并不過多。將十一月十四日起至三月初一日止，開列表數於後。

計開：

十一月十四號至十二月一號，得上等生鐵一千零十六噸五十啓羅。每百啓羅生鐵用焦炭一百零七啓羅。

十二月一號至三十一號，得生鐵（上等）二千零六十二噸六百九十五啓羅。每百啓羅生鐵用焦炭九十八啓羅八。

正月一號至三十一號，得生鐵（上等）二千零十四噸四百五十啓羅。每百啓羅生鐵用焦炭一百啓羅八。

二月一號至二十八號，得生鐵（上等）一千八百三十五噸七百五十啓羅。每百啓羅生鐵用焦炭九十九啓羅九。

照此數表，考究現在出鐵之數比較未停爐之前多，且系上等之質。去年三月化鐵爐不甚順手，系馬鞍山之焦炭灰質過多，每百分灰四十分、磺五分。彼時未有上等焦炭參用，必須勉强用此馬鞍山之炭，以致化鐵爐工作甚險，出鐵無多，又是下等之鐵。如用此種壞炭，還是停工停爐爲妥。留此化鐵爐尚可復生利益，從前所費之款盡可取償，又可生息。兹將去年三月所用焦炭、所出之鐵列表於後。

計開：

三月分得生鐵七百十六噸六百二十啓羅。每百啓羅生鐵用焦炭一百七十四啓羅四。

四月分得生鐵一千三十五噸一百一十啓羅。每百啓羅生鐵用焦炭一百三十六啓羅一。

五月分得生鐵一千三百七十一噸五百啓羅。每百啓羅生鐵用焦炭一百零一啓羅二。

六月分得生鐵一千五百六十噸零十啓羅。每百啓羅生鐵用焦炭九十八啓羅二。

刻下出鐵之數，約比從前雙倍，所用焦炭之數，亦見相宜。自去年十一月十四日起出鐵及用炭之數，每月各相同，不甚懸殊。即有停爐數點鐘之久，亦系應當暫停修理機件。尚日後均用好焦炭，接聯不斷，礦質合式，尚可多出生鐵。

【略】

以上所陳各節，即有一二參差，望嗣後各相考究，致廠務起色終底於盡美盡善，以副憲臺大人爲國富强之至意。吕柏素荷信用，感激莫名。肅此，敬請鈞安，伏祈崇照。

吕柏謹呈。

陳旭麓等《盛宣懷檔案資料選輯之四》漢冶萍公司第一册《許寅輝鋼廠説略光緒二十三年三月》　謹將貝色麻、鋼軌廠近年積弊及現在略加整頓，逐條恭呈憲鑒。

計開：

一、從前工匠工食多寡不均。有年久藝精者辛工不厚，新匠手藝平常者辛工反優。名爲洋匠考進，實則由得賄者在洋匠前標榜，及奉批減一二元，又唆洋匠多方齟齬，故藝精者多有告退之舉。近來已詳商洋監工，此後新匠必詳加考察，秉公定給工食，不准匠頭擅薦私人及唆洋匠重索工價；一面安撫未去可造之匠，竭力工作，辦有實效，當稟請酌加工食。

一、從前工匠每早開工領牌，常有本人不到，托他匠代領，放工代交，不獨停工時爲然，即開工時亦往往有之，而每月之薪工冒領如故。近已詳商提調，稟請總辦剴切曉諭，一面切實開導各匠痛改前非，故各匠漸就範圍。

一、從前匠目作事不能持平，倚勢洋匠，偏袒私人，故衆匠不服調度。近將匠目分作十人，各專責成，以分其權勢，則該匠目不致擅作威福。

一、從前人工浮冒無度，有人一日而獲雙工者，甚至日夜開工而得三工，上下串同舞弊，習爲固然。近來盡行裁歸一工，每日與洋匠隨時查察，故浮冒之弊漸次清釐。

一、從前每日所領物料，上下任意濫用，甚至携出售賣。近來領來物料，嚴囑各匠加意儉省，并每匠發簿一本，令其每日用物若干，隨時登簿，暗中復親自密查。并許衆匠如查出有人携物出廠，立刻來報或扭其前來，當給重賞，各匠互相箝制。仍將領來可充家用如猪油、菜油等，飭人用洋油涂和而後發出，縱使携回亦無所用。（〔鄭官應批：〕宜當衆人面下洋油，免其誤食。）

一、從前所領煤炭及一切物料，無人監磅打碼，憑單所書若干，是否收到若干，無人過問。有時憑單已發或批發所無此物，抑或不敷原開之數，但憑口語，并不將憑單上及領簿上注明分量之參差。物件之多寡，無人查考，亦不具册上報。近來，每次煤炭到廠派人監磅打碼，磅清後核算核對，或多或少，即在憑單上注明。即向收發所領來之物，必須驗明，如有參差，即在領簿上批明，迨至造月時庶昭核實。

一、從前拉鋼軌每日約六七十條，只一次拉成九十六條。近來，每日竟拉成一百五十五條。從前煉鋼至多八九爐，昨日竟煉成十爐。從前壓直至多日三十一條，近則五十條左右。刮鑽日十八條，近則三十餘條。（〔鄭官應批：〕此皆堪納地善於駕馭洋匠，不獨人手熟而已。）

一、從前鍋爐每日開八爐時用生煤三十餘噸。近與鍋爐匠目黄綿詳考省煤之法，於二月初由該匠將鍋爐近烟囱之處加砌火磚，使火力洪而不散。業經砌成八爐，監磅試燒，較未砌火磚之爐每日合省煤噸餘。以萍煤計之，省銀三兩六錢。以年月計之，即成鉅款。尚有三爐未砌火磚，以便比試。月前曾經繕具説帖，請總辦暨提調派熟悉機器之信員前來試燒，明確獎賞該匠，以示鼓勵，尚未奉批。（〔鄭官應批：〕應由總監工考驗。）

一、今年新增工匠及填補之工匠約十餘名，均照前匠每名減訂二三元，此實從無可撙節中力求撙節之法。

一、工匠小工，無人嚴查，則偷惰易。夜班工匠、小工、巡丁、更夫，無人稽查，則偷睡易。況夜間工匠、小工、巡丁、更夫等皆圍大爐燒大塊煤炭，既無夜班司事，何人查察。卑職則先司事到廠，後司事出廠，每夜不分遲早，必須到廠嚴查，并禁一切惡習。如冬令更夫無火則不能坐而貪眠，必至行走以御寒冷。查各工匠每夜作夜工者，另加工食一工半，卑職自稽查夜工及巡更以來，及今數月，藉勤補拙，并未另行開報工食分文。

湖北省檔案館《漢冶萍公司檔案史料選編》上册《鐵廠日需焦炭萍煤約數光緒二十三年五月十八日》　茲將洋匠及各董核算各廠日需好煤、焦炭約數列呈鈞鑒。

貝色麻日工每爐用焦炭一千二百八十啓羅（每日頭一爐加焦炭六百四十啓羅），每日約煉十爐，共用焦炭一十三噸四百四十啓羅。做夜工照日工計，一晝夜約用焦炭二十七噸。

化鐵爐一晝夜約用焦炭七十噸。

以上兩共用焦炭九十七噸，每月約用頂好焦炭二千九百十噸，如有碎屑，皆須剔出。據煤務處潘誠齋等云，照數至少須加不能用者十分之一，（〔鄭官應批：〕加二百九十一噸，共計三千二百零一噸。）連翻砂廠日用六七噸，（〔鄭官應批：〕月需二百噸。）統計月需焦炭三千四百零一噸。查照春間化鐵爐報單所報煉貝鋼生鐵材料數核計，約用開焦十分之六。由五月半起至明年正月望止。計八個月，應用開焦一萬六千三百二十噸。

鋼軌廠每爐用烘鋼萍煤七噸，烘鋼爐現開兩座，每日約用十四噸，做夜工照日工計，一晝夜約共用煤二十八噸。

馬丁廠每日煉一爐用萍煤十五噸，開兩爐加五噸，現在每日煉兩爐用萍煤二十噸。

火車、鈞車用萍煤約共十噸。

炒鐵用萍煤十三噸。

以上四共每日約需萍煤七十噸，每月約需二千一百噸。恐風雨阻滯，必須時存數千噸以備不虞。

陳旭麓等《盛宣懷檔案資料選輯之四》漢冶萍公司第一冊《盛春頤等致盛宣懷函光緒二十三年七月初三日》

敬稟者，本月初一初二等日連肅兩稟，計當次第上邀鈞鑒。茲將廠務紊亂情形謹分條布列於後，應如何認真整頓，爲鐵廠維持節省，以扶危局之處，候示遵行。

一、查廠中除總翻譯外，所有各廠副翻譯已不爲少。今總監工驟添各廠副翻譯六七員名之多，每月添出薪伙約計百數十金，大半系耶穌教内之人。尚有嚴翻譯一人，（似係顏姓，應不允。）在廠已住有月餘，尚未批給薪伙，聞此人開薪總在百元百金之譜。

一、查各廠五六兩月新添工匠，又匠人加薪，又長工改升工匠，約計每月添出此項開支一千一百三十餘元之多，并同新添翻譯，另摺開呈。查長工向止按日按名給錢，不做工即不給錢，今改升工匠，則每月均有工食，長短多寡懸殊，且仍須招用長工，殊非節省合算之道。

一、查打鐵廠添補工匠，多係上年開革，如譚光倫前因工劣不力及盜賣鋼鐵開革，今謀許啓邦保薦復充匠目，月定五十元；又許元友即許啓邦之弟，月定三十五元；又匠目向止一名，此廠匠目多至三名；又李新在上海每月不過三四元，今月定十五元；林官在上海每月亦止三四元，今月定十二元；周樂鍋爐廠幫工實值不過六七元，今月定十五元；又甘福興原日在化鐵爐十八元，現定二十二元。由化鐵爐匠目轉薦。

一、查機器廠匠目甘發苗，考其工藝不佳，圖樣不識，只值工價二十元，今藉許啓邦之力，月定六十元。又梁旭本擬充當副匠目，嗣因開工造壞機件，後改充車牀匠，月定三十元，實值不過十五六元。新添管家具司事鄭復元，螺絲公母未能辨別，月定薪伙十三元，實止值四元。其餘概可想見。

一、查翻砂廠工匠李岳成，即杜成，去年減去工價，不就辭去。因在上海無藏身之地，今串通許啓邦及該廠匠目李家紹，貪謀改名李岳成，復充工匠，月定二十八元，原(日)(月)二十六元。又新添呂觀仲，實姓李，在上海每月十二元，今月定二十八元，譚俊在上海每月十四元，今月定三十元。李悅安、李華顯均李家紹兄弟，在上海十三元，今李悅安月定二十八元，李華顯月定二十四元。陳阿草，本廠藝徒，原日五串文，今月定十五元。盡以私情開報，糜費殊甚。

一、查翻砂廠近來鑄辦各廠大件之料，鑄壞不能用者甚多，計款甚鉅。其餘鑄壞小件，不一而足。如馬丁廠水力機器底板二塊；貝色麻廠壓鐵路機器拖板六塊，軸座二個，汽筒一個，壓鐵路機器另件七八件。又化鐵爐鐵水管亦已鑄壞，共耗生鐵、焦煤大小各工約洋一千一百餘元，徒費工料，皆管工不力，工目疏懶之弊。

一、查貝色麻廠漏弊最多，查工匠所用銼刀、機器油、棉紗等，恃總監工之勢，該工匠任意浮領浩費，稽核、收發兩處概不敢核減，日積月累，其款甚鉅。如此情形，豈能於廠有益。

一、查貝色麻廠工匠羅浩然，查系槍炮廠藝徒，前充貝色麻工作，復又就槍炮局炮架廠工作，夜間充當貝色麻工作，每夜上工不過半點、一點鐘時。今串通此廠司事，按照夜工開報，以一人充當兩廠工作，監工者不能考查，徒費辛工。此種情形，所以不能盡恃洋人，必須華人兼管。卑府前致姚魯泉函，即本此意。

一、炒熟鐵廠自三月停工後，機器汽錘等件無人經管，業已生銹不堪，且有損壞者。卑府等意謂該廠停工仍發半價，似應隨時飭派該匠人擦磨干淨，修理完善。上以白漆牛油，以備後用。該廠現歸堪納第，可否飭令照辦，候示遵行。

一、查炒鐵廠工作，熟鐵歷試無利，以爲華人經管不力。前經洋總監工接辦，詡有新法改造，所有舊爐全行拆去。刻查其實悉依舊樣做成，并無奇謀異制。將來開辦，亦未必能有起色。徒費拆造經費二千五百餘兩。

一、各廠製造修理各項貨物，總當先行知照總稽核處，再行修造，方有稽考，方不謂之私造。今聞各廠私造貨物甚多，并不經由總稽核，實一漏卮。現尚逐細密查。即如翻砂廠匠目李家紹私造阜昌行茶磚用點銅錫公司印二百個，共重七十餘磅，約計費工料一百餘元之多。確有憑據，其模樣已經拿獲在此。

一、查「楚富」、「楚强」兩輪，從前每月海輪赴廠請領公費銀四十兩，一切不問。自換辛洋人管理之後，五月分共領材料銀三百數十兩；六月份共領材料銀一百六十餘兩。此外尚須另爲出錢添辦貨物，似覺糜費太鉅。且辛洋人性情剛愎，屢次滋事，已由卑職得福另稟肅泐，虔叩崇安，伏祈垂鑒。

陳旭麓等《盛宣懷檔案資料選輯之四》漢冶萍公司第二册《盛春頤上盛宣懷稟光緒二十四年六月十三日》 敬稟者：竊漢陽鐵廠於光緒二十二年四月十一日改歸憲臺接辦後，迄未匯結全廠盈虧總數，無以見鐵廠之實在難易，抑亦無以比較遞年增減贏絀之實在情形也。爰按分年結總之法，遵示仿照招商局章程，先就是年四月十一日起至年底止，通盤查核，悉心會計，標列綜結、虧結兩大綱，條分縷晰，寓繁於簡，纖悉無遺，匯開總册。統計綜結項下，廠該各處款銀八十一萬二千七百五十五兩四錢八分六釐，廠存各處款銀十六萬一千兩零零八錢零七釐，各處欠廠款銀三萬一千四百六十一兩二錢六分六釐，廠存貨料銀十八萬六千六百六十二兩一錢二分，廠存成本銀十二萬五千九百零二兩八錢一分八釐。虧結項下，實支銀五十四萬五千四百零三兩二錢九分九釐，除進各款銀二十三萬七千六百七十四兩八錢二分四釐，淨虧本銀三十萬零七千七百二十八兩四錢七分五釐。此皆光緒二十二年四月十一日接辦起至年底止，結出虧本之確實數目也。除自二十三年以後逐年盈虧總數概由總稽核處造册結報外，合肅稟，乞憲臺鑒核，虔叩崇安。

陳旭麓等《盛宣懷檔案資料選輯之四》漢冶萍公司第二册《1894 年 6 月至 1898 年 11 月漢陽鐵廠出鐵清單光緒二十五年二月》 漢陽鐵廠化鐵爐于西曆一千八百九十四年六月八號起至一千八百九十八年十一月十五號止，所有出鐵噸數及停煉日期，開列於左。

計開：

西九一四年六月二十八號至八月十五號止，共出鐵一千八百噸（八月十五停，至九月三號開）。

九月出生鐵二千一百九十二噸。

十月出生鐵二千六百四十三噸九百記羅（因焦炭缺乏，停煉熄火）。

西九十五年八月十六號開煉，至九月底止，共出生鐵五百三十八噸九百記羅。

十月出生鐵一千六百五十六噸二百記羅。

十一月出生鐵一千九百三十八噸七百記羅。

十二月出生鐵二百二十八噸五百記羅（因焦炭缺乏停爐）。

西九十六年三月一號開爐，至月底止，出生鐵七百十六噸六百記羅。

四月出生鐵一千零三十五噸一百記羅。

五月出生鐵一千三百七十一噸五百記羅。

六月出生鐵一千五百六十噸。

七月出生鐵一千七百二十三噸二百記羅。

八月出生鐵一千四百四十七噸六百記羅。

九月出生鐵一百二十一噸（焦炭缺乏停煉，至十一月開爐）。

十一月出生鐵一千零十六噸一百記羅。

十二月出生鐵二千零六十二噸七百記羅。

西九十七年正月出生鐵二千零十四噸五百記羅。

二月出生鐵一千八百三十五噸八百記羅。

三月出生鐵二千一百十七噸九百記羅。

四月出生鐵二千零四十四噸四百記羅。

五月出生鐵二千零七十四噸。

六月出生鐵二千零七十一噸。

七月出生鐵一千九百八十五噸。

八月出生鐵一千八百五十七噸四百記羅。

九月出生鐵一千九百六十四噸。

十月出生鐵二千二百四十四噸五百記羅。

十一月出生鐵二千二百四十七噸一百記羅。

十二月出生鐵一千三百四十七噸三百記羅（十九號至二十九號停爐修理）。

西九十八年正月出生鐵一千五百零三噸四百記羅（二十九號炭缺停，至三月二十四號開）。

三月出生鐵五百零三噸三百記羅。

四月出生鐵一千五百零六噸二百記羅。

五月出生鐵二千一百噸一百記羅。

六月出生鐵二千一百□四噸九百記羅。

七月出生鐵一千九百六十噸。

八月出生鐵一千九百六十四噸。

九月出生鐵一千九百二十一噸。

十月出生鐵一千八百五十八噸（修理出灰巷灰停五日）。

十一月(一號起至十五號止)出生鐵一千一百三十二噸三百記羅。

陳旭麓等《盛宣懷檔案資料選輯之四》漢冶萍公司第二册《解茂承致盛宣懷函光緒二十八年二月二十四日》 敬禀者，謹將卑局應行變通各節，分條開列於左：

一、材料處創設未久，楊令志超耐勞認真，可期整頓。該令前請親老銷差，嗣查半因家寒，別圖就緒起見，擬懇俯准據請札派下陸局委員，仍兼材料處，月共支薪五十兩，局費四十元，事權屬一，免其中或向或背，易見考成。其原派下陸姜分董兼保甲葆仁，擬請調補得道灣分董空缺，薪費仍照原支。惟楊令兼充下陸局委，考查各局材料，勢有難周，擬將該局添稽查一員，月薪十二兩，以期分赴各局，隨時查考。以上各薪費，均自接管之月開支。

二、白楊林續開錳廠，擬不派分董，自正月起，暫派司事一名，月支六兩，火食三千。又巡兵二名，各月支三兩。

三、自開運日礦，事增大半，所有首領，除材料處蒙憲添設外，余仍當日僅辦漢礦原人，而司事中不過微有增添，亦係一人至少兼充兩事。遇有請假，或病或退，便極竭蹶。蓋平時已有兼任，兼而又兼，究多勉强。雖因撙節經費起見，亦實因引用新人，未經體察，遽以皮相任事，鮮有終局。擬自本年起，略師胡文忠寶善堂餘意，歲提專款若干，訪有偏長足取，落落不遇者，酌給火食月費，不得過十人，留之總局。先察其品行，并長於何事，再使之熟悉情形，遇事差遣，試其可信，即作爲備員，以資分派幫辦更替之需。凡事因人而成，然非得躬行實踐數輩，究不足相與有成，違論擴充。蓋先事得人，不勞而力，臨事察人，鮮克有終也。

四、大冶自奉諭旨改科，總里等紳接見屢次面談，不特學堂無費可設，即籌備購時學書籍，迄無着款，士子進取，茫無門徑，舉境皇皇。伏查我局自接辦以來，僅窮民以力資生，獨士子未嘗叨惠，擬請於年收火車票費抽提四、五百元，將現時科場應用書籍，擇要購取。係以該處所收之外費，補綴該處之公舉，稱，奉憲飭冶局酌提公項捐購之書，爲一方士子肄業之助，移縣立案，發存書院，是不異興廢繼絕，愛戴可永不磨。況維繫士心，亦疏通礦務之一術也。

五、車票價，向不攤入礦價，例爲餘款。擬改提存，專作公舉，年尾報銷。

六、銀錢册銀數，查他局均算至釐止。冶局自本年起限以毫止，以歸簡易。

七、員司火食，向發洋元，如司事等每月三元。近年銀價日貶，米蔬日漲，除額發外，仍須自行貼補。擬請自本年起，改洋爲錢，通計每月增費不過廿餘千之譜，免其自貼。

八、日礦華、洋員司花紅，去夏曾呈手摺，限定不加薪水，果有餘利，作十三股擬提，以十股提歸督辦，以三股歸局，按責成之輕重，定分紅之等差，核列名數，開單呈請督辦核准分發。日礦開運共三十六次，計餘利六萬四千二百六十兩有零，即以六萬四千二百六十，分十三股，每股四千九百四十三。事關群策群力，本非卑府一手一足所克臻此，非示鼓勵，無以固人心而策將來，可否照擬准作股辦，抑暫酌提若干，分等酬勞，俟今歲年結，再爲匯核定章，以彰憲仁之處，核示遵行。此禀，恭叩崇安。

陳旭麓等《盛宣懷檔案資料選輯之四》漢冶萍公司第二册《李維格致盛宣懷説帖光緒二十八年八月二十五日》 謹擬漢陽鐵廠減輕成本、廣籌銷路辦法用款，開呈鈞鑒。

辦法

一、以鐵就煤　詢諸鐵商，上海一埠每年共銷熟鐵約值銀百餘萬兩，釘條爲正，圓扁次之，徵諸關册所載略同。漢廠本煉熟鐵，因煤價昂貴，不能與洋鐵爭勝，故機爐雖具，而已廢置多年。夫煤價昂貴，由於運艱道遠，每萍煤一噸在廠交貨，需洋例銀五兩半，日本煤須六七兩。又，因煤多攙雜，汽鍋相距太遠，烘爐無鍋生汽，煉成熟鐵一噸須用煤六七噸，煤本即已三十餘兩。據萍礦總辦張道贊宸面稱，萍煤在礦價止一兩，且盡用大塊。若自萍運漢，則不特大塊成末，火力遠遜，而船户沿途攙雜，防不勝防。是則欲煉熟鐵，非以鐵就煤不可。蓋生鐵煉熟，火耗至多十成之二。就萍煉鐵一噸，止須運往生鐵一噸有零，即由轉運萍煤回空船只帶往，運費可輕；至煉熟以後軋成通行花色，發往湘潭、長沙、常德、漢口、上海等處分銷。地踞上游者尤易與洋鐵爭勝，彼愈遠而我愈近也。

今將煉熟成本，近日市價，開列於後，以備參考。

熟鐵每噸成本約數：

生鐵一噸半	銀三十七兩半
大塊好煤四噸半	銀四兩半
人工雜料	銀五兩
運費至上海	銀六兩
廠本息	銀一兩四錢

行本息　銀五錢
機器摺舊　銀六錢
修理　銀一兩
有餘不盡　銀一兩
共五十七兩五錢

近日市價，本月二十三日市價每擔銀三兩六錢五分，每噸合銀五十九兩三錢三分。

照上所開成本、市價，每噸可餘銀一兩八錢二分。倘能生鐵爐兩座齊開，萍漢運道通暢，盈餘當不止此。縱使無餘，甚且摺閲一二兩，爲銷生鐵計，煉熟亦尚合算，因中國熟鐵用繁而銷暢，生鐵用簡而銷滯也。

一、烘爐加裝汽鍋　鋼鐵坯未軋之前，必須烘至紅透始上軋機。聞洋廠烘爐必連汽鍋，因爐火除烘坯外，尚有餘力可以蒸汽。就廠烘爐之數而言，若加裝汽鍋，至少可省專爲蒸汽之鍋兩座，即每日可省煤二十噸，以每噸銀五兩計之，每月可省銀三千兩。倘貝色麻廠能改用鋼坯留熱之法，不用烘爐，則所省尤鉅，而鋼質益良。蓋留熱之法，鋼坯竪立，渣滓上浮，截去其端，即全體匀浄；尤可取者，留熱之坯，熱度内外一律，不若爐烘之坯，熱度參差，軋軌時易致損裂也。

一、生鐵爐徑送鐵水　現在貝色麻生鐵系成條後復用焦炭熔化煉鋼，而洋廠則由生鐵爐徑送鐵水至貝廠者，多不待其成條後而又復熔。以復熔條鐵所需焦炭，漢廠月用四百餘噸，即每月糜費銀四千餘兩，且不獨糜費焦炭已也。一經復熔，□火耗愈多而磷磺加重矣。

一、預備兩爐齊開　生鐵爐兩座齊開，必須添置打風機一架，上料升降機一架，高白爐三座。惟生、熟、鋼銷路未暢之前，擬仍開一座，以免貨擱。而機爐則不能不先事豫備，寧已備而不用，不可欲用而未備。蓋訂購裝配，至速亦須半年之久也。

一、自煉錳精　酸法煉貝色麻鋼，必須加用錳精，以補足炭氣。現錳精皆購自外洋，價值奇昂，每噸須英金二十鎊左右，合銀一百四五十兩。每年約用四百餘噸，即須銀六萬兩左右。查興國州錳礦含錳尚多，擬自設爐座仿煉，以輕成本。惟聞外洋鍛煉錳精之礦含錳百分中四十餘分，興錳是否合煉，尚待考訂。

一、游歷洋廠　中國各省官廠皆有常年經費，官造官用不計成本。今漢廠欲與洋廠争勝而全恃銷路自養，則材料、人工必得一無遺算，始克希幾。外洋鐵廠積數十百年之閲歷，可法必多。擬請核准卑職偕同徐倅慶沅至歐美各廠游歷一周，以五六月爲期，考訂煉法。辦法期在兼收衆長，一無遺算。而尤急者，爲考訂萍鄉熟鐵廠應添汽機馬力若干，軋軸速率多少，釘軸之如何修造，爐座之如何築砌，必須先考後購，始免鑄錯之弊，若懸擬訂購，則終難悉臻妥善。在卑職等不辭遠涉重洋，無非念鐵政爲中國一大要政，坐視廢弛，或入外人之手，天良稍具，不能漠然不動於中。徐倅究心鐵政十有餘年，華人中實罕其匹，今爲保全中國自有利權大計，已允偕行，此漢廠之幸也。

以上所擬辦法能否克底於成，全恃款項之能否周轉，心力之能否精果爲斷。至兵災非常之變及外人把持不用我軌，則非所論矣。

用款照以上辦法，能否有效，殊難預必；縱使有效，亦在三年以後。此三年之中，以月出鋼軌千五百噸，近日軌價六鎊五先令合算，連零件每月入款約在七萬左右；生鐵一宗，姑擬月銷四百噸，以近日鐵價二十五兩計之，月入一萬。軌、鐵兩項每月共入八萬。而出款則非十萬不可，月計歲會，一年摺閲約在二十萬左右。故此三年之中，若鐵價不漲，銷路不暢，即層層撙節，逐年遞減，而所耗必鉅，此預備虧本之大略情形也。至添置項下，則價值有漲落，運脚視水旱，不能預定。姑將用款約略開呈，聽候裁奪。

一、預備虧本項下：

萍鄉每月焦炭價款關係重大。電報有不通之日，一時無款可應，呼吁無門，勢必坐視決裂，全局瓦解，此任事者所朝夕惴惴者也。擬請在預備虧本項下先撥銀二十萬兩，匯漢分存銀行銀號，非至急不能動用，使任事者得以安心辦事。

一、添置項下：

熟鐵廠應添
鐵屋一所　約銀四萬兩
汽機一副　約銀一萬二千兩
剪牀兩副　約銀二千兩
鍋爐二十八只　約銀四萬兩
炒鐵爐二十八只　約銀二萬兩
抽水機三副　約銀三千五百兩
釘條軸三十副　約銀一萬兩

以上約共銀十二萬七千五百兩，連廠基運脚及拆運現有機爐統共約需銀少則十五萬，多則二十萬，應足敷用。

生鐵爐兩座齊開應添

打風機一架　約銀四萬兩

高白爐三座　約銀二萬五千兩

升降機一架　約銀五千兩

汽鍋三只　約銀五千兩

以上約共銀七萬五千兩，連貝廠上鐵水升降機及烘爐加裝汽鍋，統共約需銀十萬兩。

添置項下約共需銀三十萬兩，連預備三年虧本五六十萬兩，統共約需銀八九十萬兩，寬計之，須籌的款一百萬兩。至兩人游歷，以五六月爲期，約需銀七千兩左右，須至説帖者。

陳旭麓等《盛宣懷檔案資料選輯之四》漢冶萍公司第二册《布盧特勘察萍鄉礦務報告光緒二十九年正月十四日》

敬禀者：竊盧特遵九月十二日鈞諭，往勘萍鄉小花石等處煤礦，先將簡略情形具報，呈請察核，其餘俟將帶各礦樣化驗後再行詳禀。

盧特在萍鄉小住數天，歷勘地面及礦内各項工程，適賴倫奉公在滬，其在局經手者，未能將局内各工程詳細畫告，且萍局布置各工程之總圖，亦經賴倫帶去，其存局者均屬小圖，且未完全。盧特無從詳考，故局内情形亦有未能盡悉其詳者，是以盧特未能按照鈞諭詳細禀復。當盧特回時，賴倫亦在上海，望切與其一晤，俾得周知其詳。未知有何緣故，竟難一晤。

安源煤礦既無煤炭界圖，又無地學測量圖指明煤之脈絡，盧特難以具報煤之面質及價值也。想此種圖説業已由賴倫詳禀在案矣。但礦之部位、煤之成色、炭之額數可采者，盧特贊之不已。地面一切工程及各廠所，甚見寬大，從中布置得法者亦屬頗多，然彼之布置方法亦難盡言，蓋因各有意見，孰是孰非，殊非易言。惟凡屬開礦者，以獲利爲要務也。

安源煤礦錯在始創空曠時日，虛耗銀錢，以爲建造移遷及改造各廠所之需，然開礦者難免有此等糜費，惟安然不應許多，且盧特到萍時，尚有未完工程者，此節自不必言。盧特只言地面工程，凡屬史彌德經理者，均屬盡美盡善，至安設各機器亦見妥善，惟盧特未便直言，如此選擇機器及布置一切，應能大獲利益。

地面各廠所布置亦屬妥善，惟現蓋之辦公所，與起重機鍋爐廠機器廠太近，難免有熱氣、烟塵、震動、喧嘈之患，諸凡不便，倘盧特所知其煤之槽數無錯，則現開之窿實屬有錯。據藪萊稱，此窿可采一百二十萬噸之煤，如每日取一千噸，則三年半之後不能用以起卸，復須再開一窿於附近處。盧特細考藪萊所繪之草圖，現開之窿只能采到第五槽止，其第六槽必須横開，若此則吊窿須加深，其起卸之具亦須繼長，應繼若干，亦不之知，因無圖可算也。倘加深窿口更有一年可采，則加深自無妨礙也。惟彼時應向低些開窿，俾得采到槽底之煤，其觀開者乃系暫用之窿，然開礦者以暫用工程愈少愈妙。

新建煉焦爐，實屬極好，然非安源所需也。因此爐除燒煉焦炭外，更有吧嗎油、阿摩呢亞等件可取，現時不必籌備到此，其價極貴，且非安源所宜者，若在德國各處建造此爐，其價則須三分之一，更由歐洲購運火磚來華者實屬冒昧。盧特查悉，新建煉焦爐計共三十座，價值三十萬元，若此價是實，至少有二十萬元虛耗。如照正辦，應先繪圖，後就地起蓋。

新舊土法煉焦爐，二者均屬空曠時日，蹧跶煤炭，如不細心燒煉，則焦炭必至極劣。其土法燒煉焦炭，盧特所見最優者爲小坑焦炭，且爲萍屬最優者。小坑鄉民深知燒煉焦炭精詳，每煉成一爐之炭，任其自熄，并無用水，是以小坑之焦爲最清潔也。舍此亦無良法可煉焦炭。其舂末煤炭之法，係用鐵錘舂碎，復能使石莢石塊等件盡行檢去，且小坑焦炭化驗所得份數，亦爲萍屬各焦最淨者。

安源現用之洗煤機頗見妥善，惟未有如小坑舂碎煤炭之法。但新購之洗煤機，亦有可仿小坑之法，此節自不必言。惟安源泉水有限，因此則洗煤機之水，用過復須再用，然洗煤用以濁水萬難清淨，其現用之洗煤機濾水櫃，盡可以既用之水再行濾清而用。盧特所見萍屬各焦炭均屬極好，蓋煤炭用以煉焦，含有磷質者實難檢去，但用以濁水洗煉可加磷質於煤，及煉成之焦用水沖熄，二者均能加焦炭不淨之份數也。未有加焦炭之黑頭黑尾也。黑頭者係燒煉太猛，無關緊要也。黑尾者係燒煉未透，萬不可容也。至碎屑一節，如用水沖熄，則不免其多，是以小坑焦炭爲最優者，向不用水沖熄。

煉焦爐既只取焦炭外不取別件，則當需用蜂窩式之煉焦爐，此種之爐美洲暨各國用者爲最多，因其價廉法簡，得焦多需時少，盧特未知何故安源不用此種蜂窩式煉焦爐。

火磚爐一切布置甚爲妥善，至新蓋機廠、木廠亦然。即盧特以前所言地面工程，凡屬史彌德經理者均屬盡美盡善。

礦內工程盧特未能説其如何，因無圖可稽，其所看者，除非親手經理，難知其詳。若要評論，必須先有圖説，盧特只能指其從中有不應作及不妥當者，實因作者未曾籌謀在先也。

除以上所禀外，盧特更有數端開列於下：

安源機礦吊窿。盧特以爲所開之窿大有錯誤，四、五年之後復須再開一窿。

費用太奢。每日只采取一千噸煤炭，則現時之各廠、所及住屋等未免太寬，若再開一窿於附近處，每日可取二三千噸方爲合宜。開礦者以獲利爲要，安源則在在糜費。據戴萊稱，每噸煤炭除各項經費外，尚需銀七錢五分。查中國人工極爲便宜，每噸煤炭連提本在內不得過一兩，於開礦始有益處，如此煤礦當能大獲利益。

無布置圖説。盧特查悉萍屬礦山并無地學測量圖，誠爲可惜。其所用礦內及地面工程各圖均屬過少，又無礦內與地面工程互相可考之圖。

供給淡水及陰溝。礦局以淡水足用爲最要之件，應宜速行舉辦，陰溝亦當開設，盧特未見有此二件，實屬費解。

養病院并醫生。礦局未有醫院似乎未妥，在他國則不然。當即設立醫院，聘請醫生。

華員宜多用。盧特不知洋員何以不用華員幫理，此非華人無能，實洋員不實心訓練故也。盧特愚昧之見，所有應用洋員者，如醫生并礦務測量師外，其餘均應用華員幫理。安源化學所均係華員料理，由此觀之，則可知中國人才亦屬不少也。

在萍屬盧特勘有數處礦山，惟未能覓得錳礦，實屬有負委任。其所勘者多屬鐵礦，如何之處，請俟將所取之樣化驗後方知其詳。

劉公廟鐵礦。是處礦山曾經鄉民采取，多屬棕色鐵，亦不甚好，惟未知其質若干，似屬甚多，亦未敢決其可否開辦。

五口塘鐵礦。是處有棕色鐵砂顯露於外者頗多，曾經采取些微，後因風水有礙，是以中止，然有許多礦砂堪以采取。

上珠嶺鐵礦。是處有極淨棕色鐵砂顯露於外者，厚約三尺半，其所露者計共二處，一在山厓，一在山壓，此處堪以開辦且有好砂可取者甚多。

白竺鉛礦。此礦曾經采取，現已停止，面上之砂均已取盡。盧特查悉，此處計開五個窿口，其中一個深有三百尺者，然此礦如何之處須詳細測量後方能知詳。盧特履勘之時，適遇風雨阻止，是以未能詳勘。

易馬鐵礦。此處礦砂顯露於外者，厚約五英尺，且在河邊，其側旁砂質應有若干，未能知詳。盧特度其形勢諒不至少。

龍骨坤鐵礦。是處礦砂顯露於外者計共兩處，面積若干未能知詳，然屬甚少，亦不甚好，似乎含有些微錳質，其份數若干須待化驗後方能知詳。

逢頭嶺銻礦。是處乃係粉石礦，鄉民采取粉石時見銻砂少許含在其中，然已取盡。如此之礦自不必言。

以上各處礦山均係盧特此次到萍所勘也。

再禀者：萍鄉縣屬現有極好煤礦，又有産鐵之處甚多，若設立煉鐵爐於是處，極乎合宜，且有多年之鐵砂可采，足供二、三座新式爐之化煉。至淡水一節，亦屬充足，因有河道甚多流通於是處，更有粉石礦甚多，粉石者煉鐵所必需之件也。又有極好火磚泥。由此觀之，萍鄉實堪以開設一大鐵廠也。惟舉辦之前，盧特力勸大人先飭將萍屬各礦山，按照地學測量方法詳細測繪，俾得周知其鐵、煤、火磚泥、粉石等件面積，及價之精詳後行舉辦。然無論如何，則萍鄉地學測量圖是必須之件也。

小花石煤礦。盧特履勘之時，在局者未能將詳情盡告，是以亦未能詳復也。當盧特未到之前，業已將礦內之水設法抽干，及盧特到時，礦內仍是有水，是以盧特未能親赴其礦內察看其情形也。

距小花石之北約三里路，有一處名餅子鋪，現刻鄉民按照土法采取，甫到第一槽，其煤質與小花石者相同。盧特查小花石對面亦有鄉民開取煤炭，現已禁止。據鄉民稱，餅子鋪煤炭計共四槽，每槽相距約二十尺，并云其槽底之煤比槽面者更佳，然而未必清淨，似乎含有粉石并硫鐵等件，實非安源者可比。惟此種之煤堪以爲家常之用，而上海所售各種煤炭亦有不及小花石者多矣。

小花石煤礦距水最近，如果開辦，應能獲利，然必須開窿，因此礦難免有水，惟不能如安源者省節。若兩處同時開辦，諒不至有礙。蓋安源煤、焦二炭均屬極好，其售路一節萬不至難，而小花石之煤轉運容易，其所須盤運之費足以抵采取煤炭之需，且能使價值便宜，似此則小花石之煤礦應能獲利，惟必須開直窿，妥用善法方可。肅此，祇請勛安。

布盧特謹呈。西二月十一日，中正月十四日。

陳旭麓等《盛宣懷檔案資料選輯之四》漢冶萍公司第二册《解茂承大冶礦石情形光緒二十九年十月下旬》 謹將大冶礦石照賜問各節分列，大致如左。

計開：

一、鐵礦由廠運至江邊，火車運費以及修整火車、鐵路等費，每噸計銀五錢零。

一、在山開出鐵礦，每一方車工價三百文，每方車作一噸，除去摺耗，實礦以八摺計。挑土工價在外，其華、洋員司，匠役等薪工，并月支材料，以及應歸成本，工程等費，均皆在外。

一、開礦工人，多少無定數，蓋農忙人較少，農閑人較多，大致每日五、六百人不等。工價由一百三十文至二百四十文不等。

一、運礦夫役，係江邊碼頭起卸之夫，約二百餘人之譜。包價每噸起卸上船計銀二錢零，夜礦有加。其雜費以及夜礦燈油，不在其列。

一、礦之鐵質，大致每百分煉得六十分之譜。

一、近五年共出鐵礦三十三萬五千餘噸，內分運他處十八萬餘噸。

一、由鐵山運至江邊，售價每噸洋三元，此係前三年取礦較易之價。近年土工日重一日，則價猝難漫擬。

湖北省檔案館《漢冶萍公司檔案史料選編》上册《張贊宸奏報萍鄉煤礦歷年辦法及礦內已成工程光緒三十年十二月》 謹將萍鄉機器煤礦，光緒二十四年開辦起截至三十年十一月止，該存款目及工程産業大致情形，開呈鈞鑒。

股本來源和收支情況：

款項該存項下，先後股本庫平銀一百萬兩。

查首次入股爲創始老股，計漢陽鐵廠二十萬兩，招商局十五萬兩，鐵路總公司十五萬兩，香記等户十萬兩，共六十萬兩。二次入股爲續招老股，電報局二十二萬兩，招商局八萬兩，香記等户十萬兩，共四十萬兩。二共庫平銀如上數。

該付息股，庫平銀五十萬兩。

查前奉督辦憲盛諭，創始老股六十萬兩，每股派給息股六十兩，共三十六萬兩。續招老股四十萬兩，每股派給息股三十五兩，共十四萬兩，二共庫平銀如上數。自分給息股之後，截至光緒三十三年十二月底止，不再派利，於息摺內蓋戳注明。

禮和洋行藉款，除已陸續歸還外，尚欠庫平銀七七九七八一・四八四四兩。

查前奉督辦憲札開，於光緒二十五年二月二十八日，即西曆一八九九年四月八號，訂藉德商禮和洋行德銀四百萬馬克，長年七釐起息。現交德銀一百萬馬克，禮和扣傭五釐，其餘三百萬馬克無扣，仍暫存禮和，以備代購萍礦各種機器料物之用。已用則照長年七釐計息，未用則繳萍礦四釐回息，自西歷一九〇〇年正月一號起，至一九一一年正月一號止，分作二十三批攤還，本息清訖。等因。

現在截止一九〇五年正月一號止，共十一批，本息均已如數付清。尚有十二批，除將來本息款應按年開支外，計結欠本款，德銀二百四十萬馬克；照此次第十一批還款馬克之價，共合規元八五四〇九二・五〇七兩，摺合庫平銀如上數。惟馬克價時有上下，不能以此作爲將來準數。

漢冶萍駐滬總局庫平銀一五三一七九八・三三三兩。

查應結漢冶萍駐滬總局，規元一六七八八五〇・〇九七兩，摺合庫平銀如上數。

招商局庫平銀二〇三三一八・九二兩。

查招商局首次入股，庫平銀十五萬兩外，尚應結規元三二〇四〇七・九四七兩，除奉督辦憲行知，二次又入股庫平銀八萬兩，申規元八七六八〇兩外，尚該還規元二三二七二七・九四七兩，摺合庫平銀如上數。

以下是藉入款項：

通商漢行往來，庫平銀九五四二九・四六兩。

協成號往來，庫平銀三六〇六八・二兩。

道勝行往來，庫平銀一三一九七一・四四兩。

仁太莊往來，庫平銀三四四三一・二四二兩。

元大莊往來，庫平銀一三一三一〇・二二兩。

惠怡厚莊往來，庫平銀八三九〇〇兩。

大倉行往來，庫平銀二六二六三九・七兩。

萬豐隆莊往來，庫平銀三三三八九・一三兩。

豫康莊往來，庫平銀四二五九・六兩。

和豐莊往來，庫平銀一九〇九六・二兩。

載昌記往來，庫平銀九三七〇・一兩。

慶安莊往來，庫平銀三七四四四・二九兩。

頤記號往來，庫平銀六七七五・五兩。

福記往來，庫平銀五〇三四・五兩。

升記往來，庫平銀四六八五・一兩。

張凱記往來，庫平銀一八八五・二六兩。

萍鄉官錢號，庫平銀十二萬兩。

歸并各商井廠分期付價，尚欠庫平銀八萬一千兩。以上共計結該庫平銀五〇七九二〇八・六七六兩。

存漢陽鐵廠結欠，庫平銀七八五七八四・七一兩。

存漢冶萍駐滬總局抵還禮和洋行本息，庫平銀九五九〇〇兩。

存大冶鐵礦局，庫平銀二九六八・二六四兩。

存馬鞍山礦局，庫平銀一二四九四・〇五八兩。

存萍鄉官錢號資本湘平銀一萬兩，合庫平銀九五八三・三四四兩。

存萍鄉官錢號五届盈餘，庫平銀四九〇八五・八二四兩。

存上海、南京、安慶、漢口、武昌等處，售出生煤焦炭尚未收回價款，庫平銀三九六三三五・五兩。

存萍鄉礦運醴陵、湘潭、武漢在途生煤焦炭，約值庫平銀二〇一四〇〇兩。

存萍鄉總局及各井廠并醴陵、湘潭、岳州、漢陽等外局備用經費及挑力水脚等款，現銀錢洋三項，共合庫〈平〉銀三八九六二兩。

共計結存庫平銀一二三五七七七・七兩。

以上該存兩抵，實結該庫平銀三八一三五二〇・九七六兩。

查萍礦開辦之初，并未領有資本，起首用款，即皆貸之莊號。及二十五年，始藉禮和洋行德銀四百萬馬克，除四分之三仍暫存禮和，以備代購機器料物之用外，僅只現銀三十餘萬兩。以還前欠，尚有不敷，而一年兩期，轉瞬即届應還息本之日，又由息藉，以爲應付。至所收股本，乃二十五年以後事，且係陸續零交，指作還款，不能應時濟用，勢不得不輾轉挪移，以爲扯東補西之計。藉本還息，則息銀即變本銀，莊號月結，月滚越多；再加以馬克吃虧，以故七年之間，所付莊號及禮和息銀，并老商股息，共已有一百五十餘萬兩之鉅。

上項結該庫平銀三八四三五二〇・九七六兩。除去此項息款一百五十餘萬兩外，計開：機礦平巷三條，直井一口，礦軌、煤車、電車、鋼纜、起重、打風、抽水、鑽石各機俱全；又礦山基地，及總局與各廠棧房屋，大小機器製造廠、大小洗煤機，洋式煉焦爐，造火磚廠，電氣燈，德律風一切礦内礦外工程；又天滋山、紫家冲、小冲、黄家源、鐵爐冲、善竹嶺、張公塘、高坑、錫坑、南木坑、壩善冲、五陂下、太平山一帶周圍數十里内土礦、山地、爐廠；又湖南小花石煤礦機器産業；上洙嶺鐵礦、白茅錳礦、盆頭嶺銻礦、白竺鋁礦，又各外局基地，房棧，輪駁各船，實用庫平銀234萬餘兩，均有歷年出入流水帳暨各廠棧外局報册存查。所有開辦機礦前後情形，以及上項所述詳細辦法，敢爲縷晰陳之。

萍鄉煤礦創立的起源：

謹按采辦萍煤，始於光緒十八年九月，歐陽令炳榮奉湖廣督憲張徵委赴萍設局，收買商廠油煤，運濟鐵廠鍋爐之用。二十二年四月，督辦憲盛接辦鐵廠，改由廣泰福商號承辦。并令就萍設爐，試煉焦炭，議定每月辦運煤焦額數。乃遲之又久，未能照合同辦理，遂復派員赴萍設局，改爲官商分辦。至二十三年夏秋間，廣太福虧折過重，商力不支，將所置産業：如煤井、焦廠、輪廠各船，一切生財，悉數歸并官局。所虧之款，由局認給，於是，萍煤復歸官局自行采運。時漢廠生鐵爐開煉已久，所需焦炭初購於英、比等國，以價錢太貴，攙用寶慶白煤，火力不足，幾致鐵液融結不流，爐座受損。湖北所開王三石煤礦，以水勢過大，綴於半途。馬鞍山雖經見煤，購置洗煤機、洋煉焦爐，而煤質内含磺過重，煉出焦炭，非攙用開平焦不能以煉貝鐵。開平一號炊焦，每噸正價連雜費、麻袋、裝工、小脚，需銀十六七兩，道遠價昂，且不能隨時運濟。恒以焦炭缺乏，停爐以待；而化鐵爐又苦不能多停，停則損壞。

湖廣督憲張，分委各員，遍歷湘、鄂及鄰近各省著名産煤之區，尋勘煤礦，比較化驗，惟萍煤灰少，磷質俱輕，於煉焦化鐵最爲相宜。乃始則就鐵廠添設洗煤機、洋煉焦爐，將歐陽令運到油煤於鐵廠、及馬鞍山分别試練，均以船户攙雜過重，難以煉焦。繼而廣太福商號就萍試煉，復由官局分督各商井廠，仿造外國圈式高爐，及開萍、河南等土爐，事經年餘，煉出焦炭，多屬生熟參半，質地泡松，仍不能一律合用。贊宸二十三年六月内奉差到萍，周歷縣治東南一帶，凡産煤之山必逐井考驗，均屬脈旺質佳，迥非他處所可比。及因專就爐座考較，并預杜商廠居奇之漸，由局自購土井采煉，以爲之倡，創爲平底爐法，督率官商各井廠悉心試煉，逐節講求，馴至焦炭出爐堅光切響，鉅細成條；化驗則灰磷礦質俱輕，到廠煉鐵果合煉鋼之用。二十四年三月内，蒙湖廣督憲張、督辦憲盛，會同奏准，仿用西法購機大舉開采，并派贊宸總辦其事。

吞并土窑，實行壟斷開采：

因先度地開窿於縣治東南，距城十四里之安源地方。陸續購得田山一千三百餘畝，開直井一口，上開巷及東西平巷各一處，凡開煤、煉焦應用機器、廠屋、爐座等，均經擇要購辦，一面造築萍安鐵路十四里，由安源直達宋家坊水次，俾煤焦機器物料出入俱獲利便。萍民向以開煤爲生，各山土井林立，密如蜂房，甚至數丈之内并開兩井，窿内挖穿，則灌水薰烟，持械聚衆，以致釀成鉅案。因曾奏奉諭旨，不准多開小窿。乃先將逼近安源之各商井，酌給優價收回，以重民生；而遵功令。此外尚有商井、商廠數十家，煤質極佳，合煉焦炭，乃爲設保合公莊，舉派董事，嚴定開井界限，立章程，以整齊之焦炭，由局收買；按照灰磷輕重，分别價值等差，遇事秉公辦理。但機土各礦，并官商各廠，以及船户挑脚丁夫等不下萬數人，工價水脚等項目需現錢甚多，皆刻不可緩之款。山僻難得，率須購之長沙、湘潭等處，道遠運艱，深處應付不及，别滋事故，因而稟設礦局官錢號，多備現錢。凡匯款兑换，由號經理，刊印各種錢洋花票，并仿照蘇州錢業行使竹籌，每支一百文，商民均極稱便。

二十八年冬，因萍、醴尚未通車，存焦過多，擱本甚鉅，飭官商各井廠暫行停煉。商廠所存煤焦，聽其另外出售，如無水脚，礦局可爲雇船墊款代運。乃商場以各家存貨俱多，急切難得銷路，且井擱不開，必即倒壞，若仍雇工抽水、修路，則又經費難籌；經公莊董事到局再四懇求，情願將井廠一律歸并礦局。時值款項支絀，本屬無可爲力，因查所稱各節確系實在情形，曲體商艱，凡牌號向列公莊之井廠，准給優價收買；其開在二十四年以前，不願歸并者聽之，遂於二十九年七月内立據成交。礦局開辦六年，至此始得事權歸一。

先是二十七年五月内，蒙前兩江督憲劉前江西撫憲李，欽遵二十四年三月二十八日上諭，會同督辦憲盛，出示申禁。查照湖南奏定礦務章程，大礦以機器開采者，四至依脈十里内，無論何人之業，均不准另開窿口；小礦以人力開采者，四至依脈三里内，無論何人之業，均不准另開窿口；如有違禁私開，或將廢井重復開挖，希冀擾亂礦章者，由地方官嚴拏治罪，并分行縣局遵照在案。至是各商井廠歸并到局，由紳商出具公稟，自歸并後，無論礦局開挖與否，其井口四至三里内，俱應遵照礦章，無論何人之業，俱不得闌入境内另開窿口。當經據情移縣委員會查，將未經歸并之井，造具清册，准其挖賣燒煤，自燒粘塊，不准砌爐煉焦，并不准私煉粗炭，致滋弊混等情，由縣立案示禁。

當地人民反對壟斷：

溯當創辦伊始，地方風氣未開，礦路并興，事甚棘手；加之外來匪類造謡煽惑，希圖於中取事，一時民氣頗爲不靖。二十七、二十八兩年内，竟連爲粘貼僞示。幸一以鎮定處之，聯絡正紳，剴切開導，并由本礦巡警處先後拏獲會匪頭目兩名，送縣訊實詳辦；而於礦内外所需工役，又復多用萍人，使貧民共霑礦利，乃始信開礦之大有造於地方也。

施工計劃：

查萍煤以安源爲最旺，地勢亦最低。原測盆式大槽在其東南紫家沖地方，由安源山脚開入，恰與槽路相當，故開東平巷專爲進取此項盆煤，并取安源二號大槽中段之煤。但正路開通紫家沖，必須穿過重山，其中石質極堅，施工不易，經在山崖斷裂之處下面打鑽。忽上面崖塌石崩，崩坍而下，壓斃工人，壅塞正路，非沿路磚砌堅固甕圈，上施鋼梁，不敢前進。安源係屬斜式煤層，以東平巷挖取上段從前各土井未曾挖盡之煤，并開放廢井積水，以免危險。直井西平巷，則挖取中下段從前各土井未曾挖盡之煤。此兩井一横一直，緊相毗連，直井前相距六法尺處又開一小吊井，深十法尺，井底與西平巷正路通連，直井取出煤車，皆即放入小吊井内，由西平巷推出，凡三平巷所取之煤，以東平巷爲總出路。直井所取之煤，則以西平巷爲總出路。如在東、西兩平巷正路下取得之煤，不便挽之使上，則在兩正路旁各開一斜坡，路下通直井之第一層横巷内，煤車放下，亦即由直井吊起，放置西平巷出。以故各井上下旁通，均經鋪設小鐵路。煤車出東西兩平巷，各過鐵橋，可直送至大小洗煤臺内，一經洗净，從煤倉放入斗式鐵車，其倉下復有小鐵路沿各段板橋接通一二三號洋式焦爐，每一爐頂有圓洞門三，其車係活底挽車，就爐捩機，底脱煤即自滅爐内。洋煉焦爐均在第一層山坡上，將坡切直，修砌長石駁岸一道，下接火車，分路焦炭出爐，即可裝車起運。爐後係第二層山坡，亦照前式砌高石駁岸，就駁岸上下建造煤棧六十間，前高後低，石駁岸恰在前簷之内，上鋪小鐵軌，均由兩平巷口分路至此，以爲屯儲生煤之地。如運清煤機中剔净之煤塊，則機前有門，恰當火車分路，承以車箱，出機即落箱内，滿則起運。

凡此鈎心斗角者，皆爲省工求速起見。工費雖鉅，煤焦出數愈多，則所攤成本愈少。時自二十四年起，結至三十年十一月底，萍礦共已運到漢陽鐵廠焦炭三十二萬一千餘噸，生煤十九萬一千餘噸。即就焦價一項計之，每噸洋例銀十一兩，較之從前購用開平焦，每噸連運費一切開銷需銀十六、七兩者，實已爲鐵廠省銀一百六、七十萬；若購用洋焦，則更不止此數矣。兹將礦内外已成工程，及每日所出煤焦數目，分列如下：

礦内工程：

一、安源煤槽已見者有九槽。曰老槽，厚一尺；列碧槽，厚四・五尺；曰一號大槽，厚六尺；曰三夾槽，厚三尺；曰二號大槽，厚四尺；曰大底板槽，厚二尺；曰小底板槽，厚一尺；曰三號大槽，厚六尺；曰小槽，厚一尺。其紫家沖盆式大槽，厚一、二丈不等；小坑、黄家源等處，均係挖此槽路。

二、直井。現已開深一百一十七法尺。距井口下六十法尺，開第一層横巷；再下五十法尺，開第二層横巷，分中左右三路開進。中巷取二號大槽煤，已開九百餘法尺。左巷取一號大槽煤，右巷取三號大槽煤，均已開有二百餘法尺。

三、西平巷正路。現已開出一千二百法尺有零，取一、二號大槽煤。分路支巷十有一條，長各一百法尺；正路及分路旁，各開有斜坡路一條；分通直井第一層之中巷。左巷長約一百二十法尺。

四、東平巷正路。現已開進一千六百餘法尺，取三號大槽煤。分路一條，長八十法尺，通西平巷。其正路旁亦有斜坡路一條，下通直井第一層之右巷，較西平巷加長。

五、上平巷内。并開正路兩條，中隔十法尺，現在各已開進一千二百法尺。每開五十法尺處，開横巷一條。兩正路旁亦各開有斜坡路，下通西平巷，長約七十法尺。凡山面各廢井存煤積水多已開通，井口留作風井，直井西平巷均恃上平巷爲暢風路。礦内工程，以開通東平巷内正路，直入紫家沖盆式大槽爲最要，亦最難。現用洋匠以器鑽石，每日可打進二法尺至三法尺不等，據礦師云：約再過十八個月可以開通。

煤焦産額：

一、直井，現在每日出生煤三百餘噸。

二、上、東、西三平巷，每日出生煤三百噸至一千二百噸。

三、一二號洋式煉焦爐，現在每日煉焦六十餘噸。

四、三號洋式煉焦爐方始升火，至來年二月内每日可煉焦炭一百噸。

五、機礦土爐五十座，現在每日煉焦三千餘噸。

機礦所煉焦數外，尚有各土井廠，每月額煉焦炭五千噸。合并計算，每月共有焦炭一萬三千噸；明年醴株通車，必可按月悉數運出。據礦師云：未通紫家沖以前，機礦日出生煤，再過三個月，可加到八百餘噸，逐漸遞加至一千噸止。俟通紫家沖以後，但須多備礦車，即二千噸外亦可做到。

礦外設備：

一、總局一所（電報房内）。

二、直井吊車房一座，并大小起重機三，鋼纜俱全。

三、直井大小鋼起重架，并兩層鐵棚一座，礦内小鐵路并礦車五百部。

四、五——六寸雙筒大抽水機三部，鐵管并小抽水機二十餘部。

五、直井鍋爐房一座，并蘭克軒鍋爐五個，每個一百匹馬力，八個空氣壓力。

六、電機房及打風機房各一座，電氣打風馬力機各二部，發電機三部，并電氣拖重機九部，大小電燈俱全。

七、電光堆料房一所。

八、直井辦公房一所。

九、醫院一所。

十、機礦及收支、稽核、化學等處辦公房共一排，全礦德律風總機器房在内。

十一、機礦及收支、稽核、化學等處員司住房兩排，在直井吊車房後。

十二、窿工器具材料房一所。

十三、修理窿工器具打鐵房一所。

十四、修理礦棚一大間。

十五、東平巷總門一座。

十六、東平巷華洋員司辦公房及住房各一排。

十七、窿工洗浴房并水櫃。

十八、窿工餐宿處一大所。

十九、小洗煤臺一座，洗煤機、鐵橋、水池、炭倉俱全。

二十、大洗煤臺一座，洗煤機、清煤機、鐵橋、鐵棚、水池、炭倉俱全。

二十一、煤棧樓，上下各六十間，并棧内石砌駁岸一道。

二十二、造磚廠一座，造火磚機器、鍋爐、抽水機俱全。

二十三、燒火磚窑兩大座。

二十四、一號洋式煉焦爐二十四座。

二十五、二號洋式煉焦爐三十座。

二十六、三號洋式煉焦爐六十座。

二十七、出炭機三座，横直鐵路俱全。

二十八、各號洋式煉焦爐、頂煤車、鐵路全，并磚腳鋼梁木橋四座。

二十九、各號洋式煉焦爐前磚坪水管，并石砌長駁岸一道。

三十、製造處機器打鐵鋼砂等廠共一大所（廠内大小車、鑽、刨牀、起重機、水力機，熔鐵、熔銅、打鐵、打鋼等爐，各種翻砂、打鐵、打銅器具，并鍋爐、抽水機、皮帶輪軸，以及機器應用各器具俱全）。

三十一、木廠一所（木模木匠應用各器俱全）。

三十二、機器材料棧樓房一所。

三十三、材料處辦公房一所。

三十四、收發煤務處員司辦公及住房共一所。

三十五、煤務處小工房一所。

三十六、洋員住房三所。

三十七、洋匠住房二所。

三十八、在礦員司住房四所。

三十九、機器匠住房一所。

四十、工匠住房四所。

四十一、巡警處營房二所。

四十二、舊收發棧司友并公莊紳商辦公住房，及官藥局共一所。

四十三、石砌駁岸大水溝一道計長六百法尺。

四十四、土煉焦爐五十座。

四十五、舊炸藥庫一座。

四十六、各鍋爐房水池兩口。

機礦而外，所有萍鄉東南，天滋山、紫家沖、小坑、龍家沖、黄家源、鐵爐沖、善竹嶺、張公塘、高坑、錫坑、南木坑、壩善坑、五陂下、太平山一帶，周圍數十里内，煤井歸本局管。業除已停外，現開七井并附於後：

土井：

1. 天滋山發順井。
2. 紫家沖通順井。
3. 小坑沖福順井、合順井、金順井。
4. 龍家沖太順井、恒順井、盛順井、同順井。
5. 黄家源謙順井。
6. 高坑仁順井、森順井、信順井、泰順井。

計共十四井，皆屬煤旺質佳。所煉焦炭系用人工洗過，灰磷之數，平均計算，灰不過十五分，磷不過〇·〇六，此於機礦外并置土井采煉之情形也。尚有本礦及外局所置産業，并拖輪各船，應一并分列後：

輪駁

一、深水輪船，萍富、萍强、祥臨、振源等大小四號。

二、淺水輪船，萍元、萍亨、萍利、萍貞等四號。

三、鋼駁船四號，每號裝煤焦四百噸。

四、大木駁船三號，每號裝煤焦三百餘噸。

五、小木駁船十七號（内裝煤焦一百噸者兩號，餘均裝三十噸至五十——六十噸）。

産業

一、購置安源礦基田山一千三百餘畝。

二、購置湘潭轉運局局屋一所。

三、購置湘潭轉運局楊梅洲棧基二十餘畝，并華洋員司辦公房兩所。

四、購置岳州稽查并轉運局城陵磯棧基七十餘畝，并填土自二尺餘至七八尺高不等。

五、租賃湖北省城外復興洲棧基二十餘畝（自光緒二十九年正月租賃日起，以三十年爲期）。

六、購置漢口棧基六十八畝。

七、小花石煤礦并機器基地、房屋生財（該礦在湖南長沙府湘潭縣城西南一百二十里，濱臨湘江，前經湖南礦務總局購機開挖，旋即停止。前湘南撫憲俞，以湘紳恐利權外溢，願歸并與萍礦執業，於光緒二十七年十一月二十四成交）。

八、購置萍鄉上洙嶺（即仙居嶺）鐵礦山（該山在萍小西路距城六十里，距湘東軌道四十里。礦師賴倫履勘，據稱，鐵苗甚旺，以萍煤熔煉必可合用，有英國化學師史戴德化驗單附後）。

九、購置萍鄉白茅錳礦山（該山在萍城西南五十里，屢經礦師賴倫化驗僉稱質佳産富，有英國化學師史戴德化驗單附後）。

十、購置萍鄉盆頭嶺銻礦山（該山在萍北路，距城六十里，與醴陵縣交界。礦師賴倫履勘，銻苗質佳）。

十一、購置萍鄉白竺鉛礦山（該山在萍城西南一百里，經礦師賴倫勘驗礦苗甚旺）。

以上係全礦歷年辦法，并礦内外已成工程，購置機器、房屋、輪駁、産業大致情形。

陳旭麓等《盛宣懷檔案資料選輯之四》漢冶萍公司第二册《李維格湖北漢陽鐵廠、江西萍鄉煤礦之緣起光緒三十一年三月上旬》 當今之世，非鋼鐵不足以立國。鐵路、師船、商輪、槍炮、橋梁（西國橋梁，鋼者居多，而鐵路橋梁，則非鋼不可）、屋舍（西國城市繁盛，尺地寸金，建樓有高至二十餘層者，非用鋼鐵材料不可，滬上洋房亦已踵效）及一切機器製造實業，無一不以鋼鐵爲根本。

武進盛宫保於光緒初元，延英礦師郭師敦勘得大冶鐵礦，化驗鐵質極佳，遂購買其地。迄十五年，有開辦鐵路之議，值南皮張宫保移督兩湖，乃具説帖請建大冶鐵廠。張公以武漢相犄角，遂於漢陽北郊大别山麓之下，設立鋼鐵官廠，左抱漢水，右濱大江，破土於光緒十六年，竣工於十九年。築大冶縣鐵山鐵路五十二里以運礦石，開采鄂境煤礦三、四處，前後用款五百六十餘萬，公與蔡觀察錫勇堅苦卓絶，得觀厥成。惟冶鐵以焦炭爲命脈，而鄂境所産之煤不合煉焦，其故由於含蓄硫磺太多，於是遠購西洋及開平之炭濟用而成本重矣。不得已兼用江夏縣馬鞍山煤礦所煉磺重之炭，而鋼鐵質地不合於用。且創辦之初一無閲歷，冶煉理法亦未得其要領，以致銷路未通，財力已竭。至二十二年，難再支持，遂有招商接辦之議。盛宫保其時督辦輪、電兩局，顧念鐵政關係中國富强大計，不辭艱鉅，力任其難，即於是年籌款接辦。惟深鑒於鄂煤之質劣，不合冶煉，采訪四出，及於萍鄉，該縣屬於贛省之袁州府，而與湘省醴陵縣相毗連，城外安源鄉所産之煤，煉焦甚佳。鐵政官局本已派員采運，然土人淺入煤層即止，不知其爲絶大蘊藏。迨後派礦師測勘，始知可供數百年取用之美産。盛公接辦漢廠之後，即派張觀察贊宸帶同德國礦師前往復勘無疑，遂用西法大舉采煉。而腹地風氣閉塞，道路阻滯，開辦以來，在事者備歷艱險，加以款項之奇窘，謡諑之紛起，七、八年間，在在均是危境，又值庚子拳匪之亂，全國震動，礦工聚無數蠢悍之客民、土著，麕集豕突，洋礦師等屢瀕於危，而盛公主持於上，張觀察堅忍於下，卒於荆棘之中，辟一極新局面，窿内軌路電車宛如城市，窿外煉焦爐、洗煤樓、機器廠、火磚窑粲然具備。又築自萍鄉至湘潭縣之洙州鐵路一百九十四里，直達湘江，造淺水輪駁十餘艘，接運至漢鐵廠，煤焦笈以無缺，而遂得供給盧漢鐵路之鋼軌等件，塞去一大漏卮。特是竭蹷從事，款項支絀，不能早添機爐多出繁貨，而萍礦銷焦不多，亦因之坐困，以致廠礦兩處出貨少而成本重，虧累甚鉅，心力交瘁。此漢陽鐵廠、萍鄉煤礦自創始至今之約略情形也。

據總礦師賴倫測勘，大冶浮面可采之鐵石約計一百兆噸。年采一兆噸，可供一百年之用。萍鄉平巷淺井可得之煤，約計五百兆噸。年采一兆噸，可供五百年之用。英、德各礦師之復勘者所報稱是。案環球鋼鐵之國，以英爲舊家，而美、德兩國急起直追，新理新法，時有所聞。美已遠超乎英國之上，一千九百二年，出鐵至一千六百兆噸，英八百餘兆噸，德七百餘兆噸（英國鋼鐵會調查之數）。前美人之欲得萍礦，比人之請租漢廠（原議具在），其足怪乎。惟西國大創大作，必集衆人之力以舉之，前踣後起，用能克底於成。今中國如此鉅業，而僅恃一、二賢公卿當之，其不能發達，亦勢使然也。因節次其緣起而連類及之以備考證焉。

陳旭麓等《盛宣懷檔案資料選輯之四》漢冶萍公司第二册《李維格新公司接辦漢陽鐵廠之預算光緒三十一年三月上旬》 查自光緒十六年開辦至二十二年交商接替，公家共用官款銀五百六十餘萬兩。除所開鄂境煤礦均無成效外，現存漢陽鐵廠生鐵廠一所，熟鐵廠一所，鐵貨廠一所，馬丁廠一所，貝色麻鋼廠一所，鋼軌廠一所，機器、翻砂、鍋爐、打鐵、鉤釘、打銅、火磚廠七所。大冶鐵山鐵路五十二里，輪船兩號，西式住房數座及棧房等等。此官款所存之大略情形也。

二十二年商人接替後，至三十一年三月止，共用銀五百四十三萬餘兩。内除輪電局商人股分約五十萬兩外，其餘均係挪藉之款，現存添置機器、房屋，各項鋼鐵、煤焦、雜料、礦石，各户欠交貨款及接辦時所交官款，約可抵銀三百四十三萬兩，虧摺約二百萬兩，一因生鐵爐用焦太多，二因煉鋼爐出鋼不多，難造鋼板，三因鐵路未成，煤焦價貴，四因股本太少，欠款利息過重。坐此四病，愈久愈虧。此商款存欠兩抵後虧摺之大略情形也。

官商交接時奏明：商廠出生鐵一噸，捐銀一兩，以抵還官廠所用三百六十餘萬兩之款。故新公司接辦，於官款只須接認鐵捐，而於商款，則須接認二百萬之虧摺。此新公司與官商款項交涉之大略情形也。

日本産鐵不佳，其國家鐵廠名曰鑄鐵所者，訂購大冶礦石。前年盛宫保與日本興業銀行訂立合同，藉日本金元三百萬，即以所售礦石之價歸還藉款本利，年售至少七萬噸，至多十萬噸，以三十年爲期，每噸頭等日金三元，二等二元四角，大冶江邊交貨，而即以此藉款添設新廠，補救前失。成議後，即派員出洋訂購機器、爐座，選雇洋工師。現已購定機、爐，夏令即可陸續運華，新廠基腳亦已動工，約明年秋冬，應可竣工。此項機、爐運保到漢，約需英金十六、七萬鎊，合日金一百六、七十萬元，工師已雇定陸續來華。此訂藉日款添設新廠之大略情形也。

日礦三百萬元内，已歸還漢廠先藉日商款二十萬兩，約合日洋二十六萬元，又歸還萍礦藉款一百萬，又萍洙鐵路購辦車頭、車輛，并萍礦煤磚、機器等運保到漢約三十餘萬。目前可作新廠用者，約一百四十萬元，合英金十四萬鎊。此支用日款三百萬之大略情形也。

已定新機、爐約英金十六萬餘鎊，除有日款十四萬餘鎊外，約尚需二萬餘鎊，作銀二十萬兩；地腳裝配工程，作銀二十五萬兩；添大生鐵爐一座，作銀六十萬兩；鋼爐兩座，作銀十二萬兩；改良舊機爐，作銀十萬兩；添造木駁數號，作銀三萬兩，共約需銀一百三十萬兩。常存鋼鐵擱貨、煤焦、礦石、雜料，約需銀一百二十萬兩。又，添購二三千噸輪船一艘，并就上海浦東水深處，建築碼頭一座、棧房一所，約需銀五十萬兩以上。新廠共須添現銀三百萬兩。至商廠舊欠，除股分外，實欠四百九十餘萬，應以舊存鋼鐵、煤焦、材料作抵銀一百萬兩，又以萍礦及萍洙鐵路藉用之日款一百三十餘萬元作抵銀一百餘萬兩。其餘應還重利息債，尚需二百萬兩，新舊合共需款五百萬兩。此新公司應籌款項之大略情形也。

新公司接認前虧二百萬，而得大冶鐵礦鐵路、漢陽新舊兩廠。創辦艱危之境已過，冶煉改良之法已得，煤鐵現成售銷。有説日俄之戰日本得力於海軍者最多，俄國艦隊沉毁大半，勢必重興，各國亦必更重海軍。戰事畢後，東三省、高麗一帶大有創作，需用鋼鐵必多，報章哄傳德國亦將在東方經營船隖。當漢陽新廠成時，可望適值旺年，外洋鋼鐵報均以此預卜。至中國各省鐵路購料，按照合同，均有先盡漢廠之條，倘能貨色精良，銷路自可無慮。此新公司接辦漢廠之合算而前程可期發達之大略情形也。

新廠再添大生鐵爐一座，日出生鐵三百噸，月出九千噸，每年只作十個月出貨，共出生鐵九萬噸。舊爐兩座，改良後日出一百五十噸，月出四千五百噸，亦作十個月出貨，共出四萬五千噸。新舊三爐，每年總共出鐵十三萬五千噸，約估每噸工料成本如左：

焦炭一噸二五（每噸作價銀九兩）	十一兩二錢五分
礦石一噸半	一兩五錢
白石半噸	二錢五分
人工局用	一兩
有餘不盡	一兩
每噸工料銀十五兩	

再，添鋼爐兩座，新四舊一共五座，日出鋼貨二百噸，除去禮拜外，月出鋼貨五千二百噸，每年只作十個月出貨，共出五萬二千噸。照前禀哲美斯所估鋼軌、鋼板、工字、三角、圓扁等鋼貨，通扯成本每噸：工料五鎊十七先令，今作六鎊，每鎊作銀八兩（前禀内每鎊作銀七兩五錢），每噸鋼貨成本合銀四十八兩。生鐵十三萬五千噸，每噸工料銀十五兩，共銀二百零二萬五千兩。照目前漢廠售與日本生鐵，上海交貨每噸漢口洋例銀二十二兩五錢，每噸除工料銀十五兩，餘銀七兩五錢；外售六萬噸，餘銀四十五萬兩，内售鋼廠七萬五千噸煉造鋼貨，每噸作銀二十兩，餘銀三十七萬五千兩。生鐵十三萬五千噸，共餘銀八十二萬五千兩。鋼貨五萬二千噸，每噸工料銀四十八兩，共銀二百四十九萬六千兩。照盧漢軌件三件扯價七鎊十六先令五本士，每鎊作銀八兩（前禀内每鎊作銀七兩五錢），作銀六十二兩五錢。又，照瑞熔船廠所購鋼板等貨，四年扯價六十二兩五錢八分，今作通扯，售價六十二兩，水腳通扯四兩（預備出口外銷），淨價五十八兩，每噸除工料銀四十八兩，餘銀十兩。鋼貨五萬二千噸，共餘銀五十二萬兩。鋼、鐵兩貨，總共餘銀一百三十四萬五千兩。除生鐵捐十三萬五千兩；接認前款三百五十萬（共四百九十萬，以日款一百六十萬元作銀一百四十萬兩抵還，尚有三百五十萬兩），照日本藉款六釐起息（新廠開工以後起算），二十一萬兩；新股三百萬兩，八釐起息，二十四萬兩；摺舊十萬兩，共除銀六十八萬五千兩。淨結餘利銀六十六萬兩。此新公司可望盈餘之大略情形也。

然非先籌鉅款扎定老營，不能悉鋭前進，擬請添招華股二百萬兩爲根本，并與萍礦合藉洋債五十萬鎊，約合銀四百萬兩，分二十年歸還，但給利息扣頭，仍須權自我操，洋人不得干預。前年項城袁宫保過漢閲廠，曾議藉款千萬一氣呵成，惜乎蹉跎三載，此議未成。但官款難籌，商本難集，舍此實無他策，年復一年，伊於胡底。現得日本預藉礦價三百萬元，合銀二百廿餘萬，萍礦舊股一百五十萬，漢廠舊股五十萬，再添招新股二百萬，只須藉洋債四百萬，便可合成千萬之數。以後煤、鐵兩局，每年湊還洋債本利四十萬確有把握，合并陳明。

湖北省檔案館《漢冶萍公司檔案史料選編》上册《載振奏漢陽鐵廠用款情形險光緒三十一年四月十二日》 伏查盛宣懷所辦各項路、礦，其承用官地，須俟路工告峻始能核報，自是實情。至其承領官款一千餘萬兩，除盧保、淞滬業經奏銷外，其餘動撥各款，因不免輾轉挪移，而大宗撥款亦均奏咨有案。路款自以盧漢爲最鉅，承辦各員，往往視爲利藪，因之起家，其不無浮濫可知。……查礦務一節，准盛宣懷函送清單，其總公司承辦者，爲大冶、馬鞍山、萍鄉三處。而大冶鐵礦、馬鞍山煤礦，初由湖北鐵政局經理，嗣於光緒二十二年與漢陽鐵廠一并奏歸商辦，所有兩礦經費，均由漢廠開支，所采煤鐵，除廠中自行取用外，其歷售礦價亦歸廠帳列收。

查漢廠賠累情形，業經張之洞、盛宣懷迭次奏咨有案。茲准盛宣懷開送清摺：計自光緒二十二年四月十一日改歸商辦起，截至三十年十一月底止，該款項下四十一款，共該洋例銀五百零七萬八千六百餘兩；存款項下十八款，共存洋例銀三百二十二萬四千兩有奇；該存兩抵，實結虧洋例銀一百八十五萬四千六百餘兩。其萍鄉煤礦，係盛宣懷於光緒二十四年奏准開辦，購機設廠，采煤煉焦，以應漢廠之用。茲准盛宣懷開送清摺：計自光緒二十四年三月開辦起，截至三十年十一月底止，該款項下二十三款，共該庫平銀五百七萬九千二百餘兩；存款項下九款，共存庫平銀一百二十三萬五千七百餘兩；該存兩抵，實結虧庫平銀三百八十四萬三千五百餘兩。綜計廠礦兩項，結虧至五百六十九萬餘兩之鉅，此中底藴，已可概見。至於歷年收支款目，頭緒紛繁，彼此轇轕，非旬月所能鉤稽。現由前總辦張贊宸移交李維格接收，盛宣懷於三月二十一日親赴漢廠督理交代。所有廠礦一切款項，尚未核定，應盛宣懷俟新舊管理員交代妥洽後，將前後款目截清，另案造報，以昭慎重。

陳旭麓等《盛宣懷檔案資料選輯之四》漢冶萍公司第二册《盛宣懷咨端方瑞良文光緒三十三年二月二十三日》 據卸辦萍鄉煤礦局張道贊宸禀稱：竊維開礦所以便民，興利必先除害。萍礦開辦之初，洋總礦師賴倫深慮近礦窿多，穿亂槽路，致蹈危險，力以買盡各山土井爲請，職道以爲穿亂之害固其顯然者也。萍煤開采二百餘年，民間生計所資，機礦甫興，萬難遽議及此，然大利所在，人有競心，若不早立範圍，竊恐别生枝節，如從前湘省有奸民勾串洋人私買礦山之事，利權一失，則貽害於地方者更深。因先從查井入手，而預將安源闔境山場租定，一面擇要價購，請縣示禁，近礦一帶不准另挖窿口，重開廢井。從前煉焦售局之各商井則爲之設公莊，舉首事，嚴定章程以整齊之，務使一井之開停批頂及其坐落、牌號、山主井户之姓名，無一不由公莊達之，局中纖毫無所隔閡，其開在機礦以前之井，有願售局者亦必酌給相當之價，兩無偏枯。

職道接晤萍紳，又時以煤鐵爲當今要務，而煤之用較鐵尤宏，地方大利須共保之，幸各開導稽查，勿使外權侵入貽害地方，爲諄諄之囑。時東西各國之游歷到萍者，目睹萍煤脈旺質佳，莫不嘖嘖焉稱羡，不置聞者歆於其説，益生覬覦之心，英國兵輪管帶曾向李郎中維格詢問，可否在萍鄉再開一礦？比人、美人垂涎之切，則又久在洞鑒之中。其在萍地始則有教民劉美才勾引法國教士，串買龍家坑商井之事，繼又有人與日商合股開礦，業將定議來萍之事。幸俱覺察早，一則立即設法挽回，請縣嚴拒，將已成之契銷廢；一則職道在漢得信，隨即晤商日本領事，立飭罷議。雖均未至醖成交涉，然爲時已岌岌矣！

開辦數年，屢經波摺，各山土井收買已多，惟在公莊之多年老商井未肯議售，至二十九年正月内憲臺以鐵廠存焦過多，嚴飭官商各井廠一律停煉，一時商力不支，情願各將井廠歸并礦局。查勘磋議時逾半年，迨七月内始克立據成交，而和茂福商號之紫家坑、小坑、鈺盛、玉和等井，以開挖已數十年之久，尚在長沙、潭、醴等處設號售煤，歸并之議始終不欲與聞。該井實踞機礦要沖，且有湘潭天主教堂成本在内，教士來信竟以洋人欲出優價購買，自行開采爲詞。明知其挾以激我，意在居奇，當嚴詞以拒之，而意外之虞，實無時不加防範，在在相機以爲應付。

至光緒三十一年十二月内該號挽中來局，自願出售，由教士出面簽字立據，於是機礦周圍數十里内土井俱歸礦局管業，可無虞外權之侵入矣！

查中國現開煤礦不多，其用西法開采者率皆附有洋股，北洋以開平礦爲最大，創始者辛苦經營不知歷盡幾許艱危、幾許磨摺，始底於成，一旦落於洋人之手，言者至爲痛惜。南洋數省則惟萍鄉一礦以機器開采，脈旺質佳，但使運道通暢，將來日可出煤四、五千噸之多。設當海疆有事，各國禁煤出口之時，則沿江一帶兵商輪船、工廠、鐵路皆將惟萍煤是賴，正不止鐵廠命脈之所關已也。從此事權歸一，東南有緩急可恃之煤，地方無外權侵入之害，即就萍礦而論，亦可免槽路穿亂之虞，利害所關，大局爲重。職道所爲，力籌鉅款，不惜艱難竭蹙，以圖其成者也。

當二十九年七月歸并各商井廠時，曾據紳商公禀首援二十七年六月内奉到憲臺暨前兩江督憲劉、江西撫憲李會示定章，查照湖南奏定礦務章程，大礦四至十里，小礦四至三里，無論何人之業，均不得另開窿口，原案聲明各井歸并後無論礦局開挖與否，均應遵照定章，不得闌入四至三里内私開窿口等情。隨經據情移縣，并由縣局委員會同各境紳耆勘造清册，分賫備查各在案。現職道交卸萍礦事務，歷年經手自開及買并商號各土井截至三十二年閏四月底止，又復派員逐一清查，并飭將機土各礦周圍境地勘繪成圖，呈局備案。當據委員俞令燮堃、文縣丞從讀、張巡檢德煌會同前往澈查，先後禀復前來，内稱：遵即前往天滋山、紫家坑、小坑、雙鳳坑、龍家坑、黄家源、鐵爐坑、善竹嶺、張公塘、高坑、錫坑、南木坑、霸善坑、五陂下、太平山等礦局，從前頂有商井之處，按照原商牌號、井主姓名、歸并到局年月、坐落地方逐一確查，自開辦起至光緒三十二年閏四月底止，礦局自開及歸并商井，總計正井通風水巷合共井口三百二十一只，分别現開、未開兩項，匯造總册呈核，并遵飭勘繪機土各礦周圍界限圖，依照方位、地段，標明機礦暨各山土并坐落之處，周圍境地，即遵照二十七年六月内會示定章，大礦四至十里，小礦四至三里統行核算，除梅魁、德福、平福、界福、森盛、鴻福等井均在太平山，係縣治北鄉，距礦五十餘里外，所有東南一帶自縣城外教場坪起，中經大羅坪、竹篙坡、雙鳳坑、社上、黄泥塘、許家坊、周家坊、大塘下、燕塘里、亂石嶺、何田垇等處，復環繞至教場坪止，周圍共長九十二里七一六五。圖内以藍綫爲界，綫内面積總共五百零四方里又千分方里之五百零六，均在本局機土各礦十里、三里界内，應照定章，無論何人之業，均不得另開窿口，綫外有煤之處准民間自開燒煤，以供炊爨，不得圖利售賣洋人，懇并移縣立案永禁，以免外權侵入貽害地方。

至豬頭山等處，距機礦已遠，煤質較次，而又不關機礦正脈之處，尚存民井十五口，均係老井，開在機礦之前，現仍准其留作民間炊爨之用，合將牌號、坐落地方另册開呈等情。據此，除照抄呈到原册兩本，并圖一張，移縣存案立禁，并專案移交林道志熙查照外，所有萍鄉各山土井業經設法購盡，派員清查。機土各礦依脈十里、三里四至境界，周圍共長九十餘里内并無私開商窿，此後萍礦永無外權侵入之患各情形，理合專禀縷報，并呈歷年自開及歸并商井清册一本，現留民間准其開挖燒煤井清册一本，勘繪機土各礦周圍界限圖一張，仰乞查核立案。

井册内現開土井二十八只係本年閏四月底截止數目，内吉順井即和茂福號之玉和井，買後更名，撥歸機礦作爲小坑分礦，安順井即和茂福之鈺盛井，買後更名，撥歸機礦作爲紫家坑分礦。現安源機礦每日可出煤一千六、七百噸，以限於外面運道礦次堆積煤焦數萬噸，飭洋總礦師賴倫暫勿盡量采挖，每日以出煤一千一、二百噸爲限。

東總平巷日夜加工鑽石，又以穿通紫家統、小坑地方之第一槽，其餘各槽即可依次穿通，遂飭將現開各土井截至八月底一律停挖、停煉，惟萍民數十萬烟户向皆恃土井零賣燒煤，以供炊爨，其距機礦已遠，煤質較次，而又不關機礦正脈之處，准留民井開挖燒煤，移縣立案，永禁將井售賣洋人。若距機礦較近，有關正脈之處，民間所需燒煤，即由礦局各於扼要之處酌留一、二井派員經理。此項燒煤向來定價甚微，約計每年不無虧摺，然由局自開，實足以杜紛紜，而維完全之局，亦兩害相形則取其輕之義也。

至安源各境，燒煤向由機礦出售，紫家統、小坑、雙鳳坑等處燒煤，則飭由紫家坑、小坑分礦出售，現在所留土井，計黄家源中恒井、龍家坑星順井、高坑信順井、泰順井、連小坑、紫家坑兩分礦，合共正井通風水巷十五只，均於册内分别簽出，合并陳明，計呈井册兩本、地圖一張等情。據此，除批萍境礦脈豐厚，易爲外人覬覦，即就民間生計論，開采已二百年，土井已數百口，糅雜競争，皆足爲我機礦之害。該道力主歸并，始終不懈，現照所禀，萍鄉各山土井設法購盡清查。機土礦四至境界周圍九十餘里，并無私窿，此後萍礦永無外權侵入之患，規計久遠，煞費苦心，永保礦權責在後任，所呈井册地圖應即如請立案備查，并候機飭林道認真接管，隨時查禁，以杜外患繳等因印發外，相應抄録井册，照繪地圖，備文咨會貴部堂、院，請煩查照立案。

陳旭麓等《盛宣懷檔案資料選輯之四》漢冶萍公司第二册《盛宣懷奏摺光緒三十三年七月二十六日》 竊維湖北漢陽鐵廠，前因官費難籌，經湖廣督臣張之洞於光緒二十二年五月遵奉諭旨，奏明歸臣招商督辦。其時臣兼辦之輪船、電報兩公司及通商銀行各股商，均以此事需本過鉅，獲利不速，勉力附股而未能踴躍。臣素來任事不解趨避，既深知鋼鐵實業關係中國富强命脈，困苦艱難，非所顧惜，股分不能驟集，則以重息轉貸商款以繼之。是年奉命督辦鐵路，京漢定議，即坐實自造鋼軌，以符原奏。無如煤焦種種紆遠，機爐刻刻停修，軌價處處虧蝕，貸息年年遞增，外狀顛危，内容煎迫，官商望而卻步，道路聞之寒心。臣接辦之初，即經籌及：非沿江自開一大煤礦豐制焦炭，則成本必不能減輕；非派員出洋考驗煉鐵新法購置新式機爐，則出貨必不能嘉旺。只因鉅款難籌，遲回慎重。適日本來商展訂購運大冶礦石合同，預支礦價日幣三百萬元。奏派總辦候選郎中李維格帶同英德工師周歷歐美各廠，訂購新機，遴聘良工分批來華，克期裝配。現在舊爐盡改，新廠擴充，規模稍有頭緒。此後重煉碱法馬丁鋼，比較從前酸法所制之貝色麻鋼，提煉更净。經農工商部、郵傳部先後通行各省，鐵路均宜購用中國自造之軌橋各料，蘇、浙、皖、閩、粵均已陸續商訂，以塞漏卮。生鐵一項，遠至美國舊金山，近如日本各埠，亦經派人前往試銷。如能籌款推廣，似尚可望轉機。

至萍鄉煤礦，臣於光緒二十四年三月奏明開采，專爲煉鐵而設，地質之富，按照總礦司估算，以每年出煤二百萬噸計，可供一百五十年之采掘，制成焦炭，携往歐西化驗，與英國上等焦炭相埒。該礦機器齊備，悉照西法開鑿。所患湘河水淺，運道艱難，由萍鄉礦次至湘潭縣之洙州，雖已修築運煤鐵路一百九十餘里，而由洙州至長沙，河道彎曲，險灘林立，重儎難以暢行，正與督臣張之洞籌議設法趕先接造洙州至昭山鐵路四十里，昭山以下湘江較直，仍用輪駁拖運，俟湘漢路成，方能裁撤輪駁，減輕運費。查萍礦原係商辦公司，創辦之始，集股不多，大率貸藉華洋各商活本墊辦，其艱苦情形與漢廠相同。

綜計漢陽商廠及大冶商礦，并添置九江鐵礦漢口碼頭各地基，截至上年十二月止，共用商本銀七百二十六萬七千七十三兩有奇。萍鄉商礦并添置醴陵錳鐵各礦、小花石煤礦、岳州、武漢等處碼頭各地基，結至上年閏四月底止，共用商本銀五百七十七萬四千二百十三兩有奇，内華商創始股分共計庫平銀二百五十萬兩。現在湊足銀元五百萬元作爲老股。計自本年漸著成效，商界視聽亦漸更變，僉謂歐西制鐵大廠，無有不兼包煤鐵礦者。又，漢廠新化鐵爐告成後，與改良之舊爐兩座一起熔煉，每日約可出鐵四百餘噸，萍礦洗煤機加足電力後，每日約可煉焦□□□□噸。三處車輛輪駁棧房碼頭以及礦山工程，隨在加增，尚須另籌經費銀二百萬兩方敷周轉，挪移息款，終非久計。且煤鐵相依爲命，分則各存畛域之見，合則互收濟益之功。現集華商會議，擬將漢冶萍三局廠歸并一大公司，續招商股五百萬元，共成一千萬元，其餘仍作活本，務期同苦同甘，漸推漸廣。會議公司章程投筒公舉董事，設立股東正式會，遵照欽定商律赴部注册，實行商辦宗旨，永爲華商實業，使海内外有志之士，曉然於股分公司創始之初，雖屬共擔其險，收效以後實能同享其利。臣三十餘年號召華商經營輪船、電報各項實業，人但見其明效大驗，實皆從千辛萬苦中過來。

本年六月二十四日欽奉上諭：凡有能辦農工商礦或獨力經營或集合公司，其確有成效者，即從優奬勵，果是一廠一局所用資本數逾千萬，所用人工至數千名者，尤當破格優奬，即爵賞亦所不惜各等因，欽此。仰見朝廷鼓勵工礦有加無已。臣受恩至渥，何敢妄冀非分，惟念漢萍冶三局廠揞拄十年，用款千餘萬，基礎已定，豐利可收。而所用人工不止數千名，萍鄉、大冶，每遇荒年，貧民資以生活幾逾萬家，各地方皆班班可考。至於此次擴充股本歸并公司，尤爲推廣鋼鐵製造規計富强久遠起見。仰懇天恩飭下農工商部准予注册立案，并參酌商律定其名曰「漢冶萍制鐵采礦股分公司」，昭示來許，用彰實業，大局幸甚。

除歷年帳略創辦情形詳晰咨部查照外，所有商辦鐵廠現籌歸并擴充情形，謹恭摺具陳，伏乞皇太后、皇上聖鑒，訓示。謹奏。

再，制鐵關係軍政，與尋常開礦、商業、機器製造輕重緩急情事不同。臣自光緒二十二年准湖廣督臣張之洞奏明奉旨招商督辦以來，瞬已十年，總公司設在上海，調度銀錢，稽查出入，臣督同保升道員候選知府楊學沂等駐滬辦理。漢陽制鐵廠系派候選郎中李維格駐鄂辦理。大冶采運鐵礦兼管運礦。鐵路系派湖北候補道王錫綬駐冶辦理。萍鄉采運煤礦原係湖北候補道張贊宸所辦，現因張贊宸病故，另派河南候補道林志熙駐萍辦理，并選舉董事七人，按照商律，遇事公同籌議，摺衷一是。萍鄉至洙州運煤鐵路系派湖南候補道薛鴻年駐醴陵辦理，仍須迅籌運道，以通昭路。茲事繁賾艱鉅，實爲中國未有之創舉。況冶鐵萍煤，相依爲命，必應合成一局，次第擴充。日本製造商廠業已林立，而中國則僅有官辦寥寥數廠，數十年來毫無進境。現與李維格等熟商擬另籌商股，廣開商廠，講求製造之門，漸拓鋼鐵銷路。惟是籌款用人，動關重要，廠在漢陽，礦在萍鄉、大冶，地屬湖北、江西兩省，將來供應製造槍炮、船艦、路軌、橋料一切，并在各省與部臣疆臣均有籌商事件。所有奏咨文移事件，臣受事之後，係用督辦鐵路總公司大臣關防，上年交卸鐵路，暫用商約大臣關防，現擬刊刻「總理制鐵事務」木質關防一顆，咨明陸軍部、郵傳部、農工商部先行啓用。惟制鐵爲自强之本，久大之圖，可否請旨飭部專鑄銅質關防一顆，頒發鈐用。并請援照前巡撫銜唐炯總理雲南開采銅礦成案，嗣後總理制鐵事務大員，均准其專摺奏事，以重鐵政。是否有當？謹附片具陳，伏乞聖鑒，訓示。謹奏。

再，制鐵關係軍政，與尋常開礦商業機器製造，輕重緩急，情事不同。廠在漢陽，礦在萍鄉、大冶等處，地屬兩省，將來供應製造槍炮船艦、路軌、橋料，一切與部臣疆臣均有籌商事件。臣自光緒二十二年欽遵諭旨招商接辦後，所有奏咨文移，概用督辦鐵路總公司大臣關防，自上年交卸路差後，暫用商約大臣關防。現值認真推廣，爲持久自强之計，關係尤爲重大，謹刊刻「總理制鐵廠兼萍冶等處煤鐵礦務」木質關防一顆，以便奏咨，而副名實。除咨明部臣暨各省督撫臣查照外，謹附片具陳，伏乞聖鑒，訓示。謹奏。

陳旭麓等《盛宣懷檔案資料選輯之四》漢冶萍公司第二册《盛宣懷致張之洞密函光緒三十三年十月二十五日》 曾於七月間擬呈疏稿并將下情詳達座右，未奉復函，故仍置未入奏。九月間漢陽新鋼廠告成，侄來鄂驗收，機爐皆屬極新，其電氣之神速，鋼質之精美，東西人閲廠者皆嘖嘖稱頌，英美報章驚爲意外。目前兩爐改良添機後，日出生鐵二百噸，新置馬丁鋼廠三座，只用兩座，煉鋼稱是，并已開造第三化鐵火爐，明年工竣，可日出三百噸，連前每日共出五百噸，足供各省路軌及在華各廠船械之用。不僅杜塞漏卮，尚欲溢出外洋，與歐美鋼鐵争勝，此鐵廠已成之大效也。

侄復赴萍履勘新通之大煤槽，乘窿内電車，約四里許，始達正槽。自取塊煤而出，所煉焦炭每月萬噸，漢廠自用。煉鐵一噸只須焦炭一噸有零，與從前以開平、日本焦兩噸煉鐵一噸大相懸殊。現又添造洗煤機、煉焦爐，月計可出三萬噸，足供添爐之用，兼銷日本等處。只待昭山鐵路接成，并造成淺水輪船，便可每日出煤三千噸。以二千噸煉焦炭，以一千噸售塊煤，并能製造火磚以濟廠用。此煤礦已成之大效也。

總之，大冶、萍鄉鐵煤皆無上之品，無盡之藏，漢陽居中扼要，現已將長江湘河邊地收買，并在大别山之南填湖用掛綫路再辟新廠。三年内日可出鋼鐵一千噸，十年内可與克虜伯新鋼廠相頡頏。尚憶中堂原奏「從此(風氣日開，)造船、造械、造一切機器，次第推廣，相率效法，中國開富强之宏規，國家收永遠之報效」等語，侄舍身拚命，冒險前進，當時深慮虛願難償，至此始幸實行可踐。今日以十載苦功，一身肩任之成業公諸天下，上不負中堂所知，下不負股商所托，尤始願所不及此。

伏念朝旨屢頒注重實業，甚至不吝爵賞以勸來者。目下漢冶萍廠礦已用商資何止千萬兩，工人何止一萬名，養民善政，强國要圖，確爲實業中第一實業，而尋源溯流，皆傾倒於中堂，在人皆夢夢之時有此遠到之深謀碩畫也。

侄自萍鄉返漢，即有滬商代表到漢，會同漢商來議加股歸并廠礦合成一大公司，認招新股一千五百萬元，合之舊股共成二千萬元，俟股東會成立，即由股東公舉總理，突如其來，意甚踴躍，蓋皆新鋼廠、大煤槽風聲所播，不招而自至也。大約華人性格難於謀始，易於圖成。回念此廠已承奏准商辦，歸侄一手經理，現在由侄一手招股合成公司，諒無不可。惟承接官本五百萬之重，老商十餘年之艱險勞苦，亦必須從長計議。乃蘇浙人因彼路事急於回滬，不及細商，即擬草議，請侄簽名，李郎中維格以彼等乘興即來，未可聽其廢然而返，侄即在首條提明「擬即奏咨」四字，以明須候奏准而後施行，蓋因新商必欲藉此一議試探商情，能否招此鉅款再來擔任也。簽議之日，另有專函與新商代表鄭、宋二君作爲附件，聲明「如果查帳及擔任債欠(官欠亦在内)或有争執不合之處，則前項條款仍行作廢」等語，旋將草議面呈次帥，電達臺座，并將大略情形面托王道元昌、鄒道履和代陳一切。惟次帥前所討論官本一節及敝處所擬官股分利之事，仍無所摺衷。

兹特專函詳達，先請鈞示，是否可行，務祈中堂俯賜主持裁定，以便集商續議詳細章程，再行會同次帥馳奏，俟奉旨後咨部注册辦理，無任跂禱。肅此，敬請鈞安，仰祈垂察。　治年愚侄盛宣懷謹肅。

敬再密啓者：漢廠自接辦以來，侄統籌全局，必要煉成頂上焦炭，方能添造新式機爐，釐定層次，算准年限，循序漸進，其未達目的之前，無可招股，故不惜重息藉貸，可謂危險已極。今幸不負委任，十年有成，可謂速矣。昨有美人告次帥曰，不料中國鐵廠能辦到如此，竟不弱歐美。倘能事事如此，何弱之有；倘能一人任一事，何事不成！

侄原擬注册後徐徐招股，先還急債，再圖擴充，不料滬漢商人願來一氣擔認，滬則蔣汝藻(係袁京兆代表)，漢則宋煒臣(即水電公司)爲首，并有蘇堪提倡。現值蘇杭鐵路激招鉅股，擬來漢口分設銀行，以銀行之資本兼辦漢廠，尚有劉祥在内，確非空言可比。彼等急如星火，不待商榷即索草議，所要求者甚爲貪狠。侄向來謀始則不避艱危，成功則自甘退讓，蓋所成之事皆公事，非私事也。但念老商昔皆隸我輪、電、銀行、紗廠之商人也，强其入股十年之久，擔受非常奇險，未得分毫利益。二十二年，中堂奏定章程第三條所准，本廠老商必須永遠格外優待，辦無成效，額息必不短欠；辦有成效，餘利加倍多派。嗣後氣局豐盛，推廣加股，必先盡老商承認，有舊票呈驗方准其納入新股，以示鼓勵，而杜新商趨巧之習等語。今若一概抹煞，難保老商不有後言，亦無以勸後來之創始者。此係商人一面須待股東議決也。

鄂省官本五百六十萬兩，新商則曰只能照中堂原奏每噸提銀一兩以歸官本而已。人之言曰，此係老商接辦漢廠之時，尚未尋到佳煤礦，而鐵廠利鈍毫無把握，不得不格外從寬，然且預繳銀一百萬兩以還官本矣。今則已由老商辦到佳煤佳鋼，鄂官與老商爲其難，新商收其利，似非可同日而語。此等論説，皆屬題中應有之義。侄平心籌度，舊案莫如不改。每噸仍令繳銀一兩，以免商人指爲失信。好在出鐵愈多，繳本愈速。現在所議招集新股一千五百萬元，應先盡鄂省入官股五百萬元，悉照商股一律掣股票，一律收取官餘利，按照商律第三十條爲官商合辦公司，一體遵守商部定例辦理，似最平允。蓋廠由鄂省發起，利應鄂省同享也。至於籌集官股之法，另擬節略録呈鈞覽。究應如何辦理之處，應請中堂俯察，與次帥電商，并示敝處，以便與滬漢新老商遵照議辦。

侄此次駐廠布置全局，預算出入，刻無暇晷，天氣漸寒，亟須返滬。惟官股一事，次帥雖以爲然，而於一百數十萬之款，能否移緩就急，仍須取決於中堂。大抵股分實爲分利之權輿，非得現銀，斷難摺服商人之心。況欲以現銀作二百萬元，博其股票五百萬元，十年之内即欲分其優利一千萬乎？如中堂以官股爲然，必須切實電侄，方能上與次帥籌，下與商人議，否則放棄利權，固商人所深願也。敬念樞務之暇，不遑賜答，而侄在鄂垣候一消息，方能定議，曷勝翹盼之至。肅此，再叩崇安。

宣懷謹又肅。

陳旭麓等《盛宣懷檔案資料選輯之四》漢冶萍公司第二册《實相寺貞彦致盛宣懷函光緒三十四年二月二十四日》 日昨聆教言，快佩之至。敬啓者，前漢口敝行訂藉與湖北漢陽鐵廠日金三十萬元，每年應交本利款，曾經協商均由大冶礦石計價付還，并開呈每年礦石應交數目清單，俱蒙宫保察照允洽。惟貴漢廠另尚有交日本興業銀行礦石，每年約十萬噸，亦係交入日本制鐵所，敝行恐兩處相并，將來制鐵所核算歸款頗多跋涉。如分別裝運，則貴漢廠亦有所未便。爲此函達臺端。惟祈飭咨漢陽鐵廠每逢交：

第一年　礦石二萬七千噸。

第二年　礦石二萬五千六百噸。

第三年　礦石二萬四千二百噸。

第四年　礦石二萬二千八百噸。

第五年　礦石二萬一千四百噸。

其價值及數目務宜示明日本制鐵廠轉囑興業銀行詳細核算，款由該行每次交敝總行。似此法較簡便，而賬可清算，并希先行函咨日本制鐵所暨興業銀行爲荷。

陳旭麓等《盛宣懷檔案資料選輯之四》漢冶萍公司第三册《盛宣懷至李維格函光緒三十四年九月初四日》 九月初二日上海密電云「接伯浩、問芻函告，政府與美國有密約，欲將鐵廠歸美辦，已派美工師到滬，即赴漢考驗鐵軌。此事關係甚鉅，請速電一琴勿與考驗，并乞速返鈞駕」等語。初三日又接密電云「此事袁、唐主使，南皮恐不知」等語。弟當即致公兩電鈔呈備對。

查漢廠弟在京時，先請官辦，張、袁均主商辦，陸軍部則云官廠必須避去沿江沿海。兩宫面諭不如藏富於商，乃定此局。今忽有美辦之説，似屬謡傳。然少川此行，專主聯絡美國，爲抵制東日之計，其人貪侈無厭，陰狠無比。此信由伯浩、問芻傳來，皆屬粵人，必有影響。所派美工師由滬到漢，抵廠之日如何考驗，公須格外留意。該工師必有筆記交唐，如問九江鐵礦，可説是盛宫保廣仁堂善舉之産，略留餘地（去冬蘇杭甬争鬧時已改廣仁善堂税契）。

漢冶萍雖已注册商辦，尚未實行股東會。彼族争攘之心必從此起。讀我公八月初十日卅四號函所擬招股之法，均甚得竅。弟二十九復函請再加以圖説，以資鼓動，今既有此謡言，尤宜迅速招股，爲先發制人之計。但求一月之内招得一百八九十萬，便可凑足一千萬元，弟即趕緊回滬開會，萬不能遲。至於權理董事，上海李雲書（浙人）、顧永銓（蘇人。或顧晴川，亦是蘇人。晴川或須留以查帳）、何伯梁（皖人，即何芷舫之子）、王子展（杭人，或由招商局另舉一人）、何曉初（粵人），漢口宋渭臣之外應舉何人，請即與渭翁酌擬示知，或四或五均可。如目前先集只有二百萬，便只可四人。倘無人充補，李幼雲曾願意，其考察制幣，年内即回漢也。鄙見此權理董事九人，弟回滬開會即須舉定。既有美謡，情狀又與前日不同，尊處白自滿千萬即行開會舉董，仍可照辦，惟一千萬已得八百餘萬，似不必分晰明白。如果來勢踴躍，届時再行登報，將農工商部股份及老商息股二百六十餘萬剔除在外，寬招優先較爲活動。至於鼓動人心，一在請客演説，二在覓人分投趕辦，三在刷印圖説一萬本，各處分送，此皆非仰仗大力不爲功也。

此事注册之後吾心已定，本不妨從容辦理。第三爐告成之後，明年實效大著，不怕不來，今則緩著變成急著，須趁此時彼未發動，我即大舉招股，并於圖説之中激勵華商，藉成團體，則固若金城，自難摇動矣。

陳旭麓等《盛宣懷檔案資料選輯之四》漢冶萍公司第三册《漢冶萍公司招股章程啓光緒三十四年八月下旬》 竊維天下事創始則難，觀成則易。查漢陽鐵廠張中堂創辦於前，盛宫保接辦於後，幾及二十年矣。中間官商交困，歷盡艱險，至今日而始卓著成效。其所以見效遲至今日之故，一、由於初無佳煤礦；二、由於事非素習，創始磨摺；三、由於銷路不廣，今日萍鄉煤礦已成，漢陽鐵廠改良（光緒三十年派人偕同工程師，携帶煤鐵原料，出洋遍歷英、美、德各國名廠，訪求專門名家，悉心考驗，始得竅要，於是購機選匠，棄舊更新，胼胝四年，始有今日）。各省鐵路紛紛開辦，需用煤鐵，年盛一年，實有水到渠成，千載一時之氣象。惟如此大事業，關係民生大計，必須公諸天下，方能永垂久遠。各國公司皆本此意，是以本公司於成效昭著之日，呈請農工商部注册發給執照成立爲真實商辦股份有限公司，願與國人共享其成而共保之。所有董事、查帳人均由新舊股東公舉，年内開辦股東會，舉定後即由查帳人將廠礦公司徹查列表報告，願者來，不願者聽，決不有所勉强。其所以先招股而後查帳者，困查帳人須新舊股東公舉，方昭信實也。

夫以今日之漢冶萍廠礦欲藉外債（某國煤鐵報至論本公司爲黄禍西漸之始），雖數千萬可致，蓋以漢冶萍産業而論，實係價逾數萬萬之美産，局外人不知底藴，或疑言大而誇，然日後我言必驗。今以千辛萬苦已成局面，和盤托出與國人共享之者無他，欲共保之而已。想明達君子必能鑒此。愚誠倘蒙投袂而起，衆擎共舉，則造塔合尖，功德圓滿矣。謹啓。

廠礦之歷史

漢陽鐵廠

光緒十五年，升任湖廣督部堂張開辦；光緒二十二年，盛宫保招商接辦；光緒三十四年，合漢陽鐵廠、大冶鐵礦、萍鄉煤礦遵照商律股份有限公司之例，呈准農工商部注册發給執照。

大冶鐵礦

光緒二年，盛宫保勘得。

萍鄉煤礦

光緒二十四年，盛宫保開辦。

礦産之測算

總礦司德人賴倫氏測算報告：大冶浮面之鐵石，如每年采取一百萬噸，可供一百年之用，若并浮面之下鐵石及德化、萍鄉等處屬於本公司之鐵山計算，足供數百年之用。又報告萍鄉之煤，如每年采用一百萬噸，可供五百年之用。此係賴倫總礦師實測報告，并非臆度之數。

鐵石及煤焦之質地

大冶之鐵石含鐵一百分之六十分外、七十分内。查英、德之鐵石約含一百分之三十分；西班牙鐵石約含一百分之四五十分；美國、瑞典、俄羅斯之佳者約含一百分之六十餘分。

萍鄉之生煤含灰一百分之十一分以内，毫無硫磺，萍鄉之焦炭經英國化學名家史戴德氏考驗，與英國最上等之德浪墨焦炭相等。

鋼鐵之質地

生鐵：不獨上海翻砂廠全用漢陽生鐵，已無外鐵進口，且日本及美國太平洋一帶亦喜用漢陽生鐵，每年出口至日本者爲數尤鉅，均有税關出口簿可查。

馬丁鋼：創辦艱難，故舊時所煉之貝色麻鋼未盡如法。自光緒三十年派員出洋考查，始得竅要，現新鋼廠所出之鋼，外國工程師試驗無一不贊美稱揚，嘆爲精品，均有憑據可查。

出貨之噸數

漢廠：光緒三十四年份約出生鐵六七萬噸，以一半出售生鐵，一半煉鋼。光緒三十五年下半年起，每年可出生鐵十四五萬噸，以三分之一出售生鐵，三分之二煉鋼。

萍礦：光緒三十四年份出生煤四五十萬噸，以三十萬噸煉焦炭，五摺成焦，可售焦炭十五萬噸，提存塊煤十五萬噸出售。光緒三十五年下半年起每年可出生煤一百萬噸，以六十萬噸煉焦炭，五摺成焦，可售焦炭三十萬噸，提存塊煤四十萬噸出售。

冶礦：光緒三十四年份約出鐵石二十五萬噸，光緒三十五年下半年起可出鐵石四十萬噸。

出貨之成本

漢廠：目前出生鐵一噸，通扯成本銀二十兩，出鋼貨一噸五十兩。光緒三十五年上半年生鐵成本約在二十兩以内，鋼貨成本約在五十兩以内。三十五年下半年起出貨加倍，生鐵成本約在十五兩左右，鋼貨成本約在三十五兩左右，本廠每日有報單可查。

萍礦：目前生煤運至漢口，每噸成本銀五兩零，焦炭九兩左右。光緒三十五年下半年起生煤運至漢口每噸成本銀四兩左右，焦炭七兩左右。

鋼鐵煤焦之銷路

漢廠：以鋼軌爲大宗，各省鐵路紛紛定軌，尚有美國太平洋一帶及南洋各島亦函電來詢，惜目前供應本國之需，尚不能敷，勢難出口外銷。光緒三十五年下半年起，除供應本國所需外，擬酌量運銷外洋，俾知貨美，以便再行擴充，時外洋市面亦在手中。鋼軌以外尚有造船、造橋、鋼板、角鋼等材料，各處亦紛紛來定，惜目前出貨不多，售出有限，均須待至來年方能肆應。尚有生鐵，除銷本國外，以日本銷路爲大宗，美國亦已廣銷，源源來定，均有税關出口簿可查。

萍礦：煤焦以漢廠自用爲大宗，此外日本亦喜用萍焦，銷路日廣，外國兵商各輪船及廠棧及京漢鐵路之用過萍礦塊煤者無不交口稱贊，只要運得出，不怕無銷路。

冶礦：除漢廠自用之鐵石外，日本每年購運十餘萬噸。

售貨之價目

漢廠：遠近貴賤通扯鋼貨每噸售銀五十兩，生鐵每噸售銀二十二兩，目前實在售價均遠過此數。（目前實在售價鋼貨每噸螺絲釘售銀一百四十兩，方釘九十五兩，鋼板、角鋼等六十五兩，生鐵銷本國者通扯每噸售銀二十六七兩，銷日本、美國者通扯每噸二十二兩，預備廣銷日美及南洋各島，金價跌賤，市面上下，故從穩估計如上。）

萍礦：遠近貴賤通扯焦炭每噸售銀八兩五錢，生煤每噸售銀五兩五錢，目前實在售價均遠過此數。（目前實在售價，焦炭每噸售銀自十兩至十三兩，生煤自五兩五錢以上不等，預備廣銷日美及南洋各島，金價跌賤，市面上下，故從穩估計如上。）

餘利之預算

漢廠：光緒三十五年下半年起，每年净出鋼貨十萬噸，每噸成本約銀三十五兩，售價五十兩，每噸可餘銀十五兩，每年可餘銀一百五十萬兩。生鐵五萬噸，每噸成本約銀十五兩，售價二十二兩，每噸可餘銀七兩，每年可餘銀三十五萬兩。

萍礦：光緒三十五年下半年起，每年净出焦炭三十萬噸，運至投口每噸成本約銀七兩，售價八兩五錢，每噸可餘銀一兩五錢，每年可餘銀四十五萬兩。生煤四十萬噸，運至漢口每噸成本約銀四兩，售價五兩五錢，每噸可餘銀一兩五錢，每年可餘銀六十萬兩。

光緒三十五年下半年起漢廠、萍礦預算每年可餘銀二百九十萬兩，冶礦盈餘尚不在内。今即以每年僅餘銀二百萬兩計算，漢冶萍三處已用之資本銀二千萬兩計算，亦尚有周年一分利息。自光緒三十五年下半年起周年利息總在一分，再俟一二年一切完備，總在一分外至二分之譜。光緒三十五年後若再擴充，則出貨愈多，獲利愈厚。

招股之原因

今所以欲招股之原因有二。光緒二十二年盛宫保接辦時，意謂籌銀三五百萬即可辦成，初不料如此重大，至今日用款幾及二千萬，大半押藉而來，惟以前事未辦成，無股可招，今事已辦成，自應招股還債并再擴充，此其一也。如此大事業千辛萬苦而後辦成，必須圖垂永遠，欲其久遠，莫若公諸天下，舉賢者而任之，綿延罔替，故遵商律，呈請農工商部注册，發給執照，成立爲真實股份有限公司，其董事查帳人均由股東選舉，集天下之才能財力而共保之，永遠遵守，此其二也。若以今日各國所注目而視之，漢冶萍廠礦欲藉外債，雖數千萬可致。即不藉債，不招股，十餘年艱險已過，豈有今日反不能存活之理？本公司招股之微意無他，欲不再藉外債而爲中國永遠保全此廠礦而已。

股份之數目

股份暫以銀元二千萬元爲度，每股銀元五十元，内以一千萬元爲優先股，現得上海總公司來電，已有八百十萬元。以一千萬元爲普通股，此後如再欲添招擴充，一經公同議決，呈請農工商部核准施行。

利息之分派

本公司收到股銀之日起算，優先、普通一律發給官利八釐，餘利分作三十成照派。公積酬勞得六成；老股優先三百萬元得一成半（十五年爲止）；新股優先七百萬元得一成半（十五年爲止）；優先、普通均匀爲二十一成。

征信之辦法

目前新股未齊，尚未舉有董事、查帳人，如有願附股者，請交存後關漢口代收本公司股份處，先掣收條，其股銀暫不動用，并暫請□□□、□□□、□□□、□□□、□□□、□□□、□□□、□□□君監察，所存於銀行、莊號之股款，俟年内開新舊股東會，舉定董事、查帳人，將廠礦徹底根查，再行換給股票，收用股款。惟暫存銀行、莊號之款，暫給利息，周年六釐，俟公司收用之日起，即發給官利八釐。

公司之奏案及章程

本公司之奏案及詳細章程均已刊印成本，請向漢口代收股份處索取可也。

各國之出鐵數目

美國每年約出生鐵三千萬噸；英、德每年各出一千萬噸；其餘比、法、俄等國各出數百萬噸。一廠之資本，其大者至數萬萬。今漢冶萍僅用資本二千萬兩，明年起除萍礦煤焦外僅能出生鐵十餘萬噸，急起直追是在國人。好在大冶等處之鐵山、萍鄉之煤礦取用不竭，足以償我雄視五洲之大志願也。

漢口代收本公司股份處

通商銀行，交通銀行，裕厚德，協成，益大，義源，大昌

陳旭麓等《盛宣懷檔案資料選輯之四》漢冶萍公司第三册《有關漢冶萍煤鐵廠礦公司情形報告宣統元年二月》 漢冶萍煤鐵公司之資産爲漢陽鋼鐵廠、大冶鐵礦、萍鄉煤礦。此外，本公司尚置有礦産多處，在鄰近大冶之武昌縣境内則有上等貝色麻鐵礦一所，距揚子江岸僅約三十里，該處礦石含净鐵質有百分之六十分至六十五分之多，磷質只有十萬分之二分，此礦擬將來開采以備漢陽鐵廠以貝色麻法徑煉貝色麻鋼之用。在鄰近九江之小河上，又有鐵礦一所，該處礦石含净鐵質有百分之五十分，磷質萬分之五，該河水大時可通輪駁。在萍鄉附近之上洙嶺又有血石鐵礦一所，該處礦石含净鐵有百分之六十，磷質千分之五，日後在萍鄉煤礦附近創設鐵廠，此礦即爲供鐵之源。在萍鄉境内之白茅并衡州，均置有錳礦。衡州之礦距湘江不及十里，其礦質極佳，合煆煉鐵錳之用，含净錳有百分之四十五至五十五分；白茅之礦，有關萍鄉之煤鐵礦頗爲重要。在湘江邊湘潭、衡州之間，尚有小花石煤礦一所，此礦邇來暫停開采，將來湖南鐵路告成，當爲緊要之礦産也。

此報告内試將大冶鐵礦、萍鄉煤礦分别估算，即上言諸礦亦試爲預算，兹附陳於後。

辦漢冶萍公司之主義爲：一以漢陽鋼鐵廠，一售銷礦石、生煤與煉熟煤産（如焦炭煤磚與附屬品），興采煉煤鐵礦産無窮之利。現中國興造鐵路，興辦各種實業，漢陽鐵廠之前途正未可限量。鐵業有關於振興各種實業者甚鉅，蓋鐵爲各實業之基礎也。且外人之考察家，如不存偏見，心地曠達者當能了然於心。中國日後之銷外貨當爲數非細，如中國廣興礦利，則國中財政可以富足，興辦各種緊要實業如鋼鐵亦其屬也。兼以廣築鐵路日用所需，因而可以價廉，誠爲洞開中國以成天下之大市場之要着也。要其發軔之處，當自創辦一大鐵業始。

照辦理漢冶萍公司之情形，有占特别利便之處，爲天下各鐵廠大概所無者，其利便處爲本公司自有煤鐵礦産與煉鐵之所，且其礦質佳美，用之無窮，礦石煤焦成本又廉，此數物皆鐵廠中最要之材料也。

大冶鐵礦、萍鄉煤礦、漢陽鐵廠，均係業經辦成之事業。各礦現已發達，其出貨足以供鐵廠每日熟料出一千噸之需，即再多亦易照辦。漢陽廠所出之貨爲生鐵鋼料，即如鋼軌鋼板鋼條等，其質地之佳早經試驗，能行銷於外國并内地各處，即其明證。

廠内現開化鐵爐兩座，每日出生鐵二百五十噸，此爐煉鐵八載未經停歇，其所用礦石焦炭質之美，於此可見矣。第三座化鐵爐刻下正在建造，年内當可開爐，原定該爐日出生鐵三百噸，然所〔出〕礦石鐵質富美，或能日出生鐵四、五百噸，亦意中事耳。第四座化鐵爐，大小與第三座相同，基脚現已竣工，如須起造，自定見之日起，一年半可以落成。去年售生鐵與日本、美國，均獲盈餘，將來銷數必能增廣，故第四座化鐵爐之建造是所當然耳。

漢陽鋼廠現有用煤氣火力調和爐一座；三十噸西門馬丁煉鋼爐三座；十噸者一座；第四座三十噸者刻下正在建造；第五座年内尚須動工起造。

目今鋼廠全用西門碱法煉鋼，照礦石既如此價廉而質美，漢廠用此法似乎最爲合算。鋼廠有三十噸煉鋼爐五座；十噸者一座，其十噸者專用廠中廢鋼化煉，則日能出鋼共三百噸，前已言，如用武昌縣礦石，則漢陽廠可煉貝色麻鋼，故廠内擬添置貝色麻煉鋼爐，其價估約五十萬兩。俟廠内既有此爐，則煉鋼可任便用貝色麻法或西門馬丁法，或兩法合用。如此，則不拘出何種花色之鋼，皆至容且易矣。鋼廠添貝色麻爐後，每日出鋼之數可七百五十噸，此數與化鐵爐之出鐵力，以及拉鋼機之拉鋼力均相符合矣。

至於開采武昌縣之鐵礦，首須通一運道以達揚子江岸，此運道可用小鐵路或掛綫路，其工程均輕而易舉。

拉鋼機全副共計有軋胚機一座，鋼梁機兩排者一座，拉軌機一連三排者一座，其掣動機之力可以彼此通用，又拉鋼板機一座，此皆係新式樣之新機。是外，尚有拉鋼條機一小座，此機不久將行拆去，擬添置鋼條機大者一座，鋼片機一座，鋼絲機一座，其掣動力均用電力。

煉鋼廠與拉鋼機均配有最新式之機械，諸如打鋼胚出模機，西門重烘爐自動送冷鐵機，電力滾軸剪鋼機，修光廠之類。惟修光廠現已預備一切，擬再行推廣。拉鋼機照目前大小，如用其全力工作，每日可出鋼料七百五十噸，添置新機後每日可出貨一千噸。

漢陽鐵廠之全廠係照刻下最新式樣布置，故雖有笨重料件，可以一氣制成。漢廠除上開應添之機件外，裝卸料件之機，尚應整頓增加。職是之故，是以廣購沿河基地，并請外洋專家籌畫，一切機件繪成圖樣，以備置設。即廠内亦四面添購基地，以備擴充廠屋，并建設堆棧之用。此皆漢冶萍廠中刻下與規畫日後之辦理情形也。

凡經辦理實業者，定能曉然於心，經營工廠至於如此地位，誠非易事。且提創新事業於風氣未開之國，并教練司員工匠，使之純熟一切，尤其艱難。開創有如此難處，略糜費款項在所不免。漢冶萍之廠礦亦難獨能越此範圍。

溯漢陽鐵廠、大冶鐵礦，由張相國之洞開創官辦。并漢口附近之馬鞍山、黄山石、道士洑等處之礦亦同時開辦，旋以該三處之礦不能合用，遂行停止。其各處所用官款共計銀五百六十萬餘兩。後於一千八百九十(五)〔六〕年交與盛宫保督理，改爲商辦。當其時，即見到挽救漢陽鐵廠之策，惟有開辦上等煤礦，故盛宫保不憚精力，創辦在萍鄉所得之煤礦，而此礦今果克遂其所望矣。目今每日有力足以出煤三千噸，且該煤可以煉高等焦炭，并合汽爐之用。然欲經營此礦并大冶鐵礦至獲利之地位，則漢陽鐵廠亦須改弦而更張。故一面開辦萍礦，一面即籌議所以整頓擴充漢陽廠之辦法矣。

欲創若大之事業，豈一人之力所能獨任？果不言而喻，故盛宫保亦必招集股份，籌藉各種款項，以助經濟之不足。此項藉款誠非合算，然當其時鐵廠尚難自立，故銀錢情形因而愈形困難。現擬籌藉息輕之鉅款一支，以其大份清還此類重息瑣碎之藉款，以其餘照上面計畫之方經營廠務，以抵完善。職此之故，試將公司之財政情形縷晰陳之。

漢冶萍公司有官款五百六十萬兩，上已言之矣。此項官款并不付利息，惟廠中出生鐵一噸，應抽鐵捐銀一兩以作報效之費，俟全廠發達，每年出鐵之數可增至三十萬噸，則所抽鐵捐之數僅合該款之息長年五釐四毫耳。此款非獨息輕，其有造於鐵廠實非淺鮮也。

漢冶萍公司所收付足股本已經用者共計洋八百萬元。由盛宫保經手籌藉中國各色款項計銀八百六十九萬兩。此項藉款利息長年一分，系本公司最重之債，現欲整頓本公司之財政，以清還此款爲第一要事，庶經濟之困可藉以稍紓。

本公司之其餘藉款。

一、爲八十萬馬克。此係前爲萍礦向禮和洋行所藉四百萬馬克之結數，息七釐半，本息半年一還，至一千九百十年底還清。

一、爲日金二百五十萬元。此係售大冶礦石與日本國家若松制鐵廠向其預藉礦石價日金三百萬元結欠之數，息長年六釐，其歸還本金利息之法，係以大冶礦石價抵付。每年應運日本礦石之數至少七萬五千噸，至多十二萬五千噸，每噸石價日金三元。是以本公司每年可抵還此債之本利至少日金二十二萬五千元，多至三十七萬五千元。礦石成本每噸約銀一兩，則每售礦石一噸可盈少則一兩，多則一兩半，視匯價之漲落以定利之多寡也。故此項藉款，嗣後可毋庸慮及，其售礦石之餘利，即足可自行抵還。惟本公司每年只須籌銀七萬五千兩至十二萬五千兩，以作出該貨之經費而已。

一、爲日金一百萬元。此係一千九百零八年向横濱正金銀行所藉者，息長年八釐，十年内還清，由一千九百十一年起分期歸還。

一、爲日金二百萬元。此係售焦炭與日本向大倉洋行所藉者，息長年八釐，隨時均可歸還。

一、爲日金一百萬元。此係售生鐵與日本向三井洋行藉者，息長年七釐半，已還三十萬元，尚欠七十萬元，還期不限。

漢冶萍公司所用於各處之資本合如上陳各數，紅利今尚未付，其所獲之盈餘盡以充整頓推廣各處工程之經費。現統算漢冶萍廠礦所下之資本，如以洋一元四角，或兩馬克半，或日金一元二角五分合銀一兩，則共計如左：

官款項下銀五百六十萬兩；

股本項下銀五百七十一萬五千兩；

盛宫保經藉之款八百六十九萬兩；

禮和藉款結欠三十二萬兩；

日本各藉款結欠五百七十六萬兩；

漢冶萍公司刻下統下資本銀二千六百零八萬五千兩。此數之外，尚應加入欠各處料價等帳銀五十一萬五千兩，惟廠礦内現積有存焦存鐵值銀一百萬兩，故實在資本應作二千五百六十萬兩。而此數之中有可以不算作資本者：

一、爲銀五百六十萬兩。此係長存官款，其利息即鐵捐，已歸入出鐵成本中算矣。

一、爲銀二百萬兩。此係藉日本礦石價款結欠之數，即以售鐵石之餘利足敷抵清此款。惟本公司每年須開支約銀十萬兩作出該礦石之經費。

由此而觀，則本公司所應籌備之資本共計銀一千八百萬兩，内中約有一千萬兩係重息之債以還去爲妥。故今爲清還該債并落成廠礦起見，擬請國家擔保籌藉鉅款一千五百萬兩，以一千萬兩歸還各項重債，餘五百萬兩留爲推廣廠礦之經費。其應如何用此五百萬兩之辦法，茲附陳於此報告之末尾。俟廠礦除付鐵捐并付抵還礦石價藉款出礦石經費外之餘利抵付各債後，其資本共有二千三百萬兩。

漢冶萍廠礦將來情形，現於此處亦宜詳細陳之。

漢廠明年將開化鐵爐三座，三十噸煉鋼爐五座，將來全廠既發達之情形前曾言之矣。

萍鄉煤礦明年出煤至少六十萬噸，照目今售與漢廠生煤焦炭價并外銷價目計算，可獲利六十七萬五千兩(詳特告)。

漢陽鐵廠開化鐵爐三座，每日可出生鐵五六百噸，每年合共出十七萬五千噸，去年每日出生鐵二百五十噸，每噸成本合銀十八兩，鐵捐一兩已在内。如出數既多，爐法改良，每噸成本可望減至十七兩。照前數年在漢陽交貨之售價均算，每噸生鐵售銀二十二兩，則每噸餘銀五兩，如每日出鐵五六百噸，合每年十八萬噸計，可盈餘九十萬兩。

煉鋼之鐵，本廠亦每噸作價二十二兩，其中已盈五兩。合算鋼料每噸成本，鋼軌作三十八兩，鋼板鋼條作銀四十兩，此係照外洋各鐵廠大衆煉鋼之成本而定，鋼軌在中國前數年每噸售銀自四十八兩二錢半至五十二兩；造築鋼料每噸售銀自五十五兩至六十兩。

鐵廠之售銷鋼軌，餘利有限，蓋外洋各鐵廠以中國爲其溢貨之市，貶價遷就，以争奪銷路。至於鋼料之銷路，則分爲小枝交易，不懼争敵，且東方買主願在就近購貨，蓋爲交貨迅速，定貨利便，所需料件又易於從其所欲。故漢陽廠之主義，應以推廣造築鋼料之銷路爲要着。其製造鋼軌不過欲使機力全用無使空閑而已。然廠内至今來定貨者以鋼軌爲最多，勢難即行此策。明年出鋼大半可改從此計矣。下面之預算餘利尚姑按軌價計算，一俟廠内發達，即可按鋼料之餘利計算盈餘矣。現如以軌價每噸作銀五十兩，除去運費四兩，合在漢陽交貨每噸價銀四十六兩，計盈餘銀八兩，每日拉鋼軌并鋼料三百噸，每年合九萬噸，共當盈七十二萬兩，故漢冶萍廠礦預算明年盈餘可獲如左：

萍鄉煤焦廠銷外銷共計盈銀六十七萬五千兩；

漢廠自銷生鐵并外銷計盈銀九十萬兩；

售銷鋼軌鋼料計盈銀七十二萬兩。

廠礦統共盈銀二百二十九萬五千兩。此中應除去抵礦石價款出礦石經費銀十萬兩，其餘之銀以合所下資本之息計有一分餘，而此時所籌備擴充之款支用尚無多。

預陳廠礦已發達時之情形：

俟第四座化鐵爐開爐，每日能出生鐵八百噸，合每年出二十五萬噸，每噸盈銀五兩，計每年盈銀一百二十五萬兩。

以新貝色麻爐并西門馬丁爐五座，每日可出鋼七百五十噸，拉鋼機之力亦如此數。此刻之難題，爲外面銷路果亦能銷至此數？然由現勢而觀，中國鐵路既經發達，則内地各市與廠礦交通之路，必能更形利便。鋼料之銷路定必暢旺。且漢廠之貨又能暢銷於日本與美國西海濱。蓋美國西方拉鋼廠亦頗多，其所用胚料如圓鋼塊、扁鋼塊、長鋼塊等均來自歐洲與美國東方，即巴拿馬河將來開通情形亦不至變遷，即須争奪銷路，漢廠亦不至落於他人之後。於此可見，即使内地市面不能盡銷漢廠之貨(大概不至於此)，其鋼胚、鋼料在日本美國不愁不有銷路。將來須分運外洋售銷若干，再稍經閲歷當能知也。現爲預算起見，試將拉鋼機每日出貨列於左：

鋼胚(如圓扁長鋼塊等)二百噸；

鋼軌四百噸；

鋼料(如鋼板、鋼條、鋼梁、鋼片、鋼絲等)一百五十噸。

鋼胚每噸可餘銀四兩，鋼軌八兩，鋼料十二兩，則預算鋼貨之盈餘可獲如左：

鋼胚每年出貨六萬噸，每噸餘銀四兩，計共銀二十四萬兩；

鋼軌每年出貨十二萬噸，每噸餘銀八兩，計共銀九十六萬兩；

鋼料每年出貨四萬五千噸，每噸餘銀十二兩，計共銀五十四萬兩。

鋼貨統共可餘銀一百七十二萬兩。

故算漢陽廠鋼鐵兩項，每年共可盈餘銀二百九十七(萬)兩。

此外，則尚有萍礦之盈餘，該礦至發達時，每年能出煤一百萬噸，其所售生煤、焦炭、煤磚、煤中附産火磚等之盈餘(詳附呈另一報告)，每年至少餘銀一百五十萬兩。

漢廠之盈餘再加以此數，除去抵礦石價款出礦石經費銀十萬兩，漢冶萍公司每年能淨餘四百三十五萬兩。以本公司所有股本藉款合算，計有息一分九釐，如以股本作一千萬兩，餘一千三百萬兩爲國家擔保六釐息之藉款，則股本之利息可得三分五釐。此可見入漢冶萍煤鐵公司股份能獲利之厚也。

此次報告，且不論及本公司開辦他處礦産後之情形，然將來不久，此項礦産即係本公司最貴重之資産。衡州錳礦現今即宜設法辦理矣。蓋錳礦之爲物一經開采，即可望獲利。專業五金者皆知統天下錳礦出貨有限，歐美鐵廠所用錳石，均取汲於俄國之烏拉山高加索省與希臘、巴西、印度、日本等處。是以鐵錳一物係甚貴重之品，前數年售價每噸自八鎊十先令至十五鎊，合銀六十兩至一百二十兩。估算錳礦石到漢陽每噸合本銀七兩五錢，淨錳質有百分之五十至五十五，故鐵錳每噸合本銀四十兩。由漢陽附回頭船運至歐洲每噸水脚當不及十五兩，如在歐洲每噸售銀七十五兩，則廠中可獲利二十兩。用一舊化鐵爐專煉鐵錳，每年出貨二萬噸當非難事，則一年又可獲利四十萬兩，漢冶萍公司守藏之富於此又見一斑也。

今再試言擴充廠礦之策，并所需經費之數，以結此報告。

一、鐵礦

開辦武昌縣礦與築運道以達揚子江，并大冶礦添置機件，共需經費銀二十五萬兩。

一、萍鄉煤礦

添造煉焦爐并置收煤中附産機計銀六十萬兩。

添拖輪駁船計銀七十五(萬)兩。

一、漢陽鐵廠

添裝卸貨物機計銀六十萬兩。

添新化鐵爐計銀六十萬兩。

添新貝色麻鋼爐計銀六十萬兩。

添新拉鋼條鋼片鋼絲機計銀三十萬兩。

推廣修光廠計銀十五萬兩。

餘添廠屋、起重機、火車頭、車輛并各色配件計銀四十萬兩。

預估擴充經費共計銀四百二十五萬兩。

尚存款本七十五萬兩。

陳旭麓等《盛宣懷檔案資料選輯之四》漢冶萍公司第三册《漢冶萍公司第一次股東大會宣統元年三月二十七日》 首由楊綬卿先生報告開會宗旨及奉旨改歸商辦今已期年，請股東選舉查賬員及權理董事。

次由盛宫保宣布歷年辦事始末及以後續擬推廣情形。

次由李一琴先生報告接辦漢陽廠以後歷年成效。

次由林虎侯先生報告萍鄉煤礦目前出貨、銷貨及煉焦各項發達情形。

次由冶礦總辦王星北君報告冶礦情形。

次由沈仲禮先生演説：前爲滬寧鐵路總辦，略知鐵軌情形。去年在商會接待美商，互相研究煤鐵之條理。從前中國鐵路所用，西人每挑剔漢廠之鋼。其後用彌封法，將外國各廠之鋼及漢廠之鋼暗立記號，寄往外洋，請專家考驗。既而漢廠之鋼褒然稱首，衆乃大快。於時督辦盛宫保再措資數百萬，添購鋼爐專制再精之鋼。現商會擬柬招美商來華游歷，考察商務，現美商擬俟秋間再來。惟其代表大來洋人，曾經對餘説過美商來東游歷之故：「因美政府因方開通巴拉馬港後，將來與中華相去日近，彼此商務必日形發達，日本人妒之，故先行邀請美商至彼游歷，以相聯絡。今幸中國貴商急起直追，亦往邀請，可謂識時務矣。」大來向有船八只來往美亞，其回空之船往昔無貨可裝，於是李一琴君托裝鋼鐵往美，極爲暢銷。渠言：「如果漢鋼日漸發達，則余將更添船只矣。」又言：「余惜非華人，否則將勇買漢廠股份。」又言：「美國地方可包銷數千萬噸，嘗言余可包銷，并可立合同，訂明價值。」其意欲漢廠以後不可漲價。又言：「德國博士迭吐芬嘗言，中國煤鐵之富爲五洲之冠，山西澤州之外，即推漢冶萍爲首。惟其如此，故余可立合同包銷三十年，訂明價值，余且成爲世上獨一之富人也。」總理所言擬再添大爐數座，大來亦曾言及，大意謂必須竭力推廣也。鋼鐵用處之大，言之可驚。即洋針一項極小之物，計每年進中國者，值洋七十餘萬元。鐵之可貴如此。今幸有此漢冶萍之煤鐵，可以抵制外貨，挽回漏卮，實可幸也。今聞總理、協理及諸公之報告，不禁爲中國喜，爲股東喜。務望諸公熱心扶助，踴躍認股，俾辦事之人可以擴充，乃謂今日最要之事也。

次由楊綬翁宣布投票選舉，用單記法。

陳旭麓等《盛宣懷檔案資料選輯之四》漢冶萍公司第三册《盛宣懷漢冶萍公司注册商辦第一届説畧宣統元年三月》 漢冶萍何爲而稱？大冶鐵礦、萍鄉煤礦與漢陽之制煉鋼鐵廠一以貫之者也。宣懷於光緒初年既創辦招商輪船公司，聘英礦學博士郭師敦遍查長江煤礦，於無意中勘得大冶鐵山，化驗成色極佳，孕藏極富。考縣志，爲宋代冶場，縣以是名。於是相度地址，價買其山，溯流而上，僅見當陽無烟白煤可合煉鐵，即留郭師敦開工，鑽見煤層甚薄，不足濟用，其時風氣閉塞，只得留以待時。

及光緒己丑醇賢親王始議鐵路，遂條陳開煉冶鐵，可塞他年絶大漏卮。其時，南皮張制軍移督兩湖，宣懷由東海奉懿旨飭令赴滬與制軍商榷，即將大冶鐵礦圖説悉以呈交，是爲開辦鐵廠之始。并以就大冶設廠爲請，制軍謂耳目太遥，漢陽形勢爲勝。乙未春，宣懷因病就醫滬上，帥招之楚，謂基礎已立，而官事拘牽，難期遠效，旋即奏准交宣懷招商承辦，凡官用五百餘萬，按出鐵一噸捐銀一兩，以資歸補。

接辦伊始，兩爐甫成，而無煤可用，一面忍痛購運開平焦，一面試挖萍鄉煤。蓋聞長江之水含硫質，産煤皆不合煉鐵用，越洞庭而得萍礦，始願乃償。初用土法，終之以機爐；初用小舟，終之以鐵道，不知幾費經營，克底於成。萍焦冶鐵，初試新鋼，居然京漢路軌除盧保一段外，二千餘里皆屬漢廠自造，雖不免虧摺，數年之間，得軌價四百數十萬，練成一班工匠，萍礦亦藉此歲月，以竟全工。登高自卑，行遠自邇；不有一簣，何從九仞。其時股本僅庫平二百萬兩，餘皆仗銀行、鐵路聲氣，多方羅掘，人皆爲我危，而我坦然處之。逮甲辰年，萍礦告成，醴路已通，煤焦不虞其匱乏，而後可擴充鋼鐵。

夫煉鋼以生鐵爲根基，非添造大化鐵爐不可。滬寧鐵路驗我貝色麻爐所制之鋼軌含有磷質，不及馬丁小爐所制之魚尾板爲精，則造鋼貨非改用馬丁鋼爐不可。因與日商議售礦石，得預支日金三百萬元，即奏派李一琴部郎偕英工司彭脱、德礦司賴倫赴歐考驗新法，購機選匠。其所條陳皆中竅要，即以鐵廠總辦屬之，復籌鉅款，以時接濟，奚啻背城藉一。丁未秋，鋼廠甫成，宣懷赴漢萍勘驗，新馬丁爐所煉鋼質極其精純，舊化鐵爐改良後能出二百數十噸，萍焦一噸零能煉生鐵一噸，皆有成效，華商始有集鉅資之議。是冬適奉召入都，遂以官辦、商辦請政府決議，皆主商辦。疏上，奉旨責成盛宣懷加招華股，認真辦理，以廣成效。欽此。遵即會同李部郎釐定詳細章程八十八節赴部注册，登報招股。截至戊申年底，頭等老股庫平二百萬兩，合銀元三百萬元，二等新股二百五十八萬六千餘元，三等新股二百四十一萬三千餘元，共八百萬元。己酉春，續收二等新股二百十餘萬元，共成一千十餘萬元，准於三月杪付息。先期於三月二十七日在上海開第一次股東大會，選舉查帳董事、權理董事。所有公司帳目，截至戊申年爲止，已據總辦將收支處、稽核處呈送總帳前來，共計支款二千二百五十一萬二千餘兩，内列産業正本一千六百六十一萬四千兩零，煤鐵貨物材料往來未及轉帳活本五百八十九萬八千餘兩。漢廠歷年虧耗，已將官廠移交産業對摺抵銷。萍礦盈餘，已將礦産資本如數減摺，作一結束。此帳畧之實在情形也。

又據總辦將總工程司呂柏、總礦司賴倫呈送估單前來，共計漢陽鐵廠産業估值銀一千二百二十七萬兩，大冶鐵礦産業估值銀一千一百三十萬兩，萍鄉煤礦産業估值銀一千五百五十萬兩，碼頭、輪駁估值銀一百七十五萬兩，揚子江公司股份銀五萬兩，總共估價四千八十七萬兩。所存活本各物料尚在其外，約計所值之數實倍於所用之數，此估價之實在情形也。

又據總辦督飭該總工程司、總礦司預算，己酉年冶出鐵礦石約四十萬噸，漢出生鐵約十餘萬噸，内造鋼貨用鐵五、六萬噸，余售生鐵；萍出煤約五十四萬噸，内造焦炭用煤三十萬噸，余售生煤。若無意外擔擱，除抵開支外，餘利可敷本項應支之息。惟己酉年成本項下尚須加用銀六十五萬兩，如欲將舊鋼爐、舊鐵屋移置他處，以設第五號新鋼爐，另添小鐵貨機軸一副，并將全廠用水安置完備，又須加用銀五十萬兩，此預算之實在情形也。似此小結束化鐵爐以三座計，煉鋼爐大小以六座計，鋼鐵以爐座爲準繩，煤焦視運銷爲限度。庚戌以後，餘利大有把握，此後本國鐵路、海軍製造日有進步，則第四生鐵爐基址已成，不難立就，再增鋼爐數座，并添置鋼條、鋼片、鋼絲機各一座，每日可成鋼貨一千噸。外洋生鐵源源出口，則大冶可造生鐵爐四座，每日另出生鐵一千餘噸。其時，萍煤盡敷煉焦之用，并當添開新井，供給各路生煤之用。此外，鐵廠有錳精罐鋼，煤礦有火礡、肥料種種利益，處處開拓，造詣正未可限量。

總之，萍煤、冶鐵取之無盡，天所以授我聖清，助我富强。鄙人自得此鐵礦以來，三十五年矣。肖肖白髮，滚滚紅爐，當竭吾生之心血，挽成六合之交通。凡舟車之需材，皆江漢所取給，庶不負當年張相國締造之深心，李部郎等贊襄之毅力也已。

陳旭麓等《盛宣懷檔案資料選輯之四》漢冶萍公司第三册《李維格漢陽鐵廠節畧》 謹略者：竊查漢陽鐵廠系前任湖廣督部堂，今大學士張，於光緒十五年創辦，十七年動工，至二十年開煉。因佳煤難得，銷路未通，於二十二年奏歸前任津海關道、今郵傳部右堂盛招商接辦。其時銷路既滯，出貨不多，煉鋼尚未如法，故人視鐵廠爲畏途，相以爲戒。雖歸商辦，無人入股，僅輪、電兩局勉凑股本銀二百萬兩。自二十二年至三十年之間，雖已得有萍鄉佳煤，而出貨銷路仍無甚進境。三十年盛公派員出洋研究鋼鐵製造，購辦新法機爐，雇用老練工師。數年苦功，成效漸見，截至三十四年底止，漢陽鐵廠、萍鄉煤礦、大冶鐵礦三處結該商款銀二千二百餘萬兩，當於三十四年遵照商律股份有限公司之例，呈准農工商部注册，發給執照。紳商見廠礦成效已著，漸來附股。結至本年六月底止，連歷年息股共得股份銀一千一百零伍萬餘元。惟用款已至二千數百萬兩之鉅，除股份合銀八百數十萬兩外，余皆重息藉貸而來。

查日本國家鐵廠開辦在我之後，而至去年止，已用日本金元六千數百萬元，出貨之數與漢廠相等，并不加多。聞該政府近又撥金一千數百萬元，誠以當今之世，非大舉煉鐵不足以立國也。美國每年出鐵至三千萬噸之多。近又有該國大公司新創一鐵廠，已用美金八千數百萬元，約需二萬萬金元方能告竣。我漢冶萍廠礦雖只用銀二千萬兩，而股份少，藉款多，在事者支撑竭蹶，終日惴惴。況外洋股本無官利，用人之款利息又輕；中國則事尚未成，先有官利，用人之款，利息又重。且外洋如日、美、德、俄、法等國，加重外國鋼鐵進口税，以興本國鋼鐵；中國購用外洋鐵路材料免税進口，以與孤立竭蹶之漢廠相争。然中國不欲富强則已，苟欲富强，非大舉煉鐵不可，如船械路機無往而非鋼鐵。若蒙國家提倡，援助商人，則冶萍煤鐵，取用無窮，就此成效已著之廠礦大加擴充，自可事半功倍，不獨塞外來之漏卮，年留數千萬金於國中，尚可運銷外洋，以取諸於地者易彼金錢，富强之基實在於此。中國人民號稱四百兆，而僅漢陽一廠煉鐵，新化鐵爐成後每年所出不過十四五萬噸。美國人民八十餘兆，每年出鐵至三千萬噸之多。相去天壤，急起直追，是在上下一心，衆力共舉耳。年來漢廠除供應各省鐵路材料外，所煉生鐵運往日本、美國，均稱合用。銷路已通，故外洋報章紛紛論説，謂漢廠爲黄禍之始，殆非無因也，謹略。

《東方雜誌》第六卷第八期馬而根《漢冶萍煤鐵路礦廠概畧》

漢廠出數

戊申全年，改良舊化鐵爐兩座，共出生鐵六萬六千四百零九噸。內備煉馬鋼之生鐵五千二百八十七噸零，翻砂鐵六萬五百五噸零，錳鐵六百十六噸零。

舊馬丁鋼爐一座，新馬丁鋼爐三座，（八月甫完全開煉）共出馬鋼二萬二千六百二十五噸零，均有李報單。

照刊章七十七節，三十四年分。漢廠以三百日計，應出生鐵七萬五千噸。內以六萬噸八摺煉鋼，可售馬丁鋼四萬八千噸，其餘一萬五千噸售生鐵云云。是則上年出鐵統數，較預算少八千五百九十一噸。煉鋼統數，較預算少二萬五千三百七十五噸。售生鐵統數，較預算多四萬五千五百零五噸。此何以故？因本廠新定之馬鋼爐，均由外洋逐批運華，有一件未全，即不能裝配開煉。江漢多雨，廠基低濕，晝夜趕辦，至秋間始能開爐。核計前年煉好馬丁生鐵，積存尚多，翻砂鐵售日售美，名譽大起。經商之道，以貨無停滯，變化周轉，爲不二法門。此鋼少鐵多之原委也。

照商務長王閣臣君報告，生鐵向以英國雷德卡進口最多，銷場最廣。此外丹瑞德和日比等國，往年亦運鐵來華，冀分鐵市。自漢鐵暢行後，查閲海關造册處進口表，一千九百零六年，進口鐵十萬零六千六百十三擔零，七年驟縮至五萬一千六百十四擔。（零八年表尚未出）可爲漢鐵抵制洋鐵之明效大驗。

據美國商務議員大來面告，初運漢鐵至美試銷時，美人目笑謂，中國安得有機爐制煉之好鐵。經大來君以化驗分數，按户給用，不禁駭異寶貴。蓋洋鐵加錳太少，翻砂上車牀後，常有剥落之慮。漢鐵則含有天然之錳，并加錳礦剛中兼柔，銼削如意。大來君本木植公司總理，運木回空，必求載鐵。至日本則需鐵更殷，概系漢口三(15417)井經購。照目下情形，從少估量，美國可銷一萬噸，日本可銷二萬噸。內地漢滬津港向用洋鐵，改用漢鐵者，可銷二萬噸。綜計約銷五萬噸，每噸通扯二十二兩，可得貨價銀一百十萬兩。

上年鄙人赴日就醫，游覽若松制鐵所。知該所近尚化鐵爐兩座，所出鋼鐵，僅供陸軍之需。調查工商各廠，約歲需鋼鐵五十餘萬噸，皆取資於歐洲美國。

沿太平洋濱一帶偏西各省，製造尤爲繁盛，亦正缺鐵。只因本廠抱定煉鋼造貨之宗旨，除已成鋼爐外，第四新鋼爐，照工務長章文通君報告，秋令必成。第五新銅爐，現亦陸續起運。已成之新拉鋼廠，一日夜能拉鋼八百噸，即每年可拉鋼二十萬噸。計算第三號大化鐵爐成後，新舊并計，日出鐵四百五六十噸，未足盡鋼軸之能事，是以不便一味售鐵。惟此廠於光緒二十二年承辦時，預料十年後必一變爲鋼鐵世界。故原案即有另在大冶添設生鐵爐數座之説。(見前送奏案章程第七頁第九條)此另一問題，應俟銷路確有把握，再行擇期請各股東特別會議。今日連類及之者，不過使諸君曉然於此事，愈推愈廣，即生鐵一項，亦幾有應接不暇之勢。

至錳鐵錳精，爲煉鋼要需品。從前概向外購，價貴而用不給。本公司現有采錳礦三處，一大冶，二興國州，三衡州。其萍鄉已購錳山，尚未開鑿，又自造多羅密石，又自造火磚，務使此後原料齊備。除籌款制備機爐外，悉取給於本公司以爲斷。

鋼件定貨

照商務長王閣臣君二月底報告，是月止，除造成貨件已運已交不計外，本年尚應趕造浙路、蘇路、閩路、九廣南潯、京漢六大路鋼軌零件，三萬二千一百零五噸。二月以後，又攬定粤漢鐵路鋼軌八千噸，津浦鐵路鋼軌零件一萬八千四百零四噸。綜計攬定之貨，五萬八千五百零九噸。每噸通扯五十兩，可得貨價銀三百萬兩。(售鐵價在外)雖不盡限年内交貨，然本年鋼廠鋼爐，實無片刻休息。

工程速率

第三號日出鐵二百五十噸，至三百噸之大化鐵爐，工程進步。本日已印照片附圖説中，足供察覽。因須趕在秋令完工，所有裝配打風機、抽水機、升降機、清灰爐、新汽爐、高白爐、出鐵場、礦車、火車、磅秤、汽管、水管、大小鐵屋、加高烟囱、接修軌路，一切附屬之工。

又第四號新鋼爐，亦趕在五月完工，一切附屬之工。

又新鐵爐成，大冶供應礦石，陡增一倍，舊有龍頭礦車，不敷支配，亟須先期制備。

以上三項，爲夏秋兩季結束工程之額外要款，約計銀六十五萬兩。(另有細帳)應如何籌備，請公同提議。

照此結束完畢後，是本廠於宣統元年冬季起，有新大化鐵爐一座，改良舊化鐵爐二座，每日約出鐵四百五六十噸。每年以十一個月計，約出鐵十四五萬噸。新大鋼爐四座，舊小鋼爐一座，每日出鋼約一百五六十噸，每年以十一個月計，并除禮拜休息，約出鋼胚七萬噸。

鋼胚拉成鋼貨，以八摺計，共造成鋼貨五萬五千噸，尚餘鋼胚翦剩之廢鋼一萬五千噸。

年内淨貨如下：生鐵十萬噸(本十四五萬噸内，以五萬五千噸煉鋼淨存生鐵，約如上數)；鋼貨五萬五千噸；廢鋼七千噸(除去八千噸歸小鋼爐煉鋼淨存廢鋼約如上數)。

約計一年内盈餘如下：生鐵十萬噸(化鐵成本每噸須做到十八兩，售鐵扯價，從少估計，作二十二兩)，約餘銀四十萬兩；鋼貨五萬五千噸(造貨成本，每噸須做到四十兩，售貨扯價，從少估計，作五十兩)，約餘銀五十五萬兩；廢鋼七千噸(作來銀十八兩)，約餘銀十二萬六千兩。共約餘銀一百零七萬六千兩。惟生鐵銷路，照上文計算，只作五萬噸，尚餘五萬噸之鐵。係在新化鋼爐告成之後，故必須再行擴充。鋼廠每年約可多出鋼二萬五千噸，每年約可多餘銀二十餘萬元。本廠現已購定第五號新鋼爐，擬趕今冬完工，連遷移小馬丁爐約費十五萬兩，連前六十五萬兩，共成八十萬兩，今年需用。

本項二十四萬元，蓋除抵付利息外，并已拔去本項五十四萬一千五百三十元零。

本年額定售給制鐵所礦石七萬噸，售給正金礦石二萬五千六百噸，本年約計漢廠舊爐所需，及冬季新爐開煉，至少應運礦石三十餘萬噸，合共四十萬噸。

運礦鐵路，由礦山接至石灰窑江岸碼頭。躉船分兩處，一運漢礦，一運日礦。其漢礦接運至廠，另有大號拖輪兩艘，鐵駁稱是。日礦則受主自雇輪船來運，冶局只就船邊交貨。

另有煉鐵需配之白石，及附采錳礦，亦歸大冶輪軌并運。采礦經費，按月由廠支給，匯入漢廠銀錢總册。仍由冶局將收支細數，按月報告總公司。

本年日礦減少，漢礦增多。總數較上年幾及一倍，應添龍頭礦車機輪等件，均應先期籌備。該款均估入漢廠結束工程六十五萬兩之内。

萍礦出數

戊申全年，共出統煤四十萬零二千一百六十噸(有林年總報單)，每噸合成本銀一兩六錢五分。

戊申全年，共煉焦炭九萬二千一百八十三噸零(有林年總報單)，每噸洗煤成本銀三兩二錢一分零，煉焦成本銀五兩二錢五分零。

照刊章七十八節，三十四年，萍礦以三百日計，應出生煤四十五萬噸。其中以三十萬噸五成煉焦，約可售焦十五萬噸云云。是則上年出煤統數，較預算少四萬九千七百四十噸。煉焦統數，較預算少五萬七千八百十七噸。其原因在出數運數銷數三者，皆須通籌并計，不敢一味擱貨擱本。至煤焦品類，排列如後：

一統煤（甫出井口者）；二機揀塊煤（機器揀出大塊後，將末煤送洗煤機洗凈煉焦）；三核煤（已經機洗，而煤核堆結純凈，爲燃料之最上品）；四煤磚（末煤煉焦有餘，另以機料制磚，爲火車兵船之高等燃料。冬月開機，至年底止，已煉成五百八十五噸零）；五翻砂焦炭；六煉鋼鎔銅焦炭；七土爐焦炭；八炊爨焦炭（出井統煤，剔除之壁屑，就土爐煉焦，化無用爲有用，最合居户炊爨之用）。

以上八宗，爲本礦采制品。而樞紐悉重於輪運，下文詳言之。

萍礦運道

萍礦運煤鐵路，一百八十里，通至株洲。由株洲至昭山，直綫三十里。郵部已允湘路公司承築，軌件悉向廠購。路成以後，煤船少繞湘潭灣河九十里。未成以前，仍在株洲下儎。照駐漢運銷盧鴻滄君報告，上年株洲出發，共二十七萬二千餘噸。除夕止，有在途未到，有到漢未起，漢陽實收二十四萬九千八百九十四噸。較三十三年全年，共運二十萬零二千八百七十六噸，已增長運數至四萬七千零十八噸。

本年因須運足四十八萬噸，重將運道改良猛進，計株洲至漢口分三大段：

第一段株洲至蘆林潭，一百十英里。淺水輪六艘，萍元、萍亨、萍利、萍貞、及元年以四萬四千兩，向耶松定購，命名萍安、萍順之淺輪兩艘支配。

第二段蘆林潭至岳州城陵磯，六十五英里。以吃水略深之拖輪兩艘，萍富、萍强支配。

第三段城陵磯經揚子江直達武漢，一百二十五英里。以吃水更深之拖輪三艘，萍福、萍壽、津通支配，貨至武漢，另有小輪兩艘。振源、祥臨拖帶，分送中外棧廠各受主，以上管理輪運，悉歸總礦師賴倫調度。

其供應長江下游各埠主顧，如九江、安慶、蕪湖、南京、鎮江、上海，本公司另有自制容積一千噸之漢平大輪一艘，承運分送，一月三次，往來滬漢，煤鐵搭裝，各視所急。漢平回空，裝漢廠機料外，再由駐滬批發處攬儎各項雜貨，酌收運費，以資津貼養船之費。此輪在漢歸商務長王閣臣君調度，在滬歸駐滬批發陳止瀾君調度。

輪船之外，歷年雇用民船分運，水旺風利，直達武漢。冬令水涸，以儎輕者運至岳州城陵磯上棧。另以大船轉駁來漢，赴局掛號。顧充運船者，不下一二百艘。其中以回空鹽船，承裝煤焦，直送揚鎮寧蕪爲尤便。局外評論，謂民船煤焦，防其攙換。現在沿途稽查，不准隨處灣泊，行抵武漢，即時過磅起岸。照近日漢廠報告，每日分兩班，可起一千餘噸，則停滯攙雜諸病可除。惟江湖湍急，遭風失事，常有損失。此是意外之險，爲行船所不及防也。以上管理民船，悉歸韓景儒君調度。

焦煤銷路

出數運數，上已詳言。便須統計中外之銷路，爲貿易之準繩。總礦司賴倫，預計宣統元年萍礦出入表，本定上半年每月出煤四萬噸，下半年每月出煤五萬噸，全年共出生煤五十四萬噸。上半年每月煉焦一萬噸，下半年每月煉焦一萬五千噸，全年共煉焦炭十五萬噸。（五成煉焦，須用去生煤二十萬噸。）焦煤兩項，實共三十九萬噸。照貨價算，應售銀二百七十九萬兩，統行售罄，除一切費用外，可獲利銀五十一萬兩。（有賴倫預算表可查。）

嗣因焦炭一項，美商大來，及美國銅礦，甫經寄樣試燒。日商大倉，雖訂有年銷兩萬噸之合同，上年即未運足。各省銅元停鑄，官商局廠，購以化鐵翻砂者，數未必多。只售結漢陽鐵廠，爲焦炭銷路之大宗。而上年洙岳武漢，存底尚多，必須另籌穩着。改爲多售生煤，減煉焦炭。列表如下：

焦炭
- 漢廠舊鐵爐兩座應用九萬噸
- 上年存十萬噸　第三新化鐵大爐九月底告成開
- 　　煉應用二萬噸
- 本年煉八萬噸　大倉合同應需二萬噸
- 　　各省零銷一萬噸
- 新舊十八萬噸　餘存四萬噸過年備用
- 　　漢廠應用六萬噸

生煤
- 本年備出四十萬噸　武漢兩埠官商局廠三萬噸
- 　　長江下游各埠銷路三萬噸
- 煉焦之十六萬噸在外　洋商棧廠銷路十二萬噸
- 　　餘七萬噸備運滬銷售

照賴倫前表，焦炭每噸通扯十兩，本年新造八萬噸，共銀八十萬兩。生炭每噸通扯六兩，本年新出四十萬噸，共銀二百四十萬兩。

煉焦統計，全年進款共銀三百二十萬兩，即或運不齊全，或銷不足數。然照本計利，數必優厚，可爲諸股東慰也。

《東方雜誌》第六册第九期馬而根《中國漢陽鋼鐵廠煤焦鐵礦制鋼記畧》

自上海六百英里，在揚子江上游，漢陽鋼鐵廠在焉。中國全國，只有此一廠。襟江帶河，河即漢河也。而又在江河匯流之區，大江在此處，有一英里之闊，是以世界各國，吃水頗深之輪船，可達此焉。初時該廠惟鑄鐵而已，時西曆一千八百八十八年也。當時有熟鐵爐二十具，鐵貨廠一。現尚存拉熟鐵胚舊機二座，雙軸，可拉十八英寸之貨，觀改爲拉鐵貨之用。此廠本爲南皮張中堂所創設，原議設於滬江，嗣帥節督兩湖，故鐵廠亦改建於漢陽。廠地本一沼澤，填土而成基。及至一千八百九十三年，該廠始制鋼焉。設卑色馬變化爐二座，每日可制鋼五噸；酸法爐一座，每日可制鋼十噸。又建拉鋼胚機、拉鋼板機、翻砂廠，各一。此擴充各舉，成於一年之内者也。繼又添建每日每座可出六十噸之化鐵爐二座。然廠尚不能奏功達利，其故因所制之鋼，磷質太多，幾含有零點二分之度。於是當局者舍卑色馬爐，而改用咸法，以減鋼中之磷。今除每日每座可出一百二十噸生鐵之化鐵爐二座外，又新建每日每座可出二百五十噸生鐵之化鐵爐二座，每日每座可出三十噸鋼之咸法鋼爐六座，同化廢鐵爐一座，每日可化廢鐵十噸。流鐵由調和鐵汁爐，運達鋼爐，而用二重之法，將鐵在咸法爐内洗滌，以去其磷。余游鐵廠時，曾聞該廠擬添設十五噸量之卑色馬變化爐二，以化已洗之鐵，建成而施用之。調和鐵汁爐已有一座，不久擬重購一座。

鋼胚機能倒轉，可拉四十英寸之鋼胚。拉鋼板機亦能倒轉，而拉三十六寸之鋼板。拉鐵貨機，有能拉十六英寸同十八英寸之貨者。稍小之機，即昔日之舊式拉熟鐵胚機也。鋼胚與鋼板二機，皆由大力之三汽筒汽機致動。汽筒對徑係四十六英寸，一冲有六十英寸。另有新設新式能拉十二英寸小鋼料三軸機一座，再有能拉三十英寸之拉鐵軌機，與能拉三十四英寸條軸機各一座，俱能倒轉反拉，且均配以電力起電機與電力地輥軸。較大之各機，皆配以煤氣接續爐。此等爐即毛根君所新發明者也。拉鋼胚機，另設地坑爐以烘鋼胚。此鋼胚之成，先放流鋼汁，由鋼爐流入鋼胚筒内，同時可成兩個，再用鋼胚車運至拉鋼處，至於鋼筒則用塞子二個，而用五十噸力之起重機釣動，使指揮自由，真良便也。

咸法爐另用惠而門所發明之上鋼筒機。漢廠目下之拉鋼軌機，每日能拉六十五英尺長八十五磅重之鋼軌二百五十噸。此機正在改良，以冀能拉一百八十尺長之軌七百五十噸。如是，出軌可三倍於前矣。條軸機亦在改良，以便拉成較長之條料，而每日所拉，可由二百五十條增至三百五十條矣。

因此改易，是以余在廠時有數處暫停工作。雖係如此，然全廠之勢，仍有隆盛之狀。而所制之鋼其質極佳，鋼軌化分後，其原質如下：

炭精，零點四三至零點四七分；釸，零點零六六互零點零八五分；鎂，零點八一至零點八五分；磷，零點零六至零點零六九分；硫，零點零一六至零點零二零分。

余游廠之時，在一千九百零八年秋冬之間。時該廠正在爲粵漢鐵路拉軌。而該路之副總工師美人哥特而君，適在廠驗收。哥君云，驗所拉之軌，百分中有瑕疵者，惟五分而已。且其致病之因，在工作而不在鋼質。試驗之法甚嚴，先將八十五磅軌之二端，置於三英尺六英寸相離之二架上，若軌能支持四十噸之重，壓有五分鐘之久，而不灣至一英寸之十六分之三，則可作爲良美之軌矣。然後再將二千二百磅之錘，由二十五英尺之高處，任其自行擲於軌上，倘受擲之軌，灣曲不外二英寸半，則可作爲可納收之軌矣。哥君云，如此嚴試，而斷者竟無。

廠礦工作與轉運，共雇二萬人，其每月之薪工如左：

拉鋼匠，墨西哥洋八元至十六元；生火匠，墨西哥洋十二元；幫生火匠，墨西哥洋八元五十元；煉鋼匠，墨西哥洋十二元；長工，墨西哥洋九元；短工，墨西哥洋八元；鐵匠，墨西哥洋十五元至四十元；鍋爐匠，墨西哥洋十五元至二十元。

平常小工，每日工洋一角半，女工只需一角。此等小工，均每日給工價，至明晨復雇。中國匠目，工價四十五元至六十元不等。小工亦由包工頭雇用。蓋包工頭常包作廠内之工程，故所需之匠工，皆由其自用也。中國之匠目，頗以自己之職業爲榮。内有一人告余云，余在香港三十年，充匠目之職，所成工程甚多云云。此人工作甚勤，據云，此等匠目，稍獲技能，光景稍好，即留其指甲，不願躬作此等之工矣。

廠之機械工師杜社耳君，頗贊許華人機械之技能。所用之轆軸，俱華人所自造。惟聘歐洲人一，爲之布置而已。華工之天性，善於使用西國之工具，用之罕有受損者。且鍛煉之工，無有出其右者。電機處爲華人所專管，修理駛機等事，皆其所掌，毫無錯誤。杜君將一親歷之事告余，以證華人之靈敏。前漢廠由美國購到火車頭一部，到廠後，尚須一小分裝配，以成一體。然當時細圖尚未到華，某華匠目不知，杜君亦未提及，乃不久車頭已裝成，而在廠中之鐵道上行駛，係該匠目之功。杜君甚爲詫異，余問樸君云，此非奇能乎？杜君云，若細圖未到，余亦不能裝配。杜君又述及華人作事之準確詳細，只觀繪圖房學習繪圖之少年，當摹仿圖樣時，見原稿上有偶然之墨迹污點，即仿抄之。

廠中工程，歸德工程師掌理。內有美籍之工師一，即杜社耳君，工程廠之工師也。洋總監工爲呂柏君，鋼廠工師係沙松君，此外各股，皆有西人爲匠目。督辦即盛宫保，總辦即李部郎，提調係章觀察。李總辦未到廠之前，曾廣游歐美兩洲，研究著名各大廠，故深悉辦廠之底蕴。

白漢口二百五十英里，在揚子江上流，漢廠之煤礦在焉，即所謂萍鄉礦者是。礦脈自十二英寸至六英尺之厚，所産之煤，係烟煤質良而合用。礦廠中有焦炭爐二百八十具，又有火磚廠一所，與煤磚廠一。萍煤化分後，其原質分數如下：灰，一零至一五分；浮，一五至三五分；硫，零點二至零點六分。

萍礦之焦炭。其原質化驗如左：

一號

灰，一八至三零分；硫，零點三至零點五分；磷，零點零二至零點零六分。

二號

灰，一零至一五分；硫，零點二至零點四零分；磷，零點零一分。

三號

灰，一零至一五分；硫，零點四至零點八分；磷，零點一至零點一五分。

四號

灰，一零點至二零分；硫，零點四至零點八分；磷，零點一至零點三分。

萍鄉之煤積極廣，亦有白煤。按中國産煤鐵之富，世人頗有議論，即是言過其實。然恐後日天下之廠所需之煤鐵，將求之於中國。日本向中國購用鐵礦，故已在中國之掌握中矣。

至於中國之煤礦，駐華英使署商務隨員報告英政府如下：

日本政府，所賜於南滿洲鐵路公司開掘之煤礦，外人不能洞悉其內容。然所出之煤，不能於牛莊商埠，足證皆爲鐵路與本地所用盡。據云，此煤之質甚佳。山西所出之煤，皆係華人所掘。天津銅圓局所用之焦炭，乃山西所制。開平之三礦，在天津之東北。一千九百零六年，約出煤一百萬噸。北方之鐵路輪船，及在地之人，所用之煤均係此三礦所供，滿洲亦有用此煤者。一千九百零六年，山東礦務公司，在方州煤礦，開出煤十六萬三千噸。此公司亦有煤磚廠一，及猶煤機數具，每點鐘能洗煤一百五十噸，洗煤機在遠東，惟此公司有之。

江西省有煤礦數百，俱用極古之法開掘。在湖南邊境，有礦爲德工師所開，礦地至湘河，有二百英里，有火車可達。漢陽鐵廠所需之煤，均由此礦供給。此礦每日出一千噸，而可增至三千噸，成焦炭者過半。礦井直徑，有十三英尺，而深有三百七十五英尺。礦脈有掘至一百六十英尺，開至三百二十英尺者，拖運皆用電車。據云萍鄉全境，含煤三萬萬噸。由坑道而入，或由礦井深至六百五十英尺之點，可取之至盡。礦廠内另有焦炭爐一百七十四具，火磚廠煤磚廠各一，鑄造廠一，洗煤機數具，煤由礦運出用，火車拖至洙州，再由洙州用輪拖駁運至漢陽。萍礦雖遇極大之艱難，然現已漸入佳境，足證西法之勝於古法云云。

嘗聞中國之鐵礦極富，足以供給寰球數百年之用。然其實在之多數，恐尚非今人所能窺測，至於宏富則無可疑。中國再有錳礦，含錳一零分至一五分。漢陽鐵廠能以鐵礦做釸與錳，礦地在揚子江上游，在漢廠之下八十英里，離江邊四十英里。礦石由鐵道運至江邊，再用駁船由輪拖帶運至漢廠。鐵山有六百除英尺高，全山係鐵，其質極佳，含鐵約六五分，釸三分至六分，磷零點一分，硫無。所制之生鐵，具原質如左：

釸，一至二分；磷，零點一二分至零點二零分；硫，零點二五分。

白石亦甚佳，形似雲石。

産鐵之地，尚見古時極狹小之土法制鐵爐，用磚砌成，撑以竹柱，礦鐵用竹籃送入爐，每日每爐，能制鐵二噸，需柴七噸。木柴先使半焦而干燥，然尚非炭也，拉風用驢力，投鐵入爐之升降車，罕見其匹。其人先將竹籃裝滿礦鐵，置於平臺，於是爬至頂上，懸繩而下，及地時，臺已抵爐頂矣。然後再爬至頂上，將籃中之鐵，投入爐内，爲第二次制煉。此等土法爐所出之鐵，有非常之性質。杜社耳君云，廠内如欲做異常繁雜之鐵件，則用此鐵鑄之，較他鐵爲優。平日華人炊煮之鍋，皆此鐵所制。鍋之大小不等，稍大者有二十英寸對徑，八英寸深，最厚亦不過一英寸之十六分之一，其小者更薄，而表面異常光平。制鍋之法，將鐵傾入干泥所做之模型内，干泥甚堅硬，表面擦以黑鉛，模型可鑄鍋三十個，而無須修補。至於模型應否先行燒然，則余未詢問。總之以鐵鑄件，非凡之佳。

余在街上見補鍋匠，修補破鍋，損裂之處，補以鎔鐵。匠人用一微小之爐，此爐只有八英寸對徑，十英寸高，中空處約三寸對徑，爲置鎔鐵鍋及煤炭者。爐之下隔，有風管通入，約半英寸對徑。此管再通風箱，箱有一英尺長，六英寸對徑。由手力致動，鎔鐵鍋乃干泥所成，約有平常茶杯一半之大。爐内燒以炭，或白煤，鐵鍋損裂之處，匠人擊去小塊之鐵，以成一毛邊之孔，於是左手掌内，襯一數層之小方布。布上置少些之爐灰，再取一小匙，由鎔鐵鍋内，取出已化之鐵少許，置於灰上，鐵汁之大小，如西國平常之彈丸，而色甚黄亮，於是將鐵汁置於鍋孔之下層，而執鐵之手，向上力托，於是鐵汁在鍋之彼一面凸出。匠人乃用一光滑之木塊，將軟鐵力壓，使之平鋪，而一手仍用布堅托鍋底，如此數次，而孔已補滿。余實異其工之平滑而精，如此頗大之孔，亦能煅補。補後放水鍋内，點滴不泄。且未補之前，未曾見其將鍋燒然，亦不見其將鍋洗净，到手即補，數分時即補好矣。

漢陽之兵工廠，地址毗連漢廠。此廠乃中國政府所設，每日能造槍一百五十枝，與火藥彈子，且能造四英寸之炮。所需之料，均向英國購來。而造炮之人皆華人。此等軍械局，中國共有三所。

漢口尚有一緊要之廠，正在建造，即揚子機器廠也。此廠能造船及汽機汽鍋等，及各種之機器，三月之内，此廠可開工，擬雇工人千名，致動機器力，用煤氣機，煤氣由白煤而來。

除此數廠之外，漢口尚有他廠多處。有建成者，有圖建者。漢埠發達甚速，因此田地之價，亦驟增焉。

陳旭麓等《盛宣懷檔案資料選輯之四》漢冶萍公司第三册《盛宣懷再事擴充漢冶萍公司奏稿節畧宣統二年七月》

奏爲湖北漢陽鐵廠新爐開煉成效昭著，鐵政關係富强大計，急宜再事擴充，謹將前後辦理情形恭摺具陳仰祈聖鑒事。

竊漢陽鐵廠之設，發端於醇賢親王興辦鐵路自造鐵軌之議，當時張之洞正總督兩廣，仰承意旨，擬就粤設廠造軌供路，向英國訂購機器，以爲設廠張本。而機器尚未起運，張之洞即奉命移督兩湖，該故督臣遂囑英廠將機器改運鄂省，適臣於光緒初年勘得大冶鐵山，於是張之洞即就漢陽東濱大江北臨襄河之區建設此廠，經營六、七年，用款五、六百萬，而初創未得要領，又無合用之煤，故雖殫精極慮而成效難期。至光緒二十二年危局無可再支，遂商於臣，奏請招商接辦，臣不自量力，爲大局計，勉强擔任，設法招股，而時機未至，華人不知冶鐵之利，又鑒於官辦無效，方以大錯相戒，何有附股？幸蘆漢鐵路成議萍鄉焦炭合用，始能勉强造軌，以供路用，藉所得軌價稍稍周轉，惟是鋼質不純，他路不肯購用，貨少本重，賠累日益加多，欲罷不能，勢窮力竭，遂用廠員李維格之議，派人携帶生料出洋考查，究竟此廠是否可辦？以決進退。

光緒三十年即派該員李維格出洋，由美而歐，周咨博訪，與各國鋼鐵名家討論，均以冶萍生料之佳實所罕覯，所病者在漢廠機爐之未善耳。於是決計棄舊更新以圖補救，另購機器訪延經驗工師責成李維格總辦廠務，轉瞬五年，備嘗艱苦，幸叨國家之福庇，化鐵煉鋼大爐現已一律告成，每日可化鐵四五百噸，煉鋼三四百噸，廠務已有蒸蒸日上之勢，轉敗爲勝，實非始願所敢必，倘能接厲前進，不數年間，漢冶萍煤鐵當爲環球大事業中一大鉅擘，而國家富强之基礎即在於是，用敢將目前之成效、此後之擴充謹爲我皇上縷晰陳之。

查漢廠自創辦以迄於今已歷二十年，中間程度約分爲三：一爲草創程度，即開辦之時；一爲過渡程度，即未改良之前；一爲進取程度，即已改良之後。光緒三十一年以前爲草創過渡之時，三十年以後爲改良進取之時，故按程考功，擬以三十一年前後爲比較之準繩。

兹據李維格報告，光緒三十年共煉鐵三萬八千七百餘噸，煉鐵一噸，通扯用焦炭一千七百五十記羅，每鐵一噸合成本銀三十兩以外，是年共售鐵一萬九千餘噸。宣統元年共煉鐵七萬四千四百餘噸，煉鐵一噸，通扯用焦炭一千一百五十記羅，每鐵一噸，含成本銀二十兩以内，是年共售鐵四萬餘噸，此煉鐵及售銷之比較也。

光緒三十年共造貝色麻鋼軌八千九百餘噸，每軌一噸合成本銀六十兩以外，因鋼質不純，滬寧等鐵路不肯購用，所造之軌均壓積廠中無人過問，宣統元年共造馬丁鋼軌三萬餘噸，每軌一噸合成本銀五十兩以内，驗軌洋工程師給廠執照評爲上品精鋼，廣九、津浦、江浙、閩、粤、湘、贛等省鐵路均樂購用，隨造隨售，毫無壓積，此煉鋼造軌及銷售之比較也。

宣統二年約可煉鐵十五六萬噸，煉鋼七八萬噸，出貨愈多，成本愈減，銷路亦日推廣，現英、美、德、比、法以煤鐵起家，各國之報章及漢口税務司駐漢各領事紛紛論説報告，以漢廠之勃興爲通商數十年來中國得未曾有之事業，英國財政報引倫敦《太晤士報》之論曰：「漢廠之興系中國真醒之確據，其運鐵遠售於美洲，爲中國工戰第一炮彈，世界之以工立國者，宜奔集於一幟之下拒此公敵。」又曰：「中國用銀，各國用金，銀賤金貴，所以各國運往中國之貨日減，中國運往各國之貨日增，若長此不變，而中國利源日辟，以二十餘省之地實，四百兆人之精力與各國争競，則各國農工商業將有一敗不可收拾之勢，各國宜即會議，如何可使金賤銀貴翻此危局。」又上海《字林西報》本年正月初二日登有英屬坎拿大來函，謂：議院開議宜速造就工程人材，其工部大臣以漢廠辦理得法爲引證。其言曰：「我曾親至漢廠考查，見其辦理之善深爲驚異。自問曰：西人均謂中國酣睡，我今見此廠則知中國之大有人在，我可禁止華工，但我不能禁止華鐵之競争，此非真實黄禍而何」等語。

夫外人以中國一廠之興即深謀遠慮若此，臣愚以爲趨事赴功，時不可失，現各省鐵路紛紛興辦，各國之來訂購者亦函電交馳，況興復海軍遲早必辦，倘能仿照日本自造戰艦，需用材料亦正不少，故以銷路而論，雖年出鋼鐵百萬噸，亦不慮無受主，外洋一廠之大有年出鋼鐵二三百萬噸者，以一國計，美國每年煉鐵至三千萬噸之多。漢廠限於財力，勢難一蹴而幾外洋大廠之規模，然爲富强大計亦不可無此雄志，冶鐵萍煤取用不竭，自宜逐漸推廣，蔚成一絶大宏業，現擬再加煉鐵大爐二三座，煉鋼爐及各種製造機器依比例照加，每年約煉鐵三四十萬噸，除供應各省路軌外，餘均遠銷外洋，每年可爲中國生利一千數百萬兩，遵照奏案出鐵一噸繳捐一兩，年出三四十萬噸，即可年繳鐵捐三四十萬兩，既於國家度支不無小補，而采煤煉鐵之區，年得數百萬用於地方之款，亦日見繁盛。臣一息尚存，此志不容稍懈。然有一二要端不能不吁陳於我皇上之前者，預儲生料及籌畫款項是也。

查光緒二十二年臣接辦時奏定章程内開，漢陽鐵廠、大冶鐵礦、錳礦、興國錳礦以及廠内廠外凡關涉鐵廠之鐵山、煤礦等等，均爲商局承接官局成本之根據，是大冶鐵山、興國錳礦等項皆在官局移交之内。現在所開大冶得道灣鐵山，目前自可應用無缺，惟此後發達正未可量。臣已衰老，未必能親見其極盛之時。然爲中國鐵政大局計，不能不籌及久遠，可否仰懇天恩，俯念此廠擔負官本數百萬之重，官本清還後，出鐵一噸仍提捐銀一兩，實關係國計軍政之要舉，所有大冶鐵山及鄂省所産關涉冶煉鋼鐵之生料，均准永遠先盡漢廠開采勒碑垂示，由地方官維持保護，此臣顧念來兹而有請於預儲生料者是也。

外洋鐵廠之大者其資本輒至數萬萬之鉅，即日本官辦鐵廠名曰「制鐵所」者亦已用六七千萬，政府尚源源接濟，而查其出貨僅與漢廠相等，誠以煉鐵非尋常製造可比，洪爐、鉅機、煤礦、鐵山無一不需鉅本。

漢廠自臣接辦以來，造新廠、開煤礦、置輪駁、設碼頭、建棧房等等，截止宣統元年底止，業已用銀二千□百萬兩，而所招新舊股本不及千萬，其餘悉系息藉華洋商款，現漢廠萍礦聲譽日隆，日久自可招足股份，清還債款，惟局外之人有真知灼見者不多，鑒於往日之困難，尚覺疑信參半，觀望不前，蓋事甫轉機，一時尚難歆動，然已藉之款到期即須清還，待興之工時機不可坐失，臣自必悉心籌劃，堅忍到底。惟籌款實在困難，而富强所在擴充又不容已之情形，不能不冒昧瀆陳於聖主之前者也。

湖北省檔案館《漢冶萍公司檔案史料選編》上册《公司第二届股東常會報告宣統二年十一月十七日》

一、是日股東到會共二百五十二人。

一、辦事員陳述開會緣起：

照章程股東會應在發息之前，本公司與普通公司情形畧有不同，鐵廠在漢陽，鐵山在大冶，煤礦在萍鄉，三處收支存該帳目匯總於上海總公司，不能憑總帳即請董事核查，須請親赴三處按照年總月結分户流水及一切中西文單據逐項查對，此所以第二届股東會直至今日始開之原由也。至上年出貨、銷路、工程，此三項無一不較前年進步，具載帳略。董事會成立以後，凡公司内一切大政亦無一不請董事局會議而後行。本日協理李一琴先生代表總理盛宫保報告一切，并有陳請公議事件，請全體股東指示方針。公司幸甚。

一、協理李一琴先生代表盛總理陳請議決等件并報告工程：

今日爲本公司第二届股東常會，總理奉職在京不克臨會，故囑維格來滬代表。查本届帳據已由諸君公舉之查帳人查對相符簽字，并由總公司刊布帳畧以供衆覽，總理復綜其大概弁言於首，無俟贅述。惟帳畧簡括而事極紛繁，擴充改良則工程浩大，冶煉營運則頭緒萬千，恐諸君不能前後貫串，一一了然於心，如有質疑問難之處，當一一奉答也。今日應請諸君議決之事：一公舉之事；一其議決之事，即廠礦輪駁應否另立公司？本公司逐年擴充則轉運輪駁亦加多，往來漢冶拖輪大小七號，成本銀二十六萬五千二百五十兩；鋼駁七號，木駁六號，成本銀十九萬四千八百五十兩；漢冶輪駁共值銀四十六萬零一百兩（廠用小輪三號不在内）；往來萍漢拖輪十五號，成本銀四十八萬九千五百兩，鋼駁二十四號、木駁一百五十六號，成本銀八十九萬四千五百兩，萍漢輪駁共值銀一百三十八萬四千兩。往來漢冶萍三處輪駁總共成本銀一百八十四萬四千一百兩，惟以上輪駁有現正趕造而尚未下水者。此後廠礦擴充方興未艾，則輪駁亦必隨之而增，現均由廠礦辦事員兼管。往年船少事簡，尚可勉爲應付，而兼管終不如專責之善；而今則運務日繁，情形迥異，急宜别樹一幟自爲公司，廠礦論噸付價，各計盈虧，俾相磨相磋因競争而出精神，不但於運務有裨益，而精核亦必過之。且輪駁公司有利則人亦附股，此後添置船只可免本公司再行籌款，此於營運上立論本公司輪駁應别樹一幟自爲公司之理由也。然尚有一大關鍵請爲諸君口述之，此本公司輪駁應否另立公司請諸君議決者也。

今日應請諸君公舉之事，一即續舉查帳人。查本公司章程第四十九節公舉查帳二人，又五十一節查帳人限一百股以上股東中選舉之，又五十八節查帳人任期限一年，任滿仍可續舉。去年第一届股東會由諸君公舉顧晴川、施禄生二君現已一年期滿，應否續舉或另舉，請公決。惟查帳人任期似應改爲二年，庶能於第二年股東常會時公舉次年之查帳人，本届系從權由董事公議聯任，然究於章程不符。查帳人任其應否改爲二年，亦請公決。

至於今年工程之進步，營業之發達，有可爲諸君告慰者，漢廠新化鐵爐於三月廿六日開煉，按月生鐵出數以四月爲至少，共出五千二百五十三噸零，以九月爲最多，共出七千四百三十一噸零。其九月一月通扯每噸成本銀□兩□錢□分，視舊爐所出已每噸減輕□兩。然轉運生料利用爐中溢出煤氣現正節節進取，俟一切實行，第四大爐告成，其生鐵成本之低減，我敢謂必使外洋以鐵起家之國聞而辟易。而今日各國報章哄傳領事馳告亦良有以也。出鋼以二月最多，共出馬丁鋼五千五百九十三噸零；以七月爲最少，因有改良工程趁伏暑暫停以便改作，故只出八百五十噸零。然十個月通扯鋼本已減至□兩□錢□分，視去年鋼本已減少□兩，若以二月一月計之，則每噸鋼本只有□兩□錢□分耳。現第六號大鋼爐已成，明年鋼本之減必有可觀。而煉焦新爐擬改設漢陽，除提料外，仿照德國最新之法，以煉焦溢出煤氣煉鋼，所省甚鉅。現已函致德國專門名家研究此事，并擬自造煉鋼爐磚等等，蓋進行亦有未已也。至於大件鋼貨，如鋼軌、鋼板條等件，則以七月出貨最少，因拉鋼廠裝配新機，只出鋼板一百二十六噸零；十月出貨最多，共出四千五百二十一噸，每噸成本已減至□兩□錢□分□釐，比去年每噸減輕□兩□錢□分。小鋼貨以二月出貨最多，共出六百十七噸零，每噸成本□兩□錢□分□釐；以十月爲最少，因改制鐵屋，添裝剪鋼板機器，以致礙於工作，故十月只出小鋼貨二百十九噸，每噸成本□兩□錢□分□釐。十個月通扯每噸成本□兩□錢，比去年每噸減輕□兩□錢。而明年鋼貨成本則又將視今年爲輕減。總之一年有一年之進步，此本公司所以有無窮之希望也(以上成本下空格未填數目，因於營業有關係，故未填數而當面報告)。

至於營業則去年一年共銷鋼軌三萬一千二百二十噸，生鐵四萬四千四百八十四噸半；今年十個月共銷鋼軌二萬八千七百六十二噸，九個月(因十月份外埠報册未到)共銷生鐵五萬四千五百十三噸半；又訂定鉅數生鐵長年合同二處，均以金價計算，合諸目前匯價，此二合同值銀三千三百數十萬兩，而此後尚有加無已也。萍礦煤焦銷路亦日增月盛，其漢口及漢口以上之銷數有增至二倍餘者。茲將比較表開列於後：

銷數比較表	光緒三十四年四季	宣統元年三季	宣統二年三季	比上年盈絀	比前年盈絀
鐵廠用焦	七萬零零七十五噸	七萬五千五百八十噸	十二萬二千零零九噸	盈百分之六十一	盈一倍又百分之三十
鐵廠用煤	四萬七千九百八十噸	六萬二千四百五十五噸	七萬一千九百十三噸	盈百分之十五	盈一倍
鐵廠煤焦價	九十八萬一千五百五十兩	一百零九萬五千六百四十兩	一百六十三萬七千三百九十六兩	盈百分之四十九	盈一倍又百分之二十二
漢岳長株銷焦	九千五百四十三噸	一萬零零零五噸	一萬六千一百零八噸	盈百分之六十一	盈一倍又百分之二十五
漢岳長株銷煤	六萬九千七百四十六噸	十一萬七千二百四十一噸	十五萬八千二百九十二噸	盈百分之三十五	盈二倍又百分之三
漢岳長株焦煤價	四十八萬九千二百四十七兩	七十二萬八千八百七十五兩	一百零一萬六千一百五十四兩	盈百分之三十九	盈一倍又百分之七十七

（續表）

銷數比較表	光緒三十四年四季	宣統元年三季	宣統二年三季	比上年盈絀	比前年盈絀
滬鎮寧蕪銷焦	九千五百五十噸	四千一百三十六噸	四千零三十四噸	絀百分之二	絀百分之七十八
滬鎮寧蕪銷煤	二萬五千四百四十噸	一萬三千六百零二噸	一萬零八百四十一噸	絀百分之二十五	絀百分之七十六
滬鎮寧蕪焦煤價	二十五萬三千兩	十一萬零六百兩	九萬三千零十兩	絀百分之十九	絀一倍又百分之四

其滬鎮寧蕪之銷數驟絀者，其大原因有二：以言焦炭則銅元停鑄，以言生煤則日本與開平競爭也。此後萍礦範圍必在漢口及漢口以上之地段，至粵漢鐵路與萍株鐵路聯軌後則更無論矣。長株鐵路告成在即，此亦一可喜事，蓋目前長沙以上之運道，每遇冬令水涸必須轉輾駁運，既糜運費又損煤質，路至長沙則十分困難已去七八矣。現本公司最急之事，第一系擴充工程之辦法，既已訂定鉅數生鐵合同，限有交貨年期，自應一一趕辦。惟如何籌此鉅款尚待從長計議。維格來滬與會後即須北上商榷，俟有頭緒再行報告諸君共相圖維。旋請公決數事：

甲、輪駁應否另立公司？投議決票：

主另立者壹佰伍拾肆票。

主輪駁歸招商局辦者肆拾捌票。

公議以多數另立公司爲準。

乙、查帳人應否另舉？

公議另舉。投選舉票：

馮曉卿　壹佰零柒票

邵子愉　柒拾柒票

以上當選。

顧晴川　陸票

施禄生　叁票

顧咏銓　貳票

周舜卿　貳票

虞洽記　壹票

黎笏臣　壹票

鄭陶記　壹票

何範之　壹票

丙、查帳董事應否改一年爲二年？

議決：查帳人以二年爲期者，柒拾票，多數贊成。

一、領袖董事王子展先生報告董事會成立後歷次會議情形。

一、查帳董事報告本届查帳情形：

本届查帳於八月二十四日到萍鄉，九月初一日到漢陽，初三日到大冶，檢查宣統元年漢廠萍礦總分各帳。先查結總，再查月清，又查流水，一綫貫下，收支該存均屬符合。復查收款一項内，銷貨售價均已分别詳載；支款一項内，支領款目單據注明；該存項内，各户分總匯合相符；添加成本一項内，購置各項推廣工程分别查閲；以上均經清查，一律相符。至大冶之帳，全歸漢廠收支，是以無庸另查。

報告至此已五句鐘，宣布散會。

湖北省檔案館《漢冶萍公司檔案史料選編》上册《漢冶萍公司第三届帳畧辛亥年七月》　此爲本公司庚戌年第三届結總帳畧。凡覘工廠之進步與否，悉視出貨銷路之增長以爲斷，試取本届帳與上兩届逐年比較，便得内容。至建設添置各費，關係鞏固基礎，多出貨物，所支之款皆加入成本，仍是爲廠礦逐年進步之計，非歲修額支比也。試撮舉大概：漢廠鋼軌一項，第一届進銀七十七萬餘兩，第二届進銀一百四十九萬餘兩，本届則進銀二百二萬五千餘兩矣；生鐵一項，第一届進銀八十九萬餘兩，第二届進銀一百十三萬四千餘兩，本届則進銀一百四十二萬八千餘兩矣。萍礦焦炭一項，第一届進銀一百七萬餘兩，第二届進銀一百十三萬餘兩，本届則進銀一百八十八萬餘兩矣；生煤一項，第一届進銀八十二萬餘兩，第二届進銀一百五十萬二千餘兩，本届則進銀一百八十三萬四千餘兩矣。手足胼胝，心血枯耗，晝無寧膳，夜無寧睫，以博此「日增月盛」四字之榮譽。

公司股本結至本届年底止，收現洋一千二百三十六萬二千六百餘元，合銀八百七十七萬五百餘兩。然該款項下本届年底共已該銀三千一百八十三萬餘兩，商務通例虚本實利最爲危險，又值是年各埠銀市恐慌，莊號倒閉之事幾於銅山西傾，洛鐘東應，支拄之艱，籌畫之苦，爲執事者所不忍言。然應完工程，應購機料，仍如鄙人上届所言，不登峰造極不止。表册成，新舉查帳員馮曉卿君，適委任萍礦商務長，例不兼董，公議請邵子愉、顧晴川二君赴漢萍澈查，晴川君因事轉囑其少君敬初代表與邵君同行，往返三十餘日，稽核三數次，一一相符，簽字作證，遂以簡明帳畧刊印分布，幸公鑒焉。

辛亥年七月　總理盛宣懷識

漢冶萍公司收支各款第三届匯核總數簡明清帳

漢冶萍煤鐵廠礦有限公司宣統二年正月份起截至十二月底止收支各款第三届匯核總數簡明清帳。

漢冶廠礦收款：

一、收售京漢、京張、蘇浙、津浦、廣九、道清、長吉等鐵路局鋼軌等料價，洋例銀二百二萬五千四十六兩九錢一分二釐。

一、收售槍炮等廠鋼鐵料價，洋例銀六千七百九十兩九錢四分。

一、收售大冶礦石料價，洋例銀二十六萬五千九百三兩七錢七分。

一、收售各户生鐵等料價，洋例銀一百四十二萬八千五百六十三兩一錢六分八釐。

一、收售各户鋼鐵等料價，洋例銀十二萬四千三百六兩四錢三分五釐。

一、收代各處修造機件價，洋例銀一百二十八兩三錢七分。

一、收轉售物料等價，洋例銀二萬三千二百五十五兩八錢一分九釐。

一、收各項租費、水脚雜款，洋例銀七萬七千六百四十二兩九分四釐。

以上八款，共收洋例銀三百九十五萬一千六百三十七兩五錢八釐，系漢冶廠礦售鋼鐵各款。

萍礦收款：

一、收鐵廠及滬、漢、岳、長、洙各局現售焦炭價，洋例銀一百八十八萬二十三兩三錢四分六釐。

一、收本礦及分礦現售焦炭炊焦等價，洋例銀八千一百五十八兩二錢六分二釐。

一、收各船户承運焦炭短秤賠價，洋例銀五千三百二十八兩七錢五分五釐。

一、收鐵廠及滬、漢、岳、長、洙各局現售生煤價，洋例銀一百八十三萬四千九百九十九兩三錢五分九釐。

一、收本礦各處鍋爐領用及售燒煤價，洋例銀六千一百三十兩七錢九分三釐。

一、收售萍潭鐵路火車用生煤價，洋例銀三萬一千二百七十二兩六錢一釐。

一、收各船户承運生煤短秤賠價，洋例銀一萬七百九十三兩一分一釐。

一、收本礦及各局銀洋錢兑餘，洋例銀四萬五千七百七十五兩四錢一分一釐。

一、收漢潭匯水，洋例銀一萬三千五百七十兩八錢二釐。

一、收官錢號第十二届盈餘，洋例銀二萬三千三百九兩五錢一分六釐。

以上十款，共收洋例銀三百八十五萬九千三百六十一兩八錢五分六釐，系萍礦售煤焦各款。

總共結收洋例銀七百八十一萬九百九十九兩三錢六分四釐。

漢冶廠礦支款：

一、支大冶、興國州、常耒、上海各外局經費，洋例銀三十六萬七千三百七十二兩七錢八分四釐。

一、支購華洋材料價，洋例銀三十九萬八百六十六兩一錢二分七釐。

一、支購萍鄉焦炭價，洋例銀一百六十三萬九千九百十九兩二錢六分。

一、支購萍鄉煤及東洋煤價，洋例銀七十九萬一百五兩七錢五分八釐。

一、支發輪駁各船經費，洋例銀十萬一千三十九兩七錢五分四釐。

一、支發運費脚力，洋例銀十五萬三千二百八十兩一錢一分九釐。

一、支發員司薪伙、丁役工食，洋例銀十一萬二千九百三十三兩一錢三分六釐。

一、支發洋工程司及洋匠等薪費，洋例銀十萬八千三百四兩三錢三釐。

一、支發機匠、藝徒等工食，洋例銀十七萬九千六百二十二兩二錢五分三釐。

一、支發小工工作等工價，洋例銀四十五萬一千二百四十六兩六錢一分八釐。

一、支添造新煉鋼廠及新化鐵爐工料等，洋例銀一百五十四萬五千八百五十七兩九錢九分六釐。

一、支添置基地、房屋、車輛、船隻、機件等，洋例銀三十萬三千一百六十九兩一錢八分七釐。

一、支備發庚戌年第三届并補找上届股息及藉押各款利息，洋例銀七十七萬七千八十七兩三錢八分九釐。

一、支生鐵捐款，洋例銀十一萬九千三百九十五兩五錢六分。

一、支各項雜用，洋例銀五萬八千四百十八兩二錢五分九釐。

以上十五款，共支洋例銀七百九萬八千六百十八兩五錢二釐，系漢冶廠礦添置成本及活本各款。

萍礦支款：

一、支機礦窿工挖煤一切經費，洋例銀九十三萬三千四百七十兩七錢八分四釐。

一、支機器洗煤一切經費，洋例銀六萬五千四十兩八錢六分六釐。

一、支機爐煉焦一切經費，洋例銀四萬一千二十一兩八錢五釐。

一、支機礦土爐煉焦一切經費，洋例銀三萬二百二十一兩八分一釐。

一、支滬總局經費，洋例銀七千二百四十八兩二錢七分四釐。

一、支萍總局經費，洋例銀二萬七百四十三兩三錢三分二釐。

一、支稽核、收支、機礦等處經費，洋例銀一萬七千四百八十六兩五錢七分。

一、支警備隊經費，洋例銀一萬三千五百三十五兩一錢七分一釐。

一、支巡警處一切經費，洋例銀一萬七千四十三兩五錢一分九釐。

一、支滬、漢、湘、贛往來川資、電費，洋例銀三千五百二十七兩三錢三分八釐。

一、支窿工遇險身故撫恤一切善舉，洋例銀六千九百三十八兩八錢三分九釐。

一、支滬、漢、長、岳、洙各局經費，洋例銀九萬九千三百五十二兩二錢六分六釐。

一、支漢外銷釐金經用磅手燒火等費及華洋一切經費，洋例銀八萬四千七百三十兩五錢一分一釐。

一、支煤務處收發煤焦經費，洋例銀六千八百七十兩一錢四分三釐。

一、支焦炭生煤自安源至洙洲火車運費，洋例銀四十一萬十一兩四錢四分二釐。

一、支焦炭生煤由洙運滬、鎮、寧、蕪、漢、岳、長等處船費，洋例銀七十三萬二千四百八十三兩五錢六分六釐。

一、支安源煤焦上車挑費，洋例銀三千二百九十七兩三分三釐。

一、支洙洲至武漢等處提駁起卸等費，洋例銀十三萬二百十七兩四錢九釐。

一、支各船户承運焦炭溢秤賞號，洋例銀一千五百三十三兩四錢三分八釐。

一、支各船户承運生煤溢秤并外銷溢秤賞號，洋例銀二萬九千九百五十二兩六錢六分。

一、支本礦機爐、土爐提存學校捐，洋例銀一萬五千一百四十兩八錢一分九釐。

一、支捐助萍邑公費，洋例銀八千一百四十三兩六錢七分二釐。

一、支完鈉井口并出口復進口稅，洋例銀六萬八千四百三十五兩六錢五分九釐。

一、支備發庚戌年第三届股息并滬、漢、萍各銀行莊號利息，洋例銀七十五萬五千九百八十七兩三錢二分二釐。

一、支總平巷、石巷工程，洋例銀十二萬五千三百三十兩四錢六分六釐。

一、支擴充電機、煤廠等工程，洋例銀八萬四千一百七十六兩八錢五分四釐。

一、支購置長沙碼頭基地暨擴充土爐、添置民田契價，洋例銀一萬三千九百二十兩四錢七分三釐。

一、支本年添置鋼木駁船成本，洋例銀六十五萬一千六百二十七兩四錢七分九釐。

一、支洙岳、武漢擴充堆棧房屋工程，洋例銀一萬九百五十一兩一分九釐。

以上二十九款，共支洋例銀四百三十八萬七千四百三十九兩八錢一分，系萍礦添置成本及活本各款。

總共結支，洋例銀一千一百四十八萬六千五十八兩三錢一分二釐。

以上收支兩抵，漢冶廠礦透支洋例銀三百十四萬六千九百八十兩九錢九分四釐。

以上收支兩抵，萍礦透支洋例銀五十二萬八千七十七兩九錢五分四釐。

漢冶廠礦盤存總

一、存新煉鋼廠成本，洋例銀六百四十七萬三千三十三兩八錢八分四釐。

一、存新化鐵爐成本，洋例銀二百六十六萬四千二百兩八錢五分五釐。

一、存歷年添置基地、房屋、車輛、船隻、機器、爐座、板軸、鐵路、家具、雜件等價，洋例銀三百九十六萬七千八百六十一兩四錢七分二釐。

一、存官局移交舊廠産業列作成本，洋例銀二百七十八萬七千九百九十四兩三錢。

一、存鋼鐵、煤焦及華洋材料等款，洋例銀二百二十五萬三千四十兩二分三釐。

以上盤存各項，共計洋例銀一千八百十四萬六千一百三十兩五錢三分四釐，内除上届盤存廠本洋例銀一千五百二萬三千九百七十九兩六錢五分七釐外，實計本届加存廠本洋例銀三百十二萬二千一百五十兩八錢七分七釐。

萍礦盤存總：

一、存礦産業基地，洋例銀一百十五萬四千三百三十七兩五錢九分三釐。

一、存礦外房屋生財，洋例銀八萬六千三十四兩七錢四分。

一、存安源機礦成本，洋例銀五百六十萬六百七十八兩一錢七分六釐。

一、存煤焦估價，洋例銀一百八萬六千五百二十四兩二錢。

一、存輪駁成本，洋例銀一百三十一萬九千五百八十四兩二錢九分二釐。

以上盤存各項，共計洋例銀九百二十四萬七千一百五十九兩一釐，内除上届盤存礦本洋例銀八百六十四萬八千七百三兩二錢一分七釐外，實計本届加存礦本洋例銀五十九萬八千四百五十五兩七錢八分四釐（查本届加存礦産基地、礦外房屋、安源機礦及輪駁成本等項，共洋例銀八十八萬五千六兩二錢九分一釐，本届盤存煤焦估價較上届減存洋例銀二十八萬六千五百五十兩五錢七釐，加存與減存相抵，通盤計算，合如上數）。

統計漢冶萍本届加存成本與透支相抵，結盈洋例銀四萬五千五百四十七兩七錢一分三釐。

漢冶萍公司該存各款第三届匯核總數簡明清帳

漢冶萍煤鐵廠礦有限公司宣統二年十二月底止該存各款第三届匯核總數簡明清帳。

漢冶廠礦該款：

一、該股份銀元七百四十一萬七千六百二元二角一分，照市價合洋例銀五百二十六萬六百十七兩五錢九分一釐。

一、該預收大冶礦石價，洋例銀一百九十萬七千九百七十四兩二分二釐。

一、該預收鋼軌價，洋例銀一百二十二萬五千一百八十四兩八錢六分三釐。

一、該預收生鐵價，洋例銀四萬四千九百九十七兩二錢七分。

一、該上海銀行錢莊各户存款，洋例銀五百三十三萬九千五百一兩二錢五分六釐。

一、該漢口銀行錢莊各户存款及萍礦運銷局往來，洋例銀五百六十五萬一千二百八十四兩五錢三分四釐。

一、該公債票，規元三萬兩，合洋例銀三萬九千一百兩。

一、該預繳鐵捐項下，洋例銀六十三萬三千九百六兩二錢四分六釐。

一、該備發庚戌年第三届股息，洋例銀四十萬兩。

（查前款係備發庚戌年第三届股息，因洋價漲落不一，預提此數，俟辛亥三月發息時照市作價付清之後，第四届帳内補找清楚）。

以上漢冶廠礦結該洋例銀二千四十九萬二千五百六十五兩七錢八分二釐。

萍礦該款：

一、該股份銀元四百九十四萬五千六十八元一角四分，照市價合洋例銀三百五十萬九千八百八十五兩九錢八分二釐。

一、該各洋行存款及外洋購料款，洋例銀二百四十四萬六百六十四兩五錢三釐。

一、該上海銀行錢莊及各户存款，洋例銀一百九十六萬五千七百三十三兩四錢四分七釐。

一、該漢口銀行錢莊及各户存款，洋例銀二百八十九萬九千六百四十四兩三錢七分。

一、該公債票，規銀十萬兩，合洋例銀九萬七千兩。

一、該本礦官錢號存款及本礦往來，洋例銀一百八萬二千一百五十六兩二錢一釐。

一、該備發庚戌年第三届股息并第一、第二兩届存息，合洋例銀二十九萬四千八百八十三兩六錢三分八釐。

以上萍礦結該洋例銀一千一百二十八萬九千九百六十八兩一錢四分一釐。

漢冶萍總結盈餘該款：

一、該第二届漢冶萍統計結盈洋例銀一萬九百三十四兩三錢七分五釐。

一、該本届漢冶萍統計結盈洋例銀四萬五千五百四十七兩七錢一分三釐。

以上漢冶萍總結盈餘，結該洋例銀五萬六千四百八十二兩八分八釐。

總共結該洋例銀三千一百八十三萬九千十六兩一分一釐。

漢冶廠礦正本存款：

一、存新鋼廠成本，洋例銀六百四十七萬三千三十三兩八分四釐。

一、存新化鐵爐成本，洋例銀二百六十六萬四千二百兩八錢五分五釐。

一、存歷年添置基地、房屋、車輛、船隻、機器、爐座、板軸、鐵路、家具、雜件等價，洋例銀三百九十六萬七千八百六十一兩四錢七分二釐。

一、存官局移交舊廠產業列作成本，洋例銀二百七十八萬七千九百九十四兩三錢。

一、存附入揚子機器製造有限公司股份，洋例銀五萬五千兩。

一、存西美鋼鐵會社鐵價，洋例銀一萬一千一百五十六兩三錢八分。

一、存揚子公司等處代造機件及購地薪工暫記等款，洋例銀十四萬七千八十一兩三錢八分。

以上結存漢冶廠礦正本，洋例銀一千六百十萬六千三百二十八兩二錢七分一釐。

萍礦正本存款：

一、存礦產基地，洋例銀一百十五萬四千三百三十七兩五錢九分三釐。

一、存安源機礦成本，洋例銀五百六十萬六百七十八兩一錢七分六釐。

一、存礦外房屋生財，洋例銀八萬六千三十四兩七錢四分。

一、存輪駁成本，洋例銀一百三十一萬九千五百八十四兩二錢九分二釐。

以上結存萍礦正本，洋例銀八百十六萬六百三十四兩八錢一釐。

漢冶廠礦活本存款：

一、存鋼鐵所，實存鋼鐵等料價，洋例銀九十八萬三千六百四十七兩二錢三分五釐。

一、存煤務處，實存煤焦等價，洋例銀五十五萬三千六百六十八兩五錢八釐。

一、存生鐵廠，實存各種礦石價，洋例銀二萬二千六百八十二兩八錢五釐。

一、存物料股、內五廠、外七廠、建造股、鋼渣處，實存各種材料價，洋例銀二十七萬四千一百三十五兩八錢四分。

一、存批發所，售出鋼鐵等貨各户結欠，洋例銀四十一萬八千九百五兩六錢三分五釐。

一、存奏明預還湖北官本扣抵鐵捐及續還官本，洋例銀一百七萬五千四百十七兩一錢三分五釐。

一、存南潯鐵路公司結欠鋼軌價，洋例銀十三萬兩。

一、存洋員彭脱購辦外洋機料暫記，洋例銀十三萬八千四百五十一兩四錢一釐。

一、存各户往來結存，洋例銀七十二萬二千二百五十六兩五錢五分九釐。

以上結存漢冶廠礦活本，洋例銀四百三十一萬九千一百六十五兩一錢一分八釐。

萍礦活本存款：

一、存材料處各項材料及炸藥、油米等價，洋例銀四十四萬七千七百二十九兩二錢七分五釐。

一、存萍、湘、滬、漢等處堆儲焦炭、生煤估價，洋例銀一百八萬六千五百二十四兩二錢。

一、存官錢號資本，洋例銀一萬一百七十九兩五錢九分二釐。

一、存官錢號歷年餘利，洋例銀十一萬三千八十八兩八錢一分。

一、存漢廠結欠煤焦價，洋例銀一百十六萬八千五百九十五兩九錢七分九釐。

一、存各户結欠煤焦價，洋例銀四十二萬六千七百六十九兩九錢六分五釐。

以上結存萍礦活本，洋例銀三百二十五萬二千八百八十七兩八錢二分一釐。

共計結存漢冶廠礦正本活本，洋例銀二千四十二萬五千四百九十三兩三錢八分九釐。

共計結存萍礦正本活本，洋例銀一千一百四十一萬三千五百二十二兩六錢二分二釐。

總共結存洋例銀三千一百八十三萬九千十六兩一分一釐。

紀事

國家清史編纂委員會《李鴻章全集》第一三册《粵購鐵布兩機不應中輟片》

再，前使臣劉瑞芬代湖廣督臣張之洞在英國諦塞德廠定購煉鐵、煉鋼機器汽爐全副，又在柏辣德廠及喜克哈葛里甫廠定購紡紗織布機器汽爐全副，原議鐵、布兩機俟造成後，各分五批運赴廣東，適張之洞調任湖廣，勘地未定，築廠需時，而布機皆係細巧之件，若無廠屋存儲，恐致銹壞。臣電商張之洞，暫緩運鄂，惟織布鍋爐六座，及煉鐵機器兩批業已雇船送至漢口，又有築廠物料及應添器具，臣亦爲之詳慎訪訂，陸續運送。竊惟煉鐵、織布兩大端裕强兵富國之謀，握利用厚生之本，若果辦理有效，每歲中國之銀少漏入外洋者不下四五千萬兩。惟煉鐵必與開礦，相濟爲用，若數端并舉，事體宏鉅，恐非一省之物力、才力所易集事，想朝廷必已默操至計，允爲始終主持。然如廠屋尚待卜築，工匠尚須募練，運器之水腳難省，添制之零件猶多，固非旦夕所能動工，而外洋各國每興一利源，其初不免耗摺，賴有堅忍之力以持之。中國始基初立，用帑較鉅，勢難中止。伏惟聖明洞燭時勢，創建宏規，不以疆臣易任爲作輟，不以浮議稍興爲疑沮，俾内外合力，妥慎經營，十餘年後當有成效可睹。至如籌運全機、雇募洋匠，訪各廠之良法，詢購物之時價，與張之洞函電頻商，務臻妥善，此係微臣之責，斷不敢稍形怠急。合將大概情形附片具陳，伏乞聖鑒。謹奏。

該衙門知道。

王樹枏《張文襄公全集》卷一三三《致輪墩劉欽差光緒十五年九月二十五日發》

布機鐵爐均已奏明有案，籌有專款，將來即電粵督署匯撥。有。

王樹枏《張文襄公全集》卷一三三《致輪墩劉欽差光緒十五年九月二十九日發》

湖北大冶縣産煤鐵，海署囑亟籌開采。請速覓著名鑛師一人，代訂薪工即立合同，令赴漢口領事處報到，需款電到即匯。又六月蒸電請募練船教習三員，水師學生停課以待，務懇速覓，飭即來粵。豔。

王樹枏《張文襄公全集》卷一三三《致武昌奎撫臺光緒十五年十月初四日發》

大冶鑛姑令盛處鑛師一看，有益無損，湘黔鐵能煉更佳。總之鐵路事關久大不能欲速，先須籌款，次須煉鐵。必從容規畫完備，方能開辦。洞到鄂自當詳籌熟察，務令於民不擾，斷不至鹵莽從事，請告司道府縣俾釋羣疑，勿聽浮言惶擾。至要。支。

國家清史編纂委員會《李鴻章全集》第二二册《復調鄂督張光緒十五年十月初九日亥到》

陽電及復海署電均悉。津通本可急辦，試行有利再籌推廣，此各國鐵路通例，乃因群言中止。鄂、豫、直長路實自公發端也。尊論四宜，只可如此籌畫。開礦煉成鋼條，器款甚鉅，豈能各省同開。粵既購機爐、雇礦師，似宜就大冶開辦。黔鐵難成而運遠，斷不可指。晋礦佳，惜無主人耳。鴻。

國家清史編纂委員會《李鴻章全集》第二二册《粵督張寄海署光緒十五年十月初九日申刻到》

八月二十七日鈞函謹悉。事期必成，不求速效二語要義已盡，曷勝欽服。昨接北洋轉傳鈞電，廷臣又有停路之請，亟望定局，以止紛呶等語。此舉儲鐵宜急，勘路宜緩，開工宜遲，竣工宜速。前六七年積款，積鐵，後三四年興工修造，兩端并舉，一氣作成，合計仍是十年。遲開工以免脱節，速竣工以防中變。脱節則徒費無利，中變則不能再舉。現經朝廷定計，鈞署主持，北洋與洞奉命分任，即是定局。一面勘礦、購機，分投采煉，即是發端。度支雖絀，斷無合天下全力不能歲籌二百餘萬之理。中國鐵雖不精，斷無各省之鐵無一處可煉之理。晋鐵如萬不能煉，即用粵鐵，粵鐵如亦不精，不旺，用閩鐵、黔鐵、楚鐵、陝鐵，皆通水運，豈有地球之上獨中華之鐵皆是棄物。籌款如能至三百萬，即期以十年。如款少，即十二三年。如再少，即十五六年至二十年，斷無不敷矣。愚公移山，有志竟成，此無可游移者也。煉機造廠，每分不過數十萬，多置數處，必有一獲。粵新購定，黔早運到，均有確價，并不爲多。小爐拆機，山路可行，已確詢外洋，并不爲難。各省鐵到大興，無論修路與否，無論利國利民，涓滴皆非糜費，此不必惜費者也。廷臣阻止，果能指陳流弊，正可設法預防。防弊愈周，推行愈暢。如係隔膜，置之不論不議，舉行既無窒礙，衆論自必翕然，此不足爲慮者也。

民情驚疑，此爲最要。地方官務擇良吏，以靖其本。慎選工員，以防其擾。厚施恩惠，宣示利益，以結其心。勘路從緩，民情既順，再爲舉辦，以杜煽惑失業之人。或酌留粗貨運載，或權宜募用，以消梗阻，此不至無策者也。洞前奉寄諭，後曾具一摺復奏，并抄稿咨呈，大意即如上項所言，及前托盛道轉達之電，竊幸與鈞函大意一一符合。因係初次復奏，故未敢請鈞署會奏，以後當隨時抒其管見，抑候鈞核酌辦。現聞鄂省水災甚重，饑民甚多，洞擬俟新任交替後，即日乘輪啓行，遵旨即行赴鄂籌辦災賑。且彼處聞鐵路之舉，不免浮言惶惑，急須撫恤災黎，解釋群疑，此時能撫慰人心，以後方有可措手。合并附陳。之洞肅。陽。

國家清史編纂委員會《李鴻章全集》第二二册《寄醇邸光緒十五年十月初十日巳到》 鄂、豫鐵路之機，本由香濤發端，現復奉命會辦，應與妥商定計，是以公函鈞咨未便率復，致有參差。頃接張電，謂儲鐵宜急，勘路宜緩，興工宜遲，竣工宜速。據稱已奏明并電復尊處。竊思粤既購機爐、雇礦師，亟應就湖北大冶勘辦。西洋開礦至煉成鋼軌，節目甚繁，器款甚鉅，豈能各省同時并舉，多縻費少實濟。黔中購機不全，運道艱遠，斷不可指，鈞旨以爲何如。鴻肅。

國家清史編纂委員會《李鴻章全集》第二二册《海署寄調鄂督張電光緒十五年十月十五日酉刻到》 陽電備悉。煉鐵之論可佩，餘均意見頗合。大冶下手自是正辦。黄兩摺、燎一摺須一并會銜復奏，較爲簡當。若黄第一摺已由尊處自奏，則後二摺仍希會奏，以免紛歧。繼此遇咨照應奏之件均依此例，庶一氣呵成。黄請緩辦之疏謂軌、橋購自外洋，挖土等事須機器，工匠用洋人，計惟購地四百二十餘萬價銀，其餘官薪工價至多斷不至五百餘萬，是三千萬中有二千餘萬出洋，欲通財貨抵漏卮，先擲鉅費資鄰敵。土貨或不繼、或稍滯，反使洋貨盛行腹地州縣，因此耗積蓄而增繁華。必欲興辦，宜查外省税釐案册，通算各處歲出歲銷土貨之總數與洋貨相抵者若干，再通算每年鐵路來往次數，所入運資及税釐共若干，然後將他處税釐約計短收之數，就所入數内扣出相抵，次將鐵路之費扣出，次將成本按年扣出，再有盈餘，方爲鐵路所收之實利。分數未明，而逆臆其必得大利，未敢以爲然也云云。海署具。寒。

國家清史編纂委員會《李鴻章全集》第二二册《寄調鄂督張光緒十五年十月十八日午刻》 咸電悉。黄兩疏意不過設詞阻難。尊論有鐵早辦、無鐵遲辦已扼要，惟煉鐵至成鋼軌、鐵橋、機車實非易事。日本鐵路日增，至今工料皆用土産，惟鋼軌等項仍購西洋，非得已也。粤既訂購采煉機爐，應運鄂試辦。大冶鐵質好而無煤，須由當陽運煤乃合用，雖濱江亦稍費事。此外，各省産鐵處距水太遠難收實效，且無款無人，從何下手。化學礦學堂爲開采根基，知者少，同志亦少，願公實力提倡。鄙意并無參差，自愧年衰力薄，不獲目睹其成耳。九月初八奏稿尚未到。鴻。

〔附〕《鄂督張來電并寄海署光緒十五年十月三十日午刻到》前奉鈞署寒電，大冶下手自是正辦等因。北洋來電亦同。昨按湖北奎撫電，盛道宣懷奉鈞署諭，飭派礦師白乃富赴鄂勘鐵礦已到等語。竊思盛道既備悉大冶鐵礦，并知鄂省煤廠情形，現經鈞署飭辦此事，洞此次抵滬，如能與該道晤面，詢商一切，到彼較爲透澈易辦。惟該道係隔省實缺人員，無從至滬。謹請鈞署裁酌，如事屬可行，擬請代爲轉奏，令該道至滬一晤，俾得詢商大冶鐵礦并開煤設廠一切事宜，實於公事有益。是否可行，謹候裁奪爲禱。之洞肅。艶。

「中央研究院」近代史研究所《海防檔》丙機器局《光緒十五年十月二十一日總署收兩廣總督張之洞文附抄摺一件奏請籌購機器在粤創設煉鐵廠》 十月二十一日，兩廣總督張之洞文稱：爲照本部堂，於光緒十五年八月二十六日，恭摺具奏：廣東省籌購機器，設廠煉銕緣由。除俟奉到硃批，恭録咨行，及札海防善後局，移會東藩運二司遵照外，相應抄摺咨呈，爲此咨呈貴衙門，謹請察照施行。

照録抄摺

奏爲粤省籌購機器，創設煉銕廠，以濟民用而收利權，恭摺奏陳，仰祈聖鑒事。竊以今日自强之端，首在開闢利源，杜絶外耗。舉凡武備所資，槍砲、軍械、輪船、砲臺、火車、電綫等項，以及民間日用農家工作之所需，無一不取資於銕。兩廣地方，産銕素多，而廣東銕質尤良。前因洋銕充斥，有礙土銕，經臣叠次奏請，開除銕禁，暫免税釐。復奏免爐餉，請准任便煽鑄，以輕成本，而敵侵銷。多方以圖，無非欲收已失之利，還之於民。查洋銕暢銷之故，因其向用機器，煆煉精良，工省價廉。察華民習用之物，按其長短大小厚薄，預製各種料件，如銕板、銕條、銕片、銕鍼等類。凡有所需，各適其用，若土銕則工本既重，鎔鑄欠精。生銕價值雖輕，一經煉爲熟銕，反形昂貴。是以民間競有洋銕，而土銕遂至滯銷。以本省銕貨出入計之，每年洋銕入廉州者，約四五十萬斤；入瓊州者，百萬斤有奇；入省城佛山者，約一千餘萬斤；入汕頭者，約二百餘萬斤。内地銕貨出洋，以鍋爲大宗。其往新嘉坡新舊金山等處，由佛山販去者，約五十餘萬口；汕頭販去者，約三十餘萬口；惠州淡水販去者，約二十餘萬口；由廉州運往越南者，約四萬餘口。此外鉄搥運往澳門等處者，每年約五六萬斤。鉄綫運往越南者，先年約十餘萬斤，近因越税太苛，業經停販，然此皆粗賤之物，凡稍精稍貴之鉄板鋼條，則不惟不能外行，且皆取資洋產，以各省各口鉄貨出入計之。查光緒十二年，貿易總册所載，各省進口鉄條、鉄板、鉄片、鉄絲、生鉄、熟鉄、鋼料等類，共一百一十餘萬擔，鉄針一百八十餘萬密力，每一密力爲一千針，合共鉄價針價，約值銀二百四十餘萬兩。而中國各省之出口者，銅鉄錫鉛併計，祇一萬四千六百數十擔，約值銀一十一萬八千餘兩，不及進口二十分之一。至十三年貿易總册，洋鉄洋針進口，值銀二百一十三萬餘兩；十四年貿易總册，洋鉄洋針進口，值銀至二百八十餘萬兩。而此兩年内，竟無出口之鉄，則是土鉄之行銷日少。再過數年，其情形豈可復問。臣督同海防善後局司道局員，暨熟悉洋務之員，詳加籌度，必須自行設廠，購置機器，用洋法精煉，始足杜外鉄之來。惟是廣東近年餉繁費絀，安有餘力更爲斯舉。然失此不圖，惟事以銀易鉄，日引月長，其敝何所底止。計惟有先籌官款，墊支開辦，俟其效成利見，商民必然歆羡，然後招集商股，歸還官本，付之商人經理，則事可速舉，貲必易集。大率中國創辦大事，必須官倡民辦，始克有成。經臣於本年三月間，電致出使英國大臣劉瑞芬，往返籌商數月之久，兹准劉瑞芬電覆，現與英國諧塞德公司鉄廠，訂定鎔鉄大爐二座，日出生鉄一百頓，并煉熟鉄煉鋼各爐，壓板抽條兼製鉄路各機器，共價英金八萬三千五百榜。先匯定銀二萬七千八百三十三榜，運保費在外，機器分五次運粤，十四箇月交清等語。當經飭局，將定銀榜價摺合銀十三萬一千六百七十兩零，如數先行籌匯，訂立合同。至於建廠地方，現擇定於省城外，珠江南岸之鳳凰岡地方，水運便利，地勢平廣，甚爲相宜。俟繪就廠圖寄粤，即當趕緊建造。此購辦機器，自設煉鉄廠之擬辦情形也。竊惟通商以來，凡華民需用之物，外洋莫不仿造，窮極精巧充塞土貨。彼所需於中國者，向祇絲茶兩種。近年外洋皆講求種茶養蠶之法，出洋絲茶漸減，愈不足以相敵。土貨曰少，漏溢日多，貧弱之患，何所底止。近來各省雖間有製造等局，然所造皆係軍火，於民間日用之物，尚屬闕如。臣愚以爲華民所需外洋之物，必應悉行仿造，雖不盡斷來源，亦可漸開風氣。洋布洋米而外，洋鉄最爲大宗，在我多出一分之貨，即少漏一分之財，積之日久，强弱之勢，必有轉移於無形者。是以雖當竭蹶之時，亦不得不勉力籌辦。至於開采鉄鑛，尤須機器西法，始能鉤深致遠，取精出旺。臣現已分向英德兩國。聘募鑛師，來粤勘驗，以便購機精采，倘物力稍紓，尚擬將民間需用各鉄器，及煤油火柴等物，悉行自造。將來鑄造漸多，豈惟粤民是賴，尚可分銷各省，一俟機器運到，開煉以後辦理情形，再當隨時詳晰具奏。所有購辦機器，擬設煉鉄廠緣由，理合恭摺具陳，再廣東巡撫係臣兼署，毋庸會銜，合併陳明，伏祈皇上聖鑒。

國家清史編纂委員會《李鴻章全集》第二二册《盛道來電并寄粤督光緒十五年十月二十四日巳刻到》 禡電敬悉。開礦難，開煤、熔鐵尤難。當陽遠，雖費事但係白煤，省做焦炭，工本可抵運費。曾請英國頭等礦師郭師敦勘估，兩年須做小鐵路數十里，似有把握。本年派比國礦師白乃富遍尋近水煤鐵相連之礦，本不拘於大冶。因奉邸諭開鄂礦、辦漢路較便，復派白礦師赴興國一帶勘煤，并勘沿江煤鐵，約年内勘完。擬比較地質，選定一處，詳細具禀。如開他處，不拘請何礦師可辦。如開冶、當，應仍請郭師敦，事半功倍，因其攢地、驗質、定廠、畫圖均有底本。凡辦礦機器均須因地、因質，宜先、宜後，與原勘礦師繪圖立説，評價定購。西洋辦礦斷無不先定礦地、辦法而後照地購器者。中國歷次辦礦見小欲速，前後倒置，故不合法。宣愚以爲，中國用洋鐵少，集商本難，目前只可專注一礦，與其紛馳急就，百不得一，不如謀定後動，一可勝百。計久長，策遠大，但期利穩，不慮本重。開平用百數十萬而後獲利，今煉鐵仍須開煤，若不籌定資本，必致淺嘗輒止，即使陸續請益，已非一氣呵成。木炭煉鐵最佳而價貴，且木炭必有時而窮，煉爐一日難停，仍用煤煉爲是。可否請緩數月，容礦師查畢，有無比冶、當合算之處，籌擬切實條款，禀請核奪，較之憑空結撰，致蹈前弊而貽後悔。是否有當，乞鈞示。宣禀。漾。

王樹枏《張文襄公全集》卷一三三《致海署天津李中堂光緒十五年十月二十九日發》 前奉鈞署寒電。大冶下手，自是正辦等因。北洋來電亦同。昨接湖北奎撫電，盛道宣懷奉鈞署諭，飭派鑛師白乃富赴鄂勘鐵鑛已到等語。竊思盛道既備悉大冶鐵鑛，並知鄂省煤廠情形，現經鈞署飭辦此事。洞此次抵滬，如能與該道晤面，詢商一切，到彼較爲透澈易辦。惟該道係隔省實缺人員，無從至滬，謹請鈞署裁酌。如事屬可行，擬請代爲轉奏，令該道至滬一晤，俾得詢商大冶鐵鑛，並開煤設廠一切事宜，實於公事有益。是否可行，謹候裁奪爲禱，豔。

陳旭麓等《盛宣懷檔案資料選輯之四》漢冶萍公司第一册《馮慶鏞致盛宣懷函光緒十五年十一月初六日》 敬禀者，竊蒙憲委帶同礦司白乃富查勘煤鐵各山，比較郭師敦優劣。在滬禀謁眉憲，正在差白乃富赴池州，因鏞到，先行赴鄂。細詢該礦司本領如何，眉憲面諭，察核書本尚多，眼力當可。復細詰沈翻譯、黄弁山東一路勘礦情形，則云：我等未詳。問伊亦不語，在路惟他做主，稍拂則有皮氣。

鏞十九日同白并山東原班人抵漢，礦司仍住「江裕」大菜間。次早鏞渡江禀謁各憲，投文晤陳令（瑞瀾，湘人）。渠云早經奉有赴大冶札文。答以四州縣照料。渠云只能照本省札文辦理。次日偕我彭兄禀求制憲另委史令（賡云，常州人，十二年隨辦鄂川電綫工程者）三州縣照料。午後過漢，知白乃富又搬「江寬」大菜間。施子卿屬搬躉船，伊未允鏞與見面，白乃富帶有比國蒲副領事同入內地，理諭不服。并云我要帶往，你們莫管，如不許，我則不去看。決裂任性。并與沈公托「江寬」船主勸其止帶，亦不允。鏞又恐辜負深恩，敷衍請制憲護照，奉傳諭例不可開，好爲護持耳。始則白乃富知無小火輪船，要坐「江寬」。至黄石港，催促啓行，而武昌四州縣公事未轉，鏞與我彭屬其稍待，伊云要緊看山。廿三日陳令來約，同坐「江寬」，惟須在黄石港住兩天，預備轎子進山。白不允，忽欲改坐民船，當雇把杆大船過載。陳令是晚坐「江寬」先行，次日順流，廿六日安抵黄石港。人夫、轎子，大冶縣孫令（印，克勤，皖人，接任僅十天）預備。晚至大冶署。陳令以壽帥瀕行吩囑，須交地方官保護，因鑒三年林任内百姓拋磚滋事，廿七同赴鐵山住下，蒲姓亦去。自乃富云不許閑人看，勘山須静細。廿八住一天，午飯送山上去吃。鏞微服竊瞯千里鏡四照，敲石坐譚，與蒲洋人笑語而已。廿九復看半天，鏞查換綠轎。九月大雨，江水漫漲，山邊低田被淹，民船不通，只有小劃子往來渡人。江水未消，黄石港江邊黄石一無所見，鐵苗亦無。即由鐵山起，早至武昌城（四十五里），隔水兩道（皆十五六里），用民劃子過渡。薄暮抵武昌城。聞洋人入境，居民紛紛，鏞與沈俱磚擲頭上，幸未及洋人。縣令（俞成慶，湘人，散館知縣，因公下鄉）次日回城，枷責門首示衆。卅日往勘西山，百姓聚觀，不無閑言。白乃富勘過一半即不肯看，再四苦懇，并將百姓罰跪，堅執難留。礦司執拗，鏞與翻譯似不能不會銜禀報也。

當在鐵山時，訪聞土人及徐紳（名映丹，號彤甫，昔年同周令鋭、郭師敦偕勘鐵山原手），皆稱黄石港相近土人開有煤窿，用湘煤和燒。擬去往勘，孫、陳兩令均謂，奉制憲文内指開鐵山，未有煤窿字樣，且該鋪紳士未曾諭傳。鏞云，現在百姓皆知，只請派徐紳及差兩名接引。孫令已允。礦司由武昌摺回黄石港。徐紳初三早冒雨到船，呈到煤樣三種（皆碎屑）。港住紳士（貢生李彭年、從九阮恂）亦來見，挽留礦司暫住兩天。白乃富堅不允從，與鏞大發皮氣，甚至拍桌云：「你不聽我號令，我今不與你同勘，你在武昌不幫我。盛大人來信叫我看，煤、鐵相近，來時何不先看煤？我一人前去，亦不要你管。現我要往九江打電報，把你撇去再看。興國、廣濟我亦不去看了。」種種刁難，無可理諭。經沈翻譯再三相勸，一味持蠻，且自己促迫開船。鏞竊思同白乃富并無得罪，伊帶蒲姓同行，伊説是眉憲准帶，後接滬信，眉憲亦不曾允，大約眉書責伊，故發此無名之火也。鏞洋文未讀，洋話未能，必賴翻譯轉傳，終與隔膜。倘因此不看，有誤大局，且史令已在興國等候，只能忍氣吞聲。初四五船下行，至半壁山，風雨驟至，幸史令派撥救生船拖至富池口停泊，蓋初二起連日陰雨。

伏念此次憲委比較郭師敦優劣，竊觀白礦司勘山比較馬立師是勤，而游戲相等。據沈云，偕來之蒲姓比國人話少剛不詳，或暗里使刁，亦難揣度，恐其晴懷主意。即其在船，忽而兩人唱歌、嬉笑、斗語，比較郭師敦品行心術，大大不如，其精細沉着，相懸霄壤，粗笨可比派克，還不如淡克也。不過比較池、林兩學生，總算來是遠方。本領如何，鏞固門外漢子，惟有據實上聞，好在山東原班人俱在。礦之好否，該礦司究未一言。憲臺深意至明，將來不難研詰。前奉電詢鐵有鋼否，伊亦不答。現在敷衍看富池阮山，了鄂省一篇文字。池州眉憲屬伊往勘在前，如不願與鏞偕往，鏞可先回，不比鄂省，大局攸關也。鏞不肯放其獨自前去，以身畔常帶洋槍，民必觀看，委任綦嚴。

霜降以後，長江發水，事屬意外。若不久晴，冬麥不種，本屆因雨成災，明春更不可設想。

前郭師敦定黄石港熔爐之地，本屬廟基，迄今十一年，現蓋三元宫，廟貌宏敞，合并附陳。諸蒙塵系，不敢不縷晰直禀。再因恐川費不敷，在我彭處藉大錢一百千文，已掣手條。

是役也，制軍尚肯着力，其餘撫、藩及府未必皆以爲是。惲、瞿兩觀察意在憲臺勿辦礦務，并云湖北之民風氣較難挽轉，掣肘必多。小火輪原有兩只，一往洞庭，一赴宜昌，故藉長龍一艘，鏞等俱與洋人同座一船，俟晴霽勘完，或武穴、九江上輪，隨時電禀。

王樹枏《張文襄公全集》卷一三三《致海署天津李中堂光緒十五年十一月二十九日發》 盛道宣懷到滬，連日晤談，詳加考究。據白乃富云，大冶鐵佳而多，惟當陽煤少，僅敷數年。因與盛道商令白乃富再往鄂省，沿江上下勘訪他處煤鑛，管見總以煤鐵距鄂較近者爲宜。廿六日已接鄂篆，聞麻城界上亦有煤鐵頗佳。前在粤募有德鑛師二人、英鑛師一人，已電召來鄂，擬令分查近鄂各鑛，並詳訪水運可通之黔鐵湘煤運費，再爲籌計奉達。先陳大畧，詳容續電。儉。

陳旭麓等《盛宣懷檔案資料選輯之四》漢冶萍公司第一册《曾紀澤致盛宣懷函光緒十五年十二月初八日》 徑啓者，湖北開辦礦務，聞已飭委干員，帶同礦師，往各處履勘。我兄統籌全局，成竹在胸，公家之利，知無不爲，擘劃精勤，必可計日觀效，曷勝欽仰。

大冶等州縣情形，紀澤未能概悉，惟近晤鄂中諸友，僉稱：「武昌縣屬之西山、樊山，可否開采，尚宜詳審。二山距省百八十里，與黄州郡城隔江對峙，爲下游第一門户。咸豐間，省城頻陷，皆賴樊山有險可扼，官軍得以水陸并進，故旋陷旋復。全省形勢所關，極爲重要。一經開采，穴岩鑿石，不能無少變遷，事在當慮。又該山濱臨大江，巉石迤邐，達於樊口，實爲江岸堤防，所以保障武昌縣治，捍衛民生。設開掘日深，江水乘之外灌内浸，田廬物産，在在堪虞，此又事之不可不慎者。且二山古稱勝迹，詩書冠紱之家，祖宗塋墓，數百年於兹，貧民族葬，更復累累，避之實不勝避，弗之避而掘之、遷之，則亦不勝其煩。闔縣紳庶爲此慘怛恐惶，將來紛紛哀訴，自在意中。縱不別生枝節，亦恐作輟兩難。竊維此地既關形勝，復近城垣，於墳墓又實有關礙，而礦苗之能旺與否，尚不可知。留此一拳，作山靈呵護，彼都人士，必頂感大德於無涯」等語。鄙人於風水形勝之説，向不著意，鄂友謂穴岩鑿石，將失險要之説，似亦言之過甚。唯二山墳墓既多，若冒昧開采，必致棘手。我兄大才卓識，動合機宜，現在開辦伊始，事之或行或止，規模未定，進退自可裕如，應如何曲順輿情，巧爲回避保護之處，想已預爲籌度，無俟鄂人呼吁，然後圖謀也。紀澤既有所聞，用特覙縷直陳，惟祈亮詧，即叩臺安不具。

姻愚弟曾紀澤頓首。

吾華開礦較西人爲難者，厥有二端：一曰股本難集；一曰風水難避。斡旋於二難之中，使公私交利，是在仁人君子神而明之耳。紀澤斷不肯以湖廣同鄉之私而阻撓要務。唯念吾華開礦之事，屢興屢輟，迄用無成。此次幸得薌帥提唱，我兄贊襄，庶幾可有成矣。儻鄂省承辦諸員，料理或有疏忽，輿情有幾微未協，即掣肘又在意中，機緣未免可惜，正須仗我兄調停其間，順鄂民之情，即所以底礦務於成也。手此，再頌杏孫仁兄姻大人臺安。 弟紀澤又頓首。

王樹枏《張文襄公全集》卷一三三《致廣州李制臺光緒十五年十二月二十八日發》 頃海署電詢，粤訂煉鐵機器，可否移置鄂省，應需各款，所指何款等語。查此機，粤既不用，自宜移鄂。鄙人訂購之時，本意係指明年冬更换。闈姓商人，預繳餉款一百四十萬元一項内支用，充然有餘。且辦成後，招商承領，願者必多，是以敢於挪墊。今歸鄂用，自應請海署，於部籌鐵路經費項下發款。惟已墊之十三萬餘兩，似可由粤歸還，仍動明年預繳闈餉。以後鄂另請款，部中少籌十數萬。中外當同佩公忠也。特奉商，即候示復。儉。

王樹枏《張文襄公全集》卷一三三《李制臺來電光緒十五年十二月二十九日申刻到》 儉電悉，煉鐵機器既移鄂省，餘款於海部所籌鐵路項下另支，自係正辦。至已墊之十三萬餘兩，來示囑於粤省明冬闈餉内彌補，謹即遵命。瀚。儉。

國家清史編纂委員會《李鴻章全集》第二二册《寄粤督李光緒十五年十二月三十日午刻》 頃海署奉醇邸諭，鑄械機器移置請酌定。鑄械須有鋼鐵供用，現礦未開，開後尚須煎煉，俟鐵有成效、煉有成數再舉辦建廠。未建以前，廠料機器如何妥收，即派員經理咨京備查等語。此事張奏由紳商三年捐助，尊奏將届十一個月，須續付半價，無可再墊，請由户部指款撥付。邸諭未提，似撥款爲難。若春夏機器陸續運到，應由粤暫行派員照合同點收妥儲，俟廠地議定，鋼鐵煉成，再籌運北爲妥，乞核示。儀。

國家清史編纂委員會《李鴻章全集》第二三册《鄂督張寄海署光緒十六年正月初二日未刻到》 上月二十九日肅上一電計早達。本月下旬，洞在粤募來之英礦師巴庚生，德礦師畢盎希司、瓜兹，礦匠目戈阿士，及烟臺所募之比國礦師白乃富先後到鄂，并在粤訪有德國久造鐵路之工弁時維禮，亦召來鄂，與該洋弁、洋師等晤談詳商。據白云，大冶鐵佳，以理論之附近百里内外必有煤，如沿江上游、宜昌以下有煤，大冶鐵亦可煉等語。現擬委員伴送礦師等同赴大冶一帶勘煤。大冶畢，即溯江上勘，沿途至宜昌一帶。至湖南煤鐵，寶慶、衡州、辰州三府均甚多，暢行湖北、江西、安徽、江南等省，至今猶然。三府皆通水運，遠近率皆千餘里。下水已擇數種，令礦師閲，據稱，寶産、衡産煤皆佳，鐵佳者數種。現委員赴湘，分路考究多少、貴賤、運費，并函致護湘撫沈臬司晋祥就近籌訪。大約湘煤、湘鐵皆甚佳，甚多，足可敷用，約估尚不甚貴，但慮收多抬價。頃籌一采買轉運之法，如大冶實無煤，或用湘煤煉冶鐵，或用湘煤練湘鐵，或參買黔鐵。貴州潘撫來函議定，如鄂用黔省機器煉成之鋼，總令其價較洋鋼稍廉，總之必可濟用。至勘路一節，先宜密約，擬以造電綫通豫、鄂爲名，往勘綫工，則綫路即將來車路，且此綫亦在所必造也。明正擬派員同德弁時維禮及造綫員匠密勘由漢抵汴之路，德弁可遵改中國衣冠，以免驚疑。至徐州利國監煤鐵曾與盛道及白乃富議及，礦均可用，但距鄂遠，且冬春運河淺涸，似可稍緩，俟鄂必不能煉再議。洞在粤訂購之煉鐵機器移鄂最便，詳具另電。之洞肅。艷。

國家清史編纂委員會《李鴻章全集》第二三册《寄粤督李光緒十六年正月初二日申刻》 香帥復海署：宥電謹悉。洞在粤訂購煉鐵機器，原爲粤民開利源塞漏卮，然庫款無可動撥，故暫向匯豐藉銀購辦，待機全到、價全清時，須明年十一二月。彼時粤有鉅款一宗，係闈姓商人六年屆滿更换，照章須於冬春間預繳餉銀一百四十萬元，合銀九十八萬。要之，洞在粤總有大用。至已經藉墊之銀十三萬餘兩，已商李督，頃接復電，允許即由粤歸還，於明年預繳闈餉項下動支，以後續付價值及造廠各經費，擬請鈞署於部籌鐵路經費項下撥付。蓋此項預繳闈餉皆有待用、待還要需，并非閑款。洞前在粤，方提督屢與洞詳談，深以粤省自煉鋼鐵爲有利，故敢決計爲之。今兩廣李督既不欲在粤置機采煉，且此機内本兼訂有造鐵軌機器，自以移鄂爲宜。正擬上陳，適奉鈞電，謹當即電使英劉大臣，將此機運鄂。將來如大冶煤便，即置大冶；若大冶煤艱，湘煤湘鐵尚合算，即分設。上屆奏明有案，以之支付鐵機及造廠約五六十萬兩充然有餘，俟廠成利見，粤商必然争先繳價承領，此數十萬之款仍可收回，不過官任其勞、民享其利而已。彼時或推與商辦，或官自辦，可臨時斟酌。洞在粤數年，深知粤商性情，提督方耀熟悉商情，久駐惠州産鐵之區，通省終年度支計之已熟，此機全價皆能臨時籌挪。今已去粤，粤中用款緩急無從遥度，自未便責令粤省全付。李督慨認已付之十三萬餘已屬公忠難得。機器爲粤一省用，則應粤籌；鐵路爲全局事，自應請動部款。自洞到鄂後籌辦鐵務各節，另電詳陳之云。儀。

國家清史編纂委員會《李鴻章全集》第二三册《粤督李來電光緒十六年正月初四日巳刻到》 江電悉。槍炮機器洪大臣在德力拂廠訂造，并槍炮匠師各一、臨工一。余抵任後請洪緩募，復電允尊處酌之。此器原訂今春交，昨接洪函，須夏秋乃能起運。未付價值尚近二十萬，運保在外，皆由粤付。將來海署復到，即電洪使徑運天津。合同等件容抄復寄温道，俟後復。再，香在粤時，於英募礦師一名巴庚生，德募正礦師一名畢盎布、副礦師一名柯克斯才、匠頭一名世瓦而兹，皆抵粤，資送赴鄂。鈍。江。

國家清史編纂委員會《李鴻章全集》第二三册《海署寄鄂督張光緒十六年正月初四日酉刻到》 艷電備悉，另電亦到。鐵爲盛舉之根，今日之軌，他日之機，皆本乎此。宏論碩畫，自底於成。部款歲二百萬已奏准的項矣。粤訂煉鐵機器既可移鄂，本署即據入奏，維此礦師等踏勘情形望隨時電知爲慰。粤省請移鑄械廠於北洋，刻正詳商，然必須得鐵後次第及之，總以將來軍旅之事無一仰給於人爲斷。雖不必即有其效，萬不可竟無其志，諒同情耳。醇、慶、澤復。江。

國家清史編纂委員會《李鴻章全集》第二三册《鄂督張來電并致海署光緒十六年正月初七日戌刻到》 江電謹悉。軍旅之事無一仰給於人，遠畧宏謨，曷勝敬佩。鈞電有云，粤督請移鑄械廠於北洋，刻正詳商，并云鑄械必須得鐵，極爲篤論。竊意此時如尚未定議，可否一并移設於鄂，緣近日訪知湘煤、湘鐵甚多，黔鐵、鄂鐵亦不少，皆通水運。鄂省爲南北適中，若此處就煤鐵之便，多鑄精械，分濟川、滇、豫、皖、江、湘各省，并由輪運滬，轉運沿海，處處皆便，工費亦省。洞爲取資煤鐵起見，是否可行，伏候鈞裁。之洞肅。陽。

國家清史編纂委員會《李鴻章全集》第二三册《鄂督張寄海署光緒十六年二月初二日巳刻到》 粤定煉鐵機器，遵示移至鄂省。此項機價共英金八萬三千五百鎊，運保費在外，分五次運華，十四個月交清。除由粤已匯定銀十三萬一千六百七十兩零外，以後續付五批價值及造廠各經費，前由去臘艷電商請，由部劃撥。嗣奉文電，一切經費自當由歲二百萬劃撥等因。兹接使英劉大臣來電，煉鐵機器應付頭批價英金一萬一千一百三十四鎊，乞速匯等語。查此款約合銀五萬三千兩左右，金價漲落無定，須電匯之日方能核定準數，現急須應付。昨接户部咨，知鐵路經費部派外省八十萬、湖北五萬。鄂款本甚支絀，惟要需自當力籌，擬即將此部派之五萬照數籌出撥用，其不敷之三千餘兩，於新海防捐項下動支湊足。是否妥協，即請核示，當即由鄂省交漢口匯豐核準鎊價，匯劉兑收。敬候示復。之洞肅。東。

陳旭麓等《盛宣懷檔案資料選輯之四》漢冶萍公司第一册《盛春頤致盛宣懷函光緒十六年二月初五日》 侄帶同礦師於十二日午後乘「廣昌」兵輪起身，十三日到黄石港，連日查勘各礦，廿四日大冶公事始畢。煤礦雖有數處，據洋人云，質松力薄，不合煉鐵，且煤層亦淺，恐不合算。鐵苗極旺，鐵質亦佳，據洋人云，即在上面開采，每日二百噸，可取五十年，實有百年之利。南宋開過三十年，明季開過廿年，鐵渣尚存，大約因樹柴不足而中止。離水口極近，水大六里，水小十數里。冶邑五金并産，據土人云煤礦佳者尚多。惜洋人於未開之礦不看。且邑令視洋人爲畏途，敷衍出境即算了事，深恐煤鐵開成多費周摺。況香帥賦性卞急，又恐多延時日，反爲不美。在冶十日，民情安謐，紳耆在山迎接，并無間言。

查鐵山頗爲遼闊，昔年大人所購之地，不過十之一二。有鐵屏風一處，鐵質尤佳，大冶孫令印克勤，號精齋，係屬初任，多病糊涂，恐難久於其官，邑人有孫瘋子之稱。香帥亦有「如果開辦，決難勝任」之語。竊思大冶鐵礦如事在必行，可否俯賜栽培，函懇香帥逾格提携，賞委權篆，俾得悉心研究鐵山，官民各産既可次第清釐，金、銀、銅苗亦可隨時察探。兼之民間聞礦務將興，冀可獲利，遇有好煤或隨時來報，亦未可知，於公事必有裨益。如蒙假此措詞，切實函懇，當可允許。再求親筆函致賡憲、竹君，同爲吹植，必可有成。鈞意如以爲然，尚祈早行函達，俾不至別有更張。瞻望慈云，曷勝叩禱。

廣、興、蘄、武四處均無好煤。洋人此次周行各處，均臻安善。廣濟紳士阮竹君等隨同照料，是以廣邑履勘獨爲清静。渠等猶念及大人昔時栽植，可見德意之入人深也。

昨日申刻，侄偕同人暨礦師旋省，今晨晋謁，帥意頗以不得佳煤爲慮。小作句留，即當上駛，擬先至當陽京山履勘。歸、巴等處因路程太遠，已委人先行查訪，如無佳礦即作罷論矣。

「中央研究院」近代史研究所《海防檔》丙機器局《光緒十六年二月六日　總署收兩廣總督李瀚章文摺附抄一件粤省款絀礦少設廠煉鐵實難開辦請量爲移設》

二月初六日，兩廣總督李瀚章文稱：本部堂於光緒十五年十一月十三日，會同署廣東巡撫部院游，恭摺具奏。廣東設廠煉鐵，糜費甚鉅，事多窒碍，察覈情形礙難開辦緣由，除咨察核，及移明户科外，相應抄録奏稿咨呈，爲此會同署廣東巡撫部院游，合咨貴衙門，請煩察照施行。

照録鈔摺

奏爲廣東設廠煉鐵，糜費甚鉅，事多窒礙，察覈情形，礙難開辦，恭摺瀝陳，仰祈聖鑒事。竊臣到任接管案内，光緒十五年八月二十六日，調任督臣張之洞奏請粤省籌購機器，設廠煉鉄等由。十一月初五日，差弁賫回原摺，奉硃批：户部議奏，欽此。自應俟部臣核議，奏奉諭旨欽遵辦理。惟此項外洋機器，自訂立合同日起，限十四箇月運齊，已付定銀十三萬兩有奇。張之洞殫心竭思，欲濟民用，而收利權，固屬力求自疆之計。無如用費既鉅，而窒碍之處甚多，臣悉心體察，實有難於遽行刱設者。查合同所訂該廠應設鎔鉄大鑪，日出生鉄一百頓，以每頓摺合一千六百八十斤計之，每日傾銷鉄砂，爲數甚鉅。非鑛産饒富，不足濟之。廣東出鉄之區，以惠州之歸善、永安兩縣屬爲最，小民開采，日出無多，其餘查據各州縣禀覆鑛廠情形，俱不見旺。將來鑛師募到，踩勘辨識者需時，挖鑒采取者又需時。倘鑛務稍延，即難源源供用。且製造輪船、槍砲、軍械、火車、電綫，暨民間日用所需，種式繁多，必先廣召工作，分别經營，用費亦難預計。況營建廠屋，非數十萬金不能。而廠成之後，配設機器，如攬鍊爐錘軋機之屬，均係外洋造法，仿照安排，更須時日。招商尚未可必，廠用相需甚殷，粤省度支款項，向有定數，何能百務停擱，常爲墊支。若不規畫於先，勢必至廢置於後。臣愚以爲此時邊防静謐，槍砲各械，粤省尚堪敷用。至若鉄板鉄片鉄條等項，似亦在所緩圖。惟火車鉄路，爲當務之急。現在直隸湖北，正議刱辦鉄路，如將煉鉄廠量爲移設，事半功倍，較勝於粤省邊隅用與地違。日前確察情形，實難開辦，相應請旨敕下海軍衙門，會同户部籌議。此項煉鐵機器，應設何處，以及如何指款動用，統俟奏奉諭旨，再行遵照辦理。所有廣東設廠煉鉄，礙難開辦緣由，謹會同署廣東巡撫臣游，恭摺奏陳。伏乞皇上聖鑒訓示，謹奏。

王樹枏《張文襄公全集》卷一三四《致天津盛道臺光緒十六年二月二十四日發》

箇電悉。此時自宜先開冶鐵鑛務學堂，已議定辦法否？湘綫似須貴處委員先往勘路，以便察看民情願否？衆情無阻，方可舉辦。路亦有二：一由鄂省驛路，一由沙市經澧州、津市、常德，皆大鎮市，商務較盛，路畧遠。亦須勘過方可定。漾。

國家清史編纂委員會《李鴻章全集》第二三册《鄂督張來電光緒十六年二月二十七日巳刻到》

養電悉。盛道前在滬具一禀，所擬辦法與鄙見不甚同，商股恐不可恃，且多膠葛，與現在情形亦不合。數礦師復勘大冶，鐵確佳而多，煤已分查，尚未回，大約湖北當陽，湖南寶慶、衡州皆可用。且下水，惟須合計運費孰省即用何處。現決計以楚煤煉楚鐵，取材總不出兩湖，利國礦只可緩議。所擬奏派督辦大員一層，尤可不必。日内到京，想必與海署議及此事，特電陳。准餉當照章籌解。洞。宥。

國家清史編纂委員會《李鴻章全集》第二三册《鄂督張寄海署光緒十六年二月二十七日午刻到》

湖北、湖南兩省煤鐵樣各已取到十餘種，須用化學機器煎煉，方能確定等差。洞去夏在粤即向外洋訪募，得化學教習英人駱丙生，并購化學機器。駱昨日始到鄂，機器已到滬，專待化機到即可煉試。大冶鐵已據數礦師復勘回，僉稱佳而且多，惟附近有煤而不合用。南北兩省煤確有數種可用，已分遣礦師委員復勘，俟兩省委查者俱回，等計運費，即可定用何處，總可令價較洋鐵爲廉。現擬定計煉楚鐵。前盛道在滬擬有開徐州利國礦一稟，管見擬從緩議。緣原議系藉官本招商股，事多周摺，與洞辦法不同，且與現在情形亦不合。至所擬有另派督辦煤鐵大員一層，尤可不必。日内李相到京，必當議及此事，故并電陳。之洞肅。宥。

國家清史編纂委員會《李鴻章全集》第二三册《鄂督張寄海署光緒十六年二月二十七日未刻到》 湖南煤既佳且多，若用機器開采則價必省。惟湘省民情，洋人斷不能往，惟有遣中國通礦學者往勘，審度宜用何項機器，方可照購運往，用通曉機器華工指授安置、開采。寶慶、衡州兩路皆有，需用兩人。查江蘇候補知府徐建寅現辦上海文報局，事有定章，局中委員可暫代照料。同知徐華封現在滬閑居無事。二人皆長於礦學，中國似此者不多，請電知南洋大臣速飭該兩員來鄂，以便分遣赴湘勘礦。聞徐華封不願經理官事，然此等重務似難聽其遜謝，若不願出仕，差畢仍可遣歸。望切囑南洋，敦勉該員速來，至懇。之洞肅。沁。

王樹枏《張文襄公全集》卷一三四《致海署光緒十六年閏二月二十七日發》 目前十八省，皆接通電綫。惟湖南省與鄂遠隔湖山，文報遲滯。遇有地方緊要政務，呼應不靈，殊多窒礙。且現在籌辦采運湘煤各事，尤須信息捷速。擬由鄂省接造電綫，通至長沙、湘潭一帶，既與産煤鐵處所相近，且通商務市鎮。均用華工，不用洋人。擬即令電報商局承造，勿庸官籌經費，將來養綫經費，統歸商局。若詢之該局，盛道宣懷已經應允。至湘潭以上，再能接至何處，應由商局自酌。若衡州、寶慶、永州有關煤鐵處所，能否旁出接造，應俟臨時體察，或官或商，酌擬請示。此綫若成，於兩省公事及煤鐵要務，均有裨益。謹候核示遵行，以便將路勘定，再行具奏。

再，鄂省現在籌辦煤鐵，所有外洋鑛師、化學教習、測繪工師，及分路查勘煤鐵鑛委員、學生、繙譯等，薪水盤費，購置化學製煉器、藥爐座并省城局中員役房屋雜費，數月來皆係墊發，此款擬於鄂省所收新海防捐項下撥支。洞必當核實撙節，斷不致稍滋糜費。其各項支用章程，謹當咨呈鈞署核定。宥。

陳旭麓等《盛宣懷檔案資料選輯之四》漢冶萍公司第一册《李金鏞致盛宣懷函光緒十六年三月初一日》 承示大冶鐵産之好，絶無僅有，弟所深知，雖泰西各礦鐵質亦無過此。誠能開采自煉，則鐵路所需，取之甚易。且大冶鐵礦左近，本有煤山，雖非白煤，或尚可用。蓋弟近見俄人煉鐵，即以木炭代煤。其木炭系本山所産之樺、柞二種燒成，大非栗炭之有力者可比。木炭且能煉鐵，而謂煤非自煤不能合用，恐或未必盡然。想大冶左近之煤，較樺、柞炭力過無不及。鄙見可先試煉之。至礦師一節，弟所以不甚信之者，誠以中國歷聘礦師，動稱頭等二等，及其勘驗數處得成效者幾希？溯其所以稱頭等二等者，不過紙上説得透徹，從未驗諸實效。無怪臨事茫無頭緒，反不如工匠學徒之稍有把握也。想閣下深悉其隱，必不信之太過，訂立合同時，務令彼爲我用，方不致受其大累。至於指用機器，與夫相度形勢，一切布置，只須雇用洋匠，便可安排妥貼，更不必有勞於礦師也。第此不學無術之論，爲精於洋務者聞之，必至駭而且怪，然系從幾經閲歷中得來，敢縷述之，用備采擇。

王樹枏《張文襄公全集》卷一三四《海署來電光緒十六年三月初三日亥刻到》 三電接到。綫務希飭盛道遵辦，並咨譯署存案。鄂省新收海防捐，留墊勘鑛，一切雜費，希分咨户部、本署、北洋，免致與各省捐款偕提。北洋應用，槍礮廠應用十五萬兩，本署當照電分詢，獨遺粤鄂。惟現定議户部捐項歸本署，各省捐項歸北洋，代還鐵路公司前藉洋債之七十餘萬兩，俟歸清方能統歸本署。此節希與北洋電商覆知，庶本署不爲食言。又，上月總署條陳關東時局，兩次遵議僉謂：「鐵路宜移緩就急，先辦營口至琿春，續辦蘆漢。」又有謂：「鄂省後湖之隄，工艱費鉅，自孝感至河南信陽，四百餘里山路，培墊尤難，非數年内能了。此時先將今年二百萬歸鄂，經理鑛爐等事，來年改歸東路」云云。惟蘆漢之路可徐辦，而爐座煉鐵不容中輟。若二百萬鄂、東分用，固兩不濟事，設專歸東，鄂之采煉無款，將若之何？本署左支右吾，智力實困，特商其略，希酌覆詳，求非所厭也。醇、慶具。江。

王樹枏《張文襄公全集》卷一三四《致天津李中堂光緒十六年三月初十日發》 歌兩電悉。今日有覆海署三電，並奉遠來示，移緩就急，營琿興工。敝處專辦鐵鑛，今年二百萬歸鄂，以後歸遵處。鄂鋼造軌，東路撥用，隨撥隨付價，各節一切均遵命辦理。惟二百萬，斷不敷開辦，公所深悉。去年海署原奏甚明，然時勢雖窘如此，無可如何，洞當勉力另籌，斷不敢多用部款也。東事雖密，此件奏准各節，似應行知，敝處方有依據，已行知否，祈示。蒸一。

王樹枏《張文襄公全集》卷一三四《致天津李中堂光緒十六年三月初十日發》 外捐現議既歸津還債，礮廠當另請藉款。若洞早知有此議，即不請撥外捐矣。

鑄械似亦今日要務，機器不久即到，廠須速造，礙難停緩。此款係暫藉，粵有確實捐款可還，尊處既留外捐，務懇轉商海署藉撥他款。至感。鄂捐現止收萬餘金，并聞。蒸二。

國家清史編纂委員會《李鴻章全集》第二三冊《鄂督張來電并致海署光緒十六年三月十一日酉刻到》 江電謹悉。關東路工緊要，廷議移緩就急，蘆漢之路可徐辦等因，謹當遵辦。湖北即專意籌辦煤、鐵、煉鋼、造軌，以供東工之用，想已奏准。伏望將奉旨各節行知，俾有遵循。北洋歌電云，東路撥用鄂軌，隨撥隨付價，界限乃清等語，所籌極當。惟開辦煤鐵事宜，造廠、安爐、購機、采煤、修運礦之小鐵路、購運煤之小輪、疏鐵廠通江之小河，以及開辦之初尤須多屯煤斤，方無停火糜工及居奇漲價之虞，事端甚繁，所費甚鉅，二百萬斷不敷用。上年鈞署原奏甚詳，目前鄂省所籌尚有出於鈞署原奏之外者。然部款難籌，洞所深悉，時局多艱，豈容再緩，謹當仰體蓋謨，力任其難，即請先將二百萬撥歸鄂省，此外即不再請部款，其餘不足之款，洞當竭力籌畫，隨時請示。總之，殫此血誠、綿力爲之，務期將中國開辟煤鐵利源風氣一事必使辦成爲度，總使民足以興利，官足以濟用。然必須仰懇鈞署主持，始有策可措。至此二百萬必須足數實銀，不再扣減，方可勉强騰挪應付。此時正在擇地購料建廠，以待機器，急需支用，敢請酌撥數十萬來鄂，以濟要需。如蒙允行，可否由部酌核，將鄂省應解京之的款設法劃抵，以省解匯之費，洞必當核實妥辦，謹候裁示。之洞肅。蒸一。

國家清史編纂委員會《李鴻章全集》第二三冊《寄鄂督張光緒十六年三月十五日申刻》 蒸兩電并海署電均悉。鐵礦運遠煤，費用更鉅；或謂西洋多以鐵石就煤，無運煤就鐵者，爐廠似宜擇煤礦近處安設。二百萬既不敷用，另籌亦非易事，本年部款已藉撥山東河工四十萬，署當陸續撥給造槍炮廠十五萬。尊意請於京捐藉撥，未知部收若干，俟邸商及再復。東路奏准摺總署秘未咨行，公電請行知，自應緘達。昨已派員匠赴東勘路，由營至吉尚多平坦，吉至琿山嶺險阻，共約二千數百里，必需鉅款，正在籌商。「固陵」船已交商局駛用，改撥甚易。鴻。

國家清史編纂委員會《李鴻章全集》第二三冊《海署寄鄂督張光緒十六年三月十六日午刻到》 閣下蒸三電均悉。諸費經營，欽佩無既。煉鐵需款酌撥數十萬勢所當然，其劃抵鄂解京餉之議已咨商户部。京捐一項，本署待用孔亟，殊難挪轉。所有槍炮廠需十五萬，并咨部籌，統俟復到，即行電達。「固陵」輪船聞已撥歸招商局，已咨商總署核復。本年二百萬歸鄂，王大臣公商如此，并未出奏，緣東軌章程尚未統定耳。至關東造路乃總署密陳，向不分行，本署亦未奉到諭旨。醇、慶具。望。

國家清史編纂委員會《李鴻章全集》第二三冊《鄂督張來電光緒十六年三月十七日酉刻到》 東軌所用或輕軌，或重軌，每碼若干磅，若買洋軌，每噸價若干，已議有大略否，均祈示知。詳詢礦師，外洋有移煤就鐵者，但視所便，不拘一格。此間鐵聚而煤散，鐵近而煤遠，鐵逆水而煤順水，且煤在鄂省上游及湘省內河，若運鐵石往煉，煉好又須運下武漢，是煤一次而鐵兩次矣，故鄂事以運煤就鐵爲宜。從前博師敦勘議亦擬運荆煤就冶鐵也。且距省城近，經理較便。「固陵」輪船承允撥用，感謝，大約暫用三年耳。洞。洽。

陳旭麓等《盛宣懷檔案資料選輯之四》漢冶萍公司第一冊《盛春頤致盛宣懷函光緒十六年三月二十一日》 侄帶同礦師履勘煤礦，於閏月初九日到宜。奉帥電諭，飭勘當煤兼看水陸運道，或疏河，或修鐵路，當由宜起馬，十二至觀音寺，周歷履勘，并與紳士羅帥夫逐一討論。據稱，河係沙河，發源不廣，全仗山水，隨疏隨淤，開之無益。陸路至荆二百餘里，兼有三十里山路，如修鐵路，工程不小。當煤雖佳，惜煤層太薄，至厚不過尺許，洋法開采，勢所不能。大人前看新窩子溝窿已敗壞，修整約須千餘串，且煤亦無多，據窿頭云不過可供數年開采。侄考之土人，當邑出煤之處甚多，惜洋人於未開之窿不勘，否則，即須打扦。侄途中與礦師談論，據稱如得佳礦，安設機器，每噸在山成本，亦需洋兩元，若當煤山本，則不要二元。

大人前議煉鐵之煤運到鐵廠，如每噸在五兩以內，盡可辦得。據羅帥夫云，人人前許當煤運至荆州，每噸給价四兩。今侄合來均做得到，當煤運荆，山本、水陸運費約合三百文一擔，每噸合銀約在三兩六錢之譜。加以局用雜費，總在四兩以內。沙至漢，或至大冶，每噸水腳總不出一兩。現在出貨尚稀，若使民間沾有利益，則開者必多。據帥夫云每天一百噸可辦得到。香帥曾云，當煤淺薄，不過可供十年開采。此論不知何人所述，若全靠窩子溝一處，決不能開到十年，且每天亦難出如許之多。侄意與其用洋人辦機器、打扦子、開河、修鐵路，種費鉅款，不若酌加煤價，俾業此者得所沾潤。小民見利必趨，自必愈推愈廣。外洋工貴，自非機器不行，內地工賤，土法自能勝洋法也。且中國窿頭豈無好手。隨後，如果覓得佳礦，再參以洋法未爲不可。歸、興水遠山高，開采自不必論。惟該處之煤，據礦師看來亦有可取處，若使沙市設局收辦，民間如有利益，自必望風而至。礦師云，煉鐵一百噸，用煤三百噸。湘煤在漢收買，每天可包一百噸。此時尊歸、興、當煤如果辦理得宜，每天二百噸似亦可做得到，且布置設爐非半年之久不辦，此事辦之在先，屆時定有把握矣。羅帥夫又云：運道既無法想，盡可不管，山路崎嶇處，似宜略爲修理，需費亦不在多，河道不過多用船只，好在無論水大水小，長年皆可駁運也。

大人恩澤在民，聞有開辦之舉，人皆踴躍從事。此時仰承鈞意，實力奉行，有益於國，有利於民，在此舉矣！

鐵坪暨袁家灣亦經履勘，據礦師云，苗系水性，四散不旺，遠遜冶邑。白乃富擬在武漢設廠煉鐵，帥意頗以爲然。緣鐵總須運出，且一分鐵、三分煤，煤多於鐵也。

侄於閏月杪旋省，初一謁帥面稟情形，頗合憲意，并蒙温言慰勞。送客時侄留後，將奉委茶釐應須到差婉稟，蒙諭暫行到局，續有差委，并云大冶開采須早爲布置，似在有意無意之間。凡此憲意之青垂，無非大人之培植，感戴靡深，便中更求逾格提携，尤爲禱幸。

此次帶同洋人周歷各屬，三月於兹，一路民情安謐，礦師亦極順遂。歸、興山高路窄，間須步行，昔年大人到彼，辛苦可知。侄於初五日稟辭，初九日就道，十六抵崇。此間局面較通闊大，惜改章後涓滴歸公，毫無好處，今届每月又減局用十五串，不過總係調繁場面好看耳，擬俟頭茶畢後，四月杪晋省一行。

王樹枏《張文襄公全集》卷一三四《致輪墩薛欽差光緒十六年三月廿九日發》 前定煉鐵爐機，日出百噸，今欲趕辦鋼軌，日出二百噸。將已定爐機，參合添配，應加爐座捲軌機各若干，價值連運保共幾何，請詳查示復。卅。

王樹枏《張文襄公全集》卷一三四《致上海盛道臺光緒十六年三月廿九日發》 荆門白煤佳而嫌薄，歸興及湘省白煤甚多，只可合併收買，自可足用，而價不漲。大冶鐵已勘明，化煉確係佳礦。此鑛前經閣下遠募良師訪得，實爲首功，擬每年酌提餘利若干，以爲酬勞。尊意擬如何辦理，望密示，以便籌酌。卅。

國家清史編纂委員會《李鴻章全集》第二三册《鄂督張來電光緒十六年四月初一日辰刻到》 前接歌電，東路須急辦，應購西洋鋼軌，每年造二百里路等語。鄂省所定機爐約計每年制成鋼軌斷不止二百里，足可供尊處之用而有餘。鄂廠運煤就鐵，係照十年前博師敦所擬辦法，據云甚爲合算。核計工本、雜費、運脚，總可較洋軌爲廉。造廠等事刻即開辦，一年後即可開爐出鐵、出鋼。造成鋼軌無算，源源取用不窮矣。合計全路二千餘里，所省當不下數十萬。此時尊處已定洋軌若干，運至營口價值、運保共幾何，三十九兩能不加多否，祈確示知。似不必多定洋軌，方與中國煉鐵塞漏之本意相符。管見是否，請酌示。洞。艷。

國家清史編纂委員會《李鴻章全集》第二三册《鄂督張來電并致海署光緒十六年四月初一日辰刻到》 昨奉儉電，當即復上一電，計達鈞鑒。大冶鐵礦據礦師及化學洋教習報稱，鐵質可得六十四分有奇，實爲中西最上之礦。其鐵礦露出山面者約二千七百萬噸，在地中者尚不計，即再添數爐，百年開采亦不能盡。且附近之興國州兼出極好錳鐵，甲於各洲，尤爲兩美。至湘、鄂兩省多産白煤，現經詳爲化煉，可用者十餘處，尤爲他省所罕。烟煤亦在所需，亦經化煉，更屬不乏，雖遠近不等，多係近水。現擬運煤就鐵，系照十年前礦師博師敦籌擬鄂省開采煤鐵辦法，其所估計煤價與現價約畧相等。據博師敦云必有利益。核計煉成鋼軌及各種鋼鐵板、鋼鐵條，約略合計成本雜費，較外洋鋼軌及鋼鐵各料價值頗廉，雖所省細數開辦之前未能詳細估定，總之確能省於洋鋼、洋鐵必然無疑。況目前洋鐵日昂，昨見洋文西報，因英國煤漸少，現議在印度開煤煉鐵，而煤鐵相離甚遠等語，以後必更日貴。此乃中國大利。煤鐵兩端均可供官民之用，保外耗之財，煤并可資各口洋輪之用。此時雖需經費，將來利於民并利於國，經費仍可按年提回，滴滴歸源，毫無虚糜。且廠成出鐵以後，經費便可轆轤周轉，并非年年需費。惟事體繁重，開辦宜速，早一年有一年之利，早一月有一月之益。機器不久即到，不能露置以致銹壞，造廠斷難再緩。户部歲籌二百萬，河工藉撥拔外餘存當尚不少，伏望鈞署深維全局，籌度主持，俾得及早舉辦，實於大局有裨。之洞肅。艷二。

王樹枏《張文襄公全集》卷一三四《李中堂來電光緒十六年四月初三日申刻到》 豔電悉。營琿甫經勘路，迨定圖購地後，方可興工，斷無預定洋軌之理。向來訂購章程，須令各國鐵廠將貨價呈送，定期開封，擇貨精價廉者購辦，未便預爲限制。鄂省機爐到齊，蓋廠安設運煤開鑄計，尚需時似一年，後未必能造成合用鋼軌。英匠言印度造路甚長，該處所開鐵鑛軌，尚不合式，仍須遠購英軌，非得已也。鄙意俟鄂廠成軌，取樣比較，如果合用，即價略昂必當自用自物。況如尊論，較洋軌爲廉耶！似應届時商辦。鴻。江。

王樹枏《張文襄公全集》卷一三五《致上海盛道臺光緒十六年四月初八日發》

虞一電悉。冶鑛可開三百年，訪鑛首功，豈可轉令受累？荆煤雖不能開，要以冶鐵爲主。原訂兩爐日出百頓，擬再添兩爐，通年可出六萬頓，愈多則愈有利益。鄙電擬按每年煉成總數，或鋼或鐵，每頓提銀二錢，以爲彌補，獎勵創辦鑛務。官商經費，就六萬頓計，歲一萬二千金，若每年所煉在五萬頓以下，即以歲提萬金爲斷，臨時勻攤立案，永遠照辦，不拘年限。即由尊處立案，年年具領，勿庸存鄂，撥作他用。揆之西法，凡創辦商務工作，必皆係如此辦法，始可鼓舞振興，此乃至公，並非私誼。將來由尊處具禀，將賠累詳情細數敘明，聲請提補若干。敝處批定數目，統歸各項經費内彙咨海署存案。荆煤歲産不過數千頓，提亦無多，且收買多少不定，不如統歸鐵價，便於核計也。庚一。

王樹枏《張文襄公全集》卷一三五《致上海盛道臺光緒十六年四月初八日發》

鐵廠宜設武昌省城外黄石港。地平者，窪高者，窄不能設廠，一也。荆襄煤皆在上游，若運大冶，雖止多三百餘里，回頭無生意，價必貴，不比省城。鋼鐵煉成，亦須上運至漢口發售，並運至省城煉槍礮，多運一次。不如煤下行，鐵鑛上行，皆就省城無重運之費，二也。大冶距省遠，運煤至彼，運員收員，短數攙假，廠中所用，以少報多，以劣充優，繁瑣難稽，三也。廠内員司，離工游蕩，匠役虚冒懶惰，百人得八十人之用，一日作半日之工，出鐵既少，成本即賠，四也。無人料理，即使無弊，製作亦必粗率不如法，煉成製成，料物稍不合用，何從銷售？五也。鐵廠礮廠布局，三廠並設，鑛物化學各學堂並附其中，安得許多得力在行大小委員，分投經理，即匠頭、繙譯、繪算各生，亦不敷用。三廠若設一處，洋師華匠皆可通融協濟，煤廠亦可公用，六也。官本二三百萬，常年經費貨價出入，亦二百餘萬，廠在省外，實缺大員，無一能到廠者，歲糜鉅款，誰其信之？若設在省，則督撫司道，皆可常往閲視，局務皆可與聞，既可信心，亦易報銷，七也。此則中法非西法。中法者，中國向有此類積習弊端，不能不防也。即使運費多二三萬金，而工作物料虚實優劣所差不止數十萬金矣。白議爲是，現擇得省東南二十里湯生湖邊之金鷄垸，由大江入鮎魚套一水可通，常年行船，畧濬淺處一段建閘一所，即可冬間行輪矣。其地高燥寬廣，永不被淹，用之不盡，將來任意擴充，且設礮廠於此，尤可免淺露之病。可謂善地矣。庚二。

王樹枏《張文襄公全集》卷一三五《致上海盛道臺光緒十六年四月初八日發》

荆煤太薄，不能大舉，歲産有限，現逐加化煉湖北之荆門、興山、歸州，湖南之邵陽、耒陽、常甯、瀏陽、永州，四川之奉節、巫山，皆出白煤，合計灰少合用者二三十處。目前收買爲便，明示招徠，必可争開争販，當不至大貴。湘煤自宜機開，但須從容，諭導購機造窿，即可開，亦在一年半後矣。庚三。

國家清史編纂委員會《李鴻章全集》第二三册《復鄂督張光緒十六年四月十二日辰刻》

前電慮一年後未必能造成鋼軌，竊計造廠及安設機爐即須年餘。煤由各處零星購運，勢必多運多積乃能開爐，晝夜不停，布置一切，實需時日。至錳鐵、灰石料皆備，果照西法造鋼軌，必可有成，應請督籌趕辦，俟成軌合用，定當就近源源購運，可紓藎廑。部款既商定准撥二百萬，又經海署咨催籌解，當無漠視。惟部餉支絀，辦事不無拘滯，解匯亦多繁費，如急需支用，似可將鄂省應解部款酌數劃抵，最爲簡捷。各省辦過有案，前已由海署咨部，尊處或再奏請，但勿太多耳。公講求西法至精，此事利害相共，知無不言，見推逾分，豈所敢承，惟盼速成濟用而已。鴻。

國家清史編纂委員會《李鴻章全集》第二三册《鄂督張來電并致海署光緒十六年四月十五日辰刻到》

煉鐵機器二批價及頭、二批運保共約銀七萬兩。本月初十日，薛大臣又來電催，計前後已電催四次。前奉陽電，已蒙轉咨迅催籌解。當於初十日電致户部催請速發，未接復電。查煉鐵機器移置鄂省，機器後半價值及建廠之需由部籌經費内撥付，經鈞署會同户部於本年二月奏准咨行在案，當經遵照籌辦，布置一切。今二批價及頭、二批運保爲數無多，部籌之款前准部咨，早有成數，各省認籌亦當不少。此次付價之限已逾，若失信遠人，不惟於要需窒礙，於使臣亦諸多不便。目前煉鐵尤爲急務，開工以愈早愈善，方能趕赴事機。鄂制鋼軌迭與北洋熟商，依法精造，必能合用。查鄂省應解部款，本年尚有固本餉七萬五千兩。釐金項下東北邊防經費八萬兩。江漢關六成洋税項下未解東北邊防六萬兩，似均在可劃之列。敢請鈞署轉奏，擬即將應解固本一款劃抵，以便匯付。此項價值、運保可省由部匯解糜費，尾數或盈或絀，隨後核明鎊價再當奏咨。如此一轉移間，於部款并無出入。如蒙鈞裁以爲可行，伏懇迅由鈞署具奏請旨，俟奉俞允，即請電飭遵辦，無任翹禱。即請示復。之洞肅。鹽。

王樹枏《張文襄公全集》卷一三五《致輪墩薛欽差光緒十六年四月二十二日發》

嘯電感悉。布鐵廠添件，共萬二百十鎊，已飭局即匯萬一千鎊，兼備運保費款歸鄂，認請飭速運。奉蒸電，鋼軌日出二百噸，擴大爐機，須添價二萬三千鎊，現擬先擴機器馬力，後添爐座，分作兩起。各價幾何，懇速查示。中國棉紗消流最廣，利亦最厚，前定布機紡紗，僅供織布之用。今擬添紡紗機一倍，另軋花機爐全副，足共舊定及新添紡紗機之用。需價若干，并祈詳晰查示爲感。養。

陳旭麓等《盛宣懷檔案資料選輯之四》漢冶萍公司第一册《鍾天緯致盛宣懷函光緒十六年五月二十二日》 天緯自抵鄂垣，即委往京山、當陽勘礦，往返四十餘日。嗣復委往大冶、興國勘錳、勘路，往返二十餘日。刻下天氣已熱，在省稍爲息肩，住在寶武局中，與沈少剛同居，每月僅得薪水二十四金，名爲留鄂差遣，出差則另給夫馬十六兩。屢次請假回滬，而蔡毅若觀察挽留甚殷，渭將來總有藉重之處，薪水必有加豐。

此間現已截留京餉百萬，香帥興高采烈。本擬每日煉鐵百噸，忽又改爲二百噸。所定熔爐、機器皆須重換，蔡觀察力争不聽。至於建廠之地，擇於湯孫湖濱雙廟地方，由鮎魚套繞城而入，向南過李家橋始摺而往東。該處一片荒蕪，面臨湯孫湖汪洋二十餘里，其山背後另隔一南湖，陸路須渡湖至省約二十里，水路則須三十餘里。登山頂望之，則洪山之塔適在正西。緯上書蔡觀察力争，此處建廠，外國無此辦法。而蔡觀察竟將此書上達帥覽，即委天緯往青山勘地。奈青山實無地基，而武勝門外沿江則又地勢甚低，年年江水淹灌。不得已擬在鮎魚套建雙牐，藉南洋機器船開挖。湯孫湖水路工程甚距，不如能有把握否也。

據蔡觀察言，香帥之必欲建廠省垣者，不但爲便於親臨閲視，實緣在黄石港設廠，離省既遠，則每年用款甚鉅，易啓浮言。不若在省垣，督、撫、藩、臬司道人人目擊實在用款，則物議無自而起。此層固屬遠慮，但尚有一層未言之隱。蓋香帥用人不過親信數人，鐵政局必委蔡觀察主政，若一離省垣，則幕府與煉鐵勢不能兼顧。如徐仲虎觀察雖有辦礦之才，固未許獨當一面也。

緯現已加捐通判雙月候選，如鄂省電局出有位置，乞吾帥留意培植，薪水有無不計，惟發電較便，可以暢所欲言，亦屬快事。且蒙吾師逾格垂青，辱隸門墻者三年，實未有尺寸之報效。私心仍欲常依宇下，庶不負一番相賞之恩耳。天緯在滬，浮沉譯館，本思終老衡門，乃蒙吾師拔識於風塵之中，再三敦勵，始決出山之志。刻下負債千金，勢成騎虎，不得不放手一干。但官階不崇，則事僅不屬，仍無補於毫末，故思薪水稍豐，再接再厲，期以十年，稍圖建立。刻下老成凋謝，大難將興。譬如紅日銜山，暴風將起，而天緯反思挂帆出口，雖一葉扁舟本無重載，亦恐爲鉅浪所掀翻也。思之憬然。專肅，敬請崇安，伏祈慈鑒。

〔附〕《鍾天緯致蔡錫勇函》

毅憲大人鈞鑒：

日前隨侍臺駕往勘雙廟局基。查該處背山面湖，汪洋二十餘里，局勢誠爲寬展。西人以空氣清爲要，如建造洋房爲銷夏之所，於西人最爲相宜。但煉鐵廠以轉運便捷爲第一關鍵，與槍炮、水師、礦學等局不同。若設局省垣已屬非計，倘更縮入内河五十餘里，於就煤、就鐵之義兩無所居。凡煤、鐵、石灰三項皆須采運諸數百里外，以供熔爐日用之需，每年靡費運價不知凡幾，統數十年計之，恐更逾建局之費矣。始基不慎，必貽將來之悔。竊料在西國必無此辦法。除白礦師外，恐將來西人游歷不以爲然者正多也。

卑職愚見，必欲省垣左近建廠，則莫如擇沿江百里以内，輪船一日亦可往返。嘗考長江地圖，在省城下游有大青山、小青山、白虎山等處，均在江之南岸，内湖外江地勢必然高亢。不若派小輪船沿江遍爲履勘，如有合式之地，雖稍形洼下，亦可削高填低。縱費萬金以築堤、築基，亦爲一勞永逸之計，較之建牐挖泥，年年駁運，省費多矣。如督府必欲在雙廟建牐，似宜請憲駕由水路坐輪，親莅定奪，方免日後追咎於初勘之人。卑職愚昧之見，是否有當？伏候鈞裁。肅此，敬請崇安。

王樹枏《張文襄公全集》卷一三五《致輪墩薛欽差光緒十六年六月二十七日發》

煉鐵廠基已勘定，興工擬趕製鋼軌。請飭諦塞廠，將貝色麻煉鋼爐及輾軌機應配各件，先行寄來。冬令水涸，洋輪不能直達漢口，即在上海起卸亦可。沁。

國家清史編纂委員會《李鴻章全集》第二三册《鄂督張寄海署光緒十六年七月二十三日巳刻到》 鐵廠地沿江上下數百里，遍覓難得。大冶黄石港，早年盛道暨郭師敦尋無善地，稟鄂有案。兹復迭派洋工師多人暨徐道等各員生詳往測繪，濱江皆被淹，一高阜僅三十餘丈，有墳七座。省東南二十里有金鷄完，地勢高廣，但須作閘疏河，勞費太鉅，冬令内湖結冰亦不便。今擇得漢陽大別山下有地一區，長六百丈，廣百丈，寬綽有餘，南枕山，北濱漢，西臨大江，運載極便，氣局宏闊，亦無廬墓，與省城對岸，可以時常親往督察，又近漢口，將來運銷鋼鐵貨亦便。惟須填築地基九尺，則盛漲不淹，沿漢亦須增堤數尺耳。築地雖費，較之他處築閘開河所省尚多，外洋各工師僉以爲宜，洞亦親閲可用。再，中國與外洋不同，此廠若不設在附省，將來工料員役百弊叢生，必致貨不精而價不廉，一歲出入以數十萬計，過於運費多矣。現已與北洋商定即於此地建廠，槍炮廠亦并設此處。購地、修堤、築基、造路、訂購磚石等事陸續籌辦。惟洋師云，此工在外洋總須三年，今竭力趕辦，興工至開爐至速須兩年餘。現仍設法趕辦，特此奉達，祇請核示。昨聞醇王爺福體違和，曷勝馳系。頃聞已大愈，莫名欣忭，恭請王爺福安。之洞肅。養。

王樹枏《張文襄公全集》卷一三五《海署來電光緒十六年七月二十九日午刻到》 養電悉。所擇漢陽大別山下，既於建廠爲宜，應即舉辦，希由貴督自行奏明是要。元電請自道庫藉撥十五萬，已咨商農部，容俟另覆。醇、慶具。儉。

陳旭麓等《盛宣懷檔案資料選輯之四》漢冶萍公司第一册《徐建寅致盛宣懷函光緒十六年八月二十日》 弟自到鄂垣，即委赴大冶、興國查勘煤鐵運道，細勘地質層隔，確係真煤層，必産佳煤無疑。因據實稟明香帥，飭委候補縣張令飛鵬及船政礦學生張都司金生，於明家山試爲開采。七月間挖深僅六七丈，已得煤層厚三尺九寸，煤質極佳，皆成大塊，確係烟煤，以之燒成枯煤，極合煉鐵之用。將來如用機器開至深處，煤層必見更厚，局段必能寬廣，除白乃富外，其餘各西人皆嘆爲得未曾有。該處在黄石港東南，離江濱四里，將來如果開采，則供長江輪船之用甚便。茲將煤樣一塊裝入小箱，寄呈法家鑒察。此種煤礦即不煉鐵，亦須開辦，專以供輪船之用，洵可獲利，臺端其有意乎！現又派張令等往探王山寺試開，聞出煤更旺。如煤、鐵、灰石均聚一隅，自應在黄石港設爐，而香帥偏信白乃富之邪説，以在距省相近者爲合用，現已決計在漢陽矣。電工報案將來詳辦時尚求置之前列，優加考語，以符異常之例。

陳旭麓等《盛宣懷檔案資料選輯之四》漢冶萍公司第一册《鍾天緯致盛宣懷函光緒十六年十月十二日》 天緯自到鄂垣，奔馳數月，現幸鐵政開局，濫竽幫辦文案，稍獲息肩。然六月間第一批機器到鄂，猶往漢陽工次料理起駁，填築局基。在炎天赤日之中者匝月，無一椽可庇風雨，只藉一駁船爲寓廬，同事七八位，秋後無人不病，而天緯健頑如故。論天緯辦事，本不憚辛勞，亦不分畛域，特香帥躬親細務，忽而細心，錙銖必較；忽而大度，浪擲萬金；忽而急如星火，立刻責成；忽而置若罔聞，延擱數月。一切用人用款皆躬操其權，總辦不能專主，委員更無絲毫之權。用款至百緡以上，即須請示而行，迨請示則又健忘多病，動延數月。天緯在漢陽時曾請三事：一請在廠基先造平房十間，以資委員、工匠栖止，免致租住船屋，多費租金；二請自募護勇十名，巡更守柵，看守機器；三請派一本省候補委員駐局彈壓，凡争毆細故，立予訊責開釋，以免與地方官交涉。而皆不從。以致工匠等四散賃居，每月費房租七緡、船租二十七緡。廠中器物木料毫無稽考，偷竊甚多。漢陽朱令恃寵而驕，恃才而傲，事事掣肘，其公事之難辦如此。現在開辦工程，又擬派天緯駐漢督工，力辭不往，且在文案優游觀望，誠知其難也。

香帥必欲在近省設煉鐵廠者，名爲會同司道目擊用款，以絶浮言，其實欲責成蔡毅若觀察辦理。蔡公又兼洋務幕府不可遠離。天緯窺見其不言之隱，故嗣遂緘默。至於香帥之意誠莫測其高深，但鐵路則本不欲辦，窺之頗審，只辦煉鐵，則又過於張皇，恐無成效。天緯此來，本圖得一保舉，看來此望終虛耳。徐仲虎觀察電調來此，亦不甚用。此刻派往湖南衡州一帶勘煤，以符海軍衙門電調之原案，乃渠不願往，上一稟帖，大干駁詰，大約仍要返寧矣。

大冶鐵礦尚未動手，天緯竊嘗比之裁衣，先雇縫工滿堂，而布帛猶未具，先急於辦刀剪、針綫之類，縫工問主人衣料何在？則指田中之木棉以爲衣料，不知尚須采取、軋彈、紡織諸工方能成布而供縫工之剪裁也。大冶鐵山天然整塊，錘夫萬指能鑿幾何？必須鑿碎運出，堆積如山，方可開爐鼓鑄。即以轉運計，亦須經年方敷供一月之用，煤則所用更多，尚未定何處開辦，一切用料、用人皆未計及也，奈何奈何！

經蓮翁六月中來鄂一見，談及利國礦已經成交，深爲欣慰。天緯嘗詢白乃富謂青山泉煤礦將來能否開出佳煤？自言愈開愈佳，此礦煤鐵相連，比大冶尤佳，惟運道稍遠耳。專肅，敬請崇安。

國家清史編纂委員會《李鴻章全集》第二三册《寄鄂督張光緒十六年十月十六日申刻》 盛道電：大冶江邊煤、鐵、錳礦與白石均在一處，天生美利。如在江邊設廠，百世之功。惜在大別山上，轉運費力。屢諫不從，將來遷徙不易云。大別設廠已動工否，能否及早籌之。鴻。

國家清史編纂委員會《李鴻章全集》第二三册《鄂督張來電光緒十六年十月二十一日亥刻到》 諫電悉：大冶乃碎煤，不能煉鋼，只可供鐵廠機爐及布廠、炮廠之用。此外，大冶地方或尚有佳煤，但不能停廠工以待不可必之煤耳。總之，大冶江邊實無建廠之地，非被水淹，即有墳墓。春間委員查明，大別山廠工現已修堤築基，若廠設大冶，其不便有七，前於七月元電已詳陳，請查閲可悉。即使大冶就煤造廠，運費或省四五萬，一切糜耗不止一二十萬矣，幸惟明察。盛道不知此間煤質，又未將布廠、炮廠等事利害通籌耳。洞。號。

國家清史編纂委員會《李鴻章全集》第二三册《陳參贊來電光緒十六年十月二十三日戌刻到》 倫交約表，乞同畫押。細核除照鈞電外，應行請示如後：倫允除不測事外，即藉銀三千萬兩，利四釐半，六個月後起還，每年二百萬兩，約二十二年半本利俱清。債票何價聽倫便。以後藉債、購件、雇洋人、造工、在洋設公司，俱由倫代辦，其價貨與他人同。并準倫父子在洋設公司專爲中國辦事。此次藉債虧本實多，應早示代辦事件以酬之。倘中國將來派員在洋專辦銀務，即委倫或伊子充是缺等語。候諭。西報傳直省饑民叛，確否。同。養。

中國第一歷史檔案館《光緒朝朱批奏摺》第一〇二輯《光緒十六年十一月初六日湖廣總督兼湖北提督張之洞摺》 湖廣總督兼署湖北提督臣張之洞跪奏，爲勘定煉鐵廠基，現籌趕辦廠工，暨開采煤鐵事宜，恭摺具陳，仰祈聖鑒事。光緒十六年閏二月十八日，承准總理海軍事務衙門咨，光緒十六年二月二十九日，會同户部具奏遵議粵督李瀚章奏請將廣東煉鐵廠量爲移置一摺。黏鈔原奏内稱，查湘鄂煤鐵既經張之洞訪知可恃，自應准其將此項機器改運鄂省，擇地安設，較爲直截簡便。第煉鐵爲造軌之基，其後半價值，及營建廠屋之需，自當由部撥每年二百萬兩内劃撥。究用若干，應令先行估定，報明立案等因。本日奉旨，依議，欽此。咨行到鄂，欽遵辦理。當即於湖北省城，設立鐵政局，遴派奏調差委，指分湖北補用道蔡錫勇，會同在省司道總辦局務。陸續訪求外省通曉鑛學之委員學生，咨調應用。自臣到鄂後，隨時將籌辦煤鐵情形，電請海軍衙門核示，遵照疊次復電辦理。嗣於七月内，承准海署七月二十八日電開，廠地既經勘定，令即舉行，由臣自行奏明等因。

伏查設廠煉鐵，濬利源，而杜外耗，爲中國創辦之舉。工程浩大，端緒紛繁，約以開鐵、采煤、造廠爲三大端。自上年冬間，疊次承准海軍衙門咨電後，即將臣前在粵省訪募英德各國鑛師、洋匠、化學教習人等，咨調來鄂。於上年冬臘間陸續到鄂，即經臣派員帶同外洋工師，赴大冶、興國等州縣，及沿江上下游一帶，查勘煤鐵，並委員分赴湖南及四川邊界，查訪煤窿。於本年春間，先後查勘回省。查明大冶縣鐵山，實係産旺質良，取用不竭，距江邊黄石港僅五十餘里。興國州産有錳鐵，尤爲煉鋼所必需，適與大冶接界。至煉鋼煉鐵，以白煤石煤爲最善，或用油煤煉成焦炭，亦可。湖北之荆門、當陽，産有白煤。興山、歸州、巴東，亦産白煤，爲數較少。湖南之寶慶、衡州、永州三府，所屬各縣地方，及接界之四川奉節、巫山，江西萍鄉，所産白煤石煤油煤焦炭，尤爲旺盛，均屬一水可通。帶回煤鐵質様，當發交洋匠，用化學藥料，詳細化煉，分別等差。大率鐵鑛，每百分以鐵質多至五六十分，内含硫質在二釐以内，燐質在一釐以内者，爲合用。煤以灰在十分以内，炭質在八十五分及九十分以外者，爲合用。大冶之鐵鑛鐵質六十分有奇。湘鄂各煤，合式可用者，共有二十餘處。

至建廠一節，查大冶開采鐵鑛煉鐵廠，自以附近産鐵地方爲最善。惟該廠基及儲鐵屯煤處所，地長三百餘丈，寬六七十丈，地宜平原高阜，兼通水運。大冶通江之黄石港地方，現任山東登萊青道盛宣懷，曾於光緒三年，帶同洋鑛師郭師敦，查勘煤鐵。據稟周歷大冶縣屬，上自黄石港，下至石灰窑，尋覓安爐基地，或狹小，或卑溼，再三相度，僅有黄石港東吴王廟旁，尚敷安置。惟地勢不高，難免水患，旁有高地一區，又形狹隘。道光二十九年，曾被水淹，復赴樊口履勘。武昌黄岡縣屬南北兩岸，上下百餘里。據鑛師云，南岸多山隴，少平陽；北岸多沙洲，少堅土。合觀大概，即求如前勘黄石港東基地，亦不可得等語。稟鄂有案。查該道所稱安爐機地，係擬設出鐵四十噸之機爐，已難得地。今所購機爐，每日出鐵一百噸，兼有煉鋼造軌，及煉熟鐵製鐵貨機器廠，地寬廣宜加數倍。臣疊派鑛師洋匠，暨道員徐建寅，督率測繪員生，前往查勘。該港沿岸平處，皆屬被水之區，其高阜僅寬數十丈，斷不能設此大廠。據徐建寅稟稱，須將山頭開低數丈，仍留山根高於平地三丈，再將平地填高，始可適用，勞費無等，山麓兼有墳數十冢，礙難施工。復飭於省城各門外，及沿江沌口金口青山金沙洲沙口一帶，上下數百里，尋覓測量，非屬低窪，即多墳墓。否則距水較遠，濱江無一廣平高燥之處。兹勘得漢陽縣大別山下，有地一區，原係民田，畧有民房，長六百丈，廣百餘丈，寬綽有餘。南枕大別山，東臨大江，北濱漢水，東與省城相對，北與漢口相對，氣局宏闊，運載合宜。當經督飭局員，及學生洋匠，詳加考核，僉以爲此地恰宜建廠。大率其利便，共有數端。荆湘等煤，皆在上游，若下運大冶，雖止多三百餘里，上水回船，既無生意，運脚必貴。今設漢陽，懋遷繁盛，商販爭趨，貨多價賤，其便一也。鋼鐵煉成，亦須上運漢口銷售，並須運至槍礮廠製造。今煉成發售，如取如攜，省重運之費，其便二也。人才難得，通達洋務，諳習機器者，尤不易覯。鄂省鐵布槍礮三廠并開，斷無如許之多精通得力委員，分投經理。至西洋工師繪算各生，尤不敷用。今鐵廠槍礮廠，並設一處，鑛學化學各學堂，俱附其中，布廠亦在對江，皆可通融任使，其便三也。員司虚浮，匠役懶惰，爲中國向有之積習，不可不防。廠距省遠，料物短數，煤斤攙雜，百人僅得八十人之用，一日僅作半日之工。出鐵不多不精，成本即賠。今設在對江，督察甚易，其便四也。官本二百餘萬兩，常年經費貨價出入，亦百餘萬兩。廠在省外，實缺大員，無一能到廠者，歲糜鉅款，易動浮言。今則督撫司道等，皆可親往察看，百聞不如一見，其便五也。鑛渣煤渣，每年約出三萬餘噸，除填築本廠地基外，兼可運往漢口後，湖填築湖身。漢口城垣，可免盛漲沖灌。沿湖民居，可免淹浸，其便六也。惟廠外沿漢水之舊隄低薄，須一律加高培厚，以防盛漲。全廠地基，關繫最重。其生熟鐵爐座基址，須填築丈餘，餘亦酌量墊高堅築，並須於沿江沿漢分築馬頭，於江岸到廠之路，安設鐵軌，以通運鑛火車。據洋匠估計，此工若在外洋，三年乃成，中國人工易集，自八月初勘定廠基之日起，兩年爲期，約可開爐造軌。現仍設法竭力趕辦，務期早成一日，有一日之益，約計成本運費，將來造成鋼軌，總較洋軌爲廉。現擬一面出示曉諭鄂湘兩省，及鄰近出產佳煤地方，令民間廣爲開采，酌定價值，隨時收買濟用。采運既多，自可不至居奇。一面派委員暨鑛學學生，前往湘省覆勘，察其窿口形勢，運道難易，能否用機器開采，相機酌辦。近復於大冶之王三石、明家灣兩處地方，探得石煤油煤，業經試用，土法開采，惟深入數層有無改變，目前購辦鑽地機器，未經運到，尚無把握。如果煤質一色，出產亦旺，堪以鎔煉鋼鐵，即當速購機器，大舉開采，蓋爲合算。蓋武備所需，及輪船機器，民間日用，農家工作，無一不取資於鐵。而煤之爲用尤廣。實力開辦，可大可久，自强之圖，實基於此。臣惟有殫竭愚忱，悉心經畫，督飭各員，趕購物料，趲辦廠工，一面興修大冶運道，開采鐵鑛，並興國錳鐵，以備廠爐安妥，即可煉造。一面籌辦運煤采煤事宜，實事求是，務底於成。一切詳細事宜，自當隨時電達咨呈海軍衙門，商請核示辦理。

查此項工程，需款甚鉅，海軍衙門上年覆奏鐵路原摺内稱，西國中等煉鋼鐵爐，約需銀二百四十餘萬兩，正定清化分設兩爐，約需銀二百八十餘萬兩等語。茀就購爐設廠而言，其修道運鑛開采煤鐵等費，均不在内。原奏言之甚詳。今鄂省開設煉鋼鐵兩爐，及抽條夾板造軌各機器，詢據外洋工師，僉稱爲上中等機爐。在外國亦稱大廠，更兼采鐵、煉鋼、開煤三事合而爲一。復有修運道，築江隄，設化學鑛務學堂，添修理機器廠，皆連類而及，必不可少之費，所需尤多。前海署來電，擬以二百萬兩，撥歸湖北爲煉鐵之用，深恐不敷。前於三月初十日，電達海軍衙門在案。現在約估大數，需銀二百四十餘萬兩，計户部劃撥京餉，暨鄂省本年認籌銀五萬兩，共撥到銀一百萬兩。目前趕辦工料，及經始開采煤鐵等事，動需鉅款。各項經費，均須湊手，始能一氣呵成。以後續撥之款，必須源源接濟，方免停工待款，轉滋糜費。蓋此項工程，以廠屋造竣，安就機爐，造成鋼軌鐵料爲度，用費確有限制，並非永無底止之款。以後常年經費，只須第一年先行籌墊若干，廠内所出之鋼軌鐵料，銷售得價，收回貨本，即是經費。本年二月，准北洋大臣李鴻章電稱，撥用鄂軌，隨撥隨付價，界限乃清等語，當以所籌甚當電達海軍衙門在案。俟軌價付到以後，即可藉資周轉，以後鋼軌鐵料，銷售愈推愈廣，循環不窮，無須另耗常款。臣自當隨事隨時，核實撙節辦理。惟續撥之款，必須於明年春間撥到，趲辦各工，一切始能應手，已咨呈海軍衙門，商請核辦。合無仰懇天恩，飭下户部，即將續撥之款一百萬兩，早爲籌定。俾得及時撥給，趕辦竣工，實於要需有裨。除將部撥截留京餉等款，另片奏陳，並將機器廠工，一切經費，約估大數，報明海軍衙門。户部立案外，所有勘定煉鐵廠基，現籌趕辦廠工，及開采煤鐵緣由，理合恭摺具奏，伏祈皇上聖鑒，訓示。謹奏。

陳旭麓等《盛宣懷檔案資料選輯之四》漢冶萍公司第一册《盛宣懷致奕劻函光緒十六年十一月十六日》 鄂中鐵礦，道員以覓地請開在先，深願官辦收效在後。天下鐵礦甚多，最難錳、鐵、煤、石聚於一處，又近江邊。若就大冶設爐烹煉，雖官辦稍加糜費，亦足能興利持久。繼聞香帥舍近圖遠，縱糜帑二百萬，鐵亦能成，而運遠本重，必不能敵洋料，亦如船政之造船不敵洋廠，粤局之鑄錢不敵洋錢也。況經道員以大冶明家山開煤、黄石港設爐兩端，苦口力諫，鄂中來電已允用冶煤。至大别山廠基已費購地之款，似難遽改，然待機爐設定，更屬無可遷移，如能以大别爲炮廠，以大冶爲鐵廠，則無論官辦、商辦均能百世不移。可否求鈞署托爲西洋熟習礦務者之言以諷之，或尚及挽回。將來綜計運費成本，孰糜孰省，當以芻獻爲不謬也。

國家清史編纂委員會《李鴻章全集》第二三册《鄂督張寄海署光緒十六年十二月初七日申刻到》 江電謹悉，當即遵辦。鐵廠興工請續百萬一摺已抄稿咨呈，請鈞署核示，計已入鑒。此項約估之數，實係力從撙節。開平一煤廠費至二三百萬始見成效，可以例推。摺内聲明款須明春撥齊始能應手。惟部款支絀，恐不能甚速。竊思鐵路經費，河工藉動，似應歸還。各省認籌之款亦尚有餘，合之明年部籌及各省認籌爲數尚鉅。此係煉鐵本款，蓋款項備則成工速，不脱節則工用省。鄂軌早成，洋軌少買則漏卮少。現係開煤、采鐵、造廠三事同時并舉，勢難稍有停待，轉滋糜費。伏懇鈞署早與户部商定電示，雖款項一時未到，而一切工料辦法可以通盤豫計，布置伸縮，所省實多。鐵務系中國自强大舉，本係鈞署爲籌創辦，全賴鈞署維持，庶可早見成效。即請裁奪示復，曷勝叩禱。之洞肅。語。

陳旭麓等《盛宣懷檔案資料選輯之四》漢冶萍公司第一册《鍾天緯致盛宣懷函光緒十六年十二月二十九日》

敬禀者，昨奉電諭，飭將鄂礦現辦情形詳復，以便代酌。足征吾師始終眷顧，惓惓不忘之至意，無任感激。

竊查鄂省則在漢陽大別山陰設立煉鐵廠，該處一望坦平，毫無廬墓。且又瀕臨襄河，轉運甚便，較之前擬在湯孫湖雙廟地方建廠，縮入鮎魚套内數十里者不啻天淵。惟地形稍低，襄河每年盛漲高於地面。向有民埝，皆卑薄不足以御。本擬在廠基四圍開溝泄水，而將民埝培高，如歸局員核實辦理不過萬金。乃香帥最喜漢陽朱令滋澤，喋喋利口，善承意旨，即交朱令承辦。堤工自晴川閣起至黑山共長十餘里，復由五顯廟至大別山脚築一横堤，共費二萬金。再在晴川閣下開一碼頭，拆買民房十丈，又費萬金；廠基地價又費萬金；地基内本有水師操場，重買漢陽西門外一地抵換又費五千金；刻下又擬在襄河築一挑水壩，將襄河之溜挑往漢口，又擬萬金；又在外堤内重築内堤，又約費五千，只朱令一人已靡帑五萬。朱令縱一塵不染，凡帳房、差總、委員、工頭寧不染指？現在朱令已經丁艱，本委以漢陽幫辦提調之差，大約百日後即委以漢陽工程一切之事。

所有機器本約分五批於年内到齊，自七月後第二批未有續來。向來外洋購買機器，每本價萬金須加水脚、保險大約二成之譜。乃鄂省所購機器，係托劉芝田星使代購，一切由馬格里經手，不由商輪寄裝，特雇一輪徑運漢口。故運保二項須加六成，且與立發埔船行訂定專歸一家承裝。第二批機器内有二十噸重之鐵砧二具，因恐重大，船上另買起重架一具。比抵漢陽，起重架不勝其重而斷，艙中大半機器皆被鐵砧所壓不能起出，重復退回上海，藉順泰碼頭起重架起出，再裝夾板船來，大約又需費數千金。香帥歸咎裝船行，彼此辯駁，大致必須成訟。此項鐵砧及續批機器不來，大約爲此。現在廠屋尚未建造，總圖亦未寄來，熔鐵爐烟囱及爐底現將動手。論全廠工程大過十分之一，而部款百萬已罄其半，復代織布、槍炮兩廠墊去二十餘萬金。明年再撥百萬，係由各省協濟，如協款不前，其勢不得不藉洋債矣。

此皆漢陽廠工之情形也。

鐵山之運道，人人言由水路爲便，而香帥因樊口之築壩釀成大案，當日亦與有力焉，且畏武昌縣紳士勢力之大，故決意欲開鐵路至黄石港，以歸陸運。特調沔陽州陸令祐勤署大冶，乃陸令尚未到任而委員、洋人十位已坐守大冶矣。陸令惑於浮議，又知樊口一路帥意決不欲行，故倡議改由漳源湖水運，且阻洋人暫緩丈量，一面發一通禀。香帥大怒，撤去幫辦提調之差，委天緯及林令佐、潘令誦捷前往復勘陸路。札中明言，俟勘定陸路後，再往樊口及漳源湖兩處查勘水路，必須能行千石大艘，無須盤壩等因。乃樊口冬春水涸，只能行四百石船，而漳源湖已建石牐，且好遷就帥意作爲罷論。現在自鐵山鋪測量至石灰窑江濱，共長四十八里半，擬建小鐵路以運礦石，大約築堤、買地、鋪石、置軌共需二十餘萬，係派張令飛鵬承辦。聞天緯亦將派往大冶襄助，但事權不一，人數太多，恐終不討好。天緯愚見，鐵山運礦出換綫橋，只須造鐵路十五里。而樊口亦不必挖深，即改用能裝十餘噸之小船，亦未嘗不可出江，何必如此大舉乎。今將所擬水陸二路説畧附呈鈞覽。

此大冶鐵山之情形也。

至於煤則四出采訪，一往湖南寶慶、衡州，一往巴東歸、巫，其當陽即委盛我彭兄經辦；大冶則委黄令建藩往勝山寺、金山店；張令飛鵬往王三石；游令學詩往明家灣，紛紛試采。呈樣時則煤質頗佳，試開時又仍無把握。現在買得地鑽，先在道士洑試扦，誠恐縱有佳煤，亦緩不濟急，何也？蓋購買機器陸續運至已需一年，若建造廠房、裝配機器、料理地面之工又須一年，砌成煤井再開煤路四通八達，料理井底之工又須一年，而煉鐵廠則限兩年告成，胡能停爐以待？若用采買之法，則煤之成色不一，不能煉出佳鐵，且事經委員、司役經手，徒令利歸中飽，而煤價更貴於外洋。夫貴州青溪鐵礦，只在四百里外運煤供煉，即難合算，况欲采千里之外之湘煤、川煤乎？大冶、興國一帶煤亦不少，但其質甚松，不能熔鐵，不知將來如何措置？

此則煤礦之情形也。

至於總局則設在省城三佛閣之東，即從前發審所，規模頗大，以蔡毅若觀察爲總辦，以趙渭清、徐仲虎兩觀察爲會辦，而以藩、臬、鹽、糧四位會銜。現因趙觀察委辦宜昌川鹽，徐觀察假回金陵，又添扎勒哈哩及桑彬兩太尊爲提調。尚有余郎中正裔、彭屺之觀察，只領薪水，并不會銜。自文案、收支、翻譯、礦務以及大小班差遣及挂名乾脩月支薪水者共有六十餘員，大半尚未謀面，其才具之優絀，并非總辦所知，且大半系本省候補人員。大率香帥用人喜用委員而不喜用司事，委員之中又視候選不及候補，視候補不及現任。每出一差，則委員必十位八位，爵秩相埒，并駕齊驅，以致事權不一，互相觀望。仰窺帥意事事喜用官派，故不喜聞商辦之說。天緯嘗論朝廷以此種事責成督撫，督撫以此種事責成州縣，州縣以此種事責成地保，可謂如身使臂，如臂使指，何事不可辦成，何必再用客省人員乎！特不知將來如何結局耳！

此總局之情形也。

至於天緯初到此間，即蒙留鄂差遣，奔馳數月，僅給二十四金，屢請回滬不許。及鐵政開局始委幫辦文案，月給五十金，位次第三。其時文案共有三人，凌牧兆熊奏調來鄂，專辦督幕奏摺，本不到局；張令國蘭因病亦未到差，一切由緯主持。乃近來因張令國蘭另委襄陽土藥釐差，改派伍牧佩欽、黄牧宗度爲文案，天緯降爲第四，一切公事由伍、黄主政，緯不過備員畫諾而已。所以添派文案者，皆言天緯將委任大冶督辦運道耳。豈知開單請派時，天緯又不在列，直至大冶陸令稟請另由水路運礦，大失帥意，始令天緯等往查，亦係短局。此刻在局濫竽，不過徒靡薪水，非天緯出山之本志也。如蒙吾師委一電局栖身最爲萬幸。否則承經蓮翁不棄，欲邀共事，亦願效馳驅。特恐利國開辦無期，即在鄂盤桓閱歷煤鐵之事亦無不可。窺帥意介乎不用不棄之間，去留尚可自主。前蒙吾師委以幫辦漢口電局，亦經稟知尚無所嫌，特爲天緯私計，終不如置身局外，做切己工夫。若粤省系熟游之地，可將小兒送入外國書院肄業，將來或可有成。進退悉候鈞裁，一切惟命。專肅稟復，敬請慈安。

國家清史編纂委員會《李鴻章全集》第二三冊《鄂督張寄海署光緒十七年二月二十日亥刻到》 頃奉大咨，鐵廠續撥百萬已蒙會同户部奏准分別撥發，曷勝感佩。惟内中應赴鈞署領者四十五萬，赴部領者二十五萬，道遠款鉅，運費浩繁，亦多周摺。竊思此應領之七十萬皆系實款，可否仍照上年成案，即將湖北本年應解京之款截留劃抵。鈞署所發之四十五萬即請移解户部。如此一轉移間，鄂省既可省領運解費，免致鐵款多耗，且得早應急需；而户部即日可收到京餉七十萬，較鄂省另行解京迅速半年，似於部庫亦尚有益。伏懇商之户部，允如所請，早賜電復，深爲感禱。之洞肅。號。

王樹枏《張文襄公全集》卷一三五《致雲南唐督辦光緒十七年四月十六日發》 微電悉。寶鄂鑛質，既有二成，尚不虛一番勞苦。鄂力大絀，恐後難爲繼。滇省公司，既可接辦此廠，即撥歸滇自用，於滇鄂均便。鄂解經費二萬五千，如何歸還之處祈示。銑。

中國第一歷史檔案館《光緒朝朱批奏摺》第一〇二輯《光緒十七年五月江西巡撫德馨片》 再，查前准海軍衙門咨會同户部議覆，湖廣總督奏勘定鍊鐵廠基開採煤鐵事宜，請續撥款項一摺，奉旨：依議，欽此。計鈔奏内開，請將續撥之款，一百萬兩，早爲籌定，俾得及時撥給，趕辦竣工等語。擬將江西省欠解海軍衙門經費内，提撥銀六萬兩，就近抵補應用。並准湖廣督臣咨同前由將提撥銀六萬兩，照數籌撥，刻日解鄂各等因。均經轉行，遵照籌解。去後茲據藩司方汝翼詳稱：江西省自光緒十二年奉文，將原撥每年海防經費銀二十四萬兩，改爲海軍經費，及撥解南北洋，計十二年分，共解銀十七萬兩；十三年分，共解銀二十四萬兩；十四年分，共解銀十一萬六千五百兩；十五十六兩年分，各應解海軍經費，銀二十四萬兩。除撥解北洋銀十六萬兩外，每年實應解海軍衙門銀八萬兩。前已解過十五年海軍銀四萬兩，北洋銀十四萬兩。又解過十六年，海軍銀四萬兩，北洋銀十二萬兩。並將江西庫款支絀，入難敷出，能否解足幾成，未敢豫擬，疊於報解各案内詳經奏咨。此次奉撥，於久解海軍經費内提撥銀六萬兩，抵補湖北鍊鐵用款，解赴鄂省兑收。業已籌銀三萬兩，爲十六年海軍經費，改解湖北鍊鐵用款，飭委試用同知蔣啟昌，領解交收，詳經奏咨，各在案。其餘銀兩，自應接續清解，以濟急需。現於司庫釐金項下，設法騰那銀三萬兩，作爲十五年分海軍經費，改解湖北鍊鐵用款。遴委補用知縣李世申領解，於本年五月初三日起程，由水路前赴湖廣督臣衙門，交收等情，詳請奏咨前來。臣覆覈無異，除咨總理海軍事務衙門暨户部外，所有籌解海軍經費，改撥湖北鍊鐵用款銀兩委員，領解清款起程緣由，理合附片陳明，伏乞聖鑒。謹奏。户部知道。

國家清史編纂委員會《李鴻章全集》第二三冊《鄂督張來電光緒十七年六月二十五日辰刻到》 關東鐵路定議大咨、部咨均奉到。鄂省鐵廠明年七月可制成鋼軌，前蒙允用鄂軌，感甚。明年尊處需用若干，以後每年用若干，價何時付，祈酌示，以便豫籌。洞。敬。

湖北省檔案館《漢冶萍公司檔案史料選編》上冊《漢陽鐵廠告示光緒十七年六月二十八日》 爲出示曉諭事，照得鄂省奉旨開設煉鐵廠，勘定漢陽大別山下作爲廠地，業蒙督憲派委前署漢陽縣朱令滋澤購買堤内、堤外各居民房屋基地，以備應用。當經朱令開具估價清摺，呈局備查。嗣因各户多有願將屋料自行拆卸遷蓋，即在原估價内，分別酌扣。復經朱令將實發細數，造册詳報，并由該令隨時榜示在案。現在廠内誤將以前原估之數出榜，致與實發數目參差。除照該令冊報，由局先行出榜以昭大信外，合再出示曉諭，爲此示仰各居民一體知悉。爾等毋得輕信懷疑，妄稱原辦委紳司事人等稍有侵蝕短發情弊，是爲至要。切切毋違！特示。

國家清史編纂委員會《李鴻章全集》第二三冊《復鄂督張光緒十七年十月初五日巳刻》 馬電悉。飭據監工等籌議，由灤至關鋼軌五千餘噸，明冬即須鋪設，斷難停待，只可暫向外洋訂購。尊處初造，配合挑選必需時日，應請俟接造關外再購鄂軌。十七、十八兩年銀共十萬，乞仍依期照解，俟癸巳訂購鄂軌，再商留抵，庶無兩誤。鴻。

王樹枏《張文襄公全集》卷一三六《致俄京許欽差光緒十七年十一月初九日發》

鄂鐵廠洋監工比國人，請派精工四十人，赴比郭格里爾廠學煉鋼鐵。聞該廠製煉極精，歐州著名，然否？尊處有無駐比參贊，能代照料否？望電復。佳。

中國第一歷史檔案館《光緒朝朱批奏摺》第一〇二輯《光緒十八年二月廿七日湖廣總督張之洞摺》 頭品頂戴湖廣總督臣張之洞跪奏，爲煉鐵廠添購機爐，續增用款，奏明立案，並請分別撥藉經費，以濟要工，恭摺具陳，仰祈聖鑒事。竊臣前於光緒十六年十一月，將勘定煉鐵廠基，籌辦廠工，及開采煤鐵事宜，分晰奏陳，並將機器廠工，一切經費，約估大數，共需銀二百四十六萬八千餘兩，咨報海軍衙門，暨户工二部立案。並聲明事皆創辦，約畧估計，不免疏漏。此外續添料件，續增用費，恐尚有溢於原估之數等因，各在案。旋承准海軍衙門會同户部，先後奏撥煉鐵經費銀二百萬兩，令就撥定之數開廠煉鑄，設法匀籌，撙節辦理各等因。咨行到鄂，均經轉行遵照辦理。兹據湖北鐵政局司道詳稱，伏查鄂省開設煉鐵大爐，日出生鐵百頓，並有煉熟鐵、煉鋼、煅鑛各爐，配用抽條夾板造軌各項機器。詢據外洋工師，僉謂在外國，亦稱大廠，更兼采鐵、煉鋼、開煤三事，合而爲一。復有修運道鐵路，築江隄，設化學鑛務學堂，添修理機器廠，皆連類而及，必不可少之費。據洋匠約估，若在外洋，非銀三百餘萬兩不辦。當以中國人工易集，物料較廉，竭力撙節，約估需銀二百四十六萬八千餘兩，詳請奏咨在案。開辦以來，覈實動用，間有可以節省者，亦有溢乎原估之外者。截長補短，其在原估條目之内者，通牽覈計，尚足相準。惟此等創辦大舉，並無成式可循，事理既極精微，情形亦與外洋多異，隨時變通補救，續添料件，續增用款，實有意料所不及，思慮所難周。萬不能省，必須購辦者，即如各種爐甎，長途轉運，破壞過半，必須重向外洋購買，方能敷用。 鐵軌需用之鉤頭釘、魚尾片，必須添機自製方免仰給於外洋。 又外洋煉鐵，先看鑛質，再配機爐，此項機爐，原係在粤購定，續經電商海軍衙門，奏明移鄂安設，以免另購。大冶鐵質過堅，不甚合式，必須添配煅鑛爐煅過，方能入爐鎔化，熱風爐亦須添二座。此皆意料所不及，必須隨時添辦者也。原議以湘煤煉冶鐵，現經大冶開出煤鑛，均係油煤，可煉焦炭，正與煉鐵相宜。江夏縣屬馬鞍山，又覓得油煤窿一處，較之用湖南白煤，用度實省，自應舍彼就此，設法開采。惟開平開采煤鑛，費至百餘萬金，始見成效。鄂省部款有限，自難比照。現擬分開小井，以期節省。而添機需費，設焦炭爐需費，煤窿修鐵路，以接合鐵山軌道需費，遣工匠出洋學習煉鐵需費，此皆思慮所難周，必須變通辦理者也。至原估化學鑛務各學堂，即係爲采鐵、煉鐵、煉鋼、開煤本廠所用而設，以備分司各事，與此次遣工出洋學習煉鐵，均俟習成以後，即可少用洋匠。藉可稍節經費，亦免造不如式，動需改作耗棄工料，並非爲日後他處應用之計。修理機器廠，尤爲本廠時刻相須之事，此萬不能省者也。除煤窿添接之鐵路，約可在原估款中匀撥應用外，共需續增款項三十二萬四千六百兩。合之原估二百四十六萬八千餘兩，共需銀二百七十九萬二千餘兩。此雖目前加增工料用款之需，皆實爲日後節省常年經費之計。除部撥二百萬兩外，尚不敷銀七十九萬二千餘兩。明知撥款有定，續請殊難，苟有可以撙節之處，敢不設法匀籌？無如工程浩大，端緒紛繁，廠工須一氣呵成，機器皆相資爲用，闕一即難奏效，必須廠工告成，開出煤鐵，製成鋼軌等鐵料，運行銷售，始能如部議所云，收回價本，此時委實無從周轉。

竊思此舉原以濬利源，而杜外耗，是以海軍衙門始終主持，户部極力籌款，萬不能以款項不濟，中道停止，以致廢要政而棄前功，必須鐵廠早成，則關東鐵路有所取資，可以歲省中國漏卮鉅款。而部咨已力言無從應付，勢難再請添撥。再四籌維，惟有就本省設法騰挪藉撥，以濟要工。兹查上年及本年冬春以來，因沿江一帶收成豐稔，釐金鹽課兩項，收數較旺，覈計除支撥京協各餉及本省餉需外，尚可匀撥應用。擬請在釐金項下，動撥銀五萬兩，鹽釐項下，動撥銀五萬兩。兩項共撥銀十萬兩。又查鹽道庫存長江水師申平銀一項，暨糧道庫存各雜款，皆有餘存，均係存儲暫不需用之款。擬請藉撥鹽道庫存長江水師申平銀十萬兩，糧道庫存雜款銀十萬兩，兩項共藉銀二十萬兩。俟鐵廠落成後，銷售鐵料獲有餘利，自光緒二十年起，分十年匀攤歸還。惟以上動撥藉用銀三十萬兩之外，不敷尚鉅。又查製造槍礮，必鐵廠成後，始有鋼鐵。第槍礮機器久擱，必致鏽壞。現已次第修廠設機，惟開造尚需時日，鐵廠與槍礮局，本爲一事，相爲表裏，難分畛域。權衡緩急，擬即在上年奏定槍礮局常年經費內，自行酌量勻撥應用，似此一轉移間，於部款不至再費籌撥，於本省正款毫無妨礙。而鐵廠工程，即可指日觀成。該司道等自當督飭各員匠，極力撙節動用，斷不致稍有虛糜。似此采鐵、煉鋼、開煤三事並舉，又兼有創修鐵路六七十里，較之從前海軍衙門原估。但建鐵廠兩座，已需銀二百八十萬兩之數，實不爲多。經此次續估之後，斷不至再有請添之款，開具續估數目清單，詳請奏咨等情前來。

臣查設廠煉鐵，及開采煤鐵各事宜，開辦以來，皆經臣悉心督察，時時籌計，事事撙節。無如廠大工精，端緒過繁，中國創辦此舉，一切類非習見習聞之事。至運道馬頭機爐等事，皆須因地制宜。洋匠估計，亦實難周悉無遺。查前兩江總督沈葆楨，開辦福建船政之時，營建鑄鐵打鐵各廠，原估用款銀四十萬兩，續估多至一百餘萬兩，均經奏明有案。具徵創始之事，估計工料，確數實難。豫定此案原估用款，大數銀二百四十六萬八千餘兩，咨部立案，即經聲明係約畧估計，不免疏漏。此次續增用款銀三十二萬四千六百兩，均係隨時補救變通，萬不容已。額外增出之款項，並非與原估前後參差，且增出用款，添購機器爐座，居其大半，其工用需費，亦屬無多。而添購之機器，增開之煤井，以及接修煤窿鐵路，資遣出洋學習工匠，皆係爲將來開濬利源，節省經費之計，所增止此，所省實多。方今户部支絀，籌畫維艱，臣所稔知。前次部咨既力言，再請續籌，户部實無從應付。自係實在情形，斷不敢再請由内撥款。惟二百萬斷不敷用。臣早經計及，是以光緒十六年三月初十日，曾經電達海軍衙門，聲明部款二百萬之外，其餘不足之款，當竭力籌畫等因在案。現在惟有就本省設法騰挪籌撥，以應急需。茲擬勻撥釐金鹽釐兩項，銀十萬兩，於部撥京協各餉，不致妨礙。其擬藉鹽道糧道庫存申平雜款，銀二十萬兩，由鐵廠分年攤還，於款項初無出入。其餘均在奏定槍礮廠常年經費項下，移緩就急，勻撥應用，並非格外請添之款。臣自當督飭該局司道等，撙節迅速辦理。目前關東鐵路工程緊要，不能延緩。鐵廠早成一日，則中國漏卮早塞一日，將來鐵廠成後，臣當設法籌計，所有用過官款，仍可逐漸收回，合無仰懇天恩，飭下海軍衙門、户部，迅速議覆，俾各項應手，得以趕辦廠工，早日觀成，以竟全功。除開具續增款目清單，咨呈海軍衙門，及咨户工二部立案外，理合恭摺具奏，伏祈皇上聖鑒。謹奏。

王樹枏《張文襄公全集》卷一三七《致海署光緒十八年三月二十六日發》 鐵廠需款孔亟，前函早邀鈞鑒。槍礮路軌各廠，皆以鐵廠爲根，船版鍋爐及各機器，皆須精鋼，礮鋼尤精。中國向未解煉鋼之法，今日煉鋼尤爲自强要務，必宜速爲講求。則船礮及各機器所需鋼料，皆不外求，庶免受制於人。續請撥藉用款，力從撙節，無可再省。且均係外籌，不動内款，所費止此，利賴無窮。專盼鈞署主持，如蒙會同户部核准，祈電示，至禱。宥。

王樹枏《張文襄公全集》卷一三七《致輪墩薛欽差光緒十八年六月初七日發》 東電悉。去年各圖早到，今年馬丁廠圖昨亦遞到。僅有一紙係布置總圖，非作工細圖，前所寄者，惟生鐵廠總細圖，皆備餘廠，或有總圖而無細圖，或有細圖而無總圖，布置不全。雖有圖不能動工，間有可動工者，已次第起造。此外缺漏尚多，限期甚迫，無圖即不能同時并舉，焦灼萬分。前後已電催十二次，而諦廠總不上緊。現飭洋匠清出所欠各圖名色列後，務求設法急催諦廠趕繪，加費不惜，先繪先寄，并派員督催，切禱。至各圖須將油布摹本寄來，前所寄者皆晒印藍紙，久漸模糊，此間重摹，曠日糜費已不少矣。陽。

陳旭麓等《盛宣懷檔案資料選輯之四》漢冶萍公司第一册《張之洞致李鴻章函光緒十八年十月十五日》 敬啓者，湖北煉鐵一事，現在大冶鐵山鋪直達石灰窯江岸運道鐵路（鐵礦路五十餘里已完，煤路十里亦計日可成）已成；興國州錳鐵運道小鐵路，亦將次修成；漢陽煉鐵廠大致已備；爐座廠基及各馬頭艱重之工已完；外洋料件已陸續運齊；各廠詳細圖式已電催，陸續寄到；從此可計日程功，大約明年二月，各爐及貝色麻鋼廠、鋼軌廠、西門士鋼廠、熟鐵廠均可一律竣事。英、比各國領事，皆言鐵山開采，數百年不能盡。大冶屬王三石，油煤三層，共厚四丈二尺；江夏屬馬鞍山，油煤兩層，共厚一丈八尺。均試過可煉焦炭地段，煤脈均極廣闊，在十里以外，將來可開井多處。現已用西法開大井三處，明年六月竣工，可共出煤每日六百噸。除鐵廠自用外，可銷售與華洋商民輪船等用。若再多開數井，其利無窮，百年不盡。約計購機、造廠、鐵路、馬頭、煤井、輪船、剥船等費，共用銀三百餘萬兩。（部款二百萬，已奏准由鄂省自行籌挪八十萬，又另籌墊二十餘萬。又粤訂機器價十數萬，勘礦雜費數萬。）惟明春即須開煉，開煉即不能間斷停工，亟須籌定常年成本，計每年約需銀一百萬兩。所出各種貝色麻鋼、西門士鋼、熟鐵及供廠用外，銷售之煤，可值價銀一百三四十萬兩。此如農夫良田已墾，仍有人工牛種之需。又如鹽務場竈已成，必有煎煉運售之費。是爲常年運造出貨之本，與造廠之本兩不相涉，此非專籌鉅款不可。

緣鐵廠端緒繁重，一經開辦，煤鐵局廠十餘處，日役洋匠數十人，華工、民夫數千人。事屬創辦，修改未合之工作，添換損失之機器，製造求精，物料必有耗摺。而鋼鐵初出之一二年，各省尚未周知，銷路不能甚速，斷須百萬成本，始足資周轉。惟此時向户部請款，必仍以統歸北洋鐵路經費爲辭。若無開辦鉅款，惟有廠成以後，奏請停工。

以奉旨飭辦之件，既已用款數百萬，經營三四年，若付之停廢，不惟失策，亦非政體。將大爲海外各國所怪所笑。竊思此事，自應先與中堂籌商，以期周詳妥善，成此大舉。現擬有一辦法：尊處鐵路經費，未經動用者尚多，擬於此項鐵路經費內，由部預支軌本五十萬，約計關東每年造路二百里，加以歧軌增多里數，需軌一萬餘噸，合魚尾鈎釘等件，每噸銀三十兩有奇，共約三十餘萬兩。加以橋梁、熟鐵、生鐵各料極多，約需銀將及二十萬兩。是每年即需價銀約五十萬兩。即或路軌所用不及五十萬，而天津各機器局需用精鋼、熟鐵，亦必不少，足可用至此數。外洋定貨亦須先付半價。此係官廠，自應先領貨本，以便製造。京外官設局廠，皆系如此，從無墊辦之法。不比買諸民間商販，見貨然後付銀，滿一年後核計。尊處用料若干，仍照用過貨價撥付現銀，以後每年如此。俟關東路工告成之年，總計盈絀。或鄂找津，或津補鄂，照數清結。至此外，并擬向尊處經費內暫藉五十萬，俟光緒二十五年各省應解鐵路經費已畢，鄂省仍每年接續認解五萬，共解十年，即將五十萬還清。此不過先後一轉移間，於尊處經費，毫無所損，而中國鐵利從此大興矣。

至鋼軌各料件，如有不精不能合用者，惟鄂省是問。查鄂省奉旨開設鐵廠，本意專爲造軌而設。光緒十六年三月，醇賢親王來電，曾有鑄軌爲先之示。是以恪遵趕辦，竭力籌維，部款不足，又外籌以益之。是北洋修路，湖北造軌，本是一事，似無再買洋軌之理。公前年來電，并聞與人言及，亦俱主此議。但洋軌價值，傳聞較前又減。前年詢考外洋軌價，需三十餘兩，尊電所議，亦二十九兩。此時聞又畧減，工本運費，斷然不敷。此或是外洋鐵價偶然輕減，不可爲常；或是恐中國鐵廠造成，利不外耗，故意減價求售。亦如太古、怡和減價，與商局輪船相争故智，數年之後，仍然增長矣。況此廠兼可制煉各種精鋼、精鐵，各省局槍炮、船械、機器所需鋼鐵，皆可奏明取給於此，似爲中國自强要圖。萬一海防有事，永不受外洋挾制，即較洋軌稍貴，亦宜自用中國之鐵。公前年來電所云，誠深識偉論也。

此廠俟成本籌定以後，即須一面奏明開煉，試造軌件及各種鋼鐵料。至經久之計，終以招商承領，官督商辦爲主。非此不能持久，非此不能節省，迅速旺出暢銷。前年曾致書臺端詳言之。緣近日疆吏，識解嗜好不同，未必人人皆能篤好力行。若稍有意見，必多沮格，或出貨不多不精，或糜費過鉅。中國盛舉，設令漸歸停廢，實可痛惜。擬於開煉後，即一面招商承辦。竊思方今有才思、有魄力、深通西法商務者，惟津海關盛道爲最。前三年，初議建設鐵廠時，盛道曾條上一稟，有慨然自任之意。近日來電，亦仍持官督商辦之説。若盛道能招集商股，只須集資數十萬，酌繳鄂省挪墊官本，以爲歸還鄂省暫挪槍炮廠等項之用，即可付之承領。自承辦第二年起，或每年認繳官息若干，永遠納息；或每年認抽還廠本若干萬，分幾年還清，均可臨時商酌辦理。然必須官先籌常年造辦成本，開煉一年半載，俾出貨之精粗遲速，行銷之利、鈍，具有規模，商股自然易集。以後或納息，或抽本，公家未嘗無利。泰西商務皆是公家極力護持，凡有大商銀行勢將不支，則出鉅帑以濟之。況中國創開之舉，尤須扶持，不能不官任其難，俾商享其利也。

今日鐵務，非公大鈞宏運一力維持，恐無他妥善之策。若能照議舉行，從此風氣大開，兵、農、工、商各事取用不竭，有裨富强大計，則中國鐵務雖鄂省經理之，實臺端主持創成之耳。

盛道若能照所擬各節招商督辦，俟定議時，當會同臺端具奏。商局、電局，事皆關涉各省，由盛道一手遥領督辦，日起有功。是鐵廠一事，在津遥領，自無不可。奏准後，當屬盛道酌派親信可靠一二人來鄂，酌擬商局章程，會同蔡道商辦。至盛道承辦以後，若晚在此，廠事當一切皆與公會奏商辦，經始之事，不敢稍涉推諉，以致初基不固。即晚去鄂後，亦如招商、電報諸局例，統歸尊處主持，斷不慮其停廢矣。

鐵煤各廠工程物料清單一件，附呈詧覽，全局自可了然。此事成否興廢，惟在鈞懷一措注間。尊意若何？即望籌酌，早賜示復，曷勝翹盼。專肅布達，敬頌勛綏，統惟朗鑒不備。

晚生張之洞頓首。

陳旭麓等《盛宣懷檔案資料選輯之四》漢冶萍公司第一册《李鴻章致張之洞函光緒十八年十一月初四日》　盛丞春頤來津，賫奉十月初五日惠書。以漢陽鐵廠工料大致已備；大冶、興國運路將次修成；大冶、江夏煤井明年六月竣工，即可剋期開煉；須籌定常年成本百萬兩，想見高掌遠蹠，締造艱難，曷勝傾佩。惟擬預支軌本五十萬，并由敝處經費內暫藉五十萬，責望太奢。似此間情形，執事尚未深悉，當將尊函發交鐵軌官路局妥細籌議，兹局員稟復各節，大致均甚詳確，録呈臺鑒。

前奉飭辦關東鐵路，原奏諭旨并未言及湖北鐵政統歸北洋鐵路經費之内。雖有歲撥鐵路二百萬明文，但部帑實甚支絀。當日迫於醇賢親王商催，故以由部歲撥百二十萬塞責。鄙所深知，若率以爲常，必難應手。各省協款八十萬，亦有不能全數速撥之處。是以關東鐵路興工時，即經奏明先催外款，後領部撥，而第一年部庫應撥經費，遲至次年夏秋，始分起領到。堂司之諉延，書吏之壓擱，種種留難。現計開辦工程將及兩年，山海關以内，三百里路工、橋工，尚未一律告竣。固緣工須費時，亦由款難應急，隨到隨用，實無餘存。倘再於額款内分撥解鄂，斷斷無此力量，必致廠、路兩事皆歸遺誤，更爲各國所笑矣。

來函擬關東鐵路歲用軌鐵、噸數，與現在已辦已購數目懸殊，閲局員稟報自悉。至天津各機器局所需鋼鐵，因經費竭蹶，隨用隨購，并無躉款可儲以待用，即無鉅款可提以預支。昨貴州礦局委員送來仿西法制生熟鐵樣，據東局化驗，生鐵不合用，熟鐵較好，僅訂購五十噸，每擔三兩，與洋價略等，力難多購。南局稟復，該局歲需鐵料不過二十餘噸，只能隨時零星擇購，以求撙節，勢難多爲購儲各等語。此可見機局之窘狹，況東局因各臺克鹿卜長炮甚多，亟需仿鑄鋼彈，已籌添煉鋼機廠。滬局仿造阿摩士莊大炮，亦創設煉鋼機廠，是以後鋼料無俟外求。至來函論外洋定貨須先付半價，官廠尤應先領貨本。查此間定購軌橋鐵料，全以合同爲准，實不先付半價，并未先付定銀，必待運至津沽，驗貨給價，此等須循買賣常規，似未便以官勢勒逼。外洋軌價，每噸僅銀三十兩，又必見貨付銀。若中國鐵價稍昂，猶可通融議辦，乃工本運費每噸至四十兩之多，相懸太甚。徒慕利不外耗之名，而受暗虧帑項之實，似智者所不爲。西洋各國鐵廠過多爭攬生意，原非聞我鐵廠將成，故意減價求售。前請俟試驗鄂軌後再議付銀，自是一定不移辦法，務乞鑒原。

至尊論經久之計，以招商承領、官督商辦爲主，極是深謀遠慮。第恐成本太重，銷路受擠，股分難集。盛道督辦輪船、電綫兩事，已屬竭蹶不遑，倘能兼任鐵政，固所欣願，似不便在津遥領，致有廢弛。弟衰病侵尋，關東鐵路之役，實懼不克蒇工，奚敢再攬他事。過蒙期許，自揣精力罷憊，萬不能效一臂之助，莊生所云：「年齒長矣，聰明衰矣，而不得休歸」者。願公設法以善其後，勿以不才爲念。專肅布復，敬頌勛祺。統惟霽照不宣。

國家清史編纂委員會《李鴻章全集》第二三册《鄂督張來電光緒十八年十一月三十日戌刻到》

函悉。軌價既無款可藉，即作罷論。至鋼軌及魚尾鈎釘合計敝處函只擬價三十兩，故云每二百里約萬餘噸，需銀三十餘萬兩也。散數、總數均甚分明，致盛道函亦同，并無每噸四十兩之説，不知官路局因何錯誤。至軌及橋料各件自應由尊處照章試驗，務求合用，不合者無妨駁換，故函内有「如不合用，惟鄂是問」之語。豈有不論軌件可用與否，而强尊處以購用之理。其造橋鋼鐵料各件似均可制，請發式樣來鄂，以便詳復，其如何討價亦可從容再議。總之，鄂軌價三十兩餘，橋料等件俱照洋價，一切照章試驗。尊處究用鄂軌各件與否，祈明晰示復，以便籌辦。至感。洞。艷。

國家清史編纂委員會《李鴻章全集》第二三册《復鄂督張光緒十八年十二月初三日辰刻》

兩電悉。每噸四十兩似傳言之訛。鄂軌橋料等件俱照洋價，照章試驗，自無不用之理，已飭局核復。惟造路專任洋匠，彼以華廠試造不若洋廠精熟可靠。又，外洋另有專門驗試之人與器，華尚未備，俟局籌議決即咨復。鴻。

國家清史編纂委員會《李鴻章全集》第二三册《復鄂督張光緒十八年十二月初三日巳刻》

頃局員面呈尊處前寄清單，末段有「從少牽算，每噸作價四十兩」之説，并非傳聞之訛。今來電既稱照洋價每噸銀三十兩，連運脚在内，則前函前單可無庸議。鴻。江。

國家清史編纂委員會《李鴻章全集》第二三册《鄂督張來電光緒十八年十二月十二日酉刻到》

江兩電悉。試驗自須洋匠，悉聽尊裁。前寄刻印清單係估計全廠工料價值、本息之數，爲招商而設。單内云精鋼每噸值銀二三百金，粗者亦數十金，從少牽算，每噸作價四十兩云云。精鋼謂外洋極上等鋼及西門士鋼、罐頭鋼之類，粗鋼謂貝色麻鋼。造軌只須貝色麻。尚有熟鐵，價亦甚貴，語意包括在精鋼之内。鄂廠兼有貝色麻廠、西門士廠、熟鐵廠，中國雖不能遽煉外洋百金外之鋼，然能煉值五十金以外之精鋼、熟鐵，故將貝色鋼、西門士鋼、熟鐵三種牽算，約畧作爲四十金上下，文義甚明，實無鋼軌須價四十兩之語。且此係總計全廠本息之語，并非與購者議價之語，假如有人專購西門士鋼及熟鐵，每噸四十金豈能造出。尊函訂購貴州熟鐵每擔三兩，與洋價畧等，是熟鐵每噸需五十兩零顯然可證。竊思精鋼、熟鐵之等差價值尊處無不灼知，請復檢原單一閱，自明此語。原可不必深辯，恐傳説者執爲口實。且橋料等件必有需熟鐵之處，兼之各件工作式樣亦不同，官路局於前單既不分别精粗，統謂定價四十兩，或致將來又謂不論精鋼、粗鋼、熟鐵及各件統作價三十兩也。總之，無論何種物料，均照洋價最爲簡明辦法，似可不致歧誤，特此詳陳。洞。陽。

陳旭麓等《盛宣懷檔案資料選輯之四》漢冶萍公司第一册《鍾天緯致盛宣懷函光緒十八年十二月十七日》 受業前函但聞有商藉官款之議，猶未定招商承辦也。自我彭司馬旋鄂，知大致已有眉目。如果經吾師遥制，得人而理，必能旌旗變色，翻然改觀。蓋此間全用官場辦法，習氣太重，百弊叢生，不可窮詰。加以香帥之極力鋪張，洋人之任意揮霍，於是分局愈添愈多，機器愈買愈廣，煤鐵之外，又開鶴峰銅礦、興國州錳礦、富池口鉛礦。刻下尚在德安府勘銅，大冶勘銀，委員四出，歧路之中又有歧路焉，宜其款項之不繼也。現在漢陽廠改用包工，每月用至一萬五千金，委員薪水、洋人辛工、匠目工食、添買物料尚不在内。大冶路工月定經費三千，大冶王三石煤礦月費五千，道士洑、李士[墩]月費二千，馬鞍山煤礦月費三千，洋人辛工月費五千，委員司事月費二千五百金，局用雜費二百五十金，故每月經費總須五萬。搜括存項：織布局應還藉款八萬，善後局尚有平餘八萬，百川通存銀四萬，土藥釐金及江防鹽釐（此係奏定槍炮廠常年經費）約有十萬。如果撙節用之，足以敷衍數月。在漢陽廠工已可告成，無如一波未平，一波又起，現擬由大冶鐵路開一支鐵路，通至王三石煤礦，計長十里，需銀十萬，又擬造一挂路，需銀八萬，又有一款則天緯已忘之矣。一經揮霍，三十萬金咄嗟立盡。蓋洋人只知勸買機器物料，多薦洋人，而局憲則唯命是從。統計機器已買至百萬金，大半畫蛇添足。洋人已用至二十名，而刻下猶絡繹而來。故天緯嘗謂非再籌百萬不能蕆事也。此種局面，如歸商辦，亦斷難得利。唯爲國家大局計，爲香帥門面計，非吾師無人能解此圍。但全盤托出，授受之際，舊主人頗難爲懷。是以近來又有招洋股之議，擬將煉鐵廠由洋人包工，即由其墊款，煉成鋼軌作價與我，我之煤鐵亦作價與彼，以爲有三利：洋人辦事綜核不浮，則經費可以節省，一利也；開辦之初，必難獲利，令洋人先承其厄，二利也；既在中國開廠，不能不用華人，可教成華人工藝，三利也。立説頗巧，但恐招洋商預股爲條約所不許，而名爲包工，實即租與洋人，又必爲清議所撓，而地方亦慮不靖，種種不妥，不知何以動聽。竊料洋人必無應命者，大致仍歸官督商辦之局而已。既歸商辦，勢不能不大爲更張，則易總辦、裁洋人、撤委員、減司事、甄别工匠之優劣，均在意中。如此雷厲風行，則舊主人未免不歡，不以爲德而反以爲怨。諺所謂吃力而不討好者，亦不可不過慮也。如能先訂立合同，將全盤交出，舊主人絶不預聞，方能得其要領也。然地方官保護一層亦須載入合同之内，否則陽奉陰違，亦足敗事。此次格致課題，頗有人詳陳利弊者，想不日可匯呈鈞覽矣。專肅寸稟，恭叩鈞安。

受業鍾天緯謹稟。

王樹枏《張文襄公全集》卷一三七《蔡道致東京汪欽差電光緒十九年正月十四日發》 臺函感悉。督憲奏設鋼鐵廠，苦心經營已閲三載。秋後開爐，日可出鋼鐵百頓，鋼軌橋梁皆能製造。惟慮銷路不廣，致礙大局。兹東瀛有推廣鐵路之議，會逢其適，望公於接見彼都官紳之便，鼎力吹嘘。如集款事成，在鄂購辦鋼軌橋料貨色與洋廠相同，價總可比洋廠約省十分之一。如有眉目，鄂當派員來東就議，以期妥速遵督憲諭。奏託事如可圖，即賜電示。錫勇。鹽。

中國第一歷史檔案館《光緒朝朱批奏摺》第一〇二輯《光緒十九年二月廿五日湖廣總督張之洞摺》 頭品頂戴湖廣總督臣張之洞跪奏，爲鐵廠工程計日告竣，開煉成本亟須早籌，謹籌擬撙節騰挪辦法，以免再請部款，恭摺仰祈聖鑒事。竊臣奉旨籌辦煉鐵事宜，所有歷年欽遵籌辦情形，均經奏陳，暨電達總理海軍事務衙門各在案。三年以來，臣督飭各局廠委員、外洋工師，分投趕辦。自光緒十七年八月，奏明開工，刻下生鐵大爐二座，暨熱風大爐六座，煅鑛大爐四座，統爲煉生鐵廠，已於二月内完工。其煉貝色麻鋼廠、造鋼軌廠、造鐵貨廠，均定於四月内完工。煉西門士鋼廠，煉熟鐵廠，均定於五月内完工，總計六大廠五月内一律完竣。其機器廠、鑄鐵廠、打鐵廠，三所已於上年秋冬間完工。其大冶縣運鑛鐵路五十餘里，暨大冶石灰窯、鐵山鋪、漢陽鐵廠水陸各馬頭，亦於上年秋冬間先後完工。此項工程，極爲繁重，事理極爲精微。臣於開工原奏内，曾經聲明，據洋匠稱，此工若在外洋，三年乃成。臣極力趕辦，本擬兩年造成，因外洋機器物料運到補齊，諸多遲滯，無從趕辦。計開工至竣工，共兩年零十箇月，尚在三年以内。

至煤爲煉鐵第一要務，原議本擬以湖南之煤，煉湖北之鐵。惟運費較貴，終非經久之計。且煉鐵之煤，必須精選，灰須極輕，磺須極少，土窿所采，精粗相雜，不能一律，所出又多少無定，恐難供用不缺。幸於江夏大冶兩縣，訪得煉鐵煤苗兩處，分用西法開采，計七月内，江夏馬鞍山一處大井，可以先成。鐵廠造成以後，擬一面督催兩處煤井工程，一面采運興國州錳鐵，一面先與洋匠籌商演試各種機器，較準火候，教練匠徒之法，並先用湘煤試煉。俟本省出煤漸多，可供廠用，即行接續製煉。其從前所需經費，前經奏准，除部撥之款及藉撥本省之款外，其餘即在槍礮廠經費内勻撥應用，係指造廠經費而言。至開煉經費，亟須另行豫籌，此乃出貨成本，與造廠經費，兩不相涉。前年開工原奏，曾將常年經費，只須第一年先行籌墊若干，聲明在案。譬諸農田，既有買田閉墾之費，又須有常年牛種人工之本，始能收穫。譬諸鹽務，既有築場作竈之費，又須有常年煎煉運售之本，始能行銷。只須籌此一次，以後即可周轉，並非年年需款。鄂廠鐵質甚佳，係用西法製煉。除鋼軌外，其餘鋼鐵各科，並可向各省行銷。惟此時度支極絀，臣所深知，斷不敢請撥部款，上煩宸慮，然此乃中國自强要政。臣既奉旨飭辦，亦斷不敢因經費困絀，致沮成功。反覆籌思，謹就湖北物力之所能辦到者，籌一節省騰挪之法。查兩爐並開，成本約須百萬，又須籌還鄂省藉墊之款，現擬先開一爐，從容擴充，以節經費，然亦必須五六十萬。緣煉生鐵之法，一爐能煉鑛若干，需煤若干，均須裝滿配足，晝夜不可間斷，既不能少煉以省料，亦不能停煉以省工。其工作極精細，亦極危險，稍有舛誤，則鐵汁壅塞，爐座受傷，或致轟炸。故開辦之初，必須多用洋匠，而一切運鑛之輪剥各船、鐵山運道、煤井各事，雖止一爐所費，亦不能甚少。迨至日久工熟，成貨日精，出煤日旺，洋匠日少，則成本日輕。

查湖北煉鐵廠，原議專爲製造鐵路鋼軌而設，本爲力杜外耗起見。光緒十六年二月，海軍衙門户部原奏内。曾經聲明，設廠煉鐵，乃開辦鐵路鑄造槍礮第一要義。又云煉鐵爲造軌之基等語。海署疊次來電，大意相同。十六年正月文電云：正題宜先鑄軌，鑄械次之等語，尤爲深切著明。是現在關東修路，湖北造軌，本是相因而起。十六年三月内籌辦設廠之初，即經商明。直隸督臣李鴻章，接其電覆云：將來鄂鋼煉成，自可撥用等語。是以特購製造鋼軌魚片鉤釘各機器，分建各廠。中國既能造軌，斷無再購洋軌之理。查關東議定每年修路二百里，曾向李鴻章詢明，每年約需軌價十九萬餘兩。其橋梁各種鐵料，尚不在内。鄂廠造軌，乃係官物，必須先發官本，不比商賈圖利，可以墊辦。以常理論之，似應由北洋每年將此二十萬，先行支付，以爲工本。惟北洋造路，工費浩繁，未便全行豫支。竊擬將湖北湖南兩省，每年應解北洋鐵路經費，各五萬兩，兩省共十萬兩，截留劃撥充用，作爲豫支軌價。此乃鄂廠應得銷軌價值，並非無故分用。並擬再由湖北糧道，無礙京餉之雜款内，藉撥十萬兩，作爲代北洋籌墊軌本之用。兩項共計二十萬兩。造軌之外，兼製各種鋼料鐵料，以供各省行銷。其劃扣北洋經費之十萬兩，俟軌成運津後，核計實用若干，尚短價值若干，由津補足。在北洋，不過豫支半價，後付半價，似亦酌中平允。先後一轉移間，爲日無多，以後每年即照此辦理，即使日後北洋需用鋼鐵較多，價至數十萬，亦只先劃留此數。北洋所購外洋鋼軌，每噸價銀三十兩。鄂軌初經開造，工費較多，然亦只願比照洋軌價值，無須加多。各料是否合用，儘可聽北洋依法試驗。或謂中國鋼軌不能經受壓力，不知大冶鐵鑛歷寄外洋考驗，皆謂極佳。且造軌所用，尚非極精之鋼，鄂省製煉皆依西法，與洋廠所造無異，確無不受壓力之慮。其糧庫藉款，俟兩年後，鐵務日暢，自光緒二十二年起，由鐵廠分爲十年歸還。此外不敷之數，仍由槍礮經費項下，勻撥應用。緣鐵廠爲槍礮廠之根，必先煉有精鋼，方能製造，以彼助此，尤爲允協。且此時槍礮廠，尚未造成，安配機器，亦需時日，計精鋼煉出之日始，届開機製械之時，臣自當設法兼顧，並無窒礙偏廢之處。如再有不敷，臣所設織布局，現已告成，陸續加工開織，機勢似甚順利，明年當有贏餘，亦可酌量撥補鐵廠之費。以後體察情形，如鐵務日漸暢旺，再當全開兩爐。總之，以湖北所設鐵廠、槍礮廠、織布局，自相挹注，此三廠聯爲一氣，通盤籌畫，隨時斟酌，互相協助，必能三事並舉，各覩成功。以後斷不致再請部款。此項開煉成本，概係由外省自籌，較之南北洋製造各局，歲需支撥庫款七八十萬，福建船政亦歲撥數十萬者，辦法迴不相同。甘苦難易，判若霄壤，合無仰懇天恩，俯如所請，鐵務幸甚，微臣幸甚。

惟是此舉之關繫大局，及創造之種種艱難，有不敢不詳陳於聖言之前者。竊惟采鐵煉鋼一事，實爲今日要務，海外各國，無不注意此事。而地球東半面，凡屬亞洲界内，中國之外，自日本以及南洋各國各島，暨五印度，皆無鐵廠。或以鐵鑛不佳，煤不合用，或以天時太熱，不能舉辦。中國創成此舉，便可收回利權。各省局廠，商民所需，即已甚廣。且聞日本確已籌備鉅款，廣造鐵路，原擬購之西洋。若中國能製鋼軌，彼未必舍近圖遠。是此後鋼鐵煉成，不患行銷不旺。不特此也，各省製造軍械輪船等局，所需機器，及鋼鐵各料，歷年皆係購之外洋。上海雖亦設煉鋼小爐，仍是買外洋生鐵，以煉精鋼，並非華產。若再不自煉，内地鋼鐵，此等關繫海防邊防之利器，事事仰給於人，遠慮深思，尤爲非計。

溯查光緒十六年正月，海軍衙門來電，總以無一仰給於人爲斷，一語堅定懇切，洵爲不刊之論。若僅云杜塞漏卮，猶其淺焉者矣。此事係中國創舉，原非習見習聞之事，或慮年年需款，沿以爲常，或謂即煉成鋼鐵，亦無大用。此乃未悉中外情形之言。廟謨深遠，自能鑒燭無遺。

至此項工程之艱鉅，實爲罕有。機器之笨重，名目之繁多，隨地異宜，隨時增補，洋匠亦不能豫計，而起卸之艱難，築基之勞費，爐座之高大，布置聯貫各機之精密，鑒鑛修路開煤煉鋼之紛歧，尤非他項機器局可比。而最艱者，爲圖甎兩端。各廠總圖分圖，極爲精密，多至數百紙，皆寄自洋廠。到鄂廠，又須分畫各段細圖。大爐焦炭爐、各甎，皆係洋製，方圓斜正，式樣數十種，每一大爐需甎數十萬塊，皆編有號數，依次修砌，一塊不能錯亂。其爐皆内甎外鐵，洋廠製造此甎，又甚遲緩數，萬里換船轉運，破損尤多，動須補購，即不能不停工以待。三年以來，與出使大臣函電交馳，派員加費，百計催促，近始大略寄全。每一批機器物料運到，多至數萬件，或十餘萬件，必須數十日，方能點清。每一種機器，必須四五箇月，方能安配完好。至於其餘一切物料，若廠屋之鐵梁、鐵柱，廠基爐座路工之水泥火泥等類，無非來自外洋。其最近者，中等火甎，則取之開平。極大石料，則取之湖南。配補殘缺機器零件，則取之上海香港，無一省便之事。臣日日督催，不遺餘力，此時漢陽鐵廠，及大冶鐵路，漢口及上海領事，洋人來觀者，絡繹不絕，皆謂此爲應辦急務。並據洋人皆云，比外洋迅速已多。至於籌款，既如此艱難，臣身任其事，若經費不繼，即是自困之道。故臣極力綜核，務求節省，每定一機器，開一工程，必與洋匠多方考究，令其務從撙節辦法。大冶鐵路五十餘里，鏟山填湖，買地綏民，亦極費手。至開煤一事，尤極艱辛。訪尋兩年有餘，試開窿口數十處，始得此兩處，堪以煉鐵之煤，須用西法鑿堅石數十丈以下，乃得佳煤。既開直井，又開横窿，又須開通氣之井，及開煤之巷，出煤乃多。又須購製鑽地、壓氣、抽水、起重、洗煤、挂綫、運煤各機，又須造煤焦炭爐數十座。然將來所費，斷不至如直隸開平煤鑛之多。

臣力小任重，時切悚惶，加以督工籌款，事事艱難，夙夜焦急，不可名狀。惟以此事爲自强大計所關，既奉諭旨飭辦，不敢不身任其難。惟有竭其愚誠，殫其緜力，專就湖北鐵布槍礮三廠，通籌互濟，相機趕辦，期於必成，以仰副聖主，開物成務，力圖自强之至意。斷不敢因工鉅款絀，中途停廢，以致創舉無效，貽譏外國。惟大爐開煉之始，先須將配合謀鑛，分數逐漸考校精詳，一一合式。且必須開火一月，大爐方能燒熱。開爐以後，即須晝夜鎔煉，不能停火，停則與爐有礙，且多耗費。故一切事宜，必須早爲籌定，惟有籲懇聖恩，敕下海軍衙門、户部，早日定議，行知俾得趕早布置，將各項工程物料洋匠華工，及早核計，俾免延緩虛糜。臣無任惶悚，屏營之至。所有鐵廠計日告成，豫籌開煉成本，酌擬節省騰挪辦法各緣由，據鐵政局司道籌議，詳請具奏前來，理合恭摺具陳，伏祈皇上聖鑒，敕下海軍衙門、户部，迅速核覆施行。謹奏。

該衙門速議，具奏。

中國第一歷史檔案館《光緒朝朱批奏摺》第一〇二輯《光緒十九年二月廿九日兩江總督劉坤一摺》 頭品頂戴兩江總督臣劉坤一跪奏，爲遵旨確查，恭摺覆陳，仰祈聖鑒事。

竊臣承准軍機大臣字寄，光緒十九年正月二十四日奉上諭：有人奏疆臣辜恩負職，據實糾參一摺。據稱湖廣總督張之洞，自移督湖廣以來，議辦鍊鐵，並開煤鐵各礦，乞留鉅款，輕信人言，浪擲正供，又復多方搜索，借電竿，毁通橋，幾釀鉅患。督署被焚，而不入告。州縣補缺勒捐，逞臆妄行。藩司王之春掊克聚斂，直隸州知州趙鳳昌聲名甚穢等語，著劉坤一按照所參各節，確切查明，據實具奏。原摺著摘鈔給與閱看，將此諭令知之，欽此。仰見我皇上好問察言，整飭官方之至意。跪誦之下，欽悚莫名。

伏查原奏所參各節，事隸鄂省，江甯相距較遠，莫知底蘊。因即遴派妥員，馳往該省，密爲訪察，並詳詢來往官紳，互證參觀，粗知崖略。如原奏議辦鍊鐵，並開煤鐵各礦，浪擲正供，多方搜索各節。查煤鐵兩項，實爲時務所急需。張之洞創辦鍊鐵，並開煤鐵各礦，一應事宜，均係隸於鐵政總局。鍊鐵必須開礦，事本相因，原估經費二百萬兩，續請七十萬兩，以爲開礦鍊鐵之需。所購外洋各項機器，現已運到八九成，各廠房屋亦已興築過半，有鍊生鐵、熟鐵者，有鍊精鋼、粗鋼者，分門別類，名目甚多。現正接續興造，安設機器，規模闊大，需費浩繁。大冶鐵礦，開採業已見鐵。煤礦以江夏之馬鞍山、大冶之王三石兩處，片段較厚，煤質較佳。王三石所採之煤，現已陸續運廠。馬鞍山因井内有石，開挖較難，鑿井未深，出煤尚須時日。由廠屋以至江口，由大冶以至黄石港，均設鐵路，以通運道。各處礦廠，均雇有洋匠，分司其事。其中用項，因撥款一時緩難濟急，暫爲墊應，事或有之。所謂搜索者，殆即指此。大凡草創之事，與立有成規者，難易本有不同，省費亦各有別。興作改易，勢難滴滴歸源。今湖廣督臣張之洞，開礦設廠，置鑪鍊鐵，本係仿效西法，事屬創始，工作既未熟諳，用款不無稍費。且各項機器，均係購自外洋。向來採買洋料價值，均以金磅合算，近年磅價日漲，聞以銀購磅，亦多短絀。所需經費，致難符原估之數。前因經營伊始，用人較多，近聞工作精簡，業已裒減薪水，裁汰員役，似尚無浪擲情事。又原奏設電竿毁通橋，幾釀鉅患各節。查前歲湖北創設電綫，接至湖南澧州，該處鄉民因事非經見，不便於民，麕聚多人，將電竿一律焚毁。當經該處地方官出爲彈壓，罰賠結案。武昌望山門外，向有新橋一座，前歲開辦礦務，因該處橋孔多而且窄，輪船往來有礙。張之洞曾令拆毁，議改鐵橋，以利轉運。嗣因民情未洽，即令如舊修整，並未激成事端。又原奏督署被焚而不入告，州縣補缺勒捐各節。查兩湖督署内失慎，其事在光緒十七年，僅焚側屋數間，頭門大堂等處，均屬完好。張之洞殆因所焚係屬閒房，官書文卷並無損失，是以未經入告。至州縣補缺，均係循照例章。近因各省時有偏災，閒勸籌捐濟賑，並無勒派别項捐款情弊。事本善舉，捐出樂輸。原奏所稱，勒派捐款，殆係傳聞之誤。此訪查張之洞之梗概也。

又原奏藩司王之春掊克聚斂，直隸州知州趙鳳昌聲名甚穢各節。查王之春，由廣東臬司陞任湖北藩司，用人行政，均係禀承督撫臣辦理，實無掊克聚斂情事。如何報復恩讐，亦查無其人。臣前次承乏兩江，王之春時以道員需次江蘇，勇於任事，其才似足有爲。現任湖北藩司，未聞有所規益，而承流宣化，按部就班，亦無夤緣要結之劣迹。趙鳳昌，籍隸江蘇，前以丁憂知縣，由粤調鄂辦理督署筆墨事件。其人工於心計，張之洞頗信用之。該員雖無爲人營謀差缺實據，而與在省寅僚廣爲結納，其門如市，迹近招摇，以致物議沸騰，聲名狼籍。此訪查王之春趙鳳昌之梗概也。臣維張之洞，學有體用，識達經權，仰蒙聖主特達之知，畀以兼圻重寄。該督臣繫懷時局，力任其難，將以鍊鐵開生財之源，保自有之利，造端閎遠，用款誠不免稍多。然揆其本心，實爲圖富强，規遠大起見。果能辦有成效，洵足資利用，而塞漏卮。現在鍊鐵一應事宜規制，雖未大備，而始基既立，實未可廢於半塗。該督臣謀國公忠，勵精圖治，上思朝廷倚畀之重，下念同朝責望之殷，必能張弛合宜，終始其事。相應請旨飭下張之洞督率承辦各員，共體時艱，力求撙節，妥爲經理，以竟全功。湖北布政使王之春謹慎小心，循分供職，既經查無掊克等項情事，應請毋庸置議，保舉候補。直隸州知州趙鳳昌不恤人言，罔知自愛，似應請旨即予革職，並勒令回籍以肅官方。所有遵旨確查各緣由，理合恭摺覆陳，伏乞皇上聖鑒訓示。謹奏。

湖北省檔案館《漢冶萍公司檔案史料選編》上册《海軍衙門與户部奏速議鄂省鐵廠預籌開煉成本摺光緒十九年三月二十九日》 查鄂省開廠煉鐵，原爲修辦鐵路造軌之用。今該督詳陳，所建各廠均已次第完工，克日開煉，所需經費應預爲籌畫。惟臣奕譞與臣李鴻章往返電商，臣李鴻章以爲部撥鐵路經費每年僅有此數，現修關東鐵路，事體正繁，需款正多，時有不敷之勢，若將湖北、湖南應解之款一旦扣留，辦理必頓形棘手；所請騰挪，礙難照准。然鄂省鐵廠開煉，亦屬要需，應請由户部設法代籌，以觀厥成而免作輟。至由湖北糧道無礙京餉之雜款内藉撥十萬兩，作爲代北洋籌墊軌本之用，户部查該督曾擬由湖北糧道藉撥銀十萬兩，即據原奏聲明藉動雜款，無礙京餉，俟兩年後由鐵廠分爲十年歸還，應如所請辦理。所有該省應行解部協撥之款，不得分毫挪用，以重要需。其藉撥糧道銀究系何項雜款，將來按期歸還，均須隨時聲明報部，以憑查核。至李鴻章電稱鐵路經費礙難挪用，請由户部代籌鐵路要需一節：查帑項支絀，各省皆然；張之洞原奏亦稱此時度支極絀，斷不敢請部撥款，是户部指撥爲難，爲該督所深悉。所有户部設法代籌之處，礙難辦理，應請毋庸置議。此次鄂省鐵廠開煉，既籌有成本，若誠如該督所陳，大冶鐵礦依法制煉，與洋廠所造無異，將來行銷不難暢旺。不惟關東鐵路可以擇用，亦未始非經費開源之一端。相應請旨示下該督於開辦後，詳定行銷各省章程，并將月出鋼鐵數目分季造報總理海軍事務衙門、户部，以憑查核。

陳旭麓等《盛宣懷檔案資料選輯之四》漢冶萍公司第一册《鍾天緯致盛宣懷函光緒十九年四月二十二日》 此間鐵礦招股已成，商人出資百萬，每年提官利十萬兩，官本三百萬亦提官利十萬，嗣後得利均分。所有委員薪水均在官股十萬内，津貼洋人、工匠、司事則開支公帳。以六月初一日爲期，俟商人先繳三十萬金，即行出奏。此合同以二十年爲期，倘官欲收回，償還商本；倘商人半途悔約，所繳商本一概充公。此其大畧也。聞已有章程十條刊刻，俟覓得再寄。其商股總辦爲劉學詢，號慎初，係進士出身，現捐知府。來議者爲周景勛，號翰樵，係舉人出身，現捐内閣中書，在粤包辦闈姓，大獲其利。現在回粤招股，聞已集有八十萬金，約八月内帶同員司前來，暫不接手，隨同辦事，俟各事諳練後方有調動。此事阻撓者多，香帥一切不聽。或因急圖調任，或因與中丞齟齬，皆不可知。其中介紹者，一説係王秉恩太守，在粤先有成約；一説係屠静山太史。

聞香帥并欲將布局招股，有布局委員張玠，係安徽桐城人，去冬帶藝童赴滬廠學習，臨行稟辭，香帥囑其轉告葉澄衷，勸其來鄂合辦，官本百萬，讓去四十萬，令商家出資四十萬，即以此款另開紡紗局，兩局仍作官商合辦，得利均分。因商人不願而罷。竊窺憲意，此刻布局或更亟欲招商，以完渠經手之事。據沈筱園太守言，去冬曾請吾師在上海另開紗局，謂上海附股甚多，只仗北洋批准，便可集事。其實與滬局有礙，且北洋有專利十年之限。總辦不動，若接鄂局便無妨礙，不知鈞意如何？昨密電所稟，欲懇吾師密示，以便決計。專肅，敬叩崇安。伏祈慈鑒。

受業鍾天緯謹稟。四月二十二日。

録原稟

敬再稟者：自今春盛我彭兄回鄂銷差，北洋藉款不成，頗聞毅先疑緯泄漏情實，因之累月不敢通一稟，電信則形迹更露。自竹君昆仲管理武局以來，向不敢在武昌發電，若漢局究有一江之隔，常電既慮宣露，密電又未預約，電信之疏，職此之故。今此間事故愈多，擬用合十密電，時達鈞聽，如2622改爲8488也。【略】附稟，載叩崇安。

受業天緯謹再稟。四月初五日。

中國第一歷史檔案館《光緒朝朱批奏摺》第一〇二輯《光緒十九年五月十四日湖廣總督張之洞摺》 頭品頂戴湖廣總督臣張之洞跪奏，爲鐵廠開煉成本，部議未能如數籌撥，實屬不敷，謹仍照原奏，另籌藉撥，以應急需，恭摺仰祈聖鑒事。

竊臣承准總理海軍事務衙門咨開：光緒十九年三月二十九日，會同户部具奏速議。鄂省鐵廠，豫籌開煉成本一摺，本日奉旨：依議，欽此。黏鈔原奏，咨行到臣。查鈔奏内稱，户部查該督，擬由湖北糧道，藉撥銀十萬兩，應如所請辦理。至李鴻章電稱，鐵路經費礙難挪用，請由户部代籌一節。查帑項支絀，户部指撥爲難，爲該督所深悉。所有户部設法代籌之處，礙難辦理等因。竊惟鐵廠先行開煉一爐，前奏歲需經費五六十萬兩，實與洋匠多方考究撙節，估計無可再省。現在鋼鐵各廠，將次告成。但開辦煤井，建造焦炭爐，各項工程，正在喫緊之際。蓋開煤井，煉焦炭，實爲煉鐵之根，必須趕辦。而修理演試各種機器，添雇洋匠，教練藝徒，修守鐵路，填築廠内餘地各事，端緒甚繁，需用甚急，均須迅速督催，布置周妥，始能開煉。即使前奏所請藉撥之二十萬兩，如數撥到，而其餘尚須專指槍礮廠經費湊足，究竟槍礮廠經費，能收若干，能挪用若干，尚未可知，已恐不敷。今鐵路經費十萬兩，既不允截留，短此十萬鉅款，實屬無從措手。北洋大臣李鴻章，亦深知開煉要需，勢有難緩，故有請户部代籌，以觀厥成，而免作輟之議。今此項經費，户部既不能代籌，只可仍就湖北本省自行設法騰挪藉撥，以免功虧一簣。再四籌維，惟有仍由湖北糧道庫，無礙京餉之雜款，再藉撥五萬兩。又查湖北鹽道庫，尚存有長江水師申平銀五萬兩，一并藉撥應用，以符原奏之數。仍照原議，統自光緒二十二年起，分作十年歸還。此兩項於京協各餉，均無妨礙。至户部原奏稱，藉撥糧道銀兩，究係何項雜款，將來按期歸還，均須隨時聲明報部等語。查前奏所藉，係兑費、水腳、幫津三款。此各款，向係留備本省奏撥餉需之用。此次擬藉五萬，仍就此三款内撥用，將來歸還時，自應與申平一款，一併隨時報部合併陳明。合無仰懇天恩，敕下海軍衙門、户部，迅速核覆，俾得開辦試煉一切事宜，以免作輟延誤。所有鐵廠開煉成本，不敷另籌藉撥，以應急需緣由，理合恭摺具陳，伏祈皇上聖鑒。謹奏。

王樹枏《張文襄公全集》卷一三八《致輪墩薛欽差光緒十九年八月十七日亥刻發》 銑電悉。分年付價一層，能辦到即好。歲息七釐，並不爲多，若向匯豐議藉，必須奏准，事必不行，仍懇尊處與該廠切商。鄂省布局開織以來，銷售甚暢，餘利頗豐。柏、喜兩廠皆有人於春間來鄂看過，再添紗廠，利息尤厚。按期付價，斷不含糊，但得公九鼎一言，或即以布局作保，該廠必可照辦。儻必須現銀，則此事即不能辦，實爲可惜。鐵廠已竣工，煤井尚須款，以後開煉經費尚無所出。部中不發款，令鄂自籌，故鄙意惟有擴充布局紗廠，以其盈餘添補鐵廠經費。素仰公關懷大局，維持中國鐵政，惟有此策，切望籌商有成。至感。洽。

王樹枏《張文襄公全集》卷一三八《致俄京許欽差光緒十九年八月二十日亥刻發》 請速託克虜伯廠，代覓上等煤鑛師一人，須能審察地隔，并能總管煤井工程，曾經閲歷精深者。切囑該廠勿以中等鑛師充數，迅速遣來華，需用甚急，薪水可從極優。因克廠大，認識好手多，近爲北洋覓得一好鑛師，故擬託該廠，可不必託威巴文。盼復。號。

王樹枏《張文襄公全集》卷一三八《致天津盛道臺光緒十九年九月十二日己刻發》 尊函已悉。每噸提銀二錢之説，前兩年雖有此議，其時諸事尚未定局。今鐵廠成本太重，奏明挪用鄂省公款太多，皆須歸還，户部又不發開煉經費，一時恐難即有餘利，無從提出。此款若尊處肯代藉銀數十萬，分年認息歸還，則閣下有維持鐵廠之功。敝處提二錢，亦易於措詞矣。幸惟鑒原，并望電復。文。

中國第一歷史檔案館《光緒朝朱批奏摺》第一〇二輯《光緒十九年十月廿二日湖廣總督張之洞摺》 頭品頂戴湖廣總督臣張之洞跪奏，爲煉鐵全廠告成，現籌開爐試煉辦法，並趕辦煤井工程，恭摺奏摺聖鑒事。

竊臣奉旨籌辦煉鐵事宜，自開辦以來，歷經隨時上陳，並於本年二月內詳晰奏陳在案。自三月以後，機器物料，陸續運到。臣督飭各員及洋匠，多方激勵，極力趕辦。所有煉生鐵大廠，及機器廠、鑄鐵廠、打鐵廠，業經於三月前完工。其煉貝色麻鋼廠、煉熟鐵廠，此兩大廠，均於五月完工。其煉西門士鋼廠、造鋼軌廠、造鐵貨廠，此三大廠，因補換破碎短數火甎，及未齊機器鐵料運到稍遲，於七八兩月先後完工。此外尚有造軌所需之魚片鉤釘廠，其機器本係後訂，於五月內始自外洋續行運到，督催趕辦，亦於九月中旬完工。統計全廠地面，東西三里餘，南北大半里，各廠基自平地起，至鐵柱墩，及爐座、機器諸石墩止，均須填土高一丈一二尺不等。大小十廠，均須連爲一處，共應填土九萬餘方。已於九月中旬，將開煉之日，即須施工處所，一律填齊。至各廠基以外，現仍接續補填。其應加開水溝，加培護隄，廠內聯貫交通鐵路，廠地鋪蓋鐵板，各工隨時酌度情形辦理。統計煉生鐵、煉熟鐵、煉貝色麻鋼、煉西門士鋼、造鋼軌、造鐵貨六大廠機器，鑄鐵、打鐵、造魚片鉤釘四小廠，以及煙通、火巷、運鑛鐵橋、鐵路各工，江邊石馬頭、起鑛機器房，現已全行完竣，機器一律安配妥協。其大冶運道鐵路，前已完工。鐵山開鑛機器，及軋鐵鑛、軋灰石機爐四座，溜鑛石馬頭磖岸等工，均已造齊。

江夏馬鞍山煤井橫窿兩道，均已開通，陸續出煤。大冶王三石煤井二處，石質極堅，暗水太多，工程過鉅，其橫窿開通，尚需時日。現在亟須開爐試煉，惟馬鞍山井工雖成，煤巷尚少，工徒未熟，出煤尚未能多。該處所設之煉焦炭爐，甫經開工，火甎均自外洋運來，破缺短數甚多，電催補添，尚未運到。洗煤機器，及運煤之挂綫路機器，屢經電催，約須十一月間方能運到安設，造成亦需時日。自應查照從前奏案，先行購運湘煤，與馬鞍山所開之煤參用，以應急需。現於漢陽鐵廠內，另行添設洗煤機、煉焦炭爐，以期早日興工。至新爐試煉，關繫甚鉅，配合鐵鑛灰石煤斤，必須精詳慎重。而洗煤煉焦炭兩事，在中國工匠，素未經見。若煤質稍雜，洗煉配合稍不得法，即致積灰壅塞風眼，鐵汁不能下注，凝堵爐門，全爐損壞。貴州青溪鐵爐，覆轍可鑒，必須先用外洋焦炭試煉兩月，察其爐座之風力火力，鐵鑛之剛柔，徐用內地之煤，較量配用，方爲穩慎萬全。至煤爲全廠之根，必須自開自煉，方能一律適用，而且多出不竭。目前工費雖多，將來庶可經久，實爲節省經費，輕減成本之要策。現仍一面督催各煤井工程，並因全廠鍋爐，及鐵山鑛機，運道火車，運鑛運煤輪船，長年需用煙煤，爲數甚鉅，分飭於大冶縣之保安、李士墩、金盆地、柏灣，長陽縣之滋邱等處，多開工窿，以資各項雜用。惟外洋開煤，乃極重要，而極繁鉅之事。本係專門大舉，每開一大井，鑽工井工路工等項，動需百萬內外，與煉鐵另爲一事。今湖北兼辦開煤數處，而又別無經費辦理，實爲棘手。惟有竭力統籌，相機騰挪，設法趕辦。目前正在演試機器，修補各項機爐零件，俟一切布置周妥，十一月內，即擬燒熱爐座，約須兼旬，方能熱透。十二月間，即可試煉生鐵，接續煉鋼造軌。茲謹將造成漢陽煉鐵全廠，及大冶鐵山鑛機運道水陸馬頭，暨江夏馬鞍山、大冶王三石各煤井工程，仿照西法，於九月下旬照印成圖，共爲五十六幅，並於圖上貼説，恭呈御覽。除另行印圖一分，咨呈海軍衙門，並咨户部工部外，理合恭摺具陳，伏祈皇上聖鑒。謹奏。

中國第一歷史檔案館《光緒朝朱批奏摺》第一〇二輯《光緒十九年十月廿五日湖廣總督張之洞摺》 再，准户部咨，令於鐵廠開辦後，詳定行銷各省章程，並將所出鋼鐵數目，分季造報海軍衙門、户部等語。查中國自開鐵廠，乃奉旨飭辦之件，關繫自强要圖。凡我軍國所需，自宜取資官廠。惟賴户部與各衙門及各省合力維持，方足以暢地產而保利權。至所出鐵貨，既係動用官本，均係官物。且開辦之初，工本較鉅，行銷各省，及出口運銷外洋，自應一律統免税釐，以輕成本。且臣近接出使日本大臣汪鳳藻來函，日本現亦擬創設鐵廠，擬派員來華觀看湖北鐵廠等語。是外國皆汲汲於煉鐵一事，則中國鐵廠尤宜多方護持振興，以期暢旺。所有北洋鐵路局，及各省製造機器輪船等局，需用各種鋼鐵物料，或開明尺寸，或繪寄圖樣，漢陽鐵廠均可照式製造，與外洋物料一律適用。至開辦之初，工本猝難豫計，其價值惟有暫照各省所購外洋鋼鐵時價，應於議定需用物料若干，價值若干後，或先付半價，或先付三分之一，或酌付定銀，應由湖北隨時體察情形，與各該省商辦。相應請旨敕下户部、總理海軍衙門、總理各國事務衙門，迅速核定章程，通行各省，查照辦理。至漢陽廠所出鋼鐵數目，一年之內，或有分煉錳鐵之日，或有修理機器爐座之日。且鋼鐵等差，種類甚多，或視何項鐵貨需用較多較急，即行酌量多少，分別製造。若按季報部，端緒過形繁雜，且不免參差。似須滿一年後，方能統計盈虛。擬請每年奏咨一次，以歸簡明，而昭核實。謹附片具陳，伏祈聖鑒。謹奏。

王樹枏《張文襄公全集》卷一三八《致俄京許欽差光緒二十年正月十三日亥刻發》 大冶灰石泥土，寄德試煉，可製上等水泥，擬購機製煉，年出三萬桶，需機價若干，一萬桶機價若干，洋匠薪工若干，請詳查電復。聞閣下於此事，曾經考究。錢念劬向人言「若試辦，三萬金即可」確否？假如三萬金之機器，每年可出若干桶，并望示復。經費不易，擬小辦徐擴充。元。

王樹枏《張文襄公全集》卷一三八《致俄京許欽差光緒二十年三月十八日戌刻發》 礮坯已由信義洋行代購，四尊槍坯，請照購二百枝。須雙層管者，方合鄂槍廠機之用，槍身木壳，并請購料寄鄂仿造。廠已落成，亟須開工，務祈速辦。嘯。

王樹枏《張文襄公全集》卷一三八《致俄京許欽差光緒二十年四月初四日午刻發》 鐵廠鐵路及槍礮架彈五廠，所用水泥計銀二十萬外，痛心疾首。大冶有堪造水泥之土，據外洋評定極佳，遠在開平澳門兩處水泥之上。此後歲修用多，故擬自造。洋行開價太貴，務請設法婉商，訂造極小機器，以價廉爲主。造火甎咨文悉。惟火甎用處以生鐵大爐、煉焦炭爐爲最要，火力太猛。據人云，尋常火甎尚不合用，祈詳考。照湖北物料，來咨作法，能否作生鐵爐焦炭爐用。感禱。支。

王樹枏《張文襄公全集》卷一三八《致江甯劉制臺光緒二十年六月十七日午刻發》 銑電悉。現在鐵廠已經開爐，日需鑛煤數百頓，不能稍有間斷停待，一間斷則爐必壞。測海須終日轆轤拖運，實難暫離。江南輪素多，目前滬上防務尚緩，如將來設有緩急時，再當派往。東事實情若何？東洋煤不來。江南水陸日需煤不少。蓋慮想已籌及，作何籌備？祈示。洽。

王樹枏《張文襄公全集》卷三五《鐵廠擬開兩爐請飭廣東藉撥經費摺光緒二十年十月初二日》 竊照湖北煉鐵廠告成，開煉生鐵。大爐一座，煉成生鐵、熟鐵，及貝色麻鋼、輾鐵、條製鋼軌，均已著有成效。其煉西門士鋼廠，煉法精細，初煉尤極危險。北洋上海各爐，迭有轟裂堵塞之患。鄂廠此項鋼爐，前因添設爐管火甎等件，一時未能並舉，茲已修竣開煉。洋匠參考火候，據稱向來至快六點半鐘始能出鋼，現僅三點半鐘煉就精鋼，甚爲順利。初出鋼料，成色無異洋製，已足爲造礮之用。礮廠業經開試機器，即以煉出之鋼，試造六生半及七八生克虜伯陸路車礮。若造成，依法考驗鋼料精堅，演放有準，即接續製造十二生大礮。現因軍務緊要，已飭多煉西門士鋼，及貝色麻鋼，爲製造槍礮之用。並趕將槍廠，需用鐵梁柱鑄成，一面補修槍廠及趕造架彈。三廠竣工，開春即可製造新式小口徑連珠快槍，及架彈各件，以應軍實要需。查今日外洋陸戰專用連珠快槍快礮，既速且遠，僅止後膛槍礮，尚不足以盡之。鄂廠既有礮機，自應添購快礮機器，將各種陸礮，皆造成快礮，尤爲利用。所費尚不甚多。已於籌辦槍礮架彈廠摺內，另行奏陳。惟生鐵僅開煉一爐，每年匀算，可出鐵一萬五千餘噸。其鐵路運道馬頭，及洋匠人工，原備生鐵兩爐之用。若僅開一爐，成本虧摺甚鉅，斷難持久。馬鞍山煤井焦炭爐，本年十一月初，必可完工，擬以湘省白煤攙和焦炭冶煉，尚可供兩爐之用，必須接續開煉生鐵，兩爐始足資周轉，而垂久遠。此鋼鐵煉齊，兼顧槍礮廠工程，并擬開生鐵兩大爐之辦法也。

查開煉生鐵兩爐，籌墊一年經費，約需百萬，一爐需五六十萬兩。業於預籌開煉成本摺內，陳明在案。計開煉經費，先後奏准，藉撥湖北糧鹽道庫雜款三十萬兩，撥用貨釐鹽釐項下銀二十萬兩，共五十萬兩，尚不敷一爐之用，續請在本省各項匀撥之二十萬，尚未接准部覆。而煤鐵並舉，開煤所費幾與煉鐵相等，增出用款繁鉅，藉撥各款，已奏明撥用無餘。查光緒十八年冬間，鐵廠全工未成之際，曾據督辦招商局津海關道盛宣懷稟稱，擬招集商股，承領鐵廠辦理。先集股一百萬兩，以四十萬繳還官本，以六十萬作爲開煉經費，不足由商自籌。所有營建廠工，官本三百餘萬，除先繳四十萬外，餘款分二十年歸還。還清後，仍報効三十萬兩，分年呈繳，但須煉成鋼鐵以後，始能承領。議定條款，開具清摺前來。經臣悉心籌畫，若歸商辦，將來造軌製械，轉須向商購鐵，雖塞洋鐵之漏卮，究非自强之本。計特以鐵廠未成，商人即肯出鉅款承領，足見兩爐開煉後，鋼鐵定能暢銷，辦理必有把握，決計遴工營造。而部庫支絀，部款必不能再行撥發。臣熟加籌度，審察時勢，竊謂鐵廠爲武備根源，中華創舉。既已開辦，必宜作成。用款雖溢，尚有籌補之方。鐵廠中輟，永無再辦之望。熟權利害，不得不身任其難。惟有設法將鋼鐵煉成，則實際昭然，方可瀝陳情形，仰請朝廷裁度。於是竭力設法籌墊，不惜資本，加工加料，趕將全廠工程，於冬間一律造成。

自本年正月，開辦煅鑛爐以來，添雇洋匠，陸續到齊，增購機器，儲煤運鑛，修改爐座，添設洗煤、煉炭機爐。廠内鐵路鋪地，鋼板新增，用款甚多。以及委員工匠薪工，皆廠成開煉以後之經費。此係開辦之初，諸事尚未完備，動需增出用款，皆爲洋匠原估所不及。即就一爐而論，已非常年五六十萬所能賅括，計每月約需籌墊銀六七萬兩。迨五月開煉生鐵，大爐初開，一爐出鐵無多，且開煉之始，較煤試爐，曲摺繁難，只能略減鑛石，時多間斷，不能按日必出生鐵若干。又須試煉熟鐵，試煉各種鋼，試造鐵貨，製軌鑄械，以致生鐵所餘無多，難供銷售周轉。又值天氣酷熱，華洋工役患病者，什之八九，不能多煉，經費仍無所出。前奏明，以布局通籌互濟。近來招集股票，擴充紗布，原爲協濟鐵廠之用。適逢暑熱異常，至秋轉甚，致停日工，僅開夜工，所出紗布，勢難濟用，只可展轉騰挪，匀撥善後，局雜款並，暫藉布局所收股票之款，以應急需。並與上海外洋各廠婉商，應用物料運費，暫令墊辦，以後從容籌款，陸續付價。又兼趕辦槍礮廠工程，增出架彈，三廠機器運保，及廠工等銀，四十餘萬兩，無從應付。然籌備軍實爲目前要務。現經另摺奏陳，仍擬就本省極力設措辦理，是本年所出之鐵，本屬無多，且尚多墊欠之款，已無以爲周轉之資。現在籌計生鐵兩爐，開煉成本，約需銀百萬以外，實係鐵廠不可少，不容緩之需。若不速開兩爐，則鐵料難供銷售，經費益無所出，必不得已，仍可交商領辦。而臣愚總以爲非計。蓋方今時局，開鐵路，製鐵艦，製造礮械等事，從此必須逐漸擴充，認真籌辦，無待煩言而決。而一切船礮機器，非鐵不成，非煤不濟，已屢見之大學士左宗棠、李鴻章奏牘。從前閩省船廠，輪船造未及半，用數已過原估。前內閣學士宋晋，以糜費太重，奏請暫停，經左宗棠議覆奏，言此舉爲沿海斷不容已之舉，此事實國家斷不可少之事。李鴻章奏言，諸費可省，惟煉槍礮製兵輪之費，萬不可省。苟或停止，則前功盡棄，後效難圖，所費之項，轉成虛糜，不獨貽笑外人，亦且浸長寇志。沈葆楨奏言，不特不能即時裁撤，五年後亦不可停各等語。查船廠造船，工未及半，用數已過原估。左宗棠諸臣，均以爲不可暫停，已反覆鄭重若此。今鐵廠，爲製造鋼軌船械之根本，全廠業經告成，鋼鐵煉有成效，而欲開煉兩爐，尚少此一年數十萬兩之經費。以事理時勢論之，無論如何爲難，必應設法籌辦。惟鐵廠除部撥二百萬之外，續增用款繁鉅，均係在外竭力藉撥，應用各廠，墊欠物料價值，運費尚須隨時陸續籌付。此時湖北支絀萬分，實無可再籌之款。

臣夙夜焦急，再四籌思，惟有向廣東藉撥之一法。查光緒十三年，臣在兩廣總督任內，籌有武營四成報效一款，每年集銀二十萬兩，奏明專供製造粵省兵輪礮火之用。嗣經兩廣督臣李瀚章到任，除閩廠協造已成兵輪四艘外，餘悉停造。而此項報效經費，仍按年照收，並未停止。粵省用費，臣雖未能周知，然近年並無創造大舉，此項經費報效，已歷八年，自當歲有所餘。又臣前在粵，創設錢局，籌捐鉅款，購買機器，建造廠屋，開鑄銀元，歲有贏餘。近年該局已餘存銀數十萬兩，具見李瀚章經畫之善。竊擬即就以上兩項，向廣東藉撥銀五十萬兩，爲鐵廠開煉生鐵兩爐成本，俟鄂省銀元紡紗兩局開辦後，分定年限，由鄂省紗布銀元三局歸款。極知廣東現有海防用項不少，惟闈姓歲增鉅款，又改辦潮橋鹽務，整頓肇慶潮州兩關，多收稅款鉅萬，均係臣在粵時新籌增出之款，尤賴李瀚章善於運籌，事事皆能綜核節省，益覺從容，一切應付，綽有餘裕。臣所稔知，鐵廠本係由粵移鄂，武營四成報效，及銀元餘款，又係臣在粵創辦之舉，每歲增常款數十萬金，今爲鐵廠，僅藉用五十萬兩，開煉鋼鐵。籌備軍實當務之急，無逾於此。若李瀚章公忠體國，軫念時艱，必能設法騰挪，迅速撥解濟用，助成自强要舉。若粵省能藉撥五十萬，則鄂省就槍礮廠常年經費三十餘萬，合之得八十餘萬，即將鐵廠槍礮廠經費，合爲一事，統用分銷，酌量挹注，或尚可勉强支持，相應懇恩，敕部速議請旨，如數飭撥，以應急需，以維鐵廠槍礮廠大局。臣無任翹切待命之至。

中國第一歷史檔案館《清代軍機處電報檔彙編》第一册《奉旨湖北煉鐵織布各局并槍炮廠著張之洞統籌分辦事光緒二十年十一月初七日》

奉旨張之洞電奏已悉。前寄諭湖北煉鐵織布各局，均歸該督一手經理，即併槍礮廠該括在內，即著張之洞悉心統籌，督飭局員，妥速分辦，以竟全功，欽此。

中國第一歷史檔案館《光諭宣統兩朝上諭檔》光緒二十年十一月十九日

軍機大臣字寄湖廣總督署兩江總督張、湖北巡撫兼護湖廣總督譚，光緒二十年十一月十九日奉上諭：前因湖北錬鐵織布各局，均經張之洞辦有頭緒，現雖調署兩江總督，所有各局應辦事宜，諭令該督一手經理。茲有人奏湖北鐵政等局，張之洞締造經營，甫有成效。該督行後，聞局員司事工匠，譚繼洵概加裁撤，意欲停辦等語。所奏是否屬實，著譚繼洵據實覆奏。此事既統交張之洞接辦，譚繼洵不得從中掣肘。且近在省垣，凡張之洞聞見不及之處，尤應妥爲照料，以盡和衷共濟之道。原片均著鈔給閱看。將此由四百里各諭令知之。欽此。遵旨，寄信前來。

王樹枏《張文襄公全集》卷一四一《致俄京許欽差光緒二十年十二月十六日申刻發》

鐵廠開煉各種鋼鐵，均尚順利。洋總管二月合同期滿，不願再留，請託克虜卜代覓精於煉西門馬丁鋼、貝色麻鋼、礮鋼上等engineer一人來鄂，接充總管。須老成歷練，曾在洋廠充總管，兼曉英文者，薪水從優不惜。鄂廠現有煉生熟鐵工師及煉鋼工頭、工匠、化學醫生等三十餘人，皆比國郭廠所薦，足資臂助。爲總管者，必才望過人，方能服衆。此事關係緊要，務祈諄託，速覓好手。至感。咸。

王樹枏《張文襄公全集》卷一四六《致武昌蔡道臺光緒二十一年五月二十六日己刻發》　聞熟鐵廠「熟手工匠祇六七名，中等者約十名，因現存白口鐵無多，不能多煉熟鐵」等語。現生鐵雖少，若不趁此多招工匠，令熟手者趕緊分投教習，將來大爐出鐵多時，仍短熟手，臨時再招再教，豈不又是廢時虛糜？又聞槍礮廠，亦因工匠太少，不敷分撥，以致諸事遲延。查各廠委員司事，月糜薪水不貲。各廠日用不少，而實在作工，能造槍礮、安機器、出鋼鐵之工匠，總不肯多雇，實屬不解。上海香港熟手工匠不少，儘可招覓，務趕速多雇，勿延。又竇令聞汪守、馮倅言「槍礮如欲趕造，必須添購車牀百副」等語。趕造槍礮，疊經嚴催，該守等豈未之聞？既知必須添購車牀，何以從未禀請購買，殊堪詫異。所需車牀，係何種尺寸若干，即飭該守等，明白電復。總之各廠工匠，必須多雇，應用機器、物料，務須預爲禀請核辦，勿至臨時停待，徒致糜費誤事，切切。再新成八生七車礮太笨重，於中國道路不相宜，且止十倍口徑式樣，未免太老，豈機器皆只能造短礮，不能造長礮耶？以後務須改造，長身輕小者，總須六生以下爲宜，如三四生過山礮尤妙。徑。

「中央研究院」近代史研究所《海防檔》丙機器局《光緒二十一年閏五月十七日總署致比國公使陸彌業照會布來福可否留辦漢陽鐵廠事務已咨南洋大臣酌奪》

閏五月十七日，給比國公使陸照會稱：光緒二十一年閏五月十三日，接准照稱，中國駐德大臣，請有德國營造官一員名多倍者，來華總辦漢陽鐵廠事務。而該廠向有本國人布來福，總司其事，歷有年所，已蒙湖廣總督奏請賞給雙龍寶星在案。而該員之辦事勤能已可概見。張制軍倘將該員隨便頓易，於理未免不公。是以即請行知張制軍，仍令布來福照舊總辦其事等因。查駐德大臣有無延請德員多倍，未經該大臣咨報，本衙門無案可稽。布來福總辦漢陽鐵廠，現在應留與否，未據湖廣總督咨商，本衙門亦難遥揣。兹准前因，除將原照會鈔咨署南洋大臣湖廣總督核辦外，相應照復貴大臣查照。至該廠可否仍留布來福辦理，抑須另請德員多倍之處，仍應該督酌定。俟復到再行照會貴大臣可也。

王樹枏《張文襄公全集》卷一四七《致武昌蔡道臺光緒二十一年六月初四日戌刻發》　生鐵爐必須趕緊開煉，焦炭爐目下每日實能煉出幾十頓，生煤每日實能開出若干頓，速據實復。若爐久不開，每月徒有工費，而無出貨，成何事體。每月總需七八萬金，以後用款，無從羅掘。以前欠債，無從籌還。鄙人實無顏再向朝廷請款，亦無詞以謝讒謗之口，是死證矣。惟有速購外洋焦炭數千頓，與自煉焦炭配合開煉。假如每月用洋焦炭一半，約計千頓價值，運費每頓約十七八兩，自煉萍鄉焦炭，約每頓九兩，不過每月費九千金，而每月一爐所出鋼鐵，總值六萬兩。較之一鐵不能收回者，上算多矣。現有旨，飭議辦鐵路。若鄂廠無軌，朝廷詰責，將奈之何？鄂廠大爐不開，既不能再奏請撥款，閣下亦不能引見，徒受羈累，亦殊不便，望速籌之。五閏兩月經費，設法湊撥十萬兩，此挪用他款，將來尚不知如何籌還也。即復。豪。

王樹枏《張文襄公全集》卷一四七《致武昌蔡道臺光緒二十一年六月初四日酉刻發》　白乃富經理鐵廠，雖有微勞，業已奏賞寶星。現在合同已滿，且新募洋匠已到鄂，自應照合同辦理。該道務飭白乃富，即日將經手事件，妥交德培接辦，不得藉詞延緩把持。至該道所擬，將該匠暫留數月，可斟酌妥辦。至辦理鄂工局洋文案一節，似乎不妥，務須慎之。以後鐵廠一切事宜，萬不可再令干預，不如酌送數月薪資，令其及早離廠爲善。其年滿亦應照約給予三箇月薪水，令即銷差。昨接總署咨比使，照稱「不應將白乃富辭退，鄂省應仍留用」等語。總署以不知原委，由外間酌辦復之。顯係該洋匠營謀戀差，意欲永遠盤踞把持，可惡已極。是數年來，該匠之有意延緩，藉便私圖。今日已和盤托出，此人萬不可再用，速設法妥爲安置，若令干預，必攪局誤事，切切。支。

王樹枏《張文襄公全集》卷三九《進呈煉成鋼鐵並將造成槍礮分別咨送試驗摺光緒二十一年八月二十八日》　竊查湖北鐵廠，自上年五月造成開爐，分煉各種鋼鐵，前經奏明在案，當發上海洋行，試驗行銷，均稱製煉精好如法。其鋼鐵，甚合行銷之用，該行代銷者，價與洋産大約相等。鋼軌堅實光潔，可供鐵路之用。嗣據鐵政局將所煉生鐵、熟鐵、貝色麻鋼、西門士鋼，及鋼軌、魚尾片角鐵各件，裁取式樣，裝成一匣，共十一種。去冬寄至江甯，因軍務倥傯，未敢瀆陳，兹特恭呈御覽。至槍礮架彈等廠，於本年六七等月，先後竣工，安設機器。一面陸續較準槍機，一面試造。現已將小口徑快槍，並新式小口鋭形藥彈造成，當經臣親看試放，其敏捷及遠綫路有準，實與外洋所購新式快槍無異。礮廠內早經製成八生七車礮兩尊，運來江甯驗過，現將製成新式六生快礮一尊，運來江甯，亦經臣親自試驗，每一點鐘可放三十出，洵屬靈捷利用。惟礮係新式四十倍，口徑長中，尺六尺七寸礮架，係水師架，重二千餘斤，全件既重，未便齎送至京。現發交江甯軍械所收存，茲謹將快槍一枝，新式藥彈一百顆，咨送督辦軍務處查覈。

硃批：著交督辦軍務王大臣閱看，欽此。

王樹枏《張文襄公全集》卷三九《鐵廠煤鑛擬招商承辦並截止用款片光緒二十一年八月二十八日》 再鐵廠，去冬及今年經費，現已於兩淮鹽務籌集銀五十萬兩，如數撥還，江南籌防局藉動之款，謹已專摺奏陳。惟查鐵廠開煉經費，前奏開煉一爐，每年約需銀六十萬兩，計月需銀五萬餘兩。查洋匠白乃富，所估原單，係專指生鐵一廠，若兼開煉鋼各廠，月需銀約七萬兩。內中洋匠四十一名，月薪一項，已需一萬二千餘兩。去冬以來，用款無出，而墊欠日多，自上年十月，至今年八月連閏計，已及一年，皆係無米之炊，課虛責有，勉强騰挪支拄。此項鹽務款，五十萬兩，僅敷前數月開支之用，至積欠尚難清還。因焦炭爐工未成，且因經費不能應手，既未能多購湘煤，又未便多買洋炭。故於上年十月，暫將生鐵爐暫行停煉，專就廠中已煉成之生鐵，學煉各種精鋼熟鐵，并造槍廠之鐵梁鐵柱，分製各種鋼板鋼條，學煉槍礮鋼料等件。是以鋼鐵所存無多，無從銷售周轉，僅將生鐵千餘噸，貝色麻鋼條、西門士鋼條，及熟鐵條二十餘噸，發交上海洋廠試驗，以覘製煉之良楛，價值之高下。至本年七月內，焦炭所出漸多，且試驗開平焦炭，亦可湊用，始將生鐵大爐，重復開煉。現在馬鞍山三層煤窿，已經開通，焦炭爐挂綫路，均已告成。大批佳煤，已可陸續取用。各種鋼鐵久已煉成，鋼軌亦久已造成。亟應截清界限，另籌經久辦法，以清眉目，而便籌計。

恭閱邸鈔，六月二十一日欽奉上諭，飭將鐵廠招商承辦，仰見朝廷通籌深計，既期鐵政之振興，復濟度支之匱絀。查鐵廠招商一節，臣數年來久已籌計及此，於上年十月初二日摺內，業已奏陳梗概。因俟煤井深通，焦炭煉就，鋼鐵可常煉不停，以後始可相度情形，酌定官辦商辦之局。現在諸事完竣，鋼鐵精好，洋行銷肯給善價，似已具有成效，自應遵旨招商承辦。擬即一面迅速招商，惟各商必須親到鐵廠、煤廠、鐵山、運道等處，一一詳看，方能定議，即有人願承，總須數月，方能接辦。目前經費，即各處挪湊，只能支持至八九月之交。擬請劃清界限，若商人早能承接，則用款及各項欠款，截至承接之日止。若無商承辦，亦請截至今年年底爲止，此數月內籌墊之用款，及應還之急款，大約總在四五十萬之數。蓋目前必須將煤巷多開，各種鋼鐵加工精煉，令其粲然具備。然後商人易於招集，故既無停輟之理，倉卒亦無挹注之方。惟有仰懇天恩，仍准江南在籌防局，隨時暫行藉撥，以應急需。將來有商，則歸該商認還，無商承辦，則臣必當設法籌款，奏請撥還清結。俟年底截清用數，將歷年造廠、采鑛、開煤用款，及廠成以後開煉經費，分案造報。至明年起，應請敕部，議定辦法，籌撥的款應用。如部中不能撥款，惟有暫爲停工，以待有商接辦。儻須停工，應由部中早爲知照，以便預爲核計，散遣洋匠，清理物料，方免臨時束手，反多糜費。統俟有無商人承辦，屆時請旨遵行。但方今時勢，日急外患，憑陵日增月甚，富强之計，首以鐵路爲第一要圖。各國領事，及來華効力之洋人，萬國之公報，及中國曾經出洋考求時務之員，苦口危言，無不以速辦鐵路爲請。今鐵廠已成，鋼軌能造，正爲目前救時切用之需。若反停輟不辦，似爲非計，不特爲志士所惜，且將爲萬國所詫。臣於此舉，不揣駑鈍，身爲其難。現在諸事粗成，智力俱困，此事關繫富强大局，究應如何辦理，聖明自必權衡至當，無待微臣之瀆陳也。

王樹枏《張文襄公全集》卷三九《查覆煤鐵槍礮各節並通盤籌畫摺光緒二十一年八月二十八日》 竊臣將鐵廠、槍礮廠造成式樣，分別進呈咨送，並陳分別籌款撥款各事宜，正在具奏間，欽奉八月初九日電旨，有人奏湖北鐵政局與大冶產鐵處相距甚遠，以致鐵價太昂。且近處並無佳煤，煉鐵未能應手。查湖南北商民，以鐵廠爲生業者極多，不患鐵之缺乏，而患鐵質不良，鐵價較貴。鐵政局犯此二弊，即難收效等語。鐵政局經營數年，未見明效，如快槍一項，至今尚未製成。著張之洞通盤籌畫，毋蹈前失，欽此。訓諭諄切，莫名感悚。茲謹將鐵廠、槍礮廠，工程艱鉅，現已辦成情形，敬爲我皇上陳之。

一產鐵遠近一節。查開設煉鐵爐，若論常法，自應於煤鐵相連處設之。惟地理物產，不能一律巧合，則亦難盡拘。大冶有鐵山而無上等佳煤，江夏縣屬馬鞍山有堪煉鐵之煤，大冶在下游，江夏在上游，且原慮鄂煤不敷，擬添用湘煤，湘煤自湖南來，亦在上游，故廠設漢陽，適居其中，以期兩就。漢陽近接漢口，於行銷較便，又近武昌省城，於督察工程較便。且前數年，大冶鐵山鐵路未造成，則大爐機器，斷不能運至鐵山左右，洋匠亦不能深入。此等要工鉅款，若非近在省城之外臣及總辦大員，不能親往督察，則經費必難核實，竣工更恐無期，是以酌設漢陽。以上各條，前於光緒十六年開辦時，詳晰奏明在案。此限於鄂省地勢，又參酌中國人情，無可如何。查德國克虜伯廠，煉鋼煉鐵，爲地球第一大廠。其鑛石自西班牙國運來，遠在數千里之外，較其遠近難易，實覺此勝於彼多矣。此原奏所謂，鐵政局距大冶產鐵處太遠，尚未悉鄂廠籌辦原委情形也。

一鐵價一節。鐵廠距鐵山雖遠，然陸有鐵路，水有輪剥船馬頭裝卸，又各有起重機，均屬利便，合計鑛石運費，尚不爲貴。原奏謂鐵價太昂，未悉何據。至物價之嫌其太昂者，謂其較同等之貨，時價加昂，難於銷售也。查鄂廠所出之鋼鐵，去年以生鐵一千餘頓，鋼及熟鐵二十餘頓，發至上海耶松洋廠，及義昌成洋行試銷，生鐵每一頓給價規銀二十二兩，熟鐵每條每一頓給價六十七兩，貝色麻鋼、西門士鋼條，每一頓均給價七十八兩。較之洋産，銷價大約相同，惟生鐵較洋價減少。若全廠專製精鋼熟鐵，則甚有盈餘。查外洋鐵貨精鋼，一頓值銀在百兩以外，作鍋爐鋼板，作船料鋼板，一頓值銀一百五十兩以外，通行礮鋼，值三百兩以外。製鑽刀彈簧各件之鋼，值五百兩以外。快礮鋼，及克廠礮鋼，值千兩以外。鄂廠現在造礮之鋼，較外洋通行礮鋼，已不相遠。以後器備工熟，則鋼必愈精。今洋行於鄂廠鋼鐵，必較洋産壓價，然猶肯給如此善價，足見製煉精良，可敵洋産。將來正可日闢利源，何以言者反嫌其昂乎？此臣竊所未解也。

一佳煤一節。光緒十五、十六、十七等年，派德比各國鑛師及委員、鑛學學生，分投查訪煤鑛，前後五六次，所到不止數十處。湖南佳煤甚多，而土人成見素深，斷不能運機器往開，更不能派洋匠往辦。湖北本省，當陽、巴東、長陽、興國、廣濟、蒲圻等處，煤窿均經詳查，或煤質不佳，或煤層不厚，或距廠太遠。惟大冶之煤苗最多，江夏馬鞍山之煤質較勝，是以兩處分開。大冶於王三石、道士洑、明家灣、李士墩等處，分別下鑽，開井十餘處，惟王三石煤層較厚，購置各種大機器，開采兩年，已得煤不少，忽然脱節。若論西法，即應加工窮追，縱横開鑿，以必得爲度。然限於財力，只可停辦。興國富山頭之煤甚旺，亦可煉鐵，以運道水路不便，試辦數月，亦遂停止。馬鞍山則煤質甚佳，正合煉焦炭、化鐵鑛之用。今煤井已深至三十餘丈，三層横窿，已經開通，煤層厚二丈數尺，正在横開煤巷，每日出煤，以後自可日出日多。李士墩以經費支絀之故，僅用土法，酌參西法，作斜窿鐵道開采，此窿係煙煤甚旺，能合鍋爐之用，亦甚有益。相連有一窿係油煤，可煉焦炭，因經費爲難，暫用土法，未購機器大舉。原奏謂，近處無佳煤，實有未確。

一煉鐵未能應手一節。臣因鄂境佳煤難得，故原議擬將江煤、湘煤參用，久經奏明。查煉鐵須有佳煤，煉焦炭尤須有佳爐。該爐火甎，皆須購自外洋，破碎補换，需費需時，製造繁難，尤費時日。先已購置洋焦炭爐一分，計三十五座，設於馬鞍山，以煉該山自采之煤。去冬造成，本年春間試火燒熱，煉出焦炭，均甚合用。嗣已續購洋焦炭爐一分，亦三十五座，設於漢陽廠内，以煉購來湘煤。因經費難籌，去冬始行訂購，現甫運齊造成，約六七箇月。又於廠内令洋匠參用中西法，造小甎爐百餘座，以濟其缺。此由原擬攙用白煤，故購爐較少，以節經費。繼於開煉後，驗得白煤與原有風機，不相配合，而廠内自造之土爐，所煉焦炭，耗多質鬆，仍不合用。故不得已暫停，化煉生鐵。又續購洋爐，此由因煤配爐，且期節省之故，致焦炭爐不能早成。現在已成之焦炭爐，可供生鐵一爐之用，若七十座全成，以後半用鄂煤，半用湘煤，則全廠機爐俱開，必可供用。目前煤巷尚未開竣，出煤尚略有不敷，而今年湖南天旱水涸，爲歷年所無。煤船難到，因并添購開平焦炭湊用，核計經費，總勝於停工不煉。故七月内已復開生鐵大爐，此後若經費充足，自無慮煤不應手。

一兩湖土鐵一節。湖南産鐵處甚多，惟土法所煉生熟鐵，質粗而材小，僅可製造民間平常器具。若製械造軌，以及船料廠屋，各種要件，斷不能用。至土鐵價尚不貴，所患在不合用，而不在價值也。原奏謂，鐵政局犯此二弊，未解其指。

一鐵政局經營數年，未見明效一節。查鐵廠各事，以開煤爲最難。開煤之難，尤在鑿石抽水兩端。土法但取淺處之煤，俯掘逆挽，至窿深水多，人力既窮，則棄去此窿，另開他處。故永不能得佳煤，得亦不多。查煤在地中，皆係大片斜倚。西法開煤，皆於距煤苗來路數十百丈外，下手施工，先須鑿直井，深數十丈，令其直下與煤之斜度相遇，深處見煤，然後即於煤層中，向土斜開，仰而取煤，煤塊順溜至井底，轉由直井引出，則煤多而取易。馬鞍山煤，斜度少，直度多，故又於井中，分鑿横窿數層，亦各横深十數丈，直井以聚水，横窿以取煤。外洋横窿，有多至十數層者。鄂省煤廠，地平一二丈以下，即係整塊大石，愈深則愈堅，與敲火之火石等。直井寬大，須並容開井之人，下入抽水之器，上出横窿，亦寬須容人身植立，煤車出入，中鋪鐵軌。凡此直井横窿所開，皆堅石非泥土也。每日用壓氣機、炸藥開鑿，多則尺餘，少則數寸，中間又時有修機、清窿、抽水等事。停歇間斷，至抽水之機，往往水來過多，機力不及，又須添换續購。横窿堅石既盡，乃與煤遇。若直井則須逐漸加深，雖百丈以下，皆堅石也。横窿開通以後，又須先開一里外極長煤巷，然後取煤，則自遠而近，煤窿不致坍塌。至於洗滌煤中雜質、磺氣，則須有洗煤機器，運煤至數里外水邊，上船則有挂鐵綫路，煉成焦炭，則須有洋火甎焦炭爐各件，皆極閎大，工用又極精細。甎破則須向外洋運購，或造配稍不如法，則須拆改補救，勢難求速。即如開平煤鑛，興工至五六年，用款已二百餘萬，始有可售之煤。該廠係商人自辦，斷無不趕工節費之理，其難可知。今馬鞍山已出煤煉炭，計工料轉運各費，每焦炭一頓，合銀四兩餘。若購湘煤，至漢陽廠内之洋焦炭爐，煉成焦炭，每頓合銀六兩餘。若外洋焦炭自運，每頓價銀十七八兩，滬買每頓價二十餘兩。開平焦炭，上海售價，每頓十一兩餘。彼此相較，所省甚多。雖從前鑿井購機，勞費甚鉅，而今日已收其利矣。至鐵廠各種機爐，前託出使大臣劉瑞芬，向諦塞廠訂購。該廠價雖不昂，而物多未備，經洋匠白乃富，於機到後隨事查明，逐件增購，至臨開爐時又經專管生鐵洋匠呂柏，逐一考較，復增改多種。其中更有多件，係就鑛性煤質燐磺分數，及産鑛産煤之處所，鐵廠馬頭之地勢，爐座煤炭之風力火力，酌量配設。本非洋廠遺漏者，亦非初估洋匠所能豫知者，逐一購造，層遞修合，乃底於成，自不能不需時日。今自開之煤，可燒焦炭，自燒之炭，可化鐵鑛，自煉之鋼，可造路軌。槍礮可得洋行善價，鐵廠之效，似不外此。若時多費鉅，委係創舉之難，外洋創設一事，固皆不惜累年工力財力，而成之者也。

一通盤籌畫一節。鄂廠若生鐵兩爐全開，每日可出生鐵一百餘頓。其貝色麻鋼廠、西門士鋼廠、熟鐵廠三廠并煉，每日可出精鋼熟鐵，共一百餘頓。每年可出精鋼熟鐵三萬頓，以七十八兩之價核計，其值銀二百四十萬兩。即價有漲落，或所出鋼鐵不足此數，亦可直銀二百萬兩。惟全廠各爐并開，每年須經費銀一百六十萬兩。洋匠白乃富原估每月一爐，需銀五萬兩，兩爐需銀十萬兩，乃係專指生鐵廠而言。若生鐵開一爐，而熟鐵、貝色鋼、西門鋼軌廠、鐵貨廠各機爐，照生鐵之數酌開，每月約需銀七萬兩。若生熟鋼鐵各機爐闔廠全開，需十三萬餘兩，亦係 白乃富所估。且須添煉罐子鋼機爐、軋鍋爐、船料、鋼板、機壓工字鐵料，機拉釘子料，鐵條機，打風機，大蓄水池，東生鐵爐，起重機，搬運機，吹風高白爐二座，馬鞍山煤井開深抽水機，李士墩煤鑛鐵山鋪錳鑛兩處之挂鐵綫路，抽水壓氣等機。運鑛車，約需銀四十餘萬兩。若不添以上各項機器，則廠中鋼鐵，不能全行造成。鋼板鋼條等鐵貨，勢難廣爲行銷，銷亦難得善價。每年即不能銷至二百萬兩之數，蓋機器愈備，則出貨愈速，製造愈精，所值愈多，成本愈輕。若慮此項精鋼熟鐵，各省一時不能全銷，目前可兼託洋行代銷外洋。除去運保行用機租外，亦可值銀一百八十餘萬兩，核計總有盈餘。數年以後，各省風氣日開，製造日盛，即可專資中國官民之用。總之，鐵廠如果大舉不懈，實爲利國利民之舉。此正今日講求西法之大端，振興工藝商務之始基也。

一快槍尚未製成一節。槍礮廠自光緒十七年機器到後，始陸續開工。因在粵原訂槍機，係大口徑，後又添改小口徑機器，後又添購槍彈礮彈礮架三廠機器，後又添購快礮機器。查外洋造槍礮廠，與造槍礮鋼料廠，本係兩事。出使大臣洪鈞原議，係用外洋槍管礮管，來華成造，故無造槍礮鋼料之機器。而鐵廠機器，係造鋼貨鐵貨，與造槍礮之鋼，相去尚遠。臣謂此終非長策，因又添購壓礮鋼、大汽錘、試槍礮鋼、拉力試槍礮速率各機器，並督飭局員會商洋匠，研求配合，將及一年之久，乃得一法，將熟鐵煉作西門鋼，始可供槍礮料之用。此各項機廠，隨到隨作，工程並無躭延，無如槍礮廠内，即分五大廠，需甎過多。又值鐵廠、煤井、鐵山、布局、銀元局、紡紗局、繅絲局，同時並造。漢陽廠内，自設一甎廠。武昌金沙洲，又設一甎廠。大冶之下陸村，又設一甎廠，仍不能供用。而武漢沿江上下，可設甎窯之地甚少，因將百里内民間甎窯，包定其十之八，並給本令其多開。百方督促，仍然不敷。此一端，似甚細而實甚難。惟身經興造機廠工程者，乃知之。去年夏間，槍廠已成，機器已設，即日開工。臣率同各官，親到廠内閲看，一律齊全，不意數日後，猝遭火災，以致重修，又將廠屋改爲鐵料，皆由鐵廠自行鑄造，計此廠鐵梁、鐵柱、鐵牽條等件，共重六百餘頓。今年三月内造成，陸續安設機器，六月始行全完，而槍機曾經火灼，雖已修理完整，洋匠謂細微處，必有漲縮參差。所有機器，三百六十餘副，同式者止十餘副，餘皆一機一用，其用處與式樣，各各不同。凡造成一槍，須經過機器三百餘次工夫，故各機須於安好運動，造出各件以後，一一較準，有無疵病出入，酌量修補配合，尚須三箇月，方能較畢。然自六月起，已隨較隨造，參用人工，已造成新槍，咨送督辦軍務處，其餘礮廠及架彈各廠，亦均先後竣工，開造車礮快礮。現已造成驗過，快礮彈已造過二千顆，去冬撥解關外愷字營，及今年解濟甘肅應用。總之槍礮五廠，出械之遲，由於待機待甎，又由槍廠被災重修，自造鐵料之故，以致遲一年有餘，始能出械。天時人事，出於意外，無可如何。大率製造槍礮一事，工作理法，雖極精密，而廠事究係專門，無甚變换曲摺，與鐵廠難易大小，迥乎不同，以後自可源源濟用。以上各節，所有工程機爐，煉成鋼鐵，開出佳煤，煉出焦炭，製成槍礮，皆係萬目共覩之事，不能稍有含糊隱飾。

至於工作之繁重，外洋購料之周摺，分設各廠之遼闊，華匠學製之艱難，亦皆鑿鑿有據之事，從來身居局外者，既非身習其事，又未目擊其難，往往以道路傳聞之語，懸揣苛求。凡有關西法時務之舉，或則墨守舊法，以爲不必辦；或則言之甚易，視爲不煩鉅款而辦，不需多日而成，此乃風氣未開之故，固亦無足深辯。至兩廠用款，部臣屢以糜費虛擲爲戒，夫以籌款如此艱苦，臣身當其難，豈有不力求撙節速成之理。數年以來，督飭各局員，事事考核，款款審慎，可省則省，可緩則緩，斷不敢稍有虛糜。查光緒十五年，海軍衙門原奏，估計造鐵廠之費，需銀二百八十萬兩，係專指煉鐵之廠而言。今鄂省兼辦造鐵廠，開鐵礦，開煤廠三大端，事增則用廣，勢所必然。臣惟有竭此愚誠，實事求是，以期稍有萬一之補於國家。其是非得失，聖明在上，微臣更何容妄置一詞。以後利弊事宜，既奉旨飭令通籌，竊查煉鐵廠一事，外洋各國視爲極重極要之舉，尚在製造槍礮以上，是以上年五月鄂廠出鐵之日，上海洋報館，即日刊發傳單，發電通知各國。蓋地球東半面，亞洲之印度，南洋東洋諸國，均無鐵廠，止中國新創鐵廠一處。今鐵煤具備，以後自當日起有功，即隨時酌添機器，亦有畔岸可尋，價值亦可約計，與從前開辦時之茫無涯涘者，實不相同。如招商無人，自以籌款，接續經營爲正辦，似宜盡機器之力，增工匠之能，以擴中華之物産，濟武備之要需。如以鉅款難籌，則請自明年起，即專藉一款，以供鐵廠之用，即以鐵廠作押，由鐵廠認還藉款，必然甚易，還款似亦不難。大抵西法作事，必須成本厚，機器全，工程經久，其初費用鉅，則其後之獲利愈豐；其先成功遲，則其後之出貨愈速。西人工作商務，無不如此。至槍礮廠，爲今日急務，無待贅言。以後計日程功，尚非難事。近日購買製快礮之樣礮，據出使大臣許景澄電，稱該廠明言，恐有樣則中國能自造。是以多方推延要求，始允售礮造機，足見中國設廠自造，乃必不可緩之圖，萬不可恃購買爲長策，亦惟有教練工匠，鼓勵學習，令其精益求精。惟常年經費多，則出械多，經費少，則出械少，均可隨宜酌辦。

至兩廠用款，截至今年年底止，將以前劃清，明年另籌辦法各節。臣已於此次鐵廠槍礮廠請款各摺片內，上陳所有奉旨覆陳各緣由，理合恭摺具奏，伏祈聖鑒。

硃批：知道了，欽此。

王樹枏《張文襄公全集》卷三九《奏撥鐵廠開煉經費摺光緒二十一年八月二十八日**》** 竊臣前因湖北鐵廠各種鋼鐵業已煉成，經費不敷，奏請藉撥廣東省武營四成報效，及銀元餘款銀五十萬兩。經户部議奏，請旨飭下兩廣總督李瀚章查照原奏，在於前兩項內，挪藉銀五十萬兩，撥解湖北作爲鐵廠成本之用。於光緒二十年十月二十八日奉旨：依議，欽此。咨行欽遵。嗣准兩廣督臣李瀚章咨，以前項存款，先經協濟北洋，及提撥海防用款，無可藉撥，奏明咨覆前來。臣查自強要策，實在練兵製器。現雖防務粗定，而痛深創鉅，前鑒難忘，是精煉鋼鐵，正所以備廣修鐵路，自造槍礮，此事最爲當務之急。前項藉撥之款，既成無著，自當別籌的款，以便接續趕辦。

當粤省覆到之時，正值防務緊迫之際，而鐵廠經費早罄，工作難停，萬分焦灼。臣反覆籌維，惟查江南鹽務，局面較寬，尚可設法。當飭兩淮鹽運使江人鏡，詳細妥籌，旋據詳稱，運庫現有之款，俱有指撥用項，無可騰挪。惟查前督臣左宗棠，曾以楚皖引額，尚未足數，酌加新引。所收票費，均爲採辦軍火、製造鋼板船，及水利、書院、桑秧、隄埝等善舉各項之用，歸於外銷。其原請皖岸增復四萬二千八百五十八引，旋因是年皖省蛟水爲災，銷路較滯，僅就已繳票費銀兩核計，給發一百四十八票，計鹽一萬七千七百六十引。現在皖岸行銷轉輸尚速，若就前次請復未復之引，酌量加增，收繳票銀，在商情極爲踴躍，在要款得資補苴。此外惟湘岸之平江，銷數尚暢，亦可酌增。茲據皖岸商人廣大等七十二户，呈繳銀二十七萬兩，請認皖鹽一百票，計一萬二千引。湘岸平江商人洽豫等七户，呈繳銀八萬兩，請認平江鹽八票，計四千引，共繳銀三十五萬兩。已據如數繳齊，解交江南籌防局，兑收其新引，請歸現運綱分，一併循環轉運，三綱之內，設有新增捐款，免予攤繳。此款於要需有益，而於課餉無礙，銷數絶不致短絀。又另據湘岸商人，請報效銀二萬兩，不請獎敘，係屬閒款，亦請提用。又據該運司詳稱，續經勸諭，淮南場商，淮北池商，因兩淮運販，共捐江南海防經費銀一百萬兩，儘一年限内繳清，准照海防例給奬。該商等仰體時艱，情殷報効，亦共捐銀十三萬兩，請照運販呈繳期限，一律繳完附案，照海防例給獎實官。現在防務解嚴，此項捐銀，擬請改爲鐵廠經費。江南製造各局需用鋼鐵甚多，將來製造各項，逐漸擴充，取求便捷，自於江南防務，亦有裨益。計票費湘款場池商捐三項，共銀五十萬兩，適符原案之數各等情，先後詳請，具奏前來。臣查增引必以岸銷、商情、票價三者爲衡。該運司請加皖岸新引一百票，平江新引八票，因皖岸前請未復，舊額尚有二萬五千九十八引，茲因轉輸較速，請復懸額一萬二千引，尚未足左宗棠原請之數。平江按綱開辦，周轉尤速，於岸銷均無窒礙。至新引之鹽，歸入綱分，仍與舊引一律挨售，三綱之內，如遇奉飭捐項新引，暫免攤派，在舊引無佔壓之虞，在新引獲轉輸之利。商情均屬樂從，所繳票費銀兩，核與左宗棠前加皖鹽一百四十八票，每票繳票費銀二千四百兩，此次計加一百票，共繳銀二十七萬兩，係屬有增無減。又前加平岸票費，每票繳銀一萬兩，核與此次所加平岸八票，共繳銀八萬兩，數目亦屬相符。現查各商繳銀如此踴躍，毫無疑沮，且其中多係舊商認辦，其爲商情翕然，已可概見。而於課餉，毫無妨礙。復查左宗棠前收各岸票費，悉歸外銷，係充採辦軍火、製造鋼板船，及水利局、書院、桑秧、隄埝等事之用，均經開具清摺，報部有案。現在各商，共繳銀三十五萬兩，以之撥充鐵廠經費之用，核與前案票費，支銷採辦善舉等項，事同一律，而裨益尤多。至淮南場商，淮北池商，因海防需款，共認捐銀十三萬兩。現在防務解嚴，擬請撥充鐵廠經費，俾應要需，而備軍實，此於防務有益之事，似於情理尚無不協。已飭依限繳銀，解交籌防局兑收。合無仰懇天恩，俯念鐵廠，爲鐵路造軌要用，製造武備根源，開煉經費無著，准將前項票費，銀三十五萬兩，場商池商捐銀十三萬兩，湘岸商人報效銀二萬兩，撥充鐵廠經費之用。並懇恩准將此項商捐銀十三萬兩，歸入兩淮運販捐輸海防成案，一律照章給獎，以示鼓勵。統計此三項新籌之款，適符奏准原撥五十萬兩之數，而於鹽務正課，及該運司京協各餉，毫無妨礙，不勝翹切待命之至。

再，鐵廠款項，去冬早已罄竭，積欠纍纍，采鑛開煤，化鐵煉鋼等事，需費繁急，不能一日停工。而本年春間，京畿防務緊急，又未敢奏請撥款，致煩宸慮。是以臣前奏，於江省籌防局款撥用，計撥用之數，約計已及五十餘萬。兹收有新籌票費報効，及塲池等商捐款，自應將籌防局藉動之款，如數撥還，以清款目，合併陳明。其現在需用，及積欠之款，已另籌辦法，附片奏陳。

硃批：户部議奏，欽此。

《申報》光緒二十一年九月二日《鐵廠缺炭》 自張香帥督鄂時，創修織造鐵政纅絲各廠，規模宏大，現在鐵磺愈出愈廣，需用煤炭日見浩繁。楚南各山，産炭雖多，究以船小水淺，轉運不易。附近鄂屬之京口馬鞍山，産炭雖佳，亦不敷用。近有郴州某客，仿得燒煅焦炭之法，裝運來漢發售，每墩價售十四五兩，炭質頗能合用，苟能源源而來，可以敷用，否則恐不能不向别處轉運也。

中國第一歷史檔案館《清代軍機處電報檔彙編》第一册《奉旨著張之洞將湖北鐵廠現辦情形復奏等事光緒二十一年九月十六日**》** 奉旨：近聞湖北鐵廠採煤合用大鑪，業已燒通，每年可出快槍七八千枝，鐵軌尤易鑄造。張之洞經理此事歷有年所，著將現辦情形切實覆奏。如經費不足，亦應確切直陳。現在時事多艱，中外大臣宜講求一實字。總之，毋妄費毋受欺矇，方有實濟。該督其深體此意。

王樹枏《張文襄公全集》卷一四九《致武昌蔡道臺光緒二十一年十一月初四日亥刻發**》** 包辦鐵廠，先估定官本若干，令商先繳還官本一二百萬，再籌活本若干。務令與官餘本配搭均匀，將來除廠用經費外，餘利官商各半。固以華商包辦爲宜，但中華紳商類多巧滑，若無洋商多家争估比較，定必多方要挾，不肯出價。現已分電許星使及上海瑞生洋行，轉詢英德各大廠，派人來鄂，看估面議。該道務并託漢口各洋行，分投招徠，許以酬謝，以期早有成議爲要。鐵廠款項難於持久，務須及早預籌，千萬勿延。支。

湖北省檔案館《漢冶萍公司檔案史料選編》上册《盛宣懷招商章程八條光緒二十二年三月**》** 竊維爲政之道，雖守成易於開創，而理財大要，非慎始無以圖終。職道學仕未成，旁及商務，荷蒙不棄，采及葑菲，以憲臺創辦漢陽鐵政局，飭令招商承接，遵於三月十八日偕同總辦蔡道先到漢陽鐵廠，凡出生鐵、熟鐵、煉鋼，均一一親見，規制井井，體物賅備。仰見憲臺擘劃運用之苦心，匪伊朝夕。次日至大冶周履山巔，鐵苗極旺。又次日至馬鞍山，惜馬鞍煤礦出産，不足供一廠之用；并接見德培諸洋匠，詳訪周諮。通籌全局，就職道愚見，擬請分次第辦法，先支持而後開拓。生意之道，不外乎謀銷路。側聞軍務處招商開辦蘆漢總鐵路，應需鋼軌，價值數千萬，此誠絶大機會。宜先奏請轉飭該商，如果承辦此路，必得用本廠鋼軌。本憲臺原奏之意，以保中國自有之利。如荷允旨，即責令與本廠訂立合同。所有本廠應需焦炭，不拘如何設法籌本采辦，漏夜專造鐵軌，以應該鐵路之用。有此銷路，猶之當日招商局之承運漕糧，先得應有之利益，然後徐圖開拓。開拓之法，必須先尋煤礦，不獨本省諸山，即豫、皖、江南沿江諸山，亦應延請最有名望之礦師，裹糧深入。愚以爲中國之大，造物之仁，既有鐵山，應有煤礦。果能得有生生不已之佳煤，出鐵必旺；出鐵旺，則銷路愈推愈廣。上而造船制械，下而鍋鑊釘針，無不取資於此，實爲利國利民之首務。兹事體大任重，以憲臺之精心果力經營數年，幾於寢食皆忘。謭陋如職道，如果冒昧從事，顛覆可知。惟念受知有素，又荷殷殷垂詢，敢不罄竭愚忱，以備采擇。謹擬招商章程八條，伏候鈞裁。謹略計開：

一、請官爲保護。查開辦礦務與尋常商務不同，無論煤鐵礤灰諸石，皆取之於山，動與鄉民交涉。鐵政局雖係已成之局，一經招商，地方營汛，難免歧視。應請通飭地方文武，照舊保護。接辦後，即須派洋礦師親赴各山采訪煤礦，窮鄉僻壤，一見洋人，即易滋事。非地方營汛盡力保護，視商辦與官辦無異，鮮不枝節叢生。擬請遇有膜視之處，准商局具稟督憲照例參撤。

一、請招集商股。查泰西各國，凡重大商務，多集公司，糾資於衆。茲蒙督憲招商承辦，擬請先集資本一百萬，每股百兩，計一萬股，周年官利□釐，以招滿百萬爲度。

一、請開采煤礦。查大冶鐵苗雖旺，無論鋼鐵，非焦炭不成。督憲創辦數年，全力經營，尚無取之不盡之煤礦。商辦後，必須延請礦師，四路尋采，本省諸山，固須一一履勘，即上至湖南，下沿豫皖江南沿江一帶諸山，應請奏明准其開采，以成利國利民之大政。

一、請籌定銷路。查商務經營，首貴輸轉。鐵之爲用固廣，當此朝廷創設蘆漢干路，無論官辦商辦，應請奏明專用漢陽鐵廠所出之鋼軌。不獨保中國自有之利權，亦與督憲原議創辦干路、開設鐵政之初奏相符。至鐵軌價值亦當責成商廠，核計成本，格外克己，不得因奏定居奇，致鐵路公司有所藉口。

一、請核計成本。查鐵廠自購地建廠，并全廠生熟鐵鋼各爐機器，以及大冶火車、鐵道、機器廠，又馬鞍山廠屋、掛綫路、焦炭爐，又本廠所置拖輪各駁船、江船、碼頭、鐵路，皆系官局成本，應請飭局查照原購價值，分別門類，開具詳細清册。并將存積在廠之材料，估計價目，發商承領，即作爲官廠成本，俾各商知官帑數目，有所考核。

一、請酌予年限。查鐵政本應官辦，茲由官招商，原爲經久之計，但官辦尚無把握，商辦亦成效難期。惟商人將本圖利，萬一得有佳煤，出産日多，銷路日廣，其時覬覦者衆，難保不有以公款虧耗於前，商利坐獲於後，危言聳聽，群起而攻。應請奏明，如果商辦獲利，十年以内不得改章，以免觀望。

一、請悉照商章。查貿易之道，首在用人，茲蒙改招商辦，所有全廠各執事，均由商人選任樸實耐勞之人。如招商、電報各局，雖動與官場交涉，有督辦、總辦、提調諸名色，而局中章程，一皆商號排場，絶無官氣，更無掛名干俸等事。應請准照辦理，以杜虚靡而保商本。

一、請明定税章。查中西通例，凡進口一税，轉口再完子税，釐金概免。鋼鐵爲中國創辦之大政，非減輕成本，無以敵洋産，即不能收應有之利權。應請奏明所有漢陽鐵廠運出之鋼鐵，即於江漢關報完一正税，運至上海。如再轉口，再完子税，沿途無論何省，釐金一概邀免，即由本廠刊發運照，呈驗放行。

總銀錢所：專司銀錢總帳兼稽察全廠收發，并考查各所旬報、月表諸務，并采辦各項應用材料。

支應所：專管華洋薪水、工食，常工、短工、腳價、鐵車、輪駁等船辛工飯食以及起駁等力。經用數目按旬報明總銀錢所稽考。

煤炭所：專管本廠生、熟、鋼爐應用煤炭及核收各路煤炭，并多用熟諳煤質、考究等第之人。隨時收發，仍按旬報明總銀錢所稽考。

鋼鐵所：專管逐日所出鋼鐵，磅定准數，即送儲轉運所，取具收單送總銀錢所稽考，仍按旬繕表分報各處。

翻譯所：專與各爐洋人交涉本廠工作，并考究礦師、礦煤等事。

監工所：專管生鐵、熟鐵、鋼爐常工及添雇小工，并照料爐頂、爐口工作等事。

材料所：專管本廠各爐廠備用各種砂、泥、木等料。又機器應用仔油葷素油等等，兼管磚廠出數收發。

案牘所：專管文牘、號信，并造辦月報、年報。

轉運所：專管棧房鋼鐵各料收發，按旬報明總銀錢所。

磚石所：專管收發鐵石、錳石、灰石等料。

工程所：專管翻砂廠、打鐵廠、木廠及各爐修整，并鐵路、火車、輪駁船修艦諸事。

巡查所：專管本廠巡丁晝夜梭巡，并彈壓閑雜游人諸事。

以上妥擬十二門，以備采擇。

湖北省檔案館《漢冶萍公司檔案史料選編》上册《盛宣懷呈接辦漢陽鐵廠稟》 光緒二十二年四月十一日

敬稟者。接奉憲札，内開「湖北鐵廠即歸該道招集商股，官督商辦，應即飭委該道督辦湖北鐵廠事務。務速體察情形，籌劃盡善，酌議章程，截清用款，限數日内稟候核定後，即行接辦」等因，奉此。

伏查大冶鐵礦，光緒三年職道督率英國礦師所勘得；風氣未開，無力籌辦。逮光緒十五年，憲臺建議蘆漢鐵路，職道條陳就鄂鐵造軌，毋庸購買洋鐵，可塞造路漏卮；蒙醇賢親王發交憲臺核議辦理。此固天欲以自强大任待憲臺而始發也。光緒十八年以後，屢蒙函電諭商。官倡其始，商守其成，飭議招商辦法。此次奉差到滬，蒙憲臺電令來鄂面商，并飭親赴鐵廠、鐵山等處詳細查勘；仰見規模閎遠，創造艱難，斷非始願所能企及，亦非駑鈍所能參預。奉札後，徘徊中夜，毫無成算。迭經面求收回檄命，另委賢能。面諭諄諄，催令接辦後再行回滬；聞命之下，彌切感惶。

當即詳查鐵廠實在情形。洋總管德培、洋礦師馬克斯、化鐵總管盧柏均稱馬鞍山煤質磺多灰多，取制焦炭不宜熔煉，是以先開一爐，屢作屢輟，藉資開平頭等焦炭，運到每噸需銀十三兩。加以鐵錳灰石均由大冶運來，每噸需銀數兩；加以辛工用項，煉成生鐵，每噸不過值銀二十兩左右，無不虧本；熟鐵鋼件皆由生鐵轉造，更無不虧本。又向鐵政局開查支款，每月局用約需銀七萬餘兩，其中購煤之價只有一萬數千兩。如生鐵兩爐全開，月需焦炭三千六七百噸，開平、萍鄉煤兼用，煤價即需銀四五萬兩，尚須添購各項機器；而洋人三十六名，可删者合同未滿，必應用者尚須添雇，每月薪水一萬餘兩，有增無減。所出鋼鐵，亦無暢銷之路，是以開煉以來，售出生鐵無多。現據德培、盧柏函稱：合用焦炭僅共十餘日所需，又須停爐待炭。此辦理爲難之情形，固不能責效於前人也。

復查大冶鐵山，用之無窮，運道已經造成，必須在長江一帶趕緊覓求上等煤礦。俟得煤礦，添籌商本，再就大冶添設生鐵爐兩座，方能保本，漸圖利益。此將來推廣辦法也。所最難者，目前煤礦難期必得，而熔鐵必須藉資開平及萍鄉、日本各處焦炭，每噸通扯需銀十數兩；且恐轉運不及，斷續堪虞。聞外洋焦炭至多不過銀六兩。加以洋匠辛工之貴，倍於外洋，所煉鋼鐵難與洋貨争銷。官本數百萬業已用罄，華商魄力甚微；現擬籌集商本一百萬兩，除去添購機器，不過支撑數月。幸聞憲臺奉辦蘆漢鐵路之命，從前開廠煉鐵，原爲自造鋼軌，以免鉅款外溢，醇賢親王曾有「先軌後械」之諭，意甚深遠。近來國計民生俱爲外洋漏卮所困，豈堪再以數千萬造軌之資，浪擲於外洋？自應查照原議，所有鐵路需用鋼軌各件，均責成湖北鐵廠按照極新西法自行製造，核計實在工本，每噸需價若干，其未得煤礦以前，軌價每噸恐須增貴數兩；爲大局起見，亦應通融存記。將來長江續開煤礦，大冶添設化鐵爐，華匠習練可以做工，鋼價必能比較外洋更賤，自當如數補還路局，挈長補短，總不使華軌昂於洋軌，此目前支持之辦法也。

總之，非支持不能推廣，非推廣不能持久，實一定不移之理。惟中國辦事最易紛歧，萬一鐵路所用鋼軌等件仍欲取材於外洋，使華鐵銷路阻塞，商局何能挽回？屆時應請准其停工，發還華商資本，仍歸官辦。此華商與職道堅明訂約，職道所不能失信於華商者也。

職道從前創設電報，整頓輪船，規復布局，擴充紗廠，無不備極艱辛；及睹成效，無不橫生疑謗，以爲商務之利權專屬也。目前鐵廠，人人視爲畏途；將來萬一經理得手，商人竟獲轉圜，又將人人視爲利藪，方謂職道招攬事權，大人輕忽委任，雖百喙亦難置辯。況此次以直隸道員越省代籌，且欲越省遥制，在職道因恐鐵廠屬於洋人，有礙國家自强大局，有負憲臺經始宏謨；不得已，不避嫌怨，冒險承接。在局外又以爲職道願舍關缺，來膺鐵廠，以小人之私見，度君子之公心，一人毀譽何足惜，其如大局何？現在華商未見章程，股本尚多觀望，鋼軌未訂合同，銷路尚無把握，則目前需用商本一百萬兩，將來應繳官本一百萬兩，均屬懸虛。生平辦事腳踏實地，必須俟議定章程，恭候核奏。職道一面回滬招齊商股，并赴天津與開平礦局妥議運煤章法，限三個月内來鄂接辦，以期妥實。所有遵議招商章程，謹呈清摺一扣，是否有當，伏乞札發鐵政局司道核議，批示祇遵。

陳旭麓等《盛宣懷檔案資料選輯之四》漢冶萍公司第一册《盛宣懷致德培函 光緒二十二年四月十四日》

此鐵廠自四月十一日起，即屬公司歸於商辦，斷不能如從前官辦樣式，處處虧本。從前辦事均屬不合，現今必須將廠務辦法預先商定，總以得利爲主。執事到廠已久，利弊自能洞曉。一、焦炭應如何辦爲最省？二、生鐵爐應如何兩爐齊開？每出生鐵一噸，應合何價？三、熟鐵廠能否得利？每出熟鐵料一噸應合何價？四、鋼軌每日須造三四里，兩爐盡造鋼軌，每噸成本應合何價？五、馬鞍山、李士墩兩煤礦應如何辦，方能得利？六、本廠開銷應如何實在節省？此外各事，應如何整頓方能獲利？即就此兩座生鐵爐，購用開平焦炭，每噸須合銀十二兩八錢，萍鄉焦炭每噸至少須合銀八兩，通扯每噸合銀十兩以外，通年不使停工，通年能獲利息若干？凡公司辦事，必須通籌利益，立定章法，方能一一按照辦理。本督辦亟欲觀看執事籌劃心思，能否與本督辦意思相合，方能與執事訂立合同，派定職司辦事也。

湖北省檔案館《漢冶萍公司檔案史料選編》上册《德培致盛宣懷函 光緒二十二年四月十五日》

敬禀者，奉到西曆本月二十七日憲諭，謂從前虧本，由於在事諸人辦理不善云云。此層某不能不力辯。在廠洋人無分等次，凡中國官員所准者，無不竭力各盡職守。憲諭末段，甚爲詫異，某不勝惋惜之至，斷難聽從。憲臺未曾接手之前，已於蔡道臺處聞知憲臺已經派一中國總辦。現請示知條款，用某何如，不用某何如？至其餘各節，某亦甚惋惜，照西人意見，略嫌簡慢，某望憲臺并非有心慢之。所謂欲先觀某籌劃心思，能否與憲意相同，然後定某之職，華俗容或有之，以某分際，斷難聽從請示鈞意爲荷云云。

陳旭麓等《盛宣懷檔案資料選輯之四》漢冶萍公司第一册《德培致盛宣懷函光緒二十二年四月十五日》 敬禀者：本日呈上一禀，想邀臺覽。憲臺所問各款，兹特謹答如左。

一、欲好焦炭之價賤，必須尋得好煤，開平之煤即甚好。湘煤雖畧次，然亦可以燒焦。總之，以運煤到廠，就地燒煉爲最要。一省水脚。二不碰碎爲屑，以致減成。（鐵爐須用成塊好炭，已在洞鑒之中。）三所餘炭氣，可用諸鍋爐。

二、倘開兩爐，每噸焦炭通扯銀十兩，每出生鐵一噸，其價當不到銀十五兩，惟事事須照西法耳。再開一爐，須添考伯爐兩座，鍋爐四個，抽水機一座。

三、熟鐵爐雖難獲利，然亦不能不備此一格，因本廠及各礦，皆需用熟鐵也。或者限其出數，以足供應用爲度。

四、照現在兩座化鐵爐而論，每二十四點鐘内，當可出鋼軌兩里半，果有極好焦炭，應可出至三里半。每噸軌價不出銀二十八兩，此照每噸生鐵價銀十五兩計算也。

五、馬鞍山李士墩煤質不佳，不能煅煉焦炭。至於如何辦理，始可獲利？馬克斯當知其詳，非某專責，不甚深知。

六、節省經費最大處，在廠中人人竭力從事，使薪水工食，無一虚糜。工匠須大加裁減，留者須各盡職守，不能托故離工，隨來隨去，一俟工匠習練者多，即可裁減洋匠。而且照工作多少，發給工食，不以日論，如此則人人踴躍，工食雖倍，而工作亦倍矣。照此而行，每年至少贏餘銀二十八萬兩，是按每噸鋼軌售銀三十六兩計算也。

至於某之籌劃心思，惟有據實以對。某前管鋼鐵廠，其大蓋五倍於此，經理已歷有年所，請憲臺放心。某若不能勝任，克虜伯斷不舉薦也。此廠倘全照西法辦理，將來可獲鉅利，某已一再言之。苟兩相情願，憲臺以總辦工程責成於某，必有以仰副期望云云。

湖北省檔案館《漢冶萍公司檔案史料選編》上册《德培致盛宣懷函光緒二十二年四月二十日》 敬禀者，兹將全廠洋匠開呈鈞覽。廠中應有之匠而缺尚空懸者，注一「缺」字，或「在途」二字。除貝色麻及軋軌軸匠數，只够用工外，其餘各項工匠，足分兩班。

全廠洋工師及洋匠單：

德培（總管，二千二百五十馬克）；馬克德（文案，二百五十兩）；莊生（總繪圖，四十三磅六先八本）；威德（裝機匠目，五十二磅）；本達士（東馬頭洋匠，二百元）。

化鐵爐：盧柏（總管，一百磅）；郎子（即連斯匠目，三十二磅）；哀敷郎子（匠目，三十磅）。

西法焦炭爐：司脱蘭格（燒焦匠，七百五十馬克）。

熟鐵及軋軸：卜聶（總管，八十磅）；費卜聶（即蒲尼，匠目，五十磅）；德於邦（即都板，軋軸匠，三十磅）；格郎德治（軋軸匠，三十二磅）；郎撥拉（即阿林伯路，爐匠首，三十二磅）；夏乏尼（即查化尼，爐匠，二十六磅）；福多孟（即化淡梅，爐匠，二十六磅）及哀格郎德治（爐匠，二十六磅）。

化學房：史麥耳（化學師，三十五磅）；雷考司奇（化學幫手，二十磅）。

西門士馬丁爐、貝色麻爐、軋軌軸總管缺。

西門士馬丁爐：匠目兩名，在途，九十磅，未定；工匠一名，在途，二十六磅，未定；美郎（工匠，二十七磅）。

貝色麻爐：匠目一名，缺，四十五磅，未定；勒摩昂納（即林毛納，開車匠，三十二磅）；馬太（爐匠及管全份二十八磅）；孟司特（衝天爐匠，二十八磅）；德羅亞意（汽管火磚匠，二十四磅）。

軋軌軸：匠目二名，缺，四十五磅，未定；波拉（軋軸匠首，三十六磅）；衛根（第二軋匠，三十磅）；辜桑士（第一烘鋼匠，三十磅）；德里斯（第二烘鋼匠，三十磅）；德閣特（開車匠，二十四磅）。

克於表司（醫生，五十六磅）。

夏東元《鄭觀應集》下册《禀兩湖督憲張香帥爲漢陽鐵廠事禀北洋大臣照會盛督辦同》 竊職道於光緒二十二年四月二十日奉憲臺札開：「據督辦湖北鐵廠事宜津海關道盛道詳稱：『奉札委督辦湖北鐵廠，悉照官督商辦章程，遵於四月十一日到廠視事，查禀覆章程第十一條内開：添派總辦一員駐廠，聯絡上下官商之情，稽查華洋員匠之弊；第十三條：總辦應由督辦禀派。均蒙批准在案。現值接辦之初，頭緒尤繁，駕馭洋人，通籌工作，購運煤炭，稽核收支，隨在俱關緊要。職道赴滬赴津以後，必須明干大員駐廠總辦諸事，方有統率。查有盡先選用道鄭官應講求時務，諳習洋情，居常慷慨自期，每自傾囊，力任艱鉅。職道前奉督辦招商局之命，禀請入局設法整頓，勞怨不辭，頗著成效。此次職道奉飭接辦鐵廠，往日同志辦事之人莫不心存畏避，惟鄭道得電後如約來鄂，昨與面商大概，悉合機宜，擬請該道克日到廠總辦，暫駐漢陽，督同全廠總董委員、洋匠、華工以及大冶鐵礦、馬鞍山李士墩煤礦員董人等，認真妥籌，遇有重大事件仍與職道函電商酌辦理，可期勝任。但該道爲商局必不可少之員，仍當往來鄂滬彼此兼顧，除詳北洋大臣外，理合詳請俯賜批准，并請加札飭令到廠以收得人之效。」等情到本部堂。據此，除如詳批准并分行外，合亟札飭。札到，該道即便遵照，刻日到廠總辦。暫駐漢陽，督同全廠總董委員、洋匠、華工，以及大冶鐵礦、馬鞍山李士墩煤礦員董人等，認真妥籌。遇有重大事件仍與盛道函電商酌辦理勿違。此札。等因。奉此，遵即於本年四月二十日到廠，率同全廠員董、工匠人等認真經理。

伏念職道識暗才輕，勉肩重任，鋼鐵諸務素未深諳。第查看大冶鐵礦，質佳且旺，可煉各種鋼鐵。前開馬鞍山李士墩等礦，煤質多磺，雖可煉焦炭，不合化鐵之用，現購用直隸之開平、江西之萍鄉兩處焦炭，其來源頗遠，價亦殊昂，且虞轉運不靈，勢難停工待料，計必須於沿江上下游勘獲上等煤礦，采煉合用焦炭；或由萍鄉築鐵路至大河邊，或移化鐵爐於大冶，冀省運費輕成本，方能礦廠自相表裏，爲經久不敗之圖。此有關於鐵廠之要害一也。

從前鄂省創設此廠原爲鐵路造軌、軍政制械導其先路，今出鐵之明效已著，嗣後凡中國造路之鐵軌、暨各省製造局所需制器之鋼鐵等件，似宜明訂章程購自鄂廠，庶銷路暢旺，官本可歸，中國之利源日開，外洋之漏卮漸塞。此有關於鐵廠之成效二也。

現在煉鋼、煉鐵皆用洋匠，我國家宜考取精通西文、算法已經畢業普通學之學生，派往德國或比國或英國鋼鐵廠學習，以期回國可代洋匠，不致日後失和爲人掣肘。此有關於鐵廠之人材三也。

謹就管蠡畧陳梗概。職道自揣駑鈍，膺兹艱鉅，捧檄之際惶悚難名，惟既據盛道詳稱：接辦鐵廠，往日同志辦事之人莫不心存畏避；職道雖愚，敢不勉力匡襄，暫爲經理。第上海招商總局職道經手要件頗多，自應遵照盛道詳奉批准原案，仍往來鄂滬，彼此兼顧，所有職道奉札暫駐湖北鐵廠緣由，理合稟明，伏祈鑒核俯賜訓示祇遵。

〔附〕《兩湖督憲張香帥批》

據稟已悉。仰即暫駐漢陽鐵廠，將應辦一切事宜妥爲經理；該道上海招商局經手事件尚多，應俟鐵廠諸事籌畫已定，仍即隨時往來鄂滬，彼此兼顧可也。切切此繳。

〔附〕《北洋通商大臣直隸督憲王批》

據稟已悉。該道奉湖廣張督部堂委辦鐵廠事宜，所稱用煤須采自沿江上下游；中國造路鐵軌暨各省製造應需鋼鐵皆宜購自該廠，庶銷路暢而利權亦不致外溢，探驪得珠，具征識略。仰即悉心經理，期收實效。上海招商局該道經手事件較繁，可隨時往來照料，以免顧此失彼，仍候南洋大臣批示。繳。

〔附〕《督辦鐵路總公司事務盛大臣委充公司總董照會》

爲照會事：照得本大臣奉命督辦鐵路事務，業經奏明在上海設立總公司，開辦在案。查總公司招集商股籌辦工程，爲現在創始之事；妥定章程次第推廣，爲將來經久之事。一切辦法均從西例，造端宏大，條緒繁多，亟須遴舉明干殷實之紳商分充總董，提綱挈領，委任責成。兹責貴道總辦鐵廠，應兼充鐵路總公司總董，以資聯絡。除咨明直隸總督部堂及湖廣總督部堂，并行知鐵路總公司天津、淞滬分局外，相應照會貴道查照，即赴鐵路總公司，會同各總董認真籌辦，集思協力，共成大工。須至照會者。

陳旭麓等《盛宣懷檔案資料選輯之四》漢冶萍公司第一册《漢陽鐵廠官督商辦章程》

第一條　議成承辦之日，先繳官項墊款庫平紋銀四十萬兩（現銀十萬，期票三十萬，四個月繳清。銀票交到，方能入奏）。

第二條　如開一爐，爲利無多，必開兩爐，方有大利。如開兩爐兼多收煤利，必須添購王三石、馬鞍山煤井抽水、起重大機器各一副，焦炭爐三十五座，造運煤鐵路十里，煤馬頭一座，運煤車三十輛，估計價值、運、保約三十六萬兩。其轉運起卸，安設零星工料，數難預計，均由商人自理。此項機器、鐵路、馬頭係爲擴充爐座，多出煤鐵，增貨省本起見，乃於以後商人有益之事，有餘不足，均歸商認。

第三條　本年六月起至十月止，未經開爐，每月由商先備經費銀三萬五千兩，五個月牽算，共經費銀十七萬五千兩，隨時支用。此係約數，有餘歸商，商不足官認。如定議在六月之後，仍從六月起算，照還官墊之款。此數月内，尚有鐵廠内填土之工，廠内鐵路等工，及上海轉運起卸各費，并外洋學習鐵匠各費，均在此數之内。

第四條　本年十一月開爐起，計開爐一座，每月約需經費銀四萬五千兩。此亦約數，有餘不足，均歸商認。

第五條　將屆開爐之期，應早一個月雇備各項洋匠，其薪水川資亦歸商認。

第六條　魚片鈎釘廠機器未到，尚未建造。此廠工料由官款自行辦成，不動商款（此款甚鉅）。

第七條　自本年六月起，所有總局及各局廠煤工、大小委員薪水火食，概由官款支發，不用商款（此款甚鉅）。惟司事及翻譯、繪圖生、化學堂彈壓弁勇津貼，仍歸商款動支。

第八條　煉成鋼鐵之後，所有賞犒洋匠之款由官發給，不動商款（此款甚鉅）。

第九條　未開爐以前至開爐以後煉成鋼鐵奏報辦成之日爲止，一切廠務、局務、用人行事均仍由官主持。緣此舉事理精微繁重，初煉須校準成色，逐一試驗，工夫最難。官廠開辦有年，中外員司工匠人等在事已久，情形熟悉，呼應靈通，易於奏效。若驟易生手，調度不得其宜，上下必多扞格，故欲煉成鋼鐵而後專交商人經理，俾可循照斟酌。但自本年六月以後，商人即可派人隨同閲看、經理，藉資歷練。至支用既係商款，可由商人選派妥人隨同經理。支發銀錢由商掌管，俾知款皆公用，費無虚糜。

第十條　奏報辦成之後，改爲官督商辦，一切俱由商局主持，由鐵政局司道稽核、督理。局中委員薪水不支商款。所有司事匠夫人等，或留或换，由商酌定。惟雇用之洋匠，合同未滿期者，均須留用，合同滿後，應留應换，亦由商自酌。惟總管、幫管、洋匠首關係緊要，商局自行訂募恐難得精通妥實之人，應稟明督憲電請出使之大臣代募，以免誤用非人，致貽後患。其後募用洋匠，增減去留，由商自酌。

第十一條　漢陽鐵廠、大冶鐵山、興國州錳鐵礦、大冶鐵路及各處煤窿，各派委員一二員專司彈壓地方，稽查開煤、出鐵、行車、運礦、制煉、銷售煤鐵各數目價值，以及出入用款，辦理情形，按月稟報鐵政局轉稟督憲查考。其商局總辦亦將各情形按月報明鐵政局。由局將兩處所報互相參考，查其是否相符。因須核計餘利，以憑繳納活息，不能不加稽核。用款出入，但知其數，其如何支用，官不攙預。

第十二條　若須派弁勇彈壓照料，何處需派若干人，由商酌擬，稟請督憲委派，正餉仍由官發，由商局議給津貼。

第十三條　官督商辦，官司稽查、彈壓，商管銀錢出入、制煉、籌銷各事宜。一切用人選匠，酌劑盈虚，均由商人主持。

第十四條　鐵廠商局總辦之員稟請上憲，呈報鐵政局，專刊「總辦湖北鐵廠商局」關防，發給應用。鐵廠商局行文鐵政局司道，如總辦係知府以下用稟，道員用咨呈。但不能行文至各州縣及外省，如行文地方文武官及外省，須呈由鐵政局司道，并稟督憲核奪轉行。

第十五條　官款三百萬兩，除第一年寬免納息外，自光緒二十一年正月起，以後無論盈虧，每年由商繳額息十萬兩，永不增加。惟所運售之鋼鐵、煤斤，第一年免抽息銀，自光緒二十一年正月起，煤鐵合計，除去繳官額息十萬外，商本無論若干，核計商人餘利每年亦以十萬爲額息，如每年在十萬以外，其餘利官商各半均分，此作爲官商活息。每年繳官額息，按四季各於季尾交清。活息於次年二月半前算明交清。

第十六條　商股大率須集一百餘萬兩，如初集之款不敷周轉，准其自藉商款附充。其附充之款應給息若干，即在商股額息、活息内開銷，不得侵占官額餘利。

第十七條　自光緒二十年起，第一年奏免釐税。第二年起，煤鐵兩項均只由漢口江漢關照洋鐵章程完一正税，免完半税，無論行銷何省，免其重征，亦不征收釐金。如銷至外國，再當妥酌，總期商本輕省。

第十八條　馬鞍山、王三石兩處煤窿，將來改换大機器。兩處日可共出煤一千餘噸，除自用煤鐵外，聽商人銷售獲利。惟須畫定地界，界以現在煤井之左右前後各二里，共約方四里爲限。其界内并准商人添開井窿，勿庸另行繳費，以擴充利。惟添井設機之地段，如由外省商人自購，民間必多異議。將來擇定添井何處，應由商局呈明鐵政局，札飭地方官購備，作爲官地，費由官出，以免民間抗阻居奇。至界外不准擅開，如該商於界外訪有佳煤，願開井窿，須稟候督憲核定，批准，繳費，方准開采。

第十九條　「楚富」、「楚强」輪船二號及剥船五號撥歸鐵廠應用，其管帶官目前仍應其舊，俟專歸商辦以後，准由商局總辦遴訪妥弁，稟請督憲下札委派。其舵水司機人等，如有不勝任者，聽商局調换。養船修船各費，統由商款支理。遇有地方緊急公事，各輪船仍聽督憲調遣，煤炭由官發給。

第二十條　漢陽鐵廠爐機，護廠隄工，漢陽、大冶、馬鞍山各馬頭鐵器，及一切官置物業、工程，皆須愛護慎用，如有損壞，由商隨時修理完備，不得因陋就簡，致壞大局，每年請督憲派員查驗一次。

第二十一條　爐座、機器、煤井鐵里、木里、鐵路等項，年久必須大修，應於得利項下先行提出二成，存放外國銀行生息，作爲官商公款。遇有大修，每項在五千兩以上者，稟明在存款内撥用。小修在五千兩以下者，應由商人自行開支，不得撥用存款。須提出大修公款二成之後，商人方得分息。

第二十二條　鐵廠隄内俱係官地，可由官添建各項廠屋、公所，商人不得争執。隄外官地甚多，仍舊歸官收租。

第二十三條　每年結帳，商局須將所出鋼鐵、煤斤若干，運銷價值數目若干，利益若干，刊爲征信録以昭核實。

第二十四條　大冶鐵礦、興國錳鐵礦只准該商采取，充漢陽廠煉鐵煉鋼之用，不得另行將礦砂銷售，以示限制。如有人購買，須稟明核准，另議官税，方准出賣，此事須妥定章程。

第二十五條　漢陽鐵廠須蓋造鐵廠商局公所，應由商人自辦。

第二十六條　海署、户部原奏鐵廠願爲制械而設，所有槍炮官廠需用鋼鐵、煤斤各項，爲數無多，應由鐵廠供用，但算工本、運費原價，不得另行計利。至本省公事自用鋼鐵及布局紗廠所用之煤，照所售市價減一成。

第二十七條　鐵廠中設有修理輪船及各項機器廠，本省修理輪船及各項機器等事，凡鐵廠所能爲者，核實照給工料，但算工本，不得計利。

第二十八條　大冶鐵路固因運礦而設，惟通衢大道利在一方，非商人所能獨專，如有外人附搭客貨，所收車費務在公平，畧可貼補養路之費，不得把持苛索，致礙行旅，所定車價須稟候督憲核定，以昭公允。

第二十九條　商派各局廠任事之人，須稟明督憲，報明鐵政局立案。如有舞弊不法滋擾生事等情，一經告發，查明屬實，由督憲飭該商局總辦撤革，由商另行選人充補，以維大局。

第三十條　鐵廠、鐵山、錳鐵山、鐵路、煤窿及所置各爐機，俱系官業，商人不得典押揭藉，違者罰懲。

第三十一條　商人集股，每股最少須在五萬兩以上，不得零星招集。股票内須將股東籍貫、姓名載明，如有轉售、易主，須將新股姓名呈報鐵政局立案。各股票不得轉售、典押於外國人，違者責成商局總辦罰賠。

第三十二條　商人按年應繳官息，如有短欠，即在商貨内扣抵。三年不繳官息，由官收回接辦，商人已用之款全不補還。

第三十三條　商人如自願在漢陽鐵廠内添設鐵綫針釘各種鐵貨廠，均可准行。惟廠内均係官地，地基須稟候核定，但均須另議繳餉。

第三十四條　將來如有利商而無損於公之事，准由商局總辦隨時體察，會商鐵政局督辦，稟明督憲核定辦理，必爲極力護持。

第三十五條　本省外省各官局官廠需用鋼軌鐵料甚多，但鄂鐵初出，尚未通行，將來督憲當爲咨商海署、户部及各省，多用鄂省鋼鐵。但須酌定公平價值以敵洋鐵，俾各省樂用多銷，以裨鐵務。

第三十六條　日後行銷東南洋，事關交涉，有商力所辦不到者，准其會商鐵政局，稟明督憲，商明外洋領事及出使大臣，爲之招徠維持，以擴商務（該商如須派工匠赴外洋鐵廠學習，准商請鐵政局，稟明督憲，電商出使大臣爲之經理）。

第三十七條　漢陽鐵廠現已備有再添生鐵大爐兩座之基墩，砌築備極鞏固，日後如商人自願在漢陽鐵廠自添大爐，應聽其便，不再繳費。如因添置爐座及添別項機器再行添招商本者，則照本行息，准在官商公共活息内開支，日後獲利仍照官商各半均分。如官願添本，亦照本行息，與添招商本無異。

第三十八條　此時大冶鐵路馬頭俱已修成；大冶煤礦已查明甚多甚旺；水泥火磚，鄂省均有此項土料，均能自造。如以後在大冶鐵山鋪左近地方另設煉生鐵大爐，費省運便，成本尤輕，獲利尤厚，必有他商圖爲添爐攘利之舉。應即議定立案：十年之内，别項商人不准在大冶鐵山鋪另開生鐵爐以奪原商之利。惟十年之内，國家欲在彼處添爐，如該商力能擴充，當先盡該商出資承辦。如該商力不能辦，再由官自行添設。如該商願在鐵山鋪添設生鐵爐，酌量爐座大小多少，另議繳餉，方准添設。每出鐵五十噸之爐一座，繳銀十萬兩。

第三十九條　日後如國家欲收回由官自辦，須令商人辦滿二十年，并將該商籌墊開辦之款九十三萬五千兩發回。若添有爐座及各機器大小房廠，照將來所值，公平議摺補還。

第四十條　日後如商人自願退回不辦，不得索回先繳籌墊開辦之款及添造各件價值。

商人利益各條列左。

一、官款多，商款少，而利益均分，其利一。

一、商款少而事權專，其利二。

一、官款三百萬僅得額息十萬，商款百餘萬亦坐分額息十萬，官利薄而商利厚，其利三。

一、鐵礦、錳鐵、煤炭任其取用，不另計價，其利四。

一、開端始創，平地爲山，凡百艱難皆官獨任而商享其成，其利五。

一、以後彈壓維持，事體重大，爲日方長，官任其勞，商受其益，其利六。

一、假如開辦之初招商附股，商股之百餘萬必須兩三年措備，按年計息，爲款甚鉅。今於廠工將成之際，得此機會，獲利良多，省費不少，其利七。

一、奏免稅釐一年，以後僅完一正稅，行銷各處免其重征，其利八。

一、十年專利，不許别項商人攙奪，其利九。

一、已成局面，任商擴充，不加限制，其利十。

一、煤井開成，餘煤准其銷售獲利，其利十一。

一、地球東半面凡東南洋、五印度别無鐵廠，只此一處。以後關外鐵路遞年加增，東洋擴充鐵路，曾經日本總領事來函，詢商擬購用湖北鋼鐵。將來鐵利日興，銷場不患不廣，其利十二。

盛宣懷《愚齋存稿》卷二三《寄江督劉峴帥光緒二十二年五月初一日》 鐵廠已接辦，鍊鋼甚佳，以後每日可造頂上鋼軌三里。夔帥香帥，擬將盧漢事委屬，懼勿克勝。惟前謁憲臺，亦蒙見許。時艱勢迫，若再畏難，俄將假道。宣擬身任工程，不經手銀錢，庶可兩全。香帥以錫樂巴曾勘信陽一路，現擬再勘襄陽，兩相比較，擇一而定。覆奏後，另派洋匠數人，分段逐細測繪。頃據錫樂巴云，襄路但勘大概，須三箇月，若用他人，未經勘過信陽，須兼勘兩路，更多擔擱。錫已有信陽大稿，只須單勘襄陽，便可下斷語。可否懇請憲臺，暫藉錫樂巴三箇月，俾收事半功倍之效，此三月薪水，即由宣處籌付，伏乞示遵。

湖北省檔案館《漢冶萍公司檔案史料選編》上册《盛宣懷招集湖北鐵廠股東公告光緒二十二年五月初一日》 照得本督辦於光緒二十二年四月初三日奉湖廣督部堂張奉派督辦湖北鐵廠，悉照輪船、電報各公司章程，遵飭招集商股，於四月十一日到廠，即作爲商人接辦之日。所有大冶鐵山、鐵路，大冶、江夏煤□，漢陽鐵廠生鐵爐、熟鐵爐、貝色麻、西門士、（馬）丁煉鋼爐以及鐵貨廠、鋼軌廠、製造機器六廠，皆係官本所置，全行付交商局接收。以前官局用款，截至商局承接之日爲止，均歸官局清理報銷。議定每出生鐵一噸，提銀一兩，繳還官本，所出煤鐵全免稅釐；以後由本道一手籌集股份，商本商辦。除每噸提銀一兩抵還官本之外，其有餘利，悉以歸商。一俟官本提清，全局礦山、爐座、機器、鐵路俱爲商人產業。似此官費數百萬鉅帑，力創其難，商僅籌股本二百萬兩，便承其已成之業，凡此皆係國家欲創自强之基，存藏富於商之意，但求推廣□產，以塞漏卮，不欲自己商民争利，故處處體恤華商爲心。本道兼斯鉅任，無非仰體時艱，斷不□以大利所在，攘爲己有。是以禀請大部奏明，援照公司章程，招集商股二百萬兩，每股一百兩，先收一百兩，自入本之日起，按年提息八釐，餘利一年一派。此爲本廠老商。以後如需推廣添爐，再行續收一百兩。援照鹽務章程，有老票者方准給新票，以示優待老商之意。

查大冶鐵山係光緒二年本道督率英國頭等礦師郭師敦所勘得；光緒十五年經湖廣督部堂張奏請開辦。德、法、美、比、日本各國礦師至其地莫不争履，蓋其礦石化驗，每百分實有鐵質六十餘分，所煉各鋼可柔可韌。其礦山綿亘數十里，足敷數百年開挖，實爲歐、亞洲所罕見。近來試煉貝色麻鋼，以造鋼軌鋼墊，足抵西洋上等鋼軌；并煉西門士馬丁鋼，以造快槍快炮，足抵西洋新式槍炮。現在奏准開造吴淞上海至蘇州鐵路、漢口至北京鐵路所用鋼軌，俱向本廠定造，并奏准湖北槍炮廠、上海、江寧、天津、福州各製造局需用鋼鐵俱向本廠訂買，銷路不爲不暢。本督辦用人理財一秉至公，仍照前辦輪船、電報、紡織各局，俱用公正商董分任辦事，精敏洋匠董其工程，屏除官場習氣，援照西法以興商務，不憚辛勞，通籌全局。目前擬就漢陽總廠已成之生鐵爐兩座，每日可出生鐵一百二十噸，先盡製造鋼軌，每日三里，其餘則煉熟鐵貨、西門鋼，以應銷路。焦炭則定購開平每月一千二百噸，萍鄉每月一千噸，郴州每月六百噸，漢陽馬鞍山自造一千數百噸，以供目前之需。照德國洋監工德培單開，每年約可得餘利二十八萬兩。此目前籌辦之情形也。

現派礦師勘查宿松、寧鄉兩處煤礦，皆屬佳煤，與大冶一水可通。俟此礦開成，即擬在大冶江邊另添生鐵爐數座，就近化鐵，以省運費。而以漢陽爲製造廠，以造鋼軌，以造各種機器。似此可收無窮之利益，本輕利重，源遠流長，將萬倍於輪船、電報之利，此將來推廣之情形也。

本督辦不惜十年心血，棄海關道而不爲，承此艱鉅，無非上爲朝廷立富强之本，下爲華商開利益之源，將天下之利公之天下，不肯爲外人所攘，亦不爲私家所專。凡我中國仕宦商賈，如有以本督辦之言爲不虛者，即將股銀限一月內送至各省招商局、電報局代收，即由該局書明股商記號，先發印股，再由各局將銀匯至湖北鐵廠掣換股票息摺。惟股份僅收一萬股，每股先收一百兩。各省函來願附者紛紛，本督辦只能收足一萬股即行截止，遲到者必致向隅，切勿再如輪船、電報於股價既長之後，局外諸人不得其股引爲憾事，混造謡言，謂輪、電各股票皆爲本督辦一人所得。本督辦言之在先，不甘任此怨言也。用先廣爲布告，祈鑒察焉。

陳旭麓等《盛宣懷檔案資料選輯之四》漢冶萍公司第一册《盛宣懷致陳寶箴函光緒二十二年五月初六日》 此間鐵廠以考求佳煤爲第一義。馬鞍山煤質灰多磺重，不合化鐵，目前分購開平、萍鄉、郴州三處焦炭，實虞阻滯。張金生面呈寧鄉縣苦竹寺煤樣，考驗質性，灰少磺輕，極合煉鐵之用，運道亦較郴、萍近便。昨晤天津調來鄺榮光，林西煤井是其一手開成，中國經歷西法開煤有成效者，僅此一人。湘産最富，難得華人爲礦師。鈞座若令先勘寧鄉煤礦，如果地寬層厚，即行責成開辦，足爲湘礦規式。因土窿遇水停工，難到佳處，若仿開直井，裝用機器汲水起重，必可按日得煤數百噸。鄉民可濬利源，廠中得資接濟，實爲兩省利賴之大端。伏祈迅賜主持，免得鄂廠另求他礦，曷任感盼！如寧鄉煤質雖佳，煤層不厚，不值大舉，可否請飭鄺生就近赴萍鄉一看，蕓閣學士頗擬用機器開挖，惠及梓邦，諒亦樂觀其成也。

陳旭麓等《盛宣懷檔案資料選輯之四》漢冶萍公司第一册《德培辦事條規光緒二十二年五月初八日》 盛大人接辦漢陽官鐵鋼廠，於此承認湖廣總督與德培原訂合同内一切條款及後開新增發明各條：

一、德培遵守與湖廣總督所訂合同總監工程，但不能越其職分。

二、在廠惟盛大人及盛大人替人爲伊上司，所謂製造股總董二人，爲鄭道臺幫手，不得在廠號令。

三、所雇洋人及華匠歸總監工調度考察，惟去留洋人須總辦與總監工商定。倘此洋人或華人究竟應去應留，總辦與總監工意見不同，即請督辦定奪。在廠華洋人之已經開飭者，非總監工許可，不能再用。

四、無論何事凡關於廠者，皆歸總監工經管，惟須禀承伊之上司。

五、倘廠中欲添雇洋人，應由總辦函請中國出使外國大臣代雇，所有在廠洋匠薪水應由各洋人徑向收支所領取。

六、倘總監工能裁減洋人，隨時用華人代替，足征總監工爲廠竭力節省之美意，局中人無不歡喜。

七、倘總監工與在廠員司或有争論，應請總辦分斷，彼此不得無禮。

陳旭麓等《盛宣懷檔案資料選輯之四》漢冶萍公司第一册《盛宣懷致陳寶箴函光緒二十二年五月初十日》 喻比部所言萍鄉辦煤，奸商以賤價購下等煤攙雜，交通鐵廠委員、司事含混收入，兼以少報多，此弊職道到鄂即有所聞。查閲移交册内存煤不少，而化鐵爐屢次停工，洋匠請速運開平煤到，方能應用，及到廠後，按堆查驗，俱屬下等壞煤，現登漢報招商變價，竟至無人受買。總之，香帥一片苦心，用人不當，甚可惜也。職道接手後，將此等委員、司事一概撤退，不顧嫌怨，在商、電兩局選調兩人專管煤事。然此兩旬内所到之煤，仍多攙雜，竟無一船全好之煤。船户作弊，無法挽回。適遇文蕓閣學士過鄂面商，伊有堂弟文廷鈞願認萍鄉一路，當即專責赴萍采運。蕓閣擬用小輪船至湘潭拖帶，取其行速，則難爲弊。鐵廠只有「楚强」、「楚富」兩輪專拖大冶礦石，現擬暫令赴湘潭試拖；如妥，再添一兩船備用。湘煤甚富，只有郴州之興寧煤可燒焦炭，亦已派人購運，仍在湘潭設局轉運。核計生鐵爐每爐每日需用焦炭六十噸，現開一爐，每月需焦一千八百噸，開平包運一千二百噸，本廠自燒六百噸。如萍、郴兩處可靠，方能續開一爐，如二爐齊舉，每日可出鐵一百二十噸，可造鋼軌三里半。盧漢約計三千里，分頭興工，三年告成，造軌造路兩事相因。惟開平道遠，煤不可恃，所望寧鄉苦竹寺成一大煤礦，俾有倚賴。如行軍然，後路糧足，始能放手爲之。故鄂廠之利鈍，實惟臺端左右之。昨晤余勛臣云：寧鄉煤本最好，紳士素惑風水，未知能否開導？余又謂：醴陵有佳煤，似須遣鄺榮光多勘數處，并請將煤樣飭令登記地名，隨時寄交鐵廠化驗，總以磺少灰少爲合用。

現聞俄國定要接造東三省鐵路，陽奪海道通商之利，陰實包我北鄙，將以輪車直通金、復海口，即爲其東方聚泊兵輪之澳，從此燕京無安枕之日矣。英勾惑廓與藏戰，即爲窺藏之謀。法以英准梧肇通商，徑造鐵路至龍州，逼我兩粤。邊事如此，甚可慮也。管見一面趕造蘆漢路，一面趕練大枝陸兵。否則，無兵可調，有路何用？湘將漸凋，如就湘言，湘尚有何人可用？練兵易，選將難；練西法之兵易，選西法之將尤難。一則，宜設學堂，以端其本；一則，宜習戰陣，以通其用。湖南英毅子弟當不乏人，如仿日本規制，開一陸軍學堂，得羅山其人爲之主講，必有後起之才。明公不急起爲之，更待何時？

職道今日旋滬，漢廠留鄭道官應暫駐料理，下月赴津，擬請開缺，即以前任道員辦事亦無不可。承鈞屬安置王大使，遵當留意，頃與談數十語，似尚不空泛。如今不要錢而能辦事者，每處得一二人便可有爲矣。手叩勛安，伏希垂鑒。

湖北省檔案館《漢冶萍公司檔案史料選編》上册《查勘大冶礦務節略光緒二十二年五月二十三日》 謹將赴大冶查勘情形及礦師洋總監工等同答言語繕具節略，呈候臺鑒。

一、查得李士墩煤窿之水已深八尺，兩横窿皆爲水淹，恐有倒塌之虞。當囑司事者不分晝夜，趕緊加工提清，以便招商承辦。該礦之煤雖不甚佳，似可銷於土人及供本廠火車鍋爐之用。

一、據總礦師馬克斯及礦師賴倫云，相近鐵山坡白楊林之象白(鼻)山、獅子山及下陸之鐵子腦一帶地方，皆出好錳鐵、磁鐵。又據徐、曾兩紳云，戴道灣、金山店兩處亦係好鐵礦，近來屢有商民往勘欲買，深恐爲人所買。若彼買去，就地設爐，用白煤化煉，與鐵廠争利，必多妨礙。已派人設法議購，以免後患。

一、英美兩國化鐵爐有用白煤者。洋商僉云，宜選各處旺出之上白煤數種寄英國鋼鐵廠試驗，如果可以化鐵，且能煉好鋼，保無誤事，即定造新化鐵爐設於大冶，似較招覓可煉焦炭之礦易也。馬克斯云，惟恐不能如焦炭之十分佳耳。

一、可煉焦炭之礦必須加意招覓。擬商閣下，請派員帶同礦師分往沿江沿海之山，訪尋有無可煉上等無磺之焦炭煤礦，以冀炭價撙節，廠可支持。如可尋得，予以重酬，先出獎格，以期歆動。據德培、馬克斯云，德國化鐵爐所用之焦炭，每噸成本不過三四兩。今鐵廠所用焦炭每噸之價如在七兩左右，尚可獲利；若至十兩以外，斷難獲利矣。

一、查册載馬鞍山焦炭，漢陽存七千餘噸，馬鞍山存二千餘噸。問洋匠，雲春間因用馬鞍山之焦炭，以致生鐵爐受傷。現在馬鞍山之焦炭，勉擇上等者每月所用不過數噸耳。次者出售尚乏受主。據洋匠皆稱，德國克虜伯之大廠即設於焦炭礦之側，極言其便。

一、管理大冶火車之洋匠李希德，前曾面訂照原定合同續留半年。詎伊回至大冶數日後來緘，忽欲回國。又稱，如要留差，必須另立合同，原定薪水四十一鎊要加至七十五鎊，且所住之宅倘有失竊不測等情均須鐵廠賠償等語。種種要挾出乎情理之外，已飭製造股總董馮熙光同往接手，并囑妥慎辦理，准李希德回國矣。

湖北省檔案館《漢冶萍公司檔案史料選編》上册《汪鐘奇致盛宣懷函光緒二十二年五月二十三日》 大人鈞座：

敬禀者，五月初四日寄呈一禀，亮蒙憲鑒。初□日洋匠科納聲稱：□□□合同，即擬赴□回國。置工程於不問，其志甚決，隨即禀商總辦。初□日始由汪牧應度復函，即日派翻譯梁子碩前來換訂合同，當囑陳翻譯肇章往告科納，留其少待。至十四日續知梁翻譯已赴大冶。科納又言：「如至十五日無人到，決意回國。」卑職復偕陳翻譯前往，再四籠絡，十六日午後，梁君始來，即刻商酌訂立合同。幸科納無甚要求，只須每月加給十磅，一年爲期。議妥後，將合同兩份，專送總辦簽□□蓋關防，一留廠備案，一交科納收執。至十九日下午始送回，僅簽字而無關□，遵即親交科納，而科納深以未用關防爲疑。卑職隨與其説，簽字即足憑信，關防須用督辦之關防，今已簽字，自是一樣。科納疑團始釋，方肯收受。即刻與之商量各工應減、應裁之處(緣未訂合同時，洋人停手不管)。據云工作人夫，只可裁人，不可減薪，從前人工既多，今擬汰冗以節經費。惟□□□兩旬，擬盡五月做完一律裁減(□合同十九日方到，始得商量)。刻下各爐，均已□□修好，俟掛綫路與□煤機接連(合同到後，方肯料理)。即遵憲札，先行試煉全萍、萍馬各半、萍七馬三三種，約兩禮拜便可出焦。又聲稱四月間運到之萍煤，大塊者甚佳，細碎者均有泥水攙雜，不能燒煉(從前萍煤一律不能合用，其病在此)。俟後請揀發大塊者配運，爲第一要義。

又擬添蓋壓汽房，緣前有之壓汽房，因井内横窿開深，風力不到窿内，即不能透氣，夏天即不能作工。好在機器俱全，只須用紅磚十萬塊，以目下工程而論，似又不能減省。已向總辦請示。

刻下山中急欲設法者舊存各炭，查河下隙地皆滿，萍煤續到，已無處可積。若另行購地，鄉民勢必居奇，與其用無益之費，不如早將舊煤售運，既可稍收成本，并可騰挪餘地。且河下離局約三里之遥，雖派管有人，炭積如山，偷竊甚便。總辦傳諭：「不准起運」。只得遵示。卑職擬將山中各事，悉遵鈞諭，任勞任怨，實力整飭，能減則減，總期無礙於事，亦不敢偏於省費，致誤大局。現已□□□□，謹擬章程，恭呈憲核，請示祇遵。

再洋匠科納訂合同後，工程各事，凡有增減，即來商酌，性亦馴服。卑職亦將應辦各事，與其通商，彼此和衷共濟。

昨奉總辦來函：馬克斯仍舊入廠，各礦匠仍歸節制。大局已定，無可挽回。此信到山，非特科納不甚浹意，即各機匠人等，亦多浩嘆不置。卑職能盡一刻心，便做一刻事。至將來如有掣肘窒礙工程，只有隨時請訓示，以資遵守。其餘未盡之言，已托職兄淵若面陳一切。肅薰，恭叩鈞安，俯希垂察。

卑職汪鐘奇謹稟

（附）《清摺一扣》

再，張令委勘□□，曾具禀請委接辦之員。卑職旋奉總辦函諭，以事簡裁并。伏查山局距縣較遠，地極蠻野，□與小工等斗毆肇釁，且偷盗煤斤等事，防不勝防。員司既大加裁汰，耳目尤難兼及，且錢銀支發，有委員互相稽核，尤覺公明。卑職爲統籌山局起見，是否有當，理合附禀請示，曷勝禱切。

卑職鐘奇謹又禀

（附）《馬鞍山煤礦章程》

謹將馬鞍山粗擬章程恭呈憲鑒：

一、洋人宜與員董聯合也。查馬鞍山自開辦煤礦伊始，向有總礦師一人，名曰馬克斯。又有礦匠數人，在山專管工程、煤斤事宜。查馬克斯常住漢口，本山只有科納一人，如有緊要事件，皆歸科納。如有應辦各事，必須與科納商量，而科納必請示於馬克斯。如事事均待請示，華洋雖無統率，諸多隔閡。應□與馬克斯面訂，現在既歸商辦，華洋各有專職。嗣後凡機器及工程，統歸科納專管，而井内挖煤、大小工及各處小工，員董□得隨時稽查。倘有包挖直井及横窿石塊各工，須由洋人知會員董，派專查井工司事率工次通事面同過尺，不能聽通事隨意丈量。洋人更換井工頭，亦須知照員董，另行招募，不得聽通事指派，以杜弊端而收駕馭之效。

一、儲料庫房宜有稽考也。查本山向有庫房一所，專儲鋼鐵雜料等件，爲數甚多，亦歸洋人派通事一人經管，應付辛資，以洋單爲憑。物料存取，本局不得過問。所有取用各物，只憑各機匠隨意領取，該通事即飭庫丁隨意付給，輕重件數□無稽考，□之有無底帳，又屬茫然。即洋人不至狼狽爲奸，而通事與各機匠，難保無隱射之弊。應請轉飭馬克斯告知科納，所有各□每日應領各物，飭各匠目先□憑單，載明□□需用某料、某件若干，知照員董蓋戳，方准領取。庫房將所發所存各料，□一旬一報，一月總報，送員董查核，俾塞漏卮（謹已商明科納照辦）。

一、工匠、小工宜居廠外也。查本山廠内西邊空屋數重，各項大小工人均居於此。所有未裝機件、木料、煤斤，堆集空地，日間人衆，無大走漏，晚間昏黑，盗竊甚便。所用栅夫、更夫，或由洋匠、通事所派，或由請托而來，無人管束稽查，向不得力。三四更仍有隨意出入者，實屬漫無稽考。現擬將工匠人等一概搬住廠外。另將機件、木料堆儲，派司事兼管，責令隨時稽查，以肅廠規（謹已商明科納照辦）。

一、小工宜用腰牌也。查本山有總工頭一名，散工頭四名（已減），每日長井工百餘名（已減井工□□□）。小工工食向由工頭支領，往往爲工頭移挪，虧空甚鉅，小工依此爲命，不容延緩。擬每晨領牌作工，由查工司事上午查一次，午後再查一次，勤者獎勵，惰者罰□。□□收工時各繳腰牌，給憑條一紙，由該小工向帳房自領，俾各小工每日得以糊口，而免工頭刻扣侵挪之弊（謹已試辦）。

一、通事宜歸員董節制也。查本山向有通事四人（擬減），專隨洋人分班下井傳話，而井中出煤多寡，現由洋人包與工頭，每車二百四十文（約重半噸零，燈油在内），用工之多寡，無須點查。現擬定每日出煤五十噸，暫照向章試辦。卑職到工未久，向由洋人支持，其中作弊情形，均未能周知，此時未敢臆擬，俟徐徐查有端倪，或包工，或點工，再行核定。所有三層窿底之直井，石甚堅硬，由洋人包工，每深一法尺，給價四五十千不等。每次丈量尺寸，概系洋人會通事丈量，□遇□□他顧，尺干帶斜量去，尺寸之懸殊，洋人亦不深察。即委員司事知之，亦不□過聞。實緣華洋語言文字不通，聽不肖通事，從中舞弊，洋人亦□可共諒也。嗣後通事一役，擬□與馬克斯□訂明，如有通事舞弊，員董可以斥退，仍歸洋人另招募。洋人即與聲氣聯貫，便於使令，如有不合，開除亦須知照員董。如此則員董稍有予奪之權，洋人所不及覺察者，員董可代爲防範。

一、井内出煤宜有稽考也。查井内從前每日所出約二百噸，隨出隨洗，并無存積。包工一車，工價二百四十文。夜間往往有半桶算一桶，亦往往有八十報一百者。井工現有計籌小工一人，係洋人所派。而包工以少報多，只須串通該小工，即可隨意混報。應請飭馬克斯知會科納，責成專管井工司事計數，該小工即可裁去，以杜弊竇。

一、辦公房宜駐廠也。查本山有局屋一所，爲委員司事辦公之處，離廠將及一里，氣脈不能貫通。廠内有工程處房屋數椽，盡可棲止，□將委員仍住局中，□司移居廠内，俾工程得以首尾相顧（謹已試行）。

一、舊存焦煤宜急運也。查本山碼頭堆集各炭，幾無隙地。馬煤既不合焦炭之用，自應從速設法運售，亦可稍收成本，且免堆集河干，日日□耗。將來各萍煤到山，煉出焦炭，亦須挪出空地，以備另儲。擬請運萍煤到山回空之船，即裝各炭回廠，船户勢所樂從，水脚亦可酌減。

一、工匠宜歸員董去留也。查本山各工匠向歸洋人節制，如作弊犯規，一經委員查察除名，該工匠即求通事爲之關説。洋人既不究其所以然，即函至委員，仍舊留用。朝令暮改，何以服衆。嗣後遇有工匠作不法情事，員董即知照洋人，立刻斥退。洋人不得回護，以一事權。

一、月支宜預定也。查從前官局，每月以六千兩爲率，今年溢至七千兩有奇，尚有不敷之處。現即歸商辦，實須逐項撙節，□□□另行册報。

一、轉運宜仍設也。查從前有駐廠轉運委員一人，司事一人，如需雇船運炭及領運各項料件，過河渡江，甚爲繁瑣。現擬歸并收發股内，派□司事經理，每月稍給津貼，薪水不必另支。

以上各條，就現在情形臆見妄擬，將來因事制宜，或稍有心得，再行詳加籌定。先此繕呈，仰祈訓誨。

王樹枏《張文襄公全集》卷一五一《致龍州蘇督辦光緒二十二年五月二十六日亥刻發》　聞法人請由鎮南關造路，至百色。總署已允，先造至龍州，欽派尊處督辦，其款由洋債撥付。目下已否勘路，計長若干里，擬用何種鋼軌，每碼重若干磅，何日興工設軌？敝處漢陽鐵廠出鋼甚佳，能造各式鋼軌。昨已奏明，中國無論何處創辦鐵路，須用漢廠鋼軌，藉塞漏卮。請將應造軌里，及現籌辦法，詳悉電示，以便飭廠趕緊代造。宥。

陳旭麓等《盛宣懷檔案資料選輯之四》漢冶萍公司第一册《德培致盛宣懷函光緒二十二年五月二十六日》　查馬丁爐所用生料，廢鋼爲大宗，生鐵甚少。照平常情形，煉出鋼料或可恰彀成本，除非煉出質地極好之鋼，爲製造槍炮等用，厥價甚昂，可以贏餘甚多。然開馬丁爐而不開貝色麻與軌軸，斷斷無此辦法。蓋馬丁爐所取資者，皆鋼軌兩端截去之廢料，其值自不得與鋼軌同。倘開貝色麻與軌軸專爲供給馬丁爐所需廢鋼，則此廢鋼之成本不能少於鋼軌，而廢鋼之價即使作高，亦斷不能作至鋼軌之價。故馬丁爐每用材料一噸，至少已先虧銀十二兩至十五兩，此銀無從取償。總之，須有便宜材料開煉馬鋼方能合算，倘現在開爐所虧必鉅。然若必欲開煉，十四天内即可開工。欲(渴)〔竭〕力節省廠中現在費用，熟鐵爐工匠大可裁減，只須留好手十人或二十人調用於別處。如條軸廠，此處尋常之人亦即大可裁減矣。如此則熟鐵廠幾乎無甚開銷，而一聲要開，仍有一班熟手應用。現在毛鐵方胚條存儲甚多，每日坐失利息，熟鐵廠總以遲開爲是。蓋銷此所存鐵胚，尚需時日，未經銷完之前，熟鐵廠斷無開工之理，因造成鐵貨坐失利息可惜也。多養華匠，俾其衣食有資，自是好事，但鐵廠非善舉之地，倘無工作工匠，即應裁減。現在條軸無甚定貨，熟鐵條亦無甚銷場，擬請製造釘鐵。查一千八百九十一年進口釘鐵四十五萬四千擔，漢鎮又爲銷場極廣之地。本廠十二點鐘約可出釘鐵五噸至七噸，自應易銷而獲厚利。倘別無可爲，某力請製造此項釘鐵，愈早愈好。

再，機器廠亦人浮於事，宜加裁汰，只做開工各廠必不可少之件。倘現在已應接不暇，日後各廠開工勢必修理更繁，如何應付？每機器何以用匠目兩名，彼惟袖手旁觀；小鐵砧何以用匠目兩名，此爲無甚要緊之處。每一火口亦只須兩人，已不得謂之勞苦，因烘鐵之時居多。惟打鐵匠須翻騰重件，應有工匠兩名、小工數名幫忙。以某之在此閲歷而言，裝配機器廠不宜留養藝徒，廠給工食而不能收用，且反受其累。蓋若輩稍學手藝無不遠颺，以覓工食較優之事。某以爲所費於藝徒之款，應移加於裝配機器匠之工食，俾得有一班實在好手，值此所費。照斯數條而行，廠費或亦稍可撙節，謹抒所見，伏候鈞裁賜復。

(鄭官應批：)此論因徐芝生囑弟問德培開馬丁廠，弟又問渠有何法使本廠可以開源節流，不致大虧，請詳細列出，轉告督辦，亦見爾之心思云云。祈裁示施行。

湖北省檔案館《漢冶萍公司檔案史料選編》上册《鄭官應鐵廠籌備事宜十八條光緒二十二年五月三十日》　竊思鐵廠事宜頭緒甚繁，今擬擇其緊要者次第籌辦，必免失時貽誤。謹陳十八條如左，恭候采擇。

一、承辦鋼軌如蒙俞允，必須兩爐齊開，以其所出之鐵盡煉鋼軌，方可支持。惟每月約需焦炭五千噸，亟宜預籌。據馬克斯云，德國焦炭每噸三兩，本廠焦炭每噸約價七兩，尚可獲利，如每噸價逾十兩，則工本不敷矣。

一、焦炭，開平只允月交一千二百噸，至九月底止，周年扯計月僅八百噸，價亦太昂，殊不上算。萍鄉月交千噸，郴州月交五百噸，價較開平稍廉，惟爲數不多，又恐秋冬水涸，不能接續而來。擬囑承辦者及所派之員與馬克斯、賴倫兩礦師赴萍鄉詳勘，設法大舉，總期於河水未涸之前源源多運，用資接濟。

一、各廠鍋爐每月用生煤三千餘噸。聞湖南之寶慶、瀏陽、醴陵等處産煤不少(寧鄉尚無煤到，盼甚)，價亦較廉。長沙爲群煤匯集之所，擬於該處近河地方，派一廉諳之員帶中國化學生，設局收買塊煤及無磺之煤，載往馬鞍山或漢廠，用西式焦炭爐開煉。倘此策可行，亦備緩急之一也。

一、馬克斯云，鐵廠及馬鞍山西式焦炭爐開煉之後，不能停燒，一停燒則爐壞矣。必先積存無磺之煤千噸，源源接濟，方可開煉也。

一、據盧柏云，化鐵爐當時所砌之磚不甚緊密，中鑲以細棉土，易致朽壞，近藉油汁彌縫，火不外泄，汽機頗靈，出鐵稍多。盧柏因廠存開平焦炭，只敷十天之用，而馬鞍山焦炭積有萬噸之多，極力疏通。昨於開平焦炭中攙用馬鞍山焦炭十分之二，不料五月三十日卯刻因炭碴過多，汽機不靈，鐵板水箱忽爾爆裂，幸未傷人，尚無大礙，當即另換水箱。盧柏又云，攙用馬鞍山焦炭，出鐵較少，本已不甚合算，況又加爆裂水箱等病之可慮乎！以後馬鞍山焦炭不用最妙，萬不獲已，只可攙十分之一。

一、李士墩煤礦原已開深窿口一十四丈，兩横窿各二百丈，所費已不少矣。現在水深八尺，淹棄未免可惜。囑司事監催小工，不分晝夜趕緊抽水，然非用鍋爐抽吸，用月餘之工，水難盡涸，在本廠無甚利益。適有張董世祁舉薦陳海春者，情願包辦四個月不領公款，月交塊煤一百噸，余多聽其出售，已許其試辦，俟期滿再議。

一、日本寄來二號焦炭樣每噸價八兩五錢者，化驗含磺一分六七，磷零零一四，灰十四分，尚屬磺可用，惟質鬆，尚非上品。且恐倭人不重信義，大批到時與原樣不能符合。如與買定，宜先囑寄樣數噸來漢化驗；并須令其凡運一批，自送到漢驗收無誤，然後將價銀付清，以免攙雜。前經面囑洋人細釐化代取安南焦炭樣來漢化驗，聞安南有煤礦兩處，其煤價極廉也。

一、擬請再雇一洋礦師，兩華礦師與馬克斯於沿江沿海分投履勘，以冀早獲無磺煤礦，免致遠購價昂之煤，時虞停工待料。

一、宜將大冶、興國等處白煤化驗無磺者，速寄英美兩國試驗，如能化煉好鐵好鋼，即添設化煉白煤之爐於大冶。

一、宜懸重賞，招集華匠考有外國機器大書院執照及已在某廠歷練有年者到鄂充副總管，以免洋匠蒙蔽。

一、宜選已通洋文之華匠往外國機器書院讀書，入廠學習機器及礦師，如試其材藝確有見效者，奏請朝廷格外獎勵，以期聞風興起。

一、大冶鐵礦，昨偕馬克斯、賴倫履勘，尚有上好錳鐵、磁鐵爲本廠未買者。據該處紳士云，金山店、戴道灣之鐵礦亦甚佳，不獨鐵子腦、象白山、獅子山而已。宜皆設法買之，以免落於奸商之手，貽患無窮。

一、本廠各董司皆工商之任，固不可有官場習氣，亦不可專尚文才，必須用當其長，專司一事，非守潔事熟者不可輕用也。蓋董司循私，下必弊混，所謂上有好者，下必有甚焉者也。

一、德培云，鐵廠成本，渠算不出，須看月結方知。凡創辦之事無論大小，必須計其出入，有盈無絀方可舉辦。今德培竟云算不出，可見其未當過總管矣。惟聞於煉鋼之法頗精。再，馬克斯性耽安逸，忽要邀賴倫同赴萍鄉，俾資臂助等語。可見皆年輕性傲，非無學問，尚欠歷練者也。

一、宜早築圍墻，以免貨物之竊失。宜建棧房，以免各鐵露天生銹。宜改設電燈，以免火油失慎，且光愈明而價愈省。宜建各司事公事房，以免散分各處，呼應不靈（現在尚有租用民房者）。宜設洋總監工及寫字房，以免其遠居住宅。宜造小鐵路，搬運貨物歸入棧中，以免工費多糜。凡支小工，宜中外匠頭簽名，以免小工浮開。

一、廠用各材料，宜派一廉明之員駐滬采辦轉運，或徑自緘囑外國某廠寄來，以免經手浮開。

一、洋匠云，外國鐵廠不近於煤礦，則近於鐵礦。惟近鐵礦者必先積儲焦炭可用兩月之久，而後開工，庶免停工待炭之患，蓋爐火一停，不獨廢工失時，且鐵渣梗塞於爐中，再開工時則汽機不靈，出鐵之數亦不旺矣（又據盧柏云，一經停歇，待新到焦炭重燒，必須修理，極少須三四月之久，方能開工）。

一、馮倅熙光云，近年各省添造槍子，每副機器須價十餘萬，且各處零買小車牀、刨牀、鑽牀不少，亦漏卮之一也。宜於此間另設一機器廠，增大車牀、刨牀、鑽牀等件，可以自造，出售於中土各處，獲利甚大。該倅云，中土匠人可以自造，不必用洋匠也。又據德培云，進口外洋釘鐵甚多。本廠擬另設一釘鐵廠，凡此貨之進口多而可以獲利者隨時可造也。

陳旭麓等《盛宣懷檔案資料選輯之四》漢冶萍公司第一册《張世祁致盛宣懷函光緒二十二年五月三十日》 昨奉鄭憲密諭，丁匠等薪水允由卑職斟酌加添。馮敬庵已回漢廠，大約與鄭憲商辦各事後，方能再來。所有司事夫役，均已續添。敬庵在下陸於車道情形，尚未十分熟悉，已由姜委員據實轉告，想從此可以接頭。卑職惟求顧住大局，暗中爲憲臺節省，一片苦衷，方能自慰。敬庵欲在機器房添派數人，其意原爲慎重起見，第恐人非丁用，將來意見不同，易於推諉，此則卑職所日夜躊躇者也。

大冶全局頗不易支，卑職推誠布公，實事求是，幸邀鴻福，尚屬平安。下陸自丁匠以下，鐵山自歐匠以下，各項夫役人等均無違拗情事，只須逐漸整頓，當可順手。鐵路及行車均有舊章，卑職擬再斟酌，一俟底稿謄清，再當寄求憲核，還求隨時訓誨，俾有遵循。

李士墩之水，竟不能一日不抽，前者憲臺停挖煤斤，各事皆停，水即驟漲。卑職屢次瀆稟，接奉鈞諭，暫時抽水，一月不得過百千，仍許留匠抽水，詎料已漲七丈。兼之月餘梅雨，水勢大增，各匠等均欲辭去，不得已仍允給發一百二十餘千，勉强應承。鄭憲親至該處察看，始知窿水不能不抽，於是加夫加煤，日夜趕辦。地太曠僻，人太刁蠻，日前已失竊三次，所幸偷物不多。除嚴飭營勇、保正認真嚴緝外，一面函致地方官，并飭司事晝夜防範。該處盜風甚熾，若非人多，真難措置，隊長吴千總從前被毆幾死。現在吴江所獲大鹽梟小獅子，即該處人民。甚於小獅子者，現尚不少。

鄭憲已飭繪圖生陳海春到廠商辦，陳之父從前江蘇候補知府，與鄭憲弟效東太守舊交。如何辦法，卑職未得其詳，想日内可歸，必有章程。馬、帕兩洋人又將南山窿鍋爐三副抬至該處，斤兩甚重，力錢數十千，然再不設法，窿口一倒，全功盡棄。且此窿煤炭甚多，倘能辦成，則下陸鐵山及火車之煤皆由此取，究勝漢廠運來價力較廉也。鄭憲亦視成本輕重爲斷，如不上算，亦不開辦。

東鵝窿機匠夏文俊，日前與洋人語言不合，屢次辭去，昨飭姜委員飛赴該處，婉言開導，尚無回信。此間姜、莊兩委員甚爲得力，辦事精細，實事求是，請憲臺盡可放心。肅此，敬請福安，仰祈垂鑒。

湖北省檔案館《漢冶萍公司檔案史料選編》上册《汪應度收發所及廠事條陳 光緒二十二年六月初五日》

一、偕同洋匠驗煤，以及應接商人核議價值，向均責成盧分管；彈壓河下煤船并稽察過磅司事及挑夫人等，向均責成潘錫成。其餘核算帳目，填寫報單以及過磅打碼，各司事均尚得力。現下盧分管奉委赴湘，所遺一席，職任重大，應請添派一熟悉煤務，切實可靠之人，否則請催董總董到差，以便相助爲理。

一、新收開平焦炭，截至前月二十三止，共十七次，原運二千二百四十二噸，東碼頭過磅，實收二千一百五十噸五百四十六斤。内惟寶華、德興兩船收數較原運爲多，其餘均短（細數詳載另摺）。統扯約在六摺左右。從前或托説磅秤大小不符，近日江裕、江永、江孚三船均先就船過磅，較之東碼頭磅數不甚懸殊，而短少則一，可見東碼頭過磅并無不准（江孚一百噸，就船過磅，短少幾及六噸，而東碼頭過磅，僅短三噸有零者，因路中遇雨打潮之故）。聞得焦炭由津運申，由申運鄂，輪船收發時，僅磅兩三包通扯計數，故何地短少，無從查核。嗣後應請飭海輪、江輪裝船起卸時，務見實數，各清界限，以專責成。

一、官局移交焦炭，共計七千三百十四噸零，生煤共計八千五百七十噸零，内中短數甚多，而無用之物，亦復不少。批發處雖迭次偕同客商來廠看貨，而卒無一成。若不及時清理，將來愈久愈壞，且恐新舊混雜，更至無可稽查（現均分别堆開）。現下已偕同潘錫成逐細估計，開具清摺（細數詳載摺上呈閲）。適官局亦派委瞿按經念慈來同點煤炭、鋼鐵清數，俟瞿按經到廠，再與妥商辦理。

一、化鐵爐每月需用上等焦炭一千五百噸（搭用之次等焦炭不在内）。現下廠中所存新舊共只六七百噸（碎屑已除出）。按照萍鄉原訂合同，每月一千噸，郴州原訂合同每月五百噸，倘能如期而至，本無缺乏之虞。萍鄉原議六月起運，郴州原議七月起運，深恐不能如約。目下廠中洋焦爐尚未告成，馬鞍山之洋焦爐亦在接修運煤掛綫路，所恃開平源源接濟，藉免停爐。

一、各廠每月需用生煤約二千七八百噸，現下廠中存儲四千餘噸，官局移交之萍煤，可用者約三四百噸，馬鞍山尚有舊存不合煉焦之萍煤一千餘噸（據馬鞍山陳翻譯所言，煤質好壞，未曾目睹），可以運回應用。馬鞍山自挖之煤，亦可勉强攙燒鍋爐，河下煤船亦時時有到，所少者煉焦之上等萍煤耳（如有好煤，即漢廠之窰亦可煉成好焦炭）。文廷鈞原訂合同，每月二千噸，日昨頭批已到，經化學堂化驗，不合煉焦，因未起卸，頭批如此，以後恐更不可靠。盧分管此次赴湘，應請電飭就便查察，萍鄉、郴州兩處所訂合同，原訂每月噸數，准否可以如期？此次來煤不佳，病在何處？務知的實，可早作計議。

一、雜料所兩分管，均甚得力。汪分管所擬章程十條，謹繕呈鈞覽。

一、鋼鐵所費分管原擬章程十條，業已繕呈鈞覽。現下廠内各事，均歸洋監工節制，槍炮廠等處，憑單取件，凡一單送至收發所，轉摺太多，稽遲時日。有時將單徑送洋監工處，洋監工即飭匠擅自徑發，收發處無數可稽。因續擬章程四條，已呈總辦，譯送洋監工，未卜能否應允。茲謹將續擬章程，繕呈鈞核。

一、廠地周圍甚大，移交摺遺漏各件，除點收時查出補登册摺各件外，尚有堆存僻地之件，如洋木、杉木、石料、紅土、黄砂、油板等，陸續尋出，補收帳上。

一、煤炭、鋼鐵兩所月總移交之件，及新收之件，分摺開報，因交代未清，不得不劃分界限。雜料所則以移交之件爲舊管，接辦後購到之件爲新收，逐項分列，管收除在，庶幾一目了然。此項月報，前奉面諭只須一份，是否須另造一份寄滬，候示遵行。

一、煤炭等件挑力，商同支應所核實減省，從前每擔十文者，現僅發給六七文。夫頭亦經銀錢股總董派定。應用散夫之處，可免即免，總以力求節省爲主。

以上皆收發股分内之事。

一、商局以計算本利爲首務，日來嘗與各總董核計出入。商局接辦後，每月仍須賠銀二萬餘兩，蓋來源僅恃一生鐵爐。按照出鐵極旺之數計算，每月所出生鐵，約值銀四萬餘兩。倘煉成熟鐵出售，核加煤斤、人工等，亦無甚贏餘。從前官局每月約用銀八萬兩左右，現下商局所省不過零星雜用。至如生煤、焦炭，各廠用料、洋匠薪水諸大宗，節省無幾，月計賠虧四萬餘金，歲計則積虧鉅款。如何能不賠虧？如何能望起色？請照會總辦，統籌全局，應或可爲經久之謀。

一、廠中住房雖窄，暫時人已住定，似尚可以敷衍，且俟廠務辦有起色，再行添蓋新居，目前藉可節費。

一、洋匠責任，以吕柏爲最重，辦公亦以吕柏爲最勤。平時終日在工，見鐵渣中零星棄鐵，必使小工揀出；開平焦炭屑中，苟尚有小塊者，必使小工篩出。日前生鐵爐中水箱爆裂（據云因多攙用馬鞍山焦炭之故），該洋匠督率小工，設法補救，刻不離爐。事畢後，查點小工有被鐵渣燒焦衣褲者，自出洋圓賠給，故小工均樂爲之用。此等洋匠，不可多得。

一、洋監德培，必隔數日方到廠一次，於廠務絶不講求，而專喜無理取鬧（前陳洋匠積弊四説，目擊月餘，所言皆實）。廠中一舉一動，非請示不敢行。該監工既不輕到廠，則必事事函商，翻譯因而刻無暇晷。其與華人齟齬掣肘，姑不必言，即如日前生鐵爐水箱爆裂，此等重大事，總監工似應親自到爐前一閲，乃連致吕柏四信，卒不肯一步輕移。事後又以吕柏復信不詳，擬將吕柏斥退。試問吕柏去後，生鐵爐誰能勝任？德培之一味把持，不顧大局，於此可見。

一、槍炮廠所用炮身及槍炮上各零件，鋼坯均購自外洋，所向廠中取用之鋼，不過添配大件，有時用作槍身，亦頗勉强。平時嘗至上廠考究鋼質，見外洋之鋼，與廠中之鋼，精粗純駁，迥不相同。德培擅長在煉鋼，所煉之鋼不過如是，留用廠中，徒鬧皮氣耳。

陳旭麓等《盛宣懷檔案資料選輯之四》漢冶萍公司第一册《張世祁致盛宣懷函光緒二十二年六月上旬》 敬密禀者：頃奉密諭，謹聆一是。此間各事，頗不易辦，祁認識朱委員在先，姜委員在後，到冶後晤見地方官并里紳及工匠夫役，言語之間，頗不以朱爲然。再三訪察，先聞莊委員查出朱在鐵山前辦窿工，工錢或付九摺，或付九五之事；繼聞洋人均與朱不對；又聞夫役説朱之閑話。復查姜之聲名，何以人人説好，各處細查，僉云，運道上辦事認真，不做弊，無皮氣者僅姜一人。姜在下陸局年久，人皆佩服，機匠等見其公正，亦皆敬重。似運道之事，丁祥麟等實做内事，姜則實做外事。李希德似居其名督率而已。初次開車，李不能開，係李之家眷往開。所有運道細微曲摺，姜皆深知。馮敬庵來，姜皆詳細轉告，并不自矜。祁訪查再四，衆口一詞，否則祁與姜向不熟識，且又不諳機器，何敢作此荒謬之求。同是公事，於姜敢保，於陳海春不敢保，實有見地也。

姜久爲下陸委員，人頗正派，一旦朱居於上，姜爲司事，毫無愠色。朱不免以總辦自居，且欲挾制姜、丁。此旁觀不服，各匠屢欲辭事各散之由來也。

朱在下陸，刻下無弊不作，亦無實在劣迹，時因無關緊要之事，與衆人挑剔，以致大衆不服。祁初到此間，冷眼看姜不辭勞苦，早晚奔馳於運道之中。一日忽得姜信云，蒙加薪水六兩，萬不敢領等語。祁思并無其事，當面問姜，云是朱傳知，及問朱，云是莊委員所説，及問莊，莊云并無其事。三人面質，朱一言不發，此言語之靠不住也。

帕洋人欲走，至下陸辭行，朱未放官車送帕，洋人欲愛面子，賴倫氣極，祁再三敷衍。旋即切(□)(囑)朱、莊諸人與洋人共事，必須顧住洋人面子，無關出入之事，不可計較，公事總須先與商量。近來均極聯絡，似「懷柔」二字交涉中要着也。日前幾乎鬧事一節，尚未查明。

丁祥麟頗顧大局，膽小心細，不知以下諸匠，因何幾散。聞姜、丁再四開導，祁又派人婉諭，現已照常辦事運恆。火車有病，丁昨來面禀，初十拆卸，囑祁往看，將來修好，亦囑當面裝好。俟祁到下陸，再行密查禀報。揣度情形，無非不服兩字，此等粗人識見甚淺也。

前者原飭姜、丁具結保固力任火車各事，本已擬就條陳，求請鈞奪，適督辦派馮敬庵來，以是中止。刻下改派吴傳綸，今日已赴下陸，如火車運道、機器房全歸吴管，或將朱調他處差遣，以姜爲下陸分董，機匠等面子上歸吴管束，暗中姜可駕馭。否則調姜爲卑局差遣，機器事歸吴經理，惟求密諭吴妥爲駕馭。蓋丁祥麟心氣和平，易於籠絡。祁爲大局起見，惟求公事認真，和衷共濟，持久無弊而已。否則一國三公，無所適從，易於舛錯，且不時敷衍，亦非久計。

丁祥麟屢欲辭事，從旁揣度，無非因各事未定，恐將來掣肘，膽小人往往如此。祁意擬請憲臺飭吴擬定章程數條，禀請鈞奪。至機器、火車運道應歸何人經理，亦求飭歸一人，以專責成，俾可事權歸一。

各匠薪水，應否酌加，或仍照舊，祁不敢擅專，均懇諭遵。字迹草率，冒昧直陳，伏希垂恕是幸。

陳旭麓等《盛宣懷檔案資料選輯之四》漢冶萍公司第一册《許寅輝文廷鈞致鄭官應函光緒二十二年六月十三日》 敬禀者：竊卑職等於本月初四日，曾將奉飭起程抵萍，到局接辦日期，禀報在案。兹將第一旬，自本年六月初四日起運，至本月十二日運上油煤數目，運單張數，另開清摺，禀請憲核。

伏查焦炭一項，雖經飭定每月包運一千噸，惟萍鄉係初次燒煉，必須添設窑廠，又須先行多造火磚。近因雨水太多，非但窑廠被水浸壞，即前儲備造窑之磚坯，皆被大水盡損不堪用。況造磚、造窑，皆須天晴，經受日曬。設遇大雨，雖工巧、工多，亦屬無益。且當收割早稻之秋，小工甚不易雇。現另擇高寬之地，設廠燒磚，造窑煉炭，規模頗不隘狹。俟窑廠造成後，每月計出焦炭總在千噸以外，其六月内未能交足千噸之數，下批自當陸續補交。刻已嚴飭局中司事，礦中工匠，日夜趕緊認真辦理，總期妥速多運，以供要需。

至油煤一項，經卑職等迅速采辦，六月内足可運交三千噸，照原定之數，已餘一千噸。所幸司有窑亦可煉炭，不至有誤大工。其因雨損壞磚窑，致延焦炭運期實情，理合恭報，伏乞逾格鑒原，不勝感戴之至。專禀，恭叩勛安，伏維慈鑒。

卑職許寅輝、文廷鈞謹禀。

「中央研究院」近代史研究所《海防檔》丙機器局《光緒二十二年六月十五日總署收户部文附抄摺一件議准湖北鐵廠招商承辦但須加工精製並不得暗攙洋股》

查原奏内稱，湖北鐵廠兼鑛務鍊鐵開煤三大端，爲中國造軌製械，永杜漏卮之根。今廠工早已次第告成，各種鐵鑪鋼鑪，冶鍊鋼鐵，製造軌械，均能精美合用，以至鐵山煤井一切機器運道，皆已燦然大備。惟是經費難籌，銷場未廣，當此度支竭蹶，不敢爲再請於司農之舉，亦更無羅掘於外省之方。惟有欽遵上年六月十二日諭旨，招商承辦，方今滇藏粤桂新疆東三省之外，英法俄鐵路相逼而來。中國幹路，已成欲罷不能之勢。洋商早見及此，知中國開辦鐵路，需用鋼鐵必多，就地取材，獲利必厚。自上年秋冬以來，外洋鋼鐵大廠之經理人，前後來商，自願附股，加增爐座機器，添開煤井，火舉采煉，得利官商均分。洋商力厚氣壯，慨然擔任，力言此事甚不爲難。且外國公使領事，皆屢來婉切詢商，堅欲承攬，惟鑛務爲中國自有之利源，斷不能與外人共之。洋商合辦之議，不得不作罷論。而華商力微識近，大都望而卻步。從前曾招粤商，迄無成議，蓋煤鐵並舉，局勢艱難，無怪其視爲畏途也。

伏查大冶鐵鑛，從前本係直隸海關道盛宣懷，督率英國鑛師所勘得，就鄂設廠煉鐵造軌之議，又自該道發之。且曾續有承辦原議，該道才猷宏達，綜核精詳，於中國商務工程製造各事宜，均極熟習，經理招商局多年，著有成效，久爲華商所信服。適因奉差在滬，經臣電調來鄂，勸令力任其難，檄飭將湖北鐵廠，歸該道招集商股，一手經理，督商妥辦。並即督飭司道，與盛宣懷酌議章程，截清用款。其大旨以嗣後需用廠本，無論多少，悉歸商籌。從前用去官本數百萬，概由商局承認，陸續分年抽還，惟限期須從寬緩，大率以紓商力，扶官廠爲主腦。以中國興造鐵路，必須路廠一氣，軌由廠造爲要義。俟鐵路公司，向漢陽廠訂購鋼軌之日起，即按廠中每出生鐵壹噸抽銀壹兩，即將官本數百萬，抽足還清以後，仍行永遠按噸照抽，以爲該商局報効之款。該道力顧大局，已於肆月拾壹日，將漢陽廠内廠外，各種鑪座、機器、房屋、地基、存儲煤鐵料物各件，以及凡關涉鐵廠之鐵山、煤鑛、運道、馬頭、輪剥各船，一律接收。自肆月初拾日以前，鐵廠歷年各項用款，共約計銀伍百數拾萬兩。除歷次奏撥外，不敷之款，均係查照奏案在槍砲局經費及布局息藉之款項下，移撥應用。並有積欠洋廠、華廠及各商號之款，此時因所欠華洋各廠物料價值，及湘煤廠價運費，與夫洋匠薪費、鐵廠、廠鐵山、運道、煤井各處工匠員司薪費，以及存廠鋼鐵煤炭各種物料價值，兹正在官商交接之際，一時數目未能截清，兼其中多有與槍礮局牽搭分認之款，俟將各件點清核明截數後，即當將確數行知商局立案。業經與商局議明，無論將來尾款若干，商局均允認還，並續行咨部立案。一面督飭鐵政局司道，分款詳細造報。溯查福建船政及津滬製造局開辦經費，各數百萬兩，皆無收回之日。鐵廠改歸商辦，用過官款，但期鐵路開辦，即可按日計噸，常川提繳。現已議定，俟尋獲佳煤鑛後，除漢陽廠兩爐齊開外，必須在大冶之石灰窑一帶，添設新式生鐵大爐四座，計每一爐日出生鐵六七十噸，六爐共日出四百餘噸，每年可出生鐵約十餘萬噸，即每年可繳官款約十餘萬兩。歲月雖寬，涓滴有著，從前所費數百萬不致虛糜。

抑臣更有請者，鐵廠一事，固在資本之足，鎔煉之精，而利益轉輸，尤在銷路之廣。目前中國製造之藝，尚未能各闢畦逕，自出新機，農工器具，土鐵足用製造，官局歲購不多。綜計用鐵大宗，無如路軌。鄂廠采煉，本爲杜中國鐵路極大漏卮而設，比將廠造鋼軌，寄交督辦津蘆鐵路胡燏棻，兼督飭洋人施德林分驗。據稱炭錳停勻，出産本佳，提煉加净，鋼質益純，施之抵壓牽扭諸器，無往不宜。是路軌船械，種種合用，驗有明徵。中國苦心孤詣，煉成鋼鐵，不異洋産。萬一各省辦事人員，以意見爲好惡，仍舍其自有，而求諸外人，則自强之本意既大相刺謬，廠商之力量，亦必不能支。此次華商承辦鐵廠，臣與盛宣懷堅明要約，以盧漢路軌，必爲鄂廠定造爲斷。並懇天恩，飭南北洋大臣，直省各督撫，嗣後凡有官辦鋼鐵料件，一律向鄂廠定購，不得再購外洋之物。蓋鐵務爲將來之大利，而目前數年内，承辦商人，必先墊不貲之鉅本，必使商局有所恃之銷路，方能招集衆股，籌墊鉅款，以待鐵利之興。至中國創開鐵廠，專爲保守自有利權起見。然非輕其成本，不能與外洋鋼鐵争衡，進口分奪本國之利。查中國仿照西法，煉成各種鋼鐵料件，運售各口，爲從來關税之所無。至商廠需用煤斤，係爲多煉鋼鐵出售，逐漸收回官本，與他業不同。應請酌照廣西絲綢，煙臺果酒，江西洋式瓷器，免抽税釐數年成案，量爲從優。仰懇天恩，敕部免税十年，届時察看本廠，如有優利，足可抵制洋鐵，再行徵税各等語。

臣等查湖北鐵政一廠，爲中國製造之權輿，亦爲外人觀聽之所繫。督臣張之洞由兩廣移官兩湖，奏明以粤省鍊鐵廠機器改運鄂省，原欲抵制購買外洋鋼鐵，以收我自有之利權。設廠以來，該督竭力經營，苦心調護，前後請撥鉅款臣部無不一力贊襄，匪特以之開拓始基，實亦所以扶持大局也。無如發端雖大，而收效甚遲，用意雖深，而程功未密。是以公家未收鍊鐵之益，而已受設廠之累。上年該督奏稱，請由明年籌撥該廠的款。經臣部議令該督查明該廠，自開鍊之後，究竟墊用經費若干，實出各項鋼鐵若干，銷售獲價若干，應墊撥來年經費若干，以及製鍊之爲楛爲良，價值之或高或下，一併奏明報部。該督迄未聲覆，此次該督陳奏，則謂所鍊鋼鐵，製成軌械，均精美合用。現以經費難籌，遵照上年陸月諭旨，招商承辦，責成直隸津海關道盛宣懷，招集商股，一手經理，自係爲權衡時勢，急圖補救起見。臣等公同商酌，所請將鐵政改歸商局承辦之處，應即照准。惟原奏聲稱，從前用去官本，概由商局承認，分年抽還，每鑪出生鐵壹噸，抽銀壹兩，陸鑪計日出生鐵四百餘噸，每年可出拾餘萬噸，即每年可繳官款拾餘萬兩一節。查出鐵之數雖可豫期，而鍊鐵之工殊難臆斷。湖北鐵廠，不患無鐵，而患無煤，設使鐵産豐盈，而煤礦仍難尋獲，則提煉不净，鋼質不純，安能强各省必向鄂廠購求，即官本仍歸無著。應令該督責成該道，督率商人，加工精製，必使所出鋼鐵與外洋無異，庶銷路暢而利權可保。

又原奏聲稱，鐵廠歷年各項用款，當官商交接之際，一時未能截清，俟核明後，即將確數行知商局立案。一面督飭司道，分款詳細造報一節。查該廠自開設以來，部撥經費銀二百萬兩，又奏撥鄂省鹽課釐金銀三十萬兩，嗣因添設爐座兩次，藉撥鹽糧道庫銀四十萬兩，並由槍炮局常年經費内，藉撥銀一百數十萬兩，織布局凑撥銀三十四萬餘兩，及江南籌防局藉撥銀五十萬兩，兩淮鹽票商捐，撥充銀伍十萬兩，此有奏報可憑者也。此外有無挪藉通融之款，未據分晰報部。現在官商交接，應令該督迅飭該局司道，將歷年用過確數，詳細造報，以爲將來商局按噸籌銀歸款之根。自歸商辦以後，每年出鐵若干，歸還官本若干，還清官本後，每年按噸報効若干，亦應分年造具收支清册報部。

又原奏内稱鄂廠采煉，原爲杜中國鐵路漏卮而設，華商承辦鐵廠，以盧漢鐵路必向鄂廠定購爲斷。並請飭下南北洋大臣，及各直省各督撫，凡官辦鋼鐵料件，一律向鄂廠定購，不得再購外洋之物一節。查盧漢鐵路，現由該督與王文韶督率興辦，鄂廠所造鐵軌，可否合用，不難躬親查驗。如果鋼質較外洋爲佳，鋼價較外洋更賤，該督既確有把握，即北洋大臣，亦無不樂從。至各省需用鋼鐵，若如原單所稱，工美價良，自必向鄂廠購用，萬無秦越相視之理。應請旨飭下南北洋大臣，及各省督撫，和衷共濟，維持鄂廠，即所以開濬利源，於大局實有裨益。

又原奏内稱，中國仿照西法，煉成各種鋼鐵料件，運售出口，爲從來關税之所無。請酌照廣西絲綢，煙臺果酒，江西洋式瓷器，免抽税釐成案，從優免税十年一節。查商辦鐵廠，專爲自保利權，必成本稍輕，運銷始暢。該督奏請仿照絲綢果酒洋瓷各案，暫免税釐，原應照准。惟查本年五月，據總理衙門奏准通行摺内聲稱，凡機器製造貨物，不論華商洋商，統計每值百兩徵銀十兩，此後無論運往何處，概免税釐等因，行知各省遵照在案。該廠現在招商承辦，鐵務即爲商局，自應遵照總理衙門奏案辦理。將來各省果能購運暢銷，應俟辦有成效，再由該督詳細奏明核辦。

此外清單所開各節，如鐵廠添設鑪座，派用商董司事一切事宜，或稱仿照輪船電報公司章程，或稱參用西例，應由該道督率商人，妥爲經理，分別具報。抑臣等更有請者，洋商包攬之議，既作罷論，現招華商集股承辦，自不准暗攙洋股，兼用洋商，致與抵制洋鐵之意相背。該督尤當嚴飭該道劃清界限，考究來歷，毋得影射牽混。至商務之興，必以能自樹立爲主，良工待賈，決不求助於人，倘因煉冶不精，以致銷路不暢，惟該道是問，即該督亦不能辭其咎也。所有臣等遵旨速議具奏各緣由，理合恭摺具陳，伏乞皇上聖鑒。謹奏。

陳旭麓等《盛宣懷檔案資料選輯之四》漢冶萍公司第一册《盧洪昶致盛宣懷函光緒二十二年六月十五日》 敬稟者：竊洪昶昨奉電諭，前往長沙試煉焦炭，已將擬辦大概情形稟陳，諒蒙鈞鑒。洪昶受恩深重，知無不言，謹再將續擬辦法及有關大局者，臚列數端，敬爲大人陳之。

一、查長沙既非産煤之地，亦非煤炭總匯之區，無煤可收。惟湘潭地方各處之煤，均在此處過載，可以考較高低。洪昶擬先到長沙查看後，即馳赴湘潭細驗，何處之煤可煉焦炭，即徑往該處，看其出煤多寡，是否便運，運費能否合宜，再稟請憲示核辦，斷不敢冒昧從事，率爾輕辦。

一、聞陳中丞新開寧鄉苦竹寺窿口，煤質甚佳。查寧鄉距漢較近，運費可輕。洪昶抵湘後擬直到寧鄉，悉心查看，如果煤好運便，洪昶前曾謁見中丞，茲更當趨謁，稟商酌辦。

一、收買佳煤運廠，實不若煉成焦炭運廠。蓋生煤兩噸零，只能煉成焦炭一噸。是運焦炭一噸，可省運生煤二噸零運費。且裝運焦炭，船户無從摻雜。洪昶擬跴定地方，既就彼處砌爐煉炭，以省運費而免攙和。

一、頃聞憲臺在申收買生煤。查次等生煤，攙和即爲上等，焦炭則無從攙和。生煤到廠煉炭，摺耗甚多，燒煉需時；焦炭到廠，摺耗較少，立時可以應用。且生煤運費過重，焦炭運費則輕。洪昶愚見，與其采辦生煤，不如竟買焦炭。至鍋爐應用之煤，漢地購買甚易，存儲亦多，無庸在申收買。

一、馬鞍山洋爐，現用萍鄉煤七成、馬鞍山煤三成，配煉焦炭，已送到炭樣，化驗合用。又送到萍、馬各半煉出炭樣，亦屬可用。洪昶現已函令萍鄉商局趕運生煤二十船至馬鞍山配煉，以後照合同所定之數，分三成運交馬鞍山，分七成運交漢廠。如果分運萍煤三成，尚不敷馬鞍山之用，已回明總辦，請其隨時函諭洪昶，再將萍煤酌量多撥馬鞍山，以資配煉。

一、船户運煤，偷攙砂土，奉憲臺諭令，派輪拖運，以免作弊。洪昶已令承辦商人函致湘潭商局遵照。所有火輪拖費，亦由該商承認。洪昶此次行抵湘潭，仍當剴切開導，令其遵辦，期在必行。

一、砌土池洗煤一節，查核上等好煤，一經水洗，必須摺耗三成，次煤更甚。緣燒煉焦炭，總須煤質佳好，工作精細。廠次現用萍煤煉炭，並未洗過，而煉出焦炭，極爲堅潔。如煤質不佳，洗之亦屬無益。擬請無庸飭洗，以省工資而免耗散。

一、萍鄉商局已運到生煤一千餘噸，焦炭一項因開辦伊始，六月份運到之數，尚不見多。七月份定能加增運到。此兩個月雖未能遽照合同所定之數運足，而所差必不甚多。查湘潭至萍僅二百七十里，洪昶到湘後，定當抽身赴萍，督催趲辦。

一、郴州商局照合同，生煤應從六月起運，焦炭應從七月起運。目下生煤焦炭均未運到，殊爲遲誤。洪昶抵湘後，當查探該商現辦情形，如果不能勝任，定即遴換妥商，仍按照合同議罰二千兩，以示懲儆。

一、總管洋匠德培，責成甚大。該洋匠一人之得力與否，爲華洋衆匠勤惰之所歸，即爲鐵廠隆替之所係，宜如何提綱挈領，商籌妥辦，庶廠務日有起色。乃該匠足迹絶不到廠，全廠應辦事宜，概置不問。並聞向衆洋匠布散謡言，謂爾等合同届滿，即當辭去，何必自苦乃爾。由是衆洋匠懶於工作，衆華匠亦因之松懈。似此泄沓成風，貽誤要工，其居心殊不堪問。果其事權不屬，則廠内何者宜急，何者宜緩，總董猶可布置。而該匠大權獨攬，事無鉅細，必須稟命而行，而又桀驁不馴，遇事掣肘，是有該匠在廠，非徒無益，直以爲害。我憲臺力顧大局，肩茲重寄，洪昶誠恐倚任太深，將來必無成效，用敢披瀝愚誠，直陳無隱，伏乞大人將德培立予罷黜，以除大患，廠務幸甚。否則雖各員矢勤矢慎，潔己奉公，而貨物不出，即於成本有虧。洪昶不揣冒昧，爲大局起見，仰祈核奪施行。

以上擬辦諸務，是否有當，統候訓示祗遵。

漢廠煤務處事宜，洪昶接辦以來，凡船户、挑夫所施舞弊伎倆，均嚴密稽查，以破其術。枷責示懲者多起，計截至六月半止，除枷責之外，並罰錢三百餘千，交明收支處入册。以後如用輪拖運，則船户沿途攙和之弊可除；由磯頭到廠之鐵路成功，則船户與挑夫串通作弊可除。除此兩弊，煤務可無他慮。現已將一切事宜移交汪直牧暨潘司事接辦。

洪昶原擬於六月十一日起程，因化學藥水尚未備齊，稽延數日。現定於十六日赴湘，俟抵湘相度機宜，再將詳細情形馳禀，上達鈞聰。洪昶仰沐鴻慈，別無圖報，只期於得盡心力之處，奮勉爲之，無誤要需，即所以上酬大德也。專肅上禀，恭叩崇安，伏維垂鑒。

陳旭麓等《盛宣懷檔案資料選輯之四》漢冶萍公司第一册《汪鍾奇致盛宣懷函光緒二十二年六月十八日》 敬禀者，竊卑職前呈一禀並章程數條，交職兄淵若面呈，想已早登慈鑒。昨奉到禀請添委局員批回，又奉總辦函諭，以馬鞍山事簡，擬不添委局員，即責成該局董一手經理。責有攸歸，聞命之下，悚惶無地。

查馬鞍山官局委員、司事三十餘人，今則只准用司事四人，局董一人，從前河下收發煤炭，另派專員，所有原委局員，河下各事，竟可置之不問，今則統歸局董一人主持。查萍煤到山，焦炭下船，本山煤下船，均須分別過磅，偶不經心，弊竇層出。且碼頭離廠窵遠，一人萬難兼顧，刻下只有零星船只來山，司事一人，尚能照料，將來萍煤大幫到山，卑職只有半日駐碼頭，半日駐廠，督率司事過磅驗收萍煤，稽查彈壓各工。昨日總辦來山，目睹情形，司事四人，力有不逮，與其省費誤工，不若酌添二三人，與事或能有濟，已蒙總辦允准再添二人，以期無誤辦公。日來已將焦炭及本山所出生煤各成本，通盤核算，分別開具清摺，面呈總辦。

前奉諭飭煉焦炭三種，以觀成色，再定煉法，刻已一律煉出，成色以全萍爲上，萍七馬三次之，萍馬各半又次之。已將炭樣運往漢廠，俟分別成色，何種合用，再行大煉。如能將萍馬各半開煉，所省尤多，特未知漢廠如何定見。

查卑局原有洗煤機一座，總辦面諭拆赴漢廠。據洋匠科納聲稱，一拆一裝，非九閲月不能竣事，洗機約估值三萬金，一經拆卸，所有帽子釘一概無用，重裝必須另購，所耗甚鉅。焦爐依洗機爲唇齒，洗機既拆，焦爐必廢，十萬金棄之如遺，此舉似非盡善。兹科納已將拆卸失耗各情形面禀總辦。

山局一切如常，洋匠亦尚馴服，卑職惟有勤慎從公，期副委任之至意。肅禀，敬叩鈞安，伏祈訓誨，統乞垂鑒。

陳旭麓等《盛宣懷檔案資料選輯之四》漢冶萍公司第一册《鄭官應漢陽感懷兩首光緒二十二年六月中旬》 漢陽感懷，録呈退補樓主人並乞諸吟壇哂政，仍希賜和（待鶴山人未定稿）。

西粵甫歸裝，電催赴漢陽；漫雲船務急，鐵廠待參詳。天下本無事，用人違所長；自顧非素學，如何敢濫觴。誤賞危言論，殘棋未易商；南皮呼力竭，政府亦張皇。粵紳皆卻步，左右計荒唐；西人思合辦，摺虧二兆强。更防招物議，不符創辦章。大哉推盛老，感慨勉臣襄。杞憂辭不獲，力疾爲公忙。相訂黄花約，瓜期幸勿忘。

石灰窑過馬鞍來，寶礦名山歷幾回。有鐵無煤休速煉，近城遠水詎宜開。往觀糜費因洋匠，尤昧知人任菲才。漫説漢陽兼四利，廠基畢竟貴平厓。（漢陽廠基原是月湖，費多少紅毛泥填築，尚不堅實，且馬頭時被水割，不若就近大冶礦山平厓冶煉。馬礦師云，大冶有可設鐵廠基地三處，極好極便。）

王樹枏《張文襄公全集》卷一五一《致上海盛道臺光緒二十二年六月二十一日戌刻發》 蘇軍門復電，云：接繩帥電知公意，囑將籌辦大致，及應造軌里式樣，詳晰電知，以便飭廠趕辦。現在總署全文已到，查閲立定合同：鎮南關至龍州鐵路，歸費務林公司承辦，工程由鐵路官局稽查，應用之費，每月公司呈報數目，三箇月照付，如有未付之款，七釐行息，限三年造成，如此訂明。此次春未得見費務林公司，不能遽議，統俟復商，再行酌定，必用漢廠鋼軌，藉塞漏卮，以副鈞命，並將軌里式樣，開送再議，於南關外設棧，停頓貨物，易車進關，彼此各用各軌，既不混淆，亦便稽查，以副總署諄諄之囑。删等語。馬。

陳旭麓等《盛宣懷檔案資料選輯之四》漢冶萍公司第一册《趙錫年致盛宣懷函光緒二十二年六月二十一日》 敬禀者，竊錫年前月鵠侍憲旌遄發，趨至江干叩送，隨班進退，瞻望鼓輪始返，今忽兩月矣。遥仰霽顔，末由侍側，私衷欽慕，與日俱深。伏稔老大人福體元復，矍鑠勝常。大人侍養歡娱，定省無間，福應所至，爲日方長。一庭豫順之庥，百世本支之業，德門盛事，遐邇播爲美談，不獨頌禱之私已也。

錫年奉派留廠辦理文案，矢勤矢慎，不敢憚煩，兩月以來，尚無貽誤。惟日抱此有爲之志，圖效未能，冀望新澤之施，實無片時或釋也。前日上書，辱蒙垂察，且向王伯明丈及胞兄巽年，兩次温諭及之，登吕公夾袋之中，收狄相藥籠之内，私心竊幸，知委任之將有屬矣。

鐵廠事體重大，錫年熟思長慮，粗得大略，不揣冒昧，繕就條陳一摺，内分四説，恭呈鈞覽，等諸芻言之獻，冀收一得之愚。惟乞俯采而垂教之，幸甚禱甚！臨穎不任屏營。

陳旭麓等《盛宣懷檔案資料選輯之四》漢冶萍公司第一册《趙錫年鐵廠條陳》 謹將通籌鐵廠全局管見所及，分爲四説，恭呈鈞鑒。

興利説

一、鐵山所産豐盈，實爲無窮寶藏，其有未買附近礦山，必應全得，但能事權不撓，利源日拓，其效可立見也。

一、路軌必須聯成一氣，而承攬尤藉厚集股本，東南鉅富，若由憲臺爲之領袖，廣其招徠，雖不能以千萬計，强半之數，可以操券。且鐵廠自主，可收事半功倍之效，或別有鉅商，已集成數，能與合併最妙。

一、焦炭最關緊要，今已多方搜求，礦師果得佳窿，收煤果獲利益，尚無把握，必得真能辦事之人，方有實效。

一、蘆漢之軌當購自鄂廠，此不待言矣（磅數輕重之間，尤宜速定，以免工匠藉此遷延）。若蘇滬等支路，如果奏准舉辦，生意不可不攬，究屬大宗也。

一、中國製造局、船政局所需鋼鐵不少，但使本廠出貨精而且多，當不至舍近而圖遠。若棧房、廠房可用鐵蓋者，通商碼頭所在多有，將來必有踵而行之者，亦銷貨之一端也。

一、零星鐵貨如鐵丁等，內地行銷日廣，只要本廠能做者，必須打出招牌，馳名遠近，雖未即抵制洋鐵，本廠差足自立。

一、造鐵電杆，沿海、沿江、沿河之地，日後修理皆换鐵杆，此爲銷場大宗。而且權自我操，既可挹彼注此，亦免電局工程動藉大修、小修名目，任意浮報。將來鐵路告成，陸路一帶，可以展拓，利益尤多。所慮者運費必重耳。

一、先招股本百萬必已集數，鐵路股分人人知其有利，似乎易招，而華商氣餒力薄，已難驟集鉅款，若鐵廠則更視爲畏途。顧事權已屬不得不竭力經營，綢繆未雨。竊思招商局有公積銀，原所以備要需視之，因極慎重，今當權其緩急，不妨會商，將此項公積，半作鐵廠股份，半作鐵路股份，各商董定肯通融。其實便利之事，不一而足，鐵路告成，內地上游各貨皆可直截裝運，其於輪舟生意，未必無礙。將此有餘，移作正股，彼盈此絀，正可扯平。而商局不恃積項之多，益加整頓，局用概從節省，買辦嚴其比較，則獲利之豐，必更增於往日。電局雖無現成鉅款，亦可設法騰挪。

一、化鐵爐本宜設於大冶，若經費可籌，購軌已定，焦炭已足，宜添設較小之爐多座。於大冶不免多費人工，多僭廠地，究少險象。萬一有損，亦尚不礙大局。

除弊説

一、各廠不可一日空閑，若以省費而停各廠，則停生鐵爐豈不更省。爲此説者，非挾私意，即爲無見，如此成本，急求補救猶恐不足，欲因循坐廢以待之，雖有智者，不能善其後也。

一、煤務之弊，不可勝言，大要貴能直捷，蓋少一周摺，即少一弊竇也。船户偷盜攙雜，已成習慣，司事通同舞弊，風聞從前極多。今改商辦，氣象一振，益當嚴其考成，明定賞罰。該管隨時稽察，毋稍徇情，庶人人知奮也。

一、采辦爲最要之差，洋行貨物有明暗扣之説，本地貨物更爲活動，此事難於覺察，必取誠實可靠之人，畀以事權。若神氣囂張，目動言肆者，非特此差不宜，凡有關於利權，均未見其足恃也。

一、洋匠開單，無不照購，其中豈無可減之處，是在熟悉洋務者不畏其難，細心綜核，所省不在少處。

一、木廠固不能省，似無庸多養工匠，日做不急之物。他項可以類推。

一、工匠量能授食，固一定之法，然月給工食，各有定數，而每日做工，聽其自便，人亦樂得消閑，似宜察其勤惰，區其優劣，明定章程，以昭核實。

節用説

一、本廠月用五萬餘金，一時無利可收。購軌即定，須先劃還官本百萬，來源既絀，惟當力求撙節。薪水之大者，單分、雙分不可不算（如各股及分局均有兩人是也）。若修造房屋等工，盡可緩圖。至電氣燈飾觀之舉，更可緩之又緩，且決其不能較省。惟添造駁船數只，乃有益之事。

一、馬鞍山焦炭既不可用，不如決意棄之，其煤或運或賣，可仿李士墩例，歸商承辦。其洋焦炭爐多座，拆至漢陽，雖似可惜，實免此後暗耗不小，如以萍煤運馬山，無論接濟能否按時，所煉能否合用，而來往水脚已是枉費。

一、外局月支已有定章，而分投各處之收煤看礦委員，動費鉅款無從懸擬，第一不可鋪排場面及一切虚浮費用。事須慎防，預爲杜絶，若已經浮開，然後申斥，亦無濟矣。

一、洋匠蠻横無禮，毫無顧忌，非有大勢力濟之以沈毅，何能抑使斂戢。合同未滿，條款重訂，便如不可廢約。若云預行另雇一人，以俟其退，多請一名洋匠，即多一分重薪，安知後來者便是好性情、真本領？竊意此後雇匠，必實在專門之藝，萬不可省者，方可另雇。所有在廠各洋匠，可俟合同之滿，察其無甚關係者，即行撤退。華員受洋匠牽制，不能做主，亦實在情形，非止節省經費已也。

任人説

一、商務用人，貴取殷實，但亦不能一例論也。人之巧滑者，轉藉殷實以售其欺，貪心所萌，黷貨何厭，窺上所向，且有並無根底而自居殷實者矣。與其用此等人，不如非殷實而較穩練之爲愈也。

一、每差可用一人而必派兩人者，是爲鈐制之術。然權勢相等，往往各存意見，轉多推諉，於事未有濟也。欲用鈐制之術，當使本有美差者，調辦此事，彼聲名不得不顧，心力不得不盡，患得患失，交戰於中，縱然不能絶弊，要不敢公然專意營私矣。

一、電報、招商等局人員，類多身受厚恩者，可擇廉明有爲之人，以收指臂身心之助。或委以重任，或調以要差，既可以均勞逸，又足以試才識。底缺仍在，益自奮勤，辛苦酬勞，量爲通變，如是器使，不患其無實效也。

一、狹小腐淺之輩固無所用，而專講趨蹌迎合，以及有挾而來者，更無實際。古云：「使貪使詐，是暫試一事之爲，非歷久倚任之爲也。」必其忠心耿耿，復能具有識見，庶幾足以任事而不負恩。才有大小，職有重輕，憲臺智珠在握，自妙權衡，固無俟下位之多言耳。

陳旭麓等《盛宣懷檔案資料選輯之四》漢冶萍公司第一册《彭脱致盛宣懷函（一）光緒二十二年六月二十五日》　盛大人鈞座：

謹稟者，奉大人諭，仆於七月二十四號前赴漢陽，查考鐵政局應需洋匠若干，方與局務有益。仆居漢陽三日，以兩日稽查局務，一日與鄭道臺商議。今將應用洋匠若干，每年薪水若干，謹繕清單奉呈憲鑒。最要緊者，廠中須用二人，仿歐洲法，日夜開工。蓋廠中有二人，恐一人或有因病告解等情。

計開：

總管一人（此人應於煉鐵、煉鋼、廠務、商務有閲歷者。薪水每年約二千英鎊）。

副總管一人（此人應於煉鐵、煉鋼有閲歷者，且必須是化學家。薪水每年約七百五十英鎊）。

化學師一人（此人應化鋼、化鐵並鐵苗、火泥等者。薪水每年約五百鎊）。

機器師一人（此人應製造、修理鋼鐵機器、引擎、鍋爐等事。薪水每年約七百鎊）。

畫師一人（此人應畫鋼鐵廠機器、引擎、鍋爐等事。薪水每年約五百鎊）。

生鐵爐師二人（薪水每年約三百七十五鎊，計七百五十鎊）。

西門鋼爐二人（薪水同上）。

貝色麻鋼爐二人（薪水同上）。

拉條廠二人（薪水同上）。

熟鐵廠師一人（薪水每年約三百七十五鎊）。

共給七千八百二十五英鎊。

漢陽廠應付各匠師赴華川資，若合同滿期，亦應付回歐盤費。

匠師所居房屋，冬季所需煤炭，概由貴廠供給。仆在漢陽時，惟有生鐵爐一個開工，故無機會考察有能之華工，因此清單内並未載及。洋匠此等工匠，熱地之國，難於得力，不如本土工人，仆在製造局頗有閲歷。各種工程華匠容易教授，單内所載生熟鐵爐匠師，將來聰敏華工，可以推升，於以見洋匠教授華工之有益也。仆知漢陽鐵廠現有公司所最要者，總管不第欲煉鋼鐵精明之人，且欲善於商務者。凡廠中所出之貨，應知時價若干，客商定貨當照辦等情，第一要義，令公司得利。然最難之事，經手人能令公司之得利。若此總管在英國薪水甚大，如大廠家每年薪水至三四千鎊。現仆所擬二千鎊，大人合用，可給多些。總管係代大人暨總辦擔承重之人，如所造物件、核算利益等事。惟應善待總管，一概洋匠，令其揀選，爲其管理。並有權利，如洋匠不准吩咐，不得洽意，可以撤差，兼有全權管理華工。凡定薪水等事，應商總辦，即欲撤差匠人，亦應預先會商。大人以爲與洋總管權太重，但仆決以爲此頂好之法，廠務可以有益。要知總管所用洋匠，初起二三年以後，教習華生，即可代理洋師。只要聰穎匠人，皆肯教授，而後知總管公正，庶不負大人厚望。

鋼鐵廠之費用，全在乎煤。最要者，煉鋼煉鐵非成物樣萬不可變冷。故此廠宜日夜開工，不得停歇。在英國常做雙工，每做十點半鐘，自禮拜日半夜起至禮拜六半夜止，以其餘三十六點鐘清理爐子、鍋爐略加修飾等情，此煉鋼鐵必須如是辦法。若每日只做八鐘、十鐘，無非浪費而已。煉鋼、煉鐵皆係辛苦工程，各爐開工，不能一時動手，看管工匠，催速做工，亦須定有章程。廠大者，容易照辦，周年機器無損。英國之鋼鐵廠，工匠工價論噸數核算，猶各自己做工，彼願爐子機器常好，無庸修理，彼能爭錢愈多，而廠家亦自願者也。

在漢陽時蒙鄭大人告仆云：不得將此廠核算利益，亦不得將此廠估價若干。此事宜預先知悉方可按辦。初起只作薄利，如其得利，人方肯接辦。不知大人如何可以獲利。如大人欲定一班洋匠，應先聘定一總管，告伊預先約定一班洋匠，而後到華。俟到漢陽，第一件事，將廠估價作息，驗看礦石、煤炭等情。總辦應將廠中各帳單，凡一切鐵價、鋼價、華工薪水等交付總管。於是可以作利，如其洽意，伊即電各匠師到華，共辦廠事。如是辦法，有二三月之久，此係大人最妙、最便宜之法。如欲聘定總管，將廠圖及詳細單、機器單等寄往，俾伊能預決應用匠師若干。此總管宜稍知華工情形（若此人在歐洲頗少）。否則伊欲誤會，以爲欲雇許多匠師及匠人矣。

陳旭麓等《盛宣懷檔案資料選輯之四》漢冶萍公司第一册《華盛翻砂修機廠對漢陽鐵廠生鐵評價光緒二十二年六月》 湖北鐵政局之生鐵，鐵花細，色青亮，與外洋之茄史雪林牌號生鐵大畧相同。惟鐵政局之鐵性太躁，熔成鐵水後不能耐久，鐵水易冷。緣鐵水冷，即恐機器件頭不能全行走到，此一節最爲要緊，鐵政局之鐵不如外洋之鐵在此，大約牽扯可比副號雷狄卡牌號之生鐵。惟鐵政局之鐵，間亦有鐵花，□無如泥色者，蓋生鐵之色青爲上，黑次之，白斯下矣。該鐵熔成機器後銼刀可銼，車牀可車，鐵性尚嫩而不老，鐵性一老則銼與車均不能用矣。

按：茄史雪林鐵花細色青，條頭瘦而長，現價約廿七兩上下；雷狄卡鐵花粗似浙鹽式，條頭大長同上，現價約廿三兩上下。

陳旭麓等《盛宣懷檔案資料選輯之四》漢冶萍公司第一册《漢陽鐵廠廠規光緒二十二年七月初八日》 廠規列後：

一、在廠工匠，均須遵守後開廠規。

二、各應勤慎從事，爲廠出力。凡有礙於工程之事，無益於工程之事，皆不准行。工食或論日給，或論鐘給，或做包工，即照包工給。

三、工匠進廠後，或自不願留，或廠不欲用，彼此須八日前知照，照廠規辦理。然若查照廠規有不得不立行開除之故，則即行開除，毋庸知照。

四、工匠捏造謠言，即行開除，毋庸知照。新雇工匠，藝不能勝於其工，進廠後十四天内開除，可毋庸知照。

五、工匠上司係匠頭、匠目，每廠總管、總監工、總辦。

六、工匠在廠須謹遵上司號令，倘有違背，立即開除。

七、工匠有所請告，即白諸親臨上司，不足則可照第五條，層層上達。惟至上司處請告，其數不得過二人。

八、工作時刻：日班，自午前六點鐘至午後六點鐘。夜班，自午後六點鐘至午前六點鐘。其餘，自午前五點半至十一點半，午後二點半至六點半，按季而行。

開工、放工以吹汽爲號，廠中工作有不能定准休息時刻者，其休息時刻，須視工程斟酌。

九、倘有要工，雖逾放工時刻，一經上司吩咐，仍須做工。未經上司允准，則放工時刻過後，不得做工。

十、工匠之本作某工者，暫以别工(令)[另]作，亦不得推諉。倘因無工，或因滋鬧而停工，照扣工食。惟停工之日以外，准其他去，毋庸預先知照。

十一、工匠出入，必由所定之門，經過門口，須聽查問。

十二、或包工、或論日，均須於所定時刻到工，放工之前，非准不得擅離。

十三、放工之前，不得預備離工。

十四、除照例歇息外，做工時不得停手。至瞌睡、吸烟等事，尤在嚴禁之列。

十五、工匠到工太遲，或做工時擅自離工，即罰停一班。

十六、值班工匠，無故不得離工，若一月内有幾次不到，即行開除。無故離工至兩日以外者，即爲擅離工程，永不再用。凡因此項事故開除，或别項事故之毋庸預先知照而開除者，罰扣一禮拜工食，充作有病工匠幫款。

十七、此廠之工匠，非奉號令，不得擅進彼廠。放工後，無論匠目、工匠，非准不得在廠。工匠不得引外人入内。倘有外人因公或别事到廠，工匠不得與之説話。

十八、禁止聚衆鬧事，侵犯上司、伙伴、巡役，争論毆打。倘有以上情事，即行斥革懲辦。

十九、倘工匠做工時，粗疏忽略，致危伙伴或上司之身，除即行斥革外，並從重懲辦。

二十、所派之工皆應竭力從事，非上司所派，不得擅做。既不准招人代替，亦不准代替伙伴。倘因粗疏忽略，致損機器、工具等件，即惟致損之人是問。

二十一、做工應用材料、工具，由匠目照派，領後皆歸收管，有可鎖之房，則鎖諸一處。倘有遺失，或因疏忽而致損壞，即行追賠。工具之用久而敝不能用者，應繳還匠目，另易新具。做成之件，及一切材料，皆應交出。廢料及零星之屑，亦應留心檢交。材料、工具皆應竭力撙節愛惜。

二十二、一切工具、機器、物料，用時須格外留心，火燭尤須謹慎。電燈機器，皆派專人管理，無論何人，不得攙越。

二十三、機器廠做工處及茅厠等，皆須掃除潔净。

二十四、倘有人損壞、偷竊廠物或伙中之物，各工匠應即報聞。

二十五、禁止私用材料，私自做工，犯者即行斥革懲辦。

二十六、工匠工錢，或兩禮拜一發，或一月一發，由廠計算。所需開列工食清單時，候每年預定日期發給。倘開列工食清單之時，包工尚未算出，則先發所定每班工錢，俟包工結清後再算。

二十七、工匠領到工錢，即當發者之面計數領去，後再稱短少，概不置理。所領工錢，或有算錯，至遲三日内，必須告知親臨上司。遲不置理。有病不在此律。

二十八、舞弊應嚴行禁止。倘有剋扣工食以入私囊，或工匠賄賂上司，一經揭穿後，除即行斥革外，並罰出較所舞之弊、所行之賄百倍。

二十九、工匠違犯以上條規，或罰款，或斥革，或懲辦，皆由各廠總管定奪。倘有控訴，由總辦處或廠主定斷。

三十、上工之時，各匠須親身領籌，不准替代。入廠後，各匠所用器具，不准彼此私自取用。如此匠須藉用彼匠器具，務必告明取用，以免尋找曠工。違者罰。

湖北漢陽鐵廠告白

陳旭麓等《盛宣懷檔案資料選輯之四》漢冶萍公司第一册《鄭官應致盛宣懷函光緒二十二年七月初九日》 廠事改歸商辦，部議已奉行到，原文寄上。此件户部所議，未免不顧大局，豈故意與南皮爲難耶？照此立言，何以招股？何以持久？鄙見公宜上稟，以無從招股請仍歸官辦。一面密電告帥，以非敢自餒，實恐無從下手，擬請據稟頂奏，非免税不可，非購軌不可，至質求其良，價求其賤，乃無待言者。若值百抽十，則國家不欲其廉非成本之必欲如此。弟恐此事，常熟漸成木偶，子房、叔重不免用事，其有心耶？其無心耶？度公必早有所聞，不如弟之猶在鼓中也。部中諄飭慎密，弗將原奏漏泄，免生枝節。弟閲初二三《新聞報》，已將原奏登列，若謂公處在中交彼登報，斷無是理。弟聞蔡毅翁云，方等憑票無銀行總辦之名，靠不住，别有垂涎者，必早在京探聽。似報館必由彼輩交登，大利之所在，羣儈生心。然揆時度勢，彼何能與公争此，多見其不知量也。

大冶買山禁止之批，昨亦奉到，附呈察閲。可否將原稟鈔示存查。細閲督批及嘗與人説，莫不謂鐵廠開爐已久，冶煉鋼鐵均極精好。今廠務如此艱難，勝則無功，虧則有過，誰樂爲之！

湘潭委員王縣丞恂昨已行矣。弟因許復初原稟太魯蘇，囑杞齋删節另繕，方呈菘老，菘老又呈帥閲。昨又照抄一份交王縣丞，令伊到彼密查據實稟復矣。茲抄删節之稿附閲，原信前已附呈矣。

科納到漢口醫病，遽死於醫院中，應照合同核辦，如何再達。肅此，敬請勛綏不備。

教弟鄭官應頓首。

查英國地小土産亦少，專靠外來之貨。聞除絲、茶、綢貨外，免收進口税。美國地大物博，進口貨税甚重。據急頓鼎云：值百抽二十，且鋼鐵出口免税，雖較外來之價昂，亦囑國人購之，並設法使其成本廉，力爲幫助，以冀通行，不但美國，各國亦如是。

再啓者：奉到七月初二日第十二號惠書，並附生鐵節略一紙，及添購熟鐵一單，均已閲悉。廠中生鐵經華盛洋匠考驗，不及外洋茄史雪林之牌號，可比雷狄卡之副號，當照節略所説，盡告德培、吕柏，囑其認真講求，能與茄史雪林之號一樣，自易得價而暢銷，請將茄史雪林之樣即行飭寄，以便照做。

華盛擬購之熟鐵三種，其尺寸無現成合式者，待齒輪換好，趕速照辦。已飭德培登記於册矣。附來許、盧各信，弟已閲後封口，即交王委員順便帶去。潘誠齋因妻病重，請假廿天。煤務處弊端極多，非洪昶等整頓後可以無慮。總之，其人存，其政舉，其人亡，其政息，非上下協力同心，不能風清弊絶也。知注附及。肅復，再請勛安。

陳旭麓等《盛宣懷檔案資料選輯之四》漢冶萍公司第一册《張之洞關於大冶縣屬鐵礦一律歸漢陽鐵廠開采的批文光緒二十二年七月十四日》 查漢陽鐵廠開爐已久，冶煉鋼鐵，均極精好適用，實爲制械、造軌之根源，關係中國自强之大計。現值槍炮廠製造各種新式槍炮，欽奉諭旨籌辦蘆漢鐵路，煉鐵尤爲方今急務。擬即添開爐座，大舉冶煉，以期供用不絶，免致利權外溢。

茲據稟：大冶縣屬鐵山坡、白楊林相近之象白山、獅子山及下陸之鐵子腦一帶地方，皆出錳鐵、磁鐵。此外如戴家灣、金山店等處，亦係上好鐵礦。所有大冶縣屬及武昌、興國等處，皆産鐵礦。請一律歸鐵廠開采，不准商民私行勘買等情。係爲裨益鐵政，杜絶覬覦起見，已行北布政司鐵政局通飭各州縣，凡用機器開采煤鐵五金各礦，必先由該商將商人姓名、籍貫及一切辦法詳晰呈明，聽候本部堂札飭地方官查核明確，批准給諭立案後，方准購地開辦，不得由民間私相授受。如有未經稟准立案，擅將礦地私買、私賣，置機挖取，一經查出，定將該地封禁充公。並將買主、賣主嚴行懲辦，以維礦務而杜流弊。除武昌縣鐵礦，先經封禁勿庸開采外，所有興國、大冶所産鐵礦，應准一律歸鐵廠購買開采，除飭大冶縣及興國州迅速出示曉諭，禁止商民不准私行勘買外，仰即遵照。

陳旭麓等《盛宣懷檔案資料選輯之四》漢冶萍公司第一册《許寅輝文廷鈞致鄭官應函光緒二十二年七月二十九日》敬稟復者：本月二十八日奉到六月二十八日憲臺批示，每月包運煤炭噸數隨時分報，勿任短延等因，並同日奉到鈞函內開趕煉趕運，以補冬令水涸之不足等因；奉此，卑職等自當懔遵憲示，何敢自外生成。伏查煉炭必先采煤造窑，卑局自六月初四日接辦，因廠户壟斷居奇，辯論經十日之久，大局稍定，趕速催工，在紫家窑起窑煉炭，不料窑被水浸，磚坯經雨打壞，勢難剋日燒就。復擇購王家源及安源地方添造窑廠，以期多煉，又有痞徒夜間將山溝之水放下，以致將已成未成之窑磚均已淹損，窑内亦被水浸滿。業經萍鄉縣照移出示嚴禁，出差三名拘拿放水之人究辦。總之，煉炭係萍鄉創辦之舉，非三月後斷難整齊。現又派熟悉煤務干練之人，至上栗市及高坑等處擇地料理，設廠煉炭，合計有五處之多，俟一律停當，九月後每月足可煉炭二千餘噸。卑局局面新設，正在極力整頓之秋，雖冒暑冒雨，猶必親歷其境，如其假詞粉飾上聽，究於卑司何益？伏懇憲臺格外垂憫。查本月間因雨少壩封，如過秋節晚稻有成，壩必大開，縱未能如春夏之易運，亦可陸續運上也。

承示油煤直運馬鞍山每噸加給運脚銀二錢，以恤商艱等因，蒙我憲下體商情無微不至，已轉知該商等祇遵力圖報效。再飭嗣後務必配運大塊，細碎勿得攙雜等因，查由萍運上均係大塊，但沿途經挑駁數次，搬碎、碰碎之事往往有之，此後仍當嚴飭船户、挑工時加仔細也。至於船户攙和雜煤一節，一經查出，隨時嚴懲，未嘗寬恕。前月因照料船支司事李安杰無故被奸商唆使俞委員移送請縣嚴緝，以至在湘潭大唐興寺被困十數日不能出户。船户知船頭受困，稽查乏人，緣在湘攙和雜煤數十擔，經盧委員查出，已由號商向船頭議明，照承攬罰辦，合併聲明。專肅稟復，恭請勛安，伏維慈鑒。卑職寅輝、廷鈞謹稟。七月二十九日。

附呈抄録萍鄉縣告示一紙。

〔附〕《萍鄉縣告示》

萍鄉縣正堂顧爲出示嚴禁簽差跴緝事。

本年七月二十二日准煤務局委員移稱：敝局價買王家源地方煤山一處，鳩工造窑煉炭。詎本月十五後新裝炭窑，竟被無賴刁徒於二十一日夜乘工人熟睡從上流挖水灌下，泛濫横行，無論已裝未裝之窑，概被水湮，磚炭等物亦遭浸壞，工覺追捕無踪。想告地方踏實石塌搬動，乘暗灌水，損敗官窑，移請嚴示跴緝等因到縣；准此。除簽差跴緝外，合行示禁，仰該處居民人等知悉。爾等須知，設局開采煤炭，實屬推廣利源，於爾居民大有利益。况王家源裝窑煉炭之處，與附近田園廬墓毫無窒礙，何得挖水灌湮損壞官窑，實屬愍不畏法。自示之後，如有不法棍徒仍敢復蹈故轍，一經訪聞，或被移送，定行拘案，嚴究不貸，務各懔遵毋違。特示。

陳旭麓等《盛宣懷檔案資料選輯之四》漢冶萍公司第一册《許寅輝致盛宣懷函光緒二十二年七月二十九日》竊卑職奉到七月初二日鈞示，祗悉種切。近辦油煤尚稱順手，兹又兼收博采，不使萍煤銷於他處。至創煉焦炭，起首艱難，久亦易辦，將來每月可煉二千之説想不虚談。但實能辦事之人頗不易得。若文紳任事可謂不惜工本，不辭勞瘁，惟限於天者雖智者亦無如何。馬克斯尚未到萍，聞袁州府請其俟考場後再抵萍鄉，蓋恐考生滋事之故。用機抽水一層，俟其到萍詳商再稟。

兹王委員已奉憲札委接辦轉運，自必妥善。卑職自六月十九日起程，兩次湘潭，三次醴陵，四次渌口，兼之天氣酷炎，往來旱道，經一月五日之久，寫作一人，所過之處無不舌敝唇焦，怨者不知凡幾。此時幸皆平復，謹將辦理三處全案抄呈憲核。

至各釐卡嗣後決無阻留之事，因此番之禍始於奸商郭柳愚串弄，湘局各司事、委員則受其惑，湘潭縣則迎合上司，昧昧從事。郭柳愚又唆使渌口炭商傅一元，謂萍局公事全假，六月二十六日正值渌口分司生日，遂發知單囑傅一元索收規費。傅姓乘勢邀分司親兵差役，用炮船追阻煤船至辦公之地，卷取物件，扭押無辜之司事兩名。鄧巡檢囑取保釋放，因索規費二百元未妥解縣，周令未收，尚知大體。傅姓固藐法已極，朋比爲奸者鄧巡檢也。查鄧巡檢名鴻藻，四川人，調署渌口分司，濫吸洋烟，聲名狼藉，痞棍出入該署，肆無忌憚。前受重傷之船户至該署請驗，因强索驗傷堂費五千文，該船户力有不逮，央保人張姓代立筆据存署，經卑職在該署抄出涂銷，各船户沿河叩首。卑職初次過渌拜會分司時，該號房即索取門包。次日竟至辦公之地强索四百文，彼時卑職已去渌矣。此等貪吏容於光天化日之中，實爲民間大害。各節已面告周令。查周令名至德，四川人，係孝廉方正出身，歷任大缺十一縣，現調署醴陵縣事，其人精明干練，湖南州縣中出色人員，與卑職意甚相洽。現已出示曉諭，渌口不至再生事端。餘續稟。專稟，恭請勛安，伏維慈鑒。

陳旭麓等《盛宣懷檔案資料選輯之四》漢冶萍公司第一册《王恂復鄭官應文光緒二十二年七月下旬》 查得出萍鄉縣城四十里，地名蓮花石，以至渌口一帶地方，均向出壁石、壞煤，貨劣價賤。壞煤每擔二三十文，壁石五六十文一堆，亦不過擔許之譜。如在渌口過儎，須專派妥實之人嚴密稽查，庶免攙雜掉换之弊。但湘潭以上灘河較下游更淺，水小時大船不能上下，仍須到湘潭過儎，雖每煤一擔可省運費十五六文，而多一處設施即加一層費用。倘遇河水方落之際，大船儎重吃水過深，復須在途雇船分剥，非特搬盤上下，破碎益多，且恐船户以剥費無出，滋生弊竇。似宜查照成案，仍在湘潭過儎，議定馬頭，大船俱泊於此，由局眼同裝艙，裝畢加蓋灰印，填發運單，督令刻即開行，庶於稽核煤數之中，仍不失考較煤質之意。現尚由渌口過儎，日内僅到一船，當即填單驗收。聞萍局存煤甚多，但得漲水三四寸，即可啓壩放船，焦炭亦有起運。

至萍船運煤盗賣、攙和等弊，頗亦不免。前曾查出王則連一船。廣泰福復經密派親信之人，沿途察訪，並充搭客到船，查得實有盗賣情事，夾帶之弊。曾查有生鐵一次，批明運單，飭令過局呈驗，照章完釐。廣泰福亦極知用人不能得力，則百弊叢生，現擬選派妥人分派過儎，稽查、押運等事。然欲除其弊，非自用輪船拖帶，弊亦未能净盡。聞正在上海訂造淺水小輪一號，價銀五千五百兩，十月底完工。擬再造一號，以便來回周轉。並在常德造剥船數只，底平腹寬，各裝二百餘噸，以爲儎煤行駛淺水之用。趁今多開佳煤，廣煉焦炭，有水則備船趲運，水涸則預爲積存，一交春水初生，運道深暢，各船俱已齊備，必可連檣而下，足應廠工，或至加倍亦未可定。

李安杰係長沙船行劉義發行伙，王令天爵設局之初，以不用湘潭船行，由省帶劉義發來局，名曰船頭，責成專備船只，李與偕來幫同經理，並在局兼管過秤、上儎等事，得補司事薪水，前後在局四年。湘潭幫紳中謂其向不安分，廣泰福擬於湘潭自行過儎，不復用李承辦。文紳等所禀各節，雖非盡出無因，似亦未免稍過。如所稱河下扣留煤船百餘號，查對運單存根，自六月十八日至七月十九共只放萍煤船七十二號。至受賄一節，以人言詢之王令天爵，亦稱並無此事。

所有卑職遵飭分晰禀復緣由，理合具文申祈憲臺俯賜察核，須至申者。

陳旭麓等《盛宣懷檔案資料選輯之四》漢冶萍公司第一册《萍鄉縣匿名書函童生揭帖聯合公禀及萍鄉縣匿名呈文光緒二十二年八月初二日》 合邑列先生閣下：

敬啓者，吾萍去歲旱災爲數百年來所未有，易析情狀，即鄭監門亦所難圖，公等爲民請命，誠可謂力救桑區矣。今幸天眷窮黎，早稻豐收，方以爲剥極必復，含哺之樂，可以漸臻。頃悉有一大害莅萍，較之旱災加於千萬，敢爲公等痛哭陳之。

近聞吾萍有人在湖北勾引洋人來萍，開取煤礦，且已與洋人私立合同包辦十年，十年之外豈不更立合同？似此滿而復更，更而復滿，就煤炭一項而論，則吾萍之精華盡元氣傷矣。大害一也。

方今洋人凶横已極，一至該山開礦，鄰境勢必遭其魚肉，無人敢言。且其取煤之巧，無可思議，由此山入手，偷取他處，勢所必然。數年之内，能令煤根净盡，本地必至無煤可燒。其害二也。

更有甚者，田園廬墓所在，一經洋人挖煤，田園固成廢物，廬墓亦必遷徙。試問房屋可遷否？祖墳可遷否？不遷則廬墓地陷，心必不忍，遷則恐於子孫不便。至於傷龍脈，礙風水姑不具論。其害三也。

取煤之處意其必先在水口官山動手，此地爲合邑風水所關，一經開禁，受禍尤烈，且在顯達者多受之。即於此處係屬公地，均皆啞忍不言，豈不能蔓延他處乎？吾萍漢奸最多，現既有人爲之作俑，他人更必效尤。且洋人長技惟在以利誘人，明德者尚且爲利所惑，則無賴者有所藉口，從此引其游歷十鄉，恐煤礦之開層見叠出，處處遭其殘毒。其害四也。

挖煤一事，固奉官樣文章而來，恐注意卻不在此，實欲於白竺地方重開銀礦。昔陳子元曾經契賣，連日即更數主，幸俞明府追銷各契，遏亂未萌。此次來萍必是暗度陳倉之計，果爾則鐵礦更不難開矣。及之用機器以燒鐵爐不待人力矣。利之所在一網打盡。萍民無業謀生，其饑餓將有勝於去歲之旱災矣。其害五也。

洋人素無人倫，各礦一開，彼族來萍，勢必日多一日。人既衆甚，見人家婦女調笑尚其次之，甚至穿房入户任意强奸。金陵、蘇州各處即其殷鑒，試問吾萍能受此慘酷乎？不校則不甘心，校則官置不理，訴冤無路。其害六也。

抑尤可慮者，礦務既開，將來必創立天主教堂，誘人入教。凡教外之人，近教堂居住者，均不得聊生。蓋以教民倚勢凌人，不一而足。即有正人不願入教，一與毗鄰屢爲欺壓，不得已而入圈套，諒不能免。由是漸推漸廣，教堂不止一處，吃教將不僅愚民。况此中男女混雜，種種惡習，難以枚舉。其害七也。

公等多係清德後裔，識見高明。綜此七害，想已洞悉本原，務將此等害人之人一概攻逐，不得稍事姑容，養癰貽患，俾吾萍受害於無窮也。公等果能以救旱災之心除大害，功德無量。苟或隨聲附和，將來自遭其害，後悔無及矣。其應如何保全地方之處，務乞會商，先事預防，萍民幸甚。專此，即請籌安，諸維誓照不具。

杞憂子謹啓。八月初二日。

童生揭貼

敬達列列：

近據《漢報》，邑人被革之員文某邀同洋礦師來萍取煤，此係吸萍之髓而煎萍之膏也。而尚賓堂竟聞允藉公所假館洋人，以作育人才之區，爲拔本涸源之舉，於事爲不祥，於人爲犯順，於地方爲陷害，於土産爲竭空。諸公乃瞻徇情面，甘爲洋奴招附腥羶，污我清浄。且後洋人踞此，始則崩壞陵谷、絶斷地脈，繼則鏟傷廬墓，永絶人文，竭本地之精華，絶士民之生路。雖首禍歸作俑之人，亦諸公實階之罪也。茲闔邑公同憤議，洋人一到，各家出一丁人，執一械，巷遇則巷打，鄉過則鄉屠，一切護從通事之人皆在手刃必加之例。諸公允藉公所，亦在不宥之條也，爲此先布，免受後累，倘再不悟，有如前言。萬衆一心，誓如律令。

合邑童生暨軍民人等公白。（八月初十日）

八月十五日揭貼

洋人不日可到，凡我合邑人等務要預備軍器，齊心攻擊，以免無窮之害。此白。

聯名公禀

具禀耆民鄭汝陽、周天錫、龔茂、五劍、歐石祥、朱熙、劉成、徐仁、郭遠緒、戴異爲遠夷撤煤以培元氣事。

竊物華必資天寶，人杰實本地靈。萍邑迭起科名，素稱富庶，皆由山川之精華既固，都邑之脈氣未傷。近因挖煤太甚，傷人廬墓，損卻縣脈，以致風雨愆期，災殃大起，又引外洋來萍藴禍以暗滋天怒，洵非萍福也。遐思上世御夷，不誘其來，不追其往，務使中國自爲中國，夷狄自爲夷狄。故武帝迎渾邪，汲長孺諫其罷疲中國，光武閉玉關，林之奇稱爲謝域長策。今萍不知維持桑梓，反欲自喪其本根。煤務既倡於前，又接踵於繼，反引招禿人，搜盡民間膏髓，總計萍邑不出十年，山谷一空，元氣盡泄，有莫可復振者。縱貧民藉得挑運，何異剜肉醫瘡，不如驅民爲農且得足食，詎料貪人敗類覃及鬼方。茲值洋人未到，爲此粘叩大公祖一邑主宰賞准發兵飭止，不許洋人入境，撤散煤務，驅民爲農，以培一邑元氣，免生無窮禍端，則闔邑沾恩，萬姓戴德。上禀。計粘一摺呈電。

萍鄉縣匿名呈文

謹呈十不宜。

一、招洋人來萍，凡縣下已開之山，固必將脂膏刮盡，其未開之山，或用資買就，或倚勢强奪，一經占取後，縱有傷廬墓縣脈，總難救止。其不宜招一也。

一、招洋人來萍，栖遲必有專所，即不起洋行，必占縣内公地民房以爲巢穴，則反客爲主，易進難退。其不宜招二也。

一、招洋人來萍，是人分兩國治難，一出稍拂洋人，洋人生變，多欺縣民，縣民不甘，易生禍亂，約束爲難。其害三也。

一、招洋人來萍，爲諸民所共惡，見其異服異言，潰亂中國，聖天子且爲之隱恨。倘遭愚民手刃，必貽累縣主，禍及平民。其不宜招四也。

一、招洋人來萍，恐煤務未了，鐵礦必開。且縣下不無銀礦、黄礦、金沙，一經伊眼，鮮不覬覦。且聞洋人能避水火於井中，水火能避，將無山不開，無入不深，萍邑必有山崩瓦解之勢，元氣大傷，殃咎立至。其不宜招五也。

一、招洋人來萍，則歸農者少，逐末者多，游手學閑，奸徒併集。倘遭饑歲，或煤務暫停，勢必賊盜蜂起，藉生事端。其不宜招六也。

一、招洋人來萍，其居民沿河作壩，壅水灌田，洋船一到，勢必開壩强過，不由分説，陷民無水蔭耕。其不宜招七也。

一、招洋人來萍，則有膻可附，自蟻日多。漢口至湘潭，直抵萍城，萍江雖淺，小舟可撥，往來亦便，萍城將成鬼國。其不宜招八也。

一、招洋人來萍，則扼塞要地，凡便於營利爲害者必分人踞守，後欲禁阻，是生亂之道。其不宜招九也。

一、招洋人來萍，則奉命所求，誅責必甚，縣主若稍疏忽，輒違上旨。萍邑向非煩缺，將來不知增多少差使。其不宜招十也。

竊招洋人來萍，是開門揖盜，賊人見一家所儲，罔不席卷殆盡；秃人見一縣所有，詎不搜削一空。但一家之蓄積無多，而一縣之精華有限，培之百年不足，損之一旦有餘也。夫水滴藤纏，木石且爲之穿斷，況萍山巒秀軟，何堪此千萬人朝鑿夕擊，將元氣全消？並聞洋人眼能見土五尺，能水宿，望氣知炭之所在，巧奪天工，爲害叵測，性本豺狼，貪圖無厭，宜拒之逐之，不宜招之以中其毒。兹聞洋人來萍，是蠻夷猾夏，爲天地大變，煤務廣行，剥喪日促，是萍大害。爰陳芻言，冒罪上聞，不勝恐懼之至！

陳旭麓等《盛宣懷檔案資料選輯之四》漢冶萍公司第一册《盛宣懷致鄭官應函光緒二十二年八月上旬》 奉六月初四、初六、初九、十五、廿四等日手書，均悉一一。貴體稍有違和，不勝係念。必是濕熱蘊結，剪子街矮醫脈理甚精，請其調治，必有效驗。

弟因鐵路、銀行兩事籌畫維艱；上海酷熱，致稽裁答，要事皆由電復，然甚歉然也。路事數日内兩帥即可入奏。弟本擬日内赴津，又因事擔擱，恐須望前後起行矣。

漢廠總須以得煤爲體，造軌爲用。開平、日尾、萍鄉皆目前應急之需。彭澤、東流既不可靠，只望寧鄉，運道較近，如能用機器起重吸水，或可供應兩爐之需。洋爐方可省煤。馬山有洗煤機，日尾須運馬山試煉，科納不得法，只看司脱蘭格矣。

生鐵爐斷無停理。德培因私怨欲去吕柏，豈能聽之。擬即函復，不准停爐，吕柏亦不能去，但出鐵不能滿六十噸，亦應責之。可否限以六十噸爲額，每月通扯，多則賞之，少則罰之，洋廠有此辦法。俟煤籌足，二爐必宜全開。

熟鐵爐式太舊，徐芝生核計賠本太多。近來外國亦不多煉。大約必須近煤，方可小有利息。彭脱云只可用一洋匠，擬即包與徐芝生專辦熟鐵，只用一卜聶，其餘熟鐵洋人都板、簡德持、化淡梅、查化泥四人可即於八月廿七如期撤退（前已請預各知照矣）。此外，嘉南德、江林伯路來年二月到期，亦可届期議撤。芝生擬就開平煤礦設熟鐵爐，運去生鐵，亦不合算。未知大冶所出之煤能煉熟鐵否？請詢卜聶。要非煤不可也。

貝色麻鋼只合造軌之用。廠有七十磅機器亦可試造。即以其截下之鋼以煉西門。至蘆漢鋼軌，或謂七十二，或謂八十五，各執一是。鄙見總須請定鐵路洋總管，以其言爲宗（須定藉何國債，即用何國人）。現電詢英美，尚未得復，應俟揭曉，即可稟定。

竹節鋼銷場甚大，中國打刀斧皆用。舜卿留樣，德培云可造，望即囑試造，以供銷路。

西門鋼可做輪船鍋爐鐵板，銷路較貝色稍多，且人手已齊，亟宜開煉。德培欲候貝色鋼軌之零鋼入爐。何不竟用貝色未成軌之鋼入爐改煉乎？

彭脱回滬條陳廠事只須十餘洋人，已令譯寄，乞密覽。鄙見總監工不換人，必不能好。擬俟揭曉後鐵路用定何國洋人，鐵廠即另雇此國之人，造軌用料方無挑剔。來示用人必須用其心，目前姑與商辦一切，主意已定，不必惜兩年薪水也。

瀚濤准派稽核，敬生准派文案，已另札矣。一琴忙不開，梁君所薦之開平翻譯不能來，須另覓否？管銀錢者不管采辦，一定之理。但采辦派在銀錢股之内，是否亦有流弊？前來大批料帳，即函致晏德禄、花利代購，原船帶回，目前只得在上海購辦。批發所翁寅臣、趙竹君、周舜卿三人兼管，或可互相箝制。本廠每月約須賠錢若干？生鐵銷路，翻砂廠、各機器局均來請買，已由批發所函致。本廠所用之人恐不盡内行。鋼鐵分管，宜派熟手。芝生俟燕謀到滬面商煤事，即令回漢矣。手復，敬請臺安不一。

湖北省檔案館《漢冶萍公司檔案史料選編》上册《德培致鄭官應函光緒二十二年八月十一日》 敬稟者，現在做工情形，若不竭力整頓，斷難支持。今晨鋼軌廠及烘鋼爐工人大半未到，貝色麻處工人又欲調换生手，其所以不到者諒係給發工食不能平允之故（鄭官應批：「小工日得錢一百八十文，加至二百文爲率」），如此人每月只得工食洋四元半，而彼同一手段不高者每月竟得四十元□，□此人心服得乎（製造總董云：華匠工食之大小，誠不能一一公允。今不妨詳加考察，將工食浮於手藝者酌量裁減。惟□□可以裁減之列，須分別其異日能代洋匠作工與否。若能代洋匠者，亦不能□裁，蓋華匠工食雖大，較之洋匠究廉耳）？應擬就鋼廠應用工匠人數及其應得工食數目附呈鈞鑒。

再，工匠來去自如，此風斷不可長（鄭觀應批：廠規不到工者罰）。工匠工食亟應改爲一禮拜一發，或每兩禮拜一發（鄭觀應批：貧寒之家斷做不到），則須做滿一月後數日始發，以此維係，使不能去。擅離工者，初犯，罰工食兩天；再犯，即行開除（鄭觀應批：均可試辦，已允所擬）。倘欲辭去，須八日前預先知照，違者罰去應領工食。是否有當？即請鈞裁示奪云云。

應需工匠人數及應得工食清單

	一等人數及每日工食	二等人數及每日工食	三等人數及每日工食
沖天爐	一人五百文	一人三百文	三人每二百文
煉鋼爐	一人五百文	一人三百文	一人二百文
生鐵	一人五百文	一人三百文	十人每二百文
焦炭			二人每二百文
鋼桶	一人五百文	一人三百文	二人每二百文
鋼胚模子	一人五百文	一人三百文	三人每二百文
夜工		一人三百文	二人每二百文
裝料搬運	一人五百文	二人三百文	五人每二百文
手車		一人三百文	三人每二百文
烘爐	二人每五百文	四人每三百文	四人每二百文
軋軸	二人每五百文	二人每三百文	六人每二百文
搬軌		一人三百文	五人每二百文
夜工		一人三百文	二人每二百文
壓軌	二人每三百文	二人每二百五十文	八人每一百八十文
磨軌		二人每二百五十文	三人每一百八十文
鑽眼		二人每二百五十文	三人每一百八十文
搬運		一人二百五十文	三人每一百八十文

製造總董云：查本廠小工例給每日一百三十文，俟工藝嫻熟，然後提升。長工始則月給四千五百文，後漸加至六千文，循序而進，不容躐等。廠中激勸工作之微權實寓於此。今德培欲以盡人之能爲之打掃、挑炭等小工工食，駕乎工藝嫻熟之長工上，如此辦理，不惟以金錢擲諸虛牝，且恐掣動他廠長工欲加工食也。

鍋爐匠頭　二人每四百文

生火匠　八人每二百文

汽機匠　二人每四百文

加油二人、吹風一人、壓汽升機一人，每人一百八十文。

製造總董云：加油及升機二役雖不必上等手藝工匠，然必熟手爲之，方免僨事。今其工食，令與盡人能爲之打掃夫同，詎可謂之公允！

修理機器匠頭　一人八百文

修理機器匠　一人六百文

修理機器匠　二人每五百文

小工　二人每二百文

軌軸開車一人四百文，現每月六十元之多。

製造總董云：開軋機車匠月給六十元，誠嫌過大。惟因前者德培言非洋匠不能充此役，故選手藝較優者充之。今德培既嫌六十元之工食太大，何從前欲用絶大工食之洋匠乎？其不顧自相矛盾往往如此。

加油一人二百文

打掃一人一百八十文

雜役五人每三百文

打鐵匠頭八百文

鐵匠一人五百文

又二人每四百文

打匠六人每二百五十文

製造總董云：貝色麻廠所用熟鐵大件，皆在外廠製造。該廠所造者唯零星小件，故充其匠目者只須次等手藝。今以次等手藝之匠目與上等手藝之機器匠目同一工食，未免偏枯。

陳旭麓等《盛宣懷檔案資料選輯之四》漢冶萍公司第一冊《盛宣懷致鄭官應函光緒二十二年八月十四日》　本廠現今有出無入，月總混爲一氣，將來難計盈虧。聞西國大廠家總是一廠作一廠之盈虧，而後各盡其心力。如大冶鐵石、錳石、灰石運到漢廠，每噸應作價若干，而大冶之費用、輪駁之費用，皆該括在內。如馬鞍山生煤每噸應作價若干，而馬山之礦師、司員薪水費用，皆該括在內。如生鐵廠所出生鐵每噸應作價若干，而開平、馬山、萍、湘各處焦炭之價，大冶鐵石、錳石、灰石之價，吕柏等之物薪水費用，皆該括在內。如貝色麻鋼廠、西門士鋼廠以及鋼軌廠,均須各自作價。徐芝生、馮敬庵包辦各廠更易計算,如總監工及書記、醫生、督總辦及收發、銀錢各董、稽查、翻譯、文案各員友無廠可歸者,皆歸總局開支。擬售鋼鐵皆提五釐,以備總局開銷,不敷則准其作正開支。至如築墻造屋、添購機器、添造駁船、添開錳礦、添買山地,凡有物可存者,皆作爲實存添置成本,此公司一定之章法,必須及早商定,望閣下與載之、紹甄、我彭妥籌,勿(壓)〔厭〕其繁瑣也。

弟於八月初四日代本廠收固凌記存款規銀四萬兩,代本廠付開平焦炭價規銀二萬兩,其餘二萬兩已由上海趙致祥匯付漢廠,望即飭令銀錢股照數登記。善後局當存晉河平銀五萬兩,自應趁此取回應用。頃已電致惲松翁,請八月内撥銀二萬兩,九月内撥銀三萬兩,聞善後局現用錢票收存現銀,惲松翁甚爲關切,望即囑我彭、紹甄迅速催銀爲要。八九兩月弟在都中無款可撥也。此請臺安。

湖北省檔案館《漢冶萍公司檔案史料選編》上册《文廷式致盧洪昶函光緒二十二年八月二十二日》 鴻唱仁兄大人閣下:

連日會談,頗罄積臆,敝鄉僻陋,款客之處必多不周,以爲歉也。萍煤獨辦,雖竭力經營,而攻之者要不免多爲謠詠,得臺駕親往勘驗,諒已得其苦心。惟廠户窿户終有希冀官辦加價之意,必須窒其妄念,事乃歸宗。昨所面商明分暗合添一商辦之法,既不使佳煤棄置,又可免業户居奇,似極妥協。如行旌到津、漢時,能面陳於督辦、總辦之前,依此辦法各立合同,並能由地方官禁止多歧亡羊之處,實於官商兩有裨益。鄉居遼遠不及走送,祇請籌安。不盡。

湖北省檔案館《漢冶萍公司檔案史料選編》上册《惲積勛致惲祖翼函光緒二十二年九月初九日》 崧雲方伯大人鈞鑒:【略】

勛病痊後,甫經登舟解纜,行約數十里,接盛觀察電知:另派洋匠賴倫由鄂前來。只得艤舟以待。直至八月初二日,賴洋匠到省,方與之揚帆西上。沿途灘高水淺,節節阻滯,艱苦異常。十三始達袁州府城,接萍鄉縣顧令函知:現在縣試,童生雲集,恐滋事端,且又有匿名揭帖之事,謠言洋礦師係由文紳廷式招來,洶洶指斥不遺餘力。遂俟其考畢後,於二十五日起身,次日抵萍,寓城内尚賓堂公所。刻下迭經商請顧令,再三明晰曉諭,並邀四路鄉紳來城會議,飭將利害情形,切實開導。近來人心稍定,羣喙亦息,籌辦將有頭緒。適爲連日陰雨所阻,一俟放晴,即會同剛字營及城守營保護下鄉履勘,並考核一切事宜。將來如何情形,再行續布。

茲將上稟督憲及鐵廠憲信函各件,一同專呈,乞察核。如有不妥處,乞改削封好,分别轉呈各處,是所叩禱。臨穎不勝依切之至。恭請勛安,諸惟融照不戩。 積勛謹啓。重九日。

一、此次與洋人登程,即處處周旋,尚稱和氣。然有時稍不如意,即怒目相向。夷人犬羊之性,固無足怪,後來之翻譯,又未諳世故,吃虧不少。

一、天氣放晴,即下鄉履勘煤井,東南西北,分日往看,大約有十餘日,可以竣事。

一、文蕓師受謗後,避嫌不管地方上事。下鄉不能無紳士相(培)〔陪〕,承顧令約兩孝廉劉、黄同去,庶每井百餘人,不至滋事。

一、地方謡言甚多,除四鄉紳導引外,又請城守千總及剛字營統領督兵數十名隨護,以昭慎重。然每日所費已不貲矣。

一、前在省接盛觀察電,回九江須等洋人至彭澤勘礦。過袁州晤統領江軍營高參將,渠係彭澤人,據云,前有委員曾經前去勘煤,爲地方人逐去。此次若與洋人同往,斷不相家。乞轉商鄭觀察及盛我翁爲要。

一、稟香帥稟件,敬祈察核,倘有未愜之處,即乞更正,另繕封固送呈,出自鈞裁,尤爲感激。

一、萍邑與醴陵相連,西鄉已染湖南悍習。洋人屢説要去察看河道,商之顧令,再三力阻,不肯保護,洋人頗爲不悦。然辦事不可不慎重於前,洋人怨恨,聽之而已。

一、洋人一路同來,河道之淺深寬窄,山川之高下險要,一一繪之圖樣。蓋通商以來,惟江西及湘省腹地,足迹未遂其所欲。故此次勘煤,忻然而來,藉煤事必欲窮歷其源,爲歸而獻彼政府之用,故日曉曉欲赴醴陵也。

一、盧鴻昌來萍,因文家所包焦炭,未能如數解廠。聞在此另定焦炭,又在湘潭設局收買。是各立一幟,彼此加價争收,勢必炭户居奇。倘文家因之齟齬,運往他處求售,湘潭若收數不旺,鐵廠必受大害。必欲如此辦法,務須謀定而後舉行,此不可不告鄭觀察及盛我翁一爲妥籌也。

陳旭麓等《盛宣懷檔案資料選輯之四》漢冶萍公司第一册《鄭官應致盛宣懷函光緒二十二年九月十一日》 昨肅第二十八號緘,縷陳廠中情形,上呈臺鑒。德培因弟商敬庵薦人承攬磨光軌頭及壓直軌一事，諉咎於一琴，聲色俱厲。弟迹德培所爲，只知煉鋼，余無所長，其暴躁剛愎，雖有片長，亦當爲人所棄，況其聲言督辦不准其革除吕柏等事，情同冰炭矣，尚能望其竭盡心力乎！卜聶亦陰險不可用。如其滿期，均可除之。

昨一琴、芝生與弟討論本廠大局，洋匠不宜管理工程，因其人地生疏，不知中國情形，且手段亦大，不如譯出外洋煉鋼鐵之書，以備采取，並擬用一上等鐵礦師，一上等煤礦師，一上等化學師，一上等煉鋼師，一上等化鐵師，更用一上等重學機器師總其成，以備顧問，凡煉出之鋼鐵，皆要其驗化簽名爲憑，免人閒言，自無扞格，糜費等患。一琴不願再當通事翻譯，如留其專譯煉鋼鐵之書尚可，否則，交冬與弟同回上海云云。一切情形均托張紹翁面禀，仍乞卓裁。

再，據德培云，煉鋼爐以美國最快，英、德國次之。本廠日出九爐，英、德日出十八九爐，美國日出三十餘爐，由於機器新、人手快慢及化鐵爐能否接濟之故耳。另紙開列，並將王、許委員來函，並譯德培來信，附呈臺督。肅此，敬請勛安。

教弟鄭官應頓首。

再，萍焦果如洪袒所言，大局幸甚。今日弟已與仲魯言之，非分辦不可。惟鐵路不歸我公接辦，鐵廠事宜即退手。

陳旭麓等《盛宣懷檔案資料選輯之四》漢冶萍公司第一册《惲積勛致鄭官應函光緒二十二年九月上旬》 敬禀者：竊卑職於六月二十日行抵江西省城，訪問地方情形，風氣未開，惡聞洋務，而萍鄉接壤楚南，成見尤難融化。爰禀請江西撫憲飭下善後局刊刻告示，先行發遞，並蒙札委江西候補知縣張令曾詔及水師炮船一同護送。卑職擬即束裝起行，詎因感冒暑熱卧病，旋忽變成水痘，醫治匝月，甫得就痊，遂於七月二十四日清早開船。行約數十里，又接督辦憲來電，知另派洋匠賴倫，已由鄂前來，不得不搊回艤舟以待。直至八月初二日賴倫到省，始一同揚帆西上。沿途灘干水淺，節節阻滯，艱苦異常。途次得悉袁州所屬宜春、萍鄉兩縣均值縣試，先期已由袁州府余守函囑分宜縣，請將洋礦師暫留。卑職行抵分宜，知宜春已考過三場，童生減少，遂未停留，於八月十三日抵袁州府城。晤宜春縣彭令，談及接到萍鄉縣顧令來函，初二、初十等日有投遞匿名書函，暨以合邑童生具名張帖揭帖之事。聞其事因《漢報》而起。查該報内稱，洋礦師係由文紳廷式邀來招股購機取煤等語。萍民素畏機器，謂能使山崩地陷，田園廬墓悉被震傷，而藉煤爲業之人又恐官招新股，奪其現成之利。揭帖内歸怨文紳廷式，遂指斥不遺餘力，洶洶疑懼。采煤委員文廷鈞因與文紳係昆弟行，亦避嫌不敢出頭置辯。雖經顧令剴切曉諭，並撰就釋疑四條及辨明機器情形，並將《漢報》加以評論分給紳士傳諭開導。而時值中秋令節，各紳未克來城，誠恐棍徒倡鬧，童生附和，勢必釀成事端。顧令復致函與卑職熟商，一面再行傳集各紳，一面迅速考試，於二十五日竣事，使童生盡散，彈壓較易。查袁郡以上水路不通，卑職即於二十五日由郡起早前進，經袁州協及剛字防營派撥練軍兵勇並宜春縣護送，萍鄉縣迎護差役壯丁不下百數十人，小心防範。而沿途民人素未經見洋人，擁擠觀看，人多口雜，遇有賽會演戲之區，尤覺蜂屯蟻聚，洋人深有戒心，卑職趕緊趲行，不敢稍停。是日行九十里，夜宿蘆溪，即係萍鄉轄境。該處有巡檢汛弁並防營勇丁徹夜巡邏，幸保無虞。二十六日早起向萍城進發，忽傳聞有鄉民聚集亂石嶺地方，據險登高，擬用石塊拋擲毆擊。卑職即請隨帶炮船籍隸萍鄉之江軍水師姚哨官前驅偵探，適遇萍鄉縣城守汛弁兵迎護，始獲暢行，申刻得抵萍鄉。

在城内尚賓堂住宿，該堂係合邑賓興公局，先經顧令藉定。後因童生紛紛異議，堂董幾被毆辱，幸顧令力辯，洋礦師係中國延用，即與官幕無異，羣喙稍息。然卑職未到之前兩日，尚有聯名禀帖封送紳士赴縣呈遞者。卑職詳加訪察，萍邑人情固執成見，牢不可破。顧令在任年久，尚能取信士民，而舌敝唇焦，僅不至十分鑿枘，若欲家喻户曉，坦然無疑，實非歲月所能奏效。將來下鄉勘礦，必須先期傳集該處紳士剴切開導，並邀請敏干耐勞、名望素孚之紳偕同前往，以期履勘無阻。卑職荷蒙委任，有可以爲力之處，斷不敢稍涉畏葸，即委員張令及該縣顧令亦無不極力設法。惟究能做到如何地步，目下殊無把握。理合將匿名書函、童生揭帖、聯名公禀、暨顧令諭單論辨各件録呈憲鑒，仍祈訓示遵行。肅此具禀，敬請鈞安，伏乞垂鑒。

卑職積勛謹禀。

陳旭麓等《盛宣懷檔案資料選輯之四》漢冶萍公司第一册《徐慶沅説帖光緒二十二年九月》 竊維現在廠中大計，以節省糜費爲第一要義。蓋糜費省，則鐵本輕，鐵本輕，則行銷易。行銷既易，然後可資周轉。從前官辦之時，只計事之成否，不計本之盈絀，不免在在糜費。卑職職司考工，只就工程一項言之，官辦之時，洋人多至四十餘人，月費一萬餘金，求其能辦工程者，惟盧柏、司毛、威德及各廠匠目數人而已，餘皆月費廩禄，一無所能。如德培於煉馬丁鋼事，向稱能手，其所改爐子，以爲必能確中理法。詎此次新來洋人，又將爐子式樣改變，德培竟聽其所爲。其煉鋼之法不足恃，皎然明矣。尤可怪者，前廠中欲造釘條，洋人謂非專家不能從事。乃延卜聶之弟蒲泥入廠，月費五十磅金，而入廠之後，並未作過一事。釘條一役，仍屬諸已在廠之洋匠，其濫用洋人之糜費，已若是之多。又因用洋匠而别項糜費，尤難枚舉，致一歲之中，擲諸虚耗者，不下一二十萬金，此實廠中糜費之一大端，亟宜及時講求者也。

卑職到廠，數月以來，詳考諸工，大抵洋人所辦之事，華人舉能辦之。惟工作既須精益求精，作事尤宜慎之又慎。華人雖能守此成法，而推陳出新，究不如洋人閲歷之多。是洋人既不可濫用，亦不可不用，特用之有方耳。卑職與李翻譯再三討論，以爲雇用洋人之方，只可備我顧問，不能假以事權。蓋彼此言語不通，情形隔閡，使之管工，即其實肯認真，而惟靠一二翻譯，周旋其間，考核難詳，情意不達。一人不能得一人之力，一器不能得一器之用，散漫無稽，暴殄物料。何況畛域之見極重，偶效忠告，即疑侵彼之權，往往有廢公事而鬧私見者。且匪我族類，限以年期，在具有天良者，猶知食我之禄，忠我之事。而不肖者，心中存一人國之事，數年之期，越人肥瘠，視之漠然。既無急公之心，又無知遇之感，藉口合同，掣我肘腕。此卑職所以謂雇用洋人，不能假以事權也。

擬請將各廠工程，悉歸華人管理，另向英國延請工師數人，只備我之顧問，而不令管工。通計礦工、廠工約需工師六人：化學師一人，所煉鋼鐵，由其化驗簽名；煉鐵師一人；煉鋼師一人；重學機器師一人，可自繪圖樣、製造器機及鐵橋等類；鐵礦師一人；煤礦師一人。此外再設翻譯一人，專翻各種煉鐵、煉鋼、煉焦等書，以期精益求精。所以擬延此工師數人者，以杜外人藉口，而備我質疑問難也。是否有當，伏乞鈞誨。

鐵廠製造股總董徐慶沅謹呈。

湖北省檔案館《漢冶萍公司檔案史料選編》上册《惲積勛致鄭官應函光緒二十二年九月》

敬禀者：卑職到萍後，訪聞地方人言，據云鐵廠因廣泰福公司所包焦炭未能按月解廠，欠焦甚多，特派盧委員來萍催運煤斤。盧委員查文委員運焦無多，恐誤廠中要公，向各廠户議定焦炭。又有在湘潭設局收買焦炭之説，果能暢旺，自於鐵廠日有起色。唯彼此加價爭收煤斤，業户居奇，勢必有增無減。設廣泰福因之齟齬，將焦炭運往他處銷售，坐視鐵廠無焦，而湘潭所收又未能供廠中使用，必致兩敗俱傷。

卑職查問萍鄉煉焦煤爐，寥寥如晨星，廣泰福以月收之數不敷運鄂，故不惜鉅費購地造爐，大小共八座：一名五家源，一名紫家冲，一名錫坑，一名安源，一名天紫山，一名竹窩里，一名高坑，一名龍家冲。統計本年陸續均可告成。刻下唯紫家冲已經完工，每月出焦炭四百噸。五家源本月亦可告竣，約出焦炭五百餘噸以上。六處成後，今冬同時舉煉，每月可共出焦炭兩千餘噸。一俟春水生時，源源運鄂，可以接濟，無虞缺乏。文委員尚恐不敷鐵廠供用，又向鄉間大廠户包定焦炭。果能此後再加暢收，更有裨益。此係顧全鐵廠要公起見，略將查訪情形臚陳梗概。

至勘煤一節，日下萍鄉縣顧令邀四路鄉紳來城會議，稍有頭緒，又爲陰雨所阻。放晴後，即與洋人下鄉履勘詳查，通縣煉焦爐共有若干座，究能每年出焦炭若干，出油煤若干，當與洋人逐加考核，即行禀復。

再，在江省電報局匯用洋銀六百無，到萍後業將用罄，刻向炭局藉銀二百兩應用，伏祈憲臺飭局撥還，是爲公便。

又，江省派委員張曾詔，江省未經給發薪水銀兩，到萍後伙食一切均係卑職供給。合肅具禀，恭請勛安，伏祈垂鑒。

湖北省檔案館《漢冶萍公司檔案史料選編》上册《許寅輝致盛宣懷函光緒二十二年九月二十八日》

敬禀者：竊卑職自聞馬礦師將至萍鄉，萍民謡言紛紛，必欲藉此滋事。經卑職與文董廷鈞、萍鄉縣顧令熟籌妥法，邀集各紳，再四開導，並由顧令出示曉諭，又諭飭各紳董通飭合邑民人，不准煽惑滋事去後。該礦師已於八月二十六日抵萍，假寓於尚賓堂。本月初間，卑職與其向各處煤礦、炭廠閲看。文董因避嫌疑不便偕往。所看數處，據云煤質甚佳，惟小坑之煤尤妙，但無多耳。至被水浸之煤窿，據馬礦師稱，若用抽水機器，尚易辦理，惟此後果能暢旺，必須運道無礙，方可暢運。

該礦師等因到萍後，地方安静，頗欲詳細履勘萍鄉、醴陵、湘潭水陸路程，但顧令與惲令深恐小民滋擾，不允保護。正值連日陰雨，該礦師堅托卑職代爲履勘測量，且稱此節最關緊要。卑職詳詢向來辦煤之人，僉云水道險阻艱難，未曾親勘。問諸船户，則略而不詳。因親自雇船由萍至湘，詳加履勘，凡水之淺深寬窄，沙灘、石灘、橋梁之多寡長短，水壩若干，又由萍至洙州，陸路之高低、彎曲、寬狹，鋪户橋梁之多少，稻田房屋之價值，並水陸各地名，均隨時繪立圖説。不避風雨，經十一日始成。途次得奉總辦憲手諭，詢及萍鄉設局煉焦利弊情形，正值江泰輪船到湘，因帶該圖説及火磚、生鐵、硫磺各樣，面呈總辦憲察閲，並禀一切近情。又另具圖説一份，交馬礦師之翻譯譯出英文轉交。正欲起程回萍，候員接代，適逢總辦憲面諭，謂接大人電開：許委員已准銷差，鴻唱未到時，關防運單交王恂兼管等因。遵於即日函知萍鄉文董，囑將暫行代管之關防運單，即速代行移交王委員接管，俟接到移復，再行禀報。

再，馬礦師致惲令函稱，急欲回廠，卑職深慮其履勘弗竣，無裨此行，極力慰藉。途中又函致馬礦師，專丁送往，以期公事有濟。

玆將與該礦師來往兩函，抄呈憲核。專禀，恭請勛安，伏維慈鑒。

卑職寅輝謹禀。

外附呈抄録與馬礦師往來兩函一紙

〔附〕《許寅輝與馬克斯往來函件》

馬克斯來函

徑啓者：由萍鄉到湘潭一帶水陸路，弟不能履勘，敬祈認真察核，計其水陸兩路之各種形勢，繪成中國圖樣，俾得請養翁譯入英文，不勝感激之至。恭送臺旌，恕不再行親送。附問路程單一張，請察閲爲荷。愚小弟馬克斯頓首。

各路運煤與焦炭，應如何布置。

一、萍鄉到湘東，湘東到醴陵縣，醴陵到淥口，淥口到湘潭，湘潭到洞庭湖口，過洞庭到岳州，岳州到漢陽。以上各處里數若干？

二、幾百斤船支每月能駛以上各處各路？

三、共需幾多船支？

四、各種船價若何？

五、各種船水脚若何？

六、何時用以上各種船支？

七、各種船繳釐金否？

八、萍鄉到湘潭水路如何？各栅與淺灘共若干？

九、萍鄉到湘潭，每月水最深各若干？

十、别處之煤與焦炭，有混入萍鄉之煤與焦炭否？在何處混入？係何種煤與焦炭？

問陸路運萍鄉煤與焦炭各情形。

一、到何處，路途高起由萍鄉到湘潭？

二、由萍鄉到湘東，由湘東到醴陵，醴陵到洙州，洙洲到湘潭，共若干里？

三、由淥口到洙州若干里？

四、以上各處路途，如何寬窄？如何彎直？河過大小山否？山有幾高？河過河凋否？途次有橋若干寬？用何料造成？此條分開注明。

五、江西、湖南兩處，田與草地每畝價若干？

六、途中行旅貨多否？情形如何？

七、路中村落房屋多否？其間之居民多否？

復馬克斯函，譯出漢文

敬復者：匆匆就道，不再趨辭。途中接到來示，得悉所囑各節，自當照辦。鄙人與貴國官商相處最久，相交最多，此番貴礦師到萍，雖不免辛勞，然實開從古未有之風氣。在湖北各大憲視之，不勝鄭重，煞費苦心。果能興煤礦之利，除煤礦之弊，則鐵政大振，而大名不僅揚於中國已也。務希貴礦師在萍多留數日，詳細履勘，如鐵礦有近於煤礦者，不妨順便一看，不必彰明較着，炫人耳目。萍人見小，不得不慎。至小民謡言，盡可置之度外。總之，此次跋涉，惟望貴礦師大展才猷，大著名望，以仰副各大憲之厚期，無負各大憲之苦衷。想貴礦師精明練達，不煩鄙人瑣瀆也。

貴礦師從公鐵政兩年，鄙人亦曾在貴國使館辦公兩年，今既同廠辦事，自當知無不言，言無不盡，請高明其圖之。

弟許復初頓首。

九月十一日三更，泐於長春埠客次。

湖北省檔案館《漢冶萍公司檔案史料選編》上册《盛宣懷致鄭官應函光緒二十二年九月二十八日》 陶齋仁兄大人閣下：

連接號信，尚未泐復。韶甄到京，細述公言，具見籌度周詳，深爲佩慰。

弟今日請訓，約初五六出都，封河前到滬後設立公司，年内必須來鄂，一切當可面商辦理。

頃承電示，擬在萍鄉自買礦山包工，自是持久正辦。但須俟礦師説帖到後詳細商度，再行舉辦，深恐緩不濟急。況值官商分辦之初，只得姑照鴻昌所上條陳，先行試辦。除已分札並咨明外，望即轉飭莫吟舫即日偕同鴻昌赴萍開局。

該員等到萍購煤需款，據云漢口裕通恒可以匯兑，請轉屬我彭告知裕通恒，如需用款，准由莫、盧二員出具三聯票，到廠憑票付還平色，一切須與公道訂定。此事關係本廠全工，應請閣下懇與芸閣學士、仲魯觀察細談，所以必須由廠派員分辦之故，實出於不得已。否則非特貽誤鐵廠工程，萍煤若難接濟，勢必定購洋煤，於大局無益。且恐廣泰福辦理不得其法，難保無賠累之虞，轉非所以愛人以德也。彼此至好，必須開誠布公，兩有裨益，是爲至要。

許委員上稟辭差，前已批准。嗣韶甄傳述尊意，可即留在廠中歸公酌量差遣。

刻因鴻昌回廠，先布大端。未盡之言，命其面稟。匆肅，敬請勛安。不一。

盛宣懷《愚齋存稿》卷一《湖北鐵廠煉軌請購用開平焦炭片光緒二十三年九月》

再，今天下大興作，莫甚於鐵路，路料莫鉅於鋼軌。湖北大冶縣鐵礦，臣宣懷謀之於先；漢陽鐵廠，臣之洞成之於後，皆所以爲今日造路計也。顧非軌不能成路，非鐵不能製軌，非焦炭不能煉鐵，故臣之洞經營漢廠，先經營馬鞍山煤礦。竊計兩鑪日出之鐵，足敷煉軌之用。馬鞍山所出之煤，亦足敷兩鑪之用，其不足者，輔以萍鄉之煤。不料馬鞍山煤層中變，出煤之數雖屬不少，無如礦質磺多，或供鍋鑪，或煉焦炭，供他項之用，若化煉生鐵，只能配搭。而萍鄉之煤，不用機器，亦未盡純粹，以致先開一鑪，亦需求煤於外。臣宣懷去夏接辦後，一面廣求煤礦，一面與開平礦務局道員張翼，按照時價訂購焦炭，以應目前。伏查一鑪歲需焦炭三萬六千噸，兩鑪同開即倍之。化鋼煉軌之焦煤，尚不在內。今年與開平，但訂一萬三千噸，不及一鑪數月之用，然猶不能挑選整潔。牘商函懇至再至三，常岌岌有不克接濟之慮。現在盧漢兩端，並時興築，非開兩鑪，無以應期成軌。近來雖在江皖湖南等省，沿江近水地方，察得煤礦數處，正在分遣礦師鑽試，即使煤旺質佳，亦須二三年始能辦成。此二三年内，幹路鋼軌，須用十分之七。中國礦煤煉焦合化鐵用，而用機器開挖日可出煤一二千噸者，僅有開平一處。則漢廠欲煉此七分之軌，非賴開平公司之力不可。方今鎊價翔貴，購外洋鋼鐵逾平價三四成，如開平公司一年之内，能應漢廠焦炭六七萬噸，則軌不外購，實吾華興工藝、塞漏卮、收利權，不易得之機會。否則軌料橋料，莫不取資洋廠，盧漢幹路多擲二千萬，以貽外人，而漢廠將一蹶不振，工藝均廢，漏卮日大，利權坐失，自强利鈍之機，無有大於是者。雖煉焦煩費，不如徑賣生煤，但開平公司經大學士臣李鴻章竭力維持，故有今日。顧全大局，應有同心。除由臣文韶督飭該局，儘力設法，開煉運濟，務令足用，並由臣之洞、臣宣懷派員前往開平，商訂合同外，臣等謹將漢廠煉軌機宜，全恃開平焦炭緣由，附片陳明，伏乞聖鑒，謹奏。

陳旭麓等《盛宣懷檔案資料選輯之四》漢冶萍公司第一冊《許寅清上盛宣懷條陳光緒二十二年十月初五日》

竊聞善作者，不必善成；圖終者，難於圖始。自光緒十六年，香帥創興鐵政以來，籌劃精詳，規模宏遠。乃糜費過鉅，財力難支，於是朝廷有招商之命。當此之時，華商畏葸異族覬覦，惟我憲臺，公忠體國，獨任鉅艱，挽既倒狂瀾，作中流砥柱。利源廣拓，弊竇痛除，數月於今，成效卓著，豈待寅清草茅下士妄獻芻蕘。惟忝居記室之班，爲袁牧代庖兩月，得以周覽全廠内外文件，體察得失，博采周諮，用敢效千慮一得之愚。謹就管見所及，匯成十三條，開呈鈞鑒。

計開：

一、各廠工做宜齊開而嚴加考察也。查熟鐵廠暨外七廠，自馮、徐兩總董包辦以來，興利除弊，不憚辛勤，固已漸有起色。然而未見贏餘者，以熟鐵爐之未齊開也，以外七廠工做之未推廣也。

試以熟鐵廠言之，其爐五，其汽錘二，其車一。開一爐，必用一汽錘、一車，是以一汽錘、一車管一爐。開五爐，而用二汽錘、一車，是以一汽錘管二爐半，一車管五爐。而其管汽錘及車之工匠薪水，一爐與五爐，無增減也。推而至於總董、分管、司事各薪水，開一爐與開五爐，同其開銷而不同其出息，此其顯焉者也。況用煤之省與費，一爐與五爐，亦大有間。外洋各廠，考省煤之法，高其烟囱，使火氣不外散，且取空氣，以助火力。兹開一爐，其烟囱尚不能熱，又何空氣相助之有。合而計之，一爐出貨之成本，自遠重於五爐矣！此熟鐵廠之宜齊開者也。

至於考察之法，重在總董、分管以及匠目，次第督率，互相研究。熔煉之精粗，出貨之遲速，用煤之費省，工匠之惰勤，各竭其聰明材力，以精求之、嚴課之。每日出貨之多寡，合五爐而比較之，獎其多而罰其寡，務令上下同心，尊卑一氣，以不若人爲耻，自不患其不若人矣。此熟鐵廠之宜嚴加考察者也。

以外七廠言之，其事理極繁，工匠極夥。然以目前計，除爲本廠修理、製造各項外，其於外來交易，甚屬寥寥，以致運動機器工做之處，十虛二三。而燒爐之煤，與夫總董、分管、司事之薪水等不加減也。且通行於市之大小鐵貨器具，可獲利者，均不能製造，以廣招徠。故須添置機器，擴充製造，以分洋廠之利益。

此外七廠之宜齊開者也。

至於考察之法，每製一器，先核鐵本若干，該匠日工若干，燒煤以及總分董、匠目等薪水一切開銷，每工應攤若干，此器製成，價值若干，必須幾日製成，始不虧本。而後限以時日，授之該匠，立刻登薄，至期取繳，不能成者罰之，以此類推。凡修理、製造，或一匠獨做，或數匠同做，無不先計價值，限以日期，逐日逐件詳細稽查，則工匠雖欲怠惰亦無從矣。此外七廠之宜嚴加考察者也。

一、化鐵爐工匠、小工亟宜酌減也。查外洋化鐵爐，僅用上等工匠二人，中等二人，以司配合熔煉，審察火候風力以及管理機器、出鐵等事。其餘搬運礦石，揀選煤炭，下礦起鐵等事，皆小工之職，亦不過三十餘人。而本廠化鐵爐，除洋匠外，其支優薪水者，十餘人之多，似宜量爲裁減。至於小工則更多浮冒，在官局時，始包百四十名，降而百二十名，及商局又降而百名。前據譚德榮禀請包八十名。而現包之人，恐利爲人奪，亦願包八十名，則其先時之浮冒可知。究之駕馭小工之術，惟在工頭督率有方，指揮得法，自能通力合作，衆擎易舉。且擇其勤慎者爲什長，使各率其屬，務耐辛勞，並責以互相糾察，則有條不紊，自無懈怠之虞。如此六十名已盡敷用，何必八十名，使滋糜費哉！此化鐵爐工匠、小工之宜酌減者也。

一、貝色麻鋼廠烘爐亟宜齊開，且另添置，以期出軌日多也。查貝鋼煉成，倒入筒內，復取出送入烘爐，俟其軟熟，而後由車軋拉成鋼軌。該廠烘爐三大座，僅開其二，每拉鋼軌一條，須停待二十餘分鐘之久，始能續拉。故每日出軌甚少。不僅人手不熟之咎，蓋烘爐未經齊開，所以循環難繼，工做時少，停待時多，貝鋼則積俟爐烘車軋，則停待鋼軟，甚至積壓甚多。其鋼愈冷，則烘愈難。雖百其手足，巧若公輸，捷若慶忌，亦安能求速哉！是以欲鋼軌出數日多，非烘爐齊開不可。若能再添烘爐一二座，則出軌尤當敏捷。蓋貝鋼煉出甚速，每慮烘爐不敷，一經添置，則隨出隨烘，煤既可省，車亦無停，出軌之多，有必然之勢。此烘爐之亟宜齊開，且另添置者也。

一、大小軋軸亟宜多購，以備擴充工用也。查軋軸一項，用之不久，即須修理，如不多備，一經損壞，更換殊難，必至停待修理，曠日廢時。現聞我憲榮膺督辦蘆漢鐵路總公司之命，將來須軌既多且急，理宜早爲預備。大軋軸現雖添購，可敷目前，隨後仍宜多辦，以備不虞。若夫小軋軸，其用亦宏，如湘省礦務局之藉撥十六磅暨三十磅等軌，皆因無軋軸，不能代造。現今各省礦務廣興，將來用小鋼軌之地必廣，即本廠搬運鋼鐵、煤炭等，亦宜添築小鐵路，以速搬運而省扛工。況小軋軸價亦甚廉，則所費者少，所益者衆也。

一、焦炭宜在萍鄉大舉開辦也。本廠工用要需，莫重於焦炭一項，自前人經營，以迄於今，固已不遺餘力。奈本廠暨馬鞍山所煉，迄未得法，故藉資於開平。然而道遠價昂，成本過重，殊非久計。無已，欲救目前之急，其惟經劃於萍鄉乎！竊查萍鄉産煤既旺且佳，計一歲所出，不下七八萬噸。自廣泰福承攬以來，其上等窿廠雖包過半，此外佳窿尚多。是以盧委員洪昶自萍回漢有自行設局開煉焦炭之議，實獲我心，意美而法亦良。但上栗市煤，其價雖廉，而佳少劣多，難供大舉，只堪分辦。其要仍側重萍鄉，廣包窿廠，分購分煉開其始，廣購礦山，大興窑竈，自采自煉繼其終。有始則可獲近功，有終則可期長久。今者飭委盧洪昶爲萍、栗總董，偕同王、莫、歐、俞、楊等辦理采煉諸事，仰見我憲經劃周詳，莫名欽佩。惟管窺蠡測，願獻其愚。竊查萍民愚悍，馬克斯赴萍之役，已見一斑，此番大舉采煉，非得紳者之力，不能相與有成。廣泰福勢雖支絀，究屬萍紳，似宜稍加體恤，無使向隅，不與合辦，必與明定章程，有相資而無相擾，庶免掣肘之虞，而有同舟之義。竊恐有以兼併之計進者，勢必鋌而走險。因已有之基，招續來之股，合萍邑以相抵牾，争煉争收，事殊棘手。尤有慮者，查歐陽耀齋暨楊壽春，一爲前萍鄉委員之侄；一爲熾昌盛老板，原名文燦，與劉世倬同攬郴煤，繳無十分之一，力竭計窮，覬覦萍邑之二人者，有才無行，當官局時，因煤漁利甚厚，而悖入悖出，今已蕩然。殷鑒匪遥，駕馭弗易，除非效武侯馭魏延之術，不能收指臂之功。此在萍開辦之大畧。因地非親歷，難悉其詳，僅就所知，復陳數條於後。

一、萍鄉之煤，宜統煉焦炭，兼預先防弊也。萍煤既旺且佳，盡可廣煉焦炭運廠，較之購運生煤來廠，暨馬鞍山煉焦，不獨運費可省其半，攙和之弊亦除。即廣泰福現包之煤，月二千噸，亦可議減價值，改爲焦炭，則將來化鐵兩爐齊開，不虞缺乏。至於鍋爐所需油煤，盡可購諸湘省，價亦較廉。惟聞萍鄉近有造土窑者，以劣煤煉焦，賄囑挑工或船户中途對换，種種弊端，難以言盡。必須請地方官出示，嚴禁私起土窑，燒煉僞炭，以絶弊根。現當自行采煉，此舉尤爲急也。

一、萍鄉煉焦宜用白花末，以輕成本也。查白花末在萍購價，三十二兩秤每百斤五十餘文，燒煉得法，焦炭可出六成。塊煤購價，二十八兩秤每百斤百餘文，燒煉得法，焦炭僅出五成。其成本之輕重懸絶若是。且查白花末煉成之炭，勝於老姜、麻姑等塊煤，是以開平亦用五槽末煉炭甚佳。當官局時，在萍采白花末來廠煉炭後，因船户易於攙和，始改辦老姜、麻姑等塊煤。如就本地燒煉，無虞攙和，且免捶工，亦何憚而不爲哉。

一、抽水機器宜備數副運萍也。查萍地煤窿雖多，近來多被山水浸損，以致常有佳煤不能挖出。若能將水抽干，各窿齊開，每年可出十餘萬噸。且萍山重疊，煤窿皆彎曲横盤，並無深邃直井，可省用起重之機，則僅購抽機，其價亦甚廉也。

一、運道宜築鐵路也。查萍鄉至洙州，水陸均一百八十里，水道有壩百零八處。又有石灘，如大西灘、石岩嘴等處，其石灘斷續數里，或長連數十丈，曲摺狹淺，常擁船百餘只，地最艱險，無計可施。其可施力者，厥惟陸路，沿途寬闊平坦，最宜開築鐵路。雖長春關、快活嶺等處地勢微高，一經截高填下，即可施功。惟萍鄉黄花橋長二十四丈，醴陵淥江橋長三十二丈，斯二處較爲費力。合計築小鐵路約需銀七十餘萬兩，招股開辦，不難觀成。且萍鄉礦産極旺，不獨煤炭爲然，如銅、鐵、磺、鉛，所在均有，將來次第開辦，獲利尤豐。即使不然，而鐵路一通，運煤之外，官商往來所得水脚亦鉅，固不同大冶運道之無生色也。由洙而湘潭、而長沙，河道深闊，雖冬令水涸，吃水三尺餘之輪船，猶可暢行。自造輪(剥)〔駁〕以供轉運，則百弊皆除。苟能如是，計焦炭到漢之價，每噸不過五兩餘耳。

一、煤務處分管、司事等，宜飭認真經理也。本廠收發股事最繁，煤務尤屬重任，司其事者，理宜和衷共濟，謹慎從公，不得避嫌畏怨，耽逸憚勞。常見煤船到廠，先驗看者，曰佳、曰否，後看者雖心知其非，而不敢言，亦即佳之、否之。如甲、乙同看，甲曰佳，乙亦佳之，甲曰否，乙亦否之。昧者既無定識，明者又欲避嫌，以致煤數本多，而忽責短少者有之；煤質本佳，而忽謂攙和者有之，此其故皆由勿能謹慎和衷所致。再煤船到廠，常有泊候十餘日或二十日不得起卸者，船户日用浩繁，怨聲載道。蓋船到數日，始行驗看，看無定識，則須數日化驗，又數日而過磅，稽延種種，動經兩旬，即無弊端，亦非急公之道。此其故皆由於耽逸憚勞所致，似宜嚴飭分管、司事等，煤船隨到隨驗，果無攙雜，立即起空，船户既免久停，廠工亦多裨益也。

一、煤炭宜建廠存儲也。本廠現在堆積煤炭之地，散漫無稽，不獨偷竊莫知，即雨灑風吹，亦多摺耗。間有以席遮蔽之處，而朽壞不堪，殊爲無益。亟宜以木板做成方槽，上蓋蘆席，一面用活板，層次遞加，以便堆卸。額定百噸一槽，或二百噸一槽，則煤炭之數目，可一望而知。既不占地，且易稽查，並將無用之炭，賤價售之盡浄，以免混淆。各廠鍋爐之旁，亦建木槽，其額或五十噸，或三十噸，視其用之多寡而爲之。所費甚少，其防弊甚嚴也。

一、各股各所宜按月詳細造册，以便稽核也。查本廠所屬之各局、各股、所二十餘處，除馬鞍山、大冶兩局，按月造報外，其餘如收發股、銀錢股、製造股以及各廠、各分所，間有册報而弗全弗詳。如銀錢所將七月分册造呈，而八九兩月册至今未來，似宜令各分所按月詳細造送各股，由各股匯送督、總辦，以便稽查。其最重者，銀錢、煤務兩項，尤宜逐日逐款，詳細開報。煤務册應將收回運單及各廠發煤條據，合册匯呈。銀錢册應將印墨領及采辦價單等件，合册匯呈，以憑核銷。各廠歸包辦者，須按月結算盈絀，造册備查。即滬漢兩處批發，亦應按月造報，方能針孔相符，以免濫銷。此各股、所之宜詳細造册者也。

一、文案中宜添一精通算法者，以總稽核也。事有目而無綱，則事不治，有(鋼)〔綱〕而無其實，則事仍不治。本廠分股分所，所屬於股，股屬於督、總辦，固已有條不紊，綱舉目張。然而各所之利弊，各股之盈絀，不能一覽無餘毫髮畢露者，惟册報之或有或無也。所以上條有按月詳細造册之議。此條必謀稽册之人數，月來各處册報，關銀錢者，授之賬房，關煤炭、物料者，授之收發股，其稽核非不可憑，奈事分不合，得失難以周知，不若於文案中，特添一人，以總其事。稽核之暇，亦可襄辦文書，尤屬一舉兩得。此文案中之宜添一精通算法者也。

陳旭麓等《盛宣懷檔案資料選輯之四》漢冶萍公司第一册《羅□□密函節鈔》

一、化學司事下人四名，初只有三名，迨八月下旬始有四名。六七兩月身俸，各人私囊開給，自八月起由局給。伊報六、七、八三個月身工伙食四名，皆係局給。此浮開者一也。

一、巡丁四名，七月只有一名，至八月中旬補齊，伊報開七八兩月身工伙食。此浮開者二也。

一、由鄂來湘，下上夫力各人自給，惟到湘上坡每擔力錢八文，並劃子合之，不上千文，伊報二千零。此浮開者三也。

一、修理化學房外面篾圍，長不三丈，高不上六尺，用毛竹不上十根，伊報七十根，錢四串餘文。此浮開者四也。

一、本局每月伙食，上每日八十文，下六十文，自六月廿四起至八月底，内中抽空不少。如□前赴湘鄉采取炭樣，上下二名，約十六天，繼赴郴州催查炭事，約有一月。余彤翁赴涼湘采取炭樣，上下二名，約二天。盧鴻翁赴寧鄉采炭樣，上下二名，約半月。又盧、余二君赴醴（臨）［陵］采煤炭，上下四名，約廿餘天。張子元八月十四抱病回里，上下二名，迄今未回局。合計抽定不止過半，伊並不除算，且照上一百、下八十計算，並聞付錢均有九五扣，包厨人，每月報效茶錢二千，每做酒筵一席抽錢二千文。此浮開者五也。

一、報少數錢一千餘文，此地出入皆是票子洋錢，惟零星尾項用零錢，約計不上五十串，何至少數如許之多。此浮開者六也。

一、由鄂來湘船錢卅串，不獨未付船户，夾帶私貨，瞞騙釐金，反出銀廿兩，餞三串文，周旋於他及其下人。此浮開者七也。

以上七款皆係目睹實事，其餘弊端不勝細舉，已可想見也。□此次冒瀆，非道人之短，不過因蒙總辦恩植派供驅使，既有確見，不得不縷陳耳。且嚴在局驕矜亦奇，目空一切，無弊不舞。而盧爲人耿介，並不經查銀錢事務，且在局日少，在外日多，故難糾知。昨聞伊於八月底瓜分餘利，伊手下之人每名得九千乙百零，尚不滿意，互相口角。伏思一司人可分如是之多，尚不允服，伊之所得已可知矣。伊屢次上督辦禀，自稱何等能干，何等公心，以此窺之，大奸似忠，大狡似信，誠不誣也。所有各情，乞轉禀總辦大人爲要，庶不負直言愚忱云云。

陳旭麓等《盛宣懷檔案資料選輯之四》漢冶萍公司第一册《鐵廠駐萍煤務局與廣泰福漢號議立合同光緒二十二年十月十九日》 謹將鐵廠駐萍煤局議立合同抄呈憲鑒。

立合同議據，鐵廠駐萍煤務局、承辦廣泰福號，今議萍鄉分辦、上栗市鐵廠獨辦章程四則。

一、議公定煤價，彼此不能私增。

一、議焦爐除已造就者，不得毗連再添。

一、議煤船水脚訂定議單後，彼此不能加價，必須挨號分裝。如遇乏煤之時，只能讓有煤者先運。

一、議照銀數所定之煤，彼此不能争購。查萍鄉向章，本由窿户售與廠户，由廠户轉售買主，凡遇已定之煤照付出銀數滿額外，彼此皆照不增價例，分後收買。蓋雖是兩局，實爲一家，均不能壟斷獨登，亦不能利權獨攬。如若不照推誠布公辦理，事事壟斷，即將以上所議四款，隨時注銷，作爲廢紙。倘四款内有應更改之處，必須公同商議。如有陽奉陰違，察出從重議罰。再有煤務局於八月間在湘潭，由廠户願包每年萍鄉煤、炭各一萬噸，此係價錢訂明在先，不在四款之内，如廣泰福萍號在此約未立之前，有包定煤、炭亦然。

以上四款，係指萍鄉分辦章程，惟上栗市歸鐵廠獨辦，因與他人毫無交涉，故未列入四款之内。總之，萍鄉一鎮出煤，彼此各半收買，以昭公允。恐口無憑，立此合同議據兩紙，各執一紙，永遠存照。

再，有銀作錢價、洋作錢價等事，統俟在萍公議。（又批）

立合同：鐵廠駐萍煤務局，會辦莫吟舫　員董盧洪昶

廣泰福漢號經手，王振夫

光緒二十二年十月十九日立。

陳旭麓等《盛宣懷檔案資料選輯之四》漢冶萍公司第一册《鄭官應致盛宣懷函光緒二十二年十月二十一日》 敬禀者：官應竊抱杞憂，夜卧不寧，細思蘆漢鐵路聞我公擬於五年告成，亟宜早籌，以免臨時不及。查錫樂巴云，三千里路可分八段或十段開辦，例須總監工測量，准每段繪一細圖，備辦材料，約定日期，何時開工，先辦何處，何時完工，庶免糜費等語。繼思本廠化鐵爐現開一座，開兩座，據吕柏云須添置考伯爐，計兩座至多日出生鐵不過百五十噸（須好焦炭），合貝鋼爐用者生鐵僅百噸，餘五十噸用爲製造熟鐵貨橋梁之用。貝鋼爐軌軸非多添，其所出鋼軌不足以供五年内成三千里鐵路之用。既添鋼爐軌軸，必須添大化鐵爐兩座，或就鐵礦於大冶，或就煤礦於別處（既移化鐵於大冶，現又添考伯爐於此，不合算。）仍須早定。昨經緘囑德培、吕柏謂，蘆漢鐵路三千里，限五年成，本廠應添辦化鐵爐、貝鋼爐軌軸若干，約需費若干，以備籌辦。俟其開來，即當寄上，俾我公與監造鐵路者妥商，一面查問外國鐵軌何價，至時會議酌定（到滬當邀承造鐵路總監工、各段鐵路總辦會議）。

如開平焦炭能減價，月供若干？萍鄉、上栗市文、盧兩處月交若干？核計能供幾座化鐵爐之用？或將各路白煤化驗灰、磺、磷皆少者，寄美國試驗，如可化鐵，即購美爐。查美國鋼爐出數勝於別國，前已另紙清列禀報。

且聘請上等各工師，必須訪其有學問、有歷練者方可無誤。官應目擊唐景翁緘托英國大書院所請之做水泥洋工師，雖考有超等執照，因無閱歷，以致所煉水泥良楛不一。本廠上年請白乃富礦師爲總辦，誤用其才，兼有私見，以致人浮於事，所購機器不精，諸多糜費（貝鋼爐吹風機力量不足）。今本廠各洋匠情形已詳前禀。如多更換，宜早派妥人訪覓，遲則急不暇擇，必致一誤再誤，或爲吕柏挾

制，須連卜聶要訂兩年之説。所以管見種種，均當備悉早籌，遲遲，不獨糜費，猶恐所許之期將到，鐵路未成，軍務又興，必爲言官指責，不可不慮也。

銀行爲百業總樞，藉以維持鐵廠、鐵路大局，萬不可遲。請仿西例，舉董事能變通體制，須聘銀行老班總其成，無措置失當（銀行章程甚密，非當過總理不知），且知其生意所在，亦與各國銀行聲氣相通。若所請總理失人，究非熟手，創辦不易，呼應不靈，似宜仿日本請洋人之術，宜副以通西語之華人，數年間事事洞悉，可以不用洋人矣。擬邀京都一滿一旗殷富者爲董事，以期滿旗中富宦存款，不必存諸西人銀行，則我開之銀行自然豐足，豈獨銀行與鐵路、鐵廠相表裏，亦屬利藪。遲爲捷足先登，誠爲可惜，故電請勿中止，不可不開也。京都無生意，匯豐各銀行亦陸續分設，其意可知。因承愛末，事關大局，聊貢愚誠，是否有當？仍乞裁示。

馬克斯來電云，萍煤甚旺且佳，多係横龍，不必用大機器，用抽水機吸水，可以取用不竭。昨接王頤臣來書云，已先飭歐陽堯齋、楊笙林赴萍鄉上栗市布置。官應業已轉致芸閣、仲魯分辦之意，初云上栗市已造焦爐，定有煤若干噸，因再三開導，始允與洪昶立專辦分辦之約。昨來文尚求專包辦萍焦，囑敬生轉稟督辦批示矣。

趙田卿去後，號信暫交敬生兼理。伯敏兄令郎慶善代吕新之之席。楊子萱托敬生薦一人來，吴大啓，薪水亦不過十二金，好得鐵路將開，如果人浮於事，其人品行端方，亦可調置别處。許復初與官應無交誼，因見少有才，尚能吃苦，查問洪昶尚無劣迹，當用人之際姑用之。昨與説明，如派往馬鞍山稽查焦炭事或在鋼廠，必須恪守厥職，認真考究，不准涉廣泰福事，不准涉外事，倘有所見，盡可條陳，轉詳酌辦。欲爲督辦栽培人材，不悉能否如願。官應閲人已多，有口誦堯舜之言，心行桀紂之行，須與共事有年，目擊所爲，方敢見信。蓋近世外君子而内小人，似忠而實奸者頗多，非迹其平日安貧樂道，學有根柢，光明正直者，其操守不能定也。歷觀爲物欲所拘，不顧親疏，不恤人言，見利忘義，以公濟私，不知凡幾矣。

查開平礦昔日井工誤信一人，吃虧頗重。其所辦鐵道商路，較年來所辦官路，每方土工力便宜甚多。今蘆漢鐵路甚長，關係甚重，宜慎之。

關（於）直隸候補道彭先裕，熟識洋務，有學問，不妨訪察存記，以備委用。詹天祐已傳見否？

我公正當有事之秋，官應有知己之感，何敢自外生成，惟年老多病，辦事剛直，時虞隕越。勿賜藥賜醫（在此刻無暇晷，斷難静養。天津寄來藥水，太甜，服後作悶），非返粤過冬不痊。肅此布達，敬頌勛綏不備。

下走官應謹稟。十月廿一夕。

陳旭麓等《盛宣懷檔案資料選輯之四》漢冶萍公司第一册《汪鍾奇包辦馬鞍山煤礦酌擬條款》 謹將包辦馬鞍山煤礦酌擬條款，開呈鑒核。

計開：

一、經費宜估額數也。山局自歸商辦，除物料取自漢廠，每月請領經費銀三千兩。今停煉焦爐，專挖生煤，如物料亦歸包辦核實，估計每月必需經費四千兩，作爲額支之款。

一、生煤宜定噸數也。按挖工及起重機，每日可出生煤一百餘噸，一月總計，以三千五百噸爲率，除本廠鍋爐等處應用五百噸外，以三千噸作爲正數，供給售運。

一、運腳宜漢廠照發也。山局運煤到漢，每噸水腳錢三百五十二文八毫。冬末春初，尚須酌加，向由漢廠給發。今以三千噸計算，需款甚鉅，應請漢廠照舊給發，不在包定銀數之内。

一、物料宜漢廠代辦也。山局自歸商辦，物料取自漢廠，今物料如亦歸包辦，仍須請漢廠代爲采買，每月用物料若干，核計銀數，即在額款劃扣，以歸簡便。

一、洋礦師薪水宜漢廠給發也。查洋礦師帕特薪水，每月英金六十磅，向由漢廠給發，請照舊章，不在包數之内。

一、事權宜專一也。自包定後，除重大疑難事，應隨時稟請示遵外，其尋常事件，斟酌損益，悉由卑職主裁，漢廠及洋礦師不得預問。援照製造股包辦之例，以一事權。

一、溢數宜增工費也。按每月定出生煤三千噸，如漢廠所需加增，或銷路暢旺，須添出若干噸，每月以加增一千噸爲限，每一噸必須加給工費銀一兩三錢。

一、水淺宜先躉運也。查湖水春冬兩季淺涸異常，船多半載，轉運艱難。届時如三千噸不能足數，擬請於夏令天長水大時，預行躉運，以備不足。

一、售運宜訂立合同也。如布局、紗廠、絲廠，每月購煤若干噸，自應訂立合同。即漢廠每月需煤若干，亦應議定長年的數，庶有備而無誤。

一、轉運批發宜添設也。每月運煤到漢及分售布局、紗廠、絲廠等處，事務繁雜，應添轉運批發司事二人，一駐漢廠，一駐省垣，專司雇船、過磅、收款、運料等事，庶有專責，而無貽誤。

一、不敷宜藉支也。按每月額領經費銀四千兩，如添購物料，或加出生煤，設有不敷周轉，應請藉支若干，即在下月經費內扣還，以免掣肘。

一、激勸宜有分紅也。查鐵政局曾奉督憲張諭：每月運一千噸煤到廠，獎賞銀五十兩，如多，按數遞加。今請援照辦理，以昭激勸，庶在事員司，益加奮勉，踴躍趨公。

一、修造項下，不能預估，應請隨時開報。

一、購買地畝，不能預估，應請隨時開報。

一、挖泥船開挖湖泥，刻下尚未竣工，不能預估，應請隨時開報。

以上各條，謹就管見酌擬，以備采擇。其未盡事宜，應請隨時稟報，批示祇遵，合並陳明。

陳旭麓等《盛宣懷檔案資料選輯之四》漢冶萍公司第一册《張世祁密陳大冶各事十條光緒二十二年十一月初七日》 謹將大冶各局情形及未便明稟各事分別密陳，伏候鈞裁。

一、大冶可以設廠之地有四，前曾繪圖帖説寄呈總廠。月前卑職到廠面稟鄭總辦，云俟憲節到鄂，再行商辦。伏查大冶購地，全在縣紳徐、李二人説項，地價均照完糧斗，則合算其價，照此數必須加增，尚不至十分爲難。卑職愚見，設廠必須取水，若離水太遠，諸多未便，究竟能否合用，不敢懸擬，還求憲臺親閲，方可定見。届時當與林令兩紳商購，總期力求撙節，以免虚糜。

一、大冶煤礦極多，能煉焦炭者極少。常有毫無資本，希圖取利之人，上稟瀆求，卑職一概回復。亦有徑稟總廠者，卑職時與林令商酌，已將一切情形稟商鄭總辦：「此後如有人上稟，以報效爲名希冀批准者，請緩批示，先將稟中情形函諭林令、卑職，由林令、卑職據實稟復，然後批示。」蓋若輩上稟之時，滿紙報效，及至開辦，權在伊手，百弊叢生，噬臍莫及。或彼此争售，斗毆啓釁，或鄉民阻撓，釀成事端，甚至虧本求貼，糾葛不清。大冶民情强悍，以殺人放火爲平常。間有不顧聲名，訛詐咆哮，無所不爲者，即使送縣究辦，未免不勝其煩。又有改換窿名，詭詐百出者。如果真是殷實之商，自顧聲名，不妨飭辦。無如楚人多詐，防不勝防，陳龍、陳殿春等輩，前車不遠，誠爲可慮。

一、李士墩包辦之陳商，其父與兄，荒謬異常，情節太多，未便瀆稟。前月期滿，即飭姜典史葆仁前往收窿，其父與兄串通機匠、工役多人，來局訛詐。本可送縣嚴懲，無如此中糾葛極多，只得剛柔互用，寬猛兼施。卑職復又到廠與鄭總辦再四籌商，飭本廠錢委員到李士墩説項，該商自知罪戾，再四懇求賞給煤價銀三百九十二兩，即該商所繳之塊煤一百九十餘噸也。該商藉資舉辦，負欠甚多，爲諸債所逼，抽水日久，不免虧本。所藉粉煤二百餘噸，大半多年陳煤，實在無可賠償，錢委員無法可施，允其免繳一切，均稟明鄭總辦示遵。此外房屋機器各物，一概收回，尚無貽誤，所藉已用各料，如油粉等物，全用於窿口之内，該商亦有添購各物，只能兩抵。卑職爲此事奔馳一月，舌敝唇焦。該商之父，雖是道員，實在著名訟棍，鄭總辦念其年逾六旬，真情虧本，機器各物，均未傷損短少，曾抽十餘丈之水，格外寬恩免予究辦。現飭姜葆仁暫時兼辦，並派司事三人，一八兩，兩六兩，姜葆仁自備夫馬費，不支公款。專俟各事大定，理料清楚，再當設法招商，須求妥實可靠之人，再行稟求憲示。至於現在開銷，處處節省，所出之煤，粉、塊多少不等，以塊煤抽水，以粉煤出售，專顧抽水小做，以節經費，大約每月約用八百金，粉煤可出二百噸。只能如此，較之從前局用每月二千餘金，陳商月用二千金，似形簡省也。交接之際，必須事事布置用款，出煤、售煤、材料各事，擬請從緩辦理，但求立定脚根，再行詳稟。抽水之煤，冬令每日夜約在九、十噸之間，夏令只須七、八噸，用煤多寡以天氣爲定，衡抽水之煤，亦是此窿所出，如果有餘，即當接濟火車之用。以目下辦法，將所出塊、粉兩煤，與局用相抵，尚未吃虧，此卑職再四細籌，實在省而又省也。機匠夏藝臣、夏文俊爲陳商父兄煽惑，串通訛索，本應重辦，姑念悔過泣求，亦已斥革，惟接辦之人極難，不知窿情，無以下手。乃下陸機匠丁祥麟、鐵山機匠歐榕李，急公報效，煞費苦心，派人接辦，極爲妥協，該匠等實屬可嘉。姜葆仁爲此事賠錢受氣，辛苦異常，機器一無損傷，物件毫無遺失，皆姜葆仁之力也。

一、保安外委陳龍，串通譚國鈞開挖華興窿，煞費經營，始將該外委撤任。譚國鈞畏罪逃避，又將華桂林、周孝忠、張履坪由林令獲案訊究。華則管押，周、張則交保管押，窿由林令收回封閉。案尚未結，周、張忽然逃逸，林令比差勒保追究。卑職於十月三十日，由廠回冶，於初二日接林令幕友來書，附有兩憲札飭，內「據職員譚國鈞、周孝忠、張履坪、高應禄多人稟叙『陳龍種種蒙騙銀錢，開挖華興窿，求請兩憲將該款九百五十串，不准陳龍具領，所有伏虎山華興窿及原開之喜鵲港五福窿，仰求俯賜仍歸譚等開辦，月繳鐵廠煤炭四百噸，稟求札大冶縣出示曉諭，更求開釋山主華桂林」等語。即蒙憲批，飭林令確切查明，應否給示飭辦開釋山主之處，據實詳復」。各等因，林令奉此。卑職捧誦之餘，頗覺爲難。卑職前在漢口客棧，有人以此事來求，諭以「譚某等開窿滋事，已由林令差拿，被其逃逸，周、張等係交保在押之人，膽敢脱逃來求，且仍欲開窿，膽大妄爲，荒謬已極」。來人被卑職大加申斥，不辭而走，不料卑職走後，竟敢上稟如是也。林令背後之言謂，定章十里内，不准第二人開窿。若輩毫無資本，一片胡言，滿紙報效，難免畫餅。況獲罪之人，竟敢逃逸上稟，渺視上憲，渺視印委，膽大如天，斷難准辦。如一准行，患不勝言。況窿名由若輩改换，千名萬名，皆不可靠，以階下囚變爲座上客，公事難辦。前札嚴查懲辦，後札批准飭查，亦與兩憲公事有礙等語。林令不敢函商卑職，而由幕友轉商，所論雖過激烈，似亦不爲無見。至林令如何稟復，卑職未便過問。卑職愚見，以後凡遇陳龍、陳殿春及現稟之譚國鈞、周孝忠、張履坪等，如以報效爲名，可否仰懇大人一律批駁，以絶若輩覬覦之心。稟中尚有高應祿等諸人，是否身家殷實，爲人正派，卑職無一認識，不敢下一斷語。然與譚國鈞爲友，難免有方以類聚、物以羣分之慮。憲臺燭照如神，固無庸卑職冒昧妄陳也。再批稟時，鄭總辦抱恙未痊，卑職電稟兩發，想已上達矣。

一、大冶售煤，在二月後至十月止，得價在六、七、八三個月。民窿有水，廠煤當令，刻下正是滯銷之際。現在李士墩所出之煤，只有暫時堆廠，以待來春再賣，如果速售，每擔一百六十八斤，僅得錢一百二三十文，大不上算。一到二三月，可售一百六、七十文，貴時可得二百文，進出甚鉅，不能不籌劃也。惟由李士墩挑煤至李家坊，挑力甚鉅，路僅五、六里，高山(竣)〔峻〕嶺，一人只挑半擔，已有八十四斤，每擔貴時四十餘文，賤時三十六文(此一擔實只半擔)，此價無論如何難以再減。尤有爲難之事，沿路偷竊甚多，縱然打灰印、重過秤，皆不中用。大約百姓售煤僅八成，本廠九摺，十分嚴緊，亦只九五摺。煤斤多，難以擔擔派人押運，招商之難，大半在挑力、偷竊兩事也。

一、卑局暨各分局，仰邀憲福，自六月至今，和衷共濟，人人要好，極爲聯絡，即機匠夫役，亦皆勤慎辦事，請勿垂念。

一、自卑職供差補缺，處處均與防營交涉，即在朝邑，兼帶副左旗以辦河工，故營務各事，略有所知。彈壓運道與帶防營不同：防營重在操練，兼捕盜賊；彈壓運道，重在彈壓，無暇操練。現帶武勝右營之王提督春發，老於營務，意在操練。其功名爲武官之極品，與彈壓事，似尚隔膜，目下各事，全賴盧總兵秀榮招呼(本是副將，現已保准總兵)。外面與卑職等均極要好，每至彈壓事，總不願意恰無痕迹，推原其故，當日制憲責成幫帶盧總兵一人經理，即憲臺所賞津貼，皆是該總兵來領，領紙向無關防，王提督從不過問，每至請派兵勇，甚爲吃力。盧總兵譬説再三，王提督不發一言，究之王是正，盧是副，不能不請示，哨官以下，悉聽王之調度，盧頗爲難，招呼本局，王總不言，不招呼必誤公事。大冶人民强悍，動輒滋事，此事外面毫無攔阻之事實，則節節爲難。盧總兵向來謹慎，且極細致，爲此事與卑職言之屢次。王提督僅帶二百五十人，以提督當此底營營官，心中固不滿意，而無形之阻隔，實與本廠公事有礙，用敢密陳憲聽。

一、下陸吴分管傳綸(人極老實，每月報銷，皆祁代爲更改，即湘撫派員藉用機器，該分管請姜葆仁出面酬應，並請姜分管尋覓機器，斟酌藉否，指物點交，是皆吴分管之小心怕錯也)爲馮、徐兩董所薦，人極安詳。然在下陸無所事事，所有火車各事，皆機匠丁祥麟獨任仔肩，丁匠心氣和平，極有本事。吴分管所管者，飭司事收發物料而已。卑職再四思維，處處爲憲臺節省，必須處處顧住公事。六月間上稟力保丁匠者，深知此中底藴，斷不敢毫無把握，冒昧從事也。擬再密稟憲臺，如果他處需用管理機器之人，不妨將該分管調辦下陸各事。仍照原議責成姜葆仁，以機廠、運道兩事，飭令兼管，仰求憲恩下一札，飭派姜葆仁爲下陸分董。查該員月薪向來十八兩，請改爲二十四兩，飯食改爲六元。如此辦法，事權歸一，每月可節省銀二十四兩，洋三元。至於司事，實不可少，現派者係吴分管之甥。如果帶去由卑職另行派人，此間卑職自已出薪之司事，尚有兩人，不得不求恩俯准。若該分管有事調辦，不將其甥帶去，則仍用該分管之甥，一轉移間，憲臺多得一人之用，下陸無一國三公之慮，此卑職專爲節省計，非與吴分管有隙，亦非吴分管有貽誤之事。大冶數局最出力者，姜葆仁一人，人極能干，作事認真，銀錢可靠，衆口一辭，以分管升爲分董，又加薪水，該員無不竭力報效者。從此人人觀感，公事有益，未雨綢繆，卑職作愚者一得之計。是否有當？求密諭飭遵。再，丁匠因李士墩夏匠挾制，急公報效，派人接辦，不但心地可嘉，且顧大局，真機匠中難得之人也。

一、向章各營棚三電房，每自十一月至正月，均有賞給之煤，卑職再三搏節，減去大半，三個月大共給煤二十噸左右，合真本錢不過二十千文之數，已與鄭總辦商量准給。如可再省，仍當酌減，以免虛糜。

一、距下陸三里，謝家畈之屋，卑職迭次稟明，當時工程未固，現同虛設。惟飭營兵暫住兼管，惟恐日久風刮雨淋，易於傾倒，誠爲可惜。應否於暇時漸次拆卸，或造一藏官車之屋，或另作他用。好在與鐵道相近，以車拖料，尚是容易。是否可行，敬候憲裁。

以上十條，大半不能與人共閱，尚求鈞奪。措詞粗率，伏乞格外垂原，無任叩求。

謹附稟者：余郎中正裔，前者冒充憲委，被人看破，即至興國開礦，復被百姓毆打。現又稟香帥招股十二萬，約同洋人購買機器，仍至興國開礦。委朱守滋澤查明稟復，朱守已到興國，不知如何辦理。

再，卑職仰蒙憲恩逾格，敢以越俎之事，冒昧附陳：馬鞍山之焦炭，廠中頗不合用，出鐵甚少；萍鄉焦炭雖好，無如文學士難於共事。此兩處惟萍鄉曲摺極多，求憲詳細密訪，即知底蘊。卑職既有所聞，謹以附稟，想憲臺自有權衡，固非卑職所敢蠡測也。

陳旭麓等《盛宣懷檔案資料選輯之四》漢冶萍公司第一册《德培致盛宣懷函 光緒二十二年十一月十四日》 頃接電信，新雇車軸匠出月初由德啓行來華，計日可到。所定新軸不久亦可裝船，此後工作當不致再有間斷，另有需件亦已論及，兹特開呈，以免誤工。

貝色麻襯里火磚前已請購，現需用在即（已由信義購辦）。

西門馬丁鋼火磚所存有限，不敷修理一次（已由德培函購）。

貝色麻吹機宜即運來（已由「楚富」運到）。

鋼模數既不足，質又不佳，已屢言之，必須設法竭力整頓，否則恐致停工（據馮董云，前威德管理機器廠時，每禮拜只出鋼模一個半，現在每禮拜出四個。倘德培已爲不足，尚可趕造。至於生鐵質地與前一律）。

壓軌、磨軌機器能否即成（據馮總董云，壓軌明春可成，磨軌機器年内可成兩架）？

拉軌匠衛根既已撤退，須雇替人（〔盛宣懷批：〕既要另雇，不如不撤，可省川資）。

貝色麻匠目已屢次請雇（〔盛宣懷批：〕恐是□工師）。

再有應添零件開列於後。

汽管内聚水最傷汽機，且費汽，宜購大小凝水罐十個，每約價銀三十兩，此罐可導水出管，不但於汽機有益，且可省汽，省汽即省煤（〔盛宣懷批：〕應速辦）。

機油現皆購自歐洲，宜備一洗油之器，用過之油尚可洗而復用。此器約價銀八十兩，不久可償（〔盛宣懷批：〕應速辦）。

鋼胚之輕重須視所造之件爲准，否則浪費。宜購起重天秤一架，價約銀一百二十兩（〔盛宣懷批：〕應速辦）。

軌廠所軋貝鋼、馬鋼皆宜秤其輕重，應購一轎式天秤安於鐵路之上（此路只須窄路，日後必須安設，以便由貝廠、馬廠運鋼至烘鋼爐）。價約銀三百兩（〔盛宣懷批：〕應速辦）。

發出鋼軌、生鐵、生煤、焦炭皆宜秤過，應專置轎式大天秤一架於鐵路上。

□［常］川工作應購一磨鋸機器，以磨冷熱鋸之口，該機連砂皮輪約價銀二百七十五兩（〔盛宣懷批：〕應辦）。

各種軋軸有重至九噸者，斷非現有之起重架所能起，須備一火車汽起重架（〔盛宣懷批：〕應酌）。

常川工作現有之車牀一架不能敷修軸之用，必須再買一架（〔盛宣懷批：〕應辦）。

陳旭麓等《盛宣懷檔案資料選輯之四》漢冶萍公司第一册《盛宣懷致鄭官應函 光緒二十二年十一月十七日》 公力任艱勞，至於舊恙再發，幸服化紅漸愈。昨得電，擬旋滬可面商一切，弟故先派紹甄提調，以備暫代。惟有數端，必須趁公在廠預籌大計，庶可面商定奪。

一曰洋人。前奉尊函謂德培性情暴躁，器量褊淺，絶不爲廠用心。弟想總監工毫無調度，心不向我，貽誤無窮。鄙見只可另請總管，或用美國人，或用比國人。臘月内美有總董（本月底紐約辦鐵路總董帶一總監工來），比有回信到來，即可定議。生鐵爐另雇工師，薪水可比盧伯輕減，但此爐盧已熟悉其性格，故所求第三節可允，第一節只須密告德培必不久，他人來斷不能不歸總監工節制。至化鐵欲用兩匠目，來年開兩爐，亦不爲多。但須訂明連斯有病須另換，似此尚可留用。弟明日即電郭格里廠，詢其請一化鐵工師，有無好手，薪水若干。公起節前可密詢盧伯去留實意，如必不可留，亦須留他三個月，俟新工師到後熟悉一切方可回國，此最要關鍵，否則外洋雇人來，四十天斷來不及。芝生云，呂柏去而下手未到，彼可代替一二月，保可無虞。此須請芝生密詢哀敷郎子、連斯二人，所關甚鉅，深悔七八月内停爐之時未與呂柏先訂合同也。洋人竟無君子，弟以真心待吕柏，宜乎受其要挾矣。

來示擬電英國梯細廠雇一好洋匠來。頃弟已電詢化鐵爐是否梯細廠所購；如係梯廠所購，亦不妨托該廠雇人。亦有人言，英人較有規矩，似此則總管亦宜英人矣。鄙見總須暫留吕柏三個月，方覺放心。

一曰焦炭。得英炭一千一百噸，開平多運八百噸，馬山自燒五末炭五六百噸，總可敷衍到正月底止。盧洪昌云，正月底可運三千噸，開平亦有三千噸，二月可敷用也。郴州焦炭，尊擬訂兩年，昨復電云，須訂明如焦炭不好以及愆期，均可隨時停廢。弟恐郴州亦必如文廷鈞也。馬克斯圖説甚詳，謂自開日出六百噸焦炭，不過三兩，説得太易。姑俟公來面商。小花石煤樣驗化如何，須帶來與吴述三講論。因萍鄉可用洋人，小花石只能用華人，此二處必宜自開一處，否則從何推廣。公須往督院稟辭，可代弟轉達香帥，只要焦炭能供用，自可添爐推廣。如照此時要用英國、開平焦炭，半年之間已賠去商本三四十萬，不知何時能收得回來。鐵路經費已預支二十萬，除付開平煤價五萬外，三次匯上十五萬。閣下須囑紹甄、我彭撙節動用。

一曰定料。吴淞卅里，錫意准用七十磅軌，頃接復電，洋匠西二月到修，方能開造。未知現有之軸能做三十里否？鄙見現已造成之六十磅軌，應帶幾條來滬與大衆閲看，並寄外洋一驗，方可放心。八十五磅爲大宗。盧溝橋至保定三百里，明年下半年能否趕成？至於鋼板橋料，本擬外買，因聞橋料之利比較鋼軌之利稍厚，故金達勸我自造。錫樂巴云：漢廠做橋料，不如運鋼板至山海關，就其專造橋料之廠隨時造做，較爲穩當。查橋料第一號帳單，開春即要運到。弟恐德培無此要好心腸，如趕不及，轉致延誤。望公面詢，如來不及或做不好，盡可與公直言，以便趕緊向外洋定購，非比鋼軌可緩也。

以上三端之外，如買料，以後只好歸總辦自辦，只告知弟，否則必誤事。磚圖仍奉上，如不能電辦，可由公帶來，函致英國代辦料之威德代買也。

紹甄甚精細，肯用心，而資望太淺。廠務更生，務望公面授機宜，並請轉屬各總董、總稽查、總翻譯、總文案，均宜照常認真，各盡其職，並收集思廣益之助。想諸君子皆爲鄙人心腹，股肱之友，更得我公倡之以忠義，勗之以清勤，必能與紹甄和衷共濟也。

茅田煤礦開工否？賴倫必與帕特相同。手請勛安。

愚弟宣懷頓首。冬至日。

再，有人云，德培只因吕柏不合，故心不向我。今既吕柏辭退，已合德培之意，何不仍用德培，究於鋼鐵相宜。且鋼匠目均係德人，若换别國總管，又恐與鋼匠不合等語。弟查二十八號來函内叙德培所云，擬貝鋼廠用一洋匠目、一洋匠，鋼軌廠用一洋匠目、一洋匠，化鐵爐用一洋匠目、一洋匠，與前言不同。若真能如此節省，彼肯真心向我辦事，亦不妨再試數月。查德培六月三十號函禀，另請一極有歷練之人，但需吕柏一半薪水。聞英國化鐵爐工師薪水向無百鎊之理。製造局彭脱所擬化鐵爐二人，共總每年不過七百五十鎊。然則去吕柏，可省薪水又可暫留德培，以試其心，亦是一法。刻已電詢梯山廠矣。請閣下與德、吕去留，均探其實而告，以到滬再定爲要。手請勛祺。

弟宣懷又頓首。十一月十七日。

匯票五萬已交沈子卿帶交紹甄列收矣。

陳旭麓等《盛宣懷檔案資料選輯之四》漢冶萍公司第一册《張世祁致鄭官應函》

敬禀者：二十一日由莊分董呈上四十七號禀内附鈐領一紙，請續領銀一千兩，以備先多收礦石，計度已上達。今晨魏通事來，奉不列號手諭，謹陳各事於後。

一、李士墩儀抽水機三副，一已爛，一抽窿水，一抽湖水，如少一副，只能停工，且窿内水櫃現有五丈之水，明年春水一發，不可思議，地勢低至四十餘丈，窿深十九丈四，水歸窿，抽水不易。現擬取用王三石之雙瓶機添凑，否則萬來不及。魏通事深悉李士墩窿情形，並云王三石之機器廠中不合用，李士墩之機器斷不能取，只好請作罷論。

一、李士墩之水實在爲難，故正派人承辦此窿望而生畏，專以權術騙入門者無不願意。其未入門，不妨允交四百噸、四千噸，及至入門，預備淘氣。前者陳殿春允四個月交四百噸，及至事竣，僅一百九十餘噸。祁意不在筆據，全在其人之心地及平日之辦事，否則雖用鐵券，無所用之。前次吃苦已足，目下官辦商辦實不敢冒昧從事也。

一、運礦之事，從前官辦輪船來往，行程兩日，到此下礦亦須兩日。自祁到後，改爲下礦一日，已較從前迅速，然須有輪到方可，若無一輪到此，再快亦難。查夏日四點鐘下礦，至晚八點鐘止，每日可下十六點鐘；冬日六點鐘裝起至晚四點鐘止，每日僅下十點鐘，已是不同。且輪駁到此，最好前一日將晚到，連夜催人，次日未明，人已到齊。今年夏日頗多夜工，亦因輪船於將晚到窑，各事順便，小工四散住開，夜間必歸，容易招呼。且小工等立有私約，同下一車者，一人不到，人皆停手，爲此事已淘氣多日，目下勉强可以隨便，非比長夫可以隨叫隨到也。即於本月十六「楚强」到埠已有巳刻，其時風雨大雪，趕緊催人，及至輪駁停泊妥當，已是不早，下礦至十七日三點鐘裝齊，雖如此風雪，祁給犒賞僅裝十六點鐘，實在不慢，且與夏日下礦時候相同。無如日短，一過三點鐘，只有兩點天晚，輪船因無處停泊不敢開，祁連催數次，宋管帶不肯耽擔承重，祁實無法，只能於十八日五更開輪。總之，卑局下礦決不敢硝有遲延（再者，近日江水漸退，小工下礦較夏日下礦多走三倍之路，此又耽擱工夫者，然又不能不算也。又叩稟），求憲臺釋懷，卑局所焦急者輪船不來，惟有望洋興嘆也。

一、下礦重在輪船來得快，不重在下得快。現在下礦較官辦時已分霄壤，祁則更有請者，鐵路經費估工四千萬兩，似不便在一、二萬金中節省，莫妙於再趕添大駁船三只，先將兩空駁拖泊石堡，譬如輪船拖礦到廠，停留二、三點鐘裝煤，購買物件，隨即開輪拖兩空駁到石堡，其時石堡已將兩駁船裝滿，停留一點鐘即將空駁留下，礦船拖送漢陽。卑局日日可以下礦，輪船日日可以拖礦。現在僅有駁船五只，再添三大只，永遠照此辦理，兩輪互拖，決不誤事。即照督辦之電，每日一百八十噸必來得及，且可只多不少，除非礦與石有大曲摺不能接濟，或起大風不能開眼，不能立足，否則極大之雨雪方能不裝，方有遲延等事，否則斷不誤事。目下憲廠專催卑局下礦趕快，卑局各員董、司事、小工等僉云，輪駁不來，即將我等重辦亦是冤枉。上與下皆有一邊之理，祁立在中間，事事清楚，無所用力，亦是難事。以上各事，敬求憲臺俯念實情，咨商督辦憲俯准施行。

卑局求添兩司事，則各事無誤矣。一下礦司事，現僅一人，如照祁辦法，以一人日日立於江邊大風之中，兼以或有雨雪，必須替換，否則必然病倒。一太子石，皆是姜分董經手，現已運道而兼李士墩，再兼辦太子石，相距皆各二三十里，亦來不及，亦防病倒，若換生手，人情太壞，容易滋事，必須在祁現在自用之司事內添派，方能有益。祁向來用人，如果其人可用，必於應支公項之外加添薪水，使無內顧之憂，其心歸一，方能爲我出力。又須酌量其人之精力，能做十分，只能飭其做七分，留三分以養其身，故祁之辦事往往賠累，大半由此，惟輕易不誤公事。即如卑局之各司事，祁大半自添薪水，否則有用之才斷難吃苦任怨爲祁出全力也。茲勿具論，惟添三駁船之事最爲緊要，否則即使裝礦再快，每日一百八十噸，每月必須五千四百噸，一定誤事也。

一、電報必須由武昌省通至卑局，方能各事靈通，要何樣礦即可預先電示。現在報房在蘭溪鎮，必須一日到此，往走速於電報。賴倫於十八日午正在九江發電與祁，至今已有五日，此電不知去向。現擬將蘭溪鎮之報房移至黄石港對面，雖近三十里，仍須過江，另添岸路十里，設遇大風，依然如故，消息仍不靈通。且電杆雖立，房屋尚無一間，不若多用六千金，通此有用之電報。

世祁愚見，總請添三只大駁船，添礦車二三十輛，添通武昌之電綫，三者似缺一不可。至於添兩司事，則又小焉者也。世祁不才，歷觀史鑒，惜小費者誤大事。鐵路爲千古未有之變局，非設法以濟其變，不能制其變，既不能拘於成法，亦不能一味節費，況祁之大言不慚冒昧瀆諸者，不惜費正所以惜費也。憲臺博通今古，熟悉中外，才大如海，智識如神，祁追隨宇下，獲益良多，用敢不揣譾陋，唐突妄言。是否有當？伏乞鈞示祇遵，無任悚叩。肅此，恭請勛安，仰祈垂鑒。

「中央研究院」近代史研究所《海防檔》丙機器局《光緒二十二年十一月十八日總署收户部文附會奏抄摺一件會議鄂廠所出鋼鐵准免税釐五年以恤商情奉旨依議》 十一月十八日户部文稱，北檔房案呈，會議張之洞奏鐵政徵税新章商情未便一摺。光緒二十二年十一月見奏，奉旨，依議，欽此。相應鈔録原奏，恭録諭旨，咨呈貴衙門遵照可也。

照録原奏：户部等衙門謹奏，爲遵旨議奏，恭摺仰祈聖鑒事。湖廣總督張之洞奏，鐵政官本重大，煉鐵實與製造不同，徵税新章，商情未便一摺。光緒二十二年十月初九日，奉硃批，該衙門議奏，欽此。欽遵由軍機處鈔交到部。據原奏内稱，户部議覆湖北鐵廠，招商承辦章程，奏奉諭旨，咨行遵照，當經轉行督辦鐵廠直隸津海關道盛宣懷，遵照辦理在案。茲據該道稟稱，此案原請煉成各種鋼鐵料件運售，當援案免税十年一節，部議以本年五月，據總理衙門奏准通行摺内聲稱，凡機器製造貨物，不論華商洋商，統計每值百兩徵銀十兩，此後無論運往何處，概免税釐。該廠現在招商承辦，鐵務即爲商局，自應遵照總理衙門奏案辦理。將來各省，果能購運銷暢，再由該督詳細奏明核辦等因。竊惟總署奏定值百徵十之案，專預防洋人在華設廠，用機器改造土貨而設，夫曰製造，曰改造，皆變其體别成一物之謂也。如由蠶繭而繅爲絲，由絲而織爲紬，由棉花而紡爲紗，由紗而織爲布是矣。若鐵之爲物，必以機器造爲輪船槍砲，以機器製爲各種機器，始可謂機器製造貨物。今采礦鐵煉生鐵，以生鐵煉鋼、煉鐵熟，本體未改，與繅絲紡織等廠名義攸殊。鐵廠用過官款數百萬，華商承辦後，方期陸續收回官本商辦,關繫尤重。中國煉鐵,事屬創始,一切廠用,繁費較多,佳煤未得,購價尤貴。再加十一之税,成本愈重,銷滯商乏。官本虛懸,獲咎無辭,何益於事。仰懇仍照原請,優免税釐十年,或俟官本收清,再行照收税釐,以輕成本而暢銷路等情,稟請具奏前來。臣維部臣以凡用機器,事同一律,不便於鐵廠獨示優異,以杜洋人來華改造土貨,引爲藉口之端,用意至爲深遠。但西法於事物品類,辨析名實,絶無混同。煉鐵則猶是土貨,製造則别成一物,本判兩門,未宜牽合。中國采煉鋼鐵,爲保守自有利權第一大政,非如蠶繭棉花,隨地可買,更無慮其藉口。鐵廠雖由華商承辦,而官款甚鉅,將欲次第提收官本,商辦之局,盈虛利害。公家與商人休戚相同,較絲紗各廠之全屬商本者關繫尤重。部臣謂商務之興,必以能自樹立爲主,商政機括,要言不煩,然非暢銷不能自立,非輕本不能暢銷。中國始創煉鐵,購器雇匠,悉資外洋,比之外洋廠鐵,費多本重,所恃保華商以抵洋鐵者,全在國家自有減免税釐之權,可以輕成本而廣銷路。他日辦理就熟,工藝之學日興,能自用華匠自製機器,則商廠之成本益輕,洋鐵之來源自杜,國家收自强之利益,乃永永無窮。部臣以暢銷督責盛宣懷,並責成於臣,詞嚴義正。既已身任其難,豈敢復有諉謝。惟當艱難創辦之時,首行徵抽十一之政,是重其成本以塞其銷路。臣與盛宣懷,雖欲展其手足,而束縛馳驟,力無所施,誠外洋鐵廠所聞而稱快,華商顛踣可立而待。官本無著,承其敝者,豈獨衆商。合無仰懇天恩,飭下户部,通籌熟計,俯念鐵廠與絲紗各廠不同,煉鐵與製造貨物有别,仍准查照原請優免税釐十年,或俟官本全數收回後,再行照章收税,以維鐵政而保利權各等語。

臣等查湖北鐵政,開辦已歷數年,用過官款,爲數甚鉅。嗣以經費難籌,本年六月,該督臣張之洞奏請招商承辦,歸直隸津海關道盛宣懷,集股經理。臣部以官商交接,更定章程之始,不能不責以大義,以期早清從前之官本,並開濬後來之利源。該督乃謂臣部覆奏,義正詞嚴,以暢銷督責盛宣懷,並責成於該督,不知臣部於該督等望之殷,遂不覺其詞之迫也。該督於鐵政一事,實已力任其難,臣部知創辦之艱,既欲收回自有之利權,豈容杜塞暢行之銷路。故該督從前請撥鉅款,無不力贊其成。即本年奏請招商摺内,臣部於分年抽還官本,及截清用款造報各節,並未少事苛求,而盧漢鐵路,及各直省需用鋼鐵料件,一律鄂廠定購。臣部亦悉照所請,奏准通行北洋及各省在案。是臣部於該省鐵政,未嘗不極力維持,至請免税釐十年一節,臣部於議覆摺内,亦謂必輕成本,始可暢銷。

該督請免税釐,亦是減輕成本之意,惟查本年五月,總理衙門有奏請凡機器製造貨物,不論華商洋商,統計每值百兩徵銀十兩之議。竊以煉鐵不分生熟,既厲製造之物,又因機器而成,承辦既係招商,銷運自須徵税。且查廣西絲綢,烟臺果酒,江西洋瓷各案,均在總理衙門未定新章之先。如該衙門方奏准通行,而臣部即請免鐵商釐税,不特各省華商,凡機器製造貨物有所藉口。萬一洋商亦以機器在内地煎煉鋼鐵,又將何以爲辭,是以未經議准。現據聲稱,採煉鋼鐵非如蠶繭由絲而織爲綢,棉花由紗而織爲布,今以生鐵煉鋼鐵、熟鐵,本體未改,與繅絲紡織等廠,名義攸殊,鐵廠官款甚鉅。公家與商人休戚相同各等語,尚係寔在情形。臣等公同商酌,擬准援照廣西絲綢,烟臺果酒,暫免税釐三年之案,從優加免税釐五年。五年後銷路暢行,照章完納,以恤商情而重國課。如蒙俞允,即由臣部行知該督臣遵照辦理,此外各省凡以機器製造貨物,仍照奏定新章完税,不得藉口援引。至原奏内稱,或俟官本金數收回後再行收税一節。查該督前奏每爐出生鐵一噸,抽一兩,六爐計日出四百餘噸,每年可出十餘萬噸,即每年可還官款十餘萬兩等語。該督自設廠以來,動用官本已五百數十萬兩,以每年抽還十餘萬官本計之,約需五十餘年,全數始能收回,必俟此時始行納税,不特中國無此辦法,恐亦非西法所可通行也。總之,此次准免税釐五年,已爲該商廠優加體恤,該督等庶得以展其手足,無束縛馳驟之嫌,應請旨飭下該督臣等,嚴諭廠商,認其煉冶,俾陸續早清官本,以暢銷運而保利源。所有臣等遵旨議奏緣由,理合恭摺具陳,伏乞皇上聖鑒。再,此摺係户部主稿,會同總理各國事務衙門辦理,合併聲明,謹奏。

「中央研究院」近代史研究所《海防檔》丙機器局《光緒二十二年十一月廿七日總署收總税務司赫德函查明湖北鐵廠所出鋼鐵過關數目》

十一月二十七日,總税務司赫德函稱:敬啟者,竊承貴衙門飭將湖北煉鐵廠所出鋼鉄等類數目,過關若干,查明聲復,總税務司當經電飭江海關税務司,查核呈報去訖。現據該税務司電稱,光緒十八九兩年,尚未將煉出鋼鐵數目登記存案;計二十年,過關鉄磚一萬八千三百六十二擔,鉄條三十四擔,鋼條四百六十五擔;二十一年,過關鐵磚一百六十八擔,鐵條二百二十一擔,鋼條一百十三擔;二十二年,過關鐵磚一萬二千六十擔,鐵條四千二百七十一擔,鋼條八千四十六擔等因,相應據情將五年内過關數目,函呈貴衙門鑒查可也。專是佈泐,順頌升祺。

湖北省檔案館《漢冶萍公司檔案史料選編》上册《談汝康馬丁爐煉鋼用煤今昔情形説光緒二十二年十一月》 謹稟者,前蒙憲臺詢及馬丁爐前次與現在煉鋼之成數,用煤之多少,互比之孰省孰費等因。翻譯遵即歷查一切,旋據華匠首李治平報稱,舊時用煤,較之現在多費四五噸,而煉鋼止一爐,約八噸左右等云云。伏查馬丁爐自去秋改修之後,今春二月間開爐,用熱煤氣爐四座,需煤多至二十五噸之譜。日煉熟鋼一爐,用料九噸一、二,出鋼七噸八,或八噸四,合八八摺;煉鋼一噸,需煤三噸有零。是則煤合三倍於鋼,而今則不若此也。用熱煤氣爐三座,需煤至多二十噸,日煉熟鋼兩爐,成數如前,合八八摺,扯計十六噸,煉鋼一噸,約需煤一噸零四之一。前則煤合三倍於鋼,今則鋼煤對成而零四之一。前次煉鋼兩爐,十六噸須兩日,需煤多至五十噸,今則併爲一日煉之,需煤至多二十噸。若欲煉鋼四爐,今則止須兩日,用煤多不過四十噸,而前則必分爲四日煉之,需煤一百噸。互比之下,今時每日較前省煤三十噸,即每噸熟鋼之上,較前省去煤一噸零四之三。此係今昔煉鋼用煤相比奢儉之情形也。現在所煉生鋼,較熟鋼用煤稍多,煉鋼一噸,約需煤一噸零四之三,然向時並未煉過,其用煤之奢儉,無從辨别也。兹且暫置勿論。

夫以舊匠目之用煤多而出鋼少,今日之匠目用煤少而出鋼多,人必夸現在匠目之能,而議舊日者爲不能。然而現在,其本領固稍强勝,然又不能全咎舊日之匠目爲不能也。何也?用煤之省費,大半係於鋼之爐數,鋼愈煉多,而煤愈省。而煉鋼之爐數,權在總管,是應咎總管之不忠也爲宜,夫匠目者,所司火候耳。出鋼之後,總管不言再煉,雖爲時甚早,而匠目決不敢再煉,勢必任其虚糜煤炭,此向時之情形有相似也。如總管必欲日煉兩爐,雖匠目以爲時太促,然不敢不復煉,此今日之情形有相似也。嘗聞之西人曰:泰西馬丁爐俱日夜煉之,常例五爐,不若此處之止煉日間,而徒糜煤炭於晚上云云。翻譯悉心考之,現在第二爐出鋼,常在下午三點鐘左右,每爐約需時五點鐘。若在一日夜二十四點鐘之内,趕煉四爐,以時候計之,猶可從容不迫。誰料德培必以洋匠目止有一人,不能日夜工作爲辭。是則爐上現有洋匠三人,若止有一人,其餘二人不知所司何事。苟日不知火候,是則與我十三四元之華匠何異,何必月費鉅款,聘之外洋。或又曰,未能善知火候耳。此則不妨二洋匠分爲日夜班工作,配料則讓總管,出鋼之前,則接洋匠首前來照料,出鋼後,任其回寓歇息,日夜煉鋼四爐,洋匠首必須到者,止有四五點鐘之久。查化鐵廠吕柏盡日在廠,而夜間又必到廠一次,互相比之,而煉鋼匠首,未得謂之過勞。以現在鋼爐用煤情形計之,每日煉鋼二爐,需煤二十噸,若煉四爐,一日夜煉之,煤則毋須四十噸,止用三十噸可已,是又省煤十噸。鋼愈多而煤愈省,成本輕而獲利厚,似當與德培力辨之,不容稍緩。

再,現在所用小工、長工、工匠等,若不嚴立妥章,匠材何得?勢必雖煉至十年,猶須藉重西人。兹有章程數條,試請陳之:一曰所用小工,分爲日夜班,每班二十名,不得聽其早一暮一,務須擇其精壯者,取其姓字,填給腰牌,謂之長小工。每名每日一百五十文,一月兩領,較現在固每名每日多費二十文,然可使其心不外求,全力工作,久之自純熟,可不待指揮而後行矣。遇有長工缺出,即可選取前名長小工填補,不必另招生手,此撥補長工之道有矣。至長工亦分日夜兩班,每班十人,按名請加三元,滿九元之數,以鼓其氣,輪燒熱煤氣爐。至安置鋼模,收拾鋼桶,以及各項隨時幫同工匠工作,不得推諉,每滿一年,加洋一元。如有工匠缺出,無須另募生手,挑長工之前名者推補,諒必能從容工作,此撥補工匠之道有矣。所用煉鋼工匠,每班須有六人,一爲領首,餘爲散匠。領首須稍知洋語,月給工食洋二十七元,每滿三個月,考有進境,加洋一元,加至三年爲止。散匠按名給予工食洋十六元,每滿四個月,考有進境,加洋一元,加至三年爲止。至現在之匠首李治平,習煉有年,則不在此例。

所有煉鋼匠六人,務須隨時緊隨洋匠,偷習察看火候,攙對鋼料,以及煉鋼匠應學之事。俟他日洋匠將走之時,有匠中明白者,無論其是否領首,概准其試驗火候,如能合法,即着其填補洋匠之缺。按月給予工洋五十元,每滿六個月,如無誤公之處,即應添加洋五元,加至七十元爲止。有此鼓勵,人無不勉,而填補洋匠之缺,不患無人,不必藉重西人。而我匠材自有,此最要者也。

惟總管之責任,似易而難,既非蠢者之能學習,即天分自高者,曾博覽羣書,備知煉鋼之法,如或未在爐前閲歷,而臨時鮮不僨事。縱不然而欲煉何等之鋼,吾知其未必能如願以償也。是則若何而後可?或曰,擇通曉西語好學上進者一二人,送至外洋鋼廠學習,俟其期滿回國,再行派充總管,然而能否收效,尚在未知,而數千金之經費已屬於烏有。兹則擬一變通之法,請申其説,則曰選擇一二人通曉西語而在工廠多年者,派充學習總管,厚給薪銀,不時須與洋人討論,如有所得,即登之煉鋼日記。隨時考察爐火若何?而可以入料用生鐵若干?含何質地,攙對廢鋼鐵若干?何爲鋼冷、鋼熱?提磷提磺,用何善法?如何而察考鋼之軟硬？若何而能煉硬鋼、煉軟鋼？以及種種，俱應留心體會。每煉一爐，務將以上各節詳細填注於鋼表之上，每爐鋼樣，編號送驗，所化之樣，仍送於學習總管，照號分門填明表上。暇時，總管應習化學，並須勤讀已譯、未譯之中西煉鋼書籍，如有意會所及，或有議論，即應注於鋼表之空白，以質諸有道高明。一爐一表，表滿三十，而裝訂成本，謂之馬丁爐煉鋼表匯集。惟表式簡明，始爲合用。至察看學習總管之勤怠，但閱其日記以及鋼表上之議論多與少，即可明白。若所論的有可觀，想在上者，必另有以慰苦心也。若此之行，不二年後，而自能領爐獨煉，可以毋須西人。何也？既有書籍，以廣學問，又日日見煉鋼以證之。如學習總管，在洋人將走之時，請爲試煉，如實能得心應手，即令填實總管之缺，薪銀百兩。嗣後如無誤，或加至百四十兩，以示鼓勵。此培植人才而免延洋人之一法也。

或曰，所擬工食薪銀未免過厚，豈不知後日如真能裁去一洋總管，以現在德培薪水計之，按月即省去二千二百五十馬克，去一洋首可省九百馬克，並二洋匠盡去之，可省去六百馬克與二十八鎊英金。而若盡用華人，其值按月不過數百十元。彼此互比，孰爲省儉，可以立見矣。似宜熟籌之，以收可有之益，而輕成本也。

嘗思鐵廠根本，則爲化鐵廠，而獲利則在鋼軌，次即爲馬丁鋼矣。余廠雖有利益，究不若此三者之厚。目下凡製造船炮，以及種種緊要之件，莫不購用馬丁之鋼。而鋼之軟者，更可假充熟鐵以售之，因其接火與鐵無異，而更柔硬得宜。況乎馬丁爐收拾廢棄，一轉煉而成精質，成本輕，獲利厚，銷路廣，倘能加意於此，是爲鐵政幸甚。

翻譯自惟愚鈍，然自到廠以來，隨時隨事，未敢怠忽，常加體會矣。兹承垂詢鋼爐情形，謹將此爐之大略，先行抒陳至此。鋼表已擬就一式，如蒙賜覽，謹當再爲繕呈。瑣瀆之處，伏希原宥，臨稟無任惶悚之至。

陳旭麓等《盛宣懷檔案資料選輯之四》漢冶萍公司第一册《鄭官應致盛宣懷函光緒二十二年十二月初一日》 官應性情剛直，凡董司有過，無不直言，誠恐一誤再誤，有負委任，是以結怨招尤，勢所不免，深愧無容人之雅量。其不宜者一也。

鐵廠諸廠諸董多屬本地候補人員，將爲朝廷偉器。自愧商務出身，才疏德薄，焉能爲羣賢所推重？貌從心違，恐不能收臂指之助，反致貽誤公事。其不宜者二也。

年來蒿目時艱，罔識忌諱，著《易言》、《盛世危言》等書，期有益於時事，不圖觸犯當道。且書中直言漢陽鐵廠之失：一地位失宜；(二)未得佳煤，輒先開爐廠；三誤用白乃富，以公濟私；四不能量器使(才)，有一人而兼數事者。聞香帥頗惡所言，不喜聞過，因見某辦事較勝於前，彼亦圖卸肩有人，暫安緘默。恐將來或加以不測之禍，用泄其忿。其不宜者三也。

自念到漢以來，舊病時發，且痰飲咳嗽日以增重，幸粗曉養生之術，内外施功，得以暫安。但漢水寒濕不宜中寒之人。且賤造不利於西南，屢有徵驗。其不宜者四也。

有此四不宜，故敢決意求退，非畏難苟安，無豪杰之志氣，自外生成也。既當時明知廠事艱難，尚且不畏，何況今日事有頭緒，反有畏縮乎？區區苦衷，想蒙鑒諒。

前經陳明到廠效勞六個月，今已將八個月矣。一切幸蒙碩畫，驅策有方，令官應不致隕越，私心竊慰。尤幸一琴與官應辦事，意氣相投，遇事可商，尚稱聯手。渠擬去吕留德一説，與毅若同(月前丁領事與蔡毅翁云，各洋匠如不聽總監工調度，理應開除。總監工有劣迹，不遵合同辦理，亦當革换。今吕柏連四不聽德培號令，彼囑開除而我復用，則各洋匠亦不服其號令，是長刁風而啓惡習，德培必此爲難，有礙大局。既公論留吕，當托羅星使或伍星使在外國細心覓一有學問有歷練、老成練達之人替代德培。其手下如鋼廠工師、洋匠應添雇者，亦囑新總監工代雇，庶免誤雇)。惟衆論不合，密告官應不可對衆人説破。芝生本屬同心，隱而不露，亦隨聲附和，皆恐犯衆怒也。如有不測，適承其弊，必爲衆人所歸咎。昨經督辦電明一琴與官應同心，彼必然不悦。以後凡遇要事，亦必隨聲附和，不敢異言矣。一琴謂如不准專譯書，彼必返滬入時務報館或蘇州西學書院。現請之沈嘉樹，聞口才不佳，亦不曉法語，恐無見識，則孤立無助，事更難辦。若不知幾潔身而退，鮮不顛躓隕越，深恐貽累，有負栽培，不得不據實言之。況三公司合同到期，尚未續定。招商局仍須整頓，以塞漏卮。若食其禄不顧其事，恐招物議，問心有愧，亦難以對人。聞香帥已薦楊彝卿，不悉可否替代？如不相宜，或委黄花農，或委我彭、紹甄代理均可，統乞鈞裁。官應待新總監工到大冶，爐開事繁，再往幫忙如何？官應謹遵命。各事已定，早日束裝返粵，惟候漢口魏伯勤地師來滬同往。

陳旭麓等《盛宣懷檔案資料選輯之四》漢冶萍公司第一册《盧丙炎上盛宣懷稟光緒二十二年十二月十四日》 竊丙炎蒙恩委任，不棄庸愚，故不敢以跋涉憚勞，必須認真研究。自四月十九日奉札踏勘於安徽、江西二省，曾看數十餘處，或有煤鐵亦佳，其礦山太小；或則山礦頗大，出水路遥。是以數月以來，未能如意。

茲有江西德化縣屬地名揚橋、沙嶺、紅樹根、王一我、金鷄嶺等處，山勢甚大，出水亦近，由礦至江約二十餘里。觀其皮面煤鐵均佳，深入一層更加精老。又安徽之東流縣屬地名烏石磯，山勢廣闊，煤質亦佳，出水之近，他處皆莫及此，離江不過三四十丈之遥，尤爲近便。以丙炎所歷諸境合而計之，只係此兩處耳。照所采之苗，其色必能作煉焦之用；就使煉焦不成，而輪船、鐵廠各處亦能合銷，而本局自用之餘，亦能沽人獲利。惟辦礦之事，其弊最多，總理必須得人，實事求是。歷觀各礦之失，或因朋情薦用，或有股友難辭，則費用虚糜，辦事人少。如踏勘之礦有成，丙炎擬照原稟，仍請黄正光太守總理，丙炎副之，所有局事一切以及用人，必須總副妥商，不得各存情面，須要實心實力，方不負憲臺委任之至意。但錢銀出入，懇派妥員司理，非丙炎等敢爲干預。將來暢旺之際，須用西法開采，工匠人等亦須參用西人，水龍機器亦當由礦師主裁，仍與總副商量，事無不妥協也。

丙炎等家寒親老，妻弱子小，則奉養之外自用亦繁，不得不懇恩施格外，示明每月辛俸若干，用之有度，是爲願也。

至礦務股份，如憲臺專做，丙炎自當效勞，或歸招商外股事，亦無不可。是否有當，及究應作何之處，伏候鈞裁，批示施行。

陳旭麓等《盛宣懷檔案資料選輯之四》漢冶萍公司第一册《張世祁致盛宣懷函光緒二十二年十二月十四日》 敬稟者：竊卑職於十二日接奉憲札兩件，又奉憲批兩件，又奉鈞諭一函，謹聆一是。敬稟各事於後。

一、札催運礦，自前月至今均皆不分晝夜，趕緊轉運。惟太子灣石最爲難辦，該處鐵道甚窄，且亦單路。從前曾稟總廠，請添分路或設挂綫路，奉諭此後不辦，以此中止。現擬將堤加寬，並飭丁匠目添設分路，以後即可便捷。緣該處居民極少，山路崎嶇，向來無路，種種爲難。石堡碼頭極小，長一丈，寬一丈五尺，鐵路之外即水，路内即屋。現值冬令水涸，各礦均預拋江灘，略加工價，爲數極微。太子灣加分路一節，自當格外節費，約用鐵軌十四條，堤則加寬一丈，惟碎青石及土均不易辦。軌軨本廠皆有石與土，卑職擬照工程以土方核算，不致吃虧。至於工費，擬飭平水夫替换作工，以節縻費，必當格外省費，極多一百四十千文之譜。該處平時不能停車，一則有礙火車來往，二則無人看守車上之物，必致偷竊，非到上石時不能停車。倘加分路，固易轉運，能添礦車，更簡便矣。

一、高應禄請開興國五福窿一札，該員卑職向不認識，不知人在何處，已將憲札寄廠轉交，卑職遵札即往該處查勘，一知底蘊，即當稟復。萬一有煤可采，准否恩出自憲，可否仰求大人於札中提及，不准譚國鈞、陳龍等私附股分。緣譚與高暗中極爲要好，如將譚混入在内，將來四處亂采，必滋事端。其人極爲荒謬，林令屢次言之，陳龍之謬，更無論矣。乞鈞奪是幸。

一、王令庭銘請開猛虎山煤礦各事，由林令、卑職會同預備，一俟該令到冶，即可開辦。

一、茅田之批，亦已奉到。憲批及鈞諭均有「切勿稍有意見」之語。伏查此事，卑職與林令認真辦理，非但毫無意見，且極躊躇。蓋鐵廠全賴焦炭，林令與卑職不時派人四訪，惟願早得佳煤可煉焦炭，此卑局自祁以下，無不念兹在兹者也。鈞諭有「語氣未符」之語，謹再爲我憲臺詳言之。伏查茅田事，卑職處杳無消息，直至卑職十月間至廠，總辦方諭茅田之事（再八月下旬憲批祁稟内有「茅田」二字，當日無人知曉，直至十日始知）。卑職回冶，隨即往查一切，已詳前稟，謹將前後稟稿，另紙録呈鈞鑒，第恐繕稟者有錯字耳。卑職於十一月二十一日，始奉憲臺十月三十所發之札，十一月二十日以前，未奉憲札與總廠札飭也。伏查卑職初到大冶，即有人云，各處無煉焦之煤，僅聞茅田及牛角山兩處之煤尚可，此事曾與鄭總辦言之。卑職以耳聞不實，目見爲真往查。牛角山係大冶主山，無論何人，皆不准開，開則縣令出示，衆口一詞，且煤未必可靠。茅田則訪聞實在，即是上年私購萍鄉之煤而呈驗於蔡道臺者。此事卑職實不敢妄言，故二十一日奉札，二十三日即稟復遵憲限三日之期。是日復稟甫繕，又奉鄭總辦照會，此外無一公事到卑局。至於林令，凡辦礦務，十分認真，極爲出力，卑職可以力保無絲毫之意見。且晤時每爲憲臺憂慮焦炭，其用心處，現於神氣之間，此人所共知者。即月初王令廷珍到此，亦皆詳細察勘，既無委員，亦無煤窿，僅購可種稻谷八升之地。地上微有煤形，下皆石板，地名又與茅田不符，至今此事人人不解。總之，現在之事，較諸從前，奚啻霄壤。卑職於各事過於認真，自大人所派之人，凡年久者，或親或族，無不仰體憲臺；新來者不以爲然，故怨卑職甚深，甚至言出無稽，匪夷所思，卑職任其妄言，不與計較。憲臺月月賠累，卑職再不節省，伊於胡底。即如有人請加薪水，請領坑枕、坑墊諸如(此)〔此〕款，卑職一概駁回。尚有詫異之事，其事已過，任其如何怨恨，似無庸上瀆鈞聽者也。姜分管亦有招怨之處，密聞朱委員交卸時，密告吴分管，謂所有各處出息全被姜某和盤托出，巴結盛大人矣。

一、李士墩之事，荷蒙憲恩，准委侯理問試辦，仰見大人俯視卑職，分隔雲泥，恩如骨肉，涕零感激，莫可名言。頃已函致鎮江，飭其將經手各事趕緊料理，以便年内趕來。所有此窿，侯理問詳細復估。茲將用款出煤數目繕具一摺，另將運煤到江邊地方三處，亦繕一摺，均求憲鑒。

至於憲意欲立一小公司，四月下旬憲臺早已言及。惟歸商辦，希圖騙入門者，姑且勿論。若正經辦事之商，所以不肯承辦者，内有數端。大冶人民强悍，見官尚知畏法，見商則各事呼應不靈。陳龍之所以强開華興窿，實爲陳殿春等商辦所致。一、沿路招呼必須派人自辦，凡是本廠之人，均可照料，不添分文經費，商辦必須自己派人，地方甚多，人亦須多，自應另添經費。二、自辦則火車運煤到石堡，無須車錢，商辦每擔必須加錢四十八文，難免虧摺。三、自辦則沿途起駁，上下力均照官價，商辦則照民價。四、自辦雖有偷竊，可望九五，如百斤可得九十五斤，蓋畏法也。若商辦，能到九成，即算極好。五、自辦營勇及里紳，不敢十分挾制，商辦則挾制甚多。從前陳商辦時，營中所用之煤之燈油，全是陳商供應，里紳簽頭，均皆時時侵蝕，所耗極多。六、大冶民窮，平時以包谷、山薯度日，四鄉食米者，千户僅只一家。無論何物，見即想偷，竟有成羣結黨十餘人、數十人者。官辦究屬畏法，地方亦肯認真出力。商辦則種種爲難，若輩任性竊取，無法可施。即使送官，萬不及商〈官〉辦之認真。故陳商辦時，竊案極多，至今未破一起。自十月二十日起至今日並未竊過一次。七、推而至於各處過船過灞亦是官辦便宜。以上七者，皆顯而易見，尚有一時想不出者，故商辦實不易易。據侯理問詳細核算，自辦決不虧摺。倘鈞意必欲商辦，再四思維，只有一法方可承辦，或者卑職與侯理問凑集二三千金，加以各局有願入股者，立一小公司。然有兩事必須仰求憲恩：一、火車裝煤之費，可否仰懇大人格外鴻施，俯准恩免，此則須俟礦車有空，不礙公事，順便拖帶，不能專爲拖煤而放火車；二、求請憲恩，外面仍作卑局分局，不説公司之語，尚可支持，否則總難包辦。蓋正經辦事，總以公正爲主，非若希圖取巧，徒托空言者，只顧目前，不顧日後也。倘鈞意俯允，請俟侯理問來鄂，與其詳細商酌。然有兩事亦須預先叩求：一、求飭該員先行試辦三月，再訂包辦之事；二、求憲恩此煤售與以船買煤之商。如掛洋旗營運各處，照常完税，庶可各處售賣(〔盛宣懷批：〕洋旗船能否在大冶裝煤，須與毅若觀察商之)，此間本錢方可周轉，若報釐捐即大虧摺。此第二事無論商辦自辦，總求憲臺設法變通。否則無人購買，煤必愈積愈多，賣則一時難銷，即有售主，全是賒賬，既慮分文不歸，又慮小錢歸帳。大冶數百里左近，向用小錢，由來已久，實無良法。聞陳商至今尚有小錢數百串，以對摺出售，尚無人要，此實意中之事。前者稟求無論人辦、自辦，亦以變通銷路，專完正、半兩税，叩求憲臺設法訓示飭遵，無任叩禱。至於該窿機器各件，僅够敷用，此後亦難抽撥一二件也。

一、秋間所買金山店及團菜園地五塊，又桃園地一塊，均已繪圖(茲先呈金山店、團菜園地圖兩紙，桃園地圖仍須重繪，隨後再呈)，共計三紙，伏乞垂鑒。以上之契約已稟送總廠。月前又稟鄭總辦新購地十七塊，此地之契，已送縣署用印，尚未交來，俟到即當稟送總廠。其圖已繪在此次三張之内。新購之地係黑色，舊購之地係紅色，所租堆土及出礦之地，亦在其内，合併聲明。

一、請添礦車。據丁匠目云，只有車輪及車杠兩件，非但漢廠不能作，即上海亦難，似非購諸外洋不可，若有翻砂機器，亦可自作。前已將礦車式樣繪圖稟呈鄭總辦，仰求憲臺就近垂詢(〔盛宣懷批：〕請鄭總辦酌核)。駁船極大裝至三百噸，似以二百五十噸爲合用，太大上礦爲難，跳板既長，路又遠，諸多不便也。

一、賴倫所加窿工各價，日前莊分董回局，已與細商。該分董人極明白精細，當可設法減少，俟一説定，再當稟報。

一、高應禄係常州人，惲藩憲之内侄(〔盛宣懷批：〕不可信也)。據莊分董云，與其有親。該員平時品行不端。有一已革生員，求其在惲憲處設法，大約得賄，事未説成，被人告發訪拿，已於前日逃走。所稟開礦是否本人串通譚國鈞所爲，抑是譚國鈞等冒名，均不可知。除已遵札查勘外，應如何辦理，敬候鈞裁。

一、美國總管堅爾地到冶，各事卑職已詳電報。十三黎明到冶，是日先看鐵石各礦，午後同賴倫往看李士墩，亦云煤窿尚好。晚間即赴黄石港附輪回漢。其來去情形，因「楚富」未刻已開，十二亥時得信，連夜派轎子、勇目、丁役赴港等候，五鼓上岸。莊分董、許翻譯在卑局守候，一到略坐，即坐火車赴鐵山。午後同賴倫到李士墩，下窿勘礦，極爲細致。各處均皆優待，卑職處款以洋酒洋點，並備魚翅酒席，該總管頗爲得意。晚上亦派轎子、勇丁等送赴黄石港，俟輪到送上輪船，勇丁等方回石堡也。謹稟陳。肅此稟復，餘容續稟，敬請福安，仰祈垂鑒。

卑職張世祁謹稟。十二月十四日。

陳旭麓等《盛宣懷檔案資料選輯之四》漢冶萍公司第一册《張贊宸致盛宣懷鄭觀應函光緒二十二年十二月十八日》 敬禀者，前肅四號禀並附呈各件，計已上邀崇鑒。謹將各事分陳於左：

一、前月廿八日卑職以三款與呂柏力争後，渠本允聯後脾氣定能改好，斷不桀（傲）〔驁〕，遇事熟商；三款中除可允外，只有連斯如退，哀敷郎子須加薪水至四十鎊等語。乃不料渠一再接比領事函電後，誤謂欽憲與比領事相商，色色俱允，全是卑職從中作梗。卑職云，你誤會。呂不服，遂將欽憲廿九日所賜即告呂免誤會之電交閱，呂始無言，只説將原電函詢比領事，俟比回函再定合同云云。乃遷延至十餘日迄未將原電還來，頗不願在廠訂，滿思比領事在滬代訂，希圖含混。蓋渠以比領事口氣甚松，定能遷就，故疑卑職袒護德培，與其作難也。屢奉鈞電云：「我應堅持，以抑其驕，廠宜曲成」等因，如此則仰窺憲臺與比領事所言口吻必緊，而呂堅執比領事函電甚寬，此其所以桀傲狡猾，仍蹈故轍，何能改好脾氣。卑職與一琴遵總辦初二日諭函，照北洋鐵路雇洋匠合同稿參訂已繕就，而呂必不允。鐵廠所用洋人，前數年太寬，故刻下稍緊，便多不悦。遂又删去四條，將其合同二分、哀敷郎子合同兩分，令其簽字。不意渠回函云，欽憲與比領事面約尚有一款，早經彼此允定，已將合同四分寄交比領事改訂等情。殊深詫異，推其所謂一款者，蓋指德培而言，比領事不過介紹，如何竟將合同寄與改訂？呂之作爲實屬無理。其意始怨總辦，繼怨卑職。殊不知德培挾私任意，卑職本素鄙之，斷無左德右呂之心。此次删定之合同，一切均寬，何能再事通融，授以日後跋扈地步。務求大人力拒比領事，説以廠訂合同太寬，如由我訂須加嚴密，且既命廠中委員簽字，仍須將原合同寄回，由廠簽字云云。倘此次合同依呂改爲滬訂，則廠中各洋人以後必難駕馭，實爲事局攸關。並乞欽憲電諭呂柏，如總辦在廠歸總辦約束，如不在廠歸代理者約束，必如此方可與共而免掣肘。從來洋人所重全在有權無權，以定從違。其所以必欲滬訂者，即此意也。

一、連斯退後或命呂另雇接替，乞憲裁。

一、哀敷郎子加薪四鎊，係遵電諭辦理，合同内訂明，俟其舊合同期滿後再加。

一、附呈呂柏合同初定稿一分，又删定稿一分，哀敷郎子合同稿一分，華洋文均全。又譯呂柏函稿一紙，統乞鑒察。

一、前總辦附下北洋鐵路雇用洋人合同稿二分，茲寄還一分，仍乞察收。尚有一分留廠作樣。此稿慮周藻密，權自我操，讀之甚爲企佩。鐵廠擬請憲臺援照此章，亦刊一雇用洋人合同之板，願則訂，不願則聽，庶可挽回從前遷就積弱之風。

一、嘉蘭德治、阿林路已告德培辭退，衛根本已撤，而德培尚需另雇。詢德云，爾前與總辦言軌廠只要一匠目、一工匠，現在已有兩人，如爾所言，何忽又欲另雇衛根替人？德云，總辦處我前固有此言，但刻下華匠均非熟手，倘衛根去後不再另雇，恐一時尚難諳練等語。德培之病中於前後言語不符。芝生、敬庵云，其實軌廠盡可不添人，此事姑請遷延置之，候欽憲莅廠察度情形再議。

一、焦炭事昨已詳細電禀，茲不贅陳，想已電示在途矣。

一、奉總辦初九日諭，附下添置車牀單一，已囑敬庵照辦。茲附上敬庵復禀一扣。

一、附呈陳靈甫礦石化單一紙，又胡觀察青龍山煤，王省三、陳輝庭東洋炭化灰單一紙。現在化學房缺驗硫磷藥水，滬購尚未帶到，一到即補驗開呈。

一、附呈一琴所開全廠洋人名單一紙，此係朱子文電索。

一、昨奉欽憲公文内有湘撫咨文一角，想係誤夾在中，茲謹呈還。肅禀，虔叩勛安。

陳旭麓等《盛宣懷檔案資料選輯之四》漢冶萍公司第一册《盛宣懷咨呈鄧華熙文光緒二十二年十二月二十一日》 竊照煤鐵兩宗，爲外洋富强之基，而熔煉先後，煤尤較鐵爲亟。中國講求礦務，現只開平一處，出煤較旺，海運過遠，冬令封河。故上海以南官商輪船以及各處機廠全資日本煤炭，每年巵漏實多。本大臣現在督辦鐵路、鐵廠，添備機爐，趕造鋼軌，爲鋪設盧漢干路張本，需煤尤急。節經照會駐廠總辦鄭道，派令候選同知盧丙炎馳赴安徽池州府東流縣烏石磯探挖煤苗。旋據禀報煤質可用，宜乘冬令水退，設法采取。該處濱臨江岸，轉運便捷，且雇工辟地，於窮苦小民藉開生計，實屬官民交益。除由鄭道再派德國礦師賴倫前往覆勘，擇定處所，並札飭盧丞丙炎趕用土法試采，解廠應用，一面移知蕪湖關道轉飭東流縣彈壓照料，禁止地痞藉端阻撓外，理合具文咨呈。務希貴撫部院俯賜查照，迅速分飭施行，須至咨呈者。

陳旭麓等《盛宣懷檔案資料選輯之四》漢冶萍公司第一册《程果等上鄭官應禀光緒二十二年十二月》 敬禀者，竊小匠等身寄湖北，籍逮廣東。自光緒十七年正月，蒙前總辦鐵政局務蔡委派翻譯俞忠沅隨帶小匠前往比國郭格里廠學習化鐵手藝，以資本廠效用。由是拋妻別子，渡海關山，辛勞已極，甘苦備嘗。抵廠後，雖承廠主教授，然皆傾心察理，盡情研究，意待藝術稍精，不但可爲國家興利之基，亦可藉藝作養生之舉。恩至渥矣，感何如之。迨至十九年十月，鐵廠告成，經前總辦蔡，電音傳來，檄令回國。隨於本月二十日由廠起程，迄至臘月初二日始抵本廠。當即往謁前本提調王及總管洋匠白乃富，派充八卦爐，安配風管，化鐵事件，諭以三年爲期，定加升賞。如是小匠等公同會議，共矢忠誠，竭力工作，藉圖報效。一日十二時，無時可息；一月三十日，無日能安。日在廠，未有暇食之功；夜在廠，難得安枕之候。若遇禮拜、年節之期，在外各廠皆得藉以稍安，而小匠等則不然，然蒙給工食，敢不勤勞。今限期已滿，依然兩袖清風，素手難歸，治家何術。不已，冒肅蕪禀，敢求大人格外矜全，或從優而給餉，或破格以超提，使千里游子，俾得事畜之有資，而一家老幼，咸感生成之大德矣。臨池望澤，無任悚惶之至。

陳旭麓等《盛宣懷檔案資料選輯之四》漢冶萍公司第一册《汪應度致盛宣懷函光緒二十三年正月初七日》

敬禀者，日昨叩謁崇階，藉聆訓誨，只以爲時匆促，下忱未及盡伸。兹謹據實禀陳，以當芻蕘之獻。

一、洋匠欲爲進身地步，往往喜出大言以欺人，堪納第究竟本領如何，一時難於考察。宜先令其到廠，詳細審視機爐，將應因應革事逐一條陳，與在廠洋匠及製造華董，互相辨難。果其識見高超，暫與試驗一二事，試之而效，然後與訂合同。但須預先訂明，機爐等何項應署爲添增，何項應署爲修整，不可一入手便大興工程，致糜鉅款。蓋此亦係洋匠慣技，一則藉口購器未到，可以遷延歲時，一則經手釐頭，藉堪肥潤，故此著不得不防。

一、各所分管，勢不能裁，即如煤務兩分管，一司河下，一司磅秤。生煤雖曾經化學堂化驗，而船户詭計百出，或艙面與艙底不符，或前艙與後艙各異。且有本係干煤，臨起時於籮底攙水者，船只擁擠時，每日同開五六船、七八船不等。苟非一切實可靠人，常駐河干認真查察，實難放心。磅秤雖有司事看磅打碼，而不肖船户，往往携帶票錢誘囑，上下其手(曾經劉司事、鄒司事等舉發過數次)。每日同開五六磅，以一分管往來稽察其間，實屬足無停步。開焦向由東碼頭起卸，煤務處只須考驗成色，撥派司事至磅秤房，眼同看磅，無大艱難。萍焦成色素佳，起卸時亦不費唇舌；郴焦則瑕瑜互見，須先令起至空基，派人摘選，經洋匠復看後，再將摘出者磅收。然裝籮時，稍不留心，尚有以劣塊藏入籮底者。分管月薪十六兩，只須誤收劣焦兩噸，已暗耗一月薪資，所惜小而所費大，(孰)得(孰)失，其理易明。潘分管錫成，代理分管戈毓珩，操守廉潔，辦公認真，均堪倚任。雜料所逐日收發物件，固貴處處留心，而考核貨質高下，辨別價值低昂，關係亦甚重大。汪分管培林，誠實可靠；龔分管廷韶，諸練精詳。常見其驗收本料，必兩分管眼同圍量尺寸。遇有寄運大冶、馬鞍山等處者，必逐根圍准，於水上蓋有烙印，並分編號數，詳注碼簿，每號長若干尺寸，圍若干尺寸。碼簿另行寄去，以便貨到核對，所以防路中偷換也。其餘一切物料，或因貨質稍次，或因價值不符，常有隨時駁回者，蓋其平日詳加考究某貨好次有幾種，價目有幾等，來路有幾處，逐件存記底簿，故臨時便於識別也。潘、戈、汪、薛四分管均非受業私人，其平日辦事可靠，自提調稽查以及各總董無不周知。蓋廠中同事，君子人多，故凡出力董司，自有公論。鋼鐵所費分管邦屏，現在尚未銷假，其在廠時，辦公謹飭，帳目係其自理，條款洋明，此係受業私親。假期內一切事宜，鈞由受業兼辦。

一、宜興修小鐵路，起卸煤斤，藉可節省挑力。此舉於去秋早有成議，後因德培一言，謂轉彎處無騰挪地步，恐有疏虞，事遂中止。其實就地勢觀之當無妨礙，倘火車不便，尚可用人力挽推。此路如成，可即就碼頭開磅，改用大籮較准十籮爲一噸，一則易於防弊，二則過磅司事亦可酌裁，於廠務似有裨益。

一、運煤宜用封艙之法(〔盛宣懷批：〕復萍局、湘潭局酌行)，於每塊船板釘一鐵玦，中用長鐵條穿之，頭上加鎖，鎖門粘貼印花。每船或分作三截，用三鐵條，事省而法密。此舉上年屢經議及，迄未果行，以致船户沿途攙雜。甚有煤船已抵廠挂號，因避風改泊鮎魚套等處，就地暗中盜賣者。封艙之法一行，諸弊當可盡絶。由湘潭來漢，經過釐卡兩處，擬一處安置一司事，携帶印花，啓封看艙後，隨即粘貼。某旬經過幾船，責令隨時報廠，消息亦藉可靈通。近接萍鄉來函云：「湘潭以上運煤事宜，責成萍局；湘潭以下運煤事宜，責成湘局，倘原運煤質不佳，湘局盡可隨時剔退」等語。又接湘潭轉運局來函，擬以驗煤押運等事，均責成船行，深恐船行不能靠托。現下傳分管作霖赴萍催運焦炭，催運事畢，可否令其暫駐湘潭，幫同驗煤過載，一面批選船户辦理封艙事宜。至駐守釐卡啓封司事，前曾與廣泰福言過，薪伙可歸商號開支，惟須選擇十分可靠人，頗不易得耳。

一、馬鞍山所呈包辦章程，是否可照准，每月所出生煤三千五百噸，除山中機爐留用五百噸外，尚餘三千噸，擬以一千噸運廠，二千噸分售織布等局。四層窿煤質畧佳，擬供廠用，而以二三層窿所出之煤分售各局。近日湘省來煤甚少，布局屢次函催訂立合同，每噸議價二兩五錢，不問市價漲落，通年一律。而汪董之意，似須畧爲加增，應行酌定何價，汪董現在漢廠恭候鈞電遵行。再汪董囑轉禀，山中只須至開平局聘請一中國礦師，便可不用洋匠。洋匠裁而通事亦裁，井中工頭亦大可酌減，每月約能省銀四百餘兩。

一、吉昌慶焦爐已成七十餘座，焦炭原訂合同，每噸價銀八兩，現該號意欲與吉長厚一律每噸加價五錢。生煤原訂合同，每噸價銀三兩四錢，因煤質太松，火力不足，欲令每噸減價二錢，而該號只肯減價一錢。兹將提調擬就續訂合同底稿，呈候鈞奪。

一、廠中積存舊焦炭，日曬風吹，漸成灰末，或摘好者轉入舊煤棚，或設法減價出售。受業意在避嫌，未便擅擬。聞馬鞍山舊存焦炭更多，日久成灰，似覺可惜。

陳旭麓等《盛宣懷檔案資料選輯之四》漢冶萍公司第一册《吉昌慶承攬甘結》 重立承攬甘結吉昌慶職商□□□、□□□前於本年四月攬到湖北漢陽鐵廠飭准采辦湖南郴州頭等焦炭、上等整塊生煤，旋因運期遲誤，遵照原結罰繳洋例寶銀二千兩，理應遵批退辦。惟敝商自　月開辦至今，已陸續造成焦爐　座，費款甚鉅，兹若驟經停辦，賠墊必多，因再乞懇續訂合同。自光緒二十二年十二月起按月采辦頭等合化鐵爐用焦炭　噸；上等正塊生煤　噸。每頭等焦炭一噸實領洋例寶銀　；每上等正塊生煤一噸實領洋例寶銀　。所定價目永無增減。照章給照免完兩湖各卡釐税，徑送至廠，請派洋匠驗化。如合用，隨到隨收，毫無挑剔，旋憑收條赴局領銀，不得阻滯。生煤、焦炭按期續運，決不遲誤。如遇天旱水涸，提早如數趕運。如運來生煤不好、焦炭或有碎末、水濕及製煉未能如法，並攙和他處次炭充爲郴州好炭，或礦重、灰重不合化鐵爐之用者，一概退還，換繳合用好炭。此係自願承煉包運。況已蒙憲臺格外體恤商情，每噸焦炭加價，商等理合照辦，如期繳運。如不能照後批期限解運到廠，隨時將承攬撤銷，不得藉口已砌焦爐等詞，並願再罰洋例寶銀二千兩。倘或實在辦有後效，期滿無誤，並求恩准將前次罰款洋例銀二千兩賞還，以資奮勉。須至甘結者。

計開：此承攬訂立兩年，兩年之後或銷廢、或續訂隨時再議。洋例銀每百兩係兑付漢口估平估寶銀九十八兩整。再批自光緒二十三年正月起限上半年應繳焦炭、生煤趕五月前繳足，下半年應繳生煤、焦炭趕十月前繳足。

陳旭麓等《盛宣懷檔案資料選輯之四》漢冶萍公司第一册《鄭觀應致盛宣懷函光緒二十三年正月初八日》 昨據德培云，雖然月前有論鋼廠每晝夜出鋼軌一百噸，惟工匠不齊、人手未熟，現在每日只能出鋼軌百條，每條二丈六尺，重約六百六十四磅，計二十九噸半。另有裁截軌頭廢鋼約重九千二百九十六磅，計重四噸零三百三十磅。兩共重約三十三噸半。將來工匠齊、人手熟，每天可出鋼軌一百四十條等語。查鐵廠現存生鐵一萬一千餘噸，約存鋼鐵九千噸，盡數煉鋼，約七一四二九摺，核計得鋼六千四百二十八噸。如前煉法不做夜工，大約半年可以照數煉完。余存白生鐵三千噸，既煉熟鐵貨吃虧，當將小樣分寄各處貶價出售，必不致如煉熟鐵貨吃虧之重也。俟萍焦旺出，確有把握，成本到漢陽每噸在八九兩，化鐵爐方可開煉。否則生熟鐵爐均可暫停。並將七廠工程撥歸鐵路公司，如鋼廠或有所需，即交其代造，計還工料。

大冶鐵礦亦可停開，囑賴倫專尋煤礦。此爲我公計，亦爲商股計，不能顧公家場面矣。如顧公家場面，勿計虧本，即照以前所論，换德培用堪納地，大爲整頓。一面考究推廣補救之法，一面囑礦師四出履勘煤礦，縱可少虧，必須大費，與日昨所陳辦法異議。幸邵中丞、沈觀察等所見皆同，藉此塞責，或者當道不以誤聽私見爲怪也。

再，昨據汪董春宇來云，馬鞍山煤聞只出二兩五錢，不肯加。官應聞蔡觀察云亦不止二兩五錢，況目前倭煤漲價，幸勿賤售。如包商承辦，仍宜與洋礦師勃特核算如何，方無失策。或與三七合辦，其銀錢司帳應由本廠派一誠實可靠之人，以免通同作弊也。恃叨愛末，不避嫌疑。是否有當？伏乞卓裁。

再，今早坎理與堪納地來，所論堪納地合同事，謂總監工無權斷難干事，於局無益等語。官應答曰：誠然，惟本廠情形有爲難之處。查德、英、比洋匠與華匠共事有年，恐總監工新來不知情形，不與總辦商量，開除一人，則合廠停工，吃虧頗重。不得已，如此辦法，非新創者比。坎理云：渠本意請督辦請堪納地三四個月考究一切，並可探礦，所費無多，所益甚大等語。官應答曰：容代勸督辦如何緘覆，可否仍乞示遵爲荷。專肅，敬叩勛綏。

陳旭麓等《盛宣懷檔案資料選輯之四》漢冶萍公司第一册《張贊宸致盛宣懷鄭觀應函光緒二十三年正月十一日》 敬禀者，前寄二號禀併件，計已上邀崇鑒。兹將各事分陳於左。

一、黄河橋料待用孔急，而德培因馬丁鋼板胚不敷，來函又推諉於芷生。

茲將德培函譯成華文，並芷生答述情形共四紙附呈憲鑒。德培於廠事竟屬茫然，絶不關心，此種總監工要他何用？幸金達來單本注明不拘鋼鐵，現已由芷生趕做熟鐵板胚，從速考究製造，不致誤期。

一、細閱德培函中謂：渠經手耶松廠所定氣箱内口門鐵板十六塊、氣箱頂槽式鐵十六塊何時可成？查此兩項與尊處徑向耶松另定之三十二塊（亦每樣十六塊），至遲西四月可成，要早亦可等語。照此説法，則氣箱内口門鐵板十六塊、氣箱頂槽式鐵十六塊，似耶松已做兩分，卑職深爲不解（盛宣懷批：已在耶松定兩種十六塊，即卅二塊，一二號料單同，是以共定六十四塊）。因詢一琴，據云總辦在此時，曾囑德培函致耶松徑定一份，廠中並未函致耶松另定，或者總辦到滬後，因本須兩份，故又另定一份。卑職不知此中情形，乞即諭示爲叩。

一、前金達曾以橋料單内氣箱（内）口門鐵板圖一紙寄與德培。查此項鐵板現德培既在耶松廠定做，特將此圖寄上，請交耶松一看，以免做錯。

一、梯山廠軋軸極壞，六十磅兩對，軋軸無幾，皆已壞不能用。德培云，現擬試修，然質地太壞，恐修亦無用，此件須速函致外國著名造軸之家，定購三對應用等語。昨已電稟，計先鑒及。

一、初七日六十磅軌方開造，初九日下午軸忽軋壞，又復停爐。一暴十寒，坐虧鉅本，焦灼實深。客臘曾將鋼廠拉成鋼條、鋼軌開摺寄奉，今續將開造三日拉成鋼條、鋼軌細數具摺附呈察核。虔請勛安。

陳旭麓等《盛宣懷檔案資料選輯之四》漢冶萍公司第一册《何培根包辦馬鞍山礦務條陳》：謹將馬鞍山煤礦由商包辦條陳恭呈憲鑒。

一、凡馬鞍山煤礦所應用之窿户機器匠工資及一切局用每月約三千兩，至月需木料及添補機器零件或千餘兩、或數千兩不等，以上各款向由總廠按月發給，茲由商包辦，一切費用，不論若干由商自備，無須總廠月給。

二、除不領官本外，每月運馬鞍山生煤一千噸到總廠，不領煤價，惟由總廠發給水脚以伸報效之誠。如總廠以一千噸爲不敷，另欲加增，則自一千噸至二千噸，每噸領價一兩五錢，過二千噸以外，每噸照市作價，其挑力運費等由總廠照給。

三、自包辦後，馬鞍山所出之生煤，先揀上等供總廠之用。其每月須運交若干噸，應由總廠先行飭知，俾便趕運，不得諉延，亦不得先供他局他商之用。除按月報效供給廠需外，其餘每月所出之煤，無論若干由商人自另覓售以濟經費，其煤價若干，由承包商人自定。

四、歸商包辦馬鞍山煤礦，先以五年爲率，如五年之内商無錯誤，總廠不得另换，但五年之内辦有成效，無誤廠需，滿期之日，仍由原包之商接辦，續定年限，以勵經營苦心。

五、按月所購木料及機器所用零件，由商自備資本，開具清單。如請總廠代購，應由商繳價，如由商人自購亦不領官價。但按月所購物料，必須造具清册，稟報總廠存查。倘包辦五年後，或總廠自行收回，或因虧本另歸他商承充，須將五年内井工上所購木料等件價值，按數償還原辦之商以歸血本，原辦之商須收回價本，方將各種木料等件歸與接充之人接收。

六、現在馬鞍山井工内所儲機器、鐵路、鐵車、鐵桶及挂綫爐並堆棧内所儲機器上各零件及木料一切物件，按册點明，歸商承領，不繳價值，各件交代時，請一熟習機器之人，公平估價。五年後退辦時，照用去物件若干由商照估價繳還總廠，以歸公款。其雖用未損仍在機器上以及礦中者不在繳價之例。

七、派總董一員、保甲一員由商稟請給札，凡局中所用司事、工匠人等悉由商人自行進退，庶使事權歸一，而無掣肘之虞。

八、歸商包辦後竭力經營，倘廣開四層後開至五層，煤質果能煉焦，則隨時稟請復開焦爐煉炭，以供化鐵正用急需，此時焦爐機器無庸拆毁，以免將來另造，多所費用。至煉焦一切經費由商籌措，届時另訂合同。

九、馬鞍山附近如有煤礦，由商隨時察看備資開采，以冀獲有佳煤，供煉焦炭之用。

十、凡運總廠及售與各局之烟煤，照舊用運單免釐，如有商家來山買煤，由商家自完釐金，不給運單。

十一、由商包辦後，凡有稟請總廠保護維持之處，總廠應照前一體保護維持，以示體恤。其駐廠之采辦轉運司事交貨收銀交涉各事甚繁，總廠員司皆須與以前之采辦轉運司事視同一律，不得歧視。

十二、運煤到總廠呈出運單發單後，煤務處應照舊飭人隨時起卸，起清後在支應所呈出收單，隨領煤價、水脚，不得延緩。如驗出實非馬鞍山之煤，情願退還受罰，但驗煤、起煤之人必須公正無私，不得故意挑剔，以昭持平。

十三、冬令水涸之時，駁船難以下煤，運道亦艱，届時當預先稟明總廠酌加駁船之水脚，以示體恤，如煤數不敷，應俟水漲時補足。

十四、本山所存之本山煤及老萍鄉、新萍鄉之煤並廢炭等，先由現辦之董事造具清册，由商家會同查驗確實數目，由商另造點收清册呈請總辦存案，方敢接辦。自新商承充以後，凡前董經手各事，仍由前董經理，商人概不聞問。

十五、所有營兵駐馬鞍山彈壓，河下炮船、紅船、哨劃、挖泥等船，凡向由總廠給費者一律改歸商給，並准由新商酌定去留。

十六、山上所積廢炭，接辦之時，應請熟習測量之人估計數目若干噸。估定後或由總廠自行變賣，或由商人變賣，所賣之價值若干，報解總廠。

十七、包辦後由商家派一采辦轉運司事駐在總廠，以便照料交貨、收銀、采買各件轉運等事，所用各司事由商自定，所發薪水由商自給。

十八、現在馬鞍山焦爐已停焦炭，洋人可以無用。至總監工帕特之薪水仍由總廠發給三個月後，如須留辦，則薪水由商付給。但帕特須聽新商約束調度並定去留，一切用人辦事均由新商作主，新商不領薪水，虧摺亦可承認。

十九、自新董接辦後，一切公事應由新董具禀總廠，所有上下文件示諭報册應用關防請總廠刊發，或仍用舊日之關防。

二十、如有未盡事宜，容由新商隨時禀請總廠核示。

陳旭麓等《盛宣懷檔案資料選輯之四》漢冶萍公司》第一册《張贊宸致盛宣懷函光緒二十三年正月二十二日》　敬禀者，十七日寄四號禀並江路淺深圖，亮塵慈鑒。奉元、二號諭言，敬聆一是。應禀各事分詳於左。

一、堪納第到曾與講究一切，暫試三個月，作爲鐵路、鐵廠參贊，如此則三月以後可相機定去留。操縱在我，仰見藎籌。總監工動需薪水萬餘金一年，且能牽制全廠局面，不能不慎益加慎也。憲電擬令堪與威德合住，查威本與馬克德同居，不能添人，此外又無空屋。堪因勘路洋人尚在漢口未行，本屬有事，故暫寓客棧，擬俟馬克斯（德）華正月廿八日動身後堪即搬入。

一、堪納第到，卑職即函告德培云「堪爲鐵路參贊，暫駐廠閲歷一切」等語。如此説法，德培無可借口。

一、吕柏合同自前寄與比領事後，迄未交來簽字，正可趁此作爲宕局。

一、勘路洋人巴士等三人寓漢口客棧，卑職均已會見。今日偕勘路汪、張二委員往晤，訂明廿三日上午十點鐘往謁香帥，候黄幼達到即行就道。

一、化爐近來出鐵旺，電示：「安平」由汕摺回港修理，英焦二月初五左右方能到漢等因。幸此間臘正兩月四處設法，一面將棄焦中之可用者揀出，一面派傳作霖兼程赴湘迎催，得以續到接濟。英焦二月初到，不敢停爐。盧鴻昌電稱：「冬臘運焦一千九百餘噸，因水淺僅到廠焦八十七噸，煤一千四百餘噸。冬月至今，廣泰福到焦一千四百餘噸。官商在途之焦，春水漸大，當可續到。今年二月後，官商焦每月必不止二千噸。惟吕柏云：萍焦雖好，苦磷太重，須與開焦各用其半。若開三萍七，恐煉出之鐵磷多，不合煉鋼之用」等語。卑職聞外國煉鋼，本有去磷之爐，容俟考究底藴，再行禀達。乞憲臺一面函詢金達詳細情形，如果添去磷鋼爐，價不甚昂，出鋼成本或能減少，便可多用萍焦。按萍鄉出焦，將來可望日旺一日也。吟舫近日無信。卑職於各路焦煤刻刻留意訪察。知關廑注，合先肅達，余俟面詳。

一、年結辦法已諄囑支應所朱分董遵照憲諭，分門別類，按款核虧。俟核清年結後，即本此意由各董具一公禀，以便憲臺轉呈香帥。

一、熟鐵遵諭即停，惟所存白鐵不能翻砂，僅煉西門士鋼時略可搭用，而用亦有限。漢、滬無處可銷，擱住非計，務求憲臺速行設法兜銷日本各埠，免擱成本。金達所需橋料，已軋好鐵胚矣。

一、修軸匠到，已令趕修六十磅、七十二磅軌軸，趕開軌廠。如修手不好，即撤。德培云，克虜伯代付該匠兩個月薪水一千八百馬克，川資一千三百馬克，共三千一百馬克，即須匯還克虜伯等語。候諭再付。

一、前鄭總辦在廠時，一琴不願翻譯，本已屢辭。總辦以外洋鋼鐵各種有益於廠之書，急宜譯成漢籍，使廠友周知，爲日久收回利權庶盡求己之道，所見甚爲遠到。嗣以總翻譯一席，必須品學兼優之人，方能接手，一時實難其選，故一琴雖屢促，而卑職挽留至今。近黄贊庭到，朝夕聚談，察其洋文精熟，當可勝總翻譯之任。一琴遂又諄諄來商，並致卑職一函，附呈鈞覽。卑職於一琴素未謀面，直至去年七月底到廠始把晤，見其一言一行，半年如一日，不僅品學兼優，且能血誠報效。可否仰求憲臺責成一琴譯書，俾盡其長。一琴之願任譯書者非自爲計，卑職之代求改派者亦非爲一琴計。區區微誠，實爲全廠久遠計，並爲大人樂育計耳，所有情形想總辦必已面達。管見譯書實爲急務，學堂尤不可緩。礦學、重學、化學、煉鋼鐵學皆急須考究，尤宜近廠可兼閲歷。日本研求西法，並不早於我國，而至今强弱懸殊。一務名，一務實；一僅襲皮貌，不能自立，一切實工夫，確能心得也。學堂章程本久擬寄，只因大局未定，主意不一，故遲未呈上。擬俟總辦到廠稟商再定，呈候憲裁。

一、十九日奉電諭礦師馬克斯「萍鄉煤礦圖遍尋不着，如有副本，望即填好寄滬」等因。適馬克斯赴大冶未回，當即致洋文函索取，俟其回廠取到與否，再行稟復。

一、躉船事已於去年十二月十四日第四號稟中詳陳，該躉船早已修好，所懇轉借商局舊錨練等件。如商局有可借者即借用，如無可借，仍祈大人就近飭轉運局購買。即使將來不用，此船各件亦可拍賣，而目前所省駁費甚巨。但開焦如准不要，則請作爲罷論，亦乞賜復，以便轉告紫卿爲叩。

一、總辦現在安慶，不日可到。到後卑職當即將各事交代明白。合先稟陳，虔叩勛安。

卑職贊宸謹稟。

陳旭麓等《盛宣懷檔案資料選輯之四》漢冶萍公司第一册《徐慶沅致盛宣懷函光緒二十三年正月二十三日》 敬稟者，竊卑職昨由本廠提調張令贊宸出示憲臺電諭熟鐵決計停辦等因。卑職本擬遵即停工，嗣張令以巡丁新撤數十人，若又撤熟鐵工人百餘人，深恐失業人數過多，易致滋生事端。擬俟總辦到局後，再行停工，較爲慎重。當時張令已據情電稟，諒早洞鑒。是以現在熟鐵仍照常工作，一俟總辦到局，當即稟商速停，以重廠本。

惟卑職蒙憲臺逾格栽培，極欲竭盡愚誠，稍報涓溪。無如此間煤質既遠遜洋産，運費又極重大。加之外洋白鐵價較翻砂生鐵只有七八摺，而此間必須顧全白鐵成本，每噸作銀二十兩，以之煉造熟鐵而敵洋産，已屬甚難。況外洋熟鐵一噸到華，只有一噸自洋來華水脚。此間煉造熟鐵一噸，則加有一噸半自洋來華水脚在内。蓋此間生鐵，既照上海洋鐵市價，則自洋來華水脚，實已加進。今煉熟鐵一噸，須生鐵一噸有半，是煉熟鐵一噸，加入噸半生鐵之運脚矣，不更難之又難乎！故現造之鐵，比洋人經辦時，除洋薪不計外，每噸成本，雖能較輕十五六兩，仍不免虧耗。事雖出諸無可如何，然辦理既無成效，中夜捫心，實深悚疚。仰蒙憲臺不加罪責，尤爲感愧！本應以此藏拙，永安緘默。但荷憲恩高厚，有不能已於言者，不得不爲憲臺陳之。

竊維廠中盈虧大計，專以鋼軌成本之輕重爲斷。今西人造軌成本，每噸重至五十餘兩，則出軌一噸，必虧銀十餘兩，出軌愈多，虧本愈巨。此闔廠員董之所以舉爲寒心者也。但細核軌之工、煤、鐵、錳四項成本，除西薪不在内，每噸不過三十四兩，即加以修理工料，與夫有餘不盡之費，亦不到四十兩。徒以德培性好鋪張，援引不必用之西人過多，且又不識華工性情，致所在糜費。卑職前與李翻譯維格曾條陳總辦，貝廠只須用洋工師一人，與之商榷一切新法，以冀精益求精。餘事華人既能爲之，宜令華人爲之，庶可大節糜費，保全廠本，頗蒙總辦採擇。今當德培撤差之際，似宜急求變計，免致再(踏)[蹈]前轍。

卑職曩在外洋，曾講求熔煉之方，今來廠中，於煉鋼事宜亦悉心考究。其看火配料之法，似已稍有領會。倘今卑職試辦半月，苟能亦如煉熟鐵之如法，則軌本四十兩一噸，連日後洋工師薪水在内，卑職可以具結包辦。設有贏餘，仍歸廠中。且貝爐並無塞爐等弊，不若化鐵爐之甚擔鄭重也。卑職再三思維，似當利多弊少，用敢竭誠瀝陳。是否有當？伏乞鈞裁是禱。專肅，敬請崇安，伏維垂鑒。

卑職徐慶沅謹稟。正月廿三日。

陳旭麓等《盛宣懷檔案資料選輯之四》漢冶萍公司第一册《鄭官應致盛宣懷函光緒二十三年二月十五日》 敬肅者：昨寄第四號信，想登記室。頃奉到第四、五號手諭，敬悉種切。玆將各款分條詳復。

一、堪納地已遵電諭入廠辦事。因渠無公事房，已將官應公事房讓之。俟德培去而後遷，因漢廠現無洋房可住也。

一、將來用工師，似須精於貝色麻鋼兼馬丁鋼者，與官應前信所論相同。聞在廠藝徒在比國鋼廠有已學十四個月者，惜不通化學、不曉西文，非書院出身。聞卜聶在鋼廠只學八閱月耳。

一、化鐵爐日出七八十噸者，少有回爐之鐵。蓋每日皆有回爐，非指多出之日計也。近日爐火頗順，不料日來萍焦炭灰重，出鐵又減矣。據吕柏云「德培前致總辦信，謂化鐵爐必要停煉大修，幸未信其言。去冬重開爐冶煉，出鐵更盛於前。可見德培無本領，不應停而囑停，實不稱職，亦可辭之」等語。姑述其詞，以備一説。

一、貝鋼爐鋼軌停工，謂無修軸匠，有華匠將修軸器造就送德培驗看，云不能用，故此未修，停工數月。今修軸洋匠到廠，説華匠之器可用，即囑華匠照修。又爲德培吃虧不淺矣。

一、鐵路地事，督撫已出告示，抄呈臺閲。聞尚有賣者倒填年月，應不信，故囑王迺翁在通濟門外買地一段，在伊等所買之地左右，亦倒填年月，試之果驗。其車站正位今尚未定，未敢率買，候督辦到酌定，即委員會同地方官丈量，發給官價可也。

一、烏石磯事，我公函批以盧丞未與孫令商量開導，暫自撂回等諭責之。應查盧丞迭次與東流縣商量，並未撂回。正月初偕賴倫赴礦，至元宵後返潯。過潯時，盧丞下船面談云，已托某紳及東流縣矣。抵漢後，又接盧丞正月二十九來緘云，東流縣回信該處紳民已肯賣地。可見實曾見東流縣之面。公責備盧丞，未悉語從何來？聞史錫之甚欲謀兼辦礦務云。

一、各廠月報清册，張提調已交許文案稽核。應本擬囑許文案幫同提調稽核，凡有不符者逐款簽出，呈提調覆核，庶提調得有餘暇。昨擬囑各廠月結之信，提調不肯出名，似恐各董不悦，故請示批行耳。

一、日前咨呈辭兼鐵路總董差事，並無他意。誠恐舊病常發，精神日短，恐負知己。擬在鐵廠辦理一年，各事想無不妥，可以返滬矣。

一、來緘云：「閏十二月分清帳，生鐵每噸合銀二十兩，如能力求節省，似可再省二三兩，望切實考求節省之法，勿以數小而忽」等諭。查焦炭萍、開各半，作價十二兩，加礦石灰石兩噸運費銀五兩，兩共十七兩。尚餘三兩，爲洋匠、員司、煤斤、小工、梓油、燈油等費，實難再省。除非機器書院可出人材，不用洋匠，別無省法。

一、德培之事，鄙見不必督辦咨請德領事商辦，即問何啓可否由督辦照會德領事，謂德培之事現已交哈華托與何啓辦理，嗣後由律師徑與德領事商辦。如德領事無權調德培返滬，即由律師訴德公使及緘知克虜伯廠，以期直捷。如咨商德領事，恐中國文理與洋文不同，又爲翻譯改换語意，難免似是而非，反致授人以柄，不如全托律師酌辦。

一、鐵廠既難停工，現在辦法又難保本，如欲獲利，必須變通，只有撥歸鐵路公司。將來添化鐵爐、煉鋼爐，開礦、煉焦等項，約需銀二百餘萬兩，如此巨款宜早定奪。

一、機器學堂章程，一琴已擬就，明日抄寄。

一、汪董春宇交來清摺五扣，呈祈查閲。其年總册亦來，俟另造寄呈。徐董册至今未來，應已迭催矣。

一、吴淞七十磅軌，本廠固可照造。而魚片釘，據堪納地云，查看各廠材料俱全，亦可照造。即詢徐董芝生何以不能造，芝云無材料。堪云貝鋼廠有材料。芝云恐價昂，我未造過。堪即囑威德安機試造，並惜不早開工。此亦德培所誤及芝生實未明白各廠機器所致也。

一、十三日本廠小工聚百餘人打架。查究因與廣東工匠有隙，致打傷匠目二人，而廣東工匠亦欲呼集同鄉以圖報復。即率各董阻止。昨來遞禀已批，交出凶手懲辦，一面已由總稽查飭令服罪了結。

一、譚中丞十八九來看廠，因將入覲，備顧問也。

肅此，敬請勛安不備。

湖北省檔案館《漢冶萍公司檔案史料選編》上册《盛宣懷札張贊宸文光緒二十三年二月二十二日**》** 據江西萍鄉縣紳商蕭立炎等公啓，稱本廠採煤委員盧洪昶倚勢據井，不公不平，信任楊壽春擅作威福，地方嘖有煩言各等語。此事盧委員倡議官商分辦，原以杜奸商把持分利釀怨，砌詞公訐事在意中。惟函中有廠户包辦之炭多不可持，於是以重價奪井，一切不顧等語。盧洪昶先後在梓家冲等處，自購煤窿五六處，歷經批飭，只可聽民自挖，不宜購地以重成本。若如所稱要地已盡爲萍人買據，所餘零星無用，大都不成片段，楊壽春大言欺人，並非事實云云。則似盧洪昶包辦自挖皆無實際，或係官商分辦致有挾嫌攻訐。此風實不可長，於煤務出入綦重，事關鄂廠要需，虛實均應密察。爲此抄粘原禀札飭，札到該提調即按照原指各節，親赴萍鄉詳細密查，並妥籌購煤辦法，縷晰具復，以憑核辦。切切此札。

陳旭麓等《盛宣懷檔案資料選輯之四》漢冶萍公司第一册《盛宣懷致鄭官應函光緒二十三年二月二十四日**》** 堪納第來電，六十磅鋼軌一千噸，連螺絲釘、魚尾片，照圖樣六十天内本廠可以造成，請將金達第十八號料單寄漢。再，吴淞路所需鋼軌、魚尾片、螺絲釘、枕木釘，三十天内可以造就等語。甚慰，甚慰。除已電復照辦外，兹將金達第十八號料單抄寄，即乞轉交。再，吴淞路應用鋼軌，其始錫樂巴因聞德培復以魚尾片、螺絲釘、枕木釘廠不能造，故欲開標購買外洋之軌，以免另配零件，轉致吃虧。現堪納第可以自造，彼亦以爲應用自己之物，但錫樂巴總以木枕不及鋼枕爲耐久。據李一琴云，鋼枕已由德培定買兩副，可以造八十磅之鋼枕，亦可兼造七十二磅之鋼枕。如吴淞應用七十二磅之軌四十里，則更妙矣。望即與堪納第商復爲要。

陳旭麓等《盛宣懷檔案資料選輯之四》漢冶萍公司第一册《林佐勘查大冶各礦摺光緒二十三年二月**》** 謹將去今兩年飭查各礦開呈憲鑒，須至摺者。計開：

一、奉查陳家山鐵礦，據土人云尤勝於鐵山各礦，直約半里許，横亦約半里許，先時山主不肯出售，經卑職與運道委員張丞世祈再四籌商，飭令徐紳映丹往鄉多方開導，山主遂至卑縣呈獻，當與張丞商議由局給價五百餘串，飭領具結在案，現四至俱立有界石，並諭令三十里之内不准私買私賣與民間開挖有礙官地，此處離盛洪卿鐵路約二十里光景，將來出礦轉運較易也。

一、奉查華興煤窿毗連飛鵝官窿，先時被署保安汛外委陳龍等冒稱官辦，先後占挖，術哄華永順等借錢數百串，纏訟近一年。卑職一再傳訊，因礙有陳龍把持，未能了結，不得已稟奉督憲飭委朱守滋澤下縣會同查辦，遂將陳龍稟撤，方得將窿封閉，並將同伙之人押究。迨後該山主情願將伊做成出煤窿口，並窿口外所搭棚廠以及有煤花地一併呈獻歸局，以贖前罪。卑職當與運道委員張丞世祈籌商另賞給地價錢六十餘串，今則均歸局中，不至再有他虞。

一、准張丞移知高椅山擬籌開窿之處，離下陸分局約二里許，其山高聳寬闊。自生員王鳳翥等上控後，卑職當即傳訊，並將該生先行移學注劣嚴爲申飭，正擬詳革究辦間，該生自知悔悟，情願將全山呈獻，聽局開挖。俟煤合用，或租或買，再行酌量賞給價值，今仍照常由局開挖。

一、准張丞移以藕塘煤礦聞煤質尚佳，飭令吕巡檢德龢先爲踩勘明晰，再行辦理。卑職當即會同張丞飭令吕巡檢暨徐紳映丹帶同弓丈繪匠前往查勘。兹據吕巡檢等稟稱，該處煤窿從前民人俱傍山開挖，現據扦頭指稱，傍山處掘挖已盡，山下之田尚有煤質可挖。經吕巡檢等再三開導各里紳，該紳等現俱具稟呈獻前來，聽局開挖。但地勢較低，車水用費甚巨，而煤層厚薄亦尚無把握，是以未敢遽行辦理。

一、准張丞移知五福窿聞産有佳煤，飭令吕巡檢德龢往勘。兹據吕巡檢勘明該處煤窿前經土人開挖，半係塊煤，嗣因開不得法，窿倒水溢，已由吕巡檢暨徐紳詳細繪圖，稟請運道局查核。

一、准張丞函知開辦侄兒窩煤礦，見煤尚好，後因生員周禮上控，奉札查復，卑職當即傳訊未到，遂將該生移學注劣，一面傳訊，一面諭飭吕巡檢暨徐紳前往查勘。兹據該生稟稱，伊實不知是局中委員開辦，竟以爲他人將伊山私挖，以致懷疑上控。今願將伊山向左漲無墳之處一併呈獻，聽局開辦，已在縣具稟有案。現已移知張丞邀免究辦。

一、奉查碧石渡太尉塆係陳殿春在廠呈稟願自出資本開煤獻廠，當令徐紳前往逐細確查，繪圖稟復。兹據查明陳殿春呈稟開窿之處，係陳姓屋後菜園地基。據陳姓指稱，菜園並未出賣，亦未租與，已在縣呈稟有案。並查菜園地離簡姓墳山僅丈許，墳家叠叠。伊姓亦赴縣呈控，細揣春意實不僅在開煤，因離碧石渡五里之地，地名澤林嘴之處産有上上鐵礦，土人稱是銀礦。陳意借獻煤爲由，實欲先占碧石渡之水路，以便出入，再圖開澤林嘴之銀礦，借名獻局，實爲肥己起見。其前在李士辦理煤務時，亦多有未善之處，人皆不服，且多畏懼，是以此次往商，陳姓、簡姓均不肯私賣，且並未與地方言明，即爲矇稟，殊屬冒昧。卑職細加詳查實與該紳所訪相符，遂又與張丞籌商，復令徐紳帶同繪匠並認識礦苗之人前往澤林嘴，先將礦苗挖起數石試煉，如果確有把握，再行設法購歸局中，以備將來採取之用。

一、餘家山據王子樵呈稟督憲開辦之處，奉批飭令卑職勘明是否可以准行詳爲稟復核奪。卑職確細詳查，即是去年奉憲諭購買陳家山毗連之處，當時買地之時，即恐有傍山私挖，有礙官地之事，當即稟明並出示曉諭，此山在三十里之内不准民間私買私開。今餘家山與陳家山只隔一壠，不到半里之遥，自未便聽其開辦，擬即據實詳稟督憲批令不得開挖，免貽後患。

一、奉查劉映階等前稟開挖之曹家塆四分壠尹姓祖山之處，卑職飭令附近舉人朱慶年查復，旋據稟與地方墳墓並無妨礙。卑職是以稟請准伊開辦，一面出示曉諭。孰料劉映階等自批准示諭到手，並未在所稟之處開辦，即將曹家塆示諭移至大冶之大護力山山脚之下，與原稟請開之處各異，以致各姓往阻，幾成巨事。現在不但大護力山下各墳主紛紛呈控，即原飭查復之舉人朱慶年等均亦同具稟曹家塆四分壠均係武昌地方，並非大冶所轄，乃係劉映階竊名矇稟，渠等並不知曉。卑職當又飭吕巡檢暨徐紳同往確勘。兹據勘明開窿之處，實在大護力山下尹姓地内，並非曹家塆四分壠之處，劉映階等殊屬謬妄，卑職當飭令劉映階將前出示諭即日繳銷，並出示禁止將窿封閉。現渠等亦自知理虧，已將示諭繳銷，得免滋事。

以上各節均係去今各姓呈稟奉批查核稟復之件，此外尚有奉查之寶山、象白山、獅子山、胰子塆、戴家灣及卑職等訪查之澤林嘴等處，容俟卑職會同張丞確細查明，再行補呈。合併聲明。

湖北省檔案館《漢冶萍公司檔案史料選編》上册《盛宣懷致克虜伯廠函 光緒二十三年三月》

徑啓者，漢陽鐵廠業於五月間歸我經理，貴處自早知悉。當接辦時，所有由德培至各洋匠並與中國前所立合同一切承認照辦。今因與德培事多齟齬，特函致貴處，望爲憑斷。正月二十一日得德培信，聞其不願管各洋匠，並請立刻銷毀前立合同，德培前辦各工程與鄙見不相合，既據云擬銷此合同，當遂其意函復將合同銷毀。但工程不可一日無總司其事之人，當從速設法另請。德培工未滿期求支足合同期滿薪工，意在無功受禄，殊屬無理。所説德培辦工與鄙見不合，因其在漢陽廠辦理不善以致虧摺，今特陳梗概如左。

一、一千八百九十六年七月初六德培來信云：馬丁爐無鐵碎，並無鐵軌兩頭鋸落之鐵尾，即須停工數月。後其又告漢陽總辦云：無鐵碎及鐵軌之尾亦可開工，則已耽誤數匝月矣，現在接手之新監工，爐内並無須碎鐵。

二、一千八百九十六年七月十三日德培來信，擬將化鐵爐滅息云云，幸未從其言，只將該爐停止後再開時此爐並無所損，與其原信不符。

三、我未接辦之前已聞德培時有毆打工人之事，迨接辦後曾諄囑不得逞凶，乃一千八百九十六年七月十五日德培竟將中國委員推跌梯下，一足受傷，幾致溺水。

四、一千八百九十六年七月十六日德培信云：熟鐵廠牙輪之牙已壞，只可停工，若換本廠自制之輪無濟於事，應候新牙輪運到再行工作。乃後將本廠自制牙輪人字式樣者換去前所壞一字形之牙之輪，至今甚屬合式。

五、德培云：熔鋼爐已極美善，不能再求精美。乃本廠將此爐酌用煤較從前減省。

六、德培所管熔鋼爐兼熟鐵廠時計用洋人八名幫理，一千八百九十六年五月至八月，所出熟鐵二百零八噸，熟鐵條一百二十一噸，鋼條二十七噸，所做成熟鐵二百零八噸，計已費生鐵煤炭薪工材料銀八千二百五十五兩七錢二分，洋人薪工計二千九百五十五兩三錢，照此計算，每噸熟鐵需本銀五十三兩九錢。又熟鐵條一百二十一噸，計費熟鐵煤炭薪工雜料銀一萬一千二百零五兩二錢，洋人工資銀四千二百四十二兩三錢二分，照計每噸熟鐵條需本銀一百十五兩八錢八分。以後此熟鐵、熔鋼兩廠歸中國人包造，一千八百九十六年九月至正月所出各料，計熟鐵七百二十五噸，熟鐵條四百三十二噸，鋼條二百二十七噸。計熟鐵每噸需本銀三十六兩五錢九分，熟鐵條每噸需本銀六十兩零二錢六分。又一千八百九十七年二月間所出各料，計熟鐵一百八十四噸，熟鐵條八十八噸，鋼條六十二噸，計熟鐵每噸需本銀三十一兩零二分，熟鋼鐵條每噸需本銀五十兩零二錢五分，較前數月成本更減。

七、軌軸用舊之後，本廠雇中國工匠前來修整，該匠製造模樣係照外洋寄德培圖式，制後就問德培合用否？德培謂其不合，而並未確指如何不合，或其無所主見，或有心含糊不言，以致卑式馬鋼廠因無軌軸停工。

八、我自西五月接辦漢陽之後八匝月，所出各料計卑式馬鋼條七百零八噸，卑式馬鋼片四十三噸，卑式馬鋼軌四百八十七噸，生鐵五百五十九噸。

德培現仍在廠内，其意擬索照合同期滿之薪工，否則將各廠公事勒住不交，殊覺諸事掣肘。

貴廠接閲此信後意見若何，請即詳以示我。現將德培並德國總領事與我來往信件統行抄上備閲。

再，洋人連士現已開除不在廠内。此頌近祉。

陳旭麓等《盛宣懷檔案資料選輯之四》漢冶萍公司第一册《盛宣懷札盧洪昶莫爔等文光緒二十三年三月十五日》 接二月十五日禀函並揭圖三件盈篇累牘，只是敷陳艱難創始情形，於煤務有無起色，能否按時接濟，毫無切實辦法，閲之令人氣悶。函中大指謂廠户把持，乃自購煤窿，冬令雨雪，致挑運維艱，究竟奉委至今，實領銀數若干？已運焦炭若干？已挖未煉之生煤若干？造成爐座若干？每座每次可以出炭若干？竟無一語指實。萍鄉水道紆曲，冬季枯涸，夏季封壩，只春秋二時舟楫來往。刻已三月垂盡，封阻在即，運煤幾致無望。是該員數月勾當，僅與紳士糾葛纏訟，無怪人言嘖嘖，謂包辦不足恃，乃以巨資購買商窿。實所購者皆零星不成片段，爲本地窑户棄置不開之具，聞四窿之中已有兩窿見水。鄂廠需炭之急，不可一日斷缺，望萍甚於望歲，乃遷延諉飾，貽誤至此。雖於京中面申誥誡，辦不得手須撤差參辦，尚恐不足以抵過。張提調面禀萍局實已領銀六萬餘兩之多。據收發所禀稱，正月至三月十三止，僅止運煤二千一百餘噸，炭六百五噸，與去年原禀大不相符。來函所云天氣晴明，每月可得二千噸，不過因本年雨水過多，爲此懸空推宕之詞，究竟一月二千噸係何時算起！至不用本地爐磚必用洋磚，試想洋磚價貴，本地磚廣泰福已用過合式，何以不可用？以開平焦匠爲不如鄂匠，任令歸去，試想開平焦炭何以合用！請調炮船沿途稽查，亦屬具文。但能煤旺運多，則該員致廠之信，所有封艙加鎖，各任專成。自萍至湘鄉若有摻雜，係該員之過，湘鄉至廠若有摻雜，係轉運局之過，亦足以剔除病弊。僅恃一二兵弁，豈能任怨得力？完厘仍須撥還，或錢或洋，吃虧均屬無幾，似未便向撫臺瑣屑，將來再作道理。頃晤盧令炳元，據稱，官商兩局調停已妥，但商局不要之壞煤，官局以貴價買之，諸事爭斗，諸事吃虧。謂好窿俱在商局，土人皆以壞窿騙官局，所用楊、歐二人均不正派等語。日内擬即派張令前往查辦，並統籌購運持久之法，該員速將領過銀數，運過煤數，已成爐座，已挖生煤之數，並封壩之前究尚能運若干？照札所指，切實逐條開一簡明清摺，速交專差帶回，呈候核辦。上栗市既無佳煤，應即停辦，不得仍用浮詞搪塞干咎。煤務要信須勤寫，專差速送，隔數月得一稟。又，盡空談、無辦法，玩泄浮滑，均堪痛恨。特此申飭，懍之切切。

陳旭麓等《盛宣懷檔案資料選輯之四》漢冶萍公司第一册《繆熔馬鞍山煤務説畧光緒二十三年三月十六日》

謹將煤窿核實估計，詳考當務之急，並計除支歲餘，管見所及，繕呈憲鑒。

一、煤質未優。馬鞍山非冶鐵名區，本非産煤沃壤。陽爲陰縛，鬱蒸未久，變化未純，以致灰磺並重，火力弱而不升，煉炭固非所宜，鍋爐亦只能參用。馬山鍋爐，洋人以火門尺寸計，日用六噸已足。而升火匠揀取煤塊，每日恒用七八噸。曾與理論，伊稱不用煤塊則汽不足以運機，實有升降不靈之誤。從知四層煤固勝三層，究亦秉質中下，未臻上品之實據也。

一、藏煤甚薄。二層窿煤本非適用，刻因上妨挂綫座，業已止挖。其三層窿之四面，北因火閉，西阻石壁，東礙焦爐，所恃東南一角，兩年採取，已長六百法尺有奇。刻下詳考煤層，只足供兩月之採。查三層藴煤計闊八尺，所望愈深愈闊，利溥後來。乃深至四層，已窄至三尺，則五層之更窄可知。以此類推，藴結無多之實據也。

一、起重殊艱。井口升降索只抵三層窿。四層起煤，先由空氣機升至三層，再由鋼索升至井口。此索一點鐘額起六十桶。緣有四層升到三層之停擱，時刻多糜，計鐘一點只起煤二十桶，每日十點鐘只起二百桶。此桶裝滿，可作噸數六成，因屢經轉側碰撞，桶滿則溢，且夾石極多，揀成浄煤只作噸數五成有零。每月有修整汽機、鋼索、火門、水道之費時，統計按月出浄煤三千噸，已未可必之數。此窿深難取之實據也。

一、勤理窿工。井内惟撑木、鐵路、水溝、天井及開干枝各窿，共計包工五項。此外，按日計工，事事資人勤督。尤要者，窿夫所用礦燈，概無燈罩，窿深磺重，磺氣濃鬱，遇火即燃。三層北路至今尚未熄火，未必非職是之故。帕工師井工專責，似應事必躬親，切實指示，共知適從，咸知避忌。乃默察其正月一月，僅下井六次。玆只以三層窿計，干窿已長六百法尺，枝窿已有五處，即以專查左右木撑論，路遠一里，非一點鐘所能查遍。而帕工師不及兩點，早已出井，此亦草率從事之證。既非防患於先，不免耗費於後。其北路封火門等，正月計報一千餘工，此門高闊僅二尺，前已封閉，正月並未重修，不過因裂補泥，竟至需此多工，似亦信任匠目之證。歐人固舍僞求真，惟帕工師深染時人之習氣，且不如施工師之絶無暮氣。所期自今以後，加意講求，煤窿幸甚。

一、早備要具。停工十點，暗耗百金。井口升降、湖口往來兩處鋼索，所係非淺，萬一中斷，而無預備之添换，一索之擱費甚微，而停工之徒費甚巨。應早從外國購回，有備無患（鄭官應批）：帕礦師添備否？請翻譯一詢）。

一、慎守湖口。堆積重地，三面臨湖，草茂人稀，易滋覬覦。更夫炮劃，僅擁虚名，明耗暗侵，恐成風俗。應有真實不欺者兩人，日司監磅，並監揀石，以杜弊竇；夜以巡捕燈，專用暗候，嚴督梭巡。

王樹枏《張文襄公全集》卷一五三《致天津王制台光緒二十三年三月十九日午刻發》

鄂廠造軌以煤爲主，開平運焦易碎，苦難接濟。去年佑帥商調鄺榮光勘得湘潭煤鑛甚好。假旋天津而中止，洋鑛師未便赴湘，只得仍借鄺榮光一用，乞仍飭迅速來鄂，以便派往湘潭等處，趕緊開辦，感甚。洞。宣。效。

北京大學歷史系近代史教研室《盛宣懷未刊信稿·上番帥書三月廿一日》

大人閣下：奉手諭並各件，謹悉。西洋焦炭祇以運費爲重，總公司現購料物悉係開標包運，故搭裝亦不能如從前之便宜，姑存此一議，容與得標之洋行商酌。但生鐵價祇值廿一二兩（一爐必有白鐵不能煉鋼）。現用開平焦尚多賠耗，恐重洋運焦可偶非可常也。前所言之焦價，係德培經手，或有錯誤，俟查清再奉聞。陳次亮事，聞陳季同、洪熙爲謀主，到京必有謡啄。寧蘇事必由寧蘇兩帥入奏（鈞處如何電復亦求録示），以此電復亦屬至理，彝卿既與聞，故電告之。此中惴惴，讓賢確亦私衷所願也。

陳旭麓等《盛宣懷檔案資料選輯之四》漢冶萍公司第一册《堪納第致鄭官應函光緒二十三年三月二十二日》

敬肅者，現下我們在鐵貨廠用兩軸齊開造出魚尾板鐵條等，竟得如此功效，實屬大爲幸事。堪想前金達寄來第四十二號至五十五號之料單，若尚未向外洋定購，除注明不能造者，餘皆可造。乞示明約何時全要做就，便可核算，堪甚欲在本廠造此料。一俟奉到示復，即可按度本廠能造多少矣。

堪納第謹肅。西四月廿三號。

(鄭觀應批：)堪納第日在熟鐵廠督工，造出之魚尾板，顧培驗看無異詞。其意如有軌軸機器應手，鐵路所需均欲代辦，不爲購自外洋，甚可嘉也。

陳旭麓等《盛宣懷檔案資料選輯之四》漢冶萍公司第一册《盧洪昶莫熾呈盛宣懷清摺光緒二十三年三月二十八日》 一、前後鐵廠匯發並萍鄉縣兩次匯款，共領過湘平銀六萬二千八百餘兩，除支局用薪水、各廠生煤焦炭價值及轉運局撥款四千餘兩，現存銀一萬二千餘兩外，計元順等煤窿八座，一切井價、山價、開煤經費，設廠砌爐約共用過銀七千八百餘兩，各廠領款現共一萬一千餘兩(〔盛宣懷批：〕尚有四萬六千餘兩何不提及)。

一、自開局之日起結至今三月二十七日，共運過生煤三千零四十一噸零，焦炭二千二百四十七噸零，內各廠包焦二千零一十六噸(〔盛宣懷批：〕可見採辦包焦勝於自煉)，自煉之焦二百三十一噸(〔盛宣懷批：〕甚少)。

一、元順、貞順、利順三井所挖生煤，除逐日支煉外，現在元順並存約千噸上下，貞順井約五百噸，利順井亦約近百噸，合共一千五六百噸之譜。煉成焦炭均隨時挑送出山，趕速起運，存山存廠之焦，現共八十餘噸(〔盛宣懷批：〕甚少)。

各廠户焦炭皆係挑揀裝載，現存廠者多寡不一，未經挑選，不能指定確數。

一、元順廠原成土爐二十座，長方平底爐兩座，嗣添造寶塔爐兩座，長方平底爐四座；貞順井修成土爐八座，長方平底爐三座；高坑修成長方平底爐三座。截至本月二十七日共有寶塔爐兩座，長方爐十二座，土爐二十八座。寶塔爐每座分一爲二，兩邊輪替裝煤煉焦，一月兩次，每次可出炭十三四噸。長方爐一月四次，每次可出炭六七八噸不等。土爐亦一月四次，每次可出炭一噸有零。

一、栗市煤務前因商開之茂興井，得見大槽煤層，一再化驗，灰少磺多，不合煉焦之用。高塘五福，新發兩井現開之煤磺亦較前加重，業於十八日函知管廠司事停收停煉(〔盛宣懷批：〕共停三井吃虧多少！其窿能否□與鄉人挖煤，以供民用)。

化學房移設萍局，原有局廠工人一概裁撤。其姜坡所開兩窿仍責成俞委員、胡、李兩紳衿按照原議妥爲經理，前於窿內半道取得煤樣化驗尚爲合用，擬俟抵舊開煤層後復爲化驗，再行酌量支款，設廠造爐(〔盛宣懷批：〕須查驗確實，如煤不甚好，切勿勉强，致賠本)。

一、萍河封壩原無定期，封壩以後雨暘時若每日開壩一次，仍可源源裝運，封壩以前能運焦炭若干，實屬難於克算。就本月二十七天內共運過焦炭九百二十一噸，內各廠户包者七百七十五噸，自煉者一百四十六噸(〔盛宣懷批：〕自煉以後必須踏堅)。按此數切實核計，每一個月內可有一千四五百噸(〔盛宣懷批：〕必不可少，必要照前寄之樣嚴加挑選，不惜小工之費)。蓋卑局現成爐座已可月煉焦炭五百餘噸(〔盛宣懷批：〕自煉只有五百噸，可見還是包買爲要着)，各廠户焦爐除現在修而未成，成而未煉者均不計外，只就原有之爐月內已交之數計之，從此順手辦去，毫無變動之虞，無論運存，總可月有此數。

陳旭麓等《盛宣懷檔案資料選輯之四》漢冶萍公司第一册《漢陽鐵廠與帕特勃克續訂條款光緒二十三年三月》 一千八百九十六年九月十五號漢陽鋼鐵廠與帕礦師曾經訂立合同，今擬續訂各款列左：

漢陽鋼鐵廠允將馬鞍山煤礦並各種機器交與帕礦師管辦，以四月初一日起，一年爲期。其議定辦理條款列後。

一、帕礦師須於每一中國月在馬鞍山湖邊挂路之末端，最少交煤三千六百噸，如遇小建之月，只交煤三千四百八十噸。

二、所有開採費用及一切材料由帕礦司自備，惟機器件頭換新並購買新機不在此例。

三、第一條注明所出煤斤，漢陽鋼鐵廠允准如數收受給還帕礦司每噸漢口通用洋例銀一兩，按月月底結算。於下月五日內用漢口匯豐收用之中國莊票如數付楚。

四、此合同中所謂一噸者，係一千七百斤，所謂斤者，即中國洋關所定之斤。

五、前合同本訂定：「如遇差遣他往勘礦，帕礦司即應遵照。」今更議定：「若因鋼鐵廠公事離礦，該廠允派施脱郎扼庖代，或别洋礦司，務須帕礦司擇乃可，其每次出差不得逾兩禮拜之期。」

六、帕礦司於開採各事，允照最妥之西法辦理，所用之各種機器亦應一律照常動作，毋使廢壞。

七、鋼鐵廠可隨時派洋礦師赴山查看礦地内外情形，如挖不合法，當即停止合同。

八、遇有不測之事，非可以預料，亦非人力所可阻止者，以致煤礦受損，鋼鐵廠吃虧，帕礦司不能任其責。

九、馬鞍山煤礦帕礦司並帕礦司之財産，鋼鐵廠允爲保護。

十、帕礦司仍照前合同按月准支薪水英金六十鎊。

十一、馬鞍山現有之材料帕礦師以爲合用而用者，其售價預爲估定，按月由鋼鐵廠扣回。

十二、此續訂之約以一年爲期，如期滿不再展期，當於三個月前預先關照。否則仍照約辦事，直至不論何時關照之後三個月再行停止。

湖北省檔案館《漢冶萍公司檔案史料選編》上册《盛宣懷批盧洪昶等稟文光緒二十三年四月初七日》 盧升令洪昶稟遵飭聲復辦理萍煤情形由批。

稟摺俱悉。核計局用煤價運費及山井價值，各廠領款等，共二萬二千八百餘兩，現只存銀一萬二千餘兩，與原領湘平六萬二千八百餘兩之數不符，應趕緊造册申送核奪。此後月清月款，限於下月五日内分晰詳報，不得日久含混。

至已運之炭，自煉者僅十成之一；山中所存只有八十餘噸，爲數無幾。可見購窿徒耗資本，毫無把握。應一面包給廠户，多採多運；一面就已成爐座，切實仿照開平煉法，踏結燒透。遵依前札發去樣煤，在萍雇工挑選，再行封艙起運，以杜船户摻僞之弊。每月一千四五百噸，斷不可少。河水盛漲，應漏夜催趲，勿爲封壩所阻。

上栗市據報於三月十八日停工，究竟賠本若干？現有之窿能否售與本地窑户以供民用？姜坡兩窿雖稱化驗合用，亦應詳細確查有無磷礦，能否煉焦。設質不甚佳，即應停止，以杜摺閲。余倓委員到萍逐款根查，再飭遵照。總之該員自顧責成，虚實俱在洞鑒也。此繳。摺存。

陳旭麓等《盛宣懷檔案資料選輯之四》漢冶萍公司第一册《鄭官應致盛宣懷函光緒二十三年四月初八日》

補樓主人我師：

敬肅者，昨蒙面諭豪俠之氣宜去，涵養之氣宜純，誠爲官應對症良藥。官應亦知所病，嘗誦五絶以自勉云：

多難因豪俠，奇窮見性情。

好名猶有我，無我亦無名。

戒其豪俠也。又云：

恩重翻成仇，齒剛易損摺。

智圓行欲方，自此毋操切。

戒其性急也。今得我公隨時棒喝，尤深感激。

官應擬十四赴潯，臨下船日，到漢口請湯醫一驗，究竟有無他病。官應本當赴轅叩謝，因日來便血未止，四肢無力，精神萎頓，寢食無多，猶恐到一處即別處亦難免。尚有廠中要話面陳，仍乞我公有暇於初十外過江一談爲荷。

官應已囑堪納第與黄翻譯初十來談，當令其盡施所能，爲中外側目，旁觀者心摺。廠章應如何，人手應如何，當逐一妥商布置。材料宜早備辦，務使各廠工作日夕不停。日試新法，以期費省價廉。按月一報，雖設有總稽核，究竟興利除弊，須由根本上做起，重在總監工督率各匠認真考核，總稽核亦不過截其流弊，於大局不無裨益耳。

至醫資一款，彼此皆不在此。官應此來不圖名利，不論如何吃虧，均出自情願，以報知己，令天下人亦知我公手下尚有不圖名利之人，於官應幸，則於公幸也。倘廠務不虧，然後一一走領，亦可能將來鐵路公司地價代官應入股一二萬兩，則感激無既，拜惠尤多矣。專肅，敬請勛安，諸祈愛照不備。

陳旭麓等《盛宣懷檔案資料選輯之四》漢冶萍公司第一册《鄭官應致盛宣懷函光緒二十三年四月十五日》 敬肅者：頃奉環諭，敬悉。應已囑贊庭勸之，如其要挾太甚理當如是，今早已稍露之矣。去歲聞和豐船塢總管必列治云，其兄似係鋼鐵廠工師，若囑必列治緘托其兄代雇，似無不妥，惟要與渠詳細言之。聞郭格裏廠來緘云，卜聶須有好手幫助方可。又聞自比國回華之藝徒説，卜聶只學煉鋼事八個月，且於馬丁鋼事不曉。鄙見如堪去，局面又變，不得不暫用卜聶，當去威德以許啓邦代之，馮敬庵仍理外七廠。誠如我公所云與去冬及今早之緘，勢偪處此，暫時不用洋總管，姑試如何，再酌。我公到滬，密與和豐總管面商，其兄果係熟識煉鋼鐵事，即緘托渠代雇一上等煉馬丁、貝色麻兩鋼廣工師，並訂明須曉不用廢鋼。凡廢鐵生熟鐵渣與磷重之生鐵均可合煉馬丁及教授華匠方可。大約三四個月可以到漢替代卜聶矣。此不爲堪要挾之策也。雖然，謀事在人，成事在天。愚昧之見，是否有當，仍乞鈞裁。

陳旭麓等《盛宣懷檔案資料選輯之四》漢冶萍公司第一册《鄭官應致盛宣懷函光緒二十三年四月二十一日》 敬肅者：頃聞與卜聶三個月一定合同，甚善。堪納第用否，美領事到否？如已定不用，乞示悉，俾得遵諭，代爲布置。日來公事均已送來小寓辦理。擬五月朔力疾銷假，每晨八點鐘到廠，十一點至十一點半鐘返寓午膳，午後兩點鐘到廠，五點鐘返寓。蓋西人辦公均有一定時刻，每日亦不過六點鐘而已。借款定否？鐵路既歸商辦，借款應歸商辦者主持。政府胸無成竹，瞻前顧後，不能知人善任，動爲外人所移，殊可慨也。敬請籌安。

官應謹上。四月廿一申刻。

陳旭麓等《盛宣懷檔案資料選輯之四》漢冶萍公司第一册《賴倫致盛宣懷函　光緒二十三年四月二十三日》　大冶委員均係司仇人，與賴亦然。故耐勞有才之人，不能和衷共事，皆爲私意而不顧公也。大冶委員與司意見不合，自司到大冶接管下陸鐵路機廠事時起，早在大人洞鑒之中。當時本歸姜委員辦理，其才力之拙，由損壞李士墩煤礦而見。此係均其一人之誤，而與司反生嫉妒，視如仇人，不惟無才，且有脾氣，如此作爲，皆因不肯去當日之權也。又下陸機廠已成廢局，雖有極好並價昂機器，照初擬時之汽機，從未制過，下陸機廠向係不惟修鐵路而設，況鐵路運貨不旺，即廠中四分之一機器足供使用。其緊要處，原在造礦用之新汽機，然而亦恃才能者督領方可。如丁祥林毫無才能，不諳汽機繪圖等事，惟充鑽機匠則可，只知照舊式布置汽機，此項工夫本不需用專才，即各機匠亦能。現在機廠大半機不能使用，即使欲制新機亦不能，故制廠經費成爲死本，竟似廢置。倘無是事，於工早見利息，自造新機，省無數經費，不致今日由外洋購取。司進機廠時，即教以新法工作，並整理各機行動，甚有利益於機廠。然而正欲製造新機，忽派修李士墩及黄山石舊機。該二處汽機損壞，亦爲該委員失察所致。司在該處半年之久，已修齊全副鑽機，其中大半零件均已遺失，現移通林，可以合用。又修礦中所用起重機，又抽水機數副。又黄山石從前所用鑽機；又爲礦中制新式起重塔一座，井籠兩個；又得道彎鐵路橋兩旋彎處，並修零星小件不少。總之，司到之前，從無此項工作，亦不見加添工人，任工廢弛，皆因無才能者領袖督工故也。

賴決知大冶委員妄稟司脱倫格，致司一番勞力，可憐隱匿無知。大人事多，無從悉司有功於工作，又加賴等身有公事，不若該委員日暇，可以屢次寫稟。大冶委員既得無能之機匠丁祥林等殷勤奉承，自然更見司之不好處。日久厭洋人礙手，設法去之爲快。如司之如此血心辦事，爲固執之委員結怨而撤事，而該委員如此誤大局，誠恐將來更甚。此二者與大人關係之處，孰是孰非，大人高明，自能洞鑒。

大人自閲大冶委員稟牘後，賴今所陳管見諒大人亦必稱是。因大冶委員均非大人可靠之人，猶如交友者，並無益友何也。如此間張提調辦公何等忠勤篤信，大冶委員尚欲毁及，何況司乎！

今司又有與萍礦關係之處，謹爲大人陳之。賴未去大冶前，曾商司俟賴到萍勘定洋礦後，電托將大冶及馬鞍山不用之各機件運萍。該處汽機鍋爐，竟有許多從未用過。然而移萍開礦，極有利益。又囑其招呼馬鞍山煉焦炭爐及洗炭爐，如賴電去，彼必運來。況司於此事甚熟，亦能修理，故移之來萍，必能合用。司亦善制火磚，初馬鞍山焦炭爐舊磚碎破，司用一種白泥，即現在此間最盛者制成火磚，補碎磚之用。司曾托石灰窑張委員寄上磚樣子，如未到，請向費立坡要取，送行家驗視，方知司能

現在萍鄉煤礦，若無司在鄂照料運事，斷不能迅速告成。費立坡人地生疏，取機時件數恐有錯雜遺失，豈非有害萍礦，虛延時日，且亦靡費。況此間並無布置此項炭爐之人，勢必雇用新手，焉能與如司之熟悉情形者可比。又洗炭及煉焦炭爐均已拆去，倘使新手一一檢齊，何等爲難。若責令司搬運，自然省事。可見司在獲益匪淺。故賴有此一番瀆稟。

現在大人既已辭之，似難復用。然而懇請飭准張提調收用，位置萍礦工程共事，保無二言。張提調專期洋礦成功，故重人才而不吹毛求疵，凡工程必親歷，不任人貪懶，亦不揑言造毁，確與石灰窑張委員反道而行。石灰窑張委員不肯用苦力。鐵山莊委員、下陸姜委員皆其心腹。去歲夏季，莊與賴作難，姜又與各西人不合，當時希爾脱勃侖爲姜委員事曾稟大人。去年賴爲辭退司脱倫格事，曾與大冶委員齟齬，今果去之，彼必笑賴，而賴恥甚。伏念賴在大人宇下辦公多年，並無過失，不應有此恥辱。倘荷俯允以上所請，賴反以格外恩寵，是否乞速電知張提調或賴。如蒙允准，賴即電司速運馬鞍山焦炭爐及洗炭爐來萍，以便即日開工。否則另行想法矣。

總之，用司於大局有益。

陳旭麓等《盛宣懷檔案資料選輯之四》漢冶萍公司第一册《鄭官應致盛宣懷函　光緒二十三年四月二十五日》　頃許啓邦、復初來談，比人初疑官應爲堪所朦，今聞有斥堪要挾太無情理，擬總管其事，各洋匠無不驚怖欽佩，本無總監工亦可照辦等語。大約彼輩不願人掠美，皆可出頭自主，公私兩得，想堪聞之氣餒，皆料不到官應有此一着也。堪年輕閲歷淺（如錫樂巴設身處地合同早定），辦事雖勇，不知條理。近日七廠無華匠監工，只囑威德兼顧，管理不到，各華匠偷懶者甚多，此堪不聽官應所勸耳。故昨訂堪之合同，用人工程等事必須與總辦商辦，恐渠

不知情形爲人所朦耳。如與堪決裂，務請照前緘所陳，先與卜定，仍舊管理貝鋼、鋼軌及熟鐵廠事，一面密示官應代爲布置，當設法激勵各匠認真辦事，勿爲堪笑。如我公猶慮未妥，當雇熟悉鐵廠事務者相助，或有别法更妙。據許啓邦云，本廠不但可造橋梁材料，則各樣火車亦可自造（惟要添置機器），至於照圖安放機器，乃極易之事耳。查西例當稽核材料者皆總監工，因非熟悉各廠工程不能當，恐洋匠不服，亦不易知其弊也。肅覆，敬請勛綏。

陳旭麓等《盛宣懷檔案資料選輯之四》漢冶萍公司第一册《鄭官應致盛宣懷函一 光緒二十三年四月二十七日》 昨復兩緘，想邀鈞鑒，未蒙賜諭，得無嫌其瑣瀆乎？自顧愚戇，知無不言，雖叠爲人忌，仍不能改，恐負知己耳。

昨堪納第遣贊庭來説好云，悔聽漢口美領事之言，觀其意似有轉機矣。惟比匠均與堪不合，即如礦石一事，堪與吕意見不合，堪擬派「楚富」赴滬運軸，謂已與吕商過，有「楚强」運礦，半月之内，無慮缺乏。吕云，若非改配翻砂鐵料，幾有待料之勢。兹將吕來信譯呈察核。尤有慮者，鋼廠華匠之黠者，恃何渭池舞弊，而何渭池恃威德爲護符。鄙見無論堪去留，仍要用許啓邦幫威德，爲將來代威德地步，非阿私所好。因本廠用華工匠甚多，當預籌本廠除工師外，年餘各廠粗工匠盡用華匠，兩三年洋匠目亦擬陸續辭去，亦以華匠代之。且現在專靠一不通華語之威德，日在七廠片刻，照顧不到。威德去，則工匠懶，蓋無好華匠目長在七廠監工之故。欲雇一好華匠幫威德，彼深信何渭池，各人嫌渠不公，不願爲彼所用，好手之去，豈盡爲人唆擾乎？所以去威德，用啓邦，並雇一好華匠目在七廠督工，其中進益不淺，無慮有曠工惰職之慮矣。若堪不聽以上所陳，不容官應幫渠布置，只信一威德，而比人均與堪、威不對；何渭池恃威德任用私人，賞罰不公，堪、威事忙，不遑考核，凡事僅聽一面之詞，勢必致事事吃虧，而後始悟其非。既承厚愛，事關重大者不得不反覆言之。伏祈勿罪爲禱。

聞比借款昨已簽字，慰甚。何沃生雖係官應所薦，原由輝廷修函代請，是否不復來，仍囑輝廷詢明，另請别人。我公交涉事多，律師似不可無。前云曹君恐無閱歷，不若聘洋律師較穩。是否有當，仍乞卓裁。肅此縷陳，敬請勛綏。

陳旭麓等《盛宣懷檔案資料選輯之四》漢冶萍公司第一册《鄭官應致盛宣懷函光緒二十三年五月初七日》 敬肅者：官應前緘屢陳洋人未入手時無不性情和平，入手後，弟前日面囑黄贊庭轉告堪納第，不必過於攬權。只要認真做出工程來，我便信得他過，否則我不信他。今又要攬管東碼頭，大約用心只在攬權，不在辦公，實屬可慮。既已大權付托於彼，亦何必於東碼頭獨靳，竟請交與他管。但須面囑其開銷銀錢、材料只可比前減，不可比前增也。管帳洋人要訂兩年合同，但須照堪納第之合同言明，彼此六個月以前知照，可將合同銷廢。因堪納第前辭職，此人亦無用矣。若無此款止准訂一年合同也。王雪芹回川帶來焦炭六件，係頂好焦炭，每噸合錢五千文，望即詢錢司事取交化驗，並即撿一塊明日送來，以便交駱秉生化驗，以便趕緊定購也。此請臺安不一。

陳旭麓等《盛宣懷檔案資料選輯之四》漢冶萍公司第一册《鄭官應致盛宣懷函光緒二十三年五月十一日》 敬肅者：頃據黄贊廷云，因合同期參差，故督辦允補銀五十鎊，是否？乞示祇遵，即囑支應所照付。

堪今早來詢東碼頭與收發所事，彼應派人管理，以免延誤等語。

因昨下之鋼軌，有顧培以石粉記「×」字不能用者亦搬下船，已囑辛洋人及朱子文代雇矣。不悉尊意如何？

馮敬庵昨已赴滬，今日上午提調代繳小木戳，囑即派人代理。應派何人，本不敢擅專，且一時無處可借，已復請提調於各管棧之老成者暫代，否則交潘誠齋代理。提調覆誠齋現在無事，亦准以誠齋代理矣。

東碼頭事，官應已緘告堪，交伊派人管理，必須如督辦所云，其開銷銀錢材料只可比前減，不可比前增也。堪動輒以工程挾制，月來受其氣過於德培，亦早料到，只得忍氣吞聲，囑啓邦、贊廷留心學習，以期自立，不即決裂者，爲顧大局。今早復告贊廷言之，毋視我等爲魚肉也。堪因馬礦來電，須起重機及繩纜，不悉礦如何壞，要何樣機器、何等繩纜，今晚雇紅船去，只得聽渠去與帕礦師商辦也。

定貨簿，去歲曾告帳房立一簿。是官應經手所定焦炭合同，存於帳房；由德培所定軌軸付定銀時亦列明先付三分一，告訴帳房記帳。昨查帳房，有上海定者，有官應去後定者，不由其帳房付銀無由知之等語。嗣後事多由洋總管（不稱總監工，可稱洋總管）經理，擬立一定貨簿存於翻譯房，一定貨簿於帳房，以備查核。

章文通在廠辦事認真，今早提調來説，總稽核翻譯都囑渠代勞，酌加月薪十兩。

湖北省檔案館《漢冶萍公司檔案史料選編》上册《盛宣懷札張贊宸文光緒二十三年五月十五日》 照得前據萍鄉紳士公訐盧委員洪昶採辦焦煤諸欠妥慎，曾札委該提調赴萍逐款密查。嗣因鄂廠創設總稽核處，事務繁重，一時未能驟離，改委江蘇候補知縣李令宗琎馳往查辦。茲據電稟，盧洪昶辦事尚屬忠勇，惟好大喜功，粗率用事，以致官紳腹誹。現經該令酌擬辦法，據稱與廠户訂定每月至少交局焦炭一千三百噸，短交一噸罰銀一兩，已領局款就炭價扣還，官局不再添購煤窿。此自辦情形也。從前廠户領過官局銀兩並購井砌爐一切費用，均歸廣泰福按照原價頂收，每月訂定必須有淨炭三千噸到廠，如少一噸亦罰銀一兩。該令並擬照從前官炭價值，每噸搯減四五錢或三數錢，以示官局讓給商辦之利益。此歸併情形也。分析電陳，求示祗遵等情到本大臣。據此，查盧洪昶辦法之誤，先與文姓争購煤窿，不肖司事如楊壽春輩經手播弄，元順一井報價二千四百元，山主只得數百元，餘盡楊姓侵蝕。嗣因購窿曠日持久，挖不得法，見水輒停。盧洪昶恐受總廠詰責，旋又暗受廠户之愚，先借山本，繼支炭價，游移推宕，日復一日，炭既不能照繳，價亦豈能按扣，此虚擲公款羈誤爐工之實在情形。因已無待復查，昭然若揭。

惟前定官辦初議本杜商辦居奇，現如李令所擬歸併廣泰福一説，無論減價包數，未必可靠。即甘詞承攬，久必壟斷要挾，故態復萌。察度二者，自以就現有局面包採自煉爲顛撲不破。萍焦衰旺關係全廠盈虧，該提調現辦稽核各事略有端緒，應即遵照前札，迅赴萍鄉會同李令等悉心整頓，從長籌計。究竟廠户包交每月一千三百噸、自煉三百噸是否確有把握？所購興順、亨順、同順三窿均已見水，能否趕緊提汲，指日開採？磚爐焦匠制煉已未得法，駁船水道夏秋能否暢行？盧洪昶固非總理之才，其信任劣司如楊壽春輩，種種貪妄，尤應驅斥一二。該提調務當不避嫌怨，通盤籌算，應舉應黜，本大臣不爲遥制，並勒令盧洪昶將領過廠款銀八萬餘兩，分晰趕造清册呈報，毋許絲毫弊混。除照會鄭總辦並札飭總稽查宗令得福暫時代理提調兼總稽核事務外，合亟札行。札到該提調迅即兼程赴萍，妥籌經久，毋稍瞻徇推諉。切切此札。札湖北鐵廠提調張令贊宸。

陳旭麓等《盛宣懷檔案資料選輯之四》漢冶萍公司第一册《張世祁致盛宣懷函光緒二十三年五月十七日》

前奉憲札，飭以鐵山一差，諭令平心裁奪，理應早日稟復，所以遲遲者，敬爲我憲臺陳之：伏查鐵山爲設廠運礦根本之地，冶人强悍，貪利忘命，見物即思偷竊。山近宋王村，此村爲盗賊之淵藪，兩載之中，營弁張慎國共獲盗賊二十七人，此風稍斂。本年雨水過多，春麥歉收，密聞匪人吃「齊心酒」，有搶洋樓之舉，幸天氣漸晴，林令與卑職暗爲防範，幸獲平安。其實洋人與百姓毫無仇隙，卑職一人愚見，自洋人至冶採鐵運礦，窮民已添生計，實不知冶人用意，往往與洋人爲難。平日凡有工作，各局均言奉大人鈞諭，即礦師有所指示，亦以憲諭爲言，不能實説洋人，風氣使然，誠難索解。即如華興窿趙輝廷、華桂林，妄作妄爲，皆以洋人之窿煽惑愚民。日前大半逃避，昨晚聞又懸牌，旋即專人飛告林令矣。此次許主簿代辦分董，察其心地，辦事無瑕可指，惜才短性迂，或專辦一事，或爲幫辦，尚可支持，若獨當一面，實難勝任。查鐵山所轄之地，約計有窿、有廠、有機器者，周圍十七里三分，除聯絡洋人外，地方紳民、營弁、營勇、機匠，各省人皆有，夫頭、小工極多，必須寬猛並用，隨時變通。即此半月中，不滿於人意者頗多。由於讀書本色，性太拘泥，卑職不時赴山照料，暗中又派人敷衍，各處閑談時，曾將辦事之法，反復詳言，似是天分有限，容易遺忘。再四籌思，此席固堆裁撤歸併，欲覓一事事相宜之人，實無其人。若用公牘稟復，該主簿並無絲毫過失，難以措詞；若令其常久接辦，斷難勝任。第恐有人誤會該員之作事用意，竟可出意外之事，用敢不揣冒昧，據實密稟。可否仰求大人早日選派干員來山接辦，以免疏虞。刍蕘之獻，爲固根本、顧大局起見，是否有當，伏乞鈞裁。

再，目下購地築路，事極繁重，卑局司事，病者三人，卑職除出門外，須忙筆墨，即日前寒熱交作，復又失紅，只須力可支持，斷不敢稍耽安逸，以負生成。故大石廠、得道灣各處，相距太遠，鞭長莫及，還求憲恩早日派人，以專責成。尚乞格外矜垂，無任悚叩。

湖北省檔案館《漢冶萍公司檔案史料選編》上册《王庭銘致王□□函光緒二十三年五月二十五日》

敬稟者，男於二十六日到萍，沿途大雨，氣悶已極。大兄回滬否？男到萍後，查訪各節録呈慈鑒。

一、盧所買之二千四百元一山，名元順窿，該山已挖過四年之久，大槽炭已取完（該窿所産之煤尚好，惜乎已挖取將完）。聞文姓前出三百餘元，山主業已允定，後洪昌與之争買，出二千四百元。據云山主只得價數百元，其餘均被經手之楊壽春等所得。現在文姓與盧洪昌爲此山結訟，刻尚未了。

一、文姓初尚與洪昌和衷，就是買了此山彼此即有意見。

一、洪昌性情椎魯，大言不慚，遇事又不肯細心商之於人，盡聽小人之言，以致將公款浪費。

一、各炭廠包辦焦炭，均先預借銀若干。初則説明在炭内扣還，及繳炭時，又復不遵。聞得各包炭户先所借之銀，作爲山本云，此一層似乎不妥。設或停辦，借去之銀豈不付之流水。共各包户預借之銀，約有萬金之譜。

一、該處人民與興國州龍港無異，洪如何能當此大任。

一、洪只能聽人使用，斷不能獨擋一面。

一、該處小駁船，水大時由萍運湘潭，每只能裝一百四十石之譜，水小時盡能裝十數石；如水再小不能裝也。該處每月可出焦炭二千餘噸，除將壞者揀剔外，足有一千二三百噸，所慮者，運道難耳。

一、小駁由萍運湘潭，每擔一百十四文，由潭换大船運漢，每噸銀九錢，運費尚不貴。

一、據土人云，前洪處由山挑炭，所遇之處，被土人有意將路口挖開，與洪爲難。後洪請人説開送錢，始將路口修好。

一、萍如有一好好坐辦之員，聲名稍有人望者，尚可能辦，如盧斷不行也。

一、洪所買之貞順窿，每日可出炭二百數十餘石（每石作六十斤）。

一、又元順窿（每日可出四百餘石，每石亦作六十斤）。

一、又利順窿（每日可出百十餘石，每石亦作六十斤，均係由窿内出。該窿現已見水，恐要停歇）。

以上三窿，每月山上用費作一千餘元，一切用費不在其内云云。

一、洪所買之興順窿，現已停歇，想必窿内有水。

一、和順窿、豐順窿，現在做窿口，尚未見炭，好與壞不得而知。

一、和順窿、豐順窿，據云窿内不但有水，而且煤亦不多。

以上各節，男不過言其大略，男已與進之兄説過，不寫信寄家兄。謹呈慈鑒，務求大人速令吴相公寫好，轉寄大兄。並求函囑大兄，千萬不可與進之曉得。所有該局一切銀錢帳目等事，男均不曾問一句，乞大人放心。此信係忙中執筆，尚有許多細情未曾寫上。匆匆叩禀福安。男與進之同住一房，以致寫信不甚便當。

陳旭麓等《盛宣懷檔案資料選輯之四》漢冶萍公司第一册《萍鄉各廠户公立條規光緒二十三年五月》　我邑焦炭由官煤局運赴湖北鐵廠，屢經洋匠考驗，間有不甚合用者。前官局查辦委員莅萍集合幫公立包字，議定月交噸數，並擬整頓煤務經久條規四則，交委員面呈盛大臣察核。兹特刊録於左，以便同志省覽焉。

計開：

一、焦炭首重灰磺均輕、質堅、色潤，欲求灰磺均輕、質堅、色潤，必須責成井上挖手，先將井内當頭之壁層剔除净盡，然後挖煤。上箕出井之時，由揀工逐箕過細驗明無壁，然後發廠過篩。復由篩手驗明無壁，然後用密篩篩净。又由煉工驗明無壁，方准入爐燒煉。如此正本清源，乃能煉出佳焦，增廣消路。倘挖手不先剔壁，希圖含混，一經揀工驗出，則罰挖手本日工錢，以獎揀工。揀工如不仔細，一經篩手驗出有壁，則罰揀工本日工錢，以獎篩手。篩手糊涂，一經煉工驗出有壁，則罰篩手本日工錢，以獎煉工。焦炭出爐後，如仍夾有壁塊、壁末，則罰煉工三日工錢，以示加等之意。所罰之錢，隨時賞給各班工人，無論多寡，作爲酒資，俾衆咸知。如挖手、揀工、篩工、煉工人等，能一月内無過，亦宜酌給獎錢，以昭激勸。庶互相箝制，各有專責，始肯慎重將事。凡我同人，務宜一律照辦，以整幫規而維大局。幸勿陽奉陰違，致劣焦無從消售，自取虧累之苦。

一、各號煉焦，宜先將所有之煤井取樣送局化驗合用，方可開煉。凡質劣、油輕、灰磺皆重，不合煉焦者，止許發售生煤，不准設爐煉焦，以杜混雜，阻遏消路之弊。違則公同禀局縣封井，均不稍事姑容。

一、合幫承辦焦炭，每月包有定數，截長補短，可盈不可絀。倘有將合用焦煤，私售别處，以致比較不符包數，議罰之款，惟私售人是問。至煉出不合用者，應先報明，方准另賣。

一、焦炭成本甚重，必須嚴禁挑脚盗賣。欲絶盗賣，尤宜先禁消贜。從前外賣外收，各窿受苦，指不勝數。嗣後遇有盗賣盗買情事，一經查明確實，公同禀請究追，務各破除情面，以爲明知故犯者戒。

以上四條皆係本幫各號切已切要之事，祈各同志，永遠遵行，是爲至幸。

陳旭麓等《盛宣懷檔案資料選輯之四》漢冶萍公司第一册《鄭官應致盛宣懷函光緒二十三年六月初三日》　竊思官應自去夏辱召來鄂，畀以廠務，是時接辦伊始，諸事紛繁，自維才力難支，未敢肩任，重以臺命，共濟時艱，屢辭不獲，始允效力半年。乃水土弗宜，加以煤烟磺氣蔽目塞胸，自夏徂冬，病魔纏繞，勉力從公，幸無隕越。及期返滬，再三求卸仔肩，復承堅留，重效棉薄。今春再至漢廠，其病依然。孟夏復患喉蛾，危而後安。確知官應勿利於是地也。旋蒙神人夢示速離漢廠，静養百日，否則必生他病，西醫亦囑换水土，不得已請假養痾，而是時議洋監工堪納第合同，值廠務紛更之際，堪納第肆意要求，官應激於公義不平，奮然與之相抗，於是堪納第失其所恃，勉就範圍。重仗碩畫部署一切，廠中華員之事如聯絡華洋聲氣及製造等，則有幫總監工黄守仲良及許游戎啓邦，均以專門名家，堪以信任。銀錢則有盛守春頤、張令贊宸及朱興仁等均爲諳練熟手，一切收支固已有賴。收發材料則有馮倅熙光及潘錫成、傅作霖、汪培林、薛廷韶等，煤務則有卓備耀山諸同人，均係堅忍耐勞，一切收發亦可無虞。總文案、總稽查兼煤務則有袁牧遂、宗令得福二員，又爲諳練老成，其才恢恢乎有餘裕者也。至於諸事歸宿而總其成者，則有總稽核兼提調張令贊宸及代理之宗令。自經此番部署，條分縷晰各有專習，兩月以來廠務大定，非若去夏之創始，今春之改章，尚須官應左右其間，忝參末議。是時雖無總辦，亦無虞其衆擎弗舉矣。而官應仍以多病之身忝列其側，無所事事，形類贅疣，實屬徒滋糜費。爲我公計，不若開去總辦一席，將官應現司之各處號信並歸總稽核一手經理，只留袁杞齋及管案卷之戈楚卿與黄書辦，餘均可裁。而公文書行及宦場酬應，歸之提調或責成盛守，而官應亦得借以離廠静養。一俟精神完復，猶堪另效馳驅，實屬公私兩益。否則，官應以久病微軀，當兹炎夏，日熏爐火，夜聽機喧，磺氣煤烟，朝夕無間，不獨不能調養，且恐增益病魔，將來即欲再效微勞，竊慮有所不能矣。縷晰敬達，惟我公體察而熟籌之，不勝急切待命之至。

尚有本廠各股辦法四條，容明日繕摺寄呈鈞核。肅此，敬請勛安。

陳旭麓等《盛宣懷檔案資料選輯之四》漢冶萍公司第一册《吕柏致鄭官應函》 敬禀者：竊化鐵爐管理升降機匠工周禮義因母病，於前月初一日請假旋里，詎意該匠並未返梓，潛在武昌繅絲局充當匠目，經吕察出已將該匠斥革，並致函提調處，請即關照繅絲局不准録用等因。吕復申函威德處，懇派熟悉司機匠王金川來廠暫時替代，一面招學習機匠梁賢幫理，令王金川指示一切。現已届半月有餘，梁賢藝已諳熟，堪以頂補，特着王金川仍回原廠工作。詎意威德不肯收留，殊屬莫測所由。況通廠惟化鐵爐日夜工作，工匠或有因歷苦致傷，或有水土不服，是以致兩足受傷腫脹者數人。吕擬令該匠等暫養數日，故於今晨函商威德請假鐵匠兩名工作十日，而威德又行不允。夫以外廠之設，原以備修理各廠機器，並預防他廠偶有不測，以便就近移借匠工而立。今化鐵爐匠工抱傷，未免有礙工作，欲向上海移借匠工，又途遠不便，今威德如此固執，誠不知其何故？況外廠所造物件實不堪以勝用，即能用亦斷難經久者甚多。倘化鐵爐各色機器果能齊備，頗願自行修理，一切勿與外廠交涉，此幾爲勢必然。但外洋設立外廠，以供他廠修機器並以防暫行替代匠工工作等事。華之設立外廠亦似有仿此法。況威德竟行不肯收用王金川，則吕嗣後主管化鐵爐殊屬掣肘。伏祈諭飭威德，仍行收録王金川，庶吕可將梁賢頂補，不致左右爲難，是否？

「中央研究院」近代史研究所《海防檔》丙機器局《光緒二十三年六月五日總署收户部文咨復鄂督機器進口無論官商均須照章抽税》 六月初五日户部文稱，貴州司案呈，據湖廣總督張奏：鄂省槍砲廠，添購製造新式快砲各機，援照川案，奏明免税放行等因一片。光緒二十三年五月初二日，奉硃批：知道了，欽此。欽遵。由内閣抄出到部。再查前據兩江總督電稱，機器一項，光緒九年，總署定有專章，無論官運商運，均須照值百抽五例征税，定章以來，本省外省，均一律照章完税。近來出款浩繁，尤賴關税挹注，更不宜輕免，是以各省及川省購辦機器，咨會免税者，概行照章咨復。昨據滬道電，川省進口機件，已奉川督電飭匯號補税，以後再有購辦機器，務請照定章辦理，以昭劃一而維餉源等因。相應咨湖廣總督南洋通商大臣，並咨呈總理衙門查照可也。

陳旭麓等《盛宣懷檔案資料選輯之四》漢冶萍公司第一册《王庭銘致王庭珠函光緒二十三年六月十一日》 敬禀者：弟於初八日回漢。李進翁現住漢局，約二十左右回申。弟在萍時，曾寄呈兩信並該處大略情形，諒蒙鈞覽。謹再將官局所購之山實在情形録呈兄鑒：

一、和順山係平地開窿，滿窿皆水，現用大水桶起水，尚未見煤。

一、同順山在山溝内開窿，窿内已有水，現用大長竹桶起水，亦未出煤。

一、興順山滿窿水，恐未必有煤。

一、亨順山窿口係開在背後，名漕子井尚未出煤，即見煤亦未必佳。

以上四山弟已與進翁説明，並請囑洪昌勿開。

一、豐順山在山邊開一窿口，查係二月開工，尚未見煤，恐見煤後難免無水。

一、元順山窿路已有三四里之遠，每日約出炭七八佰籌不等，每籌約五十斤。該山與廣泰福之合盛山毗連，以至疊次見話。再查該山從前已有人開過七年之久。

一、利順山亦與廣泰福之合盛山相離約八丈左右，窿内有水，現已停工不做，俟水退再行開工。聞係官局兩股、商局一股，將來難免是非。

一、貞順山窿口開在山頂之上，每日約出六七佰籌炭，每籌五十斤，該山亦是老井。

以上各山弟五月初四赴該山，均係親見如是。

一、官局所煉之焦炭，據化學張生云，化驗時灰有十六七分，雖不及開平，然煉鐵尚屬可用。即較廣泰福之焦炭，亦不相上下。何以洋人用廣泰福之焦炭，而云官局之焦炭不合用，洋匠欺中國人之外行，大率類是。（弟深知廣泰福之焦炭化驗灰亦有十六七分。）

一、收炭時務要將夾石剔除浄盡，再行過篩，然後下爐煉焦，其中省無限周摺，即煉出之炭亦甚好看，灰亦甚少，合用。

一、萍河封壩之期四五月，常例封至九月初開，九月至十月，河水尚滿，可以暢行。冬月至正月，河水漸小，由萍小船只裝半儎。交春後河水漸大，可以暢運至四月終。今年雨水甚大，該處河水滿足，至今未曾封壩。

一、洪昌辦事尚能吃苦，惜性情粗率，不肯細心講究，以至辦理不善，弟思洪昌急要見功者，恐保全江永耳。

一、局中各事均進公一人查看，弟不便過問，一切情形均由進公稟復杏憲。

陳旭麓等《盛宣懷檔案資料選輯之四》漢冶萍公司第一册《鄭慶麒上鄭官應稟光緒二十三年六月十一日》 卑職遵即束裝稟辭，馳往馬鞍山，面詢局董，並親往廠内查看洋房、營房、器具等件，均未損動。惟營房有磚石擲傷之處。此事實因洋人所雇工頭金招萬積欠所管散工錢一百四十餘千文，除金招萬將自名下四十餘千文扣存外，該工頭實短付散工錢一百千文。五月初二日因工頭遲遲不發，向洋人催取。洋人因係前辦局董汪令鍾奇三月分所欠，不允代付。函詢局董，該局董因局中無錢，函覆帕洋人暫行墊付錢一百千文，由帕給金招萬轉發散工，以求安静。不意金招萬於五月初四夜携錢逃走，散工均未得錢，人心惶惶。二十八日該局董由漢領到廠款，當將一百千文付還洋人。先於五月初十日有副工頭柯進興、金立勇、金滋旺三名向洋人云，自願充當金招萬之缺，並肯代爲彌補。洋人允許，該散工安心樂從，無如二十餘天出煤較少，領款不多，無力代還，紛紛求退。於是散工因錢無着，嘩然哄起，營勇彈壓竟因不敵，洋人畏懼，復將局董付還之錢一百千文仍給副工頭柯進興等，並經王董善言拊循，散工始各平安。卑職恪遵面諭，向局董云，必須緝獲金招萬重懲，以儆將來。而金係帕洋人所雇，本無保人。迨據該洋人云，大冶鐵山礦師賴倫來信，有曾經充過馬山工頭求伊派事，是否金招萬不得而知。該洋人意欲求請札行大冶縣飭差查拿，是否可行，伏候憲裁。該洋人再三請設法保護。卑職以散工領錢，向由洋人交工頭一人轉給，以致工頭私欠脱逃，散工無錢可領，羣向洋人恐嚇，此釁之所由起也。卑職與該局董面商，每次給錢，必須由洋人會同局董飭傳工頭並集所管散工各自到局面領，如此則工頭不能私欠克扣，散工即無由借端滋事，洋人亦可相安矣。似局董之保護不外乎此，洋人聞之首肯。愚昧之見是否有當，伏乞大人鑒核訓示飭遵。所有卑職奉委查辦馬鞍山事件，除電陳外，理合據實稟復。發稟後卑職即回廠銷差，合併聲明，專肅寸稟。

陳旭麓等《盛宣懷檔案資料選輯之四》漢冶萍公司第一册《鄭官應致盛宣懷條陳光緒二十三年六月二十四日》 兹將鐵廠近日辦理情形條陳鑒核：

一、堪納第歷次來緘要求各事，應均未准。今將堪來信並復信録呈鈞察。

一、堪與各工師不對，前云因未立合同，各人不畏懼耳。今合同已立，近來各工師洋匠見其本領太淺，諸多外行，無不輕視，故各工師凡事皆來與應商辦，不願與堪商辦。應仍囑各工師必須與商，以符體例，免其藉口。

一、威德恃總監工爲護符，作威作福，時與吕柏、拉夫等齟齬，各工師因此益惡總監工，前信已詳，想邀洞悉。

一、堪所求意外各事，應未之許，因決計赴滬面求督辦。應已將日時來諭轉達，奈未能止其不行。據云有要事面商，非筆墨所能盡達者，故已將其意電達清聽飭遵。今已來滬，當可悉其面陳何如耳。

一、前數日堪開單來支電費及洋客店費，均無原單，當即囑檢來，以備查核。又另開四個月午餐費洋百元，是額外之費，殊難照付。聞堪得信甚怒，即將其單撕毁，云我再不求他等語。乃臨來滬之日，又開單面請應允其付添雇顔仲仙翻譯及前開午餐百元之數。應仍未允，非敢固執，惟守正不阿也（其以私情疑應者，於此亦恍然頓釋矣）。

一、輪駁往來冶漢較往日快多，無慮礦石不敷，惟辛洋人性情凶悍，小工時被打傷，堪頗爲袒護。應告以行船商例，不可任性逞凶，並傳諭辛洋人及船主，倘再如是，不但罰工，且要斥革，決不寬貸。

一、賴倫云，詩洋匠本係機器師，大冶下陸機器廠盡可自造吸水機、小起重機等件，不必外買，每月添費不過百元，而所出機器價值必利（護）〔獲〕數倍。賴亦不願歸堪管，以其外行，徒多費筆墨云。

一、前拉夫致許啓邦信，囑作馬丁爐，蓋威德怪其致信於許而生妒忌，唆使堪囑許現在不必管外七廠工程，但繪改起重機及住屋、煤棧各圖。許雲視此與督辦原札之意不符。然係歸伊管，其所囑又不能不從，惟未足以盡其長耳。

一、查現存煉鋼生鐵一萬二千噸，翻砂生鐵五千餘噸，白口生鐵二千餘噸，計共若二萬噸。翻砂生鐵存已太多，前緘陳請速沽，想目下當可暢銷也。

一、堪納地來信並辛洋人信及本廠庫房憑單收條，告收發所庫房分董擅發寶巽繩索未免不合一節，祈寄盛守查明。

一、化學師司毛交來洋文信，當交章文通譯出，係控徐家寶冒領漆洋布、白洋布各一丈，其事雖微，未便隱諱，仍請發還盛守查覆。

一、應返滬時已將廠中各事交代清楚，與盛守、宗令布告同人，並囑總翻譯黄守，各事當聽盛守之命而行。如事忙不暇，即飭各翻譯幫忙，必須悉如應在廠辦事一樣，以副督辦所望。如有怠玩不遵，當告盛守查究。

一、吕柏催詢三月間緘托購比廠化爐用之鐵叉已寄到否？查德國現存焦炭二萬餘噸，如有貨回頭，每噸十四兩，無貨回頭，每噸二十兩，已囑德商永興洋行詣轅面商。

一、槍炮廠洋總管楲詢堪何時有鋼？堪云，須添雇洋匠方能定期。應已再三楲辨，堪乃諉歇夏。查去歲因無廢鋼而停，非因歇夏。今有材料不作，豈不可惜，仍請我公飭其速開馬丁爐。

一、錫樂巴云，本廠所造魚尾板不合式。堪納第謂限於機器，美國之魚尾板亦不過如是。擬請另派一人考驗，以定是非。

一、臨行時徐分董家寶來禀呈閲。鄙見既與司毛不合，似應將化學小工工食及日用柴煤雜物歸司毛經理，以免時行齟齬。是否仍乞裁示飭遵。

陳旭麓等《盛宣懷檔案資料選輯之四》漢冶萍公司第一册《李宗璡上盛宣懷禀光緒二十三年六月下旬》 敬禀者，竊卑職於本年四月十三日奉憲臺札開：鄂廠煉鐵首要惟煤。盧委員洪昶到萍半年之久，先後領過經費銀六萬二千八百餘兩。實止運過生煤三千零四十一噸，焦炭二千二百四十七噸；敷陳辦法毫無實際。在安源、高坑、紫家冲等處自購煤窿八處。據已報者費去成本四千餘元，並有報價先後兩歧。該縣紳商聯名禀訐，非盡無因。札飭卑職親赴萍鄉明查暗訪，究竟盧升令包辦自挖不能起色弊病安在？水道阻深，封壩後每日開收一次是否可靠？現造爐座每月究能自煉若干？廣泰福商辦能否較官局得手？總之，鄂廠待煤至急，無論官辦商辦、外採自煉，每月至少須有二千噸淨炭到廠，乃爲得手。各等因；奉此，卑職遵於四月二十六日馳抵萍鄉，按照札指各節明查暗訪，並酌籌辦法，敬分條縷晰陳之：

一、經費。調查流水各帳簿，連上海劃款，先後共領銀七萬二千八百餘兩。開支買井砌爐、造廠煉焦各費，約銀一萬一千餘兩；各廠户領款一萬三千餘兩；購運焦炭三千餘噸，連運湘潭水脚約銀二萬兩；生煤三千五百餘噸，約銀一萬兩；撥付湘潭轉運局銀五千餘兩；萍栗湘三局用費共銀四千餘兩；現存銀一萬餘兩。此銀錢大概也。細加查核尚無浮冒，惟開辦伊始雜費稍多，大都零星細款，現囑厘定每月額支實數隨報銷册禀送，湘潭支應所應請飭令裁撤歸轉運局兼理。

一、窿井爐廠。查盧洪昶去秋在湘潭，由歐陽煦即歐陽耀齋、楊壽春即楊松林二人接引到萍。其時廣泰福壟斷獨登，不准廠户煉焦，咸側目之。適盧洪昶來，均欣然樂從，書立議賣包繳字據兩紙，僅載價值，未詳繳數。盧洪昶遽以每年可辦生煤、焦炭各一萬噸條陳請辦，及至奉准到萍，始知廠户之據不足恃，遂又自置窿井以期回護前言。並不細查實在，有井即頂，從前二三百元、百數十元可得者竟倍蓰其數，以與廣泰福争衡，經手侵漁之弊因此而起。既頂之後不問煤之優劣有無，即任意設廠造爐，其粗率用事大都如是。萍紳公函實係廣泰福架砌請托而來，然亦均屬有因。嗣奉憲飭並經莫爔等多方勸阻，始行中止。至於商人股開各井，既無本銀交局，用費亦不照派，僅憑一紙合同坐得餘利，是商享其成，官受其累，殊出情理之外。現經卑職嚴囑盧、莫兩員，將未見煤之同順、興順、亨順、和順等井一律停辦。如有商人願開，准其自備資本接辦，俟見煤後如能煉焦，餘利官商均分。上栗市分局二月已撤，尚有上姜坡、下姜坡兩井亦係與人合辦，局只三股之一，已用五百餘元，其煤甚劣不合煉焦，已諄囑莫爔以後須核明收支款目，方准再付。並察酌情形，如無把握，即認虧停辦。此查明自置煤井爐廠並籌辦之情形也。

一、廠户領款。萍邑地瘠民貧，不善生計，採煤爲業者向不甚多。官辦時歐陽炳榮到萍，即有先助資本之舉，廣泰福踵而行之，盧洪昶繼之，各廠户遂視爲利藪。官商兩局又各不相下，争付廠本。爲收買焦炭地步，日積月累集成巨款，雖不至於無着，然疲户甚多，收還實無日期。歐陽炳榮放出之款至今未清，可爲殷鑒。卑職體察情形，以前已付之款驟令全數歸繳，各廠户實無此力量，以後仍不免相率而來，伊於胡底，當傳集各廠户諭令書立限繳字據，盡年内在炭價内陸續扣清。該廠户等因今年雨水過多，虧累頗巨，環求限年内歸還十成之三，明年四月底止歸還十成之七，亦屬實在情形。當允如請，各按往來簿據結清立據移縣存案，庶稍有限制。此後交焦炭一噸，即付一噸之款，不准長支短借。此整頓廠户領款情形也。

一、焦炭。萍人於煉焦一舉素未習見，猝熱興辦多未得法，又因陰雨連綿，虧摺者不一而足。春間焦炭收買自煉均不能起色，職是之故，嗣逐漸考究，頗有如法者。奉五月初二日函諭，當與各廠户細加講求，灰重燐多由於壁石篩除未净，現諭飭各廠户嚴督挖煤工人，在窿内即將壁層先行剔净，再挖好煤出井。窿口派人專揀窿中挑出之煤，壁石不净者立時傾倒，罰令另挖，不給工資。並由廠工、篩工、爐工節節挑揀，倘有怠忽，即按名查罰。各廠户已公立條規，遵守奉行，以後如不中輟，自可精益求精。又各廠户已煉之焦，交官交商原無限制，卑職以該廠等既領局本，自應先盡局中收揀。因飭令該炭幫核實集議，公同書立每月包繳焦炭一千三百噸字據，只許有盈無拙，倘短少一噸，罰銀一兩；包數之外如有餘炭，不准私售他處，違甘究辦。所立字據亦經抄粘移縣存案。至自煉之焦，僅元順、貞順兩井以煤數計之，每月約有五百噸左右，惟恐有煉壞及不合用者，自應酌減核計。今按至少之數計算，每月總可得净焦三百餘噸，已飭管廠司事核定用款，認真督率。此後如天時暢晴，連廠户餘炭每月足有二千噸之數。此採辦自煉之實在情形也。

一、運道。查萍鄉至湘潭水路三百數十里，中間水閘一百二十餘座，雖爲居民灌溉，亦實賴以蓄水，否則奔騰直注，一泄無餘，並小船而不能運。緣萍邑形如建瓴，千山萬壑之水，東由蘆溪經袁州達南昌入鄱陽湖；西由萍城經醴陵達湘江入洞庭湖。兩路閘壩林立，情形相同。封壩後遇雨即開，並無每日開放一次之説。惟有先將焦炭裝船，雨後順流而下，每月或可趕運數次。然萍、湘兩處船只均視裝焦爲畏途，其故由於漢廠起卸留難，動逾數月，以致萍煤到湘停待過載，官商兩局常有數十百艘之多；風險叠見，弊竇叢生，怨詈之聲震乎遐邇。夫湘潭轉運不速，小船即不能卸載上駛。萍煤無船即不能陸續起運。正本清源，應請憲臺嚴飭煤務處，以後萍煤到漢，無論合用與否，務須趕緊起卸，再行挑退。其挑退起卸駁力，即爲經辦焦炭之人承認，於廠無損，於轉運甚有裨益。此轉運之情形也。

一、官辦。查現在元順、貞順兩井，自煉焦炭每月至少有三百餘噸，以五兩五錢計價，約值銀二千兩左右。兩井支款不及二千元，是每月可得餘利銀四五百兩，以之充作局用，有盈無絀。將來利順水退，略加挖費，煤可多出，焦可多煉，其利更厚。至收買廠户焦炭，現已包有定數，不虞短少，按廣泰福定價核計，每噸可餘銀一兩，是多收一噸即有一兩之益，此爲本局已有之利。如議歸併，必須酌減炭價，請嚴飭承辦員董勿輕允讓，卑職料其必就範圍。此官辦之情形也。

一、商辦。查廣泰福資本無多，所用款項半由息借，聞已虧摺一萬數千兩。放出各廠户之銀非文氏宗族，即係至戚。甚至經手者將置辦之好窿攘爲已有，壞窿推歸公家，種種情弊更僕難數，此時已有岌岌之勢。盧炳元云，該號欲進不能，欲罷不得，確係實在情形。昨奉憲臺文電，恐彼無此力量，仰見洞燭幾微。惟馬委員有漢口願出資本接辦之人甚多之語，其是否確實，應請憲臺細加查察。否則歸併之後不特應繳官局廠井各款歸還無日，即焦炭亦恐難以爲繼，實於廠需頗有關係。湘省紳富有願接辦者，卑職即將與廣泰福議並各條給閱，並囑其派人先行查明，再行商辦，以期實在。大約不減價尚可望成，已託朱牧伯增隨時稟商辦理。此商辦大略也。

以上各條均係大要辦法，其餘應損應革及非一時所能詳盡者，應由駐局委員隨在相機籌度。張令贊宸條理慎密，現蒙委派赴萍整頓，自能功歸實際，請將卑職此稟札發該員(〔盛宣懷批：〕復加即札發)查核，期無虚飾。盧洪昶辦事尚勤，惟性質粗率，難勝一面之任，擬請飭調回漢，專司收發煤務，可望得力。所遺萍鄉煤差，應請遴派老成慎重之員前往接辦，但能不事鋪飾，就現在之局面切實講求燒煉辦法，此後萍煤當不減於開平也。所有查明萍鄉煤務實在各情形，並籌擬辦法各緣由，理合稟祈憲臺鑒核施行。肅此寸稟，恭叩勛安，伏乞慈鑒。

陳旭麓等《盛宣懷檔案資料選輯之四》漢冶萍公司第一册《盛春頤漢陽鐵廠廠規》 代理總辦盛示：

照得各廠工匠，向有廠規，近來訪聞，多有不遵規條，漫無約束者，合亟整頓。爲此重列規條於後，仰各廠工匠一體懔遵，毋得玩違干咎。

計開：

一、工匠進廠各給有籌，如帶籌私出及托人代交者，嚴究。

一、工匠領用材料須説明何事之用，以便登簿，違者罰。

一、工匠派定做工之所，不許擅離，至放工止。無故擅離者罰。

一、工匠不聽吩咐，貪安愉(偷)懶，避重就輕者罰。

一、工匠私竊物料，携帶器具出外者，斥革嚴辦。

一、工匠在廠做私用物件者，斥革嚴辦。

一、工匠不加小心，損壞器具、物件者酌賠。

一、工匠擅用別人器具，不向説明，以致有人尋覓曠工者罰。

一、工匠早晚放工，須將器具檢拾，如有拋散即走者罰。

一、工匠在門壁器具上寫字、畫花及弄壞告示規條者罰。

一、工匠有事耽擱十天、半月及染病等必須告假。如本人不能親到，代告亦可。違者罰。

一、工匠私帶外人到廠，不先禀明者罰。

一、工匠在廠吸烟聚談、閑話及口角生事者罰。

一、工匠醉酒逞凶，賭博滋事及結黨成羣者，斥革嚴辦。

一、汽爐匠、銅鐵匠放工時，不熄爐内火者罰。

一、藝徒不用心學習，在外嬉戲，久不到工者開除。

一、藝徒曾經在他廠開除者，概不收用。

一、藝徒在本廠學成技藝，無故私逃者嚴辦。

以上各條，自示之後，如果各廠工匠於工作事宜，格外小心勤奮，不犯規條，准由各該廠司事查明禀報，酌量奬賞加工，以示鼓勵。各該司事務須一秉至公，不得徇情偏袒，仍由本總辦隨時密爲查察。特此示諭。

化鐵爐　鐵貨廠　貝色麻廠　外七廠　工程處。

陳旭麓等《盛宣懷檔案資料選輯之四》漢冶萍公司第一册《賴倫致盛宣懷函光緒二十三年七月二十二日》　僕不能約估材料之費及昆崗之官場薪水，如欲知材料與薪水之詳細綦難。倘大人能諭飭鐵山及昆崗二處告知詳細情形，僕能繕寫出詳細報單。如買油木兩料，經鐵山官員不致遲期，並在僕亦堪經理用度若干。倘將昆崗用度令僕知悉，該處所用材料爲數不多，竊恐大人購買此等材料，其日用及採取錳礦比前月費用較巨，因彼等工作不勤，不能打鑽。僕思預備用度，須三個月照常如此，三月後，又畧減輕，再行詳禀。聞每一噸鐵石及石灰石交到漢陽，約需銀二兩五錢，其費太巨，約一兩五錢亦可矣。約得中之數，送至漢陽，每噸一兩五錢，僕不願承辦，但告禀大人而已。因中國官場云我等係外邦人，用度較彼糜費，實則不然。將鐵石及石灰石運至漢陽，照以上約價每噸一兩五錢。竊以即減至一兩五錢，亦需歷幾時。倘能再賤，所有餘款，則大人應與僕均分。漢陽應用鐵石及石灰石，每月約四千噸，故大人月可省銀四千兩。倘大人照此與僕訂合同承辦，則願承斯役。

上禮拜收到鋼條一百零一對，大約此鋼條可敷用一里之譜，此僕所請也。並望大人再送長約三里路之鐵條，以備應用，愈早愈妙。

至北塘灣新鐵山地，尚未定見，竊以開春鐵石不能交好鐵石，且需時日，故望大人趕辦此事。尚有新煤礦在金山田。所有章程，下月始行開辦，今將草圖呈上，以見旋杆機器等情。煤紋約向南五十度，故定意不開直井，開則費更巨，數月後即有效驗。只須依煤紋而開數法尺後，即可得煤。至今歲底，有煤有焦炭，其開井費每滿德在創始時，計錢五千文。僕在馬鞍山要小起重機器一具，則鍋爐煤即可取用，故於大人處費用並不皓〈浩〉大。以後情形，並不禀報。

至用李士礅、黄石山兩處機器運到新煤礦山，在本月底可竣事。下月須在廠修理，其機器用費賬單，下月開陳。

機器廠須定小機器，司忒倫格大約在廠宜造一爐，將來欲鑄小機器等情。可自造。我等必須火磚，向馬鞍山取，因彼處由焦炭爐遺下者，尚有餘。此外尚要五千塊鑲磚，已向漢陽詢問。爐之造費大約不致逾銀百兩。機廠内器具，今竟無用，故此爐成而我等可自造小起重及抽水機等。望大人准我等製造。僕已曾向鄭總辦商議，但伊意允行。

至論東流地方開礦工師名茀大照所擬薪水，不肯説出，現已電請者，恐未必合用。僕所信者，須在熟識之人，足供任使。故僕擬一開礦工師之合同，待鄭總辦簽字後，即寄至德國。僕有一同學友，亦礦師，伊開礦有年，擬延之來華。因如用此人，最爲合宜，可在東流開採，其有材能，堪爲力保也。雖此人四個月内不能莅華，但於東流開礦不遲。因僕思在彼開礦，同工人先試用手鑽機器，此工人前已用過此鑽，恰好待開礦師莅畢，此金剛鑽之鑽機修整即可打鑽，望大人允准此事也。

湖北省檔案館《漢冶萍公司檔案史料選編》上册《張贊宸致盛宣懷函光緒二十三年七月二十五日》　敬禀者，竊卑職前奉五月十六、二十一日兩次鈞札，飭赴萍鄉復查煤務妥籌經久，嗣又奉七月初八日憲檄並粘抄李令宗璡原禀，飭令按節講求各等因。奉此，卑職遵於五月二十九日首途由湘潭赴萍鄉。

查湘潭爲焦煤運廠咽喉，自黄道建藩去後，司事等種多不妥。現經札派王縣丞恂接辦，卑職已諄令從嚴整頓，從速起卸。萍鄉事吊查流水總帳，細核之各廠各井分帳，並無弊竇，創始多費則有之。至購買窿井，盧升令洪昶並無肥己情事，經手員司則外間嘖有煩言，雖查無實據，而事非無因。履勘各路井廠，應停者停，應開者開；稽查各處員司，應撤者撤，應調者調。迭將復查情形及整頓湘潭、萍鄉局務，嚴飭考究煉焦，先後據實電稟在案。復核李令原稟所籌辦法及查辦各節，確切詳盡，無待卑職縷陳。

盧洪昶任事忠勇，不爲無功，但輕率矜躁，罔顧前後，咎實難辭。管見萍事至重，急宜定一辦法，應請另簡操縱得宜、寬猛並用之人前往接替，庶使官紳通氣，廠户服從。所有官商合辦與否，並現在廠户反復無信，一切善後事宜情節甚多，非稟牘所能罄達。謹遵電命，詣滬分條詳細面陳，討論酌辦，以期持久而杜流弊。總之，果能得人，煉炭不患不精，出煤不患不旺，廠户不患不信，官商不患不和。所患者惟運道耳。

礦煤運萍城皆陸路，十餘里至三、五十里不等，挑力甚大。萍城運淥口皆小河，入冬水淺，夏秋間農民蓄水灌田，閘壩一百八十座之多，須待大雨開放，轉運艱滯，小船摻和，竟無良策。或主秋冬多煉、春夏多運之議，誠非無見，但焦炭爲化鐵爐日用所需，周流不息。若不源源接濟，一朝停待，傷爐實甚，勢不能以運無定期之炭，保不誤此刻不容緩之爐。再三籌慮，非仿西法設挂綫路不爲功，又苦工費太巨，創辦不易。既經履勘，自當仔細測繪，預備將來之用。已將萍鄉城東三十里之黄家源擇由平坦少灣之路測繪至醴陵、淥口。此口爲淥水入湘河處，由此卸煤裝船，下駛不虞中阻。兹將親勘官局、商號、民户所開煤井、槽路、煉焦廠爐編列表目一册、萍鄉黄家源至醴陵淥口測繪陸路圖説一卷、萍至湘潭水道圖説一卷、官局自置礦井圖一卷、各種煉焦爐座圖一卷、萍鄉土法煉鐵圖一卷、頂購礦井契據抄底一本，並萍局去冬開辦至六月底止收支銀錢摺一扣、煉運焦煤摺一扣，又上栗市局開辦至停辦止用款摺一扣，匯呈鑒核。

卑職贊宸謹稟。

再，卑職五月稟准交卸鐵廠提調並總稽核差使月支薪水五十兩，領至四月底止，合併聲明。肅稟，虔叩勛安，伏乞鑒察。

卑職贊宸謹再稟。

敬再稟者，卑職往返湘中，借資游歷。此邦山水雄秀，土脈肥厚，民情剛直樸勤，實爲各省之冠，其間必有大經濟、大學問者接踵而起。憲臺素重人才，還乞隨時留意，刍言上獻，借備鈞裁。續肅，再叩勛安，伏乞崇鑒。

陳旭麓等《盛宣懷檔案資料選輯之四》漢冶萍公司第一册《盛春頤堪納第辦事情形摺光緒二十三年八月初二日》

謹將查實鐵廠洋總監工堪納第接辦曠工糜費劣迹，臚款開陳鈞鑒：

一、堪納第試辦已有半年，各廠所出貨料，每噸合成本若干，均未核算得出。前堪允年内封河前，趕造鋼軌一萬二千噸，自六月間停爐止，本年僅造成鋼軌一千噸。即不因换軸停工，恐一萬二千噸之數，亦終萬做不到。

一、堪允改造新式炒熟鐵爐，可以省煤省工，熟鐵成本可冀便宜。自堪接充總監工後，將爐大加拆改，工料之費約計二千餘兩（有賬可考），而爐仍照舊式，不過拆舊换新，並無所謂新式，徒費巨款。造好後，亦未聞何時開爐，廠中機件聽其銹爛，絶不經理。至開除工匠，向不給發川資，而堪開除炒鐵匠，則全給川資。現在留廠者，尚有三十五人，雖月給半價，須洋一百二十六元，坐視虚糜，不知節省。

一、各廠加添工匠，工價較前多至一千一百數十元，大半聽人主裁，妄加工價，並不知考工考藝，分别優劣。實愧總監工之任。

一、翻砂匠郭叢華工價三十六元，手藝係在頭等，堪接辦後，即將該匠裁撤。現在所添之工匠，大半濫竽，以致鑄出機件，可用者僅十之六七，餘皆無用。害工糜料，暗中吃虧不少。工作亦不及以前認真，衆所咸知，並有工簿可考。

一、木樣廠從前做鐵貨接頭齒輪木樣，每個僅四十工。今堪接辦，每個做至七十工之多（前今皆有工簿存查），他件曠工，亦可想見。

一、鍋爐廠所做鐵貨滚軸模子，萬不能用鋼板做造，因鋼板見鐵水易化，且恐炸烈傷人。堪竟用鋼板做成四對，連工料約費銀八百兩，至今成爲無用之物。

一、堪云可以將白鐵及鐵渣煉馬丁鋼，堪接辦至今，未見試煉一爐。聞得外洋從未有此煉法，堪稱專學，直徒擁虚名。

一、堪添用翻譯數人，皆是不通中外文理者。每月多費洋百餘元。從前無此許多翻譯，亦是一樣辦理。此等支用，實是格外糜費。

一、堪面允周廷弼做鐵貨二百餘噸，價四十六七兩。此次堪在上海與周晤面，周向索鐵，堪云做好不少，可向廠去要。查堪接辦，並未做出一噸。今周屢次來函索鐵。此間所存鐵貨，均是徐總董所做，每噸成本，皆須五十餘兩，而堪妄與訂議，殊屬荒謬。

一、銀元局定做壓銀片滚軸一對，堪用馬丁鋼做三個，其一個已做壞無用。此兩個雖已做成，定價二百五十兩。詎銀元局取去，用至半日即壞。據該局餘委員云，只可認價百兩之譜。至今尚未收到銀兩，未知究竟能否收回二百五十兩。此件因鋼料未烘透，致將廠中汽錘打炸一個，約值銀二百兩。種種乖謬，總因堪非行家，以致如此。

王樹枏《張文襄公全集》卷一五三《致上海盛京堂光緒二十三年八月初八日亥刻發》 今日法領事來見，謂：兩月前，船政法國洋工師致函鐵廠堪納弟，查問所出鋼鐵質地、材料，請寄樣考驗，迄未見復。彼意船政用鋼鐵料甚多，欲專用中國鋼鐵，機不可失，請速飭廠查明。如收到此函，似應寄樣酌復，以廣招徠。庚。

陳旭麓等《盛宣懷檔案資料選輯之四》漢冶萍公司第一册《盛春頤致盛宣懷函光緒二十三年八月初十日》 敬禀者，竊卑府迭奉鈞諭，祇承一是。除已分別電牘禀陳外，兹謹將應布下忱，分臚於後。

一、廠中用人，大有關係，必須事權歸一，方能辦事順手，而無掣肘，以期指臂相聯，呼吸相應。大人倘以廠事責成卑府，務求此後逾格恩施，俯賜垂諒。於用人一端，勿貳勿(款)〔疑〕，委任卑府，黜陟進退，仍隨時請示，庶不致畧有隔礙。卑府亦得專一心誌，認真辦理。

一、徐芝生總董，擬請令速仍回廠，會同馮敬庵總董，作卑府之臂助。芝生人品既端，又係熟手，可信其必收效將來，而能和衷共濟，是所至盼。況卑府接辦廠務，所有能辦事而得力有用之人，實已不多。與其添派新手入廠，誠不如舊人中之可用者爲多所裨益。大抵局外之人，莫不視鐵廠爲利藪。入廠者，不求功，先圖利。求其實心於廠而操耿介者，千百中不見一二也。

一、各廠華工華匠，卑府現均實力整頓，惟威德外，七廠尚須稍緩。因王葆南不日可來，索性待其來後，將該廠工匠，責令考核再定。是以紗廠接手之馮丞商留王葆南，而卑府決不之允，亦以外七廠緊要之故。總之廠事無論巨細，卑府無不念兹在兹，盡力整頓挽回，以冀盈餘而後已。但請一切寬以督責，俯鑒愚誠，勿求速效於目前，循序漸進，是所叩禱。

一、清焦非十兩不售，頃接湘委來信，所云甚堅，而韶甄來信，以爲必不可允。兹將各原函附呈。以卑府愚見，不如不銷清焦，以絶其奢望，或能減價。蓋萍焦路遠貨佳，只八兩五。清焦路近，其貨即算與萍焦等，亦萬無十兩之理，祈鈞奪爲要。

一、查韶甄正月初二元號禀內，有一條大致云「德培所雇修軸匠，昨據送來克虜伯代訂合同一分。德培函稱：前渠托克虜伯廠，本要雇好手，不料該匠年紀尚輕，閲歷尚少，不知克虜伯何以代雇一如此之人？且據其舊主函云，只能做下手，尚不能獨當一面，且做工亦不甚認真，往往不受管束云云。謹將洋文原函四紙及克虜伯代雇合同一紙附呈。德培種種自相矛盾，實靠不住」等語。此尤足爲克司柏不堪用之確據。然修軸緊要，萬難因循。卑府前禀卜、呂電請外洋另雇好手一節，乞速示遵。

一、六月份收克月報、流水附上。又發存鐵廠備賬銀二萬兩，按五厘生息，應繳息銀一千兩一款，除另文申解外，務求大人將此息款在於鐵路總公司撥付，仍將申解批回行廠爲禱。餘容續禀，虔叩崇安。

陳旭麓等《盛宣懷檔案資料選輯之四》漢冶萍公司第一册《帕特勃克致盛宣懷函光緒二十三年八月十三日》 前寄呈電報云：「礦火已近横窿，恐煤礦被灾，漸成廢棄。」竊念最難是截斷火路，現已將此處堵塞，挖煤不必停工。雖未停工，因内多阻止，取煤自較減摺。堵塞火路，工極危險，全賴小工踴躍從事，此次小工奮勇可嘉。如須保全此礦，俾無後患，亟應從速設法。此礦只有一氣窿，恃以通氣，而此窿久已失修，現在火患漸近，深恐氣窿因之倒塌，氣無可通，此礦便廢，即提煤窿井亦難保護。防第二層之火，由井而入第三層，則全礦無從着手。覩此礦出煤之日尚久，逆料頗可獲利，若不設法補救，殊覺可惜。今籌劃各條詳列於下：

一、擬新開一氣窿，由地面起，深計一百法尺，且離煤綫稍遠，以免坍損之患，庶垂久遠。新氣窿擬從各横窿口共六處同時開工，工程約計兩月，需價一千五百兩。

二、大直窿應由第二層横窿再向直開下至第三層横窿，轉摺而至煤綫。計直窿七十法尺，價值每尺五十兩，共銀三千五百兩；轉摺横窿三十法尺，每尺價二十五兩，共需銀七百五十兩；薪水工程材料等需銀三千兩；總工須銀七千二百五十兩。由第二層、第三層横窿分地同時開工，六個月可以蕆事。做工之時由小直窿提取煤炭，新氣窿及大直窿畢工之後，所有横窿俱用磚壁隔斷，礦火只在第二層，且無天氣泄入，可期減息。既無火患，則工程自無阻礙矣。

以上所估價之外，尚有直窿所需鐵架並炸藥之價兩項，其鐵架可飭漢陽鐵廠自造。炸藥據賴倫云，鐵山尚有存餘。久貯不用，恐將敗壞，不如移彼就此，洵屬兩便。所論各工程，總須六個月可竣。照目下此礦情形，斷斷不能持久，亟宜從速照所議辦理。擬辦各工，並非在前立合同之内，而帕亦願玉成此事。各項工價，或逐項開單呈報，或照前立合同，每噸煤議加若干，統共工程需銀九千餘兩，攤勻計每月需銀一千五百兩。此六個月中，每月所出煤炭大約二千噸之譜。如將此工程開銷撥歸帕應得煤炭之項，每噸計應加銀七錢五分。是否歸帕煤項照加，抑逐項開單呈報，祈即示復。此項以六個月爲率，以後再立合同辦理。前曾述及此氣窿及井開後，利息必厚，每日可取煤二百噸，或二百五十噸。如督辦須面商此舉，帕當來滬一行。此礦只係火患，帕已電請賴倫來此勘驗爲證。現將賴倫來信，附呈鈞鑒。

陳旭麓等《盛宣懷檔案資料選輯之四》漢冶萍公司第一册《卜聶致盛宣懷函光緒二十三年八月十五日》

敬啓者，日前蒙詢漢廠所出鋼軌何以有長短不齊之病等因，但廠中所造八十五磅之軌有二十四尺者，有三十尺者，並非長短不齊，即以二十尺與三十尺兩種造路亦極配合，無不妥之處。況此兩種尺寸亦非洋員所定，不得歸咎於洋員。當洋員由滬回漢時急欲開工，而廠中貯鋼之模倒出鋼條只可以制兩條二十四尺之軌，彼時只有此模不得不開工，故拉二十四尺鋼軌者實限於模也。嗣後陸續又接到貯鋼模倒出之鋼，即可制兩條三十尺之軌，是以又制此軌也。此模乃堪納第所定，渠令洋員拉兩種係二十四尺並三十尺之軌，錫樂巴反欲拉三十六尺之軌。然無論是何尺寸，在洋員皆係一律辦法，有何揀擇，凡事皆照上游之令，惟望早行通知爲要。

錫樂巴之意欲造三十六尺鋼軌，如照其尺寸倘有一軌不可用，比較二十四尺之軌所廢者更多。惟三十六尺者魚尾片可以少用，木枕亦可少用。雖然在洋員皆無不可制有尺寸之異而工則一也，但爲大局起見，最好均制二十四尺，如吳淞所用之軌。至於三十尺者一模兩條共六十尺，則模太高，尺寸太長，拉出多有疵病。或制二十四尺並三十尺之軌，即可拉五十四尺者，分爲兩條，一則二十四尺，一則三十尺皆在一模之中亦可也。

所可駭者，金達雲鋼軌尺寸不同必不可用，不知歐洲造其鐵路往往所購之軌尺寸不同而鐵路無不盡美。譬如用二十四尺者一萬根，二十尺者五百根，十六尺者五百根，凡鐵廠制軌必有零餘，短裝之軌萬不能免，而造路亦必當需，蓋短裝之軌乃安放於叉路之上。伏懇大人即行明示，嗣後洋員或仍制二十四尺並三十尺，或全制二十四尺，或全制三十六尺，以便遵照辦理。專此，順頌勛祺。

卜聶謹禀。

再啓者：修軌軸洋匠已經撤差，某暫爲代理，俟考克利廠所薦之匠來華接辦。此匠約在兩月內可到，故洋員公事甚忙，然著有成效，亦何敢告勞也。

陳旭麓等《盛宣懷檔案資料選輯之四》漢冶萍公司第一册《卜聶致盛宣懷函光緒二十三年八月二十一日》

敬啓者，貝色麻已開夜工兩禮拜，拉鋼軌於本禮拜一夜工亦已開矣。惟貝色麻出鋼數目近日大有起色，日夜約出七十噸之數。而鋼之質又甚佳，任驗修之人極力苛求亦無可議之處，此某所敢擔當也。

鋼軌現在每日所出之數雖已遠勝於前，猶未出到極多數目。鋼廠情形較勝從前，亦未見盡善，然須仍加振率以求盡善之舉。現所最未妥者修軸乏人，由來並無一副修得精致，故所拉出鋼軌質雖見佳而外觀猶未盡美，即無大病亦有小疵。蓋其才不稱職，某前已屢述矣。雖然，若論修驗之人倘不有意挑飭，則百分鋼軌尚無數分可以飭退，即外洋鐵廠所制之軌百分中亦必有數分未佳者；倘修驗者果心無意見，則廠中所出之軌即外觀稍有小疵，亦不得指爲無用也。

修軸之工不善，故所制鋼軌外觀不無小疵，且時日因之多廢。至廠中所購之煤多係劣種，致水缸所出湯氣每不足用，軌軸轉動因之不靈。況火力由煤炭所出，力微則燒出鐵條總未十分透澈，故拉出之軌外觀亦不甚佳也。此情常告代理總辦，渠應允再行設法，今日所領之煤中有少許佳者，望此後循循有此種煤炭則無憂矣。總而言之，欲鋼廠起色，只須有一好手修軸工司，並常有上等之煤，此外不必再費苦心，而鋼廠工程可臻盡善矣。蓋鋼軌拉出之美惡全在軸之所定，此非人力所能轉移，所謂「工欲善其事，必先利其器」也。

前蒙電諭，准某等聘修軸之人，刻已轉電前途聘其來華矣。但未知此人前來與否？渠在外國已有差事。至薪水數目，某知外洋已有此數聘之，彼猶不肯就。雖然某亦望其能來也，蓋已電達考克利廠，請出力勸其來華。倘此人不來實屬可惜。蓋漢陽廠聘請此人極見合宜，該工司不特精於機器拉軸之藝，即呂柏與某如有病恙，渠亦可代理一切，無論有何機器，均能管理得到，且能蓋造化鐵爐等事，某兩人耳目所及，只有此人可靠耳。所慮者我見其才學之優，人亦見其優，況渠刻下在外洋當差之廠，已歷十年之久，未悉此廠肯否聽其銷差。但俟考克利廠電復如何方知確實，復電約一二日內可到。倘其不來，大人可信某之言，必欲聘之，某當再行設法電聘，冀其能來也。專此奉達，順頌勛祺。

卜聶謹上。

再啓者，本禮拜如無意外之變，可出三百噸之軌，然已經少出一百噸，因煤不佳並修軌不善故也。擬本月底奉上貝色麻所出之鋼並所拉鋼軌全數清單寄呈鈞鑒，諒必愜意也。

卜又啓。

陳旭麓等《盛宣懷檔案資料選輯之四》漢冶萍公司第一册《馮熙光查察應修貝色麻廠説帖》 竊職董猥以菲材，奉憲臺派令管理貝色麻廠，任大責重，時切冰兢。職董到廠以來，一面考察各匠工作，無任松懈；一面查看各廠機爐，誠恐損壞失修，或有疎虞，貽誤甚大。此考工與防患，二者不可偏廢，不得不慎之又慎者也。查貝色麻廠大汽爐十一座，光緒二十一年小修一次，迄今又歷兩年。職董悉心查看，各爐汽門日松一日，皆關汽不住。各汽管相接處，凡有漏汽者，輒用木尖塞之，而汽漏依然，是以耗煤甚多而得力較少。衆匠嘗嘩然，謂車開不動。職是之故，亟應妥慎修整，並用冷汽澎試爐力，察其能否吃重，應否修理，以昭鄭重。

前項汽爐十一座，皆在曠處，全無遮蔽。微特日曬雨淋，漸形剥落，且冬季天冰地凍，寒風外逼，雖云爐内有火力以敵之，而平日僅燒煤十噸者，冬間必燒煤十三四噸。亟應設法遮蓋，以省煤炭而保爐座。擬請添蓋鍋爐廠屋一所，約工料千餘金。貝色麻廠大車汽機，機質本堅，惟自開辦迄今，從未勘視，而軋軌又極吃重，難保汽缸之鑛不無有損。擬請先事豫防，一爲拆視，免有意外之虞。煉鋼樓風箱汽機，職董查看，開車之時，其飛輪向兩邊摇動，關係甚大。緣飛輪與汽機，相輔而行。飛輪一有摇動，則全副汽機皆爲之摇動。如日久失修，則將來通盤整理，大費工力。亦應早修，以防其漸。鍋爐汽管，由貝色麻廠通至馬丁廠、鐵貨廠、打風房等處通用此汽，向未分别廠界。假如一廠因修理汽管等事必須停汽，而全廠亦因之俱停。牽連延曠，大失事宜。擬請分廠各做汽門，以資關閉，免致因噎廢食。此外應修之件甚多，謹另列清摺，呈請鈞鑒。

至前項應修之件，洋匠未肯隨時留意妥爲修理者。大抵洋人在外國辦事，則瞻前顧後，審慎精詳；在中國辦事，則敷衍目前，罔思後患。若以華人往辦外國之事，亦必多秦越相視，此實人情之常，非意存畛域而故爲是揶揄之詞。區區微忱，諒邀憲察。職董明知現當趕造鋼軌之際，若修理各件，必須耽延四月之久，有曠工作。無如機件松壞，趕造亦屬徒然。與其虛延時日，難期功效，曷若及早整理，且免疎虞。九月初二日，打風房開抽水機之時，機匠梁有根聞汽缸内似有響聲。比即停車，拆開汽缸查看，因韝鞴螺絲母業已脱下，細看螺絲，其齒已没。倘非該匠細心聽出，則頃刻必有不測。此即日久失修，未細查察之明證也。職董爲慎重廠務起見，是否有當？仰祈憲臺訓示祇遵。專肅上禀，恭叩鈞安，伏維垂鑒。

陳旭麓等《盛宣懷檔案資料選輯之四》漢冶萍公司第一册《馮熙光關於接管火車並查勘火車損壞情形説帖》 竊職董奉委接管火車並查勘火車損壞情形等因，奉此。遵即詳細考勘，以重責成。查火車機器，首重鍋爐，爐内有鐵烟管數十條，直卧在内，各自離空，蓋使管外皆有水護，不致爲火熔化。惟爐内之水，進多出少，大半爲火炙干，日久必有淤泥，應按兩禮拜洗爐一次。洗時將火車開動，往來冲蕩，俾爐内淤泥蕩動，然後放水出爐。再將爐上銅螺絲退出，用鐵鈎將烟管上積泥鈎去，復行灌水冲洗，則泥隨水浄。此外機件亦須常時揩擦，如此則煤不多費，汽磅易足，駕駛靈動。此經理火車之要法也。

廠中火車四輛，自官局開用至今，輪軌相磨，已歷八載。勘驗輪軌之度，遠離原制，以致車行摇動，駭聲震耳。車摇則機器受傷，尤恐越軌遭險。加之爐中烟管滲漏，汽磅與馬力不符，機器損松，不能拖重。若再因循，誠恐壞致不能修整，即成廢物。此火車現在之情形也。

職董現屆接管伊始，奉飭查勘，遂將第三號火車鐵烟管取出驗看。詎各烟管外面周圍有三分厚淤泥包裹，堅硬如瓦，想由爐内淤泥積久結成。始知水不能潤，火逼鐵管，以致熔漏。此外，機件小有損傷。兹擬將火車四輛輪流拆修，以期精良，免誤廠需。再火車停歇之處，現無遮蔽，日曬雨淋，易於朽壞。擬請蓋磚房一所，需費無幾。所有接管火車及查勘情形，理合禀明。是否有當，伏乞訓示祇遵。

北京大學歷史系近代史教研室《盛宣懷未刊信稿・致張香帥函九月初一日》

大人閣下：奉八月十九日電諭，比款續合同昨已補印，比公司必欲俟其駐使蓋印知照該國，合同方能作准。頃已電請總署將鈞處補印之件到後即送比使，得其覆文，即當電促其總工程司帶領工匠來華辦事。早一日，好一日。各國尚謡傳比款斷難如期應付，惟法人則云必無貽誤。畫押之愛蘭力言，漢瀛發端應歸比公司派人開造。海沙地勘路回滬，已准所請派赴漢口，訂明到漢預籌地料，水涸開工，限六個月。發水之前，先將德租界外至灄口及灄口至孝感土石之工築成。並屬錫樂巴與彼會商後即行交代，以免藉口。惟此時江邊買地最關緊要。此係朱道專責，而道府縣亦須幫助之，方能有成。政府來函頗急切，不知通商口岸，買地易於影射，不如北地之易也。去年恭邸而論，或由襄樊，或由信陽，會商請旨定奪。又譯署奏用鐵軌，係出自南海之議。然改已奏之案亦必宜聲明。宣不慮鐵道之不成，但慮鋼軌之不及自造。萍鄉運道不通，洋焦因鎊貴水脚貴需價廿餘兩，湘皖尋礦緩不濟急。事之濟否，以開平爲斷。昨開平覆文，種種推諉，意見極深，夔帥無可如何。曾見大人屢次奏章，皆言鄂鐵足供軌料，來年若無佳煤，不能煉佳鋼（萍煤燐重，止能煉次等生鐵，名曰白鐵，可煉熟鐵，可翻砂，不能煉鋼。開平煤不來，便坐此病），比人勢必藉詞全購洋軌，固增二千萬漏卮，與原意不符，鄂廠失此機會，亦恐永無翻身之日。旁觀誤會，不謂開平掣肘，而謂漢廠辦理之不善，並謂冶鐵之本不能用，湘煤之何不早開，大人與宣前言之不應，豈不寃哉。再四籌思，不能不將實在情形預爲陳奏，一面派員赴津，稟商夔帥，與張道議訂合同，總須將五槽合用之煤先儘鐵廠購用，又須將唐山唐沽焦炭爐悉歸鐵廠派人自管。開平坐收售煤之利，庶無推諉。此事關係至鉅，能否借重鼎言，函致夔帥，與張道商酌辦理。謹擬一摺三片，乞購裁削改正，迅速寄下，敝處同日抄寄北洋，亦請改正寄滬，再行繕發。如兩處更改緊要語句，即可電達。至津漢兩局銜名循例奏報，楊道排列其間，似尚不甚著迹，誠如鈞意，事前止用輕筆但求不挑剔，露面之後不難另做文章，此亦時勢使然耳。盧漢大局，總須總監工速到，頭批百萬如期應付，方可放心。目前止將盧保漢孝應用料物應辦工程責成金達，海沙地分頭開辦。宣將滬事認真料理，一俟漢滙水退，即當赴鄂籌商一切。開春親自督同總監工等自漢端勘至京門，即可定先後緩急之序。湘中勘路以勘礦爲名，會稿即辦，惟得人爲難耳。手皱鈞安。

陳旭麓等《盛宣懷檔案資料選輯之四》漢冶萍公司第一册《盛春頤致盛宣懷函光緒二十三年九月十一日》 敬禀者，竊奉二十五號鈞諭後，當於三十五號述克司柏情形禀中，畧陳一切。茲再分條布列於後：

一、現在鋼軌條，古培驗看者三十尺、二十四尺兩種。古培有意挑剔，爲私不爲公，已據海沙地會同古培、卜聶復勘，海沙地將古培挑剔之軌，面駁多條，古培無辭以對。然古培積怨更深，連日更加挑剔，並帶鋼鑿，硬將伊說不好者鑿壞，致不能用，不知其意何居？據海沙地云，古培所剔之軌，大半可用。即有瑕疵者，尚可作車站接軌等處用，如鈞諭所云。二十日古培驗九十七條内，壞者四十六條。今海沙地於四十六條中，仍挑出可用而不壞者三十餘條。於此亦可概見大致情形，聞海沙地已具禀尊前，毋庸贅述。惟諭中有古培請每條長十二法尺，可省魚板螺絲。據卜聶云，漢廠可造十二法尺一節。詢據卜聶云，古培知其一不知其二，十二法尺軌條，漢廠非不能造，亦非不知軌長可省魚板螺絲，無如軌愈長，愈易損，壓直亦難。且拉十毁五，已覺費工、費炭、費時，極不合算。因十二法尺之軌，能拉一條，即作一條之用，恐無此妙手。是不及三十尺、二十四尺之妥帖易施。然三十尺已難免毛病，二十四尺則全無損處。倘拉三十尺有大損處者，當拉即當毁，尚不致大費。苟能改爲二十四尺，悉改二十四尺，所以不能一律也。查卜聶造軌，先後均其一手經理，德培及堪納第在此軌亦出其手中。今日獨當一面，止有加意。況古培歷經驗軌果能精到，金達即不致再有挑剔。總之卜聶一人責專造軌，卑府惟有飭令善爲製造，不誤要工。是以卜聶日以無好煤、無修軸好手向卑府吵鬧。現在每日定數發給好煤，另雇修軸好手，卜聶自不能再有他言。克司柏走後，修軸暫歸華匠，仍由卜聶管理。以大勢度之，封河前五千噸數不致誤事，即魚板螺絲，亦可趕成二千噸，能多更妙。此次「公平」必裝千噸之軌，連橋料各件，總可滿載。

一、鋼軌煉鋼以好煤爲命根。前定購之東洋煤，據海沙地等僉稱，二千噸必當全買，以急其所急。且云果能出軌順利，煤雖貴亦尚合算。然卑府因急於求購佳煤，自知定購東洋煤貴，深以爲悔。現與吕柏約，下禮拜二不到，一定退回不收。該洋行亦因煤尚未到，情願再借三百噸，以應急需。只以鋼軌緊要，不得不且借用。但用煤甚繁，即千噸東洋好煤，盡鋼軌煉鋼，不雜别用，亦不過一月光景，又須籌劃接濟。長沙、萍鄉已經屢電屢催，萍煤上次到者甚壞，於事亦屬無濟。

一、擬自鑄軋軸，係馮敬庵主政，刻尚未鑄。卑府商請敬庵先鑄軋魚尾板軸一副試用，日内即就。擬魚板軸鑄妥後，再鑄大軋軸。所以如此者，因卜聶云，從前經敬庵手鑄各軸，至今未損，足見可靠。惟敬庵云，八十五磅大軋軸，廠中無此器具製造，打風房亦無如此大風力，恐不易辦，姑盡力爲之。

王樹枏《張文襄公全集》卷一五三《致上海盛京堂光緒二十三年九月二十二日酉刻發》 龍州蘇軍門來電云，龍州鐵路法公司來詢，漢廠上等鋼軌每碼重七十磅或八十磅，每噸價值各若干，此項鋼軌體質如何？請每樣各發一條給驗，如果合式以後需用能否應期交付等語。此事做處與商再四公司始託電詢，祈速電復。是懇元春肅箇等語，特轉達，即示復。禡。

陳旭麓等《盛宣懷檔案資料選輯之四》漢冶萍公司第一册《顧培驗軌報單光緒二十三年九月十四日》 現今驗得鋼軌拉力第一條首尾計見方一米羅密特，

墜重計五十基羅零三分，計拉長每百分長二十分；第二條首尾見方亦係一米羅密特，墜重計五十七基羅，計拉長每百分長二十六分；第三條首尾見方一米羅密特，墜重五十基羅，計拉長每百分長一分。此次所驗第三條鋼質過硬，拉力只長一分，制鋼軌不甚相宜。照泰西章程，驗得第三條鋼質如此，須將同時所出之鋼軌再驗一條，倘仍只拉長一分，應將全行鋼軌概行廢棄。目下各鋼已經雜亂，未能照此章辦理。現在揀開壞劣鋼軌十二條，以備試驗拉力，驗畢再呈報單。

十月一號驗鋼軌三百十四條，壞者七十六條；二號驗二百四十二條，壞者七十八條；四號驗一百七十三條，壞者六十九條；五號驗三十一條，壞者二十條；八號驗七十五條，壞者二十六條。

陳旭麓等《盛宣懷檔案資料選輯之四》漢冶萍公司第一册《鄭官應致盛宣懷函光緒二十三年十月初一日》 昨據開平局翻譯盧詒棠到滬云，明年新井每日可出煤三千噸，似可歲供鐵廠焦炭數萬噸，以應煉鐵急需。查唐景星觀察稟請大學士李創辦開平煤礦，原爲供中國輪船各局廠應用起見，當時招商局股分最多，竭力維持得有今日。唐觀察歿後，歸張燕翁、徐雨翁、陳藹翁接辦，皆仍宜顧全大局。惟現在金鎊漲跌無常，恐煤價因此虧摺，未允多定。擬請北洋大臣飭張燕翁、徐雨翁、陳藹翁會議，預籌歲供鐵廠焦炭數萬噸，定價持平，以免漢廠中輟，利權坐失。或聲明他處及市售不得援以爲例，亦似與該礦局不致大虧，是否有當，仍乞鈞裁酌定施也。肅此，敬請勛綏。

陳旭麓等《盛宣懷檔案資料選輯之四》漢冶萍公司第一册《鄭官應致盛宣懷函光緒二十三年十月初五日》 嘗聞礦師有兩等，一履勘礦脈之有無、優劣名查礦師；一安置機器應如何開採名礦務工程師。雖查礦師畧知工程，非其專門，工程師畧知礦務，亦非其專門。本局廠急在延請查礦師，頃據密爾登再查，昨來之谷礦師非查礦師，實係工程師，畧知礦務而已。據陳藹廷兄云，當道宜延聘查礦師，凡開礦者宜請工程師。官應已囑作琴緘致谷礦師去見藹廷，考究其本領如何，然後試用。是否有當，仍乞鈞裁。

官應又與藹廷論鐵廠焦炭事，據云，查得外國有新式焦炭爐，每座十八爐，每爐每日可煉焦炭一噸，每月欲煉焦炭二三千噸不難（以煤煉焦有七成）。開平自有火磚，亦無需巨費，惟添置機器約費銀數千兩。將來焦炭成本必廉，如張燕翁勒索過昂，官應有一策須面陳。肅此，敬請勛綏。

陳旭麓等《盛宣懷檔案資料選輯之四》漢冶萍公司第一册《吕柏致盛宣懷函光緒二十三年十月二十二日》 西一千八百九十六年九月三號因焦炭缺乏，停煉生鐵，旋於十一月十四號開煉，迄今十一月十五號正值一周（年），謹將所用各料以及出鐵成色、噸數開呈鈞鑒：

用焦炭二萬五千零三十九噸五百五十記羅；

用二號鐵礦二萬八千一百零五噸五百十記羅；

用三號鐵礦四千九百七十六噸三百三十記羅；

用礦砂二千零二噸七百記羅；

用廢鐵鐵渣等三千四百三十五噸六百六十記羅；

用一號白石八千四百二十五噸九百記羅；

用二號白石三千七百四十四噸九百二十記羅；

共煉成貝色及翻砂生鐵二萬四千四百八十五噸二百記羅（以月計每月約二千零四十噸四百記羅；以日計每日約六十七噸一百記羅）。

以上鐵礦成色每噸約煉鐵六成三五，煉鐵一噸用焦炭一噸零二十二記羅。化鐵爐經煉一年尚稱順適，但礦石水道裝運、陸道起卸均屬遲緩不堪。緣裝卸之器具不周，督率之人工不力，以致愈遲滯則愈難辦，愈耗費而成本愈重。吕雖日欲廠中生色，卒無良謀，況兹一年之間炭質之優劣不齊，灰自十分至四十分，磷自□·□□一至○·二，所以價值亦低昂不等，生鐵成本何由而輕！而且無磷焦炭時常缺乏，則貝鋼鐵難以開煉，而煉他鐵勢將貝鋼鐵日少，恐鋼廠亦因鐵缺而停煉鋼。吕是以再三瀆稟呈芻蕘之末見，迄未蒙鑒核施行，而廠務幾若日下江河，滔滔莫返。而且總理處既無統屬之大權，見地由兹阻隔，是以總理之器具盡掩，幾無統轄之才，以致衆工師平時稟請，罔能直決分別辦理。照此情形，冀各廠出料之夥、成本之輕，難矣。是皆華人辦理之多周摺，並視洋工師爲夷人，而未能輕信也。

北京大學歷史系近代史教研室《盛宣懷未刊信稿·致陳伯嚴書十月廿八日》 伯嚴仁兄大人閣下：滬瀆幸領教言，惜悤悤未盡東道之誼，伏惟侍奉多福爲頌。德國藉教案踞膠澳，竟飛書各國，謂已得該口岸，約立通商碼頭，意似將以香港處之。地有內外不同，或怵於俄法退還。然了此案必有條款，中國之大，無兵無餉，讓一步進一步，若不亟圖自强，何以爲國。夫欲自强亦何難，中外有同志十餘人，謀定後動，深固不摇，上必聽下必從，則强矣。鑄鐵日盼湘煤，而煤礦不用機器難得深處佳煤，欲用機器必須設法准令礦師勘度。小花石距湘潭咫尺，小輪一水可駛到，此間有礦師能華服畧解華語，特屬譚復翁赴湘稟商帥座，可否准往一勘以定大局。將來果欲造路，亦須用洋匠。且小花石有定所，不必聽其亂走。乞趨庭時一言及之，餘由復生面述。手頌侍祺，不盡百一。愚弟　頓首。

北京大學歷史系近代史教研室《盛宣懷未刊信稿·致署湖南臬台鹽法長寶道黃十月廿八日》 公度仁兄大人閣下：申江晤別，渴想殊深。陳臬以來，想見觀風易俗，湘靈衡秀，悉入藥寵，可深艷羨。清溪聞爲水灌，此學西法未盡善也。小花石偪近湘江，不用大機器吸水，必難久持。鐵廠望湘煤，如嬰兒之望乳食。小花石聞有肯招股之説，各國煤窰本無官辦者，但集股必遣礦師勘估方有把握，與蔣少穆兄面商，先派譚復生太守赴湘請示右帥與尊處。此礦能否大舉，總以礦帥能否往勘爲斷。如礦師不能去則鐵路亦何能爲。湘中自强，遲速之機，似可於此卜之，餘屬復生而告，想卓如亦已畧言矣。手請勛安。愚弟　頓首。

陳旭麓等《盛宣懷檔案資料選輯之四》漢冶萍公司第一册《盛春頤致卜聶函光緒二十三年十月二十九日》 所有代雇副工司到後，准爾假期及銷假回廠作何議法，並酌加薪鎊各要端，分別書復，即照依可也。

一、合同毋庸訂立。前奉督辦諭，照招商、電報各局洋人辦法，均無合同，然有在局十年、十餘年之久者，仍在乎辦事之得力不得力。爾果能盡心辦事，即十年、廿年亦未可知。合同應作爲罷論。

一、郭克爾廠雇到副工師來廠代理一月後，爾即回歐。此議誤會。該副工司到後，總須看果能勝任，事事熟悉，不致貽誤，爾方能回歐。不能定限一月，至於既準給假，自以四個月爲限，不能逾期。

一、爾每月薪水，已稟奉督辦准加廿鎊，月支英金一百鎊。假滿來廠，准支由歐來華川資英金一百鎊。薪水亦以由歐動身來華之日起即行起支。

一、回廠後，鋼廠、熟鐵、鐵貨等廠，均歸爾一手妥爲盡心經理。洋匠等亦歸爾調度。仍須遇事稟商本總辦辦理。總期廠務振興，精益求精，愈久愈勝。比本年八、九、十等月倍加認真勤奮。並須始終如一，不可稍有變易，是爲至要。

一、此次請假回歐，本難應允。本總辦實欲爾赴比廠閲歷近年煉鋼造軌新法，是以準假，並給由歐來華川資，及由歐動身來華之日起支薪水。惟後不爲例，他人亦不得援以爲例。

北京大學歷史系近代史教研室《盛宣懷未刊信稿·致鄭觀察函十一月十一日》 陶齋仁兄大人閣下：屢奉手示，敬悉一一。北洋會銜奏留，尚未見明文，頃又電催矣。商局事惟煤爲最難，前年合同，照花農來電，燕謀似已忘却。德事一出，煤價更漲，鐵廠用煤，屢蒙接濟，此問竟無煤到，較焦炭更爲着急。各礦師勘宣城爲好，惜張壽嵩無力，已函商李仲絜兄，能否籌款未可定。王省三願領本三千兩督同張壽嵩試用民窿，而照谷法亦是救急之計。容與谷商妥再函致省三，當可而達一切。東流打鑽功夫甚遲，谷云有煤，日盼好消息。彭澤煤必不好，且有東流何必彭澤。蔡丞處處滋事，聲名甚劣，擬即飭令暫爲停工，未知尊意何。如袁州煤好而運較易於萍鄉，俟小莊來即派礦師往採，煤本甚鉅，准照尊意輪廠合辦，將來並須招股也。粵湘路將議奏，問芻自己不能出面，尊意轉達未置可否，公能另招二三股否。雨之回滬請與商之。（經）蓮珊欲提備賑之款，查黄幼農已提付湘賑四萬兩，嚴佑之提付川賑五萬兩，只有一萬存典生息，似不可拔其根。至於息款，因十八年以來借放東賑、晉賑、奉賑、東賑、湘賑，一日未得歸本，即一日未得生息，只有十八年以前息款，已儘數彌補湘賑五萬之短數矣（湘賑原借五萬，今年川賑借時只歸三萬餘兩，尚短一萬餘，以息補之）。蓮珊久病，此皆弟與佑之二人商辦，彼不及知，而疑及鄙人。容俟文到再行復之。公與至交，望先轉達。匆復，敬請台安。

陳旭麓等《盛宣懷檔案資料選輯之四》漢冶萍公司第一册《谷克致盛宣懷函光緒二十三年十一月二十六日》 敬稟者，谷奉命往勘康中煤礦。該處距鐵山鐵礦約八英里。沿途見有數處業經土人挖過，並見有煤皮數堆，皆在康中境内。又見煤窿左近煤層厚有三尺六寸。此煤窿挖得寬十三尺、高五尺，分作三路。兩路寬各五尺爲取煤之路，一路寬三尺，用竹梯爲人行之路。窿斜挖深一百尺，約五十五至六十斜度。窿底平挖約十尺，但見有石塊倒下及小石條而已。據云距此間深數尺已挖到煤層。因遇老洞上水冲下，洞頂塌陷，窿内皆水，於是停工。現日夜抽水。谷見有水不多。抽水機係土作，分八層接連抽水。假使該窿被老洞水淹，用此等抽機未必能有如是之快。且可征諸木石等料，若被水淹，必有水迹。谷見木石料皆干。偶然水冲倒塌，容或有之。鄙意決以爲其中必有不是之處。

自開窿以來已有百二十天，只開一百尺深，核算每天僅挖一尺，工程頗慢。又見有火車頭式鍋爐三個，小提煤機一具，業已齊備，可以應用。另有小機房一所，内有打鑽等機器。又欲自造磚瓦，現擬造八萬磚，爲造房屋、鍋爐、鐵架等基址所用。又有大提煤機及鐵架，此間煤窿所用，在大冶下陸廠修理。谷請臺端格外留神，此等舉動，殊覺太速。無論試開煤礦以及各種之礦，似非真正辦法。如欲開辦，先開一小窿，挖至煤層，以驗煤層厚薄，煤質如何。假使煤層好而有利相繼開挖，由小窿取出之煤以供後來開大窿鍋爐、抽水機、提煤機所用。俟大窿開至煤層，由小窿應挖一氣窿，以與大窿接連，小窿便作爲氣窿。此係開礦之法。假如先知煤層之厚薄好壞，可以大小兩窿一時並開。但該處煤層厚薄好壞，臺下未經知悉。據賴倫云，渠亦不知，只聽土人所述煤層而已。谷見該處果有煤層，系軟煤，厚三尺六寸。取有煤樣焦炭，惟谷不能説何處得來。據稱當水冲淹窿之前由此窿取出。此事容或確實，然谷不敢信有此大水冲倒，煤窿湮没，如果屬實，木石應有水迹。谷細視該窿，不見痕迹。谷不知賴倫如何能電達憲臺稱「已得煤層，能煉焦炭，數日内可以寄呈」等語。因谷偕賴礦師與王委員親入窿内，彼不能以煤出示，谷亦不見有煤。賴礦師與谷及王委員所説，究係何人屬實，須請臺下定斷。

既蒙憲臺派谷勘礦，彼處如何情形，鄙意必須與鈞座的實報單。如彼等所説果實，云横窿内挖到煤層時水即冲下，該窿由直窿起長十五尺，遇至老洞木椿倒塌，以致有泥石堆積等語。若是離老洞甚近，安能望此窿内多煤？鄙以爲煤必不多。應宜再挖深下層，另挖横窿。照賴倫電報，憲臺未經收到煤樣，請派谷再往康中一觀。自前次觀後，便知該處如何辦理情形矣。

陳旭麓等《盛宣懷檔案資料選輯之四》漢冶萍公司第一册《谷克致盛宣懷函》

光緒二十三年十一月二十九日

今奉上辯駁帕礦師八月廿四號、九月九號失火報單，開列於後：

一、駁八月廿四號報單，「磚墻尚有泄氣」等語。谷見頭層煤窿，磚墻如此砌法，安能望窿勿泄氣。據帕稱，墻中有泥土四尺，堅實堵塞。又據報單所述，墻砌有兩米得厚（即二法尺），中間磚墻，砌亦合式，加以泥土，自勿泄氣。礦内失火，係二三十年前始有砌墻之法，砌一尺厚，足以擋火。若此法不行，再用兩柱在窿路兩傍竪立，柱上釘板，兩柱相隔四尺，稍遠亦可。柱上有板，中實沙二尺，兩面泥各一尺，堆至窿頂，而後再以泥土一尺涂於外面。俟此層完工，而後又將路旁窿頂至窿底，距前層土墻約九尺遠，再築土墻一層，如前法布置。又有一法，築磚墻厚一尺，中實泥土，外加泥一尺，沙四尺，最外一面，又加泥一尺護之。並(有)〔又〕築磚墻厚一尺，中實沙土，高至窿頂，外面只涂泥一尺。凡在墻中或木板中，沙土必須堆築堅實。此等擋火之法，如英國佩特華斯地方佩特華斯鑒力的煤礦，及意模華斯帕蕾化爾煤礦是也。該礦失火經二十年之久，可以擋住，依然挖煤。

二、駁「救礦火，應以礦内浸水」等語。如礦失火，不能砌墻擋住，最妙立刻以礦浸水。然馬鞍山已幾費時日，幾費銀錢，砌起磚墻，而仍令窿底水淹，非再化錢加工，不能出水，殊爲不解。

三、駁「自正窿起（即大直窿），六十米得，有直窿塌陷，焦爐烟囱傾倒」等語。請憲臺問帕，何處直窿塌陷，能令全地傾倒。谷以爲不然，斷不能一層坍陷，各處各是坍毁，實因焦爐底下之煤，已經挖空，以致傾倒。又請問帕，約有廿五萬方尺之煤，二十日内可以全行燒盡否？據帕報單，礦已失火，非將水貫窿内，以至地面，帕不能將火息滅，他人亦所不能。因氣不能閉塞，必須開通至地面，令風下吹。假如煤已經火燒至過甚，地面必有所知，或火或烟，由礦而出（如英國之施丹福許文斯培立煤礦失火是也）。惟谷並不見有烟火經窿而出地面。

四、駁「北邊第一煤窿，以及洗煤機器」等語。谷想帕以爲煤層直窿，距正窿約五十尺，在頭層二層之間，照圖所畫，如煤柱堅固，非待煤柱燒盡，而地面之洗煤機，以及地面必不致傾倒。直窿或有損壞，然不至震動過於頭層。如地面傾倒，其正窿必然有損。

五、駁「在頭層二層窿内，再不能出煤」等語。俟火已息，通氣已好，爲何在二層窿内，不能再挖煤焉？鄙意帕已知此二層煤已挖近正窿，因此不欲再開挖二層之煤。

六、駁「下月可以出煤足數」等語。現煤礦失火，其勢甚猛，幾近風窿，照圖再挖下至三層。又據帕八月廿四號報單，已將頭層二層直窿堵塞，安能望滅此火下月可出三千六百噸煤？無論各礦師應知辦理礦事，知礦已失火，火不能滅，必不能一月之内，再出三千六百噸煤。此係不實報單，無非欲誤引臺端不知所從。帕必自知三層窿内，即使未經着火，不能出許多煤數。帕曾否云，風窿失修已壞，照圖知此間火已燒近，安能有煤！谷決曰不能。想亦自知，因是禀報臺端，稱：「如無意外礦火」等語，無非(善)〔擅〕自解釋。

七、駁「如憲臺疑帕辦公未善」等語。帕必知督辦思帕辦理不善，故自作疑訝之詞。

八、駁帕九月九號報單稱「礦火已近横窿」等語。查帕八月廿四號報單稱：「頭二層横窿，俱已隔塞。」嗣又電稱：「火燒近至横窿。」請飭帕在圖上指出火燒起距横窿遠近若何。

九、駁帕稱「幸而將爲難之事(意是截斷火路)辦好」等語。前報單稱：「已經砌墻堵塞。」此報單稱：「現方堵塞。」

十、駁「籌劃現存之礦及風窿」等語。照圖距風窿尚遠，帕知風窿已壞，爲何不能修理完善。帕亦知，如此窿塌倒，無風可通，礦不能辦。谷在馬鞍山時，帕曾告曰：「此窿已壞。」數月前應欲修理而不修理者，因爲帕欲另外花錢。

十一、駁「防三層横窿入火，全礦作廢」等語。谷以爲如果辦理完善得法，將頭二層窿火息滅，何致令三層横窿作廢。然谷見帕之辦理不善。

十二、駁「新開氣窿」等語。如不善於經理，將來新氣窿亦欲傾倒，照帕圖所畫紅色以擬開之氣窿，谷另加黑色，介乎正窿及擬開氣窿之間。如石内氣窿開至二層，氣已能下通至三層煤綫直窿。俟氣窿直窿已開到二層，得着煤綫，不能聽其自然，失於經理。不知帕曾是如此辦法否？

十三、駁「氣窿與大直窿畢工之後」等語。帕擬將新氣窿與大直窿速爲開成，帕知頭層二層煤不應失火，自爲洗刷。據報單所説：「煤有礦質。」果是，則無論多少，常有自來火之患。老窿既有此患，安能望新窿將來無患？

十四、駁「不能望此礦再留(常)〔長〕久」等語。谷答曰：不能。如煤已挖近氣窿與正窿之間，此礦安能常留？

十五、駁「每月出二千噸煤」等語。前帕報單所説「每月能出三千六百噸煤。」現退而云，「計六個月，每月出煤二千噸。」此爽約之法甚善。谷以爲帕果誠實公正，然不如初説實話，使憲臺有所盼望，且可照事預備。

十六、駁「帕已經説明開窿有利」等語。谷以爲此與帕包工有利。照帕圖樣及所擬辦法，另開大直窿至三層，費銀萬餘兩，與憲臺未見有利。蓋有三層現存之煤，可以取焉。查帕在馬鞍山已一年有餘，包出煤每月三千六百噸，每天百二十噸，當時煤綫内有慣窿三個，及頭二層煤路，且有鐵軌煤籠運煤，在氣窿與頭二層間提取，兼有三層小直窿煤可取，地位如是之多，每日只出煤百二十噸。現欲臺下信任，准帕另開大直窿至三層，能出煤每日二百噸至二百五十噸，合計每月自六千噸至七千五百噸。由三層提取，計有二百尺深，約有四層煤綫地位，只出煤每日百二十噸。現所擬辦法，以新開一層之煤，約過於四層地位，幾得半之數，果能做到，見得從前出煤之數，辦事不實。

十七、駁「有失火證據可憑」等語。帕善於洗刷，如憲臺欲失火之礦勘驗，應自選一礦師，谷未見賴倫勘驗失火報單，然必知賴説帕好話，洗刷清楚。谷素知德人互相庇護，不論是非，督辦能信賴倫勘礦，肯出實在報單否？如蒙將賴倫報單見示，甚幸。請鈞座詢賴何處勘過。據帕報單，有墻砌塞，如何能看失火情形。賴只能到墻外一觀，非至墻内，必不能見煤如何挖出等情。

十八、駁電報「已將氣窿堵塞，另開新窿」等語。據稱帕禀憲聞，氣窿已經塌倒，惟據此電及報單，帕已將氣窿堵塞。谷將氣窿一節，已經陳説在前，足以相征窿内盡灰。查該窿可以砌墻，無須灰塞，然帕有道理在，蓋知修理欲另外花錢，於是想另開新氣窿。不俟督憲吩咐，此等作事，甚屬好手。如未吩咐，自已私開，實無憲臺在目，此事如在英國或在印度，無人吩咐，所有開窿之費，礦師自認。谷爲臺下設想，開此氣窿，如未吩咐，可不認帳，渠亦不能來算帳。

十九、駁電報「自昨日以來，礦中有氣，不能出煤」等語。如此禀報，其法甚妙，欲憲臺聽信，步步退縮。八月廿四號報單，下月能出三千六百噸煤。又於九月九號報單之後，約十七天，稱以後六個月，每月至多出煤二千噸。此電報内説，不能出煤，因有煤氣，須待氣窿完工，帕安能開工取煤？蓋氣窿内有灰積滿，帕亦明知礦不通氣，不能動工，現欲督辦想得每月出煤六千噸至七千五百噸，準其另開大直窿至三層。谷將帕所畫之圖，以藍墨水劃之，知該處之煤，系前故礦師考興所挖(於二十二年四月初三日)，可見北邊挖得九十尺，南邊挖得百六十尺，已近焦爐，此當日之情形也。現帕所畫之圖，在焦爐下所挖四窿未經畫出，不解其故。地面已經塌陷，帕只示焦爐周圍而已。如火因地面焦爐傾倒而起，爲何到處地面一律傾倒？爲何爐下之煤挖出？且問焦爐爲何而坍？南邊近氣窿處地面依然不陷，帕畫出該處有火，如焦爐邊已倒，爲何帕不畫出？俟此間傾陷，挂綫路亦欲震動。谷又將一千八百九十六年四月廿八號前次失火之處畫出，系照故礦師信簿内所畫，非似帕所畫也。並將第四横窿及第三横窿上小直窿所砌兩墻，可以擋火，依然挖煤，亦經畫出。如憲臺派谷再赴馬鞍山全礦一觀，究屬何處失火等情，甚爲願意，如是可證帕礦師所畫之圖，是與否矣。谷力勸憲臺，非經詳細察看，不另開大直窿，因照帕報單，恐大直窿傾倒，帕蓋有所望焉。且谷不知三層窿内，如何情形？抑或憲意欲開深下去，谷以爲最好另雇礦師查勘，開一報單，不用德人。谷前經禀明，不能至極下一層，故不敢勸憲臺再深挖下層。俟水乾氣出之後，鈞座欲谷去驗看，谷極願意。然此事非數禮拜不辦，目下無須亟亟，欲開大直窿，應宜細爲審量。如開窿，照現在辦法用鐵圈，邊用鐵皮；如開圓窿，可砌泥土之墻，其墻磚在煤廠可以自造。

陳旭麓等《盛宣懷檔案資料選輯之四》漢冶萍公司第一册《盛宣懷致顧肇熙鄭官應照會光緒二十三年十一月三十日》 照得輪船招商局、漢陽鋼鐵廠爲中國絶大公司，究之機軸命脈，皆非煤不行。各直省欽遵諭旨開辦礦務，僅開平一處著有成效。近時煤價翔貴，採少用宏，以致局廠吃虧殊甚。欲杜權利外溢，總須自覓佳窿。本大臣叠雇外洋礦師。遴委妥員，於潯、皖、湘、楚沿江産煤之處分投查採。將來得有佳礦便可供輪局、鐵廠兩處之用。除大冶、馬鞍山、萍鄉三處煤礦鐵廠開辦已久，應仍由鐵廠獨自開支外，此外新覓煤礦，所有礦師工資、委員薪水以及往來旅費，商據各董僉謂既係爲兩處持久之計，應由輪局、鐵廠分别承認。將來得礦之後，應如何集股用人開辦，均由兩局會商合辦，以期利益同沾。

陳旭麓等《盛宣懷檔案資料選輯之四》漢冶萍公司第一册《盛宣懷致賴倫訓條光緒二十三年十二月二十八日》 此次派爾赴萍鄉察勘煤礦，度地開井，一切事宜分諭於左：

一、萍鄉等處煤礦總局事宜，本大臣派張提調爲總辦。向來總廠提調本有節制黜陟全廠洋人之權，今張提調暫駐萍鄉，總辦一切，本大臣給與全權，不爲遥制。所有開井挖煤一切工程，凡關涉西法開礦之事，爾須一一就近請示，毋得徑稟本大臣，以一事權，而專統屬。

一、爾專爲助理西法開礦一切工程並西法煉焦事。所有購地、用人、支款、運料各事及各處所開土礦煉焦運煤，均張提調全權經理，與爾不涉。

一、添辦機器須開詳單，呈請張提調酌定，准駁悉聽吩咐，以簽字爲憑。

一、萍鄉地僻，購帶物件甚爲不便，開礦所需機器抽水各件，爾須逐一開單稟由張提調購備齊全帶去，以免到萍費事耽延時日，彼處與鐵廠往來動須一兩月也。

一、如造小鐵路，一切工程本大臣另行派人經理。

一、湖南民情强悍，萍鄉與湖南連界，頗有楚風。爾到萍後赴鄉間等處，必須稟明張提調給爾護照，張提調遴派本地妥人引導，方准前去。仍須小心，切勿多事。倘爾不請護照，擅自徑往各處，張提調並未得知，你或被人侮辱，釀出事端，或有意外之事，致遭不測，此係不遵本大臣訓條，且不聽張提調節制，本大臣及張提調均不能爲爾理論。此係爲愛你之故，特先諄諄切囑，原爲慎重保護起見也。再，如果斐禮同去，應即照此訓條辦理爲要。

陳旭麓等《盛宣懷檔案資料選輯之四》漢冶萍公司第二册《盧丙炎致鄭官應函光緒二十四年正月十四日》 陶憲大人閣下：

敬禀者，昨奉去臘廿七日諭函並單，敬聆一切。岳君楚生於本月初十由漢返東，即將去年支銷清結，馳漢報銷矣。周年所用不過二千三四百兩耳。洋人虚費，一概無單，所來材料，賴倫交唎洋人記帳，容日抄呈之。斐力礦師來東半個月，即去鐵山。「楚强」到來四次，計紋二千餘兩，如此虚費，安得不巨乎？以炎支銷並不爲巨也。去臘初間，接盛太尊、張明府來函，賴倫有囑機器房須要蓋板，是於停工之日重蓋板片，亦是虚費也。

前者賴倫所説，用手鑽能鑽三十丈深，工資並省，已在鐵山造就，不用改將大鑽運來。不料該鑽不靈，而且太費，不如開平鑽之靈且省也。今鑽得十九丈許深，尚未見煤。於臘月初間啡力生「楚强」來東，帶有工人數名，即將河邊小山脚下頭一弦煤綫開一小洞，深有六丈，未到石頭已有水矣。煤槽不闊，僅尺許耳。燒試無火，想必尚嫩，未知深處寬闊，俟鑽出方知也。斐力於十月初十來東，廿四去矣，仍不見如何分示？唎洋人未知其復來否？

刻下局中分文無存，束手無策，又是延誤耳，伏望大人轉詳督憲，委人到來專司，炎幫同辦理也。斐力臨行，囑離烏石磯十餘里地名梅灣保雇數工人開挖試探，俟其來驗云云。鑽地一切是賴倫主權，機器所用物件，都有不齊。唎洋人去函，未見寄到，炎托誌山兄寄申購買，非錢莫行也。炎所有事，是亦同岳君商之，不敢專行，今其告退，與誰商議？望乞委人是禱。即請勛安，伏祈荃照不宣。

盧丙炎謹禀。元月十四日。

陶憲大人閣下：

再禀者，岳君結清帳目，已帶去漢矣。廠中分文未有，而且去歲請得吉陽司之子劉道州兄，常州人，今嫌無出息、飯菜苦，亦已告退，只是炎一人，諸事仍要照料。兼之洋人分示租山開洞，土人屢屢阻擋，殊無才干，辦理不下，萬望委人即到，於事無阻。刻下各工人資工何處得錢？工人飯食不可少也。如此作事，實難辦矣！望乞鈞裁，即請勛安。

盧丙炎再禀。十四日。

陳旭麓等《盛宣懷檔案資料選輯之四》漢冶萍公司第二册《盧丙炎致鄭觀應函光緒二十四年正月十九日》 陶憲大人閣下：

敬禀者，日前接奉鈞函並鐵廠來單，費用巨款，是「楚强」、斐禮之費巨耳。更好勿使「楚强」來也，則在九江雇小火輪，每天不過二三十元耳，何以開數之巨耶。如要寄小物件及洋人來山，何不搭輪至安慶，雖費亦不及「楚强」百分之一也。

今將唎洋人所取鐵山物件，寄呈鈞閲。據唎洋人所云，前者在申約議，兩個月一次與其寄洋百元去家，今接家信，並無收到云云。伊在山上合共支過英洋一百二十七元，照扣入帳是禱。 岳君楚生翁於十四日去漢陽報銷，俟其結清，報册寄下，方可照録抄呈鈞閲也。

接岳君手之人，未悉何期可到？目下續日支銷，挑水工人以及鑽地工匠等飯食亦要，而且斐禮洋人臨行囑要東挖西探，不免日給工支買樹等，非錢莫行。更兼鄉民使婦人攔阻，不讓深挖，有壞風水等云，如要深挖者，須要與其擇還地方搬遷，書還房屋居住，方肯讓云。屢報縣尊，亦飭差開導，伊如常不讓，炎又力薄而無才，自知不能任事，只可幫同辦事者耳！萬望大人轉詳督憲，另委有力能者到來辦理，如能用炎者，只可幫同辦事，不用聽從是也。

岳君其已知山上無銀經過，九江梅西兄亦囑其帶數百，以應結帳支銷，其不肯帶來，未悉意見如何？未免辦事之難也！乞望大人賜知幸甚！

唎洋人云，前約兩個月與其寄家去百元，接家信並無有寄。其在山上共支洋一百廿七元，録報。即請勛安，統維荃照不宣。 盧丙炎肅禀。 元月十九日。

日昨斐禮洋人來山，因病速回鐵山去矣。其要深挖該洞，鄉民婦女阻擋，縣尊劉棟臣明府屢與其説及，奈鄉民不從，其亦不理也。洋人要探梅灣保沙子消地方，已經租就，意開挖，不料鄉民攔阻，炎親至縣令請其飭差同去開探。伊云，奉公文乃係烏石磯，不能去別處，須要撫憲有札：「東流一縣，可以開探」，方可出示悉差。以炎之鄙見者，非得勢力之人，莫可辦也。肅請陶憲大人安。

丙炎再禀。

北京大學歷史系近代史教研室《盛宣懷未刊信稿・致張香帥函正月廿日》

大人閣下：昨寄晉路合同稿，計邀鈞覽。頃蔣少穆面商製造移局一節，擬復南洋稟稿，屬寄憲處與常熟、仁和三處詧閲。其意在移廠湘中，專造鎗砲，將來合天下練兵，漢陽一處嫌少，添設湘廠，自較上海爲宜。上海則有戰事外人力足使我停工也。惟鍊銅資本需多，漢廠西門、馬丁以及後添罐子鋼，足供兩湖二鎗砲廠之用，似可勸令緩辦。至上海製造局，半係舊式機器，笨重之物，一經搬移，必多廢棄。歲靡數十萬洋税，無益於器械，誠不如改作公司。惟華商無此魄力，洋商合辦或可招徠。少穆言之最切。此中竅要，稍涉拘墟者，必多疑議。憲台於時局變遷公法生活關鍵，洞若觀火，當必有以摺中。宣既有所見，又承少穆之托，敢爲縷陳，伏乞示以准繩，俾得轉復少穆即行具牘也。練兵須從兩湖始，擬約少穆同來。神尾允留。只待比款到日，即可偕俞貝德馳鄂矣。手皈勛祺。

陳旭麓等《盛宣懷檔案資料選輯之四》漢冶萍公司第二册《盛宣懷咨鄧華熙袁昶等文光緒二十四年二月初七日》 督辦鐵廠事宜頭品頂戴大理寺少堂盛爲咨請事：

照得湖北鐵廠煉鋼造軌，振興路工，專恃沿江省分採煤煉焦，源源濟運，以塞漏卮。前因安徽池州府東流縣烏石磯一帶，煤苗暢旺，轉運便捷，業經派委候選同知盧丞丙炎前往鑽驗開挖，並咨行在案。 兹據盧丞禀稱「洋礦師斐禮切囑，離烏石磯十餘里，地名梅灣保、沙子消等處，必須深挖，並須將河邊小山脚下頭一弦煤綫原開小洞，再行挖深。業經卑職將地畝租定，不料該處鄉民，以敗壞風水爲詞，指使婦女出頭攔阻。屢經移會東流縣劉令飭差開導，無如鄉民蠢愚，恃衆頑抗。卑職旋又親詣縣署，面懇劉令派差彈壓，據該令面稱，前奉公文，僅烏石磯一處，如就附近別開煤窿，應請撫憲札飭東流一縣均準開採，方可出示派差」等語。 禀請鑒核轉咨等情前來。

查各省開辦礦務，迭經奉有諭旨，誠以時局艱絀，非此無以廣浚利源。且潯、皖各省沿江煤礦，關係鐵路大工，業既租定地畝，豈可任令藉端撓阻。兹特照會漢廠總辦鄭道官應率同洋礦師順道馳赴東流，詳細履勘，妥籌開採，亟應先期咨明地方衙門，飭囑剴切示諭，嚴禁阻撓，並於洋礦師經過處所，派役妥爲導護，以免滋生事端。除分行外，相應咨請貴部（院）（道）查照，迅賜札飭東流縣遵照。俟委員帶同洋礦師到境勘辦煤礦，務當妥實照料，一面張貼示諭，凡東流所屬産煤地段，悉應聽憑華洋員司勘驗鑽挖，購地給價，隨時遴派干役前往，認真彈壓。設有地痞如前架聳婦女出頭攔阻，定照例指拿夫男究辦，以遏刁風，而濟工需。望切施行。須至咨者。

陳旭麓等《盛宣懷檔案資料選輯之四》漢冶萍公司第一册《大冶張丞來電二月初八日》 卑局開車新舊共六人，謝胡川、馮正堯、胡阿春在外。錫樂山重身材高大，丁祥麟重本，預言不能修車者不用，故難諭傳八人。謝、胡、江均來滬。馮本升火夫，不諳修車，開車前習學未精，工食少。王是老手，大冶各車領袖，如皆去，值此日夜運礦，可慮之至。擬請改换胡記生、蔣鴻順及藝徒周阿槐，求速諭遵，即飭六人來滬，且請飭丁趕緊招人，否則難於周轉。是否，候鈞裁。

陳旭麓等《盛宣懷檔案資料選輯之四》漢冶萍公司第一册《鄂督湘撫豫撫去電二月初八日》 現擬造湘潭至萍鄉電綫，一面派員勘路，咨請右帥、靜帥行文出示曉諭，再行開工。此間擬會同香帥奏陳。鐵廠需煤甚急，仿照開平試辦。萍鄉煤礦擬由煤礦黄家源起至萍鄉城外長潭河口止，卅餘里，安置小鐵軌運煤。萍本地井户、廠户均願軌路速成，於地方有益，當不致阻撓，電綫由潭至萍止，經醴陵一縣，可否即就開辦？萍礦摺内帶叙聲明，咨商湖南、江西妥辦。

陳旭麓等《盛宣懷檔案資料選輯之四》漢冶萍公司第一册《湘潭張紹甄來電二月十八》 五奉電諭，下鄉周圍看礦，故遲復。刍言必納，薦人即用，恩意萬感。管李一琴爲憲幕必不可少之人，贊再當苦口勸之。比款游移，聞之萬分焦急。管見似可借湘粤造軌名他圖，借則比來最妙，不來可從容另籌，既不著痕迹，且脚步較穩。關係甚大，乞速變計。廣泰福、太平山井轇轕未清，一萬兩扣住，歸併事明雖吃虧，暗取大惠。現萍存焦五千噸，生煤二千噸，河水淺處僅五六寸，駁船又少，正在並力設法，焦灼之至。運道不通，即諸葛復生，煤難起色。開匠云，磷可洗净。因趕做各項器具並砌池，爐須月底出焦再化驗。洋礦造軌，萍人初甚嘩譟，曉以有益地方，無礙土礦。近官紳、商民均聯絡，蕓閣亦出力，或謂萍人刁狡難共，境内軌路，贊願力任之。賈山場已設計購成，所費不多，爲萍增一好礦山，機採爲上，土挖亦出，煤必旺。贊遍歷萍礦，較去年熟悉，通盤籌畫，只須運道通，抽水機多備，洋、土礦歲可出煤焦十餘萬噸，無論有磷無磷，利大且久，贊確有把握。開平章程極細，規模極大，萍擬仿其章程而收束其規模，卅餘里軌，獲利必厚。前電請緩設湘萍軌，細籌尚非正辦，亦宜趕設，不患無利。造輪添駁運煤兼搭客，只須得人，利亦甚厚。諸事相因，缺一不可。憲臺力任時艱，贊當奮身擔當，必期事成而後離萍，以報知己。惟款項必須源源接濟，以期速成，此全仗終始扶持。若中途款絀，毁一身事小，誤全局事大，現在便不敢造次力任，用人用款贊粗擬布置，容面稟。利和公司無人無錢，尚不足畏；陳右帥因湘煤不佳，派員到萍採購，爲將來機器局用，各省均覬覦於此，急宜切實出奏，必須一網打盡，先下手爲强。大利所在，害即因之。謀定後動，慎始方能圖終。僅憑函稟，恐致隔膜，今日到潭，兼程赴滬，有許多密言面商，商定即趕回萍。頃已電囑解守、賴倫，待贊到漢晤談再行，蕓閣照會今甫到，尚未交。

陳旭麓等《盛宣懷檔案資料選輯之四》漢冶萍公司第一册《漢廠我彭去電二月二十》 頃韶甄嘯電：「萍事贊力任，廠爲根本重地，我彭、載之亦應力任。聞彭暫赴羊樓，深爲廠慮。管見：彭、載皆不可一日離廠。請憲臺另籌兼差，使無内顧憂，專心廠務。羊樓能不去，裨益甚大。贊爲大局起見，懇切直陳」云。韶甄，同鄉而已，尚抱忠悃如此；汝骨肉休戚相關，豈顧私而不顧大局？廠賴汝整頓，稍見效驗，確一日不可離廠。前商代理之人，汝以空言見復，正切焦慮。汝或另舉一人爲會辦，由我電請兩院札委代往而酌分其出息；或派汪洪霆、薛鴻年爲會辦，載之爲提調，汝俟汪、薛到廠再動身。速酌復。吕柏已到，即令回廠。

陳旭麓等《盛宣懷檔案資料選輯之四》漢冶萍公司第一册《漢廠我彭來電二月二十一》 鈞電悉。廠務重大，豈敢辜恩？韶甄既獨任萍事，春辦廠務，果蒙信任，自當竭力圖報。無論羊樓洞去時甚暫，昨已密陳。總之，派人應即由春秉公選舉，以期得力。施省之爲守兼優辦事結實，在施姓出類拔萃，詢謀僉同，毫無私意，韶甄亦經力保，以之代辦提調，足堪相助，因廠務決非官樣文章之人所可收效。省之堤工，七月當回。

陳旭麓等《盛宣懷檔案資料選輯之四》漢冶萍公司第一册《湘潭張令來電二月二十四》 比、美款成，大快。一琴久未晤，已兩致函。贊即回萍，已電催解、賴速行。前擬赴滬，非好跋涉，欲將此處細情罄商，大舉不慎於始，慮債於後。卅榜軌能用汽車否？不能用仍無益。卅餘里下要造橋，現煤多，每噸挑力漲杆一兩五錢，軌成較賤，商販煤必由此，權自我操，易查出境。此軌利厚，兩三年可收回成本，情願礦局自造，萍湘軌利較遜，作湘粤枝路。總公司造摺内似可云卅餘里無貨客，專爲運煤，應歸礦局出資；萍湘枝路可裝貨客，如何措詞，亮有權衡。萍煤摺内第一禁出境，第二杜各督撫派員採購，利擬如何擯絶，乞裁。焦炭積如山，機礦成更壅滯，甚慮。萍至潭正在盡力設法，決不專指望軌，惟議挑、議車、議騾驢均不妥。船甚少，擬自置小駁百艘，月可運千餘噸，每艘約六、七十千，限四旬成。頤臣結實，擬囑議價監造，餘稟詳。

陳旭麓等《盛宣懷檔案資料選輯之四》漢冶萍公司第一册《湘潭王頤丞來電三月初五日》 近日煤駁到仍不多。查内河駁船向只五六百號，大半皆裝萍煤，醴、湘、安各屬土貨自開張，貨船價高，運煤船亦多分赴瀏河，致萍積煤焦近萬噸。派人四出招船，重加水脚，至每擔多六七十文，而船仍不來。湘潭大船又以湖南礦務局重價招運，礦中煤炭赴鄂每噸較卑局加水脚至一百八十餘文，包期卸載，逾期認賠，火食謀由長沙船行承辦，並在花石兩頭兼雇。潭適處中，上下游回空船只均爲所扼，來至茶市，船已日少，恐尚非加價所能招致。復慮此益彼增，有礙大局，急須切實謀自立計。事機迫切，奈何？萬分焦急。前擬來滬，即欲稟商運道事務，飭造駁船已與船廠議定承攬，立限分交。張電廠駁趕卸，即交輪拖回，期速周轉，以濟缺乏，一面仍盡力設法雇船，將水脚洋價核減卅文，借示招徠。先事預籌，異常焦迫，幸入三月已運煤焦三百六十噸，河下尚無停積。

北京大學歷史系近代史教研室《盛宣懷未刊信稿·致鐵廠總辦三月十一日》 我彭大姪手覽：接二月十八廿二日手書均悉。比款因國債利重游約，現已加息議定。鐵廠歸併鐵路亦無華款，全在洋債，而洋債移辦鐵廠，全在煤礦。如萍煤能用機器開辦，則或分或合均有取資，是以責令韶甄回萍，而韶甄來電責令吾姪駐廠不應赴茶差，陳明大義，豈骨肉而不及朋僚耶。叔又不忍使我姪失此美差，記得荔孫初辦華盛甚好，因赴粤而代理人不得法，從此華盛大壞，姪將蹈此危轍耶？承示「閏三月初赴羊樓洞開局作十日往返，宗載爲曾經暫代，或求派令偏旁，較可放心，惟不可使不諳廠務之人爲其棼亂」等語，正與鄙見相合，除札委宗令以提調暫代外，宗令於廠中華洋人等皆熟，吾姪再能開誠布公切實面托，宗令必能妥洽。叔又恐宗令省城有兼差，不能不渡江，衙參無駐廠之人，或有不妥，已懇請徐芝生兄於二十外到廠幫同照料，並以貝色鋼所造鋼軌何以易於壓斷，屬令到廠與工師考究。芝生忠實可靠，與宗令、馮縣丞皆水乳也。施省之能來相助甚好，但初到人事皆生，恐呼應不靈也。手頌勛祺。

陳旭麓等《盛宣懷檔案資料選輯之四》漢冶萍公司第一册《漢廠來電三月十六》 呂柏不稟知擅自離廠，置爐事於不問。春查詢章文通，云：往看鐵路即來。追昨午，章文通始送呂信，托詞存哀夫郎子處，乃知其早已赴滬，均荒謬已極。照此情形，將來呂必横行無忌，於大局關係匪細，應如何嚴加申斥，出自憲裁。呂來滬不知何事，若爲司洋人説項，則司係奉諭辭退；已辭再留，不但無以服人，且恐洋人紛紛效尤，難以箝制，斷不可准。刻呂動輒挾制，尤爲洋人之冠，往往干預事不干己，憲當洞鑒。

陳旭麓等《盛宣懷檔案資料選輯之四》漢冶萍公司第一册《漢廠來電三月二十二》 頃據載丈述，錫工師云司洋人奉憲復用。查司洋人無德無能，劣迹多端，一無足惜。本係奉諭辭退，如憲聽一面之詞，仍用此人，於大局實有關係。伊辭退後來漢，頗肆無禮，萬難再用。憲不慮爲後累留於他處，春亦不敢多言，倘仍令來廠或仍回大冶，此斷不可。以後各洋人效尤，春不能駕馭，惟有預先告退，不敢與洋人争勝。

陳旭麓等《盛宣懷檔案資料選輯之四》漢冶萍公司第一册《漢廠轉馬鞍山沈令去電三月二十四》 洋礦成本過巨，不能輕棄，已飭斐禮到山會商，目前保窿勿壞，將來籌款續開，暫令斐禮兼管，勿令水淹全棄。帕候斐來接管，即准其回國。所請重開土窿，至少可得萬噸，價必節省，准即責成該令辦理。

中國第一歷史檔案館《光緒宣統兩朝上諭檔》光緒二十四年三月二十八日 軍機大臣字寄湖廣總督張、大理寺少卿盛、江西巡撫德、湖南巡撫陳，光緒二十四年三月二十八日奉上諭：張之洞等奏陳明湖北鐵廠改歸商辦後情形一摺。湖北鐵廠，經該督等招商承辦，現將造軌採煤各事，力籌整頓，已有端緒，即著照所議辦理。所有鐵路電綫經過之地，著德壽、陳寶箴，轉飭地方文武，妥爲保護。另片奏，萍鄉煤鑛現籌開辦，請援照開平，禁止商人別立公司，及多開小窿，抬價收買等語。著德壽即飭所屬，隨時申禁，以重礦務。張之洞等摺片，著分别鈔交德壽、陳寶箴閲看，將此各諭令知之，欽此。遵旨寄信前來。

盛宣懷《愚齋存稿》卷二《湖北鐵廠改歸商辦並陳造軌採煤情形摺光緒二十四年三月》 奏爲陳明，湖北鐵廠改歸商辦後情形，及造軌採煤各事，力籌整頓，皆有端緒，恭摺仰祈聖鑒事。竊臣之洞剏辦湖北鐵廠，次第告成，光緒二十二年，因經費難籌，遵旨招商承辦，奏准交臣宣懷接收，一手經理。臣宣懷以冶鐵鍊鋼，亞東剏舉，事體至重，頭緒尤繁，祇以事關中國大局，不敢不力任其難。遵於是年四月十一日接辦。先將漢陽總廠，區銀錢、製造、收發爲三股，每股遴員董二人董理之。鐵山煤礦，亦各派員董分任其事，並於總廠設立總稽核處，均令查照成規，認真整頓。伏維鐵廠本恉，緣鐵路而起，當以製造鋼軌爲第一義，顧鎔鐵非焦炭不可，連年因本廠無就近可恃之煤，呼籲於開平，謀濟於洋産，價高而用仍不給。故化鐵雖有兩鑪，僅能勉開其一，又當以勘求煤礦爲造軌之本。原臣宣懷督飭員匠講求各國鋼軌之程式，鍊製之奧窔，一面與外洋名廠訂購軌軸機器，研精試造。嗣奉督辦鐵路總公司之命，發軔所先經營盧漢，復飭廠中員董加工，併力專意造軌。查照奏定章程，先後預撥軌價銀一百九十萬兩，現計解運到工，及造成在廠之軌，幾及萬噸，隨配魚尾片螺絲釘，各件稱是。橋料鋼板等物，亦皆能趲造應用。截至上年年底，核計運工軌料各價，已逾五十萬兩。自保利權，漸有成效，惟兹事皆中土所未經見，鎔鍊之合法與否，不能不恃監工之西人。而其人或由出使大臣訪訂，或由洋廠推薦來華，試用往往行與言乖，一再更換，每遇新舊交接之間，不免稍稽工作，特所患猶不若乏煤之甚也。開平華礦，誼當與漢陽華廠，休戚相關。年來懇切籌商，上煩宸聽，奈煤價已加至極昂之數，而交煤仍難應漢廠之求。至於洋煤，更不足恃。外洋用五六金一噸之焦炭，我幾三倍其價，鋼鐵成本懸殊，勢無可敵。一旦各國有事。又動輒禁煤出口，將來恐雖出重價，而不可得。臣宣懷有鑒於此，兩年以來，於沿江上下、楚西江皖各境，分派委員帶同礦師，搜求鑽試，足迹殆遍。惟江西萍鄉焦煤、久經試用，最合化鐵，礦脈緜互，所產尤旺，實爲最有把握之礦。但土法開採，淺嘗輒止，運道艱阻，人力難施。臣等深維大計，鐵廠利鈍之機，全視萍煤爲樞轉。現已購辦機器運萍大舉。一面勘明運道，定議先就該縣黄家源地方，築造鐵路一條，至水次，計程三十餘里。路成之後，再籌展至長沙，與幹路相接，並先於沿途安設電綫，消息靈通，轉輪便捷，繁費在一時，收利在永遠。此後取之不盡，用之不竭，漢廠即可並開兩鑪，大冶亦可添設鑪座。至於大出土貨，開造物無盡之藏，以爲民生之利，尤朝廷廣闢地利之至意，泰西富國之學之精義也。鐵路電綫經過之地，籲請飭下江西、湖南巡撫，轉飭所屬地方文武，隨時照料，妥爲保護，以副國家維持鐵政之至意。所有湖北鐵廠，改歸商辦後情形，及造軌採煤各事，皆有端緒緣由，謹合詞恭摺陳明，伏乞皇上聖鑒訓示。謹奏。

盛宣懷《愚齋存稿》卷二《萍鄉煤礦派員總理片光緒二十四年三月》　再，萍鄉煤礦，現籌大舉，造端宏遠，規畫繁難，且築路設綫，運用機器，均需洋人，非得曉暢中外情形，兼備體用之員，俾總其成，不足以調馭協和，相機施設。查有湖北試用知縣張贊宸，操履謹嚴，幹事貞固，條理精密，才足肆應。去年派充鐵廠提調，講求整頓，實力實心，嗣令帶同礦師，前赴萍鄉，一再查勘，於礦產運道開採機宜，研求至悉，當經派往萍鄉，總辦煤礦一切事宜，以專委任而責成效，謹附片陳明，伏乞聖鑒。謹奏。

盛宣懷《愚齋存稿》卷二《萍鄉煤礦請禁另立公司片光緒二十四年三月》　再，萍鄉煤礦，現籌大舉開辦，運用機器，延訂礦師，以及築路設綫，工役繁難，需費約百萬有餘，收效在數年之後，祇以鄂廠化鐵鍊軌。事雖商辦，實國之大政，不得不先擲目前之鉅本，以博將來可恃之焦煤。惟中國商情，向多見小利而忘大局。誠恐萍煤運道開通，經營有緒，復有商人刱立公司，紛樹敵幟，多開小窿擡價收買，以壞我重費成本之局，甚或勾引外人。如上年湘省，有串買礦山之事，迨至察出根究挽回，業已大費周摺，皆慮之不可不早，防之不可不周者。擬請嗣後萍鄉縣境，援照開平不准另立煤礦公司，土窿採出之煤應儘廠局照時價收買，不准先令他商爭售，庶濟廠用，而杜流弊。相應請旨飭下江西巡撫，飭屬申禁。此鐵廠全局，利鈍所係，謹附片具陳，伏乞聖鑒。謹奏。

陳旭麓等《盛宣懷檔案資料選輯之四》漢冶萍公司第一册《漢廠去電閏三月初三》　威惠函稱無煤、無猛精、無火磚，以致鋼廠停工。萍煤能多到否？如果洋煤豈得了。錳精即催吕造，干子土已催盧藝蘭速由東流交局輪運漢。吕柏謂威惠做軌甚少，四千噸如再不齊，何以對人。

陳旭麓等《盛宣懷檔案資料選輯之四》漢冶萍公司第二册《吕柏致盛宣懷函光緒二十四年閏三月初八日》　敬啓者：本日奉到西四月二十號所發惠函，吕於十六號由局呈上一函，諒亦已邀惠電矣。內稟報生鐵爐停工之故，因客臘悶爐修理時，所增換火磚均係劣貨。蓋廠內備存火磚，購來價值雖貴，於吕等來到中國以前即已浸在塘內，歷有年所。經吕飭人鈎出曬干，以救其全行腐爛並爲人盜竊之灾。故所存火磚雖尚可用，其質力已差大半，再加火氣、煤氣攻之，安能久而不壞乎！且屢次悶爐而火磚忽冷忽熱，所以爐之上截火磚，質力不足以當煤氣，若待其已壞始行修理，必曠工糜費，故用鋼環以箍之。此番所修之處，已經修過六次，皆因磚質不佳，又因管廠之人太不經心，與吕之往上海毫無關涉。故咎在前此之人經理不善，並所用之磚不佳。且生鐵爐每因焦炭不足，時刻停工，鐵廠固宜如是乎。

自西歷一千八百九十四年六月廿八號至九十八年四月廿四號，不知漢廠經幾番更變，此天下之鐵廠，從無是事也。

雖然本早已電稟憲臺，生鐵爐已於廿二號修竣，廿三號照常開爐矣。

陳旭麓等《盛宣懷檔案資料選輯之四》漢冶萍公司第一册《湘潭張紹甄去電閏三月初九》　沁、艷電悉。賴倫勘定何處？動手必須審定始基，一成不易。賴所辦者中東流尚未見效，須令小心。長萍造軌設綫，並援照開平，不准另立公司，均已奉旨。惟洋礦必須集股，望即與賴酌擬章程寄來刊布，有款方能辦事。賴有無本領，當於此次見之。司脱性情、才具均不好，既已辭退，不能再留。斐禮、吕柏均來滬面求，已申斥而去。用人之權，未可下移也。

陳旭麓等《盛宣懷檔案資料選輯之四》漢冶萍公司第一册《湘潭張紹甄去電閏三月初九》 土礦日旺，而鋼廠因無好煤停工，望速設法籌運，煤更急於焦。滬銀甚緊，兄既力任萍礦，乃出重利借銀五萬，初十匯交漢行，聽候撥用，照議另計盈虧。蕓閣有新紅船四只，每船裝煤八十噸，索價四千兩，已派邱令順便會同歐伯勘驗。如真能裝煤，擬暫租用，候集股再歸價。解守可派督催運煤第一要事。

陳旭麓等《盛宣懷檔案資料選輯之四》漢冶萍公司第一册《津開平礦局張燕翁來電閏三月二十二日》 電悉。前已面商吕柏，運末至漢廠自行試煉。若用土法洗煉歸礦局承辦，窒礙過多，委難辦到。煤價一萬二千飭交何處，現未收到。商局並不長款，鐵廠、商局銀款似未便牽扯，礦局出煤煉炭，火車運脚等項，均須現款，新舊所墊甚巨，無論如何請先速撥六萬兩，俾免誤煉運。倘款仍不見撥，則無力再墊，炭難預煉，必致誤遲，職局實難任咎，祈設法速撥，至爲盼禱。

陳旭麓等《盛宣懷檔案資料選輯之四》漢冶萍公司第二册《墨爾林籌擬開辦礦務節略光緒二十四年閏三月二十六日》 謹將來華酌擬開辦礦務情形，開具大概節略，呈候鑒核。

計開：

一、擬請在上海設立礦務總局，並請奏請簡派大員督辦，延聘外國礦師一人，駐局幫同參議。另募礦師數人，由局派往兩江各省分，採訪礦地，揀出苗石，並繪詳細圖説呈交總局存核。

一、擬請由總局定立開礦章程，以資招徠，而歸畫一。如有稟請開礦者，聲明願在何處開採，即由駐局參議礦師考察該處是否能開，並訪明該商是否家道殷實，果係人地皆宜，方可給予憑照，任其開辦。

一、領憑開礦者，應按各該礦所出之總數納税。其應繳若干，由總局察核出産高低，開採難易各情分别議定。此外請領憑照，亦由總局酌收照費。

一、總局經費以及各礦師薪水，並沿途採訪費用，須款頗巨，開辦之始，進款勢必寥寥，此項預墊經費銀兩，因聞中國一時難措，敝礦師情願自行籌備。現擬自開辦之日起，以六十年爲期，各礦商所繳之税費銀兩，以一成由總局按期送交各開礦省分藩庫收存，作爲國家公款，其餘九成概歸敝礦師經理收管，以抵各項費用。抑或將經收商人所納之税費銀兩，除先扣出總局各項費用外，所餘之款，敝礦師照收一半，以一半由總局隨時酌撥亦可。

一、敝礦師在英國倫敦開行，於英國屬地及外國地方開辦礦務有年，於開採情形尚屬熟悉，且所須銀兩自能籌措不至中輟。至於應用各外國礦師，均由敝礦師選派來華，聽候任用。

伏思以上所陳各款，在中國無須籌撥分文而能坐獲利益，將來礦務暢旺，公款可期逐年加增，於國課大有裨益，其利一。總局延聘外國礦師駐局，並派各礦師分頭採訪，是於礦務已先有把握，必不至受人誆騙，其利二。礦務既定劃一章程，則領憑各商皆有遵循，無虞紊亂，其利三。敝礦師管見如此，倘蒙允准照辦，不久可睹成效，裕國便民，莫此爲要。敬陳節略，伏望明裁。

英國礦師墨爾林謹呈。　光緒二十四年閏三月二十六日。

陳旭麓等《盛宣懷檔案資料選輯之四》漢冶萍公司第二册《護照光緒二十四年閏三月二十八日》 欽命二品頂戴湖北漢黄德道監督江漢關瞿爲給發護照事：

照得湖北鐵廠兹有後開貨物由漢附「江孚」船出口，前往上海起卸，請給護免税前來，合行給發護照，爲此照仰沿途經過關津一體查驗，免税放行，不得稍有留難阻滯。須至護照者。

右照仰沿途關津准此。

計開：

鋼樣一箱，重一百零二記羅，估本銀十二兩。鐵樣一箱，重二十八記羅，估本銀二兩。

光緒二十四年閏三月廿八日。

陳旭麓等《盛宣懷檔案資料選輯之四》漢冶萍公司第二册《斐禮致盛宣懷函光緒二十四年閏三月二十九日》 督辦大人鈞鑒：

敬肅者，現在鐵礦工程無事可稟，惟建築盛鴻卿至得道灣鐵路，一俟隄工及橋梁完竣，即可安軌。所有機器以及小零件如轆轤、停輪器等已囑付下陸修理，因近有一極好翻砂匠在彼故也，其餘大件機器如抽水機等只可寄漢陽修理。

康中之礦尚稱順手，現已鑽至五十六個密達，即一百八十三尺，煤質與前一式。該礦經費約需英洋四萬五千元，核漢口洋例銀三萬二千四百兩，大約四個月後可日出煤一百噸之譜，十二個月後約可日出二百噸。至下陸運來機器及鍋爐等不在所估三萬二千四百兩之内。保安之窿除現在下陸所修機器，並由下陸寄來鍋爐兩個，及鐵山寄來炸藥不算外，大約需英洋八萬元，核漢口洋例銀五萬七千六百兩，約需一年工程可到煤綫，一年半之後可(日)出煤一百至一百五十噸之譜，兩年半後可增至每日出二百至三百噸之譜。至康中之礦，大約每日可出二百五十噸，有二十年可挖，計算挖深至二百個密達，即六百五十六尺。保安之窿譬如每日出四百噸，亦有二十年可挖，計算挖深至二百五十個密達，即八百十九尺。所論鐵路約中國十五里長，計需英洋八萬元，核漢口洋例銀五萬七千六百兩。辦理以上工程，統共計算英洋二十萬零五千元，核漢口洋例銀十四萬七千六百兩。

斐在此甚屬忙碌，於西五月十號派顧翻譯往東流查看，該處工程第二試窿已挖深至四十一個密達，即一百三十四尺，不料又蹈前轍，被水淹没。該處煤綫厚只數寸，所挖試窿原爲試探煤綫方向斜度與綫之厚薄起見，無如試驗數次終未得其的確，惟此礦之假綫業已探出，按照一千八百九十七年十二月廿九號斐上第一函内所禀，初謂上面或有此病，今日果然，彼時僅挖深十五個密達，即四十九尺，其假綫地位已顯然矣。最緊要者當知成煤之處。現下河水已漲，姑將試窿工程暫停，所鑽煤窿再鑽至深處，必到煤綫無疑。至於石塊與河底之石相同，按照本年正月斐請盧委員試鑽之新煤窿，業已動工，距此處鑽房約十四里，即本年二月十九斐所禀距河之南十四里地方也。耑肅，敬請勛安。

陳旭麓等《盛宣懷檔案資料選輯之四》漢冶萍公司第二册《盛宣懷致張世祁函光緒二十四年閏三月底至四月上旬》 廉泉仁兄大人閣下：

接閏三月二十二日手書，具悉。兹分條致復於後。

一、康中見煤，斐禮亦有信來，稱磷重不合煉焦，只可供鍋爐之用。現取之煤軟而不堅，大約仍係粉多塊少。來信云：七十法尺之外乃是大槽，應囑斐禮晝夜趕辦小車，附近村莊必有出租者，自造總嫌費事。

二、淞局所借摇重螺絲説定一月内歸還，無須另造。所稱丁祥麟係製造出身，可以不用洋匠，甚是。斐禮函中語氣總求添雇洋人，兄應將該處無甚製造，只下陸修礦車一丁匠決能辦到，反復勸阻，免其另延糜款。

三、機廠搬下陸係賴倫所請，現又請搬鐵山，若將來再須搬回笨重機件，豈能如是兒戲？得電後即經電止，當能體會。至司特走後無用匠司應須嚴汰，月省若干於報册中專條報明，以備稽核。

四、得道灣工程，承示姜典史一人築二十里，想係平墊土工。所稱鐵軌飭斐禮督同丁祥麟辦理之處，丁匠是否確係鐵路出身？於行車管軌是否真實内家？應須詢明乃可定奪。昨斐禮來禀，一月之内並未做事，所做橋工全屬無用，已經拆去，此似指丁匠之無用。弟深喜華人能自傲，然不能不慮華人做好之後爲洋人挑剔另做，則前功盡棄，如實在做不到，亦望據實禀復，仍派鐵路局洋人來造爲妙。至工歸斐禮監督，錢歸冶局收支，此本是華洋員司交相維係之意，可以照辦。敬頌臺綏不一。

陳旭麓等《盛宣懷檔案資料選輯之四》漢冶萍公司第一册《湘潭王頤丞來電四月初八》 虞電敬悉。煤焦遵當設法趕運。船事昨接文學士函，即由龔交羅紹益帶來，内亦言船暫歸局，月支工食百四十千，不支水脚，蒙憲允專派「江泰」來往拖行，准其搭客，費歸渠自收用等因。當以提調前奉等諭已派邱令驗收，遂面告羅，候邱令到再定，並另函達提調。查局駁多，均恃「江泰」拖帶，如專拖四船，各駁費重行遲，受虧必巨；如輪流拖，局駁向禁搭客，四船亦必數月始輪一次，其如費多利少，何蕓公亦極不合算。恂月前赴萍回局，病至今未愈，擬候復示病痊赴長。

陳旭麓等《盛宣懷檔案資料選輯之四》漢冶萍公司第二册《盛宣懷致王頤丞函光緒二十四年四月初八日》 湘潭轉運局王頤丞仁兄大人閣下：

頃接來電，以大船短少加價，恐難爲繼，擬定賞號章程，限期裝載。閏三月内計已運萍煤二千六百九十四噸，焦炭二千一百五十一噸，郴煤一百七十噸，商煤二百六十噸，合共焦煤五千二百餘噸，至以爲慰。本月煤炭務須多運，湘潭大船既屬缺少，文蕓閣學士有大紅船四號，現與訂明借歸我局。裝煤船上人工等項，每月約用一百四十串，悉歸轉運局開支，所裝煤炭不收運價，惟船上搭客之費允歸彼收，借資彌補。除由文學士函飭廣泰福船局龔仲甫查照外，兹將原函附上，即望速向龔仲甫驗收。在文學士，目前只想節省用費一百四十串，在轉運局可得四船裝煤，彼此有益。將來俟煤礦得手，此船總須屬與我局也。現在如何辦理，並與詳細訂明，示悉爲要。

陳旭麓等《盛宣懷檔案資料選輯之四》漢冶萍公司第一册《湘潭張紹甄來電四月十一》 前月三奉電諭，因偕賴在鄉擇地未定，故緩復。賴審地勢，測煤路，考磷質，已一月，日内擇定安源羅姓地，距城十三里。萍煤以黄家源爲佳，安源紫家冲更勝，灰磷較輕。東南礦山以安源地勢爲低，羅地更低，土井林立，怕水不能深入，洋礦在極低處動手可避險。現籌挖平巷兩條，一取上槽，一取下槽，見煤必速，並購相距里許之李姓井，擬先三路分挖，繼將三井打通，直向紫家冲、黄家源挖取，必旺且佳，多福井無用。賴精細耐勞，商擬辦法，極有見地。安源全山産主已取立公據，不准新開土井，移縣存案。羅地已買成，大局已粗定，俟軌道全通，利與輪、電兩局相埒。賴正繪圖，擬招股章程，機器續到，即動工。惟礦、軌兩項一動工，便需巨款，若待集股，不趕先籌墊，必誤大局，銀行無款可支，萬分憂慮！現在煤本甚重，不僅在挑力、船價，即匯銀换錢洋，吃虧極巨。土礦煉焦日精，運廠生煤均煉好塊，足合廠用，奈大小船沿途攙雜，百計難絶弊。管見通盤籌畫：曰備款；曰造軌；曰造淺水輪，拖軌機來，拖煤焦去；曰湘潭開銀行，萍局刊行錢洋票；曰萍醴向多會匪，洋人久住，宜派兵籌防。聞廷議遷都，比款又變，此皆有關萍礦，尤宜慎始。此外應因應革甚多，非親謁面商，不敢放手辦事，總期由礦地至漢，節節靈通，事事緊凑，於擴充之中，求撙節之實，方能圖效。「江泰」管帶駕駛遲，開銷大，擬即撤换。卑職素不好動，況當炎夏，惟以關係重大，不得不爲赴滬之請，家母等均已接來，並無私事欲行。解守聲望服人，盧令忠勤任事，與賴均洽，堅懇解守暫留，可放心。卑職到滬商定，即日趕回。回萍後，礦軌一日不成，必一日不離，斷不敢負委任，現仍在萍候電諭遵行。

陳旭麓等《盛宣懷檔案資料選輯之四》漢冶萍公司第二册《盛宣懷致禮和洋行函光緒二十四年四月二十三日》　逕啓者：

前日與連納先生商談各節，今特函致貴行作實。其章程列後：

一、本大臣奉旨創設煤礦公司，派本大臣爲督辦，開採江西、湖南交界之萍鄉地方一帶煤礦，由萍鄉築造鐵路一條，直抵湘江。是以本大臣特托貴行代辦全礦所需採煤機器並焦炭爐等布置妥當。其約七十英里鐵路應用之鋼軌料件車輛，由萍鄉造至湘江照後列章程辦理，能辦與否？准兩個月内貴行復實。

二、該煤礦所需開採機器，由貴行薦與煤礦公司有本領之礦司繪圖估價，該鐵路料件，即由在本大臣處之錫樂巴估計後，本大臣當與貴行定約，照所估之價購辦，除本大臣照貨價全數算付五厘外，其餘價由貴行保定墊付。

三、另立借款合同，可由德國駐京公使照會總理衙門，所借之數，即係以上所指貨價，准由貴行出售債票，煤礦公司蓋印，其所借款本利招商局蓋印作保。借款照德銀馬克核算，年息六厘，不摺不扣。合同簽定之後十年之内還清，兩年内付息不還本，第三年起首攤還借本。簽約後三個月内貴行即當出售債票，所收票債，全數劃入煤礦公司帳下備付貨價，其未付出之數，仍存貴行作爲來往帳，由貴行照年息四厘算給煤礦公司。

四、借款未還清以前，除現在所用之德國煤礦司外，煤礦公司所用洋人，均由貴行選薦，所需外洋料件，歸貴行承辦。

五、貴行於兩個月内果能答應照辦，則請貴行代煤礦公司延一有本領、有閲歷之礦司從速來華，准訂三年合同，年薪不過二萬五千馬克，其房屋家私燈煤，均由煤礦公司發給。

六、煤礦機器布置妥當，開辦後所出之煤、所煉之焦，果能銷售有利，仍請貴行代借馬克六十萬，爲該礦活本，亦作十年攤還，照以上章程辦理。

七、鐵路料件車輛以及煤礦機價，務照公道市價取斷，斷不能因向貴行借款致有浮開等事。

八、倘礦司估定機價後而貴行悔議，不肯遵約辦理，則該礦司來回川資薪水費用，統歸貴行自認。

專條現在該礦急需卅五磅重四尺八寸半寬小鐵路十英里，又毛高式樣每輪承力四噸重之汽車壹部，請貴行從速代購。將來貴行能與本大臣訂辦以上所議借款，則此十英里鐵路料件之價，除先付五厘外，亦並歸入。

陳旭麓等《盛宣懷檔案資料選輯之四》漢冶萍公司第一册《漢廠來電四月二十四》　吕柏病先係古巴司診，旋住醫院，即與英醫同治，德領事無從預聞。連斯當吕病時，本有責無旁貸之説，如吕有變不敢當此重任，其意在薪。春意暫勿提，且視吕病再議。

陳旭麓等《盛宣懷檔案資料選輯之四》漢冶萍公司第一册《湘潭張紹甄致誌仲魯電五月初二》　廣泰福歸併七廠十八井，可用者只有三廠五井，餘皆廢棄，吃虧甚巨。督辦電札，屢干嚴詰，鄂廠亦甚指摘，卑職幾難自容，深悔去冬多事。近憲尚以絮事責問，益惶懼。查存萍焦煤，晚農估計五千兩，及贊到萍，憲委盧炳元已抵付在先，勉强可用之焦煤，贊均代收，幾及五千兩，符合同原議，其餘灰末萬不能用者，勢難收運一也。芸翁二月在萍支銀四百兩，勢難不付。三月盧炳元爲各債逼迫，借陶甫來支二千六百兩。初堅不付，囑炳元趕電禀憲臺及晚農，乃炳元謂迫不及電，不速付，有性命憂，情急異常。渠與陶甫二人立據請明，如憲臺嚴責，惟炳元、廷鈞是問等字，不得已付二也。廠户欠萬八，贊初本力任代索，到萍即説督辦已墊出，歸官局扣收，不料陶甫在廠户處揚言，謂與官局無涉，對萍鄉縣亦如此説，由是廠户反忽官局説假話。贊屢向炳元、陶甫索廠户結據，以憑向扣，迄未交來。三月間電告晚農，催其速另設法，廠户最刁狡，今年官局自款分文未扣到，況廣款陶甫先如此，叫官局如何向扣。實係自私自誤，非贊不力，三也。找款及分年期票合同，原議井廠收清再交。至今太平山尚少一井，且陶甫父子留紫家冲，私井二均踞官井及歸併井之顛，爲官局大患。數月費唇舌，至今未了。前奉督辦嚴電，少一井扣千金，不扣責贊賠償，期票存鐵廠未交職是故，四也。以上各情炳元不據實詳稟，甚駭。找款萬金連焦煤在内，焦煤款炳元已抵付，各項再加芸支四百，炳支二千六百，只須找還約三千清欠，炳元當有細帳呈鑒。頃已電稟督辦付憲臺三千金，分年期票亦已電稟鄂廠發交晚農，惟井事轇轕，求鼎力扶持。催晚農速來料理追欠款，方知贊此電無一欺飾語。乞訓示。

陳旭麓等《盛宣懷檔案資料選輯之四》漢冶萍公司第二册《周承德上盛宣懷稟光緒二十四年五月初三日》　辦理江西宜萍礦務五品頂戴候選未入周承德謹稟大人閣下：

敬稟者，竊思時事多艱，帑項支絀，果有地利可興，固當竭力講求，以期財源日廣，庫藏日裕。欣逢大人爲國生財，因民興利，開礦産，設鐵廠，造槍炮，修鐵路，立富强之基，開無窮之利，以收自有之利權，而杜中國之漏巵。所有冶煉鋼鐵，製造軌械槍炮，需用煤斤爲之大宗。現聞開平、萍鄉等處焦煤不敷應用，誠如部議所及，不患無鐵，而患無煤。若向外洋購買，徒以利權予人，是開辦礦産，最爲當今之急務，不可視爲緩圖者也。

職才識愚庸，圖報情殷，前於二十二年五月間，以職籍宜春並萍鄉二縣出産銅、鐵、鉛、煤、磺礦，摺呈章程，稟奉江西撫憲批准試辦，當即分别設廠、起井，開爐熔鑄。叵私爐充斥，官爐掣肘，前任地方官未能認真查禁。嗣於去年七月間，經彭紳樹華、文紳廷楷等會邀合辦，稟呈章程，條内聲明事權歸一，以杜争端。各處官紳士庶，只能附入股分，不得因既成之基，另請設廠設爐，以保商本而歸劃一，並懇飭縣出示嚴行禁止私爐，以私化公等情。稟奉江西撫憲批准照辦，分别行知，照會，札飭各在案。職與文紳等仍各經手綜理，次第舉辦，以專責成。第鐵廠需煤孔急，屢奉委員在於沿江省分博訪採辦，以濟廠工，於去年九月間，蒙委前江西候補縣朱令親赴宜春查探煤礦山場及水道轉運能否便捷。經職面陳地方一切情形，並以宜春所屬之射鵬、林田、大嶺、曹家坑、紅壙坑等處，均産烟煤，礦苗豐旺，曾經土民開窿挖取，乃用土法制煉焦煤最佳，然僅附近鍋爐鋪户購買，銷路不暢，是以停辦十有餘年。比經朱令允以稟復，再請委員帶同礦師，親詣各處勘辦。

兹職去歲所開林田煤礦，迄今頗著成效，煤塊質美，無磺無磷，堪煉焦炭之用，現存生煤不下千餘噸，水路運解，由袁河下至鄱湖，道經大江，轉運稱便，理合將原稟批示，並該處煤樣呈乞大人俯賜察核，諭令廠内礦師試驗優劣。如果合用，懇即賜委，職自當竭盡駑駘，勉力從事，即雇本地船只裝運赴省，换載大舟，下至九江，上達漢陽，源源運解，以濟要需，藉圖報效。惟調辦一切事務，紛繁難免，必顧此失彼。查江西候補知縣李光表，誠謹練達，辦事廉能，江省士商咸屬欣佩，可否仰懇憲恩俯准，札委李令與職會同辦理，即將大嶺等處山場産礦舊窿推廣擴充之處，統候鴻裁訓示祇遵。並請咨會江西撫、藩、臬憲查照飭遵，並札飭沿河經過各厘卡隨時查驗放行，不准司巡留難需索，實爲公便。肅此具稟，恭請崇安，伏乞垂鑒。

職員承德謹稟。光緒二十四年四月　日。

盛宣懷批：萍鄉已由本大臣會同湖廣督部堂奏奉諭旨官辦，不准他人另設公司。宜春煤礦曾咨明江西撫院札派丁憂江西候補知縣蔣令家駿招集商股，前往試辦。兹據該員稟，已開林田煤礦，頗著成效，無磺無磷，現存生煤千餘噸，應即迅速運赴漢陽試用。如果合用，價目便宜，再行咨商江西撫部院酌核，或與蔣令合辦、分辦，均無不可。

陳旭麓等《盛宣懷檔案資料選輯之四》漢冶萍公司第二册《禮和洋行致盛宣懷函光緒二十四年五月初六日》　敬啓者：

昨接貴公司本月初四日來函，囑由敝代辦裝拆車輪水力壓機一具，配齊儲水力器具、抽水力機器、汽門汽管等件，敬悉。即電回國，從速照辦，俾與前禮拜所定車輪、輪軸等件，同時到華。俟有價目附來，即行呈上。

萍鄉十英里鐵路料件，約西十月底可以抵華，祈爲預飭將該路勘量填基，俾料一到即可開工安軌是荷。此復，敬請勛安。

陳旭麓等《盛宣懷檔案資料選輯之四》漢冶萍公司第一册《馬鞍山沈令來電五月初六》　遵電諭商斐禮，據稱一人難兼顧，須另雇副手，月薪約六百五十馬克，斐隨時來山查驗。工程挖深百法尺，十四個月可蔵工，費約二萬五千兩，所有通事、工匠、料物、燒煤及副手月薪一併在内，倘邀鈞允先行開辦，由斐代招副手，約二、三月到華，俟公熟請即責成該副手辦理。所取機器均非馬山需用之件，另有洋文電稟等語。大井抽水前照斐言，用小鍋爐，不開夜工，以節糜費，今復稱因突力太微，日抽之水僅敵夜漲，囑添值夜工人，並用大鍋爐。斐頃已回大冶，拆卸各機裝運分赴，均交卑職料理。

陳旭麓等《盛宣懷檔案資料選輯之四》漢冶萍公司第二册《盛宣懷致張贊宸函光緒二十四年五月初十日》 紹甄仁兄大人閣下：

徑啓者，萍鄉安軌運煤，曾於四月十七日詳電奉告，現向禮和定購卅磅鋼軌十英里，該行回信准西十月底可以到華，惟須尊處先將該路勘量平墊，一切就緒，庶軌到即鋪，免致停待。

潯省見聞尚窄，又值沙市釀案後，內地謠煽不定，此項築路工程，應先由紳耆諄切譬喻，使知萍鄉一帶所產惟煤，有路則暢運暢銷，利源日開，即或附貨附客，亦於地方便益日多。至挑夫、船户之利，仍是相輔而行，斷不因此稍蹙其生。

綜計開礦安軌需款若干，應將賴倫圖説趕緊寄滬，以便籌款。

載煤車輛，已飭鄂廠自造，內惟輪軸、鋼簧須用洋貨，亦向禮和訂定。茲將該行原信抄閲，便知端緒。專此密達，即請升安不一。

愚弟盛宣懷頓首。

陳旭麓等《盛宣懷檔案資料選輯之四》漢冶萍公司第二册《解茂承致盛宣懷函光緒二十四年五月初十日》 敬稟者：竊卑府於二月初三日奉憲臺札開「照得本大臣前因江西袁州府宜春縣產煤豐旺，性質頗佳，當經札派前江西德安縣知縣朱令士林馳往勘驗去後。嗣據該令取呈煤樣稟復前來，本大臣查核該令所稟查勘情形，甚爲詳晰，飭據化學堂化驗所呈煤樣，以射鵬礦質爲最佳，自應遴派干員參酌朱令勘復各節，前往復查明確，以便採辦。除會同湖廣督部堂張另札派委該守帶同洋礦師賴倫馳往勘度籌辦具復並咨行外，合亟抄粘朱士林勘復原稟札飭。札到，該守即便遵照，參酌查辦」等因；奉此，卑府遵於二月初八日由滬附輪徑赴漢陽，偕同礦師賴倫，取道九江至南昌省，遵請炮船護送泝袁河西上。於宜春泊駐十日，將射鵬各等處礦山，分日履勘竣事，改由陸路進發，三月二十六日馳抵萍鄉。所有沿途行止日期，並考察礦脈、煤質以及存煤售價，大畧情形，節經由電稟陳在案，余有未經備述者，謹爲憲臺詳細陳之。

查該縣產煤礦山東、西、北三路，脈貫支連，層見叠出。東路所產大半緑火，即係虆煤，其紅火別之爲油煤者，則以西、北兩路爲淵藪也。惟地產深厚，採法混淆，土著拚股，細而易竭，或開僅數丈，未抵佳槽，資罄中輟者有之，或已得佳槽，採取方盛，遇水往往束手，從而廢棄者有之。由是山歇而原作，此舍而彼就，礦穴雖叢，欲求久而不敝者，什無其一也。

查朱令原稟，西路如茅窩裏、雷打石、鈀頭坑、側坑泉、塘下等處，皆在射鵬山境周回五六里，新舊參半，計十餘井。新井發掘未深，尚無水患，然所取皆脬殼也。舊井則寖成水窟，即如原勘茅窩裏三井，曾幾何時，已廢其二，現存偏右一井，與山後石欄下新開一井，均尚質佳產旺，首出一區。近亦微有浸水處，所恃不惜淘工，現尚無慮。北路如瑶山長菌裏、鍾家坊、林田村、盆形山，原稟該等處廢井，皆因從前紅火，煤行銷不廣，旋開旋棄。現查此項廢井自去歲漸次重開，頗不乏有。今春又多爲水浸，强半停挖，其中地勢較高者，惟盆形山易姓一井，深已二十餘丈，尚無阻礙。煤質不亞射鵬，出數亦旺。此外大率去河太遠，轉運既艱，煤亦夾灰較重，此西、北兩路油煤礦井，因革優劣之情形也。

先時舟經城東十三里之下浦地方，沿山煤井既多，且喜近河易運。嗣歷勘數井，皆系緑火一種，五六里內外，如貉一邱，此東路袁河以內礦產種類之情形也。

據礦師賴倫測驗，射鵬、盆形山等礦均適當，正脈自盆形西展，愈趨愈低，至射鵬則勢尤就下。開採之法，射鵬須從山巔着手，直下一百丈內外，到正槽居中處，再分向左右兩路，由平而側而上，節次開挖，可與廢井全行隔絶，無積水四浸之慮，便足以縱横羅掘，括囊包秘之腴。盆形山綫路稍高，工力較省，然均非改用西法，究難取精用宏，似此措施，工浩費巨，艱難曠遠，緩不濟急。加以袁河自宜春至新喻境之灘頭一段，計程三百餘里，濟運尤難。水壩八十餘道，沙灘、石灘犬牙相錯，無雨澤助流，即下水減載之船，並虞停擱。

萍礦結脈廣厚，目前土法，得數極見鋭增，將來輔以機力，增以軌運，無窮利源，可操左券。與其散耗有用之資，難窺成效，不如注重方興之局，順勢擴充，此礦師賴倫查校宜、萍等礦，與卑府熟計取舍之情形也。

又前奉憲臺發交黄家煒説帖內開石塘存煤一節。查石塘即茅窩裏，現在存煤不過一萬五千石左右，原定在山售價每石二百四十文，嗣該山主來萍面商，意在掃數脱手，每石減作一百八十文，加由山至縣之秀江卡運費，每石共計二百三十文。並據查稱「由卡運至南昌省，每石計須六十文，再赴下游，未經確考。應俟允購議明運送某處，不難仿照各口行章，公同酌定」等語。當履勘該礦時，曾將前項存儲及現時挖取等煤，均帶樣到萍化煉，驗得前存一項有灰三十九分零，或三十五分零不等。其現挖一項，亦有灰二十一分零，煉焦均未相宜，機爐洵堪合用。現若有某局需用，或即由某局派人購運，或知照該礦主蘇少坡到滬議定合同，包送應用。嗣果銷用相宜，計維仿照萍鄉向章，設局收買，並擇佳窿，貸資扶助，免致停歇，出數可望有增，購價亦可酌減。即於交到煤斤，陸續扣抵借款，仍應設法多備船只，水漲時連幫運抵南昌，或以原船歸併，或改裝大船。若以九江爲歸宿之地，中惟湖口以上，逆流僅六十里，似可無須輪拖。但此段水脚，言人人殊，確數尚難懸斷。試以宜春至省五百四十里，每石六十文運價相衡，則由省至九江僅四百二十里，自當有減無增。綜計此項煤價，加以經查，試擬兩起水脚，照現時八百六十文洋價，合計每噸運到九江，約在六元七角之譜。就時論價，果否相宜，仍應由需煤局員參以中外相等之煤詳加核定，再行舉辦。此因各口煤噸短絀，價漲用繁，別籌小補之一端也。

除將礦師賴倫測繪宜、萍礦脈總圖一幅，節署一扣，以及礦局化驗煤單計三紙，一併隨文申送外，所有遵同勘籌宜春煤礦現時未便大舉緣由，理合稟請憲臺俯賜查核。

再，前電稟盆形山存煤，因資本不敷周轉，現已陸續銷售，合併聲明。肅稟，恭請崇安，伏祈垂鑒。

卑府茂承謹稟。五月初十日申。

陳旭麓等《盛宣懷檔案資料選輯之四》漢冶萍公司第二册《蔣家駿上盛宣懷稟光緒二十四年五月十七日》　委辦宜春礦務商局丁憂遇缺先補用知縣蔣家駿謹稟大人閣下：

敬稟者，竊卑職於本年四月初七日奉憲臺札開，「照得各局廠機器需煤孔殷，迭經本大臣派員赴沿江各省勘查，據朱令士林稟復，江西宜春縣屬射鵬等處，産煤甚佳，帶回煤樣頗合鍋爐之用。本年復派解守茂承帶同礦師賴倫，順道復勘，據該守電稟，遵查射鵬煤窿以茅窩裏、石欄下兩處爲最新井，日各出煤六百石，現在煤二萬石。賴倫查稱，兩山礦質均與萍鄉相埒，惟股本不豐，必須招集商股，方能興辦等情。正擬招商集股試辦，據丁憂江西候補知縣蔣令家駿面稟，已經招集商股銀一萬兩，請即前往宜春縣屬，選擇出煤佳旺之處，先行仿照萍鄉土法開挖，運往九江，交招商局按噸給價，以資周轉。俟辦有成效，再用機器推廣辦理，稟請核辦前來。本大臣查核，宜春煤既佳旺，自應招商妥速試辦，由小至大，以興地利。除咨行外，合行札飭。札到，即便遵照，前往宜春縣妥慎辦理，並將辦理情形隨時稟報查考」等因；奉此，卑職遵即飭裝於二十三日來江，於五月馳赴宜春縣屬，設局開辦，擬先運煤若干噸至九江交招商局收領。惟查宜春至九江樟樹鎮以上逐節灘河中，有厘卡數處、姑塘船關一處，卑局係屬創辦，運本水脚，費用甚巨。此次奉委集股開辦，一以供鐵政、船局要需，一以收中國自有之利，實於大局有關，若驟請免税，又恐有妨江省厘政。卑職前在安徽，查悉貴池縣境煤鐵礦李道振玉、孫道振銓稟請援照臺灣、湖北煤税，每噸減爲一錢，經前南洋大臣沈、北洋大臣李會同專摺具奏，通行有案，可否仰懇咨請江西撫憲藩憲飭移牙厘局，援照前案，將卑局由宜春運出之煤，經過之卡，按江省十成厘金減半抽收，並飭九江關道驗免船税放行，實爲公便。

卑局運煤船艘，刻需雇用民船，大小不等，擬每次四十號爲度，均挂有「宜春運辦鐵政官煤旗幟」字樣，或一月運辦兩次，或一月運辦一次，並刊發運單護照，飭令承運司事過卡呈驗，以示區別。並懇飭於秀江起票之卡，統將厘金收足，即於姑塘卡驗票放行，作爲一起一驗，以免中途稽滯而便小輪拖帶。倘船户夾帶他貨等情，查出仍請照章究辦，以肅厘章。余俟卑局小火輪並駁船造齊，再行開呈名次，稟請鈞核。

卑職夙荷大人知遇，敢不勉竭駑駘，實事求是，力圖報稱。伏在宜春礦務，未經開辦以先，洋煤向不出口，此項煤税，亦分毫無收。卑局此時奉文創辦，即按十成厘金減半抽收，已於厘務大有裨益，況煤税稍減，成本亦可較輕，將來源源而來，不惟礦務可以撑持，即厘務亦不無起色。至九江關船税，凡屬因公，概可邀免船税，應懇大人俯察卑礦煤斤究屬供應鐵政、船局公用，迅賜飭知九江關道一體驗免船税，毋任翹禱待命之至。除稟江西撫憲暨藩憲、九江關道外，合肅蕪稟，恭叩鈞安，伏維垂鑒。

卑職家駿謹稟。光緒二十四年五月　日。

陳旭麓等《盛宣懷檔案資料選輯之四》漢冶萍公司第二册《盛宣懷致誠勛函光緒二十四年五月二十二日》　果泉仁仲大人閣下：

敬復者，承示宜春礦局蔣令家駿稟稱辦運礦煤、驗免船税各節，具悉種切。查宜春煤礦開辦伊始，即使運煤需船，未必每次有四十號之多。貴關應征船料，既爲常税大宗，當此鹽厘改歸税司度支，益形支絀。此項運煤船税，礙難援免，亦是實在情形。其實蔣令所稱船只號數，亦是擬議之詞，目下斷無此大宗煤斤出口。現已依照來函，札飭蔣令遵辦，如有煤船經過姑塘關，應請轉飭關員，照例完税放行，毋稍留難，以維礦務而供要需。倘日後出煤暢旺，運船加多，届時或援案包繳正税，或酌量減成，再請裁奪辦理可也。專復，敬請臺安，諸惟亮詧不備。

陳旭麓等《盛宣懷檔案資料選輯之四》漢冶萍公司第二册《盛宣懷致吴鴻英函光緒二十四年五月二十六日》 頃奉來函具悉種切。生鐵七百噸知已收到，爲慰。前曾托周舜卿所開之昇昌裕代銷生鐵，因其售價每噸浄售規銀廿六兩四錢六分，故專托尊處辦理，不意該號因忌生妒，傾軋同行，任意跌價，每百斤至二元左右，殊堪痛恨。閣下於該號銷路概不與談，並暫時不與争售，致壞市面，辦法極合，准將來鐵存棧單，專俟該號存鐵售罄，再行相機進止。現已停止昇昌裕裝售，惟候尊處消息酌辦。神户銷路既勝長崎，且無華商經售，自應從速推廣，獨占先着。望臺旌即往神户一行，詳細察看，如果銷路暢旺，價值相宜，准予抛出，敝處候信即裝，如不相宜，得電即止。以後盡可函詳，無庸來申面陳。專復，敬請籌安，惟照不具。

陳旭麓等《盛宣懷檔案資料選輯之四》漢冶萍公司第二册《聘請日本礦師大日方一輔合同光緒二十四年五月三十日》 立受聘約章。今因大清國欽命督辦鐵路大臣大理寺少卿盛(宣懷)欲聘請礦師一員，由大日本外部衙門遴選妥員交駐滬署理總領事官小田切轉薦充當，兹已薦到工學士大日方一輔。所有議訂各條開列於左：

一、受聘人必須熟悉礦務，學藝優等，與所呈履歷相符。自受聘之日起，一切須聽聘東節制，不得違背。聘東亦以客禮相待，以示優遇之意。

二、每月薪俸定爲英洋四百元，伙食、僕役一切在内，不准另行開支，並不能預支。薪水每月逢西歷十五號，由受聘人具領請發。

三、受聘年限訂爲二年，限内無故彼此不得辭退。限期未滿，由聘東辭歇，仍須付清限内應領薪俸。受聘人二年限滿之後，如辦有成效，可以另立合同展限留辦。

四、受聘人來滬川資，由聘東給發壹個月薪水，回國川資仍由聘東給發壹個月薪水。

五、受聘人定住一處時，其住房由聘東指撥。至屋内床鋪桌椅一切日用各件，准由受聘人自行添購，開賬具領，惟所購各件之費不得逾一月薪水之銀數。此項物件受聘人回國之時，應點交存留，不得携歸。

六、受聘人如有因公出外、勘驗礦務等事，所有往來車馬船轎以及住屋伙食等一切費項，須由聘東供給。

七、聘東須另聘幫手壹員，聽由受聘人代行挑聘，惟其薪水不逾壹百元。幫手來滬川資，仍由聘東給發壹百元。至於幫手因公出外盤費等項，照第六款辦理。

八、受聘人等定住一處，或因公出外之時，須由聘東飭知地方官妥爲保護。

九、受聘人因辦公務遇有受傷或因公致有意外之變，應由聘東會同駐滬日本領事商給貼費。至受聘人因公受傷或至殘廢，或有甚於殘廢者，其貼銀或恤銀，視情形之輕重定銀數之多寡，其至多之數不得逾二年薪水之銀數。

十、聘東派受聘人出外勘驗礦務，不拘何處必須前往，不得推却。

十一、合同期内，受聘人如有行爲不合及因疾病不能辦工者有兩閲月之久，此合同即作罷論。

十二、此約寫立三紙，一存鐵路總公司，一存日本總領事署，一交受聘人。

陳旭麓等《盛宣懷檔案資料選輯之四》漢冶萍公司第二册《盛宣懷札盛春頤宗得福文光緒二十四年六月初一日》 督辦湖北鐵廠事宜頭品頂戴大理寺少堂盛爲嚴札事：

案據該廠呈送光緒二十三年分全年收支總册，當經發交稽核處逐細考核，另編簡明總册呈覽。内有斤兩尺寸，旁用號碼標注，如象皮三百尺，每三分下合銀數至三百二十餘兩，顯有舛错，檢查流水實每尺規銀一兩一錢，與總數相符，自係繕寫筆誤，飭令逐條加簽更正，不復將原册發還。惟員司丁役三百餘人，常年薪伙工食三萬餘兩；運費脚力一項，用銀至十二萬三百餘兩；採辦物料亦八萬一千餘兩，三項實爲異常糜費。外洋工廠首煤鐵，次機匠藝徒，再次便是轉運食力，如中國之托名典守，實則並無事事之員司無有焉。鄂廠地形散漫，工務叢雜，分資羣力之處，誠與洋廠不同，然亦必須抉擇審慎，一人得一人之用，若情薦勢引，漫無限制，小則推諉廢弛，大且蠹蝕侵盜，於事無濟。上年叠經本大臣嚴飭裁並，迄未能稍事淘汰，歲虧巨款，此其一端。至運費脚力一項，除招商局輪船轉運煤鐵水脚外，余由磯頭、由東碼頭上下挑力，及再由存煤棚廠轉赴各爐之用。煤鐵笨重，斷非人力所勝，鋪設軌道，本爲便運省費，起煤之始，即應計算某爐合用某煤，就近堆放，磯頭、東碼頭路有遠近，尤應嚴查所司給發工價有無弊混，該守等何以少由軌運，多用筐抬，致月糜運費幾及萬金之譜，殊不可解。至材料所，爲叢弊淵藪，滬漢辦料，員司管料，工匠領料，各不相謀，大抵利於多用，冀於多買，事相因而弊遂莫能究詰。稽核處所稱分則是少，合則是多，朽積蠹蝕，最易滋弊，務應推陳致新，使無糜漏，自係實有是地。本年錳精斷缺，幾致停煉；焦炭斷缺，吕柏謂爲月報存煤清摺，皆係蟬聯接寫，並未躬親檢驗；零件粗劣，李治謂爲鐵質甚佳，制法實欠講究。可見各員董於廠務病根毫無補救，經此次諄切告誡之後，該守、該令向有天良，現值公疑，鈞座尤當認真厘剔，視廠事一如己事，將以上三項如何實力撙節之處，克日籌議稟復，萬勿視爲具文。稽核處所編簡明總册數目是否相符，一併抄給復核，呈候分咨。年總册內有象皮板更一筆，多報銀五十餘兩，又總數有不符之處另單抄行復查，仰即一併核復，爲此札飭。札到，該守等立即遵照辦理具復。切切此札。

計粘抄總册一分，清單一紙。

札代理湖北鐵廠總辦盛守、提調宗令。光緒廿四年六月初一日。

陳旭麓等《盛宣懷檔案資料選輯之四》漢冶萍公司第二册《盛宣懷致盛春頤宗得福函光緒二十四年六月初五日》 我彭總辦、載之提調手覽：

頃禮和洋行來函稱：漢廠交伊承辦之製造鋼枕機器，已起運來華，並呈地基圖樣四紙，云此機器極貴重極大，須將地基備好，預交妥慎可靠之人管理各等語。譯信之後，甚爲詫異，現在中國盧漢各路皆用木枕，不用鋼枕，此項製造枕板機器，且前並無所用，來信言極貴重，則所需華銀數必不菲。此間無案可稽，詢黄贊庭，亦只約略記是德培手所定，云從前並用番文信催過。廠虧業已無底，此項毫不適用，費款甚巨之貨，紛至沓來，令人焦勞無已。此信到時，望檢查德培文卷，禮和制鋼枕機價目，照抄一分寄來，並查似此已定未運之貨尚有幾項，共銀若干，均係何人簽字？一一詳復爲要。此頌勛祺。

陳旭麓等《盛宣懷檔案資料選輯之四》漢冶萍公司第二册《盛宣懷致斐禮函光緒二十四年六月初十日》 西六月十九號來函所稱，現在閣下所管各處工程繁冗，且相距太遠，不能全行照顧妥當，須添派一人幫同料理等語。深知各處工程事繁，一人實難兼顧，因此照閣下所陳，特派日本礦師大日方一輔專管馬鞍山礦務事宜，如此辦理，閣下之責任稍輕，更借此可專心照料大冶並各處工程。接到此信之日，請將帕礦師臨行交下馬鞍山公事房所存一切文卷、圖樣、信簿、各器具等件點交大日方一輔收管。但大日方一輔礦師初到，並煩將馬鞍山礦務各事逐一説知，交楚之後，仰即稟復爲要。六月初十發。

陳旭麓等《盛宣懷檔案資料選輯之四》漢冶萍公司第二册《吴鴻英致盛宣懷函光緒二十四年六月十四日》 敬稟者，竊卑職英於上月二十五日稟函後，當日即乘郵輪赴神户、大阪，直至横濱、東西二京等處，訪銷生鐵一事，隨帶小樣，凡日本境内通商口岸及内地需鐵之家，逐一趨談，評看鐵色，皆稱佳妙，但云未見大樣，不知鐵性如何，非十數噸熔試成色不能定價云云。

初五日，由神户得長崎寄到鈞諭，敬聆一是，並悉昇昌裕之鐵現已停裝。核彼所售之價二十六兩四錢六分，合每百斤二元一角，然彼未跌價之先歷售之二元三角至二元四角，則每噸即合三十兩有奇。目下該號鐵已售去大半，任意賤售至二元一角，其該號之存心實深痛恨。爲今長崎市面，爲彼做弄如斯，暫難挽回，故在神、横兩處詳細專謀。細察日本歷來無産此物，所用者全是泰西之貨，查來源有兩大宗：一名葛篩兒，一名力加。據日人言，葛篩兒貨品純妙，價二元四角；力加貨色次之，價二元一角五分。以中國之鐵相較，約居其中，但（例）〔歷〕來每逢天氣盛熱之時，熔鐵廠不能全開，兼農期在近，各工停止，銷形減色，秋來漸可暢旺。刻下合計神、阪兩處每月可銷千餘噸，横濱、東京兩處每月可銷千餘噸，此外仍有日國鑄船各廠用場甚廣。卑職前在東京時，特面謁該國農商務大臣，述及備籌銷路情形，伊頗殷殷照拂，當即咨照各廠盡力銷用，有此大畧情形，將來定可愈推愈廣。卑職今晨方抵長崎，如遇有便輪，備將長棧存鐵先運百噸往彼試用，如果合銷，當再赴彼成盤定貨，未卜申地存積幾何？湖北局内每月能出幾何？敬乞示悉，卑職得有把握。此鐵如果廣銷合用，則西貨必不能抵敵，將來事權獨操，俾合准價目再刊載日本報章，以奪西貨銷路。謹此，敬稟鈞安。

陳旭麓等《盛宣懷檔案資料選輯之四》漢冶萍公司第二册《盛宣懷致吴鴻英函光緒二十四年六月十九日》 頃接十四日手書，備悉一一。銷售生鐵一事，經閣下前往各處細心訪察，合計神户、大阪兩處每月可銷千餘噸，横濱、東京兩處每月可銷千餘噸，此外日本鑄船各廠用場甚廣。現值盛暑，各廠大半停工，須俟秋間方可暢銷。日本既無出産，全用泰西之貨；漢廠之鐵既與外洋不相上下，只求逐漸推廣銷路，當可抵敵西洋生意，而於廠中則大有裨益。升昌前售二元三四角，得價卅兩有奇，現在二元一角，只要有銷路，不必過於扳價，但祈尊處趕緊將寄去之七百噸迅速銷去，銷通之後，漢廠方能放心停止周升昌一路，否則周升昌必説東洋銷路非他不可，廠中亦不敢遽止升昌銷路，以防兩行無着。鐵廠存貨約有五六千噸，擬俟銷完再煉。如開煉每日可出七八十噸。周升昌昨又求運生鐵，已飭暫停，專候尊處消息也。復請升安不一。

陳旭麓等《盛宣懷檔案資料選輯之四》漢冶萍公司第一册《漢廠去電七月初四》 今日驗盧涿已鋪軌道尚下得去。據工師云，先來之七十磅軌無斷者，質較好，魚片亦好，但毛糙耳。卜聶到須詳究鋼質，何以後不如前？方釘、螺釘待用甚急，切囑馮倅七月底須趕大批來。造釘機器望速辦，勿再遲誤。

陳旭麓等《盛宣懷檔案資料選輯之四》漢冶萍公司第二册《吴鴻英致盛宣懷函光緒二十四年七月初六日》 敬稟者，竊卑職英於前月二十五日接奉鈞諭，讀悉委將崎存生鐵迅速出售，銷通之後，即可放心停止升昌裕一路，否則該號必説東洋銷路非他不可，故未遽行停止云。但升昌裕號只有長崎開設分鋪所，前來生鐵亦僅在此間謀售，此外毫無銷路。屢蒙憲諭囑速推廣，伏思本局出數諒涌巨焉，覺長崎僻壤之區，不足抵銷，更因升昌裕妒見爲懷，故特往神户、横濱、大阪、東西二京等處，均係日國極盛省城，與長崎相隔數千里之遥，其各處情形業已領其大畧，得有把握，均歷細稟載前函。兹於前月已將崎存之鐵運裝五十噸至神户、大阪，分給熔化成色，適接彼處來函云及熔出頗爲合用，惟價目尚未議定。據此，貨初次銷售似必價值從廉，方可逐漸推廣。銷通之後，將來定可再扳善價，然當此稍有把握之時，伏乞飭令暫爲停裝升昌裕一路，防彼得此數路消息再挾詭計，將貨帶往争售，彼刻下無貨在手，雖百計經營不足爲慮。將來得能銷通，庶不負委任之至意。崎存之鐵，兹已零星續有售出，價做二元一角五分至二元一角不等，刻漸屆秋來，諒銷形逐有起色。謹此敬稟，恭請鈞安。

王樹枏《張文襄公全集》卷一五六《致京盛京堂光緒二十四年七月初八日午刻發》 昨比領事電稱，敝國駐京公使來電，「現考格利工廠奉盛京堂電，商合辦漢陽鐵廠一事，該廠即可派員商議」等語。昨鄭丞來鄂詢悉，台端現正與怡和商議此事。兹聞怡和已派人到廠閲看，並有人赴興國、大冶查驗鐵煤各鑛。云係「商借二百萬以鐵廠，暨鐵煤各鑛地作押，並將廠務鑛地交怡和，派人代辦」等語。此事究係如何辦法，未承電示。惟總宜格外審慎，鐵廠可合辦，而鐵煤各鑛地，萬不可押借款項。祈速示復。庚。

陳旭麓等《盛宣懷檔案資料選輯之四》漢冶萍公司第一册《湘潭張紹甄來電八月初三》 冬電諒達鑒。贊今日稍能飲食，惟心悸不能眠。靈櫬寄妥，准初七回萍，解守亦即赴鄂。劉夏即歸憲幕，久留疚罪。萍紳民、廠户阻擾洋礦，匪徒因擬集衆燒局殺洋人，波瀾大作，現漸平好。再，贊前在萍已將礦用要地購成，並取安源全鄉山主不再開新民窿之據，有立脚地可無慮。前云湘員三人，實已離萍，恐後再來，各省時派員探採。解信云，近江督又札派江蘇施令在萍設局。西本江督轄，乞將奏案咨督。又，湘省寶源聚與萍衆廠户訂合同，生煤到湘每噸給價長平七兩，聞其中有湯幼安方伯之熟人，已托薛守懇湯曉諭解散。此等皆可設法抵制，惟廠户已十分居奇，各路加價收煤，倍於我局，洋盤伊始更形棘手。六月初八賴已開工，略有規模，苦機不齊，不能迅速。湘潭各機已陸續籌運，惟大件鍋爐甚難。解信極譽賴學有本源，忠勤辦事。薛守由萍勘路來潭，所述與解同。安源至萍軌可不另派洋人，擬飭賴兼辦，藉省費。禮和百萬將成，所慮添派盤師，賴必解體，此處務求善處。枕木料小，萍尚可辦。賴信云松杉木均可用，萍購約每根一兩，贊估每根七錢，運脚在外，或萍或禮和，乞裁示。

陳旭麓等《盛宣懷檔案資料選輯之四》漢冶萍公司第一册《湘潭張紹甄來電八月初四》 湘潭連前存焦煤統運清，噸數王恂已電稟。解信云，六月封壩，萍僅運六百噸，七月望後得雨開壩，約可運二千餘噸。惟無雨即封，且船甚少，須九、十月方能暢運。長醴所費數十萬，查連鴻昌結欠共領三十萬〇，皆有著之款目。前僅以焦煤一項而計，存山、存萍運途已擱本二十餘萬，運道艱阻，出煤日旺，愈積愈多，擱本愈重，款項支絀，焦灼萬分。薛守深得民心，往醴勘路不特無阻擾，且甚踴躍。該處産茶，薛守藉此勸導，即軌亦樂從，能用東洋工師華裝最爲妥速與薛守會商，凡經驛路處，擬就舊路取直設軌，土堅省工，另築新路行走。管見湘軌必成，朝諭維新，守舊黨漸圖通。惟須節臨長沙，聯絡紳士。湘至萍僅陸程三日，尤盼憲臺履勘，指授機宜。萍醴枝路地宜早購，長醴干路辦亦難緩，此萍礦大關鍵，早一日成，焦煤流通，免擱巨本。醴陵業茶諸商，盼設電局甚切，管見似宜設一子店，藉開風氣並順商情，爲購地造軌張本。薛守現不能長駐醴，伊侄候選縣丞薛宜璲辦事精干，或請派委子店，醴人感戴薛守，伊侄在彼較易聯絡。贊實爲公起見，並無絲毫私意，藉詞飾説。是否可行，出自憲裁。安源煤樣七月初寄宗令四種，托交廠化學堂並駱丙生分化比較，已電宗令將化單寄呈。郭廠焦匠需樣十噸，解信云，即裝簍交船押運。安源洗煤之焦亦出爐即運。承示廠信萍煤摻甚劣，已飭各路嚴防。

陳旭麓等《盛宣懷檔案資料選輯之四》漢冶萍公司第二册《斐禮致盛宣懷函光緒二十四年八月初八日》 敬稟者，斐日昨赴馬鞍山，將帕礦師交下之器具、圖樣等件點交大日方礦師手收，有吕柏當面爲證。斐兹將馬鞍山情形禀告，似亦分内事。斐前曾面禀馬鞍山沈委員飭令土工在煤窿左近挖取煤觔，恐礦面各房屋如機器廠、打鐵廠、鍋爐房並挂綫路等處日後有坍塌之患，請大人轉飭停挖。乃迄今仍如前作工，現在打鐵廠及鍋爐房已有洞穿數處，該礦事務以後若如此辦理，所有房屋必致盡行倒塌，機器、鍋爐亦遭損壞，則全礦廢矣。馬鞍山工程之乖謬直如從前之李士頓礦一律，吕柏此次係斐約其同往作證，其必將此情狀禀達，定與斐所禀相同也。祇請勛安。

斐禮謹禀。

再禀者，自辭退高通事之後，斐已另延韋姓在斐處充當通事，每月薪水銀三十兩，係照前次高通事之例，請飭知鐵山莊委員照支爲盼。

陳旭麓等《盛宣懷檔案資料選輯之四》漢冶萍公司第一册《湘潭張紹甄來電八月十一》 解信云，八月底需銀三萬，乙交源通匯協成。焦煤擱存日多，鄂廠收煤不再付款，嗣後半月一匯，均仰賴憲臺接濟。貨多難運，款絀難持，憂灼。安源軌乞飭調鄔晉基來萍助賴料理，請發打侖機兩副。電諭文、薛宜秉公酌復等因，薛宜璲如少不更事，何敢保以精干，用人爲憲臺要政，歷年所舉，未敢稍參私見。湘紳分新舊黨，各縣皆然。從前文代耕與榮錫勛互相禀揭，近地紳亦有不派。文辦事極任勞怨，用其力則可，偕其聯絡則不可，此係實情。憲到湘即知之，派文派薛或另派他員，出自權衡，統求鈞斷。

陳旭麓等《盛宣懷檔案資料選輯之四》漢冶萍公司第二册《盛宣懷致盛春頤宗得福函光緒二十四年八月二十三日》 我彭總辦、載之提調手覽：

接六十六號惠書，聆悉煤務處叢弊淵藪，屢剔未清。嚴調初久病之軀，未必再能來管，能認真兼攝，所有不得力司事，作弊慣家，自應准其删剔。昨有假名信函，於此事株連甚多，此人大約即是煤務處人，所稱朦報分肥各節，不盡無因，應由尊處逐細密查，專函具復。

廠款外欠漸多，待用更亟，昨已函布。此間已代付萍鄉焦煤價十二萬五千兩，開平焦價五萬兩，實在無力再付，全恃廠中出料多，照尊議扣幾成帳，付幾成現款，爲目前挹注之計，俟禀到即當斟酌批准也。

路款五萬一事，詢據趙致祥云，「上海先付源通，十日協成收帳後，再須十日付銀，吃虧不小，即匯水亦嫌過大。此後須由上海不拘何號匯漢，方不再吃此虧」等語。

八月初，「公平」到漢，一禮拜裝卸始畢，已不甚速，商局又壓遲一日，初八交清後，初九四點鐘始開。

施董近日於局事全不認真，可恨可恨！候嚴詢飭其明白禀復。嗣後炭輪到，須做夜工，節節督催，但能速起速裝，多走幾次，水脚便可議減。

吕柏病費，查照合同應給，即望照付。此頌臺祺不一。

督辦宣懷頓首。

陳旭麓等《盛宣懷檔案資料選輯之四》漢冶萍公司第二册《陳忠直上盛宣懷禀帖光緒二十四年八月》 爲養奸受朦、誤局蠹公，懇祈嚴究而重要公事。

夫鐵政局創造以來，所用之委員、司事甚多，奸詭詐僞亦不少。自古及今，未有如鐵政局之陋規也。所有買賣各色貨物，勾通者方成生意。嗟乎，政之不正，萬弊叢生。爲上者想貪貨相宜，不分美惡，以至受其朦也。於中情節，難以枚舉。

現聞胡萬椿炭行，屢謀漢上各局生意，惟槍炮局、磚廠勾通曾均和等，俱已遂意，得息一、二萬金。及至鐵政局賄通黄雨田、馮敬庵、管大位、宗公等合伙弄弊，詭牌慎記，同發長號等，賄通煤務處過磅人並船户，以少報多之數。兹有劉瑞生、楊子仁、陶祉祥、王曉峰、劉海亭、戈子當、雷順發等通同與鐵政局弄弊，仰漢上販買販賣，搶奪生意，大發財矣。業已具摺禀明，懇祈嚴查重究，速即拿胡萬椿，謝炳文、吴立夫一切到案，追其根由。詢明楊子仁、劉海亭、黄雨田等所有舊歲及今買進、售出之煤數目如何。即委員速查各號煤數，兩年簿據，對核其中弊端，即速重辦，以振局規，庶免貽害靡底。 如置若罔聞，公受國恩，四品京堂、督辦鐵政局鐵路大臣，若辦理不善，即負國恩，有害局事，大有礙張香帥，難辭其咎。即速除舊换新，另行設法招商，考煤定價，以憑公允，官商兩便。若不即派委來漢查辦，晚與伊等向無往來，又無仇怨，見劉瑞生、胡萬椿、陶祉祥、劉海亭、楊子仁、黄雨田、馮敬庵並磅煤人等，行奸太多，大害局事耳。

聞有人具禀京都王軍機大臣處，並有入托彭御史代奏：朦上誤公，有負國家，虚耗之費，其咎恐難辭謝。望明公速自裁之，諒之。謹禀局憲大人臺前，核奪施行。勛安，鑒照不荃。

晚生陳忠直敬禀。

計呈朦上媚奸詭謀情形於左：

一、查胡萬椿炭行老板，號朗齋，奸不顧耻。用婦女勾通委員太太、奶奶，以借請作葉子戲之名，其法術從此勾通而入。每一禮拜請花酒，炮廠曾均和，鐵局馮敬庵、黄雨田，賄通改牌慎記，合伙分肥。收買劣炭，朦充上煤，收少報多。謝炳文、吴立夫勾通過磅，八人每噸假碼各一半。查胡萬椿由舊歲售炭槍炮局，勾通曾均和販買販賣，又無煤礦等情，該行各處並無莊號，現已發財銀一萬餘。嗟乎，行商不如坐賈，行奸發財。世上之事，忠言逆耳，良可嘆也！漢陽破奸詭計一奈又出與吴立夫、謝炳文謀及武昌各局炭事，雖伊法術甚高，諒不如槍炮鐵政局之故也。若論國法，誤局害公，行奸取巧，理當嚴究重處，整一戒百。未卜局憲之意，如何辦理，即問胡(萬)椿用人。況吴立夫在武昌各局售煤，常會尊局人，私私面談，即速拿獲，追拷問根，實爲上策也。若不亟爲嚴究，將來難免效尤，貽害靡淺。

一、查吉昌慶、楊子仁、劉瑞生，老商坐賈，由光緒廿二年，屢用法術，勾通黄雨田、戈楚清、潘誠哉過磅，六人及夫頭張老四等，收少報多，寫虚碼、造假數，或一、二百噸一次，各分數百金；虚數假帳，業已發財。不言而喻，皆由黄雨田生弊抽擋，船户卸一造二，數領銀數，各處收劣炭。羅景林、陳其忠列上等斛直換假，朦混冒充興寧二都煤，可恨奸賊，良可殺也。

一、查吉長厚舊歲運來焦炭千餘噸來交局，劉海亭勾通夫頭張老四、黄雨田並廣東人過磅，即造假數二百餘噸，又虚付銀三百餘兩。生炭亦有假數三百餘，各分數百金。劉海亭奸詐百出，目無法紀，與局中上下各委員、司事，情好甚密私議，伊自勾通黄雨田，兩下合伙開立同發長號，不幫吉長厚當走差之人。舊歲十月間弄弊，焦炭曹陳數十噸，一真二僞假數，吊劉海亭來一拷打，定即招認。

一、查同發長號吴立夫、胡萬椿、劉鴻發、劉海亭、唐月元由舊歲十月進局售炭，勾通黄雨田、卓裕恒並過磅人夫頭張老四等，買進劣炭，冒充萍鄉、興、寧二都煤，收少報多，一利弊也。局内白煤、劣炭售出，以多報少。及至今年五月間止，爲厘金放出案，一買一賣，共售炭四五千噸之譜，實得弄弊銀七千餘兩，人人周知。沙家巷、喬家巷賞花酒銀八百餘兩，五人各分息銀一千餘兩。尚有船户，郴州人陳鴻昌問(衡州會館壽佛宫)，伊只得分銀四百餘兩，兩下争論是非，於二□[月]間各開會館理論，諒目下來漢，可查可問。伊因錢未多得，有不平之意，以至人人知之。惟劉海亭奸詐百出，與黄雨田格外私售白煤三四百噸，二人各分銀六七百兩。劉海亭始(聚)[娶]妻，裝辦屋宇，華美之至，其貨物不計數。查此人素行凶暴，舊有成案，逃走亡命，至此可亟嚴拿。

一、查雷順發、黄恒茂、周昌和等，舊歲買鐵政局有不合用之炭，買進售入，以少報多，俱由黄雨田、卓裕恒等弄弊。又有吉長厚，居住鐵政局之丁少泉，由黄雨田舉薦吉長厚當收煤條之司事辦立鐵政局舞弊，以嫖賭、洋烟，用費浩大，黑夜逃走，□騙湖南幫各船户定煤銀數百兩，業已具控在案。後黄雨田行奸太多，恐惹出禍來，即思詭計，兩頭排解，要各船户再辦銀來，各自局中買炭數十噸，每人多下幾十噸，我與爾等少報四十噸了結其事，汝等切勿在外露言，此事人人知之。況黄雨田詭計救人害人，非只一端，難以枚舉。此數人將船户偷出鐵政局之炭，盡私售在漢口各洋行、武昌、樊城等處，人人周知，一查了然。

一、查陶祉祥抽出二都煤，或銷十船，或廿船，沽於別處，貪圖高價。外面買來衡幫陳其發、羅景林等劣炭二三百噸，於中取巧，兩頭得厚利。亦賄通宗其能等，俱有弊端。如猫之見魚，想食之有味矣。

一、查黄雨田薪水錢，每月十串，家眷數口，童僕婢女三四人，天天夜夜，過河坐轎，童僕相隨。喬家巷、沙家巷包娼兩家，每月各用銀一百餘元，並置各色綢緞衣服。以十串之辛俸，作爲過劃子、轎子錢，猶不符用。前議娶妾之聘金銀八百餘兩。惟伊又勾通各號與船户舞弊生端。所有最相契者，楊子仁、劉瑞生、海亭與伊爲弄錢也。其經理三年之數，大約至少有萬餘金，今若不革除，可謂一富翁矣。養奸害局，於伊何底，此人可殺。即卓裕恒弄弊，得劉海亭、胡萬椿、吴立夫、劉瑞生、楊子仁每噸炭回手銀二錢，買進賣出，約計數萬兩，亦由黄雨田之來手，生出弊端。此人可除，欣甚羨甚。然有宗載之處處保護黄雨田，宜察之。

一、查馮敬庵經理機器委員，貪而無厭。所有工匠人等來局，謀及衣食之計，先送禮銀至少者廿兩。伊見其人言語穩妥，不吐露於外，准其來局傭工外，又先扣工價一月，肥入私囊。昨於胡萬椿、吴立夫、謝炳文勾通來局售炭，先行拜結女會，得受綢緞衣料。又每噸炭吃三錢，不論沙泥可收用。此人奸詐甚密，尤恐槍炮局革除之故也。張香帥前誤用此人，大害局事，悔之不及。舊根不除，故友尚多，遺害靡底，察之察之。

一、查宗載之堂堂之至戚，稽查兼理提調之重任委員，何得屢次受黄雨田、劉瑞生、王曉峰、戈子當等行奸賄納銀貨。伊等任意張膽，各處勾通弄弊，暗使船户偷漏生焦煤，日夜河下變賣；只徒要錢，不顧其局面；並不委人河下訪查，任從行奸；交通盗賊；勾通磅手，妄造假數等弊。已食局禄，無理如此，有何顔見督辦之面乎。

一、查華盛公司、義太洋行邵文甫、王曉峰、戈子當，與楊子仁、胡萬椿、陶祉祥、劉瑞生等勾通錢老保上稟，陽奉陰違，即請黄雨田、宗載之、馮敬庵等，内外有人合伙，一切照數分息，内通外漏，上下弄弊，只朦總辦一人。議定另立一詭牌，可免人生疑。屢次花酒處會議，妓女無不周知，可見天下之難事，財可通神矣。若不即拘胡萬椿、謝炳文、吴立夫、劉瑞生等到案，嚴訊重辦，害局靡底。

一、查貴局中之事，截人減俸，議煤價太宜，此乃刻薄之道也。夫當委員、司事者，日夜辛勞，得薪水銀二三十兩、四五十兩不等。司事或銀五、六、七、八兩不等。誰無父母妻子，無不想謀衣食之計，這點辛俸，八口之家，何能濟事。所買上色之煤，議定價四兩五錢，上有溪河灘水之險，非用小船不運下，又有江湖風波之患。十船壞一二船，南水枯涸，有多用駁船之費，豈不虧本。水程二千餘，又是粗貨，脚價又甚重，前有曾辦煤者，人人虧本，因定價太少之故。且局中人想弄弊者，百幫刁剔，陽善陰惡，商人受其害，莫之敢攖，不得不托人用銀勾通，以圖售貨之計，免盡虧本之害。自今而後，貴局均勿刻待商人，宜亟議定除盜安良，另行再招公道正直大商富賈承辦，自然有人價有定准，煤選上色，煤價定在六兩二三錢之頗，即煤俱佳，定辦上色煤到局，兩不相虧，官商兩樂，於斯爲美，切勿效前貪宜以自誤也。明公急自裁之，則公務易成，千姓仰戴，功垂不朽矣。

一、查萍鄉煤甚佳，貴局已有委員承辦焦炭生煤，據云，報價相宜耳。聞委員，司事亦有大弊端，雖然行奸尚未破案，其中善惡蒙昧不知。即貴局中上去往來銀錢數十萬，未見盤底，未見開消各費總清，恐煤價比他處亦即貴多矣。何也，上有溪河、灘河之險，下有江湖風波之患，百船壞十，諒估價更貴一成矣。前有廣泰福、吉昌慶、吉長厚生炭、焦炭，數人搶奪生意，定價太低，局中委員、司事想索錢之計，百幫刁難。商人進退兩難之際，不得不用錢賄通，以便資本免其作梗，因得不受其虧本乎。惟貴局陋規太多，若無錢效敬，借勢爲惡，狐假虎威，恃以公事壓人，有見識者，出錢賄通，無見識者，任從魚肉。至總辦處百幫小話，媚獻讒言，非一信十。如無錢賄通，磅手任意刁難，吃二三十磅，豈不受其屈哉。明公速自諒之，天乎天乎！

一、查貴局專辦開平並外洋煤，據云，焦炭、生煤俱佳，其焦煤辦上見之灰末太多，只有六七成貨色。又有欠秤之説，水陸花費甚重，約計舊焦炭非廿金之數不能成噸。而生煤總要八九兩至漢，可見比湖南煤貴得多多耳。聞湖南煤不美，非也。實局中煤不考價不出，商人辦好貨來售，俱有虧本之慮。若能出示考煤定價，内外不行奸，上色之生煤，定價六兩五錢，到局中莊生煤四兩七八錢之譜，品前上色煤樣，人人有意辦佳煤。惟有焦炭之説，人工費甚重，用心提淨生煤，方可燒煉。若未考究者，十窑燒廢一二，大虧本乎。本重利小，又有江湖之險。查前有辦，焦炭者，俱虧大本，一因辦理不善，一因定價太底。如有承辦上色焦炭者，於中無灰末，訂價十三兩零，商人不得虧本之慮。貴局若淨買外洋之煤，中國人何以聊生，人人有所議，嘖嘖之嫌言，薄待商人，豈不諒哉。稟懇局憲大人另行招商考煤定價，兩平公允，善體商艱，可免生奸。惟望俯察情形，肅此謹稟。

晚生陳忠直敬稟。

陳旭麓等《盛宣懷檔案資料選輯之四》漢冶萍公司第二册《翁曾桂咨復盛宣懷文光緒二十四年八月二十八日》 據牙厘省總局署布政使事按察使張紹華詳稱，「查接管卷内，光緒二十四年五月十八日奉前撫院德批，據委辦宜春礦務商局丁憂補用知縣蔣家駿稟，運辦鐵政官煤，應否飭知牙厘局援案減税，一起一驗，並飭九江關驗免船税，以便小輪拖帶由，奉批據稟辦運宜春礦煤前赴九江，應完厘金，請援案減半抽收。於秀江起票之卡，統將厘金收足，於姑塘驗票放行，作爲一起一驗，是否可行，仰牙厘總局會同布政司確核妥議詳復飭遵。至船關税料應否准免，並即移會九江關核飭遵照」等因，並據該令以前情稟司，正在查訪核辦間。復奉前憲行准督辦湖北鐵廠事宜盛咨，據該委員稟同前由，飭即查照前批，妥議詳復。嗣於本年七月十八日奉前撫院德批，據委辦宜春礦務局丁憂遇缺先補用縣蔣家駿稟，卑局編號運煤船只，減爲二十號，乃請恩飭九江關道按照免税由奉批。查此案前據該員具稟，即經批行牙厘總局會同布政司移會九江關核明飭遵在案。船料税銀例由九江關主政據稟前情，仰牙厘總局會同布政司轉移九江關核飭遵照，仍由局查照。前批將煤厘應否減半抽收，作速會議詳復飭遵。又於本年七月二十七日奉憲臺札准督辦湖北鐵廠事宜盛咨，據候選朱道葆成，職道住江日久，習知民俗。江省袁臨饒廣諸郡著名煤壤，袁州府屬産煤尤旺。該處業煤者衆，土人以烟煤本省銷路不廣，出省厘税太重，無利可沾，概置烟煤於不顧，挖得即棄，專挖柴煤，售供炊爨。江省柴煤，定有厘章，産煤之旺可知。試思土人第以土法採取，煤已層出不窮，誠有人於此時悉心考察，盡法搜求，必有大利可興。職道現擬自備資斧，克日束裝，馳赴袁州所屬各山，逐一親臨，細加查勘。並收買土人已挖之煤，以便查驗煤質火力優劣暨售價高低，秋間再行稟請憲轅，派撥洋礦師到工按穴鈎稽，確有把握，再照西法繪圖貼説，由職道自行招集股本開辦，隨時稟明，購機興工，務除成見，以盡地利。

至於江西煤厘，向只本省所銷柴煤完納十分厘金，其出口烟煤，從未辦過。側聞兩湖煤厘奏准全免，蘇、皖各省奏准減厘有案，應請憲臺核准，援案咨商江西撫憲，飭將由袁州至湖口烟煤厘金，暫予援免，試辦二三年後，再定章程。抑或先將煤厘酌減幾成，以示體恤，俾輕成本，可敵洋煤，收回利權。一俟辦有成效，稟明憲臺咨會江西撫憲，援案奏定，或免或減，永遠遵行，稟請察核咨商等情。據此，查該道所稟袁州府宜春縣屬出煤豐旺，應准先行馳往勘取煤樣，再仿西法集股開挖。至該道所請，援案暫減煤厘之處，應候咨商通融酌辦，以輕成本，而杜漏卮。除稟批示外，咨呈到院行局確核妥議具詳，以憑咨復各等因；奉此，本司局伏查江省煤斤，前於光緒二十一年七月，准金陵洋火藥局咨會江南製造洋火藥供南洋江海防之用，需用物料以煤炭爲大宗。聞萍鄉、宜春兩邑産煤甚富，並合汽爐燒用，特派劉知事光源前往採辦。二十二年五月續派廖守備寶臣前往採辦，均請照官物例免税驗放，由司移局飭遵。嗣據瑞袁臨分局轉，據秀江、昌山、新喻等卡稟，六月間經過煤船二十三號，裝煤五千一百餘石，現於十月間又過煤船二十三號，查驗護照，裝煤二千七百餘石，各船均系滿裝，夾帶私煤甚多，該家丁不服查量，聞有串通商販包攬情事。又據饒州分局稟報，金陵洋火藥局派差弁往樂平採煤，即經本總局於十一月間，詳請前憲咨會督憲轉飭江南各局，以後來江採辦烟煤，一律照章完厘，原爲近年厘收短絀，撥解京協各餉，入不敷出，加以償款甚巨，不得不爲節流之計。今委員蔣令在宜春設局採煤，雖供鐵政官用之物，仍係招集商股興辦，所稱安徽貴池煤礦，奏請每噸減收税銀一錢之案，係專指洋關税則而言，與內地厘金無涉。袁河各卡，向以煤厘爲大宗，該令歷辦江西厘卡，今日集商股完厘之人，即上年筦榷務抽厘之人，江西需餉之急，各卡辦公之難，自必知之有素，所請減半抽收之處，爲數未免過多。至於四卡分抽之法，原爲商船運貨，隨地添載起卸，應聽其便。且江省灘河甚多，類須就地開駁，故必過一卡方完一卡之厘。袁河之煤，秀江卡初護三分，昌山初驗二分，新喻二護三分，樟樹二驗二分。以下各卡，驗票放行。前據宜春烟煤公司稟，冬天水涸，必須五小船方滿一煤船，請歸樟樹卡並完十分。嗣據瑞袁臨分局函復，秀江以下城市，圩鎮甚多，隨處可卸。若在樟樹並完，凡不到樟樹之貨，即無厘可收，殊屬不便。其時該公司並未起運，亦未飭知，足見由秀江至樟樹，灘多水淺，小輪斷不能拖帶商船，節節耽延，非盡由厘卡阻留之故。今該令刊發護照，請於秀江起票之卡，統將厘金完足，即於姑塘卡驗票放行，作爲一起一驗，即九江洋商，請照茶葉章程，在裝貨首卡完足十分之意。然洋商猶請按卡驗票，而該令只於出境之姑塘卡驗票一次。查二十二年廖守備續辦烟煤，分裝大小二十三船，而官煤只有一半，其餘一半，顯係中途分卸之貨。況該令常年起運，自袁郡至姑塘，計程八、九百里，何處不可添載，不可起卸，經過照章分抽之昌山、新喻、樟樹三卡，以及查驗之市汊生米省城樵舍、吴城上等卡，一概不問，但憑該令護照一張，豈能保該船户等無沿途包攬夾帶、蒙混影射之弊。所請礙難准行。惟查蔣令家駿、朱道葆成稟奉湖北鐵政大臣批准興辦宜春礦産烟煤，援案減免厘税，實與民間所用柴煤有別，本司局悉心酌核，擬請嗣後除民間所用柴煤，仍應照舊抽厘外，所有宜春縣屬興辦礦産烟煤，無論官、紳辦運，均請一律將內地應完十分厘金統減四成，以昭公允。仍飭照舊四卡分抽，以下各卡查驗放行，庶免夾帶影射之弊。如各卡查出此項烟煤以多報少，飭令照章補完厘金。倘有夾帶柴煤及百貨情事，應即稟請從嚴罰究，以塞漏卮。至船關税料應否准免，除移會九江關核明辦理外，理合詳請咨復湖北鐵政大臣查照等情到本護院。據此，除批飭分别移行遵照外，相應咨復。爲此合咨貴大臣，謹請查照施行。須至咨者。

陳旭麓等《盛宣懷檔案資料選輯之四》漢冶萍公司第一册《湘潭張紹甄來電九月初五》 三電謹悉。以初到事未澈知，遲復。解守已行，代辦數月甚棘手，措施甚妥善，現已平静。安源機廠等屋次第興造，東西兩平巷口外工程粗有規模，一切由解面稟。大件機尚擱潭，正在籌運，余機到萍，苦無活軌路，不能陸運，故未能拼進巷內。會銜告示迄未到，乞電催鄂督、章撫速發，示到方能購地。先用活軌運機，因款絀與賴商，擬將黄家源、紫家冲一帶洋礦掛綫路暫罷論，僅開安源礦。設軌至河，計機器、滬萍水脚、購地、填路一切工程，統作本地用款，約須廿萬至廿五萬。贊過醴晤各紳，均願設軌。右帥去後湘粵軌何如？倘軌中止，洋礦宜速停。廠催焦煤急，不惜加重船價。八月萍運兩項八千餘噸，煤較多，現尚存萍及山約三萬二千餘噸，憲意暫時收緊，每月收若干噸爲度。以土礦墊本改抵洋礦萬做不到，停洋礦則可收緊，否則縣已遵旨嚴禁廠户私售，而官局限收若干噸，恐激變。若准其另售，利權從此難挽，且紳民本藉口洋礦開成必絶民礦生計，亦恐激變。至官局自有土礦，然官多一土礦，係多一抵制民礦隱助洋礦之法，將來民礦力竭，勢必全歸洋礦。此收效於自然，利在遠大，不争旦夕損益。至擱本一節，昔廣泰福擱十餘萬，官局亦幾及十萬，今煤焦兩倍於昔，擱自愈重。近款絀力竭，八月底幸林友梅接濟，九月竟不得了，約計八月底以前煤焦到廠，及運途未領廠價者已十餘萬金。乞憲臺九月十五以前先交源通匯協成五萬，暫救眉急，俟解守面陳利害實情，再求電訓。顧令甚出力，憲諭已遵告。

陳旭麓等《盛宣懷檔案資料選輯之四》漢冶萍公司第二册《吴鴻英致盛宣懷函光緒二十四年九月二十八日》 敬稟者，竊卑職英於十五日稟呈一函，諒升憲鑒。二十五日在神户奉到鈞諭，敬悉生鐵已蒙飭令駐滬鐵廠轉運局趕速裝運五百噸來神户矣。今後所賣之鐵，卑職前經面稟，非抛定不裝，非現銀不脱，惟此次數内有三百噸賣與神户，名關西貿易會社，係袁子壯面保。據云，該號素稱殷實，價洋限一月内交兑，即他號交貨後亦須一二禮拜，價洋方得兑清。因初創之際，不得不稍活做。長崎存鐵據前日來電，已談定以年内三個月分歸三期領貨；兑銀價洋一元八角。卑職已當時復電允售，但神户各事刻已料理妥托，准於今日即回長崎定實此事，惟請裝神户生鐵五百噸，諒蒙已運在途，刻已過抛期，如未裝輪，敢乞飭令從速運下，備交抛户。至示囑匯款勿遲一節，前長崎已售二三十噸之價洋，正敷完税上力之用，以後凡有價洋至當，隨時盡數匯奉，決不敢稍有延緩。卑職所談銷鐵之家，均云每條鐵上須鑄牌記，即以英字番出湖北鐵政局音語，以備將來劃一之法，可否請憲臺飭行，其中尚有許多考究之處，容卑職回申時細稟。謹此敬請，叩請鈞安。

陳旭麓等《盛宣懷檔案資料選輯之四》漢冶萍公司第一册《萍鄉張令來電十月初六日》 頃奉電悉。醴紳與贊長通信，極願設軌，或謂醴難於萍，其實開礦設軌，萍難於醴，萍可成，醴更易成。長沙各紳盼節甚殷，俞帥畏難，注意在紳，憲到與紳聯絡，只須地價稍優，湘軌必成。先從萍醴開風氣，乞憲力持前議，勿另改道游移，萍礦大有可爲，非軌不濟，若改道江西更遲。雪巷在醴境距萍六十五里，以下壩少河深。賴倫辦礦甚得法，借洋債若添礦司，恐礙大局，甚慮。贊稟。歌。

陳旭麓等《盛宣懷檔案資料選輯之四》漢冶萍公司第一册《萍鄉張令去電七紙十月初八日》 第一，安源至萍拾肆里軌先造，每噸可省運脚若干，地價需若干，有無橋梁，本地買枕木每根需若干，軌何時可運大冶，派華匠能造否？即復。宣。

第二，萍至雙江陸拾伍里，賴未走過，須先勘估，擬派一洋匠交薛守領勘，再議借款購料。雙江軌成，可省運費若干？即復。宣。

第三，賴倫以路至雙江每年只運拾萬噸，自雙江至湘潭，由潭至漢，賴估運脚壹兩陸錢，能否敷用？即復。宣。

第四，賴倫第三辦法總支平項機料，並李井至安源挂綫約銀拾貳萬五千，又工程伍萬，機廠貳萬，共拾玖萬伍千。去年九月十五號，賴稟大冶、馬山機器等件皆可移用。又，六月呈帳洋礦已支肆萬陸千玖百餘兩。除此之外，尚須用銀若干？即復。宣。

第五，據東電，僅開安源礦，設軌至河，計機器、滬萍水脚、購地、填路，一切工程統作本地用款，約須廿萬至廿五萬，似除軌價之外，設軌、開礦均已在内，望分開設軌用若干，開礦用若干？即復。宣。

第六，解守云：「洋礦須兩年成功，則雙江軌庚子造成不遲，己亥設軌至河，土煤每噸省脚貳兩亦好。」賴買機器、小軌到齊否，小軌到即可運機否？洋礦程限須與軌路程限相符。即確示。宣。

第七，借款無不要挾非用彼礦師不可，如能照極省辦法，開成安源礦及設軌至河，再行抵借較易。惟河至雙江，美必欲正路成後再及支路。另借又必干涉煤礦，苦無好法。

所詢七款，即與賴倫酌復。宣初十抵鄂，須待定議。

陳旭麓等《盛宣懷檔案資料選輯之四》漢冶萍公司第二册《吴鴻英致盛宣懷函光緒二十四年十月初九日》 敬稟者，竊卑職英於初五日奉到憲電，敬悉申地水脚昂貴，故不合裝，奈此鐵抛賣限交日期至今已過限十餘日，開創之始，惟恐失信於人。神户、大阪兩處銷路雖多，最難者取其穩妥。目今東洋空臺生理，頗不淺鮮，時勢之壞，人心之險較中國尤甚，而鐵事又屬銀根重大，須逐步慎防。卑職自憲臺委辦後，凡日本可銷之處無一不往，及可銷之家無一不細心訪切，十分可靠者方敢與談交易。前抛出之五百噸賣與神户名關西貿易會社三百噸，每百斤價洋一元九角，大阪名吉野吉二百噸，每百斤一元八角五分。仍有神户名三井物産會社，卑職在神時即與面訂，據云俟鐵裝來先付樣鐵數噸，立刻熔試，如與小樣無訛，每月定能代銷千噸。此數處至卑職回崎後，逐日催問來鐵，經手人無言回答，務求大人飭令轉運局飛速裝運六七百噸，信寫送神户内海岸二町目八十一番鼎隆號内，交卑職便是。現值開創之初，勢在頗可推廣，有久遠之望，請勿惜此數百噸水脚之貴，致誤大局。以神户、大阪兩處，將來即可抵銷鐵政局出數，故横濱一路暫停，免多繁一處心事。適接神户來信，云及卑職向曾與談之造船廠來云曾接到上海日本領事小田君來信，緣係憲臺之托，故小田君轉謀此廠，並云已曾與大人處做定，每百磅英洋一元四角四分，合成百斤一元九角二分云云。卑職往談之時，因此廠本門每月只需用鐵數十噸，且立時不肯定價，故先執大處謀銷，未與深談。如該廠所云果實，但不知從何處交貨，倘鐵到神，仍要過磅交數，宜由憲臺托小田君繕一薦信致廠，彼均歸神地一手經理，方得事權歸一。且彼願在申作價交洋，係取巧洋厘之故。每百斤英洋一元九角二分，摺成日洋只合一元八角六分有奇。至長崎存鐵，卑職到時問及，雖屬每石一元八角允賣，而買主係三家公售，價洋各自認交，奈内有一家不甚妥當，其兩家不肯代彼擔保，因此尚未定實。昨已賣出一百噸與内地，約准三天過磅。神户催鐵緊急，因於昨日由内地輪運去一百噸，權爲搪塞，所剩四百餘噸年内總可出脱。現今煤價稍賤，極好煤直抵上海，水脚使費在内，每噸合規元六兩九錢。嗣後賜諭，信面長崎新地震豐，屢因震泰字樣，送信人頗費周章。謹此敬禀，恭請鈞安。

陳旭麓等《盛宣懷檔案資料選輯之四》漢冶萍公司第一册《萍鄉張令顧令來電十月十二日》 安慶七電明日分條禀復。前吟舫病假回浙，駐廠轉運事托宗令兼管，吟即可來。八、九兩月運出煤焦萬五千噸，臨冬出貨更旺，墊本更多，焦極，竭力設法趕運。前後款承友梅接濟，九月底兩萬蒙已撥，十、冬匯萬七千，求再撥協成。頃顧令家相出示南京火藥局公文，派廖守備到萍辦煤，飭顧保護。若准辦，則各省覬覦，此端一開，權從此去；若不准，則煤擱本日重，款竭難繼，事出兩難。乞電訓復。顧、贊。

陳旭麓等《盛宣懷檔案資料選輯之四》漢冶萍公司第一册《萍鄉張令來電十月十六日》 第一，安源至河，路平寬，設軌每噸煤省費銀八錢，地價約六七千金，填土費約萬五千金，中途無河，只有溝渠六處，極闊不過華尺二丈，造橋極易，約連鐵料六千金，枕木約每根七錢，運脚在外。賴倫能獨造此軌，華匠可由伊雇，以杜紛歧。此路造好，必勝大冶，惟礦軌工程浩大，必需鄔晉基來助理。贊禀。寒。

第二，萍至雙江，係小路，有山，不甚高，路尚寬。贊前恐醴陵阻撓，故與賴倫作先造雙江之議。今醴紳既願設軌，應改由驛路直達醴陵南門，共九十里，路寬，有山不甚高，雖有大河，河心有灘，造橋不難，即造雙江，亦要過河。萍醴軌成，由醴至潭，由潭至漢，只須運脚一兩六錢，較現在可省一兩三四錢，且可多運四五倍煤，船户弊亦較好。憲意擬派一洋匠交薛守領勘，贊恐薛守膽怯，特先電商，得復電，膽亦甚壯。管見開創本無易事，竭力任之，順情導之，苦心持之，當無不成之事。人謂湘軌難，安知江西改道不難？乞憲面與湘撫力持原旨，誌在必行。萍礦成敗，在此一舉，倘軌成，礦利在開平之上；但無軌必敗，無錢更敗。贊禀。寒。

第三，賴倫第三辦法，總支平巷等機件及機器廠，除已購之歐機，礦用小軌及移用馬山、大冶各機外，尚需添購歐機約六萬五千兩。贊禀。寒。

第四，前贊東電云：「安源礦設軌至河，本地用款約須廿萬至廿五萬。」内計礦工項下運機至湘萍水脚、木料、購地、填土、開井、造屋，一切工程約十四五萬，購洋機及移用馬山、大冶機尚在外，路工項下購地、填路、造橋、枕木及各項水脚，並安源至河兩處車站，一切工程約六七萬，軌價在外。贊禀。寒。

第五，洋礦西平巷見煤甚速。東平巷及靠近西平之直井，並西平上首之平石井，約三四個月内均可見煤。趕購歐洲礦機，萍礦兩年内可告大成。惟土煤已大旺，洋礦出煤將來更旺。第一趕先造萍醴軌，否則壅滯擱本，更不得了。贊禀。寒。

第六，不慮洋礦不旺，深慮醴軌不速。安源至河，前以冬天做工最好，正會顧令議價購地，奉憲滬電命緩而止。但礦待機甚急，若不購地，活軌亦不能用，賴購礦用小軌將到萍，可用運機。惟購地最要，候電示遵。賴買歐機已到齊，較其原估單省千餘兩。贊禀。寒。

第七，煤旺，卅五磅軌太小。安源至河，萍至醴，均須六十磅者。贊六月初在廠，盛守云「盧保剔剩八十五磅次軌，價可格外便宜，售與萍礦，並可令承造此軌者出保險單」等語。廠存次軌，乞商盛守如照好軌價打六摺，檢可用者運萍（僅運十四華里），共有若干噸，魚尾板、方釘等一切零件須配全（均配齊）同運。贊禀。

第八，贊接辦至今，共運出煤焦四萬五千噸，萍存仍如山積。中比匯款，友梅已付，始終力助，極有血性。惟年内洋礦用款、土礦、煤焦及收廠户貨共約需十五萬金，分文無着。局中土礦抵制民礦，隱助洋礦，廠户煤焦，勢難停收。不久，民礦力竭，必全歸洋礦。此中情形，屢禀憲聽。現在僅合局中土礦廠户、煤焦兩項而計，須擱長本叁拾萬，而到廠煤焦價仍須隨到隨付，始可勉敷周轉。洋礦及軌用款在外，湘軌果成，土煤可免擱本。贊一寒士，得有今日，悉出深恩，故不避艱險，力任其難，借效犬馬，倘因款竭，前功盡棄，何以對憲！焦急無措。贊稟。寒。

八寒電因萍斷綫兩天，今日始發。憲賜兩寒電亦頃始到。萍電局僅三班生一人太少，添領班又太費，前調烟臺領班舒秉仁來萍充洋礦翻譯，精於測量，擬請飭滬堂派伊兼充萍電領班方有責成，且可不給薪水，乞裁示。安源設軌於土煤大有益，贊與賴倫原議本將各路土煤匯集安源，火車轉運。馬山洗煤機賴倫本久請搬萍，萍焦必日起色，所慮款竭，難立兩功。贊稟。銑。

八寒電、一銑電達鑒否？頃又奉電，謹悉。賴倫辦事血誠，忽添礦司必決裂，且禮和前致賴函頗輕侮，兩造意見甚深。顧款則失人，顧人則無款，徒深憂慮。贊稟。銑。

陳旭麓等《盛宣懷檔案資料選輯之四》漢冶萍公司第二册《吴鴻英致盛宣懷函光緒二十四年十月二十四日》 敬稟者，竊卑職英前經兩肅丹忱，諒投憲鑒。因神户拋出之鐵係做過合同，悔則議罰。繼蒙電示船貴不合裝，時值崎地談議出售存鐵之際，故此不敢與定，以備裝神交拋。於上禮拜訪悉大人旌指湖北，而神户叠信催貨，並云至限過期多日，刻不容緩，延至前日，將長崎存鐵運去四百噸交拋。此次乃初開門路，惟圖久計。卑職不敢憚勞，始將門路打通，現雖忍賤出售，年外定可扳回。今緣船貴之故，以致誤延時日，兼貨減銷。且崎鐵運神多加糜費，凡泰西來日本初創出脱此貨者，皆備一年之久，賠工費，忍賤價，而後推廣利增。但長崎市面每月只銷幾十噸，而鐵政局每月出産竟有二千餘噸。現以神户及相隔六十餘里之大阪，足可抵銷來源，否則尚有横濱一路可銷。現長崎存鐵除神户運去四百五十噸，餘二百四五十噸全行賣出，約西歷年關銀貨兩清，惟神户除崎地運去交出外，仍欠拋貨二百噸，尚有數户付去樣者，擬要定貨，已交易者仍要接拋，卑職毫無把握，即請大人示下，以便遵行。如或有鐵裝來，務求憲臺傷員駐神辦理，卑職面稟在先，只可開通門路，不能常駐經銷，緣卑職另有下情，故不能效駑駘之力，諒憲臺定能恩准，卑職不勝仰戴之至。

再，鐵款隨來隨匯，不敢延誤，謹將卑職籌銷生鐵現在情形，專肅上陳，恭請鈞安，伏乞恩鑒。

陳旭麓等《盛宣懷檔案資料選輯之四》漢冶萍公司第一册《萍鄉張令去電十一月初十日》 已派薛守、羅國瑞同美工師柏士美、參贊李治勘干路，由潭醴勘至萍鄉，已札顧令俟到湘潭再電日期。安源十四里准用廠制八十磅軌已備齊，如小河可運即發。萍事消息不靈，彼此應通號信。款甚窘，禮和合同即定。

陳旭麓等《盛宣懷檔案資料選輯之四》漢冶萍公司第一册《萍鄉張令去電十一月初十日》 莫示佳電，覓得平直路望速繪圖寄薛守。勘估此路，美造可不借款而遲，德造借款而速。十四里軌已飭莫運，安萍購地價六七千兩，即交莫匯。洋礦原估十四五萬，已用若干速示。宣。

陳旭麓等《盛宣懷檔案資料選輯之四》漢冶萍公司第一册《萍鄉張令來電十一月十二日》 鴻昌忠勇異常，操守共信，贊已屢陳憲聽。今年贊來萍，盧前係總辦，一旦無名，外觀不雅，故特面求憲恩賞予面子，實欲堅其心誌，共濟艱難。七月盧奉六月廿五憲求總董井廠准兼電局，益感奮。洋礦購地極難，仗渠苦力圖成，分文不苟，實屬難得。頃聞電局改委嚴辦，佑公與贊厚交，其子來甚好，但盧甫辦即撤，似失體面，可否乞恩格外曲體下情，仍令兼電局，現礦尚需人，改派嚴歸贊差遣，借令歷練，亦合佑翁初意。用人權操自上，本不敢妄瀆，惟創始艱巨，又不敢緘默，乞憲裁。

陳旭麓等《盛宣懷檔案資料選輯之四》漢冶萍公司第二册《盛宣懷致張贊宸函光緒二十四年十一月十三日》 自六月別後，無牘無函，率以電達，情形雖詳仍略，報費積久愈重。前已檄行，凡緊要公件，仍准打簡明電報，此外，則須常通號信。關涉地方，如禁止窿户私售會縣勘購軌道，以及將來洋工司到境擬於何處鋪軌，民情是否寧謐，有無阻撓各情，均應臚列稟牘，以便分行。頃將到鄂以來所接復電並吟舫出示長電，除摘要電復外，分條列左：

一、萍醴枝路，直捷辦法，交美公司與湘粤干路一氣呵成，彼見有礦利，亦必樂從。惟干道由粤勘回，再須商訂正約，至早是明年下半年事。煤焦急待分運，豈能久待？廠力艱窘，只能照收到煤炭，按給價值，總公司部款洋債各有指撥之事，萬難移易。滬、漢兩市銀根俱緊，即通挪十萬、八萬，亦萬無久假不歸之理，故除另借洋債外，別無辦法。

二、借洋債惟德華[銀行]最近情，所不足者，機價有着，購地墊土一切公費仍須自籌。照尊議第四電，礦工、路工約須廿萬至廿五萬兩，擬商德華百萬中，提三十萬現銀，餘盡購機，即以此抵工築之用，尚來知能否辦到。至用人一節，渠既有巨款在萍，豈肯信倚賴倫？即賴本領，亦尚紙面工夫，其康中、東流兩處經挖之礦，師久無功，便不敢決其真有能耐。但閣下不可不與羈縻，以免目下即灰心耳。

三、德華債亦須籌商乃定，而萍礦之急有如星火。我彭、承之均謂：有萍，乃可煉鋼鐵、減開焦；有路，乃能開洋礦，免擱本。所議俱尚扼要，現無大宗餉源，只能枝枝節節而爲之。遂議定，安源至河十四華里，先用廠軌運造。此時月出鋼軌甚旺，亦非盡係盧保剔貨。萍無現銀，先賒廠軌，將來只可作爲廠商附搭萍股。六摺之説，此時毋須先落呆相。零件一切統飭配齊，交吟舫裝回空煤船，運至湘潭，由頤丞陸續接運。

四、既定造安源至萍河十四里，則購地、墊土、造橋、買木，皆應趕辦。照尊處第一電，地價約六、七千金，昨已先交吟舫匯去銀七千兩，專指買地之用。帳須各分門類，土礦一册、洋礦一册，此時造路所用另又一册。鄔晉基必令前來，惟現前廠中尚有交代，且地尚未買，即去亦空閑在彼，應請俟圈購定妥，木枕購齊，必須動工，再行電調赴萍。

五、安萍路成後，煤焦可出，機器可入，即照尊議，每噸亦可省費八錢，惟仍須接展至醴（見致吟舫電），勘得平直路一條，應俟洋工司暨薛守鴻年、湯丞瞻抵醴，即導護往勘，如何定議，於號信詳復。

六、吟舫言，新近又須劃付銀十二萬五千兩，當已電復，無可設法。究竟洋礦所用已有若干？將來路成續辦尚須若干？擱本太重，即銀錢寬裕，亦犯大忌，矧值奇窘。此後土礦不宜再擲巨款，洋礦亦須從減省辦法，由漸而來，帳册急望繕送，借資稽考。

七、前日承惠十三電，皆係見復之語，亦遂不重言奉復。此後商辦事件，惟勤作函牘，乃能詳盡。此書便是嚆矢，幸一一致復爲盼。此頌升祺。

陳旭麓等《盛宣懷檔案資料選輯之四》漢冶萍公司第一册《大冶縣張令來電十二月初一日》 諭敬悉。康中山礦局關係極重，卑職分當竭力保護。莊委員擬另開大崇坳等處煤礦，民情不允，迭經卑職竭力維持，此係柯姓之事。近日有程姓在中山堡祖山私開大窿，該族人丁繁多，族人約期往阻，又是一事。莊委員疑爲一事，且外間傳言不一，恐若輩到康中鬧事，卑職聞信後，督帶干役連夜到康中彈壓保護。二十九早，果有程姓多人從康中山下經過，往阻中山堡私窿，見卑職已到，不敢上山，康中幸保無恙，當飭差役將人攔回，中山堡亦未滋事。現在所聚之人，均已解散，地方安静，卑職傳集鄰近六堡首士户族，詳切告誡，曉以利害，務令約束鄉愚，以後勿許到康中滋事。具有甘結，有此約束，可保無慮，堪慰憲廑。

陳旭麓等《盛宣懷檔案資料選輯之四》漢冶萍公司第一册《大冶莊慶孫等來電十二月初二日》 龢遵電馳赴康中，先經張令取具各堡裏紳户族不得滋事甘結，可保無事，請釋憲廑。卑職慶孫、德龢禀。東。

陳旭麓等《盛宣懷檔案資料選輯之四》漢冶萍公司第一册《萍鄉來電十二月初七日》 萍多五金煤礦，煤尤盛，近甚著名，外省屢有人欲來採買，西人垂涎更甚，各國洋人游歷，常迂道過此。近又有東洋利人到萍，有土導勘各礦，不特注意五金，誌並在煤。萍商廠七十餘家，從前頗狡詐難馴，自今春嚴加整頓，佳者酌加價值，劣焦、劣煤概剔除。現存廠户僅念餘家，初頗争鬧，近就範圍。而外人覬覦，勾引土人，恐又另起波瀾，於煤務大局有礙。去年礦局曾收買上株嶺鐵礦、盆頭嶺鐵礦，即爲預杜外人起見，但佳礦頗多，窺伺不絶，擬懇鈞籌早占先著，使外人無可進步，煤務幸甚！地方幸甚！贊宸、家相禀。

陳旭麓等《盛宣懷檔案資料選輯之四》漢冶萍公司第一册《萍鄉來電十二月初七日》 前奉電後又親到各窿取炭，按窿復化，今已化齊，仍磷輕柒成，灰重叁成。惟磷輕灰重者亦有二成，已加力整頓。去年奉冬月咸電諭，按月運磷輕者一千五百噸，如老樣者一千五百噸。又，吕柏面答宗令云，頭焦、次焦各半，可煉貝鐵，且專用萍焦煉，三禮拜出貝鐵七成是憲原諭及吕原議，明□磷輕者半，老樣者半，今年運焦三萬七千噸，頭多於次。即照廠禀，現積磷重八千餘噸，核原議尚不及半，而聶經手後背吕原議，竟全要磷輕，不要一噸老樣，不解聶等與吕用焦之法懸殊至此。一、前吕電囑賴倫磷零點零八至（零點零）九爲頭焦，又贊接吕函，頭焦灰十五分，最要緊是磷輕，即二十分灰而磷輕者亦頭焦，贊即本此分别頭、次裝運。而憲臺抄發卜聶原禀，頭等磷零點零二，灰十分；二等磷零點零七，灰十分；三等磷零點零七以上，灰十分。若漲一分至改減銀二錢，是明明强人所難，照此限法，萍焦固萬做不到，即今年開平焦，九、十月廠化數次，磷零點零三、四至零點零七，照聶限萍數，只能算二等。灰十五分至十七分點五，照聶限萍數，尚難列入第三等。不料聶等與吕所限灰磷懸殊至此。

陳旭麓等《盛宣懷檔案資料選輯之四》漢冶萍公司第一册《萍鄉來電十二月初八日》 十月漾四電禀，所請設法將廠或歸盧漢比做，或歸漢粤美做，意在歸在鐵路公司，此後再虧，憲累較輕。奉東電，因總辦、提調辭差，擬派比國人總辦，倘盈虧均歸鐵路公司則可；倘仍須憲照舊籌款，自認盈虧，則大權旁落，萬不可行。總、提前去吕柏，廠務必有一定把握，乃肯毅然爲之，此時仍宜留差一手經理，挽回大局。

陳旭麓等《盛宣懷檔案資料選輯之四》漢冶萍公司第一册《萍鄉來電十二月初八日》　洋礦早見煤，因須將路趕好再挖取。井乃堅固持久，化所見煤磷零點零二三，甚輕，但係浮面，灰十八分。賴倫云二、三月後可到大槽，灰、磷俱輕，俟洗煤機開用，並可將現見之煤洗煉。目下安源焦係擇土井净煤所煉，賴倫出示憲電，渠甚悚愧，並云冬臘月本可到大槽，因七月後疫症，挖工大少，冬月始平，故較遲。此礦確有把握，於憲臺大局及伊自己聲名均大關係，必不肯負等語。賴在萍辦事，迥異大冶，鐵路、洋礦工程甚核實，李治頗稱其好，渠極盼憲節明年降臨親勘，可明其非欺飾。萍安鐵路冬月廿八試車，禮和龍極大，賴倫一手裝好，開用數日甚好。

陳旭麓等《盛宣懷檔案資料選輯之四》漢冶萍公司第一册《漢廠來電十二月初九日》　庚電敬悉。蒙飭廠付八萬，奉總辦盛守諭，必俟沙多三萬鎊到方照付，倘僅到二萬鎊仍不能顧萍。爔思三萬鎊到與否，無定期的數，況聞沙多已行，是八萬仍屬踏空。而目前如饑待食，刻不容緩，速撥濟急。年關逼近，難再游移，否則萬不得了。爔在萍細閲焦炭化驗單，確係磷輕者多，化學生系駱秉生，頭等高第。洋礦已見煤，明年定旺，萍事定有把握，將來必獲盈餘，可補他處虧搯，如有虚言，爔甘同罪。報銷已就，俟謄清，即交憲派胡差弁賫呈。爔細核能以禮和現款及招商局、鐵廠、路局股款統撥現銀，廠煤價按月結付，可敷周轉，似不必多招股分，外溢利權，乞憲裁預爲地步。　憲電已轉張令。

陳旭麓等《盛宣懷檔案資料選輯之四》漢冶萍公司第一册《萍鄉張令來電十二月初九日》　報册稽遲，供差無狀，萬分疚罪。若非憲臺優容，破格信之不疑，早撤差矣，既愧且感。贊到萍開創礦軌時多棘手，艱危困苦，故先專注意外事，冀先立脚。而第一届報册爲將來永遠模樣，贊非親自檢核不放心，此册玖月結成，本早可寄，贊復將漢、湘局及各棧、各井廠、各商廠數十處帳册，筆筆核對，日内甫了，數日即交胡弁賫呈。萍帳頭緒紛繁，册多簡則不清，多詳則目眩，贊用以簡馭繁而又詳盡之法，將洋礦、土礦、鐵路、輪駁、煤焦，每項分造一册而匯之。以總册已定詳細規模，此後照樣辦，易而且速。今年底帳已限湘、漢外局及各棧、井廠趕正月内交齊，明春三月即可匯造申送。去年土礦將井廠生財一併摺輕成本尚盈餘二萬六千兩，今年底礦除將歷年置造井廠生財成本一概賺出外，尚頗有盈餘。

陳旭麓等《盛宣懷檔案資料選輯之四》漢冶萍公司第一册《大冶來電十二月十二日》　號電飭議躉船，斐稱若日本取礦，十年可辦，否不合算。因須築碼工大，現來不及，連日研籌，礦准在冶交，急應添地磅秤一架，駁船八艘。辰船禁不住，須另挑，盛張須小輪拖，並宜預籌，現辦號信稟核。運礦確在何時，乞示。詢康情形詳電到，現斐抽暇往測，憑決進止，未可率約，開春定計稟核。承稟。文。

陳旭麓等《盛宣懷檔案資料選輯之四》漢冶萍公司第一册《萍鄉張令來電十二月十二日》　賴倫云，有德商願借巨款辦洋礦，承攬渌口至萍枝路，包迅速成工，訂明礦利絲毫無涉，軌利則須分得，按年償款收回軌路，該國駐京當軸可保等語。如果做得到，便無礙礦利，乞速裁復。

陳旭麓等《盛宣懷檔案資料選輯之四》漢冶萍公司第一册《萍鄉張紹甄去電十二月十四》　枝路須盡美國，礦款須盡禮和，未知賴倫所定借款是何章程，可備比較。吕柏接賴倫電，意欲來與弟面商事件，並取洗煤機。弟明日回滬，有事何不由兄轉商，洗煤機發水即可送上。鴻昌云好塊煤不洗亦可無磷，專重運道。宣。

陳旭麓等《盛宣懷檔案資料選輯之四》漢冶萍公司第一册《漢廠來電十二月十六日》　真、文電謹悉。漢口道勝銀行十五已交四萬鎊，據合洋例銀二十八萬三千二百十七兩六錢八分，撥一半付廠。此次匯款以鈞電規銀數目，按九六七定章核計，須貼水二百三十九兩三錢二分。道勝作價不及協成公道，上次源通匯款並未貼水，亦未遲期收摺，查協匯，惟八月初三十二萬餘兩，因上海銀寬，源通扣協五天，協照扣入摺，此外均上海交款日起息，至貼水近千，乃十月十六至冬月初十匯款四批，共三十八萬餘兩，市價如此。日期、匯價仁無一不認真計較，屢請由協匯，一衛廠、萍，一顧吃虧，非有他意。總公司不知市面，來函謂不肯頂真，誠難辦矣。如前次匯款，源通確係廿八收到，倘早六天，路摺可長息五百餘兩，憲應查究，以杜侵蝕。此間維持艱巨，頗費周章，嚴筱舫號信屢云廠萍往來欠不可巨，期不可久。林雖獨任其難，恐非久計，應請憲另籌辦法。再，規銀定章九六七，摺合洋例本屬酌中之價，匯水漲落時年爲主，將來難保有盈無絀。此次收款係朱蘇簽單，若貼水二百餘兩，收帳必以爲怪，此後不若均以原價入帳爲妥。伏候裁示。興仁稟。諫。

陳旭麓等《盛宣懷檔案資料選輯之四》漢冶萍公司第一册《漢廠來電十二月十八日》接郭廠函稱：憲電該廠速派總理一名，專管漢廠商務，月薪百鎊，司帳一名，四十鎊，其餘一切悉照七月信。該廠已代延格愛而司總理，龔海而管帳，於本月念四號來華。格愛而司携有眷口，囑：廠置備上等住宅及一應動用器具，炭火、燈油均須由廠月給，伊等薪水由動身前十日起支，直給至回國日止，來回川資均屬頭等，格愛而司眷亦由廠給頭等川資，此次船票墊款均記廠帳等語。與廠函内並稱：與洋總監工卜聶妥商，云云。

查憲臺此舉，廠未奉文，現該兩比人轉晌即到，究竟如何定章？廠除德培前住之屋，別無上等住房。此外，又從何處置備其動用器具與炭火、燈油？如何供應，廠難懸擬，統乞示遵。廠。

陳旭麓等《盛宣懷檔案資料選輯之四》漢冶萍公司第一册《萍鄉張紹甄來電十二月二十四》廣泰福廠户欠款，前屢向文廷鈞、盧炳元索帳，堅不交出，又不同廠户來接頭。春間電催馬鉞速來不應，六月在滬稟誌觀察，即面催馬來萍料理，迄未到。蕓閣秋間在萍向廷鈞取帳交其弟頌平、弟戚徐鴻達，而未交官局，更何從代索分文，即五月憲處撥付馬二千，至今無着，乞催馬速還。贊稟。漾。

陳旭麓等《盛宣懷檔案資料選輯之四》漢冶萍公司第一册《漢廠來電十二月二十五日》漾電敬悉。香帥禡電，擬將大冶練軍調省，改由自募弁勇，每年扣餉銀叁千，於鐵廠預還官本内扣除，十年爲限一層，似難應允。查奏案本有漢陽、大冶、馬山向派營勇駐扎彈壓，嗣後照章辦理明文。誠以廠局緊要，自募弁勇，不能如練軍緩急可恃，決難得力，且大冶一動，各處均須援例，當此時事，不無可慮。即以此項餉銀扣還官本，亦恐徒托空言，官本所存，爲數已屬無多，槍炮、煉鋼兩廠來取鋼鐵不能不發，將來官本滿後，恐取貨無底，價則永遠無著，亦不可不兼籌及之。擬請憲臺婉復爲是。鈞意以爲何如？廠。有。

陳旭麓等《盛宣懷檔案資料選輯之四》漢冶萍公司第一册《萍鄉張紹甄來電十二月二十六日》賴云，款可借三、四百萬鎊有把握，必較他國便宜，急擬初三、四來滬稟商，以期速來。鐵路購地，紳民力援，洋礦地價甚棘手，必起波瀾，賴暫離較妥，乞憲允電贛撫。

陳旭麓等《盛宣懷檔案資料選輯之四》漢冶萍公司第一册《漢廠來電十二月二十九日》廿二出鐵一萬五百五十六噸，廿三出鐵二萬三千四百廿六噸四百記羅，廿四出鐵二萬二千四百六十噸八百五十記羅，廿五至停爐止二萬四千廿八噸三百七十記羅。前日督帥要出鐵數，已抄至本年十一月底止送呈。廠。

陳旭麓等《盛宣懷檔案資料選輯之四》漢冶萍公司第二册《盛春頤致盛宣懷函光緒二十五年正月初四日》敬稟者，頃接馬鞍山礦局沈令函稱「柏農等三比人於歲内抵山，持有憲臺與日礦師洋文函牘，飭其一一導領履勘。今已事畢。日前據大日方稱，在漢時曾奉督辦憲諭詢該礦師，擬將馬礦予以全權經理，所有用款悉歸大日方自籌。該礦師當時頗以任重事巨未敢率加可否，現在回山，復將鑿深直井及購機等項通盤籌算，旋有捉摸自應樂從督辦憲之命等語。此礦屢火，糜費已多，責任經管，款歸礦師自籌，不獨法良意美，將來見效必速。且日礦師人品誠厚，謹慎而顧大局，較歐人之遇事侵權、專顧利己而肆無忌憚者，不可以道里計。即如比國爲歐洲一小土地，此次商借蘆漢鐵路之款，尚且處處要挾，迭經悔議，乃至沾盡利益，猶不滿意，其相處之難如此。近來日本頗有聯絡中國之意，遇有交接，尚無此等惡習。今比人此來明知奉公而至，未免不因此而竭力覬覦，難保不以鐵路之作爲而成礦議，事難逆料，深代杞憂，萬一比人獨於馬礦一議，過事通融，想比礦師力能辦到，大日方未必不能允洽同一辦法。若予礦於比，不若予礦於日，管見所及，尚祈轉陳督辦憲鈞核，或冀愚者一得耳」各等語（〔盛宣懷批：〕應俟比礦師及日礦師兩節畧寄到，比較定議）。所論不爲無見，用特轉稟，仰乞憲臺鑒核。專肅，敬叩崇安。

陳旭麓等《盛宣懷檔案資料選輯之四》漢冶萍公司第二册《盛春頤施肇曾宗得福致盛宣懷函光緒二十五年正月初六日》敬稟者，頃接呂柏、卜聶來稟，兹分條布列於後：

一、呂稟化鐵爐磚此次修理後，盡行用罄，請速向外洋定購化鐵爐磚一套，倘再懸宕，一有不測，即無從修理，呂不能任咎等語。務請憲臺速向外洋購取，以備不虞。（〔盛宣懷批：〕即由廠中電致購辦。）

一、呂稟廠中平水及丈量儀器兩種，前爲古培借去，刻下古培已經回國，請關照德領事追還應用等語（〔盛宣懷批：〕可以函致德領事，古培並未回國）。查前項儀器，古培係向德培手内借去，時隔已久，且兩人均已回國，似不便向德領事理論。路局當有此物，可否仰乞憲臺諭知路局隨時借用（〔盛宣懷批：〕借用恐多不便）。

一、呂、卜稟醫生古巴已經回國，廠中各匠工每易受傷，廠無病院，勢須借助漢口福音堂及法天主堂，所費殊甚。若與鐵路公請一醫，亦多不便，因鐵路工人受傷，醫生必當前往，斷不能常駐在漢，可否與湯醫生訂立合同，定時來廠診視。將花園内醫室收拾，俾作診病之所，更通一得律風直達湯醫生住宅，庶幾一有受傷之人，可招之即來等語。此事卑府等本有此意，原因該工師等欲延比醫，故未遽定。今據來禀准延湯醫，且不願與鐵路公請，則湯醫自須訂定，一切悉照來禀，准如所行（〔盛宣懷批：〕即照辦）。用特禀乞示遵爲禱。專肅，敬請崇安。

陳旭麓等《盛宣懷檔案資料選輯之四》漢冶萍公司第二册《盛宣懷致盛春頤施肇曾宗得福函光緒二十五年正月三十日》　頃奉己亥元、二兩號來函，敬悉一一。兹條復於後：

一、馬鞍山沈令函述，大日方願自行籌款辦礦各節，該礦屢火，糜費已巨，若可補救，尚得中策，沈令所論，不爲無見。應俟比礦師，日礦師兩節畧寄到，再行比較定議。

一、吕柏禀化鐵爐磚，將次用罄。自應預備。請即由廠電致外洋購辦，以供修理爐座之用，並即具報備案。

一、吕柏禀廠中平水及丈量儀器兩種，前古培向德培借去等語。查古培並未回國，前項器具日久未繳，深堪詫異。望即函致德領事追還應用。至路局各器另有要需，隨時移借，恐多不便，應毋庸議。

一、廠中西醫，自不可少，即據吕柏、卜聶禀稱，擬與湯醫生訂立合同，定時診視，並收拾醫室，接通德律風，准即照辦。其合同年份，醫金若干？由尊處核定具報可也。復頌春祉不一。

陳旭麓等《盛宣懷檔案資料選輯之四》漢冶萍公司第二册《吕柏致盛春頤函光緒二十五年正月二十九日》　敬禀者：兹將東洋焦炭化驗分數懇即轉禀督辦。該炭一號：含灰十四分，硫一分，磷無。二號：含灰十二分五，硫〇·六二八，磷無。三號：含灰十一分五，硫〇·四三，磷〇·〇三。四號：含灰十八分，硫〇·五七，磷無。五號：含灰十六分，硫〇·五七，磷〇·〇八。六號：含灰十三分，硫〇·二八，磷〇·〇四。據驗一號至四號焦炭，均與前時馬鞍山炭無異，塊松易碎，不合廠用。至五、六兩號塊雖稍堅，來樣只有兩小塊，似難憑信。查廠中用炭全以磷分爲准。該炭含磷輕重不一，或有或無，甚且重至〇·〇八，而該炭廠自願將焦炭三百噸運至漢廠試用，然須吕假滿回廠後方可試驗，若吕未返廠之前斷不可將不一之炭與化鐵爐輕爲嘗試。至該炭廠既自願送炭三百噸來漢廠試用，則該炭不能作價，至多給以水脚。若該炭價目至多七八兩一噸，運漢水脚在内，炭質務必與五、六兩號炭樣一律。如一號至四號，竟屬無用。第念該炭不勝於萍炭，只須俟萍鄉布置妥善，足堪供兩爐之用，固無庸另購他炭，徒耗經費也。專肅上達，敬請勛安。

吕柏謹禀。華二十五年正月廿九日，西（一八）九九年三月十號。

東洋焦炭化驗單

一號	灰十四分	硫一分	磷無	不合用
二號	灰十二分五	硫〇·六二八	磷無	不合用
三號	灰十一分五	硫〇·四三	磷〇·〇三	不合用
四號	灰十八分	硫〇·五七	磷無	不合用
五號	灰十六分	硫〇·五七	磷〇·〇八	
六號	灰十三分	硫〇·二八	磷〇·〇四	

五、六兩號樣少難憑。

陳旭麓等《盛宣懷檔案資料選輯之四》漢冶萍公司第二册《萍鄉煤礦局聘請德國礦師合同光緒二十五年二月十四日》　立合同，萍鄉煤礦局今將彼此訂立各款開列於後。

計開：

第一款　本局雇定□□爲□□，自德國起程來華之日，即光緒□年□月□日西一千八百年□月□日至離局之日止，以叁年爲期。□□到局滿六個月期後，彼此屆時可將合同注銷，惟須先期六個月知照，或付給六個月薪水。倘□□欲注銷合同，須將其由德來華水脚銀兩填還本局，否則至少須到局十八個月方免填還。

第二款　該礦師薪水訂定由德國起程之日起，每月發給薪水英金四十鎊，按月到期，照當日匯價付與漢口外國銀行代收。

第三款　該礦師自德來華，本局准給由德國至漢口二等船費，計英金六十五鎊，並給二十五鎊以資住店、行李運脚一切零費。倘期滿意欲回國，本局准給回國二等船費，計六十五鎊，並銀二十五鎊以資住店、行李運脚一切零費。倘因品行不端回國，概不發給。

第四款　該礦師應由本局總礦師及隨時所派該管者率其將德國各法在德國通行者，傳授在工各華人。□□雖屬礦師之職，如有别項差遣，亦應盡心經理。

第五款　本局交管器具材料各件，□□務須悉心料理，如不謹慎以致損壞、遺失等事，應由□□賠償。

第六款　於合同未滿時，除遇有意外之事身不自主外，倘擅自離差誤公，致令本局受虧，理應賠償英金二百鎊。該項本局盡可在薪水等項之内扣留，或向該管官處控追。

第七款　倘合同内詞意有不明者，以致各執偏見争辯等情小事，則彼此各邀公正人理直。如有不服或事關重大者，可向就近領事官與中國官員公斷理直。判斷後，彼此均須遵從，不得反悔。

第八款　如因公受傷以至殞命，則以三年薪水給其眷屬。倘因傷致廢，當視其傷之輕重，酌量撫恤給其本人。

第九款　所有粘附合同上印板章程各條，並總辦、總礦師隨時所定各章，亦算在此合同各條之内，彼此務須一體遵守。

第十款　該員不拘禮拜放假日期，若需其辦事以符因時制宜，亦當赴工，但不能令其做工過十五點鐘，且無六點鐘之休息。倘該員自願，及該管者准行，亦無不可。

第十一款　倘未經總礦師或隨時所派該管者允准他往，或遇疾病不測等事，而無醫生謂其不能辦工之憑照，均不得擅離職守。

第十二款　該礦師每月應在漢口外國銀行付存薪水英金五鎊，存至五十鎊爲止，利息若干任其與銀行訂定。該款獨歸本局領提，以備□□因故辭歇時代爲支給欠項，或作回國盤川之用，俟其回國將本利算清。

第十三款　本局隨時可將合同注銷，亦不必申明何故，但須先期六個月知照，或給三個月薪水，並須按照第三款内開支，給回國川資。

第十四款　該礦師在德國未起程時，倘有口許之事，與本局無涉。

第十五款　倘中國遇有戰務或有亂端致難辦工，或辦工而冒險者，如彼此有一情願辭退，則發給一月薪水及回國川資。倘届時本局仍留該員，而又不得不赴通商口岸避難者，除有工務辦理外，僅給薪水，不給公費住房。

第十六款　倘該員因痼病不能辦工，本局執有醫生憑照，即令離差，給與一月薪水及回國川資，照來華時所給之數。

華光緒二十五年二月十四日

西一千八百九十九年三月二十五日

陳旭麓等《盛宣懷檔案資料選輯之四》漢冶萍公司第二册《萍鄉煤礦局洋工程司等合同附後章程》　一、各洋員須聽總辦並總礦師以及隨時該管之員吩咐。

二、查有不勝其任、不聽指揮或礦務及工程有危險等弊未經呈報者，由總辦知照總礦師，即時將其辭退。倘犯小過或不勝任則先三個月知照，期滿即行開除。如犯大過，即當辭去。倘因犯過或不勝任而辭退者，本局只給回國川資。

三、各員應牢記係在中國局所辦事，須與華人和睦，倘彼此齟齬，則外洋新巧之法風行中國者，亦恐被其阻止，或於各洋人關係甚重。倘犯此者立即開除，並注銷合同。華洋員司有不是之處，務須立報該管人員，若係大事，應即轉報總礦師。

四、本局准給該洋員房屋，此外並無别項款物給發。

五、各項賬目該員離局之日必須清結，倘係辭退者，則薪水僅給至其開除之日爲止。

六、倘本局飭令該洋員前赴内地辦工，所有往來川資零費由局給發。如因公旅居中國通商口岸，則每日給旅費英洋六元。

七、各員無論何處若本局調其前往辦工，亦應前去。

八、各員患病由該處醫院與之調治，不取分文。如該症須在□□醫院或中國别埠醫院醫治者，所有醫費由本局發給。至房、伙等費概不補給。

九、遇有意外之事，如失火、發水、碰車等事，若須該員辦理者，無論晝夜盡可差委。

十、該員需用物件由本局駐漢該管之員代收分别轉運，倘有損失，與本局無涉。但需用各物該員附近地方所難購者，本局自應盡力代爲轉運，按期妥交。

十一、除合同訂明各款外，他項公費並不發給，不得以前經發過援以爲例。

十二、以上章程粘於合同之後，彼此允肯與合同一體相守，且該員深知如此方行簽字。

陳旭麓等《盛宣懷檔案資料選輯之四》漢冶萍公司第二册《盛宣懷致張贊宸函光緒二十五年二月十八日》　接正月二十七日惠書，並抄顧令通禀，於十四里地價反覆緣由，具悉顛末。現照尊議，以二百四十弓爲一畝，不以巴數租石爲計，抄録顧令禀批，咨明潯撫轉飭，因原批於地主呈驗紅契，先經道及，該處既緣税契費重，大都以多注少，則照契給價，適以鉗奪其口。初九日，接齊電，應用之地，民統讓出，自築田隄爲界，則此事想尚易辦，即望與顧令和衷籌商，早日就緒。其一户之地，全用者，將契吊繳，不全用者，應就契注明，蓋用礦局關防，仍將四至丈尺、花户名姓、給價銀數，造册三分，一移縣，一存局，一送敝處，分備查考。

另示捐助學堂經費一節，此間只能允給半數，如一再呈懇，再飭自詣尊處商酌。文紳爲特旨查拿之人，現在地方官報明不知去向，礦局斷不便再以銀款接濟。所有前派紳董，自應備案，薪水應即於廿四年停止爲要。

禮和定料第七、八批又已起運，此間只能悉數轉漢。若三十五磅軌既擬改用別處，則凡附於此軌之零件，不合萍用者，均應剔開，交駐漢轉運局空存一處，造册呈報，既省跋涉，又便取携，已由楊文案面告鴻唱，仍由兄切囑吟舫照辦。至禮和交來萍鄉汽車圖樣兩張，囑爲寄漢，亦由綬卿面交盧鴻唱帶萍，至望檢收。敬頌升祺不一。

陳旭麓等《盛宣懷檔案資料選輯之四》漢冶萍公司第二册《盛宣懷致誠勛函光緒二十五年二月二十二日》 敬啓者，據鐵政礦師面稟，九江左近德化縣屬大勝門、小勝門等處産有鐵礦，質性猛重，可與大冶所出之鐵配合而用。且與漢陽鐵廠一水相通，運煉極易。兹派解守茂承、盧丞丙炎帶同洋礦師賴倫、斐禮前往履勘，如果合用，擬將該山地由鐵廠出資圈購，以備開採。此次解守督率礦師行抵貴屬，務求臺端迅飭地方官派差妥護。

所須指購山場，遵照奏案由官給價，亦請由尊處飭縣曉諭管業人民，使之悦服，無任感禱。

近日洋人來華覓礦，踵趾交錯，不如我先自辦，庶免彼族覬覦。且支干軌路需鐵正多，斷非大冶一礦所能敷用。開天地自然之利，杜歐美越俎之謀，即以接濟工程，裨助要務，一舉數善，蓋在於兹。想大君子力顧時局，推廣利源，當必以爲然也。除備文咨會並行知德化縣吴令外，專肅函陳。

再，聞寧臺交界三門灣事，經總署再三駁斥，浙省嚴籌防守，意國公使撤换，或可和平了結，知關藎注，並以附聞。敬請臺安，諸維亮察不具。

陳旭麓等《盛宣懷檔案資料選輯之四》漢冶萍公司第二册《呂柏致比公司函光緒二十五年二月》 啓者：漢陽鐵廠情讓貴公司承辦，稍有端倪。呂前已屢致信函詳述各節，廠中大概，已可略見。而於化鐵爐自必尤燭情形，惟倡辦之始，諸多掣肘。大抵華人均於此道未經閱歷，是以所見皆左，以致辦事愈覺艱苦，再四經營，力求振作。自九十四年六月二十八號起，以迄九十九年新正，始形順適。前時之所以函告各端者，呂蓋歷叙籌劃之艱，辦理之苦，以備採擇。

兹復不厭絮煩，再將廠中歷來情由，備細詳告，庶接辦後，鑒作前車而知所因革。至化鐵爐惟祈開煉順遂，用費節省，而出鐵終望踴躍，足敷鋼廠應用。蓋漢廠化鐵爐有甲乙兩座，甲字爐之壞，呂前函亦曾述及。緣西歷一千八百九十年起造時，係英國泥水工程師，並另有悌賽特廠薦來三人監造，並未按同古法，聽憑中國泥水匠砌成，是以地盤及爐脚均未堅固。而爐身之工程尤劣，磚多剥蝕，砌多裂縫有十至二十密里美得者，盡用火泥涂抹，一經陰雨淋灕，而所涂之火泥盡皆剥落，則甲字爐恐有斜傾下陷之虞。况爐磚有一定位置，尤多差錯。呂曾詢及中國泥水匠目如何建造，該匠目復稱，英工程師並未指點有何方法，故僅照蓋房屋工程耳。若乙字爐，即今開煉之爐，該時甫築爐脚，即有白乃富到廠接造，故爐身尚屬完固，而爐脚未改，仍與甲字爐相同。及九十四年三月，呂來漢廠，即設法將爐脚直至總風管止，盡行拆毁改造，方能開煉。呂曾與前總辦蔡觀察述及該爐如何不固，機器如何不佳，宜乘今日修改方可，否則延至後日，反多耗費。而蔡觀察只稱：「張制軍催促開工，且京内亦屢催開辦情形，只須開煉後，方可塞責，而諸事之未臻妥善，可以概不過慮。」呂辯論再三，始允將爐脚及總風管處一段拆改，修至六月二十八號開爐。孰知開爐後，僅有威施法利焦炭五千噸，日供爐用，日見鮮少，而華人之意，以爲有五千噸之焦炭，可以用至十餘年之久。即應允呂有焦炭異常反復而所謂積有存炭者，亦不過足供化鐵爐頃刻之用。煉至八月，因化鐵爐熱風管爲英工程師造壞，晚間火烈而熱風管則微紅，勢甚危迫，即於八月十五號停煉修整。届九月三號復開，斯時華人始知化鐵爐用炭之多。而煉炭又必須有合用之煤，異常慌張，毫無主見。旋聞美國有用白煤者，華人遂與呂斟酌試用，並稱白煤華産既多且佳等語。呂畣以白煤質散，一入爐中即行爆烈，若美國用白煤，則另有一種爐式，至漢廠爐，機力既微，風筒亦小，内徑僅一百密里美得，斷不能用白煤。華人不信，再三强逼試辦，呂挽回無術，只得勉爲搀用至八成、九成之譜，實屬萬難再用，屢試無益，華人至此亦知呂言之不謬，只可徒唤奈何而已。

然存炭日減，而接濟之炭不至，束手無策，坐待炭缺，延至九十四年十月底不得不停煉熄火。然爐既工程不固，一經停止，自總風管以下，磚多酥碎，又復拆卸重砌，然無處覓磚，只有九十年所購之磚，日久堆在池内，萬分惡劣，但除此以外，別無他磚，亦只得就此修整。惟該磚受濕既久，用之修爐，一經開煉，火力之猛，其磚之易酥，自不待言。

至九十五年九月十六號，復行冒險開爐生火，無如所用之炭，即是馬鞍山煤所煉，塊既黑色而且松，入爐後，濃烟黑布，如此之炭，猶囑呂須煉貝色麻生鐵，而妄知該炭含灰四十分，硫五六分，色黑質酥，爐既冒險而人亦履危。種種情由，前函已告，想可鑒及。

但如此等之事，凡屬明於此道者，反多滋疑不信。查爐中風力之烈，礦石之重，且四面打風入爐，風火在内旋轉，只以礦石焦炭壓力之重，風皆不能上達，若驟停驟開，則風火上升，爐屢漲縮，故曩有爐身鐵箍，同時爆烈二十餘條之險。呂當時受驚不淺，勢必崩塌，幸竭力修爲將斷箍續連加塞，得免於難。然在化鐵爐工作者，命若懸絲，危如累卵。如是艱難苦況，直至九十六年六月一號，盛京卿接辦後，稍見安逸矣。

至所用焦炭，設法向開平購辦，亦屢蒙盛京卿應允，源源接濟。然每届冬令，北洋又有封河之慮，復於九月三號悶爐，至十一月十四號開煉，計停兩月半之久。此後直至九十七年十二月十七號，因爐蓋下護爐鐵圈日經礦石碰損，而爐磚質地既壞，又爲煤烟所傷，致有五〔密里〕美得半之深，磚皆酥裂，復行悶爐修理。至二十九號開爐。迄九十八年正月(二)十九號，又因炭缺停煉，至三月二十四號開爐。然呂以前次修理，泥水工程甚佳，可以無用鐵圈保護，詎料磚質不佳，一經開煉，磚又盡酥，復停煉十日，換磚加圈，以免礦石身重碰損。此後爐子既屬順適，出鐵亦見旺相，但雖屬各切平妥，終當預爲防維，實以該爐泥水工程既不見佳，而所撑八柱，亦屬太形瘦削，高計十四尺六寸，厚僅一寸六分，對徑只一尺四寸，坐板二尺四寸見方，照此鐵柱，雖刻下爐歪三百密里美得，倘開煉順適，猶無大礙。設有爆裂震動之事，則鐵柱實難撑持。甲、乙兩爐均然，而所歪亦不過如是三百密里美得而已。

今兩爐毗連一處，頂有走廊連絡，旁係鈞礦車接連，故兩爐相爲倚傍，若將甲字爐開煉，則歪處須添一柱，以免再斜。餘八柱均用鐵皮包固。總風管宜改換，而舊時内徑一百密里美得太小，須放大方可。倘甲字爐既開，而現開之乙字爐可以停止，熄火改造，翻舊如新。但一爐開煉，一爐拆卸，而礦石仍宜上下，吃緊不小，勢必另搭一架，而爐頂走廊方能架住，然所費浩大。呂意乙字爐既須改造，可否將爐身外面之磚，盡行拆去，概包鐵皮，上用工字鐵撐住爐頂走廊，而爐身但求堅固，還當設法改整。一晝夜間可以出鐵百噸之數，則乙字爐拆修，甲字爐開煉，足供鋼廠應用。最佳改換新式，然不必驟致，只須逐漸加增。

蓋漢廠爐火，畧已反復詳論，究其倡造該爐之力，每爐不過四十至五十噸，今煉至每日出鐵七十、八十噸，盡將兩爐所用機件並爲一爐之用，故能如此。倘炭結磷輕，可以煉出貝色麻鐵九十噸。九十四年華人意欲將甲、乙兩爐並開，呂稱須添機器，每日約可每爐出鐵百噸，是以奉函詢問應添機件價值。迄九十五年九月二十七號接到復示，而華人意見又不欲將甲字爐開煉，故未舉辦。迫盛京卿接辦後，亦有兩爐並開之意，呂故於九十七年三月四號將應添能打六百立方法尺風力機連汽缸一副，高白爐兩座，鍋爐五座，抽水機一副，烟囱一個，鈞車全套，新圓風管一個，並應用火磚等項，開單呈盛京卿鑒核。詎意從中阻撓者有之，又復中止，而甲字爐仍未開煉，迄今該爐巍然獨存，幾同虛設。倘後日果能焦炭敷足，使兩爐同開，宜將乙字爐修理完固，庶可多煉數年。一面開甲字爐煉鐵應用，俟乙字爐修竣，再將甲字爐拆改放大，而所須添置機器，亦當齊備。緣鋼廠用鐵甚多，兩爐並煉，方堪供應，若刻下則因磷輕焦炭不足，屢次改煉翻砂生鐵。至拆改修理放大等事，只須有熟悉此道者，布置如法，工程亦不須久遠。

兹特將九十四年六月八號起至九十八年十一月十五號止，所有出鐵噸數及停煉日期，另開一單，祈將所開單内一閱即知。屢因炭缺停止，且一停又必時久，加之爐磚定須修整，蓋停煉多係悶爐，火勢上升，頂磚易損，而撑爐八柱，又復異常瘦削。且華造爐頂，生鐵料件皆不得法，此種情形，想堪考察而知。至焦炭則華人往往應許充足，而實則終成畫餅。以上歷叙各端，統祈察核云云。

陳旭麓等《盛宣懷檔案資料選輯之四》漢冶萍公司第二册《張贊宸上盛宣懷稟光緒二十五年二月》 敬稟者：竊於本年正月二十六日奉憲臺行知：「卑局駐漢轉運事宜，甚關緊要，應在鐵廠專設萍鄉轉運局，遴派候選縣丞莫燨專辦該局事務，凡係萍鄉運赴漢廠生煤、焦炭，概由該員派司過磅驗收，另廠存儲，轉赴各廠應用。所有收發煤炭司事及添派『楚强』，定造輪駁各船，管帶舵工、水手、押運司事人等，亦均歸該員選派稟定。」並由莫縣丞到萍傳奉面諭，抄示上年十二月十八日憲臺寄鐵廠號信内開，「自本年正月初一日起，卑局運到頭等磷輕焦炭，准給價銀十二兩五錢，二等老樣焦炭，准給價銀九兩五錢，生煤加五錢」各等因。奉此，伏查卑職奉札派辦萍礦之初，以駐漢轉運事，重於上年正月間電稟，准在漢廠權設萍鄉轉運局派莫縣丞經理，一年以來，見其力疾從公，苦心規劃，實爲人所難及。茲復蒙恩於專辦駐漢轉運事宜外，兼委以管理輪駁、收發煤炭之責，該縣丞渥承知遇，感激彌深。惟據面稱「轉運、輪駁兩事，勉當力任，其收發煤炭一差，種多爲難，深慮久病新愈之軀，竭蹶貽誤，懇爲代稟另派，免負委任」等語。情詞甚形懇切，在該縣丞素性謹慎，目擊鄂廠歷年煤務，故不能無量而後入之心。但廠、萍同在艱危，正宜勉圖共濟，察其體已漸復原，度其才實堪勝任，當經卑職勉以大義，諄令回漢，認真供差，而以其所畏慮各端籌商辦法，謹爲我憲臺陳之。

一、創始艱巨，責成固不可不專，頭緒尤不可不一。章程預定，則辦事有所遵循；界限分明，則支款不致牽雜。曰轉運、曰輪駁、曰收發煤炭，分爲三事，各結各帳，而轉運輪、駁之中，又須將運煤到漢，運機到湘水脚，逐一分開，以清眉目。

一、讀憲札，「漢廠原設煤務處，無論員司，即令一概裁撤。又轉運局應用收發煤炭司事，並輪船、駁船應用管帶、舵工、水手，暨押運司事人等，均歸莫燮選派，開具銜名員數，薪費若干，稟請核定，檄行漢廠，准其作正開支」等因。是明示收發輪駁各項薪費，悉歸漢廠開支，於萍局實可稍省經費。但其中應歸萍局開支之款，卑職仍不敢借此推托，如轉運、輪駁兩端，是萍鄉事，月支薪費，當由萍局開支，至收發煤炭，其事即漢廠從前之煤務處，是漢廠事而萍鄉轉運局員兼辦，所有月支薪費，一切漢廠向有定額，自應照章給領，由廠開支，與萍無涉。查廠、萍同是憲臺公事，本無彼此可分。惟款項各有不同，劃一方能持久。即如萍鄉本局之事，尚以機礦、土礦、軌路、輪駁劃分四股，各結各帳，以期清晰而免紛歧。

一、讀憲札，「自光緒二十五年正月初一日起，凡係萍鄉運赴漢廠生煤、焦炭，概由莫燮派司磅收，另廠存儲，陸續轉赴化鐵、煉鋼各廠應用，按次將收過煤炭數目，開單呈請總辦盛守核對明確，發給價銀，匯交萍局應用，借資周轉」等因。是卑局迄無一定成本，專恃煤焦價值，以爲周轉，早邀洞鑒。況萍鄉運道艱阻，輾轉稽遲，統約存山存萍及運漢中途，煤焦恒擱本至二三十萬兩不等。即使煤焦隨到，價銀隨發，尚懼不能周轉。若待各廠應用再發，勢必坐困立涸。刻歷年廠收郴州等煤，向章隨磅隨發，萍鄉仍應一律照舊辦理，焦炭則由化鐵爐工師派人監磅簽字作收，莫縣丞即按日憑請漢廠總辦盛守核對，生煤則飭令莫縣丞將起駁存棚細數，按日開單簽字，呈請盛守查察，毋論煤、焦，均限五日一結，如數具領給價。此次該縣丞既奉派專責，嗣後起存各棚生煤短斤、餘秤，均與漢廠無涉，短斤惟轉運局員是問，餘秤應歸轉運局收萍鄉公帳，以昭核實。

一、卑局上年考究煉焦，較以精淨得多，已爲有目共見。且前年呂柏明言，萍焦萬不能煉貝鐵。近接漢廠總稽核宗令函述呂柏云，全用萍焦，已煉磷輕貝鐵，經化驗，問卜聶能煉貝鋼，修爐以後，日出八十餘噸。據卜聶云，大半可用煉軌，尤爲萍焦合煉貝鐵之明證。而呂柏近反苛求特甚者，蓋以開焦價值過貴，摺耗過多，專注意於萍焦，取用既專，屬望更迫。卑職正在督率官商各廠，竭力整頓，不惜工本力求灰少磷輕之法，將來頭等當可多於二等。惟莫縣丞所最慮最懼者，去臘憲臺在廠與呂柏再三考訂，該工師執定先雇化學師，便可專用萍焦，多煉貝鐵。嗣經盛守派宗令兩次與呂柏詳議，閱其問答，仍執前説，是頭二等焦，分運到廠，既不能憑萍局所定，即呂柏亦不能自定等差，必須待驗於化學師。到廠焦船，旺時日有數十只，化驗斷非倉猝可就，再四籌商，擬懇憲臺俯察情形，准將原定頭等價十二兩五錢，二等價九兩五錢，牽合扯算，每噸給價銀十一兩，五日一結，照數領價，其如何重加分別配搭入爐，當責成呂柏及化學師逐細化驗，隨時分用，庶得實濟。

以上四條皆目前切要之事，其一切詳細章程，須由莫縣丞回漢體察情形，隨時酌擬辦理。所有卑職與莫縣丞籌商各緣由，是否有當，理合稟請憲臺俯賜察核，批示祇遵，實爲公便。肅具寸稟，虔叩崇安，仰祈垂鑒。

陳旭麓等《盛宣懷檔案資料選輯之四》漢冶萍公司第二册《卜聶致盛春頤函光緒二十五年三月十五日》 敬稟者：竊卜謹奉大人札飭將盧漢鐵路局續定鋼軌五千噸，督飭華、洋工匠趕速依式造成，勿稍遲誤，等因。卜遵將鋼軌五千噸刻日趕造，即由今啓工。倘化鐵爐生鐵足以敷用，約四月即可告竣。緣近來天氣漸暖，是故多需時日，否則只須三月，已可蕆事。但今時化鐵爐，合用生鐵缺乏，此後若仍將如刻用萍炭分數熔煉生鐵，則合用生鐵仍是鮮少。蓋萍炭含磷太重，致煉出生鐵而於煉貝色麻鋼殊屬不宜。如果能將萍炭煉出生鐵含磷在〇・一至〇・一五，即去年呂柏允許之分數，照此生鐵含磷雖覺太重，卜亦可製造佳軌。然查去年生鐵，含磷僅〇・〇九至〇・一一，故煉出鋼軌，憑鐵路局試驗稱佳。今日生鐵，則含磷〇・一五至〇・一九，如欲煉佳軌，該鐵殊不合用。至萍炭，前日賴倫在大人處面稟，須一年後方能供應佳炭，倘不及今另購磷輕之炭，則化鐵爐須一年後方有磷輕生鐵，而鋼廠亦須一年後方能有合用佳軌。其誤在停購開炭之前，來曾商定萍局。果能一定將佳炭絡續供給，如今時化鐵爐，能從速絡續煉成生鐵含磷約在〇・二二者，七千五百噸，能輕至〇・一者尤妙。卜於生鐵齊集後，半月即可將五千噸鋼軌拉齊。若刻下廠存生鐵能合分數者，殊覺一號（毫）無着。所有遵辦情由，伏乞核鑒。敬請鈞安。

卜聶謹稟。華廿五年三月十五日，即西九九年四月廿四號。

陳旭麓等《盛宣懷檔案資料選輯之四》漢冶萍公司第二册《盛宣懷致盛春頤施肇曾宗得福函光緒二十五年三月十七日》 疊接十一、十二、十三、十四號惠書，復事並列於後。

一、擬呈洋匠合同十七款，又附後章程十三條，俱爲便於羈勒起見，甚中肯綮，惟鞭辟過緊，有體面之人，未必肯來，其願遷就來者，必非好手。現托郭廠代延之化學師，已接回電，即日雇送，且俟到後斟酌參用。

二、漢廠收發煤務，上年派莫燨時，本有商煤，仍由總辦派人經管之文，目前吟舫甫經回漢，又須監造平駁，所請伍璣暫時代理，事屬可行。此君長於工築，不久必仍有土工交伊翁專辦，則此君亦未能常時屈留也。

三、馬鞍山擬派左府經，本可照辦，惟聞武備學堂係南皮所撤，即時網羅，恐涉痕迹，有無並非鄂北本省官，於礦事能練熟而又廉潔者，另揀候酌。

四、大冶礦車所少輪盤，已於初十電詢何行何人經辦，俟尊處復到，方能查出，因招商局棧房，只有萍鄉所購輪車物件，此外無可查考。

五、威利回國，卜聶函允不再添副，恐尚是希冀兼管化鐵爐後，得以挾持一切，此事斟酌至再。吕柏在所必去，卜若長代，將來亦必尾大不掉，請加薪、請添鋼廠副手，皆意中事。一給憑函，便着痕迹，故由此徑電卜聶，告以本督辦准卜暫時代理化鐵爐事，應用化學師，已電郭廠代雇，指日可到。尊處不給文憑，只面告：「督辦須看暫代後，有無成效，再設法斟酌。」飭其勤慎兼理，至辦理得法，便可常派兼管等，萬不可着一呆筆。此間總須派人親赴外洋訪覓最有名望之化鐵師，以便管漢爐後，另開大冶一爐，爲恢復擴充之計。惟李一琴力言，即派出洋，亦須一年才得雇人回來。故此時羈縻卜聶，仍須預留地步。

六、吕柏回國，在滬並未請支川資酬勞，前信記已說及。

七、禮和承辦萍鄉材料，已有八批，均交商輪運漢，內有三十五磅鋼軌，並附軌零件，因未定改用何處，此間貨到催提，存棧需費，故一併起運。仍諭盧洪昶，並致信紹甄，囑其將前後轉萍各件，另記一帳留漢，未運各件，亦記一帳，因爾時專管轉運之莫吟舫尚未回鄂，只可如此知照。日前吟舫動身，又由文案處抄給八批材料名色總單一紙，囑其到漢後，逐一檢點，有無缺損。若暫時不用之三五軌，並軌節螺釘等，應由尊處覓地交伊存放，俟定何處用，再札提應用，仍先詳復。此時議定辦法，凡係漢廠料件，均歸鄭陶翁照料，漢廠徑與接洽，已於十號函中詳致矣。手頌均安不一。

陳旭麓等《盛宣懷檔案資料選輯之四》漢冶萍公司第二册《張贊宸創設萍鄉礦局官錢號大概章程光緒二十五年四月初一日》 光緒已亥年四月創設萍鄉礦局官錢號緣起。

自來創辦礦務，全恃銀洋錢遠近流通，一日不能流通，則一日無以自立。萍鄉礦局匯銀呆滯，歷年吃虧甚巨。且銀款之外，日需現錢現洋支給各井，廠挖煉經費，及挑煤脚力、運煤船力等項，爲數浩繁。將來機礦、鐵路次第告成，必更增於今日。初意深望與本地各錢店往來，無如各錢店遇有支兑，便即抬價，且限於市面缺少現錢現洋，甚至有時向取數十千、數十元，輒無以應。萬不得已，按月向醴陵、湘潭一帶兑運，不特運費過重，抑且疏失堪虞。尤可慮者，醴、潭船運現錢，或河水淺涸，或閘壩關閉，欲改陸運，勢又不能。是直以運無定期之款，冀供此刻不容緩之需，一旦接濟不及，窿工、煉工、挑夫、船户約數千人，必致立釀事端，危險何堪設想。贊宸籌慮及此，因將情形電稟，奉督辦憲盛電諭「准仿開平礦局，設莊刊印錢洋各票」等因。現擇四月初八日開設試辦，名曰萍鄉礦局官錢號，專爲維持礦務，利商便民起見，一切章程，悉照商務辦法，力除官場習氣。所有礦局進出收付各款，統歸官錢號立摺往來，總期流通周轉，與礦局互相維持，庶礦務日興，礦利不致外溢。茲擬大概章程，附綴於後：

一、官錢號既因礦局而起，所需資本，自應由礦局撥付。現先撥湘平銀一萬兩，作爲資本，按長年七厘起息。其由滬、漢匯到銀款，亦統存於官錢號。惟礦局日需現錢、現洋頗巨，且有時窿工、煉工、挑夫、船只，陡然暢旺，用款驟增，而本地市面，往往猝不及辦，爲向來極難極險處。嗣後應歸官錢號預先寬備，以應日用及意外之需。此項鄭重，應責成官錢號力任其難，不得推諉誤事。

二、刊行錢、洋各票，不特有裨礦務，亦足利便地方。惟須謹防作僞，票板不可不精。現官錢號錢、洋各票，已由總董在滬仿照西式石印，各分三等，別以六色（錢票一千文者醬色；五千文者藍色；十千文者紫色。洋票一元者綠色；五元者黄色;十元者紅色)。俾婦孺入手立可辨别,號伙應付,不致錯誤。票面正楷,背印英文,角有騎縫圖印。即在礦路各局之西人,亦無不便於使用。再各省皆行小銀元,而萍鄉風氣未開,商民輒疑攙銅,驟難通行。兹仿蘇州錢籌之法,在蘇定造竹籌,以便市面搭配零用。此籌係加火蠟印,一面印:憑籌發九八錢一百文,一面印:萍鄉礦局官錢號。並另編號數,合對爲記。其銀票尚未刊行,由號隨時填付,自五兩以上,均用條票兩聯編號,隨收隨銷,只就當地行使。遠處則用三聯票,合根兑付。查萍、醴、潭所行洋元,均以分兩計算輕重,萍平較醴差小,較潭則大。萍每百元重七十四兩者,謂之七四花邊,即醴之七三六,潭之七四五,均爲市面通用之重洋。其不及此數者,目爲輕平。無論零躉出入,均須貼水。至於錢文串底,則萍、醴、潭皆通用九八。凡總、分號應兑錢、洋各票,均一律照付重洋,並九八制錢。責成經手各友,於進號錢、洋,隨時過平過數,再由總董不時抽查,庶免短數、輕平之弊,牌號自然日起。

三、牌號日起,固在花票信行,尤須匯劃靈便。官錢號甫當開辦,尚無力專設分號,故花票支兑錢、洋之處,急須分别立定限制。現暫就湘潭轉運萍煤局、醴陵稽查萍煤局兩處,懸挂官錢分號牌,以便支應各款所有錢、洋各票,萍、醴、潭一概照兑。查歷來湘潭各大行號,需用漢口現銀,均向銀號兑買漢票,對期收付,每千兩貼給匯水,時有漲跌。從前礦局售賣漢票,悉系湘潭銀號經匯,種種受制,以致歷年貼進匯水,爲數甚微,吃虧極大。現既開設官錢號,應速自行設法匯兑,挽回利權。至近萍各埠,除湘潭外,吉安亦商賈薈萃之區,該處所收現洋,向必運至湘潭易銀,萍爲必由之路,現由官錢號設法兑留,即以漢票銀款,還其兑價。嗣後礦局收回武漢煤價,及各處撥款,均存漢口銀行、銀號,由本號備立三聯票,先將票根截寄駐漢轉運萍煤局,轉交銀行、銀號收執,按比在湘潭、吉安等處,先期售賣漢票,以便到漢對根照付。至所得漢票匯水,官錢號須照從前湘潭銀號貼給礦局之數,每千兩加貼礦局銀五兩,庶礦局收回之利,較前加多,而錢號匯劃之利,亦不全失。如此日見開拓,共相維持於不敝。俟後辦有成效,官錢號確能自立之時,再於湘潭、吉安、長沙、岳州等處酌度專設分號,並在漢口立莊匯劃,逐漸擴充,以持久遠。

四、遇有外來匯兑之款,於礦局無涉者,是官錢號自做生意,必須收到現銀,然後代人匯劃,以期穩慎。

五、錢業向有存放銀兩之例,如有息輕存款,本號自當代存;若放款則必需貨物作抵,並有妥當人擔保,方得押放。其利息酌市價議定,其押貨照時價摺減,以期慎始圖終,有利無害。倘無貨作抵,到期無著,均須總董認賠。

六、選延總董一人,主持用人、理財全權。號中應用經理總帳兼管内事一人,經理各路生意一人,經理銀、錢、洋各票兼司號信一人,又櫃内現兑交易四人,學生隨時酌用。事務繁要,首重得人,所需各友,均應由總董一手選用。除平素深信可靠,無庸取保外,其餘必須有公正殷實之人擔保。礦局總辦既不薦派,亦不過問,以免紛歧而貽諉卸。惟事權歸一,責任更專,用舍之間,必當破除情面。如號友有行爲不謹,及透支銀錢等情,均惟總董是問。

七、商業人材因地而異,各有專長。如票號之重西幫,典商之重徽幫,固由循守舊章,斟酌盡善,實亦氣誼相同,心力易於齊一。萍鄉鄰近商埠,以湘潭爲最盛,湘潭錢業以吉安幫爲大宗。雖店規之謹嚴,會計之精密,上下江大致相同。而欲與礦局聯絡一氣,不致日久隔閡,仍須取材於江浙一帶。查江浙錢業各友月薪有限,全恃歲分紅利。本號經營伊始,各事格外斂慎,自開號之年起,兩年内不分紅利,以固根本。惟號中各友,均自江浙等處各大錢鋪訪約而來,遠出數千里外,與近在里閭者不同,既不分紅,恐難事畜。凡人有内顧憂,必不能專心做事,因暫設一變通辦法:專任有用之材,並事省費,人數務簡,薪資從優,並與各友訂定,兩年内所得餘利,悉數歸公,概不提分。俟兩年後,號中脚步站穩,確有把握,再行提分紅利。惟自分紅利之後,薪俸應一律核減,届時薪、紅兩項,參仿下江錢店規例開支。

八、各項帳目,應聽礦局總辦隨時查核。

九、號内帳目,月結月總,每年盡正月初五日結送紅帳兩分,一呈督辦憲,一送礦局,以備勾稽。

十、官錢號之設於礦局有數大利:一、免售賣漢票匯水之虧;一、免遠運現錢、現洋之險;一、免本地錢店支兑錢洋抬價之累;一、免潭、醴船户沿途運錢偷竊之弊。是本號關係重大,實爲礦局必不得已之舉。全望總董及各友切實經理,勿稍徇情,勿稍疏懈,庶幾蒸蒸日上,兩有實濟。

以上十條係贊宸督同官錢號總董擬定大概章程,暫行試辦。至於損益因革,應由總董酌度情形,隨時更定。

光緒二十五年四月初一日。

總辦萍鄉煤礦事宜張贊宸謹擬。

陳旭麓等《盛宣懷檔案資料選輯之四》漢冶萍公司第二册《鄭官應致盛宣懷函光緒二十五年四月初六日》　敬肅者：頃三井大班偕其司事又來談漢廠鐵價，並出其東洋來電，議論頗久。官應説：「甚願與貴行交易，如能多銷，擬請督辦即托貴行爲漢廠代理，惟近日外洋鐵價大漲，漢陽之鐵亦應照漲。」據稱，照督辦所定之價，差一兩七錢自無庸議。如果所差無幾，尚可商辦也。漢廠煉鋼所用伏母煤恐不能多買，大約以數百噸至千噸爲率。茲特將三井來單譯請鑒核。肅此，敬叩鈞安。

官應謹上。初六日。

陳旭麓等《盛宣懷檔案資料選輯之四》漢冶萍公司第二册《盛春頤施肇曾宗得福致盛宣懷函光緒二十五年四月十八日》　敬稟者，茲將應稟事宜，謹分條陳列於後：

一、螺釘釘頭，刻已趕造機器，一俟造成，即可照造圓頭，已於廿四號稟内詳復，並電稟在案，想已電達沙多，不知沙有復電否？但據馮董云，改制圓頭，必多費一番人工，將來成本又須加大，此層須先與沙多訂明。況詳考外洋所來螺釘，並非圓頭。茲將英、德兩國並本廠釘樣，一併寄呈鈞詧（「盛宣懷批：」抄令即函致沙多商酌）。前次柏直來廠試驗軌力，兼錘螺釘，其斷裂不在螺紋中，轉在後半段。柏直當場極口稱贊鋼質好，可見螺釘吃重在本身，不在區區圓頭、平頭。竊恐有意遷延，爲遲緩交價之故，尚求催促，將已驗五千噸起運付價爲叩。

一、本廠新請化學師，前接鈞電，有西五月杪由比起程來華。頃卜聶來問，新化學師既已請定，是何名字？能否兼化鐵、配料等事，乞詳示（「盛宣懷批：」抄查何日來）。

一、化鐵爐火磚，近年所用，皆官局移交，商廠尚未辦過。去年冬呂柏擬開第二爐，曾開單請定全套，卑府等當時因開爐無期，價亦甚昂，故未即購，其時存磚尚多。不料本年正月修爐用去不少，卜聶來信，刻已無存。並云，如新化學師能兼爐事，所有應定火磚，須候新化學師到再定。蓋慮其另有新法變樣不同之處。若新化學師不能兼理爐事，卜即可以先定，以免待料貽誤（「盛宣懷批：」抄查能兼爐事否）。

一、開平托購六十磅鋼軌二百條，一切零件均已備齊。前曾電請照蘆保價一律，不知開局有復電否？此項存軌，此時無甚用處，或即設法裝運。將來如開局不能照價應付，即稍減亦可，以抵所定磚價，免其堆積爛銹也。

一、頃接鄭總辦來電：三井續訂二號生鐵二千五百噸；三號生鐵千噸。查前次三井裝去五百噸，已由轉運局與三井結算，二號每噸廿二兩，扣水脚一兩三錢；三號每噸廿一兩五錢，水脚亦照扣，是每噸生鐵僅得價二十兩零，較之鈞諭市價，每噸廿八兩，固相去懸殊。即核之本廠實在成本，每噸亦虧摺二三兩，當電復請就近與憲臺面商，不知如何定議。

一、奉諭飭「楚富」赴岳拖運煤、焦一節，業已遵飭拖運四次。惟每次往拖，該焦、煤船多不齊集，非守候，即須沿途迎碰。此次「楚富」燒煤二十七噸，僅拖來煤船六艘。擬請憲臺電諭張令，在岳、長地方設立一轉運局，派人專管焦、煤船只，一俟齊集，或十船、十餘船，即電廠派「楚富」前往迎拖。既免徒耗煤斤，亦不致曠延時日，憲臺當必以爲然。再，近來煤、焦缺少而劣，甚形焦慮。專肅，敬請崇安。

卑府春頤、卑職得福、卑職肇曾謹稟。四月十八日。

一號螺釘本廠自制，係八十五磅鋼軌用；二號螺釘購自英國，係本廠舊鐵路上換下；三號螺釘萍鄉新近托禮和洋行購自德國，三十五磅鋼軌用。計共釘樣三種。

陳旭麓等《盛宣懷檔案資料選輯之四》漢冶萍公司第二册《鄭官應致盛宣懷函光緒二十五年四月十九日》　敬肅者：三井洋行擬購二號生鐵二千五百噸、三號一千噸，該行派船到漢陽裝載。昨電詢漢廠存鐵數目，頃接復電，廠鐵已分號頭者，存二號一千二百噸，三號、五號各二千數百噸，每噸廠本須合廿三兩云云。查日前函詢周舜卿，據云生鐵現在呼價二十三兩五錢等語。惟查近兩月來，除三井外並未銷動。此次三井來要大批生鐵，分别二號、三號，究應定價若干？舜卿已往無錫，無從商酌，敬祈酌定價值示遵，俾與三井議價，該行自派船裝，每噸應除水脚一兩三錢，合併聲明。再，螺釘機三箱、鍋釘機六箱，因螺釘機太重，詢之密爾登謂，江輪不能裝，當即電告漢廠，擬裝鴨尾船，接復電照辦。鴨尾船已於十五用小輪拖往公和祥碼頭，適有輪船泊傍，候已多日，准於明日裝船，過此則碼頭又不空。陳輝廷云，江輪能裝。頃已知照鴨尾緩裝，專候輝廷回復，如其准裝江輪，而鴨尾船停候數日，只好給予貼費若干耳。專肅，敬請勛安。

陳旭麓等《盛宣懷檔案資料選輯之四》漢冶萍公司第二册《盛春頤施肇曾宗得福致盛宣懷函光緒二十五年四月二十二日》　敬稟者，茲將應稟事宜，謹分條陳列於後：

一、萍來焦、煤時虞缺乏，抑且劣多佳少，屢經禀聞。昨又據卜聶禀稱，刻下廠存焦炭僅千五百餘噸（實亦不止此數），十日後勢必停煉。若化鐵爐一停，鋼廠只須一禮拜後亦當停工，等語。卑府平心而論，其焦煤不佳，雖責在萍局，而斷續不濟，實咎不在萍。何則？萍鄉首重運道，次及洋礦，已早言及。運道未成，雖有焦煤，不能出運，可如之何！徒責其來不踴躍，無濟也。故運道一日不成，來源一日不暢。安源十四里鋼軌現成，何日需用，即何日可運。無如安源之地至今未買，安源之路至今未築，萍鄉非無焦、煤，實無法運湘耳。張令功非不加意於煉焦、出煤，萍至湘既節節阻難，是現來之焦、煤皆積存湘潭之宿貨，不得不一齊起底運廠耳。卑府爲廠計，不能不爲張令計，爲張令計，益不能不爲廠計。查從前開焦一噸零，可出鐵一噸，現用萍焦百餘噸，出鐵僅六十餘噸，是萍焦須多用二成之譜。即此一端，已儲廠虧之根。再加此停彼歇，出貨不旺，今年虧耗，事在意中。卑府並非預存諉卸之見，特情形如此，不敢不陳明於先，應如何及早補救之處，出自鈞裁。

一、「祥臨」小輪馬力甚少，必不任多拖焦、煤船只，於事仍恐無濟。現雖抽派「楚富」常川赴湘，並勻撥礦駁一兩只裝運焦、煤，以冀源源接濟，且免沿途攙賣之弊，然此僅不過暫時設法，於湘潭以下猶恐不足。而由萍至湘，非運道速成斷難暢運。倘湘潭屯積日多，則又非「祥臨」與夫廠撥一、二駁船所可濟事。故駁船在所必須趕辦，而「祥臨」之外，仍須添造馬力稍大輪船一艘方敷應用。此固必不可省者。添造一輪，期必半年，務祈憲臺速賜照辦，是爲至要。

一、路局先定之五千噸軌並零件早已齊全。至該洋人挑剔螺釘之不足爲據，抑且自稱可用各情形，已先後禀陳憲鑒。惟察該洋人之意，明係借詞遷延歲月，遲不付價，別無他故。屢催驗釘，至今拖宕，及驗時，每一箱所剔又不過兩三枚、四五枚不等，可見並非不合用。然爲廠需計，未便聽其有意延宕。現在江水日漲，擬請憲臺迅飭路局洋人，趕速將前項軌件運去，照付該價。且鋼軌積壓易彎，彼時又費唇舌矣。協成欠款不貲，目前銀根尚松，不來催逼，一至下半年銀緊之時，勢必不容寬緩。未雨綢繆，不能不懇憲臺早爲之計，速催路局爲叩。

一、卑府請示赴羊樓峒，本以三月爲期，旋因施丞須赴滬有事，迭函催促，卑府於十九日回廠。竊思廠務爲重，曷敢借詞推諉。好在頭茶已過，茶務已松，如有要事，不難再往。施丞本擬即日動身，卑府因住山一月，甫經回廠，事須接洽，已挽留至節後再行赴滬。該丞所禀措資接濟出洋兩弟，亦係實在情形也。專肅，虔叩崇安。　卑府春頤、卑職肇曾、得福謹禀。四月廿二日。

陳旭麓等《盛宣懷檔案資料選輯之四》漢冶萍公司第二册《盛春頤施肇曾宗得福致盛宣懷函（光緒二十五年四月二十二日）》　敬禀者，兹將應禀事宜，謹分條陳列於後：

一、奉到十七號鈞諭，並附下黄筱舫沙平銀一萬期票五張，遵當轉交。

一、馬鞍山之楊家店煤礦謀夫孔多節，據沈令禀稱：該處煤苗較現在土窿之煤爲勝，必須我處購買到手，方絶禍胎。計價不過數百千，尚不吃虧。憲臺如果決見，即由廠付價，購爲己業，愈早愈妙。前接沈令來信，並附張春霆號震聲名片一紙，據稱：「月之十一日，忽有張春霆者，飭僕至山局投片，聲稱制臺之二少爺隨從頂馬、弁勇甚多，舉動烜赫，並有山紳人等偕來，云此人奉札來開楊家店煤礦，且有江夏縣派差多名，先行封窿云云。」沈令時適他出未晤，函知總廠，當由卑職得福先詢鐵政洋務局鄧勉齋，據稱：「不知其事。惟張姓係南皮遠族，向派局内司事」等語。復詢江夏縣陳少石，據稱「曾奉鐵政洋務局札，以現據職員張春霆等禀稱，縣屬之古神壇山，産有佳煤，飭縣查勘禀復，刻尚未往，亦未派差，餘均不知」等語。當即照復沈令，囑其往晤張姓，索觀札文，並詢神壇山是否即楊家店。旋接沈令信，知神壇山即楊家店，前途有意化名影射。張姓未及見面，暫已回省。一時愚人之被其鼓惑，窿夫之因此擁集，紛紛各挖各賣，不成事體，有難以情理喻者。現尚農忙，將來人閑，更慮蜂擁滋事，須請江夏縣速臨封禁等語。隨又告知江夏陳令，准派糧廳到山，惟封禁一層，陳令頗覺爲難。卑府從前亦曾與陳令説及，陳令謂，必須該處煤礦歸廠購買，乃能平安封禁。所説誠是。好在該處煤礦尚佳，價又不貴，買之爲宜，否則葛藤終不能斷也。已函致沈令照辦矣。至購定後如何開辦，仍囑沈令具禀，轉請憲示辦理。兹將大畧情形先行禀陳，仰乞示遵爲叩。專肅，敬請崇安。

陳旭麓等《盛宣懷檔案資料選輯之四》漢冶萍公司第二册《鄭官應致盛宣懷函（光緒二十五年四月二十七日）》　敬復者：頃奉手示，謹悉。三井人來云，鐵價太昂，已電東洋，俟電復再達，非候用，遲至西歷八月交貨亦可。所定開平火磚，前月緘致津局陸續運來，昨已由「愛仁」船運到萬塊，今日交「江裕」運去矣。尚餘者由「海定」、「公平」裝來，已囑滬局速裝勿念。大冶囑購圓徑挂路綫，不知粗細，請即示悉照購。以鄙意揣測，必是粗者，望囑以後凡購此等洋料，必須寄様來，並預先知照，恐滬上不有，須函致外洋買也。官應病不能多睡，中指麻木，夜多痰鳴，幸日中辦事如恒耳。此達，敬請鈞安。

官應謹上。廿七日。

敬再肅者：官應因宣城所存之煤已久，未能售去，非但月費看守之款，誠恐愈久則煤質愈壞。既梅季康云，彼係司帳。今王令已到，應請速即設法將塊煤運出，以免糜費，且可囑渠就地將阿敦所點之地擇買也。是否有當？仍乞鈞裁。再叩勛綏。

應再上。

陳旭麓等《盛宣懷檔案資料選輯之四》漢冶萍公司第二冊《盛宣懷致盛春頤施肇曾宗得福函 光緒二十五年四月二十八日》 一、比公司首次定軌五千噸，去冬所收銀十萬四千餘兩，是否半價一節。查上年因與比公司初次交易，允照盧保路西歷一八九八年四月卅號開標最低之價議定，八五軌每噸英金六鎊，魚片板每噸七鎊十一先令三本士，螺釘每噸十四鎊十七先令。逐日報章皆有金鎊合銀價值，即照以上各價核算，約尚須找若干，便知確數。至釘頭不圓，沙多只留一半，已照尊處第廿四、廿五號信，並釘樣三種，飭柯翻譯詳細函致沙多。已成者，照數留用；新造者，照樣改制。得復再由號信關會。惟上年金達挑剔零件之病，在匠工粗糙、螺紋松緊，並有在廠造釘，在上海造蓋，自然疵病百出，供人指摘。此事關係廠貨銷路，既馮董力允改造機器後，便可一律如式，則此後再有退貨，惟各該員董是問。

二、新晉隆催索鎖價並抄關道來文一節。此事既係堪納第托江裕黼德所購，便是廠用無疑，且爲數只十二元五角，准由廠給完案。惟復道文須將先無案據，後經逐細根查，始知係前監工所購，由廠呈送轉給，借清轇轕，詳晰聲叙，庶於來文語氣吻合。

三、馬鞍山煤，布局月銷五百噸，再能於別局多兜銷場乃好。康中煤，斐禮來信則稱質性甚佳，亦經切屬解守趕送煤樣，由尊處幫同兜銷，並飭解守看查運道。如須接軌至保安湖出水，則禮和所購三十五磅軌並零件，現在漢廠盡可運用。若因銷煤無路，堆煤無地，便爾停採，所用盡是虛擲，仍是總廠吃虧，望極力催促解守爲是。

四、生鐵只求多銷，免擱本。若以福克外洋市價相衡，更難脱手。既已與三井議價，如多售可減跌。前月開平催索上年炭價甚急，亦擬以生鐵銷抵，酌給現銀，至今無信，恐亦難成。至需購六十磅軌二百條，照盧保太貴，現定軌每噸津銀五十五兩，魚片七十兩，螺釘一百十兩，如開平願購，即電飭速運，在上海交貨。

五、大冶出售礦石事。解守電：成色過嚴必吃虧。現在咬定第四款，兩處委員、礦司公同指定一石化驗爲准，如實在貶摺太甚，再執據理論。好在合同只定兩年，如吃虧可停止也。

六、新雇化學師，尚未知悉名字，約四禮拜後可到，此人能兼化鐵爐事。如慮預定火磚爲新化學師挑剔，重購滋費，則先籌計修爐用磚，能否等至新化學師到華以後再定辦法。

七、馬鞍山爭開土礦之神壇山，查明即是楊家店，煤質甚好，購地不過數百千一節。此事現飭大日方一輔估計招股大舉，約須新本若干，尚在籌議。即神壇山有佳礦爲人垂涎，江夏又無法封禁，自以由局照案圈購，爲斬斷葛藤之地。但應買之地段，切不可錯，大日方不在山，可囑沈令命其幫辦，指定處所，以免將來推諉。

八、萍鄉煤、焦甚多，誤在轉運不速一節，深見症結。「祥臨」小輪准於廿八上駛，約初四、五到漢，其吃水拖力，行駛如何，務應細細考究。新造駁船，雖已函飭莫、鄔晝夜催趲，仍須尊處時時督察。軌十四里，務即交莫迅速運往，不可再遲。如煤駁小，可由漢口雇大船裝至湘潭，即在湘潭裝煤回漢，亦尚合算。茶市已不甚急，可以遥制。我彭總辦，業已回廠，務須將廠務趕速會同整理，隨時函慰遠注。泐復，敬頌籌安不一。

中國第一歷史檔案館《德宗景皇帝實録》卷四四二《光緒二十五年四月》

有人奏，大理寺少卿盛宣懷，辦理江西萍鄉煤礦鐵路，以招商局洋涇兵各産，抵保洋行借款，請飭查禁等語。萍鄉煤礦，前據張之洞等奏陳開辦情形，並無抵保借款之説。若如所奏，因萍鄉一隅之礦，輒以招商局各産抵保，殊屬有礙大局。著張之洞詳細查明，即行知照盛宣懷，毋得輕許，致滋流弊，是爲至要。原片著鈔給閲看，將此諭令知之。尋張之洞奏，查明招商局保借洋款，辦理萍鄉煤礦，並無將成本數倍借款送與外人致礙大局之事。

陳旭麓等《盛宣懷檔案資料選輯之四》漢冶萍公司第二冊《莫爔致盛宣懷函 光緒二十五年五月初三日》 敬禀者，竊卑職前月廿七日奉電諭：萍款月底已匯協成五萬，「祥臨」廿八上駛等因。昨又奉元號手諭並源通收條，祗悉一是。茲將應稟復各事分條列左：

一、造駁擇於前月廿五日開工，洋松已到，自當會同鄔委員認真督造。此船本擬先造兩艘，現在有陳義興船廠情願減價承攬包做，實銀三千九百二十兩，卑職因其價廉，業經擅自議定添造一艘，即日開工。管見此項大駁，湘江水淺縱行艱阻，能於水深時多裝運數次，統扯亦殊合算。且此時正虞大船缺少，多趕造一艘，即獲一艘之用，故決計爲之。此後如何添造之處，再當稟請憲示遵行。

一、仰蒙憲臺由源通劃付協成四月底期規銀五萬兩，當遵示於此項内劃付造船經費，以及開支「祥臨」輪價，其餘以備專付洋礦、鐵路之需。以後此款如何開支，此輪行駛情形容再詳稟。一俟此輪到日，當即令赴湘拖帶煤船。現在湘江水陡漲，近接王委員電，湘潭轉運局條已被淹，街不能行，借唐興寺暫住辦公。湘水較去年大，正輪駁可暢行之時。

一、禮和借款因爲萍鄉鐵路、洋礦之用，但所該協成之款，係洋礦開支者亦居其半，借息甚重，殊不合算。如不能全數償清，或先撥還一半，即輕一半利息，務懇俯允，不勝盼切。

一、廠中重軌業經借礦駁裝運，派「楚富」拖往，正當水漲，可直抵湘潭，借此由湘潭裝煤焦回漢。卑職揆時度勢，無不盡力而爲也。

一、今歲所到煤焦，據卑職看來較勝於去年，而廠中反謂惡劣不如去年者，雖係卜聶苛求過甚，實有指使而然。化驗則故意揀提次塊，自然灰磷較重，且萍頭焦出爐亦有不一，經加選運來，如此大批中詎能無一、二稍次。即如次焦，有時化驗勝於頭焦者，故非可執一而論。頭焦多運於前，必致少運於後，一時雖少，易時後多，其勢然也。若漫將次焦表頭焦以塞責焉，是名實不符，張令亦斷不肯爲。只可統籌全局，必使頭焦、次焦相去不遠，以符扯價之數而已。前吕柏盛稱萍焦可煉貝鋼，其性氣雖壞，尚能顧公，若吕在此，斷不致妄爲借口。今反其道而行之，卜聶外雖柔馴，内殊詭詐，現又派其代吕，無不任聽指揮，其前爲萍焦上稟憲臺，亦顯有授意。凡事除非莫爲，不患不知，忠信篤敬，蠻貊可行，若以詭道行之，鮮有顧大局者，是以萍事更屬爲難。現在連斯與卜聶似乎不洽，其係吕所用，故不甘受節制，現尚安分無事，久將別生枝節，甚爲可慮。總之，駕馭洋人必須寬猛相濟，或一於猛、或一於寬，均失之矣。卑職管見情形未敢緘默，明知直言招尤甚易，而大局關係非輕，故不得不爲憲臺陳之。

一、禮和三十五磅鋼軌由滬棧租駁費，計例銀八百五十五兩一錢四分，廠已付卑局之帳。此軌到漢，卑局又付提駁脚力錢三百四十二千九百二十五文，萍既不用，帳亦宕開。此軌究歸何處應用？此款如何開支？均候憲示祇遵。專肅，祇請崇安，伏維慈鑒。

陳旭麓等《盛宣懷檔案資料選輯之四》漢冶萍公司第二册《盛宣懷致張贊宸函光緒二十五年六月初三日》 據卜聶五月初十日稟稱，萍炭灰磷並重，所煉生鐵，只有一半可以煉鋼，價亦甚貴，擬以後分爲三等：頭等十一兩，二等九兩，三等八兩。灰多一分，減銀二錢；水漲一分，減銀一錢五分。並須訂明每年供漢廠焦炭四萬噸。又於五月二十日稟稱，萍炭益形惡劣，若勉强煉鋼拉軌，錘試時必易摺斷，故鋼廠已於禮拜六停工，皆爲萍累。設再有一年、半年無好焦運漢，則蘆漢路軌盡爲洋廠攬去，關礙大局不少。目前別無他法，只有再購開焦，可以重新開煉。照近兩月萍炭，估值不過七兩，因無好焦，致本可自制之馬丁爐矽鐵，亦須向外洋定購，究所歸宿，皆因萍鄉貽誤等語。卜聶並因鋼廠已停，比軌不能如期交貨，焦急無措，來滬面陳。弟詢以該工司經手後，何以與吕柏全用萍焦之説背謬云。吕亦並無願用確據，不過希冀萍炭可以漸入佳境。況吕在日，開焦未斷，只攙用萍炭三成，如果炭質真佳，何弗全用？且賴倫曾告卜，洋爐未成以前，不能有好炭。從前上爐煉焦，下面平鋪鐵柵，可以去灰、去磷，故灰質净。現在墁置爐中，一味蠻燒。用時因灰重，遂多費炭，少出鐵，並多夾磷風。聞萍鄉洋爐半年後乃成，斷等不及，只有力減萍價、速購開焦爲補救上策云。查萍鄉花無數血本，初意運道一通，不患無好焦好煤，故十五里運軌、兩三起輪駁，竭盡心力而爲之。不圖洋爐遲緩，土爐並不能取法乎上，致炭不能用，因是停煉。設比公司就此盡向外洋定料，則不特萍款盡擲虚牝，廠虧亦永難涸復，關係何等鄭重。開炭居奇，上年已有難堪之勢，此時力絀，求人情形益復可想，不得已，只有馳函往商，一面將萍炭之實在惡劣者，嚴行挑剔，勉强可用而磷灰仍不如式者，減價發給。執事須知，萍鄉一局，關乎鐵廠命根、路工遲速。抄奉卜信三件，請嚴督賴倫，趕速考究。土爐不得法，應速改洋爐，不能快，應緊催。此外，凡有裨益煤務之處，應與運道一體通籌，函電並復，以慰焦灼，敬請升安不一。

陳旭麓等《盛宣懷檔案資料選輯之四》漢冶萍公司第二册《盛宣懷致盛春頤施肇曾宗得福函光緒二十五年六月初五日》 奉三十號惠函，並卜聶來滬面談後，應致各端，並列於後：

一、卜聶所談萍炭磷重灰多，勉强拉軌，必易摺斷，現雖停爐，如即日得有佳炭，煉出好鋼，則現存磷質稍重之鋼，尚可攙用，大致與抄來兩信相仿。惟云賴倫曾對卜説，洋爐未成以前，不能有好炭，因從前土爐下鋪鐵栅，可以去磷去灰，現在土爐改式，將煤末堛置爐中，致體質更壞，則爲累信所未及。已切責韶甄，洋爐既不速成，土爐又不復舊，則路、廠大局，皆爲萍鄉所害。分等減價各節，雖照信切致，究慮未能辦到，因廠倚路爲命，萍倚廠爲命，一失憑依，則兩處掣動，惟力求補救，不能不痛與鞭策耳。

二、比公司續定五千噸，卜云只有一半拉好，株守萍炭非辦法，自不能不再定開焦。惟急而求人，更長其居奇之興，故矯言將開兩爐，商購上號焦炭一萬噸，六月起每月運二千噸，封河前運完，價值須較二十四年每噸十二兩略廉。如花農觀察往商有成，再電告。

三、六十磅軌二百條，亦附函花農，請其婉商運售。

四、錳精，卜云可支八個月；鈔鐵，因無好焦，不能自制，然亦勉支數月。我囑渠回廠後將錳精、鈔鐵實可用至幾時，開一單來，即向外洋定購。所訂交貨之期，總在存貨未罄之前，當不致誤事。

五、墊板上方釘，向無螺紋旋轉，係用人力硬打下去，沙多須格外吃牢，下鏨螺絲，此釘廠未做過，必不合式。好在墊板五十萬塊，已向廠定，則方釘任伊向外洋自購。惟詢卜聶，廠板配洋釘不致鏨枘否？則稱用一板鏨一眼，寄洋廠造釘必合符。須由尊處諄囑：打眼須一律，以免將來又有挑剔。

六、日本購大冶鐵石，來請兩事：一請免出口税；一請在冶裝礦直放。我即趁勢磋磨，囑照第二款自行運礦來滬交貨，每噸加運費兩元。朱葆三專做帆船裝火油生意，回空裝礦，可以敷用，並省碼頭挂綫路各費。除詳致解守外，將日領事來去函兩封，抄奉尊處接洽。

七、馬鞍山窿工滋事，中、外日報載：係帳房揑用毛錢起釁。松澤回滬亦稱：不盡由於楊店。且俟江夏縣並宗令稟復到日再核辦。

八、廠外襄堤刁民仍自蓋屋一節，既會同槍炮廠沈道具牘上陳，自應督撫並稟，仍於牘尾聲明：「除稟督辦大臣外」字樣，以便據牘分咨。蓋此時將前稟補咨，反有痕迹。此復，敬頌升祺不一。

王樹枏《張文襄公全集》卷一五八《致上海盛京堂光緒二十五年六月十一日巳刻發》 昨准大咨，送日本在大冶通易煤鐵合同，查大冶鐵産富饒，而中國焦煤短缺，以有餘之鐵，隨時酌易急需之炭，未始非計。故前此和田來鄂面談，弟囑其到滬與閣下妥商辦法。惟細閲此次所訂合同，不無過慮。合同以十五年爲滿試辦之事爲期，未免過久，設或佳鐵不多，豈不於自用有礙，一也；限定每年賣鐵石頓數價值，亦嫌太廉，操縱似欠自如，二也。以上二端，似均宜詳酌，畧放活動，似先定三年或五年爲妥。此時合同已定，不知尚能設法更改否？又，此事有關大冶鑛山，似須咨明總署，以免局外妄議。尊意如何，並祈酌示爲盼。真。

王樹枏《張文襄公全集》卷一五八《致上海盛京堂光緒二十五年六月十五日酉刻發》 昨江蘇候補道前上海縣黄承暄來見，言及萍鄉煤鑛借款事，云「萍紳多不願，欲聞現在辦法，並已託人函致尊處探詢」等語。弟當答以此事現正查商，尚未知實在情形，惟聞招商局每年用煤不少，以商局擔保，借洋款百二十萬，每年止還十餘萬，爲數不鉅，必能還清，商借商還，似尚無大礙。而以此款擴充萍鑛，於地方生計大有利益，本地紳士儘可附股。現敝處正與盛京堂商議，爲本地紳富多留股分，云云。黄道唯唯而去。查黄係萍紳，此次雖藉他事來見，但窺其意，似專爲諸紳探聽此事而來，必因萍鑛利厚欲分餘利，若不多留股分，浮議必多。查來咨云，將章程股票刊就，送江西撫藩就近招股，以同樂利，云云，辦法極妥。尊意擬留股分若干成，祈即酌法，以便早日覆奏，至盼，即祈電覆。咸。

陳旭麓等《盛宣懷檔案資料選輯之四》漢冶萍公司第二册《盛宣懷致張贊宸函光緒二十五年六月十八日》 漢廠初四來稟，備述萍炭貨(底)〔低〕價貴，漢廠虧本誤事，詳細言之，讀竟至深焦灼。據稟：前用開焦，每一噸出鐵一噸，貝鐵居多；現用萍焦，每噸半出鐵一噸，翻砂居多。以故鋼廠每禮拜不過拉軌三四日，因貝鐵缺乏，不能如前源源拉造。自正月至五月止，僅拉軌四千噸。查帳目，出軌一千噸，須虧本銀七千兩。今五閲月止，拉軌四千噸，已未剔均牽合在内，其虧本銀數又何可勝計。據卜聶云，萍焦含磷至重，前價十兩猶且不值，況十一兩乎？業既不能熔煉貝鐵，應請仍照十兩之價，通融算給。如果含灰十五分、磷在·〇〇五〇六，再行議加。至若生煤一項，按時論價，不過三兩以外。楚善公司商號郴煤與萍煤相埒，價不過四五兩，然已較時價爲昂。萍煤之劣，各廠屢有煩言。據卜云：不值五兩，今且五兩五，無怪華洋員紛紛非議，仍請照五兩之價算給，庶幾令十兩焦價稍資補救等因。查萍礦、漢廠相依爲命，含磷不輕，則廠累不減，價值既貴，又復貽誤廠事。無怪華洋各員嘖有煩言，初三書中業已諄切奉致。今漢廠復以減價商請，弟統籌全局，必令兩不吃虧，庶得其平。除函復外，應請執事速將成本核計、能否減讓若干，詳細復示，以憑核飭。仍望執事嚴督賴倫從速補救，力爲其難。

廠禀又述，卜聶詢據賴倫云，一月後，可供含灰十五分、磷〇·〇六，按月二千噸佳焦。按此說，必非洋爐，想是安源另做土爐。據洋人云，只要揀選浄煤，挖一土池，照開平之法，洗浄入爐，必可燒成頭等焦炭。現今鐵廠命根在此，務望責成妥當人趕緊照辦。若秋間再無好焦炭來鐵廠，必至關門。弟爲萍鄉借洋債費盡口舌，擔此責成，言官奏參，旨交香帥查復，亦言萍焦已經合用，説得十分鄭重。若如卜聶所言，萍焦竟不能用，仍向開平議購，實屬話柄。閣下向來辦事結實。去冬，弟在鄂時，先電詢閣下，得到復電，已有把握，方始回絶開平，嗣又接設立公莊辦法，更覺放心，但不知何以行不副言，貽誤至於此極。閣下事雖忙，而弟更忙，何以許多函電商請此事，並無確復，只有莫吟舫來函，尚爲萍焦强辯。弟特傳卜聶到滬面詢。據其禀復，磷重難煉貝鋼，必非虚語也。另檄行知，即希覽後，速與賴倫、鴻唱趕緊設法，並望迅速示復爲要。此頌勛祺。

陳旭麓等《盛宣懷檔案資料選輯之四》漢冶萍公司第二册《松壽咨盛宣懷文光緒二十五年六月二十二日》 光緒二十五年六月十二日准督辦湖北鐵廠事宜盛咨開：「據辦理宜春礦務朱道葆成禀稱：『竊職道莫春以刊刻寶興煤礦局關防，呈明緣由及啓用日期，仰蒙鈞批照准，並咨明江西撫部院查照，實深感戴。職道所辦之煤，現已由潯雇用夾板船，共裝五百數十噸，派人押運來滬，呈請憲臺轉飭化學師較試火力。如果合用，即飭局驗收給價，否則即由職道自行售銷，鈞候核奪示遵。惟職道此次開辦烟煤，原爲振興商務起見，仰蒙憲臺俯恤商艱，將江省厘金核減，商務賴以保全，則商情益當感奮。乃運抵九江洋關，堅照上煤出口章程，每噸先完正税銀三錢，至滬再完半税銀一錢五分，合共去銀四錢五分，較新章受虧不小。加以運滬水脚銀一兩六錢，核計每噸成本需銀六兩數錢之譜，未免吃重。伏查蔣令家駿所辦宜春之煤，因聞九江洋關税重，曾經禀請援照兩湖督憲張奏定新章，無論洋煤、土煤，每噸只完出口正税銀一錢，半税銀五分，已蒙憲臺移咨前九江關道誠轉行九江税務司查照酌減在案。職道辦運之煤，亦系宜春所出，與蔣令事同一律，合無仰懇憲恩，俯賜轉咨九江關道憲飭行税務司，嗣後凡遇宜春寶興局運煤到潯，應請洋關循照新章，每噸准完正税銀一錢，半税銀五分。再此後出煤稍旺，即當分運湖北鐵廠及江南各處機器局試用，以廣銷路，必須專雇民船裝運，沿途各卡應完厘金，除江省已蒙憲恩咨請江西撫憲核減四成外，其餘湖北、安徽、江南等省，業經蔣令家駿禀准憲臺，照章減半，已咨各省遵行在案。現職道所辦之煤，與蔣令同出一轍，伏祈俯允轉咨各省厘局，仍照減半章程完厘，庶幾成本借以稍輕，轉運可期擴充矣。是否有當，統乞批示衹遵』等。據此，除批示外，相應咨商查照酌奪，見復施行」等因到本院部；准此，查該礦務局烟煤應完關税，係由九江關主政，准咨前因，除行牙厘總局並照會外，相應咨復。爲此，合咨貴督辦請煩查照施行。須至咨者。

陳旭麓等《盛宣懷檔案資料選輯之四》漢冶萍公司第二册《鄭官應致盛宣懷函光緒二十五年七月二十二日》 敬肅者：頃囑韋司事緘復外，官應曾赴轅面陳一切，適公出未晤。照三井合同第五條，漢廠報三井漢價廿四兩，報别商加百分之五，應要廿五兩二錢七分。既督辦已電復，每噸廿五兩五錢，只好作爲漢價，故已電告漢廠矣。第五條查各家托三井者皆如是，因欲代理人竭力設法爲廠招徠，使鐵價日有起色，必須保護，不可令人取巧争斗耳。肅此，敬請鈞安。

陳旭麓等《盛宣懷檔案資料選輯之四》漢冶萍公司第二册《鄭官應致盛宣懷函光緒二十五年七月二十二日》 敬肅者：承示漢廠來電，敬悉。查三井合同第五條，如有别家買鐵，必須照三井之價另加百分之五，以保市價云云。昨報三井所問三號鐵價，漢交每噸廿四兩，滬交廿五兩五錢，如在漢廠出售别商則不能照此價出賣矣。祈飭漢廠照合同辦理，俾免三井後論爲禱。專肅，敬請勛安。

陳旭麓等《盛宣懷檔案資料選輯之四》漢冶萍公司第二册《盛春頤宗得福施肇曾致盛宣懷函光緒二十五年七月二十八日》 敬禀者，兹將應禀事宜，謹分條布列於後。

一、奉電諭，斐禮擬定礦石價值，飭與卜聶商復等因，遵即詢，據卜聶面稱：「大冶礦石從未分有頭、二等成色，雖説頭等，化驗與二等一律。照斐禮所定：頭礦二元二角，二礦一元八角，白石六角，只可概以對摺付價。惟白石一項，減爲五角，在石炭窑交貨」等語。卑府等意，若照對摺，未免過少，擬以每噸一兩定價，白石照四錢，似較公允。憲意如何？乞賜核奪示遵。

一、斐禮在冶，實爲無益而徒費。現合同已滿，應請即予辭退，以節浮糜。查斐禮於礦務，全不在行，久經禀陳在案。目下經費支絀，正須汰無益而裨有益，斐既色色外行，又辦事不核實，一切任意妄作，在所必去之列。况大冶並無如何吃重，非洋人不舉之事。礦石起卸，仍屬華人，去斐一無顧慮，商之卜聶，亦深以爲然。卜又云，出礦有一定地方，無論斐向不親歷經理，抑亦無須親歷經理，他日化鐵爐兼化學司來後，盡可由該工司兼管，以求節省。所說甚是。即如康中一節，斐力爭開辦，不知其意何居。其煤劣不合各處之用，已屢稟憲座，毋庸再贅。最可笑者，康煤每月以全力出之，不過二三十噸，尚不足供康中鍋爐之用，而每月開銷，則須一千數百餘兩，如何合算。現且以挖壁搪塞欺人，希圖拖宕。唐雨翁包局，究竟作何計議，如包局已定，即請速來接辦，否則無貳無疑，決計停辦。統乞憲臺迅賜定奪爲禱。

一、路軌業已減價作七鎊出售，明知較外洋時價貶跌，出自鈞意，卑府等雖爲廠虧焦慮，亦已無可如何。惟魚板價在外洋向較軌價高兩鎊餘，福克來帳如此，卜亦如此說，現亦作爲七鎊，實爲中外所未有。卑府等決難遵辦，四十號稟内，已經詳陳。萬一價已定局，不能更改，則漢廠決不爲之代造，情願聽其向外洋定購，飭停鋼廠。照此情形，鋼廠尚復有何指望，不如及早停煉，以免江河日下。且盧漢頭批軌連魚板螺釘價，奉示已付清等因，尤爲訝異。查卑府等兩次收到軌價計三萬鎊，並未收有魚板螺釘等款，且並不知板釘作何價值。尚乞憲臺迅賜查示，是爲至要。總之，近來廠務，卑府實有不能勝任鼓舞之慮，軌價、煤炭價悉由人定，廠不得而主持，將來漢廠盈虧，不知能不責成卑府否？如不必責成卑府，固毋須特爲憲臺一再絮陳，否則，務祈迅賜早爲定奪，或另派賢員，或別籌良策，悉候鈞裁示遵，以免貽誤爲叩。專肅，敬請崇安。

卑府春頤、卑職得福、肇曾謹稟。七月廿八日。

再，前次稟請裝輪軸之水力機迄今未到。此次夾板船裝來之水力機，據馮董逐一點驗，悉係壓鋼枕之水力機，並無裝輪軸水力機在内，等語。兹將禮和來圖附上，即乞照圖飭查裝輪軸水力機寄廠爲禱。此次所來壓鋼枕之水力機，亦求憲處飭取圖樣寄廠，方能照圖點驗，不致短缺也。

陳旭麓等《盛宣懷檔案資料選輯之四》漢冶萍公司第二册《鄭官應致盛宣懷函光緒二十五年八月初九日》 敬肅者：買煤、售鐵兩事，如必須與漢廠商定方可照辦，惟第恐漢廠信息不靈，彼此電商，不獨糜費電資，而且市價不常，易於貽誤。即如日昨漢廠售與華商之鐵而電報倭商，三井云，查日商斷無出此價者，既有此善價，貴廠宜在漢沽之等語。上海亦售出十噸，價廿五兩七錢五分，然爲數太少，不能作准，須體察市面，方爲可靠。又如來電，布局所購之煤，六兩二錢，嫌三井價太貴，展轉電商，以致每噸驟漲一兩數錢之多。究應如何辦理之處？仍祈裁示遵行，俾免彼此延誤。專肅，敬請勛安。

鄭官應謹肅。八月初九日。

敬再肅者：頃奉惠示並總公司交來開平礦局缸磚、焦炭銀三萬兩，已飭韋縣丞送交開平礦務滬局，取來收條一紙，隨交收支所來人帶去矣。專肅，載請勛安。

官應謹又肅。八月初九日。

陳旭麓等《盛宣懷檔案資料選輯之四》漢冶萍公司第二册《鄭官應致盛宣懷函光緒二十五年八月初九日》 敬肅者：月初三並會社來電云，所存漢廠三號生鐵已售出三百噸，每噸價日本洋三十五元。官應等與核算，除水脚、用錢，只得上海規銀二十三兩數錢，較當時所售昇昌寄長崎之鐵價二十四兩尚不及。故官應不允，囑即購還，如不照合同第七條，先函電商，於市價吃虧當向賠還，次日復與韋司事訂價。現在每噸至少要有日本洋三十七元方可出售，遲則再酌。今接三井送來代售三號生鐵三百噸清單，每噸價有三十七元數角至三十八元，除水脚、用錢一切外，淨得上海規銀二十五兩左右。其所售日期已十餘日至二十餘日，尚屬差强人意，顯見其不公。因官應不允沽三十五元，且責伊不應擅沽，所以照市價吐實，仍餘三百噸，自當留意，以副尊委。兹將三井會社寄來賣鐵清單譯呈鈞核，是否有當，仍乞賜復。肅此，敬請勛安。

鄭官應謹肅。八月初九日。

敬再肅者：今早三井送來代沽三號生鐵三百噸，銀七千五百兩，已交趙致翁矣。專此，再請勛安。

官應又肅。

附抄三井清單二紙。

謹將三井賣貨報單第一號抄呈鈞鑒。

漢陽鐵政局由「阿山」輪船裝來三號生鐵六百噸。

八月十五號沽出五十噸，每噸日本洋三十七元，計日本洋一千八百五十元。

廿二號沽出三十噸，每噸日本洋三十七元五角九分，計日本洋一千一百念七元七角。

又，沽出五噸，每噸日本洋三十八元一角三分，計日本洋一百九十元六角半。

又，沽出一噸八，每噸日本洋三十七元八角半，計日本洋六十八元一角三分。

共計日本洋三千二百三十六元四角八分。

謹將三井賣貨報單第二號抄呈鈞鑒。

漢陽鐵政局來三號生鐵。

第一號報單計共沽出日本洋三千二百三十六元四角八分。

八月二十八號沽出一百五十噸，每噸日本洋三十七元五角九分，計日本洋五千六百卌八元五角。

三十號沽出六十二噸，每噸日本洋三十七元五角九分，計日本洋二千三百三十元五角八分。

共沽出二百九十八噸八，計日本洋一萬一千二百另五元五角六分。

陳旭麓等《盛宣懷檔案資料選輯之四》漢冶萍公司第二册《盛春頤致盛宣懷函光緒二十五年八月初九日》　敬禀者，頃奉慈諭，讀聆種切。查漢廠虧摺，其端有二：萍爲廠本，廠顧萍，萍亦必須顧廠，彼此均應推誠布公，袪欺求實。萍定頭次焦，通扯每噸十一兩，是焦之優劣，必以化驗爲憑，更必以化鐵爐出鐵爲憑，果能煉出貝鐵，方爲實在頭焦，自當遵照定價給付。斷不能但憑運單，列爲頭等，即含糊付價。卜聶屢禀萍來頭焦，不過十之一二，以致貝鐵不能煉鋼，廠常作輟，此虧摺之一也。至生煤一項，萍亦定價每噸五兩五錢，然各官局暨本廠所購商煤，總不出四兩以外。上年楚善公司郴煤，議定四兩五，未便遽跌，而萍來之煤，媸妍錯雜，究亦並非一律。廠虧如此，所當與焦炭一減爲十兩，一減爲五兩之實在情形也。焦煤而外，則惟鋼廠出料，善賈爲最要，比人不過事抑勒，尚不至如是。乃軌板釘料，比人無一不拾廠便宜。魚板係馬鋼所造，成本不同，釘料較軌費工多多，故外洋螺釘價倍於軌，餘亦較軌價約高兩鎊餘。比人一概不照外洋市價，有意抑勒貶跌，使廠受累，轉視出貨爲不了之局，何以顧廠，此又虧摺之一也。

至若廠中用款，每月約需十萬金，除別項大宗不必贅叙外，可以進退者，要惟各華員司薪伙一項。然月計不過二千四、五百金，全去亦無補於廠，況辦事需人，勢所不能省。此外按計亦實無可再求撙節。【略】

總之，興振廠務，猶賴人心，果能少所虧摺，在事員司，亦自鼓舞。豈期江河日下，漸虧漸巨，至於無可希冀。是以宗載丈於七月請停薪水，施省之亦具禀辭差。侄分居子侄，受恩最深，豈敢借詞諉卸，但華盛前車之鑒，心殊惴惴。且廠務重大，亦決非一人心力所能承應。大抵人非木石，具有天良，竭力圖報，不必專爲名利而辦事，必期其起色。倘盡心而不能有功，卒至身敗名裂，屬在至愚，亦必不肯束手坐視，以自蹈危轍，以故稍有一知半解者，鮮有不爲廠慮，兼爲侄慮者也。倘蒙叔父逾格成全，或許另派賢員接辦廠務，俾侄隨同效力，此則叔父之恩，而侄所不敢請者。至繹鈞諭所云「就大處設法」，實係金玉之言。大處即上二端。侄又細維設法之道，仍不外乎進貨、出料兩宗。進貨則必須有真正頭等佳焦，月足供化鐵爐之用，俾貝鐵不虞缺乏，鋼廠不致一暴十寒，曠工糜費，每月成煉精軌二千噸。出料則必須與比人力争付款價值，悉照外洋定貨購料章程，絲毫不貶不跌，且不遲延欠宕。此外再得叔父力予護持，總使廠不受虧而後已。福克在外洋，飭令隨時將一切鋼鐵料件，實在市價，按月報廠查核，果能如此，庶幾可以持久。舍此而外，不識叔父尚有良策否？以上各情形，皆侄所昕夕躊躕顧慮，不能不爲叔父縷陳之也。

再，新化鐵工司魯貝是否兼化學，准定何時來華？仍乞電示。緣吕柏到廠取行李時，連斯必不能留，僅恃卜聶，斷不放心。阿本士前本請假銷差，現暫暗中設法挽留，以備連斯之去，而待新工司。

陳旭麓等《盛宣懷檔案資料選輯之四》漢冶萍公司第二册《盛宣懷致盛春頤施肇曾宗得福函光緒二十五年八月十一日》　我彭總辦、信之提調、載之稽核同覽：

漢廠華洋工員謂斐禮不明礦務，現届合同期滿，即應辭退，自是爲節縻核實起見。惟該處除下陸機廠僅係製造煤鐵各礦應用器件外，局交辦之事，擇利而從，或做或不做可以自定外，餘如採運漢廠按月應用頭、二號礦石，輔助唐守雨時康中煤礦公司挖深舊窿、添勘新窿，並依程式運送日本購定之礦，此三事以日礦爲最重。斐來滬後，將鐵、錳、磺磷各項分數逐一指詢，據稱，皆可如式，惟磷質原定□□五，現在廠因焦磷過重，責運磷輕之鐵，剔下□□七者不少。

解總辦説帖「請與日本另議，將此項存礦貶價售罄，以换現銀，尚未知鈞意如何？惟廠礦磷質過輕，則日礦便慮不能如式，余皆無慮，願與承辦廠事皆視爲專責。惟斐係大冶礦司，專管冶礦及推廣新窿，皆不外冶局應辦之事，應請此後歸大冶總辦節制。月領薪款，亦由大冶總辦核發」等語。查核前後所説，日礦無論在冶交貨，在滬交貨，皆須有洋工司專管，卜聶謂斐無能，及詢能否兼管，又云，化鐵爐未必常兼，爲支吾要索之計。與其另换洋司，致借口於日約太嚴，不能交卷，則就生不如就熟。斐既擔承，即與蟬聯，並派洋參贊李治逐條斟審，作見證人，隨同簽字，以爲後來摺證之地。

至斐之不滿於人者，在任用帕克舊人。已與訂明，此後統歸總辦考核，應撤者不可絢護，領款一切，總辦亦有准駁之權，故竟許其與大冶局立合同，不照前書「漢廠」字樣者，冀就近督察，非分漢廠權力，諸君當能諒之。合同抄稿分行，並希存覽。

至研翁所遞運礦節畧，已逐條注答，順以附還，乞察收。

康中煤礦，先後費款至四萬餘兩，俱係張故丞誤聽賴倫所致，廠主停辦，不爲無見。惟一停則前款盡擲虛牝，機屋盡將頹銹。現經唐守勘度，願集股另立公司，一切批答，悉以研翁「礦運相輔」四字爲綱領，而仍勉以力求踐實，勿尚空言。

公牘俱甚嚴明，漢冶諒皆昭澈，斐禮先問康礦另辦，頗有欲會，告以此事本爲該礦司兼辦，刻尚月月有虧。如唐接手一兩年後，實有贏餘，自應酌提花紅，此時務應悉心經理，亦於合同中列有專條。此事籌議半月，甫有頭緒，尚不知唐能一一征實否？仍望研翁遵照歷次文牘，切實兼管。前信俱未稟復，僅於牘中詳叙辦法者，因從前曲摺原委，皆緣事機不順所致。現惟力贊唐守，責以一力擔承，設有更調之請，研翁悉應斟酌允許，毋任借詞，是爲至要。

此外應購炸藥氣來，均已照辦，斐回必能詳言。

節畧亦經分注，祈察免。除函致冶局、漢廠外，此頌臺祺不一。

陳旭麓等《盛宣懷檔案資料選輯之四》漢冶萍公司第二册《盛宣懷致盛春頤施肇曾宗得福函光緒二十五年九月初一日》 前因廠需焦急，萍運艱阻，擬就賴倫已造之鐵路下，再行接造十英里。現派洋參議李治帶同洋匠一名並華副工司羅國瑞，翻譯吳應科、收支林誌熙等前往勘測。開辦約在九月望前，李治等趁江輪到漢，屆時務望即派「祥臨」輪船，妥速直送淥口，已電薛守在淥接護矣。西風漸緊，潮水日枯，此次接造之路，即用禮和三五磅軌，祈轉催吟舫，並零件趁水速運，萬勿遲誤。再查賴倫所造十四里軌路將次竣工，平車曾否運去？煤車曾否趕造？均以爲念。能早一日，即早收一日功效，總以速爲妙也。除已電致外，此頌均祺。

陳旭麓等《盛宣懷檔案資料選輯之四》漢冶萍公司第二册《盛春頤施肇曾宗得福致盛宣懷函光緒二十五年九月二十一日》 敬稟者，奉三十六號至四十號五次鈞諭，讀悉種切。茲將應復、應稟各條分列於後：

一、禮和機器圖七張，已照收。

一、比公司應付二批軌價一萬鎊，照八月廿八日漢市，合洋例銀七萬三千五百六十三兩二錢二分，均已收楚並電稟在案。

一、開平運去鋼軌，應將由漢至滬水脚刪除，歸廠認付。茲另開清單，乞察轉。

一、二批五千噸軌件，將次造竣。卜聶之意，擬請憲臺與沙多續定五千噸。而卑府等會商，現在東洋銷鐵既廣，三井復迭次函電催詢廠中二、三兩號生鐵，何時可煉，並有代廠接濟煤焦，添開一爐之意。查廠存四號磷重焦炭數千噸，堆積日甚，且復源源而來，久存擱本，大非合算。據卜聶云，即改用開焦亦難搭用。現擬將此焦專爲三井改煉翻砂生鐵兩月，昨擬就草合同一紙，寄交韋星甫稟請陶齋觀察就近商辦。茲將函稿録呈憲鑒。查沙多即允年內再定五千噸，其勢亦只肯預付軌價一萬鎊之數。若三井合同成議，生鐵價亦有十萬餘兩。惟改煉翻砂之後，貝鐵所存無多，不久即須用盡，則鋼廠勢須停工，鋼廠既停，所有華、洋員司、工匠薪水，每月約須耗費銀五千餘兩。中有匠目可以撥入外廠，小工可以開除，所省固屬無多，若生鐵能照合同所定，每噸售價扯二十九兩，則較煉鋼拉軌，殊多劃算。適與憲諭廠無上焦即煉翻砂之意相合。三井復信一到，即須訂定，乞先電示遵行，並一面仍可與沙多續定軌價，寬以時日，即可細與磋磨。總之，鋼軌爲鐵路要需，此當年創設鐵廠之本，卑府等豈不深知。無如照第一、二批沙多所定價目，竟是做一噸，摺一噸，不如趁此暫停。仰冀憲臺與沙多聲明：漢廠大有不欲再接路軌生意之勢。此後議價，或可照外洋市價一律，不致如前抑勒，尚乞垂察爲幸。

一、吕柏到漢，即住漢口客店，並未到廠。曾過江至宰鴻鳴處，意欲稟見香帥，申訴委曲，並有索廠給川資酬勞等費千鎊之語。鴻鳴以帥節事繁，不能接見復之。後吕柏又上帥稟一件，不知如何措辭。所有前存廠中物件，統已携去交割矣。竊維漢廠設立有年，洋人遇事把持，於華匠中見有杰出之材，堪勝制煉之責者，又必借端斥退，動遭嫉忌。如去年馬丁廠洋匠有病，比國生華匠李治平代司其事，所煉馬鋼且較副洋匠們司太爲優，乃卜聶以不服調度斥之，此其明征也。卑府等查俄廠先時亦用比人，嗣以步趨有得，悉行改用本國人，而俄廠遂大獲其利。本廠似可仿照辦理。今擬每年籌款數千金，在美國華人中之學習機器者，遴選四人，分習化鐵爐、鋼廠工師事務，以備他日更換比人之用。籌款之法，前曾電稟憲聽，蒙允在案。設款有不敷，即由廠略資津貼。此舉雖收效甚遲，惟不辦則長此假手於人，辦則或冀有收回自主之一日，如俄廠之獲效於後來，亦未可知也。

一、比公司第二批續定之五千噸新式軌件，兩禮拜内均可造齊。除「公平」已運老式軌千噸、新式軌五百噸外，下餘新式軌四千五百噸，外零件約千噸。封河以前，「公平」只能再走一次。且商局迭接津電，大沽水小，即小輪拖駁進出，均多不便，是「公平」再來，亦不過裝足千餘噸至二千噸而止，非添派一輪協運不能蔵事。查商輪除「公平」外，可裝鋼軌者，惟「安平」、「泰順」兩船，應請迅即電飭滬局唐董，再行添派一輪，專運焦軌一次，方免貽誤。

一、康中煤礦，接解守來函，因唐守雨時迄未到山，解守之意，必俟十萬股本交足，然後交接。惟憲札係截至八月初一日，統歸新商接辦，劃清界限；所有八月以後，局用材料，即應股商備辦。茲唐雨時既未到礦，解守又未接辦，卑府等不敢拘泥，擬自八月起，無論銀錢料物，凡解守請領者，均作爲發大冶所用，由解守騰挪，隨時歸墊，想解守必另有電稟，催請唐守到礦矣。專肅，敬叩崇安。

陳旭麓等《盛宣懷檔案資料選輯之四》漢冶萍公司第二册《盛春頤致韋星甫函光緒二十五年九月下旬》 逕啓者：奉九月十二日來函，連日正因三井定鐵事，再三會商。在洋工師執定必欲煉貝鐵。弟因三井與廠實有交情，當此需鐵孔亟之際，分應舍己耘人，以敦友誼。惟本廠亦必須通盤計算。茲將酌定暫停貝鐵，專煉二、三、四號生鐵，分條於後，望稟商陶伯，再與小室三吉及吴永壽面訂。如能一一照辦，即當由廠電稟督辦，准自西十一月一號起，改煉翻砂，以兩個月爲期，計約出鐵四千噸左右，全數抛賣三井，即由陶伯在滬與三井定立合同。至吴派人來廠商開第二爐，並代籌煤焦，請從緩議。

計開：

一、漢廠與三井交情深厚，欲暫停煉鋼。自西十一月一號起，煉至十二月三十號止，改煉二、三、四號生鐵，專銷三井，不得另賣别處。

一、漢廠化鐵爐，每月約出鐵二千餘噸，二、三、四號不等，計兩個月約出鐵四千餘噸，全歸三井派船來漢裝運。

一、漢廠西十一、十二月所出生鐵，二號每噸規元三十兩，三號每噸廿九兩，四號每噸廿八兩五錢，均在漢廠碼頭交貨。

一、漢鐵四千餘噸，照來函先付價十分之五，約銀六萬兩。

一、漢廠總當盡力多煉二號，但爐性不能劃一。凡兩月之内，所出二、三、四號，不計多寡，統歸三井承受，不得異言。

一、漢廠化鐵爐，已歷多年，向稱堅固安穩，但爐性難測，萬一出險，不能開煉，此合同作廢，不能認罰。

一、三井既與漢廠訂立認買西十一、十二月所出之生鐵四千餘噸，漢廠既不另接他處生意，三井亦不得因有事故，借口不買。自立合同起，彼此如有違約之處，均罰銀三千兩。

一、三井與漢廠，既訂定生鐵四千餘噸合同，自西十二月一號起交貨，至西正月三十號交清，仍由漢廠隨時電告放船日期。如三井尚欲續訂若干，能否照辦，應先二十日函商，價目亦應另議。

陳旭麓等《盛宣懷檔案資料選輯之四》漢冶萍公司第二册《盛春頤施肇曾宗得福致盛宣懷函光緒二十五年十月十二日》 敬稟者，奉四十三號鈞諭，讀悉種切，先於四十八號稟内，匯復各條，諒邀慈鑒。茲將應稟各條，分列於後：

一、沙多之意，路軌擬八五、七二搭用，已蒙憲臺與沙多面訂「先盡八五舊軸，拉廢再換七二」等因，當與卜聶統籌。現在新鑄八五軌軸尚多，約計拉完可出軌二萬噸上下。至七二軸，前年曾由德培手購買三副，又向郭廠續購來兩副，因地盤等一換軸，均須改動，故至今擱而未用。至改鑄七二新軸，尚須另備粗細坯料，此外枕板、魚尾板，無一不要更换，非數月可成。卜聶之意，亦是先盡八五拉完二萬噸，一面料理新軸，以備改換。前日卜聶晤沙多，約日内到廠商議三批定軌，並云此次軌價，即照張京堂新購外洋軌價一律，昨已電請轉詢張京堂，諒荷查明電復。俟沙多到廠，或卑府面晤沙多，再將換軸一層，與之面談。三批擬定若干，及軌件各價，如有確數，再當電達鈞座，請示遵辦。

一、「公平」第一次運去軌件，軌價勉遵憲臺與沙多所定，每噸六鎊、六鎊半，零件則悉照福克外洋報價。茲另開清摺，乞寄沙多照撥爲禱。

一、本廠車、刨各床本不多，現擬添備車床、刨床、鑽床數副，另詳清摺。又變化爐爐耳及齒輪，亦須向洋廠購辦，茲另繪圖樣。又馮董云，各車輪軸，本廠均可自造，但苦無機器。此後各車輪軸用處正多，擬請將此項機器添購一副，彈簧亦可照拉。又化學材料，需用甚費，必須預爲購辦。茲一併開摺，並華洋文單，懇寄禮和照辦。又車刀、鑽頭、解齒刀及各種釘模，所用之鋼，向有英國發司脱牌者最合用，另開詳摺，不知禮和能代辦否，均乞函商禮和爲禱。

一、三井擬定翻砂生鐵，昨藤原銀次郎來廠面商。伊雖由本國來，尚不能擅專，已將合同草稿携去，須候渠回國與公司妥議再訂。刻與約定，至西十一月二十號爲止，如再不定，早晚市價不同，此稿作廢。前已電稟，並函達滬轉運局矣。至存四、五號生鐵，昨已運滬四百噸，分别搭銷。四、五號生鐵，現存不過二千數百噸，尚不難設法分銷，惟另有一種硫重生鐵，係昔年官局移交，大約馬焦所煉，鐵質既次，外觀亦差，恐難出脱耳。至鈞諭云，可煉二、三號鐵，以應三井之求，切勿再煉四、五號鐵。此恰不能預定，惟以意度之，炭佳鐵自佳，萍鄉次炭，不過磷稍重，大約必不至多出四、五號鐵也。

生鐵價逐漸加增，英鐵上月已長至每噸三十五六兩，亦一好消息也。專肅，敬請崇安。

陳旭麓等《盛宣懷檔案資料選輯之四》漢冶萍公司第二册《漢陽鐵廠與三井續增合同草稿光緒二十五年十月十二日》續增合同：

一、漢廠與三井所擬之合同，因生鐵市價隨時上落不同，如在西十一月二十號以前，彼此尚未説妥，所擬合同，即作廢紙。

一、三井欲向漢廠訂立合同一年，查生鐵價值，逐月不同，合同上擬先定兩月。如兩月後尚須續訂，務於二十天以前咨會，或仍照原價，或另議價目。如彼此合算，即展期訂至一年爲期，亦無不可。

一、合同畫押後，三井即須先付半價。現在江水漸落，三井不能派船前來裝運，漢廠允將所收之款，給三個月利息，每月三厘。如三井遲至三月後，尚不來取貨，利息亦只付至三個月爲止。

陳旭麓等《盛宣懷檔案資料選輯之四》漢冶萍公司第二册《盛宣懷致盛春頤施肇曾宗得福函光緒二十五年十一月初七日》　頃據魯貝函稟稱，「日昨奉派前往唐山驗看開平焦煤，兹查開平所煉焦炭有兩種：一爲第一號舊焦，係用五槽煤所制，其焦極佳，可合我們之用，聞該焦塘沽交貨要每噸價銀十三兩；一爲第一號新焦，係用東北井煤所制，此焦之質，則遜多矣，須要過篩，摺耗甚費」。據會辦吴對洋員云，此售焦價，至少每噸要銀十一兩，亦於塘沽交貨。鄙見該兩種焦炭價上下二兩，實不爲多，兹已遵諭將兩種焦煤各帶些少，於漢陽廠内化驗。惟據吴會辦云：「該兩種焦炭含硫質均在九厘一分之間，至於灰磷二質，則毫無也」等語。查開平一號舊焦，塘沽交貨，十三兩必不肯少，合上運漢水脚，總要十六七兩，故鄙意決計不辦開焦，專購萍焦。擇上好者，煉貝色鋼、生鐵；次者，煉二、三號翻砂生鐵。好在二、三號生鐵價值二十八九兩，日本銷路，亦甚暢旺。按照目前與沙多所定軌價，煉鋼之利，與售生鐵之利，亦屬相仿。查閲沙多所定出軌期分甚寬，如上焦不趁手，可將次焦搭煉二、三號也。

諸執事當念漢廠、萍礦，似二是一，數年辛苦，數十萬巨款，大舉萍礦，原冀煉成佳焦，足備漢廠煉鋼、煉鐵之用，不受他人挾制。今若低首下心，甘買十六七兩之開焦，實屬非計。魯貝初次到華，尚不深悉漢廠、萍礦源流，現在不日到廠，應請諸執事將此意與之熟商，但當於萍煤之内求善用，不得於萍礦之外求生計。

且魯貝前次面稟，焦煤磷多，不難設法洗浄。據此而言，魯貝兼司化學，務須責成其化驗萍焦與賴倫隨時考究，尤在諸執事與之細心講求而已。專泐，手頌勛綏。

王樹枏《張文襄公全集》卷一五九《致京盛京堂光緒二十五年十一月初十日亥刻發》　前鐵廠歸商承辦，議定每生鐵一噸，繳官銀一兩。現日本歲購大冶鑛石五萬噸，商廠歲獲巨款。此利益在鐵廠製造之外，似應地方亦同受其益，衆論方愜。擬援照生鐵例減半，每運鐵鑛一噸，由商廠分價銀五錢歸官，以昭公允。至煉鐵學堂，乃於鐵廠有益之事，似與地方無涉。除咨達外，特先奉商，再湖北鑛質，自應在湖北完税，出口前接六月翰電，亦有「日本商輪赴石灰窑裝載，須由漢關報明估價抽税」之語。大冶之下，有武穴，係江漢關分關，應在此完一正税，不應至滬新關完税，並祈知照小田，切爲荷。佳。

「中央研究院」近代史研究所《海防檔》丙機器局《光緒二十五年十一月十五日總署收督辦鐵路大臣盛宣懷文湖北鐵廠運銷生鐵仍請照免税五年案辦理》　十一月十五日，督辦鐵路大臣盛宣懷文稱，光緒二十五年十一月十一日承准貴衙門咨開，據總税務司申稱，「湖北鐵廠所有生鐵，曾經湖廣總督奏准，行銷各省，暨出口運銷外洋，三年免徵税釐，計至二十三年四月間，免税之期，即已届滿。據總税司之見，莫若於土貨運銷各處，續展免税之期，以冀振興廠務，呈請核示等因。本衙門查該鐵廠所出之鐵，運銷各處，原經奏准，免徵税釐三年。惟自二十年四月起，至二十三年四月，業已三年期滿，計至現在，又復兩年有餘，未曾收税。所有該鐵廠之鐵，免徵税釐之處，未便再行展期。除已札行總税務司，即自札到之日起，所有湖北鐵廠行銷之鐵，運往各處，概行照章徵收税項，以裨餉需。即轉飭各關道税務司遵照辦理，並由本衙門分咨户部，南洋大臣，湖廣總督外，相應咨行貴京卿查照可也」等因。承准此，查湖北鐵廠於光緒二十二年，因經費難籌，改歸商辦，曾由湖廣督部堂張奏明，湖北鐵廠煉成各種鋼鐵料件，運售出口，請准概免沿途稅釐，以輕成本，而暢銷路。嗣經貴衙門會同户部議覆，從優准免稅釐五年，俟五年後，銷路暢行，再行照章完納，以恤商情等因。於光緒二十二年十一月十一日具奏，奉旨：依議，欽此。由部轉行到本大臣，欽遵照辦在案。是鐵廠運售各項鋼鐵出口，奉准免稅五年，計期應至光緒二十七年十一月十一日，爲免稅限滿之期。現在商辦湖北鐵廠，三年以來，因無就近可恃之焦煤，呼籲於開平，謀濟於洋產，價高而用仍不給，故化鐵雖有兩爐，僅能勉開其一，出鐵無多，成本加重，銷路不暢，無利可收。加以按月開支華洋員司工匠薪費，及購用華洋各項材料，需款甚鉅，以致月有虧累。綜計自接辦以來，業已虧摺商本銀一百數十萬兩。所冀將來萍鄉煤礦，專力經營，逐漸就緒，一俟運道開通，洋爐告成，無待遠藉外煤，多出重價，當可勉開兩爐，庶出鐵加多，稍輕成本，藉免稅釐，以暢運銷，爲收回利權，周轉彌補之計。若此刻必令照章完納稅釐，深恐成本愈重銷路愈阻。且該廠當官辦之時，已用過官款數百萬兩，華商承辦後，方期陸續收回。豈料煤礦未成，又復連年虧摺商本銀一百數十萬兩。正值官商交困，更恐收效無期，實屬難以遵行。並查該總稅務司所稱，湖北鐵廠運銷生鐵，奏准免稅三年。至光緒二十三年四月，業已期滿一節，係指官辦以前之案而言，核與光緒二十二年，鐵廠改歸商辦以後，奏准免稅五年之案未符。應請貴衙門俯念鐵廠内有官本，必須官商維繫，與別項商廠，情形不同，迅賜轉飭總稅務司，仍遵光緒二十二年商辦以後，奏准成案，免徵稅釐，俟至光緒二十七年十一月十一日，五年屆滿，再行察度情形，酌核辦理，以恤商艱，而符原案。除分咨户部南洋大臣湖廣督部堂查照外，合亟咨呈貴衙門，謹請查照飭遵，見復施行。

「中央研究院」近代史研究所《海防檔》丙機器局《光緒二十五年十一月二十日總署行户部文湖北鐵廠運銷生鐵仍遵二十二年奏案免稅五年》

十一月二十日，行户部文稱，前據總稅務司申呈，以湖北鐵廠所出生鐵，三年免征稅厘。自二十年四月起，至二十三年四月，已三年期滿，應否展期，呈請核示。本衙門當已未便再行展期，自札到之日起，概照章征收稅項，札行遵照。並咨行户部，南洋大臣，湖廣總督，暨督辦湖北鐵廠事宜盛大臣在案。茲准盛大臣咨稱：湖北鐵廠於光緒二十二年，因經費難籌，改歸商辦，曾由湖廣總督奏明，湖北鐵廠各種鋼鐵料件，運售出口，請免稅厘，以輕成本而暢銷路。俟五年後，銷路暢行，再行照章完納等因。經户部議復，准免稅厘五年，於光緒二十二年十一月十一日具奏奉旨：依議，欽此。由部轉行到本大臣，欽遵照辦在案。是鐵廠運售各項鋼鐵出口，應至光緒二十七年十月十一日，爲免稅限滿之期，總稅務司所稱，二十三年四月，業已期滿一節，係指官辦以前之案而言，核與二十二年改歸商辦以後，奏准免稅五年之案未符。應請轉飭總稅務司，仍遵二十二年奏案，免征稅厘五年，俟至光緒二十七年十一月十一日，五年屆滿，再行酌度情形，酌核辦理，以恤商艱，而符原案等因前來。本衙門查户部奏准，湖北鐵廠所出鋼鐵，續展五年免征稅厘之案，與盛大臣咨稱各節相符，應自光緒二十二年十一月十一日起，至二十七年十一月十一日止，概行免征稅厘，以符奏案。除札行總稅務司遵照，咨行湖廣總督查照外，相應咨行貴部督查照，札行總稅務司查照，轉飭各該稅司遵照可也。

同日行南洋大臣，湖廣總督，劄總稅務司。

陳旭麓等《盛宣懷檔案資料選輯之四》漢冶萍公司第二册《盛宣懷致張之洞函光緒二十五年十二月初六日》

敬肅者，接奉鈞函，據鐵政局簽復廠商單開各款，以瑞記、耶松、郭廠息銀鎊價三萬九千九百餘兩應由商廠認還，槍炮廠大汽錘三項三萬九千二百餘兩應在預繳百萬未批内扣抵，兩項共七萬九千餘兩。除劃扣善後局撥解鐵路公司銀四萬八千兩外，尚應補繳官局銀三萬一千餘兩，即飭就官局所欠有成、義昌成、瑞記三處銀款内酌量認還，以清糾葛。並謂「槍炮廠鋼鐵價六萬餘兩，善後局亦擬緩扣，如能遵照前議補繳三萬一千餘兩，則六萬餘兩鋼鐵價應允扣抵，以示曲從」各等因。循繹數四，感愧難名，伏思該廠猥蒙誣諉，正值官辦積困之後，空拳赤手屢辭未獲，遂請回滬招集商股，必得現款百萬，寬期三月再行來鄂接辦。復蒙慰諭，再三飭由鐵政局交付銀十五萬兩，爲接辦成本，即日接替。嗣又奉發欠款清摺一扣，手批盡十五萬，歸還不敷，准廠商緩期給息，由官認還，然揣商力果能撑拄，無論緩急先後皆應歸還，斷不致如該局所云有意延誤，自受加息鎊價之累。無如接辦以後化鐵無煤，何異爲炊無米，自二十二年四月起、二十三年十二月止，結帳虧摺銀七十餘萬兩，商股聞風裹足，債款相逼而來，有岌岌不可終日之勢，遂乃遵批緩期，議給月息。適值外洋鎊價叠漲，爲老於行商者意料所不及，然猶一面借商債代還官債，一面分批籌解鐵政局現銀，以勉副預繳官本之奏。

所有總公司預支軌價一百九十萬(兩)，現因保正急需，不得不扣還一半。羅雀掘鼠，瘡孔百出，空手借鈔已苦無路，若槍炮廠所用鋼鐵復難隨時收價，則商力愈難周轉。汽錘三項，本係官訂官購，無卷可稽，郭廠開單指索，勢難不付，器非手定，安知不全？今鐵政局與槍炮廠有款劃兑，若必令重困之商置諸後論，則目前更無可支持矣。

此時比公司甫議定軌，英、美兩路亦擬堅約半用漢陽軌料，但求萍礦成功，兩爐並開，則商廠容有轉圜之日，官本容有清繳之時，然終仰賴節府終始護持，力拯於險。若目前鞭辟過緊，深慮十年之功廢諸一旦。宣懷不揣愚妄，酌中懸擬，應請責商承認，不能早歸之加息，不再令認無憑臆揣之鎊價，或竟官商各認一半，庶足以資摺服而示大公。如荷俯允矜全，即飭局核算應款若干，在甘餉扣抵，餘即作爲五十萬以外溢解之款，核計甘餉庫平四萬八千兩，可由善後局撥還有成、義昌成，而鐵廠又添出代解路局，甘餉一款亦屬難緩須臾也，如之奈何！肅泐布歉，恭叩勛安。

陳旭麓等《盛宣懷檔案資料選輯之四》漢冶萍公司第二册《盛宣懷致張之洞函光緒二十五年十二月初十日》 前函泐就，又奉手書，屬將善後局撥解鐵路公司庫平四萬八千兩劃抵外，商局再補繳銀三萬一千餘兩。重以鼎言，凡力所能及，無論事理若何，決不敢稍違尊命。惟查商廠除預支軌價一半毋庸出利外，其餘挪墊之款已至二百十七萬兩。又萍鄉開礦墊款已至五十七萬兩之巨，皆須按月出利，聲名已不見好，加以今年滬、漢市面極壞，雖甲申、甲午打仗亦不致如此。廠中欠款，内有春頤經手在漢口挪借各莊號銀二十餘萬，年内催還尤緊，日與洋行商酌，毫無頭緒，急須趕回上海設法，承屬將官欠有成、瑞記、義昌成等款酌量認還。昨接義昌成來函，以商廠欠銀三萬八千餘兩，催令年内歸楚，頃已函去搪塞，勢難再與商量。有成已派人前往商酌，據云不要廠票，必要現銀。瑞記洋人向無往來，須回滬托人與其洋東商酌，在商廠尚有應繳五十萬之款，豈有長官施恩體恤而商不知情感奮耶？總之，此廠需款太巨，逼至無可如何，只得借洋款一法。

宣懷病憊庸材，蒙公付以重任，苟有絲毫生路，決不甘輕於一擲；因一擲之後，決非公與宣懷目中所能收回，中國佳礦均不爲中國有矣！一息尚存，此心欲爲中國留大冶、萍鄉兩礦，庶不負公所托，然維持保護，微公誰歸？宣懷力已竭矣！豈僅負商債一百八十餘萬、負鐵政五十萬、負鐵路一百餘萬而已哉！廠礦兩途日事追逼，接濟一斷，全功盡隳，繞床終夜，莫可呼吁，雖乞人勿如也。張季澤[直]尚欲來借路局之款，查盧保已於初八日竣工，連保正開工已用款六百餘萬，淞滬用銀八十餘萬，漢廠結欠一百餘萬，江粤各省未解一百餘萬，京津局存銀二十餘萬，總公司只存銀五十餘萬兩，轉眴開河，保正用款紛至沓來，不知如何措手，粤漢、滬寧兩路開辦之初墊款亦屬不少，實不敢絲毫挪動矣。

比公司借款均存道勝銀行，如十二月分彼估需用二萬五千鎊，只照此數易銀付交漢局，並專設核算處，彼派比人朱蘇會同總理帳目之吴道宗濂專管，凡有付款必須總工程司沙多與工程處之鄭令清濂簽字方能核付，其防範華人不遺餘力，在總公司亦願其如此，庶可杜流弊絶後患，宣可以不拘何時潔身而退也。肅復，敬請鈞安。

陳旭麓等《盛宣懷檔案資料選輯之四》漢冶萍公司第一册《馬鞍山來電正月初六日》 鑠初五晨到礦。前電耳聞，今目擊：一、礦師應如何箝制，經費由何處撥？二、大窿工程礦師不與接洽，局員僅予彈壓，不任功過。三、河下堆煤處須添木柵，並修局房。四、棧房器物少且破爛，須添置實銷。五、土窿經費、局用，請飭總廠寬籌，每月朔到山，不能墊款。六、局用薪水官裁，私實難裁，津貼及司役各項實屬不敷，鑠公私兩籌，方可措手。候憲電批准到差，否則速求改委，幸甚。

陳旭麓等《盛宣懷檔案資料選輯之四》漢冶萍公司第二册《鄭官應致盛宣懷函光緒二十六年二月十六日》 敬肅者：池州礦徐秉詩來談皖礦，官應亦囑將礦石撿來化驗究竟如何。德貞人頗狡猾，又已赴皖見筱帥，恐陽與我合，陰向各督辦處承攬，倘攬到手或事有頭緒，彼即入都(聞在都與榮中堂等皆有交情)，必不就我範圍。似宜請督辦邀渠到局詢明，如肯照四川章程合辦(華股認後，其股票暫抵洋商，公司先行墊交，一俟沽出贖還)，當即訂約，否則別商，勿爲所誤，並請密告皖、豫、浙三撫，我等與洋商合辦，毋爲他人所奪也。是否有當？仍請鈞裁。

昨看之洋樓地段甚好，頃思理化洋人來云，所還之價不肯出售。官應囑謁我公，必須通盤籌算，如改造後，計有利息若干，方可酌加；倘利太薄，恐難出售也。此達，敬請鈞安。

敬再肅者：書後徐秉詩送來貴池鉛礦樣一包，銅陵礦石兩種，茲爲代呈，祈察收。並請飭寄漢廠化驗，或擲還代寄亦可。據云：鉛礦已經化過，有鉛七成，内有銀，請給護照，飭礦師往勘也。再請鈞安。

陳旭麓等《盛宣懷檔案資料選輯之四》漢冶萍公司第一册《漢廠張紹甄盛我彭去電二月十七》 招商局附入萍股庫平十萬，申規銀十萬九千六百兩，已交漢銀行收萍帳，抵付比款。以後萍若要款，應由紹甄設法招股。原擬將萍欠廠款料二十八萬六千五百兩湊足卅萬入股，但恐廠欠煤價七萬七千四百兩無款可還，或連正、二月煤價，萍還廠款八萬六千五百兩，只附股廿萬。三月起歸新章，煤價按月結清，候李一琴、葛樂士到，須與紹甄訂一小合同試辦。宣。諫。

陳旭麓等《盛宣懷檔案資料選輯之四》漢冶萍公司第一册《漢廠來電二月二十日》 保正軌五千噸及零件遵諭由「公平」分三次運。昨路局洋人來信，即日須運漢軌二千五百噸，連零件是七千五百噸。軌件不日起運，軌價自應續付，請囑沙多即付三萬鎊，以濟廠用，至盼至禱。廠。

又來電

廠中螺釘只能趕一萬噸鋼軌之用，此外不及另造。沙多定軌，詢據卜聶稱，但有磷輕焦炭趕煉貝鐵，西七月一號前五千噸准可齊全，餘萬噸封河前止能成六千噸，盡年内可以趕齊，然亦須有磷輕焦炭，方不誤等語。惟現在外洋軌價來單已增至八鎊以外，生鐵價亦有三十五、六兩。沙多軌價作何定議，倘不合算，與其趕軌，不如趕煉翻砂，乞憲先與議價。

王樹枏《張文襄公全集》卷一五九《致京盛京堂光緒二十六年二月二十日巳刻發》 鐵廠呈閲，尊電具悉。現鐵廠與鐵局，酌擬結稿。其文曰「實結得光緒二十二年四月十一日，漢陽鋼鐵廠改歸商等招股接辦，所有機器物件及各處廠屋，一律接收清楚，册報鐵政總局，詳報在案，並議定：每煉出生鐵一頓，捐繳銀一兩。擬俟尋獲佳煤鑛後，共設煉鐵六爐，每年可出鐵約十餘萬頓，即每年可繳官款約十餘萬兩。蒙湖廣督部堂張奏咨亦在案，並非不論出鐵多少每年認繳十萬。計自商等接辦之日起，至二十五年年底止，共只煉出生鐵八萬四百七十一頓六百二十啓羅，俱有册報可稽。已照預提官本百萬奏案，遵預繳銀五十餘萬兩，隨時繳還，從前官辦鐵廠所欠華洋各商緊要各款，並劃扣槍礮廠所用鐵廠鋼鐵價值，並無餘存。是預繳銀數，已較出鐵頓數多至數十倍。至現在出鐵頓數所以不能遽多之故，實因採購焦炭道遠價昂，僅開漢陽廠一爐，復兼爐座時常出險停煉加修，致出鐵未能暢旺。須俟萍鄉煤鑛洋窿告成，運道通達，能以六爐齊開，出鐵頓數加增，捐數自可照案，按頓多交商等，亦不致久受虧累」等語，是否妥協，請酌定示覆。號。

陳旭麓等《盛宣懷檔案資料選輯之四》漢冶萍公司第一册《馬鞍山楊綬翁去電二月二十四》 漾電悉。大日方來電，礦内火已全滅，除意外火不計外，能保再無此患。礦中難辦事已完，俟合同期滿當可容告退云。想是試我口氣，已飭令五月前認真開挖。能照原議乃佳，似功勞不在多挖多銷。領事曾代求花紅，似宜别項收緊而准給花紅。

盛宣懷《愚齋存稿》卷四《密陳各公司局廠艱難情形片光緒二十六年二月》 再，泰西諸國，於鍊鐵一廠，視爲至重大之事，用款動至千萬以上。蓋造船、造軌、造槍、造礮，無往非鐵，其國之强弱繫乎其中。日本戹亦大開鐵廠，竭力經營。中國物産之富，雄視五洲，而所用皆資洋鐵，平時漏巵既大，更恐有事爲所挾持。湖廣督臣張之洞有鑒於此，於光緒十六年，開辦鐵政局，冀立自强之基，費鉅工艱，竭公帑數百萬，逮二十二年官本不能接濟，乃議改歸商辦。當時奏稱，洋股既不可招集，華商又視爲畏途，以臣辦理招商局多年，爲華商所信服，請責令臣招商接辦。恖恖奉命，不容諉辭。伏念海内紳商殷富甚多，而聞此皆裹足不前，蓋既非旦夕所能程功，又非羣力不能支拄，尤可懼者，局外不知局中之苦，事後不知事前之難，衆論觝排，成功卒鮮。臣受事於危難之際，重以聖明委任，不敢不力爲其難。臣智薄能鮮，全恃輪電兩公司之華商，諒臣二十餘年之苦心，歷盡艱危，一矢誠信。利敗數千百人之所其，毁則臣一人之所當，深信不疑，慨然相助。甫歷三載，慮漢製軌之貝色麻鋼，及製槍礮之馬丁鋼，皆能自煉自造，與外洋所購工力相埒。惟因焦炭遠購開平，價值奇昂，商本賠摺已逾百萬，其危殆情勢，較之十餘年前之輪電兩局，更有過之。惟盼二三年間，萍鄉煤礦，炭鑛、運道一律告成，或可添集商本，漸收利益，而成敗利鈍尚難逆覩。張之洞原奏，目前數年内，承辦商人必先墊不貲之鉅本，乃可待鐵利之興。是此時賠累情形，早已上達。

宸衷竊維東西洋各國，無不竭力護持公司，蓋非此不足以開自有之利源，而杜利權之外溢。中國通商以來，祇輪船、電線、開平煤礦數公司辦理多年，畧著成效。使今日並此而無之，則江海之上盡洋船。水陸各路皆洋線；輪船輪車各機器局廠，皆洋煤矣。又如紡織廠，以奪外洋運銷紗布之利，通商銀行，以流通中外遠近之財，皆各國注意之要端，猶惜籌辦太遲，收效難速。而煉鐵一廠，尤爲關繫重大，必須竭力維持。鐵廠招集之股商，即輪電兩公司之股商，惟恃兩公司之稍有盈餘，以輔鐵廠之不足，利害相依，視爲命脈。大約該鐵廠，立脚未定之前，無論何人接辦，其勢皆能合而不能分，此時緊要關鍵，惟在保全兩公司。庶鐵廠有轉圖之機，而商務有振興之望，當此情勢岌岌，接濟一斷，顯墜立形。不特以前公款數百萬，幾同虛擲，尤慮各國洋人，已在東豫晉蜀數省，開辦煤鐵礦，勢必設立洋廠，以與華廠争衡。華廠一蹶，盡屬洋廠矣，所關中外全局，尤非淺鮮，而局外不知此時兼辦鐵廠之危難，猶指爲利權之所屬。臣不敢不將此中原委詳細縷陳，仰冀聖明垂察，謹附片密陳，伏乞聖鑒，謹奏。本月十九日奉旨：知道了，欽此。

王樹枏《張文襄公全集》卷一五九《致京盛京堂光緒二十六年三月初一日戌刻發》 沁電及鐵廠呈閲尊函，具悉執事擬加結稿語，甚爲周妥，請照加，並請於「一律接收清楚」下，加「逐件查驗物值，均屬相符，支用各項，委無浮冒」字據；「不致久受虧累」下加「所有物值，均屬相符，支用委無浮冒，暨每年照案應繳銀數，及預繳過銀數，合具甘結」云云字樣。部文似令分出兩結，現擬統叙一結，已足。請速酌定繕結咨鄂，以便分送三部。東。

陳旭麓等《盛宣懷檔案資料選輯之四》漢冶萍公司第一册《漢廠來電三月十二》 一琴任重事煩，月薪未奉明諭。聞學堂月修百五十金，廠應酌加，擬月送雙百。如滬薪不裁，則廠另酬辦公費百元，乞酌數遵。春。文。

又來電

前奉憲電，謂金達手向存舊漢軌千餘噸，魚片上螺釘失去甚多，飭造四萬個，當遵諭照金達舊式趕造，現已造成萬餘。前日沙多忽電致卜聶，定造新式螺釘亦四萬個，不知與憲所飭造者是一是二。倘即是一，則已成萬餘，舊式無用；倘沙另定新式四萬，亦須西七月一號前交齊，則萬難趕造，乞電詢沙多。電示爲要。春。元。

王樹枏《張文襄公全集》卷一五九《致長沙俞撫台光緒二十六年三月十四日巳刻發》 毛牧來鄂，詳看槍礮廠。據云尊意「擬派委員二人來漢陽廠學習」等語，具見虚衷，講武佩甚。惟鄂省槍礮廠，乃係創設委員未習，製械工匠多係初學，尚未得其精微，雖造成槍礮，尚可勝於他省，然較之德國所造，尚隔一塵，往往造成各件擇其不盡合法者，時須修改。鄙衷爲此，正深焦急，去秋已派武弁匠目多人，赴東洋礮工廠學習。湘省如僅來鄂學習，恐無益處，如尊意欲講求此事，似宜派聰明識字畧通文義工匠數人，亦赴日本學習。若有通曉機器之員，如曾昭吉者，尤善。每人每年用費約三百餘元，官員則須加多往返川資。在外鄂省現派有監督錢守恂，在彼可兼爲湘匠照料，無須另加薪水，如此方有實在益處。蓋槍礮理法，極爲精深，非有機器，即能造精械也。管見如此，竊自附爲謀必忠之義，是否統望裁酌。鹽。

陳旭麓等《盛宣懷檔案資料選輯之四》漢冶萍公司第一册《漢廠來電三月十五》 葛樂士素開廠中股本來源、各處往來底帳、存有現銀若干等等。據云非洞澈源流不能會計造册。查廠自接辦後，所有用款全恃騰挪，其中委曲求全苦衷，萬難和盤托出，而於彼族尤難。即如部款預付軌價百餘萬，苟使彼族一知，比公司定料付價必有借口。今葛欲徹底清查告之，則於全局處處大有窒礙；不告則葛無從會計，倘約畧應對，葛必窮詰其源。總之，郭廠與比公司一氣呵成，其意叵測，今以郭廠之人寄以心腹，總司出納，底藴全爲其所窺，噬臍何及？憲臺此舉，春等深知出於萬不得已，木已成舟，何敢異議，惟關係至巨，不敢不竭誠上訴。爲今計，莫如别籌位置。廠中現已與卜聶訂定，全用萍焦，大局粗定。春等此心可對天日，乞密籌獨斷。速示遵辦，至禱。春、格叩。

陳旭麓等《盛宣懷檔案資料選輯之四》漢冶萍公司第一册《漢廠來電三月十八》 格到廠潛心考察，葛樂士當稽核一層萬做不到，其故有四：一、我之底藴，萬難和盤托出。二、葛在郭廠縱爲得力之人，而遷地勿良，無從下手，在華洋行貿遷非用買辦不可，正坐此故。三、郭廠總辦係工師出身，葛既不懂工程，又無總辦之權，無從稽核。四、假使竟將帳目和盤托出，則各廠及公事房須添法文翻譯至少四五人，即拼此數人薪水，現實無處可尋。此事雖小，然亦難着，且處處僅靠舌人傳述，終是隔膜。竊思廠中樞紐，全在萍焦之能用與否，今既與卜訂定全用萍焦，則餘事皆華人所能辦，亦恐非華人不辦。查葛本雇來管商務，愚見工程稽□之外添商務一股，令葛專管與西人交易，當較勝華人。總稽核之事，歸格一人暫行試辦，如此轉移，或尚可行。倘鈞意謂然，請電飭葛遵辦，與以商務總管之名，以符郭廠原信，並飭知翻譯難得，總稽核仍歸華人辦理。葛索帳甚急，乞速密酌。

陳旭麓等《盛宣懷檔案資料選輯之四》漢冶萍公司第一册《漢廠李一琴去電三月二十二》 兄獨任稽核，甚喜。然若不與葛合，一病洋人隔膜，難核工作盈虧；一病華人徇情，難杜内外糜費。停舊爐不先修新爐，積無用萍煤不與工師商酌變通煉鋼之法，亦不能與萍局頂真，全廠機器刻刻停工，皆華洋隔膜、徇情之弊。我彭、載之非不精核，但事前不能與洋人計較，以致敗壞。弟爲大局，必欲給葛樂士與閣下大權，北邊鐵路，華人管蝕本，洋人管後得餘利，此其明證。宣。禡。

陳旭麓等《盛宣懷檔案資料選輯之四》漢冶萍公司第一册《漢廠我彭載之紹甄一琴敬庵去電三月二十四》 公電均悉。外國鐵廠大小無不獲利，漢廠接辦三年，墊本二百四十餘萬，添置甚少，恐有着不及一半，宗令稟約虧百餘萬，諸人棘手，如大局何？不得已重用葛、卜，輔以李、馮，重整旗鼓，若如尊電多疑，何所底止。原札三月起，現定四月朔起，務遵訓條，改章妥辦。擬由敝處飭知官本、商本各若干，内有若干須付利，毋庸告知詳細。李、葛接手，只將現存貨款作爲舊管，試辦一年，再看盈虧。盛守應飭通局悉遵新章，勿稍遲誤。宣。

陳旭麓等《盛宣懷檔案資料選輯之四》漢冶萍公司第一册《滬小田切總領事去電三月二十五》 昨西大臣已電勸日方再留兩年，如不能，亦須照約至七月交替，一面電貴國農商部，聘一好手來。尊電所保之人是否老練，日方告退信甫到，合同滿期尚有兩月，乃不候接手，而欲先去，有是理乎？礦若出病誰任其咎？乞示。盛頓。

王樹枏《張文襄公全集》卷一五九《致京盛京堂光緒二十六年三月二十八日辰刻發》 與日本互易煤鐵一事，去年承示合同，當以十五年之期太久，鐵數太多，電請詳酌，署放活動。其最要者，尤在期限太久，至多似不可過三年、五年。若照十五年，每年五萬頓，共七十五萬頓，設或將來佳鑛不多，東人必須取盈，鐵廠轉無可用。況尊處正在推廣萍煤，興修鐵路。萍煤旺後，鐵廠自必添爐，需鑛更多。若煤旺爐增，而鑛石已罄，則鐵廠數百萬資本，皆成虛擲，爲患過鉅。閣下獨不慮此乎？至價值多少，甚屬細事，鄙人爲此，實深憂慮，是以遲遲尚稽咨復。昨准日船運鐵完稅之咨，則一切似已商定，但不知期限已改幾年，原合同已更正否，已奏咨有案否？此等事合同雖定，若非奏咨有案，仍可再商。且合同有湖廣大憲之語，似即指鄙人而言，敝署並未咨復定議，則此語鄙人實不敢貿貿承認。鄙意爲今之計，惟有嚴其頓數之年限，而稍寬其增價之年限。或許以照此頓數，只先定五年，五年後再議。此五年内價值，即照現議之價，此加彼減，日商或肯就範。弟專爲鐵廠利害計，即專爲台端計，祈鑒諒，詳酌至幸，即盼電復。嘯。

陳旭麓等《盛宣懷檔案資料選輯之四》漢冶萍公司第一册《漢廠來電五月二十二》 北匪焰熾，警信頻傳，昨卜聶來函，請發槍彈自衛，不要華兵保護，並云事倘緊急，廠中所有洋人擬離廠暫避凶鋒云。愚見槍彈斷不能發，惟伏莽到處皆有，亦不能不先事預防。槍炮局已經香帥添派練勇六十名駐衛，鐵廠毫無准備，誠亦非是，乞憲臺即電香帥，請亦添派練勇六十名駐廠；一俟平靜，即行撤回。北事如何，並乞署示梗概。春。箇。

又來電

警信頻傳，銀根奇緊，底比協成非不肯墊，實不能墊。所索沙多一萬鎊，乃應付之款，月内倘竟不付，則萍廠立敗，惟有乞飭沙多，務於月内匯到。倘沙托詞延宕，軌價不肯即付，則務請令其多匯路款，以便設法暫時挪移。好在軌價沙多允於西七月前可付，不過暫挪。時近焦急，乞即電復。春。箇。

陳旭麓等《盛宣懷檔案資料選輯之四》漢冶萍公司第二册《續訂大冶礦石合同光緒二十六年五月二十五日》 大清國光緒二十五年二月二十七日、大日本明治三十二年四月初七日訂立大冶礦石合同章程，現經續議，所有條款開列於左：未經續議條款，仍照原合同辦理。

第一款　漢陽鐵政局認保日本制鐵所派運礦輪船赴石灰窑受載礦石之時，每日可上載一千噸。倘值雨、雪、大冷天及過年、端午、中秋日期，有礙勞工不能用力者，不在此例。

第二款　所有清單成色改訂如左：

鐵量　礦石每百分之内須有六十二分以上。

磷量　礦石每一萬分之内有四分以下者，定買二萬噸；其有五分以下者，定買三萬噸。

硫磺量　礦石一千分之内須有一分以下。

銅量　礦石一千分之内有二分六以下者，定買二萬噸；其有三分以下定買三萬噸。

礦塊之大小仍照原合同清單辦理，毋庸改訂。如有褐色鐵礦價值隨時另行商定。

大清光緒二十六年五月二十五日
大日本明治三十三年六月二十一日
大清頭品頂戴大理寺少堂督辦湖北漢陽鐵政局盛(宣懷)
大日本制鐵所長官和田
大日本欽命駐滬署理總領事小田切

陳旭麓等《盛宣懷檔案資料選輯之四》漢冶萍公司第二册《户部責成湖北鐵政局按期歸還官本摺光緒二十六年五月》 户部謹奏，爲核復湖北鐵政局自開辦起至改歸商辦止第一批報銷款項，並責成商局按期歸還官本，恭摺仰祈聖鑒事。

據湖廣總督張之(洞)將湖北鐵政局自光緒十六年二月開辦起至二十二年四月改歸商辦止，第一批支用各款共庫平銀二百六十萬六千七百零五兩四錢一分六厘咨部核銷前來。臣等查湖北鐵政局自該督創辦以來，據咨報先後共支過銀五百六十八萬七千六百十四兩六錢零七厘。嗣以經費難籌，後據該督奏明招商承辦，從前用去官本概由商局認還各在案。今據造據第一批報銷清册咨送到部，臣等督飭司員按款詳核。查册開新收項下部撥經費及奏撥鹽、糧各道庫鹽厘、幫津、水脚兑費，又借撥江南籌防局瑞記洋款，兩淮鹽商捐並撥槍炮局經費、織布局股票、漢陽廠鋼鐵價等項，共銀五百五十八萬六千四百十五兩五錢六分一厘，核與奏咨各案銀數相符。開除項下共支銀二百六十萬零六千七百零五兩四錢一分六厘，内除購辦外洋材料、運保水脚等項應歸兵、工兩部核銷，又册造籠統多支等項已分别行令劃清追還外，其餘銀五十萬一千四百四十八兩三分七厘八毫九絲二忽八微應歸臣部核銷。

以上册造各項，據稱仿照江南製造滬局章程支給。檢查江南滬局章程與此案開支各款，名目既繁，同異互見，實無從比擬核定。惟查該督前擬改歸商辦原奏内稱，此項一切官本概由商局承認，俟按年陸續抽還，並稱每年約可繳官本銀十餘萬兩等語。今册造各款既無例章可循，當時局中差事之繁簡，製造之巧拙，部中亦難懸擬。該商局既一律接收，情願繳還官本，惟有責成該商局逐件查驗。如果物值相符，支用各項委無浮冒，即令該商及承管之員開具接收各項清單暨該官商銜姓花名清册，並取具按年照數歸還官本甘結，一併送部再行核銷。

至該官商應還官本銀兩，查前據湖廣總督於光緒二十二年奏明由商局承認，分年抽還，每年可繳官款銀十餘萬兩。截至現在止已逾三年，約應繳官本銀四十餘萬兩，除撥歸湖南岳州府地方開設通商口岸銀十萬兩外，實存銀若干？應令查明報部候撥，並令嗣後按年如數繳還，一併存儲，聽候部撥，不得擅自挪用，以重款項。如蒙俞允，應由臣部行知該省領遵辦理。

所有核復湖北省鐵政局第一批收支銀數，並責成商局按期歸還官本各緣由，恭摺具陳，伏祈皇太后、皇上聖鑒。謹奏。

陳旭麓等《盛宣懷檔案資料選輯之四》漢冶萍公司第二册《鄭官應等保證每噸生鐵繳銀一兩之甘結光緒二十六年六月初一日》 具呈湖北鐵廠總辦候選道鄭官應、候補知府盛春頤，總董嚴瀠、林松唐、李維格、張贊宸、楊廷杲、施肇曾、宗得福、楊學沂今於□□□與印結事，實結得光緒二十二年四月十一日漢陽鋼鐵廠改歸商等招股接辦，所有機器、物料及各處廠屋，一律接收造册呈由督辦憲分别移咨湖廣督部堂暨鐵政總局在案。當經議定，每煉出生鐵一噸提銀一兩，即以陸續歸繳官局用本。擬俟尋獲佳煤礦後，共設煉鐵六爐，每年出鐵約可十餘萬噸，即每年可繳官款約十餘萬兩，總歸按噸籌銀歸款。蒙湖廣督部堂張奏咨並蒙户部復奏亦在案，並非不論出鐵多少每年認繳十萬。計自商等接辦之日起至二十五年年底止，共計煉出生鐵八萬四百七十一噸六百二十啓羅，俱有册報可稽。已照預提官本百萬奏案在於盧漢路局預付軌價之内先繳銀五十餘萬兩，隨時繳還從前官辦鐵廠所欠華洋各商緊要各款，並劃扣槍炮廠所用鐵廠鋼鐵價值並無餘存，是預繳銀數已較出鐵噸數多至六七倍。至現在出鐵噸數所以不能遽多之故，實因採購焦炭轉運艱難，僅開漢陽廠一爐，復因爐座時常出險停工加修，以致出鐵未能暢旺，須俟萍鄉機礦告成，鐵路通達，資本籌足，銷路日暢，力能添造爐座，俾漢陽、大冶六爐齊開，出鐵噸數加增，則捐數自可按噸多交。如果每年出鐵十萬噸，自可每年繳還銀十萬兩，官本既可漸次撥還，商本亦不致久受虧累。

總之，每年繳還官本多少，必遵照奏案以每年出鐵多少爲衡，並可由鐵政局隨時確查出鐵數目。華商力薄，窘急異常，只能責成照案每噸繳銀一兩，此外萬難另行增繳，庶符原議而恤商艱。

至商等當時實在接收機器、物料及廠屋各項，逐件查驗，均屬相符，委無浮冒，俱有清册呈報在案。惟將來歷年既久，機器、爐座、廠屋等項必有損傷以及移動改造，勢難與交收之時一一相符。又商人接辦以後陸續添置各項機件，爲數甚巨，由董等專册匯記，庶與官局移交各數分清界限，合併聲明，理合遵飭具結呈請憲臺查核轉咨大部。須至結者。光緒二十六年六月初一日具。

陳旭麓等《盛宣懷檔案資料選輯之四》漢冶萍公司第一册《漢廠盛守張令李令來電六月初八》 路款改歸道勝，已詳吴道等電，協成與我來往，因係友梅力擔，然亦因有路款作幌。今協失路款，廠萍又欠廿餘萬，即不立時逼還，亦斷不肯再濟我用，在我借路款作幌已難久計。倘並此亦無，則目前即窮，爲今之計，惟有乞憲商沙，款仍歸華銀行匯駐漢帳房撥用，否則竟存華銀行，廠萍亦歸銀行來往，協因路款隨到隨用，本亦不甚貪圖。倘兩層均做不到，則萍廠宜即日停辦，並請憲催沙，速將三批軌二千五百噸價如數付清，以便收拾殘局。如憲别有善策，乞速電示，至盼。贊候電即行。

陳旭麓等《盛宣懷檔案資料選輯之四》漢冶萍公司第一册《漢廠盛李大冶解守萍鄉張令盧升令去電六月初九》 各國將索盡權利，漢廠、冶礦、萍礦須盡屬公司，剔開官事，方可保全。望速將漢廠基地、冶礦、萍礦各礦山及鐵路各基地契據，一切悉數檢寄來滬，以憑辦理。宣。佳。

陳旭麓等《盛宣懷檔案資料選輯之四》漢冶萍公司第二册《盛宣懷致盛春頤張贊宸解茂承密函光緒二十六年六月初十日》 敬密啓者：北事日亟，警耗頻聞，戕德使、斃日本書記，自居公法之外。兵匪混雜，禁禦戒嚴，將來能否爲城下之盟，尚難逆臆，惟事到不堪收拾之處，便應預籌歸宿。長江礦務，各國涎視，設於訂約時，指索大冶之鐵、萍鄉之煤、漢陽之機廠爐座。政府心緒焚亂，但顧眉睫之禍，即有較此急重，亦必不待籌商，脱口應許。

上海商務各董鑒及於此，海輪擇要換旗外，其輪船各埠房棧地基，延請律師另赴香港挂號，冀以華商公司寄托英册，暫免擇肥之噬。漢、冶、萍、馬費官商資本逾千萬，耗員董精力逾十年，唾手委棄，有心同憤，應由我彭、一琴、研珊、紹甄各將所轄之漢廠、大冶、萍鄉先後所購礦山地畝寬博廣袤，隸屬縣名、村名，匯開清摺，删除官局名目，連同契據即日封送寄滬，以便設法照商局華産暫寄港籍辦理。事機危迫，非通權不能濟變，亦救得一分是一分之苦心也。

至馬山向隸漢廠，官局所購礦山圖册，該局無卷可稽，商辦後歷次展拓如王家灣、楊家店之類，累查册報，均稱契據呈送總廠，楊令現未回山，現由我彭查卷另開一摺，與廠摺並送，借便寄頓。除分致並詳函香帥外，務望會商趕辦，並祈緘密勿泄爲要。此泐，敬頌勛祺。

陳旭麓等《盛宣懷檔案資料選輯之四》漢冶萍公司第一册《大冶解守來電六月十二》 官局據聞未移交商局，據概送廠，已函請查齊徑寄。現僅石堡二次接軌購地，並餘劉山未印等據，將冶境並興武礦甚多，遍購無力，將來僅就有據産屬公司，余任外採，蹶且易竭，即或不能籠罩興武，似宜設法劃冶全境，非然亦未暮斜陽之境，奚有爲？貢茲愚慮，伏乞審鑒。承禀。

陳旭麓等《盛宣懷檔案資料選輯之四》漢冶萍公司第一册《漢廠盛我彭去電六月二十一》 香帥號電：頃聞今日有湘勇數人，闖入鐵廠洋人家内，適盛守不在廠，各洋人驚惶無告。敝處已嚴飭護廠勇丁管帶，並飭其移駐碼頭，以便攔阻閑人入廠游行矣。務請尊處電飭盛守，當此洋人驚疑之際，務須常川住廠，加意照料，有事外出，亦須專派妥員招呼至要云。弁勇應守來路，不應在内，汝勿出門，余照辦。宣。箇。

陳旭麓等《盛宣懷檔案資料選輯之四》漢冶萍公司第一册《漢廠盛總辦來電六月二十一》 春無要事，從不出門，昨下午因持鈞電至廼廷及協成處，回後知威林臣屋内有湘勇闖入，當即派駐廠漢防營哨弁前往彈壓保護，並囑威遷居花園，威不肯，威屋在廠外濱江碼頭，並不在廠門内。現奉督帥手諭出示，並添派鎮標兵十八名幫護廠門，春已改令赴廠外碼頭，就威屋前栅欄處駐守，又派本廠張哨弁常川在彼防護梭巡矣。余遵辦。春。箇。

陳旭麓等《盛宣懷檔案資料選輯之四》漢冶萍公司第一册《萍鄉張令來電六月二十二》 前萍地見中外失和諭旨，視路礦皆爲無主之物，拔電杆，打機器，搶煤炭，阻火車，幾釀大禍，並謡醴陵一帶會匪放飄起事。經薛守禀俞帥，派勇到醴巡防，顧令出格殺勿論告示，人心稍定。贊十八趕到萍，即日下鄉，親赴洋礦及四處土礦巡閲，推誠曉諭。紳民見贊挈眷來萍，日内甚安靖，洋土礦照常做工。惟款竭人衆，善後甚難，萬分棘手焦急。贊禀。禡。

陳旭麓等《盛宣懷檔案資料選輯之四》漢冶萍公司第二册《盛宣懷咨呈張之洞文光緒二十六年七月初八日》 據總辦湖北漢陽鐵廠鄭道官應、盛守春頤禀稱，案奉憲臺札飭承准湖廣督部堂張咨准户部咨，鐵廠既一律改歸商辦，掃數截清，今該商人自承辦以來已閲三年，並未將現在如何整興情形，將來如何歸還官本確切禀復，殊非事體。前據該督所奏，既爲國家有著之款，豈容商等任意遷延，致滋弊竇。相應咨行等因，到本部堂，准此。相應咨請查照轉飭遵辦等因。承准此，札飭將鐵廠接辦三年墊款若干，以及賠累實在情形，確切查明禀復核辦，並遵具甘結呈候核咨等因；奉此。伏查漢陽鐵廠自光緒二十二年四月十一日改歸商辦，除官局原有廠屋、爐座、機器、物料現交現收作爲移交册報外，商等陸續添購機器，修建廠屋、躉船、礦船，購運焦炭、生煤，應付華洋員匠薪工、口食，月會歲計每年至少用銀一百三四十萬兩。洋礦未就，專借開焦，索價則繼長增高，籌運則千回百摺，化煉生鐵，只開一爐，出險停修又常作輟。統計自二十二年四月十一日起，結算至二十五年十二月底止，先後墊用商本銀二百八十餘萬兩。以常年出貨售價相抵，並將商購機器、物料、廠屋、躉船、礦船等仍以原價作爲成本外，實已浄虧銀一百餘萬兩。帳册確鑿，不敢絲毫欺飾。

叠奉憲臺諄切勸諭，以此廠爲杜塞漏卮，裨益國計，且預提官本百萬，湖廣督部堂奏明有案，無論如何艱危，必應設法挹注。因在盧漢鐵路預付軌價之内，先繳銀五十餘萬兩。實則原議出鐵一噸提銀一兩，商等接辦至二十五年年底止，僅煉生鐵八萬四百七十一噸六百二十啓羅，只應繳銀八萬餘兩，核計已繳之數，實逾原奏六七倍之多。勺水無源，其涸立待，在督憲經營樂利，以從前官局所用均爲有著之款。在商人艱難困苦，就目前商墊甚巨尚無轉圜之機。業已勉承，誼無諉卸，總期萍礦藏工，鐵路暢運，煤焦減輕成本，爐座以次添造，則出鐵增多，繳款亦積而見巨。此商等公具甘結所謂必俟漢冶六爐齊開，乃可漸次繳捐拔還官本之實在情形也。總之，商廠每年繳款，總以遵照奏案，就出鐵多少爲衡。仰祈憲臺切實轉咨優加護恤，使不致蹶於半途，官商交累，載德實無涯涘。

所有商廠賠累，萬分窘迫，一時未克振興，勉遵奏案按噸提繳官款緣由，相應繕具甘結呈請迅賜核咨等情到本大臣。據此，查商廠接辦時，官局機器、爐座工程等項叠據各董公呈，以原購花名價值尚未奉鐵政總局發交單據，只就現存數目逐項現交，曾造送清册呈由本大臣分別轉咨有案。至稱接辦三年虧累甚巨，截至光緒二十五年十二月止，實已摺閲銀一百餘萬兩，誠如貴部堂原奏，商人等必先墊不貲之巨本，然後望鐵利之興，是該董等艱窘情形早在洞鑒。惟賠累愈重，周轉愈難，所請遵照奏案按噸提銀一兩，以每年出鐵數目爲準，商廠多出生鐵，成本即可減輕，苟力所能及，機有可乘，斷不肯稍事因循，自阻生理。查核禀結均係實在情形，相應具文撿同原呈甘結，咨呈貴督部堂，俯賜鑒核轉咨，並祈見復施行。須至咨呈者。計咨呈甘結一紙。

陳旭麓等《盛宣懷檔案資料選輯之四》漢冶萍公司第二册《盛宣懷致張之洞密函光緒二十六年七月十五日》 一年以來，千頭萬緒，其重要者隨時電傳，此外欲伸之意，顧白之隱，積如山阜，不知從何説起。近自武漢來者談道聚會精神，敷陳偉畧，振聾發瞶，在此一時，是天使我公勛烈鑠古今，大文著宇宙也。

宣懷伏處海隅，厠名商務，一事莫舉。從前已成之局，自開平爲西人謀占，輪電廠礦無不覬覦，防維補救之不遑，實推暨之乏術。萍鄉礦工擔擱一年，運煤鐵路擬先展至醴陵，漢廠歷年虧摺一百十餘萬。若非先煉好焦炭，不能多開爐座；若非多出鋼鐵，不能轉虧爲盈。正在籌款，設法爲開兩爐之計，乃外洋鐵價大跌，自春組夏貨滯不銷，盧漢昨甫議訂二千五百噸，價止六磅零，尚不敷工本。比人新立大東公司，頗想乘機賡續開平之議，宣懷苟可力撑，斷不敢遽爲此請，若至山窮水盡，亦必赴鄂先與公謀。去年曾奉電諭，擬籌借巨款，推廣鐵廠，誠至計也。公主持新政，鋼鐵炮廠關係大局，盍先與政府預籌之。

前奉鈞牘，民間應續購之礦地，必須由官悉數圈購。議者甚疑湖北之視鐵廠華商，苟於豫、晉各省之視開礦洋商矣。他日大府星移，廠務斷辦不下去，莫不願索款以退，此數月間，正值鐵貨難售，鋼軌停造，廠用悉資商墊，大是爲難。宣懷知公重在嚴中外之界，非欲判官商之域，故宜重讀鐵廠之用，必須擴充，即由官按照原購價值售與鐵廠，似尚非外視鐵廠也。但冶山孕鐵雖富，而深挖工本太貴，目前資乏累重，只能從淺處下手。如官山紗帽翅得礦無幾，即已倒塌，因就商購得道灣經營開辦，該處有一象鼻山，本與得道灣新廠相連，恐礦苗時有變局，急宜圈歸一廠，以備不虞，春間已經敝處議價報買，嗣奉大咨，遂即閣置。頃據局員解守茂承電稱：大冶令已奉面諭，象鼻山果局需在急，當由敝處咨照局購，飭縣遵行，具紉憲臺體恤商艱至意，應請迅速賜行。總之，華商氣局褊淺，斷無大誌，敝處身任艱難，雖不能不籠絡商情，然亦仍然是借商力以助成官事，免爲外人所奪而已。區區苦衷，若復不能求諒於我公，尚有何事之可爲耶？久不泐函，愚慮如結，敬請金安！宣懷謹肅。

再，總結條款十四日已奉旨准畫押，謹將電奏抄呈臺覽。德國如此接待，醇邸萬分憤激。東三省事，想尊處必有所聞，若竟照如此辦法，豈僅本題無可挽回，恐各國必多詰問，吾將何辭以對耶？尊處與江寧近日有無補救？此間一無所知，耳根清淨，心頭却不能不着急。手此密布，再敢勛綏！

陳旭麓等《盛宣懷檔案資料選輯之四》漢冶萍公司第一册《萍鄉張令去電七月二十九》 兩宫西幸，合肥全權議和不易，漢路停，工廠款愈竭。擬招練勇，餉不易籌，滬禁軍火，姑商香帥、麐帥恐亦難允。宣。艷。

陳旭麓等《盛宣懷檔案資料選輯之四》漢冶萍公司第一册《漢廠去電八月初一》 如三井不來，擬派一洋人赴日本，必可暢銷。沙多催軌，不允展期，且俄要買軌，願出重價。卜請遣散洋人，和議封河前必定，恐吃虧。如化鐵爐不停，造新爐不停，其餘諸匠可散幾人，數月後招來，可節省幾人。速籌示，宣暫不北上。東。

陳旭麓等《盛宣懷檔案資料選輯之四》漢冶萍公司第一册《漢廠來電八月初三》 吟舫初一「江裕」來，有詳函。東電悉，若不造軌，洋匠盡可散，時局定後，派人至外洋，延好手從容布置，約可省洋人六七名。倘決計散，須請先商沙多注銷定軌五千噸，並請撥銀兩萬遣散，日本宜自設號售鐵。昨東肥來潭肯借銀廿萬，息六厘，以六十萬噸礦石作押，廿八年起還，每年四五萬。如到期不能還，即運礦石作抵價，須較賤，招商、鐵路、鐵廠用煤歸其一家辦云，鈞意如何。東肥亦要買此軌，倘俄價好，自盡俄，閲詳函後，望速定速復。格。江。

陳旭麓等《盛宣懷檔案資料選輯之四》漢冶萍公司第一册《漢廠李來電八月初四》 風機未到。開新爐一年後事。據敬庵云，舊爐亦華人砌，並無專家監工。比生開爐即在閲歷七年，敬庵肯具結，並請傳詢芷生，如必洋人專造，生鐵有銷路，必有盈無絀。惟天下事不能保必不壞。來電恐礦廠俱敗，出入太大，須憲臺自決，格知無不言耳。東肥借款，路煤能允否。格。支。

陳旭麓等《盛宣懷檔案資料選輯之四》漢冶萍公司第一册《萍鄉來電八月初四》 三電悉。洙洲以上有匪滋事，萍屢謡鄰縣瀏陽一帶土匪起事，與鄂匪通。萍醴旱灾已成，民心惶擾，昨有百餘人帶鳥槍過境，形迹可疑。防營無用，乞速借南洋林明敦槍一百杆，此間彈子難配，以多爲貴，再借劈山炮三尊，連彈派一教習速解，並由吟舫添派妥友幫運。劈山炮係中國自造，價不昂。贊禀。支一。

餉不易籌，贊早慮及此，故遲至今日，實爲萬不得已。況礦路占地甚廣，萍醴鐵路現又歸併，平日巡查各勇，兩局本有六十名，今只添四十名，凑成精壯百名，一切格外從省。贊督練此勇，專護礦路，若非土匪劫掠，斷不輕舉妄動，惟事關緊要，務請憲臺給贊專札，内叙如有土匪劫掠，准其督率轟剿，以重礦路，並咨明江督及湘贛撫立案，轉飭府縣遵照。贊禀。支二。

陳旭麓等《盛宣懷檔案資料選輯之四》漢冶萍公司第二册《續訂大冶礦石合同光緒二十六年八月初五日》 大清光緒二十五年二月二十七日、大日本明治三十二年四月初七日訂立大冶礦石合同章程，現經續議，所有條款開列於左，未經續議條款仍照原合同辦理：

第一款 漢陽鋼鐵商廠認保日本制鐵所派運礦輪船赴石灰窑受載礦石之時，每日可上載一千噸，但須於兩禮拜前知會船到日期，方不致誤。倘值雨、雪、大冷、大風之天及過年、端午、中秋日期，有礙勞工不能用力者，不在此例。

第二款 漢陽鋼鐵商廠須在石灰窑開設化驗房，以便日本制鐵所派駐委員，亦可借用化驗，無須租值。

第三款 購辦大冶礦石成色暨價值，自訂立此正合同之日起以五年爲限，改訂如左：

一、左開頭等成色礦石，每一噸定價叁元正。

鐵量 礦石每百分之内須有六十二分及六十二分以上者。

磷量 礦石每一萬分之内有四分及四分以下者，定買二萬噸；其有五分及五分以下者，定買三萬噸。

硫磺量 礦石一千分之内須有一分及一分以下者。

銅量 礦石一千分之内有二分六及二分六以下者，定買二萬噸；其有三分及三分以下者，定買三萬噸。

一、左開貳等成色礦石，每一噸定價二元二角正。

鐵量 礦石百分之内須有五十九至六十二止。

磷量 礦石一萬分之内須有八分及八分以下者。

硫磺量 礦石一千分之内須有一分及一分以下者。

銅量 礦石一千分之内須有三分及三分以下者。

礦塊之大小仍照原合同清單辦理，毋庸改訂。如有褐色鐵礦，價值隨時另行商定。

第四款 原合同定購五萬噸，均爲頭等礦石。

第五款 二等礦石擬購若干噸，應於三個月前由制鐵所與鋼鐵廠彼此商量定奪，惟此礦石與原合同所載五萬噸無涉。

大清光緒二十六年八月初五日

大日本明治三十三年八月二十九日

大清頭品頂戴大理寺少堂督辦湖北漢陽鋼鐵商廠事務盛〔宣懷〕

大日本制鐵所長官和田

大日本欽命駐滬署理總領事小田切

陳旭麓等《盛宣懷檔案資料選輯之四》漢冶萍公司第一册《漢廠盛李去電八月初十》 香帥佳電：鐵廠洋員全數求去，究因何故？恐鐵路及各局廠洋員相率效尤，牽動全局，關係極大，務請速查明情由，設法勸阻，會匪恫喝煽惑之言，萬不可聽云。尊處庚電，軌爐皆不停，此是要着，細情即由盛守面禀。香帥擬即如此電復。宣。卦。

陳旭麓等《盛宣懷檔案資料選輯之四》漢冶萍公司第一册《萍鄉來電八月二十九》 電諭悉。賴倫忠勇可取，惟萍正謡富有票匪起事，且患旱灾重，人心異常驚惶，即湘潭、渌口一帶，亦謡重，恐伏莽竊發，乞諭賴倫緩來。現在機礦工程，統照賴倫臨行所定辦法。礦務正見起色，惜北事起，賴離吃虧不少，焦甚。贊。勘。

陳旭麓等《盛宣懷檔案資料選輯之四》漢冶萍公司第二册《盛宣懷復小田切萬壽之助函光緒二十六年閏八月二十九日》 逕復者：頃奉惠函，藉知和田督辦函稱「裝運礦石，倘有預備不齊，礦量短缺等事，即於制鐵所有礙」等語。敬悉，當即照録函示，諄飭大冶解委員速籌平允辦法，詳細稟復，一俟復到，再行奉告。總之，大冶礦局與貴制鐵所交易，自宜和平允洽，以期長久。況現在貴國與本國睦誼最敦，閣下又與弟交誼最好，凡事可以彼此商量，俾臻妥善。望台端先爲代告和田督辦，是所盼禱！專復，敬頌勛祉！

陳旭麓等《盛宣懷檔案資料選輯之四》漢冶萍公司第二册《萍鄉礦局雇用洋匠章程光緒二十六年閏八月十一日》

萍礦局雇用洋匠章程。

一、所雇洋匠應聽總辦及總礦師，又隨時所派之委員約束。

二、洋匠行爲不正，作事疏忽，或有大錯誤，或礦工有危險事，並未呈明，此種事總辦會同總礦師立時將洋匠辭退。如犯案不重，先期二個月關照，期滿即行辭退。犯案重者，立即辭退。如此情形，礦局只給該匠回國川資。

三、洋匠須認明在中國人處辦事，與華人交涉一切，始終和睦，如有相争或鬧脾氣，乃於中國興辦洋務大有關係，如有犯者，立即辭退，並將合同注銷。倘與中西人有轇轕事，應即告知總礦師處置。

四、洋匠辦工處、住處及器具，由礦局供給，此外並無他件。

五、所有帳目一切，該匠離差日，須一律算清。如辭退時，所有薪水給至辭退日止。

六、洋匠因公出差，在内地路費，由礦局供給。如因公住在通商口岸，洋匠應有限定寓費洋六元。

七、洋匠如遇礦局在中國無論何處有工作之事，亦應前去照辦。

八、洋匠醫藥費，由礦局供給，如往漢口醫病，或中國别處通商口醫院就醫。所需醫費由局供給。惟寓費、飯食費不給。

九、洋匠如遇辦工處水、火灾或意外事，無論何時，盡可出礦。

十、礦局人員駐在漢口者，應將洋匠所用物件招呼轉運。如半途遺失或損壞，礦局自不能擔干係。惟須格外當心，代送相近洋匠之轉運局。

十一、礦局除此合同内所載之款外，無論何事，不准洋匠要素。

十二、此章程彼此明白合意，願附在合同之後，一併簽字。

陳旭麓等《盛宣懷檔案資料選輯之四》漢冶萍公司第一册《大冶來電九月十八》

初七斐禮妄加火車雜役工資，承不允，不問情節又咆哮，並以上控挾制，延至十五赴漢或赴滬。此次加工不准緣由，曾致斐兩函，請必令呈閲，是非自見。查下陸前官局洋人裁後，本丁祥麟具保管理，歷試無誤，惟日礦勒强候運，斐總説容易，迄無存，開年運必緊。不乘農閑多存必誤，請飭斐照合同第九款專責辦事。下陸由承督理，免泛濫謊謫，庇縱攪亂無益。彼肯聽令歸，仍飭照合同札文，歸承節制調度；不聽，請調萍交賴倫查看驅使，庶免任性，即請以萍局礦司在冶之高輔門權留辦礦，兼驗分數。承於日礦任怨核考，冀獲微利，斐不謀而動，今年粗莽濫費尤多，駁詰不遵非一次，承均筆記另條稟。斐無賴藝，妄想賴權，此次憲無峻詞，益長獷横，承只有重申六月初八電稟，前請免瘝厥職。承稟。

陳旭麓等《盛宣懷檔案資料選輯之四》漢冶萍公司第二册《張贊宸致盛宣懷密函光緒二十六年九月二十日》

欽憲大人鈞侍：

敬密稟者，萍醴鐵路從前一切情形，已詳夾單稟内，尚有未盡之言，敬爲我憲臺縷晰陳之。

中國鐵路創始於津、榆、臺北、大冶，各該處皆本省督撫一意興辦、全力維護，猶不免許多周摺。萍鄉僻處偏隅，素仇洋務之區，陡創礦路，尤較他處倍難。且江西當道，意存守舊，前顧令爲路事電稟督撫，而復電有「民非得已，不平則鳴」等語，紳民益生抗阻之念。幸顧令不避勞怨，力顧大局，得以支持至今。乃有甲午科庶吉士散館簽分刑部主事報捐候選知州蕭立炎，字景霞者，貌爲守舊，實則利心甚重，甚於他紳，其所以大不滿於礦路者，無非不遂所欲而起。前稟所謂「有巨紳昌言上諭是假」即指此人而言。聞近日將赴陝西，擬注銷知州，仍回原部當差，已預在萍醴一帶揚言「鐵路害民，到陝即請言官奏參」，全力阻撓，必期縣令去官，礦務棘手，鐵路停辦而後已。良以顧令夙有微嫌，薛守及卑職亦因地價、風水、薦人等事，屢與齟齬，所欲不遂，輒肆譸張。

查顧令本於上年三月調補臨江府清江縣，是缺優於萍邑多多，特以既奉委辦購地，思欲始終其事，以免中途波摺。此時該令急欲離萍，一恐蕭景霞賄囑言官，羅織參劾，地方有司，欲加之罪，何患無辭；一因吏部調取，引見已久，恐得延宕處分。然此時鐵路頓易生手，紳民必更爲難，總宜堅留顧令，俟萍路竣工，再行應調引見。卑職伏思顧令歷年在萍，紳民翕然無間，今爲礦路出力，而倘被人糾參，不特顧令因公受累，即此後蘆漢、湘粤鐵路經過之地方官，誰肯力爲維護。此事實有關於全局，可否仰乞憲臺一面密電榮相、夔相，如遇有人奏參礦路，能隨時駁斥最妙，一面再將開辦萍醴鐵路情形，會同香帥，奏明立案，並求會同香帥，以人才奏保顧令，聲明俟萍路工竣，再行送部引見。

顧令係浙江進士，以即用知縣簽分江西，補授萍鄉縣知縣，曾署東鄉、廣昌等縣，所至有聲。現以三品銜知府在任候選。其到省之年僅二十五歲。前江西撫憲潘設求治堂課吏，考列第一，委充營務處兼文案。前任袁州府曹守誌清所上考語，許以「勤政愛民，吏材儒術」；現任藩臺張亦稱其「學有本原，才堪治劇」。詳請調補清江縣缺。

卑職初到萍鄉，一年中每與顧令因公争執，兩不相下，迨共事日久，相見以心，深佩其才學兼優，操持甚正，任事忠勇，練達時務，洵爲當今不可多得之才。卑職管見，一以防蕭景霞到陜造言污蔑顧令，阻撓礦路；一以特保一人，可激勵各處經過鐵路地方之牧令。是否可行，統乞鈞裁。

再，大人如晤新簡贛撫李勉林中丞時，乞將一切情形與其接洽。此信務乞賜覽之後，即付丙丁，至叩。專肅密陳，恭請崇安。

陳旭麓等《盛宣懷檔案資料選輯之四》漢冶萍公司第一册《萍鄉來電十一月二十八日》 密。前吟舫在滬，年内求發銀廿五萬，未能如數見允。本擬遵諭勉支，不料歐陽樹滋等起解後，謡言四起，官錢號所出錢洋各票，紛紛支兑，萬不得已，臘月中比加匯銀八萬，以救奇急。市間見出匯票，人心稍定。官錢號資本僅一萬，而礦局今年北事起後，較往年匯款大少，以致各處枯竭，結欠該號已有六萬零，甚危險。現存煤焦四萬噸之多，半年天旱河涸，近始發大水，可暢運濟廠。船户、挑夫、脚力已早截出，若竟停爐、停挖、停運，則時值荒年，盗賊如熾，數萬夫役，必釀巨禍，不特贊全家性命在此堪虞，即萍礦亦立敗難振。半年來艱苦支持，無非爲大局起見，叩求格外垂憐，曲全危急，即撥吟舫處銀八萬。贊身當危局，力盡筋疲，吁照援手，恕其冒瀆。贊求。

陳旭麓等《盛宣懷檔案資料選輯之四》漢冶萍公司第二册《解茂承致盛宣懷密函光緒二十六年十二月十八日》 欽憲大人鈞座：

敬密禀者，奉十二月初九日電諭，「斐禮函請本年三月一號截止合同，另派工程司查驗，照第三款辦理，恐與該守設訟，索兩年薪費，冶局如何善後，不誤漢、日礦石，籌復」等因。當於是日電復在案。仰測憲意大旨，可准斐禮自退，而調高輔門接手，似其中不甚放心者約有兩端：一者，恐斐合同不滿而去，索二年辛費；二者，慮高輔門不能如斐擔承漢、日兩礦不誤運也。

查斐喜多事權，無才足濟，此次本因妄攬全權，屢求未遂，而試作截退之請，静待挽留。爲要索全權，不遵總辦調度之地。前者與卑府決裂後，卑府但電請與萍礦司對調，既奉憲臺分别事權之諭，仍酌其可輕者，放松一步，全視合同未滿，辭退出於我口，其索合同期内辛費，勢有斷然者在也。今彼自請截止合同，係屬自行乞退，則辛費給至截止之日，再例給川資並兩個月薪水，此外不應再有婪索，亦理有斷然者在也。若覥然别有争端，倘將前禀誤公摘要指詢，慮其紛瑣，徑可直截就日礦一節摺辯，亦足使之無可置詞。查泰西通例，無論何處向某廠定礦，但約准年運數目，不管其全運與否，必須遵照備齊，此的係礦司責成。查日本所定冶礦，每年五萬噸，早有成約，統計本年除已運一萬五千四百餘噸，再計存礦，截至十二月十五日止，合石堡、灣局兩處，不過僅有一萬二千四百餘噸。統計兩項尚不到二萬八千噸。照原定之數，實少出二萬餘噸，迄尚無着。設使江水不淺，日輪如常來運，必期足原定之數，該礦司猶得曰不誤公耶？此所以不慮其要索二年薪費一段至理也。

至高輔門，當斐禮赴滬上控之時，卑府與高討論將及匝月，爲人鎮定心細，每歸自礦工，仍博覽羣書，孜孜不倦。與談造業、礦工、化學等藝，在學堂均已考有成數。又當未經決裂之先，斐禮曾向卑府稱佩高之本領。九月間與萍局張令電議此事，亦極道高頗有本領，卑府就所親察，參以輿評，大譜應不支離。況斐禮本年日礦照原訂五萬噸之數已屬有誤，縱有擔承合同，得云可靠耶？若高者，尚未見有自是心迹，再能不似斐之不專定、好馳騖，由勉就熟，應可支持無誤。此卑府所察如此，再候憲臺電飭到滬察詢一次，先專令擔承礦石礦工，行有餘力，或稽察、或兼辦某事，由總辦隨時商定，但經允諾，立據來山。再與遇事考求，量才增任，事無偏執，當可肆應漸底周至，此以斐易高，於取運礦石一節，似無區别之情形也。

再，交付礦石，我輩不敢主斷者，僅礦含某質分數若干一節耳。然礦石雖恃礦司分别檢取，仍待化驗，始有定評。其次，重在礦工，謀定後動，工料省而周轉捷。若輿之所至，添改頻而曠費厲也。再次在一儲一運：儲，乘農閑日霽，加緊寬收；運，在山廠，不准火車已到，有未裝之車，在碼頭，不准車到逾時，有未卸之礦。此節調度，不必恃礦司，現已可保不誤也。此取存礦石先後大畧關要如此，並乞裁察。

再，募雇西人，每逢差滿，或未差滿，有故回國，該西人均須與主人索一辦事無過極好文憑，持之回國，以資到處自榜之具。此次斐禮不索此憑則已，果索此憑，下筆極須留神，恐夸獎落實，此憑到手，便即翻復索合同期内全數辛資也。務乞我憲臨時飭執筆人加審出之，至爲切要。肅稟，恭叩崇綏。

陳旭麓等《盛宣懷檔案資料選輯之四》漢冶萍公司第二册《鄭官應籌辦礦務説帖光緒二十六年》 嘗聞泰西各國礦務定章，有准外人開採，有不准外人開採。凡稟請地方官給地開採者，必須指明所勘之礦在何地段，出何物産，方可准給。查英例，如産金銀，概歸國家自開，民間所開鉛錫礦内出有金銀，亦歸國家買入。在英國哥林卑亞地方之礦，每人可領百六十益加（每益加約六畝），不論開礦、耕種，每歲工程例須至少費金錢二百枚。其屬國奥大利亞地價甚賤，欲開礦先領執照，每張照費十司令至一鎊，每人只准給地六十至一百六十益加，國家定例極嚴，且派員時往察看其工程，如未足限費，兼之材料不堅，即改給別商，以杜取巧。美國每人只准給地六十益加，每益加約費金錢五枚，予執照一紙。德國朝廷欲礦務日興，保護礦主較優，不准民間之業高抬時價。揆各國立法之意，皆望野無曠土，國無游民，故所給之地有限數，而必令其開採或耕種，日有所費，不使荒蕪。如開採已盡，其地仍歸國家。若非領自國家，買自民間，價必昂，而地數不限。據賴倫礦師云，各國所抽地税，雖輕重不一，而礦章大同小異，只聞有一大公司開採二十餘處者，未聞有全省礦歸一人承辦焉。有則自去歲意大利福公司承辦山西、河南全省礦務始，由此而各國無不垂涎。繼起者爲華商劉道學詢、李道徵庸等與英商摩賡等彼此集股，合設華益、洋益兩公司，合股承辦四川全省礦務，其章程勝於山西。今英商德貞，已蒙峴帥准其承辦南京、鎮江礦務，優待極矣。查和約本無准外人攬辦礦務者，華洋合辦亦始於去年山西福公司、四川華益公司耳。惟德貞合辦之華商，不知是否股實可靠？其章程是否仿照四川華洋股分各半？有洋股無華股者不准，華人爲總辦，洋人爲會辦，工程專歸洋人，租購地畝專歸華人。合同定後六個月不開辦，准將合同作廢，聽由華商另招別人，洋人不准私自購地。如股本盡屬洋商，地又不歸華商代買，則買賣交涉之案必多，是利源外溢，太阿倒持，勢必流弊不可勝言（或一省或兩省歸一公司承辦，利權極大，將來借端起釁，必謂鐵路水脚太昂，擬自造一條以利轉運，或遇地方滋事彼即調兵招勇，托名保礦，必蹈印度公班衙門復轍矣）。近聞德貞以華人爲可欺，貪得無厭。南京、鎮江均未開辦，又欲兼辦江西、安徽、湖北等省，令人駭異（華洋合股開礦，原期彼此有益，今洋商承辦之處未開，又謀攬他處，與占地無異）。竊思我中國雖弱，究係自主之邦，所有礦路權應我操（雖允長江不讓別人，非謂礦路不准我與他人合辦也），盡可照外國礦務章程辦理。夫鐵路之盈虧，全視沿途貨物之多寡，貨之多者，孰有過於礦産煤鐵乎。今俄辦之鐵路，且准其兼辦沿途礦産，豈盧漢鐵路共知客貨最少，利在運兵者（此等鐵路，泰西章程，國家必保其歲有股利五分，少則補足），反不准其兼辦，坐視虧耗乎？況漢陽鐵廠焦煤、塊煤所用極多，歷年買自開平，費巨價昂，又限於出數（漢廠先設鑄鐵爐兩座，因焦煤不敷，只用一座）。故煉成之鋼成本價重，歲虧不貲。今在萍鄉大舉，擬築鐵路，以期轉運便捷，擬用機器開採，以期出煤日多。惟萍鄉之煤，實與袁州、饒州、南昌、臨昌四府脈絡相連，應請概歸漢陽鐵廠招股開採，免爲外人争奪而誤工程。他如湖北之大冶、武昌，安徽之池州、寧國、鳳陽等處，礦産均經漢陽鐵廠、輪船招商局集股開辦多年。至於河南、湖北、湖南、浙江、福建、廣東、廣西等處，凡係鐵路鄰近之區，所有礦産未經開採者，應請概歸盧漢、粵漢鐵路公司，仿照四川章程，集股開辦，此皆爲保中國之利權，而杜外來之流弊也。是否有當，伏候鈞裁。

陳旭麓等《盛宣懷檔案資料選輯之四》漢冶萍公司第二册《盛宣懷致張之洞密函光緒二十七年正月初六日》 敬肅者，宣懷猥蒙以鐵政委任，措柱艱難，眴閲四年，尚鮮程效。顧念富國强兵之基，舍煉冶無以自固。自各國議禁運械，本原所在，益用兢兢。日本鑒於歐西各廠創設制鐵所，才奪東方之利，氣局不如德、比，然締造未久，業費公款二千萬元。日鐵分數不如大冶，瞻矚所及，高掌遠蹠，於是長官和田介、伊藤來議，以有無互濟爲詞，實則心目眈注在租山自採。只因鈞勒嚴緊，不得已勉訂按年售運之約。該所現開爐座核以月運礦石，不敷尚多。（遂有東肥洋商向漢廠攬銷生鐵，並願籌借廠費二百萬元，請以鐵山作保，揣度詞意皆和田隱主之，實即前在漢廠之德工司德培駐東指使之。）合同原議駐冶日員三人爲率，數月來以次增置，名爲監收督運，實則按理切脈。此時款議未就，各國率以多攬利權爲事。大冶、武昌兩縣鐵苗隱伏，以次銜結九江城門等礦，爲歷來勘礦洋員所熟悉，現已籌款價買。大冶上下游，官局未購之山瀚如烟海，彼以重金啖使華商出名，或即就議和之便由公使指山要索，皆意中應有之事。東方只此兩廠，彼盈此絀，理勢固然，由此寶藏外溢，商機内滯，顛蹶既形，安能再振！宣懷曉夜焦思，只有治標兩策：一，東人來議，不論官商款目，擬以冶山作抵者概行婉卻；一，附冶著名礦山未經入官者，趕先圈購。誠有零枝敗葉一時難盡搜羅，誠能大端在握，彼亦索然興盡。光緒初年，宣懷履勘冶礦時，武昌巨紳王孝鳳年伯力守青烏家言，以爲地脈不可輕泄。太原現歸道山，其子世馨讀書解事，曾來謁見求事，茲特派湖北試用知縣伍令璣專辦武昌縣鐵礦購地事宜，並函致王紳相助爲理。大冶一屬經節府草昧經營，力開風氣。局員解守亦與冶局沆瀣，即檄令分投購辦，而以德礦司賴倫往來察勘，期無遺漏。此事爲鐵政剥復興廢之基，所關甚大，牘意未盡，特以一箋密布，祈於通飭札文中切實導喻，嚴禁阻撓。漢廠之幸，大局之幸也。肅泐，恭叩勛祺，惟祈賜察。

陳旭麓等《盛宣懷檔案資料選輯之四》漢冶萍公司第一册《漢廠來電正月二十》 專售生鐵，權操諸人，終恐難恃，救急惟有造電杆、電綫。電杆扁生鐵圓形、扁貝鋼方形；電綫用馬鋼。廠萍大局在此事，憲北上前務與電局商定，候示重造。此舉於電局亦多裨益，因木價日昂，且不易辦，易此可省虛糜。春、格。號。

陳旭麓等《盛宣懷檔案資料選輯之四》漢冶萍公司第一册《馬鞍山來電正月二十三日》 賴謂新井無新本不成，刻與婉商萍馬合股，購機購藥、鑽石洋匠出自萍，員司、機匠、鋼鐵材料出自馬。現銀不敷，兩處公籌，派張金山駐辦，歸賴倫總管。六個月先成直井五十法尺，見煤換銀，畧資周轉。賴甚願意，張令應無異言。念六七有詳稟到滬，請電飭賴倫照議速行。此計不成，只有「糧盡引還」四字。賴現赴冶。沂。廿二。

陳旭麓等《盛宣懷檔案資料選輯之四》漢冶萍公司第二册《盛春頤李維格致盛宣懷函光緒二十七年正月二十三日》 敬稟者，卑府等因日本鐵價驟跌，生鐵銷路難恃，瞻顧廠、萍，彷徨焦灼，因憶二十二年接辦之後，曾有仿制生鐵電杆之議，並聞湘滬鐵路所用電杆即係鐵鑄。又以電綫一宗獲利甚厚，雖仿造必須添購機器，而尚非遠大難成之舉，故電請憲臺俯賜核準飭下次第仿造，以維持萍、廠大局而保我自有之利權。且此舉若行，萍、廠固借以資養，而電局亦與有利益。即以杆論，易鐵之後，當可節省無數糜費，此已早在憲臺洞鑒之中，無待贅述。

查杆有兩種：一鋼，一鐵。鋼者方形較輕、較堅，即如附呈之圖式者也；鐵者生鐵所鑄，上下兩節，已飭造樣杆寄滬，即仿憲臺昔年所寄之來樣者也。惟鋼者工作繁而成本大，爲廠計寧造鐵杆，計每根約重四百餘磅，約價洋例銀十四兩。本廠交貨每月約成二千杆左右。果得此宗銷場爲立脚之地，再行設法流通上海、日本兩處鐵市，則萍、廠日常用度應可周轉。至電綫一宗，雖所用不多而獲利則甚厚，擬俟商定再行詳稟。其電杆則務求憲駕北上之前，與電局即行商定飭下照造，以救危局，廠、萍幸甚。

郭廠欠款結至西歷去年九月三十日止，應欠該廠英金八千八百八十八鎊十六先令十一本士，法金六萬七千六百九十二佛郎五十桑丁。去年該廠索還之時，經函電緩商格勒尼，始電允憲臺英金之數展期六月，法金之數展期一年。日前卜聶接到格函，叮嚀囑其假回之時，在憲臺處面提其英金展期之款，計自西歷去年十月二十一號起至本年四月二十一號止（華二月廿二日），即已六月期滿，務望如約匯款云云。廠中如此情形，無可措辦，自在憲鑒，而外人展期之款，又難再延，輾轉思維，一籌莫展，惟有上瀆憲聽，伏乞鈞裁定奪。專肅，敬請崇安。

再，電杆圖式，今日趕不及，准禮拜六並樣杆並寄。

陳旭麓等《盛宣懷檔案資料選輯之四》漢冶萍公司第二册《解茂承致賴倫函光緒二十七年正月二十五日》 總礦師賴倫照：前奉督辦函諭，「斐禮稟，西三月停止合同」等因。在我原無外視斐禮之心，但以遇事欲求公平認真，而斐禮自去夏多有硬作不能婉商之事，且不待我將情理説明，輒爾咆哮無禮，此彼此不能共事所由來也。

今承閣下念兩面俱係老友，特借勘礦之便，樂爲調處，並云斐禮已悔悟認錯，我自當體閣下遠來之意，曲予從權。但斐禮説話時有忘記反復之處，而礦事緊要，不得不將大致四要端，丁寧説明。如均以爲可，即憑閣下爲證，三人各簽名爲約。

一、斐禮應遵照去歲十一月十五號稟，奉督辦批詞，合同第十條，礦司辦事如何，准由總辦隨時考察稟報，即此便是節制憑據，應歸總辦節制調度。

二、礦石應照漢廠按月定數，日本應照按年定數，均宜乘農閑天晴，不礙工作之時，預先寬儲，免臨運雇工爲難。既須加價，又有成本加重，並迫促之慮，是爲至要第一事。

三、礦工無論請領何料，總須前三個月算定數目，注明何工使用，開單關照。因大冶非大埠可比，且漢廠向來制料迂緩，與其臨時耽誤嘔氣，不如我局早日算定關照。至應向外洋購件，應須約計，能以周轉時日以前開單稟辦爲妥。

四、大宗礦工，應先以圖説估單爲憑，要緊事以函信條據爲憑。至隨時面商之事，其初意見不同，由於細理未經看透，不妨彼此平情辯論，必須説透此理爲止。何人理正，即照河人理辦，方於公有益，彼此均不得謂此係我之事權，不勞過問也。

光緒廿七年正月廿五日。總辦解具。

陳旭麓等《盛宣懷檔案資料選輯之四》漢冶萍公司第二册《解茂承與賴倫斐禮立約光緒二十七年正月二十七日》 賴倫主約。

總辦、礦司今日會面，已將彼此不和睦事解釋，斷定如左：

一、總辦、礦司彼此交涉，仍遵督辦與斐禮所訂合同辦法。斐禮應辦事及應有權，均詳合同第七並第九條。解總辦應辦事及應有權，均詳第十及十一條。

二、總辦、礦司彼此言明，得道灣礦及下陸廠，均係斐禮專責，鐵路係解總辦專責。所謂專責者，係用工人、定辛工、定包工之事。

三、解總辦如遇鐵路事，欲請斐禮商辦之處，斐禮允專心照辦。

四、斐禮言明，凡關得道灣及下陸辛工、包工，均詳細告明總辦，並送月報。

五、總辦與斐禮如有商辦事，應彼此和睦，將意義説明，故翻譯應由總辦聘用，方爲合用。

六、材料係礦廠隨時需用之件，須由斐禮趕早關照，免誤工期。如由漢廠或他埠購取者，應在三個月前關照。如有購自外洋者，應估計到華日期，預先關照。

陳旭麓等《盛宣懷檔案資料選輯之四》漢冶萍公司第二册《解茂承致賴倫函光緒二十七年正月二十九日》 總礦師賴倫照：日前所致閣下之函，附列約章，皆年餘體驗斐反復最要之事。今彼不肯如尊勸簽字，而又執欲管下陸機廠，並緩革涂通事，皆是於彼無益而有礙於公。我若一定固執己見，必致不能如閣下此次來冶之意。因我不願到此地步，是以一如閣下主約簽字。現在此舉總算勉强了結，但我居心行事，並我日後此舉倘有仍似從前爲難之處，閣下萬萬勿忘一接我信，務必幫忙爲要。即送行旌。

陳旭麓等《盛宣懷檔案資料選輯之四》漢冶萍公司第二册《盛春頤致盛宣懷函光緒二十七年二月二十二日》 敬禀者，東(肥)借款一事，前日電禀，當蒙鑒及。昨東肥來詢有無復電，據云：此事上海領事並不接洽，最好即由卑府出面，專爲廠用借款，請漢領事電商伊藤，俟得允借回音，再請憲臺函致和田、伊藤專説借款一節，一面電請漢領事就近與廠定議云云，乃征妥協。若此間未先布置熨貼，憲處突然啓齒，萬一不成，轉不好看。所論亦是。至此事由東肥經手，在我處恰有便宜，蓋我借一百萬，渠不過取一萬之用，此外别無花銷，較之在滬成交，層層剥蝕，恰省許多耗費，是係現在借款之不可不握算者。

若論東(肥)願輸借之旨，則爲籠絡冶礦，希圖展久，巨款一日不還，必不好意思遽靳冶礦，大抵云然，要無他意。憲意究竟何如？務祈迅賜示遵，是所盼禱。謹肅，恭請崇安。

陳旭麓等《盛宣懷檔案資料選輯之四》漢冶萍公司第二册《盛宣懷致劉坤一函光緒二十七年二月三十日》 敬禀者，前因萍鄉縣晚禾被旱，民食不敷，據礦務局委員張令贊宸、萍鄉縣知縣顧令家相禀請：援案於南洋各局廠兵輪購煤款内，借銀買米平糶，事竣運煤抵償。經鈞處批：局議詳以江南無款撥借等因，飭知在案。兹據該印委續禀：米缺民荒，該縣向有坐食大户惡習，深恐不逞之徒，借端滋事，甚爲可慮。當此青黄不接，民心異常驚惶，辦米平糶，萬難再緩，盼款甚急等情，係屬實在情形。該印委等，現已續禀台端，亮邀鈞鑒。明知江南庫款支絀，本難撥借，但萍鄉事機迫切，求款甚殷，幸該處煤質頗好，爲南洋各局廠輪所必需，有煤備抵，究非他處毫無着落者可比，用特專函奉懇，務乞我公俯念灾黎，於無可設法之中力爲設法，飭商籌防局籌撥五、六萬金，俟平糶事竣，即由該印委運煤前赴金陵，按照時價，禀請驗收，造册報銷。倘平糶虧耗，歸該印委自行彌補，以重庫款。

伏思東南大局，賴福威庇蔭，安輯至今。萍邑地瘠民稠，向多倚煤爲活，現非無煤爲患，無米實患。饑困過久，小則搶並富户，大且焚毁路礦。工程緊要，各洋員均須以次回萍辦事，勢必因此又有中變。是爲地方計，固宜早撫瘡痍；爲礦路計，實亦不能不預杜隱患。南洋各局廠輪所用之煤，本以現款向外購辦，則一轉移間，於公款仍無出入。設蒙俯念該印委等情詞剴切，准予設法挪移煤款。爲時已促，祈電匯上海交張令贊宸親匯萍鄉，免致羈誤，感荷匪淺。肅此，敬請勛安，伏惟偉鑒。

陳旭麓等《盛宣懷檔案資料選輯之四》漢冶萍公司第二册《吕柏致盛宣懷函光緒二十七年三月初四日》 敬禀者，滬上拜謁鈐轅，得蒙鈞誨，旋即赴漢經辦比商萬順公司。當時携有郭(克爾廠)總辦格林那一函，代懇關垂壹是，並蒙示諭，此後萬順公司與漢廠彼此均有往來情事。第是吕柏在漢廠有年，盡心竭力，久邀明察，倘後日遇有交涉，終期彼此有益，借以表吕柏往日之忱，如能漢廠與萬順公司互相關照，得以將漢廠往時之虧摺復行收回，斯誠萬幸！推原漢廠所以虧摺之故，實因大人未能將往日所上妥善章程悉行照辦，且未將人已兩層分(開)。蓋已所用之工師自然助已，若外人則無不巧言，以惑我之聽聞，借以肥其私欲而虧我，故漢廠虧摺甚巨。今漢廠已如此式微，然(經)辦苟能妥善，獲利誠無可限量，自然經費充足，何庸向外抵借款項等情，雖呂柏前在漢廠籌辦各事，迄今未做到。但願此後漢廠與萬順公司交相往還，俾呂遇有能於漢廠爲力之處，得使漢廠收回利益，庶見呂柏在漢廠數年籌辦之苦心也。惟是呂柏最所願者，漢廠能獲利益，若能萬順公司代墊款項，仿萬順公司在漢口設立製造廠之法辦理，漢廠自能辦有成效，漢廠終須總理處籌劃妥善。今萬順公司專以製造機器爲主，擬向漢廠取用料件，如漢廠須用機器，而萬順公司亦可代造，如此則兩有利益。至代造機器價值，自必格外從廉；如此辦法，機器自較外洋購來便宜良多，而漢廠所供萬順公司鋼鐵料件，亦須較上海價廉，以中國材料，用中國人工，在中國亦可獲利。所有如何辦法，呂柏已致函郭克爾廠格林那矣。今有一辦法，如漢廠之修理機器廠、鍋爐廠、翻砂廠、木廠等處，就刻下所有各機件及房屋作漢廠之成本，交萬順公司代辦，由萬順公司添本拓大，工程之巨，勢有必然，而萬順公司於漢口亦不另設製造廠，專就漢廠已成之局放大，只須經理妥善，自能獲利。如斯，則無論何件，漢廠可以製造，復於漢口另行設立一廠，安置極靈便機器，彼此聯合辦理，自臻完善。萬順公司刻已擬定與漢廠合辦，呂柏已在滬面陳，今只待鈞示如何耳。今尚有得道灣後花石山一座，亦可合股開辦。曩時，呂柏在漢廠時曾經稟請，前日在滬亦經面稟，蓋開此石山與大冶毫無關涉，只須大人購買此山作爲成本，由萬順公司設立磋磨花石機器以及雇用人工，並由萬順公司設立各埠分行，銷售花石。蓋此石可以供蓋房屋、門櫺、梁柱、石梯並碑牌之用。如有餘利，兩相均分，蓋開辦此山，成本無多，而利券可操也。至開辦各種礦山，亦可與大人合股辦理，而礦山歸大人購買，作爲成本，再由萬順公司出資開辦是耳。所有大人擬向萬順公司借銀一百萬兩，將上海紗廠，並蕪湖煤礦山等處作抵，業已與經理上海萬順公司之霍多籌商，恐此事難以辦到。緣萬順公司於此道無益，故難應允，但不知大人何以不願將蕪湖煤礦山與洋商合辦。若是經理妥善，自必有益。且早整頓一日，即早收一日之利，何必將無益之事徒勞心力？緣煤礦山有利可圖，而紗廠則無利可望也。至漢廠與萬順公司合辦一節，由萬順出資拓大改造，只須經理得法，獲利自可操券，何至虧摺？然與洋商合辦之法，呂柏前上章程何止千數？若目下之辦理，自難獲利。今萬順公司已預備與漢廠合辦矣。在呂柏，有盡呂柏之心，倘力所能爲，無不竭力，若能將漢廠辦有起色，呂柏亦有榮焉。諸乞裁奪，伏乞示諭。敬請鈞安！

陳旭麓等《盛宣懷檔案資料選輯之四》漢冶萍公司第二册《張之洞咨盛宣懷文光緒二十七年三月初六日》 光緒二十七年正月十三日，准貴大臣咨開，「照得湖北大冶、武昌兩縣，礦苗隱伏，銜接不斷，均爲漢陽鐵廠奏准開採之礦，自應分派妥員，先將礦山應用地畝，勘丈圈購，以資冶煉，而裕民生。除大冶一帶，應購礦山地畝，責成局員解守，督同礦司賴倫，悉數圈購外，其武昌縣所屬，應令派員分投辦理。查有湖北試用知縣伍璣，堪以派委，專辦武昌縣鐵礦購地事宜。該令應即迅速馳往，將武昌縣所屬應購礦山地畝，會同賴倫，逐細勘丈明確，仿照大冶辦過成案。查明時值，酌定官價。會同地方官，傳集業户，眼同丈量，照章圈購。應給地價，按户憑用聯單赴局報領。設有地痞抗不遵照，借端阻撓，即按名拿送地方衙門，從重懲辦。所有收回契據、糧單，以及領據等件，應由該令造册，移縣蓋印，呈送備案。除札委伍璣遵照辦理並分行外，合亟咨呈查照，迅賜轉飭地方官遵照。俟伍璣馳抵武昌縣圈購地畝，務即會同妥辦，並遴派干役照料彈壓，以免滋事」等因；到本部堂准此。

查交付漢陽鐵廠奏定章程，並無武昌縣地方礦産明文在內。嗣因貴大臣來文，大冶及武昌等處鐵礦，請一律歸鐵廠開採，當行司通飭各屬，凡用機器開煤、鐵各礦，先由該商將一切辦法呈明，聽候本部堂札飭地方官，查核明確，批准給諭，方准購辦。除武昌縣，先經封禁，勿庸開採外，即飭大冶、興國等州縣，出示曉諭等因在案，是武昌久經封禁，不在開採之列。大冶亦有查明批定，方準購辦之文。茲准咨大冶一帶，責成局員解守，督同礦司賴倫，悉數圈購等因。查交付鐵廠奏案貴大臣議定章程，原欲兩大爐齊開，廣籌鋼鐵銷路，保守自有利權與外洋鋼鐵争衡。今與日本訂立合同，每年售與礦石五萬噸，以十五年爲期，不籌鋼鐵銷路，而籌礦石銷路，且有日本要加買，亦必照辦等語，漫無限制。以無窮之礦石，供外人之鼓鑄，士民驚疑，咸謂非宜。雖貴大臣有必當開設學堂，專肄冶煉之説，然係將來之事，無以取信於人，此圈購民地，銷售礦石，與貴大臣原議，實有不符者也。

在貴大臣以焦煤缺少，不得已與日本通共有無，自係苦心孤詣熔煉鋼鐵之計。惟查官局交付鐵山，官地寥闊，前經委員繪有圖説，百餘年取用不竭。即貴大臣前年六月來電，亦謂冶鐵爲百年無盡之藏。但就官山開採，除自煉外，售與日本十五年固自綽有餘裕，此又不必圈購民地，以附益之者也。

且查本部堂通飭原案，指定興國、大冶專供開採，係爲鐵廠而言，倘另購之地，仍供鐵廠之用，官力自應相助。現在鐵山開出之礦，自用之外，轉售他人，尚充足有餘。則除官山外，所有民間應續購之礦地，本非鐵廠已購之産，實是湖北本省之地，自應由地方官主持，應即派委大員，督同地方官，勘明官山原界之外，凡有民間可開各項鐵質、錳質以及銅、鉛等一切礦産，暫止税契。無論紳民，不得私相買賣，更不得私行賣與外人，必須一律由官悉數圈購。如果鐵廠乏用，必須擴充開採鐵、錳兩礦，查明實係廠商開採，以供廠用者，即由官按照原購價值售與鐵廠，惟不得將礦售與外人。並與解守等妥議辦法，明定限制，以維礦法而杜流弊。除札委趙道濱彦督同大冶縣，妥籌稟辦，並飭暫止購買民間鐵、錳各礦税契。此事關係甚重，務宜切實遵辦，勿稍滋弊。如辦理不善，致有流弊，以及或有不應税契，而該縣擅行印税者，將來查出，定將該縣嚴參，斷不寬貸。□□暨行湖北布政司、鐵政局通飭遵辦外，相應咨復。爲此，合咨貴大臣，請煩查照，轉飭大冶局員解守及伍令遵照，並希見復，望切施行，須至咨者。

陳旭麓等《盛宣懷檔案資料選輯之四》漢冶萍公司第二册《盛宣懷致李維格函光緒二十七年三月二十四日》 昨奉公電阻止洋員稽核一節，具見忠謀直節，視公事如己事，慰佩無已。惟弟苦心紆籌，冀以維護礦廠大局，則有非閣下諸君所能盡知者，不得不詳晰言之。

查接辦漢廠迄今五年，墊本已至二百四十餘萬，添置機件恐不及一半，日復一日，力何能支，弟有多大力量，必致決裂潰敗而後已。議停舊爐而不先修新爐，專索開焦而不搭用萍焦，雖由萍廠不能認真洗煉，然不先與工司商酌變通煉鋼之法，此次張令到鄂，始與卜聶商定合同，仍未知定若干分數，定若干價值，每月運若干到廠？今鐵山又以漢廠洋員苛求含鋼分數來告，亦前此所未聞。前既積無用之萍焦，兹復剔新出之冶鐵，擲金虚牝，何所底止？而且全廠機器時致停歇，耽誤工程，虚糜款項，尤爲大病。我彭、戴之非不精明干練，但事前不能與洋人考核，事後又不免爲洋人束縛，其受病總在華洋隔閡，情意不通，以致如此。

執事既任總稽核，不僅如載之筦算已成之□□，必須在經費來用之前認真考核。然不與葛樂士會同辦理，一則恐洋人隔膜，難核工作盈虧；一則恐華人徇情，難杜内外糜費，故必給兄與葛大權，實爲聯絡華洋，庶可一氣呵成。葛雖不諳製造，必可與卜(聶)考核成本以及銀錢工料，不致如前之隔不相通也。

至帳目和盤托出一層，不必過慮，但將官本若干，商本若干，内有須付利息者若干，明白揭告，不及其他，與葛接手後，即將現存貨款作爲舊管，原定三月起，現定四月朔起，試辦一年。此一年内，本廠常年經費應將售貨抵付，惟添置准另籌款項，已令柯貞賢電致葛樂士，俟其回電，即當明給電報，務望遵照辦理，勿爲人言摇惑。總之，稽核之事以葛與閣下任之，工程之事以卜與敬庵任之，悉照西法，任怨任勞，總期無一間空機器，無一間空工區，是爲至要。

近人嘗謂洋員來華稍久，無不沾染習氣，教猱升木，職亦有□。今葛初次東渡，即得閣下與之相處，表率駕馭，自有其道，可無慮此。至詳帳須用法文，擬將上海吴君調赴該廠，此外再添一、二通事，便可敷衍。至閣下任事之忠，持身之廉，學問氣節之過人，凡正人君子皆肯具結，昔胡文忠創辦厘會，多用忠廉誠樸之士，弟則謂以譯才而有道氣，舍君而外，殆罕其人，借重長材，力挽危局，在此一舉。疑謀勿成，三思太過，毋好爲是□□也。除擇要電達外，專此復陳，順頌籌祺，諸惟心照不具。

陳旭麓等《盛宣懷檔案資料選輯之四》漢冶萍公司第一册《長沙俞中丞去電三月二十九日》 頃接萍局電稱，湖南編修曾廣鈞、中書饒智元、縣丞周瑞等在萍鄉縣具開設寶源聚公司，採買萍煤運湘販售，先蒙尊處批准發給公文，並札長沙府轉飭各縣出示曉諭，並請萍鄉縣頒示存案等語。查萍鄉煤礦廿四年三月奉旨禁止商人别立公司，飭贛省隨時申禁，以重礦務等因。現該商等别立寶源聚公司在萍採買，稟請萍鄉縣頒示，不特顯違奏案，且與尊處批准之文不符，其爲影射無疑，乞迅賜查禁，並就近電飭萍鄉縣嚴禁。盼切電復。

湖北省檔案館《漢冶萍公司檔案史料選編》上册《盛宣懷致俞廉三函光緒二十七年三月二十九日》 接萍局電稱，湖南編修曾廣鈞、中書饒智元、縣丞周瑞等，在萍鄉縣具稟開設寶源聚公司，採買萍煤運湘販售，先蒙尊處批准，發給公文，並札長沙府轉飭各縣出示曉諭，並請萍鄉縣頒示存案等語。查萍鄉煤礦，二十四年三月，奉旨禁止商人别立公司，飭贛省隨時申禁，以重礦務等因。現該商等别立寶源聚公司，在萍採買，稟請萍鄉縣頒示，不特顯違奏案，且與尊處批准之文不符，其爲影射無疑，乞速賜查禁，並就近電飭萍鄉縣嚴禁。

陳旭麓等《盛宣懷檔案資料選輯之四》漢冶萍公司第一册《長沙來電四月初二日》 艷電即飭礦局查復。曾廣鈞等並未赴局咨請開設寶源聚公司販運萍煤等情，長沙府亦無轉飭各屬出示之事，至雲敝署批准發文，尤爲虚誑。且曾廣鈞現在湘，由局函詢，據復伊實不知，確係假冒。遵即電告萍鄉，令嚴行查禁矣。廉。冬。

陳旭麓等《盛宣懷檔案資料選輯之四》漢冶萍公司第二册《盛春頤致張贊宸函光緒二十七年四月初八日》 弟初五晚回廠，一翁出示上月二十日上家叔稟稿，又二十二日寄臺端函稿中所論列，無一非血心之言。竊謂南皮制軍創建鐵廠，本欲以國家之魄力，造軌築路，初未專恃市面行銷以自養，此奏案具在，可得而稽也。後之變局，如廠之改歸商辦，路之仍借外款，一切悉由外人主政，種種要挾，以及去年之拳匪擾亂，軌積停造，均非始計所及，而亦非當日之如意算盤所慮到者也。今日者國家已視我爲秦越，而商人又筋疲力盡，茫茫四顧，除行銷自養外，别無可恃，此局面變遷而辦法亦不能不因之變通之實在情形也。所謂變通者，如就萍設立熟鐵廠，及倣造市面行銷各種繁貨，皆此之謂。而再能自煉錳精，自製火磚，内節流而外開源，廠運庶幾可轉。一琴自告奮勇，出洋游歷，孤心苦詣，可爲具結。弟與之共事一年，蓋已深知之矣。非然者，則不獨一琴求去，而弟亦敢告不敏，擬請家叔趕派替人接手，以救危局。弟目前斷不敢即行恝然捨去，請以年終爲度，時尚從容，當不難其選，此心弟蓄之已久，所以遲遲不出諸口者，無非欲爲家叔稍分仔肩。今則才力已竭，勢將隕越，若再戀棧不去，必致辜負委任，亦萬不得已而始出此也。

抑弟更有説者，無論造軌，間斷即須坐食，即路局定軌源源不絶，彼知我非彼無人過問，則扶制吹求，行將不堪其甚，今年鐵價大跌，請俟沙多定軌，即知弟言之非謬也。

總之，仿造繁貨，爲今日急切之要圖，非此不足以自立，敢乞執事剴切代陳，一決大計。臨穎不勝屏營之至。專此，敬請勛安。

陳旭麓等《盛宣懷檔案資料選輯之四》漢冶萍公司第一册《長沙去電四月初九日》 俞中丞冬電諳悉，並據曾守廣鈞電稟，亦云並未請設寶源聚公司販運萍煤，且無批准出示之案，實爲假冒無疑。此事於萍礦關係甚重，乞賜札飭萍鄉縣顧令嚴拿重辦，治以藐違諭旨、揑造院批之罪。勢難稍存姑息，致長刁風，而貽後患，除電顧令外。宣。佳。

陳旭麓等《盛宣懷檔案資料選輯之四》漢冶萍公司第二册《張贊宸致盛宣懷函光緒二十七年四月初九日》 敬稟者，頃奉鈞函，遵諭明日三句鐘約賴倫晉謁，面稟一切。至承示：約款更多，連醴路百萬，又不敷二十餘萬，奈何等因。前者卑職面呈一單，聲明約機礦工程大成，尚需銀四十九萬，係專指工程而言，此次賴倫所估約數六十一萬五千兩，係加華洋利息而言。所謂前後需二百萬成本方能大成者，蓋萍礦初創，係空拳赤手而起，無日不出極重莊息，且按月滚算。加以禮和借款，未購機先付息，計息更重。自開辦至將來告成時，所需華洋息款，總在四十餘萬，名爲需用二百萬，實則除息款外，只有一百五十餘萬。且此一百五十餘萬中，大機器廠在内，十四里之鐵路在内，即如洗煤機、煉焦洋爐等，約銀五十萬兩亦在其内也。細算礦用機料及一切工程，到將來告成之日，不過七、八十萬兩，如此工程尚不爲多。且去年北方軍興，萍鄉屢欲起事來成，礦上幸未吃虧，而洋礦師一年避滬，工程便不能照舊。暗中所費利息，爲數甚多，此時變之來，爲初料所不及也。

查唐景星議設開平礦時，上傳相稟中，開煤鐵兩礦，只須銀四十萬兩，嗣後僅開一煤礦，且並無洗煤機、煉焦洋爐，而所擱長短成本至三百餘萬之多。此見之開平刊本章程者，足見辦礦利雖甚厚，而擱本實亦最重。陳藹廷切實言之，事非經過，不知其中難處耳。

前稟所懇電匯一琴之四萬金，未蒙賜復。現漢廠欠萍煤價約有六、七萬兩，萍礦之用款有定，入款無定，廠萍同處窘鄉。萍更通年呼吁，恒作摇尾乞憐之狀，一朝不能周轉，全局立時敗壞。卑職實計窮力竭，頗覺不能勝任也。虔叩崇安。

陳旭麓等《盛宣懷檔案資料選輯之四》漢冶萍公司第一册《漢陽轉運局賴倫馬鞍山張麗浦去電四月二十四日》 直井必需洋人，實因鑽石起見。賴電高管石匠，直井必成。惟須中西和睦，互相扶助，請張管礦外機廠，高管井工，分清界限，各專責成等語。查原札本是如此，高輔門井廠兼管實來不及，張委員素顧大局，應專任機廠，助高成功。井有險工，張不任咎，楊有事不能來督辦。盛。

陳旭麓等《盛宣懷檔案資料選輯之四》漢冶萍公司第一册《長沙俞中丞去電四月二十五日》 據萍局電稟，撥解湖北鐵廠、馬鞍山煤礦炸藥五十箱，銅帽一箱，引綫、電引綫各一箱，電箱一具，雙瓶抽水機兩副，計三箱，又鐵管兩根，由萍發護照起運，蓋用路局關防，十八在湘潭過儎，民船交振源輪船拖漢。現接潭電，被岳州釐局阻留，謂值票匪蠢動，須撫憲公文方可放行，乞憲迅賜電咨撫憲，飭岳局放行等語。查萍鄉礦路所需炸藥等，向由外洋躉買運萍儲用，今馬鞍山煤礦興工，以上各件係弟飭萍局撥運工需，甚急，乞飭岳局憑萍局護照放行。盼切電復。宣。

陳旭麓等《盛宣懷檔案資料選輯之四》漢冶萍公司第二册《吕柏致章達函光緒二十九年四月二十五日》 接到來信，敬悉種種。盛宫保以鐵政爲中國目今要務，意欲將漢廠擴充辦理，以冀如法多煉鋼鐵。呂柏聞訊之餘，不勝欣喜。蓋盛宫保自此可照呂柏於西一千八百九十七年所上條陳，在大冶另建鐵廠，可使鋼鐵成本減輕，與漢廠相助爲理，而鋼鐵暢銷，足可與外洋爭衡等情，施行在即矣。第是盛宫保雖有擴充鐵政之意，所苦款項支絀，實行甚難。前時聞得盛宫保曾因廠、礦兩處經費，向洋商借貸數處，終無成議。兹呂柏刻今與外洋極殷富之銀行相往來，呂柏可以介紹其間，使該銀行供應擴充廠礦之費。如宫保有意，祈將後開情形逐一賜示：

一、此次宫保共須借銀若干？係如何章程？並以何物作保？

一、廠礦兩處，或招洋股，或售股票，華洋合辦，均無不可。倘宫保意欲徑與銀行面商，無須假手於洋商，呂柏亦可極力撮合，將中國廠礦情形，詳告銀行，俾伊自行來華與宫保面商一切。然呂柏苟能將此事説成，則此後中國之鐵政，定卜蒸蒸日上矣。

回思呂柏在華時，深蒙宗局憲優待，迄今猶心感不忘，而宗局憲之代宫保辦理各事，誠正勤懇，故邀宫保之親信，亦爲最深，久爲呂柏所欽佩。至於足下之正直端謹，故敢將此事拜托，務與宗局憲密商，轉懇宗局憲親赴宫保處熟籌借款情形，未識宫保果有此意否耶？如何？祈即電復。兹擬密碼三種，望鑒核。而此事務以謹密爲禱。

電報密碼附後：

一、甲字。來信宫保已經收閲，準願與銀行面商借款章程，以供擴充漢廠與煤礦經費。宫保信隨後即寄。

一、乙字。來信宫保已經收閲，所有借款一節，不甚愜意，即作罷論。

一、丙字。借款已另有成議。

盛宣懷《愚齋存稿》卷二二《請飭贛湘兩省保護萍醴路工電奏光緒二十七年四月二十六日在上海發》 鄂廠煉鋼、製械，需煤至急。臼奏辦萍鄉煤礦數載，已著成效。惟運道奇難，必需鐵路。前訂粤漢美約，曾將萍礦支路併議在内。今則開平煤礦已歸洋股，緩急難恃。如江海有警，洋煤遏阻，鄂廠及各省機廠、兵輪、商輪，必致停輟，萍礦關繫較前尤重。現雖美約暫延，宣懷已飭局籌款，先造萍路十四里工竣，萍至醴陵界，四十里土工已完。兹派洋工司，趕往鋪軌，一面由醴界購地展辦，限一年通至醴陵，即可河運。江西、湖南錯壤，民風狡詐，動肆把持。前年美工司，赴湘勘路，幸賴湘撫嚴飭文武，彈壓無事。現值票匪未靖，尤宜慎重，免滋事端。昨奉上諭，鐵路、電綫，爲國家興利之源，大局漸定，及時修復，其經過地方，尤宜加意防範。著各該督撫，嚴飭所屬州縣及各防營，認真辦理，各項物料，均係動用國帑購造，工藝諸人，亦係國家招雇，應一體切實保護，毋稍疏虞，致干參處等因，欽此。仰見朝廷於路礦重政，立法必行。除會同各督撫曉諭外，萍醴正在興工，可否請電旨飭下江西湖南撫臣，一體嚴飭萍鄉醴陵營縣，遇工員測量、購地、造橋、鋪路，認真保護彈壓，倘有刁紳地痞，阻撓把持，甚或擾害工藝諸人，搶燬料物，即按律重辦，仍將該管地方官，據實參處，俾竟厥工，以裨時局。請代奏。

中國第一歷史檔案館《清代軍機處電報檔彙編》第二册《奉旨萍礦路工緊要著江西湖南巡撫路屬認真保護彈壓事光緒二十七年四月二十八日》 奉旨：盛宣懷電奏，萍鑛支路通至醴陵，現在興工情形，請飭江西湖南巡撫，一體嚴飭營縣，遇工員測量、購地、造橋、鋪路，認真保護彈壓。儻有刁紳地痞，阻撓把持，擾害工藝諸人，搶燬料物，即按律重辦，仍將該地方官據實參處等語。萍鑛路工，關係緊要，著李興鋭、俞廉三，嚴飭所屬，認真保護彈壓，不得稍有疏虞，欽此。

陳旭麓等《盛宣懷檔案資料選輯之四》漢冶萍公司第二册《盛宣懷致盛春頤李維格函光緒二十七年四月二十八日》 接八、九兩號公函並清摺均悉。復事列後：

一、沙多由京回滬，允定鋼軌五千噸，不言價值，探外洋現在行市。前次催定廠軌，本言非卜聶監造不能放心，此次又伸前説，應即電催卜聶刻日回廠趕造。軌分批起運。此是本廠生機命脈，與銷售生鐵同一緊要也。

二、徐芝生議煉熟鐵，本是銷路中一大進款，無論如何艱絀，總應設法舉辦。惟芝生出洋向在十數年前，所論造爐煉鐵諸法，近時西國必精益加精，省又求省，應由一琴迅電卜聶考究新法，回華試辦，不必一定親自出洋，方能按理切脈。

三、現派李治等趕造萍醴鐵路，所有萍鄉至湘東約九英里，需用軌一千二百噸。李治力請用八四半鋼軌，我因廠存七六次軌甚多，責令購用，彼又嫌七鎊價貴。此項軌價先已付過銀六萬兩，現派副工程師馬克雷、休文二人於廿九日赴漢提驗。應用驗軌機器，由廠借給並與李治説明，但能合用，不可過事挑剔，惟斷缺脆裂、易於出險者，斷難遷就。應用魚尾板、螺絲釘並一切隨軌零件，已有者趕緊配齊，未有者，速即添製，即須起運，俟一起驗收，按照議定價值，應找若干。李治簽單到，即可找付。

四、議定湘東至醴陵二十二英里，需用七六軌二千六百十八噸，亦歸廠造。惟既有比公司定貨，自應先盡沙多。好在此二千餘噸，李治甫經前往，購地、鋪路略須時日也。

五、萍款中比已將生鐵押款四萬兩，代廠支付。底比三萬，韶甄迭來告急，昨已條諭鐵路公司收支所照付。此三萬內有日本礦價，頭、二、三、四次先交八成價洋二萬八千餘元，換銀作抵，是本年已收礦價，悉已代廠劃用，別無餘存。此後收款，除補足三萬兩以外，即當易銀匯廠。鐵路公司現無存款，至多不扣前欠，實難再行拖欠。

六、萍礦、萍路應用現銀至鉅，雖囑分開清單，按期籌給，而該礦周轉行本，仍恃漢廠憑炭付價以爲用。若顧萍又要顧廠，安有如許重力。爲廠計，除銷鋼軌、銷生鐵自覓生路外，斷無自立之策。現已覓得比公司定軌，則生鐵一項，務望分投覓銷，以多爲貴。上年市價極漲，惜乎不肯稍稍抑價，致存鐵日益加多。貿易規矩，與其多擱身本，不如掉換現錢，否則雖外國廠家，亦無如此辦法也。

七、運礦日船自有錨鏈，斐禮所請決不是爲人作嫁，如三菱公司果來説話，自應敬回。惟下礦處添造滑坡活跳，似爲簡省抬力而設。解守請假回烟，俟來滬面詢原委，再行函告。此頌勛祺。

陳旭麓等《盛宣懷檔案資料選輯之四》漢冶萍公司第二册《解茂承冶局礦山清摺光緒二十七年四月》 謹將大冶官局舊交並商局續收鐵、煤等礦分項開請查核轉稟。須至摺者。

計開：

鐵礦

官局交：總名鐵山，分名紗帽翅、龍洞、鐵門坎三處。因開至深處，銅、磺並重，不能煉鋼。惟漢廠生鐵，用此礦石前，值緩煉，從去秋暫停。

商局收：總名得道灣，分名野鷄坪、獅子山，又毗連象鼻山，本年正月該里紳獻局，尚未議價，係在應用之列。其野鷄坪、獅子山早經購開，象鼻山待購。又總名金山店陳家山，已購其毗連之餘姓山。當時因山主不願售，未購，礦與陳家山頡頏。

煤礦

官局交：王山石、李土墩，均停。

商局辦：康中，又華興窿，均停，馬頸開。又株樹下，購未開。又白峰尖、明家灣，係前委張故丞遴委開辦，添補機廠之用。現煤出無多，擬俟馬頸開到正槽，出煤足供火車、機廠之用，一並停採，屆時應移縣轉報。

錳礦

商局辦：總名姜安，分名陳家灣、白楊林、團菜園、桐子園、蔄草林。其桐子園現停。至陳家灣、團菜園、白楊林、蔄草林，現仍開，俱零星節取，無大槽。

附鉛礦

宗劉山之金銀坡，因去歲經地痞勾串漢口阜昌洋行俄商私購，查覺由局價收，未開。此山鉛本無多，以密邇冶局礦境，不敢因惜費而不杜外攘也。

以上係冶局先後經理礦山，纖微畢具。此外鐵礦如近運道，鐵子腦、官山鋪，又七花堡之銅照一帶，又武冶交界處之馬婆山等處，均有外人屢次窺探。現奉新章改歸官收，應如何圈購，並明定限制，悉聽尊裁，稟請核辦。

陳旭麓等《盛宣懷檔案資料選輯之四》漢冶萍公司第二册《張贊宸致盛宣懷函光緒二十七年五月二十日》 敬稟者，叩别在即，萍礦應陳公事，仍當列號具稟，以便備查。茲謹分條列左：

一、萍礦既有歸併招商局之舉，則所需用款，自應與招商局説明。據賴倫估單，本年需湘平銀二十一萬兩，係專指機礦工程而言。現在結欠漢口協成及吉安、湘潭等莊二十餘萬兩（此事前與嚴芝翁談及），鐵路總公司八萬餘兩，憲處暫撥借四萬兩，並日後機礦煤焦之擱在萍鄉及沿途一筆活本。又，應付禮和與各莊利息尚不在內。此次招商局照發銀二十一萬，除歸還憲處四萬兩外，以之歸還漢、吉、潭錢莊欠款，尚不能清。但既有歸還之款，此後便又可商挪，較易周轉。再萍鄉股分，均係庫平，嗣後招商局撥款，應請轉飭概發庫平，以歸一律。

一、漢廠入萍股庫平二十萬，鐵路總公司入萍股庫平十五萬，即祈迅賜札飭，以便卑職親自與之結帳。前收漢口路局帳房洋例銀十五萬兩，劃還協成，奉諭歸鐵路總公司股款，今只須找足庫平，所有應入之股，便已清楚。

一、前欠馬山機器款項，今綬卿電來催取，自應陸續撥還，以應馬山工需。前奉鈞札，電報總局所買禮和電綫，應找還萍礦水脚利息規元八千零二十兩二錢一分一釐，命即收款列册，應請憲臺諭催電報總局收支所楊道解呈崇轅，飭發卑職清款，擬於此款内撥還馬山五千兩也。虔叩鈞安。

陳旭麓等《盛宣懷檔案資料選輯之四》漢冶萍公司第二册《盛宣懷札萍鄉煤礦文光緒二十七年六月》　照得各國輪船公司，無不自開煤礦，中國輪船招商局向恃開平華礦，借以自給，現開平權已旁落，來源難恃，而輪船以煤礦爲養命之源，倘或海上有事，禁煤出口，勢必無從呼吁。今中國大煤礦僅一萍鄉，幸在長江之內，雖有事亦可接濟。迭經泰西名礦師履勘，僉稱質佳苗旺，永不怕水，可持數百年久，實爲中外難得之礦。該礦本爲湖北鐵廠急需焦炭而設，爲時未久，已着成效，足供煉鐵要需。本大臣既奉會辦商務之命，自當統籌全局，將萍鄉煤礦歸併輪船招商局，以資緩急而保利權。今當恢廓機礦工程，並展設萍鄉至醴陵鐵路九十里，與已成之萍安鐵路十四里銜接。據洋總礦師賴倫估，機礦工程約需銀二百餘萬兩；鐵路總公司洋參贊李治估，萍醴路工連車站、橋座、火車、平車約需銀一百二、三十萬兩，二共約需銀三百伍十萬兩。歸併後，該局應即會同輪船招商局妥議招股章程，刊印股票，招集商股，庫平足色寶銀三百五十萬兩，以速礦路要工，並撥還前借德商禮和洋行本息。除萍礦從前自集股本庫平足色寶銀五十萬兩，嗣又招集湖北鐵廠、鐵路總公司、輪船招商局股本庫平足色寶銀五十萬兩外，尚少庫平足色寶銀二百五十萬兩，應由輪船招商局如數增集商股，接濟急需。除行輪船招商局外，合行札飭，札到，該局即便遵照辦理。切切此札。

于寶軒《皇朝蓄艾文編》卷二三《萍鄉煤礦有限公司招股章程光緒二十七年六月》　此礦係在江西省袁州萍鄉縣境，故曰萍鄉煤礦。迭經泰西著名礦師賴倫及克利馬等詳切履勘，僉稱質佳苗旺，數百年開挖不盡，實爲中國難得之礦。本爲湖北鐵廠急需焦炭，而該礦煤質之佳，尤勝於開平。既可鍊製焦炭，又合輪船鐵路之用。光緒二十四年三月，督辦鐵路大臣兼督湖北鐵廠上海輪船商局盛會同湖廣總督部堂張具奏，欽奉諭旨：萍鄉煤礦，現籌開辦，請援照開平，禁止商人別立公司，及多開小窿，招價收買。著德壽即飭所屬，隨時中禁，以重礦務等因，欽此。欽遵在案。查萍鄉煤礦，創辦兩年有餘，經之營之，規模業已粗具，礦務已見成效。當創辦之初，尚未招集商股，惟輪電兩局及零星附股，共已收得庫平銀一百萬兩。而置辦機爐等項，需款不貲，又向德商禮和洋行訂借馬克四百萬，合計中國規銀一百十餘萬兩，以爲陸續購辦機器之用，分期本息歸還。今礦務已見成效，自應趕緊築造鐵路，以應運煤之用。查萍鄉自安源，業已造成鐵路十四里，名曰萍安鐵路，今須展設至醴陵，鐵路九十里，與萍安鐵路十四里相銜接。據洋總礦師賴倫估計機礦工程，鐵路總公司洋參議李治估計萍醴路工，總共約需股本庫平銀三百五十萬兩，則運道可以暢通，禮和借款，可以如期歸還，利權自保，不落外人之手。是則除已收得股本庫平銀一百萬兩外，尚須添招股本庫平銀二百五十萬兩，庶幾一氣貫通，將後之利源大沛，可操左券，所擬詳細章程，條陳於後，設有未當，幸不吝賜教焉。

一煤礦及鐵路股本，共計應需庫平銀三百五十萬兩。除已招收一百萬兩外，尚應添招庫平銀二百五十萬兩。惟上海爲各口商務總匯之地，一應出入，皆以規銀匯兑。若以庫平而論，須按一零九六申作規銀，則現在兑收股本，將後兑交股息，皆有畸零之煩。故議得前後所招股本，一律改爲規銀，計共作股本規銀四百萬兩。前所收過之庫平銀一百萬兩，再向原根找收規銀四千兩，作爲一百十萬兩，今應添招股本規銀二百九十萬兩。除已允江西衆紳商留起五十萬兩，輪船招商總局一百萬兩外，净應添招商股本規銀一百四十萬兩。

一本公司股本規銀四百萬兩，每股計規銀一百兩，共計四萬股，每股印票一張，隨給息摺一扣，一股至千股，均可隨意附搭。

一本公司以萍鄉爲總公司，他埠爲分號。將後上海、漢口等處皆須設立分號，以便生意進出，可以就近交接。現在各海口之分號，皆寓在招商局内，凡欲附股者，或在萍鄉總公司，或各海口招商局，皆可掛號，先行報明姓字籍貫。如搭一股者，先收規銀十兩，由招商局代出收條一紙，俟掛號截止，填付股票息摺之時，再找收規銀九十兩，以成一百兩之數。其銀當時收足，此爲有限公司，如掛號之後，不來領取股票息摺，則掛號先收之銀，概不給還，應於何時截止掛號，填發股票息摺，届時再行登報聲明。

一股息按年八釐，閏月不計，每至年終結帳，除官利及一應開銷之外，盈餘若干，分作十成，以二成繳部，以伸報效。其餘八成，應酌量將機器房屋軌道路車摺舊若干成，股商餘利若干成，員司花紅若干成，届時再行秉公酌定，刊明帳畧，以示大公。

一凡事先難後易，將來生意豐盛，如或别有推廣，應議加股之時，亦照各公司大例，先儘老股，以昭允允。

一本公司係輪船招商局經辦，而股本亦係招商局爲多。年終結帳，必先繕呈盛總辦憲，及招商局總辦總董核鑒。然後刊印帳畧，分送股商，是以股息及餘利，須五月初一日，乃能憑摺照發。

一生意大例，最忌帳目混雜。本公司進出銀錢、煤焦數目，立流水簿，逐日過清，不得屯積。按月月結，年終則總結，庶幾眉目清楚。招股等事，雖由招商局挈其綱領，至平時帳目，本公司另有司事專責，各清界限，以符商例而昭公信。

一本公司專招華人股本，所以股票必須填明府縣籍貫，以免含混影射。如或轉售與人，須將票摺持向萍鄉公司，或上海分號，更名換票，亦衹准換華人姓字籍貫，本公司注明底册，方爲本公司實在股東。倘有並未更名注册，而所持股票，非本人姓字籍貫，至本公司自稱爲股東者，本公司概不承認。

王樹枏《張文襄公全集》卷一七四《致西安鹿尚書光緒二十七年七月初一日亥刻發》 湖北鐵廠，自光緒十六年二月開辦起至二十二年四月改歸商辦止，全案報銷册分兩批咨部，均經接准部覆，無甚挑剔。惟查部文内開：「該商局既一律接收，情願繳還官本，即令該商及承管之員，開具接收各項清單，併取具按年照數歸還官本甘結，一併送部，再行核銷」等因，當於上年七月將該商甘結咨送户部。其時北氛正緊，未知曾否遞到，又於本年三月初十日另將甘結一分咨送行在户部，計程必早遞到。竊念鐵廠交商瞬越六年，報册到部已久，部中因無可挑駁，故以取該商甘結了案。今該商甘結兩次咨部有案，務望貴部於未經回鑾以前，迅速核覆，爲鄂省清此一累，至爲感禱。東。

陳旭麓等《盛宣懷檔案資料選輯之四》漢冶萍公司第二册《鄭官應致盛宣懷函光緒二十七年七月十八日》 敬肅者：三井在日本横濱等處代漢廠售鐵合同，前經督辦鑒定，官應再三細閲第四條所論未妥。三井既爲漢廠代理，不應又在滬上自買運往日本争利，如購運别埠尚可照辦，否則其中必有弊竇。恐彼知日本價漲，即自購運賣而代理之鐵必然落後。近日中外人心不測，不得不防，故官與三井再三磋磨始允更正。

兹繕正三摺逞請督辦，閲後無錯即簽名，自存一分，餘二分，一存轉運局，一送三井。

女學堂事，據沈靄蒼觀察云，剛中堂並不詢及，如有事，彼亦可排解云云。肅此，敬請鈞安。

官應謹上。十八日。

陳旭麓等《盛宣懷檔案資料選輯之四》漢冶萍公司第一册《附賴倫致楊綬卿洋文電八月二十六到》 接來電，若張金生離山，閣下亦擬辭職，曷勝抱憾。然若使張金生與高專曼日久相處，意見必然不合，且工程亦難結。即中西不能併處，不如令張專辦馬山煤礦。就張所報我者言之，彼必能使馬山出煤豐足也。萍鄉現在正需人用，高專曼在馬山無事，余不能聽其廢棄，可令其兼管萍馬之事，而令高日内回萍，馬山煤礦歸張經理，余當應許，於馬山事常有信往指教。現候尊復，以定高之去就，務望照議乃好。賴倫。

陳旭麓等《盛宣懷檔案資料選輯之四》漢冶萍公司第二册《盛春頤李維格致盛宣懷函光緒二十七年九月初三日》 敬稟者，二十七日寄呈一稟，内言擬在萍鄉設廠，以就煤鐵等情，想早達到。昨接韶甄復電，録呈鈞鑒。卑府等意謂不願保全萍廠則已，苟欲保全，則此背城借一之舉，似已毫無疑義。□乞沉思明斷以赴事機。照目前漢廠成本之重，出貨之呆，斷斷不能持久計，惟有旁敲側擊，别尋活着之一法。非然者，則宜速歸外辦以救目前，若頭痛醫頭，脚痛醫脚之計，雖明知有礙憲臺全局，其如實逼處此何！

總之，事機日迫，進退戰守，宜毅然立斷，猶豫一日，即喫一日之虧。以言乎進，則宜一面籌款，一面派人馳赴萍鄉與賴倫考訂切實後，即圈購鐵山，調度廠基，採辦機器□□，期於兩年之間□廠成功。以言乎退，則宜長慮，卻顧通盤籌劃，如何而能豫防人言，即須□人亦無礙全局，此卑府等所朝夕屏營而日望果斷者也。如決計有進無退，挺而爲之，則百萬之款宜速籌措，或請國家撥借，或以日本礦價指借洋債，或仍就輪、電設法，伏維鈞裁，密示機宜，以慰懸懸。臨稟不勝盼切之至。專肅，恭叩鈞安。

卑府春頤、司員維格謹稟。九月初三日。

附呈韶甄來電抄稿一紙。

萍鄉來電。九月初二日到。

盛總辦、李一翁：密。兩電悉。長沙綫斷，感電頃甫到，萍鐵礦甚多，與現造湘東鐵路最近者，莫如劉公廟、龍骨冲、上株嶺等處。劉公廟距湘東鐵路十里，龍骨（冲）距湘東十八里，上株嶺距湘東四十里，湘東濱河距安源煤礦四十四里，爲萍醴鐵路必由之地，一軌可通，煤鐵毗連，性質相合，最爲難得。倘造鐵廠，宜設湘東近河之路，運機來，運送去較爲便易。此處做一小鐵路通鐵山，所費尚不甚鉅。合於煉鐵白石甚多。宸。東一印。

盛總辦、李一翁：密。萍鐵礦厚薄不一，均可挖用。鐵石有兩種：一含鐵六成，一含鐵五成，可挖六十年久，每天出鐵石足供兩爐用。如開採得法，每天可增挖至一千噸之多。

盛宣懷《愚齋存稿》卷五《湖北鐵廠免税展限摺光緒二十七年九月》 奏爲湖

北鐵廠製鐵免税期滿，懇請展限五年，恭摺仰祈聖鑒事。竊於光緒二十二年九月間，以鐵廠官本重大，煉鐵與製造不同，經湖廣督臣張之洞奏請，優免税釐十年。奉硃批：該衙門議奏，欽此。旋據户部咨稱，十一月十一日會議覆奏，准其免税五年。奉旨依議，欽此。欽遵在案。溯自光緒二十二年十二月初十日，接准部咨之日起，扣至二十七年十一月十一日，五年期滿。據總辦鐵廠委員等呈報前來，臣等查鐵廠利源所在，以盧漢鐵路鋼軌爲大宗。自舊歲京津匪亂以來，路燬工停，數十萬銷路驟斷，挹注無資，危機迭出。徒以廠有國家鉅本，且關係於製造鎗礮軍火者，甚爲緊要，勢不能若民間廠局，散匠停鑪，即不得不竭力支撑，借貸挪移，保目前以作將來之備，舊虧未已，新欠旋增。臣宣懷督飭經管各員董，鎮定從容，撦拄於絶續之交，實已備殫心力。目下北方大定，幹路興工，方冀鋼軌銷數暫增，出入可資津補，而又屆免税限滿之期。如一切料件，即令照章完納税釐，力所不任，將憂虧倒。蓋税釐加，則成本必重；成本重，則銷路愈難。際此中外市面鐵價減跌之時，方謀輕成本暢銷路之不遑，若加釐税以困之，貨滯銷停，税於何有？此鐵廠目下情形，不得不籲懇朝廷，將免税期限再展五年，以恤廠艱，而維鐵政者也。近歲振興商務，迭奉綸言，礦産工政爲富國之基，亦已人人共喻。夫鼓舞未興之業，事遠而效遲，固不若保護已成之局，事易而效速。大冶鐵廠，材富質良，爲長江一帶礦産之精華，東西各國共所注目。苟國家事力有餘，尚當增籌鉅款，盡力擴充，則現在該廠支絀之時，自應曲加保護。保護之道無他，輕其成本暢其銷路是已。且新約禁止軍火入口，將來自行製造，需用鋼鐵至多，捨該廠無所取之，尤宜加意維持，以爲取材之本。可否籲懇恩施飭下該部，再予免税五年，仍符二十二年原奏十年之數，出自逾格鴻慈，臣等不勝待命之至。該廠以商本濟官本之窮，名曰商辦，實資官用，與一切商廠不同，量加優異，無慮援引。所有鐵廠免税懇請展限緣由，理合會同湖廣督臣張之洞，恭摺具陳，伏乞皇太后、皇上聖鑒，謹奏。本月三十日奉硃批：著照所請，該部知道，欽此。

陳旭麓等《盛宣懷檔案資料選輯之四》漢冶萍公司第二册《盛春頤李維格致盛宣懷函光緒二十七年十月初四日》敬稟者，日本上議院紳子爵井上勝（非藤田）於初一日來廠觀覽，詳詢一切，當即優爲接待。然微窺其來廠用意，實爲我廠創在彼先，或有可爲楷式之處。且彼廠現正續請六百萬鉅款準駁在議院，故井上特地來鄂，叩我創造經費、出貨成本，以爲比較之資，所謂欲買我鋼軌者，特餌言耳。渠自謂日本地小而瘠，財力已盡，現已無路可造云云。又謂日本人浮於事，中日兄弟之國，中有興造宜捨西而用東云云。其底蘊可以想見矣。惟聽其言論，確似一熱腸人耳。

上月廿九日奉電諭：「柯道回面稟，沙多已允續定軌二千五百噸，軌樣照舊等因。當即與漢局接洽，而彼處尚未接有沙多來信。」惟既奉鈞諭，准即接造矣。

廠、萍結算，廠已透付兩萬，近來仍無焦到，據轉運局稱：萍醴十月中比四萬，早已匯出云云。當即電知萍鄉：漢廠不應付，亦無款墊，請早自籌劃云。兹再於憲臺處聲明之。

免税限期已屆，前已有稟牘函電叩詢，已否出奏，務乞明示。至要。專肅，敬請崇安。

陳旭麓等《盛宣懷檔案資料選輯之四》漢冶萍公司第二册《解茂承致盛宣懷密函光緒二十七年十月初四日》敬密稟者，卑府自奉委充卯人之職，往往與西人晤談及礦山之事，必就委窮源，以期稍長知識。前我所開宣城煤礦，多稱與萍礦相埒，並有謂直可與開平頡頏者。近聞日人有謀開此礦而與我憲索求之説，未知確否？若其有之，總期有以杜絶。蓋此礦質既佳，若他人辦，一得手，必礙萍礦銷路。

再，又據斐禮密稱，日本有欲貸香帥四百萬兩，要求以冶礦作抵之説，無論是否果確，既有所聞，未敢緘默。蓋以日人詭譎，中國爲其甘言所惑歷歷可數，今以所聞兩節，關係大局甚重，務乞我憲萬萬著意。若非察機先破其陰謀，深恐事後受其無限之牽制。伏乞照鑒周察而思有以繩之，是爲至幸。專肅馳稟，恭叩鈞綏。

陳旭麓等《盛宣懷檔案資料選輯之四》漢冶萍公司第二册《張贊宸致盛宣懷密函光緒二十七年十月十五日》敬稟者，前在上海所議五十萬一節，憲意擬將禮和未借款之前所入創始股本，一股作爲兩股。此本西國通行之辦法，無如萍礦創辦之初，禮和未借款之前，專賴外間挪移，並無絲毫股本。帳目針孔相對，若一股作爲兩股，則於第一、二年所收之款不相符合，總覺不妥。查近三年間土礦擴充至八十餘處，所可開煤之山，計二十餘里，據賴倫云，可值銀六十萬兩。而土礦資本，統已賺出，即鴻唱經手之初，虧本一萬餘兩，職道亦已如數代還鐵廠清訖。是目下土礦本無成本，最好以土礦歸併機礦，寧可便宜作價，作爲四十萬兩，約今年底截止，除作價四十萬兩外，尚可得盈餘十餘萬兩，則兩款合計，已有五十餘萬兩，以之作爲機礦股本，華洋人均無間言。如此辦法，帳目絲毫可勿更動，且不着形跡。從前所議招股章程，僅指機礦而言，土礦本不在内，今議歸併機礦，於理亦順。且機礦若無局中土礦，則處處受民窿挾制，非出鉅資不能收回，焉有今日之順手，是局中土礦，實大有裨於機礦，爲衆所共知者。

去年册報，現已結齊，只待繕正。特先密稟上商，如憲臺以爲可行，乞賜電示云：照辦。或必須一股作爲兩股，乞賜電示云：仍照前議。職道之意，今年始刊股票，必須去年册報先行埋根，爲今年歸併地步，或爲今年雙股張本，專候電諭遵行。

再，此項五十萬股本，籍貫、姓名如何填法，亦乞密電諭知，以便照辦爲叩。肅泐密陳，虔叩崇安。

陳旭麓等《盛宣懷檔案資料選輯之四》漢冶萍公司第二册《盛宣懷復解茂承函光緒二十七年十月二十一日》 宣城煤礦雖與日商土倉簽立合辦草約，如鑽驗並無可採，或奏議竟奉部駁，仍可將合同立時作廢，操縱固仍在我也。南皮貸款四百萬，冶礦作抵，此間尚無所聞。察核縣令所購礦山，如象鼻全山、鱷爬地、鼠尾、尖山兒，悉與商局現開之礦，壤地毗連，則將來查照咨案備價購還，當不致頓食。前議惟日礦原議本年新舊兼運，並補上年未運之數。現照來函計至三十次止，只有五萬八千餘噸，而局因寬儲預採多費工本，應另叙簡明稟函寄滬，以便與小田切切實催運。弟九月底患冬温病甚劇，刻已稍痊，奏假期内仍强勉視事。如北上不果，則鄂行必踐，届時與制府應籌之政甚多也。匆復，即頌臺綏。

陳旭麓等《盛宣懷檔案資料選輯之四》漢冶萍公司第一册《漢廠去電十一月初二》 張道電稟，艷電請派專門駕駛洋人勘測湘江、洞庭，係專爲測量河中有水之灘深淺，寬窄曲直，備造輪駁起見。因賴倫、威林臣曾考究云，湘江、洞庭雖有灘，確有一種淺水輪駁通年可行，故須請派專門仔細測量，方有確切把握，趁此時水極淺涸，測量乃準。至挖泥機船一層，無閘（關）目前緩急，不過囑勘測洋人順便考究極淺之灘，可否挖深，再行議辦云。此舉關係兩局運道，望即派威林臣速往測勘，詳細繪圖，並電約張道派盧鴻昌到岳州會勘，必須細到勘畢，應令威帶圖到滬稟商辦法。勿誤。宣。東。

張電艷電所稟各灘，係指河中有水之灘，並非岸灘，蓋湘江洞庭水不甚淺，而輪駁遇水小時不能行駛者，即係爲灘所阻，民船仍可行，惟不能重載云。宣。東。

陳旭麓等《盛宣懷檔案資料選輯之四》漢冶萍公司第一册《萍礦來電十一月二十二》 兩翰電悉。政體違和，已漸元復，敬念。憲臺向服星杉先生藥，今易生手診治藥劑，乞格外審慎，至叩。宸稟。箇一。

萍礦工程迅速，將可大成，賴倫屢懇轉求憲駕莅萍察看，明春能降臨勘視至幸。湘東路成，明年可運十二萬噸。醴陵所慮，湘潭至岳州入冬運道阻滯，船隻稀少，現一面趕緊逐段設法，一面俟威林臣測量後詳稟情形，趕備淺水輪駁，通年轉運。管見凡創一事，無不盤根錯節，必以堅忍敵之乃濟，昔年開平亦十分艱難，萍礦利實無窮，中西人到此目覩者，無不嘖嘖。特距通商各埠較遠，煤焦尚未多運到滬，故知者尚少耳。宸稟。箇二。

前請代廠籌付股本，承憲臺於病中允發五萬，極深慚感。憲臺身膺艱鉅，宸受恩最渥，未能效力分勞，反累藎慮，惶歉無地。奈萍地及沿途所積煤焦擱本幾及五十萬金，非春水發生不能暢運。年關在即，實苦周轉不靈，已在吉安等莊自籌十餘萬，尚短之數，日夜焦灼，計無所出，務乞憲恩格外，再代借五萬，如不作廠股，即由宸明春三月於煤款内匯還。愧悚待命。宸稟。箇三。

前承允五萬，乞即交樊時勛。本月三十期票，宸已電漢，應付本底比萍礦匯款。宸稟。箇四。

陳旭麓等《盛宣懷檔案資料選輯之四》漢冶萍公司第一册《萍鄉張道去電十一月二十六》 四箇電悉。賤恙已愈，五萬俟樊來取即付，此外實無可再籌。一琴面商，熟鐵已得省煤新法，準在漢開煉。歲需佳煤四萬噸，尊處力量只能運焦，不能運煤，且煤多摻和，不合煉鐵，只得與東肥訂合同。明年起買東煤四萬噸，以生鐵抵劃，煤價在廠算，自宜如此。惟萍礦醴路用本太鉅，而萍煤運滬，難敵日本、開平，勢難過漢一步，廠既不用萍煤，專做焦炭，局面急宜收小。一琴之意，土礦只可開禁，聽民自售，免擱採運鉅本。總之，湘潭至岳州運道阻滯，恐不止冬令，是絶萍煤生機，奈何？宣。宥。

陳旭麓等《盛宣懷檔案資料選輯之四》漢冶萍公司第二册《盛宣懷致趙竹君函光緒二十七年十二月初五日》 昨一琴、載之等來言，鐵廠所借禮和四百萬馬克，已廢議不成，廠與萍年終應還之款須二三十萬，來年不能擴充，更不能了，輪、電兩局接濟之路已絶，實非另借鉅款不辦。一琴、載之均來告退。刻檢查慰帥宥電，借款只能以礦廠作抵，是不能照萍礦前借禮和之款由招商局作保明矣。然僅以礦廠作押，不准由外人執權，斷辦不到。從前孝帥不肯借洋款而交敝處承辦，亦因不願外人執權之故耳！弟所以敢於承辦者，因有輪、電兩商局可挹注耳。今之議者皆云：鐵廠亦宜交慰帥一手辦理。讀慰帥來電，亦願自任。前兩電已交蘇堪帶寧，尚有廿六一電，擬請閣下速寄孝帥並閲。弟想，如能設法借到洋款而不由外人執權者，不必請由慰帥奏而孝帥豈不可奏乎？蘇堪請示後仍無詳復，祈閣下費神或親往江寧一行，或函稟請示，但求得一切實帥諭，以便速與洋商籌議。即使可議，至速亦須半年，奏准後收款辦爐機等，至速又須一年半。此兩年中，又不知如何熬得過去！（帥前，弟不敢再提，然亦斷無束手待斃之理。）然一有推廣辦法，便可放心。鄙見，孝帥既回任，此廠似不便付他人任，弟一息尚存，終必爲孝帥效馳驅，公與松帥爲原議人，松已故矣，能不爲公告耶？實爲大局，非爲弟也。敬請臺安。

陳旭麓等《盛宣懷檔案資料選輯之四》漢冶萍公司第一册《萍鄉張道來電十二月十五》 前奉宥電，土礦開禁，關係重大，故侯威林臣到萍商妥運道，爲通盤籌畫計，不敢造次稟復，非玩延也。土礦各商，數年來千方百計始就範圍，近定章程，只准開挖老井，不准添開新井，且老井一停，即永廢不准復開。再有兩三年便無商礦矣，若開禁聽其自售，則必紛樹敵幟，出煤日多，窿工、挑夫、船户争相加價，糜費無窮，反誤機礦全局。一琴僅看一面，局外不知局中之難，創辦經營不能因一時艱難，遽爾松勁貽悔，況慮在運道，不在土礦，現在别無他法，只有力籌運道。宸稟。寒二。

陳旭麓等《盛宣懷檔案資料選輯之四》漢冶萍公司第一册《萍鄉張道又來電十二月十五》 萍礦之創，因廠受制開平而設。當未創之初，宸曾切稟，礦工不患不成，煤焦不患不旺，所急者全在運道。其時湘粤干路已奏准開辦，憲臺出示奏稿，並諭美國願借款即造，趕緊經營煤礦，爲漢廠添爐、大冶設爐之用。詎戊戌大變，湘路遷延，迄無眉目，此時局難料一也。宸到萍至今，叠請創造淺水輪駁，憲臺亦早注意於此，只以世事日非，款項奇絀，迄無成議，此時局難料二也。爲今之計，輪駁固爲最要，近聞美款已成，湘干即舉，果爾則將岳州至渌口，或至洙州一段，先行分段，克日趕造，再接枝路九十里至醴陵，每年所運煤焦又可倍於輪駁。惟醴至岳州運價，必須結實，預訂合同，以免日後受卡。再，粤漢干路利在內地，岳州至漢一段，盡可緩造，宜以岳州爲造端，乞鈞裁。宸稟。寒四。

陳旭麓等《盛宣懷檔案資料選輯之四》漢冶萍公司第一册《萍鄉張道去電壬寅正月初三》 姚呈函稟，所商兩端應仍以創始股本五十萬，一股作爲兩股。誠如來示兩國通行辦法，輪電兩局已有成案可援，雖當時未收齊，已見奏案。至土礦開煤，各山值價四十萬，又餘利十餘萬，應於上年册報綜結内登記，庶可存，分明合符商例。宣。江。

陳旭麓等《盛宣懷檔案資料選輯之四》漢冶萍公司第一册《萍鄉來電正月十二》 湘潭運務從前頤臣定章極爲周密，近以煤焦日旺，與頤臣反復考論，酌改章程，今正起寬賞嚴罰，民船應可暢旺。惟運銷兩事，漢重於湘。煤焦愈近漢愈值錢，船户摻和盜賣更甚，故漢局稽查尤要。民船往來迅速，裝運乃多，然鐵廠碼頭太少，船多時起卸遲滯，船户頗多不願。除鐵廠照常起卸外，必須趕於武昌一岸，再設一大堆棧，以便船到，隨起隨行，實爲暢運之根本。一武昌堆煤出售，則起卸便易，鐵廠亦取之不竭。事最重大，非熟悉情形、操守廉正之員恐難信任，故去年以調頤臣爲請，又因湘事喫緊，未敢輕動，特遴選裕厚前往，隨同頤臣試辦。裕厚旗人，精明廉干，試辦以來，頗爲得力。現頤臣即赴漢，並赴滬謁見面稟一切。職道因前奉札飭湘、漢各員責成節制調度，故派裕厚在先，現在勢難更調。宸叩。真二。

陳旭麓等《盛宣懷檔案資料選輯之四》漢冶萍公司第一册《萍鄉來電二月初四》 勘電悉。查焦炭在萍均係整結大塊，各洋人到萍均所目覩，近到廠碎屑過多，實由去冬水勢異常淺涸，沿途起駁，湘潭起坡下船後由盧林潭、白魚磯等處駁船過淺、盤駁太多所致。至於洋土焦炭，賴倫處天天化驗，較從前實佳，有化驗單爲憑，斷不敢强辯飾非。其劣者且在本地另售，並不運廠。現在遵諭實力整頓，格外過細揀選，並加派得力員司，沿途嚴密梭巡，無任船户摻换盜賣。廠擬改價八兩，現在運費過重，萬難遵辦，必須俟醴陵路成，淺水輪駁造好，方能議減。年來我彭維持萍礦不遺餘力，方將感奮圖報，共持大局，何肯專顧萍鄉，令廠吃虧。生鐵爐煉熟鐵坯，事本極難，昔白乃富曾力言之。此次化爐擁塞，洽在試煉熟鐵坯之根，嗣後望廠格外留心。宸稟。支。

陳旭麓等《盛宣懷檔案資料選輯之四》漢冶萍公司第一册《萍鄉張道去電二月十四》 廠願電，二號化鐵爐本係欹斜，近因萍鄉炭劣灰重展多，兩月以來塞至二十餘次，每塞非加大風力不通，風大則爐身受傷。前日起塞兩日夜，打大風後，爐身更欹，爐圍箍撑紛紛斷裂，危險已極，若不停修，則恐立刻傾倒，牽動生鐵廠，全廠機爐不可收拾。現已準盧培固請，今日熄火察看，恐須全拆重砌。一號爐工已完十分之九，現日夜督趕，限一月開爐，能否如願，尚難預卜。煉鋼生鐵約供一月，二萬噸限期迫促，焦急萬分。萍炭之劣，人所共見，函電詰責，亦不見效。總之，半爲運道所累。一號重開，倘炭仍照舊，春等實不知辦法，只有暫購開平炭應急云。劣焦誤事不淺，已飭廠劣焦概不准收，望速督飭賴倫趕造上等焦炭，限一月内運到，如萍焦不能改好，準即暫購開平。似此玩誤，真非意料所及。電到切實速復，勿以空言搪塞，致誤大局。宣。翰。

陳旭麓等《盛宣懷檔案資料選輯之四》漢冶萍公司第一册《萍鄉張道來電二月二十二》 長沙、岳州電阻，翰、諫兩電頃甫到，驚悚焦急，莫可言狀。萍焦前接廠電後，已格外揀選起運，正月至今已運六千餘噸，約月底月初必可陸續到廠。賴倫力説洋土爐焦，即外國焦亦不過如此，且謂土爐焦結煉，尚勝於洋爐焦，包可煉好鋼鐵，言之確鑿。總之，萍焦不論洋土爐，萬不至如廠電所説之劣。宸身受重恩，何至屢年欺飾，然此事斷非空言所可辯白，已電請一琴趕速親臨萍礦察看，洋土爐焦究竟如何，並面詢賴倫，窮詰其故，且可互相考究。開平焦萬不可購，該礦歸大東公司後，卜聶願購開焦，蓄意已久，切不可適中其計。宸爲大局言，非專爲萍言也。乞明察。宸稟。箇五。

陳旭麓等《盛宣懷檔案資料選輯之四》漢冶萍公司第一册《萍鄉張道來電二月二十四》 鐵廠停爐，各處震動，去年底結欠吉安等莊款，本有一半到期，現更催逼緊切。自去秋七月至今，半年亢旱，煤焦擱積，無米之炊早邀洞鑒。滿望春初得雨暢運，借可周轉。正月並未匯款，二月不能不匯，不料仍未得雨，先後運出煤焦皆阻滯中途，迄未涌到鐵廠，天時厄我，殊出意外。日内甫得大雨暢運，然目前底比匯款五萬，無可應付，從前猶可暫挪，停爐後往來之户生畏，不肯通融匯款，倘一失信，全局立時瓦裂。廠事如此，宸咎難辭，尚有何面目商款。但刻下八面受敵，正當急難，果能撑持一二月，便有挽回，萍事果不可恃，則亦聽之，現在情形確有十分把握，做到今日地步實不容易，萬不敢功虧一簣，致廠事坐敗，叩乞憲臺格外援手，代借五萬，電匯鐵廠，應付本月底比。匯款俟煤焦涌到後，再行匯還。急切盼禱。宸稟。敬一。

陳旭麓等《盛宣懷檔案資料選輯之四》漢冶萍公司第一册《萍鄉張道又來電二月二十四》 箇電亮鑒。連日追問賴倫，據云萍焦不論洋土爐，實均比前好，此種質佳而又堅結之焦，即歐洲亦不多見等語，並有親筆洋文可據。一號爐究竟一月能否告成，萍近日始得大雨，日夜趕運，以期到廠多存。宸聞停爐之信，日夜焦急，廠危至此，宸咎難辭，何以對我憲。所最憂者，萍焦已彀兩爐之用，運道漸好，廠正有轉機，乃竟出此意外，言之痛心。去秋一琴來信，述比人注全力於廠，必欲攘而得之，得廠後必謀得礦。賴倫前數年即力言比人覬萍甚切，遲早必使廠敗難立，借可便宜攘得廠與冶萍。卜聶實爲姦細，渠前致吕柏親筆函，謂萍借德款不借比款，必與德人爲難，使不安於萍，此函迄存賴處。近又接漢口德領事信，明言比人欲攘廠萍鐵路，工師馬克來亦有此説等語。又，前據詹天佑云，見外國新聞報，亦指此人圖廠礦。事關大局，岌岌可危，門内有姦細，必制我死命。事至今日，不得不披瀝直陳，萬求憲臺密速妥定大計，趕雇好手，慎選工師爲第一策。急切叩禱，此電乞付丙。宸稟。

陳旭麓等《盛宣懷檔案資料選輯之四》漢冶萍公司第二册《盛宣懷致盛春頤李維格函光緒二十八年三月十三日》 接第四號公函，誦悉種切。韶甄來電，總説萍存上焦四萬餘噸，而運廠之貨，即自萍來者亦驚駭詫怪。沈子卿來電，注意梳巡，自是分運之病，派人監視一層斷不可少，即是防其無心夾雜。至中途如何督察，應由廠萍兩處公同查禁，切囑運員照□(料)。如照原議，湘潭以下用小輪拖大駁船，何至有弊。至於按煤付價，即是鄙人分明界限之意。實已運出在途，提前通融一二，視廠力能否挹注；上海則斷不能任廠萍兩處予取予求也。

韶甄不日到鄂，望與切實面商。務望悉除成見，一意整頓。如果萍鄉煤炭真好，只要運道講究，自有好煤好炭，廠礦方能兩全。公與韶甄皆宣所托心腹，寄以重任，關係中華大局非細，幸勿輕忽相持，是爲至囑。

彭脱銷售鋼鐵事，本擬親與毛實君觀察談妥，再爲延用，因實君辦事切實，所稱傍晚回寓再辦廠事，究竟滬上洋商市面四點鐘後安有銷路？現既擬□(定)函稿，姑俟面商如何再致。

愛芬斯出洋購機，如此人實係精諳重學，並已考驗得實，即派往亦無不可。但買一機器，必須派人，亦是難事。

現在鎊價日貴，鐵價亦必日貴。今日周舜卿面稟，熟鐵已漲至六十餘兩，比去年加三分之一。應速趕造，因外洋鐵不能來，至生鐵則上海存貨較多也。

郭廠來索舊欠，此時鎊價正貴，廠款不敷，已電商接展一年，未知辦得到否？專復，即頌勛祺。

陳旭麓等《盛宣懷檔案資料選輯之四》漢冶萍公司第一册《岳州張道來電三月十九》 頃抵岳州，奉霰電悉。廠礦各執一詞，於大局關係甚大，急宜究一實在，乞憲臺用洋文電公諭賴倫、卜聶云：卜聶力詆萍焦惡劣，賴倫力言萍焦堅好，包可煉好鋼鐵。各執一詞，貽誤大局匪淺，趁賴倫在漢，責成汝二人切實面究。此次二號爐壞停，究竟因何緣故，孰是孰非，飛速據實電稟，勿稍含糊，至要等語。宸稟。效。岳州。

陳旭麓等《盛宣懷檔案資料選輯之四》漢冶萍公司第二冊《盛春頤致盛宣懷函光緒二十八年四月初二日》 敬稟者，姪回廠後，迭肅號稟，計次第上邀慈察。茲有應陳事宜，援照號稟分條謹列於後：

一、前稟請將鐵廠歸併鐵路一節，旋奉鈞諭，以無華款全在洋債，而洋債移辦鐵廠全在萍煤等因。仰窺慈意，注重鐵廠，遂及萍鄉，未許將獨有之利權輕易他溢，殊不知留鐵廠一日，即增叔父一日之累，虧多盈少，衆論僉同。所慮叔父無此鉅資長填漏壑，趁此時外觀者尚不知其中底蘊，敗絮未穿，及早歸併，尚可補救萬一，並不必以萍鄉牽肘鐵廠，廠既歸路，萍亦隨之斬然不問，實爲上乘。惟姪愚忠，不忍坐視，即叔父不以爲然，亦不敢不再三陳瀆也。何況路廠粘合，奏明在先，目今用款，正當支絀，銀行歧視，直以爲鐵路、銀行固屬一家，鐵廠、銀行劃然兩界，而鐵廠之難，幾如秦越之不相過問矣。爲今之計，惟有急圖歸併之一法，庶免後悔，務求我叔父迅賜通盤籌畫，毋貳毋疑，早日定局，幸甚！禱甚！

一、歸併辦法倘叔父決不採納，則尚有不得已之變計，擬請叔父籌添廠本若干萬，此後每出料一噸運往鐵路，即收一噸現銀，並求奏明，如有商人包造各直省鐵路所用軌料，必購用漢廠軌料二三成，以符原奏而全大局，庶幾有以維持（若僅恃蘆漢一路，斷難支柱），似此亦未始非苟全之一道，否則必有江河日下之勢。姪自維才力短絀，每以不憚勤勞，補一己之不足，故逐日自早進辦公房，至晚二更後回寓，除實有要事，不得不渡江過河一行外，從未爲應酬及私事耽擱片刻，風雨不移，雖大禮拜放工之日，亦必到辦公之所，此衆所共知者。無如廠務繁瑣，必合內外，事無鉅細，戛戛獨造，實亦有所不及，嗣後惟有格外益加勤慎，勿負厚望。姪在廠一日，必盡一日之心，斷不以鐵廠難辦，稍有疏懈也。專肅，恭叩崇安！

陳旭麓等《盛宣懷檔案資料選輯之四》漢冶萍公司第二冊《盛宣懷致李維格函光緒二十八年四月十五日》 善後局來文，煤焦分別完捐以備警察經費一節，查光緒二十二年商廠接辦之始，湖廣總督於是年五月十六日奏定章程內開：中國費鉅款，開鐵廠，專爲保守自有利權起見。然欲與外洋鋼鐵爭衡，非輕成本不能抵制。故歐亞於自產鋼鐵運銷，無不免稅，以杜他國鋼鐵進口，分奪本國之利。所有湖北鐵廠自造鋼軌及所出各種鋼鐵料，並在本省或外省自開煤礦爲本廠煉鐵煉鋼之用，應請奏明免稅十年，屆時察看本廠如有優利，足可抵制洋鐵，再行征稅等因，抄行漢廠有案。歷年以來，本廠生鐵尚未暢銷，廠累已重，煤焦悉係自開自運，與外購商煤不同，責令一體完捐，不特顯背定章；益且商情重困，勢屬難行，在官局廠原無不可，在商廠實有所不能。但員司工匠炊爨作食需用之煤炭，自應照民間一律完納。望即將善後局來文迅速轉稟。總辦盛道須十九後回漢，應俟該道回廠再行商辦可也。此頌近安。

陳旭麓等《盛宣懷檔案資料選輯之四》漢冶萍公司第一冊《萍鄉來電五月十五》 年到萍後，凡遇局紳以煤井窩匪之謠來告，年即責成根究。據復，謠由匪供，匪已殺斃。年云，獲匪理應送縣，現既殺以滅口，即不加以造謠之咎，亦當科以擅殺之罪。越日，局紳稟復，謠言已息，邀恩免究。顧令電稟贛撫，亦有匪謠並息字樣。年密訪無異。官錢號兑現洋者較初二前止十成之七一。郭令十五接印。昨醴陵鄉間獲匪焚斃，陸斯目擊。馬、陸均有戒心，催年返醴，擬留湘勇在萍巡護。此電乞送張道一閱，俾免懸系。年稟。翰。

陳旭麓等《盛宣懷檔案資料選輯之四》漢冶萍公司第二冊《解茂承致盛宣懷函光緒二十八年五月二十六日》 敬稟者，駐冶日員西澤，前因「若松」新船今歲第二次正礦裝三千三百八十八噸，加耗一百六十九噸八百九十五啓羅，是每百噸加五噸例章。惟較該船第一次運數多裝三百餘噸，曾令石堡司事詢彼下礦司事，據稱或因新船初次未便多裝之故。乃西澤執謂該船只有裝三千二百餘噸之量，無三千五百餘噸之量。偏疑短數出於我局。卑府當設地磅之時，恐其在船、在途盤駁缺少，向我攪擾，故與約定，在下陸過磅時，彼此各派一人，公同看磅，記數相符爲斷。在石堡運收，亦彼此各派一人，照隨車磅票核數上堆，各記某堆上若干噸，兩下相符爲斷。照合同在大冶交礦之辦法，已至詳明。是我局界限，只計過磅與上堆兩較之數無差，斷無從更計裝船與在途搬運後之數奚若，此理之固然者也，行之年餘，尚無異說。今西澤既不衡以他船，專以「若松」船量，似不除疑於我局，故於本月十三至廿一等日，盡情核較：論地磅，與彼制鐵所發來法碼毫釐無差；論車皮，照原號之數，小雨漲五啓羅，連日雨後，亦僅漲不到六十啓羅。而卑府前於例章加三，後改加五外，仍訂有每車小雨車濕，加一百啓羅，約又百噸加一，久雨車太濕而礦沾泥，加二百啓羅，是每百噸約又加二。較之此次雨後所磅車皮漲數，有溢無絀，而彼仍各請再加百啓羅，不允，則雨天並閲二日停運礦石，無理可辯，便相挾制。似此交易，豈非一味偏枯。謹將往復辯駁等函，抄摺呈請督核。倘彼又步前轍，到滬請加，乞賜採議，免其混淆又圖弋獲也。

總之，售礦本爲鐵政無聊之下策，況已價廉歐西，猶未足滿其利欲。果我廠兩爐併煉，再能擴充，兼加製造，利源自廣。求己大勝仰人，何取沾沾焉戀此雞肋耶！肅稟，恭叩崇綏。

卑府解茂承謹稟。五月二十六日。

再查船量，當造船時，例雖限有噸載，迨至裝貨，或行一時權變，不能悉如原限，頗不乏有。試以前去兩年，該各船先後承運礦數比較，可見船量借口，未足爲據。如馬拉格布承運第十次，與第十九次較之，已差二百九十噸。又該本國之飽浦承運第一次，與第三次較，已差二百五十噸。若以第三次與第三十六次較，差至五百餘噸之多。此最小之船，先後裝數，固已如此懸殊，況其大者耶。附呈比較數表一紙，乞匯賜衡鑒。

陳旭麓等《盛宣懷檔案資料選輯之四》漢冶萍公司第一册《滬張紹甄去電六月初五》 股票商董嚴芝眉、楊子萱、陳藹庭、李一琴、盛我彭、盛揆臣、林友梅、施子卿八人，辦事總董張紹甄，幫董沈子卿、邱玉符、盧洪昶，股票刻好，章程另做好。弟望前回滬，兄等應速回局，未便久曠職守。宣。

陳旭麓等《盛宣懷檔案資料選輯之四》漢冶萍公司第一册《滬張紹真李一琴去電六月十五》 張真、李元電悉。禮和前借款全係路局墊還，續借款兩年後還本不易。廠礦命脈全在焦炭，魯培七月十三號詳稟，本年萍焦含灰水卅四分之多，去年煉鐵一噸，用焦一噸三百卅三啓羅，今年用焦一噸六百六十一啓羅。生鐵成本合銀二十八兩零，不入爐之頭脚及碎炭，約有十成之二。此稟已寄李，昨履赴魯又稟，現開一號爐仍用此劣炭，爐内粘滯，則爐身漸窄必易壞，弟率隨員親閲焦炭各堆，並驗新到焦炭，大塊多未燒透，或頭脚全黑，或碎如桃李，剔用不過一半，是賴倫所言，全屬矯强不可靠，張道所允整頓亦虚，似此鐵廠何能久支，弟擔當不起，必有變局，禮和借款何敢簽印，故香帥處尚未與商。總之必要萍焦能合廠用，冶爐方可添造，非此不能再借洋債。現今魯培擬定萍焦合同，望速遣賴倫來漢，弟與當面驗焦，先立廠礦用焦合同，再立禮和借款合同，萬不能含混，除嚴札飭同西十月底滿，替手不到並辭冶事回國云。倉猝之策，祈與韶公妥議維持，電賴速復並飭高遵。承。

陳旭麓等《盛宣懷檔案資料選輯之四》漢冶萍公司第二册《萍鄉煤礦與禮和洋行借款合同光緒二十八年七月初四日》 訂立合同人：一萍鄉煤礦公司（合同中稱煤礦公司）；一輪船招商局、漢陽鐵廠及督辦鐵路兼漢陽鐵廠、輪船招商局盛宮保（合同中稱擔保者）；一上海等處禮和洋行（合同中稱禮和）。兹因立此合同之前已有合同，禮和允借與煤礦公司馬克叁百萬，其前合同年月日及立合同人即與此合同所載相同。又因議該合同時（此後稱正合同），議定禮和須照此合同所載條款，再借與煤礦公司馬克壹百萬，爲購辦機器等用，故立條款如左：

一、煤礦公司與禮和彼此合意，此合同畫押之後，由禮和借與煤礦公司馬克壹百萬，任聽隨時陸續取用。

二、還本付息均須繕具期票，蓋用煤礦公司關防，並由擔保者批行，加蓋關防。

三、期票所載之數均用馬克，按期在上海交付，照該日之德國馬克電報匯價核算。

四、期票所載借款全數作爲煤礦公司存款，由禮和流水登記，其煤礦公司未支之款，給回息常年肆釐。

五、馬克壹百萬，常年柒釐起息，自出期票日起，照借本全款不摺不扣計息，並照後粘本息期單每半年一付。至借本全款，亦不摺不扣於捌年内匀攤還清，並照後粘本息期單每半年一付。其第一次攤還禮和借本，係在一千九百零六年正月一號。

六、此項借款禮和付法如下：煤礦公司或擔保者，於購辦機器等件須付款項，隨時可請禮和照發票付交承造此項機器等件之廠，禮和即應照付，而發票上所開此項機器等件裝運、保險均歸禮和經理，費從最廉。所有經理此事應用之費及照中國交貨價九五扣用之費，禮和均可在煤礦公司存款内照劃（見第四條）。

七、一千八百九十九年四月八號彼此（漢陽鐵廠不在其内）所訂合同内載：倘煤礦公司不能付款，允給禮和利益及所有擔保允許之事。准其得行於此合同，與載入此合同無異。再，漢陽鐵廠允保禮和凡期票未曾付清以前，不得將該廠地基、廠屋、機器等交割出售與人，或向人借錢，或抵押與人。設使於合同期内欲將以上所指廠業抵押與他人，則除盡正合同外，應先酌提若干，按照格式抵押與禮和或禮和之替人，足敷保實該時尚欠禮和墊款息本之數。又，盛大臣允保，倘煤礦公司至還款之期無以應付，則以大冶售與日本礦石之價除盡正合同外抵還借款。該礦石合同尚有十二年期限，今粘附一分於後。至煤礦公司所出期票，倘有一次逾期叁個月不付，則所有已經煤礦公司及擔保者批行蓋印之還本期票，無論係何年月，均作到期之票，同時向煤礦公司索還本款，其息則仍長年柒釐計算，至還本爲止。又，凡遇此種情事，除照一千八百九十九年四月八號所訂合同内載禮和所得利益外，並准禮和代管漢陽鋼鐵全廠及產業，遵照中國政府現在或將來所給該鋼鐵廠之利益辦事，俟期票還清後，再行將漢陽鋼鐵廠交還。惟合同雖載此款，仍不干礙禮和向擔保者索償，與合同未載此款一樣。而倘至禮和收執煤礦公司之礦及或漢陽鋼鐵廠地步，應用礦石、白石由盛大臣擇最佳者供給，其價即照附後與日本人所訂之合同數目相同。又，禮和應用公司煤焦，價值照便宜賣價核算。禮和所用礦石、白石及煤焦，一概不付現款，均登禮和帳上，作爲煤礦公司存款，以便抵還欠款。

八、倘一千八百九十九年四月八號合同及正合同或有所行，或有所不行，均不得借口廢此合同。若此合同或有所行，或有所不行，亦不得借口廢一千八百九十九年四月八號合同及正合同。

九、煤礦公司准禮和將此合同呈由德國駐京大臣報明外務部存案。此合同共繕五分，盛宫保執一分，漢陽鐵廠執一分，萍鄉煤礦公司執一分，禮和執兩分。

大清欽差大臣督辦鐵路總公司、輪船招商局、漢陽鐵廠太子少保工部左堂盛（核准　思惠齋印）

總辦漢陽鐵廠事宜三品銜湖北候補道盛（春頤）

會辦漢陽鐵廠事宜三品銜候選正郎李（李維格簽字　思無邪印）

總辦萍鄉煤礦事宜湖北候補道張（贊宸）（簽印）

德商禮和洋行（簽字）

光緒二十八年七月初四日

一千九百零二年八月七號

〔附〕《本息期單》

一千九百零二年十二月三十一號付息二萬三千三百九十七馬克二六。

一千九百零三年七月一號付息三萬五千馬克。

一千九百零四年正月一號付息三萬五千馬克；七月一號付息三萬五千馬克。

一千九百零五年正月一號付息三萬五千馬克；七月一號付息三萬五千馬克。

一千九百零六年正月一號還本六萬二千五百馬克，付息三萬五千馬克，共九萬七千五百馬克；七月一號還本六萬二千五百馬克，付息三萬二千八百十二馬克五〇，共九萬五千三百一十二馬克五〇。

一千九百零七年正月一號還本六萬二千五百馬克，付息三萬零六百二十五馬克，共九萬三千一百二十五馬克；七月一號還本六萬二千五百馬克，付息二萬八千四百三十七馬克五〇，共九萬零九百三十七馬克五〇。

一千九百零八年正月一號還本六萬二千五百馬克，付息二萬六千二百五十馬克，共八萬八千七百五十馬克；七月一號還本六萬二千五百馬克，付息二萬四千零六十二馬克五〇，共八萬六千五百六十二馬克五〇。

一千九百零九年正月一號還本六萬二千五百馬克，付息二萬一千八百七十五馬克，共八萬四千三百七十五馬克；七月一號還本六萬二千五百馬克；付息一萬九千六百八十七馬克五〇，共八萬二千一百八十七馬克五〇。

一千九百十年正月一號還本六萬二千五百馬克，付息一萬七千五百馬克，共八萬馬克；七月一號還本六萬二千五百馬克，付息一萬五千三百十二馬克五〇，共七萬七千八百十二馬克五〇。

一千九百十一年正月一號還本六萬二千五百馬克，付息一萬三千一百二十五馬克，共七萬五千六百二十五馬克；七月一號還本六萬二千五百馬克，付息一萬零九百三十七馬克五〇，共七萬三千四百三十七馬克五〇。

一千九百十二年正月一號還本六萬二千五百馬克，付息八千七百五十馬克，共七萬一千二百五十馬克；七月一號還本六萬二千五百馬克，付息六千五百六十二馬克五〇，共六萬九千零六十二馬克五〇。

一千九百十三年正月一號還本六萬二千五百馬克，付息四千三百七十五馬克，共六萬六千八百七十五馬克；七月一號還本六萬二千五百馬克，付息二千一百八十七馬克五〇，共六萬四千六百八十七馬克五〇。

總共還本一百萬馬克，付息四十九萬五千八百九十七馬克二六，本息兩共一百四十九萬五千八百九十七馬克二六。

督辦盛核準（思惠齋印）

李維格（思無邪印）

張贊宸（印）

陳旭麓等《盛宣懷檔案資料選輯之四》漢冶萍公司第二册《張德彝致盛宣懷函光緒二十八年七月十二日》　敬啓者：去歲羅稷使接准臺函，屬爲代覓礦師赴華，當經稷使覓得礦師布盧特商訂，已有頭緒，因來往函牘稽滯，該礦師不及久候，改就斐洲之聘。今年三月稷使復准尊電，催爲訂定，適該礦師因斐洲礦產不佳，決計回英，來信有仍願應聘赴華之語。先後情形，均由稷使函電詳達在案。

四月弟抵英接任，稷使將此事移交前來，旋於五月間，該礦師到英，弟即與之商訂，彼允續前議，惟薪水每年須英金二千鎊，較前議多二百鎊，當於五月二十一日電達鈞右。六月初二日接准復電，屬即代訂並詢何日來華，遵即按照每年薪水二千鎊，其餘各節，均如稷使原議，與之妥立合同，定於七月初九日赴滬。定妥之後，於六月二十日電達並請匯英金一百十鎊，以便付船價等項。嗣於六月廿九日接准電復，並收到匯款英金一百十鎊，當即付與該礦師頭等船價八十一鎊，路費二十鎊，尚餘九鎊存在敝處。該礦師業已按期成行矣。

惟合同第三款內載「該礦師出外查勘礦產時，須備置車輛或船隻等」云云。所謂備置車輛或船隻等者，尚須包有路上一切用費在內，因合同未及備載，該礦師請另與聲明，除已另備一函復該礦師提明此節，彼此遵守，一與所訂合同無異外，特此聲明。該合同共繕二分，一分交礦師收存，兹將一份送呈，並譯呈該礦師收條一紙，及致該礦師復函一件，統乞察入。所有訂定礦師情形，謹此函達，伏維惠鑒，再請勛安不備。

陳旭麓等《盛宣懷檔案資料選輯之四》漢冶萍公司第二册《盛春頤李維格致盛宣懷説帖光緒二十八年八月前後》　敬稟者：奉憲臺札飭據大東公司工師沙多稟稱攬辦漢廠各節，飭詳細議復，以憑核奪等因，奉此。謹遵議復條陳於後，伏維鈞鑒。

一、創始之難也。機器煉鐵，不獨中國向來所無，實爲亞洲一洲所未聞。今湖廣總督部堂張統籌環球各國形勢，知當今之世，非精煉鋼鐵不足以立國，於是不辭艱鉅，獨爲其難。其創辦時之辛苦經營，非局外所能體諒萬一也。然以中國向無鐵廠之故，一切機器爐座之應如何佈置，無可仿效，惟有一聽所雇洋匠之指點。而所雇洋匠未必盡賢，亦未必均爲諳練熟悉之人；且西法日新月異，移步換形，是以就廠機爐而言，佈置有未盡合算之處。以致成本加重，如煉鋼生鐵之冷結而復熔及烘鋼爐之未裝汽爐是也。即此兩項言之，每年多費約十萬餘金。其昂貴之錳精，笨重之火磚，均須取給於洋，更無論矣。此苦於中國向無鐵廠，創辦之初預難見到也。然其所以克底於成者，亦必屢受摺磨而後見效，非一蹴可幾也。竊聞外洋各國大創大作，在前者賠而後者起，公家津貼之，國人資助之。英屬坎納大諸鐵廠開煉之初，出鐵一噸，公家津貼金元一鎊，以七年爲期，逐年遞減，其明證也。

二、款項之難也。外洋鐵廠成本動輒數千萬兩。近美國且糾合各大廠立爲公司，聯本至一百兆鎊之鉅。即日本新辦之官鐵廠，名曰鑄鐵所者，亦已動用一千數百萬元，聞擬備本五千萬元。中國利源未辟，上下交困。廠當官辦之時，司農仰屋，請款無從；迨至商辦，則東騰西挪，往往出重利押借以資周轉。如此竭蹷，而欲與洋廠爭衡，是不待智者而始知其不可也。

三、人材之難也。一手藝之末，貿販之微，亦必素習而後始能從事。西法煉鐵，博大精深。中國向無鋼鐵學堂，材非素儲，臨用無人，不得已而借材異地，爲急則治標之計。而所雇洋匠，賢者少而不肖者多，且非我族類，限以年期，視所事爲傳舍，恃所長而要挾。我之肥瘠，彼固漠不關心，甚且與洋廠聯絡一氣，故不盡心，使虧摺而入彼族之手，此借材異地之流弊也。

四、銷路之難也。煉鐵之需，莫要於煤炭。而鄂省一帶無合用之煤。於是仰給於日本，遠求於萍鄉，運費繁重而成本加大矣。漢廠創辦未久，一切自難遽臻上乘，所冀與洋廠爭衡者，惟少一遠越重洋之水脚。今以煤炭運費繁重之故，成本與遠越重洋者無異。而欲與數十年根深蒂固、通銷暢行之洋鐵爭市，不亦難乎？且中國路礦權利，類皆入於西人之手。德用德鐵，俄用俄鐵，亦自然之勢也。尤有説者，日本鑄鐵所有化鐵爐六座，現尚僅開一爐，餘未竣工，將來六爐齊開，每日出鐵幾及千噸。目前中日只有兩爐，而我銷路已如此之難，倘驟增五爐之鐵，情形又將何若乎？

坐此四難，而欲望漢廠日起有功者，蓋亦難矣。然以官商十餘年辛苦經營之基業，斷無聽其廢弛之理，欲罷不能，只有三策：

第一，商人接辦以來虧摺至一百餘萬，華商力量微薄，已心力交瘁，無可再籌，只有仍歸官辦。

第二，大東公司既能招比、德、俄各商會之佔有中國路礦利權者合辦，是其先有銷路而後接手，獲利自有把握。或由憲臺會同湖廣總督部堂張奏明，奉旨俞允後與該公司嚴訂合同，仍候朝廷批准施行。其所宜預防者：久踞而不交還也；用開平煤炭而不用萍鄉煤炭也；借款用罄後請添款以要挾也；虧本仍□〔歸〕我認也。此大東公司代辦之流弊也。

策三，前稟□以鐵就煤，在萍設立熟鐵廠煉制熟鐵。倘鋼軌、生鐵均有銷路，則生、熟、軌三者併舉，或可勉開兩爐。然究竟能否有效，殊難預必；即使見效，亦在三年之後。此三年之中，添置各項機器以及行本虧摺，寬計之，約需銀一百萬兩。倘能籌此的款，或可支持。若專恃押借騰挪爲事，則敗可立待。

以上四難三策，僅就管見所及而言，是否有當，伏乞鈞裁。

陳旭麓等《盛宣懷檔案資料選輯之四》漢冶萍公司第一册《漢廠來電九月初八》

歌電謹悉。廠事任重責專，恐難勝任。會辦雖出洋，總辦計日可回，委札求聲明暫代，以免僭越。信地已妥，另詳稟。福。

盛宣懷《愚齋存稿》卷八《鐵廠派員出洋片光緒二十八年九月》

再，湖北鐵廠臣接辦後，招集商股，設法借墊，共銀三百二十餘萬兩。數載以來，因鍊鐵焦煤運費過繁，化鐵爐座，又須重造，虧摺商本至一百四十餘萬之鉅。猶幸鋼鐵精純，足供製造槍礮路軌之用。萍鄉煤礦已成，鐵路漸可通運，外國經營鐵廠，輒需數千萬，日本新建一廠，其國家籌本二千萬，尚議增添六百萬。臣所接辦之鐵廠，並須兼營開煤鍊焦，互相鉤連，方能濟用。近又自行籌借禮和洋行四百萬馬克，約合銀一百五六十萬，商借商還，以圖推廣，而免中輟。臣於此事，艱苦忍耐，雖當無米爲炊，仰屋而嗟，終不敢被外人所誘奪。如再能堅持數年，岳州至萍鄉鐵路工成，焦炭足敷運用，自當添置爐座機器，將臣等所管轄鐵路需用之鐵料，皆取給於此，可塞漏卮，歲以數百萬計，其成效必在輪船電報之上。惟製造必須取法於人耳，聞不如目見。臣久思親赴各國，一觀其佈置，而未得其暇，祇得遴派妥員，代往考核。茲查有總辦湖北鐵廠三品銜候選郎中李維格，心精力果，體用兼賅，本來諳熟方言，近復留心工學。臣與李維格，堅明約束，鐵廠之成敗、利鈍，悉以付之。該員澹於榮利，而矢志辦成一事，以答高深。夫用人之道，必當用其所長，尤當久於其任。若用之不專，或朝令暮改，皆不足盡其才也。臣已代籌資斧，派令該員，帶同洋工程司一名，尅日馳赴日本，先閱其新開鐵廠，即由日本放洋赴泰西各國，游歷各廠，究其工作精奥之大端。彼何以良，我何以楛；彼何以精，我何以麤。他山之石，借以攻錯。並飭就便添購機器，選募匠師。該員歸來，必能爲鄂廠增益規模，徐收功效。臣所以不敢沾沾於目前，自限其程度也。所有鐵廠派員出洋各緣由，理合附片具陳，伏乞聖鑒訓示，謹奏。本月二十五日奉硃批，外務部知道，欽此。

中國第一歷史檔案館《德宗景皇帝實録》光緒二十八年九月

派委總辦湖北鐵廠候選郎中李維格，出洋游歷各廠，並就近添購機器，選募匠師，以圖擴張。下部知之。

陳旭麓等《盛宣懷檔案資料選輯之四》漢冶萍公司第二册《解茂承致盛宣懷函光緒二十八年十月初五日》

敬稟者，運礦日員於上月末旬回國接眷，深恐累年於合同外，所思(曠)〔礦〕外而又理窮不可遂之事，轉請該管或托領事，在滬向憲臺曼求，謹分條詳陳，敬備查採：

一、加礦起首，每百噸議加三噸，嗣以雨天車皮照原數加重，冶局每車小雨另加五十啓羅，大且久雨倍之，已屬有盈無絀。在日員亦深悉冶局格外從寬禮讓敦睦。未幾，忽於二十七年春間，又暗托小田領事。轉請憲臺，准每百噸除原加三外，又加兩噸，照辦後，乃於今歲遇雨，又請照另加之數倍加，不允，則有雨不運。經與迭辯，遇雨不適礦，本不在合同之列，勢必誤運，冶局則不能認咎。現已允小雨運而大雨仍不欲運。若在滬率請雨不運礦，或另又加礦，均祈核駁。

二、如日人或以經船運至日本，間有收數短少，執相問難，但詢其下陸過磅與石堡收礦，是否有日人公同過數。當日既定在冶交礦，既在冶磅收，彼此核對無差，是我交礦責成已盡，餘事無從更計也。

三、外來日人到冶游歷礦山，日多一日，幾於無月不有，間有一月之中多至兩三起，往往結侶成陣，坐爲之溢，不請縣差保護不妥，屢請則滋人勞耗煩厭。迭與堅約，游歷雖載在條約，惟自北方拳匪事後，上諭地方官保護，責成尤重，礦局無管民之權，是應報由該管領事，函請本省制軍或該口關道行知州縣保護，遇事方擔責成，嗣後應請照章爲妥。但經上憲行知地方官保護，在我私交款待，決不憚煩云云。倘日人在滬率請：「凡駐冶日員友人來冶游歷，有無護照，應聽其便」，切請核駁。

以上三條，均爲杜其閃爍貪得無厭之私，防其覬覦得步進步之漸。查歷年所售該國礦石，因顧大局起見，其不在合同內者，均酌情禮讓，蔑以爲加。況此次英礦師來冶，查稱現得道灣出運之礦，無可訾議，就各國礦價而論，似此每噸可值六元等語。特以合同既定五年，只有從辛勤撙節中，顧計成本，錙積贏餘。

當此時局增改合同，我豈易沾利益，不如仍執原約，勤苦做去，堅持五年限內，不使日人更於合同外再增自利之便宜，庶免限制澌於無形也。是否有當，伏乞昭察，核奪施行。肅稟縷陳，恭請崇安。卑府茂承謹稟。十月初五日。

再，據高輔門查稱，得道灣礦質含磺日重，選應日礦分數，再歷二年，似形竭蹶，附陳。又申。

陳旭麓等《盛宣懷檔案資料選輯之四》漢冶萍公司第二册《宗得福致盛宣懷函光緒二十八年十月三十日》 袁宫保莅滬，想已晤談，度必沆瀣一氣。茲將籌開二號爐及本廠擬添一爐，與魯培考核各情形，分條列後：

一、一號爐近日每晝夜出鐵七十噸，但檢焦甚苛，一二寸之小焦塊皆不用，所以出鐵多而順，一攙小塊即出鐵頓減（急盼張道回萍，趕從源頭清理）。故月餘以來，與章翻譯、比國生諸人謀，開二號爐，向之慮鍋爐不足、風筒不够者，近已一一答應足用，可以遵辦（只須添制一高白爐，以備不虞）。自比生起至爐上各工止，皆責成兩爐兼管，不添一人，每人月薪酌量各加二三成不等，非此不能鼓舞其興，更非此不能杜其阻力，至小工則不得不添。茲分別開單繕摺呈核。此次籌議兩爐併開，章翻譯極踴躍出力，月薪向係百金，擬請酌加二十金。其弟章逵，由魯工師函請加十二金。又翻譯手下司事亦擬各加少許，以示公溥。如荷恩准，請將各摺即賜批發遵辦。魯培於續訂合同時，已載明兩爐齊開月加二十鎊，以番故不再議。至萍焦存廠有二萬二三千噸，兩爐每月約用七千噸，足有三個月支持。此三月中尚有續到。目前廠中堆積已滿，急須疏通（各事皆籌妥，只湖水甚涸，尚待設法）。附呈魯培來函二件，請詧核。

一、本廠添制化鐵爐，按原奏本應添設大冶，惟大冶平地樓臺自築地脚起至造成止，一切在事華洋各人，無一不是另起爐竈，斷非數十萬所能竟功。卑職到廠即與魯培磋商。昨有信來，用特附呈。似應就本廠添一大爐最爲合轍。況舊有之一二號爐皆非完善質地，尤應預爲規畫。李司員不辦機器則已，苟辦機器，應先籌出鐵。請將魯培來信與李司員詳商，以備萬一之採。

一、收支年總底稿已成，專候總辦回，酌定虧數，即可繕送。至造册處該存結似應本廿六年憲咨湖廣督憲底册接造，所有從前舊送之册均可撤銷。即收支年總流水，亦應照咨册分款另備一分，以期針孔相符。愚昧之見，不知當否？附呈八月分估本册摺二分，乞詧存。祇叩大孝，敬請慈安。

陳旭麓等《盛宣懷檔案資料選輯之四》漢冶萍公司第二册《宗得福致盛宣懷函光緒二十八年十一月初六日》 正擬籌開二號生鐵爐，而一號爐連日出險。卑職親去勘驗，四面爐門均已燒化，所餘不及尺厚，時有火烟外冒，隨時修補，斷難持久。此磚係廿六年在英國梯賽廠所購，該廠以如此劣貨騙錢，不知尚能詰問否？茲將盧貝來信寄呈鈞詧。大冶礦石已經函達。萍焦則專盼張道回漢。據盧貝云：外洋爐磚通例應用五年，今只五個月，就現在情形，不敢多打風，每日夜出鐵四五十噸，勉强敷衍，爐冷難免不結。而路局定軌尚少九千噸，截至明年正月底需生鐵萬噸，故二號爐不能不開。但二號爐磚，盧貝、章達均説更是雜湊而成，尤無把握，用敢據實稟聞。

支應所年總已徑寄。造册處該存結應否本廿六年年底憲臺咨送鄂督底本接造，前已請示，如以爲然，雖支應年總均應換造送呈，以期底面符合。

岳常澧韓古農觀察來信附呈，應否照辦，乞酌示祇遵。

又附十月下旬報摺一分。祇叩慈安。

陳旭麓等《盛宣懷檔案資料選輯之四》漢冶萍公司第二册《李維格致盛宣懷函光緒二十八年十二月初一日》 敬稟者，前奉面諭，令維格暫回漢廠，贊助我彭料理，兩爐齊開後，再行回滬籌畫借款，蓋以維格平日與洋工師尚稱聯絡，諸事可與商榷也。維格本擬俟續訂軌件定議，即暫回廠，而載之來滬，出示我彭口述、載之筆記各條，内一條云，郭廠來函，聞漢廠有人出洋採辦機器，帶有英人，甚不歡喜，所以不願做欠帳，所需磚、錳，非全欠還清不肯承辦云云。此必卜聶等函告郭廠者也。維格自日本初四接載之函，内有卜聶上載之信，謂維格深信英人云云。兩事併觀，是廠中比工師與維格已有嫌隙，難再聯絡，即暫回廠，有損無益。憶宫保奏派維格出洋附片内有物色工師一句，當時見之，即函稟宫保請勿行廠。今詢載之，知廠中仍接有此文。卜聶等聞之，焉有不離心者乎？維格昨已借端用明碼電廠，偶及愛芬斯，試用一年期滿業已開除等語，以稍安卜、魯之心，蓋尚須靠其做事，不能不如此也。

維格屢有所欲言，以宫保憂勞，不便上瀆而止。然不言則恐歧誤，請爲宫保透澈言之：

庚子正月，維格奉電入都，重違諄諄之意，勉允進廠暫試，瀕行奉手諭，以改用萍焦爲第一要義。維格二月到廠，四月即截止開焦，全用萍焦，八月借拳匪之亂，去洋人十名，撤銷合同，蒙宫保酬以殊榮，曷勝感激！然維格感激之處有逾於殊榮者，爲宫保股拳摯愛之意，故爲廠事每致寢食俱廢。庚子大局震動，無所建議。辛丑三月二十日肅上一書，知無不言，言無不盡。此後時有稟陳，無不痛乎言之。及至今年八月二十五日上稟，承宫保採納奏派維格出洋，滿擬周游内渡，爲中國興鐵政，爲宫保分憂勞。詎料時局變遷，廢然而返，所有建議無一能行。然無錢不能辦事；名實不正，不能辦事；洋人不稱職而有嫌隙，不能辦事。坐此三端，維格不能再進漢廠矣。總之，維格不能爲廠認已往之責，只能圖將來之事。以後歸官則已，若仍歸商，只要有錢而有辦法，與前辦者劃清新舊，接手後成敗之責當一人任之，否則，濫厠素餐，上無以報知遇，下無以安私心，非宫保之所以期望維格，亦非維格之素志也。

漢廠薪水支至本月爲止，非有辦法不敢再支。當在滬守候，專爲宫保籌畫借款之事。我彭苟有所囑，必視與在廠無異，決不因不支薪水而有不盡心之處也。專肅，恭叩素履。

維格謹稟。壬寅十二月初一日。

再，前領游歷費六千兩，因候太平洋輪船公司算還票價，故餘款暫存錢鋪，當即開單呈繳。

王樹枏《張文襄公全集》卷一八六《致上海盛大臣光緒二十九年正月初六日子刻發》

豪電悉尊意，先借通商銀行款，緩借洋款，以免外人執權，慮患甚遠，請即照辦。惟此事與南洋無涉，本係尊處專責，儘可專奏。鄙人現不在鄂，且鐵廠辦法歷年鄙人皆不與聞，未便會銜，致慰帥電亦祇可，云鄙意謂然，不必由敝處出名會電。好在慰帥擔認在先，宫樞前已經陳明，奏入無慮不准。前沁電謂鐵廠一事，鄙人以閣下「輪電在手，勸諭先接」等語，記當時閣下但言能兼辦鐵路，則願接鐵廠。鄙人允爲奏保，並無計及輪電之語。此語本無足辨，但凡事須求核實，故特附陳及之。祈鑒。歌。

陳旭麓等《盛宣懷檔案資料選輯之四》漢冶萍公司第二册《小田切萬壽之助致盛宣懷函光緒二十九年二月初七日》

杏蓀宫保大人閣下：

謹啓者，日前與貴宫保所商承運萍鄉煤炭一事，刻由湖南輪船公司接得東京該總公司付來合同擬稿，囑爲録呈臺鑒，請貴宫保查核。所有條款，正可商酌。現白岩龍平君於此事秉有全權，諸可與之議訂，即希察閲，從速派員與白岩龍平君商議，以便訂定，曷勝翹盼。若蒙允於貴宫保北上以前，派員妥議，最爲妥便。

兹附送該合同擬稿一通，祈即查收是荷。此泐，順頌日祉。

名另具。三月初五日。

合同擬稿

計開：

一、每年包運煤炭五萬五千噸，焦煤三萬五千噸，共計九萬噸。每噸運價定爲漢口銀一兩六錢正。

二、前項包運數目，彼此可以商議增加，所有運價每年可以商改，惟至多以一兩六錢正爲限，倘商議不妥，仍照初年運價辦理。

三、若一年出貨不滿九萬噸，則所短水脚由煤礦公司照數賠給。

四、合同先訂五年爲限，限滿彼此商議續訂。

五、運價核照所交貨數，每月底在漢口付銀。

六、若有水手人等，故意損壞減量裝貨，應由湖南輪船公司自行照賠。但出於天災或意外之變，應各安天命。

七、煤礦公司預行申報沿途關卡，凡運煤各輪及民船經過一律豁免驗税，並准夜間拖帶通行。

八、在湘潭、漢口等處，起卸用地，由煤礦公司置備。若遇易地時，須與湖南公司商定。

九、所用起卸、駁貨、工役及泊船碼頭所用地與水面等一切經費，統歸煤礦公司支銷，與湖南公司無涉。

十、若值趕緊起卸之時，雖係黄昏夜間，或禮拜、慶節等時，亦須作工。

十一、自訂立合同日起，六個月内照此合同起運。

附議：

一、盛宫保或招商局或煤礦公司名下，允將股分附入湖南公司。

二、招商局允將漢口該局碼頭基地及棧房（即現租給鐵路漢局之地）租與湖南公司，租期定爲十年，租價公議。

王樹枏《張文襄公全集》卷一八六《致京户部鹿尚書光緒二十九年二月初九日寅刻發》

湖北鐵廠萍鄉煤鑛，以款絀不能大舉擴充，坐失美利，其勢頗窘，恐終難支持。兹由盛侍郎電，奏請將通商銀行部款一百萬兩，暨商股三百五十萬兩，撥歸鐵廠，得此鉅款，添鑪接軌，運煤速、出鋼多，獲利確有把握。其部款分年還本付息，仍照通商銀行原案辦理，不致延誤。查鐵廠大局所關，盛此次所請，尚在情理。此奏如交議，務請鼎力維持，俾資周轉，免致有礙鐵廠。曷勝感禱，並祈電復。庚。

陳旭麓等《盛宣懷檔案資料選輯之四》漢冶萍公司第二册《章達致盛春頤函光緒二十九年二月十四日》 敬稟者：竊卑職接奉憲臺札開：「奉督辦憲札開：『添造新爐，計有三種辦法：一照原奏在大冶添爐，以煤就鐵；一在萍鄉造爐，以鐵就煤；一在漢陽添爐，以就現成之局。三者究以何處爲最宜，該員應與布盧特、賴倫、魯培等，分別熟籌利弊，以定局面。再造一大爐，恐損壞即須停煉，似不及分造兩小爐，出鐵數目相同，較爲穩妥，亦宜一併籌議定奪，合行分飭』等因；奉此。合行抄粘飭查照妥議見復」等因，奉此。卑職遵即與魯培妥商，而魯培仍執前議，以添爐漢陽爲宜。卑職伏查新造爐處，或萍、或冶、或廠，雖各有其說，而要以萍鄉爲上。何則，外洋辦法，以鐵就煤者居多，蓋以運用煤、焦，浪費必甚。雖轉運鐵礦，浪費亦所不免，而成本終較煤、焦爲輕。是則設爐在冶，以煤就鐵，似非妥善也。緣萍焦運冶，一路之搬運、抛棄、碎裂，何可深計。查現在萍焦運廠，碎末已經不少，推原其故，大抵因途中重重盤駁，大塊變小，小塊成末矣。若運至大冶，路途尤遠，較運廠爲尤難，此中耗折，必較運廠爲尤鉅。即每噸有三、四成摺耗，而生鐵成本，須加每噸銀四、五兩矣。此設爐於大冶，不如就漢廠已成之局爲有益也。惟是漢廠雖爲已成之局，而煤、焦、鐵礦，均借萍、冶兩處接濟，歷年受煤、焦、鐵礦之虧，殊非淺鮮。蓋煤、焦之碎末，鐵礦之沙泥，盡皆棄爲無用，然何一非廠中血本。若僅就目下已成局面，添造一爐，亦不另添機器，以防現開之兩爐，或有損壞，而免停煉則可。苟欲擴充辦理，亦必須添設機器，以及烟通、高白爐、鍋爐等項，與另起爐竈無異，所費亦非百萬不爲功。況竟功後，煤、焦、鐵礦一仍其舊，前車之鑒似宜預籌。且按月用焦，必較今日爲多。設湖水淺涸，焦煤艱運，待米而炊，終非善策。且廠地又不免有湫隘之虞。照此情形，設爐於漢廠，不如設爐於萍鄉。蓋萍鄉爲焦、煤出産之區，設爐於兹，既省運費，且免碎裂耗費。更兼萍鄉亦出鐵礦，查曩時，萍鄉煤礦局，曾將所採礦苗，交卑職處代爲化驗，該礦含鐵五成。雖含鐵不如冶礦之多，而鐵礦、煤、焦，相連一處，辦理易於爲力。擇地建爐，採礦、煉鐵，約核成本，每噸礦價約計銀一兩。即以鐵礦兩噸，煉鐵一噸，礦本猶不過銀二兩。加以焦炭一噸半，就萍鄉當地焦價，每噸銀七、八兩，則焦本銀，不過十一、二兩。再加生煤、人工、雜費銀，每噸一兩五錢，則統計生鐵成本，尚在十四、五兩左右。以之運應漢廠煉鋼造軌之用，每噸加水脚銀三兩，共計十七、八兩，較目今廠鐵成本在三十餘兩者相去奚若。且煤、焦無搬駁之勞，即少碎末之耗。況運鐵一噸，水脚三兩，運焦一噸，亦須水脚三兩。然運鐵一噸，足抵運焦一噸半，水脚即省一兩五錢，暗收其利，尤爲甚鉅。此萍鄉建爐，較廠、冶爲善。然亦不可因萍鄉既造新爐，遽將漢廠已成之局盡廢。蓋漢廠各機件均屬全備，刻下兩爐併開，仍宜再添一爐，輪流開煉，自無停止。查漢廠之爐式，每日夜能出鐵六十噸，如不刻意求多，爐身不致易壞。漢廠、萍鄉兩處相助爲理，則各務必爲之一振，而成效亦可以預期。

至於新造之爐，切不可仍照漢廠爐式，必須放大，每爐每日夜可出生鐵二百噸，方爲合式。緣外洋現行新法，每爐可出鐵四、五百噸，即照造二百噸之爐，猶不過僅及其半。如若再小，則一切應用機件，既不能稍爲鮮少，而於大局仍無裨益。雖創造大爐之經費，不無略多，而逐日之收回利益，亦難以縷數。然又必建造兩爐，一爐開煉，一爐備用。其餘各切應配機件，只須購辦一爐之用。

卑職此次意見，雖與魯培相左，而力籌全局，審地度勢。總之，新造化鐵處，冶不如廠，廠不如萍。然目今漢廠之急務，又在兩爐齊開，終恐有損，則添配一爐，以防患於未然者，尤不可緩。管窺之見，伏乞鈞裁。

再，賴倫刻猶在滬，布盧特於勘礦來漢，未嘗稍事勾留即行返申，未及會商，理合申明。專肅上達，敬請勛安，諸祈察核，並乞垂鑒。

陳旭麓等《盛宣懷檔案資料選輯之四》漢冶萍公司第二册《李維格致盛宣懷函光緒二十九年二月十六日》 前日奉手諭並小田切函，敬悉。日商包運煤焦，所以決計回絶者，因潭岳鐵路成後，其勢必由路運，若與日人訂立合同，則爲所束縛，不能自由，此中情形前已稟明宫保。又恐鐵路成後，水脚爲路局所卡，故自打輪駁以相持制，路廉則路運，水廉則仍水運，操縱在我，擇廉而從。雖目前輪駁需一鉅款，而終必合算也。輪駁成後，每日可運五百噸，月計一萬五千噸。漢廠兩爐月需焦炭七千噸、生煤四千噸，尚有四千噸外售，目前銷場不過如是。且民船亦可幫運，碼頭、棧房尚未籌定，日人包運一節，宜作罷論。

至鈞諭不訂合同，臨時僱用辦法，在我固無不可，而日人未必能行。蓋尋常輪船之搭客裝貨者，不能載運煤焦，必須專造輪駁，欲其專造輪駁，必須訂立合同，常年包運。應請函復小田切，潭岳現已決計自運，俟鐵路通至岳州，岳漢運煤必多，再行與議。

宫保再鑒：頃繕稟未竟，適小田切在座，故即送呈，以便面告。尚有應稟事，條列於後。

一、「公平」已雇定，月底赴漢，惟水脚須六兩，九五扣，前係五兩，九扣（懇俯准照此價付脚，否則「公平」斷不敷開銷，況該船連年結賬亦賠本，乞諒之是禱。德熙附叩）。

一、說帖當即趕擬送呈。

一、續軌五千噸，已托貞賢與沙多訂定，因其與沙較爲接洽也。再肅，恭叩鈞安。

陳旭麓等《盛宣懷檔案資料選輯之四》漢冶萍公司第一册《萍鄉來電三月初十》 萍礦本爲煉焦而開，初辦時迭奉憲諭暢煉，預備大冶添爐，故開辦至今注意煉焦。此後每年出焦，即有八座化爐，亦盡可供用。乃漢冶皆不添爐，去歲議設冶爐，又以無款中止。始患焦少，現患太多，若不趕添化爐，萍礦反受鉅累。照目前漢廠辦法，廠萍皆不得了，除漢廠急宜整頓外。萍有佳旺鐵礦，又有好淨錳礦，在大冶、興國之上，宜速以鐵就煤，在萍籌設鐵廠，煤鐵毗連，中外難得。與賴倫細算，在湘東鐵路新設廠造化鐵爐兩座，每爐日煉乙百五十噸，造多麻鋼爐一座、馬丁爐一座，達鐵山軌路四十里，共約需銀三百萬兩，内購外洋機料無多，鋼軌取之漢廠，火磚萍可自造，機器等廠礦皆全備，可代做。且一軌可通，焦無慮碎，較漢、冶種種便宜，此舉若成，庶與開辦萍礦原意相合，乃可有利無害，且副香帥原奏大冶添設六爐之議。電示香帥三月底到京，正好機會，事關漢、萍全局，萬乞統籌久遠辦法，若竭蹷因循，必至一敗不可收拾。宸。佳三。

陳旭麓等《盛宣懷檔案資料選輯之四》漢冶萍公司第一册《萍鄉來電三月初十》 佳三電所陳辦法，若因籌款難成，則萍礦煉焦機爐成本過重，漢廠用焦太少。專恃生煤，岳州鐵路未通以前，患壅滯在萍，已通之後，又恐南北干路，比、美公司各在沿路爭開煤礦與萍相敵。彼先路後礦，萍先礦後路，勞逸難易迥殊，恐抵不住。粵漢公司覬覦萍久，將來必用全力爭，況萍潭枝路礦斷無力久握在手，即能久握，萍煤日旺，尚須借力岳潭干路，方能盡量暢運，終恐受其挾制，與其受制難保，不若趁早擺脱廠萍同去。粵漢路係國家借款，萍礦即歸公司，亦係國家借款，面子尚過得去，或將礦及枝路、輪駁、鐵廠統歸國家收回自辦亦是一法。時局日艱，久握利權最危，史册可鑒。

乞鑒行並恕冒妄。宸。佳四。

陳旭麓等《盛宣懷檔案資料選輯之四》漢冶萍公司第一册《萍鄉來電四月十八》 前粵漢工司美人密達私來勘礦，今比人沙都樹又奉諭來勘，繪測細到，意若葛利已得此礦。前聞葛在憲處索萍礦，許價甚豐，果得優價，省得竭蹷瀕危，本爲良策。但照美、比人舉動，用意深險，一則干路插非其地，處處阻我枝路，使不能達湘河碼頭，絶礦生機；一則漢廠兩比人里應外合，使廠礦計窮力竭。以上兩層確足制我命根，以賤價謀礦，乞憲嚴密防維，早定去留，去礦宜早，留則拒絶美、比，爲自立計，勿游移貽後患。美人插標占阻情形，薛道當已電稟。宸。

陳旭麓等《盛宣懷檔案資料選輯之四》漢冶萍公司第一册《萍鄉來電四月十八》 中比路礦各匯三萬，漢不能應，適又綫斷數日，消息不通，異常危險。幸賴憲撥路三萬，並苦商道和協成力借，暫應眉急，否則不堪設想。路三萬已交薛、林，惟底比需用亦鉅，漢萍歷年積欠過多，日處艱危，支持不下。前宗牧電煤銷壅滯，擱本日鉅，宸憶從前馬煤疲滯更甚，經賴與禮和訂包銷後，銷旺價漲，確有明效。不得已，萍煤亦擬責成賴仿照馬山辦法，已於月初與宗牧往返電商，意見相同。宗催賴速赴漢，即行正可與洪昶商辦，甚有益。宸。霰一。

陳旭麓等《盛宣懷檔案資料選輯之四》漢冶萍公司第一册《萍鄉張道、賴倫去電五月初二》 接卜聶函，焦質愈趨愈下，現在洋爐所煉之焦質更不及土爐所煉，廠内萍焦末屑堆積如山，劣焦仍源源而來。豈萍鄉實不能制出好焦，只得以劣焦塞責云。漢宗牧電亦云，似此終慮決裂。除札委張道會辦鐵廠外，望速通籌，切勿再煉劣焦，以顧大局。山上尚存劣焦若干，望速責成賴倫、洪昶設法另售。宣。朔。

陳旭麓等《盛宣懷檔案資料選輯之四》漢冶萍公司第一册《大冶來電五月初四》 運廠礦與日礦同，礦本含砂，起卸碰落，理所難免。泥因春雨趕工，現已輕拌，運係又費一道手，冶局何所取便。聶之所言屢函廠，飭盧培到山面較，來又不下船，不解何意。前廠退礦十餘噸，指爲劣礦，飭兩礦司驗開照此砂渣平扯，百噸中有兩噸餘，例不爲劣，現另存備待公核。礦司日在山揀選，承並抽彈人力自問已盡，惟憲明察，其無考齟齬，承有實據，電難詳，另稟。承叩。午鼇。

陳旭麓等《盛宣懷檔案資料選輯之四》漢冶萍公司第二册《楚興礦務公司啓事光緒二十九年閏五月初》 本公司專運萍鄉並馬鞍山兩礦烟煤。原此二礦均係盛宮保不遺餘力興工採辦，迄今源源不竭，愈出愈美，各機廠車輪，咸謂質堅力足。況萍鄉煤，中外久已馳名，知其火性極烈。近因宮保不暇兼顧，招商專運，本公司遂籌集鉅資，訂約專辦。除漢陽鐵廠歸官自運外，概由本公司專委妥當伴友，押運來漢，並備堆廠，長年零、躉銷售，並無分設公司在外。茲恐射利之徒，冒本公司名目，在外銷售馬、萍兩礦烟煤者，若非僞充，即是假冒。如蒙中外仕商賜顧者，或定長年，或購零、躉，請認明利喊行樓上本公司面訂，或到河街米廠順昌内賬房面議亦可。其價格外公道，幸勿貽誤。

陳旭麓等《盛宣懷檔案資料選輯之四》漢冶萍公司第二册《盛春頤宗得福致盛宣懷函光緒二十九年閏五月十二日》 閏月初九日上第十號稟，計達憲督。昨奉佳電，詢洋焦是否不及土焦，當即撮要電復。查新來洋焦，灰、磷較輕，所出之鐵，可與磷重之鐵搭煉貝鋼。惜到不多，微嫌質松。前來四百噸，近又到數船。張道處已函、電併致，囑其加功考煉，趕緊速運。銀行利息，上年底止已列報銷。大冶土爐之鐵，每噸洋例廿六兩，已與伯友訂立合同。土爐鐵磷輕，卜聶云，可搭用磷重生鐵煉貝鋼，價亦便宜。伯友因素受憲恩，格外克己以申報效之意，惜出鐵不多，每爐日夜至多不及四噸。四爐併開，每日夜亦不過十三、四噸。倘能多採木炭，再行添爐多煉，亦做得到。

陳旭麓等《盛宣懷檔案資料選輯之四》漢冶萍公司第二册《漢陽鐵廠與大冶土爐局議訂生鐵合同光緒二十九年五月》 漢陽鐵廠與大冶土爐局議訂生鐵合同。因漢廠需用磷輕生鐵，配制煉鋼造軌之料，則貨質愈佳，特與土爐局訂此合同，一切條款列後：

一、漢廠訂購土爐局磷輕生鐵三千噸，自本年八月起至明年六月止，陸續運交漢廠應用，每月極少二百噸至三、四百噸之數，不得延誤。

一、訂定鐵價，每噸給洋例銀二十六兩，按每月底結付。

一、所定鐵價尚須以漢口錢價爲準，倘錢價每千文合洋例銀只九錢以内，每噸生鐵即減價一兩；如跌至八錢以内，再減一兩。比項錢價，月大以三十天扯算，月小以廿九天扯算，自運鐵之月起。

一、土爐局將生鐵送上大冶碼頭礦駁，即爲交貨界限。以漢廠東碼頭大磅秤收，准爐局派人眼同過磅，以示持平。

一、土爐局生鐵，均須一律用木炭冶煉，如用焦炭煉出之鐵，漢廠不收。

光緒廿九年五月　日立。

陳旭麓等《盛宣懷檔案資料選輯之四》漢冶萍公司第二册《宗得福致盛宣懷函光緒二十九年六月十七日》 宫保大人禮座：

前月聞旗麾南旋，偶抱採薪，正擬肅稟，適撥臣太尊於閏月二十三日來鄂稟到，敬悉憲躬康復，私衷大慰。

卑職抱病月餘，初患痢，繼成脾泄，迄未脱體，幸精力尚可支持。蒙委代辦鐵路漢局，明知官卑責重，疋駕之馬，斷不勝任，第荷傳諭諄諄，兼爲卑職籌及私累，憲恩高厚，報稱益難。遵於六月朔日，由魏京堂將路局關防文券交送前來，即於是日到差，另文申報。所幸鐵路彈壓各同事及護軍防營，皆前在孝應一帶熟人，可望聯絡，請釋廑系。惟叩謁午帥面諭一節，曾托撥臣代稟，諒邀慈鑒。

萍礦運銷一局，卑職濫竽半載，畧加整頓，洋焦已合廠用，土焦雖有剔退，經卑職派工檢選，所指萬噸，約有一半可供煉鐵爐用，只所來油煤，各處輪廠鍋爐，多嫌細碎。近則漢上倭煤既多且賤，坐是萍産甚爲滯銷。本年五月由賴倫與粤商楚興公司唐允石訂定合同，包銷二年，每年五萬噸，試辦兩月，僅售不及千噸，該公司借口來煤攙雜，不合買主之用，全數不收，至今河下停船二百餘號。幸武昌鲇魚滊，卑職租有一地，備萍礦焦煤堆棧，填土建屋，將次完工。一面盡力籌銷，銷不去即起棧存儲，須俟冬令，當可暢旺。惟盼盧丞早日接手，即可廣籌銷場，以免壅積。

鐵廠兩爐出鐵照舊，間或不及百噸，皆因風力不足。鋼廠歇伏停工，趁此修整機爐，一切應稟，另隨盛道歷陳號信。恭肅叩謝，祇叩崇安。

卑職宗得福謹稟。

敬再稟者，昨吕柏爐師由外洋寄章翻譯洋文函一件，兹由章翻譯譯呈鈞鑒。所説銀行，不知是否確有其事。據章翻譯云，已另接催信，盼復甚切，如憲意擬即電復或飭廠復，但説吕柏有函徑致憲處，勿提章翻譯，緣總辦前並未呈明，伏乞鑒宥爲禱。再叩崇安。

卑職得福又稟。

陳旭麓等《盛宣懷檔案資料選輯之四》漢冶萍公司第二册《盛宣懷致解茂承函光緒二十九年六月二十七日》 連接四、五、六號公函具悉，分復如後：

一、日礦八成、二成各價，照號信所報均已照收，並均札行尊處復核矣。從前日礦噸數每次皆用電報，後因撙惜電費，僅用號信關白，往往函到在正金付款以後，轉慮無所辨别。嗣後運出一批，仍望先電後函。敝處通飭少打電報者指局務、工務而言，非並此日礦而亦靳之也。

二、錳礦造橋以後，又過橋展造鐵路八十一法尺，能停礦車十三部，此外尚須接入礦山約九百法尺。四號、五號兩信所叙似較六號明白，惟不知重開錳工以後，究共展造鐵路多少里。照來信月運錳礦七百噸，如須接續裝運，此十三部車場已敷用否，請詳言之。

三、博德只是洋監工，學問萬不如賴、高，化學尤恐無心得。本是專駐大冶，尊處周旋禮貌，應較高輔門署次，並不可遽露加薪口氣，致使賴、高生心。

四、石灰窑有竊案，縣中即爲巡檢求津貼，月給六金，誼不可卻。惟慮此等佐貳微員保護，仍無實濟，有事仍望致縣爲要。

五、閣下歷年所購山地、路地繪圖兩份，一存局，一寄滬，辦法極是。記得張廉泉在冶時，所有地畝册籍頗見明晰，存局一份應與前册釘連一處，庶將來可以匯查，並即全數抄寄一分。

六、高輔門估計重開紗帽翅鐵礦説帖，已派員另譯抄稿奉寄，仍將原函發還。信中略云紗帽翅鐵質含銅畧多，不如得道灣之净。至軌路拆卸、房屋遷移、窿口堵塞，此亦不能盡諉咎於斐禮。當時局廠眼光不遠，意謂既得佳鐵，無須再開，遂有今日一萬五千金之費。高輔門即日來此，容面與考校，究竟得道灣尚有多少蘊積，足供若干年之用，此外附近尚有佳鐵如得道灣否，面詢明白，再定紗帽翅辦法，不必亟亟。

七、躉船幫底各已槽朽，自應及早修理，所擬具結保固、再令開工辦法極是。此致，即頌臺安。

湖北省檔案館《漢冶萍公司檔案史料選編》上册《漢陽鐵廠鐵山煤礦公司股票存根光緒二十九年七月初一日》 湖北漢陽鐵廠大冶、興國等處鐵山煤礦公司，爲給發股票存根事。光緒二十二年五月，奉湖廣總督部堂張奏明漢陽鐵廠及大冶、興國等處鐵礦煤礦，遵旨招商承辦，議定章程，截限交接，以維大局而計久遠，並將官商議定章程十六條，附奏核准在案。兹蒙督辦鐵路大臣兼督辦湖北鐵廠盛，飭派總董先招商股庫平足銀壹百萬兩，以壹百兩爲一股。第一次收銀伍拾兩，第二次收銀伍拾兩，便爲完全。自入本之日起，第一年至第四年，按年提息八釐。第五年起提息壹分。此係本廠老商，必須永遠格外優待。目前額息，如因創辦艱難，無可支給，隨後必照數補給；如辦有成效，餘利加倍多派。嗣後氣局豐盛，股票增價，其時推廣加股，必先盡老商承認，有舊票呈驗，方准納入新股，以示鼓勵舊商而杜新商趨巧之習。

以上各章程，均於光緒二十三年六月十二日，蒙户部議奏。本日奉旨：依議，欽此。

除將股票式樣呈送查核，並將章程、息摺給商收執外，須至股票存根者。

計收到：

吉慶堂名下老商叁股，計庫平足銀壹佰伍拾兩。

光緒二十九年七月初一日，給第一萬一千貳百叁號至第一萬一千貳百五號止，共叁股。

總董　宗得福（章）　李維格（章）

鄭官應（章）　嚴　瀠（章）

盛春頤（章）　楊廷杲（章）

楊學沂（章）　盛昌頤（章）

陳旭麓等《盛宣懷檔案資料選輯之四》漢冶萍公司第二册《盛春頤宗得福致盛宣懷函光緒二十九年七月初六日》 前月三十曾上二十號稟，計邀憲察。頃奉九、十兩號賜諭恭悉。謹條對如左。

一、煅礦之決計請停者，因冶礦本佳，並無雜質；化鐵爐高逾六丈，礦入爐中，已經煅干；及至爐底，漸次融化。至出鐵不能因煅而加多；工料則因煅而加費。二者權衡，似以停止爲是。若煅礦之用煤，則因上年焦煅，礦多熔化成鐵，難以出爐，是以改用煤煅。蓋煤火力猛，性易過；焦火力柔久，則漸漸熔化，故有凝結之病。兹將兩旬煅礦所用各費開呈，伏乞鈞詧。

一、查本廠用煤，以汽爐爲大宗，每日約用萍煤百噸上下，並時有搭用馬煤、倭煤。此外各處用煤，每日不過數十噸。上年底結存馬煤一千三百餘噸，本年至五月初二止，共收馬煤三千二百八十餘噸。煤務處因萍煤運廠頗多，各棚、棧堆儲幾無隙地，是以知照馬局暫請緩運，並有僅留三、四號船常川轉運，以免擁擠，並非囑其停止不運。其所以停運者，五月初二、初六兩日，馬哨官來請船票四張，赴山裝運。其時禮和運銷正旺，高輔曼不願發來。該船户守候多日，並由馬弁所派駐山司事向高懇請，而高竟不發，竟至空船往返，此後遂未再來填票發船矣。本廠洋工司專以洋煤爲主，萍煤次之。蓋倭煤含磷本輕，灰質一律，每噸規元六兩一錢，以用煤之多寡統籌，似覺倭煤爲勝。

一、鋼齒輪現已修好，准定十六開工，照常拉軌。

一、定購打風機一事，遵俟郭廠復函到，即令卜、魯加考寄呈。惟此件廠中待用孔殷，請尊處於函到核定後，即賜電示，以便早日電定。其細情已詳十七號稟内，不復贅陳。

一、萍焦碎塊積存者，迄今已二萬二千餘噸，愈擱愈多，徒佔地址，亟需籌出用法。擬於化鐵爐旁近，添小化鐵爐一座，即用廠存破舊洋磚修整製造，並可借用冷熱風力，核計工價約三千金，即以小焦煉鐵，每日可出十噸。果能如法，則擬再添一爐。所費僅六千金，每月可得六百噸生鐵，而小焦碎磚，皆可化爲有用，似亦一補救之法。（〔盛宣懷批：〕可即核辦。）

一、初三日電請撥款二萬，頃奉鈞復，已交源豐潤，感極。奉電詢「公平」水脚，已函致韋理問，將禮和售鐵所得之五千餘金，並盧丞售鐵之款，統集整數付還商局，以清前項。至廠中爲難之故，則以郭廠購料，去冬今春共撥去十九萬餘金；本年正、六兩個月，又屆停工修理；而逐月用款，無從減少。半年以來，已欠協成廿一萬有餘，各莊號亦欠十二萬餘，計無復之，始行電請。（〔盛宣懷批：〕何不隨時稟報，以後應令隨時函報，交金記册。）

茲將廠欠外款，撮具總數録呈上，祈鑒核。謹肅稟復，敬請鈞安。

陳旭麓等《盛宣懷檔案資料選輯之四》漢冶萍公司第二册《生鐵廠上盛春頤稟光緒二十九年七月初》 敬稟者：煅礦一節，係外洋十五、六年前舊法，緣該時化鐵爐身矮小，且礦石碎末居多，則礦中含水與煤氣、硫磺必重。倘用此種礦石入爐，恐下層之礦已經熔化，而上層之礦猶爲水氣蒸鬱，火力不能上透，則爐礦凝結。是以必將鐵礦先煅去其所含之水，俾礦質煅干而後入爐，則熔化爲易。邇時外洋間用此法者，大都緣此。若廠中之礦，均屬大塊，縱有泥沙夾雜，然非鐵質，只以載運時，未能認真剔除，致有山土混雜，到廠後，只須揀用大塊可矣。其礦質固非若外洋礦，含水氣與煤氣、硫磺之重，似無用煅礦之法。如謂用已煅之礦，可以少用焦炭，多出生鐵，此説不敢必其爲可憑。試思煅礦百噸，用煤四噸，能分化鐵爐火力幾何？（〔盛宣懷批：〕此須考究。）況礦經煅過，不過礦質略燥，入爐後仍須漸次熔化，其用炭萬不能較未煅之礦爲少。至出鐵之多寡，則全恃焦炭塊大堅結，庶火性勇猛，風力透足，礦石易化，出鐵自多。固非礦經一煅，即能多出。且廠中化鐵爐，計高六丈有零，按日用礦二十餘批。其中熔化成鐵者，約計不過五、六批；淋灕未能盡化者，八、九批；最上十餘批，則盡爲未化之礦。風火上乘，礦石皆不煅而自煅。故此次煅礦二十天，始而用煅過之礦四成之一，繼而對成，後即全用。而考究用炭出鐵，較之用未煅之礦，毫無二致。向之煉鐵一噸，用炭一噸五六者，此次用已煅之礦，亦猶是也。向之用礦一噸，可煉出生鐵五百至六百記羅者，此次用已煅之礦，亦猶是也。煅礦無益，於此可見。

然每月煅礦，僱用人工及應用器具、材料，須多費錢一千二、三百串，猶屬格外節省。而此次煤煅之故，則有鑒於去年焦煅，礦多熔化成鐵，難以出爐等情，是以改爲煤煅。蓋煤之火力，係屬猛火，容易性過，若焦炭則火性柔久，漸使礦化，故有凝結之慮。

然總之，用焦用煤，均屬廠中經費，小焦目下雖無用，而設法行銷，究不致終成廢棄。今以煅礦無益之舉，反將不致終棄之焦，盡變灰燼。且加以人工、器具、雜料等項，盡付於無用，殊覺可惜，是以不敢坐視，作此無益之事，安心將廠費浪擲。苟煅礦有益，縱月費千數百千，只須出鐵畧多，用炭畧少，此中進出甚鉅，何樂不爲。無如細加考訂，用已煅之礦與用未煅之礦相同，則有此一煅而靡費，不如無此一煅而節省也。

雜料銀，四十一兩八錢；馬煤（一百〇六噸（每噸）四兩），四百廿四兩；燈油，二兩四錢；鐵車（七乘（每乘）十三兩），九十一兩；生火匠（二名），洋廿三元二角（七二五申銀十六兩八錢二分）；長、小工工食錢，弍百四十二千九百九十六文（九三八申銀二百廿七兩九錢三分）；卸空煅礦爐礦渣工食，三十七千六百文（九三八申銀三十五兩二錢六分八釐）；轉礦工食錢，九十一千一百七十文（九三八申銀八十五兩五錢一分七釐）。共計銀九百廿四兩七錢三分五釐。

廿八年十二月付郭廠洋例銀五萬兩。

廿九年付又（郭廠）洋例銀十三萬七千九百三十三兩四錢一分。

七月初二止，欠協成洋例銀二十一萬二千餘兩；欠仁太洋例銀一萬六千八百餘兩；欠又另洋例銀二萬兩（八月底到期）；欠吉記洋例銀一萬二千五百餘兩；欠惠怡厚洋例銀三萬兩（內一萬兩，七月十五日到期，已還。內一萬，八月半期；一萬，八月底期）；欠官錢局洋例銀二萬兩（七月十五日到期，已還）；欠保泰洋例銀一萬兩（八月十五日期）；欠永昌祥洋例銀一萬兩（七月底期）。共欠各莊洋例銀三十三萬一千三百餘兩（〔盛宣懷批：〕欠款如此之多，真不得了）。

陳旭麓等《盛宣懷檔案資料選輯之四》漢冶萍公司第二册《寶箴上盛春頤稟光緒二十九年七月初》 敬稟者：昨奉憲臺頒下宫保督辦憲鈞諭，詢及廠用各煤情形。伏查本廠用煤，以汽爐爲大宗，每日約用萍煤一百噸上下，並有時搭用馬煤、東洋煤。此外各處用煤，每日不過數十噸。卑職去冬奉委到差之時，查存馬煤六百餘噸，十二月共收一千一百餘噸，發出四百餘噸，核至歲杪，實存馬煤一千三百餘噸。今年至五月初二日止，新收共三千二百八十餘噸，發用至四月底止，廠存馬煤一千五百餘噸。卑職屢蒙憲臺面諭，馬煤須隨時搭用，是以各廠憑單來卑處領煤時，即將馬礦、萍礦均係宫保大人創辦，必須一律搭用爲説，極力開導。間有數處尚未搭用者，今年四月下旬，卑職因見萍煤運廠頗多，各棚棧堆儲山積，幾無隙地。且彼時河下停泊煤船，有一百餘艘，是以稟請憲臺知照馬局，可否暫爲緩運，並有僅留三、四船常川轉運，以免擁擠之請。初非使其停止不運，其所以停運者，係五月初三、初六等日，馬哨官來請本廠發去四船，均給有免關票，該船户羅春山、陳玉春、王盛和、徐國泰等，前往馬山，不料到山多日，未能領煤裝運。是月禮和運銷正旺，售價四兩五錢，本廠定價稍抑。洋人高敷滿，不願發來本廠，該船户業經守候多日，求馬哨官所派駐山照料轉運司事向高敷滿懇情，只此一次，而高竟不肯發，遂致空船往返。此事馬哨官言之最詳，此後亦未再來填票發船矣。

本廠洋工師專以洋煤爲主，是以内廠各處萍煤亦不能多搭。至於馬丁爐領用洋煤，尚須上等，次者即不合用。據云，洋煤含磷極輕，不但馬煤磷重，相去甚遠，即如萍煤，磷已輕於馬煤，亦尚未見其能合用也。專肅敬稟，恭叩崇安，伏乞垂鑒。

陳旭麓等《盛宣懷檔案資料選輯之四》漢冶萍公司第二册《解茂承致盛宣懷函光緒二十九年七月十五日》 敬稟者，奉憲臺陽電諭開，「有人具稟，擬在大冶申明堡、張家湖、白墳堡、段家山、楓樹堡、杉樹蕩等處集股開煤，與冶礦無礙否？有好煤否？確查電復」等因。當以大冶煤山，滋事封禁頗多，往往詭異其名，圖利蒙獻，旋起訟端，是以電請札行原稟，期了悉緣由，根查較確。旋於十五日，奉六號函諭，示同前因，查杉樹蕩，與我局李士墩前官辦之南新窿同在一山，併與我局廿二年冬姜委督紳民請開因墳訟息有案之高椅山相近，煤質與李士墩同。其張家湖一帶煤山，多(名)目頗多，在我局李家坊鐵路可望而及。至段家山，在我局前開道士袱下游。現重加研訪，坐落在韋源口之内。該兩處産係柴煤，質以段家山較勝，與冶礦無礙。惟冶境稟請開煤，因示禁不准私開，往往地痞愚弄山主，或山主同宗之人，勾結閑員上稟，爲官面招架，仍係土民自開。作架者，空手取費，遂致入手冠冕，旋踵紛争，一訟了斷。今稟請之人，果屬可信，股無洋商，倘蒙憲臺核予准行，仍請咨明湖廣兼帥札行冶令，出示開辦，庶見妥貼，免生日後轇轕。緣該縣經香帥委有洋務局礦務提調字樣，授以礦權，故請由上札行爲得體也。肅稟，恭叩崇綏。

陳旭麓等《盛宣懷檔案資料選輯之四》漢冶萍公司第二册《盛宣懷致解茂承函光緒二十九年七月二十一日》 頃日本總領事小田切函稱，現有大冶西澤礦師來滬，面稱各年第一次運往礦石成色有磷量一萬分之六，按照合同準色已過一萬分之一。當時因有該礦局解總辦諄囑免究，該礦師允觀後效，即付二成價銀。今該礦師接制鐵所來電内開第六次礦石成色有硫量千分之二，按照合同準色已過千分之一等語。查鐵礦成色包有磷、硫磺等分量過多者，於制鐵事業有礙，不可疏虞。貴宫保向所熟識，卑人日内當趨謁崇階商議辦理也等語。除第一次多磷一分業已通融外，其第六次何以又多硫磺一分，是否採挖漸深，如前信高輔門所云，成色不能劃一，抑上面鐵質亦有駁雜不純之病。論理運礦一次須親自化驗一次，以免抵日後憑伊一面之詞，多所狡詰，只因當時靳惜化學房經費未能舉辦。嗣後望每次提樣若干送廠化驗，設有含鐵多於合同所定分數者，我亦可以説話。此以盈抵虧之法也。函到望切實考校見復爲盼。

陳旭麓等《盛宣懷檔案資料選輯之四》漢冶萍公司第二册《盛宣懷致張之洞函光緒二十九年八月初六日》 敬肅者，近年漢廠專恃銷軌，處處爲人挾持，爐座既少，機器又小，市面繁貨概不能制。因之來源愈短，成本愈重，而與漢附麗大力包舉之萍鄉煤礦，不患無煤無焦，轉患煤焦多而不能盡其用，牽連虧摺，勢均不能支。該廠總辦李郎中維格等以挽救漢廠只有擴充新廠之一法，准䕫借鉅款不能充資本，非多出貨料不能佔福利，撰擬説帖，仿照海關辦事章程，兼採鐵路借款章程，廠礦作抵，國家作保，籌措華銀一千四百萬兩，收回官家自辦，所擬本息年限，用人行事，大致似尚詳核。

宣懷在京，即據以上瀆聰聽，鈞意干涉外人利必旁溢，非歷年艱難指拄之本心，勗勉諄諄，力任維護，私衷感激，莫可名言。宣惟是漢廠絶續，間不容發，商力已盡，斷難轉旋，欲集款而不受還款之重累，欲因人而不受外人之挾持，蓋岌岌乎其難之！

其時，會晤日本内田公使，適以制鐵所續訂礦石合同爲請，宣懷即以預交礦價或另借一款，嗣後以礦作抵爲言，該使一諾無詞，允俟宣懷回滬，與該國領事小田切從長籌計，抵滬以後，該領事承其公使之命來相問訊，蓋日本制鐵所業費官本金錢二千餘萬元，徒以鐵産不富，礦石遠購，不能盡力恢擴，彼之無鐵與我之無款情事正同。宣懷與之面訂大概，並飭李維格等逐加磋議。畧曰「籌借日本金錢叁百萬元，三十年爲期，周息六釐，盡數以礦價作抵，不還現銀，售礦合同亦允展限三十年。查光緒二十五年二月首次訂立運礦合同第七款簽字日起，十五年爲限，限滿仍願接辦，續展十五年」等語。

是前議本有三十年之約，按照新議亦只多運礦石四年，即非籌借商款，局勢所在，設彼藉端要求購鐵，如福公司之於晉豫、德國之於山東，包攬全省礦權。中國迄未得絲毫利益，尚不如預借礦價，而礦仍由我自開，就添新廠，而廠仍由我自辦，以權不外奪、利在我亦不外散之爲愈也。

現議每年頭等礦石不得過十萬噸，二等礦石隨時商定礦價，改英洋爲日本金錢，頭等三元，二等二元二角。查此次改英洋爲金錢，小田切頗以爲難，告以「冶鐵直形，非瑞典、那威等國鐵礦平槽之比，挖工費用逐漸增多。争駁數次似可允行，然仍請添，凡有可以浮面淺挖者必須盡力淺取，預計一、二年後必致挖入深處，工費驟增，此項挖費應在新廠所獲之利開支，三十年後本息全清，一切皆屬廠本，與鐵路借款並無二致，彼初欲以全冶鐵山抵押，我僅允專指得道灣礦山一座，並冶局現有鐵路機廠作爲擔保，名爲現有者將來添設新廠便不至爲所羈軛。准用礦師一名，仍歸我所延之歐西總礦師節制調度，價值十年一定，視施工難易，泰西鐵價漲落以爲斷，每次運礦出口，由借款銀行出具收條，即爲拔本還息之憑據」各等語。

往復計較中數次經小田切電商該國銀行商人，暨製鐵所長官，此中間有重須磋議之處，大端似俱妥協。宣懷深籌默計，添建新廠，上稽奏案，下度商情，所謂定傾扶危出奇制勝，目前實只此一著，冶鐵號稱豐裕，大概可敷數百年之用，上年雖有毗連礦山先准咨行歸官圈購，而漢廠原始本係官創於前，商承於後，患難休戚，實所共之，將來恢擴以後獲有盈餘，不難按照所採之山分霑利益。

李維格等約估添設新廠，並恢擴漢陽舊廠，及應用活本總須銀五百萬兩方敷周轉，金價跌賤，日本金元現只合華銀八錢有奇，計數尚有不敷，此時急待添置，勢思斷難一氣籌足，日本素窘財力，議雖如此，其能否一一函諾，尚無定準，設可辦到，較平空借款造廠，事權旁落，利益外注，種種預扣加用之外，仍要求國家擔保，利害懸絶誠不可以道里計也。

此時日使要索閩浙鐵路，閩有佳鐵，意謂失之東隅，便須收之桑榆，用心極爲深險，此次黽勉就範，因告以日議不成，勢須抵押德、比等國，遂於用人定價，不敢多肆要挾，深慮一經錯過，後難得此機會。宣懷於此事磋磨數月，略有端倪，理應先請鈞指，務祈臺端俯念新廠之設專爲挽救漢陽舊廠張本，較江南製造局籌有的款推展新廠，情勢大有不同，關係實爲並重。惟小田切接二十八(日)制鐵所及銀行來電，成後即須定奪，如果拖延，該國自必另改宗旨，别籌辦法，已與約定半月爲期，務求迅予決斷，賜電遵行，大局幸甚！謹肅函詳陳，並繕具草議條目，多方賞呈，恭敂崇祺。

年愚侄制盛(宣懷)謹肅。八月初六日。

附呈清摺一扣。

敬再啓者：老廠虧摺鉅本必賴新廠收回利益，以資補救，此千人所共見也。近來歐洲爐機另出新樣，聞一噸焦炭可煉一噸生鐵，而煉鋼諸法亦各不同。擬即派李維格出洋採購機器，選延工師，一俟預借日本礦價收來，即當趕緊開辦，新舊廠約估需增新本五百萬預借之款，不過得半之數，其餘容再設法另籌。

李維格前請國家保借洋款，改由官辦，一再籌度，恐官事物換星移，如船政機器局等，部臣浮泛，性情不同，未必能認真到底。又恐海波不靖，如旅順船塢、天津製造局，或爲外人所佔，或爲敵兵所燬，管蠡之見，中國目前局勢只能作爲公司商本商辦，庶可持久不敝，如新廠將來年年以礦石拔還，借款本息除提費運費之外，所置之機器皆從此來，不必盡爲商得。

宣懷之愚，應籌官本一如商本之數，作爲官股與商股一律執收股票，使新舊兩廠之利害官商共之。

宣懷承公之托，但欲趁此十年精力，堅忍圖成，公共收轉弱爲强之效，實無損上益下之謀也。成敗利鈍在此一舉，惟公圖之。再叩鈞安。

陳旭麓等《盛宣懷檔案資料選輯之四》漢冶萍公司第二册《解茂承致盛宣懷函光緒二十九年八月二十九日》 敬稟者，奉九號函諭，謹悉，當以沁電馳稟，諒邀鈞詧。其電稟未及慎要各節，謹分條詳切臚陳於右。

一、日礦續訂合同運數，在彼以鋼鐵銷路寬窄爲斷；在我之應數，應以每年能出某等分數若干礦爲斷。查日礦原訂合同各項分數，已極刻骨剔髓之謀，而近年漢礦，重有吹毛求疵之怵，以致灣局兩山，向時可用之礦廠，廢不勝計。即目前鈞深索隱搜取得來，只以圖謝齟齬，仍不免剔棄湮沉。是可懼者，礦數多少猶其輕，分數苛計爲至重也。賴倫此次與卑府面談，將來繼我後者，今日所謂不能用之礦，必化爲異日能用之礦，同爲太息！高輔門在滬面對憲臺，灣礦佳鐵約有五十萬噸，卑府曾於十號函二條計陳其略，尚求俯賜研察，並請合漢廠歲需之礦數通計，有餘外售。屆與日人續訂合同，可以據此爲大致張本。若候與賴倫參酌再訂，庶更精當。

二、運礦加龍頭，本無不可，即慮不足，添購龍頭，亦無不可。做夜工，有何不可，再欲求速，即加人班，並無不可。凡此皆關浩費，但視礦之分數，較前松與不松，礦之價值，較歐西太殺不太殺耳。若我僅圖多中計利，彼則太佔便宜。況照彼定約，除節年並風雨人力難施不計外，船靠碼後，每廿四點鐘裝礦一千噸，設有不足，彼可執問。至龍頭多寡，夜工開否，似彼無庸攙越，我亦無須與商也。冶局雖自加售日礦，歲計微贏，一者前取之礦多在浮面，土工尚易省嗇，二者工程核減，而材料經費搜剔虛糜。憶卑府接辦時一切情況，今日覩此微效，誠非始料所及。其不知者，多有「春水船如天上坐」之喻，殊不知舟中人支持甚苦也。所慮者「風會與時有變遷，品物終始難齊一」，不得不慎察於未事之先也。

三、現時所取錳礦，多含土內，前稟有限者，係指外露而言。至於土工，無不從省約處打算。此次賴倫、高輔門先後來冶履勘，均與研究，據稱博德工程合度，大勝斐禮。至卑府所憂結者，既作此種工程，運數大減定數，未免不值耳。

四、邇日江水逐退甚速，恐九月間日輪不過來一兩次，今年即截止也。至二等礦，照合同歲運二萬噸，今歷四年，一噸未運，而額定頭等礦尚缺運萬餘噸，皆係新年開運太遲之誤。若每年從二、三月運起，每船越兩禮拜到冶一次，便可從容運如其數，計明年須運七萬噸左右，始符五年合同所約之數。總期明春早時開運，始免拖拉，以臻劃一。管蠡所及，不安緘默，統乞賜加裁奪，至禱。肅稟，恭叩崇綏。

盛宣懷《愚齋存稿》卷二三《請准李維格暫緩調部電奏光緒二十九年九月初二日在上海發》 奉商部東電：候選郎中李維格，經本部奏調，希飭該員迅速起程等因。除轉行外，查李維格久在湖北鐵廠，由委員遞升總辦，專門鋼鐵工學。去年九月奏明李維格總辦鐵廠，成敗利鈍，悉以付之，並聲明用人之道，必當用其所長，尤當久於其任，若用之不專，或朝令暮改，皆不足盡其才。宣懷已代籌資斧，派令該員出洋，添購機器，選募匠師，以圖推廣等情。奉旨：外務部知道，欽此。欽遵在案：現在鄂廠萍礦，官商用本已逾千萬，若不乘機籌款推廣，何以轉敗爲勝，塞大漏巵。各省鐵路，需造鋼軌，每年計銀數百萬，煤礦鍊焦、鐵廠鍊鋼，均有成效。宣懷與李維格，在滬繪圖估價，已有端倪，月內該員即遵前旨出洋購機選匠，限期回華，開辦新廠。若於此時，另調赴京，該員自稱於商務素未講求，到京當差，未必有益。而鐵廠原議辦法，皆須變動，先受大損。朝廷設商部，以保護推廣商務公司爲要義。鐵廠官商資本，已費千萬之鉅，實爲中國已成第一公司，似難聽其中隳。可否仰祈大部，俯念鐵廠爲製造軍械路軌而設，關係自强要政，暫緩另調。俟該員出洋回國，新廠佈置就緒，總辦接續有人，再當飭令赴部當差。【略】請代奏。

陳旭麓等《盛宣懷檔案資料選輯之四》漢冶萍公司第二册《盛春頤致盛宣懷函二光緒二十九年九月十九日》 敬稟者，竊維鐵廠虧累已深，中國財單力薄，我憲臺雖力任艱難，終恐有計窮力盡之一日。如借洋款，則利債難償，必受外人之挾制，而又非坐此因循所能支持者。必思一相維之法。查製造當十銅元，其利甚厚，每枚成本不過七文，可獲三文，此人人所共知。各省開辦已久，具有明徵。鄂省銅幣局，現在每日夜已能造出七千串文，若再增添機器，日出萬串不難做到。是每日可獲利三千串，即每月獲利九萬串，一年之利，厚且渥矣！

漢口爲內地各省薈萃之區，土貨生意最大，用錢最多。加路工及採辦絲、麻、棉花、雜糧各貨，無一非錢，以致官錢票用出數百萬。日造銅元如許之多，而錢價仍舊有漲無跌，錢荒之呼日甚一日。既不能使貨價改用銀元，以變圜法，則添設銅元廠，多造銅元以濟不足，亦救錢荒之一助。

化鐵、煉鋼本爲國家富强要政，以其所用甚廣，是鐵廠興廢、國之强弱係焉。故泰西各國，皆視鐵廠爲最重，與尋常製貨之廠有別。其資本不足，則撥帑以助之，必使寬裕，方可培養人才，專志進境，工愈求而愈精，此泰西各國之所以强。中國庫款既絀，其勢不能，倘准鐵廠製造當十銅元，以輔鄂省官局之不足，俟錢幣寬裕，錢價稍平，即行停止。好在就本廠之鈎釘廠製造，以現成機器，費少功速。不僅鐵廠獲益，錢荒可濟，尚可於開鑄期內，在餘利項下，代官局按年認繳官本二十萬金，則鐵廠官本五百數十萬，二十餘年即可繳清，似覺於國、於廠、於民，一舉三益。挽救鐵廠、輔助萍礦，惟有製造當十銅元之一策，可否思一善法，以期奏准之處，伏乞鈞裁。專肅稟陳，恭叩崇安。

陳旭麓等《盛宣懷檔案資料選輯之四》漢冶萍公司第二册《盛宣懷致張之洞函光緒二十九年九月二十三日》 鐵廠添辦新爐機器若再遲擱，江河日下，不特宣懷綿力已竭，無可再支，即仍歸官辦亦恐難籌鉅款。李維格統籌須借千萬。宣懷秉承面訓，先措一半亦須五百萬，現在日本製鐵所預借礦價僅得一半中之一半，如果該銀行能不中變，正約簽字後即派李維格出洋購辦新機、募雇新匠，趕在津門、博山以前開辦，或可阻止外人鋭進之心。此舉關係大局實非淺鮮，或有人言年伯大人因津滬請緩日約畫押，震怒詰責□注，宣懷恐鐵廠之事不復護持，爲今之計，惟有將廠礦全行推出，得早身退以免蹉跌，伏念議約彼此會商，爲國事非爲己事，況當時津電請會同電奏後，以此間請删「幾分」二字已經删去，未便再會奏，尊處諒亦知之。

宣懷奉諱後留辦路差，皆蒙公之謬獎，惟宣懷質直，遇公事緊要處不知將順，昔年亦頗以直言見罪於文忠師，而終蒙文忠師推許，在心地誠實而已。時事日非，大局顛危，從何測摸到底，生平秉性好勝，若不到山窮水盡，總想堅忍圖成，不甘半途而廢。廠礦連萍醴鐵路用款，連此次預支礦價，已及千萬，似此大塊文章，必須通籌全局，或官或商，或分或合，總想到百年之後，此廠屹然不動方能瞑目。

宣懷於十月中爲先嚴安葬事畢擬赴萍鄉一行，届時公回武昌，當即呈送各帳目，面商新舊廠礦辦法，再行具奏，倘一時無人接辦，只得竪起脊梁趁此數年精力督率李維格、張贊宸等上緊辦去，但願亦如輪電兩事成功而退，免貽外人差，如是而已。

頃小田切又來面詢「究竟何日可有回信？彼急欲回國」等語。聞該國銀行籌款亦甚難，能否照議付款亦無把握，但已辦到如此合同，已算有利無弊。

德礦師沽測冶鐵不止一百兆餘噸，萍鄉恐亦不見得鐵礦，故不必自我阻難，論時局無可爲，論才力不能爲，但承公委托，既有一綫生機，不敢不姑爲陳請，是否有當？即祈電復，至盼至感。手此。再敂鈞安。

陳旭麓等《盛宣懷檔案資料選輯之四》漢冶萍公司第二册《盛宣懷致奕劻載振函光緒二十九年九月二十三日》 敬肅者，漢陽舊鐵廠自歸商辦之後，虧賠已極，挪墊俱窮，所幸萍鄉前借德國款項煤礦已經開成。近來歐洲新式機爐一噸焦炭能煉一噸生鐵，較舊爐靈捷惟倍，一切造鋼機軸均改新法。論者謂萍冶煤鐵有可爲之基，製造軌械有必需之料，自應另籌鉅款添建新廠，方能轉敗爲勝。

近日與哲美生會議澤道鐵路，查明晉豫開礦合同載明製鐵（蒙貴部允爲合力商拒，現與外務部商明，設法阻其不准在内地設廠），尚無把握。又聞德國已於博山購買煤鐵礦山，此皆煤鐵聚於一處，並有現成鐵路轉運，英、德財力富足，尤精製造，漢廠若再因循，必致束手坐困，而中華鋼鐵大利悉爲他人佔奪，後悔何窮！

宣懷曾與慰庭、香濤兩制軍熟商，非借鉅款不能添設新廠，意見相同，然若照鐵路借款，既須國家印票，又必外人執權，實不敢輕易出此。適有日本領事來議添購大冶礦石，宣懷乘機與商預支礦價，據稱製鐵所雖係國家公款，而考核出入全在議院，勢不能預交二、三十年之久，只有由製鐵所轉覓興業銀行籌款代付，按年以礦石抵還，酌收輕息，當即就此意與彼磋商續訂合同。所益於彼者，不過照原合同展限多買礦石，所益於我者，預借礦價可將礦石分年抵還本息。復向力爭礦石加價，小田切密告「中國産鐵之處極多，此議如有阻格，國家之意，必援引他國之例，向中國索一鐵礦自開自辦，不必定要專購礦石」等語。

因思售運礦石出洋，始於湘中，繼於漢廠（較之任聽外人購地自行開採，多一種出口貨即多一種關税，而比較外人自入内地購地開採利害迥殊）。當小田切未經續議之前，内田使函致總公司要索閩浙豫章鐵路，意謂路邊鐵礦可聽開採，用心極爲深險。時局方艱，萬一另借别項交涉，或竟效尤英、德，包攬礦權，越理蠻索，尚不如仍前售與礦石，並得預收礦價，不涉國勢而漢廠借可救急，其得失判若天淵爲有識者所共見，惟當以外人不執權爲第一要義，特與訂明。此借款國家毋庸作保，所有新廠、舊廠用人行事彼絶不干預，此爲向來借款所不能，又訂明不得在中國境内設爐熔煉，此又爲前合同所未載。

昨甫議定，正擬咨商而小田切來言彼已因病請假，候回電即須回國，如不即行成議，製鐵所與銀行必將借款一事置之不論，而按照前約專言添買礦石，如不准添買，則援福公司請擇地自行開採，立待回信。

竊聞俄不撤兵，日頗震動，處此時局，若稍拘執，勢必失機。旋告以鐵廠雖有專責，運礦亦有成案，然例應稟承部示，此次續擬各款應作爲草合同另於條款末節載明，俟會商如無窒礙難行之處，以一個月爲限，另繕正合同畫押爲憑。

伏念大冶鐵礦光緒三年宣懷聘請英國礦師所勘得，估計産鐵有一百兆噸之多。十八年官開漢廠，二十二年仍歸商辦，本有共患難同休戚之誼。總辦李維格前請國家保借洋款一千四百萬，改由官辦亦是再接再厲之意，惟官事物換星移，如船政機器等局，各重臣持見不同，先後辦法每多易轍，並慮海上有事，如旅順船塢、天津製造局因著名官物横被熸奪，故論救急之方，只有以公濟公，論持久之計，莫如商本商辦，核計就添新廠之款，按年以礦石拔還，本息全清，除常年工費外，所製機爐、所出貨料年年造册呈報，官商皆應共之。故所售之礦石，不論採自商購之山或官購之山，應照公司章程，一體填發股票，官商分領，永相維護。

宣懷受國厚恩，但願趁此數年精力，堅忍圖成，亦如輪電兩公司成功而退，免貽外人以半途而廢之誚。志不容懈，機不敢失，務祈大部迅賜主持電示准行，以便於一月期限之内趕緊辦理，如果預借礦價得無中變，當即派李維格出洋購辦機器，並當統籌該廠礦全局情形會商具奏，此事成敗利鈍，關係實非淺鮮，用敢急切瀆陳，不勝翹盼之至。

除咨呈外，敬叩鈞安。鵠盼電示。

湖北省檔案館《漢冶萍公司檔案史料選編》上册《盛宣懷致顧肇新電光緒二十九年十月初一日》 草合同已補寄，其詳已叙入咨内。彼買我礦石如得預支礦價，此係商礦自己籌款，爲國家興利，便益無過於此。惟恐南皮另具意見，失機可惜。彼去年電稱鐵廠事不過問，由我做主。此次合同，斷無流弊，然終屬外人交涉，自應請大部主持，迅速核復，以免日本變卦，請密達邸堂，鐵政之幸！

陳旭麓等《盛宣懷檔案資料選輯之四》漢冶萍公司第一册《湘潭沈守來電十月初九》 鈞電謹悉。湘潭棍徒翁振凡等，沿河截船阻運，經縣嚴拿，現均隱藏。被擱各船經局示諭船行開導，近亦有來願運。惟該棍伙仍四外聲稱，湘潭縱不能攔阻裝運，俟到漢卸空，定行扣船重罰，因此懼罰他往之船亦不少。卑府業電請張道嚴辦在漢私立公所各徒，並將碼頭起卸脚夫嚴定限規，掃清積弊，庶船户踴躍承裝，運事自漸暢旺。至在潭各船，自當設法竭力趕運。刻下河水日淺，民船亦須常駁，雖「萍利」、「萍貞」亦不能抵潭。謹聞。兆棟稟。庚。

陳旭麓等《盛宣懷檔案資料選輯之四》漢冶萍公司第一册《漢廠張道去電十月十二》 午帥蒸電，煤船在漢陽擅立公司，已飭縣查究云。沈守來電，棍徒揚言，湘潭縱不能攔阻，裝運到漢卸空，定行扣船重罰。除嚴禁私立公所外，須將碼頭起卸脚夫嚴定限規，掃除積弊，方能使人心服。河水日淺，兩爐焦炭萬不可缺，須速籌運。宣。真。

陳旭麓等《盛宣懷檔案資料選輯之四》漢冶萍公司第一册《湘潭沈守去電十月十二》 庚、佳電悉。端制臺復電，煤船在漢陽擅立公所，已飭縣查究云。張道在漢自能會同地方官嚴辦。棍徒揚言，俟到漢卸空，定行扣船重罰，如有此事，准其到廠告發，並飭張道將碼頭起卸脚夫嚴定限規，掃除積弊。尊處望即會同湘潭縣出示曉諭。廠内存焦不多，務須竭力趕運，勿誤要需。宣。真。

王樹枏《張文襄公全集》卷一八九《致上海盛大臣光緒二十九年十月十五日辰刻發》 咨函及草合同均悉。添設爐座，擴充鐵廠，極是。預借鑛價，亦是籌款不得已之計。辦法苟無流弊，鄙人甚願贊成。但細閱合同，有必須妥酌者。借款三百萬元，息六釐，每年計利息十八萬元，訂明每年至少收買上等鑛石六萬頓，每頓價三元，計價亦十八萬元，僅敷還息。又訂明，不能還現銀。設使日人每年僅運六萬頓，三十年後雖已還過五百四十萬元，而本銀絲毫未還。是日本僅借予我三百萬元，永遠須我每年供彼鑛石六萬頓。雖合同有製鐵所應允，竭力多運之語，究屬空言，殊不足據。儻彼不少六萬頓之數，便不爲違背合同，我亦無詞以責之。即或不然，初數年僅敷還息，將還本歸在後數年，則我亦喫虧，利息甚鉅。鄙意必須與之訂明，每年於所售鑛石内，帶還本銀若干，利隨本減。至少每年收買上等鑛石，約七萬頓，如兼購二等鑛石，則訂明每年必購足約二十一萬元之鑛石，務期本利匀攤，計至三十年，恰可還清。如須多購鑛石，至十萬頓，除還額定本利外，隨給現銀。儻因不得已事故，我每年不能供足此數，則或還現銀，或推至下年補運，應請酌辦。總之，務使三十年内，彼必有鑛石以供製煉，三十年後，我毫無遺累，方爲周妥。此節關繫緊要，必須商改至要。至合同内，以得道灣作抵，將來是否即採此山鑛石，抑採何處鑛石。函内又添入官山一語，竊有未解。所謂官山者，是否指前承辦鐵廠時，官撥歸商之山，抑以後官另購之山，未能明晰，祈即查明示復。鄙意此次商借商款，宜先採商山之鑛，商山不足，再採從前承辦日官撥歸商之山。儻仍不足，必須採及以後官另購之山，則須與官商明辦法，或以價買，或撥借款若干歸官，方昭平允。不然若用官另購諸山之鑛石，官儘可自售，而借給商用，何須假手於商，即使給以股票，亦屬虚文無濟。若賣官山之鑛，以爲商本，此事萬不能行。後來湖北督撫，斷不能默然也。至此次借款，鄙人爲鐵政計，自當極力維持，然將來此款如何撥用，亦望預先明定章程，隨時咨明，以免旁人指摘爲妥。統祈速復。元。

陳旭麓等《盛宣懷檔案資料選輯之四》漢冶萍公司第一册《湘潭沈守來電十月十六》 咸電悉。湘潭縣已奉撫札，各棍徒經局縣先後拘獲，劉恒豐、翁振凡、陳恢先在押，惟首惡陳大發尚未獲。曾與縣商，俟陳就獲，從嚴懲辦，以杜將來。現屢經示諭，船户日漸趨來，查此事各弊要害多在下游，漢局果能積弊一清，船户踴躍，運數自增。兆棟稟。諫。

陳旭麓等《盛宣懷檔案資料選輯之四》漢冶萍公司第二册《張贊宸致盛宣懷函光緒二十九年十月十七日》 敬稟者，初六早到廠，盛道春頤於前月三十日回里葬母，所有廠中各事，及銀錢物料，一概未及接頭。好在盛道一月即可假旋。職道雖暫時庖代，既經到廠，即當實力辦事，決不稍存五日京兆之心，致負委任也。

應稟各事，分陳於後：

一、前奉札發粤漢鐵路葛利呈送軌、軸等項圖式八張，查係兩張一分，共四分。除已留廠一分，又發交卜聶兩分，一留查，一轉發造軸處存樣外，尚有一分，應即繳呈鈞處存案，以備日後稽考。據卜聶云，軸可照辦，惟鋼枕一項，廠中無此機器（盛宣懷批：前年已購此機存廠）。若必欲造，則須添置機器二萬餘金，殊不合算，可與粤漢訂明，鋼枕一項由其自向外洋配購。查盧漢雖多用木枕，而從前曾定過鋼枕一批，軌則購廠，而枕則購自外洋，此次可仿辦等語。職道於此事不接頭，可否將鋼枕一項與粤漢商明，由其自向外洋配購，即乞鈞裁賜示。再，查盧漢用木枕，則墊板全向廠購，其所用鋼枕一批，則墊板隨枕向外洋購來。如粤漢全用鋼枕，其所需墊板，亦必不購廠矣。卜聶又云，現在急宜趕向葛利索驗收鋼軌章程，俟寄到後，造軌一切方有實在把握，務祈憲臺迅飭葛利，將驗收鋼軌章程，呈由鈞處寄廠，轉發卜聶照辦。

一、據卜聶云，鋼軌及魚尾板、墊板、螺絲釘等零件，盧漢從前本全向廠購，嗣以外七廠所造螺絲釘爲盧漢所指摘，故現在別項均仍購廠，而螺絲釘則購之外洋等語。此件當與馮倅熙光仔細考究，寄樣到滬試驗，能設法改良，使利不外溢乃幸。

一、屢詢卜聶，粤漢驗收鋼軌，深恐指摘過多，無甚把握。據云，盧漢收軌非常挑剔，逆料粤漢只有較易，盡可放心等語。卜聶此言，尚係揣度之詞，且看將來交軌情形，方知究竟。

一、卜聶新訂合同，兹據章文通照抄譯稿，附呈憲鑒。奉賜麻電盛道面稟，卜聶因議包工料始聯合同，如議不成，仍可撤。且合同內有六個月前知會可撤，彼願擔此任等因。查新訂合同，無六個月前知會可撤之語，歷年華文譯稿等件，盛道因各件緊要，均經鎖存，無可查閱。惟文通處留洋文底稿，遂囑將歷年卜聶合同譯出，於一千九百年十二月十二號所訂合同第五條有「廠事倘有意外變局，或停辦，或租或售，以及另有他故，漢廠須辭退卜聶，則此合同可以作廢。但須給卜聶六個月薪水，以作酬勞」等語。查卜聶薪水每月英金二百零五鎊，而近年章程，多出鋼軌每日在八十噸以外，每噸酬銀二錢五分；用鋼軌頭，每噸酬銀二錢五分；用含磷在零點一六以外生鐵煉鋼，每噸酬銀二錢五分；用萍焦每噸酬銀五分；用大冶土鐵，每噸酬銀五錢。大約卜聶之於廠事，無錢則無事可行，有錢則無事不可行。然業已新訂合同，只可相機行事，容俟體察情形，隨時稟商

辦理。

一、仰承垂詢包辦鋼廠與否？此事卜聶未提，職道亦未與談及。據文通云，未訂合同之前，盛道曾與屢議，所議先後不一；既訂合同之後，並未議及等語。職道通盤籌劃，倘全廠包工包料，或尚有説，僅包一廠，則用料之混淆，日久之推卸，均在意中。承包者，得利尚可，失利則豈肯久包。是獲利在人，而失利仍在廠。若謂包後可多出貨，少用料，則前後同一，在事之人，何以包則出力，不包則不出力。管見似可不必議包，只須力求所以能多出貨、少用料之故，互相考究，乃爲歷久不敝之策。究應如何辦法，仍乞鈞裁。

一、職道到廠後，卜聶從事甚踴躍，日出貝鋼一百十噸至二十噸左右。所製鋼軌、鋼坯，數略相同。據文通云，本月鋼廠出貨較旺。

一、生鐵廠兩爐出鐵，日有百餘噸至二十餘噸不等，急盼高白爐成，風力透足，便可減用焦炭。萍鄉火磚已到，尖式、彎式共三萬三千塊。本月初五日，又由萍運出一萬五千七百塊，不日可到，足敷一爐之用。惟高白爐所需風閘及零件，外七廠尚未造成，已限期屢催趕造。至萍磚尚有三萬一千三百塊，月內統可運出，應第二高白爐之用。前漢廠向萍定造火磚八萬塊，而核計此八萬塊到齊之後，第二爐尚缺四萬九千，即囑萍礦補造速運。

一、卜聶甚詆魯貝。查魯貝薪水每月英金一百三十五鎊，明年西四月一號，合同期滿。盛道在廠時，即訂定不聯，惟據魯貝面稱，盛總辦動身時，曾懇多做兩月再行回國，奉盛總辦諭，可行與否，俟到里再行電告，迄無回音，盼切，等語。卜聶云，我弟蒲尼合同期滿，日期與魯貝同，須與魯貝偕旋。若魯貝聯兩月，而蒲尼如期先歸，則必見怪於我之父母。魯貝不聯則已，聯則蒲尼亦須聯兩月，此兩語，前已與盛總辦諄訂，等語。魯、蒲兩月之請，允聯與否（蒲尼薪水每月英金六十五鎊），候示遵行。卜聶又言，魯貝本領低，在比國本非工師，魯去後，另雇化鐵爐工師，或僅雇洋匠，月有五、六十鎊英金便可。煉鋼廠與生鐵廠總宜聯成一氣，若仍照魯貝辦法，則鋼廠決難順手。故必須由我薦舉一人，以歸節制，方能得力，云云。此層緊要，必須細酌。

一、運煤船户爲劉堯臣等勾結煽惑。其所以勾結煽惑之由，無非借「扣磅遲卸」之説。故到廠，他務未遑，即日出示，定限期十天起清，一以安船户之心，一以涣散劉堯臣等之勢，一以防「扣磅遲卸」易聳地方官之聽。自船户見告示一出，並每日起卸甚速，甚爲鼓舞。嗣午帥專派委員沈直州銘昌及漢陽縣周令林

來，問船户情形甚細，並云，午帥之意，劉堯臣等應拿辦，而船户應體恤。職道隨時將告示抄交沈牧、周令閱看，渠等甚以爲然，謂午帥即是此意，當將此稿帶呈午帥。次日遂拿劉堯臣到案，並封公所。茲將午帥行知並職道示稿，及前年十二月改定運煤章程示稿，抄呈憲鑒。廠、萍命脈，全在運道，職道歷年於船户承運，無不隨時參酌情形，慎定章程，將來起卸，不論船到多寡，無逾十天之期，運數必可增旺。

一、接沈守兆棟鹽電云，「電悉，公所已封，劉堯臣在押。並示限起卸日期，於運務大益。在潭各棍，經縣先後拿獲劉恒豐、翁振凡、陳恢先等在押，首棍陳大發尚未緝獲。屢經示諭，現船户亦漸多，漢能依限起卸，各船聞風，必可踴躍」等語。查痞棍等，漢、潭分拿，僅逸陳大發、唐松湘二人，此時勢已涣散，即使漏網，亦已無關緊要矣。

一、楚興合同，前在滬面稟，本擬銷燬，現經盛道代爲議燬，適合下忱。惟楚興預付銀十萬，以五萬爲銷煤之款，以五萬爲銷小焦之款。除五萬已有煤可抵外，其原議允銷小焦之五萬，應即歸還楚興，已在匯豐漢行借款清償。但年内又添五萬急債矣。

一、朱伯友交來清單三紙。據稱一紙係九月底止，鐵廠所欠急款；一紙係自改歸商辦至九月底止，鐵廠所該各款（並附有各户暫存一單）；又一紙係本月十五日預約鐵廠年内還欠及廠冶用款，並煤、焦價值，一切數目均附呈鈞核。查伯友預約單内，除協成可展緩十萬至明年外，尚需七十二萬餘兩。倘盧漢鋼軌預支八萬兩不扣，則年内軌價尚可收二十五萬光景。

一、據武漢運銷局收支所開呈清單一紙，所有萍礦漢欠各款，一概在此單内。其單分作拆款一項，往來摺一項，年内用款一項。有紅圈者，可展緩至明年。又，鐵廠煤、焦欠價，截至本月十五日止，結數亦附列於單後。查萍礦預約年内還欠及用款，需銀七十六萬餘兩，除必可展緩至明年（十九萬餘兩）外，道勝往來頗見信，尚可借開期二十餘萬，其餘則望年内煤、焦多到，能以鐵廠、織布局、鋼藥廠、槍礮廠售價周轉，或可勉敷。

一、以上兩條所陳廠萍款項情形，職道來漢，適值外欠如此之多，每比到期，還款甚鉅。且漢市銀根奇緊，錢莊疊見倒閉，時迫殘冬，實深惴惴。憲臺督理各廠礦務，籌款孔艱，職道苟能就近設法，勉過年關，不敢屢煩藎劃，倘至實在周轉不及之時，還求俯賜濟急。

一、上條情形，不過籌劃年内而言，至明年正月起，遵設預算表，按月用款，分作本項、利項。廠之利項，正與伯友細核開單。其本項前已請一琴開單，萍則囑賴倫、顧怡琴開單，庶按月廠需若干？萍需若干？或有餘、或不敷，以何款抵作何用，較有把握。俟兩處開單到後，再呈鑒核。

一、萍礦與漢廠煤、焦結數均符，所不符者，惟扣小焦二萬一千噸之款。查小焦斷無如此之多，此物由萍而醴、而潭、而漢，千餘里火車上下，大小船隻起卸盤駁，碎小實所不免。魯貝於挑起之焦，即取極大塊頭留存化鐵，其中號以下者，悉行擯棄，一盤再盤，更多碎損。此等用焦之法，與昔年吕柏大異。卜聶云，由其另雇工師或匠目，小焦總可設法。比國生云，小焦較開平尚少，從前生等之意，本可搭用，無如洋人盡揀大塊，無可如何，等語。自職道到廠後，魯貝日日搭用，不似從前之專取大塊。職道已一面電囑萍、醴、潭於車船上下，格外小心輕放，一面於搭用之外，趕籌銷售，能使兩年中所存小焦盡有去路，則不論廠認、萍認，於公款乃有着落。且此後來焦，大、中、小隨時牽用，不似從前之日積月累，所省日多矣。

一、綜計明年廠需萍焦八萬噸，萍煤四萬五千噸，織布局通年購煤二萬噸，價每噸五兩五錢，已訂合同。鋼藥廠通年購煤二萬噸，價每噸五兩七錢，將訂合同。槍礮廠等處，亦欲訂購萬餘噸，約共明年煤、焦需運十八萬噸之譜。查今年運到煤、焦，本月止尚不及十萬噸，深慮明年運不出如許之多。業經切囑萍、醴、潭趕緊佈置，俟春水發生，盡力盡運。幸已添輪數隻，且船户起卸已定十天限期，明年必可加多，但不知能否做到加倍。刻下生煤尚有過問者，至中、小焦，外售亦漸有銷路，能於十八萬噸之外，愈多運愈有益。洙洲至岳州鐵路，早成一日好一日，不但可以放手暢運，且省添輪添駁之費。不但可杜船户攙盜，且減煤焦盤碎之多。此爲廠萍全局第一關鍵，萬求憲臺全力催辦，勿任美公司再事遷延推緩，不勝激切叩禱之至。

一、以目前運道而論，所有廠中工需，及織布局、鋼藥等廠訂購生煤，明年能盡數運濟，已屬萬幸，斷無力再能加多。竊見商務之道，初出一貨，必先跌賤出售，以推廣招徠，又必須陸續濟用，以接應主顧。倘或作或輟，則將來再舉，便多費手。現在生煤去路，與今年春夏滯銷情形大異管見。此外各處暫時不必兜銷，且俟運道暢旺，足以接應主顧，再行放手跌賤争售。至焦炭用場，雖各省皆設銀元局，洋人炊爨、火爐，亦漸取用，而究與生煤用處不同，不能遽期暢銷，故目前無論如何趕，宜設法兜售，以期逐漸擴充。

一、商務首重流通，以出貨多，積貨少，化無用爲有用，使利不外溢爲第一要義。各國商戰，莫不本此意以自强。廠、萍之所求流通者何在，查盧漢剔剩之軌，現存長短一萬九千餘條，合重六千餘噸，爲擱本之最鉅。柯道鴻年於職道在滬臨行時代籌廠計，允即力商沙多，將次軌於運石料等之枝路銷用。該道談次之間，顧全大局，具有血誠。查沙多此次過漢，曾與盛道訂購次軌一千二百噸，惟不知何時來取，價每噸一百三十法郎。惟除此一千二百噸外，尚存五千餘噸，深望各處枝路銷用。其中尚有枝路所必不能用者，則竟成廢棄。竊思萍鄉礦内用木甚多，年來木價之貴，較初辦時幾及兩倍。年年次第更換，周而復始。現擬與賴倫細商，此後一准改用廢軌，核計價目較現買之木值約貴五倍，而經久不止五十年。在萍礦目前雖費，日久實有劃算。在漢廠則廢軌可以盡銷，免擱成本，亦利不外溢之一端。生鐵積存有一萬一千餘噸，公記雖有銷場，未能遽臻暢旺，擬請就近商諸一琴、綬卿兜售各洋行，或托鐵業中如周舜卿等代銷。與其擱本待價，不若跌價求款，以重息相較，尚以早售爲便宜。且貨未行銷，先抬價值，自塞銷路，與流通之意相反。至於酌添機器，製造市面鋼鐵繁貨，及化鐵爐渣滓可造塞門土，化無用爲有用，一琴籌劃精詳，洞中奥竅，聞已屢陳鈞聽。近職道晤施紫卿，據云楊杏臣有改用鐵電杆之意，遂即與馮敬庵細核，每根鐵電杆成本約七兩零。職道於此次紫卿赴滬時重托，於無意中兜售，其價多則每根十兩，少則九兩，或再稍減。倘能銷通，亦是生鐵一大去路。謹先稟聞，務求憲臺隨時留意，力成此事。

再，廠用生煤，伯友云，去歲購東洋煤二十餘萬兩，今年十餘萬兩。查今年所定東洋煤，好者八兩二錢五分，合同訂購四千噸；次者六兩一錢，訂購一萬噸。除已交到外，明春尚有好者一千噸，次者二千噸。管見此後應全用本礦之煤，已切屬萍、醴、潭格外頂真轉運，沿途稽查局加意嚴巡攙盗。萍應整頓運道，廠應考究工師，此亦利不外溢之辦法也。至萍礦焦炭出數本旺，又因漢廠上年停爐過久，積存較多。且以運道暢滯無定勢，不能不多備。現商、廠業已歸併，事權歸一，此後運道漸暢，到期較捷，不論煤、焦擬估定銷數之多寡，爲挖煉之權衡，已切囑賴倫等力求精良爲是。

再，廠添高白爐兩座，據文通云，如全向外洋購買火磚，價約須六、七萬兩。此次漢廠自造之外，幸有萍磚接濟，所省實鉅。職道竊思，本礦焦爐、漢廠各爐，需用火磚爲數甚多，惟尚苦無專門，以之造高白爐則可，以之造化鐵爐則不足，必須雇一專門洋匠專司其事，方有實效。總之，廠、萍一家，必須認定此宗旨做去，乃真能流通，使利不外溢。職道雖未諳商務，而揣度自立之道，或可得其一二，伏祈訓誨，俾有率循。

一、煤務處向設廠中腹地，四面皆顧不到。查起運煤、焦，以新磯頭爲最涌，且與盛道公事房、萍煤運銷局，均相距咫尺。擬請煤務處移設於此（「盛宣懷批：」可）以期呼應靈通，辦事簡捷，想盛道亦以爲然，俟盛道回廠，商定即行。

一、奉咸電垂詢廠款，並諭所有廠中各項關係銀錢材料帳目，新任接手，前任未及交代，照章應即由閣下一概封儲，暫時不動等因，本應遵辦。惟廠中情形，與衙署不同，實多礙難之處（銀錢莊摺，並未見到）。此時職道不過暫代，轉瞬盛道假滿，務求憲臺催速回廠，駕輕就熟，仍歸盛道一手經理，是所至叩。虔請崇安。

陳旭麓等《盛宣懷檔案資料選輯之四》漢冶萍公司第二册《漢陽鐵廠與日本大倉喜八郎借款合同光緒二十九年十一月初六日》 中國漢陽鐵廠、日本東京大倉喜八郎爲訂立合同事。

今大倉喜八郎借與漢陽鐵廠日本貨金二十四萬六千一百五十三元八十四錢，合漢口現市洋例銀二十萬兩，由漢口匯豐銀行交款。訂明華歷光緒三十年五月十一日、東歷明治三十七年六月二十四日還本款十二萬六千一百五十三元八十四錢，又華歷光緒三十年十一月十八日、東歷明治三十七年十二月二十四日還本款十二萬元，均照東歷按月陸釐，即千分之六起息，息款隨本同還，其本並息仍由漢口匯豐銀行電匯歸還。現在議定以本廠鋼軌六千噸作押，倘本廠鋼軌出售，另有生鐵作押。照立合同三紙，大倉喜八郎執一紙，大倉漢口駐員桔三郎執一紙，漢陽鐵廠執一紙，此訂。

漢陽鐵廠總辦　張贊宸

大倉喜八郎代　野田寬治

中　證　人　朱興仁、章達

中　證　人　桔三郎

大清國光緒二十九年十一月初六日訂

大日本國明治三十六年十二月二十四日訂

今所訂立合同，即係本官面前相互均行畫押蓋印者，固屬的確無誤，即此加書，以爲公認之據。

明治三十六年十二月二十四日

駐扎漢口日本領事　永瀧久吉

陳旭麓等《盛宣懷檔案資料選輯之四》漢冶萍公司第二册《生鐵廠報單 光緒二十九年十一月二十四日》 一號翻砂生鐵三噸。

二號翻砂生鐵一千一百十五噸五百記羅。

三號翻砂生鐵一千三百九十六噸五百九十二記羅。

四號翻砂生鐵五百十八噸五百六十七記羅。

五號翻砂生鐵五百零一噸零二十四記羅。

六號翻砂生鐵一百六十五噸。

白口生鐵三百九十四噸。

硫磺生鐵二百三十六噸八百七十七記羅。

炒熟鐵生鐵二百四十二噸二百記羅。

舊鐵模生鐵一百四十六噸。

新鐵模生鐵一百五十五噸二百記羅。

未打驗翻砂生鐵一千九百六十九噸三百五十八記羅。(内有黑鐵一千噸不合售)

貝色麻廠合用生鐵(含磷一三至一五)計一千一百五十噸。

又(含磷一八至一九)計一千五百噸。

通共結存生鐵九千四百九十三噸三百十八記羅。

銷售合式翻砂生鐵一、二、三、四號共計三千零三十三噸六百五十九記羅。

滯銷生鐵五、六、白口、硫磺、炒熟鐵、黑鐵、新舊鐵模共計二千八百四十噸三百零一記羅。

生鐵廠謹呈。冬月二十四日。

陳旭麓等《盛宣懷檔案資料選輯之四》漢冶萍公司第二册《盛宣懷致小田切萬壽之助函 光緒二十九年十一月二十八日》 敬啓者：本日簽定大冶借款正合同第五款訂明，每年售與製鐵所礦石至多十萬噸。倘將來大冶礦局除供給自用外，尚有餘力可以多售，則於所訂十萬噸之外再售兩萬噸，應届時彼此先行商定，特繕本函，作爲合同附件，請貴總領事一併存照。敬頌日祉。

陳旭麓等《盛宣懷檔案資料選輯之四》漢冶萍公司第二册《小田切萬壽之助致盛宣懷函一 光緒二十九年十一月二十八日》 敬啓者：本日簽定大冶借款正合同第十款訂明，製鐵所裝礦輪船帶運煤斤之水脚，所以力争必須與日本他公司運煤水脚相等者，因慮水脚跌賤，侵礙貴大臣兼轄萍鄉煤礦之利，是以製鐵所應允努力使令運礦輪船帶運煤斤，不得比他公司便宜。特繕本函作爲合同附件，即請貴大臣一併存照。敬頌日祉。

陳旭麓等《盛宣懷檔案資料選輯之四》漢冶萍公司第二册《小田切萬壽之助致盛宣懷函 光緒二十九年十一月二十八日》 敬啓者：大冶購運礦石預借礦價正合同第五條内開「照光緒二十六年原訂合同，改爲每年收買頭等礦石七萬噸，不得再少，以敷全款之息，並帶還本項」云云。本總領事應加函聲明：光緒二十六年八月初五日所訂合同，直至明治三十八年八月二十九日爲止。是以每年收買頭等礦石至少七萬噸之約，須至明治三十八年八月二十九日以後方能照辦。其前約未經届滿之一年，即光緒三十年，製鐵所應允至少之數，收買頭等礦石六萬噸，請貴大臣查照爲要。特繕本件作爲合同附件。敬頌日祉。

陳旭麓等《盛宣懷檔案資料選輯之四》漢冶萍公司第二册《小田切萬壽之助致盛宣懷函 光緒二十九年十一月二十》 大冶合同第三附件内，「本總領事應加函聲明」句，此四字(指「本總領事」)空出勿寫，因製鐵所如有人來，便不由小田切出名也。廿一。

以上正合同連附件三件，各繕三份，日本製鐵所、湖北漢陽鐵廠之大冶礦局、日本興業銀行，各執一份爲憑。

陳旭麓等《盛宣懷檔案資料選輯之四》漢冶萍公司第二册《盛宣懷致解茂承密函 光緒二十九年十一月二十八日》 尊處八月二十九日第十三號公函至本月初間才得抵滬，不知因何耽誤。嗣叠接十六、十七兩號手書，具悉一一，並致如後。

一、大冶預借日本礦價三百萬元擴充爐座本是籌款不得已之計。兄在滬楊令曾將草底交閲，此中委曲煩難，諒已悉其大概。南皮以額定六萬噸僅敷還息，慮三十年不能了事。至少之數必須改爲七萬噸，至多之數連同附件則仍以十二萬噸爲限，已於本日簽定正約。雖有採到官山由商代挖之議，究慮届時多所磨摺。楊令自新繪圖即是附入合同，弟逐一審視官商之山以紅綫爲界綫，外如老鼠尾等處産鐵最勝，業爲縣令購去。此外未經官購及未經商購者，地尚不少。九月分册報獅山尚有購地，則知及早購辦，尚非至難。南皮已定初二日出京，閣下應趁南皮未回鄂任以前，密速面商紳董，或以增建棧廠爲名，或以展設運路爲言，將界綫以外産鐵之山多多圈購。即附近鐵路兩旁有鐵之處亦應設法購入。我料此老回鄂，必仍如前年派委趙道赴冶搜剔與商爲難。此舉總須年前畢事乃爲穩妥。慮過繁勞，特密囑楊自新赴山幫忙，專理此事，幸即舉辦，並隨時密函見慰。日人之意，本不指定得道灣一處，但求分數成色合彼程度，即我自計此中四五十萬噸佳鐵亦不慮再少。難處在借款之後，便須添設爐座，必先自用敷足乃可供給日人。求人不如求己，除趕購鐵山外，實無別法。購定之後，亦不必送縣印契，但樹冶局界石可也。至托至托。

二、小田切與楊令磋議條款時云，接西澤信，有四事須商：

甲、躉船現只一艘，並係破舊，應添修等語。楊令告以此項躉船從前皆係商局替下，自輪電改隸，商換不易。然將來多運礦石，自應設法添修，總以不誤運礦爲度。

乙、日人赴冶游歷逐漸增多，冶局總辦閉關固拒，必須漢口領事給信乃肯款待，事太周摺。嗣後請予通融，由西澤介紹等語。楊令告以冶局出售礦石，並非出售礦山，且内地民氣未馴，設有驚擾，局員例不任咎。故解君之意，只能將合用之礦石運至石灰窑交貨。入内游覽，便擔鄭重，故歷次客去僅囑在車縱覽而已。我意此項日人總是由滬而漢而冶，不如由貴總領事函致宫保，由宫保給函關照，較西澤導引爲妥。小田切已首肯。

丙、即本年第十四次磷重事，小田切確未説明要減價，而二成至今未付。現閲十七號來信，博德寄廠代驗含磷不到萬分之五，應速將化單寄來，由敝處按照前次合同細與磋議。

丁、西澤住宅破舊，或蓋新屋，或代修葺，但求衛生有益，便感盛情。並云年内爲日無幾，儘可緩緩設法等語。楊令告以衛生極重，即論賓主之誼，亦應代爲修葺，另蓋新屋該局力有未逮也。便中望雇匠略予補葺爲要。

以上四事小田切均因弟病托楊令便中代商，祈核辦分復爲要。

三、本月初十所寄十六號函中錳礦須進展路工數十法尺，庶礦一出廠即可裝車，此項展路之工，應囑博德先估一價。

四、本月二十日所寄十七號函中躉船已修艙完竣，此即西澤所商之第一條，可面告其修理完備，運事可以放心矣。

五、姜保仁奉委黄岡幫審，據稟下陸局後自造住房十間情願報效作爲公業。惟眷屬年内急難移省，請俟開春再搬等語。此君去無足惜，惟念其在事日久，眷口暫時住冶理應照准，即照辦。敬頌日祺。

陳旭麓等《盛宣懷檔案資料選輯之四》漢冶萍公司第二册《大冶礦務局續訂僱用博德附合同光緒二十九年十二月初一日》 西一千九百零三年三月十六號萍鄉煤礦公司訂雇博德合同，新添附合同：

一、查得博德才干堪稱礦師，即派充大冶鐵礦管理礦工礦師之職，所有挖礦工程及礦苗質地均係其一人之責任。博德悉歸礦局總辦及總礦師節制調度，不更有他礦師節制調度。博德每月造工程報册徑送總礦師查核，在鐵礦辦工之時，應聽總礦師吩咐。倘總辦或總礦師願令博德辦别項事件，博德亦應照管，如礦工一樣專心認真辦理。

二、博德薪水，至合同第二年，即一千九百零四年正月念一號至一千九百零五年正月念一號止，每月薪計英金三十五鎊；合同第三年，一千九百零五年正月念一號至一千九百零陸年正月念一號止，每月薪計英金四十鎊。

三、照僱用洋工司規條第八節内醫費一節，此附合同改爲每年給博德鷹洋一百元，作爲無論有病無病醫藥一切費用。

四、除以上三條外，所有别項事仍照原合同一律辦理。

陳旭麓等《盛宣懷檔案資料選輯之四》漢冶萍公司第二册《解茂承致盛宣懷函光緒二十九年十二月初五日》 自卑府接辦，因康中在辦積煤極多，而漢廠冶局僉指爲不起湯汽，任其擱滯。經卑府與礦師親取康煤，監同火車試燒，湯汽在一百磅以上，是冶局取用康煤之始，自此姜委外開之窿一併勒令停歇。只以姜委在冶任辦煤窿有年，且兼保甲，所有往日停辦官窿地方人等，罔不仰其眉睫。每值冬令，往往托局爲名，蒙蔽私開，串通肥己。即移縣查封，差役亦巧爲遮飾，搪塞銷案，譸張爲幻，防不勝防。今冬訪聞故技復施，復派員暗查屬實，當即移縣發封三次，日前始將近逼官地兩窿停歇。因念該處無妥員常川查護，踵生伎倆，自在意中。查下陸局楊委親屬程堂怡，家計尚裕，擬請集股承領試辦，有效當照馬頸章程協濟公煤。當飭楊委督同先將此次封閉私窿，酌給窿價收回，一面移縣出示曉諭，大致現已就範。以後擬責成楊委就近領首舉辦，借可不時查察，以杜假冒，而免私侵。於公需局望，應漸整飭有裨，至該局如何集股試辦，一俟呈到章程核明，詳請裁示遵辦。專稟，恭叩崇綏。

陳旭麓等《盛宣懷檔案資料選輯之四》漢冶萍公司第二册《盛宣懷致解茂承函光緒二十九年十二月二十七日》 兹將應復各條分列於後：

一、私開煤窿難於防範，現有下陸局楊委親屬程堂怡集股試辦有效，擬照馬頸章程協濟公煤等情。程堂怡既係家道尚裕，諒非徒托空言，應准照辦。查冶礦土法開辦，淺嘗輒止，李士墩、康中一帶皆非佳煤，屢經官商承辦，均皆無效。此次楊等承辦，係指何處而言，必須補叙界限，以備考究。將來官局用煤，價應格外從廉，事關濟公，尤應先儘官用，外收之煤如何按數報效，及認真稽查之法，皆爲章程所必詳。從前商辦煤窿，非藉事鋪張，即有名無實。此次閣下務須知照楊委，督同程堂怡認真經理，倘有虧耗，固與官局無涉，而後來承辦者更相戒裹足矣，所有一切章程，俟稟到再行酌奪。

一、日礦本年第十四次二成價洋一千八百八十五元八角，正金銀行已如數收到，另文分別知照。所有通年礦價合作規銀數目，已飭總公司收支處抄單即寄。其第十八號函送礦樣一筒，亦已發交佈礦師化驗矣。

一、冶局同人勤勞懋著，嘉慰良深。所請加給各員薪水，總局收支正辦。徐增祚改支三十四兩，幫辦胡炳壽改支二十兩，吕委德龢改支三十二兩，三局帳房各改支十二兩，匠目丁祥麟改支六十五元，均擬自三十年正月分起支各等情，自應照准。閣下具知人之明，得馭下之法，所論責之以嚴，不得不養之以寬兩語，足徵識力。惟念閣下五載從公，頗著勞勩，而此次加薪之處，獨能捨己從人，學養之深，私衷佩慰。餘容另復。專此，順頌歲祺。

陳旭麓等《盛宣懷檔案資料選輯之四》漢冶萍公司第二册《盛宣懷漢陽鐵廠收歸國有議借洋債節畧光緒二十九年》

説帖(二)

謹將漢陽鐵廠創辦原由及應恢擴情形，開具節畧，恭呈鈞鑒：

竊查漢陽鐵廠係正任湖廣督部堂張奏准開辦。於光緒十六年動工，十九年告竣。蓋以興築鐵路必須自造鋼軌，方能塞我漏卮，免人挾制，實當今急切之要圖也。惟是鐵廠工程西人目爲艱鉅之舉，如煤鐵湊合，財力充足，而再能不求速效，堅忍持久，則後利之溥亦出尋常。中國財力不充，辦此大工，處處落人後著，然時勢相逼，不辦則坐失權利。適武昌府大冶縣鐵礦之富，可追比歐美著名産鐵之區，礦師估計有一百兆噸之多。

督憲張忠蓋謀國，力任其難。當移節兩湖，即籌開辦。歷數年辛苦經營，規模畧備，然限於財力，一切不能悉如其願。歐美鐵廠不專恃鋼軌，必兼造市面繁貨，如船料、橋料、屋料等貨，方能獲利。然其資本之鉅，輒需數千萬至數萬萬之鉅。李文忠公出使回國時即有此論，誠閲歷之言也。

漢廠官商資本僅八百餘萬，爐座既少，機器亦小，每月僅能造軌二千噸左右，他貨均不能造，且專恃銷軌，處處爲人所挾。不特此也，萬一爐座出險，機器損傷，承造定貨之後，即束手無策，不若西洋尚可乞援於鄰廠，加之歐美製造，移步换形，十餘年來省煤節料之新法時有所聞，於是同一鋼軌，彼本輕而我本重矣！

近年日本官設一廠，名曰鑄鐵所者，無一不新，其資本已用日銀二千餘萬元，據云：統需四千萬元始能悉臻美備，而其目前之規模已遠在漢廠之上。所不如我者，日本鐵産不富，礦石皆須遠道購取耳。漢廠既因機器爐座不敷，爲所束縛，而湖北一省又無合於煉焦之煤可供煉鐵之用。夫煤焦爲鐵廠命脈所係，至爲急切，故二十二年商辦以後，即經營江西袁州府萍鄉縣之煤礦。萍鄉與湖南長沙府醴陵縣毗連，本爲産煤之區，質佳脈厚，合於煉焦。惟僻在腹地，運道艱難，距漢陽有一千一百餘里之遥，非有鐵路、輪駁，節節阻滯，自二十四年開採之後，即購機器、築鐵路，數年以來漢廠焦炭得以無缺，萍礦之功也。惟經費無著，鐵路僅築至醴陵爲止，計程一百零四里，必須展造至湘潭，方能與輪駁相接，而自醴至湘潭，尚有一百五十里。中國商力本屬單薄，接辦以來招股有限，全恃騰借支持，漢廠虧耗至一百四十餘萬兩之多，而萍鄉礦路亦已用去四百餘萬，搘拄至今，已心力交瘁，岌岌然有朝不保暮之勢，然湖北槍礮廠全恃漢廠鋼鐵。各處鐵路正當發軔，鋼軌各件亦均須取給於此。且上海等處華、洋船廠所用鋼鐵各料，以及内地所銷各種鋼鐵，因東方無廠可造，迄今仍向西洋購用，又值金價日昂，進口税將增，漢廠有此煤鐵兩礦，苟能大舉，前程何可言量。所謂大舉者，須就大冶添設生鐵大爐，在漢廠添設鋼爐機軸，多出鋼軌，多造繁貨，只須數年以後，必有大利。然欲推廣漢廠，必須萍鄉至漢運道通暢，煤焦始能源源接濟，不致爲船户中途攙雜，是則萍醴鐵路不能不展至湘潭，湘漢輪駁不能不造，通盤籌算，至少須籌銀一千萬兩，方足以成遠大之舉，而救眉睫之急。計開：

添設大冶新廠及擴充漢陽舊廠，約需銀三百萬兩；

萍潭鐵路約需銀三百餘萬兩(内還鐵路總公司墊款，並續造醴陵至湘潭之路)；

萍礦還華洋各欠並未竟工程，約需銀二百五十萬兩；

湘漢輪駁及碼頭約需銀二百五十萬兩。

共約需銀一千萬兩。

如此鉅款，商人斷斷無此魄力，一再籌維，實非國家之力不辦。職道等不知自量，謬肩數年，至此已筋疲力盡，無可再支，而美、德、比、英各商垂涎廠礦，屢欲合股承辦，均以堅詞拒之，然若不早爲之計，深恐商力不繼，一敗不可收拾，焦思竭慮，莫展一籌，用敢直抒所見，伏乞鈞裁主持，鐵政幸甚！中國幸甚！須至說帖者。

說帖(二)

謹將漢廠、萍礦估計恢擴情形開具節畧，恭呈鈞鑒：

竊查漢廠之病在出貨太少，月造鋼軌千餘噸，尚不足應盧漢一路之求，入不敷出固其宜耳。近年金價日昂，銀價日低，香港、日本、新嘉坡、澳大利亞等處，頗有捨歐美而求鐵於漢廠者，而漢廠無以應也。坐失利權，曷勝扼腕。以大冶之鐵，萍鄉之煤，苟能大舉，實足以雄視五洲，爲東方第一鐵廠！而爲力量所限，至不能支持，豈不大可惜哉！現在漢廠售軌入款年約一百三五十萬，不敷約一二十萬。若在漢廠酌添鋼爐、軋軸，多出繁貨；在大冶或萍鄉，添設生鐵大爐及熟鐵廠，年出生鐵十餘萬噸，鋼軌二萬餘噸，鋼板、角鋼等貨二萬餘噸，熟鐵萬餘噸，則其本利如左：

鋼軌成本每噸約銀五十兩，照目前售價每噸英金六鎊半計，約銀六十兩，年出鋼軌二萬噸，餘利二十萬兩；

鋼板、角鋼等貨成本每噸約銀五十五兩，通扯售價以每噸英金七鎊計，約銀六十五兩，年出二萬噸，餘利二十萬兩；

熟鐵成本每噸約銀五十兩，售價以每噸英金六鎊半計，約銀六十兩，年出熟鐵一萬二千噸，餘利十二萬兩；

除煉造以上三項鋼鐵貨應用生鐵六七萬噸外，尚餘生鐵約五萬頓，每噸或本約銀二十兩，以售價每噸銀二十三兩計，餘利十五萬兩；

共計每年餘利約銀六十七萬兩。

至於萍鄉，年供鐵廠焦炭二十餘萬噸，生煤十萬噸，外銷生煤十萬噸，則其本利如左：

焦炭成本每噸銀八兩，售價十兩，年銷二十萬噸，餘利四十萬兩(如在萍鄉設爐，則減去成本内運脚，餘利同)；

生煤成本每噸銀四兩五錢，售價塊、末通扯五兩五錢，年銷二十萬噸，餘利二十萬兩(如在萍鄉設熟鐵廠，則減去成本内運脚，餘利同)；

共計每年餘利約銀六十萬兩。

廠礦總共餘利約銀一百二十七萬兩。

恢擴廠礦，俾能照上出貨售銷，前說帖估計需銀一千萬兩，而復核之下，恐尚不敷。蓋萍潭鐵路約需銀四百萬兩，前只開銀三百餘萬兩，萍鄉亦有鐵礦，如其可用，自應就萍設爐，則築造鐵廠枝路及經營鐵礦尚需鉅款，且若借洋債，則初二三年利息必須預備以及存貨擱本、營運活本，約畧計之，非有銀一千四五百萬兩不辦，華商如何有此魄力？當此國步艱難，度支奇絀，鐵政雖要，恐亦不遑兼顧，輾轉籌思，惟有一策，至是否可行，則權衡在上，非敢妄請也。

中國借用外材自保權利，要以海關辦法最著成效，歷年以來充庫實、興製造、派專使、抵償款等，莫不取資於此。漢陽鐵廠、萍鄉煤礦現擬改歸官辦，仿照而行。查環球各國皆以煤、鐵之多寡分國勢之强弱，商家承辦，仍由官家護持。英屬坎拿大諸鐵廠，出鐵一噸，英政府津貼金錢一圓即爲明證。中國頻年多故，度支竭蹶，豈敢驟覬及此，然漢廠、萍礦既已灼知爲絶大利源，非大力包舉必致顛覆；非暫借洋債不能大舉。本係官創於前，商承於後，不如援照電報新章，收歸國家自辦。目前雖須籌措，日後利盡入官。籌借之法請照鐵路成案，准洋商分(賣)〔買〕小票，約需英金一百五十萬鎊，約合華銀一千四百萬兩，廠、礦作抵，國家作保，擬給息較鐵路爲減，常年四釐，九五扣，並如粵漢鐵路酌給餘利，三十年爲期，每年拔還金鎊約合華銀五十萬兩(洋債息款以及舊有官本、商本，按年應付官利及機爐廠屋逐年摺舊，均在出貨成本項下開給，故每年只須拔還洋債本銀約五十萬兩，加簽聲明)，遴用諳練工程、忠勤廉實西員一人充總工程司，職與海關總税務司同。另請欽派督辦大員以節制之。所有廠、礦兩處工程、銀錢、行運、貿易以及用人、行事等政，悉由總工程司擬呈督辦大員核准而行。此時中國尚無專精此項工藝之人，先就廠、礦分設學堂，招送聰穎子弟，分科肄業，且學且習，但能勝任，即拔充工師匠目，爲替代洋員之地，不准如海關只招供事，不能拔充各關税司。洋款本息即在廠、礦營運項下，分年拔還，款有餘剩，繳還國家。約計三十年之内，製煉已富，運銷已暢，人材已出，届時盡用華員，便不致如海關漫無期限，爲人詬病。惟所借必須各國公共之款，一國不能壟斷，借款公司必應設在上海，以免專設外洋一國京城，有所偏重。曾撮大意詢訪在滬著名洋商以爲可行。照前項估計，廠礦自辦所得淨利，至少合銀一百二十七萬兩，除還洋債五十萬並借款公司應給餘利外，所餘尚爲極鉅之款，於國家整理財政、簡練軍實、擴充商務均屬持久無弊。古語有之，以戰爲守，以予爲取，濟變通權，計無逾此。若如近年商辦，枝枝節節，有退無進，間借些微洋款，不能盡力擴充，設有不支，亦不能無牽掣攘奪之患，不如亟圖改計，尚得爲國家保此厚利也，謹議。

陳旭麓等《盛宣懷檔案資料選輯之四》漢冶萍公司第二册《盛宣懷致軍機處外務部户部函光緒二十九年》　湖北鐵廠宣接辦後，即以開辦萍鄉煤礦爲急務。現幸煤礦已成，煉鐵甚佳，盧漢軌皆自制，槍礮廠亦全資於此，功在垂成，各國覬覦。但所籌商本，向賴輪電商人輔助。去秋奏明續借禮和洋款，以商局改章而止。查萍鄉至湘潭鐵路，德、美兩國争造，經與外務部商明中國自造，以保礦利。現已造抵醴陵，至湘潭尚有百五十里，洋工司估價二百六七十萬。又，湘潭至漢口輪駁估價八、九十萬，漢廠添爐、添機器，目前急需一百餘萬。據總辦李維格、張贊宸稟：此三款若不趕緊設法，則煤不能運，爐不能添，日煉鋼軌數十噸，力盡難支，勢必停罷。中國自辦，僅此一礦一廠，爲自强之基，十載經營，功虧一簣，可惜尤可慮。袁大臣過滬，曾與面商借洋款，還商本，統歸官辦。旋接袁電，「鐵事詳細面奏，指廠借十兆，擴充整頓，以保大利，但不可由外人執權」等語。現與各洋商籌議，竟無不執權而能借款之法。惟有先將煤礦運道，自行籌款辦好再議抵借。

近聞北洋開設國家銀行，則通商銀行無足重輕，不得已，移緩就急，與股商妥酌，擬將銀行商股二百五十萬兩，改作萍礦商股，利益較勝，商情頗順。

部款一百萬，原議廿九年起，按年分還廿萬，擬請暫撥鐵廠，悉如前議，一年之内，得此歸併，可使醴潭鐵路速成，煤焦通運，即可添置爐機。粤漢軌料，亦可自辦，出鐵日多，則獲利在即，外人知我脚地已定，再借鉅款，擴充新廠，庶有步驟，不致受彼挾制。電商張大臣，據復：「先借通商銀行款，後借洋款，以免外人執權。慮患甚遠，請即照辦。此事係尊處專責，盡可專奏」等語。是北洋既面奏在先，南洋亦以爲然，權其緩急利害，應請旨俯准，將通商銀行商股，改作萍鄉礦股，仍歸華商辦理，免爲外人所奪。

部款百萬，除本年還第一期二十萬外，其餘八十萬仍由鐵廠分年歸本繳息，在公中並無出入，而鐵政借資周轉，以杜外謀，實於大局關係匪淺。是否有當，伏乞訓示。請代奏。

陳旭麓等《盛宣懷檔案資料選輯之四》漢冶萍公司第二册《漢陽鐵廠光緒二十九年底結欠應還急款清單光緒三十年正月初五日》　謹將癸卯年底止結欠各户應還急款(别項結欠可緩之款尚不在内)開呈鈞鑒。

計開：

拆款項下

張堯記(官票錢二萬一千五百串文)合洋例銀二萬四百七十兩(正月半到期)。

仁太莊(印票借款官票錢一萬四千串文)合洋例銀一萬二千二百三十六兩(正月底到期)。

永昌祥莊(印票借款估平寶一萬兩)合洋例銀一萬二百四兩八分(正月底到期)。

義記(印票借款估平寶五千兩)合洋例銀五千一百二兩四分(正月底到期)。

惠怡厚莊(印票借款)洋例銀二萬五千兩(二月底到期)。

惠怡厚莊(印票借款)洋例銀一萬五千兩(三月半到期五千兩，三月底到期一萬兩)。

鐵路漢局(預付軌價)洋例銀八萬兩(鋼軌價約二月交訖，歸末批價内扣除)。

大倉喜八郎(日本貨金二十四萬六千一百五十三元八十四錢)合洋例銀二十萬兩(第一次還貨金十二萬六千一百五十三元八十四錢，約合洋例銀十萬零三千餘兩。五月十一到期)(第二次還貨金十二萬元，約合洋例銀九萬七千兩。十一月十八到期)。

漢口通商銀行(生鐵押款)洋例銀四萬兩(三月底到期)。

協成銀號　洋例銀四萬兩(三月底到期)。

共欠洋例銀四十五萬三千一百十四兩一錢六分(正月到期四萬八千餘兩；二月到期十一萬餘兩；三月到期九萬五千餘兩；五月到期十萬三千餘兩；十一月到期九萬七千餘兩)。

往來項下

郭克爾廠(料價)　洋例銀六萬三千九百三兩一錢一分(轉至二月十五還一半，又五月十五還一半)。

義昌成號(料價)　洋例銀一萬四百八十八兩三分一釐。

萍鄉礦局(煤價)　洋例銀十九萬二千六百六兩三錢六分一釐。

協成銀號　洋例銀九萬九百七十九兩八錢八分七釐。

仁太莊　洋例銀三萬一百八十九兩七錢二分二釐。

共欠洋例銀三十八萬八千一百六十七兩一錢一分一釐。

以上總共欠洋例銀八十四萬一千二百八十一兩二錢七分二釐。

陳旭麓等《盛宣懷檔案資料選輯之四》漢冶萍公司第二册《萍鄉煤礦光緒二十九年底結欠應還急款清單光緒三十年正月初五日》　謹將萍礦光緒二十九年底

止結欠各户應還急款(其餘結欠可緩之款尚不在内)開呈鈞鑒。

計開：

往來項下

協成銀號　洋例銀五萬九千四百七十二兩零。

仁太錢莊　洋例銀四萬四千五百零五兩零。

道勝銀行　洋例銀四千七百十四兩零。

順記號　洋例銀一千五百零四兩零。

福記　洋例銀四千七百十九兩零。

以上共洋例銀十二萬二千五百十七兩零。

拆款項下

元月十五日期

武昌官錢局　洋例銀一萬兩。

載昌號　庫平銀六千二百兩。

又　洋例銀二萬七千一百十兩零。

元月底期

程璋記(庫平銀五千兩)合洋例銀五千三百二十六兩五錢三分。

二月十五日期

道勝銀行　湘平銀二萬四千兩。

二月底期

道勝銀行　湘平銀十萬零九千兩。

三月十五日期

道勝銀行　湘平銀二萬兩。

三月底期

仁太錢莊　湘平銀二萬兩。

樊義記(庫平銀二萬兩)合洋例銀二萬一千三百零六兩一錢二分。

四月十五日期

仁太錢莊　湘平銀二萬二千兩。

四月底期

勵記(湘平銀三萬五千兩)合洋例銀三萬五千六百二十八兩五錢七分。

以上八期共銀三十萬零零五百七十一兩零。

往來、拆款兩項總共銀四十二萬三千零八十八兩零。

鐵廠　二十九年底結欠萍礦煤價洋例銀十九萬二千六百兩零。

陳旭麓等《盛宣懷檔案資料選輯之四》漢冶萍公司第二册《宣城煤業合同約款光緒三十年二月初八日》　一、宣城礦務者，盛杏孫與土倉鶴松之合同事業也。

一、最初要資本銀三十萬兩也，可以摺半，一半是土倉出資，一半是盛杏孫出資，而是分得四回，要出資如左：

第一回　銀十萬兩，土倉出資，即合同成功之時候。

第二回　銀十萬兩，盛杏孫出，要銀子之時候。

第三回　銀五[萬]兩，土倉出資，要銀子之時候。

第四回　銀五萬兩，盛杏孫出，同前。

一、分配利益之規則，是以十分裏八分均分兩人之手裏，以十分裏二分是積存而備充償卻元資也。若是有虧摺，則大家各自可以負一半矣。

一、業務之役員，是可以用華日之人，則是如左：

總辦——華人，管理礦務全體之事(仍請盛杏孫委派)。

管司——日人，委任礦業一切之事。

賬房監督——華人，令監賬房一切之事。

支配人及會計——日本，委任營業及賬房一切之事。

猶又辦事員司各就相宜職任華員與日員參用矣。

一、非得盛、土兩人之合意，則並不可以抵借債款矣。

一、若是不失正道，則山里有煤料之間，可以合同營業矣。

一、所訂合同條款之外，一切未盡事宜彼此總按公平道理妥善推行矣。

陳旭麓等《盛宣懷檔案資料選輯之四》漢冶萍公司第二册《盛宣懷致小田切萬壽之助函光緒三十年二月二十一日》　頃准貴總領事函開，「大冶礦局預借日本興業銀行礦價金錢三百萬元，訂明以每次收到金錢之日起算六釐利息，此項利息自應以金錢給付。惟照舊合同明治三十八年八月二十九日爲止，每噸礦價頭等英洋三元，二等英洋二元二角，今爲彼此便於劃算起見，一再會議作定一價，每英洋一百〇八元作定金錢一百元以至舊合同期滿之日，即照新訂合同價值辦理礦價付利之外，尚有多餘，即以拔還本項以符合同」等因，准此。查英洋一百〇八元作定金錢一百元，至舊合同期滿之日爲止，本大臣可以照辦，爲此函復。

陳旭麓等《盛宣懷檔案資料選輯之四》漢冶萍公司第二册《宗得福致盛宣懷函光緒三十年二月二十一日》 敬稟者，月前接奉電委，攝行廠事，衰茶病軀重違鈞意，時切兢兢。一月以來，廠内各情業經次第函經張道轉稟，知已上達憲聽。茲將停運盧軌以後各事宜條列貢陳，惟垂察。

一、盧軌竣工，洋工司、匠目均思歸國。接奉十八日鈞電，即與諸洋人照合同議妥，均允廢約，頃已電陳。惟卜聶不盡之意，如貝軌兩廠在一年之内復開（指自一千九百零四年五月起，至五年五月一號止而言），廠中有電，復欲請其來漢，渠願仍來，卻要再訂兩年合同。所現領之六個月薪水亦願自回廠之日起按月扣還，兩年滿，將來不再續請酬勞。其所以留此餘波者，因先數日卜曾來信，以漢廠所煉生鐵含磷過重，竟無一噸可供煉鋼。卜聶向係暗用馬丁鋼煉軌朦混錘驗，故敷衍至今。遲日如粵漢或他省續定鋼軌，須將錘試考驗章程更改。茲將其來信並與卜廢約之函及卜復函寄呈憲覽。竊意卜既回國，則廠中續接鋼軌，自須另請工司，能否合局，尚不可必，但卜聶在此數年，鋼鐵良楛，皆所洞悉。彼族講求製造，不能禁其評量中外，比較低昂。雖利欲無厭是其素性，而客卿數載，不爲無勞，惟不絶其後圖，當不妄騰口説，是否有當？伏乞鈞裁。好在一年之後，並無電召亦别無借口及意外需索，故不妨姑存此説，進退之權仍操諸己。萬一仍復用卜，則兩年只須認年半之薪，向之所謂薪水太優者，今可均勻暗減。愚昧之見，用敢抒陳。

又，該工司前年曾請李司員稟懇奏賞寶星，今復申前請，到滬晉謁，准否？乞面諭。

一、魯培西六月内亦復期滿，如不留用，化鐵爐工作之事，比生皆可料理，無須續請工司。且魯培材本平庸，既屆瓜期，自可無須聯續。如生鐵銷路不暢，將來或停一開一，再議辦法。

一、奉鈞電後，内五廠機件物料，遵即派章達管理，並傳集各工匠當面切諭，統遵章達約束。在廠翻譯及司事等，俟張道回漢酌量留遣。刻下馬丁爐已煉三百爐，爐身已損，須停工修理。其長工月工應分别留遣，均令章倅量事之繁簡酌留備用。

一、得福黄岡雖已卸篆，而交代尚未結報，一俟教案清結，張道旋廠，即當赴滬叩謁，並以奉聞。專肅寸稟，恭請鈞安。伏祈崇鑒。

陳旭麓等《盛宣懷檔案資料選輯之四》漢冶萍公司第二册《盛宣懷札李維格文光緒三十年二月二十二日》 此次特派鐵廠參贊三品銜候選郎中李維格出洋辦事，關係重大，本大臣即就該參贊等會議各節，分列大綱細目，以作規範，開列於左：

一、考驗礦質

甲、萍鄉生煤含質如何，及其洋爐製煉之法能成何等焦炭。以煉生鐵，用足風力，化一噸鐵須用一噸若干焦炭。其塊煤燒汽爐能得何等火力，全廠能否合用不購外煤。

乙、大冶鐵礦含質如何，用萍焦能否相配，其磷輕者可製貝色麻鋼，其磷重者能否製馬丁鋼，又能製何等翻砂生鐵。

丙、萍鄉鐵礦含質如何，用萍焦能否相配，其磷輕者能否製貝色麻鋼，其磷重者能否製馬丁鋼，或多麻鋼，又能製何等翻砂生鐵。

丁、萍鄉錳質能否煉成錳精。

戊、萍鄉火泥、武昌火泥、磁州火泥、上海製造廠火泥，何者可造上等火磚，爲熔化爐之用。

己、漢陽鐵渣如何能做水泥。大冶有專門可做水泥之礦，信義洋行李治帶往德國化驗，可做上等水泥，須用若干資本方能製造。

庚、漢陽化鐵爐所出之生鐵，何以不能成上等貝色麻鋼，應用何等新法，俾成佳鋼。

辛、馬丁鋼如不用貝色麻碎鋼，應以何物替用。

壬、用我煤焦，生鐵能否做上等馬丁鋼，以造頂好大鋼板。

癸、萍鄉化鐵爐將來如用萍鄉鐵礦，或須另造多麻鋼爐，如何計算佈置。

二、考究廠務

甲、歐美大廠斷不能學，須學小廠規模。

乙、萍鄉焦炭洋爐成本極重，必須考求能製上等焦炭，並可取做顔色。如專雇一工匠，能否合算得上。

丙、生鐵爐如何可省焦炭，是否可用碎鐵石、碎焦炭。

丁、生鐵爐萍鄉目前只造一座，是否以二百噸爲合算，或以少爲合算；或謂一大爐，壞則全停，不如兩小爐可替换，何者爲宜。

戊、生鐵水如何調和，令其直達煉鋼爐。

己、貝色爐如何添辦。

庚、馬丁爐如何添辦。

辛、市面繁貨鋼板、鋼條、軋軸如何辦法。

壬、錳精爐造水泥、造火磚如何辦法。

癸、商務核算如何辦法。

三、訪聘工師

甲、漢萍局面雖小，如無一總監工，難於調度。然此總監工薪水不能過鉅，手筆不能過大，須在小廠訪求。若才出學堂毫無閱歷之人，斷不可請。

乙、本意須請英美人，該參贊因欲與萍礦師相聯一氣，注重德人，自亦有理，惟從前德培、馬克來毫無一點真心，雖有天大本領，决不能爲我用，一誤再誤，實所深慮。書曰：湯執中，立賢無方。足見不拘何國人，但求有本領、有條理，有忠心。此次不惜費用，特派該參贊出洋親自訪求，並與賴倫同游，當不致再生意見，務望不厭求詳，總以得人爲第一宗旨。彭脱，正人也，似亦可與商籌。兼聽則明，自古皆然。

丙、總監工定後，則化鐵工師、煉鋼工師、製造工師及軋軌等工匠，皆可一氣商定，但須酌分緩急，勿使人來無事可做。

丁、新機器來華尚早，所聘工匠何人應先來，何人應後到，亦須算準，以免虚糜。

戊、合同以三年爲度，如不合式，應如何散法亦須留餘地。

己、工師定後，乃可商定機器，免其挑剔，且亦可窺其見識如何。

庚、本廠商務甚小，不能專用商務人，而華總辦又非内教，故所請總監工，必須能有條理、能操預算之人方爲合用。如小沙多者，即深明預算者也。

辛、所擬另用一專管賣貨之洋人，如歸洋行代售，則此人可預爲訪求，不必速來。因繁貨軋軸須一年安置，出貨此一年以後之事，人多恐一年之内虧本愈大也。

四、購辦機爐

甲、漢廠應辦調和生鐵水機器，又熱鋼坯烘爐連吊車，此二項急須先辦先運，因漢廠化鐵爐兩座必須先出好生鐵。又，鋼軌不便久停，此二件辦好即可先做鋼軌。

乙、漢廠貝色麻爐應添置風機，使其多出貝鋼。

丙、漢廠馬丁爐應添造，使其多出馬丁鋼。

丁、漢廠應添置繁貨大軋軸，使其多出大鋼板、鋼條等。

戊、湘東應造二百噸或一百六十噸化鐵爐，須力求新法，除漢萍能自造各件外，應配購齊全。

己、化鐵爐内火磚，中國火泥一時恐不可靠，應購泥帶回自造火磚，以省轉運破碎之耗費。

庚、就化鐵爐須造之水泥機，工本不多，錳精恐難外售，亦只須造一小爐，以備自用。

辛、萍洙路需用大火車頭兩部，及煤車應用之輪軸機横七十部，應即購齊，預備來年四月之用。

五、籌計用款

甲、續稟約估銀二百十六萬五千兩，基脚裝配在内。又，賴倫另估萍洙鐵路應辦大火車頭兩部、煤車七十部，約銀二十萬兩。

乙、日本第二批金洋一百萬元，三月十五日已存横濱正金銀行，准即儘先撥用。第三批金洋一百萬元應存，候該參贊回國後，爲萍設新爐、漢設新機及活本之用。

丙、購辦外洋機器金洋一百萬元，儘付第一批價值之外，短少第二批、第三批若干，准照所擬向洋行或洋廠借款墊付，分期歸還。只可將漢廠、萍廠作保，萍洙鐵路不可抵保，利息不可逾七釐。

丁、此次出洋選匠購機，爲背城借一之計，急需之物不可短缺，不急之物不必預購，但照前稟，將日後推廣局面預爲籌劃，一俟款項充足，函電可定，佈置雖有先後，而一一鈎連，造車合轍，應亦有如此辦法也。

戊、事畢即行回國，不宜久羈，大局均資臂助，不僅爲惜旅費也。

以上各條合行札飭，札到，該員即便遵照辦理，仍隨時具報，勿負委任，是所厚望，切切此札。

陳旭麓等《盛宣懷檔案資料選輯之四》漢冶萍公司第二册《盛宣懷致卜聶函》

光緒三十年二月下旬 前因比軌造竣，貝、軌兩廠均須停修，電諭宗代辦查照合同致送薪水六個月，另加酬勞、川資等項，即時注銷合同。頃據宗代辦抄送來去函各一件，與本大臣電飭之意頗多誤會。該工司注銷合同啓程回國，即可另覓別就，毋庸再候漢廠之電。因該廠重新整頓，另訂辦法，業派專員至歐美各洲遴聘工司。此項薪水、酬勞係照合同致送，即此爲銷廢合同之證據，毋庸再議扣還。至該工司歷年在廠克盡厥職，總辦張道屢相稱許，惟願回國另就他事亦如在漢，此則本大臣所欣望者也。

陳旭麓等《盛宣懷檔案資料選輯之四》漢冶萍公司第二册《賴倫代漢陽鐵廠與若松製鐵所訂立購鐵合同光緒三十年三月初四日》 西曆一千九百零四年四月十九日，攝理若松製鐵所事務今泉與攝理漢陽鐵廠事務列南（賴倫）訂定合同如左：

一、若松製鐵所購定漢陽鐵廠所製鐵斤一萬噸，訂定船交價值每噸（即一〔二〕千二百四十磅）例銀二十一兩整。

一、交貨日期自立約之日起，限於三個月以内交清，應付該價，收貨後自當如數照付。

一、本合同應由上海日本總領事與盛宫保會同證明。

一千九百零四年四月十九日於長崎

攝理若松製鐵所事務今泉嘉一郎

攝理漢陽鐵廠事務G. Leinung

再批：

一、本合同認爲若松製鐵所督辦與漢陽鐵廠督辦相商妥議之約。

一、應收鐵斤之磷分，必須扯成一萬分之十五，至多亦不得有過一萬分之十九者。

陳旭麓等《盛宣懷檔案資料選輯之四》漢冶萍公司第二册《賴倫代漢陽鐵廠與若松製鐵所訂立購鐵合同光緒三十年三月初四日》 今（泉）代大日本□□鐵廠與賴倫代漢陽鐵廠訂立合同於左：

大日本□□鐵廠訂明向漢陽鐵廠購買生鐵一萬噸，每噸價漢口平銀二十一兩整，每噸重二千二百四十磅，在漢陽包運到船，三個月之内交清，錢款交貨照付。

此合同須在上海經盛宫保並大日本總領事批准方能作實。

長崎　一千九百四年四月十九日

代大日本□□鐵廠押

代漢陽鐵廠賴倫押

陳旭麓等《盛宣懷檔案資料選輯之四》漢冶萍公司第二册《盛宣懷致李維格函光緒三十年三月十八日》 弟電商張、端就萍製械，而仍以電底送魏，隔日得復，均大擊節。於是南皮有電詳詢湘東隸屬何縣，距水口鐵路遠近，已詳復並繪圖寄去矣。彼廠究否就萍，自應俟魏、張會勘蕪湖之後，乃有眉目，設果成，則湘東不僅煉鐵，並須煉鋼，乃能供彼製械之用。賴倫云，與兄同舟赴日時，曾商就萍煉鋼之法，慮其有意遷就，故詳詢利益，據稱送熱鐵至馬丁炉省火力，利一；就萍煤焦終比漢賤，利二；運鐵出來與運鋼出來成本究輕，利三。又聞以鋼爐須有廢鋼搭配，萍無此貨，則稱新法有不須摻搭廢鋼者，已屬與閣下熟籌湘東煉鐵立煉、馬鋼之策仍俟魏、張定議再專電奉聞。至禮和籌備機價、簽訂合同，閣下應有文憑，所以躊躇者，因慮械局竟設湘東，則礦局多借洋款，官家必不樂。聞商部來文，凡華商承辦之礦不准另借洋款，更不准以礦地抵借，無論何項合同均須先請商部核准，此雖指宣城而言，而萍鄉事同一律，在德簽約，必有口實，故屬賴倫轉告閣下，此項禮和墊款先將草合同底稿寄滬，弟有删改處就近與連納商定，並在上海簽字，蓋弟可就約中緊要節目電商部臣也。

王樹枬《張文襄公全集》卷一八九《致漢口江漢關梁道臺光緒三十年三月十九日辰刻發》 頃外務部來電云。篠電悉。漢廠與日商訂購生鐵，前准盛大臣電請照章驗放。日使來函，聲明運至日本作爲商工製造之用，且係未經精煉之鐵，與製造軍器材料不同，不得以禁貨論。旋據總税務司呈稱，生鐵並各類鑛産，儻運往戰場，不給准單，若運往日俄兩國境内各他處，即給准單。惟貨主冒險販運，設被戰國拘拏，應自擔其責各等因。本部復查《萬國公法》，有生鐵不在禁内之語，已劄復總税司照辦，並電知盛大臣矣。希查照飭遵等因，特飛達，速照辦。效。

陳旭麓等《盛宣懷檔案資料選輯之四》漢冶萍公司第二册《盛宣懷致張贊宸函光緒三十年三月十九日》 十八日下午見賴倫，詢其日本售鐵，據其面稱，製鐵所要定二萬噸，只允一萬噸，價二十一兩，與閣下真電所稱價須銀二十二兩五錢又不符合。弟責以日本買外洋生鐵價金洋三十六元。日前金洋每元合規銀八錢四分零，則我鐵售價太賤。賴云不論鐵質，則漢廠下等生鐵可以銷去。我答以鑄生鐵礮彈黑鐵亦可用。賴以爲然。並詢以與何人訂合同。賴云由張總辦與日本官訂合同。答以不可。前電外務部係説明，售與日本商人三井，係充工商之用，故能飭知總税務司議允，但未知三井要用錢否。賴云若請小田切密告三井，諒可不要用錢。頃已派楊令往晤小田切矣。

惟我廠生鐵實在成本每噸需銀二十八兩。日本買外國鐵亦需此價。現值彼萬分需鐵之際，售此極賤之價實爲抱疚。未知閣下現與前途定價能否照弟十一日去電，每噸多賣二三兩，如若不能，只好將廠存下等鐵及黑鐵一氣搭售干淨，免得將來下爐喫虧，亦是一策。查該廠旬報甫經送二月中旬結存貝色麻生鐵五千一百餘噸，斷不可動。翻砂生鐵九千三百二十七噸，亦須將二、三等好生鐵挑選留存以售高價。弟前已告知小田切先交五六千噸，其餘須陸續化出，陸續支付。此票只能以一萬噸爲止，如要續定必須加價。並告賴倫須要二十七八兩。彼如還價，電知我處，方可定奪，不得擅允賤價，致喫鉅虧。以後比生出鐵，未知能出貝鐵否，抑須多出翻砂生鐵，每月能出若干噸？望速查明詳細函示，並將現與前途如何訂議，速爲示悉。此間總局事事均須接洽也。

王樹枏《張文襄公全集》卷一九二《致京鐵寶臣尚書光緒三十一年三月二十二日午刻發》　頃讀他處傳鈔覆奏，萍廠大疏所陳南北中三廠辦法，通籌全局，規畫精詳，實爲至當不易之論。其變通辦法一層，尊意蓋恐經費不敷，故爲是調停之策，具見不得已苦心。竊謂南北中三廠，斷斷不可偏廢。南廠經費，取給滬局，原籌各款，必可辦成。設有欠缺，兩江自能籌之。北廠以新籌膏捐充用，最爲名正言順，統辦膏捐一事，無論柯中丞辦，或他人辦，每年收數，總可逾百萬，足以供北廠經費。即使稍有不敷，儘可派令各省攤解。事關拱衛京畿，衆擎易舉，必無不應之理。若南廠能照公在鄂時，鄙人所議，派鄭孝胥辦廠務，專責成李維格辦機器，原估六百五十萬兩之數，必可有盈無絀。鄙人考詢至審，並非虚語。因查核李維格所開機器價單，較之滬漢洋行所開，約省三分之一。是萍廠不過五百萬，決定可辦成矣。若輟南廠不辦，移款以供北廠之用，北廠專供北五省，猶恐未足，豈能兼顧准南。此外若止一鄂廠，焉能應付江湖川廣各省，全國軍實。所關非細，有兵無械，與無兵同。至慮萍廠近粤漢幹路，爲不便，似可不必。此路現議收回自辦，已畧有端倪，猶有自主之望。若直東豫三省，皆有鐵路，皆爲外人操權。山東經徐州，至金陵一路，尤患德人相逼，難言穩固。如以近鐵路爲慮，北廠將安所得地乎？如設在江北，恐斷無終年能通水運之地。若煤鐵物料，皆由火車運，致費亦不貲。萍廠地勢既佳，運道尤便，即設防營，造礮臺，以護之，亦是應有之義。無論廠建何處，總未有不設防營礮臺者也。總之三廠並舉，南北兼顧，洵爲建威銷萌，萬全之計。鄙人實爲大局起見，愚慮所及，不敢不言，務望公詳加籌切，商政府諸公，及早定議，大局幸甚。卓見如何，祈迅賜示復，禡。

陳旭麓等《盛宣懷檔案資料選輯之四》漢冶萍公司第二册《賴倫致張贊宸函光緒三十年三月二十三日》　日本鐵政官局總經理人來長（旗）〔崎〕，欲與賴倫晤談另購漢陽所出生鐵二萬噸一事，乃適在賴倫所搭輪船開離長（旗）〔崎〕之後，以致未得會面，深爲悵悵。然已寄一函去，言明情願出售二萬噸之情形，並言明其磷可保不得過〇·一九，但不能照通扯在〇·一五，只可在〇·一六至〇·一七之譜。並言如伊合意，即請其電致尊處，並將伊住址注明等語。想伊目下已經照辦矣。賴倫一到神户，隨即往訪大阪鐵廠亨達先生，申明所談翻砂生鐵一千噸未能照其電達之價出售，嗣因亨達先生只肯出三十二元之價，須在大阪交貨，加以須在日本有專銷之權，是以未便允從，爲悵甚也。今晨會見格華奢格船塢總經理人，已與訂定二號翻砂生鐵三百噸，每噸價值三十五員（元），在該船塢交貨。以此價而論，並無利息可圖，因爲數太少，水脚必貴也。而其所以出售者，蓋欲使神户市中知之，或可望多買之人耳。倘能如是，則水脚可以減少。蓋裝大船，凡水脚、保險、起卸扣用等費，每噸不過八元，故將在神户交貨之價三十五元内除去八元，可以净得二十七元。想在漢陽售出之價亦不過如是。故賴倫以爲如此之價亦可出售也。此外，照價售與神户及大阪兩經紀人共七十五噸，其貨請與格華奢格船塢之貨一同裝來爲盼。再，此間經理此事必須有一熟練人員或行家代理，賴倫即不赴歐洲亦必不能兼顧，是以已托禮和洋行此間分行盡心代理。想此辦法尊意亦以爲然也。

裝運以上所定生鐵之時務請留意，並飭下漢廠人員盡將一二三號匀净之弍米里密達仔鐵裝來，庶使買者如願，且可得將來之大銷場也。兹因船開在即，不及多述，容再稟告。敬請崇安。

陳旭麓等《盛宣懷檔案資料選輯之四》漢冶萍公司第二册《張贊宸致盛宣懷函光緒三十年四月初二日》　敬稟者，奉元、二、三、四號訓示並綬卿專述諭言，謹聆一是，應稟各事分陳於左：

一、賴倫前隨一琴同船赴東洋兜售生鐵，嗣回漢廠。據稱，東洋通用英、美等國生鐵業已多年，照現市運到東洋交貨，所有水脚、關税、保險及兵險費均歸賣主自出，每噸價金錢三十六元。至於漢廠生鐵，東洋尚未通行，目前打通銷路要緊，勢不能與英美同價。亨達議買翻砂鐵一千五百噸，如運到東洋交貨，其辦法則與英美同，而價目則每噸只肯出金錢三十五元。倘裝東洋回空船在漢廠碼頭交貨，應除水脚約金錢四元，東洋進口税並保險及兵險費約金錢二元五角，漢口出口可免税，净得金錢二十八元五角，照漢口金錢現市，每元合洋例銀八錢一分，每噸共得漢銀二十三兩零。

又，在東洋售製鐵所貝鐵一萬噸，漢廠碼頭交貨，再四磋議，因售數較多，只肯出漢銀二十一兩。遵李、張總辦命，到東洋後遇有相當買主，即訂草合同，勿錯主顧，故已記一萬噸之草合同，兩事請示定奪等語。職道以今年廠中只有生鐵一條生路，滬、漢銷路有限，詢以東洋尚有銷路否？據云製鐵所尚可添買二萬噸。如電兜可望成，職道遂一面電稟憲臺，一面屬賴倫電允亨達一千五百噸，製鐵所一萬噸，並再兜製造所二萬噸。蓋名爲貝鐵，而賴倫所定含磷分數，實即翻砂可以充售；名爲漢銀二十一兩，而漢出口免稅，廠約可省一兩五錢，已飭賴倫向製鐵所加入價内，共可得漢銀二十二兩五錢。此職道真電每噸漢銀二十二兩五錢，而賴倫到滬面稟只説二十一兩，又真電售製鐵所三萬噸，而賴倫到滬面稟只説一萬噸之緣由也。又，賴倫在漢電亨達及製鐵所後遂赴滬，乃亨達復電翻盤，每噸漢廠碼頭交貨只肯出漢銀二十兩零五錢，遂作罷論。製鐵所則無電復。

奉憲效電：賴倫售製鐵所一萬噸，價極賤，照市價喫虧七萬兩，爲數過鉅。職道惶悚萬狀，好在賴倫前在東洋所訂係草合同，遂即日電請憲臺，准其銷廢。恐賴倫已赴大阪，並附寄一電，乞鈞處飭譯洋文轉遞，以重鉅款。嗣綬卿到，傳述憲諭，知賴電未轉，已與小田切説明可搭黑鐵。前職道電稟以交易重信，顧全牌子，打通銷路爲最要者，因未知有小田切一層也。既已説明在先，自不得謂無信。謹當遵行，惟憲臺效電，照市價喫虧七萬兩，則或有誤會於其間。

四號諭云，日本買外洋生鐵價金錢三十六元，賴亦云然。當賴在漢發電允售之日，漢口金錢市價每元漢銀八錢一分，以金錢三十六元，合見漢銀二十九兩一錢六分。除東洋交貨水脚約金錢四元，東洋進口稅、保險及兵險費約金錢二元五角，共金錢六元五角八分一，合漢銀五兩二錢六分五釐外，淨得漢銀二十三兩八錢九分五釐。賴倫售製鐵所生鐵，連出口免稅得漢銀二十二兩五錢，較之日本洋鐵市價每噸少售漢銀一兩三錢九分五釐。以日本向未通行之華鐵，又係一筆大宗生意，遽欲與多年通用之洋鐵齊驅並駕，不特勢所不能，抑亦非打通銷路之道。且初次交易較洋鐵每噸少售一兩三錢零，使買主有所貪圖，正可爲日後暢銷、與洋鐵爭衡地步；不僅救目前之急，實亦籌久遠之謀，似於廠務有益無損。綜觀東西洋貨進口之初，何一物非跌賤與華貨競抵，迨銷通後，即漸增昂。其商務得訣正在於此。況中國生鐵銷路如此微細，即去、今兩年，上海公記零銷亦極少極滯，每噸售價除去水脚、駁力扣用短秤，尚不及製鐵所漢廠碼頭交貨之價爲合算。

又，鴻唱去冬與東洋人議售生鐵三四千噸，上海交貨每噸價規元二十四兩。屢電往還，尚嫌昂貴，迄未能成其所議。每噸規元二十四兩者，漢至滬水脚及到滬駁費一切均須廠出，更不及製鐵所漢廠碼頭交貨之價爲合算。況製鐵所係大宗生意，有將來指望者乎。若每噸鐵照市價喫虧七兩之鉅，而遽飭賴倫允售，職道雖極不肖，尚不至如此荒謬。況當時賴倫來議時，職道當場與德先、文通細核，均以爲可售。即告之載之，亦以爲大宗生意，與其擱息，不如廣銷之爲得計也。伏查廠中生鐵頻年滯銷，擱本費息爲商務之大忌。今年盧漢軌竣，東洋大冶礦石又無款可收，職道適當其厄，所恃者僅此生鐵，且此項用處較繁，不比鋼軌爲一家獨貨，受人箝制。既欲議添化爐，便以預通銷路爲急，故一琴力主廣銷生鐵之議。又以吾華限於用處太少，遂注意於東洋，此職道與一琴所以有會請憲臺派賴兜售之舉也。竊謂減輕成本宜反求諸己，打通銷路宜求合於人，斷難以我成本之重而强人以就我。愚昧之見，尚乞鈞裁。

一、二十八日漢口三井行來云，接滬三井總行電購廠生鐵一萬噸，盡西五、六、七月交齊，數日内有船直放東洋，先裝二千一百噸。職道尚未接到賴倫來信，以爲此必由小田切所轉，鈞處必已接洽矣。及奉憲勘電，知非小田切來頭，則必是賴倫草合同製鐵所之一萬噸，當即直告漢口三井，必須搭黑鐵三成，此事小田切已密允，等語。乃三井不敢擔此責任，隨時電詢滬總行，迄未得覆，如果不允，只可作罷矣。

一、廠中生鐵三月底存一萬五千六百零三噸九百七十五記羅，其中黑鐵及四號、五號三種，共約二千三百餘噸。又恐未打驗之翻砂鐵内或尚有黑鐵，故擬三七搭售。附呈三月底存鐵細數一摺，職道均分别注明，伏乞鑒察。

一、賴倫囑禮和速運二、三號翻砂生鐵三百七十五噸，即有詳信到廠，定於初三日裝「美利」輪船由上海禮和轉運東洋，曾電請鈞處飭即預請免單交連納轉口，奉憲勘電已蒙准辦矣。此三百七十五噸鐵價若干，俟賴倫信到再行稟陳。

一、郭廠打風機因所裝之輪船在中途遇險，故遲到兩個月。現在裝該機之地脚早已砌好，叠催馮董速將鐵屋趕齊，俟該機一到，即日上緊裝配，極遲三個月必成。接韋星甫函，該機即日由滬運漢。

一、魯貝西六月一號合同期滿，援卜聶多給六個月薪水之例，請格外酬勞，當爲文通再四駁詰，業已絶念。查第一次合同載，期滿回國應給酬勞薪水兩個月，閱賬知庚子年已領過酬勞薪水兩個月，計英金一百四十鎊。蓋其時薪水每月英金七十鎊也。照現在薪水一百三十五鎊，應給英金二百七十鎊，再四與之磋議，將庚子年所給之英金一百四十鎊扣下，净找英金一百三十鎊。再，回國川資，庚子年亦已領過，故亦未給。惟我彭、一琴於壬寅年與魯貝續訂合同，聲明前次合同期滿，未經准假回國，俟將來回國之日，准給津貼英金三百鎊。既經訂約簽字在先，其勢不能不給，已經付訖矣。

一、魯貝將去，文通於化鐵爐事異常出力，渠自官局創辦之時，即在化鐵爐辦事，於配料一切，頗有所知，且比生情形熟習，亦甚踴躍。據云，可煉貝鐵，並可減用焦炭，其焦自英尺一寸以上者均可全用。昔年吕柏在廠亦是如此辦法，較之魯貝必須揀選大塊所省實多。查現在用焦之多，由於高白爐風力不足，新高白爐未成者尚有一座，俟此座告成及打風機裝好，用焦必可大省。此爲最關切要之事，職道自當督率員友力求減輕成本。俟魯貝離廠，試辦數月，如何情形再行稟報。

一、凡百工廠，總以多出料爲要義。諺云「多中取利」，最爲中肯之論，所惜內五廠五年未修，諸多掣肘，大略情形分列如下：

甲、馬丁爐之底磚全壞，萬難再煉。職道未到廠時，載之即飭拆卸、添購新磚。重砌極快須兩個月告竣，及告竣之後已值盛暑，不能開工，計須八月初方能開爐。

乙、貝色麻、鋼軌兩廠各處緊要機器及剪刀刮鑽等機，類多腐敗難用。十一座汽爐內，歷年用水之石垢積厚寸許，烘鋼爐傾圮數座，其勢不能不修。然以上各件大修則非半年不可。現將各機拆看，分別緩修、急修，有可緩修而須補配新件者，即囑馮董次第做好，俟年底停工時掉換，省得目前停工久待；有必須急修者，限四五十天趕成。又，貝色麻冲天爐本有三座，一大兩小，現將一座小者放大，既可省磚又可多出鋼。

丙、鐵貨廠本拉醴洙魚尾板、墊板等零件，月前亦以年久失修，飛輪幾乎出險，現已將鋼板機之牙輪、齒輪做好，餘趕一月修齊。

查以上各內廠不能不修情形，職道在滬時曾接載之來函詳述，曾呈鈞鑒。德先到滬當亦面稟。大約此次修理馬丁、貝色、鋼軌、鐵貨等廠所需工料一切總在萬金左右，既曠時又費款，不知卜聶數年來何以聽其如此也！

一、除馬丁爐必須八月初方能開爐外，其貝色麻、鋼軌兩廠約四五十天可修成，比生力任，能煉能拉。與綬卿、載之等商議，同一虧本，與其坐食，不如出料，蓋出料總有可圖脱售之日。查廠存次軌除沙多已購去一千二百噸外，約尚存五千七百餘噸。醴洙鐵路可銷四千餘噸，所餘者不過一千數百噸。將來盧漢、汴洛等處，或尚有取石之枝路，大冶、萍鄉亦或有展拓鐵山之枝路，況槍礮廠建設，萍鄉亦必有需用鋼軌之處。現既文通及比生肯力任，擬俟兩廠修好後，即日開煉開拉，先拉盧漢式一月，再拉粵漢式一月，將來洋工司驗收合用最妙，倘不合，則遲早仍有次軌用處，並擬再拉些小軌備銷。現在貝軌等廠工匠大半裁撤，僅留好手幫同修理，俟開工時仍可將裁撤之工匠收回備用。蓋貝、軌兩廠實有不能不開之勢，緣鐵貨廠修好後，必須趕造醴洙零件及內外廠需用之料，而僅鐵貨一廠仍須遠取十一座汽爐之力，雖可不必全燒，而五爐之汽萬不能省，費煤不貲。若貝、軌兩廠仍開，則用煤彼此可以借力，大有合算。至於馮董所造鐵貨廠新汽爐三座，在我彭、一琴原議，本爲就近取汽省煤起見，乃三座爐近日雖成，而試燒無用，仍須遠取於十一座汽爐之力，故內五廠以多開一廠得一廠之助也。

一、所呈三月底廠存生鐵摺中有六號及白口炒、熟鐵三種，生鐵八百餘噸既無銷路，又不能鑄造物件，只可作煉熟鐵用。年年呆擱，總屬非計，現與綬卿、載之、文通商定，試開熟鐵兩爐，每爐每次可煉成一噸半，每日每爐可出爐兩次。文通約計成本，每噸四十餘兩。而何以不能多開幾爐，蓋以從前能煉熟鐵之工匠均已散去，故人手只彀兩爐之用。如果將來試煉得法，人手漸多，再行擴充也。

一、正太定軌圖式及驗收章程，甫由柯道寄到，正在翻譯，俟譯出逐條考究後，再行續稟。

一、工食改用洋元一節，查各廠機木等匠及工頭等，本係發給洋元，有册可稽，其散工、小工及運費脚力等項，歷年均用錢碼。近因洋價大跌，本領洋元者尚且紛紛叫苦，求加工食。若以領錢之人改給洋元，其勢有所不能，倘改給洋元而仍照錢碼，仍是有名無實。故此事須從緩相機而行。

一、裁汰司事一節，職道不求沽譽，亦毋庸見好，除貝軌等廠可裁者業經裁撤外，其交接未清以前，各司俱有經手事件，實未便驟加(陶)〔淘〕汰，使人心惶惑，弊竇日出。即鋼鐵所一端而言，釘板條件分置各處，而該所專管司事僅有兩人，無怪照料不周，致用料有混雜不清之處。職道之意擬俟盤驗清楚，將著名惰玩者〔裁〕撤，尚可留用者調辦别事，餘則酌用新手，總以得力不得力爲去留之準。管見重在人所不見之處，事事核實，似不專在薪水等明處之費。且漢廠病根，在上節所言「滯銷、擱本、賠息」六字，其餘用人行事，節糜崇實，尚屬人力之所能盡而仍不能保廠本之不再虧摺。職道不自量力，謬膺艱鉅，惟有盡一分心，竭一分力，勉答知遇而已。

一、鐵廠之患，内則在銀錢、物料無所鈐束，外則在地段散漫，偷竊走漏，防不勝防。除與綬卿商擬，參仿巡捕章程而又便於工廠辦法以杜偷漏外，尤刻不可緩者，莫如復設總稽核。凡一錢一物之出入，非總稽核核准不能發，上自總辦，下至工役，靡不皆然。此任必須綜核精詳，耐坐耐守之人方能稱職。查邱玉符在憲幕多年，其品其才均在洞鑒。前懇札派來廠專辦總稽核事已蒙俯准，務求迅賜派委，以資臂助。正本清源此爲第一要著也。

一、載之於漢、萍等處情形最爲熟悉，且干事練達，操持廉正。月前電懇札派武漢運銷局事兼會辦漢廠，未奉諭復，務乞垂念職道材力難勝，俯賜允行，俾職道兩處可以兼顧，實深跂禱。

一、魯貝剔出小焦現在漢口設號分銷，居民咸以爲便，銷路日見暢旺。今年約可銷去一萬噸，將來逐漸推廣，必可望有起色。俟一律通行，即可漸漸加價。蓋無論鋼鐵、煤焦，總以市面通行之貨爲上也。至於生煤銷路，只能徐徐設法，勢難急切求效，所盼醴洙路成，少一盤駁則少一攙雜，且成本較輕，可跌賤以與市面争衡耳。

一、萍礦自職道來漢後，一切均任王頤臣、顧怡琴經理，王管外事，顧管銀錢，遇事均會商而行。前蒙電傳頤臣趨見，本應即時來滬，惟恐萍礦内外事繁，人手太少，可否俟職道四、五月間赴萍後，再令頤臣叩謁鈞端？此爲慎重礦事起見，亮憲臺亦以爲然也。

一、解研珊登州來電，月初南下，道出滬上必躬謁鈞座，務求多加温諭，以萍事爲囑。但能研珊調移萍礦，於憲臺大局實多裨益，不勝感叩之至。

一、「楚富」拖兩鋼駁赴滬，其時宗牧正在代辦與漢關商定免鈔，取有准單並取漢關致滬關一信，聲明緣由，以爲滬關必照常辦理。不料近來滬關遇事有意留難，以致多此周摺。綬卿言滬關於路廠每每爲難。蓋以免税物多，不免有所挑剔，倘憲臺晤税務司時，便中一提，當可順手也。

一、載之前奉鈞電，本擬早日就道，職道恐張宫保或派員赴萍勘地勢，必偕行，藉可料理萍事，而廠中則乏人經理，故留載之在廠。奉電諭可緩來。刻下因聞憲駕莅寧，職道等尚有芻蕘之獻，由載之面陳。時局艱危，積累太重，尚求鑒其愚誠，通籌前後也。恭叩崇安。

陳旭麓等《盛宣懷檔案資料選輯之四》漢冶萍公司第二册《李維格致楊學沂函光緒三十年四月十二日》

三月初一自濱開行，頗有風浪，十一到檀香山，泊半日，十八到美之舊金山。幸美政府已電飭税關放行，尚未留難。廿六、七在歇客閣看大廠兩家，本月初六、七又在畢子埠看大廠兩家。美國之□留有日記，所看各廠無一有剔焦剔礦之事，塊末同裝入爐，皆弟等目覩。煉鐵一噸亦無有用焦逾一噸者，焦中含灰多者亦有百分之十三分半，未必甚優於萍、漢廠之挑剔苛、而用料多。不知是否因比匠之無能，抑因風力之不足？須俟到歐請專門名家化驗生料，考核風機爐式，方能下斷語也。

此次在金山查考鋼鐵銷路，漢廠甚有可望，因美國鋼鐵廠均在東方（濱大西洋），太平洋一帶（西方）造船等廠皆用歐洲鋼鐵，其故由於西方無煤，自東而西火車運脚太昂（每噸約需美金十元），而運糧往歐船隻帶回鋼鐵，每噸水脚不過三、四元美金左右也。美國運木往華船隻回載缺貨，往往空放，至日本裝煤回國售於太平洋一帶。弟晤一金山運木至華鉅行主人，據云甚樂爲我載鐵，且時有木船直放漢口者，回國載鐵每噸水脚只須美金三元云云。鄙意此項銷路，似可圖也。弟初九到華盛頓，梁使、福參贊均已見過。粤漢事彼時有電達不贅。今晚往紐約，十四乘輪渡大西洋往英，勾留約一月，然後往德，不知賴倫何時可會？甚念。舍間諸承照拂，心感無似。宫保處乞代陳一一，不及另稟矣。漢廠近狀如何？

陳旭麓等《盛宣懷檔案資料選輯之四》漢冶萍公司第二册《盛宣懷致張贊宸函光緒三十年五月初四日》

就萍設新化鐵爐仍主運用冶礦，本非持久輕本之意。自李、賴同勘上洙嶺鐵礦，採取礦砂帶赴外洋考驗，於是該處紳士意謂新廠必取萍鐵，贛省地利應爲贛有，頗擬仿照湖南全省礦務總公司辦法，呈請當道奏辦。計又不行，文蕓閣乃來滬游説，自願效力購地，並在外昌言，萍礦所購上洙嶺、劉公廟兩地，雖是産鐵實不彀用，以爲我托幫忙，彼可倚地自重。楊令回言，此事王恂、顧鐘翼等曾電臺端商請敝處奏明辦理。湘東奏設械廠已有成議。從前所望者在購我之鐵，用我之鋼；現彼自煉罐鋼、西門馬丁鋼暨一切拉、壓、軋、烘各機，則所取資於我者僅煉鋼鐵耳，僅挑選好焦好煤耳，僅搭附輪駁、鐵路耳，是商礦並無絲毫沾潤官廠之處。並慮因此受損。再，在大冶運礦煅入新爐，費繁道遠，如何合算救急之計，莫如將萍鄉附近著名鐵山圈購殆盡，亦如南皮在冶買山之計。然非奏明請旨，則氣局不能順利，特諭布盧特派其副手李御、翻譯周獻琛並南洋公學生四人先至漢廠與兑接洽，即派拖輪送之入萍。名爲考究劉、洙已購地產，實則附近産鐵豐旺之處皆須測量取樣，並令即就安源化學房先化大概，仍帶礦砂回滬細驗。所謂大概者，只問百分中含鐵約有幾十分，含磷輕重約若干數，以爲購地緩急之本。若分化細數本須上海專學家乃可辨别也。布言萍礦化學房儀器不全，只化焦煤，不能化五金，已面駁之，兑再與切實一言爲要。上次布盧特赴萍，翻萊等頗多歧視，此次李御之行，實爲萍礦及新廠自强命脈。抵萍如有所詢，如有所需（即如化學儀器等），在萍各洋員務應質直與説，不准如前次之有意漠視，兑應切實面諭翻萊等爲要。一面先將該處著名産鐵、産錳周圍山岡隸屬何處？寬廣幾許？如有礦山在萍而正脈實在鄰縣者，並須注明隸屬縣名，一併詳叙説帖寄滬叙奏，此是先發制人之策，不能稍落後着也。布盧特上年化分萍冶鐵山比較表摘録如後，以備考覽。

陳旭麓等《盛宣懷檔案資料選輯之四》漢冶萍公司第二册《張贊宸致盛宣懷函光緒三十年五月十四日》 敬稟者，奉六、七號諭言，分條稟復如左：

一、三井漢行合同已訂，因鈞處致外務部電聲明上年三月間所訂，故此次合同係注二十九年三月二十八日，兹將原合同鈔呈。

一、三井合同最費唇舌者，係生鐵含磷分數。賴倫草議訂所含磷質每百分不得過〇・一九，均平每百分須〇・一五，均平者即通扯之謂也。查廠内含磷之鐵雖亦有在〇・一五以内者，此種鐵質須當作自煉貝鋼之用，故原合同均平每百分須〇・一五，萬不能允，磋磨數日，於合同内注明生鐵含磷不得過萬分之十九（即〇・一九）。（盛宣懷批：「賴倫原信本太含混」）如此則在廠可以做到，在東洋驗收亦無從借口矣。

一、三井合同本不肯注明搭配黑鐵三成，職道以黑鐵用以製彈尚可，若煉貝軌必不合用，深恐將來退轉致多周摺。且商務之道首貴有信，故與三井往復切商，注明逐批搭配黑鐵三成字樣，以免後來轇轕（盛宣懷批：「甚好」）。

一、三井堅欲每百噸生鐵加磅三四噸以補盤駁失耗，再四磋議，該行又堅執從前與漢廠交易加磅二噸，若前後兩轍，必被東洋驗收之廠指駁。相争甚力，而查從前廠售三井生鐵確是加磅兩噸，不得已而允之（盛宣懷批：「將來售東洋生鐵，勢必成此規矩，以後議價須將此加二、三成本算入」）。蓋東洋煤鐵出入，本向有此加磅規矩也。

一、三井生鐵已有一隻船來裝出一千九百餘噸，搭配黑鐵三成，十三日開赴東洋。

一、李御、周獻琛等尚未到，輪船、民船均已備妥，並已遵諭諄囑頤臣、怡琴、翻萊等切實照料。俟李御等到漢後再行稟陳。

一、前奉電詢郭廠何日到期，現有比國路款可劃鎊價，較可便宜，速查復等因。當即電稟郭廠西六月底有到期英金三千五百鎊，遵由憲處匯還，乞示銀數以便匯滬清款等情亮已早邀鈞察。此次所匯郭廠英金三千五百鎊合規元若干？

陳旭麓等《盛宣懷檔案資料選輯之四》漢冶萍公司第二册《三井洋行向漢陽鐵廠定購生鐵合同光緒二十九年三月二十八日》 謹將漢陽鐵廠與三井洋行定購生鐵合同稿鈔呈鈞鑒。

三井洋行向漢陽鐵廠定購生鐵所訂合同如左：

一、三井訂明向漢陽鐵廠定購生鐵一萬噸，逐批配搭黑鐵叁成，每噸價漢口平銀二十二兩整，每噸重二千二百四十磅，在漢陽鐵廠碼頭船上交貨。

一、三井付給鐵價自每批生鐵裝船後，即由漢口三井付清。

一、交鐵每百噸加磅二噸。

一、生鐵含磷不得過萬分之十九分。

一、生鐵由漢口出口，漢陽鐵廠填單報關至日本，進口税歸三井自理。

一、裝船後水脚及保水險、火險、兵險等費，均歸三井自理。

大清光緒二十九年三月二十八日　漢陽鐵廠

大日本明治三十六年四月二十五號　三井漢行

陳旭麓等《盛宣懷檔案資料選輯之四》漢冶萍公司第二册《張贊宸致盛宣懷函光緒三十年六月初四日》 頃接萍局王頤臣、顧怡琴江電：「李、周明日帶學生赴劉公廟、上洙嶺、白茆、龍骨冲等處勘礦，已移請營縣切實保護，局派陳曉卿兑偕汪鳳有帶健勇十名同行。此次，據云係先往各處查勘一遍，數日即回，然後酌定先後測量之法，需日久暫，再携儀器前往細測。宫保前乞憲轉稟。」又據電稱：「萍礦自屢經查勘，又見日報所登江鄂移局摺稿商辦鐵廠，萍人已起競心，在上洙嶺紛紛購地。嗣萍紳歐炳琳等在省遞稟，經贛省礦局派辦處照章議駁，乃詳上院，復批飭札行萍鄉縣詣勘，明確驗實資本。上月局札到縣，風潮正起，再加此次李、周來萍勘測，恐萍人競心益盛，益視礦山爲寶貴，購地難以入手。如借移局立詞，速由宫保會同江鄂奏明統歸官辦，一面咨會贛撫，一氣呵成，當較順利，乞憲裁奪轉稟。餘函詳。縣奉省牘並另鈔寄」等語。用特轉稟，即乞鈞處裁度施行爲叩，恭請崇安。

「中央研究院」近代史研究所《礦務檔》第一一册《光緒三十年六月二十二日盛宣懷摺》 光緒三十年六月二十二日，收督辦鐵路總公司大臣盛宣懷文稱：前因湖北漢陽鐵廠煉冶鋼鐵，機爐無多，歷年虧摺，勢極艱危。非籌借鉅款，擴充新廠，無以濟屯出險，於時局亦深有關係。經本大臣與日本駐滬總領事小田切代日本製鐵所及日本興業銀行面商，議定預借礦價日本金錢三百萬元，就煤煉鐵，另購新機，議立草合同十條，於光緒二十九年九月二十一日簽印，仍聲明俟與商部、外務部、湖廣督部堂妥商無礙，再簽正約。抄稿分咨查核，並節次函電商辦有案。嗣於上年十月十五日，承准正任湖廣總督部堂張之洞元電内開：添設爐座擴充鐵廠極是，預借礦價，亦是籌款不得已之計，甚願贊成。但合同訂明每年至少收買上等礦石六萬噸，計十八萬元，僅敷還息，不敷還本，必須訂明每年於售礦内帶還本銀若干，至少每年收買上等礦石七萬噸，總期本息勻攤，三十年後全款清還，毫無遺累。至以得道灣作保，商借商款，自宜先採商山之礦，商山不足，再採從前承辦時官撥歸商之山，設仍不足，必須採及以後官家另購之山，則須與官商明辦法，或以價買，或撥借款若干歸官，方昭平允。此次借款，將來如何撥用，亦望定章咨明爲要。十一月初三日，承准貴部電仝前因，並謂礦山運路作爲擔保，甚有流弊。令即妥商删除電復各等因，承准此。當經本大臣與日本領事切實面議。據稱，商家三五萬款項，尚須的保，矧十百倍蓰於此。且虛指一山作保，並非挂名洋産，擔保一節，例難遵删等語。查開議之時，該領事本索全冶礦山作抵，磋磨至再，始允虛指得道灣商山一座作保。其連及運路者，祇防阻礙運礦起見，另立專條訂明不得在中國設爐設廠，鎔煉礦石，實已力防流弊。至每年運礦數日，遵電堅持，業已改爲至少之每年收買頭等礦石七萬噸，至多之數，不得過十萬噸。抵付全款利息外，逐年帶還本項。將來就萍鄉煤礦添設新爐，不僅就煤，並須就近採取萍鐵，則冶礦祇是供給漢廠舊爐所需，自用實係有餘。所訂十萬噸之外，或須加售兩萬噸，冶局亦可照舊，仍須先時商辦，庶操縱一切在我。凡此改訂之處，總冀三十年本利全清，日後毫無遺累。該領事疊次電勸日本製鐵所應允，即來催簽正約。經本大臣於十一月初六等日據情電商，並以廠商承辦時，有官撥歸商之山，有廠商自購之山，如紗帽翅、得道灣、金山店等處，並爲商山。現售礦石，已議定悉取於此。設有不足，或須採及以後官家另購之山，届時商代官挖，開除公費外，利盡歸官。並由官派員稽查，目前合同不便寫明官山字樣，慮其藉端指索。如果商廠採及官山，自應與官先訂辦法。至借款如何撥用，遵當定章咨明，以昭徵信各等語。先後電請貴部暨正任湖廣總督部堂張之洞迅賜核准，以便遵照簽定。旋於十一月初七日，承准正任湖廣總督部堂張之洞語電内開，昨内田公使來云：已接其外部電允，於合同内載明每年至少運上等礦石七萬噸。惟請另備照會聲明七萬噸之數，須俟前合同五年期滿後起算，計至明秋期滿以前，仍以六萬噸爲限，其至多之數，於彼有益，不宜再加。祈與小田切將合同更正，並將續訂附件塗銷，仍以十萬噸爲限。又准初九日庚電，先取商山，如有不足，採及官山，商代官挖，辦法亦甚平允，自可照辦。此乃自家商辦之事，不宜載入合同。至作保一節，凡借洋款，必須有保。況得道灣山廠運路，係商購開，雖指山作保，亦與大局無妨，更無窒礙。此次借款，關係鐵政成敗，逐年以礦石抽還，較别項借款，尚少流弊。茲至少之限，已加至七萬噸。至多之限，仍是十萬，則此約並無不妥，應請大部迅速核准爲幸等因。又於十一月十二日，承准貴部文電内開：大冶合同，希即查照香帥庚電與小田切妥商簽定等因。遵即面告日本總領事，據云得京電，由使館參贊面商張宫保允准通融，不銷附件。正馳電請示間，十一月十四日承准正任湖廣總督部堂張鹽電，昨鄭參贊來録示附件稿，語尚活動。且言明臨時商辦，似無流弊。已允存此附件，但須照原文一字不易等因。到本大臣，遵即知照小田切，按照商定各節，斟改繕正，計正合同十條，附函三件。於光緒二十九年十一月二十八日，即明治三十七年正月十五日，在上海鐵路總公司簽押蓋印，分别存執，並由興業銀行按照訂定期限，於東歷正月十一、四月十五、七月十五日，分三批交款前來。本大臣先期札派漢廠總辦候選郎中李維格，攜帶冶鐵萍焦各項礦樣，兼程出周歷英美德國各大廠，悉心考驗，定購新式機爐，回華安設。現據電稟，已抵德京，應用機價若干，應僱工師幾人，以及機座地脚工廠房屋水陸運費材料薪伙，統俟該總辦將廠單估單及購機造屋圖樣郵寄到滬，即就此項金錢分别支給，仍逐開名目價款，列册咨報，以符原議。除分咨外，相應照録正合同，附清摺一和，備文咨呈貴部，謹請查照備案施行。

陳旭麓等《盛宣懷檔案資料選輯之四》漢冶萍公司第二册《解茂承致盛宣懷函光緒三十年九月初一日》 敬稟者，竊當卑府接辦冶礦，固屬已成之局，未幾日人購礦，工程繁舉，知扼要未可襲常，而有動無殊經始。加以礦質所限，分數極苛，礦噸訂價，售資至貶，計非得輕成本，别無自全之法。然其間損益，操縱良艱，當時辦事首領，除灣局專設外，餘照原額，各歸兼理，激揚誘掖，漸收效用之益，起色所在，團力所鍾。故在歲曾照商章而有花紅鼓勵之請，嗣因廠議中止，而卑府身當其責，仍在有以歆動提振羣情。當卑局開售日礦，歷有磅餘，外羡一項，曾於二十八年三月間開摺一次，在滬面呈在案，嗣經先後搭銷，價歸公積備用之款，統待五年合同屆滿，積有成數，總結報請恩予酌提冶局花紅，或改作酬勞，俾在事積年勵苦，得被餘甘，用彰憲臺行賞知勞之意。

今當合同未竟而卑府奉調交卸，一簣功虧，未便擬議。第將此項公積，除謙豫被劫虧欠，摺結不敷尾款劃轉列銷外，其餘未經動用銀兩，一併繳付漢廠。

陳旭麓等《盛宣懷檔案資料選輯之四》漢冶萍公司第二册《日礦磅餘公積價款清摺》 謹將光緒二十六年六月起至三十年八月底止，日礦磅餘，先後搭售價款並支銷摺結虧款各銀數，分别繕具清摺，呈請鑒核。

計開：

收款項下：

一、收售土爐局餘礦六千九百十六噸八分九釐，扯作一〇六八，合洋例銀七千三百八十七兩二錢三分八釐五毫。

一、收陸續分售餘礦三萬六千四百七十五噸八釐五毫，照車收山價等費，扯計每噸錢三六三〇七九二一，計錢一萬三千二百四十三千三百四十五文。八九六〇二一一，合洋例銀一萬一千八百六十六兩三錢一分五釐二毫。

以上共售餘礦四萬三千三百九十一噸九分七釐五毫，共收洋例銀一萬九千二百五十三兩五錢五分三釐七毫。

支款項下：

一、支摺結謙豫錢店被劫倒款尾虧洋例銀二千八百七十五兩（另稟聲明）。

以上共支洋例銀二千八百七十五兩。

以上除支銷外，共餘礦價洋例銀一萬六千三百七十八兩五錢五分三釐七毫。

陳旭麓等《盛宣懷檔案資料選輯之四》漢冶萍公司第二册《萍鄉煤礦向大倉喜八郎借款合同光緒三十年九月初三日》 中國萍鄉煤礦局、日本東京大倉喜八郎爲訂立合同事。

今大倉喜八郎借與萍鄉煤礦局日本貨金三十七萬三千一百零六元八十九錢，合漢口現市洋例銀二十八萬零二百九十六兩五錢五分，由漢口匯豐銀行交款。訂明一年期，即東歷明治三十八年十月十一號交還本款，其利均照東歷按月七釐五，即萬分之七十五起息，息款隨本同還。其本並息仍由漢口匯豐銀行電匯歸還。若萍礦局欲提早歸還，應在一個月前知照大倉准收提早交還或全數或半數之款，其息只認至交還之日爲止。照立合同三紙，大倉喜八郎執一紙，大倉漢口駐員桔三郎執一紙，萍鄉煤礦局執一紙。此訂。

保湖北漢陽鐵廠

萍鄉煤礦局總辦張贊宸

大倉喜八郎代桔三郎

中證人　桔三郎

中證人　姚訓才

中證人　章　達

中證人　陳其瑢

中證人　湯頌清

大清國光緒三十年九月初三日訂

大日本國明治三十七年十月十一號訂

今所訂立合同即係本官面前相互均行畫押蓋印者，固屬的確無誤。即此加書以爲公認之據。

明治三十七年十月十一日

駐扎漢口日本署領事吉田美利

附合同

張贊宸桔三郎爲訂立附合同事。華曆光緒三十年九月初三日，萍鄉煤礦東曆明治三十七年十月十一號，日本東京局大倉喜八郎所訂借款合同應補給利息，按月二釐，訂明大倉合同簽字交款之日即付補給息款一半，計漢口洋例銀三千三百六十三兩五錢五分，其餘一半俟還本時再付。如提早還本，此息亦照正合同辦理。欲後有憑，立此附合同存照。

中國萍鄉煤礦局總辦張贊宸

日本東京大倉漢口駐員桔三郎

中證人　姚訓才　陳其瑢　章　達　湯頌清

大清國光緒三十年九月初三日訂

大日本國明治三十七年十月十一號訂

陳旭麓等《盛宣懷檔案資料選輯之四》漢冶萍公司第二册《張贊宸李維格致盛宣懷函光緒三十年十一月二十二日》　前姚令赴滬爲時匆促，未及將全帳結總帶呈憲鑒。嗣奉電詢，贊宸即於十一月初二日電稟，聲明大約虧十餘萬，及初十日支應所分董陳國樑，將廠帳截至十月底止結出帳單，本擬是日即行寄呈，而細閱各處匯結，其中恐尚有遺漏，是以仍飭再與各廠各所材料、銀錢帳目細對，今日甫就，而仍只得大約之數，不能必此中一無遺漏。蓋各處出入帳目雖皆有月結，而驟於十月底將銀錢材料截算，總不若年底清結之毫無遺漏也。茲將盈虧摺一扣（附息單一紙）、存料摺一扣、批發摺一扣、添置摺一扣、修理及添配摺一扣，共摺五扣附呈鑒核。

維格此次自外洋考究歸來，深知冶礦磷重，定議廢貝煉馬。現貝軌廠俟鐵使看後即停，其餘馬丁爐及鐵貨等廠屆時全停，外七廠可停者亦停，以僅供生鐵爐修理爲度，專煉生鐵，跌價廣售，開通銷路，是否照辦，祇候示遵。至從前貝、軌兩廠照常開工，因與馬丁鐵貨等廠皆有牽制，詢謀僉同，然後敢舉。又以貞賢極爲關切，曾有汴洛一路仍取料於漢廠之説，公議與其坐食，不如出料，遲早總有出路。其所以不能不開之故，詳於四月初二日第八號函稟，托載之帶寧面呈，並由其代稟一切，無非支柱艱危，以待外洋歸來辦法。今年洋工師等全去，各爐均用華人辦理。新廠就漢、就冶、就萍未定，舊廠煉鋼、煉鐵之法，棄取從違亦均未定，兼顧一廠三礦，當此呼吸絶續之交，獨力勉支，艱苦萬狀，各爐雖幸無恙，於事仍覺多損，總之不自量力，謬然應命兼任，致多貽誤，贊宸咎無可辭，實有寢食不能自安者。至於心迹可對神明。竊思去冬憲臺以盛道離廠，無人接辦，諄命贊宸代替，固辭不獲，而才力萬分竭蹷，疊次懇切陳詞。原議本俟外洋考究新法歸來，新工師到後，請另派員接替。不特去冬今春贊宸兩次在滬再四稟明，即載之到寧，綬卿返滬亦均托其轉陳。贊宸年來所管之事頭緒紛繁，又須兼管於千里以外，精神實不貫注，辦事動多紊亂，此深自知而深自懼者。蓋才力所限，勢難勉强兼營，否則既已知難而進，焉有不力任其難之理。現在新法已得，新工師即到，前所謂棄取從違者，今日已有主張，正宜乘此竭力整頓，以補救前失，務求憲臺俯從前議，迅簡賢員接辦，以免一誤再誤。贊宸身受知遇，實爲廠事重要，用敢瀝忱上達，所有一切愚誠，維格知之最深，到滬當爲縷稟。再，贊宸戊戌年得頭暈舌澀之症，其時維格在湘曾力囑調治，漸覺輕松。及辛丑年秋間，在滬復發，蒙憲臺重托星杉先生醫治，服藥百餘劑始愈。今年又屢發，服星杉先生舊方不效，語多則舌轉不靈，體倦則頭暈如倒，實難再兼重任。贊宸一身不足惜，其如貽誤大局何？賴倫聞已到滬，贊宸之意，萍礦根本之地，必須賴倫長駐，兩年斷難兼營廠事，維格亦以爲然。蓋一人之心力無多，兩處之事體過重。賴倫有忠心，有堅忍之志，然在千里以外兼管新舊廠極重極大之事，勢必鞭長莫及也。解守到萍後，屢來函電，頗能實心辦事，具有血性，知關憲廑，謹以上慰。

三井第二次生鐵，每噸到滬交貨洋例銀二十四兩二錢五分，所需甚多，惜無船可裝，只允先售一千五百噸。此後所收三井鐵價，即繳呈鈞處，陸續歸還新發二十萬之款。政體新愈，正應加意調攝，乃以款事上煩藎慮，良用疚心耳。恭請崇安。

司員李維格、職道張贊宸謹稟。十一月二十二日。

計呈鐵廠摺五扣單一紙。

敬再稟者：前奉鈞電，商部查帳部員必赴萍清查測量，飭將出入款項及煤焦存貨截至現在，繕寄清摺咨送兩參議查核等因，當即稟復商部查賬，已電萍鄉詢問大數。宸十月内即將大略總賬並現存煤焦數開單寄呈。萍礦開辦至今，均有逐日流水細賬，款無鉅細，皆有根據，可聽部員前往徹查等情，計邀憲鑒。但萍礦總分局散處，非年底勢難截結細數，而率然開摺交與部員，若其中煤焦銀錢有所遺漏，反受人指摘。職道現以武漢運銷局出入，再將萍礦收支、顧委員鍾翼來册大致約算，存該兩抵，約該四百餘萬，内計輪駁約成本三十餘萬，華洋利息及禮和借款馬克吃虧，並老商之股息，共約一百五十餘萬，存萍及沿途並到漢未售煤焦各價約二十五萬，餘所有機礦、土礦機器基地窿工，及萍鄉與各埠一切大小産業約用二百二十餘萬。以上各款，皆約畧估計之數，所有詳細數目，當囑顧委員今年底趕緊截結，屆時開呈詧核。至武漢運銷局存該各款，煤焦存數截至十月底止，已就近飭開細單呈鑒。管見可否先將歷年萍礦册報先送部員核閲，告以出入大略之數，至今年底結出清帳，再行補送，或聽部員赴萍查帳，或吊帳到滬備核。好在萍礦開辦至今，均有逐日流水細帳，及各分局册報存局，儘可任部員徹查也。是否有當？伏乞鈞裁。

再，鐵使如問用款，亦擬照以上約數稟對。至於廠礦各事問答，如何情形容再詳陳。再叩崇安。

陳旭麓等《盛宣懷檔案資料選輯之四》漢冶萍公司第二册《李維格致盛宣懷函光緒三十年十二月十五日》　前日鈞諭擬借一百萬鎊一清積累云云。查廠礦及萍株鐵路官商借款，如欲全清，雖千萬亦只敷還債。大冶新爐及數年內活本均仍無着，即以一百萬鎊算作銀七百五十萬兩，十年歸還（十年以外恐難做到），年還七十五萬兩（日俄戰事明年未必能畢，即金價未必能漲，明年借金，以後還銀必喫虧），常年七釐計息（六釐恐做不到，與鐵路借款不同），五十二萬五千兩，年還本利一百二十七萬五千兩，雖曰廠礦兩處攤還，而礦之獲利，全靠鐵廠多用煤焦，照付價值，是還款之重悉在鐵廠一肩。無論鐵廠兩三年內尚須賠本，即將來獲利，亦斷無如此之鉅，是債主佔據已可預必，承乏其間者，重咎不足以蔽辜，非辦法也。爲今之計，惟有將公家及通商銀行等款推後拔還，或填發廠礦股票（此係中國公舉，公家豈能膜視而不一援手），獲利均分。其私家重利之款（所謂一分餘利者，亦僅應急挪借之項，爲數並不甚鉅），在籌借之洋款內酌量撥還，然亦不宜過多。蓋欠華人之款害輕，欠洋人之款害重，且此兩三年內，活本充足，則事可望成，否則必敗，故舊債不宜還多也。新購之機爐基脚圖樣將到，到時即須動工，否則又將耽誤，然無辦法，事必決裂。維格當於每日午後到公司聽候傳呼，面定大局，非盡數日之長，仔細面商不能有辦法，事體之緊急重大，無庸維格贅言也。專肅，叩請鈞安。　維格謹稟。十二月十五日。

外洋機款水脚即須匯去，此次萍鄉所購龍頭車輛及煤磚、壓煤等機器，亦在前匯五萬鎊內支付，共需廿餘萬兩，故日款三百萬，不獨缺少前提之百萬也。

再稟者：鈞處宜即密電詔甄，俟鐵侍郎看廠後，內五廠一律停工遣散，多一日即多一日之糜費也。

馬鞍山積存煤六七千噸難銷，堆久則質壞，馬煤磺多，且春水漲後東煤涌至，銷路更難，亦宜暫停數月，請徑電漢廠。

陳旭麓等《盛宣懷檔案資料選輯之四》漢冶萍公司第二册《李維格致盛宣懷函光緒三十年十二月十七日》　詔甄來電呈閲。查日款三百萬元約合英金三十萬鎊，茲將用款開列於下：

新機爐運保到漢，約十七萬鎊。

裝配及改良舊機，約六萬鎊（是否能敷，尚難預必，因土工頗有出入）。

醴洙龍頭、車輛、煤磚及壓煤機器，賴倫開來三萬一千七百五十八鎊（運保尚不在内）。

以上約共需二十六萬五千鎊，約合日金二百六十五萬元。前宫保提用一百萬元，計不敷六十五萬元之外，活本絲毫無着。

維格未定機爐之前，於六月二十七日在德電稟，宫保云：禮和借款須廠確能整頓內政再議，日款三百萬請仍凑足，等因。新機爐等西三月即須起運，付款票匯較爲合算。日款即須匯去，而漢廠如此之急，如何辦法？請宫保示遵。

陳旭麓等《盛宣懷檔案資料選輯之四》漢冶萍公司第二册《李維格致盛宣懷函光緒三十一年正月初八日》　昨接漢廠來電云：魚電悉。廠已定售三井至西肆月半止四千五百噸，滬交貨。二號鐵每噸洋例廿五兩五錢，一號鐵規元廿八兩。又，定售大倉至西三月半止，二、三號鐵三千五百噸，漢廠交貨，洋例廿三兩二錢五分。三井尚在續議訂買，如法勃洋行與三井、大倉同價，即乞訂售，在西四月半後交貨。宸。魚等語。

現香港又來要鐵樣，澳大利亞樣鐵已運去，各國南洋屬島及美國太平洋一帶，格已通信，預備派人經售。今生鐵如此，明年煉造佳鋼、船料等貨銷路可以想見。各西報聞傳俄國又在巴黎借成英金四萬萬鎊，爲重整水師之用。三井等行肯出此價購我生鐵，必因外洋鐵價之漲，足徵維格前函之言是實。德國亦在東方經營船塢，鋼貨銷路必年盛一年。新廠急宜趕成，不可一失再失也，專肅，叩請鈞安。

陳旭麓等《盛宣懷檔案資料選輯之四》漢冶萍公司第二册《宗得福致盛宣懷函光緒三十一年正月二十一日》　茲將應稟各事分條縷呈：

一、本月十三下午，陸春帥過此停輪，卑職當即往謁。奉諭擬乘火車一游鐵礦，卑職隨同登得道灣逐細考問，回車鼓輪已將初更。過滬想必握談。

一、西澤常云，今來船必多，連舊存可望運足十萬噸。舊存未運二萬，本年新收多則八萬，少則七萬，年內已將堆礦馬頭墊寬加長，並收買民地七畝三分，以備接軌堆礦，爲異日擴充地步。目前已可常堆四萬噸。

一、獅子山應添掛綫路，即日開工，儘二月辦成。新躉船因舊臘新正雨雪聯綿，致正月不能完工，下水遲至二月半必不誤事，只火車頭平車車輪彈簧至今未到。賴倫來冶，卑職面詰，據稱已訂車頭一部，車輪彈簧與大批機器同來。卑職即切懇賴倫速電洋廠，先將車輪彈簧裝運，如大批同來，墨頭辨認不清，非待全機開齊不能取用。從前廠萍機器常有舛誤，皆因不辨墨頭所致，況大批機件正不知何日裝運，豈不大誤。舊有火車頭三部，皆官局移交，鍋爐汽缸常出毛病，往往遲誤，就日漢兩礦每年需運十五、六萬噸，僅添一部車頭亦不濟事。據云萍礦亦訂一車頭，不知能先就冶礦否。

一、周都司、李御開年即測鐵山紗帽翅，因雨雪耽延，尚須一禮拜方能測得道灣，測金山店，計算已在二月望後。大冶王令昨由省回，奉岑臬司面諭，一俟奉院行到局，即當飭縣遵辦。卑職已函托張道暗地催行，萬一屆時不見公事，即擬硬測，一面移縣，一面開工。

一、博德礦師去年中秋大病，先赴漢，後赴滬，駐醫院就醫剖腹，割去肝葉一塊，延至兩月之久，方病痊回工。十月初交來藥費、醫費、住院費三單，共銀四百四十八兩，意在支付。卑職檢查舊卷，該礦師在萍原訂合同，遇有大病，一切醫費由局認付；由萍調冶，於二十九年臘底，經解守與之續訂，附合同四條，第三條，不問有病無病，每年送洋一百元，分上、下季付。本此條説，是明明醫藥用費歸該礦師包去，當請翻譯詰問，博德云，此附合同伊不簽字，是總礦師賴倫力勸並允將來另有酬勞，所以解總辦送上半年五十元，即不肯領。今不幸大病，醫藥如此之鉅，將我一年所餘積之薪水亦不够醫藥。我此番在滬，因病留滬多用之銀與醫藥等，如醫藥不認，我只能回國。言之怒形於色。卑職即婉言回答，此合同非我與你訂，各處延請工師莫不以合同爲憑。你既説此合同係總礦師勸你，姑候總礦師回來再議，銀不便付。當時分手，旋將此事原委詳致張道。賴倫到漢，張道面問賴倫，賴云，卻是伊勸簽字，當時解有酬勞之説。博德薪水來時只三十鎊，後加五鎊，至三十一年始給四十鎊，今既簽字在先，博德不應爭論，冶局應念博在山兩年得此大病，亦因勞而致，照解總辦原約，酌量酬勞，體恤中亦寓鼓勵之意等語。新正九日賴倫來冶談及此事，賴仍主前説。卑職雖執合同與辯，而賴一味説情。竊賴之意，頗覺兩面爲難。卑職伏思，博德人甚耐勞，亦極平和，御下亦寬猛兼濟，由鐵山到得道灣一日兩次，有車乘車，無車步行，平時亦不肯多費公家之錢，近年添運日礦亦不無微勞，去年之病卻非尋常，醫院兩月所費不貲，故擅專與賴約，合同不能廢，念其在工辛苦，轉懇宫保幫貼二百五十金，後不爲例，以後仍照合同行事。歷時已久，該礦師懸盼甚急，不及請示，冒昧應允。兹將賴倫致博德函照抄，並醫藥各單一併呈請鑒核。

一、白楊林錳礦近已告竭，漢廠兩爐齊開，每月至少六七百噸。去年竭澤而漁，約得千噸，不足月餘之用，賴倫、博德皆主買白楊林山旁有姜承高祖墳地一塊。前數年解守即飭紳與商，該姜姓堅不允賣。其地共有五家墳，有四十餘冢，（冶山例，每冢二十千，遷費須千串，山價在外。）屢議屢輟，姜姓老少男女一閧要買，即環基而哭，況含錳之多寡，礦師亦無一定把握。光緒廿六年漢廣曾派伍璣在興國買過，該處錳多含質百分之十八，比白楊林加倍。卑職擬派人先赴興國採訪，如不爲難，先行採購，應用不稔，憲意以爲然否？姜墳刻仍與議，看來難以望成。

一、由石堡至鐵山，路軌兩旁餘地多由官局租佃，各佃户又輾轉頂替，每屆收租種種支吾，時復兩相爭奪，來局控告。局中既無印册，又無卷案，從前歸城紳徐映丹、李華廷經手，該二紳局中本有月薪，擬派人督同該紳清釐一次，將承種姓名、四址丈尺查明，立入印册，分別申送存局備案。不知鈞意以爲然否？候示遵辦。祇叩崇安，伏惟慈鑒。

卑職宗得福謹稟。二十一日。

附呈照抄英文信一紙，上海醫院單三紙。

陳旭麓等《盛宣懷檔案資料選輯之四》漢冶萍公司第二册《湖北洋務總局札宗得福文光緒三十一年正月三十日》 光緒三十一年正月初八日奉督部堂張札開，「據署大冶縣知縣王士衛稟稱：『本年十一月二十日探悉，漢陽鐵廠總辦李郎中維格在卑縣朱家灣、龔家嘴等處地方測量地基，擬建設煉鋼廠，兼製鐵釘、鐵條等件。當經卑職往晤該郎中，告以該處均冶民田地，未奉憲臺飭知，不能率行圈購。該郎中回稱，届時應由盛大臣咨商憲臺核辦。頃於本月初七日，准運道局委員宗令得福函開，接漢廠來電，盛宫保派周都司獻琛偕同英國礦師李御來冶測繪全境各礦山，李礦師兩日即到，並請將本年秋間北臬司札委試用知縣陶鈞，會同卑職詣勘各礦表册抄寄等因。計抄示盛大臣札飭鐵廠總辦原文一紙到縣。卑職當以卑縣各礦，除原案付歸商辦外，餘均由官圈購，其有未經圈購者，已一律嚴行封禁，無論測繪開採，非稟奉憲臺批准，不能率行舉辦。如日内該礦師來冶，請由該局暫行留該礦師小住數日，俟卑職據情稟奉飭知，再行移會遵辦。至陶令會勘各礦，原有詳細表册未便抄寄等情，備具印文，移復在案。卑職伏查光緒二十七年三月初一日，卑前署縣湯令任内，奉憲臺於盛大臣札飭運道局員解守，督同礦師賴倫悉數圈購冶邑礦産案内，通飭内開，原案指定興國、大冶專供開採，係爲鐵廠而言，倘另購之地仍供鐵廠所用，官力自應相助，見在鐵山開出之礦自用之外，轉售他人尚充足有餘，則除官山外，所有民間應續購之礦地，本非鐵礦已購之産，實是湖北本省之地，自應由地方官主持，應即派委大員督同地方官勘明官山原界之外，凡有民間可開各項鐵質、錳質以及銅、鉛等一切礦產，一律由官悉數圈購等語，隨經蕭前令遵辦在案，詳求義旨，仰見憲臺維持礦政、保守利權之苦心。是該礦師只能測繪交付官山原界以内各礦，若竟飭令礦師携帶儀器測量卑縣全境，核與前次悉數圈購之文事異情同，究竟其意何居，卑職無從揣測，擬請憲臺迅賜電咨盛大臣設法阻止，以符定案。並懇將交付礦廠原案章程並官山測繪圖説，札發下縣，俾資考證，有所遵循。所有盛大臣札飭周都司獻琛、洋礦師李御測量卑縣全境礦產，並卑職移復緣由，理合馳稟查核，電示祗遵。又，據另單稟稱，據前礦務局委員在籍河南試用知縣黄紳福崇等來署面稱，頃悉盛大臣飭洋礦師來冶測量全境礦產，試恐盛大臣有將全境礦產抵押日本之事。上年曾奉憲臺札飭，凡在交付官山界外之礦，一律由湖北地方官圈購，何以此次盛大臣忽翻成案，其存心實不可問，擬請憲臺查照交付漢陽鐵廠原定章程據理力争。如大冶全境礦產已在交付之内，亦懇憲臺詰其既以礦石售與外人，冶境礦產即不能供外人之用等語。卑職當告以此事關係重大，未可遽行置喙，應由憲臺主持，已經卑職通稟請示辦理。查該紳等持論不無可採，惟案關鐵政，未便許其輕率陳詞，理合附稟查核』等情，到本部堂。據此，除批據稟已悉，查大冶礦山除原案撥歸鐵廠開採之地外，其餘礦產無論官地、民地，自應由湖北地方官主持，不能由廠商越界干預。此次鐵廠派遣洋礦師赴冶勘礦，並未准盛大臣咨會在案，若在鐵廠所管礦地内測繪，應聽其便。此外大冶全境礦山斷不准任聽洋礦師到處測勘，免生枝節而保利權。除據情電咨盛大臣轉飭鐵廠遵照並行洋務局轉行外，仰即移知官運局宗令遵照辦理，此繳」等因。印發外，札局轉行漢陽鐵廠及官運局宗令遵照等因，奉此。

陳旭麓等《盛宣懷檔案資料選輯之四》漢冶萍公司第二册《宗得福致盛宣懷函光緒三十一年二月初一日》 諒邀鑒核。李御礦師現正測顯得道灣，須二月下旬方能測金山店。昨奉到洋務總局行飭録大冶王令正副稟全文，憲處雖准南皮電咨，恐無如此詳盡。兹特照抄全文寄呈憲鑒。縣稟先從李一琴來冶，擬設新廠入手，亦甚奇異，不知新廠究定何處，倘設冶境，地方官紳如此爲難，必須預爲佈置，有所箝制，免得臨時多費唇舌。憲臺智珠在握，用敢密陳。月内擬飭火車每日添開四次，趕運漢日兩礦，以一交夏令，農忙夫少，屆時日船麕集，恐接濟不來，急須先時運存碼頭。惟新購火車頭車輪彈簧遲遲不來，究不知何日才能到冶。

《申報》光緒三十一年二月十五日第三版《漢陽鐵廠之虧摺》 漢陽鐵廠自開辦以來，虧摺之鉅，不下二百數十萬兩。督辦盛宮保，因去臘該廠積欠漢口某洋行借款四十餘萬兩，深滋不悦。故今歲將該廠各爐，暫停工作，僅餘鎔鐵爐一處照常開工。一切經費，亦概從撙節，並問鐵欽使在京，擬設法籌款，維持此廠，未知確否。

陳旭麓等《盛宣懷檔案資料選輯之四》漢冶萍公司第二册《漢陽鐵廠預支軌價問答光緒三十一年二月三十日》 答：湖廣張督部堂於二十二年五月附奏鐵廠官辦之時，挪借槍礮、織布兩局之款，約數總計在百萬以外，應將商廠提前預繳官本銀一百萬兩先後盡數繳還礮、布兩局各等因。又，敝處是年四月二十一日接辦鐵廠，條列商辦章程第五條聲明，路局預付軌價後，先行提銀一百萬兩，盡先歸還急需之官本；造軌後即在煉鐵一噸應繳官捐銀一兩内扣抵各等語。亦經張督部堂批謂妥協，並奏咨有案。是此項鐵廠預支鐵路公司之款，名爲軌價，實係歸還官廠官本。徒以商廠造貨全恃活本，路局需軌又刻不容緩，故總公司與鐵廠往來，初照用料全價扣抵，嗣扣半付半，截至盧保、淞滬工竣日止。除扣抵外，尚存預支軌價規銀一百三十一萬九千六百五十一兩三錢三釐。二十四年三月，會同張督部堂奏陳鐵廠商辦情形，此項預支價銀亦詳晰上達天聽。

現在，該廠購備新機新爐、佈置一切妥貼後，出貨必較前暢旺，先已照案支銀，自應飭廠陸續繳貨，以符原議。至工程册支付軌價，係比公司自向廠定，與部款無涉。前送外務部咨稿所稱預支云云，即指此扣抵之外，尚預支銀一百三十餘萬而言。

若詢將來能否續行預支，則此時總公司部款已屬告罄，力既不能預支借款，公司設再定軌，係計值付價，亦未必肯照奏案預支。

陳旭麓等《盛宣懷檔案資料選輯之四》漢冶萍公司第二册《關於萍鄉煤礦借款問答光緒三十一年二月三十日》 問萍鄉煤礦禮和借款一節。

答：此合同訂於光緒二十五年二月，因奏設萍礦供應漢廠煉鐵，所有該礦應用之煉焦爐、洗煤機並礦内外大小一切機件，無款購備，訂借禮和四百萬馬克，自一千九百年正月一號起至一千九百十一年正月一號止，共分二十三期拔本付息。現已還至一千九百零五年正月一號第十一期止，尚有十二期應還本息二百九十四萬六千馬克。抄奉本息期單，即希臺核。其借款合同並全分卷宗，檢齊一併送閲可也。

問該漢冶萍駐滬總局銀款一節。

答：據該總局報稱：上年十一月底止，萍礦往來帳上實欠規元一百六十七萬八千八百五十兩九錢七分，一〇九六合庫平一百五十三萬一千七百九十八兩三錢三分。該礦總辦張道與漢廠總辦李郎中會呈，廠礦路一一鈎連，相依爲命，稟請提日本金錢一百萬元趕應礦路之需，曾奉批准，遵即收入萍礦所欠總局帳上，計規元七十九萬一千一百零七兩七錢九分，餘款仍是該局籌墊各等語。

至詢此款係由何處而來，其中有無洋款一節。查弟前因承辦路礦，頭緒過多，爲日後交替之計，不容不先分眉目，是以關係鐵路者，歸總公司收支處經理，關係廠礦者，於上年七月另設漢冶萍駐滬總局經理。而漢萍之窘，迥非鐵路借有洋款可比。遇兩處函電請款，概飭總局就銀行短借，莊號短拆，應結月息，應付本銀，概由該局各歸各帳，列入萍礦往來。間有洋款，不過與銀行、洋行往來，並無長期借款。

問該道勝往來款目一節。

答：此係萍礦與漢口道勝銀行短期息借之款。既曰往來，即無作抵。至詢利息有無，則目前無論與何處華洋商家通挪，皆應計息。因該礦徑行往來各帳，未據呈報，因無從檢送。

問該通商漢行、協成等號十六户欠款一節。

答：此等欠款俱係萍礦徑與漢口莊號移挪，銀息照市，約計總在一分以外，是以賠累不支。至往來細帳，未據呈報，無從檢送。

問每年收支簡明總結帳一節。

答：萍礦開辦以後並未獲利，是以尚未刊佈帳略。容俟飭催編刊就緒，再行分送公鑒。

陳旭麓等《盛宣懷檔案資料選輯之四》漢冶萍公司第二册《李維格呈盛宣懷機要手摺光緒三十一年二月底》 謹將漢廠緊要機宜開呈鈞鑒，訓示祇遵。

一、借款　華、洋借款不能如期歸還，其害有輕重之別。欠華款而不能歸還，倒帳而已，若欠洋款，則佔據地方，關礙大局，故廠礦若借洋款數在百萬以上，必須按照鐵路借款辦理，如廠礦進款偶有不敷歸還本利之年，由國家暫時籌墊，以免釀成國際鉅案。

集華股爲上策，借華債恐借不動，此廠事之難也。總宜先定官辦、商辦長策，再商借款。

一、責任　二十二年接辦漢廠以來，今昔力量不同，前有預支軌價，後有盧漢生意。迄於今日，廠礦以及運道用款至一千餘萬之鉅，竭澤而漁，筋疲力盡，前尚度日如年，現更可以想見。茲奉鈞批，另派專員總理銀錢，新舊進出款項，均歸該員稟承宫保調度支應，維格專管出貨銷售之事，售貨之款，收到即交該員。維格不管銀錢，亦無籌款之責，俾得專心於工程，力圖挽救。惟所有一切用款，全憑維格手條，支付款之應用與否，惟維格一人是問，該員見條即付，擬俟派定後，會同稟見，在鈞處三面言明，以免該員誤會，致生枝節，有礙廠務。工程及出貨、銷售是該員之責；調度銀錢是總局之責；駐廠收支亦歸總局遴派。但出貨、售貨若干，特支、常支若干，全在該員胸中，不可稍有朦視。現仿招商局用三聯票，均須總辦簽字收支方能照發，如有不當用而簽字，自係總辦之責。

一、豫算用款　漢廠新機爐運保到漢，約十六七萬鎊，萍洙車輛、萍礦機器約三萬餘鎊，共需二十萬餘鎊。除已匯十五萬鎊、尚存橫濱二萬餘鎊外，約尚需三萬餘鎊，作銀二十五萬至三十萬兩，即須籌匯，以便運華。地脚裝配工程，須俟圖樣到齊，方能約數，姑作銀二十五萬兩，一年内陸續支用（新生鐵爐不在内）。此新廠及萍鄉車輛機器用款之大略也。

現在只開生鐵爐一座，約日出六十噸，月出一千八百噸（俟一爐改良後，再停此爐改良），倘能盡數出售（各處銷路已經佈置，可望逐漸推廣），每噸浄價作銀二十二兩，目前每月約共得銀三萬九千六百兩。據姚委員訓才面稱：現開一爐，每月用款約七萬兩，其細數須到廠查考方能盡悉。案月出生鐵一千八百噸，約用焦炭二千五百噸，每噸作價銀十兩，共銀二萬五千兩。礦石二千五百噸，每噸作銀一兩五錢，共銀三千七百五十兩，白石九百噸，作銀五百兩，鍋爐用煤五百噸，作銀二千七百五十兩，雜料所用不多，月出生鐵一千八百噸，生料價銀約共三萬二三千兩。所稱七萬兩，其中何者可節？何者應歸舊虧？何者應歸新工？均須到廠接辦後方能核實分派，維格現無帳據可查，應俟到廠接辦，悉心考核，然後分別列表，月會歲計，以便宫保籌款。至於新舊支接以前用款，則非現在廠中辦事之人不知。總之，宫保於此事，無論歸官歸商，不能不做，則籌款須分緩急，急者目前，緩者將來，維格雖無管理銀錢之責，而設身處地爲總理銀錢之員着想，亦斷非赤手空拳可以前往搪塞，此宫保急須與該員籌劃者也。至維格接辦後，豫算表自當趕速遵辦，到廠後即將裝配工程用款總數，分期開單預報，目前月支竭力撙節數目以及大冶用款，亦即開單預報。凡事預則立，宜刻刻存記。

一、焦炭　目前只開尚未改良之一爐，每月付價三千噸，將來兩爐改良，每月付價六千噸。俟新爐成後，三爐齊開，每月付價一萬六千噸。新爐未成以前，每噸價銀十兩，新爐既成以後，每噸價銀九兩。

一爐需焦三千噸，應用存焦一半，並用新焦一半，爲廠礦兼顧之法。

一、日款　日款三百萬，現係廠礦路分用，須攤派利息，以應冶局月用之款。

所籌甚是，應令萍認三分之一，漢認三分之二，即由總局分别行知。

一、接舊　舊廠所存鋼鐵貨須回爐者甚多，擬令賴倫會同新工師盤數登入舊廠之帳。其可售者，照歐美鋼鐵報所報價值，暫作一價。其須回爐者，照廢鋼鐵作價，以見實虧之數。此後，或外銷，或自用，將價登入舊廠盈虧帳内，以便劃清新舊兩帳，各認責成。所存煤焦雜料亦然，至於舊廠帳目款項，應由總理銀錢之員與前總辦交接。

鋼鐵、煤焦、存料三項所賴以歸還舊欠要款者也。張道已作價通報，若再估減，殊恐難辦，應由新舊兩總辦會商妥法，稟候核定。

一、免税　機爐將次到華，急須預請進口免税。聞蘇省銅元局機器尚爲税關留難，商廠可想。

故函商外部，援照前案，未知能否允行。

一、信任　欲圖整頓，必生嫌怨，仰承宫保之信任，可感可佩，惟市虎、青蠅，賢者亦難免摇惑。漢廠關係中國鐵政，疑宜去之，否則必誤大局。維格言多率直，尚祈宫保諒之。

但求專志經營，堅忍到底，斷無不成之理。如有嫌怨，只要事事脚踏實地，何畏之有；任大事者，若要處處圓巧，必於公事有損，吾輩正宜力戒。

湖北省檔案館《漢冶萍公司檔案史料選編》上册《盛宣懷批李維格稟文光緒三十一年二月**》**　統核所議，以萍鐵難恃，就冶添設新爐，款如不足，仍就漢廠配購新機，專造大件，以供商貨之求給。現有生鐵爐加大風力，便可日出鐵一百五十噸至二百噸，摺成鋼貨尚不足以盡新機軸之力。擬俟銷路大暢後，就冶另設新爐一座，以與各國鐵市相摺沖。雖與本大臣急設新廠新爐之意不符，然事有次序，挽救漢廠，乃能保守鐵政，若凌節雜施，必致新未成，而舊先復，所議亦未可厚非。然本大臣與湖廣張督部堂堅忍卓絶，無論將來照此商辦，或仍歸官辦，要以必增新爐爲斷。刻既定議就漢，便須通籌款力，照原稟生鐵爐緩辦外，現購機價、地脚工程、改良舊爐，此三項約需英金二十二萬三千一百四十六鎊，日本金錢三百萬元，摺合英金三十萬鎊，照應用之數，只餘七萬六千餘鎊，而新爐佈置至快須二年，打通銷路又需一年，舊廠積虧，新貨活本，皆仰給於此。即將此三百萬金元全數供用，亦尚不敷。矧上年二月，該郎中與張道贊宸會稟廠礦路三項，一一鈎連，冒險深入，只得稟請將日本第一期金錢一百萬元趕成醴株鐵路，經本大臣批准照撥，並咨明張督部堂有案。嗣因萍礦急於歸還鐵路欠款，乃爲萍礦撥用，是此項日本預借礦價，目前只能作二百萬元之用。漢廠歷年虧摺，截至上年十月止，該郎中與張道會呈虧數清摺，已摺閲銀一百七十八萬七千餘兩，又據張道呈送十一月止清摺，實結虧銀一百八十五萬四千餘兩。此項虧款，商股不多，俱係滬漢各銀行莊號通挪應用，月月計息，隨時轉稟。設如該郎中所議，舊虧悉歸前人，該員只管新機，無論仍就漢廣分晰不清，即各莊號閲知，後任不肯接認之言，勢必羣相催逼，是新未成，而舊仍立敗，亦非該郎中所以挽救漢廠之本意也。

該郎中既堅明要約，本大臣自應坦白宣示。目前新機即到，舊廠鋼爐已停，斷無中止並再耽延糜費之理。該郎中應即日馳赴漢陽總辦廠務，督同新訂工司佈置基脚裝配事宜，並將化鐵舊爐兩座趕緊加風力，務使多出生鐵，悉歸該郎中一手籌辦。張道即於交卸清楚後，專力注重萍鄉煤礦及運道輪駁煤焦銷路。所有漢廠舊款，新舊兼顧，應用之款，悉係本大臣一人之責，斷不使該郎中有内顧之憂。各國工廠調度銀錢本有專責，斷非總理工程者所能兼顧，自應由本大臣另派專員總理銀錢，即輪船電報兩公司亦如此也。至本廠用人辦事，准如該郎中所稟，給予全權，本大臣必無絲毫掣肘。所請廷訂吕柏爲總監工，即是用人之一端。吕柏前在漢廠，居心似尚忠實，而爲人粗率，恐非總管之才。該郎中既有真知灼見，姑准聘用，效與不效，其責成均該郎中一人也。

陳旭麓等《盛宣懷檔案資料選輯之四》漢冶萍公司第二册《李維格致盛宣懷密函光緒三十一年三月初三日**》**　昨日德華來函，謂柏林電詢大冶礦路是否亦在抵押之内，並囑滬行總辦商諸賴倫等語。格復以大冶礦路均不在内，至漢、萍兩産所值之數及將來進款，宫保當囑賴倫詳開説帖云云。茲擬上致賴倫一電，已加盛字，請判發。電稿譯文另紙録呈。專肅，恭請鈞安。

陳旭麓等《盛宣懷檔案資料選輯之四》漢冶萍公司第二册《宗得福致盛宣懷函光緒三十一年三月二十日**》**　本月十六日因日礦第一次「諾露呆」號，計二千六百十九噸，於十五日裝齊鼓輪出口，曾上六號稟，諒邀慈鑒。十七日疊奉六、七兩號鈞復，茲將應稟各事分條上呈：

一、獅子山掛綫路因正、二、三雨多晴少，未能即完，所幸存礦尚多，不致誤事。再有一禮拜即可告成。山下尚須搭蓋小工棚屋，亦未開工。博礦師因大石門師山棚廠逐漸加多，出土無地，擬添買堆場兩處，約地數畝，亦因天雨尚未勘定。又，擬添開水溝一條。此皆不可省之工程，當次第辦理。

一、頭批機器已到，裝來車輪彈簧運送到冶，刻已將應添礦車分手趕製，火車頭未到。

一、卑局所用材料向由漢廠請領，有漢廠所無者，間有函托義昌成代購，往返需時，誠恐誤事。前月接奉漢廠回信，所缺各料，卑局又急於待用，故已函托義昌成購買，自後仍遵諭開單請領，由漢廠核發，萬一廠中所無，再請駐滬總局代辦。

一、本月十五下午忽大風暴雨，鐵山得道灣兩處均被風災，鐵山洋人住屋幾乎吹倒，總局大堂岌岌可危。此外，炸藥兵房、各處機器房、得道灣兵房、公事房俟天霽均須修整。當遵諭應辦之工不容不辦，應節之費仍應撙節。

一、西澤住屋因雨，完工尚早。碼頭躉船及應備跳板木架均已一律停妥。

一、興國錳礦卻不能比白楊林便易，礦質每百分含錳十七、八分，比白楊林加至一倍有餘，況白楊林一帶即輕錳亦將告竭，採無可採，俟李總辦接手，再詳商稟復。

一、化學堂雖設，不過因陋就簡，僅能化鐵，器具既不完全，藥水亦未多備，即學生亦無完全資格。知關慈廑，附以稟聞，恭叩慈安。

《申報》光緒三十一年三月二十二日第四版《鐵廠虧本情形》 漢陽鐵廠，虧本太鉅，屢擬停工。茲探得，該廠虧本之由，實因鍛鍊鋼軌，用煤太多。每鍊生鐵一噸，需用焦煤兩噸，焦煤價需銀二十二兩，鐵值在外。目下，蘆漢鐵路，軌已交足。廠中存軌，約值四十餘萬兩，尚無銷路。光緒三十年中，計虧銀一百八十餘萬兩。盛宫保焦灼異常，特派李一琴部郎維格，赴英日各名廠，細者鍊綱之法。前月部郎到廠，詳細調查，鍋爐廠機均不合法，開具説帖，復往上海，請盛宫保籌款另辦。聞李部郎現委漢陽鐵廠總辦，專意改良。前總辦張少珍觀察贊宸，已改委萍鄉煤礦總辦，宗載之大令得福，則委大冶鐵山總辦，俾三人互爲表裏，以資整頓。

《申報》光緒三十一年四月初三日第三版《鐵政廠實行改良》 漢陽鐵政廠改良，已兩誌本報。茲聞盛宫保抵鄂後，擬將冗員乾俸，悉行撤止，並須加添資本，增設廠所，鎔煉鐵條鐵塊鋼絲等件，分途通銷，以期抵制洋貨。至須用牛鐵，則派人赴内地産鐵各山，設法採取云。

《申報》光緒三十一年四月二十一日第一版《鐵政廠已借洋款》 漢陽鐵政廠，連年虧摺，難以支持。鐵路大臣盛宫保因借洋款以資挹注，刻聞所添本銀約有二百萬兩云。

陳旭麓等《盛宣懷檔案資料選輯之四》漢冶萍公司第二册《李維格致盛宣懷函光緒三十一年五月初九日》 敬稟者，朱弁到鄂，奉上月三十日手諭並免税咨部文稿等件，内鄂督咨文、江漢關札文當即分投矣。廠事除已隨時擇要電聞外，茲將應稟事宜條列於左：

一、廠事以出貨多、銷路通兩語爲總訣。新廠未成以前，惟有盡兩爐之力多出生鐵。新風機之力已足，而汽爐烟囱力不相稱，現在除加大進風管外，即將舊鋼廠能升汽至一百磅之大汽爐移用於生鐵廠。蓋新鋼廠必須另換升汽一百五十磅之汽爐，舊者本可他用。舊烟囱太低，噏力不足，現將舊者專歸汽爐，而另建一新者專歸熱風爐。如此佈置，兩月後兩爐可望出鐵六千噸，每噸用焦總在一噸半以下。目前出鐵五十噸，用焦九十餘噸，而出鐵六十餘噸，用焦亦只九十餘噸，此其明證也。至於銷路，雖目前生鐵所出不敷所銷，係一時偶值之事，不足久恃。蓋俄國波羅的海艦隊未爲日師復没以前，歐洲來貨航路梗阻，兵險費奇昂，故來貨甚少。現海上已無俄艦踪跡，又將源源而來。愚見日本必須歸一日行專銷，已與三井商過，除鑄鐵所外歸其專銷，每月包銷三千噸，扣傭百分之二分半。相機跌價，必使歐美來路斷絶而後已，三井欣然。現正考查日本全國銷數，如果月出六千噸，我亦力能跌價，好在海戰已畢，用銀較少，金價可望稍漲，縱使跌價，亦未必過多，且俄國恢復海軍，又有添築西比利亞雙軌之説，歐美鐵價亦必逐漲也。上海現已派定王閣臣專銷，以鐵業出身而現充轉運局翻譯之榮若湖副之，亦扣用百分之二分半（專指上海所銷之貨，此外出口者不歸其銷，故無用錢），所有一切開銷在内。已租定招商局後粵漢公司内公事房一間，爲上海批發所，地當要冲，局面亦好。上海現在每年約銷船料鋼板等件一萬噸，以通扯每噸價銀六十兩算，每年六十萬兩，二分半用，即有一萬五千兩，已與閣臣約定，將來銷到此數，即須向英國雇一專做鋼鐵生意之人來華，常川來往南洋各處，兜攬生意，其薪水、花紅等亦一併在此用錢內開支，閣臣已允。若目前，則只有生鐵可售，除開銷外無甚大好處也。浦東棧房已佈置妥貼，税關查驗亦已商有章程，决計將「楚富」及鋼駁兩號（一漢、一萍）報領關牌，裝運焦、鐵赴滬，攬載回貨。此間各公司商輪均不願裝運焦、鐵，一因污其船面，一因將鐵擲下，松其船底窩釘。招商局勉允每船裝鐵百噸，而我須先下駁船，用輪拖往，到滬亦然。不獨兩道盤駁，且鐵在駁船過夜，必有偷漏，以致百噸到滬，短磅至數噸之多，斷非辦法。若自己輪駁，水脚尚無需招商局之數，而徑裝徑卸，所省多矣。

一、新廠工程自當日夜兩班分趕，誠如鈞諭，雖多費亦算得來。惟鄂省建造年盛一年，加以後湖堤工、磚石工役，官家至於派兵四出攔截，希貴可見，幸堤工將了，工役即可設法招致。新廠一日不成，即維格一日不能心安，斷無不盡趕之理也。圖樣只欠一種，已早電催速寄，機器工師到已月餘，學識俱優，此次延請新工師事機尚順，亦一極要關鍵也。

一、帳目，朱伯友所定格式有眉目不甚清晰之處，故囑另繕，盡五月望前後並本年三月二十日止之總帳一同寄呈，以便奏報。其續報添置減輕鋼鐵存貨價值，已定有一數，兹將維格致銀錢股之手條先行抄呈鈞鑒，俟帳册趕齊再行備文申報，亦即照此措詞，未識妥否？

一、各工師所估出貨成本及賴倫所估新廠贏餘説帖一併譯呈察核，此項説帖已由賴倫寄與德華矣。按其所估贏餘，列表於左：

月出鋼貨	月餘銀	年餘銀
四千噸	九千一百兩	十萬九千二百兩
六千噸	四萬七千三百四十兩	五十六萬八千零八十兩
八千噸	八萬三千零四十兩	九十九萬六千四百八十兩
一萬噸	十二萬五千七百二十五兩	一百五十萬八千七百兩

可見出貨愈多，其利愈厚，必須竭力向此做去。至於銷場，若各省鐵路均用漢料，東方鋼鐵攬其大宗，則區區萬噸方慮不敷取求，誠如賴倫所言，須有數廠始能肆應。其説帖內成本係照新工師所估之數，其售價係照實在售出價目通扯之數，其銷數係照中國、日本税關册所載進口之數，均非懸擬者可比。如能月出鋼貨萬噸，縱使贏餘不及所估之數，除官本已有鐵捐一兩作抵外，大約新廠連官利有三、四分錢生意。

一、現在廠存焦炭三萬數千噸，積如丘陵，壓成重末，喫虧甚鉅。土窿土爐非速停不可，此爲萍礦目前最急之務。

一、維格接辦廠務後，頗覺日力不繼，現擬用一洋書記，月薪二、三十鎊，專司洋文一切之事。辦事最忌壓積，西人尤戒此弊，而維格目前以一身兼之，雖早起七點餘鐘即到公事房，而案頭尚不免累累，有一洋書記即可騰出功夫在工程上著力。現在復設稽核股，派前充鋼鐵學堂法文教習劉子瑛爲董事，纔具開展，能任勞怨，此事頗喜得人，所有一切工程製造，可切實考核矣。新工程按月用款尚未算齊，俟趕成再寄。專肅，叩請鈞安。

維格謹稟。五月初九日。

附呈批發所發出生鐵價目清摺一扣，致銀錢股手條三紙，郭克爾廠料價本利帳單一紙，譯郭克爾廠來信一紙，賴倫及新工師説帖譯文一本，又親筆稟函一件。

陳旭麓等《盛宣懷檔案資料選輯之四》漢冶萍公司第二册《李維格致銀錢股手條》 本廠自二十二年四月十一日改歸商辦至二十六年底止，有添置各項，計銀三十六萬八千餘兩。二十七年四月間，前總辦盛領銜會稟督辦，以此添置各項抵銷官局移交之鋼鐵、煤炭、材料等物，當時稟中雖亦會銜而未假深思。此次督辦來鄂清理款目，詢問添置各項，遂及此案，同人反復辨難，均覺兩相抵銷，於理實有未當之處。查奏案，鐵廠自開辦起至改歸商辦止，報部官本五百餘萬，即以一兩之鐵捐匯數陸續繳還，而移交之鋼鐵、煤炭、材料等物亦即在此五百餘萬之內。本自有着，毋需以商廠添置抵銷，此添置各項，仍應列册。惟添置與修理不同，所開三十六萬八千餘兩，由提調等酌定，敝處復核，應删去修理銀十萬零八百七十一兩零九分五釐加入貨本之內，又重複之洋焦爐官局火磚銀八萬零四十兩，共應删去銀十八萬零九百十一兩零九分五釐。而用剩之鐵軸、鐵模，及前未列之鐵地板，應分別照廢鐵、生鐵等價值列作廠本，共銀二十七萬四千二百二十九兩九錢三分。至於廠存鋼鐵各貨價目則應大加摺減，因內有不合售銷而須回爐者甚多，所定之價太高，斷不能值。當時將此情形面稟督辦，嗣奉鄭州來電，廿六年止，盛、李會稟添置三十六萬餘兩，廿九年九月止，盛稟續置三十三萬餘兩，楊令監盤，稟復剔除鋼板，改報廿三萬餘兩，前案咨報三十六萬餘兩漏未提及，現擬廿二年四月起、廿九年十二月止並作一起咨報。昨據該司員面稟，前案添置項下，應剔除火磚及修理各項約十六萬兩，應列二十萬，連續置廿三萬餘兩，共報四十三、四萬，與宗令遞呈袁宮保帳不相上下。兩案剔除廿五、六萬已不爲少。又，查廿九年年總，已列虧本一百五十五萬餘兩，則亦不必更改，因據李稟，鋼鐵作價變必多摺蝕，既未便再加虧數，自應酌減廿萬，即以漏列核減之前案，添置廿萬相抵，將來鋼鐵價能多售，仍可列收新帳。該司員接此電後，應即督飭所司復核，另造清册具稟，以憑咨行支等因，即希尊處查照辦理，將二十六年以前之添置各項，補本年總册，前後添置並作一起，而即以此添置及廢軌等所值之數，摺減鋼鐵貨價可也。

陳旭麓等《盛宣懷檔案資料選輯之四》漢冶萍公司第二册《萍鄉煤礦總局與盧鴻滄訂立合同光緒三十一年五月十六日》 一、盧鴻滄奉盛宮保派委洙州至武漢運銷事宜，轄於萍鄉煤礦總局，並訂實鴻滄不再兼辦别處之事，所有各事，應訂合同，以爲彼此依據。

二、運道由內運出，自安源起至洙州碼頭止，火車以上，係總局所派專員之責；由火車卸下，及裝輪駁或民船，皆洙州轉運局之責。其由外運入，自洙州碼頭已裝到火車各料件至安源交卸止，係總局所派專員之責；至於輪駁或民船起料件到岸及裝火車，皆洙州轉運局之責。惟洙州轉運局遠離武漢，須俟接辦三個月後，鴻滄始得擔任一切責任。

三、洙州轉運局、岳州稽查兼轉運局、武漢運銷局及復興洲堆棧，均歸鴻滄一手經理，其用人一切，均由鴻滄作主，以專責成。如所用之人確有害於局中之事，總局可以商明鴻滄撤换。

四、銷路自洙州至蕪湖一帶，悉歸鴻滄一手經理，因南京地方及南京以下，總局已與慎泰恒訂立合同，歸其專銷。

五、運銷兩事均歸鴻滄一手經理，總局不爲牽掣。遇有重要事件，如銷價大有漲落及運道更章，一切關係大局之事，鴻滄須商明總局議定後行。

六、萍礦定章，凡涉公款，無論何局何人均不得預支、拖欠，此事最應嚴禁。鴻滄未接辦以前，其責任在總局，如有預支、拖欠等情，歸總局經理人如數賠補，不使公款稍虧。至鴻滄接辦之後，其責任即在鴻滄，如有預支、拖欠等情，亦歸鴻滄如數賠補，以重公款。

七、鴻滄既擔此重任，則功過均在鴻滄一人身上。自接辦日起，從前所用員友若有不合用者，無論何局何人，鴻滄均可隨時易换。

八、萍礦每月用款，專恃出售煤焦及挪借爲周轉，所有運銷兩事，鴻滄既任兼理，其籌款一節，鴻滄亦應分任其責，以盡其力。

九、合同議定三年。此三年內，除犯私過外，彼此概不得托故廢棄，以昭信實。

十、奉盛宮保本年五月初一日電諭，薪水每月支銀二百兩。如不要酬勞，按月另給公費銀二百兩，仍在輪駁額餘項下開支等因。應即遵辦。

十一、此合同彼此出於情願，永無悔言。自訂立日起，儘一個半月內，鴻滄即應接辦。

陳旭麓等《盛宣懷檔案資料選輯之四》漢冶萍公司第二册《萍鄉煤礦向大倉喜八郎借款合同光緒三十一年五月二十四日》 中國萍鄉煤礦局、日本東京大倉喜八郎爲訂立合同事。

今大倉喜八郎借與萍鄉煤礦局日本貨金三十萬元，合漢口現市洋例銀二十一萬八千二百四十兩零三錢六分，於華曆光緒三十一年五月二十四日，即東曆明治三十八年六月二十六號交款。訂明以四年爲期，第一年之對期只還息不還本，其本款在第二、三、四年內分作六期歸還，即每六個月一期。第一期東曆三十九年十二月二十六號應還貨金五萬元，第二期東曆四十年六月二十六號應還貨金五萬元，第三期東曆四十年十二月二十六號應還貨金五萬元，第四期東曆四十一年六月二十六號應還貨金五萬元，第五期東曆四十一年十二月二十六號應還貨金五萬元，第六期東曆四十二年六月二十六號應還貨金五萬元。利息均照東曆按月七釐五，即萬分之七十五起息，息款隨本同還。其本並息按期交由漢口匯豐銀行電匯歸還。若萍礦欲在第一年後提早歸還，應在兩個月前知照，大倉准收提早交還或全數或半數之款，其息只認至交還之日爲止。此合同照繕三紙，大倉喜八郎執一紙，漢口駐員桔三郎執一紙，萍鄉煤礦局執一紙。此訂。

保焦炭三萬噸

萍鄉煤礦局總辦張贊宸

大倉喜八郎代桔三郎

中證人桔三郎

中證人姚訓才

中證人章達

中證人陳其瑢

中證人湯頌清

駐漢總領事永瀧久吉

右公認ス

大清國光緒三十一年五月二十四日訂

大日本國明治三十八年六月二十六號訂

附合同

張贊宸、桔三郎爲訂立附合同事。

華曆光緒三十一年五月二十四日萍鄉煤礦局、東曆明治三十八年六月二十六號日本東京大倉喜八郎所訂借款合同，應補給利息長年一釐。訂明大倉合同簽字交款之日即付補給息款一年貨金三千元，合漢口現市洋例銀二千一百八十二兩四錢，其餘應俟還本時再付。如提早還本，此息亦照正合同辦理。欲後有憑，立此附合同存照。

中國萍鄉煤礦局總辦張贊宸

日本東京大倉漢口駐員桔三郎

中證人姚訓才

中證人章達

中證人陳其瑢

中證人湯頌清

陳旭麓等《盛宣懷檔案資料選輯之四》漢冶萍公司第二册《三井物産會社代漢陽鐵廠售銷生鐵合同光緒三十一年六月初八日》 一、鐵廠允准，除日本官辦若松製鐵所歸鐵廠自與交易外，所有日本各埠均歸三井代理售銷，定期三年。期滿或續或停，彼此須先期三個月議妥。

二、三井在日本代售者，鐵廠允付用錢，按照鐵廠淨得價值一百分之二分半。除鐵廠售與官辦若松製鐵所不付用錢外，如鐵廠自售與日本官商，亦付三井用錢一百分之二分半。惟無論何時，若有三個月鐵廠自售與日本官商之生鐵噸數比較三井經售者爲多，則合同隨時即可作廢。

三、訂立合同後，運鐵數千噸，或堆存上海，或堆存日本，臨時彼此酌定而行，以免有人要貨而無船可運。其逐批裝運生鐵之時，三井允即照日本市面生鐵淨價墊付八成，即每百分之八十分，按月六釐計息，至按批出售陸續還款之日爲止。其堆存上海者，鐵廠以棧單與三井調換墊款，而運至日本者，以提貨單、保險單調換。俟此數千噸將近銷完，即陸續補運，其補運之鐵亦由三井照上墊款，利息亦同上。然若上月運出之數所銷不及其半，暫時停運。如日本有時銷路不多，可由鐵廠上海批發所商明，三井將其已經墊款之鐵出售，收價歸還三井墊款，並照第二款鐵廠自售與日本官商之例，付給三井用錢一百分之二分半。鐵廠自運上海之鐵不由三井墊款者，歸鐵廠自售，即無用錢給與三井。

四、所有進口税、棧租、保險、駁力、挑力等費，三井暫爲墊付，俟結帳時將原來收據寄交鐵廠，即在售鐵價内扣還。三井不計息，不扣用，其價款多餘之數，一日一結，除劃還三井照第三款内所載，逐批運鐵墊付八成之價銀及利息外，匯交鐵廠。匯價上下，與三井無涉。

五、棧租昂貴，三井如能代爲設法在日本相宜地方租空地一塊堆鐵，即須照辦。四圍圈築籬笆，派人看守，並由鐵廠派人前往會同對磅，不能再照舊例，每百噸加耗兩噸。

六、堆存日本之鐵數逾二千噸時，過兩月尚無二百噸以上大批銷路，即由鐵廠設法自售，不付用錢。而三井墊付價銀及一切款項，須俟此項存在日本之鐵銷完始能付還，其價銀利息仍至付還之日爲止。

七、三井在日本經售之鐵，所有鐵價全屬三井之責任，鐵廠惟三井是問。

八、如有預定生鐵，其鐵價訂明，或在鐵廠碼頭交貨，或在日本交貨。除水脚、保險等費外，結算淨價均歸鐵廠，三井只得用錢，不能貶價自買，再抬價出賣。鐵廠可隨時派人至日本各埠查察。

九、如機爐險或海面不靖不能出口，即退還定錢，各無責言。

十、三井零售生鐵在五百噸以内，可照下開之價三井先售，後報漢陽。二號照□□[生鐵]市價減百分之二分五，三號減百分之五。五百噸以上隨時電商鐵廠酌定去取，其頭號價隨時另定。所有生鐵市價，十天一電，俾知市面情形。

十一、三井可開帳交由鐵廠認還者，係水脚、保險、進口税、駁力、棧租、挑力、電報、碼頭捐或軍餉捐，此外均在用錢之内。

十二、鐵質優劣、權衡長短，均與三井無涉。

十三、運鐵船隻由三井代雇，其水脚須與鐵廠商定取其最低者。若三井無船可雇，即由鐵廠自雇，然總須先儘鐵廠自有之輪船裝運。

十四、鐵廠新鋼廠造成後，如所出生鐵只敷煉鋼不能外銷，而三井合同其時尚未期滿，則在日本各埠專銷鐵廠鋼料之合同，須先儘與三井商議。

十五、此合同内如一時有想不到之事，彼此可隨時斟酌添注。如因解釋合同內意義各執一詞，彼此各請公正人一人公斷，以華文爲準。照訂華文、東文合同各三分，一存鐵廠，一存三井，一交駐漢日本領事存案。

陳旭麓等《盛宣懷檔案資料選輯之四》漢冶萍公司第二册《日本外務大臣致盛宣懷電》 日本政府現聞鐵政局擬行停製鋼鐵，專製生鐵等語。如盛大臣亦爲專製生鐵覓其銷路起見，願與我製鐵所訂立合同，則先看其條件如何，日本政府亦可商議此事。先行詢明盛大臣之意，請速電復。

陳旭麓等《盛宣懷檔案資料選輯之四》漢冶萍公司第二册《盛宣懷復日本公使函》 一、噸數。光緒三十一年七月起至三十二年二月爲止，每月可售三千噸，共八個月，可售二萬四千噸。三十三年正月起，每月可售五千噸，每年可售六萬噸，共五年，可售三十萬噸。

一、貨在漢陽碼頭或在石灰窑碼頭交收。

一、價因大宗生意，故格外減跌，製鐵所不能轉售他人，以礙漢廠銷路。

一、爐座出險，以致愆期，必可補充，不能議罰。

一、前定礦石之數應酌量核減。

一、生鐵化驗分數須彼此工師議定。

王樹枏《張文襄公全集》卷一九三《魏道等來電光緒三十一年六月十四日丑刻到》 頃聞移建新廠一案，練兵處議復，奉旨允設南北兩廠。南在萍鄉，北在直豫晉境內。南廠經費，以江皖贛協濟三十萬，及銅元餘利一半開辦，不足則由蘇浙川鄂湘粵桂分籌。北廠經費，以滬局節存七十萬撥辦，不足則由直豫齊晉秦奉吉分籌，均按五年攤解。至滬廠，即專辦子彈鍊鋼，云尚未奉到行知。惟滬節七十萬，原爲萍局起見，今則改撥北廠。而江皖贛三十萬兩，屢催未撥。銅元併歸甯局，甫經添廠，何能驟獲餘利。萍廠開辦，頗難著手，謹先密陳，伏乞訓示。職道允恭碩輔稟。寒。

陳旭麓等《盛宣懷檔案資料選輯之四》漢冶萍公司第二册《盛宣懷致李維格函光緒三十一年七月初一日》 五月二十七日沁電諒邀臺閲。內田送來日本原電，兹另紙鈔寄。查製鐵所每噸只出價日金二十一元，合之近時銀價不過十五、六兩。韶甄云，價廉日久喫虧太大，萬不可做。其説極是。弟亦以爲日、俄勉强議和，戰事仍必準備。俄國用鐵德、法接濟，日本用鐵捨漢廠莫屬，此時正好與之争價。漢廠生鐵銷路已通，本不貪製鐵所生意，不過以大冶無窮之鐵、萍鄉至好之煤，非添爐不能大鑄，而添爐非鉅款不辦，則賤售鐵價之所失，以預支鐵價之所得，償之似較合算。焦炭、礦石、生鐵三大宗，皆足供鄰國之取求。漢萍冶出類拔萃，兄所謂只要有本錢，必有一鳴驚人之日。弟亦有無窮之奢望也。目前借款爲第一要義，成效利鈍間不容發，製鐵所擬訂每年三萬噸，及與大冶礦石各條事宜不致更改等語，可以照准。惟鐵價應以三井、大倉爲根據。弟意彼需鐵，我需款，各有所圖。或可成就，争一步是一步，應以何價索之，望酌核速示。三井合同及五月十一日號信仍未接到，何也？

陳旭麓等《盛宣懷檔案資料選輯之四》漢冶萍公司第二册《盛宣懷致李維格函光緒三十一年七月初六日》 頃展手書並致午帥函及來往電文，慰悉一是。閣下任事之力、爲謀之忠、去就之明，决全廠大局，實嘉賴之，不徒鄙人感佩而已。午帥與弟交誼頗深，且素顧全公益，尤惓惓以漢廠成敗爲念，已允免調，俾公得專意廠務。然則公之賢，午帥之公，豈晚近士大夫所可及耶。

徐侍郎處亦已轉達，午帥函已送交，陳先電復外，專此布臆，祗頌臺祺。

陳旭麓等《盛宣懷檔案資料選輯之四》漢冶萍公司第二册《宗得福致盛宣懷函光緒三十一年八月二十八日》 頃聞旌麾因會議德商約即日旋滬，計程已安抵春申，興居康適，定符孺臆。昨接駐冶日員西澤公雄函開，「接製鐵所長官來信內稱，明年將購買大冶鐵礦十萬噸，兹照大冶借款合同第五款，要彼此商量定奪，仍望迅速達知憲聞，並示復」等因，准此。自應專稟請示。查鐵山礦石無窮，應歸興業銀行，本息亦以多交礦石、多收價本爲貴。第其中有不得不預爲宫保陳明者數事，先就卑局而論，明年漢廠兩爐併開，約需鐵礦每日夜三百噸，以年計即十一、二萬噸，漢日並計，統年出礦運礦即二十餘萬噸，礦師雖預有佈置，添開獅山支綫路，復開鐵門坎一路，先後共有五路出礦，每日能出六、七百噸，周年可得二十萬噸，（天雨、農忙、放假停工不在內。）而裝車運送，以及種種工程均皆未備，解守承辦五年，每年漢日兩礦多則五、六萬，少則四、五萬，今驟加四倍，新火車僅添一部，礦車甫添十部（另有十部尚未完工），下礦鐵橋碼頭礦師請而未辦，石堡堆漢礦碼頭，地雖買而土未填，軌路亦未接長，凡此非錢不辦，比因由石堡至鐵山大小橋梁二十八座，又溝橋八座，自二十二年接辦至今從未大修，火車每日經過，負重往還七、八次，風馳電掣，其險不可思議。今屆江湖盛漲，不敢再事因循，商之李總辦因陋就簡，多用山樹，少用洋松，一律修補完全，九月可以完工，約費數百串。此外零星工程不容不辦，均已次第整理，只裝礦鐵橋碼頭及展拓堆礦餘地，工費較大，又不能咄嗟而成，尚未開辦，務求酌定示遵。至東人收礦情形，西澤公雄與卑職交誼漸孚，本年應交七萬噸，去年買存未運二萬三千噸，連加耗計算，將近十萬噸，華九月中旬即可全數運完。今年來船銜接，亦近年僅有，挑夫野蠻，水手雜沓，不免多費唇舌，使總局不在石堡，即難免貽誤多事。六、七月來船皆七、八次，卑職擬俟裝完填一船表，送呈鑒核。明年若依此船期受載，即斷斷供應不及。又，礦塊大小，照合同凡二十五密里米達以內不買，由七十五密里米達至一百五十密里米達爲止，再大又不買。試問鐵礦在山用炸藥轟開，大小何能一律？若塊塊剔選，又安得如許人工？月需萬餘噸之多，既重且笨，轉運猶虞不及，何能逐車檢擇？近與西澤辯論多次，西澤亦知其難，而製鐵所長官大約因續約，金錢洋餘每噸多出二角四、五分，故爲此格外苛求，兹將西澤近兩次函抄呈。卑職愚見，製鐵所明年既商添買三萬噸，趁此即與約定，將裝礦輪船期照合同先兩禮拜知照（應請就近與上海總領事函商製鐵所長官爲妥），不得蜂擁而來，如兩禮拜無信，礦輪到冶停泊守候，不認船費。又，礦塊大小自應照合同，不過一百五十密里米達，但一噸之中間有數塊不合程度者，所在難免，斷不能繩合同以剔退。彼此交際正長，理與情不容偏廢，未稔鈞意以爲然否。因來年漢日兩礦交相加多，運道又極窳敗，卑職承乏二年，深知其爲難情形，用敢縷悉上聞，伏望統籌指示辦法，俾有遵循，不勝待命之至。

陳旭麓等《盛宣懷檔案資料選輯之四》漢冶萍公司第二册《西澤公雄致盛宣懷函光緒三十一年八月十四日》 現接本國製鐵所督辦來函内稱，購買大冶鐵礦，礦塊之大小不符光緒二十五年所訂立合同，又屢次已經論及此事，以促貴局之注意，然而近來輸運到敝國之鐵礦，尚多含有七八寸之大塊，更非另加人力破碎之不爲其用，其費錢不決勘少。敝製鐵所現已照新訂立合同，礦價每噸約增加二三角，以容諸貴督辦之提議且明矣。兩國輔車之情誼，抑礦塊之大小者於製鐵業極爲緊要，其過超貴國四寸之大者均不能用於熔爐，則大塊之害可知耳。將來運來之礦塊一定要合符合同所訂之大小，如尚含有大塊乎，迅速通達貴督辦，以可押礦價云云。查光緒廿五年之合同，有規定章程曰：「所有裝載輪船之礦石如有漏出二十五密利米達方（貴國半寸大）之網眼者，一概不買，並且所有購買礦石全數之六成以上，須係七十五密利米達（貴國二寸大）之大塊，惟毋得有過於百五十密利米達以上之大塊。」故此事明白，無一款可論難之餘地，特此函達，即祈閣下迅速飭獅子山礦員勵行訂立合同之意義，勿再生紛議爲幸。

陳旭麓等《盛宣懷檔案資料選輯之四》漢冶萍公司第二册《盛宣懷致宗得福函光緒三十一年九月初五日》 製鐵所多運礦石則漢廠便可減本輕利，此意來函已曲喻矣。明年十萬噸之約，即由尊處函復，西澤允認照辦。所商務節，有斷不能靳借工費，必須預爲籌備者，有統計漢日兩礦尚不致如原函所言整數之多者，兹條列如後：

一、漢廠兩爐齊開，日需礦三百噸，即月需九千噸，惟往年該廠熔鐵通年只作十個月算，因兩爐中不免有停修之時，又夏令不能過於開足汽機。是明年漢日兩礦二十萬噸斷不能少，與礦師所估可得之數亦相符合，惟山上工程必須催令速辦，礦内包工必須多覓散夫，方不致措手不及。

二、整數既籌足矣，每日火車拖礦便須加添次數，未完工之礦車便須盡力趲辦，如尚不足，仍望添置，總以足用爲度，總以年内一切齊備爲度。

三、下礦鐵橋、碼頭爲出礦之咽喉，來函礦師請而未辦，是予博德借口少出之柄，望趕屬繪圖雇工推廣。石堡堆礦地，既已購就，亦望趁此農隙，集夫填土，並將軌路接長。今年江水之高爲往屆所未有，萬一明年水退過早，日礦十萬噸不及運完，便須查照上年成案運至石堡，交西澤簽收，以便年終照已運之礦算價，故堆地斷不能惜費也。

四、鐵路無處不歲修，運礦之路較載客者尤易受損，設因珍惜修費，耽誤運路，喫虧尤重。除來函業已修補完全之處不計外，遇有應修之處，仍望徑自主政，逐節修理爲要。

五、日本船期及礦塊大小，即日函致上海日領事轉商製鐵所，勿再擁擠挑剔，一面仍將實情面告西澤，囑其隨時函稟該所長官，以收内外夾擊之效。因日人專挑大塊，致細碎之礦堆棄得道灣山下者不少，此中鐵質均含有七十餘分，均係費工採掘而來。一琴往歐考察新法熔鐵，不論礦石粗細，焦炭大小，均可入爐，望與漢廠切商，能否按月搭運若干，化無用爲有用，積年計算，於公家受益匪細也。

陳旭麓等《盛宣懷檔案資料選輯之四》漢冶萍公司第二册《宗得福致盛宣懷函光緒三十一年九月初五日》 昨據西澤交到屬寄憲函一件，并稱本年第三十三次「諸露朵」號裝載礦石二千八百四十二噸，除去年存礦八百四十二噸不計外，内有續添二千噸，該礦價金錢六千元及利息八十元八角七分七釐，已由製鐵所照約代交日本興業銀行，寄來興業收據一紙。計本年七萬二千噸，礦價收據已齊，茲謹代呈，伏乞鑒核飭備案，並求示復。

陳旭麓等《盛宣懷檔案資料選輯之四》漢冶萍公司第二册《宗得福致西澤公雄函光緒三十一年九月十四日》 九月二十一號接奉手示，以貴製鐵所長官函稱，明治三十九年購買大冶鐵礦十萬噸，照合同第五款要彼此商量定奪云云。當即函稟敝督辦盛宫保。昨接宫保回信云，彼此交際日篤，自應勉力代辦，惟礦塊尺寸理應查照合同，盡力開採，以合程度。但礦石在山極爲重笨，今既加增三萬噸，爲數更多。敝處漢廠自用，明年亦須十萬噸，既責山産出礦加多，即不能責成塊塊大小符合，倘有大塊仍歸碼頭加打，並請貴製鐵所原諒。從前耗礦加二，後改加五，即小有失耗，於貴製鐵所亦不致虧搰。又，裝運礦船開船日期，亦請函達貴製鐵所務照合同，先兩星期電知敝局，防礦多擁擠，供應不及，致有船到候礦之誤。如本年六、七兩月每月裝礦兩萬餘噸，每日合七百噸，敝局斷斷不能照運。盛宫保已將以上各情函請總領事永瀧君代達貴製鐵所，並囑函復尊處轉告貴製鐵所定奪一切。

陳旭麓等《盛宣懷檔案資料選輯之四》漢冶萍公司第二册《西澤公雄致宗得福函光緒三十一年九月十六日》 明年購買大冶鐵礦十萬噸，已承允諾，具見貴督辦認真公事，莫名欣佩。至其礦塊大小及運礦船解纜日期等，將來應辦理之事，弟已函稟敝製鐵所長官，一俟接有回信，再當奉聞，此復。

王樹枏《張文襄公全集》卷一九九《致上海盛大臣光緒三十一年十一月初八日亥刻發》 連日與湘粤諸紳議粤漢三省鐵路條款。所有需用鋼軌，一切鋼鐵料，鄙人囑其統向漢陽鐵廠訂購，不得向外洋購買。惟據粤紳云，粤省運道路遠，必須鐵料價目，核與别廠相同，方能遵用等語。鋼鐵軌料各價，只可與外洋各廠比較，如係同價，則必須用漢廠之物。如此方易與衆紳商訂，尊意如何？祈飛速電示，以便即日定議。

陳旭麓等《盛宣懷檔案資料選輯之四》漢冶萍公司第二册《李維格致盛宣懷函光緒三十一年十一月二十七日》 三井來電借款大概如左：

一、借款日金一百萬元，分十個月交付。

二、以一年爲期，期滿可商展三年。

三、利息八釐。

四、期票由督辦、總辦用印簽字，以漢陽鐵廠作保。

五、每年保其代銷鋼鐵，用錢日金一萬五千元。

六、代銷地段，中國、香港包括在内。

七、合同簽字後由日本領事作證。

茲寄呈格所擬草底，即祈鈞核後速賜電示，三井已電總行也。廿四寄一稟言大倉借款事，想日内必有電示，甚盼。前日奉廿日手諭並致韶甄函，適當日有輪開，即專差送萍。萍窿整頓後，每日出煤八、九百噸，足見辦事在人。此間兩爐前兩日連出一百五十四至一百五十八噸，翻砂生鐵、洗煤氣機趕好後，大約尚不致失望，惟新爐之成，看來終須後年春間，蓋不能如外洋之處處方便也。盧鴻唱運銷事容再探詢上聞。手肅，叩請鈞安。維格謹稟。冬月廿七日。

福體近來如何，甚念。漢口、漢陽自來水廠，南皮擬仿天津華洋合辦，前日令荃臺傳詢，請鐵廠代制水管，擬兩種辦法：一、三年後付價，水廠認利；二、即以管價附股。格答兩法均有難處，然又不能不仰體上意，反復思之，祇有與水廠訂合同，即以此合同向銀行借錢。水廠爲香港注册之公司，應能取信，鈞意何如？

陳旭麓等《盛宣懷檔案資料選輯之四》漢冶萍公司第二册《宗得福致盛宣懷函光緒三十一年十二月初十》 十月二十一日曾上不列號稟，度邀慈鑒。嗣聞憲節冬月初五日由漢旋滬，料量京、漢交接各事想已裕如。卑職叩辭回冶，即料理漢廠運礦。自經吕柏整頓，兩爐出鐵每日夜一百四五十噸，於是待礦愈急，前數日正值大雪，而廠待白石急如星火。接李總辦急電，再遲一半日即須悶爐，卑職因出鐵正旺，何可中輟，遂加工，冒雪漏夜趕辦，無如白石山開採已久，石已不多，既高且險，一面發給炸藥、不計工資，一面添購合用白石山。幸賴福芘，白石礦石源源運廠，足資接濟，不致悶爐。吕柏致礦師信，自冬月起，每月二號礦七千噸，白石二千三四百噸，三號礦一二千噸，是漢廠每年已須各項礦石十二萬噸，日礦正耗在外，所有應辦各節分條稟陳。

一、舊開白石山中凹上凸，採石之工苦無立足之處，山廠極窄，常有跌傷跌斃之事，每遇天雨即不開工，況石已無多。茲於鐵山埠購得方家山一處，産石尚富，石質亦合爐用，山價連安軌路、地價共錢二百餘串，業已立契，一俟晴霽，即鋪設小軌連接大軌道。另有陶家山一處，亦産白石，尚未説定，亦擬購爲備用（〔盛宣懷批：〕好）。

一、白楊林錳礦採完前，已陳明僅留姜承高祖墳一座，當賣全山時，即未買成。賴倫、博德皆云，墳之坐身及左右錳牌甚多，非買回遷墳不可，而姜氏因祖墳冢多，誓不允賣。年餘以來百計商量，比接李總辦信，與錳運道艱難，成本太貴，斷不能持久，不得已又不惜小費，始與議妥，墳身之下由姜自挖售與礦局，按噸給價，以挖完爲止。墳外餘地悉歸局買，可遷之墳亦仍遷葬，計費正價錢三十串文，保墳遷墳費錢一百餘串文，均已立契，刻已開採。博德云，足供漢廠兩年之用。

一、明年漢日兩礦既需二十二三萬噸之多，火車頭斷不敷用，已由李總辦在外洋添訂一部，明年三月可到。舊火車應换鍋爐，本廠本可自造，惜無尺寸較大之熟鐵，昨與漢廠詳商，擬添買現成鍋爐三副。此外運礦車尚須添制二十部，此間新舊礦車存廠已有六十五部，每日開車六次，每次十三車，不敷周轉，且常有修整之車，仍應接續添造。

一、鐵門坎之礦明年亦須多運，博德請派監工通事，適張故丞廉泉之次子讀英文有年，廉泉購買得道灣鐵山不無微勞，前奉面諭，格外優待其後，兹將次子張繼志派充鐵門坎通事，月致薪水二十元，火食三千文。

一、得道灣彈壓張千總慎國在山十餘年，於工廠極稱熟悉，遇有大小事件，該千總極肯出力，不避勞怨，尤爲難得，向支月薪十兩，另於局用項下酌給津貼數元，擬請改支月薪十六兩，火食六元。又，鐵山稽查兼照料，原稟派稽核徐增祚常住鐵山，與礦師交接一切，兹因徐從九本系收支稽核，於礦山情形尤熟，不免各處奔走，兹添派卑局幫文案候補縣丞殷玉衡常住鐵山，以專責成。新舊白石山又均在鐵山左右，在在需員照料，應支薪水，仍由卑局文案開支，但改月支火食六元，均由卑局先給照會，容即申報。

一、得道灣下礦碼頭及各包頭住屋，除添造五間外，僅住工匠，所有包頭及下礦人夫非常住在山，常苦呼應不便，天雨尤甚。兹擬添造平屋三間，又下礦碼頭添造一處，明年即分兩處裝車計算，每日運礦開車五六次，非此斷斷不及，一切工程當減益求減，據實報銷。

一、下陸應添工程，前於四十七號信内陳明。翻砂廠已改换屋面，停車廠接長以備停放新車，刻因機器廠逼窄，明年各項工程加多，修整機件較繁，舊廠外添蓋加闊走廊，專修火車、礦車之用。又，十數年來下陸分董司事，無一辦公之所，四散分住，楊董屢請設法，擬明春度地添造，本年只能先將車廠接長，機器房加寬，兩項約需錢一千六七百串。此斷不容緩之工程，只得趕緊興造，僅先陳明。

一、轉運日礦，向章由卸車轉碼頭挑上輪船，每車十一噸，發錢一串一百八十文（上船六百二十文，轉礦四百文，卸車連撮基一百文，夫頭津貼六十文），歷年照發。本年因日礦多運，卑職於日船未到之先，傳集夫頭，曉以礦多夫力亦加，不能照往例，再四開導，每車試減一百二十文，另款存儲。凡輪船一二只同時到埠，人夫不及，或遇農忙雨雪種種不便之時，非額外加賞不能鼓勵踴躍從事，各夫頭均願具結遵辦。本年計算前款，已扣有七百餘串，近年轉運員司無不格外出力，已蒙批示獎勵，年終擬酌提若干，以資賞犒，仍俟發給後開摺稟報。此款暫請免充公項，能否常減，俟明年全年日礦運清，再請示遵。

一、昨奉札開：冶邑朱庶常國楨稟求撥車費津貼學費，已移縣傳知，先是有舉人黄福崇、詹翰藻來函，自稱學界代表人，即指車費一項，函尾牽及售賣日礦於冶邑無絲毫利益，昨已録函申復，諒邀鈞察。近又有鐵山得道灣各里紳稟請，每噸礦請提錢二文，專供鐵山東方兩堡蒙小學堂經費，每年約需一千餘串，已經飭分董傳夫頭議復，各夫頭已稟稱無力。曾商現署大冶何令蔚紳，據云學界中人大都注意於礦局，何令之意，擬求憲台設一礦務學堂，准收冶人子弟，以泯覬覦之心。第設學堂首先房屋，其次器具教習，每年所費不貲。卑職愚見，不如名爲日礦項下每噸酌捐十文，每年十萬噸，計捐錢千串，暗中仍以車費抵解，不知鈞意以爲然否，乞酌示遵辦。

一、博德礦師薪水，接李總辦函，自三十二年正月起准加薪十鎊，每月共五十鎊，已傳知博德，感謝之至，並與約定分内一切應辦之事悉照原續合同。近因日礦逐年加增，加薪五鎊之外又加五鎊，作爲日礦酬勞，以踐解總辦之諾，博有復信遵辦。

一、冶礦山近日中外游侣日多，東洋尤甚，不無烟酒酬應，卑局已荷恩允據實開報。祇得道灣分局亦因此多費，該局局用每月僅三十元（轉運及下陸每月各四十元），自明年正月起擬請每月加給月費十元，俾與各分局一律，以資貼補。

陳旭麓等《盛宣懷檔案資料選輯之四》漢冶萍公司第二册《盛宣懷致張之洞函光緒三十二年正月初六日》 漢陽鐵廠蒙奏委宣招商承辦，以後歷年搘拄艱難，情形危迫，均隨時上達鈞聽。自萍礦告成，冶石分售，得派李郎中維格購運新機，擴充新廠，剥極而復，爲鐵政一大轉機。所有從前出入虧項，計盛道春頤交卸之時，派候選知縣楊令學沂等監盤，張道贊宸交卸之時，派候補道錢道紹楨等監盤。據稟，該廠一切收支款目，仿照招商局帳規，流水册籍外，按年另有年總，積年另有收支簡明表目，總細合校，針孔悉符。結至三十一年三月李郎中接手止，實虧銀一百九十七萬六千餘兩。致虧之故，由於虛本實利，出貨少，成本重，銷路滯，所售路軌、生鐵，半爲歐西大廠鐵價相擠。挽救漏卮，勢難顧計商本，隸漢之礦，支應繁重；添置之機，名目繁伙；而無一不由於騰挪息借，以致負此鉅虧。僅兢兢焉，勉副鈞臺中國鐵政不落外人之手之諈諉而已，心疲力竭，悚惕實深！宣處讒疑交撼之秋，仍持堅忍卓絶之概，誠以鋼鐵世界，關係富强大計，收效雖遲，此心不懈，尚祈鈞臺終始維持，並將漢廠商辦艱險暨此次改舊添新，借圖轉敗爲勝緣由，迅賜主稿挈銜奏明立案，實所紉盼！

年伯大人再鑒：

日本製鐵所：悉係官本，煤礦確是商股，實因鋼鐵頗關國脈强弱，況華商財力、志氣更非日本可比乎。侄從前敢於冒昧承辦，所恃招商、電報、鐵路、銀行皆屬籠罩之中，不必真有商股，自可通籌兼顧，故支持鐵廠，余力尚能憑空起造一上等煤焦礦。數年以來，公之屬望於侄，豈不知庸才無過人之處，亦用其通籌兼顧之力而已。今則内外受逼，孤懸無助，一身一家，何足顧惜；九仞一簣之廠礦倘各敗於垂成，誠足惜耳！世俗莫不以成敗論英雄。近日，接友人密緘，謂傾擠我者，料我廠礦必因債户四逼而倒，不僅侄爲天下笑，公亦爲天下笑。覽竟，不禁咯血無數星點。侄嘗終夜思索，鋼鐵廠必歸官辦，即不然，亦必歸官商合辦。此時未敢遽請者，虧摺之後，人將謂我累官。但求數年後，稍有轉機即行改計，未知病軀尚能待此數年否。現在必須奏請者，約有數端：

一、李維格須痛保請賞四、五品京堂，如楊士琦之總理電務，侄只堪爲吴重熹耳！

一、各干枝路需用鋼鐵料，須請仍照原奏及各合同，先盡鄂廠自辦。

一、萍潭運煤鐵路餘利歸官，而應歸廠礦管轄。

一、廠礦向用鐵路大臣關防，繳銷之後，或暫用商約大臣關防，商約亦不久，應否奏明另刊關防。

一、上海既設漢冶萍總局，以通有無，前年開平亦有此局，今既有商部，應否遵照商律注册？

一、鐵廠必須添籌鉅款，以造新大化鐵爐，以還正太借款。

以上數端，敢乞迅賜核示，此外尚多剩義，並求切實指教。爲感！爲幸！祇叩台安！

陳旭麓等《盛宣懷檔案資料選輯之四》漢冶萍公司第二册《李維格致盛宣懷函光緒三十二年二月初五日》 竊查廠礦本屬一氣，無分此疆彼界，但十年以來廠虧礦盈，不容不畧分界限。凡有官商樞紐，絶大之交涉相逼而來，竊窺府主言論之間憂形於色，無非爲廠萍與路工款項一時無從歸墊，故擬將廠虧二百萬全數入告，此誠題中應有之義，不可須臾緩。但官商痛癢素不相關，雖昔之同舟，今且視爲陌路，況身本局外，更從而傾軋排擠之哉。惟今之計，急宜一面奏報廠虧，一面預籌抵制之策。抵制維何？惟有將冶礦、山産分官交、商購爲二。官交乃鐵山之龍洞、鐵門坎各處，商購則得道灣之獅子山、大石門、野鷄坪及未開之金山店各處。擬請速立漢廠股東，私議自二十二年接辦後，凡商購礦産另立合同，載明廠虧則以礦餘彌補，礦摺即以廠餘輔助，兩相維系，盈虧與共。目前廠虧二百萬，以日本礦價三百萬銀洋相抵，進出不相上下（三百萬雖買機器，撥萍路機器路工，即可抵作現銀；漢廠預支軌價雖挪借部款一百三十餘萬，有二百萬新機抵押，不算無着）。萬一大部催還預支軌價一項，即以新購機器價本暫抵所謂商虧商償，較之訴苦乞恩，尤爲光明正大。倘蓋籌許可私議，合同即宜早立，祕勿告人，作爲購山之先。公議妙在官購各山，早經咨部，商購各礦，契券具在，脈絡分明，毫無假借。斷不能商廠所虧責商承認，商礦所餘悉令歸公，準理酌情。或亦愚者一得，用敢畧陳，伏乞密裁。謹畧。

陳旭麓等《盛宣懷檔案資料選輯之四》漢冶萍公司第二册《漢陽鐵廠向三井物産會社預支鋼鐵價款合同光緒三十二年二月初六日》 漢陽鐵廠因委三井物産會社代銷鋼鐵，向三井預支鋼鐵價款日金一百萬元，應還本利，即在代銷鋼鐵價内扣除，所有訂定條款開列於後：

一、預支價款日金一百萬元，自西曆一千九百零六年二月初一日起，至十一月初一日止，分拾個月，每月由三井付交鐵廠日金十萬元。其利息自每次交付之日起算，每年每百七分半，即七元半，還本自西曆一千九百零七年六月三十日起，每年還本二十萬元。利隨本減，分五年還清，每年兩期，第一期六月三十日還十萬元，並六個月利息；第二期十二月三十一日還十萬元，並六個月利息。至一千九百十一年年底還清。

二、鐵廠每次收到十萬元，即出十萬元期票一紙交與三井，期票蓋用鐵廠督辦、總辦關防，並由督辦、總辦簽字，期票式樣如左：

漢陽鐵廠收到三井物産會社日金十萬元，每年每百七分半起息，按照合同如期付還，或在鋼鐵價內扣除，或由鐵廠另撥，保還不悮。此票本利付清，即由三井將此票交還鐵廠注銷，立此期票爲憑。

督辦關防、總辦關防，督辦簽字、總辦簽字。

三、如鐵廠此後再需借款，須於第二次借款合同中聲明，三井借款係第一次之借款，還款須先還三井。

四、鐵廠委三井代銷鋼鐵，自此合同簽字之日起，至西曆一千九百拾壹年年底還清此項一百萬借款本利之日爲止。其代銷中外地段如下：牛莊、安東、烟台、旅順、大連灣、威海衛、青島、香港、新嘉坡、日本、高麗。代銷之鋼鐵，三井應得用錢百分之二分半，照鐵廠所得净價計算。但中國各省鐵路日興，需用鋼鐵日多，恐鐵廠無貨可交與三井代銷，則三井既借款項又費招徠，未免吃虧，故自一千九百零七年起，鐵廠允保三井用錢。第一年日金一萬五千元，第二年一萬二千元，以此類推，每年遞減三千元。一千九百零六年允保七千五百元，少則補足，多則扣除，然若鐵廠有貨，足與外洋鋼鐵争衡，而三井不能代銷，即不付此項用錢。

五、中國鐵路所用鋼鐵材料，由鐵廠自售者，雖運至以上所指三井代銷中國地段，三井亦無用錢。

六、本年六月初八日所訂銷鐵合同須酌量增減。

陳旭麓等《盛宣懷檔案資料選輯之四》漢冶萍公司第二册《盛宣懷致奕劻函光緒三十二年二月初十日》 宣三十年心疲力竭，不過辦成輪船、電綫、鐵路三端，現幸次第交卸，尚有製鐵一事。無米之炊，支撑十載，仰邀福庇，煤礦成功，足資熔煉。去年籌款，遴派李維格出洋購辦全套新式機爐，安排新廠，約計三年之後，鋼鐵足供全國之用，擴充製造，以圖富强，又成就國家一種完美産業。查照外洋，創辦一事，謀始須十年，收效又須十年，後人坐享其成，未必盡知前人創始之苦。近與香濤制軍再四熟商，請將鐵廠收回官辦，仍以鉅款難籌，堅持不允。顧念政府勵精圖治，中國之大，僅此自辦煤、鐵兩礦，製鐵一廠，若爲外人覬覦，所關軍國甚大。宣一息尚存，實不敢將垂成之局聽其中隳，祇得勉强支持，設法籌款，督飭所司集各國製鐵之所長，以創中國不朽之實業，總期辦成一事，交代一事，不避目下羣疑，但求事後公論，庶不負王爺二十餘年優睞栽培之至意。惟從前全賴輪、電、鐵路之聲勢，爲華洋商所信從，此後勢孤力弱，一無足恃。所望王爺俯念該廠礦謀始之艱難，圖成之關係，加意拂拭，大局幸甚！宣感甚！

陳旭麓等《盛宣懷檔案資料選輯之四》漢冶萍公司第二册《盧洪昶致盛宣懷函光緒三十二年四月十一日》 蒙匯初四期規元十五萬兩，本月朔起，按月八釐付息，遵已向通商漢行領收，作價九六八一二五。適逢價低，又不際比期之候，不免更形吃虧。茲將所付還之款，録摺呈鑒。

卑職於前月二十日，乘輪赴湘潭、常德等處，詢造拖船各事。常德本爲産木之區，惟該處船廠，素未造過拖船，未敢驟允。已在湘潭船廠，先定兩只，每只長九十英尺，寬二十六英尺，除錨鏈繩索外，每只須價湘平銀二千六百兩。俟潭船兩只告成後，常德船廠始能允包。其續定之船，亦待兩船成後再定。所有造船圖式情形，已與張道熟商辦理。

茲將卑局三月下旬及三月份煤焦旬、月表各一紙寄呈，伏祈鈞核。

再，長沙官錢局委員沈牧瀛電約卑職至湘，復申前議，爲借款二十萬兩，每月匯款六萬兩，月息七釐半。此事若成，與卑局甚爲合算。沈牧已回明劬帥，即有成議。茲將草議録呈，乞鑒裁。

陳旭麓等《盛宣懷檔案資料選輯之四》漢冶萍公司第二册《盛宣懷致唐紹儀函光緒三十二年五月初十日》 敬啓者，漢陽鐵廠預支軌價，結至總公司末批奏銷止，實只存銀九十餘萬兩。頃已備文咨復冰案，並懇督飭各路工程司查照合同，向廠訂購，借副台端同保利權、力杜外耗之意，計邀亮察。此項官款，遲早終須歸結，總緣該廠歷年摺閲，近更添機費本，所恃爲一綫生機者，祇有各官路軌板料件爲大宗銷路，是以迭準商部行查，敝處總以繳清之遲速，視各路是否一律訂用漢料以爲斷，購定之後，仍須訂實，每批撥付現款若干，就中帶扣官款若干，庶漢廠不致無米爲炊，而官款亦可逐漸歸繳，保商塞漏之中，實寓兼籌並顧之意。前奉儉電，正太已飭定料，具紉維護大局之深心，至深感泐。但未知三千噸之外，尚有若干可以續定？從前弟任内飭柯道與總工程司挨士巴尼訂定平潭至太原應用貨料，皆可向漢廠購辦也。台端俯念該廠締造艱難困苦，催令續定，並請於訂立購料合同時，徑飭正太總辦，注明每批撥付現款八成，扣繳官款二成，此二成繳款即由尊處徑行解部，作爲漢廠歸繳官本，仍移會敝處，隨時咨部備案。他路定料，一以正太爲式。如此則鐵政不致中隳，皆閣下體恤商艱之盛惠也。

陳旭麓等《盛宣懷檔案資料選輯之四》漢冶萍公司第二册《盛宣懷致吴重憙龐鴻書函光緒三十二年五月十九日》 敬啓者，據總辦萍潭鐵路局薛道鴻年、總辦萍鄉煤礦局張道贊宸會稟「萍醴路礦緊要，洋員甚多，深慮匪徒乘間滋事，請咨飭營、縣，不分畛域，互相保護彈壓」等因。除另具公牘，分咨查照外，查萍、醴爲湘、贛兩省接壤之處，匪徒出没，此拿彼竄，必須先事預防，呼應聯絡，方足以戢匪擾而靖邊圉。該處路礦開辦之始，前任萍鄉顧令家相，遇事維持，數年來極爲安静。顧令交卸後，曾函請貴前任、贛撫帥飭令營、縣隨時保護，未卜是否轉行到縣。

去夏即有礦工滋事之案，皆由於匪類誘惑所致，幸賴端午帥在湘，立即電飭醴陵防營馳往協同彈壓，未釀鉅案。是地方之治忽全持營縣之防維；而礦路人工衆多，稍有疏虞，尤易爲匪徒勾結滋擾。現在湘、贛兩省水灾極重，哀鴻遍野，良莠難分。湘潭等縣既經拿獲匪目，萍醴一帶羽黨尤多，萬一煽惑蠢動，爲害殊難預料。用再專函奉懇，伏祈台端迅速嚴飭該營縣不分畛域，認真彈壓保護，俾免意外之慮，是所感禱之至。

中國第一歷史檔案館《清代軍機處電報檔彙編》第二三册《收商約大臣盛宣懷電爲聞有人擬售給日商九江鐵礦事光緒三十二年七月初七日》 前因漢廠整理鐵政，必須沿江多購鐵礦，以供煆煉。曾於光緒二十五年三月，札派冶局總辦解茂承，帶領德礦師斐禮，會同九江電局委員汪承豫等，勘得江西德化縣屬金雞嶺城門，又城門外三山名大勝門小勝門等處，産鐵均富，堪供採煉。行知九江關道，札縣傳集業主，領價立契，歸漢開採。嗣緣議價未妥，久未辦結。本年漢廠添設新爐，需用礦石更多。九江距漢甚近，採運亦易，正派員續往圈購。間訪聞有人擬將該處礦石售給日商，並擬援照冶礦合同辦理。查二十五年漢廠與日本製鐵所訂立以煤易鐵合同，第五款載明，日本不得於大冶合同外，另與中國他處，及山地他人他礦，另立買鐵石之約。大冶亦不得將鐵石賣與在中國地方另設洋人有股之鐵廠。二十九年，續訂購運礦石預借礦價開辦漢陽新廠合同内，第六款仍載明，其餘續議條款，仍照原合同辦理。是九江鐵礦考之原案，徵之合同，中國鐵政局，斷無放棄聽其轉售外人之理。且漢廠深慮日本製鐵所，魄力宏鉅，有礙中國鋼鐵銷路。故與張宫保再三核定，大冶售鐵石額數，每年不得過十萬噸限制，並與訂明不得另載他處鐵石。所以保護中國鐵廠，不使磋跌，防維甚切。應請大部俯賜立案，密電九江關道查案，行縣禁止。倘日使日領，因此饒舌，並祈查照前叙條款，嚴切駁止，一面仍由漢廠派員赴潯優給官價，釘界立契，藉保地産，而興鐵政。至紉維護，仍祈賜覆，宣懷謹肅。魚。

陳旭麓等《盛宣懷檔案資料選輯之四》漢冶萍公司第二册《劉琪致盛宣懷函光緒三十二年七月十二日》 宫保大人鈞座：

敬稟者，卑職七月二十六日奉李總辦傳示電諭，飭即赴冶暫代。自顧庸材，萬難肩此重任，諄求堅辭，以免隕越。次日李總辦促行甚急，辭之不獲，是晚搭輪於二十八晨抵冶。當以漢廠亟需白石，故卑職暫駐鐵山，以便就近督催。初五日奉到鈞札，自應恪遵辦理，以慰憲系，當將到差日期由電稟陳及備文申報在案。十一日電請派員專司收支，並仿漢廠例監盤交代，諒已均蒙鑒及。

連日周歷所轄礦山，傳詢員司，間亦私往各山與礦工夫役閑話，借知上下利弊疾苦。卑職求辭在前，斷不存三日京兆之見，遇事敷衍。既蒙培植逾格，惟有在冶一日盡一日之心力，如憲委來冶接辦，當將半月内考究心得之事於公家有益者剖析詳陳，以備採用，而資實際。謹將近情及日後擬辦之事分項列後，尚祈俯賜批示，俾得遵循。

日礦

結至六月止，共運二十二次，加耗在外，計六萬八千四百五十噸，計礦價日金二十萬零五千三百五十元，本月「田浦」、「福浦」、「大冶」、「若松」等船先後來冶，當經卑職隨時嚴催挑夫依限趕裝，計已裝「田浦丸」一千九百五十噸，列二十三次，計礦價日金五千八百五十元；「福浦丸」三千九百噸，列二十四次，計礦價日金一萬一千七百元，均已起椗，碼頭積礦無多。自十一日起每日已令開車四次，先將得道灣存礦八千噸與按日出數，扯三百噸搭運出堡，以備下批來儎，俟江水稍退，礦頭餘地較廣，盡力開採，隨時運堡堆放。

漢礦

近來兩爐每月約需六千噸左右，新廠機件業已到齊，輪駁按期來冶，隨時搭運，不致有誤。

白石

兩爐月需二千二、三百噸，卑職抵冶之時漢廠所存甚少，近日趕採盡運，廠已積存千餘噸，業與夫頭面訂，限七月分採足四百五十大車（每大車八噸），務使漢廠存有兩旬之糧，以備不虞。兹將宗任本年解運之數分列呈鑒：

正月　一千三百二十六噸，

二月　二千七百五十四噸，

三月　一千六百六十四噸，

四月　三千三百八十三噸，

閏月　一千八百九十二噸，

五月　二千一百七十七噸，

六月　二千五百四十噸。

共計一萬五千七百三十七噸(恰敷廠用)。

現擬自八月至十月止，趁農隙之時將新舊兩山劃分二十處，督率夫頭多派散夫同時開挖，每月勻扯五千噸之譜。如冬令雨雪之前，漢廠存有二三千噸(届時新機裝配已多，騰出地段足彀堆儲)，冶局存有三四千噸(届時江水漸涸，岸邊餘地較廣，可以盡堆)，臘、正兩月歷年出數極少，有備無患，毋須臨渴掘井矣。

錳礦

白楊林一帶蘊藏本不富足，宗故牧每月供用漢廠六百噸之説係輕信礦師之言，初不料浮面有礦，而竟無根可尋。聞五月間已告竭蹶，夫頭着急，四處派人搜羅，勉强足額。是時宗故牧曾有挖深土巷之議，卒以夫頭姜春來索價過鉅(分山頂、山腰、山脚，每噸八百至一千零五十文)，宗故牧以與舊價五百三十文相去太遠，未與磋磨，各礦工以無利可覓，先後散往他處工作。漢廠月需六、七百噸，截至六月底止，僅敷十天之需。卑職到差後，詢悉礦夫以加價不成，已於六月中旬停挖。遂即親往履勘，查見姜家墳傍開有土巷一道，因月初連雨三日，水未退净，當飭夫頭趕即派人抽水挑土。自初四日起天晴，每日約出十噸之譜，巷内狹窄，止容數人，鄰近之桐子園積水成渠，且地勢低窪，緊傍小湖，詢之礦工，抽水亦難見功，必須冬令水涸始能措手。其餘如苕草嶺、胡家地及山頂之吊窿，山腰之横窿，浮面止有小塊錳，質較輕，廠用不甚合算。博德現已查勘確實，據云每處至多一、二千噸，不能久濟廠用，且土工太多，成本因之益高。昨於有礦之處土内挖出礦樣七種寄往漢廠，俟化驗單到，再與博德斟酌。

按興國錳礦運至富池口，每噸成本合銀二兩外，冶局三號含錳較輕，運至碼頭僅需五錢，統盤籌算，僅廠多用興錳，殊於生鐵成本有礙，如白楊林果已告竭，亦屬無法之事。卑職之意惟有嚴催夫頭可挖盡挖而已。揆之目下情形，仍照舊價萬辦不到，然鐵礦白石均有定價，錳礦陡增，難保不援例以求。查三月間新廠白石未安軌道以前，離碼頭不到半里，每一大車，開支挑力錢一千文。白楊林一帶，離鐵路碼頭至近亦有里許，卑職隨時親往各窿查看，視土工之艱易，每一大車酌給挑土錢數百文，如遇陰雨或趕開夜工，每擔另給挑夫錢兩文，總以每一大車所加不過千文。聞鐵礦工人每日得錢二百文，白石工人一百七、八十文，錳礦工人一、二、三百文不等，間有每日止得數十文者，故人皆視爲畏途。

多羅密石

昨奉李總辦公函，囑每月運交百噸，當同博德履勘，石在山頂，農忙之時、雨雪之日覓夫實屬不易，擬趁三、四月，八、九月每次採足六百噸，逐月搭運，以應漢廠統年之需。寬儲以待，源源接濟，且亦吃本甚微。

辦事

解守駐山、宗牧駐窑偏重一處，似非盡善。卑職抵冶後察度情形，日漢船只泊岸受儎，自以駐窑照料爲宜，各山出數不旺，應以駐山督催爲是。下陸爲車路適中之區，地磅尤爲吃重，兼之機匠工食、煤焦、雜料、鋼鐵等件，月支三、四千金，雖有員司照料，究屬不甚放心，須按日往來其間，遇事接洽，以免隔閡，且可博訪周咨，借知各局内容。宗牧遺規，頗多可採之處，如事體重大不能不更革者，自當詳述辦法，呈請鈞批遵行。至分内應辦之事，卑職隨時酌行，蓋遇事請示，不獨瑣瀆憲聽，抑亦往返愆期。爲一身計，固可卸肩；爲公事計，究多轉摺也。查總局徐委員增祚本有稽核收支名目，現擬責令專管稽核，其收支一缺，十一日已電請派員接辦。卑職辦事素以外面爲重，除早晚親往各山、各局查看外，實無餘晷可兼度支。

交涉

西澤、博德各存芥蒂，卑職周旋其間勿使太離，亦勿使太合，緣離合皆於公家有損。西澤處只要日船裝礦不誤日期，究無他事夾襍。博德似稍跋扈，開礦工程之外，如有侵權之處，當據合同以理力争，勿令得步進步。李總辦面諭：凡與西、博交涉，以操縱得宜爲主。洵是至言。卑職到差後，先後拜訪西、博，曾告以分内應辦之事固可隨時定議，惟間有不能不請示之處，非有奉宫保及李總辦允准之諭不能作算。

陳旭麓等《盛宣懷檔案資料選輯之四》漢冶萍公司第二册《張之洞盛宣懷致商部税務大臣函光緒三十二年八月初二日》 是以關税一項，獨重進口，均無所謂出山口税者。湖北漢陽鐵廠之(〇)[洞]艱難締造於前，宣拮據經營於後，爲時十有餘年，先後集款至二千餘萬，轉晌新爐告成，凡機械、船艦、路軌、橋屋及一切市面鋼鐵熟貨皆可拉制，冀在東方成一絶大鐵市，一洗從前中國以金購鐵之病。惟免税期限扣至本年十一月十一日，又已届滿，該廠總辦及各商董等聯名禀經敝處披瀝會奏，吁乞恩准展免十年。謹抄稿送呈臺核之，宣等明知税釐兩項列抵賠款，關係餉需，躬際時艱，何敢一再乞免？惟是鐵政爲中國强富之本，與别項商業機器製造情事迥不相同。自日俄戰結後，鋼鐵效果益復明顯，各國眼綫亦更相注重。日本製鐵所業費官本三千萬元矣，近譯西報，彼國又加籌經費三千萬元，以期推擴。美國鋼鐵報載：印度新設鐵廠，資本英金一百五十萬鎊，期以三年告成，公司在倫敦設立，印度政府預定鋼軌十年，每年兩萬噸，照他國進口軌價給值，以助其成，是東西各邦於本國所産鋼鐵競争激烈，愛護惟恐不周。

中國二十一行省，現以西法製鐵者祇漢陽一廠，幾經挫摺，近甫轉機，若自運中國口岸，先爲税釐所困，出運他國口岸，又爲彼國進口重税所困，勢必各省盡銷洋鐵而後已，勢必漢廠商力告竭，即日傾覆而後已，中國何爲？大局何爲？此臚舉原奏未盡之義，縷函專懇，請俟交議後，俯念漢廠籌款採煉，屢瀕於危，刻值改舊更新，亟須推廣銷路，收回官本，抵制洋鐵，振興商業，不得不援照議准上海面粉公司之例，一律暫免税釐。奏准，復乞恩施，之、宣等無任感盼激切之至！

湖北省檔案館《漢冶萍公司檔案史料選編》上册《鐵良唐紹儀奏議復漢陽鐵廠展限免税摺光緒三十二年十月十八日》 督辦税務大臣兼署度支部尚書鐵良跪奏，爲遵旨議奏，恭摺仰祈聖鑒事。

竊准軍機處抄交湖廣總督張之洞等奏，漢陽鐵廠免税限期將滿，懇恩展限，准免出口税釐一摺，光緒三十二年八月十四日奉朱批：税務大臣、户部議奏。欽此。據原奏内稱，「臣之洞於光緒二十二年九月奏明，漢陽鐵廠官本重大，請優免税釐十年，嗣經部議准免五年。臣盛宣懷於光緒二十七年九月三十日續經奏准展限五年，扣至本年十一月十一日又届期滿，何敢再有瀆陳。惟鐵廠自二十二年四月招商接辦後，迄三十一年一月照該廠呈送帳畧，實已摺虧銀二百餘萬兩，官商交受其困。前奏派候選郎中李維格出洋考察，各國煉冶之法日新月異，不得不添造新爐，改建新廠，以冀多出貨而且精。但新廠告成，尚需時日；疏通銷路，又須在新廠出貨一年之後。而免税之限，轉瞬届滿。查漢廠之鐵，購機雇匠，悉資外洋，視鐵成本，已若以重本之貨，再爲税釐所困，則洋鐵來源不能抵制，鐵政終難興盛。合無仰懇天恩，俯念漢廠爲造軌製械，興商杜漏之計，所制鋼鐵出口、轉口以及内地捐銷場一切等税，恩准展免十年」等語。

查湖北漢陽鐵廠，經該督臣等經營佈置十有餘年，現在添置機爐加意煉冶，因續請免税，以冀減輕成本，銷路疏通，自係爲振興商業，保全官本起見。竊思税、釐兩項，列抵洋款，籌備餉需關係，甚爲緊要。現方整頓税務，臣等已另摺奏請將官用物料一律征税，以並税課。該廠已一再恩准之鐵，凡免税，誠未便獨示優異辦理，致涉分歧。惟鐵政爲富强之本，南北競争時代，誠如該督臣等所奏，非鋼鐵無以立國。該廠所製之鐵，凡機械、船艦、路軌、橋屋及一切市面鋼鐵熟貨，皆可取材於兹，與别項商業尋常製造事不同。中國各行省，其以西法製鐵者，祇此漢陽一廠。先後集款已至一千餘萬兩，爲數尤鉅。邇值擴充採鐵、疏通銷路之際，所有出口税釐等項目，應熟籌事勢，酌量變通。

原奏擬自本年十一月十一(日)免税期滿之日起，再請展免税釐十年之處，臣等商酌，擬援照上届辦法准予展限五年，以示體恤。俟此次限滿後，届時商業已否旺盛，官本已否提清，應如何兼籌並顧，以重國課而符定章，再由該督臣等體察情形奏明辦理。

陳旭麓等《盛宣懷檔案資料選輯之四》漢冶萍公司第二册《盛宣懷咨瑞良文光緒三十二年十一月二十日》 前因訪聞有人擬將漢廠勘文就緒、議價未結之九江德化縣屬金鷄嶺及大、小勝門等處鐵礦礦石售給日商等情，當經本大臣分别電請兩江督部堂、外務部、商部、湖廣督部堂暨貴前撫部院吴，一體飭禁，並聲明漢廠即當派員赴潯，給價立契，妥速購辦。嗣准外務部電復「准予立案禁阻」，並准吴前撫部院咨復，已飭道轉行德化縣隨時認真嚴密查禁」各等因在案。現在漢陽鐵廠添設新爐，需礦較多，應即仍派原勘委員汪令承豫前往購辦。除另文咨請飭縣出示導護會同辦理外，相應抄粘往來電咨備文咨會貴部院，請煩查照施行。

陳旭麓等《盛宣懷檔案資料選輯之四》漢冶萍公司第二册《盛宣懷札汪承豫文光緒三十二年十一月二十日》 案查前因湖北漢陽鐵廠整理鐵政，必須沿江多購鐵礦，以供鍛煉。曾於光緒二十五年三月札派解守茂承、汪令承豫帶領礦師勘得江西德化縣屬金鷄嶺城門、又城門外三山名大勝門、小勝門等處，産鐵均富，堪供採煉，行知九江關道札縣傳集業主領價立契，歸漢開採。嗣據委員稟報，勘得金鷄嶺大、小勝門等處礦山，實計丈見四百九十八畝有零。會同德化縣吴令與里紳人等議定，每畝給價連費用約錢十千之譜。當以價值太貴，批飭核減。旋因議減未妥，久未辦結。現在漢廠添設新爐，需礦更多，應即仍派原勘委員江西候補知縣汪令承豫，趕緊前往，迅將江西德化縣屬金鷄嶺城門及城門外三山，即大、小勝門等處，前已勘丈産礦地畝，按照原價，會商里紳妥速購買。一面圈釘界址，給價立契，一面繪圖造册稟復立案，以便開採而應要需。除咨請新任江西撫部院瑞轉行九江關道飭縣出示導護會同辦理嚴禁阻撓外，合行札委。

陳旭麓等《盛宣懷檔案資料選輯之四》漢冶萍公司第二册《汪承豫致盛宣懷函光緒三十三年正月二十一日》 竊卑職於光緒三十二年十一月廿八日奉憲台札開：「案查前因湖北漢陽鐵廠整理鐵政，必須沿江多購鐵礦以供煅煉，曾於光緒二十五年三月札派解守茂承、汪令承豫帶領礦師勘得江西德化縣屬金鷄嶺城門，又城門外三山名大勝門、小勝門等處產鐵均富，堪供採煉，行知九江關道札縣傳集業主領價立契，歸漢開採。嗣據委員稟報，勘得金鷄嶺大小勝門等處礦山，實計丈見四百九十八畝有零，會同德化縣吴令與里紳人等議定，每畝給價連費用約錢十千之譜，當以價值太貴，批飭核減。旋因議改未妥，久未辦結。現在漢廠添設新爐，需礦更多，應即仍派原勘委員江西候補知縣汪令承豫趕緊前往，迅將江西德化縣屬金鷄嶺城門及城門外三山即大小勝門等處前已勘丈產礦地畝，按照原價會商里紳，妥速購買，一面圈釘界址，給價立契，一面繪圖造册，稟復立案，以便開採而應要需。除咨請新任江西撫部院瑞轉行九江關道飭縣出示導護會同辦理，嚴禁阻撓外，合行札委，札到，該令即遵照辦理，勿稍延誤，切切此札」等因，奉此。卑職遵即會同德化縣施令邀集紳董鄭瑞驊、鄖鏡心、黄儒村、黄儒芬、譚翼鴻、馮濤復勘，廿五年三月分議購縣屬城門外金鷄嶺上彎之小勺箕垅，大勺箕垅，火燒山大窑坡、鐵門坎、滴水岩竹林私山、仰天螺油竹垅，燒火山王魏私山、田陳公山、田姓私山並大窑坡、燒火山山脚田地，按弓丈量，共計四百九十八畝五分零，當經(德化縣)施令出示曉諭，各山產有礦質，仍照前定山價，每畝正價錢八千文，費用錢二千文，由湖北漢陽鐵廠給價圈購，開採濟用。並諭各該紳董約集各山主會議照購。旋據各紳董聲稱，業已會商議妥，各山主均各情殷報效，自願遵示出售。卑職業已先行稟明，仰蒙憲台給發山價，並派洋礦師博德來潯，遵飭會同前往復勘無誤。當即會縣復集各紳董及各該山主，並由山主邀同中人鄰族分立契據七紙，當堂畫押，按畝給價，分具領據六紙。其老契有被兵燹遺失無從呈驗者，均由原中在契紙載明，並分具甘結四紙。有呈驗老契而與鄰山連襟未便呈繳者，亦由原中在老契、新契分別注明「某山已售歸湖北漢陽鐵廠管業」。其各山原有之看山人，均係世傳看守，現在尚未開礦，暫令仍各照看，亦均傳集當堂分具看山字據四紙。除將圈購各山釘界外，理合縷晰稟陳。並將山名畝數詳具清摺一扣、繪圖一紙，暨山契七紙、領據六紙、甘結三紙、字據四紙，一並呈請察核立案，並乞批示衹遵。

陳旭麓等《盛宣懷檔案資料選輯之四》漢冶萍公司第二册《賴倫致盛宣懷函光緒三十三年正月二十七日》 敬稟者，謹就林總辦來滬面稟要公之便，賴將煤質及運銷作説懇託轉呈察核。近由林總辦示知憲電，議論萍煤質地一節。伏查從前運出未篩、未洗末煤，而内攙煤塊成數甚少者，確有其事。當時此項煤運出之數且甚旺，然而約有九月以來，我礦只運篩洗而成栗塊之煤，且此煤質可稱中國高等者，業經英、德炮船試驗稱許，並給字憑爲據。即在萍洙鐵路車頭上及湘河小輪上，由賴等屢次眼同試用，確見其效。升火匠升氣鎊並不爲難，亦罕見有煤壁留剩在爐栅上者。若京漢鐵路上能有此煤，其升火匠必定樂用。何也？因此間鐵路上新用洋工司名柯萊報稱，彼在京漢鐵路上時見升火匠升氣鎊十分爲難，且爐栅上時有煤壁出不清者。可見我煤到漢口以及長江一帶而至上海，保有現成銷路，且售價亦可望優，勝過最好日本煤若洞煤。去年在漢口每噸售價銀十三兩，此係由炮船上管車友人面述者。且云已將萍煤與龍王洞煤合併試用，驗得我煤遠勝多多矣。交炮船試用之煤，即現在每天運出約二百噸數之尋常煤質也。俟總平巷與小坑南路穿通之後(大約兩三月可望穿過)，所有小底板、大底板及一家槽可出旺數塊煤，煤質亦甚佳，屆時出此項塊煤，加上洗栗煤，其數每天可增至五百噸，而此五百噸之數到漢口亦易銷售。

今爲我礦銷路要做到成效，並煤質不使攙雜，有兩要問題不得不設法籌畫：一整頓運務；一經理銷路。

現在運務大半仍用民船辦法並不滿意。此項民船承運煤焦，無怪盜竊攙雜之弊不能免，故煤質不能靠，而於礦之名譽有礙，可見運務不能不整頓，而整頓之法，非添輪駁不可。又，洙州至昭山或易家灣鐵路不能不接通，因湘河自洙至昭一段淺灘最多，於行船阻礙。賴就此河道應如何整頓運務，已詳細作一説帖送林總辦轉呈憲前，伏祈垂鑒，察核爲幸。

經理銷路事，賴意專用洋經理一人，會同華經理辦事，以便易與漢口洋商接洽。凡洋商行家買煤，慣與銷煤洋人交接，而於華人似不信託也。又，用洋人經理銷路與洋商交易便捷，亦可並立於洋商之中，而無異視相欺之習氣。又，中國售煤各處均有用小費者，此亦不能不籌畫。中國升火匠並外國管車匠均染小費習氣。又，洋商之燒煤機匠不能不交識，以便誘令易購我煤，而交識此種人非有洋經理人不可。倘不按照外面生意情形辦法，則我煤銷路常在人後，永無起色矣。故以上所云用小費及各交識等事於生意萬不可少者也。我煤銷路成效，可見非用洋經理人不可，此賴極力一再稟陳者也。若開平礦，亦用洋經理人銷煤，即日本礦亦然。

我礦運務及銷路果能就管見整頓妥善，則所出塊煤、栗煤等，常年可暢運暢銷，在長江一帶即上海亦可兼銷，獲利之厚，企足可望。今年我礦每天出數，至少可添至一千五百噸，明年二千噸，後年二千五百或三千噸。出煤數愈旺，工本愈輕，而進款利益更大。故目前正當整頓運銷緊要之時，俾將來我宫保大人可享萍礦無限之利，此種有利舉動不能早日施行，賴深爲可惜。然而今日趕即施行，不再延擱，將來萍礦興旺氣象，賴可恃無疑也。

盛宣懷《愚齋存稿》卷六三《寄外務部二月十六日》 自奉三十電後，即派陳道善言與哲美森商量，自設鎔鐵爐廠一節，屢易稿文。彼初意仍欲借款代辦，工師均由彼聘，權操自彼，均未允准。敝處送去末次改稿云：一晉省出鐵之所，或就近鐵路之所，中國國家自籌資本，設立鎔化廠，允將福公司鐵砂，交由國家鎔化廠鍊成鐵磚，以便易於火車裝運。二鎔化之費，彼此商訂公道之價，該廠如實係自己需用之煤及焦炭，倘願向福公司購買，須訂一額外價值，比外賣之價略減。福公司儘先供用，該廠既設之後，國家須時常保全，妥當合用，而福公司除國家允准外，不得將鐵砂寄往別處鎔化，或別法銷用。三該廠及日後推廣之廠，均係中國國家物産。該廠督辦大臣，應遴用合式化鐵工司。如屆時中國尚無稱職之人，應向外國選聘。昨哲於首條「易於火車裝運」下，請加第一廠設在何處，應由福公司指定地段，其圖樣價值，亦應由福公司繪造估算，一切查照外國最新至精之法辦理，以期工速而費省。倘辦理有效，可以再於他處商量設廠，並可推廣製造鐵條等件二條。或「別法銷用」下，請加「六十年期內，福公司應得儘先鎔化，惟福公司礦砂，不足以應供給該廠，始可另爲他人鎔化」三款。「應向外國選聘」，請改應向英國選聘。總之，鄙意此鐵廠宗旨，並非專爲福公司而設，據張中丞來電，晉省鐵山並未買動。現擬密派自僱礦師，先收産鐵礦山，雖不能如大冶盡數收買，或不致悉爲破得，則仍可自煉自鐵。而福公司鐵砂，不過帶煉，倘能辦到，如此鐵利尚可挽回。現訂十九日，再行會議大部，如有訓示，請速復。

陳旭麓等《盛宣懷檔案資料選輯之四》漢冶萍公司第二册《王錫綬致盛宣懷函光緒三十三年二月二十七日》 九江城門山礦樣，已經漢廠化驗，據博德送來分數單並礦樣二盒，函請轉呈，並據面稱「鐵質雖有五十餘分，惟銅質極重，冶煉爲難，較大冶各礦成色懸殊甚鉅，恐廠爐及各機爐未能合用」等語。茲特寄呈礦樣二盒，並將博德原函暨化驗單抄摺附呈，仰祈察核。專肅，祗叩崇綏，伏乞垂鑒。

職道制王錫綬謹稟。

計呈清摺一扣；礦樣二盒。

謹將博德礦師查勘九江礦樣來稟，並化驗一、二等分數清單，抄呈憲鑒。

計開：

博德查勘九江礦樣來稟。

敬稟者：茲送上九江礦樣一、二等各兩分，以一分呈宫保憲；一分寄九江汪君，博另留有一分，擬不日寄漢廠化驗，以觀成色。此兩等礦樣，第一等係取之於湖邊水綫之上者；第二等水綫之下者。蓋綫下之礦，夏令湖水漲即爲水浸；冬日湖水退則被風日雨所擊刺；受天時之感遇太多，故所産之礦而成色即因之卑下也。將來俟漢廠化驗出究竟如何，再當奉告。

礦師博德謹稟。

化驗分數清單。

敬稟者：九江礦樣兩種，業已化出，茲將所化各質之分數開列於左，伏乞鈞鑒。

計開：

一等礦：矽百分之九·七〇；鐵百分之五五·九四；錳百分之〇·一三；硫百分之〇·一二六；磷百分之〇·一三七；銅百分之〇·九六。

二等礦：矽百分之十·七〇；鐵百分之五六·一一；錳百分之〇·一〇；硫百分之〇·一二六；磷百分之〇·一四六；銅百分之〇·九二。

觀以上之分數，鐵質頗佳，硫尚不爲過，惟磷、銅太重也。

礦師博德謹稟。

盛宣懷《愚齋存稿》卷六三《寄張宫保三月初七日》 漢廠攬造盧漢鋼軌，已竣。粤漢滬甯均因時局，觀望不肯定貨。養命之源，祗有生鐵一項。內地翻砂小廠，售用不多，以日商所購，爲大宗貿易。小田切云，此項商鐵，專供農工製造，與軍務絶無干涉。從前德、法、英特諸戰中立國，概無禁售商鐵者。慮赫德誤會，列入禁物，故電外務部云云，見上。務祈台端俯念，漢廠化鐵爐不能停，貝軌廠不能開，除銷生鐵外，別無進款。外欠纍纍，險象立見，伏祈准予電懇外部，同賜維持，並飭漢關照舊放行，勿稍阻滯。至深感禱，並祈賜復。

盛宣懷《愚齋存稿》卷六三《寄外務部三月初七日》 上年三月，漢陽鐵廠商董，與三井日商訂立合同，購運生鐵一萬六千噸，在漢滬交貨，分批運往長崎、大阪通商口岸。除陸續已運外，然已購未運之數尚多。事在日俄未戰以前，商運商銷，並祇運至日本商埠，供農工製造之用，未便列入違禁之物，致前訂合同，不能照辦。漢廠艱難，喫虧不起，頃據小田切面稱，生鐵爲農工銷路，本不應禁。乞大部飭知總税務司，轉飭滬漢兩關，遇有漢廠生鐵出售，照章驗放，以竟商銷，而免擱卡，並祈迅賜電復。

盛宣懷《愚齋存稿》卷六四《外務部來電三月十四日》 日商訂購生鐵，既係商運商銷，日使來函，並聲明運至日本，作爲商工製造之用，且係未經精鍊之鐵，與製造軍器材料不同，自不得以禁貨論。現據總税司呈擬辦法，生鐵並各類礦產，倘運往戰場，不給准單，若運往俄日兩國境内，即給准單。惟貨主冒險販運，設被戰國拘拿，應自擔其責等因。此項生鐵，即可照此辦理。本部已札飭放行，希查照。

陳旭麓等《盛宣懷檔案資料選輯之四》漢冶萍公司第二册《萍鄉煤礦與大倉洋行借款合同光緒三十三年三月十九日》 中國萍鄉煤礦局、日本大倉喜八郎爲給發借票事。今由日本大倉喜八郎承認借與中國萍鄉煤礦局日本金元二百萬元。其條款辦法開列於後：

一、本數。大倉喜八郎承認借與萍鄉煤礦局日本金元二百萬元，言明在上海、漢口兩處交付，俟交到後，萍礦駐漢運銷局另有萍礦借款期票交與駐漢大倉經理人手收爲憑。

二、息金。周年以七釐五毫計算，即每百元按年七元五角。每年分兩次付息，以東曆五月底及十一月底爲期。

三、借款年限。此項借款以七周年爲期，前三年祇付息金，後四年本利按期分還，其年月載在借票，茲開列於後。

再，此項借款亦可於三年後將本金全數先還，或先還半數，惟須在四個月前知照大倉。至其息金亦即以還本之日爲止。

第一期應還本、利日本金元五十萬、十五萬元，光緒三十七年三月□日、明治四十四年五月□日。

第二期應還本、利日本金元五十萬、十一萬二千五百元，光緒三十八年三月

□日、明治四十五年五月□日。

第三期應還本、利日本金元五十萬、七萬五千元，光緒三十九年三月□日、明治四十六年五月□日。

第四期應還本、利日本金元五十萬、三萬七千五百元，光緒四十年三月□日、明治四十七年五月□日。

四、借款擔保。萍鄉所借日本金元二百萬元，以礦局所有生利之財產物件均作爲借款抵押，及至借款本利清還之時爲止。再俟萍礦還清禮和借款，位次便以大倉爲第一。萍礦亦切實聲明，不將已抵之產再抵别款。

五、允認。此項借款合同均經礦局股東承認。

六、市價。萍礦局所借大倉日本金元二百萬元，言定照票按期清還。到期付還時概照各銀行市價收付，彼此不得低昂。

七、收據。大倉駐漢經理人自收到萍礦駐漢運銷局到期還款之銀，當將合同内第三條萍礦局所立之到期借票，交與駐漢運銷局經理人手收，並須另給收條一紙，以爲期滿彼此注銷合同之據。

八、合同。自立合同後各無異言，均照合同辦事。再，此合同一式四紙。督辦萍礦盛宫保執一紙，萍鄉煤礦局執一紙，大倉喜八郎執一紙，漢口大倉經理人執一紙。俟本利皆清，合同即爲廢紙。此照。

光緒三十三年三月十九日

明治四十年五月初一日

督辦萍鄉煤礦總局　盛宣懷

總辦萍鄉煤礦局　林志熙

總辦萍礦駐漢運銷局　盧洪昶

大倉喜八郎　橘三郎

駐漢大倉代理人　橘三郎

陳旭麓等《盛宣懷檔案資料選輯之四》漢冶萍公司第二册《盛宣懷致岑春煊函光緒三十三年三月中旬》 李郎中維格已令先期回廠，恭迓鈞駕臨視。此廠辛苦經營已届十載，現今各省鐵路開造，需用鋼軌、橋料甚多，美國太平洋及日本、香

港各處均來購鐵，目下亟需添造化鐵爐，早一日好一日，而資本難籌，洋行雖極願借款，終非上策，且只須銀二百萬兩便足推廣，利有把握。粵漢雖有款而腐敗可慮，不敢期望。蘇、浙、皖各已定軌，而局面太窄，惟有仰望川路早成耳。

台端定計先造萬縣至宜昌最爲扼要；募用小國工師尤爲獨得要領。此等事切不可因循擔擱，路綫一定，即日開工，不僅四方觀聽所系，即本省商民出資者亦皆歡忻鼓舞，自無風潮。若久而久之，夜長夢多，殊可虞也。弟觀眼前，華商解事者少，所謂程度不到。紳士中有人才，方可全歸商辦。且聞川款雖出自民間，而皆由官力，與粵不同，似莫妙於官督商辦，庶可期其速成。辦事多用本省人自無話説，弟初辦電綫，處處謡言，旋即多用其鄉人，疑團悉解。又聞川路已集款數百萬，存放生息亦甚難，綜計造路以購鐵爲第一大宗，全路不下千萬，如蒙仿照江浙先行預付數成，未交軌料以前仍可按期計算利息。在川省既易獲穩利，且以路款先付軌價，可見路在必成，免如粵省疑議挪作他用；在漢廠可即加爐，所製之鐵料即先盡川路之用，免借洋債，省却無數葛藤。則該廠推廣皆出於我公之賜，永遠感戴宫保及川省維持大德，必當力圖後報。在滬時曾署陳梗概，用再詳晰縷布，如蒙俯允可商，俟公到任當即派員赴川商訂合同，俾得早日定議。

至於鐵價或如江浙，即照目前外國廠價訂定，或俟用軌之日再照洋廠之價比較核定，均無不可。應繳利息或照銀行借款之利亦必較西號爲優也，此事實屬兩有裨益。乞公審思籌復，實深跂禱。如尊意可將此事叙入奏中，亦當惟命是從。

陳旭麓等《盛宣懷檔案資料選輯之四》漢冶萍公司第二册《岑春煊致盛宣懷函光緒三十三年四月初二日》 弟以孱病，面聖時懇辭川行，竊願閑散數年，藉養病體，乃蒙慈恩優渥，准令留京，並命總綰郵傳，即日到部。自維疏謭，深思弗勝。公於輪、電、鐵道均經創辦，深悉窾要，尚希時惠教言，匡我不逮，至爲深幸。鐵廠疏稿切實詳明，與南皮會商後，即可入告。至預借川漢股本擴充化鐵爐，將來即作爲購軌之資，未交鐵軌以前仍計利息，誠如來諭事屬兩益。俟趙次帥過滬時希與熟商。弟晤次帥亦必贊助，以副雅囑。日來酬應紛至，孱軀漸覺不支，奈何？匆復。敬請勛安，諸希愛照。

陳旭麓等《盛宣懷檔案資料選輯之四》漢冶萍公司第二册《盧洪昶蕭成濬致盛宣懷函光緒三十三年四月十六日》 造船合同事，前日東洋川崎船廠外埠經理人四本萬二已將圖帳交來，内開：船身鋼質，長二百三十五英尺，闊四十一英尺，載重一千一百噸，吃水七英尺六寸，船上動用器具一概完備，其價每只日金十八萬六千元，如定四只，每只減價千元。定時付價十分之二，其餘十分之八自交船日起息，長年七釐息，分一年兩期，本由五年攤還。交船日期自訂合同日起，十一對月在神户先交一只，餘船每三個月交一只等語。職道屈計時日，其第三、四兩只交船已近秋冬，既不及時濟用，擬作兩年分定。頭批兩只，自訂合同日起，限十一個月一齊交船。次批兩只在後年正月驗收。如有材料不符承攬，不但令其重换，並且以後兩船即作罷論。交船之地，四本擬在神户交收，現擬改爲上海，因漢口既無船塢，職道等亦不諳機器之學，雖經籌慮，總多吃虧。惟王顯臣兄學有淵源，夙精此藝，自較外教作事相去懸殊，昨適來漢，即將圖説帳單交其考核，以期力求合宜堅實，無如造船所開來總單，内多簡畧，據云細件清單須俟成交時始得開送，通例如是。

王君此次因事赴美歐，道出東洋，用特稟達憲聽，伏乞加檄王君，飭其留日十天，俾赴該廠詳加考核，所有船身之堅固、機器之精美及工料厚薄尺寸，行駛速率，應如何佈置得宜，均請責成王君與該廠從詳妥議，一經議決，即以此爲工料指定之件，而圖樣亦以此爲准，不便再有更改矣。

蓋輪船行駛湘、鄂一帶，其故有四須先認定：一、河窄，船身不得逾二百四十英尺；二、闊只能四十二、三英尺；三、裝重吃水愈淺愈好，極深不逾七英尺；四、除燒煤外總須載重一千一百噸，過少恐不合算。目下太古洋行之「湘潭」輪船專行漢口至湘潭者，船身長二百四十英尺，闊四十英尺，查其河身比船身稍闊一二英尺，則尚無礙。此種情形，伏祈詳告王君，俾可認定四者，詳晰審度。兹將船圖兩張、清單一宗寄呈鈞核，仍乞發交王君帶日爲叩。至神户造船所之信，已由四本繕就交王君到日本徑與該廠接洽。

再，此次擬以借款造船，以船作爲擔保。惟其介紹經手諸人俱在漢口，據橘與四本云，將來事成，議其價值與借款，仍須在漢訂議，揣度其意，無非皆爲扣用。職等深恐若輩誤會，當即申明，凡敝局與人交易，自處素無用錢，請勿於價上留用云。

陳旭麓等《盛宣懷檔案資料選輯之四》漢冶萍公司第二册《盛宣懷致盧洪昶函光緒三十三年四月十九日》 接第四號公函並鈔橘三郎信，具悉。大倉之意在借我專銷合同爲逼勒製鐵所購用萍焦之計，橘信第一條已盡情透露。惟製鐵所是否受卡，能否出善價滿我之意？此時大倉毫無把握，故説只扣用錢，不説每噸至少售銀若干兩。料想合同簽定後，製鐵所必還一至短極薄之價，我其時不售，則日本銷路永不能通，欲改道另售，則又礙於大倉合同。此就專銷表面言之也。若論深處，則本年借款定後，萍礦活動産業如煤焦等類已在大倉抵押之中，本須還伊本息，即將所押之物歸債主。顛倒轉售，年限既長，價值又不明定，亦嫌權勢過重。西國大實業無有不派專員往各埠攬銷者，萍礦誠如來函，財力、人力兩有不及，不能不借日商之力以通日廠銷路。今大倉既必欲先訂合同，弟與總局再三合議，誠如尊論，該行僅扣用錢，亦恐加送花帳，莫如縮短年限，稍加價值，借彼之力，擴我銷路。除於本月十九日電復日焦合同萬不能定，除函詳外，計已回復前途矣。現擬通融辦法，惟有仍照二月杪閣下面呈大倉承銷萍焦合同，參以此次橘信之意加入年限，價銀，列款大畧如下：

一、運銷地段：此項合同專指運銷日本而立。

二、銷數：額定每年貳萬噸，以十個月計，即按月運銷二千噸。

如於定額外再加銷數至五千噸以外者，大倉須先三個月前知照。

三、存棧之數：凡出口存棧之處有三，以一年内所定之數計算：

甲、漢口長年出口十分之五（或改十分之六、七）。

乙、岳州城陵磯長年出口十分之三（或改十分之二）。

丙、鎮江長年出口十分之二（或改十分之一）。

四、三口護照：無論在岳、在漢、在鎮，此三口出口護照皆由運銷局擔任。

五、工費：無論何埠裝載，其艙内小工費皆由大倉自備。

六、外費：凡大倉所租日本堆棧及各處用人之費，概由大倉自認。

七、焦價：在漢口輪船艙口交貨，每噸洋例銀若干兩；在岳州輪船艙口交貨，每噸洋例銀若干兩；在鎮江輪船艙口交貨，每噸洋例銀若干兩。

八、貨款期限：自裝船結關日起，俟兩禮拜（原文兩足月，如嫌兩禮拜太促，可略展長）即爲大倉應在漢口交貨價之日。如逾此期，大倉允照漢市認息。如萍礦運銷局適有要需先須抵用，大倉允爲通融，應認之息亦照漢市。

九、驗收：凡焦炭出口由大倉派友眼同過磅，遇有劣焦，當即剔退。如已出口，即屬買定之焦，不得裝回再退。

十、收實：自在船過磅後，即爲大倉已收之焦，亦即爲運銷局賣脱之貨，後日再有短少，與運銷局無涉。

十一、貼耗：（此款全行删除，應告橘三郎，大倉利益應向製鐵所增漲焦價，不能援大冶礦石例，向運銷局索每百噸另加三噸之虧耗。礦石每噸只售日幣三元，萍焦貴數倍，豈能仿照？）

十二、裝載船期：自船到開關時，除大風雨不計外，每千噸之船需裝時七十二點鐘爲限，如逾限至二十四點鐘之久者，運銷局照各輪行通例貼補。

十三、扣用：（應全删，説見第十一條下。總之運銷局已過磅交足，别無虧耗，大倉利益應專向製鐵所一面去求，不能於貶抑焦價之外再求貼耗，再求扣用，使萍礦三處吃虧也。）

十四、歸一：凡合同期内如遇他商兜售日本銷路，運銷局當遵約拒絶以昭信實。如遇關礙銷路不得不允者，則運銷局津貼大倉用錢，計每百元三元。

十五、合同期内，如遇萍礦内外及内地長江有不測等事，致此項焦炭不能出口，則此合同作爲棄廢。

十六、合同議定之後各無異言，照録合同一式兩紙，自立合同之日起三周年爲限，逾限作廢。限滿如欲續訂，須在滿限前三個月先行關照續議。

照所改銷焦期限仍是三年，銷焦價值橘須日幣，我須洋例銀，但求合算，可以由兄酌定，並告橘君，我處出口税斷不能免。第四款所稱三口護照，實含有無數費用在内，故所給焦價不宜太苛。漢口交貨總須加足日金十三元五角，合洋例銀九兩五錢，鎮、岳以次加減方能照辦。再，鎮江交貨加一元三角，若以鹽船裝運，寧、鎮自銷之貨能否添裝四千噸？如不可靠，寧波船水脚敷用否？如無把握，可改作十成之一。又，岳州交貨減八角，我們大號輪駁目前甚不敷用，若以民船由洙州、昭山裝運至岳，焦炭不怕摻和泥水。如民船不可靠，仍須用大號輪駁拖運，恐仍不如漢口交貨爲妥，或改作十成之二，參以活（聿）〔律〕，較爲妥貼。務望閣下細心妥酌，仍將磋磨情形隨時電示，並用列號信接洽爲要。

陳旭麓等《盛宣懷檔案資料選輯之四》漢冶萍公司第二册《盛宣懷致李維格函光緒三十三年四月二十八日》

蔣抱之查閲廠礦回滬，擬有辦法數條，由海觀京兆交來，並屬注明允與不允字様，再行商酌。弟逐款核閲，先言虚該虚存，必須釐剔，後言存件照商例摺舊，虧款歸老公司擔任，實係因公之虧，新公司亦可酌認，而終之以各派公正人至漢估量，即可定局。玩其語氣，直是倒盤召替，並非合股共辦。蓋該款之有合同有借據，蔣知其不能虚也。第欲將我結存機料貨物一一減價作短，不能不以虚該逼出虚存二字，虚存摺舊，結虧愈多，使創辦十年者甘心認虧，並甘心將指日發達之廠礦雙手拱讓，然後彼以少數資本，多數虚名，假酌認前虧之公義，享漢萍永遠之樂利，手辣心敏，無逾於此。弟當時即擬決絶回報，嗣念此事商榷數年，寧彼辭我，不宜自我辭彼。因另擬合股公司章程十二款，又邀京兆面談，請勿誤認宗旨，老股盡可不得額外利益，却不能使老股絲毫吃虧。袁亦自言，蔣君豁刻，並面訂成否均在此一月内定議，過期作廢。袁即匆匆回楊。兹將來去兩説帖抄奉台覽。

弟經手招股，如輪、電、銀行、紗廠等，每處不下數百萬兩，深知附股衰旺祇問有利無利，即市面通行股價，亦以給息之多寡定票價之漲落。廠礦祇因十年不發現息，故人皆視附股爲虚牝。弟不患股款不來，仍患我廠礦無以自立。廠之轉機，全在二百五十噸新化鐵爐之遲早。此事先已訂購，務望盡力趲辦，以速爲貴，蓋舊爐即已改良出鐵，究仍有限，機軸力量，生鐵銷路，均不止此也。

公電力言，多售日本礦石即多得日本生鐵銷路，弟深佩此論。即鴻昌現議橘三郎銷焦，亦無甚利益，所以婉曲與議者，只緣我自己無銷焦之法。

總之，冶鐵用之無盡，萍焦取之不竭。鐵路之借鋼軌，美日之銷生鐵，十年内不患不暢，所苦者化鐵爐不能速成耳。鄙見一求大化鐵爐限期趕造以出鐵；二求大駁船限期趕造以運焦，所謂自立之道在此。此二端成功之日，弟必保定股利可付一分，則股本可招千萬，此無論袁之來與不來，皆當如此打算。

昨已先將大畧撮要電告。如袁、蔣果肯悉去私心，稍存公理，弟亦無不樂爲成就，非與閣下公忠之意有歧異也。所有來往節畧二扣，抄呈台覽。敬請勛安。

陳旭麓等《盛宣懷檔案資料選輯之四》漢冶萍公司第二册《盛宣懷致李維格林志熙函光緒三十三年五月初三日》　昭山之路在粤漢干路綫内，在我爲必造，在湘爲必争。矧湘紳已分兩派：一新設之湘路總公司，一從前招股之長沙商會，彼此相持各不相下。南皮號電斷做不到，然我不能不就其説而轉旋之。廠任軌板，湘任工費，目光即注重陳佩蘅已招未退之股。設渠並此工費亦推歸萍認，則萍於無形中已隱占湖南路綫，此覆電之微意也。第恐兩俱不允耳，來去兩電，先抄寄閲。

王樹枏《張文襄公全集》卷一九九《致上海盛宫保光緒三十三年五月初十日丑刻發》　頃湘紳復電云，前奉憲台發交盛宫保來電一紙，備悉。漢陽鐵廠，願以鐵軌助修洙昭鐵路，全數記賬，不索現貲。同人讀悉，至深銘感。惟湘公司，本議先辦長潭，今忽改洙昭，將長潭兩繁盛埠頭抛却，商情不便，股東亦未必樂從。鐵廠既願任此義務，請將洙長全路鐵軌，概行記賬，不索現貲。公司亦允將由洙至昭一段，趕先修築，以資轉運。彼此兩益，最爲公允。至預存軌價，帶扣二成一節。公司未悉此案原委，似應仍由鐵廠自行料理，以省周摺等語。特照轉祈酌核見復。蒸。

陳旭麓等《盛宣懷檔案資料選輯之四》漢冶萍公司第二册《盛宣懷致李維格函光緒三十三年五月十四日》　前以留美畢業機器生吴炷靈面商製造電綫、鐵絲、鐵釘等件，頗有利益，應否另設小廠，曾電閣下備核。接據尊電，以鐵釘已囑顯臣考究，電綫、鐵絲另需軋軸等，因吴生計可到漢，應請接晤，詳與討論。如其果有心得，亦可借資考鏡。

頃由電報督辦楊彝卿觀察交來八號、七號、十六號鍍鉛電綫程度清單兩紙，又咪吔洋行八號綫樣一條，地亞士洋行十六號綫樣一條，寄請查核。如可照造，郵傳部正欲推廣綫路，用處亦正不少。既可爲中國收回利權，又可爲漢廠開辟新業，一舉兩得，於實業界中又足增一歷史矣，高明以爲何如？此請台安。

陳旭麓等《盛宣懷檔案資料選輯之四》漢冶萍公司第二册《盛宣懷致李維格函光緒三十三年六月二十日》　前奉六月初四日手函，敬悉一一。公預算廠礦完全寬計，再須添本二百萬之譜，方能運道通利、新爐完備。還債仍是無着，實非生力軍不辦，藎籌忠摯，感佩萬分，當即撮要電復。

尊電因蔣抑之急於返杭，擬俟八月工竣再議。此即兵家急則緩之之道也。鄙見只要自己□□□得住，自然人家看得起。聖經所謂不患莫己知，求爲可知，不外此理。試看漢廠從前新機未到，萍礦石橋未通，無問津者，今則游漢者莫不稱廠，游萍者莫不稱萍矣。弟所冀尊處煉鋼爐機不改預計，賴倫輪駁可運卅萬噸，即是第一層成效。逮新化鐵爐成功，美屬銷路打通，昭山鐵道告竣，日本製鐵所焦炭多用，即是第二層成效。岳州軌道全通。大冶化爐另設，滬漢製造廠林立，即是第三層成效。我看皆是必到之境界。要在先辦成一個真實完全公司，自立於不敗之地，弟擬先就舊股庫平二百五十萬兩，增足銀五百萬元，换給新股票，另舉董事七人成董事會，即赴商部注册，俟成效昭著，再加董事，添招新股五百萬元，以成一千萬之公司。目前舊股均已首肯，惟萍礦内有漢廠入股銀二十萬兩，漢廠内有萍礦入股銀十萬兩，又有萍礦息股十二萬兩，共成四十二萬兩。應加足銀元八十四萬元，即須另招接替，此須仗新董事分招，似尚可克期而集。至續招五百萬，須俟第一層成效見後，方能舉辦。公若能招致蔣抑之諸君，固可咄嗟而就，否則天下之大，現成局面亦必有應者。弟揣摩袁京兆極怕招摇，故每見必説不能多做股分，全仗蔣等。末次來晤匆匆面交條款，既不令蔣見我，只説蔣是看作倒盤。弟與見第二面交與復條，伊亦不詳問，只説帶與蔣閲，再送回信。到寧後，回信只説蔣甚拘執，是其無福消受。此等談鋒何異官場浮滑氣，絶非商務切實議論。以弟看來，或爲阿郎偪之使來，非出本意，故與阿郎見我所談，迥不相同。幼舲出示阿郎所致書，所見甚大，極盼此事之成。弟故將往還兩條議囑幼舲寄與伯揆，附致幼舲手函抄呈台覽。將來如可續議，恐非伯揆回南不能成。抑之爲人究竟如何？袁稱其狹小，與閣下所論不同。但弟先往拜不見，亦不回候，其少年自負，富家翁亦可概見。謂臣聲名極好，白手在漢辦成數事，其心存公理，無待考察。不論袁之來否，總須把臂入林，亦不在乎招股之多少也。新鋼廠八月内開工，届時弟必來鄂面商一切，此請台安。

陳旭麓等《盛宣懷檔案資料選輯之四》漢冶萍公司第二册《盛宣懷致中村雄次郎函光緒三十三年六月二十三日》 敬啓者，漢陽鐵廠與貴國製鐵所實爲亞東鐵界之擘天雙柱，論邦交、論商戰皆應有無互濟，借塞歐鐵之漏卮，同興東方之實業。是以本大臣前將大冶礦石訂售尊需以供，現在又以萍鄉煤礦著名上焦售備煉冶之用。大倉洋行駐漢經理桔三郎君深喻此旨，願爲售焦之機關，業予以專銷之憑證，期限訂以六年，額數定爲貳萬噸。取價至薄，計本不敷，友助之忱，必蒙歡納。桔君專因此事回國，一切收購章程望與直接決議，俾桔君不致獨負重任，尤爲本大臣所歡忻盼望者也。

陳旭麓等《盛宣懷檔案資料選輯之四》漢冶萍公司第二册《大倉洋行運銷萍鄉煤礦焦炭合同光緒三十三年六月二十三日》 日本大倉洋行、萍礦武漢運銷局爲訂立合同承銷萍焦事，由大倉洋行承銷萍礦焦炭，其銷地、辦法議列於後：

一、運銷地段：此項合同專指運銷日本而立。

二、銷數：額定每年貳萬噸，以拾個月計，即按月運銷貳千噸。如於定額外再加銷數，大倉須先三個月前知照，價目另議。

三、存棧之數：凡出口存棧之處有三，以一年内所定之數計算：

甲、漢口長年出口十分之五、六。

乙、岳州城陵磯長年出口十分之四、三。

丙、鎮江長年出口十分之一。

四、三口護照：無論在岳，在漢，在鎮，此三口出口護照皆由運銷局擔任。

五、工費：無論何埠裝載，其艙口小工費皆由大倉自備。

六、外費：凡大倉所租日本堆棧及各處用人之費，概由大倉自認。

七、焦價：在漢口及武昌輪船艙口邊交貨，每噸日金十三元；在岳州輪船艙口邊交貨，每噸日金十二元二角；在鎮江輪船艙口邊交貨，每噸日金十四元三角。

八、貨款期限：自裝船結關日起准壹個半月，即爲大倉應在漢口交貨價之日。如逾此期，大倉允照漢市認息，如萍礦運銷局適有要需先須抵用，大倉允爲通融，應認之息亦照漢市。

九、驗收：凡焦炭出口，由大倉派友眼同過磅，遇有劣焦，當即剔退。如已出口即屬買定之焦，不得裝回再退。

十、收實：自在船過磅後，即爲大倉已收之焦，亦即運銷局賣脱之貨，後日再有短少，與運銷局無涉。

十一、貼耗：漢口、鎮江、城陵磯，每百噸貼耗叁噸。

十二、焦質：此項焦炭係供製鐵之用，所含之灰分不得過一百分之十五分。

十三、裝載船期：自船到開關時起，除大風雨不計外，每千噸之船需裝時七十二點鐘爲限。如逾限至二十四點鐘之久者，運銷局照各輪行通例貼補。

十四、扣用：照收價淨數每百元准扣貳元伍角。

十五、歸一：凡合同期内如遇他商兜售日本銷路，運銷局當遵約拒絶以昭劃一。如遇關礙銷路不得不允者，則運銷局津貼大倉用錢，計每百元至多二元五角。

十六、合同期内如遇萍礦内外及内地長江有不測等事，致此項焦炭不能出口，則此合同作爲棄廢。

十七、合同議定之後，各無異言，照録合同一式兩紙。自立合同之日起陸周年爲限，逾限作廢，限滿如欲續訂，須在滿限前叁個月先行關照續議。

光緒三十三年六月二十三日

明治四十年八月初一日

萍礦武漢運銷局總辦盧洪昶

大倉洋行駐漢經理桔三郎

陳旭麓等《盛宣懷檔案資料選輯之四》漢冶萍公司第二册《盛宣懷致李維格

函光緒三十三年六月二十七日》 六月廿日手復一函計入覽。旋奉十六、十七日兩電敬悉。弟前復佳、青、卦三電語皆開誠佈公，閣下交與宋、蔣閱看甚是。謂潤所談鋼鐵爲一切工業之本，所見頗大。弟嘗謂此等非常事業，必須大見識方能擔任得起。欲速則不達，見小利則大事不成，確是鐵板注脚。

近日有人言抑之是精刻一路。中國富家子弟，未曾見過歐洲大事業，無怪其拘執，多在小處計較。若請公司中商務董事，亦甚要有精刻人在內，錙銖必較，方能鞭辟入裏，免得寬袍大袖，從鐵綫中抽出之利，虧損在無形之地，況抑之自擬附股三十萬，將來必能得其死力。弟嘗謂，辦事人能有自己血本迥乎不同，海老略變滬產，聞亦真有此事。但彼之力亦不待變產也。抑之與閣下電海老患足，未及上船，大約籌商尚須有待，計必在新廠告成之後，預算方能醒目。弟昨復海老，抄呈台覽。弟亦斷不肯薄待新股，但不肯苛刻老股，使天下創辦實業人寒心唾駡。凡辦大事必不可離開忠恕二字。聖經云，己所不欲，勿施於人。又云，無欲速，無見小利；欲速則不達，見小利則大事不成。此皆鐵板注脚。僅冶估價，賴倫先將冶產開單估計，計值五百萬，係從少處估計，□□□漢廠估來大約將懸虧二百數十萬，消納之外，尚可盈餘，多於萍礦，歸併公司不可無此估價單，實則皆以歸併時之實存，質之玉符，當以爲然。實該處爲舊管實數也。應刊之帳一曰收支，二曰估本，三曰預算，添本及得利均須列入，均要編造表册，使人一目了然。至萍鄉所估餘款卅餘萬，本是空帳，斷不要新股承認，虧帳老股無補還之理，盈帳老股亦無提開之理，豈抑之於此等帳情大處尚不甚了然乎？俟尊處漢廠估價單、預算單寄到，弟親自辦一總帳送請台覽，便可澄澈矣。好在廠礦帳目有糜費而無侵吞，不怕董事股商查核也。

新廠八月開工，已出於預算期外；舊爐出馬丁生鐵已過二百噸，用焦一噸零二，皆符預算，此最可信，祇求將來出貨不少，則獲利預算當可相符。賴倫前年所交煤焦預算表，弟此番細與磋核，焦不懸殊，煤價逾額大遠，且將華總辦經手用款全不計算在內，何足爲完全預□。伊謂總辦用款，伊不干預，無從計算，責□林道，未知能否分析明白？此華員難解也。尊處得玉符相助，將來必辦得到。手此，敬請台安。

陳旭麓等《盛宣懷檔案資料選輯之四》漢冶萍公司第二册《漢陽製鐵廠萍鄉大冶煤鐵礦總公司公啓光緒三十三年七月初一日》 本公司原集漢陽鐵廠股本庫平銀一百萬兩，萍鄉煤礦股本庫平銀一百萬兩，此爲創始老股，自入股日起截至本年止，應支股利七十餘萬兩，已分掣股票，此爲老商息股。現值製鐵新廠工竣，萍煤石隔打通，幸賴衆擎，漸有成效，集衆公議漢冶萍製鐵採煤公司，本屬一氣呵成，亟須擴充商股，通力合作，以恢實業。現時股票通用銀元，應照時價改換銀元股票，拼足五百萬元，一律作爲優先股，每股五十元，合作十萬股，以便赴部注册。除息股改作銀元約二萬股毋庸加本外，其老股本庫平銀二百萬兩，改換銀元股票三百萬元，作爲六萬股。按照原議先盡老商加股，自應照數攤認，計每銀元股票三股得添入一股，共得添股一百萬元，計二萬股。自函到之日起截至本年十二月底止，請將應添股本及舊股票帶至本公司驗明，掣發銀元收條，再行訂期互換新股票，以歸一律。如過期限係自失優先股之權利，祇可另招新股補足。此項代老股補足之新股亦作爲優先股，將來官利餘利與老股一律照派，並無區別。但亦只能截至注册之日爲止，如注册以後附入之新股皆不得爲優先股，幸勿觀望自誤。

陳旭麓等《盛宣懷檔案資料選輯之四》漢冶萍公司第二册《盛宣懷致王錫綬函光緒三十三年七月初一日》 昨接李一琴部郎來函，抄附六十一、二號尊處函稱，「前有省委四人來冶，至鐵子腦地方議價圈購。連日四出收羅，聲稱已購者勘界，未購者普收。日有鄰人隨往，言行甚祕，往來甚密，內容可知。三十五號信所開清單實爲將來推廣地步，公尚有意上聞否？」等語。查此事關係鐵廠至爲深遠，現在煤鐵兩公司已費商本一千三百餘萬兩，尚須添爐，將來非二千萬兩不成，而公司現有之鐵山孕鐵雖多，而浮面易採之鐵甚少。從前弟切囑解守續購，遲疑未辦，第一失計。閣下赴冶之初，弟即以此事密托收羅，惜乎卅五號所開之清單，弟未之先聞也。現在省委與東鄰和同勘購，誠如閣下所言，內容可知。總之，鐵礦爲官購買，香帥二十七年二月三十日來咨言明，如果鐵廠乏用，必須擴充開採鐵錳兩礦，查明實係廠商開採，以供廠用者，即由官按照原購價值售與鐵廠，惟不得將礦售與外人等語。既有此案，是官購之鐵山，祇能與廠商開採，不能將礦售與外人也。但鄰人何以隨往，且有游歷之人在內，難保無東人在內。上次西澤來滬面求添購礦石，弟未應允，又向尊處議買二等礦石。博德云，山中並無次礦，又未應允，皆因李總辦力持售礦石不及售鋼鐵之議傴使之他。近來日本製鐵所不來議添礦石，而運船甚速，必致另有文章。以上所言皆內容也。爲今之計，擬請設法密探西澤口氣，如要添買礦石，可以商量，彼若不就商，則不出吾輩所料矣。如要商量，弟擬以現錢買現貨，不在合同之內，以杜其異想。至於省委購地，係在閣下卅五號信之後，又錯一機會。然大冶鐵山若多，斷買不盡，可即囑博德以游歷爲名，看定産鐵之山盡可收買，立契可寫光緒二十七年二月卅日以前，毋庸赴縣税契。將來官事稍定，盡可補税，況鐵廠係奉旨所辦，所買礦山不妨緩税，妙在山價不貴，只要與本地人聯絡，無不可爲。公極精明道地，□□力戒因循，如有不便自己出頭之處，可與夏令密籌之。夏令明白穩當，時令接辦收支，當可爲公指臂之助，一切勿與客氣，薪水可定五十兩。此請台安（以上兩事關係重要密切，可請徑與弟商，一琴無可爲力也）。

陳旭麓等《盛宣懷檔案資料選輯之四》漢冶萍公司第二册《盛宣懷致李維格函光緒三十三年七月十二日》 揚子機器廠事鄂雖競争，而廠之辦事内容仍不可不組織完備。尊處第十一號公函傳述各股東意，該廠購用漢廠材料，請照各國市價摺中定數，優免水脚云云。並將合同第二條酌改之處另抄見示。此事於從前官辦鐵路購用漢料雖覺不符，然機器廠股東，漢廠亦是一分子，機廠之利即漢廠之利，鄙人斷不顯違衆議。況公議就漢本爲就近購料起見，若官場既思摻雜其利權，鐵廠又欲故昂其料價，設廠之本意謂何，請告宋煒翁諸君，弟允從公議，合同即照此次改本爲定。但不可不言明不加水脚，恐礙各鐵路合同，致使各省借口，或於正合同之外另訂副合同，以期祕密。至説明照外洋報紙定價，則漢廠本已購閲外洋鋼鐵表，應於每批結價時公同指證，彼此征信。合同何日簽定，仍望號信接洽。

王樹枏《張文襄公全集》卷二〇〇《致上海盛宫保光緒三十三年七月十六日己刻發》 歌電悉。廠鑛難籌現銀躉購股票。尊意軌件由廠供應，再以售鐵銀款，分期陸續解由鄂省，轉付工款。洙昭爲廠鑛命脈，關係既大，豈敢膜視。惟來電膠葛太多，兹就尊意，參合敝處，敬電購買股票辦法，再予通融。一，漢廠所售洙昭軌件，及代購洙昭車輛橋梁枕木等件，鄂省核明單據銀數，填發鐵路股票，以抵付款。二，購地款、土石款，一切工程薪費款，漢廠每次撥交鄂省銀兩若干，鄂省收銀後，照數填發鐵路股票，即將來銀代付各項款目。以上辦法，軌料既非現銀，工款亦非躉付，處處與尊意符合。至於預支軌價一案，是漢廠經手之事，鄂省實不能代漢廠奏銷鄂湘路，亦不願牽扯部款在内。此事總要清楚，曲摺太多，反生窒礙。且洙昭告成，鑛獲路通之益，廠獲路股之利，購股辦法，亦廠鑛生計。部款又何必挪扯？惟此法尚是鄂滬自家商量，湘意如何，尚須電詢。至另電申報云云，湘人多議少成，往往如此。敝處並未據呈，無從批核，乘機嚴飭一層，施之湘路，毫無益處。前已電致再三，不可理喻。若再往返電瀆，徒誤洙昭大事，甚無味也。望速酌定，電復。銑。

陳旭麓等《盛宣懷檔案資料選輯之四》漢冶萍公司第二册《盛宣懷致李維格函光緒三十三年七月十八日》 漢廠股分以招商局附搭最早，電報局、通商銀行次之，開辦以來並無盈餘，故至今從未派過官利。現據招商、電報各股商呈請援照萍礦例發給息股。查漢廠歷年積虧甚鉅，本無官利可派，惟創始股商既無格外優待，勢不能不付官利，又無現銀可付，更不能給息票。日來招商局、電報局、通商銀行各總辦公議，應照股票所載提息長年八釐，以收銀之日起截至三十三年年底止，派給長年八釐息股，俾與萍礦一律辦法，以昭平允。約計須派息股庫平銀三十九萬五千兩。現已刊印派息股票，按照萍礦格式，由駐廠辦事總董、駐滬辦事總董兩人簽名蓋章，以資信守。兹將萍局息股式送上一張，查閲之後，應請閣下親書大名三字並檢名字圖章一方，一並寄下，以便刊刻應用，借省簽字之繁。大小式樣另紙附上。

至於閣下來函，所述宋、蔣之言，萍礦息股，停付官利十年，未知能否辦到，屆時當再熟商。總之，漢廠萍礦斷不能兩歧辦法，致失大信也。好在萍礦息股當時並未注明利息若干，亦未另給息摺，則漢廠稟照辦也。此請台安，立候回示。

陳旭麓等《盛宣懷檔案資料選輯之四》漢冶萍公司第二册《盛宣懷致呂海寰函光緒三十三年七月二十日》 兹有啓者，近來日本兵官常赴大冶勘查鐵礦，頗有覬覦之意。蓋日本有鐵廠而無好鐵礦也。戊戌年，伊藤來華，商請購我鐵山；小田切即承上又屢言之，弟堅持不允。尤慮其借端要挾，方始援照湖南由我自挖礦石，只按噸售與礦石，於人工之外，稍沾其利，以息其要求礦山之念，咨明外務部有案。將來東人必有大志於我國，今欲保全我鐵礦，惟有切實聲明，我廠我礦全係商力團結而成。隱杜覬覦，方能永保權利。好在漢廠、冶礦、萍煤，本係奏明招商辦理，弟係督辦，現已著有成效，但必須添招股分，將萍鄉有利之煤礦並入漢陽虧本之鐵廠，方可多招商股，弟再三敦勸萍商，始允遵行。兹特據實陳奏，請旨飭下農工商部，照章注册，此實爲保全廠礦之要策也。六月廿四日，奉上諭「凡有能辦農工商礦一廠一局所用資本數逾千萬，所用人工至數千名者，尤當破格優獎，即爵賞亦所不惜」等因，原爲激勵後來而設，然欲示信於天下，按照外國規制，無不先就已成者酌給優獎，乃足以鼓舞未成者。中國效西法成實業，僅弟一人，前則輪電兩公司資産逾二千萬，用人何止數千，後則廠礦資本已用一千三百萬，用工人已用萬餘名，皆足合格。此次摺内均已聲叙，並有函稟慶邸，求爲吹噓。弟受國厚恩，何敢妄希非分，特爲勸勉後人設想，又不敢避嫌默不一語。貝子函商部後，似無人理會，可否乞公於謁邸座時一抒公道。弟不求進，但求維持實業而已。公在滬久，尤留心諸國實業，必以爲然。謹録呈奏片三件，祈台覽。如能於疏上之前，先於邸座一言，俾得此疏見面不致隔膜，尤爲感禱！特命摺弁候示再遞，並乞示復。敬請勛安！

陳旭麓等《盛宣懷檔案資料選輯之四》漢冶萍公司第二册《盛宣懷致張之洞函光緒三十三年七月二十一日》 廠事自奉誨誘，已歷十年，因煤焦不足恃，乃從事萍礦，因舊機多作輟，乃添購新爐，端緒萬千，悉相聯貫，艱險情狀，筆難罄書。現在漢廠基址已定，凡商界之視綫略遠者，已私議此事之必有轉機；惟蹈常襲故者流，尚謂製鐵不如採煤得利之速，蓋心目中念念不忘開平之利益。且閲廠礦帳畧，漢陽結至上年止，尚虧商本二佰四十餘萬兩，萍鄉結至上年閏四月止，照估表已盈餘銀三十餘萬，有征益信。因是煤鐵歸併一大公司之議益費筆舌。然侄之必欲完全此實業者。

一、因本廠所用商本已七百數十萬兩，照李郎中預算，尚須添本二百萬兩，是鐵廠必須用銀壹千萬兩方能成就，實不爲多。

一、本廠實在商股祇有一百萬兩，萍鄉商股亦祇有一百五十萬兩，其餘皆屬活本，認利息不認盈虧，斷非正辦，尤非久計（〔盛宣懷批：〕其餘活本云云，擬改：「其餘皆屬重息借貸之款。」）。

一、敝處前有輪、電局，後有鐵路公司，故挪墊數百萬不致爲難。自唐少川侍郎將正太、滬寧存款全提之後，幾至不支（〔盛宣懷批：〕自唐少川侍郎云云，擬改：「自路事交代存款全提之後，幾至不支。」）。現上海惟恃廠礦産業由通商銀行、紡織廠作保，抵匯三佰萬兩，漢口街市亦抵匯二佰數十萬之多。尾大不掉，實屬冒險已極，一旦倒帳，貽笑中外，何以對人？

一、屢請改歸官辦，一氣呵成。台端因以原奏商辦爲一定宗旨，不肯更改。即從旁觀議論，外勢日重，覬覦日險，漢冶濱江，尤難保護，明示中外此廠礦爲全國商力團結而成，自較官辦爲穩慎。侄勢孤力弱，遍求不應，何敢再事游移，坐誤大局？

一、既定商辦，必應注册成一完全公司，庶可使人信從，添招商股。侄連年多病，近患吐紅，精力遠不如前，亟宜趁早定議招股，變虚爲實，以拯危局，以安人心。

一、若將鐵廠、煤礦分招，則萍煤招足甚易，漢廠人皆震驚於舊虧太鉅，成本過重，雖老股亦不肯加本，新股更裹足不前，是以十年之久，屢招屢輟，竟致無從提起。

一、萍鄉左近之湘東亦産鐵礦，雖不及大冶分數之多（〔盛宣懷批：〕含鐵分數不下大冶。），煤鐵相距數十里，實屬不可多得。萍礦股商（〔盛宣懷批：〕萍礦股商云云，擬改：「萍礦早已購有鐵山。」）每逢會議，皆請湘東設爐化鐵，以省運費而輕鐵價。侄恐礙漢冶，終未應允。若久聽分辦，將來必致紛爭。

一、漢廠必借萍煤，而萍礦不必定借冶鐵，有此隱病，須趁此湘岳鐵道未通，萍煤尚難暢運，力勸歸附漢廠，尚可商允。

一、萍礦既允歸附漢廠，該礦石槁今春已經打通，預計每日可出上等塊煤約五百噸。洙昭鐵路一通，輪駁全備，每日可運煤焦二千噸，聲名大好。現就老股二百五十萬兩，先行責成湊足五百萬元，俟新爐增辦，洙昭定議，便可續招新股五百萬元，共成一千萬元，似有把握。

一、招股爲第一難事，輪、電則已得厚利，爲官所奪（〔盛宣懷批：〕「輪、電則已得厚利爲官所奪」句，擬不用。）粤路則已集鉅股爲紳所鬨。況鐵廠積虧甚鉅，根本極薄，商情疑惑，何肯出資？若非奏准，仍照原議永歸商辦，使人人有後來希冀之想，斷難掀動其附股之心。且將來繼公督楚，必是旗族，繼侄辦廠，必是部員，能俟至彌虧收利之後，尚可爲輪、電之續（〔盛宣懷批：〕「必是旗族，必是部員，能俟至彌虧收利之後，尚可爲輪、電之續」句，擬不用）。如不待成功即歸腐敗，前人苦心，後人藐之，國人（倒）〔搗〕亂，外人攘之。時局難測，是用隱憂。

以上各情，侄本擬俟八月内漢陽新廠開工，親赴鄂垣，謁商鈞座，再行入奏。適值大駕奉召入都，此行爲安危大局所系，入新内閣，調南北洋，皆在意中。即仍回鄂，久暫亦不能自主。而目前即須籌還浙路公司借款五十萬兩，上海、漢口尚須籌還到期票根數十萬兩，九、十等月應還更鉅。招股萬不能緩。若不將萍礦歸入鐵廠，商情仍復遲疑，故歸併之舉刻不容緩。先以麻電陳明台端，未奉裁答，亮荷默鑒苦衷，而鄂款難籌亦可想見。玆將歷年措拄，粗有成就，比議推廣招股遵章注册各情形，一一詳晰具奏，於七月二十日繕摺拜發。本擬備稿先呈斧政，緣報載二十七日准須啓節，大江帶水往返需時，謹抄摺片，咨呈冰案。屈指此摺到京，正值節從入都，樞部之前，務乞中堂剖晰原委，並准咨行各省酌撥官款，附入股本（盛宣懷批：「各省酌撥官款，附入股本」句，擬不用），俾知創始之初，官商迭爲其難，垂成以後，官商仍共沾其利，庶不負中堂振興實業、力圖富强之意。電簡難詳，借貢區區。敬叩崇祺，伏維鑒察。

陳旭麓等《盛宣懷檔案資料選輯之四》漢冶萍公司第二册《盛宣懷致李維格函光緒三十三年七月二十九》 廿七日接奉宥電，以廠造火磚所需之米糧山白泥，風聞山主與他姓爭訟，聽人唆使，擬將此山租與洋人開挖，以爲護符，關係至重。當即以沁電轉達香相，其文曰：「武昌張中堂：據李維格宥電稟：『廠造火磚全恃漢陽米糧山又名禹糧山之白泥，即觀音土。風聞山主孔姓與他姓因爭地涉訟，有人唆使將此山租與洋人開挖，以爲護符。如果照行，則不但廠造火磚無泥，且多交涉轇轕。擬請電總張中堂飭下漢陽府縣，傳山主到堂諭令具結，不得或售或租與洋人，於漢陽各廠均有裨益』云。事關洋人售租，似難緩置。且火磚不僅爲鐵廠所必需，槍砲各廠諒亦需用。應請速飭府縣設法阻止，惟瑣屑瀆瀆，實抱不安耳。」同日電復尊處，「宥電已照轉。張相聞改月杪起程，如有的期電示」各等語。此事成敗，於漢陽各廠均有影響。想中堂關懷大局，或不致置爲緩圖也。但匆忙交鈔，恐嫌事太煩瀆耳。

陳旭麓等《盛宣懷檔案資料選輯之四》漢冶萍公司第二册《漢陽鐵廠萍鄉煤礦大冶鐵礦籌議合併招股章程光緒三十三年七月》 一、漢陽鐵廠本係湖廣總督張中堂奏奉諭旨招商接辦，原集商股庫平銀一百萬兩，每股五十兩，給發股票在案；萍鄉煤礦奏明商辦，另集商股庫平銀一百萬兩，每股一百兩，截至三十三年年底止，應給各股商官利五十萬兩，作爲息股一律給發股票在案。現在漢廠製煉鋼鐵，萍礦開煤煉焦，均已著有成效。惟煤焦鋼鐵四項相依爲命，若何分作兩公司，久而久之，難免畛域之見，致有掣肘之虞，公議歸併一公司，以期融洽一氣，永無扞格。

一、漢陽鐵廠及大冶鐵礦，已用商本七百餘萬兩，萍鄉煤礦及煉焦爐已用商本五百餘萬兩，共一千二百餘萬兩。除冶鐵預收礦價約銀二百十餘萬兩，萍礦預收焦價一百四十餘萬兩及各存款外，股商資本僅有二百五十萬兩。若大公司活本數倍於成本，實非持久之計。現擬無所謂成本者，皆屬股商股本，餘利皆須照股均派，故公司股太少，則活本必重，股太多則餘利必輕，摺衷至當，擬集至十萬股爲度。

一、國家現值整齊圜法，將來勢必通用銀元，是以集股應以銀元爲准，作爲十萬股，合成銀元一千萬元。

一、原股票載明舊股有創始之功，將來加股須先盡舊股，已在奏案條款之内。現擬就舊股每股庫平一百兩者作銀元一百四十九元，憑舊票加付銀元五十一元，換給新股票。所有廠礦兩公司舊股票合庫平銀二百五十萬兩，並作商股五百萬元，一律換給股票。

一、股東有執漢廠舊股票一百萬兩者，有應給三十三年以前之股息，本擬援照萍礦發給息股，惟現值加股換票，應即在每股應加五十一元之内扣除應發之利息，補收現銀以補足二百萬元之數。

一、現就舊股加本，以一股並作兩股，係照從前輪電兩局辦法，以示優待老商之意，此所謂優先股，將來官利之外分派餘利，照公司章程應有優待之處。此後續招五百萬元，或就老股商添股，或老商無力另招新商，届時再議。

一、此次係先集之五百萬元爲優先股，固爲優待老商起見，但恐局外衆商聞知廠礦已著成效，願入股分而無舊票可驗不能入股。查有從前煤鐵分作兩公司，萍礦内有漢廠入股銀二十萬兩，漢廠内有萍礦入股銀十萬兩，又有萍礦息股十二萬兩，共四十二萬兩，照章應加足銀元八十四萬元。現既歸併一公司，則此項附搭股分應可讓出，聽憑新商入股。

一、新商准其入股，祇能以八十四萬元爲度，得與老商四百十六萬元一律作爲優先股，每股現付銀元一百元爲一股。

一、老股加本以及准添新股，皆以開招之日爲始，兩個月爲限，如過限期來交者，即不得作爲優先股。

一、此次發給新股票皆填光緒三十三年七月初一日之期，以免參差，其過期者第一期付息之時，按照日期扣算。

一、萍鄉息股係付至三十三年十二月底止，其透付六個月之息，第一期付息之時，亦須扣除。

一、股分額息第一年六釐，第二年第三年七釐，第四年第五年八釐，第六年、第七年九釐，第八年之後一分，額息之外餘利如何分派，應由董事會特別會議再行定奪。

以上係專爲招股章程，此外另行詳載。

陳旭麓等《盛宣懷檔案資料選輯之四》漢冶萍公司第二册《張之洞咨復盛宣懷文光緒三十三年八月初三日》 爲大冶礦山事，光緒三十三年七月十九日准貴大臣咨開，案查光緒二十二年湖北鐵廠商辦章程第九條聲明，俟獲佳煤礦後，除舊有化鐵兩爐齊開外，再添造生鐵爐數座，以冀大舉鍛煉，保本獲利，曾繕單奏奉諭旨欽遵有案。該廠自李郎中維格購機回華改良舊爐後，即訂購每日出鐵二百五十噸至三百噸之新式大化鐵爐一座，是爲漢陽第三爐，地脚工程分投趲辦，一俟機爐安妥，即須接續添辦第四爐，冀與原奏一一符合。照洋工司預算，第三爐告成與舊爐並計，月需礦石三萬噸，即常年三十六萬噸，白石、錳石在外，第四爐成所需更鉅。

大冶得道灣礦山蘊鐵雖富，然浮面鐵石採取已多，深挖大費工本，風聞東三省總督定計開辦鐵廠，閩省則有南洋胡商認開鐵礦，晉省則有福公司合同，遲早必辦，雖各處均係振興實業，而中國製造廠絶無僅有，專賴鐵路爲大宗，則減輕成本之法祇有多購礦山，先就平面開採以相抵制，惟大冶一帶礦山，除商産外餘均由官圈購卷。

查光緒二十七年二月准貴閣部堂咨，如果鐵廠必需擴充，開採鐵、錳兩礦，應即由官按照原購價值售與鐵廠，惟不得將礦售與外人各等因，具征官商維係，並杜覬覦，用意至爲深遠。日本製鐵所屢商添購，均經本大臣查照合同峻拒，每年不得過額定十萬噸，而漢廠添設爐座後自用實係不敷，應請貴閣督部堂俯准，查照原咨將官購礦山撥與漢陽鐵廠承購應用，並乞飭局查明價值，迅賜見復，以便轉飭漢廠總辦李郎中、冶局總辦王道，勘明界址備價承領，借濟要需，毋任感紉。

至石灰窑，以上日本文武官商常有借詞游歷赴礦履勘官山，尤屬可慮，務請嚴切杜絶，以顧中國權利，尤爲至要。除分行外，咨會查照核准見復飭遵等因。到本閣部堂，准此。查漢廠四爐告成，需鐵甚鉅，自是實情。鐵廠爲本閣部堂手創，自願始終維持，然官之於商既已格外扶持，商之於官即不能别思吞併。大冶礦山有官撥歸商之山，有廠商自購之山，又有官家另購之山，此三層亟應分别清楚。

來咨於鐵廠與官家礦山交涉一節，聲叙歸案，既未明晰援引，證據亦復挂漏。查來咨索購官山，以二十七年本閣部堂咨會貴大臣，有鐵廠如果擴充，即由官照原價售與鐵廠，惟不得將礦售與外人等語，本閣部堂查前咨，既聲明不得售與外人，則鐵廠自應堅守此義，方能求地方官踐轉售礦山之約。乃此咨以後，貴大臣於二十五年、二十六年兩次訂立日本合同售礦外，又於二十九年與日本再續合同，每年售礦十萬噸之多。取價既廉，爲期又須三十年之久，曾經外務部詰問，本閣部堂顧全大局，竭力維持，付諸成事不説之列，惟既將該處鐵礦彰明售與外人，則與本閣部堂前咨所議全然相反矣。是以貴大臣三十年六月來咨，因亦將官山商購一層作罷，聲明「先採商山，設有不足或須採官局另購之山，届時商代官挖開，除公費外利盡歸官，並應與官先訂辦法」等語。經本閣部堂電復照准。夫曰「商代官挖，利盡歸官，與官先訂辦法」迥非二十七年官山商購之議矣，何以貴大臣引證二十七年之案而於三十年之案置之不問耶？

查大冶礦山官撥歸商之山、廠商自購之山應歸於商，官不過問。至官家另購之山，應歸於官，商亦不能覬覦，此一定之理。鐵廠爲本閣部堂與貴大臣苦心經營而成，本閣部堂自應統籌兼顧。現在籌定辦法應將官撥及商購各山按脈尋礦，深求蘊蓄，不能僅以浮面採取了事，如此方是正辦。如果礦脈已盡，即深挖亦不敷煉冶，應俟官家礦山開辦購取官山礦石添煉，届時可以由地方官與廠商另議礦石價值，照前議商訂辦法，如此亦屬可行。

總之，除以前交付鐵廠官山外，此外官山不能再聽商人壟斷侵占，以供轉賣之漏卮。如至漢廠實在需鐵添煉，商山採盡之時，官山亦絶無靳售礦石與鐵廠之理，應以鐵廠自用自煉爲斷。若以官撥美富之礦山而大事採取，僅獲外人便宜之價值，則所謂失中國之權利者莫此爲甚。此後尚希貴大臣嚴飭鐵廠商人，勿再蹈賣礦與外人之轍，則中國權利可永保不失矣。此則貴大臣與本閣部堂之必有同情實深仰望者也。

除行司局大冶縣立案外，相應咨復。爲此咨復貴大臣請煩查照施行。須至咨者。

陳旭麓等《盛宣懷檔案資料選輯之四》漢冶萍公司第二册《漢冶萍製鐵採礦公司公啓光緒三十三年八月二十二日》 敬啓者：竊稽礦人之職列於周官，冶鐵之司詳於漢志。煤鐵二者爲富强之原，自昔已然，於今爲烈。西人稱二十世紀爲煤鐵世界。覘國者至以所屬蘊藏之豐歉、採煉之良楛，爲國勢商業强弱盛衰之比例，事體鉅大，規畫繁重，非細故也。中國用機爐製鐵，祇漢陽一廠，自光緒二十二年欽奉諭旨招商接辦以後，永爲華商實業，而大冶之鐵、萍鄉之煤均足供數百年採取不竭，此固天富吾華，地不愛寶，而亦台端所稔聞也。比者漢廠添置新機，改良製煉，吉詹九月舉行鋼廠落成典禮。冶礦、萍礦、工程、航路應有盡有，輸運利便。此後槍砲船艦、車橋軌板、汽機廠屋，一應大小料件，悉可取資於是。

本國如浙、皖、閩、粤等省；外國如日本、北美洲、南洋羣島，定購漢軌、萍焦者，現亦踵趾相接。創辦股東滬漢公議，僉謂廠礦本屬唇齒，亟應聯合團體併成一大公司。借以見十年商辦，慘淡經營，基礎早經鞏固，此後實力擴充，上俾富國强兵之要圖，下裕通商惠工之至計，庶收效果，宏此遠謨。謹援照西例，敦請海内達官鉅商、通人志士爲本公司名譽會員，以爲實業光寵。夙仰台端熱心公益，實茂聲宏，用敢專緘借重。倘荷金諾，乞就副啓親署冰銜，即日封寄本公司彙集珍藏，永紉高誼，僚容笠期專設茶會，敬候光臨，借聆指教，不勝榮幸，翹跂之至。

陳旭麓等《盛宣懷檔案資料選輯之四》漢冶萍公司第二册《張元濟致盛宣懷函光緒三十三年八月二十五日》 敬啓者，一昨歸自杭州，因賤體尚未就痊，未能造謁。頃奉手教，備承垂注，感荷無似。漢陽鐵廠爲吾國工業根源，得公經營十年，成效漸著，今並與萍冶兩礦聯合爲一，尤見規模閎遠，勝算可操，曷勝欽佩。元濟一無所知，乃承推爲名譽會員，祇增愧悚，惟既奉諄命，何敢不從，謹就來箋署名繳上，敬祈察入爲幸。

陳旭麓等《盛宣懷檔案資料選輯之四》漢冶萍公司第二册《漢陽鐵廠老商致盛宣懷公函光緒三十三年九月》 公啓者，前月廠商呈上公函，縷陳一切，現奉傳諭，廠礦推廣招股實爲第一要著，在老股應得之利固屬難失，而新股欲沾之利亦不能少，自應查照成案，妥籌兼顧等因。聞命之下，同深欽佩，謹查從前官辦用銀五百餘萬兩，仍照光緒二十二年湖廣張督部堂奏案接續辦理，此等股商所沾莫大之利益，新商已求接續辦理，所有老商應得優待盡先之利益，亦在二十二年奏案以内之章程，著在股票之上，更無不接續照辦之理，兹特將奏案以内章程再行切實聲明：一、奏定自入本之日起第一年至第四年，按年提息八釐，第五年起提息一分，辦無成效，額息必不短欠云云。商等已收萍礦息股五十萬兩，漢廠息股二十九萬五千餘兩，照額息計算，尚短若干應請補足，其已給息股摺，據登明官利餘利均照老股分派，俾符額息必不短欠之案。一、奏定老商必需永遠格外優待，辦有成效，餘利加倍多派云云。商等遵照股票收條及公函所載，拚足老股五百萬元，一律作爲優先股，俾符餘利加倍多派之案。一、奏定推廣加股，必先盡老商承認，有舊票呈驗，方准其納入新股，以示鼓勵舊商云云。商等遵照本公司所給股票推廣加股，即在五百萬元以外，亦必先盡老商承認。以上三節皆老股衆商所應遵守而不逾者也。

此外，無論若何條款，商等既未與聞，斷不敢承命。特再專具公函，聯名奉達，諸希督辦大人察照批准，立案施行。謹呈。

陳旭麓等《盛宣懷檔案資料選輯之四》漢冶萍公司第二册《盛宣懷致趙爾巽函光緒三十三年九月初六日》 前者史繩之都統來滬，敬詢起居，聊慰饑渴。並悉旰衡時詹，獎許之意下逮，敝人益深愧負。兹際節麾赴蜀，暫駐漢皋，弟不獲爲道左之迎，特飭盧道洪昶趨前謁迓，並囑漢廠總辦李郎中維格晉見，以備恭侍鈞駕莅廠臨視。

此廠經營支柱已閲十年。現值各省鐵路開造，需用鋼軌橋料日多，美國太平洋一帶及日本、香港各處均來購鐵，此後來者日衆，深慮供不副求，故以添造化鐵爐爲目前第一要義，愈早愈好。特苦於資本雖籌，洋行雖極願借款，究非善策。且估計只須二百萬兩，便足推廣，利有把握，何憚不爲。刻下蘇、浙、皖、閩各已定軌，而局面太窄；粤漢款雖饒足，而風潮迭起，定軌之舉未可預期，所仰望者唯川路耳。

台端莅蜀，計必以路事爲首圖，從兹天府康莊觀成有日，全局所係豈維一隅。弟聞川款雖出自民間，而皆由於宫力，與粤路性質微有不同。似莫善於官督商辦，庶程功速而任事專，兼以多用本省士紳，則輿情尤易允洽。弟歷辦電工路政，皆係此法，用敢貢其一得之愚。又，聞川路集資已數百萬，存儲生息亦頗不易，當在藎畫之中。竊維造路以購鐵爲第一大宗，計川漢全路所需不下千萬。查江浙各省向漢廠定購軌料，均係預先付價數成，未交軌料之先仍可按期計算利息。倘川省仿照辦理，在鉅款既獲穩利，且以路款先付軌價，可見事在必成。不至如粤省股商動輒官紳挪用。在漢廠得兹挹注，可即從速加爐，所製鐵料即先盡川路之用，免借外債，省却無數葛藤，則該廠推廣之功，皆出他山攻錯之賜。如蒙俯允，擬俟我公履新後，即由敝處派員赴川稟承指授，商訂合同，俾得早日定議。至鐵價，或如江浙即照目前外國廠價訂定，或俟用軌之日再照洋廠之價比較核定，均無不可。應繳利息、或援銀行借款之例，亦必視西號爲優也。此舉於路款、廠需兩有裨益。願公熟籌審處，早日賜教，以便遵循，實深跂禱。

王樹枏《張文襄公全集》卷一五三《致齊齊哈爾恩將軍光緒三十三年九月十一日亥刻發》 灰電悉。尊意擬辦貴治煤鐵，藎籌深佩。惟採煤煉鐵工艱費鉅，非有上等良工，雖成法具在，難期奏效。貴州青溪一廠，可爲殷鑒。華人熟此者甚少，不能不取才外國，而工資昂貴。鄂省六七年來，洋匠薪資一款，費已數十萬，即此可見一班。各廠幸已落成，所出鋼鐵均佳，然非有鐵路之暢銷，幾難保本。

蓋外洋鐵價甚廉，欲與争衡，殊未易易。查煤與鐵有相需之性質，欲興此舉，須先覓諳練洋匠化驗考究，確實可辦，再行擇宜開採，因鑛配機，就地籌議，方能有濟。至於開採章程、提煉辦法、機器名目，備載於上海製造局所譯之《寶藏興焉》、《開煤要法》、《井鑛工程冶金法》各書，閲之可知梗概，然移步换形，不能執一，謹抒愚忱，敬候采擇。銀元俟閩款解到，即當照鑄。真。

盛宣懷《愚齋存稿》卷七三《寄署川督趙制軍爾豐光緒三十三年九月十二日》

漢陽鐵廠，宣承香相奏辦十年，於兹連煤礦已用資本一千七百餘萬兩。此次莅鄂，親驗所煉馬丁新鋼，較前更爲純浄，含燐止有萬分之一二。經英德工師驗爲頭等鋼質，各國驚爲意外。現已添造新爐三座，每月能出精鋼六千噸。江浙皖閩粤京張各路，均來定軌，並銷至日本、舊金山，日不暇給。現與次帥會商，擬再擴充添爐，出貨愈多，利息愈大。昨談及川路有款，包息六釐，甚難存放，已電商尊處，或一百萬，或二百萬，以七釐息存放鐵廠，即爲預定軌價，一舉兩便，屬爲預籌。宣查從前京漢路，俱用漢軌，曾預付軌價四百萬。現在江浙定軌，凡預付軌價，皆酌算輕息，至交軌之日，按期止息，全路需用軌料橋料，約在千萬以外。前月在蘇陳筱帥，亦談及川款數百萬，存儲生息，甚屬爲難，倘援照京漢，江浙即以路款先付軌價，鉅款既獲，穩利尤見，事在必成，屬鈔節略，帶去意見，似亦相同。今承次帥下商，用敢詳達，尊意如以爲然，乞電示，以便會商次帥，派員携帶文憑來川商辦。至軌價或如江浙，即照目前外洋廠價訂定，或如京漢，俟用軌之時，再照洋價比較核定，均無不可。

盛宣懷《愚齋存稿》卷七三《農工商部來電九月十二日》 接贛撫電，稱萍鄉煤礦，應完礦税，已電商貴大臣，飭該礦自九月起，將焦炭冶煤兩項遵章按貨抽收在案。兹届十月，除派員赴萍按章抽收外，請轉電貴大臣飭遵等因。查萍礦完税，贛撫既已與貴大臣接洽，應即查照辦理。至該礦案卷，本部缺而不全，請飭鈔送備案，併希電復。

王彦威《清季外交史料》卷二〇六《漢冶萍督辦盛宣懷奏擬派李維格充漢冶萍公司協理片》 漢冶萍廠礦事務繁重，用人爲第一要端。臣十餘年來，所分任尤爲得力者，鐵廠則有候選郎中李維格，煤鑛則有湖北候補道張贊宸，駐滬總公司則有候選道楊學沂。之三人，皆沉毅精卓，各擅所長。去年張贊宸積勞殂謝，士論惜之。嗣後三處廠鑛，合爲一局。按照近來商務辦法，總理之外，必需協理，或一員，或二員，尚在未定。將來股分齊集，應由股商會投筒公舉。目下似應先行選派，以資臂助。查郎中李維格，本屬老商，創辦總董，現鐵失廠總辦，新鋼廠佈置井井，皆該郎中一人之力。此次滬漢新商，就議合股，雖成否未定，而李維格實爲商情所推重，以之充當漢冶萍廠鑛公司協理，必能勝任。臣面商張之洞、趙爾巽，意見相同。除咨明農工商部察核外，理合附片陳明，伏乞聖鑒，謹奏。

盛宣懷《愚齋存稿》卷七三《寄農工商部九月十三日》 查萍煤專爲漢陽冶鐵而設，張中堂前因鐵廠官費難籌，湊准官督商辦。所有已用官款，五百餘萬，責成商局承認。所出生鐵，每噸提銀一兩，歸還官款。其所出各種鋼鐵料，並在本省外省自用，煤礦均請免税，奉旨依議在案。是萍煤濟益漢廠冶鐵，即於所出生鐵每噸提銀一兩，煤税實已包括在内。現在萍煤於江西湘東卡，仍報完釐金，及萍邑炭捐學校捐，合計每噸須銀一錢零。較之開平僅完税一錢，萍礦並未稍沾優例，而分擔漢廠鐵捐鉅款，轉爲開平所無。今春接准鼎帥電商，照章抽税，當即派員至開平，調查該礦税則，後正擬飭令赴贛商辦。上月復接鼎帥巧電，以大部已頒新章，萍礦應遵章抽收，擬於九月開辦等因。常與廠礦股商會議，僉謂漢廠生鐵已經認抽每噸一兩，其自開煤礦，久經奉准免税，似難再完等語。宣懷查萍礦以運道艱難，本重銷滯，積欠各債至五百餘萬，月息滚計，愈累愈重。商力正在萬分竭蹶之時，現擬添招新股，來年如能招足，商力較厚，即應仰體時艱，於明年二月，大部新章施行之後，遵章改釐爲税，勉盡報効之忱。惟現在新章未行以前，應懇電咨贛撫，仍照舊章抽收釐金，稍紓商力，實爲公便。

陳旭麓等《盛宣懷檔案資料選輯之四》漢冶萍公司第二册《盛宣懷致趙爾巽函光緒三十三年九月二十九日》 昨擾郇厨，莫名感謝！鐵廠、煤礦祇有官辦、商辦兩法。十年以來，孤苦困難，呼天不應，宣懷惟有拼此老命，一身肩之。今幸轉敗爲勝，已值功成而退之候。滬、漢華商，聞風就議，前日面請鈞示，以定方針。公意不欲收回官辦，一在藏富於商，示信於商；二在財力不充，兵力不足，旨甚深也。漢商本可從容待酌，鄭蘇堪領滬商多人亟欲訂議，回去恐其乘興而來，敗興而去，後難再集，公意既決，不得不允其所請，先立草議十五條。今日滬商先已簽字，明日再約漢商簽字。滬人性急如火，日費萬言，病軀已覺疲乏已極。兹先將所議録呈鑒核，一俟簽畢，再擬會奏稿，面求指教。頃金煦村過漢，已將大概告知，請其轉達矣。

陳旭麓等《盛宣懷檔案資料選輯之四》漢冶萍公司第二册《漢陽鐵廠大冶鐵礦萍鄉煤礦合併成立漢冶萍煤鐵有限股分公司議單光緒三十三年九月二十九日》

現因漢陽鐵廠（以下稱漢廠）、大冶鐵礦（以下稱冶礦）、萍鄉煤礦（以下稱萍礦）擬即奏咨歸併成一公司，定名爲漢冶萍煤鐵有限股分公司（以下稱公司）。由現在總理及老股創辦人與新股發起人公議辦法條款如下：

一、公司應由老股創辦人與新股發起人合招二千萬元，每股五十元，合成四十萬股。

二、漢廠（冶礦在内）、萍礦老股庫平銀二百萬兩，照升銀元，换給新股票。

三、老股庫平銀二百萬兩照升銀元後，由老股創辦人招收銀元足成五百萬元之數。

四、老股創辦人如不能招收銀元足成五百萬元，其所短之數可由新股發起人擔任招足。

五、新股一千五百萬元，由新股發起人擔任招足。

六、漢冶廠礦已給息股庫平銀二十九萬五千餘兩，萍礦已給息股庫平銀五十萬兩，由公司换給原有印板公債票，分期五年給清，係照北洋成案，公債票訂明長年息八釐。

七、從前官辦用銀五百餘萬兩，仍照光緒三十二年湖廣張督部堂奏案接續辦理。

八、漢冶萍三處及各埠所置産業，俟股東會董事局成立，均歸公司管理。

九、漢冶萍三處以前所訂營業及存欠各項合同契據，俟股東會董事局成立，均歸公司核明接管。

十、現在公司改照商律有限公司章程辦理，前此督辦名目，即行奏明銷去，援照各省鐵路改爲總理。

十一、股東會未成以前，由老股創辦人、新股發起人公舉權理董事九人、查帳人二人。此權理董事係在股東會未成以前專辦注册、查帳、招股等事，俟股東會成，另舉董事。

十二、公司不論老股新股，長年官息八釐，統於次年三月給發。

十三、除官息外，所有盈餘先提公積十分之一，余作若干成分派，俟股東會議決。

十四、目前漢冶萍廠礦一切事權及銀錢帳目仍由現在總理主持，俟股東會成立，將現在總理經手債欠全行擔任後，即由股東公舉總理。

十五、此次公議條款照繕二分，由現在總理及老股創辦人、新股發起人簽字後，以一分存現在總理處，以一分存權理董事處。

光緒三十三年九月廿九日。

現在總理　盛宣懷　老股創辦全體代表　盛宣懷

湯壽潛（抑卮代表）　鄭孝胥　李維格　蔣鴻林

宋煒臣　蘇德鏞（煒臣代表）　金　鼎　金邦平

沈銘清　胡　焕　汪　希　叶東川　王予坊

周命之（代表人東川）　蔣汝藻（蘇堪代）　劉歆生

劉垣（蘇堪代）　萬昭度　朱文學　史致容（簽字）

陳旭麓等《盛宣懷檔案資料選輯之四》漢冶萍公司第二册《盛宣懷致鄭孝胥宋煒臣函光緒三十三年九月二十九日》　蘇堪、渭潤仁兄大人閣下：廠礦合併擴充一事，承兩公一片熱誠，甚爲感佩。此事敝處主持合併商辦，本應先行奏准，並與老商會籌再行定議。連日經兩公會擬條款，因滬商亟於歸棹，促令先簽，以便注册招股，頃已勉遵簽議，以副雅意。惟弟昨日面交渭翁第十五款查帳後如有争執不合之處，以上條款均行作廢等語，實關緊要。旋據李一翁轉述尊意，此係一定之理，但恐明列議單有礙招股，現已遵删。兹特代老股全體專函聲明，如果查帳及擔任債欠或有争執不合之處，則前項條款仍行作廢。

陳旭麓等《盛宣懷檔案資料選輯之四》漢冶萍公司第二册《盛宣懷致呂海寰函光緒三十三年十月十二日》　月前交梁鎮翁帶上一緘，並電費百元，計邀惠覽。昨奉魚電，敬悉一一。賀摺費神，至感！承示蘇杭甬路事、福公司礦事甚棘手。回念當日奉飭議福公司路礦，弟曾請政府籌款買回該公司股分，惜未允行。蘇、杭、甬報紙紛紛，語多冲突，聞浙江借此激勵民心，添集股分，將及二千萬，用是力拒借款，其志可嘉。將來此案結束，恐須將借款移至別處。弟前雖竭力防維，然仍難逃謗毁。伯棠、紫東兩公尤爲冤屈，想不久即可結束也。弟來鄂驗收新鋼廠，其電機之神速，鋼質之精美，東西人閲廠者嘆爲觀止，英美報章驚爲意外。目前，兩爐日出精鋼二百噸，並已開造第三化鐵大爐，約可日出三百噸（共五百噸），明冬工竣，足供各省路軌、各廠船械之用，不僅杜塞漏卮，尚欲溢出外洋，與歐美争勝，此鐵廠已成之大效也。弟復順道往驗萍鄉新通之大煤槽，乘礦内電車約行四里許，自取塊煤而出。來年每月可出九萬噸，以六萬噸煉焦炭，以三萬噸售塊煤，並能製造火磚，此煤礦已成之大效也。現擬先招商股，以還債欠，除舊股五百萬元外，現有滬漢新商認招一千五百萬元（漢商認六百萬，滬商認六百萬，餘歸散股），定議官利八釐，半年一付，餘利必在一分以外，共有二分穩利，已成之利，趨之若鶩（將來出鋼愈多，利益愈厚，從前難招股，無現息之故）。弟所認舊股五百萬，尚有數十萬未齊，每股五十元。如此好股分，不敢不致意閣下（相處數年，從不提及，因無把握，今則實有大利，勝於輪、電多矣），似可將所存別處數釐輕息之項，附此優股兩三萬元，爲將來遂初向平之用。附抄招股議單一件，煤礦預算單一件，鐵廠預算單一件，收條五十張。琴相、奎樂帥可一詢之。如相好之中，有人願附股者，敬祈費神，代爲招徠（可書堂齋存根寄下，銀元可隨後匯來，須收到之日起利。）如能招足十萬元，餘利可提花紅一分，數目亦屬不少。大令郎可以出名作一議董。現看商情，大非昔比，幾有推之不去之勢，老股優先數目甚少，乞早函復爲禱！弟月内必回上海。敬請台安！

陳旭麓等《盛宣懷檔案資料選輯之四》漢冶萍公司第二册《盛宣懷致趙爾巽節略光緒三十三年十月十五日》 連日面陳漢冶萍煤鐵公司擬奏咨歸併成一大公司之事，承允會同入奏，並先行函商張中堂再行奏明注册，自是一定步驟。旋奉面詢，漢廠所用官本五百數十萬是否作爲股分提息一節，查光緒二十二年四月奉旨招商接辦，張中堂奏明已用官本五百數十萬兩，生鐵每噸提銀一兩，提清後永遠報效，並先繳現銀一百萬兩，陸續扣抵在案。現在新商請仍照接續辦理，並未議及官本作股、一律提息。因所欠官本尚有四百六十萬兩，以後若照商股提息八釐，每年應提息銀三十六萬八千兩，按照原議按噸提本，既無如此之多；且作股本永遠提息，而本項仍在，與按噸提本辦法大不相同，新商諒不能允。今之言者則曰，老商接辦漢廠之時，尚未尋到佳煤礦，而鐵廠利鈍毫無把握，不得不格外從寬，然且預繳銀一百萬兩以還官本矣。今則已由老商辦到佳煤佳鋼，新商坐收其利，似非可同日而語。此等論説，一經台端提議，宣懷責有攸歸，莫名惶悚。

此次草議所以首先提明擬即奏咨者，原欲候奏准而後施行，蓋因新商必欲借此一議試探商情，能否招此鉅款，再來擔任，故簽議之日另有專函與新商代表鄭、宋二君作爲附件，聲明「如果查帳及擔任債欠或有爭執不合之處，則前項條款仍行作廢」等語。自奉諭後，再四籌思，欲得兩平之法，似惟有遵照欽頒商律第三十條，作爲官商合辦公司，一體遵守商部定例辦理，庶使鋼鐵大利，官商同創其始者，官商亦同受其益，實爲至當不易。昨日尊諭，鄂省一時難籌鉅款，應留優先空股，俟有款時付入，固屬公家應得之利，但恐商人尚有借口，似不如籌定現款，俟新商交股之時一氣交付，尤爲平允。至籌款之法：一擬新商股齊以後續繳官本銀一百萬兩，仍准在每噸一兩項下扣算。在老商初辦竭蹶之時，尚且勉力墊繳銀一百萬兩，現值新廠發達，新商如能招成鉅股，諒亦不難照辦。一擬將從前鐵路公司預支軌價合洋例銀九十七萬餘兩改作官股。此係京漢鐵路爭回比法賠款，始得剩此餘款，奏明存廠，俟辦官路用軌，按二成陸續扣還，如果將來股分收足二千萬，似可商酌辦理。一擬請將四省預備官辦製造車橋廠費四十萬兩劃作廠股，製造廠斷非四十萬所能辦，凡官造之工價亦難省於商造之工價，況路局定買華廠貨物必與外洋廠價比較，軌料如此，車橋亦必如此，就使數十年後辦理得人，稍有微利，必不如鐵廠目前即有厚利也。一擬請鄂省將老商前繳一百萬兩，仍發作官股，如已無著，即請別籌現款，先掣股票，庶可昭示衆商，俾知官股亦有現銀在内。以上四款，約有三百四十萬兩，合銀圓五百萬元所少無幾。在鄂省得此官股五百萬元，第一年即可分得官利四十萬元，第二年後官利年年四十萬，斷無短少，餘利年勝一年，照預算表約以二分利息計之，每年一百萬元似有把握，盡可先還現籌之一百萬兩及四十萬兩，仍照前案重建製造官廠。此係百年永遠之進款，即可舉以辦百年永遠之善政，利莫大焉，而於商情亦無不順。

至每噸一兩之捐款仍可照收，但須先行扣還已繳之款，再行按年分繳，繳完仍必永遠報效。官與商彼此信守舊案，不稍逾越。但拘謹商人甚懼官勢，任事員董亦畏官氣，應請訂立章程，雖中有官股，悉照商例，不爲局而爲公司；不用委員而用董事；不稱督辦而稱總理，所掣股票不分官商，共認盈虧，所立董事會、股東會悉照商律辦事，招股出力之人應分花紅悉照公司例議給。聞外國公司亦有官入股者，況係本省官股，正可賴官保護，從此創成官可入股之商辦公司，亦足以輔助財政，鼓舞商權，爲預備立憲之一端。

又奉面詢，商辦是否須定年限一節，查本國商人辦本國營業，向無年限。但聞外國商業確有國家買回之例，中國尚無成式，而此廠官本未清，更非他局可比。若官商合股，難保商家不疑及國家後有歸併之日，或致有礙招股。誠不如此時預定章程或二十年，或三十年，限滿之日，無論國家願將商股全行買回或願將官股全行賣出，應準援照外國辦法，預先訂期，互派代表，將產業估價，並酌核當時市面股票照加價值，定一公平之數，以現銀收買，決不絲毫勒掯延欠。如商業全歸官家買回，方能改爲官局，悉歸官辦。倘能明定此例，以釋衆商疑慮，必於招股有益。

以上皆係仰體蓋籌，力求官商兩益，是否可行，即祈鈞核。再將此條一面函商張中堂定奪，一面回滬與新老商酌定，再行會奏。謹畧。

陳旭麓等《盛宣懷檔案資料選輯之四》漢冶萍公司第二册《趙爾巽復盛宣懷函光緒三十三年十月十六日》 昨手示到，正值倦極，飭書記先復一函圖話，不意從者並未呈閱，即交尊使賫回，追之弗及，惟其中尚有應商者，謹披瀝陳之。

公初來晤商，問以此廠能否歸官辦，巽答以官中現無此力；復蒙詢商辦如何，巽答以冰相奏案已定，自無異議。然其時僅作爲尋常問答，並不知有滬商將來，更不知來而即定草約，如此之速。公旋以草約相示，巽意此事冰相創始經營，今廠事既將變更，不可不令知之，是以就原底電陳大概，未加論斷，至今未得復電，蓋巽本空空洞洞也。惟巽性好研求，又素守爲謀必忠之訓，故續蒙垂詢，彼此討論此廠之原始，將來之究竟(皆題中應有之義，中國事何一不敗於作始之含糊，巽平素不敢含糊事，人盡知之)，無非仰體尊意，欲籌新商成立之後一定不摇，巽有以對公，公亦有以對新商，絶無他意。至於公既顧念官本之創始於前，又願官本之入股於後，皆出公之籌畫大公，皆非巽之始念所及。然後知平日人之詆公者，皆未知公之真，而公真有大過人之才之識，無惑能手創大業如此之盛，固已傾服無量矣。

承示官商合辦一層，與前議迥殊，思之未得其解，公有疑於巽耶，抑公別有所爲耶？不然，草約明明商辦，今忽改議，新商何肯復投鉅資？以公智珠在握，豈未慮及？然則是一散局矣。夫散亦無妨，第新商之議，巽初未與聞，而新商將來之散，則在我兩人往復晤商之後，不知者必疑巽不欲新商之成立，故爲齮齕之所致。要之，巽於此事，但知就大局立論，以爲歸商辦爲宜。蓋直以中國之廠礦視此廠礦，並無官辦商辦、新商舊商之見存，祇求保全中國之廠礦，挽回中國之利權而已。至公與新商之内容，巽無知之；即冰相宗旨，巽(亦)〔無〕從測之。既承諄問，敢再爲公謀。果必欲官商合辦，似宜將此中利益與將來之無害於新商，先商之於新商諸人，如(□)〔翕〕焉認可，再商之於冰相，庶免嘩散牴牾諸弊。質之高明，以謂然否？巽向來心實口快，言無忌諱，特與公共事日淺，彼此皆未深知，故敢直陳，諒公必能恕之。

想來直廬起居行動，最合衛生宗旨，故高年處此，無不强健也。

陳旭麓等《盛宣懷檔案資料選輯之四》漢冶萍公司第二册《盛宣懷致張之洞密函光緒三十三年十月十九日》 近晤少竹、澤畬諸君，敬諗福躬安泰，勝於曩時。

侄壯不如人，老尤鈍朽，回念甲午以後，離合肥，就庇宇下，接漢陽廠，成京漢路，以及互保拳亂，會議商約，相隨鞭策，幸免愆尤，向無躁進之心，而贛直干忌，皆由學術迂疏，前則失之太新，今則失之太舊，可謂不合時宜之甚者矣。近已築則止廬(則字有毫不勉强之精義)數椽於孤山之麓，將閲經課子，以遺餘年。木石與世無争，而世尚不能忘木石。所仰雲天高覆，以不解解之，法光澄照，生滅垢浄。老(䀏)〔聃〕之後，惟仗達摩，頂踵摩泐，未知何以銜報？

漢廠正在苦盡甘來，一腔心血，十載焦勞，但求中堂知之，他無所望。新商爲首蔣鴻林(聞係袁京兆代表)、宋煒臣(即水電公司揚子江車橋廠)，似皆覬覦重利而來，一味貪狠。告以二十二年奏准成案，皆蔑視之，並聞已有人到京部署。侄但知保吾中國實業，無論官辦商辦、人辦我辦，皆當遵守中堂奏定招商章程，做一日和尚撞一日鐘，一面妥籌官商兩益，顧全大局辦法。另擬節畧，呈請鈞示，必俟議妥，方能咨奏。次帥從未共事，已見數面，於廠中官本討論甚詳，似無成見。此廠自中堂發起，鋼鐵關係國際，將來成敗利鈍亦不僅在鄂省，故次帥亦必候敝處，請商鈞處而後定議也。

陳旭麓等《盛宣懷檔案資料選輯之四》漢冶萍公司第二册《酌納官股分利辦法節畧》 謹擬酌納官股分利辦法節畧。

一、查商律第三十條載明，無論官辦商辦、官商合辦等項公司及各局(凡經營商業者皆是)均應一體遵守商部定例辦理等語，此是公司有應入官股合辦之據。

一、查原奏湖北鐵廠歸盛宣懷招集商股，一手經理，督商妥辦，曾刊發督辦湖北鐵廠事宜關防；又奏所有湖北鐵廠自造鋼軌及所出各種鋼鐵料，並在本省外省自開煤礦，爲本廠煉鐵煉鋼之用。該廠中有官本銀款，與他項不同，應請從優免税等語。此鐵廠更有應入官股合辦之據。

一、詳核預算表，漢廠三十四年每日出生鐵二百五十噸(現日出二百噸，俟清灰爐成，日可出二百五十噸)，(新法高白爐灰質過入清灰爐而後熱度風力皆加足，焦炭愈可省，出鐵愈多)，三百日計，共出生鐵七萬五千噸(每噸成本約合二十兩)。其中以六萬噸煉鋼(每日出二百噸，約八摺成鋼)，(以鐵成鋼，照新法鋼爐加鐵錳石，可抵渣滓，無甚短摺。所謂八摺者，由鋼筒造鋼件，必有短摺)，可售馬丁鋼四萬八千噸，以一萬五千噸售生鐵，約可獲餘利銀八十萬兩。

萍礦三十四年每日出生煤一千五百噸（本可出三千噸，因昭山鐵路未成，輪船難運），三百日計，共出生煤四十五萬噸。其中以三十萬噸煉焦炭，可售焦炭十五萬噸（每日出五百噸，約五摺成焦），以十五萬噸售塊煤，約可獲餘利銀三十二萬兩。二共約敷成本二千萬元之官息八釐，計銀元一百六十萬元，合銀一百十二萬兩。

一、詳核預算表，漢廠三十五年每日出生鐵五百餘噸（第三大爐已成，連前三座），三百日計，共出生鐵十五萬噸（每噸成本約合十五兩）。其中以十二萬噸煉鋼，可售馬丁鋼九萬六千噸（擬加馬丁鋼爐二座，連前五座），以三萬噸售生鐵，通年約可獲餘利二百三十五萬兩（生鐵成本可少七十四萬兩）。萍礦三十五年每日出生煤三千噸（其時昭山鐵路已通，可以盡運），三百日計，共出生煤九十萬噸。其中以六十萬噸煉焦炭，可售焦炭三十萬噸（其時第三化鐵大爐需焦加倍，日本亦可銷通）。以三十萬噸售塊煤，約通年得獲餘利六十三萬兩。二共約敷成本二千萬元之官息二分，計銀元四百萬元，合銀二百八十萬兩，有盈無絀。

一、詳核三十六年再加第四化鐵大爐，可出鐵七百五十噸；三十七年再加第五化鐵大爐，可出鐵一千噸，成本愈輕，獲利愈多矣。

一、如此優利之實業，鄂官實創其始，自應入股五百萬元。老商力承其難，本有老股四百萬元，應加入一百萬元。新商坐享其成，至多入股一千萬元，已屬便宜之至。如官不入股，實屬可惜（中堂原奏第三條章程辦有成效，推廣加股，必先盡老商承認，有舊股呈驗，方准納入新股，以示鼓勵舊商而杜新商趨巧之習等語。今果然矣，新商欲争入一千五百萬元，老商亦要争入一千萬元）。

一、官股五百萬元，約合銀三百五十萬餘兩。擬議新舊股一千五百萬元繳足之時，續令預繳官本銀一百萬兩，仍准在每噸一兩項下扣算。在老商承辦萬分竭蹶之時，尚且勉力墊繳銀一百萬兩。現值煤鐵餘利已見，股分踴躍，似更不難照辦。在商以數年應提之款預繳，不過略虧利息；在官以一次預繳之款作股，可免零星用去。此其一也（或慮商人繳不起現款，現議繳款百萬係抵作官股，在商不過吃虧利息耳）。

一、從前督辦鐵路公司之時，截存鐵廠洋例銀九十七萬兩，係庚子年盧保鐵路被毁，在比法大賠款内争回鉅款，始得剩此餘項，奏明存廠作爲預支軌價，俟辦官路用軌，按二成陸續扣還。本擬將此存項提出五十萬兩，劃歸郵傳部爲接造昭山鐵路之需。如欲先凑官股，將來商股收足之時，似亦可商酌辦法。此其二也（如不要凑作官股，此款須留作昭山湘東造支路用，務求祕密勿提）。

一、聞中堂尚有移交所借洋款一百萬兩，原係八釐計息，目前不用，恐須賠利，似可將此先入官股，即有官息八釐。抵用以後，五百萬官股餘利，以二分計，自三十五年起每年一百萬元，只須兩三年提還原款，足可有餘。此其三也。

一、聞官辦製造車橋廠祇有銀四十萬兩，不敷開辦。若先移作鐵廠官股，再將餘利造廠，所遲不過兩年。此其四也（車橋廠之利緩而微，煤鐵礦之利速而鉅）。

一、以上四款共有銀三百四十萬兩，以充官股五百萬元，祇少十餘萬兩，何難之有！

一、煤鐵最難得利，外洋廠礦必幾經挫摺而後成，逮一成之後，其利必日增而無日減。官股自三十五年以後歲獲百萬，十年計之即成千萬，百年計之即成萬萬，此係百年永遠進款，即可舉以辦百年永遠善政，庶不負中堂發起之深心，而任事者亦可稍伸報效之意（聞鄂省稍有債欠，以中堂創業所收之利分還所欠之債，實屬至當）。

一、此係官家以現銀入股，應與商家共分餘利，至每噸一兩之捐款仍可照收，但須先行扣還已繳之款，再行按年分繳，俟繳完仍必永遠報效，彼此信守舊案，不稍更改。

一、近來商界頗不欲與官爲儕，然必當開誠佈公，做出榜樣，開後來官商合辦之局面，似莫如同掣股票，一切會議之權，官商一例而行，則公司亦決不拒官認買股票（洋子江公司曾拒官股，現在只要特提廿二年奏案推廣加股必先盡老商承認一語，則老商必先遵認官股五百萬元，而新商亦不能不遵）。

陳旭麓等《盛宣懷檔案資料選輯之四》漢冶萍公司第二册《盛宣懷致張之洞函光緒三十三年十月二十五日》漢冶萍合併公司，本無疑義。惟目下新商必欲將中堂奏定招商章程及飭令督商承辦原案一概抹煞，宣懷勉强遷就，老商嘖有煩言。鄂官有謂，官本數百萬兩，廠既發達，何能無利？亦有□□。將來商利愈重，對宣懷指摘愈多。若不於此時聲明，後難再議。請將臆見所及，爲中堂縷晰陳之：

中國商智大開，各廠各礦原宜商辦。惟鋼鐵關係軍政，與尋常廠礦不同。日本製鐵所全屬官辦，特設長官，極昭慎重。光緒十七年冬，宣懷奉命至滬，稟商將大冶鐵山歸官開辦，皆爲造路造槍砲大局起見。二十二年祇因官本不足，遵旨招商承辦，並奏派宣懷督商經理，刊有關防。雖屬由商籌款，而上承下注，處處顧全大局，仍宗官督商辦之案也。二十九年中堂議建槍砲新廠，改設湘東，近資萍鄉煤鐵，尤有深意。中國需鐵之多，日盛一日，而財力之窘，人材之乏，如欲另辦一煤鐵兼優之官廠如漢冶萍者，恐非吾儕所及見矣。現在兩局成效昭著，聲名洋溢，商人重利，皆欲得而甘心。宣懷調停新舊，樂與周旋，而一念非常之原，似不可全去官質，免致將來國有大建造，轉爲商人所持。七月間擬呈合併公司奏片，即有請各省納官股之議，蓋濱江廠礦固不宜全屬於官，而船械質料亦不宜全屬於商，與其他日另辦官廠，莫如此時按照商律第三十三條改作官商合辦之公司，仍一體遵守商律辦理，實爲一舉兩益，百年無弊之長策。查礦師工師估計，大冶鐵礦值銀五千萬，萍鄉煤礦值銀三千萬，漢陽欽廠值銀二千萬，共值銀一萬萬兩，係至少之數。已用官本五百六十萬兩，商本一千八百萬兩，共用銀二千三百六十萬兩，實得盈餘七千六百四十萬兩。目下預算三十四年分餘利一百六十萬元（以股分二千萬元計算得八釐息），三十五年餘利四百萬元（約二分息），三十六年以後年勝一年，大約每歲餘利漲至千萬，亦在意中。因鋼鐵皆可溢銷美洲（已售五千噸），焦炭並可溢銷日本（已售二萬噸），斷非虛語。似此宏大局面，祇要股本二千萬元，便可敷用，亦至省矣。老股已集五百萬元，新股一千五百萬元，亦指日可集。從前宣懷不敢以漫無把握之事，請入官股，今新商如水趨壑，已有確實憑據，故敢請入官股五百萬元。官得四分之一，商得四分之三，成就官商合辦之公司。不特官可永遠收其優利，且於鋼鐵界中官尚能爲商默操其主權，於造路、造船、造槍砲大有益處；將來官力充足，並可仿照外國將商股照時價陸續買回。庶不負中堂創始之本意，而宣懷十餘年辛苦經營，亦得於國家稍盡報效之忱，不致徒爲商人作馬牛也。若此時聽其全歸商股，注册以後萬難更動，致失商信。

或謂官股恐無可籌也。四海之富，鋼鐵之重，各項費用之繁，何獨於此區區者而靳之！然時局艱難，曷敢過煩中堂藎畫。謹擬代籌官股五百萬元，係無中生有五分之三，而商不能辭；移緩就急五分之二，而官無所損。借呈節略一扣，伏祈鈞核。如以爲可行，即求切實電示，責成宣懷務要辦到，並請電致次帥籌定移緩就急之款，以便與新老商會籌定議；如中堂不以爲然，宣懷一腔心血，十載焦勞，極大利權全行放棄，亦可告無罪於天下矣。

陳旭麓等《盛宣懷檔案資料選輯之四》漢冶萍公司第二册《盛宣懷致袁世凱函光緒三十三年十月下旬》 漢陽鐵廠前因機爐未全完備，煉鋼未盡如法，宣懷於三十年派李郎中維格帶同英、德工師出洋，遍歷歐美大廠，周咨博訪。旋據英、德著名鋼鐵專家考驗冶萍料質，並皆佳妙，足稱上品。惟以鐵石含磷，煉鋼須改舊時之酸法爲鹼法，始能出鋼精美。當時以料質既有把握，舊廠又欲罷不能，於是定計放手從事籌款，另購機器爐座，重雇工師匠目，於三十一年春間起拆舊換新，逐層佈置，胼手胝足，幾及三年，於上月十一日新廠開工。宣懷來鄂驗收，頓改前觀。其電機之神速，鋼質之精美，東西人之閱廠者嘆爲觀止，英美報章驚爲意外。宣懷歷年以來所寢饋難安者，至此乃償素願。惟是洪爐冶鐵爲亞東創局，素未經見之事。宣懷於二十二年招商接辦時，初謂籌款數百萬即足辦理，殊不知需本之鉅，用款至一千六百餘萬，有如今日之深入重地者，雖廠礦已副其初心，而性命絕續於呼吸。回溯十餘年間，煤鐵不能多出，用費不能少緩，華洋債欠愈積愈多，每至追呼勒逼，無可奈何之時，奔走求援，而愛者莫能助之，此情此景，亦屢瀆聰聽矣。

此次漢陽新鋼廠告成，萍鄉大煤槽開通，正欲設法添招新股，而風聲所播，適有滬漢商人來議集股，歸併廠礦合成一大公司，俟股分招有成數，即一面歸還華洋急債，一面再添爐座，大舉冶煉。商情難於謀始，易於圖成，理固然也。查外洋大廠亦必幾經摺磨，始有成效。宣懷暗中摸索，十載於茲，至今日而始有豁然開朗之象。然債臺百級，已到絕境，非有生力軍再接再厲，基礎雖定，遠大難期。現既激動商界，如水趨壑，事機緊凑，似宜利而用之。當與該商等擬訂草議，聲明奏請辦理。茲將疏稿及草議各款，馳呈台閱。倘吾公不以爲謬，玉成此事，俾合全國商民之力，以興此實業中之第一實業，則不僅杜塞漏卮，尚欲溢出外洋，與歐美鋼鐵爭勝。

竊聞普法戰後，卑斯麥以全力提倡工商，訓練水陸兩師，蓋其宗旨，非工商不足以養兵，非養兵不足以保工商，而工之中，尤以煤鐵爲根本。今日德國鋼鐵廠林立，水陸師稱雄，卑斯麥之遠識所種也。

宣懷既老且病，與世相忘。東坡云「賣劍買牛真欲老」，實先得吾心矣。肅此怖臆，敬請台安。

陳旭麓等《盛宣懷檔案資料選輯之四》漢冶萍公司第二册《退圃老人致盛宣懷函光緒三十三年十一月十一日》 日來忽有人來見，袖出湖北鐵廠股票以及《時報》一紙，深怪閣下未曾與股東商明，自稱老商代表，即與新商訂立條約，意欲一面登報，一面通稟與閣下爲難。鄙人因公在滬時曾有邀請名譽董事一舉，未知即是會議此事與否，剴切勸令暫緩登報遞呈，先行函詢尊處，仍照原議優待老股，爲息事寧人之計，並請閣下即日回滬，邀集老股先行議允，方可與新商辦事。公一代偉人，切勿因此爲聲名之玷。如新商允許厚饋，萬不可受，尤爲至要。

陳旭麓等《盛宣懷檔案資料選輯之四》漢冶萍公司第二册《湖北鐵廠鐵山煤礦公司股商致盛宣懷公啓光緒三十三年十一月十六日》 公啓者，昨閱《時報》所登漢冶萍煤鐵有限公司之條約，尊處擅主售與蘇德鑣等，實深詫異。竊見條約登明公爲老股代表，然實未與老股東會議，股東亦未請代表，此等問題，股東斷不承認。閣下當年招商入股之時，所有總督部堂張相國奏定刊明股票發給爲憑，商人受領莫不見有煌煌批准之諭旨，上有督辦大臣之印，又有董事簽名。如今礦務大旺，而貴督辦、貴總董豈今口不認此股票耶？報登諸公多屬明達之士，豈他日見此股票而能不認耶？蘇杭甬鐵路可以賣，漢冶萍廠礦亦可以賣耶？商等於閣下辦理此事之艱難，謗怨之叢集，莫不欽佩而原諒。乃閱《時報》所登十月初一日之條約，何竟犧牲一身不恤人言至於此極。今將股票所刊，與報章所登大相乖謬者，一一分辨於左，以效忠告。

一、股票登明：奏准嗣後推廣加股，必先盡老商承認，有舊股票呈驗方准納入新股云云。今《時報》所登：新股一千五百萬元由新股發起人擔任招足云云。兩文比看，其所謂擔任招足之新股，必在於先盡老商承認，之後即便將來老商無力加股，新商必要買得舊股票，方准納入新股，然則以前督辦、總董，並未將推廣加股情形登報先告老商，今而後若須加股若干數，仍當先盡老商承認，是一定之理。

二、股票登明：第一年至第四年提息八釐，第五年提息一分，如因創辦艱難，無可支給，隨後必照加補給云云。此時老股僅僅收到股票之息六釐，隨後必要照票面補足。

三、股票登明：本廠老商必須永遠格外優待，辦有成效，餘利加倍多派云云。目今已承督辦、總董辦到有效，而老商所［有］之優先股票分派餘利，必得永遠加倍，老商自當提出若干分以之酬勞督辦、總董，以合商例。

四、息股票書明：息股一律填給股票云云。息摺又書明：除填發股票外，每屆年終結帳應得官利餘利，準於三月初一日憑摺照付云云。乃今報登息股票由公司換給公債票，訂明長年息八釐等語，此等公債票問題，北洋所用者何能用以抵作鐵廠股票，若將公債票補足所短一分之利息，則可行；若以抵換有餘利之股票摺，則斷不能行也。

以上諸款預告貴督辦、貴總董：凡我老股必認股票而行事，其餘概不承認。總而言之，閣下或稱督辦，或稱總理，皆是官樣文章，其未與老股決議者，即不得稱爲老股全體代表也。如一月之内不奉尊處回函，股商惟有將違悖章程一一登報，特開股東大會，一同聯合具名公呈樞部伸辯公理，務要達到目的爲止。

陳旭麓等《盛宣懷檔案資料選輯之四》漢冶萍公司第二册《漢冶鐵廠萍鄉煤礦股商致盛宣懷公啓光緒三十三年十一月底》 公啓者，前月廠商呈上公函，縷陳一切。現奉傳諭，「廠礦推廣招股實爲第一要著。在老股應得之利固屬難失，而新股欲沾之利亦不能少，自應查照成案，妥籌兼顧。如彼此一日不能允洽，即一日不能奏咨」等因。聞命之下，同深欽佩。謹查從前官辦用銀五百餘萬兩，仍照光緒二十二年湖廣張督部堂奏案按續辦理。此等股商所沾莫大之利益，新商已求接續辦理。所有老商應得優待盡先之利益，亦在二十二年奏案以内之章程，著在股票之上，更無不接續照辦之理。兹特將奏案以内章程再行切實聲明：

一、奏定自入本之日起，第一年至第四年按年提息八釐，第五年起提息一分，辦無成效，額息必不短欠云云。商等已收萍礦息股五十萬兩，漢廠息股二十九萬五千餘兩，照額息計算，尚短若干，應請補足。其已給息股摺據登明官利餘利均照老股分派，俾符額息必不短欠之案。

一、奏定老商必須永遠格外優待，辦有成效，餘利加倍多派云云。商等遵照股票收條及公函所載，拼足老股五百萬元，一律作爲優先股，俾符餘利加倍多派之案。

一、奏定推廣加股必先盡老商承認，有舊票呈驗方准其納入新股，以示鼓勵舊商云云。商等遵照本公司所給股票推廣加股，即在五百萬元以外，亦必先盡老商承認。

以上三節皆老股衆商所應遵守而不逾者也。此外無論若何條款，商等既未與聞，斷不敢承命。特再專具公函，聯名奉達。

陳旭麓等《盛宣懷檔案資料選輯之四》漢冶萍公司第二册《盛宣懷復退圃老人函光緒三十三年十二月初一日》 敬復者：日昨到京，接奉惠函，備承關切，回環雒誦，感佩奚如。查漢陽鐵廠與萍鄉煤礦本屬兩公司，股分之外匯借各款，十年以來皆敝處力爲其難。現在用款一千數百萬之多，勢不能不趕緊招足股分，以期脚踏實地。此苦衷也。鄙人前到漢萍驗收新鋼廠、大煤槽，適有鄭蘇龕廉訪、宋渭臣觀察持草議數條來廠面商。因鄭蘇龕急於回滬，不及往復會議，好在議單聲明奏咨後方能辦理，並另有一函聲明：如果查帳及擔任債欠或有爭執不合之處，則前項條款仍行作廢，作爲附件。因徇所請，先行畫押，却於公理稍有未合，故切囑鄭、宋二君，未定之前，萬勿登報。本當即日回滬，先與老商會議，再行奏咨，是以畫押日久迄未奏咨者，猶有待也。此節務望台端代爲切告股商，毋庸誤會。

兹細閱股商公啓，計較三端，亦屬題中應有之義。敝處向來辦事無不顧恤商情，即鄭、宋二君亦甚主持公理。特因廠礦已經推廣，招股實爲第一要著。在老股應得之利固屬難失，而新股欲沾之利亦不能少，自應查照成案，妥籌兼顧。如彼此一日不能允洽，即一日不能奏咨。尚祈閣下明察轉致輪、電、通商三局股商，切實疏導。一俟蘇杭甬路事告竣，即行回滬集商籌議。至於創辦人照洋例雖有子孫享受之利，蓋我躬不閱，遑恤我後，局中人亦決不作此想也。

陳旭麓等《盛宣懷檔案資料選輯之四》漢冶萍公司第二册《盛宣懷致盧洪昶函光緒三十三年十二月初三日》 上月廿九接奉艷電，月底正金短拆半月六萬可望過去，臘月總恐爲難等語，當即奉復一電。一翁來電：費竹心到宜可有款來，漢口願入股者甚多，新股須在明年注册後方能開招。老商招股尚有百萬元之額，似可先招一二十萬以濟急用。收條節畧寄上云。漢冶萍自新鋼廠落成，大煤槽開通，利益宏遠，衆所共知。漢埠耳目尤近，商務中尤爲艷羡，但招集新股，總須在蘇杭甬風潮過去，明年與老商商妥注册之後方能舉辦。現在只留老商一百萬元空額可以先招。昨經張宫保面商，亦以老商受盡十年艱苦，奏定永遠優待，斷難失信。即浙江鐵路所謂優先股也，將來餘利總當多派。現在都中大老多有願入此股者，是以先刊預算節畧，已集有三十餘萬元，約須明春收款。因思執事總持漢口商政，名譽日宏，且以老股董事兼辦人員，倘能切實招徠，自必從風響應。劉欣生觀察本係新商有名之人，既與閣下同事，如可與彼會商，先助老商招足百萬，將來亦可作爲老商董事，以後本可無分畛域。至於閣下實係萍礦開辦之員，老股票上刊有大名，必當爲老商董事，斷難混入新商一邊，受人譏誚。想閣下亦必無此心也。

附上節畧廿本，收條百張，即祈查收。弟到京召見後，即因感冒觸發痰喘舊恙，未能出門，一籌莫展。夙稔閣下顧全大局，轉晌年關，務仗鼎力維持，濟此眉急。

盛宣懷《愚齋存稿》卷六七《寄漢口鐵寶臣尚書十二月初五日》 中國自辦煤鐵機礦，僅有萍冶各一處，藉資鋼鐵廠用。頻年督飭張道李郎中等，苦心經營，粗有端緒，而華商見小力薄，挪扯俱窮，此事關係富强，必須再接再厲。公抱遠識，當有同心，伏望將實在情形，面陳宫樞，加意培植，大局幸甚。

陳旭麓等《盛宣懷檔案資料選輯之四》漢冶萍公司第二册《盛宣懷致楊士驤函光緒三十三年十二月初十日》 公撫魯，舍侄盛津頤得蒙恩誼；今督直，舍親董恩慶又沐栽培，老朽如弟，尚荷青睞所及，古道熱腸，感銘奚似。

漢冶萍煤鐵廠礦，弟承辦十有一年，居然得見成效，將來利益比較輪、電，當有過之無不及。普通商股一千五百萬元，滬、漢新商已經承認，優先老股，尚可補招一百萬元，除各省官紳分認已逾一半，尚有四十萬光景，無論官款私款，均可一律附入。目前官利八釐，預算大新爐工竣，便有二分利息(届時股票當可漲價)。天津廣仁堂，弟從前經手捐助尚存四萬兩，在紗廠生息，歷有年矣，現擬與陸、孫兩觀察熟商，改存鐵廠，息可從厚，於該堂善舉不無裨益。北洋地大物博，如有類乎此等之公款，可否懇祈酌撥？現擬章程，不論官股私股皆同掣股票，援照日本興業銀行之例，無分厚薄也。

陳旭麓等《盛宣懷檔案資料選輯之四》漢冶萍公司第二册《李維格佈告光緒三十三年十二月二十日》 本廠自南皮張公創辦，武進盛公繼起，慘淡經營者前後十餘年，艱難困苦，心力交瘁，其所以不能早見成效者，蓋中國向未辦過此等鐵廠，事非素習，處處因外行吃虧，如鍛煉之未精，機爐之不備。病在本原無從著手，然又欲罷不能，有進無退，於是建議非改舊換新不可，而改舊換新非款不辦，乃百方設法籌款，派鄙人出洋購機選匠，爲背城一戰之計。鄙人默觀時局，知鋼鐵世界，此廠實爲中國富强命根，遂不顧利害，冒險從事。然仔肩之重，困難之多，四年以來食不甘而寢不安者，幾於無日不是。幸賴羣力，於紛亂之中漸見條理，若能再接再厲不放松勁，吾敢一言決之，收效桑榆之日當已不遠。爲中國保全此根本實業，同人之功也。惟退居深思，誰無事畜之累，欲我同人盡心廠事，不能不有以體恤其情，將來廠有起色，公家自必有所分潤，目前尚在艱困之中，公家實有所不逮，鄙人現定於薪水内自三十四年二月分起，每月提銀二百兩存放本廠蓄儲處生息，爲同人中或有因病因傷身故，家屬無人養贍者，稍稍貼補，此項提薪至公家力能分潤爲止。章程數條開列於後：

一、員司工匠(論日小工不在内)在廠已有三年，有功無過，薪水工資在三十兩以下，身後蕭條，家屬實在無人贍養者均得請恤。

二、凡有因病因傷身故，欲請撫恤者，須有公正同人在廠已有三年資格五人聯名代請。

三、或給或不給或酌給，整數一次或月貼若干，具摺領取，至何時爲止，均由鄙人酌定。

四、公家照例恤款仍舊給發。

以上數條爲試行簡章，同人如有所見，須增損者隨時斟酌。大冶之鐵、萍鄉之煤爲環球所不多覯之礦，但願我同人以情義相激發，一人盡一人之心力，使全廠無廢工無廢料，上下團結，致此廠於東方之克虜伯、卡乃基，以爲中國實業表率，則公家固受其益，而於一人之私亦有所裨。若有害羣之馬，損良之莠，則此後當羣起攻之，去惡務盡，鄙人有厚望焉。

陳旭麓等《盛宣懷檔案資料選輯之四》漢冶萍公司第二册《實相寺貞彦致盛宣懷函光緒三十四年正月十四日》 西曆二月五日横濱敝總行來電云，漢口分行訂借與宫保日金三十萬元，言定五年爲期，利息按年七釐，歸五年付還。兹據敝總行云，所借本款係每年交大冶礦石二萬噸，變價歸付；每年應交利息，亦甚願將大冶礦石計價給利，俾使兩無吃虧。蓋敝行與宫保相交既久，誠信夙孚。此款利息如買日金歸還，照匯價似不上算，雖今年應歸七千噸，其實年年減少額數，並無受累，不如以此礦石每噸作價三元較爲相宜。專此。另備清單一紙，已詳細核准，即請察入。想宫保洞鑒在中，尤睦誼正長，自必蒙俯許照此辦理焉。手肅詳告，衹請勛安，並維察照不既。

名正肅。

清單

	本款		還款
第一年	日金三十萬兩（按年息七釐）	息金二萬一千兩（合礦石七千噸）	付六萬兩（合礦石二萬噸）
第二年	日金二十四萬兩（按年息七釐）	息金一萬六千八百兩（合礦石五千六百噸）	付六萬兩（合礦石二萬噸）
第三年	日金十八萬兩（按年息七釐）	息金一萬二千六百兩（合礦石四千二百噸）	付六萬兩（合礦石二萬噸）
第四年	日金十二萬兩（按年息七釐）	息金八千四百兩（合礦石二千八百噸）	付六萬兩（合礦石二萬噸）
第五年	日金六萬兩（按年息七釐）	息金四千二百兩（合礦石一千四百噸）	付六萬兩（合礦石二萬噸）

陳旭麓等《盛宣懷檔案資料選輯之四》漢冶萍公司第二册《盛宣懷復實相寺貞彦函光緒三十四年正月十九日》 日前猥承枉顧，借聆教言，至爲欣慰。並奉惠函，内開「西曆二月五日貴總行來電，漢口分行前與督辦漢陽鐵廠之大冶礦局訂借日金三十萬元一節，利息按年七釐，甚願亦照分年還本辦法，以大冶礦石計價付息，每噸作價三元，按本計息，俾使兩無吃虧」等語，並附另備清單一紙，詳載逐年還本付利遞減數目。閱悉之下，當經面告台端，即電廠礦總辦，飭令查明，是否可行，一俟稟復到後，再爲函復照辦。

兹接漢冶廠礦總辦電稟，内開：貴總行所擬辦法可以照行，惟每届秋末爲期，方能周轉等語。細按電意，每年九月以前恐來不及起運，須俟九月底、十月初始可周轉。查合同所載利息，自交本款之日起算，每半年一結付清。此次合同訂在光緒三十三年十一月初九日，交款又遲六個禮拜，核計第一次付息應在光緒三十四年六月下旬，其第二次付息應在十二月下旬。以廠礦總辦復電所定方便日期與每年兩次付息之期比較，恰巧遲早各在三個月之譜。遲早相抵，尚無吃虧，且與貴總行之意暗合。本大臣查此辦法，尚稱妥洽，兹特備函奉復作准照辦，並照日前面議，無須注明合同，希即轉達貴總行查照辦理，並希早爲見復，是爲至理。

盛宣懷《愚齋存稿》卷七四《寄鄂督陳筱帥正月二十二日》 據總辦漢陽鐵廠李郎中維格稟稱，近因川漢粤漢兩幹路，奉旨交張中堂督辦，需用路軌更多。漢廠將第三化鐵新爐，晝夜趕造，以資各路購用，悉免外人争造，致開漏卮，關係甚大。惟廠地偪窄，無可展布，必須在大别山下開鑿一洞，以通軌道，直達湖邊，方能脈絡貫通，推廣製造。曾於上年二月，稟請前督憲趙批准在案。現在工程緊要，實難再緩，請即電請督憲，再行派員，會同漢陽府縣傳紳，切實議辦，事在必行等情前來。查京漢鐵路，曾在武勝關廣武山兩處，開鑿山洞，毫無所損。將來川漢路工，開山鑿路，豈能盡免。宣懷此次在長崎所見，三菱船塢，開鑿山洞，以便運道，尤屬輕而易舉。目下時局艱危，辦事重在實際，似不宜再事拘牽，以致路政鐵政兩有阻礙。除咨達外，應請貴部堂迅速據電札飭漢陽府縣，傳集紳士，嚴切開導，剋日稟復開辦，萬難再遲，是所幸禱。

陳旭麓等《盛宣懷檔案資料選輯之四》漢冶萍公司第二册《李維格致盛宣懷函光緒三十四年正月二十八日》 格十九到滬，即覓蘇堪談，出示章程，渭潤亦在座。蘇閱後云：老股獨自注册、總理不公舉，老股必得優先三層，均與原議不符，新股必反對，章程不宜佈告，恐起風潮。如推託政府不允，老股一面亦未議妥。用此宕筆，前議不廢而廢，我之所以發起此事者，因宫保前有名譽會之舉，意在招集新股併合公司。我約蟄仙請客數次，竭力鼓動，始能糾集多人共擔。此事固以煤鐵最關緊要，宜聚天下人之財力大舉，而亦所以體行名譽會之用心，若老股力自能爲，何必另招新股，我無非一片好意，云云。格次日往晤蟄仙，並未出示章程，約略告以政府與老股均尚未盡議妥。蟄云：發起之初，蘇係高興，我爲迫切，然早知難成云云。蘇爲午帥招去，匆匆赴寧，格以竹君心思好，即往覓談，盡情告之，並出示章程。竹云：爲大局計，爲宫保計，若歸官辦，是取敗之道，事應商辦，毫無疑義。注册宜合新舊，能招新商，足見宫保有信用，廠礦有成效，是最體面之事。目前總理宜勸新商暫舉宫保，期滿時股分集有鉅數，再行公舉。如不蟬聯，宫保亦宜得最體面之去思。舊股優先，宜以虛數股票（股票二千萬元，銀數不到二千萬元）一次酬報，但只應照實在股銀二百萬兩計算（此所以格電請緩招優先），至於餘利内報效官家二成，千萬不可，蓋即有此項報效，將來仍有需索也。首創成功人及老新股酬勞下注「子孫永遠不得售賣與人」字樣，不雅觀，宜删去云云。渭潤擬餘利四十股分派，股東二十八股，前創辦人二股，後辦事人四股，前後發起人四股，公積二股云。以上如宫保以爲可行，竹君擔承調停。惟竹君多病，不欲逕通函電。綬卿云：注册宜合新舊，且宜真有股分者。章程四十八節所開各人係宫保所用之人，是伙計而非股東，於理不合。總理即使公舉，宫保亦宜退，惟功成而退爲真豪杰，轉令人崇拜。優先股宜定一千萬元，云云。蟄仙云：宫保經手鉅款，事權交出之前，却應問一究竟。叶揆初足可傾倒。此次同船來鄂，力任調停，惟云：千萬不可歸官，痛切言之。此諸人之議論，格不敢絲毫緣飾。馬電老股注册，斷不可行，違背原議，必生枝節。總辦改協理，情意可感，惟格爲公爲私，均不欲久膺托付之重，尚祈原諒。

陸軍部議，有軍務時鋼鐵不准出口。有礙商務，斷不可行。格昨晚到漢，聞費行心今日可到。此次南北奔走，席不暇暖，備極困頓，且廠事亦不能常離，可不再來亦最好。匆匆手肅，敬請鈞安！

陳旭麓等《盛宣懷檔案資料選輯之四》漢冶萍公司第二册《盛宣懷咨農工商部文光緒三十四年二月十三日》　案查本大臣於光緒二十二年五月准湖廣督部堂張奏明招商承辦漢陽鐵廠、大冶鐵礦，又於光緒二十四年會同奏明招商開辦萍鄉煤礦，欽奉諭旨允准辦理在案。其時尚在貴部未設之前，並以煤鐵成效未著，股分難以續招，迄未呈請注册。現在萍鄉大煤槽開通，漢陽新鋼廠成就。據老股衆商，先由老股庫平銀二百萬兩加股足成銀元五百萬元，並須俟奏准注册後，添招新股一千五百萬元。本大臣於本年二月十二日奏明商辦漢冶萍煤鐵廠礦擴充股本，合併公司自應遵照商律，即由股分公司創辦人具呈注册，仍俟續招股分齊全，老商新商另舉董事，再行咨部立案各緣由。欽奉諭旨：「著責成盛宣懷加招華股，認真經理，以廣成效。餘依議。欽此。」除咨行外，謹按欽定商律第一節公司創辦呈報法第十條載明：股分公司係七人或七人以上創辦集資營業者；第十一條載明股分公司創辦人訂立創辦合同所應載明者條内，須注明創辦人及查察人姓名、住址。兹查漢冶萍煤鐵廠礦公司，雖無合同，實係悉遵奏定章程辦理，公司創辦人即係本大臣及在事之各總董，候選郎中李維格、候選道楊學沂、河南候補道林志熙、湖北候補道王錫綬、候選道張贊宸、盧洪昶、王勛、安徽候補直隸州知州顧潤章、分省試用知縣金忠贊等。查明原案遵律具呈咨送。現經本大臣復核，呈内所叙各條，悉與公司注册章程相符，除遵章呈繳注册費三百萬(兩)，合庫平銀二百六十兩，備具文批呈解外，相應咨送貴部，謹請核查，准予注册給照。望切施行，須至咨者。

湖北省檔案館《漢冶萍公司檔案史料選編》上册《農工商部注册局頒發執照光緒三十四年二月二十四日》　農工商部公司注册局爲給發執照事。

光緒二十九年十二月初五日，本部具奏商律公司一門一摺，同日奉旨：依議，欽此。又光緒三十年五月初二日，本部具奏公司注册章程一摺，同日奉旨：依議，欽此。先後欽遵刊刻頒行在案。

查律載：現已設立與嗣後設立之公司、局、廠、行號、鋪店等，均可向商部注册，以享一體保護之利益等語。兹據湖北省武昌府大冶縣、湖北省漢陽府漢陽縣、江西省袁州府萍鄉縣等處地方，漢冶萍煤鐵廠礦股份公司呈請注册前來，核與奏定公司注册章程所列各款項均屬相符，應即准其注册。爲此特給執照，以資信守。須至執照者。

右給漢冶萍煤鐵廠礦股份公司收執

光緒三十四年二月二十四日

第三類第五十七號注册

第二百三十號執照

給照官　郎中　胡祥
　　　　　　　趙從蕃

收費回條

農工商部公司注册局

收漢冶萍煤鐵廠礦有限股份公司注册公費洋銀三百圓。

右付漢冶萍煤鐵廠礦有限股份公司收執注册局收費員　文
　　　　　　　　　　　　　　　　　　　　　　　　張

光緒三十四年二月二十四日　注字第七十七號

盛宣懷《愚齋存稿》卷一四《漢冶萍煤鐵廠鑛現籌合併擴充辦法摺光緒三十四年二月》　奏爲商辦漢冶萍煤鐵廠鑛，漸著成效，亟宜擴充股本，合併公司，以期推廣而垂久遠，恭摺仰祈聖鑒事。竊維湖北漢陽鐵廠，前因官費難籌，經前督臣張之洞，於光緒二十二年五月遵奉諭旨，招商承辦。奏明飭將湖北鐵廠，歸盛宣懷招集商股經理，並臚列商辦章程，恭呈御覽。並經户部復奏「招商承辦，即爲商局派用商董司事，一切事宜，應由盛宣懷督率商人，妥爲經理」等語。光緒二十二年六月十二日，欽奉硃批，依議欽此。

臣謬膺艱鉅，勸集商股。當時煤鑛未成，化鐵甚少，外狀顛危，人情觀望，尚賴輪、電兩局各華商及通商銀行、紡織公司各華商，力顧大局，陸續湊入股分銀二百萬兩，以立根本。臣不自量力，一身肩任，初謂籌款數百萬，即足辦理，實不知需本之鉅，有如今日之深入重地者。蓋東亞創局，素未經見，而由煤煉焦、由焦煉鐵、由鐵煉鋼機鑪，名目繁多，工夫層累，曲摺如盲覓，鍼茫無頭緒。及至事已入手，欲罷不能，惟有躬冒奇險，精思鋭進，艱危困苦，絶不瞻顧，期於必成。於是重息借貸，百計騰挪開闢萍鄉煤鑛，以濟冶鐵之需，添造新式機鑪，以精煉鋼之法。鐵路、輪船、碼頭、棧駁，處處鉤連，無一可缺，借貸利息愈久愈增。查自光緒二十二年五月奉飭招商接辦起，截至三十三年八月爲止，鐵廠已用商本銀一千二十萬餘兩，煤鑛、輪駁已用商本銀七百四十餘萬兩。其中老商股票，由二百萬兩加股，共成五百萬元，合銀三百五十餘萬兩。商息填給股票銀七十九萬五千兩，公債票銀五十萬兩，預支鑛價、鐵價、軌價，約合銀三百餘萬兩。其餘外債商欠，將及一千萬兩，抵押居多，息重期促，轉輾換票，時有尾大不掉之虞。亟須招集實股，填還借本，而廠鑛員董估計，擴充工程尚須續添資本數百萬，方能盡力猛進，廣收外利。旰衡全局，晝夜焦勞，所有從前危迫情形，歷年以來，亦已屢瀆聖聽矣。尚幸耐忍堅持，督飭煤鑛總辦張贊宸、林志熙，鐵廠總辦李維格，鐵鑛總辦王錫綬等併力經營。後路則並飭楊學沂、濾洪昶、王勳、顧潤章、金忠讚各員董，籌款接濟。鑛司、工司，亦無不奮勉用命。已將萍煤大槽開通，煉焦足可合用。漢廠煉鋼鑪改良，其質純淨，足與英德第一等純鋼媲美。茲值各省興築鐵路，經郵傳部通行各省，一律購用所需鋼鐵，年盛一年，以免鉅資外溢，實已確有把握。臣去秋由漢而萍，驗收漢陽新鋼廠，履勘萍鄉大煤槽，風聲所播，商情踴躍，滬漢等處華商，擬議加集鉅股，大舉合辦。先是臣已函商前督臣張之洞，力籌保守之策，擬將漢冶萍煤鐵合成一大公司，新舊股分，招足銀圓二千萬元，一面撥還華洋債款，一面擴充煉鐵。復與督臣趙爾巽，面商辦法，均以商辦已見實效，自應循照成案，以期保全中國廠鑛，挽回中國權利。然揆度商情，非將廠鑛合併，不能放手擴充，尤非悉照張之洞原奏招商承辦各章程，欽遵商律合股公司各辦法，赴部註册，不足以堅通國商民之信。查該廠鑛奉旨商辦之日，在商部未立之前，以股分猶未充足註册一事，因循至今。此次所擬廠鑛併籌，優待老商，聯合新股，使海内外有志之士曉然。於股分公司創始之初，雖屬共擔其險，收效以後，尚能同享其成。由此推行，華商或能激於大信，樂於謀始，並仿照各國，廣設各種製造商廠，養民、善政、强國要圖，莫先於此。伏讀上年諭旨，注重農工商鑛，不惜爵賞，以勸來者。此項鋼鐵廠、煤鐵鑛，尤爲實業中第一實業，所用資本，何止千萬？所用人工，何止數千名？今已告成，實爲國計民生無窮之利，賴尤非張之洞開辦鐵政之遠見，宏規不及此。查原奏内稱「福建船政及津滬製造局，開辦經費，各數百萬兩，皆無收回之日。鐵廠改歸商辦，用過官本五百數十萬兩，概由商局承認，陸續分年抽還，即按廠中每出生鐵一噸，抽銀一兩，即將官本數百萬抽足還清以後，仍行永遠按噸照抽，以爲該商局報効之款。議定俟獲佳煤鑛加鑪後，每年出鐵約十餘萬噸，即每年可繳官款約十餘萬兩。歲月雖寬，涓滴有著」等語。並經户部覆奏，應令該督責成盛宣懷，督率商人加工精製，必使所出鋼鐵與外洋無異，庶銷路暢，而利權可保。自歸商辦以後，每年出鐵若干，歸還官本若干，亦應分年造具收支清册報部等因，欽奉硃批：依議，欽此。

當經取具各商董承認甘結咨部，並照案陸續預繳銀一百萬兩。從前煤焦不繼，生鐵鑪尚未改良，時停時輟，出鐵無多。現在兩鑪每日出鐵二百噸，不致停輟。今冬第三鑪告成，每日共可出鐵五百噸；來年第四鑪告成，每日共可出鐵八百噸，屆時每年即可繳還銀二十四五萬兩。總之商本愈足，煉鐵愈多，繳還官本愈速，實可操券以符原奏。向來外洋大廠，亦必幾經磨摺困苦，而後成是，在上下一心，再接再厲，始終堅忍以持之，示信於商，藏富於民，內塞漏卮，外杜覬覦。則現擬合併擴充辦法，似無疑義，惟茲事繁重，言易行難。新商雖有發起之機，所議全行清還債欠，須加股銀一千五百萬元之鉅，恐亦非旦夕所能招足，必須奏准註冊後，方能妥籌辦理。自應遵照欽頒商律，即由股分公司創辦人，具呈註冊，以期按款循序而進。茲飭創辦總董郎中李維格等九人，查明原案，遵律具呈。由臣咨明農工商部，照例註冊，仍俟續招股分齊全，股東會成立後，老商新商另舉董事，再行咨部立案。

盛宣懷《愚齋存稿》卷一四《請另鑄漢冶萍公司總理關防片光緒三十四年二月》 製鐵關係軍政、路政，與尋常開鑛商業，輕重緩急不同。日本製鐵廠，立有長官；歐美鋼鐵大廠，商本商辦，而其廠主皆能與國家直接言事，所以重鐵政而裨自强也。臣自光緒二十二年，經督臣張之洞奏准，欽遵諭旨，督商經理。曾刊有督辦湖北鐵廠事務關防，行用有年。現在煤鑛告成，添集商股，合併公司。衆股商援照各省商辦鐵路總理名稱，擬請銷去督辦字樣，仍推臣爲總理。臣以衰病之軀，亟求脱卸，免貽叢脞。惟因負荷官本數百萬，商資千數百萬之重，成效甫覩，大局未定，何敢希圖安逸，遽行推諉，以重愆尤，仍當率同新舊商董，釐定章程，切實經理，一俟實在股分，如數收齊，經手債欠，全行清楚，將如何擴充持久辦法，佈置完備，不致半途蹉跌，即當推讓賢能。將來總理一席，自應遵照張之洞原奏，有股衆商公舉，湖廣總督奏派，但改督辦名目，仍重總理責成。目前各省商智初開，易生波摺，如粵漢商路，不患股分不至，而患事權不一，意見紛歧，致稽收效。該廠鑛倘亦因此不能進步，尤屬可惜。臣與前督臣張之洞，現任督臣趙爾巽，悉心會商，嗣後該廠鑛總，理應由股商公舉一二員，仍由湖廣總督，查明向來辦事有效，名實兼孚，可期勝任者，擇定一員，咨明農工商部，奏請欽派。至督辦現經衆股商請改爲總理，自應將原用督辦湖北鐵廠事務關防繳銷。惟該廠鑛所製鋼鐵，實爲軍政、路政要需，事關重大，擬請敕部，另鑄銅質總理漢冶萍煤鐵廠鑛公司事務關防，頒發開用，以便奏咨，而垂久遠。臣爲保全成局起見，是否有當，謹附片陳明，伏乞聖鑒訓示，謹奏。本月十一日奉旨，依議，欽此。

湖北省檔案館《漢冶萍公司檔案史料選編》上册《農工商部咨文光緒三十四年二月》 光緒三十四年二月二十日接准咨稱：本大臣於本年二月十一日具奏商辦漢冶萍煤鐵廠礦擴充股本合併公司案內，已據情將應遵商律由股份公司創辦人具呈注册，仍俟續招股份齊全，老商新商另舉董事，再行咨部立案各緣由，詳細陳明在案。茲飭查明原案，遵律具呈繳費，並經本大臣復核相符，咨送查核施行。計送公呈，又批解庫平二百十六兩前來。

查漢陽、大冶、萍鄉煤鐵廠礦辦理多年，此次合併設立公司，係經奏准在案，所送呈式、公費核與定章相符，自應飭局注册，一面備文咨行保護，相應填注執照收單，咨行貴大臣查收，並飭將各廠成案章程抄送到部備案。至各廠附設鐵路，一切事宜，應另案咨明郵傳部辦理可也。須至咨者。

陳旭麓等《盛宣懷檔案資料選輯之四》漢冶萍公司第二册《漢冶萍公司呈農工商部注册文光緒三十四年二月》 具呈湖北省漢陽府漢陽縣地方漢陽鐵廠，湖北省武昌府大冶縣地方大冶鐵礦，江西省袁州府萍鄉縣地方萍鄉煤礦合辦漢冶萍煤鐵廠礦有限股份公司爲呈請注册事。竊公司照章程內載所應聲明各款，呈請注册，伏乞農工商部注册局查核施行。須至呈者。

計開：

名號　漢冶萍煤鐵廠礦有限股份公司。

貿易　原奏內稱鐵廠併採礦、煉鐵、開煤三大端，係開採鐵礦、煤礦及化鐵煉鋼所需各礦質，如錳、鎂、矽、鉛等類。燒煉焦炭、火磚、細棉土。化鐵煉鋼、製造鋼鐵各項機器。輪駁、短鐵路爲轉運煤焦鋼鐵之用。

有、無限　有限公司。

設立年月日　光緒二十二年五月奏准招商承辦漢陽鐵廠、大冶鐵礦及馬鞍山煤礦。光緒二十四年三月奏准招商開辦萍鄉煤礦。

營業年月日　並無限期。

總分各廠礦設立地方　煉鐵、煉鋼總廠設在漢陽縣之江邊大别山下，採鐵、運鐵礦局設在大冶縣屬之江邊以及各鐵山下，開煤、煉焦、燒磚礦局設在萍鄉縣屬之安源以及各煤山下，均有自造之短鐵路及挂綫路輪船及駁船分頭轉運。其總公司設在漢口、上海兩處。其碼頭、棧房設在漢口、武昌、大冶、萍鄉、洙州、昭山、長沙、岳州，以及上海、鎮江、江寧、蕪湖、九江等處均有分銷處所。

股分總銀數　老股銀元五百萬元，現已收足；新股銀元一千五百萬元，尚未開招。共擬招足二千萬元。並俟招足後再行續咨注册。

每股銀數　每股銀元五十元。

每股已交銀數　漢冶鐵廠、鐵礦原收股分庫平銀一百萬兩。萍鄉煤礦原收股分庫平銀一百萬兩。奏明「老商必須永遠格外優待。如辦有成效，餘利多派，嗣後推廣。加股必先盡老商承認，以示鼓勵」等因。奉旨：依議，欽此。刊明股票，本年公議將漢冶萍煤鐵礦廠合併成一公司，即以老商每股庫平銀一百兩，合作銀元一百五十元作爲三股。計以庫平銀二百萬兩，合成銀元三百萬元。並遵原奏，先盡老商承認加股銀元二百萬元，共成五百萬元作爲(一)〔十〕萬股。其餘一千五百萬元無論老商、新商均可承招。内以若干股爲優先股。餘利如何分派，俟老商、新商會議後再行核定。

創辦人及查察人姓名、住址　光緒二年勘得大冶鐵礦，光緒二十二年奏准招商承辦湖北鐵廠。光緒二十四年勘得萍鄉煤礦。奏准招商開辦之創辦人盛宣懷，江蘇武進縣人，太子少保尚書銜，本任郵傳部右侍郎。創辦鐵廠董事鄭官應等八人姓名詳列老股票之上，其後病故、告退時有更易。創辦煤礦董事張贊宸等十一人姓名詳列老股票之上，其後病故、告退時有更易。公司創辦人，現充廠礦辦事總董九人李維格、楊學沂、林志熙、王錫綬、張贊墀、盧洪昶、王勛、顧潤章、金忠贊。查察二人邱瑞麟、沈喆孫，均住上海、漢口、大冶、萍鄉等處。注册之後，擬由老股創辦人、新股發起人公舉權理董事九人，查賬二人，辦理續招新股等事。股分招齊之後，擬由股東會另舉董事或九或十一人均俟届時舉定後，再行呈報。

合同　本公司係憑原奏摺件及招股章程創辦之時並無合同。規條章程本公司規條大端，從前遵照原奏章程辦理，現在歸併推廣，俟會議章程，再行呈報。

佈告　本公司歸併公司詳細辦法，俟注册後隨時佈告。

計呈送奏摺三扣

光緒三十四年二月　日。漢冶萍煤鐵廠礦有限公司押。

陳旭麓等《盛宣懷檔案資料選輯之四》漢冶萍公司第三册《盛宣懷致陸安清孫多森函光緒三十四年三月初八日》　敬再啓者，漢陽、大冶、萍鄉各廠礦經上年秋間定議合併一大公司，添招新股，遵照商律擴充辦理，衆情允洽，遠近附股者踴躍争先。誠以煤鐵爲今世紀富强要圖。該廠礦歷盡困難，幸有今日，危機已過，成效日彰，將來發達可操左券。執事研求財政之學，素饒於實業思想，此等絶大煤鐵公司異日獲利之多，必倍蓰於他項營業，公益私利詎宜交臂失之。茲附上招股節署一册，閲後如擬入股，須趁優先尚未額滿之前，先將名下股數花户（可用堂名或某某記）從速函知，以便預爲挂號。一面將該股款匯寄京都騾馬市大街通商銀行漢冶萍公司收股處查收，當即掣付收條奉寄。如有同志願入者，不拘多寡，總以從速占先爲是。

陳旭麓等《盛宣懷檔案資料選輯之四》漢冶萍公司第三册《盛宣懷咨農工商部文光緒三十四年三月初九日》　光緒三十四年二月二十四日准貴部咨開接准咨稱：「本大臣於本年二月十一日具奏商辦漢冶萍煤鐵廠礦擴充股本合併公司案内，已據情將應遵商律由股份公司創辦人具呈注朋，仍俟續招股份齊全，老商、新商另舉董事，再行咨部立案各緣由詳細陳明在案，茲飭查明原案遵律具呈繳費，並經本大臣復核相符，咨送查核施行，計送公呈又批解庫平二百十六兩前來。」查漢陽、大冶、萍鄉煤鐵廠礦辦理多年，此次合併設立公司，係經奏准在案，所送呈式公費，核與定章相符，自應飭局注册，一面備文咨行保護，相應填注執照，收單咨行查收，並飭將各廠成案章程規則抄送到部備案，至各廠附設鐵路一切事宜，應另案咨明郵傳部辦理可也等因。准此，除轉飭各廠遵照辦理外，茲查有漢冶萍煤鐵廠礦商辦有限公司暫定章程一本，係因上年新鋼廠工竣、大煤槽開通後，九月間有滬、漢紳商數人到廠，允願擔任招足新股一千五百萬元，立有議單一紙，又聲明或有争執不合之處，前議仍行作廢。附函一件。其時因蘇杭甬路事突起風潮，該紳商即散回滬。本大臣奉命來京，不及與老商集議。於十一月、十二月迭接老商六十餘人公函，内稱「無論如何條款既未與聞，不敢承命」。老商、新商意見已屬不合，旋即電飭總辦郎中李維格到京，查明原案，妥擬商辦暫定章程，赴滬商議。正月二十日接據李維格電稱：此事勢難玉成，前議不廢而廢等語。是此項暫定章程雖屬詳細周密，切實可行，仍未能作爲定本。擬俟本大臣親赴滬、漢，再邀老商、新商和衷商辦，倘能按照章程，新股實行招足，債欠一律清還，不致空言擔任。一面接續注册，一面將此項暫定章程公同議決，再行另刊定本，咨請貴部核准備案，以昭慎重。

至各廠内原有極短鐵路，係專爲本廠運料之用，並不通連他處。萍鄉至株洲鐵路，係屬官款所造，本係咨明郵傳部辦理。茲將漢冶萍廠礦暫定章程一本、新商議單一件、附函一件、老商公函一件一並照抄，先行咨送。

陳旭麓等《盛宣懷檔案資料選輯之四》漢冶萍公司第三册《李維格揚子公司第一次股東會演説辭光緒三十四年三月十八日》　光緒三十四年三月十八日揚子

公司第一次開股東大會，請許君仲清，登録書記李一琴君演説。

今日開股東會，將開辦宗旨對諸公宣言。前在鐵廠各路來訂鋼軌，並有訂橋梁、叉軌、車輛等，惟此項橋梁等亦外國專門，廠中不能辦。中國開無此廠，惟有到外洋去辦，彼時即有就廠開辦橋梁廠之意。既欲辦廠，必須有人。從前王顯臣代鐵廠在香港銷鐵，見其信件，深爲佩服，因商其兄王閣臣聘請來廠辦理，王顯臣本在英國廠中多年，甚爲英廠倚重，曾造大船三十餘只，一切圖樣皆其手出。以辦此廠，非其不可，而英廠不肯放，允加其薪水，並願送顯臣干股若干，祇要彼不離去。英廠後幾欲在公堂涉訟，可見延聘顯臣不易。顯臣既允來辦，即請其到外洋考查購機。彼至外洋後，將各國所建之橋細加考查，以美國所造針式之橋款式佳而工作良。英國與歐洲各處之橋，則以鐵板並加鐵梁式者爲最多，亦畧似中國所造之橋，其價雖非最廉，而建造之工爲最易。歐洲亦間有小針式橋者，以平常機械造之不難，故決在英倫蘇葛蘭購機，現在外洋機械新式甚多，然必求合中國現時之用，何也？洋工匠有曾入大小學堂習此專門，及運用機械，亦多熟手，以現時中國工人程度計，則不須此精器，待將來工匠多熟手，再求精美不難，故所辦機械，皆合中國現時工人所用，有電機、煤氣機、空氣機、水力機。顯臣到各名廠皆爲歡迎。中國向來辦機械，無非與各洋行購辦，此諸公所知，今顯臣親至外洋，既爲歡迎，則所辦機器最爲便宜，各廠以爲可在中國做一榜樣。此開辦宗旨並顯臣親赴外洋考查之情形也。

今日尚有各事須與各股東商酌。

從前開辦此廠必有發起人，不然何人辦此章程等事。從前發起七人：漢陽鐵廠、浙江鐵路公司、宋煒臣、顧潤章、顧溶、鄭清濂、許蓋。議開辦章程，章程內補二條，以五股可議決權，以五十股方能被選舉董事，發起交代董事局，仍舉值年董事七人，如有事，請董事到會議辦。請議。

盧鴻滄議：如股份不合資格可否併權？

李一琴答：併權太雜。

董事暫舉三人，俟廠股擴充時再添。

李一琴得八票，盧鴻滄得七票，宋渭潤得五票，李叔雲得四票，王海帆得二票。

舉查帳人：周命之四票，邱玉符四票，王海帆三票，李一琴議長加一，權定周命之爲查帳人。

舉股票簽名董事：公舉李一琴爲股票簽名董事。

公贊成添招股本伍萬兩。

請公認總經理合同。均公認。

請公認許仲清爲管理銀錢人（有成董棨臣作保）。均公認。

提議官利擬明年再付。李叔雲君以無論中國外國商律，官利本不在理，□股諸君均文明，不必拘定。均贊成。候光緒三十五年開股東會再議。

董事定一年一任。

公司款項非開董事會不能放出款項，不能放作借款，以後非頭等錢莊、銀行不能放。邱玉符君以如放出款項，何人放出，應責成何人收回。

王瑞安地是否出售，候明年股東會再議。

值年董事、查帳人候公司發達後再議給夫馬費。

發起人應否分紅，候廠務發達再定。

查帳人查帳分兩期（上半年一期，下半年一期）。

照録股東聚會簽名：

李一琴翁，宋渭潤翁（李一琴代），盧鴻滄翁，蔡永基翁，李叔雲翁，浙路公司（王海帆代），汪炳生翁（王海帆代），邱玉符翁，陳理卿翁。

湖北省檔案館《漢冶萍公司檔案史料選編》上册《盛宣懷爲公司推廣加股詳細章程征求意見書光緒三十四年三月》竊維漢冶萍煤鐵廠礦宣懷等承辦十餘年，備嘗艱苦，幸告厥成。現因歸併擴充，會同湖廣督部堂奏明照例注册，二月十一日欽奉諭旨：着責成盛宣懷加招華股，認真經理，以廣成效，餘依議。欽此。宣懷既責無旁貸，自應遵旨以加招華股爲已任。去年十月，滬漢名譽員有集招鉅款之議，而本年二月李一琴部郎接有滬電，謂已全體解散，夫以十數年辛苦經營之成局，事雖艱鉅，宣懷等不能不堅忍保持到底，而百千萬之鉅資本，難期於旦夕，自當循序漸進，擇要擴充，特是無規矩不能成方圓，無步驟不能造極詣。本公司同志遵照歷次奏案，欽頒商律並參考中外商例，擬就商辦暫定章程八十八條，祇候有股諸君公同議決，即爲辦事規模，俟再次第修改。自來立法雖善必須行法有人，宣懷等駑鈍淺見，何敢自詡識途，惟念時局艱難，廠礦得有今日之不易，萬不能輕心忽略，袖手坐視，敗已成之事績，阻將來之事業。海內達官鉅商，通人志士，諗知西國富强之所由來，必與宣懷等具有同心，羣策羣力，互相維持，以成就一完全商辦公司。惟集思乃能廣益，用布大端請俯賜裁正，親署冰銜書閲擲還本公司，一俟開會議妥，即當刷印章程，選舉權理董事，先行查帳，再行招股，不論老商新商大股小股，零整不拘，貴於實在，聚公共之財力，開煤鐵之利源，中國幸甚。

湖北省檔案館《漢冶萍公司檔案史料選編》上册《商辦漢冶萍煤鐵廠礦有限公司推廣加股詳細章程光緒三十四年三月》

第一章　宗旨

第一節　謹遵欽頒商律定名爲漢冶萍煤鐵廠礦有限公司，呈部注册。奏給關防，永資信守。

附説　鄂督張部堂原奏大冶鐵礦本爲盛宣懷所勘得，漢陽鐵廠於光緒二十二年奏准由盛宣懷招商承辦，萍鄉煤礦於光緒二十四年奏准商辦。現在奏明合併漢冶萍爲一大公司，以資推廣而垂久遠。

第二節　本公司遵照原奏以採礦、煉鐵、開煤三大端，爲中國製造永杜漏卮之根基，所辦營業如左：

甲　開採鐵礦、煤礦及化煉鋼鐵爐内所需各礦質，如錳、鎂、矽、鋁等類。

乙　燒煉焦炭、火磚、細棉土。

丙　化鐵煉鋼。

丁　製造軌料、各項機器。

戊　凡營運煤焦鋼鐵一切之事，如購地、築碼頭、建棧房、設輪船、造支路等事。

附説　大冶之鐵，萍鄉之煤，皆綿亘數十里之遠，曾奏明萍鄉縣境援照開平不準另立煤礦公司，土窿採出之煤應盡廠局照時價收買，不准先令他商争售，庶濟廠用而杜流弊。大冶、興國亦經大府厲禁他人開採，蓋别礦純乎營業，而此項採礦煉鐵雖屬商辦，仍關國際，故請國家保護之力尤宜加厚。

第三節　本公司除以上營業之外，不得兼辦别事，致紊定章。如有連類而及實見有利無害之事，亦須開股東特别會議以決可否。

第四節　本公司於漢口、上海設總公司，其餘各處如須添設辦事處，隨時議定。

第五節　從前官辦鐵廠用銀五百六十萬兩，除已繳過銀一百萬兩，現在奏咨仍照光緒二十二年湖廣張督部堂奏案接續辦理。

附説　原奏福建船政及津滬製造局開辦經費各數百萬兩皆無收回之日，鐵廠改歸商辦，用過官款但期鐵路開辦即可按日計噸，常川提繳。議定所出生鐵每噸提銀一兩，按年核計共出生鐵若干，共應提銀若干，匯數呈繳，將官本抽足還清，以後仍行永遠按噸照抽，以爲該商報效之款等語。奉旨：依議。欽此。自應遵照接續辦理。

第二章　股本

第六節　凡附本公司股份者，無論官商士庶，當守本公司呈部核定之章程。

第七節　凡附本公司股份者，無論官商士庶，均認爲股東一律看待，其應得各項利益亦無等差。

第八節　本公司專集華股自辦，不收外國人股份。

第九節　本公司合老股新股共招股份銀元二千萬元，分作四十萬股，每股銀元五十元。

第十節　本公司最先創始股本銀元三百萬元爲頭等優先股。

附説　漢陽、大冶鐵廠、鐵礦原收股份庫平銀一百萬兩，萍鄉煤礦原收股份庫平銀一百萬兩，奏明老商創辦艱難，必須永遠格外優待，額息不欠，餘利加派，嗣後推廣加股必先盡老商承認，以示鼓勵等因。奉旨：依議。欽此。刊明股票，上年七月公議將漢冶萍煤鐵廠礦合併一公司並統改銀元股票，以昭劃一。此項庫平銀二百萬兩，計合成銀元三百萬元，一律換給頭等優先股票。

第十一節　本公司加收推廣股本銀元七百萬元爲二等優先股。

附説　原奏推廣加股先盡老商承認。上年七月公議先盡老商承認二百萬元，已於本年二月二十日注册之前如數收足，並已填給優先股收據。此係創始之後推廣加股，應作爲二等優先股並推廣加至七百萬元爲額，一律填給二等優先股票。

第十二節　本公司額定股本二千萬元，除頭等、二等優先股合共一千萬元外，續收股本銀元一千萬元，是爲普通股。

附説　此項普通股，已有農工商部公股一百六十四萬元，老商息股銀七十九萬五千餘兩，合成銀圓一百十九萬二千餘元，餘俟二等優先足額即接續加招，以足普通股一千萬元之數。

第十三節　本公司不論優先、普通，長年官息八釐，均於次年三月給發。

第十四節　除官息及各項開支外，結算尚有贏餘，是爲紅利，作三十成開派：以二成提作公積；四成提作辦事出力人酬勞；一成五爲最先創始頭等優先股三百萬元之報酬；一成五爲推廣加股二等優先股七百萬元之報酬；其餘二十一成不論優先、普通，按股均派。

第十五節　頭、二等優先股報酬自有紅利之年起，派至第十五年爲限，限滿以後即將特別報酬取消，所有紅利照二十四成按股均派。

第十六節　普通股年息紅利與頭二等優先股同，惟頭二等優先股所得十五年之報酬，普通股不得一體分享。

附説　如將來公司推廣於額定股二千萬元以外再行續招新股，則此次所集普通股屆時亦應照優待之例，在紅利内公議另提若干成作爲報酬。

第十七節　凡向漢口總公司、上海總公司附股者，一經繳銀即可填給股票息單。各省、各埠本公司先印有收據，分託妥人經理，以便就近附股。當付收據隨時知照漢口總公司分填股票息單寄經理處次第換給。

第十八節　本公司股票面頁載股東姓名、籍貫、號數、股數、圓數及年、月、日，加本公司圖記，再由總、協理簽名蓋印爲憑。

第十九節　凡買本公司股票者，每股五十元須一次繳足。

第二十節　本公司一俟開會議妥，即先選舉權理董事分任查帳，招股所收股銀由總協理及權理董事酌舉漢滬就近附股多數之股東至少三人，公同經理，以重股本。

第二十一節　股票遇有抵押因而糾葛者，本公司惟票載及册載姓名之人是認，受抵押者亦惟票載姓名之人是問。

第二十二節　凡有轉買股票之人，來本公司報明姓名、籍貫，請注册過户換給新股票者，其所執舊股票上必須有讓出人署名簽字，本公司方可照換股票。

第二十三節　凡遺失股票息單，應由遺失人將號數先登上海、漢口各報，須三份以上詳細聲明，滿三個月，邀同妥保向本公司聲請，方准換給。

第二十四節　股票息單遺失、轉買、分開、合併或更名號，須換給股票息單者，應由該股東按繳本公司所定相當之費。

第三章　股東會

第二十五節　本公司股東會分定期會與臨時會兩種。

第二十六節　本公司股東會或在上海或在漢口，均可由董事局預期酌定。

第二十七節　股東定期大會一年一次。在每年三月發給利息之前，由辦事員將前一年盈虧及收支帳畧報告交董事局總協理宣佈。其帳畧先由查帳人核對無訛，簽名爲據。

第二十八節　臨時會須由總協理及董事或查帳人認爲本公司緊要事件，或由本公司已集股分之二以上之股東説明事由請求開會，總協理及董事即預備招集，不得逾一個月。

第二十九節　凡在定期會之月内不再開臨時會。

第三十節　股東會之會期、會場並所議事件，距會期二十日前，凡整股在一百股以上者皆用函告，其餘不及函佈，登報通知。會議時不得旁涉他事。

第三十一節　股東會開會時，由股東臨時舉議長一人。議決後即銷除議長之名。

第三十二節　股東會有集股本四分之一以上並股東人數十分之一以上到會者，均議決事件。

第三十三節　到會之股東如不滿前節兩項之定數，其會議事件不得爲決議，惟本公司可將會議之意告知各股東，限一月之内再集第二次股東會。至第二次開會時，不論到會股東及股本之多寡，得議決之。

第三十四節　凡一股以上之股東，到會時均有發議及選舉他股東爲董事、查帳人之權。

第三十五節　本公司以五十股爲一議決權，餘准五十之數遞加，惟一人至多不得過二十五議決權。

第三十六節　有議決權之股東因有事故不能到會，可發表意見先期函知本公司，其應有之議決權數與到會同。

第三十七節　有不滿五十股之股東，得聯合其股數至滿五十即有一議決權，可委托有議決權之他股東，其委托書亦須會議前一日繳本公司。

第三十八節　有議決權之股東而並受他股東之委託合計亦不得逾二十五議決權。

第三十九節　股東會以議決權過半數者爲議決，如可否同數，議長決之。然議長自己之議決權如故。

第四十節　股東會有未能議決事件，議長得延長會期，以三日爲限。

第四十一節　會議之事由均記載於股東會議事録，由議長及董事二人簽名蓋印存本公司。

第四章　名譽員

第四十二節　名譽員無定數，由總協理函請，得復函允者，均奉爲名譽員。

第四十三節　名譽員不支薪水，但於本公司著有真實助力，本公司自應酬勞申謝。

第四十四節　名譽員如到廠礦公司皆從優接待。

第四十五節　名譽員雖無股份，遇有本公司得失利鈍，可隨時函知董事會，以備考核。

第五章　董事　查帳人

第四十六節　本公司原有漢廠董事八人、萍礦董事十一人，登明老股票上，時隔年久，除病故、辭退外，時有更易。現在權理董事未經舉定，特由總理領銜，與現在辦事員董李維格、楊學沂、林志熙、盧洪昶、王錫綬、王勛、張贊宸、顧潤章、金忠贊九人列名，遵例公司具呈咨部注册。

第四十七節　注册之後，應公舉權理董事九人、查帳二人，先將老公司帳目會查清楚簽字，即行會議續招新股。

第四十八節　本公司續招新股悉由權理董事妥籌辦理。

第四十九節　續招新股一千五百萬元全行足數，即由新舊股東公舉董事十一人，查帳二人。

第五十節　滬漢之外各省埠股份較多之處，應可由股東就地公舉分董一二人，於總公司會議之時，亦可到會議事，其座位在總公司董事十一人之次。

第五十一節　董事限有本公司股份五百股以上，查帳人亦限一百股以上，均於股東中選舉之。

第五十二節　董事須常川到本公司與總協理會議隨時應辦事件。

第五十三節　董事有爲本公司職員者，其董事之任務即應解除。

第五十四節　查帳人之任務係監查本公司股份、銀錢及廠礦出貨、售貨、材料、工程各項月結年結各表各册是否符合。

第五十五節　查帳人必得查明帳據符合方能簽名，否則揭告股東會議決辦理。

第五十六節　董事、查帳人之薪水，股東會議決之。

第五十七節　董事、查帳人不能兼任，查帳人並不得兼本公司之職員。

第五十八節　董事任期限二年，查帳人任期限一年，任滿仍可續舉。

第五十九節　董事任滿續舉時，用抽簽法預留前任董事四人。

第六十節　董事、查帳人闕員時，股東臨時會補舉之。補舉者續補原闕者之任期。

第六十一節　董事闕員未逾四人，查帳止闕一人，可緩至下届定期會補舉。

第六十二節　董事、查帳人如有失去第五十一節之資格及倒産犯法等事故即退任。

第六章　總協理

第六十三節　本公司現在奏明：督辦改爲總理並添派兩協理，不另派董事長。

第六十四節　總協理會同董事議決事務。

第六十五節　總協理之任期由股東會議決，呈部查照。

第七章　辦事員

第六十六節　漢口總公司管理銀錢正副二人，上海總公司管理銀錢一人，應由董事局在於股份極大之内公舉録用。一年爲一任，任滿仍可續舉。

第六十七節　漢口總公司管理文牘檔册正副二人，上海總公司管理文牘檔册一人，應由總協理公舉。

第六十八節　漢口總公司管理商務正副二人，上海總公司管理商務一人，應由董事局公舉，專管購辦廠礦應用一切物料，銷售鋼鐵煤焦。凡各埠批發、分銷處用人行事均歸調度。

第六十九節　漢陽鐵廠總辦一人，大冶鐵礦總辦一人，萍鄉煤礦總辦一人，商務員漢、萍各一人，應由董事局公舉。所有廠礦以内用人行事，總辦得有全權。此項文憑一年一换。

第七十節　以上商務、總辦，駐廠駐礦，總辦薪水公費由董事局議定。所有該處管理銀錢一人、稽核一人由董事局選派，餘歸總辦派用，仍報明董事局。

第七十一節　以上如有重大事件總辦不欲擔承，以及權柄文憑以外之事，隨時報告董事局會議。報告到後，至多不得逾十日必須議決，事急者隨到隨決。

第七十二節　以上各總辦，均有重大責成，宜資熟手，如有不能稱職，查明實在，不拘任限即由董事局會議另行擇人更替。

第七十三節　總辦而兼董事局員者，遇有董事局議事可到會與議，以備顧問；惟無議決權。

第八章　預算

第七十四節　大冶孕鐵之富，數百年採取不竭，就浮面之鐵測算，年採一百萬噸，足供一百年；尚有武昌、九江鐵礦可資輔助。萍鄉煤山之煤，年採一百萬噸，足供五百年。

第七十五節　大冶鐵質一百分内含鐵六七十分之多，現在自用之外，日本製鐵所每年訂購十萬噸以資搭用，而漢廠所煉生鐵已銷通日本及美洲矣。萍鄉煤質含灰在十一分之内，毫無磺質，正合煉鐵之用。漢廠初用開平、日本焦煤，需用兩噸方能煉成生鐵一噸；現用萍焦，只一噸有零便可煉成生鐵一噸，現在自用之外，日本製鐵所亦來訂購。

第七十六節　漢陽鐵廠現有化鐵爐兩座，明年可成新化鐵爐一座，後年再成一座；現有馬丁爐三座並已添造二座，尚應添足十座。萍鄉煤礦現有大小洗煤機兩座、煉焦爐四座，計共一百九十四格；並又添造大洗煤機一座、煉焦爐一座，計六十格。

第七十七節　預算漢陽鐵廠三十四年份每日出生鐵二百五十噸（現日出二百噸，俟清灰爐成，可出二百五十噸），三百日計共出生鐵七萬五千噸，其中以六萬噸煉鋼（每日出二百噸只算八摺），約可售馬丁鋼四萬八千噸，約以一萬五千噸售生鐵。

第七十八節　預算萍鄉煤礦三十四年份每日出生煤一千五百噸（本可出三千噸，因昭山鐵路未成，輪船難運），三百日計共出生煤四十五萬噸，其中以三十萬噸煉焦炭，約可售焦炭十五萬噸（每日出五百噸，約五摺成焦），約以十五萬噸售塊煤。

第七十九節　預算漢陽鐵廠三十五年份每日出生鐵五百噸（第三大爐已成，連前三座），三百日計共出生鐵十五萬噸（每噸成本約十五兩），其中以十二萬噸煉鋼，約可售馬丁鋼九萬六千噸（擬加馬丁鋼爐二座，連前五座），約以三萬噸售生鐵。

第八十節　預算萍鄉煤礦三十五年份每日出生煤三千噸（其時昭山鐵路已通，可以盡運），三百日計共出生煤九十萬噸，其中約以六十萬噸煉焦炭，可售焦炭三十萬噸（其時第三化鐵大爐需焦加倍，日本亦可銷通），約以三十萬噸售塊煤。

第八十一節　新添股本先以歸還必不可緩之債欠，並以擴充必不可少之工程，全在董事局通籌預算於一年之内籌備完善。

第九章　會計

第八十二節　本公司帳目自光緒三十二年四月接辦之日起，截至光緒三十三年十二月止。每月有月總分存漢廠、萍礦，每年終有總結存於總公司，以備股東查看。三十四年以後，每年終一總結，凡屬股東，均各印送一份。所有漢冶萍三處及各埠所置產業、所訂營業及存欠各項合同契據均存總公司，悉歸查帳人查核，董事局經管。

第八十三節　本公司收支帳目光緒三十三年八月底止，漢陽鐵廠（大冶鐵礦在内）共用商本銀一千二十萬餘兩，萍鄉煤礦（輪船、駁船在内）共用商本銀七百四十七萬餘兩。其自九月初一起，十二月底止，俟結清後再行佈告。

第八十四節　本公司該款除老商股本及預支礦價、預支軌價之外，均屬債欠，應俟招足股份由董事局議定歸還各欠，贖回各項產業契據，悉歸董事局存執。

第八十五節　漢冶廠礦老股截至三十三年止，已給息股庫平銀二十九萬五千餘兩，萍礦已給息股庫平銀五十萬兩，均發有股票、息摺，各自分執。現在新商議擬改給公債票，老商議欲全數發還現銀，自應仍照原給息股一律換給普通股票，以昭平允。

第八十六節　漢廠、冶礦、萍礦以及轉運輪駁共有帳目四宗，按月按年各結帳表，送總公司匯算盈虧，所入之款除去商本額息及各項支銷册有贏餘即爲紅利，作三十成開派，載第二章第十四節。

第十章　附則

第八十七節　以上各節其中應辦事件，本公司須分别另訂詳章。

第八十八節　此係暫定章程，以後遇有更改，必須股東會議決，一面呈部查核。

盛宣懷《愚齋存稿》卷一四《請酌撥的款充漢冶萍公司公股摺光緒三十四年三月》

奏爲創辦公司，關係自強大計，擬請援照各國酌籌的款，以充公股而開風氣，恭摺仰祈聖鑒事。竊維環球大邦，無不以農工商立國，吾華效法伊始，尚未能事事徵實，盡見推行。伏查大學士張之洞，創開湖北鐵廠，經臣將商辦漸著成效，亟宜合併公司，擴充股分各節，據實詳陳。二月十一日欽奉諭旨：著責成盛宣懷，加招華股，認真經理，以廣成效，餘依議，欽此。並蒙慈訓周詳，以藏富於民爲宗旨，跪聆之下，欽服莫名。臣自顧仔肩，責無旁貸，遵當督飭所司，精益求精，力籌進步，決不敢淺嘗輒止，貽笑外人。臣聞東西洋各國，成一關係國計之大公司，其國家及大小臣工，皆可入股。應得各項利益，無論官商士庶，均歸一律，並無等差。此非與民分利也，蓋公家既投股本，則全國商民，自曉然於提倡維持之力，愈推愈廣，鼓舞信從，故能各項實業發達，至於此極。中國則風氣初開，屢蒙諭旨，振興實業，不啻三令五申。凡東西洋所以提倡之法，自可擇其易行者，則而效之。漢冶萍廠鑛，關係軍政、路政，尤非尋常商務可比。現經奏准，集股二千萬元，以資推廣。如能援照各國，酌入公股若干，華商聞之，必更踴躍，從此上下相維，益形鞏固。臣查該廠鑛，原存公款，計有三項：一係從前臣承辦京漢鐵路時，奏准部撥一千三百萬兩，與所借比款併辦，旋即發出九百餘萬而止，經臣設法在賠款內，索回比法鉅款應用，俾已領九百餘萬，款內得剩存銀九十一萬六千五百三十兩二錢七分八釐七毫。因漢廠初造，軌價甚增，賠累即爲留漢廠預支軌價，免其計息。結束之日奏明，以後凡係官辦之路，應付軌價，逐批帶扣，官款二成在案。一係萍鄉開煤鑛時，奏明附入鐵路公司股分，銀十五萬兩，又附入尾款規銀三千八百九十七兩，係將官款暫存，零星回息，儘款撥付，並非動撥正項，亦經咨明商部有案。一係萍鄉入股後，鐵路公司應派，得息股銀九萬兩以上，共計庫平銀一百十六萬兩，核作銀圓一百七十四萬元。合無籲懇天恩，俯念漢冶萍公司，實關自强大計，准將前項存款儘數充作公股，與商股一例掣填股票，每年三月初一日呈繳，官利八釐，將來應分餘利若干，屆時亦均由該公司按期呈繳。如蒙俞允，此項股票，以及每年利息，應交何項衙門驗收，恭候命下，遵照辦理。所有微臣擬請援照各國酌籌的款，撥入漢冶萍廠鑛公司，充作公股，以開風氣緣由，是否有當，謹恭摺具陳，伏乞皇太后、皇上聖鑒訓示。

朱壽朋《光緒朝東華録》卷二一五《光緒三十四年三月》 郵傳部奏，臣部定制，凡官商鐵路均有統轄之責。光緒三十二年間開部伊始，准督辦關内外鐵路大臣袁世凱、督辦京漢滬甯各路大臣唐紹儀先後將京奉、京漢、滬寧、京張、正太、汴洛、道清各路關防文卷移交。當經臣部分别奏明接管在案。查萍潭一路，亦用官款修築，前以該路係爲運煤而設，暫由前督辦鐵路總公司事務大臣盛宣懷一手經理。現萍鄉煤礦，已奏明合併漢冶萍廠礦公司專歸商辦。是官商股本，自應劃清界限。且該路現須展築至昭山四十餘里，利便轉輸，尤須一律籌備官本，俾資添修之用。經總理盛宣懷與臣等面商，擬即改歸臣部管轄，以符定制。

北京大學歷史系近代史教研室《盛宣懷未刊信稿・致世中堂四月十一日》

中堂鈞覽：都門叩别崇堦，眴將匝月，回憶謙光下逮，青睞優加，力持公道，不棄葑菲，人非木石，私衷感泐，何可名言。宣抵漢以來，復將廠礦事務認真考核，預算四爐齊舉，日可化鐵一千噸，即成鋼貨八百噸，足供各省鐵路之用，將來造機器造槍砲造輪船均可無求於外人。昨德國駐膠大臣過廠遊覽，謂不料中國亦能辦成此事。東西洋注重鋼鐵，宣既蒙天恩，責無旁貸，惟有鞭辟入裏，力求進步，庶不負我公保護維持之德意。月之望日，欣值岳降良辰，不獲隨班樞賀，謹專差附呈羅葛燈扇四件，薄同芹獻，祝效華封，非敢云禮也。肅此，恭叩崧齡，敬請鈞安。宣謹肅。

北京大學歷史系近代史教研室《盛宣懷未刊信稿・至湖廣陳制軍四月十二日》 筱帥仁兄大公祖大人閣下：頃奉惠函並抄件，敬悉一一，具見台端與堯帥維持調劑之苦心。弟亦接薛道來電云，岑意非合辦不成。鄙見部中所持在大體，決不在小利。尊電謂「洙昭既有官本，自可剋期興工，與貴部洙昭原奏不相違背」等語，竊料必能允洽。弟刻即加電竭力懇部照辦，明後日渡江再容面談一切。昨日德國駐膠大臣過閲鐵廠，極贊，謂不料中國亦能辦成此一事。現定預算，化鐵爐四座，每日出生鐵一千噸，即可成鋼八百噸。天下鐵路及將造槍造砲造兵船造機器，皆可取給於鄂廠。然煤是煉鐵根本，若非諸公維持運路，曷克臻此。手復，敬請台安。

附呈漢冶萍節畧本，乞存覽。

北京大學歷史系近代史教研室《盛宣懷未刊信稿・上張香帥書四月十二日》

中堂年伯鈞座：都門叩别慈顔，依依感戀，情不自釋。回念半載追隨，垂青踰格，不以衰庸可棄，委曲裁成，雖終爲他山所不容，完璞以還，已甚難矣。到鄂以來，加意考核，擬定推廣辦法，四爐齊舉，每日化鐵一千噸，煉鋼爐添至十座，鋼貨日成八百噸，足供各省鐵路所需及美日銷售。將來造機器造槍砲造軍艦皆可無求於外人。咋德國駐膠大臣過廠遊覽，謂不料中國亦能辦成此一事。姪忝承付託，責無旁貸，必當鞭辟入裏，成一完全商辦大廠，爲天下創，以則無負維持之德意。洙昭運煤枝路，督撫以官商合辦爲調處之策，似可就此定議。鈔電呈覽。兹乘差便帶上花羅四疋、素紡四疋、電氣燈四盞，又壁燈二盞，風扇兩架，皆爲炎午所需用，非禮物也。手肅敬請鈞安。年小姪謹稟。

北京大學歷史系近代史教研室《盛宣懷未刊信稿・上倫貝勒書四月十二日》

叩别以來，時念停雲，畧分言情感縈五内。則止抵漢，擬定推廣辦法，四爐齊舉，每日化鐵一千噸，並添鋼爐十座，可成精銅八百噸，足供各省鐵路所需，將來造機器造槍砲造軍艦皆可無求於外人。咋德國駐膠大臣過廠，謂不料中國亦能辦成此一事，贊美之中意帶譏諷。祇承恩命，責無旁貸，惟當精益求精，鞭辟入裏，成一完備商廠，爲天下創，以期不負厚望。章程股票回滬後辦妥再賚呈。鋼鐵固爲世界最注重，幣制尤爲行政之要端。側聞慈意摺衷資政院以定綱維，此事則止半生奔走四方，畧有所見。蓋銀幣爲目下銅幣之母，將來金幣之子。必宜釐定位次，整齊劃一，挽救銅幣之愈跌愈賤，各種生銀平色之紛雜，爲金本位之預備，使紙幣通行而無阻。若鑄庫平足色一兩，止能便於庫收，於放餉已不便，商民萬難通用。聞鄂省試鑄二十萬元，僅能發官員薪水，市不通用，仍即銷毀；迫以朝命，亦不過摺五十兩元寶一錠爲五十銀元而已矣。竊料往日各種平色，仍必紛紛照庫平摺扣而無可救藥，墨西銀元及各洋元更必盛行於天下。拙見如此以驗後來，鈞座如何會議，必有卓見，可否乞密示一二，以開茅塞，是所盼禱。壽州相國已銷假否，在都時亦曾論及此也。手此密佈，敬叩崇安。則止謹上。

陳旭麓等《盛宣懷檔案資料選輯之四》漢冶萍公司第三册《漢陽鐵廠與川漢鐵路總公司訂軌合同光緒三十四年四月十七日》　一、漢陽鐵廠現造馬丁鋼軌及各料配用各料件，應有盡有，鋼質造工均仿照歐美，嗣後川路公司定購鋼軌及各料件，均由川路公司派員到廠驗收，由鐵廠運往宜昌，船邊交貨。惟江輪不能運軌，海輪又因沙淺難行，如川路公司已有輪駁，即將鋼軌等件交該輪船裝運宜昌，水脚若干照各輪船公司上水運價比算，由鐵廠付給。如川路公司輪駁已訂未成，或水脚太昂，路工需料甚急，仍由鐵廠自行覓船運宜交收，途中如有失事由鐵廠保險，與川路公司無涉。惟定貨須九月前知會，以便鐵廠預備。

一、鋼軌漢陽鐵廠擔保五年，於此五年内如有斷裂，即以新軌易換。

一、川路公司允於本年四、五、六三個月内先付軌價，計漢口洋例銀一百萬兩，由鐵廠另立印收，每張十萬兩，注明收銀日期，交川路公司收執。此項預付之銀，自鐵廠收銀之日起，按年七釐起息，三月一結，應收息銀仍作將來購軌之用，由鐵廠另立印收，交川路公司，但不得利上加利。俟定貨後驗收若干核算止息三成，起運到宜核算全行止息，並將印收或由鐵廠批明應收銀數仍交川路公司，或由鐵廠收回涂銷，其餘仍舊行息。如鐵廠貨不合用，或價值太昂，川路公司應將所付與鐵廠之銀，概行收還，另向他廠定購，漢廠不得異議。

一、漢陽鐵廠允川路公司需用鋼軌及配用各料件，所有價值比較歐美最近廠價及各省已定軌價酌中核定，不得按照歐美運漢之價。因川路公司預付鉅款，不能與他公司一律看待。惟關税釐金由川路公司自行經理。

一、漢陽鐵廠允將廠内現造各路鋼軌式樣及配件式樣，聽憑川路公司核定。輕重份量及配件式樣，先將圖單寄廠，即由廠做銅樣板寄川路公司核對，簽字寄還，以憑照樣鑄造，並將第一批定購噸數、交貨日期，預先議定，以憑照樣製軸。

一、定貨成單其交貨日期，應由川路公司酌定，電知鐵廠。如公司於九月前知會鐵廠，應於九月内交清。若到期而貨不齊，貨齊而驗不合格，妨害工程，應按妨害期間之損失，由鐵廠議貼。然如有意外之變，人力所不能施者免貼。如川路公司或有翻悔，或自知會之日起，十二個月不能將貨出清，議貼亦如之。

一、川路公司定貨時與漢陽鐵廠另訂定貨合同，驗軌章程。

一、川路公司與漢陽鐵廠於此合同遇有意見不符，彼此争執，可各請公正人評斷。如有未盡事宜，另立附合同爲據。

一、合同訂一式兩份，蓋印互换，各執一份存照。

陳旭麓等《盛宣懷檔案資料選輯之四》漢冶萍公司第三册《漢陽鐵廠與川漢鐵路總公司續議購軌合同》　續議川路公司、漢陽鐵廠購軌預付軌價附合同。

漢陽鐵廠兹因川路公司首先預借軌價並不利上加利，故願照正合同所載，按年七釐起息之外，另加二釐共合按年九釐起息，並注明印收之上。此係彼此允予特别之利益，他公司不得援以爲例。特立附合同一式兩份，與正合同一樣蓋印互换，各執一份存照。

北京大學歷史系近代史教研室《盛宣懷未刊信稿・教温佐才再啓》　敬再啓者：奉初七日電示「併合漢鐵萍煤大公司，擬招商，不知章程若何，如係完全商辦，請將章程發下，俾得代招」等語。查漢冶萍煤鐵現已發達，其利之溥必更勝於亘電。現已註册永歸商辦，以後必能成一完全商辦公司，總協理董事均照商律悉由股商公舉。兹特將奏案章程先行抄寄。現在股分甚爲踴躍，即如電報商人，皆願賣去電票買此漢冶萍股票，目下尚未開招，而紛紛投股，已經收足八百萬元。郵傳部來信有云：「電商如慮無可生息，則漢冶萍股票可買。」如得電價一百七十五元，便可買漢冶萍三股半，官利八釐，已可收十四元，祇要餘利四釐，便可收二十一元。若照預算表將來二三分利操券可得，即以一百七十元官餘利二分計之，便可得三十四元。比較死守電票，安險厚薄，不待智者可決矣。惟漢冶萍股分不久即可收足，如電商中有意於此，吾兄來滬亦須預定股數也。因尊電詢及用敢附陳，再請台安。弟又頓首。

陳旭麓等《盛宣懷檔案資料選輯之四》漢冶萍公司第三册《盛宣懷李維格致漢冶萍公司股東函光緒三十四年四月》 竊維漢冶萍煤鐵廠礦宣懷等承辦十餘年，備嘗艱苦，幸告厥成。現因歸併擴充，會同湖廣督部奏明照例注册。二月十一日欽奉諭旨：著責成盛宣懷加招華股，認真經理，以廣成效，餘依議。欽此。宣懷既責無旁貸，自應以加招華股爲己任。去年十月雖有滬漢商人議招鉅款，本年二月已接電解散。蓋十數年已成之局，祇當循序擴充。千百萬極鉅之資本，難責之旦夕。況非常之舉，無規矩不能成方圓，無步驟不能造極詣。本公司自定章程之後，即舉權理董事先行查帳，再行招股。不論老商新商，大股小股，皆可如期收繳，無須空言招認。兹特恭録歷次奏案，並遵照欽頒商律，參考中外商例，擬就商辦暫定章程八十九條，祇候有股諸君公同議決，權爲辦事規模，再候次第修改。自來立法雖善，必須行法有人。宣懷等駑鈍淺見，何敢自翊識途。惟念時局艱難，凡有血氣者不得不各自認辦一份内之事，堅忍到底，以蔵厥役。海内達官鉅商，通人志士，眷懷實業，諒有同心。無論有股無股，局中局外，皆當知鋼鐵爲當今急務，羣策羣力，互相保持，以成就一完全商辦公司。事貴集益，用布大端，應請俯賜裁正，親署冰銜，書閲擲還本公司。一俟開會議妥，即當刷印章程，奉呈指教，無任跂禱。

陳旭麓等《盛宣懷檔案資料選輯之四》漢冶萍公司第三册《漢冶萍公司與横濱正金銀行借款合同光緒三十四年五月十五日》 横濱正金銀行、漢冶萍煤鐵廠礦公司爲立合同事。

今因盛宮保前數月曾與正金銀行議辦借款，現在正金銀行已經照議籌定借與漢冶萍公司日本金元一百五十萬元。其條款開列於後：

一、正金銀行借與漢冶萍公司日本金元一百五十萬元，言明立合同之日起一個月内如數交付。

二、此項借款周年以七釐五毫計息，即每百元按年七元五角，言明六個月一付。

三、此項借款十年爲期，第一年、第二年、第三年按期祇付利息，第四年起，分作七年本利按期分還。

四、此項借款二年後漢冶萍公司有款可還，屆時允許隨時還款，或全數先還，或先還一半，均可聽便。惟須在兩個月之前知照正金銀行，至其息金亦即以還本之日爲止。

五、此項借款係以盛宮保所有九江所屬地名大城門之鐵山作爲借款切實擔保，以本利清還之時爲止。惟聲明此鐵山仍係盛宮保之産業，不拘何時盛宮保可以自行開採，正金銀行不能干預。

六、此項借款係爲漢冶萍公司借用，故萍鄉煤礦、大冶鐵礦、漢陽鐵廠三處與九江之大城門之鐵山，一同作擔保此一百五十萬元之借款本利。

七、九江所屬之大城門鐵山擔保並漢冶萍廠礦一同作擔保之後，不能再向他處作擔保。如要向他處再行擔保，允向正金銀行先行商量辦理。其售賣鋼鐵等貨預借之款不在此例。

八、正金銀行借款未曾還本以前，如願買礦石，漢冶萍公司允許可以隨時售現，或以抵還此借款逐年應付之項。所有噸數價目隨後商量。如大冶礦石開運不及，正金決不勉强。

九、此項借款之内，漢冶萍公司如有各國用場，准託正金銀行代做匯票，價必克己，一禮拜前通知正金銀行照解。將來到期付本付利，概照本銀行市價收付，彼此不得低昂。

十、如一年之内漢冶萍於此款之外，願向正金銀行再借日幣五十萬元，正金銀行允願照此合同一律辦理，另立一樣合同爲據。

十一、此合同一俟還清本利之日，所載各節全行作廢。

北京大學歷史系近代史教研室《盛宣懷未刊信稿·致郵傳部左侍郎吴五月廿七日》 仲懌仁我兄大人再覽：都門一别，馳念甚深，每欲布函，輒以事阻。近想百度臻吉，頤養冲龢，時殷神往。此間天氣寒暖不時，早起尚著夾衣，北方雨澤沾足否。時局民窮財盡，年歲豐歉大有關係。廠礦已定出鋼軌五萬噸。津浦則東萊竭誠相助，迫於英德公司，轉不能如九廣認定半軌。幸所出鋼鐵料不患無銷場，來年大爐告成，日可出鐵六七百噸。所盼洙昭路成，方能濟運。筱帥來函，湘公司堅持官商合辦，又已罷議。此項工程須八個月，如新爐成時煤不能濟，無異豢馬而芻豆不足也。似只可部中放鬆一著。目前部先代造，俟工竣後，不拘何時，准湘公司備款歸部，劃併商辦，部中仍止收萍洙煤費，而以洙昭煤費讓與商收。其實洙昭四十里煤利無多，惟洙昭接通，則萍洙二百五里，煤利四倍今日。因今只運五六百噸，通後可運二三千噸，非藉洙昭四十里發達。蓋按里計費，如萍洙每噸得一兩，洙昭每噸僅得二錢。前聞部覆湘鄂電，今閲湘遞察院呈，似皆重視此二錢煤費，似有誤會。可否請台端詳晰言之。否則薛道不能開工，廳礦必大吃虧苦，欲速反遲，不勝懊惱。電事愈議愈遠，實因風氣使然。蘇、杭、甬戰勝朝廷，彼等驕盈日甚，動輒開會。局中之爭較，皆從局外之横議激之。近來報紙皆謂收贖發端於弟，而部電欲我先交先領，商界自聞此信，深疑敞處見好於官，從此無人過我門矣。兩面受擠，只得退避三舍。旋接閩縣覆電，業已上聞，勢難反覆。屢請另派丞參到滬調處，均不許可。弟向來辦事不肯因難畏縮，現擬酌中遵照奏案核定票價，先請部示，再行集商勸導，必須付弟全權，方能當機立斷。弟初六日照咨文邀公正大股東開導，氣尚和平，祇奉部電屬令堅持勿動，以致坐失事機。及彼等廿二聚議，已形激烈，若再不趕緊結束，俟其正式會成，各省會不論有股無股，皆發憤論，恐非照帳畧計算不能買矣。鍾紫垣面稱日本收買商家鐵路，極爲優待，部款艱難豈易籌措。鄙見力勸按票價評論，至多不過照發利之前二百元連利在内，而已省許多葛藤。官家買回，不要官利，不要報効，北洋年年餘利必有可觀。若併郵政儲蓄，合爲一店，開銷省而利益宏，平心而論，買斷商股斷不損虧。弟戚屬所執九百股，若不先聲明提開，决不請益，嫌疑所在，何敢贊一辭。今雖酌中加價，而弟經手者仍只領一七，庶可以對部對商而毫無避忌。日内即當據實電陳，乞我公先達玉老雨老。或可或否，可否詳示以定行止。敬請台安。治小弟盛頓首。

陳旭麓等《盛宣懷檔案資料選輯之四》漢冶萍公司第三册《盛宣懷致李維格函光緒三十四年六月十一日》　接五月二十八日公函，内附宋渭翁索取公司章程原信，具悉。此事弟於十三號信中以第一法、第二法馳商後，即將閣下簽注本及弟自擬條款統交綬卿核勘。綬固始終堅持二千萬公司必以一千萬作優先，於第二法極反對者也。其言曰，此次推廣加股，以安慰老商、鼓動新商爲要義，二説之中尤以鼓動新商爲要義中之要義。若無特别字樣，新商盡可觀望；一概優異相待，老商仍必有詞。故必分别等次，而以紅利之多寡爲斷，採取衆説，摺衷一是。

浙路優先股提紅利二十成之三，無年期（説見該路刊本第二章第十一節）。

蘇路優先股提紅利二十成之一成八，以十年爲期（説見該路刊本第二章第十五六節）。

一　水電公司、揚子江機器公司皆無優先名目，而水電却提一成爲發起人報酬，此即閣下簽注本所稱首創成功人是也。

綬意公司招股已極弩末。觀蘇浙優先早已滿期，借款事起續糾股本，疊請展緩優先截止之期，並許後來者亦列優先，可見優先二字爲招股者之歆動品。若廠礦首創人亦仿水電之例提給一成，則優先利益更薄，仍不足以歆動之。故擬删去撥入優先名下，餘利仍作三十成開派：

二成公積；

四成辦事出力人酬勞；

一成善舉；

一成五頭等優先股報酬（定期十五年，如嫌年久，可照蘇路減至十年，請酌）；

一成五二等優先股報酬；

餘二十成優先普通按股攤派。

若問頭、二等何以同一報酬？則三百萬元分此一成五與七百萬元分此一成五，利益自别。譬如餘利三百萬元，分作三十成攤派，每一成派十萬元。

優先普通股份共二千萬元，派二十成即二百萬元，每百元應派十元；

頭等優先股份三百萬元，派一成半即十五萬元，每百元另派五元；

二等優先股份七百萬元，派一成半即十五萬元，每百元另派二元一角四分。

實不爲優，但期有此歆動而已。若謂首創成功人到底不容湮没。則辦事出力人所提四成，届時可以就中酌撥，藉慰發起。

此外各條，有就尊注照改者，間亦有參酌一二者，另清一册，寄請面交渭翁，復加斟審，速速寄回排印分布，股票式專候此章程摘要刊入也。

陳旭麓等《盛宣懷檔案資料選輯之四》漢冶萍公司第三册《盛宣懷復日本興業銀行總裁添田壽函光緒三十四年六月十九日》　敬復者：頃接日曆七月二日惠函，知前函所商正金礦價一事，荷允准照辦，佩慰之至。大冶礦局每年運交礦石，係先將製鐵所額礦十萬噸運清後，即接續運交正金之礦，其期約在華曆九、十月間，其價銀、帳目亦當照此日期結算，以免混淆。此節已與正金銀行函商議定，並希貴行於結帳時查照核算爲荷。

至三局廠歸併公司後，所有大冶礦局原訂合同統由漢冶萍廠礦總公司擔承一切，概與從前無異。合併奉復，順頌台祺。

漢冶萍煤鐵廠礦公司總理盛（宣懷）。六月十九日。

陳旭麓等《盛宣懷檔案資料選輯之四》漢冶萍公司第三册《李維格致盛宣懷函光緒三十四年六月二十五日》　奉本月十一日第十六號鈞函並公司章程，敬悉一切，當即遵諭往晤渭潤，以鈞函及章程示之，渠云最干浄係捐免優先。格答以如無京城續招之優先，吾亦云然，現既有續招優先之難於處置，則調停新舊竟直以一千萬元作爲優先亦一辦法云。渠然其説，而不再以捐免爲言，惟紅利分派，渠云股東必須得十成之七，即三十成之二十一，擬以善舉一成補足之。善舉分利，向所未聞，若學堂、醫院應作正開支。工匠撫恤可於辦事人四成内酌量提存，辦事人四成，漢冶萍人衆，若過於菲薄，則無以鼓勵，必須辦事人盡得之，不應再分與創辦及發起人。公積二成可以無需，因添置可以開支，而摺舊可於廠本存貨兩項年終摺減，無須另立公積名目。中國存息小，用息大，斷無將公積之銀輕息出存，而又以重利用人之銀。然若不封存，則有名無實，何必多此一舉，故擬以公積二成，改作創辦人及新舊發起人酬勞，蓋創辦之功終不可没，而新發起人尤非酬勞不足以鼓動之也云云。所見頗有道理，陳備採擇。

再，官利八釐，渠言太大，浙路七釐，水電祇有六釐。格意亦嫌太大，且招股牌子要緊，恐反令人生疑，擬請改爲七釐已覺甚厚，外國公司本無官利之説也。

北京大學歷史系近代史教研室《盛宣懷未刊信稿·至袁太史七月初十日》 珏孫仁兄世大人閣下：夏令敬業帶上一函並字畫各件，計已收到。昨奉六月十六日手書，敬悉端午後尊體又患外瘍，幸已全癒。壯年雖易復元，終恐濕温蘊蒸，常留餘孽，總宜趁病好後一律肅清，勿大意也。弟歸來咳稍緩而濕氣下行，時有苦惱。收贖電報，大起風潮，皆因定價既比票值短少，又將上年利息扣除不付，商情大爲不平。漢冶萍外股迄未開招，而已得八百餘萬元，擬收足千萬暫作停頓。所有股票現甫籌定發印，一俟印妥，即將商辦章程八十八條分寄各處，凡有股分者皆應各抒所見。大約得手總在來年，每日出鋼鐵五百噸，便有可觀。承示正金押款八月到期，弟想必可轉押，届時當爲函致該商使其放心轉票，如果不能，再作別法，因通商銀行利息恐須增於洋行耳，如實不能，届時再代設法。茲乘董少卿回京之便，帶上香光滕玉閣序全堂，弟去年任萍鄉所購，計值二百六十元，今只要售百金，乞代爲銷售爲感。此請台安。

北京大學歷史系近代史教研室《盛宣懷未刊信稿·致山東袁中丞函七月十一日》 海帥仁兄大公祖大人：京華一別，常切馳思，迭聽新猷，倍深欽仰。山東財政艱難，公裁汰各局員薪，力任勞怨，將來漸事整頓，必有可觀。銅元私鑄能否設法嚴禁，州縣受錢價之虧如何方能補救。贊帥片奏，欲定一元爲一千文，確是整齊畫一之法，其奈銅元不值何。此間收贖電報定價一百八十元，未發去年利息，以致稍有争論，煞費調停。現已繳股過半。漢冶萍招股本擬讓過此風。近日收電股而來入廠礦約有十之三四，當與一琴、渭臣諸君商定，以一千萬元爲優先股，老商居三百萬元，新商居七百萬元以示招徠。昨日截算已得八百餘萬元，大約容易招足。開春新爐告成，再行續招壹千萬爲普通股。並擬公舉顧晴川兄爲查帳員。卅三年底止帳目已齊全，新鋼廠資本皆任去年帳内。晴川未知何日能赴滬漢，章程票式俟印齊再呈台覽。

陳旭麓等《盛宣懷檔案資料選輯之四》漢冶萍公司第三册《盛宣懷致李維格函光緒三十四年七月十三日》 前承寄還暫定章程一本，所商紅利股東必須得二十一份，自應照辦。公積不能無此名目，仍提二份，免人議論。酬勞創辦人及新商招股人，弟固未便自要酬勞，即新商發起一面，亦恐去冬來議之人聞而覬覦，故不如除去，較爲干净。至於官利七釐，其實不少，但去冬議定長年八釐，京城所發招股節略八條均已寫明八釐，似難更改。但求出貨興旺，每年多出二十萬元利息，亦尚無礙大局。若明年三月仍不付利，不特失信於已交之股，且恐堵塞來源。此兩件事，明知公司專顧面子，而於實際未免吃虧，然皆壞於去年滬漢商人所議，未能踏實，以致印收已發，難以復改，只好譬如借匯外款，利息更大，挖肉補瘡，從前輪、電局初辦之時亦曾受過此病也。所有八十八條章程暫不更改，已經發印。股票息單亦經弟與綬卿再四妥商，編成三種，已交商務印書館趕緊製造式樣，附呈台覽，並望面交宋渭臣兄一看，因京城催換股票甚急，故不能再遲也。

此次招股，本擬讓過電報收贖風潮，候弟日本回來再行開辦，乃於本月初旬電商交股收還洋本，有徑來公司請附漢冶萍股份者，數日以來已有四千餘股，彼等遍詢章程，勢不能置之不問。已在上海一處先登告白，並將預算清單登報一月。想來上海市面甚壞，未必能有鉅股，至多不過百萬元光景。大股東均在漢口，或俟章程、股票印好，亦即登報開招。或俟上海招足一百萬元，先在上海開股東會一次，選舉權理董事及查帳員二人，統俟查帳清楚，再行廣告，推廣招股。應請閣下速與宋渭翁密商妥貼，詳示再行酌辦。以上情形，已先託王閣翁面告。茲特縷布，敬請台安，鵠候回玉。

愚弟盛宣懷頓首。七月十三日。

權理董事，上海、北京擬定五人，漢口四人，渭臣以外三人請速酌定，密示。查帳員二人，一係顧晴川，一係孫法臣即周扶翁之舊伙計，徽州人，此公極明白公正。届時須請閣下與渭臣到滬一行，俟定期再行預告（周、袁似須預先函告）。至二等優先七百萬元，漢上約須定出若干，祈與渭翁酌示。

《商務官報》光緒三十四年七月二十五日《商部咨各省購用萍礦煤焦文》爲咨行事案，查光緒三十二年七月二十五日接准督辦湖北鐵廠事宜盛大臣咨稱，湖北漢陽鐵廠商辦以後，勘覓江西萍鄉煤礦，灰輕油足，堪煉焦炭。經本大臣奏准，仿照西法，認真採煉。歷年以來，成效大著，將煤焦式樣寄往外洋，經英國著名化學師史戴德化驗，煤質每百分中含六十五分，以之煉焦，每百分中含炭至八十四分有奇，硫灰俱輕，與英國上等豆爾漢姆焦炭無異，深合翻砂煉鐵造軌鑄幣暨一切鋼鐵製造之用。近時日本製鐵所亦遠道商購運東應用，不嫌運費之貴，炭質之佳，自無倫比。但聞日商尚有次焦運進華埠分銷，方今中國注重商務，各省機械船塢銅元銀幣局廠林立，類以杜塞漏卮，多用華貨爲要。義應請貴部俯念商辦萍礦業已成立，所產煤焦質佳價廉，除供應漢陽鐵廠外，足敷各省之取給，本爲機軸所必需。懇祈通飭官辦商辦各局廠，凡有需用煤焦，嗣後一律概向萍礦購用。倘荷允准，務希飭局趕將應用噸數預爲估計，或專電、或專員逕就上海萍礦總批發處、漢陽萍礦運銷局商訂合同，依限分運。本大臣先已檄行該礦總辦通告各局處，遇有官商定貨，務必核實價銀，按期運送，藉酬維護實業之盛意，咨部查照等因前來。查富國之道，煤鐵實居大宗，泰西各國往往視煤鐵之豐簡，覘國勢之强弱。現在萍鄉煤礦經盛大臣竭力整頓，仿照西法認真採煉，所出煤焦硫灰俱輕，煤質之佳，與英國上等豆爾漢姆焦炭相等，足供翻砂煉鐵造軌鑄幣暨一切鋼鐵製造之用。亟應廣籌銷路，以資周轉，維持已成之佳礦，杜塞將來之漏卮。所有各省機械船塢銅元銀幣各局廠，如果需用煤焦，自應儘向萍礦購用，於自保權利之中寓擴充實業之意，自是一舉兩得之計。除分行外，相應咨行，貴大臣等查照辦理可也，須至咨者。

湖北省檔案館《漢冶萍公司檔案史料選編》上册《盛宣懷致熊希齡函光緒三十四年七月二十五日》前承惠教，即趨答，以值赴寧，甚歉。頃奉十二日手書，敬悉一一。湘款集款已達二百萬，現擬仿蜀路，議行租捐，每年常款當出二百萬金，此最直捷了當。路成則土貨必暢出，利在民生。今取之於民者歲若干，他日還之於民者必不止此數。弟春暮過汴，與贊帥議洛潼接軌，力勸租捐，但不可如蜀省遲鈍耳。洙昭八月竣工，聞之不勝忭慰。在漢冶萍但求此路之速成，決無官造商造之歧視。部中亦因湘議改枝爲干，故有另造洙昭枝綫之奏，今聞湘局仍宗粵漢原議，以洙昭爲干綫，且可克期告成，則理足神完，部臣疆臣似不難合疏辦理也。廠礦所出鋼鐵，外人艷羡不已，銷路亦可愈推愈廣。所宜人力以通者，洙昭節軌大別一洞耳。股份已得八百數十萬，擬補足一千萬，即開股東大會選舉董事，附章奏牘章程十份，乞於貴友中量爲分致。湘中入股甚少，兩頭毗連，甚願其多也。是在我公提倡而輔翼之耳。朱世兄必當留意。手復敬請台安。

陳旭麓等《盛宣懷檔案資料選輯之四》漢冶萍公司第三册《盛宣懷致李維格函光緒三十四年七月二十七日》承電示：「獲利之年即報謝之日，潔身而退，以遂野性，若股票簽名，則將一生不得清浄，協理原約暫局，宜早選替」，具仰清操絶俗，敬佩奚似。尊論專爲股票簽名而發。弟想一生不得清浄，已屬可畏，且恐後人辦不好，吾輩身没亦有餘辜，掩卷數日，百思不得其故。深怪股票簽名，始作俑者，其無後乎，何勿一爲百年想也。特召閣臣商詢各國股票總協理退任後有無新任另行簽名之法。閣云，即如鈔票亦不换人簽名，但總協理新舊接替，公司有日期可考，斷不致因簽名股票而不准交卸；亦不致因後人辦理不善而牽涉前人，否則，股票鈔票無人敢簽名矣。弟想吾輩任勞任怨擔任此舉，本屬愚人。若聰明智慧，或留此精神圖富貴，或隱逸，決不自苦。復繹尊指，似深慮獲利之後不能求退。試想電、輪獲利，部督互争，廠礦僅見發達，去年已有起而謀之者。人情樂於圖成，未必自諒其能否勝任。弟老矣，不過欲候新爐告成，全局釐定，即爲我休息之期。我公曷可求退？吾不敢謂天下絶無繼起之人，然既千辛萬苦達到目的，與其淺嘗輒止，或繼起者不如我而歸咎前人，似不如多辦數年，大著成效而後去。

惟公獨任其役，實太勞苦。目前必須求一幫辦，即爲將來預備替人。此人非明語言文字不可，非與公水乳交融不可。環顧吾曹，閣臣其庶幾乎？閣臣本擬派商務員，與工程員並峙。商務員者，除工廠以外，定貨起、交貨止，一切主之。試想現今鋼料尚不足國中軌用，所謂商務者，尚非新爐工完，難有整數交易。萍煤又不能遽舍鴻滄。弟與閣臣再四面商，准照閣下所擬先派閣臣在廠，以資臂助，毋庸拘定商務名目。如同洋行之大寫，寫字臺須在一氣，內可以爲公參贊，外可以爲公勸勞。俟推廣工程畢事，廠務大定，或調出閣臣專管商務，或留彼管廠，閣下駐漢以協理兼辦商務。弟爲公司謀，爲閣下謀，不外乎此。

惟獲利必在推廣工竣，而後推廣全在集股，故股票實難再緩。京城迫促尤急，似未必再事推延，致礙全局。福開森調查外國股票有書記簽名，係奉全體董事之命而簽者。中國股票必以總協理爲重，添一書記簽名則可，僅一書記而舍總協理斷乎不成。人皆知代弟者公也，不簽亦不可。公既看到獲利之年，就使獲利即去，亦足以對我股商矣。

弟八月初七放洋，約一兩月返滬，如能集成一千萬元，開股東會舉董事查帳，最爲得體。此間一面函致各省官紳，寄章程去，應請閣下面商渭臣兄，似宜先行函詢周、袁、林諸大股，倘周、袁、林願作董事，則上海請數人與相配合，如此，三位不來或來而請代表者，則上海所舉亦可署次一等。至於漢口招股何時動手，惟公與渭翁謀定示知，弟不遥制。上海事，擬交綬卿代表。弟出門後，有事可與妥商，極要緊事可電東京也。手復，敬頌台祺。

北京大學歷史系近代史教研室《盛宣懷未刊信稿・致湖廣總督部堂陳函稿七月廿八日》 筱帥仁兄大公祖大人閣下：兩奉六月十九廿二日手教，敬諗勳猷篤祐，允愜頌私。洙昭鐵路，但求速成以通煤運，敝處決無官遣商造之歧視。前因湘路改弧爲幹，部中始有接修洙昭枝路之疏。昨熊秉三觀察來言，湘已議定，仍循粵漢原奏以相潭爲枝路，則洙昭使屬幹綫，且聞八個月可以剋期告成。如果此議確鑿，尊處與冰相、玉翁電商，諒即可會奏照辦矣。轉瞬新爐告成，尤慮煤焦不濟。務求鼎力與堯帥趕緊核定，弟於冰相、玉翁兩處通函，無不力求速定，誠如卓論，徒争一時意氣何益之有。電報歸國有亦係名正言順，惟將股商應得之利息蠲除，輿論頗多怨懟耳。天下事持平最好，而持平亦最難，執兩用中，舜所以稱大知也。令親丁令來晤兩次，甚爲安詳，漢廠用人較繁，因遵函諭派往萍礦材料處，月薪大衍並函令林道照料。舍弟蒙委局差，感泐之至，已傳諭謹慎勤奮，不負栽培之雅意乎。手此敬請台安。治愚弟盛宣懷頓首。

盛宣懷《愚齋存稿》卷一三《請假赴日就醫並考察礦廠電奏光緒三十四年七月二十九日在上海發》 宣懷奉命駐滬辦理商約，未議各國尚無來議消息。所辦漢冶萍廠礦，遵旨加招商股，以廣成效。查東方鋼廠，漢陽而外，僅有日本製鐵所，與我並峙。彼之總理，曾已親來漢廠考察，我亦宜往一行，藉資互證。該國煤礦尤多，成本甚輕，亦宜往查，使萍鄉煤礦有所效法。且宣懷久患痰喘，中醫療治難痊，夏秋尚可支持，冬令增劇，年甚一年。日本有國醫，長於治肺，不能來華，祇可就其醫院診治。合無仰懇天恩，賞假兩箇月，即擬趁此天氣未涼，剋日東渡，一面考察廠礦，一面就醫。如商約有續議之信，當即言旋，決不敢稍有貽誤，請代奏。

北京大學歷史系近代史教研室《盛宣懷未刊信稿・致陳筱帥再啓廿九日》 筱石仁兄尚書再覽：漢冶萍廠礦案牘章程附呈兩套，祈存覽。此項鋼鐵出産宏富，烹煉精純，銷路廣闊，只須得人經理，造就必在輪電之上。現付官息八釐，轉晌新化鐵爐告成，餘利紅利必然優厚，預算諒不至慮。所集商股已逾八百萬，優先股所存無多，弟瀕行時曾與我公有約，謹以奉聞。如尊處及親友中有願入此股者，祈將堂名記號早日示知，不爲外人道也。手此再請台安。弟宣又頓首。

湖北省檔案館《漢冶萍公司檔案史料選編》上册《盛宣懷致陳璧函光緒三十四年七月》 張令回奉惠函，並承電示一二。收贖聞已過八成，尚有旬日可期結束，此皆我公卓識毅力堅定不摇有以致之。弟曾謂天下事但求了結即是止謗之法。此次贖股稍有爲難，因弟在漢廠稽留匝月，上海先多謡諑，局中固斤斤計較票值，局外且謂不應有此一舉，甚或謂官辦後海疆啓釁，綫必難通，此亦□頭語也。至於票價實難在去年利息□□内□□三十三年七月初一後，買票者虧失本項二十元，又息十六元。其先買者上届已收息二十元，不過虧失今届之息，恐其在老股無所虧損，故争較者皆新商也。其或謂敝處戚友脱售在前者不止一人，亦無庸諱。總之弟辦理不能順手，致煩藎畫，幸告厥成，先難後易，已屬萬幸。至輪船招商局本屬商辦性質，雖爲本部管轄之一端，將來只當擴充航路，保持商業，似無官收之理。漢冶萍已經注册商辦，各省路局應用軌料，尚蒙提倡而卵翼之。□□暫借給官用，毋庸收贖，但華商提議輒皆引以爲憂。公此次結束電案，可否即將所復鐘道等電諭各該公司可無影響之意，奏請綸音特佈，使海内外咸知電報收贖實係不得已之舉動，庶於題前題後均有益處，非弟一人之私臆也。公具只眼，諒以爲然。

湖北省檔案館《漢冶萍公司檔案史料選編》上册《盛宣懷致紹英函光緒三十四年八月初六》 漢冶萍鋼廠年内定出鋼軌五萬噸之多，現又加造新鋼爐兩座，不患銷路不暢。故擬優先股添足一千萬元爲度，已得八百餘萬，歸時可望額滿。兹特附上章程兩本，乞察閲，如有人願入此股，可請就近交明通商銀行駐京總辦袁寶三代收，即可掣發收據。自收到之日起，按八釐付息，其餘利紅利尚在其外，凡我至契不敢不告也。

湖北省檔案館《漢冶萍公司檔案史料選編》上册《盛宣懷致左廉訪函光緒三十四年八月初六日》 此事大約諒可合龍，但望我公於貴同鄉諸君通函時，切勸早日開工，如期行車，爲湘路先聲，將來招股較易，豈僅運煤之利益乎。至漢冶萍廠礦章程，附呈二本，乞存覽。如要入股（可交蘇州和豐錢莊掣取收據，隨後到滬換股票，可將堂齋出名），須趁此時。優先止有千萬元之額，現已集八百數十萬，只剩一百餘萬元。大約弟日本回來即可開會矣。珂鄉距廠礦較近，年年取利較易也。素抱知己，用敢附陳。

湖北省檔案館《漢冶萍公司檔案史料選編》上冊《盛宣懷致袁珏生函光緒三十四年八月初六日》 漢冶萍股票已交商務印書館刷印，一俟印好，即將所發收條照原名、原號寄京辦事處憑條換給，來年三月即可付利，屆時正金當可堅信中國股票全以利息爲進退，漢冶萍從前十年不付息，故雖發旺仍難免觀望，然已收到八百餘萬元，並未認真開招也。弟赴日本就醫，已蒙俞允，兩月返滬即可開會矣。附上刊章兩本，乞存覽。悦古田黄印章三方，如一百五十元請代買覓便寄下，再貴不必買。其餘書畫得暇再寄。恭邸處不去甚佩。自北京寄信東京，五日可到，望勤寄函示，至盼。

湖北省檔案館《漢冶萍公司檔案史料選編》上冊《盛宣懷致宗耿吾函光緒三十四年八月初七日》 漢冶萍擬招足千萬，歸來即可開會，現已集有八百餘萬。秣陵地大物博，如有相好願入此股，尚可得優先，請即匯交大小兒，伊處已留公司收據，可隨到隨填也。附上新章程十本，祈察入。

陳旭麓等《盛宣懷檔案資料選輯之四》漢冶萍公司第三冊《李維格致盛宣懷函光緒三十四年八月初十日》 茲將應陳要事條列於左：

一、招股：以上海、漢口、京、津、厦門、香港、廣州數處爲總要之區，惟不宜隨便登一告白于報章輕易出之。必須派善於辭令者分投運動，集衆演説，使人心目中覺得此事爲非常之舉，絶大之利。然後一鼓作氣，登大字告白於報章，面頁全幅，鋪張鼓吹。近彭脱寄來英國煤鐵省分報章，致視漢陽鐵廠爲黄禍西漸，大聲疾呼。格已將此報寄與上海《商務報》譯登，凡此西報論説，均可引證我言，叙入告白。以意揣度，如能鼓動人心，千數百萬似尚不難。此間擬借商會請客演説，然後再登告白一試我法何如。如其目見之地亦不能動人，來股並不踴躍，則遠處耳聞更無可望。如其動也，則急須覓人分投趕辦。厦門爲南洋富商桑梓，又爲林氏所居之地，厦門道係格舊同事，必肯幫忙。但能勝[任]前往運動之人頗難其選，格意中祇有商部王干人部郎，厦門人於廠事聞亦關切，或可央其請假一行。香港、廣州，最好顯臣能撥冗一行。惟章程有先舉權理董事、查帳人，然後招股之條，今未實行。此條恐精明者指駁，我無詞以對，且運動固要，而按到實處在一信字。誠如七月廿五日第三十六號鈞諭，不必匯滬，不必移應廠用，以昭信實云云。現擬變通辦理，聲明股款暫存銀行，俟開股東會舉定董事、查帳人，再行動用。惟銀行息薄暫作六釐起息，俟公司動用日起，即照章程官利八釐計算，即用漢冶萍公司出名開招。遵照七月廿七日手諭，招足一千萬元即開股東會舉董事、查帳人。惟所以變通章程四十七八兩節辦法之故（查四十七節注册之後應公舉權理董事九人，查帳二人，先將老公司帳目會查清楚、簽字，即行會議，續招新股。四十八節本公司續招新股悉由權理董事妥籌辦理），宜於告白内聲明曰：本擬注册後即由舊股東公舉權理董事、查帳人招股，現變通辦理，由本公司開招，惟股款暫存銀行不動，一俟新舊股份已足一千萬元，即開股東會公舉董事、查帳人，然後由董事局動用云云。以上變動辦法是否可行，乞速電示。

二、地基：奉魚電，東碼頭購地需款十餘萬是否筆誤云云。東碼頭應收之地非沿江廠棧，即臨街市廛，房屋櫛比，無一空隙，約有地十餘畝，連房屋並計約需銀十餘萬。然難者不獨款也，居奇挾衆，寬猛兩窮，在此用心計者已年餘，近始得間而入，與漢陽縣及一二肯爲我用之老業户説通，以官收作幌子，剛柔並施，陸續收買，出清以後則又添一東碼頭矣，此大江碼頭之佈置也。沿襄河一帶居民鱗次，大都係鐵廠未設以前之老户，當官收買廠基時許其居住，現我起卸造廠，最急最要者爲新磯頭至老磯頭一帶之地，費盡心計，始有一律遷讓之辦法，約需錢五萬餘串。附呈草圖兩紙，宫保一看即明。赫山鋼藥廠有鐵路可通，該廠沿河隙地甚多，而泊船稀少，於起卸煤炭最爲適宜。昨已面商兵工廠總辦蔡子昭觀察借爲我用，可望允洽。凡此佈置，皆爲新化鐵爐開煉之預備，而挂綫路鐵碼頭以及山洞均可留爲後圖。蓋東碼頭擴充襄河，居民遷讓後起卸屯積，應可綽有餘裕矣。

《商務官報》光緒三十四年八月二十七日《批萍鄉留學日本生文羣稟》 據稟，萍鄉縣煤礦公司停止噸捐，懇請飭知照案遵抽等情。查萍鄉煤礦公司從前所認噸捐，係由邑紳與公司會同議定。現在該生等稟請照前抽捐，自應仍由邑紳與公司接洽商辦。除據情咨行盛大臣酌核辦理外，爲此批示，仰即遵照。此批。

陳旭麓等《盛宣懷檔案資料選輯之四》漢冶萍公司第三冊《盛宣懷致李維格函光緒三十四年八月二十九日》 八月二十五日接八月初十日卅四號尊函，均悉一一。茲將應復要事條列如左：

一招股：英國煤鐵報章視漢廠爲黄禍西漸，確於進出口大有關係。凡西報論説均可引證。他人頌揚我，勝於我自頌揚。惟告白如何登得繁文。近見日本各公司凡有招勸均多石印圖説，各處分送。即如上海何伯梁太史見我漢廠影照全圖，稱贊不絕，乃招鉅股二十萬；李仲仙中丞看圖後始有入股之意。鄙見擬請尊處即將漢冶萍影照兩本，挑出二十張（或多或少均可），付以石印或玻璃板印，綴以論說，西報及西人工師、礦師所論均可編入，盡力鼓吹，趕緊辦好，印成數千本，與章程同送，必能醒目。附上兩種，以備舉一反三之用（內有另頁總圖一紙，在夾袋之內。漢廠總圖亦可仿印一紙）。

尊意謂鼓動人心千數百萬似尚不難。叶揆初告綬卿云，漢上五百萬可集。弟係過來人，招股必須一鼓作氣，不宜過於拖久。尊處擬借商會請客演說，然後再登告白，並急須覓人分投趕辦，王干人、王顯臣閩粵之行皆不可少。弟此次舟中遇一港商何啓東，數語之下，即允附二千股，並說自美回港可招鉅股。可見吹噓萬不可少。然章程之外，必須附以圖說，望速親自督友趕辦，一俟辦好，請寄數十本來。神户有甬商吴錦堂，日俄之役買股票，大發財，願附股而未定。

弟意，二千萬恐難一起招集，故欲以一千萬作一停頓。現在已收者，真老股三百萬元，又去年每百兩加收五十元之老股一百萬元，又京城、上海實收之新股一百餘萬元，又上海挂號之新股五十萬元，共計優先股五百五十萬元，決不致少。商部一百六十四萬元，老商息股一百萬元，並算已得八百十萬元。尊處鼓動，約計五百萬左右，必有把握。則優先一千萬便可齊集。年內趕開股東會，連部股息股已足一千二百六十四萬元，餘俟會成，不難補集。倘此次五百萬難齊，則連商部息股並算收足一千萬，亦當先行開會。弟料我公聲光，漢上風氣，至少二百萬可望咄嗟立辦。故告白內聲明，俟新舊股份已足一千萬元，即開股東會公舉董事、查帳人，如此渾涵，最好。收條亦不宜另刻兩種。未動用之先，暫存銀行，作六釐起息。俟公司動用日起，照章官利八釐計算。此數語可加一紅字戳記。將來，上海已挂號未收之五十萬，亦可照加，亦可另存銀行（叶揆初來函，長沙龍紳四萬，係售電股之本。蕭文軒來電，有友欲附四萬。張□□來電，已招五萬。皆訂明交至尊處查收，在五十萬外）。

陳旭麓等《盛宣懷檔案資料選輯之四》漢冶萍公司第三册《漢冶萍公司與橫濱正金銀行借款合同光緒三十四年九月》 漢冶萍煤鐵廠礦公司、橫濱正金銀行爲立合同事。今因盛宫保前與正金銀行於光緒三十四年五月十五日、明治四十一年六月十三號訂立合同第十款載明，「如一年之內漢冶萍於此款之外，願向正金銀行再借日幣五十萬元，正金銀行允願照此合同一律辦理，另立一樣合同爲據」等語，現在正金銀行照議續借與漢冶萍公司日本金元五十萬元。其條款開列於後：

一、正金銀行借與漢冶萍公司日本金元五十萬元，言明立合同之日起半個月內如數交付。

二、此項借款周年以七釐五毫計息，即每百元按年七元五角，言明六個月一付。

三、此項借款十年爲期，第一年、第二年、第三年按期祇付利息，第四年起分作七年本利按期分還。

四、此項借款二年後漢冶萍公司有款可還，届時允許隨時還款，或全數先還，或先還一半，均可聽便，惟須在兩個月之前知照正金銀行。至其息金亦即以還本之日爲止。

五、此項借款係以盛宫保所有九江所屬地名大城門之鐵山作爲借款切實擔保，以本利清還之時爲止。惟聲明此鐵山仍係盛宫保之産業，不拘何時，盛宫保可以自行開採，正金銀行不能干預。

六、此項借款係爲漢冶萍公司借用，故萍鄉煤礦、大冶鐵礦、漢陽鐵廠三處與九江之大城門之鐵山一同作擔保此五十萬元之借款本利。

七、九江所屬之大城門鐵山擔保並漢冶萍廠礦一同作擔保之後，不能再向他處作擔保，如要向他處再行擔保，允向正金銀行先行商量辦理。其售賣鋼鐵等貨預借之款不在此例。

八、正金銀行借款未曾還本以前，如願買礦石，漢冶萍公司允許可以隨時售現，或以抵還此借款逐年應付之項，所有噸數價目隨後商量。如大冶礦石開運不及，正金決不勉强。

九、此項借款之內，漢冶萍公司如有各國用場，准託正金銀行代做匯票，價必克己，一禮拜前通知正金銀行照解。將來到期付本付利，概照各銀行市價收付，彼此不得低昂。

十、此合同一俟還清本利之日，所載各節全行作廢。

十一、此合同一樣兩份，各執一份爲據。

光緒三十四年九月□日

明治四十一年十月□號

太子少保郵傳部侍郎漢冶萍煤鐵廠礦公司總理

協理

横濱正金銀行上海支店支配人

陳旭麓等《盛宣懷檔案資料選輯之四》漢冶萍公司第三册《李維格在漢口商會演説詞光緒三十四年十月初一日》 漢陽鐵廠爲東亞空前之偉業，然溯其創立之艱危，局中人痛定思痛，雖今日效果已見，而猶談虎色變也。南皮張相國，一代偉人，於二十年前即經營此廠。蓋横睇中原，知非鐵路，不足以致富强；非自造軌，不足以塞漏卮。於是鋭意精思創設此廠，向英國定購機爐，爲築路之開道驊騮，其時公尚督粤，故初議在粤省佈置，旋因移節兩湖，乃於鄂省左近擇地建廠，久之，定廠基於漢陽，以其襟江帶河，武漢對峙，商務薈萃，交通利便也。其時在光緒十四五年。毘陵盛宮保，壯年便喜研究礦務，光緒二年曾率同英國礦師在長江上下游查察礦産，即勘得大冶鐵山，峰嵐回環，極目皆鐵，然時機未到，徒然藏富於地而已，後適張相國設廠漢陽，天緣湊合，寶藏遂興，良非偶然也。迨英廠機器抵漢以後，經營締造，至光緒十九年始具規模，開爐鼓鑄，然鐵石則佳矣，尚需合於化鐵之上品煤焦爲燃料，方能冶煉如法，而湖北全省中欲求可煉焦炭之煤，竟渺不可得，於是不能不遠購歐洲之炭而心力交瘁矣。至光緒二十二年，乃變官辦爲商辦，毘陵宮保一肩任之，其氣概不下南皮相國也。

接辦後，即以覓探佳煤爲第一要義，旋得江西萍鄉煤礦，派德礦師馬克斯、賴倫前往查驗測勘，其煤適合冶煉之用，且綿延不斷，脈旺而遠，爲環球不可多得之礦，於是派盧君鴻滄、張君韶甄先後馳往開辦，披荆斬棘，鑿破天荒。張君韶甄困厄於其中者幾及十年，卒至積勞不起，以身殉礦。今日現於地面，則廠屋連雲；深入山腹，則煤巷如市；電車汽車之紛馳，輪船駁船之挽運，其如荼如火之觀，外人之到此者，蓋無不驚嘆也。唯是宮保雖躬冒奇險，精思鋭進，卒以西法煉鐵事，非素習無以得其竅要，計窮力竭，欲罷不能，於是用維格之言，派員出洋考查，以決進退。宮保即以責諸維格，辭不獲命，於光緒三十年二月啓程，由美而歐，周咨博訪，計八閲月回華。出洋時携帶大冶鐵石、萍鄉煤焦及漢廠所煉之鋼鐵，進退行止，全視此原料之化驗爲斷。

倫敦有鋼鐵會，爲名人所薈萃，到英即踵訪專家於會中，得史戴德者，爲一國之望。遂以所携原料交與化驗。據其報告，大冶鐵石、白石及萍鄉焦炭，並皆佳妙。鐵石含鐵百分之六十餘分，焦炭則與英産最上之品相伯仲，英國克利夫倫鐵石含鐵僅百之二十餘至三十分，德國密乃忒石同是，而各國争購之西班牙畢爾寶鐵石亦僅百之五十分，故大冶之鐵實世界之鉅擘也。據驗漢廠造軌之鋼，煉不合法，而零星鋼件則爲精品。

蓋煉鋼有酸法、碱法之别，酸法不能去鐵中之磷，獨碱法能之。鋼中最忌有磷，大冶之鐵石含磷適多，而舊時煉鋼係用貝色麻酸法，背道而馳，宜其鑿枘。滬寧鐵路公司化驗貝軌，亦謂其磷多炭少，不肯購用，而馬丁碱法所製之魚尾板等零件稱爲上品，蓋廠中本有一馬丁碱法，小爐也。乃決從史戴德之議，廢棄貝色麻酸法，悉改馬丁碱法之爐以去磷質。此十餘年未解之難題一朝涣然冰釋者也。特是維格雖諳外國語言文字，於鋼鐵廠機器亦畧窺門徑，而究非專家。此次出洋，遍觀英、美、德各廠，購辦各種最新最良機爐，得同伴英人顧問工師彭脱之力居多，該工師於此道曾三摺肱。在洋考察既有把握，於是繪圖帖説，廣招英、美、德專門名廠投標，並與同行之萍礦總礦師賴倫及新雇之工師等一再討論，剔破疑團，然後分别訂定。歸國後激勵同人勇往從事，胼手胝足，四年苦功，於去冬十月告成出鋼。外人之觀廠者驚爲意外之事，報紙紛傳。此廠礦開辦出洋考查及歸國佈置之大概情形也。

唯機器良矣，煉鋼有成效矣，銷路何如？夫中國鐵路正當發軔之始，即鐵路材料一宗，非漢陽鐵廠大加擴充勢已不能肆應。而上海、香港以及南洋各島等處船塢、機器廠所用造船等料件爲數尤鉅，現均仰給於歐美。而重洋遠隔，購運費時，動須數月，方能應用，故均預儲材料，以備緩急。大船塢儲料往往至數十萬金之多，擱本擱息，所耗甚大。且存料之尺寸非必用時所需之尺寸，剪裁之餘難免糜費。若漢廠一一能造，則一電訂購，不及匝月，即可應用。尺寸大小，亦可照臨時所需者拉造，其爲便宜何如？故該船塢等無不樂用我鋼，若能擴充肆應，東方鋼鐵之利能出我掌握乎？日本不惜數千萬鉅款經營製鐵所，蓋預料過此。以往鋼鐵之用，亦猶菽粟水火不可一日缺也。苟我國以全力助舉湖北之鐵政，不但東方銷路入我掌握，並可廣銷於美國西濱太平洋各省。蓋美之煤鐵礦鐵廠均在東省，東西遠隔萬餘里，鐵路運費每噸需美金十餘元，而英國恃美之濱太平洋各省糧食，運糧而往，帶鐵而回，每噸只需運費美金三元，雖進口税重，尚較自東徂西之車運爲賤。

美國松木爲中東各國進口大宗，運木船只缺乏回載，現已運輸我之生鐵，每噸運脚亦不過美金三元而已。美之鐵廠盡在東省，與歐洲僅隔一海，水運價賤於陸，故舍己之西省轉以歐洲爲溢貨之市場。其所售之價，輒視本國爲賤，蓋賤售得值猶勝於擱本擱息也。

苟漢廠鋼鐵貨舳艫相繼，由太平洋源源接運，則美之西省必樂購不遑矣。漢廠前途既有茶錦之希望，萍鄉煤焦之銷路，其利亦不可預量也。溯當時創開萍礦，歷盡險阻艱難，始有今日蓬勃之氣象。蓋該礦之大煤槽在初開之安源西北，曰紫家坑，山勢嵚奇，無運道可通。故就東南平坦運道可通之安源地方，煤脈外現之處發軔開鑿，直達紫家坑大槽。而山腹之內石樢中阻，非洞穿不能達，鑽打炸裂，百鑿千錘，費數載之苦工血汗，始於去冬直達大槽，其孕藏之富如入煤海矣。目前每日出煤一千五百噸，明年可增至三千噸，再閲三五年漢廠發達，蒸蒸日上，則萍煤亦隨之而盛。所煉焦炭固深合化鐵之用，而生煤經英國兵艦試用，亦謂東方之無上上品。一俟運道疏通，漢口將爲東方之一大煤市，如日本之門司。目前所難者，湘江之淺灘耳。查萍潭鐵路計長一百九十四里，自萍礦直達湘潭之(洙洲)〔株州〕水濱。(洙洲)〔株州〕原爲粵漢干路接綫之點，萍潭築至(洙洲)〔株州〕者爲接干綫，(洙州)〔株洲〕下游淺灘甚多，天寒水涸，輪駁不能暢行。且因款絀，亦無力多造輪駁，故大半仍用民船駁載。而民船極其紆緩，風利帆張，尚可克日而到。或遇風逆，往往中道耽延，船户糧竭，即私竊煤炭售於沿途居民，而拌以濁水污泥搪塞噸數，所以萍煤到鄂，優劣不齊，其劣者皆泥水所糅雜者也。爲今之計，必改築(洙洲)〔株州〕之軌道斜摺以抵昭山，計程四十里。昭山以下雖尚有淺灘，而已避去九十里曲摺最難之水道，輪駁即可設法通行。運道一暢，盡用自有之輪駁裝載，則無糅雜之弊。漢口各公司江輪固皆樂用萍煤，而外洋海泊之來漢者亦免紆道往日本門司等處裝煤回國，漢口不將爲東方銷煤一鉅鎮乎？至粵漢鐵路成後全恃萍煤更無論矣。此漢廠萍礦銷路之大概情形也。

西報論漢冶萍事，謂中國煤鐵將角勝於世界市場，並謂此種黄禍較之强兵壓境尤爲可慮。嗚呼，外人黄禍之説不自今日始，當吾國創立海軍時即有此危言。曩則海軍失敗，今則商務失敗，外人方謂吾中國妙手空空，無一足與抗敵，可洞開吾門户，以貫注彼溢出之貨物，不意漢冶萍突然聳起，震驚其瘖寐。

夫中國之弱，在於門户之解嚴。何以言之，蓋列强最慮漏卮，涓滴不以讓人，如美、俄、德、法等之地大物博者，無不高抬進口税以堵外來之貨，值百抽百者有之，此即其緊閉門户之上策。吾國海禁初開時商約失算，進口税一項任彼抑制，祇能值百抽五，無自主之權，迄今不能修改。無疑乎列强商品五光十色，捆載而來，以炫耀於我商市，使我之金錢日益外耗。日本廢舊約而抬税額，即所以固其鎖鑰也。我既無鎖鑰，洞開門户，束手以待，危矣哉！今五都之市，百貨雲屯，睨視之值錢者，洋貨也。我則室如懸磬，朽敗雜陳，不值外人一顧，欲與之角雌雄，將持何物以争耶？中國積弊在於生利者少，分利者多，一家之中生利者僅一人，而兄弟親朋徒手環而仰食，勤者一二，惰者什百，銷用之人倍蓰於生産之人而不止，中國於是乎始窮。由窮而之富其道無他，人人皆有生利之心，勿使利源外溢而已矣。今日漢、冶、萍三大業，即中國挽回利權、抵制洋貨之根本也。外人視綫眈眈環注，大有寢不安席之態，若我國人對待如此創造艱難僥幸成功之偉業，亦以平淡視之，漠然不動於(中)〔衷〕，則我國事真無可爲矣。嗚呼！亦知圖富牟强，萬牛回首，拯中原於涂炭，登億兆於康莊，胥賴此一方面乎。卧薪嘗膽，已有前人，鼓掌磨拳，望之來者。凡我國人，尚其眷顧大局，集腋成裘，千鈞之系一發，勿任危懸九仞之山一簣，請君助力翻東半球闔茸之舊局，作西半球燦爛之奇觀。羣策羣力，齊向煤鐵世界展動地驚天之事業，此則維格所朝夕禱祝者也。

陳旭麓等《盛宣懷檔案資料選輯之四》漢冶萍公司第三册《漢陽鐵廠訂購日本若松製鐵所馬丁鋼條合同》 此合同訂於西曆一千九百零八年十月二十一號。一造爲中國漢口漢陽鋼鐵廠，下文稱謂買主；一造爲日本若松製鐵所，下文稱謂製造人。據此議明，買主願購，製造人願售西門馬丁鋼條一萬噸，所訂各款開列於左：

一、此鋼條料質須照下開各質配合：

矽(加添)：至多一千分之一。

磷：至多十萬分之七十五。

錳：千分之五至千分之十。

炭：萬分之三十五至萬分之四十五。

磺：至多萬分之七。

上言加添之矽，係指鐵中原有之矽先除去，再加鐵矽。

二、鋼條尺寸須照下開大小：

五千噸鋼條每條寬二百三十密力米達，厚二百密力米達，長二千二百密力米達，歸一千九百零八年十二月、零九年正月、二月交貨。又五千噸，寬厚各二百五十密力米達，長二千二百密力米達，歸一千九百零九年三、四、五月份交貨。

三、鋼條面須光浄，不得有氣空，毛口兩端均須切平，由買主代表者試驗無病方爲合式。

每條均須用白漆注明下列各節：

（一）批數。

（二）若干啓羅。

（三）長寬厚各若干密力米達。

四、設試驗不合買主之意，或化驗各質分數不合上開第一款内各節，買主製造人須將每批化驗單開送查核。可以將該批全行退還。

五、鋼條定價若松船面交貨，每噸日幣金四十九元五十錢，每批價銀俟貨到漢陽由買主查驗收納後即行照付。貨裝船後，一切風險由買主擔承。

兹於上開年月日兩造各自簽押爲證。

漢陽鋼鐵廠

證見人

若松製鐵所總理

證見人

北京大學歷史系近代史教研室《盛宣懷未刊信稿·致郵電部陳尚書十月十九日泐於須曆》 玉蒼仁兄尚書閣下：迭奉鈞電，洙昭路事，數月來往返互商，設法轉圜，並蒙垂念易家灣河流漲落，沙岸高低，設立碼頭灣泊船隻是否合宜，究應至暮至易，屬令熟籌電復，倘須至暮，則九曲黄河取綫仍由礦廠與湘人商議等因。仰見顧全礦廠始終不渝，尤深感佩：惟湘撫復電，以萍路展築如能另取一直綫，將原勘地位給湘路興築，即兩無妨礙等語，似係明知該處不能另取直綫，此出難題。復按伯平中丞九月杪來電，有相持不決遷延時日非萍之利等語。又接筱石制軍函云，現提議聖路官商合辦，可望和平完結。而漢省新化鐵爐來年春夏間開煉，所用焦煤不止加倍，此次弟到東就醫，日本鐵廠船廠、美洲銅礦，議買萍焦爲數甚鉅，又爲吾華增一出口貨。並查明焦炭中可煉出許多雜料，須待運道通利，方能擴充加煉。猶憶今春在京面議咨請展辦此路，深盼年内工竣。如果湘人撓阻，不能買地開工，則廠礦大不得了，故弟復庚電，擬請電詢薛道，如難另取直綫，似可准湘公司呈請更正。任幹綫既可官商合辦，此一小節將來必造雙軌，乃利交通。昨又奉文電現經定議展至易家灣，前商碼頭一節可毋庸議，嗣後應與湘人如何交涉由部酌奪等因，尤爲感慰。易家灣雖不及暮雲寺，究竟於運道有益，既已定議，務求飭令迅速開工。冬令購地，最爲合宜，如能照原議八個月完工，弟即當諭令公司預備一切。我公任事堅忍到底，真足令人五體投地。萍洙路文案，夏間因電務懇擱，秋中匆促東行，未及料理，現已電奏力疾銷假，一俟考察各廠礦事竣，月初旋滬，即日咨送。所重任地契一項，如已封河，當由火車專送。弟在東京晤周道萬鵬，累知所議東約於奉綫頗屬艱難，尚幸該道於電政交涉素有歷練，東人雖甚狡展，得以和平就範。伏念電歸國有，上海總司自應移併京都，惟大東北兩公司攤算洋帳及各國洋綫交涉，向在滬局，似宜留一大員專司其事，周道最爲熟悉，若以留滬悉仍舊規，弟可保其勝任無虞。吾華電局海綫無多，得以坐收出洋海綫之攤費，歲有數十萬鉅款，此弟從前力排羣議煞費心血而得之者也。公暇時縱覽其前後合同奏咨各案，當亦憐其苦心孤詣，可與公今日毅然收歸國有先後同揆。側聞部借英鎊五百萬收京漢路，自較公債商股直截痛快。回念此路自借比法款，中外驚怪，斷難收贖，魂夢不安，誹謗莫辨，至此或可消釋，且可使别幹曉然於借款無所礙也。敬請台安。

陳旭麓等《盛宣懷檔案資料選輯之四》漢冶萍公司第三册《盛宣懷致李維格函光緒三十四年十月二十九日》 十月二十四日奉十三日台函，藉悉九月初四、十九、二十日各函均已入覽。兹將各事詳復於後：

一、美謡。三藏到東京與我同寓，適有美生吴烓云自紐約回，帶領美工師數人來華，欲圖路礦等事。少川告我云，寶臣欲在晉豫内地另開兵工廠，吾意不及就現成之局面（彼等慣技）。此閑談中流露，滬電不盡無因。公謂若肯以廠獻美，或無論何國，數千萬鉅款崇朝可集。從前弟曾與南皮言及此，無論如何爲難，毋出此也。然非有真團體不足抵制，所謂真團體，在乎股東會可靠而已。

一、招股。讀漢上演説，一腔熱血發爲宏論，佩服之至。上中地位當能體會，下等資質但知牟利者不盡知之，然亦必須先掀動其上中社會。凡做股份者，一則要官利必不可少，此須來年三月杪付利之後即有信用；一則要餘利必有可望，此須來年第三化鐵爐、第四西門爐告成，出貨多，方能與預算符合；一則要産業可以動人，前函請將漢冶萍三處圖説刷印成册，送人閲看，俾知局面非同小可；一則要帳目可以征信，萍礦用七百餘萬，張道結帳已有餘利，故人皆目萍礦之佳，漢冶用一千餘萬，歷年結帳積有鉅虧，故人皆指鐵廠之殆。今見日本鍾淵紗廠年結刊本，股份一千四百餘萬，僅收七百餘萬，公積五百餘萬（其股票每張五十元，現值九十元，從前值過三百元），係將廠中實在産業估價而爲成本確數。紹甄所算，不謀而合。轉瞬年底結帳或將六月底爲止結帳，須將漢廠冶礦從實估價，其所用之本必在所估之本之下。大約漢冶萍三處總可估到三千萬光景（用本一篇估本一篇相比，必使有餘），必須刻在帳本之内。一則使股商咸知漢冶萍實在估價若干，所用資本不特非糜費而實有餘，將來股價票（股票價）不難加倍；一則使人人知有此估價單，即使有人要獻與何國或買歸國有，亦先有定盤針，顧此商民即不能永守其業，亦不致一無所有（粵商來函慮到國有，弟復告即使爲國有，必能照估價發還，如電報局極不好，亦照票價加八十元，如漢冶萍已注册者又當别論。大約人人意中都有，不能不預爲道破，否則股份決不能踴躍，所以估價須在查帳之先）。弟回公司，擬就玉符所送去年底帳目畧做大，寄呈察閱。須俟此帳及圖説辦成，方可舉董查帳。

一、開會。叶葵（揆）初函重在權理董事，甚爲扼要。弟意一俟一千萬招足，即行開會。弟所指八百十萬之數，李仲帥面允之股在内，已收現銀實尚不到此數。所望周扶翁、袁海翁、李幼翁等如能集成二百萬之數，即可訂期開會（此數處鉅款，趁此市面不好，能否勸其付存銀行，以便足成千萬之數）。漢口市面雖不好，當不致一無所有。如龍莢溪（三五萬）、陳玉蒼（二萬）、蕭文軒經手（二萬）、張堯臣（五萬）已訂各股已送到否？祈即命所司開單示知。弟到上海見客，必問到漢上招股如何，宜有以鼓動之。至開會之期，早則十二月，遲則正月，不可再遲，不能再早。

陳旭麓等《盛宣懷檔案資料選輯之四》漢冶萍公司第三册《盛宣懷致李維格函光緒三十四年十月二十九日》

各處游歷，回神户，迭奉國電及尊處電示。兩宫大行，只隔一日，震古罕聞，悲哀欲絶。此間正值日皇觀艦，聚於舞子，報紙議論紛紛，告以攝政王慎恭沉毅，足以勝任，諸王大臣必能協和將事，決無動摇，國民感立憲有期，雖一時難免恐惶，必無紛擾。有識如伊藤公、大隈伯等皆以爲是。惟聞京津、滬漢市面因此更壞，廠礦招股機甚不好，所負漢債滬債甚鉅，一時不能還。然試爲有力者想，生意敗壞，各商家放債危險，不如廠礦萬穩萬妥，或能轉危爲安。弟馳回上海以安人心。滬債弟當之，漢債所賴公與鴻滄兄當之。利息吃虧，無法可想。總須熬過一年，來夏新爐開煉，能出到五百噸鋼，不愁股份不來。目前救急之計，正金續借五十萬元，弟已畫押寄至尊處，小田切訂定在上海鈴木簽字，綬卿蓋印後兩禮拜内即可付款，取來宜可應急。

尊函所擬廣九合同，向法蘭西訂借金鎊十萬，以兩年爲期，每次交貨，其價款即由廣九付存該行，給我利息，畧如帶根匯票，此法極佳。如法蘭西銀行能就漢議定甚好，將來津浦亦可照辦；如法行尚未議定，即祈示知。弟到滬，當與上海各銀行斟酌商辦，不特正金適可而止，東方財力恐亦只能適可而止也。

陳旭麓等《盛宣懷檔案資料選輯之四》漢冶萍公司第三册《吴作鏌致盛宣懷函光緒三十四年十一月二十三日》

到滬後三次趨謁，推愛逾恒，並蒙賜照會，委爲漢冶萍煤鐵廠礦公司駐日顧問董事，捧讀之餘，曷勝惶悚。茲以湖事告急，匆促返梓，不及辭行。途中感冒，抵舍後又未即速函致謝，至爲歉愧。作鏌以寓日微材，叨荷逾格栽培，苟有薄技片長得上報國家以富强之策，下酬宫保以知遇之恩，敢不惟力是視。第茲事體大，若非預深計慮，恐不免貽叢脞之虞。

日内伏讀奏定加股章程，查得第五十二節，董事須常川到公司與總協理會議應辦事件，今作鏌遠處東瀛，限於一隅，於公司全局既未便干預而又徒備顧問，無實在辦事之權。揆諸名義似不甚符，且現在公司加股尚未成立，而照章董事作爲權理，權理董事之設，繹第四十七、八、九節云云，僅有續招新股之責，股份既足即應取銷，而非如李協理之曾經特奏得參預一切，可永無越俎之嫌。又，查第五十三節，董事有爲公司職員者，其董事之任務即應解除，與第七十三節總辦而兼董事局員者可到會與議，以備顧問，惟無議決權相似。准此，如以顧問爲公司職員，則董事之任務轉失；如以董事爲公司□任，則顧問之名目何存。至於作鏌係駐日華僑，土地財産半在東邦，而查照章程第八節似又在嫌疑之間，然身雖在外，而對於祖國實未嘗一刻相忘。年來報效各款，如庚子之變，兩宫西狩，作鏌異地愴傷，曾報效銀二萬兩。蒙天恩嘉奬，欽賞小兒文童吴啓藩舉人。同年爲江南江防吃緊，二次報效銀一萬兩，蒙部賞作鏌花翎道員二品封職。此後，直隸、東三省、云南、淮徐、廣東等連年荒歉，迭助賑銀三萬餘兩，先後得駐日欽使並江督等四次傳旨嘉奬，並賞給「樂善好施」字樣，又在日本神户建設同文學校，專教旅日華僑子弟，迄今七年，助銀一萬餘兩，去年蒙先皇帝御賜學校匾額，傳旨嘉奬。又，去、今兩年籌辦旅日華人商會，建設墳莊及故鄉築塘、修湖、並助本府教育會、師範學堂等費共銀七萬餘兩，又在本鄉自建錦堂學校，並籌備基金等輸銀十萬餘兩。自揆歷次所出，無非稍輸愛國之忱。近值朝廷恩准招撫華僑興辦祖國實業，凡有血氣，孰不奮興，但事非出之鄭重，不足鼓動羣情。可否援例據情入奏，則職守較尊，雖或一旦宫保高升，則公司辦事諸員仍可堅心任職。既蒙栽培，亮荷俯如所請。所認優先股洋十萬元，俟開股東會之前，自當如數繳呈。頃接電諭，知李協理到滬，急於赴浙，作鎮爲湖事所纏，兼抱微疾，不克趨叩爲歉，容俟李公回申再當親詣領教。

陳旭麓等《盛宣懷檔案資料選輯之四》漢冶萍公司第三册《日本若松製鐵所訂購漢陽鐵廠生鐵合同》 此合同訂於西曆一千九百零八年十二月二十一號。一造爲日本若松製鐵所，下文稱謂買主；一造爲中國漢口漢陽鐵廠，下文稱謂售主。據此議定，買主願購，售主願售西門馬丁生鐵約五千噸，所訂各款開列於左：

一、西門馬丁生鐵須照漢陽現存之貨，其所含各質分數（不過大約）應照下開：

矽：千分之十至千分之十三。

錳：千分之十三至千分之十四。

硫磺：萬分之三至萬分之五。

磷：千分之十五至千分之二十。

二、貨物須俟至一千九百零九年三月方起運。

三、貨價議定在漢陽船面交貨，每噸日幣金二十五元五十錢，每批價銀俟貨到若松由買主查驗收納後即行照付。所有裝運風險由買主擔承。

北京大學歷史系近代史教研室《盛宣懷未刊信稿·致奎樂峯尚書再啓十二月朔》 敬再啓者：春暮瀕行，承面談漢冶萍股分，願入銀元一萬五千圓，當將樂記三百股收條計十張面交收執。是日因榮慶客多，訂明款另續寄，翌日匆匆南旋，未及領取。兹查該公司優先股一千萬已經收集，股票均已印刷齊全，特將樂記應執股票十張寄交騾馬市大衍寶興隆金店内漢冶萍廠礦駐京辦事處袁寶三收存，即請尊處付給銀元一萬五二圓，㒳已函令袁（保）〔寶〕三於收股之日填明票據，立即呈上，所有弟在京時預先面交之收條，並乞代爲涂銷，併給袁寶三寄滬爲禱。附呈該公司案牘章程，敬祈詧閲。弟此次赴日東考察廠礦，該國實以煤鐵爲富强根本，然其地質不及萍冶之佳，而人才勝於我，資本亦多於我。惟冀各省鐵路齊興，煤鐵銷路愈推愈廣，則厚利必在輪電之上，素蒙摯愛，決無虚言。如鈞意不以爲然，亦乞示復，僅將收條擲還，有人頂替也。手敂台綏。小弟謹再啓。

陳旭麓等《盛宣懷檔案資料選輯之四》漢冶萍公司第三册《盛宣懷致吴作鎮函光緒三十四年十二月初二日》 月前兩晤大教，别後馳念殊深。接奉惠函，就諗安抵珂鄉。惟因途中感冒，稍有清恙，刻想早經痊愈，敬念無已。

漢冶萍煤鐵廠礦公司爲中國第一實業，在東方惟若松製鐵所差可與比，且中東實業時有交往，故必得長才偉望如閣下者，方足以資臂助而備顧問，並當俟舉定滬漢董事一並匯奏，以昭鄭重。屆時必可將大名上達天聽也。

承示俟李一琴兄由浙回滬來此暢談，亦無不可，但未知閣下年内返東否。專復，敬請台安。

北京大學歷史系近代史教研室《盛宣懷未刊信稿·致南書房翰林袁》 珏生仁兄世大人閣下：八月初六日一緘，度邀惠覽。三月有餘未奉賜答，兩次所寄書畫□無收到之信，不勝系念。弟東遊就醫，舊恙稍愈，假滿返滬，仍畏風寒，惟有慎起居節飲食以冀逐漸奏功，知關遠注。用敢附陳。南齋儤直事稍簡否。前承尊處附人雙玉堂股分，現在優先股票已備齊，寄存寶興隆金店内漢冶萍廠礦辦事董袁寶三處，即祈尊處將收條送交更換股票爲要。附上奏牘章程兩分，希詧閲。該廠礦只待來年新爐告成，即可發達，將來豐利可期，必在輪電之上也。但恐過好之時難保不爲國有。目前查帳估價已逾加倍。將來如果官欲買此産業，亦必照東西洋官歸商業優待辦法，其時股商得值不止倍徙也。董事會議宜另招零星股分以結商民團體，故現已收足一千萬之外，不妨廣收小股，雖一二股不嫌其瑣碎也。質之高明，當以爲然。所寄字畫如已出售，望示知以便續寄。敬請台安。

北京大學歷史系近代史教研室《盛宣懷未刊信稿·致倫貝子再啓十二月初四日》 謹再肅者：前在京時，承附入漢冶萍優先股十萬元，曾將收條面呈鈞右。現在該公司章程均已刊定，股票刷印齊全，除押款三萬元已由通商銀行將股收條换去外，其餘七萬元股票息單計一千四百股，業經彙總寄存寶興隆金店漢冶萍駐京辦事員袁寶三處，敬乞鈞處檢出收條，派人持往該處更换票單存執，以便來年三月内憑單取利，是所跂禱。□□此次赴日本就醫，順道考察該國製鐵所，係屬官辦，專供陸軍部之用。規模雖大，所出鋼鐵，不過與我相埒。現亦添爐開拓，已費官本六千萬之鉅。我廠連煤鐵兩礦祇用過銀二千餘萬，天生料質，遠勝東瀛。明年第三爐告成，須做一小結束，可期漸有餘利。如能續籌鉅款，自可再事擴充。中國地大物博而實業程度太低，當此國困民窮，舍實業何以裕國用，何以養民生。所冀宏謨廣運，庶使天下有所率從。□□衰朽餘年，祇能將此鋼鐵廠礦盡力經營，以副期望於萬一耳。肅此，再叩福綏，伏祈崇鑒。謹又叩。

湖北省檔案館《漢冶萍公司檔案史料選編》上冊《盛宣懷致陳夔龍函光緒三十四年十二月初九日》 舍侄春頤過滬，就諗禔躬多福，政事順平，一切舉重若輕，尤爲欽佩。黄岡等縣振款，承屬加籌二萬兩，雖爲數不多，而年關甚迫，殊難勸辦，經電懇先飭司局暫墊，俟寄到實收即行勸捐歸墊。一念鴻嗷凍餒，刻不容緩，萬望早日飭撥，尤深感禱。襄河堤工，從前弟接辦鐵廠，甚以地勢險阻爲慮。冰相奏准章程，大修經費歸善後局開支，砲廠鐵廠如果目睹險工當隨時稟報，由善後局派員修理等因。據李郎中面稟，白鱔廟以下險工甚鉅，亟須搶修□詳晰電陳，蒙委蔡道會估，神速之至。李郎中邀公鑒賞，惜其精力，恐難兼顧。金令鼒聞工程尚熟悉，閲其估單未免疏畧。查前案冰相係委張道云錦督修，此次亦必須尊處遴派□能諳練堤工人員督修，以昭慎重。頃復一電，仍祈鈞酌。弟東游往返三閱月，咳痰舊疾稍愈，嚴寒仍覺畏風，只當慎起居飲食以衛生爲却病之術，知荷愛注，用敢附告。帶上牙章兩方，花瓶一對，新會橙蜜桔六桶，祈哂收。另件已交舍侄帶呈矣。敬請台安。

湖北省檔案館《漢冶萍公司檔案史料選編》上冊《盛宣懷致陳夔龍函光緒三十四年十二月初十日》 昨復寸緘，度邀台覽。漢冶近隸帡幪，諸蒙兼顧，公誼私情，銘諸肺腑。弟此次東游，該國民窮餉絀，全賴廠礦實業，經營不遺餘力。與彼當國伊藤、松方、桂太郎等面談，東方大局，鋼鐵實爲富强第一關係。日本製造漸拓，每年鋼鐵進口價款溢出歐洲四五千萬之鉅，其艶羡吾國礦産之盛，發於言表。故欲保守權利，以有易無，尤非推廣冶煉不可。弟旋滬，適值南北錢荒，招股未便下手，據全司稟報尚未滿九百萬元。擬收足一千萬即行截數，照律開會。來年預算，新添大化鐵爐一座，煉鋼爐兩座，漢陽碼頭一處、漢口碼頭棧房一處、岳州易家灣碼頭各一處，即可作一小結束，俟有餘利再行擴充。弟咳病稍痊，仍畏風寒，開春放暖，當來漢上小住，藉親教益。茲附呈松壽堂股份票單一百股，敬祈查收，如有可勸集之處，尚乞鼎言於有意無意中大爲招徠。蓮帥、午帥均有集來鉅款，大府登高一呼，究異恒徑，況漢廠冶礦均在目前，其發達氣象較易查考。前經咨送章程，係屬官樣文章，轉行司局，無濟於事。聞午帥見有力官紳，盛稱鋼鐵之大利，李維格辦事可靠，故稍感動，漸有所集。我公關愛尤切，故敢奉懇。然此事須有水到渠成之效，非可以勢力致也。鄙見總以股多債少爲本旨，想我公遠見必以爲然。嫡堂侄春頤在鄂多年，由丞守　升道員，歷充軍械茶釐局差無誤，旋在漢廠代辦數年，其時商股不來，萍煤難用，獨力支撑，更難於今日，乙巳丁憂回籍，即舉李郎中以代。茲服闋回首，尚未奉差委，來滬述諗鈞座推愛優容，頗不以俗人相待，今仍令回鄂，可否仰懇加意提携。此子心地忠實，辦事肯任勞怨，其長處能有知人之明，短處不能委曲調停耳。如蒙任以局差，可保其勝任，他日教誨而煦育之，尤所感禱。手布。

北京大學歷史系近代史教研室《盛宣懷未刊信稿·致陸凰石尚書再啓十二月二十日》 敬再啓者，漢冶萍廠礦稍受電政影響。姪東遊時僅集八百餘萬，國喪以來，南中市面□受驚□銀號錢莊紛紛倒閉，更可恍然於大實業可靠矣。歸來不多日，又集一百餘萬。准擬開春正月底二月初開股東大會，實行商辦。天若不再生攪局之人，中國商務當有興旺之日。否則上下俱困，中間不從，工商着想如何得了。漢冶萍公司股票息單均已寄至通商銀行公司辦事處袁寶三收存，即請尊處派妥人持股單前往更换可也。敬請台安。

湖北省檔案館《漢冶萍公司檔案史料選編》上冊《盛宣懷致吴蔚若函光緒三十四年十二月二十日》 敬再啓者，漢冶萍股票息單，已專差悉數送交騾馬市大街通商銀行辦事處袁寶三收存，即請尊處派妥人持收條前往换票，來年三月杪，即可持息單赴該處取利，免得托人到滬漢轉摺。此次股票之遲延，初因電政收股，商界不無影響，繼因弟赴日東以致耽擱，尚乞鑒諒。昨漢萍兩總辦來見，明年新爐告竣，出貨較多，粤漢、川漢兩干路同時並舉，又增銷路，將來發達，當在輪電之上。日來附股者較前踴躍，千萬即可截數。開春股東大會，必先知照尊處，如有續至小股尚可代收，即交袁寶三先制收條可也。附上章程，祈查閲。

陳旭麓等《盛宣懷檔案資料選輯之四》漢冶萍公司第三冊《盛宣懷致李維格函光緒三十四年十二月二十六日》 南皮初覿面即提及廠中發達氣象，深爲喜悦，並言商股既需二千萬，則前用官本五百萬係屬現成股份。弟答以，原案一兩攤還。南皮云一兩抵税亦屬相當，弟答以如此恐他人不來。南皮云杏翁看能得多少作官股，答云隨後再來細談。昨日來寺長談，弟將商務關係竭力凌空議論，俟漢冶萍辦妥後，須將電報全歸官辦，輪船全歸商辦，一氣辦妥，方能取信華商。並告以商情不願官股，如入現銀亦只能認作一律之股份，不可有官股名目。又核算四爐告成，每日可繳銀七百兩，二十餘年亦可還清。南皮云如此官款不做股份，期滿另外完税亦無不可，我無成見，杏翁酌之。語氣比上次大好。項城共見四面，内有一次因要造兵船成海軍，謂鐵廠既能出好鋼，可自造兵船、炮械，何不歸海陸軍籌款辦，照日本式樣，答云恐官辦朝三暮四，難有成效。項［城］云兄爲鐵政大臣，再有數年可著大效，答云現在正議招股，亦恐未必能成，不妨從長計議。大概所見之客，或云鐵廠大好，或云萍礦大利。弟因思老股五百萬元尚少一百萬元，宜歸老公司先行招足爲是，莫如就在京城試招起來，以明實在商辦之證。能有闊人附股亦是好事。附上章程十本，即祈閲存。

預算未免説得太好，然非此不能動人。鴻滄來信云，如此市面，恐招股多半仍屬空言，即如揚子公司，從前漢上之認股看似踴躍，及今細查收款仍是寥寥無幾。衆雖稱易，職道竊之深慮其難等語。弟亦深慮新商所認之一千五百萬元是擔任而非實款。照原議必須俟股份全數招足，還清債欠，我等方能置身事外。否則，究竟股份何時可以招足，債欠何時可以還清，似須預定期限，方免兩誤。或如股東會不待股份招足，一經諸人擔任，即下逐客之令。或如粵股互相攻訐，或如湘股事權紛歧，或如蘇杭甬年限久遠。過渡時代，商人智慧程度爭競有餘，辦事不足。弟老矣，固毋庸久戀，而千萬之債累不清，奈何！十年之勛勞全隳，奈何！鄙見總以收齊實在股份，還清實在債欠爲交接關鍵。約定注册後若干月份爲限。請閣下與涓翁密商，迅速示復爲禱。敬請台安。

湖北省檔案館《漢冶萍公司檔案史料選編》上册《盛宣懷致陳邦瑞函光緒三十四年十二月》

敬再啓者，漢冶萍廠礦股票息單已寄至騾馬市大街通商銀行辦事處，交袁寶三收存，所有尊處股份，請即派妥人持收據前往更換。明年三月底即可在(保)[寶]三處取利。昨漢廠總辦李一琴部郎、萍礦總辦林虎侯觀察來滬，已命將來年預算開單復核。所添造之化鐵煉鋼新爐數月後即可告成，出貨愈多則利息愈厚，如粵漢、川漢借款成議，一氣開工，不患無銷路。此次東游，目睹該國廠礦林立，均用本國工師，按其國用民財，實亦困乏，全賴商務暢旺，堪以立國。吾華僅此一鋼鐵廠，所幸天生美質，取用不竭。一俟明春開股東大會，即有全體帳目報告。大約將來餘利總在輪船、電報之上。此後弊絶風清，當不致再有攪亂之人。近日股份頗見踴躍，所存優股三十餘萬，當不難於截數也。

湖北省檔案館《漢冶萍公司檔案史料選編》上册《盛宣懷致袁珏生函光緒三十四年十二月》

三月有餘未奉賜答，兩次所寄書畫□無收到之信，不勝系念。弟東游就醫，舊恙稍愈，假滿返滬，仍畏風寒，惟有慎起居節飲食以冀逐漸奏功，知關遠注，用敢附陳。南齋豹直事稍簡否？前承尊處附入雙玉堂股份，現在優先股票已備齊，寄存寶興隆金店内漢冶萍廠礦辦事董袁寶三處，即祈尊處將收條送交更換股票爲要。附上奏牘章程兩份，希察閲。該廠礦只待來年新爐告成，即可發達，將來豐利可期，必在輪電之上也。但恐過好之時難保不爲國有。目前查帳估價已逾加倍。將來如果官欲賣此産業，亦必照東西洋官歸商業優待辦法，其時股商得值不止倍蓰也。董事會議宜另招零星股份以結商民團體，故現已收足一千萬之外，不妨廣收小股，雖一二股不嫌其瑣碎也。質之高明，當以爲然。所寄字畫如已出售，望示知，以便續寄。

湖北省檔案館《漢冶萍公司檔案史料選編》上册《盛宣懷致吴重憙函宣統元年二月初二日》

孫世兄來晤，英姿卓犖，他日必爲國家之棟，欣羨奚似。鐵道實爲裕民第一端，洛陽既已集股四十萬，似可就此發越，一面籌款，一面開工。天下事若必待款足而後行，則無事可辦矣。漢冶萍十年以來，純是扶墻抹壁，得步進步，現在居然集成真實商股一千萬以作基礎。此外擬專集小股自一千元至一百五十元者，愈小愈好，恨不得十八省百姓個個有股分。所以欲收小股者，結吾民之團體，方足以防外人之覬覦，亦以見一二人創獲之大利，公諸千萬人，亦足以御衆人之口實，不致利欲薰蒸，爲權貴所攘奪，庶幾在弟總理任内樹不動之基。承公轉托，海帆觀察亦爲弟平日所欽佩，循是以謀，須在小數着力積土壤爲山耳。乞公致意，海帆兄明事理者，當必許可也。桑梓遺書，已屬小珊續爲收刻。汴梁好醬油妥便祈賜少許。鏡老函來，路事亦頗難辦。春日方長，渴思舊雨。

北京大學歷史系近代史教研室《盛宣懷未刊信稿・致吕同書》

鏡子仁兄大人閣下：頃接漢廠總辦李一琴部郎來函「廣九鐵路所用鋼軌，所有驗收章程業已訂定。兹將洋文驗軌章程另抄一分寄呈鈞詧」等語。查廣九鐵路係英工程司所訂，驗收章程極爲詳細，大約郵傳部所聘之驗料人未到以前，似應責成本路總工程司驗收。兹特將原來洋文驗收章程送呈台核。請即付交工程司帶往漢廠會商提訂可也。專布，敬請勛安。

陳旭麓等《盛宣懷檔案資料選輯之四》漢冶萍公司第三册《盛宣懷致李維格函宣統元年正月十七日》

另，景用庚電云，「正金款閏月底付一半，三月底付一半，期兩年半，第一年付利，第二年起每月攤還本利。景用萬三千，漢陽新契前押三十萬須贖還交正金，漢口契望速專送」等語。

弟初九電復，以漢陽新契原押三十萬者須贖交正金云，「連廠基碼頭概付日商又犯前病，恐礙大局。漢口地契不妨押與正金，但滬行原押二十七萬亦須贖回，如能多押方值得。鄙見不如將敝處合盛公司所置英租界地值十四萬餘兩，諶家磯、萬家廟地值十萬兩，並押正金五十萬，換出漢陽新契在他處另押，不歸日商爲妥」等語。

初十接青電云：「正金允電總行，以英界及諶家磯契換漢陽契，據云可允」。又，青電云：「明年起本利分月撥還，可先贖漢陽碼頭新契。合同未滿，契已贖還，此等地契他處難押，即押亦係短期。正金已説，契恐難更改，姑與一商，若不肯，應否照原議訂定？英租界契如何贖法？諶家磯契是否在滬？五十萬只能勉撥十萬，餘須廠用」等語。

初九日當又電復：「諶家磯地契在滬，英租界契押在官錢局，正月二十二到期。如正金允可，即先贖。如欲做大押款，則漢陽新契萬不可押。如正金定要漢陽新契，須訂明不拘何時准贖爲要」等語。

十七日又接十三日函開：「正金五十萬，現仍議定常年八釐，景用仍係一萬三千，專候契圖到，即與訂定合同。惟聞該行另請熟悉漢口地產之西人將各地估價，如宗關前估每方十八兩，堡垣前估每方五十兩，二處所估不及前估之數，擬於合同内言明，如到期不能清償，將地變價不敷，可仍向漢陽鐵廠追索至清償爲止。不知該行允否還就」等語。

查去冬面議漢冶萍不可再借日款，自係老成持重之見，今閲核屢次函電，此項地契似舍正金難抵長期鉅款。因思漢口基地，本屬廠礦以外之産業，鄙人原擬俟漢冶萍大發達之後，可以捐歸廣仁堂，以撫恤漢冶萍因公受傷之後人，盡可做長期抵押。但恐估價不敷五十萬之數，故與合盛公司熟商，借換其英租界諶家磯、萬家廟地契湊抵。兹特一並開單寄上，即希查收。如正金必欲將漢陽新契並押，所有漢陽新契估價若干，作抵若干？必須列款聲明。自來年第一月起即準先行取續，如能與漢口地契分作兩張合同抵押，尤爲無弊。總之，我二人只擔宣統元年之險，要俟明年稍有轉機，必須將正金前後合同一並贖回，方免無窮後患。

弟與公當默認之，萬不可須臾忘也。

如正金允將漢陽地契剔開，請即將合盛公司之三項酌量或全用或挑用，均無不可。

一、英租界地契可即照十五日復電代贖；

二、萬家廟地契係鴻滄經手，尚有一紙未寄滬，望即代向鴻滄索取；

三、諶家磯地契係錢子英經手，昨向莊仲咸索來，尚未税契。據莊云，與錢子英商定可以另立白契，減去地價一半，再行印税，可省去一半費用，請即與鴻滄商辦。

弟已囑莊仲咸函致錢子英照辦矣。若用此契，亦須於正金合同内聲明，第二年第一月還款，先將合盛之地契贖還，庶可早清糾葛。以上辦法，此間只收到銀十萬兩，而須先還押款二十七萬數千兩，又須代贖合盛公司之地契，萬分吃力。弟又痰飲復發，多日不能見客。調度尤難，原訂十六日又未辦齊，十八日方始就緒。兹特交明萍礦工務長鄺道裕昌帶上，到日即祈查收示復，以慰懸系。

信陽地價契一俟收回，即當寄上。此布。順請台安。

愚弟盛宣懷頓首。正月十七日。第一號。

借用合盛公司漢口地契清單

漢口英租界第一百十一號基地一千一百八十八方

計道契一張，押在湖北官銀號，正月二十二到期，已取贖。

漢口萬家廟東福公司基地二百三十三方七尺

計賣契二張

又老契一張

收字一張

司道印照一張

漢口諶家磯新買基地八千二百七十五方六尺一寸

計杜賣地契九張，又賣房契一張；

又准賣契五張，又糧串六十六張；

又收據五張，又紅白老契十七張；

又推收單一張；又清丈局印收一張。

以上共地九千六百九十七方三尺一寸；

共正契十三張；地圖貳張；

共紅白老契、准契、收字、糧串、印照等九十八張。

鐵廠所屬漢口地契清單

宗關基地三百十四畝二分四釐八毫

計道印契一張；

堡垣基地六十二畝一分九釐七毫

計道印契一張；

萬家廟基地(内除3755號一張約合五百七十餘方，因原契未載方數不計外)餘共一千一百五十八方九尺四寸

計道印契十七張。

以上共地三百七十六畝四分四釐五毫，一千一百五十八方九尺四寸(因第三千七百五十五號契内未載方數故未計入)，共道契十九張。

陳旭麓等《盛宣懷檔案資料選輯之四》漢冶萍公司第三册《盛宣懷致李維格函宣統元年二月初三日》 只因初十後天氣驟寒，咳逆大發，半月不能治事，致緩親裁答復。鄭道等榻前相見，想已面談矣。

出鋼實爲本廠命根，改用穹頂可望耐久。十三發函之日，多至出鋼二百噸，殊足大快。昨學生吴健來談，德廠鋼爐多用廢鋼，能煉四百餘噸，告以廠爐時壞，吴雲生鐵熱汁徑運送馬丁爐。彼在英、德耳聞，尚未目睹。應早函致盧生須熟習此法，勿再如吴健只知用廢鋼之法也。

去臘章文通來電，甚稱調和爐之見效，現又停止，未知何因？總之，出鋼太少而廠本廠費如此之大，斷無生機。若仍無效，請速詳致彭脱設法研究其理，或添請一鋼師來，以救此危急，是爲至要。吴生又云，第三化鐵爐約再八九個月方能成工，吾願吴生之言不確，否則殆矣。

吕柏慣説大話，不求實際。本非全才，幸公推誠相與，能使其心術不變壞，然不能使其本領變好也。千祈聽言之時深思詳察，而勿輕信其倉卒之言。從前馬建忠譏諷我辦事不敏捷，我答以曾文正自言濡緩，固由於天資，亦由於閱歷。馬建忠卒以敏捷僨事，況事非我所專習，而欲取決於臨時，豈不難乎！公天資勝弟十倍，正可補弟遲鈍。惟吕柏、賴倫不知我内容籌款之難，一味恢張，但計用款，不計利息。外洋管工務者本有管商務者相與有成，吾廠雖新設商務長，恐尚不能權衡至當，絲絲入扣。去夏公所謂鞭辟入里，此誠不易造到之境界，故祇有小小結束，正如懸崖勒馬。已接尊電，俟賴倫到漢即可定奪。弟日盼此帳到來即可擬定開會辦法，閣下亦可定性持定方針辦事，俟出貨銷貨皆有把握，不難相機擴充。善戰者必先善守，否則放轡浪戰，實屬冒險已極。若松合一國之力爲之，尚形竭蹶，漢陽盡吾一人之力爲之，必敝之道也。吕柏、賴倫不以小結束爲然，幸公毋爲所摇動。目下正金押款五十萬之外竟無他法籌款，轉瞬到期，各款相逼而來。鴻滄實爲此事擺脱，文軒亦屢來乞病，此皆不知公義，大約不有小結束章法，股商亦未免聞風寒慄也。

湖北省檔案館《漢冶萍公司檔案史料選編》上册《盛宣懷致張望屺函宣統元年二月初六日》 别來將及一年，每懷風度，時切馳思，近惟台履勝恒爲念。弟客秋東游，就醫兩閲月，咳痰稍愈，即赴各該廠礦察看。該國地狹民窮，而於財政上不遺餘力，講求實業，處處維持工商，不似吾家空文敷衍。倘能起而學之，擇善而行，地大物博，富强指日可造。伊藤謂立憲必先辦交通，京漢幸已贖還，粤漢、川漢等路自可直捷，以圖速成。聞合同已定，只須交度支部復核即可畫押。此由部省財政作保，不以路保，一切事權當可我自爲政。前因路工軌料，請中堂於借款合同内載明，須盡漢廠自造，免致蹈津浦合同須由洋廠開標。吕尚書雖欲爲漢廠争此利權而不可得，去年北路均購德料，彼以貝色鋼低貨來争，李一琴不得已舍之，恐與德人淘氣。此事竊料中堂必肯幫助鐵廠，即不助鐵廠，亦當塞此漏卮。究竟合同能否勾勒清楚，敝處杳無消息，乞閣下查明借款議據，將此一條録示，至深感禱。賤恙春寒閉户，不能出門，俟稍暖即赴鄂廠催督新爐工程。此廠興衰，總以土貨多寡爲衡也。

湖北省檔案館《漢冶萍公司檔案史料選編》上册《盛宣懷致吕海寰函宣統元年二月二十九日》 因春陰寒暖，不時舊恙常作，致稽答復爲歉。漢廠馬丁爐已有四座，雖工匠生手居多，不免作輟，大約本年總可出鋼貨七萬噸。粤漢、川漢借款未定，全盼津浦爲大宗。幸羅岳生極顧大局，昨已議定頭批七千噸。北路李觀察聞與德人有舊。慕公來電，又向德續購七千五百噸，雖允下次可許漢廠開標，但恐總辦有心袒外，未必能塞此漏卮。弟去臘電達台端，來年開標必當報效(係指己酉年事)。究竟北軌有無把握，李君有無成見，尚祈預示。如果無此生意，須改煉鋼板也。漢冶萍三月杪付官利八釐，屆時可就近向袁寶三辦事處照付。紅十字會事，弟自日東歸滬，任、施、沈三君迄未晤面。聞剩款在施處，故無人敢問津，既承諄囑，容俟稍愈詳詢逢辛，或能悉其梗概也。閩縣遺缺理應公補，所以塞翁失馬必爲津浦所累。尚憶去春弟曾力勸公辭此差，過來人吃其虧苦不小，吾儕老年，詎堪轉摺若此乎。冰相借款何又翻異。近來公與相見精神興致如何。慕公何尚不補缺，想亦爲路差所累矣。

湖北省檔案館《漢冶萍公司檔案史料選編》上册《公司與漢口正金銀行訂立洋例銀五十萬兩押款合同宣統元年二月三十日》 立合同漢冶萍煤鐵廠礦有限公司，今將漢口租界並華界各地契自一號起至六號止，共二十六張，押到漢口正金銀行洋例銀五十萬兩正，所有應還本息日期及議明各條開列於左：

一、此項押款洋例銀五十萬兩，係正金借與漢冶萍之款，以下各條彼此均須遵守。

一、漢冶萍收款之時，須將以上所開契據交與正金收執，以作信物。

一、正金交款日期分作兩次，一於西曆三月二十一日交銀二十五萬兩，一於西曆四月十九日續交銀二十五萬兩。此項銀兩均交與漢陽鐵廠總辦李維格手收。

一、此項押款係按長年八釐起息，惟年月均照西曆核算。

一、此項押款自西曆一千九百零九年四月十九日起至兩年半作爲到期。

一、第一年先還息款，分作兩期，以六個月爲一期，嗣後，以三個月爲一期，到期共還本利若干，其數如下：

一千九百零九年十月十九號，息銀二萬一千六百四十三兩八錢二分。

一千九百十年四月十九號，息銀一萬九千九百四十五兩二錢。

一千九百十年七月十九號，還本銀十萬兩，又息銀九千九百七十二兩六錢。

一千九百十年十月十九號，還本銀八萬兩，又息銀八千零六十五兩七錢五分。

一千九百十年正月十九號，還本銀八萬兩，又息銀六千四百五十二兩六錢。

一千九百十一年四月十九號，還本銀八萬兩，又息銀四千七百三十四兩二錢四分。

一千九百十一年七月十九號，還本銀八萬兩，又息銀三千一百九十一兩二錢三分。

一千九百十一年十月十九號，還本銀八萬兩，又息銀一千六百十三兩一錢五分。

一、訂立合同後，所有前項華界各地契即送請日本領事照會關道，存案備查。至租界地契照各國地契出入定章妥爲辦理後，再將前項各地契交與正金收執，以爲信物。

一、前項基地如將來或須變價而價款不足抵還本利，須由漢冶萍另將他物作抵補足。

一、以上款項俟第三期本利還清後，即西曆一千九百十一年正月十九號，正金當將地契自一號至四號繳漢冶萍收還，餘契俟本利全數還清，再行一並交回。其華界之契，由日本領事照會關道銷案。其租界之契，由正金過還原户，以清交代。

一、所有以上契券之地租錢糧及一切費用，均歸漢冶萍照認。

一、此項押款係盛宫保作保，如到期不贖，由盛宫保備款取贖。

一、此項合同分繕兩份，彼此各執一份查照。宣統元年二月三十日

明治四十二年三月二十一日

太子少保、正任郵傳部右侍郎

漢冶萍煤鐵廠礦有限公司總理　盛宣懷

漢冶萍煤鐵廠礦有限公司協理　李維格

横濱正金銀行漢口支店支配人　小林和介

見證人大日本漢口領事　高橋橘太郎

所有以上地契開列於下：

第一號　漢口英租界第一百十一號基地道契一張。

第二號　漢口萬家廟江岸東福洋行基地容翰屏賣契兩張，司道印照一張，施萬青老契一張，收條一張，容翰屏收據一張，又萬家廟江岸道印契兩張。

第三號　通濟門外萬家廟基地道印契十五張。

第四號　黄鶴洲基地（此契現存清丈局，俟税出再交正金收執，暫以江漢關道印文爲憑）。

第五號　堡垣基地道印契一張。

第六號　宗關基地道印契一張。

以上契券均編有號數，並蓋有圖章爲記。

陳旭麓等《盛宣懷檔案資料選輯之四》漢冶萍公司第三册《盛宣懷致李維格函宣統元年閏二月十三日》　查二十四年止，漢廠該銀一千三百二十八萬餘兩，萍礦該銀九百十三萬餘兩，二共該銀二千二百四十餘萬兩，應付官利五十餘萬尚不在内。圖説所載，一曰今日已及二千萬，二曰僅用二千萬。頃有大股商當面詰問，答以此稿尚系去春注册之結算數目，下半年用款未算在内，總公司尚未核對，含糊答之。若不聲説明白，查帳之時必致與帳不符，特此電告。前件暫勿送入。擬俟年總到後由總公司加一帳略，分别成本、活本，俟開會時再行分送，免多誤會。

頃接十一日復電，三十四年報銷開會前先寄總册兩本，全册三月底始抄齊，元年正、二、閏該存帳，華、洋薪水單趕寄等語，甚以爲慰。仍望切囑玉符諸君趕

辦，早到一日好一日，因總公司尚須匯總開單，預備股東閲看也。

又，查閏二月初二報單，鋼爐全停，似此用費浩繁。出鋼已逾一年，竟無把握。羅岳生來函續定萬噸，斷不可誤。公慮鋼多，適與弟慮相反。禮和借鎊務必緩議，昨與大股東面商，均願步步站穩，以免冒險。以上兩節均由青電奉復，度已達覽。

鋼爐全停，是否因改良重砌之故？抑係回爐同時全壞，無可懸揣，徒事著急。商務長來單，應交定貨三萬二千餘噸，而滬路兩次所定一萬七千噸尚不在内。頃晤孫慕翁，北段尚留一萬餘噸，留與我處開標，切詢能否接辦，弟答以明年交貨必辦得到。孫云可以明年交貨。但看目前光景，鋼爐作輟無定，恐誤交貨之期，不可不預爲計劃，即祈查明，迅速示知。孫使月内由浦回滬，與弟訂明同赴杭州，爲仁和相國送殯，屆時必須有一切實回復也。

北京大學歷史系近代史教研室《盛宣懷未刊信稿・致呂尚書函三月初七日》

鏡宇仁兄親家大人閣下：奉閏月十四十七手書，敬聆一一。陳媽回，復承厚賜，不遺在遠，感謝莫名，昨蒙電詢行期，弟以病軀仍難北上，但未知蓮帥有何事，便中請試探之。賤恙入春以來，咳痰不止，精神興致亦不如前。商約事，唐專使赴德國，未知曾否提議。如果再無消息，擬公函商請外務部歸併部中辦理，以節經費，尊意以爲然否。漢廠新爐下半年告竣，則出鋼可以加倍。川漢、粵漢用軌尚早，不得不仰望於津浦。承示李子元毫無意見，已設法留北路兩萬噸，甚爲感慰。約於何時需用，何時開標，祈預爲示及。南路先定鋼軌七千噸，價五十二兩，魚尾片五百十五噸，價六十六兩，鈎釘一百五十三噸，價九十六兩，訂定西五月内先交一部分。又續定鋼軌一萬噸，價六鎊二先令五本士，魚尾片七百三十六噸，價八鎊，共價英金六萬七千九十六鎊六先令八本士，訂定西歷一千九百十年三月以前交齊。以上兩批，漢廠承接後即已預備開造，決不延誤。並接李一琴電稱，津浦此次定軌萬噸，以金鎊開標，共合英金六萬七千餘鎊。明年交貨時恐金價跌賤，擬請電商鈞處將鎊匯華，存息在路局，存銀於滬，得息較多，而廠不冒險，一舉兩得等語，弟頃與慕翁面商，去年漢廠擬預借軌價二百萬，爲彼公司所阻，係未經開標，恐不着實。現已開標定價，慕翁亦云與前空議不同，在敝廠祇因膽小不願擔此鎊價之險，故預請尊處將鎊匯華易銀，即照現在鎊價核計銀兩若干以給敝廠。此一琴之所求者也。弟又進一説，與其易銀存於銀行，不如預付鐵廠，可照年息七釐立一票據。何日交軌若干，即停止軌價若干之息，貴局既可多得息銀，敝廠又可早收借用。此尤弟之所求者也。慕翁云，現在存華之款本有六七十萬。伯岩兄云，交通銀行存銀二十五萬兩，本係借付軌價息僅四釐。鄙見如能指明南路軌價，另提六萬七千鎊匯華易銀，固屬正辦。若該公司斤斤於此，不能另提，惟有請於原存華款之内爲挹彼注兹之舉。務乞公與慕翁熟籌，俯允所請，是所至禱，手頌台安。

湖北省檔案館《漢冶萍公司檔案史料選編》上册《盛宣懷致宗子戴函宣統元年三月初十日》

別後三奉手書，祇悉一一。劉、張公電，托人由政務處抄來，大約是南皮之稿，力主七錢二分。此間奏中則據變法摺内摘叙，幸荷指示詳明。摺片清單刷印甫畢，寄呈臺覽。陶帥宗旨不甚合，故不敢呈改。漢冶萍商股已招一千零十四萬元，三月杪發利，既已注册，不得不按照商律開股東會選舉董事。執事精於會計，似可在選舉之列。惟照章必須有自己股份五百股以上者方能合格。除尊處經招各股附上廣告入場券外，兹特將外埠商股五萬七千元計一千一百四十股花名字號抄單附上，屆期即請臺駕來滬，并請就近邀數人到會，以便投筒。此間撰臣經手，各股皆可心領神會也。附呈陶帥一函，亦因此事，即希轉呈，陶記股份自亦可歸閣下代表。俞令親亦祈尊處代爲轉致。如臺從廿六日抵滬，可先一晤，尤爲盼禱。丁梅軒準令赴寧考試，總在開會之後矣。手復。敬請

勛安

頭等優先股：

一六七(號)	風華公司	六十股
一六八(號)	綬紀	六十股
一六九(號)	玉記	六十股
一七〇(號)	□記	六十股
一七一(號)	章記	六十股
一七二(號)	桂記	六十股
一七三(號)	蘭記	六十股
一七四(號)	梅記	六十股
一七五(號)	陳記	六十股
一七六(號)	永記	六十股
一七七(號)	遠記	三十股
一七八(號)	常記	三十股

一七九(號)　雙　記　三十股
一八〇(號)　慶　記　三十股
一八一(號)　富　記　三十股
一八二(號)　全　記　三十股
六七號起八四號止吉林記二十股共十八票，每票二十股，共三百六十股。
總共一千一百四十股。

湖北省檔案館《漢冶萍公司檔案史料選編》上册《盛宣懷致韓古農函宣統元年三月十六日》 昨承大教，感慰奚如。《心經》、《三字經》兩序，容拜讀後交妙參刊印，并當助以刊印之費也。人之所以异於禽獸也，幾希心而已矣。我欲仁，斯仁至矣，心之謂也。孔孟得十六字之心傳，運心於實處則爲事功，運心於虚處則爲性道。三教本屬一源，其源之所在，未知何處着手耳。漢冶萍爲東方杰出之一事，震動歐亞，鄙人將老於此矣。至契如公，不可不知其原委。奉上優先二股，哂存以貽吾侄輩，將來不止十倍其值也。

陳旭麓等《盛宣懷檔案資料選輯之四》漢冶萍公司第三册《楊學沂在漢冶萍公司第一次股東大會上的講話宣統元年三月二十七日》 三月二十七日漢冶萍廠礦股份有限總公司開第一次股東大會，股東到者四百七十二人，先由辦事員楊綬卿君宣言開會緣起。

不論何種工廠，凡可以獲大利者，只有九個字：出貨多，成本輕，銷路廣。漢冶萍廠礦總理、協理艱難困苦，不僅將全身精神貫注在廠礦之中，直以性命與煤鐵相搏，是真所謂商戰。戰至今日，上文所言九字竟一字一字做到，成就一中國獨一無二之實業，使西國鋼鐵托辣司知東方驟然出一個勁敵。此等氣象，應先爲全體股東道賀。今日開會，因商辦公司上年三月十一日奉旨：本年三月扣足一年，照公司章程應公舉查帳董事，公舉權理董事。所有廠礦内容，請總理、協理，萍鄉、大冶總辦逐節宣布。辦事人并另編有詳細報告，分送諸君考核。

陳旭麓等《盛宣懷檔案資料選輯之四》漢冶萍公司第三册《盛宣懷在漢冶萍公司第一次股東大會上的報告宣統元年三月二十七日》 今日爲漢冶萍公司第一次開會，請股東選舉董事，成就一個中國實在鋼鐵大公司。現在合歐亞都説是個鋼鐵世界。目下中國造鐵路、造槍炮，將來還要造兵船，以及各樣工藝廠，無一樣不要鋼鐵。現在大冶的鐵，萍鄉的煤，都是頂好的。盡我取用，幾百年用不完。尤好在煉的鋼是第一等貨色，不但可以供中國自己用，并且可以運出洋去。現在日本美國太平洋一帶多要買我生鐵。買了去都説我鐵好。現在我只有三個化鐵爐，斷不够用。明年要想第四個爐造成，大約可出一千噸鐵，便可出一千噸鋼，候外國銷路大通，便要在大冶江邊造四個化鐵爐，專煉生鐵。以後漢陽、大冶兩處每天能出一千噸鐵，我手内總要做得到。那時萍鄉每日出煤三千噸，只够做焦炭。現在漢口生煤已經銷通。將來川漢、粵漢鐵路成功，漢口是中心點，煤用得多，必定要添開一個井，共總出五六千噸煤方才够用。到那時光漢冶萍股票至少票價總在十倍，這是實在預算，并非虚言。

外國所以富强多是講究實業，實業莫大於開礦，開礦莫大於煤鐵。民富方能國富，這是一定道理。所以我跟李中堂辦完了軍務，丢了八股，不到三十歲便專心辦商務，不怕艱難困苦，總要辦成他，我是極愚笨的人，埋着頭辦下去，不辦到好的地步，決不半途而廢。及至辦成了便要公諸同好。現在中國商界不是没有人才，更不是没有錢財，大概是怕千辛萬苦辦成一件事，國家要奪了去，前功盡棄。我這個漢冶萍公司，張中堂本來奏準是商辦。去年我到京先請示政府，政府多説大冶、萍鄉都是盛某人得的，這十多年工夫又是他招的商股，借了商人重利的債，冒了多少險辦成的，如改官辦斷不能好，決計永遠商辦。隨即我就上摺子，又當面請旨，兩宫當面説：「藏富於商是正經辦法，國家只要華商辦得成功，并不要官辦，但是你不可就想脱身，我已經有旨意了。」當日我下來，即有旨意叫我添招中國商股，其餘一概照辦。於是我就到農工商部注册，領帖添招股份。這是有憑有據的。實在公司辦好了，永遠可以商辦。大凡照大清商律注册的公司，可以不要害怕。我今天特特開會告訴諸公，只要添足資本，我可保兩三年之内便要做到八個爐子，十倍其利。

我有咳嗽病，不能多演説。此外的漢冶萍情形，我請協理兼漢陽總辦李一琴，萍鄉總辦林虎侯，大冶總辦王星伯説與諸公聽。所説不盡者，還有刷印的單帳可以帶回去細細看。今天董事會成立了，静聽查帳董事去查帳。以後所有公司的要緊事，我與協理李一琴必可告訴董事會，一步一步辦下去，做成一個中國第一好公司，想必你們股東多是喜歡的。

陳旭麓等《盛宣懷檔案資料選輯之四》漢冶萍公司第三册《林志熙在漢冶萍公司第一次股東大會上的報告宣統元年三月二十七日》 今日爲漢冶萍總公司股東大會，所有漢冶各事已由總、協理詳細報告，即萍礦一切情形，大致亦已具盛宫保報告中，無庸贅陳。然志熙承乏萍礦，身親其事，見聞較爲親切，謹就盛宫保所未及者，再撮舉一二以爲諸君告。

夫實業之要素，不外出貨、銷貨二者而已。今欲知出貨之情形，不能不查考工程之內容。查萍鄉煤田，由安源而小坑、而紫家冲、而黃家源、而龍家冲、而高坑，愈進則脉愈厚，質愈净。惜山巒重叠，機礦出煤必用車運，勢不能翻山越嶺以通軌道，只得由安源山腹開挖隧道以取直徑。惟是由安源至小坑，一路全系石壁，施工不易，自程工以迄收效綿歷八九年之時間，支費數百萬之款項，鑿通石巷二千七百餘法尺、直井一百七十餘法尺。爲出煤總路架以鐵梁、甃以磚瓮；懸電燈，通電車，設升高機以利上下；置打風機以通空氣。支巷斜坡，旁周四達，接長計算，百里而遥，無不支以巨木、承以厚板，以爲每日可出煤三千噸之預備。窿外復有大小洗煤機兩座，每日可洗生煤三千數百噸；煉焦爐五座，每月可煉焦炭一萬五千噸(以後可擴充至三萬噸)；煤磚機一座，每年可造煤磚五萬噸；制造廠一所，以備造開礦各種汽機、鍋爐，并修理各機之用；火磚廠可燒煉焦爐、烘鋼爐、高伯爐各種之火磚；其餘如醫院、學堂、米倉、料庫，應有盡有。此萍礦出貨之情形也。

既知出貨之情形，亟宜更求銷貨之市場。查萍煤初以槽路尚淺，煤質未净，銷路亦未大暢。近日開通小坑大槽以後，愈出愈精，外銷之數日見加增。調查海關貿易册，西歷一千九百零六年漢口進口東洋煤十二萬噸，零七年縮至八萬噸，零八年竟縮至三萬五千餘噸。觀東洋煤數跌落如此之驟，彼朒則此盈，足見萍煤銷數增長之速。然此僅就漢口本有之銷場言之也。查往來長江商輪，向來在上海必將上下水需用之煤一次裝足，故到漢後無須再購。現因萍煤質佳價廉，較滬購合算，商人錙銖必計，勢必改途易轍，向在上海上水時預裝下水之煤，今則反於下水時并備上水之煤矣。又京漢鐵路火車向用開平、臨城等處之煤，今則自河以南全數改用萍煤矣。是萍煤不但全占漢市商場，并可侵奪滬市、開平等處銷路。查貿易册一千九百零八年漢鎮各項商輪進口共有一千九百二十八艘，以每艘需用燒煤一百六十噸計之，即此一宗已可年銷三十萬噸，再加以京漢鐵路之十萬噸，漢口各機廠之十餘萬噸，鐵廠鍋爐應用之煤數萬噸，又煉焦炭之煤三十餘萬噸，預計銷數必達百萬以外。而將來粵漢鐵路需用之煤以及東洋、舊金山欲購之焦，尚未計及。是日後每日必出五千餘噸方足供市場之取求。此萍礦銷貨之情形也。

出貨如此之旺，銷貨如此之暢，諸君知之當亦甚慰。而不知萍礦更有一大特色，尤爲諸君所宜注意者，萍煤以小坑、紫家冲、黃家源、龍家冲、高坑等處爲最佳，周圍約九十餘里，包含五百兆噸煤田。自庚子年歸并土井時，各井商具禀立案，以後不再開挖土井。萍礦範圍之大，西人謂歐美各礦所不能及，此則尤爲萍礦之特色，志熙更不能不鄭重以爲諸君告也。抑志熙更有進者，萍礦今日情形，工程粗備，銷暢日旺，譬諸五谷已由力作以達成熟時期，豐收實可操券，此堪爲諸君賀。惟是工程雖已粗備，而不能不力求其完備；銷路既已日旺，尤不能不計及其更旺。今日尚須添置擴充，如提料之焦爐，如運煤之輪駁，斷宜及時籌備，以免失時之慮。是則佃人雲霓之望，幸諸君更有以教之也。

陳旭麓等《盛宣懷檔案資料選輯之四》漢冶萍公司第三册《王錫綬在漢冶萍公司第一次股東大會上的報告宣統元年三月二十七日》　漢冶萍煤鐵廠礦經盛宮保奏準決議商辦，奉旨責成加招華股，認真辦理，以廣成效。計成立總公司已一年矣，今日爲第一期股東大會，所有廠礦情形已由總、協理詳細報告。錫綬承乏冶礦，謹撮舉大概，爲諸君復陳之。

大冶遍山皆鐵，縣治因是得名。十餘年前南皮張相國創辦漢陽鐵廠，就大冶鋪軌置機開採供應。其時運出礦數每年三萬餘噸，火車日運一二次，或間日一運，但供廠用而已。自盛宮保接辦後，逐年擴充，漢廠已用到二十餘萬噸，兼售日本，共採運至三十萬噸，火車每日開至十次，比較從前已增十倍。今年漢廠三號新化鐵爐成，須增至四十餘萬噸。此後本國鐵廠、海軍、軌路制造日多，增置鋼爐、生鐵爐，需礦日廣，每年可採取一百萬噸。據洋總礦司報告，冶礦浮面約有鐵一百兆噸，地面以下約有五百兆噸之多。東西游歷洋員絡繹往來，登山調查，莫不嘖嘖稱羨，揀取礦樣，如獲至寶。并據美洲專門礦學家面告：各國鐵礦雖多，如大冶之全山皆鐵，取之無盡者，只有美洲一處可以相匹。然美礦必須穿深至數十百丈以下，始能取鐵，工艱費巨，猶未若冶礦即在浮面，俯拾皆是，工省而利厚也。是則冶礦出産如此之宏，漢廠造就成效可睹，亟宜力圖擴充。西人稱嘉南奇爲鋼鐵大王，安見我國前途不再有鋼鐵大王繼起乎？天生美利，助我富强，不禁額手稱慶爲我聖清賀，更爲我股東諸君幸也。

陳旭麓等《盛宣懷檔案資料選輯之四》漢冶萍公司第三册《沈敦和在漢冶萍公司第一次股東大會上的演説辭宣統元年三月二十七日》　今日爲漢冶萍煤鐵廠礦有限公司第一次開股東大會，凡與公司有密切之關系者，咸惠然莅止。敦和忝居股東，亦得躬預斯盛，備聆總、協理之報告，乃知鐵廠奏歸商辦已十有三載。

締造之初，异常艱困，輒致旁觀疑懼，以爲後累無窮，將何底止。豈知總理慘淡經營，不遺餘力，商諸協理親赴歐美各國，考求化鐵之新法，選購煉鋼之機爐；更復籌墊巨資，重加整頓，始獲用煤日省，成本日輕，出品驟增，銷路漸廣，以收今日之效果。非其魄力之果毅，識見之超卓，曷克臻此，敦和無任欣佩之至。

按公司之發達雖由人力，亦本天功。何以言之？蓋大冶産鐵之富，鐵質之純，與夫萍鄉産煤之多，煤質之净，并足爲五大洲煤鐵礦之冠冕，謂非天賜之哉！敦和於鋼鐵之質地及外洋之銷路研究有日，稍有見聞，敢略述其梗概以祝公司發達之先聲，并慰股東之盼望。

敦和數年前，承乏滬寧鐵路。該路系借款興築，經濟之權操之西人，一以購辦洋料爲宗旨，每值敦和擬購漢陽鋼軌，往往相持不下。至謂漢陽鋼軌難任壓力，敦和於是以漢陽所出之鋼軌、魚尾片與外洋所産者各編暗號，攙雜一處裝運英倫，特就化驗(明)〔名〕師逐件考驗。取具驗單復核，乃知漢陽舊法煉爐所出之鋼軌，因含雜質，故難任重，而其鋼質則實出歐美各國之上。於是盛宫保知公司出貨之未精，實由於煉爐之不善，爰乃決計廢棄舊爐，力謀新法。故近今所出之鋼鐵，不但爲中國所合銷，而并爲各國所樂用。查日本大阪、橫濱各工廠以及(石)〔若〕松制鐵所，現已每年購用數萬噸，而美國亦以沿海各省不能産鐵，每年購用數萬噸。且日本向系産煤之國，只以萍鄉焦炭絶無磺質，故亦紛紛來購，則公司出貨之美，亦概可知矣。回溯上年冬間，日本商會遍請美國沿海商界領袖，赴日本調查日、美兩國貨物之流通，吾上海商會聞風繼起，亦柬請美國商界來華調查輸出輸入之貨品。美商以爲中國斯舉，間足開通商智，兩國商務有發達之機，於是忻然贊成，相約於今秋來華，得商界之鼎鼎者約數十人，特派美商大來君先來會晤，深致款曲。商會爰舉敦和爲接待員，經與大來君往還酬酢，得親聆其演説，以爲日本發起是舉，實因太平洋中巴那馬峽海道將近鑿通，既通之後，則由美來華程期不過二旬，將見交通利便，商業必蒸蒸日上，因預爲之計耳。夫以中國居太平洋東岸，美國居太平洋西岸，遥遥相對，一旦開通海道，相隔僅一大洋，遂爲貼近之鄰。是將來中美感情必更形密切，而商業上之發達，實一天然之機會。從前中國土貨輸出外洋，因海行太遠，水脚較昂，故貨本亦因之而貴。今若交通利便，則運費、保險費節節減省，猶謂貨物不能暢銷者吾不信也。查大來洋行特美國一船商耳，有輪船八艘專裝客貨，嗣乃自運美國洋松來華，因見銷數日廣，爰自往開山，自置森林公司運銷中國。不數年間已享有巨富，特以返國時往往虛載而歸，乃向公司試購生鐵以壓歸艙，何期一經嘗試，而吾公司所出之生鐵價廉物美，實較購諸比國等爲宜，於是乃日益暢銷。惟渠親赴漢冶調查，終以公司資本未足，出數太少爲可惜。并云倘能每年出至二十萬噸，方足敷美國沿海各廠之用，則該行添造輪艘，專爲公司轉運而設亦意中事也。

抑又聞之，日本各廠用鐵極多，其自産之焦炭，不宜於煉鐵，故每年亦可用公司所出之貨二、三十萬噸。昔者德國礦學名家狄杜芬君著有圖籍，以爲歐美各國礦産漸窮，煤鐵等項僅敷二三十年之用，至二三十年後，其勢均不得不仰給於吾中國。誠以吾中國藏富於地，礦學一道猶未暢行，其開採者尚不及萬之一也。今幸於公司開其端，成效卓著，是向以吾中國黄金易歐美各國之鋼鐵，而今轉以吾中國之鋼鐵易歐美各國之黄金矣。試申論之，向來購辦外洋大宗機器、鋼鐵等料，動糜數百萬者無論已，即以最細微之洋針一項言之，每年運銷中國不下數十萬金。顧以爲物甚微無足愛惜，因而隨用隨棄，卒乃并其鐵質亦消歸烏有之鄉。外此，若鐵釘、鐵器之類，亦何莫不然，以致外洋之黄金日富，中國之黄金日少，商戰上之失敗，實爲吾中國積弱之源。今幸吾公司中流砥柱，得反其道而行之，則將來塞漏卮，浚利源，關係吾中國實業前途者庸有既極哉。

頃聞總理宣布，謂將於大冶鐵礦臨江，添設化鐵爐四座，專煉生鐵，行銷外國，果能達其目的，則每年可出生鐵四十萬噸。從少估計，以每噸二十五兩計算，是大冶一礦已可歲獲進款一千萬兩。顧現在招股，甫經過半，力量未充，尚難經營及此，坐視千萬之進款，如海上三山，可望而不可即，豈非可惜。所望各股東洞燭利害，踴躍購股，俾公司厚集其資本，放手擴充，以底於成。使將來出數日富，銷路日廣，獲利亦日厚，以達其目的而後已，豈不甚善。倘如此機會尚不努力競争，又何商戰之足云，各股東當不河漢斯言。

《申報》宣統元年三月二十九日《漢冶萍礦廠股東開會紀畧》 三月二十七日，漢冶萍煤鐵礦總公司開第一次股東大會，到者四百七十二人。先由辦事員楊綬卿君宣言開會緣起，次由總理盛宫保、協理兼漢廠總辦李一琴君、萍礦總辦林虎侯君、大冶鐵礦總辦王星北君相繼演説。次投票舉定顧晴川、施祿生爲查帳董事；王子展、顧詠銓、宗子戴、張月階、何伯梁、羅煥章、嚴子均、聶雲台、李雲書爲權理董事。繼將詳細報告，分送各股東攷核，遂散會。

北京大學歷史系近代史教研室《盛宣懷未刊信稿·致吏部尚書陸再啓四月初四日》 敬再啓者：漢冶萍現有日本美國太平洋兩處派人來議買生鐵，每年各廿萬噸之多。如可成議，須在大冶添造四爐，獲利奚啻十倍，似必在銀行自來水各公司之上也。姪所上幣制條陳，政府必不以爲然，極言紙幣流弊，尤中鄂寧數省之忌。好在姪志上進，咳恙纏綿衰老已極，但求平生所辦實業數端保全不敝，差足以報朝廷恩遇。而近在上海集資建廣仁堂，以免義振中輟。茲又在蘇郊捐助貧兒院，擬教養數百貧孤以工藝爲養生計，吾吴能增土貨以易現錢，是爲要著。開辦之資也由姪獨力捐助，不欲遺子孫。常年經費，以五百人計，每年須至少三萬元，可否乞公約蘇州同鄉京官數人，函致端午帥、陳伯帥，於振餘款内署撥數萬生息，以資補助而垂久遠。除公函舉達外，手此布達，敬請台安。姻小姪宣又叩。

王樹枏《張文襄公全集》卷二零一《致上海盛宫保宣統元年四月初七日子刻發》 疊接東電悉，敝處籌借外款，於儘先購用本國材料一節，極力維持，自不待言。惟漢廠究竟每日實能錬鋼若干，成軌若干，尊處上年十一月有電，本年正月鹽電、有漢廠可闢門之語，不勝駭異。將來就近交貨，較外洋既省運費，核計成本，其價值自當比外洋現在時價較廉。現正與外人磋商，列入借款草約。漢廠貨色價值，果能與外洋抗衡，方有把握。萬一他日被工程司挑剔，貨色不如洋廠，價值貴於洋廠。彼時外人據理以争，則無法可想矣。務祈即日電飭該廠總辦，從速切實具覆允認，擔保貨美價廉四字。敝處方敢放手訂立合同，勉副尊囑。近因津浦路工訂購漢廠軌料，濮蘭德向敝處言，係以次貨充數，嘖有煩言，是一前鑒。來電謂降至如津浦，亦必不止一半云云。文義不甚可解，仍盼詳晰電復。如價必不能廉於洋廠，亦望切實飛速密復，以便設法保持漢廠利益，免致盡爲洋廠所奪。至禱。陽。

陳旭麓等《盛宣懷檔案資料選輯之四》漢冶萍公司第三册《盛宣懷復張之洞電宣統元年四月初八日》 借款盡先購用本國材料，仰蒙極力維持，感銘肺腑，此系中堂經始苦心，原奏宗旨實不僅漢廠生死關鍵，抑亦國家强弱先聲。蓋中國無船廠、無制造各工廠，鋼貨銷場專恃鐵路，鐵路用軌莫大川粤，如川粤不用本國材料，鋼爐、鋼廠勢必閉塞大半，坐待船廠、工廠之興起。正月鹽電實非誑語，預算鋼廠機力每日可成軌千噸，生鐵爐三座日僅五、六百噸，馬丁爐五座日僅三百噸。

己酉年鋼料悉已定出。庚戌年若全造鋼軌可出十萬噸，已定出津浦一萬噸，餘皆無主。鋼質純用施猛斯馬丁之法，曾經英、德各名家試驗，無不贊美稱揚，均有憑證。本廠自備試驗機器及化學，派有專家經理，所出鋼貨必經機、化兩項試驗，無懈可擊。九廣系英工程師，亦稱精美。浦口三月杪新運一批，濮蘭德何以預知其貨次？該路開標，漢廠不要加用五厘，以故得標，而濮甚忌之，然英工程師驗貨決不能妄加貶詞。津浦合同本國不得「盡先」字樣，與洋廠一同開價得標亦或不至一半。川粤借款，天幸中堂主持合同，磋磨必高出尋常百倍，惟外性貪狡，必當有以摺服之。

敝處「貨美價廉」四字準可允認擔保，務求中堂放手大膽訂立合同，勿稍懷疑退讓。總之「貨美」二字，工程師自有公共之法試驗，不容假借。「價廉」二字當可與外洋鋼價比較，從前京漢，現在九廣定價之日皆視外洋電報價值爲斷，毫無躲閃。惟本廠出貨不及洋廠之多，成本未免稍貴，而運費較省，可以補苴，故比較定價，不致虧摺。抑蒙垂廑，用敢密陳。鈞處如何定議，約須用貨多少，務求詳示，以便預備。

《申報》宣統元年四月十三日第四版《萍鄉煤捐議約情形》 萍鄉自開辦安源煤礦以來，議定抽捐爲興學經費，每噸焦煤六十文、油煤三十文，定約立案遵守殆二十年。去春，煤礦總辦以歷年虧本，創議停捐。萍人士以近年各學堂仗煤捐爲命脈，迭經上控督撫，批飭轉圜，迄無成議。今春公舉丁憂在籍喻庶三方伯，調查確數。大約此項煤捐少則二三千串，多則一萬三四千串左右。議從宣統元年起，改爲銀數每百萬噸捐銀八千兩，增至百五十萬噸時，另加捐銀四千兩，以現在銀價計，銀八千兩，合錢一萬五千串左右，與原捐不相上下。其所以然者，一則使煤礦總辦不得藉口銀賤錢貴，及出産數溢出百萬噸之預防；一則使萍人不得藉口銀貴錢賤，及出煤不及百萬噸之預防；擬即訂約立案，永遠遵行。乃留日學界，以原約原案，每噸焦煤六十文，油煤三十文，平均合得四十五文，減爲百萬噸八千兩，平均不過每噸十五文，力請方伯取消前議云。

陳旭麓等《盛宣懷檔案資料選輯之四》漢冶萍公司第三册《盛宣懷致李維格函宣統元年五月十八日》 兩奉手書均悉。美領事馬墩十五來見，十六已行，彼談太平洋濱之事如不能成，非立濱正當造鐵路、興工藝而無鋼廠，且工資甚貴。我若在吴淞開鋼廠，不特運銷非立濱，兼可運銷日本等語。答以美事成非亦可議，吴淞出洋大輪船固較便易，集股亦不難，惟舍漢而兼營淞廠費較重，一也；生鐵冷汁過煉鋼爐煤較費，二也。鋼爐用日本煤運費又較省，澳大利如來買，則我廠鋼鐵出洋爲大宗，即將來海軍船塢亦必在海邊，此策似不可不留意，祈閣下精心審思，著著顧慮，再行密復。

閩川粵路我軌只能用其半，更比津浦吃虧，如未畫押，武昌南皮舊人必有確耗，臺駕或往一見南皮竭力争之如何（肅邸、鐵尚書亦可一見）。廠中想可抽身一禮拜，希電復，以便電告南皮也。

陳旭麓等《盛宣懷檔案資料選輯之四》漢冶萍公司第三册《井上馨致盛宣懷函》 敬復者：兹高木陸郎到京，面遞郎函，展誦之下，足征雅意殷拳，感佩何極。溯惟前年臺從東游之日，偶爾抱恙，未獲親聆榘教，幸重游有期，正在翹盼，現悉以貴恙尚未痊愈，一時未克東渡，悵也何如。竊思臺從經濟之才，凡所施展，均與貴國及敝邦事局攸關綦重，甚至施及於五洲和局。臺從既負此聲望，孰不仰望臺從疾患速日就痊耶。敝邦之氣候風土，尚適養疴，夙在洞悉之中。果能抽出餘暇，何妨再行東渡，藉資調攝，至以爲盼。誠如來示所言，兩國相爲唇齒，開通事業，當以彼此兩益以爲目的。此項宗旨，鄙人亦實同所見。前此，敝邦實業團游歷貴處也，乃荷臺從教以兩國實業必須相爲和衷提携，此亦與鄙人素日所懷宗旨相孚，而所貴者，其言非出自泛泛者流之口，實系推爲貴邦財政界之重鎮之臺從所諭，鄙人聞之，衷心欣佩，莫可宣喻。

若夫富國一策在鋼鐵之發展而存，而使其供用易且充足，尤爲切要。在敝邦，鋼鐵工業愈見發達，所需之料亦隨之年加一年，盡其内地所産，尚不敷用，以致所需，多半不得不輸自歐美者，誠屬至憾。嗣後，仍須推廣鋼業，尤爲急務中最急務。然則將來待需礦砂、生鐵等原料於貴國，也無容多辯；惟至若何酌議辦法，須先定其宗旨綱領，以固辦事基礎，方爲著實可靠。似此重要事宜，僅委所派代表者商酌，惟恐兩情似難期妥協，必也彼此有實力實權之當局者，直接面商訂定，方足征其信實。因望臺從於本年陽歷十月間，金飆送淳之侯，撥冗來東，一面可資調攝，并可藉得面商一切，實爲殷禱。

陳旭麓等《盛宣懷檔案資料選輯之四》漢冶萍公司第三册《盛宣懷致桔三郎函宣統元年六月初八日》 貴公司訂銷萍礦焦炭每年二萬噸，照合同第二款載每年以十個月計，按月運銷二千噸。現查據商務長王閣臣君報告，上年之數固未運足，今年之焦一噸未運，聞之實深詫异。檢閱上年十二月貴國駐滬總領事永瀧君來信：以據閣下面稱大倉與萍礦訂立合同包銷焦炭一事，業經照約承辦一次。嗣緣萍局與制鐵所直接交涉減價求售，以致兩面所訂之約辦理均有窒礙，正在婉商辦法。鄙人與桔君多年至交，目睹爲難情形不忍坐視，特函布執事，務期妥籌良策，力予周全，以免兩難等語。來函又稱「代辦焦炭之件，已向大倉發信數回，并未接有回信」各等語。統觀永瀧君目睹閣下爲難之語及來示發信數回未接回信之説，是貴公司早視此合同爲廢件，所以不顧萍礦爲難，已置不理。但生意之道既訂合同，彼此無論利害，只有按照合同辦事，此各國商務通例也。溯本公司與貴公司自光緒三十三年六月訂立合同起，即遵照合同將應運焦炭按出口處所逐月預備，且已列入預算，豈能任其積擱不運坐視損失。昨復貴公司副頭取高島君函已向聲明，如不照運，惟有向貴公司索償所失。兹將函稿照抄附覽。惟念本總理與閣下交好有年，去秋就醫貴邦，諸荷貴東關愛，并承永瀧君諄托，不得不勉策變通以顧交誼。兹請與閣下約，自此函發布之日起，限四十天以中歷七月二十日爲止，如再不照合同運足，合同即行作廢，所有未銷合同以前每月應運之二千噸，仍應由貴公司承認運足，未便短延。實因合同系訂六周年之久，現僅兩年已煞費唇舌，將來愈拖愈久，賠償所失愈難算帳。此外斷無良法可籌，即希迅速示復。

至去年制鐵所與王閣臣君直接一節，并非背約辦事，查合同第十五款即可了然。況其草約已經本總理取消乎。今高島君與閣下均以此爲藉口，殊屬無謂。此節亦詳高島君函，不復贅及，此復。

桔三郎閣下　　盛宣懷啓。六月初八日。

附抄致高島君函稿一件

再啓者：尊欠通商銀行規銀三萬五千兩，系本年五月初二爲期。前接李一翁電，以尊處款未備齊，到期擬先還一萬，餘請商展至六月。旋於五月初二日接來電，本日本内一萬同全息交訖萍鄉局，其餘情願展期次個月云。除將所付一萬連同息銀轉交通商銀行外，其餘已與該銀行華、洋大班再三商酌，允準展期六個月，以副雅命，務望屆期準將本息如數完繳，該銀行萬不肯再行展緩。夙稔閣下信實相孚，當必首肯也。再頌日祉。

湖北省檔案館《漢冶萍公司檔案史料選編》上册《漢廠鋼軌質量驗證書》

英國鐵路工程師會會員，廣九鐵路、津浦南段、南潯鐵路特派驗收漢陽鋼鐵廠鋼軌、配件工程師詹美亞，爲漢陽鋼鐵廠成績優美，特給證書事。

查一千九百零九年春間，本工程師奉派赴漢，先後代廣九、南津浦、南潯等路驗收該鋼鐵廠所制鋼軌、配件。本工程師對於該廠之軌件所驗甚多，并經用種種方法詳細試驗，均極堅美。叠經多數嚴厲之訂明試驗法如法試驗，均能合格。兹試言高墜力之試驗，此法以八十五磅之鋼軌一段横置架上，兩架相距三英尺六寸，以重量一噸之鐵錘由二十英尺之高度墜下以擊之，凡二擊不斷者乃爲及格。嗣復繼續重擊以斷爲度，但此終不能實行，因如此擊法，雖能使所擊之鋼軌略變其常狀，而終不能斷之也。唯有一次所鑄出之鋼軌一條，含炭稍多，擊至第四錘而斷。然此乃偶然之事，不能以常格論也。本工程師又曾以接連之鋼軌一段，以高墜力之法試驗之，此種接連軌之抵力全在於魚尾板，本易擊斷，乃亦竟擊之不摺也。又經試驗其軟鋼所制魚尾板、螺釘、鉤釘等配件冷屈之，可屈至摺疊爲二，亦終無斷紋也。至於其鋼軌及配件之工作尤爲精美，各鐵路主任工程師均心滿意足也。

又查該廠工程部系高等歐洲工程師之所管理，辦法極佳，實足使工程師完全信任之也。至於其原料之性質，更始終一律無二。其所制之鋼，乃用明爐法，故所含磷質絶無僅有而已，是以所訂之清單限明含磷質一萬分之七分半以内，而該廠亦能照制也。且炭質多寡也可隨意由一百分之一分遞至一百分之六分爲止。至此度則鋼性過剛，照尋常制法不能廉省，而亦竟不失其展舒之性也。又試言其鋼之韌力，大率每英方寸伸漲四十二噸，而反彈力約二十五噸之譜也。又所試各鋼軌約可以拉長至每百分之十六分，尚不至斷也。統觀以上各優點，是以本工程師敢贊許其制品爲最優等者也。

陳旭麓等《盛宣懷檔案資料選輯之四》漢冶萍公司第三册《盛宣懷致李維格函宣統元年八月二十八日》　頃接陸軍部傅子漢部郎來函，「日前本部堂官擬建立化鋼官廠，聞信之下，即與本司長説明漢廠之鋼甚佳，且合於造槍炮及各機局之用，并上一條陳，大意以不另建鋼廠，專用漢鋼及官家建廠經費難籌爲辭。現在各處華商將軍用之物送部考查者甚多，如皮件、洋鼓、軍衣等類，一經考驗合用，即由部飭各省軍隊購用。部中已設有陳列所一處，漢廠若能將所有鋼料樣子合於造槍炮及機局用者，派人送部查驗，并詳細聞明價值、某項合某項用，一俟考驗後即可陳列在内。如經部行文飭令各省向漢廠購用，未有不從者，司員在部必盡心力」等語。

查傅附有廠股，故能如此關切，其所稱將鋼樣送部考驗，洵於漢廠不無裨益。兹附上陸軍部信一件，即請連同鋼樣派人賫送陸部。弟月之中旬因秋祭到蘇，以籌辦貧兒院事，小作勾留，月内即當回滬也。再頌臺綏。

弟宣懷又頓首。

陳旭麓等《盛宣懷檔案資料選輯之四》漢冶萍公司第三册《盛宣懷致徐世昌沈云沛函》　前奉惠函，以津浦開標，漢廠軌價較德廠爲貴，泰安迤南尚有萬噸需購，如漢價與德價相同，當飭工程司考驗商購，鈔附原函，囑速核復等因。具征維護鐵政，力杜漏卮，至深銘佩。當即切詢漢廠因何德廠較漢廉賤？處商業競争時代，體臺端挽回利權盛心，定貨雖微，豈宜落後！函電并致去後，昨據漢廠總辦李部郎維格復稱：查德國鋼鐵廠合通國之廠設一總公司，鋼鐵價值由公司主政爲之訂定，遇承造貨件亦由公司視各廠之忙閑簡匀派其出口，鋼貨不但無稅，且每噸由鋼鐵總公司貼廠家十五先令、煤礦公司貼一先令六本士。今彼售中國軌價雖只每噸四鎊十四先令，加以公司津貼十六先令六本士，實得價五鎊十先令六本士，再加運價，天津交貨二十六先令，青島交貨二十四先令，即每噸合價六鎊十四、六先令六本士，較漢廠之價亦相去不遠。然彼售與本國之價則昂於外銷，每噸須照加一鎊。而本國人仍無外購者，其故由於外國鋼鐵至德國者進口稅重，以保護本國所産尋常鋼貨。進口每噸征稅三十先令，約合值百抽二十七，如購自他國加以進口重稅，價更較昂，故只可購用本國之貨。如此則利不外溢，仍在本國。而總公司即以本國交易之贏餘，扯合於貶價外銷之中，爲國外暢通銷路，其宗旨無非保本國之利權，争外人之生意，仍不令商家吃虧而已。且以該國外銷之津貼、内售之加價觀之，其售我軌價每噸四鎊十先令，不到成本可知，以竭蹶之漢廠不但無津貼之維持，且所用材料并值百抽五之進口稅亦不能免，欲與彼抗衡，力何能逮？此軌價不同之情形一也。

鋼質有三，馬丁鋼爲最佳，多麻鋼、貝色麻鋼次之。現各國之上等鐵路用軌均指名要馬丁鋼，以其質堅韌而耐久也。而德廠向用多麻鋼，其貨次故其價廉。然外人於驗洋軌則寬，驗漢軌則刻，漢廠欲與洋廠争衡，非力求精美不足以杜口實。年來改煉馬丁鋼，始得外人交相稱譽。然鋼質既精，成本自須略重，此軌價不同之情形二也。

以上兩端俱系實在，祈轉懇郵部悉據此摺服，仍將泰安迤南應用之軌交漢承辦等語。

查西國以暢銷出口貨爲主義，凡百品物，遠銷率廉於近售，矧借款公司即有工廠附合在内，重以政府之賠貼。其於東方所嫉視争賽者，只此漢陽一廠，故擠跌不遺餘力。惟多麻不如馬丁，業鋼鐵者類能辨之。貨質不同，價格畧异，據此定斷應無遁詞。務祈臺端駁阻德工司全用德軌，仍飭就漢定購。敝處仍當飭令漢廠格外酌量核減，藉維實業而伐狡謀，華商幸甚，大局幸甚。

北京大學歷史系近代史教研室《盛宣懷未刊信稿·致翰林院學士吴絅齋函九月□□日》 絅齋仁兄姻大人閣下：奉三月杪手教，敬聆種切。今正台端瀝陳近年用人用財之失，事事欲請朝廷主持。仲春簡派撰進講義，分認西洋歷史，尊意在博覽約取，事實本諸羣書，□□□以己意，此中消息關係至鉅，監國勵精圖治，正臣子竭忠効力之秋，所□□□儁尚乏把舵之人，外患相偪，寬嚴倒置，天下治亂之機，只在用人而已。今以用人理財並論，其實財政得失亦納在用人之中，如不得人，雖有良法何能造其極。書曰「明試以功，車服以庸」，須重讀明試二字。去年伊藤告我，吾不解貴國近來高官重任，何以絶不考其功績而能知其才能，弟無辭以對。我公讀西洋歷史論斷之中，如能道著痛癢，朝無倖進，斯內政舉而外患自消。猥承下問，用敢臚陳。漢冶萍因鄂省今夏大水，新爐工程稍緩，下月可完工，此後出貨日多。而借款造路，聞洋廠力争多買洋貨，如此則我鋼鐵尚須售出外洋。妙在日、美、澳大利均願買我貨。以吾黑鐵易彼黄金，亦計之得。賤恙稍瘉，近因喪子之感，心緒甚劣，日閲子書消遣耳。敬請臺安。

又

再：附上漢冶萍圖説五本，祈分別存送。閲此可見鐵政日推日廣，則利益無窮。股價將來必漲，現已收集一千一百數十萬，來年擬再加一大爐，尚須加收百餘萬則截止矣。知念附及，再請撰安。

北京大學歷史系近代史教研室《盛宣懷未刊信稿·致袁珏生函九月廿六日》 珏生仁我兄大人閣下：近況無可上陳，致□□敬還維起居多善爲祝。弟舊病未痊，七月間大小兒□□症百治不效，先我去世，老懷抑鬱無以自□□有書畫消遣而已。去年三次寄上書畫□□還章非四王吴惲皆不投時好，諒難勉强□上海因助振屢開書畫會，此間皆商賈中人不求甚解，弟現籌勸鄂振，乃聚集同人糾會作綵，特遣家丁王瑞前來，乞將前寄各件交付帶還，是所翹盼，敬請台安。

陳旭麓等《盛宣懷檔案資料選輯之四》漢冶萍公司第三册《盛宣懷致瑞澂函宣統元年十一月十七日》 別後系念之私無時或釋。前者世兄來京托爲轉陳一切，諒承心照。

咨議局反對冶礦，一琴述公對議長所云鄂人有股便可干預，言簡意賅，鋼鐵於自强實有關係，弟不畏艱巨，肩斯重任，於我毫無所加。該公司於廠礦所在士民，確有尋常不同之親密感情，本擬就地設立一冶煉礦業學堂，爲地方培植人材。此外地方公益以及慈善之事，本亦擬酌辦一、二事，但目前公司尚在艱難之中，只可量力而行。若定欲擠倒公司，眼見中原鋼鐵之利盡爲外人所奪，於地方何益之有？公若與明白紳士相接，請直告之。除咨復外，手布。敬請勛安。

陳旭麓等《盛宣懷檔案資料選輯之四》漢冶萍公司第三册《盛宣懷致外務部郵傳部農工商部電宣統元年十二月十五日》 錦璦借款營路實爲保全滿洲最上策，聞已核準，全局慶幸。惟此路綿長，需用軌料甚巨，漢冶鐵廠新火爐已告成，煉鋼更好，正慮鐵多銷滯。前蒙郵傳部奏明各省造路準用自己鋼鐵，以塞漏卮。此次錦璦借款，務求主持列入合同，以免外人争奪中華工商。大局關系匪淺，用敢謹陳。

陳旭麓等《盛宣懷檔案資料選輯之四》漢冶萍公司第三册《盛宣懷致錫良電宣統元年十二月十五日》 錦璦借款初慮日、俄中梗，幸得美廷先設最高著，落到本題自無撓阻。又聞美有各國公借款之意，若由寶林公司包辦工程，諒須訂立合同。

查漢冶萍鐵廠經張文襄及郵傳部奏準，凡鐵路應用鋼軌各料應歸鐵廠自造，以塞漏卮。錦璦路長款巨，用軌必多，務求臺端主持，列明合同，以免外人争奪。至漢廠，現煉鋼貨爲最上品，各省鐵路均已購用，洋工程司亦皆贊美，所有憑據即當録咨。素仰公忠，凡涉中外大計，無不力持大體。

北京大學歷史系近代史教研室《盛宣懷未刊信稿·寄楊護院函十二月十九日》 敬再啓者：頃接李一琴電，稱錳礦事早已面陳尊處，惟阻撓者係蘄水徐令，並非興牧。並聞徐令聲名甚劣，尤慮一處阻撓，處處效尤。大冶咫尺，如果刁風煽動，必大費事，全仗台端操縱，防患未然，大局之幸。高公橋水塘，昨晤莘帥已接閣下復電辦妥，彼甚慮弟不能允，告以二公美意，縱使吃虧，亦不敢不照辦。鄂奬寬限兩月，收款較多，一俟袁寶三年底報齊，即當全案咨送，以了一事。手此再請台安。

北京大學歷史系近代史教研室《盛宣懷未刊信稿·致孫中丞十二月廿日》 附上漢冶萍奏案章程帳畧圖説，以備台覽，可知此事艱危，實非尋常實業可比。鄙人一生名譽幾至毀盡，今雖轉危爲安，然心膽俱裂矣。倘盡如津浦北路竟舍自料而不用，亦殆矣。惟祝我公移督兩湖，盡力維持，當有暢盛之一日。大疏結語財政必須先齊幣制，正是當頭棒喝。澤公有識有力，惜無好幫手。去年在京，過從甚密，歸後常通親筆信函，似尚知菲材於財政稍有閲歷。將來實行新幣必須有一人綜其要略。精琪所謂「總司泉」，中國舊官制名曰錢法堂，或稱幣制大臣，歸度支部節制，方能有條不紊，吾老矣，畏寒，不能當部差，開春擬進京請開去差缺。如蒙簡派幣制差使，往來京外，或能勝任。前訂商約有此一條，似非無因，質之我公以爲然否。若以此重任責之監查官，恐散而不能歸綜也，但亦無毛遂自荐之理耳。

陳旭麓等《盛宣懷檔案資料選輯之四》漢冶萍公司第三册《盛宣懷致瑞澂函宣統二年正月初九日》 承示大疏海軍三事，闕一不可。弟嘗謂：財政難驟得巨款，而樹人亦難驟得將才。尊意詳列樹人之法，此次海軍大臣考察歸朝，想亦恍然於此事非可猝辦，艦炮固非自造不可。弟所以破十年苦功預籌鋼鐵，藉應要需，公到鄂任一往勘驗，當可欣然，鄂鐵足供四海之求，尤幸福星莅止，雄才偉略，只須遇事維持，當必較易於生開徐晉之鐵也。蓋溶鐵非煉焦不成，兩事兼營，亦非二三千萬難以收效，日東已費六千萬，亦不過如漢廠之程度也。

陳旭麓等《盛宣懷檔案資料選輯之四》漢冶萍公司第三册《盛宣懷致金還函宣統二年正月初九日》 聞公此次赴沈必留沈大用。鋼鐵事惟仗鼎力維持，大局之幸亦實業興衰之關係也。清帥既允主持，且已爲草約所議及，倘荷左右關切，諒可塞此一漏卮。漢廠新爐告成，日出鋼貨五六百噸。本國制造未興，賴此鋼軌爲大宗，若再爲外人所攘奪，安用此鐵廠爲乎？請於謁見帥座時代陳一切。附致雪帥函一件，愚齋密電一本，祈分别存送爲禱。

陳旭麓等《盛宣懷檔案資料選輯之四》漢冶萍公司第三册《漢冶萍公司與美國西雅圖西方煉鋼公司議訂生鐵及鐵礦石合同宣統二年二月十二日》 立合同者，一爲中國華商漢冶萍煤鐵廠礦有限公司(合同内稱爲公司)，一爲西亞杜之西方煉鋼公司(合同内稱爲鋼廠)。兹因同日公司、鋼廠及大來洋行立有合同兩件，由公司允賣與鋼廠生鐵及鐵礦石。其生鐵價每噸美金十三元，鐵礦石每噸美金一元五角正，約已訂定年限條款。兹訂立附約如下：

一、公司應允於合同所訂售之生鐵，每噸美金十三元，只收現金十二元五角；鐵礦石每噸一元五角，只收現金一元二角五分。其所餘生鐵價五角，鐵礦石二角五分，即收鋼廠每年應得優先利六厘之優先股票作爲價款。

二、所有此項優先股票發給時，即爲已經付足股本，將來執票人之擔任，亦只照此付足之數爲止，該股票永遠照票面原價發給公司，或發給與其受托之人。

三、鋼廠每次收生鐵及鐵礦石後，即須將應付優先股票若干如數從速過户填發與公司，或其受托之人收執。

四、如照同日所訂生鐵合同第十三款、鐵礦石合同第十二款續展限期，則此續展期内本合同仍須照行。

五、此合同中文、英文各五份，公司收執兩份，鋼廠收執三份，以英文作準。

大清宣統二年二月十二日

西歷一千九百十年三月二十二號

漢冶萍煤鐵廠礦有限公司總理

協理

西方煉鋼公司總理 Westers Steel Corp.

Hubert E. Law, Pres.

陳旭麓等《盛宣懷檔案資料選輯之四》漢冶萍公司第三册《美國西雅圖西方煉鋼公司美商大來洋行訂購漢冶萍公司生鐵合同宣統二年二月十二日》 立合同者，一爲中國滬、漢等處地方之華商漢冶萍煤鐵廠礦有限公司(合同内稱爲公司)，一爲美國西亞杜地方之美商西方煉鋼公司(合同内稱爲鋼廠)，一爲美國舊金山及中國上海地方之美商大來洋行(合同内稱爲洋行)。兹因公司願將所出之生鐵售與鋼廠，鋼廠願向購買，洋行願代裝運，特將訂定條款開列如左：

一、年限。本合同自一千九百十一年正月一號起，以七年半爲期。

二、噸數。合同期内，公司願售與鋼廠、鋼廠願向公司購買所出之西門士馬丁爐煉鋼生鐵每年至少三萬六千噸，至多七萬二千噸。洋行欲裝該生鐵若干噸時，須於輪船在西亞杜開行之日，由洋行電知公司預備裝船。如鋼廠一年之中所需之生鐵多於三萬六千噸之數，須先期函知公司，聲明三萬六千噸之外需多買若干，聽由公司酌量定於何時始能供給添買之數，以按照情理力能辦到者盡數交貨，不能强其多交。

三、合同期限前先售生鐵。一千九百十年之内，公司願售、鋼廠願購此項生鐵於三萬六千噸數之内，不拘若干，以能由漢陽運至美國之數爲度。

四、價目。此項生鐵訂明在漢陽船面交貨，每噸美金十三元。每次所裝若干，見提單即交銀行見票三十天期之美金期票支款。提單内所載生鐵之噸數，即公司未裝船之前預先磅得之數，注明提單如數作價，以便收款。至結算價款，仍以到美時按照本合同第六條、第七條辦法磅驗後作準。如合同期内公司以較低之價，將生鐵售與他人，運至鋼廠包銷境内發賣，與鋼廠争售，且條款相同，别無他項利益給與公司，則鋼廠之價亦須照減。

五、轉運。洋行願代裝運，每年於揚子江水漲期內預備輪船足裝三萬六千噸之數，由漢陽直達美國之埃烟第爾，以免轉載。若每年春季之第一船及冬季之末次船，在漢陽裝載不能裝足全載，即六千噸之數，則此項頭次船、末次船可駛至公司之上海碼頭，就該處補裝滿載。惟洋行須竭力設法，務於水漲期內由漢陽盡裝全載，以免在上海補裝之累。公司亦須從速裝船，不得延擱船期。除風雨不能工作不計外，每二十四點鐘至少須裝足一千噸。如洋行因事不能按照合同將該行應辦條款辦理，鋼廠可自行轉運，或另托別人轉運，其承接轉運之人，即按照此次合同所訂施於洋行之原約與附約辦理。

六、質地。上開訂賣及交給之生鐵之質地，由公司會同鋼廠訂定化驗分數開單，彼此簽定，附於合同，每次裝船時應由洋行代表鋼廠會同公司所委代表人提揀鐵樣，每人分存一半封存箱內，加以號數記號。以後如有争執，即由公司及鋼廠公推局外化驗師，將所封存之鐵樣交與化驗，其化驗分數即爲準則。

七、重量。清結貨價以埃烟第爾或坎拿大税關所磅得應憑納税之重量，由公司代表人核定爲準數。若税關所磅多於公司所磅數目，則多出之數應補付價值，倘有不足亦照扣價。每次或補或扣，須從速計算，找結清楚。

八、包銷轄境。本合同期內所有煉鋼生鐵、鋼貨或鐵礦石，公司不得在美國、坎拿大及檀香山徑自出售，須由鋼廠代賣。而鋼廠所需上開各物料亦不得向中國境內別公司或別人採買。必公司不能供應，并不能代辦，方能向中國別購。至於鋼廠所出之鋼料或生鐵，亦不得逕售與中國地方之無論何人或公司或公立團體，必須由公司代賣。但公司發賣此項材料，須照市上最優之價。

九、生鐵辦法。公司所售與鋼廠之生鐵，鋼廠須全數自行煉鋼，或拔作聯合之廠煉鋼之用，或自己作爲他用亦可，惟不得轉售別人。至於鋼廠或其聯合之廠隨時需用之翻砂生鐵，可以隨時向公司直接訂價購買。惟聲明所有此項翻砂生鐵，在太平洋濱各省分及檀香山，仍照舊歸公司之代理人一手經理發售；惟美國其餘省分及坎拿大鋼廠有發售之權。至於公司代理人在太平洋濱各省及檀香山所售之翻砂生鐵，亦不得用以煉鋼。

十、運脚。所有運脚及一切關於轉運生鐵之詳細章程，另立專約，由彼此訂定。

十一、保險。本公司所售之生鐵一經裝船，即歸鋼廠管業，裝船後即全歸鋼廠擔險。

十二、意外事故。倘因意外事故，非人力所能施而有損失，彼此不擔責任。即如天命之事，或君主、政府之所限制，或因地方鬧事，或工人挾制罷工，或因礦山、爐座、碼頭、煤倉、原料倉、廠屋、機器出險，因而公司不能交貨，或鋼廠不能提貨者，彼此均各安天命，各不賠償所失。

十三、續展期限。本合同七年半期滿，鋼廠可以續展七年半。其續展章程如下：

甲、若鋼廠欲續展此約，須於此約未滿期一年之前用函關照公司。

乙、所有續展七年半期內所售生鐵之價，或仍照前約每噸美金十三元，或將美金十三元照續約前七年中通扯銀價合算，應合美金若干元，即以此通扯所得金元之數作價，悉聽公司取決。其匯價以上海匯豐銀行每日開盤買進之匯價爲準。

丙、除甲、乙兩款外，所有原約與附約各條款續約悉照辦理。

十四、續展後先盡第十三款所訂之續約，滿期後，倘鋼廠仍須購買鐵礦石，而公司所出鐵礦石尚有盈餘，可運至美國及坎拿大、檀香山發賣，則所有此項鐵礦石，仍先盡鋼廠購買。但鐵礦石價錢等條款，若他家能較優鋼廠，亦須照他家一律。惟鋼廠如能向中國他家訂購鐵礦石，而公司亦能照他家價目條款供給，則此項鐵礦石亦須先盡向公司購買。

十五、公斷。倘彼此因合同條款争執，或因解釋争執，則將所争執之件交與公正人從公判斷。公司及鋼廠各舉公正人一名，再由該兩公正人合舉裁判一名。所有該公正人及裁判人之公斷，彼此均須遵守，毋得异言。

十六、此合同中文、英文各七份，公司收執兩份，鋼廠收執三份，洋行收執兩份，以英文爲準。

大清宣統二年二月十二日

西歷一千九百十年三月二十二日

漢冶萍煤鐵廠礦有跟公司總理盛宣懷

協理李維格

西方煉鋼公司總理Westers Steel Corp.

Hubert E. Law, Pres.

大來洋行總理The Robert Dollar Co.

by Robert Dollar, Pres,

見證人M. S. Dollar

陳旭麓等《盛宣懷檔案資料選輯之四》漢冶萍公司第三册《漢冶萍公司向六合公司借款合同宣統二年三月初一日》 今因漢冶萍公司擴充營業，需款甚緊，六合公司允爲擔任借款，以規元三百萬兩爲限。是以漢冶萍公司願將大冶全礦基地印契四百十七張、白契八十七張，萍鄉全礦基地正契六百二十七張、合同一紙、老契約據三百八十三張，盡行交出存於六合公司，作爲借款之保證。至於每次需借若干，以及利息之多寡、期限之久暫，彼此隨時議定，由漢冶萍公司另立借據爲憑。此合同一年爲期，期滿再行續訂。倘六合公司不願接續，須於期滿三個月之間知照漢冶萍公司，應即隨時預備按照歷次借據所定期限如數歸還。還清之日，前項地契隨即收回，合同作廢。倘或漢冶萍公司不能清還六合公司，準由六合公司將大冶、萍鄉兩礦基地變賣抵償，以還清借款本息爲度。如有不足，仍由漢冶萍公司如數補還。所有地契號數、畝數，另繕清册兩本，蓋用關防，附交六合公司收執。此合同亦照繕兩份，各執存照。

宣統二年三月初一日

立合同　漢冶萍廠礦煤鐵公司

總理

協理

駐滬經理員

駐滬收支員

六合公司

經理

陳旭麓等《盛宣懷檔案資料選輯之四》漢冶萍公司第三册《漢冶萍公司向華俄道勝東方匯理銀行借款合同宣統二年三月初十日》 立合同　華俄道勝銀行漢口分行代表克事華少甫驥君與斯脱邁君、上海分行代表奥貝爾君與葉席驥君。東方匯理銀行漢口分行代表脱羅宴君與臺紹南君、上海分行代表亨利奥君與臺斯馬而君。萍鄉廠礦總董林君、漢陽鐵廠總辦漢冶萍協理李君、漢冶萍廠礦總公司總理盛宫保。

今將彼此議妥各項條款開列於左。

第一款，爲推廣改良萍鄉採礦起見，道勝銀行會同匯理銀行以上開列代表各君，允照以下所訂之各項條款辦理，借給漢冶萍以上開列之代表各君漢口銀一百萬兩。

第二款，該款在漢口由該銀行等付給，其付款日期如下：本年三月十四日第一期，付銀五十萬兩；又五月十五日第二期，付銀五十萬兩。

第三款，該款借期以一年爲限，於宣統三年　月　日在漢口付還漢口銀五十萬兩，又於　月　日付還銀五十萬兩。

第四款，該借款長年八厘計息，其息分兩次，於每批付款六個月後，在漢口以漢口銀結付，按照期限結算。第一次付息，本年九月十五日、十一月十五日；第二次即還款之期宣統三年　月　日、　月　日。

第五款，漢冶萍公司以所有之航船、小大駁船及船只附列清單一紙，蓋有漢冶萍公司關防，典與該銀行等以爲擔保，此項擔保惟於不能付息或還本時方能實行執管。惟各船所批之價，皆系原購之價，以前及在合同期内，應須扣計消蝕。故漢冶萍公司另給該銀行等鐵砂之出貨單，計值漢口銀四十萬兩，以爲典押附件。此單應過該銀行等户名，并由盛宫保暨漢冶萍公司商務總辦簽字。此典押附件亦惟於上文所指之時，方能實行封執。惟以上所典押之物，如有不足抵補借款之處，漢冶萍公司應任其責。

第六款，漢冶萍公司非經該銀行等允準，不得再將其船只典押。

第七款，如遇無論何種意外事，該典押之船只價值減少至十五萬兩以上，漢冶萍公司即行告知該銀行即時仍照第五款内指明辦法，另給礦鐵出貨單補足典押之額，或以他種相當之物補額，惟須該銀行等允準方可。

第八款，如遇船只出售，其所售之款須交付該銀行等收存，或以他物抵押，其價值須與出售之船只相等，或另出一礦鐵、生鐵或鋼之出貨單交給該銀行等收執，或以他種物件抵押，惟須經銀行允準方可。

第九款，本合同在漢口訂立，一俟漢口銀行代表各君及林、李二君以及上海銀行代表各君及盛宫保等之畫押簽字後，方可施行。

第十款，本合同應用華文、法文訂定，如遇翻譯難解之處，以法文爲準。

第十一款，本合同繕就七份，華、法各文均應具有兩造之蓋印簽字。道勝、匯理各家銀行及盛宫保、林李二君各執一份。

大清宣統二年三月初十日

西歷一千九百十年四月十九號

漢冶萍總理

協理兼漢廠總辦

萍礦總辦

華俄道勝銀行

陳旭麓等《盛宣懷檔案資料選輯之四》漢冶萍公司第三册《附合同宣統二年三月二十五日》 照宣統二年三月初十日所訂之合同，現彼此允願將一千九百十一年四月二十三號到期之洋例銀五十萬兩，展期至一千九百十二年四月二十三號，將一千九百十一年六月二十一號到期之洋例銀五十萬兩，展期至一千九百十二年六月二十一號。

所有擔保及其餘條款仍照原合同實行，利息仍照長年八厘計算，分作兩期在漢口付洋例銀。其第一期於八月三十日，比期即西歷一千九百十一年十月二十一號；及十月二十九日，比期即西歷一千九百十一年十二月十九號照付。其第二期於還款日即西歷一千九百十二年四月二十三號（華三月初七日）及西歷一千九百十二年六月二十一號（華五月初七日）照付。

原合同附件抵押之漢冶萍輪駁清單照舊，無所更改，仍展限一年作爲準據。又，附押之十六萬噸礦石提單亦展限一年。

陳旭麓等《盛宣懷檔案資料選輯之四》漢冶萍公司第三册《漢冶萍公司向華俄道勝東方匯理銀行借款合同附件宣統二年三月二十七日》 立合同 華俄道勝銀行漢口分行代表克事華少甫驥君與斯脱邁君、上海分行代表奥貝爾君與葉席驥君。

東方匯理銀行漢口分行代表脱羅宴君與臺紹南君、上海分行代表亨利奥君與臺斯馬而君。

萍鄉廠礦總董林君、漢陽鐵廠總辦、漢冶萍協理李君、漢冶萍廠礦總公司總經理盛宫保。

今將議妥各款開列於左。

照宣統二年三月初十日所訂之合同辦理，以上開列之各銀行允借給漢冶萍總公司漢口銀一百萬兩，由本年三月十四日付銀五十萬兩，又於五月十五日付銀五十萬兩。

第一期付款五十萬兩，已於三月十四日如數付訖。惟漢冶萍總公司欲將第二期五月十五日應收之銀五十萬兩改至三月二十七日收取，以上開列之各銀行允準照此辦理。惟須以八厘計算，扣除四十六日之利息，即是至五月十五日爲止。宣統二年三月初十日所訂之合同内載一切條款章程擔保利息期限等事，三月二十七日付銀五十萬兩均照此辦法。所有更動者，惟五月十五日付款之事改至三月二十七日施行也。

本件附入三月初十日所訂之合同，應用華文、法文訂定，惟特行申明。如遇翻譯難解之處，以法文爲準。

本件繕就七份，華、法各文均應具有兩造之蓋印、簽字。道勝、匯理各家銀行及盛宫保、林李二君各執一份。

上海議定　　漢冶萍總公司總理盛

宣統二年三月二十七日　　道勝　東方

漢口訂定　　李　林

道勝　匯理

宣統二年　月　日

陳旭麓等《盛宣懷檔案資料選輯之四》漢冶萍公司第三册《優先零股説略宣統二年四月》 本公司股份額設二千萬元，以三百萬元爲頭等優先股，七百萬元爲二等優先股，餘爲普通，載在刊章。自遵旨招集實行商辦後，各省資本家逆料新鐵爐新鋼爐建築齊備，出貨更形豐富；又自中西各報歷載中國廠礦發達，美太平洋鋼廠經理航海親來購鐵，風聲所播，投資更益踴躍。是以優先整股一千萬元本年三月如數招足。董事會公議截止後，京津粤漢數大紳商尚匯款來附優先，并云：倘已額滿，設法代收優先股票。均無以應，至爲歉然。默揣諸君專注優先緩附普通之意，無非因章程内普通官息雖與優先同，而特別酬報則不如優先。故除商部普通股一百六十四萬元外，餘盡老商息股及以銀合洋加找零數湊作股份，新商確無新普通附入。此爲漢冶萍全體股東所周知者也。

本公司宣統元年正月估計産業已達四千零八十一萬兩，合洋五千□百萬元之譜（正月後新建築尚未估入），而所集股款僅一千二百□十萬元，固商本，副衆望，符奏案，均不能不加股擴充。比者勸業會開，南洋僑商、日本僑商以次參觀，均謂外洋費數千萬資本，始有廠礦今日之成績。優額太少，觖望必多。且謂定以五十元購一股，既偏重於有力之商，并於人人欲得優先之意仍未克副。商辦鐵路本系整股零股概作優先，兹仿其例，於頭、二等外，另集優先零股一千萬元，分二百萬股，每股五元，票分三種。甲、一股票，乙、五股票，丙、十股票。股款一起繳足，周息一律八厘。紅利仍作三十成開派，内提一成五爲優先零股。一千萬元之報酬期十五年與頭等、二等同。此項零股委托中外各埠股實紳商分起經招，不可無以酬報，議定無論自附或代人附股，統按每一百零股酬紅股五股，此項紅股於填票第三年起一律支給官息八厘。事關厚集商本，應請公議決行。

陳旭麓等《盛宣懷檔案資料選輯之四》漢冶萍公司第三册《盛宣懷致溥倫函宣統二年五月二十九日》　宣以菲材薄植，久蒙特識，畧分言情，知己之感，常縈骨髓，所以不敢絮詞通素，皆因一部歷史從何説起。每有僚友從京師來，無有不敬詢起居，藉諗福躬强健，爲家國表率儀型，即爲萬世樹立準的，豈尋常功業可同日語哉？宣前因政府有人齮齕，藉差在外，日本就醫歸國，光陰荏苒，又將兩年。自顧頭顱，撫時興嘆，所留此一官藉報國恩者不過條陳要事，保全實業而已。漢冶萍鋼鐵廠化鐵爐已成三座，煉鋼爐已成六座。近與美洲太平洋鋼廠訂立合同，每年購我生鐵七萬五千噸，言明可加至十五萬噸；日本久已零購我鐵，聞亦須議購大宗。雖中國制造不興，僅以鐵軌爲大批銷路，幸賴美日出口，以我黑鐵換彼黄金。外人指爲黄禍，且以「東方鋼鐵大王」相期許。惟商股僅得一千二百餘萬元，成本已及二千六百萬兩，借款浮於股本，是華商力薄，願者允爲大病。然鋼鐵廠兼資兩礦，估值已逾數千萬，僅用此款，實不爲多。各省商民未必困窮，但有鑒於輪、電實業原系商辦，及至見效，均爲部占。言者痛心，聞者裹足，若非老臉，恐并此千餘萬商股，不能猝辦。總之，成效已著，艱難已過，發皇不過遲早間耳。前承推誠孚信，入本巨萬，足資鼓舞。當時曾奉收條，照章應換股票，以及戊申年利息，去春已交駐京辦事處袁鑒代呈。昨又將己酉年利息寄京，乃接袁函，以「前件迄尚未蒙提取，邸第高深，未敢面繳」等語。兹特就王道鈺孫(係王文勤之長孫)赴都之便，將股票息單七分、兩年利息一萬五百十五元有奇，又押款息餘五百六十九元一角，并清摺兩扣、圖説二本、第二届帳畧二本一并囑令面呈，伏求俯賜核收。并將前年所交漢冶萍收條七張，應請檢交王道帶回涂銷，是所感禱。第二届帳畧，俟查帳員核復開會後，再行補寄。

陳旭麓等《盛宣懷檔案資料選輯之四》漢冶萍公司第三册《漢冶萍公司向横濱正金銀行借款合同宣統二年八月初七日》　漢冶萍煤鐵廠礦有限公司(此後稱公司)向横濱正金銀行(此後稱銀行)借日幣一百萬元正，訂定條款如左：

一、此一百萬元即以西歷一千九百零八年六月十三號，銀行與公司所訂日幣二百萬元借款合同所開之擔保一切物件，續爲此次一百萬元之擔保，并由盛宫保擔保。至西歷一千九百零八年六月十三號合同内，所有擔保條款仍照施行。

二、此次借款利息爲按年七厘，付息之期每年分爲兩期，一日歷六月底，一日歷十二月底，由公司在横濱付交銀行。

三、西歷一千九百十年九月十八號即中歷本年八月十五日，由銀行付與公司日幣五十萬元；十月二號即中歷八月底，再付日幣五十萬元。

四、此借款按照漢口横濱正金銀行買日本電匯之價核算，以漢口洋例銀交付公司。惟公司可於收款之前無論何日與銀行訂定匯價。

五、公司以裝運出口至美國西雅圖之生鐵礦石發票所開之半價帶根匯票，抵還此次借款。以西歷一千九百十一年美國輪船第一次至漢陽、大冶裝貨起，至西歷一千九百十二年止。

六、銀行將帶根匯票在美國收到貨款後，即於本日電匯横濱，其匯價照本日於公司最便宜之價核算。銀行在横濱收到此項貨款後，即於本日停止此項利息，并出具收條交與公司爲還款之據。

七、如公司願將此次借款全數或尾數付還銀行，取銷此次合同之擔保，可以照辦，惟須三個月前預先知照銀行。但借款雖已還清，擔保亦已取銷，而此合同期内公司運往西雅圖之生鐵礦石發票半價之帶根匯票，仍由銀行經手，所收貨款聽公司撥用。銀行代收貨款之費，至多不出一百分内一分之八分之一，即1/8%。譬如代收美金五十萬元，即銀行應得代收費美金六百二十五元。

八、此合同第一款所開之擔保前後合同期内如未取銷，而公司欲將此項擔保再借款項，須先盡銀行，其售賣鋼鐵等貨預借之款不在此例。如公司、銀行彼此願以礦石抵還借款，而公司亦供應得及均可聽便。

九、此合同一式四份，公司執兩份，銀行執兩份。如因解釋本合同意義不合，可照公斷通行之例，各請公正人評斷，彼此遵從。

十、此合同一俟還清本利之日，所載各條全行作廢。

陳旭麓等《盛宣懷檔案資料選輯之四》漢冶萍公司第三册《日本若松制鐵所訂購漢冶萍公司生鐵合同宣統二年十月初六日》 日本若松制鐵所(此後稱制鐵所)向漢冶萍煤鐵廠礦有限公司(此後稱公司)購定生鐵條款開列於左：

一、宣統三年即明治四十四年起，至宣統六年即明治四十七年止，此四年内制鐵所願購，公司願售每年生鐵大約一萬五千噸之譜，每年預於年前彼此將此年購售之數訂定。至明治四十八年即宣統七年一年，制鐵所願購，公司願售生鐵大約八萬噸。至明治四十九年即宣統八年起，每年制鐵所願購、公司願售生鐵大約十萬噸，以十年爲期，至明治五十八年即宣統十七年底止。期滿後彼此可再議續展十年，仍每年大約十萬噸。

二、在漢陽船面交貨或他處船面交貨，訂定每噸生鐵價日本金二十六元。所謂他處者，系指揚子江内地方。

三、漢陽每年裝船七萬噸。他處即冬令輪船可到之處，每年裝船三萬噸。所謂冬令輪船可到之處係指揚子江内地方(如蕪湖等處)。

四、生鐵之化驗分數彼此商定另開清單，總以馬丁鹽基法合用爲度。

五、每次所交生鐵噸數以在制鐵所過磅爲準，由公司派人駐扎該所會同過磅。

六、輪船裝貨運至制鐵所會磅收清後，即將收到數目電告公司，即於本日將價付與公司指定之銀行。如遇銀行不辦事之日，即於銀行收款之日付款。

七、漢陽尚未建設碼頭以及起重機器之前，每日裝船以六百噸爲度。俟碼頭及機器建設後，每日裝船以一千二百噸爲度。將來在他處交貨亦然。惟禮拜日、封關日以他輪不裝貨之日，及大風大雨不能裝貨，不在此例。倘漢陽於他輪不裝貨之日仍行裝貨，須將此格外多裝之貨攤算，以補或有每日不足所定之數。

八、裝船時彼此派人取樣封儲兩匣，一存制鐵所，一存公司。如因化驗分數争執，可將封存之兩匣交彼此商定之局外化驗師化驗定斷。

九、如遇天災、爐座機器出險、工人罷工以及因各項人力難施之事，公司不能交貨，制鐵所允無异言。

十、彼此解釋合同詞義如有意見不合之處，可照通行之公正人評斷例，彼此各請公正人判斷。

十一、此合同一式三份，公司之總理執一份，漢陽鐵廠執一份，制鐵所執一份。

宣統二年十月初六日

明治四十三年十一月初七日

陳旭麓等《盛宣懷檔案資料選輯之四》漢冶萍公司第三册《日本若松制鐵所訂購漢冶萍公司生鐵合同附件宣統二年十月初六日》 再，本日制鐵所與公司訂定之購售生鐵合同第一條内開，「明治四十八年制鐵所願購、公司願售生鐵大約八萬噸，至明治四十九年起以十年爲期，每年大約十萬噸」等語，現另立合同附件聲明。雖有「大約」二字字樣，然上下數目不得過一二萬噸之譜，以便彼此可定預算其上下數目。每年預於年前彼此將次年之數訂定。立此附件聲明

宣統二年十月初六日

明治四十三年十一月初七日

漢冶萍煤鐵廠礦有限公司總理盛宣懷

協理李維格

日本若松制鐵所長官中村雄次郎

陳旭麓等《盛宣懷檔案資料選輯之四》漢冶萍公司第三册《日本若松制鐵所訂購漢冶萍公司生鐵合同附件宣統二年十月初六日》 再，本日制鐵所與公司訂定購售生鐵合同，兹因多購生鐵即須多搭礦石攙用，自明治四十九年即宣統八年起，每年制鐵所加購公司礦石十萬噸。其年期與化驗分數及價值，悉照明治三十三年即光緒二十六年彼此所訂合同辦理。惟不必指定何處礦石，總以公司所屬相仿佛之礦石供足此數爲度。立此附件聲明。

宣統二年十月初六日

明治四十三年十一月初七日

漢冶萍煤鐵廠礦有限公司總理盛宣懷

協理李維格

日本若松制鐵所長官中村雄次郎

陳旭麓等《盛宣懷檔案資料選輯之四》漢冶萍公司第三册《漢冶萍公司延聘高木陸郎草合同宣統二年十月初十日》 一、漢冶萍煤鐵廠礦有限公司延請高木陸郎爲駐扎日本商務代表，自日本合同簽字日起，以五年爲期。

二、往來中日兩國辦理商務一切須請示而行。

三、因公出門，除輪船、火車費照給外，在日本因公旅行，每月開支旅費日幣十元。

四、因公請客及馬車、電報等公費，照收條開支，惟一切費用必須酌量節省。

五、每年薪水日幣七千元。

六、將來如爲公司於商務上節省巨款，或因高木之力公司得特別大利，於薪水外另行酌送酬勞。

七、凖用日本人在日本辦事，每月薪水日幣一百五十元，一切在内。

八、本合同一式兩份，公司執一份，高木執一份。

漢冶萍煤鐵廠礦有限公司

總理

協理

宣統二年十月初十日

陳旭麓等《盛宣懷檔案資料選輯之四》漢冶萍公司第三册《漢冶萍公司向横濱正金銀行借款合同宣統二年十月十六日》 漢冶萍煤鐵廠礦有限公司（此後稱公司）向横濱正金銀行（此後稱銀行）借日本金元所訂條款如左。

一、公司借用應合規元一百萬兩之日幣若干，照付款日上海正金銀行買進日本電匯之價揭算，於中歷十一月十五日付一半，十二月十五日付一半，分兩期交付，上海漢冶萍總公司收款。

二、此項借款訂明年息七厘，自交款之日起，以西歷一年爲期，按半年一結利息。所有屆期應還本息，仍由上海漢冶萍總公司按照當日上海正金銀行賣出日金電匯挂牌市價揭算。如與上海各銀行挂牌市價比較不符，應照各銀行挂牌市價揭算規銀，劃交上海正金銀行。

三、盛宫保及他股東所執之漢冶萍煤鐵廠礦有限公司股票票面計銀元一百五十萬元點交銀行，爲此借款之擔保。所有此中他股東之股票統歸盛宫保個人擔保，他人不能干預。

四、股票跌價還款時不足抵還所借之本及其利息，公司允將所出生鐵補足本利。

五、銀行付款、公司還款之前，無論何日公司均可與銀行商訂匯價。

六、此合同繕具一式兩份，公司執一份，銀行執一份。

漢冶萍煤鐵廠礦有限公司總理盛宣懷

横濱正金銀行北京支店支配人實相寺貞彦

宣統二年十月十六日

明治四十三年十一月十七日

湖北省檔案館《漢冶萍公司檔案史料選編》上册《萍鄉煤礦局與萍株鐵路局訂立運煤合同宣統二年十月》 萍鄉煤礦局、萍株鐵路局爲會訂合同事。礦局因光緒三十二年與路局原訂合同，查照開平及外洋運煤通行章程，以萍株計算，因時定價，應定生煤每噸車脚規銀六錢，其時以鐵路新成，深恐營業不旺，難資修養，允加高定價，改定生煤每噸車脚規銀八錢，焦炭每噸規銀一兩，以顧路利，聲明俟出煤大旺，再行減收運費。現在出煤日多，運數日增，宜即減輕成本，抵制日煤，路利現已有餘，限期適經届滿，礦局稟奉漢冶萍廠礦公司咨奉郵傳部憲札行路局，援照津浦鐵路與嶧縣煤礦所訂運費，改定生煤每噸車脚洋七角二分，至焦炭係屬大宗，每噸加二成計算，會訂合同，試辦三年，并即稟復立案施行等因。遵即會訂合同，議定各款條列於左：

一、由萍鄉之安源運至株洲，生煤每噸車脚洋七角二分。

二、輸運焦炭每噸照生煤加二成計算，車脚洋八角六分四厘。

三、萍礦仿用西法，所出焦煤悉用水澆洗，裝車時水氣未盡，是以歷年均加水耗約百分之五，現仍照加。火車燒煤，從前礦局收價，每噸銀四兩，現礦局情願格外讓減，洗净塊煤每噸收價洋四元二角，末煤收價洋三元。又，礦局運料從前照生煤減費二錢，現礦局允照生煤一律出費，不再減價。又，礦局制造廠代路局修理機件，從前除工料外，另收廠屋機器成本息費十成，現礦局亦允讓減，只收工料，不收廠費，以符礦路相維之意。

四、輸運礦料，每噸車脚應照第一條生煤之數計算。

甲、由株洲運至安源，每噸車脚洋七角二分。

乙、由醴陵運至安源，每噸車脚洋三角六分。

丙、由湘東運至安源，每噸車脚洋一角八分。

丁、由青山埠運至安源，應照丙項由湘東起運之數，每噸車脚洋一角八分。

五、礦局應付路局車脚、路局應付礦局煤價及造配修理工料，均用洋數核計，以免平色摺算。按中歷一月一結，無論彼存彼欠，均須逐月找清，俾免撥抵。

六、路局車輛無論在何處所，如系礦局損傷，皆歸礦局擔負責任，所有損傷車輛應由礦局認修。

七、礦局租用路局車輛，按照噸位，每噸每月認納賃費洋二元四角，倘有損壞應由礦局認修。

八、將來礦局煤焦暢銷，獲利較厚，路局爲整頓路利起見，如合同期滿後增加車脚，礦局應允議加。如市面煤價減跌，礦局銷路窒礙，路局亦允俟合同期滿後議減，以昭平允。

九、本合同遵照郵傳部憲札飭，試辦三年，從宣統三年元旦起，至宣統五年除夕止，爲本合同執行之期，倘限內兩局總辦或有更調，彼此仍應遵守。迨期滿之時，於三個月前另議會訂。

十、本合同一式同繕四分，以一分申賫郵傳部立案，一分呈送漢冶萍廠礦公司備案，其餘兩分路局、礦局各存其一，以資遵守。

湖北省檔案館《漢冶萍公司檔案史料選編》上册《漢冶萍公司致六合公司函宣統二年十一月》 啓者，漢冶萍公司現因需款孔亟，已由上海總公司特派員與三井洋行商定，準借日金一百萬元，惟因大冶、萍鄉各礦地契均已押在六合，不便抽出另押。從前曾向貴公司轉借集成紗廠（契據）向浙江鐵路公司抵押，如期歸還。此次仍擬煩請貴公司向集成公司暫借紗廠契據抵押一年，如集成公司欲於一年以前歸還，盡可先期三個月知照，漢冶萍公司即當於三個月內向三井洋行如數歸贖，以還集成，決不遲延。所有集成紗廠因抵押需用保險各項使費，一概由漢冶萍承認，決不令紗廠稍有虧損。想貴公司與紗廠熱心公益，當無不贊成其事。除派收支員金匊蕃面商辦理外，茲將漢冶萍公司借票一紙及代繕集成公司、三井洋行合同兩份送上，請分別查收，并將三井洋行合同一份由集成公司簽字後交付，以便漢冶萍收支員即可向三井洋行收款，無任感禱。專此。

湖北省檔案館《漢冶萍公司檔案史料選編》上册《六合公司致漢冶萍公司函宣統二年十一月》 敬復者，頃接北京貴公司總理盛函開：漢冶萍公司現因需款孔亟，已由上海總公司特派員與三井洋行商定，準借日金一百萬元，惟因大冶、萍鄉各礦地契均已押在六合公司，不便抽出另押。從前曾向貴公司轉借集成紗廠向他處抵押，皆如期歸還。此次仍擬煩請貴公司向集成公司暫借紗廠契據抵押一年，如集成公司欲於一年以前歸還，盡可先期三個月知照，漢冶萍公司即當於三個月內如數歸贖，以還集成，決不遲延。所有集成紗廠因抵押需用保險各項使費，一概由漢冶萍承認，決不令紗廠稍有吃虧，想貴公司與紗廠熱心公益，當無不贊成其事。除派收支員金匊蕃與六合公司經理人顧詠銓面商妥辦外，并將漢冶萍公司借票一張及代繕集成公司、三井洋行合同兩份送上，即請分別查收并請將三井洋行合同一份，由集成公司簽字後交付，以便漢冶萍收支員即可向三井洋行收款，無任感禱，等因。接聆之下，本公司當即與集成公司商明，勉允所辦，惟此事實系格外通融，必須各守信義。一年之內，集成公司如有自己需用契據之日，雖未至期，應照合同先期於三個月知照，務請貴公司屆時務必於知照三個月內全數贖還，萬不可稍有失信。所有借據一紙已經收執，并由六合公司給據與集成公司收執，其三井合同已由集成公司經理簽字，分別存交。專此奉復。即請

台安

六合公司經理人　葉松鋆
顧潤章
趙興昌

武漢大學經濟學系《舊中國漢冶萍公司與日本關係史料選輯》第四章《暫借款合同及附件》 今據明治四十三年十一月二十九（八）日日本制鐵所長官男爵中村雄次郎所復中國漢冶萍煤鐵廠礦有限公司（此後稱公司）宣統二年十月初六日致制鐵所函內稱：明年三月售買生鐵正合同簽押以前，需用資金，公司隨時向橫濱正金銀行北京分行（此後稱銀行）商借可也等語。茲銀行與公司訂定借款合同如下：

一、銀行應將日本金陸百萬元借與公司。

二、此借款公司需用之時，須於十日以前知照上海正金銀行，自第一次交款之日起至五月三十一日以前，每一星期限伍拾萬元，或按照上海正金銀行買進電匯之價核算，在上海交付公司之總公司，或公司需用日金亦可在橫濱交付。倘若銀行在一星期內能交與伍拾萬元以上，即可照辦。

三、此借款訂定年息六厘，自交款之日至明治四十四年五月三十一日即華歷宣統三年五月初四日爲期。

四、屆期應還本息仍由上海公司之總公司，或按照當日上海正金銀行賣出日金電匯挂牌之價揭（結）算；或公司在日本還清本息，均可聽便。

五、如公司在上海用款還款，可與銀行預先訂定匯價，不必拘定收付款項之當日匯價。

六、此合同一式四份，銀行執二份，公司執二份。

宣統二年十二月二十六日

明治四十四年正月二十六日

漢冶萍煤鐵廠礦有限公司總理　盛宣懷印

協理　李維格印

横濱正金銀行北京分行總辦實相寺貞彦印

〔函件一〕

横濱正金銀行臺鑒：逕啓者，本日敝公司與貴銀行簽定之日金陸佰萬元借款合同，此款敝公司原指制鐵所預付鐵價定銀日金六百萬元抵還。如敝公司與制鐵所於日曆本年三月即將彼此前訂草合同之正合同簽定，自當按照本日合同於五月三十一日將貴銀行所借日金陸百萬元本息付還。若正合同三月内不能簽定，則應展期一年至明治四十五年五月三十一日再行將制鐵所預付鐵價定銀付還，用特函訂，即希示復爲荷。專泐順頌日祺。

漢冶萍煤鐵廠礦有限公司總理　盛宣懷

協理　李維格

宣統二年十二月二十六日

〔函件二〕

漢冶萍煤鐵廠礦有限公司臺鑒：逕啓者，今接貴翰，内開：本日貴公司與敝銀行簽定之日金六百萬元借款合同，此款貴公司原指制鐵所預付定銀日金六百萬元抵還，如貴公司與制鐵所於日曆本年三月即將彼此前訂合同之正合同簽定，自當按照本日合同於五月三十一日將敝銀行所借日金六百萬元本息付還。若該正合同三月不能簽定，則應展期一年至明治四十五年五月三十一日再行將制鐵所預付鐵價定銀行付還等語。敝銀行自應照辦，特此函復聲明，順頌臺祺。

横濱正金銀行北京分行總辦實相寺貞彦印

明治四十四年正月二十六日

武漢大學經濟學系《舊中國漢冶萍公司與日本關係史料選輯》第四章《預借生鐵價值正合同》　第一款，大清國漢冶萍煤鐵廠礦有限公司（此後稱公司）照明治四十四年三月三十一日即宣統三年三月初二日與大阪日本國制鐵所（此後稱制鐵所）所訂售買生鐵合同及其附件并函件，訂借大日本國有限公司横濱正金銀行（此後稱銀行）日本金幣六百萬元，以十五年爲期，自交款之日起算，按年六厘行息，定於每年六月十五日、十二月十五日兩次付息。

第二款，本借款定自明治四十四年起至明治四十七年爲止，每年單付利息。自明治四十八年起以後每年付利還本，即於此年六月十五日還本日金二十五萬元，十二月十五日還本日金二十五萬元。自明治四十九年起至明治五十八年止，於每年六月十五日還本日金二十七萬五千元，十二月十五日還本日金二十七萬五千元。

第三款，此次借款言明以制鐵所按年購買公司生鐵價值給還本息。

第四款，如公司願將此次借款之本全數或尾數全數付銀行，可以照辦，惟須於六個月前預先知照銀行。

第五款，制鐵所允將每次應付生鐵價值逕交銀行，即取銀行收條交到公司，以爲付價之憑據。銀行允收到生鐵價值時，將其收款清單交到公司，即以銀行收到之款作爲付還本借款利息之用。

第六款，銀行收到制鐵所生鐵價值款項，應須先付息，後還本，利隨本減。

第七款，第一款所開十五年期滿，本項如有尾數未清，公司自應將别項現款照數付清，以完債務。

第八款，彼此解釋本合同或附件詞義，如有意見不合之處，可照通行之公正人評斷例，彼此各請公正人評斷。

第九款，本合同及附件繕寫中文、日文各六份，制鐵所、公司、銀行各執各文二份，以爲憑據。

大日本國明治四十四年三月三十一日

大清國宣統三年三月初二日

大日本國制鐵所長官男爵中村雄次郎代理　西澤公雄

大日本國有限公司横濱正金銀行代表者董事　小田切萬壽之助

大清國漢冶萍煤鐵廠礦有限公司總理　盛宣懷

協理　李維格

〔附件一〕

再本日公司與制鐵所及銀行所訂預借生鐵價值合同内未經詳載辦理條款開列於左：

一、自銀行收到制鐵所生鐵價值之日起，銀行允照銀行當時活期存款之利率付給回息。若有存三個月或三個月以上之款，而公司願將此款商作定期存款，銀行應允照當時銀行公定之利率付息。若公司願將此款移存至中國内銀行之各分行，銀行須聽其便。但不得有礙付利還本。

二、銀行允收到制鐵所生鐵價值款項，除足敷其年應付本利之數外，其餘之數，應由公司隨時提用。

三、公司願將此等款項由日本匯寄中國，或由中國匯日本，銀行須照當日銀行賣出電匯市價辦理。若公司在中國願收在日本之款，銀行之在中國分行須照當日買進日金電匯辦理。但其匯價照日本市面可以辦到於公司最便宜之價核算。惟公司可於匯款之前，無論何日，與銀行訂定匯價，或公司有在日本須付金款，并非移存他處或移交他處匯寄者，公司可囑銀行徑撥。

宣統三年三月初二日

明治四十四年三月三十一日

漢冶萍煤鐵廠礦有限公司總理　盛宣懷

有限公司橫濱正金銀行代表者董事　小田切萬壽之助

（函件一）

橫濱正金銀行臺鑒：徑啓者，本日敝公司與貴行所訂預借制鐵所所購敝公司生鐵價值日幣六百萬元合同及附件内開期限年月系照陽歷計算。特此具函聲明，即祈示復！順頌日祉。

漢冶萍煤鐵廠礦有限公司總理　盛宣懷

協理　李維格

宣統三年三月初二日

（函件二）

漢冶萍煤鐵廠礦有限公司臺鑒：徑啓者，兹接來函内開「敝公司與貴行所訂預借制鐵所所購敝公司生鐵價值日幣六百萬元合同及附件内開期限年月系照陽歷計算」等因，敝行已悉，照辦可也。特此奉復，順頌日祉！

橫濱正金銀行代表者董事　小田切萬壽之助

明治四十四年三月三十一日

（函件三）

橫濱正金銀行臺鑒：徑啓者，宣統二年十二月二十六日，即明治四十四年一月二十六日敝公司與貴行北京分行訂有借款日幣六百萬元合同，現敝公司既於本日與制鐵所訂定售買生鐵正合同，并於本日與貴行另訂預借生鐵價值六百萬元合同，則宣統二年十二月二十六日即明治四十四年一月二十六日所訂合同之日幣六百萬元，即移作本日敝公司與貴所訂合同之六百萬元，并非另外一款，前訂合同即行作廢。至於此六百萬元之利息，自應照前訂合同交收款項之日起算，并接續本日所訂合同於本年陽歷六月十五日照付可也。順頌日祉！

漢冶萍煤鐵廠礦有限公司總理　盛宣懷

協理　李維格

宣統三年三月初二日

（函件四）

漢冶萍煤鐵廠礦有限公司臺鑒：徑啓者，兹接來函内開：「宣統二年十二月二十六日，即明治四十四年一月二十六日敝公司與貴行北京分行訂有借款日幣六百萬元合同，現敝公司既於本日與制鐵所訂定售買生鐵正合同，并於本日與貴行另訂預借生鐵價值日幣六百萬元合同，則宣統二年十二月二十六日即明治四十四年一月二十六日所訂合同之六百萬元即移作本日敝公司與貴行所訂合同之六百萬元，并非另外一款，前訂合同即行作廢。至於此六百萬元之利息，自應照前訂合同交收款項之日起算，并接續本日所訂合同於本年陽歷六月十五日照付可也」等因，敝行已悉，照辦可也。順頌日祉！

橫濱正金銀行代表者董事　小田切萬壽之助

明治四十四年三月三十一日

陳旭麓等《盛宣懷檔案資料選輯之四》漢冶萍公司第三册《漢陽鐵廠與公記碼頭合同》　立合同公記碼頭經理朱鏡心（下文省曰該碼頭主）及漢陽鋼鐵廠（下文省曰該代理）及擔保人何元增、費鴻生（下文省曰該保人等，此名詞照中例乃包括伊等身後子嗣人等及代表人等）兹訂立合同如下：

一、該碼頭主舉該代理爲公記碼頭（下文省曰該碼頭）之代理人，該代理須切實認真代該碼頭辦理一切碼頭代理人照辦之事，該碼頭即名曰漢陽鋼鐵廠公記碼頭。

二、該代理須飭令其浦東碼頭洋總管，或另派能勝任之洋總管兼充該碼頭總管，辦理一切碼頭總管份内應爲之職事：簽棧單、簽泊船單及簽小棧單。所有碼頭上之貨，若未經該總管允許，不得出貨。若有銀行、船行因押款水脚未清，囑扣留貨物，或稅關理船廳諭令扣留，則該總管有扣留貨不準出貨之特權。

三、該代理之往來滬浦小輪須準由該碼頭主及其雇用之人、其代表人及其實在貨客乘坐往來，惟須按照該代理現時所定開行時刻，或隨時所定利便該碼頭主及他人之開行時刻。若該碼頭主爲利便自己起見欲自行添駛小輪，或加添班數，應準其添輪添班。

四、該代理應雇用寫字一名，專管該碼頭泊船、存貨、出貨等賬，及一切碼頭生意例有之賬簿，及賬簿内容各事件。

五、該碼頭主爲上開各節之故，允於合同期内每月付給該代理洋三百五十元，另規元廿兩，由本年西五月一號起，按月一號付給。此三百五十元内一百元作爲代理費，一百元作爲碼頭洋總管津貼，一百五十元作爲借用小輪津貼。其規元廿兩作管賬寫字之薪水。倘若該碼頭開辦一年後其第二年之生意逾於第一年一成之外所逾若干成數，則第二年應付與代理之各費亦應按所逾成數比例添增，遞年照加。此項應添付該代理之各費，於第二年後由該化理按月開具比例賬單交與該碼頭主，〔該碼頭主〕收到此單後須於十四日内照付。再，此項添付代理之各費每月自爲比較，不得牽引生意偶縮小之别月以爲磋減或扯計摺減。

六、除上開外，所有該碼頭因生意事務應用司事人等均由該碼頭主雇用支給。若因此項人等之错誤有出错貨物，短交貨物，收〔交〕漏税貨物，或延宕船期，碰壞船只等事，則所有賠款及税關罰款須由該碼頭主認付。若因此有牽及該代理訟累，或爲人控告、賠款等事之一切費用，應由該碼頭主等或合力或獨力如數照償。若因該洋總管及其寫字之错誤以致該碼頭主有賠償損失之虧累，則由該代理擔認照償與該碼頭主。

七、倘若該碼頭主不能按照合同將應付各款依期付給該代理，則每次逾期之款該代理有權在逾期之内，將碼頭主名下存在該碼頭之煤扣留，不準出貨，該洋總管有權代該代理將此項存煤扣貨抵款。

八、所有合同期内該碼頭所不能泊之煤船，該碼頭主須盡力幫助該代理兜攬此項煤船到該代理之碼頭泊卸。倘該代理之碼頭有地可容，即不得往泊别家碼頭。至於該碼頭主代攬之煤船，該代理須一律接受在該代理之碼頭泊卸，非實在其時無地可容不得推却，其所收碼頭費、扛力、棧租等費不得逾於任指别家碼頭所實收之數。如貨主不願泊該代理之碼頭者不在此例。

九、該擔保人允願擔保該碼頭主遵守合同内一切條款。倘若該碼頭主有違背合同之事，則該擔保人等合力或獨力清償該代理之一切損失及費用。該擔保人等對於該碼頭主有完全擔保人之特權。惟擔保人等對於代理人則擔保人等實爲與訂合同之正身，即系該代理人應追之償户。

十、此合同以本年西四月一號爲始，以三年爲實期，三年期滿之前如欲停止，先期六個月彼此用函關照，否則接續六個月。每欲停止先期六個月彼此用函關照，如碼頭主不關照而遽行停止，須付足後此六個月之各款。倘若未及三年該碼頭主遽行停止或收盤不做生意，則應付之各款仍須付足三年之實數。至於彼此關照之函，該碼頭主送與該代理者交與洋總管，即作爲收到。若該代理送與該碼頭主者，則交與該朱鏡心即作爲收到，或彼此按照清律所許之正當辦法另行關照亦可。

十一、該代理有權將生鐵存於該碼頭主之碼頭，按照該碼頭主接存煤炭之碼頭費、扛力及棧租一律照付。

十二、此合同分繕五份，一份存碼頭主處，一份存該代理處，一份存該擔保人等處，一份存該洋總管處。

陳旭麓等《盛宣懷檔案資料選輯之四》漢冶萍公司第三册《漢冶萍公司向横濱正金銀行預借生鐵價值續合同 宣統三年四月初三日》 第一款，大清國漢冶萍煤鐵廠礦有限公司（此後稱公司），前於明治四十四年三月三十一日，即宣統三年三月初二日，與大日本國制鐵所訂有售買生鐵合同及其附件并函件。今爲推廣工廠及工程起見，以其生鐵價值作抵，向大日本國有限公司横濱正金銀行（此後稱銀行）訂借日本金幣一千二百萬元。以十五年爲期，照陽歷計算，自交款之日起按年六厘行息，定於每年陽歷六月十五日、十二月十五日兩次付息。

第二款，此借款一千二百萬元，分三年由銀行付交公司。明治四十四年八月底付交公司二十五萬元。此後如何分期交付之處，由公司與銀行隨時商量。但公司需用巨款，必得於兩個月前預先知照銀行預備。

第三款，本借款定自明治四十四年起至明治四十七年止，每年單付利息。自明治四十八年起以後每年於陽歷六月十五日、十二月十五日付利還本，分十一年攤還，自明治四十八年起至明治五十七年每年還本日金一百零九萬元，明治五十八年還本日金一百十萬元。

第四款，此次借款，言明以制鐵所按年購買生鐵價值（除先盡付還明治四十四年三月三十一日所訂合同借款六百萬元之本利外）及他人或公司在日本所售生鐵價值給還本息。如公司將來查明，在日本北海道室蘭設爐煉鐵於公司合算，可以實行，則公司在室蘭所售之生鐵價值亦可交付銀行，作爲本借款付息還本之用。如以上生鐵價值不敷付息還本，即以漢陽鐵廠所存焦炭抵付。

第五款，此借款并無抵押，但公司亦不將公司所有漢陽、大冶兩處現在及將來一切産業抵押他外國借款。如將來欲將此漢、冶兩處産業抵押借款，須先盡銀行。但公司如將漢、萍、冶産業抵押與中國度支部幣制局或大清銀行，以公司債券抵借中國國家鈔票，可以照辦，其漢、冶兩處産業，不必先盡銀行。

第六款，如公司欲將萍鄉煤礦産業抵押他國借款，或以萍鄉煤礦産業抵押他國發售公司債票，則公司亦須將漢、冶産業作爲明治四十四年三月三十一日，銀行借與公司之六百萬元及本合同借款之抵押，或抵押與銀行照他國一律發售公司債票。如公司欲將萍鄉煤礦之售賣煤焦價值，向他國抵付借款本息或發售公司債票，應照本合同第五款不以産業抵押借款之意，不以萍鄉煤礦産業抵押，則公司可以照辦。

第七款，如公司招足股本，或做到第五款後段所開辦法，願將此次借款之本全數或尾數全數付還銀行，可以照辦。惟須六個月前預先知照銀行。

第八款，制鐵所允將每次應付生鐵價值逕交銀行，即取銀行收條交到公司，以爲付價之憑據。銀行允收到生鐵價值時，將其收款清單交到公司，即以銀行收到之款作爲付還本借款本息之用。他人或公司在日本所售公司生鐵價值，及公司在室蘭所售生鐵價值，亦照以上辦法一律辦理。

第九款，銀行收到制鐵所生鐵價值款項，及第八款後段所開生鐵價值，應須先付息，後還本，利隨本減。

第十款，第一款所開十五年期滿，本項如有尾款未清，公司自應將别項現款照數付清，以完債務。

第十一款，此合同及收款收據須由公司總理、協理會同公司董事簽字。收款時須聲明用處實係公司推廣工廠及工程之用，方允照付。

第十二款，此合同及附件函件，俟公司、銀行各董事通過，及制鐵所允照辦理，公司董事在本合同簽字，即作爲正合同及正附件函件，銀行與制鐵所函致公司爲憑，但不能再改字句。如公司、銀行各董事不允通過，及制鐵所不允照辦，此合同即行作廢。

第十三款，此次借款係以貨價抵付本息，系屬商務往來，如有意見不合之處，可照通行之公正人評斷例，彼此各請公正人評斷。

第十四款，本合同及附件函件排印中文、日文各六份。制鐵所、公司、銀行各執各文二份以爲憑據。

大清國宣統三年四月初三日

大日本國明治四十四年五月一日

大日本國制鐵所長官男爵中村雄次郎代理西澤公雄

大清國漢冶萍煤鐵廠礦有限公司總理盛宣懷

協理李維格

大日本國有限公司横濱正金銀行董事小田切萬壽之助

再，本日公司與制鐵所及銀行所訂預借生鐵價值續合同內，未經詳載辦理條款，開列於左。

一、自銀行收到本合同第八款所開生鐵價值之日起，銀行允照銀行當時活期存款之利率付給回息。若有存三個月或三個月以上之款，而公司願將此款商作定期存款，銀行應允照當時銀行公定之利率付息。若公司願將此款移存在中國内銀行之各分行，銀行須聽其便，但不得有礙付利還本。

二、銀行允收到本合同第八款所開生鐵價值款項，除足敷其年應付本利之數外，其餘之款應由公司隨時提用。

三、公司願將此等款項由日本匯寄中國或外國，或由中國匯寄日本，銀行須照當日銀行賣出電匯市價辦理。若公司在中國願收在日本之款，銀行之在中國分行須照當日買進日金電匯辦理，但其匯價照本日市面可以辦到於公司最便宜之價核算。惟公司可於匯款之前無論何日與銀行訂定匯價，或公司有在日本須付金款，并非移存他處或移交他處匯寄者，公司可囑銀行徑撥。

明治四十四年五月一日

宣統三年四月初三日

漢冶萍煤鐵廠礦有限公司總理盛宣懷

協理李維格

有限公司横濱正金銀行董事小田切萬壽之助

陳旭麓等《盛宣懷檔案資料選輯之四》漢冶萍公司第三册《預借生鐵價值續合同續議條款宣統三年四月二十四日》

大日本國制鐵所有限公司、横濱正金銀行（此後稱銀行）、大清國漢冶萍煤鐵廠礦有限公司（此後稱公司）前於明治四十四年五月初一日，即宣統三年四月初三日訂有預借生鐵價值續合同，現因該合同條款有不便商務之處，制鐵所、銀行、公司續行商議，將所有議定條款開列於左：

一，該續合同第二款内開：「明治四十四年八月底，付交公司二十五萬元」等語。現經商議，銀行允定於明治四十四年六月×日付交公司日本金幣二百萬元，爲在日本付還公司舊債之用，由銀行代公司徑行支付。所有二十五萬元無須付交，其餘該款内所開各事仍舊照辦。

二，該續合同第四款内開「此次借款言明以制鐵所按年購買生鐵價值，及他人或公司，在日本所售生鐵價值給還本息」等語。現經議明，以制鐵所及在日本官商現在及將來向公司所購一切貨料價值給還本息。其餘該款内所開各事仍舊照辦。并議明此項所開價值，照該續合同第八款、第九款及附件、函件一律辦理。

三，該續合同第五款内開「公司如將漢冶萍産業抵押中國度支部、幣制局或大清銀行，以公司債券抵借中國國家鈔票，可以照辦。其漢冶兩處産業，不必先盡銀行」等語。現經商議，公司聲明抵借國家鈔票之漢冶萍財産，除或明或暗不轉行押款外，并與一切洋款毫無牽涉，以免糾葛。

四，該續合同第十一款内開「此合同及收款收據須由公司總理、協理會同董事簽字」等語。現經議改，該續合同已由總理、協理簽字，即定作正合同、正附件函件，無須公司董事會同簽字。收款收據由公司總理自行收發，或公司隨時指定公司代表人預先通知銀行，作爲收款及發收據之人。其餘該款内所開之事仍舊照辦。

五，該續合同第十二款全文現經議定即行作廢。該合同及附件、函件，從本續議條款簽字之日起即行照辦。

六，本續議條款排印中文、日本各六份，制鐵所、銀行、公司各執各文二份以爲憑據。

明治四十四年　月　日

宣統三年　月　日

大日本國制鐵所長官中村雄次郎代理

大清國漢冶萍煤鐵廠礦有限公司總理　協理

大日本國有限公司横濱正金銀行董事

陳旭麓等《盛宣懷檔案資料選輯之四》漢冶萍公司第三冊《李維格致盛宣懷函宣統三年五月初五日》　茲由明早快車寄呈稟復、劃一軌式文牘及圖樣各件，祈即批示，以便與總工程司商定一切。如系格林森則尤易就緒，因午帥在寧時曾爲介紹，借得南洋顧問工程司之事，去年又在莘帥處爲之説項，故與格感情尚好。平心而論，滬寧路工程不錯，枕木價高，然堅硬經久，車輛車站稍嫌講究，然視歐美之窮極奢華亦不十分過分。滬寧之不賺錢因無貨，而無貨由於厘金一層未曾辦妥耳。粤漢如不欲講究，盡可節省，想格林森亦無所不可也。格前説一工師早已回英矣。川漢德工程司未識已訂定否？

現在最要者部與廠訂定合同，請部速發一電飭廠議合同稿寄呈，格方好擬寄。電飭最好請督辦亦具一名，否則恐生意見。將來交際，廠須處處留心也。格廿九赴富池口、武昌縣勘礦，初三回漢。富池口鷄籠山約長五里，氣派雄大，含鐵必不少。西澤告我，渠曾約畧測量，必有一千數百萬噸，礦質勝於瑞産。若北海道木炭事成，則瑞典不能專利於地球矣。武昌縣雖不如鷄籠，然亦爲上品，公司得此無價之寶，可喜也。

造九萍路就九江設廠，格愈想愈好，然路歸部造，恐有窒礙，容再續詳。匆肅。敬請鈞安。　制格叩上。端陽節。

項城出山之説如何？

宫保再密鑒：南萍部造則人必議宫保私萍，且部收江西枝路，則他枝路亦必盡收，否則無詞以對。若松現買開平煤末，每年十萬噸。開煤不如萍煤，倘九萍路成，則萍煤直達九江，煤質可恃，若松必樂用，年售二三十萬噸不難，即可預支數百萬以造南萍。此係我公司預支煤款，與江西無涉，亦不必告知籌款之法，但言華款而已。如此則路可成，而萍礦又多一煤末出路，事無好於此者也。

心叩。五月初六早。

陳旭麓等《盛宣懷檔案資料選輯之四》漢冶萍公司第三冊《李維格致盛宣懷函宣統三年六月初二日》　上等生鐵有二種如左：

瑞典木炭生鐵。瑞典最上等之礦石含磷十萬分以内，木炭好，算無磷，故煉成生鐵含磷一萬分之二分至二分半（此後稱甲鐵）。

英國赫墨德生鐵。用磷輕礦石、焦炭煉成，生鐵含磷一萬分之四分左右（此後稱乙鐵）。

甲鐵瑞典每年出口無多，約十萬噸之譜，各國争購，以煉罐鋼。日本甲鐵市價每噸六十元至七十元（日俄戰時漲至一百餘元）。外洋價值亦必五六鎊之譜。乙鐵外洋出數日少，價值亦必日高，目前約售每噸四鎊之譜。日本市價約四十餘元。上海制造局購用此鐵，記得（金賤時）三十五六兩。

富池口、武昌縣礦石含磷有輕至十萬分以内者，現正與高木函商木炭之事。北海道有一化鐵爐，色色齊全，去年完工，因煉鐵不成以致停歇。此爐日出五十噸，彼肯租與我廠，每年租金五萬元（彼用一百餘萬元）。木炭一有成説，即可開煉。礦石運日，無進口税。運礦石船即可帶北海道生煤（比門市煤好）回廠煉鋼。視目前購用三井日煤之價每噸約可省銀一兩數錢。此甲鐵之籌畫也。

至於乙鐵，非有磷輕焦炭不可。萍炭含磷萬分之五六，開平炭且略高，均不能用。商諸賴倫，亦無法可施。然此事終覺懸懸於心。上月托人取寄山東嶧縣煤焦二樣，昨日化出，喜不自勝。其煤含磷十萬分之四分六，焦含一萬分之一分三。以富池口、武昌縣之礦石合之，足可以煉乙鐵而有餘。且焦受壓力勝於萍產。嶧礦已接津浦路至浦口約八百餘里，不久通車。記得宫保告我：「嶧縣缺本，欲與我合辦。」乞即電致張蓮芬，我即派人前往調查，如調查滿意，我可合辦。格前詢津浦路員，知該礦現僅日出數百噸。倘資本充足，盡可多出。現津浦路已與之訂立用煤合同，深恐其缺本，别生枝節，望即電張爲盼。照此情形一變，則漢廠除第四爐外不再加添。其建設新廠之所莫過於浦口矣。九江尚有三個月海輪不能到，且城門礦質亦次，只有四十餘分之鐵。若浦口設廠，則外洋最大輪船周年可到，如上海一樣。武、冶、富礦石運浦均系下水，煉成乙鐵，不獨運銷日本，且可由外洋回空船運銷歐洲各國，運費至多十三先令。我之聲價必高數倍。格擬在浦口設爐兩座：一煉乙鐵；一煉尋常翻砂鐵及馬丁鐵。乙鐵浦廠交貨每噸可賺銀十餘兩。張蓮芬復電如何，乞即電示，以便派人前往也。

格林森過漢時告我「南京城外數里有赫墨德礦石，渠曾取樣至滬化驗，磷分極輕」云云。格得此消息，當即派人前往密查，現經取樣到廠，果如格林森所言。據派往調查之人來函云：「鐵山在鐘山西北另一小山，出太平門五里地，名蔣王廟（漢秣陵尉廟，明時建），廟後閻羅廳（今毁），廳址之後即礦山也。山無土名，以其爲官山。惟華僑梁炳農租紫金山開辦墾牧，宜早設法，否恐爲人所知，捷足先得」云云。浦口設廠，南京出此佳礦，是實天造地設。乞即電致張督謂：「漢廠需用此礦搭用（不可説好，亦不可説在浦設廠），雖該礦所産不多，亦聊勝於無」云云。并親筆函托張督，必須做到。一面并托於道玉成，許其好處。前後兩事務祈函到即辦，并望電慰爲盼。匆肅。叩請鈞安。

制維格上言。三年六月初二。

前日湘中某君過此云，鐵路租股本怨聲載道（渠亦田産甚多），現經豁免，無不喜悦。惟鄉間農民爲學界愚弄，誤謂洋人來湘造路。某君下鄉，所遇三人無不信以爲真，群欲反對，以拒洋人。某君告以：「爾等切勿誤會，此系中國自造鐵路，於爾等大有益處，不過雇用洋人爲工程師耳。」鄉人始恍然若釋。某君謂：「必須用白話告示，遍貼村鎮鄉僻，方能解此誤會。若能派人至城鎮鄉市到處演説則更好矣。」

心叩。六月初三。

陳旭麓等《盛宣懷檔案資料選輯之四》漢冶萍公司第三册《李維格致盛宣懷函宣統三年六月初五日》 宫保鈞鑒：林虎侯初一到此，與格晤談後初三仍回無錫。據云：渠目疾必須再要静養幾時方能霍然。萍礦事，格告以：「無一主腦，必日見其糟，故與宫保商，擬派王子仁去。」而請渠在總管理處。渠云：「萍礦不可輕易派人，鄺即前車之鑒。且即使得人，亦必考究一年半載方能事事接洽。閩人喜用閩人亦情理之常，而礦上均系江浙人多，恐致鑿枘。縱使換人亦宜用下江之人」云云。又極言沈悦生之好。賴倫亦言沈好，謂假以事權必能得力。格想，設立總管理處後似可無需總辦。總管理處必須輪流至各處考察，見有應興應革之事，即可實行。沈悦生既好，或加以坐辦之名，仍兼工務。但其才具似非肆應一路，地方交涉恐非所長。韓景儒做過州縣，人甚穩練，或派萍礦庶務長，以補沈之不足。似此可月省巨薪數百金，而亦無紛更之患。事有關係，不厭求詳，反復推敲之後，似此爲較妥，不知鈞意以爲然否？惟王子仁才具可用，且自京回後，渠已在莘帥處説明，忽然中變，渠不得下臺，已屢次來詢下文。鈞意本擬派鐵路之事，現正用人之際，必可位置。郵政亦系法人經管，渠諳法文，似亦可用，即祈速與一下文，以免渠之懸懸。至萍事可告以工務長兼坐辦，不派總辦矣。

南京鐵礦已化出，含鐵六十三分，磷一萬分之五分五，與大冶差不多。以磷論，不及富池。然在南京江邊，礦雖不多，我得之亦甚有益處也。此次自往九江城門所取之樣亦已化出，含鐵五十餘分至六十分，一俟化齊當開單呈閲。前函謂含鐵四十餘分，係誤報也。格擬派人前往詳細測勘，全行圈購。肅請鈞安。

陳旭麓等《盛宣懷檔案資料選輯之四》漢冶萍公司第三册《郵傳部款項處與漢陽鐵廠訂定預付軌價合同宣統三年六月初六日》 郵傳部款項處（此後稱部款處）今與漢冶萍煤鐵廠礦有限公司之漢陽鐵廠（此後稱鐵廠）訂定預付軌價合同條款

如左：

一、郵傳部爲欲鐵廠擴充造軌，以應路需，由部款處預付鐵廠軌價漢口洋例銀二百萬兩，由鐵廠另立印據，每張十萬兩，注明收銀日期，交部款處收執。此項預付之款，自鐵廠收銀之日起，周年六厘計息，六個月一結，於每年六月底、十二月底兩次結算，應收息銀仍作預付軌價之款，亦由鐵廠另具印據交部款處收執，亦一律照數計息。

二、此款自宣統四年起，每年由部款處於部轄各路軌價内扣還銀四十萬兩，至宣統八年止扣清。每次扣還本項，即行止息，并將印據由鐵廠批明扣還銀數，仍交部款處收執。其餘仍舊行息，其積欠利息亦於宣統四年起至八年止，分年勻數攤扣。如遇并無軌價可扣之年，或軌價不敷應扣之數，由鐵廠繳還現款，收回印據。

三、凡各路向鐵廠定購鋼軌合同訂妥後，如何交貨付價，應由鐵廠將詳細情辦法知照部款處備核。

四、凡已經扣付軌價數目，應由鐵廠每次詳開清單，寄部款處核對。

五、合同訂一式兩份，蓋印簽押後，各執一份存照。

郵　傳　部　款　項　處　於焌年押

漢冶萍煤鐵廠礦有限公司漢陽鐵廠　李維格押

宣統三年六月初六日

北京大學歷史系近代史教研室《盛宣懷未刊信稿·復李伯行函稿八月廿六日》　伯行仁兄世大人密覽：奉十二月廿日手諭，謹悉。頃錫樂巴來，又面述尊指愛我良深，患難之交，逾於骨肉。眷屬之行，照料妥貼，尤深感泐。別後病體尚可支持，此間養疴避囂，已租屋暫息。惟南北知者漸多，膠督則喜作主人，極承優待。美領事更親熱。如晤德、美使，乞代致感。漢廠新爐受砲揭，華洋人均星散，萍礦尚無消息，冶礦幸無恙，事後修復必大費。幸產業沃饒，不難恢復。弟老矣，無能爲役。且事體重大，不能與人無爭。誠如尊諭，須早留心替人。李一琴已三摺肱，爲股東所信服，中外聲譽亦甚好，惟位望尚不足獨當一面。公識力名位均足勝任，既不願做官，似可負擔此舉。一琴素所佩服，必能相助爲理。弟但求保全商股不致中隳，兩子將來能在其中可資効力，於願足矣。如果請假出京，務必過我一話滄桑。頃接滬電，尊處蕪湖產業被佔踞，未知確否？敝處蘇州留園義莊及典當房產均被佔踞，聞程雪樓牌示有盛產充公之說，程固蜀人也。公之蕪產作何計較？彼貌託文明而心憚各國，或與林律師商酌，有無呈請領事爭回之法。蘇州只有日本領事，蕪湖較易爲力否？公試與英朱使商之。弟出京之夜，朱使派巴參贊帶隊護送至津，祈代道謝。錫樂巴以部中給函，告我感吾兄之德。據云香山稍有隙，然錫之才德在格樸之上也。項城用神，内而籠絡議員，外而羈縻革黨，目前當可無事。惟君權已去，閣權未知如何。香山到部，宗旨如何？弟未了事，滬杭甬耳。□司長所做奏稿，初五夜送還署中，務請檢寄，須□張季澤朱桂卿一閱，非我等誑騙也。鐵獅胡同房屋另租固妙，即無租客，亦須派人看守，須告知令姪爲禱。季兄諒不出京，晤時道念。福開森想已赴鄂辦紅十字會，能多散難民亦好。漢綫如通，能知漢冶萍實信，尚乞示我。此請台安。弟止叟頓首。

陳旭麓等《盛宣懷檔案資料選輯之四》漢冶萍公司第三册《盛宣懷致王存善函宣統三年九月十九日》　子展仁兄大人閣下：

昨奉手書，敬悉一一。招商局不在租界之產業如楊家渡等處，必須洋旗保護。員董會議匯豐借款一百萬兩，藉以保全產物，所籌甚屬扼要，亟宜照辦。

此次漢陽大別山黨軍架炮，鐵廠危如壓卵。幸有正金銀行預借生鐵合同，日本漢領事持以示黎元洪，乃得無恙。此合同系本年四月李一琴在京所訂。實因美日定鐵數多，中國干路需鋼亦巨，不得不乘機推廣爐座，爲亞東開非常之實業。尤妙在預支鐵價，只須交鐵，毋庸還金；只以售鐵合同作抵，毋庸以產業作押。期限之内，如能先還或全還，均可聽便。參此活筆，將來即使國有，亦可隨時消納。定議後第四爐已購造矣。目下時局變遷未定，就令黎元洪受撫，華界商產，恐非洋債終難保全。況修復需費，添爐需費，還債需費，則此預支鐵價之合同必不可廢。照第十二條，應由董事通過，在合同上簽名。兹將本公司所執一份附上，應請復核，即由閣下克日會同諸公簽名於後，不標日子，作爲以前所簽。此紙即交高木帶漢，交與一琴換回那紙，再行補簽。所以保全此公司，重興此公司，端在此一舉耳。

我公去官而就實業，銀行、船局、鐵廠皆屬要端。銀行明年諒可恢復。船局雖難，但望員董和衷，不能興利，總可除弊。鐵廠則非大做不能多出貨，非多出貨不能得厚利。項城力主商辦，以後官本雖籌，更無國家收回之日。我輩受股東付托，不得不擔負以措諸萬全之地。鄙人此後斷不再入政界，拚數年精力將鋼鐵廠辦好，可以無憾於天地間矣。此次川亂、鄂變，院劾、報哄，皆無關於要害，仍是政潮爲之，可謂一語破的。本朝三百年深仁厚澤，至此粉碎。況一人之榮辱，何足介懷？鐵路借款，文襄之事；干路國有，詔旨所頒。諉咎郵臣，朝命已出於不得已。弟之不即回滬者，因焦勞過甚，咯血復發。醫謂須吸受海氣，不説話，不用心，故孑身乘桴，僑居就醫。一俟稍可，即行返棹，與公重理舊業，細話滄桑，亦不遠也。

弟經手幣制局代墊日本銅價甚巨，前次江廠運來新幣六十萬元，二次又運來三十萬元。所以飭交通商者，藉張聲勢，以濟鈔票之困，實則須收之記帳，以歸正金墊借之款。惟此幣可照市易銀，已函咏銓照辦，希即轉致綸輝馬西邇。附致江廠蔡道一函，即希粘封代寄。并由咏銓另付收條一紙歸通商存檔可也。海上鴻來，尚盼詳示近況，無任跂禱。手復勛安。

九月十九日。弟止叟頓首。

北京大學歷史系近代史教研室《盛宣懷未刊信稿・致李一琴函十月初五日》

初四禮和交到手書，知大駕廿九安抵滬。月餘焦念，藉以少釋。細讀日記，艱危情形已可概見。岫雲函述公行後紅十字會人來，尚云廠安，暫託三井招呼，暫理，較之自己在彼轉有藉手。惟砲火中心點戰時恐日亦不能保護。事平後修復化鐵爐爲第一事，吕柏爐匠之外，是否可暫遣，公諒有主裁。奉支電，知虎兄今到即回，萍礦現安。□□人執□□□十四萬，儲蓄八萬，非發現洋不散。十月、臘正、四月，用款十六萬，必須趁水大運足，現正籌畫。頃電復虎翁，支持危局極感佩，萍需册八萬，似礦票儲蓄廿二萬皆洋數□□廿四萬(年内需付要緊利息及上海儲蓄)，只有存通商新幣九十萬可暫借用。此係銅價(高木經手)，現在造幣各廠均不能交銅，故已囑高到本即轉賣，其不能轉賣者，均展期半年。惟此項存於通商，爲革看住，不能動用，故仍以銅價名義屬令高木設法撥存正金，再行動用。昨詠銓來電，高木擬與革説通，送給十萬。其餘由高收。弟初四夜覆電斷不可行。今因漢冶萍需款甚急，若一文不捨，此款只能仍存通商，不能挪動。可囑高木即與革説通，如撥用九十萬元，按九五扣送，準可送給四萬五千元。目下革仍窮困，諒無不允。惟此九五扣須借者認，將來幣制局必不肯認。妙在目下新幣與英洋一律，每元值規銀八錢五分，半年交還，幣制銅價至多八錢，則此扣款似可有著。望即與高木、詠銓妥商辦理。如果辦妥，只須由漢冶萍立票□帶來，利息可照銅價展期之利算給。趙丙生前□□(與三)井商定，係長年七釐，想高木與古河等續議亦不出乎此也。若得此款挪移，則萍款可以如數。請虎翁仍即回去，保全萍礦，所關匪細。賴倫弟欲請其到此□□，欲詢其礦務實在情狀。小田切來電，要改續議預借合同，必多要挾。其與高木電内有涉萍煤，此項約在大連會議，高木想已將其來電呈閲。我處情形亦非從前可比，一係度支部力量斷不能幫助，一係諮議局於礦石恐有干預。如果季澤能到農工商部，只須將股東會董事會組織實行，新政府於此危難窮窘之公司或不致侵佔。大連會議關係甚鉅，或合或離，難設成見。今照原估多一修復之費，故所重在現款。弟約小田初九大連相會，公能來此偕行或徑往均可。公與實相、小田續議附件，我無底稿。高木經手紗廠押款百萬元，顧電不肯轉期，此亦漢冶萍用，望切囑高木設法爲要。止叟手泐。

陳旭麓等《盛宣懷檔案資料選輯之四》漢冶萍公司第三册《許恒致盛宣懷函》

敬稟者，天禍中國，革命亂起，自武漢失守不兩月，而響應十有餘省，其氣之盛，誠亘古所未聞。現在議和中阻，事難逆料，世亂之變，恐長此無寧時矣。

恒自九月初五離漢，探聞憲節避居青島，倉皇戎馬，幸福躬康泰，隨侍平安，寸衷式慰。漢陽自官軍克復後，總辦派人至廠管理，收拾劫餘，檢點殘敗，稍事補苴。官軍於本月十四日始行退出廠外，現在表面尚是舊觀，而内容損失自不可問，帳房鐵櫃，一律打碎，糟踏無餘(公事房亦然)。所幸要件均已取出，帳簿亦無遺漏。惟舊簿憑單，散失在所不免。恒到滬月餘，清理帳目，因中有問接處，故尚難結束，其謄清簿册向在造册處，而趙步郊避亂鄉居，流離轉徙，未能來滬共同清理造報也。

前據金匊蕃傳諭囑抄八月份該存總結，比因事不貫串，於匆促間查照月表，以流水稽軋。繕呈八月下旬止之正副統計表兩紙，計正表約該銀一百六十三萬有零，副表約合銀六百七十萬之譜，隨由匊蕃加封寄呈，諒邀鈞鑒。本擬俟趙步郊到滬再行詳細核抄，奈步郊未來，一時仍不能辦寄。好在該補之款，粗具於兩表矣。大局未定，辦事棘手，漢冶萍素負重名，人皆視爲肥美而欲攫食之，故不惟艱困怨謗備具于宫保一身，而無直諒之語。吾知即使共和成立，亦豈有公理之可言耶。恒識見淺短，不敢妄議，有補高深，臨穎惶悚。專肅敬稟，恭叩崇安。

中國第一歷史檔案館《清代軍機處電報檔彙編》第二四册《收出使美國大臣張蔭棠電爲聞日本公司買獲漢陽鐵廠等股票事宣統三年十二月十五日》

聞日本公司，買獲招商局漢陽鐵廠，及川漢鄂路等股票。美謂日本不守局外，藉端借款，現已交涉。又聞盛宣懷現在日本，棠。寒。

邵之棠《皇朝經世文統編》卷八九惲積勳《查勘萍鄉煤礦情形條陳》 兹將帶同礦師，勘明江西萍鄉縣煤礦情形，分晰開列於左恭呈鈞鑒。

計開：

一萍鄉煤苗發源，共有兩處。一在縣治西北之陽岐山，一在縣治東南之武功山。陽峻以北，至上栗市一帶，所産之煤，可錬焦者，十居三四。土人現於爛泥湖觀音岩蕉源等處，初次間花故，暫時難期暢旺。若能加以擴充，再開河下裏竹篙林各窿，每年共可得油煤兩三萬噸。該處距城八十餘里，離湖南濟陽縣境二十里，取煤工作之人，半係湘民。且該處一日不能往返，商之顧令及紳董，均謂來便偕同洋礦師，前去查勘。故僅飭礦户，將各窿煤樣，送局化驗，以昭慎重。至陽岐山以雨之蕉源庵、庵坡裏、仙岩石窑、榨窩抱坑坡等處，曾經前採辦委員皺陽桐蒙，據化學生試驗，磷磺較重，合煉焦者，甚少。此陽岐發源西北雨路之實在情形也。至武功山發源一帶，縣廷百餘里，自高坑蛭龍家冲紫家冲小坑裏天滋山雙峯凹五坡下，至義下冲止，爲東路。由小金山，經張公塘、岩嘴寨錫坑、風車凹壩、善冲之坵田五公頃，至安源止，爲南路。總計大小煤窿，五十九座，每年約出油煤十餘萬噸。其中灰輕能錬焦者，十居八九，最佳者，可與開平焦炭相伯仲。此武功發源，兩路煤礦之實在情形也。

一萍鄉産煤，向有兩種。一曰白煤，供民間薪爨之用，每年約出二十萬噸。一曰油煤，可煉焦炭，每年約出十餘萬噸。

一煤苗之厚薄，東南各異。東苗第一層，曰小矸扳磳，又名隔壁磳，厚一尺。二層，曰大矸板磳，厚一尺五寸。三層，曰大磳，厚四尺五寸。四層，曰硬子磳，每一尺五寸。五層，曰白花磳，厚四尺。南苗第一層，曰老磳，厚一尺五寸。二層曰裂皮磳，厚二尺五寸。三層曰大磳，厚五尺。四層曰大底板磳，厚三尺。五層曰小底板磳，厚二尺。熄查東南各窿，取至二百餘丈，僅及第三層。大磳者，約五分之二。而深挖至第五層白花磳者，僅龍家冲之昇福井一處。

一訪問萍邑，開煤老户，云萍煤有深至十五層者。每開至二三層，或逐水廢棄。且至第六層下，石壁有厚至一兩丈者，人力難施，如能用機器鑿開石壁，則煤又可層出不窮矣。

一萍俗一山，産煤租買者，每多至十餘。業户零星開挖，因之無大井。彼此隧道相遇，便起争端，動至因訟停工，即如現在三家冲之多福井，與沙子界之平福井，携訟停挖，故煤窿難夥，雨出煤無多。

一東南一帶，有水廢窿。統計大小，四十八座。産煤最稱上品，每因開至二百餘丈。至第三層煤，見水停挖，深爲可惜。如能將吸水機器，戽去積水，每月約可出油煤，七八千噸。

一萍邑煤窿，在山膘者，爲斜井；在山麓者，爲横井，並無直下井口。起重機器，一無所用。聞之礦師云，窿内宜用小讖軌，運煤較之人力爲易。

一萍煤錬焦，頗爲得法。推原出焦不多之故，皆因爐座太少。此次下鄉，連一查勘、大磚爐。已成者，計共二十四座，每月統計出焦，七八百噸。外尚有土造八卦爐，二十餘座，所出焦炭，較磚爐爲遜。如欲焦炭多出，必須飭各井户，將土爐廢棄，多造磚爐。如有資本匱之，無力改造者，由該承辦總商，借給資本，並飭各立合同。此復改造磚爐，所出之焦，概歸鐵礦收用，不准私售他處。如此舉辦，每月可得錬成焦炭，五六千噸，來源既裕，自能暢旺而不竭。

一萍煤盡敷鐵廠之用，惟採解轉運二者，貴得其時，然後無虞缺乏。管見以爲，宜大焦商股，光於秋冬農力閒暇之時，廣爲採取儲積錬焦。待春夏河水漲時，分批陸續轉運，到鄂交鐵廠收用，免致臨渴掘井，緩不濟急。

一萍邑煤質最佳，運到鄂省，均慶劣煤，皆由船户沿途攙假，故至鑽廢交卸，半皆泥土。不如將油煤停止，採解全數就萍錬成焦炭，運至鄂省。既杜船户攙假，又免鐵廠冶錬，誠一舉而兩得也。

一自江省溯江而上，行一百九十里，入袁河至袁州府城，計共水程六百二十里，沿途淺灘，九十餘處，水霸八十餘處。最深處，約三四尺；最淺處，約三四寸不等。由府城一百二十里，至萍鄉縣屬之蘆溪，雖有小河，可通舟楫。惟河深淺窄，且地勢高如建瓴，灘霸又多，三日不雨，則水涸舟行服滯。該處至縣治，仍有旱道五十里，故此次往萍，即由府起旱計程，一百四十里。自高岡舖以往，或山路陡險，或田塍曲狹，以水道而論，運煤重載，不能街尾而下。以旱道而論，收買民間田塍，修築鐵道，計賣不資，即掛線路，亦難安説，不如仍由湘潭過載，取道湘河，運鄂爲妥。

一萍習向狃於形象之説，居民墳墓，有與煤窿相距數里之遥者。如往開挖新井，鄉人多方霸阻，甚至激成械斗。即如官山水口一山，向稱萍邑風水所間，至今雖大開挖煤村源，而官山仍然封禁。此外封禁者，亦復不少，數百年相習成風，難以破除成見。果能吸水重開廢井，則煤不可勝用矣。

一萍煤向用土法開採，稍深遇水，無法去之，即將舊窿廢棄，另開他井。業户工人終年勞瘁，用力甚苦，而所得無多。誠不若仿照西法，用機器開採之爲便捷。到萍復已將此意，爲四鄉紳董，及井户人等，再三曉諭。該紳董深以爲便，惟業户俱非殷實，需用吸水機器，無力購買，意欲向官借用，而又不願洋匠襄助。此誠鄉愚狃於習俗之見也。

一煤由萍鄉東門下河，走長潭至湘潭，計水程二百九十里，其間雖灘瀨較多於袁河。而此河之水，發源陽岐山，源流頗暢，經冬亦水深二三尺，用小船轉運，似無窒礙。

一萍邑各處所窿煤炭，飭各窿户揀樣送局，上洋礦師用竹筒，分裝標明字號，帶回漢廠，再行億驗，灰之輕重，分别炭之等差，以便去取。

一洋鄉西路之湘，東至醴陵湘潭一帶，居民皆染疑習，强悍異常。且駁煤船户書局焚産處，接洋礦師函，欲往查勘河道。熟商顧令，再三籌酌，以爲來去均須時日，沿途恐遭意外之虞。具函力阻，並煩蟠譯面將各情詳述，故未前往。

甘韓《皇朝經世文新編續集》卷八《節録大（治）〔冶〕煤礦華豐公司嚴道開策稟稿批詞》 竊職道於上年，代陳胡紳稟請開辦大冶煤礦，當奉憲臺鈞諭允準。並稟明：先開桐梓包柴煤礦，遵由職道履勘礦山，確係胡紳價買，驗執契據，附近並無廬墓，所出實是柴煤，與鐵政毫無妨礙。説立華豐公司等情，借鈐大冶縣印信，申覆在案。胡紳原請仿運道局章，三成納税。仰荷憲臺體恤商情，免予報效，莫名欽感。胡紳奉諭之初曾請報效，蒙逾格垂仁，辦有成效。區區一隅之地，小試其端，竟得獲兹厚利，亦非始願所及。既荷憲恩高厚，尤願格外加倍報效五成，藉抒微忱，伏乞恩准賞收。指撥何處局所，即自今冬起，由職道按季報解。其餘五成議以二成分派股利，三成開銷局用，勉可支持。職道前稟聲明胡紳邀同辦理，兹適投效來鄂，自當一切督飭妥辦，以抒憲廑。所有胡紳報效五成煤價銀兩，代求賞收指撥緣由，理合具稟憲臺察核是否有當，伏侯批示祇遵，實爲公便。批云：覽稟均悉，查近年叠奉諭旨，飭令各省招商開礦。誠以中國礦産最爲外人所覬覦，果能由華商集資開采，經理得力，則上足利國，下足利民，實爲當今急務。兹據稟胡紳開辦大冶縣屬桐梓包柴煤土窿，著有成效，每年可獲利十萬兩或十萬元上下，願以五成報效，即自今冬起，由該道按季報解，稟請指撥等情。具見急公，殊堪嘉尚。惟該處煤窿既系胡紳資本創辦，應由商務局飭轉胡紳來局面詢明確，果與所稟情節相符，即準其開辦。其報效之款從寬，自光緒二十七年爲始每年繳洋銀五萬元，應令將明年春季報效之款先行預繳洋銀五千元，以資憑信，撥解紡紗官局兑收。準由胡紳設立華豐公司，歸嚴道督飭，妥爲辦理。嗣后每年報效，即以五萬元爲定額，按季呈繳。由官隨時派員前往該公司稽查帳目，以昭核實。如餘利溢出十萬元之外，再行酌加捐數。仰商務局轉移嚴道遵照，并迅速傳詢胡紳，即日據實稟覆，以憑飭繳定案，勿稍遲延。此繳。

于寶軒《皇朝蓄艾文編》卷二二《江西紳士籌辦萍鄉礦務稟》 竊維理財莫急於開源，足國當因其所利。伏見泰西諸國，號稱富强，莫不以礦務爲首。我中國地大物博，得天地清淑之氣，結爲寶藏，實倍蓰於窮荒，久爲外夷所涎視。近來叠奉上諭，催飭疆臣采辦，而所屬州縣，輒畏難推諉，託辭搪塞。其故有二：歸官辦則設官開廠，騷擾必多，資本重大，責效取償，後累無窮，動輒得咎，興利之念，不敵其避罪之心，此其一也。歸商辦則事無鎮壓，風波易起，鄉愚既易於鼓煽，遊棍互肆其阻撓，資本或棄於半路，大功或敗於垂成，統計全局，因而裹足，又其一也。紳等再查前據御史陳其璋奏准，所稱官辦不如商辦，凡各省礦産之處，准由本地人民自行呈請開采，地方官專司監管彈壓。其一切資本多寡，生計盈虧，官不與聞，俾商民無所疑阻等語，可謂洞見癥結，得化難爲易之妙用。紳等籍隸袁萍，時艱目擊，上年荒歉賑濟，籌款至十餘萬兩之多，民力困窮，於斯已極。若不大開利源，難以復其元氣，計惟廣辦礦務，可以上裨國用，下濟民艱。袁郡舊多煤礦，兼産五金，如萍鄉屬之半山白竺之内村葉絲坑陽叉封功山等處，宜春之登佈里霞塘龍下等處，前曾興辦，著有成效。職等敬奉上諭，廣約同志，湊成股分，准於前開等地，租買山場，邀請熟悉礦師，躬親勘驗，掘取礦苗，銅鉛鐵錫，均可采辦。由此推廣試辦，金銀礦務漸開，利源乃廣，惟事必歸官督，廠務始資其保護。權由紳董，商股益切於信從。至其山場坐落，皆由附近居民察看，於墳墓田廬，一無妨礙。紳等細核事體，與前御史陳其璋奏準所言，尚屬相合。如蒙批准，許其遵旨開辦，即乞通飭袁州府屬官，加以保護，毋得間阻。紳等一面傳齊商股，著速集資興工，隨擬妥協章程上呈，以憑核奪。俟略有成效，再行稟請察看，由官公估，酌量抽納税釐，藉伸報効，未始非息壤細流之一助。所有一切籌辦萍鄉礦務緣由，謹合詞具呈，伏祈鈞鑒，批示施行，並俟開辦後，再行呈請奏准立案，實爲公便，謹呈。

撫憲批，據呈就地開礦，係爲廣開利源起見，事屬可行。惟各處情形不同，呈内所指各地名，有無窒礙之處，仰布政司即飭袁州府，分别詳查明確，並隨擬妥協章程，迅速稟復，以便知照該紳，尅日開辦，業已行司遵照辦理矣。

全國圖書館文獻縮微複製中心《清季鈔電匯訂・盛大臣來電》 稅務大臣陸軍部南京張制台、武昌楊護院洪，漢冶萍公司交德商禮和購運萍鄉開礦藥引伍箱。每箱伍百捲，共貳千伍百捲，由香港裝利南輪船，運滬新章。須請督院先期分咨部處，電關驗放，方可進口轉口，由滬運漢。時日過促，咨文不及。上次係由南洋給照轉咨，此次仍請安帥照案先給護照，並賜電咨大部，知照稅務大臣，電飭滬漢兩關，驗放進口，以便轉運。至紉公誼，乞電復。宣。感。印。

夏東元《鄭觀應集》下册《整頓漢陽鐵廠條陳四十八款》 漢陽鋼鐵廠專爲熔化鐵礦煉鐵成鋼之用。惜化鐵爐未設於大冶鐵山，且萍鄉煤礦尚未大舉，尚需遠來價昂之焦煤，致多糜費。茲與中外同事者逐款研究，擇其要者整頓條陳於左。

計開：

一、承辦鋼軌，如蒙俞允必須兩爐齊開，舉所出之鐵盡煉鋼軌，方可給用。惟每月約需焦炭五千噸，亟宜預籌。據馬克斯云：德國焦炭每噸三兩。本廠焦炭每噸約價七兩尚可獲利，如每噸價逾十兩，則工本不敷無利可獲矣。

二、焦炭開平止允月交一千二噸，至九月底止。周年扯計，每月僅八百噸，既不足用，價亦太昂；萍鄉月交千噸，郴州月交五百噸，價較開平稍廉，惟爲數無多，又恐秋冬水涸不能接續而來，擬囑承辦者及所派之員與馬克斯礦師赴萍鄉詳勘，設法大舉，總期於河水未涸之前，源源多運以資接濟。

三、各廠鍋爐每月用生煤三千餘噸。聞湖南之寶慶、寧鄉、瀏陽、醴陵等處產煤不少，價亦較廉，長沙爲群煤匯集之所，較近於湘潭，擬於該處地方派一廉諳之員，帶同中國化學生設局收買塊煤及擇無磺之煤，載往馬鞍山或漢廠，用西式焦炭爐開煉。如能派中國礦師前往履勘，擇其佳礦近水者自行開採尤妙。

四、據盧柏云：化鐵爐當時所砌之磚非但不佳，且不甚緊密，中鑲以細棉土，易致朽壞。近借油汁彌縫，火不外泄，汽機頗靈，出鐵稍多。盧柏因廠存開平焦炭只敷十天之用，而馬鞍山焦炭積有萬頓之多，設法變通，姑於開平焦炭中試攙用馬鞍山焦炭十分之二，不料五月三十日卯刻因炭渣過多，汽機不靈，鐵板水箱忽然爆裂，幸未傷人，尚無大礙，當即另換水箱。盧柏又云：攙用馬鞍山焦炭，出鐵較少，已不合算，況有爆裂水箱之虞。以後馬鞍山焦炭不用最妙，萬不獲已，只可攙用十分之一。

五、李士墩煤礦原已開深，窿口一十四丈，兩橫窿各二百丈，所費已不貲，現在水深八尺，淹棄可惜，愛囑司事監催小工不分晝夜趕緊抽水，然非以鍋爐抽吸，用月餘之工水難乾涸，在本廠無甚利益。適有張董世祁舉薦陳海春者情願包辦四個月，不領公款，月交塊煤一百噸，餘多聽其出售，已許其試辦，俟期滿再議。

六、日本寄來二號焦炭樣，每噸價八兩五錢，化驗含磺一分六七，磷零零一四，灰十四分，尚屬磺輕可用，惟質松尚非上品，且恐倭人不重信義以一號充二號，只圖哄騙目前合同之易訂，不顧大批到時與原樣不符。即化驗可用仍須先運一百五十噸入化鐵爐冶煉，的確果佳方可相信。至以後運來大批，宜與之切實訂明：必須照樣無磺且大塊不碎爲率，如其細碎磺重，殊不合用；運焦船到，須俟洋匠化驗後磅收妥當方可付價，以免後論。聞安南有煤礦兩處焦炭價極廉，已囑洋人細厘化代謀取樣矣。

七、擬請再雇一洋礦師、兩華礦師與馬克斯於沿江、沿海分投履勘，以冀早獲無磺煤礦，免至遠購價昂之煤，時慮停工待料。總之，廠務所建化鐵爐非自開煤礦，多煉焦炭，終難持久，揆諸外國鐵廠大都如是。

八、宜將大冶、興國等處白煤化驗無磺者速寄英、美兩國試驗，如能化煉好鐵、好鋼，即添設化煉白煤之爐於大冶。

九、宜懸重賞，招募華匠考有外國機器大書院執照、及已在某廠歷練有年者，到鄂充副總管，以免洋匠朦蔽。

十、宜選已通洋文之華匠往外國機器書院讀書、入廠學習機器及礦師，如試其材藝確有成效者，奏請朝廷格外獎勵，以期聞風興起。

十一、大冶鐵礦昨偕馬克斯、賴倫履勘，尚有上好錳鐵、磁鐵爲本廠未買者，據該處紳士云：金山店、戴道灣之鐵礦亦甚佳，不獨鐵子腦、象白山、獅子山而已。已面囑張牧宜皆設法買之，一面稟請立案，以免落於奸商之手貽害無窮。

十二、本廠各董司，無論何人，均宜照新關辦事章程每日按定時刻到廠，不得曠職，且不可有官場習氣，亦不可專尚文才，必須用當其長，專司一事，非守潔事熟者不可輕用也。董司概不徇私，則利可興、害可去，廠事自日有起色矣。

十三、銀錢所固極慎重，而制造所、採辦所尤須精明强干、操守廉潔之人。蓋制造所即考工之處，稽核所關甚重，全局之成敗系焉；採辦所、收發所即購辦材料、驗收煤斤之處，歲月之盈虧系焉，顧其中弊竇頗多，不獨煤斤之以次充上、以少報多而已。考工尚有洋匠可以互相稽核。至如所辦材料之佳否、煤斤之高下，倘有通同作弊，上下其手者，亦非總辦可以事事親到、時時察核者也。所以各廠向章凡司銀錢者不司採買，司採買者不司收發，互相鈐制，預絶弊端。

十四、德培云：鋼軌輕重不能定，即不能開煉貝色麻鋼；既不能煉貝色麻鋼，即不能開馬丁爐。蓋馬丁所用材料以廢鋼爲大宗，生鐵甚少。照平常煉出鋼料僅敷成本；除非煉出質地極好之鋼爲制造槍炮等用，厥價甚昂，可以獲利。如開貝色麻與軌軸專爲供給馬丁爐材料，斷無此辦法也。

十五、馮通守熙光云：年來各省添造槍子，每副機器須價十餘萬，且各處零買小車床、刨床、鑽床不少，亦漏卮之一也。宜於此間另設一機器廠增造小車床、刨床、鑽床等件，可以出售於各省，獲利甚大。再據云：以上之件中土匠人可以自造，不必用洋匠也。又據德培云：進口外洋釘鐵甚多，本廠擬另設一釘鐵廠；凡此等鐵貨進口多而可以獲利者，皆隨時可造也。

十六、德培云：鐵廠成本渠算不出，須看月結方知。凡創辦之事，無論大小，必須計其出入有盈無絀方可舉辦，今德培竟云：「算不出。」可見其未嘗過總管矣，惟聞於煉鋼之法尚有閱歷。月餘以來，察看德培遠不如盧柏之認真，而好訣執拗，罔顧大局，又不洽衆匠之心。馬克斯則性耽安逸，加之性情浮傲，不可謂其竟無學問，而其不可靠則一也。年限未滿，只可羈縻之而已。

十七、圍墻宜早築，以免貨物竊失；棧房宜建，以儲材料及鋼鐵貨，免各鐵露天生銹。宜改用電燈，以免火油失慎且光明而價廉。宜建各司事公事房，以免散分各處，呼應不靈。現在尚有租民房者宜設洋總監工及寫字房，隨時遇事面商，以免遠居住宅。且造小鐵路，搬運貨物歸入棧中，以免多糜工費。凡支小工錢，宜中、外匠頭簽名，以免小工浮冒。

十八、廠中用各材料宜派一操守廉潔、精明强干、兼識洋文之員駐滬採辦、轉運，或徑緘囑外國某廠寄來，以免經手舞弊，縱有發票，亦不足據：不獨扣用，而且浮開價值，吃虧不少。

十九、德培云：鑄槍炮之鋼以啓羅細布理爲上，馬丁次之。欲煉啓羅細布理須購機，用馬丁鋼再煉一度，納諸小罐，每罐可煉五十啓羅，然馬丁盡足爲槍炮鋼矣。

二十、貝色麻鋼用於鐵路者爲大宗，用於船料者次之，二者兼行方能立脚。查本廠現成之鐵尚屬磷多，如鑄鋼板恐嫌過硬，硬則必脆，不得不求磷少之數。昨據馬克斯云，惟金山店之礦磷質最少，可煉鋼板，故擬即購開煉也。

二十一、焦炭爐洗煤機大者價值八萬，小者四萬。馬鞍山之洗煤機是小號，漢陽尚無洗煤機，若將馬鞍山之洗煤機移於漢陽，約須移費千餘金，計期三個月可成。

二十二、馬鞍山洋焦炭爐三十六座，每日約燒煤一百零五噸，必須儲備兩個月煤料方可開燒。一停燒仍須烘爐，以免熄火，若熄火則爐冷必裂，但烘爐之費據科納礦師云，今春停燒兩月用柴草烘爐，約費錢二千餘串矣。

二十三、鋼軌之輕重亟盼奏定，以便即日電致外國定造軌軸，以免曠日廢時。因本廠只有六十磅及七十磅之軌軸，如須德國通行三十三啓羅、六十六德磅，即英國七十二磅之軌軸，必須預定。若枕木仍用鋼料，須購機器以備制造，計期約六個月可到也。

二十四、德培云：開貝色麻廠以煉鋼軌。截鋼軌之長者合生鐵以煉馬丁。若開貝麻與軌軸專爲供給馬丁爐材料，每頓虚費七兩，斷無此理也。

二十五、盧柏云：化鐵爐如停煉一月必須烘爐，約費焦炭百餘頓。宜乘停爐之時速爲積儲，以免糜費。如熄火必須大加修理。因前年六月二十八日開爐之後時缺焦炭，所用焦炭甚劣，以致爐身吃虧。因焦炭無接濟，於是熄火，遂即修整爐身，所用火磚既舊且裂。蓋露天爲風雨所蝕浸於水者已三年，以別無可用，不得已將就用之耳。倘再行熄火，勢必曠日修理更費巨款方可復用。以現在爐身而論，不熄火只須稍加修葺尚可歷久，惟須佳礦、焦炭源源接濟耳。

二十六、查萍鄉煤質甚佳，惟未用西法開採，出煤少，又無洋爐煉焦，離河路遠。宜築鐵路，由萍鄉至湘潭之洙州不過一百八十里，擬請政府借款建築，由車費分年清還，可望運費減、煤價廉，且不致小船裝運遲滞、沿途偷賣、侵沙灌水等弊也。請急圖之。

二十七、馬克斯云：履勘大冶，可建鐵廠化鐵爐之地有七，張牧廉泉又另得一處，且云最善者有四：一、菜子灣，二、子牧養，三、袁家場，四、周家巷。克虜伯均繪有圖説。查泰西各國所建化鐵爐，不就煤礦，必就鐵礦，以省運費。若設於鐵礦，必須先儲焦炭可用兩月之久而後開工，庶免斷續之患。

二十八、考究外洋熟鐵貨來路頗多，獲利亦厚。計外洋市價每噸不過四十兩，何以本廠每噸成本竟至五十二兩之多？據總監工德培云：德國每爐用二人，日出七次，每次一噸；本廠每爐四、五人，日出五次，緣德人體壯工熟之故。

制造股董徐芝生云，成本每噸五十二兩，華、洋工匠薪水猶不在内，其故因燒煤過多，擬改造新法之爐，大約每噸成本亦不過四十兩。雖德培不以爲然，而熟鐵廠洋匠卜聶許可。餘囑先改兩爐試辦。據江南制造局洋人斌士云，英國熟鐵爐多是包工，兼限煤數，過限即罰，工則每爐亦用二人，日出不過五次。華人若工熟者除三伏暑天外想亦可辦到。惟外洋自通行鋼料以後不重熟鐵矣。

二十九、江南制造局洋人斌士云：本廠化鐵爐高不過六十英尺，一晝夜出鐵五十餘噸。英國近有高至八十英尺者，一晝夜出鐵八百噸至一千噸。出鐵多則成本自輕。蓋由生鐵爐有三座，生鐵出爐，即轉鋼爐冶煉。如生鐵磺重，又有提磺之法，或煉熟鐵，亦不使其停，須日夜不息者以其節省工料故也。

三十、熟鐵廠洋匠卜聶與制造股董徐芝生所論熟鐵爐節煤之法，德培非惟不知乃竟不以爲然，縱無私意亦非總監工之才，蓋總監工應無所不知也。克虜伯廠豈有不知其才竟薦爲中國總監工之理？德培是否克虜伯廠所薦，須請查明。恐不欲我中國鐵廠收效獲利，彼得多賣槍炮於中國耳。愚見凡創辦之事，雇外國總洋匠者，宜派一熟諳機器、洋文妥員，先往外國考究查訪有學問、有歷練素爲衆人佩服者，方可聘來。所用洋匠宜量才器使，庶免貽誤大局。據德培云：鐵政局有用長於鐵廠工作之洋匠畢盎斯以開礦者，長於看礦之白乃富爲總監工者；且買比國機器多是老樣，竟有以舊作新者，故糜費頗多。

三十一、泰西各國煉鋼廠有專造輪船材料者，有專造鐵路材料者，有專造槍炮材料者，各專一門，獲利不一。惟煉鋼、煉鐵必先煉無磺之焦炭，而焦炭爐中煤烟所出馬摩尼高爐打即拙作《盛世危言》所載用作顔料、糖料、油料、强水等項，獲利尤重，惜馬鞍山、漢陽兩處焦炭爐皆老式不能提取耳。

三十二、查美國重税進口鋼鐵等貨，正以保護本國工商自制之貨。今部議廠貨令照總署值百抽十之奏案，則成本更重，不知此議可禁洋人不入中國制造，而不能禁洋貨不來。將來華商各廠愈難獲利，是何异於爲叢驅雀耶！

三十三、查問總監工德培云：本廠考伯爐最新；化鐵爐，馬丁爐、鋼軌爐皆尋常通用，不新不舊之樣；通風機則力量不足；焦炭爐、軋軸、條軋板、火磚機尤爲老樣；洗煤機太細不能用；貝色麻可用而又小，其式亦老；吹風機則以舊器刮垢磨光充作新器。所有買價查與新機之價相似等語。斌士云：條板烘爐太多，一機器不敷拉鋼軌，一機器亦不敷軌軸，似用倒烟爐換大軋軸較勝也。

三十四、總監工指示各機器打風房墻上裂紋，及化鐵爐地脚稍有歪側無礙。詢其故，知廠基本系月湖，雖用外國細棉土三萬桶填築地脚，仍未堅實，以致機墻有裂耳。馬克斯云：大冶有可建鐵廠地基三處，不但較漢陽地基高敞、堅實，而且就近鐵石礦，省運費多矣。

三十五、查問去年擬合辦廠之英、法商人，均謂：洋匠多，薪水重；機爐多不合用；且雇洋匠訂合同當時言明必須教習華匠，及訂明每日應煉出鐵貨若干，鋼貨若干，如工程過限多少照數加給，所有化鐵爐煉鋼廠皆應移設於大冶云。

三十六、查本廠洋人原擬不由外國請來，或由上海或由安南請來者，期滿三年亦復給其返國舟資，另有津貼。如德培文案，由滬請來每月薪水二百五十兩，期滿亦給舟資四十五磅，計已三百兩，另津貼兩個月計銀五百兩，總共八百兩，津、滬各廠從未有如是之過厚也。

三十七、本廠襄河馬頭，只有起礦石一處，且不能灣泊輪船，所以上煤炭、下鐵貨必須過駁，糜費實多，急宜於水静且深之河邊築一馬頭建棧，造小鐵路接至廠中，以期事便而工省。

三十八、本廠只有駁船四只，在大冶上載，到漢陽下載，每處耽擱兩日，而楚强、楚富兩輪船必爲彼停候多日，如添造四只，則輪流拖駛不須停候，以免虚耗日期，縱駁船有一損壞及須剥江輪，焦炭亦不必另雇洋駁，省費多矣。

三十九、查焦炭爐必合煤之火力以造爐，方能合用，并非造一爐即各樣煤皆可用也。洗煤機亦有粗細不同，有只能洗塊者，有并未亦能洗者。凡本廠各礦機器有不適於用者，總監工理應講究，可改則改之，須購則購之，不應徒諉咎前人，亦不必盡須另購也。

四十、講求自煉好焦炭爲本廠急務。據盧柏云：每日開一爐有好焦炭可出煉熟鐵之生鐵百噸，或煉貝色麻鋼之生鐵約七十噸，今用開平煤炭雖佳，奈過碎只能出鐵五十餘噸，攙以劣炭，出鐵愈少，甚至爐冷風門梗塞，其害不可思議也。

四十一、查泰西工程廠分四門：一曰文事工程，英語昔抑兮英真尼亞，即開浚河道，建造鐵路、船塢、橋梁之類；一曰陸軍工程，英語密立乍來英真尼亞，即築造炮臺之類；一曰海軍工程，英語耐弗耳英真尼亞，即造師船之類；一曰機器工程，英語美凱尼克耳英真尼亞，即制造各種機器之類。他如採礦、化鐵、煉鋼之類各有專門名家，英語統稱之曰英真尼亞，皆歸入文事工程一類。西國諸項工程各有專門書院，肄業者在院讀書數年，考取然後出外閱歷，必須學識兼優方能任事。中國借材异地宜加意考求何項工程應請何項之人，若用違其才則貽誤實非淺鮮。然則選才可不慎哉！

四十二、洋爐煉焦炭用文火熏蒸，不走火，不露風，較土法用武火置煤於爐底燒煉而成者成數甚高。據馬鞍山科納礦師來單云：用萍鄉三百噸，每噸銀三兩六錢，共銀一萬二千六百兩，須用小工七十五名，工食銀共二百四十兩，洗濯煉焦連材料約銀二百兩，運焦一千七百噸（每百噸）每噸銀三錢三分，共銀五百六十六兩六錢六分，總共銀一萬三千六百零六兩六錢六分，計每焦一噸須銀八兩。

四十三、煉焦炭宜就産煤之地開爐燒煉，若運郴州、萍鄉以及日本日尾之煤到馬鞍山或漢陽開煉，其弊有三：一則上下脚力運費過多；二則遠處運來風吹日曬、雨浸油質必虧；三則船户中途盗賣，攙和水、泥，在所不免。如能於萍鄉大舉開煉焦炭，則以上三弊可免，且可省三成運費，蓋煤兩噸煉成焦炭一噸，而焦炭輕松較煤稍占艙位，故其運費不能減半，而可減三成也。

四十四、近日考究本窑所煉焦炭，大約一窑能出四噸焦炭者，須裝生煤六噸，底火燒煤四噸，此向來所以有十成得四之説也。然所出四成仍未必盡屬可用，或煤硾未裝，或裝窑未堅，或火門走風，或調水不均，或火候有過不及，炭皆減色，不得盡歸咎於煤質不佳。近來本窑所出焦炭至好亦須於四成中再打九摺，則是生煤十噸僅得净焦炭三噸六耳。據汪董云：土法煉焦炭，每生煤十噸可煉四噸，提净能合化鐵爐用者又須打八摺，合計每生煤十噸净煉成好焦炭三噸二。以每頓三兩六錢生煤成本計之，每煉成焦炭一噸，生煤成本已須十一兩二錢四分，外加燒工及硾篩等一千一百七十六文、挑力一百六十八文二項，合銀一兩一錢二分，通共每噸焦炭合成本銀十二兩三錢六分。或煤有糝雜，或燒煉不透，成數愈少，則成本愈重矣。

四十五、本廠所出之生鐵，鐵花細、色青亮，與外洋茄史雪林牌號大畧相同，惟鐵性微燥，熔成鐵水不能耐久，易冷。緣鐵水冷即恐機器件頭不能全行走到，此一節最爲要緊，其所以不如外洋者只此，大約牽扯可比副號雷狄卡牌號之生鐵。惟鐵廠之鐵亦有鐵花，俱無如泥色者。蓋生鐵之色青爲上，黑次之，白斯下矣。該鐵熔成機器後，銼力可銼，車床可車，性尚軟而不老，性一老則銼與車均不能用。兹已取茄史雪林樣來囑總監工及化鐵洋匠考究照造也。

四十六、部議云：提煉不净，鋼質不净，安能强各省必向鄂廠購求。又云：如果鋼質較外洋爲佳，價值較外洋爲賤，該督既有把握即北洋亦無不樂從等因，是與接辦章程第六條所載不符，雖各省督撫及路局大員公忠體國，欲向鄂廠購辦，而經手屬員必多方挑剔，吹毛求疵，借詞推脱，以便他購而圖私利。餘經辦開平煤礦粤局深知官場不願用局煤之弊，因此可類推也。

四十七、查泰西各大國開礦，煉鋼鐵，制造船械，建造鐵路，有國家自辦者，有先準外人承辦若干年者，有招商承辦者。中國風氣未開，既不準外人承辦，而欲招華商集股恐議論多而成功少。今湖北鐵廠位置失宜，無可煉焦炭之煤礦，現在日虧甚巨，官辦既難支持商辦亦未見成效。倘仍退歸官辦，未免貽譏中外。不若奏請朝廷，由督辦軍務王大臣籌借洋款一千萬兩，并飭各省藩庫凑集銀一千萬，紙幣一千萬，共銀三千萬，先開一官銀行，分設各省，陸續推廣至英、法、德、俄、美各國，凡各省海關、官銀號收納税餉裁歸該銀行代理，歲獲利息必厚，且將來可爲國家借洋款還債，不受外人挾制，轉輸必易；既有巨款，則開煤、煉鐵、造鋼軌鐵路皆不用招商集股，亦無慮其遲緩不成矣。

四十八、鐵廠、鐵礦各司理弊端甚多，姑畧舉數端列後：一、聞司理煤礦者私運煤滿船出售外人；二、押運者沿途私賣、灌水侵沙；三、司理銀錢者摺扣工錢，浮開貨價；四、各監工索人謝禮，濫舉工人；五、代人私造器皿、修補機器等件，其材料出自本廠，而所得工料價值不歸公家，飽其私囊；六、與庫房多領材料私賣外人；七、管庫者監守自盗；八、受人賄賂以次貨抵上貨。尚有未知者，容待查有實據當稟請革换，認真整頓，以免效尤。

王爾敏《盛宣懷實業朋僚函稿》下册《餘肇康致盛宣懷函一》 杏生宫保侍郎明公鈞座：前奉環諭，猥以路工粗有端緒，謬蒙奬藉有加，彌用惶赧。伏承藎慮賢勞，還朝旁午，攄交通之偉略，策平準之閎圖，上翊廟謨，下適民用，仰惟淵抱，曷罄欽遲。肇康里居奉諱，路政羈縻，初入公司，一錢不名，幾致束手無策，忍辱含垢，苦心經營，先後籌款三百餘萬，集股一百餘萬，合計已踰五百餘萬元。除償贖款外，幸得成此長洙百十許里之地，以後仍可歲籌五百餘萬，以之修路二百里。五、六年内粤漢在湘境全路準可告成。惟必取消外債，乃能心志齊壹，相與有成。昨奉宫保由楊中丞轉電，以借款本係多生枝節，仰見維持湘路，顧全大局之盛心。益此時大小股東輸股已成巨數，方在通力合作，源源而來，明明可以自辦而必欲借助他山，無論利權失損，實亦非立憲時代所宜。湘人責望公司不遺餘力，在事僅肇康一人，尤無旁貸。若借約果諧，其集矢於藐躬者，不知何狀。肇康雖早準備一辭字（先後已辭四次），然未出公司以前，殊難受此窘困，惟我宮保心知其故，深識其苦。竊以爲湘既蒙鈞部委查，亦既有款（經于道峻年親往各存局驗明，實在存九十六萬餘現銀，而歲入實款確有五百餘萬元）有路（長洙百十餘里已成，已開工程車。長、岳、洙、郴亦已分投開辦購地，年内開工），實無應再借外債之理（不比三年前，款均無甚著落，故張文襄籌議及之，而湘人亦迭次陳明，必加尋常市面通假辦法，而不虞規仿津浦也），或援據湘路情形以取消或移作他用。宮保沈幾默運，必有權衡。肇康夙叨雅故踰二十年，敢以新名詞所謂個人輒私於下執事，倘得在明公節下陰爲主持，速寢斯議，下走將以功德傳布全湘，頌禱馨香，豈惟百世。即肇康濫厠其間，亦與有榮施矣。冒瀆率陳，不勝惶悚待命之至。洙昭車輛礄梁次弟裝配，十月準可通事，長昭臘正之間亦必可達。鈞電以長沙如通車有期，易家灣即可無須多爲點綴。昨晤叔平觀察商議及此，亦深符崇指。究應如何設施，及開車後運脚應如何規定，祇候鈞奪。至路工總廠在省城北門外新河左近，已做有碼頭五座，可以二、三座暫爲萍煤起卸之用，囤放煤廠亦或可就公司餘地設法挪用。並已電澈崇座，亦已與叔平觀察道及，均乞面與籌畫。尚有下情，均請叔兄上達。湘路聚精會神以萍煤爲開宗第一義，亦即宮保數年來注重之事，差幸不至辱命，綰轂所接，軫域奚分，一切均可會合貫通，沆瀣一氣，知叔兄必秉承妥善也。專肅敬請鈞安，禫餘肇康頓首上。九月初六日。

王爾敏《盛宣懷實業朋僚函稿》下册《嚴信厚致盛宣懷函三》 自去冬一別，匆匆數月，因無事故未通問。然每遇京友過津，無不詢問起居近狀也。厚津事可了，雖吃虧尚不甚大，而產房地皮日後可期興旺。兹擬初十遽南歸，不知我公暨仲芳方伯何日可以出京也。令足志仲魯觀察前年借去之銀，屢次延約，商號放此呆帳殊難爲計。前函去索取，兹據其來信有鐵廠代收之爐本一款，及萍鄉代收若干之語，原函録呈，務求費神爲之清釐，是所拜禱。漢號報帳年底止鐵政局用銀十五萬一千餘兩，萍鄉用銀三萬二千餘兩，我公想必知之，前未曾聞。至年底止可以清款作一結束，以後仍然往來。去年宗載之兄亦來面談年底清款之語，務請往催。蓋商號往來最忌呆擱，若常川往來，須靈便活潑耳。厚夏間仍須來津，小兒擬本長蘆運同，擬令引見到省耳。手此敬請台安。嚴信厚謹肅。四月初三。

王爾敏《盛宣懷實業朋僚函稿》下册《楊宗濂致盛宣懷函四》 杏蓀仁棣臺大人閣下：初五日奉復一緘，由叔和兄轉致，想可先此達覽。頃少坪過此，詢悉礦務細情，萍煤冶鐵，自是佳品，惟須同時並舉，方有利益。籌款不易，恐致中輟，甚可惜也。然士大夫皆以此舉爲不然，不如借招商集股一説暫停，以待後來，以釋重負。少坪所著雖未入其門者驟看未必明白，而中學通達然後動筆，其中自有文理，爲學者所易解。與英語習全相較見長，亦作者一番苦心。濂當爲序之。少坪與郭師敦到滬時，執事諒已先到。所查一節須博訪周諮，層層考到，勿稍遺漏。濂約於二十外晉省，屆時切盼詳示，一可與菘耘密商，多一推敲，較爲老到；二可一探乾裕元豐消息，倘此中果有維持之術，上可利國，下不累己，則即決意任之。大丈夫見義不爲無勇也。所恐顧之所至，力阻之耳。易顧之接辦以後能否大加整頓，公爾忘私，平日居心行事如何，並望密示。此事叔和能否與商，其於此中利弊甚熟，以爲可藉手否，招股有如何力量。總之秋亭叔和均吾氣類，爲必不可少之人。如有所知，必須盡言，特在他人前不宜宣露而已。乘少坪便布數行。順請籌安，不盡百一。愚兄楊宗濂頓首。閏月初七日。

王爾敏《盛宣懷實業朋僚函稿》下册《楊宗濂致盛宣懷函二十四》 杏生仁棣臺大人足下：仲春旋鄂後，舍間寄到手約，屬改道蘇門，同此行程是鄙懷所願，惜見招稍遲，遂致相左，悵結莫名。嗣貢三兄交到來書，並致美帥信一件，匯項如數。兄當派敝局砲船送去。頃得復函，議單收照利摺一一交來。適有劉蘊如令郎竹山兄回常，托其帶上，祈查收。函中頗有不足之意，半面題文雖處處扣住題面，實處處旁射，下注請閱後轉寄藕舍弟閲之。可知經手銀錢不易討好也。正月朗齋軍門聞得來信，云承屬某事已遵照開保，奉有明文再當奉布等語。是否餉支並未説明，不過屢次函托，重在餉支一慮，既云遵照，應不致與願相違。三月初間專函往詢，覆到即當飛告。所以遲遲不告者，深恐誤許爲羞，顧以傳言先叨齒謝，愧何可言。承示武漢兩處擬招商來開公典，悉照金陵試開章程，所見極是。此間高峰屢詢嚴侍出處，亦頗以此事屬望。惟兄與本地紳商素不浹洽，不知地基從何覓起。日前同鄉姜明來言，有一、二處可以購，乃不知究竟如何。子泉將回本任，到省後當以此事密商之。聞鄉現議捐建會館，專候子泉回任後覓地，若借此名目更不著跡也。秋風轉瞬，吾弟養到功深，定卜一戰克捷，盼祝良殷。此間新藩林遠翁尚無來鄂確信，劉甲翁忽丁外艱，虎卿兼署兩司，升階大有可望，運氣來時自有機遇湊合也。兄碌碌如恒，鮮淑足述。敝眷於前月底到此，食指增多，區區薪水，僅敷半月用度，專靠後路糧臺挪借，日積月累，終恐仁山雨棠不放心耳。學畫消遣，亦不得已而爲之。惟客中少名畫，臨摹不易長進。聞尊處收藏甚富，如有名人手卷、册頁、直幅，惠假十餘件交至舍間寄來，一開眼界，畫學必有進境。否則有以董文敏及烟客、石谷、圓照、麓臺之畫，求售者，代購若干幀，新羅山人、南田翁花卉，亦兄所欲得而未得者（要的確真蹟，貴佳不貴多。本朝名家極多，舍此數家，只要畫佳，無不珍愛），并求留意，此則兄所重托日夕盼望者也。叔明丈聞已回里，新代求小直幅横披各一紙。張子湘（名熊）聞在滬中賣畫，遇便代覓册頁十二方，均所感盼。手泐奉復，敬請侍安。兄濂手啓。四月廿五日。附家書一件，內有合同一紙。永妥寄爲感。

王爾敏《盛宣懷實業朋僚函稿》下册《楊學沂致盛宣懷函六》 奉手諭：萍焦惡劣，疑不能付。詞嚴義正，何敢置喙。此次鐵爐之壞是萍是廠，尚待公論。昨擬號信勘語，自謂盡摺獄之能事。廠以焦壞不付款，憲信廠詞亦不付款，則礦必立倒，張必立斃。斃一張倒一礦於大局不掣動乃猶可不言。今急電遙至，危迫萬狀，求宮保熟籌利害，或酌賜撥濟，或代爲息借，限令清還，盡我扶植之義。待彼氣機之轉，設置不理，必有後來之悔。學沂忝有言責，走筆上陳。幸裁察賜示。學沂叩。廿六。

王爾敏《盛宣懷實業朋僚函稿》下册《楊學沂致盛宣懷函十二》 宮保鈞鑒：學沂先漢後冶，將急宜購山之事逐節與解守面言，並知先有鈞電飭令急辦，照該守密告，官撥歸商之山與歷年商購之山，藴鐵奚止數百萬噸，此一、二十年內不患無鐵，患在分數未必合度。即如獅山之麓有一小邱，略含銅磺，即棄之他取。是非先從測勘化驗入手，必致盡擲虛牡。礦師所至，千夫指目，縣令自奉南皮禁約後，責令各圖紳保將有礦之處分註地名、户名送縣存案，並具甘結，祇能聽憑官購，設敢私售外人，願甘重辦。所謂外人者非專指日本而言。是以近來辦事與前數年順逆迥別。蕭令抵任之始，與該守動手挑剔，嗣後交誠接禮，漸見融洽。故此次獅山後半節尚能購爲我用。丈量之後雖祇十餘丈長，一、二丈寬，而斜坡高度有九丈七尺之峻，盡是佳鐵，爲紅線界外靠山，與官購老鼠尾毗連緊接，實爲接奉密諭以後所倖成之事。此外附近鐵路著名之地：一、鐵子腦，二、官山埠。鐵腦所產不多，紳董舉報有案。官埠叢葬所在，無論官商不售。明起此事非智取利誘不可，得能託名則轉可按圖行賄。則紳懼峻法，並慮機事不密，虛實先露，辨總不成，徒落私購礦山之跡，使其重搆前嫌，復來防禦。是無益於將來，有損於目前，均非善之善者也。憲台一諭再諭，極知事非得已，但有機可乘，必儘力做去。惟責以速效，則不可必耳。電簡未詳，屬再縷晰陳聽，並附圖一紙等語。學沂再審度，以確有爲難，仍囑其加緊想法，以杜捷足。至此次留冶，竟日除金山頂、紗帽翅外，餘均循軌週視，各工精整，較廿四年隨節來冶頓改舊觀。解守整理之材實非易得，尤奇者密詢石窋，員司每日下礦，實是一千五、六百噸，而該守疊次來滬皆力言辦不到。尤徵其穩慎、周密之至於極矣。肅稟敬叩崇祺。學沂謹稟。

王爾敏《盛宣懷實業朋僚函稿》下册《吴士鑑致盛宣懷函一》 杏蓀宮保太親翁台鑒：前日趨賀，未獲登堂，至以爲歉。年前承示漢冶萍公司招股節畧，謹已讀悉。昨閲邸報，知奉旨允准。忻慰莫名。中國煤鐵能組織如此絶大公司，直可凌駕歐美，非長者碩畫藎籌，曷克臻此。現在既已開辦，新股自必源源而來，敝處擬附股若干，未知應於何處交款，掣取收條，以憑將來換票。京中招股，是否設一總匯之區經理此事。抑或就近託銀號經手，敬求詳晰示下，以便早日附入。頃間在內與鳳老談及，渠擬先開具股分洋數，求長者飭先註册，以免捷足之登。姪亦擬仿照辦理。兹特開呈附股清單一紙，敬求交付公司登記，其款或在京交換，或如何兑匯，均乞示下，以便遵行。倘今春京中須派人經理，邇時在此付款，尤爲便捷也。姪往年在江右於萍鄉礦事畧知梗槩，故曾專保顧輔卿太守送引。上年又條陳請移鹽道於萍鄉，亦經議准。今聞長者擴張此事，故不覺神爲之往也。專此奉託，不勝感佩之至，敬叩起居曼福，餘再走謁面罄。姻愚姪吴士鑑頓首。二月十四日。

王爾敏《盛宣懷實業朋僚函稿》下册《吴士鑑致盛宣懷函十七》 杏蓀宮保太親翁大人尊右：秋間接奉環章，敬承一是。並蒙賜寄公司章程文牘十分，當即分致附股諸君及同朝。中畧知源委者，聞台旆乘槎東渡，駐節榑桑，彼國醫家近來日有新理，訪求研究，定獲通人。島嶼秋深，於尊體尚相宜否。邇來舊恙當已霍然，是否頻仍服藥，瞻仰音塵，極深馳系。以郵遞稍遠，遂爾稽遲肅復。比者安臚遄返，伏想興居萬福，潭府綏龢，尤爲頌祝。東圖礦政發達較早，一切開采之法，製造之方，度必周諮，博訪盡徹精微。吾中國長江流域煤鐵之興，將于我公此一行預操其券，雄視全球何多讓焉。漢上股東大會已由一琴、鴻滄諸君舉行，此時股份諒可如額。滬上所印股票，年內能否發給，以公私碌碌，未與賓三接洽也。自九月後景廟病體增劇，下旬還海。慈聖焦灼實深，脾虛腹泄，肝旺胃弱，萬壽前期先帝自言屆時恐不克行禮，預爲叩祝，竟不能起。經樞臣扶掖之，于是慈聖泣，先帝亦泣。及萬壽日乃于便殿行禮。是時慈聖病亦漸增，聽戲三日，勉强支持，十三日即未召對，十四以後稍稍向癒。兩宫仍復臨朝，慶邸乃往陵上收工。十八日以後，兩宫均不克召見臣工。是日午刻，慈聖暈厥一次，中宫計無所出，往見先帝，於是召内務大臣預備慈聖大事。而先帝氣喘益甚，不能披覽章奏。十九日先帝病大漸，遂命今攝政王恭代硃批。二十日午後先帝急召樞臣入見，適慶邸自陵遄歸，與諸臣同詣儀鸞慈聖召見。於是遂定迎今上及授攝政王之旨。當時抱冰謂非請懿旨不足以鎮懾人心，非加賢王以隆重之名不足以裁決大政，幸慈聖雖已數日不進飲食，而神明湛然，立定大計。及以懿旨上達先帝，聖容開霽，頷之者再。蓋兩聖所注意者，皆在賢王，洵不謀而符合。然此次大計若非先帝召樞臣，樞臣無由自請，若非入見慈聖，亦無由立時決議。若非慶邸已歸，急切不能宣布。此皆仰賴宗社之靈，冥冥之中默爲呵護。然非抱冰公忠體國，造膝直陳，亦不能達變通權，定危疑於俄頃。綸音頒布，中外翕然，即各國使臣亦復深爲佩服。現在御極以後，皇太后與今上均居長春宫，聖慈聖孝有令人聞而愉悦者。攝政王自二十一日即照禮節實行每晨在養心殿召對。平素德量淵涵，沈幾内斷，中興盛業，可繼周家之負扆，斯真薄海臣民之福耳。姪蒙兩宫葅育之恩十有二年，自遭國恤，哀慟無涯。當前月廿二日兩次瞻仰遺容之時，實極亘古至悲之境，今則嗣主當陽，賢王監國，又未嘗不感激奮發，思得當以報兩宫在天之靈奕也。百日期内派出穿孝，縷述前事，不覺已盡十紙。專肅敬叩道履曼羡。姻愚姪士鑑啓。十一月二十三日。

王爾敏《盛宣懷實業朋僚函稿》下册《吴士鑑致盛宣懷函十八》 杏蓀宫保太親翁大人尊右：去歲聞葵臣兄之變，曾寄挽幛，以人事羈屑未克上書左右，旋奉賜覆，敬悉一是。並蒙頒下漢冶萍總公司圖説五分，已一一分致各附股諸君矣。獻歲發春，伏惟興居曼羡，潭府綏愉，至爲頌仰。年來長者體中當較昔時增健，海上春寒，尤望餐衛珍攝。葵兄安窆已否卜吉？孫世兄纘承家學，他日必成偉器，此可爲德門慰也。漢廠今年添化鐵鑪，出貨日有增益，不患銷場不廣。日、美、澳洲輸出者多，聲價自高，國内路工漸次發達，咸將仰給於此。但使一槼諸君稟承碩畫，歷久不渝，此乃中國第一利源。惟中國財政關鍵在於釐定幣制，幣制不定，庶政無從清理，紛紜聚訟，迄未決議。姪於此事研究甚淺，近與慕韓中丞縱論中國理財大家，首推長者。渠來信洋洋灑灑，累數千言，且向元和樞密條論幣制，欲請台端主持。倘中旨報可，則數年未經解決之問題一旦豁然，此吾國前途之幸福也，甚盼長者能北來一定大計耳。朝局自文襄化去，頓少深謀遠識之人，南海閏位，其品詣可謂無疵，惜乎無所建白。元和入贊樞機，出自扆眷，環顧朝列，實爲妙選得人。惟大局危偪而中權用人行政仍無一定宗旨。前讀來諭，謂天下治亂之機只在用人，如不得人，雖有良法何能造極。此真洞見癥結之言。姪撰西史講義，亦兢兢於用人、立法二端。每謂西國之興，徒法亦不能自行，蓋無論何事皆有專門之人才。其富强隆盛非偶然也。長者讜論斷之中關繫至鉅，姪益覺服膺名論，不敢輕率從事矣。家君近以述職將來京邸，在湘三年，頗不願久居外秩，惟京朝亦一時無相當之缺耳。專肅敬請台安，不盡欽仰。姻愚姪士鑑頓上。

王爾敏《盛宣懷實業朋僚函稿》下册《吴承潞致盛宣懷函九》 杏蓀仁弟大人如手：兩奉惠書，如共晤對。吾弟經營東海煤鐵之外，礦確尤盛，潞早聞其略，亦見公司風氣大開。雖欲故秘而不可得也。今讀來示，果一如告者之言，且欲東剜煙臺西據荊、冶，高掌遠蹠，有志竟成。雖陶朱復生，恐亦遜此魄力。凡得附驥尾者，惟有欽喜拜服，豈僅壓倒開平已哉。招股不動聲色，已集三十餘萬，鄙見趁此入手最合機宜，未集之二十餘萬，儘可陸續招徠，源源接濟。輪船局之百萬，開平之一百二十萬，均歷數年之久而後足額。前事不忘，後事之師也。高明以此論如何？敝處所附五竿，已先籌有二千五百金，惟來冬有武林之行，此項或竟交存大有恒以免郵遞相左，抑或逕匯上海，望即示知，以便照辦。想礦務開辦之始，需款當可從容，尚有應找二千五百金，隨後需用時示到再行措繳。應領股票息摺，亦分作兩起，先給二五，餘竢銀款繳足，再付可也。眉、仲兩翁似應知照。家君所患咳嗽頗劇，稍緩與語，再行奉報。萬一兩處集有巨股，當可把臂入林，並望示及爲盼。台從何日到蘇，渴想一談也。津沽有宋吉堂太守者其人何如，近辦順德礦務能與平泉相頡頏否？老弟必知其詳，並以奉詢，草草布臆，敬頌勛安百益。如小兄潞頓首。九月七日。

王爾敏《盛宣懷實業朋僚函稿》下册《左孝同致盛宣懷函八》 復示誦悉，同素性不喜借貸，亦從未負人，自去秋以來，困難情形難以筆罄。茲因檢點歸湘，各處零星款項，不能不稍爲清理，亦實無處通融，故不得不仰仗大力，代爲騰挪，以濟急需。歸湘即籌奉還，如慮不能踐言，漢冶萍股票爲公處當不至有負摯誼。世局如此，同處患難之中，非急切亦不爲將伯之呼。務望設法概允擲下。不勝感禱，即候賜福。近日起居何以？至至念念。耑此敬敂杏公大人痊安。期孝同再拜。初四日。

王爾敏《盛宣懷實業朋僚函稿》下册《蔡錫勇致盛宣懷函十一》 杏翁仁兄大人閣下：頃奉手示，焦炭由原船徑運來鄂。已飭局傳知祥發源遵辦矣。台端明日接辦擬住湘鄉賓館，頃據黄太守函稱，其女尚未彌月，似有不便，請代陳下情。兹將原函送閲，可否緩至節後遷移。即祈示復。查生熟鐵兩廠中間有公所一楹，左邊有房四間，空無人住，台端可否住此，尚祈尊酌。正繕函間，復奉台函並朱太守電，遵即轉呈帥覽。明日當飭郭柏齡到漢廠以便傳問。此事屢稟有案，未必盡屬子虚。殆未悉其採取之地耳。專此敬請勛安。弟錫勇頓。初十夕。

王爾敏《盛宣懷實業朋僚函稿》下册《蔡錫勇致盛宣懷函十三》 杏翁仁兄大人閣下：頃晤淩、扎二觀察，以鋼鐵存數華洋單不符過磅，須延時日等語。查廠存鋼鐵煤礦洋人僅知大畧，其細數皆中國員司經管，有外局撥用洋匠未及知者。自以華單所開爲準。此等粗重之物，逐一過磅，花費必多，且難免多延時日。似宜另籌簡便辦法，無須過磅。或照華單或算條數，以歸簡便。將來用時實得若干，再行補報，似無不可。尊意如以爲然，即請飭各員司遵辦爲荷。此請台安。小弟錫勇頓。十三。

王爾敏《盛宣懷實業朋僚函稿》中册《蔡金臺致盛宣懷函三》 杏公尚書再鑒：前書豐仲交從孫辰白帶呈，頃始知其以黨事留滯章門，尚未奉詣。率又有所請者，聞又新廠經理惲君決意辭職，公於物色妙才，則仍無逾我辰孫者矣。其以貲本家赴東習實業專門，益以資性之誠懇，故當爲諸留學冠。周少樸、梅龍江試之以工廠而效，乃任以觀音山金廠，較從前北洋主管時天淵矣。此皆譽有所試，非徒博内舉不避之美名也。故加函切致，其情如此，幸公召而察之。鄙人以與袁、趙昨冬之密切，外人不知其終因異趣合而復離也。故留此髪弁以自明，乃羅猶未已。夏間忽有籌辦八旗生計之任位置，乃躋之堂列，以其可效忠皇室，故從友人之諫而承之。亦緣從前擬有辦法，決其巨款易籌，局面亦大，故電召辰孫來任墾植。頃牽於大借款之反復，不復能計此事。惜辰孫之閒欲其得公而名益彰，在此等世界不相誑也。漢、冶、萍事鄂乃主動者，敝鄉亦有因利乘便之思，前尚電京協助，已理釋之矣。惟劃定地限乃若輩必欲得而甘心者，近由敝會發起借部款辦其鐵路之議，大抵事在必成。敝省有此生計界或不以礦爲注點乎。餘不一一，惟珍重萬萬。金臺頓。

王爾敏《盛宣懷實業朋僚函稿》中册《沈瑜慶致盛宣懷函五》 杏蓀世叔大人左右：昨由楊子萱太守復達一函，計登記室。兹有長陽白煤壹千噸，尊處漢陽鐵廠如可合用，示知當即飭裝到廠卸儎。據洋礦師言，本年可出萬噸，明年水漲時每日可以貳百噸供鐵廠之需，功用同於焦炭，而價值公道遠甚。尊意若何，即懇諭及，或訂定合同之處，統候裁酌。姪今晚搭「江裕」行，旬日間當復來滬，方能回局。因長陽礦局原案有先儘鐵路局購用之語，理應布聞，專此即請勛安。世愚姪瑜慶頓首。正月十四。

王爾敏《盛宣懷實業朋僚函稿》中册《沈能虎致盛宣懷函二十五》 杏蓀仁弟大人閣下：前奉九月杪手示，祗聆一一。綏翁來已月餘，氣體殊弱，半居床褥之間。虎曾請其悉照傅相電檄處事，並切屬芝局懇切攀留。能否勉允，殊難窺測。紅面孔前曾晤及，亦盼怡和早日就緒，謂以後彼此諸可面商，並勸鄙人自己須有繙譯，則彼我之意不至扞格，其言有因。惟已結之事，姑置不容可耳。甚矣知人之難也。長江分數聞公已免怡和讓出一分，而天津分數怡可不咬住卅一否，至杯士實係老太古大班，若新太古一切雖亦杯士出面，悉由紅面孔主意也。黄小舫病體何似？蕪局昨已函詢。鄙意此時漢局已有規模，非比乙丙之際，若小舫勉可支撑，由渠自擇代辦之人，亦較勝他人。惟不宜由局另派襄幫，不審公意以爲何如耳。孫葉田學士，傅相房師也，乃郎名詒澤，今日來晤，知夏間耆翁在津傅相屬爲就近位置，俾得養親，耆已回明派爲甌局幫辦，緣本人久病，昨始來滬。數祈尊處撥派知會（並報明）。加札日薪若干，並祈斟酌，似可與甬、潯、彝、汕等處一例也。至孫詒澤有何職銜，明日詢明即電達。再，潘二江仲帥已再三再四函託，聞亦函懇我公允諾。又有姚衡卿者，係蘇人，曾在大沽津船，調卿切實推薦其人頗可。此二人者或俟「新豐」、「新濟」明春來華勝遞及之。應預奉商，祈留意焉。聞紫陽因買股票事幾被翹卿等登報，竭力自爲扭揑，想（「新盛」與津駁碰案係擔文經理，我船贏足十分，以後津駁當不稱强矣）公早有聞見。三影一再自効，雖爲開復計爲膠防計，實亦爲保險計，若圖漢局則不勝任矣。月前臚陳各節，兹録批奉覽。買煤事不可不加考究，虎擬親自試之。其大要有三：一、試火力勁否。一、試經燒否。一、試灰滓輕重，此爲切實證驗也。再廿後恭辦先公葬事，請假旬日，謹以奉聞。硫磺鐵滬早日鍊過，淄川鉛亦乏銷路。手肅即請台祺不具。能虎頓。十月

王爾敏《盛宣懷實業朋僚函稿》中册《劉鴻年致盛宣懷函二》 杏蓀方伯仁

仲大人閣下：前在漢口附呈蕪柬並煤樣四色，託招商局施紫卿兄轉遞，計早經詧收矣。惟鄙人過漢時行程倉促，故未面試，究未知合用否。頃間抵湘潭，詢及煤質，如尊示所云，無燄無燐者，計有三種，曰煤、白灰、石塊是也。茲各附伍拾觔，祈即轉飭礦師驗用，如果合用，此間終能採辦。又有山都一色，據煤行所云湘潭煉鋼即是此種，亦令其附伍拾觔。但有烟燄恐不相宜耳。未審輪船可用否。來示所云每過萬磡之數，若在一處採辦，恐難如數。分作數處，當能辦就。至價值一節，時有漲跌，各有深淺，即運貨有多少，然統計若能於冬間價值相宜時辦全，待春夏及初秋時裝運每磡五兩，當可敷衍，過時則不合算。以山上出貨惟冬產最旺，而此時水涸銷勢又疲，所以必需各令辦就，俟水漲時運載耳。此舉若行，未知何時始能起工，需用之煤似應及時辦就。惟經過地方應完釐金，□□如是礦務既屬官辦，似應確免。查由來河至湖北之鵶燕口釐卡數處，應請稟明轉咨湖南北臺轅行知，經過釐卡，免收釐金，期能減省價值耳。尚有應商之件，俟復示到，決計辦時，再行細布。鴻年定明早由此換小舟上游，此去舍尚有三佰餘里，冬至前必能趕到家也。臨穎神注，不盡所懷，即請升安，諸維臺照不戩，並候回示。如小兄劉鴻年頓。十一月十三夜泐於湘潭光湘裕鹽號。

王爾敏《盛宣懷實業朋僚函稿》中册《劉鴻年致盛宣懷函三》 杏蓀仁仲大人閣下：前在金陵奉讀手示，知起居順適，凡百馨宜，慰頌無似。鈞囑訪煤一節，頃至漢口訪問，適寶公處有業煤者在此，細訪該處出息極旺，惟河水秋冬乾淺，勢難裝運，秋冬應用之煤，必須春夏雨季運來，方無貽誤。囤貨既多，自應先交價值，此理勢之必然者。茲令先發參千觔交招商局裝來，合用與否，請速示知。蓋此等貨必需冬季定買，以便春夏發載耳。鴻年定由此間買舟南返，啓期計在明日，倚裝率作，不盡所懷，謹此即請升安。如小兄鴻年頓。

王爾敏《盛宣懷實業朋僚函稿》中册《李經方致盛宣懷函二百四十四》 敬啓者：前月辱承電召，適滬友來此議蕪產各事。多方要挾，久不能決。若一他往，又恐決裂，故未能星夜前來，至爲惶悚。福君日前過此，復奉手示，謹悉新公司已經定議簽押。細閱合同，一切妥洽。此後經理各產，較易着手。僕與公累世交誼，復素蒙垂注。凡可爲力，皆分所當盡。更毋俟諄囑也。漢廠事反對者多，局面既已中變，辦法自宜變通，幸公知幾，未遽簽押。福詳告一切，深以爲慰。伊在此句留竟日，當晚附輪回滬。觀其久隸帡幪，似尚忠懇。惟境況甚窘。去年移家入都，郵部任事，不及三月，耗費實多。眷屬至今尚未南下。自稱此時未便於尊前啓齒，妄有懇求。但漢廠事一時不能定，左右似不可無一人贊襄。若能在廠内與一顧問名目，暫定期六月，支薪水五千兩，專在鈞處辦事，似與廠事有益，伊亦不至素餐，且可救目前貧乏。託僕代爲轉陳，乞賜鑒察。再僕以蕪產各事尚未解決，擬明日秘密回滬一行。

王爾敏《盛宣懷實業朋僚函稿》上册《馮錫仁致盛宣懷函一》 荇蓀老哥大人執事：月初送眷到津，匆匆率泐數行，計塵清聽。還都又忽已匝月矣。比維爲國賢勞，動定百吉，無任禱祝。敬白者，湘中煤産早在洞鑒之中，醴陵接壤萍鄉，所産尤佳，聞尊處委辦萍煤，喻君曾兩次過醴託談縣文代耕孝廉俊鐸採辦煙煤，曾試辦一二處，因解煤至湘，彈收者頗多挑剔，且未奉委札，地方官不肯照料，事多棘手，加以無洋龍吸水，采取維艱。而實則其礦産之佳，棄之殊足惜也。代耕會試來京，以大挑用知縣，例應截留過從詢悉情形，弟正慫恿趁此閒時回籍舉辦，並囑過滬晉謁執事，面請機宜。渠亦欣然。弟略詢辦法大旨，仍官督商辦，給予委札，地方官爲之保護，彈收處不得留難，暫不請官本，只支領水龍二架，俟運煤後，分次繳價。水龍運局必得招商局照拂，乃無窒礙。弟審察所議各節，似不爲難，是否照行，在我公自有權衡也。至代耕爲人，弟在闕營熟知之，固能結實任事者，其時爲吴清帥所聘，贊襄戎幕，頗多規畫。旋以不盡用其言辭之去。乙未醴邑災歉，陳石帥委辦該縣賑務，甚爲倚重。嚴佑之與其事數月，深重其人。吴嚴兩公均在蘇滬，公就近詢之，便知梗概，無庸贅叙。近閲鈔報有由萍鄉王家原築鐵路至湘東之説，醴陵自必接修，此君亦足資指臂。總之湘煤爲鐵政之根原，粵湘鐵路在吾鄉又必經之地，既辦湘事，須用湘人，刻下風氣漸開，間有通才，左右爲天下用人，又因地取材，自是留心物色，鄙人故不惜引而進之，非泛薦事書也。弟栗碌如常，可紓綺念。前商之件，日間另有詳緘。敬請勛安，即希愛照。小弟馮錫仁頓首。五月杪。辰沅館。

王爾敏《盛宣懷實業朋僚函稿》上册《朱士林致盛宣懷函三》 國家非海軍不能自强，海軍非經費不能成立，籌款一層，必爲洵邸所注重。現在各省所籌經費，不但不敷用，亦必不能持久。內則應於加税免厘中設法，外則應於南洋華僑中勸辦。倘畀以事權，上可望派籌辦海軍經費大臣，次亦可望轉調度支部，此就彼一方面設想也。海軍需用煤鐵極多，斷不能購之外洋，自失權利。漢冶萍現出煤鐵，雖有成效，第非大加擴充，不能供海軍之取成。爲海軍根本計，亦宜將漢冶萍竭力扶持，及時大舉，倘酌撥官款，將來必儘先應用，價照尋常酌減一、二成，以爲報效，似亦可以動聽，此就我一方面落筆也。以上兩節，應注重第一節。如第一節辦到，則第二節自可迎刃而解。至商約將届十年條約期，紅十字爲海陸軍應辦之事，表面文章，祗宜輕輕著筆，是否有當，密請鈞察。六月廿七日。

王爾敏《盛宣懷實業朋僚函稿》上册《程定夷致盛宣懷函一》 杏老世伯宫保賜鑒：違侍鈞座，倏易葛裘，敬維褆躬納福，道履延綏爲頌。羈留漢上，坐困愁城。敝公司事，惟借定保商銀行款乙百四十萬兩，至今尚未交款，三菱則要求先行交款，方允願封斷了，皆固執成見，永無解決之時。而敝廠則一日不願封，即多一日之損失。委託愛末，未審何以教之。三菱事發生之初，原擬懇求鼎力收歸漢冶萍所有，嗣因姪赴漢皋，迄未提議。現聞漢冶萍已經借有鉅款，未審能有餘力兼顧及之否。現有股東宋晉琴允回滬之便，屬其面懇台端，尚祈進而教之。臨穎神馳，不盡依依。專肅敬叩鈞安。世愚姪程定夷叩。三月十七號。

王爾敏《盛宣懷實業朋僚函稿》上册《鄭立誠致盛宣懷函十八》 杏蓀仁仲親家大人閣下：南北睽違，音塵久闊，每懷叔度，企念良殷。夏秋間疊奉賜書，備聆種切，並諗驂從北上，大川利涉，喜挹龍顔，天寵優頒，定如鄙況。竊維興修鐵軌，當有規模，不世鴻功，可爲預賀。兄湖濱承乏，才薄事繁，加以多病之軀，日惟勉强支撐，鵜濡之誚，殊切兢兢耳。承示煤商陶子記即陶府經在諶委購郴煤虧欠領款一節，聞命之下，良用駭然。兄向不濫作曹邱，前以該府經明幹耐勞，並閱楳人姻叔寄覆該府經一函，因其曾懇噓植差使，姻叔知該府經與兄有葭莩之親，令其懇由兄處函薦，用特爲之介紹，請親家量材器使，俾獲枝棲，嗣蒙垂愛屋烏，諭令來湘，採呈煤樣，奔走已歷寒暑。呈驗郴煤合用，始奉委辦，並發給公款數千金。重要之件，親家竟坦然付之，在鄙人初願猶不及此，是該府經之老成可靠，已在鑒中。該府經自奉委以來，感激馳驅，不敢稍涉疏懈，上年臘月，河水淺涸，煤船不能裝運，因囑各窿户將給價定購之煤斤存儲山内，俟今春水漲，照數裝煤。訂議後該府經遂暫回澧寓度歲，今春復由澧前往，行至長沙，忽患瘧疾，到湘潭，疾日疾，淹留途次兩月有餘。夏間病體稍痊，力疾前進，方謂入山後即可裝煤下駛，不料奉到來示，仍未運鄂交煤。遂將寄來札文專丁馳送，行至湘潭縣晤其駐縣轉運之商夥，始知該府經已從上游抱病而來，精神困頓，若明若昧，該商夥祇得將業經運下之煤一面接運赴鄂，一面派人送該府經暫回澧州，於九月初行抵澧寓。兄亟欲面詢一切，因其寓所距州城有二十餘里，時值病勢沉重，神志昏迷，擬俟其病稍輕減再往查詢，不意二豎爲災，僅半月而身故。查該府經所虧公款，前奉函示有貳千五百餘金，聞秋間解運之煤可值四百餘金，除抵外大約尚欠貳千壹百金左右（究竟確數若干祈示悉）。該府經家貧親老，身後倍覺蕭條，兄勉竭薄棉，始得相助成殮，以兩年所辦煤務，渥承栽植，萬無虧累之理。詢其家屬，據云略聞年前定購之煤，各窿户乘其卧病，中途售與他人販運，故上半年無煤運鄂，而各窿户預領之價，亦未繳還等語。詢其數目多寡，該家屬不得而知，所有攜回帳簿亦不知是否全備。兄逐一稽核，仍屬迷茫。又聞興寧縣小河裝煤用小船至永興縣大河换船，至湘潭縣又换船，船凡三易，煤斤時有短絀，責令船户賠補，率多延展不交。是窿户有欠，船户亦有欠。而前年開辦時，興寧二都、大韓園及木根橋、程江口等處，設局採運，湘潭係過載轉運之所，亦須派人設局，購置各局器具所費不貲。又今年運煤無多，而各局房租暨商夥人等薪水火食均須照常支給，入不敷出，勢必虧挪。凡此數端，兄雖未得其詳確然，以情理揣之，該府經虧欠之故，諒不外此事關公款，豈容蒂欠絲毫。況兄與親家姻好多年，既承推愛於前，又何敢有負於後，惟該家屬無人能往清理，祇好由兄處代爲查追。現已派委紳馳赴前途澈查各窿户船户所欠虚實多寡，並函託興寧、湘潭兩縣，確訊嚴追，以重公款。一俟委紳旋澧，查得歸束情形，即當馳報台端，請執事姑予寬限，暫勿委員查追也。惟思各欠户猶可搜索，至於購買器具、挪給薪貲，則動用之後已不能復還故物，誠恐各户所欠縱能追繳，而抵還公款猶或不敷。現聞有殷實商人憫該家屬之公私交迫，欲爲援手，議擬措集商本，乞兄函請札委接辦郴煤，代該府經彌補欠款。兄一之爲甚，何敢再言。第念事值萬難，藉他人之力以濟之，未始非變通辦理之一法。公款有還無領，似亦無所窒礙，擬俟該商議妥，由兄查問確實，再當詳細奉達請示飭遵，如祇圖濟私而不急公，兄斷不敢妄請也。至今年運鄂之煤，聞貴局傳諭每噸祇扣除銀三兩五錢，其餘一兩仍發下俾給各船户水腳以示體恤，今既清理公款，何敢再領此每噸一兩之水腳，第恐其商夥中或有不肖之徒冒領肥己。除由沙市電達貴局總辦外，敢以奉聞，即乞飭令全數扣抵爲幸。年來澧屬萑苻不靖，巡緝防剿在在勞心，夏間匪案甫清，兄又患足瘡，纏綿兩月，精神疲減，迥不如前。秋冬兩次考試州屬文章，試畢而孱軀又覺不適。陶府經一事，茫無頭緒，且適聞命於忙中病中，裁答至遲，尚乞原宥爲禱。專肅奉覆，祗請勛安，諸希藹照不具。姻如小兄期鄭立誠頓首。

敬再啓者：陶府經承運郴煤，雖係給領官款，然隨運隨扣，逐漸減少，非佐以商本，實屬購運不敷。而該府經家況素貧，又不能取之已槖，屢乞兄爲將伯之助，適值此缺糧賦奉札改章，每年提減錢五千餘串，部議增收典税，裁免陋規，又去錢壹千餘串，雖此缺向有餘潤，然歲減入款七千串之多，已屬變肥爲瘠，而虛名猶是，出款日增。昭信股票派捐三千金，此外尚有零星捐款，總較各州縣爲重。且去年所屬之安鄉縣及湖北長樂縣土匪揭竿，各營將卒雲集，澧地所有餽贈芻糧，及懸賞緝匪，約計又去貳千金，加以本道頻年升調，計四年中更易七次，迎新送舊，又費六千餘金。似此情形，自顧不暇，安有餘力助人。第思該府經既荷垂青，幸得有此生涯，兄誼屬至戚，豈能坐視不理，爰爲竭力籌措，先後貸去一千餘金，此番病故治喪，及委紳赴郴旅費，均兄一人付給，合計兄於該府經之事所耗已將貳千金，而其家屬坐困澧陽，此後尚須代供衣食。年來鄙況拮據，何堪有此重累，然事已如此，夫復何言，惟望委紳查回公款早有著落，或有股實穩妥之商人接辦煤務，代繳欠款，斯即不幸中之大幸矣。否則因人受累，尤覺彌縫不易，奈何。貴鐵廠總辦提調總稽核諸君，兹併寄函佈達，蓋恐親家或未回鄂，諸君以事關公款，難免不委員追查也。叨在戚末，敢再縷陳下情。敬請台安，統希亮詧，不勝悚歉之至。兄立誠又頓。

王爾敏《盛宣懷實業朋僚函稿》上册《陳名侃致盛宣懷函三》 鐵廠現尚賠累，閣下必須趁此交出方可脱然，此廠應隨漢京鐵路而去，香帥理應力持公論，日前與少玉侍郎議及此節，深爲不平，盍與香帥切商之，勿稍鬆勁爲妙。肅此布復，並鳴謝悃。敬請勛安，順頌覃福。姻世小弟名侃頓首。四月初五日。

王爾敏等《盛宣懷實業函電稿》第四卷《方大湜致呂益大函》 巨卿仁兄大人閣下：月前辱承枉顧，暢聆清言，積愫藉以稍抒。別後惟日以履祺篤祜潭祉凝禧爲祝。兹有啟者：直隸即補道盛杏蓀方伯奉李中堂委，前往廣濟，督辦煤礦。弟昨晤見方伯，具道近日洋人指稱廣濟之陽城山産煤甚旺，請由彼國開挖。中堂謂與其使利歸外夷，不如使利還中國。且中國正苦煤絀，何爲舍自有之利而轉向洋人購買。用特委員，前來辦理。所議開礦之法，用洋人機器一座，運使機器者約須二百人。此二百人即僱募附近居民，至爲簡捷。開礦後酌抽錢文，歸廣濟紳士收存，聽其作地方公費，官不與聞。細繹此舉，於廣濟實係有利無害。但恐事屬創舉，人心不無疑駭，囑弟先行函告士紳，使知此中底細，期於輿情浹洽。弟再四思維，閣下品鑒爲一縣宗仰，宣上德而達下情於是乎在。試即方伯之意而引伸之，或可爲閣下開諭鄉黨之一助焉。從來開礦之害，一在責充礦户，一在聚集多人，一在胥役騷擾。充礦户則供礦税，礦有衰旺，税無增減，則賠累無已時，故礦户受礦之害。人聚易而散難，游手徒食之民藉礦爲生，礦竭而生計窮，則且相率而爲剽掠，故地方受礦之害。胥役藉勢詐嚇，妄指某山有礦某山宜開，蹂躪山中之蒔植，需索山民之供應，必使盈谿壑而後已，故業主受礦之害。此三害者，史册昭昭，原不能不以此爲前車之鑒。惟今日事勢與昔不同，昔之開礦也，必點礦户，今由官辦，無所謂礦户也，安有礦户之害。昔之開礦也，必須多人，今用機器，無所謂多人也，安有多人之害。昔之開礦也，任用胥役，今以委員專辦，無所謂胥役也，安有胥役之害。且不惟無害也，機器亦需人力，濟民無業者既可資以爲生。辦礦必須設局，寒士入司局務，又可圖薪水以供事畜。其利一。開礦而煤值賤，合邑省費不貲。其利二。銷炭而抽提錢文，凡地方濟人利物之事，如提工賓興書院等項，可以次第舉辦。其利三。無三害而有三利，公私兩益，吾意濟民之忻然從也。盛方伯曲體民情，不以法命相驅，亦不僅以文告相示，而令濟民所不甚憎惡之舊令尹，以私言詳爲開譬，用意良厚。吾濟民可深長思矣。洋人與中國交涉情形，普天所悉。濟邑煤礦既已衆目昭灼，若不由辦，必至聽洋人開挖。民夷齟齬，事端尤鉅。當軸長思遠慮，又豈非濟民所當陰感者乎。函到之後，務望徧告士紳耆老，俾知事維創舉，實係有利無害，了無疑駭，則賢者之利益曷有涯涘。至於形家者言，謂地脈不可摇動，此渺茫無據之談，不足論也。盛方伯謙恭下士，藹然可親。閣下謁見時當知鄙言不謬。專泐佈達，順請雅安。鵠俟回玉。不宣。

王爾敏等《盛宣懷實業函電稿》第四卷《盛宣懷致李振新函》 清華仁兄大人閣下：迭奉惠函並摺件，具悉一切。猥以内子之喪，辱蒙寵頒素幛，謹領之下，存歿俱感。獻歲以來，敬惟動定多綏，賢勞卓著爲頌。弟去冬感冒，喘咳已久，正月内，内子葬事辦竣，養疴蘇門，尠善足述。荆門簽務，昨接貴府來函，已有六簽見煤，二月内，礦師等擬回上海面商一切。所有蟠塘一局，舊煤既如此滯銷，新煤亦將次運竣，此局自難持久，惟所剩荆煤，急宜運竣爲是。頃據張雪溪函報，已在上海雇定甯船大小五隻，船名江利源、金寶興、趙寶順、宓元興、陳紅興，言明可裝四百十噸，言明水脚每噸一兩二錢。上水係裝軍械，下水説明到武穴受裝，照本局章程填給鈔單。如不願裝第二次，其下水鈔單貼還本局船鈔一半。似此，公事固可順手，惟查荆煤僅存二百數十噸，即使正月内未用鹽船裝運，亦恐煤數不敷。現與雪溪函商，該船行允將江利源一船可以勿裝煤觔，其餘四船不能退回，尚須二百九十噸方可匀裝。如果蟠局所存荆煤以及別項好煤仍屬不能滿儎，應請先將局内所存煤數約定之後，短少若干，即請吾兄趕速自行赴漢採買寶慶、耒陽白煤，即用湖南民船運至蟠塘，以便湊足裝儎。此項船隻，上海已付水腳銀一百八十兩，餘俟到滬找付，蟠局毋庸墊付銀兩。每船總須一人押儎，除上海派去汪雲山外，其餘即由尊處酌派，所有承攬已由雪溪逕寄。茲將雪溪原信及承攬稿均附寄上，吾兄接此信後，望即示慰數行爲禱。去年本局所售漢口行次煤四千多石，弟初接尊函，方深欣慰，詎又中途變卦。少岩來信云：該煤(上)〔尚〕存典内，如何是好？即祈吾兄此次赴漢，速爲逕銷，庶可收回價直。武穴所銷煤觔欠款至四千餘(半)〔兩〕之多，僅繳省號三百兩，積欠尚多。務祈執事破除情面，認真催繳，有應送官究辦者，即請面託張介繁兄妥爲辦理。緣前項出售煤觔數目，俱經通報督、撫憲在案，萬難短少分文；如有短少，皆須弟與吾兄賠累，實深焦灼。阮家山艮窪出煤無多，其餘尚未見紅，民開恐亦無益，地利使然，非人力所能施也。蟠局所存木植蘆蓆，前囑存俟大冶備用，目前冶局開辦無期，久擱必廢，即祈閣下就近盡數變價歸帳。本局擬俟此次甯船運竣，即行稟請撤局。所有房屋一所，如本地紳富置買住家，似尚相宜，敬祈留意。此局撤後，弟到鄂時擬求鄂中大憲，即於武穴就近或缺或差，委派閣下一事，仍可兼辦煤局轉運差使，在局中既省縻費，在閣下亦不致向隅也。肅此縷復，即請升安不具。愚弟期。

王爾敏等《盛宣懷實業函電稿》第四卷《盛宣懷擬煤礦節略》 荆煤妙在採簽已定，比别處實有把握。然秋亭、少愚以土法開採，終無成效，此時重整旗鼓，必以洋法開採爲要，出煤能多，一妙也；煤脈不至糟蹋，二也；題目甚大，不致中輟，三也；招股既多，不致辜負各股份，四也。劑煤只須招股三十萬兩，其煤層淺，而井不必深，迥非開平可比。惟濱河蓄水約須多費，如該處真可設爐鎔鐵再照舊股加三十萬便足矣。荆鐵究屬可靠與否，總須礦師勘定再議加股設爐。劑礦從前花費三年辛苦十萬鉅資而得，今有人欲辦，自應會同經理以收和衷共濟之效。

王爾敏等《盛宣懷實業函電稿》第四卷《盛宣懷致馮項南函》 項南仁兄大人閣下：金州煤礦係池貞銓所勘，自應俟池貞銓到後再行前往。甯海、棲霞、招遠鉛礦已奉李中堂、任中丞批准並行。東海關道並已面稟新中丞陳隽帥，允爲隨時照料。查鉛礦較煤鐵易辦，前經林仲明粗擬章程，此時仲明既同在煙臺，自應先辦鉛礦爲是。惟入手必須先與地方紳民互相聯結，使地方毫無掣肘，方可動手辦事。公牘雖請閣下買地試挖，然切不可造次。請臺從先同林仲明、張海再赴甯海、棲霞、招遠覆勘鉛礦，此次係奉明文，必須先拜地方官，並訪明產礦地方之紳董，亦須拜訪説明，因海防鑄造彈子，需用黑鉛，是以奉北洋命來開採，悉用本地工人，不許外人混迹，如有故塋、房屋礙事之處，決不妄動絲毫。如果開採興旺，章程並擬提費以充善舉。似此説法，先將人心籠絡，勿令阻撓。如該地方官、紳、民均能説得妥貼，或先雇工人數名，與武穴長工就鉛苗流露之處試挖。如稍有輿情不順，切勿冒昧動手，致誤大局。好在弟電務料理妥當即須赴煙臺面與方道臺商酌，並須親自勘明礦務。如果暢旺，再行設廠，購辦機器。此時望吾兄穩慎辦理，幸勿造次爲囑。並將如何情形速即馳覆。盼切。此請臺安。愚弟宣懷頓首。十七。

王爾敏等《盛宣懷實業函電稿》第四卷《盛宣懷致馮項南函》 兵船居然趕上，帆船居然雇妥，乃以風雪所阻，以致兵船不能等待，似非力所能强。閣下與敬亭兄商酌，暫將機器起岸，所辦尚是。池都司來滬面稱，因接家信，母病垂危，不得已假旋一行。並云如等不及，林縣丞儘可先往，已將礦形繪圖面囑辦理。昨日伯敏兄詢其煤層有無把握，則云六七丈深即可見煤，探一簽即可開井。又云地處海濱，無輪船往來，既有鉅款，不及另圖。今日具稟請假，已經批准一月後不銷假即行停支薪水。以該員所稟情形似與來函所述稍有不符，豈該員在煙時尚未言及母病耶？祈示及。現在駱馬山煤礦總須先探一簽，方能商定大局。昨已函稟北洋，請於丁軍門赴津時，面囑到煙即派輪船拖送赴工，約計正月二十左右必有輪船之便。閣下與張海擬先雇帆船，乘西風順風駛往，以弟揣度，較輪船拖帶似穩。緣海面輪船牽率帆船多有不便，如有慣駛金州等處之海艇，看準天氣晴和，自必波平波静。惟林縣丞恐又膽怯，仍不如候有輪船，再行同往。但切弗摺回上海，致縻川資，貽人笑柄。倘輪船未到以前，閒曠無事，望偕同林縣丞就近覆勘芝罘等處鐵鉛各礦。聞蓬萊黄縣一帶平度州多產五金，似應乘時往勘，以便陸續開辦。弟因電事羈身，在滬度歲，東海之遊，須俟探簽之後也。手此布復，敬頌歲祺不一。愚弟宣懷頓首。新正三日。

再，陳中丞云礦務只須地方紳士不説閒話，總可由我處辦理。如果地方紳士一有阻撓，即誤大局。閣下素來細心，但於籠絡紳民之道，尤須設法講求，方能任重耳。再頌臺安。弟頓首。

王爾敏等《盛宣懷實業函電稿》第四卷《盛宣懷致岑春煊函》 再，鐵廠事一面籌款，俟弟赴鄂覆勘後，即須會商南皮入奏，特將擬稿抄呈密覽。茲事宏大，關係國際，似非官督商辦不可。弟於二十二年以津海關道接辦時，係南皮所委，並非欽派督辦，現尚借用商約大臣關防。此次摺上之時，擬請臺端與政府一提，關防之上須加「大臣」二字，以後方能奏事，是爲至禱。敬想閣下關懷鋼鐵大局，用敢密陳。再頌勛福。

王爾敏等《盛宣懷實業函電稿》第四卷《盛宣懷上張之洞端方俞廉三》 甯張宫保、武昌端制臺、長沙俞撫臺：美工師議定先辦岳州至湘潭幹路，而湘潭至萍鄉枝路，亟須自造，方能銜接運煤。據總辦道員薛鴻年禀，以奏請諭旨爲第一要義，庚子以前劣紳阻撓，總説未奉諭旨，迨辛丑刊刻謄黄，始知斂迹。惟前旨僅云通至醴陵，現造醴陵至湘潭枝路，又造岳州至湘潭幹路，必須諭旨刊刻謄黄等語。謹擬電奏文曰：「光緒二十四年三月，宣會同督臣張奏萍鄉煤礦築造運煤鐵路，通至水次，再籌展至長沙與幹路相接，欽奉寄諭，着各該省轉飭地方文武妥爲保護，欽遵有案。現在萍路已造至醴陵，粤漢幹路亦議定岳州、湘潭同時勘辦，則由醴陵至湘潭一節，必須速自接展，冀早銜接，以通煤路。仰懇明降電旨，責成地方文武，仍前彈壓保護。應用地畝，照案先行勘繪地圖，核定分等價購，俾得迅速開工，以免曠時糜費。請代奏。端方、廉三、宣懷謹肅」云。乞午帥、廙帥酌妥即發爲禱。宣叩。諫。十六。

王爾敏等《盛宣懷實業函電稿》第四卷《盛宣懷致魏光燾黄建筦》 江甯，魏制臺、黄藩臺：昨奉大咨，以津鎮鐵路英人已往勘利國驛。查利國著名鐵礦，前經江甯紳士集股辦理不善，議請敝處接辦。嗣因香帥奏請將湖北鐵廠移交敝處，無力兼辦利國，乃經桂道介紹，由胡姓售與廣東候補知府吴惇蔭招商辦理。聞吴亦力薄中止。昨吴由粤來滬，宣因病未見，但聞英國覬覦此礦，因與嶧縣煤礦相近，鐵路一通，以煤就鐵，無窮之利，悉歸英人。且將來彼必就鐵製造，不特湖北鐵廠受其壓制，即滬蕪製造廠力量亦難相抵。應請查明吴惇蔭接受利國鐵礦案據，咨送敝處，並迅速行令徐州道府查明吴惇蔭現在何處，務必設法勒令不准售與洋人。如吴守無力自辦，即由敝處奏辦之勘礦公司如數籌款發還，將此鐵礦暫歸勘礦公司承受，以保此礦。是不僅爲湖北鐵廠起見，實於江南大局稍有關係，乞酌裁電復。宣。勘。一等，宙，二十八。

王爾敏等《盛宣懷實業函電稿》第四卷《盛宣懷致李維格》 漢廠，李：三電悉。老化爐能出馬丁鐵二百五十噸，價可減至十七、八兩，新化爐已趕辦，甚喜慰！尊論萬勿延擱，極佩服。正在老商内先擇七人，連舊股湊成優先股五百萬元，先行註册，專候邱令三十二年收支存該總册到，即咨部註册。袁、蔣若願合決不拒，續招五百萬可歸彼，否則今冬明春鋼廠大興，煤運大暢，一有定息可付，亦不難續招。務請公放心辦廠，大局弟一息尚存，決不聽其中蹶。惟公與我有言必盡，切勿焦急，吾輩不怕勢，但怕焦。賤恙大好，逐日出門，夏間必來鄂，公勿離，來亦無益。宣。東。一等，密，初一。

王爾敏等《盛宣懷實業函電稿》第四卷《盛宣懷致袁樹勳》 湘潭，袁京兆：電悉。公即赴鄂，萍行作罷。前日張道禀報紫家坑石隔已打通，煤質更佳，來年每日可出三千噸。惟鐵路只到洙州，輪駁接運仍不甚便，總須接到易家灣，將來接到長沙，方能由大輪船接運，此事全仗大力籌之。張道因聞公去，尚留萍未走，公若無暇，可派令郎或友人往觀，家門利益，似不宜署過。宣。支。一等，密，初四。

王爾敏等《盛宣懷實業函電稿》第四卷《盛宣懷致金煦村》 武昌督署，金煦翁：洪。歌、陽電悉。廠地擴充，實爲成敗關鍵，故又電催。廠爲中堂手創，吾欲强兵，安得不製械？昔中堂就漢立爐，人皆以爲失地。宣竭十年苦心布置，今且加造大爐，若因地蹙不敷展布，必貽中西笑柄。前電未蒙答覆，工師屢函催辦，日夜焦灼，眠食俱廢。相節將行，萬事叢集，恐不在意，後人何能索解。乞兄代懇批准速覆，盼切。宣。佳。一等，洪，初九。

王爾敏等《盛宣懷實業函電稿》第四卷《盛宣懷致李維格》 漢廠，李：初四函悉。袁於認虧二百萬，尚肯擔任，新舊權限，欲得其平，彼在滬如肯細談，公理何難明白。蔣既躲開，袁又匆忙，寥寥數語，無怪誤會。此局總須添人招股，袁本相契，較粤人自勝，吾若非真心撮合，何待三年。但大利所在，所費資本，豈得視爲認虧？權限當平，豈應判爲新舊？公宜相機而行。新廠究竟何時開工？乞示。宣。卦。一等，密，初十。

王爾敏等《盛宣懷實業函電稿》第四卷《盛宣懷致李維格》 漢廠，李：文電悉。製造廠候商部批准註册，再禀本省總督，亦無不可。頃仲萬來電，尚在漢口，望即約與面商，先看湘潭、常德新造之木駁能否裝二百噸，津通、萍富、萍强能拖幾隻？現在水大，能否從洙州拖起，自洙到岳走幾日，自岳到漢走幾日？約計木駁須造三十隻，鴻滄無暇及此。賴倫定造拖輪後，請假赴日本。即催仲萬赴湘鄂各木廠考核造法，繪圖議價，迅速禀復，以便批定，勿遲勿誤。宣。文。

一等，密，十二。

王爾敏等《盛宣懷實業函電稿》第四卷《盛宣懷致岑春煊》 京，岑宮保：兩粵用人理財，似可預請破格，免再掣肘。贛銅、萍煤與粵合辦，可聯唇齒。瑞因教案多，求離贛甚確，伏乞代籌，餘囑晦翁面陳。號。四等，密，二十。

王爾敏等《盛宣懷實業函電稿》第四卷《盛宣懷致陳璧》 京靈清宮，陳尚書：咸電計邀鑒。頃有人述岑言非合辦難購地，湘股諉甲、乙恐是陪筆，洙昭遵照奏案官築，准其附股一半，想是主筆。好在出自督撫，如速復准，彼不能再有異言。看來一半商股，亦未必現成。鈞處所核細則，謹擬數端：一、責成督撫剋日出示，照定章購地；二、限令薛道趕緊開工；三、准用潭紳數人，隨同薛道購地辦事；四、完工結帳，湘公司照繳一半資本；五、洙昭行車，專立帳表，所得運煤進款，除養路、修路外，餘利准分給一半，自繳商本之日起；六、幹路全通之後，官本一半，亦准公司買回，以示部中但欲維持廠礦大局，斷非争利。第三條尤爲湘人所喜。薛辦醴洙，亦用紳士不少，至今乾薪未能全停，湘人性質如此。承下詢，備採擇。宣。諫。一等，陳密，十六。

王爾敏等《盛宣懷實業函電稿》第四卷《盛宣懷致李維格》 漢廠，李一琴：陽電悉。京兆云抑之過於拘泥，來函罷議。大局勢難坐誤，現已議定集股一千萬元，老商原票一百兩者，加足二百元，即允許繳其餘五百萬元亦有人承允。新廠告成，輪駁辦妥，分認招足。此皆照商辦成案推廣辦法，萬難摇動。來示渭潤尚勸撮合，想來宋在漢久，深知根柢，非道聽塗説可比。在我横竪總須另舉董事，加本合辦，無論何人，一例看待，只須照四月三十日所寄各條，是加股不是盤替宗旨，設身處地，各存恕道，不難融洽到底。今日有新舊，他日無新舊也。兄宜先與二君揭開一談公行止。我以前覆之條款爲定本。如蔣不甚離譜，李可同來。太遠則來亦無用，此斟改之宜也。先詢蔣於敝處條款究竟何如？電來再定。宣。佳。一等，未密，初九。

王爾敏等《盛宣懷實業函電稿》第四卷《盛宣懷致金煦村》 武昌，金煦村兄：講電悉。洙昭鐵路蒙節相代籌，感不自勝！連日向銀行籌借躉款，苦無抵押。廠、礦正在招股，勢難驟集。大約五十萬辦洙昭路，尚可徐籌，一則軌料可抵款，二則工程可分付，三則車輛可兼用，則路短易成。成則路利可抵借息。若以購粵漢股票，現銀難籌。旬日以來，擬以股票向銀行抵借，都無應者，故遲不能復。頃已將實情電節相，所謂醜媳婦難瞞公婆，祈將苦衷婉轉代達，並示可否（原删：弟更有一説，如粵漢認股不要現銀，廠或可辦，未知鄂能解否）。宣。未。一等，洪密。

王爾敏等《盛宣懷實業函電稿》第四卷《盛宣懷致軍機處》 京軍機處鈞鑒：二十五日准鈞處電開：「奉旨，盛宣懷著迅速來京，預備召見，欽此。」聞命之下，莫名感悚！宣懷遵即力疾由漢起程，泥首宮門，跪聆聖訓。宣懷此次駐漢，親驗新爐，所煉精鋼，甚旺甚佳，不特見供中國造路、造船、造槍炮之用，併可溢銷日本、美洲，成效已見，藉紓宸廑。請代奏。宣懷謹肅。宥。一等，辰密，二十六。

王爾敏等《盛宣懷實業函電稿》第四卷《盛宣懷致趙爾豐》 成都，趙制軍：嘯電發後，次帥留盧道有事，特先請電商。頃示臺電，遵將詳細合同電達，請鈞裁並交公司核議。電復照繕。文曰：立合同議據四川鐵路公司（以下稱川路公司）、漢冶萍煤鐵廠礦公司（以下稱漢陽鐵廠）。今因四川鐵路開辦在即，需用鋼軌及各種鋼鐵材料，准向漢陽鐵廠購辦，預付定銀存廠生息。特將所議各條，開列於左：一、漢陽鐵廠現造馬丁鋼軌及配用各料件，應有盡有，鋼質、造工，均足媲歐、美，嗣後川路公司定購鋼軌及各料件，均可照洋廠購軌章程派人驗收。二、川路公司允於本年先付軌價，計漢口洋例銀二百萬兩。由鐵廠另立印收二十張，每張十萬兩，註明收銀日期，交川路公司收執。此項預付價銀，自收銀之日起，交貨之日止，鐵廠允認按年七釐利息，按半年一結。訂明以後定貨，立成單之日，按應付三成銀數核算止息，至分批交貨之日，按應付七成銀數核算止息。並將印收分批發還塗銷。如核有零數，另補零數印收。三、漢陽鐵廠允川路需用鋼軌及配用各料件所有價值，按照京漢、閩浙、蘇皖章程，於購軌之時，彼此查明最近之歐、美鋼鐵運漢交貨時價，比較核定。届時如有他省定貨，價值亦可互相比較，按批訂立成單。若續定軌件，亦照續定日之時價。四、漢陽鐵廠允將廠内現造各路鋼軌式樣及配件式樣，寄與川路公司閱看。俟核定輕重分兩及配件式樣，先將圖單寄廠，即由廠做銅樣板寄川核對，簽字寄還，並將第一批定購噸數、交貨日期，預早議定，以憑照樣製軌。五、川路定軌甚多，先將輕重式樣定奪製軌，即可聽憑訂期定貨。惟恐届時有他處購貨在前者，故必須分批預定。如每批定貨噸數及交貨日期，須於定貨之前，先由川路公司與漢陽鐵廠電商，訂立成單，以便如期交貨。六、訂定交貨日期如到期，廠貨辦齊而路局不能出清，該貨價之本項，亦即如期照貨價停息。七、鋼軌等料，均在鐵廠碼頭輪船艙口交貨。川路公司派定輪船，二十日之前知會鐵廠預備，如有税項，川路公司料理。八、合同訂一式兩分，蓋印互换，各執一分存照。又印票文曰：「漢冶萍煤鐵廠礦公司今收到四川鐵路公司購辦軌料預付漢口洋例銀十萬兩，漢口自收銀之日起交貨之日止存廠，按年七釐生息，其息按半年一付，其本銀於交貨時即將此票抵付貨價，悉照合同辦理，立此印票爲憑，須至印票者。光緒三十三年月日。」以上兩稿請裁定。查第二款印票分十萬爲一張，便於交貨抵銷。第四款俟定軌時，照洋價比較核價，或照目前時價先定一批，悉聽尊裁。此外如有斟改，均候電示。弟奉電旨，擬初四入都。如蒙早復，尤深感盼。宣。勘。一等，洪，八月二十八戌刻。

王爾敏等《盛宣懷實業函電稿》第四卷《盛宣懷致王勳》 大冶，王道：協理豔電，「近來礦石末多，且夾泥塊，已派人往冶告戒。昨新爐因末多出險幾危。呂柏來函：若焦礦仍前末多，只可停煉」等語。望速剔除礦末及夾泥塊爲要。季守已行。宣。一等，密，三十。

王爾敏等《盛宣懷實業函電稿》第四卷《盛宣懷致楊學沂》 滬，顧詠銓交楊綬翁：銅廠都已開工，秩然大備，聲名大噪，洋人尤豔羨，漢贛願認股數百萬。湯、蔣、鄭來電，擬集五十人，連舊股合貳千萬。鄙見各認二十萬元，餘歸民間零股，合成天下商民團體。次帥注重工商，與前任相反。弟今到湘，當與官紳商辦長沙路綫，受次託也。我坐商輪上水，行日半，水深極暢，准造大輪運煤。約二十回漢，已訂袁、蔣到漢。湯若不來，鄭必到，望兄料理，電到即行。張亦函琴願入夥。定大計，決大疑，公豈應辭勞？

王爾敏等《盛宣懷實業函電稿》第四卷《盛宣懷致呂海寰》 京，呂尚書：效電悉。鑛廠歸併萍礦一事，現擬詳細章程，函請南皮相國鈞示。必期官商兩益，方能入奏，俟將奏稿寄呈商妥後再辦。如有人來京探詢中堂意旨，請中堂暫置不復。乞公速代密達中堂爲禱，並祈達到後電復。宣。個。一等，呂密，二十一。

王爾敏等《盛宣懷實業函電稿》第四卷《盛宣懷致王勳盧洪昶等》 漢廠，王道、盧道、蕭牧：煤棧碼頭緊要，萬家廟地連東分，足靠一船，趁此冬令，應即趕築碼頭。宋渭臣言公興每丈石工料五百兩，各租界做碼頭熟手甚多，即速選工包估，如能減省更好。躉船造木質者須價若干？速復。

王爾敏等《盛宣懷實業函電稿》第四卷《盛宣懷致趙爾巽》 武昌，趙制帥：漢冶萍合一大公司，已照面議奏准商辦註册，録咨在案。昨李一琴來電：「各路已定軌五萬噸，川漢、津浦如用廠軌，亟應擴充馬丁鋼廠。」除電復趕緊向外洋購辦，並將廠基運道預爲布置，免致臨時竭蹶。惟需款甚鉅，承公介紹川款，預借生息一事，昨告郵部，亦甚贊成。聞費、喬二紳均在鄂，可否請公仍宗前議，迅速玉成，似屬兩益。若各莊號提撥爲難，或先撥百萬，亦無不可。禱甚感甚。

王爾敏等《盛宣懷實業函電稿》第四卷《盛宣懷致袁世凱》 津，袁宫保：文電節節支持，恐仍無益。公獨具遠識，幸有用心。惟中國所處之境，有難痛快者。大約統籌全局，仍須略分層次。鐵事議借鉅款，不准執權，竟難就緒。萍礦出煤焦日多，運煤鐵路急須接通。美因湘萍爲粤漢枝路，德因礦有禮和借款，兩公使皆赴外務部争造，意在併辦煤礦。經與外務部商明，由中國自造，以保礦利。移銀行本原屬無多，但能先將煤路辦成，便有已成煤礦及鐵路二百五十里。若照尊意以鐵就煤，不特鐵廠可大舉，即銀行、招商局所附股本，亦有歸著，故股商多許可。不得已之苦衷，高明當能諒之，餘容面教。

王爾敏等《盛宣懷實業函電稿》第四卷《盛宣懷致呂海寰》 京喜鵲胡同，呂大臣：送别感沕，到漢平安。兩工司驗鋼料極贊美，單開需軌十餘萬噸。今明年需三萬五千噸，楊、李熟商，先定四、五萬噸，價照九廣五十二兩，價款先付，七釐還息。在廠可速加鑪（原删：免借外債），勿誤塞漏，在路趁金貴易銀，可買便宜軌，可得最優息。德、英公司或執總辦招人投校標一語計較，公司執自應先儘購買一語摺之。九廣並未校票（原删：已全定華軌），漢廠開價五十二兩，已全定漢軌，實賴魏季渚主持。尊處至少先定一半，庶可保此主權。李一琴云：京張開標極賤者每噸只比我少七錢五分（原删：如彼以預付全價爲言，公可告以得三厘息，則核計軌價更便宜，且滬甯、正太各路均將借款提存中國銀行，可得優息）。開標本不能只憑賤價。子元向德力争主權，實可欽佩。乞公主持，速電彝卿到滬定議，將議單電公核定，以便飭廠趕緊預備。因今年要貨須封河前運到，尚須將他路已定之貨騰挪，遲則不及，盼甚禱甚。宣。沁。一等，呂密，二十七。

王爾敏等《盛宣懷實業函電稿》第四卷《盛宣懷致邱某許某》 漢廠，邱、許：查帳員以去年總爲準，老股庫平百萬作一百五十萬元，加股五十萬元，共成二百萬元，已列刊本奏咨，應列以三十三年八月分帳年總，並應敍明其中短收若干，今年已補足。應照金令抄帳轉清。宣。鹽。一等，密，十四。

王爾敏等《盛宣懷實業函電稿》第四卷《盛宣懷致沈瑜慶》 南昌，沈中丞：萍礦耗費商本甚鉅，近雖稍有成效，運道艱難，並無利益。鼎帥定欲興辦出井稅，在京時商定，各捐停止，股商方允於關稅之外，加此井稅。今稅章甫定，萍邑仍欲要求學堂捐款，據股東會議定，萍礦學堂自應照舊提捐，而萍邑學堂係屬地方公事，應由本省地方官籌款，與礦無涉。若難另籌，自願在於出井稅內酌提分撥。應請臺端主持辦理，部中必能照允。公於學、商並重，諒以爲然。宣。一等，辰，二十。

王爾敏等《盛宣懷實業函電稿》第四卷《盛宣懷致軍機處》 京軍機處：洪密。宣懷奉命駐滬辦理商約，未議各國，尚無來議消息。所辦漢冶萍廠礦，遵旨加招商股，以廣成效。查東方鋼廠，漢陽而外，僅有日本製鐵所與我並峙，彼之總理曾已親來漢廠考察，我亦宜往一行，藉資互證。該國煤礦尤多，成本甚輕，亦宜往查，使萍鄉煤礦有所效法。且宣懷久患痰喘，中醫療治難痊，夏秋尚可支持，冬令增劇，年甚一年，日本有國醫長於治肺，不能來華，只可就其醫院診治。合無仰懇天恩賞假兩個月，即擬趁此天氣未涼，尅日東渡，一面考察廠礦，一面就醫，如商約有續議之信，當即日言旋，決不敢稍有貽誤。請代奏。宣懷謹肅。豔。一等，洪，七月二十九。

王爾敏等《盛宣懷實業函電稿》第四卷《盛宣懷致呂海寰》 北京喜鵲胡同，呂尚書：補聞政府與美國密約，欲將鐵廠歸美辦，已派美工師赴漢考驗。請速面詢南皮，電復如確，實須早預備。用呂尚書補密本。九月初二夜十一鐘託周發。計四十字共百六十碼，每字五碼作三十二字。

王爾敏等《盛宣懷實業函電稿》第四卷《盛宣懷致李維格》 漢陽，李一琴：美國人看廠，少川主使，欲借美款改官辦。招股告白，刷印演説，均宜注重商本商辦，激勵團體，防維外患。李一琴密本。九月初三日。東歷九月二十七日夜九點發。

王爾敏等《盛宣懷實業函電稿》第四卷《盛宣懷致陳夔龍》 武昌，陳制帥：齊電悉。襄堤已委蔡道會估，曷勝感佩！惟李郎中廠事極忙，可定大綱，難親細事，金令雖係貴前任原委，代替張雲錦者，此工艱鉅兩倍於前，自應援案派員督修，以昭慎重。如乏熟悉工員，可否請派蔡道會同李郎中督修，金鼒爲專修，韓景堯爲金鼒會辦？韓牧振務將畢，此人曾隨弟辦山東河工，必能得力。仰蒙下詢，用敢直陳，乞鈞裁。宣。佳。一等，洪，初九。

王爾敏等《盛宣懷實業函電稿》第四卷《盛宣懷致陳夔龍》 武昌，陳制帥：昨電諒邀鑒。頃李郎中面稱：「應修襄隄約長八十餘丈，既急且鉅。」前年上游工程，南皮係委張雲錦及李維格會辦，旋因張道另有差，改委金鼒，現在金鼒係當廠差。該堤關係民生尤大，如一旦沖決，民居與兵工廠、鐵廠悉付東流。款照前案，亦係善後局與鐵廠各半分認。應請鈞處據電速委能員會督金鼒勘估，再行稟復核奪。若候李郎中回廠具稟，恐時令太遲，於購料、打脚地，多有不及，乞速鈞裁。宣。庚。一等，洪，初八。

王爾敏等《盛宣懷實業函電稿》第四卷《盛宣懷致陳夔龍》 武昌，陳制帥：據去臘李部郎面稟，開洞一事已與漢陽紳士暗中疏通，並擬議定學堂歲捐款項，該紳允俟地方官奉文開導，即可遵允辦理。弟即命李回漢，再與妥議，兩無翻悔，方可咨請尊處派員勸導。昨接李電：「山洞官紳均已接洽，乞即電帥，只要打官話，鋼軌不敷供應，漏卮日鉅，多煉鐵，國家多得鐵捐。前已由次帥札飭漢陽府縣在案，請再飭府縣傳紳切議，事在必行。」正在辦稿間，又接李電：「山洞趁紳士接洽定案，並不即開。」等語。似此機不可失，用敢另呈公電，即請據電行知府縣傳紳切議。如有應詢事宜，請即傳李郎中面詢爲禱。宣。禡。一等，辰，密，二十二。

王爾敏等《盛宣懷實業函電稿》第四卷《盛宣懷致陳夔龍》 武昌，陳制帥：據總辦漢陽鐵廠李郎中維格稟稱，「近因川漢、粵漢兩幹路奉旨交張中堂督辦，需用路軌更多。漢廠現將第三化鐵新爐，晝夜趕造，以資各路購用，悉免外人爭造，致開漏卮，關係甚大。惟廠地偪窄，無可展布，必須在大別山下開鑿一洞，以通軌道，直達湖邊，方能脈絡貫通，推廣製造。曾於上年二月，稟請前督憲趙批准在案，現在工程緊要，實難再緩，請即電請督憲，再行派員會同漢陽府縣傳紳切實議辦，事在必行」等情前來。查京漢鐵路，曾在武勝關、廣武山兩處開鑿山洞，毫無所損，將來川漢路工開山鑿路，豈能盡免？宣此次在長崎所見三菱船塢，開鑿山洞，以便運道，尤屬輕而易舉。目下時局艱危，辦事重在實際，似不宜再事拘牽，以致路政鐵政，兩有阻礙。除咨達外，應請貴部堂迅速據電札飭漢陽府縣傳集紳士嚴切開導，尅日稟復開辦，萬難再遲，是所幸禱！宣。禡。一等，辰，正月二十二。

王爾敏等《盛宣懷實業函電稿》第四卷《盛宣懷致漢陽鐵廠委員》 漢廠，邱、趙、許：存該帳核定漢廠活本三百七十四萬五千七百三十兩，內有上海各户借款四十萬五百餘兩，凑合如數，匊蓄已照此轉帳，函帳到日希詳閱，收支須與存該合拍。如已備全册難以更改，請另造簡明一册，將收支附在存該刊本之後，查帳之後，刷印分送，庶可拆得開，併得攏。宣。江。一等，密，初三。

王爾敏等《盛宣懷實業函電稿》第四卷《盛宣懷致楊文鼎》 武昌，楊護院：洪。頃李郎中電稱：蘄水縣有白石含美較多，合我鎔鍊，派人採運，平價賣買，該縣徐令藉詞出示禁阻。該郎中已在尊處面呈説帖，因工人船隻齊集，一散再招不易等語。查鋼爐需美精甚多，平價採運，實於地方多一出産，事屬兩益，該縣或有誤會，應請貴部堂迅速札飭徐令，出示曉諭，准由漢廠採辦，禁止外人開採，實爲正辦。除咨請外。宣。宥。一等，洪，二十六。

王爾敏等《盛宣懷實業函電稿》第四卷《盛宣懷致盛春頤》 漢廠，盛我彭：李密勘電悉。昨董事會決議，呈遞瑞帥説帖，以文襄原奏，廠内廠外地基，一律交收爲宗旨，地價悉在認股五百餘萬之内，只應繳還填費七萬串。吾初擬就護院所訂報效十萬之數，分作十年，免傷和氣，均不認可，公司會議，總協理礙難執拘，只可候與瑞商再電。姪回省與護院磋定，鐵廠目下極窘，將來發達，不争多少。鄙見統計十五萬兩，第一年起第五年止每年繳二萬兩，第六年起第十年止每年繳一萬兩。有此印票，官錢局可抵償紙幣。姪能先商護院，如允，吾可與瑞決定。豔。一等，李密，二十九。

王爾敏等《盛宣懷實業函電稿》第四卷《盛宣懷致楊文鼎》 漢廠，李譯呈楊護院：沁電悉。承示：「鐵廠關係公家大計，擬由廠將填地之費七萬串撥還，即先將地交付廠用」等因。莫名欽感！除電飭李郎中即日撥款將地交收外，查報效一層，十月二十五漢廠電禀，高公橋水塘承公幫忙，令廠繳錢七萬串，仍須繳銀十萬兩，分作五年等語，當即電商筱帥，擬請由廠書價十萬串，分五年，每年繳價二萬串。第一次交款，此地即歸廠用。旋接筱帥復電：「已飭局與廠和平議定辦法。」敝處二十八奉自董事會議，分年報效十萬兩斷不承認。頃奉示分作五年，每年報效銀二萬，似係仍宗前議，並無和平辦法。鄂中虧累，藉此彌補，弟所深知，同是公事，何敢拘泥成見，但廠累尤重，總宜多多求讓。鄙見擬照原價二千倍報效錢十萬串，分十年奉繳。弟前年所送善後局堡垣及宗關地四百二十九畝，係照原價只收銀二萬三千餘兩，今聞地值百萬，似可飭局出售，所獲必不止此數。乞公主持公道示復，以便會議遵行。宣。勘。一等，洪，十一月二十八。

王爾敏等《盛宣懷實業函電稿》第四卷《盛宣懷致孫寶琦》 濟南，孫中丞：鶴雛已晤，疏稿甚佩，略加標註，即當寄還。鋼鐵甚難收效，漢廠開辦十年，已費銀二千餘萬，只能就廠擴充。灘鐵須深挖，不及大冶佳，斷非百萬所能辦。吾華製造未興，鋼鐵用處太少，能否分辨，已飭李一琴及董事會妥議，再詳復。宣。鹽。一等，洪，十四。

大生紗廠部

綜述

張謇研究中心等《張謇全集》第三卷《呈南洋督部劉通廠集股節畧清光緒二十三年》 光緒二十一年十一月，初議通州設立紗廠時，由劉桂馨説合，潘華茂、郭勛、樊芬作主，桂馨及陳維鏞同辦，皆潘、郭意也。十二月到省先遞手摺請示，後即到通由張謇添約沈燮均訂立合同，稟請通州、海門地方官會詳定案。原議潘、郭、樊作爲滬股，認集四十萬，沈、劉、陳作爲通股，認集二十萬；通股不足，并由滬股包認，載在合同。二十二年七月，憑汪通州及張謇在滬會議，按照六人分任招股。通股中，除沈燮均獨認一股，陳維鏞請退，劉桂馨一分潘、郭承認代集；滬股中，樊芬請退。當時即有用官機之議。

九月二十七日，郭勛帶同匠頭曹青章到通查看廠基。紳商集議官機作銀五十萬，商集五十萬，郭云股不易集，始由張謇添入蔣錫紳、高清二人，與沈燮均合爲通股，潘、郭、劉合爲滬股，通滬各認招集二十五萬。

十一月初，憑崔同知鼎在滬合同簽押，潘、郭又云股不易集，祇各認本分八萬餘兩。劉桂馨改歸通股。

二十三年二月二十四日，憑張謇在滬會議查明：潘、郭已招六百十一股，實到銀二萬兩；蔣、沈已招銀一千二百股，實到銀五萬八千九百兩。除買地、開河、駁岸、修路、起造行棧、購定磚木料各項支用二萬餘兩概係通股撥用，餘銀概存潘處。

張謇研究中心等《張謇全集》第三卷《大生紗廠開車以後帳畧光緒二十五年四月十四日始》

一收進花出紗核餘　規元十二萬零三百十六兩七錢八分七釐
一收售棉子飛花各花餘　規元七千三百二十八兩一錢九分一釐
一收各莊回息大小洋餘　規元六千四百二十八兩九錢三分九釐
一收工房、駁船租磚石雜餘　規元一千三百三十七兩四錢六分二釐
一支官機官利　規元五千八百八十二兩四錢一分七釐
一支商集官利　規元一萬零九百四十九兩零七分六釐
一支往來調匯各利　規元八千六百五十六兩零七分
一支花紗釐捐　規元九千九百三十三兩八錢五分七釐
一支煤斤物料　規元二萬二千零五十二兩七錢八分九釐
一支機匠男女大小工資　規元三萬六千三百零六兩一錢二分七釐
一支紳董公費薪水　規元三千二百二十八兩七錢五分
一支各司事薪水　規元三千九百六十六兩零五分三釐
一支福食使用　規元七千五百八十五兩四錢五分

以上收支兩抵净餘規元二萬六千八百五十兩零七錢九分，連前統結净虧規元二萬三千八百五十二兩九錢九分五釐。

盤查實在

一存官機股本　規元二十五萬兩
一存商集股本　規元十九萬五千一百兩
存匯調各款　規元十二萬四千九百十兩零四錢二分
一存錢莊洋行各往來　規元八萬五千六百五十二兩六錢七分一釐
一存官機股利　規元五千八百八十二兩四錢一分七釐
一存商股并匯調各款利　規元一萬九千一百七十三兩六錢三分
一存各記暫存（紳董費用在内）　規元三千二百十五兩九錢四分一釐

共存規元六十八萬三千九百三十五兩零七分九釐。

一在官機成本　規元二十五萬兩
一在大廠花行地基二房各棧成本　規元十六萬九千八百四十九兩七錢五分
一在電氣燈滅火機打綫軋花車熱氣管　規元二萬三千五百九十八兩一錢一分八釐
一在修理機器并鐵料　規元四千九百八十八兩五錢九分五釐
一在官機添補　規元六萬四千六百十三兩六錢一分四釐
一在生財器具　規元三千五百六十七兩四錢五分六釐
一在存花　規元十萬零三千六百九十五兩二錢三分九釐

一在盤見粗細紗紗頭各花　規元一萬五千零六十三兩一錢三分四釐
一在現存煤斤　規元六千七百兩
一在現存物料　規元四千二百七十兩
一在磚木存料　規元五千三百九十六兩三錢九分二釐
一在各往來暫記　規元五千二百十五兩二錢二分七釐
一在現存　規元三千一百二十四兩五錢五分九釐
一在結虧　規元二萬三千八百五十二兩九錢九分五釐

共在規元六十八萬三千九百三十五兩零七分九釐。

張謇研究中心等《張謇全集》第三卷《承辦通州紗廠節畧清光緒二十五年》

自光緒二十一年，中日約定，有日人得用機器，在中國内地各縣城鄉市鎮，製造土貨之條。九月間，前署南洋大臣張，分屬蘇、鎮江、通州在籍京官，各就所在地方，招商設立機廠，製造土貨，爲抵制外人之計。通州産棉最王而良，謇因議設紗廠。招商兩月餘，有粤人潘華茂、閩人郭勛、浙人樊芬，因通人劉桂馨，連同海門人沈燮均、陳維鏞等，合議認辦。十二月率同到省，開摺請於署大臣張，核定辦法；隨至通州，邀集通州知州汪樹堂，海門同知王賓，監訂合同，會詳立案。分通滬爲兩股。潘領滬股，沈領通股，合集六十萬，潘認集三分之二，沈、劉認集三分之一。議由潘、郭總管銀錢，購紗機二萬錠設廠，是爲商辦。是年十二月，通股購廠基地於州西十五里唐家閘。二十二年，樊芬、陳維鏞請退。七月，商務局道桂嵩慶，以署大臣張十九年在鄂督任内，所購四萬錠紗機庋滬久將廢，作價五十萬（照新機價每錠十二兩，共四十八萬八千四百，此舉成數乜足），招商承領。潘、郭亦屢言股不易集，謇始議用官機以束合之，潘、郭以爲可。九月，復由謇添招蔣錫紳、高清二人，與沈燮均合爲通股；潘認包劉，以劉桂馨與潘華茂、郭勛合爲滬股，各認集二十五萬，合五十萬，與官機價稱。十一月，與桂嵩慶定官商合辦之約。桂許集五六萬爲助，委同知崔鼎至滬，監潘、郭簽合同押，潘改議不認包劉，推劉合於通股，獨與郭各認集八萬，是爲官商合辦。是月通購料造行棧。二十三年二月，謇復查通滬股實集之數，沈、蔣交潘收管者五萬九千。潘、郭止二萬，五月，潘郭復有股散悔約之言；六月，通股與潘郭議不合，勢且立散，而事難中止。因爲分機以輕商力之計，議與太常寺卿盛宣懷合領官機各二十五萬，各招集商股二十五萬，分設通滬兩廠。七月，潘、郭一再禀商務局請退，桂允之，而慰勸通股甚摯。遂與桂、盛定合領官機之約，桂許助集五六萬如初，盛許助籌新股活本。新股十五萬，盛任七萬五千，活本盛任準股本二十五萬，語載合同，并有佐證，是爲紳領商辦。是年十二月，通廠建造廠基。二十四年，造廠運機，造工匠房，修閘，砌岸楗壩，築路造橋，一切工程，先後并舉，歲終粗畢。桂、盛助籌之言頓虛。二十五年三月，廠工全畢，試開引擎，四月開車出紗。此通廠始中終辦法之大略也。

官機自二十、二十一年運湖北，摺江寧，回上海，苫棧於浦灘者三載，上雨旁風，板腐箱裂，機件斷爛者十之三四。官既無款購補，商本又絀，先後由商續漸添配湊補，故六閱月之久機車不能全開，墊款已七萬有奇。現計定購之飛錠粗紗筒，十一月間均可由外洋運到，配齊之後，加招女工，當可開足全機。是此項官機二十五萬者，除去添補斷爛機價七萬餘，及商墊之息，止值十七萬上下（盛領之機，至今閣置情形更不可問）。前已詳呈名色價值清單，請派大員驗訖矣。此官機之大略也。

通州本地風氣未開，見聞固陋，入股者僅畸零小數。上海各廠因連年花貴，拆閱華廠股份給息六釐者止一家，洋廠或息止三釐，坐是凡迭次勸成之股，一經采聽他廠情形，即相率縮首而去。甚者以鄂廠之商本無着，蘇廠之股息難收爲例，一聞勸入廠股，掩耳不欲聞。而不知通廠欲廣招徠，入手即破中西各廠未出紗不付息之例，自光緒二十二年以來，無歲不給息八釐。奈一人之口無從門到户説；而陽摧陰沮者，復不一其人。故二十五萬之股，至今未足。前後轉運資本十餘萬，全憑張羅籌調而來，款息既多，籌劃亦苦。此集股籌款之大畧也。

通廠自光緒二十一年九月建議度地至二十五年四月首尾五載，閱月四十有四，除費於工程機器者，皆應歸入成本外，用去不返者止五萬餘。其中除去二十一至二十四三年各股官息一萬七千餘，存款調款息六千餘，運機擦機六千餘，用於伙食津貼（未出紗以前在事人止有津貼無薪水）、川資訊力、洋匠酬勞、伙食者二萬餘，尚有歷年股款存莊回息，可以抵除四分之一。此用費之大畧也。

紗色光潔調勻，冠於蘇滬錫浙鄂十五廠，凡業紗廠者，皆能言之。紗價前貴於滬，旋爲周轉，利在速售，有時而減，有時而下。而初辦即逢歉歲，綜計尚有盈餘，尤非始料之所及。從此兢兢業業，强勉自立，昭信義而廣招徠，集股籌款，漸能順應；一隅之利源，或可自保。此現辦之大畧也。

以上各節，皆有公牘私函可據。撮要備采，若謇之含垢忍尤，遭閔受侮，千磨百摺，以成此區區工商之事者，其危苦獨心喻之，固不能盡其百一也。謹畧。

張謇研究中心等《張謇全集》第三卷《大生紗廠第二届説畧并帳畧清光緒二十六年》 通廠開機迄今二十有二月矣，艱苦之狀具詳前書。往者，春餘夏始，北方兵釁忽起，警及東南，商賈縮手，積紗盈棧，無人過問；雖廣籌銷路，而摺閱已多。自秋迄冬，蹶而復振，是有天幸，非敢貪功。綜計贏餘，開列如右，續有所議，并附簡端，刊具帳畧，伏惟公鑒。

一本廠向未保險。以資本短絀，暫議自保，每年提存銀五千兩，自二十六年始。

一機器房屋例有摺舊。摺舊則官利之處，餘羡不豐，恐無以饜股東之望。茲議開辦三年後再行起摺。未舊不摺，亦名實相符之意也。

一存儲公積，衆説不一。各廠於公積之中提餘利，通廠於餘利之中提公積，定章不同，無取從衆。茲酌提萬金，此後逐年提存，均視獲利多寡爲斷。

一餘利應分歸股東。股東倡存廠之議者不少，蓋深鑒夫支持之苦、籌調之難。股東遲收一年之羡餘，廠中實省數萬金之籌劃。同志贊嘆，蓋無異辭。茲議所存餘利，周年認息六釐，明春綜結本利歸二十七年以前入股者均派（二十七年入股者不與）。此後餘利均遞遲一年支付（如寅年付子年之利，卯年付丑年之利）。俟資本充足，再照舊章辦理。

一收進花出紗核餘　規元二十五萬七千二百零二兩一錢七分二釐

一收售飛花棉子餘　規元一萬九千五百十兩零二錢七分三釐

一收售常樂姜竈兩分莊運申花餘　規元四千五百七十五兩

一收各莊回息大小洋餘　規元一萬四千八百二十三兩四錢一分三釐

一收工房駁船租雜餘　規元二千五百兩零零四錢三分六釐

共收規元二十九萬八千六百十一兩三錢零四釐

一支官機官利　規元二萬兩

一支商集官利　規元二萬零六百二十三兩三錢六分三釐

一支往來調匯各利　規元一萬五千五百二十九兩七錢六分

一支添造物件修理行廠各處　規元三千六百九十七兩四錢二分一釐

一支保險費　規元五千兩

一支花紗釐捐　規元一萬九千五百九十六兩六錢一分二釐

一支修理機器鐵件　規元二千七百二十兩零六錢六分八釐

一支煤斤物料　規元四萬七千三百八十九兩八錢零一釐

一支機匠男女大小工資　規元六萬一千四百三十三兩三錢七分七釐

一支紳董公費薪水　規元四千一百九十二兩五錢

一支驗機洋人薪水　規元七百兩

一支各司事薪水　規元六千二百八十九兩八錢七分一釐

一支各役工資巡丁工食　規元一千九百七十五兩九錢九分八釐

一支福食　規元五千三百五十二兩零三分七釐

一支川資、錢糧、酬應、善舉、行廠通滬使用　規元五千七百九十七兩一錢七分一釐

共支規元二十二萬零二百九十八兩五錢七分九釐

以上收支兩抵結餘規元七萬八千三百十二兩七錢二分五釐

一支開辦經費、第一届結虧　規元二萬三千八百五十二兩九錢九分

一支開辦裝機洋人外國往返川資、崔同知鼎奉督憲諭付　規元二千零八十九兩八錢三分五釐

實際净餘規元五萬二千三百六十九兩九錢

一提公積　規元一萬兩

一提花紅　規元九千七百七十七兩六錢六分九釐

實際結存股份餘利規元三萬二千五百九十二兩二錢三分一釐

盤查實在

一存官機股本　規元二十五萬兩

一存商集股本　規元二十六萬九千四百兩

一存調匯各款　規元十六萬三千六百十九兩四錢一分六釐

一存商集股利并調匯各利　規元二萬五千零五十二兩三錢八分二釐

一存自保機器房屋險　規元五千兩

一存公積　規元一萬兩

一存官商股份餘利　規元三萬二千五百九十二兩二錢三分一釐

一存花紅存款　規元九千七百七十七兩六錢六分九釐

一存各記暫存　規元六千四百零九兩一錢五分六釐

共計結存規元七十七萬一千八百五十兩八錢五分四釐

一在官機成本　規元二十五萬兩

一在大廠、花行、地基、工房、各棧成本　規元十七萬六千二百四十四兩七錢一分六釐

一在電氣燈、滅火機、軋花車、洗油花車、長車、打綫車、熱氣管　規元二萬八千六百六十九兩九錢九分九釐

一在修理機器并鐵料　規元五千六百六十一兩四錢五分

一在官機添補（除收廿五、六年官機官利净該）　規元四萬四千五百七十七兩三錢八分二釐

一在生財器具　規元三千七百零八兩一錢七分九釐

一在存花　規元十七萬三千八百三十一兩九錢七分四釐

一在盤見粗細紗紗頭各花　規元一萬四千一百零五兩零七分二釐

一在現存煤斤　規元五千九百八十八兩八錢零一釐

一在現存物料　規元六千二百六十七兩六錢二分二釐

一在磚木存料　規元二千八百四十一兩二錢五分八釐

一在定添電氣燈并水管機件等　規元四千七百八十五兩

一在錢莊往來　規元二萬三千六百三十八兩零零六釐

一現批發紗款　規元二萬八千八百六十六兩七錢九分

一現存　規元二千六百六十四兩六錢零五釐

共計結存規元七十七萬一千八百五十兩零八錢五分四釐

張謇研究中心等《張謇全集》第三卷《大生紗廠第三届帳略》清光緒二十七年》

通廠開機迄今，幸俱獲利。茲將第三届帳略刊呈公鑒。

各股東應得餘利，前經聲明，遞遲一年分派。本届應將二十六年餘利派訖（前已刊有清單，茲不重贅），即於三月內憑摺付給。至本届餘利，遲至明年再付，仍以六釐算息。

本年同人有添錠之議，另招新股二十萬，刊具章程隨帳分送，先盡舊股東分認。願入股者，務祈於收到帳略後，即日訊至本廠。以四月爲限，若舊股東四月内無認入之訊，另集。

一收進花出紗核餘　規元三十一萬八千三百九十八兩八錢五分二釐

一收售飛花棉子餘　規元二萬七千六百九十三兩八錢六分七釐

一收各莊回息大小洋餘　規元一萬三千零八十八兩九錢七分三釐

一收工房駁船租雜餘　規元四千九百六十八兩五錢一分六釐

共收規元三十六萬四千一百五十兩零二錢零八釐

一支官機官利　規元二萬兩

一支商集官利　規元二萬四千四百零二兩七錢一分四釐

一支往來調匯各利　規元一萬九千零五十七兩一錢一分二釐

一支添造物件修理行廠各處　規元四千二百九十四兩二錢零三釐

一支保險費　規元五千兩

一支花紗釐捐　規元三萬一千四百二十五兩三錢八分四釐

一支修理機器鐵件　規元二千六百四十兩零九錢一分五釐

一支煤斤物料　規元五萬四千五百十九兩六錢六分九釐

一支機匠男女大小工資　規元六萬九千四百二十五兩四錢四分六釐

一支紳董公費薪水　規元四千九百二十兩

一支驗機洋人薪水　規元七百兩

一支各司事薪水　規元六千二百三十三兩七錢三分六釐

一支各役工資巡丁工食　規元一千八百五十七兩四錢九分一釐
一支福食　規元五千二百四十八兩三錢九分五釐
一支善舉助賑　規元二千五百二十七兩二錢四分八釐
一支行廠滬各項使用　規元五千九百十九兩四錢八分九釐
共支規元二十五萬八千一百七十一兩八錢零二釐
以上收支兩抵結餘規元十萬零五千九百七十八兩四錢零六釐
一提公積　規元一萬五千兩
一提花紅　規元二萬零九百九十五兩零一分七釐
實計結存股分餘利規元六萬九千九百八十三兩三錢八分九釐
盤查實在
一存官機股本　規元二十五萬兩
一存商集股本　規元三十一萬九千五百兩
一存調匯各款　規元二十九萬六千五百十四兩二錢一分八釐
一存商集股利并調匯各利　規元三萬三千五百四十四兩零一分三釐
一存自保機器房屋險　規元一萬兩
一存公積　規元二萬五千六百兩
一存第二屆官商股分餘利　規元三萬二千五百九十二兩二錢三分一釐
一存第二屆官商股分餘利周年六釐息　規元一千九百五十五兩五錢三分四釐
一存本屆官商股分餘利　規元六萬九千九百八十三兩三錢八分九釐
一存花紅存款　規元二萬零九百九十五兩零一分七釐
共計結存規元一百零六萬零六百八十四兩四錢零二釐
一在官機成本　規元二十五萬兩
一在大廠、花行、地基、工房、各棧成本　規元十七萬七千七百八十三兩二錢六分一釐
一在電氣燈、滅火機、軋花車、洗油花車、長車、打綫車、熱氣管、自來水管　規元四萬零七百零五兩二錢八分二釐
一在修理機器并鐵件　規元一萬四千一百二十三兩零七分八釐
一在官機添補　規元二萬八千一百四十三兩五錢七分三釐
一在生財器具　規元三千七百七十一兩一錢一分五釐
一在存花　規元四十二萬七千九百七十四兩二錢八分四釐
一在盤存粗細紗紗頭各花　規元二萬零三百十兩零零八分八釐
一在現存煤斤　規元三千四百零四兩九錢二分五釐
一在現存物料　規元七千一百九十兩零三錢五分二釐
一在磚木存料　規元二千零六十五兩七錢九分六釐
一在通莊往來　規元三萬七千八百兩
一現存　規元四萬七千四百十二兩六錢四分八釐
共計結在規元一百零六萬零六百八十四兩四錢零二釐

張謇研究中心等《張謇全集》第三卷《大生紗廠第四屆説畧并帳畧清光緒二十八年》　通廠之利，人皆知爲地勢使然。然開辦之始竭蹶艱難，而上下同心力求撙節，其開辦之省亦中外各廠所無。即如本地三釐捐，以前此二萬錠用花六萬擔計，每年須出錢一千八百千，彼時以廠力未充未出一文，此後增錠以倍，則省而入者亦倍是，人事亦居其半焉。經理人以爲於地利之所便宜，則祭虎迎猫，義應酬報；於人事之所省嗇，則挹彼注兹，事有經權。是以創辦師範學校，其額通屬占三分之二，外府外省占三分之一。開學以後，歲資滋繁。現於原章餘利作十三份派分者，勻增一份作十四份，爲師範學校經費，咨呈督部立案。斷限以後不得更議增加。同此議者，創始辦事而亦有股本之人也。有股本則餘利十分中有應分之利，辦事則花紅三分中有應分之利。非徒慷他人之慨也。各股東有外府、外省人，師範學校有外府外省額，利益共之，亦非有所偏厚。各國師範皆官立，通州師範本各國代用之例。又各國學費官皆補助，通廠官機亦作商股隨衆分助，猶三江師範經費提銀圓局贏餘之例也。爲學校計者，謂每年廠利無定

而校費且日益，不若準校費所需於廠章例有善舉内開支；或謂於公積項下生息開支；是均然矣。然揆之各股東較量赢縮之心或不盡洽，故仍匀增一份咨呈立案，庶勸學惠商不相妨而相成。

前略以開辦甫三年，提公積保險外不提摺舊，以厚股東之餘利，通例也。本届以餘利已豐，提公積保險外仍提摺舊，以蓄商戰之力，變例也。股東有謂省摺舊之名，不若以摺舊之數并入公積者，是又一説也。從之。

一收進花出紗核餘　規元四十萬零九千二百九十四兩三錢六分四釐

一收售飛花棉子餘　規元二萬三千一百五十五兩三錢零七釐

一收各莊回息大小洋餘　規元二萬七千零九十五兩一錢九分九釐

一收工房、駁船租雜餘　規元四千七百二十九兩三錢六分二釐

共收規元四十六萬四千二百七十四兩二錢三分二釐

一支官機官利　規元二萬兩

一支商集官利　規元二萬六千一百八十八兩八錢六分

一支往來調匯各利　規元三萬三千九百三十四兩七錢零三釐

一支添造物件修理行廠各處　規元一千八百七十七兩五錢六分四釐

一支保險費　規元五千兩

一支花紗釐捐　規元三萬一千九百五十四兩一錢三分五釐

一支修理機器鐵件　規元四千六百九十八兩二錢九分八釐

一支煤斤物料　規元五萬九千六百六十兩零八錢二分八釐

一支機匠男女大小工資　規元六萬八千七百七十五兩二錢零六釐

一支紳董公費薪水　規元五千六百八十六兩四錢

一支驗機洋人薪水　規元七百兩

一支各司事薪水　規元五千九百五十九兩一錢九分四釐

一支各役工資巡丁工食　規元一千八百八十七兩八錢二分二釐

一支福食　規元五千七百六十五兩五錢四分六釐

一支善舉、酬應、行廠通滬各項使用　規元五千一百八十三兩二錢七分四釐

共支規元二十七萬七千二百七十一兩八錢三分

以上收支兩抵結餘規元十八萬七千零零二兩四錢零二釐

一提公積　規元三萬兩

一提通州師範學校　規元一萬一千二百十四兩四錢五分七釐

一提花紅　規元三萬三千六百四十三兩三錢七分二釐

實計結存股分餘利規元十一萬二千一百四十四兩五錢七分三釐

盤查實在

一存官機股本　規元二十五萬兩

一存商集股本　規元三十三萬兩

一存新集股本　規元二十萬零七千五百兩

一存調匯各款　規元十六萬五千零二十三兩一錢八分八釐

一存商集股利并調匯各利　規元四萬零四百四十四兩四錢八分一釐

一存自保機器房屋險　規元一萬五千兩

一存公積　規元五萬七千一百三十六兩

一存第二届餘利并六釐息　規元九百二十四兩六錢六分七釐

一存第三届商股餘利　規元三萬九千二百六十一兩九錢七分四釐

一存第三届商股餘利周年六釐息　規元二千三百五十五兩七錢一分八釐

一存本届官商股分餘利　規元十一萬二千一百四十四兩五錢七分三釐

一存通州師範學校　規元一萬一千三百十四兩四錢五分七釐

一存花紅存款　規元三萬三千六百四十三兩三錢七分二釐

一存官機存利　規元四萬零一百二十八兩六錢二分七釐

共計結存規元一百三十萬零四千七百七十七兩零五分七釐

一在官機成本　規元二十五萬兩

一在大廠、花行、地基、工房、各棧成本　規元十八萬零零十七兩四錢五分五釐

一在電氣燈、滅火機、軋花車、洗油花車、長車、打綫車、熱氣管、自來水管　規元四萬七千六百七十八兩七錢八分一釐

一在修理機器并鐵件　規元九千五百四十九兩三錢二分七釐

一在生財器具　規元三千八百九十三兩二錢三分九釐

一在存花　規元五十二萬零九百九十兩零五錢七分

一在盤存粗細紗紗頭各花　規元一萬二千五百四十九兩零二分四釐

一在煤斤　規元四千五百四十八兩零五分三釐

一在物料　規元七千八百零五兩五錢二分五釐

一在磚木存料　規元一萬四千零四十八兩零二分七釐

一在通莊往來　規元十萬零八千七百零五兩四錢六分八釐

一在新廠工程并開辦各費　規元五萬四千三百五十八兩八錢八分六釐

一現存　規元九萬零六百三十二兩七錢零二釐

共計結存規元一百三十萬零四千七百七十七兩零五分七釐

張謇研究中心等《張謇全集》第三卷《大生紗廠第五屆説畧并帳畧清光緒二十九年**》**　二十九年，通海花年爲中稔，而花價之昂較歷年爲甚，紗價亦猶是而增。自日俄釁成，布商畏縮，紗價忽漲忽落，稍不加慎，必受大挫；然獲利之豐，爲開廠五屆以來所未有。此非下走規度之能，實賴執事諸君各盡心力之所致。當此時局阽危，市情萬變，縱轡鳥道之上，掞舵漩渦之中，必謂幸福可以常邀，勝地可以自狃，下走至愚，斷不敢存是想。亦願在股諸君共明鑒之。

本届贏餘較豐，故提公積亦從寬，所以厚廠本而備來敵。其餘利按股已得二分二釐，合之官息，已及三分。其公積存餘，以光緒三十年爲新舊之限，三十年以前歸舊股；三十年以後新舊各半存貯。蓋新舊官機成本皆二十五萬兩，錠子悉二萬零四百，數均相埒，無事區分。

此項官機，粗細紗車部數，英國赫斯林敦廠本按紗十四號以上細紗之數配合均匀。今本廠以紡十二支爲大宗，故粗紗車恒虞不給，是以添辦鋼絲、粗紗等車三十八部，使無停細紗而待粗紗之苦，其添車資本遂多至六萬有奇。

新廠開辦，所有各項費用（如招工學習、照料工程及各執事未開車以前伙食津貼并種種工程物料通假便益之事）較之舊廠興辦時何啻什五。即議貼舊股銀一萬，數雖適可，事尚便宜。

新股三十萬兩，舊股較多三萬兩，不欲過多分定息之長本，自爲在股諸君經濟上之計劃應然，以後每年官息贏餘照數匀攤，亦以官機錠數俱相差等，而添辦粗紗車亦屬匀攤。新機自二十九年五月間即逐漸開用。至年終，計贏三萬兩有奇，除去開辦之費，祇不敷二千餘兩，較之舊股始二十二年冬月、二十五年四月十三開車，迄歲底，尚虧二萬三千八百餘兩，其程度懸絶如此，其故可推而知矣。

一收進花出紗核餘　規元四十九萬五千零零七兩一錢一分一釐

一收售飛花棉子餘　規元四萬一千四百零四兩六錢三分

一收（支）煤斤物料　規元七萬三千五百九十二兩六錢六分五釐

一收各莊回息大小洋餘　規元四萬八千五百五十四兩四錢六分二釐

一收工房、駁船租雜餘　規元三千九百八十六兩九錢七分八釐

一收新股開機後拆息、捐項、薪水、伙食、工資各費　規元四萬九千二百七十二兩

共收規元六十三萬八千二百二十五兩一錢八分一釐

一支官機官利　規元二萬兩

一支商集官利　規元二萬六千四百兩

一支往來調匯利　規元六萬零七百十二兩六錢四分九釐

一支添造物件修理行廠各處　規元二千八百四十九兩九錢三分

一支保險費　規元一萬兩

一支花紗釐捐　規元五萬零六百八十四兩二錢三分四釐

一支修理機器鐵件　規元四千五百七十三兩零零三釐

一支機匠男女大小工資　規元十萬零零三百八十兩零零四分八釐

一支紳董公費薪水　規元七千二百十七兩六錢

一支驗機洋人薪水　規元七百兩
一支各司事薪水　規元七千八百零三兩二錢六分
一支各役工資巡丁工食　規元二千一百六十一兩二錢六分
一支福食　規元七千二百五十五兩七錢九分
一支善舉、酬應、行廠通滬各項使用　規元八千七百六十兩零五錢二分八釐
共支規元三十八萬三千零九十兩零九錢六分七釐
以上收支兩抵結餘規元二十五萬五千一百三十四兩二錢一分四釐
一提公積　規元四萬兩
一提舊股存餘　規元三萬六千四百九十四兩二錢一分四釐
一提通州師範學校　規元一萬二千七百六十兩
一提花紅　規元三萬八千二百八十兩
實計結存股分餘利規元十二萬七千六百兩

新股未開機以前帳畧

一收回息(二十八、九年)　規元二萬七千三百四十七兩五錢二分三釐
一支商股官利(二十八、九年)　規元二萬八千零四十二兩五錢五分八釐
一支往來息(二十八、九年)　規元八千六百九十二兩九錢二分二釐
一支裝機擦銹及用料　規元六千六百六十兩零九錢七分五釐
一支裝運機器　規元七千八百七十二兩零八分四釐
一支開辦使費　規元一千一百七十六兩二錢零九釐
一支貼補舊股開辦費(歸舊股存餘項下)　規元一萬兩
以上收支兩抵净支規元三萬五千零九十七兩二錢二分五釐

新股開機以後帳畧

一收進花出紗核餘　規元八萬六千三百零六兩
一支官機官利　規元四千五百九十五兩零二分一釐
一支貼舊股、拆息、捐項、薪水、伙食、工資、保險各費　規元四萬九千二百七十兩
以上收支兩抵净餘規元三萬二千四百三十八兩九錢七分九釐
連前統結净虧規元二千六百五十八兩二錢四分六釐

舊新股盤查實在

一存官機舊股本　規元二十五萬兩
一存官機新股本　規元二十五萬兩
一存商集舊股本　規元三十三萬兩
一存商集新股本　規元三十萬兩
一存調匯各款　規元五十九萬四千二百三十兩零六錢一分
一存官商股利并調匯各利　規元八萬七千二百四十三兩五錢八分
一存自保機器房屋險　規元二萬五千兩
一存舊股公積　規元十萬零零五百六十四兩一錢六分
一存舊股存餘　規元四萬六千四百九十四兩二錢一分四釐
一存第二、三届餘利并六釐息　規元八百六十二兩零四分八釐
一存第四届官商股份餘利　規元十一萬二千一百四十四兩五錢七分三釐
一存本届官商股份餘利　規元十二萬七千六百兩
一存通州師範學校　規元一萬二千七百六十兩
一存花紅　規元三萬八千二百八十兩
共存規元二百二十八萬一千九百零七兩八錢五分九釐
一在舊股官機成本　規元二十五萬兩
一在新股官機成本　規元二十五萬兩
一在全廠工程地基成本　規元二十四萬三千七百八十三兩六錢零五釐
一在添辦粗紗機等　規元六萬五千八百六十三兩三錢零四釐
一在電氣燈、滅火機、軋花車、洗油花車、長車、打綫車、熱氣管自來水管　規元五萬四千七百九十四兩九錢八分三釐
一在修理機器并鐵件　規元七千零九十六兩零三分

一在生財器具　規元三千八百九十三兩二錢三分九釐
一在存花　規元一百零二萬四千四百九十八兩五錢七分
一在盤存粗細紗紗頭各花　規元三萬五千八百二十一兩八錢
一在煤斤　規元三千二百七十二兩四錢
一在物料　規元一萬零八百二十八兩零八分四釐
一在磚木存料　規元九千一百五十三兩七錢八分八釐
一在各往來　規元八萬零六百八十一兩八錢八分三釐
一在新股官機補件　規元八萬一千九百八十四兩零六分
一在新股開機後總結不敷　規元二千六百五十八兩二錢四分六釐
一在油廠、面廠、輪船股份　規元四萬三千六百五十八兩
一在現存　規元十一萬三千九百十九兩八錢六分七釐

共在規元二百二十八萬一千九百零七兩八錢五分九釐

張謇研究中心等《張謇全集》第三卷《大生紗廠第六屆説畧并帳畧清光緒三十年》　商業之必消息時變也，畧識商業者皆知之。日俄事起，南方商界時時於通運上見變象，不甚關出入，至久不解。余曰：若過九月，紗市且起，彼日俄軍人且將仿制華人襖褲過冬矣。

二十九年之花，儲於棧者，其價大。三十年五月以前，即用此大價之花所紡。時日俄事方緊，關東布市瑟縮，紗亦隨之而滯，故價不大，價大恐益滯，故前半年獲利薄。

二十九年，底花薄，現收亦歉，故下手即放價，以是獲濟。三十年，底花厚，現收尤豐，若滬上各廠能與通廠合籌協計酌定公平市價，則不特紗廠同業有相宜之公利，花行與農户亦各有波及之公利。乃某廠誤仿通廠前一年辦法，下手即放，某廠繼之，市面遂亂。通廠當時嚴戒各分莊謹守要害，勒住不動，及滬市日落，乃以小支應之，勢漸順，乃大進。然方以小支分應之時，不無小小受累。

紗廠而不爲販户計使有餘地養成活勢，此不終日之計也。故紗價常約之又約，使買通紗者所獲之利常優於販滬紗，是則貪賈三之廉賈五之之道也。三十年之利雖不及二十九年，然非是且絀，各股東明計學者當推測時勢而知之。

一收進花出紗核餘　規元六十一萬八千四百六十二兩零九分三釐
一收售飛花棉子餘　規元五萬八千三百五十五兩五錢二分二釐
一收各莊回息大小洋餘　規元五萬五千六百五十九兩六錢八分四釐
一收工房駁船租雜餘　規元五千零十三兩四錢七分五釐

共收規元七十三萬七千四百九十兩零七錢七分四釐

一支官機舊股官利　規元二萬兩
一支官機新股官利　規元二萬兩
一支商集舊股官利　規元二萬六千四百兩
一支商集新股官利　規元二萬四千兩
一支往來調匯利　規元八萬二千一百六十四兩五錢六分一釐
一支添造物件修理行廠各處　規元三千二百二十七兩二錢七分四釐
一支保險費　規元一萬兩
一支花紗釐捐　規元五萬一千八百六十八兩七錢五分五釐
一支修理機器鐵件　規元七千四百八十五兩五錢八分二釐
一支煤斤物料　規元十萬零七千四百二十六兩八錢三分九釐
一支機匠男女大小工資　規元十二萬五千九百六十一兩四錢六分五釐
一支紳董公費薪水　規元五千九百五十二兩
一支驗機洋人薪水　規元一千兩
一支各司事薪水　規元八千七百四十二兩二錢七分八釐
一支各役工資巡丁工食　規元二千六百二十一兩五錢八分一釐
一支福食　規元七千一百九十八兩九錢一分三釐
一支善舉酬應行廠通滬各項使用　規元八千三百十七兩一錢五分六釐

共支規元五十一萬二千三百六十六兩四錢零四釐

以上收支兩抵結餘規元二十二萬五千一百二十四兩三錢七分
一提舊股公積　規元一萬五千兩
一提舊股存餘　規元三千一百十兩零五錢六分
一提舊集股分餘利　規元六萬九千六百兩
一提通州師範學校　規元六千九百六十兩
一提舊股花紅　規元二萬零八百八十兩
舊股項下實計規元十一萬五千五百五十兩零五錢六分
一支上屆新股開機後總結不敷　規元二千六百五十八兩二錢四分六釐
一支息金（總結不敷款周年八釐）　規元二百十二兩六錢六分
一提新股公積　規元一萬二千兩
一提新股存餘　規元三千三百零二兩九錢零四釐
一提新集股分餘利　規元六萬六千兩
一提通州師範學校　規元六千六百兩
一提新股花紅　規元一萬九千八百兩
新股項下實計規元十萬零九千五百七十三兩八錢一分

盤查實在
一存官機舊股本　規元二十五萬兩
一存官機新股本　規元二十五萬兩
一存商集舊股本　規元三十三萬兩
一存商集新股本　規元三十萬兩
一存調匯各款　規元五十五萬八千三百九十七兩六錢一分
一存官商股利并調匯各利　規元十萬零七千二百七十四兩二錢二分七釐
一存自保機器房險　規元三萬五千兩
一存舊股公積　規元十二萬一千五百九十八兩零一分
一存新股公積　規元一萬二千兩
一存舊股存餘　規元五萬二千三百九十四兩四錢二分七釐
一存新股存餘　規元二千三百零二兩九錢零四釐
一存第二、三、四屆餘利并六釐息　規元一千八百九十二兩八錢三分
一存第五屆官商股分餘利　規元十二萬七千六百兩
一存第五屆餘利周年六釐息　規元七千六百五十八兩
一存本屆舊股官商股分餘利　規元六萬九千六百兩
一存本屆新股官商股分餘利　規元六萬六千兩
一存舊股提存通州師範學校　規元六千九百六十兩
一存新股提存通州師範學校　規元六千六百兩
一存舊股花紅　規元二萬零八百八十兩
一存新股花紅　規元一萬九千八百兩
共存規元二百三十四萬五千九百五十八兩零零八釐
一在舊股官機成本　規元二十五萬兩
一在新股官機成本　規元二十五萬兩
一在全廠工程地基成本　規元二十六萬一千八百五十四兩零八分八釐
一在添辦粗紗機等　規元六萬五千八百六十三兩三錢零四釐
一在電氣燈、滅火機、軋花熱氣管、自來水管車、洗油花車、長車、打綫車、　規元五萬五千零三十四兩九錢八分三釐
一在修理機器并鐵件　規元八千三百八十七兩五錢三分九釐
一在生財器具　規元三千八百九十三兩二錢三分九釐
一在存花　規元九十七萬一千七百四十一兩九錢零一釐
一在盤存粗細紗紗頭各花　規元三萬五千兩
一在煤斤　規元一萬四千八百四十六兩四錢六分三釐
一在物料　規元一萬六千七百二十五兩一錢九分四釐
一在磚木存料　規元一萬七千六百兩零零三錢九分二釐
一在各往來　規元十一萬零三百五十兩零七錢五分

一在新股官機補件　　規元六萬九千五百十兩零一錢四分五釐

一在油廠面廠輪船股分　　規元四萬八千六百五十八兩

一在存現　　規元十六萬六千四百九十二兩零一分

共在規元二百三十四萬五千九百五十八兩零零八釐

張謇研究中心等《張謇全集》第三卷《大生紗廠第七届説畧并帳畧清光緒三十一年》　紡廠獲利之多寡，樞紐在進花出紗。第六届説畧畧言之。此中有天時有人事。人事因天時爲變動，有有定，有無定。三十一年夏季秋初，通海濱江海之地棉苗極盛，爲數十年所未有；詎八月初三日颶潮爲灾，江海之濱蕩然無遺，即内地亦爲颶風所傷，損摺過當。新花上市，勢不得不增價而收；所增之價，常溢於滬市。甫三閲月，積花幾六萬包，是雖商理宜然，而棉産之多實緣棉價歲增，農家率易種雜糧之地種棉，年終綜所收平均計之，其價尚較三十年爲廉。此三十一年之積花，大半供三十二年之用，是不獨保全三十一年之紡利，即三十二年六月以前亦兼顧及之矣。此進花之可説者。

通布以銷東三省爲大宗。日俄事定，通布暢銷，突過於前。善織之人，每成布一匹可贏墨銀一圓，至少亦半之。布貴則紗貴矣，獲利之厚，迥非三十年可比。蓋時局使然不盡係乎人力。天幸不可屢邀，固未可據爲常例也。此出紗之可説者。

本年匯兑帳房之設，爲完全本廠利益計也。綜計一歲獲利萬餘圓，歲終體察情形，目前之利雖優，而將來之流弊微有其兆，不得不慮。股東之明白此事者，亦以爲然。事關公益，自宜格外察慎。今擬變而通之，事例别具爲説。

唐閘近江，時被梟盗之影響。前令本廠學生及小工精壯者，練商團以自衛。日俄事起，益不得不加意，乃增械給奬以勸之，此亦滬上歐商之通例，而保衛本廠之預圖。綜計三十一年所用較前爲多，故特列一款目。

本廠之利，與通海崇農民最有關係者也。八月初三日颶潮之灾，本廠不得不盡周恤之義務。故急賑常賑，分别區域次第籌辦，此非常有事也。然用款匪細，亦特列一款目。

公積者，凡商業之命脈也，愈厚愈固。二十八年股東有議省從前摺舊之名，并入公積者，於義可從。本届獲利既豐，故提存公積較三十一年加兩倍餘，各股東仍得正餘息三分。

查考三十一年通州地方銷紗之總數，本廠所出裁當十分之五六，崇明所需不在此内。擴張之計，來日方長。擬俟崇明開車後就本廠餘地特設二三萬錠之新廠，地勢宜交通靈、照料便、費用省。爲公益計，爲地方計，固不得不盡經理人之天職。

增紡廠盡之乎？未也。按海關貿易册，進口之花旗粗布、斜紋布數以歲增，乃至二三千萬。民日窮矣，漏卮無已時。即以通海崇一隅論，且將不堪，有國民思想者當同此憂。擬就唐閘增設織廠，此與特設新廠事相消息。生貨熟貨之利環生相資，愈轉愈長。股東明計學者當心知之。

〔附〕《本年本廠舊新商股任入崇明大生分廠股分廣告》

大生分廠集股章程原議：本廠舊新股東任入股本規銀二十萬兩。兹擬以舊新股分前、去二年之餘利，分年撥入，每股一分，規銀十兩。官機股本應得之餘利爲官立江寧省城工藝局常支經費指定之專款，未便任入股分。商集舊新股計六千三百股，每股任入銀三十兩。本年應付甲辰之餘利，每股扣銀十兩；明年應付乙巳之餘利，每股扣銀二十兩。即以三月初一日應付餘利之期作爲入資之期，本年每一股付給十兩股票一紙，明年每一股付給十兩股票兩紙。

一收進花出紗核餘　　規元八十九萬四千二百零二兩零三分一釐

一收售飛花棉子餘　　規元五萬五千八百二十一兩零七分七釐

一收各莊回息大小洋餘　　規元四萬三千八百零九兩三錢五分

一收大生小輪股分官、餘利　　規元二千零二十四兩九錢零四釐

一收廣生油廠股分官利　　規元四千兩

一收大興面廠股分官利　　規元五百九十二兩

一收工房駁船租雜餘　　規元六千七百二十二兩一錢一分七釐

共收規元一百萬零零七千一百七十一兩四錢七分九釐

一支官機舊股官利　　規元二萬兩

一支官機新股官利　　規元二萬兩

一支商集舊股官利　　規元二萬六千四百兩

一支商集新股官利　　規元二萬四千兩

一支往來調匯利　　規元八萬一千八百二十六兩八錢

一支添造物件修理行廠各處　　規元三千九百十五兩七錢七分七釐

一支保險費　　規元一萬兩

一支花紗釐捐　規元五萬四千九百九十七兩三錢六分
一支修理機器鐵件　規元五千七百六十八兩六錢三分
一支煤斤物料　規元十萬零五千一百八十八兩零七分
二釐
一支機匠男女大小工資　規元十二萬九千八百零二兩二錢零七釐
一支紳董公費薪水　規元五千零六十四兩
一支驗機洋人薪水　規元一千兩
一支各司事薪水　規元九千一百八十九兩二錢四分六釐
一支各役工資巡丁工食　規元二千六百八十四兩四錢三分六釐
一支福食　規元八千五百三十七兩五錢二分三釐
一支善舉酬應行廠通滬　規元七千七百二十六兩九錢五分四釐
各項使用
一支唐閘及本廠商團費　規元二千兩
一支通海崇沿江海潮災賑款　規元六千兩
共支規元五十二萬四千一百零一兩零零五釐
以上收支兩抵結餘規元四十八萬三千零七十兩零四錢七分四釐
一提舊股公積　規元五萬兩
一提舊股存餘　規元一萬九千三百零七兩六錢七分七釐
一提舊集股分餘利　規元十二萬七千六百兩
一提通州師範學校　規元一萬二千七百六十兩
一提舊股花紅　規元三萬八千二百八十兩
舊股項下實計規元二十四萬七千九百四十七兩六錢七分七釐
一提新股公積　規元五萬兩
一提新股存餘　規元一萬五千七百二十二兩七錢九分
七釐
一提新集股分餘利　規元十二萬一千兩
一提通州師範學校　規元一萬二千一百兩
一提新股花紅　規元三萬六千三百兩
新股項下實計規元二十三萬五千一百二十二兩七錢九分七釐
盤查實在

一存官機舊股本　規元二十五萬兩
一存官機新股本　規元二十五萬兩
一存商集舊股本　規元三十三萬兩
一存商集新股本　規元三十萬兩
一存匯兑帳房贏餘　規元八千兩
一存調匯各款　規元六十五萬一千四百九十九兩零九分
九釐
一存官商股利并調匯各利　規元八萬六千二百二十八兩四錢零六釐
一存自保機器房屋險　規元四萬五千兩
一存舊股公積　規元十七萬八千八百九十三兩七錢七分
一存新股公積　規元六萬二千七百二十兩
一存舊股存餘　規元五萬五千五百三十八兩零九分三釐
一存本届舊股存餘　規元一萬九千三百零七兩六錢七分七釐
一存新股存餘　規元二千四百四十一兩零七分八釐
一存本届新股存餘　規元一萬五千七百二十二兩七錢九分
七釐
一存第四、五届餘利并六釐息　規元一千一百五十一兩九錢七分四釐
一存第六届官商舊股餘利　規元六萬九千六百兩
一存第六届官商新股餘利　規元六萬六千兩
一存第六届舊股餘利周年六　規元四千一百七十兩
釐息
一存第六届新股餘利周年六釐息　規元三千九百六十兩
一存本届舊股官商股分餘利　規元十二萬七千六百兩
一存本届新股官商股分餘利　規元十二萬一千兩
一存舊股提存通州師範學校　規元一萬二千七百六十兩
一存新股提存通州師範學校　規元一萬二千一百兩
一存舊股花紅　規元三萬八千二百八十兩
一存新股花紅　規元三萬六千三百兩
共存規元二百七十四萬八千二百七十八兩八錢九分四釐
一在舊股官機成本　規元二十五萬兩

一在新股官機成本　規元二十五萬兩
一在全廠工程地基成本　規元二十六萬七千二百六十五兩五錢二分七釐
一在添辦粗紗機等　規元六萬五千八百六十三兩三錢零四釐
一在電氣燈、滅火機、軋花車、洗油花車、長車、打綫車、熱氣管、自來水管　規元五萬五千零三十四兩九錢八分三釐
一在修理機器并鐵件　規元二萬八千四百七十一兩二錢八分四釐
一在生財器具　規元三千八百九十三兩二錢三分九釐
一在存花　規元九十七萬四千二百零四兩八錢七分
一在盤存粗細紗紗頭各花　規元四萬一千二百兩
一在煤斤物料　規元四萬三千八百二十五兩六錢五分四釐
一在磚木存料　規元一萬四千二百十二兩九錢六分
一在滬通各往來　規元十五萬四千兩
一在通州各實業往來　規元三十六萬兩
一在新股官機補件　規元五萬五千零七十兩零九錢五分七釐
一在大生小輪股分　規元六千二百五十八兩
一在廣生油廠股分　規元五萬兩
一在大興面廠股分　規元七千四百兩
一在通海墾牧股分　規元二萬兩
一在匯兑帳房　規元八千兩
一在存現　規元九萬三千五百七十八兩一錢一分六釐

共在規元二百七十四萬八千二百七十八兩八錢九分四釐

張謇研究中心等《張謇全集》第三卷《廣生油廠第三届説畧并帳畧清光緒三十一年》

廣生油廠成立，迄今三年矣。通較盈虛，薄有所獲。談者謂通海實業之發達，能賡續大生者厥惟廣生。雖然，未可恃也。此三年間，通海産棉之數尚稱中稔，而棉核價值翔貴倍於曩時，滬上棉油廠家歲有增益。物競進則價愈昂，貨争售則價愈貶。出入輕重之間，稍不足相劑，則事易隳；然物價之高下，每與文明程度相比例。美國産棉油之區，視中國何啻十百倍蓰，而價不加損，以製造之理明而孳乳之事多也。中國民智未開，其油質純潔，極有益於衛生，而人不知食；其油粕濃厚，爲最上之肥料，而人不知用。别項製造，更無可言。故纔有區區數家，而已受其影響。本廠所冀望於將來者，研究機械，稽核工料，謹出入，節度支，各司事當交勉之。至於開通風氣，廣籌利用，則在股諸君子與有責焉已。

一進棉子出油餅核餘　規銀十萬零二千三百九十一兩六錢八分三釐
一售棉殼、卷花、黄净衣、油脚　規銀一萬零零四十兩零三錢八分七釐
一收大小洋餘　規銀一百二十二兩零七分
一收雜餘　規銀二百十二兩九錢三分九釐
一收房、駁租　規銀二百二十兩零六錢九分七釐

共收規銀十二萬二千九百八十七兩七錢七分六釐

一支各股官利　規銀一萬四千七百二十一兩一錢八分六釐
一支各股六釐利　規銀三百六十七兩五錢五分七釐
一支調匯利　規銀八千零十九兩六錢二分七釐
一支修理廠房　規銀四百九十五兩一錢七分一釐
一支油餅捐税　規銀五千二百九十三兩八錢八分四釐
一支油餅棉子水脚　規銀一萬三千二百六十五兩七錢九分四釐
一支物料煤斤棉殼　規銀二萬九千八百三十六兩八錢一分八釐
一支紳董薪水　規銀一千一百三十八兩八錢
一支各司事薪水　規銀一千六百四十三兩七錢四分七釐
一支機匠工資　規銀三千零六十六兩七錢三分
一支機房棧房工資　規銀一萬二千九百八十四兩九錢五分七釐
一支雜工資工食　規銀一百八十八兩一錢三分五釐
一支福食　規銀三千五百五十五兩三錢五分五釐

一支善舉酬應各項使用　規銀三百九十九兩六錢三分八釐

共支規銀九萬四千九百七十七兩三錢九分九釐

以上收支兩抵結餘規銀一萬八千零十兩零三錢七分七釐

一提各股餘利　規銀一萬二千八百六十四兩五錢五分五釐

一提公積　規銀一千二百八十六兩四錢五分六釐

一提花紅　規銀三千八百五十九兩三錢六分六釐

實計規銀一萬八千零十兩零三錢七分七釐

盤查實在

一存股本　規銀九萬六千五百兩

一存股本（三十年冬季至三十一年春集）　規銀八萬九千兩

一存股本（三十一年冬季集）　規銀一萬二千五百兩

一存各股官利（三十年）　規銀一千三百十四兩六錢六分七釐

一存各股官利（三十一年）　規銀一萬四千七百二十一兩一錢八分六釐

一存各股餘利（三十年）　規銀五千五百六十九兩零八分八釐

一存各股餘利　規銀一萬二千八百六十四兩五錢五分五釐

一存各股餘利（周年六釐息）　規銀三百三十四兩一錢四分五釐

一存調匯各款　規銀十五萬六千二百六十九兩二錢零三釐

一存調匯各利　規銀二千八百零八兩六錢八分二釐

一存公積（兩年并）　規銀一千八百四十三兩三錢五分七釐

一存公積（周年六釐息）　規銀三十三兩四錢一分四釐

一存花紅　規銀三千八百五十九兩三錢六分六釐

共存規銀三十九萬七千六百十七兩六錢六分三釐

一在引擎鍋爐機器　規銀七萬八千三百三十七兩五錢八分九釐

一在油池（三十一年添）　規銀四千五百二十六兩六錢八分五釐

一在電燈機器　規銀二千零七十三兩九錢七分

一在油廠房屋地基（三十一年添）　規銀五萬二千九百五十四兩九錢八分七釐

一在棧棉子　規銀十二萬九千零十六兩七錢七分七釐

一在棉餅、棉油、棉殼、花衣　規銀八萬八千零五十一兩八錢五分八釐

一在往來　規銀四千六百十八兩八錢七分七釐

一在生財器具（三十一年添）　規銀一千五百八十六兩九錢零七釐

一在物料　規銀一萬三千五百零五兩五錢六分八釐

一在油桶麻袋　規銀一萬二千二百六十四兩六錢五分七釐

一在磚瓦木石料　規銀六千四百七十一兩三錢三分八釐

一在存現洋　規銀四千二百零八兩四錢五分

共在規銀三十九萬七千六百十七兩六錢六分三釐

張謇研究中心等《張謇全集》第三卷《大生紗廠第八屆説畧并帳畧清光緒三十二年》　通廠之沿革，月異而歲不同。蓋商情萬變，順時而動者天，因時而變通者人，未可以概一也。丙午歲爲設廠之第八屆，春季承第七屆之餘光，正月開車後，第一次開盤售紗，其時就市面言之，每十二支紗一箱可售銀一百三十餘元，以上年紗價已大至極點，誠恐業此者失敗累及全局，僅開價一百三十圓。當時共交諸家争先恐後，索紗至二萬八千餘箱，惟恐本廠之不允其請。比即預算七月以前廠所能出之數而售之，共一萬六千六百箱有奇，索紗者且以爲憾。六月以前，買廠紗者皆獲利，廠紗不足，紛紛貪購滬紗，不料滬紗步步蹉跌。七月以後，敗象漸形。故議合各錢業暫立公司，收已來之滬紗，止運未來之滬紗，希冀保全市面，詎知一蹶不振。迨本廠九月開盤，價已少貶。十月以後，各户已定之紗止發其半，其未發之一半，本廠減讓前價七元，使之疏通。十一月，將餘紗減價出清，不過廠利稍薄，究未停貨，此因時變通者也。

廠之大綱，日進花，日出紗。紗因花出，花固因天時者也。去歲歉收，不獨通海兩境。價小則來花不多，來花不多則儲積不足，儲積不足則無以應周年之用，將停工而待花矣。此進貨之難也。上年秋至年終，廠中次第收儲備用之花五萬六千一百餘包，每石核價二十三元强。本年通州就地花價已漲至每石二十

五元，設紗不壅滯，花已獲利。歉收之後，殫慮經營，所得如此。

下走恒爲人言，爲公僕可，爲衆僕不可。自甲午以後，奮然捐棄人世一切之利禄投身實業。因通州産棉故從事於紡。首尾五年四十四月，百摺千磨，停辛竚苦（此四十四月内，凡入資人皆甲日入而乙得息，未間斯須），幸而成立，躋於發達，乃漸以謀就地所宜之實業。股東有責以應專一於紡者，此特衆僕我耳。嘗一事，使入資人享優厚之利，因漸以開投資合群之風氣，此公僕之説也。域於一事，使入資人享優厚之利，因犧牲其身，爲有限股東之牛馬而悦之，而於世無預，此衆僕之説也。且有證焉：各國營業，凡發起人皆享特利。中國從前各公司總辦皆得最優之俸最厚之奬，今走數年所得，月止二百金，奬占十分之一五耳。爲衆僕者如是乎？比聞股東某公有議走以廠公積營他公司者，事則誠然。然試問他公司有已成立者，有未成立者，有已發達者，有未發達者，納廠子銀曾有缺否？某公比又騰謗於衆，欲敗廠以及走。某公受廠特别之酬報，不薄矣（紅奬中亦十分之一五），廠敗將亦不顧其報酬之失乎？失歡之故，有種種原因，走頗苦心將就。詩云：「他山之石，可以攻錯。」謹拜其賜而已。

丙午支款調匯耗羡之故列後：

甲、煤炭及修機之五金物料各價，皆較往年爲貴，每箱之紗約多費銀一兩。

乙、修機項下：本廠自開廠以來，鋼絲布皆鈍秃不完，刷花不透，致出紗欠匀，因此添换支用九千餘兩。

丙、老廠地板，上經磨擦損闕，下受氣濕腐爛，不换則車多摇撼，逐年抽换修理，丙午抽换較多，故連修理費多用四五千兩。

丁、往來調匯莊息以各實業調用，多入省出之利二萬數千兩。

戊、唐閘去江近，離城窵遠，去年有鑒於張芝山之盗險，加募壯丁，故工食亦多支於往年。

帳畧

一收進花出紗核餘　規元八十四萬零零二十二兩三錢零八釐
一收售飛花棉子餘　規元六萬三千九百八十七兩一錢六分
一收各莊回息大小洋餘　規元十三萬三千五百十五兩七錢零七釐
一收廣生油廠股分官、餘利　規元四千九百零九兩五錢八分九釐
一收大興面廠股分官利　規元五百九十二兩
一收工房、駁船租雜餘　規元五千五百五十一兩六錢三分五釐

共收規元一百零四萬八千五百七十八兩三錢九分九釐

一支宮機舊股官利　規元二萬兩
一支官機新股官利　規元二萬兩
一支商集舊股官利　規元二萬六千四百兩
一支商集新股官利　規元二萬四千兩
一支往來調匯利　規元十五萬二千四百八十九兩三錢九分五釐
一支添造物件修理行廠各處　規元八千五百八十六兩六錢六分八釐
一支保險費　規元一萬兩
一支花紗釐捐　規元五萬四千二百三十四兩八錢五分六釐
一支修理機器鐵件　規元五千九百零七兩四錢六分
一支修補鋼絲布粗細紗機等件　規元九千零八十兩零一錢四分七釐
一支煤斤物料　規元十三萬七千二百十兩零八錢六分三釐
一支機匠男女大小工資　規元十四萬零一百六十七兩九錢九分九釐
一支紳董公費薪水　規元五千四百八十一兩五錢
一支驗機洋人薪水　規元一千兩
一支各執事薪水　規元一萬零五百零六兩九錢二分二釐
一支各役工資巡丁工食　規元三千零五十七兩零零五釐
一支福食　規元八千三百零四兩五錢五分九釐
一支善舉酬應行廠通滬各項使用　規元七千九百四十六兩三錢八分四釐
一支唐閘及本廠商團費　規元三千兩
一支徐淮海賑款　規元一千兩

共支規元六十四萬八千三百七十三兩七錢五分八釐

以上收支兩抵結餘規元四十萬零二百零四兩六錢四分一釐

一提舊股公積　規元四萬兩
一提舊集股分餘利　規元十一萬八千一百五十三兩四錢零

八釐

一提通州師範學校　規元一萬一千八百十五兩三錢四分一釐

一提舊股花紅　規元三萬五千四百四十六兩零二分二釐

舊股項下實計規元二十萬零五千四百十四兩七錢七分一釐

一提新股公積　規元四萬兩

一提新集股分餘利　規元十一萬零五百六十四兩一錢九分三釐

一提通州師範學校　規元一萬一千零五十六兩四錢一分九釐

一提新股花紅　規元三萬三千一百六十九兩二錢五分八釐

新股項下實計規元十九萬四千七百八十九兩八錢七分

盤查實在

一存官機舊股本　規元二十五萬兩

一存官機新股本　規元二十五萬兩

一存商集舊股本　規元三十三萬兩

一存商集新股本　規元三十萬兩

一存匯兑帳房贏餘　規元一萬一千兩

一存調匯各款　規元一百零三萬六千一百三十一兩五錢九分九釐

一存官商股利并調匯各利　規元七萬二千九百五十二兩零七分七釐

一存自保機器房屋險　規元五萬五千兩

一存舊股公積　規元二十二萬九千六百二十七兩三錢九分六釐

一存新股公積　規元十萬零六千四百八十三兩二錢

一存第七届舊股存餘　規元七千二百四十兩零九錢零八釐

一存第七届新股存餘　規元二千零五十六兩零三分四釐

一存第四五六届餘利并六釐息　規元二千九百七十七兩八錢二分二釐

一存第七届官商舊股餘利　規元十二萬七千六百兩

一存第七届官商新股餘利　規元十二萬一千兩

一存第七届舊股餘利周年六釐息　規元七千六百五十六兩

一存第七届新股餘利周年六釐息　規元七千二百六十兩

一存本届官商舊股餘利　規元十一萬八千一百五十三兩四錢零八釐

一存第七届舊股存餘提歸本届餘利　規元九千四百四十六兩五錢九分二釐

一存本届官商新股餘利　規元十一萬零五百六十四兩一錢九分三釐

一存第七届新股存餘提歸本届餘利　規元一萬零四百三十五兩八錢零七釐

一存舊股提存通州師範學校　規元一萬一千八百十五兩三錢四分一釐

一存第七届舊股存餘歸本届通州師範學校　規元九百四十四兩六錢五分九釐

一存新股提存通州師範學校　規元一萬一千零五十六兩四錢一分九釐

一存第七届新股存餘歸本届通州師範學校　規元一千零四十三兩五錢八分一釐

一存舊股花紅　規元三萬五千四百四十六兩零二分二釐

一存第七届舊股存餘歸本届花紅　規元二千八百三十三兩九錢七分八釐

一存新股花紅　規元三萬三千一百六十九兩二錢五分八釐

一存第七届新股存餘歸本届花紅　規元三千一百三十兩零七錢四分二釐

一存第七届執事花紅留存　規元四千三百九十八兩五錢七分二釐

共存規元三百二十六萬九千四百二十三兩六錢零八釐

一在舊股官機成本　規元二十五萬兩

一在新股官機成本　規元二十五萬兩

一在全廠工程地基成本　規元二十八萬四千九百三十二兩零七分七釐

一在添辦粗紗機等　規元六萬五千八百六十三兩三錢零四釐

一在電氣燈、滅火機、軋花車、洗油花車、長車、打綫車、熱氣管、自來水管　規元六萬二千六百十九兩八錢五分四釐

一在修理機器并鐵件　規元三萬六千五百五十八兩二錢四分二釐

一在生財器具　規元三千八百九十三兩二錢三分九釐

一在存花　規元八十六萬五千五百零九兩五錢七分二釐

一在盤存粗細紗頭各花　規元二萬六千五百兩

一在煤斤物料　規元五萬六千二百八十一兩六錢一分一釐

一在磚木存料　規元一萬一千五百二十六兩八錢九分四釐

一在滬通各錢莊往來　規元三十萬零八千四百零三兩二錢二分四釐

一在崇明大生分廠　規元十四萬八千六百七十五兩一錢零三釐

一在通海各實業往來　規元四十九萬五千四百六十七兩三錢六分

一在批發所各户（有紗作抵）　規元十六萬一千二百零九兩三錢一分七釐

一在新股官機補件　規元四千二百七十六兩六錢七分一釐

一在大生小輪股分　規元六千二百五十八兩

一在廣生油廠股分　規元五萬兩

一在廣生油廠股分息（丁未三月初一日期）　規元四千兩

一在大興面廠股分　規元七千四百兩

一在大興面廠股分息（丁未三月初一日期）　規元五百九十二兩

一在通海墾牧股分　規元二萬兩

一在源生莊股分（即匯總帳房餘撥）　規元一萬一千兩

一在存現　規元十三萬八千四百五十七兩一錢四分

共在規元三百二十六萬九千四百二十三兩六錢零八釐

張謇研究中心等《張謇全集》第三卷《廣生油廠第四屆説畧并帳畧清光緒三十二年》

廠之大宗以進貨爲第一要務。而進貨之關鍵，又係乎年歲之豐歉。歲豐則核源充足，進價必小；進價小而油餅售價縱貶，亦不致有大出入矣。若今歲所以虧耗者，蓋有數端，畧舉大要，條列如左：

一今歲秋收歉薄，花核價值較昂，而核質又先爲霪雨所傷，半多薄弱，致出油之數因之減少，餅亦相同。

一油餅摺耗既大，勢不得不趕增出數以劑之，故工料較往歲有加。

一上半季油餅銷路壅滯，皆未能得價而售。幸秋冬銷暢，得收桑榆之效。否則，所虧尤鉅。滬上各廠可以藉鑒。

帳畧

一進棉子出油餅核餘　規銀十萬零五千四百四十九兩三錢六分九釐

一售棉殼、卷花、黄净花衣、油脚　規銀一萬三千一百零六兩五錢五分

一收大小洋餘　規銀三百六十三兩六錢一分四釐

一收雜餘　規銀二百三十六兩四錢零五釐

一收房、駁租　規銀六百七十九兩九錢七分六釐

共收規銀十一萬九千八百三十五兩九錢一分四釐

一支各股官利　規銀一萬六千二百五十兩零四錢三分八釐

一支各股六釐利　規銀七百七十一兩八錢七分三釐

一支各股官利　規銀一萬四千七百二十一兩一錢八分六釐

一支各股六釐利　規銀三百六十七兩五錢五分七釐

一支調匯利　規銀八千零十九兩六錢二分七釐

一支修理廠房　規銀四百九十五兩一錢七分一釐

一支油餅捐税　規銀五千二百九十三兩八錢八分四釐

一支油餅棉子水脚　規銀一萬三千二百六十五兩七錢九分四釐

一支物料煤斤棉殼　規銀二萬九千八百三十六兩八錢一分八釐

一支紳董薪水　規銀一千一百三十八兩八錢
一支各司事薪水　規銀一千六百四十三兩七錢四分七釐
一支機匠工資　規銀三千零六十六兩七錢三分
一支機房棧房工資　規銀一萬二千九百八十四兩九錢五分
七釐
一支雜工資工食　規銀一百八十八兩一錢三分五釐
一支善舉、酬應各項使用　規銀三百九十九兩六錢三分八釐
共支規銀九萬四千九百七十七兩三錢九分九釐
以上收支兩抵結餘規銀一萬八千零十兩零三錢七分七釐
一提各股餘利　規銀一萬二千八百六十四兩五錢五分五釐
一提公積　規銀一千二百八十六兩四錢五分六釐
一提花紅　規銀三千八百五十九兩三錢六分六釐
實計規銀一萬八千零十兩三錢七分七釐
盤查實在
一支調匯利　規銀一萬四千三百零五兩零九分三釐
一支修理廠房　規銀七百四十四兩零二分三釐
一支油餅捐稅　規銀九千四百四十二兩四錢七分
一支油餅棉子水脚　規銀一萬七千九百五十六兩二錢零四釐
一支物料煤斤棉殼　規銀四萬三千八百九十七兩一錢九分
三釐
一支紳董薪水　規銀一千二百六十七兩五錢
一支津貼滬帳房　規銀五百兩
一支各司事薪水　規銀二千一百九十六兩三錢一分四釐
一支機匠工資　規銀三千六百八十四兩三錢七分五釐
一支機房棧房工資　規銀一萬七千五百四十兩零八錢一分
三釐
一支雜工資工食　規銀三百四十二兩零七分一釐
一支福食　規銀四千七百零六兩五錢一分五釐
一支善舉酬應各項使用　規銀二百零八兩六錢一分四釐
共支規銀十三萬三千八百十三兩四錢九分六釐

以上收支兩抵結虧規銀一萬三千九百七十七兩五錢八分二釐
盤查實在
一存股本　規銀二十萬零五千五百兩
一存各股官利　規銀一萬五千八百四十兩
一存各股官利（三十二年）　規銀四百十兩零四錢三分八釐
一存各股官利（三十年）　規銀一百二十兩
一存各股官利（三十一年）　規銀三百六十八兩八錢八分
一存各股餘利（三十年）　規銀二百七十五兩二錢七分六釐
一存各股餘利（三十一年）　規銀一萬二千八百六十四兩五錢五分
五釐
一存各股餘利（六釐息）　規銀七百七十一兩八錢七分三釐
一存調匯各款　規銀十九萬一千七百五十一兩六錢一分
五釐
一存調匯各利　規銀二千六百五十五兩三錢九分二釐
一存公積　規銀一千八百七十四兩八錢八分二釐
一存公積（周年六釐息）　規銀一百十二兩五錢
共存規銀四十三萬二千五百四十五兩四錢一分一釐
一在引擎鍋爐機器　規銀七萬八千三百三十七兩五錢八分九釐
一在剥殼機（三十二年添）　規銀一千八百七十五兩
一在油池　規銀四千五百二十六兩六錢八分五釐
一在油池蓋（三十二年添）　規銀一百二十二兩六錢四分三釐
一在電燈機　規銀二千零七十三兩九錢七分
一在電燈（三十二年加件）　規銀三百三十三兩
一在油廠房屋地基　規銀五萬二千九百五十四兩九錢八分
七釐
一在新添平房樓房幫河岸板　規銀二千零十四兩二錢六分九釐
一在江船駁船（三十二年添）　規銀二千八百五十四兩五錢五分五釐
一在棧棉子　規銀十四萬二千一百十五兩四錢八分
二釐
一在棉餅、棉油、棉殼、花衣　規銀七萬九千三百九十九兩四錢三分

九釐

一在往來　規銀六千七百八十兩零二錢八分

一在生財器具　規銀一千九百六十一兩一錢六分八釐

一在物料　規銀一萬五千五百十五兩零一分六釐

一在油桶麻袋　規銀一萬四千七百五十三兩八錢六分七釐

一在磚瓦木石料　規銀九千七百九十七兩一錢五分八釐

一在現洋　規銀三千一百五十二兩七錢二分一釐

一在虧(三十二年)　規銀一萬三千九百七十七兩五錢八分二釐

共在規銀四十三萬二千五百四十五兩四錢一分一釐

張謇研究中心等《張謇全集》第三卷《大生紗廠第九届説畧并帳畧清光緒三十三年**》**

上年秋初，通海棉産甚王，結實累累，大有豐年之兆。凡業棉者以爲産王則價必平，孰知八月初十日後，開花尚繁，連遭陰雨，花蔫而實腐，一變爲中稔。本廠覩此狀況，知花價斷難減小，隨時暢收，至十月底，除日用外，棧中已儲三萬包，扯價不過二十二元四五角。向來通俗，冬月鄉人完租贖當，售棉必湧。以爲冬臘兩月除須用外，更儲數千包不難。豈知一交冬月，出貨驟減，每日所收即不足供一日之用。此天時之不可料者。

天時不可知，人事則可推見。考日本各廠雖用華棉，而以美洲、印度花爲大宗。去年美洲、印度花亦復歉收，遂專意於華棉。通花下美花一等，故最合用。通海各花行初亦以年豐可必，不復審慎，相率狂抛，到處設秤，計通崇海三境多至三百餘莊，百年以來所未有也。當是時滬市亦因貨少陡提二十兩零四錢，放手婪收，於是通海無意識之花行，蜂至各路争買，不問黄斤子水，見貨即收，最潮者至八摺。花販素以賣潮爲利，本廠收花之價較他行明大兩元，亦不願以好花來售。若再加大，則牽於布市有所不可，此時軋手更甚。及至臘月，上海市面雖平，無如通海底貨已稀，門市來源更絀。逐日所用，惟有在棧抽提，年底結存，乃不過二萬四千餘包矣。此三十三年營業之情形也。

向來通崇海三境，每年由新花上市起至明年接新時止，運滬者約計十六萬包；此外運往山東內河者四五萬；本廠用八萬；統計約三十萬包，餘皆鄉人紡織自用。故凡前一年廠花或未辦足，至次年二月開秤，三數萬包不難收辦。今查上年運滬之花已達二三十萬包，運山東內河者約二三萬包，本廠與分廠所收約八萬包，總計已四十一萬包，較之往年溢出十萬包。底貨之少，已可想見。本廠尚需花兩萬餘包，惟有陸續補進。營業所長自當妥爲籌劃。至於所出之紗，去年因營口布市不振，紗無去路；而花既難收，成本較大，紗益不可積滯，故議以貶價抵制外紗倒灌，雖無利可餘，亦尚不至因積滯而虧損。此可比例他廠而稍以自解者也。

修機項下：上届較往歲多支，而本届所添配之機件，較上届尤多。蓋官機未歸大生廠時，堆擱滬灘日久，本非新機可比，鋼絲布、螺勒等物易於損壞，隨壞隨修，支款甚鉅。老新兩廠之地板，上經磨擦損闕，下受氣濕腐爛，屋面之青鉛及墻壁，亦多剥損，故本届修理費較上届更多。

七月二十三日股東會前刊印之帳，收款是照七月十五日停機之日爲止；開支是按上半年六個月核算，且此時摺舊、退隱費等之名目尚無，故特列表以明界劃。

仍復摺舊，第一次會場議決，退隱及總理公費、五所長薪水，是八月初六日董事局議決，均見議事録及議案。

帳畧

一收進花出紗核餘　規元四十二萬五千七百五十九兩二錢六分三釐

一收售飛花棉子餘　規元一萬八千五百三十九兩零四分六釐

一收各莊回息大小洋餘　規元十一萬一千一百二十七兩三錢五分三釐

一收廣生油廠股分官、餘利　規元五千六百七十五兩五錢

一收大興面廠股分官利　規元二百九十一兩二錢

一收工房駁船租雜餘　規元五千二百四十四兩零八分

共收規元六十一萬六千六百三十六兩四錢四分二釐

一支官機舊股官利　規元二萬兩

一支官機新股官利　規元二萬兩

一支商集舊股官利　規元三萬六千四百兩

一支商集新股官利　規元二萬四千兩

一支往來調匯利　規元十二萬三千九百五十兩零一錢零六釐
一支添造物件修理行廠各處　規元一萬零一百二十五兩一錢六分九釐
一支自保險　規元一萬兩
一支花紗釐捐　規元三萬四千三百三十四兩九錢九分六釐
一支添補機件修理機器雜件　規元二萬八千三百六十兩零五錢七分
一支煤斤物件　規元十萬零六千二百十八兩六錢九分一釐
一支機匠男女大小工資　規元十一萬四千六百二十八兩五錢零五釐
一支總理查帳董事所長薪水　規元七千九百四十八兩八錢五分
酬勞
一支退隱費　規元一千三百三十二兩
一支驗機洋人薪水　規元一千兩
一支各執事薪水　規元八千八百九十八兩五錢一分一釐
一支各役工資巡丁工食　規元二千九百五十二兩八錢二分二釐
一支福食　規元八千零四十三兩零九分六釐
一支善舉酬應行廠通滬各項　規元八千三百四十六兩九錢四分一釐
使用
一支唐閘及本廠商團費　規元三千兩
一支開會費用　規元一千一百九十一兩四錢六分九釐
共支規元五十六萬零七百三十一兩七錢一分五釐
以上收支兩抵結餘規元五萬五千九百零四兩七錢二分七釐
一提摺舊　規元一萬二千五百兩
一提舊股公積　規元三千兩
一提舊集股分餘利（每股派得一兩六錢二分四釐九三三六）　規元九千四百二十四兩六錢一分五釐
一提舊股花紅　規元三千七百六十九兩八錢四分六釐
共提規元二萬八千六百九十四兩四錢六分一釐

一提摺舊　規元一萬二千五百兩
一提新股公積　規元三千兩
一提新集股分餘利（每股派得一兩五錢二分零八一三八）　規元八千三百六十四兩四錢七分六釐
一提新股花紅　規元三千三百四十五兩七錢九分
共提規元二萬七千二百十兩零二錢六分六釐
盤查實在
一存官機舊股本　規元二十五萬兩
一存官機新股本　規元二十五萬兩
一存商集舊股本　規元三十三萬兩
一存商集新股本　規元三十萬兩
一存匯兑帳房盈餘　規元一萬二千兩
一存摺舊　規元二萬五千兩
一存自保險款　規元六萬五千兩
一存舊股公積　規元一萬三千三百零二兩四錢二分三釐
存新股公積　規元四千八百八十兩零一錢七分三釐
一存官機舊股本届官利　規元二萬兩
一存官機新股本届官利　規元二萬兩
一存商集舊股第六七届官利　規元七百零七兩三錢四分六釐
一存商集新股第六七届官利　規元一百二十八兩
一存商集舊股本届官利　規元二萬六千四百兩
一存商集新股本届官利　規元二萬四千兩
一存商集舊股第六七届餘利　規元八百九十七兩零零三釐
一存商集新股第六七届餘利　規元三百十一兩四錢二分二釐
一存官商舊股本届餘利　規元九千四百二十四兩六錢一分五釐
一存官商新股本届餘利　規元八千三百六十四兩四錢七分六釐
一存第七届執事花紅留存　規元四千三百九十八兩五錢七分二釐
一存第八届執事花紅留存　規元一千九百七十五兩八錢六分
一存本届舊股花紅　規元三千七百六十九兩八錢四分六釐
一存本届新股花紅　規元三千三百四十五兩七錢九分

一存調匯各款　規元一百零一萬七千二百四十九兩零二分二釐

共存規元二百三十九萬一千一百五十四兩五錢四分八釐

一在官機舊股成本　規元二十五萬兩

一在官機新股成本　規元二十五萬兩

一在全廠工程地基成本　規元三十萬零七千五百三十五兩六錢一分七釐

一在添辦粗紗車等件　規元六萬五千八百六十三兩三錢零四釐

一在電燈、滅火機、軋花車、洗油花車、長車分、打綫車、熱氣管、自來水管　規元八萬三千四百十兩零二錢九分

一在修理機器并鐵件　規元二萬八千五百七十六兩九錢二分四釐

一在生財器具　規元三千八百九十三兩二錢三分九釐

一在盤存粗細紗頭各花　規元五十五萬七千七百零七兩二錢一分五釐

一在煤斤物料　規元三萬五千零六十八兩零四分

一在磚木存料　規元一萬四千五百三十三兩二錢零八釐

一在各户欠款　規元六萬五千七百五十七兩七錢六分二釐

一在滬通各錢莊往來　規元二十七萬零九百零一兩五錢六分七釐

一在實業公司　規元十二萬三千九百二十三兩六錢六分八釐

一在崇明大生分廠　規元二十萬零零九百十五兩九錢三分二釐

一在批發所各户(有紗作抵)　規元十一萬零一百七十一兩八錢八分六釐

一在廣生廠股息(三月初一日到期)　規元二千兩

一在大興廠股息(三月初一日到期)　規元二百九十六兩

一在存現　規元二萬零五百九十九兩八錢九分六釐

共在規元二百三十九萬一千一百五十四兩五錢四分八釐

張謇研究中心等《張謇全集》第三卷《大生分廠第一届説畧并帳畧清光緒三十三年》

甲辰十月開辦以來，值工食、物料騰貴之際，一切工程多於通廠初辦時十分之六，多於預計亦十分之三，遂致運本不充，周轉艱澀。丙午秋花價廉時，無力多儲。本年八月初股東會議增股二十萬未能即應，故收花後於通廠一月。不旬日而淫雨連綿，花大減，收價即頓起。後經日商争購，各鎮行户紛紛抛盤，添莊濫收，而價更飛越。及十一月間，籌調有款，又當花少價昂之候。兼此數因，進本已重。三月初五日開機伊始，每日出紗數箱，逐漸加至十數箱，迨十月初十日，方兼夜工，出數始倍。通計每箱外用需洋四十七元有奇，其工料費又重；然使紗本既重，紗價若長，猶足出入相權，乃布市終歲困跌，紗亦隨之不振，此營業之困難也。初開機時，本地男女工皆是生手，必以優資招通滬熟手教練之，亦略寬工資以勸勵之。成紗數少，工費數多，此考工之困難也。八月開股東會，十月開董事局議增股本二十萬兩，以利經營，而入股者僅六萬餘，不能不別爲調匯以應用，而拆息洋釐之大，爲近年所未有。若因此縮手不調，則更非工商營業之法；然求利實窘，此會計之困難也。具此三困難，雖有進花、出紗、回息各餘，所得不足以償失。凡本廠出入大概之可言者如此。

第一届帳畧

未開車以前數目(光緒三十年十月至三十三年二月)

一收往來回息大小洋餘　規元一萬六千三百八十七兩五錢四分九釐

一收地租房租翻砂雜餘　規元一千八百四十三兩五錢五分四釐

共收規元一萬八千二百三十一兩一錢零三釐

一支集股官利(三十年至三十二年十二月)　規元一萬四千三百六十一兩零七分七釐

一支(十兩)任股官利(三十二年)　規元五百八十兩零七錢四分二釐

一支往來各利(三十年至三十二年二月)　規元一萬二千一百九十一兩四錢七分

一支津貼薪水月費(三十年十月至三十三年二月)　規元三千六百八十五兩二錢八分
一支各役工資、巡丁工食(三十年十月至三十三年二月)　規元二千兩零零零三錢二分五釐
一支福食(工程、港、帳房、花行、分莊)　規元四千八百四十七兩九錢五分三釐
一支雜用(路費、信資、電報、紙筆、油燭、電燈等，帳滬房派費附)　規元七千九百零五兩八錢五分八釐
共支規元四萬五千五百七十二兩七錢零五釐
一續支集股官利(三十二年以前)　規元四萬九千零二十五兩二錢三分二釐
一續支(十兩)任股官利(三十二年)　規元三千六百零五兩零五分八釐
一續支集股官利(三十三年正二月)　規元八千一百二十六兩六錢六分七釐
一續支(十兩)任股官利(三十三年正二月)　規元八百三十八兩
一續支津貼(補酬章、吳、郁三君經董事局議準有案)　規元一千九百五十二兩六錢零四釐
一續支滬帳房拖駁費　規元五千六百五十五兩一錢五分
共續支規元六萬九千二百零二兩七錢一分一釐
以上兩抵浄支規元九萬六千五百四十四兩三錢一分三釐
開車以後數目(三十三年三月始)
一收進花出紗核餘　規元六萬八千零七十二兩六錢六分三釐
一收售飛花棉子餘　規元五千九百五十八兩三錢二分三釐
一收往來回息大小洋餘　規元四千七百六十三兩四錢八分八釐
一收地租房租翻砂雜餘　規元三千三百六十八兩三錢二分二釐
共收規元八萬二千一百六十二兩七錢九分六釐
一支集股官利(三月至十二月)　規元四萬零六百三十三兩三錢三分三釐
一支續股官利(三十三年)　規元一千三百九十九兩一錢二分六釐
一支(十兩)任股官利(三月至十二月)　規元四千一百十九兩
一支(廿兩)任股官利(三月至十二月)　規元八千三百二十九兩九錢一分七釐
一支往來調匯利　規元二萬六千六百五十六兩四錢七分二釐
一支花紗釐捐　規元一萬二千一百四十八兩九錢五分
一支修理機器鐵件　規元六百零三兩五錢八分九釐
一支煤斤物料　規元三萬四千七百零三兩四錢五分四釐
一支機匠男女大小工資　規元三萬七千五百九十三兩三錢一分二釐
一支總理、查帳、董事、所長等薪水　規元五千一百二十六兩五錢九分九釐
一支各執事薪水月費　規元四千零二十五兩零六分四釐
一支各役、巡丁工資工食　規元一千四百四十六兩四錢零二釐
一支修理屋宇器具　規元一千九百五十九兩五錢四分五釐
一支福食(四所、分銷、分莊、港帳房)　規元四千八百四十六兩四錢零八釐
一支各項雜用(四所、分銷、分莊、港帳房)　規元五千一百二十一兩三錢九分一釐
一支派滬帳房費　規元一千六百六十五兩
共支規元十九萬零四百四十八兩五錢六分二釐
以上兩抵浄支規元十萬零八千二百八十五兩七錢六分六釐
前後共支規元二十萬零四千八百三十兩零零七分九釐
盤查實在
一存集股本　規元六十萬零九千五百兩
一存續股本　規元六萬六千四百兩
一存(十兩)任股本　規元六萬二千八百五十兩
一存(廿兩)任股本　規元十二萬四千九百八十兩
一存集股官利(三十二年以前)　規元三千零八十五兩零六分四釐

一存集股本届官利　規元四萬八千七百六十兩
一存續股官利(三十三年)　規元一千三百九十九兩一錢二分六釐
一存(十兩)任股官利(三十二年)　規元一千零七十二兩九錢二分六釐
一存(十兩)任股本届官利　規元五千零二十八兩
一存(廿兩)任股官利(三月至十二月)　規元八千三百二十九兩九錢一分七釐
一存往來調匯款　規元五十一萬四千零九十一兩六錢零一釐
共存規元一百四十四萬五千四百九十六兩六錢三分四釐
一在地基運道等項　規元二萬四千零六十八兩三錢五分五釐
一在全廠各所房棧建築等項　規元三十二萬五千四百二十四兩六錢七分
一在舊機器(未竣)　規元二十六萬零零六百六十八兩三錢五分九釐
一在新機器(未竣)　規元十九萬八千九百十八兩三錢三分七釐
一在添軋花車、清花車、摇紗車、長車、花紗升運梯、電燈、熱氣管、自來水管、滅火機(未竣)　規元四萬零六百四十五兩一錢四分四釐
一在修機機器各件　規元一萬一千五百七十六兩八錢二分五釐
一在磚機　規元六千四百六十四兩二錢三分
一在生財器具　規元一萬五千九百六十九兩七錢九分四釐
一在牙帖　規元一百十三兩零二分
一在子花净花　規元二十萬零四千八百十三兩四錢四分三釐
一在粗紗細紗紗頭飛花　規元二萬四千六百八十四兩九錢六分八釐
一在存紗　規元六千六百二十九兩二錢二分九釐
一在袋布包索　規元一萬六千五百六十兩零五錢五分六釐
一在修機鐵件　規元四千三百十三兩八錢一分七釐
一在煤斤物料　規元二萬二千四百九十四兩二錢三分
一在磚木雜料　規元一萬九千四百二十兩零八錢六分一釐
一在往來調匯款　規元十萬零九千一百七十五兩六錢六分一釐
一在各項暫記　規元六千八百九十一兩八錢零三釐
一在存現　規元一千八百三十三兩二錢五分三釐
一在開辦經費　規元九萬六千五百四十四兩三錢一分三釐
一在第一届結虧　規元十萬零八千二百八十五兩七錢六分六釐
共在規元一百四十四萬五千四百九十六兩六錢三分四釐。

張謇研究中心等《張謇全集》第三卷《資生冶廠報告第一第二届帳畧并增集股本啓清光緒三十三年》　通州設冶廠之初意，爲佐鐵廠也。冶成在先，而其事於舊工商業爲因；鐵則事創，入資人習因，故獨入冶資者多。江北素無業冶者，民間食鍋，運自鎮江者曰廣鍋，運自蘇常者曰蘇鍋，蓋數百年矣，市價故大；通有冶則廉，因亦大江以北之公益矣。光緒三十一年春，造廠備器，十月間即開爐試冶。執事皆無錫素業冶人，於通俗所宜口廣徑腹厚度未能盡悉，不甚合銷。三十二年四月歇夏盤帳，結虧成本銀四千餘元，因調許聘三君董理一切，考察通俗所用鍋式大小輕重之制而求其宜，銷行漸廣，成效漸著。本年夏初盤帳，凡前年所虧，已能補滿如數。進步之要，在注意於進料。以商業之常理繩之，通之冶可崛然興矣。原集議股本五萬兩，前集祇二萬一千兩，平時所需，恃與大生紗廠往來調用。今銷貨既已漸暢，冶事漸可擴充，理宜增招二萬九千兩，以足原議五萬之數。每股改歸五兩爲一股，即可永遠自立。其用大生之款，可作有限往來之款矣。正息仍常年八釐，餘利照通海各實業例，十四股均派，四月盤帳，六月付息，其餘悉仍前例。所有第一、第二届帳畧詳列於下，庶入股諸君有所考察，安

心投資。

開辦經費帳畧　光緒三十一年春至十月終

一支股本官利　規銀八十三兩三錢二分五釐
一支往來調匯利　規銀三百六十八兩九錢八分三釐
一支各友辦事車船川資　規銀一百三十二兩九錢零四釐
一支司事津貼　規銀三百零三兩七錢二分二釐
一支油燭烟茶　規銀二十四兩一錢零九釐
一支筆墨紙張　規銀十三兩八錢三分八釐
一支器皿用物　規銀一百六十八兩八錢六分八釐
一支雜項使用　規銀二百三十兩零六錢零六釐
一支福食　規銀二百八十二兩七錢五分四釐
以上十項净支規銀一千五百零九兩一錢零九釐

第一屆帳畧　三十一年十一月至三十二年四月二十日

收進鐵出鍋核餘　規銀一萬四千三百五十六兩零七分八釐
一支東炭　規銀五千四百七十一兩五錢四分五釐
一支煤炭泥穩各種料件　規銀一千五百三十一兩一錢七分九釐
一支捐稅水脚　規銀一千八百四十八兩八錢八分三釐
一支往來調匯利　規銀二千零十七兩零九分七釐
一支冶司工資　規銀一千九百五十一兩一錢七分七釐
一支司事薪水　規銀五百九十四兩三錢四分四釐
一支各役工資　規銀四十六兩三錢零二釐
一支匠工開支　規銀二百七十兩九錢七分四釐
一支車船川資　規銀四十九兩四錢九分
一支器皿用物　規銀二百零三兩八錢五分
一支油燭烟茶　規銀五十四兩四錢零五釐
一支筆墨紙張　規銀十九兩九錢零四釐
一支雜項使用善舉酬應　規銀一百九十一兩七錢二分七釐
一支福食　規銀九百四十三兩一錢九分
一支滬帳房開支費　規銀五十兩
一支洋虧　規銀七十兩零三錢六分
共支規銀一萬五千七百七十九兩三錢七分二釐
以上收支兩抵結虧規銀一千四百二十三兩二錢九分四釐

第二屆帳畧　三十二年四月二十一日至三十三年四月終

一收進鐵出鍋核餘　規銀二萬九千五百四十一兩九錢七分
一收鐵餘　規銀一百四十八兩九釐
一收雜餘　規銀七兩八錢四分四釐
一收洋餘　規銀十六兩零二分三釐
共收規銀二萬九千七百十三兩八錢四分六釐
一支川炭、東炭　規銀九千四百七十九兩九錢九分八釐
一支煤灰、泥穩各種料件　規銀二千零八十一兩五錢八分五釐
一支捐稅水脚　規銀四千四百七十二兩三錢二分一釐
一支股本官利　規銀七百三十三兩四錢
一支往來調匯利　規銀二千一百五十八兩零四分一釐
一支冶司工資　規銀三千二百三十七兩一錢三分一釐
一支冶司來去川資　規銀二百四十五兩七錢七分七釐
一支司事薪水　規銀一千一百六十八兩一錢七分一釐
一支各役工資　規銀六十二兩五錢九分七釐
一支車船川資　規銀一百九十四兩六錢二分二釐
一支器皿用物　規銀二百零八兩七錢七分六釐
一支油燭烟茶　規銀一百十一兩八錢零三釐
一支筆墨紙張　規銀三十一兩三錢七分五釐
一支酬應酬勞善舉雜支　規銀三百六十五兩六錢九分二釐
一支福食　規銀二千零四十五兩六錢九分八釐
一支滬帳房開支費　規銀一百三十三兩二錢
共支規銀二萬六千七百三十兩零一錢八分七釐
以上收支兩抵結餘規銀二千九百八十三兩六錢五分九釐

盤查實在

一存股本　規銀二萬一千兩

一存大生廠　規銀三萬三千零零四兩一錢四分七釐
一存源生莊　規銀二千四百二十一兩零三分八釐
一存趙敦仁堂　規銀一千二百六十三兩六錢一分五釐
一存滬帳房　規銀七百四十三兩四錢七分
一存股息　規銀七百零八兩一錢六分七釐
一存本届結餘　規銀二千九百八十三兩六錢五分九釐
共計結存規銀六萬二千一百二十四兩零九分六釐
一在廠房成本　規銀一萬二千三百十八兩九錢九分二釐
一在鐵冶地基　規銀一千一百五十八兩一錢
一在各記暫付　規銀二千七百五十三兩三錢八分四釐
一在冶司暫付　規銀七百五十四兩六錢八分七釐
一在生財器具　規銀一千零三十六兩
一在各路往來　規銀一萬四千七百二十七兩四錢零三釐
一在盤存各貨　規銀二萬七千一百五十九兩六錢九分四釐
一在現洋　規銀二百八十三兩四錢三分三釐
一在丁巳開辦經費　規銀一千五百零九兩一錢零九釐
一在乙巳冬月至丙午四月二十日結虧　規銀一千四百二十三兩二錢九分四釐
共在規銀六萬二千一百二十四兩零九分六釐

張謇研究中心等《張謇全集》第三卷《廣生油廠第五届説畧并帳畧清光緒三十三年》　通州自布市壅滯，實業界恐慌之現象，爲數年來所未有。廣生一廠，賴同人之力，竭蹶經營，不特三十二年之虧絀可以彌補，尚稍稍薄有盈餘。於是廣生立於通州實業界上，頗亦占優勝之地位。雖然，統觀吾國近年商業情形，大率進一而退三，常懸此恐慌之現象於吾人心目之中。思慾保存此優勝之地位，非力籌進步不可。籌進步非減縮其調匯，擴充其資本不可。舊機之需换置也，機房之需更造也，皆後數年中緊要之圖，而事前必先有預備。同人公議，於原有資本之外，續招四萬一千五百兩，冀足二十五萬兩之數。爲招集便利起見，復改爲每股百兩之小票。公司對於各股東，可謂苦心經劃，不負希望矣。則各股東之對於公司，知必能舉其公同擔負之實力，而歆動於斯言也。

帳畧

一進棉子出油餅核餘　規銀十二萬七千二百九十七兩三錢四分一釐
一售棉殼、卷花、黄净衣、油脚　規銀一萬三千九百十三兩二錢三分四釐
一收大小洋餘　規銀二百八十九兩零七分二釐
一收雜餘　規銀六百六十五兩一錢一分七釐
一收房、駁租　規銀八百四十七兩一錢
共收規銀十四萬三千零十二兩八錢六分四釐
一支各股官利　規銀一萬六千四百八十九兩九錢九分八釐
一支各股官利六釐息　規銀七百八十二兩九錢三分六釐
一支調匯利　規銀一萬三千八百二十一兩六錢六分一釐
一支修理廠房　規銀一千零五十九兩八錢零九釐
一支油餅捐税　規銀六千四百四十二兩八錢二分九釐
一支棉餅棉子水脚　規銀一萬一千三百九十三兩九錢六分七釐
一支物料煤斤棉殼　規銀四萬一千二百六十五兩九錢二分二釐
一支紳董薪水　規銀一千一百五十四兩四錢
一支津貼滬帳房　規銀六百兩
一支各司事薪水　規銀二千零二十兩零九錢四分
一支機匠工資　規銀三千二百九十四兩四錢八分
一支機房棧房工資　規銀一萬五千三百七十二兩八錢零九釐
一支雜工資工食　規銀四百二十四兩零七分一釐
一支福食　規銀五千零十二兩八錢六分二釐
一支善舉酬應各項使用　規銀二百十六兩八錢九分六釐
共支規銀十一萬九千三百五十三兩五錢八分
以上收支兩抵結餘規銀二萬三千六百五十八兩二錢八分四釐
一支三十二年虧摺　規銀一萬三千九百七十七兩五錢八分

二釐

除支結餘規銀九千六百八十兩零七錢零二釐

一提各股餘利　規銀六千九百十四兩七錢八分七釐

一提公積　規銀六百九十一兩四錢七分九釐

一提花紅　規銀二千零七十四兩四錢三分六釐

實計規銀九千六百八十兩零七錢零二釐

盤查實在

一存股本　規銀二十萬零五千五百兩

一存股本(三十二年冬季集)　規銀三千兩

一存各股官利　規銀一萬六千四百四十兩

一存各股官利(三十三年冬季集)　規銀四十九兩九錢九分八釐

一存各股官利(三十年并六釐息)　規銀一百四十一兩六錢

一存各股官利(三十一年并六釐息)　規銀二百四十四兩六錢一分八釐

一存各股餘利(三十二年)　規銀三百九十六兩七錢一分八釐

一存各股餘利　規銀六千九百十四兩七錢八分七釐

一存調匯各項　規銀十六萬六千六百四十九兩八錢二分

一釐

一存調匯各利　規銀五千三百三十七兩一錢一分四釐

一存公積(并六釐息)　規銀二千一百零六兩六錢二分二釐

一存公積(三十三年)　規銀六百九十一兩四錢七分九釐

一存花紅　規銀二千零七十四兩四錢三分六釐

共存規銀四十萬零九千五百四十七兩一錢九分三釐

一在引擎鍋爐機器　規銀八萬零二百十二兩五錢八分九釐

一在油池油蓋　規銀四千六百四十九兩三錢二分八釐

一在電機器電燈　規銀二千四百零六兩九錢七分

一在油廠房屋地基　規銀五萬四千九百六十九兩二錢五分

六釐

一在江船駁船　規銀二千八百五十四兩五錢五分五釐

一在棧棉子　規銀十三萬零六百零四兩九錢四分六釐

一在棉餅、棉油、棉殼、花衣　規銀七萬一千四百四十四兩八錢零六釐

一在往來　規銀九千四百零四兩五錢一分

一在生財器具　規銀一千九百六十一兩一錢六分八釐

一在物料　規銀一萬六千三百九十八兩八錢八分

八釐

一在油桶麻袋　規銀一萬四千七百五十三兩八錢六分

七釐

一在油桶麻袋(三十三年新添)　規銀六千九百二十兩零五錢四分六釐

一在磚瓦木石料　規銀一萬一千七百五十六兩六錢零四釐

一在現洋　規銀一千二百零九兩一錢六分

共在規銀四十萬零九千五百四十七兩一錢九分三釐

張謇研究中心等《張謇全集》第三卷《大生紗廠第十屆說畧并帳畧　清光緒三十四年》　去年六月以前營業情形，畧具第十屆報告。入秋花產中稔，東人鑒於上年濫收致敗之覆轍，不復搶攘。九十月間，市價平靜之時，設調款適應所需，則不待成紗，獲利已厚，而鄙人薄劣，得助未豐，左采右掇，僅得其半。及事機大順，而市價已昂，猶幸積至年終，已得三萬包之數，差足供今春之用。今春則價益漲矣。前後統計，尚贏中數。信乎長袖善舞之效，必與衆擎易舉相資。轉瞬秋風，不能無望於股東董事諸君之協贊矣。

帳畧

一收進花出紗核餘　規元五十二萬五千六百六十一兩一錢八

分四釐

一收售飛花棉子餘　規元六萬一千三百五十八兩六錢零九釐

一收各莊回息大小洋餘　規元八萬九千三百二十二兩四錢零五釐

一收大生小輪甲乙丙三年官　規元八千四百兩

利、餘利并公積

一收工房駁船租雜餘　規元三千七百十九兩七錢二分六釐

共收規元六十八萬八千四百六十一兩九錢二分四釐

一支官機舊股官利　規元二萬兩

一支官機新股官利　規元二萬兩

一支商集舊股官利　規元二萬六千四百兩

一支商集新股官利　規元二萬四千兩

一支往來調匯利　規元十萬零五千四百九十五兩七錢三分四釐

一支添造物件修理行廠各處　規元七千六百二十五兩四錢六分六釐

一支自保險　規元一萬兩

一支花紗釐捐　規元四萬三千九百二十四兩九錢一分八釐

一支總理查帳董事所長薪水　規元一萬一千一百八十二兩五錢

一支機匠男女大小工資　規元十一萬六千零十九兩六錢一分七釐

一支煤斤物料　規元九萬八千一百三十五兩零五分七釐

一支添補機件修理機器雜件　規元一萬三千零四十九兩二錢七分七釐

酬勞

一支退隱費　規元一千三百三十一兩一錢

一支驗機洋人薪水　規元一千兩

一支各執事薪水　規元九千九百零二兩四錢一分六釐

一支各役工資巡丁工食　規元二千七百六十二兩一錢九分二釐

一支福食　規元八千二百四十七兩零一分四釐

一支善舉、酬應、行廠通滬各項使用　規元七千五百三十四兩零四分一釐

一支唐閘及本廠商團費　規元三千兩

共支規元五十二萬九千六百零九兩三錢三分二釐

以上收支兩抵結餘規元十五萬八千八百五十二兩五錢九分二釐

一提摺舊　規元一萬二千五百兩

一提公積　規元一萬兩

一提舊集股分餘利（每股派得七兩二錢七分零三一五）　規元四萬二千一百六十七兩八錢二分七釐

一提舊股花紅　規元一萬六千八百六十七兩一錢三分一釐

共提規元八萬一千五百三十四兩九錢五分八釐

一提摺舊　規元一萬二千五百兩

一提公積　規元一萬兩

一提新集股分餘利（每股派得七兩一錢二分九釐一七三二）　規元三萬九千一百五十五兩四錢五分三釐

一提新股花紅　規元一萬五千六百六十二兩一錢八分一釐

共提規元七萬七千三百十七兩六錢三分四釐

盤查實在

一存官機舊股本　規元二十五萬兩

一存官機新股本　規元二十五萬兩

一存商集舊股本　規元三十三萬兩

一存商集新股本　規元三十萬兩

存匯兑帳房盈餘　規元一萬二千兩

一存摺舊　規元五萬一千五百二十二兩五錢

一存自保險款　規元七萬五千兩

一存舊股公積　規元二萬四千一百十二兩五錢四分

一存新股公積　規元一萬五千一百七十七兩三錢七分五釐

一存官機舊股本屆官利　規元二萬兩

一存官機新股本屆官利　規元二萬兩

一存商集舊股第七八九屆官利　規元六百九十七兩六錢九分六釐

一存商集新股第七八九屆官利　規元一百七十六兩

一存商集舊股本屆官利　規元二萬六千四百兩

一存商集新股本屆官利　規元二萬四千兩

一存商集舊股第七八九屆餘利　規元六百九十九兩六錢三分五釐

一存商集新股第七八九屆餘利　規元二百九十八兩七錢六分三釐

一存官商舊股本屆餘利　規元四萬二千一百六十七兩八錢二分七釐

一存官商新股本屆餘利　規元三萬九千一百五十五兩四錢五分三釐

一存本屆舊股花紅　規元一萬六千八百六十七兩一錢三分一釐

一存本届新股花紅　規元一萬五千六百六十二兩一錢八分一釐

一存調匯各款　規元一百十七萬八千零四十五兩三錢一分八釐

共存規元二百六十九萬一千九百八十二兩四錢一分九釐

一在官機舊股成本　規元二十五萬兩

一在官機新股成本　規元二十五萬兩

一在全廠工程地基成本　規元三十一萬一千三百十八兩四錢三分六釐

一在添辦粗紗車等件　規元六萬五千八百六十三兩三錢零四釐

一在電燈、滅火機、軋花車、洗油花車、長車、打綫車、熱氣管、自來水管　規元八萬六千零六十兩零四錢四分七釐

一在修理機器并鐵件　規元三萬一千四百七十三兩七錢三分八釐

一在生財器具　規元三千八百九十三兩二錢三分九釐

一在盤存粗細紗頭各花　規元六十九萬一千三百十四兩一錢一分五釐

一在煤斤物料　規元二萬八千九百四十五兩一錢四分

一在磚木存料　規元八千五百六十三兩九錢六分三釐

一在各户欠款　規元九萬五千六百八十二兩七錢四分九釐

一在滬通各錢莊往來　規元十三萬五千六百九十九兩零三分九釐

一在實業公司　規元三十萬零零五百九十七兩二錢零五釐

一在崇明大生分廠　規元三十四萬五千四百零八兩九錢一分七釐

一在批發所未售紗　規元三萬七千七百九十三兩二錢八分

一在存現　規元四萬九千三百六十八兩八錢四分七釐

共在規元二百六十九萬一千九百八十二兩四錢一分九釐

張謇研究中心等《張謇全集》第三卷《大生分廠第二届説畧并帳畧》清光緒三十四年》

上季盤結帳目，半年中小有贏餘，原不足以齒數，竊意下季有盈無絀，其數不厭細，一簣亦爲山之象也。乃八、九月間，新陳花不接濟，停工多二十日，糜費已及萬金。復值布業歇手，紗少交易，新花開市，人皆争購，而我獨絀於運本，不得不將存紗隨市求售；顧須之愈殷者，遇之愈疏，其間困躓情狀，可不待言，計短價又近鉅萬。苦費經營之力，始獲抖擻開莊進貨開紡。彼時市面深虞日壞，無所底止，幸布業興而紗價起，秋冬兩盤，乘機趁勢以趨之，均能取勝，知已無大挫矣。惟一時現款難齊，每不應用，又不得不輾轉貼水，挹彼注兹，此中不無耗摺耳。幾經罅漏之下，誠不易於補苴。猶幸東挪西墊，出紗五千餘箱外，尚得儲花萬石，以備來春之需。空拳時張，而竟達此目的，實出望外。雖通年統計不免有闕，而以花價一冬一春之貴賤以相衡，究屬此縮彼伸，明虧而暗不蝕，可以差强人意。然積累猶未減也。揆厥由來，實緣於經濟太窘，動輒失利，苴萎乏而馬欲騰，糗糧缺而士欲奮，商戰之際，蓋亦難矣。謹述梗概，鑒者諒之。

據股東徐、沈諸君意見書，略言工廠盈虧，恒視成本之輕重爲比例。成本可分三大宗：曰利息，曰開支，曰工料。開支、工料，兩廠相較，按箱數扯算無甚懸殊。惟利息一項，分廠以負累較重，故每箱成本視正廠多至六元以上。觀正廠之何以贏，即知分廠之何以絀。循是不變，二十萬兩之積虧愈積愈重。若不爲久遠計，藉債付利，無異割肉補瘡。爲股東成本計，似不宜苟且補苴，僅顧目前。且比年紡業競争日烈，江陰、常熟、無錫紛紛設廠，多就通海購花；某商且百計運動，思設廠於海門。事變之來，未有窮期。即以通廠論，常年贏利能盡如戊申之比，亦即非薄。如必狃於前數年通廠之厚利，謂幸福可以常邀，思慾一蹴即幾，恐未必有此時機。明於商業者，當可臆度決之。鄙人一得之見，謂宜暫停官利兩年，以舒喘息云云。案：意見書所言，依據商業公例，竟委窮源，爲各股東計至周，顧與今日社會心理或不盡合。且鄙人之營正廠，在風氣全未開通之日，千挫萬摺，曾無一年不發官息。今雖各省公司踵起，開通之人漸多，徐、沈諸君之説未必不樂與贊成，然設或有一二少數人，執正廠前事爲例，起而見問，鄙人答覆亦覺詞費。因是躊躇以書交董事會公議，董事諸君斟酌停利意見書與鄙人所説，議照正廠餘利遞遲一年加六釐息發給之例，所有分廠，官利作爲遞遲二

年，亦加周年六釐息補發。如開辦費扣清，餘利優厚，亦可提前補發。語具議
案，特更聲明。

第二屆帳畧

一收進花出紗核餘　規元二十五萬四千九百一十兩零零八分
一收售飛花棉子餘　規元三萬零一百三十八兩九錢七分五釐
一收往來回息大小洋餘　規元一萬零二百零六兩二錢零一釐
一收地房帖租駁船雜餘　規元八千六百八十四兩一錢八分九釐
共收規元三十萬零三千九百三十九兩四錢四分五釐
一支集股官利補三十二年　規元七兩八錢六分六釐
一支集股官利三十四年本屆　規元四萬八千七百六十兩
一支續股官利三十四年本屆　規元五千三百六十七兩二錢八分九釐
一支十兩任股官利三十二年　規元七兩三錢三分
十個月卅三年全年各五股
一支十兩任股官利三十四年　規元五千零三十二兩
本屆
一支廿兩任股官利三十三年　規元三十兩零六錢六分五釐
十個月
一支廿兩任股官利三十四年　規元一萬零零三十五兩二錢
本屆
一支往來調匯利　規元五萬四千八百二十兩零五錢九分
九釐
一支花紗釐捐　規元二萬三千九百五十三兩二錢一分
一釐
一支修理機器鐵木件　規元二千五百十六兩七錢二分三釐
一支煤斤物料　規元五萬四千四百七十六兩一錢八分
九釐
一支機匠男女大小工資　規元七萬三千三百四十兩零二錢一分
六釐
一支總理查帳董事所長等薪水　規元八千八百二十七兩五錢四分四釐
一支各執事薪水月費　規元五千九百五十二兩零零七釐
一支各役巡丁工資工食　規元一千九百零六兩一錢二分一釐
一支修理屋宇器具駁船并添件　規元六千零九十一兩一錢二分二釐
一支福食　規元五千九百五十一兩八錢一分八釐
一支雜用　規元七千五百三十六兩七錢三分二釐
一支滬帳房派費　規元一千六百兩
共支規元三十一萬六千二百十二兩六錢三分二釐
收支兩抵凈虧規元一萬二千二百七十三兩一錢八分七釐

盤查實在

一存集股本　規元六十萬零九千五百兩
一存續股本　規元六萬七千四百兩
一存十兩任股本　規元六萬二千九百兩
一存廿兩任股本　規元十二萬五千四百四十兩
一存集股官利三十二年以前　規元八百零二兩九錢七分二釐
一存集股官利三十三年　規元三千四百九十六兩
一存集股官利三十四年本屆　規元四萬八千七百六十兩
存續股官利三十三年　規元五百零三兩八錢六分四釐
存續股官利三十四年本屆　規元五千三百六十七兩二錢八分九釐
一存十兩任股官利三十二年　規元一百九十一兩八錢零八釐
一存十兩任股官利三十三年　規元三百四十四兩八錢
一存十兩任股官利三十四年　規元五千零三十二兩
本屆
一存廿兩任股官利三十三年　規元九百九十九兩七錢五分三釐
一存廿兩任股官利三十四年　規元一萬零零三十五兩二錢
本屆
一存往來調匯畧　規元五十二萬二千二百七十兩零六錢
一分
共存規元一百四十六萬三千零四十四兩二錢九分六釐
一在基地運道等項　規元二萬四千一百三十二兩五錢
一在全廠各所房棧建築等項　規元三十三萬三千七百四十六兩六錢
四分

一在舊機器　規元二十萬零八千七百五十二兩零四分七盞

一在新機器　規元二十萬零三千七百七十一兩 五分一盞

一在添軋花車、清花車、搖紗車、長車、花紗升運梯、電燈、熱氣管、自來水管、滅火機、打繩、打綫、打脚機屑　規元一萬一千五百四十兩零二錢六分四盞

一在磚機　規元六千四百六十四兩二錢三分五盞

一在生財器具　規元一萬六千三百九十五兩四錢五分六盞

一在江船駁船　規元六千二百四十五兩零零五盞

一在牙貼　規元一百十三兩零二分

一在子花净花　規元十九萬五千九百二十四兩八錢八分二盞

一在粗細紗紗頭各花　規元二萬二千九百零五兩六錢一分一盞

一在存紗　規元一萬零八百五十兩零六錢二分

一在花袋索　規元一萬六千九百三十七兩四錢八分一盞

一在修機鐵件　規元三千七百兩零零八錢零二盞

一在煤斤物料　規元二萬九千二百五十兩零四錢五分一盞

一在磚木雜料　規元一萬零一百九十七兩七錢九分五盞

一在往來調匯畧　規元七萬六千三百八十八兩九錢

一在各項暫記　規元九千一百八十四兩四錢五分四盞

一在存現　規元一萬零五百八十五兩六錢三分二盞

一在開辦經費　規元九萬六千五百四十四兩三錢一分三盞

一在第一届結虧　規元十萬零八千二百八十五兩七錢六分六盞

一在本届結虧　規元一萬二千二百七十三兩一錢八分七盞

共在規元一百四十六萬三千零四十四兩二錢九分六盞

張謇研究中心等《張謇全集》第三卷《廣生油廠第六届説畧并帳畧清光緒三十四年》　傅蘭雅著《棉油説畧》嘗謂，棉油營業，須備最大之機器，棉核豐旺之時，并力製造，半年可獲一年之利，至核竭機停，安坐而食，亦無虧摺。向頗疑之，經驗既久，始信其言非誣。即以本届情形論之，六月以前，核賤油貴，獲利尚厚。秋後陰雨棉蝕，收采期遲，停機兩月以待核。及來源稍旺，而核油兩價之比較，漲縮倍反於前，所贏盡吐，竭蹶經營，僅得官利。向使有過半之器，自必增逾倍之利，觀變待時，雖停何害？本不深則葉不茂，其信然矣。本廠亟須擴充資本，更換舊機，概略已具第五届報告，而應者僅有此數。狃於近利而以爲可恃，與視爲後圖而葸然不進，下走皆有懼焉。業弗安於小成，效可收於有藉。願在股諸君共圖之。

帳略

一進棉子出油餅核餘　規銀九萬九千八百二十四兩一錢七分九盞

一售棉殼、卷衣、黄衣、油脚　規銀一萬零七百五十六兩零三分六盞

一收大小洋餘　規銀四百五十四兩二錢七分四盞

一收雜餘　規銀七百零六兩一錢一分八盞

一收江船、駁船餘　規銀一千一百五十七兩七錢九分三盞

一收房租　規銀十三兩六錢六分

共收規銀十一萬二千九百十二兩零六分

一支各股官利　規銀一萬六千六百九十六兩七錢五分二盞

一支各股六盞息　規銀五百八十二兩七錢七分三盞

一支調匯利　規銀一萬一千三百九十六兩九錢七分九盞

一支修理廠房　規銀三百五十六兩六錢八分二盞

一支修理江船駁船　規銀八百六十五兩五錢六分三盞

一支油餅捐稅　規銀五千六百六十兩零五錢五分一釐
一支油餅棉子水脚　規銀一萬一千六百二十二兩六錢八分五釐
一支物料煤斤棉殼　規銀三萬八千八百零五兩九錢三分三釐
一支總協理薪水　規銀一千一百五十四兩四錢
一支津貼滬帳房　規銀四百六十二兩
一支各執事薪水　規銀二千四百零七兩二錢二分
一支機匠工資　規銀三千二百二十二兩三錢三分
一支機房棧房工資　規銀一萬三千三百五十四兩五錢三分四釐
一支雜工資工食　規銀二百六十一兩五錢七分二釐
一支福食　規銀五千四百四十九兩八錢三分
一支善舉酬應各項使用　規銀二百七十四兩零九分六釐
共支規銀十一萬二千五百七十三兩九錢
以上收支兩抵結餘規銀三百三十八兩一錢六分
一提公積(三十四年餘)　規銀三百三十八兩一錢六分
盤查實在
一存股本　規銀二十萬零五千五百兩
一存股本(三十三年冬季集)　規銀三千兩
一存股本(三十四年集)　規銀五千三百兩
一存各股官利　規銀一萬六千四百四十兩
一存各股官利　規銀二百四十兩
一存各股官利(三十三年集)　規銀四十兩
一存各股官利(三十四年新集)　規銀二百五十六兩七錢五分二釐
一存各股餘利　規銀六千九百十四兩七錢八分七釐
一存餘利六釐息　規銀四百十四兩八錢八分七釐
一存調匯各項　規銀十七萬二千三百二十七兩二錢四分二釐
一存調匯各利　規銀四千一百零二兩二錢九分四釐
一存公積(并六釐息)　規銀二千九百五十六兩九錢八分七釐
一存三十四年餘　規銀三百三十八兩一錢六分
共存規銀四十一萬七千八百三十一兩一錢零九釐
一在引擎鍋爐機器　規銀八萬零二百十二兩五錢八分九釐
一在油池油蓋　規銀四千六百四十九兩三錢二分八釐
一在電機電燈　規銀二千四百零六兩九錢七分
一在全廠房屋地基　規銀五萬四千九百六十九兩二錢五分六釐
一在江船駁船　規銀二千八百五十四兩五錢五分五釐
一在大安江船　規銀一千二百七十六兩零八分
一在棧儲棉子　規銀十五萬七千七百七十五兩一錢五分八釐
一在棉餅、棉油、棉殼、花衣　規銀五萬一千二百九十一兩九錢一分六釐
一在往來　規銀八千三百四十五兩五錢五分九釐
一在生財器具　規銀一千九百六十一兩一錢六分八釐
一在物料　規銀一萬五千八百三十七兩七錢三分二釐
一在油桶麻袋　規銀二萬一千六百七十四兩四錢一分三釐
一在磚瓦木石料　規銀一萬一千七百五十三兩七錢二分九釐
一在現洋　規銀二千八百二十二兩六錢五分六釐
共在規銀四十一萬七千八百三十一兩一錢零九釐

張謇研究中心等《張謇全集》第三卷《通州資生冶廠第三届説畧并帳畧清光緒三十四年》　光緒三十三年五月初一日至三十四年四月終

本廠丙午營業情況已於丁未第二次帳畧報告，其年所贏適抵乙巳開辦之虧。滿冀循是以往，市情無變，利可操券。詎丁未入秋，炭價陡漲，較前漲至七角有奇。以本全年用數比較，上年多費銀二千四百六十餘元。價貴者貨往往反次，商市由來如此。貨次則火力歉，而出爐遲；價貴則用數同，而耗本鉅。且如食物無一不貴。因此之故，預計可餘者盡化烏有，此蓋蘇

滬同業所同病，可考而知。爲開辦以來第三次。所有本届全年收支繕列如下：

一收進鐵出鍋核餘　規銀二萬七千九百五十九兩九錢九分九釐
一收售炭吉　規銀四百四十五兩六錢
一收售青生、水生、水屑　規銀一百七十兩零二錢七分
一收同生盛冶坊股息　規銀六十二兩
一收雜餘　規銀七兩六錢九分三釐
　共收規銀二萬八千六百四十五兩五錢六分二釐
一支川東徽杭諸炭　規銀一萬一千二百九十兩零九錢
一支煤灰泥穩各種料件　規銀一千六百九十四兩零三分七釐
一支捐稅水脚使費　規銀四千零零二兩六錢三分二釐
一支各股官利　規銀二千三百八十六兩三錢零四釐
一支往來調匯利　規銀二千七百四十三兩六錢零二釐
一支冶司工資　規銀三千八百十四兩零八分五釐
一支冶司來去川資　規銀二百三十六兩三錢七分一釐
一支司事薪水　規銀八百六十二兩九錢五分四釐
一支各役工資　規銀八十四兩三錢零四釐
一支筆墨紙張　規銀四十三兩九錢八分一釐
一支油燭烟茶　規銀八十五兩五錢一分九釐
一支修補作房房屋工料　規銀五十七兩七錢七分五釐
一支酬應善舉雜支　規銀三百五十三兩五錢零二釐
一支福食　規銀二千二百七十四兩四錢五分四釐
一支警局費　規銀八十八兩二錢
一支銀洋虧　規銀七十四兩五錢五分一釐
　共支規銀二萬九千零九十三兩一錢七分一釐
以上收支兩抵結虧規銀四百四十七兩六錢零九釐
盤查實在
一存股本　規銀四萬四千兩
一存各股官利　規銀二千六百零四兩九錢八分八釐
一存實業公司　規銀一萬四千一百九十三兩四錢八分九釐
一存調匯利　規銀四百五十四兩一錢九分二釐
一存趙敦仁堂　規銀一千四百二十五兩四錢六分八釐
一存束竹記　規銀七百五十三兩三錢二分四釐
一存許聘記　規銀二千五百零九兩二錢四分九釐
一存源生莊　規銀一百零九兩六錢一分
一存第一、二届除虧結餘　規銀五十一兩二錢五分六釐
　共計存規銀六萬五千一百零一兩五錢七分六釐
一在萬昌福　規銀七百三十五兩
一在上海同生盛冶股　規銀一千兩
一在廠房成本　規銀一萬二千三百十八兩九錢九分二釐
一在鐵冶地基　規銀一千一百五十八兩一錢
一在續造棧房　規銀三百七十二兩三錢六分
一在生財器具　規銀一千零三十六兩
一在冶司付款　規銀八百七十兩零零四分二釐
一在各記暫付　規銀一千一百兩零零五錢三分七釐
一在各路批發欠款　規銀一萬八千四百零四兩二錢六分
一在鍋罐各貨　規銀一萬三千零六十八兩五錢八分一釐
一在鐵炭各料件　規銀一萬三千七百十八兩三錢八分五釐
一在現洋角錢　規銀八百七十一兩七錢一分
一在本届結虧　規銀四百四十七兩六錢零九釐
　共計在規銀六萬五千一百零一兩五錢七分六釐

張謇研究中心等《張謇全集》第三卷《大生紗廠第十一届説畧并帳畧清宣統元年》　商情變幻，瞬息千易。上秋通海棉産尚稱中稔，初以爲出産如此，購致當不甚難。孰知棉未登市，價已飛漲。蓋二三市儈，先已定價狂抛，迨若輩事機失敗，而市面已攪亂不可收拾矣。坐是花價之大，爲從古以來所未有。夫花本如此加重，設一不慎，必致顛蹶。本廠有鑒於此，審量輕重，隨市進花。所幸紗價亦蒸蒸日上，貨無積滯，遂以售入紗款資爲購花之需。截至年終，除日用外，儲花三萬八千餘包。綜計全年贏餘，視三十四年所獲爲優

矣。此則得力於上年積花之富。但得長此調用響應，後來利益更可推測而知。而營業之計劃，則尤在衡量時局，斟酌市情，以權操縱。準斯爲的，或免於不職之咎乎。

帳畧

一收進花出紗核餘　規元五十九萬八千八百四十兩零五錢零一釐
一收售飛花棉子餘　規元十萬零一千零六十七兩九錢四分七釐
一收各莊回息大小洋餘　規元七萬九千二百四十八兩二錢四分六釐
一收匯兑盈餘　規元一萬二千二百九十四兩八錢五分
一收工房駁船租雜餘　規元四千一百五十二兩三錢七分五釐
共收規元七十九萬五千六百零三兩九錢一分九釐
一支舊股官利　規元四萬六千四百兩
一支新股官利　規元四萬四千兩
一支往來調匯利　規元十萬零七千零十九兩零五分七釐
一支添造物件修理行廠各處　規元六千五百四十一兩六錢零八釐
一支自保險　規元一萬兩
一支花紗釐捐　規元五萬二千九百六十九兩四錢二分七釐
一支添補機件修理機器雜件　規元一萬九千六百二十三兩二錢九分四釐
一支煤斤物料　規元十二萬二千四百零一兩零四分六釐
一支機匠男女大小工資　規元十二萬七千二百七十五兩九錢八分九釐
一支總理所長董事查帳薪水酬勞規元一萬二千八百三十三兩八錢二分
一支退隱費　規元一千三百三十二兩
一支驗機洋人薪水　規元一千兩
一支各執事薪水　規元一萬一千一百十四兩八錢零五釐
一支各役工資巡丁工食　規元三千零八十七兩零五分四釐
一支福食　規元九千二百三十九兩三錢一分一釐
一支善舉　規元八千一百九十三兩零二分八釐
一支呂四河工船閘派費并津貼呂四小輪　規元二千二百八十九兩五錢
一支唐閘及本廠商團費　規元三千兩
共支規元五十八萬八千二百十九兩九錢三分九釐
以上收支兩抵結餘規元二十萬零七千三百八十三兩九錢八分
一提摺舊　規元一萬二千兩
一提公積　規元一萬二千五百兩
一提舊集股分餘利(每股派得十兩零零九分一釐七三三)　規元五萬八千五百三十二兩零五分四釐
一提舊股花紅　規元二萬三千四百十二兩八錢二分一釐
共提規元十萬零六千四百四十四兩八錢七分五釐
一提摺舊　規元一萬二千兩
一提公積　規元一萬二千五百兩
一提新集股分餘利(每股派得九兩九錢二分七釐一五六)　規元五萬四千五百九十九兩三錢六分一釐
一提新股花紅　規元二萬一千八百三十九兩七錢四分四釐
共提規元十萬零零九百三十九兩一錢零五釐

盤查實在

一存舊集股本　規元五十八萬兩
一存新集股本　規元五十五萬兩
一存匯兑盈餘入復新面廠股分　規元四千三百九十八兩
一存摺舊　規元七萬九千六百十三兩八錢五分
一存自保險款　規元八萬五千兩
一存舊股公積　規元三萬七千五百五十九兩二錢九分二釐
一存新股公積　規元二萬八千零八十八兩零一分七釐
一存舊股第七八九十屆官利　規元四百八十一兩六錢九分六釐

一存新股第七八九十届官利　規元七百六十八兩
一存舊股本届官利　規元四萬六千四百兩
一存新股本届官利　規元四萬四千兩
一存舊股第七八九十届餘利　規元三百八十二兩零七分一釐
一存新股第七八九十届餘利　規元八百二十五兩九錢三分八釐
一存舊股本届餘利　規元五萬八千五百三十二兩零五分四釐
一存新股本届餘利　規元五萬四千五百九十九兩三錢六分一釐
一存本届舊股花紅　規元二萬三千四百十二兩八錢二分一釐
一存本届新股花紅　規元二萬一千八百三十九兩七錢四分四釐
一存拋正月份紗款　規元九萬六千二百零七兩六錢八分
一存調匯各款　規元一百五十萬零三千九百五十七兩四錢三分六釐
共存規元三百二十一萬六千零六十五兩九錢六分
一在舊機成本　規元二十五萬兩
一在新機成本　規元二十五萬兩
一在全廠工程地基成本　規元三十一萬四千九百六十二兩三錢六分四釐
一在添辦粗紗車等件　規元六萬五千八百六十三兩三錢零四釐
一在電燈、滅火機、軋花車、洗油花車、長車、打綫車、熱氣管、自來水管　規元八萬六千零六十兩零四錢四分七釐
一在修理機器并鐵件　規元三萬零九百三十九兩三錢六分六釐
一在生財器具　規元三千八百九十三兩二錢三分九釐
一在盤存粗細紗頭各花　規元一百十六萬九千七百七十五兩一錢五分三釐
一在煤斤物料　規元三萬五千八百十九兩二錢八分六釐
一在磚木存料　規元七千二百九十八兩零九分七釐
一在復新面廠股分　規元四千三百九十八兩
一在滬通各錢莊往來　規元九萬四千四百五十九兩六錢三分七釐
一在崇明大生分廠　規元三十萬零二千六百七十二兩七錢五分
一在各户欠款　規元二十五萬二千七百八十六兩六錢六分六釐
一在實業公司　規元三十三萬七千零五十三兩七錢七分八釐
一在存現　規元一萬零零八十三兩八錢七分三釐
共在規元三百二十一萬六千零六十五兩九錢六分

張謇研究中心等《張謇全集》第三卷《廣生油廠第七届説畧并帳畧清宣統元年》

去年業油餅者多得良善之效果，廣生之獲有盈餘，談者咸歸美於時，雖然有人事焉。夏秋淫潦，棉固不豐，豆亦大損。本廠同人夙夜計議，四出調查，進核期速，售油期遲，消息操縱，頗殫心力。今獲有戔戔之利以奉我股東，固非安坐而待時也。前經股東會決議，購置新機，改建老廠，定於本年實行。乘此可爲之時，營業將益臻發達。然機大則用核多，核多則需款鉅，經營籌備倍慎於前。在股諸君其猶僅安坐而收此利乎？抑思并心一志，擴張之，充實之，以鞏固此將大之基業也？明達君子，幸抉擇之。

帳略

一進棉子出油餅核餘　規銀十三萬七千一百四十五兩九錢九分六釐
一售棉殼、卷衣、黄衣、油脚　規銀一萬四千七百七十兩零六錢二分三釐
一收大小洋餘　規銀四百七十五兩三錢零六釐
一收雜餘　規銀七百四十七兩五錢三分二釐
一收江船駁船餘　規銀八百三十二兩四錢二分四釐
一收房租　規銀十一兩五錢零三釐
共收規銀十五萬三千九百八十三兩三錢八分四釐
一支各股官利　規銀一萬七千一百零七兩三錢三分三釐
一支各股八釐息　規銀二百零三兩九錢八分九釐

一支調匯利　規銀一萬五千零七十一兩一錢一分一釐
一支修理廠屋　規銀四百六十六兩一錢九分八釐
一支修理江船駁船　規銀一百零九兩零六分七釐
一支油餅捐税　規銀六千六百七十六兩八錢七分五釐
一支油餅棉子水脚　規銀一萬一千六百八十六兩七錢二分九釐
一支物料煤斤棉殼　規銀四萬七千九百四十二兩一錢四分二釐
一支麻袋(元年添辦)　規銀二千三百五十六兩四錢五分七釐
一支總協理薪水　規銀一千二百五十兩零六錢
一支津貼滬帳房　規銀四百四十八兩
一支各執事薪水　規銀二千七百二十五兩四錢二分
一支機匠工資　規銀四千零六十三兩三錢四分
一支機房棧房工資　規銀一萬七千四百九十五兩二錢三分七釐
一支雜工資工食　規銀二百五十三兩二錢六分三釐
一支福食　規銀三千六百七十一兩二錢一分九釐
一支善舉酬應各項使用　規銀四百零五兩七錢八分三釐
共支規銀十三萬一千九百三十二兩七錢六分三釐
以上收支兩抵結餘規銀二萬二千零五十兩零六錢二分一釐
一提各股餘利　規銀一萬五千七百五十兩零四錢四分三釐
一提公積　規銀一千五百七十五兩零四分五釐
一提花紅　規銀四千七百二十五兩一錢三分三釐
實計規銀二萬二千零五十兩零六錢二分一釐
盤查實在
一存股本　規銀二十萬零八千五百兩
一存股本　規銀五千三百兩
一存股本(元年集)　規銀五百兩
一存各股官利　規銀一萬六千六百八十兩
一存各股官利　規銀四百二十七兩三錢三分三釐
一存各股官利(三十四年并八釐息)　規銀三百五十一兩四錢零一釐
一存各股官利　規銀三兩三錢三分三釐
一存各股餘利　規銀一萬五千七百五十兩零四錢四分三釐
一存調匯各項　規銀十八萬八千二百九十九兩一錢五分七釐
一存調匯各利　規銀五千一百八十六兩零三分八釐
一存公積并六釐息　規銀三千五百零二兩三錢九分五釐
一存公積(元年)　規銀一千五百七十五兩零四分五釐
一存花紅　規銀四千七百二十五兩一錢三分三釐
共存規銀四十五萬零八百兩零零二錢七分八釐
一在引擎鍋爐機器　規銀八萬零二百十二兩五錢八分九釐
一在油池油蓋　規銀四千六百四十九兩三錢二分八釐
一在電機電燈　規銀二千四百零六兩九錢七分
一在全廠房屋地基　規銀五萬四千九百六十九兩二錢五分六釐
一在河北棧房工房　規銀一萬六千一百二十六兩三錢九分
一在江船駁船　規銀四千一百三十兩零六錢三分五釐
一在棧儲棉子　規銀十五萬零七百三十一兩四錢七分七釐
一在棉餅、棉油、棉殼、花衣　規銀八萬零五百四十九兩一錢九分八釐
一在往來　規銀一萬零一百九十六兩六錢一分二釐
一在生財器具　規銀一千九百六十一兩一錢六分八釐
一在物料　規銀一萬七千三百十四兩九錢一分一釐
一在油桶麻袋　規銀二萬一千六百七十四兩四錢一分三釐
一在磚瓦洋松料　規銀一千三百九十七兩四錢五分三釐
一在現洋　規銀四千四百七十九兩八錢七分八釐
共在規銀四十五萬零八百兩零零二錢七分八釐

張謇研究中心等《張謇全集》第三卷《大生分廠第三届説畧并帳畧清宣統元年》

紗廠營業利鈍之關鍵：一在資本，一在工作。資本厚，則相年豐歉，能以自助力操縱收花之緩急，而儲花富，而均價平。花富而價平，則銷市亦易於操縱，而占優勝。工作精，則耗花少，出紗多；耗少出多，則價自平。價善易勝，價不善亦不至敗。此在稍明計學者即知之矣。本廠營運之本未充，前一二届無論矣。本届亦秋花秋用，春花春用，隨購隨紡，隨紡隨售。花價隨人，紗價亦不能主之自我，故利僅蠅頭，而味同鷄肋。前一二届抵銷開支或尚不足，本届之所以猶獲餘利四萬兩者，前一年存花猶較多於前也。設運本能多三四十萬，加存花萬餘袋，餘利何止僅此。此其已然之事，無可如何之勢也。爲運本計，上年股東會議遞遲二年發給官利，遲給期内，照正廠遞遲餘利例，加息六釐，蓋股東義應擔任籌資。既以地僻勢涣，不能應機赴利，而非得多數之款，則不能長袖善舞，而獲利常薄，不足饜衆股東之希望，故到會股東公决此議，以效義務而寬廠力。且猶加息，亦不至虚相當之權利。而較之他籌，猶爲潜氣内轉之道也。是以本届百計調度，積花二萬三千餘袋，已足三月之用。爲來年計，似漸進矣。然猶惜花價廉平之時，款不順應，不得暢收；及款至而花又頓貴，成本已重耳。成本重則餘利難多，利鈍之機又在明年布市矣。老於審商市者，以爲明年花不至貴，布不至甚落，此固本廠之所願聞。然春莊一動，平流而進，亦須寬其資本，乃能收與貴價所收平均之利，而亦能因時清償所調，以增長信用。是則不能無望於各股東矣。股東諸君，幸圖利之。

帳畧

一收進花出紗核餘　規元三十五萬二千二百五十七兩六錢零五釐

一收售飛花棉子款　規元五萬零五百六十九兩三錢六分

一收往來回息大小洋餘　規元一萬三千七百二十兩零六錢三分三釐

一收房地帖租駁船雜餘　規元七千二百九十九兩四錢四分二釐

共收規元四十二萬三千八百四十七兩零四分

一支集股官利（本年第三届）　規元四萬八千七百六十兩

一支續股官利（本年第三届）　規元五千三百九十二兩

一支（十兩）任股官利（三十二年十個月）　規元一兩九錢九分八釐

一支（十兩）任股官利（三十三年第一届）　規元二兩四錢

一支（十兩）任股官利（三十四年第二届）　規元二兩四錢

一支（十兩）任股官利（本年第三届）　規元五千零三十四兩四錢

一支（廿兩）任股官利（三十三年第一届十個月）　規元九兩三錢三分一釐

一支（廿兩）任股官利（三十四年第二届）　規元十一兩二錢

一支（廿兩）任股官利（本年第三届）　規元一萬零零四十六兩四錢

一支集股第三届官利加六釐息　規元二千四百三十八兩

一支續股第二届官利加六釐息　規元二百六十八兩三錢六分五釐

一支（十兩）任股第二届官利加六釐息　規元二百五十一兩七錢二分

一支（廿兩）任股第三届官利加六釐息　規元五百零二兩三錢二分

一支往來調匯利　規元六萬零八百四十二兩零五分四釐

一支花紗釐捐　規元三萬六千一百七十八兩五錢八分四釐

一支修換機器鐵件　規元四千五百三十二兩三錢一分四釐

一支煤斤物料　規元七萬六千二百八十二兩二錢四分一釐

一支機匠男女大小工資　規元九萬零七百九十四兩四錢七分一釐

一支總理、查帳、董事、所長等薪水酬勞　規元一萬二千四百零四兩一錢四分七釐

一支各執事薪水月費津貼　規元七千六百四十一兩一錢六分九釐

一支各役巡丁工資工食　規元二千一百兩零零八錢八分三釐
一支修理屋宇器具駁船并添件　規元四千八百十六兩零七分六釐
一支福食　規元六千三百二十七兩九錢零六釐
一支雜用并滬通使費　規元九千一百四十三兩三錢八分八釐
共支規元三十八萬三千七百八十三兩七錢六分七釐
收支兩抵計餘規元四萬零零六十三兩二錢七分三釐
一支第二屆以前結虧　規元十二萬零五百五十八兩九錢五分三釐
除餘仍虧規元八萬零四百九十五兩六錢八分
一支開辦經費　規元九萬六千五百四十四兩三錢一分三釐
總結共虧規元十七萬七千零三十九兩九錢九分三釐

盤查實在

一存集股本　規元六十萬零九千五百兩
一存續股本　規元六萬七千四百兩
一存(十兩)任股本　規元六萬二千九百三十兩
一存(廿兩)任股本　規元十二萬五千五百八十兩
一存集股官利(三十二年以前)　規元一百九十五兩九錢五分二釐
一存集股官利(三十三年第一屆)　規元一千零七十二兩
一存集股官利(三十四年第二屆)　規元四萬八千七百六十兩
一存集股官利(宣統元年第三屆)　規元四萬八千七百六十兩
一存續股官利(三十三年第一屆)　規元四百三十二兩八錢八分七釐
一存續股官利(三十四年第二屆)　規元五千三百六十七兩二錢八分九釐
一存續股官利(宣統元年第三屆)　規元五千三百九十二兩
一存(十兩)任股官利(三十二年十個月)　規元一百六十三兩八錢三分六釐
一存(十兩)任股官利(三十三年第一屆)　規元二百十六兩八錢
一存(十兩)任股官利(三十四年第二屆)　規元五千零三十四兩四錢
一存(十兩)任股官利(宣統元年第三屆)　規元五千零三十四兩四錢
一存(廿兩)任股官利(三十三年第一屆十個月)　規元八百五十五兩七錢八分七釐
一存(廿兩)任股官利(三十四年第二屆)　規元一萬零零四十六兩四錢
一存(廿兩)任股官利(宣統元年第三屆)　規元一萬零零四十六兩四錢
一存集股第二屆官利加六釐息(本屆三月至十二月)　規元二千四百三十八兩
一存續股第二屆官利加六釐息(本屆三月至十二月)　規元二百六十八兩三錢六分四釐
一存(十兩)任股第二屆官利加六釐息(本屆三月至十二月)　規元二百五十一兩七錢二分
一存(廿兩)任股第二屆官利加六釐息(本屆三月至十二月)　規元五百零二兩三錢二分
一存往來調匯款　規元九十三萬九千九百七十四兩七錢五分四釐
一存各項暫記　規元一萬九千三百九十三兩三錢零一釐
共存規元一百九十六萬九千六百十六兩六錢一分
一在基地運道等項　規元二萬四千一百十八兩九錢七分三釐
一在全廠各所房棧建築等項　規元三十三萬五千九百四十七兩二錢八分九釐
一在舊機器　規元二十萬零八千七百五十二兩零四分七釐
一在新機器　規元二十萬零三千七百七十一兩零五分一釐

一在添軋花車、清花車、搖紗車、長車、花紗運升梯、電燈、熱氣管、滅火機、打繩打綫、打脚屑機　規元四萬八千八百五十四兩一錢八分四釐
一在修機機器各件　規元一萬一千五百四十兩零二錢六分四釐
一在磚機　規元六千五百二十七兩二錢六分八釐
一在生財器具　規元一萬七千八百五十五兩五錢三分
一在江船駁船　規元六千二百四十五兩零零五釐
一在牙帖　規元一百十三兩零二分
一在子花净花　規元七十一萬零零八十三兩八錢二分四釐
一在粗細紗紗頭各花　規元二萬二千八百六十兩零四錢三分七釐
一在各紗棉子　規元五萬八千八百四十六兩七錢二分四釐
一在布袋素　規元一萬四千八百兩
一在修機鐵件　規元八千六百四十六兩五錢三分四釐
一在煤斤物料　規元四萬六千七百八十九兩五錢零二釐
一在磚木雜料　規元七千五百七十九兩五錢六分
一在往來調匯款　規元二萬一千八百七十六兩三錢四分
一在各項暫記　規元一萬二千六百零三兩四錢一分一釐
一在存現　規元二萬四千七百六十五兩六錢五分四釐
一在開辦經費　規元九萬六千五百四十四兩三錢一分三釐
一在除餘結虧　規元八萬零四百九十五兩六錢八分

共在規元一百九十六萬九千六百十六兩六錢一分

張謇研究中心等《張謇全集》第三卷《通州資生冶廠第四届説畧并帳畧 清宣統元年》

光緒三十四年五月初一至宣統元年四月終

營業之消長視乎輸入之生貨物料，輸出之熟貨計盈虛也。本届編訂戊申年營業帳畧，其新舊鐵木炭是輸入之本金，鑄成之鑊是熟貨。份輸出之出品價之消長比丁未無補善。即以炭價言：尚較丁未多費五百餘兩，加以捐税之苛浮，而出品之價又難增益，故猶有闕欠。在股東之同業者，尚知所言之不謬。用將收支確數分晰開列，幸垂鑒焉。

帳畧

一收進鐵出鍋核餘　規銀二萬九千三百四十七兩一錢三分七釐
一收售青生水生水屑　規銀六百九十兩零六錢
一收售炭吉　規銀六百零一兩八錢一分三釐
一收銀洋餘　規銀五十五兩五錢

共收規銀三萬零六百九十五兩零五分

一支川東徽杭諸炭　規銀一萬二千八百十兩零三錢六分九釐
一支煤灰泥穩各種料件　規銀一千四百四十四兩六錢六分五釐
一支捐税水脚使費　規銀四千七百八十五兩零六分四釐
一支往來調匯利　規銀一千八百零九兩四錢六分二釐
一支各股官利　規銀三千五百七十二兩一錢八分八釐
一支冶司工資　規銀二千七百六十五兩一錢四分
一支冶司來去川資　規銀二百零二兩二錢零三釐
一支公費薪水　規銀一千三百十四兩一錢一分六釐
一支各役工資　規銀九十四兩一錢一分四釐
一支筆墨紙張　規銀二十三兩零六分
一支油燭烟茶　規銀六十三兩一錢七分三釐
一支修理作房房屋工料　規銀八十二兩九錢五分一釐
一支酬應善舉雜支　規銀二百八十五兩八錢六分四釐
一支福食　規銀二千一百二十八兩四錢六分三釐
一支滬帳房開支費　規銀一百九十五兩
一支警局費　規銀六十六兩一錢九分六釐

共支規銀三萬一千六百四十二兩零二分八釐

以上收支兩抵結虧規銀九百四十六兩九錢七分八釐

盤查實在

一存股本　規銀四萬四千八百兩
一存各股官利　規銀三千五百七十二兩二錢
一存實業公司　規銀一萬四千八百八十三兩零五分四釐
一存趙敦仁堂　規銀一千四百八十六兩八錢零八釐
一存源生莊　規銀一千五百八十四兩五錢二分八釐
一存滬帳房　規銀一千四百九十五兩三錢五分四釐
一存竹記　規銀八百二十二兩二錢六分三釐
一存亮記　規銀七十四兩
一存寶記　規銀七十四兩
　共計存規銀六萬八千七百九十二兩二錢零七釐
一在上海同生盛冶股　規銀一千兩
一在廠房成本　規銀一萬二千八百二十三兩九錢八分五釐
一在鐵冶地基　規銀一千一百五十八兩一錢
一在生財器具　規銀一千零三十六兩
一在冶司付款　規銀八百三十二兩二錢八分四釐
一在各記暫付　規銀一千零二十一兩七錢七分七釐
一在各路批發欠款　規銀二萬四千五百九十四兩八錢一分五釐
一在鍋罐各貨　規銀一萬零四百三十一兩八錢五分四釐
一在鐵炭各物料　規銀一萬三千七百四十兩零八錢四分二釐
一在現洋角錢　規銀八百零九兩二錢一分九釐
一在第三届結虧　規銀三百九十六兩三錢五分三釐
一在本届結虧　規銀九百四十六兩九錢七分八釐
　共計在規銀六萬八千七百九十二兩二錢零七釐

張謇研究中心等《張謇全集》第三卷《通州資生冶廠第五届説畧并帳畧》清宣統二年》

宣統元年五月初一日至宣統二年四月終

營業性質保守與競争而已。本廠開辦以來，今已五届，歷年進出，具有帳畧，逐事研究，出貨幸與蘇申廠埒，銷路已遍通海五屬，供求復相當，此後但按部就班，其勢盡可保守。

股東中或有爲推廣之議者，則猶是競争之義也。然運貨多，則捐釐因之而重，推廣之利尚不可必，而貨捐之困先乘。似於本廠未見裨益，不如保守之爲勝矣。本届所餘不足銀二千兩，除去第三、四届之虧，尚贏六百餘兩。此則拜實業公司免息之惠，由此維持。贏則可以多贏，絀則可以少絀。列帳如下：

一收進鐵出鍋核餘　規銀三萬二千五百九十二兩一錢九分六釐
一收售青生水生水屑　規銀六百九十一兩一錢六分
一收售炭吉　規銀五百五十七兩二錢二分
一收銀洋餘　規銀七十七兩三錢八分四釐
　共收規銀三萬三千九百十七兩九錢六分
一支川東徽杭諸炭　規銀一萬四千三百十七兩一錢二分七釐
一支煤灰泥穩各種料件　規銀一千九百十三兩八錢九分
一支捐税水脚使費　規銀三千六百四十一兩六錢八分三釐
一支各股官利　規銀三千五百八十四兩
一支往來調匯利　規銀八百七十四兩三錢二分二釐
一支冶司工資　規銀二千八百二十一兩四錢九分九釐
一支冶司來去川資　規銀一百九十六兩
一支公費薪水　規銀一千二百十九兩三錢三分三釐
一支各役工資　規銀八十四兩七錢五分六釐
一支筆墨紙張　規銀三十八兩一錢二分二釐
一支油燭烟茶　規銀五十九兩九錢二分九釐
一支修理房屋工料　規銀一百八十兩零六錢一分五釐
一支酬應善舉雜支　規銀二百七十一兩一錢一分一釐
一支福食　規銀二千五百四十九兩八錢七分四釐
一支滬帳房使費　規銀一百零五兩
一支警局費　規銀六十二兩一錢六分
一支開除第三、四届結虧　規銀一千三百四十三兩三錢三分一釐
　共支規銀三萬三千二百六十二兩七錢五分二釐

以上收支兩抵結餘規銀六百五十五兩二錢零八釐

盤查實在

一存股本　規銀四萬四千八百兩
一存各股官利　規銀三千六百四十兩
一存實業公司　規銀一萬四千一百四十九兩零五分四釐
一存趙敦仁堂　規銀一千三百五十七兩四錢二分八釐
一存滬帳房　規銀一千四百六十三兩三錢二分四釐
一存聘記　規銀一千零九十七兩零三分
一存竹記　規銀八百八十八兩
一存寶記　規銀七十四兩
一存本屆結餘　規銀六百五十五兩二錢零八釐
共計存規銀六萬八千一百二十四兩零四分四釐

一在廠房成本　規銀一萬二千八百二十三兩九錢八分五釐
一在鐵冶地基　規銀一千一百五十八兩一錢
一在生財器具　規銀一千零三十六兩
一在滬帳房未到期匯款　規銀二千六百六十五兩
一在上海同生盛欠款　規銀四百四十八兩七錢四分八釐
一在源生莊　規銀三百九十二兩三錢八分四釐
一在冶司付款　規銀九百三十二兩三錢二分六釐
一在各記暫付　規銀一千四百二十三兩三錢八分二釐
一在各路批發往來欠款　規銀二萬八千零三十兩七錢七分五釐
一在鍋罐各貨　規銀一萬零零八十四兩四錢二分四釐
一在鐵炭各物料　規銀八千三百八十三兩二錢七分二釐
一在現洋角錢　規銀七百四十五兩六錢四分八釐
共計在規銀六萬八千一百二十四兩零四分四釐

紀事

南通市檔案館等《大生集團檔案資料選編》紡織篇Ⅲ《瑞記地亞士洋行承辦紗機合同光緒十九年十一月初一日》　立合同上海瑞記、地亞士洋行。今奉湖廣總督部堂張，委辦湖北添設紡紗廠機器物料，訂立條款列後：

一議，上海瑞記等行，願墊款承辦湖北紡紗廠機器物料及電氣燈、滅火機、鐵廠房、裝箱、運脚、保險等費，約共需規銀七十萬兩，均由瑞記等行代付，訂明由代付洋廠之日起，按西歷每百兩每年加息銀七兩，定件運齊到鄂，即付第一期規銀十五萬兩，以後每年還銀十五萬兩并本期息銀。利隨本減，逐年提還，至還清之日爲止，總以墊足七十萬兩爲度。如逾此數，另由督憲找付現銀。

二議，所訂紡紗機器四萬七百餘挺，有多無少，能紡十號至十六號紗，每日夜二十點鐘時，能出紗一百包。全廠機器備齊，零用物件配足六個月用，不得短少。

三議，全廠機器須包辦頭等新式，工堅料精，運動靈捷，并指明黑直林挨直利司，白臘脱、白緑克、獨克賽四廠内代辦四萬七百餘挺，全機價值計英金八萬四千磅，行用在内，不得加多。如機非頭等新式，不能快利，任憑退換，加倍議罰。至電氣燈機、滅火機、鐵廠房三項，照原廠單價目算給。如行用在内，不加；如行用在外，每百兩照加五兩。如廠單不實，查明加倍議罰。

四議，所定機器由瑞記等行包運來鄂，送至織布局内碼頭，由局員自行起卸，其包運裝箱、保險等費，訂明照機器價值每百兩貼銀二十七兩，在墊款款内匯算。如機器物料照來單有短少損壞，均由瑞記等行認賠。

五議，由瑞記等行代雇洋匠首一名，并副管等來鄂安設機器，自外洋動身日起，裝成日止。除應需華匠、小工人等及磚石各料先期知照，由鄂局自行預備外，所有洋匠一切薪費開銷，均歸瑞記等行代付，其薪費數目不得比布局前雇洋匠加多，此項亦在墊款内匯算，鄂局毋庸先付洋匠薪水，俟裝機完工時起算。

六議，包辦機器自立合同日起，限八個月到鄂，總以房屋將成，即電催趕運，愈速愈妙，不得停工待機。立合同時即付定銀二萬五千兩，此銀作爲墊款内已還二萬五千兩。各物由鄂局發給進口免税單，毋庸墊付税銀。

七議，瑞記等行墊款購辦紡紗機器，俟照金磅作算，至付銀時按照電匯市價作算，以兩不吃虧爲主。

八議，全廠機器由該洋行速向洋廠電訂，議定限期，完工運華，裝配齊全，從速出紗，速則加賞銀兩，遲則應罰。先將洋廠包定日期電致鄂局存查。其地面房圖，趕屬外洋打樣工師從速繪寄。

九議，墊款甚鉅，雖已領定銀，而事關重大，彼此不得違約貽誤。瑞記等行應請本國領事蓋印保約。督憲允準以織布官局作保，惟布局現未保險，暫加鐵政局互相爲保，現由該洋行迅速代辦保險。俟定妥後，即將鐵政局互保字樣删除，以後交貨交銀悉照合同行事。此紙合同祇有兩紙，彼此簽字蓋印，各執一紙爲據。

續經議明，瑞記等代雇裝機洋匠首及副管洋匠、監造繪圖工師，本局祇給來往盤費，不給薪水。如廠屋及裝機能於定合同後十五個月之前一律告成，運動靈捷，應配各件無少欠缺，督憲再酌量加賞，以示鼓勵。俟機器裝齊出紗後，如本局留用，再行照給留用薪水。洋匠如不受本局約束，酗酒滋事，由本局告知瑞記等行，即行撤换，不給回國盤費。至監造繪圖工師，一切薪費暫由瑞記等墊付匯算。

光緒十九年十一月初一日立合同

西歷一千八百九十三年十二月　號立合同

經手委員湖北候補道劉保林

總辦湖北鐵政官局蔡

總辦湖北織布官局蔡錫勇

經手委紳前四川候補道彭汝琮

上海德商瑞記洋行

上海瑞記洋行經手吴熙麟

上海德商地亞士洋行

南通市檔案館等《大生集團檔案資料選編》紡織篇Ⅲ《湖北織布官局銷紗通州免税憑單光緒二十二年六月十一日》　奏辦湖北織布官局爲給發憑單事。照得本局機器紡織紗布，前經督部堂張具奏，在武漢本地零星銷售，照中西通例，免完税釐。由湖北逕運内地及分運通商他口轉入内地，均在江漢關完一正税，概免沿途税釐等因。光緒十九年三月初三日奉硃批户部知道欽此。欽遵咨行在案。今據商人公和麗購得棉紗一十二包計重三千六百斤運至通州地方銷售，已在江漢關完清正税，合行發給憑單，幾經過内地關卡一體呈驗放行。查本局紗布面印雙龍捧日爲記，有湖北織布官局字樣，核商人不得藉端夾帶，致干咎戾，切切。須至憑單者。

上憑單給商人公和麗收執

湖北織布官局　湖北織布官局駐滬委員戳記

光緒二十二年六月十一日給

此憑單應於運到貨後地方官衙門或釐局經銷

張謇研究中心等《張謇全集》第三卷《爲紗廠致潘華茂郭勛函清光緒二十二年》　初三得復示，有「從緩舉手，待來年，姑看滬上各廠開後如何情形，再行籌辦」等語。雖其中亦有實情，而前後不符殊亦可訝。前月念六七日，茂之在通陳説各情，弟已洞見其中之怯，然七月杪在滬時，茂之已有小辦之説，合諸前後猶相符也。鶴琴則前云非三萬錠不合辦法；又迭次來訊云非續需之十五萬有着，不能動手。如此之言，弟皆以爲是。不意既有四萬錠現成之機器，有十五萬有着之續股，而又有如許顧慮，其言前後不符，似不盡出於鶴琴之本意。如來訊所云：「待來年姑看後再行籌辦」，是明年尚無必辦之望，雖緩至後年亦不可知矣。凡事以是非定成敗，以輕重定利害。通廠之設，論理則成是而敗非，論勢則害輕而利重，彰彰然矣。弟之本意，爲通海地方塞漏卮，興商務，自以通海人能集公司爲是。今此事成本以一百萬計，合官作機價五十萬，及敬夫名下經收在滬與不在滬之數十餘萬，又續招有着之款十五萬，已得十分之七八；加以通州之地勢，近日之情形，一二十萬并不難致。況去明年十月，尚有一年之久，何所疑畏而觀望游移？現已約沈、蔣、劉、高諸君到省，與桂方伯訂立合同草稿，一面先起花行，斟酌定廠。如足下仍願同辦，盡可發電咨會沈、蔣諸君，一同來省集商定約。弟亦以此情節告知沈、蔣諸君，令其相約。仍聽足下自決行止，不便相强也。

南通市檔案館等《大生集團檔案資料選編》紡織篇Ⅲ《江寧商務局與通州大生紗廠官商合辦條約光緒二十二年十一月初二日》　江寧商務局今與通州大生紗廠官商會議合辦，議定各條開列於後：

一商務局將南洋紡織局現有紗機四萬七百餘錠，連同鍋爐引擎全副，作爲官本規銀五十萬兩。大生招集商本規銀五十萬兩，建造廠屋、購花、行本。合計成本規銀一百萬兩，按每股一百兩，作爲一萬股，官商永遠合辦。逐年獲利，按股均分；如有虧摺，亦按股攤認，利害相共，兩無異説。

一廠中用人、理財各事，全歸商董經理。另行公舉官董一員，由商務局稟請南洋大臣給委，到廠隨時稽查賬目，調護商情。如有不妥，由官撤换。若由官委派之官董不妥，由商董公稟撤换。

一逐年所得利息，除按每股提付通年官利八釐外，餘利議自開廠之第一第二第三年，凡官股應得之餘利均緩提繳，全數存廠貼補廠中添購機件。緩至第四年起至第七年止，再將前三年積存餘利勻分四年帶繳。至第四年起，官股應得餘利，仍逐年隨同官利提繳。

以上正約。

一紗機由滬轉運通州。議由商務局責成瑞記洋行包運到廠交割，由廠出費。至到廠後安設機器，需用華匠、小工及磚石、木料，由廠籌備。

一安設機器。議明由廠建造磚屋，不用鐵屋。其電氣燈、滅火機器二項，由官向瑞記索補。如瑞記不肯認補，即由廠出費添購。

一全廠機器所需備用各零件，瑞記洋行原訂合同載明，一律配足六個月。應由廠預先派人照單細查。如果有機器銹壞，或零件短少，全由官向該洋行清理，照數修補齊全。倘六個月内因機器銹壞未修、零件缺少未補，以至停工，則停工之日廠中所有各費，由官責成瑞記賠認。

一安設機器洋匠，自外洋動身日起，至安設竣事日止，一切薪費，均照官與洋行原訂合同，由洋行清付。俟機器裝齊出紗後，如本廠留用，應自留廠日起，由廠開薪水。

以上附約。

永遠共守者爲正約，一時共守者爲附約。

光緒二十二年十一月初二日

總辦江寧商務局署理江寧布政使前淮揚海道 桂

經理通海一帶商務前翰林院修撰 張

通海大生紗廠商董 劉桂馨 蔣錫坤

沈燮均 潘華茂

郭勛 高清

居間候選同知 崔鼎

張謇研究中心等《張謇全集》第三卷《致商務局委員崔鼎函清光緒二十三年》

得敬夫二十八日訊，謂潘、郭與閣下言：通滬股即各有十六萬，亦須候所少十八萬之股有人擔任，方能定廠。查潘、郭等原議商辦集股六十萬兩時，係分四起收股，爲買地、造廠、購機、購花之用。即二月間各董公同面議，亦係訂明集股念一萬即行定廠興工。所謂寬備三萬合二十四萬，尚是弟説。從無必須五十萬齊集方始定廠之説。如此反覆，是何居心，試問如此辦法，能有成功之望否？前言在耳，公論難誣。目前通股以十四萬，滬股以七萬，合二十一萬或通十六萬滬八萬合二十四萬，公提另存元源、慎源二莊，或由潘郭另擇妥實共信之莊家，爲大生廠專款。一面招工定廠，是確不可移辦法。此外非弟所知。閣下於此事，始終本末，洞若觀火，必能操縱裕如。總之，事若能成，通股之人雖受人侮弄，有所不辭；若受人侮弄而其勢終不能有可成之望，則亦不待智者而後能決矣。祈閣下與潘郭一言決之，若長此游移不定，徒然牽率多人蹀躞往來何益。

張謇研究中心等《張謇全集》第三卷《爲紗廠致桂嵩慶函清光緒二十三年》

前肅蕪函并沈董等稟件專人赴省投遞，計達台覽。昨沈董自上海來，述盛太常以新寧、南皮之托，頗惓惓於通廠。渠所有上海兩廠，悉數售與洋人，將收回本銀在内地分設四廠，通州其一也。尊電之説，與盛太常是一是二，無從懸揣，且俟面談。惟無論就盛與否，以局勢言之，總須更動。潘、郭之情勢支離，已非一端，度其意亦不樂就，且銀錢、機器出鉅款者，必另派人主之，他人亦無從羼越。尊見以爲何如？沈董等稟件，尚祈早日批示。

南通市檔案館等《大生集團檔案資料選編》紡織篇Ⅲ《通滬紗廠合辦約款光緒二十三年七月十四日》 一大生廠所領南洋官機四萬餘錠，今勻出二萬餘錠在滬設廠，由張、盛訂立合同，咨明南洋大臣，并照會商務局存案。

一通、滬兩廠紗機各二萬錠，均先造一萬錠廠屋，餘一萬錠以備展拓。

一此項官機，原約作爲五十萬官本，今由通廠認領一半，機本二十五萬，滬廠認領一半，機本二十五萬。照原議各集商本二十五萬，如有不足，隨時添招，作爲新股，一律按股分利。

一滬廠即在浦東開設，通廠即在唐家閘開設，同時并舉。滬廠股本二十五萬之外，新股活本均由盛籌集。通廠股本二十五萬之外，新股活本均由張、盛籌集。

一兩廠均由張、盛合名，通廠銀錢、機器由盛舉董會辦。進貨、出貨，由張舉董辦理。滬廠一切，均由盛舉董辦理。

一大引擎一副，不能分用，應歸湖北鐵廠，换購運動二萬餘錠之引擎兩副，分給兩廠，各不貼費。

光緒二十三年七月十四日

允議　張季直　盛杏蓀

見議　鄭蘇堪　何眉生

書議　金匊蕃

南通市檔案館等《大生集團檔案資料選編》紡織篇Ⅲ《江寧商務局與張謇盛杏蓀合辦通滬兩廠條約光緒二十三年七月十九日》　江寧商務局今與張紳、盛紳會議合辦紗機，分設通、滬兩廠，議定各條開列於後：

一商務局將南洋紡織局現有紗機四萬七百餘錠，連同鍋爐引擎全副，作爲官本規銀五十萬兩。由張紳認領機本二十五萬兩，招集商本規銀二十五萬兩，設立通廠。由盛紳認領機本二十五萬兩，招集商本規銀二十五萬兩，設立滬廠。合計每廠成本規銀五十萬兩。按每股一百兩，作爲五千股。官商永遠合辦，利害相共。如商本不足，準添新股，每廠以十五萬爲限，逐年清算，無論獲利虧摺，均各歸各廠，按股攤認。

一現由張紳、盛紳出名訂約，合領官機，各主一廠。所有舉董招股，以及年終賬目，統歸張紳、盛紳分認，隨時會咨南洋大臣及商務局立案備查，無庸仍照原約，請派官董。

一逐年所得利息，除按每股提付通年官利八釐外，如有虧摺或不足八釐，應照第一條所約，利害相共，餘利議自開廠之第一、第二、第三年，凡官股應得之餘利均緩提繳，全數存廠，貼補廠中添購機件，緩至第四年起至第七年止，再將前三年積存餘利勻分四年帶繳，至第四年起，官股應得餘利仍逐年隨同官利提繳。以上正約。

一紗機由滬轉運通州。議由商務局責成瑞記洋行包運到廠交割，由廠出費。至到廠後，安設機器需用華匠、小工及磚石木料，由廠籌備。

一安設機器。議明由廠建造磚屋，不用鐵屋，其電氣燈、滅火機器二項，由官向瑞記索補。如瑞記不肯認補，即由廠出費添購。

一全廠機器所須備用各零件，瑞記洋行原訂合同載明，一律配足六個月。應由廠預先派人照單細查。如果查有機器銹壞，或零件短少，全由官向該洋行清理，照數修補齊全。倘六個月機器銹壞未修、零件缺少未補，以至停工，則停工之日，廠中所有各費，由官責成瑞記賠認。

一安設機器洋匠自外洋動身日起，至安設竣事日止，一切薪費均照官與洋行原訂合同，由洋行清付；俟機器裝齊出紗後，如本廠留用，應自留廠日起，由廠開薪水。

一崔丞應由商務局派委赴滬點交機器，通、滬兩廠各派收管機器之員，公同到場查點均分。其中遇有大件引擎之類，或遇有單件不能分拆者，商訂如何添配、如何更換，兩廠商明辦理。分定之後，其歸滬廠者，即由滬廠所派之人自行撤運。其歸通廠者，仍照前議，由商務局調派官輪船、運平船各一艘，分批裝運。由通廠所派之人，在通州港口接收，自備駁船，轉運入廠。其一切自滬起運之費，仍由通廠自備。以上凡廠中籌出之費，皆官商合認。

以上附約。

永遠共守者爲正約，一時共守者爲附約。

光緒二十三年七月十九日

總辦江寧商務局補授徐州兵備道　桂押

經理通海一帶商務前翰林院修撰　張押

總辦鐵路大臣太常寺卿　盛押

南通市檔案館等《大生集團檔案資料選編》紡織篇Ⅲ《通海大生紗絲廠集股章程光緒二十三年》　竊維通海爲産棉最盛之區，而花身細軟尤爲中國之冠，通海鄉人素以紡織爲生計。近來各處洋紗布盛行，本紗土布銷路漸減，鄉人窮極思變，購辦洋紗參織大小布匹。時未二載，通海兩境每日可銷洋紗二十大包，似此行銷，不數年後，漏卮之甚何堪設想？今督憲遵奉諭旨，令各處興辦機廠，保中國自有之利，令華茂等即就通海集股創辦，非但規劃中國時務之要圖，抑亦裨益通海生民之至計也。至通海蠶桑之利，自請免絲繭捐十年，推廣興辦，成效已著。是以華茂等公同集議，在通州西門水口近便唐家閘地方，創建大生紗絲廠。計其事利人者有三：本地購花紡紗成本較賤，鄉人購辦織布獲利必厚，其利一也；鄉人就地購用，價既可賤又無航海跋涉之勞，其利二也；通海貧苦之民甚多，可藉此工作爲糊口之計，其利三也。其利已者亦有三：通海設廠，本地購花紡紗即在本地出售，無轉運之費，成本較輕，一也；廠基價值較減於滬上，二也；工價開支又比滬上較賤，三也。有此利人利己之事，理應力圖厥成。其資本議集銀六十萬兩，股票仿照洋廠，以一百兩爲一股，合計集股六千分，所有應請官定章程，稟由地方官轉詳督憲，已蒙批準，具奏在案。茲擬集股章程七條，具列於後：

一集股本規銀六十萬兩，分作六千股，每股一票計規銀一百兩。凡各紳商願入股者，一在上海本公所，一在通州萬昌福莊，一在海門孫廣源莊，三處認購。自州廳出示本廠登報開辦之日起，以兩月爲期，期滿截止。收股分四次：第一次簽名時付銀二十五兩；第二次本年六月底，付銀二十五兩；第三次七月底機器運到時，付銀二十五兩，每次隨給收照；第四次八月底采辦棉花時，付銀二十五兩。至第四次付銀之時，將前三次收照繳還，兑换股票，領取息摺。其官息按長年八釐，即從領票之日起息。

一股票内須載明入股人籍貫、姓名。遇有遺失，由本人具禀州憲備案，一面刊登申滬各報十日。俟領取息銀之期，另立保單，由本廠補給股票，以免轇轕。倘有股票轉售，向本廠换票簽名，以及遺失補給者，每張貼紙筆費銀三錢。

一股本無論大小，以本廠股票爲憑。如簽名之後到期無銀交出，即應注銷另招，不準虚懸。

一本廠進出各款大賬，每届年終清揭一次，另有賬畧刊送。其盈餘銀兩，除每年按付官息及一切廠用酌提存儲公積外，所有餘利作十三股分派，以十股歸股東承領，憑股票支取，其餘三股作在事紳商及各執事花紅。

一紡紗機錠禀案時本擬先辦二萬錠，續經同人會議，錠少利短，錠多費省，故增五千錠，共二萬五千錠。至廠房馬力尤須預爲多備，以便日後增至三萬五千錠。由小而大，係仿洋商辦法，如開辦之後，日有起色，再行加增。

一繅絲雖擬兼辦，現因通海蠶桑之利尚未大盛，俟紡紗開辦之後，再行續辦繅絲機盆。

一本廠所用各友，以保人保單爲憑，如有虧空銀洋，以及侵欺情事，惟保人自問。

擬定應用各項資本開明於下：

一機器、汽鍋、爐竈與錠子二萬五千枚，以及修理揩油家伙，并裝電燈、滅火機器等件，運至上海，水脚、保險并外加進口税等項，約需規銀三十二萬五千兩。

一購買廠房地基約需規銀七千兩。

一起造廠房，棧房，連裝齊機器，并添造自來水一應在内約需規銀七萬兩。

一預備添置生財、雜物并各項開支，以及轉運各物費用，約需規銀一萬五千兩。

一備存廠内進花轉運資本，計規銀十八萬三千兩。

以上五項核準資本銀六十萬兩，如有不敷轉運再由華茂等籌墊。

棉紗進款賬

按每年三百六十五天作三百天工作計，每天日夜工作以二十點鐘計，以二萬五千錠核算，每錠出十四號棉紗一磅，每日可出紗二萬五千磅，以三百天計，共出紗七百五十萬磅，每包四百磅，合計紗一萬八千七百五十包。每包除去關税約價七十兩，除九九五扣用，净計售見銀一百三十萬零五千九百三十兩，尚有摺耗之飛花、紗頭約值銀六千兩，共計進款銀一百三十一萬一千九百三十兩。

棉花買本賬

以一萬八千七百五十包紗算，每包重三擔，應用軋净花衣五萬六千二百五十擔，酌加耗摺飛花，每百擔作十擔共計五千六百二十五擔，兩共用净花六萬一千八百七十五擔。通海就地購辦無轉運之費，價值較廉，作最鉅之價，每擔銀十四兩五錢，核計買本銀八十九萬七千一百八十兩。

以花紗進出相抵，應餘毛利銀四十一萬四千七百五十兩。

工資、煤斤、官利、火食費用、薪水開支各賬

一工作：每日男女日夜工作一千名，額外參用男女孩四百名。此因創始之時，工手生疏，故須多備，日後學習純熟再行酌减，現通扯男女及小孩每名工資洋二角，以三百天計，共洋八萬四千元，以七錢五分申規銀計六萬三千兩。

一煤斤：每紗一磅，用東洋煤二磅半，照出紗七百五十萬磅，以二磅半乘，計用煤一千八百七十五萬磅，計二千二百四十磅爲一墩，合成八千三百七十墩，每墩價銀四兩，共計銀三萬三千四百八十兩。

一修理機器房屋及一切生財：照原本銀四十一萬兩，以二釐半核算，計銀一萬零二百五十兩。

一管理梳花機及紡紗機洋人并司機器等工人薪水：每年約計銀八千兩，若以後變通辦理，不用洋人，則薪水尚可減省。

一廠中各董及各友薪水每年約計銀一萬兩。

一機器每日用梭油五十斤，長年一萬五千斤，約計銀一千五百兩。

一打包費：作半數出口，每包費一兩，約計銀九千兩。

一扛運貨物小工上下水等費：每年約計銀四千兩。

一招牌紙、包紗紙及麻綫等物：每年約計銀六千兩。

一賬房應用一切賬簿、筆墨紙件、烟茶等費：每年約計銀五千兩。

一廠中伙食及各項繳用并駐申公所開支：每年約計銀一萬五千兩。

一州署辦公經費：每月貼錢三十千文，每年計銀三百兩。

一官利每年計銀四萬八千兩。

一機器照原本按年扣除七釐半，計扣除銀二萬四千兩。

一廠房棧房及一切生財：照原本按年扣除五釐，計扣除銀四千兩。

以上十五項每年共計開支銀二十四萬一千五百三十兩。除開支官利各費外，約計每年盈餘銀十七萬三千二百二十兩，其盈餘作十三股分派，除花紅三股外，歸各股東十股，約計净餘銀十三萬三千二百四十兩。除各股東已收官利外，每股百兩每年尚可得盈餘銀二十二兩之譜，此係目前約畧大數而言。惟通廠無保險，每年須酌提存儲公積以備不虞。且初年始辦，機錠未能開足，利息恐不能如所約之厚，至以後機錠開足，花年豐稔，進本便宜，更得在局各友辦理妥善，力求精當，則利益之厚可操券而得矣。伏惟公鑒。

劉桂馨　一山
樊　棻　時勛
本廠經理董事
潘華茂　鶴琴
郭　勛　茂之　謹啓
沈燮均　敬夫
陳維鏞　楚濤

南通市檔案館等《大生集團檔案資料選編》紡織篇Ⅲ《大生紗廠重訂集股章程光緒二十三年》

一議在通州西門外唐家閘地方創建大生紗絲廠，由商集銀五十萬兩，官購機器一副，計銀五十萬兩，合成股本銀一百萬兩。

一集商股本規銀五十萬兩，分作五千股，每股一票，計規銀一百兩。凡各紳商願入股者，一在上海新北門外本賬房，一在通州萬昌福錢莊，自本廠登報開辦之日起，以半年爲期，期滿截止。無論先交四成之一及全數交出，皆以銀到之日先付收條，按年八釐計息，至開廠之日，將收條换給股票息摺。

一股票内須載明入股人籍貫、姓名。遇有遺失，本人具禀州憲備案，一面刊登申滬各報十日，俟領取息銀之時，另立保單，由本廠補給股票，以免糾葛。倘有股票轉售，向本廠换票簽名，以及遺失補給者，每張貼紙筆費銀三錢。

一股本無論大小，以本廠股票爲憑。如簽名之後，到期無銀交出，即應注銷另招，不準虚懸。

一本廠進出各款大賬，每届年終清結一次，另有賬畧刊送。其贏餘銀兩，除每年按付官息及一切廠用酌提存儲公積外，所有餘利作十三股分派，以十股歸股東承領，憑股票息摺支取，其餘三股作在事紳商及各執事花紅。

一官購機器計四萬七百餘錠，創辦之始，自應慎重。兹擬先開二萬五千錠，俟日有起色，再行全開。

一花捐紗税悉照上海章程辦理。

一繅絲雖擬兼辦，現因通海蠶桑之利尚未大盛，俟紡機開辦之後，再行續辦繅絲機盆。

一本廠所用各友以保人保單爲憑，如有虧空銀洋，以及侵欺情事，惟保人是問。

南通市檔案館等《大生集團檔案資料選編》紡織篇Ⅲ《通廠分領紗機清單光緒二十三年》

大引擎飛輪地軸全(付)〔副〕(查引擎祇此一(付)〔副〕，未能兩廠分用，議明撥歸通廠，由通廠貼款與滬廠另購)。大鍋爐四祇(查鍋爐共六祇，通廠領四祇，滬廠領二祇，議由通廠貼款與滬廠添購。凡隨鍋爐所用器件，均全)。

頭號清花機三部(查此機共五部，通廠領三部，滬廠領二部，議由通廠貼款與滬廠添購)。

二號清花機五部。

三號清花機五部(以上清花機每部均隨有做棉捲機件全)。

鋼絲梳花機五十四部(每部鋼絲布及扁梳等件均全)。

成棉條機九部(每部輥軸四排，運轉動棉筒及防棉條忽斷自行停機等項器件均全)。

頭號粗紗機七部(每座錠子八十個，輥軸三排，連皮絨包輥均全)。

二號粗紗機九部(每座錠子一百二十二個，輥軸三排，連皮絨包輥均全)。

三號粗紗機十九部(每座錠子一百六十個，輥軸三排，連皮絨包輥均全)。

細紗機六十八部(每座錠子三百個，輥軸三排，連皮絨包輥均全)。

摇紗機八十部。

打包機十部。

以上除頭號清花機，其餘十項均通滬兩廠照數各分一半。

又隨機分領用件：

各種寬窄皮帶一萬六千六百九十五尺。

棉條筒三千二百三十八衹。

粗紗管五萬二千五百六十個(又管心五萬三千四百九十六個)。

細紗管十萬四千四百個。

清花機用捲花輥一百七十根。

捲棉架十座(又捲軸三根)。

清花用磅秤一具。

梳花及紡棉條粗細紗各機備換輪盤一百八十四副(又鋼絲布三副)。

粗紗機備換飛錠七十個(又踏步飛錠三副)。

細紗機備換錠子一百個(又較錠子準尺二副)。

粗細紗機備換皮包輥一千九十六根。

粗細紗機備換絨包輥七百二十根。

粗細紗機引動輪軸器件三副。

彈簧一百四十四個。

各種錠子輪一百四十四個，圈二百個。

各種輥軸架九十六副。

抽油器六具。

大小蓄油缸三衹(又油壺二百五十二個)。

升降板一副(練條三十六根)。

粗紗機螺絲起子一副。

細紗機螺絲起子三副。

以上隨機用件均通滬兩廠照數各分領一半，此外洋絨并絨布、棉紗繩、皮帶綫、砂布、砂紙、牛油、鉛粉等件，均備裝機及開機所用，隨用隨罄，概未列數登明。

捲紗器連天平一副。

以下各項因均一副，專歸通廠領用，滬廠未領。

粗細紗磅秤連法碼大小三等各一副。

裝鋼絲布器具一副(又準尺一副)。

算紗表一具(又試紗器一副)。

做皮包輥器具一副(又準尺一副)。

南通市檔案館等《大生集團檔案資料選編》紡織篇Ⅲ《兩淮鹽局向大生紗廠供款函光緒二十四年》 敬啓者，前準貴董事局函稱，儲花需款，請籌撥銀廿萬兩暫資接濟一案，當經咨請都督，令飭兩淮鹽局籌提在案。現經都督飭，據兩淮鹽局解到規元銀十六萬兩，備文咨送到府，除函復外，合行轉送貴董事局，請即查收濟用，并盼見復爲荷。此頌

台祺　　應德閎啓

一月五日

計送規元銀十六萬兩

中國歷史博物館《鄭孝胥日記》第二册《光緒二十四年一月三十日》 高立卿來談通州紗廠事，湯蟄士極出力於造廠，高能調護之。余語眉生曰：今中國事急，我輩匹夫雖懷濟世之具，勢不得展，固也，有機會於此，日本方欲聯中國以自壯，如令孝胥游於日本，歲資以數千金，恣使交結豪酋及國中文人，不過年餘，當可傾動數萬人，下能輔中原之民會，上可助朝廷之交涉。脱諸戎肆毒於華夏，則藉日人之力以鼓各省之氣。興中國，强亞洲，庶幾可爲也。昔漢高與陳平金三萬斤使謀西楚，張魏公假園中老兵數十萬金使賈海外，嗚呼，今不復有斯人耶？

張謇研究中心等《張謇全集》第三卷《爲紗廠致南洋督部劉坤一函清光緒二十四年》 月初在省，公私獲賜甚厚；旋通後，倏又兩旬。滬西機器日内已可運畢；浦東大件，五六日内亦可開運，度閏月内必可竣事。正廠全墻俱竣，日内先擬以十分之六砌蓋屋頂，架閣地板，爲擦機地步。惟工程并日而營，則付價之期益迫，又電氣燈、滅火機亦已購定，一切用款日緊月繁，其勢決不可以中緩。甚盼各路集股之來，不知徐分司及沈武兩道所許能否踐約。又揚州鹽務有無可以騰挪之處？閏月初，謇不能不指事北上，距仲夏兩月，非得六七萬金不足以資周轉，而固全局。商董所集畸零，無能肩此劇任，中夜旁皇，憂心如搗。惟有懇請明公：念爲山不止一簣之功，撞鐘但恃寸莛之力，催令徐分司、沈武兩道等勉爲措集，至少須五萬金，必於閏月匯解到廠，至遲不可逾四月十五，蓋各工價付款之期也。謇入都亦必多方勸集，期收得寸得尺之效。總之，氣王則附之者必多；勢弱則去之者益遠。人情向背，今古所同。謇今者譬之躋危涉險之人，攀虎豹而踞虬龍，稍一錯趾，瞬睛皆有齏粉之勢。天梯石棧，幸賜垂援。臨箋無任翹竦待命。

南通市檔案館等《大生集團檔案資料選編》紡織篇Ⅲ《大生紗廠委托上海瑞生洋行承辦發電機組合同光緒二十四年閏三月初五日》 立合同上海瑞生洋行，今

承通州大生機器紡紗廠訂購外洋頭等名廠所造引擎、發電機器全副，及皮帶、電綫，電燈各件具全，共計實價英金九百九十磅；又購備用磨電輥一支，及刷帚五副，計價英金一百二十磅。總共英金一千一百十磅，連裝箱上船來華水脚、保險，行用各費在內。自立合同日起，限六個月由外洋運到上海碼頭交卸，當收定銀三分之一，計英金三百七十磅，另立收條爲憑。餘候機器到滬時再付第二批找價。計自機器抵滬四十天後，即將末批找價掃數付清，磅價按照付銀之日電匯市價核算。惟貨在外洋，自出廠日起至華給價日止，照例常年七釐計息，貼還瑞生洋行。此項電燈機器，悉照上海保險行章程辦理，隨帶應用零件俱全，機器包能合用。倘日後機器裝齊不能合用，或與原議不符，任憑退换。其零件設有短少，即由瑞生洋行添配齊全，不另加價。倘爲紡紗廠自行裝錯或致損壞等情，則與瑞生行無涉。機器來華中途，如遇風波不測以及意外等事，應歸瑞生行自向保險行理直，并陳明失事實據，以便重展限期，補運來華。應須進口關税，由大生廠自納。今將引擎、機器、電燈各件詳細清單開列於後。立此合同一式二紙，彼此簽押蓋戳，各執一紙存照。

計開：

磨擦發電機器一副（足敷十六支燭光電燈八百盞之用，及備用刷帚一副，底脚螺絲稍俱全，機器係照裕源、蘇綸、業勤各廠所辦一式）。

皮帶一條（由引擎接連發電機用）。

立式單汽缸引擎一副（惟冷水櫃不連在內，汽缸徑十寸半，推路十寸，馬力六十四匹半，每分鐘三百轉，開車汽（磅）（泵）如接連在大引擎冷水櫃內，能得馬力七十四匹）。

電汽開閉總門一具。

十六支燭光電燈六百七十盞，燈罩、燈挂以及磁蓋等件俱全。

應用總綫、分綫、支綫等件，足敷六百七十盞電燈之用。

應用、啓閉、分門及碰火等件全。

共價英金九百九十磅。

另備磨電輥一支，刷帚五副，計價英金一百二十磅。

總共計英金一千一百十磅（關税在外，由上海碼頭交貨）。

以上所定機器，除木槽板、汽管及裝工等費不連在內。

光緒二十四年閏三月初五日

西歷一千八百九十八年四月二十五號

通州大生機器紡紗廠　劉一山

高立卿

上海瑞生洋行史諦法

見證　潘劍云

南通市檔案館等《大生集團檔案資料選編》紡織篇Ⅲ《大生紗廠委托地亞士洋行購買灑水機合同光緒二十四年閏三月十七日》

立合同通州大生紗廠、上海地亞士洋行，今於西歷一千八百九十八年五月七號，地亞士洋行奉飭代大生紗廠向英國購辦梅耶爾字號二萬錠子紡紗機器所用灑水機捒全套，內配灑水龍頭約一千一百六十個，隨帶水管、水缸、水抽、水門以及第四號雙力抽水機器并進水出水管全備，趕早裝輪船運滬。約限以五個月內交貨，包外國下船力費在內，定價英金一千三百磅，另按價每百磅加水脚、保險費十五磅，除進口關税由大生紗廠自行認付外，包到上海交貨，合共價費英金一千四百九十五磅。議定貨到上海即付價項，倘運到之日，驗出貨色不合用或機件不齊全，地亞士洋行情願補足，不另加費。爲此立合同一式二紙，彼此簽押存據。

光緒二十四年閏三月十七日　立

西歷一千八百九十八年五月七號

高立卿

林蘭蓀

南通市檔案館等《大生集團檔案資料選編》紡織篇Ⅲ《蔡鈞爲大生購電燈機致張謇函光緒二十四年》

季直仁兄大人閣下：

昨接貴局來條，內開閏三月在瑞生洋行購補通州大生廠電燈機全副，本月初三日鉛第船裝來兩件，初五日局佛船裝來十二件，均在公和祥碼頭，物係官辦。合同載明，由官請免進口税，查與上年購補通機免税事同一律，即給進口免税單照等因。查機器一項，按總署定章，無論官運商運，均應照值百抽五征税。歷經遵辦。承示所購電燈機，同爲紗廠之用，與通機事同一律，自當通融免税。第該件共計價值若干未荷開明，無從照填免税專單，茲已於第三百七十九號紅函致明新關税務司查明免税，以副雅矚。順請

台安

愚弟　蔡鈞頓首

季直仁兄大人閣下：

敬啓者，所有鉛第、局佛等船運來通州大生廠電燈機器全副，前承條示，與上年購補通機免稅事同一律，囑給免稅單照等因，是經函致稅司通融辦理，一面渤復台端。茲接稅司復函，以機器定章，無論官運商辦，均按值百抽五例征稅，雖係紗廠所用之物，仍應一律納稅等因。本欲援照上年購補通機免稅成案，與稅司切實商辦，以副尊囑。惟查前次免稅之紗機，係屬原購全批內缺件，由承辦商家照補，不另領價。南洋電諭內，亦有「價且不給，稅似宜免」等語，故稅司旋允照辦。此次大生廠所購電燈機器，核與前案究屬不同，現在稅司既已執定官商一律完稅章程，即再函商亦恐未能辦到。用特奉布，即希閣下查照，飭令赴關照章納稅可也。敬請

台安

愚弟　蔡鈞頓首

附抄稅務司覆函。

〔附〕《雷稅務司來函》

啓者，頃準來函，準駐滬商務局開單知照，在瑞生行購補通州大生廠電燈機全副，物係官辦，查與上年購補通機免稅事同一律，即給進口免稅單等語，查此項電機，既爲紗廠補購之件，紗機免稅在前，自可通融一律辦理等因。查前項機器，因奉總稅務司轉奉總理衙門定章，無論是官運商運，均應按值百抽五例征稅，此次雖經台端函致，係紗廠所用之物，然仍應一律納稅，以符定章。緣本稅務司并無有準免之權，倘貴道果欲請免，本稅務司則不得不申請總稅務司核示之後，方可照辦。是否，尚祈貴道察酌見復爲荷。此復。即頌

日祉

張謇研究中心等《張謇全集》第三卷《致兩湖督部張之洞函清光緒二十四年》

謇荷眄睞，乙未之歲令即通州設立紗廠以開風氣而保利權。不自度量遽承所乏。人事乖舛，時變紛紜，竭力經營，屢成而屢阻。上年荷公一言，始與盛京卿有合領官機分辦之約。約載：通廠新股活本，張盛籌集計新股十五萬，京卿當任其半，活本視正股二十五萬。京卿於立約時，亦當何鄭諸君言之，今秋知京卿一切爲難，不便强聒，姑且別圖。兩月以來，又復垂成輒敗。頃者，廠工已畢，裝機大半，花已開收，而運本止四五萬金，實有決踵見肘之勢。籌度再四，惟有仍祈我公爲京卿通意，力爲維持，暫資挹注。謇自諒人不遽争未寒之約，京卿健者，亦當念已出之言，騎虎勢成，枯魚望甚。幸分牙惠，以救然眉。

張謇研究中心等《張謇全集》第三卷《爲紗廠致盛杏蓀函清光緒二十四年》

前因廣雅新寧之屬，創設通廠，爲地方開風氣保利權；爲公家顧八十餘萬垂擲之成本，而議設通廠，議用官機，下爲商苦，上與官磨，隨事委蛇，屢瀕於殆。荷公不棄，重以廣雅新寧之言，許與下走合領官機分辦通滬兩廠。立約載明：通廠新股活本張盛籌集比計新股十五萬。分之則各籌七萬五千活本。前允照正股二十五萬之數。此雖不載於約，而何鄭諸君共聞之。下走得公之言，恃以無恐。本年九月知公鐵路事不順手，不敢遽執前約而請，亦私冀他處押款之尚有可圖；及所議垂成迄敗，續議各處，又如捕風。而廠工已竣，裝機過大半，花已開收，所恃之本，止所餘正股之四五萬，其勢萬不能支，多方調度，皆係小數，且不過倉猝應急，此時焦灼，甚於然眉。因思鐵路公司存款尚多存莊生息，公已咨部，似聞華盛亦嘗暫藉。竊不自量，引以爲説，乞撥藉十萬，以一年爲期，息認八釐，及期歸還。通廠運本非十萬可了，但得此稍舒其氣，以便別籌長策，爲以楔出楔之法。固不敢自比於華盛，亦不敢遽以公約爲可幸之地也。下走小夫，且思以硜硜之節自見於鄉里，公智計材力足以維持全局，豈忍以公家有已成復毁之功，交游有失望無援之嘆。幸賜允諾。

張謇研究中心等《張謇全集》第三卷《致盛杏蓀函清光緒二十四年》 早間，奉致之訊方交郵局，遂承來命。以不能了一廠之人，而令肩五廠，是責五尺之童而扛函牛之鼎，豈止斷臏絶脰而已。非第不敢承，直不敢聞。然以義理繩之，公何至作謾語？華盛、大純之不可支，謇固諗之。去年公嘗問，若沈敬夫者，可更得否？謇言異時物色得之，必舉爲公左右之效。謇此言亦非漫然。蓋同舟遇風之時，何能無相濡以濕之感。惟今者謇且不能自立，若公絶不一念前約而濟之，而坐視其顛蹶，尚何異日之能執策而相從也。今者通廠行本，非二十萬不可，省之又省，亦須十五萬。新寧比又代籌五萬。買萊求益，勢所不免，新寧則固以公與下走前約未寒也。謇知公事，無敢奢望；然際此矢窮援絶之時，五六萬金實不能已於呼助。公言路款止二三十萬，有專待之用，而銀行抵押，委可否於大班，謇抑不敢必公何路之從也。公方以信義號召天下，豈可失言於匹夫。方以意氣期許有成，豈忍漠然於救敗。如其許可，此五六萬金者，以一年爲期。并乞電復。

張謇研究中心等《張謇全集》第三卷《爲紗廠致南洋督部劉坤一函清光緒二十四年》 承答辱慰諭甚至。公之爲難，謇豈不知之。抑三載以來謇之所以忍侮

蒙譏，伍生平不伍之人，道生平不道之事，舌瘁而筆凋，晝慚而夜愧者，不知凡幾。公未必知，謇亦豈能具告公知也。論廠工告成至於開車，中間一切部分之人，安排之屋，備預之物，去二十五萬不遠，皆是商本。而此項廠房、住屋、物料、機器，呆本也；運動周轉，實非二十萬不可。萬不得已，而請籌撥十萬，仍以不足之十萬責商董等陸續别籌，猶官商合辦之義。公控制兼圻事權在握，猶苦其難；謇一在假京官，由來寒素，當已集十餘萬之後臣力竭矣，何以當此？今荷公曲諒，電飭王丞汪牧各撥公款三萬千，合之亦四萬六千金。公誠不遺餘力，其如兹事猶萬鈞之弩，非一夫所能發機。何蘇廠本年兩次撥藉公款十萬，人盡知之。謇爲公干當一廠，獨忍聽其不若蘇人乎？盛京卿復書抄呈台鑒。一廠猶不堪命，其何能五？直相謾耳。

張謇研究中心等《張謇全集》第三卷《致南洋督部劉坤一函清光緒二十五年》

通廠官商合辦，所以束屢疲之商本而救已擲之官本也。去年十二月，廠工已竣十分之九，機器已裝十分之八，各棧及司事匠工住房已竣十分之四，花已開收，而各處許定之股不到，各路調撥之計皆窮，不得已屢瀆鈞聽。荷蒙貴部堂電飭通海地方官撥藉公款六萬千，止據海門撥到二萬千，通州一萬千，釐捐總局撥存銀一萬兩，雖爲數不多，亦聊緩然眉之急，拜賜何可勝言。本年正月，與商董等熟商二萬錠機器，計官本二十五萬，行廠房棧、電燈、滅火機及一切修配興作預備之費，計商本二十五萬，非更得運本二十五萬或三十萬，不足以盡機器之所長，而滿行廠之所受。而此二十五萬或三十萬之運本，非仿上海、湖北、蘇州各廠抵藉洋款之例，將行廠機器抵藉，不能得此鉅款。適因美國人丹科、福開森來説，遂有抵款二十五萬之議。説明抵藉十年，年息六釐。丹、福二人去信本國後，屢經催問，尚無回訊。惲道在厦門，亦有邀某富人入股二十萬之説。此事若成，自較洋款爲長。亦屢經切托，均不知果成與否。而目前應還暫調之款，應付各股之息，應付電燈、滅火機、保險之價，非得七八萬金不能料理。即使勉强再調四五萬金，趕急開車，亦復何能持久。而上年調度之款不清，即此四五萬金亦難再調。籌劃再四，無可如何。擬權將已收八萬金之花，一面陸續運滬售賣，抵付急款，一面趕於本月下旬開車。如其一兩月内，洋款或厦事可成，是爲如天之福。或不成，他處又無可調度，届時止有據實陳請另行派人籌款接辦，抑或即遴派股富員商，或就近派汪牧於本月内未開車以前，先至通廠嚴查各工程事務是否虚假糜費，然後撥款接辦。其爲感荷，尤百尋常。蓋已救之官本二十五萬不可不終，即已集之商本二十五萬亦不可不保也。謇自慚無狀，既不能昭布信義，集累億之資，又不能速取捷效，執讒謗之口。獨立搘拄，呼助無人。四載艱辛，行付流水。倘蒙貴部堂稍垂憫念，賜撥各局雜款四五萬金，暫資周轉，以待接續。此者出於貴堂部之宏施，而非謇所敢爲再三之瀆也。蘇、錫之廠，全是商本，尚可隨時請撥公款，通廠官本居半，似可一視同仁。是二者，蓋又謇所不敢言，而又不得不一言者。祈賜鑒諒。可否？并乞惠答。無任迫切待命之至。

張謇研究中心等《張謇全集》第三卷《咨呈南洋督部劉坤一清光緒二十五年》

本年三月二十六日，在通州廠接準分巡常鎮通海道常養電開：總署銑電奉旨：近年各省多有創設機器製造槍炮彈藥，并紡紗織布。各項工廠、商務等局，由官開辦者，着督撫查明該省各局所共有幾處，即將現辦情形，詳晰電奏。欽此。該道應即欽遵查明所屬地方情形，分别電復，以憑核奏，并移行各商務局一體遵照。等因。查通州紗廠，奉札歸滬關征税，并聲明已照行貴局，乞查明該廠等現辦情形，分别詳明督憲，并祈電示。等因。到本廠。查通州紗廠，自光緒二十一年十二月，前署南洋大臣張奏派招商勸辦，始任商辦，迄無成功。光緒二十二年十一月，議用官本五十萬之機器，另配商本五十萬，改爲官商合辦，仍無成效，勢難中止。二十三年八月，乃與太常寺卿盛合領此項官機，分設通滬兩廠，又改爲紳領商辦。凡各領官本機器二十五萬，各配商本二十五萬，并於合同載明：商本二十五萬之外，新股活本由張、盛籌集。二十四年，在通督率商董造廠、運機、集資購花，綜計通州集股本十二萬餘，籌暫款五萬餘；貴部堂撥公款作股本六萬餘，籌暫款二萬餘。本年三月，廠工已畢，機器已安；二十九日，并已開試機車。此開辦通廠之情形也。數年以來，歷經查考中西各紗廠辦法，即如通廠機器二萬錠，作價二十五萬，廠棧行房一切工程物料器具費用，及電燈、滅火機二十五萬，非更得運本二十五萬，決不足以資周轉而獲利息。上年盛太常既自食其言，違背合同，分文未籌；貴部堂亦屢言萬分爲難，無可爲力。一在籍窮京官承乏其間，止憑意氣以感人，曾無權勢之可藉。平地赤立，集款至十八萬有奇，竭蹶經營，浸成弩末。非仿上海、湖北各廠抵藉洋款之例，將行廠機器抵藉，無從得此鉅款；其次，非由貴部堂仿蘇州紗絲廠撥公款例，飭撥各地方存典公款七八萬，作爲通廠存款，亦不足成苟且之謀而應急切之用。而權操諸人，事非敢望。現在止有將已收七萬餘金之花，陸續運滬售賣，抵付前調急款；一面再行設法籌調，應紗機已開之用。或者抵款議成，可望轉機而舒氣；

設或不成，則矢盡援絶之時，即花釐車停之日。屆時止有據實陳請貴部堂另行派人籌款接辦，抑或給還商本，收歸官辦，抑或徑行停止，聽商轉賣股票之處，悉出鈞裁。此通廠現在籌辦之情形也。所可念者，官本已救而仍危，商務甫興而旋輟，庸駑無狀，即五載不支薪水一錢，不能贖此罪戾耳。所有通廠由官開辦及現辦情形各節，情合稟遵電旨，撮要陳明，伏乞貴部堂據實復奏。再，聲明通廠開辦及現辦情形，情節較多，非具咨呈不能詳晰，故未電復。除移復常鎮道外，合并聲明。

上海市檔案館《舊中國的股份制·劉坤一奏張謇籌辦南通大生紗廠摺》

又兩江總督劉坤一奏：前署督臣張之洞在兩江任內叠奉諭旨，飭令招商，多設織布、紡紗等局，以收利權。當以通州海門產棉最盛之區，奏派在籍紳士翰林院修撰張謇邀集紳商，就地設廠，招股共辦。并以前任湖廣總督任內，向上海瑞記及地亞士兩洋行墊款訂購紡紗機器，全部發歸蘇州商務局，招商合辦。均各奏明在案。迨臣於光緒二十二年回任後，察知商情，觀望領辦乏人，機器仍在滬棧，應還機價，叠又屆期。磅價日昂，息款暗蝕，加之機棧保險以及華洋員匠隨機照管、守候裝配等費，閱時已多，需款更鉅。即飭前辦江寧商務局桂嵩慶籌款清釐招商，分領承辦。當查前項機器，原奏內稱合銀六十萬兩，係就其時磅價約合庫平核算，且衹統計正價及來華運保各費而言，存滬棧租尚不在內。又合同十九年在鄂所立，先由該洋行墊款代辦，其墊付銀兩每年七釐起息。又由洋廠代雇洋匠隨機到滬，派令經營守候，安放裝配，川資薪費按約照給，原奏均未聲明。又按合同，機件仍有短缺兩項，續補津貼購價亦原奏所未及預計。時閱四載，款分六期，息款亦隨本遞減，磅價則積時愈增。以上各款共規平銀八十七萬九千七百四十二兩有奇，均於上年付清。至此項紗機本擬歸蘇州商務局領用，旋因蘇紳陸潤癢承領公款，另行購置，後招商股，屢議屢更。當經桂嵩慶與盛宣懷、張謇等叠次籌商，或以官機估本太重，商款受虧必多爲辭，因變通辦法，請公正行商照時估值，將全部紗機四萬七千餘錠作價規銀五十萬兩，由盛宣懷、張謇在上海、通州各設一廠，分領紗機，作爲官本二十五萬兩，另招商本各二十五萬兩，訂明官商合辦，照章計息。其通州一廠即由張謇招股，於通州西門外沿江地方建廠安爐，經始於二十三年，至本年春季落成，開機軋花。十二月，全機二萬三百餘錠均已開齊。出紗既佳，行銷亦旺，中外争購，謂比蘇滬廠紗爲優，此通州紗廠官商合辦漸著成效之情形也。臣惟通海一帶，土產棉花柔韌精良，冠於環球，地利既宜，人工亦便，從此擴充廠務，可期自立。第仍須官爲保持，庶通海之土產可保，閭閻之生機日長，國計民生兩有裨益。

中國科學院歷史研究所《劉坤一選集》電奏卷一《復總署光緒二十五年五月十七日》

上年奉旨，飭在上海、漢口興辦商局、商會，經坤一裁撤寧、滬兩局，改設商務總局於上海，遵派員紳經辦，與漢口聯絡一氣，以寧、滬局費歸併開支，奏奉批諭，督令認真經理，分舉各業總董，會同聯貫，期以逐漸振興。惟商疲力困，洋商益肆擠排，現在蘇州、通州各廠，與盛宣懷督辦之華盛、大純、華新、裕源、裕晉五商廠勢甚危殆，其餘商辦絲紗等廠，或虧摺貲本閉歇，或售抵洋商改牌，察看情形，商務驟難起色，合併陳明。請代奏。坤一、德壽。

南通市檔案館等《大生集團檔案資料選編》紡織篇Ⅲ《咨呈南洋大臣劉光緒二十五年六月十二日》

咨呈事，本年四月通廠裝機已畢，開車出紗，因官機損壞太多，據洋匠機匠照新購合用之機按車計件，按件計價，開單核算，凡添配改換之物，非七八萬金不可。見在廠本不允，勢難一時遽備，而陸續向上海添購，每一單寄出及收到物件，動須十日半月以外，其故原於雇用民船必須裝載三日，候風潮順利方能開行，間有候至二三日或五六日者，加以請照候查，動經七八日之久，展轉遲延，實與廠務大有關礙。見擬飭令該商董、租用小輪船一祇，船名即用「大生」二字，停泊天生港口，往來上海、通州，專爲載運廠料之用。惟租價太貴，擬照開平礦局煤船搭客，并崇明、海門開行小輪船例，運料之時聽該船順道滸浦附搭來往客商，俾藉水脚貼補租價不足之數，仍於開行及到港之時聽候通港釐局查驗，不準夾帶他項私貨，并不準在蘆涇港逗留搭客，以免與招商、太古、怡和三公司糾葛，相應呈請貴大臣飭知蘇松太道，俟該廠租定小輪船，先期移道，請給「大生」小輪船專照，以便有所稽考。此外一切事宜，全照崇明、海門小輪船辦理，事爲便廠利運起見，伏乞貴大臣鑒核賜復施行。須至咨呈者。

南通市檔案館等《大生集團檔案資料選編》紡織篇Ⅲ《南洋大臣劉照會光緒二十五年六月十九日》

照復事，光緒二十五年六月十五日準貴殿撰咨通廠官機損壞甚多，添配改換雇用民船陸續載運，展轉遲延與廠務有礙，擬飭租用輪船往來上海、通州裝運料物，附搭客商，俾藉水脚貼補租價，咨請核後等因，到本大臣準此。查此項紗機係張署大臣在鄂省由瑞記等行代購，曾經立有合同，三四條內載明，機非新式，不能快利，任憑退還，加賠議罰，及短少損壞，均由瑞記等行認賠等語。通廠安裝機器甫經開車，即多損壞，自應查照合同責令瑞記等洋行賠修，至刻下通廠購用料物請租用輪船裝運，并附搭客商，藉補租價。廠係官商合辦，事關便商利運，應照準行，除札飭江海關道遵照外，相應照復。爲此照會貴殿撰煩爲查照核辦施行。須至照會者。

南通市檔案館等《大生集團檔案資料選編》紡織篇Ⅲ《劉坤一准大生經江海關運煤油事致張謇照會光緒二十五年九月十三日》 欽差大臣辦理通商事務兼總理各國事務大臣、頭品頂戴兵部尚書、兩江總督部堂碩勇巴圖魯劉爲照復事。光緒二十五年九月初七日準貴院咨大生紗廠在上海購運煤、油等料，請飭江海關發給護照，交司事代填匯報一案，江海關因核有未符，礙難照辦，咨請飭知新任江海關，先編一百張發交司事領用，以利廠運等因，到本大臣準此。查此案前接來文，業經分別照行在案，兹準前因自應札飭該道，凡遇廠運料物請發護照，即飭承編號移交，按期匯報，仍隨時認真查驗，以昭鄭重。除飭遵外，相應照復，爲此照會貴院煩爲查照施行，須至照會者。

張謇研究中心等《張謇全集》第三卷《咨呈南洋督部劉坤一清光緒二十五年》

本年四月，通州紗廠開車之前，據商董沈燮均等開摺，稟請會同商務局轉請貴部堂派員至廠，按摺查驗損缺官機，同時并請飭崔丞將瑞記洋行在湖北原訂合同洋單發廠查核。五月，蒙派林道志道到廠查驗，眼同將應行添配機件，憑洋匠、機匠核實，估開清摺呈報。八月，崔丞亦到滬，面同原來洋匠湯姆斯，查問官機損缺過甚緣由，當憑翻譯述録問答一紙。據問答之語，似此項分領之機，因銹損而缺，非原單所缺。廠既開辦，止有飭商照林道查驗估開之數，籌款墊辦。又原來粗紗機太少，開車後，投所出粗紗之數推之，不足敷二萬錠細紗之用，證之上海各廠，其説僉同。因向盛京卿華盛廠藉用粗紗棉條綱絲車共二十二部，仍由原洋匠裝配，以足成二萬錠實用。其二十二部上續添缺件及備用各件，一并由商墊辦。理合呈明。所有崔丞洋匠問答并考核應添粗紗棉條綱絲車分數，及二十二部續添備用件價并據商董等開報清摺，咨呈貴部堂鑒核備案。

張謇研究中心等《張謇全集》第三卷《爲紗廠再致南洋劉督部函清光緒二十五年》 前頁箋時，正通廠岌岌可危，華元食盡，不容爲諱。及到廠仍勖勵各在事人，照常經理，酌度情勢，稍貶紗價，乃旬日之間，定紗購紗者銜接而至，氣遂稍寬。當滬上各廠積紗如山之時，而通廠之銷獨旺，不至中蹶，此非人謀之所能爲也。兼以各路籌調，漸能響應，本地股份，亦漸發露機牙，雖花價增貴，而紗價亦增，數尚足以相劑。八九月險灘既過，自十月至明年四月，庶可平流而進，是皆仰賴公庥，默邀天幸。餘悸雖在，然再衰不竭，屢危獲安，差可慰公殷盼矣。曾參之讒非一，中山之謗已盈。且自問無下流自私自利之心，即不敢有衆人畏首畏尾之氣。惟有速添機件，補足損缺，加招熟工，漸開全機，强勉自立，以謝疑且之繁，完固初基，以待後賢之贊而已。願一踐府庭，以申經年之悃窾，祈分餘暇，許接清光。

南通市檔案館等《大生集團檔案資料選編》紡織篇Ⅲ《大生紗廠試生產成本核算清單光緒二十五年七至九月》 謹將七月初二日開夜工起，至月杪日止，每日派出十二、十四支細紗二十三箱，每箱應需官本、股息、花價、工料各費開呈鈞鑒：

每紗一箱，花重三百四十斤（每擔價銀十二五錢），計銀四十二兩五錢。

每紗一箱，官利（止開得□□□錠），計銀一兩二錢三分。

每紗一箱，股息（作三十八萬成本），計銀四兩二錢五分。

每紗一箱，工費，計銀七兩正。

每紗一箱，總紗、打包費，計銀九錢正。

每紗一箱，煤斤，計銀三兩正。

每紗一箱，用油、各料，計銀二兩二錢。

每紗一箱，捐費，計銀一兩正。

每紗一箱，各友薪水，計銀一兩正。

每紗一箱，福食，計銀四錢正。

每紗一箱，雜支，計銀三錢二分。

以上每箱紗合計工本銀六十三兩八錢。每箱售銀六十六兩八錢，除去工本銀，每箱應餘二兩九錢五分（加五分）。

謹將八月朔日起至十八日止，計十五日，每日派出十二、十四支細紗二十八箱，每箱應需官本、股息、花價、工料各費開呈鈞鑒：

每紗一箱，花重三百四十斤（每擔十二兩五錢），計銀四十二兩五錢。

每紗一箱，官利（止開得□□二百錠），計銀一兩二錢五分。

每紗一箱，股息（作三十六萬三千八百兩），計銀三兩三錢三分。

每紗一箱，工費，計銀六兩正。

每紗總紗、打包費，計銀七錢四分。

每紗一箱，煤斤，計銀二兩四錢六分。

每紗一箱，用油各料，計銀一兩九錢。

每紗一箱，捐費，計銀一兩正。

每紗一箱，各友薪水，計銀八錢二分。

每紗一箱，福食，計銀三錢三分。

每紗一箱，雜支，計銀三錢二分。

以上每箱紗合計工本銀六十兩六錢五分。每箱價售六十七兩五錢，除去工本銀，應餘六兩八錢五分。

謹將八月十九日起，至月杪止，計十一日，每日派出十二、十四支細紗三十箱，應需官本、股息、花價、工料、各費開呈鈞鑒：

每紗一箱，用净花三百四十斤（每擔十三兩五錢），計銀四十五兩九錢。

每紗一箱，官利（止開一萬二千錠），計銀一兩五錢二分。

每紗一箱，股息成本（作三十六萬兩），計銀三兩七分。

每紗一箱，工費，計銀五兩五錢五分。

每紗一箱，總紗、打包費，計銀七錢二分。

每紗一箱，煤斤，計銀二兩九錢二分。

每紗一箱，用油各料，計銀一兩八錢。

每紗一箱，捐費，計銀一兩正。

每紗一箱，各友薪水，計銀七錢六分。

每紗一箱，福食，計銀三錢三分。

每紗一箱，雜支，計銀三錢二分。

以上每箱紗合計工本銀六十二兩八錢九分。每箱售價六十七兩五錢，除去工本，應餘銀四兩六錢一分。

壞去皮絨（棍）（輥），目下雇匠趕做，生手女工習學者，又能精進。九月朔起至月杪止，每日約可開車四十八部，日夜工計出紗一萬四千四百磅，每日派出三十六箱，以三十六日計，有九百三十六箱，每箱應需官本、股息、花價、工料各費開呈鈞鑒：

每紗一箱，用净花三百四十斤（每擔十三兩五錢），計銀四十五兩九錢。

每紗一箱，官利（開一萬四千四百錠），計銀一兩一錢。

每紗一箱，股息（作四十萬成本），計銀二兩五錢。

每紗一箱，工費，計銀三兩九錢。

每紗一箱，摇紗、打包費，計銀五錢正。

每紗一箱，煤斤，計銀一兩三錢八分。

每紗一箱，用油各料，計銀一兩八錢。

每紗一箱，捐費，計銀一兩正。

每紗一箱，各友薪水、福食，計銀七錢六分。

每紗一箱，雜支，計銀二錢正。

以上每箱紗合計工本銀五十九兩四分。此月紗未紡出，已被賣客定去五百六十箱，其價六十七兩五錢，以五十九兩四分工本，合計售出一箱，可餘銀八兩四錢六分。照此花市紗價做到年節，以七十五日計，每日派出三十六箱，計二千七百箱，可餘銀二萬二千八百四十二兩。以上所約照已售定之價作數，以後或漲或跌，不能指定也。

工料總賬房呈報

南通市檔案館等《大生集團檔案資料選編》紡織篇Ⅲ《通州釐捐總局爲運紗完税事致大生紗廠照會光緒二十五年十月初四日》 欽加鹽運使銜辦理通州花布等捐總局補用道江蘇即補府正堂徐爲照會事，奉金陵釐捐總局憲札，奉通商大臣劉札，開光緒二十五年九月初七日準經理通海一帶商務翰林院修撰張咨，承準照會，開通蘇廠運紗應完之税，應歸鎮江關刊印專單，預發該處釐局代爲收税填給。四月間復承準照會。前因通海係常鎮道所轄，是以飭歸該關經辦，花圖山以下歸海，既有定制，通廠之紗自應仍歸江海關税征税，由金陵釐局代收，并承準照會，開據金陵釐局，詳情援照蘇滬各廠成案，出口之貨完税，不出口者完釐事屬商便，應準照辦以歸劃一各在案。查洋人所謂出口者，大率指查山爲口，其運入長者，無論何處統目之爲内地，與中國平常以出吴淞爲出口者不同。通廠在吴淞以内，即出港上溯安徽、江西、湖北、四川各省，及由内河至清江、陸運山東省屬地方，皆是内地，通商之運往各該處省者，皆可完釐。惟由海船運往山東省確係出口，應在完税之列，見在各該省中如四川、江西均有來廠定紗者，因陸續配補損壞機件，須在十一、十二月方能開足二萬錠之數，方能裝運。而税事不爲預定，則臨時枝節必多，亦妨銷路。查照迭次照會，未蒙明定經由何處爲出口。又金陵釐捐局所刊發四聯單，正可行於江蘇全省之内，其能否通行各該省，復未承準行知。如該省關卡一體遵照之，明文爲此，咨呈貴部堂將來通廠之紗運行出省者，應否照出口完税？抑照不出口完釐？如可完釐，應請即日咨會安徽、江西、湖北、湖南、四川、山東各省，并請查照。

前督部堂張奏，設通廠原案，止在洋關報完正税一道，其餘釐税概行寬免。并查照湖廣奏案，分運通商他口轉入内地，完正税，概免沿途税釐，刊發專案護照之例，刊照發交通州釐局查驗，填給俾商人運販通紗者，持以爲據，經過各該省關卡，不致留難重征。如仍完税行用江海新關税單，亦請即日賜飭江海關道迅刊，此項專案税單早日札發，通州釐局代爲收税填給，以符貴部堂批定之案，伏候鑒核，示復遵照等因到此。本大臣準此查核恣呈各節，應由金陵釐局江海關道會同商妥，議復候核奪，除札江海關道遵照外，合行札局即便遵照咨欽各節查明滬鄂局廠例章，逐層會商妥議，詳細稟復，核辦毋稍遲延，切切。等因到局。奉此，查此案前經議詳，仿照蘇滬各廠税釐并行成案辦理，該廠出貨時查明運銷何處，如出口者，自應聽其完税，如不出口者，即照章完釐，經過本省各關卡呈驗聯單，概不重征在案。莅奉飭照咨叙各節，查明滬鄂局廠例章，會商洋辦檢查檔案，未準滬鄂局廠移過例章，無從核辦，移請江海關道逐細查明會商詳辦外，合行札飭，札到核局即便遵照，就近會商，該廠應如何辦理，詳悉具復。等因到局。奉此，合行照會貴廠，請煩查照指飭。各節詳細酌核，應如何辦理之處，并希見復，以便轉詳。望切望切，須至照會者。

張謇研究中心等《張謇全集》第三卷《致汪康年函清光緒二十五年》 穰卿同年、卓如仁兄足下：

別久甚相憶。讀《時務報》，快如面談，積懷爲之一散。官民之情不通，天下事無可爲者。通州紗廠益竭蹶而厘成，使泰西人爲之，事逸而功多矣。聞日本廠屋制儉價省，友人沈敬夫訓導、高立卿上舍、劉一山理問往滬探考，不知貴館古城貞吉君能言其大略否？或别有能知其制者，能展轉介紹，俾浼談論否？足下係懷大局，度不以爲瑣瑣也。波路修阻，欲言不盡，伏承爲道自玉。

弟禫張謇頓首

十月二十日

張謇研究中心等《張謇全集》第三卷《咨呈南洋督部劉坤一清光緒二十五年》 本年九月十六日 承準貴部堂函開：通廠開辦緣起及現情況頗多周摺，希詳晰開列節署，俾克據以核奏。十月間，呈承辦通州紗廠節署清摺，旋復呈準貴部堂函開：俟咨報全機開齊，即當酌核具奏。各等因。查通廠前因官機久閣損壞，隨裝隨修隨補，故裝機歷九月之久。而四月十四日開車後，所缺飛錠、筒管及各零件太多；又因廠本不敷周轉，延至七八月間，向地亞士、怡和及日本洋行分别定購。現據各洋行定貨已在途，不日可到，定於十二月十五日開足全機。理合咨呈貴部堂聲明：原買此項官機，藉息、磅價、運脚、地租、棧租、保險、洋匠薪水、伙食，搬運湖北、江寧、上海各等項受虧之處，及通廠領用創辦艱苦情形，據實入奏。再前呈節署，通廠自光緒二十一年九月至二十五年四月，伙食津貼、川資、訊力雜費及洋匠酬勞、伙食等項，共用二萬餘兩。今詳細通盤核算，分類剔清，開辦經費實止用規元銀一萬四千四百九十四兩五錢三分九釐，合并聲明須至咨呈者。

南通市檔案館等《大生集團檔案資料選編》紡織篇Ⅲ《大生紗廠章程光緒二十五年》

銀錢總賬房章程

一此總賬房爲辦事人與官商各股東交接樞鍵之界，有總核全廠銀錢、工料、賬目之責。凡各項銀錢、工料進出之賬，每日六點鐘後，所有各處賬單，均應送總賬房備核，一禮拜總結一次，不符者，隨時查考明白。

一花行爲全廠進貨最重要之處。每逢收花之時，應將每日所收子花、净花各斤數，合價銀洋各數填單，送總賬房備核。

一紗莊售出之紗，每日應將收進、售出之總數各若干、收價洋若干，照填報單，送總賬房，收數注賬。

一滬賬房逐日所來信件，凡與廠事有關者，各處閱後，均應送交總賬房存查。

一滬賬房逐日寄到洋釐報單，進出貨處閱後録簿，原單送存總賬房備核。

一無論何項籌調匯劃及售紗之銀洋，均歸總賬房收存。行廠雜務需用，隨時開單，由總賬房照支，按日核查，按禮拜一結總。

一匯劃進出款項之訊，均由董事告知總賬房核寫，董事閲過封發。

一實用實開，不得融消。督察各賬房，如有書算誤處，可更正，不可假飾。

一按月開具簡明出入賬略，交總辦事處。

進出貨處章程

一子花衣分，净花干濕，司秤隨秤隨報，由外賬房記明。

一查考衣分潮摺，内賬、總賬之責，管棧人協理其事。應逐日將所進蕒花及門莊花，分别子凈，隨時注明；考見子花衣分若干，凈花衣摺若干。單報銀錢總賬房，俟軋花、清花兩廠於用至某次花時，比較原注若干數，單報總賬房參互考究，年終憑核功過，不得瞻徇。

一收花用實秤實價。滿洋者發洋，滿小角者發小角，不滿小角者，按數發錢。奇零餘串，逐日收「餘串賬」。

一每日收花若干包，合價若干成包。至晚，外賬交賬時，内賬會同總賬，考察市面向漲向落，酌定次日行情。

一子花、凈花過磅入棧，春秋不得過六點鐘，夏不得過七點鐘，冬不得過五點鐘。發花同。

一子花、凈花入棧，兩管棧執事，各於袋上逐袋記「某月日」、「某行户」字樣。行户牌號二三字者，止記一字；門莊某月日記一門字。其總數登記棧册。

一子凈花棧按間挨次編號。貨極好者爲上等，次好者爲中等，分等進棧。各須第一號堆滿，方堆第二號。棧門懸小粉牌，入棧時，記明某日收某行某砠子凈花，蕒若干包，零若干包，門莊若干包。發花亦挨次，俟第一號發完方準發第二號。

一棧門除堆花、發花外，不準輕開。堆花、發花時，不論何人，不準吸烟及帶洋火。

一由行交花入棧，由棧交花入廠。由廠交紗入棧，由棧交紗入批發所，及總賬支繳銀錢於銀錢總賬房，均立有回單簿，逐處復核明白，是否與交數相符。不符者，立時駁回，令原處經手人眼同再復。確係不符者，原交人之過；再復并無不符，有意挑剔者，收處人之過；如確係不符，而互相容隱者，察出，責成收驗不實處及原交人均賠。數鉅者，賠訖辭退。

一蕒收之花，若查出與原樣不符者，暫不入棧。總賬、内外賬及司秤、管棧人面同賣户，或賣户邀花業識花人，公同照市面論明摺算；司秤人若通同舞弊者，辭退。

一子凈花袋，由總賬房知會軋花、清花廠於收花時，督察工人止準剪縫綫，抽出麻繩，以便出花，將袋收回再用。如用刀横割，致袋不成用者，隨時知會軋花、清花執事查罰。

一賬櫃不許宕賬、私相藉兑。違者，洋十元、錢十千以内賠還；十元十千以外賠還、辭退。

一中班及學徒歸内、外賬及司秤人管教。不受管教，輕則訓誡，重則責手板。犯責至第二次復犯者，立即辭退。

一司務、小工歸司秤及外賬管束。設有弊混及犯烟賭，不守規矩事，察出立辭。若經總賬、内賬察出，分别公私，將司秤及外賬人記過。察出容隱者，總賬、内賬亦記過。

一凡辭退之人，一經辭退，即將本人物件遷出行外，不準容留行内過宿。

一自總賬至學徒、司務，薪俸按月支付，不得透支宕藉。若家貧而有父母大故者，準藉支三個月；有别項喪葬及婚嫁者，準藉支兩個月；年終而來年蟬聯者，準藉支一個月；辭退之人，過本月初五，準支本月。

一上班執事，每月月費四百，中班三百，學徒以下二百。烟、茶及一切零用各人自備，不得開支。

一有事請假過十日者，須請人代，此所代之人，設有錯失，惟本人是問。

一學徒間日輪班，至翻譯學堂學英文、英語兩點鐘。中班願學者，聽與翻譯自商，酌送束脩。日間無暇，或晚飯後學習兩點鐘。

一學徒照料賓客烟茶。司務兼照料厨房零事及各處打掃。

一司務中每夜輪派一人看更，照察火燭。

一外來賣花客宿行内，人多及吸烟之客留宿行外客房，車夫人等，宿行外散房。

一不準吸鴉片烟。雖有貴客，不準賭錢，不準挾妓。

一行門十點一刻關鎖。

一睡以十一點爲節，臨睡熄燈。以六點鐘起。

一設遇火警，司務人等有能奮勇撲救保全大局者，記上等功，立給重賞；他處執事，慎守嚴防，不得擾亂。事後查明失事緣由，將失事處分别罰斥。

子花棧章程

一蕒花由行買定過秤，紅土逐包畫碼後，管棧執事按碼過秤，衣分子核干濕，由司秤分别上次，按號進棧。每晚將收簿與行内賬交花總簿核對。相符者，蓋子花回單戳記。門莊同。

一交花至軋花廠，須憑來單所付第幾號花若干包，照數發去，與軋花廠執事當面過磅登簿。

一每禮拜須將所付花數若干結總，與軋花廠核對。不符者，即查明不符之故。

一用過花包，歸軋花廠執事按日交棧，再由棧交行，記明收付簿。

一花行交來花包，用秤進棧；軋花廠付時，用磅出棧。其中揀出黄頭脚花。盈虧多寡，須立盈虧簿，每禮拜結總，送行内賬存根，以便查考本行及各行進花之優劣。

一軋花廠軋下花子，交到時，過磅登簿入棧。

一凡遇雨雪，督行花司數人入棧，察看有無漏濕。

一非行司不得入棧；棧門除收發花外，不準輕開。

一查禁棧内吸烟及帶洋火。

一花棧内各處太平水缸，每逢禮拜須察看一周，若水涸者，飭工人挑水貯滿。

净花棧章程

一蕓花由行買定過秤、紅土逐包畫碼後，管棧執事按碼過秤，花色干濕由司秤核定，分別上次，按號進棧。每晚將收簿與行内賬交花總簿核對，相符者蓋净花回單戳記。門莊同。

一交花至清花廠，須憑來單所付第幾號花若干包，照數發去，與清花廠執事當面過磅登簿。

一每禮拜須將所付花數若干揭總，與清花廠核對。不符，立即查明。

一用過花袋，歸清花廠執事按日交棧，再由棧交行，記明收付簿。

一花行交來花包，用秤進棧。清花廠付時，用磅出棧。其中盈虧多寡，須立盈虧簿，每禮拜揭總，送行内賬存根，以便查考本行及各行花色之優劣。

一粗紗廠、細紗廠、清花廠之飛花、油花、紗頭，各廠交到時，過磅登簿入棧。

一凡遇雨雪，督行司數人入棧，察看有無漏濕。

一非行司不得入棧。棧門除收花、發花外，不準輕開。

一查禁棧内吸烟及帶洋火。

一花棧内各處太平水缸，每逢禮拜須察看一周。若水涸者，令小工挑滿。

批發所章程

一蕓紗以五箱起碼。

一批價漲落，逐日牌示。

一批價準洋盤核兑。

一批紗銀全發貨，申票按期扣息。

一定紗按銀到先後日時，爲發貨次第。

一角洋貼色，逐日牌示。

一蕓紗出棧單報本境釐局驗數，加蓋棕印後下埠。

零銷所章程

一零紗以一小包起碼。

一不足四十小包者，方準零銷。

一紗價漲落，逐日牌示。

一售價準洋盤核兑。

一零銷概歸現兑。

一角洋貼色，逐日牌示。

一紗包出門，概不退换。

工料總賬房章程

一與銀錢所往來，應歸銀算，至月底匯總，分别開明支何項若干、現存若干，交銀錢所復核。

一滬賬房物料，或現買或暫賒，總以收到物料爲主，按月與滬賬房查對一次。應需料價，或每月底，或三節歸。應先幾日函至工料總賬房，以便核數，向銀錢所支銀匯劃。應付料價，以銀爲主，以昭劃一。

一物料所預儲物件，皆廠中要需。苟非廠用，不得由經手人通融挪藉。

一機賬房設遇機器損壞補購，會同物料所查明後，應補何物，由物料所單報工料總賬房核明，備函寄滬添購。俟滬辦到，先由物料所照原來號訊過磅點數。相符者，加復核訖戳記，送總賬房；不符者，亦於單上注明，由總賬房函至滬賬房查問。

一廠内機匠工資，例以按月一發，無得預支。若發小角，應照通市貼水。惟伙食每人每日一角，亦照工資定例，一月一付，概發小角，不給大洋。届發日，應由機賬房開單，載明某人工資若干，預先一日開單，關會工料總賬房核明，到時照數着人送去。立一送洋簿，注明計洋若干，以便機賬房接到此洋，將簿點見，照簿無訛，蓋一回單戳於簿上；若數目算錯，洋數不符，將洋與簿交原人帶轉，另條聲明，俟查明改正，方可蓋戳；若疏忽蓋戳，雖有訛錯，疏忽人認賠。

一工賬房考察男女工勤惰優劣，别工價之頂次。男女工資，例以二禮拜一發，概給小洋，例不貼水。先一日核計工資若干，將發工賬挨號填明，交工料總賬房核明，應發若干，照數注入送洋簿，送工賬房。工賬房立時檢點，數目無訛者，蓋一回戳；有訛者，照上條辦法。

一各廠執事，下晚停工後，先會集辦事房，面同將賬核明，然後各散。

工賬房章程

一在廠小工、童工、女工，皆分別記簿，原保單歸總工賬房收存。有續入者，至工賬房報名補記。斥出者，除名。

一軋花廠每日開軋車若干部，應用小工、童工若干名，由軋花廠執事開單，送工賬房照雇，點名發籌，憑籌到工。

一清花廠每日開清花車，頭號若干部，二號、三號若干部，應用小工、童工若干名，清花廠執事開單，送工賬房照雇，點名發籌，憑籌到工。

一粗紗廠每日開鋼絲車若干部，棉條車若干部，頭號、二號、三號粗紗車若干部，應用小工、童工、女工若干名，由粗紗廠執事開單，送工賬房照雇，點名發籌，憑籌到工。

一細紗廠每日開細紗車若干部，應用小工、童工、（女工）若干名，由細紗廠執事開單，送工賬房照雇，點名發籌，憑籌到工。

一搖紗廠每日開搖紗車若干部，應用小工、童工、女工若干名，由搖紗廠執事開單，送工賬房照雇，點名發籌，憑籌到工。

一管工執事以五點半鐘在發籌處收單點名、發籌、登記簿摺。各工入廠後，即飭巡勇關鎖橋門。各工人在回聲汽筒放過後來者不用。七點鐘，管工執事持摺至各廠執事處查對人數。不時查察各工托故出廠偷懶及藏竊物件各弊。偷懶者，將籌收回。如在二點鐘後，給半工；如在十一點鐘以前，不給。竊物者，收籌除名，永遠不用。

一十二點鐘放飯工時，各工人至發籌處，將工籌挂於號板，管工執事隨時查看，不得紊亂。上工時，仍執原籌；來遲者，以半工計算。

一工資逐日核揭，除存工外，兩禮拜一發，至總工賬房領出，按照發給。

一管工執事，晚間將本日開車若干部，用小工、童工、女工若干名，工價幾何，集辦事處結清，交總賬房匯核。

一工錢實發，不摺不扣。

一工賬房每班二人，每日入廠查對工摺，核數蓋戳，各處雜工、水夫領籌上工，逐細點驗，發給工資。每日分類開單，至工料總賬房付洋，會同各廠司事發給，不得徇情誤事。

（第七條以下新章同）

工賬房新章

一清花、軋花、粗紗、細紗、搖紗、成包各廠，日夜班應用小工、童工，由工賬房先按大數招集。各廠號牌牌照，各廠水桶，分色寫明，令分投各廠，廠執事由各廠門口核明應用若干名，點數發籌。各工領籌入廠。開車後，工賬房執事人入廠稽查名數，與各本廠執事對核，即蓋工摺戳印，回繳司賬執事核算，分別注册，匯總呈報。

一棉條、粗紗、搖紗、細紗、揀花各廠，日夜班應用女工、童工，由工賬房先按大數，無分生熟手招令分投各廠，不用號牌，憑各廠執事由各廠門口核明應用若干名，點數發籌。各工領籌入廠。開車後，工賬房執事二人，入廠稽查名數，與各本廠執事對核，即蓋工摺戳印，回繳司賬執事核算，分別注册，匯總呈報。

一工賬房司賬一人，專記各廠日夜班女工、（小工）、童工名數，價數，以兩禮拜總結，各應付工資若干。分廠核記流水，於應發工資日早晨，至工料總賬房核對流水報單數目，領款至廠，集各廠執事檢對工人手摺，按數分班分發。設有工人未到班者，準其隨後帶摺到工賬房補付，發清匯總呈報。

一各廠女工、小工、童工，一例結存坐工兩禮拜外，工資按期一概照算發清。

一凡在廠小工、女工、童工，如犯廠規及蠢惰無用者，應斥應罰，由各廠當班執事開報工賬房記注備核。

一各工除存工外，未到發工資日，乏用需藉者，準其酌藉，專立一册登記，惟藉數不得過應領工資之數。

物料所章程

一執事專管收發物料。收時查清各類斤件，分別粗細，謹慎藏置檢曬。粗重者，置樓下；細貴者，置樓上。發時先查應用多少，名色斤重。

一分類置簿，謹記出入，每日下午六點鐘集辦事房結清，交總賬房匯核。

一各廠用物憑各管廠執事單取，發物時照填付單，計明所取名類斤件，取物人眼同過磅點數，每日下午六點鐘集辦事房，與各廠執事核對一次。

一各廠、各間物料應添應備，各執事開單報明。物料所執事會同機賬房查考明白，由物料所單報總工料賬房，按號訊知上海賬房購買。

一上海購來物料，先由物料所執事照原來號訊所開過磅點數，核明登簿。相符者，於單上加復核訖戳記，送總賬房；不符者，即於收單上注明某件不符若干。

一各廠應换物件换新後，舊件由物料所檢明收回，須令新舊相當。

一如有營造工程應用釘油、灰石、磚瓦，憑監工執事單取，亦照填付單（此事試辦後，應撥歸雜務賬房）。

一除進重大物料，開西北外面大門三處，尋常取物，止開執事樓後門。

一晴日樓窗酌開，陰雨風霾日全閉。

一與物料所相關四面門六處，鎖鑰全歸物料所執事人經管，他人不得參越啓閉。

一煤爲物料之一。煤到廠埠，隨時起載、過磅、分堆。磅數不符，回單注明。每用畢一堆，再用第二堆。

一用煤記明産地何處，每用若干噸，渣滓若干噸。過磅聚堆一處，逐日核記，隨時驗看火表，考究火力。

一運煤駁力，由物料執事核明開單，交總賬房領給。

一專派長工一名，專管篩煤、揀煤；事多，隨時加小工一名，工錢按禮拜開單，送總賬房領給。

一凡運到各路之煤，分堆用木簽寫明來歷，以備集考。

機賬房章程

一機匠正副人等姓名、籍貫，機賬房一一登記，以便考察功過；其原薦保單，存工料總賬房。

一機賬房管查考引擎、汽爐及修理機器間各機件靈鈍完缺。

一隨時考查機匠勤惰粗精（出力者勤，否則惰；用心者精，否則粗）。秉公登記，爲年終獎給花紅之高下。

一各機匠工食，按月二十八日，機賬房開單，送工料總賬房領取核發。

一機匠雖各有專責，倘該一廠機器出病，本管機匠智力有所不及，別廠機匠能爲補救者，機賬房將該機匠記功，聲明優獎。

一各廠機器，如有須修理及預備之件，由機匠告知機賬房，會同本管執事查驗明白，再由機賬房開單，送物料所備料。

一機匠如有須换用器具如銼刀之類，將舊器呈交機賬房驗换，不得任意改用。即有改用，亦必報明機賬房察驗允準。

一查諭機匠不得代人用公料修造私物。

一各機匠如有辦事不力，不惜物料，不利於本廠及性情不和、行爲不正者，機賬房隨時查察，告知總工料賬房及廠董查明斥退；若有意將機車損壞、貽害本廠，查出，除送官嚴辦外，乃將其人照相，布告蘇、錫、寧、滬各廠。

一長用之匠，歸機賬房管；日用之工，歸工賬房管。

一查禁各匠在廠工作時吸食呂宋烟、紙烟。

一每日下六點鐘，集辦事房，揭清本日所用之賬，交總賬房匯核。

揀花廠章程

一逐日磅計飛花、紗頭之數，存棧送廠進出之數，應用工人、應支工價之數，詳細登記；嚴防偷竊及匿帶洋火等事，會同工賬房按時核對摺册，發給工資，不得徇情誤事。

軋花廠章程

一逐日記載收進子花之數，軋出花衣之數，付清花廠花衣之數，付棧花子之數，一一分類呈報。

一逐日應用小工，酌定工價，不得過限，由工賬房查籌給發。

一機工加油不勤、挂皮帶不慎，致損機件，應知會機賬房議賠議罰。

一嚴查工人入廠私帶烟火，出廠私帶花衣，不得徇情。

清花廠章程

一小工進廠，檢驗有無工賬房牌籌，無籌者立斥，并知會工賬房查問來歷；有籌者交本廠賬桌，放工時交原人繳工賬房。

一花袋進廠，令小工松繩取花，袋還花棧，不許用刀劃破，違者立斥。

一每日用花若干，開單送花棧執事照發，隨時過磅登簿，與來單不符若干，回單注明。每一禮拜，與花棧執事復核一次，如有不符，須查考不符之故。

一如收軋花廠花衣若干，亦隨時照來單過磅登簿，不符者亦於回單注明。每一禮拜與軋花廠執事復核一次，如有不符，須查考不符之故。

一每日出棉卷若干，隨時過磅登簿，下五點鐘開單交粗紗廠執事，候粗紗廠回單核對。

一棉卷每卷必以四十磅爲準。

一每日下六點鐘集辦事處，揭清本日車數、工人名數及收花、付花磅數，交總賬房匯核。

一時時督率工人，將地面花衣、油花分別檢撿打掃，若狼藉滿地及分別不清者，隨時由廠董記過。

一禮拜督率工人檢掃飛花洞及車底，飛花聚總過磅，上色留用，次色仍交花棧查收，揭賬時并由總賬房匯核。

一如有火險，親率匠工先將水桶及本裝水管之皮帶開機灑滅。隨時撲滅者，記上等功。平時逢禮拜日，令小工練習一次。

一考察花衣干濕輕重，應加飛花、紗頭成數，不得任憑小工草率了事。

一查察機匠。如有安機不準、挂皮帶不慎，致損機件，知會機賬房議賠議罰。

一逐日應用小工，酌定工價，不得過酌定之限，由工賬房查籌給發。

一嚴查工人入廠私帶烟火，出廠私帶花衣，不得徇情。

粗紗廠章程

一查察機匠。如有加油不勤，挂皮帶不慎，安置機器牙齒輪盤不準，機車不潔，運動不靈，出紗不能劃一，知會機賬房，初犯酌罰，再犯革逐。

一查察女工。如有棉條頭二三號出數，不足供細紗廠之用，三號粗紗單紗成緯，混送細紗廠。工作不善者，責令工頭議罰；損傷筒管錠殼，糟蹋花衣者，照價議賠，不得徇情含混。

一查察物料。如有機器零件損壞，應將損壞之件取交各物料所更換，不得任憑小工等徑自亂取。

一查察勤惰，嚴防偷漏。如有到工過晚，擅離機弄，閑坐瞌睡，口角争鬧，以及入廠時私帶烟火，入厠時私帶花衣，均應責令工頭，搜檢婦嚴查，并督察小工、童工托紗收管，掃地打包，收拾鋼絲車，不得含混怠惰。

一核實工賬。工人入廠，按名發籌收摺，會同工賬房校對摺册，核數蓋戳，交司磅呈報，不得草率含混。應用布袋，由工頭發給各工人，放工前一刻仍由工頭收回。如有缺少，立時嚴查，不得懈怠。

一工價以手藝優劣，工作勤惰爲等差。

一出紗過磅須平準，不得草率。

凡查察機匠、機工、女工、小工、童工偷漏勤惰，是日夜班司事公共之事；酌定工價，是頭班司事之事；核實工賬，會同工賬房校對，是二班司事之事；過磅平準，慎重物料，隨時記載工料賬，報明工料總賬房，是司磅司事之事。仍須互相關切，不得漠視。有徇情含混，草率了事者，一次記過，二次罰薪，三次辭退。

凡頭號紗每人每禮拜出至一千四百磅外者，工人有賞。不足一千二百磅者，有罰。

凡二號紗每人每禮拜出至二千一百磅外者，工人有賞。不足一千磅者，有罰。

凡三號紗每人每禮拜出至五百五十磅外者，工人有賞。不足四百磅者，有罰。

（皆一禮拜一考）

細紗廠章程

一查察機匠。如有加油不謹、挂皮帶不慎、安置機器牙齒輪盤不準、機車不潔、運動不靈、出紗不能劃一，當知會機賬房，初犯酌罰，再犯革逐。

一查察女工。如有混用單頭壞緯，不即退還粗紗廠，好緯入車未曾紡完，任意棄擲，生頭接頭不能隨時照察，出紗不能足數，或損傷轆轤、皮(棍)[輥]等機件，糟蹋粗細紗者，應責令工頭議罰議革，不得徇情含混。

一查察物料。如有機器零件損壞，應將損壞之件取交各物料所更換，不得任憑小工等徑自亂取。

一查察勤惰，嚴防偷漏。如有到工過晚、擅離機弄、閑坐瞌睡、口角争鬧，以及入廠時私帶烟火、入厠時私帶花衣，均應責令工頭，搜檢婦嚴查；并督察小工、童工托紗收管，掃地打包，收拾鋼絲車，不得含混怠惰。

一核實工賬。工人入廠，按名發籌收摺，會同工賬房校對摺册，核數蓋戳，交司磅呈報，不得草率含混；應用布袋，由工頭發給各工人，放工前一刻，仍由工頭收回，如有缺少，立時嚴查，不得懈怠。

一工價以手藝優劣，工作勤惰爲等差。

一出紗過磅，務須平準，不得草率。

凡查察機匠、機工、女工、小工、童工偷漏勤惰，是日夜班司事公共之事；酌定工價，是頭班司事之事；核實工賬，會同工賬房校對，是二班司事之事；查察小工、童工，發摺核工，是三班司事之事；過磅平準，慎重物料，隨時記載工料賬，報明工料總賬房，是司磅司事之事。仍須互相關切，不得漠視。有徇情含混，草率了事者，一次記過，二次罰薪，三次辭退。

凡十四號紗出至一百五十磅外者，工人有賞。不足一百四十磅者，有罰。

凡十二號紗出至一百八十磅外者，工人有賞。不足一百七十磅者，有罰。

（皆一禮拜一考）

搖紗廠章程

一查察機匠。修理各車、加油、挂皮帶等事，不能勤職、不守廠規者，輕罰重革。

一查察工人。糟蹋紗緯，損傷機件、笆籮等弊，輕罰重革。

一核實工賬。按名注册發摺，會同工賬房校對摺册，核數蓋戳，由工賬房呈報，不得含混。

成包廠章程

一查察來紗團數。驗明支絞重輕成色，較準磅數，不得含混。

一查察勤惰，嚴防偷漏、包扎草率等弊，輕罰重革。

雜務賬房章程

一紳董公費，執事薪水，茶房人等公食，按照定數，每月初二日核明支送，非憑總辦事處準據，不得透支懸藉。

一各執事至茶房人等，如家貧而遭父母大故者，準藉支三個月；别項喪葬及婚嫁者，準藉支兩個月；年終而來年蟬聯者，準藉支一個月；辭退之人，止支本月。

一紳董、執事、茶房人等，夫馬舟車之費，爲廠事者開單照支，原單按月考核；不爲廠事者（如回家及有事他去之類），各人自備，概不支給。

一既有月費，烟茶紙張，應各人自備，概不支給。惟總辦事廳、物料所、工賬房時有客到，每處每月，另支烟茶費五角，交各該處學生經管，月費照前定酌加，另單。

一各處油燭，核明平時有燈若干盞，有事用燭若干支，另板記明，按數酌日一發，交各該處茶房經管。工賬房用燭較多，尤應核明大數，每發一次，必以工賬房核填支單爲憑；有意外加多者，隨時親自查明。

一紙筆朱墨，各廠、各賬房所用，亦須酌一大概定數，按月一支，或兩禮拜一支，憑廠及賬房有戳支單，戳旁加注經手人名號一字（或名或號，止須一字）。原單按月存核，賬照單注。

一不支買點心。四、五、六、七月，晝長之時，午後添粥一餐，歸經管伙食人照料。

一訊力、足力，爲廠事者支，不爲廠事者，聽各人自給，不支。

一慶吊酬應，與廠有涉者開支，無涉者聽紳董各自酌量饋送。

一賓客及夫役，爲廠事來者，舟車夫馬及住宿川資查明開支，不爲廠事者，由各本人自理，不支。

一紳董執事子弟或就譯學藉住廠中者，按月貼廠伙食三元，零用各人自備，不得藉支。

一凡有代人藉支之款，必代人之人前一個月有存餘之款，支時止記代人之人付賬，不記所代之人藉賬。

如有於此十二條外增議、十二條内變通者，隨時説明，核定照行。

稽查章程

一争鬥。凡細故口角，不聽理釋，輒行糾衆打降，將爲首人立時送官懲辦。

一偷竊。凡一切工人偷竊機件、棉花、紗緯，不論客工、土工，照各廠規，督飭巡丁、搜檢婦嚴搜，搜出先令佩帶竊物游廠，後置橋門示衆，永不準復充；并不時查察各工房閑人。

一火險。凡廠内吸烟斥革；近廠吸烟，携帶引火物件，罰工。各廠水桶，每日查點，水淺即補，桶缺即究。

一糟蹋。凡廠内外一切機件、花紗遺棄不檢者，廠内查明當班司事何人、小工何人，當事女工何人，隨時實記；廠外飭小工檢拾，分别收藏。

巡丁章程

巡丁不用土人。廠給伙食，槍械、號叫、油衣、冬夏帽，皆由廠備。

每日夜分八班，每班二人，以三點鐘爲限，往來梭巡，照西捕例，止許行走，不許坐。

每日大門、橋門，各派二人住守，與巡查人相輪，自開門至關門，不準他去。若有事請假，須自雇妥人替代；請假不得過一月，逾限不到，另行募充。

日巡執棒，夜巡執槍。火警掣警鐘，吹號叫。操演水龍時，輪流練習。火警照保護火險章程料理。盗警合擊有功者，記明重賞，傷者由廠醫治。

如緝獲小偷及竊物工人之賊，報由總稽查會同雜務董事斟酌革罰，或交保送官，不許擅自毆打。

休息日輪流打靶。中三槍者賞一角，四槍者一角五分，五槍者二角。年終分別出力輕重，給巡丁花紅。

槍械藥彈，責成總稽查謹慎收管。槍械不得銹澀，藥彈不得輕發。

每夜責成管帶抽查巡丁勤惰，如有偷惰、不守章程者，一次記過，二次斥革。

本廠更夫及編列水夫之人，均聽總稽查約束。

火險章程

一有火險，無論巡丁、更夫、趕(擎)〔掣〕警鐘，各丁齊集，由總稽查分派四人分守大門、橋門，四人至被火處照料彈壓。

一不論何人，但見有火險，不論廠内廠外，但與本廠有關礙之處，皆可至警鐘處掣鐘。事後考見，勤而有當者賞；懈怠誤報者分別記過、黜退。

一警鐘號令，本廠約分五段。行爲東段；紡紗、摇紗廠爲西段；洋樓、辦事處、厨房爲南段；機匠房爲北段；辦事樓、執事樓、物料所、揀花廠、軋花廠、清花廠爲中段。凡報警鐘：東段三下，西段四下，中段五下，北段六下，南段七下；初報時以一聲徐徐相續，待水龍集救，鐘止。

一廠外亦東方三下，西方四下，北方六下，南方七下；初報時以兩聲徐徐相續，待水龍出救，鐘止。

一本龍三架：一置大門内巡房，一置辦事處門外，一置港北。洋龍兩架置橋南。大水激三枝：一置辦事處，兩置花行。

一長夫。大本龍、中本龍各四名，小本龍三名，大洋龍四名，小洋龍三名，大水激各二名，共二十四名。即在更夫、行司務、廠小工内挑充編列，仍於二十四名之外，備餘夫六名。

一水籌、燈籠由行另派二人幫同照管、收發。

一水夫不論何項小工，皆可充當。臨時但能用桶斗汲水濟用者，即給予水籌。事畢，按籌給錢。籌用火印，每籌三文。大水桶、水缸，責令小工隨時注滿。

一大龍隨用水桶、水斗各四個，中龍隨用各三個，小龍隨用各兩個。加倍預備，以防缺損。

一燈籠隨龍各四盞，裝就素燭，挂潔净處，用時備帶餘燭。

一凡聞火警，除本派幫同照料火險之人應時會集，其餘行廠各處執事人等，日間不得擅離，夜間皆起身看守。

一除廠有夜工外，花行、辦事處每夜十點鐘滅燈，十二點二刻查見不滅者，如非有必不應睡之事，即代吹滅。

管水龍章程

一洋龍機器、皮帶，本龍龍頭、水桶，一切物件，如有損壞，經管人向物料所報明，隨時修理。

一隨龍物件，執事人時刻小心照料。凡用過之後，即將皮帶、綫條懸挂高處曬干，以免受濕霉爛。一切物件，仍放原處，毋許紊亂。

一禮拜日操演水龍，不拘時刻。龍夫一聞警鐘，即各至該水龍處守候，一點鐘起，三點鐘止。

一應用龍夫，由巡查房會同工賬房，選在廠小工，分別登册，各選派龍夫頭一人，龍夫若干人。每人各給腰牌一塊，各存某龍處，遇險吹號，各龍夫至各派定水龍處領牌出龍。勇力向前者賞，退縮誤事者斥革。水夫隨時給籌。

一中西水龍、水激共八號。每號各用大旗一面，上書第幾號水龍。夜挂燈籠兩盞，催水用號叫。

一無論何處火險，由總巡查派勇兩名彈壓。水夫人等救險有功，由總巡查查明，開單赴總賬房，一體給賞。

一廠外民房火險，本廠各龍分半出救。水夫章程，照本廠一體辦理。

南通市檔案館等《大生集團檔案資料選編》紡織篇Ⅲ《大生紗廠設備用工及生產能力預算清單光緒二十五年》 織布東、西廠

絡紗機(張)，每機八十錠子。

聚紗機(張)，每機紗筒五百〇四衹，計三千六格，每天聚紗一軸，每機用熟手女工一名。

漿紗機(張)，每機用機工四名。

織布機七百五十張，每機約出布一匹，生手女工管機一張，熟手女工一人管機二張，每天每機約扯六七丈。

穿綜架子(架)，每架用穿綜女工一名。

織布女工頭目(名)，專管接頭、摺布、接髮等。

織布女工(名)

修機機工(名)，每人管修機四十張。

漿紗機每天漿粗布二十軸，約每軸一二五匹，共二百五十四長。

漿紗機每天漿斜紋二三軸，約每軸一一匹，共二百五十三匹長。

漿粗布者四軸合成一軸，每軸四百二十二根，共四軸，計一千七百四十

八根。

漿斜紋者五軸合成一軸，每軸四百〇二根，共五軸，計二千〇十根。

漿紗機每機每天用牛油十磅，每匹約用小粉磅半。

打布包廠

刮布機三張，每天刮布約三百餘匹，共三張九百餘匹。

摺布機三張，每天每機摺布三百餘匹。

打印機二張。

打包機二張。每張每天打二十包，粗布每包二十匹，斜紋每包十五匹。

打包工資，每包一百二十文，刮布、摺布、打包、打印、小工一應在内。

鐵木廠鍋爐房引擎間

大引擎（日夜工）一座，機匠二名，機工四名。

電汽燈一座，機匠二名，機工二名。

小引擎一座，機工一名。

吸水機二部。

圓車床三部。

磨刀磚機一部。

鉋車床二部。

螺絲車床二部。

齒輪車床二部。

車木件車床一部。

小鍋爐（燒電燈用）一祇。

臥爐二祇。

豎爐五祇。

鍋爐房日工五祇，用煤十二噸，夜工六祇，用煤十三噸。

引擎間包工照細紗十號三四毫，十二號四五毫，一四號五三毫，一六號六一毫，一磅，機匠、機工、小工、電汽燈機匠，均在内。

謹將布機廠用紗織布出數各種情形開呈：

粗布機織布每匹扯用經紗七磅，緯紗七磅，加漿粉重半磅，共計每匹布十四磅半。

漿紗軸每軸紗長六百三四十碼，可織布十四、五匹。

緯紗管每個净紗七錢半。

織布每匹約用緯紗管一百二十個左右。

每個緯紗管約敷織布八寸半。

每日每點鐘極快可以織布九尺六、七寸。

每日工作十點鐘算，每機極快可以出布九丈六、七尺。

每部布機倘遇機壞須修，紗斷須接，其勢必致耽誤時候，則出布數目一定減少。

新手女工每人管機一張，工價一百二十文，如少熟習，每工可加一百四十文、一百六十文不等。

熟手女工手藝精勤者，每人可管機二張，工價以紗管計算，每百管給價一百四十文，熟手可織二百餘管。

斜紋布機每匹扯用經紗七磅半，緯紗六磅半，加漿粉重磅半，共計每匹布十四磅半。

漿紗軸每軸紗長五百五、六十碼，可織布十三、四匹。

緯紗管每個净紗七錢半。

織布每匹用緯紗管一百〇四個。

每個緯紗管約敷織布一尺〇一、二寸。

每日每點鐘極快可以織布一尺一、二寸。

每日工作十點鐘算，每機極快可以出布十丈有零。

每部斜紋布機倘遇機壞須修，紗斷須接，其勢必致耽誤時候，則出布數目一定減少。

凡粗布機、斜紋布機時有損壞時須修整，兼之斷紗接換等事，每機每天有出布至少四、五丈，再少二、三丈不等。

夜工大致情形與日工相同。

謹將布包廠刮摺選看布、打印、打包各種情形開呈：

布每匹計四十碼，一碼合英尺二尺五寸，計一百二十尺爲十丈。 至布匹輕重，斜紋十四磅半，粗布同。

摺餘布四三十五碼至三十九碼爲短匹。

三十碼至三十四碼爲段頭。

十碼至二十九碼爲碼餘。

十碼以内爲零碼。

刮布機每機每點鐘可刮四十碼左右，摺布機同。

選布每點鐘每人可選四匹餘。

看布每點鐘每人可看十匹。

打印機每機每點鐘可打一百匹，如用水頂管，可遞加匹數。

打包機如快車，每機每點鐘可打三包，極遲每點鐘可打二包。 粗布每包二十匹，斜紋每包十五匹。

謹將絡紗、聚紗、漿紗各種情形開呈：

絡紗機每部兩面分裝絡紗筒子八十個，下層分安紗錠八十，每絡紗筒絡紗二十兩計，用紗錠十六、七個。

每部絡紗機一日約絡三百磅左右。

絡紗筒子顔色不一，輕重不等，通扯空筒一個約重十兩，每個連紗絡滿約重兩磅半，合計三十兩之譜。

聚紗機（亦名經紗機）每部架上裝設絡紗筒四百五十二個，爲備專織粗布之用。機上安設大軸，將紗經滿即付漿紗，每軸約計長九千二百碼。

聚紗機每部架上裝設絡紗筒四百〇五個，爲備專織斜紋布之用，機上安設大軸，將紗經滿即付漿紗，每軸約計紗長八千九百六十碼。

經紗大軸四軸，同付漿紗機，由漿粉拖過即上漿紗。 小軸每軸由經紗四軸并計，共紗頭一千八百〇八，專備織粗布之用，約計紗長六百三、四十碼。 每軸够織粗布十五、六匹。

經紗大軸五軸，同付漿紗機，由漿粉拖過即上漿紗，小軸每軸由經紗五軸并計，共紗頭二千〇二十五，專備織斜紋布之用，約計紗長五百五、六十碼，每軸够織斜紋十三、四匹。

漿紗軸由女工穿鬃即付織布機。

漿紗軸由女工穿鬃，斜紋每軸工資錢八十文，粗布每軸工資錢七十文，每日約可穿三、四軸，穿好即付布廠。

粗紗東廠

鋼絲機四十六部。

棉條機七部（加一部）。

頭號機七部七二（加一部六六）。

二號機九部一二一（加一部一四十）。

三號機十八部一五一（加三部一八十）。

粗紗西廠

鋼絲機四十八部。

棉條機六部（加一部）。

頭號機六部七二（加二部六二）。

二號機九部一二一（加二部一百）。

三號機十七部一五一（加二部一八十）。

粗紗二號機一部，一百二十六祇錠子，每部一天能紡九車，每落出净紗一〇八，每祇錠子一天紡見八磅，每部用女工二名，共四部用小工一名、童工一名，共十部，加錠子油機工一名。

粗紗三號機一部，一百五十六祇錠子，每天十點鐘能紡五車，每車九十磅，每錠子一天紡三磅，每部用女工二名，四部用小工一名，童工一名，共十部，用加機工一名。

廠用修機匠一名，又加提軸油二名，一錠子一日七十二磅。

粗紗廠鋼絲機每排十二部，用機工一名，小工二名，一天十點鐘時，每部機上能做花卷五軸，每軸净重四十磅。 一點鐘時做條子三鐵筒，每鐵筒重六磅半，每卷做六筒，合成條子净三十九磅，内有飛脚花一磅。

粗紗廠棉條機每張三節，又一、二、三號三節作三號條子，出數一點鐘走二十四鐵筒，每筒七磅，一天能走二百四十筒。 每張機用女工四名，共六張機用加油機工一名，管鋼絲機帶管條子車，共用機匠一名，掃地小工一名。

頭號粗紗機一部，七十二祇錠，每部一天能紡十四車，每錠子一天紡見二十一磅，每車上用條子七十二筒，每部二女工，共八部用加油機工一名，小工一名，童工一名。

揀花廠

子花均由花棧房交來，然花身成色參差不一，分爲上、中、下三等發揀。 上等子花揀出黄花約核九九摺至九八摺，中等子花約核九八摺至九七摺，下等子花約核九七摺至九四摺不等。 垃圾風耗在外，亦約有一二摺之數。

所雇女工，揀花好手一天能揀三、四十籮，次者二、三十籮之譜，每籮净花二十磅，工價四、五、六文不等，以花之好壞酌給。

計用小工二十三名，工頭管理雜務二名，看磅二名，站磅兩名，值揀四名，收黄花一名，發花二名，堆花籮二名，挑花八名，又拾花童四名。

包裝花籮每籮净花二十磅，給錢一文，以軋見數目計算，半月給付一次。所用小工均歸包裝頭目，進出工錢亦歸包頭發給，惟廠内事宜仍須管廠同事照料。

在廠同事管廠、管賬、發籌、看黄花、過磅、驗花、裝籮、出入記賬，各有責成，事無推諉。

軋花廠

軋花車一百二十部，所軋子花均由籮棧房挑到，每籮計裝二十磅，每部一點鐘約軋三籮上下。

每車一部用女工一人，約十點鐘可軋二十五籮左右，每籮二十磅，給軋工錢六文。每籮揀出黄花約半磅，每磅給錢六文。

每班用機匠六人，機工六人，小工二十人，童工一人。

花身高低不一，約計軋見皮花一成，花子二成。

軋見净花衣成包，挑送花棧房。

軋見花子裝籮，挑送花子棧，過磅出售。

引擎房每班機匠一人，機工五人。

鍋爐房每班機匠二人，機工二人，小工二人。

清花廠

所用净花衣均由花棧房按日挑送。應用若干，聽本廠知照。

頭號清花機，西廠三張，東廠四張，每張將净花衣清出，上二號清花機。

二號清花機，西廠六張，東廠七張，每張將清出之花衣上機，清成花卷，上三號機。

三號清花機，西廠六張，東廠七張，每張將花卷四個，并置機上清爲一卷，約一點鐘可成八、九卷，每卷約净重三十九磅左右，挑送粗紗廠。

每廠每班用機匠一人，頭號機每張用小工二人，二、三號機每張合同機工一人，小工三人。

頭號至三號清出花卷，每磅工洋七釐半計算。

引擎鍋爐房，每廠每班機匠一人，機工二人，小工一人，每花卷一磅計工洋四釐半。

粗紗廠

所用花卷由清花廠按日挑送，應用若干聽憑隨時知照。

鋼絲梳花機東西兩廠共九十四部，南廠七十二部，一天以十點鐘爲準，每部機用花卷五軸，每軸計重四十磅，能做條子六筒，净重三十九磅，一點鐘時出條子三鐵筒，每筒計重六磅半，十二部機每班用機匠一名，機工一名，小工二名。

三節棉條機東西兩廠共十五部，南廠十二部。每機一點鐘抽成棉條二十四鐵筒，一筒計重七磅。每部機用女工四名，六部機用機工一名，小工二名。

頭號粗紗機東西兩廠共十六部，南廠十二部。每部七十二個錠頭，以棉條上機，每錠一點鐘能紡二磅，一天能紡十二落，每落一百四十四磅。一部機用女工二名，八部機用機工一名，小工一名，童工一名。

二號粗紗機東西兩廠共二十二部，南廠十二部。每機一百二十六個錠子，以頭號粗紗上機一天，能紡九落，每落一百〇八磅，每錠十點鐘能紡八磅。每部用女工三名，十部用機工一名，四部用小工一名，童工一名。

三號粗紗機東西兩廠共三十九部，南廠二十八部。每機一百五十六個錠子，以二號粗紗上機一天，能紡六落，每落核計净紗八十五磅，每錠十點鐘能紡三磅。一部機用女工二名，十部機用機工一名，四部機用小工一名，童工一名。

每廠各用機匠三名，加地軸油機工二名。

鋼絲梳花機，男工所出棉條照三號粗紗出數計算，每磅七釐半。

自棉條機至三號粗紗機止，所有女工照三號粗紗出數，每磅三文，男工每磅二文，以此推算。

細紗廠

所用三號粗紗，均由粗紗廠隨時挑送。

細紗機東西兩廠長機八十七部，每部三百六十四個錠頭，短機八部，每部二百七十二個錠頭，南廠七十部，每部三百六十四個錠頭。

紡十四號右手紗，每長機一部日夜紡十五落，每落一點一刻鐘，約計净紗二十二、三磅。

紡十六號右手紗，每長機一部，日夜紡十二落，每落二點四分鐘，約净紗二十磅。

紡十四號左手紗，即織布所用經紗，每長機一部，日夜約紡十二落，每落二點五分鐘，約計净紗二十磅。

紡十二號右手紗，每長機一部，日夜約紡十九落，每落一點十一分鐘，約計净紗十九、二十磅。

紡十二號左手紗，每短機一部，日夜約紡二十落，每落一點七分鐘，約計净紗十二、三磅。

接紗頭女工，遴選手藝精熟者舉爲女工頭，其餘亦以手藝之高下、作事之勤惰以別等次。頭等者二人，管機一部，二等者三人，管機一部，三等者四人，管機一部，另有學習女工。

所有廠内應用機匠、機工頭、加油工、加地軸油工、生綫工、小工、童工，隨時酌用。

細紗機接紗頭女工，照細紗出數計算，每磅四文，如棉花絲短，細紗出數必少，每磅約五、六、七文不等。

細紗廠男工照細紗出數計算，每磅二文二，如棉花絲短出數減少，以此遞加。

摇紗廠

摇紗機共三百部，每部四十個錠頭，每錠紗一根，計摇五百六十轉，每根分七小支，每支八十轉，四十根分作四團。

每部機用女工一名，將一二、一四、一六等號細紗日夜兩班通扯，每車工資八文半，所有應用機匠、機工、小工、童工均由細紗廠撥用。

十二號紗每團計重十兩。

十四號紗每團計重八兩五錢。

十六號紗每團計重七兩五錢。

十號紗每車分八團，計重六兩。

打包廠

打小紗包機十二部，每部用絞紗一人，打包一人，每班約可打成小包一百八十個，每包計工資五文。

包紙抱每包一文，一人約可包三百餘包。

十二號紗每小包十二支，每支計重十兩。

十四號紗每小包十四支，每支計重八兩五錢。

十六號紗每小包十六支，每支計重七兩五錢。

十號紗每小包二十支，每支計重六兩。

以上小包俱重十磅。

紗廠鍋爐房

開大鍋爐六祇，每天燒煤十六噸，火表晨一百磅。機工十一名，每天計工資洋三元六角三分四釐。

又

開大鍋爐六祇，每夕燒煤十八噸半。機工十一名，每夜計工資洋三元九角六分四釐。

引擎鍋爐北廠七百匹馬力美國引擎一副，竪爐五祇，卧爐兩祇，小竪爐一祇，每日開爐五祇，每夜開爐六祇，共燒東洋頭等煤三十一噸左右。日夜班機匠一人，機工四人，小工十人，夜班同。南廠七百匹馬力英國引擎一副，卧爐三祇，每日夜共燒東洋頭等煤二十一噸左右。日班機匠一人，機工四人，小工六人，夜班同。

電爐引擎大小八副，計燈頭二千四百餘盞，電汽機匠二人，夜班機匠兩人，機工三人。

揀花廠

長工二十六名，每月辛工六元。

小工十二名，每工二百文。

揀花女工，約二百五十名。

童工四名（拾花掃花）。

揀花（每籮五、六文），子花净重二十磅，每磅十二兩。

上海白子花，每包六十斤一砠，每擔約衣三十五、六斤。

常陰沙墨子花，每包一百〇七斤一砠，每擔約衣三十五斤。

通州墨子花，每包一百十六斤一砠，每擔軋衣三十六斤。

太倉墨、白子花，每包一百斤一砠，太倉之沙溪鎮墨子最佳，頁上女姑牌子花，每擔約衣三十八、九斤。白子花者每擔約衣三十五、六斤，其次嘉定一方衣分三十三、四不等。

上海篾籮，每祇五、六磅半重。

寧波篾籮，每祇六磅半重。

軋花廠

竪爐一祇。

電汽燈引擎一座。

引擎一座。
軋花車每部約四十三元，二百四十磅，軋花每籮二十磅，每天可軋四十五籮。每籮軋工五、六文之譜。
機匠日夜班，五名。
機工日夜班，十名。
女工日夜班，四百八十名。

花子棧

小工約十名。
小工包工頭目一名。
每包花子九五砠，一包計一二一磅六六，每祇麻袋二磅合斤半。
每包縫口錢二文半，麻皮自備。每包花子價看市面。

清花廠

現已包去三號粗紗，每百磅給錢一百二十文。
臥爐一祇。
引擎一座。
頭號清花機三部。
二號，六部。
三號，六部，日工、夜工約清花二百車，每卷净重三十六、七磅。
機匠(日夜班)二名，每天工資角一分。
機工(又)二名，每天工資三角。
清花機工頭(日夜工)二名，每天工資六角。
清花機工(日夜工)十名，每天工資二角五分。
清花機工、小工(日夜工)二十八名，每天日工資二角，夜工資二角一分。

粗紗東西廠

包工數目從出三號紗，女工每磅三文，機匠、機工各二文。
梳花機，八十八張，每日梳花每張四卷半，每卷重三十七、八磅。
棉條機，十三張，每機十八接，每筒三、六并一條，每接每天紡一百六十六筒，每筒六磅，共九條，九百九十六磅。
頭號粗紗機，十三張，每機七十二錠子，每天紡十四車，每車四十磅，每錠子紡紗一磅二五。
二號，十八張，每機一百二十八錠子，每天七車，每車一百二十磅。
三號，三十五張，每張一百九十六錠子，每天五車，每車净七十五磅。
以上共粗紗機六十六張，計一萬〇〇八錠子。
梳花機頭目(日夜工)二名。
粗紗機工(日夜工)二十八名。
梳花機工(日夜工)一百三十四名。
粗紗女工頭目(日夜工)八名。
粗紗機匠(總頭目)一名。
粗紗女工(日夜工)四百六十名。
粗紗機匠(日夜工)十五名。
以上男女共六百四十六名。
粗紗女工五名管機兩張，每工工資一百五、六十文。棉條機兩人管一張，粗紗女工須選年富力强方可録用，棉條機女工年老之人不妨。
彈花每卷紡棉條六筒，每條棉條至細紗八百六十四根成一根，細紗，三號粗紗一寸可紡細紗八寸，如欲紡至九寸紗，則力薄易斷。

細紗東西廠

細紗機每機三百六十四錠子，計七十四張。
細紗機每機三百七十二錠子，計八張。
細紗機每機二百五十錠子，計二張。
細紗長機每機一百五十錠子，計一張。
打綫機(細紗機用)，計二張。
以上共細紗機八十五張，計三萬〇一百〇二錠子。
機匠總頭目，一名。
童工(日夜班)二百四十五名。
機工(日夜班)四十四名。
女工頭目(日夜班)十六名。
小工(日夜班)，五十名。
女工(日夜班)，四百四十名。
以上男女工計八百〇二名。
十號細紗每日、夜工紡二十車，每車約二十四磅，每錠子紡見紗十五兩八錢一分。

十二號細紗每日、夜工紡十六車，每車約二十四磅，每錠子紡見紗十一兩一錢五。

十四號細紗每日、夜工紡十三車，每車二十六磅，每錠子紡紗十一兩一錢。

十六號細紗每日、夜工紡十車，每車約二十八磅，每錠子紡紗九兩一錢一分。

紅頭管每車，三百六十四枚，計重二十三磅。

黑頭管每車，二百七十二枚，計重十二磅半。

灰色竹節細管，二百七十二枚，計重十五磅。

灰色管，五百枚，計重十六磅。

腰子色小笆斗每衹通扯，計重三十五磅。

圓笆斗每衹通扯，計重五磅。

十號、十四號、十二號、十六號紗，每一紗管紗扯九十碼，長計二十二丈五尺。

細紗女工包工，每磅十號二文二、十二號三文，十四號四文，十六號五文，一磅，童工、女工一應在内。

細紗男工包工，每磅十號一文二，十二號一文六，十四號一文九，十六號二文二，一磅，機匠、機工、小工一應在内。

細紗機女工兩人管機一張，每工工資二百文。如三人管機一張，每工工資約一百三、四十文一工不等。

摇紗東西廠

摇紗機(東西廠)，一百六十六張。摇紗每車四十絞，每絞分七小絞，每小絞八十根紗，共計小絞一百八十絞，計二萬二千四百根，每根四尺，共八萬九千六百尺，爲一車。

摇紗機匠頭目，四名。

摇紗小工(日夜工)二十八名。

摇紗女工(日夜工)三百四十名。

摇紗女工包工資，十號紗十二文，十二、十四、十六號日工，八文、夜工九文一車。

十號順手紗每車四大絞，計四磅，用白扎紗。

十二號順手紗每車四大絞，計三磅〇三兩，用青、白扎紗。

十四號須手紗每車四大絞，計二磅七五，用紅扎紗。

十六號順手紗每車四大絞，計二磅二五，用半緑、半白扎紗。

打紗包廠

打大包機，一張。

打小包機，八張，每機日、夜工打紗五百包，共計四千包。

打包工匠頭目，一名。

打包工匠(日夜班)三十二名。

打蒲包小工(日夜班)十六名。

包紗包工人(日夜班)四名。

十號紗每包二十絞紗打一包。

十二號紗每包十二絞紗打一包。

十四號紗每包十四絞紗打一包。

十六號紗每包十六絞紗打一包。

以上小包均十磅一包，打包包工資每包日工五文，夜工六文，如打十號紗加包紙包，無分日夜，一文一包。

每小包計十磅，共四十小包作一大包，計四百磅，賣銀六十兩左右，以十小包歸一中包，以四中包作一大包。

每日夜機器全開，用煤二十噸之譜。每日夜出紗有五十箱之譜。

男女工日夜班工價約二百元之譜。

關稅釐金等均領護照放驗無貿。

廠屋計價連地基銀十七萬(加二萬)餘兩。

棉花價照舊年進貨每百斤銀十三兩，現時每百斤約銀十五六兩。

棉紗價現元六十七、八兩。

每紗一箱盈餘照舊年進貨之價(官息、材料、工資七千兩開支除净)有十一、二兩之譜。

現時盈餘清。

引擎全副能開四萬餘錠，計馬力一千二百餘匹。

鍋爐四衹，省煤機全。

清花機頭號三部，二號十部。

棉條機十部。
細紗機六十八部，計二萬四百錠。
軋花機四十部，計一千五百六十兩。
鋼絲梳花機六十部。
粗紗機頭號十部，二號十三部，三號三十七部。
打包機十部。
花木地捐每百斤捐錢三百〇四文。
紗稅出口正銀一兩一錢。
紗零銷無稅。
花棧房(推)〔堆〕花二萬擔之譜。
搖紗機八十部。
鍋爐在上海祥生廠造。
機器在大英國海司倫敦廠辦。
機器計價銀三十二萬六千餘兩(又四千兩)之譜(送機費在)。
電燈計價元一萬〇四百兩正，計六〇七十盞。
滅火機計價元一萬二千二百兩(計一千)。
裝機擦銹計元九千(又二千)五百兩。
洋人監工酬勞(火)〔伙〕食等，計元五千兩。
開辦經費計元貳萬(又五千)餘兩。
修理機器六千，全廠生財物件計元一萬(七千)兩。

南通市檔案館等《大生集團檔案資料選編》紡織篇Ⅲ《大生紗廠機器廠房貨物生財價值單光緒二十五年》 引擎全副，九八規元五萬兩。
鍋爐四祇，九八規元二萬兩。
軋花車四十部，九八規元一千五百兩。
清花車十三部，九八規元一萬三千兩。
鋼絲車六十部，九八規元六萬兩。
棉條車十部，九八規元一萬四千兩。
頭號車十部，九八規元一萬兩。
二號車十三部，九八規元一萬八千二百兩。
三號車二十七部，九八規元四萬〇五百兩。
細紗車六十八部，九八規元一千二百兩。
搖紗車八十部，九八規元八千兩。
修理機全副，九八規元四千兩。
電燈六百七十盞，九八規元八千八百兩。
滅火管全廠，九八規元一萬二千兩。
熱氣管，九八規元一千二百兩。
紗頭車，九八規元六百兩。
共九八規元三十四萬三千兩。
全廠房屋及引擎、鍋爐房，九八規元十一萬兩。
花行堆棧、物料所、揀花棧房，九八規元一萬七千六百兩。
洋樓辦事房、司事房，九八規元一萬二千五百兩。
各處住房，九八規元四千二百兩。
廠外工人房，九八規元九千七百兩。
共九八規元十五萬四千兩。
現存花紗，九八規元二萬兩。
現存生財，九八規元一萬五千兩。
現存物料，九八規元一萬五千兩。
共九八規元十三萬九千兩。
以上共計九八規元六十三萬六千兩。
烟囱，九八規元六千兩。

南通市檔案館等《大生集團檔案資料選編》紡織篇Ⅲ《爲大生紗廠承包安裝紡紗機賬單光緒二十五年》 謹呈包裝紡紗機器賬
奉電，計開裝排各種機器列下：
大音琴、小音琴、電燈車、大爐子、小爐子、抽水機、進水管、出水管、自來水管、水櫃、堂干、地軸、皮帶輪、挂脚、軋花車、彈花車、鋼絲車、頭道車、二道車、三道車、併條車、細紗車、搖紗車、大打包車、小打包車、修理廠、刨床、車床、鑽床、鍘床等，又各車間設立電燈等一律照貴局劃樣章程裝排無改，如後工竣每車試驗可保出紗，照外洋定碼無異，一概試過後，然能交卸。其紗車機器若干，作二萬枚錠子照算。倘有機器大壞不能修者，公義當退。又裝車需用之家伙及火油、砂皮、回絲等，均向局領取。又三和土貴局自做。又扛拿機器箱者，亦是貴局自用。如開箱擦機器，此係均包在內，一概照賬包裝。

共計實價元一萬〇九百八十兩正。

林、劉二位大老爺鈞鑒

鄒錦山
沈來發　具

南通市檔案館等《大生集團檔案資料選編》紡織篇Ⅲ《廠約光緒二十五年》

通州之設紗廠，爲通州民生計，亦即爲中國利源計。通產之棉，力韌絲長，冠絕亞洲，爲日廠之所必需。花往紗來，日盛一日，捐我之產以資人，人即用資於我之貨以售我，無異瀝血肥虎，而袒肉以繼之。利之不保，我民日貧，國於何賴？下走寸心不死，稍有知覺，不忍并蹈於淪胥。是以二十一年冬，南皮督部既奏以下走經理其事，不自量度，冒昧肩承，中更人情之乖，益以商事之變，千磨百摺，忍侮蒙譏，首尾五載，幸未終潰。是非下走才力智計之所能，蓋大府矜諒於上，有司玉成於下，而二三同志君子賢人劻勷而提挈之力多也。今廠工已畢，紗機已開，凡我共事之人，既各任一事以專責成。事有權限，無溢於權限之外，無歉於權限之内，事庶舉乎。謹即大端，與諸君約：

通官商之情，規便益之利，去妨礙之弊，酌定章程，舉措董事，稽察進退，考核功過，等差賞罰，下走之事也。章程未善，舉措不當，進退未公，功過未確，賞罰未平，諸君皆可隨時見教，下走當拜聞過之賜。惟前章已定，後議未施，諸君不得以己意遽改。議論標異，而勢有格礙，下走一時亦不能盡從，諸君諒之。

審歲收，權市價，審棧廠磅秤之出入，較花衣干濕之盈虧，慎防火險，稽查偷弊，進貨出貨，董事之事也。進貨出貨各執事之功過，皆其功過。董事、執事皆住行。每月月終，考記執事一月之功過。每四禮拜，考記進出貨盈虧之細數單，報總賬房。

考機器之堅窳滑澀，糾人工之勤惰精粗，審儲備煤油物料之緩急多寡，明匀整綿卷紗絞之得失輕重，慎防火險，稽查偷弊，廠工董事之事也。廠工執事之功過，皆其功過。董事、執事皆住廠執事樓。每月月終考記執事一月之功過。每四禮拜，考記工料花紗盈虧之細數單，報總賬房。

理行廠房屋、船車橋路、港岸門柵之工程，督廠行晝夜巡防火險争鬥之警察，以及一切支分酬應，雜務董事之事也。雜務執事之功過，皆其功過。董事、執事擇便住。每月月終，考記執事一月之功過。每四禮拜，匯一月支用之細數單，報總賬房。

入儲賣紗之款，出供買花之款，備給工料，備支雜務，籌調匯劃，稽查報單，考核用度，管理股票、公文、函牘，接應賓客，銀錢賬目董事之事也。銀錢賬目執事之功過，皆其功過。董事、執事皆住總辦事處。每月月終，匯記各執事之功過。每四禮拜，匯記花紗出入盈虧之細數單，年終核明結總，開具清摺，另刊賬略，分别咨商務局寄各股東。

進貨出貨，有通有滬，事重而繁。舉正董一人，駐滬幫董一人，廠工、雜務、銀錢賬目，各舉董一人。可省之日，酌量省并。

凡行廠及各賬房棧所應如何明定章程，便於辦事，便於查察，由各董詳思博采，與各執事約，各執事詳思博采自爲約。擬約核定，書揭於板，懸各處所。此後或有續議變通更改之條，隨時擬開核定再行。

行廠執事，由董協同慎舉熟手及性情勤儉、聲名素好之人。除一二真知灼見、共信不疑之人無須保薦外，皆須取保薦書。如有私弊虧空，惟各董向原保薦人追理。至某事應用幾人，某人經辦某事，酌定後書於板，懸各處所，以便稽察。

各董各執事，或以經理不善辭，或意見不合，自願引退，皆須將經手事件一一理清，方爲交割。至平常辦事，或被外人疑議，所用之人或有意外過差，各董休戚相關，即直言舉告。即執事人等有所抨彈，果不爲私，亦所樂聞，各董亦宜隨時采聽，以資省察。臧孫有言：美疢不如惡石。

公費薪水開車日起支。未開車以先，各執事均酌量津貼。

公費薪水以所任爲等差，花紅以所效爲等差。經理公費每月一百五十元；各正董薪水每月一百元；銀錢賬目董每月八十元；雜務幫董每月五十元；各執事至多者四十元，至少者四元，試用三元；學徒之長兩元。歷一年者一元，均按月，遇閏加算。學徒給月費，以後加減公議。減隨時，加期須至開車日起滿二十個月。

每年餘利，除提保險公積外，分十三股。以十股歸股東，三股作在事人花紅。三股中，兩股歸紳董，一股歸各執事。紳董之兩股，作十成分派：紳得一成半，雜務幫董得一成半，行廠銀錢董各得二成，餘一成提充善舉（若雜務幫董中省去一人，則雜務得一成，其半并充善舉）。各執事之一股，亦作十成分派：行廠各得三成半，銀錢所得二，雜務得一。由總賬年終匯齊各功過單，核分三等酬給：功大者，月薪四元之人，可得上等；功小者，月薪四十元之人，止給中等；若上班而乘除功過，僅宜得下等花紅。當公司察議去留，公過多者不給，私過輕者罰薪（花紅中或酌提一成，給獎機匠）。

一年進花，衣分斤重，有贏無絀；一年出紗，磅數成包，有贏無絀；一年考工精進，備料應需，調款便宜，及弭險勤勇、利益全局者，爲上等功。一年辦事平穩者次之。得失并見者又次之。無心之錯，牽連之咎，及求好而反壞者爲公過；營私舞弊，虧空犯規，及偷惰誤事者爲私過。

每日兩下鐘，各董集總辦事處，考論花紗工料出入，利弊得失，酌定因革損益，由總賬房撮記大畧，編爲廠要日記，以備存核。有事不到，上班執事代之。

翻譯事簡，設譯學堂，送教學徒中聰穎者。其附學之同事子弟，另送束脩；在廠藉住，另貼伙食。

平常執事飯菜二腥蔬，休息日加四碟，酒二斤。茶房人等月兩犒。三節及客至，五簋、八碟、四小碗、一點，不得逾此。

右約十六條，略以己意裁定，不盡合於他廠。通廠之艱苦，亦他廠所必無之境也。下走處群喙摧撼之中、風氣盲塞之地，拮據卒瘏，屢進屢窮而成此舉，其非爲一身一家之計，諸君之所知也。堅苦奮勵，則雖敗可成。侈怠任私，則雖成可敗。其成其敗，豈惟下走一人之榮辱，繩以大義，即執事百工與有責矣。同志君子，尚慎旃哉！

張謇研究中心等《張謇全集》第三卷《爲紗廠致南洋劉督部函 清光緒二十五年**》** 奉函。承以通廠原議官督商辦，又爲官商合股，并非全是官本官廠，桂道訂立合同，其事自有主者，又引公前在粵海關被累，謂尚是職守内事，非此項廠務可比，不能庖代見教。由前之説，是謂主通廠者謇也，與官合股者商也，行本有無，不應瀆公聽。由後之説，是謂此項廠務，非公職守内事，尤不應瀆公聽。自謇衡之，公厭聽可也，謂不應瀆公聽，則謇竊有説。方張前督部奉設通廠之始，聽商自便，官爲保護，是爲商辦。殆滬商勢涣，桂道議用官機固之而不能；謇亦念值八十餘萬之官機，將委諸流水，而通人每歲數十萬購紗之資，盡漏於外洋，奮然挽救，令通商領辦。而桂道堅欲令通商初開之日，即包認四萬全機之息，議久不決，又許協籌之五六萬金，漫然自食其言。不得已乃有與盛京卿合領分辦之議。而官機作價二十五萬，商另集股二十五萬，合五十萬，是爲官商合辦，又爲紳督商辦之緣起。今商股二十五萬中，由公款撥作商股者，三萬八千五百（洋務一萬五千五百兩，鹽務二萬三千兩）。其餘十八萬有奇，皆由商集，何嘗全是官本。自前去兩年以來，所用以買地築基，浚港築岸，造行棧，造廠，造辦事及工匠房，運機擦機裝機，添購機件，并電燈、滅火機等，逾二十一萬，即取資於此。間有許定股份尚未到足者，悉由謇令商董隨時籌墊。今以開機在即，籌集買花買煤，行本須二十萬，方敷周轉；盛既違約，劉又失機，籌劃之方，處處乖午，又不得已而始瀆公聽。私自以爲機器房屋呆本也，既官商合任。買花買煤之活本，亦應官商合籌。謇介官商之間，兼官商之任，至於計窮力竭，而後備陳計劃，待擇於公，而施行之。持平地覆簣之終，而謀長袖善舞之始，恐亦公之所責於謇者應爾也。公國之棟梁，而謇則自甘廢棄之榱桷也。時局艱危，外侮狎至，九重宵旰，時以振興商務而言。往者公以商務屬謇，辭不獲命，豈不以謇固嘗叨一命之榮，雖以客授爲生，必當盡尺寸之效耶。通廠之事，即非謇主持，謇既承乏商務，該商董等因内地創辦之始，風氣未開，商力不足，援東西洋各國國家補助商人之例，請爲上陳，亦不容於壅隔，何況痛癢并在一身。設坐視官商合辦之廠行本不敷，垂成中輟，有棟梁之臣而不一告，其以公爲何如人耶？兩江轄地數千里，兵刑錢穀，有或乖宜，士農工商，有或失所，皆公職守内事。況此項廠務，官商資本，明明五十萬之多耶。謇之無狀，干預官事，越俎代斲，則均似之。公以庖代謝客，未諳斯義。雖然，謇則固有罪矣。儒而謀商，寠人而任數十萬之事，不量而屢犯人之所惡聞，三者皆背於道。知其背道則當戒，戒則當退。所幸機器已安，廠工告畢，煤畧儲備，花亦開收，謇與商董從事三年，未用分文薪水（即在事司事，止有津貼，而無薪水；薪水須開車後起支），猶可使心事皎然明白於天下，即無毫末須待彌補於後人。仍乞公稍回疾怒，以國家振興商務爲心，以官本商資爲念，另簡賢能，及早籌款接辦，俾謇竟然脱於衆穢之口。而早開車一日，早占一日之息，亦藉以稍减咎責於過聽入股之朋儕。感荷宏施，實無涯涘。至商務局一席，既不能爲商請命，即不應濫玷虚名，合并請辭。此局得坐辦一人，已足承應文牘，無取吹竽之士充牣稷下也。語曰：切人不媚；又曰：惟善人能受盡言。公善量優裕，謇又辱賓禮有年，不敢唯阿自賤，冒犯尊嚴之處，伏乞涵鑒。無任悚惶待命之至。

張謇研究中心等《張謇全集》第三卷《大生紗廠章程書後 清光緒二十六年**》**

張謇治紡廠五載，察世變，觀物情，消息利鈍，倏忽彼此，不能無所慨於中。光緒二十六年二月編次本末章程帳畧既竟，乃序之曰：嗟呼！士欲勞苦於世，而斤斤於人之知不知淺矣。循逌初六之義，則處危厲不宜有所往；循否初六之義，則雖上下不交，而不可一日不志於君。匹夫之名，一挂朝籍，曾不日月，退屏江湖，私以爲菲材薄植，未戾於潛遁。而策中國者，首曰救貧。救貧之方，首在塞漏。凡天子之所憂勤，大臣之所計劃，天下士之所攘腕而争，大抵劃一矣。洋紗故中國漏卮大宗。通州爲亞洲産棉勝處，南皮、新寧以謇家在焉，屬治紡廠。謇不自量，輒亦毅然自任以必成。私以爲嘗被天子、大臣一日之知，方世多難，不可泯焉。即溝壑錙銖自效，未戾於否貞。顧五年以來，蒙世疑謗，不可窮詰。綜其大要，亦判始終。始終二途，略有五變。窮子朒財，不量其不束則騃；豎儒賓賈，不慮其弗伍則鹵；屢敗屢進，群鼻嗤而不省則蠢。不賄市而蘄通，不彪外而暴窮，則又顓而侗。此自其未成而肖之也。幾乎成則財之朒於窮子也，賈之賓於豎儒也，屢敗而屢進也，不阻於蘄通，而不病於暴窮也。又舉足爲罪也。罪易指名，嗜利得征，紡廠賈事，若非賈人，循是以往，可以張吻觸矛戟，舉足挂榛荆矣。遁尾之厲，信乎其厲也。雖然，人之罪我者，不得遂謂人之不知我也。彼蓋知其所知。其所知者，其所同者也。有不同於我者，則形疑之，聲非之。不相知卒莫能相假也，此莊生之所謂是非也。然則不相知不相假無害。且夫攀藤而躋絶壁，精聳氣奪，共命於藤；苟未陟嶺，藤時時可中斷而踣也。縱扁舟而陵風濤，乾眩坤愕。共命於舟；苟未薄岸，舟時時可傾覆而没也。時乎欲斷且覆焉，而咎攀而罪縱，雖甚相愛者之詞，不必與疑與非者之詞二也。而攀藤縱舟者，口有所不暇辭，而心有所不暇計；及乎陟巔薄岸，訝爲天幸，疑與非者之詞，不必與甚相愛者之詞二也。而共命於藤與舟之人，息喘凝悸，猶若置身於風濤絶壁之間，目戰斗乎龍魚，而耳嚶咿乎猿猱，亦竊竊焉自疑其有天幸。若此者皆人情也。此謇之不能不懔然以恐，而悄然以悲者也。《易》之言否也，曰不利君子貞，曰小往大來；然則以貞自處而有往者，其尤宜慎哉，其尤宜慎哉。次筞廠事百分之一二，以諗四方同好，庶知謇所遭值，與其本心所在，亦藉與凡爲紡廠者鏡焉。

南通市檔案館等《大生集團檔案資料選編》紡織篇Ⅲ《大生紗廠向益源祥號購煤合同光緒二十七年四月二十九日》 立合同大生廠、益源祥，今定成益源祥御德頭號煤一千二百噸左右，由東洋御德礦裝夾板船，分先後兩次運至通州天生港停泊交卸，每噸計九八規元六兩整。進口護照歸大生廠辦妥，惟税餉、起貨小工費項均在煤價之内。言明船到天生港即開艙起煤，大生雇定駁船過磅卸貨，除遇風雨耽遲外，每次一船，限六日起清，不得逾期。第一次約於華六月初十左右到通，第二次約七月初到通。卸清後取見收條，回滬十天期票付價。言明包用頭等火力，與魯麟前煤一律，如有火力不足以及潮濕、灰屑等弊，任憑摺價。船期如有耽遲及天生港各項費用，歸益源祥認賠，至期煤不見到，有誤廠工，歸益源祥由滬另購好煤按期運通應用外，隨時議罰，不得有誤，立此合同，一式兩紙，各執一紙存照。

光緒二十七年四月二十九日立合同

大生紗廠

益源祥號

經手 楊西石 陸歧剛

南通市檔案館等《大生集團檔案資料選編》紡織篇Ⅲ《大生紗廠向上海慎泰恒煤號定購煤合同光緒二十七年五月》 立合同慎泰恒號，今承南通州大生紗廠定購頭號御德馬崎煤約六、七百噸運通試用。自訂合同之日爲始，盡四十天内由夾板帆船運送南通州天生港拋江，艙面過磅交卸，所有帆船水脚、起艙小工洋、關税項均包在煤價之内，與廠無涉。每噸價值若干，俟大生廠用見，火力照魯麟上次所辦一律，議定每噸規元六兩。空艙之日取有收條，先付十天期銀八成，其餘俟試用半月後議定價值找給。倘火力不足，將價照減；如貨價相當，再議陸續訂購。爲此立合同一式兩紙，各執一分，簽字爲憑，存照須至合同者。

大生紗廠

慎泰恒號

光緒二十七年五月初　日訂

南通市檔案館等《大生集團檔案資料選編》紡織篇Ⅲ《上洋德昌號承運大生紗廠煤炭成單光緒二十七年八月二十日》 今成出大生紗廠金剛煤三百噸，每噸實價規銀五兩二錢，其貨即在近日覓尾船裝送通州，船邊交卸；又成出太格統煤三百噸，每噸實價規銀六兩二錢，其貨待東洋運申，約九月底飭尾船運送通州，船邊交卸。尾船到通州即由大生紗廠雇船出駁，不得遲延。待貨卸舒，其銀向申大生賬房算取十天期莊票。欲後有憑，互立存單存照行。

光緒二十七年八月二十日立成單

上洋德昌號書柬

張謇研究中心等《張謇全集》第三卷《爲開辦通州大興面廠咨呈清光緒二十七年》 奏派經理通海一帶商務翰林院修撰張咨呈

爲咨呈事：據江西試用巡檢徐石麟、文生陳運昌、江蘇試用縣丞俞邦林、監生宋錚禀稱：竊職等去歲十二月十七日以倡辦磨面小機一部，就廠貼費試辦，一面集合公司添機推廣，禀蒙咨呈督商憲批準照行在案。職等試辦一月後，即將小機停止，隨去上海添購較大之機，復往蕪湖察看益新公司石磨面廠機器情形，通境仿辦尚屬相宜。本地磨坊人等亦慮外來機面日多，本面受擠，情願合股擴充。職等即於小機停止後，將所有貼廠各費照章核交大生紗廠，另集公司，取名大興，即在唐家閘附近處所造廠專辦。惟念磨面機器在通海係屬創舉，一切考察籌辦、勸集資本種種不易，非有專辦年限，恐圖始者將成而争利者又至。伏查大生紗廠初辦之時，亦因創始艱難，請援上海華盛廠例，如有添設皆作分廠，由原辦人禀請并議貼費，以十年爲滿。今同在通州試辦面機，事同一例，擬請援大生廠專辦年限，十年之内，如有添設，即照分廠貼費若干。現在機器均已購定，廠屋擬即動工，理合將停止前附紗廠試辦貼費已清，購機另辦情形并援照專辦年限聲明陳請咨呈督憲批示立案。等因前來，據此。查上年徐石麟等禀經咨呈核準，以磨面小機就大生紗廠貼費試辦後，即經該紳等隨時考察麥價、面色，就銷本地尚屬相宜，可以推廣試辦，是以未足一月，即將小機停止，所有貼廠之費仍按一月照前禀貼費拾壹元四角二分七釐，業飭廠董核明收訖。該紳商等所集公司，既有成數，機器業經購定，似應準其推廣，造廠專辦。惟創始之事，實屬不易，所請專辦年限若須擴張，工商實業亦實有不得不然之勢，是否可行，理合咨呈貴大臣鑒核示復立案并飭通州地方官給示保護，以興商務而開風氣，實爲公便。須至咨呈者。

南通市檔案館等《大生集團檔案資料選編》紡織篇Ⅲ《大生紗廠向魯麟洋行購煤合同光緒二十七年十二月》 立合同大生紗廠、魯麟洋行，今定成魯麟洋行頭號御德煤二千噸左右，由東洋御德煤礦裝輪船運至通州天生港停泊交卸，每噸計九八規元六兩五錢。進口護照歸大生廠辦妥，惟税餉、起貨小工費項均在煤價之内。言明輪船到通州速即開艙起煤，大生紗廠雇定駁船過磅卸貨，除遇風雨禮拜耽遲外，限五天起清，不得逾期，如逾期一天，應聽償三百五十元，歸大生廠自認。煤輪約華二十八年正月半至二月半交貨，俟煤卸清後當取收條，回滬即付十天期莊票，不得遲延。其煤照前樣一式，如有更變以及火力不足并潮濕灰屑等情，任憑摺價議罰；貨照原樣無異，大生廠亦不得藉口推諉。欲後有憑，立此合同，一式兩紙，各執一紙存照行。

光緒二十七年二月　日立合同　　大生紗廠

魯麟洋行

經手　虞治卿

貝名震

張謇研究中心等《張謇全集》第三卷《爲開辦榨油廠咨呈南洋大臣清光緒二十七年》 竊光緒二十七年九月二十二日面承鈞諭：華盛與上海各洋廠合股在通海分設軋花榨油廠，與歷來約章不合，通廠曾有與華盛合股之説，可斟酌定議。二十四日承示商約大臣盛電開：華盛擬在通海分設軋花榨油廠，令各洋廠均合一小股，正在籌議間，大生廠亦願合股，均未議定。奉電遵囑華盛將軋花榨油機器并設大生廠，不與洋廠合股等因。遵於十月間與華盛廠總理盛守宣懷往返函商訂議，十一月初二日盛守來函訂定所購瑞記油機價一萬兩，華盛、大生各認一半，作爲股分，其餘一切由大生主持。查瑞記此項榨油機係華盛前代山西定購，既因山西不用，退還機件之内并無引擎、汽爐等項，是以通廠初議與華盛合認機價，就通廠附設用通廠所出棉子榨油，即用通廠引擎、汽爐之餘力，事屬彼此有益。既經逐細規劃，附設處所多有不便於紗廠之事，去其所不便，則油廠花費之錢足可自置引擎、汽爐。因更酌量變通，議於紗廠隔港空地另設，約估建造廠棧房屋，購買引擎、汽爐、器具及營運資本，需規銀五萬兩。除機價由華盛、大生兩廠分認一萬兩外，其餘四萬兩由通廠認集，并請如皋縣在籍翰林院編修沙元炳幫同招集料理。其管理重要廠事之人，按公司通例由通廠與沙編修商酌分派。廠名廣生，其集股章程亦均商同訂定。擬即築基儲料，建造廠棧房屋，一俟秋冬之間，新棉子上市即可開辦。所有承諭與華盛合設油廠變通辦理及添請沙編修幫同集股料理并擬集股章程理合咨呈貴大臣。伏乞鑒核，迅賜示遵，無任公便。

張謇研究中心等《張謇全集》第三卷《通州廣生油廠集股章程清光緒二十七年》 一因就大生紗廠棉子，故此油廠附近紗廠而設，廠名廣生。

一因就華盛廠前代山西在美國名廠購定後置不用之機，故購價較廉。

一此項油機内無引擎、汽爐，現已另購，其馬力較大一倍，預備擴充。

一集股以規平銀五萬兩爲限，仍限一百股，每股規銀五百兩，半資營造廠棧，置備器具，半資運本。

一定本年秋冬間新棉子上市開機，惟運機、造廠須在夏初。凡願入股者，先行報認若干股，按股隨繳半數，以五月初一日起，六月三十日爲止。第一期逾限不繳股名撤銷；第二期不繳有兩股者，并作一股，有一股者，別與不能繳足者并股。第一期給收據，第二期以收據换股票。

一如第一次繳股期内，即將全股繳足，除應繳之半數不計息外，其第二期半數即以交到日照計官息，其息於開辦獲利後按交到先後核給。

一股東得助紳查察廠事，事有因革，人有乖合，股東得隨時查實告紳決議辦理。

一比照各國商律，公司董事任期三年爲滿，届滿之先由紳知照股東會議另選。若其人經董廠事公正勤明著有成效者，仍留接辦；若介可去可留之間，知照股東會議照認諾過半例核辦。

一初辦章程，股東得各舉見聞與紳考訂，以後每年正月集議一次。董事如有私弊損害廠利，爲股東察實者，得舉證告紳，即時辭退，各司事同。

一開機後獲有贏餘，先除開辦費，除清後各股東止收正息八釐，其餘息除酌提公積、摺舊、保險，第一年存廠周年生息六釐，次年支付，以後均遞遲一年（如甲年餘息遞至丙年三月付，乙年遞至丁年三月付）。

一餘息除提公積、摺舊、保險外，作十三股分：十股歸股東，三股歸紳董及在事人花紅，按年提分，不隨股東餘利存廠。如自願存廠生息，聽其另作存款。

一照各國公司例：首創業人應有報酬費，并在初年餘息内酌提。若創業人不收，專款存儲，聽創業人辦他項義舉撥用。

經理章程

一管理執事有總核全廠工料、稽查庶務之責，事無鉅細，皆須悉心考察。

一每逢禮拜，各執事聚會一次，討論一星期内辦事得失，隨時改良，大事商明總辦裁酌施行。

一進出貨之暢滯，存貨之多寡，銀錢之盈絀，支銷之奢儉，應隨時考查，商明總辦籌劃辦理。

一各執事設有小過，宜加規勸。如有行止不端，違背廠章，徇私舞弊等事，應詳告總辦查實裁處；知而不舉，查明同過。

張謇研究中心等《張謇全集》第三卷《致趙鳳昌函清光緒二十八年》　新歲萬福。通廠搭辦榨油，前托致意子光，邀其入股，便於咨訪照料，不知已否轉達？何霞軒已否到滬？鄙意望其來籌商一切，俾事之發端，委宛曲摺，都相明晰，以後便於辦事。希一問何世兄。仲弢昆季在滬，不能往晤，歉歉。敬請竹君仁兄大人大安。

弟謇頓首。正月十四日。

張謇研究中心等《張謇全集》第三卷《致趙鳳昌函清光緒二十八年》　仲弢來否？來乞飛示，未來則不能再候矣。梅公夫人處有無回訊？如有説，祈見示，或將來由廠帳房函知。

竹君仁兄大人惠覽。即請大安。

弟謇頓首。三月十六日。

請回示。

南通市檔案館等《大生集團檔案資料選編》紡織篇Ⅲ《上海瑞記洋行承辦大生紗筒合同光緒二十八年四月二十三日》　立合同上海瑞記洋行、通州大生紗廠，今承大生寶廠委向外洋訂購十寸紗筒五十格羅司，每格羅司實價英金二十五先令；七寸紗筒一百五十格羅司，每格羅司實價英金十四先令；細紗筒八百格羅司，每格羅司實價英金八先令。水脚、保險、關税、行用等費照地亞士前例一應在外。自立合同日起，期限三個月，運至上海碼頭棧房交卸。全貨到滬，倘驗得與封存原樣不符，抑或攙雜次貨，任憑退换。交付提單後，應付鎊價照上海匯豐銀行市價作算，兩不受虧。立此合同一式兩紙，各執一紙，簽字爲憑。

立合同　上海瑞記洋行（印）

通州大生紗廠（印）

光緒二十八年四月二十三日

西歷一千九百零二年五月三十號

南通市檔案館等《大生集團檔案資料選編》紡織篇Ⅲ《江海關發給大生紗廠貨船護照驗單光緒二十八年三月十月》　監督江南海關分巡蘇松太兵備道，爲給發照驗單事。今據商人大生紗廠船户張百順禀報，後開貨物業經完納出口税餉，今將該貨運往通州口銷售，合行發給照驗單，持赴貴口，呈請查驗。單貨相符，即便放行，須至照驗者。

計開：
地燈管四百六十九祇　白鉛皮二箱
青鉛皮四百五十斤　機油二十五桶
白棕繩六十斤　鐵五十五擔
月灣一箱　焦炭五噸
包紗紙二捆　麻綫五十斤
黑煤粉二桶

光緒二十八年三月十二日給

監督江南海關分巡蘇松太兵備道，爲給發總單事。今據商船張長安報裝，後開貨物已經查驗相符，完納出口税餉，除給發收税單外，合給出口貨總單，持赴通州。貴關以憑稽核可也，須至單者。

計開
機器油二十八桶　錫一枚
皮帶四卷　銅刷十六把
籃紙二捆　地燈管四支
白棕五十磅　鐵羅絲一箱
銼刀十打　青呢五碼
麻綫五百十九斤　牛油三件
頭號皮帶九十打　鐵絲一百斤
洋燭十箱　元絨四匹
銅絲卷五十盒　藤皮四件
羅絲釘門十二包　紅土六件
銅絲布三十匹　粉條十五盒
黑鉛粉五十磅　洗船刷一打
皮帶扣一百二十打　紅泥五噸
書一包

光緒二十八年十月十四日

張謇研究中心等《張謇全集》第三卷《翰林院修撰張咨呈清光緒二十八年》

爲咨呈事：光緒二十七年十一月初一日承準照復開：江西試用巡檢徐石麟等在唐家閘附近處所另設大興磨面公司所請專利，仿照無錫磨面公司案，以五年爲限，其所出之面，應如何酌定税捐，并令參仿錫、蕪等處公司之案，酌中妥議，以憑核飭遵照，相應照復，煩爲查照見復施行等因，承準此。當即轉飭去後，兹據大興面廠董事徐石麟復稱：本年正二月間開工度地建廠，至五月中旬一例告竣，現方裝設機器，約七八月間可以開辦。税捐一節，歷訪上海、無錫、蕪湖、浙江等處，上海之阜豐就銷本地者多，例得免税；無錫保興尚未定章；蕪湖之益新其捐税無可查考；浙江利用公司則概免税釐，有其分運單可憑。通州小麥半仰給於泰州，面則就銷本地。由泰州境至通運麥所經應完釐卡不止一處，是生貨既已有捐，此項銷本地之面又係創辦，獲利厚薄尚無確實把握。爲開通風氣計，擬請援照浙江成例，寬免捐税。惟現當公家竭蹶之時，雖一面廠之税捐所入至微，而默體時艱，不敢以是爲請，擬請照專利五年期限。此五年内，懇請咨呈督商憲垂念集股爲難，事屬創始，謀利不易，寬免税釐五年後，凡運銷出境至毗連揚屬之泰州、東台境内者，臨運之先，由廠向通州釐局報完熟貨捐一道，請領局照運往指銷之地，沿途不再報捐，以期簡便。至面捐一項，向在雜捐之内，并無專條，故無定數。惟泰州間有運面來通之船，詢之該船户，自泰到通捐費每石三十餘文至四十、五十文不等，此外無可查考。相應詳悉聲叙，懇請咨呈督商憲轉飭釐捐局，按每石三十至五十文核議定數示遵等因，前來。查泰西各國米面供民食者無税，又生貨、熟貨止税其一，今該董援浙江例，懇請開辦後免捐五年，第六年運銷揚屬泰州、東台縣境者應捐每石若干文，請預由釐捐總局酌議定數。所陳各節似尚平妥，江北地僻民窮，亟宜大開風氣，以興農工商業。若勸導能及之事，甫成一業，即以税釐困之，閡重本而無驟效，於新機不無妨礙，似機器製造土貨之事，止請免捐五年，尚屬可行。轉瞬開辦，理合先行咨呈定案。爲此咨呈貴大臣鑒核飭議示遵，須至咨呈者。

南通市檔案館等《大生集團檔案資料選編》紡織篇Ⅲ《馬立師順興行爲大生運送機器木材合同光緒二十八年九月至二十九年九月》

立承攬馬立師順興行，今攬裝到通州大生紗廠洋松十餘萬尺，由上海裝江寧尾船，運至通州天(星)[生]港交卸。言明水脚每萬尺計英洋三十三元二角五分照算。其貨經順泰木行駁至江寧船邊裝載到通，憑提單檢數交清，倘有短少，向順興行照賠。其水脚裝就先付一半，其餘待交清如數找訖。恐後無憑，立此承攬據存照。

光緒二十八年九月吉日立承攬

立承攬馬立師順興行，今攬裝到通州大生紗廠紡紗機器十八部，共計一百九十一件，由上海裝江清尾船，運至通州天(星)(生)港交卸。言明水脚照前打九摺。其貨經順興行放船至碼頭裝載并拖輪碼頭費一切在内，憑提單檢數交清，倘有短少，向順興行照賠。其水脚裝就先付一半，待交清如數找訖。恐後無憑，立此承攬據存照。

光緒二十九年六月吉日立承攬據

再批其貨在棧於本月二十七日爲止，至後棧租歸順興行照□。又批。

立承攬馬立師順興行，今攬裝到通州大生紗廠機器共五十九件，由上海裝海寧鴨尾船運至通州天(星)(生)港交卸，言明水脚共計英洋一百二十元，駁費一切歸客自理。到通憑提單檢數交清，倘有短少，向順興行照賠。其水脚裝就先付一半，其餘待貨交清如數付足。恐後無憑，立此存攬據存照。

光緒二十九年九月吉日立承攬

南通市檔案館等《大生集團檔案資料選編》紡織篇Ⅲ《大生紗廠向日商裕信洋行購煤合同光緒三十年正月》 立合同承攬據日商裕信洋行，今攬到大生紗廠購定頭號御德煤二千噸左右，其貨限四禮拜，由東洋裝輪直放至通州天生港抛錨交卸，每噸計九八規元六兩算整。言明煤質與貴廠所買魯麟頭號御德煤相同，如火力不足，任憑按成色摺價；倘火力加增，價亦須按成色依羅數照加銀兩不誤。稅餉、起貨小工費項均在煤價之内。船到通州次日開艙起煤，貴廠雇定駁船過磅卸貨，除遇風雨耽遲外，限六天起清，不得遲延，如過船期，歸尊自理。俟卸清後，當取收條，回滬即付十天期莊票。恐後無憑，立此合同承攬據兩紙，各執一紙，存照行。

再批，煤到由貴廠試驗，如貨與前樣不相符者，聽憑摺價議罰并照行。

光緒三十年正月初七日立合同承攬據　大生紗廠

裕信洋行

中保　寒田駒造

正康煤號

經理郭少甫

再批，又購芳穀煤三百噸，由滬用鴨尾運通，價六兩二錢算，護照各費均照前式。限三禮拜運到天生港船邊交卸。此煤應加價六錢，因郭少翁情面，特讓四錢。此次係試用，下次再辦價須另商。又注。

南通市檔案館等《大生集團檔案資料選編》紡織篇Ⅲ《大生紗廠爲設分廠由山西商務局轉購紗機合同光緒三十年八月二十四日》 立合同議約通州大生紗廠、山西商務總局，所有山西省於光緒二十四年奉前任山西撫院胡奏準，飭令招集商股，在絳州地方設立紡紗廠，派員赴滬定購機器。經地亞士洋行承辦，全副紡紗機器計一萬二千錠子，直至二十五年十月始由外洋裝運到津，係委員賈景仁點收，分存仁記洋行棧放，計粗細紗機一千三百餘箱，其續到之引擎、鍋爐等件又五百餘箱，即在塘沽鐵路馬頭堆放。比以機器重大，運道艱難，未即運往絳州，旋遭拳洋之亂，抛散暴露，剥銹損失，又經地亞士收拾歸并。迄今五年中間，直省有創設紗廠使用此機之議，因機件不全、股本難集中止。今年六月，通州大生廠增設崇明分廠，念及山西所購紗機未用，存放天津棄擱已久，經張季直殿撰、惲莘耘觀察與山西撫院張往返函商允準，彼此派人到津查驗，苟可使用，不以終棄。今山西商務局總辦候補道鄭景福帶同隨員來津，會大生紡紗廠總辦張察叔(岩)(儼)、惲觀察禹九，帶同洋機器司忒納，眼同拆視，各機闕少，銹損甚多，所幸尚可修配，復經禀請北洋商憲袁，派令銀圓局總機工員李祥光帶同洋工艾慕理覆加查勘驗明，時值銀五萬兩，經鄭景福據實禀奉山西撫憲，電準照行。各在案所有前後兩造，各有應行、認用之款條議如下。合立議約，各執一紙爲證。

一議，山西省前於光緒二十四年經地亞士洋行承辦英國赫直林敦廠華棉細紗機四十張，每張三百錠子，計一萬二千錠子，隨配引擎、鍋爐、三等清花機、鋼絲梳花機、棉條機、三等粗紗機、摇紗機、小打包機、磨電機，凡紡紗全廠一切應有機件，按照原立合同，如數售歸通州大生紗廠，增設崇明分廠。因各項機器銹損不全居多，公議照時值價銀五萬兩整。

二議，此項紡紗機全部於二十五年十月經上海地亞士洋行先後從外洋運至天津，交山西商務局委員賈景仁查收存棧。凡此次與通州大生廠未訂合同之前，所有天津地亞士、仁記兩處與山西一切賬目，棧租、保險種種費用銀錢，均歸山西商務局理涉承認，概與大生廠無干。

三議，訂立合同之後，銀在上海存放，聽憑山西指撥，須先期知會，隨時照付，由收銀處掣取收據爲憑。

四議，此項價值銀五萬兩，仍照原購時章程合規銀交付。

五議，此項機件在津由地亞士、仁記兩行訂定指交之後，無論多少，皆大生廠查收，不干山西之事。

六議，所有開箱單、安機圖樣原派司，凡與此項機件有交涉之筆據，均由山西委員向地亞士索交大生分廠，以憑查核辦理。

光緒三十年八月二十四日立合同議約

通州大生廠　張　謇

山西商務局　鄭景福

與議　惲毓昌

姜士棻

南通市檔案館等《大生集團檔案資料選編》紡織篇Ⅲ《上海殼件洋行承運大生崇明分廠紗機合約光緒三十年十月》　立承攬經理轉運及拖船有限公司殼件洋行，今攬到大生崇明分廠經地亞士由天津裝太古行濟南輪船運來紡紗機器、鍋爐引擎、大小箱件共一千八百餘件，約重一千二百餘噸，約十月二十左右，濟南船駛抵吳淞。之前殼件應預先備齊，約容三百噸之大駁船六祇，拖駁輪船一祇。大生廠派人督同將濟南船所裝機件迅速妥爲卸入駁船，拖運至崇明北三和港（惟須視駁船及拖輪八尺吃水能到之處爲止），交大生廠，限四日卸清。其在濟南船卸貨之駁船應備各件，均由殼件備齊，當經言定小工、駁力、拖費一應在内（其在吳淞駁船及運至崇明保險須歸大生廠自理）共計規銀三千五百兩整。其在三和港駁船、拖船吃水能到之處交卸時，應用摇車及起重各機件，應由大生廠自備。駁船以到崇明之日起，大生廠應備足小工，限四日内卸清，倘逾限一日，大生廠須按未卸之駁船每日每祇償還殼件船費銀三十五兩。此係經中言定，各無異言，立此承攬，一式兩紙爲據。

再批立承攬之日起，先付定銀一千兩，另立收條爲憑，餘銀俟貨卸清之日付足。所有由吳淞拖至三和港領港人，由大生廠代雇費洋一百元，由殼件照認，合并批明。

濟南船水脚、税餉以及崇明落地税項等概歸大生廠自理。又批。

光緒三十年十月　日

西歷一千九百零四年十一月　號

大生崇明分廠

上海殼件行

見中　朱衡齋　戴敦川

南通市檔案館等《大生集團檔案資料選編》紡織篇Ⅲ《大生分廠章程光緒三十年》　銀錢所章程

經董一人，正賬二人，副賬二人，管庫一人，學生一人（事多得加一人）。

經董有通計一年出入盈虚之責，有檢收緊要契票摺簿書訊、查考全廠賬目之權。

正賬有協助經董通計一年盈虚、查考全廠賬目之責，有專管緊要契票簿摺書訊之權；經董他出，得受權代之委托。

副賬協助正賬，亦得受正賬權代之委托。

管庫專司看察收管驗發銀錢。

銀錢賬房章程

一成本

甲、所有股款專列一册，仍按經招之人分別查注，其由正廠股分餘利撥入者另列。

乙、購買廠基之地，坐落方向、户名、畝數，一一查契，按年月抄記編號，專列一册，附係以圖；開河、墊土、築路工價，一并隸入。

丙、建造全廠房屋及工房、市房，位置方向，高廣寬深尺寸，土木鐵石工料價值，按進分晰開列，專列一册，附係以圖；廠外橋閘各工一并隸入。

丁、機器分別山西、英國所購各件及修配件數價值，斷自全機裝完爲止，分別查明，專列一册；備件亦斷自全機裝完爲止，一并隸入。以後歸工料賬房匯報，另册存記。

戊、辦事處、花行、批發所、洋匠、機匠房等處，一切常用器物備齊後，分別查間所在及件數、價值，另列一册。

己、總董、經董及各執事公費薪水，洋匠、機匠工價，并未開車前之津貼，專列一册；不付者注明存賬。

庚、自甲至丁屬定本，丁至續增機器及戊己條歲有增減，屬不定本。惟既增以後，及續增之市房、工房即屬定本。每届年終，按此分列。

一運本

甲、除地基、廠屋、機器、什物一切成本外，所餘股款皆作運本，專備買花之用。

乙、尋常籌調經董計定，憑總賬親筆蓋戳；書訊訊稿，由經董簽字，臨發復閲，不另出銀錢憑票。

丙、特別籌調，候經董或協商總董議決行止，應由總董、經董加函者，商明加函。

丁、籌調之款到總賬房後，由總賬房憑花行付款單核發。

戊、批發所收進紗價，每日報總賬房；成數至千，即送總賬房核存。

己、花行用款，本莊前一日核數單報總賬房照領，外莊不定日由花行經董及司賬核數單，報總賬房照領。

一常支

甲、總董、經董及各執事公費薪水，按月由總賬房照章分送；洋匠、機匠薪水，由工料賬房向總賬房領，照章按月分送；各夫役、巡丁工食，由雜務賬房向總賬房領，照章按月分送。送訖各自匯報。

乙、每月伙食，由雜務賬房核數開單支領，月終結報總賬房。每年修理房屋一次，亦由雜務賬房估工核數，開單支領，工竣結報。

丙、每月全廠工資，由工料賬房核數，開單支領，月終結報總賬房。

丁、銀元、銀角、銅元、制錢，概由總賬房兑换核數，應各賬房之用。

一特支

甲、立特支簿，凡花行、工料賬房雜務有特別用度者，由經董與總董或銀錢經董協商核定，簽字後支發。并與運本一條參看。

乙、特支事竣，應得結算與預估之數復核，列表報總賬房。

丙、僅係地方善舉，非本廠正確義務，數過百以外者，應由總董裁決，逾千數者，總董與股東會議，總賬房不得專輒。

丁、各執事於月支薪水外，不得懸藉。其有因事故告商者，須總董或經董許可，特書照正廠章程：家貧而有父母大故者，準支三個月，有別項喪葬及婚嫁者，兩個月；年終而來年仍聯者，一個月；辭退之人，過本月初五日，準支本月。

一正副賬

甲、與各賬房往來，立支及回單簿。凡有支取，支單之數與回單簿同蓋戳照支後，單存總賬房，簿回各賬房。

乙、各處來賬，有代各賬房墊付、代收之數，先交各賬房查核，賬目設有不符，由各賬房隨時查問；其符合者，結并總數，單告本賬房照轉。

丙、各處日報、月報，隨到隨核。符者按月匯存備考，應轉賬者即轉，設有不符，近者隨時交還更正，遠者摘録寄問。

丁、各賬房賬目有誤，得隨時調取各賬簿查核。

戊、銀票非確鑿可憑者不收；收入用出，另簿詳記來歷、牌號、日期及經手姓名。

己、每一星期實存銀錢若干，單報經董，以備核籌。

庚、洋盤漲落，拆息大小，皆照滬市。滬單到時，交各賬房閲録，原單存總賬房。

辛、逐日賬目，由副賬一人登流水簿。至晚核明，交副賬一人，次日午前分謄各簿，不得延緩。

壬、月終核結總單，年終核結賬畧，由副賬草創，總賬核準，造送經董，付印報告各股東，隨息分給。

癸、與正廠及滬賬房交涉單訊編號存稿，與他處訊亦存稿。

子、填换股票息摺，必先考對繕發；注銷者，仍存備考。

丑、開結賬單簿摺，必經正副賬兩人閲復。

寅、凡外來信件，關係某一賬房者，交閲後仍行收回。其各賬房有至總賬房調查訊據者，得由總賬房交查抄録，不得擅取。

一管庫

甲、鎖鑰歸管庫專責。若有他事，不在總賬房或請假者，須點明所管，轉托正副賬一人代管。置鑰必有常處。

乙、銀元看驗收進，蓋印付出，無印者不换，不應收者，不得蓋印。

丙、支發銀錢，親自檢點，會同副賬一人驗發。

丁、若有他處寄存銀錢，另立一簿，載明收付日月、經手姓名，不入正賬。

戊、每日盤查實存，會同副賬驗明收儲。

己、銀錢房内非管庫有事請助他人，不得獨自入内。

一學生

甲、學生時習書算，助理日行之事，無事不得他出。

乙、抄録訊稿，助寫報單。

丙、得助管庫封發支款，收儲入款。

丁、事少時，客來亦應供給茶烟。

戊、設有升調，必擇謹飭子弟補换。

已、服從正副賬之規戒及指揮。

進出貨所章程

經董一人，司秤二人，內賬一人，外賬二人，發莊二人，管棧二人，學生五人。

經董有通計一年用花，籌劃隨時銷紗之責；有考核花紗優劣，督察用款，操縱漲落，節制開收停止之權。

司秤有協助經董通計廠用花數，精選花色，度量花價之責；有考驗外莊收花宜否，督察外賬、發莊、管棧、學生、司務及外莊司秤之權。經董他出，得受權代之委托。

內賬有與銀錢所交涉、綜核銀錢、與司秤綜核花價之責，有查察外賬之權。

外賬有與司秤協理核明每日花價之責，有查察發莊之權。內賬他出，得受權代之委托。

發莊有每日清櫃，對賬核數之責。

管棧有謹守鎖鑰，明白出入之責。

進貨

一司秤

甲、花色首重肥白干潔，洋花棉短，潮花色滯，皆不收。

乙、子花衣分、净花衣潮摺，無論門莊、客販，均由司秤隨時報明外賬門莊，逐日清核，列號登記。客販按次清核，列號登記，并於花包劃碼，分別上次記號及斤重。

丙、子花衣分、净花潮摺不符原數，隨秤報價有錯，均由司秤擔其責任。

丁、門莊客販花色衣分肥白干潔韌長者，司秤得照平市酌量加價。

戊、蕒花須抽驗議價。議定復行抽驗，比較原抽相符者，照議定討價，不符者照成數核減。

己、花包有和水攙沙及棉子脚花者，照商會章程送官究辦。

庚、衣分潮摺隨時報明登記後，仍候軋花、清花廠實驗單比較符合爲定。

辛、餘花歸公收賬，不得隱混。

壬、秤必較準，實秤實價，外莊一例。

癸、價按滬市，仍酌就近産數之豐歉，外銷之衰旺，每日收秤後，會同內外賬酌定。

子、監察賣花人等不得在花場吸烟。

丑、逐日清倉歸棧，本日不及歸棧者，查明本日所收之數，已歸棧之數，必於次晨清結所餘歸棧。

一內賬

甲、每日需用銀錢憑簿開單蓋戳，由內賬向銀錢賬房支取，不得假手致誤。

乙、銀錢皆存內賬房，每日收花憑外賬開單支發，當晚所餘，仍還內賬。

丙、每晚復核外賬本日賬目，復訖無訛，內賬蓋戳於簿；訛者隨時查明更正。

丁、每一星期，將所支銀錢、所收子净花數、進棧包數合價若干，核結并棧發廠花若干，開單報總賬房。

戊、年終，通計一年銀錢、花數及一切開支，結明收付總數，册報銀錢總賬房；收秤後，用餘銀錢仍繳總賬房收儲。

己、花行各執事薪水，夫役工食，每月朔由內賬開單，報銀錢總賬房，次日照單核領，由內賬分送，不得私自懸藉。

庚、月費：內外賬五角，發莊、管棧四角，學生三角。照正廠章程，烟茶零用，不得另開。

辛、若因廠事外出，得量路遠近，支與特别專費。

壬、花捐照章完納，捐票由內賬收發。

癸、各外莊賬均歸內賬查核。

一外賬

甲、聽司秤報斤計價，必須敏慎，如有錯誤核數任賠。

乙、每日清倉結賬，成包若干記交棧簿，送管棧收訖蓋戳，交回結單報內賬。

丙、每日備用花價領交發莊，收秤後核結串餘，查點未用之數，單報總賬。

丁、協同司秤照管發莊及學生。

一發莊

甲、收發銀錢，必須點明數目，不得含混。

乙、滿一大銀元者，發銀元；滿一銀角者，發銀角；滿銅元者，發銅元；不滿銅元者，按數發制錢。奇零餘串，逐日核明。收串餘賬，不得隱混。

丙、無事不得出外游蕩。

一管棧

甲、門莊客販躉花，外莊花包照外賬交棧簿，按號按碼復秤。相符者，分別上次，歸并進棧；不符者，即告司秤面復更正，另立棧簿，記某莊某次之花列若干號。每晚仍與外賬核對一次，七日報總賬房。

乙、子花交軋花廠，净花交清花廠，憑廠單付花，載需用之數照發，仍記明上次按號發某莊某次之花，親往眼同過磅，記付花回單簿。斤數相符者，由廠蓋戳；不符者，隨時查注不符之故，再行根查，單報内賬。一星期并與軋花、清花處核對一次。

丙、軋花、清花廠用過袋包繩索，各向收回，勿令割裂，其有意割裂者，由該廠查出，該工賠償。

丁、袋包繩索，收入付出，分別登記，七日一報内賬，按月匯報銀錢總賬一次。

戊、花包進棧用秤，出棧用磅，如揀去黄頭脚花，立簿載明何莊何次各若干數，每一星期單報内賬，揭示於行，以辨各莊優劣。劣者照數由司秤向該莊論於下次收花摺算。

己、花子由軋花廠來，照單過磅堆棧。不符者，問明改正，賣時核銷，均各記賬，單報内賬。每一星期，由内賬單報銀錢總賬房。

庚、飛花、油花、紗頭，由清花、粗紗、細紗各廠交來，照單過磅分堆。不符者，問明更正，賣時核銷，均各記賬，單報内賬。每一星期，由内賬單報銀錢總賬房。

辛、遇雨雪，督同司務巡視，修葺滲漏。

壬、棧門無事不開，日落後不開，開時禁止外人擅入。司務不得帶烟火具。除水管外，内外多置水缸，七日查看挑滿。

癸、如有露積花包，須用木草高墊，苫蓋須密，另計棧外花簿，稽察損失，慎防火險。

子、如有事請假，自托代管之人，告知司秤、内賬，交明鎖鑰、單簿；如有過失，仍惟本人是問。

一學生

甲、服從司秤、内外賬之規戒及指揮，協助發莊、管棧料理各事。

乙、客來照料茶烟。

丙、無事學習書算，不得外出游蕩。

一司務

甲、面選年富力强、勤力無嗜好者。

乙、論包給費，不支工資。

丙、按砠踩包，不得輕重，不得有抛撒之花。

丁、伙食自爨自備，每日每人給銀若干，七日一發，不得透支。

戊、每日輪坐行前，無事兼行打掃。無事不許外出游蕩。每夜輪派查看火燭。

己、每一星期操演水管一次。設有火險，能奮力撲滅者，隨時給賞。

庚、除額定人數外，事忙由司莊酌雇零工。

辛、行門每夜十點鐘關鎖，每晨六點鐘啓。關門後即睡，未開以前須起。

壬、犯規者隨時易人，犯偷竊者送官究懲。

出貨

内賬一人，外賬一人，發紗一人，看銀一人，管棧一人，學生二人。

内賬有與廠工所考核紗色、紗支，與銀錢所交涉銀錢之責，有查察外賬之權。

外賬有考察紗色、紗支、審度紗市之責，有查察管棧之權。内賬他出，得受權代之委托。

發紗有檢點紗包、紗支之責。

看銀有收交銀錢審察之責。

管棧有謹守鎖鑰，明白出入之責。

一内賬

甲、開盤由内賬協商經董及銀錢總賬房酌定紗價。

乙、按批户、定户大小，定紗多少，内賬與經董及協商核定，隨時登記。

丙、躉批以一箱起，交銀發貨。

丁、定紗照正廠例，派定箱數，先交半價，按定貨日期先後次第交紗。

戊、包銷者約計每年銷數若干，先付包價三分之一至五分之一，按每星期紗數撥付三分之一至五分之一，仍付現價一半，更番套搭繳款。逾兩星期者，按數計息。包價存廠，亦按滬存莊計息。

己、批價準銀元核計。

庚、每日紗價、銀元價、銀角貼水，均照滬酌定牌示。

辛、銀票必憑確保，劃條必憑確訊，方可收用。仍按日期扣息，倘有失誤，仍由經手追償。

壬、各執事月俸，月費，每月朔由內賬開單報銀錢總賬房，次日照單核領，由內賬分送，不得私自懸藉。

癸、每日入款，當晚核結開單及交款回單簿，并繳銀錢總賬房點收蓋戳。尾數不滿一元者，存俟次日并滿匯繳，仍於交款簿注明。

子、專管捐票，捐數在紗價內扣算。躉紗出棧，單報本境釐局驗數，加蓋戳印下船。

一外賬

甲、零售以一小包起至三十九包止。紗包出門不退不換。

乙、零售概收現款。

丙、銀元、銀角貼水，逐日牌示。

丁、零售隨時記賬，每晚報內賬，單款并繳。

一發紗

甲、專司入棧發紗，點交買客。

乙、幫同外賬理料零售之事。

一看銀

甲、銀元隨時看定蓋印，若誤收低次，有礙信用者，任賠。

乙、若由總賬房看銀察出低次，無從追尋原主退換者，任賠。

一管棧

甲、廠紗入棧，點清箱數，按日記簿、列號、畫碼、收儲，每晚單報內賬。

乙、出棧之紗，按日點箱，查明支號登記，每晚單報內賬。

丙、遇雨雪，巡視滲漏，隨時修葺。平時須常掃除潔凈。

丁、棧門不得輕開，日落後不開，開時禁止外人擅入。司務不得帶烟火具入棧。

戊、有事請假，自托代管之人，告知內賬，交明鎖鑰、單簿。如有過失，仍惟本人是問。

一學生

照進貨章程學生甲、乙、丙條。

工料賬房章程

經董一人，正賬一人，副賬一人，管銀錢一人，學生一人。

經董有考察機器堅窳、人工勤惰、調勻出紗、籌劃用料、慎防火險之責；有稽查偷弊，節制廠工、執事、機匠之權。

正賬有協助經董查考工料之責，有理核工料賬目、比較呈報之權；經董他出，得受權代之委托。

副賬協助正賬，亦得受正賬權代之委托。

管理銀錢專司看察收發之責。

一正副賬

甲、與銀錢所往來，立回單簿，應付用款時，注簿去取，另開一單，單存銀錢所，簿俟蓋戳隨款帶回。

乙、收銀錢所及付工料支用之款，月底匯總，分別單報銀錢所復核。

丙、銀錢除每次應發工資外，餘存者結數由正賬查核，每月底單報存數於銀錢所，年終由經董徹底查核。

丁、機匠及男女工工資多寡，以工藝高下爲別，由正副賬會同機賬房考驗定數。

戊、機匠工資，由機件賬房逐日單報，月底列表報，年終總結匯報；均發銀元。

己、機匠工資，每星期核發，無得預支。若發角銀，照市貼水。伙食每人每日一角，夜班點心，每人四分五釐，隨工資同發，發時憑機房回單簿蓋戳。

庚、發男女童工工資，例用角銀。每星期按逐日報單核發，發時憑工賬房回單簿蓋付訖戳。

廠工所用物料，預先計算，并酌用數繁簡，以定備數多寡。須常有一月之儲備，隨時與管料執事酌核。

添購物料，憑物料所單報，由工料賬房開賬，寄滬賬房購備。

物料價值、件數，除隨時收核物料單外，每月按滬賬房月報，交物料所核對蓋戳，再由工料賬房轉收銀錢所付物料所賬。

如添購就地物料，憑物料所單報，由工料賬房籌辦，交物料所核數檢收。

正賬有核價給值之責任。

物料所逐日付出之料，除逐日單報外，月底分門匯總列表正賬。年終正賬有會同物料所執事監盤物料之責任。

物料所預儲物件，苟非廠用，不得由執事人通融挪藉；正賬有稽查之責任。

機件賬房交涉章程與物料所同。

一管銀錢

甲、收銀錢所工款時，眼同管庫點看明白，缺劣隨時補換，以後即管銀錢人專責。

乙、發工時，設或市面角銀乏缺，即用大洋發給，其貼水按市價照扣。

丙、每發工資餘存之銀錢，核數記簿，聽正賬查核。

丁、專管鎖鑰。若有他事請假，須得點交副賬代管。置鑰必有常處。

設考工簿。各執事如有見聞關係廠益者，得隨時書其意見；正副賬每日審察斟酌施行，或告經董酌擇。

工賬房章程

正賬一人，副賬一人，蓋戳發工兩人。

正賬有考察蓋戳及分廠逐日報單，星期結算，分類匯報之責；有查核銀錢出入之權。

副賬協助正賬，有監察分班發給工資、核收發餘歸賬之責；正賬他出，得受權代之委托。

蓋戳有查工核資之責。

一正副賬

甲、軋花、清花、粗紗、細紗、成包各廠，日夜班需用小工、童工，由各廠預計名額，單報工賬房，由工賬房先按大數招集，給各廠號牌，令分投各廠；各廠執事由各廠門口核明若干名，點數發籌，各工領籌入廠；午後兩點鐘，副賬協同發工人，持賬帶戳入廠稽查名數，與各本廠執事核對，隨蓋工摺戳帶回，核算工資，分別注册；查工蓋戳時，若有人數不符，可隨時與各廠核明更正；正賬亦不時抽查。

乙、棉條、粗紗、細紗、摇紗、揀花各廠，日夜班應用女工、童工，由各廠預計名額，單報工賬房，由工賬房先按大數招集，分投各廠，不用號牌，憑各廠執事由各廠門口，按應用若干名點數發籌，各工領籌入廠；午後兩點鐘，副賬協同發工人，持賬帶戳入廠稽查名數，與各本廠執事核對，隨蓋工摺戳，帶回核算工資，分別注册；查工蓋戳時，若人數不符，可隨時與各廠核明更正；正賬亦不時抽查。

丙、每一星期所有各廠工資，正賬分類核數，單報工料總賬房，并將逐日報單核明并合，發工時蓋核對付訖戳。

丁、正副賬於發工外，無論日夜班輪流入廠查察工摺有無訛錯。

戊、蓋戳發工人如有弊混，正副賬不能覺察，即應擔分賠之責任。

己、夜間例不發工，設有意外要事，得斟酌事理核發。

一蓋戳發工

甲、發工須分日、分廠、分班懸牌，知會工人，以免擁擠冒認之弊。

乙、工資一律發銀角，零找照市價合計，至時須另懸牌知會工人。

丙、設或市面銀角缺乏，即用銀元發給，其中貼色，亦應照市扣回。

丁、各廠工資，每次發畢，所發之數通盤結算，逐户清查，有漏戳即補蓋，有未領者查摘姓名、數目，録挂粉牌，懸賬房外。

戊、發工之日，進廠蓋戳可通遲半點鐘。午前發工至午後二點半鐘止，夜班蓋戳至十點鐘進廠。務須將本班工戳蓋畢交代，方得出廠休息。

己、夜間定例不發工資。設有緊要之事及不能緩者，可告之正賬酌量從權發給。

物料所章程

正賬即總管物料一人，副賬一人，中班一人，學生二人。

正賬有考察物料良楛貴賤、籌劃預備之責，有督率、整頓、檢理、收儲之權。

副賬協助正賬辦理各事，正賬他出，得受權代之委托。

中班有管理收發物件之責。

一正副賬

甲、應用之物料須預計分別開單，報由工料總賬房開單，寄滬購備；近地購者，辦法亦同。

乙、物料到時，須照來單查明，或論件，抑論磅，均須隨監察復核；如有不符，隨時簽明，單報工料總賬，報告辦料處查復；符者，蓋核訖戳於來單。

丙、物料付出，須憑各廠條簿，并須審其用數是否合度。合者即發料，蓋付戳，隨時登入流水。

丁、每晚須將本日之收付由流水過分類，由貨源入流水，逐日理清。并將本日付出之料，按日單報工料總賬房，不得延擱，月底匯總核報，年終沏盤復核。

戊、修機鐵件，如銼、錘(即「郎頭」之類)須憑機件賬房單報及回單簿核付。付時蓋付訖戳，隨時登入流水，至晚開報，辦法同前。

己、修機鐵件，初付時無舊可換，續付須以舊換新；收時檢明，酌予相當之付數。

庚、收回用舊鐵件，須另立舊料簿，以便查考。積有成數或熔或售，須與工料總賬房接洽訂價。

辛、煤爲物料一大宗。每次到時，即須起載、過磅、上堆；如磅數不符，隨時注明來單及收條，并報工料總賬房轉告辦料處。

壬、煤須記明産地。初運到者另堆，考察渣滓重輕。渣重則火力弱，火力弱則用多而耗本；渣輕則火猛，火猛則用少而省費增。其考察之準，以每千磅渣滓，自一百五十至六十磅考實，單報工料總賬房轉告辦料處評定價值。

癸、運煤駁力，由物料所執事核明開單，交工料總賬房發給。

子、每次運煤畢，即將此一次之煤，雇工分成八堆，復量計核，且須插牌作記，注明噸數、産地、渣滓火力價值，登賬辦法同。

丑、專派長工一名管篩煤、揀煤，事多時，由中班察看，告正副賬加用小工一二名，工資憑所揀之數，酌定登記，每星期單報工料總賬房發給。

一中班

甲、物料藏置，須分別粗細貴賤，能否受潮受壓，於到棧時，謹編號登賬。

乙、進重大物料，須開朝北棧門，除此皆由朝東門出入。

丙、與物料相關之門鎖，皆歸物料所中班經管，他人不得擅啓。

丁、晴日樓窗酌開，陰雨風霾日全閉。

一學生

甲、服從正副賬之規戒及指揮，助寫報單，協中班收發物料。

乙、事少時，客來亦應供給茶烟。

丙、無事學習書算，不得外出游蕩。

機件賬房章程

正賬一人，副賬一人，中班一人，學生一人。

正賬有考察機匠工藝勤惰精細，籌備添配物料，查理賬目報告之責；有參酌工資高下、考記功過之權。

副賬有協助正賬考核及復賬之責。

中班蓋戳，核算工資，寫報告單。

一正副賬及中班

甲、機匠不論正副，皆須有確當可信人簽押保書，保人隨記各工姓名之下，原書存工料總賬房，書式一例。

乙、隨時考察機匠勤惰浮樸，切實查記，不得稍涉敷衍；修件則按工料計值，制新則合滬市較值，一一詳記考工簿。

丙、考察各匠工藝優劣，以定工資之高下及進退，不得稍涉瞻徇。

丁、隨時考察各廠機件有無損壞及損壞之多少，車貫、地軸有無發熱及發熱之原委，一一登記考工簿，按月揭示。憑此功過，區別紅獎之高下。

戊、機匠工資，除頭目論月外，其餘皆按名發摺，蓋戳計人數、工資數，逐日分別單報，至一星期匯總開報發給。

己、機匠夜班，每人另加點心洋四分五釐。頭目論月，如當班，點心亦同。工資一律發給大洋。

庚、各車機件如遇損壞，必須將致損之由，由該廠頭目報明，方準換給，不得任便擅取。

辛、按照機匠章程，督察各機匠功過。

機匠章程

甲、上工時，凡論工者必須持摺報司賬，至開車時，亦須挨廠合查人數，倘有擅離工次，至出險誤事者，輕則初次罰，二次倍罰，三次革換；重則當時罰革。

乙、頭目亦須謹守定章，隨時約束副手及加油與搖車頭工勤慎從事，不得無故擅離工次。倘有辦事不力、行爲不正者，分別罰革；若有意將機車損壞，貽害本廠者，查出除送官嚴辦外，仍將其人照相，并所犯事狀布告蘇、錫、寧、滬各廠。

丙、機匠雖各有專責，倘一廠機器出病，本管機匠智力有所不及，別廠機匠能爲補救者，記功優獎。

丁、各廠機器如須修理及預備之件，應由該管機匠頭目報告賬房查核預辦。

戊、機匠如有換用新器具（如刀、銼之類），應將舊器送交司賬驗換，不得任意改用，即有改用，亦須報明，得司賬之允許。

己、機匠不得代人修造私物；如違，查出議罰。

庚、凡動用小件器械，必須至司賬報明，領取登記手摺，并由司賬記領用人名於簿，至停工時如數交還。倘有辭退以及自辭者，均須將經手付用之件一一交清，如有遺失，按值賠償。

辛、凡修機間及車間内公用家伙，用時取出，不用時須檢收，皆歸頭目經管，倘有遺失，惟頭目是問。

壬、如用鋼鐵，開單持簿去物料所付取單簿注明應用事實，司賬據録存查，轉報工料總賬房。

癸、鋼鐵付修舊件或造新器，均須將數目、重量，一一注記考工修補添記賬。

子、翻砂收付、開報、蓋戳辦法同上。

丑、翻出之件收翻工轉付辦存，分車、分類編號，挂牌入賬。如須鑽眼、刨光、車滑、鋸牙者，收翻工轉付成新，成新後收回付辦存。

寅、付出時須對賬銷號，注明付出之由。

卯、機匠在廠不準吃烟，并不準身帶洋火。倘有違章，察出定行革换。

辰、皮(棍)〔輥〕房、機匠房、修機間、爐子間、引擎間、打鐵翻砂間，如需用小工，皆由司賬考察應用與否，酌定工資高下，蓋戳、發摺，逐日單報工賬房并工料總賬房。

一學生

照進出貨所章程甲、乙、丙三條。

脚花棧章程

正賬一人，副賬一人，中班一人，學生一人。

正賬有提揀、分類、斟酌售用、慎重收付之責，有約束揀花工人照章辦理之權。

副賬協助正賬辦理各事，正賬他出，得受權代之委托。

中班有蓋戳、開報、核算之責。

一正副賬

甲、收各廠脚花時，須察條、對簿，磅捆符者，蓋收訖戳於回單簿，隨登流水，過入各廠謄清。

乙、發揀時，各地弄花、元貞花及脚屑之類，可不經女工手，即令小工捆扎，過磅時隨手提出，分別清理。

丙、須經女工提揀者，如油脚花、絨(棍)〔輥〕花、鋼絲棉條以及頭二三號粗紗，均須逐細提揀，以便復用，或作好花售出。

丁、無論何處付用及另行出售，均須隨時注賬，用回單簿，交經收人核明蓋收戳。

戊、小工須選勤力有恒之人，工資每日每工一角四五分至一角八九分爲度。

已、女工揀花論磅給價。通例：揀油花每磅五釐，白花每磅二釐五，次色花每磅三釐。必須督令提揀清楚。收時須過磅察看，如有草率含混，即退還復揀，本日不及，則分明所揀斤數，明日再揀，總以提揀分清爲主。

庚、每日收回揀清之花，隨手登賬，注摺，至晚單報工賬房，分別花色、磅數及工資若干，仍將本日收付各花及揀工工資、名數，單報工料總賬房，至禮拜日結總核對。

辛、工資一例銀角，遞遲一禮拜發。如本禮拜之工資至下禮拜發給，長存一禮拜在廠，至年終方準付訖。

一中班

甲、監察工人，放工時巡丁搜檢男工，老嫗搜檢女工，不得苟且。

乙、開報核算，須由正副賬復核。

工人照普通例

甲、無論男女工人，在廠不準吃烟，并不準身匿洋火，如有違章者，察出定行革逐。

乙、無論男女工人，須有熟人擔保，方準入廠工作。倘有偷弊，察出按例插標游廠示衆後，令保人具結，以後不得進廠。

丙、到工時，須領竹籌入廠；到廠時，各自持籌，挂於粉牌名號下；至放工時，憑摺搜檢出廠。

廠工所章程

軋花廠

日夜班監工執事各一人，賬磅各一人。

執事有考察衣分厚薄，潮摺、風耗多寡，戒慎作踐之責；有照章約束工人之權。

甲、用花之先，開單知照子花棧，花至眼同管棧，按包過磅注賬。與回單簿相符者，蓋戳；不符者，隨時查明。

乙、子花進廠力，報由工料總賬房算給。

丙、麻袋、草繩空出，用回單簿送還子花棧，候棧點明蓋戳。

丁、發交軋工，每次磅準一百磅，磅時即注工摺，以便至晚結算。如有黄頭脚花，應令軋工隨手提出，置車旁篋籃，每磅另貼提工五釐。每一星期磅見若干，用回單簿退還子花棧，候棧點收蓋戳。

戊、棉子按日送交出貨棧，净花按日送交清花廠，以不堆積爲度。净花限定一百磅一砠，交時須與出貨棧、清花廠執事各眼同過磅注賬，按砠計磅。相符者，由出貨棧、清花廠蓋戳於回單簿。麻草繩用後，仍令棧房用回單簿送還，點收蓋戳。

己、軋花論磅給工：一百磅給工資小洋三分，夜班每人另加小洋二分四釐。每一星期給發前一期之工資，長存一期在廠，至年終全付。

庚、工人到廠，須有的保。遇有事不到工，須先一日報明，請人替代。本工倘有偷弊，察出重罰，并插標游廠革退，仍責保人具結，此後不再混充；替代者有犯，惟本人是問。（普通）

辛、工人在廠不準吃烟，并不準帶洋火，違者查出，與偷弊罰同。（普通）

壬、進工、放工時，專設巡丁搜檢。如有違章之小工，放工時，罰本日工資外，并行斥革；進工時，罰上日之工，斥革。巡丁如徇私不報，察出革罰。（普通）

癸、小工上工時，先至發工處領籌入廠，到廠時將籌自挂粉牌名號下，開車後以籌换摺，放工時仍以摺换籌出廠。（普通）

子、收花小工，每人派管軋車十部。此十部之中軋出之净花，歸其收貯、捆磅，并任打掃。日夜班，各選勤力不苟之人，一名爲小工頭。另派四名，日間扛送棉子。

丑、花到廠，照棧記牌號及地名，或分莊，或本莊，分别登記。軋後核計衣分、黄頭、風耗，一一批明干濕比較單，至晚單報進貨内賬，由進貨内賬每一星期列表報銀錢總賬房。

寅、每日所有收付之賬，及小工人數、工資若干，軋衣若干，一一核結記賬，單報進貨内賬，由進貨内賬每一星期列表報銀錢總賬房。

卯、軋花螺絲松緊不匀，以及機關不靈，油眼淤塞，地軸發熱等，一有覺察，隨時知照機匠即行修理，設有遺誤，司廠人擔其責任。（普通）

辰、一年之内，工人無偷弊、無致險、無滋事者，可爲司廠人勤慎所事之據，年終記功，得上等紅獎。（普通）

清花廠

日夜班監工執事各一人，賬磅各一人。

執事有考察成卷輕重、戒慎作踐之責，有照章約束工人之權。

甲、用花之先，計本日應須若干，開單知照净花棧。花至，眼同管棧執事，按包過磅注賬，與棧回單簿相符者蓋戳，不符者隨時查明。

乙、净花進廠力，報由工料總賬房算除。

丙、花袋空出，用回單簿按日送還净花棧，候棧點收蓋戳。

丁、拆花包，須令小工順縫剪拆，不得任意撕裂，違者每袛賠工料洋六角。

戊、净花到廠，須照棧回單簿，分别記地名、牌號，或分莊，或本莊，每袋抽半斤或一斤，送爐間烘，見是何潮濕，注明潮濕比較，單報進貨内賬及工料總賬房。

己、花，須督率小工抖散和匀（即指濕花）。如有大濕與黄頭次色之花，隨手提出置籃，磅計若干，用回單簿送還净花棧，候點收、蓋戳；倘遇極次，不勝提者，如已收賬，將原包用回單簿退還，候點收、蓋戳；未收賬者，即還。

庚、每部送花車，每一點鐘須用花四百八九十磅，每日以十一點鐘計，用花五千二三百磅，應用拆花袋小工兩名，捧花上簾一名，和花一名，共四名，可以輪番調做，惟捧花上簾宜於平匀。停車時，并任雜事。

辛、頭號車每部一點鐘可出花卷十二三個，應用接卷小工一名。落卷時，須順機關吐卸消息，方可動落，切戒粗暴，有損機關。違者，執事記過，小工罰賠。

壬、二號每部每一點鐘可出花卷七個，應用落卷小工一名。落卷時，須順機關吐卸消息，動落之後，賬桌過磅。每卷净重限四十磅，設有上下，重不過四十磅零半，輕不過三十九磅半，過此須退回重清。

癸、花卷，憑粗紗廠發籌，籌分大小兩等，每一小籌，取花一卷，滿十小籌换一大籌，至交班時，將此一日共付花卷若干、計大小籌幾根，計重若干，載明回單簿，同籌送交粗紗廠，計籌蓋戳。

子、交班時，須將車底打掃交代。車底前面掃出者，爲貞花，即送花棧；後面掃出者，爲脚花，各歸各班收磅入賬，分别捆送脚花棧，隨注回單簿，候棧驗收蓋戳。地弄限一星期掃除一次；掃出者爲地弄花。

丑、小工上工時，先至發工處領籌入廠。到廠時，將籌自挂粉牌名號下，開車後以籌換摺，放工時仍以摺換籌出廠。

寅、每日班或夜班，各工摺收齊後，即按名登賬，以便交班結總，又便工賬房蓋戳對核。（普通）

卯、每日所有收付之賬，以及小工人數，工資若干，一一結核，單報工料總賬房。（普通）

辰、在廠不準吃烟，并不準匿帶洋火，違者查出，斥革重罰。（普通）

巳、工資均用銀角，每一星期，由工賬房發給，照軋花廠章程巳條。（普通）

午、到廠須有的保，有事不到工，須先一日報明請代，照軋花廠章程庚條。（普通）

未、進工、放工時，須本班執事監督，不得擁擠；另派巡丁搜檢，照軋花廠章程壬條。（普通）

申、機車設有窒滯，螺絲、皮帶設有松緊，一有覺察，隨時知照機匠即行修理，照軋花廠章程寅條。（普通）

酉、一年之内，工人無偷弊、無致險、無滋事者，執事應奬，照軋花廠章程卯條。（普通）

粗紗廠

日夜班監工執事各二人，正副賬各一人，賬磅各一人。

執事有考核出紗、調勻松緊、戒慎作踐之責，有照章約束工人之權。

甲、收清花廠花卷，須用掮卷小工四名，憑籌去取。籌分大小兩等，每一卷付小籌一根，至十卷付一大籌，兑還十小籌；至晚，憑清花廠籌及回單簿核對，相符者蓋戳。

乙、隨時抽磅花卷，照重四十磅爲準。重不過四十磅零半，輕不過三十九磅半，逾此即不合用，應即用條退還，注明緣故，以便復清。

丙、鋼絲車接條小工，每名應管六部。每部每一點鐘可出條子二十二三磅，見斷即續，見簾花宕下即收，見條滿即换空筒，滿筒即交頭號條車；除大小便外，不得擅離。至放工交班時，即將本日之車底脚花打掃潔净。車底掃出爲亨花，簾積收下爲元花，須分别報賬磅核收成捆，用回單簿送棧，候驗收蓋戳。

丁、棉條歸三號算。每節每一點鐘可出條子四十九磅，關車停頓均計在内。每節用女工一名，按節推計，所有鋼絲棉條、頭號棉條、二號棉條筒分色標字，不得淆混。

戊、不許女工無故停車，見斷即續，續後即開，經過二號，即交頭號粗紗；花有墮地，隨手撿起。放工時，須令整理交班。

己、頭號粗紗每部一點鐘可出紗一百十二磅，接頭、落紗、停頓均計在内。每部用女工三名，按部推計工資，不得出五角之外。所有二號筒條，須令認明顔色、標記，不得以鋼絲條及頭號棉條淆混，致亂出紗輕重之定則。

庚、除落紗生頭之外，嚴禁女工無故停車。見斷即續，續後即開。落下之紗，即令小工持車頭號牌，帶一紗樣，報賬磅登簿；一面即搬交二號收用。每日以十一點鐘計，每車一部須落紗十四次，紗須紡滿錠殼，落時須按鐘點。車弄墮花，隨手拾起貯筒。放工時，令整理交班。

辛、二號粗紗，每部每一點鐘可出紗九十餘磅，生頭、落紗、停頓均計在内。每部用女工三名，按部推計工資，不得出五角之外。嚴禁停車。落紗，持牌樣報賬磅登簿，與庚條同。紗交三號車用。每日以十一點鐘計，每車一部，須落紗十一次，錠殼須紡滿，落時按鐘點。車弄花墮地，即拾，放工整理交班與庚條同。

壬、三號粗紗，每部每一點鐘可出紗四十二三磅，每日以十一點鐘計，每車一部，須落紗七次，錠殼須紡滿，落時按鐘點。每部用女工兩名，按車推計工資，不得逾四角半。嚴禁停車，督飭續斷與庚辛條同。落下之紗，即令小工每車貯一笆斗，將該車號牌置在紗面，送至賬桌過磅登賬。每籮計重若干，隨注小條存籮，以便收者復對。挨號遞收，不得紊亂。過磅後，即交細紗執事收數。每落一次，計籮計磅，須開一條通知細紗賬磅。至晚時，將此一日紡出之紗共計籮磅注登單簿，送交細賬執事驗收、蓋戳。交班整理同庚、辛條。

癸、每班選女工頭三名，以手法精熟謹重，能耐煩教導生手者爲合格。棉條頭號一名，二號粗紗一名，三號粗紗一名，分爲三段，各有應接出紗之責。棉條出數須足頭號用，頭號出數須足二號用，二號出數須足三號用，三號出數須足細紗用，有無脱誤，執事按日考記，年終準此區分賞罰。

子、女工頭有約束督率各工之權，無論生熟手均須聽從女工頭調派，違者初次罰，二次罰倍，三次革换。其應罰、應革、應責之故，須告明執事。責以戒尺責手心二十爲度，罰以一星期工資爲度，革則不再收用。

丑、草紙每日每名兩張，歸女工頭於到廠時發給。

寅、選用小工頭一名，以勤力不苟爲合格，有約束督率各工之權。落紗時，帶同小工收紗、托紗、掃除紗弄、檢拾筒管；過磅時，報號登賬；登賬後，將各車號牌俟號仍挂車頭，不得錯亂。

卯、頭號至三號紗車，每車三部，可用小工一名，在廠聽從工頭調派，違者分別責罰革退，與子條同。如因口角毁壞機件，責成原保人賠償。

辰、棉條至三號各車應用之童工，按三號粗紗車定數。三號每一部即用一名，另選能勤力老成者一名，爲童工頭。凡童工均應聽從調派：掃理飛花、脚花，隨手撿拾遺落紗頭、筒管、錠枝、鐵件，分別歸原；交班時，掃除干净。所有飛花、脚花，用籮分存，至晚捆磅入賬，用回單簿交小工送棧，候收蓋戳。

巳、上工時，不論小工、女工、童工，須至發工處領籌入廠；到廠時，小工、童工將籌自挂粉牌名號下，女工各挂自做之車頭。開車後，按籌收摺；放工前，按摺收籌，均須監工執事經手，不能假手他人。（普通）

午、進廠、放工時，男工歸巡丁搜檢，女工歸老嫗搜檢，違者照軋花章程壬條。（普通）

未、凡工資，無論女工、小工、童工，皆以手藝優劣、作事勤惰分別多寡（或以車弄計，或以磅計）。至加減工資，選派工頭，監工執事可以所見參酌，宜否仍由總賬房決定。所有工資，例定銀角，歸工賬房發給，照軋花廠章程已條。

申、每日夜班將各工摺收齊後，即按名過入落紗簿，惟棉條女工、小工、童工，可過入工人簿。交班結總開報，照清花章程寅條。

酉、出紗設或輕重不一，車頭發熱，輪齒、皮帶松緊，一有覺察，隨時知照值班機匠修理，照軋花章程寅條，并查格令房校紗章程。（普通）

戌、設得工料總賬房知照單，改紡紗支若干箱，應另添他號若干箱，配合酌定，知照機匠改配車部輪齒，不得率改。

亥、粗紗男女工人，一年之内，無偷弊、無致險、無滋事者，執事應獎，照軋花廠卯條。（普通）

細紗廠

日夜班監工執事各二人，賬磅各一人。

執事有考察出紗，調匀松緊，戒慎作践之責，有照章約束工人之權。

甲、收粗紗廠三號粗紗，逐籮復磅，與所來回單簿相符者蓋戳，令小工托送上車；倘復磅不符，隨時知照粗紗賬磅更正；交班時，將本日所收之紗共幾次、計若干籮、若干重收賬，仍與粗紗核對。

乙、羅勒是制紗要緊之機關，必須愛惜保護。設遇花紗纏轉，須用斫鈎順輪斫去，不得用他件亂敲。斫鈎可按名由女工頭發給，即隨時記摺，聽便帶家，每逢星期查驗一次。倘有遺失及下挂帶進廠，察出，每把責令認賠小洋五分。

丙、三號粗紗上車時，須派小工托送至須用之車，挨次放穩，女工不得自取自揀。倘遇松亂之紗，可令女工頭掐去亂頭，毋許無知女工亂扯。

丁、生頭女工，每一車弄或二人，或三人，或至五六人皆可；然每部工資總不得逾五角之外。

戊、生頭女工，無論生熟手，手須洗潔，一見斷頭即續，抽下絨（棍）（輥）花，須放胸袋，袋滿即移貯木桶，無許任意亂投。工價多寡，即以絨（棍）（輥）花與紗數多寡爲伸縮：絨（棍）（輥）花少，紗自多，工資加；絨（棍）（輥）花多，紗自少，工資減。

己、每車三百錠，每班須做十一點鐘，落紗十次。此指紡十二支紗，如紡十四支，落紗八次；每次除净，十二支須得十九磅爲合數，十四支須得十五磅半爲合數，準此者平，過者優，不及者劣。工價亦視此爲則。

庚、每車二十部，用女工頭一名。初開車，可每十五部一名，按車推計。工頭以選手法精熟謹重、能耐煩教導生手者爲合格。

辛、女工頭有約束督率各工之權，無論生熟手女工，須聽從調派，違者照粗紗廠章程子條。

壬、草紙照粗紗廠章程五條。（普通）

癸、每車六部，用小工一名。所有六部之中，托紗、收管，以及絨（棍）（輥）車弄等花分別收理，均責成之。另站磅小工兩名，落紗時，過磅、收牌，及復挂車牌於原車頭，挨車對號，不得錯亂。站磅外，幫同檢理脚花。又小工四名，專理脚花，分別成捆，磅送。選勤力不苟者一人，爲小工頭領之，本廠小工，均聽約束，與庚條女工同。

子、童工每一車一名，除落紗時拔紗管外，仍按車弄拾筒管，掃飛花，遇有絨（棍）（輥）花及紗管在地，隨手拾起，分別檢貯，不得以飛油花與白花任意滚掃。落紗之前，應將車頭貯紗笆斗按部一一安置。再，小笆斗滿貯備換之空紗管，一聞車板敲聲，即持小笆斗挨次拔插，拔出紗錠，即傾於車頭笆籮。一部歸一籮，不得混淆。各童工均聽童工頭指揮約束。童工頭須選熟手，能勤力活潑者爲合格；日夜班各一名。各童工倘有蠢惰，不遵約束指揮者，照粗紗廠子條辦法。

丑、每細紗一籮除净計重若干，收紗過磅登賬時，用五色白鐵小牌畫碼投籮，以便摇紗廠復磅。十支白牌，十二支紫牌，十四支紅牌，十六支藍牌，二十支緑牌，以便分别排列。交班前統計本日所付之紗共若干次，若干籮，若干重，除登賬外，并注回單簿，送摇紗廠，磅對蓋戳。

寅、上工時，無論小工、女工、童工，須至發籌處領籌入廠；到廠後，小工、童工籌自挂粉牌名號下，女工挂自己車頭，餘照粗紗廠章程己條辦法。（普通）

卯、工資均用銀角，逢星期由工賬房發給，照軋花廠章程己條、粗紗廠章程未條辦法。（普通）

辰、每日夜班將各工摺收齊後，即按名過入落紗簿，注所做車號下；小工、童工亦可按名注小工童工到工簿，以便結賬開報，又便工賬房蓋戳核對。（普通）

巳、出紗設有輕重不勻，或因氣候燥濕過度，紡不便利，以及地軸發熱，輪齒、皮帶松緊窒滯，隨時知照值班機匠，即行修理，與軋花章程寅條、粗紗廠章程酉條同，并查格令房較紗章程。

午、凡工資，無論小工、女工、童工，皆以手藝優劣、作事勤惰分别多寡。至加減工資，選派工頭，監工執事可以所見參酌宜否，仍由總賬房决定，與粗紗廠章程未條同。

未、設得工料總賬房知照單改紡紗支，須與粗紗廠協商，配粗紗應用之數，方可配换輪齒，全换鋼絲圈。

申、進工、放工時，本班執事親到督率，不使擁擠。小工、童工歸巡丁搜檢，女工歸老嫗搜檢，餘照軋花廠章程壬條、粗紗廠章程午條辦法。（普通）

酉、一年之内，男女工人無偷弊、無致險、無滋事者，執事應奬，照軋花廠章程卯條，粗紗廠章程亥條。（普通）

摇紗廠

日夜班監工執事各一人，賬磅各一人。

執事有考察支絞轉數、戒慎作踐之責，有照章約束工人之權。

甲、收細紗廠細紗，逐籮復磅，與所來回單簿相符者蓋戳，不符者知照細紗廠賬磅更正。按照五色牌分别排列，交付摇工：白十支，紫十二支，紅十四支，藍十六支，緑二十支。交班時，將本日所收之紗籮數、磅數收賬，仍與細紗廠核對。

乙、細紗上車，專用小工搧送，不許女工任意自取。每車十部，小工一名，送紗、收管之事均責成之。空管收回存籮，仍置收紗之處，以便細紗童工收回。

丙、摇紗女工，每車用一人，按車推計，工資定例論車，每摇一車給工資六釐三毫，夜工六釐七毫五。

丁、扎支絞紗定分五色：十支用白雙紗，十二支用紫雙紗，十四支用紅雙紗，十六支用藍雙紗，二十支用緑雙紗。預先按紗分定車數，插於車頭，歸工頭分派；送紗之小工亦須留心認定，不得疏誤，誤者記罰本日半工。

戊、女工摇紗，須慎看紗錠。錠有摇空者，即攀車止轉，拔去空管，换插實錠；插後須接頭，接頭須捻以細結，不得偷懶取巧、信手含糊，有頭不接，不得捻頭不齊，不得拈而不結，不得未到而落，不得將紗錠不摇空而剩紗。監察之責，全在監工執事。

己、選手法精熟謹重、能耐煩教導生手者，爲女工頭。女工頭有約束女工之權。倘有生熟手女工不受教，又犯戊條所戒種種偷懶惡習者，照細紗廠章程子條辦法。

庚、收紗限定鐘點，届時須挨號繳送，不得未到争先，又不得已到落後，又不得混淆支數。每到收紗時，監工記摺，賬磅記賬。

辛、用磅秤兩具，交女工頭，隨時挨號抽團試磅，執事亦隨時察看磅試：十支重須十二兩五錢二分八釐，十二支紗每團重須十兩四錢四分，十四支重須八兩九錢四分，十六支重須七兩八錢三分，二十支重須六兩二錢六分。設有不符，非號數混雜，即摇轉不足，必須拆團點支，每團十絞，每絞七支，每十支八十轉，每轉四尺五寸五分，以求明白。

壬、紗送成包廠，須分號限磅。如十支，每籮可貯二十五車，計一百團；十二支，每籮可貯三十車，計一百二十團；十四支紗，每籮可貯三十五車，計一百四十團；十六支每籮可貯四十車，計一百六十團；二十支紗，每籮可貯五十車，計二百團。按數過磅，磅時投以紙碼，注明團數、磅數，以便收者復磅；分别排列，每送一次結一總碼，送交成包廠核對；至晚，應將此一日之紗團數、磅數，分别號數記回單簿，送成包廠核對，相符蓋戳。

癸、放工前，令各小工按派管之車檢理紗管、紗頭，分别貯放，掃除車弄，飛花、脚紗捆磅送棧，隨帶回單簿核對，相符蓋戳。

子、上工時，無論男女工須至發籌處領籌入廠。到廠時，男工將籌自挂粉牌名號下，女工挂自做車頭。至開車時，按籌收摺；至繳紗時，帶籌對摺收紗；至末次繳紗，以籌換摺。放工與粗紗廠章程已條、細紗廠章程丑條同。(普通)

丑、工資例用銀角，逢星期由工賬房發給，照軋花廠章程已條、粗紗廠章程未條、細紗廠章程寅條辦法。(普通)

寅、每日班或夜班，須將各工摺收齊後及摇出之紗收完後，即行分別結總開報，以便工賬房蓋戳核對。(普通)

卯、進廠、放工時，本班執事親到督率，無使擁擠。小工、童工歸巡丁搜檢，女工歸老嫗搜檢，倘有不遵者，照軋花廠章程壬條、粗紗廠章程午條辦法。(普通)

辰、一年之内，摇紗男女工人無偷弊、無致險、無滋事者，執事應奬，與軋花廠章程卯條、粗紗廠章程寅條、細紗廠章程申條同。(普通)

成包廠

日班監工執事一人，賬磅一人。

執事有整理潔浄、條直平正之責，有照章約束工人之權。

甲、收摇紗廠紗團，先檢看籮内紙碼，再復磅數。團以次遞及，隨檢隨復磅，隨數隨注簿，至完共計若干籮、若干團、若干磅，結一總碼，與摇紗廠回單簿對核。符者，即蓋收戳。如有十四支、十六支、二十支居少者，隨時分別注賬另置。

乙、收紗登賬時，先注意紗之輕重，爲酌配成包之地。如十二支紗，每籮限貯三十車，則有一百二十團，應重一百零四磅四。如歸成數一百磅一登賬，恰合成包之紗，則是一百十五十六十七團爲合格；一百十八十九團則嫌輕；一百十三十四則嫌重；一八、一九與一三、一六合均亦可成包；餘可類推。過此則不合宜，即知照細紗監工與機匠速换輪齒。紗牌價值係此最重。

丙、紗過平時，須選年輕目明、辦事不含糊者爲平手。每萬錠用平手二人；平必準確，不可稍有輕重。

丁、平過之紗，由平盤直遞於絞之笆斗。交接之時，設有墮地，必須收回重平，不能以拾起者置還了事。

戊、每小包紗，定例成包工資小洋三釐八毫五絲，連振直、成團、上車、捆扎并包紙、襯首票、安商標、蓋號戳在内。

己、紗上銅角，須振直理透，及上車捆扎，皆須平正，包票亦須齊整。

庚、紗交棧房，須用蒲包貯，每包恰貯十小包，四包合成一大箱，用小工四名，除扛紗送棧外，站磅收數、堆放，即就此四人，每人工資一角六分至一角八九分爲度。

辛、紗送棧時，須用竹籌記數。籌須由收發處付，處止憑籌發紗，每一籌半箱，發完數籌核計箱數，即將箱數登回單簿，隨籌送棧房核對。相符者蓋還收戳，籌即如數繳還；倘有不符，立即查明，不得越日。

壬、工資例用銀角，逢星期由工賬房發給，照軋花已條、粗紗未條、細紗寅條辦法。(普通)

癸、每日至放工後，須將本日之小工及成包工資及收進付出之賬，一一核結，開單報明銀錢工料總賬房。

子、上工時，須至發籌處領籌入廠；到廠時，將籌自挂名號下，餘照粗紗已條、細紗子條辦法。(普通)

丑、進、放工時，專派巡丁搜檢；倘有不遵守者，照軋花壬條、粗紗午條、細紗卯條辦法。(普通)

寅、一年之内，成包工人無偷弊、無致險、無滋事者，執事應奬，與軋花卯條，粗紗寅條，細紗申條同。(普通)

格令房較紗章程

格令者，其重極微，如中國之釐戥，歐洲謂之格令。每一格令，計合中權重一釐七毫二絲四忽二微八纖五沙。以此權紗支之輕重。輕重者，即紗之粗細所由分也。支少紗則重，支多紗則輕。其輕之源，在於抽長，如十支紗，每包十團，每團十絞，每絞七支，每支八十轉，每轉四尺五寸五分。本廠定例計重十磅零四四合司碼，計一百念五兩二錢八分。如二十支紗，其重如一，其支則倍，故紗細即長而支多，紗粗即重而支少。此區分之定較也。若夫紗之調匀，又不在支數之多寡，而在輕重之適當。求輕重適當，不外乎準，求準不外乎勤。準有法焉，在輪齒配换得當。輪齒本有一定之制度，惟天氣有燥濕，花亦有燥濕，輪齒可劑燥濕之平。如嫌紗輕則加齒，嫌紗重則減齒，或加或減，因時而殊；而時其加減之精神，則勤而已矣。此爲細紗言也。若粗細紗，尤宜求穩，穩則準矣。設或改紡別號，其輪齒須從鋼絲車改起，若按之支數，稍有輕重，亦可不换，換恐牽動全體，故此事全在機匠之精細。執事之勤察勤較爲第一要務，承斯任者，切不可稍涉疏忽也。茲將十磅零四四之紗合成包應紡之格令，自十支至二十支止，由鋼絲條至細紗支數、絞數及格令之輕重，逐條列表於後，以便比較格令較紗表。

號數	十	十二	十四	十六	二十
鋼絲條十五尺	四百八十個	四百個	三百四十二個	二百九十九個	二百三十九個
三號棉條十五尺	四百零八個	三百四十個	二百九十個	二百五十四個	二百零三個
頭號粗紗四十五尺	三百三十八個	二百八十二個	二百四十一個	二百十一個	一百六十九個
二號粗紗四十五尺	二百零九個	一百七十四個	一百四十九個	一百二十個	一百零四個
三號粗紗九十尺	一百三十九個	一百十六個	九十九個	八十七個	七十個
細紗三百六十四尺	一百零四個四	八十七個	七十四個半	六十五個二五	五十二個二

雜務專章

雜務事類至多，而於銀錢、進出貨、廠工，在在關係，實亦重要之職。聽視之疏密，計劃之精粗，督察之勤怠，廠利之贏絀係焉。正廠雜務，僅以賬房統之，餘輒分見於各事，比多漸次改訂者，今特理而一之，條列左次。

經董一人，司賬一人，司物料兼厨務一人，司土木工一人，司市兼警務一人，司園一人，學生二人至三人。

經董有計劃督察完全雜務限內之責，有與銀錢、進出貨、廠工經董隨事交涉之權。

司賬有管理收付、節省用度之責，有協助經董考察料物、土木、市務、園務、警務用度當否之權。

司物料兼厨務，有管理保存稽核收付之責，有隨時與通廠及滬賬房查對料物名品、件數確否之權，有稽查約束湯水厨夫勤惰謹肆之權。

司土木工，有管理規劃建築、修繕工程之責，有核計督察工料省費、時日緩急之權，有約束工役之權。

司市兼警務，有管理街市道路租房、草木之責，有整肅市規、檢查賃租人是否合宜之權，有詰察盜賊、增進衛生、火警時發緊急命令之權。

一經董

甲、立雜務日行辦事簿，凡建築、修理房屋，潔治街道、河渠，雇用起下貨物夫役等事辦法，或由經董發表，或由他經董及專司人商告，皆於先時計劃，定後登記事畧於簿，署日簽字（或即簽名，或簽花押），交專司人執行。

乙、日行用款，及各專司薪水，由銀錢總賬房領到後，由經董核交司賬照發。每一星期六晚查明各專司已用尚存實數，分別填星期表，報銀錢總賬房。（星期表一另擬表式）

丙、如有非廠中日行之事，及非通常酬應，須特別開支，其數在百以上者，須告總理，總理不在廠，須與受總理委托之經董協商決可否；五十以上者，須與他經董協商，須定可否，登記事畧項，協商人均簽字。若不經協商而即特別開支者即作爲公司不認可之用款，經董自擔其責。

丁、與銀錢交涉之事，由司賬開支單，與進出貨廠工交涉之事，由司賬開支付單，均由司賬先蓋圖記，由經董核明，簽字發出。

戊、立考察功過簿。各專司人辦事合格有成效者，記功；怠弛疏忽誤事者，記過；行檢不修、虧空舞弊者辭退。皆記其事由，辭退者并隨時具報總理。（簿二）

一司賬

甲、日行用款，先記流水，至晚謄清，查核原領及已用與實存之數，一星期列表，報原領及已用與實存總數於銀錢總賬房（每星期六晚報告）。一月匯各專司之賬，分別列表報告。凡謄清與表均交經董復核，簽字於月日之後。（星期表二、月表一）

乙、按星期約計用款開單，蓋用圖記，交經董核明簽字，送銀錢總賬房支領。若遇五十以上之特別用款，得隨時記明事由告經董，開單交經董核明，簽字支領。

丙、薪水工食，由銀錢總賬房照定支之數交發，不得於他用款内藉支透付。若自支薪水藉人者，本廠認爲司賬個人之事。

丁、料物、土木、市務、園務、警務，有不當、不實之用款，隨時考察明白，告知各專司人更正；不受更正者，得告經董評議。

戊、舟車運送物料，或爲廠事特來之人，查明給力，非直接廠事者，不得開支。

己、各專司，人事冗時得酌量調派學生臨時協助。

一司料物兼厨務

甲、專管特設雜務料物之棧，分類記數，編號存儲。平時備墊佩鑰，雨後檢看滲漏。

乙、立收支簿，分類記原存及新收之實數，逐日記所支出品件於流水，至晚分類謄清，每星期六列表報所收及所存之數於司賬，司賬核明蓋印於月日之後，交經董復核簽字。（簿三、星期表二）

丙、收買磚瓦木石，須憑司賬、司土木議訂價值，訂立定單，隨記定價簿，收時與司土木檢察優劣。不符者指駁，憑司賬核減，分別存儲相當之地，隨時檢查。（簿四）

丁、立支簿。凡各廠各專司人支取紙墨筆硯、粉條、賬簿之類，須察考其當否，各憑其蓋印署日署名之支簿，加印支發；凡支磚瓦木石，須憑司土木按工匠估工單核發；送客、派差之燈燭，臨時核發，均隨時分別記明。（簿五）

戊、湯水夫所用煤草，厨房所用米草，及逐日膳品，均須檢核良否及斤重，價值確當與否，隨時登記飲食簿。事冗得派學生檢察，專司人仍擔復核之責。（簿六）

己、檢查各處上下飯食人數，及來客來差飯食之數，來客加肴記頓，來差給籌記頓，學生專管按日登記，每星期六列表報告，專司人不時復核。（星期表四）

庚、他處用過及不潔之物（如油桶、紗繩之類），均須分別收存苫蓋，以備轉買改用。

辛、設惜廢簿。不時督飭小工檢收遺棄之物（如碎玻璃、破紙、斷紗、銹鐵、零銅、破竹、斷木之類），分别存儲熔并轉賣，或供燃料。設有他小工檢送，可以斤兩計數者，分類酌給酬資。（簿七）

壬、非有客不買點心。五、六、七晝長之月，午後添粥一頓。

一司土木工

甲、立工程簿。凡廠内外各所有應增、應改、應拆之房屋，應修、應開、應造之河渠、道路、閘壩、橋梁，或各所專司人知照，或本管人意見，均先與經董議決，繪圖開賬，估計工料數目、價值，詳記於簿，由經董、司賬會核，司賬蓋印，經董簽字後執行。（簿八）

乙、工匠承攬與司賬會訂，歸司土木工執掌，惟照訂定分起付價時，仍與司賬會同簽字於承攬。

丙、工價不得違訂定起數透支。

丁、工匠付料，配料，須責令報明，眼同檢點。開工後，隨時監察。如有濫支失算，及草率誤工者，司土木工人須擔任與工匠分賠之責；若工匠違章弋利，致廠受虧者，專罰工匠。

戊、立支料簿。支付料物，須會同司料物人核發。立支價簿。支發工價，會同司賬人核發。（簿十、九）

己、不得與工匠合計包工，不得薦工人於工頭。

庚、事冗得告知司賬調派學生，或告經董臨時添派協助之人。

辛、有無工程及工程多寡，每星期六列表告於司賬。（星期表五）

一司市兼警務

甲、立賃租簿。凡賃租店屋、工房者，若非衆知可信之人，須取保證書（保其確係正當營業，或正當到廠工作），會同司賬酌定賃租值；凡押租及按月所收之租，均隨時繳司賬核收，司市務所不存銀錢；其繳租，另立收付簿，每繳一次簿款，并送司賬簽字於簿，作爲確收之證。每星期六列表報司簿。（簿十一、簿十二、星期表六）

乙、立稽查簿。凡本公司所度之屋及橋，所植之草木，一一記其間數及進數，每屋高廣深度之尺寸，橋之高廣長度之尺寸，草木之本數。（簿十三）

丙、立辦事簿。凡有關涉一切工程之事，隨時以情況告知司土木工人，會同估計；其有關涉警務、火險、衛生，及種樹、修樹應支銀錢之事，告知司賬人，照定章或估計支領，記收付簿。（簿十四）

丁、洋龍二具，專歸管理，另訂火險專章。

戊、警卒人數增減、調派、支配，專歸管理，另訂警務專章。

己、設清潔夫兼巡更，專歸管理，辦法并見警務專章。

庚、凡因公司事來廠之遠客，總辦事處特別接待；其因賣花買紗，或涉廠事者，進出貨所接待，事畢即聽客去；其自總理以及各執事，凡與個人有涉者，有涉之人以爲可留，亦可留膳留宿，苟非風雨阻滯，以一宿兩膳至四膳爲限；若進出貨所執事人多，或前客已滿，無容留者，留膳不留宿；車船夫逢頓給膳籌，不留宿。

辛、各所留客，特設一室。各執事公共卧室内，個人不得留客。夫役室内，不得私自留客；若有外來應留宿之夫役，須告知司警人，得其特許。

壬、司警事多，增一稽查佐之。稽查有檢視各所起居及留客之權。

癸、星期休假，各所執事、學生，得於午後三時至五時在公共游息場游息，或練習體操；稽查不時監視，不得聽有危險及不道德之事。

一司園

司園有管理種植、畜牧，儲備公司食料之責，有督察雇工勤惰，增進改良園産之權。

甲、立收支簿。凡地畝、園屋及浚溝墊土，皆作股本，按公司公盦計息；凡用廠與市之灰糞及薪水、工資、食用皆作支款；凡所産畜品物（蔬菜、豚、魚、鷄、鴨之類）供公司之用及別售者，皆作收款。支款先行約略預計，按月開單，由司賬匯總，向銀錢總賬房領取，收款按每星期六核計數目，列表并款報繳司賬，一月總報一次。（簿十七、星期表六、月表三）

乙、凡支款皆由司賬處領給，凡收款皆繳司賬，司園處不存錢，過一星期不劃抵。

丙、收廠與市之灰糞，照時價；供廠用及市賣之食品，亦照時價。按月核計盈虧。

丁、修理園屋、浚溝填土，報司土木會核工程，隨時報司賬及總司理複核簽字；收灰糞由司市知照，或向司市領取，每星期六列表報告。

戊、農工專歸雇用，怠惰不得力者，由其斥退。雇用須取保證書，斥退須具事由報總司理。

己、督察雇工，早以六時或七時指分所作，晚以六時或七時復驗所作，收獲時考其成效。

庚、每日所治園藝需工若干，前一日預計；雇工不足，得臨時雇用短工，惟須考核，毋任浮濫。

辛、畜收料，或以日計，或以月計，皆須預計儲備。

火險專章

一、警鐘設廠正門樓上高處。鐘號：廠内分四段：廠爲北段，六聲；總辦事處、厨茶房爲南段，七聲；批發所、紗棧、洋樓爲東段，三聲；花行、花棧、物料所爲西段，四聲。廠外工房、市房及隔河市房爲外東段，八聲；司園事務室及隔河西南市房爲外西段，九聲；隔河南市面房爲外南段，二聲。皆先連聲，後分段記聲。（水櫃上現安設旗杆，須更籌設一鐘，下通電於正門之旁，置一電箱，係電鈴，欲鳴鐘則按鈴）

二、警鐘下每設電鈴，即由管廠正門之警卒司之。不論何人，但見某處有險，即至該處報告，由警卒掣鐘報險，人事後由雜務總司理酌量給賞。

三、廠内用自來水，各所皆安用龍頭、水帶；廠外用洋龍二具，安設外東段。

四、如内段各所有險，急將距險近處之電燈機關閉絶，一面碰碎水帶箱，引帶接於龍頭施救；外段各處有險，即時運洋龍置距險近處施救。

五、就警卒中挑正副頭目各一人。每星期日，分班輪次操練内段接帶、外段運龍之法，務臻嫻熟。

六、得告知全廠各專司人酌派學生及工人等，每星期日會合警卒練習火險施救之法。每月一試，嫻熟者，特別獎勢。

七、每一操後，責成頭目分别晾擦收存布帶、洋龍及附屬之件，務須周密。

八、設有火險，公司總門加派警卒擎槍守護，不得他去；各處并由各專司人督同學生、工人守護，不得彼此竄亂。

九、隸於他處之學生、工人，司警人得以臨時緊急命令指揮之。

十、外段火險，設有非公司中人而能臨時協力奮救者，詢記姓名，給籌記賞，大著功效者，優賞。

十一、得由司警人特立火險公善會，凡願入者，不論任何人，均作爲會友。其辦理章程司警人自擬，由總司理核定。

警務專章

一、立警務專簿。設警卒十四人，内選正副頭目各一，均受司警人節制指揮。（簿十五）

二、警所公司總門二人，東西棚及公司前大路各一人，廠正門、東二側門、軋花廠門共四處各一人，輪替換班六人，共十四人。

三、警卒工食每月五元，正頭目六元，副頭目五元五角，每月由司警人領發。槍械、號叫、號衣、油衣、冬夏帽，皆由公司備給。

四、守門時許坐，巡路時不許坐。公司總門與巡路警卒，每三小時換班。

五、本公司董事、總司理經過警所，或特別客參觀出入，本坐者須起，本行者須止，均立正爲禮。

六、警卒如有事請假，須自雇妥人替代；假期不得過一月，如須續假，須聲明事由，違者斥退。

七、如有盜警，鳴叫合擊有功者，記名重賞；傷者，由公司醫治；死者，恤其家屬。

八、如察獲竊物工人及外來小偷，隨時報司警人會同被竊處專司人查究，斟酌革罰，或交保、送官，不許擅自毆打。

九、星期日輪流分班練槍打靶，中三槍者，賞一角，四槍一角五，五槍二角，均記簿揭榜，按月列表，報告司賬。（簿十六、月表二）

十、警卒得預紅獎之列。

十一、盜警、火警，奮力有功者，臨時特獎；機警能察獲偷竊者，每次記一獎；終年勤謹，不背規則者，記獎。偶然疏忽者，記罰，抵扣紅獎；懶惰誤事者，酌量罰扣工資，犯至二次者，斥退；招摇生事者，察實即行斥退，情節重者，送官究治。

十二、外段市房、工房處所，專用清潔夫二名，每日午前九時，掃除街道、厠所垢穢；日間午後一時，厠所出糞；向夕分點路燈；夜間十時起，擊柝巡更。

南通市檔案館等《大生集團檔案資料選編》紡織篇Ⅲ《創設崇明大生分廠呈部立案文及部批光緒三十年》 竊通州、海門、崇明均產棉花，壤地相接。十年前鄉間織户多用機紗，銷行日廣。光緒二十一年十二月，承準前兩江督部堂張，奏派經理通海一帶商務，即經先就通海兩境紗市適宜之地，鳩集公司，建設大生紗廠，計二萬四百錠。二十八年復就原廠增添二萬四百錠，二十九年陸續添開，至本年春間開齊。現因崇明利用通紗常苦不給，復於該縣外沙江北與通海水陸可通之永泰沙地方，增添大生分廠，計紗機二萬錠。合計買地購機建造廠棧及運本，共需資本規元銀八十萬兩。擬章集股次第開辦。廠屋基址現就永泰沙已經購定一百六十五畝四分二釐。四月十三日移請商務局轉詳兩江督部堂立案。紗廠業兼工商，設廠之所，必度廠之四面，生貨所産浮於廠之所需大半；熟貨所行，浮於廠之所應小半，入乃不竭，出乃不壅。前兩江督部堂張奏派經理一帶商務，本兼通海鄰近之地在内，且通廠紗機係屬官本，尤不得不審慎從事。是以度量形便，空出海門。仍與海門水陸俱通之崇明北沙增設分廠。假如内地紳商復有建設紗廠者，則崇明本沙尚可容二萬餘錠之廠，庶實業之增長與保守兩無妨礙。

〔附部批〕顧問官張請設崇明北沙大生分廠批

據呈已悉。崇明既利用通紗，擬就永泰沙地方添設大生分廠，自爲推廣利源起見。據稱：該地方在通海水陸交通之區，業經購買田畝，建築廠基，并聲明内地紳商即有建設紗廠者，則崇明本沙尚可容二萬餘錠之廠，庶實業之增長與保守兩無妨礙。自係通盤籌劃，審慎精詳。應即準予立案，迅速開辦。

張謇研究中心等《張謇全集》第三卷《因朱某圖在海門設廠呈部文清光緒三十年》 竊維工商實業，無不以統係而成，以傾擠而敗。各國有鑒於此，故凡業必有協會，官亦必爲平亭，《史記》所謂利導整齊，亦即此意。中國工業商情，本極睽離涣散。自上海洋商始設紗廠，接踵而起者九家，各不相謀，人自爲計。時乎買花，則九家争買，而價必抬高；時乎賣紗，則九家争賣，而價必落賤。且工人朝夕彼此，工價動輒居奇。以是上海紗廠之利，往往不及他處。通州自光緒二十一年始建設紗廠，其時風氣未開，上下疑阻，艱難竭蹶，五年而後告成，又二年而後能自立，又二年而後發達。二十九年冬，議建設分廠。按通州、海門與崇明之北沙三境毗連，農家皆以種棉爲大宗。而分廠之設，所以不在海門，而在崇明北沙之久隆鎮地方（距通州唐家閘正廠陸路一百六十里），蓋其間棉産之盈虛，紗市之衰王，運道之通滯，商情之好惡，固嘗一一籌之。欲使棉産則供多於求，紗市則求多於供，運道則因其通而開其滯，商情則迎其好而避其惡，必間隔一海門全境，而後有相成之勢，無相犯之嫌也。嗣皖商已革浙江候補道朱疇，以朱爵譜名，請在崇明增設大有紡織公司，荷蒙大部釐念大生分廠，恐致兩相侵損，垂詢利弊，當即呈復。復蒙批飭上海總商會，令朱商另行擇地布置在案。查朱商爲上海九廠商之一，傾擠之患，固嘗身受，而大部維護通海崇實業之案，又所深知，豈容以紾臂奪食之謀，爲入室操戈之舉。乃近聞朱疇復在海門境内通海橋地方，購度地基，建設紡廠，稱已呈部，期在必辦。人言鑿鑿，事必有因。無論地勢所在，必於通崇二廠營業有侵損之患，即謂通廠獲利已優，思染厥指。獨不念風氣開自通人，崇廠甫經成立，遽爾因羡生貪，因貪生妒，貪妒所蘊，生此賊害。既商情所不洽，亦公理所難安。何況競争之世，必有報施。該革道今日但知擠人，設他日通崇兩廠，即以所受擠者協力還之，於該革道亦何所利？而必爲此損人不利己之行爲，毋乃利令智昏之甚者乎！即除崇明本沙外，江北如靖江、泰興等處，皆可設廠，與通崇各不相犯，該革道盡可圖維。相應呈請大部，伏乞俯鑒商艱，查照前案，仍飭上海總商會，轉飭該革道另行擇地建設，各安實業。不勝迫切待命之至。

張謇研究中心等《張謇全集》第三卷《又咨商部文清光緒三十年》 竊照常昭裕泰紡織公司，復在海門通海鎮增設分廠，與通崇大生正分兩紗廠，營業有礙各理由，曾於本年十二月初七日詳晰咨呈大部，并函請上海商務總會，勸令該公司經理朱爵譜，即已革浙江候補道朱疇，取消在海增廠之議在案。兹準上海商務總會覆函，以據朱革道復稱，常昭裕泰紡紗公司，在海門設立分廠，由各股東決議，禀奉商部批準，業經購買地基，并訂購機，一切齊備，海門通海橋地方，距通州大生八九十里，距崇明百里外，決不致彼此侵損。通廠、崇廠均非專利之廠，凡大清國商人均可禀請開設。無錫業勤紗廠開設在前，商部尚準振興紗廠開設在後。此同一無錫尚不能任一廠壟斷，何況海門另外一廳，距通州、崇明更遠，似不能因通州、崇明有廠，而海門即不準開設之理。如果因通州、崇明有廠，而不準海門開設，則上海開設，更在通州之前，似通州亦在不準開設之列。現在海門之廠，機器已定，如果中止，機器萬難作退，勢必釀成交涉等語。查此事接函之次日，并奉農工商部來札，以職商朱爵譜禀在海門設立分公司，其地距崇明較近，與大生分廠有無彼此窒礙之處，即遵照詳查速復。等因。除照叙前函及朱君復書，據情禀復，聽候部示核辦外，函復查照。等因。詳加尋繹朱革道函覆語意，多與事理未明。如所稱海門設廠禀奉部準一節：查該裕泰公司在海門增設分廠，初未遵章專案具報，不過於呈報開機日期呈内，約略附載一語。該革道因在崇增廠之前案，已蒙駁詰，此次事同一律，故作朦混之圖。雖奉大部批準於前，然已查詰於後，似難拘執前批以爲定案。又所稱通海橋地方，距通州大生紗廠八九十里，距崇明百里以外，不致侵損一節：查通海橋距州唐家閘大生設廠之地，僅五六十里，距通崇兩廠合設之長樂鎮收花處，不足四十里。通海橋若果準其增廠，微特於通崇兩廠營業有損，即與大部前駁查該革道請設窑灣面廠，是否有礙海州、清江兩面廠之案，亦有未符。又所稱無錫業勤、振新兩紗廠先後開設，不能任一廠壟斷一節：查無錫非産花之區，即與花之供求無所關係，實與通崇兩廠情事不同，未可相提并論。今通崇以外，不能增廠，亦謀成忌敗，公司性質宜然。且公司乃法團，與個人自謀私利不同，不得謂之壟斷。又所稱上海設廠在先，似通州亦在不準開設之列一節：查上海紗廠失敗，弊在九廠并列一地。通廠距上海水程遠至二百五六十里，引以自護，尤乖事實。且通廠之設，係遵旨自保權利，與該公司在海門增廠，意圖傾軋之情事不同。總之，該革道利令智昏，無理取鬧，無度地之知識，而有損人之私心，固已一見於窑灣面廠之圖。再見於崇明紡廠之請。兩謀不成，則亦已耳。今更變本加厲，欲將通崇兩大生已成之實業而破壞之，殊負大部維持商業之至意。接準前因，相應再行咨呈大部察核。伏祈迅飭該革道，即將裕泰分廠改設他處，毋庸在海門建築，以免窒礙而維商業。

張謇研究中心等《張謇全集》第三卷《移通州清光緒三十一年》 爲移請立案出示曉諭事：竊照唐家閘、天生港達江，河形盤旋，水道淺狹，偶值小汛，舟楫難行；設遇久雨，内河泛漲，宣導又不啚利。辛丑、壬寅等年，大水經旬，自閘至港一帶，田廬悉成澤國。商農交困已久，早懷辟河之議，以無款可籌，迄未就緒。去秋曾奉商部通飭興修水利，後經貴前州王勸令集款修浚各等因，當即籌藉款項鳩工興辦。經始於本年正月，嗣因陰雨延擱，現始竣工，成一徑直寬深之航路。所有購買濱河田畝，酌給礙道廬墓遷費并工役辛資等項，綜計用錢二萬四千六百二十八千文，皆係由各廠藉撥。現將此項用費責成澤生水利公司作爲貸用之款，擬於此後凡各廠并一切往來經過該港之船衹，一律按等酌收河費，以期集數還墊。命名曰澤生水利外港公司，附於天生公行内。惟該港收取河費事屬創舉，誠恐各船户人等未諳情形，合就照録章程，備文移請。爲此，合移貴州，請煩查照立案，迅賜撰示發貼，俾各船户有所遵守。實爲公便。

《申報》光緒三十一年五月十七日第三版《商部咨催崇明大生分廠辦理章程》 商部頭等顧問官張殿撰季直節禀商部，請在崇明開設大生分廠，已經批准在案。惟該廠辦理情形尚未報部，日前商部特行咨江督蘇撫請將現辦詳細情形及章程等迅即報部，以憑查核。

南通市檔案館等《大生集團檔案資料選編》紡織篇Ⅲ《福原駁船公司承運大生崇明分廠水泥白鐵瓦車床等承攬據光緒三十一年六月二十九日》 立承攬據福

原駁船公司，今裝到大生崇明廠水泥五百桶、白鐵瓦一百箱整、車床三部計十四件。言明水泥、白鐵瓦每擔計水脚洋一角二分，車床十四件計元六十兩。以上各貨裝至川河港口交卸，倘有水濕及偷失等情，憑承攬人理楚無誤。此請

大生滬賬房存照

（計開附裝東洋貨八件免加船費）

光緒三十一年六月二十九日　福原公司書柬

張謇研究中心等《張謇全集》第三卷《咨商督周清光緒三十一年》　爲咨呈事：竊照通州唐家閘設立阜生蠶桑公司，曾於光緒二十九年呈奉核準在案。現該公司已將種桑、育蠶、烘繭等事實習初完，即以自繅之絲，先行試織花色綢縐，名曰通綢、通縐；綢縐有效，并擬續制紗羅綾緞以擴充之。又因外洋織品盛行於華，溢出利源不可勝計，復於公司左近增一染織考工所，用前派留學日本工業染色科學生及日本藝師仿造各種絨綫毯、絲緞帶、絲棉綢，亦名曰通毯、通帶、通絲棉綢。此時就地籌銷，尚未大旺，然果物美價廉，過於外洋之制，將來本省及外省各埠自可漸期推廣。惟税不早定，則關卡林立，阻滯可虞。以各國税生不税熟之通例論，凡公司以生制熟，抵制利權各物品概得免税，而我國家帑用所需，全恣征賦，該公司亦不敢執此相繩，妄希援免。第江北之民，於蠶織素非所習，今甫創行，尚當提倡；且該公司亦既繭竈有捐，絲車有捐矣。若以自制繭絲，自成織品，更爲繁重，其税以困之詎，止該公司不可支，觀感之人必且引爲大戒，安常蹈故，轉無以仰副朝廷維持商界，振興商務之德意。一再籌思，惟有將該公司各種織品價本繕具清摺，擬請按進口貨例，計值定税。凡通行本省者，值百税五，通行各外省者值百税七五，通行各外洋者值百税十，仍一一粘貼印花，填給護照，載明運銷中國地名及貨税之數，關卡查驗，概不重征。其銷之外洋者，另於外洋納税，不在此例。印花護照由關備發，由公司領填，即仿大生紗廠辦法，庶爲公家增一本無之税，爲地方開一未有之工，兩爲有益。事關商税，理合咨商，爲此咨呈貴大臣，謹請察照核飭施行，無任公便。須至咨呈者。

南通市檔案館等《大生集團檔案資料選編》紡織篇Ⅲ《大生紗廠向隆昇煤號購煤合同光緒二十八年七月至光緒三十一年七月》　立合同承攬據隆昇煤號，今攬到大生紗廠購定頭號御德煤二千噸左右，訂定八月中旬由東洋裝輪直放至通州天生港停泊交卸，每噸價九八規元五兩九錢整。言明煤質與貴廠所買魯麟頭號御德相同，如火力不足，任憑按成色摺價；倘火力加增，價亦須按成色照加。税餉、起貨小工費項均在煤價之內。船到通州次日開艙起煤，大生廠雇定駁船過磅卸貨，除遇風雨耽遲外，限七天起清，不得遲延，如過船期歸尊自理。俟卸清後，當取收條，回滬即付十天期莊票。恐後無憑，立此合同承攬據，各執一紙存照行。

光緒二十八年七月十六日立合同承攬據　大生紗廠　隆昇煤號

立合同承攬據隆昇煤號，今攬到大生紗廠購定頭號御德煤五千噸左右，其貨限四個月內由東洋分二次裝輪直放至通州天生港拋錨交卸。每噸價計九八規元六兩整。言明煤質與貴廠所買魯麟頭號御德煤相同，如火力不足，任憑按成色摺價；倘火力加增，價亦須按成色依籮數照加銀兩不誤。税餉、起貨小工費項均在煤價之內。船到通州次日開艙起煤，貴廠雇定駁船過磅卸貨，除遇風雨耽遲外，限六天起清，不得遲延，如過船期，歸尊自理。俟卸清後，當取收條，回滬即付十天期莊票。恐後無憑，立此合同承攬據兩紙，各執一紙存照行。

再批，頭輪煤到由貴廠試驗，如與前樣不相符者，其餘之貨停止，所交次貨聽憑摺價議罰并照行。

光緒二十九年二月　日立合同承攬據　大生紗廠　隆昇煤號

再批：四月初十日至二十日內，先由東洋裝運一輪，如貨色不符，餘貨即止運。此批并照。

立合同承攬據隆昇煤號，今攬到大生紗廠購定海軍御德煤屑二千噸左右，其貨限四禮拜交貨，由東洋裝輪直放至通州天生港拋錨交卸，每噸價計九八規元四兩整。言明煤質如火力不足，任憑按成色摺價，倘火力加增，價亦須按成色依籮數照加銀兩不誤。税餉、起貨小工費項均在煤價之內。船到通州次日開艙起煤，貴廠雇定駁船過磅卸貨。除遇風雨耽遲外，限五天起清，不得遲延，如過船期，歸尊自理。俟卸清後，當取收條，回滬即付十天期莊票。恐後無憑，立此合同承攬據兩紙，各執一紙存照行。

再批，此次試燒火力如能較前畧好，由郭少翁私貼小工費，每噸約一錢之譜；如火力不佳，加倍議罰，并照行。

光緒三十年五月初九日立合同承攬據

大生紗廠
隆昇煤號
經手 郭少甫
黄振志

再，此次大生廠存貨甚多，本不應辦，因振志兄初當經手，代助場面，振志兄亦當格外客氣，貨色格外要好。又批，并照行。

立合同承攬據隆昇正號，今攬到大生紗廠購定御德統煤二千噸左右，言明每噸價九八規元七兩一錢五分整，其貨限一月内外，由東洋裝輪直放至通州天生港拋錨交卸。煤質與貴廠所買魯麟頭號御德煤相同。如火力不足，任憑按成色摺價；倘火力加增，價亦須按成色依籮數照加銀兩不誤。税餉、起貨小工費項均在煤價之内。船到通州次日開艙起煤，貴廠雇定駁船過磅卸貨，除遇風雨耽遲外，限四天起清，不得遲延，如過船期，歸尊自理。俟卸清後，當取收條，回滬即付十天期莊票。恐後無憑，立此合同承攬據一式兩紙，各執一紙存照行。

光緒三十一年七月　日立合同承攬據

通州大生紗廠
上海隆昇正號

張謇研究中心等《張謇全集》第三卷《爲開埠事咨周督文清光緒三十一年》

爲咨呈事：案照江南通州天生港自開商埠以固江防一案，光緒二十五年經山東道監察御史餘奏奉上諭，飭由貴前大臣劉會同江蘇巡撫部院德核議，設關征税籌款辦工各情形合詞復奏，旋準總理衙門咨奉硃批，該衙門知道欽此。等因，即經貴前大臣劉分別恭録咨行欽遵辦理。當時内地工商實業尚未布置周密，是以未即開辦。嗣以通州土産所宜之工廠陸續創設，外江内河小輪亦均駛行，而各廠購運料物，由滬達通均於中流起卸，風濤之險在在堪虞，爰擬自設躉船以爲輪步。復於光緒三十年咨貴前大臣魏，請飭滬道會商税務司派扦駐通查驗，并準滬道移取通州進出貨物表各在案。查天生港由江口至内河道僅十餘里，其東至海門，西至靖江、如皋、泰興，北至東台、興化、鹽城，凡八州縣，一水可通。而天生港適爲樞紐之地。去冬今春，復將内港浚深辟闊，港河交界處建設船閘，以利運道，是其形勢便利過於海州。現在海州已經貴大臣奏請開埠，通州同在海濱，向爲長江第一重門户，且開埠一事已奉俞允在先，應請貴大臣即行聲明前旨，定期奏請開辦，設立分關，所有從前請派關扦一節，似可作爲罷論，免多周摺。查定例：自吴淞至鎮江之圌山，皆屬江海關轄境，通州分關自應仍由滬道督理，前奏請由鎮關分設，與例未符，應請更正。至建築關步、關房工料需款，由官籌備，約估所需數尚不多，其開埠之駁岸、躉船等費，擬援各省開埠成案，官爲擔任補助，先由輪步公司籌墊，往復函商，業蒙俯如所請，自應遵辦。滬關殷副税司刻已遵飭來通，查勘關埠，除俟勘明妥議復由滬道另詳外，所有擬請遵旨具奏，先行開埠緣由，理合咨呈。爲此，咨呈貴大臣察照施行，須至咨呈者。

南通市檔案館等《大生集團檔案資料選編》紡織篇Ⅲ《哈華托復張謇函》

張謇大人：

承問以下所開各公司擬包請本律師代辦各案件應出每年費若干，本律師常例，若照單挂號費每公司每年需費五十兩，如有代辦事件，另行開費，如挂號之外另有商辦、備辦、隨時需碎、寫信案牘等事，惟除上堂詞訟外一切包在内，每公司每年三百兩。

專此奉復：

上海大達輪埠棧房公司并下
江浙漁業公司
鎮江電燈公司
通州大達輪埠棧房公司并上
通州大生紗布廠
徐州玻璃公司
青口贛豐油廠

查得此項代辦事件，計包含商量事件、備辦事件、陪從議事及寫信案牘等一應在内，惟重大交涉及詞訟上堂是須另計外，遇有商辦事件，逕由閣下直接或由趙竹翁、樊時翁或各公司之代表人前來接洽均無不可。至此次取費甚廉，是爲各公司創辦伊始，故而格外效勞，且俟試辦一年再行議訂，大約將來總不難蟬聯而下也。以上所告諒能滿各公司之意，順布。并頌

台安

哈華托具

南通市檔案館等《大生集團檔案資料選編》紡織篇Ⅲ《哈華托復趙竹君樊時勛函》 竹君、時勛二位仁翁大人台鑒：

日前接讀惠書，聆悉一是。辱荷雅愛，以各埠著名之六公司兼委敝處代辦事宜，敢不恪盡微誠以副盛意，所有各公司商辦、備辦以及零碎、寫信案牘一應統包在内。至張殿撰君遇有零星商辦，如承下顧垂詢，自當隨時獻刍。總之，除是特別交涉并上堂詞訟在外，其餘決不另計需費。適如張君或不在滬，準由二公或各公司之代表人均可接洽。費項一節亦遵台命，照長年「每公司一百二十兩，合六公司計七百二十兩，因係初創，照最克己之數，且俟試辦一年再行訂議，大約將來總不難連續也」。此復。

順頌

日祉

哈華托具

南通市檔案館等《大生集團檔案資料選編》紡織篇Ⅲ《大生紗廠致哈華托函》 哈華托大律師台鑒：

日前造訪，備聆教益，快佩莫名。所有上海大達輪埠棧房公司、江浙漁業公司、鎮江電燈公司、通州大生紗布廠、徐州耀徐玻璃公司，以上五公司均赴貴處挂號，如挂號之外另有商辦、備辦、隨時零碎、寫信案牘等事一切統包在内，每年共送費項規銀六百兩。倘遇張季直殿撰有零碎商辦之事，亦不另送需費，惟上堂詞訟在外。另有青口贛豐餅油公司日前未曾説及，今該公司亦赴貴處挂號，一切均照上五公司一式辦理，每年送費項規銀一百二十兩。凡遇有商辦事件或值張殿撰不在滬，即由趙竹君與樊時勛二人爲代表，共相接洽可也。專此布達，仍候見復，以便將費銀再送台察，是爲至盼。并頌

日祉

趙竹君
樊時勛 具啓

十二月十四日

張謇研究中心等《張謇全集》第三卷《請保護提倡實業呈商部文清光緒三十一年》 竊自光緒二十一年，承準前南洋大臣張照會，奏派集股創辦通州紗廠，經營五年，始獲開機，又二年而成效始著。二十七年，承準前南洋大臣劉照會，奏派集股創辦通海墾牧公司，以及廣生榨油公司、大興面粉公司；二十八、二十九年，復在通州創辦大隆油皂公司、澤生水利公司、大達小輪公司、同仁泰鹽業公司、阜生蠶業公司、翰墨林印書公司。職本里儒，家承素寒，憤中國利權之外溢，思以綿力自保其方隅，念生平實業之未嫻，衹以不欺感通於儔類。圖之方始，則籌之不敢疏；毁之者多，則持之不敢懈。區區之見，私以爲中國今日振興實業，要在標本兼顧：顧標之道在整頓，顧本之道在改良。整頓則首宜漸去其弊，以完本意可行之舊；改良則首宜試驗所合，以發衆目有征之新。而非得在上之保護提倡，則幸而成者，在一人有事倍功半之艱；不成而敗者，在當世且有懲羹吹齏之患。一切細目，姑不暇論。即如各工廠製造之貨，非減輕成本，不足敵外國進口之貨；而非援各國税生不税熟，或税熟不税生之例，不能減輕成本。此大要也。重農勸墾，著在祖訓。各省州縣報墾之少，病在報墾一畝，所繳之價，必加地方及道司督撫部各衙門規費，視本價三倍。二十七年，承乏通海墾牧公司時，呈請前南洋大臣劉附奏豁除此例，明定規費，照所繳之價加一成半，比因堤未全成，故價尚未繳。應請大部先爲奏豁，以便遵辦。此大要也。鹽業尤舊弊所叢，宜先普改公司之名，而後能祛一切之累。此外凡能化私增産、利運裕課之法，宜聽垣運各商，各就便宜，考求試驗，按年報明成績，以爲中國實業進步之考察，亦即爲揚子江弭禍興利之根原。此大要也。以上皆職所承辦通州各公司實業，應請大部保護提倡最要之事。此外如各省府州縣紳民，有能興一公司者，必應許其隨時自陳利病，爲之提倡保護，予以實驗，庶民間之風氣易開，中國之利權能保。現在先請就通州始。愚者之慮，是否可行，謹候采擇。所有通州創興實業各公司章程，撮要開具清摺，并呈鈞鑒，伏乞鑒核，俯賜施行，無任公便。

張謇研究中心等《張謇全集》第三卷《爲實業致周江督函清光緒三十一年》

奉前月十七日賜復，敬承鈞命；仍申鄙見，條白左方。一上海輪步，須有新生意立脚，至爲要論。今陳生意之已有見端者，大阪、美最時兩公司之輪船六號，候於十六埠浦東，無日不涎視於我所規設輪步之地。我但築步，彼必來租，一也；前設之永裕碼頭，本泊寧滬、海滬、崇滬、松滬小輪七八號，今已商明并合爲一，二也；自備將來行海州、行蕪湖之輪有步，上下便於貨客，三也；馬路之内可以造棧，四也；有輪步則市面可興，五也。官助建設費，由商藉墊，擬作十分之三，將來遵示由收税及馬路捐内撥還，由滬道詳請立案。一通州輪步，既有蔑船，有駁岸，若不上下貨物，必不足敷開支。通州内河一帶貨物出入，前準滬道移詢，

業照海關進出貨物列表復道，送交稅務司，面許派副來通察看。現海州已經看過，應請飭道轉飭稅務司派副至通察看。查例：長江自吳淞至鎮江圌山，向係蘇松太道派設分關，不歸常鎮道轄，自應仍由蘇松太道派設，以符成例。至官助建設費，亦擬作十分之三，由公司藉墊，將來在收稅内陸續撥還。惟起造海關，似應官任；大約先造之屋不必多，約計不過萬金（擬造稍大樓房五幢，上加小鐘樓一間，小樓房五幢，共二十一間；過道兩間；矮圍墻七八十丈）。一内河小輪，謹候鎮關派員來通商辦。内河係鎮道轄地，故前請由鎮道發給牌照，仍請飭行。一南京碼頭，遵示辦理。一通州大興面廠，購運海州麥，已遵示飭廠稟州轉詳，謹候核準領照前往。一漁業公司，應候商部回復北洋；咨呈已發，應候南北會奏。鄭京卿聞九月下旬可以到滬。王季樵侍郎在滬晤商數次，彼此均能喻意。想渠至寧奉謁後，必仍回滬，可再接洽。再前以通州輪步公司股本，一時不齊，請屬藩司飭查省城發存通州各典公款銀八萬兩，撥存輪步，由大生紗廠擔保，未審已否飭查？彼時所籌，止一輪步耳。今則突被潮灾，墾牧鹽業，均形支絀，迫不得已，於補救墾牧、籌劃鹽業改良，先後函呈乞撥公款補助，豈不知甚煩公聽，勞公垂念哉。外患日逼，民智未開，實業氣尚稚薄，謀力均單，設有蹉跌，不止一人之名譽；故多方求助，以冀所營一一成立稍完，爲東南實業前馬之義務。查省城貧員津貼存本、官錢局票本兩項公款，存於通州者共萬兩，始猶名爲各典公領，實則李氏三典，繼名爲李氏三典所領，實則戴某一人，設趕緊澈查清理，次第提撥，在實業則所濟實宏，在公款則可以期萬穩，一轉移間事也。幸賜圖之。

張謇研究中心等《張謇全集》第三卷《爲開埠復兩江周督函清光緒三十二年》

奉霰電轉外部諫電敬悉。此案誠如尊論，暫作可以起下貨物之不通商口岸，即係比照烟台約六處章程辦法，洋商自在其内，無庸駁阻。況七八年前，業經南洋奏明開埠，與六處情形尤爲不同。稅務司前以開埠費大，暫作起下貨物則費省，故與袁升道計議，姑從其説，聲請奏辦，并有三五年後酌度商務情形，即行設關開埠之語，是開放極遲亦不過五年以後。所以不即開埠者，爲省費；所以省費者，爲公家無款可撥，商力亦不能多藉，更無他項利弊可言。至參仿海州一節，查海州外濱大海，向無輪行，與通州濱江，本爲各江輪搭客上下，近年洋商小輪已經下貨者，情形不同。目前海州方事測量，通州則經稅務司測量已定；躉船二號，已由商辦；駁岸馬頭各料，已陸續購運；并蒙委派傅直牧壽慈監督稽核，亦與海州不同。若暫作不通商口岸，則關房、關棧暫可不建，止須由江海關派一扦手，或住江岸，或住躉船，查驗起下貨物之稅單。原議運出者爲下貨，驗明後由扦手給一驗單，持赴江海關或鎮江關投納稅銀；運入者爲起貨，由扦手驗明江海關或鎮江關稅單，是否與貨相符，隨時放行。現在海州是否如此辦法，扦手是否不用洋人仍用華人，尚未確知，無可參仿，應請一并據情電咨外部，請示飭遵。所有遵復通埠何時開放各緣由，謹據實復呈，伏乞鑒核復部，無任公便。

張謇研究中心等《張謇全集》第三卷《爲實業致兩江周督函清光緒三十二年》

各廠積面事，袁京兆回述勞玉翁言，不弛前禁，以顧民食，是亦本原之論；惟積滯過多，虧摺過甚，亦非保商之道。公議暫以六個月爲度，準市準時，隨在節制而消息之，於民無毫毛之損，而於商有邱山之益，當亦公之所許，與玉翁意似亦不背。公呈另上冶稅值百抽五事，尚未見行，宜請公飭局印發專照，以爲試辦之據。蘇廣鍋之行銷江北各縣也，其過卡報捐，悉以黑費換相當之利益，故鍋至江北，捐數常輕。今若出廠即按值百抽五，捐反重於黑費而來之貨，微覺不便，然公已批準試辦一年，止好且行試辦。近聞湘鄂鍋商，欲援例請爲值百抽七五，果行，則於蘇鍋之利大礙，不獨通州。蓋廠稅利遠而不利近，近必較遠畧減，乃得其平。現就所查得其情事如此，試辦後形勢如何，再行上陳。大約湘鄂以煤鐵便利，鑄本常輕，捐稅似須區別。如何區別，乞公裁奪。商輪租南京官馬頭事，以華商輪大達可與鴻安合租。若更雜洋商，則華商當另圖。蓋無步之輪，須有劃駁，船到方能呼應靈通；若無定之租，則名與事不稱；若在彼此均是華商，則尚有商量，雖先後小有不便，尚不致冲突；所不便者，即劃船去留之問題耳。一涉洋商，彼租地即有租限内之權，設華洋商均租，則均有權。權均則靠船之先後遲速，不能無争；争則洋必伸，華商何苦出錢而處屈勢。且亦恐此步一涉洋商，於官輪要差之避讓，將來租期之進止，不能無小小糾葛，冀公慎之。大達鴻安，租否均可聽命。前議貢院舊磚木作價，亦按蘇六皖四。皖人争欲平分，其語甚長不暇述，比來上海以鄙意與學會大衆言之。平分亦可，唯舊料既分，則新議改設市場之擔任，亦須平分，庶昭公允。中國方求團結之不暇，不必兩者因小小財政，自生意見也。公謂何如？拉雜上陳。

南通市檔案館等《大生集團檔案資料選編》紡織篇Ⅲ《董事局聯合會第一次議案》　到會人數：樊時勛君（通崇廠查賬）、李磐碩君（崇廠董事）、惲瑾叔君（通廠董事）、劉厚生君（通廠董事）、張叔儼君（通崇廠董事）、周湘舲君（通廠查賬）、蔣孟蘋君（通崇廠董事）、林蘭蓀君（崇廠董事）、張右企君（崇廠查賬）、張季直君（通崇廠總理）、王丹揆君（崇廠董事）後到。

是日公推李磐碩君爲臨時主席。

一議崇廠運本。

董事局第一次議定，崇廠獨立，現在運本，往來一時尚有窒礙。今改議暫由通廠擔任。各户來往以明年六月底爲止，崇廠再自任運本。以符第一次議案。

一議爲花紗營業增設通崇電綫。

議與電報局商定，增設官商合辦（能由商貼官辦最好）。如官商合辦，其資本擬由實業公司擔任，須候磋商妥當再定議。

一議營業機關。

議定兩廠互相聯絡，臨時斟酌情形辦理。

臨時主席　李磐碩
書　記　張右企
總　理　張季直

南通市檔案館等《大生集團檔案資料選編》紡織篇Ⅲ《通州大生紗廠第一次股東會議事録光緒三十三年七月二十三日》　總理張季直先生報告開會宗旨。

總理報告經理本廠十二年歷史（歷一時半）：

通州之設紗廠，爲張謇投身實業之始。光緒二十一年乙未，中日事定，前部督張屬蘇、鎮、通紳士招商集股，設機廠造土貨，謇亦承乏。謇愚不自量，念普魯士之報法畢士馬克歸功於教育；欲興教育，赤手空拳，不先興實業，則上阻旁撓，下復塞之，更無憑藉。既承前督部之屬，九、十月往來通州、海門、上海招商勸導。會粵人潘鶴琴、閩人郭茂之，連同通州劉一山、海門陳楚濤、寧波樊時勛，議設紗廠於通州。先是數年，盛杏孫觀察創立華盛廠，因購用通棉數多，欲於通州設廠。彼時通州鄉人尚未行用機紗。念通民向以紡織爲生，若設紗廠，將盡奪織婦之利。其時布商收布，凡見參用洋紗者，必剔出不收，以是建議，以爲不可。既而機紗之來通銷售者漸多，工漸便之，商收亦漸多，復念風氣之來，既不可遏，與其以本地生貨輸出境外，而仍用其制成之熟貨通之，利日外溢，不宜。乃因劉、陳二君之介紹，見潘、郭與談。潘、郭計定紗錠二萬，集股本六十萬，由謇更舉沈君敬夫合劉、陳三君爲通董，任通州集股二十萬；潘、郭、樊三君爲滬董，任上海集股四十萬。通股不足，滬爲任補，語載合同。謇自任通官商之郵而已。是年十二月初，稟請督部奏咨立案。

廠基歷相數處，以唐家閘地介内河外江之間，交通較便，故定基於此。丙申春購地，地價由通董籌付。旋規劃墊基、浚港、築岸，建造行棧及監工駐宿之房，已用二萬餘。而潘、郭股不應，機亦不定，屢致詢問，則言通股有若干，滬股即有若干，滬股四十萬立時可有；又言通股須交滬管理，通董許可，有款即次第存滬。久之，潘、郭仍不應。七月，謇親至滬，集董會議，樊、陳辭董。九月，郭率工頭至通，規定廠基。郭稱集股不易，由謇增舉蔣君書箴、高君立卿，仍合六董之數。會督部劉忠誠公，以鄂督前定瑞記地亞士之紗機四萬八百錠歸江南，廢閣不用，棧上海楊樹浦席棚中三年，日益銹壞，令桂道嵩慶貶價出賣。郭稔於桂，受桂之托，告於通董，議用官機，或以官機估價合股。計此官機，於光緒十九年，鄂督在武昌認息藉瑞記地亞士洋行款所定。機至上海運鄂，鄂督調江，則又運江；江不能設，則又運滬。隨機洋匠一人，月俸四百金，前後凡五年。凡運鄂、運江、運滬之費，棧於上海地租、棧租、保險之費，洋匠月俸之費，洋行月息之費，統計近八十三萬兩。潘、郭既有此議，則屬潘、郭考察機可用否？潘、郭言可用。則又請桂道委員，并另請洋匠，會同公估，照蘇綸新機價止值四十八萬兩，委員要五十萬兩之成數。議粗定，潘、郭忽以官有股必干涉掣肘，即有約不足信，翻悔不用，主自購；且有集股，須緩至來年之説。方議粗定時，謇同在上海，及不用之説發見，謇已至江寧。書函往返辨釋，自任官有干涉，謇獨當之，必不苦商。潘、郭持益堅，且謂如用官機，則滬股不願。而官執前議爲讓，桂道并許協助集股六七萬，雖不盡可信，然竟罷，則通股已用之款，終不可救。十月，得潘、郭決絶訊之日，反復籌慮，徹夜不能寐，繞屋而走。念官機值五十萬作股，商股亦須五十萬，今通董已集之股五六萬，及桂所許約十萬，用官機則合官商已六十萬，執六十萬以號召四十萬，數已過半。若不用官機，仍如潘、郭六十萬之議，潘、郭又且前且卻，與通董不能相信而合力，僅執通董五六萬之股以號召，是以一望十，形勢益絀。然通董力薄，如何能任集五十萬之股，勢須謇任。謇寠人也，向於富人無所交涉，一旦違願求人，人不親不信，而我徒自貶；即有應者，而不如數，則事終不成，我何苦爲人役？不如已願，又念，已則教育終無所憑，且安所望，世有第二之願爲人役者。且入通股人，大半亦因信我，我畏難而棄之，已購之地、已建之屋將貨於誰？豈非入股人因我而喪資，世復誰與我？百念紛紜，往復上下，遂覺張謇與紗廠結合爲一，成敗共之，然猶不能決。次晨，約鄭君蘇堪過我，告以潘、郭前後差池之故，及竟夕所慮之事理。鄭君躍然曰：定用官機耳。於是電約通董沈君、高君、蔣君至江寧，告以故。議定後，與桂道商訂官商合約，歷兩旬之久，至十一月初簽字。仍潘、郭、沈、蔣、劉、高六人，通滬各任集股二十五萬，是爲官商合辦，而責任乃專在謇矣。

訂約之日，憑衆與桂道重申前許助集六七萬之説，桂唯唯云：四五萬可致。復爲言：前説六七萬，今説四五萬，四五萬中數也，請如約。桂復唯唯。自此四面奔走，陳説通州設紗廠之利，所勸集者不及二萬，賴惲莘耘觀察助集二萬餘，合計銀十三萬餘兩。是冬，六董會議，潘、郭仍以集股不易爲辭，於是通董任三十四萬，潘、郭任十六萬。丁酉，規建廠屋，潘、郭仍持緩議。而工程待用孔亟，通董不得已，聯潘、郭名，請撥官款。潘、郭遂謂既用官機，復請官款，滬股頓散，即有亦不交。於是沈、蔣、高聲明，潘、郭前後閃爍支離，不能共事，請退。潘、郭亦請退。桂道以爲通董退則全局瓦解，堅留之；許潘、郭退董，交還通董集存之款。計潘、郭發議至此，二十餘閱月，始終未交一文，未辦一事也。方潘、郭由四十萬縮至二十五萬而十六萬，詭狀大著，不待推測。然丙申秋冬之間，上海紗市敗壞，華盛、大純、裕晉或欲停辦，或欲出賣，幾於路人皆知。凡以紗廠集股告人，聞者非微笑不答，則掩耳却走，誠亦有此狀況。故雖恨潘、郭之狡，未嘗不原其怯。而我本未有可以爲世信用之實，又未嘗不内訟。故沈、蔣、高之與潘、郭決絶，蓋遲之久而又久，至於三年，且以爲商認之五十萬，潘、郭雖縮至十六萬，固猶有此十六萬之希望也。至必不可合，則希望絶，五十萬完全之責，并於一身，而已集之股滯於十八萬，艱阻不進，此爲一險。

於是，一再求助於江、鄂二督及桂道，及凡相識之人。有冀其可助而言之者，有明知其未必有益而姑言之以僥幸者，所更非一，未暇殫述。旅滬不忍用公司錢，主於友人，賣字自給。駔儈黠吏，陰嗤而陽弄之者，比比皆是。然而聞謗不敢辯，受侮不敢怒，閉目塞耳，趲程盲進。會盛太常，以受江、鄂兩帥之托，函告江督，將華盛、大純、華新等廠租與西商，即以租價與通協合。江督令桂道約去省面商，即以爲此真挽救之一大關鍵也。至省，商明值五十萬之官機，由盛與謇合領分辦，通領二十五萬，止需商股二十五萬，冀集股較易而負責較輕。議定，而盛慮官商合股，有效必見奪，復至寧溝通而堅約之，由盛與謇與官訂紳領辦之約。復與盛訂合辦之約，各領機二十五萬，各認集股二十五萬。通廠二十五萬外，新股活本，盛亦任之。并許代籌活本，以二十五萬爲限，約用印文，由江督咨總理衙門，私以爲要約堅明之至矣。是冬，購備磚瓦木石及諸用具，搭蓋儲機棚廠。次年戊戌正月，動工建廠，購電燈、滅火機，上下執事工役日五六百人，用款日繁日緊，而各路許入之股不至。其時，桂官徐州道，執前許助集五萬之説，屢催不應，如潘、郭，訝焉！知桂者語謇，桂受鄂督命，亟脱閣置六年之官機，非媵以協助資本之口語，事或不諧，無以報鄂督。今機有受主，桂事畢，子乃望其言之有效耶？猶不信，白劉忠誠公。公因桂適至省，語之，桂質言有此謾語，忠誠讓之而已，而五萬之望消滅。然猶恃盛也，面許二十五萬之活本即不應，約載同籌之新股活本，即減半亦得十二萬五千，更減之，亦得六萬二千五百。久之寂然。如桂屢催屢請執約，告急之書，幾於字字有泪。亦請江督言之，盛百方騰閃，迄不應，而二十五萬之望消滅。其時所集之股，則已次第支給，於造廠、運機，所存無幾，此爲一險，時則戊戌三月也。

閏四月初，入都散館，五月二十七日到衙門，二十九日請假，六月初二日出都。三十年科舉之幻夢，於此了結。入都之後，廠事悉賴沈君敬夫維持，掙扎至冬，廠已垂成，機裝過半，花已開收，而資本止有四五萬。既須收花，又須給造廠裝機，一切未完之工價，備開車未完之物料，心口相商，筆舌俱瘁。所共憂患者止敬夫一人。往往甲日籌得一二萬，乙日已罄，丙日別籌，而丁日又須還甲。所遇之人，前若潘、郭，後若桂、盛。以爲官不可信，而號爲官者如此。以爲商不可信，而號爲商者如彼。始而尤人，既而自怨，終知自怨無益，惟有奮進。而進無寸援，退且萬碎。不得已，以爲是項官機，乃爲了鄂督經手之事。走鄂，哀之鄂督，商盛暫助挹注，不效。復哀之江督劉忠誠公，公苦之。會褚給諫，有請亟興商業，凡官皆得入資公司之奏，同時爲電滬、鎮、蕪、九四道，淮運使、海分司勸入股。他人不論，蕪道袁爽秋，故人也，以爲謇不當任此事，亦不應。獨海分司徐星槎應集二萬。江督劉忠誠公復爲電各督銷，獨正陽沈愛蒼觀察應焉。然每日收花銀元率以萬計，數萬金之款，數日而罄，仍不給於用，又哀之忠誠公。公以爲廠利通海，通海地方存典公款可以存廠。爲電通海地方官，籌劃六萬千，是爲二十五年春間事。次第撥到者，僅海門二萬千，通州一萬千，釐捐總局撥存銀一萬兩而已。統計廠棧、電燈、滅火機，已用去十七萬餘兩，而官機鋼絲、絨輥、皮帶、繩索、筒管之類，朽腐損壞，十居七八。修補增購之費，官任而商墊。不墊則機不全，機不全則出紗少，虧耗多，墊則收花之本益絀。是商本即集足二十五萬，節節騰挪，能供收花者止四五萬。而預計二萬四百錠之機，每日出紗三十七八箱，需花一百二十石，需銀三千元；加以煤油、物料、人工薪水、伙食、零支、息金，以千元計，每日需四千，一月即需十二萬元。以三個月計，非三十六萬不敷周摺。何況商股尚未集足，則所絀更鉅。先是江督電至通，通州知州汪直牧即日電復集款一萬候撥，而以電示各城董，令議籌撥之法，合計通州公款八萬餘千，存典生息，供鄉會試、賓興公車用者一萬有奇，餘供其他善舉之用。汪復稟於江督，列陳他善舉不可撥，獨賓興公車可撥。劉忠誠先後以電稟見示，惟汪與謇訊，則言并無一萬的款，前電姑應大府命令，能否得一萬不可知，當爲盡力。而當時通州紳董，不知紗廠與地方相關之利益，且有所承望，唯唯否否，推官主持。反對者且昌言，公款歸廠將無着。有諸生而博徒者某少年，大書公揭，揭州城門，約日開明倫堂大會排阻，其族某副貢，則全具通學三百餘諸生名，由紳董稟阻於州。州先索觀其稿，不合，令易；易而進，仍不合，則爲易而與之。既進之，明日，州懸牌大斥副貢某等抗違憲令，阻撓地方大利，不合。旋舉其事白江督。另稟言謇營紗廠不洽輿論。於是紳董有悔言，某副貢及預名某某及謇戚旗之諸生駭然，紛紛來函，以匿名告。劉忠誠亦以汪密稟示，屬自慎。某少年旋因他案被下獄永禁。既汪令沈君敬夫，特具領狀，特撥公款一萬，還期一年。躊躇竟日受之，而竭蹶如故，廠終不成之謡復四起。此又一險。

至此，直有履險縋幽分寸失足之勢。己亥春，奔走寧滬，圖別藉公款不成；圖援湖北、蘇州例，以行廠機器抵藉不成；告急於各股東，不答；告惲觀察，復言厦門某富人可入股二十萬，卒亦不成。時已三月，上年匯款到期，若不還，則益失信用，後路且絶。無已，以所收八萬金之花，漸次運滬，售賣應付，一面仍預備四月十四日開車。廠中各友，相顧眙愕，獨沈君敬夫贊助無退志。既開車，日冀出紗之多，而用花亦多，益難周轉。哀於江督，則呼吁之詞俱窮。謀於他人，則非笑之聲隨至。無已，請江督另派股富員商接辦，函牘再上不可。而其勢岌岌，朝不保暮，無可如何。謀以廠出租於人，有介於嚴小舫、朱幼鴻者。至滬就之，以官商本五十萬，歲息八釐，租期三年爲索。嚴、朱以實股不及四十五萬，須按實數。謇以辛苦五年，開辦費不及萬，有應得創成之價值。嚴、朱願別酬五千。謇以是用貨取，且廠租於人，而股東不能得官息外之利不可。越數日，嚴、朱益短其數，詰之，則言利鈍無把鼻，詞色甚怠，實不堪受。顧念坐困圍城，矢盡援絶，曾無一人顧惜，不若全師而退，俟租人得利，藉得自明，三年後猶可爲股東收回也。乃稍貶所索，以遷就之，而嚴、朱所以要挾之者益進。於是上海之慰惜者，獨何梅孫、鄭蘇堪二君，每夕相與，徘徊於大馬路泥城橋電光之下，仰天俯地，一籌莫展。既念田横不屈於漢高，彼嚴、朱非漢高，而謇尚不至爲田横，何苦困此？適沈君敬夫書來勸回。翌日即返定計，盡花紡紗，賣紗收花，更續自轉，至不能有花紡紗，則停車而閉廠，以還股東。此已亥八九月事也。此又一險也。

坐是一決，轉覺心神寛泰。十月後，滬上紗滯如山，而通銷獨暢，各路籌調，亦漸響應，以爲得慶更生矣。不意，次年庚子四月後，拳匪事警，商市不通。五六月，紗忽壅滯，又一大窘。千方百計，避蘇、滬紗并占之路，西而南昌、九江，北而徐州、宿遷，請於江督，謀通銷法。兩月事成，而銷路已開，是年即有餘利，填還開辦費。綜計自議辦至開車，前後五載，閱月四十有四，集股不足二十五萬，用於工程機器者歸入成本；用於開辦費者，爲各股官息一萬七千餘，存匯款息六千餘；運機擦機工六千餘；用於洋匠裝機監工之酬勞及供給五千餘；用於上下執事夫役津貼、伙食、川資、訊力一切之費一萬四千餘；以存莊回息抵除四分之一，實止九千三百餘兩。謇與董事皆未用分文也。

開辦費以辛丑春填清，遂有餘利分紅。方開車之始，謇自定章：餘利作十三成，十成歸股東，三成歸辦事人，復以三年十分之二成歸經理人，八成則董事及各執事派分。念此五年之中，憂患艱危，謇由自取，而勞苦則董事各執事諸人共受之。諸人何爲者？且無以自明，區區之不爲私利，故定章如此。惲觀察致書，嫌董事以下分紅太優。慮違初心，未之改也。是年辭江寧文正書院歸，專理廠事，用廠公費。

廠之官利，無年不付。餘利自庚子始，綜計庚子、辛丑、壬寅、癸卯、甲辰、乙巳、丙午七年，除每年應付開支正息外，所獲餘利，每股共一百二十五兩有奇。舊於餘利中，先提公積、保險、摺舊三項，以厚廠之信用力。惲觀察主改，并摺舊於公積，以厚股東之餘利。七年共有公積三十三萬六千兩。其謇所得之二成紅奬，初由謇議分一半酬股東惲觀察昔年協助股本之義。繼沈君、蔣君、高君、徐君四董議（初分六董，後因節省并爲四董），由謇分五釐，各董合分五釐，以酬股東惲觀察。是時盛太常所領之官機尚擱置在滬，而零碎藉用者不少，顧皆在華盛浦東棧中，不似昔之在席棚内，受上雨、旁風、土蝕、水浸之患矣。甲辰擬增錠，江督知之，乃屬完全保存此已摺之機，復集商股三十三萬，增廠以容之。至是，鄂督所購之機已全，桂道脱卸之計真畢。桂自願入股二萬，可傷也。尤可傷者，己亥夏，車已開兩月矣，候補道朱某猶言於劉忠誠公：「張謇亂要錢，大帥勿爲所蒙。廠在哪里？哪有此事？」至是，亦入股一萬。癸卯改餘利爲十四成，以一成爲師範學校每歲之補助，所多一成，蓋分之股東，分之辦事人。辛丑以後，辦事人半有股，不全分股東之餘羨也。去年八月以前，餘利若干。九月以後，關東布壅，紗亦隨滯，目前稍稍活動。計上海、蘇州各廠積紗若干，通廠積紗若干，上年滬蘇廠利若干，通廠餘利若干，可以推考。謇愚不自量，受各股東重托十有二年，幸未有辱損於股東之處；歷屆雖有説畧、賬畧奉報，然始終不知廠在何處，作何狀者，股東中殆十居八九。謇年已五十五矣，精力日退，意興日減，度能爲各股東效牛馬之勞者，不過三五年，抑恐此三五年中，人事或有更變，不能久肩斯任。從前廠初辦時，國家尚無商部，無公司商法，今則日漸開通，各股東可執商法，以經營一切，故特開股東大會，將十二年中個人對於股東親受之歷史，撮舉大要，爲各股東言之。謇非以是自爲表襮也。中國實業，通州紗廠强勉可占一位，不特望各股東於此廠將來發達無窮，并望各股東擴充他業，亦發達無窮，將來及他業之經理人才，具必十倍於謇，所不待言；設或有如謇所遭遇百分之一者，各股東以謇所言推之，以正當之感情對經理人，則各股東此廠將來及他業日興月盛，必可操券，是則謇所爲各股東貢墜露輕塵之益者也。各股東諒之。

公推議長

公推官股代表許久香觀察。許觀察以廠中情形不熟，辭請另舉，股東以推定不能辭，仍請許觀察爲議長。

查賬報告

議長宣告，先期公舉查賬員，由南洋大臣派委員王紹延觀察，本月初九日到廠，初十日監視開筒。暫定十股爲一權。樊時勛君得二百七十八權，周湘舲君得一百五十五權，爲最多數。兩君即爲本廠查賬員。所有賬目，請兩君報告各股東。

查賬員樊時勛、周湘舲兩君報告，第一届至第八届收支總數及提存數，總共净餘利數，本年正月至七月收支兩抵，結餘利數（紅利未提出）。又報告，大生分廠、資生鐵廠及通海各實業與本廠往來細數二十八款。

總理發表説明書八款：一、擔任運本；一、換新機；一、摺舊；一、限制各户往來；一、組織織廠；一、選舉董事及協理辭職；一、選舉議員；一、總理辭職。

〔附〕《提議各事之説明書》

一籌劃運本之擔任説明：

大生初開，定議官機作本二十五萬，商股二十五萬，續增商股八萬，計三十三萬。然次第招集，閱五六年而後足，而建造廠棧、行房、住屋，置備器具等隨時之用，刻不容緩，無非東挪西凑，更番調匯，以資應付。故自乙未九月開工，至己亥四月開車，首尾歷四十四月之久而後成。而各股東之官利，即在萬分困難之際，未嘗分毫短缺也。及至開車，所恃爲運本者僅數萬金，全賴沈君敬夫之助，四面騰挪應急，而所籌率係小數，不敷周轉。至新花上市，而資本已竭，危險萬狀。迭次函致各股東告急請援，迄無一答。萬不得已，乃復分告股東，擬將四年汗血所成之廠，出租於人，亦不答。而在滬迭受議租人之挫摺，實不能堪。回廠與沈君議，貶價售紗，即以售紗之款購花，苟延一息，俟矢盡糧絶而後停機。賴有天幸，紗價日起，支拄至冬，强可不絶。而庚子六月後，大亂頓作，紗滯不銷，危險又見，復百計騰挪，至九月而蘇。癸卯，續議增用在滬懸擱之官機二十五萬，復集商股三十萬，計共前後官本五十萬，商本六十三萬。然除增造新廠花棧，添配粗紗機錠，及電燈、滅火機所用十六萬外，以四萬八百錠用花及煤料、人工計之，每年須一百五六十萬。而統計運本止二十四五萬而已。甲辰、乙巳，日俄事起，布銷大暢，紗利大增，賴以更番周轉，不匱於用，而未嘗不時時自危。下走年五十餘矣，爲各股東執公僕之役，亦十二年，幸未辱命，亦未受發起特别之利益，私心坦然，差無大戾，而憂患之迫日來，精力之衰漸著，實不敢再肩籌畫運本之責任。所幸大險已過，基礎已堅，但有能者，可以從容而指揮，不似寠人之冒險。此則必求各股東鑒許者也。

一應換新機之辦法説明：

各國工廠機器，率十五年而一换，此通例也。大生所用官機，閣置於上海楊樹浦灘上席棚之内，上雨旁風，歷時五年，棧底機箱壓陷入土者二三尺，夫人而知之。運通安設之時，剔出腐敗者堆積如阜。以下走之爲寠人，而商股之艱，官本之可念也。凡可以將就暫用者，仍搜求擦洗而用之，陸續易新。而先天已受虧損之機器，不能與一例嶄新花樣之機器比能量力，斷可知矣。今計老廠已亥所安之機已九年，去十五年應换機時，止有六年，應先籌備。善事必先利器，各股東當以爲然。

一摺舊説明：

初由各所經董議，在餘利内并提公積、摺舊、保險三項。公積以備債户之信用，摺舊以備換機之基本，保險以備意外之不虞。嗣股東惲莘耘觀察，主除摺舊之名，括於公積之内。行之已五六年，今以事實上計之，似以仍提摺舊爲長，候各股東公決。

一廠與往來各户限制説明：

既有公積，即有存放。各公司前有存於大生者，亦有大生存於各公司者，均作往來，彼此計息，惟亦不可無限制。限制之數，應由銀錢所經董，於每年正月、七月酌定，報告總經理人。是否？候各股東公決。

一織廠是否本廠增本任辦，抑另自獨立組織説明：

洋布灌入内地，日盛一日，占我華布之路不少。調查近五年海關貿易總册，如三十一二年之六七千萬，雖爲創見，然自一千五百萬至二千萬，殆成常例。日本又於營口，仿織通州大布，松江標扣。其國家之令，由日本運紗之營口者，免收水脚，免征關税，又爲之補助摺耗。由此推之，三五年後，我通布受其影響，將視松江、太倉爲尤大。蓋東三省銷行之布，通産爲大宗，受害之方面視占利之方面爲比例也。欲救其弊，非全國仿織花旗粗布不可，次則斜紋布。通、崇、海棉産特良，尤宜任此，創通風氣之責。下走奢願，必織業小公司林立，乃足語於千百一二之抵制，而必自立一大公司始。比從山西購回織布機二百五十張，此機舊式也，欲更購新織機及漂白染色機數張爲標本，而仿制之。設爲織廠，其地即在大生紗廠之側，進紗既近，照料亦便。若以紡織聯合計，應增本三十萬試辦作爲大生織廠。若欲紡自紡，而織自織，則另自獨立組織亦可。要之，不必我辦，而不可不辦。從今日始，慘淡經營，三五年後，或可爲織業危而復安之根本。亦即爲紡業疏通去路之要計，若更遲疑觀望，恐禍至無日，而悔莫之追。不知各股東以爲何如。

一選擧四所董事及協理説明：

本廠創辦之初，通、滬集股董事各三人。故定銀錢、賬目、進貨、出貨、廠工、雜務六人，各執一事。嗣滬董悉退，乃改并銀錢、賬目爲一，蔣君書箴任之；進貨、出貨爲一，沈君敬夫任之；廠工一，高君立卿任之；雜務一，徐君翔林任之，凡四人。後因銀錢賬目董蔣君以風疾辭；進出貨董沈君以脚疾辭；雜務董徐君以營他業辭。乃由股東惲莘耘觀察，經董沈、蔣、高、徐諸君公推張叔儼君爲協理，兼任銀錢賬目、進出貨、雜務；惟廠工董仍屬高君。其銀錢賬目、進出貨、雜務董所應得之紅奬，每歲分别酌撥，補助地方之公益。此本廠經董分并及協理兼辦之事實也。今請各股東按原章四所，公擧董事每所一人，協理一人。原協理、原董已請辭職，盡可另擧，不必瞻顧。

一在場公推議員、公定名數説明：

通州僻在江海之濱，向非商埠，附輪上下，或夜或值風雨，行旅不便，故股東未至廠者十居八九。當時尚無商部、無公司律，故不能有完全之組織，但以理想擧辦事，經董分任廠事，平時有事，即會議而已。今既按公司正當之辦法，自應由各股東公擧議員二人或四人（二人則官商各擧一人，四人則官商各擧二人），於每年常會期到會，代表各股東議決一切應行之事。是否？聽各股東議決。

一公推總經理説明：

下走無狀，寠人而腐儒，忽不自量，貢其至短淺之知識，爲實業公僕，乃至由一而二而三不止，知者嗤爲怪物，不知者直以爲嗜利無厭之賤丈夫。怪物可也，賤丈夫亦可也，人各有心，今之社會，何處可説，爲人詬疾，乃分之宜。今亦稍自覺矣，亦自愛其生命，謹從此辭，願各股東另擧賢能爲總經理，諸君得毋疑下走有激而然乎。下走視廠猶自視心絡之血影也，豈能無桑下三宿之感？下走即不爲經理，亦當以個人發起未受發起利益之資格，旁立而監視之，以保此千摇萬撼幸而未敗之物，諸君當可釋然。

議長宣告：本屆股東開會，應請各股東先定宗旨。因本廠成立不易，現在各股東關心廠務，或有責望過甚，故鼎霖之意，欲請各股東詳細研究，明示宗旨，以後對於本廠是否主維持宗旨，抑别有意見，請各抒所見。衆股東全體承認，主維持宗旨。

議長問：總理説明書八條，應否按條提議，抑先擇要提議？請各股東議決。

股東鄭蘇堪君言：從前本廠一切組織，是無限制、無法律之辦法。今既開股東會，應由無限制、無法律之地位，改爲有限制、有法律完全之公司。應先定名爲「大生股份有限公司」，再續議條目。經全體拍手贊成。鄭君又言：總理説明書，係就舊時辦法，引伸更改，未必盡合法律。今既改爲「有限公司」，一切應按照公司律辦理，應以有限公司爲範圍，凡範圍内應有之條目，逐項提議，不必以總理説明書爲次序。多數贊成。

股東惲心（一作莘）耘君提議：總理報告從前困難情形，尚不及十分之四。現雖已有成效，本廠之事，仍須總理擔任，即各實業公司事體繁重，亦請往來兼理。衆股東亦全體挽留。總理復言：義務亦有盡期，下走今年五十有五矣，自揣精力日減，亦當少自愛惜，請以六十歲爲斷。

鄭蘇堪君提議：各實業與大生往來之款爲數甚鉅，今既全體主維持宗旨，亟應劃清界限，所有實業各公司欠款，應作通海實業有限公司之股本，另立名目，即歸獨立，不再與大生牽涉。各股東如以爲然，請認可後，再逐項調查報告。應擴充者擴充，應收束者收束。以後各公司止與實業公司直接，不得與大生牽混，是爲有限制、有法律之辦法。衆股東請查賬員報告各公司欠款實數。查賬員樊、周兩君逐款報告後，周湘舲君議：現在本廠公積及第八届餘利兩項，并計共有銀六十餘萬兩，擬提出六十萬兩，作爲實業公司股本，另刊股票，發給各股東，在大生無所損，在各股東亦無所損，而於通海實業則大有益。各股東熱心公益，不知以爲何如？官股代表王紹延觀察言：公積撥作實業公司股份，如衆股承認，官股亦可承認。至第八届餘利，官中已指定作爲常年用款，代表人不能擔任。周湘舲君言：王觀察所言自是實情，鄙意擬變通辦法，從前餘利遞遲一年發給。今官股既甚爲難，以後請改爲今年餘利，明年三月朔日給發。自第九届爲始，則官中指定用款，不至無着，而實業公司亦得成立。王觀察及陸叔同太守言：此事重大，代表人不能作主，須電請督帥定奪。惲莘耘君言：公積入股，可以承認，餘利已刊布賬款，不應失信。股東張澹如君言：官股既須請示，商股可先議決。此事關係甚大，必須公衆議決。胡二梅君請議長發議決票。議長宣言：如贊成將公積、餘利作爲實業公司股本者，填一「可」字，不贊成者填「否」字。遂發議決票。填可者得三千二百八十六股，填明祇認公積者六百三十七股。議長宣布照多數議決，應將大生歷年公積及第八届餘利中提出銀六十萬兩，作爲通海實業有限公司股本，發給股票，并請官股代表即發電禀請示督帥。

〔附〕《官股代表致南京制台電》

南京督憲鈞鑒：理本日議決兩事：一、大生改爲有限公司，遵守商律辦理。一、通海實業公司前與大生往來各款，議以大生公積及第八届餘利共六十萬作爲股本，發給股票，鐵廠在内，并將九届餘利提歸明年先發，以應官用，後永爲例。各股東聞帥大力維持，均感動認可。官股如何，候電諭遵。董事，官舉鄭蘇堪、劉厚生，商舉張叔儼、蔣夢蘋、惲瑾叔，餘再禀。鼎霖、燮樹、聲宣、龔其增禀。漾印。

《南京制台復電》

漾電悉，議決兩事，既經各股東認可，官股自應照辦，望照允。方。有印。

選舉董事。

總理宣布張叔儼君、高立卿君辭職書。

〔附〕《張謇辭大生紗廠協理意見書》

光緒二十六七年，謇因季弟瘁於廠事，時貽書勸歸相助。沈、蔣諸君及惲觀察亦以爲言，謇亦不樂久宦。二十八年，由貴溪調署東鄉，補宜春縣缺，以爲既補官，則可作一結束，遂乞假歸，佐季弟治廠事。季弟時營師範學校、墾牧公司、奔走拮據無暇日。謇駐廠與沈、蔣諸君協力經營，每月支俸二百元。嗣蔣君病風，旋卒。沈君以脚疾辭，謇兼任二君之事，月俸如故。每年所得紅奬，除分鼇合酬惲觀察外，復以二鼇半奬匠目。進出貨董紅奬，除送沈君歸隱費，所餘悉撥師範學校。銀錢董紅奬，悉撥助育嬰堂。誠以季弟蒙千辛萬苦而成此一廠，尚不免於無意識人之猜疑讒謗，播弄是非。謇稍不自持，則世之猜疑讒謗者，更不知作何現狀。因一人之不肖，而敗一方之實業，罪過不可當也。在廠五年，賴有天幸，所獲餘利，常出意料，亦未敢爲敗壞公益之事，可以自信。上年九月後，通布壅滯情形發見，紗因滯銷，百計騰挪，尚未有所閣置，惟餘利較最厚之年畧遜，而外間謡言，直謂廠將倒閉，且有以非人所爲之事，捏造誹語以相誣蔑者，此亦由於謇之處事不足以饜人，積誠不足以動物，而世情如此，能不寒心。現在賬已查明，謇之在廠，是否有如謗人所語，當荷諸君省察，履霜堅冰，雨雪維霰，及此引退，或者可釋罪我者之心，而漸免於飛短流長之吻。協理一席，敢請諸公另舉，舉定後，九十月即可到廠，庶進出貨之事理，謇得因事從容相告，俾有方針，謇以本年除夕爲止。目前新花即上市，會後即須進貨。微特季弟於廠積十二年，謇之於廠亦五年矣，未敢以一二人之故，悻悻作色，棄之不顧。三十四年元旦則與謇無涉矣，伏望諸公鑒許。

〔附〕《廠工董事高清辭職意見書》

清自光緒二十二年七月間，承總理張季直先生屬以廠工程事。初隨沈、蔣二君赴省訂領官機，既而專管建築行棧、廠屋等事，旋任裝機、招工、紡紗，及至續增新廠，所有添備機車、鍋爐、電機、滅火機、保險等事，亦清承乏。先後共開紗錠四萬八百，歷時十載。自愧才力綿薄，智慮短淺，不能事事悉合機宜，爲股東歲致最優之利，實深慚愧。當創辦此廠之始，一切瞢如，冥行直前，時時有顛覆之患。所歷情形，總理略已報告。今開股東會以後，自應遵商律辦理。忝竊多年，理應告退，請各股東公舉廠工董事接辦。所有機器、物料、工賬，請各股東派人察驗明白，交後董查收管理。清生長通州，效力通廠，署兼鄉土義務之性質。十年以來，於廠工粗有經驗，此後廠董，如有下問之事，清當盡言以告。冀藉後董之長才，稍補前事之不足，決不以不在其位，坐視得失於不顧。設或倉卒之際，不能遽得相當之人，清當勉代至年底爲止。清年已六十，精力已衰，伏望各股東鑒許。

股東張右企君提議：選舉董事，應按照公司律第六十二條辦理。總理提議：照章，董事應舉單數，公司律董事至少三人。本公司係官商合辦，商股多於官股，擬請公舉五人，官股舉二人，商股舉三人。衆皆贊成。張右企君言：選舉董事，不得不定權數，擬暫定一股一權。無股份之代表，不得被選。衆皆贊成。張樹屏君言：本人有股份十股以上，因事委托代表，其本人應否得被選舉權？周湘舲君言：本人雖不到會，似可一律選舉。張澹如君言：本人既不到會，即是自棄權利，股東會一年一次，尚不能到，則安望其被舉董事後能問公司事耶？今公司已處有法律之地位，不應再越乎法律範圍之外。衆皆是張議。

議長宣告：請各股東選舉董事。張叔儼君當衆布告：張詧已辭職，請股東勿再舉。官股代表陸叔同太守言：官與股東認識者甚少，官股擬先舉二人，俟舉定後，商股再行續舉。經全體認可，當發選舉票。官股舉鄭蘇堪、劉厚生兩君，商股第一票舉張叔儼君共(一千)八百七十九權，爲最多數；第二票最多數蔣夢蘋君，計一千八百十八權，第三票惲瑾叔君，計一千二百零三權。

劉厚生君提議：查賬員已於開會前舉定，現雖改爲有限公司，但查賬員爲全體股東所公舉，應即仍舊由樊、周兩君擔任，勿再另舉。衆皆贊成。時已傍晚，搖鈴散會。臨散會時，復推屠械儕君爲董事局起草員。衆皆贊成。乃鳴鈴散會。

二十四日上午十時開會

宣布董事局議案。

議長宣布：昨日舉定五董事，當晚既開董事局，凡關乎有限公司範圍內之大綱，已逐條建議，請各股東議決。

議長宣告議案第一條：本公司已於光緒三十一年，以「股份有限公司」定名，報部注册，給照保護，現擬遵照商律實行。衆贊成。

議長宣告議案第二條：按公司律第七十五條，公司股本及公司各項銀兩，係專做創辦合同內所載之事者，不得移作他用。故本公司現有兩項問題：

甲、以前大生與實業各公司往來墊付各款，應逐項調查，以定劃清界限辦法，請股東認可。多數贊成。

乙、除實業各公司墊款外，所有大生與滬上各户往來各款，亦應清查實數，定期歸還。多數贊成。

惲莘耘君提議：復申昨日所議，謂公積、餘利盡撥作實業公司股份，須俟查賬員查明各實業進出細數，再行研究。鄭蘇堪君言：昨日之事，主張全入股份者三千二百餘股，主張止認公積者六百餘股。既經多數議決之案，今日不應再議，再議即不合法律。惲莘耘君言：昨日我主張止認公積入股，因實業公司各款内有各户欠款，欠款不得謂之「實業」。張右企君言：實業公司性質，并未指定一項營業。況各股東已經議決之案，若無效力，則股東會可以不開。議長言：此事殊有關係，惲君之言，亦爲本廠大局起見，此事雖經議決，但現在尚在過渡時代，似未可據昨日所議即爲定論；或者通融辦理，俟查賬員查明後再議。劉厚生君言：昨日鄭蘇堪君提議，將無限制、無法律之大生廠，改爲有限制、有法律之公司，經衆股東贊成之時，即有限公司成立之時，是今日已爲實行時代，不得謂之「過渡時代」，議長所言，難表同情。衆股東決議，不得再議。

議長宣告議案第三條：公司原有四所董事，現擬改名會計、考工、營業、庶務四所，每所設所長一員，由總理協商董事局委托任用。所長以下各職員，隸於會計所者爲會計員，餘類推，均由總理選用。上海一部分事最繁重，本有駐滬賬房，應改名爲「駐滬事務所」，設所長一員。多數認可。

議長宣告議案第四條：總理有事離公司，應由總理於四所長中隨時委托一人，暫代總理職務。多數認可。劉旭初君請挽留協理。鄭蘇堪君言：張叔儼君已被舉爲董事，協理似可暫時不舉。以後本公司重大之事，由董事局會同總理議決。尋常之事，由各所長關白總理自行議決。衆皆贊成。

議長宣告議案第五條：董事局擬設上海，每三個月常會一次。有特別事，另開臨時會。請各股東議決。多數認可。

議長宣告議案第六條：董事及查賬員任期，應按公司律第六十八、六十九條及八十條辦理。全體認可。

議長宣告議案第七條：董事五人，查賬員二人，必須按照公司律，有本公司股份十股以上之股東選舉。全體認可。

議長宣告議案第八條：實業公司應行清查各項賬目。仍由大生原舉之查賬員辦理，俟實業公司股東會成立，再行另舉。如查賬員事冗，無暇兼顧，可由查賬員托人代理。其代理人應得酬勞，亦由實業公司酌送。張右企君言：查賬員雖可委托，其責任仍由查賬員擔負。全體贊成。

查賬員樊、周兩君要求大生董事暫行兼任實業公司董事。多數贊成。五董事亦認可。

議長宣告議案第九條：董事薪俸、查賬員酬勞，應按公司律第六十六條及七十九條，由各股東酌定。議長請各股東酌定董事、查賬員薪水。總理問江浙鐵路公司董事薪水若干，可以比照辦法。樊時勛君云：浙路第一年每月一百元，本年每月六十元；蘇路每月五十元。鄭蘇堪君云：某被舉董事，薪水却不敢領。但此乃公司永久之事，本無嫌疑可避，請照蘇路公司辦法。周湘舲君云：蘇路與本廠股份多寡不同，似乎不能比擬，請各股東再行研究。議長請定每月四十元。張澹如君云：可定甲乙丙三款：甲六十元，乙五十元，丙四十元，由各股東決議。張右企君云：股份多寡不同，勞逸則一，不如仍照鄭蘇堪君所議。衆股東決議：每人每月開支薪水五十元，查賬員同。周湘舲君云：查賬員與董事不同，查公司律，查賬員無薪水名目，可以不議。張右企君云：查賬員照商律亦有酬勞，不必謙避。衆皆舉手贊成。

張右企君提議：照公司律，董事及查賬員係立法司法人，非辦事人，不得分受花紅。全體認可。

議長宣告議案第十條：官商股本官利，仍照原章，常年八釐。全體認可。

議長宣告議案第十一條：公司保險仍照舊章，每年提銀一萬兩。多數認可。

議長宣告議案第十二條：搯舊一項，每年擬提銀二萬五千兩，如獲利較厚，臨時酌量多提。多數認可。

以上兩項皆入開支項下。

議長宣告議案第十三條：公積按照公司律一百九條第四項及一百十二條，由董事局臨時酌撥，積至股本四分之一之數，停止與否，乃可聽便。多數贊成。

議長宣告議案第十四條：請各股東公定分派餘利、花紅之法。

股東請查賬員宣布舊章。樊時勛、周湘舲二君報告：餘利向作十三股分派，以十股歸股東，二股歸紳董花紅，一股歸各執事花紅。自第四屆起，通州創辦師範學校，咨呈南洋大臣，改爲十四股，以一股作爲學校常年經費，其餘仍照舊章。歷年餘利、花紅分派法，另立表宣示。

盈餘分派表（第一屆無盈不立）

屆數	盈餘總銀數（單位兩）	分派成數	股東餘利	花紅	師範學費
第二屆	52 369	13成	10成	3成	
第三屆	105 978	13成	10成	3成	
第四屆	187 002	14成	10成	3成	1成
第五屆	255 134	14成	10成	3成	1成
第六屆	225 124	14成	10成	3成	1成
第七屆	483 070	14成	10成	3成	1成

上表内之花紅三成，紳董、機匠共得二成，各執事共得一成。紳董、機匠之二成及各執事之一成，各作十成分派，列表如下：

紳董、機匠花紅表

分受者／屆數	總理 張紳	協理 張紳	股東 惲紳	行董	廠董	銀錢董	雜務董	機匠
第二屆	一成半			二成半	二成半	一成半	一成半	半成
第三屆	一成半		一成半	三成	二成	一成	半成	半成
第四屆	一成半	一成二五	一成半	二成	一成半	一成	半成	七五
第五屆	一成半	一成二五	一成半	二成	一成半	一成	半成	七五
第六屆	二成	一成七五	一成半	一成	一成半	一成	半成	七五
第七屆	二成	一成七五	一成半	一成	一成半	一成	半成	七五

各執事花紅表

屆數＼分受者	廠執事	行執事	銀錢執事	雜務執事
第二屆	三成半	三成半	二成	一成
第三屆	四成	三成半	一成半	一成
第四屆	四成	三成半	一成半	一成
第五屆	四成	三成半	一成半	一成
第六屆	四成	三成半	一成半	一成
第七屆	四成	三成半	一成半	一成

張右企君云：股東惲君，何以與辦事人一例分紅，請總理報告。總理云：股東分紅，誠不合法。但當乙未至己亥五年之間，廠事萬分困難，惲觀察先後助集股本六萬餘兩。庚子後廠事日漸發達，壬寅、癸卯兩年，又助集股六萬餘兩，綜計全數當商股十分之二，是惲觀察對於本廠雖無特別之義務，而對於下走個人有贊助之感情。廠有餘利自庚子年起。先一年冬，觀察自廈門解官回里，股東惲次遠侍郎、惲崧耘中丞來函，言觀察助集股有功，應可分紅。當時以函屬各董議。蔣君書箴議不合廠章，不可。下走請分總理紅獎之半與之。沈君敬夫議：「獨苦總理不可，可分總理紅五釐，董事四人合分一成酬之。」是惲觀察所得之紅，乃分之辦事人個人之交際，與廠章無涉，并無妨礙。至於師範學校，爲下走以實業與教育相爲灌輸之原因，而通州紗廠獲利所以較優於他廠者，地利實占優勝。地則通州之地也。開辦費他處不可知，蘇綸未開車以前，坐食糜費十萬餘兩，見於公牘。通廠未開車以前，四十四閱月，實用開辦費僅九千三百餘兩，紳董未支公費一文。紳董則通州人也。以此兩種原因，則通州師範學校有應享紗廠酬報之理。故癸卯年議：於十三成外加一成，補助師範，爲十四成。咨呈南洋允準有案。南洋占廠股之大多數，商股惲觀察及通州各股東亦允可。歷次賬畧中業已刊布，各股東想均見之。

鄭蘇堪君言：撥助師範經費及酬報股東惲君之花紅，是總理個人之道德，與公司無涉。現在遵守法律辦理，應另議分紅章程。張右企君言：總理所定舊章，餘利、花紅作十四成分派，甚爲周妥，似可照辦。但公司既不認協助師範經費，應多定總理花紅，仍將師範經費一成包在總理花紅之内。鄭蘇堪君云：總理花紅至少須得十四成内之二成半，所有補助校費及酬報贊助之股東，悉聽總理自行斟酌。張澹如君云：總理素性廉介，若股東止定一成半，總理必不肯多取，中間又包師範經費一成，則所以酬報總理者太薄，鄙意宜徑定爲二成。張右企君云：總理經全體挽留，自請以再任五年至六十歲爲限。嗣後或另舉總理，不講道德而據法律，則師範學校經費無着。應如何保全，亦應公議。鄭蘇堪君云：俟另舉總理時，再由董事局公議辦法。多數贊成。公議分派花紅表如下：

股東十成，總理兩成，五所所長及機匠一成，各執事一成。

議長宣告議案第十五條：選舉權及議決權，擬定一股至百股，每股一權；一百一股以上至五百股，每二十股加一權；五百一股以上至無限股，每四十股加一權。王紹延觀察、陸叔同太守云：如是則大股太吃虧，而官股尤甚。張澹如君云：官股股數多，非商股所能敵，故股多則權數必遞減，保護小股，不得不然。陸太守云：安見官股不能保護小股？鄭蘇堪君云：公司律不分官、商，凡入股者皆稱股東，股有大小之別，無官、商之別，會場上不可提「官股」、「商股」字樣。王觀察云：因商股無五百股以上之股東，所定五百股以上每四十股加一權，明明爲官股而發。劉厚生君云：浙江鐵路公司權數用遞加之法，江蘇鐵路公司權數至多不得逾二十五權，兩公司并無官股，然大股皆有限制，可見此是公例，非爲官股而發。王觀察云：既如此，應將五百一股以上，每四十股加一權刪去。自一股至一百股，每股一權，一百一股以上至無限股，每二十股加一權。股東多數贊成。張右企君云：但官股不得分析，多占權數。王觀察云：如官股有分析多占權數之意，今日何必多此一争？即定議。

議長提議：實業公司股票，應分別公積、餘利兩項。是餘利股票，應隨時發給。是公積股票，暫存大生公司，俟新公積提有成數，再將該股票分給各股東，以厚根本。張右企君云：公積與餘利，既經議決，悉數歸入實業公司，則股票自應全發，以示信用。周湘舲君云：如公積股票留存大生公司，則大生與實業兩公司界限，仍不能劃清。張澹如君云：公積已變爲股票，存廠與不存廠等耳。萬一有急用，試問股票能換現銀否？同一無效用，不如分給股東，劃清界限爲便。鄭蘇堪君云：實業公司未必竟無效果。有已發達者，已成立者，他日獲利之豐厚，安知不如大生，謂股票無效用不可。周湘舲君云：此事關係甚重，應請各股東詳細研究，衆議填寫議決票。議長云：應分甲乙兩説：甲，全給股票；

乙，祇給餘利股票。主甲説者二千五百八十八權，主乙説者八百三十四權，遂決議全給股票。

張右企君提議：通海實業往來各賬，已知大畧。其非實業與通滬往來之款，亦應請查賬員宣布。查賬員將人欠、欠人之款一一報告。計人欠十款，或有抵，或無抵，共銀二十餘萬兩。應照董事局所議，訂期歸還。張澹如君云：滬上出入款項，都以三底、九底爲期，或訂期九月底一律還清。張右企君云：無抵押欠款，請以九月底爲期；有抵押之款，以明年三月底爲期。議長以九底太近、三底太遠，擬定以本年年底爲限，無論抵款非抵款，一律清繳。周湘舲君云：如此則賬目亦易於劃清，辦法最爲妥當。衆皆舉手贊成。

周湘舲君提議：人欠之款，有以本公司股票作抵，與商律不合，以後不得再行抵押。」徐申如君云：「即他公司股份，亦不得抵押。衆皆贊成。

張右企君提議：源生錢莊股份一萬一千兩，應另招股東接替。大衆皆贊成接替。錢莊是無限制，無法律之金融機關，萬不可與法律所定之有限公司牽涉。

議長提議：織布廠應否另招股份辦理，抑歸本廠附立。張澹如君云：大生已與實業公司劃清界限，不再混雜。所有現已購就之布機價款，應收入實業公司，將來作爲織廠股份，餘應另招。衆股東皆贊成。

議長請舉實業公司總理。經股東全體公推張季直先生擔任。

議長提議：實業公司股份，每股規銀五兩。經全體股東認可。

惲心耘君提議：四所所言長既由董事局酌定，應請宣布，俾股東知任事之人。鄭蘇堪君言：應由總理及董事局公定宣布。（當夜由總理及董事局公定：會計所長張作三君，營業所長顧一梅君，考工所長高立卿君，庶務所長屠棫儕君，上海事務所長林蘭蓀君。報告股東，多數贊成）

議至此時已六下鐘，議長問各股東尚有須議之事否？衆股東僉稱無可議。隨由議長宣告散會。張右企君起立代表股東致謝總理經理十二年之辛苦，并代衆股東致謝議長及查賬員兩日宣布查報之勞。旋由議長令鳴鈴散會。

議長許鼎霖押

總理張　謇押

〔附〕《公司公積之法理》

一、公積之性質。我國舊無商法，而公積之名，出於商習慣，總之爲備豫不虞而已，其性質，初不深究，自今日甫知有所謂商法，甫知有所謂商法之學説，而於公積一端，據學説有法定公積與任意公積之別。其對於内部者，爲任意公積，如摺舊保險之類，利害由公司中自當之。但使公司中組織詳審，監督完善，自能措置，適當立法，在注意於公司不必問其公積，故任意公積，各國法多不詳之於商法。吾商律中亦無之有所本矣。其對外部者爲法定公積，公司虧蝕以此彌補。所云彌補，非以救股東之潦倒，正爲與有往來之家，留一有着之擔保，故法定公積不存至全股本四分之一之額（公積以積至全股本四分之一爲合法，過此則爲公司之道德，非法律所强制矣。此法中日皆同）。不準不爲添積，每年贏餘至少必提二十分之一作公積，皆以法律强制行之。不如是，即爲違法，有應得之罰。由是學者審其性質，謂應享此公積之利益者，第一爲往來之家，第二乃爲公司。蓋必公司全無負債，而後公積爲股東所有。當其提此公積之初，直爲往來之家，計擔保，在公司則以公積爲義務，而非權利也。明乎此性質，則公積之必需現金，抑可以他值錢之物充之，乃可得而言矣。

二、公積在賬目上之位置。各國簿記有專學商業之所用賬簿，且規定之於商法。以日本而論，商法第二十五條爲日記賬，第二十六條爲動産不動産、債權債務及他財産等之總目録，又貸方藉方之對照表。我商律第六條規定，流水賬第七條，含糊規定不確定總目録，及對照表等名目，而其意，則亦欲仿日本商法之第二十六條至商律第一百九條所定，公司年報各款，亦仿日本商法之百九十條而稍出入。今據商律明文所定（一），公司出入總賬（二），公司本年貿易情形節畧（三），公司本年贏虧之數（四），董事局擬派利息并撥作公積之數（五），公司股本及所存産業貨物，以至人欠欠人之數。據此，則律止定每年公積之當撥，初不言已撥之公積，必年年點現，蓋含於産業貨物人欠欠人之内。賬簿中爲公積二字，立一花户，作爲公司之債主，而以如數之資産抵之。其位置本如此。夫資産與負債相抵，乃賬簿之原理，彼往來之家，止需有的實資産抵其貸出之債項，安有必勒令公司常蓄現金之理。賬目以資産負債爲對列之位置，公積以常在資産一邊爲其位置，有資産在即有公積在矣。

三、解釋商律第七十五條以定移用公積之界説。商律第七十五條，公司股本及公司各項銀兩，係專做創辦合同内所載之事者，不得移作他用。此條文姑如不準移用之説，截去條文内係字者，字但言股本及各項銀兩，專做創辦合同内所載之事，不得移作他用。夫所謂他用，必與本公司無涉。一用之後，不復爲本公司之資産，然後謂之他用。今以購買他公司之股票，以爲公積。公積既所以爲負債之擔保，則即用他公司之股票爲擔保，何嘗變公積之性質。性質不變，即不得謂之他用。夫公積無呆置之理，不置產業即供本公司周轉，周轉之盈虧爲無限，置產之盈虧爲有限。若以公積爲股東直接之利益，自以供周轉爲宜。既知學理上之公積，其第一應享者爲往來之家，則反不如置產之合理，此非吾儕意想之言也。日本商法大家（忠）〔志〕田鉀太郎氏所著商法論，爲東方斯學之泰斗。公積名目在商法論謂之準備金。志田氏之論準備金也，則曰「準備金之款項，究應備現金否乎？準備金之金字，并非如定期金之金字，限定金錢，故不必備置金錢，任何等財產俱可當之，惟依準備金之本意，務必令價格少變動，容易換金錢而已。」（見《商法論·會社編》八百八十三頁）故以產業爲公積，決不得爲移用。證之日本商法，本無此膚淺含混之條文，即我商律有之，而年報中所謂產業貨物人欠欠人賬目，原係活做，不得拘執一字一句爲詬病也。

價格少變動，容易換金錢二語，亦宜研究。我輩處今日過渡時代，經營實業固以獲利爲期，尤兼有開風氣之責，幸而本公司成立較早，忝爲社會先導之資，則以公積置產之名義，補助他實業之振興，實爲本公司非常之榮譽，故外國學說以價格少變動，容易換金錢爲處分公積之方法，而在我國之現情，與本公司之能力尤宜酌量緩急，於不礙本公司債務擔保之範圍內，擇其能開風氣而保利權者勉爲之，此法外之意，足以覘我曹道德智識之程度者也。

四、公司有無限責任之理事員，本不適用法定之公積。各國商法，獨詳於株式會社之規定，即我商律所謂股分有限公司是也。故法定公積，力保與公司相往來者之利，他種公司無涉焉。蓋以株式會社，全會社無一無限責任之人，法不加密，何以堅往來之家之擔保，即何以維本公司之信用。凡選舉會議等一切與衆共之之法，皆株式會社所獨其僨事也。但公司未有違法，即無一人當以身家名譽徇之其餘，皆責成於無限責任之理事員，方其創辦，以該員之信用。嗣後不歲議更，選彼其人恒以身家名譽與此公司相維係擔負重，斯鉗制輕各國之通法然也。我商律誤認有限公司爲賴債之獲符，全不知有限無限爲責任之别，貽笑各國，良可憫嘆。又其所分章節，渾沌無竅，自第二編第一節以下，當爲股分有限公司獨受之嚴檢，而第一節乃合四項公司。含混言之，幾若無一種公司不應受此嚴重之檢束。故今日商律，適足以生支節而已。幸社會中自有明商法者能一一檢其缺失。近日上海商會與預備立憲公會，有聯合擬定商法草案之約，可知社會上固自有人。今本公司究爲何項公司，我輩正宜討論。自今日大會爲始，宜握定宗旨，措我公司於法律之上，或自此一出於株式會社之途，輙用商法真面目。以爲全國公司模範甚盛事矣。法律通例不逆既往，無中外皆然。若以有限責任之法律，繩無限責任之行爲，使任事者進退皆罪，微特非心之所安，抑豈法治國用法之意。以意用法，即爲不法行爲，非我曹所敢出也。

股東蔣孟蘋、劉厚生、張右企發表

南通市檔案館等《大生集團檔案資料選編》紡織篇Ⅲ《崇明大生分廠第一次股東會議事録光緒三十三年八月初一日》 總理張季直先生開會報告：

今日爲崇明大生分廠第一次股東會，辱股東諸君跋涉舟車，遠臨惠教，下走承乏經理，不勝感幸！自維下走經理通州正廠十二年，乃得於前月二十三日，依據商部公司律，開第一次正式股東會。而分廠甫於今年三月初五日開車，不及五閱月，即能繼通廠而開會，下走於此有無限感情。分廠所在爲崇明外沙，與通海毗連，僻左一隅，風氣暗塞，殆尤甚於通州，真所謂海角也。使無通州之正廠，安有此間之分廠？正廠初辦，下走無狀，不能得世界之信用，艱難困苦，歷四十四月而開車。竭蹶支離，又一年，而强勉自立。分廠荷股東諸君之贊助，自甲辰十月始，至今春三月開車，中間僅歷二十九月。論地位之形勝，棉產、女工之便利，分廠不及正廠；論規模之宏整，建築之完備，分廠遠在正廠之上。夫地位之形勝，棉產、女工之便利，此得於天然者；以人力乘天，則事半而功必倍。規模之宏整，建築之完備，則人爲也，全恃人者，功與事恒相等，求功而事勞。然而正廠之成，如彼其艱，分廠之成，如是其捷，豈非事理之真際難窺，而人情俯仰之衡之可畏哉。何以明兩廠之地位？正廠內河、外江，開門即是，交通靈活；分廠距內河、外江在三四十里外。棉產則近唐閘數十里，種皆墨核；崇地新沙種雜洋花，核大而絲短。女工則通州西北鄉婦女，皆天足，上工能遠行，做工能久立；崇地反是。至於地價，則正廠每畝七十餘元；分廠每畝五十元。然正廠不須墊土，分廠開河墊土高至二尺。一切磚瓦、木石、物料，分廠貴於正廠，或二三成，或五六成不等。另列比較表，試覽自明。然則設分廠何故？設分廠於此地何故？自大生紗廠名譽發見於商業世界，於是謀分利者日多。有一前欲租通廠而不得之人，圖設廠於距此七八里之北新鎮，又欲設於海門。下走以爲上海紗廠之病，正坐擁擠。通州與海門，海門與崇明，皆密邇。若聽客所爲而樹一敵，不若剩時自立而增一輔。請於商部，另行集股，建設分廠，以示爲通廠所自出。仍以正廠股東餘利，撥四分之一爲股本，資財共則利害之共乃真。其所以必於崇明之北沙者，北沙棉産五倍於本沙，且與通州陸地可通，犄角之勢成，而海門在兩廠堂奧之內，不復有他虞也。廠基初度於永豐沙新港鎮南，距現在廠基七八里。後因沙漲年淺，地勢低而土力薄，故改於此。此地名永泰沙、顧福沈泰圩，土人以海神廟名之。崇明歲銷機紗近三萬箱。原擬紗錠二萬，每年出紗一萬二千箱，當織户所求十分之四。旋購外洋新式機，因增六千錠，當所求之半。浚通江之港，以運上海、蘇州所來之機器物料，辟後河以運通州、海門所來之物料及將來之花。建市場以便工人，興蔬圃以資食料。所有章程共三百六十八條，另本可覽；其視正廠加密矣，是則理想與經驗之不同也。正廠建設，其困難獨在財力不足；分廠建設，其困難在轉運遲而物價昂。一則勞而苦，一則勞而不苦。正廠設於商部未立之先，公司無法律，一切無所據依，利害責任，專在經理。分廠設於商部已立之後，一切可據法律規定，經理人但完公僕之責，而事已盡；是則前後辦事與政府社會相關不同之要點也。分廠自三月初五日開車後，新機器利，出紗較多，色白條匀，已著名譽。但願各股東協力維助，則將來之發達，伯仲正廠必可操券。股東諸君獲無量之厚利，地方享無量之幸福，承乏經理者，亦與叨無量之光榮。下走今日敬爲諸君祝，開車方始，布置設施，容有未當之處，仍求諸君指教。

總理張季直先生報告：

分廠章程，從前大旨悉照正廠。當時下走發起，贊成者惲君莘耘，後王君丹揆、劉君聚卿并擔任分招之事。厥後股份踴躍，下走以事冗與惲君莘耘面訂分廠之事，由其經理，惲君應允。旋某某股東先後致函及面告下走，不能認惲經理云云。下走以致函之人，多係惲君舊好，若發表則近乎搬弄是非，不發表則股東必有後言。不得已，以擔任招股四人，輪年經理。商之王丹揆、劉聚卿兩君，兩君時在都門，復電屬惲君及下走輪年經理。下走以爲如兩君言，對於惲君不爲負諾，對於股東，亦復有詞。今年爲開廠之第一年，故暫由下走攝理。復恐惲君別有意見，即請惲君公子禹九君任銀錢所經董。禹九君赴淮北供差，不能駐廠，自願辭經董而就查賬員。約定六月、十二月各查賬一次。開會前，曾函促惲禹九君先至查賬，禹九君電來，言病初愈到差，不克到廠。下走復電請其覓代表人，復電言意中無人，請下走酌派。下走即屬代理經董兼司正賬之徐亮星君，將賬目清查報告。近日徐君適又抱病，所有賬目，在三月初五日開車以前者，已經結清，其開車以後止得大略，請林蘭蓀君代爲報告。

林蘭孫（一作蓀）君代銀錢經董報告賬目如下（各項賬目附）：

崇明大生分廠甲辰十月至丁未三月初四日未開車以前賬畧

核收

一收小洋銅元餘　規元四百五十二兩三錢四分九釐
一收翻砂結餘　規元一千六百七十四兩七錢九分八釐
一收工程各料核餘　規元八十八兩四錢四分八釐
一收地租房租　規元八十兩零三錢零八釐
一收各往來回息　規元一萬五千九百三十五兩二錢

共收規元一萬八千二百三十一兩一錢零三釐

開支

一支雜用（路費信資電報紙筆油燭電燈等滬賬房派費附在內）　規元七千九百零五兩八錢五分八釐
一支福食（工程港口花行分莊各處）　規元四千八百四十七兩九錢五分三釐
一支薪水月費津貼　規元三千六百八十五兩二錢八分
一支使役工資　規元八百五十兩零四錢四分五釐
一支巡丁工食　規元一千一百四十九兩八錢八分
一支官利（初五日後付約五萬餘兩續報）　規元一萬四千九百四十一兩八錢一分九釐
一支各往來拆息　規元一萬二千一百九十一兩四錢七分

共支規元四萬五千五百七十二兩七錢零五釐
收支兩抵凈支規元二萬七千三百四十一兩六錢零二釐

一存集股　規元六十萬零九千五百兩
一存任股（十兩股初五日後收續報）　規元六萬一千三百一十兩
一存任股二十兩股　規元三萬二千九百兩
一存各往來　規元二十一萬一千二百六十二兩二錢一分五釐

共存規元九十一萬四千九百七十二兩二錢一分五釐

實在

一在廠基一百七十一畝 規元六千九百五十七兩九錢二分二釐
一在附廠工房市房蔬圃基地九十五畝四分 規元三千八百十一兩六錢零二釐
一在三和港棧房煤場地二十五畝 規元六百八十六兩七錢三分一釐
一在購各地使費稅契等項 規元五百六十四兩一錢七分五釐
一在川洪港預備棧房煤場地四十四畝一分六 規元九百三十二兩七錢五分二釐
一在開河培墊廠基基高二尺廣一百四十四畝河面通廣二十七畝深八尺至一丈 規元六千九百三十一兩零九分三厘
一在河工浚深久隆至三和港開辟廠後至天星鎮 規元三千六百五十五兩六錢六分一釐
以上基地運道等項共計規元二萬三千五百三十九兩九錢三分六釐
一在大生分廠表門樓房共十三間 規元四千零六十三兩九錢八分五釐
一在表門後東西兩廂平房共四間 規元六百二十三兩零九分
一在總辦事處第一進平房共七間 規元二千六百二十六兩四錢六分六釐
一在總事務處前兩廂東西樓房上下共十二間 規元三千三百六十五兩二錢六分一釐
一在總事務處第二進樓房上下共十八間 規元八千五百五十二兩三錢七分九釐
一在茶竈前天水池長六丈寬一丈深七尺二寸 規元六百零四兩六錢九分三釐
一在客樓茶房第三進樓房上下共十四間 規元三千四百十八兩四錢三分四釐
一在茶竈 規元十三兩三錢五分三釐
一在廚房前東西二井 規元一百六十二兩一錢八分八釐
一在廚房第四進中樓房上下共六間左右平房各二間 規元三千一百五十七兩五錢六分四釐
一在廚房大竈 規元六十三兩四錢七分五釐
一在總事務處至廚房東西走廊茶竈至廚房橫直內圍墻 規元一千二百四十一兩二錢六分二釐
一在總事務處至廚房東西外圍墻 規元一千九百六十二兩四錢五分
一在總辦事處總事務處茶竈廚房雜工 規元四十八兩三錢六分八釐

一在廚房東西墻外什物房共六間 規元五百零九兩五錢八分
一在廚房後浴室平房東西各兩間 規元三百六十六兩六錢八分四釐
一在廚房後墻外東西廁屋兩所氣樓屋東西各一間 規元四百七十七兩四錢九分一釐
一在批發處第一進平房共七間 規元二千四百一十兩零二錢一分三釐
一在批發處第二進平房共七間 規元二千四百四十兩零六錢一分二釐
一在司事樓第三進樓房上下共十四間 規元三千七百八十七兩零七分四釐
一在工賬房第四進樓房上下共十四間 規元三千八百七十七兩三錢三分八釐
一在批發處內賬房司事樓工賬房三處走廊 規元一千二百七十三兩三錢八分
一在批發處并內賬房司事樓工賬房四處雜工 規元四十兩零一錢一分三釐
一在紗棧第一進平房共七間 規元三千二百零七兩三錢零八釐
一在醫療室第二進平房共七間 規元二千零六十九兩四錢七分五釐
一在紗棧醫療室兩處雜工 規元九兩零二分
一在小洋樓第三進樓房上下共六間 規元三千六百兩零零八錢一分
一在小洋後東西廂平房各二間 規元九百二十九兩一錢六分六釐
一在小洋樓東井 規元五十五兩三錢八分五釐
一在小洋樓前後左右圍墻 規元一千零零二兩八錢六分九釐
一在小洋樓平房圍墻 規元二十六兩零九分八釐
一在收花處第一進平房共九間 規元三千八百零一兩六錢四分一釐
一在收花內賬房第二進樓房上下共十八間 規元四千四百零五兩三錢一分四釐
一在物料賬房第三進樓房上下共十八間 規元四千六百六十四兩一錢四分九釐
一在收花內賬房物料賬房三處復道樓樓房各三間 規元六百八十五兩一錢一分三釐
一在物料所前東邊走廊 規元一百一十七兩零一分六釐
一在物料所前檐曬台 規元七十六兩零二分

一在物料所前西邊披屋平房共三間　規元二百二十四兩一錢七分五釐
一在物料所第四進樓房上下共十八間　規元五千九百七十五兩五錢八分三釐
一在收花賬房物料賬房物料所三處東西圍墻　規元七百七十四兩零二分八釐
一在收花處及内賬房物料賬房物料所四處雜工　規元三十七兩八錢六分
一在花棧共三進平房共四十五間　規元二萬九千八百五十二兩四錢七分二釐
一在表門後五幢屋前後總圍墻　規元二千七百十五兩一錢六分八釐
一在總辦事處及房屋行棧五幢陰溝　規元二千一百六十兩零四錢六分七釐
一在表門前木埠頭　規元六百六十三兩二錢六分九釐
一在廠西北角土壩籬柵及廠西南開辦時壩費　規元九百二十七兩六錢五分八釐
一在全廠鋼絲棉條粗紗細紗成包清花樓房軋花平房廠門水櫃繩子弄引擎爐子電燈間飛花洞升運梯厠屋烟囱等共六百六十七間　規元十五萬零四百七十四兩二錢三分七釐
一在工作房翻砂打樣笆斗篾作白鐵平房共十一間　規元一千六百七十八兩六錢三分一釐
一在機匠樓上下共十八間　規元二千九百三十五兩二錢七分
一在東市小洋房平房四間　規元八百二十四兩一錢零六釐
一在新海神廟平房三進共十一間兑换舊廟　規元九百八十三兩六錢三分七釐
一在西圃賬房平房三間　規元三百七十七兩三錢七分八釐
一在草屋共三十二間半暫起圃賬房南　規元五百三十兩零六錢零二釐
一在三和港賬房平房五間　規元八百六十六兩八錢七分
一在三和港棧房平房五間　規元八百十六兩七錢八分三釐
一在三和港工房平房四間　規元一百零六兩八錢七分六釐
一在三和港厨房平房二間　規元四十八兩五錢八分一釐
一在三和港賬房棧房前後東西竹籬門柵及丙午加修　規元一百八十五兩二錢五分八釐
一在三和港菜園竹籬　規元十六兩二錢一分七釐
一在三和港厠屋瓦屋一間　規元四十兩零一錢九分二釐
一在三和港橋長五丈六尺二寸寬三尺八寸　規元一百兩零零二錢九分二釐
一在廠前馬路長七丈寬一丈四西首洋橋尺中高一丈八尺　規元一千三百九十一兩零五分六釐
一在廠西南橋長六丈九尺寬五尺中高一丈六尺五寸　規元一百十六兩五錢五分九釐
一在廠西第一橋長三丈六尺寬三尺中高七尺　規元十二兩九錢三分六釐
一在廠西第二橋長一丈六尺寬四尺中高四尺五寸　規元八兩四錢二分八釐
一在廠西北新河第一橋長五丈八尺寬五尺中高一丈六尺　規元一百十八兩六錢六分五釐
一在廠西北新河第二橋長六丈二尺寬五尺中高一丈四尺　規元一百零二兩九錢八分
一在廠西北新河第三橋長六丈四尺寬七尺中高一丈四尺　規元一百七十六兩二錢七分九釐
一在廠新海神廟東北第一橋長二丈六尺寬五尺中高七尺　規元十八兩三錢四分六釐
一在廠新海神廟東北第二橋長三丈八尺寬七尺五寸中高一丈　規元三十五兩一錢二分四釐
一在廠東橋長五丈六尺寬四尺八寸中高一丈七尺　規元一百十九兩四錢五分三釐
以上廠房及各所房屋建築等項共計規元二十七萬五千一百五十兩另二錢七分三釐
一在購山西舊機價本　規元五萬四千兩
一在舊機雜用内有洋工師薪水　規元一萬一千五百二十七兩四錢五分
一在舊機運費關税由天津運滬轉廠　規元二萬四千七百八十八兩七錢六分
一在購英國新機價本後批未結　規元九萬七千零六十七兩零六分二釐
一在新機雜用内有翻譯往來英國路費　規元四千四百六十一兩四錢二分三釐
一在購修機機器各件　規元五千三百兩零零三錢四分

一在修機機運費　規元三百一十二兩七錢九分八釐

一在磚機價本添件費用等原價待售　規元六千四百六十四兩二錢三分五釐

一在工程（機器工料未竣　物料未盤減　火機熱汽管修機件電燈在內）　規元十三萬零八百八十七兩九錢四分

以上機器價值及運費等項共計　規元三十三萬四千八百一十兩零零零八釐

一在煤斤物料等項　規元二萬七千七百零七兩九錢三分三釐

一在子花净花　規元十二萬二千八百六十五兩四錢九分九釐

一在包袋布索　規元七千六百零三兩一錢零八釐

一在工程工料及辦存食料等項　規元七萬四千二百八十四兩八錢一分八釐

一在公用器具甲乙丙丁年辦　規元一萬零六百十九兩九錢九分八釐

一在廠用器具丙丁年辦　規元一千四百二十六兩四錢九分一釐

一在花行器具丙丁年自辦　規元三百八十四兩零七分五釐

一在海復莊器具花行分去　規元一十四兩四錢零六釐

一在港口器具甲乙丙丁年自辦　規元一百二十七兩七錢九分九釐

一在久大錢莊存本　規元二千九百二十三兩二錢

一在牙帖存本六陳八鮮柴車　規元一百一十三兩零二錢

一在各款暫記　規元五千三百八十七兩一錢七分六釐

一在現存　規元六百七十二兩八錢七分三釐

一在净支　規元二萬七千三百四十一兩六錢零二釐

以上儲備煤棉及置備器具并往來各項共計規元二十八萬一千四百七十二兩九錢九分八釐

總共在各項計規元九十一萬四千九百七十二兩二錢一分五釐

總理宣布請公推議長。

公推樊時勛君。樊君推張右企君。總理請股東決議：贊成舉樊君者先舉手。多數贊成，遂定樊時勛君爲議長。

議長提議：議決權及選舉權，并言正廠權數，一股至百股，每股一權；一百一股至無限股，每二十股加一權，應否照辦，請各股東議決。

張季直君言：自以照正廠章程爲是。正廠有官股，比在會場於權之多寡，頗有争執。今分廠全係商股，比照一律，更可明官、商本無異同之見。張右企君言：鄙意亦贊成照正廠章程。議長請各股東贊成者舉手。全體贊成。遂由議長發選舉總理票。票數如下：張季直君九百七十權，王丹揆君一百七十權。除張季直君投票外，全體公舉張季直君爲總理。選舉總理既畢，接展選舉董事。

議長提議選舉董事、查賬員之法及其人數。公議悉照正廠，董事五人，查賬員二人。張右企君言：請先規定董事及查賬員資格。并提出三條，請各股東議決。

一、按公司律，至少有該公司股份十股以上者。多數認可。

二、按公司律，任期一年爲限，連舉連任。多數認可。

三、按公司律，未到會者不得被選。多數認可。

李磐石君提議：今日股東會權數，雖已過股份之半，然代表者多，股東到會者少。即如劉聚卿君、惲莘耘君，皆本廠同發起人，劉君尚有代表者與會，惲君并代表人無之，兩君對於本廠均有熱心，亦極合被選舉之資格。若不到會者不得被選，未免於事實上有所未安。張右企君言：不到會者是放棄權利，例不應被選舉。李磐石君言：張君所論，揆之公理，固無異説；按之事實，恐有爲難。江杏村君言：正廠本定董事五人，不如先選三人，留缺兩人，請各股東補選。各股東贊成。劉厚生君言：如江君説，此補選之事，應否於二三月後在上海再開股東會一次？蔣夢蘋君言：股東會毋須再開，因此次不到者，下次亦未必能到。劉厚生君言：按照商律，股東會開會後，可續開一次。現在到會人少，此層情節，似頗適用。否則補選董事兩人，亦無辦法。若三個月後在上海開會，即於其時補選董事，似爲兩便。衆股東贊成，遂定現在先舉董事三人，十月初再開股東會，補選董事兩人。所有本日議決之案，皆請其認可。蔣夢蘋君言：「不認可之權數，須與本日認可權數比較多寡，方能定奪。多數贊成。

議定後發選舉董事票，得數如下：

第一票王丹揆先生得票一千零二十五權；

第二票李盤碩先生得票五百七十七權；

第三票林蘭蓀先生得票六百五十八權。

公舉查賬員，得票數如下：

第一票樊時勛先生得票一千零零一權；

第二票張右企先生得票一千零三十三權。

總理提議：分廠已收足股本八十萬兩，惟廠屋、機器成本較鉅，不敷周轉。現向正廠挪藉二十餘萬兩，轉瞬新花上市，需用孔殷，應否加添股本，請衆股東公決。

總理又言：從前正廠開辦之時，一切周轉之款，皆下走竭蹷奔走以謀之，爾時下走實負無限責任。今股東會已成立，一切當照有限公司辦法，公司既有限，辦事人責任亦應有限。運本不敷，不能不向股東籌商，免辦事人爲難。蔣夢蘋君言：總理所言，皆是實情，大生名譽極好，不患無挪藉處。但向他處挪藉，亦需利銀，不如再添二十萬兩，招足百萬之數，較有把握。議長請贊成者舉手。全體贊成。張右企君言：招股須有限期，本廠第二次股東會定於十月上旬，此續招之股，請於第二次股東會前截止。樊時勛君言：新花轉瞬上市，最好應於九月底截止，將款交齊，庶得應用。并於第二次股東會時，新招股東亦可到會議事。多數贊成。蔣夢蘋君言：蘋如屆期不能招足，應如何辦法？張右企君言：如到期不能招足，可由舊股内按股照辦。劉厚生君言：是否先盡老股，由老股擔任代招？如不足，再在老股内添派。張、蔣兩君曰：然。遂公議先由老股認招（如到期未足，在於老股内按股照派加足）。但按股照派之説，不必發表，將來於董事局議決照辦。

總理提議：公司章程應請大衆規定。蔣夢蘋君言：章程大致總照正廠，今日可不必逐條提議。張右企君言：宜由董事會決議，因董事會係立法部也。江杏村君言：請董事將草案擬定，在於第二次董事會宣布，請大衆議決。全體贊成。

總理宣布前銀錢司賬徐亮星君辭職意見書

《代理銀錢經董徐舒銑辭職書》

銑，草茅寒畯，過蒙張總理委任，命司銀錢總賬。自甲辰開工至今四年，荷總理之指導，同人之輔迪，得免隕越。丙午迭遭家變，心力俱瘁，亟欲乞歸，以養餘年。顧工程當吃緊之時，未便中輟，黽勉從事，實甚竭蹷。丁未三月開車，總理以四所舉董，到者不齊，命銑暫攝銀錢董事，辭不獲命，勉强兼之。今當開會之際，一切開辦賬目，在三月初五日以前者已經結清，另册報告。至三月初五以後，機器裝修未齊，物料盤查未清，衹能依據目前記數於賬畧，以俟續報。部署粗定，熱病頻作，此實年力衰憊，不能任苦耐勞之現象。嗣後會計事日繁劇，非銑孱弱所能支持。所有總賬事，應請各股東調選明干者任之。至銀錢經董一席，更非寒畯所能擔其責任，尤望得人而替，庶幾運籌決勝，不致誤事。所有銑應解職緣由，特表微忱，伏祈鑒允。

張右企君云：此事應由董事局決議，大致將來徐君推爲所長，則司賬一席可另派人分徐君之勞，徐君自不至過繁。辭職一層，似可不必。

總理宣布前廠工董事吴和卿君辭職意見書。

《工料經董吴志仁辭職書》

志仁向在正廠司工料總賬。甲辰秋分廠開辦，蒙張總理以志仁在通曾事工程，兩次調辦分廠工程，既蒙委任，未便委卸。考工核料，不避勞怨，期副總理實事求是之目的。原意俟工程告竣，交代經手事件後，仍回正廠供職，旋因所購晉機引擎、鍋爐銹壞，缺件又多，均須揩擦添配。是以乙巳秋間，雇匠開工，修理紗機，另經正廠頭目承包修裝，其中翻新配舊，點工包件，頭緒紛繁，客匠既多，土人又雜，急切不能蕆事。賴章君西園主持平正，徐君亮星隨事匡贊，得免隕越。計自廠工開始，至裝配引擎、鍋爐、地軸、紗機，前後二十四閲月，今正試車。復蒙總理屬以工料經董之事，堅辭不獲，暫承其乏。今開車已四月餘，出紗已千餘箱，生手亦練成五六百。所出之紗，條勻色白，可以追隨正廠，自問可不辱總理之委托。惟年輕識淺，兼患咯血病，始辛丑至今七年，時發時輟。近年發後益覺困倦，遇事不能用心。夜工在即，若以病軀戀棧，恐誤要公，謹此辭職，希冀鑒許。

樊時勛君言：此事恐不能委脱，藉重之處方多。張右企君云：此事亦歸董事局議決。

總理宣布翻譯郁芑生君意見書。

《翻譯郁世豐請求酌奬意見書》

去年三月二十八日，世豐承總理命，乘德國郵船前往歐洲，購辦紗機。四月二十八日抵意國海口上岸，乘火車經意、瑞、法、比四國。五月初五日抵英國倫敦，謁英國名士望君，承其指示極可靠之代客經理行家，且與我一訊，至曼最斯脱埠，與該行接洽。隨復調查各製造紗機工廠二十餘日，乃知特白爾廠所造係紗機中之特出，且於地球上得最優等之名譽。即與該廠總理鈕登君議價，計該廠之機比較中等名譽之工廠，須貴二千鎊（因上海洋行家定皆中等名譽廠之機器）。因思工欲善事，必先利器。於是棄賤就貴，即與好廠定立合同。今年三四月間，機器陸續運廠，裝配將全。所有機器之優劣，價值之省費，出紗之多寡，請股東逐一考核，且有工廠經理員、工料總賬房以及各廠機匠，皆可查問。惟當時新水祇取之老廠，分廠未支分文。今全廠告竣，約計新機價比地亞士所開省逾二萬，另表附呈，可否，請各股東酌獎。

翻譯郁世豐上。

紗機部數、價值別類簡明表（水脚費在外）

名目	部數	自辦價值（英金）	洋行價值（美金）	核省	核費
頭號清花車	二	四八二鎊 十先令	六五〇鎊	一六七鎊 十先令	
二號清花車	六	五一六鎊 三先令	六九六鎊	一七九鎊 十七先令	
鋼絲車	五〇（四十一寸）	四二五五鎊	四五〇〇鎊（三十八寸）	二四五鎊	
棉條車	九	一〇九三鎊 十先令	一六七九鎊 十七先令	五八六鎊 七先令	
頭號粗紗車	七	八二五鎊 四·三	一〇九四鎊 十二·六	二六九鎊 八·三	
二號粗紗車	九	一一六七鎊 一·六	一六五五鎊 十八先令	四八九鎊 一六·六	
三號粗紗車	一六	一九九二鎊	三八三七鎊	八四六鎊	
細紗車	三五	四七二五鎊	五五八三鎊 一〇·五	八五八鎊 一〇·五	
摇紗車	一〇〇	六五〇鎊	七五〇鎊	一〇〇鎊	
打包車	六	一五〇鎊	一四四鎊		六鎊
綜計	二四〇	一五八五六鎊 八·九	一九五九二鎊 一七·一一	三七四一鎊 九·二	六鎊

以上除費净省英金三七三六鎊九先令二便士。

總理言：郁君本正廠翻譯，前曾請渠至西洋調查添購新機。照所購價目較上海地亞士行所開價單，除開支外，實省二萬餘金。而郁君薪水皆在正廠開支。今番郁君大致要求分廠酌給酬勞，請股東議決。衆議應給酬勞，但究給若干，請董事局議決。

議畢，張右企君起立，申謝總理暨創辦人王丹揆諸君辦事之勞，遂摇鈴散會。

張謇研究中心等《張謇全集》第三卷《爲通埠及鐵冶廠事致江督函 清光緒三十三年》 前日在省臨行，荷公盛愛，許緩平糶藉款歸還之期，并屬如有爲難，不妨見告，必爲扶助。此種風義，可泣鬼神，不止爲個人實業前途維護而已。謇之營通州各公司也，周轉之資，誠以大生廠公積款爲母，各公司按年納息。以各國計學家之法理論之，公積所以備債户之信用，不能仍作爲股東之資本，蓋公積固取每年餘利積之，非股東之母本也。此義當於開會時發明。惟既有反對之人，存破壞之見，則謇亦何苦擔此重任，而强求地方一切實業之發達乎。今計所必須請求於公者二：

一、通州自開之商埠　通州開埠在劉忠誠公時即已奏準有案而未辦，至周督部奏開海州商埠時復并及之。二埠皆爲抵制外人覬覦而設。海州之埠由官籌款，通州之埠則咨明官藉商款，於將來每年征收關税項下加息歸商。當時即另設一輪埠公司，爲官廠交接之界。所謂商款者即藉大生廠之公積也。統計買地、開河、築堤、駁岸、建造馬頭、購備躉船約十二萬兩。此項之息，須埠成設關征税後，方能陸續還商，目前尚未有息。今欲與廠劃分，擬援海州例，請歸官任。前已具圖并估工清摺呈請滬道到通勘驗，如荷賜允，擬另具咨呈申請。

一、資生鐵冶廠　初擬欲興實業，而無製造農工器之鐵，則凡營一事，無一不須購之外洋，殊非本計。故擬設廠仿造，而以紗、油、面各廠之修機機器作爲股本，合設一廠；另行購地建廠，增購機器，規模初備。此廠可造二十四五丈之輪船。其購地、建廠、增機之資，亦調大生公積，約計二十萬。現已承造蘇省鐵路、橋、車各工，及内河小輪，亦漸仿造紡織機。冶廠則聲名已立，成效已著，足可爲鐵工之佐。爲廠計，應更增資十萬，庶儲料備機，得以周轉不滯。若兼攬淮南鹽鏾，則工作益廣，不患將來之不發達。設官不能獨任，則官商合辦，其成本官商分任，運本亦官商合籌，辦事人亦官商選派，一切以公司法行之。如荷賜允，另具咨呈。

二事爲實業大局計，亦即爲個人交代計。伏望玉成，免受無意識人之藉口騰謗，不勝大幸。千乞賜答。

張謇研究中心等《張謇全集》第三卷《通州資生鐵冶公司集股啓并章程》

《史記・貨殖傳》：「中國人待農而食，虞而出，工而成，商而通。」工固農商之樞紐矣。顧工有子有母，有子之子，有母之母。泰西以工貴利用機器。一機所成，小者當人工數十，稍大者當牛馬數十，更大者當數百、或至千。其力均，故其成也精；其用常不息，故其出也伙；其母本核而儉，故其賣也常以市於我而得倍息。今中國興工業而不用機械，是欲驅跛鱉以兢千里之逸足也；用機器而不求自制，是欲終古受成於人，處第三位，至於五六七位。常以第一位奉泰西工廠，以第二位奉通商，步之居間人，我之工所成者，但分其入市於我之物之利，而嘗有自占資養人工之利，與所輸出於機械之母之利以除減之，非計之全得者也。往嘗請改上海製造局爲商廠，製造一切農工機械，附設一完全高等工藝學校，以造就工科機械、化學、染、陶、釀、冶、船舶之材。當事者唯唯否否，未有成議。而世變之迫，乃倍於我理想之比例不啻萬萬也。擬就傍近紗、油、面廠之唐閘，建一鐵工製造廠，備置農工諸器，以便有志農工業者之求。然中國今日有志之士與資本家不能便合，實業之興尚稀，而製造本息不能相生也。乃度與鐵工相近而爲江以北行銷最廣之物品，附設冶爐以造食鍋，庶銷市之衰王相倚，而資本之周轉相資，以舊業之暢通濟新業之漸進。區區微意，倘亦識時俊杰之所許乎？所需資本酌度預計，分詳於後集股章程，并奉衆覽。

資生鐵冶公司預計帳畧(食鍋廠資本附内)

機器項下

一修機原備：車床　刨床　鑽床　鋸床　老虎鉗　約銀一萬兩

一添配各件：引擎　鍋爐　刨床　車床　鋸床　鑽床　剪床　閘床　銑床　鐵墩　螺絲攻　風箱　水汀　榔頭　約銀三萬七千兩

營造項下

一廠房十一間　約銀四千四百兩

一樓房六十間　約銀一萬二千兩

一大小作房三十七間　約銀七千四百兩

一冶房四十間　約銀六千兩

一鋪地及圍墻　約銀七千兩

一地基　約銀三千兩

六共約計銀三萬九千八百兩

儲備物料項下　即常川行本

一鐵鉛銅錫木　約銀五萬四千兩

一煤斤　約銀一萬五千兩

一物料　約銀一萬兩

一胎槽　約銀五千兩

四共約計銀八萬四千兩

俸資項下

一執事薪水約三十人　約銀一千八百兩

一機匠各工資　約銀一萬五千五百兩

一冶工快爐摺葷　約銀四千兩

一巡丁夫役工食　約銀四百兩

四共約計銀二萬一千七百兩

雜用項下

一生財　約銀四千四百兩

一公司執事人福食并茶厨役工約四十人(三節及賓客筵席在内)　約銀一千五百兩

一酬應　約銀二百兩

一紙張筆墨　約銀二百五十兩

一往來川資　約銀一百五十兩

一雜支　約銀一千兩

六共約計銀七千五百兩

以上統計約銀二十萬兩

鐵廠機器房屋是不動本，其餘料物等項皆營運本，以造作之多寡爲著效大小之準則。就上海各華廠言之，常數可獲三分之息，合之冶本，集股二十萬兩以立基礎，擴充另加。

資生鐵冶公司集股章程

一廠就傍近紗油面廠之唐閘建設，命名資生。

一廠係合衆資本，例作公司。

一先造食鍋，次制一切農工利用汽機物器，凡屬軍械概不制造。

一集股先以規平銀二十萬兩爲率。分二千股，每股百兩，以資建造營運，嗣後擴充，續議增集。

一股息周年八釐，銀到日起隨填股票息摺給執。每年年終結帳，次年三月憑摺取息，仍刊布説畧帳畧。

一收股付息兩處（一在上海小東門城河濱大生滬帳房，一在通州唐家閘大生紗廠銀錢總帳房）。

一餘利除開辦、保險、公積、摺舊等費外，作十四成均分，十成歸股東，三成爲在事人花紅，一成助充師範學校經費。

一股東所分餘利，仍照各公司向章，遞遲一年付給，按年生息六釐。

一股東得查察廠事利弊及職工優劣，實告經理人，決議辦理。

一附股在五千兩以上，許薦職工一人，仍須擔保銀錢之責；若職工去留，視所職有效與否，經理主之，隨時布告原薦股東。

通州張謇謹訂

南通市檔案館等《大生集團檔案資料選編》紡織篇Ⅲ《董事局第二次聯合會議案光緒三十四年二月二十三日》 到會人數：張季直君（通崇廠總理）、張叔儼君（通崇廠董事）、蔣孟蘋君（通崇廠董事）、樊時勛君（通崇廠查賬）、林蘭蓀君（崇廠董事）、周湘舲君（通廠查賬）、張右企君（崇廠查賬）、惲瑾叔君（通廠董事）。

是日公推張季直總理爲臨時主席。

一議朱幼鴻觀察擬在海門設立紗廠，查本廠呈部原稿，不得距已設之廠一百里内添設，經部批準有案，故分廠不在海門而在距正廠一百餘里之崇明。今朱觀察擬設廠於通海橋，離正廠僅五十餘里，既背部案，又虞傾軋，萬難通融，不得已姑擬辦法三則：

一崇明分廠原集資本規元一萬兩，現開車已齊，銷路亦暢，朱觀察既志在建廠，擬將崇明全廠相讓。惟創造艱難，應請照原集資本，酌加三成以副股東將來無窮之希望。

一朱觀察如因經濟不足，不能盤替全廠，本廠股東擬情讓股本二三成，以待朱觀察入股，共保利源。

一通州正廠有官本規元五十萬兩，倘準朱觀察設廠海門，則以後正、分廠如因傾軋而致虧損，擬請將官股本息酌量貼補商股，以示維持。

一議代股東挽留實業公司坐辦張叔儼君（張君意見書存）。全體挽留。

一議股東會期。

議每年開會在停車以後開車以前，常會期擬正廠八月初五，分廠八月初十，一年在廠，一年在滬（在滬會期定初五、初六）。本年定議在滬開會。

一議正廠摺舊一項，移歸贏餘項下提拔，經查賬員更正，注明蓋戳。

一議分廠賬略刊送事。

議將開辦前後分清再刊，俟股東會期分送。

一議各記欠款，上年股東會議決至遲不得過三十三年份，年底須一律歸清，乃至今未歸（計開欠户六項列下）。

議由董事局先行函催（原稿附存）。

鎮江合興面廠：元二萬二千五百二十七兩九錢五分三釐

惲心記：元一百四十三兩二錢〇六釐

惲禹記：元二萬七千〇〇八兩一錢九分一釐

翁寅臣：元一千二百三十八兩二錢八分八釐

恒壽典：元八千三百三十六兩一錢二分九釐

劉聚記：元六千五百〇四兩

一議分廠營業所長章希瑗君假歸，請派員代辦。議暫由正廠庶務所長屠棫儕君代理，正廠庶務所長暫由徐濤安君代理。

一議分廠股份。議續招至足額爲止。

一議實業公司發股票給息。

議照上屆原案四釐發息，倘現洋不敷，由實業公司設法藉足，準三月份發給，股票并發。

一議分廠駐滬事務所長上年未定薪水。議正廠改送按月八十元（自正月份起），分廠送按月四十元，由林蘭蓀君一人兼任，分廠薪水從上年八月份起補送。

一議清理實業公司賬目。查賬員以各實業賬目未齊，不能核對，俟賬匯齊，再行查理。

一議大興面廠事。

議即函知該廠執事，徐翔林君先行停止股東官息，催速開股東會(原函附存)。

臨時主席、總理　張季直

書記　張右企

《商務官報》光緒三十四年七月初八日《批職商楊清鏞等稟》　據稟已悉。查裕泰擬在海門建設分廠一案，本年二月間準兩江總督咨稱，大生紗廠向有官機資本，固應官商合力維持。即以商廠論，亦應協商保全公益，不應彼此傾擠。今職商朱疇在海門建廠與大生距離甚近，自應另行擇地布置，咨部飭遵見復等因。當經本部準咨批飭該職商遵照，並咨復在案。據稟前情，仰候行文兩江總督飭屬查明，酌核辦理，俟復到再行核示。此批。七月初八日。

南通市檔案館等《大生集團檔案資料選編》紡織篇Ⅲ《大生紗廠第二次股東常會議事録光緒三十四年八月十八日》　一、總理張季直先生報告第十届上半年營業情形(即説畧)。

二、查賬員樊時勛、周湘舲二君報告第十届上半年賬畧。

三、公推鄭蘇堪先生爲議長。先生以情形不熟辭。復推張叔儼先生，亦辭。遂公推定劉厚生先生爲議長。

四、總理請議長宣布營業所長顧一梅君辭職意見書。

股東代表江杏村君云：此事俟董事舉定後再議。

總理云：新花轉瞬上市，需款甚鉅，由鄙人盡力調護外，擬請官、商各股東亦分任調匯數十萬，俾資周轉。衆皆允爲贊助。

五、議長請各股東提議事件。

股東俞夔臣云：去年股東會已將大生與實業公司往來劃清界限，何以今年調匯之款加增，請議長詰問。股東張右企君云：去年查報大生匯出公積本七十餘萬，作提六十萬組織實業，其餘十餘萬尚在匯出。

股東鄭蘇堪君云：去年既公議另組織一實業，與大生截開，本應另舉實業總理，諸君既仍推張季直先生兼理，則大生與實業同一總理，即同一保全，斷無止顧大生而不顧實業之理，實業既未議添股本，則匯調接濟，勢所必然。今惟有兩問題：一、添本經營。各股東另舉一人擔任銀錢(董)經理其事。一、各股東割斷實業股本，譬已銷滅。鄙見不如割斷之爲直截了當，免再累重。股東周湘舲君云：實業既與大生劃開，不能再并，又不能中止。所有與大生往來之數，請各股東定限制。又云：實業若認真辦理，須添股本。江杏村君云：大生除實業公司，還有别户欠款否？如有，須限期催還。周湘舲君云：報告别户去年所欠賬目。議長云：各户欠款内有惲禹九經匯之五萬餘兩，已由董事局屢訊去討。俞夔臣君云：此欠款須由新董事局與之交涉。總理云：諸君願捨棄實業股本，視等消滅否。如不願捨棄，須另議認真組織之法。江杏村君云：何如各股東再出三十萬股本，合前六十萬，共九十萬股本，認真經理。鄭蘇堪君云：須公推一人，前往調查實在情形，報告後，始能議添股本。衆拍手。周湘舲君云：大生須公舉一代表，與實業公司交涉。議長云：今日開大生股東會，且就大生議大生。遂公議決如下：一、公議各户欠款，由新董事局清理，限期收回；一、公議實業公司所欠，應照上年股東會議案，設法收回，以後不再往來。

六、議長宣布實業坐辦張叔儼君辭職意見書。

七、發票選舉董事。公議計權數。當選董事五人：鄭蘇堪、劉厚生、蔣夢蘋、張叔儼、胡二梅。

八、發票選舉查賬員。當選者二人，樊時勛、周湘舲。

官股代表蘇宗岳述王少延觀察之意，亦舉留樊、周二君連查賬員之任。

南通市檔案館等《大生集團檔案資料選編》紡織篇Ⅲ《通海實業公司股東會議案光緒三十四年八月十九日》　一、總理報告所以設立各實業之原因，畧以建設先後爲次：

墾牧公司。爲推廣棉植，足紗廠進貨之用，不待外求起見，與大生爲直接關係。蓋通花稱最，各埠争往購買。新花上市，價易受擠。若將來自植自收，數可得半，則無受擠之患。大生入股居少數。墾牧商股二十三萬餘，初收未盡用之先，亦濟大生之用。

廣生油廠。爲大生軋花廠所出棉子至多，每年出售，操縱於滬客之手，故建設油廠制油自用，以期大生利不外溢，亦與大生爲直接關係。

大興面廠。爲大生初開祇用二萬錠，機有餘力無所用，因加一皮帶，試制面粉。後大生添錠，遂另由徐翔林君發起集股，組織面廠。當時加皮帶制面，不使紗機留餘力，慮虛抛煤本火力而已，與大生别無關係。

阜生蠶桑公司。爲當日議設紗廠原案，絲紗兩項并提，無力創辦繅絲廠，故先設立繅絲盆。桑爲蠶本，故續設蠶桑公司。

翰墨林印書局。此在師範學校建設後所設，多數爲學校。其與紗廠關係者，歲用賬簿紙張極多，且章程賬署，一切動須印刷，故設此局。局就舊廟改造，開辦費至省。

同仁泰鹽業公司。此從墾牧生出，與大生爲間接關係。舊法制鹽，倚天不足恃，故先祖適宜之墾地，仿日本法試造鹽田，改良鹽制。墾地之草，亦即濟煎鹽之用。

大達内河小輪。此與大生爲直接關係，大生用花半購自海門一帶産旺之處，民船轉運遲而偷漏多，難濟廠需，故議購小輪拖運，期於廠工無誤。初止通至呂四一艘，後因專運廠花，開支難抵，而又不能中止，故續添數艘，行駛通揚一帶，期以所贏補助。旋以增入外股，乃特立公司。

大隆皂廠。此由廣生推出，棉油及渣，能制燭皂，不致抛棄及賤價售於糞田之家，此與大生爲間接關係。

澤生水利公司。此與大生爲直接關係。大生所用物料，大都由滬運通州天生港，再由港運唐家閘。港道淺窄，運輸不靈。設廠之初，未能浚辟。既爲買地改置，築路造橋，故另立公司爲主。大生乃立於贊助地位，尤爲受益。

懋生房地公司。唐閘本荒寂之地，有大生紗廠之後，廣生等廠續立，商旅有願來懋遷而無地，或有其地而無屋者，故設此公司，廣收就近之地，建屋啓市，爲大生等廠之附麗。

頤生灌詰公司。此與大生無涉，現已止辦。

染織考工所。爲當日派理通海商務原案，絲紗并提，因紗及絲，因絲及染織，現已停辦。

頤生釀造公司。此由墾牧推出，與大生爲間接關係。凡墾地初墾，宜大麥、高粱，二者皆宜制酒。後因三十一年(1905)大風潮決破舊圩，淡水變鹹，長樂鎮適有空屋，遂遷往。

大中公行。此與大生爲直接關係。紗廠用花既購向海門，由海運通，中間壩多河窄，小船行遲，故就海至通最便利之四揚壩，設立過載公司，兩面照應，以利轉輸，并可收他船過載費，以資津貼。

資生鐵廠。此與大生爲密切關係。大生機件動須修補，事事仰給滬上鐵廠，運到恒艱，耗鉅而不能赴用。故以大生原有之修機機器，并另添機器，設此鐵廠，且爲將來分廠置辦機器之預備。

資生冶廠。此由鐵廠生出，誠恐鐵廠但爲紗廠修補機件，或不能招徠他處訂制機件，不敷開支。而民間日用所需之食鍋，非來自蘇、滬，即來自漢口，江北無冶業，遂兼營冶，以補助發達較遲之鐵廠。

大達輪步公司。此與大生爲直接關係。大生由滬運煤及笨重之件到通天生港，上下起卸，風波可慮，故立步置躉船，兼可收搭客上下費津貼。江岸已由官辦，躉船歸商。

外江三輪。此亦與大生直接關係，發起之意與上同。

船閘公司。由澤生生出，與大生爲間接關係。

現惟資生鐵廠全用大生股本，其餘各項，股本用大生者或十之一二，或三四。諸君之意，還是照舊辦理，抑停置不辦。辦須添本，并另舉一人前往擔任，請諸君解決。

二、查賬員周湘舲報告正月至六月賬目，復報告資生鐵廠上半年賬目。資生鐵廠用大生之款爲多，計二十二萬。

股東俞夔臣請查賬員報告輪步賬目。

三、公推周湘舲先生爲議長。

四、議長開議云：各實業與大生有直接關係者，有間接關係者；有獲利者，有虧本者。有兩問題，一扶助，一消滅。請各股東解決。

股東蔣夢蘋請查賬員報告大興面廠賬目。

總理云：各實業中，惟大興虧款最鉅，糾葛最多，直接了當，惟有照商律破産例辦法。股東張右企云：大生爲大興擔保户部銀行款二萬兩，照破産例辦法，須盡大興所有産破盡後，其不足之數由大生墊補，再由實業公司認還大生。蔣夢蘋云：大興所欠禮和洋行機器之款，由大興直接認理，與實業無涉。大生代大興向户部銀行所藉之二萬兩，由實業公司向大興收回，再攤還各欠户。張叔儼云：大興問題，俟舉定董事後，由董事局再議亦可。

議長云：大興照破産例與否，應發議決票，決議其權數。

甲説「主破産」，計二千二百五十五權。

乙説「主不破産」，計一百九十二權。

應從甲説。

五、公議實業公司股本暫行停利。

實業欠大生往來款二十一萬三千三百四十三兩二錢六分四釐，決議停利，分五年拔還。

俞夔臣云：據議長宣布總理之言，代保同仁泰款七萬兩，必能設法收回，則實業公司所欠大生二十二萬，既分五年撥還，尚有代保大達等款七萬兩，須以實業所入他公司之股票，押在大生紗廠作抵，此係斷絶往來。

公議大生擔保十四萬兩，以實業公司入他公司之股票作抵，摺息照算，以後不再加保。經衆議決。

蔣夢蘋云：大生既與實業公司以後不再往來，如有用款，非大生所用者，通州歸會計所長擔任，上海歸滬事務所長擔任。

六、發票選舉董事。公議舉三人共一票。計權數當選者三人：何景峰、江杏村、宣子野。江杏村以代表辭，即此次多數高立卿推選。

七、發票選舉查賬員。公議舉二人共一票。當選：張作三、林蘭蓀。

南通市檔案館等《大生集團檔案資料選編》紡織篇Ⅲ《通崇兩廠及實業公司董事聯合會議案光緒三十四年八月二十一日》 到會人數：樊時勛（崇廠董事、通廠查賬員）、周湘舲（通、崇兩廠查賬員）、劉厚生（通廠董事）、胡二梅（通廠董事）、蔣夢蘋（通、崇兩廠董事）、張叔儼（通、崇兩廠董事）、張右企（崇廠查賬員）、宣子野（實業公司董事）、高立卿（實業〔公司〕董事）、林蘭蓀（實業〔公司〕查賬員）、張作三（實業〔公司〕查賬員）、張季直（通、崇兩廠暨實業公司總理），計共十二人。

公推張季直總理主席。

一議正廠營業所長仍留顧一梅君。

一議各户欠款。

有還期者，按期收回；無還期者，速定還期。

耀徐公司五千兩收回。股票暫作大生入股，俟實業公司獲利，再由大生并歸實業公司，收回股款。實業欠款以二十二萬爲度。通滬并計，倘二十二萬外有零數，向實業公司收回。

一議作保之款。保款以十四萬兩爲度。暫將實業入他公司之股票作抵，以後不再加保。作保款息均歸實業公司應付，與大生無涉。以後調款，倘非大生所用，須有董事二人以上簽字，否則在滬則由滬事務所長、在通則由會計所長各自擔負。

以上通廠。

一議請分廠坐辦。由總理聘請，報告董事局。

一議會計所長辭職事。全體挽留徐亮星君。

一議營業所長未得替人以前，仍請屠棫儕擔任。

一議登報廣告，零股換給整數股票事。明年二月登報，陸續換給。

一議人欠之款。限期收回，不再欠出。

以上崇廠。

一議董事、查賬員薪水。暫送夫馬費每位每月三十元。

一議請坐辦。擬請崇廠營業所長屠棫儕君。未來之前，仍請張叔儼擔任。

一議請劉厚生爲大生股東全體代表，到通州議大興事。

一推舉宣子野、高立卿、張作三三君爲實業代表，與大興交涉。

公議代表四人權限如下：

甲、遵股東會議要求破産；乙、户部銀行欠款與尋常欠款不同，須盡先將物料變價清還；丙、實業欠款照破産例辦理，按成收回。

一議請實業董事、查賬員，到公司清理賬目，查察情形，再議辦法。

一議復董事何景峰函，公函挽留。

南通市檔案館等《大生集團檔案資料選編》紡織篇Ⅲ《大生分廠第二次股東常會議事録光緒三十四年八月二十日》 一、總理報告一年營業情形

二、查賬員樊時勛、張右企報告正月至六月賬目

查賬員補送第一届賬畧，并宣布遲送原因。

三、公推周湘舲爲議長。

四、議長述總理意：分廠股本未齊，不敷營運，各股東如能查照上年議案，添足一百萬整數最好。

股東蔣夢蘋云：鄙見以爲分廠經濟困難，營運艱澀，所有各股應付官利，可仿正廠分餘利法，遞遲一年發。股東顧一梅云：遞遲發息，暫紓分廠營運之氣，最好。議長云：官息照付，招股方有信用，且遞遲一年不發之息，不過六萬餘，亦無濟目前之急。鄙見還以續招股爲是。股東張右企云：去年見報紙屢登分廠招股告白，鄙見登報招股，似於名譽有礙。股東代表江杏村云：何妨每股東各按股籌出二成補益。公議籌添二成股份，恐不易辦到。議長云：鄙見不如將各股官利付一半，留一半作股本，以四年并計，亦可得十三四萬兩，則廠股可湊足一百萬兩。

總理云：此於目前營運無濟，現在收花需款甚亟，請各股東擔任調匯數十萬，以資周轉。目前營運資充，各事可以操縱，明年即可望獲厚利。現在鄙人擔

負太重，分廠調款尚須將正廠出名，方有效力，請諸君稍分擔任。議長云：總理議大家擔任調款數十萬，以濟目前之急，自是不得已之實情，捨此又無他法，好在此數十萬不過暫調數月。

股東張叔儼云：各股東能擔任調款，官利發給可以不必遞遲。調匯有二法：一、各股東群力調助；二、將本廠機器房屋作抵押，可得鉅款營運。請各股東一決。議長云：機器、房屋作抵押，恐礙分廠名譽。江杏村亦如此説。蔣夢蘋云：抵押辦法，西人有此通例，機屋是不動物，抵押便得錢，可補營運之不足。且抵押之息，亦較他處調款爲輕。張右企云：現在股東資本，機器、房屋居十之八，既不敷營業，即須各股東添本。議將機屋抵押，實亦可行。惟須報告各股東決議。今日到會股東纔四分之一，其未到會者，勢須遍爲報告。鄙見可將抵押一節，有利無弊之理由詳叙登報，俾各議復，期限一月。如一月後各股東無復，即作爲已經承認。今日可暫就少數股東議決，或俟一月後續行開會提議。張作三云：廠現需款購花，及各項開支孔亟，一月後開會續議，如迫不及待何。蔣夢蘋云：今日股東已來四分之一，照商律亦可暫行議決。議長云：如實行抵押，此問題當不致有反對者。如有各股東反對，即可責令其擔任調匯。又云：抵押一年爲期，苟得多錢，必能善賈，屆期獲有利益，調款之號，必先調匯，款果源源而來，即可收回抵押券。總理云：所議調匯一節，并非止爲個人輕負荷，兼爲諸君謀將來。去年調匯無資，所以營業減色，獲利不豐，各股東不能暢然滿足。今值急切待款之時，如再不議籌調，踵決肘見，何術營運，獲利更無把握。議長云：既議調匯，遞遲發息一層，可暫從緩議。遂公議如下：分廠股息所議遞遲發給一節，俟明年二月開特別會公議。

議長云：好在廠章發息，須明年三月。又云：查閱賬畧，各户欠本廠共十四萬八千餘兩，可速令歸繳，抵用否？蔣夢蘋云：現在廠待款急，所有各欠款，須一律從速收回。

五、張叔儼提議云：分廠與正廠距離大遠，正廠總理勢難兼顧周到，須請各股東另舉一人坐辦。有統率各所之責，方能劃一事權。請各股東研究。議長云：分廠擬舉坐辦，各股東如贊成，請舉手。舉手贊成得多數。

張右企、蔣夢蘋等云：分廠坐辦須與總理平日意見融洽，遇事始有和衷共濟之美，而無掣肘之患，此須總理選任。總理云：今日姑先舉董事。至坐辦之人，俟鄙人從容酌定後，報告股東。公議坐辦一員，請總理選舉，報告董事局決定。

六、議長提議：分廠零股太多，算計權數，殊嫌瑣碎，似以每股一律換成一百兩整數，定期登報，陸續調換。經衆議決。

七、發票選舉董事。計權數當選者二人：張叔儼、蔣夢蘋。新舉董事一人，餘二人照上年例續舉。樊時勛當選。

八、發票選舉查賬員。當選者二人：張右企、周湘舲。

張謇研究中心等《張謇全集》第三卷《在實業公司股東會議上的報告清光緒三十四年》 所以設立各實業之原因，畧以建設先後爲次。

墾牧公司　爲推廣棉植足紗廠進貨之用，不待外求起見，與大生爲直接關係。蓋通花稱最，各埠争往購買，新花上市，價易受擠。若將來自植自收，數可得半，則無受擠之患。大生入股居少數，墾牧商股二十三萬餘，初收未盡用之先，亦濟大生之用。

廣生油廠　爲大生軋花廠所出棉子至多，每年出售操縱於滬客之手，故建設油廠制油自用，以期大生利不外溢，亦與大生爲直接關係。

大興面廠　爲大生初開祇用二萬錠機，有餘力無所用，因加一皮帶試制面粉。後大生添錠，遂另由徐翔林君發起集股組織面廠。當時加皮帶制面，不使紗機留餘力，慮虚抛煤本火力而已，與大生別無關係。

阜生蠶桑公司　爲當日議設紗廠原案絲紗兩項并提，無力創辦繅絲廠，故先設立繅絲盆。桑爲蠶本，故續設蠶桑公司。

翰墨林印書局　此在師範學校建設後所設，多數爲學校。其與紗廠關係者，歲用帳簿紙張極多，且章程、帳畧一切動須印刷，故設此局。局就舊廟改造，開辦費至省。

同仁泰鹽業公司　此從墾牧生出，與大生爲間接關係。舊法制鹽倚天不足恃，故先租適宜之墾地，仿日本法試造鹽田，改良鹽制。墾地之草，亦即濟煎鹽之用。

大達内河小輪　此與大生爲直接關係。大生用花，半購自海門一帶産旺之處，民船轉運遲而偷漏多，難濟廠需。故議購小輪拖運，期於廠工無誤。初止通至吕四一艘，後因專運廠花，開支難抵，而又不能中止，故續添數艘，行駛通揚一帶，期以所贏補助，旋以增入外股，乃特立一公司。

大隆皂廠　此由廣生推出棉油及渣能制燭皂，不致抛棄及賤價售與糞田之家。此與大生爲間接關係。

澤生水利公司　此與大生爲直接關係。大生所用物料，大都由滬運通州天生港，再由港運唐家閘。港道淺窄，輸運不靈，設廠之初，未能浚辟；既爲買地改置，築路造橋。故另立公司爲主，大生乃處於贊助地位，尤爲受益。

懋生房地公司　唐閘本荒寂之地，有大生紗廠之後，廣生等廠續立，商旅有願來懋遷而無地，或有其地而無屋者，故設此公司，廣收就近之地，建屋啓市，爲大生等廠之附麗。

頤生罐詰公司　此與大生無涉。現已停辦。

染織考工所　爲當日派理通海商務，原案絲紗并提，因紗及絲，因絲及染織。現已停辦。

頤生釀造公司　此由墾牧推出，與大生爲間接關係。凡墾地初墾，宜大麥、高粱；二者皆宜制酒。後因三十一年大風潮決破舊圩，淡水變鹹，長樂鎮適有空屋，遂遷往。

大中公行　此與大生爲直接關係。紗廠用花既購向海門，由海運通，中間壩多河窄，船小行遲，故就海至通最便利之四揚壩，設立過載公行，兩面照應，以利轉輸，并可收他船過載費，以資津貼。

資生鐵廠　此與大生爲密切關係。大生鐵件動須修補。事事仰給滬上鐵廠，運到恒艱，耗鉅而不能赴用，故以大生原有之修機機器，并另添機器，設此鐵廠，且爲將來分廠置辦機器之預備。

資生冶廠　此由鐵廠生出。誠恐鐵廠但爲紗廠修補機件，或不能招徠他處訂制機件，不敷開支；而民間日用所需之食鍋，非來自漢口，即來自蘇滬，江北無冶業，遂兼營冶以補助發達較遲之鐵廠。

大達輪步公司　此與大生爲直接關係。大生由滬運煤及笨重之件到通天生港上下起卸，風波可慮，故立步置躉船，兼可收搭客上下費津貼江岸。已由官辦，躉船歸商。

外江三輪　此亦與大生爲直接關係。發起之意與上同。

船閘公司　由澤生生出，與大生爲間接關係。

現惟資生鐵廠全用大生股本，其餘各項，股本用大生者，或十之一二，或三四。諸君之意，還是照舊辦理，抑停置不辦？辦須添本，并另舉一人前往擔任。請諸君解決。

南通市檔案館等《大生集團檔案資料選編》紡織篇Ⅲ《大生正廠董事會宣統元年閏二月二十三日》　到會：鄭蘇堪君、劉厚生君、胡二梅君、樊時勛君、周湘舲君、蔣孟蘋君。

推總理張季直先生爲臨時主席。

一議合興面廠及惲禹記欠款事。

決議備文至商務局由官督催。

一議實業公司欠款事。

上年股東會決議實業公司所欠二十二萬兩，停利還本，分五年撥還。茲又代還擔保之款八萬餘兩，公議應以各項股票作抵，仍按月起息。

一議各户欠款事。

圖書公司、劉聚記兩户，應速催清繳，大和船股應趕緊招齊。

一議新育嬰堂來函事（原函留存）。

全體贊成，應請育嬰堂轉請商會宣布，凡有客紗進口，一律照提每箱一角。

一議總理體察實業情形意見書事。

全體贊成。

臨時主席、總理　張季直

書記　蔣孟蘋

南通市檔案館等《大生集團檔案資料選編》紡織篇Ⅲ《崇明分廠董事會宣統元年閏二月二十四日》　到會：樊時勛君、周湘舲君、張右企君、蔣孟蘋君。

推總理張季直先生爲臨時主席。

一議股東徐、沈兩君意見書事。

股東徐眉泉、沈杏墅兩君來函，略謂本廠積虧過重，獲利不易，非暫停官利兩年不足以舒喘息等語。公議暫停官利於廠甚有益，而未必人人能樂從，不如援正廠遞遲餘利之例，改爲遞遲官利兩年。光緒三十四年份息於宣統三年給發，元年份息於四年份給發。存廠之息另給年息六釐，俟積虧清債，仍照舊章，不再遞遲，以期兩顧。決議登報廣告刊布，賬畧分送股東，藉昭大信。

一議押款事。

本廠開辦費重，營運艱難，每值三九到期，調款殊苦，致營業大更虧損。決議暫向浙江銀行、興業銀行各藉規銀十五萬兩，信成銀行藉銀十萬兩，合四十萬兩。兩年爲期，分定四期轉票，於宣統元年三月底起，以本廠產業作抵，利息按正廠，三九兩期調匯之息，一律與三銀行訂立合同。由總理、董事、廠經理、上海賬房經理簽字，三銀行由總協理一人簽字爲憑。

主席、總理　張季直

書記　蔣孟蘋

《申報》一九〇九年三月初七日第一版《崇明大生分廠股東鑒》　分廠上年營業除官利開支虧一萬二千餘兩，實因未開車以前支付歷屆官利及開辦經費積重之故。茲由董事局議決，所有官利遞遲二年給發，遞遲之利另給，年息六釐。俟積虧清償，仍照舊章。於股東並無所損，而本廠得少收從容轉輸之益，一切情形詳載帳畧請至滬帳房取閲可也。

南通市檔案館等《大生集團檔案資料選編》紡織篇Ⅲ《崇明大生分廠向浙江銀行浙江興業銀行信成銀行藉款押據宣統元年三月》　立押據崇明大生分廠(下稱分廠)，今向浙江銀行、浙江興業銀行、信成銀行等(下稱三銀行)合藉九八規元銀四十萬兩正。議立抵押條款列下：

第一條　分廠將全廠基地、房屋、機器、生財作抵，向三銀行合藉九八規元銀四十萬兩正，計浙江及興業各十五萬兩，信成十萬兩。

第二條　藉款期定兩年，自宣統元年三月底起，至宣統三年三月底止，兩年期滿，一律清償。

第三條　藉款利息分定四期，每六個月爲一息期。自宣統元年三月底至九月底爲第一期；元年九月底至二年三月底爲第二期；三月底至九月底爲第三期；二年九月底至三年三月底爲第四期。每期應定利息若干，均於三底、九底按通州大生正廠同時調匯長期款所定大盤利息，一律隨時按期付息，另立憑票。

第四條　於藉款未滿二年時，分廠有款項，可先還三銀行若干成，或全數歸還，悉聽分廠之便。但還款須在三底或九底一息期完滿之時，并須於一個月前預先知照三銀行。

第五條　此項藉款聲明作爲分廠營業，不移作他公司或他商號之用。

第六條　此項藉款係將分廠基地、房屋、機器、生財作抵，如分廠於還款到期未能依期還清，三銀行可以將抵押物件收管，俟還清藉款後交還。

第七條　分廠公司注册執照、廠基印契，并另開機器生財各件清摺，一并附入押據，由三銀行公同暫行保管。另由三銀行給與分廠收條，期滿款清，即繳還分廠，將此押據注銷。

第八條　所有藉款、還款、利息等辦法，三銀行均須一律，不得歧異。

第九條　押據立一式三份，由分廠總理、董事、廠經理、上海賬房經理簽字，并蓋章本廠圖記，三銀行各執一份存照。

宣統元年三月　日立押據

崇明大生分廠

大生分廠總理　張季直

董事　張叔儼

樊時勛

蔣孟蘋

分廠經理　劉厚生

上海賬房經理　林蘭生(一作蓀)

《商務官報》宣統元年四月初九日《批楊清鏞等呈》　前據該職商等稟稱：朱紳疇擬在海門大洪鎮地創設裕泰分廠等情到部，當以事關地方商務，據咨江督核復去，後，茲准。復稱，據鎮江關道查明大生分廠設立原委，以及商業盈虧、地理遠近，詳晰臚陳海門地方自未便再設紗廠，以致傾擠。咨部核復飭遵等因。除咨復兩江總督飭知朱紳遵辦外，仰即遵照此批。四月初九日。

《申報》宣統元年七月十六日第三版《通州大生紗廠崇明大生分廠開第三次股東常會廣告》　茲議定八月初六日開大生正廠股東會，初七日開大生分廠股東會，届期務望股東諸君早臨，以便會議選舉稽查一切。倘諸君因事不能親臨，請舉諳習商理人代表，帶委託書到會。會場設上海坭城橋商學公會。此布。總理張謇謹白。

南通市檔案館等《大生集團檔案資料選編》紡織篇Ⅲ《大生正分廠董事聯合會宣統元年八月初九日》　到會：聶云台君、樊時勛君、周湘舲君、劉一山君、劉厚生君、張右企君、蔣孟蘋君。

公推樊時勛君主席。

一議合興面廠及惲禹記兩項欠款。

股東會決議，先由董事局函催，限九月底如數歸清，逾期不還，應以正式公文交涉。昨請林蘭蓀君、張作三君持函至惲處面商，據惲云，合興欠款準本年歸還，惟不能利上加利。其私欠之款，有分廠股份二萬餘兩，大達公司股票六千兩，大照公司股份三千兩作抵，其分廠股份凡黄子逸經手者皆是云云。

公議合興款待至九月底爲限，逾期不來，派友至鎮江收取。如仍無效，再以正式公文交涉。禹記私款既説明抵押，應以息抵息。黄子逸經手之股份息摺，非經董事會決不得交付，從前所出收據，應請禹九交還。

一議請張叔儼先生兼辦正廠營業所。

股東會決議總理事繁不能坐鎮，添設總務長當營業所長，由總理委任。總理舉叔儼先生，由董事局函商瑞中丞暫解農工商局差委，回廠任事。

公議函致總理轉商瑞中丞。

一議分廠改良邦浦，添置粗細紗車。公議照劉厚生先生所議辦理（原稿附存備查）。

改良邦浦工料，約銀一千兩。

添置粗紗機三部，細紗機六部，約銀一萬五千六百兩。

加磚機、引擎、房屋工料，約銀五百兩。

大約共需銀一萬七千一百兩。

主席　樊時勛

書記　蔣孟蘋

張謇研究中心等《張謇全集》第三卷《沙健庵張退庵張嗇庵在通州廣生油廠第一次股東會議上的報告清宣統元年》　僕等荷諸君子信任，公推承乏廠務，已歷六年。此六年中，通較盈虚，尚幸薄有所獲。惟實業情形，不進則退，厥幾甚微。本公司創辦之初，因西廠機器出數不多，與諸君決議别建東廠，增置新機，并力籌辦，先後成立。相距不過年餘，本無所謂新舊。第以西廠機式較小，餅様不能與東廠一律，購者輒指爲老機，故抑其價，種種蝕耗，全賴東廠新機爲之補助。故改建西廠，换置新機，實目前急不容緩之圖。所有理由已具第五六届説畧。研究得失，其利有三：西廠既换新機，式様務與東廠一律，使購者無從藉口，利一；機式既同，無煩補助，可以養東廠機器之力，不致易於窳敗，利二；出數既多，棉核豐旺之時，并力制造，半年可獲一年之利，即核歉之年，日作夜息，亦無大損，利三。惟建築須款，購機需款，進貨需款，較前過半，非增加資本，别無辦法，按照《商法》，公司添招新股須盡舊股東分認，有餘始得爲額外之分派。今日開會，請諸君咸臨，提議兹事。凡應增加資本若干，或全由原股東認足，或原股東共認若干成，不足者另招新股。務希通籌公決，期在必成，公司幸甚。

南通市檔案館等《大生集團檔案資料選編》紡織篇Ⅲ《大生紗廠分廠向三井洋行購煤成單》　立成單三井洋行，今承辦通州大生紗廠定成大辻塊煤，計一千噸左右，由馬其拉我那亞輪船裝運至通州交卸，每噸計九八規銀四兩八錢整，進口税、起貨小工費均在煤價之内。言明輪船到通州，速即開艙起煤。貴局雇定駁船，限三日趕速起清，均勿逾期遲誤爲要。煤輪約於五月二十七日到通州，今立成單爲憑。此照

光緒二十五年五月十七日立

立成單三井洋行，今成定出大生紗廠大浦三尺赤塊一千七百噸，言明每噸計規元五兩算，仲津原煤屑一百噸，每噸計規元四兩四錢算，送至通州交卸。起貨小工、進口税餉一并算在煤價之内，駁費歸大生廠自認。言明該煤華歷九月二十邊交貨，輪到通州，即行開艙起貨，限五天趕速起空。其煤火力大約與哇子其可保。堆煤款待通州起貨一空，給有收條，到滬兑銀無訛。恐後無憑，立此存照。

明治三十二年九月二十五日

光緒二十五年八月二十一日

三井洋行

立合同承攬據三井行，今攬到大生廠購定御德煤屑二千噸左右，其貨限華七月份内交貨，由東洋裝輪直放至通州天生港拋錨交卸。每噸價計九八規元三兩七錢五分。言明煤質如火力不足，任憑按成色摺價，倘火力加增，價亦須按成色依籮數照加銀兩不誤。税餉、起貨小工費項均在煤價之内。煤輪到通州次日開艙起煤，輪船過磅，貴廠雇定駁船，駁費自給。卸貨除遇風雨耽遲外，限五天起清，不得遲延，如過船期，歸尊客自理。候卸清後，當取收條，回滬貴賬房即付十天莊票。恐後無憑，立此合同承攬據兩紙，各執一紙存照。

光緒三十年六月初四日立合同承攬據

三井洋行

大生紗廠

兹批御德屑照大生廠從前購存御德屑一式比較，以此聲明。

立合同成單據三井洋行，今攬到大生紗廠購定撫順統煤一萬噸，每噸九八規元六兩六錢，内分裝崇明貴分廠四千噸，每噸加日洋一角，關税、小工押卸等費均在其内，惟駁船費歸買客自備。其煤限華歷六月起至十二月止，此六個月内由中國大連灣陸續直運至通州天生港交卸，其煤輪到天生港次日開艙起貨，除遇風雨耽擱外，每日限卸四百噸，不得遲延，如誤船期，每天聽輪船費洋三百元，歸買客結算。俟煤輪噸數卸清，當取收條，回滬向滬貴賬房收取十天期票。

言明煤質火力與前次一式，倘有差次，準照摺算。嗣後價如漲跌各無異言。欲後有憑，立此合同成單據兩紙，各執一紙存照。

再批，崇明分廠之煤，按期内由中國大連灣陸續運至川洪港交卸，此批。

宣統元年四月初六日　立合同成單據　　三井洋行

大生紗廠

再者，撫順煤言明包與高江煤九三用數，譬如高江煤用一百噸，撫順煤祇須九十三噸，如用至九三以外，照數摺價，此批即布。

大生寶廠台照　己酉四月初六日

立合同成單據三井洋行，今攬到大生紗廠購定撫順統煤一萬噸，每噸價九八規元六兩二錢，關税、小工押卸等費均在其内，惟駁船歸買客自備。内分裝崇明大生分廠三千噸，每噸加英洋一角。其煤限本年正月起至十二月止，此一年内，由中國大連灣或牛莊陸續直運至通州天生港交卸，其煤輪到天生港次日開艙起貨，除遇風雨耽擱外，每日限卸四百噸，不得遲延，如誤船期，每天聽輪船費洋三百元，歸買客結算。候煤輪噸數卸清，當取收條，回滬向大生滬賬房收取十天期票。言明煤質火力與前次一式，倘有差次，準照摺算，嗣後漲跌，各無異言。欲後有憑，立此合同成單據，一式兩紙，各執一紙存照。

再批，崇明大生分廠之煤由中國大連灣或牛莊陸續運至川洪港交卸，此批。

立合同成單據　三井洋行

大生紗廠

宣統二年正月　日立

南通市檔案館等《大生集團檔案資料選編》紡織篇Ⅲ《大生正分廠董事聯合會宣統二年三月初一日》　到會：樊時勛君、劉一山君、蔣孟蘋君、周湘舲君、劉厚生君、張右企君。

公推樊時勛君主席。

一議附設織布廠，議歸正廠附設，辦法俟明日續議。

一議趕添分廠紗錠，議邀郁芑生即日發信，原行家承辦。

三月初二日續議

到會：張季直君、樊時勛君、蔣孟蘋君、劉一山君、劉厚生君、張右企君。

一續議布廠辦法，決議以資生鐵廠廠屋爲布廠廠基，歸大生正廠辦機器用，已購之舊機二萬部，添購引擎、鍋爐，試辦以觀成效。

一議合興、惲禹記二款，屢問不答，應如何催取。

議邀張右企往鎮江合興廠分別催合興歸款，催惲禹九贖押款，由董事局分別函致合興、禹九，即交張君帶往。

一分廠預算。

依表通過。

臨時主席　樊時勛
總　理　張季直
書　記　張右企

南通市檔案館等《大生集團檔案資料選編》紡織篇Ⅲ《大生正分廠董事聯合會宣統二年八月二十七日》　到會人數：樊時勛君（公推臨時主席）、劉一山君、蔣孟蘋君、周湘舲君、劉厚生君、張叔儼君、張季直君、張右企君。

一議江寧勸業道來文，請大生官股票改換勸業公所户名事。

決議：原股票但填「乾、元、亨、利、貞」字樣，無須更換股票息摺，祇須將股簿底册注明歸江寧勸業公所掌管。

另函致李觀察，今年滬市恐慌，乞撥藉官款一二十萬兩，以符官商合力維持之宗旨。

一議調匯款項。

決議：市面銀根奇緊，莊款不易調用，議將花棧保險向銀行抵押期款，以資周轉。

一議本廠不能代保款項。

決議：除本廠應用營業款項外，無論何種款目不能以本廠名義代人擔保，即有萬分爲難之款，必須經董事局議決通過，方可承認。

一議合興藉款事。

決議：據特派員報告及合興來函聲明，當時到期不歸，以崇明分廠及實業公司股票二萬零四十五兩作抵，現在廠無餘資，請以所押股票出售消賬等情，決議準其銷售歸款，應將合興藉據兑回滬賬房收條，然後登報聲明。

一議清理實業公司事。

決議：公推張右企先生、劉一山先生就地實行，清理歸還本廠墊款，有稽查裁撤之權。

臨時主席　樊時勛
蔣孟蘋
書　記　張右企

南通市檔案館等《大生集團檔案資料選編》紡織篇Ⅲ《大生正分廠董事聯合會宣統三年三月十八日》 到會人數：劉一山君、蔣孟蘋君、張叔儼君、張右企君、樊時勛君、周湘舲君（蔣孟蘋代表）、劉厚生君。

公推樊時勛君爲臨時主席。

一議上届董事會公推劉一山、張右企君清查各實業賬目，今據報告情形，公決辦法如下：

（甲）大生除撥付實業六十萬兩外，結至宣統二年底，共欠本息往來款，約三十五萬餘兩。今議自本年起全數停息，盡實業每年收入之款除開支外全數付還。大生欠款分年攤還，還清之後再議辦法。

（乙）實業內各公司如無外股者，如有贏餘全數解交實業備償大生款項。如欲擴充營業應俟還清欠款後再議。

（丙）實業內有外股之各公司，上年經總理批爲停息。現議不能承認，因大生可停實業之息，實業不能停有外股各公司往來之息。所有已停之息，仍須追加。

（丁）大達內河小輪欠實業之款，應追加利息，共計若干，請再查明實數。內劃出三萬五千二百元，令大達填付股票，由實業收執，其餘仍向收還。凡有外股者，皆可援照填收股票。

資生冶廠往來欠款，應追加息銀，合計若干盡數填付，股票由實業收執。

（戊）房地公司外股五千三百元，由實業將股票買回。

（已）實業內無外股之各公司，如有贏餘由總理酌送酬勞與該公司職員。

（庚）資生鐵廠議決停辦，仍請劉、張二君查清地皮房產物料生財封存，以備

報告書存留備查。

變價還款。

（辛）實業公司自此次議決後，不得再向大生籌藉分文，由通滬兩會計擔其責任。各公司亦不得向實業支藉分文，由實業會計擔其責任。

（壬）公請劉、張兩君於駐通時，常川稽查實業及各公司賬目及辦事情形，有清理裁撤之權。

以上各條照録三份分存通滬會計處及實業公司，務必實行。

一議布廠事

公決就資生鐵廠房屋開辦，將實業之布機二百五十張及資生之鍋爐、引擎收回，趕速裝辦，盡四個月完工開機。

所有資生承辦蘇路貨車二十輛，議定另行兜售，請總理商之津浦浙路兩處，如能成交，該車即在上海裝做。

資生立時停歇，讓出廠屋（鍋爐、引擎）籌辦布廠。試辦布廠經費，約銀二萬兩，於本年餘利項下，商股每股提銀五兩，俟有成效再行擴充添招股本。

一議沈敬甫先生退隱費。

公決沈先生已歸道山，所有退隱費加送至宣統四年十二月底爲止。

臨時主席　樊時勛
書　記　劉厚生
總　理　張季直
（張叔儼代表）

全國公共圖書館古籍文獻編委會《袁世凱未刊書信稿》下册《復張修撰謇》

復張修撰謇：

季直仁兄大人閣下：三十年闊別，猥辱顧存，快傾積愫。荒村僻遠，簡慢多般，至深歉疚，頃誦惠箋，敬審吉抵京師，諸凡綏邕，甚慰甚慰。

雅貺《光緒朝海問貿易比較表》縱覽一通，竊以國家富彊基於實業，公家既多忽視，此事商民又安於固陋，不求新知，惟我公洞燭幾見，十數年來倡導不遺餘力，幾經困難，始得爲實業界一放光明。

偉猷毅力，詎他人所可及，表後附説詳盡，沈痛足令觀者儆懼，若國人皆明此義，則轉貧弱而爲富彊猶反手耳。至佩至佩！手復祇請臺安。惟詧不備。

愚弟袁大功世　頓首

五月十七日

南通市檔案館等《大生集團檔案資料選編》紡織篇Ⅲ《大生正分廠董事聯合會宣統三年八月初七日》 到會人數：張季直君、樊時勛君、胡二梅君、劉一山君、蔣孟蘋君、周湘舲君、劉厚生君、張作三君、張右企君。

公推張季直君主席。

一議兩廠調款事。

由兩廠董事會全體具名，發函與大清銀行總監督葉揆初君、天津交通銀行總理張丹榮君、南京勸業道李子川君，商調四五十萬兩。

主席　張季直

書記　張右企

南通市檔案館等《大生集團檔案資料選編》紡織篇Ⅲ《大生紗廠董事局致程都督請照章協濟函底宣統三年》　敬肅者，南通縣大生紗廠係官商合辦，有官股五十萬兩。開辦迄今，所獲官餘利已達一百餘萬。每年秋花上市，需款甚鉅，向由本廠向各莊調匯。前清宣統元、二兩年，滬市恐慌，曾由董事局擔任籌款，并函請官股股東一體設法接濟在案。今年滬上金融尚未流通，而本屆花年豐稔，儲花愈厚則需款愈多。除由董事等設法籌濟外，不得不仰藉官股股東共同協助。素仰都督提倡實業不遺餘力，況大生有歷年所獲官餘利爲數不貲，是蘇省公股，尤於公家有密切關係，務懇董事等謹援成案，籲懇都督鼎力維持，不論何項中籌撥二十萬金暫資接濟，以六個月爲期，俾收長袖善舞之效，無任企禱。佇候賜覆。致請

鈞安

都督、省長鈞鑒

南通大生紗廠董事局〇〇〇等謹肅

張謇研究中心等《張謇全集》第三卷《致徐陶安查彦昭函》　此後雜務、料物帳目按月清理一次，責成徐陶安、查彦昭二人，加派宗裕幫同查察。如再有如江某不清不楚之弊，定先勒賠。要知如江某者，止是自尋死路也。

謇　廿日

張謇研究中心等《張謇全集》第三卷《致沈敬夫函》　劉典止用萬兩，合一萬四千元。所好墾股陸續即來。金西林訊寄覽，想不錯，此事訊少，故參錯。兄接胡槿村訊，未有訊來通知，故弟尚以爲説定三萬元也。東興不接氣，由弟在二激藉函告滬帳房即期匯還。

敬兄再覽　謇　十月十七日

袁兵備訊閲後即將應前領護照號數、張數，查明於再啓訊後填注，專人送去（宗裕可派）。送至帳房後，由蘭孫親送道帳房。敬兄再覽

浙撫訊及便條今早呂四送到，一切已照示飭行。

謇頓首　十二月朔日

張謇研究中心等《張謇全集》第三卷《致張作三函》　徐翔翁面稱，存帳未付之二十六年花紅，願撥充唐閘就近辦賑。如何辦法，公同酌議，或即交翔翁辦。又本年薪水自請以十月截止，十一、十二兩月停支。

作三兄　謇　廿日

前膛槍兩枝，要不壞的。

移文封（十件）移文摺（二十件），包紗紙十張。

作三兄　謇頓

忠澤堂詩禮堂二成收據寄去，檢收轉交。

江又新薪水每月八元，俟辦事得力再加。

余子行年内薪水仍歸廠支，自明年正月起墾牧公司開支。

作三仁兄安　謇頓　十一月十三日

書翁訊轉寄。

盛荔翁訊敬翁閲後交兄收存。

商務關防收存。

舍侄翼祖到廠，先派粗紗廠學習如何？住執事樓，與老成者同住，舍侄孫隨陳浚卿住。

祭菜廿四日晚小船送三元橋，或廿五日早五六點鐘送到，須三點鐘動身，萬不可誤。

沙健庵廿五日到廠一談最好。廿六日一早須去港。

惲訊交敬翁，内有致敬翁訊也。

作三兄　謇　二月廿二日

雜務帳房辛丑年紅核出不分，俟帳核明，再作區處。辛丑年帳請逐事細核，按條注明本廠受虧之數。

謇　三月廿三日

張謇研究中心等《張謇全集》第三卷《致惲祖祁函》　莘耘世叔大人閣下：

昨訊計到，王司馬托爲緩頰官捐，度瑞方伯尚能以大度容之也。商務各處議論如何？通海之商居然願集六七萬興辦，刻下已得四十五六萬，大致不難成

功。惟不願領官款，不願派委員，幾乎是心腹大患，在此二事。甚矣，官之不見信於商也，耻孰大焉！昨又聞倭人已暗托人購買通州田地，大約是爲設廠，然則通海分廠乃必不可已之事，復南皮尚書議，祈公啓視代呈；亦求指教。台事如何？常熟有無訊息？謇所欲云，已托人致之矣。敬叩尊安！

世小侄制謇稽首三兄同叩　八月五日

張謇研究中心等《張謇全集》第三卷《致沈敬夫高立卿徐翔林函》　明晚極遲，後日即由青龍港去滬，前此所詢，所查各事，希次第見答。長樂紗銷甚滯，海門、通、滬各紗每日共銷四包，看來四月必積滯。

毛巾教習已有訊否？

謇頓　四月初二日

張謇研究中心等《張謇全集》第三卷《致沈敬夫高立卿蔣書箴函》　陳事固知兄之不爲也，然亦宜遞一稟請示禁，强占。亦兩面俱到文字。紗有銷法否？玉昆宜再催。廠中應修、應理事，宜及閑暇，細思酌定。總以布置周密爲主。

謇頓　七日

張謇研究中心等《張謇全集》第三卷《致沈敬夫函》　示答具悉。進花備用，出紗備轉，本兄之責司之職。應派他人出門采買與否，應從何處探問，亦兄分應獨斷之事。隨時各貢所知，以相毗佐。非獨廠約本有此説，亦辦一切事應如此，能聽用與否，在兄擇取，他人何能干預。立卿處當問則問，若明知不當問而漫試之，是共事而不以誠相待也。私心以爲不可。經權之用，相時、相地、相事、相人，未可概論矣。賤子嘗論交友與用人不同，生平有心交、氣交、目交、耳交之戲喻，必於千人百人之中，時時求第一流，從古所無之事，且自問亦未必事事居第一流地步也。於心求自安；於人求相安。坦坦白白，直截了當，如是而已。兄籌花紗均是偶貢所見，當與老友談心，謠言不必全無，因志此次在省談論甚好，神氣亦無甚仇怨，或其寫訊落筆時語未斟酌，一影百聲，訛傳若此，賤子視之，若飄風浮云。前訊謂不必多談者，恐徒擾聞根也。謇頓首

余壽平同年訊寄覽。存款想已到。壽平有功於廠，其尊人存款，每月息可一分。

葉存款息即付。去年無券，可屬滬帳房聲明，若要券即照其訊分寫寄之。

年内如有真干净之花，價即大，亦以收爲是，以其爲數不多，且年内多儲一分，明春即少着一分之急也。

見人不必提欣甫話，見烟丈亦勿言之。昨已回却，仍嬲向劉益卿，益卿何能應耶？

敬兄親家　謇頓首　十二月五日

張謇研究中心等《張謇全集》第三卷《致沈敬夫函》　樊朱訊已去。姑説十萬，一切屬與蘭生接洽。袁恕堂來訊，購十二號紗二十小包，十六號二十小包，合成一箱寄滬帳房。税單報運漢口。來訊約明正寄滬。該價在恕堂息金内扣除。虎臣先生事承代招呼，極荷。前二百金之款，祈交作三照規元二百四十兩除去此項漕平二百，應找若干，足二百四十之數，祈問明作三，代爲付訖。東興花色身分均極佳，價大亦不能顧，然核來尚合宜。魏莊已收，明年殆不逐我後塵矣（弟與蔡某署言不宜并争之故）。

叔兄信奉覽。周伯璇事頗難安頓，擬請其在家侍奉祖母。三兄月俸奉十金資之如何？

敬兄親家日安　弟謇頓　十一月廿九日

典款書箴屬匯上海。司先知會蘭生。

葉訊閲後存銀錢總帳房，屬作三照辦。

光緒二十一年冬潘華茂等所立合同，陳維鏞繳州有案。祈飭照抄一分，備列入帳畧之前。

敬兄　謇頓　初九日

二滧典款不能應東興之急，廠來四千五百元，祇能供東興用。下次船來，墾牧公司項下寄一千元交吕四城隍廟墾務局李磐碩收。萬勿有誤。

敬夫仁兄親家轉告　（廿二日開築，阜長春堤工）。

張作三兄。　謇　十月十三日

又錢一千千送慎德昌暫代收存轉寄。開工切切。

察看人才，調停同事，是目前弟一要義。時時明白調停。極是，極是。

機車處決宜禁斷閑人。

張吴藉無錫工人甚好，畢竟錫廠習氣少，可用。

傳洪生看來尚和平，但亦須駕馭得宜。雇上海來人，本廠即須留心察看，此即摇紗廠執事優劣去留之關鍵（紗絞千萬要匀準）。心丈處須寄之件，咨呈及清摺三扣，稿在玉昆處，可屬玉昆撿出交劉穀詒抄，抄好仍交玉昆檢點校對。一兩日内弟將訊寫好寄廠，由兄看過封發。

南京木料可賣，昨已有汛論價，須照通價畧少則可。尚可贏羨，出所用釐稅款。子行專管工程帳，少岩查考。

稅司事兄不可過問，論正理可責商民以納稅之分，不可予商民以養官之權。此等處不可再上汪當，汪即禍人，其伎倆不過如此，勿慮也。可一切聽之，設詞婉謝。

零銷所須別立一牌，示人以有別。辦事之人不必另添。（另有一改裝圖）

零銷聽通城價，不聽上海價。用洋盤，不用銀盤。魏公和若認包，大畧照兄前説紗款先付。現付核定一期，出入照莊計息價，在我省一分開支照本廠門市放一副用錢（大約門市照上海便宜二分一小包足矣）。若公和不包，將來本廠在三圩立一零銷分所（公和即包亦須立一大生廠零銷分所牌）。此路水陸通利，必須占住。兄氣體須保愛。

日來内子病似已成水鼓，一大心事。擬請選樓來一看。弟節後即至廠。立卿另有訊。（應送酬勞或三百番或三百金可填股票與之，其數兄可細酌，總不可失信）

敬兄親家大安　謇頓　廿七日

零銷牌即做，初三、四日上，以備南京來人。

海分司電復先有一萬餘，尚未有確數，大約月底方能定局。叔兄未有訊可怪。

敬兄親家　謇頓　十七日

敬兄親家如晤：十九、廿一日訊，謹悉。丹款雖以更須四禮拜爲辭，聽其口氣，仍以通非通商口岸爲説，其言曰：「若是口岸，則頃刻可成。」弟詰以梅翁早言不是口岸，何以至今忽又如此説，如此説究竟成否？丹言比前分數對摺，所以知其仍主口岸爲成敗也。余侍御奏開通州爲通商口岸，正月廿二日上諭交督撫議，是總署交片，計日内必可到寧，蘇幸福開森昨去寧，以沿江須多開口岸，方能自保説老劉矣。潘説十萬，洋人意以十萬押我五十萬，又不願在福開森所説廿五萬之下，故又作罷論。口岸之説，終必可成，但總是遠水。目前欣甫許籌一萬，已令蘭孫前去接頭。轉換之法，止有賣花料理各款，留二三萬花爲開車之用，以待福説成否。必至山窮水盡，萬無路走，再用弟與兄老主意。聚卿廿一日到滬，與山濤又相左，已專人持聚卿訊去省尋山濤，并由聚卿籌八百金，合去歲釐局所藉萬金平餘之七百金，共一千五百金，應付木款。廠中各工程仍祈趕辦。早籌開車，少岩亦云開車有餘、不足之分，若不足的，開車止可少用人，待轉機，此正論也。叔兄籌煤甚詳。若有家人王誠送江西煤樣到廠，速托人詳細考試，開一清單訊寄覽。即請

大安弟廿五六日必去省　弟謇頓　二月廿三日

示悉。示未到前一日，弟已再函商袁任，劉典，已許萬金，今續商之澄如，益匯二萬。訊祈即寄。昨今兩日，二沏三陽調暫款五千，悉皆是由申即期劃還。墾款二成，計通滬共三萬四五六千金，現又續催五成矣。即使冬晴趕成第一第二堤，約用二成已足，所餘不少，所慮不能濟此時之急耳。事不湊巧，亦止有紗減價，使不滯之一法。兄爲何如？

少甫及徐明四之兄來甚好，子行暫不來亦可。弟再想法，不過發工錢日畧忙，徐季和之弟既歸，不必招之矣。

書兄忽患風痹，此是弟命中無助之過。無可奈何！油棧事，弟已告蘭孫説定，俟十二月中或明年正月弟去定合同。墾股滬填二成收據者，一千一百五十一，袁、湯、沈尚未交，亦日内交。通已填五百廿八又十五，不知近日續得若干？祈一問作三。時時見告。另一紙祈交作三。陸事不到火候，不能轉圜。

敬兄親家安　弟謇頓　十月十八日

張謇研究中心等《張謇全集》第三卷《致沈敬夫高立卿函》

廠中即試車，用人亦不須太多。李鴻棋暫留，束海帆可屬李與訊，姑且緩來。姚兄未可强收，此亦無可如何之事。顧不得做惡人。學徒不可早收，如秦、如張，皆是硬做，殊不合，可令暫回。兄即以弟訊却之。少巖此時未任事，弟代任其事，不令兄爲難也。

敬
兄安　謇頓二月廿三日
立

孫穆如之侄亦不便收。

【附】《沈敬夫致張謇函》

季直親家夫子大人閣下：

弟於初五日由海門返舍，接讀惠書兩函，知機器可就，需請桂公出電邀郭細看爲要。如是，廠房可以速爲開工。書箴已面允數十股，通城約有百餘股，收銀後即寄廣豐。謹翁之銀，誤少五百兩，已將州署之信送進，待有復信再核。府報與徐信均送。磚照申議之樣，已與行家照式定做。翔翁二三日來，亦當與定股

分單、息摺與造房繪圖，請夫子出信鶴琴，方能趕速。餘容後叙。順請

旅安　　姻小弟夔均頓首　八月初七日

張謇研究中心等《張謇全集》第三卷《致沈敬夫高立卿函》 吴玉哲除照節送公費外，另送四元。

王翰齋即調到廠，選募巡丁，巡房可即收拾（巡丁中舊有方姓可用，余望酌留一二外，另挑。本地人不全可用）。

丁氏廳料細細想來，止可改用，不可造在辦事房前。辦事房地工仍照前議做。趕辦桐秧，共一百九十餘株，止能作一百五十株用。可栽二丈一株，三丈亦可。餘俟明年下種。

南京有訊電到否？

丁料若可用，留俟再看亦可。惟該款須用以還典債。

張謇研究中心等《張謇全集》第三卷《致沈敬夫函》 手示念兄焦勞殊甚，已告書箴矣。新寧電已告。梅老甚好，日内弟亦須去一訊。教案事前已言之新寧，亦爲慶李言之。不知下文若何？新寧所欲議者，初十日千餘言之上諭耳（此諭出樊云門手筆，文筆平，事理未透快）。朱來訊兩次，説船即日可到，皆隨其語答之，以觀其變。總之船真到，甬道必須詳銷此案於南洋；不到，亦須買船或租船承當。今江陳去亦好。友三處已遵訊告之。東興船屢次遲延，亦真可厭，小甫煤事甚得力，可喜。夾板極妥。極妥。

外聚卿訊租金一項，查明核算。延卿訊、磐碩便訊，姑交許老鴻存記。

安慶股想尚未到，此爲慶侄阻風所誤。

敬兄親家歲安　　弟謇頓　十二月廿三日

各票摺收到。

書箴本可到廠。今早劉貫翁訃來，明日即歸。銀錢總帳綱目務望蘭兄、玉兄、和兄、余子兄、許鴻兄四面核明後，立定大旨，以便按部就班行事。待書兄來復核。此訊幸示五君。玉兄、蘭兄尤要。

敬兄　　謇頓首　廿二日

張序庭須付息原訊寄覽。弟告以息數及存款格式，廠有通例矣。如來，屬作三結付。

老慶不能去上海。送顧宅訊故派宗裕去。非不能去貴溪也。老慶初八娶子婦後，初十日由上海去貴溪。在青龍坐船同贈惲婢去。兄有訊件即送來。

敬兄親家大安　　弟謇頓　十二月七日

張謇研究中心等《張謇全集》第三卷《致高立卿沈敬夫函》 輪船中遇崔毅堂，據言機件缺損一節，峴帥令向瑞記理論。惟崔言洋單所有名件，而廠未收到，或收到而斷爛不中用者，止好官賠。若廠所必需，而洋單并無此名式，即向瑞記理論，亦必不認。止好官商合認，由廠添辦。此論自是正辦。其樞紐全在考核洋單，將洋華單及分機單核明後，即須將前交林觀察轉報之單（所載缺損各件）比較核明（此段要緊）。必須湯姆司注明所缺之件，或係本缺，或係霉爛，方能歸案（此即瑞記賠償及官認賠償之據）。至此次所添之機，則須另案申明矣。崔新得解運皇木差。八九月之間，即須入都。八月初四五日先去湖北。若湯姆司裝機趕畢，即由振聲先將各單核清交湯簽字。一面考定湯姆司回國到滬日期，發電湖北，約崔回滬。四面眼同論定。此着若再錯過，永無理清之日矣。

崔爲我言湯之薪水，瑞記已認。及晤蘭孫，乃知地亞士有湯已聲明裝機已畢，薪水不認之説。地亞士并有，如果湯又裝機，須湯來一訊與地亞士，方能商議云云。地亞士不認，則廠須多認四百金。

荔孫未晤，時薰有意約二三日回訊。愛蒼亦力爲言之。廣幫之説，姑存之而已。厦門電已去，候復定行止。

餘蘭孫兄復。

立翁
敬翁　均安　　謇頓首　廿五日

照磅論工價後，出紗如何？外紙請告紗廠各執事。

張謇研究中心等《張謇全集》第三卷《致沈敬夫函》 十七日訊今午到。此間大概，已具前訊。通海之説，已屬子虛，强聒無益，聽之而已。另籌暫藉學堂經費二萬，一二日内當有眉目，成即電知蘭蓀。明日更發電催盛下落，設皆不行，衹有具公牘派他人接辦。又不行，則請招洋股。日本已有内地製造土貨之約，本不係乎通商口岸與否，但必須南洋明白允許。設不許，又不籌款，則徑具摺歷訴前事，即請南洋代奏。事至今日，謙遜無益。衹有用寧我逼人，毋人逼我之法。大約如此耽擱，開車少遲而已。然亦不至過遲。兄忠勇誠篤，本非他人可及，今爲朋友、爲地方，奮身不顧，毅然相助，令人可感可泣！默數生平，真能共患難者，一人而已！總之，無一定眉目，弟必不回。若款真難籌，不妨暫停，勿太竭力。

敬兄覽

宗裕來，并得昨今惠訊，所論不停秤，不停息，均正大辦法，然均是有餘辦法。今之病在不足，通、海兩處合計僅五萬許，延至明正尚多支絀，尚能捨近水而求遠水耶？宗裕述兄言，如另有法想，可不用。苟另有法想，即通州之錢何嘗願用耶？老劉奄奄一息，百事推却，自此五六萬外，不能望其多籌一文（不知能否）。渠今年無鹽，亦大窘，要須自己預備歸款方妙。聚卿五千已由元源劃付，此款即抵充應還元源三萬款内計。鄭分司許十一月内匯到三千（不知到否？與積餘訊托催）；如皋約二三千；通州四千；亦有一萬。暫可支持否？此外擬撥之款，須展轉設法疏通，仍非老劉出力不可。却不能速成矣（看來須明正方有端倪）。雖有可以騰挪之款，概不能行矣。蒯禮卿平時熟人，猶然出納之吝，何論其他？盛處擬商藉四五萬，一年爲期。前月三十日去訊，今日必可到。司道仰承意旨，先説二萬三四個月，今恐一萬得手，已是好事耳。禮卿云出紗可藉二萬，他人亦云出紗即好想法，此蓋料其不能出紗而爲此言也。願與立兄酌定，一切仍舊趕辦，無任稽延。蘭孫告急之訊屢至，而不知此間已如眢井。愛蒼處今又去訊，説義昌款請代擔，過年不知如何。欲親去湖北一行（老劉有此意，何鄭亦有此説），日内恐與盛相左，明日擬去電一問。課卷今日已完，二三日料理，或東或西，即可行矣。自家歲事，全未能計劃，可謂天下之大愚。

馬世涓近似流氓，趙念繩亦言其不妥，不可多與之糾纏，與其貪便宜請流氓不若稍貴請正路人。切切！廠工帳匯存一處，交玉昆收存備核（與蘇、滬匯核），此須本廠有藉有還足矣。若他人之藉，或本或息，有還無還，似不必多管。通廠官有二三十萬成本之廠也。他人何能援以爲例？（或日内督院有電飭亦未可知）

聞宗裕云，廠章核數算錯二千餘兩，爲東人察出，甚矣我輩之疏也。以後切屬同人事事細心，關係聞聽。

亮祖葬事萬來不及，止可摧厝外曾祖墓側，不知厚卿易門卜以何日？弟能趕得回家否，若必趕不及，臨時祈敬兄帶宗裕一行，代爲料理。路近亦不須多費事。

三叔葬事亦止好緩至明冬，本年不出似好。

周小姐之柩已告彦升屬轉告其家，今冬摧厝周氏先塋之側，明冬以禮迎葬。并祈就近托人告彦升，夫人知之，想可商量。

敬兄

謇頓首　十二月四日

立兄均安

敬夫仁兄親家足下：

在廠未能盡所欲言，鄙意未申，闕然在抱，舟中反覆事理，爲我仁兄陳之：弟無自私自利之見，兄之所知；集款辦事之艱苦，又兄之所共也。經此次廠事，乃知鄉里之間，可共患難者，梅汀之外，獨有仁兄。固不可以此種風義，求諸恒泛。惟兄生平見道之處，以儉樸篤實四字爲大宗。而褊急之弊亦中之。即如陳少岩、葛友梅，弟非不知此二人大概性行與兄殊涂，共事一方未必倉卒便合。然求事理明爽，粗知其生平而猶堪一試者，似覺少岩尚可中選。因少岩而及友梅，察其才具，頗覺開展；指陳事體，亦明白可聽。故遂任之。豈知其用人辦事，購物各簿，兄全未寓目，二人便去。弟到廠聞之，即知兄與二人談必已不合，心竊憂之。捨此他求，弟心更無把握，千金求駿馬之骨，非貴骨也，貴可因而致駿馬也。二人者將不得爲駿馬之骨乎？兄與人談，心直口快，而不知交分尚淺者，則已蹙然不能盡其詞，夫不能盡人之詞，如何能盡人之情？此處畧欠含蓄容受之量。即如籌度機匠房，弟云十間，兄以爲不必，其意若以弟過聽陳葛侈大之言，弟二日查無錫業勤廠機工匠頭三十九人，彼固一萬二千錠之廠也，然則我廠平屋十間，實不爲多。兄云七間，亦未嘗不可先辦，但以爲七間即足了事，則必不合矣。兄之求省，爲弟計也。弟豈不求省，而事固不得不如此經劃耳。弟十四十五日均有訊與葛，令將各簿寄廠備核，并請其新正初四五日到廠集議一切，葛在蘇廠三十餘日，專考一事，又參以滬上各廠所見聞，而通廠集款之難，通廠辦事人之儉樸，陳葛二人豈不知之？以爲未必能永遠共事，容或不能定，若以爲二人不能見事，不可一朝共事，則或未盡然也。蘇堪爲弟言，江南江北人風氣不合，恐費調停，弟亦深然其言。然少岩之言，以爲宜參用北人，則其論不爲不公，何妨姑試一年耶？辦事不可有成見，不可無定見。開車至遠亦不過二月，試問正月一切，尚無眉目，可期應手乎？願兄思之。預備在廠中班同事、學生（學生他廠所無，爲儲纔故設）兄可理一清單（將各處所薦人采擇），明正交陳、葛二人。弟與兄等大家酌定。蓋用捨之權，當付之廠董。而經劃之始，須合之同人，固一定辦法也。兄熟籌之。弟與兄無話不説，無所用其客氣，幸勿以弟爲有别項意見也。明正或俟陳葛來廠，同到廠議，或與兄同至上海，候兄酌定見示。餘到家再通問。敬請

大安

弟謇頓首　十二月十八日舟中

凡用人不可聽任成幫。用本地人隨同學習，以便取材一定辦法。

酌定會議之地，會議之時，須先知會書箴。送易振生二十番，與金比覺少，言弟不欲多者，尚有深意。兄當知之。

今日午刻楊貴回，兩函均悉。

敬兄不願爲瓜分穀息人作俑，極是。但又少去一萬千，通州未有電來，尚不知何如耳（海門復督部電廿九日發，昨日到。電云：集衆速議，融撥。督部以爲三萬千穩得矣）。

幕府諸君，力勸弟不可退後，然以弟看來，愈走愈難矣。眉孫、蘇堪之計良是，不過做到開機，尚須一兩月，此一兩月用亦不少，正須通盤籌算。來訊抄寄（照眉孫訊通籌若干數方足用）省覽。湖北訊前昨日連去兩封，祇向通融五六萬金，亦不知能否。若體察情形，決不合龍，除用以退爲進之計，更無法想，當具咨呈請退耳。

蘭孫訊尚未到。英國頃有船來，欲占長江，恐法人先動。時事亦殊棘手也。

敬兄（敬兄賣花之説亦需斟酌。或少賣若干，取足還滬款而已。恐聲名立刻揺動也）

立兄均安　　弟謇頓首　十二月初一日

宗裕回否，如皋如何？

湖北大約初四五日有回訊。若再不行，決計呈請督院代奏，此事不通天，恐終是枝枝節節無能遠到。

弟爲勉兒出殯，家訊訂大寒前歸，然不知能歸否。若臨初十不到廠，勉兒出殯事即托我兄代辦。可帶宗裕去料理。

敬夫仁兄親家足下：

十一、十四日訊均到。十七日電、今午後到。弟與王、汪二公并兄訊，十六日交局。今日與王、汪并兄電未刻交局。電報今晚想可到廠。籌款事弟萬分焦急，初十日到省後，峴帥病不見客，乃於十二日與一説帖，兩日不報。十四日又一説帖，詞有棱角，當日來訊招陪。於是十五、十六、十七日連上三説帖。峴帥十六日與盛訊極結實，一約盛會奏以通廠抵中國銀行二十萬；一藉鐵路款十萬。一年前一日（十五日）弟亦與盛及南皮訊，執約而争，不知如何，總期必得一當。以勢度之，大約抵押銀行爲最妥當。但皆是遠水不能救近火。通海公款之提撥，峴帥初以蘇州爲鑒，不願照辦。被弟再三之請，乃以電詢，夫電飭猶未必盡遵，況是電詢。故弟今日又與王、汪電報，請兄先成海門，或者汪易激動。王、汪電復一到，如必不可行，當再設二三萬之法。此時遽説，覺得煩絮，真無法也（若依王批轉詳各憲，又是慢證）。要之，爲人所不肯爲之事，必受人所不能受之氣。

如真到脱節地步，祇好以法人將有事於江海爲名，暫時停秤。二十三日以前，弟必有電報到兄也。一人任苦，累及友朋。慚愧，慚愧。

以上十八日午前書

少岩、友梅查蘇廠事甚詳。可用作底本，參以他廠辦法，定以同人意義，一切可與細談。弟舉其大者一二言之。廠中辦事人及機匠房，宜早成。以備開車前半月十日各人到廠（大約明春正月底）。

執事人三十（比蘇廠減少十人），初開須多七八人，備剔選（此説甚是）。各廠當手執事要緊者五人，機匠頭要緊者二人，此七人須熟手内行。以下可選用篤實用心子弟，尤以用江北人爲長，或者習氣較少。

物料所棲宜深，以便多儲物件。

機匠房蘇廠十四樓十四底外加厨房，似通廠亦以樓爲是，不占地步，惟價稍大耳。位置在烟囱北似好，先造十樓十底（分前後西邊厢，平屋作厨亦可。如四合厢，中空天井）。

女工日夜班至一千五百人之多（揀花女工三百，若除去女工用男工揀花，止要女工一千二百名）。港北工房能加高以便做閣樓亦好。或起樓數進酌之（約本地人六百，遠來租房做工人六百，每屋四人）。平屋亦須一百五十間，起樓數進，不知合算否？一切應辦事宜，立清兄一同斟酌。

厨房西北開作走路，以便四面周通，相地置柵，夜關晝閉，便於成包紗下船。

屬蘭孫催王翰齋來。

一切應預備之物，葛友梅兄具知之，可與商辦以備開車之用。王汪事探知如何？飛訊來告。

此間如能籌開期急款二三萬成功，當即電慰。

立兄均覽　　弟謇頓首　十一月十八日

可用之人列左

徐德培　徐德貞（皆松濤子都好）　東海帆

李（亦劭直薦）徐（馬塘徐芳圃之子，二人用一）

此外尚有不能記憶之人，望查檢名條，交少岩酌選備用。此皆中班以下執事，若要緊執事五人，兄與立兄如果有人，不妨共酌。少岩主意亦以熟手領頭，練習鄉兵爲久長之計。無成見也。

莊宅屋原是十七間，朝東屋有凉棚三間（原契止作十七間），故亦作二十間。

今年因凉棚壞，故拆去。署有舊料并在新添了七間大凉棚內。契載廿四間，無誤。

計開下云原買該田底面房屋等契，一時失檢，俟後查出交付云云。可改爲原買該田底面及房屋等契據一并檢出交付，以憑查核爲照。不必於筆墨上多一周摺，反似不光明。豈兄別有所見乎？此行留空未填，原來契底奉上，翔林是曾向老大處説話之人，故增入。

叔兄來訊奉覽。閲後仍見還。林訊奉還。

敦裕堂未有堆花之事，不便收用，或即以抵爲廠所用之費，則名正言順耳。堆布等事弟不在行，兄專主之可也。鳳皇莊去年錢糧，祈代完花户。

敬夫仁兄親家安　　弟制謇頓首　十四日

顧滌香家葬事，祈代應酬示知。送兩元紼敬亦可。

敬兄：

聞外間紗販，有把持廠市之勢，門内亦有窺伺之人，操縱之間，止争滬訊時刻，兄宜慎密。慎在定價之大小，密在漲落之時刻。應周咨博訪者，事勢、事情，至於斟酌裁決，則宜内斷於心。至要，至要！一切事皆如此也。此間紗銷不暢，昨已令王希成四面察看市情，并貼報條，新河鎮一路，擬亦開通也。少煤事另訊。請兄與翔林兄同查，務得一實在下落。宗裕因書箴之言而留煤事，亦令密至港口查訪。　　謇頓首　廿三日

紗事已設法調停，因須爲兄計買户一面；亦須爲兄計股東一面。莘老在此，令僕人探城價一百廿元，時廠價止百零九也。愚意此後期紗如市面應放期盤時，紗數以兩禮拜爲斷，較爲穩慎。前已示知進出貨處矣。下半年進花不亂，是兄之功；賤價拋紗太多，不得謂非兄之過。且三兄亦與有過，功過不明，必有他人藉口，想兄明此大義也。趙亭稟批拓本奉覽。敬請

敬夫老兄親家大安　　弟謇頓首　十月廿八日

花之來路日窘，本廠殆不過一月之資，務請多方設法，多支一日，有一日合宜處。以愚見論之，現在花價漸落，可派人出門搜刮，或較前易爲力耳。雖賺餘利一元半元一包，猶勝於停。充其所極，即無餘利有官利，亦以做爲長。兄更酌之。紗市已滯，須參活著。紗又以能脱手爲貴也。廠事望博訪兼聽，又望内斷於心。至禱，至禱！鄂謠無根，毋多談論。愈談論則謡即隨風而生也。京訊未有此影響，省滬又無新影響，故斷其爲謡。即不謡我亦處之泰然耳。

敬兄安　　弟謇頓首　三月九日

張謇研究中心等《張謇全集》第三卷《通州澤生外港水利公司章程》　天生港形勢蜿蜒淺窄，一遇小汛，舟楫固迂遠不利；設值久雨，亦不能立時疏消，所以不便於商，并不便於農也。辟河之議蓄久未發，今春郡守閩縣王公遵商部頒行暢興水利之文，力勸集款興工。雖代者將至，猶復一再巡視，其孜孜於農商者如此。鳩工經始於乙巳正月，告成於三月中旬。中間設非陰雨兼旬，其蕆日更速；浚深辟闊，改迂曲爲徑直，凡濱河之田，雖方寸之土，礙道之廬墓，悉計值以償；積土築而成路，使無妨於種植。通計用錢二萬四千六百二十八緡，皆挪自各廠。惟各廠之款歲有常經，非可久宕，爰仿公司例，仍取資於商，廠往來行運之貨舟，責成澤生水利公司作爲貸用之款，而歲齎其息；設有贏餘，每歲之修疏墊道是賴，果能商務日隆，凡水陸巡警之費盡取給焉。今事之水道已倍於曩昔，容積既廣，即使水潦宣導，亦速商農，後來效果將如是也。訂章如後：

一事關水利，應歸澤生水利公司所有。挪用各廠之款作爲存款，每年付息八釐，設有餘利，除提紅修理水陸道路、巡警之費外，悉數撥本，當名澤生水利外港公司。

一創設之始不另設局，特附天生公行。用司事一人（薪俸十元，伙食零用四元），巡丁四名（每月五元，伙食在内），備巡船一衹，往來唐家閘、天生港河道梭巡（暫時先用二名，俟船貨進出暢旺之日再加），所有按月用款作正開支。

一兩岸積泥，在兩河沿築堤御水，有餘築修大路，自港至閘可期一綫道，闊二丈四尺，將來行駛馬車及仿制人力車，皆仿租界章程，挂號給照，酌貼路費、守路巡警費，以垂久遠，而資稽察。

一港中駁船雖各廠自備之船居什七，亦須一律登號，按貨收取河費，庶無畸輕畸重之弊混。擬大船（十六噸以外）每次裝貨四角，中船（十噸以外）每次裝貨三角，小船（十噸以内）每次裝貨二角。

一各廠所用竹木，以及外來者尤易壞岸塞道，每次須用巡丁監督，亦須按排收資。

一外江之船直放到閘，每次先須赴帳房挂號給單，查無違禁貨物，方準駛入。收費亦分大、中、小三等，照駁船例酌加。

一無論何項大、小船衹，竹木、機器、紙張、雜貨等件，均須在帳房挂號填給聯單一紙，注明等數及收取錢數，此外不準有酒錢、號錢、小費等項名目。

一設有小輪進出，如係載客，每次亦須貼費。
一凡鄉民裝花至廠販賣，及空船往來，皆不收取分文，惟須登號以便稽查。
一船祇往來不得雙幫及頂頭横泊，居民不得以穢物及垃圾抛擲河中，一害衛生，一易壅塞，一經查見，均須議罰。
以上各條，皆就目前草創言之，設有不便，隨時改良。

張謇研究中心等《張謇全集》第三卷《澤生水利公司集股開辦章程》　一本公司爲通籌通州、泰興、如皋、海門并通泰分司、農商水利及大生紗廠、墾牧公司、農商實業計集資合辦，不主一方，取名澤生水利公司，以期省括。
一先造挖泥機器一副，核定每斗容泥半噸零，合中國十擔，每點鐘挖六十起，船身廣一丈三尺，長三丈六尺，用活烟囱，便於過橋無阻。附備過壩提船之起重機一副，近岸運泥車短活鐵路一副，約需規銀一萬兩。礦井機一副，以能深一百丈爲度，約需規銀四千兩。修機船塢及辦事房屋等工程計買地建造需銀三千兩。儲煤、備料、開辦等費約一千兩。
一事關公益，款合公籌。除大生紗廠、墾牧公司各任一股外，通州、泰興、如皋、海門在積穀存息内提撥；通泰各場，或由場商任籌，或半由商任，半由各場積穀存息内提撥，聽兩分司各場酌定。
一案由州定股款，任有確數，各徑繳公司，照通例填給股票、息摺，每分一聯。
一公司帳房、修理機器、船塢，擇附近唐家閘地方，就紗廠修機工匠、料物之便。
一機器爲八分，公共之具，兼機修機爲八分，公任之事，無論何處調用，均按租價認租。此項租價由公司核收，用有盈餘，派分八分。
一八分調用機器所用煤油八分，各自任之。
一八分每年各有何項工程，應於每年正月決算帳目時，會議計工匀日。
一股集機全開辦之日，將所有機器、房屋、船塢、物件及開辦一切用費核實作爲定本，每年官息五釐（此案昔年常鎮道通飭各州廳積穀息仍生息四釐，例加一釐），仍分三百六十日匀攤，每日應息若干爲租價之準，閏年及不足三百六十日之年，照加照除，每年正月由公司預算列表分報。
一八處不用之時，亦得出租他處。
一公司總理一人，八處各派稽查一人，均不支公費。司銀錢帳目一人，管工一人，看門、看塢、厨房役夫均與小輪公司公用公支，以節經費。
一帳房每年年終決算一年出入，次年年首分别報告，同時并報明預算表，八處輪年另行派人查核。
一每年除修理開支外，獲有贏餘，先提官息，官息之外，核分十成，以五成作公積，二成半提充學費，二成半作辦事人花紅。
一辦有成效，增機擴充，其資本仍由八分加籌，若有外人願附股者，届時八分公議再定。

張謇研究中心等《張謇全集》第三卷《澤生水利公司創辦公呈》　爲通籌州廳農商水利集合公司先行試辦以備推廣事：竊通州轄縣泰興、如皋，其壤地西接揚州，東連海門。民生以農爲本計，商業以鹽爲大宗。其内地之蓄瀉轉輸，北以運河爲干，南以海界河爲干；運河西自江都仙女廟分流，東至吕四大刀壩止，横長幾五百里，久失疏浚，中段則凡遇鎮市必梗瓦礫，尾閭則河淺而寬，更不及盛潦決壩，聽水恣行，十餘里并無河道横溢之禍，及於海境旱則五百里作梗者，更非一處。若金沙、西亭、三十里、白蒲、如皋、海安、曲塘、姜堰、宜陵其最著者也。商船之載輕於鹽船，故一值旱年，商船猶可浮送，鹽船則節節盤駁。因其盤駁而船亘中流商船遂亦受困，然商之不便，患止在旱；農之不便，則旱不能容蓄，潦不能暢泄，患實兼之。此干河與農商密切之關係也。若腹地支河淤淺之處，或城鎮人烟稠密之區，一遇旱年，汲飲横淤之坳，浣濯泥滓之陷，穢惡薰蒸疾疫滋興。比年以來，商農共病。欲救其弊，莫若疏河鑿井；欲利其施，莫若用挖泥機船與鑿井機器；欲均其益，莫若通州、泰興、如皋、海門四州廳縣，通泰兩分司，紗廠、墾牧兩公司特合公司試辦。合四州廳縣者，爲農；合兩分司者，爲商；合兩公司者，墾牧亦大農，紗廠亦大商；且議發自謇。兩公司者，謇所創。公司不預，無以示鄉里同利害之心，而杜愚妄好議論之口。集合公司之法：凡通州、泰興、如皋、海門、通分司、泰分司、大生紗廠、墾牧公司八處，每處各先出股本規銀二千二百五十兩，合一萬八千兩，先行試辦。一切章程另摺呈覽。通、泰、如、海股本，請在積穀息款内提撥，通泰分司股本，請半在各場積穀息款内提撥，半由各場商分任，或全由商任，不提穀息，聽官裁酌。現在挖泥機器，業經在滬先行定造一副，另增過壩起重機并運泥車及軌道各一副，其鑿井機擬先用日本仿美國式製造之器，俟辦有成效再行擴充。謇等爲通籌州廳農商水利全局起見，先與泰如兩縣、余吕各場地方及鹽務官將以上各情節大概磬説，均以爲便，復迭承勤求兵瘼之詢知，不僅開通風氣之意，謹以前説具呈，伏祈轉詳督、撫院，運、藩、道憲核準施行，無任公便。

張謇研究中心等《張謇全集》第三卷《通州大興面廠日行事理》　總帳事理

一總帳房爲全廠樞鍵，凡銀錢工料進出、一應帳目，每晚六點鐘後，各處帳單均送入備核，一禮拜總結一次，不符者隨時查考明白。

一每日所收之麥，所出之面，應收之洋，均須填單送總帳房核對。

一滬帳房所購物料各帳，每月核對一次。

一無論何項籌調匯劃之銀洋，均歸總帳房收存。

一雜務及各項支，由總帳房付取，每晚結算交帳。

一按月開具簡明出入帳畧。

進貨事理

一進麥在本廠爲門莊，在姜埝爲姜莊。進貨之多以姜莊爲大宗，派友坐辦訂船包裝，每船若干石，每石若干價，憑行簿、行單、脚條核對。收門莊麥價市面以姜莊爲目的，設有漲落，彼此知會。

一船户各有保薦單包運麥石，闗捐、運脚一應在内額定。每石裝資，憑莊友號訊，附有錫筒封固麥樣，到廠照樣收貨，原斛原卸。倘有缺少及潮次斤兩，與原樣不符者，亦須分别實在，惟船户認賠。

一姜莊兩日一訊，呈報市價，設有時漲時落，分别輕重，緩則局訊，急則電訊。

一麥有高下燥濕之殊，責在莊友體驗考核，管棧者復曬，當心過場，上囤標列時日，先後調用，由棧過斛交機廠執事人。磨出面分注日夜班，出數每一禮拜匯總，呈報總帳房。

出面事理

一磨廠值班執事輪流監督，面用袋貯，分本銷、客銷兩宗：客銷之袋用洋布，每袋五十磅；本銷之袋用本廠自織之布，每袋六十三磅半。面色、磅數，輪班各相比較，另注開車日記，每班出面袋數點交管棧司事，入棧均立有回單。倘不符者，立時查究。

一面分頭、貳、三三等，袋面牌印亦分三色。執事督察小工過磅成袋，面色等次不得紊亂；如有混雜不清，磅數不符，於廠牌銷路有礙，係當班執事之過，作舞弊論。

批發事理

一售面有零躉，以三十袋以外爲躉，以内爲零，躉照批發，零照門市。

一面價漲落逐日牌示，概作洋盤，角洋貼色。

一定面以交定洋立成單爲準。

一躉面在内河及泰州一帶銷者，有分運免捐單，沿途局卡驗單放行；無捐如販運出口者，闗捐由客自理，與本廠無涉。

一出棧下力由客自理。

一面分三號，均用雙鶴牌印，頭號紅印，二號緑印，三號藍印。袋分洋布、本布兩宗，本布每袋六十三磅半，歸十六兩曹秤作五十斤，係籌銷本地者，以每石論價；洋布每袋五十磅，歸司碼秤三十七斤半，係籌銷出口者，以每袋論價。

一麩皮歸司碼秤，每石滚袋過磅，不除袋皮。麻袋買客自備，無分運免税單。

一每日凡躉售零銷各貨洋，先登流水簿，至晚結總交總帳房復核收帳。

機麥事理

一進棧之麥分别姜莊、門莊，管棧執事隨時留心，不得以高下燥濕之麥混雜。如遇麥質參差，須分囤標記，并注明時日，若干數目。

一姜莊船到先將莊簿與錫筒取封，麥樣交管棧執事，上船扦樣比較是否相符，即令斛司過斛，原斛原卸，不得稍有參差。設有分艙前後底面不符及升斗缺少者，均惟船户是問。

一門莊收麥零躉均歸莊籍，逐日一結交總帳房。躉麥隨即過斛上棧，零麥暫囤於門莊處所，逢禮拜總結過斛，由管棧執事歸并倉棧，均有倉棧回單。

一出新之麥與陳貨迥别，門莊價目按照姜埝市面，以身骨燥濕定價值高低。販户斗斛躉貨概照北斛，門莊用斗照通州西斛。

一新麥久囤者須出場三伏，隨時用者亦須曬干，以適用爲度。凡場曬之麥，每次進出皆須過斛，以驗燥濕成數。

一每班進廠之麥均用麻袋，每袋北斛一石，爲砠數目務須清楚，用回單簿，每禮拜一結總數。其中風耗之多寡，列入呈報單。

一機内抛棄之麥，隨令棧工掃清，不得任意暴殄。

一囤摺蘆席，無論新舊，管棧執事隨事愛惜。

棧面事理

一堆面分等差不可混雜，標記日期，以便按日次第派發。若逢霉天，潮濕尤甚，管棧執事不時督促棧工翻堆透氣。若有偷懶致面袋霉爛者，歸管棧執事及棧工估價攤賠。

一每班出面由機器樓執事點交棧工，各等之面每等若干袋，附有手條，管棧執事照條收面，指明堆放齊整，計數登簿，立即回單。倘有不符者隨時與原經手人眼同復數，究明錯在何人，不得含混容隱。如有不符者，責成彼此攤貼；數鉅者辭退。

一發面出棧，由批發所執事出發面單，計某號發若干袋；即零售一袋亦照此例。管棧執事照單發貨，憑單算帳。

一每日進出面件立進出面簿，逐日盤查，除每日發出之面，應存若干袋記數結總，另記明粉牌懸挂，以便查核。

一凡遇雨雪，管棧執事查看各棧囤處有無濕漏。

一棧門除非棧工及面出入，不準輕開。

一禁止吸烟及帶洋火之人入棧，如犯重罰。

一附棧安設太平水缸，逢星期察看，水涸者，令小工挑滿。

機樓事理

一機樓上中下三層安置機器，當班工匠各任其事，不得時相調換擅離。本任之事，工匠之優劣，責成頭目；進麥出面、過磅、裝袋、比較面色、約束小工俱責成當班執事。

一機匠正副人等各用保薦，其姓名、籍貫注明保單。

一正副頭目有考察在廠鐵質、木質各機器利鈍與否，特設修機間以備修理，需用付自物料所，輪班執事單報總帳房。

一考查機匠之勤惰爲奬勵花紅之高下，管廠執事之責，公道圈記。

一各機匠工食按每月二十八日開單發給。

一機匠不得代人修造私物。

一機匠如有辦事不力，不惜物料，不利於本廠及性情不和、行爲不正者，隨時查察告知廠董，查明斥退。如有意將機車損壞貽害本廠，應照廠章嚴辦，仍將其人照相布告江南各廠。

一每日夜班各工匠按牌示鐘頭輪換。

一禁止吃烟及帶洋火。

一飛面及麩屑在地，時刻勤加掃聚，并入麩皮。

物料事理

一執事專管收發物料，其所進之件有由滬，有由別廠，細核斤兩，分別登簿，每月一結，庶無舛錯。

一廠用何項物料，由機樓執事開單取付，注明何項所用。

一物料務宜寬備，時加查核；要件更宜早報，以便函購。

一物料名目繁多，堆積必須分清，不可雜亂，便於檢取，查亦較易。

一布袋亦每日大宗，洋布用機器縫紉，本布女工縫紉，工價由外帳房給。

一煤由紗廠分撥者，俱多憑港帳房條照數過磅，少數即時回單查核。

一開車付煤每班若干噸磅，由機樓執事登簿，一星期一結，呈報總帳房。

一如有營造工程應用釘、油、灰、石、磚、瓦，憑雜務執事單取，亦照填付。

雜務事理

一總理執事以及機工、茶房等人薪俸、工食，每月初十日支付，不得透支及私相宕藉。

一各執事若家貧而有父母大故者，準藉支三個月；別項喪葬及婚嫁者，準藉支兩個月。年終而來年蟬聯者，準藉支一個月。辭退之人過本月初十日，準支本月。

一執事茶房人等爲廠事出外者，所有費用應分別時日、遠近、路程，具帳酌給；不爲廠事者，概不支給。

一各執事每月月費給小洋四角，學生二角，一切烟茶紙張、洗衣剃頭等用，各人自備。惟客廳時有客到，酬應茶烟兩事，另外開支。

一中班及學徒歸內外帳管教，如有不受教訓及屢誡不悛者，立即辭退。

一司務小工隨處隨事均歸隨事之司事管束，設有弊混及犯烟賭不守規矩者立辭。執事爲之容隱者記過。

一凡夫馬舟車、訊力、足力，查明爲廠事者給；不爲廠事者不給。

一慶吊酬應與廠事有涉者，酌量酬送；無涉者不送。

一平常執事人等飯菜兩葷兩蔬，工役、巡丁人等月兩犒。

一機樓夜班燈火油燭由專管人領取，每日實領實用。

一凡司厨工役、火夫、打雜人等列名於牌，各執各事，歸管伙食人管束。每日伙食帳稽核合廠人數，開支若干；設有客到，須將該客姓名、爲何事何人來廠，注明日記，報雜務處。

一大門、後門各派巡丁一名看管，不得擅離。大門以六點鐘開，十點鐘鎖；後門上麥時開，無事鎖門。

一伙食爲每日瑣事之一，早、中、晚開飯按定鐘頭，合廠上下人等各有一定開飯之所，每桌八人，不得錯前落後。倘有因公事不及入座者，查明人數，酌量菜蔬再開。

一凡有客到及夫役、車舟人等爲廠事來者，均由雜務處招呼，斟酌酬應，其夫役、舟車人等，無飯籌不準入厨。